Manual COMPLETO de

DIREITO CIVIL

VOLUME ÚNICO

EDITORA
FOCO

WANDER GARCIA
GABRIELA R. PINHEIRO

Manual COMPLETO de

DIREITO CIVIL

VOLUME ÚNICO

COMPLETO PORQUE TEM:

1 TEORIA ALTAMENTE SISTEMATIZADA

2 JURISPRUDÊNCIA STF/STJ - Classificada + de 800

3 QUESTÕES COMENTADAS - Objetivas e Subjetivas + de 1.000

4 ENUNCIADOS DAS JORNADAS DE DIREITO CIVIL/CJF + de 500

5 QUADROS SINÓTICOS para Leitura Rápida

Capítulo especial sobre a
Lei do Marco Civil da Internet

EDITORA
FOCO

Coordenador da Coleção: Wander Garcia
Autores da Obra: Wander Garcia e Gabriela R. Pinheiro
Editor: Márcio Dompieri
Gerente Editorial: Paula Tseng
Equipe Editora Foco: Erica Coutinho, Georgia Dias e Ivo Shigueru Tomita
Capa: Linotec
Projeto Gráfico e Diagramação: Linotec

Dados Internacionais de Catalogação na Publicação (CIP)
(Câmara Brasileira do Livro, SP, Brasil)

Wander Garcia

Manual completo de direito civil / Wander Garcia, Gabriela R. Pinheiro. -- 1. ed. -- Indaiatuba, SP : Editora Foco Jurídico, 2014. -- (Coleção manual completo de / coordenação Wander Garcia)

1. Direito civil 2. Direito civil - Concursos - Brasil 3. Magistratura - Brasil I. Pinheiro, Gabriela R.. II. Título. III. Série.

ISBN 978-85-8242-086-7

14-03886 CDU-347(81)(079.1)

Índices para Catálogo Sistemático:

1. Brasil : Concursos públicos : Direito civil 347(81)(079.1)
2. Brasil : Direito civil : Concursos públicos 347(81)(079.1)

Atualizações e erratas: a presente obra é vendida como está, sem garantia de atualização futura. Porém, atualizações voluntárias e erratas são disponibilizadas no site www.editorafoco.com.br, na seção *Atualizações*. Esforçamo-nos ao máximo para entregar ao leitor uma obra com a melhor qualidade possível e sem erros técnicos ou de conteúdo. No entanto, nem sempre isso ocorre, seja por motivo de alteração de software, interpretação ou falhas de diagramação e revisão. Sendo assim, disponibilizamos em nosso site a seção mencionada (*Atualizações*), na qual relataremos, com a devida correção, os erros encontrados na obra. Solicitamos, outrossim, que o leitor faça a gentileza de colaborar com a perfeição da obra, comunicando eventual erro encontrado por meio de mensagem para contato@editorafoco.com.br.

Impresso no Brasil (05.2014)
Data de Fechamento (05.2014)

MISTO
Papel produzido a partir de fontes responsáveis
FSC® C116137

2014

Al. Júpiter 578 - Galpão 01 – American Park Distrito Industrial
CEP 13347-653 – Indaiatuba – SP

E-mail: contato@editorafoco.com.br
www.editorafoco.com.br

Apresentação

Por que você está diante de um Manual **COMPLETO** de Direito Civil?

Porque este Manual não se limita a trazer a **DOUTRINA** civilista. Ele vai além e traz, também, muita **JURISPRUDÊNCIA** e muitas **QUESTÕES COMENTADAS**.

Quanto à **JURISPRUDÊNCIA**, esta nunca foi tão importante como é hoje. Foi-se o tempo em que bastava que conhecêssemos a doutrina. Estamos na era do ativismo judicial, das decisões vinculantes e da disseminação da jurisprudência produzida pelos Tribunais. Nesse sentido, o livro contém milhares de apontamentos jurisprudenciais, seja no corpo do texto, seja ao final do capítulo, trazendo os principais julgados do STF e do STJ da última década, mais as principais súmulas da série histórica desses dois tribunais.

Quanto às **QUESTÕES COMENTADAS**, essenciais ao desenvolvimento do raciocínio jurídico e à fixação da matéria, a obra traz mais de 800 questões objetivas e subjetivas, sendo que todas elas são devidamente comentadas, item por item, e foram escolhidas dentre os principais concursos jurídicos, de tribunais, fiscais e do Exame de Ordem, além de serem todas recentes, já que 100% das questões objetivas da obra são dos cinco últimos anos anteriores ao da edição do livro.

Não bastasse, o leitor contará, ainda, com um **QUADRO SINÓTICO** com o resumo de cada capítulo, proporcionando uma revisão rápida da matéria, seja para aqueles que precisam de uma informação condensada das temáticas para uso profissional, seja para aquele que precisa fazer uma passagem de olhos na matéria estudada pouco antes de se submeter a um exame.

A obra também é escrita numa **LINGUAGEM DIRETA**, sem exageros linguísticos e com foco constante na melhor e mais atualizada informação, de modo que se tem um texto que, de um lado, vai direto ao ponto e, de outro, traz o maior número possível de informações úteis para o leitor.

No decorrer do texto há também **GRIFOS**, **NEGRITOS** e uso de **CORES DIFERENCIADAS**, proporcionando ao leitor verificação fácil do início de cada ponto, e das palavras, expressões e informações-chave, facilitando ao máximo a leitura, a compreensão e a fixação das matérias.

Tudo isso sem contar que a obra foi escrita por **AUTORES *BEST SELLERS***, que já venderam juntos mais de 500.000 livros na área jurídica e que atuam como advogados, palestrantes, professores de graduação, pós-graduação, extensão e preparatórios presenciais e a distância para concursos públicos e exame de ordem (1ª e 2ª fases).

De rigor ressaltar, ainda, que conseguimos tratar de todo o Direito Civil em **VOLUME ÚNICO**, o que proporciona grande portabilidade e economia de recursos e de meio ambiente.

Em resumo, os profissionais, estudantes universitários, examinandos de concursos públicos e exame de ordem e demais interessados têm em mãos um verdadeiro **MANUAL COMPLETO DE DIREITO CIVIL**, que certamente será decisivo nas pesquisas e estudos com vista ao enfrentamento dos desafios profissionais, bem como das provas, concursos e exames.

Boa leitura e sucesso!

SUMÁRIO

CAPÍTULO 1

Lei de Introdução às Normas do Direito Brasileiro – LINDB

1.1. NOÇÕES BÁSICAS SOBRE O DIREITO

1.1.1. Conceito de direito

As pessoas precisam de **limites**. É fácil constatar que um indivíduo que não tem limites tende a não respeitar aos outros e a si mesmo. Age sem pensar nas consequências e, mesmo quando pensa, não se incomoda se está ou não prejudicando alguém.

É tarefa da família, da sociedade e do Estado impor tais limites às crianças, aos adolescentes e até aos adultos.

Não há garantia de que todos terão uma educação adequada em casa. Aliás, mesmo quando se tem uma boa formação familiar, não há garantia de que a pessoa vai agir de modo justo e correto no seu dia a dia.

O papel do Estado, nesse sentido, será o de **garantir** que as pessoas respeitem-se mutuamente e tenham dignidade.

Para que seja *transparente* e *justo* o papel do Estado, este deverá, por meio de representantes do povo, emitir normas, que poderão ser conhecidas de todos.

Para que seja *eficaz* o papel do Estado, as pessoas que desobedecerem à norma jurídica estarão sujeitas a sanções que afetam sua liberdade ou sua propriedade. Tais sanções, em regra, só podem ser exigidas coercitivamente por parte do Estado-juiz a partir de iniciativa do interessado ou de um órgão estatal, a depender do tipo de interesse envolvido.

Assim, o Estado se vale de dois instrumentos para consecução de seus fins. O primeiro deles é a **norma jurídica**, que trará os comandos que devem ser cumpridos.

O segundo, a força. Sem esta, de nada valerão as prescrições de conduta, pois norma sem sanção que possa ser imposta fisicamente está mais para conselho do que para determinação.

Aí reside a diferença entre o direito e a moral. A norma dessa natureza, se violada, traz como sanção a reprovação por parte do próprio indivíduo (o remorso) ou por parte da opinião pública. Tais reprovações não afetam materialmente o indivíduo, nem podem ser exigidas perante o Estado-juiz.

Podemos, assim, conceituar o direito como o *conjunto de normas que regulam a vida social, estabelecendo, de um lado, comandos de comportamentos às pessoas e, de outro, sanções para o caso de descumprimento das determinações, que poderão ser aplicadas coercitivamente pelo Estado*.

É importante ressaltar que esse "conjunto de normas" será identificado a partir de realidades distintas de acordo com a corrente filosófica que se vai adotar.

Para aqueles que são *jusnaturalistas*, por exemplo, o direito *resulta da natureza das coisas*, especialmente da natureza humana. As normas são imutáveis, portanto, e podem ser extraídas a partir da inteligência, da razão das pessoas.

Já para um *normativista*, o direito *resulta do que está expresso na legislação*.

Um *tridimensionalista*, por sua vez, dirá que o direito *resulta de uma dialética de complementariedade entre norma, fato e valor*. Parte-se da ideia de que a norma tem uma certa flexibilidade, sendo balizada pela influência dos fatos e dos valores sociais.

As duas últimas correntes filosóficas prevalecem, podendo ser identificadas, vez uma, vez outra, na jurisprudência dos tribunais.

1.1.2. Direito objetivo e direito subjetivo

Costuma-se fazer a divisão entre direito objetivo e direito subjetivo. Trata-se de separação pertinente, eis que cada um diz respeito a uma realidade diferente da do outro.

Direito objetivo *é o complexo de normas jurídicas que regulam o comportamento humano, prescrevendo uma sanção no caso de sua violação*. O conceito faz referência ao direito como um todo, ao conjunto de normas.

Direito subjetivo *é a permissão dada por uma norma jurídica para fazer ou não fazer alguma coisa, ter ou não ter algo, incluindo a autorização para pedir ao Estado que proteja tais direitos*. Perceba suas duas facetas: a) há os *direitos subjetivos comuns da existência* (fazer, não fazer, ter, não ter); e b) os *direitos subjetivos de defender direitos* (direito de ingressar com uma ação, por exemplo).

A relação que existe entre o direito objetivo e o direito subjetivo é a seguinte: o primeiro cria o segundo, ou seja, as leis (direito objetivo) criam os direitos de cada pessoa (direito subjetivo).

1.1.3. Direito público e direito privado

Costuma-se dividir o direito objetivo nessas duas grandes espécies. Tal divisão é feita tendo em vista a diferença de regime jurídico.

No **regime jurídico de direito público,** vigem dois princípios basilares, quais sejam, o da *supremacia do interesse público sobre o privado* e o da *indisponibilidade do interesse público.*

Pelo princípio da **supremacia do interesse público sobre o privado**, a relação entre o Estado e o particular é *vertical*, ou seja, há uma *hierarquia*. Isso se expressa em institutos como a *desapropriação*, da qual o particular não pode se esquivar, e as *cláusulas exorbitantes*, que permitem ao Poder Público modificar unilateralmente um contrato administrativo, independentemente da concordância do contratado.

Já pelo princípio da **indisponibilidade do interesse público**, o Estado fica obrigado a velar pela proteção incondicional e irrestrita dos bens e interesses do povo. Em virtude desse princípio, o agente público só pode fazer o que a vontade do povo (expressa na lei) permite, obedecendo-se ao *princípio da legalidade*. Além disso, tal princípio vai exigir que em todas as compras estatais se busquem as melhores condições, daí a necessidade de se fazer *licitação*. Os *bens públicos* são, ainda, inalienáveis, impenhoráveis e imprescritíveis.

No **regime jurídico de direito privado**, por sua vez, há dois princípios basilares, quais sejam, o da *igualdade* e o da *autonomia da vontade*.

Pelo **princípio da igualdade**, as pessoas estão numa relação *horizontal*, ou seja, não há uma hierarquia entre elas. Assim, ninguém pode tomar a propriedade do outro à força (*autotutela*). Um contratante não pode mudar unilateralmente um contrato independentemente da vontade da parte contrária.

Não se deve esquecer, todavia, que a igualdade supõe tratar os iguais igualmente e os desiguais desigualmente, de modo que em algumas situações, como no caso dos incapazes, algumas pessoas poderão ter mais direitos do que outras.

Pelo **princípio da autonomia da vontade**, as pessoas podem fazer tudo o que quiserem, salvo o que a lei proíbe. Assim, diferente do que ocorre com os agentes públicos, se não houver proibição legal, os particulares podem agir à vontade. Podem doar bens, podem comprar onde quiserem e o que quiserem.

E **como se sabe** se uma dada situação de fato será regida pelo direito público ou pelo direito privado?

As relações fáticas em que houver o Estado em **qualquer dos polos** serão regidas pelo direito público, salvo quando o Estado estiver se valendo, com a permissão legal, de um instituto de direito privado, como quando emite um cheque ou quando é locatário de um imóvel. No mais, ou seja, quando estiver celebrando um contrato, desapropriando, aplicando sanções ou atuando em suas demais tarefas, estará sendo regido pelos princípios e regras do direito público.

São ramos do Direito Público Interno os Direitos Constitucional, Administrativo, Tributário, Ambiental, Processual do Trabalho, Processual Civil, Processual Penal, Penal, entre outros. São ramos do Direito Público Externo o Direito Internacional Público, que regula as relações entre Estados e organismos internacionais, e o Direito Internacional Privado, que regula as relações entre pessoas ligadas a diferentes Estados.

As **demais relações**, ou seja, as relações entre particulares, ou aquelas em que o Estado atua em pé de igualdade com o particular, são regidas pelo direito privado.

É muito importante destacar que, cada vez mais, o direito privado vem recebendo a influência do direito público. Isso ocorre pois, com o tempo, percebeu-se que a suposta igualdade entre as pessoas, na prática, ou não existia ou diminuíra muito. Foi-se percebendo que tratar a todos de modo igual gerava grandes injustiças, como desrespeitos ao consumidor, celebração de contratos leoninos etc.

Assim, o direito privado foi ganhando mais normas de *ordem pública* ou *cogentes*, que são aquelas que não podem ser afastadas pela vontade das pessoas. A Lei de Usura, a Lei de Locações e o Código de Defesa do Consumidor são grandes exemplos dessa publicização do regime de direito privado. Tais leis costumam trazer norma que não podem ser afastadas pela vontade das pessoas. Por exemplo, mesmo que um particular concorde em assinar uma cláusula leonina, num contrato de consumo, o CDC considera essa cláusula nula de pleno direito. A Constituição Federal também traz diversas regras a balizar típicos regimes de direito privado, como o Direito Civil (em matéria de família, por exemplo). E o Código Civil de 2002 trouxe diversos princípios de ordem pública, como o da função social dos contratos e da propriedade.

1.1.4. Direito Civil

O Direito Civil é parte integrante do Direito Privado, assim como o Direito Empresarial e o Direito do Trabalho.

Porém, nem sempre foi assim. No Direito Romano, a expressão "direito civil" abrangia todo o direito vigente, como o privado, o penal e o administrativo. O Direito Civil era o direito da cidade, cujo objetivo era reger a vida dos cidadãos.

Os sistemas jurídicos que vieram depois, e que tinham raiz romana, acabaram por usar a expressão direito civil num sentido mais especializado, no sentido de direito privado.

Mas, a partir do século XIX, o Direito Civil ficou ainda mais estrito, a designar apenas o que estava disciplinado num diploma específico, o Código Civil. Ou seja, o Direito Civil passou a ser apenas aquele conjunto de regras existentes nos Códigos Civis.

Isso ganhou destaque depois que a França, em 1807, publicou o Código Comercial. O Direito Privado, mais do que nunca, ficava com dois grandes ramos, o Direito Civil (regulado pelo Código Civil) e o Direito Comercial (regulado pelo Código Comercial).

No Brasil, o Direito aplicável eram as Ordenações Portuguesas. Há de se destacar as Ordenações Filipinas de 1603, que sucederam as Ordenações Manuelinas e as Ordenações Afonsinas, esta a primeira das três. Mas no ano de 1850, dada a influência europeia, editou-se no Brasil o Código Comercial, que regulava as relações mercantis.

As demais relações (as relações não comerciais) continuavam sendo disciplinadas pelas Ordenações Filipinas. Só em 1916, ou seja, muito depois da Independência do Brasil e também anos após a Proclamação da República, é que passamos a ter um Código Civil.

De qualquer forma, estava dada a dicotomia. De um lado, o Direito Civil e, de outro, o Comercial.

Essa divisão sofreu muitas críticas. Isso porque se dizia não haver sentido dividir em duas as teorias dos negócios jurídicos, das obrigações em geral e dos contratos. Essa divisão só gerava dúvidas e inseguranças. A unificação, de outra parte, daria ensejo a grande conveniência prática e científica.

Foi o que acabou acontecendo no Código Civil de 2002. Este diploma revogou por inteiro a primeira parte do Código Comercial. A parte obrigacional em geral e a parte de contratos foi unificada, passando o atual Código Civil a regular também o que antes era disciplinado pelo Código Comercial.

Além disso, o novo Diploma passou a disciplinar em Livro próprio o Direito de Empresa, abrangente daqueles que são empresários, dos diversos tipos societários, do nome empresarial etc.

Questões muito particulares da atividade empresarial, como a falência e a sociedade anônima, entre outras, continuam reguladas em leis especiais, num microssistema.

De qualquer forma, é importante notar que, no Brasil, a principal fonte normativa é a lei e não o costume ou os princípios declarados pelas decisões das Cortes Judiciais. Adotou-se, portanto, o *sistema romano-germânico* e não o *sistema anglo-americano*.

Após a queda do Império Romano, no século V, com a invasão dos bárbaros, desagregou-se o Direito Romano, que só passou a ser estudado novamente em universidades europeias, destacando-se a de Bolonha, a partir do século XIII. O feudalismo, marcante na época, era um regime que fragmentava o poder e as regras jurídicas, que em grande parte eram costumeiras e locais (dos feudos). Quando esse sistema passou a perder força em prol da unificação do poder político, entendeu-se conveniente aproveitar-se um direito já corporificado, no caso as compilações de Justiniano, escritas em latim, que deram origem ao chamado *Corpus Iuris Civilis*, objeto de estudos naquelas universidades.

1.1.5. O novo Direito Civil

Pode-se falar hoje em um novo Direito Civil. Quatro elementos marcantes dão essa tônica.

A unificação no plano obrigacional entre o Direito Civil e o Direito Comercial é um deles.

Outro é a publicização do Direito Civil, fenômeno que não é recente, como prova a Lei de Usura (Decreto 22.626/32), mas que cada vez mais ganha força, como se deu com o Código de Defesa do Consumidor e mais recentemente com o atual Código Civil, quando trata da função social dos contratos, por exemplo.

O terceiro elemento marcante é a constitucionalização do Direito Civil. A Constituição de 1988 foi pródiga no número de normas que trouxe com repercussão na esfera civil. Somou-se a isso uma maior consciência doutrinária e jurisprudencial da existência de um Direito Civil Constitucional.

Constata-se que nos últimos anos os operadores do Direito vêm fazendo valer uma série de princípios constitucionais na aplicação do Direito Civil. Exemplos são os princípios da dignidade da pessoa humana (art. 1º, III), da construção de uma sociedade livre, justa e solidária (art. 3º, I), da promoção do bem de todos, sem preconceitos ou discriminações de qualquer natureza (art. 3º, IV), da igualdade (art. 5º, *caput* e inciso I); da livre manifestação do pensamento, do direito à indenização por dano moral e à imagem, da livre expressão independente de censura, da inviolabilidade da vida, da vida privada, da honra e da imagem das pessoas, da liberdade de associação para fins lícitos, da proteção aos direitos de autor, da defesa do consumidor (todos previstos no art. 5º); da função social da propriedade (art. 170), da proteção especial da família (art. 226), da prioridade absoluta das crianças e dos adolescentes (art. 227), do dever de amparo aos idosos (art. 230), dentre outros.

O quarto elemento, que coincide, em parte, com o terceiro, consiste na introdução, em nosso Código Civil, e, consequentemente, em nosso Direito Civil, da disciplina dos Direitos da Personalidade, fenômeno que pode ser chamado de **humanização do Direito Civil**. Se antes a preocupação era muito focada na questão patrimonial (até no Direito de Família esse tema era preponderante), a proteção de valores ligados intrinsecamente ao ser humano, como ao corpo, ao nome, à imagem, às palavras e aos escritos ganhou grande força com o novo Diploma. Além disso, leis especiais, mas que também são partes integrantes do Direito Civil em alguns aspectos, como a Lei de Biossegurança (Lei 11.105/05), vieram para reforçar este ramo do Direito. Pode-se até falar em um quinto elemento marcante do novo Direito Civil, que é o da *normatização da biotecnologia*, que envolve também elementos de Direito Administrativo e de Direito Ambiental.

1.1.6. Princípios do Direito Civil

Miguel Reale, coordenador da comissão que redigiu o anteprojeto que deu origem ao novo Código, salienta que esse é norteado por três **princípios**: o da socialidade, o da eticidade e o da operabilidade. Tais princípios fazem refletir os elementos acima apontados.

O **princípio da socialidade** é aquele que *impõe prevalência dos valores coletivos sobre os individuais*.

Já o **princípio da eticidade** é aquele que *impõe a justiça e a boa-fé nas relações civis*.

O **princípio da operabilidade**, por sua vez, é *aquele que impõe soluções viáveis, operáveis e sem grandes dificuldades na aplicação do direito*. Está contido nesse princípio o da **concreção**, pelo qual *o legislador deve criar leis pensando em situações as mais concretas possíveis, evitando ser muito abstrato, ou quando não possível, dando poderes ao juiz para resolver o conflito de modo a melhor atender às diretrizes legais*. O princípio da operabilidade é identificado no Código Civil, por exemplo, quando este confere ao juiz papéis mais abrangentes, tais como papel de *juiz moderador* (ex.: juiz que pode reduzir o valor de multas, caso abusivas) e de *juiz com maior discricionariedade* (ex.: juiz que está diante de cláusulas gerais e conceitos jurídicos indeterminados, que permitem que esse agente busque a melhor solução para o caso concreto, diante das diretrizes traçadas pela lei).

Apesar de não mencionado expressamente por Miguel Reale, entendemos que também norteia o Código Civil o princípio da **dignidade da pessoa humana**, que é *aquele que impõe respeito aos múltiplos aspectos da personalidade humana, como a moral, a intelectual e a física*. A existência de um capítulo no Código Civil destinado exclusivamente aos direitos da personalidade, somada à previsão constitucional da proteção da dignidade da pessoa humana demonstram que o princípio em tela informa o atual Código Civil.

E também não há como negar que o Código Civil ainda dá primazia à **propriedade individual**, à **autonomia da vontade** e à **igualdade**. A primeira é garantida pela Constituição e pelo Código Civil. A segunda ainda é a fonte inicial da formação das relações jurídicas civis. E a igualdade, entendida em seu sentido amplo (tratar igualmente os iguais e desigualmente os desiguais), é o princípio que fundamenta as relações privadas, na qual se busca o equilíbrio entre as partes, diferentemente do que ocorre nas relações públicas, em que há supremacia do interesse público sobre o interesse privado, em nítida situação de desequilíbrio.

A partir dessas observações, é possível criar uma Teoria dos Princípios Basilares, ou seja, uma teoria que visa a identificar quais são os princípios do Direito Civil que inspiram e norteiam todos os outros princípios e regras desse macrossistema.

Nesse sentido, pode-se dizer que são **princípios basilares** do Direito Civil os seguintes: a) **autonomia da vontade**; b) **igualdade**; c) **propriedade individual**; d) **solidariedade social** (contendo as ideias de socialidade, eticidade e dignidade da pessoa humana); e e) **operabilidade**.

Maria Helena Diniz, ao tratar dos princípios basilares, entende que são os seguintes: a) personalidade; b) autonomia da vontade; c) liberdade de estipulação negocial; d) propriedade individual; e) intangibilidade familiar; f) legitimidade da herança e do direito de testar; g) solidariedade social.

A nosso ver, a liberdade de estipulação negocial já está contida na autonomia da vontade, daí porque a excluímos de nossa teoria. A intangibilidade familiar já está contida na autonomia da vontade, na igualdade e na solidariedade social, daí porque também a excluímos. E a legitimidade da herança já está contida na propriedade individual, o que também nos fez excluí-la. Por outro lado, acrescentamos a igualdade e a operabilidade, dada a importância e a peculiaridade desses valores em nosso Direito Civil.

Além dos princípios basilares, e abaixo deles, temos os **princípios-norma**, que são as *normas jurídicas aplicáveis a determinada categoria de relações, dotadas de especial relevância e alta carga valorativa*. São exemplos desses princípios os da função social dos contratos (aplicável aos contratos), da boa-fé objetiva (aplicável aos contratos), da função social da propriedade (aplicável ao direito de propriedade), da igualdade entre os filhos (aplicável ao direito de família e sucessões), entre outros.

Tais princípios têm as seguintes características: a) têm aplicação *direta e imediata* aos casos concretos; b) têm *hierarquia* em relação às meras regras-norma, hierarquia essa que é chamada de *hierarquia material* caso estejam previstos em leis da mesma categoria das regras (ex.: há hierarquia material, e não formal, entre um princípio previsto no Código Civil e uma mera regra prevista no mesmo Código); c) servem de *elemento integrativo* e de *vetor interpretativo* aos aplicadores do Direito.

Por fim, temos os **princípios gerais do direito**, que são as *diretrizes políticas, sociais e jurídicas extraídas do sistema jurídico como um todo*. Um exemplo desse princípio é o da *presunção de boa-fé*. Tais princípios somente são aplicados em caso de lacunas, ou seja, em casos de vazio no sistema jurídico. E, mesmo assim, tais princípios são só chamados caso a lacuna não possa ser resolvida com a *analogia* e os *costumes*. Dessa forma, tais princípios não têm aplicação direta e imediata aos casos concretos, dependendo, para sua aplicação, da existência de lacuna que não possa ser suprida pelos elementos mencionados.

1.1.7. Técnica do Código Civil

As leis podem ser feitas segundo várias técnicas.

A **técnica da *casuística*** é aquela em que a lei é feita tentando regulamentar cada *caso* passível de ocorrer no mundo fenomênico, daí porque o nome de técnica "casuística". Leis dessa natureza costumam ser extensas e detalhadas. Elas geram um *sistema fechado e casuístico* e acabam se desatualizando logo, pois não conseguem acompanhar a evolução da sociedade. Além disso, não conseguem regulamentar tudo e acabam gerando diversas lacunas.

A **técnica dos *conceitos legais indeterminados* e das *cláusulas gerais***, por sua vez, é aquela em que a lei traz normas mais abertas, permitindo a resolução de mais casos concretos, a maior perenidade da lei e a resolução de conflitos com maior possibilidade de fazer justiça no caso concreto. Essa técnica contribui para um *sistema aberto e flexível*.

Nosso atual Código Civil valeu-se de uma **técnica legislativa mista**. Há tanto normas casuísticas e voltadas para o esgotamento das situações que podem acontecer no caso concreto, como normas mais abertas, recheadas de conceitos legais indeterminados.

O Código Civil anterior, todavia, continha poucas normas abertas, daí porque se deve ressaltar sua maior presença no atual Código.

Não se deve, contudo, confundir *conceitos legais indeterminados* com *cláusulas gerais*.

Os **conceitos legais indeterminados** são *palavras ou expressões indicadas na lei de conteúdo e extensão fluidos e vagos*. Um exemplo de conceito legal indeterminado é o previsto no art. 581 do Código Civil. Nesse dispositivo a lei assevera que o comodante (ou seja, aquele que emprestou gratuitamente uma coisa infungível a alguém – um imóvel, por exemplo) pode pedir a coisa de volta caso haja "necessidade imprevista e urgente" reconhecida pelo juiz. Repare que as palavras "necessidade", "imprevista" e "urgente" dão margem a interpretações, daí o seu caráter indeterminado.

Tais palavras costumam ser chamadas de vagas, imprecisas, indeterminadas, fluidas, abertas etc. São exemplos de palavras dessa natureza as seguintes: boa-fé, má-fé, urgente, imprevisto, imprevisível, justa causa, razoável, excessiva onerosidade, manifesta desproporção, iminente perigo, fundado temor, diligência normal etc. A presença dessas palavras na lei confere ao juiz margem de liberdade (discricionariedade) para verificar, no caso concreto, se aplica ou não o comando legal incidente. No exemplo trazido, se determina ou não a devolução do imóvel ao comodante. Note que a norma citada já traz a *solução* que o juiz deve dar no caso concreto caso sua hipótese de incidência ocorra no mundo fenomênico. Ou seja, a lei enuncia o conceito indeterminado e dá as *consequências* dele advindas. A *solução* (a *consequência*), no exemplo dado, é a seguinte: determinar a devolução do imóvel. O que a norma não traz é uma definição clara e objetiva de *quando* o comando legal deve ser aplicado. Se a norma fosse mais objetiva nesse ponto (p. ex.: se dissesse que o juiz deveria determinar a devolução da coisa *após 1 mês de uso*), não estaríamos diante de norma com *conceito legal indeterminado*, mas sim diante de norma com *conceito legal determinado*.

No exemplo citado, a norma jurídica da retomada da coisa dada em comodato pode ser decomposta da seguinte maneira: a) hipótese de incidência – "ocorrer necessidade imprevista e urgente do comodante" (*hipótese de incidência* com conceito indeterminado); b) consequência – "o juiz determinará a devolução da coisa dada em comodato" (*consequência* ou *solução* clara e objetiva).

As **cláusulas gerais** são *normas jurídicas orientadoras, sob a forma de diretrizes indeterminadas, cabendo ao juiz criar a solução adequada ao caso concreto*. Um exemplo de cláusula geral é a prevista no art. 421 do Código Civil. Nesse dispositivo a lei assevera que "a liberdade de contratar será exercida em razão e nos limites da função social do contrato". Repare que a *diretriz* que determina respeito à "função social do contrato" é indeterminada, pois dá margem a mais de uma interpretação. Afinal de contas, o que seria "função social do contrato"? Além disso, a norma citada não traz qual *solução* deve dar o juiz quando se deparar com uma situação que ele entenda ter violado a diretriz que determina respeito à função social do contrato.

Assim, a cláusula geral se faz presente quando se está diante de uma norma com duas características, quais sejam: a) a presença de uma *diretriz* indeterminada; b) inexistência de uma solução específica que o juiz deve dar ao caso concreto.

No exemplo citado, a norma jurídica da função social dos contratos pode ser decomposta da seguinte maneira: a) hipótese de incidência – "violar a função social dos contratos" (*diretriz* indeterminada); b) consequência – "o juiz verificará a melhor *solução* para preservar a diretriz violada" (inexistência de *consequência* ou *solução* prévias).

De qualquer maneira, nos dois casos (*simples conceito legal indeterminado* e *cláusulas gerais*), compete ao juiz preencher os claros ao subsumir o fato à norma. Além disso, vale esclarecer que, toda vez que se estiver diante de uma cláusula geral, certamente haverá um conceito legal indeterminado no texto dessa norma.

O juiz, nessa tarefa de preencher os claros, de preencher os vazios, deve se valer das seguintes **ferramentas**:

a) **fazer conexões sistemáticas** (diálogo das fontes), ou seja, deve-se valer de outras normas jurídicas que tratam de assunto semelhante (p. ex., quando for aplicar o princípio da boa-fé objetiva num contrato regido pelo Código Civil, em que uma empresa de manutenção de equipamentos não usou peças originais, pode aplicar o dispositivo do Código do Consumidor, que proíbe essa conduta; no caso, trata-se de norma do CDC que não traz regra mais favorável ao consumidor, mas que apenas impõe ética entre as partes);

b) **fazer conexões com os fatos e valores sociais**, uma vez que o juiz, ao aplicar a lei, deve levar em conta o bem comum e os fins sociais a que a norma se dirige;

c) levar em conta os **contornos do caso concreto**;

d) valer-se das **regras de experiência**;

e) **aplicar as demais técnicas interpretativas**.

Enfim, o juiz, diante da discricionariedade que possui, deve fazer de tudo para compor os conflitos de interesses a serem resolvidos com normas com conceitos legais indeterminados e cláusulas gerais, pacificando com justiça.

1.2. INTRODUÇÃO AO ESTUDO DO DIREITO CIVIL

1.2.1. Finalidade da Lei de Introdução às Normas do Direito Brasileiro

A primeira Lei de Introdução às Normas do Direito Brasileiro foi a Lei nº 3.071/16. Essa lei foi revogada pelo Decreto-Lei 4.657/42, atualmente em vigor.

A Lei de Introdução às Normas do Direito Brasileiro é norma introdutória do Direito como um todo, e não apenas do Direito Civil, como parecia ser, diante do nome que detinha antes (Lei de Introdução ao Código Civil). Tal lei, na verdade, tem **três finalidades**.

A primeira delas, e a que mais se sobressai, é a de **regular a forma de aplicação das leis em geral**: a) o início e a duração de sua obrigatoriedade (arts. 1º e 2º); b) os mecanismos de integração em caso de lacuna (art. 4º); c) os critérios de interpretação (art. 5º); e d) os meios de preservação da segurança jurídica em face da edição de novas normas (art. 6º).

A segunda finalidade é a de **regular o direito internacional privado brasileiro** (arts. 7º a 17).

A última é a de **regular os atos civis praticados no estrangeiro pelas autoridades consulares brasileiras** (arts. 18 e 19).

A primeira finalidade incide não só sobre a aplicação das normas de Direito Civil, mas sobre o Direito como um todo, ressalvada a existência de uma lei especial dispondo de modo contrário. Por exemplo, em Direito Penal, sob o argumento de que existe uma lacuna, não será possível valer-se da analogia para considerar crime um tipo de conduta ainda não regulada pelo Direito, por haver vedação dessa forma de integração na lei penal.

1.2.2. Fontes do Direito

Quando se pergunta "quais são as fontes do Direito", fica sempre a dúvida sobre a qual fonte a indagação se refere. Existem *fontes criadoras* do Direito (legislador, por exemplo). Há *fontes formais* do Direito (a lei, por exemplo). Há *fontes históricas* do Direito (fatos históricos marcantes que deram origem à modificação de uma lei).

As **fontes formais** do Direito podem ser divididas em duas espécies: principais e acessórias.

As **fontes *formais principais*** são: a lei, a analogia, o costume e os princípios gerais do direito. Como adotamos o sistema romano-germânico, de início, só a lei é fonte formal principal. Apenas em caso de lacuna é que se admite que o aplicador se valha da analogia, do costume e dos princípios gerais, nessa ordem, como fonte formal jurídica (art. 4º da LINDB).

Para completo entendimento do assunto, é importante destacar que, por lei, deve-se entender norma constitucional, lei ordinária, lei complementar, lei delegada, resolução legislativa, decreto legislativo e medida provisória.

Já as **fontes *formais secundárias ou acessórias*** são: os decretos, as resoluções administrativas, as instruções normativas, as portarias etc. São acessórias pois guardam obediência a uma fonte principal.

Doutrina e jurisprudência são consideradas, tradicionalmente, como *fontes não formais* ou *fontes indiretas* (mediatas). Isso porque trazem preceitos não vinculantes. São também consideradas *fontes meramente intelectuais* ou *informativas*.

Há de se fazer alguns temperamentos com relação à jurisprudência. Isso porque, apesar de um entendimento reiterado pelos tribunais não ter força de lei, a Emenda Constitucional 45/04 estabeleceu que o Supremo Tribunal Federal poderá, após reiteradas decisões sobre matéria constitucional, aprovar súmula, que terá efeito vinculante e incidirá sobre a validade, a interpretação e a eficácia de normas determinadas acerca das quais haja controvérsia (art. 103-A da CF).

Tais súmulas, ainda que declarativas em relação ao que é Direito, poderão ser consideradas verdadeiras fontes formais, já que têm eficácia *erga omnes*.

1.2.3. Lei

1.2.3.1. Conceito e características

Em sentido estrito, pode-se **conceituar** a **lei** como o *ato do Poder Legislativo imperativo, geral, originário e autorizador de se exigir do Estado a garantia de seu cumprimento mediante o uso de coação física, se necessário.*

Confira-se cada uma das **características da lei**, trazidas no conceito:

a) **Criação pelo Poder Legislativo:** somente este Poder pode criar a lei em sentido estrito. A medida provisória, em que pese ter força de lei, não se confunde com essa. O Legislativo é que dirá se poderá ou não ser convertida em lei. A única hipótese em que a lei não será criada pelo Poder Legislativo é a da lei delegada. Instrumento raro em nossos dias, a lei delegada é elaborada pelo Presidente da República, após delegação do Congresso Nacional, que especificará seu conteúdo, os termos do seu exercício e eventual apreciação do projeto pelo Legislativo (art. 68 da CF);

b) **Imperatividade:** a lei prescreve condutas às pessoas. É uma ordem, um comando. Até uma lei que permite que alguém faça alguma coisa tem essa característica. Basta que seja observada do ângulo daquele que deve respeitar a faculdade concedida a outro. Um exemplo é a lei que autoriza um vizinho, dono de uma casa sem acesso a via pública, a constranger o outro a lhe dar passagem (art. 1.285 do CC). Do lado do primeiro vizinho, revela uma autorização; do lado do segundo, uma imposição, ou seja, um imperativo. Mas não basta a imperatividade ou a existência de uma sanção para que se esteja diante de uma lei. Normas morais, por exemplo, também são imperativas e têm sanções. São necessários outros requisitos;

c) **Generalidade:** a lei se dirige às pessoas em geral e não a determinada pessoa. Isso impede que alguém se considere imune à lei, bem como que ela só obrigue a uma pessoa. Como nem todas as pessoas moram na mesma cidade ou no mesmo estado, e nem todos têm o mesmo tipo de atividade, há situações em que a lei acaba atingindo concretamente um número menor de pessoas. É o caso da lei de zoneamento de um Município, da lei que cuida de uma atividade específica (por exemplo, da representação comercial) ou do estatuto dos funcionários públicos de um estado. Nesses casos, apesar de parecer que apenas algumas pessoas estão sujeitas à incidência das leis, essas não deixam de ser genéricas. Qualquer pessoa que vá ter uma atividade naquela cidade, que vá ser representante comercial ou que tome posse como servidor daquele estado estará sujeita ao cumprimento de cada uma daquelas leis;

d) **Originalidade:** ressalvados os preceitos constitucionais, a lei tem o condão de inovar na ordem jurídica. A lei tem o poder de criar direitos e deveres. Isso a difere dos atos infralegais, como os que vêm ao mundo jurídico por decretos, resoluções ou portarias. Ressalvadas as exceções que admitem regulamento autônomo (*vide* art. 84, VI, da CF), os atos infralegais não inovam na ordem jurídica, mas apenas possibilitam a aplicação da lei, facilitando seu entendimento e sua operacionalização;

e) **Autorizador:** a lei autoriza que o lesado por sua violação exija do Estado que este faça cumprir os preceitos legais, inclusive com o uso da força, se necessário. Ou seja, autoriza-se que o lesado peça ao Estado que se valha até da coação física para que a lei seja cumprida. Assim, se alguém deixar de pagar uma dívida, pode o credor ingressar com ação judicial, que possibilitará a execução forçada do que for reconhecido como devido. O Estado-Juiz conta, inclusive, com auxílio de força policial para fazer valer suas decisões. É importante anotar que ninguém pode fazer justiça com as próprias mãos. É crime o exercício arbitrário das próprias razões (art. 345 do CP). Deve-se exigir do Estado que faça com que a lei seja cumprida, salvo nos casos em que o próprio Direito o, como quando permite que o possuidor se valha da força para reprimir uma invasão na coisa possuída (art. 1.210, § 1º, do CC).

1.2.3.2. Classificação

As leis podem ser **classificadas** a partir de diversos **critérios**. Vejamos:

a) Quanto à **imperatividade**: podem ser *cogentes* ou *não cogentes*.

Cogentes *são as leis cuja incidência não pode ser afastada pela vontade dos interessados*. São também chamadas de leis *imperativas* ou de *ordem pública*. Trazem preceitos cujo cumprimento diz respeito a questões de interesse público. Existem quando o Estado não quer deixar que a questão seja resolvida segundo o livre-arbítrio do interessado. Essas normas podem ser identificadas por seu teor mandamental ou proibitivo. São exemplos grande parte das normas sobre família, sucessões e coisas, as normas do Código de Defesa do Consumidor (art. 1º da Lei 8.078/90) e as normas da Lei de Locações (art. 45 da Lei 8.245/91). O desrespeito às normas de ordem pública acarreta sanções graves, como a de nulidade, que priva o negócio jurídico de efeitos. O parágrafo único do art. 2.035 do CC dispõe que "nenhuma convenção prevalecerá se contrariar preceitos de ordem pública, tais como os estabelecidos por este Código para assegurar a função social da propriedade e dos contratos".

Não cogentes *são as leis cuja incidência poder ser afastada pela vontade dos interessados*. São também chamadas de *dispositivas* ou de *imperatividade relativa*. Dividem-se em duas espécies. *Permissivas* são as que facultam aos interessados dispor como lhes aprouver, como a que permite aos que vão se casar escolher o regime de bens que desejam ter (art. 1.639 do CC). *Supletivas* são as que se aplicam na falta de manifestação dos interessados, como a que dispõe que, não convencionados os juros moratórios, incidirão os que estiverem em vigor para devedores da Fazenda Nacional (art. 406 do CC). É possível identificar as leis supletivas por expressões como "salvo estipulação em contrário" e "salvo convenção entre as partes". As normas não cogentes são mais comuns em matéria de obrigações e contratos;

b) Quanto à **intensidade da sanção**: podem ser *mais que perfeitas*, *perfeitas*, *menos que perfeitas* e *imperfeitas*.

Mais que perfeitas *são as que estabelecem mais de uma sanção para seu descumprimento*. Exemplo é a norma que proíbe a bigamia. Dá ensejo à nulidade do segundo casamento (sanção civil) e à configuração do crime previsto no art. 235 do CP (sanção penal).

Perfeitas *são as que estabelecem sanção que torna o ato inválido*. Exemplo é a norma que considera nulo o negócio jurídico celebrado por absolutamente incapaz.

Menos que perfeitas *são as que estabelecem uma sanção que não seja a de tornar o ato inválido*. Exemplo é a norma que impõe o regime de separação obrigatória para o viúvo ou a viúva, com filho do cônjuge falecido, que se casa antes de fazer inventário e dar partilha dos bens aos herdeiros dos cônjuges (arts. 1.523, I, e 1.641, I, do CC). O casamento não será considerado inválido, mas será aplicada a sanção acima exposta.

Imperfeitas *são as que não estabelecem sanção para seu descumprimento*. Exemplo são as normas que tratam de dívidas de jogo e de dívidas prescritas. Não há obrigação de pagá-las (art. 814 do CC), daí a inexistência de sanção para seu descumprimento. Por outro lado, se forem pagas, não podem ser objeto de pedido de restituição pelo que pagou (art. 882 do CC);

c) Quanto à sua **natureza**: podem ser *substantivas* ou *adjetivas*.

Substantivas *são as que estabelecem os direitos e deveres das pessoas em suas atividades e relações pessoais e profissionais*. São também chamadas de *materiais*.

Adjetivas *são as que regulamentam os atos de um processo, o qual tem por objetivo fazer valer as normas materiais*. São também chamadas de normas *processuais* ou *formais*;

d) Quanto à **hierarquia**: são escalonadas em *constitucionais*, *complementares* e *ordinárias*. As normas complementares estão em posição superior às ordinárias, não só porque exigem quórum especial (art. 69 da CF), como porque, segundo a Constituição, têm o condão de dispor sobre a elaboração das leis (art. 59, parágrafo único), o que se deu com a edição da Lei Complementar 95/98;

e) Quanto à **competência** ou **extensão territorial**: são *federais*, *estaduais/distritais* e *municipais*;

f) Quanto ao **alcance**: podem ser *gerais* ou *especiais*.

Gerais *são as que regulam uma dada relação jurídica, a par de outra lei que regula um determinado aspecto daquela relação*. Assim, o Código Civil, ao tratar do contrato de locação é uma lei geral (arts. 565 e ss.), ao passo que a Lei 8.245/91 é uma lei especial, pois trata apenas de um determinado aspecto da locação, no caso a locação de imóvel urbano.

Especiais *são as que regulam sozinhas uma relação jurídica por inteiro ou um determinado aspecto de uma relação jurídica regulada de modo genérico por outra lei*. Além da Lei de Locações, podem ser citados o Código de Defesa do Consumidor e o Estatuto da Criança e do Adolescente.

A classificação é importante para efeito de se descobrir qual é a lei aplicável ao caso concreto. Entre uma lei especial e uma lei geral, ainda que a lei geral seja posterior, deve-se aplicar a lei especial. Isso porque se presume que esta tratou com mais detalhe do assunto.

É importante ressaltar que **uma lei pode ser especial em relação a uma e geral em relação a outra**. Por exemplo, em relação à compra e venda prevista no Código Civil, as normas sobre o assunto previstas no CDC são especiais. Mas em relação à Lei de Alienação Fiduciária (Decreto-Lei 911/69), as normas do CDC são consideradas gerais.

Outra observação importante é que **uma lei pode ser especial e ao mesmo tempo principiológica**. É o caso do CDC. Em relação ao CC, trata-se de uma lei especial. Em relação a outras leis especiais, como se viu acima, pode ser considerada lei geral. Nada obstante, como o CDC traz uma série de princípios, e como os princípios são normas que se sobrepõem a meras regras, é possível que o CDC prevaleça em relação a uma lei que, em princípio, traz normas especiais em relação às suas. Só que isso só acontecerá quando houver um conflito entre um princípio do CDC e uma mera regra da lei especial. É o que aconteceu em matéria de indenização por extravio de bagagens. Em que pese haver leis estipulando um tabelamento na indenização, prevalece na jurisprudência do STJ o princípio da reparação integral dos danos (art. 6º, VI, CDC).

1.2.3.3. Existência, validade, eficácia, vigência, vigor e desuso

O processo de elaboração das leis tem as seguintes etapas: iniciativa, discussão, votação, sanção (ou veto, com posterior recusa ao veto), promulgação e publicação.

A **sanção**, que pode ser expressa ou tácita (CF, art. 66, § 3º) é a *aquiescência dada pelo Chefe do Poder Executivo ao projeto de lei aprovado*. Permite-se também o veto, motivado pela inconstitucionalidade ou contrariedade do projeto ao interesse público, hipótese em que o Poder Legislativo poderá rejeitá-lo ("derrubá-lo"), por voto da maioria absoluta dos deputados e senadores, em voto secreto e sessão conjunta.

Após a sanção ou a recusa ao veto, passa-se à **promulgação**, que é o *ato pelo qual o Poder Executivo autentica a lei, atestando sua existência e determinando sua obediência.* O Executivo tem quarenta e oito horas contadas da sanção ou da comunicação da recusa ao veto para proceder à promulgação. Caso não o faça, o Presidente do Senado o fará e, se este não o fizer em igual prazo, caberá ao Vice-Presidente do Senado fazê-lo (CF, art. 66, § 7º).

Feita a promulgação, vem a **publicação**, que é *a divulgação oficial da nova lei, possibilitando seu conhecimento público.*

Em seguida à publicação, temos uma situação eventual pela qual pode passar uma lei, o chamado **período de vacância**, que é o *lapso temporal entre a data da publicação da lei e um termo pré-fixado na própria lei ou em outro diploma legislativo, durante o qual aquela não pode ainda produzir efeitos.* Esse intervalo entre a data da publicação da lei e sua entrada em vigor chama-se *vacatio legis*.

Segundo a LINDB, não havendo disposição em contrário, a lei começa a vigorar em todo o país quarenta e cinco dia após sua publicação. Nos estados estrangeiros, a obrigatoriedade da lei brasileira, quando for admitida, inicia-se três meses após oficialmente publicada (art. 1º, *caput* e § 1º). Adotou-se o princípio da *vigência sincrônica*, já que haverá vigência simultânea em todo o território nacional, ou seja, *prazo único* para entrada em vigor no país. Tal princípio se contrapõe ao da *vigência progressiva*, pelo qual a lei vai entrando em vigor no país segundo prazos que variam de acordo com a região[1]. Já nos estados estrangeiros, o prazo é outro, de modo que os agentes de nossas representações diplomáticas e os que têm fora do Brasil interesses regulados pela lei brasileira, por exemplo, só ficam obrigados após o período de três meses acima aludido.

Repare que, no silêncio, temos o período de vacância de quarenta e cinco dias, que poderá ser modificado mediante expressa indicação na lei de que entrará em vigor em outro termo. Segundo a Lei Complementar 95/98, deve-se reservar a cláusula "entra em vigor na data da sua publicação" apenas para as leis de pequena repercussão. Quanto às demais, deve-se fixar um período de vacância que contemple prazo razoável para que dela se tenha amplo conhecimento (art. 8º, *caput*, da LC 95/98). O Código Civil, por exemplo, entrou em vigor um ano após sua publicação (art. 2.044 do CC). A contagem do prazo dar-se-á com a inclusão da data da publicação e do último dia do prazo, entrando em vigor no dia subsequente à sua consumação integral (art. 8º, § 1º, da LC 95/98).

Há períodos de vacância fixados na própria Constituição, como os previstos nos art. 150, III, "b" e "c", e 195, § 6º (no que concerne à cobrança de tributos).

---

1. Segundo a anterior LINDB, a obrigatoriedade das leis, quando não se fixasse outro prazo, "começaria no Distrito Federal, três dias depois de oficialmente publicada, quinze dias no Estado do Rio de Janeiro, trinta dias nos Estados Marítimos e no de Minas Gerais, cem dias nos outros, compreendidas as circunscrições não constituídas em Estado".

Pode ocorrer de, no curso do período de vacância, ser necessária nova publicação da lei destinada a alguma correção. Nesse caso, o prazo de vacância começará a correr mais uma vez a partir da data da nova publicação (art. 1º, § 3º, da LINDB).

Pode ocorrer também de, após o período de vacância, ser necessária nova publicação da lei para o mesmo fim. Nesse caso, como a lei já estava em vigor, os efeitos que ela produziu até aquele momento serão respeitados. A LINDB é expressa no sentido de que as correções serão consideradas lei nova (art. 1º, § 4º), de modo que novo período de vacância deverá ser computado.

A partir dos eventos narrados (promulgação, publicação e período de vacância) é importante trazer à tona as noções de existência, vigência, vigor, validade e eficácia.

Segundo a maioria dos doutrinadores, a **existência** da lei ocorre *após a sanção ou a rejeição ao veto* (Pontes de Miranda, José Afonso da Silva, Manuel Gonçalves Ferreira Filho, Michel Temer, Luiz Alberto David Araujo e Alexandre de Moraes). A própria Constituição dá a entender que isso ocorre ao mencionar a "lei" como ato a ser promulgado (art. 66, § 7º). A promulgação, como se viu, apenas atesta a existência da lei. Nesse sentido é ato declaratório. E promulgação é uma verdadeira autenticação, ou seja, uma declaração de que a lei existe, é válida e que deverá ser cumprida, pois tem aptidão para vir a produzir efeitos.

A existência, todavia, não se confunde com a validade. Quando se tem existente uma lei, tem-se também uma presunção de que também é válida. A própria promulgação já atesta a existência e a validade da lei. Nada obstante, pode ser que o Poder Judiciário reconheça sua inconstitucionalidade. Se tal reconhecimento se der no bojo de uma ação direta de inconstitucionalidade, após seu trânsito em julgado será desfeita definitivamente a presunção de validade que a lei detinha. A **validade**, portanto, é *qualidade da lei de ter sido produzida segundo as condições formais e materiais previstas na ordem jurídica.*

Mas não basta que a lei exista e seja válida. Esta há de ter **eficácia**, que é a *qualidade da lei de poder produzir efeitos jurídicos.* A lei só a terá se cumprir as chamadas *condições de eficácia do ato normativo*, que são: a) a promulgação; b) a publicação; c) o decurso do período de vacância, quando existir. As duas primeiras condições também são chamadas de *atos de integração da eficácia da lei.* É importante anotar que algumas normas constitucionais, por dependerem de outra para produzirem efeitos, têm eficácia limitada.

Diante de tais noções, passemos aos conceitos de vigor e de vigência.

Vigor é a *qualidade da lei de poder produzir efeitos jurídicos.* Vigor quer dizer força. A lei só tem força quando pode produzir efeitos. E a lei só pode produzir efeitos depois de preenchidas as condições anteriormente aludidas. É por isso que o art. 1º da LINDB dispõe que a lei começa a "vigorar" após publicada.

Já a **vigência** é o *tempo em que a lei existiu podendo produzir efeitos.* Para alguns é o *tempo em que a lei é válida.* Vigência não é qualidade. Vigência é período de tempo. Perceba que a vigência requer dois elementos: "existência" e "efeitos". Assim, uma lei promulgada, mas não publicada, não teve vigência, uma vez que, apesar de existir, não pode produzir "efeitos". O mesmo se dirá de uma lei que ainda estiver em período de vacância. Uma lei que ainda produza efeitos, mas que já estiver revogada não está em vigência. Isso porque, apesar de produzir efeitos, não tem mais "existência". Isso ocorre com o Código Civil anterior. Ele ainda regula algumas relações (produz "efeitos"), mas está revogado (não tem mais "existência").

Assim, pode ser que uma lei tenha vigor, mas não tenha mais vigência. O CC antigo ainda produz efeitos (tem vigor), mas não existe mais (não tem vigência).

Por fim, vale trazer à tona a noção de **desuso** e **costume negativo**, que são as *circunstâncias de a lei, em que pese poder produzir efeitos jurídicos, não ter utilidade, no primeiro caso, ou estar sendo descumprida por destinatários do Direito, sem que haja sua exigência ou aplicação pelos agentes estatais competentes, no segundo*. Um exemplo de *desuso* é a lei que trata da proibição de caça de um tipo de animal que já está extinto. E um exemplo de *costume negativo* é o que se deu em relação ao crime de adultério. O Código Penal, em que pese vigente quanto a esse crime, não vinha sendo aplicado quando cometido o tipo penal em questão, que recentemente veio a ser retirado da ordem jurídica.

Cabe anotar que existem juristas ou jusfilósofos que apresentam noções diferentes das que colocamos. É o caso de Kelsen, para quem a *eficácia* tem a ver com o plano concreto, tem relação com o que chamamos de desuso. E o que chamamos de eficácia, para Kelsen, é vigência.

1.2.3.4. Vigência da lei

1.2.3.4.1. Princípio da obrigatoriedade

Ao conceituarmos a lei, vimos que é um ato imperativo, um ato que prescreve conduta às pessoas. De nada valeria a lei se os destinatários de seus comandos tivessem a faculdade de cumpri-los ou não. É fundamental para a efetividade da ordem jurídica que as pessoas sejam de fato obrigadas a cumprir a lei.

Nesse sentido, o art. 3º da LINDB dispõe que "ninguém se escusa de cumprir a lei, alegando que não a conhece". Esse dispositivo consagra o princípio da obrigatoriedade (*ignorantia legis neminem excusat*).

A justificativa do princípio apresenta três teorias: a) a da *presunção legal* de que a lei, publicada, passa a ser de conhecimento de todos; b) a da *ficção* de que todos passam a conhecer a lei com sua publicação; c) e a da *necessidade social* de que assim seja, possibilitando uma convivência harmônica. Esta é a teoria mais aceita.

A Lei das Contravenções Penais, em seu art. 8º, mitiga o princípio ao dispor que "no caso de ignorância ou errada compreensão da lei, quando escusáveis, a pena pode deixar de ser aplicada".

A ignorância da lei, nos demais casos, é inescusável. O que se admite é que haja um erro (não ignorância) *sobre a ilicitude do fato* (art. 21 do CP) ou *de direito* (art. 139, III, do CC), a ensejar isenção ou diminuição de pena no primeiro caso e anulabilidade no segundo.

1.2.3.4.2. Vigência da lei no tempo

Neste tópico estuda-se o princípio da continuidade e a revogação das leis e também o conflito das leis no tempo.

Princípio da continuidade é *aquele pelo qual a lei terá vigência enquanto outra não a modificar ou a revogar*. Ou seja, a regra é a de que as leis têm caráter permanente. Mas há exceções à regra.

Há casos em que a lei tem **vigência temporária** (leis temporárias), que cessará nas seguintes hipóteses: a) advento de termo (prazo) fixado para sua duração; b) implemento de condição resolutiva (leis circunstanciais); c) consecução de seus fins.

A lei **também poderá perder vigência:** a) pela não recepção em função de nova ordem constitucional; b) por suspensão de sua execução pelo Senado, em razão de declaração incidental de inconstitucionalidade pelo STF; ou c) pelo trânsito em julgado de ação destinada ao controle concentrado de constitucionalidade, em caso de reconhecimento da inconstitucionalidade.

A revogação é a *supressão de uma lei por outra*. Existem variadas espécies de revogação, daí a pertinência de proceder a sua classificação:

a) Quanto à **extensão**: pode ser *total* ou *parcial*.

Revogação total (ou ab-rogação) é *a supressão integral da lei anterior*. O art. 2.045 do atual Código Civil revogou por inteiro o Código anterior.

Revogação parcial (ou derrogação) é *a supressão de parte da lei anterior*;

b) Quanto *à* **forma de sua execução**: pode ser *expressa* ou *tácita*.

Revogação expressa é *aquela em que a lei nova declara inequivocamente a supressão de dada lei*. O atual Código Civil, como se viu, revogou expressamente a Lei 3.071/16 (CC anterior) em seu art. 2.045.

Revogação tácita é *aquela em que a lei nova, apesar de não declarar inequivocamente que a lei antiga está sendo suprimida, mostra-se incompatível com ela ou regule inteiramente a matéria de que essa tratava*.

A *incompatibilidade* se dá, por exemplo, quando uma lei nova permite algo que a antiga proibia. Ou quando a primeira proíbe algo que a segunda permite. Chama-se também revogação indireta.

A *regulamentação por inteiro de uma matéria* se dá quando a nova lei esgota a matéria da qual a lei anterior tratava. Assim, ainda que a nova Lei de Falências não fizesse referência expressa à revogação da lei anterior, o fato é que esta ficaria revogada, uma vez que aquela regula por inteiro a matéria dessa. Chama-se também revogação global.

Anote-se que é possível que uma lei revogada continue a produzir efeitos. Exemplo disso é a disposição do art. 2.038 do atual CC, que determina a continuidade da aplicação do CC/16 para as enfiteuses já existentes quando da entrada em vigor do primeiro. Trata-se da *ultratividade* ou *pós-atividade da lei*.

É importante anotar que, "salvo disposição em contrário, a lei revogada não se restaura por ter a lei revogadora perdido a vigência" (art. 2º, § 3º, da LINDB). Ou seja, se uma lei "A" é revogada por uma lei "B", e a tal lei "B" é revogada pela lei "C", a lei "A" não fica restaurada. Isso quer dizer que não existe o efeito repristinatório (restaurador) da primeira lei revogada. O que pode acontecer é a lei "C" expressamente dizer que novamente entrará em vigor a lei "A". Neste caso teremos uma lei nova e não exatamente uma repristinação.

De qualquer forma, ainda que não adotado como regra pela nossa LINDB, vamos conceituar o instituto da **repristinação**, *que consiste na restauração da lei revogada, em virtude da lei revogadora ter perdido a vigência.* O instituto em tela só é admitido quando a lei expressamente restaurar a lei anterior ou, no âmbito do Direito Administrativo, no que concerne aos *atos administrativos* (e não às *leis*).

Em resumo, a lei perde vigência nas seguintes hipóteses: a) fim do prazo ou do motivo que enseja sua vigência (lei temporária); b) suspensão da execução pelo Senado, em razão de declaração incidental de inconstitucionalidade pelo STF; c) trânsito em julgado de ação destinada ao controle concentrado de constitucionalidade, em caso de reconhecimento da inconstitucionalidade; d) não recepção em função de nova ordem constitucional; e) revogação por outra lei.

Tema pertinente a esse tópico é o conflito de leis no tempo. Será que toda lei posterior revoga a lei anterior? A resposta é negativa. O critério **cronológico** *ou* **temporal** (*lex posterior derogat legi priori*) cede em função dos critérios **hierárquico** (*lex superior derogat legi inferiori*) e da **especialidade** (*lex specialis derogat legi generali*).

Assim, uma lei nova não revoga um dispositivo constitucional que com ela esteja em contrariedade, pois a norma constitucional, em que pese mais antiga, tem *hierarquia* superior à norma infraconstitucional. Prevalece o critério hierárquico sobre o cronológico.

Do mesmo modo, uma lei geral nova não revoga uma lei especial velha, pois o critério da *especialidade* prevalece. A norma é especial quando possui em sua hipótese de incidência todos os elementos da norma geral e mais alguns *especializantes*. Presume-se que, na feitura da lei especial, procurou-se tratar com mais detalhe as particularidades do tema, da questão. O princípio da isonomia, que impõe tratar os desiguais de modo desigual, fundamenta a ideia de que o especial prevalece sobre o geral. Assim, o Estatuto da Criança e do Adolescente e o Código de Defesa do Consumidor não ficaram revogados pelo novo Código Civil, já que trazem normas especiais em relação a este. Prevalece o critério da especialidade sobre o cronológico.

Deve-se tomar cuidado, todavia, com um aspecto. Muitas vezes uma lei preponderantemente geral, como é o Código Civil, contém normas especiais, que, assim, podem revogar normas anteriores com ele incompatíveis. É o caso da matéria referente ao condomínio edilício, que é uma questão única, não passível de tratamento estanque, e que foi regulada por inteiro no atual Código Civil. Por trazer normas especiais, os arts. 1.331 a 1.357 do CC revogaram substancialmente a Lei 4.591/64, mesmo sendo esta uma lei especial.

Deve-se tomar cuidado com a afirmativa de que "a lei especial revoga a lei geral". Às vezes, a lei especial apenas está regulando uma das categorias abrangidas pela lei geral, não a revogando, portanto. O Código Civil anterior, de modo geral, regulava os vícios redibitórios. Veio o CDC e regulou os vícios do produto ou do serviço para uma relação de consumo. A lei geral não ficou revogada. Continua a ser aplicada de modo genérico. Apenas não se aplica àquela categoria de negócios considerados *relação de consumo*. Ou seja, a lei especial não revogou a geral. Apenas retirou um espectro de sua incidência.

No tema aplicação da lei no tempo é, ainda, importante anotar que a lei nova, apesar de ter efeito imediato e geral, deve respeitar o ato jurídico perfeito, o direito adquirido e a coisa julgada (art. 6º da LINDB). A Constituição, em seu art. 5º, XXXVI, reforça o princípio ao dispor que "a lei não prejudicará o direito adquirido, o ato jurídico perfeito e a coisa julgada".

Trata-se do **princípio da irretroatividade da lei**.

A **coisa julgada** pode ser conceituada como a *qualidade da sentença de mérito de o seu comando ser imutável. Isso se dá com o trânsito em julgado da decisão.*

O **direito adquirido** é *aquele que já se incorporou ao patrimônio de seu titular, uma vez que preenchidos, sob a vigência da lei anterior, os requisitos para a aquisição do direito*. Para a LINDB, "consideram-se adquiridos assim os direitos que seu titular, ou alguém por ele, possa exercer, como aqueles cujo começo do exercício tenha termo pré-fixo, ou condição preestabelecida inalterável, a arbítrio de outrem" (art. 6º, § 2º).

O **ato jurídico perfeito** é *aquele já consumado segundo a lei vigente ao tempo em que se efetuou* (art. 6º § 1º, da LINDB).

A lei não pode *prejudicar* tais valores, mas pode *beneficiar*. É por isso que a lei penal que beneficia o acusado retroage (art. 5º, XL, da CF) e que a lei tributária também retroage em alguns casos (art. 106 do CTN).

Não se deve confundir *retroatividade* com *aplicabilidade imediata*. A lei não pode atingir, para prejudicar, fatos passados, mas pode ser aplicada de modo imediato para fatos que ocorrerem depois de sua vigência, ainda que relacionados com fatos anteriores.

Nesse sentido, é importante trazer à tona a diferenciação feita pelo art. 2.035 do Código Civil, que, no tocante aos negócios e demais atos jurídicos constituídos antes da vigência do CC de 2002, traz as seguintes regras:

a) a *validade* desses atos subordinam-se à legislação da época em que foram feitos;

b) os *efeitos* desses atos, produzidos após a vigência do novo Código, a esse se subordinam, salvo se as partes tiverem previsto determinada forma de execução.

Em suma, quanto aos fatos antigos (validade do negócio) aplica-se a lei antiga. Quanto aos fatos novos (efeitos ocorridos após a vigência da lei nova), aplica-se a lei posterior. O Enunciado n. 300 JDC/CJF traz interessante consideração sobre a matéria: *A lei aplicável aos efeitos atuais dos contratos celebrados antes do novo Código Civil será a vigente na época da celebração; todavia, havendo alteração legislativa que evidencie anacronismo da lei revogada, o juiz equilibrará as obrigações das partes contratantes, ponderando os interesses traduzidos pelas regras revogada e revogadora, bem como a natureza e a finalidade do negócio.*

O problema é que o art. 2.035 foi além e criou uma norma bastante polêmica, que permite que o novo Código retroaja na seguinte situação:

c) convenção alguma prevalecerá, porém, se contrariar preceitos de ordem pública, tais como os estabelecidos pelo CC para assegurar a função social da propriedade e dos contratos.

Trata-se da chamada retroatividade média, em que se atingem os efeitos ainda pendentes de um ato jurídico anterior, verificados antes da lei nova[2]. Todavia, há diversas decisões do STF proibindo esse tipo de retroatividade, mesmo nos casos em que a lei nova é de ordem pública (ADI 493/DF; RE 188.366, RE 205.193, RE 205.999, RE 159.979 e RE 263.161).

Com efeito, é comum distinguir a retroatividade em três espécies[3].

A *retroatividade máxima*, também chamada de *restitutória*, consiste em alcançar situações jurídicas consolidadas (ato jurídico perfeito, direito adquirido e coisa julgada) cujos efeitos já se efetivaram no mundo jurídico e fenomênico. Ou seja, consiste em a nova lei *alcançar negócios e atos jurídicos findos*. Um exemplo de retroatividade máxima é a situação em que uma lei que diminuísse a taxa de juros para uma determinada obrigação estipulasse que os credores dessas obrigações, já satisfeitos por ocasião da nova lei, devolvessem as quantias recebidas a mais.

A *retroatividade média* consiste em alcançar situações jurídicas consolidadas e exigíveis (ato jurídico perfeito, direito adquirido e coisa julgada), mas que ainda não foram realizadas. Ou seja, consiste em a nova lei alcançar obrigações certas e já vencidas, mas ainda não pagas. Um exemplo de retroatividade média é a situação em que uma lei que diminuísse a taxa de juros para uma determinada obrigação estipulasse que os credores dessas obrigações, ainda não satisfeitos por ocasião da nova lei, tivessem que aceitar o pagamento dos juros passados e futuros com base na nova lei.

A *retroatividade mínima* consiste em alcançar efeitos *futuros* de situações jurídicas consolidadas e exigíveis (ato jurídico perfeito, direito adquirido e coisa julgada), mas ainda não realizadas. Ou seja, consiste em a nova lei alcançar efeitos *futuros* de obrigações já vencidas e ainda não pagas. Um exemplo de retroatividade mínima é a situação em que uma lei que diminuísse a taxa de juros para uma determinada obrigação estipulasse que os credores dessas obrigações, ainda não satisfeitos por ocasião da nova lei, tivessem que aceitar o pagamento dos juros futuros (juros após a edição da nova lei) com base no novo diploma legal.

Há, ainda, outro instituto jurídico relacionado ao tema, a chamada *aplicação imediata da lei*. Esta abrange a retroatividade mínima e também outra situação, qual seja, a situação de lei nova se aplicar a situações jurídicas ainda não consolidadas. Um exemplo desse segundo caso é a aplicação imediata da lei processual nova, em relação a processos judiciais em curso, desde que não se fira a coisa julgada e que se respeite os atos regularmente praticados com base na antiga lei.

---

2. A retroatividade máxima ocorre quando a lei nova ataca a coisa julgada ou fatos já consumados. Essa, não há dúvida, só pode se dar por atuação do Poder Constituinte Originário.

3. *Vide*, a respeito, José Carlos de Matos Peixoto (*Curso de Direito Romano*, Editorial Peixoto, 1943, tomo I, p. 212-213) e também a ADI 493/DF, do STF, cuja relatoria foi do Min. Moreira Alves (DJ 04/09/92).

É sempre bom lembrar que a proibição à retroatividade maléfica da lei está prevista na própria Constituição e não em uma lei infraconstitucional (art. 5º, XXXVI, da CF). Isso faz com que uma norma desta natureza não possa excepcionar uma norma constitucional, pouco importando se a lei infraconstitucional é ou não de ordem pública.

Nesse sentido, confira o posicionamento pacífico do Supremo Tribunal Federal;

> "Contrato de prestação de serviços. Lei 8.030/1990. Retroatividade mínima. Impossibilidade. É firme, no Supremo Tribunal Federal, a orientação de que não cabe a aplicação da Lei 8.030/1990 a contrato já existente, ainda que para atingir efeitos futuros, pois redundaria em ofensa ao ato jurídico perfeito. Agravo regimental a que se nega provimento." (RE 388607, Rel. Min. JOAQUIM BARBOSA, 2ª T., DJ 28-04-2006) (g.n.)

Mesmo a retroatividade mínima, segundo o Supremo Tribunal Federal, só é permitida se provier de uma norma constitucional. Confira:

> "Pensões especiais vinculadas a salário mínimo. Aplicação imediata a elas da vedação da parte final do inciso IV do artigo 7º da Constituição de 1988. - Já se firmou a jurisprudência desta Corte no sentido de que os dispositivos constitucionais têm vigência imediata, alcançando os efeitos futuros de fatos passados (retroatividade mínima). Salvo disposição expressa em contrário - e a Constituição pode fazê-lo -, eles não alcançam os fatos consumados no passado nem as prestações anteriormente vencidas e não pagas (retroatividades máxima e média). Recurso extraordinário conhecido e provido". (RE 140499, Rel. Min. MOREIRA ALVES, 1ª T., DJ 09-09-1994) (g.n.)

Dessa forma, tirando as situações de aplicação imediata da lei, não se pode retroagir lei nova para prejudicar direito adquirido, coisa julgada e ato jurídico perfeito.

1.2.3.4.2.1. Jurisprudência selecionada

INCONSTITUCIONALIDADE. REPRISTINAÇÃO
A Seção reafirmou, ao prosseguir o julgamento, o entendimento segundo o qual a não repristinação é regra aplicável aos casos de revogação de lei, e não aos casos de inconstitucionalidade. É que a norma inconstitucional, porque nula *ex tunc*, não teve aptidão para revogar a legislação anterior, que, por isso, permaneceu vigente. Assim, reconheceu-se a repristinação do disposto no art. 22 da Lei n. 8.212/1991, compelindo-se a empresa embargante a pagar as diferenças das contribuições à Previdência Social relativas ao período anterior à declaração de inconstitucionalidade do § 2º do art. 25 da Lei n. 8.870/1994. Precedente citado: EREsp 445.455-BA, DJ 5/12/2005. **EREsp 645.155-AL, Rel. Min. José Delgado, julgados em 26/4/2006.** (Inform. STJ 282)

1.2.3.4.3. Vigência da lei no espaço

Nesse tema vige o princípio da **territorialidade**, para o qual *a lei tem aplicação dentro do território do Estado que a expediu*. Esse princípio decorre da soberania estatal. A ideia de território estende-se também a outros espaços, como os navios e aeronaves de guerra, onde se encontrarem.

Admite-se, todavia, que a lei estrangeira, em determinadas hipóteses, tenha eficácia em nosso território, ou seja, admite-se a **extraterritorialidade**. Isso se dá com fundamento na solidariedade internacional. A aplicação da lei estrangeira em outro território tem por finalidade proteger a pessoa em território estrangeiro e regular os efeitos de atos estrangeiros que venham a se cumprir no país. Em virtude da existência de exceções é que se diz que adotamos o princípio da **territorialidade moderada**.

Todavia, em nenhuma hipótese poderá ser aplicada uma lei estrangeira (bem como atos, sentenças e declarações de vontade) que ofenda a soberania nacional, a ordem pública e os bons costumes do país (art. 17 da LINDB).

Chama-se **estatuto pessoal** o conjunto de normas que rege o estrangeiro pela lei de seu país de origem. Um estrangeiro que estiver em nosso país poderá carregar consigo um conjunto de normas estrangeiras que regulará seus direitos no Brasil.

Para que se saiba qual será a lei aplicável, havendo um elemento estrangeiro em nosso país, a LINDB trabalha com as noções de "matéria" e de "critério". É a partir desses dois elementos que se chegará à lei aplicável a um caso concreto.

O critério antigo era o da nacionalidade. Assim, aplicava-se a uma dada matéria a lei da nacionalidade do interessado. Esse critério era muito criticado, pois não resolvia o problema dos apátridas e fazia com que um estrangeiro há muito tempo já residente aqui continuasse a ter como estatuto pessoal as leis de sua nacionalidade.

O critério atual gira em torno do **domicilio** da pessoa (*lex domicilii*). Quanto aos bens e obrigações, o critério é o lugar em que aqueles se encontrem e essas foram constituídas. Tudo a demonstrar um afastamento do critério da nacionalidade da pessoa.

Por exemplo, para reger questões de família de um estrangeiro, aplica-se a lei de seu domicílio. Agora, para saber qual é o domicílio da pessoa, a fim de poder descobrir qual é a lei aplicável àquele caso, deve-se partir do conceito de domicílio previsto na nossa lei civil, ou seja, da chamada *lex fori* (lei do foro competente, da jurisdição onde se deva processar a demanda, no caso o Brasil). Vejamos agora os **critérios** ou **elementos de conexão** (que estão em negrito) e as **matérias** a serem regidas (em itálico), previstos na Lei de Introdução às Normas do Direito Brasileiro.

a) Lei do país em que a **pessoa** for **domiciliada**: aplica-se quanto ao começo e fim da *personalidade*, ao *nome*, à *capacidade* e aos direitos de *família* (art. 7º).

Se o casamento for realizado no Brasil, aplica-se a lei brasileira quanto aos impedimentos dirimentes e às formalidades da celebração (*lex loci actus*). Se os nubentes tiverem domicílio diverso, regerá os casos de invalidade do matrimônio a lei do primeiro domicílio conjugal. Se a pessoa não tiver domicílio, considerar-se-á domiciliada no lugar de sua residência ou naquele em que se encontrar;

b) Lei do país em que os **bens** estiverem **situados**: qualifica os *bens* e regula as relações a eles concernentes (art. 8º).

Trata-se da *lex rei sitae* (lei da situação da coisa). Exceções: será aplicada a lei do país em que for *domiciliado* o proprietário, quanto aos bens móveis que ele trouxer ou se destinarem a transporte para outros lugares; e será aplicada a lei do possuidor da coisa, quando essa estiver empenhada;

c) Lei do país em que as **obrigações** tiverem sido **constituídas**: qualifica e rege as *obrigações* (art. 9º).

Trata-se da regra *locus regit actum*. Anote-se que, caso a obrigação tenha que ser executada no Brasil e nossa lei exija forma essencial (uma escritura pública, por exemplo), essa será observada, sem prejuízo de se cumprir as peculiaridades da lei estrangeira;

d) Lei do país em que o **defunto ou desaparecido** era **domiciliado**: rege a *sucessão* por morte ou ausência (art. 10).

Exceção: é a lei do domicílio do herdeiro (e não do falecido) que regula a capacidade para suceder, que deve ser entendida como legitimidade para suceder.

Outra exceção é prevista na LINDB e na Constituição Federal, que assevera: "a sucessão de bens de estrangeiros situados no País será regulada pela lei brasileira em benefício do cônjuge ou dos filhos brasileiros, sempre que não lhes seja mais favorável a lei pessoal do *de cujus*" (art. 5º, XXXI).

Não se deve confundir as questões trazidas com as normas atinentes ao processo civil que correr em nosso país (*vide* os arts. 88 e 89 do CPC, que trazem as hipóteses em que a autoridade judiciária brasileira é competente). As normas processuais aplicáveis serão, sempre, as normas brasileiras (*lex fori*), o que decorre do art. 1º do CPC. Não conhecendo a lei estrangeira, poderá o juiz exigir daquele que a invoca prova do texto e da vigência (art. 14 da LINDB e art. 337 do CPC).

Quanto às sentenças proferidas no estrangeiro, essas dependem, para serem executadas no Brasil, do preenchimento dos seguintes requisitos estabelecidos no art. 15 da LINDB: a) haver sido proferida por juiz competente; b) terem sido as partes citadas ou legalmente se verificado a revelia; c) estar transitada em julgado e revestida das formalidades necessárias para a execução no lugar em que foi proferida; d) estar traduzida por intérprete autorizado; e) ter sido homologada pelo Superior Tribunal de Justiça (este item foi alterado em função da Emenda Constitucional nº 45 – art. 105, I, "i", da CF).

O divórcio realizado no estrangeiro, se um ou ambos os cônjuges forem brasileiros, só era reconhecido no Brasil depois de 1 (um) ano da data da sentença, salvo se houver sido antecedida de separação judicial por igual prazo, caso em que a homologação produzirá efeito imediato, obedecidas as condições estabelecidas para a eficácia das sentenças estrangeiras no país. O cumprimento desse prazo não é mais exigido (EC 66/2010).

O Superior Tribunal de Justiça, na forma de seu regimento interno, poderá reexaminar, a requerimento do interessado, decisões já proferidas em pedidos de homologação de sentenças estrangeiras de divórcio de brasileiros, a fim de que passem a produzir todos os efeitos legais (redação dada ao art. 7º, § 6º, da LINDB, pela Lei nº 12.036, de 2009).

1.2.3.5. Aplicação da lei

1.2.3.5.1. Generalidades

Decorrem da lei diversas normas jurídicas. A partir da verificação dos textos legais isoladamente, dos textos legais em conjunto e da finalidade dos textos legais chega-se à **construção** de uma **norma jurídica**.

A norma jurídica tem uma **estrutura formada por dois elementos**: a) hipótese de incidência; b) consequência.

A norma jurídica que trata do homicídio, por exemplo, pode ser assim narrada: a) sua hipótese de incidência é "matar alguém"; b) sua consequência é "reclusão de seis a vinte anos". Essa norma é extraída do art. 121 do CP.

Já a norma que trata da indenização por ato ilícito pode ser assim narrada: a) uma de suas hipóteses de incidência é "culposa ou dolosamente violar direito e causar dano a outrem, ainda que exclusivamente moral"; b) sua consequência é "obrigação de reparar o dano". Essa norma é extraída dos arts. 186 e 927 do Código Civil.

Compete ao cientista do Direito narrar as diversas possibilidades de norma jurídica que podem ser extraídas do texto legal. Já ao juiz e ao administrador público compete, a partir das possibilidades decorrentes do Direito, aplicar a norma jurídica que corresponda àquele fato, considerando inclusive as realidades fática e valorativa à sua volta.

É importante ressaltar quatro pontos: a) para aplicar a lei, deve-se antes identificar a lei (dogmática analítica); b) em seguida, deve-se interpretá-la (dogmática hermenêutica); c) a partir das normas jurídicas apreendidas da observação das leis, passa-se à fase crítico-argumentativa (dogmática da decisão), procedendo-se à subsunção, que consiste em enquadrar o fato concreto à hipótese de incidência contida na norma, passando-se ao reconhecimento da respectiva consequência jurídica; d) findo o procedimento, ter-se-á aplicado a lei.

Caso não haja lei regulando a matéria, estar-se-á diante de uma lacuna, cabendo ao aplicador proceder à integração da legislação, que será vista adiante.

Já no caso de haver mais de uma lei regulando a matéria, e estas estiverem conflitando entre si, estar-se-á diante de uma antinomia, cabendo ao aplicador proceder à sua correção, que também será vista adiante.

Vejamos antes a interpretação da lei.

1.2.3.5.2. Interpretação da lei

Interpretar é *extrair o sentido e o alcance da lei, com vistas a sua posterior aplicação.*

A interpretação que nos interessa não é um fim em si mesmo. Ela objetiva extrair da lei normas jurídicas para aplicação aos casos concretos, possibilitando que o Direito cumpra seu papel de garantir uma convivência justa entre as pessoas.

A grande questão é que a lei é estática em relação à realidade fenomênica. As leis permanecem vigentes anos a fio, ao passo que os fatos e valores sociais mudam com maior rapidez. É por isso que compete ao intérprete extrair da lei normas jurídicas, atentando para a situação fático-valorativa em que se encontram os fatos a serem subsumidos para efeito de aplicação da lei.

Cabe ao intérprete, portanto, dar vida ao texto da lei. Nesse sentido, várias comparações são feitas pela doutrina. O intérprete está para a lei, assim como o ator está para o texto que irá representar, ou assim como o cantor está para o texto da música que irá cantar. Atores e cantores darão vida àqueles textos, a partir da técnica e da emoção. Intérpretes darão vida aos textos de lei, a partir de técnicas que considerem os fenômenos fáticos e valorativos que envolvem a questão.

As **técnicas interpretativas** são tão importantes que, para seu estudo, foi se formando uma verdadeira ciência, que é chamada de **hermenêutica**. Pode-se defini-la, portanto, como *a ciência da interpretação*.

A **técnica gramatical** *consiste em verificar o significado das palavras, isolada e sintaticamente, atendendo à pontuação e à colocação dos vocábulos*. Usa-se também a expressão *interpretação literal* para fazer referência a essa técnica.

A **técnica lógica** *consiste na análise dos períodos da lei, combinando-os entre si mediante um raciocínio lógico, de modo a se atingir uma perfeita compatibilidade.*

A **técnica sistemática** *consiste em relacionar os vários dispositivos legais que guardam pertinência com o tema no sistema jurídico, de modo a buscar uma resposta única e trabalhada.*

A **técnica histórica** *consiste em averiguar os antecedentes da norma, desde as circunstâncias fáticas e valorativas que a precederam* (occasio legis) *até as discussões e deliberações legislativas, de modo a verificar a razão de sua existência* (ratio legis).

A **técnica teleológica** *consiste em averiguar o sentido e o alcance da lei partindo dos fins sociais a que ela se dirige, bem como adaptando-a às exigências do bem comum* (art. 5º da LINDB).

A utilização das técnicas de interpretação pode levar a **resultados** *declarativos (ou especificadores)*, *restritivos* e *extensivos*. Em determinadas matérias existem óbices, decorrentes de sua própria natureza, a alguns dos resultados possíveis. Por exemplo, em Direito Penal, não se pode interpretar um tipo penal de modo a que se chegue a um resultado extensivo em relação ao texto da lei. Quando se tem uma exceção, também não se pode interpretar de modo a que se chegue a um resultado extensivo. A própria ordem jurídica se encarrega de colocar óbices a determinados resultados. O art. 114 do Código Civil, por exemplo, dispõe que os negócios jurídicos benéficos (como uma doação) e a renúncia "interpretam-se estritamente".

No processo crítico que se faz da interpretação até a decisão (aplicação da lei), há também a figura dos **argumentos jurídicos**, que têm grande valia nessa senda. A dogmática da decisão estuda esses argumentos.

O argumento **"ab absurdo" ou "reductio ad absurdum"** propõe que *o resultado absurdo deve ser afastado.*

O argumento **"ab auctoritate"** é *aquele que se funda no prestígio de uma pessoa*. No Direito tem grande importância, na medida em que são fortes os argumentos fundados na doutrina, na jurisprudência e em pareceres de juristas renomados.

O argumento **"a contrario sensu"** propõe que *mencionada uma hipótese, ficam excluídas as outras*. O argumento deve ser utilizado com muito cuidado. Isso porque o fato de se mencionar uma hipótese não implica necessariamente que as outras estão excluídas. Muitas vezes, fazendo-se uma interpretação sistemática, descobre-se que um outro dispositivo legal também regula a outra hipótese de modo idêntico ao primeiro dispositivo consultado. Outras vezes pode se estar diante de verdadeira lacuna ou de situação que recomenda, numa interpretação teleológica, um resultado extensivo. O argumento terá utilidade quando a lei enumera hipóteses de modo taxativo ou traz uma exceção. Nos demais casos, argumento melhor é o que lhe é oposto – **"positio unius non est exclusio alterius"**: *a especificação de uma hipótese não redunda em exclusão das demais*.

O argumento **"a maiori ad minus"** propõe *que, se é permitido o mais, é permitido o menos*. Quem pode o mais, pode o menos. Esse argumento tem relação com direitos, com poderes. Exemplo: quem pode vender, pode administrar.

O argumento **"a minori ad maius"** propõe *que, se é vedado o menos, será também o mais*. Quem não pode o menos, não pode o mais. Esse argumento tem relação com proibições, com restrições. Exemplo: quem não pode administrar, não pode vender.

O argumento **"a fortiori"** propõe *a construção de hierarquias, verificando o que é mais e o que é menos, de modo a ordenar, pela força, os objetos*. Usar o argumento *a fortiori* é utilizar as seguintes expressões "com tanto mais razão, por mais forte razão". É usar a ideia de força. Os dois argumentos logo acima referidos são utilizados no argumento *a fortiori*. Assim, o próprio "quem pode o mais, pode o menos" é exemplo desse argumento.

Os argumentos **"a pari"** ou **"a simili"** propõem que *o preceito formulado para uma hipótese também se estende a hipótese igual ou fundamentalmente semelhante*. O brocardo seguinte também traz essa ideia: "ubi eadem ratio, ibi eadem legis dispositio" (onde existe a mesma razão fundamental, prevalece a mesma regra de direito).

1.2.3.5.3. Integração das lacunas

O Direito tem por objetivo regular o comportamento humano, de modo a garantir uma convivência justa entre as pessoas. Para tanto, são editadas inúmeras leis. Como se viu, é a partir dessas que se vão extrair as normas jurídicas destinadas a regular as variadas questões que se apresentarem no mundo fenomênico. O aplicador partirá da lei, adaptada à realidade fático-valorativa daquele momento histórico. O problema é quando não há lei regulando aquele fato. Estar-se-á diante de uma lacuna.

Numa situação dessas, poder-se-ia dizer que o sistema jurídico é incompleto, pois não tem norma para regular todos os fatos do mundo fenomênico. Todavia, nosso sistema jurídico prevê meios de preenchimento de lacunas, de modo que se pode encará-lo como um sistema, pelo menos, completável. Quanto a ser um sistema aberto ou fechado, parece mais acertada a primeira hipótese. Isso porque, na aplicação da lei, determina-se que se o faça atendendo aos fins sociais e ao bem comum (que devem ser extraídos da realidade fático-valorativa), bem como que o juiz se valha dos costumes e dos princípios gerais de direito, caso não haja lei regulando o assunto e não seja possível valer-se da analogia.

As **causas** das lacunas são as seguintes: a) impossibilidade de o legislador lograr êxito em regular todas as questões de interesse da sociedade; b) superveniência de modificações fáticas e sociais sem que a lei acompanhe a nova realidade.

É importante anotar que o juiz somente pode colmatar (preencher a lacuna) para o caso concreto que decide. Exceção a essa regra somente pode se dar por meio do mandado de injunção, importante na colmatagem da lacuna enquanto não sobrevier lei preenchendo o vazio. Tal possibilidade não vinha sendo admitida pelo Supremo Tribunal Federal. Todavia, no mandado de injunção que pedia o reconhecimento de mora abusiva do Congresso em legislar sobre o direito de greve do servidor público, o STF resolveu permitir que esse direito fosse exercido, aplicando-se a Lei de Greve para o setor privado por analogia.

Antes de verificarmos quais são as medidas que deve tomar o aplicador da lei para preencher uma lacuna, vejamos as **espécies** de lacuna reconhecidas pela doutrina: a) **normativa**, quando não houver lei regulando determinado caso; b) **ontológica**, quando houver norma regulando o caso, mas essa não corresponder à realidade fático-valorativa, tendo em vista modificações substanciais nos fatores sociais; c) **axiológica**, quando houver norma, mas essa for injusta, levar a situações iníquas, absurdas.

Seja qual for o tipo de lacuna, deve-se recorrer ao art. 4º da LINDB, que dispõe: "quando a lei for omissa, o juiz decidirá o caso de acordo com a analogia, os costumes e os princípios gerais do direito".

A lei não permite que o juiz se exima de decidir. Deve o magistrado aplicar a norma legal, e, na sua falta, as três fontes referidas, sucessivamente (art. 126 do CPC).

O juiz só decidirá por equidade nos casos previstos em lei (art. 127 do CPC), como o previsto no art. 11, II, da Lei 9.307/96. Isso não impede que o juiz, ao aplicar a lei, busque a forma mais equânime de fazê-lo. Ou seja, deve o juiz agir com "equidade dentro da lei". O que não pode é ignorar a lei e simplesmente decidir do modo que entender ser mais equânime. Reconhece a doutrina que também é possível valer-se da equidade quando haja lacuna e nenhum dos critérios previstos na lei consiga integrá-la. De qualquer forma, entendemos ser difícil que isso se configure, pois um dos princípios gerais de direito, último recurso a ser utilizado em caso de lacuna, é o da igualdade, que remete justamente à ideia de equidade.

Em matéria de prova, ou seja, no que concerne a questões de "fato" (e não de "direito"), "em falta de normas jurídicas particulares, o juiz aplicará as regras de experiência comum subministradas pela observação do que ordinariamente acontece e ainda as regras de experiência técnica, ressalvado, quanto a esta, o exame pericial" (art. 335 do CPC).

A **integração** pode ser definida como *o processo de preenchimento de lacunas, mediante a aplicação da analogia, dos costumes e dos princípios gerais do direito, nessa* *ordem, criando-se norma individual para o caso*. Repare que há uma ordem de preferência na utilização das fontes. Comecemos com a primeira.

Decidir de acordo com a analogia *consiste em aplicar, a um acontecimento não regulado por uma norma jurídica, outra norma prevista para hipótese semelhante*. São necessários os seguintes procedimentos: a) comparar as semelhanças entre as hipóteses; b) avaliar se a semelhança justifica um tratamento jurídico idêntico. O fundamento da utilização da analogia é o princípio da igualdade. Utiliza-se muito aqui os argumentos vistos, especialmente o argumento *a fortiori*, que compreende o "a maiori ad minus" e o "a minori ad maius". Não sendo possível a utilização da analogia, deve-se recorrer aos costumes.

Decidir de acordo com o costume *consiste em aplicar as normas decorrentes da prática reiterada de determinado ato, com a convicção de sua obrigatoriedade jurídica*. O costume, que é fonte formal secundária do direito, tem dois elementos: a) o objetivo (o uso); e b) o subjetivo (a crença na sua obrigatoriedade). Em relação à lei, são divididos em: a) *contra legem* (contrários à lei); b) *praeter legem* (quando não estiver regulado em lei); c) *secundum legem* (quando a lei já o reconhece). As normas costumeiras a serem aplicadas na forma do art. 4º da LINDB são aquelas *praeter legem*. O costume contra a lei só poderá ser aplicado nos casos de lacuna superveniente, ou seja, naqueles casos em que a lei não acompanhou as mudanças na sociedade, continuando a prescrever comandos patentemente em descompasso com a nova realidade. Só em situações muito excepcionais é que se pode admitir tal possibilidade. Não sendo possível valer-se dos costumes, socorre-se dos princípios gerais de direito.

Decidir de acordo com os princípios gerais de direito *consiste em aplicar as ideias políticas, sociais e jurídicas subjacentes ao sistema jurídico*. Se a questão fática posta à aplicação da lei pode ser resolvida pela utilização de um princípio de direito pertinente aos fatos apresentados, não estaremos diante de lacuna. Deve-se a ela aplicar o princípio, que é lei voltada para o caso. Quando não houver lei ou princípio jurídico pertinente ao caso é que estaremos diante de lacuna. Não sendo possível recorrer à analogia e ao costume, recorre-se aos princípios gerais do direito, que, como o próprio nome diz, não são especiais em relação àquela questão. São princípios que norteiam o direito como um todo, como: o da igualdade, o da legalidade, o da presunção de boa-fé, o da proibição do locupletamento ilícito, o da dignidade da pessoa humana etc.

1.2.3.5.4. Correção das antinomias

Muitas vezes o problema não é de ausência de lei ou de normas, mas de existência de mais de uma norma conflitando entre si. Não se tem nesse caso lacuna, a ensejar uma integração; tem-se antinomia, a ensejar uma correção, que também só terá efeito para o caso concreto em que o Direito será aplicado.

Pode-se **conceituar** o instituto da **antinomia** como a *situação de conflito entre duas ou mais normas jurídicas*.

Quanto ao critério de solução do conflito, a antinomia pode ser dividida em duas **espécies**: a) **aparente**, *quando a própria lei tiver critério para a solução do conflito*; b) **real**, *quando não houver na lei critério para a solução do conflito*.

A ordem jurídica prevê critérios para a solução de antinomias aparentes. São eles: a) o **hierárquico** (*lex superior derogat legi inferiori*), pelo qual a lei superior prevalece sobre a de hierarquia inferior; b) o **cronológico** *ou* **temporal** (*lex posterior derogat legi priori*), pelo qual a lei posterior prevalece sobre a anterior; e c) o da **especialidade** (*lex specialis derogat legi generali*), pela qual a lei especial prevalece sobre a geral.

Caso não seja possível solucionar o conflito pela utilização dos critérios mencionados, estaremos diante de uma antinomia de segundo grau, já que o conflito não será entre simples normas, mas entre os critérios (hierárquico, cronológico e de especialidade). Confira-se os metacritérios para a solução de antinomias de segundo grau. Entre o: a) **hierárquico e o cronológico**, prevalece o hierárquico (norma superior-anterior), pois a competência é mais forte que o tempo; b) **da especialidade e o cronológico**, prevalece o da especialidade (norma especial-anterior), em face do princípio da igualdade, admitindo-se exceções no caso concreto; c) **hierárquico e o da especialidade**, não é possível estabelecer um metacritério de antemão, com alguma vantagem para o critério hierárquico, em virtude da competência.

Caso não se consiga resolver o conflito pelos metacritérios, deve-se recorrer ao *critério dos metacritérios*, o princípio da justiça: escolhe-se a norma mais justa.

1.3. QUADRO SINÓTICO

1. Existência, validade e eficácia das leis

1.1. Existência: *é qualidade da lei de ter cumprido o ciclo necessário à sua formação*

- ocorre após a sanção ou a rejeição ao veto

1.2. Validade: *é a qualidade da lei de não ser contrária à ordem jurídica*

- presume-se a validade da lei

- em ação de inconstitucionalidade por via direta é possível o desfazimento da presunção com efeito *erga omnes*

1.3. Eficácia: *é a qualidade de poder produzir efeitos*

a) Requisitos: *publicação + período de vacância*

b) *Vacatio legis* (VL): salvo disposição contrária, é de 45 dias (no Brasil) e 3 meses (no exterior)

- No Brasil adotou-se vigência *sincrônica* (e não *progressiva*)

c) Nova publicação na VL: corre novo prazo

d) Nova publicação após VL: considera-se lei nova, preservando-se os efeitos produzidos

2. Vigência da lei no tempo

2.1. Regra: *pelo princípio da continuidade, a lei tem vigência indeterminada*

2.2. Exceções:

a) lei temporária

b) suspensão da execução pelo Senado – declaração incidental de inconstitucionalidade

c) trânsito em julgado de ação direta de inconstitucionalidade

d) não recepção pela nova ordem constitucional

e) revogação por outra lei

2.3. Espécies de revogação:

2.3.1. Quanto à extensão:

a) ab-rogação: de todo o texto

b) derrogação: de parte do texto

2.3.2. Quanto à forma:

a) expressa: por declaração inequívoca

b) tácita ou indireta:

- por incompatibilidade

- por regulamentação de uma matéria por inteiro

2.4. Ultratividade:

- - lei revogada não tem mais **vigência**, mas pode ainda ter **vigor** quanto a atos do seu tempo (ultratividade)

2.5. Repristinação: *é a restauração da lei revogada por ter a lei revogadora perdido a vigência*

- - Nosso direito não admite, salvo disposição expressa na lei que tiver revogado a lei revogadora (art. 2º, § 3º)

2.6. Conflito de lei no tempo:

2.6.1. Regra: lei nova revoga lei anterior

2.6.2 Exceção: lei geral nova não revoga lei especial velha

- - LINDB: "a lei nova, que estabeleça disposições gerais ou especiais a par das já existentes, não revoga nem modifica a lei anterior". (art. 2º, § 2º)

2.6.3. Limites à retroatividade da lei:

- - a lei nova **não pode prejudicar** (art. 6º):

- a) Direito adquirido: *aquele que o seu titular, ou alguém por ele, possa exercer, como aqueles cujo começo do exercício tenha termo pré-fixo, ou condição pré-estabelecida inalterável, a arbítrio de outrem*

- b) Ato jurídico perfeito: *é o já consumado segundo a lei vigente ao tempo em que se efetuou*

- c) Coisa julgada: *é a decisão de que já não caiba recurso*

- Obs: aqui teríamos a retroatividade máxima

- Por outro lado:

- a) A lei nova pode **retroagir para beneficiar**

- b) A lei nova tem **aplicabilidade imediata**, ou seja, aplica-se aos *efeitos* dos negócios jurídicos praticados sob a égide da lei anterior

- (retroatividade mínima)

- c) A lei nova pode retroagir se a convenção contrariar preceitos de ordem pública

- (retroatividade média)

3. Aplicação da lei em caso de lacuna:

- O Juiz não pode se eximir de julgar, cabendo-lhe, sucessivamente, aplicar:

- a) analogia: *utilização de norma que regula situação semelhante*

- b) costumes: *utilização de práticas reiteradas, que geram convicção de que são obrigatórias*

- - não é possível usar o costume *contra legem*; deve ser o *praeter legem* (não regulado em lei)

- c) princípios gerais do direito: *valores subjacentes ao sistema jurídico*

- - boa-fé, proibição do enriquecimento sem causa

1.4. QUESTÕES COMENTADAS

(Magistratura/PB – 2011 – CESPE) À luz das disposições legais e da jurisprudência acerca da vigência e da eficácia da lei, assinale a opção correta.

(A) A norma declarada inconstitucional é nula *ab origine* e, em regra, não se revela apta à produção de efeito algum, sequer o de revogar a norma anterior, que volta a viger plenamente nesse caso.

(B) As regras de direito intertemporal, segundo as quais as obrigações devem ser regidas pela lei vigente ao tempo em que se constituíram, não são aplicáveis quando a obrigação tiver base extracontratual.

(C) O fato de, antes da entrada em vigor de determinada lei, haver nova publicação de seu texto para simples correção não é capaz, por si só, de alterar o prazo inicial de vigência dessa lei.

(D) Como, em regra, a lei vigora até que outra a modifique ou revogue, lei nova que estabeleça disposições especiais a par das já existentes revoga ou modifica a lei anterior.

(E) A repristinação ocorre com a revogação da lei revogadora e, salvo disposição em contrário, é amplamente admitida no sistema normativo pátrio.

A: correta, pois, como regra, o efeito da decisão que declara inconstitucional dada norma, exarada em ação que visa o controle concentrado de constitucionalidade, é *ex tunc*, ou seja, retroage, conforme interpretação a *contrario sensu* do disposto no art. 27 da Lei 9.868/99; **B:** incorreta, pois tanto as obrigações contratuais, como as extracontratuais são regidas pela lei vigente ao tempo em que se constituírem; porém, é bom lembrar que essa regra vale para reger a validade das obrigações; já, quanto aos efeitos das obrigações (ex: juros, correção monetária), são regidos pela lei que estiver em vigor quando os efeitos acontecerem, salvo se houver sido prevista pelas partes determinada forma de execução (art. 2.035 do CC); **C:** incorreta, pois se antes de a lei entrar em vigor, ocorrer nova publicação de seu texto, destinada a correção, o prazo deste artigo e dos parágrafos anteriores começará a correr da nova publicação (art. 1º, § 3º, da LINDB); **D:** incorreta (art. 2º, § 2º, da LINDB); **E:** incorreta (art. 2º, § 3º, da LINDB).

Gabarito "A"

(Magistratura/SP – 2011 – VUNESP) Assinale a alternativa correta.

(A) Se durante a *vacatio legis* ocorrer nova publicação de texto de lei, destinada a correção, o prazo da obrigatoriedade, com relação à parte corrigida, começará a correr da nova publicação.

(B) Os direitos adquiridos na vigência de lei publicada com incorreções são atingidos pela publicação do texto corrigido.

(C) As correções a texto de lei em vigor consideram-se lei nova, tornando-se obrigatórias de imediato.

(D) A lei nova que estabelece disposições gerais a par das já existentes revoga a lei anterior.

(E) A lei nova que estabelece disposições especiais a par das já existentes revoga a lei anterior.

A: correta, conforme o texto do art. 1º, § 3º, da Lei de Introdução às Normas do Direito Brasileiro – LINDB (Dec.lei 4.657/42); **B:** incorreta, pois "as correções a texto de lei já em vigor consideram-se lei nova" (art. 1º, § 4º, da LINDB), e, como é de conhecimento de todos, lei nova não pode retroagir para prejudicar direitos adquiridos (art. 5º, XXXVI, da CF; art. 6º, *caput*, da LINDB); **C:** incorreta; apesar tais correções serem consideradas lei nova, nem sempre suas disposições se tornam obrigatórias de imediato, pois pode haver *vacatio legis*; **D:** incorreta, pois, nesse caso, a lei nova NÃO revoga a lei anterior, conforme dispõe o art. 2º, § 2º, da LINDB; esse dispositivo significa que lei geral nova não revoga lei especial velha; **E:** incorreta, pois o dispositivo legal é no sentido de que "a lei nova que estabelece disposições GERAIS ou especiais a par das já existentes, NÃO revoga nem modifica a lei anterior" (art. 2º, § 2º, da LINDB).

Gabarito "A"

(Magistratura/PE – 2011 – FCC) No Direito brasileiro vigora a seguinte regra sobre a repristinação da lei:

(A) não se destinando a vigência temporária, a lei vigorará até que outra a modifique ou revogue.

(B) se, antes de entrar em vigor, ocorrer nova publicação da lei, destinada a correção, o prazo para entrar em vigor começará a correr da nova publicação.

(C) as correções a texto de lei já em vigor consideram-se lei nova.

(D) salvo disposição em contrário, a lei revogada não se restaura por ter a lei revogadora perdido a vigência.

(E) a lei nova, que estabeleça disposições gerais ou especiais a par das já existentes, não revoga nem modifica a lei anterior.

A: incorreta, pois a afirmativa, prevista no art. 2º, *caput*, da LINDB, não diz respeito à repristinação, mas ao princípio da continuidade das leis; **B** e **C:** incorretas, pois as afirmativas, previstas no art. 1º, §§ 3º e 4º, da LINDB, não dizem respeito à repristinação, mas aos efeitos de nova publicação corretiva de uma lei; **D:** correta, pois a norma citada, prevista no art. 2º, § 3º, da LINDB, cuida justamente do instituto da repristinação; **E:** incorreta, pois a afirmativa, prevista no art. 2º, § 2º, da LINDB, não diz respeito à repristinação, mas sim à regra de que a lei geral nova não revoga lei especial anterior.

Gabarito "D"

(Magistratura/SP – 2009 – VUNESP) O denominado efeito repristinatório da lei

(A) segundo entendimento majoritário, foi adotado como regra geral no direito brasileiro e implica restauração da lei revogada, se extinta a causa determinante da revogação.

(B) segundo entendimento majoritário, não foi adotado como regra geral no direito brasileiro e implica restauração da lei revogada, se extinta a causa determinante da revogação.

(C) foi adotado como regra geral no direito brasileiro, não comporta exceção e implica restauração da lei revogada, se extinta a causa determinante da revogação.

(D) foi adotado no direito brasileiro como regra geral e implica incidência imediata da lei revogadora.

De acordo com o art. 2º, § 3º, da LINDB, "salvo disposição em contrário, a lei revogada não se restaura por ter a lei revogadora perdido a vigência". Isso significa que a repristinação (restauração da lei revogada, por ter a lei revogadora perdido a vigência) não é a regra geral no direito brasileiro, sendo admitida somente quando houver "disposição em contrário".

Gabarito "B"

(Ministério Público/CE – 2009 – FCC) A elaboração de texto legal deve observar regras técnicas estabelecidas na Lei Complementar nº 95, de 26/02/1998, entre as quais a indicação de sua vigência, "de forma expressa e de modo a contemplar prazo razoável para que dela se tenha amplo conhecimento, reservada a cláusula 'entra em vigor na data de sua publicação' para as leis de pequena repercussão",

(A) contudo, nos Estados estrangeiros, a obrigatoriedade da lei brasileira, quando admitida, se inicia sempre 90 (noventa) dias depois de oficialmente publicada.

(B) por isto não mais vigoram as disposições da Lei de Introdução ao Código Civil, a respeito da *vacatio legis*.

(C) entretanto, salvo disposição contrária, a lei começa a vigorar em todo o país 45 (quarenta e cinco) dias depois de oficialmente publicada.

(D) logo, ao Juiz caberá estabelecer o momento em que a lei entrará em vigor, caso não estabelecido prazo razoável de *vacatio legis*.

(E) por este motivo, são inconstitucionais as leis ordinárias que não estabelecem prazo de *vacatio* ou não determinem a entrada em vigor na data de sua publicação.

A LC 95/98 deve ser lida em conjunto com a Lei de Introdução às normas do Direito Brasileiro - LINDB, sendo que esta, realmente, dispõe que *"salvo disposição contrária, a lei começa a vigorar em todo o país quarenta e cinco dias depois de oficialmente publicada"* (art. 1º, *caput*, da LINDB).

Gabarito "C"

(Ministério Público/SE – 2010 – CESPE) Considere que a Lei A, de vigência temporária, revogue expressamente a Lei B. Nesse caso, quando a lei A perder a vigência,

(A) a lei B será automaticamente restaurada, já que a lei A é temporária e os seus efeitos, apenas suspensivos.

(B) a lei B será automaticamente restaurada, já que não pode haver vácuo normativo.

(C) a lei B não será restaurada, já que não se admite antinomia real.

(D) a lei B não será restaurada, salvo disposição expressa nesse sentido.

(E) a revogação será tida como ineficaz, porque não pode ser determinada por lei de vigência temporária.

A alternativa "d" está correta, pois, no Brasil, como regra, não existe o efeito repristinatório das leis revogadas, o qual só existirá se houver disposição expressa nesse sentido. Assim, se uma lei A é revogada por uma lei B e a lei B é revogada por uma lei C, a lei A não ficará restaurada, a não ser que a lei C, expressamente, disponha que a lei A ficará restaurada.

Gabarito "D"

(Procurador do Estado/SC – 2010 – FEPESE) Com relação à Lei Introdução ao Código Civil, assinale a alternativa correta.

(A) A lei revogada, automaticamente restaura seus efeitos, quando a lei revogadora perder a vigência.

(B) A Lei de Introdução ao Código Civil é de aplicação restrita aos ramos do direito privado, em especial, ao Direito Civil.

(C) A revogação de uma lei pode ser total (derrogação), pode ser parcial (ab-rogação), pode ser expressa (indicação do dispositivo legal revogado) ou tácita (incompatibilidade entre as leis antiga e nova).

(D) O texto de lei já em vigor pode ser corrigido a qualquer momento, sem que as correções sejam caracterizadas lei nova.

(E) A lei nova que estabeleça disposições gerais ou especiais a par das já existentes, não revoga nem modifica a lei anterior.

A: incorreta, pois a repristinação não é a regra em nosso direito (art. 2º, § 3º, da LINDB); **B:** incorreta, pois a Lei de Introdução ao Código Civil, agora com a denominação de Lei de Introdução às normas do Direito Brasileiro, aplica-se a todos os ramos do Direito; **C:** incorreta, pois a revogação total tem o nome de ab-rogação, e a revogação parcial, de derrogação; **D:** incorreta (art. 1º, § 4º, da LINDB); **E:** correta (art. 2º, § 2º, da LINDB).

Gabarito "E"

(Procurador do Estado/SP – FCC – 2009) No que diz respeito à vigência da norma jurídica,

(A) a ab-rogação é a supressão parcial da norma anterior, enquanto a derrogação vem a ser a supressão total da norma anterior.

(B) os efeitos da lei revogada poderão ser restaurados se houver previsão expressa na lei revogadora.

(C) a revogação de uma lei opera efeito repristinatório automático em caso de lacuna normativa.

(D) a lei não pode ter vigência temporária.

(E) a lei começa a vigorar em todo país, salvo disposição contrária, 40 (quarenta) dias depois de oficialmente publicada, denominando-se período de *vacatio legis*.

A: incorreta, pois a alternativa inverteu o significado dos institutos mencionados; **B:** correta (art. 2º, § 3º, da LINDB); **C:** incorreta, pois a repristinação só ocorrerá quando houver disposição expressa da lei; **D:** incorreta, pois a LINDB admite a lei temporária (art. 2º, *caput*); **E:** incorreta, pois o prazo é de 45 dias (art. 1º, *caput*, da LINDB).

Gabarito "B"

(Procurador de Contas TCE/ES – CESPE – 2009) A respeito da Lei X, publicada no dia 1º de junho de 2009, assinale a opção correta.

(A) Caso falte o texto para algum dispositivo da Lei X, o juiz poderá corrigi-la por processo interpretativo.

(B) Se houver omissão na Lei X, o juiz deverá decidir de acordo com os fins sociais a que ela se dirige.

(C) Eventual correção de texto da Lei X será considerada lei nova, se aquela já estiver em vigor.

(D) Se a Lei X estabelecer disposições a par das já estabelecidas pela Lei Y, haverá a revogação desta.

(E) Caso a Lei X derrogue a Lei Z, esta perderá a sua vigência.

A e **B:** incorretas, pois, em caso de lacuna, o juiz deve se valer das ferramentas do art. 4º da LINDB (analogia, costumes e princípios gerais do direito, sucessivamente); **C:** correta (art. 1º, § 4º, da LINDB); **D:** incorreta, pois a *lei geral nova* não revoga a *lei especial velha* (art. 2º, § 2º, da LINDB); **E:** incorreta, pois a derrogação é a revogação parcial, ou seja, de apenas parte da lei, permanecendo a outra em vigência.

Gabarito "C"

(Procurador do Município/Teresina-PI – 2010 – FCC) Sobre a repristinação é a regra vigente no direito brasileiro:

(A) Salvo disposição em contrário, a lei revogada não se restaura por ter a lei revogadora perdido a vigência.

(B) A lei nova, que estabeleça disposições gerais ou especiais a par das já existentes, não revoga nem modifica a lei anterior.

(C) Não se destinando à vigência temporária, a lei terá vigor até que outra a modifique ou revogue.

(D) A lei posterior revoga a anterior quando expressamente o declare.

(E) A lei posterior revoga a anterior quando seja com ela incompatível.

A: correta, pois a norma citada, prevista no art. 2º, § 3º, da LINDB, cuida justamente do instituto da repristinação; **B:** incorreta, pois a afirmativa, prevista no art. 2º, § 2º, da LINDB, não diz respeito à repristinação, mas sim à regra de que a lei geral nova não revoga lei especial anterior; **C:** incorreta, pois a afirmativa, prevista no art. 2º, *caput*, da LINDB, não diz respeito à repristinação, mas ao princípio da continuidade das leis; **D** e **E:** incorretas, pois as afirmativas, previstas no art. 2º, § 1º, da LINDB, dizem respeito aos institutos da revogação expressa e da revogação tácita.

Gabarito "A"

(Cartório/SP – 2012 – VUNESP) Acerca da vigência da lei federal em todo o território nacional, caso não mencionado expressamente nenhum prazo no ato de sua publicação, pode-se concluir que

(A) haverá *vacatio legis* de noventa dias, com prazo progressivo.

(B) sua vigência será imediata.

(C) haverá *vacatio legis* de quarenta e cinco dias, com vigência sincrônica.

(D) a vigência ocorrerá de forma sincrônica no dia útil seguinte ao da publicação.

Em regra, o prazo de *vacatio legis* vem previsto no próprio texto legal. Contudo, caso a lei seja omissa, aplica-se o art. 1º, *caput*, da LINDB, o qual prevê que "Salvo disposição contrária, a lei começa a vigorar em todo o país quarenta e cinco dias depois de oficialmente publicada".

Gabarito "C"

(Analista – TRT/17ª – 2009 – CESPE) Julgue os seguintes itens, referentes à vigência e à aplicação da lei no tempo e no espaço.

(1) Se, durante o período da *vacatio legis*, a norma que vier a ser corrigida em seu texto por conter erros materiais, ensejando nova publicação, será considerada lei nova.

(2) Na aplicação da norma jurídica, a existência de uma antinomia jurídica real será resolvida pelos critérios normativos, ou seja, o hierárquico, o cronológico e o da especialidade.

1: incorrera – será considerada lei nova somente se o texto da lei já estiver em vigor (art. 1º, §§ 3º e 4º, da LINDB); **2:** incorreta – a antinomia aparente é aquela que se resolve pela utilização dos critérios normativos e real é aquela que ocorre entre os critérios e será resolvida através da utilização dos meta critérios.

Gabarito 1E, 2E

(Analista – TRE/PR – 2012 – FCC) NÃO se destinando a vigência temporária, a lei

(A) terá vigor até que outra a modifique ou revogue.

(B) vigorará enquanto não cair em desuso.

(C) só poderá ser revogada pela superveniência de nova ordem constitucional.

(D) somente vigorará, até que outra lei expressamente a revogue.

(E) não poderá ser revogada.

Art. 2º, *caput*, da LINDB.

Gabarito "A"

(Analista – TRE/RN – 2005 – FCC) Considerando as normas previstas na Lei de Introdução ao Código Civil, analise as proposições abaixo.

I. Em nenhuma hipótese, a lei revogada se restaura por ter a lei revogadora perdido a vigência.

II. As correções em texto de lei já em vigor consideram-se lei nova e, a contagem do prazo para a vigência da lei começará a correr da nova publicação, se, antes de entrar a lei em vigor, ocorrer nova publicação de seu texto, com o propósito de correção.

III. A lei do país em que for domiciliada a pessoa determina as regras sobre o começo e o fim da personalidade, o nome, a capacidade e os direitos de família.

IV. A prova dos fatos ocorridos em país estrangeiro rege-se pela lei que nele vigorar quanto ao ônus e aos meios de produzir-se e, por isso, os tribunais brasileiros admitem provas que a lei brasileira desconhece.

Está correto o que se afirma APENAS em

(A) I e II.

(B) I, II e III.

(C) II e III.

(D) II, III e IV.

(E) III e IV.

I: incorreto ("salvo disposição em contrário" - art. 2º, § 3º, da LINDB); **II:** correto (art. 1º, §§ 3º e 4º, da LINDB); **III:** correto (art. 7º, *caput*, da LINDB); **IV:** incorreto (art. 13 da LINDB).

Gabarito "C"

(Analista – TRE/BA – 2010 – CESPE) Acerca do direito civil, julgue o item seguinte.

(1) Dá-se a ultra-atividade da lei quando a lei revogada sobrevive, continuando a ser aplicada às situações ocorridas ao tempo de sua vigência.

1: certa, pois a assertiva traz o conceito correto de ultra-atividade da lei.

Gabarito 1C

(Analista – TJ/PA – 2009 – FCC) Sendo a lei um conjunto de normas que regulam o comportamento humano, é correto afirmar que:

(A) A lei, embora nascendo com a promulgação, só começa a vigorar com a sua publicação, 90 dias mais tarde.

(B) A lei passa obrigatoriamente por três fases: a da elaboração, a da promulgação e a da publicação, ainda que em eventual regime de exceção que esteja vivendo o país.

(C) A despeito de nascer com a promulgação, a lei pode excepcionalmente começar a vigorar com a sua publicação, 60 dias mais tarde.

(D) A lei entra em vigor na data da sua publicação, não há possibilidade de que venha a vigorar em data mais remota.

(E) Se durante a *vacatio legis* ocorrer a nova publicação de seu texto, para a correção de falha de ortografia, o prazo da obrigatoriedade não começará necessariamente a correr da nova publicação.

A e **D:** incorretas – art. 1º da LINDB; **B:** correta – de fato, as fases de elaboração, promulgação e publicação da lei são obrigatórias em qualquer circunstância; **C:** incorreta – a norma nasce com a promulgação, mas só começa a vigorar com a sua publicação, que não tem o limite de 60 dias referido; **E:** incorreta – art. 1º, § 3º, da LINDB.

Gabarito "B"

(Analista – TJ/ES – 2011 – CESPE) Julgue o seguinte item.

(1) De acordo com a LINDB, a lei entra em vigor na data de sua publicação. Portanto, durante o prazo de *vacatio legis* (vacância), a lei estará plenamente em vigor.

1: incorreta, pois o art. 1º da LINDB estabelece que a lei só entra em vigor (passa a produzir efeitos) após o decurso da *vacatio legis*; antes, a lei só tem vigência (existe), mas não tem vigor (não produz efeitos) ainda.

Gabarito 1E

(Analista – TRT/14ª – 2011 – FCC) A Lei nº XX/09 foi revogada pela Lei nº YY/10. Posteriormente, a Lei nº ZZ/10 revogou a Lei nº YY/10. Nesse caso, salvo disposição em contrário, a Lei nº XX/09

(A) não se restaura por ter a Lei revogadora perdido a vigência.

(B) só se restaura se a Lei nº YY/10 tiver sido expressamente revogada pela Lei nº ZZ/10.

(C) restaura-se integralmente, independentemente, de novo diploma legal.

(D) só se restaura se a revogação da Lei nº YY/10 for decorrente de incompatibilidade com a Lei nº ZZ/10.

(E) só se restaura se a Lei nº ZZ/10 tiver regulamentado inteiramente a matéria de que tratava a Lei nº YY/10.

No direito brasileiro não há repristinação automática, de modo que a Lei nº XX/09 não fica restaurada por ter a lei revogadora (Lei nº YY/10) perdido a vigência por força da Lei nº ZZ/10. Tal regra está prevista no art. 2º, § 3º, da Lei de Introdução às Normas do Direito Brasileiro (LINDB), consistente no Dec-lei 4.657/42.

Gabarito "A"

(Ministério Público/MA – 2009) Sobre a Lei de Introdução ao Código Civil, assinale a alternativa INCORRETA.

(A) Salvo disposição contrária, a lei começa a vigorar em todo o país noventa dias depois de oficialmente publicada.

(B) A lei nova, que estabeleça disposições gerais ou especiais a par das já existentes, não revoga nem modifica a lei anterior.

(C) O regime de bens, legal ou convencional, obedece à lei do país em que tiverem os nubentes domicílio, e, se este for diverso, a do primeiro domicílio conjugal.

(D) Não dependem de homologação as sentenças estrangeiras meramente declaratórias do estado das pessoas.

(E) A sucessão de bens de estrangeiros, situados no País, será regulada pela lei brasileira em benefício do cônjuge ou dos filhos brasileiros, ou de quem os represente, sempre que não lhes seja mais favorável a lei pessoal do de *cujus*.

A: incorreta (e deve ser assinalada), pois, salvo disposição contrária, a lei começa a vigorar em todo o País *45 dias* depois de oficialmente publicada (art. 1º, *caput*, da LINDB); **B:** correta (art. 2º, § 2º, da LINDB); **C:** correta (art. 7º, § 4º, da LINDB; **D:** correta, pois este era o texto do parágrafo único do art.15 da LINDB; no entanto, a Lei 12.036/09 revogou essa disposição e, no lugar dela, dispôs, no art. 7º, § 6º, da LINDB, que "o divórcio realizado no estrangeiro, se um ou ambos os cônjuges forem brasileiros, só será reconhecido no Brasil depois de 1 (um) ano da data da sentença, salvo se houver sido antecedida de separação judicial por igual prazo, caso em que a homologação produzirá efeito imediato, obedecidas as condições estabelecidas para a eficácia das sentenças estrangeiras no país. O Superior Tribunal de Justiça, na forma de seu regimento interno, poderá reexaminar, a requerimento do interessado, decisões já proferidas em pedidos de homologação de sentenças estrangeiras de divórcio de brasileiros, a fim de que passem a produzir todos os efeitos legais"; **E:** correta (art. 10, § 1º, da LINDB).

Gabarito "A"

(Cartório/MS – 2009 – VUNESP) Um casal de sírios, no momento residentes no Brasil, casa-se na Síria, silenciando quanto ao regime de casamento a ser adotado. Durante a constância da união houve aquisição de patrimônio imobiliário, sendo que após alguns anos houve sua ruptura, com o consequente divórcio e partilha de bens. Alega o marido que, por serem sírios aplica-se a lei síria, em que a mulher teria direito a 1/6. Analisando a questão, apenas com os elementos dados, responda o posicionamento correto.

(A) Apesar de o casamento ter sido realizado por estrangeiros, no caso concreto, o domicílio do casal está estabelecido no Brasil, devendo aplicar-se a legislação brasileira quanto ao regime legal de bens.

(B) O regime de bens estabelecido na lei síria somente terá vigência se comprovado o registro do casamento perante a autoridade diplomática ou consular síria, provando-se o regime de bens então adotado.

(C) Em se tratando de cônjuges estrangeiros, mesmo que seja celebrado no Brasil, vigorará o regime de casamento sírio, se um dos cônjuges tiver residência estabelecida naquele país.

(D) A lei brasileira não faz distinção entre a nacionalidade dos nubentes quanto às condições para a realização de um casamento realizado no Brasil ou no exterior, devendo obedecer aos mesmos requisitos.

(E) Se o casamento tivesse sido celebrado no Brasil, seria aplicada a lei brasileira quanto aos impedimentos dirimentes, às formalidades da celebração e ao regime de bens, independentemente do domicílio.

A: correta, pois no que tange ao regime de bens, legal ou convencional, deve ser obedecida a lei do país em que tiverem os nubentes domicílio (art. 7º, §4º, da LINDB); **B:** incorreta, pois muito embora o casal tenha nacionalidade síria e tenha se casado na Síria, ambos têm domicílio no território brasileiro. Daí quanto ao regime de bens a ser aplicado deve obedecer as leis brasileiras (art. 7º, §4º da LINDB); **C:** incorreta, pois não necessariamente o regime de bens aplicado será aquele vigente na Síria, pois havendo os nubentes domicílios diversos, aplica-se a lei do primeiro domicílio do casal (art. 7º, §4º, da LINDB); **D:** incorreta, pois no que tange ao casamento de estrangeiros a lei faculta a possibilidade de sua ocorrência perante autoridades diplomáticas ou consulares do país de ambos os nubentes (art. 7º, §2º, da LINDB); **E:** incorreta, pois se o casamento tivesse sido celebrado no Brasil, seria aplicada a lei brasileira apenas quanto aos impedimentos dirimentes, às formalidades da celebração. No que tange ao regime de bens, aplica-se a lei do país em que tiverem domicílio os cônjuges (art. 7º, §§1º e 4º, da LINDB).

Gabarito "A"

(Cartório/SP – 2011 – VUNESP) Assinale a alternativa incorreta.

(A) O casamento de franceses, no Brasil, poderá ser realizado no Consulado da França.

(B) Alemão residente no Brasil poderá casar-se com noiva brasileira perante a Autoridade Consular Alemã estabelecida no Brasil, regendo-se o casamento pelas leis brasileiras.

(C) Casal de brasileiros, residindo no exterior, poderá casar-se perante a Autoridade Consular brasileira.

(D) A lei do país em que for domiciliada a pessoa determina as regras sobre começo e o fim da personalidade, nome, capacidade e os direitos de família.

A: correta, pois o casamento de estrangeiros celebrado no Brasil pode ser celebrado perante autoridades diplomáticas ou consulares do país de qualquer dos nubentes (art. 7º, §2º, da LINBD); **B:** incorreta (devendo ser assinalada), pois a lei apenas faculta o casamento perante autoridade consular para o casamento entre estrangeiros realizado no Brasil. No caso em tela a noiva é brasileira, logo tal permissão não se aplica (art. 7º, §2º, da LINBD); **C:** correta, pois tratando-se de brasileiros, são competentes as autoridades consulares brasileiras para lhes celebrar o casamento e os mais atos de Registro Civil e de tabelionato, inclusive o registro de nascimento e de óbito dos filhos de brasileiro nascido no país da sede do Consulado (art. 18 da LINBD); **D:** correta (art. 7º, *caput*, da LINBD).

Gabarito "B"

(Ministério Público/SP – 2010) Assinale a alternativa incorreta:

(A) a interpretação extensiva é recurso passível de ser utilizado pelo aplicador do direito quando não existir norma jurídica que regule a matéria.

(B) o princípio geral de direito introduzido no direito positivo caracteriza-se como cláusula geral.

(C) a analogia, os costumes e os princípios gerais do direito são elementos de integração do direito.

(D) a *analogia legis* é a analogia propriamente dita e a *analogia juris* é a que dá solução igual a duas hipóteses em virtude da mesma razão de direito.

(E) a equidade é recurso passível de ser utilizado pelo aplicador do direito nos casos de lacuna da lei.

A: incorreta (e deve ser assinalada), pois, quando não existir norma que regule a matéria, o aplicador deverá aplicar a analogia, os costumes e os princípios gerais de direito (art. 4º da LINDB); a interpretação extensiva consiste na interpretação da lei que leva a um resultado extensivo em relação ao texto da lei. Tal interpretação é vedada em matéria de sanções (ex.: direito penal, direito administrativo disciplinar etc); na verdade, o resultado da interpretação pode ser *declarativo, restritivo ou extensivo* e isso dependerá do tipo de direito envolvido e da técnica interpretativa utilizada (ex.: gramatical, lógica, sistemática, histórica e teleológica); **B:** correta; um exemplo de princípio geral de direito introduzido no direito positivo é o princípio da boa-fé objetiva; tal princípio é uma cláusula geral, valendo lembrar que cláusulas gerais *são normas jurídicas orientadoras, sob a forma de diretrizes indeterminadas, cabendo ao juiz criar a solução adequada ao caso concreto*; o art. 422 do Código Civil traz diretriz que determina respeito à boa-fé, diretriz essa que é indeterminada, pois dá margem a mais de uma interpretação; afinal de contas, o que é agir conforme a boa-fé? Não bastasse, a norma citada não traz qual solução deve dar o juiz quando se deparar com uma situação que ele entenda ter violado a diretriz que determina respeito à boa-fé objetiva; **C:** correta, pois são os elementos de que se deve valer o aplicador da lei quando estiver diante de lacunas (art. 4º da LINDB); **D:** correta; a analogia *legis* consiste em *aplicar, a um acontecimento não regulado por uma norma jurídica, outra norma prevista para hipótese semelhante*, ao passo que a analogia *juris* consiste em *aplicar, a um acontecimento não regulado por uma norma jurídica, outra razão de direito utilizada para solucionar hipótese semelhante*; **E:** correta; em caso de lacuna, deve-se aplicar a analogia, os costumes e os princípios gerais de direito; no entanto, caso nenhum dos critérios acima resolva a lacuna, o juiz pode se valer da equidade, segundo a doutrina.

Gabarito "A"

(Procurador do Município/Sorocaba-SP – 2012 – VUNESP) Método de interpretação que se baseia na investigação dos antecedentes da norma, do processo legislativo, a fim de descobrir o seu exato significado. É o método que apura a vontade do legislador e os objetivos que visava atingir.

Essa definição refere-se ao método de interpretação

(A) histórico.

(B) sistemático.

(C) teleológico.

(D) gramatical.

(E) sociológico.

A: correta. A hermenêutica é a ciência da interpretação, a qual traz diversas técnicas ou métodos interpretativos. As técnicas ou métodos clássicos são: a) gramatical; b) sistemático; c) histórico; d) teleológico; e) lógico; f) sociológico. A técnica histórica se preocupa em investigar os antecedentes da norma, desde as circunstâncias fáticas e valorativas que a precedem até o processo legislativo, com o escopo de verificar a razão de sua existência (Wander Garcia, **Super-Revisão**, Editora Foco); **B:** incorreta, pois a técnica sistemática *consiste em relacionar os vários dispositivos legais que guardam pertinência com o tema no sistema jurídico, de modo a buscar uma resposta única e trabalhada* (Wander Garcia, **Super-Revisão**, Editora Foco); **C:** incorreta, pois a técnica teleológica *consiste em averiguar o sentido e o alcance da lei partindo dos fins sociais a que ela se dirige, bem como adaptando-se às exigências do bem comum* (art. 5º, da LINDB) (Wander Garcia, **Super-Revisão**, Editora Foco); **D:** incorreta, pois a técnica gramatical ou literal *consiste em verificar o significado das palavras, isolada e sintaticamente, atendendo à pontuação e à colocação dos vocábulos* (Wander Garcia, **Super-Revisão**, Editora Foco); **E:** incorreta, pois a técnica sociológica busca alcançar a efetividade da norma jurídica, adaptando-a à realidade social.

Gabarito "A"

(Cartório/SP – 2012 – VUNESP) Quando o intérprete se defrontar com a necessidade de preencher lacuna da lei, de modo a proceder à aplicação de uma norma existente, destinada a reger caso semelhante, é correto afirmar que há

(A) interpretação extensiva.

(B) aplicação do direito alternativo.

(C) analogia *juris*.

(D) analogia *legis*.

A: incorreta, pois na utilização da técnica da interpretação extensiva não há falar-se em lacuna na lei. Isto se dá, pois neste caso *há* norma e o intérprete apenas amplia o seu sentido; **B:** incorreta, pois o direito alternativo não é utilizado como forma de integração de lacuna; **C:** incorreta, pois na *analogia iuris* tem-se a aplicação de um conjunto de normas próximas, visando extrair elementos que possibilitem a analogia; **D:** correta, pois na *analogia legis* segue-se exatamente este procedimento: não havendo para o caso concreto norma que se subsuma a sua resolução, recorre-se a uma norma semelhante do ordenamento, a fim de se preencher a lacuna, evitando-se, assim o *non liquet*.

Gabarito "D"

(Analista – TRT/21ª – 2010 – CESPE) A respeito de interpretação, integração e aplicação da lei, julgue os itens a seguir.

(1) Considere que Marcos, italiano, domiciliado na Itália, pai de dois filhos brasileiros, tenha falecido e deixado dois apartamentos no Brasil. Nessa situação hipotética, os bens podem ser partilhados conforme a lei brasileira.

(2) O juiz que aplica a um caso concreto norma jurídica prevista para situação semelhante, considerando a identidade de finalidade, utiliza a interpretação extensiva.

1: Certa, pois a sucessão de bens de estrangeiros, situados no País, será regulada pela lei brasileira em benefício do cônjuge ou dos filhos brasileiros, ou de quem os represente, sempre que não lhes seja mais favorável a lei pessoal do de *cujus* (art. 10, § 1º, da LINDB); **2:** Errada, pois o conceito da alternativa diz respeito à analogia, expressamente prevista no art. 4º da LINDB como uma das formas de julgamento na omissão da lei.

Gabarito 1C, 2E

(Ministério Público/RO – 2010 – CESPE) Assinale a opção correta com referência à Lei de Introdução ao Código Civil (LICC).

(A) A equidade, uma das formas de colmatação de lacunas, está expressa na LICC.

(B) Os fatos sociais são disciplinados pela LICC, haja vista que se referem ao direito internacional privado.

(C) A LICC prevê o procedimento de integração do direito como recurso técnico para a interpretação das normas jurídicas.

(D) Segundo a LICC, a autointegração do direito, como espécie de integração, ocorre quando se utilizam recursos do próprio sistema.

(E) A LICC foi criada originariamente mediante lei ordinária.

A: incorreta, pois a equidade não está expressa na LINDB como forma de colmatação de lacunas. A equidade está expressa em outros diplomas legais, como no CDC (art. 7º, *caput*); **B:** incorreta, pois os fatos sociais, segundo a LINDB, devem ser observados pelo juiz ao aplicar a lei toda e qualquer lei (art. 5º), de modo que o juiz deverá levar em conta os acontecimentos do mundo fenomênico, não se limitando a aplicar a lei como um fim em si mesmo; **C:** incorreta, pois o procedimento de integração do direito é utilizado para solucionar os casos de lacuna de lei; **D:** correta, pois a alternativa traz o conceito correto de autointegração, técnica utilizada pela LINDB no caso da analogia e dos princípios gerais do direito (art. 4º); **E:** incorreta, pois a LINDB foi criada como decreto-lei.

Gabarito "D"

(Procurador do Estado/RO – 2011 – FCC) Quando a lei for omissa, o juiz decidirá o caso com o emprego da

(A) analogia, dos costumes e dos princípios gerais do direito.

(B) equidade em quaisquer casos, dos costumes e dos princípios gerais do direito.

(C) analogia, da equidade e dos costumes, apenas.

(D) interpretação, dos costumes, da equidade e dos princípios gerais do direito.

(E) interpretação, da analogia e dos princípios gerais do direito.

Art. 4º da LINDB.

Gabarito "A"

(Delegado/PI – 2009 – UESPI) No caso em que a lei X revogue a lei Y por serem incompatíveis e, posteriormente, a lei Z revogue a lei X e guarde compatibilidade com a lei Y, que volta a vigorar, se aplica o princípio da:

(A) Revogação.

(B) Repristinação.

(C) Revalidação temporal.

(D) Legalidade.

(E) Equidade.

A questão traz um exemplo de repristinação da lei revogada. Lembre-se, porém, que a repristinação não é regra em nosso sistema, nos termos do art. 2º, § 3º, da LINDB.

Gabarito "B"

(Defensoria Pública/MT – 2009 – FCC) Segundo a Lei de Introdução ao Código Civil brasileiro,

(A) salvo disposição contrária, a lei começa a vigorar em todo o país três meses depois de oficialmente publicada.

(B) nos Estados estrangeiros, a obrigatoriedade da lei federal inicia-se três meses depois de oficialmente promulgada, salvo disposição contrária.

(C) a lei posterior revoga a anterior quando expressamente o declare, quando seja com ela incompatível ou quando regule inteiramente a matéria de que tratava a lei anterior.

(D) quando a lei for omissa, o juiz decidirá o caso de acordo com a analogia, os costumes, a equidade e os princípios gerais de direito.

(E) salvo disposição em contrário, a lei revogada se restaura por ter a lei revogadora perdido a vigência.

A: incorreta, pois a lei começa a vigorar após *45 dias* depois de publicada; **B:** incorreta, pois a lei começa a ser obrigatória após três meses depois de *publicada*, e não depois de *promulgada*; **C:** correta (art. 2º, § 1º, da LINDB); **D:** incorreta, pois a *equidade* não está prevista no art. 4º da LINDB, tratando-se de critério que só pode ser utilizado quando a analogia, os costumes e os princípios de direito, nessa ordem, não forem suficientes para resolver o vazio legal; **E:** incorreta, pois a repristinação não é a regra na LINDB (art. 2º, § 3º).

Gabarito "C"

(Defensoria Pública/PA – 2009 – FCC) Em nossa legislação pátria

(A) se antes de entrar a lei em vigor, ocorrer nova publicação de seu texto destinada a correção, ainda que mantida a *vacatio legis*, o início de sua vigência ocorrerá no dia da nova publicação.

(B) a lei posterior revoga a anterior quando expressamente o declare, quando seja com ela incompatível ou quando regule inteiramente a matéria de que tratava a lei anterior. Entretanto, caso estabeleça disposições gerais ou especiais a par das já existentes, não revoga nem modifica a lei anterior.

(C) a lei começa a vigorar em todo o país, salvo disposição contrária, na data de sua publicação.

(D) a lei, sem exceção, terá vigor até que outra a modifique, revogue ou que ela caia em desuso.

(E) na aplicação da lei, o juiz atenderá aos fins sociais a que ela se dirige e às exigências do bem comum, sendo certo que, ao interpretá-la, o juiz decidirá o caso de acordo com a analogia, os costumes e os princípios gerais de direito.

A: incorreta, pois é o início da contagem do prazo de *vacatio legis* que se inicia com a nova publicação; **B:** correta (art. 2º, §§ 1º e 2º, da LINDB); **C:** incorreta, pois a lei começará a vigorar após 45 dias de sua publicação (art. 1º, *caput*, da LINDB); **D:** incorreta, pois a lei também pode perder o vigor por ser *temporária*, por *não ser recepcionada* por uma nova Constituição, por ter sido *declarada inconstitucional por ação de inconstitucionalidade* e por *sustação de seus efeitos pelo Senado*; **E:** incorreta, pois, apesar da primeira parte da alternativa estar correta (art. 5º da LINDB), a segunda parte está incorreta, pois o juiz, ao interpretar a lei, não a decidirá segundo os critérios citados, que só serão utilizados em caso de lacuna (art. 4º da LINDB).

Gabarito "B"

(Defensoria Pública/MA – 2009 – FCC) Segundo a Lei de Introdução ao Código Civil Brasileiro (Decreto-Lei nº 4.657/42):

(A) quando a lei for omissa, o juiz decidirá o caso de acordo com a analogia, os costumes, a equidade e os princípios gerais de direito.

(B) salvo disposição contrária, a lei começa a vigorar em todo o país quarenta e cinco dias depois de oficialmente promulgada.

(C) nos Estados, a obrigatoriedade da lei federal inicia-se três meses depois de oficialmente publicada, salvo disposição contrária.

(D) a lei nova, que estabeleça disposições gerais ou especiais a par das já existentes, não revoga nem modifica a lei anterior.

(E) salvo disposição em contrário, a lei revogada se restaura por ter a lei revogadora perdido a vigência.

A: incorreta, pois a equidade não está prevista no art. 4º da LINDB, tratando-se de critério que só pode ser utilizado quando a analogia, os costumes e os princípios de direito, nessa ordem, não forem suficientes para resolver o vazio legal; **B:** incorreta, pois o termo *a quo* desse prazo não é a *promulgação* da lei, e sim a *publicação* da lei (art. 1º, *caput*, da LINDB); **C:** incorreta, pois nos Estados estrangeiros é que a obrigatoriedade da lei se inicia três meses depois de oficialmente publicada (art. 1º, § 1º, da LINDB); **D:** correta (art. 2º, § 2º, da LINDB); **E:** incorreta, pois a repristinação não é a regra na LINDB (art. 2º, § 3º)

Gabarito "D"

(Defensor Público/AL – 2009 – CESPE) Em cada um dos itens subsequentes, é apresentada uma situação hipotética, seguida de uma assertiva a ser julgada.

(1) Antônio, residente e domiciliado na cidade de Madri, na Espanha, faleceu, deixando como herança o apartamento onde residia para Joana, sua única filha, residente e domiciliada no Brasil. Nessa situação, a sucessão obedecerá à lei do país em que era domiciliado Antônio; no entanto, será a lei brasileira que regulará a capacidade de Joana para suceder.

A alternativa está correta, pois de acordo com o artigo 10, *caput*, da LINDB, "A sucessão por morte ou por ausência obedece à lei do país em que domiciliado o defunto ou o desaparecido, qualquer que seja a natureza e a situação dos bens" e o § 2º dispõe que "A lei do domicílio do herdeiro ou legatário regula a capacidade para suceder".

Gabarito 1C

(Defensoria Pública/ES – 2009 – CESPE) Acerca da interpretação da lei, julgue os itens a seguir.

(1) A analogia jurídica fundamenta-se em um conjunto de normas para extrair elementos que possibilitem sua aplicabilidade ao caso concreto não previsto, mas similar.

(2) Consideram-se leis novas as correções de texto de lei já em vigor.

(3) A lei nova que dispõe sobre regras especiais revoga as regras gerais sobre a mesma matéria.

(4) O direito brasileiro não aceita o efeito repristinatório da lei revogada.

(5) Quando o conflito normativo for passível de solução mediante o critério hierárquico, cronológico e da especialidade, o caso será de antinomia aparente.

1: correta; são necessárias as seguintes análises para aplicar uma lei por analogia, diante da lacuna em outra lei - a) comparar as semelhanças entre as hipóteses; b) avaliar se a semelhança justifica um tratamento jurídico idêntico; **2:** correta (art. 1º, § 4º, da LINDB); **3:** incorreta, pois a lei especial nova aplica-se para os casos especiais que ela regula, permanecendo intacta a lei geral velha, que se aplica aos casos em que a lei nova não regula; **4:** incorreta, pois, se houver expressa disposição, é possível a repristinação (art. 2º, § 3º, da LINDB); **5:** correta; já quando não se puder resolver o conflito de normas pelos critérios mencionados, ter-se-á a antinomia real, que é resolvida pelos seguintes metacritérios: a) quando houver conflito entre os critérios hierárquico e o cronológico, prevalece o hierárquico (norma superior-anterior), pois a competência é mais forte que o tempo; b) quando houver conflito entre o critério da especialidade e o cronológico, prevalece o da especialidade (norma especial-anterior), em face do princípio da igualdade, admitindo-se exceções no caso concreto; c) quando houver conflito entre o critério hierárquico e o da especialidade, não é possível estabelecer um metacritério de antemão, com alguma vantagem para o critério hierárquico, em virtude da competência.

Gabarito 1C, 2C, 3E, 4E, 5C

(Auditor Fiscal da Receita Federal – 2010 – ESAF) Assinale a opção falsa.

(A) Se, durante a *vacatio legis*, vier a norma a ser corrigida em seu texto, que contém erros substanciais, suscetíveis de modificar parcial ou totalmente o seu sentido, ensejando nova publicação, o prazo nela mencionado para sua entrada em vigor ou, não o havendo, os prazos de 45 dias e 3 meses começam a correr da nova publicação.

(B) O estatuto pessoal, no Brasil, baseia-se na lei do domicílio, que é o elemento de conexão indicativo da lei competente para reger conflitos de lei no espaço concernentes aos direitos de família.

(C) O costume *praeter legem*, previsto no art. 4º da Lei de Introdução ao Código Civil, por revestir-se de caráter supletivo, supre a lei nos casos omissos.

(D) Revogar é tornar sem efeito uma norma, retirando sua obrigatoriedade no todo, caso em que se tem a derrogação, ou em parte, hipótese em que se configura a ab-rogação.

(E) Para a integração jurídica, em caso de lacuna, o juiz poderá fazer uso da analogia, do costume e dos princípios gerais de direito.

A: correta, pois a assertiva está de acordo com o art. 1º, § 3º, da LINDB; **B:** correta, pois a assertiva está de acordo com o art. 7º da LINDB; **C:** correta, pois a assertiva está de acordo com o art. 4º da LINDB, o que não se admite é o costume *contra legem*; **D:** falsa, pois a revogação total da norma é a ab-rogação e a parcial é a derrogação; **E:** correta, pois a assertiva está de acordo com o art. 4º da LINDB.

Gabarito "D"

(Auditor Fiscal do Trabalho – 2010 – ESAF) Sobre o efeito repristinatório, podemos afirmar que:

(A) a regra geral do *vacatio legis*, com os critérios progressivo e único, decorre do efeito repristinatório.

(B) a lei nova, que estabeleça disposições gerais ou especiais a par das já existentes, revogará a lei anterior quando regular inteiramente a matéria tratada na anterior.

(C) o legislador, derrogando ou ab-rogando lei que revogou a anterior, restabelece a lei abolida anteriormente, independentemente de declaração expressa.

(D) a vigência temporária da lei decorre do efeito repristinatório que fixa o tempo de sua duração.

(E) a lei revogadora de outra lei revogadora somente restabelece a velha lei, anteriormente abolida, quando expressamente declarado.

Art. 2º, § 3º, da LINDB.

Gabarito "E"

(Auditor Fiscal/SC – 2010 – FEPESE) Assinale a alternativa **incorreta**.

(A) Ninguém se escusa de cumprir a lei alegando que não a conhece.

(B) A *vacatio legis* estipulada como regra é de 90 (noventa) dias, quando não houver disposição em contrário.

(C) A lei nova, que estabeleça disposições gerais ou especiais a par das já existentes, não revoga nem modifica a lei anterior.

(D) Quando a lei for omissa, o juiz decidirá o caso de acordo com as analogias, os costumes e os princípios gerais do direto.

(E) Não se destinando à vigência temporária, a lei terá vigor até que outra a modifique ou revogue.

A: correta, pois a assertiva está de acordo com o art. 3º da LINDB; **B:** incorreta, pois em regra a *vacatio legis* é de 45 dias (art. 1º, *caput*, da LINDB); **C:** correta, pois a assertiva está de acordo com o art. 2º, § 2º, da LINDB; **D:** correta, pois a assertiva está de acordo com o art. 4º da LINDB; **E:** correta, pois a assertiva está de acordo com o art. 2º, *caput*, da LINDB.

Gabarito "B"

(OAB/Exame Unificado – 2011.1) Suponha que tenha sido publicada no *Diário Oficial da União*, do dia 26 de abril de 2011 (terça-feira), uma lei federal, com o seguinte teor:

"Lei GTI, de 25 de abril de 2011.

Define o alcance dos direitos da personalidade previstos no Código Civil. O Presidente da República Faço saber que o Congresso Nacional decreta e eu sanciono a seguinte Lei: Art. 1.º: Os direitos da personalidade previstos no Código Civil aplicáveis aos nascituros são estendidos aos embriões laboratoriais (*in vitro*), ainda não implantados no corpo humano. Art. 2.º: Esta lei entra em vigor no prazo de 45 dias. Brasília, 25 de abril 2011, 190.º da Independência da República e 123.º da República."

Ante a situação hipotética descrita e considerando as regras sobre a forma de contagem do período de vacância e a data em que a lei entrará em vigor, é correto afirmar que a contagem do prazo para entrada em vigor de lei que contenha período de vacância se dá:

(A) pela exclusão da data de publicação e do último dia do prazo, entrando em vigor no dia 11/06/2011.

(B) pela inclusão da data de publicação e exclusão do último dia do prazo, entrando em vigor no dia 09/06/2011.

(C) pela inclusão da data de publicação e do último dia do prazo, entrando em vigor no dia subsequente à sua consumação integral, passando a vigorar no dia 10/06/2011.

(D) pela exclusão da data de publicação da lei e a inclusão do último dia do prazo, entrando em vigor no dia subsequente à sua consumação integral, que na situação descrita será o dia 13/06/2011.

A alternativa "C" está correta, pois o art. 8.º, § 1.º, da Lei Complementar 95/1998 estabelece que "a contagem do prazo para entrada em vigor das leis que estabeleçam período de vacância far-se-á com a inclusão da data da publicação e do último dia do prazo, entrando em vigor no dia subsequente à sua consumação integral".

Gabarito "C"

(OAB/Exame Unificado – 2010.1) A respeito da vigência, aplicação, eficácia e interpretação da lei, assinale a opção correta.

(A) A derrogação torna sem efeito uma parte de determinada norma, não perdendo esta a sua vigência.

(B) A interpretação da norma presta-se a preencher as lacunas existentes no sistema normativo.

(C) O regime de bens obedece à lei do país em que for celebrado o casamento.

(D) Em regra, caso a lei revogadora venha a perder a vigência, restaura-se a lei revogada.

A: correta. A revogação é gênero que contém duas espécies: a ab-rogação, que é a supressão total da norma anterior, e a derrogação, que torna sem efeito uma parte da norma. A norma derrogada não perderá sua vigência, pois somente os dispositivos atingidos é que não mais terão obrigatoriedade (art. 2.º da LINDB, antiga LICC. *Vide*, também, Maria Helena Diniz. **Lei de Introdução ao Código Civil brasileiro interpretada**. 3. ed., Ed. Saraiva, 1997, p. 66); **B:** incorreta. O preenchimento das lacunas é feito pela integração das normas (art. 4.º da LICC, atual LIND**B:** "Quando a lei for omissa, o juiz decidirá o caso de acordo com a analogia, os costumes e os princípios gerais de direito"). Interpretar é descobrir o sentido da norma, determinar o seu conteúdo e delimitar o seu exato alcance. A integração das normas serve para colmatar, preencher, as lacunas do sistema (Cristiano Chaves de Farias e Nelson Rosenvald. **Direito civil teoria geral**. 6. ed., Rio de Janeiro, Ed. Lumen Juris, 2007, p. 54 e 58); **C:** incorreta. O regime de bens, legal ou convencional, obedece à lei do país em que tiverem os nubentes domicílio, e, se este for diverso, à do primeiro domicílio conjugal (LICC, atual LINDB, art. 7.º, § 4.º); **D:** incorreta. Salvo disposição em contrário, a lei revogada não se restaura por ter a lei revogadora perdido a vigência (LICC, atual LINDB, art. 2.º, § 3.º), ou seja, de regra, o nosso direito não admite a repristinação, que consiste justamente em ser restabelecida a lei revogada quando a revogadora venha a perder a vigência. "Pelo art. 2.º, § 3.º, que é peremptório, a lei revogadora de outra lei revogadora não terá efeito repristinatório sobre a velha norma abolida, a não ser que haja pronunciamento expresso da lei a esse respeito" (Maria Helena Diniz. *Op. cit.*, p. 82).

Gabarito "A"

CAPÍTULO 2

PARTE GERAL

2.1. PESSOAS NATURAIS

2.1.1. Generalidades

Antes de iniciarmos o estudo das pessoas naturais, devemos mostrar a importância da noção de "pessoas" para o Direito Civil, em particular, e para o Direito, como um todo.

Já dissemos que o Direito tem por escopo regular o comportamento das pessoas, de modo a garantir uma convivência justa entre elas. As pessoas são, dessa forma, a razão de ser do Direito. Considerando a natureza social do ser humano, seu comportamento será regulado no que concerne às suas *relações* com as outras pessoas.

Assim, para que estudemos as pessoas, devemos ter bem clara a ideia de que o Direito vai trabalhar com esse elemento sempre dentro de uma "relação". E uma vez que o Direito vai tratar de relações entre pessoas, é importante termos a noção do que é uma "relação jurídica".

Relação jurídica é o *vínculo entre pessoas, em razão da qual uma pode pretender algo a que outra é obrigada a prestar, com proteção do Estado.*

Repare que não é qualquer relação entre duas pessoas que será uma relação jurídica. Se você for apresentado de relance a alguém numa festa, travar-se-á apenas uma "relação simples ou de fato" e não uma "relação jurídica", pois, do simples encontro, nenhum dos dois ficará obrigado a alguma coisa para com o outro. Agora, se o mesmo cumprimento entre duas pessoas for usado no sentido de confirmar que estão fechando um negócio, um está comprando o relógio do outro por uma quantia combinada, aí sim estaremos diante de uma "relação jurídica", podendo um exigir do outro, junto ao Estado-juiz, se for necessário, o cumprimento da obrigação ou uma reparação pelo seu descumprimento.

E como é possível saber se temos uma "relação de fato" ou uma "relação jurídica"? Basta verificar se o Direito *regula* aquela situação imputando consequências. Nos exemplos dados, não é necessário conhecer a fundo o Direito para chegar à conclusão de que ele não faz criar nenhum dever entre pessoas que simplesmente foram apresentadas. De outra parte, é bom que saibamos que o Direito dispõe que fica criada uma relação jurídica (chamada de "compra e venda") quando duas pessoas acertam (acordam), ainda que verbalmente, a transferência de um relógio (objeto) em troca de uma quantia em dinheiro (preço), conforme dispõe o art. 482 do Código Civil.

E quais são os elementos de uma relação jurídica? São três: a) **sujeitos de direito**, que são os entes que podem fazer parte de uma relação jurídica, normalmente pessoas (um animal, por exemplo, não pode fazer parte de uma relação jurídica, mas apenas ser um objeto dela); b) um **objeto**, que é, de modo imediato, uma obrigação (de dar, de fazer de não fazer), e, de modo mediato, o bem da vida buscado (um móvel, um imóvel, um semovente, a honra, a vida etc.); e c) um **acontecimento** que faz nascer a tal relação, uma vez que não é qualquer fato do mundo fenomênico que gera uma "relação jurídica", sendo necessário que essa situação esteja previsto numa norma jurídica como apto a fazer criar, a modificar ou a extinguir um direito.

Como adiantado, de regra, somente pessoas (naturais ou jurídicas) podem fazer parte de uma relação jurídica. Excepcionalmente, um ente não personalizado, ou seja, alguém que não seja uma pessoa também poderá fazê-lo, como o espólio e o nascituro. De qualquer forma, vamos ao estudo das pessoas naturais, que, como se viu, são, por excelência, elementos essenciais das relações jurídicas.

2.1.2. Conceito de pessoa natural

Pessoa natural *é o ser humano*. O Código Civil, em seu art. 1º, dota de personalidade o ser humano.

Nossos dois Códigos Civis (o antigo e o novo) utilizam a expressão "pessoa natural" para designar o ser humano. Na França e na Itália, todavia, a expressão utilizada é "pessoa física", muito criticada, pois atende a um critério material, descurando das qualidades morais e espirituais do homem. Em Portugal, utiliza-se a expressão "pessoa singular", que se contrapõe à pessoa coletiva, que denominamos pessoa jurídica. A crítica que se faz é por existir exceções em que as pessoas jurídicas têm apenas um componente, o que estaria mais próximo de pessoa singular do que de pessoa coletiva.

2.1.3. Personalidade

Personalidade *é a qualificação conferida pela lei a certos entes, que entrega a esses aptidão ou capacidade genérica para adquirir direitos e contrair obrigações*. Ou seja, é uma qualificação legal que confere capacidade jurídica a certos entes. O direito confere tal qualificação jurídica a toda pessoa, inclusive à pessoa jurídica.

Assim, a personalidade pode ser vista como o atributo que a ordem jurídica confere a entes de adquirir/contrair genericamente direitos e obrigações. Quem tem personalidade é, então, sujeito de direito, qualificação que não se pode dar a um animal, por exemplo, já que tais entes não podem adquirir direitos ou contrair obrigações.

Para *atuar* na vida jurídica é necessário, como regra, ter personalidade jurídica. A origem da palavra traz esse sentido. Em latim, *persona* significa a máscara que os atores usavam para a amplificação de sua voz. Para *atuar* no teatro, portanto, tais máscaras também eram necessárias (*per sonare*).

Deve-se tomar cuidado com a expressão **"sujeito de direito"**, visto que há entes que não têm personalidade, mas que são sujeitos de direitos, tais como o nascituro, o espólio, a massa falida, o condomínio edilício, a herança jacente e a herança vacante. Neste caso, não existe aptidão genérica para contrair direitos e obrigações, mas aptidão específica para contrair certos direitos e certas obrigações ligadas às finalidades do ente.

Enquanto uma pessoa, *sujeito de direito personificado*, por ter personalidade, pode fazer tudo o que a lei não proíbe (art. 5º, II, da CF), um *sujeito de direito não personificado* só pode fazer o que a lei permite.

O **nascituro**, por exemplo, não tem personalidade jurídica, mas a lei põe a salvo, desde a concepção, direitos que possa ter (art. 2º do CC). Isso significa que o nascituro é um sujeito de direito, mas não quer dizer que tenha personalidade, ou seja, que tenha aptidão genérica para realizar atos e negócios jurídicos.

O **condomínio edilício** também. Não tem personalidade, ou seja, não tem qualificação que o habilita a praticar qualquer ato jurídico que não seja proibido em lei, mas, por ser um *sujeito de direito despersonificado*, só está habilitado a praticar atos permitidos expressa ou implicitamente em lei, como contratar funcionários e serviços de manutenção. A **massa falida** também é um *sujeito de direito despersonificado*, tendo autorização especial para praticar atos úteis à administração dos bens arrecadados do empresário falido, podendo cobrar créditos desse, por exemplo.

Resta saber quando um ente passa a ser qualificado como dotado de personalidade. Ou seja, quando se tem o **início da personalidade**. No que concerne à pessoa jurídica, veremos em capítulo próprio. Quanto à pessoa natural, dispõe o art. 2º do CC que "a personalidade civil da pessoa começa do nascimento com vida".

O entendimento predominante sobre o que seja **nascimento com vida** é no sentido de que este se dá no exato instante em que a pessoa dada à luz respira. São dois requisitos, portanto: a) separação do ventre materno; e b) respiração. Das múltiplas funções vitais, o primeiro movimento de inspiração do ar atmosférico para os pulmões caracteriza o nascimento com vida. Caso respire, ainda que uma só vez, pode-se dizer que nasceu com vida, e que, portanto, chegou a adquirir personalidade, pouco importando se tem ou não forma humana e se tem ou não aptidão, perspectiva para viver[1].

1. Na França condiciona-se a tutela dos direitos do nascituro à viabilidade da vida fora do útero por parte do nascido. Na Espanha, exige-se que o recém-nascido tenha forma humana e tenha vivido 24 horas, para que possa adquirir personalidade. A ideia de que se deve ter forma humana é um resquício do tempo em que se achava ser possível o nascimento de um ser da relação entre um ser humano e um animal. Na Argentina, a simples concepção já dá início à personalidade.

Adotamos, portanto, a **teoria *natalista***, segundo a qual o nascimento com vida faz nascer a personalidade, em detrimento de outras teorias, como a *concepcionista*, para qual a personalidade já se inicia com a fecundação do óvulo e as que consideram que o início da personalidade depende de outros fatores, como a *viabilidade de vida*.

De qualquer forma, ainda que em perfeito estado quanto às demais faculdades de saúde, caso o ente que venha a nascer (separe-se do ventre materno) não respire, não terá adquirido personalidade. A entrada de ar nos pulmões da criança é que determina a aquisição da personalidade, ainda que por pouco instantes. Há vários exames periciais para que se faça tal constatação e o mais conhecido é a *docimasia hidrostrática de Galeno*, pela qual se coloca fragmentos dos pulmões em meio líquido, a fim de se verificar se houve ou não inspiração.

Caso não tenha havido respiração (natimorto), será feito registro em livro próprio (Livro Auxiliar "C" - art. 53, § 1º, da LRP). Caso tenha nascido e morrido em seguida serão feitos dois registros: o de nascimento e o de óbito (art. 53, § 2º, da LRP).

Segundo o Enunciado n. 1 das JDC/CJF, "a proteção que o Código defere ao nascituro alcança o natimorto no que concerne aos direitos da personalidade, tais como nome, imagem e sepultura".

O **nascituro**, ou seja, *aquele que já foi concebido, mas ainda não nasceu com vida*, não tem personalidade, como se viu. Todavia, dispõe o art. 2º do CC que "a lei põe a salvo, desde a concepção", seus direitos. Em outras palavras, o nascituro é um *sujeito de direito despersonificado*. Grande parte dos direitos atribuídos a esse sujeito de direito tem sua aquisição subordinada à implementação de uma condição suspensiva, qual seja, a de que *nasça com vida*. Caso nasça com vida, o direito do nascituro se consolida como existente desde a data da concepção, retroagindo, portanto, seus efeitos.

De qualquer forma, permite a lei que determinados interesses possam ser protegidos desde a concepção, por meio de provimentos cautelares. Dentre seus direitos, vale lembrar os direitos à vida (art. 5º da CF e CP), à filiação (art. 1.596 do CC), à integridade física, a alimentos, a uma adequada assistência pré-natal (art. 8º do ECA), a um curador que represente e zele por seus interesses, a ser contemplado por doação (art. 542 do CC), dentre outros.

Maria Helena Diniz chega a dizer que, na vida intrauterina, tem o nascituro, e na vida extrauterina, tem o embrião concebido *in vitro*, personalidade jurídica formal, no que atina aos direitos personalíssimos, passando a ter personalidade jurídica material, alcançando bens patrimoniais, quando do nascimento com vida.

Quanto ao **embrião**, há controvérsia quanto à natureza jurídica daquele que está *in vitro*, enquanto não implantado no útero da genitora. Seria tal embrião um sujeito ou um objeto de direito? Fabio Ulhoa opina no sentido de que um embrião fertilizado *in vitro* pode permanecer congelado em laboratório por muitos anos, mas, uma vez implantado no útero, e vindo a nascer com vida, terá os seus direitos preservados desde a fertilização. Dessa forma, o fato jurídico que define a natureza jurídica do embrião *in vitro* é a sua implementação, ou não, no útero. Se eventualmente ocorrer esse fato, tenderá a ter o destino biológico regular do ser humano (nascer, crescer, reproduzir e morrer). Será sujeito de direito desde a fertilização, caso venha a nascer com vida. Não implantado no útero, terá outro destino e sua natureza jurídica será a de objeto de direito, ou seja, de coisa.

O Projeto de Lei nº 6.960/02 prevê nova redação para o art. 2º do CC, equiparando o embrião ao nascituro.

Os embriões excedentários, ou seja, aqueles não aproveitados após a fertilização *in vitro* são considerados objeto de direitos.

A Lei de Biossegurança traz uma permissão bastante polêmica, que é a possibilidade, para fins de pesquisa e terapia, da utilização de **células-tronco embrionárias** obtidas de embriões humanos produzidos por fertilização *in vitro* e não utilizados no respectivo procedimento, atendidas as seguintes condições: I – sejam embriões inviáveis; ou II – sejam embriões congelados há 3 (três) anos ou mais, na data da publicação da Lei, ou que, já congelados na data da publicação da Lei, depois de completarem 3 (três) anos, contados a partir da data de congelamento.

Em qualquer caso, é necessário o consentimento dos genitores. Ademais, as instituições de pesquisa e serviços de saúde que realizem pesquisa ou terapia com células-tronco embrionárias humanas deverão submeter seus projetos à apreciação e aprovação dos respectivos comitês de ética em pesquisa.

A questão da possibilidade de utilização desses embriões para fins de pesquisa e terapia é polêmica, pois as pessoas que defendem a inconstitucionalidade da lei nesse ponto alegam que as células-tronco embrionárias humanas devem ser consideradas como seres com vida, protegidos pelo "direito à vida" previsto na Constituição.

A tese contrária entende que não há vida nessa fase e que os embriões em questão, melhor do que serem descartados, devem ser aproveitados para salvar vidas e melhorar as condições de pessoas que têm doenças que poderiam ser curadas ou mitigadas com a utilização de terapia ligada às células-tronco embrionárias.

O Ministério Público Federal ajuizou ADI pedindo a declaração de inconstitucionalidade do art. 5º e parágrafos da Lei de Biossegurança. A ADI levou o número 3.510 no Supremo Tribunal Federal e foi julgada improcedente, de modo que a utilização de células-tronco embrionárias em pesquisas e terapias está autorizada hoje pelo Supremo Tribunal Federal.

2.1.4. Capacidade jurídica

Capacidade jurídica pode ser **conceituada** como *a aptidão conferida pela ordem jurídica para adquirir direitos e contrair obrigações*[2].

Só tem capacidade jurídica, ou seja, capacidade para praticar atos jurídicos, os entes eleitos pelo Direito. É a ordem jurídica que dirá quem tem capacidade.

Ao distribuir capacidade a certos entes o Direito faz algumas distinções. É por isso que há três **espécies de capacidade**: a) a capacidade de direito (de gozo ou de fruição); b) a capacidade de fato (ou de exercício); e c) a capacidade excepcional (ou especial).

2. O termo capacidade tem origem no latim *capere*, que significa apoderar-se, adquirir, apanhar.

Capacidade de direito consiste na *aptidão genérica conferida pela ordem jurídica para adquirir direitos e contrair deveres.*

Capacidade de fato consiste na *aptidão genérica conferida pela ordem jurídica para, sozinho, adquirir direitos e contrair deveres.*

Capacidade excepcional consiste na *aptidão especial conferida pelo Direito para adquirir direitos e contrair deveres.*

No primeiro caso, repare que a aptidão é genérica, ou seja, é possível adquirir todos os direitos e contrair todos os deveres que não forem vedados. Essa *aptidão genérica* para a prática de atos da vida civil é consequência de se ter personalidade, pois, segundo o CC, "toda *pessoa* é capaz de direitos e deveres na ordem civil" (art. 1º). Assim, uma criança de três anos, um adulto, uma pessoa jurídica, todos, só por serem pessoas, terão capacidade de direito. Isso possibilita que uma criança receba uma herança (aquisição de direitos) e tenha um imóvel em seu nome locado (o que importa em contrair deveres).

No segundo caso, repare que a pessoa pode praticar sozinha os atos da vida jurídica. Trata-se de um *plus*. Confere-se aqui a possibilidade de se adquirir um direito e de se contrair uma obrigação por si só, ou seja, sem que seja necessário que o interessado seja representado ou assistido por outrem. Aqui é diferente. Nem toda pessoa tem a capacidade de fato. Não seria conveniente, por exemplo, que uma criança de três anos, que tem capacidade para adquirir direitos e contrair deveres, exercesse-os sozinha. Como regra, só tem capacidade de fato ou de exercício os maiores de dezoito anos. Ressalte-se que no Código Civil de 1916 a capacidade de fato era atingida somente aos 21 anos. Nota-se, portanto que houve uma redução, que repercutiu em diversos os ramos do direito. Como exemplo, cita-se o Enunciado n. 3 JDC/CJF, o qual se relaciona com o Direito Previdenciário: *A redução do limite etário para a definição da capacidade civil aos 18 anos não altera o disposto no art. 16, I da Lei 8.213/91, que regula específica situação de dependência econômica para fins previdenciários e outras situações similares de proteção, previstas em legislação especial.*

Assim, uma criança pode receber uma doação (uma vez que, por ter personalidade, tem *capacidade de direito*, pode adquirir direitos) e também pode vender bens (já que, repita-se, tem aptidão genérica não só para adquirir direitos, como para contrair obrigações), mas não poderá praticar tais atos pessoalmente (diretamente), mas apenas por meio de seu representante legal (seus pais, por exemplo). Vale dizer, os pais dessa criança é que assinarão o contrato de compra e venda do bem que essa pessoa adquirir. Caso uma pessoa não tenha capacidade de fato, terá de ser representada ou assistida por outra pessoa, na forma da lei. Ou seja, quem não tiver capacidade de fato dependerá da *mediação* de outro para a prática de atos jurídicos válidos.

No terceiro caso, repare que o ente não tem aptidão genérica, mas aptidão especial. Não pode fazer tudo o que a lei não proíbe (aptidão genérica). Só pode fazer o que a lei autoriza (aptidões excepcionais). Essa terceira capacidade é própria daqueles entes que não são pessoas, mas em favor dos quais a lei faculta a prática de certos atos da vida jurídica. É o caso do nascituro, do espólio, da massa falida etc. O espólio não pode praticar qualquer ato, mas somente aqueles que a lei autoriza, e, mesmo assim, mediante autorização judicial como regra.

Diante das duas primeiras situações, surgem mais dois conceitos: a) o de capacidade de plena; e b) o de incapacidade.

Capacidade plena é a que *decorre da titularização das capacidades de direito e de fato*.

Incapacidade é a *inexistência de parte ou de toda capacidade de fato*. A incapacidade pode ser relativa ou absoluta. Será relativa quando não se tenha parte da capacidade de fato, como ocorre com o pródigo, por exemplo, que pode praticar alguns atos jurídicos sozinhos e outros, não. Será absoluta quando não haja qualquer capacidade de fato, como ocorre com uma criança de três anos, por exemplo.

Em outras palavras: na *incapacidade* ou se estará diante de um *absolutamente incapaz* (aquele que não pode praticar sozinho nenhum ato, devendo ser representado) ou de um *relativamente incapaz* (aquele que não pode praticar sozinho alguns atos, devendo ser assistido por alguém com capacidade plena para a sua prática).

É importante notar que a expressão "incapacidade" no Código Civil (arts. 3º e 4º) só se refere às *pessoas*, ficando de fora a análise da terceira situação (capacidade especial ou excepcional).

2.1.5. Legitimação

Não se deve confundir o instituto da capacidade, que abrange a capacidade de direito e de fato, como vimos, com o da legitimação.

A legitimação consiste na *aptidão específica do sujeito de direito para a prática de certos atos jurídicos*. A capacidade consiste na aptidão *genérica* para a prática de atos.

Assim, uma pessoa adulta, mesmo tendo capacidade (de direito e de fato) para praticar atos da vida civil, não tem legitimação para vender um imóvel a um dos filhos, sem autorização de seu cônjuge e dos demais descendentes (art. 496 do CC). Tem capacidade plena para vender seus bens, podendo fazê-lo em relação à pessoa que quiser num primeiro momento, mas não tem legitimação para fazê-lo em relação a um de seus filhos, sem que haja autorização dos demais. Se o fizer, o ato será inválido não por falta de capacidade, mas por falta de legitimação, ou seja, por falta de aptidão específica para a prática do ato "compra e venda".

A ilegitimação, portanto, pode ser conceituada como a *restrição específica ao sujeito de direito para a prática de determinados atos da vida civil com certas pessoas ou em relação a certos negócios ou bens*. São impedimentos circunstanciais. Outros exemplos de ilegitimidade são os seguintes: o tutor não pode adquirir bem do tutelado (art. 1.749, I, do CC); o casado, exceto no regime de separação absoluta de bens, não pode alienar imóveis sem a autorização do outro cônjuge (art. 1.647, I, do CC); o que comete ato de indignidade não pode herdar (art. 1.814, II, do CC); os casos de impedimento matrimonial (art. 1.521 do CC).

2.1.6. Incapacidade

Incapacidade também pode ser conceituada como a *restrição legal genérica ao exercício dos atos jurídicos*. Outro conceito é o seguinte: *inexistência de parte ou de toda capacidade de fato*.

Toda pessoa tem capacidade de *direito* (ou de *gozo*). Portanto, a incapacidade a que faz referência a lei (arts. 3º e 4º) é tão somente a incapacidade de *fato* (ou de *exercício*).

Como já dito, não seria conveniente, por exemplo, que uma criança de três anos, que tem capacidade para adquirir direitos e contrair deveres, exercesse-os sozinha.

Considerando que ninguém pode ser obrigado a fazer ou *deixar de fazer* alguma coisa senão em virtude de lei (art. 5º, II, da CF), somente essa pode trazer tal tipo de restrição a uma pessoa e, mesmo assim, desde que não importe numa discriminação, sob pena de violação do princípio da igualdade (art. 5º, *caput*, da CF).

Dessa forma, seria inconstitucional uma lei que dissesse que a mulher é incapaz, uma vez que tal situação está em desacordo com o princípio da isonomia, não havendo motivo racional para essa diferenciação de tratamento. Vale lembrar, a título de informação histórica, que a mulher casada foi considerada incapaz por nosso Direito até o ano de 1962, com a promulgação do Estatuto da Mulher Casada (Lei 4.121/62).

De outra parte, há situações que justificam tal restrição legal, como a pouca idade, a insuficiência somática (deficiência mental) ou outra circunstância relevante. Nosso direito divide a incapacidade em dois tipos: a incapacidade absoluta, restrição genérica mais séria, e incapacidade relativa, restrição genérica com menor extensão.

Passemos, então, ao estudo dos absolutamente e dos relativamente incapazes.

2.1.7. Absolutamente incapazes

Absolutamente incapazes são *os que não podem exercer sozinhos qualquer ato jurídico* (art. 3º do CC).

Ou seja, são os completamente privados de praticar, por si sós, atos da vida civil. A prática de atos em seu nome só poderá ser feita por *representantes*, que assinam sozinhos os atos, sob pena de nulidade absoluta daqueles por ventura realizados pessoalmente pelo incapaz (art. 166, I, do CC).

O absolutamente incapaz, apesar de *ter* (de gozar) o direito, não pode *exercer* direta e pessoalmente nenhum aspecto dos atos da vida jurídica a ele relativos, que são praticados diretamente por seu representante legal, sob pena de serem declarados atos nulos.

A *representação* supre a incapacidade absoluta e é feita pelos pais, na hipótese de se tratar de menor sob o poder familiar (art. 1.690 do CC); pelo tutor, na hipótese de menor sob tutela (art. 1.747, I, do CC); ou pelo curador, nos demais casos (arts. 1.781 e 1.747, I, do CC).

A representação legal, ora comentada, não se confunde com a representação convencional (mandato). De qualquer forma, aplica-se às duas hipóteses o art. 119 do CC, pelo qual é "**anulável** o negócio concluído pelo **representante em conflito de interesses** com o representado, se tal fato era ou devia ser de conhecimento de quem com aquele tratou" (g.n.).

A **incapacidade absoluta**, portanto, pode ser conceituada como a *proibição total do exercício do direito pelo incapaz*. O direito é tão radical nesse ponto que, ainda que os atos beneficiem os absolutamente incapazes, serão nulos se não praticados por seus representantes.

Confiram-se as **espécies** de absolutamente incapazes:

a) **Os menores de 16 anos.**

Os menores de 16 anos não teriam, segundo a lei, atingido o discernimento para distinguir o que podem ou não fazer e mesmo para discernir o que lhes é ou não conveniente.

Não obstante, o CJF tem interpretação relativizada deste dispositivo no seguinte sentido: *A vontade dos absolutamente incapazes, na hipótese do inc. I do art. 3º, é juridicamente relevante na concretização de situações existenciais a eles concernentes, desde que demonstrem discernimento bastante para tanto* (Enunciado n. 138 das JDC/CJF).

Tais menores eram chamados de *impúberes*, reservando-se a expressão menores *púberes* aos que tinham entre 16 e 18 anos. Essas denominações são impróprias em relação ao que dispõe hoje a lei, visto que a puberdade não se inicia aos 16 anos, mas bem antes.

A Constituição, todavia, permite que o menor de 16 anos, desde que tenha 14 anos pelo menos, trabalhe na condição de aprendiz (art. 7º, XXXIII, alterado pela EC 20/98).

No Direito comparado, pode-se citar o exemplo francês, que não traz o elemento idade para verificação da incapacidade, nem a distingue em absoluta e relativa, deixando ao juiz a verificação no caso concreto da existência ou não do discernimento. O CC italiano, por sua vez, também não divide a incapacidade em absoluta e relativa. Dispõe que incapacidade de agir (de exercício) só cessa aos 18 anos (art. 2º). O CC português segue a sorte do italiano ao dispor que a incapacidade dos menores cessa aos 18 anos (art. 123). O vício de um ato praticado diretamente pelo menor se assemelha à anulabilidade (art. 125), independentemente da idade, o que difere do nosso Direito, que considera nulo o ato praticado pelo menor de 16 anos e anulável o ato praticado pelo que tiver entre 16 e 18 anos. Outra diferença é que o CC português traz dispositivo expresso acerca das exceções à incapacidade dos menores (art. 127), como quanto aos atos de administração de bens que o maior de 16 anos haja adquirido por seu próprio trabalho;

b) **Os que, por enfermidade ou deficiência mental, não tiverem o necessário discernimento para a prática dos atos da vida civil.**

Fábio Ulhoa Coelho distingue *enfermidade* de *deficiência* mental. Diz que deficiência mental é um *estado* e, como tal, em poucos casos, poderá ser evitada ou curada. Já a enfermidade mental é uma lesão à saúde, de efeitos mais ou menos prolongados, com maior possibilidade de cura.

Assim, aquele que é são e passa a desenvolver uma doença mental deve ser considerado um *enfermo* mental; aquele que já nascer com o problema mental, um *deficiente* mental.

Podemos **conceituar enfermidade** ou **deficiência mental** como *o comprometimento das faculdades mentais que possibilitam à pessoa discernir o que melhor atende ao seu bem-estar*.

Mas não basta que haja uma enfermidade ou uma deficiência mental para que se configure essa espécie de absolutamente incapaz. É necessário que, de tal problema, resulte a **ausência do necessário discernimento** para a prática de atos da vida civil.

Ou seja, é necessário que a pessoa não tenha um *mínimo* de discernimento para a prática dos atos da vida civil. Quando a lei faz referência à *ausência do necessário discernimento*, só pode ter em mente, dada a gravidade da restrição, aqueles que não têm discernimento nenhum para a prática de atos. Assim, deve-se ler a expressão "não tiverem o necessário discernimento" como "não tiverem o mínimo discernimento" ou "não tiverem discernimento algum". Aquele que tem algum discernimento, mas que seja um discernimento reduzido, será um relativamente incapaz, como se verá.

A lei abandonou a expressão "loucos de todo o gênero", que gerava confusões pelo seu conteúdo extremamente amplo.

Luiz Alberto David Araújo classifica a deficiência mental em três níveis: a) *profunda ou severa*, em que os deficientes são totalmente dependentes; b) *moderada*, em que os deficientes são adestráveis, tendo noção de certos perigos e podendo aprender coisas bem simples; e c) *leve*, em que os deficientes são educáveis, podendo aprender, embora com certa dificuldade, a ler, a fazer contas e até a trabalhar ("A proteção constitucional das pessoas portadoras de deficiência", Brasília: Corde, 1994, pp. 31-4).

São casos que levam à incapacidade absoluta os de deficiência profunda ou severa e grande parte dos deficientes moderados, devendo a questão ser aferida em perícia judicial no processo de interdição que será suportado pelo supostamente incapaz.

A **senilidade**, por si só, não é causa bastante para que a pessoa seja interditada, o que somente se dará se a velhice por ventura originar um estado patológico, como a arteriosclerose, devendo-se verificar se de fato o discernimento sofreu abalo. Se a doença apenas o reduziu, o idoso será considerado relativamente incapaz; se o extirpou por completo, absolutamente incapaz.

Também não gera a incapacidade jurídica a **deficiência física**. Um cego ou surdo, por exemplo, são pessoas capazes, podendo exercer diretamente seus direitos e deveres. Tornam-se incapazes ou plenamente capazes nas mesmas situações que o não deficiente físico.

O que existe são algumas regras protetivas em determinadas situações, como na feitura do testamento, na qual o cego, por exemplo, só pode fazê-lo na modalidade pública (art. 1.867 do CC).

Novidade trazida pelo CC é a possibilidade de o enfermo (não necessariamente mental) e o deficiente físico, voluntariamente, requererem que o juiz nomeie curador para cuidar de todos ou alguns de seus negócios ou bens (art. 1.780), tudo a facilitar a prática de atos de seu interesse. Tal situação se assemelha a um mandato, com a diferença de que o curador tem o dever de prestar contas com muito mais rigor. Difere da curatela normal pelo fato de o curatelado poder, a qualquer tempo, pedir seu levantamento;

c) **Os que, mesmo por causa transitória, não puderem exprimir sua vontade.**

Não poder exprimir a vontade é o mesmo que *ter obstruída, por motivo físico ou psíquico, a possibilidade de manifestação da vontade*. Quem estiver nessa condição, ainda que por uma causa transitória, será considerado absolutamente incapaz.

Pode até se tratar de alguém que tenha discernimento. Basta que não consiga manifestar sua vontade para que possa ser interditada a fim de que outro se expresse por ela.

É importante, ainda, notar que a impossibilidade de exprimir a vontade gerará a incapacidade absoluta, ainda que temporária. Vale trazer como exemplo a situação daquele que se encontra em coma profundo.

Se a situação for passageira, não cabe interdição (art. 1.767, II, do CC), em que pese eventual ato praticado pela pessoa nessas condições ser considerado nulo. Se se tratar de alguém que fique em estado vegetativo, em caráter duradouro, procede-se ao processo de interdição.

Os surdos-mudos que não consigam exprimir sua vontade, por não terem recebido educação adequada, também podem se enquadrar na espécie.

2.1.8. Relativamente incapazes

Relativamente incapazes são *os que não podem exercer sozinhos a grande maioria dos atos civis, necessitando de assistência de alguém com capacidade plena, que praticará junto com o incapaz os atos jurídicos de seu interesse* (art. 4º do CC).

Será anulável a prática de ato jurídico sem a presença de assistente (art. 171, I, do CC). Essa supre a incapacidade. Uma diferença que se tem aqui é que, caso o incapaz não queira praticar o ato, esse não se realizará, pois ele é quem o pratica, ainda que assistido.

Além disso, a lei permite que o relativamente incapaz exerça sozinho alguns atos civis. Aquele que tem entre 16 e 18 anos, por exemplo, pode sozinho (sem assistência): aceitar mandato (art. 666 do CC), fazer testamento (art. 1.860, parágrafo único, do CC), ser testemunha em atos jurídicos (art. 228, I, do CC), dentre outros.

Os pródigos, por sua vez, podem praticar sozinhos todos os atos de mera administração de seu patrimônio (art. 1.782 do CC). Por fim, vale lembrar que o novo Código inovou ao dispor que o juiz, quantos aos relativamente incapazes, assinará, segundo o estado ou o desenvolvimento mental do interdito, os limites da curatela, podendo dispor quais atos o incapaz poderá praticar sozinho (art. 1.772 do CC).

Confiram-se as **espécies** de relativamente incapazes:

a) **Os maiores de 16 e menores de 18 anos.**

A experiência de vida dos que têm entre 16 e 18 anos não é, presume a lei, suficiente para que sejam considerados plenamente capazes. De outra parte, essas pessoas têm maior grau de amadurecimento que os menores de 16 anos, portanto merecem tratamento diferenciado.

Não é demais lembrar que, aos 16 anos, a Constituição já permite que o indivíduo adquira capacidade política ativa, ou seja, a possibilidade de votar. Essa circunstância poderia ter sido levada em conta por nosso legislador para considerar plenamente capaz na esfera civil o jovem com 16 anos completos, principalmente se considerarmos que o jovem de hoje certamente tem maiores informações e conhecimentos que o jovem de 1916, ano da aprovação do antigo Código Civil.

De qualquer forma, a lei ainda considera um jovem nessa idade relativamente incapaz até que complete 18 anos, quando se torna plenamente capaz, idade essa que foi reduzida, visto que antes era de 21 anos.

Vale deixar claro que, no Direito Civil, os anos se contam de ano em ano, o que faz com que a pessoa complete 18 anos à zero hora do dia em que nasceu, pouco importando a que hora isto se deu.

Praticado um ato civil que não esteja autorizado a fazer sozinho, sem a assistência de um responsável legal, o ato será anulável. Entretanto, o menor não poderá invocar sua pouca idade para eximir-se da obrigação que tenha contraído, quando dolosamente a tiver ocultado, ao ser inquirido pela outra parte, ou se espontaneamente se disser maior (art. 180 do CC).

Ademais, "a incapacidade relativa de uma das partes não pode ser invocada pela outra em benefício próprio, nem aproveita aos cointeressados capazes, salvo se, neste caso, for indivisível o objeto do direito ou da obrigação comum" (art. 105 do CC).

Apesar de não ser questão específica dos relativamente incapazes, deve-se destacar que "ninguém poderá reclamar o que, por uma obrigação anulada, pagou a um incapaz, se não provar que reverteu em proveito dele a importância paga" (art. 181 do CC).

O menor relativamente incapaz, além de poder aceitar mandato (art. 666 do CC), fazer testamento (art. 1.860, parágrafo único, do CC) e ser testemunha em atos jurídicos (art. 228, I, do CC), como vimos, pode também celebrar contrato de trabalho e ser eleitor (art. 14, § 1º, II, "c", da CF).

Apesar de não se tratar de questão específica do relativamente incapaz, também vale ressaltar que, em matéria de responsabilidade civil, o CC inovou ao dispor, no art. 928, que "o incapaz responde pelos prejuízos que causar, se as pessoas por ele responsáveis não tiverem obrigação de fazê-lo ou não dispuserem de meios suficientes. Parágrafo único. A indenização prevista neste artigo, que deverá ser equitativa, não terá lugar se privar do necessário o incapaz ou as pessoas que dele dependam".

É importante destacar, quanto ao menor relativamente incapaz, que o art. 116 do ECA dispõe que o adolescente que praticar ato infracional com reflexos patrimoniais poderá responder pelo ressarcimento do dano. Daí o enunciado 40 do CJF, que tem o seguinte teor: "o incapaz responde pelos prejuízos que causar de maneira subsidiária ou excepcionalmente, como devedor principal, na hipótese do ressarcimento devido pelos adolescentes que praticarem atos infracionais, nos termos do art. 116 do Estatuto da Criança e do Adolescente, no âmbito das medidas socioeducativas ali previstas";

b) **Os ébrios habituais, os viciados em tóxicos e os que, por deficiência mental, tenham discernimento reduzido.**

Deve-se entender por **ébrio habitual** o *dependente de álcool, ou seja, o alcoólatra ou dispsômano*. Hoje vem sendo muito usada a expressão "alcoólico" para designar o dependente de álcool, uma vez que a expressão "alcoólatra" tem caráter muito pejorativo na sociedade.

Se fôssemos interpretar literalmente a lei, alguém que ficasse ébrio todo sábado poderia ser considerado relativamente incapaz, dada a habitualidade. No entanto, como a incapacidade é uma restrição, e restrições se interpretam estritamente, e considerando o fato de que beber todo final de semana não leva, pelo bom senso, a crer que a pessoa possa estar com seu discernimento reduzido, a expressão *habituais* só pode ser tomada como relacionada à *dependência*.

Quanto aos **toxicômanos,** não há dúvida quanto à necessidade de haver dependência, já que a lei usa a expressão "viciados", que a identifica. Quer-se evitar nos dois casos, principalmente, a ruína econômica do indivíduo. Vale salientar que, caso a dependência leve a situações como: a) impossibilidade de a pessoa se expressar; ou b) enfermidade mental que propicie a ausência do necessário discernimento, estaremos diante de hipótese de incapacidade absoluta.

A Lei 4.294/21 equiparava os toxicômanos a psicopatas, criando-se duas hipóteses de interdição, a depender do caso (plena ou limitada). O novo Código supera a matéria, valendo lembrar que, em se considerando o indivíduo relativamente incapaz, esse tem o benefício de verem fixados limites à curatela (art. 1.772 do CC), ou seja, o juiz assinará, segundo o estado ou o desenvolvimento mental do interdito, as restrições ao incapaz.

A terceira hipótese do dispositivo é a do **portador de deficiência mental que tiver um discernimento reduzido**, questão já tratada no tópico precedente. Vale lembrar que, aqui, existe ainda alguma capacidade de entendimento, mas menor que a daquele que está com a plena faculdade mental;

c) **Os excepcionais, sem desenvolvimento mental completo.**

Maria Helena Diniz ensina que tal situação abrange os fracos de mente, os surdos-mudos e os portadores de anomalia psíquica, que apresentem sinais de desenvolvimento mental incompleto, comprovados e declarados em sentença de interdição, tornando-os incapazes de praticar atos na vida civil, sem a assistência de um curador.

Serve como exemplo, também, a situação de alguns portadores da síndrome de Down.

Excepcionais *com desenvolvimento mental completo* são totalmente capazes. Excepcionais *sem o desenvolvimento mental completo* são relativamente capazes. E excepcionais *sem o necessário discernimento* são absolutamente incapazes;

d) **Os pródigos.**

Podemos definir **pródigo** como *aquele que dissipa seu patrimônio sem controle.*

A prodigalidade pode se dar das seguintes formas: a) *oniomania*, perturbação mental que provoca o portador a adquirir descontroladamente tudo o que tiver vontade; b) *cibomania*, perturbação que leva à dilapidação patrimonial em jogos de azar; c) *imoralidade*, que leva ao descontrole de gastos para satisfação de impulsos sexuais

O pródigo, em verdade, só fica privado da prática de atos que possam comprometer o seu patrimônio, não podendo, sem assistência de seu curador, alienar, emprestar, dar quitação, transigir, hipotecar, agir em juízo e praticar atos que não sejam de mera administração (*vide* arts. 1.767, V, e 1.782 do CC). Pode casar (mas não dispor sobre o regime de bens sozinho), mudar de domicílio, exercer o poder familiar, contratar empregados domésticos etc.;

e) **Os índios.**

Os índios podem ser conceituados como *todos os indivíduos de ascendência pré-colombiana que se identificam e são identificados como pertencentes a um grupo étnico cujas características culturais os distinguem da sociedade nacional* (art. 3º, I, do Estatuto do Índio - Lei 6.001/73).

Seus costumes e tradições são protegidos pelo direito (arts. 210, § 2º, 215, § 1º, e 231, todos da CF).

De acordo com o Estatuto do Índio, esse pode ser classificado em: a) *isolado*, com nenhum ou muito pouco contato com a civilização; b) *em vias de integração*, com contato intermitente ou permanente com a civilização, mas mantendo parte de suas tradições; e c) *integrado*, que está incorporado à comunhão nacional e reconhecido no pleno exercício dos direitos civis, ainda que conserve elementos de sua cultura.

O índio integrado é plenamente capaz para os atos da vida civil, enquanto o não integrado (itens "a" e "b") é tutelado pela FUNAI.

O Estatuto dispõe que os índios *não integrados* (*vide* itens "a" e "b" acima) ficam sujeitos ao regime tutelar nele estabelecido, ao passo que os índios *integrados* estão sujeitos ao direito comum nas relações com outros índios não integrados e com pessoas estranhas à comunidade indígena (arts. 6º, parágrafo único, e 7º do Estatuto do Índio).

A lei diz que os atos praticados pelos índios *não integrados* dependem, para serem válidos, da *assistência* de agentes da FUNAI (ligada à União), o que daria a ideia de que são relativamente incapazes. Entretanto, a falta de assistência torna o ato *nulo* (e não anulável), circunstância própria dos atos praticados pelo absolutamente incapaz (art. 8º do Estatuto do Índio). Não será nulo o ato se o índio revelar consciência e conhecimento do ato praticado e da extensão dos seus efeitos, desde que não lhe seja prejudicial (art. 8º, parágrafo único, do Estatuto do Índio).

Libera-se do regime tutelar nas seguintes hipóteses: a) emancipação da comunidade, declarada por Decreto do Presidente da República, após requerimento da maioria de seus membros e comprovação, pela FUNAI, da plena integração à civilização; b) reconhecimento da condição de integrado pela FUNAI, por ato formal homologado judicialmente e inscrito no registro civil; c) requerimento ao juiz de liberação do regime tutelar. Nas três hipóteses, o índio deve ter, no mínimo, 21 anos, conhecimento da língua portuguesa, habilitação para o exercício de atividade útil à sociedade e razoável compreensão dos usos e costumes desta. *Vide*, a respeito, os arts. 9ª a 11 do Estatuto do Índio.

2.1.9. Interdição

No que se refere aos incapazes por motivo de idade, o simples fato de a terem inferior a 16 anos (absolutamente incapazes) e entre 16 e 18 anos (relativamente incapazes) já faz com que sejam reconhecidos como tais.

Já no que se refere aos demais casos de incapacidade, somente um pronunciamento judicial e o preenchimento de certas formalidades fará com que não se questione a condição de incapaz de uma dada pessoa.

O art. 1.767 do CC prevê os casos em que caberá a interdição ou a curatela e, tirando os casos em que se é incapaz por motivo de idade, todos os outros previstos nos arts. 3º e 4º estão presentes, com exceção dos que não podem exprimir sua vontade por motivo transitório (por uma embriaguez completa, por exemplo), os quais, em que pese serem considerados incapazes naquela situação, não serão interditados, dado que seu problema é temporário.

O processo de interdição é o meio adequado ao pronunciamento judicial da incapacidade. Seu objetivo é aferir a existência e, se for o caso, o grau de incapacidade de uma pessoa.

Segundo o art. 1.768 do CC, são legitimados ativos para a demanda: os pais ou tutores; o cônjuge (ou o companheiro, segundo entendimento doutrinário); qualquer parente; e o Ministério Público, esse só em caso de moléstia mental grave ou subsidiariamente aos demais (por não existirem, por não promoverem a interdição ou por serem incapazes). Segundo o art. 1.770 do CC, no caso de interdição promovida pelo Ministério Público, o juiz nomeará defensor (curador especial) ao suposto incapaz; nos demais casos, o Ministério Público será o defensor.

Antes de pronunciar a interdição, deve o juiz, assistido por especialistas, examinar pessoalmente o arguido de incapacidade (art. 1.771 do CC).

Pronunciada a interdição, no caso dos relativamente incapazes, o juiz assinará, segundo o estado e o desenvolvimento mental do interdito, os limites da curatela (art. 1.772 do CC).

Segundo o art. 1.775, *caput* e parágrafos, do CC, a nomeação do curador segue a seguinte ordem preferencial: cônjuge ou companheiro; na falta, os pais; na falta desses, os descendentes mais próximos. São os casos de curatela legítima. Não havendo pessoas nessa condição, compete ao juiz a escolha do curador (curatela dativa).

A autoridade do curador estende-se à pessoa e aos bens dos filhos do curatelado (art. 1.778 do CC).

Havendo meio de recuperar o interdito, deve o curador promover seu tratamento em estabelecimento apropriado (art. 1.776 do CC).

A sentença que declara a interdição produz efeito imediato, embora sujeita a recurso (art. 1.773 do CC). Deve-se publicá-la na imprensa e no órgão oficial, por três vezes, bem como registrá-la em livro especial no Cartório do 1º Ofício do Registro Civil da comarca da decisão. Dessa data em diante, terceiros que celebrarem contrato com o incapaz não poderão alegar ignorância de seu estado.

Em que pese prevalecer o entendimento de que a sentença é declaratória (declara que a pessoa é incapaz), e não constitutiva, tende-se a proteger o terceiro de boa-fé nos negócios praticados antes das publicações retroindicadas. O terceiro só será preterido em seu direito no caso de não ter havido interdição quando da feitura do negócio se houver prova de que a incapacidade era notória.

Por fim, vale ressaltar que nosso direito não admite os chamados *intervalos lúcidos*, em que se tentaria provar que o incapaz estava bem quando da prática de um dado negócio. Assim, são sempre nulos os atos praticados pelo curatelado enquanto estiver nessa condição.

A lei prevê o levantamento da interdição cessada a causa que a determinou. A incapacidade termina, normalmente, por desaparecerem as causas que a determinaram, como na hipótese de cura de enfermidade mental. Deve ser feita a averbação no Registro Público competente da sentença que põe fim à interdição.

2.1.10. Emancipação

Emancipação pode ser conceituada como o *fim da menoridade antes da idade prevista em lei* ou como a antecipação da capacidade plena.

A consequência imediata da emancipação é *habilitar a pessoa à prática de todos os atos da vida civil* (art. 5º, *caput, do CC*). Outras consequências são a possibilidade de o emancipado ser responsabilizado civilmente sem benefício algum e a cessação do direito automático de pedir pensão alimentícia.

Muito embora a emancipação antecipe os efeitos da maioridade, entende o CJF que ela, por si só, não elide a incidência do Estatuto da Criança e do Adolescente, nos termos do Enunciado n. 530 JDC/CJF.

As espécies de emancipação são as seguintes:

a) Voluntária (ou direta): é a concedida pelos pais, ou por um deles na falta do outro, mediante instrumento público inscrito no Registro Civil competente (Lei 6.015/73, art. 29, IV, 89 e 90), independentemente de homologação judicial, ao menor que tenha 16 anos completos.

Há de se ponderar que doutrina e jurisprudência consideram que a emancipação voluntária não exonera os pais da responsabilidade pelos atos ilícitos praticados pelo filho que ainda não tiver completado 18 anos. Confira-se: "a única hipótese em que poderá haver responsabilidade solidária do menor de 18 anos com seus pais é ter sido emancipado nos termos do art. 5º, parágrafo único, inciso I, do no Código Civil" (Enunciado nº 41 das JDC/CJF);

b) Judicial: é a concedida pelo juiz, ouvido o tutor, desde que o menor tenha 16 anos completos;

Obs: Tanto a emancipação voluntária quanto a judicial estão sujeitas à desconstituição por vício de vontade (Enunciado n. 397 JDC/CJF).

c) Legal: é a que decorre da ocorrência de certos eventos previstos em lei. Tal emancipação não depende de registro para produzir efeitos. Eventual demanda promovida para ver reconhecida a emancipação nos casos abaixo tem mera função de gerar maior segurança jurídica ao interessado.

O **casamento** é a primeira causa, seja qual for a idade do nubente. Pode acontecer de ocorrer emancipação até de alguém que se casou antes da idade núbil, por suprimento judicial. Não faz sentido que uma pessoa que constituiu família continue sob a autoridade de outrem. A emancipação não é afetada pelo fim do casamento, salvo em caso de invalidação deste quanto ao que estiver de má-fé, segundo corrente majoritária.

Outra causa é o **exercício** ***de emprego público efetivo***. Vale ressaltar que, aqui, também não há idade mínima prevista na lei. Estão excluídas situações temporárias, tais como estágios, contratações temporárias e investidura em cargo em comissão. De qualquer forma, será hipótese pouco provável de acontecer, visto que, normalmente, os estatutos do funcionalismo preveem a idade mínima de 18 anos para o ingresso em função pública.

Outro motivo é a **colação de grau em curso superior**, também independente da idade. Trata-se de mais uma hipótese bastante rara, mormente agora em que a maioridade é atingida aos 18 anos.

E, ainda, pelo ***estabelecimento civil ou comercial, ou pela existência de relação de emprego, desde que, em função deles, o menor com 16 anos completos tenha economia própria***. O fato de o menor ter economia própria, ou seja, conseguir prover seu próprio sustento, é demonstração de que é dotado de experiência e amadurecimento suficientes para a prática de atos da vida civil. Entendemos que eventual demissão superveniente do emancipado não o torna novamente incapaz, já que os requisitos para a emancipação são de difícil configuração e demonstram efetivamente o amadurecimento necessário para o exercício pleno dos atos da vida civil.

2.1.11. Fim da personalidade

Deve-se tratar, agora, do **fim da personalidade**. Dispõe o art. 6º do CC que "a existência da pessoa natural termina com a morte". Com a morte, extingue-se a personalidade, passando-se os direitos e as obrigações do morto (essas no limite das possibilidades da herança) aos seus sucessores. Tais direitos e obrigações, denominados espólio, não têm personalidade, ou seja, não tem a qualificação que lhes conferiria a autorização genérica para praticar atos jurídicos; mas são sujeitos de direitos, visto que estão autorizados, por meio das pessoas indicadas na lei, a praticar certos atos, como ingressar com ação para cobrar determinada quantia devida ao monte.

São **consequências** da morte as seguintes: extinção do poder familiar, dissolução do casamento, abertura da sucessão, extinção dos contratos personalíssimos; mas fica mantida a vontade expressada pelo falecido em testamento e preservam-se alguns direitos da personalidade (relativos ao cadáver, à imagem, ao nome e aos direitos de autor).

A **morte** pode ser de três tipos: real, civil e presumida.

Morte real é *aquela certa, que pode ser atestada por exame médico*. Constatada a morte de uma pessoa, um médico fará um atestado de óbito. Na falta desse profissional, duas pessoas qualificadas que tiverem presenciado ou verificado a morte o farão. Com base no atestado de óbito será feita a lavratura do assento de óbito no Registro

Público competente. A partir desse assento é que será extraída a certidão de óbito. O enterro depende dessa certidão. A cremação será feita em virtude de vontade do falecido ou por motivo de saúde pública, dependendo de atestado de 2 (dois) médicos ou de médico legista e, caso se trate de morte violenta, de autorização judicial.

Comoriência é *a presunção de morte simultânea, que se aplica quando duas ou mais pessoas falecerem na mesma ocasião, sem que se possa determinar quem morreu primeiro.*

A importância do tema está no direito das sucessões. Se um dos mortos na mesma ocasião tiver falecido primeiro, isso poderá fazer com que o outro seja seu herdeiro. Se considerarmos que a morte se deu simultaneamente, nenhum dos dois herdará do outro.

Na França, a solução é diferente. Cria-se uma escala de possibilidades. Entre homem e mulher, presume-se que a mulher morreu primeiro. Entre o mais novo e o mais velho, presume-se que esse faleceu primeiro.

Morte civil é *aquela em que a lei considera morta para a prática de atos da vida jurídica pessoa ainda viva.* Trata-se de instituto abolido nas legislações modernas. No passado, era sanção que recaía sobre os escravos e sobre outras pessoas, por motivos políticos ou religiosos. Há resquícios do instituto em nossa lei na regulamentação da indignidade e da deserdação, nas quais o herdeiro excluído da sucessão é considerado "como se morto fosse". (arts. 1.814, 1.816 e 1.961 a 1.963 do CC).

Morte presumida é *a que decorre de declaração judicial da morte, sem decretação de ausência, em caso de perigo de vida ou guerra, ou de declaração de ausência quando se autoriza a abertura de sucessão definitiva.*

Com efeito, o art. 6º do CC diz que se tem a **morte presumida** "quanto aos ausentes, nos casos em que a lei autoriza a abertura da sucessão definitiva".

O art. 7º do CC assevera que "pode ser declarada a morte presumida, **sem a decretação de ausência**: I - se for extremamente provável a morte de quem estava em perigo de vida; II - se alguém, desaparecido em campanha ou feito prisioneiro, não for encontrado até 2 (dois) anos após o término da guerra", dispondo o dispositivo em seu parágrafo único que "a declaração da morte presumida, nesses casos, somente poderá ser requerida depois de esgotadas as buscas e averiguações, devendo a sentença fixar a data provável do falecimento".

2.1.12. Ausência

Em caso de *ausência*, ou seja, de uma pessoa **desaparecer** de seu domicílio sem deixar notícias ou procurador a quem caiba administrar seus bens e tenha interesse em fazê-lo, e de não ter se configurada nenhuma das hipóteses acima, pode o interessado ou o Ministério Público requerer ao juiz a **declaração de ausência** da pessoa, nomeando em favor dela um **curador** (o cônjuge - ou companheiro, Enunciado n. 97 JDC/CJF -, os pais ou os descendentes do desaparecido, nessa ordem, ou, na falta, alguém nomeado pelo juiz.), que procederá à **arrecadação** dos bens do ausente, tudo na forma dos arts. 22 a 26 do CC (**fase da curadoria do ausente**).

Passado 1 (um) ano da arrecadação dos bens do ausente, ou, se há procurador, passados 3 (três) anos, poderão os interessados requerer que se: a) declare a ausência; e que se b) abra provisoriamente a sucessão, que produzirá efeitos após 180 dias da publicação da respectiva sentença pela imprensa, efetuando-se o inventário e partilha dos bens (fase da sucessão provisória). *Vide* arts. 26 a 36 do CC.

Passados 10 (dez) anos do trânsito em julgado da sentença que abriu a sucessão provisória ou 5 (cinco) anos das últimas notícias do ausente que já contar com 80 (oitenta) anos, poderão os interessados requerer a sucessão definitiva, procedendo-se ao levantamento das cauções que tiverem sido exigidas daqueles herdeiros que não eram ascendentes, descendentes ou cônjuges do ausente (fase da sucessão definitiva).

Caso o ausente não apareça nos 10 (dez) anos seguintes à abertura da sucessão definitiva, não terá mais direito algum às coisas deixadas. Se comparecer nesse período, terá direito aos bens existentes no estado em que se acharem, os sub-rogados em seu lugar, ou o preço que os herdeiros e demais interessados tiverem recebido pelos bens alienados depois daquele tempo.

Se, nos 10 (dez) anos a que se refere o parágrafo anterior, o ausente não regressar e não houver interessado algum, os bens arrecadados passarão ao Município ou ao Distrito Federal, se localizados nas respectivas circunscrições, incorporando-se à União se situados em território federal.

As disposições sobre a sucessão definitiva, no caso, estão nos arts. 37 a 39 do CC.

Por fim, vale anotar que, hoje, o ausente não é mais considerado um *incapaz*, mas alguém *presumido morto* pela lei a partir do momento em que é aberta a sucessão definitiva.

2.2. DIREITOS DA PERSONALIDADE

2.2.1. Introdução

Como se viu, o Direito Civil nasceu bem amplo. No Direito Romano, chegou a abranger os direitos privado, penal e administrativo. Era o "direito da cidade". Em seguida, o Direito Civil passou a tratar apenas do direito privado.

Nessa segunda fase, percebe-se grande preocupação em regular as relações humanas no aspecto econômico. Basta verificar a importância dos temas *obrigações*, *contratos*, *direitos das coisas* e *sucessões*. Mesmo em matéria de *direito de família*, inúmeras normas se dedicavam ao regime de bens do casamento, por exemplo, confirmando a tradição de regular quase que exclusivamente questões de cunho patrimonial.

Nosso anterior CC era um grande exemplo disso. O pouco que se tem de regulamentação de questões *não patrimoniais* ou *não puramente patrimoniais* se resume a alguns deveres matrimoniais e a algumas relações entre pais e filhos.

O novo CC rompeu com essa tradição. Como se viu (Cap. 1, item 5), é marcante no atual Código a *constitucionalização* e a *humanização* do Direito Civil. Valores relativos aos direitos e garantias individuais e sociais permeiam a nova lei, destacando-se um capítulo próprio para tratar dos Direitos da Personalidade (arts. 11 a 21 do CC), direitos de cunho essencialmente *não patrimoniais*.

Deram origem a essa modificação *fatos sociais*, *valores sociais* e *normas jurídicas*. No a) *plano fático*, são exemplos o incremento dos meios de comunicação, potencializando lesões à imagem e à privacidade, e o crescimento do tráfico de órgãos humanos. No b) *plano valorativo*, percebe-se na sociedade maior repúdio às práticas de desrespeito às liberdades públicas. E no c) *plano jurídico*, é marcante a postura pródiga da CF/88 ao tratar dos direitos e garantias individuais.

Na História, em geral, o reconhecimento dos direitos da personalidade como categoria de direito é relativamente recente. Vale citar alguns antecedentes: Carta Magna (séc. XIII), Declaração dos Direitos do Homem e do Cidadão (1789) e Declaração dos Direitos Humanos (1948). No direito comparado, tais direitos foram explicitados de modo marcante, por exemplo, nos Códigos Civis italiano e português.

Considerando que a CF já traz a proteção de inúmeros direitos da personalidade (em seu art. 5º, por exemplo), qual seria a finalidade de tratar desse assunto no CC? A *primeira*, de deixar claro que qualquer norma do atual CC deve ter em mira que o que se busca com a lei é a proteção máxima do ser humano. A *segunda*, de regulamentar tais direitos e de traçar as garantias correspondentes aos direitos já enunciados na Constituição.

A Constituição traz, na verdade, uma cláusula geral de tutela da pessoa humana, quando, no seu artigo 1º, III, determina o respeito à dignidade da pessoa humana. Nesse sentido, o Enunciado 274 das Jornadas de Direito Civil dispõe que os direitos da personalidade são expressões dessa cláusula geral prevista na Constituição.

2.2.2. Conceito de Direitos da Personalidade

Direitos da Personalidade *são aqueles que protegem características inerentes à pessoa*. São direitos que recaem sobre nossos atributos naturais e suas projeções sociais.

Os objetos de tais direitos são, portanto, os seguintes aspectos próprios da pessoa: a) sua integridade física (vida, corpo, partes do corpo); b) sua integridade intelectual (liberdades de pensamento e de expressão, autorias científica e artística); e c) sua integridade moral (intimidade, vida privada, honra, imagem e nome).

O CC preferiu não conceituar direitos da personalidade, mas dispôs que são intransmissíveis, irrenunciáveis e que seu exercício não é passível de sofrer limitações (art. 11 do CC).

De início, são protegidas as características próprias da pessoa natural. Todavia, o nascituro e a pessoa jurídica, no que couber, também estarão resguardados. O primeiro, em virtude do disposto no art. 2º, segunda parte, do CC. E o segundo, em razão do art. 52 do mesmo Código.

A proteção ao nascituro pode ser exemplificada pelos direitos à vida (art. 5º da CF e CP), à filiação (art. 1.596), à integridade física, a alimentos, a uma adequada assistência pré-natal (art. 8º do ECA). O enunciado 1 JDF/CJF dispõe que "a proteção que o Código defere ao nascituro alcança o natimorto no que concerne aos direitos da personalidade, tais como nome, imagem e sepultura."

Maria Helena Diniz chega a dizer que, no que concerne aos direitos da personalidade, o nascituro tem personalidade jurídica (formal). Se vier a nascer com vida, terá personalidade jurídica (material) para fins de aquisição de direitos patrimoniais (Código Civil Anotado, 10ª ed., São Paulo: Saraiva, 2004, p. 8).

Já a pessoa jurídica terá protegidos interesses como o nome, a imagem e o segredo. Reconhecendo a existência de uma honra objetiva em favor desse tipo de pessoa, o STJ sumulou que "a pessoa jurídica pode sofrer dano moral" (Súmula 227).

Não obstante o Código Civil trate expressamente dos diretos da personalidade, questões relacionadas a reprogenética humana devem ser tratadas em estatuto próprio (Enunciado 2 JDC/CJF).

2.2.3. Regime Jurídico Geral

O estudo dos direitos da personalidade fica mais fácil se dividido em duas partes. Primeiro, expondo o regime jurídico geral, que vale para todos os interesses protegidos (integridades física, intelectual e moral). Segundo, trazendo à tona os casos particulares, a partir do estudo de regras especiais sobre o corpo, o nome, a imagem, a vida privada etc. Na segunda parte, estudaremos os regimes jurídicos especiais.

O CC traz três regras sobre essa categoria de direito: são intransmissíveis, irrenunciáveis e seu exercício não é passível de sofrer limitações (art. 11). Neste ponto, não obstante o texto legal, o Enunciado n. 4 JDC/CJF prevê que referidos direitos são passíveis de sofrer limitação voluntária, desde que não seja permanente e geral. Ainda quanto a possibilidade de limitação, o Enunciado n.139 complementa: *os direitos da personalidade podem sofrer limitações, ainda que não especificamente previstas em lei, não podendo ser exercidos com abuso de direito de seu titular, contrariamente à boa-fé objetiva e aos bons costumes.* De qualquer forma, a partir dessas noções, bastante amplas, surgem outras **características** (ou **regras**) do regime jurídico geral, que, junto com as três primeiras, serão agora vistas. Os direitos da personalidade são:

a) **Absolutos**: *oponíveis contra todos* ("erga omnes"). Esses direitos geram deveres de abstenção por parte de cada um de nós, inclusive do Estado. Enquanto num contrato há relatividade (só há efeitos relativamente a cada contratante), o direito à imagem, por exemplo, gera efeitos em face de todos, tratando-se, assim, de um direito oponível de modo absoluto;

b) **Intransmissíveis**: *não passíveis de cessão à esfera jurídica de outrem*. Adriano de Cupis ensina que "nos direitos da personalidade a intransmissibilidade reside na natureza do objecto, o qual (...) se identifica com os bens mais elevados da pessoa, situados, quanto a ela numa relação de natureza orgânica. Por força deste nexo orgânico o objecto é inseparável do originário sujeito: a vida, a integridade física, a liberdade, a honra etc., de Tício não podem vir a ser bens de Caio em virtude de uma impossibilidade que se radica na natureza das coisas. Nem o ordenamento jurídico pode consentir que o indivíduo se despoje daqueles direitos que, por corresponderem aos bens mais elevados, têm o caráter de essencialidade" (*Os direitos da personalidade*, Lisboa: Livraria Moraes, p. 46 e s., 1961).

É importante destacar que a *titularidade* do direito é que não pode ser transmitida. O *exercício* do direito, todavia, pode ser transferido. Um exemplo: não se pode transmitir a um terceiro direito moral de que conste o nome do autor (ou um pseudônimo por ele criado) na obra de sua autoria. Mas é possível que se transfira a uma editora o direito de explorar economicamente a obra, reproduzindo-a e vendendo vários de seus exemplares. No segundo caso não se transferiu o direito como um todo, mas *parcela dos poderes* que tem o seu titular;

c) **Irrenunciáveis**: *não são passíveis de rejeição por parte de seu titular*. Não se pode renegar direitos da personalidade. Difere da intransmissibilidade, pois aquela diz respeito à cessão a um terceiro, ao passo que a renúncia abrange situações de desistência, de renegação. Assim, não se pode vender um órgão em virtude da intransmissibilidade. Não se pode pôr fim à vida em virtude da irrenunciabilidade;

d) **Indisponíveis**: *não são passíveis de se abrir mão, de disposição*. Essa regra, na verdade, engloba as duas anteriores. Quer dizer que os direitos da personalidade não podem ser transmitidos, objetos de renúncia ou objetos de abandono. É bom anotar que alguns poderes inerentes aos direitos de personalidade podem ser objetos de disposição, tais como os poderes de doar em vida órgãos, preenchidos determinados requisitos, de consentir na exposição da imagem e de permitir o acesso a informações da vida privada (sigilo bancário, por exemplo). Aliás, quanto aos dois últimos interesses, é possível que razões de interesse público justifiquem sua exposição, mesmo sem o consentimento do titular do direito;

e) **Ilimitados**: *abrangem interesses imanentes ao ser humano, ainda que não mencionados expressamente pela lei ou que não identificados pela ciência*.

Assim, mesmo que não identificados expressamente como direitos da personalidade, têm essa natureza os direitos a alimentos, ao planejamento familiar, à dignidade, ao culto religioso etc.

Da mesma forma, os interesses próprios do ser humano que forem surgindo em virtude do progresso científico ou social também estarão protegidos. Por exemplo, em função dos avanços da informática, da biotecnologia e da física.

O Enunciado 274 das Jornadas de Direito Civil dispõe que os direitos da personalidade estão regulados de maneira não exaustiva pelo Código Civil.

Assim, parte da doutrina defende que o "direito à opção sexual", mesmo não expresso no Código Civil e na Constituição, é direito da personalidade, por dizer respeito à dignidade da pessoa humana, cláusula geral e aberta que o abarca;

f) **Imprescritíveis**: *não são passíveis de perda pelo decurso do tempo*. Não é porque o autor de um texto o fez há 30 anos, por exemplo, que perderá os direitos de personalidade correspondentes. Por outro lado, violado o direito, e nascida a pretensão de reparação civil, começa a correr prazo prescricional. Normalmente, o prazo para se pedir uma indenização pela violação do direito é de 3 anos. Exemplo da imprescritibilidade dos direitos da personalidade é o que diz respeito à pretensão para a compensação por danos morais em razão de acontecimentos que maculam tão vastamente os direitos da personalidade, como a tortura e a morte. Nesse sentido, o Superior Tribunal de Justiça reconhece ser imprescritível tal pretensão quando se tratar de perseguição política na época da ditadura (AgRg no RE 1.163.157);

g) **Impenhoráveis**: *não são passíveis de constrição judicial*. Dessa forma, não posso penhorar um órgão de uma pessoa, nem o seu nome, muito menos os direitos morais que têm em relação à obra que tiver criado. Mas é possível a penhora de frutos econômicos dos interesses protegidos pelos direitos da personalidade, ressalvada a quantia correspondente ao necessário para a sobrevivência do autor (CPC, art. 649, IV);

h) **Inexpropriáveis**: *não são passíveis de desapropriação*. O Estado pode, mediante indenização, despojar compulsoriamente uma pessoa de sua propriedade, em caso de interesse público. Nada obstante, não poderá fazê-lo em relação a direitos da personalidade, ideia que decorre de se tratar de direito indisponível;

i) **Vitalícios**: *acompanham a pessoa até a sua morte*. Alguns direitos, inclusive, são resguardados mesmo depois da morte, como o respeito ao corpo do morto, à sua honra e à sua memória, bem como os direitos morais do autor. Prova disso é que o parágrafo único do art. 12 do CC diz que tem legitimação para fazer cessar a ameaça ou a lesão a direito da personalidade do morto, o cônjuge sobrevivente, ou qualquer parente em linha reta, ou colateral até o quarto grau.

Vale também ressaltar que os direitos da personalidade, entre si, não excluem uns aos outros. Um direito pode até preponderar sobre outro, mas nunca excluí-lo. O Enunciado 274 JDC/CJF dispõe que "em caso de colisão entre eles, como nenhum pode sobrelevar os demais, deve-se aplicar a técnica da ponderação".

2.2.4. Garantias do Regime Jurídico Geral

Violado ou ameaçado de ser violado um direito da personalidade, pode-se reclamar em juízo as seguintes sanções (CC, art. 12):

a) cessação da ameaça ou da lesão ao direito;

b) perdas e danos;

c) demais sanções previstas em lei.

Assim, se alguém verificar a existência de uma foto sua num *outdoor* com fins publicitários, sem a necessária autorização, poderá pedir a retirada do cartaz (a) e uma indenização por danos materiais e morais porventura existentes (b). Um autor que verificar a reprodução indevida de sua obra também poderá pedir sua retirada de circulação (a), uma indenização por danos materiais e morais (b), além de poder ficar com os exemplares da obra reproduzida e de poder representar o ofensor na esfera criminal (c).

Repare que a lei permite um atuar repressivo (para cessar a lesão) e uma atitude preventiva (em caso de ameaça de lesão). Para fins destas possibilidades, será de grande valia a ação cominatória, valendo trazer à tona as normas que se extraem dos arts. 287, 461 e 644 do CPC.

O Enunciado 140 das Jornadas de Direito Civil defende a tese de que "a primeira parte do art. 12 do CC refere-se às técnicas de *tutela específica*, aplicáveis *de ofício*, enunciadas no art. 461 do CPC, devendo ser interpretada com resultado extensivo" (g.n.).

São partes legítimas para requerer a aplicação de tais sanções a própria pessoa lesada, por si ou por seu representante, e, caso já falecida, o cônjuge sobrevivente, ou qualquer parente em linha reta, ou colateral até o quarto grau (art. 12, parágrafo único, do CC). Repare que há uma lacuna nesse dispositivo. Não se incluiu o companheiro no rol dos legitimados. Se a finalidade da lei é possibilitar que pessoas presumidamente próximas ao morto e que também são sucessoras dele estejam legitimadas, não há justificativa para a exclusão do companheiro, que também tem presumida afetividade em relação ao falecido, além de ser sucessor deste.

Nesse sentido, o Enunciado 275 das Jornadas de Direito Civil entende que o rol dos legitimados presentes nos arts. 12 e 20 do CC compreende o companheiro.

Referidas pessoas adquirem a legitimidade por direito próprio (Enunciado n. 400 JDC/CJF).

E o Enunciado 398, das mesmas Jornadas, entende que as medidas previstas no art. 12, parágrafo único, do CC podem ser invocadas por qualquer uma das pessoas ali mencionadas de forma concorrente e autônoma. Por fim, o Enunciado n. 399 prevê que os poderes conferidos aos legitimados para a tutela *post mortem* dos direitos da personalidade, nos termos dos arts. 12, parágrafo único, e 20, parágrafo único, do CC, não compreendem a faculdade de limitação voluntária.

2.2.5. Regimes Jurídicos Especiais

O CC disciplina de modo especial a proteção do próprio corpo (arts. 13 a 15 do CC), o direito ao nome (arts. 16 a 19), a proteção aos escritos, à palavra e à imagem (art. 20) e a proteção à vida privada (art. 21).

2.2.5.1. Proteção do corpo

2.2.5.1.1. Disposição do corpo em vida

O art. 13 do CC traz a seguinte **regra**: *é defeso o ato de disposição do próprio corpo, quando importar diminuição permanente da integridade física, ou contrariar os bons costumes.*

O parágrafo único e o *caput* do art. 13 trazem as seguintes **exceções**: a) em caso de *exigência médica;* e b) *para fins de transplante*, na forma estabelecida em lei especial.

Isso significa que não se pode dispor do corpo em duas situações: a) se isso importar em diminuição permanente da integridade física; b) se houver contrariedade aos bons costumes. Mas se estará autorizado: a) em caso de exigência médica; e b) para fins de transplante.

A expressão *diminuição permanente* proíbe, portanto, que alguém corte o próprio braço ou a própria perna, uma vez que tais condutas são irreversíveis. E a frase *contrariar bons costumes* proíbe, por exemplo, que alguém se machuque intencionalmente, mesmo que sem diminuição permanente da integridade física.

Os bens jurídicos tutelados pelo dispositivo são a saúde humana e os bons costumes. Assim, não fere a lei a colocação de adereços (brincos, *piercings*), uma vez que, se é que importam em diminuição permanente, não afetam a saúde da pessoa. O mesmo se pode dizer de cirurgias plásticas, que, se feitas segundo as regras técnicas, não afetam a saúde da pessoa, além de não contrariarem os bons costumes.

Nos casos em que houver exigência médica, como quando se amputa uma perna por motivo de doença ou se retira parte do intestino em virtude de câncer, ou até quando se faz cirurgia para a redução do estômago, a diminuição permanente estará autorizada.

Há grande dúvida sobre ser possível a cirurgia para a mudança de sexo, no caso de transexual (aquele que tem corpo em desarmonia com seu sexo psíquico). Além de importar em diminuição permanente, alega-se em desfavor do procedimento possível contrariedade aos bons costumes. Fala-se, ainda, na irreversibilidade da medida, na inexistência de certeza de que trará resultados psicológicos satisfatórios e duradouros e na necessidade de se preservar a boa-fé das demais pessoas que virão a se relacionar com o transexual. Os defensores da cirurgia argumentam que, se a finalidade da regra proibitiva da disposição do corpo é preservar a saúde das pessoas, esse bem jurídico estará sendo promovido com a cirurgia, especialmente no que tange à saúde mental do indivíduo (interpretação teleológica). Ademais, tais cirurgias só seriam feitas mediante laudos médicos demonstrando sua importância para aquela pessoa, o que atenderia à regra de exceção, que diz "exigência médica". Por fim, invoca-se o princípio da dignidade da pessoa humana para justificar sua legitimidade (interpretação sistemática).

No que concerne à expressão "exigência médica", doutrina qualificada entende que esta expressão *refere-se tanto ao bem-estar físico quanto ao bem-estar psíquico do disponente* (v. Enunciados 6 e 276 das JDC/CJF). Nesse sentido, a Resolução nº 1.652/2002 do Conselho Federal de Medicina traz os requisitos para a cirurgia de mudança de sexo, dentre eles o desejo expresso de a ela se submeter, permanência do desconforto por período contínuo de, no mínimo, 2 anos, ausência de outros transtornos mentais, avaliação de equipe multidisciplinar constituída por médico psiquiatra, cirurgião, endocrinologista, psicólogo e assistente social, após, no mínimo, 2 anos de acompanhamento conjunto, e maioridade do paciente.

A outra exceção (para fins de transplante) está regulada na Lei 9.434/97. Essa lei permite a disposição de tecidos (não se regula a disposição de sangue, de esperma e de óvulo), órgãos ou partes do corpo vivo, atendidos os seguintes requisitos (art. 9º da Lei):

a) deverá ser gratuita a disposição. Nesta esteira o Enunciado n. 532 JDC/CJF: *É permitida a disposição gratuita do próprio corpo com objetivos exclusivamente científicos, nos termos dos arts. 11 e 13 do Código Civil.*;

b) deverá o doador ser capaz; o incapaz só poderá doar medula óssea, desde que ambos os pais e o juiz autorizem e não haja risco para sua saúde; a gestante só poderá doar tecido para transplante de medula óssea, desde que não haja risco à sua saúde ou ao feto;

c) dever-se-á tratar de órgãos duplos, de partes de órgãos, tecidos ou partes do corpo cuja retirada não impeça o organismo doador de continuar vivendo sem risco para a sua integridade e não represente grave comprometimento de suas aptidões vitais e saúde mental e não cause mutilação ou deformação inaceitável;

d) deverá estar presente uma necessidade terapêutica comprovadamente indispensável ao receptor;

e) deverá o doador autorizar, preferencialmente por escrito e diante de testemunhas, especificamente o tecido, o órgão ou a parte do corpo objeto da retirada;

f) deverá o juiz autorizar a doação, salvo em relação à medula óssea e em relação à doação para cônjuge ou parentes consanguíneos até quarto grau inclusive;

g) poderá o doador revogar a doação a qualquer momento antes de sua concretização;

h) a realização de transplantes ou enxertos só poderá ser realizada por estabelecimento de saúde autorizado pelo SUS.

Por fim, vale citar o Enunciado nº 401 das JDC/CJF, acerca do art. 13 do CC: "Art. 13: Não contraria os bons costumes a cessão gratuita de direitos de uso de material biológico para fins de pesquisa científica, desde que a manifestação de vontade tenha sido livre, esclarecida e puder ser revogada a qualquer tempo, conforme as normas éticas que regem a pesquisa científica e o respeito aos direitos fundamentais".

2.2.5.1.2. Disposição do corpo para depois da morte

O art. 14 do CC traz a seguinte regra: *é válida, com objetivo científico ou altruístico, a disposição gratuita do próprio corpo, no todo ou em parte, para depois da morte.*

A expressão *objetivo científico* diz respeito aos casos em que se deixa o corpo ou partes do corpo para fins de estudos (ex.: para uma faculdade de medicina). Já a expressão *objetivo altruístico* se refere aos casos em que está a se preocupar com o bem-estar alheio, como quando se deixa elemento do corpo para fins de transplante em favor de quem precisa de um tecido (ex.: córnea), de um órgão (ex.: coração) ou de parte do corpo (ex.: fígado).

A Lei 9.434/97 permite a retirada *post mortem* de tecidos (não se regula a disposição de sangue, de esperma e de óvulo), órgãos ou partes do corpo humano, destinados a transplante ou tratamento, atendidos os seguintes requisitos (arts. 3º a 8º da Lei):

a) deverá ser gratuita a disposição;

b) deverá ser precedida de diagnóstico de morte encefálica, constatada e registrada por dois médicos não participantes das equipes de remoção e transplante; os prontuários médicos serão mantidos na instituição por um período mínimo de 5 anos;

c) deverá ser admitida a presença de médico de confiança da família do falecido no ato de comprovação e atestação da morte encefálica;

d) deverá ser feita mediante o *consenso afirmativo* do doador, não se presumindo sua vontade em doar; não existindo indicação da vontade do falecido (por meio de um documento, por exemplo), a retirada dependerá da autorização do cônjuge ou parente, maior de idade, obedecida a linha sucessória, reta ou colateral, até o segundo grau inclusive, firmada em documento subscrito por duas testemunhas presentes à verificação da morte (parece-nos haver lacuna na ausência do companheiro na regra); o Enunciado 277 das JDC/CJF é no sentido de que a manifestação expressa do doador de órgão em vida prevalece sobre a vontade dos familiares; assim, a aplicação do art. 4º da Lei 9.434/97 (que trata da autorização ou não pelos familiares) ficou restrita à hipótese de silêncio do potencial doado. Ainda no que concerne ao consentimento, o art. 14, parágrafo único, do Código Civil, fundado no consentimento informado, não dispensa o consentimento dos adolescentes para a doação de medula óssea prevista no art. 9º, § 6º, da Lei n. 9.434/1997 por aplicação analógica dos arts. 28, § 2º (alterado pela Lei n. 12.010/2009), e 45, § 2º, do ECA (Enunciado n. 402 JDC/CJF);

e) poderá o doador revogar a doação a qualquer momento;

f) é vedada a remoção quanto a pessoas não identificadas;

g) após a retirada, o corpo será condignamente recomposto para ser entregue, em seguida, aos parentes do mortos ou seus responsáveis legais para sepultamento;

h) a realização de transplantes ou enxertos só poderá ser realizada por estabelecimento de saúde autorizado pelo SUS.

2.2.5.1.3. Tratamento e intervenção cirúrgica

O art. 15 do CC traz a seguinte **regra**: *ninguém pode ser constrangido a submeter-se, com risco de vida, a tratamento médico ou intervenção cirúrgica.*

Três princípios permeiam a regra em questão.

Pelo **princípio da informação**, *o paciente tem o direito de receber todas as informações relativas à sua situação, à possibilidade de tratamento e aos respectivos riscos* (*vide* arts. 6º, III, e 31 do CDC).

De acordo com o **princípio da autonomia**, *o profissional deve respeitar a vontade do paciente ou de seu representante, se aquele for incapaz.*

Já pelo **princípio da beneficência**, *a atuação médica deve buscar o bem-estar do paciente, evitando, sempre que possível, danos e riscos.*

A partir de tais princípios e da regra enunciada, percebe-se que o paciente tem o *direito de recusa a tratamento arriscado*. Assim, informado de que uma cirurgia para retirada de um tumor da cabeça gera um risco de morte, este é quem escolherá se deseja ou não fazê-la.

Quando não for possível consultar o paciente, e havendo situação de iminentes riscos para sua vida, o tratamento ou a intervenção cirúrgica deverão ser realizados, não respondendo o médico por constrangimento ilegal (art. 146, § 3º, I, do CP). Em situações como essas, o médico age em verdadeiro estado de necessidade, que é uma excludente da ilicitude.

Todavia, considerando preceito constitucional, o Enunciado nº 403 das JDC/CJF faz a seguinte ressalva: "art. 15: O direito à inviolabilidade de consciência e de crença, previsto no art. 5º, VI, da Constituição Federal, aplica-se também à pessoa que se nega a tratamento médico, inclusive transfusão de sangue, com ou sem risco de morte, em razão do tratamento ou da falta dele, desde que observados os seguintes critérios: a) capacidade civil plena, excluído o suprimento pelo representante ou assistente; b) manifestação de vontade livre, consciente e informada; e c) oposição que diga respeito exclusivamente à própria pessoa do declarante".

Sobre o tema, cita-se o Enunciado 533 JDC/CJF: *O paciente plenamente capaz poderá deliberar sobre todos os aspectos concernentes a tratamento médico que possa lhe causar risco de vida, seja imediato ou mediato, salvo as situações de emergência ou no curso de procedimentos médicos cirúrgicos que não possam ser interrompidos.*

2.2.5.2. Escritos, palavra e imagem

O art. 20 do CC traz a seguinte **regra**: *a divulgação de escritos, a transmissão da palavra, ou a publicação, a exposição ou a utilização da imagem de uma pessoa poderão ser proibidas, a seu requerimento e sem prejuízo da indenização que couber, se lhe atingirem a honra, a boa fama ou a respeitabilidade, ou se se destinarem a fins comerciais.*

O próprio art. 20 traz as seguintes **exceções** à impossibilidade de exposição daqueles interesses: a) se houver *autorização* da pessoa; b) se *necessário à administração da justiça.*

Ou seja, não se pode expor os escritos, a palavra e a imagem das pessoas em duas situações: a) se lhe atingir a honra; b) se tiver fins comerciais. Mas é possível expor tais interesses: a) se houver autorização; b) se necessário à administração da justiça.

A expressão *se lhe atingirem a honra, a boa fama ou a respeitabilidade* proíbe que alguém tenha, por exemplo, veiculada sua imagem de uma maneira difamatória. A frase *se se destinarem a fins comerciais* proíbe, por exemplo, que alguém tenha publicada sua foto em um informe publicitário ou em uma revista de "fofocas" sem sua autorização.

É importante lembrar que as **garantias** que a lei traz ao lesado são as seguintes: a) proibir a exposição; b) reclamar indenização. Apesar da não referência à aplicação das demais sanções previstas em lei, tal como está previsto no art. 12 (regime jurídico geral), tal providência é possível, como no caso em que a conduta do ofensor também configura crime (injúria, difamação ou calúnia, por exemplo). Ou quando se prevê o direito de resposta, proporcional ao agravo (art. 5º, V, da CF).

Ainda tecendo uma ligação entre o art. 12 e o art. 20, o Enunciado n. 5 da JDC/CJF prevê que 1) As disposições do art. 12 têm caráter geral e aplicam-se, inclusive, às situações previstas no art. 20, excepcionados os casos expressos de legitimidade para requerer as medidas nele estabelecidas; 2) as disposições do art. 20 do novo Código Civil têm a finalidade específica de regrar a projeção dos bens personalíssimos nas situações nele enumeradas. Com exceção dos casos expressos de legitimação que se conformem com a tipificação preconizada nessa norma, a ela podem ser aplicadas subsidiariamente as regras instituídas no art. 12.

Em se tratando de morto ou de ausente, são partes **legítimas**: a) o cônjuge; b) os ascendentes ou descendentes. Em relação ao regime jurídico geral, repare que aqui não se elegeu os parentes colaterais até o quarto grau como legitimados. Repare, ainda, que mais uma vez parece haver uma lacuna, ao não se legitimar o companheiro.

São três os interesses protegidos pelas regras: a) os escritos (expressados em documento); b) a palavra (expressada pela voz); c) a imagem (retrato e atributo).

Os **escritos** encontram regramento especial na Lei 9.610/98 (Lei sobre Direitos Autorais), que protege "os textos de obras literárias, artísticas ou científicas", dentre outros (art. 7º da Lei).

As **palavras** também encontram regramento especial nessa Lei, que protege "as conferências, alocuções, sermões e outras obras da mesma natureza", dentre outras (art. 7º da Lei).

Quanto à **imagem**, essa deve ser dividida em duas espécies.

a) **imagem-retrato**: *consiste na reprodução gráfica da figura humana, podendo se referir a partes do corpo também, como a voz e as pernas*. São exemplos: o retrato, o desenho, a fotografia e a filmagem de uma pessoa. A imagem-retrato está protegida pelo art. 5º, X, da CF, pelo qual "são invioláveis a intimidade, a vida privada, a honra e a *imagem* das pessoas, assegurado o direito a indenização pelo dano material ou moral decorrente de sua violação". Luiz Alberto David Araujo (*A proteção constitucional da própria imagem*, Belo Horizonte: Del Rey, 1996) ensina que o dispositivo contém duplo enfoque: cuida da proteção da imagem, como produto de sensações, e da sua correta utilização. O Direito prevê indenização plena para a hipótese de violação desse direito, que deve ser visto também em função do contexto da imagem e de sua identidade (direito de usar a imagem ao lado de seu nome), ressalvadas limitações de ordem pública, de saúde pública e em razão da notoriedade do indivíduo;

b) **imagem-atributo**: *consiste no conjunto de características sociais do indivíduo, ou de dada pessoa jurídica, que o identifica socialmente*. Enquanto a imagem-retrato condiz com o retrato físico da pessoa, a imagem-atributo se refere a seu retrato social. A proteção a essa imagem está prevista no art. 5º, X, da CF, pelo qual fica assegurado "o direito de resposta, proporcional ao agravo, além da indenização por dano material, moral ou à *imagem*". Nessa, os agentes danosos são os meios de comunicação, ideia tirada do texto do dispositivo, que fala também em direito de resposta, extensível às pessoas jurídicas. Havendo violação da imagem-atributo, deve haver indenização, independente de demonstração de prejuízo econômico ou mesmo existência de dor profunda, mas simplesmente pelo *dano à imagem*, devendo a indenização seguir critério facilitado, distinto do dano material e moral. Repare que fala em "indenização por dano material, moral ou à imagem".

É importante trazer à tona alguns **temperamentos** à proteção em tela. Nenhum direito é absoluto. O direito à preservação da imagem encontra pontos de atrito com a *liberdade de expressão e de comunicação* e com o *direito de acesso à informação*. Com efeito, o art. 220, § 1º, da CF dispõe que "nenhuma lei conterá dispositivo que possa constituir embaraço à plena liberdade de informação jornalística em qualquer veículo de comunicação social, observado o disposto no art. 5º, IV, V, X, XIII e XIV". Como vimos, os incisos V e X do artigo 5º protegem o indivíduo, respectivamente, dos danos material, moral e à imagem e contra a violação da intimidade, da vida privada, da honra e da imagem. O inciso IV dispõe ser "livre a manifestação do pensamento, sendo vedado o anonimato", o inciso XIII assevera ser "livre o exercício de qualquer trabalho, ofício ou profissão, atendidas as qualificações profissionais que a lei estabelecer" e o inciso XIV dispõe ser "assegurado a todos o acesso à informação e resguardado o sigilo da fonte, quando necessário ao exercício profissional". Vale trazer à baila, ainda, o disposto no inciso IX, que diz ser "livre a expressão da atividade intelectual, artística, científica e de comunicação, independentemente de censura ou licença".

Perceba-se dos dispositivos colacionados que, se de um lado é protegida a imagem das pessoas, que é inviolável, de outro se assegura a *plena liberdade de informação jornalística*, o *livre exercício da profissão* (salvo qualificações profissionais), a *livre manifestação do pensamento* e ainda a *liberdade de expressão*, independentemente de *censura ou licença*. Os direitos de expressão e de inviolabilidade da imagem podem, portanto, encontrar pontos de atrito a serem resolvidos pelo aplicador do direito.

Três soluções podem ser vislumbradas para resolver esse conflito aparente de normas:

a) a de que o direito de expressão prevalece sobre o de imagem, não se podendo falar em censura, nem em indenização;

b) a de que o direito de imagem prevalece sobre o de expressão, possibilitando-se a censura para defender o primeiro, sem prejuízo da indenização cabível;

c) a de que o direito de expressão deve ser exercido independentemente de censura, mas, caso provoque dano à imagem, conferirá direito à indenização cabal em favor do prejudicado.

A primeira possibilidade não é cogitada, uma vez que, se o direito de expressão pudesse tudo, restaria letra morta a regra que diz ser inviolável a imagem. Prova de que o direito de expressão tem seus limites é a vedação do anonimato, que tem por objetivo responsabilizar quem exercer de modo irregular a liberdade de manifestação.

A segunda alternativa também parece inviável. Isso porque, se o direito de imagem sempre prevalecesse, não seria possível cogitar dar nenhuma notícia que gerasse algum constrangimento a uma pessoa. Não se poderia falar de corrupção na imprensa. Não se poderia narrar crimes. Ficaria vedada a crítica artística. Só se poderia fazer reportagem sobre a fauna, a flora e os minerais...

A terceira alternativa parece a mais acertada. Parte do pressuposto de que se deve preservar a liberdade de manifestação e o direito de acesso à informação, que, se forem exercidos de modo abusivo, darão ensejo à responsabilização civil do ofensor.

Não se deve esquecer que o direito de acesso à informação jornalística abrange tanto a divulgação da notícia como a crítica, sendo importante deixar claro que seu fundamento está na necessidade de que haja uma opinião pública livre no país. As pessoas somente serão livres se puderem ter conhecimento dos fatos e dos juízos de valor possíveis a seu respeito.

O Enunciado 279 das JDF/CJF, ao comentar o art. 20 do CC, é no sentido de que "a proteção à imagem deve ser ponderada com outros interesses constitucionalmente tutelados, especialmente em face do direito de amplo acesso à informação e da liberdade de imprensa. Em caso de colisão, levar-se-á em conta a notoriedade do retratado e dos fatos abordados, bem como a veracidade deste e, ainda, as características de sua utilização (comercial, informativa, biográfica), privilegiando-se medidas que não restrinjam a divulgação de informações".

O Supremo Tribunal Federal, no julgamento da ADPF 130 (p. em 06/11/09), ao julgar não recepcionada pela Constituição a Lei de Imprensa (Lei 5.250/67), **exarou entendimento no sentido de que, na ponderação de interesses entre os dois blocos de direitos da personalidade citados (liberdade de imprensa e de expressão x imagem, honra, intimidade e vida privada) prepondera o primeiro bloco, impedindo-se a censura prévia**. O segundo bloco incide posteriormente para fins de direito de resposta e responsabilidade civil, penal e administrativa.

O entendimento de que o primeiro bloco prepondera foi fundamentado nas seguintes razões: a) supremacia do interesse público, que está do lado do "direito de acesso à informação"; b) necessidade de garantir o conhecimento e o pensamento crítico, por parte dos indivíduos; c) necessidade de formação de opinião pública livre como alternativa à verdade oficial dos fatos; d) existência, no texto constitucional, de vedação expressa à censura; e) existência, no texto constitucional, de mecanismos de calibração contra abusos, tais como direito de resposta, responsabilidade civil, vedação do anonimato, qualificação profissional para o exercício de certas profissões, proteção da família contra programações inadequadas e restrição a certas propagandas, em matéria de saúde e meio ambiente.

É claro que não é qualquer fato que poderá ser livremente veiculado pela imprensa. Deve-se tratar de fato relevante para o indivíduo em sociedade. Caso contrário, pode haver abuso e, portanto, ensejo à reparação do dano causado ao ofendido. Tal se dá, por exemplo, com a divulgação por um jornal ou uma revista de elementos da intimidade ou da vida privada de artistas sem seu consentimento. Nesse caso, não há fato relevante para a vida social, conceito nobre, mas "fuxico", "fofoca", o que não está protegido no relevante direito de informação jornalística.

A manifestação abusiva da expressão, apesar de não poder ser censurada, pode sofrer coerções posteriores, principalmente as que envolvem o direito de resposta e a indenização por danos materiais e morais.

Para se verificar se uma manifestação da expressão é abusiva ou não, deve-se analisar se ela atende a dados tópicos. Assim, são **requisitos para que os direitos de livre manifestação e de acesso à informação possam ser exercidos regularmente**, em face da inviolabilidade da imagem das pessoas, sem que se possa falar em sanções supervenientes (direito de resposta, indenizações etc.) os seguintes:

a) *a informação expressada deve ser verdadeira*. Caso o personagem do fato narrado prove que esse é falso, poderá pedir a aplicação das sanções previstas em lei;

b) *a informação expressada deve ser inevitável para passar a mensagem*. Muitas vezes, a informação (a fotografia, o áudio, o vídeo) não precisa ser mostrada por inteiro para que a mensagem (o caso de corrupção, o crime) seja passada. Elementos de uma gravação que dizem respeito meramente à vida privada do personagem não devem ser veiculados;

c) *a mensagem expressada deve dizer respeito a aspecto relevante para a sociedade*. Mensagens como a de que um ator de novela tem uma amante, ou de que uma cantora está namorando em escondido um cantor não são relevantes para sociedade, apesar de despertar certa curiosidade. Assim, se não houver autorização dos personagens (expressa ou tácita), não poderão ser divulgadas;

d) *a notícia não pode ser veiculada de modo insidioso e abusivo*. Deve-se narrar a notícia com altivez e não com sensacionalismo e contornos de escândalo. A indignação, todavia, está autorizada, tendo o STF, na decisão proferida na ADPF 130, manifestado entendimento de que "o possível conteúdo socialmente útil compensa eventuais excessos de estilo do autor" e de que "no exercício da liberdade de imprensa, pode-se fazer crítica, mesmo em tom áspero e contundente, especialmente contra autoridades e agentes públicos";

e) *a informação não pode ser fruto de prática ilícita*. Não pode uma empresa jornalística se valer, por exemplo, de uma interceptação telefônica para veicular uma informação. Mesmo que se alegue o sigilo da fonte, caso se prove que a fonte só poderia ser ilícita, vedada estará a sua divulgação. Há de se destacar que algumas excludentes de ilicitude, como o estado de necessidade e a legítima defesa, podem justificar a divulgação da informação, como no caso de uma gravação clandestina (não se trata de interceptação, mas de gravação feita por um dos interlocutores) em que a vítima de uma extorsão (concussão) de um fiscal municipal entrega à polícia e à imprensa a gravação que fez para se defender.

Confira-se, a respeito dos temperamentos aqui versados, a obra de autoria de Vidal Serrano Nunes Junior (*A Proteção Constitucional da Informação e o Direito à Crítica Jornalística*, São Paulo: FTD, 1997).

Atualmente novo limitador ao direito a informação é o direito ao esquecimento. Nesse sentido, o enunciado n. 531 JDC/CJF: *A tutela da dignidade da pessoa humana na sociedade da informação inclui o direito ao esquecimento*. Esse direito surge na discussão acerca da possibilidade de alguém impedir a divulgação de informações que, apesar de verídicas, não sejam contemporâneas e lhe causem transtornos das mais diversas ordens.

2.2.5.3. Vida privada

O art. 21 do CC traz a seguinte **regra**: *a vida privada da pessoa natural é inviolável, e o juiz, a requerimento do interessado, adotará as providências necessárias para impedir ou fazer cessar ato contrário a esta norma.*

É importante destacar que a **garantia** que a lei traz ao lesado é a seguinte: pode-se pedir ao juiz que impeça ou faça cessar a violação da vida privada. Apesar de não prevista no dispositivo, eventual violação também dá ensejo a que se reclame indenização (art. 5º, X, da CF). E, em que pese também a não referência à aplicação das demais sanções previstas em lei, tal como está previsto no art. 12 (regime jurídico geral), tal providência é possível, como no caso em que a conduta do ofensor também configura crime (interceptação indevida de conversa telefônica, por exemplo), em que se faculta a persecução criminal.

Apesar de o dispositivo se referir apenas à vida privada, são dois os interesses protegidos pela regra: a) a própria vida privada; e b) a intimidade.

Os direitos de inviolabilidade da vida privada e da intimidade são espécies do gênero **direito à privacidade**, *que é aquele de a pessoa manter informações privadas a seu respeito sob seu controle exclusivo*. Tal direito se traduz no direito de ser deixado tranquilo ou em paz.

A **intimidade**, por sua vez, é *o espaço que a pessoa tem consigo*. Diz respeito aos seus pensamentos, segredos, dúvidas existenciais e sonhos. O diário particular de uma pessoa contém informações sobre sua intimidade.

A **vida privada** consiste nos *espaços exteriores privados, ligados às relações familiares, de amizade e profissionais das pessoas*. Aqui temos suas correspondências e conversas telefônicas, os sigilos bancário e fiscal, as relações amorosas etc.

A regra prevista no art. 21 do CC também está na CF, mas em dispositivo mais abrangente (art. 5º, X): "são invioláveis a intimidade, a vida privada, a honra e a imagem das pessoas, assegurado o direito de indenização pelo dano material ou moral decorrente de sua violação". Repare que a CF diferenciou intimidade de vida privada, a justificar a explicação que demos.

Quando o Código Civil dispõe que a *vida privada* é inviolável, deve-se entender que está a proteger a intimidade também, por um argumento sistemático (leitura da Constituição) e *a fortiori*, uma vez que a intimidade é ainda mais cara ao indivíduo que a vida privada. É o que temos de mais íntimo.

A Constituição traz outras normas protetoras da privacidade, como a que dispõe ser "a casa asilo inviolável do indivíduo" (art. 5º, XI) e a que assegura ser "inviolável o sigilo da correspondência e das comunicações telegráficas, de dados e das comunicações telefônicas" (art. 5º, XI).

Por fim, vale lembrar que o CC não faz referência à inviolabilidade da honra, como faz a Constituição. Nada obstante, a honra também é um direito da personalidade, pois envolve o valor moral que temos por nós mesmos e que as pessoas têm sobre nós. A honra pode ser considerada subjetiva e objetivamente. Aquela consiste no sentimento de autoestima que cada pessoa tem a respeito de si próprio, ao passo que a segunda consiste no conceito que o indivíduo possui perante as pessoas, que no CC está contido no conceito de imagem (imagem-atributo).

Sobre a tutela da privacidade, confira, ainda, alguns enunciados das Jornadas de Direito Civil:

a) "404 – Art. 21: A tutela da privacidade da pessoa humana compreende os controles espacial, contextual e temporal dos próprios dados, sendo necessário seu expresso consentimento para tratamento de informações que versem especialmente o estado de saúde, a condição sexual, a origem racial ou étnica, as convicções religiosas, filosóficas e políticas";

b) "405 – Art. 21: As informações genéticas são parte da vida privada e não podem ser utilizadas para fins diversos daqueles que motivaram seu armazenamento, registro ou uso, salvo com autorização do titular".

2.2.5.4. Direitos autorais

Quanto aos direitos autorais, a matéria é exaustivamente tratada na Lei 9.610/98, que regula os direitos de autor e os que lhe são conexos, reputados bens móveis para fins legais (art. 3º).

Tal lei **protege**, por exemplo, os textos de obras literárias, artísticas ou científicas, as obras musicais, coreográficas, fotográficas e cinematográficas, o desenho, a pintura, a escultura, dentre outras (art. 7º).

Não são objeto da proteção dos direitos autorais ideias, sistemas, métodos, projetos ou conceitos matemáticos como tais, formulários em branco, texto de atos oficiais, informações de uso comum como calendários, nomes, títulos isolados etc. (art. 8º).

A proteção à obra intelectual abrange o seu título, se original. A lei considera **autor** a pessoa física criadora de obra literária, artística ou científica, sem prejuízo da proteção às pessoas jurídicas nos casos previstos em lei (art. 11).

Não depende de registro a proteção aos direitos autorais (art. 18), podendo o autor registrar sua obra no órgão público de que trata o art. 17 da Lei 5.988/73 (art. 19).

Pertencem ao autor os direitos **patrimoniais** e **morais** sobre a obra que criou (art. 22). Os **direitos morais** do autor, inalienáveis e irrenunciáveis (art. 27), são, dentre outros, os seguintes: a) o de reivindicar, a qualquer tempo, a autoria da obra; b) o de ter seu nome ou sinal indicado como sendo o do autor na utilização de sua obra; c) o de conservar a obra inédita; d) o de assegurar sua integridade, opondo-se a quaisquer modificações; e e) o de modificá-la (art. 24).

Os primeiros quatro direitos são transmitidos aos sucessores por morte do autor. No que concerne aos direitos patrimoniais, depende de autorização prévia e expressa do autor a utilização da obra por outrem. Os herdeiros podem explorar economicamente a obra por 70 anos contados de 1º de janeiro do ano subsequente ao do falecimento do autor (como regra), ou da publicação da obra (no caso de obras anônimas ou pseudônimas), ou da sua divulgação (quanto às obras audiovisuais e fotográficas), conforme os arts. 41 a 44. Findo o período, a obra passará ao **domínio público**, o mesmo ocorrendo se não houver sucessores do autor falecido ou se for obra de autor desconhecido, ressalvada a proteção legal aos conhecimentos étnicos e tradicionais (art. 45).

Não constituem ofensa aos direitos autorais: a) a reprodução, em um só exemplar, de pequenos trechos, para uso privado do copista, desde que feita por este, sem intuito de lucro; b) a citação de passagens de qualquer obra, para fins de estudo ou crítica, indicando-se nome do autor e a origem da obra; c) o apanhado de lições em escola, vedada a publicação sem autorização expressa; d) a utilização de obras para demonstração à clientela; e) a representação teatral ou musical no recesso familiar ou para fins didáticos, na escola e sem fim lucrativo; f) as paráfrases e paródias que não forem reproduções da obra nem lhe impliquem descrédito; e g) a representação de obras situadas permanentemente em logradouros públicos (arts. 46 a 48).

A **transferência** dos direitos patrimoniais poderá ser dos seguintes tipos: a) transmissão total (salvo os direitos morais e os excluídos pela lei; se for definitiva, dependerá de contrato escrito); b) cessão total ou parcial (faz-se por escrito e se presume onerosa).

O titular do direito violado poderá requerer: i) a apreensão dos exemplares reproduzidos ou a suspensão da divulgação, ii) sem prejuízo da indenização cabível, iii) bem como a perda em seu favor dos exemplares apreendidos e iv) o pagamento do preço dos que tiverem sido vendidos (art. 102). Responde solidariamente com o contrafator aquele que vender, expuser, distribuir ou tiver a obra reproduzida com fraude.

2.2.5.5. Nome

Os arts. 16 a 18 do CC trazem a seguinte **regra**: *toda pessoa tem direito ao nome, que não pode ser empregado de modo que exponha a pessoa ao desprezo público, ainda que sem intenção difamatória, ou para fins de propaganda comercial sem autorização do seu titular.* Neste espeque, no que tange a propaganda comercial, prevê o Enunciado 278 JDC/CJF: *A publicidade que divulgar, sem autorização, qualidades inerentes a determinada pessoa, ainda que sem mencionar seu nome, mas sendo capaz de identificá-la, constitui violação a direito da personalidade*

O art. 19 dispõe que *o pseudônimo adotado para atividades lícitas goza da proteção que se dá ao nome.*

O **nome** pode ser **conceituado** como o *sinal exterior que designa e individualiza a pessoa no seio de sua família e da sociedade*. A individualização da pessoa se dá pelo nome, pelo estado e pelo domicílio.

Quanto ao aspecto público do nome, o Estado impõe sua imutabilidade, salvo motivo justificável acolhido pelo Poder Judiciário. Focando no aspecto pessoal, o indivíduo tem autorização para usá-lo, fazendo-se chamar por ele e de defendê-lo daquele que utilizá-lo indevidamente, conforme vimos.

É possível destacar os seguintes **elementos do nome**:

a) **Prenome:** é o nome *próprio da pessoa*. Pode ser composto (duplo, triplo etc) e é livremente escolhido pelos pais, desde que não exponha a pessoa ao ridículo, caso em que os oficiais poderão recusar seu registro. Se os pais não concordarem com a recusa, o caso será decidido pelo Poder Judiciário;

b) **Patronímico**: é o *sobrenome* ou o *nome de família*. Indica a filiação ou a estirpe. Pode indicar as duas famílias ou apenas uma delas. Pode ser simples ou composto, inclusive com o uso de partículas (de, do etc.). A aquisição do sobrenome pode também decorrer de atos jurídicos, como a adoção, o casamento ou requerimento formulado ao juiz;

c) **Agnome:** *sinal distintivo de quem tenha nome igual ao de algum parente* (filho, júnior, neto, sobrinho);

d) **Axiônimos:** aspectos secundários, *como os títulos nobiliárquicos ou honoríficos, os títulos eclesiásticos, os qualificativos de dignidade ou de identidade oficial, os títulos acadêmicos ou científicos e as formas de tratamento de cortesia ou reverência*;

e) **Alcunha** ou **epíteto:** *a designação dada a alguém devido a uma particularidade sua* (Tiradentes, Xuxa, Pelé, Lula), podendo ser acrescentado ou até colocado no lugar de outro nome, preenchidos certos requisitos;

f) **Hipocorístico**: *é a redução do nome que se dá a uma pessoa para expressar carinho*: Nanda, Bia, Chiquinho etc.

Por ser objeto de direito da personalidade, o nome é intransferível, irrenunciável e indisponível. O **princípio da imutabilidade**, todavia, sofre **exceções,** quando houver:

a) **modificação no estado de filiação ou de paternidade**: em virtude da procedência de ação negatória de filiação; reconhecimento, judicial ou voluntário, de paternidade; ou realização ou desfazimento de adoção. Muda-se o sobrenome apenas, salvo no caso de adoção de menores, em que é possível que se altere inclusive o prenome, a pedido do adotante ou do adotado (art. 47, § 5º, do ECA);

b) **alteração do nome de um dos pais**: modificando-se o nome familiar de um dos pais, será necessário fazer o mesmo em relação aos filhos;

c) **casamento**: qualquer um dos nubentes pode adotar o nome do outro (art. 1.565, § 1º, do CC);

d) **dissolução da sociedade conjugal e do casamento**: não é obrigatória a perda do nome do outro na separação e no divórcio (arts. 1.578 e 1.571, § 2º, do CC). Todavia, a requerimento do inocente e desde que não se revele prejuízo à outra parte, pode-se perder compulsoriamente o direito de continuar usando o nome de casado. Pode também o cônjuge inocente renunciar, a qualquer momento, ao direito de usar o sobrenome do outro;

e) **pela união estável**: o companheiro pode pedir ao juiz a averbação do patronímico do companheiro no seu registro de nascimento, desde que haja impedimento legal para o casamento, decorrente do estado civil de qualquer das partes (art. 57, § 2º, da LRP). A regra tinha em mira o já separado judicialmente, que não conseguia se divorciar, uma vez que, à época, o divórcio não era possível. Há quem entenda, portanto, que, sendo hoje possível o divórcio, a regra não mais produz efeitos. De nossa parte, entendemos que para que o Estado cumpra adequadamente o dever de proteger a entidade familiar que decorre da união estável (art. 226, § 3º, da CF), e também para que terceiros possam ter ciência da existência de união com tantos reflexos no plano obrigacional, há de se fazer uma nova leitura da regra em questão, para o fim de admitir que, configurada a união estável (segundo os novos requisitos trazidos no art. 1.723 do CC), em qualquer situação é possível que qualquer dos companheiros adote o nome do outro;

f) **vontade daquele que tem entre 18 e 19 anos**: o art. 56 da LRP faculta ao interessado, no primeiro ano após ter atingido a maioridade civil, requerer a alteração de seu nome, desde que não prejudique os apelidos de família, averbando-se a alteração que será publicada pela imprensa. Presume-se que, nessa fase da vida, a alteração do nome não vá prejudicar interesses de terceiros e do próprio Estado, uma vez que, no período que antecede essa idade, a pessoa não comete crime, nem tem capacidade para, sozinho, praticar atos da vida civil. Preserva-se também a individualidade da pessoa, que porventura não esteja satisfeita com o seu prenome. O pedido pode ser feito administrativamente. Admite-se também para tornar composto o prenome simples e para acrescentar o patronímico de um dos pais ou dos avós;

g) **erro gráfico evidente**: o art. 110 da LRP dispõe que a correção de erros de grafia poderá ser processada a partir do próprio cartório onde se encontrar o assentamento, mediante petição assinada pelo interessado, que será remetida ao Ministério Público e ao juiz, que despachará no prazo de 48 horas. Exemplo dessa situação é o daquele que recebeu o nome de "Osvardo", quando deveria ser "Osvaldo". Também ocorre quando se troca o "i" pelo "e" ou o "s" pelo "x" quando da grafia do patronímico. Prova-se o erro, neste caso, pela comparação com os documentos dos demais membros da família;

h) **exposição do portador do nome ao ridículo**: o art. 55, parágrafo único, da LRP impede que os oficiais do registro civil registrem prenome suscetíveis de expor ao ridículo seus portadores. Para que essa regra seja eficaz, há de se reconhecer que, caso o oficial atenda ao pedido dos pais numa situação dessas, nada impede que no futuro busque-se a modificação do nome em razão dessa circunstância. Nomes como Bin Laden e Adolph Hitler poderão dar ensejo ao pedido de modificação. Mas já houve casos em que se admitiu a modificação de nomes bastante comuns, como Raimunda;

i) **apelido público notório**: o art. 58 da LRP dispõe que o prenome é definitivo, admitindo-se sua substituição por apelidos públicos notórios. São exemplos: Lula, Xuxa e Pelé. A redação dada pela Lei 9.708/98 ao dispositivo em questão permite a "substituição" do prenome e não a mera "inserção" apelido público notório. Houve casos de modificação de "Amarildo" para "Amauri" e de "Maria" para "Marina". Basta provar em juízo que a pessoa é conhecida publicamente (no trabalho, na família, entre amigos etc.) por nome diverso do que consta em seus documentos. A prova se faz por testemunhas, por correspondências, por cadastros etc.;

j) **necessidade para a proteção de vítimas e testemunhas de crimes**: o § 7º do art. 57 da LRP admite a alteração de nome completo para proteção de vítimas e testemunhas de crimes, bem como de seu cônjuge, convivente, ascendentes, descendentes, inclusive filhos menores e dependentes, mediante requerimento ao juiz competente dos registros públicos, ouvido o MP;

k) **homonímia**: a redação do art. 57, *caput*, da LRP, traz uma norma um tanto quanto aberta, que possibilita modificações em outras situações excepcionais. Confira-se: "art. 57. Qualquer alteração posterior de nome, somente por exceção e motivadamente, após audiência do Ministério Público, será permitida por sentença do juiz a que estiver sujeito o registro, arquivando-se o mandado e publicando-se a alteração pela imprensa". Um caso "excepcional" e que enseja "motivação" pertinente é o de pessoa que tem o mesmo nome que outra. Isso poderá ocasionar confusões e prejuízos, seja na esfera civil (pela existência de protestos e de execuções contra a outra pessoa), seja na esfera criminal (pela existência de crimes cometidos pelo homônimo). Nesse tipo de situação, pode-se requerer a inclusão do sobrenome materno, se ainda não constar do nome da pessoa e, a depender do caso, até a alteração do prenome;

l) **cirurgia de mudança de sexo**: contrariando entendimento tradicional no sentido da impossibilidade de modificação do nome por parte do transexual, o Superior Tribunal de Justiça vem admitindo tal possibilidade. Os principais fundamentos são: a cláusula geral do art. 57; a existência, na maior parte das vezes, de apelido público notório de gênero contrário ao do nascimento da pessoa; a exposição a ridículo pelo fato de se ter aparência de um sexo e nome de outro; e o princípio da dignidade da pessoa humana. Recentemente, o STJ, inclusive, tomou decisão no sentido de que, além da mudança de **nome**, o transexual operado tem direito à modificação de seu **gênero** (de masculino para feminino ou de feminino para masculino), para que conste de toda sua documentação referência exclusiva ao novo sexo civil, facilitando a inserção social e profissional. Dessa forma, no livro cartorário, à margem do registro das retificações de prenome e de sexo do requerente, deve ficar averbado que as modificações feitas decorreram de sentença judicial em ação de retificação de registro civil. Todavia, tal averbação deve constar apenas do livro de registros, não devendo constar nas certidões do registro público competente nenhuma referência de que a aludida alteração é oriunda de decisão judicial, tampouco que ocorreu por motivo de cirurgia de mudança de sexo, evitando, assim, a exposição do transexual a situações constrangedoras e discriminatórias (REsp 737.993, j. em 10/11/09). Essa decisão do STJ, por sua extensão, propiciará que transexuais com mudança de seu gênero civil possam casar-se com pessoas com sexo idêntico ao seu sexo civil originário. Além disso, a decisão pode trazer também consequências no mundo esportivo, uma vez que aquele novo sexo civil da pessoa operada deve ser respeitado por todos.

2.2.6. Jurisprudência selecionada

DIREITO CIVIL. ALTERAÇÃO DO ASSENTO REGISTRAL DE NASCIMENTO. UNIÃO ESTÁVEL. INCLUSÃO DO SOBRENOME DO COMPANHEIRO.
É possível a alteração de assento registral de nascimento para a inclusão do patronímico do comp nheiro na constância de uma união estável, em aplicação analógica do art. 1.565, § 1º, do CC, desde que seja feita prova documental da relação por instrumento público e nela haja anuência do companheiro cujo nome será adotado. O art. 57, § 2º, da Lei n. 6.015/1973 outorgava, nas situações de concubinato, tão somente à mulher a possibilidade de averbação do patronímico do companheiro sem prejuízo dos apelidos próprios – entenda-se, sem a supressão de seu próprio sobrenome –, desde que houvesse impedimento legal para o casamento, não havendo específica regulação quanto à adoção de sobrenome pelo companheiro (união estável). A imprestabilidade desse dispositivo legal para balizar os pedidos de adoção de sobrenome dentro de uma união estável, situação completamente distinta daquela para a qual foi destinada a referida norma, reclama a aplicação analógica das disposições específicas do Código Civil relativas à adoção de sobrenome dentro do casamento, porquanto se mostra claro o elemento de identidade entre os institutos e a parelha *ratio legis* relativa à união estável com aquela que orientou o legislador na fixação dentro do casamento da possibilidade de acréscimo do sobrenome de um dos cônjuges ao do outro. **REsp 1.206.656–GO, Rel. Min. Nancy Andrighi, julgado em 16/10/2012.** (Inform. STJ 506)

ACRÉSCIMO DE SOBRENOME DO CÔNJUGE APÓS A CELEBRAÇÃO DO CASAMENTO.
Aos cônjuges é permitido incluir ao seu nome o sobrenome do outro, ainda que após a data da celebração do casamento, porém deverá ser por meio de ação judicial. O registro de nascimento da pessoa natural, com a identificação do nome civil, em regra é imutável. Contudo, a lei permite, em determinas ocasiões, sua alteração. Ao oficial de cartório somente é permitido alterar um nome, independente de ação judicial, nos casos previstos em lei, como é a hipótese do art. 1565, § 1º do CC, o qual possibilita a inclusão do sobrenome de um dos nubentes no do outro, durante o processo de habilitação do casamento. A Turma entendeu que essa possibilidade deve-se estender ao período de convivência do casal, enquanto perdurar o vínculo conjugal. Porém, nesta hipótese, o nome deve ser acrescido por intermédio da ação de retificação de registros públicos, nos termos dos arts. 57 e 109 da Lei de Registros Públicos (Lei n. 6.015/1973). **REsp 910.094-SC, Rel. Raul Araújo, julgado em 4/9/2012.** (Inform. STJ 503)

INDENIZAÇÃO POR ABANDONO AFETIVO. PRESCRIÇÃO.
O prazo prescricional das ações de indenização por abandono afetivo começa a fluir com a maioridade do interessado. Isso porque não corre a prescrição entre ascendentes e descendentes até a cessação dos deveres inerentes ao pátrio poder (poder familiar). No caso, os fatos narrados pelo autor ocorreram ainda na vigência do CC/1916, assim como a sua maioridade e a prescrição da pretensão de ressarcimento por abandono afetivo. Nesse contexto, mesmo tendo ocorrido o reconhecimento da paternidade na vigência do CC/2002, apesar de ser um ato de efeitos *ex tunc*, este não gera efeitos em relação a pretensões já prescritas. Precedentes citados: REsp 430.839-MG, DJ de 23/9/2002, e AgRg no Ag 1. 247.622-SP, DJe de 16/8/2010. **REsp 1.298.576-RJ, Rel. Min. Luis Felipe Salomão, julgado em 21/8/2012.** (Inform. STJ 502)

PATERNIDADE SOCIOAFETIVA. INTERESSE DO MENOR.
O registro espontâneo e consciente da paternidade – mesmo havendo sérias dúvidas sobre a ascendência genética – gera a paternidade socioafetiva, que não pode ser desconstituída posteriormente, em atenção à primazia do interesse do menor. A Min. Relatora consignou que, no caso, apesar de lamentável a falta de convivência entre o pai e a criança, tal situação não é suficiente para rediscutir o registro realizado de forma consciente e espontânea. Ressaltou, ainda, que o reconhecimento de inexistência de vínculo genético não pode prevalecer sobre o *status* da criança (gerado pelo próprio pai registral há mais de 10 anos), em atenção à primazia do interesse do menor. Ademais, a prevalência da filiação socioafetiva em detrimento da verdade biológica, no caso, tão somente dá vigência à cláusula geral de tutela da personalidade humana, que salvaguarda a filiação como elemento fundamental na formação da identidade do ser humano. Precedente citado: **REsp 1.259.460-SP, DJe 29/6/12. REsp 1.244.957-SC, Rel. Min. Nancy Andrighi, julgado em 7/8/2012.** (Inform. STJ 501)

REGISTRO PÚBLICO. RETIFICAÇÃO. ERRO DE GRAFIA. OBTENÇÃO. CIDADANIA ITALIANA.
Trata-se de REsp em que a discussão cinge-se à apuração da necessidade da presença de todos os integrantes da família em juízo, para que se proceda à retificação do patronímico por erro de grafia. Os recorridos ajuizaram ação para obtenção de retificação de suas certidões de nascimento e casamento, bem como a de seus ascendentes, em relação aos quais se inclui a certidão de óbito, em virtude de erro de grafia nos patronímicos, o que, segundo afirmam, constitui um óbice à solicitação da cidadania italiana. Sobre-

veio sentença de procedência do pedido, promovendo as requeridas alterações. O MP interpôs recurso especial por entender que a mudança poderia causar desagregação nas anotações registrais uma vez que a decisão extrapola a esfera de interesse dos recorridos, alcançando os demais, os quais devem comparecer em juízo para assentir com a referida solicitação, sob pena de ruptura da cadeia familiar. A Turma entendeu que o justo motivo revela-se presente na necessidade de suprimento de incorreções na grafia do patronímico para a obtenção da cidadania italiana, sendo certo que o direito à dupla cidadania pelo *jus sanguinis* tem sede constitucional. A regra da inalterabilidade relativa do nome civil preconiza que o nome (prenome e sobrenome) estabelecido por ocasião do nascimento reveste-se de definitividade, admitindo-se sua modificação, excepcionalmente, nas hipóteses previstas em lei ou reconhecidas como excepcionais por decisão judicial, exigindo-se, para tanto, justo motivo e ausência de prejuízo a terceiros. Na hipótese, a ausência de prejuízo a terceiros advém do provimento do pedido dos recorridos – tanto pelo magistrado singular quanto pelo tribunal estadual –, sem que fosse feita menção à existência de qualquer restrição. Daí, desnecessária a inclusão de todos os componentes do tronco familiar no polo ativo da ação, uma vez que, sendo, via de regra, um procedimento de jurisdição voluntária, no qual não há lide nem partes, mas tão somente interessados, incabível falar em litisconsórcio necessário, máxime no polo ativo, em que sabidamente o litisconsórcio sempre se dá na forma facultativa. **REsp 1.138.103-PR, Rel. Min. Luis Felipe Salomão, julgado em 6/9/2011.** (Inform. STJ 482)

DANO MORAL. USO. IMAGEM. MATÉRIA JORNALÍSTICA.

Trata-se de ação de indenização por danos morais pelo uso indevido de imagem decorrente de publicação jornalística sem autorização, visto que exibiu, em primeira página, fotografia de vítima em meio às ferragens de acidente automobilístico. Observa o Min. Relator que o direito à imagem constitui um dos elementos integrantes do direito à personalidade (art. 11 do CC/2002) e o legislador não deixou de conferir proteção à imagem e à honra de quem falece, uma vez que essas permanecem perenemente nas memórias dos sobreviventes, como bens que se prolongam para muito além da vida. Assim, assevera que a ofensa se materializa com o simples uso da imagem sem autorização, ainda que tal utilização não tenha conteúdo vexatório, pois o direito à imagem se integra de forma irrestrita na personalidade. Dessa forma, a utilização indevida da imagem gera, autonomamente, indenização por perdas e danos (art. 12 do CC/2002). É cediço, também, que a Súm. n. 403-STJ apregoa que a indenização pela publicação de imagens com fins econômicos independe da prova do prejuízo. Com esses argumentos, entre outros, a Turma conheceu em parte do recurso especial e, nessa extensão, deu-lhe provimento para cassar o acórdão recorrido e restabelecer a sentença em todos os seus termos, inclusive em relação aos ônus da sucumbência. Precedentes citados do STF: RE 215.984-1-RJ, DJ 28/6/2002; do STJ: REsp 521.697-RJ, DJ 20/3/2006; REsp 11.735-PR, DJ 13/12/1993; REsp 440.150-RJ, DJ 6/6/2005; REsp 267.529-RJ, DJ 18/12/2000, e AgRg no Ag 735.529-RS, DJ 11/12/2006. **REsp 1.005.278-SE, Rel. Min. Luis Felipe Salomão, julgado em 4/11/2010.** (Inform. STJ 454)

RETIFICAÇÃO. REGISTRO CIVIL. PROVA.

No trato de ação ajuizada para a retificação de registro civil lastreada na alegação de existir situação vexatória de prenome usual (no caso, "Terezinha"), diante da impugnação do MP ou de outro interessado, o juízo deve ater-se ao disposto no art. 109, § 1º, da Lei n. 6.015/1973 e determinar a produção de prova. Na hipótese, a sentença e o acórdão recorrido pautaram-se somente em razões subjetivas para deferir a retificação, daí serem anulados a fim de que se possibilite a produção de prova, conforme pleiteado pelo MP. Precedentes citados: REsp 729.429-MG, DJ 28/11/2005; REsp 679.237-MG, DJ 18/12/2006, e REsp 401.138-MG, DJ 12/8/2003. **REsp 863.916-PR, Rel. Min. Luis Felipe Salomão, julgado em 19/10/2010.** (Inform. STJ 452)

REGISTROS. FILHOS. RETIFICAÇÃO. NOME. GENITORA.

In casu, a recorrida ajuizou, na origem, ação de retificação de registro civil de seus filhos menores sob a alegação de que, em decorrência de separação judicial convertida em divórcio, passou a usar seu nome de solteira. Assim, tal retificação evitaria que futuros documentos de seus filhos fossem emitidos com o nome incorreto da genitora, como também situações que alega embaraçosas. A sentença concedeu parcialmente o pedido para que constasse à margem dos assentamentos de nascimento dos três filhos da autora, ora recorrida, que a genitora dos registrados, após divorciar-se voltou a assinar o nome de solteira, permanecendo inalterados seus demais dados, o que foi confirmado em grau de apelação. No REsp, o recorrente sustenta, entre outras questões, que a finalidade do registro é comprovar a filiação e a própria existência da pessoa, constituindo direito personalíssimo que não pode ser alterado, exceto pelo próprio titular do direito. Dessa forma, a recorrida não poderia, em defesa de interesse seu, pretender a alteração dos assentos de nascimento de seus filhos. A Turma negou provimento ao recurso pelos fundamentos, entre outros, de que o princípio da verdade real norteia o registro público e tem por finalidade a segurança jurídica. Por isso necessita espelhar a verdade existente e atual e não apenas aquela que passou. Desse modo, no caso em foco, é admissível a alteração no registro de nascimento dos filhos para a averbação do nome de sua mãe que, após a separação judicial, voltou a usar o nome de solteira. Observou-se que não ocorreu prejuízo aos menores em razão da averbação do nome de solteira de sua mãe, diante do divórcio levado a efeito. Precedente citado: REsp 1.069.864-DF, DJe 3/2/2009. **REsp 1.123.141-PR, Rel. Min. Luis Felipe Salomão, julgado em 28/9/2010**. (Inform. STJ 449)

REGISTRO CIVIL. RETIFICAÇÃO. MUDANÇA. SEXO. A questão posta no REsp cinge-se à discussão sobre a possibilidade de retificar registro civil no que concerne a prenome e a sexo, tendo em vista a realização de cirurgia de transgenitalização. A Turma entendeu que, no caso, o transexual operado, conforme laudo médico anexado aos autos, convicto de pertencer ao sexo feminino, portando-se e vestindo-se como tal, fica exposto a situações vexatórias ao ser chamado em público pelo nome masculino, visto que a intervenção cirúrgica, por si só, não é capaz de evitar constrangimentos. Assim, acentuou que a interpretação conjugada dos arts. 55 e 58 da Lei de Registros Públicos confere amparo legal para que o recorrente obtenha autorização judicial a fim de alterar seu prenome, substituindo-o pelo apelido público e notório pelo qual é conhecido no meio em que vive, ou seja, o pretendido nome feminino. Ressaltou-se que não entender juridicamente possível o pedido formulado na exordial, como fez o Tribunal *a quo*, significa postergar o exercício do direito à identidade pessoal e subtrair do indivíduo a prerrogativa de adequar o registro do sexo à sua nova condição física, impedindo, assim, a sua integração na sociedade. Afirmou-se que se deter o julgador a uma codificação generalista, padronizada, implica retirar-lhe a possibilidade de dirimir a controvérsia de forma satisfatória e justa, condicionando-a a uma atuação judicante que não se apresenta como correta para promover a solução do caso concreto, quando indubitável que, mesmo inexistente um expresso preceito legal sobre ele, há que suprir as lacunas por meio dos processos de integração normativa, pois, atuando o juiz *supplendi causa*, deve adotar a decisão que melhor se coadune com valores maiores do ordenamento jurídico, tais como a dignidade das pessoas. Nesse contexto, tendo em vista os direitos e garantias fundamentais expressos da Constituição de 1988, especialmente os princípios da personalidade e da dignidade da pessoa humana, e levando-se em consideração o disposto nos arts. 4° e 5° da Lei de Introdução ao Código Civil, decidiu-se autorizar a mudança de sexo de masculino para feminino, que consta do registro de nascimento, adequando-se documentos, logo facilitando a inserção social e profissional. Destacou-se que os documentos públicos devem ser fiéis aos fatos da vida, além do que deve haver segurança nos registros públicos. Dessa forma, no livro cartorário, à margem do registro das retificações de prenome e de sexo do requerente, deve ficar averbado que as modificações feitas decorreram de sentença judicial em ação de retificação de registro civil. Todavia, tal averbação deve constar apenas do livro de registros, não devendo constar, nas certidões do registro público competente, nenhuma referência de que a aludida alteração é oriunda de decisão judicial, tampouco de que ocorreu por motivo de cirurgia de mudança de sexo, evitando, assim, a exposição do recorrente a situações constrangedoras e discriminatórias. **REsp 737.993-MG, Rel. Min. João Otávio de Noronha, julgado em 10/11/2009 (ver Informativo n. 411).** (Inform. STJ 415)

ALTERAÇÃO. PRENOME. DESIGNATIVO. SEXO. O recorrente autor, na inicial, pretende alterar o assento do seu registro de nascimento civil, para mudar seu prenome, bem como modificar o designativo de seu sexo, atualmente constante como masculino, para feminino, aduzindo como causa de pedir o fato de ser transexual, tendo realizado cirurgia de transgenitalização. Acrescenta que a aparência de mulher, por contrastar com o nome e o registro de homem, causa-lhe diversos transtornos e dissabores sociais, além de abalos emocionais e existenciais. Assim, a Turma entendeu que, tendo o recorrente se submetido à cirurgia de redesignação sexual nos termos do acórdão recorrido, existindo, portanto, motivo apto a ensejar a alteração do sexo indicado no registro civil, a fim de que os assentos sejam capazes de cumprir sua verdadeira função, qual seja, a de dar publicidade aos fatos relevantes da vida social do indivíduo, deve ser alterado seu assento de nascimento para que nele conste o sexo feminino, pelo qual é socialmente reconhecido. Determinou, ainda, que das certidões do registro público competente não conste que a referida alteração é oriunda de decisão judicial, tampouco que ocorreu por motivo de redesignação sexual de transexual. **REsp 1.008.398-SP, Rel. Min. Nancy Andrighi, julgado em 15/10/2009.** (Inform. STJ 411)

RETIFICAÇÃO. REGISTRO. NASCIMENTO. Trata-se de matéria inédita entre os julgamentos deste Superior Tribunal, em que menor, representada por sua mãe, pretende a retificação de seu registro de nascimento para acrescentar o patronímico de sua genitora, omisso na certidão, além de averbar a alteração para o nome de solteira da sua mãe, que voltou a usá-lo após a separação judicial e é grafado muito diferente daquele de casada, tudo no intuito de facilitar a identificação da criança no meio social e familiar. O pai da menor não se opôs, mas o MP recorreu quanto à averbação do nome da mãe concedida pelas instâncias ordinárias, uma vez que o registro de nascimento deve refletir a realidade da ocasião do parto, o que impediria tal averbação nos termos das Leis ns. 6.015/1973 e 8.560/1992. A Min. Relatora observou que, no caso dos autos, conforme comprovado nas instâncias de 1° e 2° grau, há a situação constrangedora de mãe e filha terem que portar cópia da certidão de casamento com a respectiva averbação para comprovarem a veracidade dos nomes na certidão de nascimento, bem como não existe prejuízo para terceiros, o que afastaria o pleito do MP. Os interesses da criança estariam acima do rigorismo dos registros públicos por força do Estatuto da Criança e do Adolescente (ECA). Ademais, essa é a solução mais harmoniosa e humanizada. Com essas considerações, entre outras, a Turma não conheceu do recurso do MP. **REsp 1.069.864-DF, Rel. Min. Nancy Andrighi, julgado em 18/12/2008**. (Inform. STJ 381)

INDENIZAÇÃO. FOTO. ARTISTA.

Cuida-se de pedido de indenização por danos materiais e compensação por dano moral por ter a recorrente, sem autorização, publicado em revista fotos do autor beijando uma garota. Para a Min. Relatora, está caracterizada a abusividade no uso da reportagem. Não se pode ignorar que o uso de imagem é feito com o propósito de incrementar a venda da revista. Por se tratar de pessoa pública, os critérios de violação da privacidade são distintos daqueles desenhados para uma pessoa cuja profissão não a expõe. O recorrido, artista conhecido, teve sua imagem atingida pela simples publicação que o retrata beijando uma mulher que não era sua esposa. Note-se que o TJ reduziu em oito vezes o valor da indenização inicialmente fixada, de R$ 40.000,00 para R$ 5.000,00, quantia aplicada com moderação, sem qualquer exagero, e que, assim, não comporta nova redução por parte deste STJ. Os pedidos de devolução do negativo da fotografia e cessação da divulgação de suas imagens são acessórios e, como bem asseverado pelo acórdão recorrido, possuem pouca significância em face do pleito indenizatório, inexistindo razão para compensação de custas e honorários entre as partes. **REsp 1.082.878-RJ, Rel. Min. Nancy Andrighi, julgado em 14/10/2008**. (Inform. STJ 372)

DECLARAÇÃO DE AUSÊNCIA. DESNECESSIDADE. COMPROVAÇÃO. BENS.

O pedido de declaração de ausência tem por finalidade resguardar os interesses do ausente, que pode reaparecer e retomar sua vida, para, após as cautelas previstas em lei, tutelar os direitos de seus herdeiros. Logo, havendo interessados em condição de suceder o ausente em direitos e obrigações, ainda que os bens deixados sejam, a princípio, não arrecadáveis, pode se utilizar o procedimento que objetiva a declaração. A comprovação da propriedade não é condição *sine qua non* para a declaração de ausência, nos termos dos arts. 22 do CC/2002 e 1.159 do CPC. Assim, a Turma deu provimento ao recurso para cassar o acórdão recorrido e a sentença a fim de que prossiga o julgamento do processo no juízo de origem. **REsp 1.016.023-DF, Rel. Min. Nancy Andrighi, julgado em 27/5/2008**. (Inform. STJ 357)

2.2.7. Quadro sinótico

PARTE I

1. Conceito de pessoa natural: *é o ser humano*

2. Início da personalidade:

Com o nascimento com vida = separação do ventre materno + inspiração

- Teoria adotada: natalista (e não concepcionista)

- Não é necessário:

a) corte do cordão umbilical

b) forma humana

c) perspectiva de vida

3. Nascituro:

3.1. Conceito: *é o já concebido, mas que ainda não nasceu*

3.2. Natureza jurídica: não é pessoa

- é sujeito de direito despersonificado

3.3. Regime jurídico:

-a lei põe a salvo seus direitos desde a concepção

-tem direitos da personalidade (vida, alimentos)

-tem direitos patrimoniais sob condição suspensiva

4. Embriões excedentários (Lei 11.105/05):

4.1. Conceito: *são os embriões humanos produzidos por fertilização in vitro e não utilizados.*

4.2. Natureza jurídica: não são pessoas, nem sujeitos de direito despersonificados

- são *objetos* de direito.

4.3. Regime jurídico: é permitida a utilização de células-tronco desses embriões, atendido ao seguinte:

a) para fins de ensino ou pesquisa, mediante autorização

b) embriões não utilizados no procedimento

c) embriões inviáveis ou congelados há mais de 3 anos

d) consentimento dos genitores

5. Fim da personalidade:

5.1. Modo: com a morte

5.2. Espécies de morte

a) real: é a morte certa

- *atestada* por médico ou, na falta, por duas pessoas qualificadas que tiverem presenciado/verificado a morte

- com base no atestado de óbito, faz-se a lavratura do *assento* de óbito no Registro Público

- a partir desse assento, faz-se a *certidão de óbito*

- o *enterro* depende da certidão

- a *cremação*, de vontade do falecido ou motivo de saúde pública, dependendo do atestado de 2 médicos ou de legista e, se morte violenta, de autorização judicial

b) presumida:

6. Morte presumida:

6.1. Sem declaração de ausência:

- *Se provável a morte de quem estava em perigo de vida*

- *Se desaparecido em campanha ou feito prisioneiro, não for encontrado até 2 anos após a guerra* (devem-se esgotar as buscas)

6.2. Com declaração de ausência: *dá-se quando alguém está ausente e a lei autoriza a abertura da sucessão definitiva*. Fases:

- Arrecadação de bens

- Espera de 1 ano

- Declaração de ausência e abertura da sucessão provisória

- Espera de 10 anos após trânsito em julgado da decisão

- Decisão autorizando abertura da sucessão definitiva

7. Capacidade:

7.1. De direito (de gozo): *aptidão para adquirir direitos e deveres*

- Todos têm, inclusive os absolutamente incapazes

7.2. De fato (de exercício): *aptidão para adquirir, pessoalmente, direitos e deveres*

7.3. Legitimação: *aptidão específica para a prática de certos atos*

- Pessoa casada e plenamente capaz não tem legitimidade para vender imóvel a filho, sem autorização do cônjuge e dos outros filhos (art. 496)

8. Absolutamente incapaz:

8.1. Conceito: *é o que não pode exercer qualquer ato da vida civil*

8.2. Integração da incapacidade: pela representação

8.3. Sanção pela prática de atos: nulidade absoluta

8.4. Espécies:

- Menor de 16 anos

- Desprovido do necessário discernimento, por enfermidade ou deficiência mental

- Impedido de exprimir vontade, mesmo transitoriamente

9. Relativamente incapaz:

9.1. Conceito: *é o que não pode exercer sozinho grande parte dos atos da vida civil*

9.2. Integração da incapacidade: p/assistência

9.3. Sanção pela prática de atos: nulidade relativa

9.4. Espécies:

- entre 16 e 18 anos

- com discernimento reduzido

- ébrios habituais e viciados em tóxico
- excepcionais sem desenvolvimento mental completo
- pródigos

9.5. Pródigos:

- **Não podem:** alienar, emprestar, dar quitação, transigir, hipotecar, demandar

- **Podem fazer:** a mera administração do patrimônio
- exs: casar (menos fazer pacto), mudar de domicílio, contratar empregados domésticos e prestadores de serviços ordinários

9.6. Limites à curatela:

- CC permite que o juiz, pronunciada a interdição, assinale limites à atuação do curador, permitindo que o incapaz pratique atos de mera administração do patrimônio (art. 1.772)

Ex: permitir que o interditado por dependência química tenha os mesmos poderes do pródigo

10. Interdição:

10.1. Casos: art. 1.767; depende de causa duradoura; cabe, também, de quem tenha de 16 a 18 anos

10.2. Legitimidade ativa:

- pais ou tutores
- cônjuge ou qualquer parente
- Ministério Público (doença mental grave, falta dos 1ºs)

(se MP autor, nomeia-se defensor ao incapaz; do contrário, MP defende)

10.3. Curador:

- Cônjuge ou companheiro não separado de fato
- Na falta, pai ou mãe
- Na falta, o descendente mais apto e mais próximo
- Na falta, o juiz escolhe

11. Internação psiquiátrica involuntária:

A Lei 10.216/01 prevê as seguintes internações:

I - internação voluntária: dá-se com o consentimento do internando

II - internação compulsória: dá-se por ordem judicial

II - internação involuntária: dá-se sem o consentimento do internando e a pedido de terceiro

- feita por médico, com laudo que caracterize os motivos
- necessário comunicação em 72 hs ao MP
- término dá-se por solicitação de familiar, responsável ou por decisão do médico

12. Enfermo e deficiente físico:

12.1. Natureza jurídica: plenamente capaz

12.2. Possibilidade (art. 1.780)**:**

- pode, voluntariamente,
- pedir ao juiz
- um curador
- para cuidar de *todos ou alguns* de seus *bens*

(curatela voluntária)

13. Emancipação:

13.1. Conceito: *cessação da incapacidade do menor*

13.2. Espécies:

a) voluntária: dada pelos pais (ou um deles, na falta dos dois), por escritura pública, após os 16 anos

b) judicial: no caso de existência de tutor; conferida pelo juiz, após os 16 anos

c) legal:

- pelo casamento
- pelo exercício de emprego público efetivo
- pela colação de grau em curso superior
- pelo estabelecimento civil/comercial ou emprego, com economia própria e 16 anos

PARTE II

1. Direitos da personalidade

1.1. Conceito: *são os direitos relativos às características próprias das pessoas, tais como*

a) *a integridade física* (vida, corpo, partes do corpo)

b) *a integridade intelectual* (liberdade de expressão, autorias científica e artística)

c) *a integridade moral* (intimidade, vida privada, honra, imagem e nome)

Obs: nascituro e pessoa jurídica são protegidos, no que couber – ex: direito à vida do nascituro e dano moral de pessoa jurídica (Súmula STJ 227)

1.2. Características (regime jurídico):

1.2.1. Intransmissíveis: ***não cabe cessão dos direitos***

- mas exercício do direito pode ser autorizado

ex.1: é possível usar nome de alguém em propaganda comercial, mediante autorização (art. 18)

ex.2: é possível usar escritos, palavras e imagem das pessoas, mediante autorização (art. 20)

Obs: em caso de ordem pública também caberá exposição

1.2.2. Irrenunciáveis: ***não cabe rejeição do direito***

ex: é defeso disposição do corpo quando importar diminuição permanente ou contrariar bons costumes (art. 13) – salvo decisão médica, transplante ou após morte, gratuitamente

1.2.3. Não passíveis de limitação voluntária:

- são de ordem pública, de modo que a vontade é irrelevante à disposição do direito, ainda que autorizada pelo titular

1.2.4. Absolutos: ***oponíveis erga omnes***

1.2.5. Ilimitados: *abrangem características não identificadas expressamente, tais como direito a alimentos, ao planejamento familiar, à dignidade, à religião etc*

1.2.6. Imprescritíveis: não sujeitos a usucapião

1.2.7. Impenhoráveis: não passíveis de constrição judicial

1.2.8. Inexpropriáveis: não passíveis de desapropriação

1.3. Sanções pela violação de tais direitos:

1.3.1. Cessação da ameaça ou da lesão ao direito

- O STF entende que, num primeiro momento, a liberdade de expressão prepondera em relação à inviolabilidade da imagem, não cabendo censura prévia (ADPF 130)

- Porém, o abuso da liberdade de expressão pode ser combatido posteriormente com outras sanções

1.3.2. Perdas e danos: incluindo dano moral e danos materiais (emergentes e lucros cessantes)

1.3.3. Demais sanções previstas em lei: como direito de resposta, sanções criminais etc

1.4. Legitimados a requerer a aplicação das sanções

1.4.1. Próprio lesado: por si ou seu representante

1.4.2. Caso lesado seja falecido:

a) cônjuge sobrevivente

- obs: Enunciado 275 JDC – companheiro está compreendido na regra

b) qualquer parente em linha reta ou colateral até o 4º grau

2. Meios de individualização da pessoa:

2.1. Pelo estado

a) político: nato, naturalizado, estrangeiro

b) familiar: pai, filho, solteiro, casado etc

c) individual: capaz, incapaz

2.2. Pelo nome

2.3. Pelo domicílio

3. Nome

3.1. Terminologia:

a) prenome: é o nome próprio (ex: João)

b) patronímico: é o nome de família (ex: Garcia)

c) agnome: é o sinal distintivo de parente (ex: Filho)

d) axiônimo: são os títulos e qualificativos (ex: Doutor)

e) alcunha ou epíteto: são os apelidos (ex: Gugu)

3.2. Regime jurídico:

a) o nome não pode expor a pessoa ao ridículo

b) como regra, o nome é imutável

c) o nome não pode ser utilizado por outros expondo a pessoa a desprezo público

d) o nome não pode ser usado em propaganda comercial, salvo autorização

e) o pseudônimo adotado para atividades lícitas goza da proteção que se dá ao nome

3.3. Exceções ao princípio da imutabilidade:

a) modificação no estado de filiação/paternidade: muda-se patronímico apenas, salvo adoção de menores, em que é possível mudar o prenome (art. 47, § 6º, ECA)

b) alteração do nome de um dos pais

c) casamento

d) dissolução da sociedade conjugal e do casamento: não é obrigatória a perda do nome; mas inocente pode requerer que o outro perca, desde que não cause prejuízo de identificação profissional ou familiar ao outro

e) pela união estável: LRP, art. 57, § 2º

f) vontade do que tem entre 18 e 19 anos: não pode prejudicar apelidos de família (art. 56, LRP); em Cartório

g) erro gráfico evidente: art. 110, LRP

h) exposição do portador ao ridículo: art. 55, LRP

i) apelido público notório: ex. Xuxa – art. 58, LRP

j) proteção de vítimas, testemunhas e seus parentes: art. 57, LRP

k) homonímia: qualquer alteração motivada – art. 57, *caput*, LRP

l) cirurgia de mudança de sexo: art. 57, *caput*, LRP – STJ entende que é possível modificar o gênero também, não podendo constar tal informação nos documentos

4. Domicílio (arts. 70 a 78)

4.1. Conceito: *é a sede jurídica da pessoa*

4.2. Domicílio da pessoa natural:

a) Regra 1: é o local onde ela estabelece a sua residência com ânimo definitivo (elemento objetivo + elemento subjetivo)

b) Regra 2: se houver mais de uma residência, considera-se domicílio qualquer delas

c) Regra 3: se não houver residência habitual, é local onde a pessoa for encontrada (domicílio aparente/ocasional)

d) Regra 4: quanto às relações profissionais, é também domicílio o local onde estas são exercidas

e) Regra 5: constitui domicílio necessário

- do incapaz: o de seu representante ou assistente

- do servidor público: o local onde exercer permanentemente suas atribuições

- do militar: o local onde servir, e, sendo da Marinha ou Aeronáutica, a sede do comando a que se encontrar imediatamente subordinado
- do marítimo: o local onde o navio estiver matriculado
- do preso: o lugar em que cumprir a sentença

4.3. Domicílio da pessoa jurídica:

a) Regra 1: é o local eleito no estatuto ou, não havendo eleição, o local onde funcionarem as respectivas diretorias ou administrações

b) Regra 2: se houver mais de um estabelecimento, cada um deles será considerado domicílio para os atos nele praticados

c) Regra 3: se a administração (ou diretoria) tiver sede no estrangeiro, haver-se-á por domicílio o lugar do estabelecimento, sito no Brasil, a que ela corresponder

d) Regra 4: quanto às pessoas jurídicas de direito público interno, o da União é o DF, o dos Estados, as capitais, e o dos Municípios, o lugar onde funcione a Administração

2.2.8. Questões comentadas

(Ministério Público/PR – 2011) Assinale a alternativa correta:

(A) a capacidade de direito não é atribuída àqueles que, por enfermidade ou deficiência mental, não tiverem o necessário discernimento para os atos da vida civil.

(B) a incapacidade de exercício não afeta a capacidade de direito, que é atributo de todo aquele dotado de personalidade jurídica.

(C) a antecipação da maioridade derivada do casamento gera a atribuição de plena capacidade de direito àquele menor de 18 anos que contrai núpcias, embora nada afete a sua capacidade de fato.

(D) o reconhecimento da personalidade jurídica da pessoa natural a partir do nascimento com vida significa afirmar que, antes do nascimento, a pessoa é dotada de capacidade de fato, mas não tem capacidade de direito.

(E) a interdição derivada de incapacidade absoluta enseja a suspensão da personalidade jurídica da pessoa natural, uma vez que a capacidade é a medida da personalidade.

A: incorreta, pois todas as pessoas têm capacidade de direito, que consiste na *aptidão genérica conferida pela ordem jurídica para adquirir direitos e contrair deveres*; **B:** correta, conforme justificativa da alternativa A; **C:** incorreta, pois a emancipação afeta diretamente a capacidade de fato, eis que a pessoa emancipada passa a ter total capacidade de fato; **D:** incorreta, pois o nascituro não tem personalidade jurídica, mas a lei põe a salvo, desde a concepção, os direitos que ele possa ter (art. 2º do CC), ou seja, o nascituro é um sujeito de direito despersonificado, de modo que não há como falar que ele tem capacidade, que é uma aptidão genérica para contrair direitos e obrigações, visto que não existe essa aptidão GENÉRICA, mas apenas proteção de alguns direitos específicos; com o nascimento com vida a pessoa adquire personalidade jurídica e, por consequência, capacidade de direito; **E:** incorreta, pois a interdição não retira a personalidade jurídica da pessoa, que só termina com a morte.

Gabarito "B"

(Analista – TJ/ES – 2011 – CESPE) Julgue o seguinte item.

(1) Apesar de não reconhecer a personalidade do nascituro, o Código Civil põe a salvo os seus direitos desde a concepção. Nesse sentido, na hipótese de interdição de mulher grávida, o curador desta será também o curador do nascituro.

1: correta, pois o art. 2º do CC estabelece que "a lei põe a salvo, desde a concepção, os direitos do nascituro"; além disso, o art. 1.779, p. ún., estabelece que "se a mulher estiver interditada, seu curador será o do nascituro".

Gabarito 1C

(Ministério Público/ES – 2010 – CESPE) A respeito da curatela, assinale a opção correta.

(A) Ao contrário do que ocorre no caso da notória redução da inteligência, não deve ser nomeado curador para as pessoas com pouca instrução escolar.

(B) Cabe nomeação de curador ao portador de deficiência física, independentemente da natureza da deficiência.

(C) Ainda que a pessoa portadora de lesões de nervos cerebrais possa comunicar-se com sinais convencionados, deve ser nomeado curador para ela.

(D) Deve-se nomear um curador para o usuário eventual de substância entorpecente, ainda que a incapacidade seja transitória, pois o ordenamento pátrio não reconhece os intervalos lúcidos.

(E) Com vistas a proteger a família do pródigo, deve ser nomeado um curador para ele, fato que, no entanto, não o priva de administrar o seu patrimônio.

A: incorreta, pois a *notória redução da inteligência* não é causa que enseja a curatela; segundo o art. 1.767, do CC, estão sujeitos à curatela I) aqueles que, por enfermidade ou deficiência mental, não tiverem o necessário discernimento para os atos da vida civil; II) aqueles que, por outra causa *duradoura*, não puderem exprimir a sua vontade; III) os deficientes mentais, os ébrios habituais e os viciados em tóxicos; IV) os excepcionais sem completo desenvolvimento mental; V) os pródigos; **B:** correta, pois esse caso de curatela, denominado *curatela voluntária*, é novidade presente no atual Código Civil (art. 1.780 do CC); a diferença é que essa curatela é pedida pelo próprio curatelado e pode ser extinta também por *vontade* deste; além disso, a curatela voluntária incide somente sobre os *bens* (todos ou uma parte destes) do enfermo ou portador de deficiência física, não incidindo sobre a *pessoa* do curatelado; **C:** incorreta, pois é requisito para a instituição da curatela a impossibilidade de expressão da vontade (art. 1.767, II, do CC); **D:** incorreta, pois apenas os *viciados*, ou seja, os *dependentes* de entorpecentes podem ser interditados (art. 1.767, III, do CC); **E:** incorreta, pois a nomeação do curador se dá com vistas a proteger o *próprio pródigo*, e não sua família; ademais, o pródigo pode fazer administração que não importe nas condutas previstas no art. 1.782 do CC.

Gabarito "B"

(Procurador do Estado/MT – FCC – 2011) São incapazes, relativamente a certos atos, ou à maneira de os exercer

(A) os menores de dezesseis anos.

(B) os pródigos, ainda que casados.

(C) os que, mesmo por causa transitória, não puderem exprimir sua vontade.

(D) os maiores de dezesseis anos e menores de dezoito anos, ainda que casados.

(E) os maiores de dezesseis e menores de vinte e um anos.

A: incorreta (art. 3º, I, do CC); **B:** correta (art. 4º, IV, do CC); **C:** incorreta (art. 3º, III, do CC); **D:** incorreta (art. 4º, I, do CC); **E:** incorreta (art. 4º, I, do CC).

Gabarito "B"

(Procurador do Estado/SC – 2010 – FEPESE) De acordo com o Código Civil Brasileiro, são relativamente incapazes:

1. o deficiente mental que tenha o discernimento reduzido para atos civis.
2. o deficiente mental que não possui o necessário discernimento para atos civis.
3. quem não puder exprimir sua vontade, mesmo que por causa transitória.
4. o excepcional sem desenvolvimento mental completo.
5. o pródigo.

Assinale a alternativa que indica todas as afirmativas corretas.

(A) São corretas apenas as afirmativas 2 e 3.
(B) São corretas apenas as afirmativas 1, 3 e 5.
(C) São corretas apenas as afirmativas 1, 4 e 5.
(D) São corretas apenas as afirmativas 2, 3 e 5.
(E) São corretas apenas as afirmativas 2, 4 e 5.

Art. 4º do CC.

Gabarito "C"

(Cartório/MG – 2012 – FUMARC) Considerando o Código Civil Brasileiro, são incapazes relativamente a certos atos, ou à maneira de os exercer,

(A) os pródigos; os maiores de dezesseis e menores de dezoito anos; os viciados em tóxicos; os ébrios habituais.
(B) os ébrios habituais; os viciados em tóxicos; os maiores de dezesseis e menores que vinte e um anos; o índio.
(C) os pródigos; o índio; os excepcionais, sem desenvolvimento mental completo; os maiores de dezesseis e menores de vinte e um anos.
(D) os excepcionais, com desenvolvimento mental completo; os pródigos; os ébrios habituais; os maiores de dezesseis e menores de dezoito anos.

A: correta (art. 4º, IV, I e II, do CC respectivamente); **B:** incorreta, pois a incapacidade relativa cessa aos dezoito anos, e não aos 21 anos (art. 4º, I, do CC). No que tange ao índio, sua capacidade é regulada por lei especial (art. 4º, parágrafo único do CC). De acordo com o Estatuto do índio (Lei 6.001/1973), o índio pode ser classificado em: I) *isolado*, com nenhum ou pouco contato com a civilização; II) *em vias de integração*, com contato intermitente ou permanente com a civilização, mas mantendo parte de suas tradições e; III) *integrado*, que está incorporado à comunhão nacional e reconhecido no pleno exercício dos direitos civis, ainda que conserve elementos de sua cultura. O índio integrado é plenamente capaz para atos da vida civil, enquanto o não integrado é tutelado pela FUNAI. A lei diz que os atos praticados pelos índios não integrados dependem, para serem válidos, da assistência dos agentes da FUNAI, o que daria a ideia de que são relativamente incapazes. Entretanto, a falta de assistência torna o ato nulo, e não anulável, circunstância própria dos atos praticados pelo absolutamente incapaz (E.I, art. 8º). Não será nulo o ato se o índio revelar consciência e conhecimento do ato praticado e da extensão de seus efeitos, desde que não lhe seja prejudicial (E.I, art. 8º, parágrafo único); **C:** incorreta, *vide* observação retro quanto aos índios e a quanto à idade (art. 4º, IV, II e I, do CC); **D:** incorreta, pois se consideram relativamente incapazes os excepcionais *sem* desenvolvimento mental completo (art. 4º, II, do CC).

Gabarito "A"

(Cartório/SP – 2011 – VUNESP) Analise as seguintes proposições a respeito da capacidade civil.

I. A emancipação voluntária pode ser concedida pelos pais, mediante instrumento particular autêntico, independentemente de homologação judicial, se o menor tiver dezesseis anos completos.
II. São relativamente incapazes os ébrios habituais que tenham discernimento reduzido.
III. Pessoa que sofreu grave acidente e encontra-se em coma por vários meses pode ser interditada como absolutamente incapaz.
IV. Declarado nulo o matrimônio e reconhecido o casamento putativo em favor daquele que alcançou a capacidade por força do casamento, a emancipação continua válida e produz todos seus efeitos.

Está correto o contido apenas em

(A) I, II e III.
(B) I e IV.
(C) II e III.
(D) II, III e IV.

I: incorreta, pois a emancipação voluntária exige instrumento público (art. 5º, parágrafo único, I do CC); **II:** correta (art. 4º, II, do CC); **III:** correta (art. 3º, III, do CC); **IV:** correta, pois a emancipação não é afetada pelo fim do casamento, salvo em caso de invalidação deste, quanto ao que estiver de má-fé, segundo corrente majoritária.

Gabarito "D"

(Analista – STM – 2011 – CESPE) Julgue o seguinte item.

(1) Com a maioridade civil, adquire-se a personalidade jurídica, ou capacidade de direito, que consiste na aptidão para ser sujeito de direito na ordem civil.

1: incorreta, pois com o nascimento com vida já se adquire a *personalidade jurídica* (art. 2º do CC), que já confere à pessoa *capacidade de direito* (art. 1º do CC); com a maioridade, a pessoa passa a ter também plena capacidade de fato, ou seja, capacidade de exercer pessoalmente direitos e deveres.

Gabarito 1E

(Analista – TJ/PA – 2009 – FCC) Sendo o ser humano sujeito de direitos e deveres, nos termos do disposto no art. 1º do Código Civil, pode-se afirmar que:

(A) capacidade se confunde com legitimação.

(B) todos possuem capacidade de fato.

(C) capacidade é a medida da personalidade.

(D) não existe mais de uma espécie de capacidade.

(E) a capacidade de direito é sinônimo de capacidade limitada.

De fato, segundo ensinamentos de Maria Helena Diniz: "Da análise do art. 1º do Código Civil surge a noção de capacidade, que é a maior ou menor extensão dos direitos e dos deveres de uma pessoa" (*Curso de Direito Civil Brasileiro, 1. Teoria Geral do Direito Civil*, 27ª edição, Saraiva, p. 153).

Gabarito "C"

(Analista – TJ/PA – 2009 – FCC) No direito brasileiro NÃO existe incapacidade de direito. Daí decorre que

(A) as incapacidades civil e relativa não podem ser superadas, ainda que observados os requisitos da representação e da assistência.

(B) há várias espécies de incapacidade.

(C) incapacidade absoluta pode ser confundida com a relativa, dependendo das circunstâncias.

(D) a incapacidade relativa não permite que o incapaz pratique alguns atos da vida civil desassistido.

(E) existe apenas incapacidade de fato ou de exercício.

Realmente, toda pessoa natural tem capacidade de direito, que é inerente à personalidade civil. Já a capacidade de fato ou de exercício é a medida da personalidade e dependerá de critérios constantes na lei.

Gabarito "E"

(Analista – TJ/SE – 2009 – FCC) São absolutamente incapazes de exercer pessoalmente os atos da vida civil

(A) os pródigos.

(B) os maiores de 16 e menores de 18 anos.

(C) os excepcionais, sem desenvolvimento mental completo.

(D) os que, mesmo por causa transitória, não puderem exprimir sua vontade.

(E) os que, por deficiência mental, tenham o discernimento reduzido.

A: incorreta (art. 4º, IV, do CC); **B:** incorreta (art. 4º, I, do CC); **C:** incorreta (art. 4º, III, do CC); **D:** correta (art. 3º, III, do CC); **E:** incorreta (art. 4º, II, do CC).

Gabarito "D"

(Analista – TJ/ES – 2011 – CESPE) Julgue o seguinte item.

(1) João formou-se em medicina aos quinze anos de idade. Nessa situação, por ser menor impúbere, o referido médico ficará impedido de exercer pessoalmente os atos de sua vida civil.

1: incorreta, pois a colação de grau em curso superior, seja qual for a idade em que essa colação se der, tem como consequência a emancipação do menor (art. 5º, p. ún., IV, do CC).

Gabarito 1E

(Analista – TJ/PR – 2009) Marque a resposta INCORRETA.

(A) São absolutamente incapazes de exercer pessoalmente os atos da vida civil, somente: os menores de dezesseis anos; os que, por deficiência mental, não tiverem o necessário discernimento para a prática desses atos; e os que, mesmo por causa transitória, não puderem exprimir sua vontade.

(B) São incapazes, relativamente a certos atos, ou à maneira de os exercer, somente: os maiores de dezesseis e menores de dezoito anos; os ébrios habituais e os viciados em tóxicos que tenham o discernimento reduzido; os excepcionais, sem desenvolvimento mental completo; e os pródigos.

(C) Os direitos de personalidade são intransmissíveis e irrenunciáveis, com exceção dos casos previstos em lei, não podendo seu exercício sofrer limitação voluntária. Ocorrendo ameaça ou lesão a direito de personalidade, pode-se exigir a sua cessação e reclamar perdas e danos, sem prejuízo de outras sanções previstas em lei.

(D) Pode ser declarada a morte presumida, sem decretação de ausência, se alguém, feito prisioneiro, não for encontrado até quatro anos após o término da guerra.

(E) Uma fundação poderá constituir-se para fins culturais ou de assistência.

A: correta (art. 3º, I, II e III, do CC); **B:** correta (art. 4º, I, II, III e IV, do CC); **C:** correta (arts. 11 e 12 do CC); **D:** incorreta, devendo ser assinalada, (art. 7º, II, do CC); **E:** correta (art. 62, p. único, do CC).

Gabarito "D"

(Analista – TJ/PR – 2009) Quanto às disposições do Código Civil concernentes às pessoas, assinale a alternativa incorreta.

(A) Enquanto todas as pessoas naturais possuem capacidade de direito, nem todas possuem capacidade de fato.

(B) Na declaração de ausência, a sucessão definitiva deve ser requerida dez anos após passada em julgado a sentença que concede a abertura da sucessão provisória, podendo-se, também, requerer a definitiva, provando-se que o ausente conta com oitenta anos de idade e que de cinco datam suas últimas notícias.

(C) O paciente não tem o direito de se recusar a se submeter, com risco de vida, a tratamento médico ou cirúrgico.

(D) Peterpan tem diversas residências, onde vive alternadamente; assim, pode-se considerar seu domicílio qualquer delas.

(E) O domicílio de eventual Território será a respectiva capital.

A: correta, pois realmente toda pessoa natural tem capacidade de direito, que é inerente à personalidade civil. Já a capacidade de fato ou de exercício é a medida da personalidade e dependerá de critérios constantes na lei; **B:** correta (arts. 37 e 38 do CC); **C:** incorreta, devendo ser assinalada, (art. 15 do CC); **D:** correta (art. 71 do CC); **E:** correta (art. 75, II, do CC).

Gabarito "C"

Menor de 17 anos, por culpa, lesiona pessoa capaz, causando danos materiais. Reside com o pai e é órfão de mãe.

(Procurador do Estado/PR – UEL-COPS – 2011) Não é hipótese de cessação da incapacidade para os menores:

(A) a concessão dos pais, se o menor tiver pelo menos 14 anos de idade;

(B) o casamento;

(C) o exercício de emprego público efetivo;

(D) a existência de relação de emprego em função da qual o menor, com 16 anos de idade, tenha economia própria;

(E) a colação de grau em curso de ensino superior.

A: correta (art. 5º, parágrafo único, I, do CC); **B:** incorreta (art. 5º, parágrafo único, II, do CC); **C:** incorreta (art. 5º, parágrafo único, III, do CC); **D:** incorreta (art. 5º, parágrafo único, V, do CC); **E:** incorreta (art. 5º, parágrafo único, IV, do CC).

Gabarito "A"

(Analista – TRE/TO – 2011 – FCC) Marta possui dezesseis anos de idade e reside com sua mãe, Julia, já que seu pai é falecido. Julia pretende fazer cessar a incapacidade civil de Marta. Neste caso, Julia

(A) não poderá fazê-lo uma vez que Marta possui dezesseis anos de idade.

(B) deverá fazê-lo através de procedimento judicial adequado visando sentença proferida em juízo.

(C) poderá fazê-lo mediante instrumento público, independentemente de homologação judicial.

(D) poderá fazê-lo mediante instrumento público, desde que submetido à homologação judicial.

(E) não poderá fazê-lo em razão do falecimento do pai de Marta.

A: incorreta, pois a emancipação voluntária pode ser dar a partir dos 16 anos (art. 5º, p. ún., I, do CC); **B:** incorreta, pois somente a emancipação de menor sob tutela depende de procedimento judicial (art. 5º, p. ún., I, do CC); **C:** correta, pois basta uma escritura pública para os pais (no caso a mãe, pois o pai já faleceu) emanciparem seus filhos que já tenham 16 anos (art. 5º, p. ún., I, do CC); **D:** incorreta, pois como visto, basta uma escritura pública; **E:** incorreta, pois o dispositivo legal citado deixa claro que, na falta de um dos pais, o que remanesceu poderá promover a emancipação.

Gabarito "C"

(Ministério Público/RO – 2010 – CESPE) Com relação a pessoas naturais, pessoas jurídicas, domicílio e fatos jurídicos, assinale a opção correta.

(A) O direito do indivíduo ao próprio corpo é indisponível, não sendo permitido, pois, que se pratiquem ações que afetem a integridade física do indivíduo.

(B) Os negócios jurídicos bifrontes são aqueles aos quais falta atribuição patrimonial.

(C) A teoria da ficção jurídica, definida por Rudolf Von Ihering como mentira técnica consagrada pela necessidade, configura um recurso técnico para se atribuir a uma categoria os efeitos jurídicos próprios de outra categoria.

(D) A comoriência ocorre quando duas ou mais pessoas da mesma família falecem simultaneamente e no mesmo lugar sem que seja possível precisar quem faleceu primeiro; não é possível a comoriência no caso de uma das mortes ser real e outra, presumida.

(E) A capacidade é conceito básico da ordem jurídica, o qual se estende a todos os homens, consagrado na legislação civil e nos direitos constitucionais de vida, liberdade e igualdade.

A: incorreta, pois há exceções em que ações que afetem a integridade física do indivíduo são permitidas; por exemplo, é possível a diminuição permanente da integridade física em caso de exigência médica ou para fins de transplante (art. 13 do CC); **B:** incorreta, pois os negócios jurídicos bifrontes são aqueles que podem assumir mais de uma natureza; por exemplo, o mandato, enquanto contrato, é bifronte, pois pode ser tanto unilateral (mandato não remunerado, em que só há obrigações para o mandatário), como bilateral (mandato remunerado, em que há obrigações para o mandante, que deve remunerar, e para o mandatário, que deve cumprir seus deveres decorrentes do mandato); **C:** correta, pois traz adequada definição da teoria da ficção jurídica; **D:** incorreta, pois o art. 8º não faz distinção entre a morte real e a morte presumida, para fins de aplicar a regra da comoriência; **E:** incorreta, pois todos os homens têm a capacidade de direito (ou de gozo), como se pode verificar do art. 1º do CC, mas nem todos os homens têm a capacidade de fato (ou de exercício), como se pode verificar dos arts. 3º e 4º do CC.

Gabarito "C"

(Analista – TRT/15ª – 2009 – FCC) Um avião de passageiros desapareceu quando cruzava o Oceano. Dias depois do desaparecimento, foram encontrados destroços da aeronave e corpos de passageiros. Todavia, o corpo de José não foi encontrado após vários meses e as autoridades responsáveis encerraram as buscas. Nesse caso, a morte presumida

(A) pode ser declarada, sem decretação de ausência.

(B) só pode ser declarada após 10 anos contados da data do acidente.

(C) só pode ser declarada após dois anos contados da data do acidente.

(D) não pode ser declarada, somente podendo ser declarada a ausência.

(E) só pode ser declarada após 10 anos contados da data da declaração da ausência.

Art. 7º, I, do CC.

Gabarito "A"

(Cartório/MG – 2012 – FUMARC) Considerando o Código Civil Brasileiro, serão registrados em registro público

(A) os nascimentos e a sentença declaratória de ausência.

(B) os casamentos e as sentenças que decretarem o divórcio.

(C) as sentenças que decretarem a anulação do casamento e os nascimentos.

(D) os atos judiciais que reconhecerem a filiação e a sentença declaratória de ausência.

A: correta (art. 9º, I e IV, do CC). As demais alternativas estão incorretas, haja vista que tanto a sentença que decreta o divórcio, como aquela que decreta a anulação de casamento, como os atos judiciais que reconhecem a filiação são passíveis de averbação, nos termos dos art. 10, I, do CC.

Gabarito "A"

(Magistratura/MG – 2009 – EJEF) Relativamente aos Direitos da Personalidade, o art. 12 do Código Civil, sem indicar o sujeito da ação, textualmente dispõe que se pode exigir que cesse a ameaça, ou lesão, a direito da personalidade, e reclamar perdas e danos, sem prejuízos de outras sanções previstas em lei. No contexto do mencionado artigo, marque a opção CORRETA.

(A) A indeterminação do sujeito na oração do art. 12 do Código Civil tem por intuito não confundir o sujeito do direito da personalidade com o objeto do direito protegido, mas, objetivamente, o que se protege são somente direitos da personalidade avaliáveis economicamente.

(B) Quando o mencionado artigo dispõe sobre a cessação de ameaça ou lesão a direitos da personalidade, está a referir-se a direitos da personalidade objetivados no Código Civil, possibilitando a reparação material da lesão.

(C) O Código Civil não especifica de modo taxativo os direitos da personalidade. Não havendo tipificação, tem-se que o art. 12 do Código Civil elege praticamente uma cláusula genérica de proteção dos direitos da personalidade, que será integrada com os dispositivos constitucionais de proteção à honra, à imagem, ao direito à privacidade, ao nome, à integridade e à dignidade da pessoa humana, sem prejuízo da aplicação de leis especiais.

(D) Sendo considerados os direitos da personalidade direitos subjetivos, que decorrem de previsão legal, somente serão considerados como objeto de ameaça ou de lesão direitos tipificados em lei.

A: incorreta, pois todos os direitos da personalidade, mesmo que não avaliáveis economicamente, são protegidos pelas sanções previstas no art. 12 do CC; **B:** incorreta, pois os direitos da personalidade são *ilimitados*, ou seja, mesmo os não previstos expressamente na lei, recebem a proteção das sanções previstas no art. 12 do CC; **C:** correta, já que, conforme mencionado, os direitos da personalidade são *ilimitados*, ou seja, abrangem interesses imanentes ao ser humano, ainda que não mencionados expressamente pela lei ou não identificados pela ciência, o que levou à edição do Enunciado 274 do CJF, pelo qual os direitos da personalidade estão regulados de maneira não exaustiva pelo Código Civil; **D:** incorreta, nos termos dos comentários anteriores.

Gabarito "C"

(Magistratura/RO – 2011 – PUCPR) Dadas as assertivas abaixo, assinale a única **CORRETA.**

(A) Os direitos de personalidade são intransmissíveis e irrenunciáveis. Em caso de ameaça ou lesão a esses direitos, pode o interessado reclamar perdas e danos. Em se tratando de morto, terá legitimação para requerer a medida qualquer parente em linha reta ou colateral até o terceiro grau.

(B) Prescreve em três anos a pretensão de cobrança de dívidas líquidas constantes de instrumento público ou particular.

(C) No negócio jurídico, uma das hipóteses que caracteriza como substancial o erro é quando concerne à identidade ou à qualidade essencial da pessoa a quem se refira a declaração de vontade, desde que tenha influído nesta de modo relevante.

(D) É anulável o negócio jurídico quando o motivo determinante, comum a ambas as partes, for ilícito.

(E) Independentemente de autorização, a utilização da imagem de uma pessoa destinada a fins comerciais somente poderá ser proibida se atingir a sua honra, boa fama ou a respeitabilidade.

A: incorreta, pois em se tratando de morto, terá legitimação para requerer a medida prevista neste artigo o cônjuge sobrevivente (e o companheiro também, segundo a doutrina), ou qualquer parente em linha reta, ou colateral até o quarto grau (art. 12, par. único, do CC); **B:** incorreta, pois prescreve em cinco anos (art. 206, § 5º, I, do CC); **C:** correta (art. 139, II, do CC); **D:** incorreta, pois é nulo o negócio jurídico quando o motivo determinante, comum a ambas as partes, for ilícito (art. 166, III, do CC); **E:** incorreta, pois salvo se autorizadas, ou se necessárias à administração da justiça ou à manutenção da ordem pública, a exposição ou a utilização da imagem de uma pessoa poderão ser proibidas, a seu requerimento e sem prejuízo da indenização que couber, se lhe atingirem a honra, a boa fama ou a respeitabilidade, ou se se destinarem a fins comerciais (art. 20 do CC).

Gabarito "C"

(Magistratura/SP – 2013 – VUNESP) Acerca da personalidade, é correto afirmar que

(A) embora não exista mais o instituto romano da morte civil, é possível renunciar-se a certos direitos da personalidade, na forma da lei.

(B) a morte pode ser real ou presumida, havendo a primeira quando cessam as funções vitais, e a segunda, somente quando alguém, desaparecido em campanha ou feito prisioneiro, não for encontrado até dois anos após o término da guerra.

(C) se dois ou mais indivíduos falecerem na mesma ocasião, não se podendo averiguar se algum dos comorientes precedeu aos outros, presume-se que a morte do mais velho precedeu a do mais jovem.

(D) não obstante a existência se extinguir com a morte, é tutelável a ameaça ou lesão aos direitos de personalidade do morto.

A: incorreta, pois os direitos da personalidade são irrenunciáveis (art. 11 do CC); **B:** incorreta, pois a morte presumida não se dá apenas no caso mencionado, mas também se for extremamente provável a morte de quem estava em perigo de vida (art. 7º, I, do CC) e nos casos em que a lei autoriza a abertura de sucessão definitiva (art. 6º do CC); **C:** incorreta, pois no caso de comoriência se presume que houve morte simultânea (art. 8º do CC); **D:** correta (arts. 12, parágrafo único, e 20, parágrafo único, ambos do CC).

Gabarito "D"

(Ministério Público/CE – 2009 – FCC) Sobre o nome civil da pessoa natural é correto afirmar que

(A) os oficiais do registro civil não registrarão prenomes suscetíveis de expor ao ridículo os seus portadores, salvo por requerimento expresso de ambos os genitores perante duas testemunhas ou mediante autorização judicial, ouvido o representante do Ministério Público.

(B) o prenome é imutável, somente sendo admissível a sua substituição por apelidos públicos notórios.

(C) será admitida a substituição do prenome em razão de fundada coação ou ameaça decorrente da colaboração com a apuração de crime, por determinação, em sentença, de Juiz competente, ouvido o Ministério Público.

(D) até dois anos após ter atingido a maioridade civil, poderá o interessado, independentemente de motivação, e após a audiência do Ministério Público, alterar o nome, desde que não prejudique os apelidos de família, averbando-se a alteração, que será publicada pela imprensa.

(E) poderá ser averbado no registro civil o nome abreviado usado como firma comercial, mas não em outra atividade profissional.

A: incorreta, pois em nenhuma hipótese os oficiais registrarão prenomes capazes de expor ao ridículo seus portadores (art. 55, parágrafo único, da Lei de Registros Públicos - Lei 6.015/73); **B:** incorreta, pois, apesar de o prenome ser, como regra, definitivo, há diversas hipóteses em que se admite a modificação do prenome, como no caso da adoção de menor (art. 47, § 5º, do CC), da mudança de nome entre 18 e 19 anos (art. 56 da Lei 6.015/73), de erro gráfico evidente (art. 110 da Lei 6.015/73), da exposição do portador do nome a ridículo (art. 55, parágrafo único da Lei 6.015/73), da necessidade de proteger vítimas e testemunhas de crimes (art. 57, § 7º, Lei 6.015/73), de prejuízo devidamente justificado, como no caso de homonímia (art. 57, *caput*, da Lei 6.015/73) e de cirurgia de mudança de sexo, conforme jurisprudência pacífica do STJ, que, atualmente, vem inclusive admitindo a mudança de gênero (ou seja, de masculino para feminino, ou de feminino para masculino), passando a constar o novo gênero de todos os documentos, não se permitindo que a informação sobre a existência da modificação de gênero conste de qualquer tipo de certidão ou documento (REsp 737.993, j. em 10/11/09); essa decisão do STJ, pela sua extensão, propiciará que transexuais com mudança de seu gênero civil possam se casar com pessoas com sexo idêntico ao seu sexo civil originário; além disso, a decisão pode trazer também consequências no mundo esportivo, vez que o novo sexo civil da pessoa operada deve ser respeitado por todos; **C:** correta (art. 57, § 7º, da Lei 6.015/73); **D:** incorreta, pois tal mudança ocorre apenas até 1 ano após ter-se atingido a maioridade, não sendo necessário audiência do MP, fazendo-se tudo em Cartório (art. 56 da Lei 6.015/73); **E:** incorreta, pois "poderá, também, ser averbado, nos mesmos termos, o nome abreviado, usado como firma comercial registrada *ou em qualquer atividade profissional*" (art. 57, § 1º, da Lei 6.015/73 - g.n.).

Gabarito "C"

(Ministério Público/MG – 2011) Quanto aos Direitos da Personalidade, é **INCORRETO** afirmar:

(A) É válida, com objetivo científico, ou altruístico, a disposição gratuita do próprio corpo, no todo ou em parte, para depois da morte. Tal ato de disposição pode ser livremente revogado a qualquer tempo.

(B) Ninguém pode ser constrangido a submeter-se, com risco de vida, a tratamento médico ou a intervenção cirúrgica.

(C) O pseudônimo adotado para atividades lícitas não goza da proteção que se dá ao nome.

(D) O nome da pessoa não pode ser empregado por outrem em publicações ou representações que a exponham ao desprezo público, ainda quando não haja intenção difamatória.

A: correta, em virtude da plena adequação ao disposto no art. 14 do Código Civil; **B:** correta, em virtude da obediência ao disposto no art. 15 do Código Civil; **C:** incorreta (e deve ser assinalada), pois o pseudônimo goza da mesma proteção atribuída ao nome da pessoa (CC, art. 19); **D:** correta, pois em perfeita consonância com o art. 17 do Código Civil.

Gabarito "C"

(Ministério Público/MG – 2010.1) Assinale a alternativa INCORRETA.

(A) O prenome é, em regra, definitivo, admitindo, no entanto, a lei, sua substituição por apelidos públicos notórios.

(B) A correção no Registro Público, em casos de evidente erro gráfico, será efetivada pelo oficial, que oficiará ao MP, dando-lhe ciência do ato.

(C) O sobrenome, em razão do princípio de ordem pública, da estabilidade do nome, só deve ser alterado em casos excepcionais, ouvido o MP.

(D) Cassada a licença ou autorização para funcionamento da pessoa jurídica, ainda assim ela subsistirá até que se conclua a liquidação.

(E) Às vezes, o MP intervém em processos de abuso da personalidade, constatado o desvio de finalidade ou pela confusão patrimonial.

A: correta (art. 58, *caput*, da Lei 6.015/73); **B:** incorreta(e deve ser assinalada), pois o MP não será simplesmente cientificado, devendo ser ouvido para manifestação conclusiva, que pode ser no sentido de remeter o caso para julgamento pelo juiz, caso o pedido exija maior indagação (art. 110 da Lei 6.015/73); **C:** correta (art. 57 da Lei 6.015/73); **D:** correta (art. 51, *caput*, do CC); **E:** correta, pois a desconsideração da personalidade pode ocorrer em processo em que caiba a intervenção do Ministério Público.

Gabarito "B"

(Ministério Público/PR – 2009) Sobre os direitos da personalidade, é INCORRETO afirmar:

(A) No caso de lesão de direito da personalidade, é lícito exigir que se cesse ameaça, sem prejuízo das perdas e danos e de outras sanções previstas em lei.

(B) Em se tratando de lesão a direito da personalidade de pessoa falecida, tem legitimidade para requerer medida judicial de proteção, o cônjuge sobrevivente ou qualquer parente em linha reta ou colateral, até o quarto grau.

(C) Ainda que por exigência médica, é defeso o ato de disposição do próprio corpo, quando importar diminuição permanente da integridade física, ou contrariar os bons costumes.

(D) Ninguém pode ser constrangido, com risco de vida, a tratamento médico ou intervenção cirúrgica.

(E) Em se tratando de lesão a direito da personalidade, a reparação do dano moral independe da existência de eventual dano material.

A: correta (art. 12, *caput*, do CC); **B:** correta (art. 12, parágrafo único, do CC); **C:** incorreta (e deve ser assinalada), pois, havendo exigência médica, é possível, sim, a diminuição permanente do corpo, como no caso da necessidade de amputação de uma perna (art. 13 do CC); **D:** correta (art. 15 do CC); **E:** correta, pois um dano pode se dar sem a existência do outro.

Gabarito "C"

(Ministério Público/SC – 2010) Julgue os seguintes itens.

I. O nome e o prenome são definitivos e imutáveis, nos termos da Lei n. 6.015, de 31 de dezembro de 1973.

II. Uma vez lavrado assento no Registro Civil, verificado que houve omissão ou erro o interessado poderá requerer o seu suprimento ou retificação, em petição fundamentada ao Juízo, que a respeito ouvirá o Ministério Público.

III. É vedado ao enteado e à enteada, em face da confusão na filiação biológica, averbar o nome de família de seu padrasto ou de sua madrasta.

IV. Nos termos da Lei n. 6.766, de 19 de dezembro de 1979, o parcelamento do solo urbano poderá se feito por *loteamento* ou por *desmembramento*, sendo que em ambos poderá haver a abertura de novas vias de circulação, logradouros públicos ou prolongamento, modificação ou ampliação das vias existentes, distinguindo-se o *loteamento* do *desmembramento* pelo fato de ser exigido para aquele a implantação de infraestrutura básica de equipamentos urbanos.

V. É vedado vender assim como prometer vender parcela de *loteamento* ou *desmembramento* não registrado.

(A) Apenas as assertivas II, IV e V estão corretas.

(B) Apenas as assertivas I, III e V estão corretas.

(C) Apenas as assertivas II e V estão corretas.

(D) Apenas as assertivas II, III e IV estão corretas.

(E) Apenas as assertivas I, II, III e IV estão corretas.

I: incorreta, pois a imutabilidade do nome e prenome não é absoluta e sofre algumas exceções previstas na Lei de Registros Públicos, no Código Civil e por decisão judicial, como nos casos de cirurgia de mudança de sexo; **II:** correta (art. 109 da Lei 6.015/73); **III:** incorreta (art. 57, § 8º, da Lei 6.015/73); **IV:** incorreta, pois no desmembramento não há abertura de novas vias de circulação, logradouros públicos ou prolongamento (art. 2º, § 2º, da Lei 6.766/79); **V:** correta (art. 37 da Lei 6.766/79).

Gabarito "C"

(Ministério Público/SC – 2010) Julgue os seguintes itens.

I. A 'lei', os 'costumes' e os 'princípios gerais' são considerados pela doutrina as fontes formais do direito, sendo a 'lei', dentre elas, a fonte principal, posto que o juiz somente poderá recorrer às outras fontes para a solução do caso concreto quando a 'lei' for omissa.

II. Repristinação é a recuperação de vigência de uma lei revogada. Para que se opere a repristinação basta que a lei revogadora tenha perdido a sua vigência.

III. Para a Teoria Geral do Direito, *personalidade jurídica* é o atributo necessário para ser *sujeito de direito* (titular de direitos e obrigações), e só pode ser atribuído às pessoas jurídicas, nunca às naturais.

IV. As pessoas com idade entre dezesseis anos e dezoito anos incompletos são titulares de direitos e obrigações e podem praticar pessoalmente atos e negócios jurídicos que importem disponibilidade de patrimônio, mediante o auxílio de seu assistente legal.

V. Os *diretos da personalidade* tem por característica serem *absolutos, extrapatrimoniais, indisponíveis, imprescritíveis, impenhoráveis e vitalícios*, aplicando-se sua proteção, no que couber, às pessoas jurídicas.

(A) Apenas as assertivas I, II e IV estão corretas.

(B) Apenas as assertivas II e V estão corretas.

(C) Apenas as assertivas I, IV e V estão corretas.

(D) Apenas as assertivas III, IV e V estão corretas

(E) Apenas as assertivas I, II e III estão corretas.

I: correta, pois os costumes e os princípios gerais do direito são formas de colmatação da lei, nos casos de omissão legislativa (art. 4º da LINDB); **II:** incorreta, pois, salvo disposição em contrário, a lei revogada não se restaura por ter a lei revogadora perdido a vigência (art. 2º, § 3º, da LINDB); **III:** incorreta, pois a personalidade jurídica é atributo que a ordem jurídica confere às pessoas naturais e pessoas jurídicas. No caso das pessoas naturais, a personalidade começa com o nascimento com vida (art. 2º do CC) e, quanto às pessoas jurídicas, com a inscrição do ato constitutivo no respectivo registro (art 45 do CC); **IV:** correta, pois pessoas nessa idade são relativamente incapazes (art. 4º, I, do CC); **V:** correta, pois a alternativa traz as características corretas do direito da personalidade e se aplicam, nos termos do art. 52 do CC, às pessoas jurídicas.

Gabarito "C"

(Ministério Público/SP – 2013 – PGMP) Assinale a assertiva que expressa INCORREÇÃO.

(A) O nome ou apelido de família, em regra, é imutável, mas admite-se alteração somente por exceção e desde que se justifique motivadamente sua necessidade.

(B) A alteração do nome completo da pessoa poderá ser concedida pelo juiz competente em razão de fundada coação ou ameaça decorrente de colaboração com a apuração de crime.

(C) A correção de erros que não exijam qualquer indagação poderá ser feita de ofício pelo oficial do registro civil no próprio cartório onde se encontra o assento, dispensada nesse caso a oitiva do Ministério Público.

(D) O prenome é definitivo, todavia a lei admite expressamente a sua substituição por apelidos públicos notórios, e prevê que em caso de adoção possa ser substituído por aquele que o adotante indicar.

(E) O prenome pode ser alterado, a pedido do interessado, no primeiro ano após ter atingido a maioridade civil.

A: assertiva correta, pois o princípio da imutabilidade tem exceções, que permitem a alteração do nome em casos devidamente justificados, como de erro gráfico evidente, exposição do portador do nome ao ridículo, apelido público notório, dentre outros; **B:** assertiva correta (art. 57, § 7º, da Lei de Registros Públicos); **C:** assertiva incorreta, devendo ser assinalada, pois é necessário submeter o caso do Ministério Público e depois ao juiz (art. 110 da Lei de Registros Públicos); **D:** assertiva correta (arts. 58 da Lei de Registros Públicos e 47, § 5º, do ECA); **E:** assertiva correta (art. 56 da Lei de Registros Públicos).

Gabarito "C"

(Ministério Público/SP – 2011) É (são) legitimado(s) para exigir a cessação de ameaça ou lesão a direitos de personalidade de uma pessoa já falecida:

(A) apenas o cônjuge sobrevivente e descendentes em linha reta.

(B) qualquer parente colateral até o quinto grau.

(C) somente parente em linha reta até o quarto grau.

(C) todos os parentes sem limitação de grau.

(E) todos os parentes colaterais até o quarto grau.

Art. 12, par. único, do CC.

Gabarito "E"

(Procurador do Estado/RO – 2011 – FCC) Os direitos patrimoniais do autor caducam decorridos setenta anos contados de 1º de janeiro do ano

(A) subsequente ao da publicação da obra.

(B) de seu falecimento.

(C) subsequente ao de seu falecimento.

(D) da publicação da obra.

(E) antecedente ao de seu falecimento.

Art. 41, *caput*, da Lei 9.610/98.

Gabarito "C"

(Procurador do Estado/RS – FUNDATEC – 2010) Assinale a alternativa correta:

(A) Em nenhuma hipótese a lei pode determinar o domicílio de uma pessoa física, pois estabelecer domicílio é um ato jurídico stricto sensu que depende da vontade.

(B) Constatado o desaparecimento de uma pessoa física de seu domicílio, sem que se tenha notícia do seu paradeiro, o Código Civil determina que seja aberta de imediato a sucessão definitiva dos bens deixados pelo desaparecido.

(C) O direito ao nome, nele compreendidos o prenome e o sobrenome, corresponde, concomitantemente, a um direito da personalidade tutelado pelo Código Civil e a um dever jurídico, fundado no interesse social.

(D) Às pessoas jurídicas não podem ser atribuídos direitos da personalidade, pois estes são exclusivos das pessoas físicas.

(E) Em um negócio jurídico de compra e venda de um bem determinado, as pertenças relativas a esse bem principal obrigatoriamente estarão envolvidas na transação, pois a sua relação com o bem principal é de acessoriedade.

A: incorreta (art. 75 e 76, do CC); **B:** incorreta (art. 22 e seguintes, do CC); **C:** correta (art. 16, do CC); **D:** incorreta (art. 52, do CC e súmula 227, do STJ); **E:** incorreta (art. 94, do CC).

Gabarito "C"

(Procurador do Município/Boa Vista-RR – 2010 – CESPE) Com relação ao direito civil, julgue o item seguinte.

(1) Os direitos da personalidade caracterizam-se pela extrapatrimonialidade e a eles atribuem-se, entre outras características, a oponibilidade *erga omnes*, a vitaliciedade e a relativa disponibilidade. Diz-se, portanto, que a personalidade goza de relativa disponibilidade porque alguns dos direitos da personalidade não admitem qualquer limitação, apesar de, em alguns casos, não haver óbice legal à limitação voluntária.

1: Correta, pois corresponde às características dos direitos da personalidade, tais como sua universalidade (oponibilidade *erga omnes*), vitaliciedade e indisponibilidade, ressalvada a disponibilidade de seu exercício.

Gabarito 1C

(Procurador do Município/Cubatão-SP – 2012 – VUNESP) Leia as assertivas a seguir, a respeito dos direitos da personalidade.

I. Com exceção dos casos previstos em lei, os direitos da personalidade são intransmissíveis e irrenunciáveis, não podendo o seu exercício sofrer limitação voluntária.

II. Salvo por exigência médica, é defeso o ato de disposição do próprio corpo, quando importar diminuição permanente da integridade física, ou contrariar os bons costumes.

III. Toda pessoa tem direito ao nome, mas nele não se compreende o pseudônimo, que pode ser utilizado para fins comerciais, ainda que sem autorização de seu titular.

IV. É válida, com objetivo científico, a disposição gratuita do próprio corpo, no todo ou em parte, para depois da morte, não sendo revogável essa autorização se a disposição for onerosa.

Está correto o que se afirma em

(A) I e II.

(B) II e III.

(C) III e IV.

(D) I, II e IV.

(E) I, III e IV.

I: correta (art. 11, do CC); **II:** correta (art. 13, do CC). Importante ressaltar que *"não contraria os bons costumes a cessão gratuita de direitos de uso de material biológico para fins de pesquisa científica, desde que a manifestação de vontade tenha sido livre e esclarecida e puder ser revogada a qualquer tempo, conforme as normas éticas que regem a pesquisa científica e o respeito aos direitos fundamentais"* (enunciado n. 401, CJF); **III:** incorreta, pois o pseudônimo adotado para atividades lícitas goza da proteção que se dá ao nome (art. 19, do CC); **IV:** incorreta, já que o ato de disposição pode ser livremente revogado a qualquer tempo (art. 14, parágrafo único, do CC).

Gabarito "A"

(Procurador Federal – 2010 – CESPE) Considerando as características dos direitos da personalidade, julgue o item abaixo.

(1) O titular de um direito da personalidade pode dispor desse direito, desde que o faça em caráter relativo.

1: correta, pois é possível que o *exercício* do direito possa ser transferido; assim, a título de exemplo, não se pode transmitir a um terceiro o direito moral de que conste o nome do autor numa obra de sua autoria, mas é possível que se transfira a uma editora o direito de explorar economicamente a obra, reproduzindo-a e vendendo seus exemplares; no segundo caso não se transferiu o direito como um todo, mas *parcela dos poderes* que tem o seu titular.

Gabarito 1C

(Analista – TRE/PI – 2009 – FCC) No que se refere às pessoas naturais, de acordo com o Código Civil é correto afirmar que:

(A) É válida, com objetivo científico, ou altruístico, a disposição gratuita ou onerosa do próprio corpo, no todo ou em parte, para depois da morte.

(B) Cessará a incapacidade para os menores, com dezesseis anos completos, pela concessão dos pais, ou de um deles na falta do outro, mediante instrumento particular, independentemente de homologação judicial.

(C) Pode ser declarada a morte presumida, sem decretação de ausência, se alguém, desaparecido em campanha ou feito prisioneiro, não for encontrado até dois anos após o término da guerra.

(D) São incapazes, relativamente a certos atos, ou à maneira de os exercer os que, mesmo por causa transitória, não puderem exprimir sua vontade.

(E) Os direitos da personalidade são, em regra, intransmissíveis e irrenunciáveis, mas o seu exercício poderá sofrer limitação voluntária.

A: incorreta – somente é válida a disposição gratuita (art. 14 do CC); **B:** incorreta – art. 5º, p. único, I, do CC; **C:** correta – art. 7º, II, do CC; **D:** incorreta – são absolutamente incapazes (art. 3º, III, do CC); **E:** incorreta – art. 11 do CC.

Gabarito "C"

(Analista – TRE/SP – 2012 – FCC) João Cabral de Melo Neto é autor da grandiosa obra literária **Morte e Vida Severina**. Analisando o nome do autor, protegido pelo Código Civil brasileiro, o seu agnome é

(A) Neto.

(B) João, apenas.

(C) Cabral, apenas.

(D) João Cabral.

(E) de Melo.

Prenome é o nome do indivíduo que precede o apelido de família (sobrenome) na forma de designar as pessoas, conhecido como nome de batismo. Sobrenome ou apelido de família é a porção do nome do indivíduo que está relacionada com a sua ascendência. Agnome é usado para designar a parte do nome de um indivíduo que o diferencia de seus homônimos, como "Filho", "Neto" e "Junior".

Gabarito "A"

(Analista – TRT/22ª – 2010 – FCC) Num comercial exibido na televisão, a imagem de Pedro, sem a sua autorização, aparece correndo numa esteira de academia. A utilização de sua imagem

(A) pode ser proibida a seu requerimento e enseja indenização, por se destinar a fins comerciais.

(B) pode ser proibida a seu requerimento, mas não enseja indenização, por não lhe atingir a honra.

(C) não pode ser proibida a seu requerimento, por não lhe atingir a honra, mas enseja indenização, por não ter sido autorizada.

(D) não pode ser proibida a seu requerimento, nem enseja indenização, por não lhe atingir a honra.

(E) só pode ser proibida e só gera direito à indenização se implicar e ofensa à sua boa fama e respeitabilidade.

Art. 20, p. único, do CC.

Gabarito "A"

(Analista – TRT/23ª – 2011 – FCC) Considere as seguintes publicações:

I. Foto de criminoso foragido, condenado e procurado pela Justiça em locais públicos e em jornais de grande circulação.

II. Imagem de sambista em anúncio, com objetivo comercial, sem a sua autorização.

III. Imagem de grupo folclórico em jornal destinado à divulgação das atividades artísticas da cidade.

Cabe proibição, a requerimento da pessoa cuja imagem foi exposta, publicada ou utilizada e sem prejuízo da indenização que couber, APENAS em

(A) II e III.

(B) I e II.

(C) I e III.

(D) II.

(E) I.

I: incorreta – não cabe proibição, pois, de acordo com o art. 20 do CC, quando a exposição da imagem ou a divulgação de escritos e palavras forem "necessárias à administração da justiça ou à manutenção da ordem pública", o interessado não terá direito de impedir a sua publicação; **II:** correta – cabe a proibição, pois a exposição de imagens com objetivo comercial não pode ser feita sem autorização do interessado (art. 20 do CC); **III:** incorreta – não cabe a proibição, pois, nesse caso, a própria exposição do grupo na cidade revela uma autorização tácita da publicação de sua imagem.

Gabarito "D"

(Analista – TRE/AL – 2010 – FCC) De acordo com o Código Civil Brasileiro, pode-se exigir que cesse a ameaça, ou a lesão, a direito da personalidade, e reclamar perdas e danos. Em se tratando de morto, terá legitimação para requerer a medida prevista neste artigo

(A) apenas o cônjuge sobrevivente.

(B) apenas o cônjuge sobrevivente ou qualquer parente em linha reta até o segundo grau.

(C) o cônjuge sobrevivente, ou qualquer parente em linha reta, ou colateral até o terceiro grau.

(D) apenas o cônjuge sobrevivente ou qualquer parente em linha reta até o terceiro grau.

(E) o cônjuge sobrevivente, ou qualquer parente em linha reta, ou colateral até o quarto grau.

Art. 12, p. único, do CC.

Gabarito "E"

(Analista – TRE/AP – 2011 – FCC) Terá legitimidade para reclamar perdas e danos a direito da personalidade de pessoa morta

(A) apenas o cônjuge sobrevivente.

(B) o cônjuge sobrevivente, ou qualquer parente em linha reta, ou colateral até o segundo grau.

(C) apenas os descendentes e ascendentes até o segundo grau.

(D) o cônjuge sobrevivente, ou qualquer parente em linha reta, ou colateral até o quarto grau.

(E) o cônjuge sobrevivente, ou qualquer parente em linha reta, ou colateral até o terceiro grau.

Art. 12, p. ún., do CC.

Gabarito "D"

(Analista – TRE/BA – 2010 – CESPE) Acerca do direito civil, julgue os itens seguintes.

(1) É válida, com objetivo científico ou altruístico, a disposição gratuita do próprio corpo, no todo ou em parte, para depois da morte, sendo tal ato irrevogável.

(2) A União, os estados, o Distrito Federal e os municípios são pessoas jurídicas de direito público interno.

1: errada, pois o ato de disposição pode ser livremente revogado a qualquer tempo (art. 14, p. único, do CC); **2:** certa (art. 41, I, II e III, do CC).

Gabarito 1E, 2C

(Analista – TRE/PR – 2012 – FCC) Considere as seguintes disposições legais:

I. A validade do negócio jurídico requer forma prescrita ou não defesa em lei.

II. A validade da declaração de vontade não dependerá de forma especial, senão quando a lei expressamente a exigir.

É correto afirmar que

(A) as duas disposições se acham em vigor.

(B) nenhuma das disposições se acha em vigor.

(C) apenas a primeira disposição se acha em vigor.

(D) apenas a segunda disposição se acha em vigor.

(E) as duas disposições apenas parcialmente se acham em vigor.

I: correta, nos termos do art. 104, III, do CC; **II:** correta, nos termos do art. 107 do CC.

Gabarito "A"

(Analista – TRE/MT – 2010 – CESPE) Quanto aos direitos da personalidade, assinale a opção correta.

(A) O direito à integridade física é um direito da personalidade absolutamente indisponível, que, por isso, não admite temperamentos.

(B) Quando há violação dos direitos da personalidade, deve-se pedir indenização por perdas e danos, não sendo possível propositura de ação que faça cessar a lesão.

(C) O ordenamento legal brasileiro não outorga proteção ao pseudônimo.

(D) Os direitos da personalidade, via de regra, são intransmissíveis, ou seja, não podem ser transferidos à esfera jurídica de outrem.

(E) A disposição gratuita do próprio corpo, no todo ou em parte, para depois da morte, com fins científicos ou altruísticos, é perfeitamente válida e não admite posterior revogação.

A: incorreta (art. 13 do CC); **B:** incorreta (art. 12, *caput*, do CC); **C:** incorreta (art. 19 do CC); **D:** correta (art. 11 do CC); **E:** incorreta, pois o ato de disposição pode ser livremente revogado a qualquer tempo (art. 14, p. único, do CC).

Gabarito "D"

(Analista – TJ/PR – 2009) Assinale a alternativa correta.

(A) Os direitos da personalidade dizem respeito à aptidão genérica das pessoas de serem titular de direitos e deveres na ordem civil.

(B) É possível a tutela judicial dos direitos da personalidade de pessoa morta.

(C) O Código Civil, ao tratar dos direitos da personalidade, estabelece um rol completo de suas espécies.

(D) O consentimento do titular de direito da personalidade, em nenhuma hipótese, é válido para permitir limitação ao direito.

(E) É imprescritível a pretensão de indenização decorrente de violação aos direitos da personalidade.

A: incorreta, pois se trata da capacidade de direito (art. 1º do CC); **B:** correta (art. 12, p. único, do CC); **C:** incorreta, pois os direitos da personalidade indicados no Código Civil são apenas exemplificativos; **D:** incorreta (art. 11 do CC); **E:** incorreta, pois a pretensão meramente indenizatória prescreve no prazo de 3 anos previsto no CC.

Gabarito "B"

(Delegado/PI – 2009 – UESPI) Analise a veracidade das afirmações sobre a pessoa natural.

1) Não se admite a declaração de morte presumida sem anterior decretação de ausência.

2) De acordo com o código civil, os ébrios habituais, os viciados em tóxicos, e os que, por deficiência mental, tenham o discernimento reduzido, são considerados relativamente incapazes.

3) O menor poderá ser emancipado aos dezesseis anos completos, por concessão dos pais, mediante instrumento público, independentemente de homologação judicial.

4) A capacidade dos índios está plenamente regulada na Constituição Federal de 1988.

Estão corretas apenas:

(A) 1 e 3

(B) 2 e 4

(C) 1, 2 e 4

(D) 2 e 3

(E) 1, 2 e 3

1: incorreta, pois a declaração de morte presumida pode ser *com* decretação de ausência ou *sem* decretação de ausência; a morte presumida com decretação de ausência está prevista no art. 6º, segunda parte, do CC, ao passo que a morte presumida sem decretação de ausência está prevista no art. 7º do CC; **2:** correta (art. 4º, II, do CC); **3:** correta (art. 5º, parágrafo único, I, do CC); **4:** incorreta, pois a capacidade dos índios não vem regulada na Constituição Federal, assim como também não está regulada no Código Civil; o diploma legal que trata do assunto é o Estatuto do Índio (Lei 6.001/73 - EI); essa lei dispõe que os atos praticados pelos índios *não integrados* dependem, para serem válidos, da *assistência* de agentes da Funai (ligada à União), o que daria a ideia de que são *relativamente incapazes*; entretanto, a falta de assistência torna o ato *nulo* (e não *anulável*), circunstância própria dos atos praticados pelo *absolutamente incapaz* (EI, art. 8º); de qualquer forma, não será nulo o ato se o índio revelar consciência e conhecimento do ato praticado e da extensão dos seus efeitos, desde que não lhe seja prejudicial (EI, art. 8º, parágrafo único); assim, a situação do índio é bem específica e não se encaixa na divisão tradicional dos institutos citados, prevista no Código Civil.

Gabarito "D"

(Delegado/PI – 2009 – UESPI) João Roberto, policial civil, ao sair do trabalho e ainda diante da delegacia onde era lotado, deparou-se na rua, com uma discussão entre dois motoristas por causa de uma vaga de estacionamento. Um deles, mais exaltado, saca uma arma e atira, atingindo em cheio o coração de João Roberto, que vem a falecer no mesmo momento, deixando esposa e dois filhos menores. Identificado o assassino, o irmão de João Roberto move contra ele, uma ação de indenização. Quanto ao fato, aponte a afirmativa correta.

(A) Ao regular os direitos da personalidade, o Código Civil admitiu expressamente as perdas e os danos em caso de lesão. No entanto, em se tratando de morto que tenha deixado cônjuge sobrevivente, caberá apenas a este, a legitimidade para pleiteá-los.

(B) Ao regular os direitos da personalidade, o Código Civil admitiu expressamente as perdas e os danos em caso de lesão. No entanto, em se tratando de morto que tenha deixado filhos menores, apenas estes, representados pela mãe, terão legitimidade para pleiteá-los.

(C) É perfeitamente cabível tal ação, tendo em vista que, ao regular os direitos da personalidade, o Código Civil admitiu expressamente as perdas e os danos, em caso de lesão e, em se tratando de morto, terá legitimação para requerer tal medida, o cônjuge sobrevivente, ou qualquer parente em linha reta, ou colateral até o quarto grau.

(D) Como a vida se trata de um direito da personalidade, que, por sua essência é intransferível, compete apenas ao seu titular qualquer medida que vise proteger tal interesse. Assim, em caso de morte, ante a impossibilidade do de cujus de mover qualquer ação, não se pode entender que qualquer parente ou cônjuge o faça.

(E) Não se admite, no Brasil, qualquer ação para defender direitos da personalidade. Apenas os interesses patrimoniais poderão ser discutidos judicialmente.

A, B e **D:** incorretas, pois em se tratando de morto, terá legitimação para requerer a medida prevista neste artigo o cônjuge sobrevivente, ou qualquer parente em linha reta, ou colateral até o quarto grau (art. 12, p. único, do CC); **C:** correta, pois a alternativa reflete o disposto no art. 12, p. único, do CC; **E:** incorreta (art. 12, *caput*, do CC).

Gabarito "C"

(Delegado/RN – 2009 – CESPE) Acerca de domicílio, segundo o direito civil, assinale a opção correta.

(A) Na hipótese de João e Pedro celebrarem contrato escrito, eles poderão especificar domicílio onde se exercitem e cumpram os direitos e obrigações dele resultante.

(B) O domicílio necessário do preso é o lugar em que for preso.

(C) Se determinada pessoa for servidora pública, ela não terá domicílio necessário.

(D) Quando determinada pessoa tiver diversas residências, ela não terá domicílio.

(E) Residência é o local onde a pessoa vive com ânimo definitivo.

A: correta (art. 78 do CC); **B:** incorreta, pois o domicílio necessário do preso é o lugar em que cumprir a sentença (art. 76, p. único, do CC); **C:** incorreta, pois o servidor público tem domicílio necessário (art. 76, *caput*, do CC); **D:** incorreta, pois quando determinada pessoa tiver várias residências considerar-se-á domicílio seu qualquer delas (art. 71 do CC); **E:** incorreta, pois a alternativa trata do conceito de domicílio (art. 70 do CC).

Gabarito "A"

(Defensor Público/GO – 2010 – I. Cidades) Ainda que maiores de 18 anos, são absolutamente incapazes de exercer pessoalmente os atos da vida civil, devendo ser obrigatoriamente representados,

(A) os que, mesmo por causa transitória, não puderem exprimir sua vontade.

(B) os viciados em tóxicos.

(C) os pródigos.

(D) os excepcionais, sem desenvolvimento mental completo.

(E) os ébrios habituais.

A: correta, pois a alternativa reflete o disposto no art. 3º, III, do CC; B a **E:** incorretas, pois as alternativas tratam de **relativamente incapazes** (art. 4º do CC).

Gabarito "A"

(Defensoria Pública/MA – 2009 – FCC) A respeito da capacidade de direito, é correto afirmar:

(A) O menor de dezesseis anos é absolutamente incapaz, ao passo que a capacidade de direito plena ocorre somente aos dezoito anos.

(B) Em relação às pessoas físicas, ocorre a partir do nascimento com vida, mas somente se prova com o registro de nascimento.

(C) Em relação às pessoas jurídicas, ocorre a partir do nascimento com vida, mas a lei põe a salvo, desde a concepção, os direitos do nascituro.

(D) O registro civil da pessoa física possui natureza jurídica meramente declaratória, ao passo que, para as pessoas jurídicas, o registro tem efeito constitutivo.

(E) Para o maior de dezoito anos, pode ser afastada mediante ação de interdição, na qual se prove a total falta de discernimento do interditando, quer por doença, quer por mal congênito.

A: incorreta, pois todas as pessoas têm *capacidade de direito* (ou *capacidade de gozo*), que é a capacidade para adquirir direitos e deveres na ordem civil; no entanto, somente quem já tem 18 anos tem *capacidade de fato* plena (ou *capacidade de exercício* plena), que é a capacidade para adquirir, pessoalmente e sozinho, direitos e deveres na ordem civil; **B:** incorreta, pois a capacidade de direito das pessoas naturais, apesar de se iniciar com o nascimento com vida, não requer o registro de nascimento como elemento probatório da sua existência; **C:** incorreta, pois a capacidade de direito das pessoas jurídicas se inicia, em geral, com o arquivamento de seus atos constitutivos no registro público competente; **D:** correta, pois o início da personalidade da pessoa natural se dá com o nascimento com vida (art. 2º do CC), ao passo que o início da personalidade das pessoas jurídicas se dá com o registro, de maneira que este, no caso da pessoa natural, é meramente declaratório de algo que já aconteceu (*nascimento com vida*), ao passo que no caso da pessoa jurídica o registro é constitutivo de sua personalidade (art. 45 do CC); **E:** incorreta, pois todas as pessoas, sem exceção, tem *capacidade de direito*; no exemplo citado, a pessoa sem discernimento não tem, na verdade, *capacidade de fato*.

Gabarito "D"

(Defensoria Pública/MT – 2009 – FCC) A respeito da capacidade de exercício, é correto afirmar:

(A) O menor de dezoito anos é absolutamente incapaz, ao passo que a capacidade de exercício plena ocorre somente aos vinte e um anos.

(B) Em relação às pessoas físicas, ocorre a partir do nascimento com vida, colocando-se a salvo os direitos dos nascituros desde a concepção.

(C) Em relação às pessoas jurídicas, ocorre a partir do nascimento com vida, mas a lei põe a salvo, desde a concepção, os direitos do nascituro.

(D) Para o maior de dezoito anos, pode ser afastada mediante ação de interdição, na qual se prove a total falta de discernimento do interditando, quer por doença, quer por mal congênito.

(E) Consiste na aptidão para ter direitos e deveres na esfera civil.

A: incorreta, pois nem todo menor de 18 anos é *absolutamente incapaz*; o menor que tiver entre 16 e 18 anos é *relativamente incapaz* (art. 4º, I, do CC); **B:** incorreta, pois é a *capacidade de direito* (ou de *gozo*) que se inicia com o nascimento com vida, e não a *capacidade de fato* ou de *exercício*; **C:** incorreta, pois, em relação à pessoa jurídica, a capacidade em geral começa com o arquivamento de seus atos constitutivos no registro público (art. 45 do CC); **D:** correta, pois o maior de 18 anos passa a ter plena *capacidade de exercício*, a qual pode ser afastada se se provar a sua falta de discernimento; **E:** incorreta, pois a definição dada é de *capacidade de direito* ou de *gozo*; a definição de capacidade de *fato* ou de *exercício* estaria correta se deixasse claro que se tratava de aptidão para exercer *"sozinho"* direitos e deveres na ordem civil.

Gabarito "D"

(Defensoria Pública/PA – 2009 – FCC) A capacidade de fato

(A) não se apura exclusivamente com base no critério etário.

(B) da pessoa natural inicia-se com o nascimento com vida, mas a lei põe a salvo, desde a concepção, os direitos do nascituro.

(C) da pessoa moral inicia-se com o nascimento com vida, mas a lei põe a salvo, desde a concepção, os direitos do nascituro.

(D) é relativa entre os dezesseis e vinte e um anos de idade e absoluta a partir de então.

(E) será absoluta a partir dos dezoito anos incompletos e não é perdida em razão do envelhecimento.

A: correta, pois, para ter *capacidade de fato* ou de *exercício* é necessário, além da idade, que não se configure as hipóteses de incapacidade prevista na lei, tais como a falta de discernimento e a impossibilidade de expressão; **B:** incorreta, pois o que inicia com o nascimento com vida é a *capacidade de direito*; a *capacidade de fato* só vem depois e se torna plena quando a pessoa natural completa 18 anos; **C:** incorreta, pois a pessoa moral (pessoa jurídica) passa a ter capacidade em geral com o registro de seus atos constitutivos no registro público (art. 45 do CC); **D:** incorreta, pois entre 16 e 18 anos já existe, sim, alguma capacidade de fato (por exemplo, uma pessoa nessa idade pode fazer seu testamento sozinha); porém, aos 18 anos (e não aos 21 anos), essa pessoa passa a ter *capacidade de fato plena* ou *absoluta*; **E:** incorreta, pois a capacidade de fato será *plena* ou *absoluta* a partir dos 18 anos completos; quanto ao envelhecimento, este, por si só, não é causa de perda da capacidade de fato.

Gabarito "A"

(Defensor Público/AM – 2010 – I. Cidades) Os direitos de personalidade ganham expressão no direito contemporâneo como consectário da afirmação histórica dos direitos humanos. Sobre esses direitos é correto afirmar:

(A) os direitos da personalidade são absolutamente indisponíveis, intransmissíveis e irrenunciáveis, não podendo seu exercício sofrer limitação voluntária.

(B) até mesmo o morto é titular desses direitos e, devidamente representado, tem legitimação para reclamar perdas e danos por violação dos seus direitos.

(C) somente a pessoa natural é titular desses direitos, podendo dispor do próprio corpo, vendendo órgãos ou membros dele, considerado o princípio da autonomia privada.

(D) o direito à intimidade da vida privada é inviolável, estando o juiz impedido de adotar medidas para impedir ou fazer cessar o ato de violação, resolvendo-se em perdas e danos.

(E) são atributos específicos da personalidade e seu titular não pode ser constrangido a submeter-se, com risco de vida, a tratamento médico ou intervenção cirúrgica.

A: incorreta, pois, nos casos previstos em lei, essa regra cede, conforme o disposto no art. 11 do CC; **B:** incorreta, pois, com a morte, a personalidade jurídica se extingue (art. 6º do CC); os familiares do morto tem legitimidade autônoma para reclamar perdas e danos, agindo em nome próprio, e não como mero representante do morto (art. 12, p. ún., do CC); **C:** incorreta, pois as pessoas jurídicas também são titulares de direitos da personalidade, no que couber (art. 52 do CC); ademais, não é possível vender órgãos ou membros dele (art. 9º da Lei 9.434/97); **D:** incorreta, pois o juiz pode, sim, adotar medidas para impedir ou fazer cessar o ato de violação (art. 21 do CC); **E:** correta (art. 15 do CC).

Gabarito "E"

(Defensoria Pública/MA – 2009 – FCC) Os direitos de personalidade são direitos subjetivos

(A) intransmissíveis e irrenunciáveis em qualquer hipótese, não podendo o seu exercício sofrer limitação voluntária.

(B) intransmissíveis e irrenunciáveis, embora excepcionalmente o seu exercício possa sofrer limitação voluntária, mesmo sem expressa previsão legal.

(C) e, por essa razão, é defeso o ato de disposição do próprio corpo, em qualquer hipótese, quando importar diminuição permanente da integridade física, ou contrariar os bons costumes.

(D) fundamentais, razão pela qual a vida privada da pessoa natural é inviolável, e o juiz, a requerimento do interessado, adotará as providências necessárias para impedir ou fazer cessar ato contrário a esta norma.

(E) fundamentais, razão pela qual é válida, com objetivo científico, ou altruístico, a disposição onerosa do próprio corpo, no todo ou em parte, para depois da morte.

A e **B:** incorretas (art. 11 do CC); **C:** incorreta (art. 13 do CC); **D:** correta (art. 21 do CC); **E:** incorreta, pois deve se tratar de disposição gratuita (art. 14 do CC).

Gabarito "D"

(Auditor Fiscal da Receita Federal – 2010 – ESAF) Se uma pessoa, que participava de operações bélicas, não for encontrada até dois anos após o término da guerra, configurada está a:

(A) declaração judicial de morte presumida, sem decretação de ausência.

(B) comoriência.

(C) morte civil.

(D) morte presumida pela declaração judicial de ausência.

(E) morte real.

Art. 7º, II, do CC.

Gabarito "A"

(Auditor Fiscal/SC – 2010 – FEPESE) Assinale a alternativa **incorreta**.

(A) A capacidade dos índios será regulada por legislação especial.

(B) Cessará para os menores a incapacidade pelo casamento.

(C) A menoridade cessa aos dezoito anos completos, quando a pessoa fica habilitada à prática de todos os atos da vida civil.

(D) A personalidade civil da pessoa começa do nascimento com vida, mas a lei põe a salvo, desde a concepção, os direitos do nascituro.

(E) A lei do país em que nascer a pessoa determina as regras sobre o começo, e o fim da personalidade, o nome, a capacidade e os direitos de família.

A: art. 4º, p. único, do CC; **B:** art. 5º, p. único, II, do CC; **C:** art. 5º, *caput*, do CC; **D:** art. 2º do CC; **E:** de acordo com o art. 7º da LINDB, será a lei do país em que domiciliada a pessoa que determina as regras sobre o começo, e o fim da personalidade, o nome, a capacidade e os direitos de família.

Gabarito "E"

(Auditor Fiscal/SC – 2010 – FEPESE) Assinale a alternativa **incorreta**.

(A) Chama-se coisa julgada a decisão de que já não caiba recurso.

(B) A União é pessoa jurídica de direito público interno.

(C) As sociedades são pessoas jurídicas de direito privado.

(D) A existência da pessoa natural termina com a morte; presume-se esta, quanto aos ausentes, somente nos casos em que a lei autoriza a abertura da sucessão definitiva.

(E) A lei em vigor terá efeito imediato e geral, respeitado o ato jurídico perfeito, o direito adquirido e a coisa julgada.

A: art. 301, § 3º, do CPC; **B:** art. 41, I, do CC; **C:** art. 44, II, do CC; **D:** pode ocorrer a morte presumida independentemente de ausência nos casos descritos no art. 7º do CC; **E:** art. 6º, *caput*, da LINDB.

Gabarito "D"

(Auditor Fiscal/SC – 2010 – FEPESE) Assinale a alternativa **incorreta**.

(A) O domicílio da pessoa natural é o lugar onde ela estabelece residência com ânimo definitivo.

(B) Os materiais destinados a alguma construção, enquanto não forem empregados, conservam sua qualidade de móveis, readquirem essa qualidade os provenientes da demolição de algum prédio.

(C) Caso a pessoa natural possua diversos domicílios, onde, alternadamente viva, considerar-se-á seu domicílio aquele onde concomitantemente exercer profissão.

(D) Não perdem o caráter de imóveis as edificações que, separadas do solo, mas conservando sua unidade, forem removidas para outro lugar.

(E) Os bens públicos não estão sujeitos a usucapião.

A: art. 70 do CC; **B:** art. 84 do CC; **C:** incorreta, pois nesse caso considerar-se-á o domicílio qualquer delas (art. 71 do CC); **D:** art. 81, I, do CC; **E:** art. 102 do CC.

Gabarito "C"

(OAB/Exame Unificado – 2013.1) Gustavo completou 17 anos de idade em janeiro de 2010. Em março de 2010 colou grau em curso de ensino médio. Em julho de 2010 contraiu matrimônio com Beatriz. Em setembro de 2010, foi aprovado em concurso público e iniciou o exercício de emprego público efetivo. Por fim, em novembro de 2010, estabeleceu-se no comércio, abrindo um restaurante.

Assinale a alternativa que indica o momento em que se deu a cessação da incapacidade civil de Gustavo.

(A) No momento em que iniciou o exercício de emprego público efetivo.

(B) No momento em que colou grau em curso de ensino médio.

(C) No momento em que contraiu matrimônio.

(D) No momento em que se estabeleceu no comércio, abrindo um restaurante.

A: incorreta, pois antes de ingressar no serviço público Gustavo contraiu matrimônio e, consequentemente, teve cessada a sua incapacidade (art. 5.º, parágrafo único, II, do CC); **B:** incorreta, pois somente a colação de grau em ensino superior faz cessar a incapacidade para os menores (art. 5.º, parágrafo único, IV, do CC); **C:** correta (art. 5.º, parágrafo único, II, do CC); **D:** incorreta, pois antes de se estabelecer no comércio contraiu matrimônio e, consequentemente, teve cessada a sua incapacidade (art. 5.º, parágrafo único, II, do CC).

Gabarito "C"

(OAB/Exame Unificado – 2012.3.B) Alexandre e Berenice, casados pelo regime da separação convencional de bens, foram passar a lua de mel em Petrópolis, no Estado do Rio de Janeiro. Ao descerem a serra, Alexandre perdeu o controle do veículo vindo a cair em uma ribanceira. Com a colisão, houve a explosão do veículo e a morte de ambos não se sabendo precisar qual deles teria morrido primeiro. Ambos possuíam vasto patrimônio e faleceram sem deixar descendentes ou ascendentes. Alexandre deixou um irmão, Daniel, e Berenice deixou uma irmã, Eleonora.

A respeito da situação apresentada, assinale a afirmativa correta.

(A) Não há comoriência, visto que tal instituto somente se aplica às hipóteses de morte simultânea entre parentes.

(B) Não há comoriência, uma vez que se exige prova cabal para sua ocorrência, devendo a simultaneidade das mortes ser declarada por decisão judicial.

(C) Há comoriência, transmitindo-se a Daniel a herança de Alexandre e à Eleonora a herança de Berenice.

(D) Há comoriência, transmitindo-se a Daniel a metade dos bens deixados pelo casal, ficando igual cota-parte para Eleonora.

A: incorreta, pois quando duas pessoas morrem na mesma ocasião, não se podendo averiguar se algum dos comorientes precedeu ao outro, aplica-se a regra da comoriência prevista no art. 8.º do CC, pouco importando se se trata ou não de parentes; **B:** incorreta, pois o art. 8.º do CC não exige decisão judicial, aplicando-se automaticamente a regra pela qual se presume os comorientes simultaneamente mortos; **C:** correta; havendo comoriência (art. 8.º do CC) um falecido não herda do outro e vice-versa, de maneira que a herança de Alexandre será transmitida diretamente para Daniel e a de Berenice, diretamente para Eleonora; **D:** incorreta, pois, não havendo outros herdeiros, os sucessores de Alexandre e Berenice receberão por inteiro a herança deixada por cada um de seus irmãos.

Gabarito "C"

(OAB/Exame Unificado – 2012.1) A proteção da pessoa é uma tendência marcante do atual direito privado, o que leva alguns autores a conceberem a existência de uma verdadeira cláusula geral de tutela da personalidade. Nesse sentido, uma das mudanças mais celebradas do novo Código Civil foi a introdução de um capítulo próprio sobre os chamados direitos da personalidade. Em relação à disciplina legal dos direitos da personalidade no Código Civil, é correto afirmar que:

(A) havendo lesão a direito da personalidade, em se tratando de morto, não é mais possível que se reclamem perdas e danos, visto que a morte põe fim à existência da pessoa natural, e os direitos personalíssimos são intransmissíveis.

(B) como regra geral, os direitos da personalidade são intransmissíveis e irrenunciáveis, mas o seu exercício poderá sofrer irrestrita limitação voluntária.

(C) é permitida a disposição gratuita do próprio corpo, no todo ou em parte, com objetivo altruístico ou científico, para depois da morte, sendo que tal ato de disposição poderá ser revogado a qualquer tempo.

(D) em razão de sua maior visibilidade social, a proteção dos direitos da personalidade das celebridades e das chamadas pessoas públicas é mais flexível, sendo permitido utilizar o seu nome para finalidade comercial, ainda que sem prévia autorização.

A: incorreta, pois, em se tratando de morto, terá legitimação para requerer a cessação da ameaça/lesão e as perdas e danos, o cônjuge sobrevivente, ou qualquer parente em linha reta, ou colateral até o quarto grau (art. 12, parágrafo único, do CC); **B:** incorreta, pois, além de intransmissíveis e irrenunciáveis, o exercício dos direitos da personalidade NÃO podem sofrer limitação voluntária, ressalvadas as exceções previstas em lei (art. 11 do CC); isso significa que, salvo as exceções legais, nem mesmo com a autorização do titular do direito da personalidade é possível limitar o exercício dos direitos da personalidade; **C:** correta (art. 14 do CC); **D:** incorreta, pois, sem autorização, não se pode usar o nome alheio em propaganda comercial (art. 18 do CC); não se deve confundir essa regra a que permite a exposição da palavra ou da imagem de alguém em caso em interesse público genuíno (regra decorrente do art. 20, *caput*, do CC), como é o caso de expor a imagem de um político acusado de corrupção.

Gabarito "C"

(OAB/Exame Unificado – 2011.3.A) Francis, brasileira, empresária, ao se deslocar do Rio de Janeiro para

São Paulo em seu helicóptero particular, sofreu terrível acidente que culminou com a queda do aparelho em alto-mar. Após sucessivas e exaustivas buscas, feitas pelas autoridades e por empresas privadas contratadas pela família da vítima, infelizmente não foram encontrados os corpos de Francis e de Adilson, piloto da aeronave. Tendo sido esgotados os procedimentos de buscas e averiguações, de acordo com os artigos do Código Civil que regulam a situação supramencionada, é correto afirmar que o assento de óbito em registro público:

(A) independe de qualquer medida administrativa ou judicial, desde que seja constatada a notória probabilidade de morte de pessoa que estava em perigo de vida.

(B) depende exclusivamente de procedimento administrativo quanto à morte presumida junto ao Registro Civil das Pessoas Naturais.

(C) depende de prévia ação declaratória judicial quanto à morte presumida, sem necessidade de decretação judicial de ausência.

(D) depende de prévia declaração judicial de ausência, por se tratar de desaparecimento de uma pessoa sem dela haver notícia.

Há dois casos de morte presumida. A primeira, com declaração de ausência (art. 6.º do CC). A segunda, sem declaração de ausência (art. 7.º do CC). Nesse segundo caso, a declaração de morte presumida também depende de *sentença* (art. 7.º, parágrafo único, do CC), sendo possível se for extremamente provável a morte de quem estava em perigo de vida ou se alguém, desaparecido em campanha ou feito prisioneiro, não for encontrado até dois anos após o término da guerra. No caso em tela, as alternativas "A" e "B" estão incorretas, pois a declaração de morte presumida depende de *decisão judicial*. A alternativa "D" está incorreta, pois não é necessária prévia declaração judicial de ausência, pois esse tipo de morte presumida não requer declaração de ausência, mas apenas o reconhecimento judicial de que ocorreu uma das hipóteses do art. 7.º do CC. Por fim, a alternativa "C" está correta, pois está de acordo com o *caput* e o parágrafo único do art. 7.º do CC.

Gabarito "C"

(OAB/Exame Unificado – 2011.1) Rodolfo, brasileiro, engenheiro, solteiro, sem ascendentes ou descendentes, desapareceu de seu domicílio há 11 (onze) meses e até então não houve qualquer notícia sobre seu paradeiro. Embora tenha desaparecido, deixou Lisa, uma amiga, como mandatária para a finalidade de administrar-lhe os bens. Todavia, por motivos de ordem pessoal, Lisa não quis exercer os poderes outorgados por Rodolfo em seu favor, renunciando expressamente ao mandato. De acordo com os dispositivos que regem o instituto da ausência, assinale a alternativa correta.

(A) A renúncia ao mandato, por parte de Lisa, era possível e, neste caso, o juiz determinará ao Ministério Público que nomeie um curador encarregado de gerir os bens do ausente, observando, no que for aplicável, o disposto a respeito dos tutores e curadores.

(B) Poderá ser declarada a sucessão definitiva de Rodolfo 10 (dez) anos depois de passada em julgado a sentença que concedeu a sucessão provisória, mas, se nenhum interessado promover a sucessão definitiva, nesse prazo, os bens porventura arrecadados deverão ser doados a entidades filantrópicas localizadas no município do último domicílio de Rodolfo.

(C) O juiz não poderá declarar a ausência e nomear curador para Rodolfo, pois Lisa não poderia ter renunciado o mandato outorgado em seu favor, já que só estaria autorizada a fazê-lo em caso de justificada impossibilidade ou de constatada insuficiência de poderes.

(D) Os credores de obrigações vencidas e não pagas de Rodolfo, decorrido 1 (um) ano da arrecadação dos bens do ausente, poderão requerer que se determine a abertura de sua sucessão provisória.

A: incorreta, pois não há tal previsão nos arts. 22 a 39 do CC; **B:** incorreta, pois apenas 10 anos após a abertura da *sucessão definitiva* é que se coloca a possibilidade dos bens irem para terceiros; ademais, o destinatário desses bens, nesse caso, não seria uma entidade filantrópica, mas o Município ou Distrito Federal, ou, se os bens estivessem em território federal, a União; **C:** incorreta, pois o art. 23 admite que o mandatário (no caso, Lisa) não queira exercer o mandato; **D:** correta, vez que os credores são considerados "interessados" e estes tem o direito de requerer que se determine a abertura da sucessão provisória (art. 26 do CC).

Gabarito "D"

(OAB/Exame Unificado – 2010.1) Considere que o filho de Mário Lins de Souza e de Luna Ferreira de Melo tenha sido registrado com o nome de Paulo de Souza. Nessa situação hipotética,

(A) Paulo, se assim o desejar, poderá, no prazo de até 1 (um) ano após atingir a maioridade, introduzir em seu nome um patronímico materno, sem que precise justificar sua vontade.

(B) é obrigatória, em razão da abolição do traço patriarcal da legislação civil brasileira, a adoção do sobrenome materno, de modo que o registro de nascimento de Paulo poderá ser alterado a qualquer momento e, até mesmo, de ofício.

(C) apenas por meio do casamento será possível a Paulo alterar seu nome, o que será feito com a inclusão de sobrenome da esposa.

(D) Paulo poderá, se assim o desejar, incluir em seu nome apelido que seja notório, o que deverá ocorrer por meio de pedido devidamente instruído e dirigido ao oficial do cartório de registro civil.

A: correta (art. 56 da LRP – Lei de Registros Públicos). É o que se extrai da lição de Pablo Stolze Gagliano e Rodolfo Pamplona Filho: "Da mesma forma, nesta hipótese de alteração espontânea, devem ser mantidos os apelidos de família, o que limita também as possibilidades de modificação do nome, sendo a mais comum a incorporação de sobrenomes maternos ou de avós, (...)" (**Novo curso de direito civil**. Vol. I, 9. ed., São Paulo: Saraiva, p. 116); **B:** incorreta. Não existe dispositivo legal que determine alteração de ofício em casos como o apresentado (LRP, arts. 54 e 55). "Art. 54. O assento do nascimento deverá conter: 1.º) o dia, mês, ano e lugar do nascimento e a hora certa, sendo possível determiná-la, ou aproximada; 2.º) o sexo do registrando; 3.º) o fato de ser gêmeo, quando assim tiver acontecido; 4.º) o nome e o prenome, que forem postos à criança; 5.º) a declaração de que nasceu morta, ou morreu no ato ou logo depois do parto; 6.º) a ordem de filiação de outros irmãos do mesmo prenome que existirem ou tiverem existido; 7.º) os nomes e prenomes, a naturalidade, a profissão dos pais, o lugar e cartório onde se casaram, a idade da genitora, do registrando em anos completos, na ocasião do parto, e o domicílio ou a residência do casal. 8.º) os nomes e prenomes dos avós paternos e maternos; 9.º) os nomes e prenomes, a profissão e a residência das duas testemunhas do assento, quando se tratar de parto ocorrido sem assistência médica em residência ou fora de unidade hospitalar ou casa de saúde; 10) número de identificação da Declaração de Nascido Vivo – com controle do dígito verificador, ressalvado na hipótese de registro tardio previsto no art. 46 desta Lei. Art. 55. Quando o declarante não indicar o nome completo, o oficial lançará adiante do prenome escolhido o nome do pai, e na falta, o da mãe, se forem conhecidos e não o impedir a condição de ilegitimidade, salvo reconhecimento no ato. Parágrafo único. Os oficiais do registro civil não registrarão prenomes suscetíveis de expor ao ridículo os seus portadores. Quando os pais não se conformarem com a recusa do oficial, este submeterá por escrito o caso, independentemente da cobrança de quaisquer emolumentos, à decisão do Juiz competente."; **C:** incorreta. Além da alteração decorrente do casamento, poderá haver ainda modificação por vontade própria, em razão de coação ou ameaça e por inclusão de apelido (LRP, arts. 56 e 58). "Art. 56. O interessado, no primeiro ano após ter atingido a maioridade civil, poderá, pessoalmente ou por procurador bastante, alterar o nome, desde que não prejudique os apelidos de família, averbando-se a alteração que será publicada pela imprensa. Art. 58. O prenome será definitivo, admitindo-se, todavia, a sua substituição por apelidos públicos notórios."; **D:** incorreta. Com exceção do casamento, toda alteração de nome demandará decisão judicial (LRP, art. 57). "Art. 57. A alteração posterior de nome, somente por exceção e motivadamente, após audiência do Ministério Público, será permitida por sentença do juiz a que estiver sujeito o registro, arquivando-se o mandado e publicando-se a alteração pela imprensa, ressalvada a hipótese do art. 110 desta Lei. § 1.º Poderá, também, ser averbado, nos mesmos termos, o nome abreviado, usado como firma comercial registrada ou em qualquer atividade profissional. § 2.º A mulher solteira, desquitada ou viúva, que viva com homem solteiro, desquitado ou viúvo, excepcionalmente e havendo motivo ponderável, poderá requerer ao juiz competente que, no registro de nascimento, seja averbado o patronímico de seu companheiro, sem prejuízo dos apelidos próprios, de família, desde que haja impedimento legal para o casamento, decorrente do estado civil de qualquer das partes ou de ambas. § 3.º O juiz competente somente processará o pedido, se tiver expressa concordância do companheiro, e se da vida em comum houverem decorrido, no mínimo, 5 (cinco) anos ou existirem filhos da união. (Incluído pela Lei 6.216, de 1975) § 4.º O pedido de averbação só terá curso, quando desquitado o companheiro, se a ex-esposa houver sido condenada ou tiver renunciado ao uso dos apelidos do marido, ainda que dele receba pensão alimentícia. § 5.º O aditamento regulado nesta Lei será cancelado a requerimento de uma das partes, ouvida a outra. § 6.º Tanto o aditamento quanto o cancelamento da averbação previstos neste artigo serão processados em segredo de justiça. § 7.º Quando a alteração de nome for concedida em razão de fundada coação ou ameaça decorrente de colaboração com a apuração de crime, o juiz competente determinará que haja a averbação no registro de origem de menção da existência de sentença concessiva da alteração, sem a averbação do nome alterado, que somente poderá ser procedida mediante determinação posterior, que levará em consideração a cessação da coação ou ameaça que deu causa à alteração. § 8.º O enteado ou a enteada, havendo motivo ponderável e na forma dos §§ 2.º e 7.º deste artigo, poderá requerer ao juiz competente que, no registro de nascimento, seja averbado o nome de família de seu padrasto ou de sua madrasta, desde que haja expressa concordância destes, sem prejuízo de seus apelidos de família."

Gabarito "A"

(OAB/Exame Unificado – 2009.2) Assinale a opção correta acerca das pessoas naturais e jurídicas.

(A) Na sistemática do Código Civil, não se admite a declaração judicial de morte presumida sem decretação de ausência.

(B) A existência legal das pessoas jurídicas de direito privado começa com o início de suas atividades jurídicas.

(C) A personalidade civil da pessoa natural tem início a partir do nascimento com vida, independentemente do preenchimento de qualquer requisito psíquico.

(D) O indivíduo de 16 anos de idade, ao contrair casamento, adquire a plena capacidade civil por meio da emancipação, voltando à condição de incapaz se, um ano após o casamento, sobrevier a separação judicial.

A: incorreta, pois há dois casos de declaração de morte presumida sem necessidade de decretação de ausência – se for extremamente provável a morte de quem estava em perigo de vida e se alguém, desaparecido em campanha ou feito prisioneiro, não for encontrado até dois anos após o término da guerra (art. 7.º do CC); **B:** incorreta, pois a existência das pessoas jurídicas começa com o registro de seus atos constitutivos no Registro Público competente (art. 45 do CC); **C:** correta, pois a personalidade passa a existir com o nascimento com vida (art. 2.º do CC), não sendo necessários outros requisitos, como, por exemplo, a viabilidade de vida; **D:** incorreta. De fato, o casamento gera a emancipação (art. 5.º, parágrafo único, II, do CC); todavia, a separação não tem o condão de fazer com que a pessoa, presumidamente capaz, volte a ser considerada incapaz para a prática de atos da vida civil.

Gabarito "C"

(OAB/Exame Unificado – 2009.1) A respeito das regras do domicílio, assinale a opção incorreta.

(A) Admite-se que uma pessoa possa ter domicílio sem possuir residência determinada, ou que esta seja de difícil identificação.

(B) Caso um indivíduo possua diversas residências onde viva alternadamente, qualquer uma delas pode ser considerada o seu domicílio.

(C) A mera troca de endereço não caracteriza, por si só, mudança de domicílio.

(D) O domicílio civil é formado pelo elemento objetivo, que consiste na residência, sendo despiciendo averiguar-se o elemento subjetivo.

A: correta (art. 73 do CC); **B:** correta (art. 71 do CC); **C:** correta (art. 74 do CC); **D:** incorreta, devendo ser assinalada (art. 70 do CC); na verdade, o conceito de domicílio é formado pelos elementos objetivo (a residência) e subjetivo (o ânimo definitivo).

Gabarito "D"

2.3. PESSOAS JURÍDICAS

2.3.1. Conceito

O ser humano é um animal social, como dizia Aristóteles. Isso significa que o ser humano depende da convivência do outro para viver e se desenvolver. Nessa convivência, o homem percebe o quanto é produtivo unir esforços na consecução de objetivos públicos e privados, pessoais e profissionais, altruísticos e com objetivo de lucro. Essa reunião de esforços repetidamente feita pelo homem ao longo do tempo foi ficando mais organizada e profissional, a ponto de a lei, para segurança das relações de união com terceiros, ter de reconhecê-las e dar personalidade jurídica a esse grupo humano, para a realização de fins comuns como sujeitos de direito.

Nesse sentido, pode-se conceituar pessoa jurídica como o *grupo humano criado na forma da lei e dotado de personalidade jurídica própria para a realização de fins comuns.*

Outro conceito possível é o seguinte: pessoas jurídicas *são entes imateriais aos quais a lei confere personalidade, capacitando-os a serem sujeitos de direitos e deveres compatíveis com a sua natureza.*

As pessoas jurídicas são, então, *sujeitos de direito personalizados*, de modo que têm aptidão genérica para adquirir direitos e obrigações compatíveis com sua natureza.

No que concerne aos direitos da personalidade, o Código Civil assegura que "aplica-se às pessoas jurídicas, no que couber, a proteção dos direitos da personalidade" (art. 52). Neste sentido, o Enunciado 286 JDC/CJF mostra-se *contra legem* (*Os direitos da personalidade são direitos inerentes e essenciais à pessoa humana, decorrentes de sua dignidade, não sendo as pessoas jurídicas titulares de tais direitos*)

A título de exemplo, é compatível com a pessoa jurídica a proteção de sua integridade moral, daí porque o Superior Tribunal de Justiça assegura indenização por danos morais a tais entes.

2.3.2. Teorias explicativas

Há várias teorias tentando justificar a existência das pessoas jurídicas. Essas teorias podem ser classificadas em dois grupos.

A teoria negativista nega existência à pessoa jurídica, ou seja, rejeita sua condição de sujeito de direitos. Para os adeptos dessa teoria, as pessoas jurídicas são mera aparência e não têm autonomia existencial. Ihering dizia que os verdadeiros sujeitos de direito são apenas os indivíduos que compõem a pessoa jurídica. São adeptos dessa teoria, além de Ihering, Brinz, Bekker, Planiol, Wieland, Barthélemy e Duguit.

Essa teoria não avançou, pois a evolução da sociedade, do comércio e das necessidades sociais reclamou e reclama que as pessoas jurídicas, ainda que não tangíveis, recebessem do direito personalidade jurídica e aptidão para serem sujeitos de direitos.

A teoria afirmativista reconhece personalidade à pessoa jurídica, ou seja, reconhece que esta é sujeito de direitos. Essa teoria pode ser divida em três grandes linhas: a) teoria da ficção, que defende que a pessoa jurídica tem apenas existência ideal, sendo mero produto da técnica jurídica (Savigny); b) teoria da realidade objetiva (organicista), que defende que a pessoa jurídica tem existência própria, real, social, como os indivíduos (Clóvis Beviláqua); c) teoria da realidade técnica, que defende que a pessoa jurídica tem existência real, apesar de tal existência ter origem no direito e não na realidade das coisas.

A teoria da realidade técnica foi adotada por nosso Código Civil (art. 45), pelo qual "começa a existência legal das pessoas jurídicas de direito privado com a inscrição do ato constitutivo no respectivo registro..." (g.n.).

2.3.3. Requisitos para a sua regular constituição

As pessoas jurídicas de direito público são criadas pela Constituição ou por meio de leis específicas. Já as pessoas jurídicas de direito privado têm sua criação regulada pelo Código Civil.

A doutrina aponta diversos requisitos para a constituição de uma pessoa jurídica. São os seguintes:

a) vontade humana criadora, ou seja, intenção de criar pessoa jurídica distinta de seus membros;

b) observância das condições legais para a sua instituição;

c) objetivo lícito;

d) ato constitutivo, ou seja, documento escrito, denominado estatuto (nas associações e sociedades institucionais), escritura pública/testamento (nas fundações), contrato social (nas sociedades contratuais) e lei (nas autarquias);

e) autorização ou aprovação do Poder Executivo, quando necessário, ou seja, nos poucos casos em que a lei condiciona a criação da pessoa jurídica à autorização mencionada (exs.: empresas estrangeiras, montepio, caixas econômicas, bolsas de valores etc.);

f) autorização de lei específica, no caso de pessoas jurídicas de direito privado estatais;

e) registro, ou seja, arquivamento dos atos constitutivos no Registro Público competente, em se tratando de pessoa jurídica de direito privado.

O art. 45 do Código Civil dispõe que o surgimento, ou seja, a existência legal da pessoa jurídica de direito privado começa com sua inscrição no Registro Público competente. Dessa forma, o início da personalidade da pessoa jurídica de direito privado se dá com o registro competente.

O registro declarará o seguinte (art. 46 do CC):

I. a denominação, os fins, a sede, o tempo de duração e o fundo social, quando houver;

II. o nome e a individualização dos fundadores ou instituidores, e dos diretores;

III. o modo por que se administra e representa, ativa e passivamente, judicial e extrajudicialmente;

IV. se o ato constitutivo é reformável no tocante à administração, e de que modo;

V. se os membros respondem, ou não, subsidiariamente, pelas obrigações sociais;

VI. as condições de extinção da pessoa jurídica e o destino do seu patrimônio, nesse caso.

Havendo ilegalidade no ato de constituição da pessoa jurídica de direito privado, o interessado terá três anos para exercer o direito de anulá-lo, contado o prazo da publicação de sua inscrição no registro público (art. 45, parágrafo único, do CC). O prazo é decadencial e, após o seu decurso, todos os vícios ficarão convalidados.

O **ato constitutivo deve ser arquivado** nos seguintes registros públicos: a) na OAB (se se tratar de sociedade de advogados); b) na Junta Comercial (se se tratar de sociedade empresária); c) no Cartório de Pessoas Jurídicas (se se tratar de sociedades simples, fundações e associações).

Os partidos políticos, depois de arquivarem seus atos constitutivos no Cartório de Pessoas Jurídicas, adquirindo personalidade jurídica, devem registrar seus estatutos no Tribunal Superior Eleitoral (art. 17, § 2º, da CF). Os sindicatos, após o registro no Cartório, também devem comunicar sua criação ao Ministério do Trabalho.

As **sociedades empresárias** são pessoas jurídicas de direito privado, com fins lucrativos, cujo objeto é o exercício de atividade econômica organizada para a produção ou a circulação de bens ou de serviços (art. 982 c/c art. 966, ambos do CC). Por exemplo, uma indústria.

Já as **sociedades simples** são pessoas jurídicas de direito privado que admitem como objeto o exercício de profissão intelectual, de natureza científica, literária ou artística, ainda que com o concurso de auxiliares ou colaboradores, salvo se o exercício da profissão constituir elemento de empresa. Por exemplo, uma sociedade que reúne quatro médicos, que agem como profissionais liberais independentes um do outro.

As sociedades que não forem objeto de inscrição no Registro Público são consideradas **sociedades despersonificadas** (em comum, irregulares ou de fato).

O art. 986 do CC dispõe que, enquanto não inscritos os atos constitutivos, as **sociedades despersonificadas ficarão sujeitas às seguintes disposições**: a) os sócios, nas relações entre si ou com terceiros, somente por escrito podem provar a existência da sociedade, mas os terceiros podem prová-la de qualquer modo (art. 987); b) os bens e dívidas sociais constituem patrimônio especial, do qual os sócios são titulares em comum (art. 988); c) os bens sociais respondem pelos atos de gestão praticados por qualquer dos sócios, salvo pacto expresso limitativo de poderes, que somente terá eficácia contra o terceiro que o conheça ou deva conhecer (art. 989); d) todos os sócios respondem solidária e ilimitadamente pelas obrigações sociais, excluído do benefício de ordem, previsto no art. 1.024 do CC, aquele que contratou pela sociedade (art. 990); e) reger-se-á a sociedade pelas regras mencionadas, observadas, subsidiariamente e, no que com ela forem compatíveis, as normas da sociedade simples (art. 986).

2.3.4. Funcionamento das pessoas jurídicas

Cada espécie de pessoa jurídica tem sua peculiaridade no que concerne ao seu funcionamento.

Todavia, o Código Civil traz algumas regras a esse respeito, que são as seguintes:

a) **obrigam a pessoa jurídica os atos dos administradores, exercidos nos limites de seus poderes definidos no ato constitutivo (art. 47)**; nesse sentido, aquele que tem contato com um administrador de uma pessoa jurídica deve verificar os poderes que o ato constitutivo outorga a essa pessoa; se os atos praticados pelo administrador da pessoa jurídica estiverem dentro dos limites definidos no ato constitutivo, a pessoa jurídica ficará obrigada, sejam quais forem os termos contratuais estabelecidos por seus administrador. Entretanto, essa disposição legal teve interpretação alargada no que tange à teoria da aparência, nos termos do Enunciado 145 JDC/CJF (*O art. 47 não afasta a aplicação da teoria da aparência*). A teoria da aparência defende que são válidos os atos praticados por quem aparentemente tem os atributos necessários para a prática do ato, sem, contudo possuí-lo, dentro de um critério de razoabilidade no que tange às circunstâncias externas.

b) **se a pessoa jurídica tiver administração coletiva, as decisões se tomarão pela maioria de votos dos presentes, salvo se o ato constitutivo dispuser de modo diverso (art. 48)**;

c) **decai em três anos o direito de anular as decisões a que se refere a alínea anterior, quando violarem a lei ou estatuto, ou forem eivadas de erro, dolo, simulação ou fraude (art. 48, parágrafo único)**;

d) **se a administração da pessoa jurídica vier a faltar, o juiz, a requerimento de qualquer interessado, nomear-lhe-á administrador provisório (art. 49)**.

Verificadas as regras de funcionamento da pessoa jurídica, é o caso, agora, de verificarmos sua dissolução.

2.3.5. Extinção das pessoas jurídicas

A pessoa jurídica dissolve-se pelas seguintes causas:

a) **convencional**, por deliberação de seus membros, conforme o quórum estabelecido nos estatutos ou na lei;

b) **administrativa**, em razão de decisão administrativa que, nos termos da lei, determine o fim da pessoa jurídica, quando esta dependa de aprovação ou autorização do Poder Público para funcionar e pratique atos nocivos ou contrários aos seus fins;

c) **judicial**, quando se configura algum dos casos de dissolução previstos em lei ou no estatuto e a sociedade continua a existir, obrigando um dos sócios a ingressar em juízo.

Sobre a **dissolução** de uma pessoa jurídica do tipo **sociedade**, confira as **hipóteses legais** não abarcadas pelas causas *convencionais* e *administrativas* (arts. 1.033 e 1.034 do CC):

a) vencimento do prazo de duração;

b) falta de pluralidade de sócios, não reconstituída no prazo de cento e oitenta dias (não se aplica essa extinção caso o sócio remanescente requeira a transformação da sociedade para empresário individual ou empresa individual de responsabilidade limitada);

c) anulação da constituição, por ilegalidade;

d) exaurimento do seu fim social;

e) verificação da inexequibilidade dos fins sociais ou da existência de atividade nociva que justifique a extinção da sociedade (essa última hipótese é de ordem doutrinária e jurisprudencial, servindo de exemplo a extinção de algumas torcidas organizadas por ordem da Justiça).

Não se deve confundir as expressões **dissolução**, **liquidação** e **cancelamento** da inscrição da pessoa jurídica, a qual importará na sua extinção definitiva.

Num primeiro momento, verificam-se causas que levam à **dissolução** da pessoa jurídica (convenção, decisão administrativa ou decisão judicial). A pessoa jurídica, neste momento, ainda não está extinta, mas está em processo de extinção. Num segundo momento, inicia-se a **liquidação**, devendo os administradores providenciar imediatamente a investidura do liquidante e restringir a gestão própria aos negócios inadiáveis, vedadas novas operações, pelas quais responderão solidária e ilimitadamente. **Encerrada a liquidação**, promover-se-á o **cancelamento da inscrição** da pessoa jurídica.

Segundo o art. 51 do CC, nos casos de dissolução da pessoa jurídica ou cassada a autorização para seu funcionamento, ela **subsistirá** para os **fins de liquidação**, até que essa se conclua.

Far-se-á, no registro onde a pessoa jurídica estiver inscrita, **a averbação de sua dissolução**.

As disposições para a liquidação das **sociedades** aplicam-se, no que couber, **às demais pessoas jurídicas de direito privado**. Nesse sentido, vale ler as disposições acerca da liquidação das sociedades, presentes nos arts. 1.102 a 1.112 do Código Civil. É também objetivo da liquidação a partilha dos bens entre os sócios. Tal partilha se fará de modo proporcional à participação de cada um no capital social. No caso das associações e fundações, há regras próprias que serão analisadas em seguida.

Quanto à transformação, incorporação, fusão e cisão das sociedades, matéria afeta ao Direito Empresarial, confira o disposto nos arts. 1.113 a 1.122 do Código Civil.

2.3.6. Desconsideração da personalidade jurídica

2.3.6.1. Antecedentes

O instituto da desconsideração da personalidade jurídica da pessoa jurídica é essencial no nosso Direito.

Isso porque muitas pessoas criam pessoas jurídicas para o fim de cometer ilegalidades, fraudes e crimes. Ou, mesmo que não as criem para esses fins, acabam cometendo tais ilegalidades em nome dela.

Essas condutas acabam não repercutindo na pessoa dos sócios e membros da pessoa jurídica utilizada para o cometimento de fraudes e ilegalidades. Sob o argumento de que a personalidade dos sócios e membros de uma pessoa jurídica não se confunde com a personalidade da própria pessoa jurídica, é muito comum que entes morais totalmente sem patrimônio pratiquem atos lesivos a terceiros e estes não tenham como atingir o patrimônio dos sócios, membros e administradores.

O fato é que o manto da pessoa jurídica é usado, com frequência, para proteger sócios e administradores dessas, situação que, quando houver abuso, não poderá mais prosperar.

A saída para essas hipóteses é desconsiderar, momentaneamente, a existência da personalidade jurídica para o fim de atingir o patrimônio de seus membros, sócios e administradores.

Todavia, esse instituto não estava previsto no Código Civil anterior. Isso fez com que, num primeiro momento, a Teoria da Desconsideração da Personalidade Jurídica (*Disregard Doctrine of Legal Entity*) não fosse aplicada em nosso Direito.

No plano internacional, a teoria encontra precedentes no famoso caso Salomon v. Salomon & Co. Aaron Salomon, objetivando constituir uma sociedade, reuniu seis membros de sua família, atribuindo uma ação da empresa para cada um e vinte mil para si. Num determinado momento, ele emitiu títulos privilegiados da empresa em favor dele mesmo como pessoa física. Quando a sociedade ficou insolvente, o próprio Salomon pessoa física, credor da sociedade, teve preferência em relação a todos os demais credores e ficou com o patrimônio que restava à sociedade. Os juízes das instâncias inferiores acabaram reconhecendo que Salomon havia usado a empresa como escudo para lesar os demais credores e, desconsiderando a personalidade jurídica da companhia, determinaram que fosse atingido o patrimônio pessoal de Salomon. Todavia, na instância superior, a Câmara dos Lordes, reconhecendo que a personalidade da pessoa jurídica não se confunde com a personalidade de seus membros, acabou reformando as decisões.

Esse caso, apesar de não ter resultado em decisão definitiva de desconsideração da personalidade, acabou repercutindo, dando origem à doutrina do *disregard of legal entity*, sobretudo nos Estados Unidos, expandindo-se depois para os países europeus e, mais recentemente, para o Brasil.

Mesmo antes de o instituto virar lei em nosso País, a desconsideração da personalidade jurídica já vinha sendo aplicada pelos tribunais em casos de abuso da personalidade, valendo citar o pioneiro papel do jurista Rubens Requião, que, nos anos 60, proferiu palestra e publicou artigo com o título de "Abuso de direito e fraude através da personalidade jurídica".

A aplicação da doutrina em nosso ordenamento se dava pela fundamentação no princípio que veda o abuso de direito e também pela utilização analógica de outras regras presentes do sistema jurídico, que admitiam indiretamente a desconsideração da personalidade.

2.3.6.2. Conceito

A desconsideração da personalidade jurídica pode ser conceituada como *a declaração de ineficácia da personalidade jurídica para determinados fins, atingindo diretamente o patrimônio dos sócios ou administradores de pessoa jurídica, a fim de evitar fraude ou abuso de direito.*

O art. 50 do Código Civil permite que *os efeitos de certas e determinadas relações de obrigações sejam estendidos* aos bens pessoais dos administradores ou sócios da pessoa jurídica cuja personalidade está sendo desconsiderada. Em outras palavras, admite-se que obrigações da pessoa jurídica sejam suportadas por sócios e administradores desta.

É por isso que o conceito faz referência à *declaração de ineficácia* da personalidade jurídica. Isso ocorre pois a pessoa jurídica não é desconstituída, mas declarada ineficaz em relação a certas e determinadas obrigações.

Assim, se uma pessoa natural utiliza uma pessoa jurídica para cometer fraudes, as obrigações contraídas por essa poderão repercutir na esfera dos bens pessoais da pessoa natural, com a desconsideração da sua personalidade.

A desconsideração prevista no Código Civil é chamada de *desconsideração direta.*

Resta saber se o Código Civil brasileiro também admite a **desconsideração inversa**. Nessa desconsideração, como o próprio nome diz, desconsidera-se a pessoa natural do sócio ou administrador de uma pessoa jurídica para o fim de atingir o patrimônio da própria pessoa jurídica da qual faz parte o primeiro. Um exemplo pode aclarar o instituto. Imagine que alguém que deseja se separar de seu cônjuge sem ter de repartir bens que está em seu nome, passe tais bens para uma pessoa jurídica da qual é sócio, ficando esvaziado patrimonialmente como pessoa natural. Nesse caso, a desconsideração inversa atua para o fim de, na separação judicial, o juiz desconsiderar a autonomia da natural em relação à pessoa jurídica, determinando que os bens que pertencem à última sejam partilhados com o cônjuge prejudicado, como se fossem bens pertencentes à pessoa natural do cônjuge que perpetrou a fraude.

Apesar da desconsideração inversa não estar expressa no Código Civil, a doutrina e a jurisprudência a admitem, tendo em vista que essa desconsideração visa a evitar e reprimir justamente a mesma conduta, qual seja, o abuso da personalidade.

Nesse sentido, confira o Enunciado 283 das JDC/CJF, que comenta o art. 50 do CC: "é cabível a desconsideração da personalidade denominada inversa para alcançar bens de sócio que se valeu da pessoa jurídica para ocultar ou desviar bens pessoais, com prejuízo de terceiros".

2.3.6.3. Hipóteses que ensejam a desconsideração

O Código Civil adotou a *teoria maior* da desconsideração. De acordo com essa teoria, para que a desconsideração se dê, é necessário, além da dificuldade em responsabilizar a pessoa jurídica (normalmente, essa dificuldade ocorre quando a pessoa jurídica acionada está insolvente, mas a doutrina entende que não é necessária a demonstração da insolvência para que se proceda à desconsideração – Enunciado 281 das JDC/CJF), a presença de outros requisitos.

No caso, exige-se que tenha havido *abuso de personalidade*. Esse abuso, nos termos do art. 50 do Código Civil, pode ser de duas espécies:

a) **desvio de finalidade:** ou seja, a utilização da pessoa jurídica para fim diverso daquele para a qual foi criada. Por exemplo, utilização de pessoa jurídica para emissão de notas fiscais frias;

b) **confusão patrimonial:** ou seja, situação em que os bens dos sócios das pessoas jurídicas se confundem com os bens dela.

A confusão patrimonial é típica das situações em que o sócio recebe, para si, créditos da pessoa jurídica, ou em que esta recebe para si créditos do sócio.

Existem empresas que não têm bens em nome próprio, mas somente no nome dos sócios. Isso pode prejudicar credores, que poderão pedir a desconsideração da personalidade.

A *teoria menor* da desconsideração, não adotada pelo Código Civil, propugna que a desconsideração da personalidade jurídica pode se dar toda vez que ela for obstáculo ao ressarcimento do dano, não sendo necessária demonstração de fraude ou abuso. Essa teoria tem esse nome porque exige *menos* requisitos para que se dê a aplicação do instituto.

Há diversas situações que caracterizam o abuso de personalidade. Porém, a doutrina aponta que o encerramento irregular das atividades da pessoa jurídica não basta, por si só, para caracterizar o abuso da personalidade jurídica (Enunciado 282 das JDC/CJF), sendo necessário que tal encerramento tenha se dado com o objetivo de dificultar o cumprimento de suas obrigações, caracterizando o desvio de finalidade.

Aliás, é bom remarcar que a doutrina entende que os casos que ensejam desconsideração da personalidade nas relações civis (*desvio de finalidade* e *confusão patrimonial*) devem ser interpretados restritivamente (Enunciado 146 das JDC/CJF), por serem exceções à regra que estabelece a autonomia entre a pessoa jurídica e a pessoa de seus sócios ou administradores. Há de se lembrar de que o Código Civil adotou a teoria maior da desconsideração, diferente da Lei de Crimes Ambientais e do CDC, que adotaram a teoria menor da desconsideração, que traz menos requisitos para que esta se dê.

2.3.6.4. Legitimado ativo

De acordo com o art. 50 do Código Civil, podem requerer a desconsideração qualquer *interessado* ou o *Ministério Público*, esse quando couber sua intervenção.

O **Ministério Público** pode intervir em ações em que se estiver diante de interesses indisponíveis, bem como em ações coletivas e de falência, entre outras. Nesses casos, o *Parquet* é legitimado para requerer a desconsideração da personalidade.

O **interessado** é, normalmente, o credor da obrigação que está sendo satisfeita pela pessoa jurídica. Aqui se está diante de alguém que tem interesse jurídico na desconsideração.

A doutrina vem reconhecendo que a teoria de desconsideração, prevista no art. 50 do Código Civil, pode ser invocada pela pessoa jurídica, em seu favor (Enunciado 285 JDC/CJF). Exemplo dessa situação se dá quando bens da pessoa jurídica são passados para o nome de um dos sócios com o fito de prejudicar credores. A pessoa jurídica, interessada em solver suas obrigações, pode, em tese, requerer a desconsideração para que se atinja o patrimônio que está em nome do sócio que cometeu a fraude. Naturalmente, tal situação só acontecerá na prática se esse sócio não mais estiver no comando administrativo da empresa.

2.3.6.5. Legitimado passivo

De acordo com o art. 50 do Código Civil, a desconsideração da personalidade pode atingir o patrimônio tanto de *sócios* como de *administradores da sociedade*.

Assim, deve-se ressaltar, de início, que não só sócios, como também mero administrador não sócio, estão sujeitos à incidência do instituto.

Outra observação importante é que, apesar da lei fazer referência à palavra "sócio", a desconsideração da pessoa jurídica pode atingir também associados e outros membros de pessoas jurídicas. Ou seja, o instituto não se aplica apenas à *sociedade*, mas também às associações, fundações e outras pessoas jurídicas que não têm fins lucrativos ou econômicos.

Nesse sentido, confira o Enunciado 284 das JDC/CJF: "as pessoas jurídicas de direito privado sem fins lucrativos ou de fins não econômicos estão abrangidas no conceito de abuso da personalidade jurídica".

Vale, ainda, indagar se, uma vez ocorrido abuso da personalidade (por desvio de finalidade ou confusão patrimonial), pode-se atingir o patrimônio de qualquer sócio e administrador, independente de dolo específico de sua parte quanto ao abuso perpetrado.

Na análise literal do art. 50 do Código Civil, chega-se à conclusão de que se adotou a teoria objetiva no caso. No entanto, em face do princípio da proporcionalidade, a doutrina vem entendendo que o sócio ou administrador que desconhece o abuso não responde com seu patrimônio pessoal.

Nesse sentido, confira o Enunciado 7 das JDC/CJF: "só se aplica a desconsideração quando houver prática de ato irregular, e, limitadamente, aos administradores ou sócios que nela hajam incorrido".

Por fim, quanto à desconsideração da personalidade e os grupos de empresas, destaca-se o Enunciado n. 406 JDC/CJF: A desconsideração da personalidade jurídica alcança os grupos de sociedade quando estiverem presentes os pressupostos do art. 50 do Código Civil e houver prejuízo para os credores até o limite transferido entre as sociedades.

2.3.6.6. Questões processuais

O Superior Tribunal de Justiça vem entendendo que aquele que sofre a desconsideração da personalidade num processo judicial, respondendo com seu próprio patrimônio por obrigações alheias, passa a ser **parte** do processo (REsp 258.812, DJ 18/12/06).

O STJ também entende que a desconsideração da personalidade **é possível na fase da execução de sentença**, mesmo que quem sofra os efeitos da desconsideração não tenha sido chamado a participar do processo de conhecimento que levou à formação do título que se estiver executando (REsp 920.602, DJ 23/06/08). Naturalmente, o afetado pela desconsideração terá direito de se defender, exercendo plenamente o contraditório e a ampla defesa, garantindo-se o devido processo legal.

2.3.6.7. Outras leis

O instituto da desconsideração da personalidade, como se viu, não está previsto unicamente no Código Civil.

O instituto está previsto também em outras leis.

O Código de Defesa do Consumidor, por exemplo, admite expressamente a desconsideração da personalidade em seu art. 28. O dispositivo parece, num primeiro momento, adotar a teoria maior da desconsideração. Essa conclusão decorre do fato de que o dispositivo traz requisitos adicionais à insolvência para que a desconsideração se dê.

Todavia, o § 4º do art. 28 traz regra de extensão que admite a desconsideração da personalidade toda vez que esta for obstáculo ao ressarcimento do dano. Isso fez com que o STJ tenha entendimento de que o CDC adotou a Teoria Menor da Desconsideração, pela qual basta a demonstração de insolvência do devedor.

A Lei de Crimes Ambientais (Lei 9.605/98) também adotou a Teoria Menor da Desconsideração, como se pode verificar do disposto no seu art. 4º.

A desconsideração também está presente na CLT (art. 2º, § 2º) e no CTN (art. 134, VII).

2.3.7. Classificação das pessoas jurídicas

2.3.7.1. Quanto à nacionalidade

Quanto à **nacionalidade**, as pessoas jurídicas podem ser divididas em **nacionais** e **estrangeiras**.

Pessoas jurídicas nacionais são aquelas organizadas e constituídas conforme a lei brasileira, tendo no País sua sede e administração (art. 1.126 do CC). **Pessoas jurídicas estrangeiras** são aquelas de fora do País, que não possuem as características citadas.

A sociedade estrangeira não poderá funcionar no País sem autorização do Poder Executivo. Se autorizada, sujeitar-se-á lei brasileira quanto aos atos aqui praticados, devendo ter representante no Brasil. Nesse caso, poderá nacionalizar-se, transferindo sua sede para o território nacional (arts. 1.134 a 1.141 do CC).

2.3.7.2. Quanto à estrutura interna

Quanto à **estrutura interna**, as pessoas jurídicas podem ser divididas em **corporações** e **fundações**.

As corporações (*universitas personarum*) são um conjunto ou reunião de pessoas que formam uma pessoa jurídica. O elemento marcante aqui são as *pessoas*. São exemplos de corporações as sociedades e as associações.

As fundações (*universitas bonorum*) são um conjunto ou reunião de bens que formam uma pessoa jurídica. O elemento marcante aqui são os bens. Diferentemente das corporações, que normalmente costumam ter fins voltados à satisfação de seus membros, as fundações têm objetivos externos, estabelecidos pelo instituidor da pessoa jurídica.

2.3.7.3. Quanto à atuação

Quanto à atuação, as pessoas jurídicas podem ser de direito público e de direito privado.

As pessoas jurídicas de direito público são de duas espécies:

a) externo: países e organizações internacionais;

b) interno: União, Estados, Distrito Federal, Municípios, autarquias, agências reguladoras, associações Públicas (consórcios públicos de direito público) e fundações públicas. (v. Enunciado 141 JDC/CJF).

As pessoas jurídicas de direito privado podem ser subdivididas nas seguintes espécies (art. 44):

a) sociedades: *são pessoas jurídicas com objetivo de lucro*; as cooperativas são consideradas sociedades simples;

b) associações: *são pessoas jurídicas constituídas de pessoas que se reúnem para realização de fins não econômicos*; têm objetivos científicos, artísticos, educativos, culturais, políticos, corporativos, esportivos etc.;

c) fundações: *são acervos de bens, que recebem personalidade jurídica para realização de fins determinados de interesse público, de modo permanente e estável*; o elemento marcante é o patrimonial;

d) entidades religiosas: têm o regime jurídico das associações; são livres a criação, a organização, a estruturação interna e o funcionamento das organizações religiosas, sendo vedado ao poder público negar-lhes reconhecimento ou registro dos atos constitutivos e necessários ao seu funcionamento.

e) partidos políticos: têm o regime jurídico das associações; os partidos políticos serão organizados e funcionarão conforme o disposto em lei específica;

f) consórcios públicos de direito privado: são pessoas jurídicas formadas pela reunião de entes federativos para a gestão conjunta de serviços que podem ser exercidos por pessoas de direito privado;

g) empresas individuais de responsabilidade limitada: trata-se de nova espécie, introduzida pela Lei 12.441/11; verificar explicações no capítulo de Direito Empresarial deste livro.

De acordo o Enunciado 142 das JDC/CJF, "os partidos políticos, os sindicatos e as associações religiosas possuem natureza associativa, aplicando-se-lhes o Código Civil".

Acerca das organizações religiosas o Enunciado 143 das JDC/CJF defende que "a liberdade de funcionamento das organizações religiosas não afasta o controle de legalidade e legitimidade constitucional de seu registro, nem a possibilidade de reexame, pelo Judiciário, da compatibilidade de seus atos com a lei e com seus estatutos".

Por fim, o rol de pessoas jurídicas previstas no art. 44 não é exaustivo (Enunciado n. 144 JDC/CJF).

2.3.8. Espécies de pessoa jurídica

2.3.8.1. Associações

Como se viu, **associações** *são pessoas jurídicas constituídas de pessoas que se reúnem para realização de fins não econômicos*. Isso significa que, *as associações podem desenvolver atividade econômica, desde que não haja finalidade lucrativa (Enunciado 534 JDC/CJF)*. O instituto está regulamentado nos arts. 53 a 61 do Código Civil.

Não há, entre os associados, direitos e obrigações recíprocos. Nas associações todos têm um interesse comum, que no caso é o de realizar fins não econômicos relacionados à ciência, à arte, à educação, à cultura, ao esporte, à política, à defesa de classe, à defesa de minorias e de valores importantes para a sociedade, para a religião etc.

A CF assegura a liberdade de associação para fins lícitos. Qualquer pessoa pode se associar. Mas o associado pode se retirar a qualquer tempo, não podendo ser obrigado a permanecer associado.

Sob pena de **nulidade**, o **estatuto das associações conterá (art. 54)**:

I. a denominação, os fins e a sede da associação;

II. os requisitos para a admissão, demissão e exclusão dos associados;

III. os direitos e deveres dos associados;

IV. as fontes de recursos para sua manutenção;

V. o modo de constituição e de funcionamento dos órgãos deliberativos;

VI. as condições para a alteração das disposições estatutárias e para a dissolução;

VII. a forma de gestão administrativa e de aprovação das respectivas contas.

Os associados devem ter **direitos iguais**, **mas** o estatuto poderá instituir categorias com vantagens especiais (art. 55).

Ainda quanto aos direitos, **nenhum associado poderá ser impedido de exercer direito ou função que lhe tenha sido legitimamente conferido**, a não ser nos casos e pela forma previstos na lei ou no estatuto. Assim, num clube, por exemplo, não é possível impedir a entrada de um associado que não esteja pagando sua colaboração mensal, salvo se o estatuto dispuser expressamente que o direito de frequentar o clube ficará cerceado em caso de inadimplemento (art. 58).

A **qualidade de associado é intransmissível se** o estatuto não dispuser o contrário. Assim, ninguém pode ceder sua qualidade de associado numa associação de classe por exemplo. Todavia, em se tratando de clubes esportivos, é comum que o estatuto permita a transmissão da qualidade de associado (art. 56).

Mesmo se o associado for titular de quota ou fração ideal do patrimônio da associação, a transferência daquela não importará, de per si, na atribuição da qualidade de associado ao adquirente ou ao herdeiro, salvo disposição diversa do estatuto. Essa regra decorre do fato de que a qualidade de associado é intransmissível.

A **exclusão** do associado é admitida, preenchidos os seguintes requisitos **(art. 57)**:

a) reconhecimento de **justa causa**;

b) prévio **procedimento que assegure direito de defesa**, nos termos do estatuto;

c) direito a **recurso**, nos termos do estatuto.

Compete privativamente à **assembleia geral:** a) destituir os administradores; e b) alterar o estatuto. Para as deliberações mencionadas é exigido decisão da assembleia especialmente convocada para esse fim, cujo quórum será o estabelecido no estatuto, bem como os critérios de eleição dos administradores **(art. 59, parágrafo único)**.

A **convocação dos órgãos deliberativos** far-se-á na forma do estatuto, garantido a 1/5 (um quinto) dos associados o direito de promovê-la **(art. 60)**.

Em harmonia a tais dispositivos, encarta-se o Enunciado 280 JDC/CJF: *Por força do art. art. 44, § 2° do CC: consideram-se aplicáveis às sociedades reguladas pelo Livro II da Parte Especial, exceto às limitadas, os arts. 57 e 60, nos seguintes termos: a) em havendo previsão contratual, é possível aos sócios deliberar a exclusão de sócio por justa causa, pela via extrajudicial, cabendo ao contrato disciplinar o procedimento de exclusão, assegurado o direito de defesa, por aplicação analógica do art. 1.085; b) as deliberações sociais poderão ser convocadas por iniciativa de sócios que representem 1/5 (um quinto) do capital social, na omissão do contrato. A mesma regra aplica-se na hipótese de criação, pelo contrato, de outros órgãos de deliberação colegiada*

Dissolvida a associação, **o remanescente** do seu patrimônio líquido, depois de deduzidas, se for o caso, as quotas ou frações ideais pertencentes a algum associado, **será destinado a entidade de fins não econômicos designada no estatuto**, ou, omisso este, por deliberação dos associados, **a instituição municipal, estadual ou federal, de fins idênticos ou semelhantes (art. 61)**. Neste espeque, o Enunciado 407 JDC/CJF ressalta o caráter subsidiário do envio dos bens remanescentes às pessoas jurídicas de direito público.

Por cláusula do estatuto ou, em seu silêncio, por deliberação dos associados, podem esses, antes da destinação do remanescente referida, receber em restituição, atualizado o respectivo valor, as contribuições que tiverem prestado ao patrimônio da associação **(art. 61, § 1º)**.

Não existindo no Município, no Estado, no Distrito Federal ou no Território, em que a associação tiver sede, instituição nas condições indicadas, o que remanescer do seu patrimônio deve ser se entregue à Fazenda do Estado, do Distrito Federal ou da União **(art. 61, § 2º)**.

2.3.8.2. Fundações

Como se viu, **fundações** *são acervos de bens, que recebem personalidade jurídica para realização de fins determinados de interesse público, de modo permanente e estável.*

O elemento marcante nas fundações é o patrimonial. Aqui não se tem propriamente uma reunião de pessoas com vistas a dada finalidade. Aqui se tem reunião de bens com vistas à consecução de objetivos não econômicos.

O Código Civil estabelece que a fundação somente poderá constituir-se para fins religiosos, morais, culturais ou de assistência. O Enunciado 8 das JDC/CJF é no sentido de que "a constituição da fundação para fins científicos, educacionais ou de promoção do meio ambiente está compreendida no Código Civil, art. 62, parágrafo único". O Enunciado 9 vai além e defende que o art. 62, parágrafo único, do CC "deve ser interpretado de modo a excluir apenas as fundações com fins lucrativos".

O instituto está regulamentado nos arts. 62 a 69 do Código Civil.

A criação de uma fundação depende, *grosso modo*, de um ato de dotação de bens (por testamento ou escritura pública), da elaboração do estatuto (com apreciação do Ministério Público) e do registro no Cartório das Pessoas Jurídicas.

Para criar uma fundação, seu **instituidor** fará, por **escritura pública ou testamento**, **dotação especial de bens livres**, especificando o fim a que se destina e declarando, se quiser, a maneira de administrá-la. Quando insuficientes para constituir a fundação, os bens a ela destinados serão, se de outro modo não dispuser o instituidor, incorporados em outra fundação que se proponha a fim igual ou semelhante.

Constituída a fundação por negócio jurídico entre vivos, o instituidor é obrigado a transferir-lhe a propriedade, ou outro direito real, sobre os bens dotados, e, se não o fizer, serão registrados, em nome dela, por mandado judicial.

As pessoas responsabilizadas pelo instituidor pela aplicação do patrimônio, tendo ciência do encargo, formularão logo o estatuto da fundação projetada, submetendo-o, em seguida, à aprovação da autoridade competente (o Ministério Público), com recurso ao juiz. Se o estatuto não for elaborado no prazo assinado pelo instituidor ou, não havendo prazo, em cento e oitenta dias, a incumbência caberá ao Ministério Público.

Velará pelas fundações o **Ministério Público do Estado** onde situadas. O Código Civil dispõe que, se a fundação funcionar no Distrito Federal ou em Território, caberá o encargo ao Ministério Público Federal. Neste sentido, cita-se os Enunciados n. 10, 147 JDC/CJF. No entanto, na ADI nº 2.794-8, o STF entendeu que o dispositivo é inconstitucional, por violar as atribuições do Ministério Público do Distrito Federal.

Se a fundação estender sua atividade por mais de um Estado, caberá o encargo, em cada um deles, ao respectivo Ministério Público.

Para que se possa **alterar o estatuto** da fundação, é mister que a reforma:

I. seja deliberada por **dois terços** dos indivíduos competentes para gerir e representar a fundação;

II. **não contrarie ou desvirtue o fim desta**;

III. seja **aprovada pelo órgão do Ministério Público**, e, caso esse a denegue, poderá o juiz supri-la, a requerimento do interessado.

Quando a alteração não houver sido aprovada por **votação unânime**, os administradores da fundação, ao submeterem o estatuto ao órgão do Ministério Público, requererão que se dê ciência à minoria vencida para impugná-la, se quiser, em dez dias.

Tornando-se **ilícita**, **impossível** ou **inútil** a finalidade a que visa a fundação, **ou vencido o prazo de sua existência**, o órgão do Ministério Público, ou qualquer interessado, promover-lhe-á a **extinção**, **incorporando-se o seu patrimônio**, salvo disposição em contrário no ato constitutivo ou no estatuto, **em outra fundação**, designada pelo juiz, que se proponha a fim igual ou semelhante.

2.3.9. Jurisprudência selecionada

Lei 10.406/2002, Art. 66, § 1º* e *Vício Material - 1

O Tribunal julgou procedente pedido formulado em ação direta ajuizada pela Associação Nacional dos Membros do Ministério Público - CONAMP para, sem prejuízo da atribuição do Ministério Público Federal da veladura pelas fundações federais de direito público, funcionem, ou não, no Distrito Federal ou nos eventuais Territórios, declarar a inconstitucionalidade do § 1º do art. 66 da Lei 10.406/2002 (novo Código Civil) —, que prevê que o MPF velará pelas fundações que funcionarem no DF ou em Território. Inicialmente, afastou-se a alegação de ofensa ao art. 128, § 5º, da CF, ao fundamento de que tal assertiva é elidida pelo art. 129 da CF que, depois de enumerar uma série de funções institucionais do Ministério Público, admite, em seu inciso IX, que a elas se acresçam a de exercer outras funções que lhe forem conferidas, desde que compatíveis com sua finalidade, vedadas a representação judicial e a consultoria públicas. No ponto, asseverou-se tratar-se de "norma de encerramento" que, ao não exigir explicitamente lei complementar, permite que leis ordinárias aditem novas funções às diretamente outorgadas ao Ministério Público pela CF. Por outro lado, entendeu-se que a norma impugnada discrepa do sistema constitucional de repartição de atribuições de cada corpo do Ministério Público, que corresponde substancialmente à distribuição de competência entre Justiças da União e a dos Estados e do DF, e, no qual, a área reservada ao MPF é coextensiva, *mutatis mutandis*, aquela da jurisdição da Justiça Federal comum e dos órgãos judiciários de superposição — o STF e o STJ.

ADI 2794/DF, rel. Min. Sepúlveda Pertence, 14.12.2006. (ADI-2794)

Lei 10.406/2002, Art. 66, § 1º* e *Vício Material - 2

Salientou-se que, malgrado compreendido o MPDFT, no plano administrativo, no MPU, a Constituição a ele reservou âmbito funcional coextensivo ao do Ministério Público dos Estados, isto é, coincidente a esfera material e territorial da competência da Justiça dos Estados-membros, ressaltando o que disposto no art. 128, § 3º, da CF. Assim, não obstante reserve à União organizá-lo e mantê-lo (CF, art. 21, XIII), é do sistema da Constituição que se infere a identidade substancial da esfera de atribuições do MPDFT àquelas confiadas ao MPE, que, à semelhança do que ocorre com o Poder Judiciário, se apura por exclusão das correspondentes ao Ministério Público Federal, ao do Trabalho e ao Militar. Concluiu-se, dessa forma, que o critério eleito para definir a atribuição questionada, qual seja, funcionar a fundação no DF, peca de um lado, na medida em que há fundações de direito público, instituídas pela União — e, portanto, integrantes da Administração Pública Federal e sujeitas, porque autarquias fundacionais, à jurisdição da Justiça Federal ordinária —, mas que não têm sede no DF, e por outro lado, na medida em que a circunstância de serem sediadas ou funcionarem no DF não é bastante nem para incorporá-las à Administração Pública da União — sejam elas fundações de direito privado ou fundações públicas, como as instituídas pelo DF —, nem para submetê-las à Justiça Federal.

ADI 2794/DF, rel. Min. Sepúlveda Pertence, 14.12.2006. (ADI-2794) (Inform. STF 452)

DIREITO CIVIL. DESCONSIDERAÇÃO DA PERSONALIDADE JURÍDICA DE SOCIEDADE LIMITADA.

Na hipótese em que tenha sido determinada a desconsideração da personalidade jurídica de sociedade limitada modesta na qual as únicas sócias sejam mãe e filha, cada uma com metade das quotas sociais, é possível responsabilizar pelas dívidas dessa sociedade a sócia que, de acordo com o contrato social, não exerça funções de gerência ou administração. É certo que, a despeito da inexistência de qualquer restrição no art. 50 do CC/2002, a aplicação da desconsideração da personalidade jurídica apenas deve incidir sobre os bens dos administradores ou sócios que efetivamente contribuíram para a prática do abuso ou fraude na utilização da pessoa jurídica. Todavia, no caso de sociedade limitada modesta na qual as únicas sócias sejam mãe e filha, cada uma com metade das quotas sociais, a titularidade de quotas e a administração da sociedade se confundem, situação em que as deliberações sociais, na maior parte das vezes, ocorrem no dia a dia, sob a forma de decisões gerenciais. Nesse contexto, torna-se difícil apurar a responsabilidade por eventuais atos abusivos ou fraudulentos. Em hipóteses como essa, a previsão no contrato social de que as atividades de administração serão realizadas apenas por um dos sócios não é suficiente para afastar a responsabilidade dos demais. Seria necessária, para tanto, a comprovação de que um dos sócios estivera completamente distanciado da administração da sociedade. REsp 1.315.110-SE, Rel. Min. Nancy Andrighi, julgado em 28/5/2013. (Inform. STJ 524)

DESCONSIDERAÇÃO DA PERSONALIDADE JURÍDICA. INTIMAÇÃO DO SÓCIO.

A Turma, por maioria, entendeu pela desnecessidade da citação do sócio para compor o polo passivo da relação processual, na qual o autor/recorrido pediu a aplicação da teoria da desconsideração da personalidade jurídica da empresa, haja vista o uso abusivo da sua personalidade e a ausência de bens para serem penhorados. *In casu*, o recorrido entabulou contrato particular de compromisso de compra e venda de imóvel com a construtora recorrente, porém, apesar de cumprir a sua parte no contrato, não recebeu a contraprestação. No entendimento da douta maioria, é suficiente a intimação do sócio da empresa, ocasião em que será oportunizada a sua defesa, ainda mais quando o processo encontra-se na fase de cumprimento de sentença, onde o recorrente fará jus à ampla defesa e ao contraditório, pois, poderá impugnar o pedido ou oferecer exceção de pré-executividade. **REsp 1.096.604-DF, Rel. Luis Felipe Salomão, julgado em 2/8/2012.(Inform. STJ 501)**

RESCISÃO. CONTRATO. DESCONSIDERAÇÃO. PERSONALIDADE JURÍDICA.

Na hipótese dos autos, a controvérsia diz respeito à possibilidade de desconsideração da personalidade jurídica de empresa, a fim de alcançar o patrimônio de seus sócios, ora recorridos. *In casu*, foi proposta, na origem, pelas ora recorrentes ação ordinária de resolução de contrato de promessa de compra e venda de imóvel firmado entre as partes, bem como de restituição do sinal e das parcelas pagas, diante da paralisação e abandono das obras por parte da construtora, requerendo, para tanto, a desconsideração da personalidade jurídica da empresa (construtora). O juízo singular determinou a desconsideração da personalidade jurídica (art. 28 do CDC) em decorrência da aparente inatividade da construtora, como também da má administração promovida por seus sócios, comprovada pela paralisação das obras do edifício. O tribunal *a quo* entendeu haver impossibilidade de desconsideração da personalidade jurídica. Nesse contexto, a Turma deu provimento ao recurso, restabelecendo a sentença de primeira instância, por entender que, numa relação de consumo, os credores não negociais da pessoa jurídica podem ter acesso ao patrimônio dos sócios, por meio da *disregard doctrine*, a partir da caracterização da configuração de prejuízo de difícil e incerta reparação em decorrência da insolvência da sociedade (art. 28, § 5º, do CDC). Na espécie, é nítida a dificuldade na reparação do prejuízo das ora recorrentes na medida em que, segundo as instâncias ordinárias, embora tenha sido estipulada a data de 28/2/1999 para a entrega do imóvel e elas tenham quitado o valor inicial do contrato e mais 30 parcelas, as obras foram indevidamente paralisadas praticamente desde seu início, como também há fortes indícios de que a sociedade se dissolveu de forma irregular, não sendo, inclusive, localizados todos os seus sócios, tornando-se necessário que a maioria deles fosse representada por curador especial. Dessa forma, concluiu-se que houve a caracterização da inatividade da pessoa jurídica decorrente, quando menos, de má administração em detrimento dos consumidores, circunstância apta, *de per si*, a ensejar a aplicação da *disregard doctrine*. **REsp 737.000-MG, Rel. Min. Paulo de Tarso Sanseverino, julgado em 1º/9/2011.** (Inform. STJ 482)

DESCONSIDERAÇÃO. PESSOA JURÍDICA. REQUISITOS.

A Turma negou provimento ao recurso especial e reiterou o entendimento de que, para a desconsideração da pessoa jurídica nos termos do art. 50 do CC/2002, são necessários o requisito objetivo – insuficiência patrimonial da devedora – e o requisito subjetivo – desvio de finalidade ou confusão patrimonial. Precedentes citados: REsp 970.635-SP, DJe 1º/12/2009; REsp 1.200.850-SP, DJe 22/11/2010, e REsp 693.235-MT, DJe 30/11/2009. **REsp 1.141.447-SP, Rel. Min. Sidnei Beneti, julgado em 8/2/2011.** (Inform. STJ 462)

DESCONSIDERAÇÃO DA PERSONALIDADE JURÍDICA INVERSA.

Discute-se, no REsp, se a regra contida no art. 50 do CC/2002 autoriza a chamada desconsideração da personalidade jurídica inversa. Destacou a Min. Relatora, em princípio, que, a par de divergências doutrinárias, este Superior Tribunal sedimentou o entendimento de ser possível a desconstituição da personalidade jurídica dentro do processo de execução ou falimentar, independentemente de ação própria. Por outro lado, expõe que, da análise do art. 50 do CC/2002, depreende-se que o ordenamento jurídico pátrio adotou a chamada teoria maior da desconsideração, segundo a qual se exige, além da prova de insolvência, a demonstração ou de desvio de finalidade (teoria subjetiva da desconsideração) ou de confusão patrimonial (teoria objetiva da desconsideração). Também explica que a interpretação literal do referido artigo, de que esse preceito de lei somente serviria para atingir bens dos sócios em razão de dívidas da sociedade e não o inverso, não deve prevalecer. Anota, após essas considerações, que a desconsideração inversa da personalidade jurídica caracteriza-se pelo afastamento da autonomia patrimonial da sociedade, para, contrariamente do que ocorre na desconsideração da personalidade propriamente dita, atingir, então, o ente coletivo e seu patrimônio social, de modo a responsabilizar a pessoa jurídica por obrigações de seus sócios ou administradores. Assim, observa que o citado dispositivo, sob a ótica de uma interpretação teleológica, legitima a inferência de ser possível a teoria da desconsideração da personalidade jurídica em sua modalidade inversa, que encontra justificativa nos princípios éticos e jurídicos intrínsecos à própria *disregard doctrine*, que vedam o abuso de direito e a fraude contra credores. Dessa forma, a finalidade maior da *disregard doctrine* contida no preceito legal em comento é combater a utilização indevida do ente societário por seus sócios. Ressalta que, diante da desconsideração da personalidade jurídica inversa, com os efeitos sobre o patrimônio do ente societário, os sócios ou administradores possuem legitimidade para defesa de seus direitos mediante a interposição dos recursos tidos por cabíveis, sem ofensa ao contraditório, à ampla defesa e ao devido processo legal. No entanto, a Min. Relatora assinala que o juiz só poderá decidir por essa medida excepcional quando forem atendidos todos os pressupostos relacionados à fraude ou abuso de direito estabelecidos no art. 50 do

CC/2002. No caso dos autos, tanto o juiz como o tribunal *a quo* entenderam haver confusão patrimonial e abuso de direito por parte do recorrente. Nesse contexto, a Turma negou provimento ao recurso. Precedentes citados: REsp 279.273-SP, DJ 29/3/2004; REsp 970.635-SP, DJe 1°/12/2009, e REsp 693.235-MT, DJe 30/11/2009. **REsp 948.117-MS, Rel. Min. Nancy Andrighi, julgado em 22/6/2010**. (Inform. STJ 440)

MORTE. SÓCIO. DESCONSIDERAÇÃO. PERSONALIDADE JURÍDICA.
Trata-se de REsp em que a controvérsia reside em saber se, em uma ação de cobrança movida contra uma sociedade limitada, ocorrendo a morte de um dos sócios, a firma é automaticamente extinta, ficando autorizada a superação da personalidade jurídica da pessoa moral, de modo a atingir os bens pessoais da sócia remanescente. A Turma entendeu, entre outras questões, que o falecimento de um dos sócios, embora possa gerar o encerramento das atividades da empresa, em função da unipessoalidade da sociedade limitada, não necessariamente importará em sua dissolução total, seja porque a participação na sociedade é atribuída, por sucessão *causa mortis*, a um herdeiro ou legatário, seja porque a jurisprudência tem admitido que o sócio remanescente explore a atividade econômica individualmente, de forma temporária, até que se aperfeiçoe a sucessão. Observou-se que a desconsideração da personalidade jurídica é medida de caráter excepcional que somente pode ser decretada após a análise, no caso concreto, da existência de vícios que configurem abuso de direito, desvio de finalidade ou confusão patrimonial, o que não se verificou na espécie. Assinalou-se que a jurisprudência pátria, embora dispense ação autônoma para levantar o véu da pessoa jurídica, somente permite tal providência em casos de abuso de direito cujo delineamento conceitual encontra-se no art. 187 do CC/2002, desvio de finalidade ou confusão patrimonial. Adota-se, assim, a teoria maior da desconsideração da personalidade jurídica, a qual exige a ocorrência objetiva dos referidos requisitos para sua configuração, afastando-se a teoria menor, segundo a qual bastaria a insuficiência de bens da sociedade para que os sócios fossem chamados a responder pessoalmente pelo passivo da pessoa jurídica. Precedente citado: REsp 66.812-DF, DJ 22/6/1998. **REsp 846.331-RS, Rel. Min. Luis Felipe Salomão, julgado em 23/3/2010**. (Inform. STJ 428)

LEGITIMIDADE. DESCONSIDERAÇÃO. PERSONALIDADE JURÍDICA.
A desconsideração da pessoa jurídica consiste na possibilidade de ignorar a personalidade jurídica autônoma de entidade sempre que essa venha a ser utilizada para fins fraudulentos ou diversos daqueles para os quais foi constituída. Quando houver abuso, desvio de finalidade ou confusão patrimonial entre os bens da sociedade e dos sócios, caberá a aplicação do referido instituto. Assim, uma vez que desconsiderada a personalidade jurídica, tanto a sociedade quanto os sócios têm legitimidade para recorrer dessa decisão. Precedente citado: REsp 170.034-SP, DJ 23/10/2000. **REsp 715.231-SP, Rel. Min. João Otávio de Noronha, julgado em 9/2/2010**. (Inform. STJ 422)

DESCONSIDERAÇÃO. PERSONALIDADE JURÍDICA.
A controvérsia está a determinar se a simples inexistência de bens de propriedade da empresa executada constitui motivo apto à desconsideração da personalidade jurídica – o que, como é cediço, permite a constrição do patrimônio de seus sócios ou administradores. Explica a Min. Relatora que são duas as principais teorias adotadas no ordenamento jurídico pátrio: a teoria maior da desconsideração (consagrada no art. 50 do CC/2002) – é a mais usada –, nela mera demonstração da insolvência da pessoa jurídica não constitui motivo suficiente para a desconsideração da personalidade jurídica, pois se exige a prova de insolvência ou a demonstração de desvio de finalidade (ato intencional dos sócios fraudar terceiros) ou a demonstração de confusão patrimonial (confusão quando não há separação do patrimônio da pessoa jurídica e de seus sócios). Já na outra, a teoria menor da desconsideração, justifica-se a desconsideração pela simples comprovação da insolvência de pessoa jurídica, e os prejuízos são suportados pelos sócios, mesmo que não exista qualquer prova a identificar a conduta culposa ou dolosa dos sócios ou administradores. Essa teoria tem-se restringido apenas às situações excepcionalíssimas. Na hipótese dos autos, a desconsideração jurídica determinada pelo TJ baseou-se na aparente insolvência da empresa recorrente, pelo fato de ela não mais exercer suas atividades no endereço em que estava sediada, sem, contudo, demonstrar a confusão patrimonial nem desvio de finalidade. Por isso, tal entendimento não pode prosperar, sendo de rigor afastar a desconsideração da personalidade jurídica da recorrente. Diante do exposto, a Turma deu provimento ao recurso especial. **REsp 970.635-SP, Rel. Min. Nancy Andrighi, julgado em 10/11/2009.** (Inform. STJ 415)

DESCONSIDERAÇÃO. PERSONALIDADE JURÍDICA. PRESSUPOSTOS.
Houve a desconsideração da personalidade jurídica (*disregard doctrine*) da empresa devedora, ao imputar ao grupo controlador a responsabilidade pela dívida, sem sequer as instâncias ordinárias declinarem presentes os pressupostos do art. 50 do CC/2002. Houve apenas menção ao fato de que a cobrança é feita por um órgão público e que a empresa controlada seria simples *longa manus* da controladora. Daí a violação do art. 131 do CPC, visto que não há fundamentação nas decisões das instâncias ordinárias, o que leva a afastar a extensão do arresto às recorrentes em razão da exclusão da desconsideração da personalidade

jurídica da devedora, ressalvado o direito de a recorrida obter nova medida para a defesa de seu crédito acaso comprovadas as condições previstas no retrocitado artigo. Anotou-se não se cuidar da chamada teoria menor: desconsideração pela simples prova da insolvência diante de tema referente ao Direito Ambiental (art. 4º da Lei n. 9.605/1998) ou do Consumidor (art. 28, § 5º, da Lei n. 8.078/1990), mas sim da teoria maior que, em regra, exige a demonstração do desvio de finalidade da pessoa jurídica ou a confusão patrimonial. Precedente citado: REsp 279.273-SP, DJ 29/3/2004. **REsp 744.107-SP, Rel. Min. Fernando Gonçalves, julgado em 20/5/2008**. (Inform. STJ 356)

Inicialmente, o Min. Relator destacou tratar-se de recurso especial proveniente de decisão interlocutória proferida no curso de execução de título extrajudicial, estando caracterizada a excepcionalidade da situação de molde a afastar o regime de retenção, porquanto não caracterizadas as hipóteses taxativas do art. 542, § 3º, do CPC. No caso, a empresa distribuidora de peças ajuizou ação de execução contra a recorrida com base em títulos executivos extrajudiciais. E, não realizada a penhora pelo fato de terem sido encontrados apenas bens considerados de família, a exequente requereu a desconsideração da personalidade jurídica da empresa executada, alegando dissolução irregular dessa, não subsistindo "bens que respondam pelo passivo". O juiz indeferiu o pedido ao argumento de que a desconsideração da pessoa jurídica só pode ocorrer no devido processo legal. O cerne da questão é analisar a possibilidade de o julgador decidir acerca da desconsideração da personalidade jurídica de empresa executada no curso do processo executivo. Isso posto, este Superior Tribunal tem decidido pela possibilidade da aplicação da teoria da desconsideração da personalidade jurídica nos próprios autos da ação de execução, sendo desnecessária a propositura de ação autônoma. Precedentes citados: REsp 521.049-SP, DJ 3/10/2005; REsp 598.111-AM, DJ 21/6/2004; RMS 16.274-SP, DJ 2/8/2004; AgRg no REsp 798.095-SP, DJ 1º/8/2006, e REsp 767.021-RJ, DJ 12/9/2005. **REsp 331.478-RJ, Rel. Min. Jorge Scartezzini, julgado em 24/10/2006.** (Inform. STJ 302)

2.3.10. Quadro sinótico

1. Teoria adotada:

-Adotamos a da *realidade das instituições jurídicas*

-Não adotamos a da *ficção* e *realidade objetiva*

2. Pessoas de Direito Público:

a) externo: Países, Santa Sé, Uniões Aduaneiras, Organismos Internacionais (ONU, OEA, OMC)

b) interno: entes políticos

-autarquias e fundações públicas

-agências reguladoras

- associações públicas

3. Pessoas de Direito Privado:

3.1. Associação: *união de pessoas para fins não econômicos*

- criação: estatuto + cartório de pessoa jurídica

- liberdade: livre entrada e saída

- exclusão de associado: cabe por justa causa, com defesa e recurso, nos termos do estatuto

3.2. Fundação: *bens personalizados para fins não econômicos*

- criação: estatuto + cartório de pessoa jurídica

- dotação de bens por escritura pública ou testamento

- fiscalização pelo MP

3.3. Sociedade: *pessoa jurídica com objetivo econômico*

- criação: contrato social + cartório ou junta comercial

- sociedade simples: reunião de profissionais liberais

- sociedade empresarial: organização para a produção e circulação de bens ou serviços

3.4. Organização religiosa: natureza de associação

3.5. Partido político: natureza de associação

3.6. Empresas individuais de responsabilidade limitada

4. Desconsideração da personalidade:

4.1. Conceito: *declaração de ineficácia da personalidade para atingir o patrimônio de sócios ou administradores da pessoa jurídica*

4.2. Hipóteses: (abuso da personalidade)

- desvio de finalidade

- confusão patrimonial

Obs: adotou-se **Teoria Maior da Desconsideração**, pois há mais requisitos para a desconsideração, diferente do CDC

4.3. Legitimados ativos:

- Credor

- Ministério Público, quando couber sua intervenção

4.4. Legitimados passivos:

- Sócio

- Administrador

4.5. Desconsideração inversa: *consiste em desconsiderar a personalidade do sócio para atingir o patrimônio da pessoa jurídica*

Ex: marido que transfere bens para pessoa jurídica de sua titularidade para não dividi-los com a esposa, em caso de divórcio

2.3.11. Questões comentadas

(Cartório/RO – III) Assinale a alternativa correta:

(A) São pessoas de direito público interno a União, os municípios, as autarquias, as fundações e as bolsas de valores.

(B) A existência legal das pessoas jurídicas de direito privado começa com o protocolo do ato constitutivo no respectivo registro.

(C) Decai em 2 (dois) anos o direito de anular a constituição das pessoas jurídicas de direito privado, por defeito do respectivo ato, contado o prazo da publicação de sua inscrição no registro.

(D) Nenhuma das alternativas está correta.

A: incorreta (art. 41 CC); **B:** incorreta, pois a existência legal das pessoas jurídicas de direito privado começa a *inscrição* do ato constitutivo no respectivo registro, e não com o mero protocolo (art. 45 CC); **C:** incorreta, pois o prazo de decadência é de três anos (art. 45, parágrafo único, CC); **D:** correta, pois todas as alternativas trazem impropriedades.

Gabarito "D"

(Cartório/SP – 2011 – VUNESP) Leia as afirmações e assinale a alternativa correta.

(A) A fundação pode ser criada por ato intervivos, mediante instrumento particular autêntico, com assinatura de duas testemunhas, ou por testamento.

(B) Segundo orientação jurisprudencial do Superior Tribunal de Justiça, o Código de Defesa do Consumidor adotou a teoria menor da desconsideração da personalidade jurídica, admitindo responsabilização dos sócios sempre que a personalidade for, de alguma forma, obstáculo ao ressarcimento de prejuízos causados aos consumidores.

(C) É possível criar fundação com finalidade político-partidária.

(D) A responsabilidade civil das pessoas jurídicas de direito público é fundada no risco integral, não admitindo excludentes de caso fortuito/força maior ou culpa da vítima.

A: incorreta (art. 62 CC); **B:** correta, pois de fato o Superior Tribunal de Justiça vem adotando esse posicionamento no que tange ao art. 28 do CDC, como é possível se verificar seguintes julgados: REsp 1.096.604/DF, rel. Min. Luis Felipe Salomão, 4.ª T., j. 02.08.2012, *DJe* 16.10.2012; AgRg no Ag 1.342.443/PR, rel. Min. Massami Uyeda, 3.ª T., j. 15.05.2012, *DJe* 24.05.2012.; REsp 1.267.232/PR, rel. Min. Mauro Campbell Marques, 2.ª T., j. 01.09.2011, *DJe* 08.09.2011). A teoria menor da desconsideração traz um facilitador para que o "manto" da pessoa jurídica seja retirado, uma vez que há requisitos menos rígidos para que isso ocorra. Exige-se apenas a dificuldade de penhorar bens do fornecedor, não sendo necessário comprovar fatos adicionais, como abuso de personalidade, confusão patrimonial, dentre outros, como se dá no âmbito de uma relação regida pelo Código Civil. Neste sentido, vide Enunciado 50 do CJF; **C:** incorreta (art. 62, parágrafo único, CC e Enunciado 8 CJF); **D:** incorreta, pois o Direito Brasileiro não adotou a teoria do risco integral no que tange a responsabilidade das pessoas jurídicas de direito público interno. A teoria adotada foi a do risco administrativo. Essa teoria baseia-se no risco inerente da atividade administrativa, sendo seus pressupostos: a)existência de um ato ou fato administrativo; b) dano; c)nexo de causalidade. Admite-se ainda formas de exclusão da responsabilidade do Estado, como a culpa exclusiva da vítima, ausência de nexo de causalidade, caso fortuito e força maior (art. 37, § 6º CF e art. 43 CC).

Gabarito "B"

(Analista – STM – 2011 – CESPE) Julgue o seguinte item.

(1) A sociedade de fato, ou irregular, na medida em que celebra negócios jurídicos para a consecução de seus fins sociais, torna-se sujeito de direito, adquirindo, com isso, personalidade jurídica.

1: incorreta, pois a personalidade jurídica de uma pessoa jurídica só nasce com a inscrição de seus atos constitutivos no respectivo registro (art. 45 do CC).

Gabarito 1E

(Analista – TRE/RS – 2010 – FCC) Segundo o artigo 45 do Código Civil brasileiro "começa a existência legal das pessoas jurídicas de direito privado com a inscrição do ato constitutivo no respectivo registro, precedida, quando necessário, de autorização ou aprovação do Poder Executivo, averbando-se no registro todas as alterações por que passar o ato constitutivo". O direito de anular a constituição das pessoas jurídicas de direito privado, por defeito do ato respectivo, está sujeito ao prazo

(A) decadencial de cinco anos contado o prazo da publicação de sua inscrição no registro.

(B) decadencial de três anos contado o prazo da publicação de sua inscrição no registro.

(C) prescricional de dois anos contado o prazo da publicação de sua inscrição no registro.

(D) decadencial de cinco anos contado o prazo do ato de inscrição no respectivo registro.

(E) prescricional de um ano contado o prazo da publicação de sua inscrição no registro.

Art. 45, p. único, do CC.

Gabarito "B"

(Analista – TJ/ES – 2011 – CESPE) Julgue o seguinte item.

(1) De acordo com a sistemática adotada pelo Código Civil, a personalidade da pessoa natural tem início com o nascimento com vida. Por outro lado, no que tange às pessoas jurídicas de direito privado, em especial as sociedades, a personalidade tem início com a formalização de seus atos constitutivos, mediante a assinatura do contrato social pelos seus sócios ou fundadores.

1: incorreta, pois, no caso das pessoas jurídicas, a personalidade tem início com a inscrição (o registro) dos atos constitutivos no respectivo Registro Público (art. 45 do CC).

Gabarito 1E

(Ministério Público/SP – 2010) Assinale a alternativa correta:

(A) os pressupostos para que ocorra a desconsideração da personalidade jurídica são: existência da pessoa jurídica, podendo se tratar de sociedade de fato; exaurimento do seu patrimônio social; abuso da personalidade jurídica, caracterizado pelo desvio de finalidade, ou pela confusão patrimonial.

(B) a desconsideração da personalidade jurídica é medida excepcional, diante da autonomia patrimonial de que goza a pessoa jurídica.

(C) a desconsideração da personalidade jurídica não se aplica no Direito de Família.

(D) o Ministério Público intervindo no processo como "custos legis" não possui legitimidade para requerer ao juiz que os efeitos de certas e determinadas relações de obrigações sejam estendidos aos bens particulares dos administradores ou sócios da pessoa jurídica.

(E) o Ministério Público intervindo no processo como "custos legis" não possui legitimidade para postular a desconsideração da personalidade jurídica, salvo existindo interesse de incapaz.

A: incorreta, pois, havendo sociedade de fato, os sócios já respondem solidária e ilimitadamente pelas obrigações sociais (art. 990 do CC), sendo desnecessária a aplicação do instituto da desconsideração da personalidade; ademais, de acordo com o Enunciado 281 do CJF, "a aplicação da teoria da desconsideração, descrita no art. 50 do Código Civil, prescinde da demonstração de insolvência da pessoa jurídica", de modo que é desnecessário ter certeza de que se exauriu todo o patrimônio social; **B:** correta, pois a regra é não poder ser feita a desconsideração da personalidade jurídica, para que os sócios respondam pelas obrigações da pessoa jurídica, tratando-se tal desconsideração medida excepcional, que depende, para ser aplicada, do preenchimento dos requisitos do art. 50 do CC; **C:** incorreta, pois o instituto se aplica com frequência no Direito de Família, mormente na modalidade da *desconsideração inversa da personalidade*, admitida pela doutrina e pela jurisprudência; nessa desconsideração, como o próprio nome diz, desconsidera-se a pessoa natural do sócio ou administrador de uma pessoa jurídica, para o fim de atingir o patrimônio da própria pessoa jurídica da qual faz parte o primeiro; um exemplo pode aclarar o instituto; imagine que alguém que deseja se separar de seu cônjuge sem ter de repartir bens que está em seu nome, passe tais bens para uma pessoa jurídica da qual é sócio, ficando esvaziado patrimonialmente, enquanto pessoa natural; nesse caso, a desconsideração inversa atua para o fim de, na separação judicial, o juiz desconsiderar a autonomia da pessoa natural em relação à pessoa jurídica, determinando que os bens que pertencem à pessoa jurídica sejam partilhados com o cônjuge prejudicado, como se fossem bens pertencentes à pessoa natural do cônjuge que perpetrou a fraude à lei; nesse sentido, o Enunciado 283 JDC/CJF defende que "é cabível a desconsideração da personalidade denominada inversa para alcançar bens de sócio que se valeu da pessoa jurídica para ocultar ou desviar bens pessoais, com prejuízo de terceiros"; **D** e **E:** incorretas, pois, segundo o art. 50 do CC, o MP pode requerer a desconsideração da personalidade sempre que lhe couber intervir no processo, a exemplo do que ocorre quando é *custos legis*.

Gabarito "B"

(Procurador do Estado/AC – FMP – 2012) Assinale a alternativa CORRETA.

(A) Com a aplicação da teoria da desconsideração da personalidade jurídica, na sistemática do Código Civil em vigor, os atos praticados pela empresa (nos casos de abuso da personalidade jurídica, caracterizada pelo desvio de finalidade ou pela confusão patrimonial) são considerados inválidos.

(B) A teoria da desconsideração da personalidade jurídica não pode, em nenhuma hipótese, ser alegada pela pessoa jurídica em seu favor, contra os atos de seus administradores.

(C) A teoria da desconsideração da personalidade jurídica, prevista no art. 50 do CC, é a chamada teoria menor da *disregard doctrine*, que reclama mera demonstração de insolvência da empresa no cumprimento de suas obrigações.

(D) No campo da *disregard doctrine*, diz-se que a previsão da teoria da desconsideração da personalidade jurídica, prevista no Código Civil, manteve os demais microssistemas relacionados à matéria.

A: incorreta, pois a aplicação da teoria da desconsideração tem por finalidade a declaração de ineficácia da personalidade jurídica, a fim de ser atingido o patrimônio dos sócios (art. 50, do CC); **B:** incorreta, pois a doutrina entende ser possível que a desconsideração seja invocada pela pessoa jurídica em seu favor, e não apenas pelo Ministério Público ou pelo credor da obrigação (Wander Garcia, **Super-Revisão**, Editora Foco); **C:** incorreta, pois o Código Civil adotou a teoria maior (necessidade de configurar o abuso de personalidade, pelo desvio de finalidade ou confusão patrimonial) e não a menor (dispensa a demonstração da fraude ou abuso), adotada pelo CDC e pela Lei dos Crimes Ambientais; **D:** correta (art. 50, do CC).

Gabarito "D"

(Analista – TJ/ES – 2011 – CESPE) Julgue o seguinte item.

(1) Nos autos de um processo judicial, restou devidamente comprovado o abuso da personalidade jurídica. Nessa situação, poderá o juiz, independentemente de requerimento da parte, decidir pela aplicação do instituto da desconsideração da personalidade jurídica.

1: incorreta, pois, de acordo com o art. 50 do CC, o juiz pode decretar a desconsideração da personalidade jurídica "a requerimento da parte, ou do Ministério Público", de modo que é incorreto dizer que o juiz poderá fazê-lo independentemente de requerimento da parte.

Gabarito "E"

(Ministério Público/DF – 2009) Em relação às pessoas naturais e jurídicas, assinale a alternativa correta.

(A) A fundação privada é uma pessoa jurídica constituída a partir de um patrimônio destinado por uma pessoa física ou jurídica para a realização de quaisquer fins lícitos.

(B) A associação civil não tem finalidade não lucrativa. No entanto, não há qualquer impedimento para que ela desenvolva atividades econômicas para geração de renda, desde que não partilhe os resultados decorrentes entre os associados.

(C) Se a pessoa jurídica tiver diversos estabelecimentos ou agências em lugares diferentes será considerado como seu domicílio, para quaisquer atos praticados, o local onde funciona a sua sede, a matriz ou onde funcionar a administração da empresa.

(D) Admite-se a morte presumida sem decretação de ausência em casos excepcionais, para viabilizar a abertura da sucessão provisória e resolver os problemas jurídicos gerados com o desaparecimento da pessoa.

(E) Entende-se por curador o representante do incapaz em razão da idade ou da pessoa incapaz por motivos diversos, como por enfermidade ou deficiência mental, ou ainda impossibilidade transitória.

A: incorreta, pois a fundação não pode ter por finalidade a realização de qualquer fim lícito, não sendo possível, por exemplo, que se destine à atividade empresarial, devendo a fundação ser criada para fins religiosos, morais, culturais ou de assistência (art. 62, parágrafo único, do CC), e, numa ampliação feita pela doutrina, para fins científicos, educacionais ou de promoção do meio ambiente (Enunciado 8 do CJF), sempre sem fins lucrativos (Enunciado 9 do CJF); **B:** correta (art. 53 do CC), devendo-se interpretar o impedimento do desenvolvimento de atividade econômica, como impedimento de buscar o lucro para dividir entre os associados; assim, nada impede que um hospital ou uma escola seja uma associação, com cobrança de valores dos que buscarem os serviços dessas entidades, desde que os valores recebidos sejam totalmente utilizados para o custeio e o investimento nessas associações; **C:** incorreta, pois, tendo a pessoa jurídica diversos estabelecimentos em lugares diferentes, cada um deles será considerado domicílio para os atos nele praticados; **D:** incorreta, pois a morte presumida sem decretação de ausência (art. 7º do CC) enseja a abertura de sucessão definitiva, não sendo necessário seguir o procedimento de ausência (arts. 22 e ss do CC), com abertura de sucessão provisória, para depois abrir a sucessão definitiva, procedimento esse que só deve se dar em caso de ausência de alguém que não se encaixe no art. 7º do CC, aplicando-se, assim, o disposto no art. 6º do CC e nos artigos citados (arts. 22 e ss do CC); **E:** incorreta, pois a curatela se destina a situações de deficiência ou enfermidade *duradouras*, e não *transitórias*.

Gabarito "B"

(Ministério Público/PR – 2009) São pessoas jurídicas de direito privado, a teor da legislação civil brasileira:

(A) As autarquias, as empresas públicas e as sociedades de economia mista.

(B) As associações, fundações, organizações religiosas, as firmas individuais e os condomínios edilícios.

(C) As sociedades simples ou empresárias, os condomínios edilícios e as firmas individuais.

(D) As organizações religiosas, os partidos políticos, as sociedades simples ou empresárias e as fundações.

(E) n.d.a.

Art. 44 do CC.

Gabarito "D"

(Ministério Público/SP – 2010) Assinale a alternativa correta:

(A) as agências reguladoras, como a ANEEL (Agência Nacional de Energia Elétrica) e a ANVISA (Agência Nacional de Vigilância Sanitária), consideradas autarquias sob regime especial, são pessoas jurídicas de direito público interno.

(B) quando o Código Civil estabelece que o Ministério Público velará pelas fundações, acaba por lhe autorizar uma ação efetiva de fiscalização tanto na esfera administrativa como judicial. Não obstante tal disposição legal, não está o membro do "Parquet" legitimado a ingressar com o procedimento tendente a extinguir a fundação.

(C) o Código Civil considera como pessoas jurídicas de direito privado somente as associações, as sociedades e as fundações.

(D) a responsabilidade civil das pessoas jurídicas de direito público interno pressupõe a ação ou omissão, culposa ou dolosa, dos seus agentes, o dano causado a terceiros e a relação de causalidade.

(E) as organizações religiosas, os partidos políticos e as associações beneficentes, constituídas segundo leis anteriores, não ficaram sujeitas a se adaptarem à disposições do Código Civil de 2002.

A: correta, pois são pessoas jurídicas de direito público interno os entes políticos (União, Estados, DF e Municípios), as autarquias (incluindo as associações públicas) e as demais entidades de caráter público criadas por lei, como as agências reguladoras e as fundações públicas, que são, em verdade, entidades autárquicas; **B:** incorreta, pois o Ministério Público pode requerer a extinção de uma fundação quando tornar-se ilícita, impossível ou inútil a finalidade a que esta visa, ou quando vencido o prazo de sua existência (art. 69 do CC); **C:** incorreta, pois também são pessoas jurídicas de direito privado as *organizações religiosas* e os *partidos políticos* (art. 44, IV e V, do CC), bem como os consórcios públicos de direito privado (Lei 11.107/05); **D:** incorreta, pois a responsabilidade civil das pessoas jurídicas de direito público é objetiva, ou seja, independe de culpa ou dolo (art. 37, § 6º, da CF); **E:** incorreta, pois tais entidades tiveram que se adaptar às disposições do CC até 11 de janeiro de 2007 (art. 2.031 do CC).

Gabarito "A"

(Procurador do Estado/GO – 2010) São pessoas jurídicas de direito público interno

(A) a União e os partidos políticos.

(B) os Municípios e as sociedades.

(C) os Estados e as demais entidades de caráter público criadas por lei.

(D) os partidos políticos e as fundações.

(E) os Municípios e as fundações.

A: incorreta, pois partidos políticos são pessoas jurídicas de direito privado (art. 44, V, do CC); **B:** incorreta, pois sociedades são pessoas jurídicas de direito privado (art. 44, II, do CC); **C:** correta (art. 41, II e V, do CC); **D:** incorreta, pois fundações e partidos políticos são pessoas jurídicas de direito privado (art. 44, III e V, do CC); **E:** incorreta, pois fundações são pessoas jurídicas de direito privado (art. 44, III, do CC).

Gabarito "C"

(Procurador do Município/Sorocaba-SP – 2012 – VUNESP) São pessoas jurídicas de direito público interno:

(A) os Estados; os partidos políticos.

(B) a União; as organizações religiosas.

(C) as entidades de caráter público, criadas por lei.

(D) a União; os Estados regidos pelo direito internacional público.

(E) os Municípios; as Autarquias, inclusive as associações públicas.

A: incorreta, pois os partidos políticos são pessoas jurídicas de direito privado (art. 44, V, do CC); **B:** incorreta, já que as organizações religiosas são pessoas jurídicas de direito privado (art. 44, IV, do CC); **C:** incorreta, pois a expressão "entidades de caráter público" é muito ampla e pode abranger entidades criadas pelo Estado que não realizam atividades típicas de Estado; **D:** incorreta, pois os Estados estrangeiros e todas as pessoas que forem regidas pelo direito internacional público são pessoas jurídicas de direito público externo (art. 42, do CC); **E:** correta (art. 41, III e IV, do CC).

Gabarito "E"

(Cartório/MG – 2012 – FUMARC) De acordo com o Código Civil Brasileiro, são consideradas pessoas jurídicas de direito público interno

(A) as autarquias.

(B) as fundações.

(C) as organizações religiosas.

(D) as pessoas regidas pelo direito internacional público.

A: correta (art. 41, IV, do CC); **B** e **C:** incorretas, pois as fundações e organizações religiosas são consideradas pessoas jurídicas de direito privado (art. 44, III e IV, do CC); **D:** incorreta, pois as pessoas regidas pelo direito internacional público são consideradas pessoas jurídicas de direito público externo (art. 42 do CC).

Gabarito "A"

(Analista – TRE/AP – 2011 – FCC) Considere as seguintes entidades com abrangência nacional:

I. Igreja São Marcos Divino.

II. Associação Pública "Venceremos".

III. Partido Político ABC.

IV. Autarquia XYZ.

Neste caso, são pessoas jurídicas de direito público interno, SOMENTE

(A) III e IV.

(B) II, III e IV.

(C) II e IV.

(D) I e IV.

(E) I e II.

São pessoas jurídicas de direito público interno os entes políticos, as autarquias (inclusive as associações públicas) e as demais entidades de caráter público criadas por lei (art. 41 do CC). Assim, somente a "Associação Pública Venceremos" (II) e a "Autarquia XYZ" (IV) são pessoas de direito público interno. Aproveitando o ensejo, vale lembrar que são pessoas jurídicas de direito privado as seguintes (art. 44 do CC): a) as associações; b) as sociedades; c) as fundações; d) as organizações religiosas; e) os partidos políticos; f) as empresas individuais de responsabilidade limitada (esta foi introduzida pela Lei 12.441/11).

Gabarito "C"

(Ministério Público/MG – 2011) Quanto à possibilidade de alteração do estatuto de uma fundação de direito privado, é **CORRETO** afirmar que

(A) deverá ser deliberada por, no mínimo, três quintos dos competentes para gerir e representar a fundação.

(B) não poderá contrariar ou desvirtuar a finalidade para a qual foi constituída.

(C) deverá ser homologada pelo Poder Judiciário, ouvido o órgão do Ministério Público.

(D) quando não houver sido aprovada por votação unânime, os administradores da fundação, ao submeterem o estatuto à homologação pelo Poder Judiciário, requererão que se dê ciência à minoria vencida para impugná-la, se quiser, em 10 (dez) dias.

A: incorreta, pois o quórum para tal aprovação é de dois terços dos competentes para gerir e representar a fundação (CC, art. 67, I); **B:** correta, pois a finalidade da fundação – tendo em vista seu viés público – não pode ser alterada; **C:** incorreta, pois não há necessidade de homologação judicial, mas apenas aprovação pelo Ministério Público; **D:** incorreta, pois a homologação ocorre perante o MP e não perante o Poder Judiciário (CC, art. 67).

Gabarito "B"

(Ministério Público/CE – 2009 – FCC) A alteração de estatuto de uma fundação depende de que a reforma seja deliberada

(A) por dois terços dos competentes para gerir e representar a fundação, mas se a alteração não houver sido aprovada por votação unânime, os administradores da fundação, ao submeterem o estatuto ao órgão do Ministério Público, requererão que se dê ciência à minoria vencida para impugná-la, se quiser, em dez dias.

(B) pela maioria absoluta dos competentes para gerir e representar a fundação e de que seja aprovada pelo órgão do Ministério Público, e, caso este a denegue, poderá o juiz supri-la, a requerimento do interessado.

(C) pela unanimidade dos competentes para gerir e representar a fundação, dependendo porém sua eficácia de aprovação pelo órgão do Ministério Público.

(D) por três quartos dos competentes para gerir e representar a fundação, mas somente se a deliberação não for unânime deverá ser aprovada pelo órgão do Ministério Público, e, caso este a denegue, poderá o juiz supri-la, a requerimento do interessado.

(E) pela unanimidade dos competentes para gerir e representar a fundação, se a alteração contrariar o fim desta.

A alternativa "a" está correta, nos termos do Art. 67, I, e 68 do CC. Tais artigos explicam expressamente a incorreção das outras alternativas.

Gabarito "A"

(Ministério Público/ES – 2010 – CESPE) Acerca de fundações, assinale a opção correta.

(A) O MPF deve velar pelas fundações que se estenderem por mais de um estado.

(B) Fica ao arbítrio do instituidor declarar a maneira de administrar a fundação por ele criada.

(C) Alterações estatutárias que não contrariem ou desvirtuem o fim da fundação prescindem da aprovação do MP.

(D) Sendo os bens insuficientes para constituir a fundação, devem ser convertidos em títulos da dívida pública.

(E) Pessoa jurídica não pode instituir fundação.

A: incorreta, pois o MPF velará pelas fundações instituídas pela União, estejam ou não localizadas no Distrito Federal, conforme ADI 2.794-8, que incidiu sobre o art. 66, § 1º, do CC; no mais, fundações em geral serão veladas pelo Ministério Público dos Estados, sendo que, se a fundação estender sua atividade por mais de um Estado, caberá o encargo, em cada um deles, ao respectivo Ministério Público (art. 66, § 2º, do CC); **B:** correta (art. 62, *caput*, parte final, do CC); **C:** incorreta, pois toda alteração estatutária depende de aprovação do MP (art. 67, III, do CC); **D:** incorreta, pois, nesse caso, não havendo outra intenção demonstrada pelo instituidor, os bens serão incorporados em outra fundação que se proponha a fim igual ou semelhante (art. 63 do CC); **E:** incorreta, pois a instituição pode se dar por pessoa natural (por ato *inter vivos* ou *causa mortis*) ou por pessoa jurídica.

Gabarito "B"

(Ministério Público/PR – 2011) Acerca das fundações, assinale a alternativa correta:

(A) tratando-se de fundação instituída mediante testamento, a incumbência de elaborar os estatutos respectivos será sempre do Ministério Público, salvo se o próprio instituidor já os tiver elaborado.

(B) o veto do Ministério Público a uma alteração que tenha sido realizada no estatuto de uma fundação somente admitirá suprimento judicial se a decisão houver sido tomada pela unanimidade dos administradores da fundação.

(C) ao Ministério Público Federal cabe, com exclusividade, velar por todas as fundações que funcionarem no Distrito Federal ou em mais de um Estado-membro.

(D) constatando o desvio de finalidade por parte da fundação, deverá o Ministério Público promover sua extinção, sendo que o patrimônio da fundação extinta será sempre atribuído ao Estado-membro em que ela tiver sua sede.

(E) a fundação pode ser constituída por prazo determinado, sendo que, vencido tal prazo, terá o Ministério Público a legitimidade para lhe promover a extinção.

A: incorreta, pois o estatuto será elaborado por aquele a quem o instituidor cometer a aplicação do patrimônio. Se o estatuto não for elaborado no prazo assinado pelo instituidor, ou, não havendo prazo, em cento e oitenta dias, a incumbência caberá ao Ministério Público (art. 65 do CC); **B:** incorreta, pois caso o Ministério Público denegue a alteração, poderá o juiz supri-la, a requerimento do interessado mesmo que a alteração não tenha sido aprovada por unanimidade (art. 67, III, do CC); **C:** incorreta, pois se a fundação estender a atividade por mais de um Estado, caberá o encargo, em cada um deles, ao respectivo Ministério Público (art. 66, § 2º, do CC); **D:** incorreta, pois caso se torne ilícita, impossível ou inútil a finalidade a que visa a fundação, ou vencido o prazo de sua existência, o órgão do Ministério Público, ou qualquer interessado, lhe promoverá a extinção, **incorporando-se o seu patrimônio, salvo disposição em contrário no ato constitutivo, ou no estatuto, em outra fundação, designada pelo juiz, que se proponha a fim igual ou semelhante** (art. 69 do CC); **E:** correta, conforme justificativa à alternativa anterior.

Gabarito "E"

(Ministério Público/SC – 2010) Julgue os seguintes itens.

I. A criação de uma Fundação depende da afetação de bens do patrimônio do instituidor e da especificação dos fins a que ela se destina, lhe sendo vedado ter fins econômicos, devendo seu estatuto, se não for elaborado no prazo estabelecido pelo próprio instituidor, ser elaborado pelo Ministério Público.

II. Ao Ministério Público compete fiscalizar se a vontade do instituidor da Fundação está sendo respeitada e se a destinação e administração do patrimônio está voltada para a realização de seus fins, lhe sendo vedado, contudo, requerer a extinção da Fundação, para o que apenas os membros da própria Fundação (administradores e gestores) é que tem legitimidade.

III. A declaração de vontade no negócio jurídico não poderá ter seu conteúdo alterado mesmo se o declarante provar a reserva mental de vontade diversa, salvo se o destinatário tinha conhecimento da intenção oculta.

IV. O negócio jurídico simulado é nulo de pleno direito, não sendo possível subsistir quaisquer das vontades declaradas, podendo o Ministério Público arguir a nulidade nos processos em que intervir.

V. O prazo prescricional não corre para o menor, seja absoluta ou relativamente incapaz, regra que também se aplica à decadência.

(A) Apenas as assertivas II e V estão corretas.

(B) Apenas as assertivas I e III estão corretas.

(C) Apenas as assertivas I, IV e V estão corretas.

(D) Apenas as assertivas I e IV estão corretas.

(E) Apenas as assertivas II III e V estão corretas.

I: correta (arts. 62 e 65, ambos do CC); **II:** incorreta, pois o Ministério Público tem legitimidade para requerer a extinção da fundação (art. 69 do CC); **III:** correta (art. 110 do CC); **IV:** incorreta, pois embora seja nulo o negócio simulado, subsistirá o que se dissimulou, se válido for na substância e na forma (art. 167, *caput*, do CC); **V:** incorreta, pois os prazos prescricional e decadencial não correm apenas para os absolutamente incapazes (arts. 198, I, e 208, ambos do CC).

Gabarito "B"

(Cartório/SP – 2011 – VUNESP) Assinale a alternativa correta a respeito das fundações.

(A) Para criar uma fundação, o seu instituidor deverá lavrar escritura pública, vedado o testamento.

(B) Para que se possa alterar o estatuto da fundação, é mister que a reforma seja deliberada por unanimidade dos competentes para gerir e representar a fundação.

(C) A fundação somente poderá constituir-se para fins religiosos, morais, culturais ou de assistência.

(D) Velará pelas fundações o Ministério Público do Estado, mesmo se funcionarem no Distrito Federal ou em território.

A: incorreta (art. 62 do CC); **B:** incorreta (art. 67, I, do CC); **C:** correta (art. 62 parágrafo único, e Enunciado 8 do CJF); **D:** incorreta (art. 66, § 1º, do CC).

Gabarito "C"

(Magistratura/RO – 2011 – PUCPR) Acerca das pessoas jurídicas, assinale a única alternativa **CORRETA.**

(A) As associações se organizam para fins não econômicos, estabelecendo em seus estatutos, entre outros, os direitos e deveres dos associados e direitos e deveres recíprocos entre a pessoa dos associados.

(B) As pessoas jurídicas elencadas no Código Civil são de direito público, interno ou externo, e de direito privado. Entre elas encontram-se as organizações religiosas.

(C) Para alterar estatuto da fundação, a reforma deverá ser deliberada por dois terços dos competentes para gerir e representá-la. Se aprovada por quatro quintos, em face da ampla maioria, ao submeter o estatuto ao órgão do Ministério Público, é desnecessário o requerimento de ciência à minoria vencida para impugná-la, se quiser.

(D) O prazo para anular a constituição das pessoas jurídicas de direito privado, por defeito do ato respectivo, decai em dois anos, contado o prazo da publicação de sua inscrição no registro.

(E) Os associados devem ter iguais direitos, vedado ao estatuto da associação instituir categorias com vantagens especiais.

A: incorreta, pois nas associações não há, entre os associados, direitos e obrigações recíprocos (art. 53, par. único, do CC); **B:** correta, pois a alternativa reflete o disposto nos arts. 40 e 44, IV, do CC; **C:** incorreta, pois quando a alteração não houver sido aprovada por votação unânime, os administradores da fundação, ao submeterem o estatuto ao órgão do Ministério Público, requererão que se dê ciência à minoria vencida para impugná-la, se quiser, em dez dias (art. 68 do CC); **D:** incorreta, pois decai em três anos o direito de anular a constituição das pessoas jurídicas de direito privado, por defeito do ato respectivo, contado o prazo da publicação de sua inscrição no registro (art. 45, par. único, do CC); **E:** incorreta, pois embora os associados devam ter iguais direitos, o estatuto poderá instituir categorias com vantagens especiais (art. 55 do CC).

Gabarito "B"

(Analista – TRT/14ª – 2011 – FCC) No que concerne às associações, a convocação dos órgãos deliberativas far-se-á na forma do estatuto, garantido o direito de promovê-la a

(A) 1/8 dos associados.

(B) 1/6 dos associados.

(C) 1/5 dos associados.

(D) qualquer associado individualmente.

(E) qualquer interessado.

1: correta – Art. 60 do CC.

Gabarito "C"

(Analista – TRE/AC – 2010 – FCC) Considere as seguintes assertivas a respeito das Associações:

I. Constituem-se as associações pela união de pessoas que se organizem para fins não econômicos, não havendo, entre os associados, direitos e obrigações recíprocos.

II. Os associados devem ter iguais direitos, sendo que a legislação competente veda a instituição pelo estatuto de categorias com vantagens especiais.

III. A convocação dos órgãos deliberativos far-se-á na forma do estatuto, garantindo a um quinto dos associados o direito de promovê-la.

IV. A qualidade de associado é intransmissível, se o estatuto não dispuser o contrário.

De acordo com o Código Civil brasileiro, está correto o que se afirma APENAS em

(A) I e II.

(B) I, III e IV.

(C) I e IV.

(D) II, III e IV.

(E) II e IV.

I: correta (art. 53 do CC); **II:** incorreta, pois os associados devem ter iguais direitos, mas o estatuto poderá instituir categorias com vantagens especiais (art. 55 do CC); **III:** correta (art. 60 do CC); **IV:** correta (art. 56, *caput*, do CC).

Gabarito "B"

(Magistratura/PB – 2011 – CESPE) A respeito das pessoas naturais e das pessoas jurídicas, assinale a opção correta.

(A) O Código Civil não prevê hipótese de convalescência de defeitos relativos ao ato de constituição de pessoa jurídica de direito privado.

(B) De acordo com o que dispõe o Código Civil, se a administração da pessoa jurídica vier a faltar por ato voluntário ou involuntário do administrador, o juiz deverá nomear, de ofício, administrador provisório.

(C) Para a aplicação da teoria da desconsideração da pessoa jurídica, é imprescindível a demonstração de insolvência da pessoa jurídica.

(D) O menor relativamente incapaz pode aceitar mandato, independentemente da presença de assistente.

(E) Não se admite a invalidação de negócios jurídicos praticados pela pessoa antes de sua interdição.

A: incorreta, pois "decai em três anos o direito de anular a constituição das pessoas jurídicas de direito privado, por defeito do ato respectivo, contado o prazo da publicação de sua inscrição no registro" (art. 45, p. ún., do CC); dessa forma, passados os três anos, há convalescência dos defeitos; **B:** incorreta, pois o juiz, a requerimento de qualquer interessado (e não de ofício), nomeará administrador provisório (art. 49 do CC); **C:** incorreta, pois a aplicação da teoria da desconsideração, descrita no art. 50 do Código Civil, prescinde da demonstração de insolvência da pessoa jurídica (Enunciado CJF 281); **D:** correta (art. 666 do CC); **E:** incorreta, pois é admitida a invalidação de negócios jurídicos praticados por incapaz antes de sua interdição; porém, será necessário demonstrar que a incapacidade existia ao tempo do negócio; já os negócios praticados pelo incapaz após a interdição são automaticamente nulos, independentemente de demonstração da persistência da incapacidade.

Gabarito "D"

(Procurador do Estado/MT – FCC – 2011) O registro da pessoa jurídica no órgão competente tem eficácia

(A) resolutiva.

(B) declaratória.

(C) rescisória.

(D) discriminatória.

(E) constitutiva.

O registro da pessoa jurídica no órgão competente tem eficácia constitutiva, conforme dispõe o art. 45, do CC.

Gabarito "E"

(Procurador do Estado/RO – 2011 – FCC) A eficácia do registro da pessoa jurídica é

(A) declaratória.

(B) constitutiva.

(C) resolutiva.

(D) suspensiva.

(E) devolutiva.

A eficácia do registro da pessoa jurídica, segundo dispõe o art. 45 do CC, é constitutiva. Ou seja, o início da personalidade jurídica da pessoa jurídica de direito privado se dá com o registro.

Gabarito "B"

(Delegado/RN – 2009 – CESPE) Considerando que determinado grupo de pessoas constitua uma associação, assinale a opção correta.

(A) Entre os associados, haverá direitos e obrigações recíprocos.

(B) O estatuto da associação poderá instituir categorias de associados com vantagens especiais.

(C) A exclusão de associado será inadmissível, pois associação não pode excluir associado.

(D) O estatuto da associação não poderá dispor sobre a transmissibilidade da qualidade de associado.

(E) A associação desse grupo de pessoas deverá ter fim estritamente econômico.

A: incorreta (art. 53, p. único, do CC); **B:** correta (art. 55 do CC); **C:** incorreta (art. 54, II, do CC); **D:** incorreta (art. 56 do CC); **E:** incorreta (art. 53, *caput*, do CC).

Gabarito "B"

(Defensor Público/RS – 2011 – FCC) Pessoas jurídicas de direito privado, seu processo de personificação e desconsideração de sua personalidade jurídica.

(A) Não se aplica às pessoas jurídicas a proteção dos direitos da personalidade.

(B) A existência legal das pessoas jurídicas de direito privado começa com a inscrição do ato constitutivo no respectivo registro, sendo exigível, em regra, autorização estatal para a sua criação e personificação.

(C) Nos termos do Código Civil, a desconsideração da personalidade jurídica exige a comprovação de fraude ou abuso de direito, sendo prescindível, nesses casos, a demonstração de insolvência da pessoa jurídica, mas necessária a prova da má-fé do sócio gestor.

(D) É cabível a desconsideração da personalidade jurídica "inversa", visando a alcançar bens de sócio que se valeu da pessoa jurídica para ocultar ou desviar bens pessoais, com prejuízo a terceiros.

(E) A teoria da desconsideração da personalidade jurídica não alcança as pessoas jurídicas de direito privado sem fins lucrativos ou de fins não econômicos.

A: incorreta, pois às pessoas jurídicas aplica-se, no que couber, a proteção dos direitos da personalidade (art. 52 do CC); **B:** incorreta, pois não é exigível, em regra, autorização estatal para sua criação (art. 45 do CC); **C:** incorreta, pois não é necessária a prova de má-fé do sócio-gestor; **D:** correta, pois o Código Civil também admite a desconsideração inversa; nessa desconsideração, como o próprio nome diz, desconsidera-se a pessoa natural do sócio ou administrador de uma pessoa jurídica para o fim de atingir o patrimônio da própria pessoa jurídica da qual faz parte o primeiro; um exemplo pode aclarar o instituto. Imagine que alguém que deseja se separar de seu cônjuge, sem ter de repartir bens que está em seu nome, passe tais bens para uma pessoa jurídica da qual é sócio, ficando esvaziado patrimonialmente como pessoa natural; nesse caso, a desconsideração inversa atua para o fim de, na separação judicial, o juiz desconsiderar a autonomia da pessoa natural em relação à pessoa jurídica, determinando que os bens que pertencem à pessoa jurídica sejam partilhados com o cônjuge prejudicado, como se fossem bens pertencentes à pessoa natural do cônjuge que perpetrou a fraude; apesar da desconsideração inversa não estar expressa no Código Civil, a doutrina e a jurisprudência a admitem, tendo em vista que essa desconsideração visa evitar e reprimir justamente a mesma conduta, qual seja, o abuso da personalidade; nesse sentido, confira o Enunciado 283 JDC/CJF, que comenta o art. 50 do **CC:** "é cabível a desconsideração da personalidade denominada inversa para alcançar bens de sócio que se valeu da pessoa jurídica para ocultar ou desviar bens pessoais, com prejuízo de terceiros"; **E:** incorreta; de acordo com o Enunciado 284 JDC/CJF: "as pessoas jurídicas de direito privado sem fins lucrativos ou de fins não econômicos estão abrangidas no conceito de abuso da personalidade jurídica".

Gabarito "D"

(Defensor Público/GO – 2010 – I. Cidades) O art. 45 do Código Civil, diz textualmente "Começa a existência legal das pessoas jurídicas de direito privado com a inscrição do ato constitutivo no respectivo registro, precedida, quando necessário, de autorização ou aprovação do Poder Executivo, averbando-se no registro todas as alterações por que passar o ato constitutivo." Porém, mesmo sendo registrados, são desprovidos(das) de personalidade jurídica

(A) as associações.

(B) as fundações.

(C) as organizações religiosas.

(D) os condomínios edilícios.

(E) os partidos políticos.

A alternativa "D" está correta, pois as demais têm previsão no art. 44 do CC de pessoa jurídica de direito privado.

Gabarito "D"

(Auditor Fiscal da Receita Federal – 2010 – ESAF) Na criação de fundação há duas fases:

(A) a do ato constitutivo, que deve ser escrito, podendo revestir-se da forma particular, e a do registro público.

(B) a do ato constitutivo, que deve ser escrito, pois requer instrumento particular ou testamento, e a do assento no registro competente.

(C) a do ato constitutivo, que deve ser escrito, e a da aprovação do Poder Executivo Federal.

(D) a da elaboração do estatuto por ato *inter vivos*, (instrumento público ou particular), sem necessidade de conter a dotação especial, e a do registro.

(E) a do ato constitutivo, que só pode dar-se por meio de escritura pública ou testamento, e a do registro.

Art. 62 do CC.

Gabarito "E"

(OAB/Exame Unificado – 2011.3.B) Roberto, por meio de testamento, realiza dotação especial de bens livres para a finalidade de constituir uma fundação com a finalidade de promover assistência a idosos no Município do Rio de Janeiro. Todavia, os bens destinados foram insuficientes para constituir a fundação pretendida pelo instituidor. Em razão de Roberto nada ter disposto sobre o que fazer nessa hipótese, é correto afirmar que:

(A) os bens dotados deverão ser convertidos em títulos da dívida pública até que, aumentados com os rendimentos, consigam perfazer a finalidade pretendida.

(B) os bens destinados à fundação serão, nesse caso, incorporados em outra fundação que se proponha a fim igual ou semelhante.

(C) a Defensoria Pública do estado respectivo, responsável por velar pelas fundações, destinará os bens dotados para o fundo assistencial mantido pelo Estado para defesa dos hipossuficientes.

(D) os bens serão arrecadados e passarão ao domínio do Município, se localizados na respectiva circunscrição.

Segundo o art. 69 do CC, tornando-se impossível a finalidade à que visa a fundação – o que ocorreu no caso, pois os bens destinados à constituição da fundação foram insuficientes – o seu patrimônio será incorporado em outra fundação, designada pelo juiz, que se proponha a fim igual ou semelhante. Dessa forma, apenas a alternativa "B" está correta.

Gabarito "B"

2.4. DOMICÍLIO

2.4.1. Conceito

Domicílio *é a sede jurídica da pessoa.*

Clóvis Beviláqua define domicílio da pessoa natural como "o lugar onde ela, de modo definitivo, estabelece a sua residência e o centro principal de sua atividade". No entanto, tanto a pessoa natural como a pessoa jurídica pode ter domicílio. Aliás, a lei civil também possibilita a estipulação de domicílio para o fim de resolver pendências judiciais, tratando, nesse caso, do domicílio contratual.

O instituto do domicílio é de grande importância para o Direito. As pessoas fazem parte de diversas relações, de natureza civil, empresarial, processual, administrativa, tributária, eleitoral etc.; e, em todas essas, precisam ser encontradas para responder por suas obrigações.

Esse ponto de referência é o domicílio, que vem do latim *domus*, que quer dizer "casa" ou "morada".

O instituto está regulamentado nos arts. 70 a 78 do Código Civil.

2.4.2. Domicílio da pessoa natural

O **domicílio da pessoa natural** *é local onde ela estabelece sua residência com ânimo definitivo.*

Repare que o domicílio da pessoa natural tem dois elementos, o **objetivo** (ato de fixação em determinado local) e o **subjetivo** (ânimo definitivo de permanência).

Não se deve confundir *morada* (local onde a pessoa natural se estabelece provisoriamente), *residência* (que, pressupondo maior estabilidade, é o lugar onde a pessoa natural se estabelece habitualmente) e *domicílio*, que requer *residência* com *ânimo definitivo.*

O **domicílio básico**, que é o local onde se estabelece a residência com ânimo definitivo, pode ser **modificado**, desde que a pessoa natural **transfira sua residência** com a **intenção manifesta de o mudar**. A prova da intenção resultará do que declarar a pessoa às municipalidades dos lugares, que deixa, e para onde vai, ou, se tais declarações não fizer, da própria mudança, com as circunstâncias que a acompanharem.

Caso a pessoa natural **tenha mais de uma residência**, considera-se domicílio *qualquer uma delas.* Trata-se do caso, por exemplo, daquele que reside numa cidade durante a semana e, em outra, nos finais de semana.

Caso a pessoa natural **não tenha residência habitual**, é domicílio *o lugar onde for encontrada* (*domicílio aparente ou ocasional*).

Quanto às **relações profissionais**, é **também** domicílio da pessoa natural *o local onde estas são exercidas.* Se a pessoa exercer profissão em lugares diversos, cada um deles constituirá domicílio para as relações que lhe corresponderem.

Tem **domicílio necessário**, ou seja, domicílio que não pode ser fixado por sua própria vontade, mas por vontade da lei, as seguintes pessoas: a) o **incapaz**, sendo seu domicílio o de seu representante ou assistente; b) o **servidor público**, sendo seu domicílio o local onde exerce permanentemente suas atribuições; c) o **militar**, sendo seu domicílio o local onde servir, e, sendo da Marinha ou da Aeronáutica, a sede do comando a que se encontrar imediatamente subordinado; d) o **marítimo**, sendo seu domicílio o do local onde o navio estiver matriculado; e) o **preso**, sendo seu domicílio o lugar em que cumprir a sentença.

Vale citar a Súmula 383 do Superior Tribunal de Justiça, pela qual "a competência para processar e julgar as ações conexas de interesse do menor é, em princípio, do foro do domicílio do detentor de sua guarda".

O **agente diplomático do Brasil**, que, citado no estrangeiro, alegar extraterritorialidade sem designar onde tem, no país, seu domicílio, poderá ser demandado no Distrito Federal ou no último ponto do território brasileiro onde o teve.

2.4.3. Domicílio das pessoas jurídicas

O domicílio da pessoa jurídica *é o local onde funcionarem as respectivas diretorias ou administrações, ou aquele eleito no estatuto.*

Caso tenha mais de um estabelecimento em lugares diferentes, cada um deles será considerado domicílio para os atos nele praticados.

Se a administração, ou diretoria, tiver a sede no estrangeiro, haver-se-á por domicílio da pessoa jurídica, no tocante às obrigações contraídas por cada uma das suas agências, o lugar do estabelecimento, sito no Brasil, a que ela corresponder.

Quanto às pessoas jurídicas de direito público, o domicílio é, da União, o Distrito Federal, dos Estados e Territórios, as respectivas capitais, e do Município, o lugar onde funcione a administração municipal.

2.4.4. Domicílio nos contratos

Admite-se nos contratos escritos que os contratantes especifiquem o domicílio onde se exercitem e cumpram os direitos e obrigações deles resultantes.

É possível, portanto, estabelecer o foro de eleição para a hipótese de se ingressar com ação judicial.

Em matéria de relação de consumo, caso o foro de eleição tenha sido fixado de modo a dificultar a defesa do aderente em juízo, pode o juiz declinar de ofício de sua competência, reconhecendo a nulidade da cláusula de eleição de foro (art. 112, parágrafo único, do CPC).

2.4.5. Questões comentadas

(Magistratura/MG – 2009 – EJEF) O domicílio é um dos atributos da personalidade. É a localização da pessoa no espaço. O lugar onde ela estabelece sua residência com ânimo definitivo (art. 70 do Código Civil). Tendo diversas residências, onde alternadamente viva, o seu domicílio será considerado o lugar de qualquer uma delas (art. 71 do Código Civil). Não tendo residência, o domicílio da pessoa natural será o do local em que for encontrada (art. 73 do Código Civil). Diante das hipóteses acima elencadas, aponte a afirmação CORRETA.

(A) Quando fixado pela lei, o domicílio é um fato jurídico. Quando não fixado por lei, é um ato jurídico em senso estrito, por expressar uma manifestação voluntária do sujeito, relativamente ao local onde estabelece sua residência com caráter definitivo.

(B) A fixação do domicílio é sempre um ato jurídico *stricto sensu,* decorrendo, em todas as hipóteses elencadas no enunciado, sempre, do ânimo da pessoa relativamente ao lugar onde estabeleceu a sua residência.

(C) O domicílio decorre sempre de uma relação de fato entre a pessoa e o lugar. Então, domicílio e residência devem sempre coincidir.

(D) O direito brasileiro não admite a pluralidade de domicílio.

A: correta, pois quando o domicílio é fixado independentemente da vontade da pessoa (domicílio necessário - art. 76 do CC), o fato de não haver vontade do agente torna o domicílio um fato jurídico; já quando a pessoa tenha poder de fixar o seu domicílio por ato de vontade sua (por exemplo, quando alguém muda de residência), a doutrina reconhece haver um *ato jurídico em sentido estrito* (simples declaração de vontade com efeitos jurídicos), que não chega a ser um *negócio jurídico* (declaração de vontade qualificada, com o objetivo de estabelecer efeitos jurídicos), por ser uma mera declaração de vontade sem intuito de regular uma relação jurídica; **B:** incorreta, pois há casos em que o domicílio é necessário, pouco importando a vontade do interessado (art. 76 do CC); **C:** incorreta, pois, como já referido, há casos em que o domicílio é necessário, independendo da vontade e da residência da pessoa, como é o caso do domicílio do servidor público; **D:** incorreta, pois há vários casos em que uma pessoa pode ter mais de um domicílio, como quando houver duas ou mais residências (art. 71 do CC) ou quando também tiver um domicílio para fins profissionais (art. 72 do CC).

Gabarito "A"

(Magistratura/PE – 2011 – FCC) A pessoa jurídica "X" que tem sede na Capital do Estado e estabelecimento em diversos municípios do interior, em um desses municípios contratou os serviços da oficina mecânica "Y" para manutenção de seus veículos mas não pagou pelos serviços prestados. Tendo "Y" de demandar a devedora no domicílio dela, é possível ajuizar a ação

(A) somente na Capital do Estado, porque nela se encontra a sede da devedora.

(B) em qualquer comarca, dentro da qual a devedora possua estabelecimento.

(C) na comarca a que pertencer o município no qual o contrato foi celebrado.

(D) apenas na comarca a que pertencer o município onde se encontrar o principal estabelecimento da devedora.

(E) em qualquer comarca do Estado, de livre escolha do credor, porque o domicílio na Capital estende seus efeitos para todo o limite territorial do Estado.

Tendo a pessoa jurídica "X" diversos estabelecimentos em lugares diferentes, cada um deles será considerado domicílio para os atos nele praticados (art. 75, § 1º, do CC). Assim, a ação será ajuizada na comarca do estabelecimento em que foi celebrado o contrato.

Gabarito "C"

(Ministério Público/MG – 2010.1) Assinale a alternativa INCORRETA.

(A) Formulado o estatuto da fundação e submetido ao MP, poderá este aprová-lo, indicar modificações ou denegar a sua aprovação.

(B) A finalidade fundacional é permanente, não podendo ser alterada, sob pena de se desviar do propósito original do instituidor na constituição da entidade.

(C) As associações obtêm recursos financeiros, via de regra, mediante pagamento de taxa de manutenção pelos associados e, também, decorrentes de projetos institucionais.

(D) A lei admite que a pessoa jurídica possa ter diversos domicílios, tantos quantos estabelecimentos tiver, para os atos neles praticados.

(E) O domicílio do incapaz é o do seu representante; o da esposa, o do marido; o do servidor público, onde exerce suas funções; o do preso, onde cumpre a sentença.

A: correta (arts. 65 e 67, III, da CC); **B:** correta (art. 62 do CC); **C:** correta, pois as formas de obtenção de recursos citadas são comuns no dia a dia, devendo o estatuto da associação prever as fontes de recursos para sua manutenção (art. 54, IV, do CC); **D:** correta (art. 75, § 1º, do CC); **E:** incorreta (e deve ser assinalada), pois não há regra dispondo que o domicílio da esposa é o do marido; na prática, os domicílios entre marido e mulher até coincidem, mas se um morar numa cidade e o outro, noutra, os dois terão domicílios diferentes; no mais, as regras citadas estão de acordo com o art. 76, parágrafo único, do CC).

Gabarito "E"

(Procurador do Estado/AC – FMP – 2012) Assinale a alternativa INCORRETA.

(A) O Código Civil em vigor admite a pluralidade de domicílios.

(B) A pessoa jurídica de direito privado tem como domicílio a sua sede indicada no estatuto, ou, na falta de previsão estatutária, o lugar onde funciona sua sede ou administração.

(C) Tendo a pessoa jurídica de direito privado vários estabelecimentos em lugares diferentes, cada um deles será considerado domicílio para os atos nele praticados.

(D) O foro de eleição, previsto em contrato escrito, é válido entre as partes, e pode, conforme o caso, afastar a aplicabilidade de normas de ordem pública.

A: correta (art. 71, do CC); **B:** correta (art. 75, IV, do CC); **C:** correta (art. 75, IV, § 1º, do CC); **D:** incorreta, devendo ser assinalada, pois o foro de eleição não pode afastar a aplicabilidade de normas de ordem pública (art. 78, do CC).

Gabarito "D"

(Analista – TRT/16ª – 2009 – FCC) Pessoa que seja possuidora de duas residências regulares. O seu domicílio poderá ser

(A) a localidade em que por último passou a residir.

(B) o local de sua propriedade em que começou a residir em primeiro lugar.

(C) qualquer das residências.

(D) o local onde estiver residindo há mais tempo.

(E) somente se o imóvel for de sua propriedade.

Art. 71 do CC.

Gabarito "C"

(Analista – TRT/21ª – 2010 – CESPE) Em relação a pessoas, domicílio e atos jurídicos, julgue os itens subsequentes.

(1) Embora a pessoa jurídica fixe no estatuto o seu domicílio, este não é imutável.

(2) O abuso de direito enseja responsabilidade civil, sendo suficiente, para que o sujeito possa ser responsabilizado civilmente, que haja provas da intenção de prejudicar terceiro.

(3) De acordo com o que dispõe o Código Civil, um indivíduo maior de 18 anos de idade que faz uso eventual de entorpecente é considerado relativamente incapaz.

1: Certa, pois, de fato, não há previsão legal de que o domicílio que consta do estatuto da pessoa jurídico é imutável (art. 75, IV, do CC); **2:** Errada, pois para o sujeito ser responsabilizado civilmente há necessidade de que se comprove o dano à vítima, seja material ou moral (art. 927 do CC); **3:** Errada, pois o Código Civil considera relativamente incapaz os viciados em tóxicos e não que faça eventual uso de drogas (art. 4º, II, do CC).

Gabarito 1C, 2E, 3E

(Analista – TRE/AM – 2010 – FCC) Considere as assertivas abaixo a respeito do domicílio.

I. Se a pessoa natural tiver diversas residências, onde, alternadamente, viva, considerar-se-á domicílio seu qualquer delas.

II. Ter-se-á por domicílio da pessoa natural, que não tenha residência habitual, o lugar onde for encontrada.

III. O domicílio do militar da Marinha é o local onde o navio estiver matriculado.

IV. Tendo a pessoa jurídica diversos estabelecimentos em lugares diferentes, cada um deles será considerado domicílio para os atos nele praticados.

De acordo com o Código Civil brasileiro, está correto o que se afirma APENAS em

(A) I e IV.

(B) II e III.

(C) II, III e IV.

(D) I, II e III.

(E) I, II e IV.

I: correta (art. 71 do CC); **II:** correta (art. 73 do CC); **III:** incorreta, pois o domicílio do militar será o local onde servir, e, sendo da Marinha ou da Aeronáutica, a sede do comando a que se encontrar imediatamente subordinado (art. 76, p. único, do CC); **IV:** correta (art. 75, § 1º, do CC).

Gabarito "E"

(Analista – TJ/PA – 2009 – FCC) Considerando o domicílio a sede jurídica da pessoa, onde ela se presume presente para efeitos de direito, é correto afirmar que:

(A) os ciganos, andarilhos e caixeiros viajantes têm que ter obrigatoriamente uma residência habitual.

(B) uma pessoa pode ter mais de um domicílio, mas não pode ter várias residências.

(C) é impossível alguém ter domicílio sem ter residência.

(D) a residência é um elemento do conceito de domicílio, o seu elemento objetivo.

(E) o agente diplomático que, citado no estrangeiro, alegar extraterritorialidade sem designar onde tem, no país, o seu domicílio, não poderá ser demandado no Distrito Federal ou no último ponto do território brasileiro onde o teve.

A: incorreta (art. 73 do CC); **B:** incorreta (art. 71 do CC); **C:** incorreta, pois a pessoa que não tem residência, o que é perfeitamente possível, terá como domicílio o lugar em que for encontrada (art. 73 do CC); **D:** correta, pois o elemento objetivo é a residência e o subjetivo é o ânimo definitivo (art. 70 do CC); **E:** incorreta (art. 77 do CC).

Gabarito "D"

(Analista – TJ/SE – 2009 – FCC) O domicílio

(A) dos oficiais da marinha é o lugar onde servem.

(B) do marítimo é o lugar em que o navio estiver atracado.

(C) do incapaz é o lugar em que foi registrado o seu nascimento.

(D) do militar do Exército é a sede do comando a que se encontrar subordinado.

(E) do preso é o lugar em que cumpre a sentença.

Art. 76, p. único, do CC.

Gabarito "E"

(Defensoria Pública/MT – 2009 – FCC) Assinale a alternativa que se coaduna com o Código Civil brasileiro.

(A) Tem domicílio necessário o absolutamente incapaz, o servidor público, o militar e o marítimo, apenas.

(B) O domicílio necessário do incapaz é o do seu representante ou assistente; o do servidor público, o lugar em que exercer permanentemente suas funções; o do militar, onde servir, e, sendo da Marinha ou da Aeronáutica, a sede do comando a que se encontrar imediatamente subordinado; o do marítimo, onde o navio estiver matriculado; e o do preso, o lugar em que cumprir a sentença.

(C) O domicílio da pessoa natural é o lugar onde ela estabelece a sua residência com ânimo definitivo, não admitindo o direito atualmente vigente a pluralidade de domicílios.

(D) Consideram-se bens imóveis para os efeitos legais o direito à sucessão aberta e os direitos reais e as ações que os asseguram.

(E) Os bens naturalmente divisíveis podem tornar-se indivisíveis por determinação da lei, mas não por vontade das partes.

A: incorreta, pois o relativamente incapaz e o preso também têm domicílio necessário (art. 76 do CC); **B:** correta (art. 76, parágrafo único, do CC); **C:** incorreta, pois há casos em que uma pessoa pode ter mais de um domicílio, como quando houver duas ou mais residências (art. 71 do CC) ou quando tiver também um domicílio para fins profissionais (art. 72 do CC); **D:** incorreta, pois somente os direitos reais (e as ações que os asseguram) sobre bens imóveis são considerados imóveis (art. 80, I, do CC); **E:** incorreta, pois a indivisibilidade também pode decorrer da vontade das partes (art. 88 do CC).

Gabarito "B"

2.5. BENS

2.5.1. Conceito

Na acepção do Código Civil *bens são toda utilidade física ou ideal que sejam objeto de um direito subjetivo.*

Nesse sentido, não há como confundir *bens* com *coisas*. O primeiro abrange utilidades materiais e imateriais, ao passo que as coisas dizem respeito às utilidades materiais, corpóreas.

Dessa forma, há bens que não são coisas, tais como a honra e a imagem.

Os *bens* são vocacionados a ser *objetos* de uma *relação jurídica*, a qual também tem a *pessoa* como um de seus elementos.

2.5.2. Classificação dos bens

2.5.2.1. Bens considerados em si mesmos

2.5.2.1.1. Imóveis/móveis

Considerados em si mesmos, ou seja, analisados em seu aspecto intrínseco, os bens têm uma primeira classificação que leva em conta sua mobilidade ou não.

Saber se um bem é imóvel ou não é importante por diversos motivos. Por exemplo, bens imóveis só se adquirem pelo registro, ao passo que móveis, pela tradição. Ademais, os primeiros dependem de outorga uxória para alienação e os segundos, não. Os prazos para usucapião são distintos, sendo maiores em se tratando de bens imóveis. A hipoteca e o direito real de garantia incidem sobre imóvel, ao passo que o penhor, sobre móvel.

Bens imóveis *são aqueles que não podem ser transportados de um lugar para outro sem alteração de sua substância.* Por exemplo, um terreno. São bens **imóveis** os seguintes:

a) ***imóveis por natureza***: o solo;

b) **imóveis por acessão**: tudo quanto se incorporar ao solo, natural ou artificialmente; aqui temos como exemplos de *bem imóvel por* ***acessão natural*** as árvores, frutos pendentes, pedras, fontes e cursos de água; já de *bens imóveis por* ***acessão artificial*** temos como exemplo as construções e as plantações, já que as últimas importam num atuar humano e não em nascimento espontâneo. Construções provisórias (que se destinam a remoção ou retirada), como os circos, parques de diversão, barracões de obra, entre outras, não são consideradas acessões. No CC/16 havia ainda os bens imóveis por acessão intelectual, contudo tal modalidade foi extinta, nos termos do Enunciado 11 das JDC/CJF.

c) **imóveis por determinação legal**:

i) os **direitos reais sobre imóveis**, tais como a propriedade e a hipoteca;

ii) as **ações que asseguram direitos reais sobre imóveis**, tal como a ação reivindicatória;

iii) o **direito à sucessão aberta**, ou seja, o direito de herança, enquanto não tiver sido feita a partilha de bens, pouco importando a natureza dos bens deixados na herança; a renúncia de uma herança é, portanto, uma renúncia de bem imóvel, devendo ser feita mediante escritura pública ou termo nos autos (art. 1806, CC) e autorização do cônjuge.

O Código Civil dispõe, ainda, que **não perdem o caráter de bens imóveis**:

a) as **edificações que, separadas do solo, mas conservando a sua unidade, forem removidas para outro local**; aqui se pode usar como exemplo casas pré-fabricadas, transportadas de um local para outro;

b) os **materiais provisoriamente separados de um prédio, para nele se reempregarem;** aqui se pode utilizar como exemplo parte de um telhado retirada para manutenção que depois será recolocada em seu lugar.

O atual Código Civil não faz referência aos imóveis por *acessão intelectual*, ou seja, àqueles bens que, mesmo não sendo imóveis, passavam a ser considerados como tal por vontade do proprietário da coisa. O instituto, previsto no Código anterior, era útil naquelas situações em que se queria unir um bem imóvel (uma fazenda, por exemplo) com bens nele empregados (tratores, máquinas, ferramentas etc.) para que tudo fosse considerado uma coisa só, o que repercutiria em caso de garantias, alienações e outros negócios. O atual Código não mais permite essa imobilização por vontade do dono e, em substituição, criou o instituto da *pertença*, que será visto logo adiante.

Bens móveis *são os passíveis de deslocamento sem alteração de sua substância*. Por exemplo, um livro. São bens móveis os seguintes:

a) **móveis por natureza**: os bens suscetíveis de remoção por força alheia, sem alteração da substância ou destinação econômico-social, ex.: um livro, um computador, alimentos, uma casa pré-fabricada, que, enquanto exposta à venda ou transportada, é um móvel também, porém, uma vez incorporada ao solo, passa a ser imóvel, permanecendo com essa natureza se for retirada do solo para ser incorporada em outro lugar, como se viu quando tratamos dos imóveis;

b) **semoventes**: também são móveis por natureza; a diferença é que esses bens são suscetíveis de movimento próprio, também sem que haja alteração da substância ou destinação econômico-social. Ex.: um cachorro.

c) **móveis por determinação legal:**

i) as **energias que tenham valor econômico**, como a energia elétrica;

ii) os **direitos reais sobre objetos móveis**, como o penhor;

iii) as **ações correspondentes a direitos reais sobre objetos móveis**, como a reintegração de posse em relação a bens móveis;

iv) os **direitos pessoais de caráter patrimonial**, como os créditos em geral, o fundo de comércio, as quotas e ações de sociedades e os direitos de autor;

v) as **ações sobre direitos pessoais de caráter patrimonial**, como a ação indenizatória;

d) **móveis por antecipação**: são os bens incorporados ao solo, mas com a intenção de separá-los e convertê-los em móveis, como as árvores destinadas ao corte e os frutos ainda não colhidos.

Não perdem o caráter de bens móveis os **materiais destinados a alguma construção enquanto não forem empregados**, como os materiais que acabam de ser comprados em uma loja de materiais de construção.

Readquirem a qualidade de bens móveis os provenientes da **demolição** de algum prédio. No caso da demolição, que é diferente daquela situação em os bens serão reempregados no imóvel, os objetos de demolição (portas, batentes, azulejos etc.) voltam a ser móveis.

Os **navios** e as **aeronaves** são bens móveis. Porém, podem ser imobilizados para fins de hipoteca, que é direito real de garantia sobre imóveis (v. art. 1.473, VI e VII, do CC, bem como o art. 138 da Lei 7.656/86 – Código Brasileiro de Aeronáutica).

2.5.2.1.2. Fungíveis/infungíveis

Bens fungíveis *são os móveis que podem ser substituídos por outros da mesma espécie, qualidade e quantidade*. Ex.: dinheiro.

Repare que, para ser fungível, o bem precisa, em primeiro lugar, ser *móvel*. Ademais, deve ser daquele tipo de móvel que pode ser substituído por outro da mesma espécie, qualidade e quantidade. Um quadro pintado por um renomado pintor, por exemplo, não pode ser considerado fungível, dada a impossibilidade de sua substituição por outro equivalente. O mesmo se pode dizer de uma casa, que, por se tratar de bem imóvel, é, nos termos da lei, infungível, **ressalvada** disposição convencional entre as partes em sentido contrário.

Bens infungíveis *são os imóveis ou os móveis que não podem ser substituídos por outros da mesma espécie, qualidade e quantidade*. Exs.: uma casa e uma obra de arte.

Essa classificação é útil, pois há contratos que só recaem sobre bens fungíveis (ex.: mútuo). E outros que só recaem sobre bens infungíveis (ex.: comodato). Ademais, para a compensação de dívidas, é necessário que estas sejam líquidas, vencidas e fungíveis. A expressão fungibilidade também aparece para classificar as obrigações e em matéria de ações possessórias e recursos, quando se admite o conhecimento de uma ação ou um recurso por outro.

2.5.2.1.3. Consumíveis/inconsumíveis

Bens consumíveis *são os móveis cujo uso importa sua destruição ou os destinados à alienação*. Ex.: alimentos em geral.

Repare que, para ser consumível, o bem precisa, em primeiro lugar, ser móvel. Ademais, deve ser daquele tipo de móvel que, uma vez usado, destrói-se imediatamente, como é o caso dos alimentos. Também são considerados consumíveis, para fins legais, os bens que forem destinados à alienação. Isso porque, uma vez alienados, também não têm mais utilidade para o vendedor.

Bens inconsumíveis *são os imóveis ou os móveis cujo uso não importa sua destruição e que não esteja destinado à alienação*. Ex.: uma obra de arte que ornamenta a casa de alguém, um carro, uma casa.

Essa classificação é útil, pois os bens consumíveis não podem ser objeto de usufruto. Se o forem, configurando-se o *usufruto impróprio*, o usufrutuário, ao final, deve devolver o equivalente.

Ademais, o CDC adotou classificação semelhante, que divide os bens em **duráveis** e **não duráveis**. Os primeiros ensejam reclamação por vícios em até 90 dias, ao passo que os segundos, em até 30 dias (art. 26 do CDC).

2.5.2.1.4. Divisíveis/indivisíveis

Bens divisíveis *são os que se podem fracionar sem alteração da substância, boa diminuição de valor ou prejuízo do uso a que se destinam*. Ex.: quantia em dinheiro.

Tais bens, mesmo sendo fisicamente divisíveis, podem tornar-se indivisíveis por disposição de *lei* ou por *vontade das partes*.

Bens indivisíveis *são os que, caso fracionados, sofrem alteração da substância, boa diminuição de valor ou prejuízo ao uso a que se destinam, bem como os que, em virtude da lei ou da vontade das partes, receberam essa qualificação*.

Os bens podem ser indivisíveis pelas seguintes causas: a) **por natureza**, como o animal, um carro, uma obra de arte; b) **por determinação legal**, como as servidões prediais (art. 1.386 do CC), a hipoteca (art. 1.421 do CC), o direito dos coerdeiros até a partilha (art. 1.791, CC) e a impossibilidade de desmembramento de lote cuja área seja inferior a 125 m² (art. 4º, III, da Lei 6.766/79); c) **por vontade das partes**, por convenção que torna coisa comum indivisa por prazo não superior a 5 anos, suscetível de prorrogação (art. 1.320, § 1º, do CC).

Essa classificação é útil em matéria de cumprimento das obrigações em que houver mais de um devedor ou credor. Caso a prestação seja indivisível, mesmo que não haja solidariedade entre os devedores, cada um deles responderá pela dívida por inteiro (art. 259, CC). A classificação também tem relevância quando há um condomínio sobre um dado bem e se deseja extinguir esse condomínio. Se a coisa for divisível, a extinção será mais simples. Já, se for indivisível, diferente será o procedimento para a divisão (arts. 1.320 e 1.322 do CC).

2.5.2.1.5. Singulares/Coletivos

Bens singulares *são os bens que, embora reunidos, se consideram de per si, independentemente dos demais*. Ex.: são singulares, quando considerados em sua individualidade, um boi, uma árvore, um livro etc. Já se cada um deles for considerado agregado a outros, formando um todo, ter-se-á bens coletivos ou uma universalidade de fato. Assim, temos bens coletivos num rebanho de gado, numa floresta e numa biblioteca, respectivamente.

Os bens singulares podem ser de duas **espécies**:

a) *singulares simples*, quando suas partes, da mesma espécie, estão ligadas pela própria natureza (um boi, p. ex.);

b) *singulares compostos*, quando suas partes se acham ligadas pela indústria humana (uma casa, p. ex.).

O Código Civil anterior conceituava os **bens coletivos** ou **universais** como *aqueles que se encaram agregados em um todo*. Tais bens consistem na reunião de vários bens singulares, que acabam formando um todo com individualidade própria. Os bens coletivos são chamados também de universais ou de universalidades. Há duas espécies de universalidades:

a) *universalidades de fato*, que consistem na pluralidade de bens singulares que, pertinentes à mesma pessoa, tenham destinação unitária (exs.: rebanho e biblioteca); os bens que formam essa universalidade podem ser objeto de relações jurídicas próprias; assim, pode-se destacar um boi do rebanho e vendê-lo isoladamente;

b) *universalidade de direito*, que consiste no complexo de relações jurídicas de uma pessoa, dotadas de valor econômico (exs.: herança, patrimônio, fundo de comércio, massa falida etc.); a diferença entre a universalidade de fato e a de direito é que a primeira se forma a partir da vontade do titular, ao passo que a segunda decorre da lei, que pode, em determinados casos, criar alguns obstáculos à alienação em separado de partes desse todo.

Neste ponto, importante destacar o Enunciado 288 JDC/CJF: *A pertinência subjetiva não constitui requisito imprescindível para a configuração das universalidades de fato e de direito.*

2.5.2.2. Bens reciprocamente considerados

2.5.2.2.1. Principais/acessórios

Considerados em si mesmos, ou seja, analisados um em comparação com outro, os bens podem ser principais e acessórios.

Saber se um bem é principal ou acessório é importante, pois o acessório segue o principal. O contrário, não. E isso pode ter várias repercussões, como em matéria de formação, validade e extinção dos negócios jurídicos.

A doutrina aponta as seguintes relações entre o bem principal e o bem acessório: a) a natureza do acessório tende a ser a mesma do principal, tendo em vista o princípio da gravitação; assim, sendo o solo bem imóvel (por natureza), a árvore também o é (por acessão); b) o acessório acompanha o principal em seu destino, salvo disposição legal ou convencional em contrário; c) o proprietário do principal é proprietário do acessório.

Bens principais *são os bens que existem por si, ou seja, independentemente da existência de outros bens.* São exemplos o solo e um contrato de locação etc. Os bens principais têm existência própria, autônoma.

Bens acessórios *são aqueles cuja existência depende da existência de outro, do principal.* São exemplos uma árvore (que depende da existência do solo) e um contrato de fiança locatícia (que depende de um contrato de locação).

São **espécies de bens acessórios**:

a) **os produtos:** *utilidades da coisa que não se reproduzem*, por exemplo, os recursos minerais; são utilidades que se retiram da coisa, diminuindo-lhe a quantidade, porque não se reproduzem periodicamente, como pedras, metais etc.; o Código Civil dispõe que, apesar de ainda não separados do bem principal, os produtos podem ser objeto de negócio jurídico; assim, o dono de um sítio pode vender um caminhão de areia (produto) desse imóvel, mesmo antes de separar a areia do local;

b) **os frutos:** *utilidades que se reproduzem, podendo ser civis, naturais ou industriais.* Exs.: juros e alugueres (frutos civis), frutos de uma árvore (frutos naturais) e produção de uma fábrica (frutos industriais); quanto ao seu estado, os frutos podem ser *pendentes* (enquanto unidos à coisa que os produziu), *percebidos ou colhidos* (depois de separados da coisa que os produziu), *estantes* (os separados e armazenados ou acondicionados para venda), *percipiendos* (os que deviam ser, mas não foram colhidos e percebidos) e os *consumidos* (os que não existem mais porque foram utilizados); o Código Civil também dispõe que, apesar de ainda não separados do bem principal, os produtos podem ser objeto de negócio jurídico;

Obs.: saber o que é e o que não é produto e fruto, e a situação em que cada fruto se encontra, é relevante principalmente em matéria possessória; o possuidor de boa-fé que venha a perder a coisa possuída tem direitos diferentes em relação a esses bens, comparado com o possuidor de má-fé, matéria vista no tópico de Direito das Coisas;

c) **as pertenças:** *são bens móveis que, não constituindo partes integrantes de outros bens, estão destinados a estes de modo duradouro*. São exemplos os móveis de uma casa e os tratores e equipamentos de uma fazenda. Repare que os bens citados a) são **móveis**, b) **não estão integrados na coisa** de modo que sua retirada comprometesse sua substância, e c) **são bens destinados de modo duradouro** à casa e à fazenda. As pertenças, como se percebe, são bens acessórios. E os bens acessórios, como regra, seguem o bem principal. Assim, em tese, a venda de uma fazenda importaria também na venda dos tratores e equipamentos da fazenda. No entanto, o atual Código Civil resolveu regulamentar o instituto das pertenças justamente para excepcionar essa regra. O artigo 94 diz que os negócios jurídicos que digam respeito ao principal **não abrangem as pertenças**. No entanto, o próprio Código Civil dispõe que as pertenças seguirão o principal **caso** haja *disposição de lei*, *de vontade* ou *circunstancial* em contrário. Assim, vendida uma fazenda, os tratores não fazem parte desse negócio. Vendida uma casa, os móveis dela também não acompanham a venda. No entanto, se a lei dispuser o contrário, se as partes convencionarem o contrário (ex.: vende-se uma fazenda com "porteira fechada") ou se as circunstâncias em que o negócio estiver sendo feito der a entender que as pertenças acompanharão o bem principal, a regra de que a pertença não segue o principal fica excepcionada. Por fim, para a existência da pertença, a Lei não exige elemento subjetivo como requisito para o ato de destinação (Enunciado n. 535 JDC/CJF);

d) **as benfeitorias:** *são melhoramentos feitos em coisa já existente*. Por exemplo, um novo quarto construído numa casa já pronta. Diferem das acessões, que consistem na criação de coisa nova, como é o caso de uma casa construída num terreno vazio. As benfeitorias têm as seguintes espécies: i) **voluptuárias** (*são as de mero deleite* – não aumentam o uso habitual do bem, ainda que o tornem mais agradável ou sejam de elevado valor), ii) **úteis** (*são as que aumentam ou facilitam o uso do bem*) e iii) **necessárias** (*são as indispensáveis à conservação do bem ou a evitar que este se deteriore*). Não se consideram benfeitorias os melhoramentos ou acréscimos sobrevindos ao bem sem a intervenção do proprietário, possuidor ou detentor. O instituto da benfeitoria se diferencia do instituto da pertença, pois a primeira passa a ser parte integrante da coisa. Assim, vendido o bem principal, a benfeitoria nele realizada, apesar de ser bem acessório, acompanhará o bem principal, ao contrário do que acontece ordinariamente com a pertença. Saber a natureza da benfeitoria (se voluptuária, útil ou necessária) também é relevante em matéria de Direito das Coisas, pois também há tratamento diferenciado acerca dos direitos que têm os possuidores de boa e de má-fé em relação à coisa que perderam. Em matéria de desapropriação o tema também é pertinente, pois, uma vez feito o decreto expropriatório, o expropriado não terá mais direito a indenizações decorrentes de benfeitorias que fizer posteriormente na coisa, salvo se se tratar de benfeitoria necessária, em qualquer caso, e se se tratar de benfeitoria útil autorizada pelo Poder Público.

2.5.2.3. Bens públicos

2.5.2.3.1. Bens públicos/bens privados

O Código Civil classifica também os bens em públicos e privados. Tal classificação é de extrema importância, pois os bens públicos têm um regime jurídico diferenciado dos bens privados. Os bens públicos, por servirem a relevantes interesses públicos, precisam ter proteção especial, como a inalienabilidade, a impenhorabilidade e a imprescritibilidade, sob pena de se gerar situação de risco à coletividade, com a possível descontinuação da prestação dos serviços públicos em geral.

Dessa forma, saber se um dado bem é público ou privado tem forte repercussão na prática.

O Código Civil trouxe distinção bem simples entre os bens públicos e os bens privados. Confira.

Bens públicos *são os pertencentes às pessoas jurídicas de direito público interno.* Ou seja, são os bens pertencentes à União, aos Estados, ao Distrito Federal, aos Municípios, às Autarquias, às Agências Reguladoras, às Fundações Públicas e às Associações Públicas (Consórcios Públicos de Direito Público). As quatro últimas pessoas mencionadas praticam atividade típica de Estado, de modo que precisam ter um regime jurídico diferenciado, inclusive com relação aos bens de sua propriedade.

Bens privados (ou particulares), por sua vez, *são todos os demais bens, seja qual for a pessoa a que pertencerem.* Ou seja, todos os bens que não pertençam a pessoas jurídicas de direito público são bens privados. Nesse sentido, são bens privados os pertencentes a partidos políticos, entidades religiosas, associações, fundações privadas, sociedades (inclusive as empresas estatais, já que estas são pessoas jurídicas de direito privado) e consórcios públicos de direito privado.

Resta saber qual é a situação jurídica dos bens afetados a um serviço público, adquiridos por pessoas jurídicas de direito privado prestadoras de serviço público. Por exemplo, qual é natureza jurídica de um orelhão comprado e instalado por uma empresa de telefonia? A doutrina aponta que os bens afetados ao serviço público também são bens públicos, portanto, são inalienáveis, impenhoráveis e imprescritíveis. Tal posição decorre do fato de que, ao fim da concessão, esses bens reverterão ao Poder Concedente, estando, portanto, pendente termo suspensivo, termo esse que não impede que se reconheça o direito sobre o bem por parte do Poder Público. Essa proteção decorre também do princípio da continuidade do serviço público, que precisa ser preservado. Em harmonia a este entendimento, o Enunciado 287 JDC/

CJF: *O critério da classificação de bens indicado no art. 98 do Código Civil não exaure a enumeração dos bens públicos, podendo ainda ser classificado como tal o bem pertencente a pessoa jurídica de direito privado que esteja afetado à prestação de serviços públicos.*

2.5.2.3.2. Classificação dos bens públicos

Os bens públicos, quanto à sua destinação, podem ser divididos nas seguintes espécies:

a) **bens de uso comum do povo**: *são os destinados a uso público, podendo ser utilizados indiscriminadamente por qualquer do povo*. Ex.: mares, rios, estradas, ruas e praças. O uso comum dos bens públicos pode ser gratuito ou retribuído, conforme for estabelecido legalmente pela entidade a cuja administração pertencerem. Isso significa que, nos termos do que dispuser a lei local, pode-se cobrar pelo uso de bens de uso comum do povo. Isso ocorre, por exemplo, em locais de zona azul e em rodovias pedagiadas;

b) **bens de uso especial:** *são aqueles destinados à execução dos serviços públicos ou a servir de estabelecimento para os entes públicos, inclusive as autarquias*. Ex.: edifícios onde estão as repartições públicas, equipamentos e veículos públicos;

c) **bens dominicais**: *são aqueles que não têm destinação específica, nem se encontram sujeitos ao uso comum do povo*. Constituem o patrimônio das pessoas jurídicas de direito público, como objeto de direito pessoal ou real de cada uma dessas entidades. São bens que simplesmente integram o patrimônio do Estado sem que haja destinação específica. Os bens dominicais são considerados alienáveis. Exs.: terrenos de marinha, terras devolutas (terras públicas não utilizadas, nem destinadas a algum fim administrativo específico), prédios em renda etc.

2.5.2.3.3. Regime jurídico dos bens públicos

O Código Civil traz três regras sobre o regime jurídico dos bens públicos. Confira:

a) Os bens públicos de *uso comum do povo* e os de *uso especial* são *inalienáveis*, enquanto conservarem a sua qualificação, na forma que a lei determinar;

b) Os bens públicos *dominicais* podem ser *alienados*, observadas as exigências da lei;

c) Os *bens públicos* não estão sujeitos à *usucapião*. Nesse sentido, Súmula 340 do STF.

Analisando as afirmativas anteriores, chega-se à conclusão de que **todos os bens públicos não estão sujeitos à usucapião**, ou seja, são imprescritíveis.

Chega-se também à conclusão de que **os bens de uso comum do povo e os bens de uso especial são inalienáveis**, ao passo que **os bens dominicais são alienáveis**. Naturalmente, os bens de uso comum do povo e os bens de uso especial podem ser alienados preenchidos certos requisitos (por exemplo, se forem imóveis, são necessários interesse público devidamente justificado, desafetação, lei autorizativa, avaliação e licitação). E os bens dominicais são alienáveis, preenchidos os requisitos legais, dentre os quais a necessidade de avaliá-los e realização de licitação.

Resta a dúvida acerca da penhorabilidade ou não dos bens públicos, já que o Código Civil não traz disposição específica a esse respeito. Para responder a essa dúvida, basta lembrar que, se o bem não pode ser alienado, também não pode ser penhorado, pois a penhora tem por objetivo fazer uma alienação judicial, ao final. Assim, os *bens de uso comum do povo* e os *bens de uso especial* são, com certeza, impenhoráveis também. Já os bens dominicais, por serem alienáveis, poderiam, em tese, ser penhorados. Todavia, o art. 100 da Constituição Federal elegeu a expedição de precatório ou o pagamento imediato (em caso de precatório de pequeno valor) como os únicos meios de satisfação judicial dos credores das pessoas jurídicas de direito público. Assim, por conta do texto constitucional, os bens dominicais não estão sujeitos a penhora, de maneira que **todos os bens públicos são impenhoráveis**. Isso significa que tais bens também não estão sujeitos a servir de garantia (não são passíveis de oneração), uma vez que esta visa justamente a penhora e a alienação judicial, caso a garantia seja acionada.

É bom salientar, de qualquer forma, que os bens públicos podem sofrer constrições judiciais em alguns casos, como o sequestro de dinheiro público, em caso de violação da ordem cronológica dos precatórios, bem como o sequestro de dinheiro público em caso de não cumprimento de decisões judiciais que determinarem o fornecimento de medicamentos e tratamentos na área de saúde, conforme vem decidindo o Superior Tribunal de Justiça.

2.5.3. Quadro sinótico

1. Conceito de bens: *toda utilidade física ou ideal, que possa ser objeto de um direito subjetivo*

- Coisas: só utilidades físicas

-Relação jurídica: pessoas – bens – vínculo

2. Classificação dos bens

2.1. Considerados em si mesmos:

- imóvel/móvel, fungíveis/infungíveis, consumíveis/inconsumíveis, divisíveis/indivisíveis, singulares/coletivos

2.2. Reciprocamente considerados:

- principais/acessórios

2.3. Quanto à titularidade: públicos/privados

3. Móveis e imóveis

3.1. Imóveis: *bens que não podem ser transportados de um lugar para outro sem alteração de sua substância*

a) Imóveis por natureza: solo

b) Imóveis por acessão: tudo que se incorporar ao solo, podendo ser **natural** (ex: árvores) ou **artificial** (exs: casa construída, plantação)

c) Imóveis por determinação legal:

- Direitos reais sobre imóveis e ações que os asseguram

- Direito à sucessão aberta (herança)

d) Não perdem caráter de imóvel

- Edificações removidas p/outro local (casa pré-fabricada)

- Material separado de prédio para nele se reempregar

3.2. Móveis: *bens que podem ser transportados de um lugar para outro sem alteração de sua substância*

a) Semoventes: suscetíveis de movimento próprio; ex boi

b) Móveis por antecipação: incorporados ao solo, mas com intenção de retirá-los (ex: árvores p/corte e frutos)

c) Móveis por determinação legal:

- Energias que têm valor econômico

- Direitos reais sobre móveis e ações que os asseguram

- Direitos pessoais patrimoniais e ações que os asseguram

- Direitos autorais (art. 3º da Lei 9.610/98)

d) Conservam ou readquirem qualidade de móvel

- Materiais destinados a alguma construção

- Materiais provenientes de demolição de prédio

4. Fungíveis e infungíveis

4.1. Fungíveis: *móveis que podem ser substituídos por outros da mesma espécie, qualidade e quantidade*

- ex: dinheiro, laranjas

- vontade também pode determinar fungibilidade

4.2. Infungíveis: *imóveis ou móveis que não podem ser substituídos por outros da mesma espécie, qualidade e quantidade*

- ex: quadro de grande pintor, prédio

Importância da classificação: a) mútuo e comodato; b) compensação de dívidas; c) matéria processual

5. Consumíveis e inconsumíveis

5.1. Consumíveis: *móveis cujo uso importa na sua destruição ou os destinados à alienação*

- ex: alimentos em geral

- também são consumíveis bens destinados à alienação

5.2. Inconsumíveis: *imóveis ou móveis cujo uso não importa na sua destruição e que não estejam destinados à alienação*

- ex: carro, casa

Importância da classificação: a) usufruto; b) CDC adotou critério de *durável* e *não durável*

6. Divisíveis e indivisíveis

6.1. Divisíveis: *bens que se podem fracionar sem alteração da substância, boa diminuição de valor ou prejuízo do uso a que se destinam*

- ex: alimentos em geral, grande gleba de terra

6.2. Indivisíveis: *bens que, caso fracionados, sofrem alteração da substância, boa diminuição de valor ou prejuízo ao uso a que se destinam*

- ex: carro, casa

- Bem divisível pode se tornar indivisível por lei ou vontade das partes

Importância da classificação: a) obrigações; b) divisão de condomínio

7. Singulares e coletivos

7.1. Singulares: *bens que, embora reunidos, se consideram de per si, independentemente dos demais*

- ex: 1 livro, 1 animal, 1 casa

7.2. Coletivos: *reunião de bens que forma um todo com individualidade própria*

- ex: 1 biblioteca, 1 rebanho, 1 herança

- Há duas espécies de **universalidade**:

a) de fato (biblioteca, rebanho);

b) de direito (herança, patrimônio, massa falida)

- A primeira decorre da vontade e a segunda, da lei

8. Principais e acessórios

8.1. Principais: *bens que existem por si só*

- ex: solo, contrato de locação

8.2. Acessórios: *bens cuja existência depende da do principal*

- ex: frutos da árvore, contrato de fiança

Importância da classificação:

a) natureza do acessório tende a ser a mesma do principal (princípio da gravitação)

b) destino do acessório acompanha o do principal, ou seja, o "acessório segue principal" (presunção relativa)

8.3. Espécies de bens acessórios

8.3.1. Frutos: *utilidades que se reproduzem;* exs: juros, aluguéis (civis), leite (naturais) e chocolate (industriais)

8.3.2. Produtos: *utilidades que não se reproduzem;* exs: pedras, metais e areia encontrados no solo

8.3.3. Pertenças: *bens móveis destinados de modo duradouro à coisa, não constituindo parte integrante desta*

ex: móveis de uma casa, tratores de fazenda

- Pertenças não acompanham o principal, salvo a) lei; b) convenção; c) circunstâncias

- Assim, vendida uma fazenda, em regra não acompanham a venda tratores e máquinas usados no imóvel

8.3.4. Benfeitorias: *melhoramentos feitos em coisa já existente*

- Diferem de *acessões*, que são criação de coisa nova

- Espécies de benfeitorias:

a) voluptuárias: *de mero recreio ou deleite*

b) úteis: *aumentam ou facilitam o uso da coisa*

c) necessárias: *indispensáveis à conservação do bem principal*

- Benfeitorias, diferente das pertenças, acompanham o principal

- Em matéria possessória, natureza da benfeitoria faz diferença quando há perda da posse

2.5.4. Questões comentadas

(Magistratura/MG – 2009 – EJEF) "Principal é o bem que existe sobre si, abstrata ou concretamente; acessório, aquele cuja existência supõe a do principal" (art. 92 do Código Civil). A lei estabelece um vínculo entre o bem principal e o acessório. Relativamente a este último, o bem acessório, é CORRETO afirmar que:

(A) A relação de acessoriedade só existe entre coisas.

(B) A relação de acessoriedade existe entre coisas e direitos.

(C) Apenas os bens móveis podem ser acessórios.

(D) As relações obrigacionais não podem ser acessórias.

A: incorreta, pois tal relação também pode existir entre relações jurídicas (ex.: contrato de locação e contrato de fiança); **B:** correta, nos termos do comentário à alternativa "a"; **C:** incorreta, pois benfeitorias (melhoramentos feitos em coisas existentes), ainda que formadoras de bens imóveis, também são bens acessórios; **D:** incorreta, pois uma obrigação decorrente de contrato de fiança também é bem acessório.

Gabarito "B"

(Magistratura/PE – 2011 – FCC) Os imóveis a seguir mencionados pertencem:

Imóvel 1 – a uma pessoa jurídica de direito privado, mas de que o Estado é acionista;

Imóvel 2 – a uma autarquia, onde funciona hospital para atendimento gratuito da população;

Imóvel 3 – a um loteamento urbano aprovado e registrado, para servir de praça pública, mas cujo terreno não foi objeto de desapropriação;

Imóvel 4 – ao município que o recebeu, por ser a herança vacante, e que permanece sem destinação.

Esses imóveis são classificados, respectivamente, como bens:

(A) particular; público de uso especial; público de uso comum do povo; público dominical.

(B) público de uso especial; público de uso especial; particular por falta de desapropriação; público dominical.

(C) particular; público de uso comum do povo; público de uso comum do povo; público de uso especial.

(D) público dominical; público de uso especial; particular, por falta de desapropriação mas que se tornará público pela usucapião; público dominical.

(E) particular; público de uso especial; particular que só se tornará público por desapropriação; público dominical.

Imóvel **1:** imóvel particular, pois a titularidade é de pessoa jurídica de direito privado; Imóvel **2:** imóvel público de uso especial, pois pertence a uma autarquia, que é pessoa jurídica de direito público, e é destinado à execução de serviço público (arts. 98 e 99, II, ambos do CC); Imóvel **3:** imóvel público de uso comum do povo, pois é destinado a uso público (arts. 98 e 99, I, ambos do CC); Imóvel **4:** imóvel público dominical, pois pertence ao Município, pessoa jurídica de direito público, e não tem destinação específica (arts. 98 e 99, III, ambos do CC).

Gabarito "A"

(Magistratura/RS – 2009) Assinale a assertiva correta sobre bens.

(A) Os bens públicos estão sujeitos a usucapião.

(B) Os bens de uso comum do povo são, por exemplo, rios, mares, praças, ruas e estradas, exceto quando houver retribuição por sua utilização.

(C) Os bens públicos dominicais constituem o patrimônio das pessoas jurídicas de direito público, como objeto de direito pessoal ou real.

(D) Os bens públicos dominicais não podem ser alienados.

(E) O uso comum dos bens públicos deve ser gratuito, não podendo haver retribuição.

A: incorreta, pois os bens públicos não estão sujeitos à usucapião (art. 102 do CC); **B** e **E:** incorretas, pois é possível cobrar retribuição pela utilização de bens de uso comum do povo (art. 103 do CC); **C:** correta (art. 99, III, do CC); **D:** incorreta, pois tais bens são alienáveis, observadas as exigências da lei (art. 101 do CC).

Gabarito "C"

(Magistratura/SC – 2009) Assinale a alternativa INCORRETA:

(A) Úteis são as benfeitorias que aumentam ou facilitam o uso do bem.

(B) O bem naturalmente divisível só pode se tornar indivisível por disposição legal.

(C) Considera-se imóvel qualquer material retirado temporariamente de uma edificação para nela ser reempregado.

(D) Ainda que não separados do bem principal, os frutos e produtos podem ser objeto de negócio jurídico.

(E) Considera-se posse de boa-fé quando o possuidor ignora o vício ou o obstáculo que impede a aquisição da coisa.

A: correta (art. 96, § 2º, do CC); **B:** incorreta, devendo ser assinalada, pois um bem pode se tornar indivisível por força da vontade (art. 88 do CC); **C:** correta (art. 81, II, do CC); **D:** correta (art. 95 do CC); **E:** correta (art. 1.201 do CC).

Gabarito "B"

(Magistratura/SP – 2009 – VUNESP) Considerados em si mesmos, os bens podem ser

(A) públicos e particulares.

(B) principais e acessórios.

(C) imóveis pela própria natureza, benfeitorias e pertenças.

(D) móveis e imóveis.

Considerados em si mesmos os bens podem ser móveis ou imóveis (vide o nome do capítulo logo acima do art. 79), fungíveis e infungíveis, consumíveis e inconsumíveis, divisíveis e indivisíveis, e singulares e coletivos. *Reciprocamente considerados* os bens podem ser principais e acessórios. Quanto à *titularidade*, os bens podem ser públicos ou privados.

Gabarito "D"

(Ministério Público/GO – 2010) Analise as seguintes proposições:

I. Os bens são coisas materiais ou imateriais que têm valor econômico e que podem servir de objeto a uma relação jurídica.

II. Aberta a sucessão os herdeiros poderão ceder seus direitos hereditários, que tidos como imóveis, será imprescindível escritura pública.

III. A fungibilidade é própria dos bens imóveis, entretanto existem móveis fungíveis.

IV. A consuntibilidade ou a inconsuntibilidade decorrem da destinação econômico-jurídica do bem e não da natureza da coisa.

(A) Correto apenas o item I.

(B) Corretos apenas os itens I, II e IV.

(C) Todos os itens são corretos.

(D) Todos os itens são incorretos.

I: correta, tendo em vista estar de acordo com o conceito e definição de bem para o Direito Civil; **II:** correta, pois o direito à sucessão aberta é considerado um bem imóvel para os efeitos da lei (CC, art. 80, II). Com isso, não importando os bens que compõem a herança, o direito de recebê-la é considerado como um bem imóvel e sua cessão exigirá, portanto, a escritura pública, bem como a vênia conjugal (ressalvado o regime da separação convencional de bens); **III:** incorreta, pois a infungibilidade é própria dos bens imóveis; **IV:** correta, pois a destinação econômica jurídica bem também é critério para definição da sua consumibilidade (CC, art. 86).

Gabarito "B"

(Ministério Público/MG – 2010.1) Assinale a alternativa INCORRETA.

(A) Bens corpóreos são coisas com existência material; bens incorpóreos não são perceptíveis pelos sentidos; patrimônio é o conjunto de bens e direitos de um sujeito.

(B) Há bens imóveis por natureza, bens imóveis por destinação, bens imóveis por acessão intelectual, outros que a lei considera imóveis para os efeitos legais.

(C) A lei considera móveis os direitos reais sobre objetos móveis e as ações correspondentes, os direitos pessoais de caráter patrimonial e respectivas ações.

(D) Os rios, as estradas, as ruas e praças, os edifícios destinados a serviço da administração federal, inclusive suas autarquias, entre outros, são bens públicos.

(E) A vaga em ponto de táxi incide sobre bem público de uso comum do povo, esses bens estão fora do comércio e o arrendamento de vaga é nulo de pleno direito.

A: correta, pois traz definição correta dos três institutos citados (bens corpóreos, bens incorpóreos e patrimônio); **B:** incorreta (e deve ser assinalada), pois só existem imóveis por natureza (o solo), imóveis por acessão natural ou artificial e imóveis por determinação legal, não existindo mais a figura dos imóveis por acessão intelectual; **C:** correta (art. 83, II e III, do CC); **D:** correta (art. 99, I e II, do CC); **E:** correta, pois a rua é bem público de uso comum do povo (art. 99, I, do CC), não sendo possível seu comércio ou arrendamento.

Gabarito "B"

(Procurador do Estado/GO – 2010) Com relação às diferentes classes de bens, está INCORRETA a seguinte afirmação:

(A) O direito à sucessão aberta é considerado bem imóvel para os efeitos legais.

(B) Constitui universalidade de fato a pluralidade de bens singulares que, pertinentes à mesma pessoa, tenham destinação unitária.

(C) Consideram-se móveis para os efeitos legais as energias que tenham valor econômico e os direitos pessoais de caráter patrimonial e respectivas ações.

(D) Não dispondo a lei em contrário, consideram-se de uso especial os bens pertencentes às pessoas jurídicas de direito público a que se tenha dado estrutura de direito privado.

(E) São públicos os bens do domínio nacional pertencentes às pessoas jurídicas de direito público interno; todos os outros são particulares, seja qual for a pessoa a que pertençam.

A: correta (art. 80, II, do CC); **B:** correta (art. 90, do CC); **C:** correta (art. 83, I e III, do CC); **D:** incorreta, devendo ser assinalada (art. 99, parágrafo único, do CC); **E:** correta (art. 98, do CC).

Gabarito "D"

(Procurador do Estado/MG – FUMARC – 2012) Assinale, dentre as alternativas abaixo, qual se refere a bem imóvel:

(A) os direitos reais sobre objetos móveis e as ações correspondentes

(B) os direitos pessoais de caráter patrimonial e respectivas ações

(C) as energias que tenham valor econômico

(D) o direito à sucessão aberta

(E) os bens suscetíveis de movimento próprio ou de remoção por força alheia, sem alteração da substância ou destinação econômico-social

A: incorreta (art. 83, II, do CC); **B:** incorreta (art. 83, III, do CC); **C:** incorreta (art. 83, I, do CC); **D:** correta (art. 80, II, do CC); **E:** incorreta (art. 82, do CC).

Gabarito "D"

(Procurador do Estado/PA – 2011) Acerca dos bens e seu regramento jurídico, assinale a alternativa INCORRETA:

(A) Os bens de uso comum do povo e os de uso especial podem ser alienados, desde que haja desafetação e exista autorização legislativa para a venda.

(B) A vaga de garagem que possui matrícula própria no registro de imóveis não constitui bem de família para efeito de penhora.

(C) Para a classificação como bem de família, é indispensável que o imóvel pertença à determinada unidade familiar, de maneira que o conceito de impenhorabilidade não abrange imóvel pertencente a pessoas solteiras, separadas e viúvas.

(D) Os materiais provisoriamente separados de um prédio, para nele se reempregarem, não perdem o caráter de imóveis.

(E) Os bens naturalmente divisíveis podem tornar-se indivisíveis por determinação da lei ou por vontade das partes.

A: correta (art. 100, do CC); **B:** correta (súmula 449, do STJ); **C:** incorreta, devendo ser assinalada (Súmula 364, do STJ); **D:** correta (art. 81, II, do CC); **E:** correta (art. 88, do CC).

Gabarito "C"

(Procurador do Estado/PR – UEL-COPS – 2011) No que se refere aos bens públicos, assinale a alternativa correta:

(A) os bens dominicais constituem o patrimônio das pessoas jurídicas de direito público, constituindo-se objeto de direito real de cada uma delas;

(B) a alienação dos bens públicos somente acontece quando houver interesse social, independentemente de sua condição de uso pela administração;

(C) os bens públicos dominicais não podem ser alienados, tendo em vista que potencialmente úteis à função pública;

(D) se não houver disposição contrária de lei, consideram-se dominicais os bens pertencentes às pessoas jurídicas de direito público a que se tenha dado estrutura de direito privado;

(E) o uso comum dos bens públicos pode ser gratuito ou retribuído, conforme for estabelecido por ato administrativo da entidade a que pertencerem.

A: incorreta (art. 99, III, do CC); **B:** incorreta (artigos 100 e 101, ambos do CC); **C:** incorreta (art. 101, do CC); **D:** correta (art. 99, parágrafo único, do CC); **E:** incorreta (art. 103, do CC).

Gabarito "D"

(Procurador do Estado/RS – FUNDATEC – 2010) Assinale a alternativa correta:

(A) Os bens públicos de uso comum, de uso especial e os dominicais são sempre considerados inalienáveis.

(B) Pela utilização de bens públicos de uso comum, o poder público não pode exigir qualquer espécie de retribuição.

(C) Enquanto não ocorrer a condição resolutiva, o negócio jurídico não terá eficácia e não se terá adquirido o direito a que ele visa.

(D) Um negócio jurídico não pode ser considerado nulo somente porque não cumpriu a forma prescrita ou não defesa em lei.

(E) A *universitas facti* é uma categoria lógica e a universalidade de direito contempla um todo que emerge das unidades que a compõem.

A: incorreta (artigos 100 e 101, ambos do CC); **B:** incorreta (art. 103, do CC); **C:** incorreta (art. 125, do CC); **D:** incorreta (art. 104, III, do CC); **E:** correta (art. 90 e 91, do CC).

Gabarito "E"

(Procurador do Município/Florianópolis-SC – 2010 – FEPESE) Considerando-se a classificação jurídica dos bens, pode-se afirmar que uma garrafa de vinho raro, de cuja safra restam pouquíssimos exemplares, é um bem de natureza:

(A) Fungível, consumível e divisível.

(B) Fungível, consumível e indivisível.

(C) Fungível, inconsumível e divisível.

(D) Infungível, inconsumível e divisível.

(E) Infungível, consumível e indivisível.

O bem será considerado infungível, pois não pode ser substituído por outro da mesma qualidade (pois é uma garrafa de vinho bastante rara), é também consumível, pois o seu uso importa na sua destruição, e é indivisível, pois caso fracionado, sofrerá alteração da substância, diminuição de valor e prejuízo ao uso.

Gabarito "E"

(Procurador do Município/Teresina-PI – 2010 – FCC) Para o Código Civil, os bens públicos

(A) têm a gratuidade como inerente a seu uso comum.

(B) são sempre inalienáveis.

(C) dominicais e os de uso especial podem ser alienados, enquanto conservarem sua qualificação, observadas as exigências legais.

(D) são aqueles do domínio nacional pertencentes às pessoas jurídicas de direito público interno, inclusive suas autarquias.

(E) não são passíveis de usucapião, salvo os bens autárquicos.

Arts. 98 e 41, ambos do CC.

Gabarito "D"

(Advogado da União/AGU – CESPE – 2009) A respeito da disciplina dos bens, julgue os itens seguintes.

(1) A praça, exemplo típico de bem de uso comum do povo, perderá tal característica se o poder público tornar seu uso oneroso, instituindo uma taxa de uso, por exemplo.

(2) O imóvel público onde esteja localizada uma Procuradoria Regional da União é considerado bem de uso especial, qualificação que impede a sua alienação.

1: incorreta, pois é possível a cobrança de retribuição pelo uso de bem de uso comum do povo (art. 103 do CC); **2:** correta, pois os edifícios públicos são bens de uso especial e tais bens são inalienáveis (art. 100 do CC).

Gabarito 1E, 2C

(Cartório/MG – 2012 – FUMARC) Segundo o Código Civil, consideram-se benfeitorias voluptuárias aquelas realizadas para

(A) aumentar o bem.

(B) facilitar o uso do bem.

(C) impedir que o bem se deteriore.

(D) mero deleite, ainda que de elevado valor.

Nos termos do art. 96, § 1°, do CC, são consideradas voluptuárias as benfeitorias de mero deleite ou recreio, que não aumentam o uso habitual do bem, ainda que o tornem mais agradável ou sejam de elevado valor. De outra parte, são consideradas benfeitorias úteis as que aumentam ou facilitam o uso do bem (art. 96, § 2°, do CC). Por fim, são chamadas necessárias as benfeitorias que evitam que o bem se deteriore (art. 96, § 3°, do CC).

Gabarito "D"

(Cartório/SP – 2011 – VUNESP) A respeito dos bens públicos, é correto afirmar:

(A) os bens dominicais podem ser alienados, observadas as exigências da lei.

(B) o hospital municipal, o prédio da escola pública e o Fórum são bens de uso comum do povo.

(C) é admissível a usucapião constitucional em bens públicos.

(D) o uso comum dos bens públicos será sempre gratuito.

A: correta, pois de fato os bens dominicais podem ser alienados, uma vez que constituem patrimônio disponível do Poder Público. Entretanto esta alienação deve preencher os requisitos legais, dentre os quais a necessidade de avaliação e realização de licitação (art. 101 do CC); **B:** incorreta, pois tais prédios públicos são típicos exemplos de bens de uso especial, isto é, aqueles destinados à execução dos serviços públicos ou a servir de estabelecimento para os entes públicos (art. 98, II, do CC); **C:** incorreta, pois os bens públicos são imprescritíveis, isto é, não estão sujeitos à usucapião de nenhum espécie (art. 102 do CC e Súmula 340 do STF); **D:** incorreta, pois o uso comum dos bens públicos pode ser gratuito ou remunerado, conforme for estabelecido legalmente pela entidade a cuja administração pertencem.

Gabarito "A"

(Cartório/SP – 2011 – VUNESP) As utilidades que se retiram da coisa e lhe diminuem a quantidade, pois não se reproduzem periodicamente, são:

(A) frutos civis (rendimentos).

(B) frutos percipiendos.

(C) pertenças.

(D) produtos.

A e **B:** incorretas, pois frutos são utilidades que se reproduzem. Quanto a sua definição, os frutos podem ser civis (juros, aluguéis), naturais (frutos de uma árvore) ou industriais (produção de uma fábrica). Quanto ao seu estado, podem ser pendentes (enquanto unidos à coisa que os produziu), percebidos os colhidos (depois de separados da coisa que os produziu), estantes (os separados e armazenados ou acondicionados para a venda), percipiendos (os que deviam ser, mas não foram colhidos e percebidos) e os consumidos (os que não existem mais porque foram utilizados); **C:** incorreta (art. 93 do CC); **D:** correta, pois produtos são justamente as utilidades da coisa que não se reproduzem.

Gabarito "D"

(Cartório/SP – 2011 – VUNESP) Assinale a alternativa correta:

(A) Não se consideram benfeitorias os melhoramentos ou acréscimos sobrevindos ao bem sem a intervenção do proprietário, possuidor ou detentor.

(B) São úteis as benfeitorias que têm por fim conservar o bem ou evitar que se deteriore.

(C) O reivindicante, obrigado a indenizar as benfeitorias ao possuidor de boa-fé, tem o direito de optar entre o seu valor atual e o seu custo.

(D) O possuidor de má-fé tem direito ao ressarcimento das benfeitorias necessárias e úteis, sem direito de retenção, e tem direito a levantar as benfeitorias voluptuárias.

A: correta (art. 97 do CC); **B:** incorreta, pois tais melhoramentos trata-se de benfeitorias necessárias (art. 96, § 2°, do CC); **C:** incorreta, pois o reivindicante obrigado a indenizar o possuidor de boa-fé não tem o direito de optar entre o seu valor atual e o seu de custo, apenas podendo fazê-lo pelo seu valor atual (art. 1.222 do CC); **D:** incorreta, pois ao possuidor de má-fé apenas serão indenizadas as benfeitorias necessárias, além do que não tem o direito de levantar as benfeitorias voluptuárias. (art. 1.220 do CC).

Gabarito "A"

(Analista – TRT/14ª – 2011 – FCC) A respeito dos bens públicos, considere:

I. Bens de uso comum do povo.

II. Bens de uso especial.

III. Bens dominicais.

São inalienáveis, enquanto conservarem a sua qualificação, os bens públicos indicados APENAS em

(A) I.

(B) I e II.

(C) I e III.

(D) II e III.

(E) III.

Os bens de uso comum e os bens de uso especial são inalienáveis enquanto conservarem essa qualificação (art. 100 do CC). Já os bens dominicais podem ser alienados, observadas as exigências da lei (art. 101 do CC).

Gabarito "B"

(Analista – TRT/20ª – 2011 – FCC) A respeito dos bens, é correto afirmar:

(A) Uma biblioteca é considerada universalidade de direito e, como tal, é considerada bem indivisível.

(B) As terras devolutas, por serem coisas que não têm dono e pertencem ao Estado, são consideradas bens móveis.

(C) As benfeitorias voluptuárias, de mero deleite ou luxo, de um imóvel são desprovidas de existência material própria e consideradas bens imóveis.

(D) A energia elétrica é bem de uso comum do povo, divisível e considerada imóvel por determinação legal.

(E) Tudo o que for incorporado ao solo de forma natural e permanente, como uma árvore, é considerado bem móvel.

A: incorreta, pois a biblioteca é uma universalidade de fato (art. 90 do CC); ademais, segundo o p. único do dispositivo citado, os bens que formam essa universalidade podem ser objeto de relações jurídicas próprias; **B:** incorreta, pois as terras (o solo) são sempre bens imóveis; quanto à titularidade, as terras devolutas são classificadas como bens públicos; quanto à destinação, são classificadas como bens públicos dominicais; e quanto à mobilidade, são bens imóveis; **C:** correta, pois benfeitorias são melhoramentos feitos em coisa existente; uma vez feita uma benfeitoria, esta passa a ser parte integrante da coisa melhorada; assim, construído um quarto a mais numa casa já existente, temos uma benfeitoria útil, sendo que esse quarto pertence à casa com um todo e é considerado bem imóvel; **D:** incorreta, pois a energia elétrica é bem móvel por determinação legal (art. 83, I, do CC); **E:** incorreta, pois tudo o que for incorporado ao solo de forma natural e permanente é considerado bem imóvel por acessão natural (art. 79 do CC).

Gabarito "C"

(Analista – TRT/22ª – 2010 – FCC) Os mares, os quartéis e as estradas de ferro são bens públicos

(A) de uso comum do povo, dominicais e de uso comum do povo, respectivamente.

(B) dominicais, de uso especial e de uso comum do povo, respectivamente.

(C) de uso comum do povo, de uso especial e dominicais, respectivamente.

(D) de uso comum do povo.

(E) de uso especial.

Art. 99, I, II e III, do CC.

Gabarito "C"

(Analista – TRT/22ª – 2010 – FCC) O direito à sucessão aberta, a energia térmica e os animais incluem-se, para os efeitos legais, na categoria dos bens

(A) móveis.

(B) imóveis.

(C) imóveis, imóveis e móveis, respectivamente.

(D) imóveis, móveis e móveis, respectivamente.

(E) móveis, imóveis e móveis, respectivamente.

O direito à sucessão aberta é bem imóvel (art. 80, II, do CC), a energia térmica é bem móvel (art. 83, I, do CC) e os animais são bens móveis (art. 82 do CC).

Gabarito "D"

(Analista – TRT/23ª – 2011 – FCC) Considera-se, dentre outros, bem imóvel:

(A) a energia térmica.

(B) a energia elétrica.

(C) o direito autoral.

(D) o direito hereditário.

(E) o direito de patente.

A e **B:** incorretas, pois as energias que tenham valor econômico são bens móveis (art. 83, I, do CC); **C:** incorreta, pois o direito de autor é considerado bem móvel (art. 3º da Lei 9.610/98); **D:** correta, pois o direito hereditário, estando a sucessão aberta, é, de fato, bem imóvel (art. 80, II, do CC); **E:** incorreta, pois o direito de patente é considerado bem móvel (art. 5º da Lei 9.279/96)

Gabarito "D"

(Analista – TRE/AL – 2010 – FCC) Considere os seguintes bens: Praça do Coração; Prédio da administração da Prefeitura da cidade X; Rio Alegre que liga a cidade C à cidade B; Prédio da administração da autarquia municipal W. De acordo com o Código Civil Brasileiro estes bens são, respectivamente, de uso

(A) comum do povo; especial, comum do povo; especial.

(B) comum do povo; especial, comum do povo; dominical.

(C) comum do povo; dominical, especial; especial.

(D) especial; especial, comum do povo; especial.

(E) especial; comum do povo, especial; comum do povo.

Art. 99, I e II, do CC.

Gabarito "A"

(Analista – TRE/RS – 2010 – FCC) De acordo com o Código Civil brasileiro, com relação aos bens públicos é INCORRETO afirmar:

(A) São públicos os bens do domínio nacional pertencentes às pessoas jurídicas de direito público interno.

(B) São bens públicos de uso comum do povo os rios, mares, estradas, ruas e praças.

(C) Os bens públicos de uso comum do povo e os de uso especial são inalienáveis, enquanto conservarem a sua qualificação, na forma que a lei determinar.

(D) O uso comum dos bens públicos pode ser gratuito ou retribuído, conforme for estabelecido legalmente pela entidade a cuja administração pertencerem.

(E) Em regra, consideram-se bem de uso especial os bens pertencentes às pessoas jurídicas de direito público, constituindo seu patrimônio, a que se tenha dado estrutura de direito privado.

A: correta (art. 98 do CC); **B:** correta (art. 99, I, do CC); **C:** correta (art. 100 do CC); **D:** correta (art. 103 do CC); **E:** incorreta, devendo ser assinalada, pois não se trata de estrutura de direito privado (art. 99, II, do CC).

Gabarito "E"

(Analista – TRE/TO – 2011 – FCC) Os materiais destinados a alguma construção, enquanto não forem empregados; os materiais provenientes da demolição de algum prédio e os direitos reais sobre objetos móveis são considerados

(A) bem móvel, imóvel e móvel, respectivamente.

(B) bens imóveis.

(C) bem móvel, móvel e imóvel, respectivamente.

(D) bem imóvel, móvel e imóvel, respectivamente.

(E) bens móveis.

Para responder a questão, deve-se verificar, respectivamente, os seguintes dispositivos: arts. 84, parte inicial e parte final, e 83, II, ambos do Código Civil.

Gabarito "E"

(Analista – TRE/BA – 2010 – CESPE) Acerca do direito civil, julgue o item seguinte.

(1) Os bens públicos podem ser classificados em bens públicos de uso comum, de uso especial e dominicais. Todos são inalienáveis, porém os dominicais são suscetíveis de usucapião.

1: errada, pois os bens públicos não estão sujeitos a usucapião (art. 102 do CC) e os bens públicos dominicais podem ser alienados, observadas as exigências da lei (art. 101 do CC).

Gabarito 1E

(Analista – TRE/BA – 2010 – CESPE) Tendo em vista a classificação dos bens prevista no Código Civil, julgue os itens que se seguem.

(1) O uso comum dos bens públicos deve ser gratuito ou retribuído, conforme for estabelecido legalmente pela entidade a cuja administração pertencerem.

(2) Ao contrário dos bens públicos de uso comum do povo e os de uso especial, os bens públicos dominicais podem ser alienados, desde que observadas as exigências legais.

(3) Os bens públicos dominicais estão sujeitos à prescrição aquisitiva.

1: certa (art. 103 do CC); **2:** certa (art. 101 do CC); **3:** errada, pois os bens públicos não estão sujeitos a usucapião (art. 102 do CC).

Gabarito 1C, 2C, 3E

(Analista – TRE/MT – 2010 – CESPE) Quanto à matéria bens, assinale a opção correta conforme o ordenamento jurídico brasileiro.

(A) O direito à sucessão aberta obedece ao regime de bens móveis.

(B) Os bens naturalmente divisíveis podem tornar-se indivisíveis por determinação legal ou por vontade das partes.

(C) Tanto os bens públicos quanto os privados podem ser usucapidos.

(D) Os bens públicos dominicais e os de uso especial não podem ser alienados.

(E) O uso comum dos bens públicos pode ser retribuído conforme estabelecido legalmente pela entidade a cuja administração pertencem, sendo vedado seu uso gratuito.

A: incorreta, pois o direito à sucessão aberta é considerado bem imóvel (art. 80, II, do CC); **B:** correta (art. 88 do CC); **C:** incorreta, pois os bens públicos não estão sujeitos a usucapião (art. 102 do CC); **D:** incorreta, pois os bens públicos dominicais podem ser alienados, observadas as exigências da lei (art. 101 do CC); **E:** incorreta, pois o uso comum dos bens públicos pode ser gratuito ou retribuído, conforme for estabelecido legalmente pela entidade a cuja administração pertencerem (art. 103 do CC).

Gabarito "B"

(Analista – TRF/4ª – 2010 – FCC) No que concerne aos Bens Reciprocamente Considerados, é INCORRETO afirmar:

(A) Em regra, os negócios jurídicos que dizem respeito ao bem principal abrangem as pertenças.

(B) Principal é o bem que existe sobre si, abstrata ou concretamente; acessório, aquele cuja existência supõe a do principal.

(C) Apesar de ainda não separados do bem principal, os frutos e produtos podem ser objeto de negócio jurídico.

(D) Não se consideram benfeitorias os melhoramentos ou acréscimos sobrevindos ao bem sem a intervenção do proprietário, possuidor ou detentor.

(E) São voluptuárias as benfeitorias de mero deleite ou recreio, que não aumentam o uso habitual do bem, ainda que o tornem mais agradável ou sejam de elevado valor.

A: incorreta, devendo ser assinalada (art. 94 do CC); **B:** correta (art. 92 do CC); **C:** correta (art. 95 do CC); **D:** correta (art. 97 do CC); **E:** correta (art. 96, § 1º, do CC).

Gabarito "A"

(Analista – TJ/SE – 2009 – FCC) A respeito das diferentes classes de bens, é correto afirmar:

(A) Os bens naturalmente divisíveis não podem tornar-se indivisíveis por vontade das partes.

(B) Consideram-se imóveis para os efeitos legais as energias que tenham valor econômico.

(C) Constitui universalidade de fato a pluralidade de bens singulares que, pertencentes à mesma pessoa, tenham destinação unitária.

(D) Considera-se móvel para os efeitos legais o direito à sucessão aberta.

(E) São necessárias as benfeitorias que aumentam ou facilitam o uso do bem.

A: incorreta (art. 88 do CC); **B:** incorreta (art. 83, I, do CC); **C:** correta (art. 90 do CC); **D:** incorreta (art. 80, II, do CC); **E:** incorreta (art. 96, § 3º, do CC).

Gabarito "C"

(Defensor Público/AM – 2010 – I. Cidades) O domínio público constitui-se pelo conjunto de bens públicos que inclui imóveis e móveis. Da relação domínio público/bens públicos e de sua regulamentação pode-se afirmar:

(A) domínio público equivale à propriedade pública determinada pela titularidade do bem.

(B) os direitos sobre as coisas públicas, quando objeto de regulamentação em lei civil, têm caráter privatístico.

(C) em razão da titularidade, qualquer que seja sua espécie, é vedado o uso comum de bens públicos.

(D) os bens públicos dominicais podem ser alienados, observadas as exigências da lei, tendo em vista o cumprimento da função social das coisas disponíveis.

(E) a Constituição Federal assegura a penhorabilidade dos bens públicos contra o Poder Público inadimplente, em garantia à satisfação dos credores do erário.

A: incorreta, pois a noção de domínio público em sentido amplo abrange tanto os bens pertencentes ao Estado (bens públicos) como aqueles em relação aos quais sua utilização subordina-se às normas estabelecidas por este (bens particulares de interesse público) e ainda as coisas inapropriáveis individualmente, mas de fruição geral da coletividade (*res nullius*); assim, tal ideia abrange tanto o domínio patrimonial (sobre os bens públicos), como o domínio eminente (sobre todas as coisas de interesse público), entendido este como o poder político pelo qual o Estado submete à sua vontade todas as coisas de seu território, no ensinamento de Hely Lopes Meirelles; em nome do domínio eminente é que são estabelecidas as limitações administrativas, as servidões etc; **B:** incorreta, pois, mesmo quando uma lei privada, como o Código Civil, regulamenta bens públicos, essa regulamentação não é de natureza privatística, mas de natureza pública, já que tais bens são submetidos a normas de Direito Público; **C:** incorreta, pois há espécie de bens públicos, no caso, a dos bens de uso comum do povo, que admite esse tipo de uso (art. 99, I, do CC); **D:** correta (art. 101 do CC); **E:** incorreta, pois o art. 100 da CF, que trata do assunto, não admite a penhora de bens públicos, devendo a execução em face da Fazenda Pública se consumar mediante pagamento imediato, no caso, de débitos de pequeno valor, ou por meio da expedição de precatório, com pagamento no prazo previsto na Constituição.

Gabarito "D"

(Defensoria Pública/ES – 2009 – CESPE) De acordo com o Código Civil, julgue os itens seguintes.

(1) Os direitos reais sobre imóveis e as ações que os asseguram, bem como o direito à sucessão aberta, são considerados bens imóveis para os efeitos legais, de acordo com o Código Civil.

(2) As pertenças não seguem necessariamente a lei geral de gravitação jurídica, por meio da qual o acessório sempre seguirá a sorte do principal. Por isso, se uma propriedade rural for vendida, desde que não haja cláusula que aponte em sentido contrário, o vendedor não estará obrigado a entregar máquinas, tratores e equipamentos agrícolas nela utilizados.

1: correta (art. 80, I e II, do CC); **2:** correta, pois os bens citados são bens destinados de modo duradouro à fazenda, sem ser parte integrante desta, caracterizando a pertença (art. 93 do CC), que, de fato, não segue o principal, salvo disposição legal, de vontade ou circunstancial (art. 94 do CC).

Gabarito 1C, 2C

(Defensoria Pública/PI – 2009 – CESPE) Ao realizar uma reforma de seu imóvel, o proprietário demoliu algumas paredes de sua casa e conservou as portas e janelas que estavam ali instaladas, pensando em revendê-las, já que eram muito antigas e bastante valiosas. Nesse caso, as referidas portas e janelas são consideradas

(A) bens móveis, porque são decorrentes de demolição.

(B) bens imóveis, porque foram apenas provisoriamente retiradas para serem empregadas em um bem da mesma natureza.

(C) pertenças, porque, de modo ideal, sempre estarão agregadas a um bem imóvel.

(D) bens imóveis por força de ficção legal, em função do seu alto valor em relação ao bem principal.

(E) bens móveis por antecipação, porque, apesar de ligadas ao imóvel, passaram a ser objeto de negócio separado.

Nos termos do art. 84, parte final, do CC, os bens provenientes de demolição são móveis.

Gabarito "A"

(Fiscal de Rendas/RJ – 2010 – FGV) Para os efeitos legais, consideram-se *bens móveis*:

(A) as energias que tenham valor econômico.

(B) as edificações que, separadas do solo, mas conservando a sua unidade, forem removidas para outro local.

(C) os materiais provisoriamente separados de um prédio, para nele se reempregarem.

(D) o direito à sucessão aberta.

(E) as coisas artificialmente incorporadas ao solo.

A: art. 83, I, do CC; **B:** trata-se de bem imóvel (art. 81, I, do CC); **C:** trata-se de bem imóvel (art. 81, II, do CC); **D:** trata-se de bem imóvel (art. 80, II, do CC); **E:** trata-se de bem imóvel (art. 79 do CC).

Gabarito "A"

(OAB/Exame Unificado – 2013.1) Os vitrais do Mercado Municipal de São de Paulo, durante a reforma feita em 2004, foram retirados para limpeza e restauração da pintura. Considerando a hipótese e as regras sobre bens jurídicos, assinale a afirmativa correta.

(A) Os vitrais, enquanto separados do prédio do Mercado Municipal durante as obras, são classificados como bens móveis.

(B) Os vitrais retirados na qualidade de material de demolição, considerando que o Mercado Municipal resolva descartar-se deles, serão considerados bens móveis.

(C) Os vitrais do Mercado Municipal, considerando que foram feitos por grandes artistas europeus, são classificados como bens fungíveis.

(D) Os vitrais retirados para restauração, por sua natureza, são classificados como bens móveis.

A: incorreta, pois são considerados imóveis (art. 81, II, do CC); **B:** correta (art. 84, segunda parte, do CC); **C:** incorreta, pois fungíveis são os bens móveis que podem ser substituídos por outros da mesma espécie, qualidade e quantidade (art. 85 do CC), o que não é o caso de obras únicas, singulares feitas pelos grandes artistas europeus, que, assim, criaram bens considerados *infungíveis;* **D:** incorreta, pois são considerados bens imóveis (art. 81, II, do CC).

Gabarito "B"

(OAB/Exame Unificado – 2009.3) Assinale a opção correta com relação aos bens.

(A) São benfeitorias úteis as que têm por fim conservar a coisa ou evitar que ela se deteriore.

(B) O possuidor de má-fé tem direito a ser indenizado pelas benfeitorias necessárias, podendo exercer o direito de retenção do bem caso não seja reembolsado do valor dessas benfeitorias.

(C) Considera-se compra e venda imobiliária a alienação de safra de soja ainda não colhida.

(D) A cessão de direitos autorais por um escritor não exige a outorga do seu cônjuge, por esses direitos serem considerados móveis para os efeitos legais.

A: incorreta (art. 96, § 2.º, do CC); **B:** incorreta (art. 1.220 do CC); **C:** incorreta, pois trata-se de contrato de compra e venda de bem móvel, do tipo contrato aleatório (art. 458 e seguintes do CC); **D:** correta (art. 3.º da Lei 9.610/1998).

Gabarito "D"

(OAB/Exame Unificado – 2009.1) No que se refere aos bens, assinale a opção correta.

(A) Um bem consumível pode tornar-se inconsumível por vontade das partes, o que vinculará terceiros.

(B) A lei não pode determinar a indivisibilidade do bem, pois esta característica decorre da natureza da coisa ou da vontade das partes.

(C) Não podem ser considerados móveis aqueles bens que, uma vez deslocados, perdem a sua finalidade.

(D) A regra de que o acessório segue o principal tem inúmeros efeitos, entre eles, a presunção absoluta de que o proprietário da coisa principal também seja o dono do acessório.

A: incorreta (art. 86 do CC); **B:** incorreta (art. 88 do CC); **C:** correta (art. 82 do CC); **D:** incorreta, pois há casos em que o proprietário do bem principal não é proprietário do bem acessório; por exemplo, o proprietário de uma casa pode não ser proprietário de algumas *pertenças* desta (como geladeira, fogão etc., que podem ter sido objeto de empréstimo); aliás, a regra de que o acessório segue o principal não se aplica, como regra, às pertenças (art. 94 do Código Civil).

Gabarito "C"

2.6. FATOS JURÍDICOS

2.6.1. Fato jurídico em sentido amplo

Em sentido amplo, fato jurídico *é todo acontecimento natural ou humano que produz efeito jurídico,* ou seja, qualquer acontecimento que se dê no mundo fenomênico que gere uma consequência jurídica é considerado fato jurídico. Assim, se alguém jogar uma pedra em outra pessoa causando dano a esta, certamente se está diante de um fato jurídico, pois o acontecimento (jogar uma pedra causando dano) gera como consequência jurídica o dever de indenizar. Por outro lado, caso alguém pegue nas mãos uma pedra e a devolva ao chão, jogando-a, não haverá consequência jurídica alguma, caracterizando-se o que se convencionou chamar de fato simples.

O fato jurídico pode ser de variadas espécies. Confira:

1. Fato jurídico em sentido estrito: *é o acontecimento natural que produz efeitos jurídicos*. Exs.: nascimento, morte, decurso do tempo, raio, temporal etc. O fato jurídico em sentido estrito pode ser tanto um fato ordinário (como a morte natural e o decurso do tempo) como um fato extraordinário (como um tufão numa dada localidade);

2. Ato jurídico: *é o acontecimento humano que produz efeitos jurídicos*. O ato jurídico em sentido estrito pode ser dividido em duas espécies, quais sejam, os atos ilícitos e os atos lícitos:

2.1. Atos ilícitos: *são os atos humanos contrários ao Direito, que produzem efeitos jurídicos não queridos pelo agente*. Exemplo de ato ilícito é o atropelamento de A por B, tendo A agido com imprudência. Esse acontecimento terá como efeito o surgimento de um dever por parte de A de indenizar B, efeito certamente não querido por A;

2.2. Atos lícitos: *são os atos humanos conformes ao Direito, que geram efeitos jurídicos normalmente queridos pelo agente*. Os atos lícitos podem ser divididos em três espécies, quais sejam, os atos jurídicos em sentido estrito, os negócios jurídicos e os atos-fatos jurídicos:

a) Atos jurídicos em sentido estrito (não negocial): *são simples comportamentos humanos, voluntários, conscientes e conformes ao Direito, cujos efeitos jurídicos são predeterminados pela lei*. Aqui, não há liberdade de escolha por parte do agente dos efeitos jurídicos que resultarão de seu comportamento. São exemplos de ato jurídico em sentido estrito a tradição (entrega da coisa), o reconhecimento de um filho, o perdão, a confissão, a mudança de domicílio, a ocupação, o achado de um tesouro, a notificação etc. Para ilustrar as características do instituto, tomemos o exemplo do reconhecimento de um filho. Esse ato humano é voluntário, consciente e conforme ao Direito. Porém, os efeitos que dele decorrem (por exemplo, quanto ao estado familiar e o dever de prestar alimentos) não podem ser negociados pelo agente. Não é possível, por exemplo, reconhecer um filho desde que os alimentos sejam fixados até determinado valor. Aqui há mera atuação da vontade, mera intenção. Costumam, por fim, ser potestativos;

b) Negócio jurídico: *são declarações de vontade qualificadas, cujos efeitos são regulados pelo próprio interessado*. Aqui, há liberdade de escolha por parte daquele ou daqueles que praticam o ato. Os agentes declaram sua vontade e têm poder de negociar os efeitos jurídicos que nasceram de sua declaração. São exemplos o testamento (negócio jurídico unilateral) e o contrato de compra e venda (negócio jurídico bilateral). Nos dois casos, os agentes têm como estipular as condições dos atos praticados. Vigora nos negócios jurídicos o princípio da liberdade negocial. Os efeitos jurídicos dos atos praticados não estão predeterminados na lei, como ocorre no ato jurídico em sentido estrito. Os efeitos jurídicos são negociados e estipulados pelos próprios interessados, respeitando a lei, é claro;

c) **Atos-fatos jurídicos:** *são simples comportamentos humanos conformes ao Direito, mas desprovidos de intencionalidade ou consciência (voluntariedade) quanto aos efeitos jurídicos que dele resultarão.* Ex.: quando uma criança ou algum outro absolutamente incapaz *acha um tesouro*, independente do elemento volitivo, ou seja, da intenção de procurar e de ficar dono do bem, o Direito atribuirá metade dos bens achados a essas pessoas (art. 1.264 do CC). Aqui, o direito leva em conta apenas o *ato material* de achar, pouco importando o elemento volitivo. É por isso que se fala em ato-fato, uma vez que o comportamento fica entre o *ato* (por ser humano) e o *fato* (da natureza, por não serem relevantes a consciência e a vontade).

Passaremos, agora, ao estudo dos **negócios jurídicos**, começando por sua classificação.

2.6.2. Classificação dos negócios jurídicos

2.6.2.1. Quanto ao número de vontades para a formação

Unilaterais *são negócios que se aperfeiçoam com uma única manifestação de vontade.* Ex.: testamento e renúncia de herança. Podem ser receptícios (a vontade deve se tornar conhecida do destinatário para produzir efeitos – ex.: revogação de mandato) ou não receptícios (conhecimento por parte de outras pessoas é irrelevante – ex.: testamento, confissão de dívida).

Bilaterais *são os negócios que se aperfeiçoam com duas manifestações, coincidentes sobre o objeto.* Ex.: contratos em geral. O fato de existir mais de uma pessoa em cada um dos dois polos contratuais não faz com que o ato deixe de ser bilateral.

Plurilaterais *são os negócios que envolvem mais de duas partes ou polos.* Ex.: contrato de sociedade com três ou mais sócios.

2.6.2.2. Quanto às vantagens

Gratuitos *são os negócios em que apenas uma das partes aufere benefícios.* Ex.: doação sem encargo.

Onerosos *são negócios em que todos os contratantes auferem vantagens e também encargos.* Ex.: compra e venda.

Bifrontes: *são tipos de negócios que podem ser gratuitos ou não, de acordo com a vontade das partes.* Ex.: mútuo, depósito e mandato. Os contratos citados podem ou não ser objetos de remuneração em favor do mutuante, do depositante e do mandante. Caso haja remuneração o contrato será um negócio jurídico oneroso. Caso não haja, o contrato será um negócio jurídico gratuito. Deve-se tomar cuidado para não confundir classificação dos negócios jurídicos com a classificação dos contratos. Na Parte Geral, estudam-se as classificações dos negócios jurídicos apenas.

2.6.2.3. *Quanto à autonomia*

Principais *são os negócios que existem independentemente da existência de outros.* Ex.: contrato de locação de imóvel.

Acessórios *são os negócios cuja existência depende da de outro, o negócio principal.* Ex.: o contrato de fiança locatícia.

Os negócios acessórios seguem a sorte dos negócios principais. Assim, se um contrato principal é considerado nulo e se extingue, o contrato de fiança também ficará extinto. O contrário não acontece, ou seja, o negócio acessório não determina a sorte do negócio principal.

2.6.2.4. *Quanto à forma*

Solenes (formais) *são os negócios que devem obedecer à forma prescrita em lei.* Ex.: escritura, se envolver compra e venda de imóvel; aliás, se essa compra e venda for de valor superior a 30 salários mínimos, será necessária escritura pública. Ressalta-se, contudo que, conforme Enunciado 289 JDC/CJF,

o valor de 30 salários mínimos constante no art. 108 do Código Civil brasileiro, em referência à forma pública ou particular dos negócios jurídicos que envolvam bens imóveis, é o atribuído pelas partes contratantes, e não qualquer outro valor arbitrado pela Administração Pública com finalidade tributária.

Se a forma for exigida como condição de *validade* do negócio jurídico (ex.: escritura para a venda de imóveis) a sua falta torna o negócio jurídico nulo, por se tratar de formalidade *ad solemnitatem*. Mas, se determinada forma tiver por objetivo apenas a *prova* do ato (ex.: registro do compromisso de compra e venda no Registro de Imóveis), estar-se-á diante de formalidade *ad probationem tantum* e sua falta não gera a nulidade do ato, mas apenas sua ineficácia perante terceiros.

Não solenes *são os negócios de forma livre.* Aliás, no Direito Privado, a regra é a liberdade das formas. Ou seja, quando a lei não impuser determinada forma para a prática de um negócio, os interessados poderão escolher a forma que mais lhe aprouverem, tais como a forma verbal, escrita etc.

2.6.2.5. Simples, complexos e coligados

Simples *são os negócios que resultam de ato único.* Por exemplo, a compra e venda de imóvel com pagamento à vista. Nesse caso, faz-se diretamente uma escritura pública de compra e venda (ato único).

Complexos *são os negócios que resultam da fusão de vários atos.* Por exemplo, a compra e venda de imóvel com pagamento parcelado. Nesse caso, pratica-se o primeiro ato, o compromisso de compra e venda; depois de paga a última parcela, pratica-se o segundo ato, a escritura pública de compra e venda, que resultará, enfim, na compra e venda desejada.

Coligados *são os negócios que se compõem de vários outros negócios*. Por exemplo, os negócios praticados entre distribuidoras de combustível e postos de gasolina, que envolvem comodato de tanques e bombas, licenciamento do uso de marca, fornecimento de combustível etc.

2.6.3. Interpretação dos negócios jurídicos

A Lei de Introdução às Normas do Direito Brasileiro estabelece algumas regras de interpretação da *lei*. Já o Código Civil, nos arts. 112 a 114, traz regras de interpretação dos *negócios jurídicos*. Confira tais regras:

a) Nas declarações de vontade se atenderá mais à intenção nelas consubstanciada do que ao sentido literal da linguagem (art. 112);

b) Os negócios jurídicos devem ser interpretados conforme a boa-fé e os usos do lugar de sua celebração (art. 113). Em complemento a esse dispositivo, encarta-se o Enunciado n. 409 JDC/CJF: Os negócios jurídicos devem ser interpretados não só conforme a boa-fé e os usos do lugar de sua celebração, mas também de acordo com as práticas habitualmente adotadas entre as partes;

c) Os negócios jurídicos benéficos e a renúncia interpretam-se estritamente (art. 114).

A regra do art. 112 determina que o intérprete de um negócio jurídico (um contrato, por exemplo) dê mais valor à *intenção* de quem declara sua vontade do que ao *sentido literal da linguagem*. De fato, a interpretação teleológica prepondera em relação à interpretação literal.

Faz-se necessário, todavia, verificar se o que importa é a intenção pensada pelo agente que pratica o negócio jurídico, ou se o que importa é a intenção que se extrai do teor da declaração de vontade feita. Ou seja, o intérprete tem que investigar o que realmente estava na cabeça de quem pratica o negócio ou o que se presume estar na sua cabeça pelo teor de suas declarações. A inserção da expressão intenção "nelas consubstanciada" mostra que se deve atender à *intenção manifestada no negócio*, e não ao *pensamento íntimo do declarante*. Essa regra deve ser casada com a regra seguinte, a fim de que se faça uma interpretação que leve em conta a boa-fé, a confiança dos interessados, o contexto e o fim econômico do negócio.

A regra do art. 113 determina que se presuma a boa-fé daqueles que praticam um negócio jurídico. A má-fé de alguém que prática um negócio jurídico deve, então, ser provada. Ademais, em caso de dúvida ou ambiguidade, deve-se interpretar o negócio jurídico levando em conta os usos do lugar de sua celebração.

Os contratos coligados podem ser usados como exemplo para a aplicação desses dispositivos. Neste sentido, cita-se o Enunciado n. 421 JDC/CJF: *Os contratos coligados devem ser interpretados segundo os critérios hermenêuticos do Código Civil, em especial os dos arts. 112 e 113, considerada a sua conexão funcional*.

Por fim, os negócios benéficos ou gratuitos, que são aqueles em que só há vantagens para uma das partes, devem ser interpretados estritamente. Por exemplo, a doação de uma casa deve ser interpretada estritamente, não se presumindo que o doador será responsável pelas custas da transmissão do imóvel. A renúncia, que é negócio que só aproveita ao seu beneficiário, também dever ter interpretação estrita, não podendo ser feita interpretação extensiva ou ampliativa.

Confira outras regras de interpretação acerca de determinados negócios jurídicos:

a) Quando houver no contrato de adesão cláusulas ambíguas ou contraditórias, dever-se-á adotar a interpretação mais favorável ao aderente (art. 423 do CC);

b) A fiança dar-se-á por escrito, e não admite interpretação extensiva (art. 819 do CC);

c) A transação interpreta-se restritivamente, e por ela não se transmitem, apenas se declaram ou reconhecem direitos (art. 843 do CC);

d) Quando a cláusula testamentária for suscetível de interpretações diferentes, prevalecerá a que melhor assegure a observância da vontade do testador (art. 1.899 do CC);

e) As cláusulas contratuais serão interpretadas de maneira mais favorável ao consumidor (art. 47 do CDC).

A doutrina aponta outras regras práticas a serem observadas na interpretação dos contratos: a) observação de como as partes vinham executando o contrato atual e outros entre elas celebrados; b) respeito ao princípio da menor onerosidade para o devedor (*in dubiis quod minimum est sequimur*); c) análise sistemática do contrato, levando em conta todo o seu contexto e não apenas cláusulas isoladas; d) interpretação que leve respeito ao princípio da função econômica (princípio do aproveitamento) e da função social dos contratos.

2.6.4. Reserva mental

O atual Código Civil inovou em relação ao Código anterior ao regulamentar o instituto da reserva mental.

De acordo com este instituto, "a manifestação de vontade subsiste ainda que o seu autor haja feito a reserva mental de não querer o que manifestou, salvo se dela o destinatário tinha conhecimento" (art. 110).

A reserva mental é, na verdade, a emissão de uma declaração de vontade não querida em seu íntimo, tendo por objetivo enganar o destinatário dessa declaração de vontade.

Um exemplo pode aclarar a regra. Imagine que "A" manifeste perante "B" que emprestará a este determinada quantia em dinheiro, sendo que "A", no seu íntimo, faz uma reserva no sentido de que não fará o tal empréstimo. Essa situação pode se dar, por exemplo, numa situação de crise financeira de "B", que diz que irá se suicidar, caso não consiga um empréstimo.

Pois bem, o Código Civil dispõe que essa reserva mental feita por "A" não afeta a declaração de vontade que fez. Ou seja, a reserva mental feita é **irrelevante para o direito**.

Todavia, na hipótese de o destinatário da manifestação da vontade (no caso, "B") ter ciência dessa reserva mental (no caso, saiba que "A", no seu íntimo, não tem intenção declarada), o Código Civil dispõe que a manifestação de vontade de "A" é como se não existisse e não precisa ser cumprida. Tal solução se dá, pois, nesse caso, como "B" está ciente da reserva, não está sendo enganado e, portanto, não precisa da proteção legal.

2.6.5. Representação

Quando alguém tiver de praticar um negócio jurídico, pode praticar sozinho ou por meio de um representante. O representante é, então, aquele que atua em nome do representado.

Os requisitos e os efeitos da representação legal (que decorre da lei) são os estabelecidos nas normas respectivas; os da representação voluntária (que decorre de acordo entre as partes) são os da Parte Especial deste Código.

Assim, o estudo específico dos vários tipos de representação, que vai da representação legal que os pais fazem de seus filhos à representação que ocorre em relação às pessoas jurídicas e à representação em virtude de mandato, deve ser feito nas disposições pertinentes previstas no Código Civil e em outras leis.

Porém, a Parte Geral do Código, nos arts. 115 a 120, traz regras acerca da representação, regras essas que ora serão estudadas.

Os poderes de representação, como se sabe, podem ser conferidos por lei (representação legal) ou pelo interessado (representação voluntária).

No entanto, o representante, quando atua, é obrigado a demonstrar que é legítimo representante sob pena de, não o fazendo, responder pelos atos cometidos com excesso. Confira: "O representante é obrigado a provar às pessoas, com quem tratar em nome do representado, a sua qualidade e a extensão de seus poderes, sob pena de, não o fazendo, responder pelos atos que a estes excederem" (art. 118).

Essa regra faz com que o representante tenha todo interesse em ser bem transparente com as pessoas com quem contratar, para que estas, posteriormente, não possam alegar algo em seu desfavor. Além disso, compete ao representante apenas atuar nos limites de seus poderes.

Nesse sentido, o Código Civil assegura que "a manifestação de vontade pelo representante, nos limites de seus poderes, produz efeitos em relação ao representado" (art. 116 do CC). Ou seja, desde que o representante aja segundo os limites em que pode atuar, o representado, seja qual for o negócio praticado, fica vinculado à manifestação de vontade proferida pelo representante junto a terceiros.

Todavia, há negócios que o representante, mesmo tendo praticado nos limites dos poderes que tinha, não pode praticar, pelo fato de a lei trazer uma presunção de que esse tipo de negócio pode ser prejudicial ao representado.

O primeiro caso é dos negócios feitos pelo representante em conflito de interesses com o representado. Há casos em que o representante pratica atos em nome do representado, no qual há um interesse do representante que, se atendido, acabará prejudicando o representado. Tal se dá, por exemplo, quando um vizinho dá procuração a outro vizinho para que este vote em nome do primeiro numa assembleia condominial, e, numa das deliberações da assembleia, o procurador é chamado a votar sobre se o responsável pelo ressarcimento com gastos decorrentes de infiltração no prédio é ele, o representante, ou seu vizinho, o representado. Caso os outros vizinhos que participaram da votação tenham ciência de que o que está sendo votado está em conflito de interesses, o voto deste contra o vizinho representado deverá ser anulado. Confira, a respeito, o teor do art. 119 do Código Civil: "É anulável o negócio concluído pelo representante em conflito de interesses com o representado, se tal fato era ou devia ser do conhecimento de quem com aquele tratou. Parágrafo único. É de cento e oitenta dias, a contar da conclusão do negócio ou da cessação da incapacidade, o prazo de decadência para pleitear-se a anulação prevista neste artigo."

Outro caso polêmico é o do chamado **contrato consigo** mesmo, em que o representante, em nome do representado, faz um contrato deste consigo mesmo. Por exemplo, "A" é representante de "B" e resolve comprar um imóvel de "B", usando a procuração que ele deu para si. O contrato terá como partes "A" e "B", mas "A" estará atuando, ao mesmo tempo, em nome próprio e como representante de "B". O Código Civil repudia esse tipo de situação e só permite o contrato consigo mesmo nos casos em que a **lei** o admite expressamente (p. ex., para alienar determinado bem, por determinado preço – art. 685 do CC) e também nos casos em que o **representante autorizar** previamente esse tipo de contratação. Confira, a respeito, o art. 117 do Código Civil: "Salvo se o permitir a lei ou o representado, é anulável o negócio jurídico que o representante, no seu interesse ou por conta de outrem, celebrar consigo mesmo. Parágrafo único. Para esse efeito, tem-se como celebrado pelo representante o negócio realizado por aquele em quem os poderes houverem sido subestabelecidos".

O parágrafo único do art. 117 trata da hipótese em que "A" recebe procuração de "B" e substabeleceu poderes de representação a "C". Nesse caso, se "A" celebrar contrato, em nome próprio, com "B", representado por "C", a lei considera que "A" está celebrando contrato consigo mesmo, afinal de contas "C" foi escolhido por "A" para esse intento, que se presume fraudulento.

Em suma, o contrato consigo mesmo (autocontrato) é vedado como regra, só se admitindo quando a lei permitir ou quando o representado expressamente o autorizar. A proibição, aliás, também existe no Código de Defesa do Consumidor (art. 51, VIII).

2.6.6. Planos da existência, da validade e da eficácia do negócio jurídico

O negócio jurídico pode ser analisado nos planos da existência, da validade e da eficácia.

O **plano da existência** tem em mira verificar os **elementos** necessários para que um negócio jurídico se repute **existente** no mundo jurídico.

Uma vez existente um negócio jurídico, é caso de perquirir acerca do **plano da validade**, no qual se verifica se o negócio está ou não **conforme à ordem jurídica**.

Mas não basta. Muitas vezes um negócio jurídico *existe* e é *válido*, porém ainda não produz *efeitos*. Por isso, há de se investigar acerca do **plano da eficácia**, no qual se analisa se o negócio jurídico está ou não **produzindo efeitos**.

Nossa tarefa, agora, é analisar os três planos, começando pelo plano da existência.

2.6.7. Elementos de existência do negócio jurídico

São elementos de existência do negócio jurídicos os seguintes: *manifestação de vontade*, *finalidade negocial* e *idoneidade do objeto*.

2.6.7.1. Manifestação de vontade

A vontade manifestada é pressuposto básico para que um negócio exista. Naturalmente, para que haja manifestação de vontade, faz-se necessária a presença de um *agente emissor* dessa vontade, daí porque é desnecessária a indicação desse elemento, assim como também entendemos desnecessária a indicação do elemento *forma*, uma vez que o elemento manifestação de vontade pressupõe a existência de uma dada forma.

A **manifestação de vontade** pode ser **expressa**, **tácita** e **presumida**.

A **manifestação expressa** é aquela que se realiza pela palavra *falada* ou *escrita*, ou por *gestos*, explicitando a intenção do agente.

A **manifestação tácita** é aquela que se revela pelo *comportamento* do agente. Exemplo de manifestação tácita é o fato de alguém, diante de uma doação com encargo ofertada por outrem, nada dizer a respeito, mas logo em seguida recolher imposto de transmissão por doação, comportamento esse que demonstra ter concordado com a oferta, operando a manifestação tácita de vontade.

A **manifestação presumida** é aquela que decorre de presunções legais. A diferença entre a manifestação tácita e a presumida é que esta decorre de situações regulamentadas expressamente pela lei, como as previstas nos arts. 322, 323, 324, 539 e 1.807 do Código Civil. Um exemplo é a situação em que o doador fixa prazo para o donatário declarar se aceita ou não a liberalidade. Desde que o donatário, ciente do prazo, não faça dentro dele a declaração, entender-se-á que aceitou, se a doação não for sujeita a encargo (art. 539 do CC).

Resta a dúvida se o **silêncio**, por si só, pode importar anuência, que é um tipo de manifestação de vontade. O Código Civil, em seu art. 111, dispõe que o silêncio importa anuência, quando as circunstâncias ou os usos o autorizarem, e não for necessária a declaração de vontade expressa. Dessa forma, não basta mero silêncio para que se entenda ter havido manifestação de vontade tácita. É necessário que haja outras circunstâncias ou comportamentos (ou mesmo alguma disposição legal, como o art. 539 do CC) que levem à conclusão de anuência. Ademais, é necessário que o negócio não seja daqueles que reclamam declaração de vontade expressa.

2.6.7.2. Finalidade negocial

A simples existência de uma manifestação de vontade não garante que estamos diante de um negócio jurídico.

Como se viu, não há como confundir o ato jurídico em sentido estrito com o negócio jurídico. Este se diferencia daquele exatamente pela existência de uma finalidade negocial.

Isso porque negócios jurídicos *são aquelas declarações de vontade qualificadas, cujos efeitos são regulados pelo próprio interessado*. Os agentes declaram sua vontade e têm poder de negociar os efeitos jurídicos que nasceram de sua declaração.

Assim, o reconhecimento de um filho, por exemplo, não é um negócio jurídico, pois não tem fim negocial. Ao contrário, um testamento e um contrato são negócios jurídicos, pois têm fim negocial. Nos dois casos, os agentes têm como estipular as condições dos atos praticados. Vigora nos negócios jurídicos o princípio da liberdade negocial, como se viu.

2.6.7.3. Objeto idôneo

De nada valerá haver uma declaração de vontade se esta não recair sobre algum objeto. Ademais, também não é suficiente que a declaração recaia sobre um objeto que não tenha pertinência ao negócio que se deseja fazer.

2.6.8. Pressupostos de validade do negócio jurídico

São pressupostos de validade do negócio jurídico os seguintes: *manifestação de vontade livre, agente emissor da vontade capaz, legitimação, objeto lícito, possível e determinável, obediência à forma, quando prescrita em lei, inexistência de outras hipóteses de nulidade e anulabilidade*.

2.6.8.1. Manifestação de vontade livre

A existência de uma manifestação de vontade é requisito de existência do negócio jurídico. Mas a existência de uma manifestação de vontade *livre* é requisito de validade do negócio jurídico.

Assim, negócios praticados por alguém mediante erro, dolo ou coação são negócios inválidos, por não se configurar, em tais casos, vontade livre.

A coação moral irresistível (ex.: ameaça de matar alguém que não praticar um negócio jurídico) gera a invalidade do negócio jurídico. Já a coação física irresistível (ex.: pegar à força o dedo polegar de alguém com o fito de fazer a pessoa "assinar" um contrato com sua digital) não chega sequer a configurar uma manifestação de vontade, de modo que se está diante de um negócio inexistente, e não diante de um negócio inválido.

2.6.8.2. Agente capaz

Não basta que o agente tenha expressado vontade livre. Para que o negócio jurídico seja válido, é necessário que o agente tenha capacidade de fato, ou seja, capacidade de exercício.

Caso um absolutamente incapaz pratique um negócio jurídico por si só, ou seja, sem que o faça por meio de seu representante, ter-se-á uma nulidade absoluta. Já caso um relativamente incapaz pratique um negócio jurídico sozinho, ou seja, sem a presença de seu assistente, ter-se-á uma nulidade relativa.

2.6.8.3. *Legitimação*

Não basta a capacidade geral para que o ato seja válido. O agente também deve ter aptidão específica para a prática do ato que deseja. Nesse sentido, alguém casado pelo regime de comunhão parcial e com filhos não poderá alienar um imóvel a um dos filhos sem a autorização dos outros e do cônjuge, por carecer de legitimação.

2.6.8.4. *Objeto lícito, possível e determinável*

Objeto lícito é aquele que não contraria o direito como um todo. Aqui, analisa-se se não há alguma norma no sistema jurídico que considera ilícito dado objeto.

Objeto possível é aquele possível jurídica e fisicamente. A possibilidade jurídica diz respeito à inexistência de alguma proibição direta do Código Civil. A possibilidade física diz respeito à possibilidade, ainda que difícil, de o objeto ser reproduzido no mundo fenomênico.

2.6.9. Pressupostos de eficácia do negócio jurídico

2.6.9.1. *Inexistência de termo suspensivo pendente*

Termo suspensivo *é o evento futuro e certo que condiciona o início dos efeitos do contrato*. Por exemplo, um contrato de locação que traz uma cláusula estabelecendo que o locatário só poderá adentrar o imóvel após dez dias de sua celebração.

2.6.9.2. *Inexistência de condição suspensiva pendente*

Condição suspensiva *é o evento futuro e incerto que condiciona o início dos efeitos do contrato*. Por exemplo, um contrato de doação que prevê que o donatário só será proprietário da coisa se vier a se casar com determinada pessoa.

2.6.10. Elementos acidentais do negócio jurídico

2.6.10.1. *Condição*

Cláusula acertada pelas partes que subordina o efeito do negócio jurídico a evento futuro e incerto. Espécies:

a) **condição suspensiva:** *a que subordina a eficácia inicial do ato a sua implementação*. Ex.: "se você se casar, começarei a te pagar uma pensão";

b) **condição resolutiva:** *a que faz com que o ato deixe de produzir efeitos*. Ex.: "se você se casar, deixarei de te pagar a pensão".

Condições proibidas: as contrárias à lei, à ordem pública e aos bons costumes; as que privam o ato de todos os efeitos (perplexas); as que sujeitam o negócio ao puro arbítrio de uma das partes (as puramente potestativas é que são proibidas - ex.: pagarei se quiser; as simplesmente potestativas podem ser válidas - ex.: doarei se fores bem em sua apresentação); as físicas (nenhum ser humano seria capaz) ou juridicamente (proibida na lei) impossíveis . Todas elas tornam o negócio nulo. As condições impossíveis, quando resolutivas, têm-se por inexistentes.

Regras finais: reputa-se verificada a condição se maliciosamente retardada pela parte a quem prejudica. Por outro lado, reputa-se não verificada a condição se maliciosamente levada a efeito por quem dela aproveita.

2.6.10.2. Termo

É a data acertada à qual fica subordinado o efeito do negócio jurídico. Ou seja, é o dia em que começa ou em que se extingue a eficácia do negócio jurídico. O termo convencional consiste em evento futuro e certo. Mas a data exata pode ser certa (se definida) ou incerta (ex.: dia da morte).

2.6.10.3. Encargo (ou modo)

Cláusula acessória às liberalidades pela qual se impõe uma obrigação ao beneficiário. Considera-se não escrito o encargo ilícito ou impossível, salvo se constituir o motivo determinante da liberalidade, quando invalida o negócio jurídico.

2.6.11. Defeitos do negócio jurídico (geram sua anulabilidade – ato anulável)

2.6.11.1. Erro ou ignorância

O erro ou ignorância pode ser conceituado como *o engano cometido pelo próprio agente.* O instituto está previsto nos arts. 138 a 144 do Código Civil.

Para tornar o ato anulável, o erro deve ser:

a) substancial (essencial): quanto à sua natureza, seu objeto, suas qualidades;

b) escusável. Quanto a este ponto o CJF, todavia, já exarou entendimento no sentido de que seria irrelevante o erro ser ou não escusável, haja vista o dispositivo adotar o princípio da confiança (Enunciado n. 12 das JDC/CJF)

c) real: o prejuízo deve ser a causa determinante do negócio.

Exemplo de erro é a situação em que alguém pensa estar fazendo um contrato de doação, mas está fazendo uma compra e venda.

O erro acidental (relativo a questões secundárias) não gera a anulabilidade do ato.

A respeito do erro, o Código Civil traz, ainda, as seguintes regras:

a) o falso motivo só vicia a declaração de vontade quando expresso como razão determinante;

b) a transmissão errônea da vontade por meios interpostos é anulável nos mesmos casos em que o é a declaração direta;

c) O erro de indicação da pessoa ou da coisa, a que se referir a declaração de vontade, não viciará o negócio quando, por seu contexto e pelas circunstâncias, se puder identificar a coisa ou pessoa cogitada;

d) o erro de cálculo apenas autoriza a retificação da declaração de vontade;

e) o erro não prejudica a validade do negócio jurídico quando a pessoa, a quem a manifestação de vontade se dirige, oferecer-se para executá-la na conformidade da vontade real do manifestante.

2.6.11.2. Dolo

O dolo pode ser **conceituado** como *o erro provocado pela parte contrária ou por terceiro, por meio de expediente malicioso*. O instituto está previsto nos arts. 145 a 150 do Código Civil.

Exemplo de dolo é a adulteração de quilometragem de veículo, feita pelo vendedor, em prejuízo do comprador.

Para tornar o ato anulável o dolo deve ser:

a) **essencial;**

b) **com malícia;**

c) **determinante;**

d) **não recíproco.**

O dolo acidental também não enseja a anulação do ato, mas enseja a reparação por perdas e danos, circunstância que não acontece no caso de erro acidental.

A respeito do dolo, o Código Civil traz, ainda, as seguintes regras:

a) nos negócios jurídicos bilaterais, o silêncio intencional de uma das partes a respeito de fato ou qualidade que a outra parte haja ignorado constitui omissão dolosa, provando-se que sem ela o negócio não se teria celebrado;

b) pode também ser anulado o negócio jurídico por dolo de terceiro se a parte a quem aproveite dele tivesse ou devesse ter conhecimento; em caso contrário, ainda que subsista o negócio jurídico, o terceiro responderá por todas as perdas e danos da parte a quem ludibriou;

c) o dolo do representante legal de uma das partes só obriga o representado a responder civilmente até a importância do proveito que teve; se, porém, o dolo for do representante convencional, o representado responderá solidariamente com ele por perdas e danos;

d) se ambas as partes procederem com dolo, nenhuma pode alegá-lo para anular o negócio ou reclamar indenização.

2.6.11.3. Coação

A coação pode ser **conceituada** como *a ameaça que constrange alguém à prática de um negócio*. O instituto está previsto nos arts. 151 a 155 do Código Civil.

Exemplo de coação é o contrato assinado por alguém mediante ameaça de morte.

Para tornar o negócio anulável, a ameaça deve ser:

a) **da parte que aproveita ou de terceiro, com conhecimento daquela**;

b) **determinante**;

c) **grave:** veem-se aspectos subjetivos das partes;

d) **injusta:** mal prometido não é exercício regular de direito; se for, a ameaça não é injusta;

e) **iminente;**

f) **relativa ao paciente, sua família ou seus bens.**

Se a coação disser respeito a pessoa não pertencente à família do paciente, o juiz, com base nas circunstâncias, decidirá se houve coação.

A respeito da coação, o Código Civil traz, ainda, as seguintes regras:

a) ao apreciar a coação, ter-se-ão em conta o sexo, a idade, a condição, a saúde, o temperamento do paciente e todas as demais circunstâncias que possam influir na gravidade dela;

b) não se considera coação a ameaça do exercício normal de um direito, nem o simples temor reverencial;

c) vicia o negócio jurídico a coação exercida por terceiro se dela tivesse ou devesse ter conhecimento a parte a que aproveite e esta responderá solidariamente com aquele por perdas e danos;

d) subsistirá o negócio jurídico se a coação decorrer de terceiro sem que a parte a que aproveite dela tivesse ou devesse ter conhecimento; mas o autor da coação responderá por todas as perdas e danos que houver causado ao coacto.

2.6.11.4. Estado de perigo

O estado de perigo pode ser **conceituado** como *a assunção de obrigação excessivamente onerosa com o intuito de salvar a si ou a alguém de sua família de grave dano conhecido da outra parte*. O instituto está previsto no art. 156 do Código Civil.

Exemplo de estado de perigo é a exigência de cheque-caução em hospital.

O ato cometido em situação de estado de perigo é anulável. Mas há corrente doutrinária que entende que o ato deveria ser válido, determinando-se apenas o ajuste das prestações.

Ao estado de perigo (art. 156) aplica-se, por analogia, o disposto no § 2º do art. 157 (Enunciado n. 148 JDC/CJF), isto é, aplica-se a possibilidade de revisão judicial do negócio jurídico.

2.6.11.5. Lesão

A lesão pode ser **conceituada** como *a assunção de prestação manifestamente desproporcional ao valor da prestação oposta por premente necessidade ou inexperiência.* O instituto está previsto no art. 157 do Código Civil.

Neste sentido, a desproporção manifesta é indispensável para que o instituto se aplique, não se presumindo a premente necessidade ou a inexperiência. É o que prevê o Enunciado 290 JDC/CJF.

Exemplo de lesão é a compra de imóvel que vale R$ 500 mil por R$ 100 mil, por inexperiência de quem vende. Outro exemplo é a venda de um apartamento por 40% do seu preço de mercado para pagar resgate de sequestro não conhecido da outra parte.

O STJ reconhece a configuração do instituto em contrato no qual o advogado, aproveitando-se de desespero do cliente, firmou contrato pelo qual sua remuneração seria de 50% do benefício econômico gerado pela causa (REsp 1.155.200, DJ 02/03/11).

O instituto requer a configuração de dois elementos para se caracterizar:

a) elemento objetivo: prestação manifestamente desproporcional;

b) elemento subjetivo: premente necessidade ou inexperiência.

Quanto ao requisito subjetivo "inexperiência", o Enunciado 410 das Jornadas de Direito Civil traz o seguinte entendimento: "art. 157: A inexperiência a que se refere o art. 157 não deve necessariamente significar imaturidade ou desconhecimento em relação à prática de negócios jurídicos em geral, podendo ocorrer também quando o lesado, ainda que estipule contratos costumeiramente, não tenha conhecimento específico sobre o negócio em causa."

O instituto não incide quanto a atos unilaterais, pois há de se comparar a existência de duas prestações.

Na lesão, não há necessidade de existir: a) situação de perigo; b) conhecimento da situação pela outra parte.

O ato praticado mediante lesão é anulável. Porém, o negócio pode ser mantido se a parte prejudicada receber uma compensação. Neste sentido, Enunciado 291 JDC/CJF: *Nas hipóteses de lesão previstas no art. 157 do Código Civil, pode o lesionado optar por não pleitear a anulação do negócio jurídico, deduzindo, desde logo, pretensão com vista à revisão judicial do negócio por meio da redução do proveito do lesionador ou do complemento do preço.*

O Enunciado 149 JDC/CJF faz menção ao princípio da conservação dos pactos: *Em atenção ao princípio da conservação dos contratos, a verificação da lesão deverá conduzir, sempre que possível, à revisão judicial do negócio jurídico e não à sua anulação, sendo dever do magistrado incitar os contratantes a seguir as regras do art. 157, § 2º, do Código Civil de 2002.*

A lesão não exige dolo de aproveitamento (Enunciado 150 JDC/CJF).

2.6.11.6. Fraude contra credores

A fraude contra credores dá-se com *a transmissão de bens ou remissão de dívidas feitas pelo devedor já insolvente ou por elas reduzido à insolvência.* O instituto está previsto nos arts. 158 a 165 do Código Civil.

São requisitos da fraude contra credores os seguintes:

a) consilium fraudis: conluio fraudulento (elemento subjetivo); nos negócios gratuitos, o conluio é presumido; nos negócios onerosos, a existência de ações contra o alienante configuram-no;

b) evento danoso: prejuízo (elemento objetivo);

c) ação própria: pauliana ou revocatória.

Confira as diferenças entre a fraude contra credores e a fraude à execução: a) vício social X ato atentatório da Justiça; b) depende de ação própria X reconhecimento na própria execução; c) gera anulação do negócio X gera ineficácia do negócio perante o credor.

A respeito da fraude contra credores, o Código Civil traz, ainda, as seguintes regras:

a) se o adquirente dos bens do devedor insolvente ainda não tiver pago o preço e este for, aproximadamente, o corrente, desobrigar-se-á depositando-o em juízo, com a citação de todos os interessados; se inferior, o adquirente, para conservar os bens, poderá depositar o preço que lhes corresponda ao valor real;

b) a ação poderá ser intentada contra o devedor insolvente, a pessoa que com ele celebrou a estipulação considerada fraudulenta, ou terceiros adquirentes que hajam procedido de má-fé. Ademais, o ajuizamento da ação pauliana pelo credor com garantia real (art. 158, § 1º) prescinde de prévio reconhecimento judicial da insuficiência da garantia (Enunciado 151 JDC/CJF);

c) o credor quirografário que receber do devedor insolvente o pagamento da dívida ainda não vencida ficará obrigado a repor, em proveito do acervo sobre que se tenha de efetuar o concurso de credores, aquilo que recebeu;

d) presumem-se fraudatórias dos direitos dos outros credores as garantias de dívidas que o devedor insolvente tiver dado a algum credor;

e) presumem-se, porém, de boa-fé e valem os negócios ordinários indispensáveis à manutenção de estabelecimento mercantil, rural, ou industrial, ou à subsistência do devedor e de sua família:

f) anulados os negócios fraudulentos, a vantagem resultante reverterá em proveito do acervo sobre que se tenha de efetuar o concurso de credores; se esses negócios tinham por único objeto atribuir direitos preferenciais, mediante hipoteca, penhor ou anticrese, sua invalidade importará somente na anulação da preferência ajustada.

g) Apenas aqueles que já eram credores do devedor ao tempo do ato é que podem pleitear a anulação deles. Neste espeque, conforme Enunciado 292 JDC/CJF a anterioridade do crédito é determinada pela causa que lhe dá origem, independentemente de seu reconhecimento por decisão judicial.

2.6.12. Atos nulos

São atos nulos os seguintes (art. 166 do CC):

a) os celebrados por pessoa absolutamente incapaz;

b) os de objeto ilícito, impossível ou indeterminável;

c) os que tiverem motivo determinante, comum a ambas as partes, ilícito;

d) os que não revestirem a forma prescrita em lei;

e) os que preterirem alguma solenidade que a lei considere essencial para sua validade;

f) os que tiverem por objeto fraudar lei imperativa;

g) os que a lei taxativamente declarar nulo, ou proibir-lhe a prática, sem cominar sanção;

h) o negócio jurídico simulado, mas subsistirá o que se dissimulou, se válido for na substância e na forma. Toda simulação, inclusive a inocente é invalidante (Enunciado 152 JDC/CJF).

Qualquer interessado ou o MP, quando cabível, pode alegar a nulidade e o juiz pode pronunciá-la de ofício (art. 168 do CC).

O negócio nulo não pode ser convalidado pelo decurso do tempo e também não é suscetível à confirmação pela vontade das partes (art. 169 do CC). A doutrina, todavia, vem flexibilizando essa regra, conforme se vê no Enunciado n. 537 JCD/CJF: *A previsão contida no art. 169 não impossibilita que,*

excepcionalmente, negócios jurídicos nulos produzam efeitos a serem preservados quando justificados por interesses merecedores de tutela.

Ressalta-se ainda que resultando do negócio jurídico nulo consequências patrimoniais capazes de ensejar pretensões, é possível, quanto a estas, a incidência da prescrição (Enunciado n. 536 JDC/CJF).

A sanção de nulidade opera de pleno direito. Assim, a ação judicial respectiva resulta em sentença de natureza declaratória, com eficácia *ex tunc*.

Quanto à simulação, essa pode ser de duas espécies:

a) absoluta: *quando não se quer negócio algum* (ex.: divórcio simulado para fugir de responsabilidade civil);

b) relativa: *quando se encobre um negócio querido.*

Na simulação relativa, temos as seguintes situações:

i) negócio simulado: *o que se declara, mas não se quer. O negócio simulado é nulo.* Ex.: doação de um imóvel;

ii) negócio dissimulado: *o que se pretende de verdade.* O negócio dissimulado pode ser mantido, desde que válido na forma e na substância. Daí, para sua existência e validade não basta o afastamento do negócio simulado, mas é preciso que estejam presentes todos os requisitos substanciais e formais de validade (Enunciado n. 293 JDC/CJF). Ex.: compra e venda do mesmo imóvel. Nesta seara, prevê o Enunciado n. 13 JDC/CJF que *o aspecto objetivo da convenção requer a existência do suporte fático no negócio a converter-se*. E ainda, cita-se o Enunciado n. 153: *Na simulação relativa, o negócio simulado (aparente) é nulo, mas o dissimulado será válido se não ofender a lei nem causar prejuízos a terceiros.*

Sendo a simulação uma causa de nulidade do negócio jurídico, pode ser alegada por uma das partes contra a outra (Enunciado n. 294 JDC/CJF).

2.6.13. Atos anuláveis

São atos anuláveis os seguintes (art. 171 do CC):

a) os praticados por relativamente incapaz;

b) os com defeito (erro, dolo, coação, estado de perigo, lesão ou fraude contra credores);

c) outros previstos em lei, como no caso de falta de legitimação.

O negócio anulável pode ser confirmado pelas partes, inclusive tacitamente (caso já tenha sido cumprido com ciência do vício), salvo direito de terceiro.

Só os interessados podem alegar a anulabilidade.

O prazo decadencial para pleitear a anulação é de 2 anos, como regra. Todavia, para anulação nos casos "a" e "b", o prazo é de 4 anos. Prevê ainda o Enunciado 538 JDC/CJF que *no que diz respeito a terceiros eventualmente prejudicados, o prazo decadencial de que trata o art. 179 do Código Civil não se conta da celebração do negócio jurídico, mas da ciência que dele tiverem.*

A sanção de anulabilidade não opera de pleno direito, dependendo de provocação da parte interessada. Assim, a sentença respectiva tem natureza constitutiva e eficácia *ex nunc*.

2.6.14. Anulabilidade X Nulidade

Para fechar o tema das invalidades no Código Civil, faz-se necessário fazer uma análise comparativa entre os institutos da anulabilidade e da nulidade. Confira a comparação, que traz, primeiro, informação sobre a anulabilidade e, depois, sobre a nulidade:

a) **interesse envolvido:** privado x público;

b) **legitimidade para alegar:** só interessados x interessados, MP e juiz de ofício;

c) **possibilidade confirmação:** admite x não admite;

d) **consequência do decurso do tempo:** convalesce (em regra: 2 anos) x não convalesce;

e) **ação cabível:** anulatória x declaratória de nulidade;

f) **efeitos da sentença:** não retroage (*ex nunc*) x retroage (*ex tunc*);

g) **possibilidade de aproveitamento:** pela *convalidação* x pela *conversão* em outro ato.

2.6.15. Jurisprudência selecionada

DIREITO CIVIL. MANUTENÇÃO DA EFICÁCIA DE NEGÓCIO JURÍDICO REALIZADO POR TERCEIRO DE BOA-FÉ DIANTE DO RECONHECIMENTO DE FRAUDE CONTRA CREDORES.

O reconhecimento de fraude contra credores em ação pauliana, após a constatação da existência de sucessivas alienações fraudulentas na cadeia dominial de imóvel que originariamente pertencia ao acervo patrimonial do devedor, não torna ineficaz o negócio jurídico por meio do qual o último proprietário adquiriu, de boa-fé e a título oneroso, o referido bem, devendo-se condenar os réus que agiram de má-fé em prejuízo do autor a indenizá-lo pelo valor equivalente ao dos bens transmitidos em fraude contra o credor. Cumpre ressaltar, de início, que, na ação pauliana, o autor tem como objetivo o reconhecimento da ineficácia (relativa) de ato jurídico fraudulento nos limites do débito do devedor com o credor lesado pela fraude. A lei, entretanto, não tem dispositivo que regulamente, de forma expressa, os efeitos do reconhecimento da fraude contra credores na hipótese em que a ineficácia dela decorrente não puder atingir um resultado útil, por encontrar-se o bem em poder de terceiro de boa-fé. Nesse contexto, poder-se-ia cogitar que a este incumbiria buscar indenização por perdas e danos em ação própria, ainda que se tratasse de aquisição onerosa. Todavia, essa solução seria contrária ao art. 109 do CC/1916 – correspondente ao artigo 161 do CC/2002 –; e também ao art. 158 do CC/1916 – que tem redação similar à do artigo 182 do CC/2002 –,; cujo teor dispunha que, anulado o ato, restituir-se-ão as partes ao estado em que antes dele se achavam e, não sendo possível restituí-las, serão indenizadas pelo equivalente. Desse modo, inalcançável o bem em mãos de terceiro de boa-fé, cabe ao alienante, que o adquiriu de má-fé, indenizar o credor. Deve-se, portanto, resguardar os interesses dos terceiros de boa-fé e condenar os réus que agiram de má-fé em prejuízo do autor a indenizá-lo pelo valor equivalente ao dos bens transmitidos em fraude contra o credor – medida essa que se atém aos limites do pedido da petição inicial da ação pauliana, relativo à recomposição do patrimônio do devedor com os mesmos bens existentes antes da prática do ato viciado ou pelo seu equivalente. A propósito, a aludida conclusão, *mutatis mutandis*, vai ao encontro da Súmula 92/STJ, que orienta que "a terceiro de boa-fé não é oponível a alienação fiduciária não anotada no certificado de registro do veículo automotor". Precedente citado: REsp 28.521-RJ, Quarta Turma, DJ de 21/11/1994. REsp 1.100.525-RS, Rel. Min. Luis Felipe Salomão, julgado em 16/4/2013. (Inform. STJ 521)

DIREITO CIVIL. RECONHECIMENTO DE ANTERIORIDADE DE CRÉDITO PARA CARACTERIZAÇÃO DE FRAUDE CONTRA CREDORES.

Não é suficiente para afastar a anterioridade do crédito que se busca garantir – requisito exigido para a caracterização de fraude contra credores – a assinatura de contrato particular de promessa de compra e venda de imóvel não registrado e desacompanhado de qualquer outro elemento que possa evidenciar, perante terceiros, a realização prévia desse negócio jurídico. O art. 106, parágrafo único, do CC/1916 disciplinou o instituto da fraude contra credores, visando coibir o devedor de praticar atos fraudulentos que acarretem a diminuição de seu patrimônio com o propósito de prejudicar seus credores. Para isso, instituiu a ação pauliana ou revocatória, possibilitando ao credor prejudicado anular o negócio jurídico fraudulento e conservar no patrimônio do devedor determinados bens para a garantia do cumprimento das obrigações assumidas por este. Para a caracterização dessa fraude, exigem-se os seguintes pressupostos: a existência de dano ao direito do credor (*eventus damni*); o consenso entre o devedor e o adquirente do bem (*consilium fraudis*); e a anterioridade do crédito que se busca garantir em relação ao negócio jurídico tido por fraudulento, pois somente os credores que já ostentavam essa condição ao tempo do ato fraudulento é que podem demandar a anulação, visto que, apenas em relação a eles, esse ato diminui a garantia oferecida pelo patrimônio do devedor. Nesse contexto, na hipótese em que o devedor tenha firmado contrato particular de promessa de compra e venda de imóvel, para fins de constatar a anterioridade de crédito em relação ao ato fraudulento, deve ser considerada a data do registro do instrumento particular no Cartório de Registro de Imóveis, e não a data da sua elaboração. Isso porque o registro do contrato de promessa de compra e venda de imóvel, conquanto não interfira na relação de direito obrigacional – existente entre promitente comprador e promitente vendedor –, é necessário para que a eficácia da promessa de compra e venda se dê perante terceiros, de forma a gerar um direito real à aquisição do promitente comprador, em caráter *erga omnes*. Dessa forma, dispõe o art. 1.417 do CC/2002 que, mediante promessa de compra e venda em que não foi pactuado o arrependimento, celebrada por instrumento público ou particular e registrada no Cartório de Registro de Imóveis, adquire o promitente comprador direito real à aquisição do imóvel. Assim, não estando o contrato registrado, o promitente comprador pode exigir do promitente vendedor a outorga da escritura, mas não poderá opor seu direito a terceiros. Ademais, ao permitir o contrário, estar-se-ia enfraquecendo o instituto da fraude contra credores, tendo em vista a facilidade em dar a um documento uma data falsa e, ao mesmo tempo, a dificuldade em demonstrar essa fraude. REsp 1.217.593-RS, Rel. Min. Nancy Andrighi, julgado em 12/3/2013. (Inform. STJ 518)

DIREITO CIVIL. NECESSIDADE DE RESSARCIMENTO NO CASO DE INVIABILIDADE DE RETORNO À SITUAÇÃO ANTERIOR À NULIDADE DECLARADA.
O credor, no caso em que tenha recebido em dação em pagamento imóvel de sociedade empresarial posteriormente declarada falida, poderá ser condenado a ressarcir a massa pelo valor do objeto do negócio jurídico, se este vier a ser declarado nulo e for inviável o retorno à situação fática anterior, diante da transferência do imóvel a terceiro de boa-fé. Incide, na situação descrita, o disposto no art. 182 do CC/2002, de acordo com o qual, anulado o negócio jurídico, restituir-se-ão as partes ao estado em que antes dele se achavam, e, não sendo possível restituí-las, serão indenizadas com o equivalente. Trata-se, a propósito, de dispositivo legal que, quanto aos seus efeitos práticos, também tem aplicabilidade nos casos de nulidade absoluta, não tendo incidência restrita às hipóteses de nulidade relativa. Ademais, deve-se preservar a boa-fé de terceiros que sequer participaram do negócio jurídico viciado. REsp 1.353.864-GO, Rel. Min. Sidnei Beneti, julgado em 7/3/2013. (Inform. STJ 517).

FRAUDE A EXECUÇÃO - NOVO PACTO ENTRE CREDOR E DEVEDOR SEM ANUÊNCIA DOS FIADORES. ILEGITIMIDADE PASSIVA DOS FIADORES NA EXECUÇÃO.
A transação entre credor e devedor sem a anuência do fiador com a dilação do prazo para o pagamento da dívida extingue a garantia fidejussória anteriormente concedida. Com base nesse entendimento, a Turma deu provimento ao recurso especial para acolher a exceção de pré-executividade oferecida em primeiro grau e, por conseguinte, determinar a exclusão dos fiadores do polo passivo da ação de execução. No caso, não obstante a existência de cláusula prevendo a permanência da garantia pessoal no novo pacto, a responsabilidade dos fiadores está limitada aos exatos termos do convencionado na obrigação original – ao qual expressamente consentiram – visto que a interpretação do contrato de fiança deve ser restritiva (art. 1.483 do CC/1916). Além disso, asseverou o Min. Relator que a extinção da garantia teria ocorrido com base em duplo fundamento, qual seja, a ocorrência da transação e moratória simultaneamente. Conquanto a transação e a moratória sejam institutos jurídicos diversos, ambas têm o efeito comum de exoneração do fiador que não anuiu com o acordo firmado entre credor e devedor (art. 838, I, do CC). Considerou-se, ainda, como parâmetro, o enunciado da Súm. 214 do STJ, a qual, apesar de se referir a contratos de locação, pode ser aplicada por extensão à situação dos fatos, pois a natureza da fiança é a mesma. REsp1.013.436-RS, Rel. Min. Luis Felipe Salomão, julgado em 11/9/2012 (Inform. STJ 504)

FRAUDE CONTRA CREDORES. EFEITOS. SENTENÇA.
Trata-se, na origem, de ação pauliana (anulatória de doações) contra os recorrentes na qual se alega que um dos réus doou todos seus bens aos demais réus, seus filhos e sua futura esposa, todos maiores e capazes, por meio de escrituras públicas, de modo que, reduzindo-se à insolvência, sem nenhum bem em seu nome, infringiu o disposto no art. 106 do CC/1916. O Min. Relator entendeu, entre outras questões, que estão presentes os requisitos do citado artigo ensejadores da fraude contra credores e que chegar a conclusão diversa demandaria o reexame do conjunto fático-probatório. Quanto aos efeitos da declaração de fraude contra credores, consignou que a sentença pauliana sujeitará à excussão judicial o bem fraudulentamente transferido, mas apenas em benefício do crédito fraudado e na exata medida desse. Naquilo que não interferir no crédito do credor, o ato permanecerá hígido, como autêntica manifestação das partes contratantes. Caso haja remissão da dívida, o ato de alienação subsistirá, não havendo como sustentar a anulabilidade. Assim, a Turma, ao prosseguir o julgamento, deu parcial provimento ao recurso. Precedente citado: REsp 506.312-MS, DJ 31/8/2006. REsp 971.884-PR, Rel. Min. Sidnei Beneti, julgado em 22/3/2011. (Inform. STJ 467)

FRAUDE. CREDORES. ATOS PREDETERMINADOS.
A Turma negou provimento ao recurso especial, mantendo a decisão do tribunal *a quo* que entendeu inexistir ofensa ao art. 106, parágrafo único, do CC/1916 (art. 158, § 2º, do CC/2002) diante da comprovada prática de atos fraudulentos predeterminados com o intuito de lesar futuros credores. Segundo a Min. Relatora, a literalidade do referido preceito, o qual dispõe que a declaração de ocorrência de fraude contra credores exige que o crédito tenha sido constituído em momento anterior ao ato que se pretende anular, deve ser relativizada, de forma que a ordem jurídica acompanhe a dinâmica da sociedade hodierna e busque a eficácia social do direito positivado. Precedente citado: REsp 10.096-SP, DJ 25/5/1992. REsp 1.092.134-SP, Rel. Min. Nancy Andrighi, julgado em 5/8/2010. (Inform. STJ 441)

ANULATÓRIA. ESCRITURA PÚBLICA. CESSÃO. DIREITOS.
Trata-se de ação anulatória de ato jurídico ajuizada pelos ora recorrentes em face dos ora recorridos, tendo por objeto escritura de transferência e cessão de direitos e créditos lavrada em 26/11/1996. Narram os recorrentes que seus genitores outorgaram mandato a um dos recorridos para transferir ao outro recorrido os direitos de crédito decorrentes de contrato de parceria rural. Afirmam que, embora a dita procuração não tivesse sido utilizada, em 6/6/1991, faleceu um dos outorgantes, sendo que, mesmo cientes desse fato, os recorridos, em 20/11/1996, lavraram a escritura pública de cessão de direitos e créditos de 100 cabeças de gado e suas respectivas rendas. Assim, haveria nulidade do ato jurídico, porquanto ausente o

valor do negócio efetuado entre as partes, bem como, segundo os recorrentes, a procuração outorgada por seus genitores a um dos recorridos tinha natureza de mandato, celebrado *intuito personae,* sendo aquela revogada automaticamente em 6/6/1991, com a morte de um dos outorgantes. O juiz de primeiro grau julgou a ação improcedente, o que foi confirmado pelo tribunal *a quo* na apelação. No REsp, os recorrentes buscam a reforma do acórdão, sustentando, em síntese, a nulidade do ato jurídico de transferência dos direitos decorrentes do contrato de parceria pecuária, porquanto, na formalização da escritura de cessão e transferência, não teria constado o valor do negócio realizado, mas apenas seu objeto. Aduzem que a revogação do mandato pela morte de um dos outorgantes teria ocorrido quase seis anos antes da realização do negócio jurídico, o que o tornaria nulo. Alegam, ainda, que a outorga do mandato a um dos recorridos para transferir os direitos relativos ao gado e demais rendas ao outro não constituiu doação, por conta da inexistência de um negócio jurídico subjacente que justificasse considerar a referida procuração uma forma oblíqua de doação. Nesta instância especial, entendeu-se, entre outras questões, que a ausência do valor na escritura pública de cessão de direitos não constitui formalidade essencial à validade do ato, isso porque, em se tratando de registro resumido de obrigação de fazer, é suficiente que conste como expressão do negócio jurídico entabulado entre as partes o essencial à identificação dos bens a serem cedidos. Assinalou-se que, no caso, o instrumento público de procuração, em verdade, representa doação feita a um dos recorridos, nela se tendo outorgado poderes para lavrar a escritura correspondente, poder que não ficou extinto pela morte de um dos doadores. Ressaltou-se que, se aquela procuração tem natureza de mandato ou de doação, isso é irrelevante, porque havia dois outorgantes, e só um deles faleceu, significando que, se a procuração tivesse natureza de mandato, poderia a outorgante sobrevivente revogá-la a qualquer tempo, o que na hipótese não ocorreu. Diante desses fundamentos, entre outros, a Turma negou provimento ao recurso. REsp 899.114-MS, Rel. Min. Massami Uyeda, julgado em 18/5/2010. (Inform. STJ 435)

IMPOSSIBILIDADE JURÍDICA. SIMULAÇÃO.
O acórdão recorrido reconheceu, de ofício, a impossibilidade jurídica do pedido referente à anulação, devido à simulação, do ato de constituição da sociedade, porque justamente formulado esse pedido por quem participou do ato negocial. Quanto a isso, o Min. Relator, ao anotar que aquele ato ocorreu sob o comando do CC/1916, mas seus efeitos estenderam-se após a vigência do CC/2002, entendeu que aferir a motivação do ato tido por simulado é objeto do mérito da ação declaratória, sendo possível, em tese, o pedido, conforme precedentes. Por sua vez, o Min. Luis Felipe Salomão, em voto vista, acompanhou o Min. Relator, asseverando que inexiste vedação legal ao prosseguimento da demanda, visto que a possibilidade jurídica do pedido, no caso, é inquestionável; pois, mesmo nos termos do CC/1916, era possível a parte alegar simulação inocente, o que levaria à produção de provas com o fito de afastar a restrição prevista no art. 104 daquele código (simulação maliciosa). Aduziu, também, que o instituto da simulação sofreu modificações com o advento do novo CC, não mais se situando entre as causas de anulabilidade do negócio jurídico, mas sim de sua nulidade, que, por ser matéria de ordem pública, pode ser conhecida mesmo de ofício. Daí que, tanto pelo CC/1916 quanto pelo CC/2002, o pedido é juridicamente possível, entendimento, ao final, acolhido pela Turma. REsp 776.304-MG, Rel. Min. Honildo de Mello Castro (Desembargador convocado do TJ-AP), julgado em 5/11/2009. (Inform. STJ 414)

FRAUDE. CREDORES. PENHORA. VENDA. IMÓVEL.
A Turma proveu em parte o recurso, entendendo serem procedentes os embargos de terceiro para determinar o cancelamento da penhora incidente sobre imóvel, por inexistir prova de qualquer constrição judicial (ação de alimentos) à época de sua venda, em cartório de registro imobiliário, com a consequente averbação da decisão, o que tornaria ineficaz a alienação. No caso, conquanto pendente a execução de alimentos (CPC, art. 792), ainda assim era insuficiente para reduzir o recorrido à insolvência, não se podendo concluir que os adquirentes tivessem ciência inequívoca de sua existência, a ponto de configurar a fraude contra credores, tal como pretendido, mormente pelo fato de que os imóveis não haviam sido penhorados quando da alienação. Precedentes citados: REsp 442.583-MS, DJ 16/2/2004; AgRg no AgRg no Ag 1.094.919-SP, DJe 17/2/2009; REsp 625.235-RN, DJ 25/10/2004, e REsp 1.015.459-SP, DJe 29/5/2009. REsp 1.112.143-RJ, Rel. Min. Fernando Gonçalves, julgado em 20/10/2009. (Inform. STJ 412)

2.6.16. Quadro sinótico

1. Classificação do fato jurídico

- fato jurídico: *todo acontecimento que produz efeito jurídico*

1.1. Fato jurídico em sentido estrito: *é o acontecimento natural que produz efeitos jurídicos* - exs: nascimento, morte, decurso do tempo

1.2. Ato jurídico: *é o acontecimento humano que produz efeito jurídico*

1.2.1. Atos ilícitos: *atos contrários ao Direito*

1.2.2. Atos lícitos: *atos que produzem efeitos queridos pelo agente*

1.2.2. Atos lícitos:

a) ato jurídico em sentido estrito: *simples declaração de vontade com efeitos legais* ex: tradição, reconhecimento de filho, ocupação

b) negócio jurídico: *declaração de vontade com a finalidade de alcançar um fim previsto em lei*

- aqui a vontade é qualificada; ex: contrato de locação

- unilateral (testamento), bilateral (contrato)

c) ato-fato jurídico: ato material humano com efeito jurídico; ex: achado de tesouro

2. Requisitos de <u>existência</u> do negócio jurídico

2.1. Manifestação de vontade: *expressa ou tácita*

- ou seja, vontade *inequívoca* ou *comportamento*

- silêncio: significará vontade se os usos ou circunstâncias autorizarem, e não for necessária vontade expressa

2.2. Finalidade negocial: *vontade de regulamentar uma relação jurídica*

2.3. Objeto: *utilidade física ou ideal sobre a qual recai a vontade*

3. Requisitos de <u>validade</u> do negócio jurídico

3.1. Manifestação de vontade <u>livre</u>: externada sem vícios (ex: erro, dolo, coação)

3.2. Agente emissor da vontade <u>capaz</u>: alguém com capacidade de fato ou com mediador idôneo

3.3. Legitimação: aptidão específica para o ato

3.4. Objeto lícito, possível e determinável

3.5. Obediência à forma, quando prescrita em lei

3.6. Inexistência de configuração de outras hipóteses de nulidade (ex: simulação) e de **anulabilidade** (ex: fraude contra credores)

<u>Atos nulos:</u> arts. 166 (vários casos) e 167 (simulação)

Simulação

a) absoluta: *quando não se quer negócio algum* (ex: divórcio simulado para fugir de responsabilidade civil)

b) relativa: *quando se encobre um negócio querido*

- na relativa, temos

i) **negócio simulado:** *o que se declara, mas não se quer* - ex: doação de um imóvel

- é nulo

ii) **negócio dissimulado:** *o que se pretende de verdade* - ex: compra e venda do mesmo imóvel

- negócio dissimulado pode ser mantido, desde que válido na forma e na substância

<u>Atos anuláveis:</u> art. 171

a) Por incapacidade relativa do agente (4 anos)

b) Por vício resultante de erro, dolo, coação, estado de perigo, lesão ou fraude contra credores (defeitos do negócio jurídico) (4 anos)

c) Outros casos previstos em lei, como na venda de ascendente para descendente (art. 496)

(2 anos)

Anulabilidade X Nulidade

a) interesse: privado X público

b) legitimidade: interessados X interessados, MP e juiz de ofício

c) confirmação: admite X não admite

d) decurso do tempo: convalesce (regra: 2 anos) X não convalesce

e) ação: anulatória X declaratória de nulidade

f) efeitos da sentença: não retroage (*ex nunc*) X retroage (*ex tunc*)

g) aproveitamento: convalidação X conversão

4. Requisitos de <u>eficácia</u> do negócio jurídico

4.1. Inexistência de condição suspensiva pendente: ou seja, de evento futuro e incerto que condiciona o início dos efeitos do negócio

- ex: "se você se casar, ganhará R$ 200 mil" – enquanto não houver casamento, negócio não produz efeitos

4.2. Inexistência de termo suspensivo pendente: ou seja, de evento futuro e certo que condiciona o início dos efeitos do negócio

- ex: "a locação entrará em vigor dia 20 deste mês" – enquanto não chegar dia 20, negócio não produz efeitos

Obs. quanto aos elementos acidentais do negócio:

a) condição: subordina negócio a evento futuro e incerto

b) termo: subordina negócio a evento futuro e certo

----

a) condição/termo suspensivos: enquanto não acontecerem, negócio fica com efeitos suspensos

b) condição/termo resolutivos: quando acontecerem negócio fica resolvido, ou seja, não produzirá mais efeitos

----

Encargo: *cláusula que impõe obrigação ao beneficiário de negócio jurídico*

- ex: doação com encargo

- não suspende aquisição do direito

5. Defeitos do negócio jurídico (geram anulabilidade)

5.1. Erro ou ignorância: *é o engano cometido pelo próprio agente*

- Deve ser:

a) substancial (essencial): quanto à sua natureza, seu objeto ou suas qualidades

b) escusável

c) real: prejuízo deve ser a causa determinante do negócio

- Exs: pensa-se ser doação, mas é venda; pensa-se ser filho, mas não é

- O erro acidental (relativo a questões secundárias) não gera a anulabilidade do ato, nem indenização

5.2. Dolo: *erro provocado pela parte contrária ou por terceiro, por meio de expediente malicioso*

- Ex: adulteração de quilometragem

- Deve ser:

a) essencial

b) com malícia

c) determinante

d) não recíproco

- O dolo acidental só enseja reparação por perdas e danos

5.3. Coação: *é a ameaça que constrange alguém à prática de um negócio*

A ameaça deve ser:

a) da parte que aproveita ou de terceiro, com conhecimento daquela

b) determinante

c) grave: veem-se aspectos subjetivos das partes

d) injusta: mal prometido não é exercício regular de direito; se for, ameaça não é injusta

e) iminente

f) relativa ao paciente, sua família ou seus bens

Obs: pessoa que não for da família, juiz decide

5.4. Estado de perigo: *assunção de obrigação excessivamente onerosa com o intuito de salvar a si ou a alguém de sua família de grave dano conhecido da outra parte*

- Ex: exigência de cheque caução em hospital

- Ato anulável

- Há corrente doutrinária que entende que o ato deveria ser válido, determinando-se apenas o ajuste das prestações

5.5. Lesão: *assunção de prestação manifesta-mente desproporcional ao valor da prestação oposta, por premente necessidade ou inexperiência*

- Ex: compra de imóvel que vale R$ 500 mil por R$ 100 mil, por inexperiência de quem vende

- Elementos objetivo e subjetivo

- Não ocorre em atos unilaterais

- Não há necessidade de: i) situação de perigo; ii) conhecimento da outra parte

- Ato é anulável

- Negócio pode ser mantido se parte prejudicada receber uma compensação

5.6. Fraude contra credores:

5.6.1. Dá-se com a transmissão de bens ou remissão de dívida feitas pelo devedor já insolvente, ou por elas reduzido à insolvência

5.6.2. Requisitos:

a) *consilium fraudis*: conluio fraudulento (elemento subjetivo)

- nos gratuitos, é presumido

- nos onerosos, a existência de ações configura

b) o evento danoso: prejuízo (elemento objetivo)

c) ação própria: pauliana ou revocatória

5.6.3. Diferenças com fraude de execução: a) vício social X ato atentatório da Justiça; b) ação própria X reconhecimento na própria execução; c) anulação do negócio X ineficácia do negócio perante credor

2.6.17. Questões comentadas

(Magistratura/MG – 2009 – EJEF) "Fatos jurídicos são acontecimentos que produzem efeitos jurídicos, causando o nascimento, a modificação ou a extinção de relações jurídicas e de seus direitos". Ora constituem-se como simples manifestação da natureza, ora podem configurar-se como manifestação da vontade humana. Neste último caso são chamados de atos jurídicos. Assim, dentre as assertivas abaixo, assinale CORRETA.

(A) No ato jurídico em senso estrito a eficácia decorre da vontade do agente. É ato *ex voluntate*.

(B) Os atos jurídicos em senso estrito consistem em simples declarações de vontade que produzem efeitos estabelecidos em lei.

(C) O ato jurídico em senso estrito é a realização da autonomia privada, porque é instrumento de realização da vontade.

(D) O ato jurídico *stricto sensu* e o negócio jurídico são, ambos, manifestações de vontade, não se diferindo quanto a sua estrutura, a sua função e a seus efeitos.

A: incorreta, pois o ato jurídico em sentido estrito é simples declaração de vontade que tem seus efeitos preestabelecidos na lei; **B:** correta, pois traz definição adequada de ato jurídico em sentido estrito; **C:** incorreta, pois os *negócios jurídicos* é que se encaixam nessa definição; os *atos jurídicos em sentido estrito* são meras declarações de vontade que recebem os efeitos preestabelecidos na lei, não regulando, portanto, os efeitos produzidos; **D:** incorreta, pois, como se viu, os negócios jurídicos são declarações de vontade qualificadas, que regulam os efeitos jurídicos dos atos praticados; assim, um contrato de compra e venda, por regular elementos como a coisa, o preço e as demais condições, regula os efeitos específicos da declaração de vontade expedida, de modo que é um *negócio jurídico*, e não um mero *ato jurídico em sentido estrito*.

Gabarito "B"

(Magistratura/PE – 2011 – FCC) Na interpretação do silêncio, como manifestação da vontade, é correto afirmar que

(A) sempre que uma das partes silenciar, quando devesse manifestar, caracteriza-se o consentimento.

(B) importa anuência, quando as circunstâncias ou os usos o autorizarem, e não for necessária a declaração de vontade expressa.

(C) vigora o adágio "quem cala consente", em qualquer circunstância.

(D) o silêncio só importará consentimento depois de ratificação expressa.

(E) não se admite o silêncio como forma de manifestação da vontade, salvo nos casos em que a ratificação tácita é prevista em lei.

Art. 111 do CC.

Gabarito "B"

(Magistratura/RS – 2009) Com base nas disposições gerais sobre negócio jurídico, assinale a assertiva correta.

(A) A incapacidade relativa de uma das partes pode ser invocada pela outra em benefício próprio.

(B) O silêncio importa anuência, quando as circunstâncias ou os usos o autorizarem, e não for necessária a declaração de vontade expressa.

(C) A escritura pública é essencial à validade dos negócios jurídicos visando a constituição, transferência, modificação ou renúncia de direitos reais sobre imóveis de valor superior a cinquenta vezes o maior salário-mínimo vigente no país.

(D) A validade da declaração de vontade independe de forma especial e de exigência expressa da lei.

(E) Na declaração de vontade, se atenderá mais ao sentido literal da linguagem do que à intenção nela consubstanciada.

A: incorreta (art. 105 do CC); **B:** correta (art. 111 do CC); **C:** incorreta, pois a escritura pública é obrigatória, no caso, se o valor do imóvel for superior a 30 salários-mínimos (art. 108 do CC); **D:** incorreta, pois, como regra, a validade da declaração de vontade não depende de forma especial, a não ser que a lei exija uma forma especial (art. 107 do CC); **E:** incorreta, pois se atenderá mais à intenção nela consubstanciada (art. 112 do CC).

Gabarito "B"

(Procurador do Estado/RO – 2011 – FCC) O recente terremoto ocorrido no Japão em 11 de março de 2011, sob o ponto de vista da teoria geral do direito, pode ser classificado como

(A) ato jurídico em sentido estrito.

(B) ato jurídico em sentido amplo.

(C) negócio jurídico.

(D) fato jurídico em sentido estrito.

(E) fato ilícito em sentido estrito.

Fato jurídico em sentido estrito *é o acontecimento natural que produz efeitos jurídicos*. Exs.: nascimento, morte, decurso do tempo, raio, temporal etc. O fato jurídico em sentido estrito pode ser tanto um fato ordinário (como a morte natural e o decurso do tempo) como um fato extraordinário (como um tufão numa dada localidade ou o terremoto descrito na questão). Assim, o terremoto é um fato jurídico em sentido estrito.

Gabarito "D"

(Procurador do Município/Sorocaba-SP – 2012 – VUNESP) Leia as seguintes afirmativas.

I. Os negócios jurídicos onerosos podem ser aleatórios, quando as prestações são equivalentes, certas e determinadas, e comutativos, quando a prestação de uma das partes depende de acontecimentos incertos e inesperados.

II. São negócios jurídicos causais (concretos ou materiais) os que estão vinculados à causa que deve constar do próprio negócio, como é o caso dos contratos, em geral.

III. Atos jurídicos meramente lícitos são os praticados pelo homem sem intenção direta de ocasionar efeitos jurídicos, tais como invenção de um tesouro, plantação em terreno alheio, construção, pintura sobre uma tela.

IV. Os atos ilícitos, que promanam direta ou indiretamente da vontade, são os que ocasionam efeitos jurídicos, mas contrários, ***lato sensu***, ao ordenamento. Há ato ilícito civil somente nos casos em que, com intenção, alguém cause dano a outrem.

Estão corretas somente as afirmativas

(A) I e II.

(B) I e IV.

(C) II e III.

(D) II e IV.

(E) III e IV.

I: incorreta. Os negócios jurídicos classificam-se quanto ao sacrifício patrimonial das partes: a) oneroso; b) gratuito. Já quanto aos riscos que envolvem a prestação, os negócios jurídicos podem ser: a) comutativo (*aquele em que as partes já sabem quais são as prestações*); b) aleatório (*a prestação de uma das partes não é conhecida com exatidão no momento da celebração do negócio jurídico pelo fato de depender da sorte, da álea, que é um fator desconhecido*), conforme ensinamento de *Flávio Tartuce* (Manual de Direito Civil); **II:** correta. Os negócios jurídicos podem ser classificados quanto à sua causa determinante: a) causal ou material (quando o motivo está expresso no seu conteúdo, como, por exemplo, em um termo de divórcio); b) abstrato ou formal (quando o motivo não consta no contrato, como, por exemplo, na emissão de um título de crédito); **III:** correta. Fato jurídico em sentido amplo é todo acontecimento natural ou humano que produz um efeito jurídico. Pode ser dividido em: a) fato jurídico em sentido estrito (é o acontecimento natural que produz efeitos jurídicos); b) ato jurídico (é o acontecimento humano que produz efeitos jurídicos), que pode ser subdividido em: b.1) atos ilícitos; b.2) atos lícitos, que são de três espécies: b.2.1) atos jurídicos em sentido estrito (são comportamentos humanos voluntários, cujos efeitos são predeterminados por lei); b.2.2) negócio jurídico (são declarações de vontade, cujos efeitos são regulados pelos próprios interessados); b.2.3) ato-fato jurídico (são comportamentos humanos sem a intenção de produzir o efeito jurídico previsto em lei). A questão trata, em verdade, do ato-fato jurídico que *são os praticados pelo homem sem intenção direta de ocasionar efeitos jurídicos, tais como invenção de um tesouro, plantação em terreno alheio, construção, pintura sobre uma tela*; **IV:** incorreta. O ato ilícito é a conduta humana que está em desacordo com o ordenamento jurídico, causando danos a alguém (art. 186, do CC). Todavia, com o atual CC, ampliou-se a noção de ato ilícito, a fim de abarcar o exercício irregular de direitos ou abuso de direitos (art. 187), cuja responsabilidade civil independe da análise de culpa (enunciado n. 37, CJF), pois se baseia nos princípios da solidariedade, devido processo legal e proteção da confiança (enunciado n. 414, CJF).

Gabarito "C"

(Advogado da União/AGU – CESPE – 2012) Com relação à validade, existência e interpretação de negócios jurídicos, julgue o próximo item.

(1) O ilícito contratual caracteriza-se apenas pelo descumprimento de regras expressamente convencionadas, devendo o descumprimento de deveres anexos ser discutido na seara da responsabilidade civil.

1: incorreta (art. 422, do CC).

Gabarito 1E

(Cartório/MS – 2009 – VUNESP) Observe as assertivas a seguir:

I. A sentença que pronunciar a inexistência do ato praticado com reserva mental irregular tem eficácia *ex nunc*, atingindo o ato após seu trânsito em julgado.

II. Havendo dúvida, os direitos devem prevalecer sempre sobre as restrições.

III. Escritura pública se retifica mediante outra escritura pública e não por meio de mandado judicial.

IV. Os direitos hereditários podem ser objeto de cessão, podendo ser realizada por meio de instrumento particular.

V. O silêncio importa anuência, quando as circunstâncias ou os usos o autorizarem, e não for necessária a declaração de vontade expressa.

É correto o que se afirma apenas em

(A) I e II.

(B) III e IV.

(C) I, II e IV.

(D) II, III e V.

(E) I, IV e V.

I: incorreta, tendo em vista que no caso em tela a sentença terá eficácia *ex tunc*, invalidando os efeitos do ato desde a sua prática. Interessante ressaltar que a doutrina se divide ao definir a reserva mental como causa de nulidade absoluta ou de inexistência do negócio jurídico. De qualquer forma a sentença que a reconhece terá efeitos retroativos; **II:** correta, uma vez que as restrições à direitos devem se dar de forma expressa e inequívoca, caso contrário não podem ser aplicadas; **III:** correta, pois uma vez expedido o ato a sua retificação se dará pela expedição de um novo ato de mesma natureza, sendo dispensável para tanto a intervenção judicial; **IV:** incorreta, pois a cessão de direitos hereditários apenas pode ser feita por escritura pública (art. 1.793 do CC); **V:** correta (art. 111 do CC).

Gabarito "D"

(Cartório/RN – 2012 – IESES) Os negócios jurídicos, para sua validade, dependem de agente capaz, objeto lícito, possível, determinado ou determinável, e forma prescrita ou não defesa em lei. A manifestação da vontade é essencial para os negócios jurídicos, assim:

I. Os negócios jurídicos celebrados por relativamente incapaz podem ser confirmados.

II. A reserva mental feita pelo autor e desconhecida do destinatário deve ser considerada na interpretação do negócio jurídico.

III. O silêncio de uma das partes sempre implica na anuência ou concordância.

IV. Ao se interpretar um negócio jurídico importa mais a real vontade dos declarantes do que o sentido literal da linguagem escrita.

Assinale a alternativa correta:

(A) As assertivas I e IV estão corretas.

(B) As assertivas II, III e IV estão corretas.

(C) As assertivas I e III estão corretas.

(D) Apenas a assertiva IV está correta.

I: correta, pois os negócios jurídicos celebrados por relativamente incapazes são atos anuláveis, e todo ato anulável é passível de confirmação (art. 171, I e art. 172 do CC); **II:** incorreta, pois se a reserva mental for desconhecida do destinatário a manifestação de vontade subsiste, não havendo que se falar em possível interpretação para invalidar o negócio jurídico (art. 110 do CC); **III:** incorreta, pois o silêncio de uma das partes apenas importa anuência se as circunstâncias ou os usos o autorizarem, e não for necessária a declaração de vontade expressa. Caso contrário o silencio importará em recusa (art. 111 do CC); **IV:** correta, pois dá-se maior importância à intenção das partes do que à literalidade da declaração (art. 112 do CC).

Gabarito "A"

(Cartório/SP – 2011 – VUNESP) A declaração de vontade, cujos efeitos são predeterminados pela lei e independem da intenção do agente, é denominada

(A) negócio jurídico de disposição.

(B) ato jurídico.

(C) negócio jurídico unilateral.

(D) contrato.

A e **C:** incorreta, pois negócio jurídico é a declaração de vontade qualificada, cujos efeitos são regulados pelo próprio interessado; **B:** correta. Neste ponto vale a pena esquematizar a explicação. Ato jurídico é todo acontecimento *humano* que produz efeitos jurídicos. Opõe-se ao fato jurídico em sentido estrito, que é todo acontecimento *natural* que produz efeitos jurídicos. O ato jurídico pode ser lícito ou ilícito. Dentro dos atos lícitos temos o ato jurídico em sentido estrito e o negócio jurídico. A resposta da alternativa refere-se ao ato jurídico em sentido estrito, que é comportamento humano, voluntário, consciente e conforme o Direito, cujos efeitos jurídicos são predeterminados pela lei; **D:** incorreta, pois o contrato é um exemplo de negócio jurídico, portanto os efeitos são negociados pelas partes.

Gabarito "B"

(Cartório/SP – 2012 – VUNESP) Na teoria geral dos negócios jurídicos, no âmbito dos elementos gerais extrínsecos, emergem as figuras do agente, lugar e tempo. Tais elementos referem-se ao plano da

(A) eficácia do negócio jurídico.

(B) pós-eficácia do negócio jurídico.

(C) existência do negócio jurídico.

(D) validade do negócio jurídico.

Os negócios jurídicos podem ser analisados sob três planos: existência, validade e eficácia. Dentro do plano da existência estuda-se se o negócio jurídico apresenta os elementos essenciais para que ele exista. Estes elementos dividem-se em três categorias: elementos gerais - comuns a todos os negócios; elementos categoriais: próprios de cada tipo de negócio; elementos particulares - existem em um negócio determinado, sem serem comuns a todos os negócios ou a certos tipos de negócios. Os elementos gerais podem ser extrínsecos (também chamados de pressupostos do negócio) ou intrínsecos, sendo que os extrínsecos são formados pelo agente, lugar e tempo da celebração.

Gabarito "C"

(Magistratura/RS – 2009) Considere as assertivas sobre condição.

I. As condições ilícitas ou de fazer coisas ilícitas e as condições incompreensíveis ou contraditórias têm-se por inexistentes.

II. São tidas por inexistentes as condições impossíveis, quando resolutivas, e as de não fazer coisa impossível.

III. Se for suspensiva a condição, enquanto esta não se realizar, vigorará o negócio jurídico, podendo ser exercido desde a conclusão deste o direito por ele estabelecido.

Quais são corretas?

(A) Apenas I

(B) Apenas II

(C) Apenas III

(D) Apenas I e II

(E) I, II e II

I: incorreta, pois tais condições invalidam os negócios que lhes são subordinados (art. 123, II e III, do CC); **II:** correta (art. 124 do CC); **III:** incorreta, pois, se for *suspensiva* a condição, enquanto esta não se realizar, estarão *suspensos* os efeitos do negócio (art. 125 do CC).

Gabarito "B"

(Magistratura/SC – 2009) Observadas as proposições abaixo, assinale a alternativa correta:

I. A lesão permite a resolução do negócio pela superveniência de onerosidade excessivamente desproporcional.

II. A condição suspensiva ou resolutiva não permite, enquanto não se verificar, a aquisição do direito a que visa o respectivo negócio.

III. A condição maliciosamente levada a efeito por aquele a quem seu implemento aproveite é considerada como não verificada.

IV. O encargo somente é possível em negócios onerosos realizados por mútuo consentimento e para os quais não haja forma especial prevista em lei.

(A) Somente as proposições III e IV estão corretas.

(B) Somente as proposições II e IV estão corretas.

(C) Somente a proposição III está correta.

(D) Somente as proposições I, II e III estão corretas.

(E) Somente as proposições I e II estão corretas.

I: incorreta, pois a lesão torna o negócio *anulável* (art. 157 c/c art. 171, II, do CC); **II:** incorreta, pois essa definição é só de condição suspensiva (art. 125 do CC), e não de condição resolutiva (art. 127 do CC); **III:** correta (art. 129 do CC); **IV:** incorreta, pois nada impede que o encargo seja estabelecido nos negócios que exijam forma especial, como é o caso da doação de imóvel com encargo.

Gabarito "C"

(Magistratura/SP – 2011 – VUNESP) Assinale a alternativa correta.

(A) São vedadas as condições que sujeitam o efeito do negócio jurídico ao arbítrio de uma das partes, somente nas relações de consumo.

(B) As condições contraditórias são consideradas inexistentes, mantendo-se íntegro o negócio jurídico que lhe é subordinado.

(C) O titular de direito eventual pode praticar os atos destinados a conservá-lo, nos casos de condição suspensiva ou resolutiva.

(D) O implemento de condição resolutiva sempre extingue, para todos os efeitos, o direito a que ela se opõe.

(E) O termo inicial suspende a aquisição do direito.

A: incorreta, pois o Código Civil considera defesa a condição que sujeita o efeito do negócio jurídico ao arbítrio de uma das partes (art. 122); **B:** incorreta, pois as condições contraditórias invalidam os negócios jurídicos que lhes são subordinados (art. 123, III, do CC); **C:** correta (art. 130 do CC); **D:** incorreta, pois sobrevindo a condição resolutiva, extingue-se, para todos os efeitos, o direito a que ela se opõe; mas, se aposta a um negócio de execução continuada ou periódica, a sua realização, salvo disposição em contrário, não tem eficácia quanto aos atos já praticados, desde que compatíveis com a natureza da condição pendente e conforme aos ditames de boa-fé (art. 128 do CC); **E:** incorreta, pois o termo inicial suspende o exercício, mas não a aquisição do direito (art. 131 do CC).

Gabarito "C"

(Ministério Público/MG – 2010.1) Assinale a alternativa INCORRETA.

(A) Quando submetido à condição resolutiva, o negócio jurídico produz, desde logo, todos os efeitos que lhe são peculiares.

(B) Implementada a condição resolutiva, os interessados retornam à situação anterior, salvo as hipóteses de execução periódica ou continuada.

(C) Computam-se os prazos, excluído o dia do começo e incluído o do vencimento; se este cair em feriado, prorroga-se para o primeiro dia útil.

(D) O encargo suspende a aquisição do direito e será considerado não escrito, se ilícito ou impossível, invalidando o negócio jurídico.

(E) Ao titular do direito eventual, nos casos da condição suspensiva, é permitido praticar os atos destinados a conservá-lo.

A: correta (art. 127 do CC); **B:** correta (art. 128 do CC); **C:** correta (art. 132, *caput*, do CC); **D:** incorreta (e deve ser assinalada) (art. 136 do CC); **E:** correta (art. 130 do CC).

Gabarito "D"

(Ministério Público/PR – 2011) Acerca dos negócios jurídicos, assinale a alternativa correta:

(A) subordinar a eficácia de um negócio jurídico a uma condição suspensiva significa afirmar que, enquanto esta não se realizar, não se terá adquirido o direito subjetivo a que visa o negócio.

(B) o termo sempre suspende a aquisição do direito subjetivo, de modo que, enquanto o evento futuro e certo ali previsto não se realizar, não se aperfeiçoa o direito a que visa o negócio.

(C) a regra que impõe a interpretação dos negócios jurídicos à luz da boa-fé significa que se deve perscrutar a vontade real do declarante, uma vez que a norma está a tratar da boa-fé subjetiva.

(D) a reserva mental é uma modalidade de simulação e, como tal, é hipótese de anulabilidade dos negócios jurídicos.

(E) somente os negócios jurídicos comutativos podem ser anulados por coação, não sendo viável pretender, sob esse fundamento, obter a anulação de negócios jurídicos benéficos.

A: correta (art. 121 do CC); **B:** incorreta, pois o termo inicial suspende o exercício, mas não a aquisição do direito (art. 131 do CC); **C:** incorreta, pois a regra prescrita no art. 113 do CC trata da boa-fé objetiva; **D:** incorreta, pois a reserva mental não é espécie de simulação e só será causa de anulabilidade do negócio se o destinatário tiver conhecimento dela (art. 110 do CC); **E:** incorreta, pois a coação é causa de anulação de qualquer espécie de negócio jurídico.

Gabarito "A"

(Procurador do Estado/SP – FCC – 2009) A condição resolutiva subordina a

(A) ineficácia do negócio jurídico a um evento futuro e incerto, enquanto a condição suspensiva subordina a eficácia a um acontecimento futuro e incerto.

(B) ineficácia do negócio jurídico a um acontecimento futuro e certo, enquanto a condição suspensiva subordina a eficácia a um acontecimento futuro e certo.

(C) eficácia do negócio jurídico a um evento futuro e incerto, enquanto o termo final subordina a eficácia a um acontecimento futuro e certo.

(D) eficácia do negócio jurídico a um evento futuro e incerto, enquanto a condição suspensiva subordina a eficácia a um evento futuro e certo.

(E) eficácia do negócio jurídico a um evento futuro e certo, enquanto a condição suspensiva subordina a ineficácia a um acontecimento futuro e incerto.

A alternativa "a" está correta, pois a condição resolutiva faz com que o negócio jurídico passe a ser *ineficaz* (art. 128, primeira parte, do CC).

Gabarito "A"

(Procurador do Município/Teresina-PI – 2010 – FCC) Em relação à eficácia dos negócios jurídicos, é INCORRETO afirmar:

(A) O termo inicial suspende a aquisição, mas não o exercício do direito.

(B) Se for resolutiva a condição, enquanto esta não se realizar, vigorará o negócio jurídico, desde sua conclusão podendo exercer-se o direito por ele estabelecido.

(C) Têm-se por inexistentes as condições impossíveis, quando resolutivas, e as de não fazer coisa impossível.

(D) Em geral, são lícitas todas as condições não contrárias à lei, à ordem pública ou aos bons costumes.

(E) Nos casos de condição suspensiva ou resolutiva, ao titular do direito eventual é permitido praticar os atos destinados a conservá-lo.

A: incorreta, devendo ser assinalada, pois o termo inicial suspende a aquisição e o exercício do direto (efeitos do negócio jurídico – art. 121 do CC); **B:** correta (art. 127 do CC); **C:** correta (art. 124 do CC); **D:** correta (art. 122 do CC); **E:** correta (art. 130 do CC).

Gabarito "A"

(Cartório/SP – 2011 – VUNESP) A consequência da estipulação de condição fisicamente impossível em negócio jurídico é:

(A) considera-se inexistente a condição, se for suspensiva.

(B) nulidade do negócio, se a condição for resolutiva.

(C) nulidade do negócio, se a condição for suspensiva.

(D) considera-se inexistente a condição, seja suspensiva ou resolutiva.

Nos termos do art. 123, I, do CC torna-se nulo o negócio jurídico que for subordinado a uma condição fisicamente impossível, quando suspensiva. Neste passo, importante observar que a nulidade atinge apenas a cláusula que impõe a condição, e não todo o negócio jurídico, a não ser que a invalidade da cláusula inviabilize o negócio como um todo. De outra parte, sendo a condição impossível resolutiva, a consequência será a inexistência do negócio, consoante art. 124 do CC.

Gabarito "C"

(Cartório/SP – 2012 – VUNESP) Nos negócios jurídicos, são vedadas as condições

(A) puramente potestativas.

(B) simplesmente potestativas.

(C) mistas.

(D) casuais.

A: correta. As condições puramente potestativas são aquelas que sujeitam o negócio jurídico a vontade unilateral de apenas uma das partes. São ilícitas, nos termos do art. 122, parte final, do CC; **B:** incorreta, pois diversamente alternativa anterior, as condições simplesmente potestativas são aquelas que são estipuladas com a vontade conjugada das partes; **C:** incorreta, pois as condições mistas são aquelas que dependem, ao mesmo tempo, de um ato volitivo somado a um ato natural (exemplo: "darei uma casa se você cuidar do meu filho, desde que ocorra um terremoto"); **D:** incorreta, pois condições causais são aquelas que têm origem em eventos naturais (exemplo: "te empresto meu carro, se chover").

Gabarito "A"

(Analista – TRT/8ª – 2010 – FCC) A cláusula que subordina o efeito do negócio jurídico, oneroso ou gratuito, a um evento futuro e incerto denomina-se

(A) condição.

(B) encargo.

(C) termo inicial.

(D) termo final.

(E) modo.

Art. 121 do CC.

Gabarito "A"

(Analista – TRT/23ª – 2011 – FCC) Num negócio jurídico, a parte a quem aproveitaria o seu implemento, forçou maliciosamente a ocorrência de condição. Nesse caso,

(A) reputa-se verificada a condição.

(B) considera-se não implementada a condição.

(C) o negócio jurídico é nulo para todos os efeitos legais.

(D) o negócio jurídico é anulável.

(E) a verificação da condição será retardada em 90 dias.

Art. 129 do CC. Faz todo sentido essa solução, pois se alguém forçou maliciosamente uma condição que o aproveita, nada mais justo que se repute não verificada a condição.

Gabarito "B"

(Analista – TRT/24ª – 2011 – FCC) A condição

(A) maliciosamente levada a efeito por aquele a quem aproveita o seu implemento considera-se não verificada.

(B) resolutiva, enquanto não se realizar, impede a eficácia do negócio jurídico, não podendo ser exercido, desde a conclusão deste, o direito por ele estabelecido.

(C) que sujeitar o efeito do negócio jurídico ao puro arbítrio de uma das partes, em geral, é válida, em decorrência do princípio da liberdade de contratar.

(D) cujo implemento for maliciosamente obstado pela parte a quem favorecer não se reputa verificada quanto aos efeitos jurídicos.

(E) suspensiva impede que o titular do direito eventual pratique atos destinados a conservá-lo.

A: correta (art. 129 do CC); **B:** incorreta, pois é o contrário, ou seja, se for resolutiva a condição, enquanto esta se não realizar, vigorará o negócio jurídico, podendo exercer-se desde a conclusão deste o direito por ele estabelecido; **C:** incorreta, pois essas condições são defesas, proibidas (art. 122 do CC); **D:** incorreta, pois, nesse caso, a condição reputa-se verificada (art. 129 do CC); **E:** incorreta, pois, mesmo suspensa a condição, o titular do direito eventual está autorizado pela lei a conservar o seu direito (art. 130 do CC).

Gabarito "A"

(Analista – TRF/4ª – 2010 – FCC) Considere as seguintes assertivas a respeito da Condição, do Termo e do Encargo:

I. Considera-se condição a cláusula que, derivando exclusivamente da vontade das partes, subordina o efeito do negócio jurídico a evento futuro e certo.

II. Se for resolutiva a condição, enquanto esta se não realizar, vigorará o negócio jurídico, podendo exercer-se desde a conclusão deste o direito por ele estabelecido.

III. O termo inicial suspende o exercício, mas não a aquisição do direito.

IV. Em regra, o encargo suspende a aquisição e o exercício do direito.

De acordo com o Código Civil, está correto o que consta APENAS em

(A) I e III.

(B) I, II e III.

(C) II, III e IV.

(D) II e III.

(E) II e IV.

I: incorreta, pois considera-se condição a cláusula que, derivando exclusivamente da vontade das partes, subordina o efeito do negócio jurídico a evento futuro e **incerto** (art. 121 do CC); **II:** correta (art. 127 do CC); **III:** correta (art. 131 do CC); **IV:** incorreta, pois o encargo não suspende a aquisição nem o exercício do direito, salvo quando expressamente imposto no negócio jurídico, pelo disponente, como condição suspensiva (art. 136 do CC).

Gabarito "D"

(Magistratura/SP – 2013 – VUNESP) Em matéria de ineficácia *lato sensu* do negócio jurídico, é correto afirmar-se:

(A) O erro de direito, consistente em falsa suposição decorrente do desconhecimento do direito aplicável, jamais configura erro substancial capaz de viciar o negócio jurídico.

(B) Uma vez demonstrada a simulação do negócio jurídico, seja ela absoluta ou relativa, será ele anulado na sua inteireza.

(C) No que concerne ao elemento subjetivo da fraude pauliana, não se exige intenção de prejudicar, tendo-se como presente quando houver motivo para que o contratante *in bonis* conheça a insolvência de sua contraparte, ou esta seja notória.

(D) O negócio jurídico celebrado mediante coação é absolutamente nulo, não sendo suscetível de confirmação.

A: incorreta, pois o erro de direito pode configurar um erro substancial, desde que não implique recusa à aplicação da lei e que seja o motivo único ou principal do negócio jurídico (art. 139, III, do CC); **B:** incorreta, pois, em sendo a simulação relativa (quando se encobre um negócio querido), o negócio simulado é nulo, mas o negócio dissimulado (o que se pretende de verdade) pode ser mantido, desde que válido na forma e na substância (art. 167, *caput*, do CC); **C:** correta, pois esse é o teor do art. 159, *caput*, do CC; **D:** incorreta, pois a coação (defeito do negócio jurídico) gera a anulabilidade (invalidade relativa) e não a nulidade (invalidade absoluta), nos termos do art. 171, II, do CC.

Gabarito "C"

(Magistratura/SP – 2009 – VUNESP) Erro substancial e dolo essencial viciam o ato jurídico porque

(A) revelam má-fé do contratante.

(B) a vontade não é livremente manifestada.

(C) impedem que o declarante tenha conhecimento da realidade.

(D) tornam ilícito o objeto.

O erro e dolo são vícios na vontade que se dirigem não sobre a ausência de liberdade quanto à *vontade* (como é o caso da coação), mas na *falta de conhecimento* total da realidade.

Gabarito "C"

(Ministério Público/GO – 2010) Analise as proposições abaixo e, após, marque a alternativa correta.

I. São anuláveis os negócios jurídicos, quando as declarações de vontade emanarem de erro substancial que poderia ser percebido por pessoa de diligência normal, em face das circunstâncias do negócio.

II. O erro é substancial quando:

a) interessa à natureza do negócio, ao objeto principal da declaração, ou a alguma das qualidades a ele essenciais;

b) concerne à identidade ou à qualidade essencial da pessoa a quem se refira a declaração de vontade, desde que tenha influído nesta de modo relevante;

c) sendo de direito e não implicando recusa à aplicação da lei, for o motivo único ou principal do negócio jurídico.

III. O erro de indicação da pessoa ou da coisa, a que se referir a declaração de vontade, não viciará o negócio quando, por seu contexto e pelas circunstâncias, se puder identificar a coisa ou pessoa cogitada. O erro não prejudica a validade do negócio jurídico quando a pessoa, a quem a manifestação de vontade se dirige, se oferecer para executá-la na conformidade da vontade real do manifestante.

IV. O dolo do representante legal de uma das partes só obriga o representado a responder civilmente até a importância do proveito que teve. Se, porém, o dolo for do representante convencional, o representado responderá solidariamente com ele por perdas e danos.

(A) Apenas uma das afirmações acima está inteiramente correta.

(B) Apenas duas das afirmações acima estão inteiramente corretas.

(C) Apenas três afirmações acima estão inteiramente corretas.

(D) Todas as quatro afirmações acima estão inteiramente corretas.

I: correta, pois a assertiva traz a definição do erro substancial, vício da vontade que torna anulável o negócio jurídico celebrado; **II:** correta, pois a assertiva enumera as três espécies de erro essencial, identificados no art. 139 do Código Civil; **III:** correta, pois de acordo com o art. 142 do Código Civil; **IV:** correta, pois de acordo com art. 149 do Código Civil.

Gabarito "D"

(Ministério Público/SE – 2010 – CESPE) Assinale a opção correta a respeito dos defeitos dos negócios jurídicos.

(A) Todo e qualquer negócio jurídico está sujeito a anulação sob o fundamento de lesão.

(B) A sentença de anulação do negócio jurídico por coação não tem efeito retroativo, uma vez que apenas determina a cessação de possíveis efeitos jurídicos futuros.

(C) O *consilium fraudis* ou *scientia fraudis* não é requisito essencial para a anulação de negócio jurídico gratuito sob o fundamento de fraude contra credores.

(D) A simulação importa em nulidade do negócio jurídico. Por isso, torna o ato completamente sem efeito entre as partes e perante terceiros, em face dos contraentes.

(E) A lesão caracteriza-se pela superveniência, em negócio jurídico, de fato que torne manifestamente desproporcionais as prestações.

A: incorreto, pois é necessário que o negócio jurídico seja *bilateral*, ou seja, que haja obrigação para ambas as partes, sendo que uma obrigação é manifestamente desproporcional em relação à prestação oposta (art. 157 do CC); **B:** incorreta, pois a sentença faz com que o negócio cesse também os efeitos passados; não se deve confundir tal situação com o fato de que a anulabilidade não tem efeito enquanto não houver uma sentença judicial (art. 177); esta regra quer dizer que a anulabilidade não é uma sanção que opera de pleno direito (assim que praticado o ato), mas é uma sanção que depende de sentença que a aplique; porém, uma vez lançada a sentença, os efeitos produzidos entre as partes cessam, devendo o juiz retornar as partes ao estado anterior; **C:** correto, pois, nos **negócios gratuitos**, basta o *evento danoso (insolvência)*, para a configuração da fraude contra credores (art. 158 do CC), ao passo que nos **negócios onerosos**, é necessário o *evento danoso (insolvência)* e o *conluio fraudulento (ciência da fraude pelo contratante)*, para a configuração do instituto (art. 159 do CC); ou seja, nos negócios gratuitos, basta o elemento objetivo, enquanto que nos negócios onerosos são necessários os elementos objetivo e subjetivo para a configuração da fraude contra credores; **D:** incorreta, pois o negócio dissimulado pode produzir efeitos em alguns casos (art. 167, *caput*, do CC) e terceiros de boa-fé ficam ressalvados (art. 167, § 2º, do CC); **E:** incorreta, pois, na lesão, o negócio já nasce com prestações desproporcionais (art. 157 do CC).

Gabarito "C"

(Procurador do Estado/AC – FMP – 2012) Assinale a alternativa INCORRETA:

(A) A cláusula *rebus sic stantibus* – teoria da imprevisão – está fundada, assim como a lesão, na ocorrência de onerosidade excessiva. Sua ocorrência e aferição, no entanto, são posteriores à formação do vínculo, pois nesse momento o que se dá é a possibilidade de ocorrência e aferição da lesão.

(B) Ambas, teoria da imprevisão e lesão, são causas de anulabilidade do negócio jurídico.

(C) A lesão é causa de anulabilidade do negócio jurídico apenas se a parte favorecida pelo desequilíbrio do contrato não concordar em restabelecer o equilíbrio contratual.

(D) Estado de perigo e lesão são causas de anulabilidade que se diferenciam, dentre outros aspectos, porque a lesão se refere à iminência de dano patrimonial, enquanto o estado de perigo exige a ocorrência de risco pessoal.

A: correta, devendo ser assinalada, (art. 157, do CC); **B:** incorreta, devendo ser assinalada, pois a teoria da imprevisão pode gerar a resolução do contrato (art. 478, do CC); **C:** correta (art. 157, § 2º, do CC); **D:** correta (artigos 156 e 157, ambos do CC).

Gabarito "B"

(Procurador do Estado/GO – 2010) Com relação aos defeitos do negócio jurídico, está INCORRETA a seguinte proposição:

(A) A coação, para viciar a declaração de vontade, há de ser tal que incuta ao paciente fundado temor de dano iminente e considerável à sua pessoa, à sua família, ou aos seus bens, não ocorrendo coação quanto a pessoa não pertencente à família do paciente.

(B) O falso motivo só vicia a declaração de vontade quando expresso como razão determinante.

(C) O dolo acidental só obriga à satisfação das perdas e danos, e é acidental quando, a seu despeito, o negócio seria realizado, embora por outro modo.

(D) O erro é considerado substancial quando concerne à identidade ou à qualidade essencial da pessoa a quem se refira a declaração de vontade, desde que tenha influído nesta de modo relevante.

(E) Ocorre a lesão quando uma pessoa, sob premente necessidade, ou por inexperiência, se obriga a prestação manifestamente desproporcional ao valor da prestação oposta.

A: incorreta (art. 151, parágrafo único, do CC); **B:** correta (art. 140, do CC); **C:** correta (art. 146, do CC); **D:** correta (art. 139, II, do CC); **E:** correta (art. 157, do CC).

Gabarito "A"

(Procurador do Estado/MG – FUMARC – 2012) Assinale a alternativa que NÃO contempla um vício que determina a anulabilidade do negócio jurídico:

(A) erro

(B) dolo

(C) coação

(D) simulação

(E) estado de perigo

A, **B**, **C** e **E:** incorretas, pois são hipóteses que contemplam vícios que determinam a anulabilidade do negócio jurídico (art. 171, II, do CC); **D:** correta (art. 167, do CC).

Gabarito "D"

(Procurador do Estado/SC – 2010 – FEPESE) Quando determinada pessoa, sob premente necessidade ou por inexperiência, se obriga a prestação manifestadamente desproporcional ao valor da prestação oposta, ocorre:

(A) dolo.

(B) lesão.

(C) coação.

(D) estado de necessidade.

(E) fraude contra credores.

Art. 157 do CC.

Gabarito "B"

(Procurador de Contas TCE/ES – CESPE – 2009) Marcelo, filho de Joana e Lauro, após realizar uma ressonância magnética, teve diagnóstico de câncer de pulmão. Com isso, Lauro, no dia seguinte, vendeu seu apartamento pela metade do preço de mercado, a fim de levar seu filho para fazer tratamento em renomado hospital nos Estados Unidos da América. Lá chegando, foram informados de que o diagnóstico fora equivocado. Ao retornar ao Brasil, Lauro procurou um advogado que lhe informou acerca da possibilidade de ser anulado o negócio jurídico relativo à venda do imóvel. Nessa situação hipotética, a anulação da venda do imóvel se justifica por motivo de

(A) erro.

(B) estado de perigo.

(C) lesão.

(D) onerosidade excessiva.

(E) estado de necessidade.

Lauro vendeu seu imóvel por quantia *manifestamente desproporcional* à que valia o bem, diante da *premente necessidade* que tinha em relação a custear o tratamento de seu filho, configurando-se, então, o instituto da *lesão* (art. 157 do CC). Não se configura o *estado de perigo* no caso, pois o comprador do imóvel não tinha conhecimento do estado de perigo em que se encontrava o filho de Lauro, requisito necessário para a configuração do instituto previsto no art. 156 do CC.

Gabarito "C"

(Procurador do Município/Florianópolis-SC – 2010 – FEPESE) No tocante aos defeitos dos negócios jurídicos, assinale a alternativa correta.

(A) O erro acidental, ao contrário do erro essencial, não é suficiente para anular o negócio jurídico.

(B) Quando há dolo bilateral na realização do negócio jurídico, a lei pune ambas as partes com a anulação do ato.

(C) Considera-se coação passível de nulidade o temor reverencial do militar em relação a seu superior hierárquico.

(D) Lesão e estado de perigo assemelham-se na dicção da lei civil, pois se trata de hipóteses em que há perigo de vida à vítima ou alguém de sua família.

(E) Para tipificação da fraude contra credores é necessário que a prática fraudulenta seja anterior ao nascimento do direito de crédito.

A: correta, pois, segundo dispõe o art. 138 do CC, são anuláveis os negócios jurídicos, quando as declarações de vontade emanarem de **erro substancial** que poderia ser percebido por pessoa de diligência normal, em face das circunstâncias do negócio; **B:** incorreta, pois se ambas as partes procederem com dolo, nenhuma pode alegá-lo para anular o negócio, ou reclamar indenização (art. 150 do CC); **C:** incorreta, pois não se considera coação a ameaça do exercício normal de um direito, nem o simples temor reverencial (art. 153 do CC); **D:** incorreta, pois na lesão não há necessidade de se configurar perigo de vida, mas apenas premente necessidade ou inexperiência (art. 157 do CC); **E:** incorreta, pois a fraude contra credores dá-se com a transmissão ou remissão de dívida feitas pelo devedor já insolvente, ou por elas reduzido à insolvência.

Gabarito "A"

(Procurador Federal – 2010 – CESPE) Com relação aos vícios do negócio jurídico, julgue o item que se segue.

(1) Se cabalmente comprovada a inexperiência do contratante, configura-se a lesão, mesmo que a desproporcionalidade entre as prestações das partes seja superveniente.

1: incorreta, pois o instituto da lesão reclama que as obrigações das partes já nasçam manifestamente desproporcionais (art. 157 do CC).

Gabarito 1E

(Procurador – Banco Central – 2009 – CESPE) A respeito dos elementos, dos defeitos e da validade dos atos jurídicos, assinale a opção correta.

(A) A conversão substancial do negócio jurídico é meio jurídico capaz de sanar sua invalidade absoluta.

(B) Se o adquirente de determinado bem ignorava o estado de insolvência do alienante, tal negócio não será passível de anulação por fraude contra credores.

(C) Embora haja significativas diferenças entre nulidade e anulabilidade, ambas são reconhecidas por meio de ação desconstitutiva.

(D) Se comprovada a inexperiência do contratante, a lesão restará configurada ainda que a desproporcionalidade entre as prestações que incumbem às partes seja superveniente.

(E) A onsequência da inserção de termo inicial ou suspensivo no contrato é o adiamento da aquisição do direito.

A: incorreta (art. 170, do CC); **B:** correta (art. 158, do CC); **C:** incorreta, pois a ação que visa combater o ato nulo é declaratória e não desconstitutiva; **D:** incorreta, pois a desproporcionalidade deve ser no momento da celebração do negócio jurídico (art. 157, § 1º, do CC); **E:** incorreta (art. 131, do CC).

Gabarito "B"

(Cartório/SC – 2012) O silêncio intencional de uma das partes a respeito de fato ou qualidade que a outra parte haja ignorado, nos negócios jurídicos bilaterais, constitui omissão dolosa quando:

(A) O dolo for acidental.

(B) A omissão for acidental.

(C) Houver prova de que sem a omissão não teria sido celebrado.

(D) O negócio teria sido celebrado independentemente da omissão.

(E) Somente na hipótese de ocorrer dolo de terceiro.

A: incorreta, pois o dolo será acidental quando a seu despeito, o negócio seria realizado, embora por outro modo (art. 146 do CC); **B:** incorreta, pois a omissão dolosa é incompatível com a omissão acidental; **C:** correta, pois nesta hipótese a informação omitida era de extrema relevância, a ponto de, caso fosse de conhecimento do contratante, desinteressá-lo pela celebração do negócio (art. 147 do CC); **D:** incorreta, pois neste caso a omissão seria irrelevante, não interferindo na vontade de contratar; **E:** incorreta, pois constitui omissão dolosa na hipótese de dolo próprio.

Gabarito "C"

(Cartório/SP – 2011 – VUNESP) Assinale a alternativa correta:

(A) A reserva mental é vício que acarreta nulidade do negócio jurídico.

(B) O dolo acidental do terceiro acarreta nulidade do negócio jurídico.

(C) O erro de direito não autoriza anulação do negócio jurídico, pois ninguém pode alegar ignorância da Lei.

(D) Não é anulável o negócio se o destinatário da declaração, dotado da diligência normal, não tinha condições de perceber a existência do erro substancial no qual incidiu o declarante.

A: incorreta, pois a reserva mental não acarreta nenhum tipo de invalidade para o negócio jurídico. O art. 110 do CC em sua parte final apenas ressalva que se o destinatário tinha conhecimento dela, é como se a manifestação de vontade não existisse, daí o negócio não precisa ser cumprido; **B:** incorreta, pois o dolo acidental, seja do terceiro ou do próprio emitente, apenas obriga à satisfação das perdas e danos (art. 146 do CC); **C:** incorreta, pois o Código Civil prevê que o erro de direito pode ser considerado erro substancial (portanto, causa invalidante do negócio jurídico) quando, não implicando recusa à aplicação da lei, for o motivo único ou principal do negócio jurídico (art. 139, III, do CC); **D:** correta, pois com as informações que a questão fornece apenas é possível saber que: o declarante incidiu em erro substancial; o destinatário tem diligência normal e não tinha condições de perceber o erro substancial do declarante. Daí é possível verificar que o único prejudicado no negócio é o declarante. E sobre ele só há a informação de que o erro é dessa natureza não havendo menção aos demais requisitos para a configuração do instituto do "erro". Logo, o negócio jurídico não será anulável.

Gabarito "D"

(Cartório/SP – 2012 – VUNESP) Dois indivíduos pretendem realizar determinado negócio prejudicial a terceiro ou em fraude à lei. Para escondê-lo, ou dar-lhe aparência diversa, realizam outro negócio. Há, portanto, dois negócios: um deles é o aparente, destinado a enganar; o outro é o oculto, mas verdadeiramente desejado. Nesse caso, há

(A) dolo.

(B) simulação absoluta.

(C) simulação relativa.

(D) lesão.

A: incorreta, pois o dolo é um vício de consentimento conceituado como o vício provocado pela parte contrária ou por terceiro, por meio de expediente malicioso (arts. 145 a 150 do CC); **B:** incorreta, pois muito embora o caso configure hipótese de simulação, não se trata de simulação absoluta, isto é, aquela em que não se quer negócio algum; **C:** correta, pois a simulação relativa é justamente aquela em que, na aparência há um negócio, e na essência outro. Em outras palavras, o negócio desejado resta encoberto. Temos o negócio jurídico simulado (o que se declara, mas não se quer) e o dissimulado (o que se pretende de verdade). O instituto está regrado no art. 167 do CC; **D:** incorreta, pois a lesão corresponde a assunção de prestação manifestamente desproporcional ao valor da prestação oposta, por premente necessidade ou inexperiência (art. 157 do CC e Enunciados 149, 150, 290, 291 do CJF).

Gabarito "C"

(Analista – TRT/8ª – 2010 – FCC) A respeito dos defeitos do negócio jurídico, considere:

I. Erro sobre a natureza do negócio.

II. Erro sobre o objeto principal da declaração.

III. Erro sobre alguma das qualidades essenciais do objeto.

IV. Erro de cálculo.

Consideram-se substanciais os indicados APENAS em:

(A) I, II e III.

(B) I e III.

(C) I e IV.

(D) II e III.

(E) II, III e IV.

I: correta (art. 139, I, do CC); **II:** correta (art. 139, I, do CC); **III:** correta (art. 139, I, do CC); **IV:** incorreta (art. 143 do CC).

Gabarito "A"

(Analista – TRT/14ª – 2011 – FCC) A respeito dos defeitos dos negócios jurídicos, é correto afirmar:

(A) Não se presumem fraudatórias dos direitos dos outros credores as garantias de dívidas que o devedor insolvente tiver dado a algum credor.

(B) Se uma pessoa, por inexperiência, se obriga a prestação manifestamente desproporcional ao valor da prestação oposta, o negócio será anulado inclusive se a parte favorecida concordar com a redução do proveito.

(C) Se ambas as partes procederem com dolo, qualquer delas poderá alegá-lo para anular o negócio, ou reclamar indenização.

(D) O falso motivo só vicia a declaração de vontade quando expresso como razão determinante.

(E) Considera-se coação a ameaça do exercício normal de um direito, bem como o simples temor reverencial.

A: incorreta, pois se presumem, sim, fraudatórias dos direitos dos outros credores as garantias de dívidas que o devedor *insolvente* tiver dado a algum credor (art. 163 do CC); **B:** incorreta, pois o caso em tela revela a ocorrência do instituto da "lesão" (art. 157, *caput*, do CC); assim, aplica-se o disposto no § 2º do art. 157, pelo qual "não se decretará a anulação do negócio, se for oferecido suplemento suficiente, ou se a parte favorecida concordar com a redução do proveito"; **C:** incorreta, pois, se ambas as partes procederem com dolo, nenhuma pode alegá-lo para anular o negócio, ou reclamar indenização" (art. 150 do CC); **D:** correta (art. 140 do CC); **E:** incorreta, pois a ameaça de fazer algo que o direito admite (ex: a ameaça de ajuizar uma ação em face de alguém), bem como o simples temor reverencial (ex: o respeito que o filho tem junto ao seu pai), não são considerados pelo art. 153 do Código Civil hipóteses coação.

Gabarito "D"

(Analista – TRT/23ª – 2011 – FCC) Apesar de ser notória a sua insolvência, Paulo vendeu um terreno a Pedro por valor inferior ao preço de mercado. Nesse caso,

(A) se Pedro ainda não tiver pago o preço, para conservar o bem, poderá depositar em juízo o valor que pagou pelo terreno, com a citação de todos os interessados.

(B) o negócio será nulo de pleno direito, independentemente do pagamento do preço pelo comprador.

(C) o negócio será nulo de pleno direito, se o pagamento do preço pelo comprador ainda não tiver sido feito.

(D) se Pedro ainda não tiver pago o preço, para conservar o bem, poderá depositar em juízo o valor real do terreno, com a citação de todos os interessados.

(E) a transação não será anulável, respondendo Paulo pelas perdas e danos causadas aos credores.

O art. 160 do CC admite que o comprador, nesse caso, deposite em juízo o preço, sendo certo que o parágrafo único do dispositivo assevera que se deve tratar de preço que corresponda ao valor real da coisa. Fazendo isso, o negócio, que seria anulável, será mantido.

Gabarito "D"

(Analista – TRT/24ª – 2011 – FCC) João, por meio de doação gratuita, transmitiu todos os seus bens a seu filho, tornando-se insolvente. Posteriormente, celebrou contrato com José e não cumpriu, tornando-se devedor deste. Nesse caso, José

(A) poderá pleitear a anulação da doação gratuita efetivada por João por fraude contra credores porque, em razão dela, João tornou-se insolvente.

(B) não poderá pleitear a anulação da doação por fraude contra credores porque não era credor de João ao tempo em que ela foi feita.

(C) só poderá pleitear a anulação da doação gratuita efetivada por João por fraude contra credores se for credor quirografário.

(D) só poderá pleitear a anulação da doação efetivada por João por fraude contra credores se este não tiver mencionado esse fato quando da celebração do contrato.

(E) só poderá pleitear a anulação da doação efetivada por João por fraude contra credores se o contrato com ele celebrado for escrito e estiver subscrito por duas testemunhas.

No caso em tela, José não era credor de João quando este ficou insolvente, portanto não se pode falar em fraude contra *credores*. Segundo § 2º do art. 158 do CC, só os credores que já o eram ao tempo daqueles atos podem pleitear a anulação deles.

Gabarito "B"

(Analista – TRE/AL – 2010 – FCC) Considere as seguintes assertivas:

I. O falso motivo só vicia a declaração de vontade quando expresso como razão determinante.

II. O dolo acidental só obriga à satisfação das perdas e danos, e é acidental quando, a seu despeito, o negócio seria realizado, embora por outro modo.

III. O dolo do representante legal de uma das partes só obriga o representado a responder civilmente até a importância do proveito que teve.

IV. Configura-se o estado de perigo quando uma pessoa, sob premente necessidade, ou por inexperiência, se obriga a prestação manifestamente desproporcional ao valor da prestação oposta.

A respeito dos defeitos do negócio jurídico, de acordo com o Código Civil Brasileiro, está correto o que se afirma APENAS em

(A) I e II.

(B) I, II e III.

(C) I e IV.

(D) II, III e IV.

(E) III e IV.

I: correta (art. 140 do CC); **II:** correta (art. 146 do CC); **III:** correta (art. 149, 1ª parte, do CC); **IV:** incorreta, pois a alternativa trata do conceito de lesão (art. 157 do CC).

Gabarito "B"

(Analista – TRE/AM – 2010 – FCC) Com relação aos defeitos do negócio jurídico é correto afirmar:

(A) Não se considera coação a ameaça do exercício normal de um direito, mas o simples temor reverencial caracteriza a coação direta.

(B) Se ambas as partes procederem com dolo, nenhuma pode alegá-lo para anular o negócio, mas ambas poderão reclamar indenização.

(C) É nulo o negócio jurídico se a coação decorrer de terceiro sem que a parte a que aproveite dela tivesse conhecimento.

(D) O dolo acidental anula o negócio jurídico e obriga à satisfação das perdas e danos.

(E) Ao apreciar a coação ter-se-ão em conta, dentre outras circunstâncias, o sexo, a idade e o temperamento do paciente.

A: incorreta, pois nem o simples temor reverencial e considerado coação (art. 153 do CC); **B:** incorreta, pois nesse caso nenhuma das partes pode reclamar indenização (art. 150 do CC); **C:** incorreta, pois subsistirá o negócio jurídico se a coação decorrer de terceiro, sem que a parte a que aproveite dela tivesse ou devesse ter conhecimento (art. 155 do CC); **D:** incorreta, pois o dolo acidental só obriga à satisfação das perdas e danos (art. 146 do CC); **E:** correta (art. 152 do CC).

Gabarito "E"

(Analista – TRE/MT – 2010 – CESPE) A respeito dos negócios jurídicos, assinale a opção correta.

(A) Constitui causa de nulidade do negócio jurídico o erro substancial quanto à natureza do negócio.

(B) O contrato de compra e venda de bem móvel comprado, sob premente necessidade, por preço manifestamente superior ao seu real valor de mercado pode ser anulado por conter vício do consentimento denominado estado de perigo.

(C) O negócio jurídico eivado de dolo de terceiro poderá ser anulado ainda que não se prove que a parte a quem ele aproveita sabia da ocorrência do dolo.

(D) Mesmo que seja de natureza acidental, o dolo acarretará irremediavelmente a nulidade do ato.

(E) Não é válido o ato negocial em que ambas as partes tenham agido reciprocamente com dolo. A nenhuma delas é permitido reclamar indenização, devendo cada uma suportar o prejuízo experimentado.

A: incorreta, pois o erro substancial constitui causa de anulabilidade do negócio jurídico (art. 138 do CC); **B:** incorreta, pois se trata de hipótese de lesão (art. 157, *caput*, do CC); **C:** correta (art. 148 do CC); **D:** incorreta, pois o dolo acidental só obriga à satisfação de perdas e danos (art. 146 do CC); **E:** incorreta, pois, se ambas as partes agiram com dolo, nenhuma poderá alegá-lo para anular o negócio (art. 150 do CC).

Gabarito "C"

(Analista – TRF/4ª – 2010 – FCC) O dolo do representante legal de uma das partes

(A) obriga o representado a responder civilmente até a importância do proveito que teve, bem como responderá solidariamente com ele por perdas e danos.

(B) só obriga o representado a responder civilmente até a importância do proveito que teve.

(C) obriga o representado a responder civilmente até a importância do proveito que teve, bem como responderá subsidiariamente ao representante legal por perdas e danos.

(D) não obriga o representado a responder civilmente por qualquer quantia em dinheiro nem determina qualquer obrigação legal.

(E) obriga o representado a responder civilmente até a importância do proveito que teve, bem como a responder até o limite de vinte vezes o valor do negócio jurídico por perdas e danos.

Art. 149 do CC.

Gabarito "B"

(Magistratura/MG – 2009 – EJEF) Responda a asserção CORRETA, relativa à nulidade do negócio jurídico.

(A) As obrigações decorrentes de negócio jurídico nulo podem ser objeto de novação.

(B) As nulidades do negócio jurídico devem ser pronunciadas pelo Juiz, que também as pode sanar.

(C) O decurso de tempo faz desaparecer o vício.

(D) O decurso do tempo não opera a confirmação, nem convalesce o negócio jurídico nulo.

A: incorreta, pois não podem ser objeto de novação obrigações *nulas* ou *extintas* (art. 367 do CC); **B:** incorreta, pois o juiz deve pronunciar as nulidades de ofício, mas não as pode sanar (art. 168, parágrafo único, do CC); **C:** incorreta, pois o negócio nulo não convalesce pelo decurso do tempo (art. 169 do CC); **D:** correta (art. 169 do CC).

Gabarito "D"

(Magistratura/MG – 2009 – EJEF) No que tange ao negócio jurídico anulável, marque a afirmativa CORRETA.

(A) A anulabilidade não tem efeito antes de julgada, mas pode ser pronunciada, de ofício, a favor terceiros prejudicados.

(B) O negócio jurídico anulável, assim como o negócio jurídico nulo, não pode ser confirmado pelas partes.

(C) A anulação do negócio jurídico somente pode ser alegada pelas pessoas afetadas pelo negócio jurídico e em benefício de quem se anula o ato.

(D) Na hipótese de negócio jurídico praticado por agente relativamente incapaz, a sanção é destinada a proteger o interesse público.

A: incorreta, pois a anulabilidade, apesar de não ter efeito antes de julgada, não pode ser pronunciada de ofício (art. 177 do CC); **B:** incorreta, pois o negócio jurídico *anulável* pode ser confirmado pelas partes, salvo direito de terceiro (art. 172 do CC); **C:** correta, pois só os *interessados* podem alegar a anulabilidade (art. 177, parte final, do CC); **D:** incorreta, pois nesse caso tem-se ato anulável (art. 171, I, do CC), que traz sanções de interesse das partes, e não ato nulo, que traz sanções de ordem pública.

Gabarito "C"

(Ministério Público/ES – 2010 – CESPE) Assinale a opção correta a respeito da invalidade dos atos jurídicos e seus efeitos.

(A) Constituição de hipoteca em que falte a presença de ambos os cônjuges valerá como confissão de dívida.

(B) É anulável ato praticado por usuário eventual de substância entorpecente, se, por efeito transitório dessas substâncias, ficar impedido de exprimir plenamente sua vontade.

(C) O fato de o objeto de determinado negócio jurídico ser contrário aos bons costumes não acarreta a sua nulidade.

(D) A jurisprudência do STJ entende que é necessária a interdição daqueles que sofram de insanidade mental para que seja possível anular os atos praticados por eles, mesmo que a insanidade já existisse no momento em que foi realizado o negócio jurídico.

(E) O negócio jurídico em que o autor faça a reserva mental de não querer o que manifestou será nulo, se o destinatário não tinha conhecimento dessa reserva.

A: correta, pois, em caso de *nulidade*, deve-se aproveitar o que for válido da intenção das partes, valendo ter em conta o que dispõe os arts. 170, 183 e 184 do CC; **B:** incorreta, pois o caso seria de ato anulável, mas o fato de o usuário, no momento da prática do ato, ter ficado impedido de exprimir sua vontade, faz com que se configure a hipótese prevista no art. 3º, III, do CC, sendo o indivíduo considerando, naquele momento, um absolutamente incapaz, cujos atos são nulos (art. 166, I, do CC); **C:** incorreta, pois no conceito de objeto ilícito está o ato contrário aos bons costumes, valendo lembrar que o objeto ilícito é causa de nulidade do negócio jurídico (art. 166, II, do CC); **D:** incorreta, pois a interdição apenas reconhece uma *situação*, de incapacidade, que já existia; a vantagem da interdição é que, uma vez pronunciada e tornada pública, ninguém mais poderá alegar que estava de boa-fé ao praticar atos com incapazes; sobre o tema, vide o seguinte acórdão - "Nulidade de ato jurídico praticado por incapaz antes da sentença de interdição. Reconhecimento da incapacidade e da ausência de notoriedade. Proteção do adquirente de boa-fé. Precedentes da Corte. 1. A decretação da nulidade do ato jurídico praticado pelo incapaz não depende da sentença de interdição. Reconhecida pelas instâncias ordinárias a existência da incapacidade, impõe-se a decretação da nulidade, protegendo-se o adquirente de boa-fé com a retenção do imóvel até a devolução do preço pago, devidamente corrigido, e a indenização das benfeitorias, na forma de precedente da Corte. 2. Recurso especial conhecido e provido." (REsp 296.895/PR, Rel. Ministro CARLOS ALBERTO MENEZES DIREITO, TERCEIRA TURMA, julgado em 06/05/2004, DJ 21/06/2004, p. 214); **E:** incorreta, pois se o destinatário da manifestação não tinha sequer a ciência da malícia do emitente do negócio, não pode ficar prejudicado com a nulidade deste, subsistindo a vontade de quem haja feito a reserva mental de não querer o que acabou manifestando (art. 110 do CC).

Gabarito "A"

(Ministério Público/MG – 2010.2) Analise as seguintes alternativas e assinale a assertiva INCORRETA.

(A) Isenta-se o incapaz por prejuízos causados a terceiro, se restar provado que a prestação priva o menor do necessário para sua subsistência.

(B) Pago ao menor uma quantia, que a aplica em poupança, e o negócio jurídico for declarado anulado, deverá o menor devolver a quantia recebida do terceiro.

(C) Se o pai do deficiente mental não tiver meios suficientes para ressarcir terceiros, o incapaz não responde pelos prejuízos que causou.

(D) Os menores com 17 anos podem praticar atos da vida civil, embora contrariando seus progenitores, como testar, aceitar mandato, assumir emprego público.

A: correta (art. 928, parágrafo único, parte final, do CC); **B:** correta, pois a anulação faz com que a situação das partes retorne ao estado anterior, e, no caso, o valor recebido pelo menor foi revertido em proveito deste, que, inclusive, aplicou a quantia em poupança, aplicando-se o disposto no art. 181 do CC; **C:** incorreta (e deve ser assinalada), pois o incapaz, nesse caso, responderá (art. 928 do CC), a não ser que a responsabilidade o prive do necessário para a sua subsistência (art. 928, parágrafo único, do CC); **D:** correta, pois aquele que tem entre 16 e 18 anos pode praticar alguns atos sozinho (sem assistência), como aceitar mandato (CC, art. 666), fazer testamento (CC, art. 1.860), ser testemunha em atos jurídicos (CC, art. 228), assumir emprego público (nesse caso, deve-se verificar os requisitos de ingresso no serviço público, mas caso alguém nessa idade possa aceitar vínculo efetivo, haverá, inclusive, emancipação legal do menor - art. 5º, parágrafo único, III, do CC).

Gabarito "C"

(Ministério Público/PR – 2009) A propósito da invalidade dos negócios jurídicos, é correto afirmar:

(A) A nulidade alcança as hipóteses em que a lei taxativamente declarar o ato ou negócio nulo, bem como aquele praticado para fraudar lei imperativa.

(B) A nulidade abrange as hipóteses de atos ou negócios praticados em fraude contra credores, os quais podem ser anulados pelo Juiz independentemente da propositura de ação própria.

(C) O negócio jurídico simulado é reputado anulável, a teor da legislação civil brasileira.

(D) O negócio jurídico praticado sob lesão é reputado nulo, a teor da legislação civil brasileira.

(E) n.d.a.

A: correta (art. 166, VII e VI, respectivamente, do CC); **B:** incorreta, pois a fraude contra credores é causa de anulabilidade (art. 171, II, do CC) e depende de ação própria (ação pauliana) promovida pelo interessado (art. 161 do CC); **C:** incorreta, pois o negócio simulado é *nulo* (art. 167 do CC); **D:** incorreta, pois o negócio praticado sob lesão é *anulável* (art. 171, II, do CC).

Gabarito "A"

(Ministério Público/SP – 2011) É hipótese de anulabilidade de negócio jurídico:

(A) contrato de mútuo cujo devedor à época contava com 17 (dezessete) anos e intencionalmente omitiu idade.

(B) casamento de menor em idade núbil não autorizado por representantes legais tendo resultado gravidez da cônjuge mulher.

(C) contrato de locação que contém erro no cálculo do valor do aluguel constatado pelo locatário após o pagamento dos três primeiros meses de locação.

(D) legado deixado por testamento a pessoa que ameaçou testador de ajuizar ação de despejo por falta de pagamento.

(E) escritura de hipoteca de devedor em favor de credor não possuindo outros bens e com notório estado de insolvência.

A: incorreta, pois o CC não protege o menor entre 16 e 18 anos nesse caso (art. 180 do CC); **B:** incorreta, pois não se anulará o casamento, por motivo de idade, se dele resultou gravidez (art. 1.551 do CC); **C:** incorreta, pois o erro de cálculo não torna o negócio anulável, mas apenas autoriza a retificação da declaração de vontade (art. 143 do CC); **D:** incorreta, pois esse não é um caso de anulabilidade do negócio jurídico testamento; **E:** correta, pois esse caso é de fraude contra credores, que gera a anulabilidade do negócio (art. 163 do CC).

Gabarito "E"

(Procurador do Estado/AC – FMP – 2012) Assinale a alternativa INCORRETA.

(A) A fraude contra credores exige a existência de um crédito, seja ele com garantia real ou quirografário.

(B) A arguição da nulidade de um negócio jurídico, ao contrário da arguição da anulabilidade, não está sujeita a prazo.

(C) Se a impossibilidade do objeto de um negócio jurídico for inicial, mas relativa, o negócio é válido.

(D) A simulação invalida o negócio aparente. O negócio que se pretendeu esconder, dissimular, no entanto, se for válido, na substância e na forma, subsistirá.

A: incorreta, pois *os negócios de transmissão gratuita de bens ou remissão de dívida, se os praticar o devedor já insolvente, ou por eles reduzido à insolvência, ainda quando o ignore, poderão ser anulados pelos **credores quirografários**, como lesivos dos seus direitos* (art. 158, do CC); **B:** correta. *O negócio jurídico nulo não é suscetível de confirmação, nem convalesce pelo decurso do tempo* (art. 169, do CC); **C:** correta (art. 106, do CC); **D:** correta (art. 167, do CC).

Gabarito "A"

(Procurador do Estado/GO – 2010) Com relação aos fatos jurídicos, está INCORRETA a seguinte proposição:

(A) Os negócios jurídicos benéficos e a renúncia interpretam-se estritamente.

(B) Não dispondo a lei em contrário, a escritura pública é essencial à validade dos negócios jurídicos que visem à constituição, transferência, modificação ou renúncia de direitos reais sobre imóveis de valor superior a 30 vezes o maior salário-mínimo vigente no País.

(C) A manifestação de vontade subsiste, ainda que o seu autor haja feito a reserva mental de não querer o que manifestou, salvo se dela o destinatário tinha conhecimento.

(D) A incapacidade absoluta de uma das partes não pode ser invocada pela outra em benefício próprio, nem aproveita aos cointeressados capazes, salvo se, neste caso, for indivisível o objeto do direito ou da obrigação comum.

(E) O encargo não suspende a aquisição nem o exercício do direito, salvo quando expressamente imposto no negócio jurídico, pelo disponente, como condição suspensiva.

A: correta (art. 114, do CC); **B:** correta (art. 108, do CC); **C:** correta (art. 110, do CC); **D:** incorreta, pois a alternativa trata da incapacidade relativa (art. 105, do CC); **E:** correta (art. 136, do CC).

Gabarito "D"

(Procurador do Estado/MG – FUMARC – 2012) Assinale a alternativa que completa corretamente a frase

"É anulável o negócio jurídico quando________."

(A) o motivo determinante, comum a ambas as partes, for ilícito

(B) não se revestir da forma prescrita em lei

(C) praticado em fraude contra credores

(D) for preterida alguma solenidade que a lei considere essencial para sua validade

(E) tiver por objeto fraudar lei imperativa

A: incorreta (art. 137, do CC); **B:** incorreta (art. 166, IV, do CC); **C:** correta (art. 171, II, do CC); **D:** incorreta (art. 166, V, do CC); **E:** incorreta (art. 166, VI, do CC).

Gabarito "C"

(Procurador do Estado/MT – FCC – 2011) É nulo o negócio jurídico

(A) simulado, mas subsistirá o que se dissimulou, salvo se válido for na substância ou na forma.

(B) celebrado por pessoa relativamente incapaz.

(C) celebrado por vício resultante de erro, dolo, coação, estado de perigo, lesão ou fraude contra credores.

(D) não revestido da forma escrita, ainda que a lei não exija tal formalidade.

(E) celebrado por pessoa que, mesmo por causa transitória, não puder exprimir sua vontade.

A: incorreta (art. 167, *caput,* do CC); **B:** incorreta (art. 171, I, do CC); **C:** incorreta (art. 171, II, do CC); **D:** incorreta (art. 166, IV, do CC); **E:** correta (artigos 3º, III e 166, I, ambos do CC).

Gabarito "E"

(Procurador do Estado/PA – 2011) Assinale a alternativa INCORRETA:

(A) A existência de condição contraditória invalida o negócio jurídico que lhe é subordinado.

(B) A configuração do estado de perigo depende da existência de necessidade da parte salvar-se ou proteger seu familiar, não sendo admitida sua caracterização em face de riscos causados a pessoas não pertencentes à família do declarante.

(C) O encargo não suspende a aquisição nem o exercício do direito, salvo quando expressamente imposto no negócio jurídico, pelo disponente, como condição suspensiva.

(D) São anuláveis os negócios jurídicos, quando as declarações de vontade emanarem de erro substancial que poderia ser percebido por pessoa de diligência normal, em face das circunstâncias do negócio.

(E) Nos negócios jurídicos bilaterais, o silêncio intencional de uma das partes a respeito de fato ou qualidade que a outra parte haja ignorado, constitui omissão dolosa, provando-se que sem ela o negócio não se teria celebrado.

A: correta (art. 123, III, do CC); **B:** incorreta (art. 156, parágrafo único, do CC); **C:** correta (art. 136, do CC); **D:** correta (art. 138, do CC); **E:** correta (art. 147, do CC).

Gabarito "B"

(Procurador do Estado/PR – UEL-COPS – 2011) Assinale a alternativa incorreta:

(A) os atos jurídicos praticados com dolo puramente acidental não são anuláveis;

(B) a simulação é causa de anulabilidade do negócio jurídico;

(C) dentre outras razões, são anuláveis os atos jurídicos praticados por erro, em estado de perigo e por coação relativa;

(D) o falso motivo somente vicia a declaração de vontade quando for, expressamente, sua razão determinante;

(E) o negócio jurídico anulável pode ser confirmado pelas partes.

A: correta, pois o dolo acidental só obriga à satisfação das perdas e danos, não anulando o negócio jurídico (art. 146, do CC); **B:** incorreta, devendo ser assinalada pois a simulação é causa de nulidade do negócio jurídico (art. 167, do CC); **C:** correta (art. 171, II, do CC); **D:** correta (art. 140, do CC); **E:** correta (art. 172, do CC).

Gabarito "B"

(Procurador do Estado/RS – FUNDATEC – 2010) Assinale a alternativa incorreta:

(A) O modo ou encargo estabelecidos pelo autor de uma liberalidade constituem condições suspensivas para a aquisição ou o exercício do direito pelo recebedor da liberalidade.

(B) A decadência convencional não pode ser conhecida de ofício pelo juiz da causa; cabe à parte interessada alegá-la.

(C) São anuláveis os negócios jurídicos que emanarem de manifestação de vontade baseada em erro substancial que poderia ter sido percebido por pessoa de diligência normal.

(D) Lesão, fraude a credores e estado de perigo são causas de anulabilidade dos negócios jurídicos.

(E) O negócio jurídico simulado é nulo, subsistindo apenas o que se dissimulou, se for válido na substância e na forma.

A: incorreta, devendo ser assinalada (art. 136, do CC); **B:** correta (art. 211, do CC); **C:** correta (art. 138, do CC); **D:** correta (art. 171, II, do CC); **E:** correta (art. 167, do CC).

Gabarito "A"

(Procurador do Município/Florianópolis-SC – 2010 – FEPESE) Com fundamento nas disposições legais sobre a invalidade do negócio jurídico, assinale a alternativa correta.

(A) É nulo o negócio jurídico quando celebrado por pessoa relativamente incapaz.

(B) É nulo o negócio jurídico por incapacidade relativa do agente.

(C) É de cinco anos o prazo de decadência para pleitear-se a anulação do negócio jurídico.

(D) As nulidades devem ser pronunciadas e supridas pelo juiz, independentemente de requerimento das partes.

(E) O negócio jurídico nulo não é suscetível de confirmação, nem convalesce pelo decurso do tempo.

A e **B:** incorretas, pois é nulo o negócio jurídico praticado por pessoa **absolutamente** incapaz (art. 166, I, do CC), e a incapacidade relativa torna o ato **anulável**, e não nulo (art. 171, I, do CC); **C:** incorreta, pois é de quatro anos o prazo de decadência para pleitear a anulação do negócio jurídico (art. 178 do CC); **D:** incorreta, pois as nulidades devem ser pronunciadas pelo juiz, quando conhecer do negócio jurídico ou dos seus efeitos e as encontrar provadas, não lhe sendo permitido supri-las, ainda que a requerimento das partes (art. 168, par. único, do CC); **E:** correta (art. 169 do CC).

Gabarito "E"

(Procurador do Município/Teresina-PI – 2010 – FCC) O negócio jurídico realizado por pessoa absolutamente incapaz

(A) gera a ineficácia perante terceiros, podendo ser sanado apenas entre seus partícipes.

(B) gera nulidade absoluta, portanto sem possibilidade de convalidação.

(C) gera anulabilidade, ou nulidade relativa, podendo ser convalidado.

(D) implica a inexistência desse ato, que não terá quaisquer consequências jurídicas.

(E) implica mera irregularidade, se posteriormente ratificado por seu representante legal.

Arts. 166, I, e 169, do CC.

Gabarito "B"

(Cartório/SP – 2011 – VUNESP) Analise as seguintes afirmações.

I. O menor com quinze anos de idade, que agindo de má-fé declarou-se maior, não poderá pleitear anulação do negócio jurídico.

II. Declarada a nulidade do negócio jurídico celebrado com incapaz, este não será obrigado a devolver os valores que havia recebido, salvo se a outra parte demonstrar que tal quantia reverteu em favor do incapaz.

III. Quando a lei dispuser que determinado ato é anulável, sem estabelecer prazo para se pleitear a anulação, será este de quatro anos, a contar da data da conclusão do ato.

IV. A impossibilidade inicial relativa do objeto não invalida o negócio jurídico.

Assinale a alternativa correta.

(A) I é falsa e II é verdadeira.

(B) I e IV são verdadeiras.

(C) Todas as alternativas são falsas.

(D) III e IV são verdadeiras.

I: falsa, pois no caso o negócio jurídico é nulo, uma vez que foi celebrado por um absolutamente incapaz. Importante não confundir esse hipótese com aquela prevista no art. 180 do CC, isto é, se fosse um relativamente incapaz a alternativa estaria correta; **II:** verdadeira (art. 181 do CC); **III:** falsa, pois o prazo correto é de a anos (art. 179 do CC); **IV:** falsa, A impossibilidade inicial do objeto não invalida o negócio jurídico apenas se for relativa, ou se cessar antes de realizada a condição a que ele estiver subordinado (art. 106 do CC).

Gabarito "A"

(Cartório/SP – 2011 – VUNESP) O curador de um absolutamente incapaz, interditado em razão de enfermidade mental, celebrou contrato de locação no qual figurou simultaneamente como locatário e representante legal do locador.

Sobre essa afirmação, assinale a alternativa correta.

(A) O negócio é válido, pois se trata de ato de simples administração.

(B) O negócio é nulo em razão do dolo.

(C) O negócio é anulável.

(D) O negócio é inexistente.

O negócio jurídico é anulável, pois na hipótese em tela há nítido conflito de interesses. Note-se que, ao ser nomeado curador do absolutamente incapaz o seu dever é zelar integralmente por seu patrimônio, bem estar e demais interesses. No caso, se a intenção do absolutamente incapaz era a de figurar como locatário no contrato, o curador deve atuar em prol desta figura. Entretanto, a questão descreve que na mesma avença o curador foi nomeado representante legal do locador. São posições antagônicas, incompatíveis. O art. 119 do CC prevê a anulabilidade.

Gabarito "C"

(Cartório/SP – 2011 – VUNESP) Analise as seguintes proposições e assinale a alternativa correta.

I. Não anula o negócio jurídico a coação praticada por terceiro da qual o beneficiário do contrato não tinha conhecimento.

II. Na fraude pauliana decorrente de ato de liberalidade, é irrelevante a boa-fé do beneficiário da doação.

III. A lesão, no Código Civil, não exige o dolo de aproveitamento.

IV. A ameaça de mal dirigido a pessoa não pertencente à família do contratante pode caracterizar coação.

(A) Apenas a alternativa II é verdadeira.

(B) Todas as alternativas são falsas.

(C) Todas as alternativas são verdadeiras.

(D) Apenas as alternativas I e II são verdadeiras.

I: correta (art. 154 do CC); **II:** correta, pois nos negócios jurídicos gratuitos é irrelevante que o alienante esteja de boa-fé, pois a intenção fraudulenta será presumida (art. 158 do CC); **III:** correta (Enunciado 150 do CJF); **IV:** correta (art. 151, parágrafo único, do CC).

Gabarito "C"

(Cartório/SP – 2011 – VUNESP) O representante convencional recebeu procuração com poderes ilimitados para alienar imóvel do representado. Porém, ao contratar com terceiro, contrariou instruções verbais do mandante quanto ao preço mínimo de venda do bem. Nesse caso, pode-se afirmar que o negócio é

(A) anulável.

(B) nulo.

(C) válido.

(D) ineficaz perante o mandante.

O negócio jurídico é válido, uma vez que a relação é regida pelo princípio da autonomia da vontade entre as partes. Considerando que o representado optou por conceder poderes ilimitados ao representante via procuração e que instruções quanto ao preço mínimo foram passadas de forma verbal, o terceiro adquirente de boa-fé não tinha condições de saber que o negócio estava sendo realizado fora dos parâmetros. Logo, esse terceiro deve ser protegido, mantendo-se íntegro o negócio celebrado. Os Tribunais Superiores têm prestigiado o terceiro de boa-fé em casos análogos, consoante Súmulas 92, 375 do STJ e 489 do STF.

Gabarito "C"

(Analista – TRT/15ª – 2009 – FCC) A respeito dos atos nulos e dos atos anuláveis, considere:

I. Quando a lei dispuser que determinado ato é anulável sem estabelecer prazo para pleitear-se a anulação, será este de cinco anos, a contar da data da conclusão do ato.

II. O menor, entre dezesseis e dezoito anos, para eximir-se de uma obrigação, pode invocar a sua idade, mesmo se dolosamente, no ato de obrigar se, declarou-se maior.

III. Ninguém pode reclamar o que, por uma obrigação anulada, pagou a um incapaz, se não provar que reverteu em proveito dele a importância paga.

Está correto o que se afirma SOMENTE em

(A) I.

(B) III.

(C) I e II.

(D) I e III.

(E) II e III.

I: incorreto (art. 179 do CC); **II:** incorreto (art. 180 do CC); **III:** correto (art. 181 do CC).

Gabarito "B"

(Analista – TRT/16ª – 2009 – FCC) Negócio jurídico efetuado por pessoa absolutamente incapaz, e sem a devida representação, espelhará ato

(A) anulável por sua própria natureza.

(B) absolutamente nulo.

(C) nulo, caso haja suspeita de prejuízo para o interessado.

(D) anulável, caso envolva quantia relativamente elevada.

(E) nulo, caso não haja autorização judicial, com a expressa concordância do Ministério Público.

Art. 104, I, do CC.

Gabarito "B"

(Analista – TRE/AC – 2010 – FCC) Segundo o Código Civil brasileiro, com relação à invalidade dos negócios jurídicos, é correto afirmar:

(A) É de dez anos o prazo de decadência para pleitear-se a anulação do negócio jurídico, contado, no caso de atos de incapazes, do dia em que cessar a incapacidade.

(B) Não serão considerados nulos ou anuláveis os negócios jurídicos em que os instrumentos particulares forem antedatados.

(C) É de dois anos o prazo de decadência para pleitear-se a anulação do negócio jurídico, contado, no caso de coação, do dia em que ela cessar.

(D) Quando a lei dispuser que determinado ato é anulável, sem estabelecer prazo para pleitear-se a anulação, será este de dois anos, a contar da data da conclusão do ato.

(E) Além dos casos expressamente declarados na lei, é nulo o negócio jurídico por incapacidade relativa do agente, bem como por vício resultante de estado de perigo, lesão ou fraude contra credores.

A: incorreta, o prazo é de quatro anos (art. 178, III, do CC); **B:** incorreta, pois se trata de simulação e, portanto, de negócio jurídico nulo (art. 167, § 1º, III, do CC); **C:** incorreta, o prazo é de quatro anos (art. 178, I, do CC); **D:** correta (art. 179 do CC); **E:** incorreta, pois, além dos casos expressamente declarados na lei, é anulável o negócio jurídico por incapacidade relativa do agente e por vício resultante de erro, dolo, coação, estado de perigo, lesão ou fraude contra credores (art. 171 do CC).

Gabarito "D"

(Analista – TRE/AL – 2010 – FCC) O negócio jurídico concluído pelo representante em conflito de interesses com o representado, quando tal fato devia ser do conhecimento de quem o contratou, é

(A) nulo, sendo de 180 dias, a contar da conclusão do negócio ou da cessação da incapacidade, o prazo decadencial para pleitear-se a anulação.

(B) anulável, sendo de 180 dias, a contar da conclusão do negócio ou da cessação da incapacidade, o prazo decadencial para pleitear-se a anulação.

(C) anulável, sendo de um ano, a contar da conclusão do negócio ou da cessação da incapacidade, o prazo decadencial para pleitear-se a anulação.

(D) nulo, sendo de um ano, a contar da conclusão do negócio ou da cessação da incapacidade, o prazo decadencial para pleitear-se a anulação.

(E) anulável, sendo de dois anos, a contar do conhecimento da nulidade, o prazo decadencial para pleitear-se a anulação.

Art. 119, *caput*, e p. único, do CC.

Gabarito "B"

(Analista – TRE/PI – 2009 – FCC) Além dos casos expressamente declarados em lei, é anulável o negócio jurídico

(A) se for preterida alguma solenidade que a lei considere essencial para a sua validade.

(B) quando for ilícito o seu objeto.

(C) que não revestir a forma prescrita em lei.

(D) que tiver por objetivo fraudar lei imperativa.

(E) por vício resultante de lesão.

A: incorreta (art. 166, V, do CC); **B:** incorreta (art. 166, II, do CC); **C:** incorreta (art. 166, IV, do CC); **D:** incorreta (art. 166, VI, do CC); **E:** correta (art. 171, II, do CC).

Gabarito "E"

(Analista – TRF/4ª – 2010 – FCC) De acordo com o Código Civil brasileiro, com relação ao negócio jurídico, em regra, a incapacidade relativa de uma das partes

(A) só pode ser invocada pela outra parte em benefício próprio se ocorrer dentro do prazo decadencial de dois anos contados da realização do negócio jurídico.

(B) pode ser invocada pela outra em benefício próprio, mas não aproveita aos cointeressados capazes.

(C) não pode ser invocada pela outra em benefício próprio, mas aproveita aos cointeressados capazes.

(D) pode ser invocada pela outra em benefício próprio e aproveita aos cointeressados capazes.

(E) não pode ser invocada pela outra em benefício próprio, nem aproveita aos cointeressados capazes.

Art. 105 do CC.

Gabarito "E"

(Analista – TJ/PI – 2009 – FCC) A validade do negócio jurídico pressupõe capacidade do agente. Se o ato for praticado por pessoa relativamente incapaz, o vício é de

(A) nulidade, mas só pode ser reconhecido mediante a propositura de ação pelo Ministério Público.

(B) nulidade e deve ser reconhecido de ofício pelo juiz.

(C) anulabilidade e não poderá ser invocado pela outra parte em benefício próprio.

(D) anulabilidade e pode ser reconhecido de ofício pelo juiz.

(E) anulabilidade ou de nulidade, de acordo com tipificação legal.

Arts. 105 e 171, I, do CC.

Gabarito "C"

(Delegado/GO – 2009 – UEG) Segundo o princípio da livre admissibilidade, os fatos jurídicos podem ser comprovados por qualquer meio de prova admitido em direito. Entretanto, em situações específicas, impõem-se algumas restrições. A partir dessas considerações, é CORRETO afirmar:

(A) a permissão legal de realização de prova testemunhal subsidiária obriga sua produção, impedindo o juiz de dispensá-la.

(B) a presunção *hominis* só pode ser acatada nos casos em que a lei não exclui a prova testemunhal.

(C) o Código Civil isenta de obrigação de comparecimento perante a autoridade aquele a cujo respeito, por estado ou profissão, deva guardar segredo de fato que se investiga.

(D) o ordenamento jurídico brasileiro impõe um regime de absoluta impossibilidade de prova testemunhal ante a incapacidade de quem prestará testemunho.

A: incorreta, pois o juiz poderá dispensar a prova testemunhal nesse caso; **B:** correta, a presunção *hominis* são aquelas que não estão estabelecidas em lei. Ocorre por exemplo em acidentes de trânsito, onde não há lei determinando que o veículo traseiro é o culpado pela colisão, mas em que é feita esta presunção, impondo à outra parte a prova em contrário (art. 230 do CC); **C:** incorreta (art. 229, I, do CC); **D:** incorreta (art. 228, p. único, do CC).

Gabarito "B"

(Delegado/GO – 2009 – UEG) O direito civil brasileiro, em razão de seus princípios orientadores, admite a conversão do ato negocial. Tendo em vista essa assertiva, é CORRETO afirmar que a conversão

(A) converte-lhe à validade a qualificação dada pelas partes, excepcionalmente, em razão da licitude do objeto.

(B) atende ao princípio da conservação do negócio jurídico e é somente aplicável nas hipóteses em que não haja nulidade do negócio a ser convertido.

(C) atende ao princípio da conservação do negócio jurídico, mantendo a qualificação dada a ele pelas partes, convalidando-o.

(D) acarreta nova qualificação ao negócio jurídico e refere-se à hipótese de negócio nulo.

Art. 170 do CC.

Gabarito "D"

(Delegado/PB – 2009 – CESPE) Acerca de domicílio, residência, bens e fatos jurídicos, assinale a opção correta.

(A) O domicílio do tutelado é necessário e é do seu representante ou assistente legal.

(B) No contrato de promessa de compra e venda de bem imóvel, é licito se inserir cláusula instituidora de foro de eleição diverso daquele da situação do imóvel objeto da promessa de alienação.

(C) A coisa perdida pode ser licitamente apropriada pela primeira pessoa que a encontrar.

(D) Os bens reciprocamente considerados são classificados como públicos, privados, disponíveis e indisponíveis.

(E) Os fatos jurídicos naturais resultam da atuação humana positiva ou negativa, comissiva ou omissiva, de modo a influenciarem nas relações de direito, variando as consequências em razão da qualidade da conduta e da intensidade da vontade.

A: correta (art. 76 do CC); **B:** incorreta, pois tal cláusula é abusiva, se se tratar de relação de consumo; mas mesmo que não se trate, a competência envolvendo imóvel é a do local deste, tratando-se de competência absoluta, não passível de modificação por convenção entre as partes; **C:** incorreta (art. 1.233 do CC); **D:** incorreta (art. 92 do CC); **E:** incorreta, pois fatos jurídicos naturais são aqueles decorrentes da natureza, sem a interferência direta humana (nascimento, morte, terremoto, raio etc.).

Gabarito "A"

(Delegado/PB – 2009 – CESPE) Assinale a opção correta a respeito do negócio jurídico, da prescrição, da decadência e da posse.

(A) Negócio jurídico é a declaração lícita da vontade humana, cujos efeitos jurídicos são gerados independentemente de serem perseguidos diretamente pelo agente, ou seja, nascem da própria lei.

(B) A simulação e a fraude constituem vícios do consentimento.

(C) O juiz não pode suprir de ofício a alegação de prescrição.

(D) A união de posses ocorre na hipótese de sucessão a título singular.

(E) Ao possuidor de má-fé não serão ressarcidas as benfeitorias necessárias.

A: incorreta, pois no negócio jurídico a ação humana visa diretamente alcançar um fim prático permitido na lei; **B:** incorreta, pois a simulação não é mais considerada vício do consentimento, mas causa de nulidade do negócio jurídico (art. 167 do CC); **C:** incorreta (art. 219, § 5º, do CPC); **D:** correta (art. 1.207 do CC); **E:** incorreta (art. 1.220 do CC).

Gabarito "D"

(Delegado/RJ – 2009 – CEPERJ) Ao ver que sua embarcação naufragava, Mévio, avistando Caio em outro barco, prometeu-lhe quantia vultosa para que ele o salvasse. Analisando a questão proposta, responda qual é a afirmativa correta:

(A) Trata-se do defeito do negócio jurídico denominado lesão, pois, no caso em apreço, uma pessoa, sob premente necessidade, se obriga a prestação manifestamente desproporcional ao valor da prestação oposta.

(B) Trata-se do defeito do negócio jurídico denominado coação, pois, no caso em apreço, uma pessoa sob fundado temor de dano iminente e considerável à sua pessoa, emite declaração de vontade.

(C) Trata-se do defeito do negócio jurídico denominado estado de perigo, pois, no caso em apreço, alguém premido da necessidade de salvar-se de grave dano conhecido pela outra parte, assume obrigação excessivamente onerosa.

(D) Trata-se do defeito do negócio jurídico denominado onerosidade excessiva, pois, no caso em apreço, uma pessoa assume obrigação excessivamente onerosa, com extrema vantagem para a outra pessoa.

(E) No caso em apreço, pode-se afirmar que não estão presentes os defeitos do negócio jurídico disciplinados pelo Código Civil.

Art. 156 do CC.

Gabarito "C"

(Delegado/RJ – 2009 – CEPERJ) No Código Civil de 2002, a simulação é considerada hipótese de nulidade, não sendo mais disciplinada entre as causas de anulação dos negócios, conforme estabelecia o Código Civil anterior. Assim, é correto afirmar que:

(A) Assim como no regime anterior, o Código Civil de 2002 prevê expressamente que a simulação inocente não gera a invalidade.

(B) Haverá simulação nos negócios jurídicos quando aparentarem conferir ou transmitir direitos a pessoas diversas daquelas às quais realmente se conferem, ou transmitem, quando contiverem declaração, confissão, condição ou cláusula não verdadeira ou, ainda, quando os instrumentos particulares forem antedatados ou pós-datados.

(C) Na simulação, bem como na reserva mental, o declarante manifesta vontade para a realização de negócio que não deseja, mas sem o conhecimento da outra parte.

(D) Para a caracterização da simulação maliciosa, exige-se a intenção de prejudicar e o efetivo prejuízo de terceiro.

(E) É nulo o negócio jurídico simulado e não subsistirá o que se dissimulou, mesmo se válido for na substância e na forma.

Art. 167, § 1º, I, II e III, do CC.

Gabarito "B"

(Defensor Público/BA – 2010 – CESPE) Julgue os próximos itens, a respeito dos defeitos e da nulidade dos negócios jurídicos.

(1) Tanto nos casos de declaração de nulidade quanto nos de decretação de anulação do negócio jurídico, ocorre o retorno das partes à situação anterior.

(2) Caso o declaratário desconheça o grave dano a que se expõe o declarante ou pessoa de sua família, não ficará caracterizado o estado de perigo.

(3) Para que se caracterize lesão ao negócio jurídico, a desproporção entre a obrigação assumida pela parte declarante e a prestação oposta deve ser mensurada no momento da constituição do negócio.

1: certa, pois nas duas hipóteses as partes retornarão ao estado anterior, com a diferença de que nos casos de anulabilidade admite-se a confirmação do negócio jurídico pelas partes (art. 172 do CC), que retroagirá à data do ato; 2: certa, pois o artigo 156 do CC exige que o grave dano seja conhecido pelo declaratário: "Configura-se o estado de perigo quando alguém, premido da necessidade de salvar-se, ou a pessoa de sua família, de grave dano conhecido pela outra parte, assume obrigação excessivamente onerosa"; 3: certa, pois o momento para a verificação da lesão é o da celebração do negócio (art. 157, § 1º, do CC).

Gabarito 1C, 2C, 3C

(Defensoria Pública/ES – 2009 – CESPE) Acerca dos atos e fatos jurídicos no direito civil, julgue os itens a seguir.

(1) Com relação à validade do negócio jurídico, considera-se que, não dispondo a lei em contrário, a escritura pública apenas é essencial à validade dos negócios jurídicos que visem à constituição, transferência, modificação ou renúncia de direitos reais sobre imóveis de valor superior a sessenta vezes o maior salário mínimo vigente no país.

(2) Será nulo o negócio jurídico se o motivo determinante de uma das partes for ilícito.

(3) A interrupção da prescrição, quando efetuada contra o devedor solidário, envolverá os demais, incluindo os seus herdeiros.

1: incorreta, pois deve-se tratar de imóvel com valor superior a 30 salários mínimos (art. 108 do CC); 2: incorreta, pois o negócio só será nulo se o motivo determinante, *comum a ambas* as partes, for ilícito (art. 166, III, do CC); 3: correta (art. 204, § 1º, parte final, do CC).

Gabarito 1E, 2E, 3C

(Defensoria Pública/MT – 2009 – FCC) São causas de anulabilidade do negócio jurídico:

(A) a simulação e a lesão.

(B) a fraude à execução e o estado de perigo.

(C) a fraude à execução e o dolo, quando este for a sua causa.

(D) o não revestimento de forma prescrita em lei.

(E) a coação e fraude contra credores.

A: incorreta, pois a simulação torna o ato nulo (art. 167 do CC); B e **C:** incorretas, pois a fraude à execução (que não se confunde com fraude contra credores) torna o negócio *ineficaz* perante os credores; **D:** incorreta, pois a desobediência à forma torna o negócio nulo (art. 166, IV, do CC); **E:** correta (art. 171, II, do CC).

Gabarito "E"

(Defensoria Pública/PA – 2009 – FCC) Sobre o negócio jurídico, é licito preconizar que

(A) é anulável o negócio jurídico simulado, mas subsistirá o que se dissimulou, se válido for na substância e na forma.

(B) são nulos quando as declarações de vontade emanarem de erro substancial que poderia ser percebido por pessoa de diligência normal, em face das circunstâncias do negócio.

(C) pode também ser anulado por dolo de terceiro, ainda que a parte a quem aproveite dele não tivesse ou devesse ter conhecimento; de todo modo, ainda que subsista o negócio jurídico, o terceiro responderá por todas as perdas e danos da parte a quem ludibriou.

(D) o negócio anulável pode ser confirmado expressa ou tacitamente pelas partes, salvo direito de terceiro.

(E) o negócio jurídico será nulo de pleno direito se ambas as partes procederem com dolo.

A: incorreta, pois é *nulo* o negócio simulado (art. 167 do CC); **B:** incorreta, pois o erro torna o negócio *anulável* (art. 171, II, do CC); **C:** incorreta, pois, nesse caso, o negócio não pode ser anulado, pois a parte a quem aproveita o negócio não tem ou deveria ter conhecimento do dolo de terceiro, cabendo apenas cobrar perdas e danos junto ao terceiro (art. 148 do CC); **D:** correta (art. 172 do CC); **E:** incorreta, pois, nesse caso, nenhuma das partes pode alegar a invalidade, que é relativa, para anular o negócio, nem mesmo poderá pedir perdas e danos (art. 150 do CC).

Gabarito "D"

(Defensoria Pública/PA – 2009 – FCC) São anuláveis os negócios jurídicos

(A) celebrados com dolo de uma das partes e nulos aqueles realizados sob coação que incuta ao paciente fundado temor de dano iminente e considerável à sua pessoa, à sua família, ou aos seus bens.

(B) simulados, mas subsistirá o que se dissimulou, se válido for na substância e na forma.

(C) celebrados por pessoa absolutamente incapaz.

(D) se não revestirem a forma prescrita em lei.

(E) quando praticados em estado de perigo ou em fraude contra credores.

A: incorreta, pois a coação torna o ato anulável (art. 171, II, do CC); B: incorreta, pois a simulação torna o ato nulo (art. 167 do CC); C: incorreta, pois, nesse caso, o ato é nulo (art. 166, I, do CC); D: incorreta, pois, nesse caso, o ato é nulo (art. 166, IV, do CC); E: correta (arts. 156 e 158 do CC).

Gabarito "E"

(Auditor Fiscal da Receita Federal – 2010 – ESAF) *"A"* adquire de *"B"* o lote *"X"* do Recanto Azul, ignorando que lei municipal proibia loteamento naquela localidade. Tal compra e venda poderá ser anulada, por ter havido erro:

(A) sobre a natureza do ato negocial.

(B) substancial sobre a qualidade essencial do objeto.

(C) de direito.

(D) por falso motivo.

(E) sobre o objeto principal da declaração.

Art. 139, III, do CC.

Gabarito "C"

(Auditor Fiscal da Receita Federal – 2010 – ESAF) A doação de um apartamento a João, jogador de golfe, se ele tiver bom desempenho no *PGA Tour,* circuito anual, com cerca de quarenta e cinco torneios masculinos de golfe, é negócio jurídico, que contém condição:

(A) simplesmente potestativa.

(B) puramente potestativa.

(C) ilícita.

(D) perplexa.

(E) resolutiva.

A condição potestativa é a que depende da vontade de um dos contraentes. Uma das partes pode provocar ou impedir sua ocorrência. A ela contrapõe-se a condição causal, a que depende do acaso, não estando, de qualquer modo, no poder de decisão dos contraentes. Nem todas as condições potestativas são ilícitas. Só aquelas cuja eficácia do negócio fica exclusivamente ao arbítrio de uma das partes, sem a interferência de qualquer fator externo. Por essa razão, a fim de espalmar dúvidas, o Código atual inseriu a expressão "puro arbítrio" na dicção legal mencionada. Distinguem-se, então, as condições potestativas simples das condições puramente potestativas. Nas primeiras, não há apenas vontade do interessado, mas também interferência de fato exterior. Por outro lado, a condição puramente potestativa depende apenas e exclusivamente da vontade do interessado. A proibição do art. 122 do CC refere-se tão só às condições puramente potestativas. As condições simplesmente potestativas exigem também a ocorrência de fato estranho ao mero arbítrio da parte, como é o caso da questão.

Gabarito "A"

(Auditor Fiscal da Receita Federal – 2010 – ESAF) A nulidade absoluta do negócio jurídico

(A) somente poderá ser alegada pelos prejudicados, não podendo ser decretada de ofício pelo juiz.

(B) só aproveitará à parte que a alegou, com exceção de indivisibilidade ou solidariedade.

(C) poderá ser arguída por qualquer interessado, pelo Ministério Público, quando lhe couber intervir.

(D) poderá ser suprida pelo juiz e suscetível de confirmação e de convalidação pelo decurso do tempo.

(E) será decretada se ele for praticado por pessoa relativamente incapaz sem a devida assistência de seus legítimos representantes legais.

Art. 168 do CC.

Gabarito "C"

(Fiscal de Rendas/RJ – 2010 – FGV) Com relação à *validade dos negócios jurídicos*, analise as afirmativas a seguir.

I. Quando a lei dispõe que determinado negócio jurídico é anulável, sem estabelecer prazo para pleitear-se a anulação, este prazo será de 2 anos, a contar da data da conclusão do ato.

II. Quando a lei proíbe a prática de um negócio jurídico sem, no entanto, cominar sanção, o negócio jurídico será nulo.

III. O prazo para pleitear-se a anulação de negócio jurídico no caso de erro, dolo, coação, fraude contra credores, estado de perigo ou lesão é contado do dia em que se realizou o negócio jurídico.

Assinale:

(A) se todas as afirmativas estiverem corretas.

(B) se somente as afirmativas I e II estiverem corretas.

(C) se somente as afirmativas I e III estiverem corretas.

(D) se somente as afirmativas II e III estiverem corretas.

(E) se somente a afirmativa III estiver correta.

I: correta (art. 179 do CC); II: correta (art. 166, VII, do CC); III: incorreta, pois no caso de coação o prazo é contado do dia em que ela cessar (art. 178, I, do CC)

Gabarito "B"

(OAB/Exame Unificado – 2012.1) Mauro, entristecido com a fuga das cadelinhas Lila e Gopi de sua residência, às quais dedicava grande carinho e afeição, promete uma vultosa recompensa para quem eventualmente viesse a encontrá-las. Ocorre que, no mesmo dia em que coloca os avisos públicos da recompensa, ao conversar privadamente com seu vizinho João, afirma que não irá, na realidade, dar a recompensa anunciada, embora assim o tenha prometido. Por coincidência, no dia seguinte, João encontra as cadelinhas passeando tranquilamente em seu quintal e as devolve imediatamente a Mauro. Neste caso, é correto afirmar que:

(A) a manifestação de vontade no sentido da recompensa subsiste em relação a João ainda que Mauro tenha feito a reserva mental de não querer o que manifestou originariamente.

(B) a manifestação de vontade no sentido da recompensa não subsiste em relação a João, pois este tomou conhecimento da alteração da vontade original de Mauro.

(C) a manifestação de vontade no sentido da recompensa não mais terá validade em relação a qualquer pessoa, pois ela foi alterada a partir do momento em que foi feita a reserva mental por parte de Mauro.

(D) a manifestação de vontade no sentido da recompensa subsiste em relação a toda e qualquer pessoa, pois a reserva mental não tem o condão de modificar a vontade originalmente tornada pública.

Segundo o art. 110 do CC, "a manifestação de vontade subsiste ainda que o seu autor haja feito a reserva mental de não querer o que manifestou, *salvo se dela o destinatário tinha conhecimento*" (g.n.). Mauro, apesar de ter prometido recompensa a quem achasse suas cadelinhas, deixou claro para João que não cumpriria a recompensa anunciada. Ou seja, deixou claro para o destinatário de sua conversa privada sua "reserva mental de não querer o que manifestou". Assim, como quem achou as cadelinhas foi justamente o destinatário (João) da informação de que o promitente (Mauro) não cumpriria sua vontade, João NÃO terá direito à recompensa, já que a vontade de Mauro não subsistirá. Dessa forma, as alternativas "A" e "D" estão incorretas, pois a manifestação de Mauro não subsistirá. A alternativa "C" está incorreta, pois apenas em relação ao destinatário da informação sobre a reserva mental é que a vontade não subsistirá. E a alternativa "B" está correta, pois está de acordo com a conclusão que alcançamos a partir da interpretação do art. 110 do CC.

Gabarito "B"

(OAB/Exame Unificado – 2012.3.B) João prometeu doar seu imóvel em Búzios a José se o seu time de futebol do coração, o América/RJ, for campeão carioca em 2013. Assim sendo, sobre a condição imposta para a doação, assinale a afirmativa correta.

(A) Trata-se de condição puramente potestativa, sendo lícita por depender de manifestação da vontade de uma das partes.

(B) Subordinando-se a eficácia do negócio jurídico à condição suspensiva, enquanto esta não se verificar, não terá Roberto adquirido o direito nele previsto.

(C) É defeso a Roberto, titular do direito eventual, praticar atos destinados à sua conservação.

(D) Trata-se de condição meramente potestativa, sendo, pois, ilícita, uma vez que sujeita ao puro arbítrio de uma das partes.

A: incorreta, pois a condição puramente potestativa é aquele que depende exclusivamente da vontade de alguém, o que não acontece no caso, pois se o time vai ou não ganhar o campeonato é algo que não depende da vontade de João; **B:** correta; trata-se de *condição* (e não de *termo*), pois a eficácia do negócio depende de um evento futuro em incerto (o time de futebol ganhar o campeonato), nos termos do art. 121 do CC; quanto ao tipo de condição, tem-se no caso a condição *suspensiva*, pois os efeitos do negócio ficam suspensos enquanto a condição (time ganhar o campeonato) não se verificar (art. 125 do CC); **C:** incorreta, pois esse direito existe (art. 130 do CC); **D:** incorreta, pois é a condição *puramente potestativa* (e não *meramente potestativa*) que se sujeita ao puro arbítrio de uma das partes.

Gabarito "B"

(OAB/Exame Unificado – 2011.3.A) A condição, o termo e o encargo são considerados elementos acidentais, facultativos ou acessórios do negócio jurídico, e têm o condão de modificar as consequências naturais deles esperadas. A esse respeito, é correto afirmar que:

(A) se considera condição a cláusula que, derivando da vontade das partes ou de terceiros, subordina o efeito do negócio jurídico a evento futuro e incerto.

(B) se for resolutiva a condição, enquanto esta se não realizar, não vigorará o negócio jurídico, não se podendo exercer desde a conclusão deste o direito por ele estabelecido.

(C) o termo inicial suspende o exercício, mas não a aquisição do direito e, salvo disposição legal ou convencional em contrário, computam-se os prazos, incluindo o dia do começo e excluindo o do vencimento.

(D) se considera não escrito o encargo ilícito ou impossível, salvo se constituir o motivo determinante da liberalidade, caso em que se invalida o negócio jurídico.

A: incorreta, pois a condição deriva apenas da vontade das partes, e não de terceiros (art. 121 do CC); **B:** incorreta, pois, pendente a condição resolutiva, o negócio vigorará sim, ou seja, produzirá efeitos normalmente, até que a condição resolutiva aconteça (art. 127 do CC), ocasião em que o negócio se resolve, ou seja, deixa de produzir efeitos; **C:** incorreta, pois, apesar de correta a primeira frase da alternativa (art. 131 do CC), é incorreta a informação de que, na contagem dos prazos, inclui-se o dia do começo e exclui-se o dia do vencimento, já que o Código Civil dispõe justamente no sentido contrário, ou seja, computam-se os prazos, excluído o dia do começo, e incluído o do vencimento; **D:** correta (art. 137 do CC).

Gabarito "D"

(OAB/Exame Unificado – 2013.1) João, credor quirografário de Marcos em R$ 150.000,00, ingressou com Ação Pauliana, com a finalidade de anular ato praticado por Marcos, que o reduziu à insolvência. João alega que Marcos transmitiu gratuitamente para seu filho, por contrato de doação, propriedade rural avaliada em R$ 200.000,00.

Considerando a hipótese acima, assinale a afirmativa correta.

(A) Caso o pedido da Ação Pauliana seja julgado procedente e seja anulado o contrato de doação, o benefício da anulação aproveitará somente a

João, cabendo aos de mais credores, caso existam, ingressarem com ação individual própria.

(B) O caso narrado traz hipótese de fraude de execução, que constitui defeito no negócio jurídico por vício de consentimento.

(C) Na hipótese de João receber de Marcos, já insolvente, o pagamento da dívida ainda não vencida, ficará João obrigado a repor, em proveito do acervo sobre que se tenha de efetuar o concurso de credores, aquilo que recebeu.

(D) João tem o prazo prescricional de dois anos para pleitear a anulação do negócio jurídico fraudulento, contado do dia em que tomar conhecimento da doação feita por Marcos.

A: incorreta, pois, julgada procedente a ação, o negócio é anulado (art. 171, II, do CC), retornando ao patrimônio do devedor (no caso, Marcos), permitindo que os demais credores também se beneficiem disso; **B:** incorreta, pois a fraude de execução acontece quando o credor já ingressou com ação de cobrança e, no bojo desta, o devedor vem a se desfazer de modo fraudulento de seu patrimônio; **C:** correta (art. 162 do CC); **D:** incorreta, pois é de 4 anos o prazo para pleitear-se a anulação do negócio jurídico com fraude contra credores, contados do dia em que se realizou o negócio jurídico (art. 178, II, do CC).

Gabarito "C"

(OAB/Exame Unificado – 2012.2) Em relação aos defeitos dos negócios jurídicos, assinale a afirmativa **incorreta.**

(A) A emissão de vontade livre e consciente, que corresponda efetivamente ao que almeja o agente, é requisito de validade dos negócios jurídicos.

(B) O erro acidental é o que recai sobre características secundárias do objeto, não sendo passível de levar à anulação do negócio.

(C) A simulação é causa de anulação do negócio, e só poderá ocorrer se a parte prejudicada demonstrar cabalmente ter sido prejudicada por essa prática.

(D) O objetivo da ação pauliana é anular o negócio praticado em fraude contra credores.

A: correta; de fato, é requisito de validade do negócio jurídico a emissão de vontade livre e consciente, ou seja, sem coação, erro ou dolo; **B:** correta, pois, de fato, somente o erro substancial configura o defeito previsto no art. 138 do CC, defeito esse que gera a anulabilidade do negócio jurídico; **C:** incorreta, devendo ser assinalada; a simulação é causa de nulidade, e não de anulabilidade do negócio (art. 167 do CC); **D:** correta; de fato, a ação pauliana é ação prevista para anular negócio praticado em fraude contra credores (arts. 158 a 165 do CC).

Gabarito "C"

(OAB/Exame Unificado – 2011.3.B) Considerando o instituto da lesão, é correto afirmar que:

(A) a desproporção entre as prestações deve se configurar somente no curso de contrato.

(B) os efeitos da lesão podem se manifestar no curso do contrato, desde que sejam provenientes de desproporção entre as prestações existente no momento da celebração do contrato.

(C) a desproporção entre as prestações surge em razão de fato superveniente à celebração do contrato.

(D) os efeitos da lesão decorrem de um fato imprevisto.

A e **C:** incorretas, pois a desproporção entre as prestações deve se configurar no momento da celebração do contrato; ou seja, o contrato já deve nascer manifestamente desproporcional; desproporções que ocorrem no curso do contrato dão ensejo à aplicação da regra da onerosidade excessiva (art. 478 do CC), e não do instituto da lesão (art. 157 do CC); **B:** correta, pois, apesar de a desproporção das obrigações ter de ocorrer no momento da celebração do contrato, pode ser que os efeitos da lesão só ocorram no curso do contrato; um exemplo é um contrato manifestamente desproporcional, em que a parte prejudicada tenha que entregar a sua prestação apenas alguns meses após a celebração do contrato; **D:** incorreta, pois os efeitos da lesão decorrem diretamente da celebração de um contrato já com uma manifesta desproporção entre as prestações das partes, não sendo necessário que ocorra, depois, um fato imprevisto, para a configuração do instituto.

Gabarito "B"

(OAB/Exame Unificado – 2011.1) O negócio jurídico depende da regular manifestação de vontade do agente envolvido. Nesse sentido, o art. 138 do Código Civil dispõe que "são anuláveis os negócios jurídicos quando as declarações de vontade emanarem de erro substancial que poderia ser percebido por pessoa de diligência normal, em face das circunstâncias do negócio".

Relativamente aos defeitos dos negócios jurídicos, assinale a alternativa correta.

(A) O erro não prejudica a validade do negócio jurídico quando a pessoa, a quem a manifestação de vontade se dirige, se oferecer para executá-la na conformidade da vontade real do manifestante.

(B) O falso motivo, por sua gravidade, viciará a declaração de vontade em todas as situações e, por consequência, gerará a anulação do negócio jurídico.

(C) O erro de cálculo gera a anulação do negócio jurídico, uma vez que restou viciada a declaração de vontade nele baseada.

(D) O erro é substancial quando concerne à identidade ou à qualidade essencial da pessoa a quem se refira a declaração de vontade, ainda que tenha influído nesta de modo superficial.

A: correta (art. 144 do CC); **B:** incorreta, pois o falso motivo só vicia a declaração de vontade quando expresso como razão determinante (art. 140 do CC); **C:** incorreta, pois o erro de cálculo apenas autoriza a retificação da declaração de vontade (art. 143 do CC); **D:** incorreta, pois o erro substancial, nesse caso, deve influir na vontade de modo relevante (art. 139, II, do CC), e não de modo superficial.

Gabarito "A"

(OAB/Exame Unificado – 2010.1) A respeito dos defeitos dos negócios jurídicos, assinale a opção correta.

(A) A lesão é um defeito que surge concomitantemente à realização do negócio e enseja a sua anulabilidade. Entretanto, permite-se a revisão contratual para evitar a anulação, aproveitando-se, assim, o negócio.

(B) Se, na celebração do negócio, uma das partes induzir a erro a outra, levando-a a concluir o negócio e a assumir uma obrigação desproporcional à vantagem obtida pelo outro, esse negócio será nulo porque a manifestação de vontade emana de erro essencial e escusável.

(C) O dolo acidental, a despeito do qual o negócio seria realizado, embora por outro modo, acarreta a anulação do negócio jurídico.

(D) Tratando-se de negócio jurídico a título gratuito, somente se configura fraude quando a insolvência do devedor seja notória ou haja motivo para ser conhecida, admitindo-se a anulação do negócio pelo credor.

A: correta. De acordo com o art. 157, § 2.º, do CC, "não se decretará a anulação do negócio, se for oferecido suplemento suficiente, ou se a parte favorecida concordar com a redução do proveito". Segundo César Fiúza (**Direito Civil** – curso completo. 12.ª ed., p. 242), "primeiramente, a lesão deve ocorrer no momento da celebração do contrato, devendo ser apreciada segundo as circunstâncias deste momento"; **B:** incorreta. Dispõe o art. 138 do CC que o negócio jurídico celebrado em virtude de erro substancial e escusável é anulável, e não nulo; **C:** incorreta. De acordo com o art. 146 do CC, o dolo acidental, a despeito do qual o negócio seria realizado, embora por outro modo, só obriga à satisfação de perdas e danos, logo, não enseja a invalidade do negócio; **D:** incorreta. A fraude a título oneroso só viciaria o ato, tornando-o anulável, se a insolvência do devedor-alienante fosse notória, conhecida do adquirente ou houvesse motivos para conhecê-la. Se ficar provado que a insolvência não era notória, que o adquirente agiu de boa-fé, o ato oneroso de alienação não será anulado, conforme art. 159 do CC. Já a fraude a título gratuito sempre vicia o ato e ocorre mesmo que o devedor ignore sua condição de insolvente, a teor do art 158 do CC, na fraude a título gratuito não se exige que se prove o *consilium fraudis*, ou seja, não há necessidade de se provar a participação do adquirente, a fraude ocorre ainda que o adquirente não saia do estado de insolvência e até mesmo o alienante pode ignorar seu estado de insolvência.

Gabarito "A"

(OAB/Exame Unificado – 2009.2) A respeito dos defeitos e da invalidade do negócio jurídico, assinale a opção correta.

(A) O negócio jurídico resultante do vício de coação não é passível de confirmação, por ser nulo de pleno direito.

(B) Configura-se o vício de lesão quando alguém, premido pela necessidade de salvar a si mesmo, ou a pessoa de sua família, de grave dano conhecido pela outra parte, assume obrigação onerosa.

(C) São anuláveis os negócios jurídicos por vício de erro.

(D) São nulos os negócios jurídicos por vício de dolo.

A: incorreta. Art. 171, II, do CC ("anulável"); **B:** incorreta. Não se deve confundir estado de perigo (art. 156 do CC) com lesão (art. 157 do CC); **C:** correta (arts. 138 e 171, II, do CC); **D:** incorreta (arts. 145 e 171, II, do CC).

Gabarito "C"

(OAB/Exame Unificado – 2011.2) Em instrumento particular, subscrito por duas testemunhas, um menor de 16 anos, sem bens, não estabelecido com economia própria nem exercendo atividade laborativa e sendo apenas estudante do curso secundário, tomou por empréstimo a uma vizinha, sua amiga, a quantia de R$ 5.000,00 (cinco mil reais) para participar de uma campanha de doação de fundos para seu time de futebol, autorizando que a referida mutuante entregasse, em nome do mutuário, a referida importância diretamente ao clube esportivo, o que foi feito. Não foi fixado prazo para pagamento do mútuo, nem houve previsão de juros, exigindo, entretanto, a credora, a fiança de dois amigos do mutuário, solteiros, maiores e capazes. Recusando-se a pagar o empréstimo, foram procurados o pai e a mãe do mutuário, os quais se negaram a ratificar o empréstimo e se negaram a honrá-lo, sob o argumento de que não o haviam autorizado. Em face disso, assinale a alternativa correta.

(A) Não é válida, no caso, a negativa dos pais em honrar o empréstimo, que poderá ser cobrado deles, mas sem juros.

(B) Presumem-se devidos os juros pelo mutuário e por seus fiadores.

(C) Esse mútuo é uma obrigação que apenas vincula o menor e, assim, quando vencido e não restituído, poderá ser cobrado apenas do mutuário, não sendo exigível dos fiadores, perante os quais é absolutamente ineficaz.

(D) Esse mútuo não pode ser reavido nem do mutuário, nem de seus fiadores.

O caso revela que um absolutamente incapaz celebrou um contrato de mútuo sem a intervenção de seus representantes legais. Nesse caso, como é cediço, temos um ato nulo de pleno direito (art. 166, I, do CC), de modo que a obrigação não pode ser exigida do menor. Ademais, o Código Civil estabelece que ninguém pode reclamar o que, por um obrigação anulada, pagou a um incapaz, se não provar que reverteu em proveito dele a importância paga (art. 181 do CC). No caso, os recursos do empréstimo beneficiaram terceiros também, não havendo como dizer que o valor reverteu em proveito do incapaz. Porém, há mais um ponto a enfrentar. Como fica a situação dos dois fiadores do negócio, que eram solteiros, maiores e capazes? A resposta seria simples: o acessório segue o principal. Ou seja, se o negócio principal (mútuo) é nulo, o negócio acessório (fiança) também o seria. Mas em matéria de fiança essa regra nem sempre se dá quando o negócio principal é nulo (art. 824, *caput*, do CC). Mas, no caso de mútuo feito a menor, as obrigações nulas também tornam nulas as fianças respectivas (art. 824, parágrafo único, do CC).

Gabarito "D"

2.7. PRESCRIÇÃO E DECADÊNCIA

2.7.1. Prescrição

2.7.1.1. Conceito

É a causa extintiva da pretensão por seu não exercício no prazo estipulado pela lei;

Quanto ao início da contagem dos prazos, o Enunciado n. 14 JDC/CJF explica o disposto no art. 189 do CC: *O início do prazo prescricional ocorre com o surgimento da pretensão, que decorre da exigibilidade do direito subjetivo; 2) o art. 189 diz respeito a casos em que a pretensão nasce imediatamente após a violação do direito absoluto ou da obrigação de não fazer.*

Diz respeito às ações condenatórias.

2.7.1.2. Características

a) parte que se beneficia só pode renunciar ao direito após o decurso do prazo (art. 191 do CC);

b) prazos não podem ser alterados por convenção (art. 192 do CC);

c) juiz pode reconhecer de ofício (art. 219, § 5º, CPC). Neste ponto, anota-se o Enunciado n. 295 JDC/CJF: *A revogação do art. 194 do Código Civil pela Lei n. 11.280/2006, que determina ao juiz o reconhecimento de ofício da prescrição, não retira do devedor a possibilidade de renúncia admitida no art. 191 do texto codificado*;

d) pode-se reconhecê-la a qualquer tempo (art. 193 do CC);

e) relativamente incapaz e PJ têm ação contra responsáveis por ela (art. 195 do CC);

f) prescrição iniciada contra uma pessoa continua a correr contra o seu sucessor (art. 196 do CC).

g) A exceção prescreve no mesmo prazo em que a pretensão. Neste contexto, o Enunciado n 415 JDC/CJF traz importante observação: O art. 190 do Código Civil refere-se apenas às exceções impróprias (dependentes/não autônomas). As exceções propriamente ditas (independentes/autônomas) são imprescritíveis.

2.7.1.3. Não corre prescrição

a) entre os cônjuges, na constância da sociedade conjugal. O Enunciado n. 296 JDC/CJF estende essa causa impeditiva também ao companheiro.

b) entre ascendentes e descendentes, durante o poder familiar;

c) entre tutelados ou curatelados e seus tutores ou curadores, durante a tutela ou curatela;

d) contra os incapazes de que trata o art. 3º;

e) contra os ausentes do País em serviço público da União, dos Estados ou dos Municípios;

f) contra os que se acharem servindo nas Forças Armadas, em tempo de guerra;

g) pendendo condição suspensiva;

h) não estando vencido o prazo;

i) pendendo ação de evicção.

E ainda, nos termos do Enunciado 156 JDC/CJF: desde o termo inicial do desaparecimento, declarado em sentença, não corre a prescrição contra o ausente.

2.7.1.4. Interrompem a prescrição (uma única vez)

a) o despacho do juiz, mesmo incompetente, que ordenar a citação, se o interessado a promover no prazo e na forma da lei processual. Esse entendimento deve ser interpretado em harmonia com o art. 219, § 1°, do CPC, consoante Enunciado n. 417 JDC/CJF: O art. 202, I, do CC deve ser interpretado sistematicamente com o art. 219, § 1°, do CPC, de modo a se entender que o efeito interruptivo da prescrição produzido pelo despacho que ordena a citação é retroativo até a data da propositura da demanda;

b) o protesto, nas condições do item antecedente;

c) o protesto cambial;

d) a apresentação do título de crédito em juízo de inventário ou em concurso de credores;

e) qualquer ato judicial que constitua em mora o devedor;

f) qualquer ato inequívoco, ainda que extrajudicial, que importe reconhecimento do direito pelo devedor.

Observações:

a) a prescrição interrompida recomeça a correr da data do ato interruptivo ou do último ato do processo que a interrompeu;

b) a prescrição pode ser interrompida por qualquer interessado;

c) a interrupção da prescrição por um credor não aproveita aos outros; semelhantemente, a interrupção operada contra o codevedor, ou seu herdeiro, não prejudica aos demais coobrigados (art. 204);

d) exceção: interrupção por um credor solidário aproveita aos outros, assim como a interrupção efetuada contra o devedor solidário envolve os demais e seus herdeiros;

e) a interrupção operada contra um dos herdeiros do devedor solidário não prejudica os outros herdeiros ou devedores senão quando se trate de obrigações e direitos indivisíveis (acessório não segue o acessório);

f) a interrupção produzida contra o principal devedor prejudica o fiador (acessório segue o principal).

g) A propositura de demanda judicial pelo devedor, que importe impugnação do débito contratual ou de cártula representativa do direito do credor, é causa interruptiva da prescrição (Enunciado n. 416 JDC/CJF)

2.7.1.5. Prazos

2.7.1.5.1. Geral

A prescrição ocorre em 10 anos quando a lei não lhe haja fixado prazo menor (art. 205 do CC).

2.7.1.5.2. Especiais (art. 206 do CC)

a) 1 ano: pretensão de hotéis, segurado contra segurador (pedido de pagamento suspende prazo), tabeliães, peritos etc.;

b) 2 anos: prestação de alimentos, a partir dos vencimentos;

c) 3 anos: alugueres, ressarcimento por enriquecimento sem causa, reparação civil, seguro obrigatório (ex. DPVAT - Súmula 405 STJ) etc. V. Enunciados 418, 419 e 420 JDC/CJF.

d) 4 anos: pretensão relativa à tutela, da prestação de contas;

e) 5 anos: cobrança de dívidas líquidas constantes de instrumentos; pretensão de profissionais liberais, contado da conclusão dos serviços; pretensão do vencedor para haver do vencido o que despendeu em juízo.

2.7.2. Decadência

2.7.2.1. Conceito

É a causa extintiva do direito potestativo pelo seu não exercício no prazo estipulado pela lei.

Diz respeito às ações constitutivas.

2.7.2.2. Características

a) salvo disposição legal, não se aplicam os casos de impedimento, suspensão e interrupção (art. 207 do CC);

b) não corre prazo decadencial contra absolutamente incapaz (art. 208 do CC);

c) é nula a renúncia à decadência legal (art. 209 do CC), mas a decadência convencional pode ser alterada;

d) o juiz deve conhecer de ofício decadência legal (art. 210 do CC);

e) pode-se reconhecê-la a qualquer tempo (art. 211 do CC).

2.7.3. Jurisprudência selecionada

Súmula STF nº 445

A Lei 2437, de 7/3/1955, que reduz prazo prescricional, é aplicável às prescrições em curso na data de sua vigência (1º/1/1956), salvo quanto aos processos então pendentes.

Súmula STF nº 443

A prescrição das prestações anteriores ao período previsto em Lei não ocorre, quando não tiver sido negado, antes daquele prazo, o próprio direito reclamado, ou a situação jurídica de que ele resulta.

Súmula STF nº 154

Simples vistoria não interrompe a prescrição.

Súmula STF nº 153

Simples protesto cambiário não interrompe a prescrição.

Súmula STF nº 150

Prescreve a execução no mesmo prazo de prescrição da ação.

Súmula STF nº 149

É imprescritível a ação de investigação de paternidade, mas não o é a de petição de herança.

Súmula STJ nº 412

A ação de repetição de indébito de tarifas de água e esgoto sujeita-se ao prazo prescricional estabelecido no Código Civil.

Súmula STJ nº 323

A inscrição do nome do devedor pode ser mantida nos serviços de proteção ao crédito até o prazo máximo de cinco anos, independentemente da prescrição da execução.

Súmula STJ nº 291

A ação de cobrança de parcelas de complementação de aposentadoria pela previdência privada prescreve em cinco anos.

Súmula STJ nº 278

O termo inicial do prazo prescricional, na ação de indenização, é a data em que o segurado teve ciência inequívoca da incapacidade laboral.

Súmula STJ nº 229

O pedido do pagamento de indenização à seguradora suspende o prazo de prescrição até que o segurado tenha ciência da decisão.

Súmula STJ nº 194

Prescreve em vinte anos a ação para obter, do construtor, indenização por defeitos da obra.

Súmula STJ nº 143

Prescreve em cinco anos a ação de perdas e danos pelo uso de marca comercial.

Súmula STJ nº 101

A ação de indenização do segurado em grupo contra a seguradora prescreve em um ano.

Súmula STJ nº 39

Prescreve em vinte anos a ação para haver indenização, por responsabilidade civil, de sociedade de economia mista.

DIREITO CIVIL. AÇÃO CIVIL EX DELICTO.

O termo inicial do prazo de prescrição para o ajuizamento da ação de indenização por danos decorrentes de crime (ação civil ex delicto) é a data do trânsito em julgado da sentença penal condenatória, ainda que se trate de ação proposta contra empregador em razão de crime praticado por empregado no exercício do trabalho que lhe competia. Sabe-se que, em regra, impera a noção de independência entre as instâncias civil e criminal (art. 935 do CC). O CC, entretanto, previu dispositivo inédito em seu art. 200, reconhecendo causa impeditiva da prescrição. De acordo com o referido artigo, "Quando a ação se originar de fato que deva ser apurado no juízo criminal, não correrá a prescrição antes da respectiva sentença definitiva". Assim, prestigiando a boa-fé e a segurança jurídica, estabelece a norma que o início do prazo prescricional não decorre da violação do direito subjetivo em si, mas, ao contrário, a partir da definição por sentença no juízo criminal que apure definitivamente o fato, ou seja, há uma espécie legal de *actio nata*. A aplicação do art. 200 do CC tem valia quando houver relação de prejudicialidade entre as esferas cível e penal, isto é, quando a conduta originar-se de fato também a ser apurado no juízo criminal, sendo fundamental a existência de ação penal em curso (ou, ao menos, inquérito policial em trâmite). Posto isso, cumpre ressaltar que o art. 933 do CC considera a responsabilidade civil por ato de terceiro como sendo objetiva. A responsabilização objetiva do empregador, no entanto, só exsurgirá se, antes, for demonstrada a culpa do empregado ou preposto, à exceção, por evidência, da relação de consumo. Nesse contexto, em sendo necessária, para o reconhecimento da responsabilidade civil do patrão pelos atos do empregado, a demonstração da culpa anterior do causador direto do dano, deverá, também, incidir a causa obstativa da prescrição do art. 200 no tocante à ação civil *ex delicto,* caso esta conduta do preposto esteja também sendo apurada em processo criminal. É que, como bem adverte a doutrina, não obstante a ação penal só se dirigir contra os autores do dano, o prazo prescricional ficará suspenso, também, para o ajuizamento da ação contra os responsáveis, já que na lei não se encontra limitação desse efeito (art. 932 do CC). Além disso, devem-se aplicar as regras de hermenêutica jurídica segundo as quais *ubi eadem ratio ibi idem jus* (onde houver o mesmo fundamento haverá o mesmo direito) e *ubi eadem legis ratio ibi eadem dispositio* (onde há a mesma razão de ser, deve prevalecer a mesma razão de decidir). Ademais, o fato gerador da responsabilidade indireta é a confirmação do crime praticado por seu preposto, até porque a ação civil pode ter outra sorte caso haja, por exemplo, o reconhecimento de alguma excludente de ilicitude ou até mesmo a inexistência do dito fato delituoso ou sua autoria. Por fim, não se pode olvidar que, apesar do reconhecimento do fato criminoso pelo preposto, ainda caberá a discussão quanto à causa específica da responsabilização por ato de outrem, isto é, a relação de preposição e a prática do ato em razão dela. **REsp 1.135.988-SP, Rel. Min. Luis Felipe Salomão, julgado em 8/10/2013.** (Inform. STJ 530)

DIREITO CIVIL. PRAZO PRESCRICIONAL APLICÁVEL À PRETENSÃO DE COBRANÇA DE PARCELAS INADIMPLIDAS ESTABELECIDAS EM CONTRATO DE MÚTUO PARA CUSTEIO DE ESTUDOS UNIVERSITÁRIOS.

A pretensão de cobrança de parcelas inadimplidas estabelecidas em contrato de crédito rotativo para custeio de estudos universitários prescreve em vinte anos na vigência do CC/1916 e em cinco anos na vigência do CC/2002, respeitada a regra de transição prevista no art. 2.028 do CC/2002. De fato, na vigência do CC/1916, a pretensão estava sujeita ao prazo prescricional do art. 177 do referido código (vinte anos), em razão da inexistência de prazo específico. No entanto, com a entrada em vigor do CC/2002, impera regra específica inserta no art. 206, § 5°, I, do CC/2002, que prevê o prazo prescricional quinquenal para a pretensão de cobrança de dívidas líquidas constantes de instrumento público ou particular. É inadequada, portanto, a incidência do prazo geral decenal previsto no art. 205 CC/2002 (dez anos), destinado às hipóteses em que não existir prazo menor especial, previsto em algum dos parágrafos do art. 206. **REsp 1.188.933-RS, Rel. Min. Nancy Andrighi, julgado em 13/8/2013.** (Inform. STJ 529)

DIREITO CIVIL. PRAZO PRESCRICIONAL DE PRETENSÃO DE REPARAÇÃO POR DANOS DECORRENTES DA NÃO RENOVAÇÃO DE CONTRATO DE SEGURO DE VIDA COLETIVO.

Prescreve em três anos a pretensão do segurado relativa à reparação por danos sofridos em decorrência da não renovação, sem justificativa plausível, de contrato de seguro de vida em grupo, após reiteradas renovações automáticas. Isso porque a causa de pedir da indenização é a responsabilidade extracontratual da seguradora decorrente da alegada abusividade e ilicitude da sua conduta de não renovar o contrato sem justificativa plausível, em prejuízo dos seus consumidores. Assim, o prazo prescricional da pretensão do segurado não é o de um ano definido pelo art. 206, § 1°, II, do CC, o qual diz respeito às hipóteses em que a pretensão do segurado se refira diretamente a obrigações previstas em contrato de seguro, mas sim o de três anos prescrito pelo art. 206, § 3°, V, do mesmo código. **REsp 1.273.311-SP, Rel. Min. Nancy Andrighi, julgado em 1°/10/2013.** (Inform. STJ 529)

DIREITO CIVIL. PRAZO DE PRESCRIÇÃO DA PRETENSÃO DE COBRANÇA DE COTAS CONDOMINIAIS.

Prescreve em cinco anos, contados do vencimento de cada parcela, a pretensão, nascida sob a vigência do CC/2002, de cobrança de cotas condominiais. Isso porque a pretensão, tratando-se de dívida líquida desde sua definição em assembleia geral de condôminos e lastreada em documentos físicos, adequa-se à previsão do art. 206, § 5°, I, do CC/2002, segundo a qual prescreve em cinco anos "a pretensão de cobrança de dívidas líquidas constantes de instrumento público ou particular". Ressalte-se que, sob a égide do CC/1916, o STJ entendia aplicável o prazo de prescrição de vinte anos à pretensão de cobrança de encargos condominiais, tendo em vista a natureza pessoal da ação e consoante o disposto no art. 177 do referido código. Isso ocorria porque os prazos especiais de prescrição previstos no CC/1916 abrangiam uma variedade bastante inferior de hipóteses, restando às demais o prazo geral, conforme a natureza da pretensão, real ou pessoal. O CC/2002, afastando a diferença de prazos aplicáveis conforme a natureza jurídica das pretensões, unificou o prazo geral, reduzindo-o para dez anos. Ademais, ampliou as hipóteses de incidência de prazos específicos de prescrição, reduzindo sensivelmente a aplicação da prescrição decenal ordinária. Nesse contexto, o julgador, ao se deparar com pretensões nascidas sob a vigência do CC/2002, não pode, simplesmente, transpor a situação jurídica e proceder à aplicação do novo prazo prescricional ordinário, conquanto fosse o prazo geral o aplicável sob a égide do CC/1916. Assim, deve-se observar, em conformidade com a regra do art. 206, § 5º, I, do CC/2002, que, para a pretensão submeter-se ao prazo prescricional de cinco anos, são necessários dois requisitos, quais sejam: que a dívida seja líquida e esteja definida em instrumento público ou particular. A expressão "dívida líquida" deve ser compreendida como obrigação certa, com prestação determinada, enquanto o conceito de instrumento pressupõe a existência de documentos, sejam eles públicos ou privados, que materializem a obrigação, identificando-se a prestação, seu credor e seu devedor. Vale ressaltar que o instrumento referido pelo art. 206, § 5º, I, do CC/2002 não se refere a documento do qual se origine a obrigação, mas a documento que a expresse. Nessa perspectiva hermenêutica, conclui-se que o prazo quinquenal incide nas hipóteses de obrigações líquidas, independentemente do fato jurídico que deu origem à relação obrigacional, definidas em instrumento público ou particular, o que abrange a pretensão de cobrança de cotas condominiais. **REsp 1.366.175-SP, Rel. Min. Nancy Andrighi, julgado em 18/6/2013.** (Inform. STJ 527)

DIREITO CIVIL. PRESCRIÇÃO DA PRETENSÃO DE RESSARCIMENTO DOS VALORES PAGOS A TÍTULO DE PARTICIPAÇÃO FINANCEIRA DO CONSUMIDOR NO CUSTEIO DE PLANTAS COMUNITÁRIAS DE TELEFONIA. RECURSO REPETITIVO (ART. 543-C DO CPC E RES. 8/2008-STJ).

A pretensão de ressarcimento de quantia paga pelo consumidor a título de participação financeira no custeio de Plantas Comunitárias de Telefonia, na hipótese em que não existir previsão contratual de reembolso pecuniário ou por ações da companhia, prescreve em vinte anos na vigência do CC/1916 e em três anos na vigência do CC/2002, respeitada a regra de transição prevista no art. 2.028 do CC/2002. Nessa situação, cabe realizar raciocínio análogo ao utilizado para os litígios relativos às extensões de rede de eletrificação rural, atualizado e acolhido pela Segunda Seção no recente julgamento do REsp 1.249.321-RS, DJe 16/4/2013, apreciado sob o procedimento do art. 543-C do CPC. De fato, na vigência do CC/1916, para a definição dos prazos prescricionais, era necessário efetivar a separação entre ações pessoais e reais nas hipóteses em que o caso não se enquadrasse nas situações discriminadas pelo referido diploma legal, sujeitas a prazos especiais (art. 178). Nesse contexto, a pretensão de ressarcimento dos valores pagos no financiamento dos programas denominados Plantas Comunitárias de Telefonia não se ajustava a nenhum prazo específico. Desse modo, tratando-se de situação que se amoldava ao que o CC/1916 denominava de ações pessoais, é aplicável o prazo vintenário de prescrição, na forma do art. 177 do CC/1916. Contudo, na vigência do CC/2002, abandonou-se o critério da diferenciação entre ações pessoais e reais como elemento definidor da prescrição. Há um prazo geral de dez anos, previsto no art. 205, aplicável quando não incidir outro dos prazos listados pelo art. 206. Ocorre que o novo regramento prevê, no § 3º do art. 206, prazo prescricional específico – três anos – que se amolda à hipótese em análise, que envolve "pretensão de ressarcimento de enriquecimento sem causa". **REsp 1.220.934-RS, Rel. Min. Luis Felipe Salomão, julgado em 24/4/2013. (Inform. STJ 520)**

DIREITO CIVIL. PRESCRIÇÃO DA PRETENSÃO DE COBRANÇA DE VALORES PAGOS EM CONTRATO DE PROMESSA DE COMPRA E VENDA DE IMÓVEL RESCINDIDO JUDICIALMENTE.

Prescreve em dez anos – e não em três – a pretensão de cobrança dos valores pagos pelo promitente comprador em contrato de promessa de compra e venda de imóvel na hipótese em que tenha ocorrido a rescisão judicial do referido contrato e, na respectiva sentença, não tenha havido menção sobre a restituição. O art. 206, § 3º, do CC/2002 estabelece a prescrição trienal tanto para a pretensão de "ressarcimento" de enriquecimento sem causa (inciso IV) como para a pretensão de "reparação civil" (inciso V). A pretensão de cobrança de valores pagos no período de normalidade contratual surgida em decorrência da rescisão do contrato não se enquadra às hipóteses descritas nos referidos dispositivos legais. De fato, o enriquecimento sem causa é gênero do qual o pagamento indevido é espécie. Ocorre que o aludido inciso IV não impôs o prazo prescricional de três anos para toda e qualquer hipótese em que se verificar um enriquecimento descabido, mas somente para os casos em que se requeira o "ressarcimento" de enriquecimento sem causa. Quando a pretensão não for de ressarcimento, mas de outra natureza, por exemplo, de cobrança, não se aplica o prazo prescricional trienal estabelecido pelo art. 206, § 3º, IV. Também não é possível a aplicação do prazo prescricional de três anos previsto no apontado inciso V à pretensão de cobrança, pois esse dispositivo se aplica à pretensão de reparação civil, expressão que designa indenização por perdas e danos e está associada, necessariamente, aos casos de responsabilidade civil, ou seja, aqueles que têm por antecedente ato ilícito. Com efeito, a pretensão de cobrança dos valores pagos no decorrer do contrato não tem natureza indenizatória e constitui consectário lógico da rescisão do negócio jurídico, o que impõe a ambas as partes a restituição das coisas ao estado anterior. Dessa forma, a pretensão de restituição de valores pagos em razão de desfazimento de negócio jurídico submete-se ao prazo prescricional geral de dez anos, previsto no art. 205 do CC/2002, e não ao prazo especial de três anos constante do art. 206, § 3º, IV e V, do mesmo diploma. **REsp 1.297.607-RS, Rel. Min. Sidnei Beneti, julgado em 12/3/2013. (Inform. STJ 518)**

DIREITO CIVIL. PRESCRIÇÃO DA PRETENSÃO DE RESSARCIMENTO DOS VALORES PAGOS A TÍTULO DE PARTICIPAÇÃO FINANCEIRA DO CONSUMIDOR NO CUSTEIO DE CONSTRUÇÃO DE REDE ELÉTRICA. RECURSO REPETITIVO (ART. 543-C DO CPC E RES. N. 8/2008-STJ).

A pretensão de ressarcimento de quantia paga pelo consumidor a título de participação financeira no custeio de extensão de rede de energia elétrica prescreve em vinte anos, na vigência do CC/1916, e em cinco anos, na vigência do CC/2002 – respeitada a regra de transição prevista no art. 2.028 do CC/2002 – na hipótese em que o pleito envolver valores cuja restituição, a ser realizada após o transcurso de certo prazo a contar do término da obra, estiver prevista em instrumento contratual – pacto geralmente denominado "convênio de devolução". Com efeito, trata-se de pretensão de cobrança de dívidas líquidas constantes de instrumento público ou particular, de modo a atrair a incidência do prazo prescricional previsto no art. 206, § 5°, I, do CC/2002, conforme decidido no Recurso Especial Repetitivo 1.063.661-RS, Segunda Seção, DJe 8/3/2010. **REsp 1.249.321-RS, Rel. Min. Luis Felipe Salomão, julgado em 10/4/2013. (Inform. STJ 518)**

DIREITO CIVIL. PRESCRIÇÃO DA PRETENSÃO DE RESSARCIMENTO DOS VALORES PAGOS A TÍTULO DE PARTICIPAÇÃO FINANCEIRA DO CONSUMIDOR NO CUSTEIO DE CONSTRUÇÃO DE REDE ELÉTRICA. RECURSO REPETITIVO (ART. 543-C DO CPC E RES. N. 8/2008-STJ).

A pretensão de ressarcimento de quantia paga pelo consumidor a título de participação financeira no custeio de extensão de rede de energia elétrica prescreve em vinte anos, na vigência do CC/1916, e em três anos, na vigência do CC/2002 – respeitada a regra de transição prevista no art. 2.028 do CC/2002 – na hipótese de pleito relativo a valores cuja devolução não estiver prevista em contrato – pactuação prevista em instrumento, em regra, nominado "termo de contribuição". Nessa conjuntura, haveria ilegalidade na retenção dos valores pagos pelo consumidor se os mencionados aportes fossem, na verdade, de responsabilidade da concessionária, tendo esta se apropriado de quantia de terceiro que, a rigor, deveria ter sido desembolsada por ela própria. Em suma, o consumidor teria arcado com parte (ou totalidade) da obra que caberia à concessionária. Dessa forma, a pretensão de ressarcimento está sujeita ao prazo prescricional de três anos previsto no art. 206, § 3°, IV, CC/2002, pois diz respeito à "pretensão de ressarcimento de enriquecimento sem causa", relativo a valores contidos em instrumentos contratuais que vedavam a devolução (como os chamados Termos de Contribuição). **REsp 1.249.321-RS, Rel. Min. Luis Felipe Salomão, julgado em 10/4/2013. (Inform. STJ 518)**

DIREITO CIVIL. PRAZO PRESCRICIONAL DA PRETENSÃO DE RECONHECIMENTO DE NULIDADE ABSOLUTA DE NEGÓCIO JURÍDICO.

Não se sujeita ao prazo prescricional de quatro anos a pretensão de anular dação em pagamento de bem imóvel pertencente ao ativo permanente da empresa sob a alegação de suposta falta de apresentação de certidões negativas tributárias. Com efeito, trata-se de hipótese de pretensão de reconhecimento de nulidade absoluta por ausência de cumprimento dos requisitos previstos em lei. Desta feita, como os atos nulos não prescrevem, a sua nulidade pode ser declarada a qualquer tempo. Não tem aplicação, portanto, o art. 178, § 9°, V, "b", do CC/1916, cuja redação previa o prazo de quatro anos para o ajuizamento das ações de nulidade relativa, ou anulabilidade pelos vícios de consentimento e incapacidade relativa. **REsp 1.353.864-GO, Rel. Min. Sidnei Beneti, julgado em 7/3/2013. (Inform. STJ 517).**

DIREITO CIVIL. PRAZO PRESCRICIONAL PARA A COBRANÇA DE HONORÁRIOS PERICIAIS.

É de cinco anos o prazo prescricional para a cobrança de honorários periciais arbitrados em processo judicial em que a parte vencedora seja a Fazenda Pública e a parte sucumbente seja beneficiária da gratuidade da justiça. Deve-se adotar, nesses casos, o prazo de cinco anos, seja por consideração ao art. 12 da Lei n. 1.060/1950 seja por força do art. 1° do Dec. n. 20.910/1932, sendo inaplicáveis a essas situações os prazos prescricionais estipulados pelo Código Civil. Precedentes citados: REsp 1.219.016-MG, DJe 21/3/2012, e REsp 1.285.932-RS, DJe 13/6/2012. **AgRg no REsp 1.337.319-MG, Rel. Min. Herman Benjamin, julgado em 6/12/2012.(Inform. STJ 515).**

DIREITO CIVIL. INTERRUPÇÃO DA PRESCRIÇÃO PELA IMPUGNAÇÃO DE DÉBITO CONTRATUAL OU DE CÁRTULA REPRESENTATIVA DO DIREITO DO CREDOR.

Constitui causa interruptiva da prescrição a propositura de demanda judicial pelo devedor, seja anulatória seja de sustação de protesto, que importe em impugnação de débito contratual ou de cártula representativa do direito do credor. Com efeito, a manifestação do credor, de forma defensiva, nas ações impugnativas promovidas pelo devedor afasta a sua inércia no recebimento do crédito, a qual implicaria a prescrição da pretensão executiva, além de evidenciar que o devedor tinha inequívoca ciência do interesse do credor em receber aquilo que lhe é devido. Ademais, o art. 585, § 1°, do CPC estabelece que a propositura de qualquer ação relativa ao débito constante do título executivo não inibe o credor de promover-lhe a execução, deve ser interpretado em consonância com o art. 202, VI, do CC, segundo o qual o ato inequívoco que importe reconhecimento do direito pelo devedor interrompe a prescrição.

Logo, admitida a interrupção da prescrição em razão das ações promovidas pelo devedor, mesmo que se entenda que o credor não estava impedido de ajuizar a execução do título, ele não precisaria fazê-lo antes do trânsito em julgado nessas ações, quando voltaria a correr o prazo prescricional. **REsp 1.321.610-SP, Rel. Min. Nancy Andrighi, julgado em 21/2/2013. (Inform. STJ 515).**

DIREITO CIVIL. PRAZO PRESCRICIONAL. SERVIÇOS DE SAÚDE.

É decenal o prazo prescricional da pretensão de ressarcimento de valores despendidos, pelo segurado, com procedimento cirúrgico não custeado, pela seguradora, por suposta falta de cobertura na apólice. Cuidando-se de relação jurídica de natureza contratual, não tem incidência o prazo trienal previsto no art. 206, § 3º, V, do CC, pois este é destinado aos casos de responsabilidade extracontratual ou aquiliana. Tampouco há subsunção ao disposto no art. 206, § 1º, II, do CC, cujo teor prevê a prescrição anual das pretensões do segurado contra o segurador, ou a deste contra aquele, uma vez que a causa de pedir, na hipótese, por envolver a prestação de serviços de saúde, deve ter regramento próprio. Destarte, na ausência de previsão legal específica, tem incidência a regra geral de prescrição estabelecida no art. 205 do CC. **REsp 1.176.320-RS, Rel. Min. Sidnei Beneti, julgado em 19/2/2013.(Inform. STJ 514).**

DIREITO CIVIL. PRESCRIÇÃO. PRAZO DE PRESCRIÇÃO DA PRETENSÃO DE COBRANÇA DE ANUIDADES PELA OAB.

Após a entrada em vigor do CC/2002, é de cinco anos o prazo de prescrição da pretensão de cobrança de anuidades pela OAB. De acordo com o art. 46, parágrafo único, da Lei n. 8.906/1994, constitui título executivo extrajudicial a certidão passada pelo Conselho competente referente a crédito decorrente de contribuição devida à OAB, não sendo necessária, para sua validade, sequer a assinatura do devedor ou de testemunhas. Assim, o título que embasa a referida cobrança é espécie de instrumento particular que veicula dívida líquida, sujeitando-se, portanto, ao prazo quinquenal estabelecido no art. 206, § 5º, I, do CC/2002, aplicável à "pretensão de cobrança de dívidas líquidas constantes de instrumento público ou particular". É certo que, até o início da vigência do CC/2002, não havia norma específica regulando a prescrição da referida pretensão, motivo pelo qual se lhe aplicava o prazo geral de vinte anos previsto no CC/1916. Todavia, com o advento do CC/2002, havendo regra específica a regular o caso, qual seja, a do art. 206, § 5º, I, é inaplicável o prazo geral de dez anos previsto no art. 205 do mesmo diploma legal. AgRg nos EDcl no REsp 1.267.721-PR, Rel. Min. Castro Meira, julgado em 11/12/2012. (Inform. STJ 513).

PRAZO PRESCRICIONAL. SEGURO. RESTITUIÇÃO. CONTRATO DE CORRETAGEM.

O prazo prescricional para corretora e administradora de seguros exigir da seguradora a restituição de valor pago à segurada em razão de sinistro é vintenário (art. 177 do CC/1916). É que, na espécie, além da relação de consumo entre o segurado e a seguradora, há também a relação jurídica firmada entre o corretor e a seguradora (decorrente do contrato de corretagem ou intermediação), em vínculo de caráter pessoal, a qual pode atrair a responsabilidade solidária daquele que intermediou o negócio perante o consumidor. Nessa hipótese, devido à atuação ostensiva do corretor como representante da seguradora, forma-se uma cadeia de fornecimento que torna solidários seus integrantes (arts. 14 e 18 do CDC). Assim, como o pagamento da corretora ocorreu em virtude da obrigação solidária existente entre ela e a seguradora, e não da relação exclusiva entre a seguradora e o segurado, o prazo prescricional aplicado à hipótese é o vintenário, sendo ainda possível a cobrança de quota do corretor referente ao valor pago à segurada nos termos do art. 913 do CC/1916, vigente à época dos fatos e do ajuizamento da ação. Com essas e outras considerações, a Turma deu parcial provimento ao recurso a fim de afastar a prescrição ânua e determinar o retorno dos autos ao tribunal de origem para que prossiga o julgamento da ação. REsp 658.938-RJ, Rel. Min. Raul Araújo, julgado em 15/5/2012. (Inform. STJ 497)

SEGURO DE VIDA. PAGAMENTO A MENOR. PRESCRIÇÃO. TERMO *A QUO*.

A Turma reafirmou o entendimento de que o prazo prescricional ânuo (art. 178, § 6º, do CC 1916) para o ajuizamento da ação de cobrança de diferença de indenização securitária tem início na data da ciência inequívoca do pagamento incompleto ou a menor. Na espécie, o falecimento do segurado ocorreu em 1964, ano em que teve início o processo de inventário. Apesar de determinado pelo juízo inventariante, em 24/11/1964, o depósito da importância devida pela empresa seguradora aos sucessores do de cujus, referente à indenização pelo seu seguro de vida, a ordem judicial somente foi cumprida em 22/11/2001. Constatada a insuficiência do pagamento, os herdeiros, em 9/7/2002, ajuizaram ação de cobrança para o recebimento da diferença do prêmio. Sob tal contexto, considerou o Min. Relator que, mesmo depois de decorrido longo período da ocorrência do sinistro, o depósito da importância do valor relativo à indenização securitária configura reconhecimento da existência da dívida por parte da seguradora. Assim, não estaria prescrito o direito dos herdeiros de pleitearem a complementação do seguro, pois a ação de cobrança foi proposta dentro do prazo de um ano, contado da data do pagamento a menor. Precedentes citados: REsp 882.588-SC, DJe 4/5/2011, e AgRg no Ag 1.277.705-GO, DJe 3/11/2010. REsp 831.543-

RJ, Rel. Min. Antonio Carlos Ferreira, julgado em 10/4/2012. (Inform. STJ 495)

PRESCRIÇÃO. SEGURO HABITACIONAL. DANOS CONTÍNUOS E PERMANENTES.

A quaestio juris está em determinar, à luz do CC/1916, o prazo prescricional para que o beneficiário de seguro habitacional exerça a pretensão de receber indenização decorrente da existência de danos contínuos e permanentes no imóvel. O juiz de primeiro grau reconheceu a existência de danos contínuos e permanentes, salientando que esses vícios não são imputados a um único evento, sobrevindo de causas paulatinas, tais como a invasão de águas pluviais e dos efeitos da maré, além de defeitos decorrentes da execução da obra, motivo pelo qual não há como exigir comunicação específica de sinistro. Por outro lado, o tribunal de origem acolheu a alegação de prescrição, fazendo incidir à espécie o art. 178, § 6º, II, do CC/1916. Consignou ter o contrato sido celebrado em 1º/11/1983, e a ação, promovida mais de 20 anos depois (13/4/2004), sem que o proprietário indicasse a data em que os danos no imóvel surgiram ou se agravaram, obstando a fixação do dies a quo para contagem do prazo prescricional. A Min. relatora ressaltou que, dada a natureza sucessiva e gradual do dano, sua progressão dá azo a inúmeros sinistros sujeitos à cobertura securitária, renovando sucessivamente a pretensão do beneficiário do seguro e, por conseguinte, o marco inicial do prazo prescricional. A jurisprudência, em situações como essa, tem considerado que a pretensão do beneficiário do seguro emerge no momento em que, comunicado o fato à seguradora, esta se recusa a indenizar. No entanto, na hipótese, não houve recusa formal da seguradora de indenizar, sobretudo, uma data que servisse de base para a contagem do prazo prescricional. Inclusive, o STJ entende que, reconhecendo o acórdão recorrido que o dano foi contínuo, sem possibilidade de definir data para a sua ocorrência e possível conhecimento de sua extensão pelo segurado, não tem como revisar o julgado na via especial, para escolher o dies a quo do prazo prescricional. Assim, é impossível reconhecer a prescrição da pretensão do recorrente de ser indenizado pela seguradora dos danos descritos na exordial. Além do mais, o próprio STJ já consolidou o entendimento de que terceiro beneficiário do seguro não se sujeita ao prazo do art. 178, § 6º, II, do CC/1916, pois não se pode confundi-lo com a figura do segurado. Com essas e outras considerações, a Turma deu provimento ao recurso para afastar a prescrição reconhecida pelo acórdão recorrido, determinando o retorno dos autos à origem para que o Tribunal estadual prossiga o julgamento das apelações, na esteira do devido processo legal. Precedentes citados: REsp 247.347-MG, DJ 24/9/2001, e REsp 401.101-SP, DJ 17/2/2003. REsp 1.143.962-SP, Rel. Min. Nancy Andrighi, julgado em 20/3/2012. (Inform. STJ 493)

PRESCRIÇÃO. ENCARGOS. ABERTURA. CRÉDITO. CONTA CORRENTE. PACTUAÇÃO. CC/1916.

Trata-se, na origem, de ação monitória ajuizada em outubro de 2003 na qual se busca a cobrança de valores relativos a contrato de abertura de crédito rotativo em conta-corrente celebrado em abril de 1994. A Turma entendeu que, na vigência do CC/1916, os encargos contratuais, por constituírem prestações acessórias ao principal, tinham os prazos prescricionais regidos pelo art. 178, § 10, III, daquele *codex* e, consequentemente, incidiria a prescrição quinquenal para os juros ou quaisquer outras prestações acessórias pagáveis anualmente ou em períodos mais curtos. No caso, em que não há prescrição do fundo de direito e que envolve prestações periódicas, é possível a cobrança dos encargos acessórios, incidindo a prescrição apenas sobre as parcelas vencidas há mais de cincos anos anteriores ao ajuizamento da ação. Precedentes citados do STF: RE 67.635-DF, DJ 5/12/1969; do STJ: REsp 541.231-RS, DJ 23/8/2004, e REsp 30.027-RJ, DJ 6/3/1995. **REsp 886.832-RS, Rel. Min. Luis Felipe Salomão, julgado em 17/11/2011.** (Inform. STJ 487)

PRESCRIÇÃO. INADIMPLEMENTO. CONTRATUAL.

Trata-se, na origem, de ação de cobrança contra a recorrente ré na qual a recorrida autora alega ter recebido ordem para a compra de ações no mercado à vista com liquidação financeira prevista para o futuro e que, na data prevista, a recorrente ré autorizou a venda de posição, gerando um saldo negativo que não foi honrado. No REsp, discute-se o prazo prescricional para a cobrança em fase de execução de valores decorrentes de inadimplemento contratual, como ficou demonstrado pelo tribunal *a quo*. Assim, cuida-se de responsabilidade civil contratual, e não aquiliana. Logo o art. 206, § 3º, V, do CC, tido por violado, cuida do prazo prescricional relativo à indenização civil aquiliana, disciplinada pelos arts. 186 e 187 do mesmo diploma legal, não sendo aplicável ao caso. Daí, a Turma negou provimento ao recurso. **REsp 1.222.423-SP, Rel. Min. Luis Felipe Salomão, julgado em 15/9/2011.** (Inform. STJ 483)

PRESCRIÇÃO. QUOTAS CONDOMINIAIS. CC/2002.

A Turma deu parcial provimento ao REsp por entender que, na vigência do CC/1916, o crédito condominial prescrevia em 20 anos nos termos do seu art. 177. Entretanto, com a entrada em vigor do novo Código Civil, o prazo prescricional aplicável à pretensão de cobrança das quotas condominiais passou a ser de cinco anos nos termos do art. 206, § 5º, I, do CC/2002, observada a regra de transição do art. 2.028 do mesmo *codex*. **REsp 1.139.030-RJ, Rel. Min. Nancy Andrighi, julgado em 18/8/2011.** (Inform. STJ 481)

PRESCRIÇÃO. RECONHECIMENTO. EDCL.

Discute-se, nos embargos de divergência, entre outras questões, a possibilidade de reconhecer a prescrição quando arguida somente nos embargos de declaração (EDcl). A Corte Especial, ao prosseguir o julgamento, conheceu dos embargos e lhes deu provimento, reiterando ser impossível, em se tratando de direitos patrimoniais, o reconhecimento da prescrição de ofício ou se alegada a destempo, tal como no caso, visto sua arguição ter ocorrido apenas com a oposição dos EDcl, o que também não é aceito pela jurisprudência deste Superior Tribunal. Ressaltou-se, contudo, quanto à prescrição de ofício, só se viabilizar sua decretação com a vigência da Lei n. 11.280/2006, a qual deu nova redação ao § 5º do art. 219 do CPC. Precedentes citados: AgRg nos EAg 969.988-RS, DJe 5/10/2009; REsp 933.322-RJ, DJe 1º/4/2009; REsp 378.740-RS, DJe 20/4/2009; AgRg no REsp 836.603-RO, DJe 7/4/2008, e AgRg no REsp 900.570-SP, DJ 3/9/2007. **EAg 977.413-SP, Rel. Min. Laurita Vaz, julgados em 16/3/2011.** (Inform. STJ 466)

HONORÁRIOS ADVOCATÍCIOS. PRESCRIÇÃO. BASE. CÁLCULO.

A Turma deu parcial provimento ao recurso especial originário de demanda ajuizada por causídico contra a instituição financeira recorrente na qual se pleiteou o arbitramento da verba honorária devida pela prestação dos serviços advocatícios, após rescisão unilateral do contrato firmado entre as partes. Inicialmente, consignou-se que o prazo prescricional das ações de cobrança de honorários relativos às demandas propostas anteriormente à entrada em vigor da Lei n. 8.906/1994 é regulado pelo art. 100, V, da Lei n. 4.215/1963 (anterior Estatuto da OAB), que o fixa em cinco anos, e não pelo art. 178, § 6º, do CC/1916. *In casu*, ante a ausência, nos autos, do contrato que estipulava o valor acordado entre as partes, considerou-se que a verba deve ser fixada por arbitramento, a partir do emprego dos mesmos critérios utilizados para o cálculo da verba de sucumbência, a teor do que dispõem os arts. 22 da Lei n. 8.906/1994 e 20, § 3º, do CPC. No entanto, ressaltou-se que a aplicação baseada no valor das causas patrocinadas pelo advogado recorrido resultou em quantia exagerada, razão pela qual foi reformado o acórdão impugnado para considerar como base de cálculo o valor da condenação. Precedente citado: REsp 686.514-PR, DJe 22/4/2008. **REsp 1.166.680-PE, Rel. Min. Nancy Andrighi, julgado em 4/11/2010**. (Inform. STJ 454)

REGRESSIVA. SEGURADORA. PRESCRIÇÃO. PROTESTO INTERRUPTIVO. TERMO INICIAL.

A *quaestio juris* consiste em definir qual o prazo e o termo inicial da prescrição para a seguradora recorrente requerer o ressarcimento do valor da indenização pago à sociedade empresária (frigorífico) devido ao desvio de carga terrestre segurada ocorrido por culpa da transportadora. Consiste, também, em definir o momento em que ocorre a interrupção da prescrição diante da existência de protesto judicial. Observa o Min. Relator que a seguradora, ao integralmente indenizar a sua cliente, assumiu seu lugar para cobrar a transportadora, portanto sub-rogou-se nos direitos e deveres dessa nos limites da sub-rogação. Por outro lado, pelo contrato de transporte, obriga-se, mediante retribuição, a transportar pessoas ou coisas de um lugar para outro (art. 730 do CC/2002), o que, em regra, leva a aplicar o CC e o CDC e, no que não for incompatível ou se houver lacuna, aplica-se a legislação específica (art. 732 do CC/2002). Explica, entretanto, que, quando se tratar de transporte de carga, averigua-se primeiro se há relação de consumo; se houver, aplica-se a regra geral (CC, CDC e legislação especial); caso contrário, ausente a relação de consumo, afasta-se o CDC, aplicando-se as regras não revogadas do Código Comercial, as regras gerais do CC e a legislação específica. Anota que, no caso dos autos, não incidiu o CC em vigor porque os fatos ocorreram em 1994 e 1995, tampouco incidiu a Lei n. 11.442/2007. Também não incidiu o CDC, por não se cuidar de relação de consumo, visto que houve uma relação comercial entre o frigorífico e a transportadora, formalizando contrato de transporte de mercadorias devidamente seguradas a serem entregues para determinado cliente. De outro lado, não existem restrições quanto à aplicação, no caso, da legislação específica relativa ao contrato de transporte rodoviário. Assim, no que se refere à prescrição, segundo a Súm. n. 151-STF, o segurador sub-rogado tem um ano para ajuizar a ação de ressarcimento pela perda da carga extraviada contra transportadora. Também a jurisprudência do STF há muito sedimentou entendimento de que, em caso de furto ou perda da mercadoria transportada, a prescrição tem início a partir do 30º dia contado de quando a mercadoria deveria ser entregue, pois se aplica o art. 9º do Dec. n. 2.681/1912. Quanto ao momento de interrupção do lapso prescricional, já que houve ajuizamento de protesto interruptivo, a jurisprudência do STJ entende que a prescrição se interrompe pela intimação da pessoa contra quem a medida for requerida (art. 171, I e II, do CC/1916). Dessa forma, o início do termo prescricional são datas das notas fiscais referentes às cargas, ou seja, após trinta dias (11/6/1994, 21/6/1994 e 26/5/1994), sendo que houve o ajuizamento do protesto em 23/5/1995, com a intimação realizada em 2/6/1995, quando o prazo ânuo foi interrompido e a ação indenizatória foi ajuizada em 29/5/1996, quando ainda não estava efetivada a prescrição. Diante do exposto, a Turma deu provimento ao recurso, determinando o retorno dos autos ao TJ a fim de que julgue o mérito. Precedentes citados do STF: RE 31.922, DJ 16/11/1956, e do STJ: REsp 195.195-PR, DJ 8/4/2002; REsp 958.833-RS, DJ 25/2/2008; REsp 40.164-SP, DJ 29/9/1997, e REsp 19.295-SP, DJ 31/8/1992. **REsp 705.148-PR, Rel. Min. Luis Felipe Salomão, julgado em 5/10/2010**. (Inform. STJ 450)

QO. PRESCRIÇÃO. SEGURADORA. DIREITO. REGRESSO.

A Turma, em questão de ordem, decidiu submeter o julgamento do feito à Segunda Seção. Trata-se de prazo prescricional quando a seguradora postula, em direito de regresso, reaver aquilo que cobriu da transportadora, no caso, transporte de carga. **REsp 705.148-PR, Rel. Min. Luis Felipe Salomão, em 24/8/2010**. (Inform. STJ 444)

PRESCRIÇÃO. REVELIA.

Trata-se, na origem, de ação de cobrança de indenização complementar ajuizada pelo recorrido em desfavor da recorrente, tendo por objeto apólice de seguro de vida em grupo. No primeiro grau de jurisdição, a ora recorrente ofereceu contestação a destempo, razão pela qual foram aplicados os efeitos da revelia, julgando-se procedente o pedido. Na origem, negou-se provimento à apelação interposta. O tribunal *a quo* entendeu que: a) a contestação oferecida além do tempo processualmente apropriado implica ausência do ato, cujos efeitos estão previstos em lei; b) existe vedação à parte de suscitar, na instância seguinte, algo não prequestionado oportunamente; c) a inovação da lide em fase recursal é inadmissível, sob pena de malferimento ao princípio do duplo grau de jurisdição. No REsp, a recorrente sustenta, em síntese, que a matéria concernente à prescrição é de ordem pública, razão por que pode ser conhecida a qualquer tempo e grau de jurisdição, inclusive de ofício, não estando sujeita, por conseguinte, aos efeitos da revelia; e que, a despeito de a revelia acarretar a presunção de veracidade dos fatos alegados pela parte, tal efeito não se aplica quanto à matéria de direito, que pode ser livremente apreciada pelo magistrado. Nesta instância especial, entendeu-se que, tendo o réu assumido o processo a tempo de interpor o recurso de apelação, poderia sim alegar em suas razões toda a matéria de direito que deva ser apreciada pelo juiz, entre as quais a prescrição. Registrou-se que – embora a redação do art. 219, § 5º, do CPC, então vigente, não determinasse que, em se tratando de direitos patrimoniais, o juiz se pronunciasse de ofício sobre o tema da prescrição – sendo a questão suscitada pelo revel nas razões da apelação, não poderia o tribunal estadual deixar de realizar seu enfrentamento, sob o fundamento de o réu estar inovando na lide. Registrou-se, ainda, que os efeitos da revelia incidem tão somente sobre a matéria de fato, e não sobre o direito da parte. Com esse entendimento, a Turma deu provimento ao recurso especial para cassar o acórdão recorrido, determinando o retorno dos autos ao tribunal de origem, para que seja realizado novo julgamento da apelação, com exame da preliminar de prescrição. Precedentes citados: REsp 203.963-RS, DJ 8/9/2003; REsp 3.049-PR, DJ 8/6/1992; REsp 9.961-SP, DJ 2/12/1991; REsp 792.435-RJ, DJ 22/10/2007; REsp 689.331-AL, DJ 13/3/2006; REsp 332.763-SP, DJ 24/6/2002, e REsp 252.152-MG, DJ 16/4/2001. **REsp 890.311-SP, Rel. Min. Sidnei Beneti, julgado em 12/8/2010**. (Inform. STJ 442)

HONORÁRIOS ADVOCATÍCIOS. EXECUÇÃO. PRESCRIÇÃO.

A Turma decidiu que, referente à prescrição para a cobrança de honorários advocatícios sucumbenciais, incide o prazo quinquenal conforme o art. 25 do EOAB (Lei n. 8.906/1994), a contar do trânsito em julgado da decisão que os fixou. Precedente citado: EREsp 706.331-PR, DJe 31/3/2008. **REsp 949.414-PR, Rel. Min. Nancy Andrighi, julgado em 5/11/2009.** (Inform. STJ 414)

PRESCRIÇÃO. INVENTÁRIO. COMPRA. MANDATÁRIO.

Noticiam os autos que se trata de compra feita por quem estava na administração da coisa (mandatário). A sentença declarou nula a escritura de compra e venda e a transmissão de direitos possessórios, mas julgou extinta a ação de anulação de adjudicação, condenando as partes às custas e honorários de 10% sobre o valor da causa. Recorreram o réu e a autora, e o Tribunal *a quo* deu provimento ao recurso desta, confirmando a sentença de nulidade do negócio; porém, consequentemente, reconheceu a nulidade da sobrepartilha ocorrida em inventário e da adjudicação do bem em favor dos réus. Daí o REsp sob os fundamentos de ser legal a escritura outorgada aos recorrentes, de haver a prescrição, de existir a ciência da recorrida e, também, de não se poder falar em impossibilidade de compra de bens pelo mandatário quando o mandante intervém diretamente no negócio, com livre disposição de seus bens. Para o Min. Relator, quanto à prescrição, não há violação do art. 168, IV, do CC/1916, porquanto o TJ afastou a prescrição por agir o réu como mandatário, na qualidade de administrador dos bens, o que não enseja a abertura de prazo prescricional. Ademais, explica que a ocorrência da prescrição beneficiaria apenas o mandatário, não o mandante. Também afirma correta a nulidade do negócio; pois, nos termos do art. 1.133, II, do CC/1916, é nula de pleno direito e não anulável a compra feita por quem está na administração da coisa, ainda que feita diretamente com o dono. Diante do exposto, a Turma não conheceu do recurso. Precedentes citados: AgRg no Ag 596.361-RS, DJ 17/12/2004; Ag 599.114-RS, DJ 1º/9/2004; REsp 32.104-PR,DJ 11/4/1994, e REsp 2.624-MT, DJ 20/8/1990. **REsp 1.060.183-SP, Rel. Min. Aldir Passarinho Junior, julgado em 29/9/2009.** (Inform. STJ 409)

REPETITIVO. ÁGUA. ESGOTO. PRESCRIÇÃO.

A Seção, ao apreciar REsp submetido ao regime do art. 543-C do CPC e da Res. n. 8/2008-STJ, reiterou o entendimento de que é legítima a cobrança de tarifa de água fixada por sistema progressivo, escalonada de acordo com o consumo e de que a ação de repetição de indébito de tarifa de água e esgoto sujeita-se ao prazo prescricional estabelecido no CC, ou seja, de 20 anos, como previsto no art. 177 do CC/1916 ou de 10 anos, como previsto no art. 205 do CC/2002. Observa-se, ainda, que se aplica, se for o caso, a regra intertemporal estabelecida no art. 2.028 do CC/2002 (em que os prazos são reduzidos à metade do tempo estabelecido se na data de entrada em vigor do novo código civil, já houver transcorrido mais da metade do tempo estabelecido na lei revogada), embora, na hipótese dos autos, a última questão não esteja em causa. Precedentes citados: REsp 861.661-RJ, DJ 10/12/2007; AgRg no REsp 873.647-RJ, DJ 19/11/2007; REsp 776.951-RJ, DJe 29/5/2008; EREsp 690.609-RS, DJe 7/4/2008, e REsp 1.032.952-SP, DJe 26/3/2009. **REsp 1.113.403-RJ, Rel. Min. Teori Albino Zavascki, julgado em 9/9/2009.** (Inform. STJ 406)

REPETITIVO. PRESCRIÇÃO. CORREÇÃO MONETÁRIA. PREVIDÊNCIA PRIVADA.

Ao prosseguir o julgamento de recursos repetitivos (art. 543-C do CPC), a Seção reafirmou que o prazo prescricional de cinco anos constante da Súm. n. 291-STJ tem incidência não apenas na ação de cobrança das parcelas de complementação da aposentadoria de previdência privada. Por analogia, também se aplica o mesmo prazo quando a pretensão buscar as diferenças de correção monetária incidentes sobre a restituição da respectiva reserva de poupança. Firmou, também, que o termo inicial do referido prazo é a data em que houve a devolução a menor das contribuições pessoais recolhidas pelo associado ao plano previdenciário. Precedentes citados: REsp 771.638-MG, DJ 12/12/2005; AgRg no REsp 858.978-MG, DJe 28/4/2009; AgRg nos EDcl no Ag 915.362-GO, DJe 19/3/2009; AgRg no REsp 903.092-MG, DJe 3/10/2008; REsp 980.704-MG, DJe 19/5/2008; EDcl no Ag 638.077-GO, DJ 3/12/2007; AgRg no REsp 681.326-MG, DJ 3/9/2007; REsp 678.689-MG, DJ 20/11/2006; AgRg no REsp 1.041.207-RN, DJe 1º/7/2009; AgRg no Ag 989.917-DF, DJe 30/6/2008; EDcl no AgRg no Ag 690.041-MS, DJe 11/2/2008; AgRg no REsp 907.912-DF, DJ 11/6/2007, e AgRg no REsp 954.935-DF, DJ 12/11/2007. **REsp 1.110.561-SP e REsp 1.111.973-SP, Rel. Min. Sidnei Beneti, julgados em 9/9/2009.** (Inform. STJ 406)

PRESCRIÇÃO. COBRANÇA. ADIANTAMENTO. OBRA. REDE ELÉTRICA.

Trata-se de REsp remetido pela Quarta Turma para a Seção estabelecer o prazo de prescrição para a ação de cobrança de valores em dinheiro adiantados por proprietário rural à concessionária de energia elétrica, com a finalidade de financiar construção de rede elétrica e, passados os quatro anos previstos para restituição, a concessionária não os devolveu. Note-se que existem inúmeros processos em tramitação sobre a matéria e, até então, o entendimento jurisprudencial firmado ainda na vigência do CC/1916 era da incidência da prescrição vintenária. Neste caso, já no advento do CC/2002, discute-se se a pretensão de devolução dos valores seria ação indenizatória por enriquecimento sem causa, que prescreve em três anos (art. 206, § 3º, IV, do CC/2002), tal como entendeu a sentença, que, por isso, extinguiu o processo, ou, se se trata de ação de cobrança, em que a prescrição é de cinco anos (art. 206, § 5º, I, do CC/2002). Isso posto, após vários pedidos de vista, a Seção não conheceu do recurso, confirmando a decisão recorrida, devendo o feito prosseguir. Firmou-se o entendimento de que, na hipótese, trata-se de obrigação contratual de empréstimo, presente em instrumento firmado pelos litigantes, em que o prazo prescricional é de cinco anos. **REsp 1.053.007-RS, Rel. Min. João Otávio de Noronha, julgado em 12/8/2009.** (Inform. STJ 402)

SEGURO. TERMO *A QUO*. PRESCRIÇÃO.

No autos, o acórdão recorrido afirma que não há prova da comunicação do sinistro à seguradora e, por outro lado, a autora (segurada) não comprovou ter postulado o seguro. Indiferente a esse fato, ambas as instâncias também afirmam que a contagem do prazo prescricional inicia-se a partir da comunicação da recusa do pagamento da seguradora à segurada, concluindo que, como essa não ocorreu, o prazo prescricional não teve começo. Observa o Min. Relator constatar-se, nos autos, que o sinistro (desvio de carga) era do conhecimento da autora desde 19/2/2002 (data do boletim de ocorrência), mas a ação só foi distribuída em 28/3/2003, após mais de um ano. Além disso, na impugnação quanto à falta de prova da comunicação do sinistro e ao pedido administrativo, a autora limitou-se a afirmar que comunicou à seguradora sem apresentar documentos, inclusive recusou-se a especificar novas provas quando solicitadas pelo juízo processante. Nesse contexto, afirma o Min. Relator não ser razoável que o segurado pudesse efetuar o pedido após um ano do sinistro para então, da recusa da seguradora, computar-se o prazo prescricional. Assim, conclui que, se o segurado deixa transcorrer um ano entre a data do sinistro e o pedido de cobertura ocorre a prescrição; se deixar transcorrer menos de ano para fazer o pedido, computa-se o lapso já decorrido, que fica paralisado após o pedido administrativo, e volta a ter curso, pelo que restar, após a recusa da seguradora. Nesse mesmo sentido, há jurisprudência quanto à contagem do prazo prescricional em casos que envolvem seguro de vida. Com esse entendimento, a Turma deu provimento ao recurso da seguradora. Precedentes citados: REsp 8.770-SP, DJ 13/5/1991; REsp 129.429-AM, DJ 22/6/1998, e REsp 533.004-SC, DJ 10/5/2004. **REsp 862.726-PR, Rel. Min. Aldir Passarinho Junior, julgado em 18/6/2009.** (Inform. STJ 399)

DPVAT. RESPONSABILIDADE CIVIL. PRESCRIÇÃO TRIENAL.

Cuida-se de recurso especial remetido à Segunda Seção deste Superior Tribunal de Justiça, por se tratar de discussão que pode ser assim delimitada: se for considerado que o DPVAT ostenta a natureza de seguro obrigatório de responsabilidade civil, o prazo prescricional para sua cobrança é de três anos diante da incidência do art. 206, § 3º, IX, do CC/2002. Por outro lado, se tomado como seguro obrigatório de danos pessoais, a ação de cobrança, em vista da falta de regulamentação específica, prescreve no prazo geral de dez anos estabelecido no art. 205 do CC/2002. O Min. Luis Felipe Salomão, o relator, aplicava ao caso o prazo de prescrição de 10 anos. Mas, o Min. Fernando Gonçalves, em seu voto vista, concluiu que o DPVAT exibe a qualidade de seguro obrigatório de responsabilidade civil, portanto prescreve em três anos a ação de cobrança intentada pelo beneficiário, no que foi seguido pela maioria. Na espécie, tendo o acidente ocorrido em 20/1/2002 e a demanda ajuizada somente em 8/8/2006, o reconhecimento da prescrição é de rigor. Isso posto, a Seção, ao prosseguir o julgamento, não conheceu do recurso. **REsp 1.071.861-SP, Rel. originário Min. Luis Felipe Salomão, Rel. para acórdão Min. Fernando Gonçalves, julgado em 10/6/2009.** (Inform. STJ 398)

AÇÃO NEGATÓRIA. PATERNIDADE. PRESCRIÇÃO.

Trata-se, originariamente, de ação negatória de paternidade que foi extinta em primeiro grau pelo reconhecimento da prescrição, decisão reformada pelo TJ em grau de apelação. No REsp, alega-se ofensa do art. 178, § 3º, do CC/1916. Diante disso, a Turma reiterou o entendimento de que a ação negatória de paternidade não se sujeita mais à regra de prescrição, podendo o pai, a qualquer tempo, debater seu estado de pai como corolário lógico e por simetria com a regra do art. 27 do ECA, o que veio posteriormente a também constituir regra expressa no Código Civil atual, em seu art. 1.601. Assim, não se conheceu do recurso. Precedentes citados: REsp 146.548-GO, DJ 5/3/2001; REsp 278.845-MG, DJ 28/5/2001, e REsp 155.681-PR, DJ 4/11/2002. **REsp 576.185-SP, Rel. Min. Aldir Passarinho Junior, julgado em 7/5/2009.** (Inform. STJ 393)

AÇÃO. INDENIZAÇÃO. SEGURADORA. SÚMS. NS. 229 E 278-STJ.

Trata-se de ação de cobrança ajuizada pela recorrida contra companhia de seguros em razão da negativa desta em pagar indenização relativa a seguro de vida em grupo do qual aquela era beneficiária. A recorrente alega divergência jurisprudencial no cômputo do prazo prescricional. Inicialmente a Min. Relatora ressaltou ser pacífico o entendimento deste Superior Tribunal, nos termos da Súm. n. 101-STJ. Mas destacou que, na hipótese, a discussão atinente à contagem do prazo prescricional exige a interpretação conjunta dos enunciados das Súmulas n. 229 e 278 deste STJ. E para que essa conjugação não gere distorções, há apenas uma interpretação possível, qual seja, a de que o *dies a quo* da prescrição corresponde à data em que o segurado toma ciência inequívoca da incapacidade, sendo que a contagem do prazo anual se suspende diante de eventual comunicação de sinistro à seguradora, voltando a fluir somente após o segurado ser informado acerca da negativa do pagamento da indenização. A Min. Relatora entendeu ser cabível uma consideração quanto ao termo "suspende" contido na Súm. n. 229-STJ. Ao apreciar o REsp 8.770-SP, DJ 13/5/1991, decidiu-se ser "razoável e correto sustentar que o prazo prescricional não deverá correr, ficando, portanto suspenso durante o tempo gasto pelo segurador no exame da comunicação feita pelo segurado". Portanto não há dúvida de que o pedido de indenização formulado pelo segurado tem efeito suspensivo. Esse efeito, contudo, é inerente apenas à apresentação do comunicado pelo segurado. Considerou também a Min. Relatora que a resposta da seguradora pode, eventualmente, caracterizar causa interruptiva do prazo prescricional, notadamente aquela prevista no art. 172, V, do CC/1916 (atual art. 202, VI do CC/2002), qual seja, a prática de ato inequívoco, ainda que extrajudicial, que importe reconhecimento do direito pelo devedor. Assim, constata-se que a Súm. n. 229-STJ não esgota todas as possibilidades envolvidas no comunicado de sinistro feito a seguradora, sendo possível vislumbrar situações em que haverá interrupção – e não a suspensão – do prazo prescricional. Dessa forma, ainda que, na resposta à notificação da recorrida, haja negativa em pagar a indenização, não resta dúvida de que a seguradora reconhece a existência de direito à cobertura para o evento objeto da ação, o que caracteriza causa interruptiva do prazo prescricional (art. 172, V, do CC/1916). Portanto, considerando que, no período compreendido entre 17/11/2000 e 22/6/2002, o prazo prescricional não fluiu por estar pendente manifestação da seguradora, bem como sua resposta caracterizar causa interruptiva da prescrição, a contagem do referido prazo foi renovado de modo que somente se encerraria em 21/6/2003. Como a ação foi distribuída em 28/5/2003, não há que falar em prescrição. Diante disso, a Turma negou provimento ao recurso. **REsp 875.637-PR, Rel. Min. Nancy Andrighi, julgado em 19/3/2009.** (Inform. STJ 387)

ESPÓLIO. IMÓVEL. VENDA. PRESCRIÇÃO.

Trata-se de pretensão de anulação de negócio jurídico de compra e venda de imóvel integrante de espólio e, quanto ao mérito, a matéria reduz-se em saber se a venda realizada pelo inventariante seria ato nulo de pleno direito inatingível por prescrição ou negócio jurídico anulável, conforme entendeu o TJ. Para o Min. Relator, a tese dos recorrentes de que o ato jurídico praticado pelo inventariante seria nulo de pleno direito não pode ser acolhida. Também, na hipótese, não se cogita de venda a *non domino*, pois esta é realizada por quem não teve poder de disposição sobre a coisa. O que emerge como vício na venda a *non domino* é a completa falta de legitimação do alienante, que consiste na inaptidão específica para o negócio jurídico. Consta dos autos que o juízo do inventário homologou o esboço da partilha, ressalvando o interesse da Fazenda Pública e determinando a formação de condomínio judicial até a quitação dos débitos tributários. Os recorrentes pretendiam demonstrar que a homologação de partilha seria a sentença de partilha. Porém, esclareceu o Min. Relator que, nos termos do art. 1.026 do CPC, a sentença de partilha ocorre em momento posterior, somente depois de pago o imposto de transmissão a título de morte e juntada certidão negativa de dívida com a Fazenda Pública. A alienação dos bens ocorreu quando o inventariante dativo estava em pleno exercício do *munus* a ele atribuído. Além disso, a alienação do imóvel deu-se com a devida autorização judicial, malgrado tenha sido contra a vontade dos herdeiros, que não se insurgiram no âmbito do inventário. No caso, a hipótese é de, no máximo, ausência de consentimento dos herdeiros no negócio jurídico, o que, definitivamente, não o torna nulo, mas anulável, sujeito, portanto, à prescrição de que trata o art. 178, § 9º, V, b, do CC/1916. Diante disso, a Turma não conheceu do recurso. **REsp 982.584-PE, Rel. Min. Luís Felipe Salomão, julgado em 25/11/2008**. (Inform. STJ 378)

REMESSA. SEGUNDA SEÇÃO. PRESCRIÇÃO. COBRANÇA. ELETRIFICAÇÃO.

A Turma decidiu remeter o julgamento do REsp à Segunda Seção. Trata-se do prazo prescricional nas ações de cobrança de dívida líquida constante em instrumento público ou particular de natureza pessoal, no caso, contrato de financiamento e adiantamento de obras de eletrificação. **REsp 1.053.007-RS, Rel. Min. João Otávio de Noronha, em 20/11/2008**. (Inform. STJ 377)

RECURSO REPETITIVO. TELEFONIA. AÇÕES. PARTICIPAÇÃO FINANCEIRA.

No julgamento de recurso repetitivo (Lei n. 11.672/2008 e Res. n. 8/2008-STJ), confirmou-se a pacificação da jurisprudência da Segunda Seção deste Superior Tribunal, no sentido de que o pagamento resultante da diferença de ações devidas em razão do contrato de participação financeira celebrado entre a companhia telefônica e os adquirentes das linhas seja baseado no valor patrimonial da ação (VPA) apurado pelo balancete do mês da respectiva integralização. A prescrição rege-se pela aplicação do art. 177 do CC/1916, hoje art. 205, c/c art. 2.028, ambos do CC/2002. **REsp 1.033.241-RS, Rel. Min. Aldir Passarinho Junior, julgado em 22/10/2008**. (Inform. STJ 373)

AÇÃO. COBRANÇA. PRESCRIÇÃO.

Trata-se de ação de cobrança dos valores investidos na implementação de rede de eletrificação em área rural, acrescidos de juros e correção monetária, sob pena de enriquecimento sem causa da concessionária de serviço público, segundo os demandantes ora recorrentes, pois além de não ter a companhia despendido valores na construção da rede, acrescentou-a a seu patrimônio. O Tribunal *a quo* considerou a demanda prescrita e o recorrente busca a reforma dessa decisão porque o prazo prescricional, no caso, seria decenal. Explica o Min. Relator que a obra foi concluída em 24/12/1997, iniciando o prazo de prescrição em 24/12/2001, devido ao prazo de quatro anos concedido à empresa, após a conclusão da obra, para efetuar o ressarcimento do valor investido de acordo com o convênio de devolução firmado. Àquela época, segundo o entendimento deste Superior Tribunal, conforme a regra do art. 177 do CC/1916, o prazo prescricional das ações de cobrança propostas em relação às sociedades de economia mista concessionárias de serviço público é o ordinário de 20 anos (atribuído às ações pessoais). Então, com o advento do CC/2002, que considera no art. 2.028 que, se não transcorreu mais da metade do prazo vintenário, aplica-se o prazo estabelecido pela lei nova, que é de dez anos (art. 205) cujo termo inicial é o da entrada em vigor do referido Código, em 11/1/2003. Diante disso, conclui-se que não se operou a prescrição. Com esse entendimento, a Turma deu provimento ao recurso para afastar o reconhecimento da prescrição (trienal) e determinar o retorno dos autos à origem para o julgamento do feito. Precedente citado: Ag 1.004.015-RS, DJ 16/4/2008, e Ag 979.123-RS, DJ 11/4/2008. **REsp 966.319-RS, Rel. Min. Massami Uyeda, julgado em 18/9/2008**. (Inform. STJ 368)

COBRANÇA. PRESCRIÇÃO. CONCESSIONÁRIA. ENERGIA ELÉTRICA.

A jurisprudência neste Superior Tribunal sedimentou-se no sentido de que o prazo prescricional nas ações de cobrança propostas em relação às sociedades de economia mista concessionárias de serviço público é de 20 anos, como previsto no art. 177 do CC/1916, o qual foi reduzido para 10 anos pelo art. 205 do CC/2002. Outrossim, destaca o Min. Relator que as sociedades de economia mista têm natureza jurídica de direito privado, porquanto funcionam e se organizam como empresas privadas, descentralizadas do Poder Público. Por isso, aplica-se a prescrição ordinária atribuída às ações pessoais, consoante os citados artigos. Consequentemente, na hipótese dos autos, a conclusão da obra de eletrificação rural foi em 4/5/1995, iniciando-se o lapso prescricional somente em 4/5/1999, devido ao prazo de quatro anos que a empresa de energia elétrica tinha após a conclusão da obra para efetuar o ressarcimento do investimento. Portanto, o prazo de prescrição era 20 anos, mas, considerando o disposto no art. 2.028 do CC/2002, não havia transcorrido mais da metade do prazo vintenário quanto da vigência do CC/2002. Assim, aplica-se o prazo estabelecido pela lei nova, cujo termo inicial é 11/1/2002. Dessarte, não se operou a prescrição porque a ação foi ajuizada em 17/10/2006. Com esse entendimento, a Turma afastou a prescrição e determinou o retorno dos autos ao Tribunal de origem para julgamento. Precedentes citados: Ag 1.004.015-RS, DJ 16/4/2008, e Ag 979.123-RS, DJ 11/4/2008. **REsp 1.042.968-RS, Rel. Min. Massami Uyeda, julgado em 19/6/2008**. (Inform. STJ 360)

PRESCRIÇÃO. PRAZO. SEGURO.

Nas ações regressivas de segurado contra seguradora, o termo inicial do prazo prescricional é a data em que se deu o trânsito em julgado da sentença que fixou definitivamente o *quantum* da obrigação. **REsp 869.465-MS, Rel. Min. Humberto Gomes de Barros, julgado em 6/3/2008**. (Inform. STJ 347)

COBRANÇA. ALUGUERES. PRESCRIÇÃO. ART. 2.028 DO NOVO CÓDIGO CIVIL.

A recorrente, mediante execução por quantia certa, busca as diferenças de alugueres pagos a menor entre junho/2001 e novembro/2005. Relativamente à prescrição da pretensão sobre alugueres de prédios urbanos ou rústicos, o Código Civil derrogado estabelecia o prazo de cinco anos para a sua ocorrência (art. 178, § 10, IV), ao passo que a Lei n. 10.406/2002 o reduziu para três anos (art. 206, § 3°, I). Resta saber qual o termo *a quo* da contagem do novo prazo prescricional. Esclareceu a Min. Relatora que a aplicação da lei nova de modo a reduzir o prazo prescricional referente a situações a ela anteriores e sujeitas a um lapso prescricional superior, disciplinado pela lei revogada, efetivamente importará em atentado aos postulados da segurança jurídica e da irretroatividade da lei, caso se considere a data do fato como marco inicial da contagem do novo prazo. Dessa forma, nas hipóteses em que incide a regra de transição do art. 2.028 do Código Civil de 2002, o termo *a quo* do novo prazo é o início da vigência da lei nova, no caso, 11 de janeiro de 2003, e não a data em que a prestação deixou de ser adimplida. Precedentes citados do STF: RE 79.327-SP, DJ 7/11/1978; do STJ: REsp 698.195-DF, DJ 29/5/2006, e REsp 905.210-SP, DJ 4/6/2007. **REsp 948.600-SP, Rel. Min. Maria Thereza de Assis Moura, julgado em 29/11/2007.** (Inform. STJ 340)

PRESCRIÇÃO. PRAZO. REDUÇÃO. CC/2002.

De acordo com o art. 2.028 do CC/2002, lei anterior a esse código pode continuar a reger prazo se a nova lei civil o houver reduzido e se, na data da vigência do novel código civil, já se mostrar exaurido mais da metade do prazo fixado pela lei revogada. Na hipótese, o acidente em questão ocorreu em janeiro de 1997, data considerada pelo acórdão ora recorrido como marco da contagem da prescrição, a qual era vintenária em razão do disposto no art. 177 do CC/1916. Assim, quando da entrada em vigor do novo código, o antigo prazo vintenal estava longe de atingir sua metade, o que determina a regência da lei nova, que reduziu o prazo prescricional a três anos. Contudo a lei nova não retroage, o que leva a contar-se o novo prazo a partir da vigência do CC/2002. **REsp 870.299-SP, Rel. Min. Humberto Gomes de Barros, julgado em 15/5/2007.** (Inform. STJ 320)

PRISÃO CIVIL. NOVAÇÃO. PRESCRIÇÃO.

Depois de citado na execução das notas promissórias, o devedor celebrou acordo que foi homologado pelo juízo, no qual se previa a imediata execução se não pago o valor referente a uma segunda parcela. Inadimplida, foi requerida a execução do acordo, ocorrida a penhora, restou nomeado o devedor como depositário judicial. Nesse panorama, criada uma obrigação nova que extinguiu a anterior, tal como defendido pelo acórdão recorrido, a prescrição deve ser contada da sentença homologatória da transação, título executivo subsistente que veio a substituir as primevas notas promissórias. Quanto à prisão civil pela infidelidade do depositário judicial, sua prescrição é regulada pelo direito civil, no caso, pelo art. 177 do CC/1916. Precedentes citados: Ag 768.311-SP, DJ 6/12/2006; HC 10.045-RS, DJ 29/11/1999; HC 7.535-RJ, DJ 14/6/1999; RHC 7.943-SC, DJ 21/6/1999, e HC 17.105-MG, DJ 26/8/2002. **HC 63.562-SP, Rel. Min. Aldir Passarinho Junior, julgado em 3/5/2007.** (Inform. STJ 319)

PRESCRIÇÃO PATRIMONIAL. DECLARAÇÃO. OFÍCIO.

Trata-se de indenização por danos material e moral oriundos de doença laborativa contraída pelo autor agravado. A sentença julgou procedente em parte o pedido para condenar a ré a pagar ao autor o valor correspondente a oitenta salários mínimos, a título de compensação pelos danos morais experimentados. Foram interpostas apelações por ambas as partes. O autor requereu a concessão de indenização por dano material e a majoração da indenização por dano moral. O réu buscou a improcedência total do pedido. O Tribunal *a quo*, de ofício, extinguiu o processo declarando prescrita a ação. O Min. Relator asseverou que a ação de indenização por dano material e moral tem natureza patrimonial. Acrescentou que a jurisprudência proclama que a prescrição patrimonial depende de provocação da parte interessada, sendo vedado ao julgador conhecê-la de ofício (arts. 166 do CC/1916 e 219, § 5°, do CPC). Assim, não é lícito ao Juiz declarar, de ofício, a prescrição patrimonial. Precedentes citados: REsp 11.735-PR, DJ 13/12/1993; REsp 68.226-PE, DJ 10/6/1996; REsp 434.992-DF, DJ 5/5/2003, e REsp 61.066-SP, DJ 24/3/1997. **AgRg no REsp 547.862-RJ, Rel. Min. Humberto Gomes de Barros, julgado em 22/3/2007.** (Inform. STJ 314)

PRESCRIÇÃO. DEMORA. CITAÇÃO. AVALISTA. FALECIMENTO.

Em ação de execução de nota de crédito comercial vencida proposta contra avalistas, explicou o Min. Relator que, mesmo exercida a ação antes do prazo de prescrição, não estará logo interrompida a prescrição. Pois, de acordo com a jurisprudência deste Superior Tribunal, a interrupção da prescrição só ocorre se a citação válida acontecer antes de findo o prazo prescricional. Ainda segundo a Súm. n. 106-STJ, só se afasta tal entendimento na hipótese de a demora da citação ser atribuída à própria Justiça. Note-se que, no caso dos autos, foi afastada a responsabilidade do exequente (banco) pela demora da citação. Outrossim, a morte de um dos avalistas após o ajuizamento da ação, mas antes da citação, não suspende o processo porque ele ainda não era parte, representante legal ou procurador (art. 265, I, do CPC). Além de o art. 196 do CC/2002 (mesmo no antigo CC/1916, art. 165) prever que, iniciado o prazo para contagem da prescrição, esse continua a ser contado contra o herdeiro. Logo, não traz consequência para o fluxo do prazo prescricional o falecimento daquele indicado como réu da ação, mas ainda não citado. Com esses esclarecimentos, a Turma não conheceu o recurso. **REsp 827.948-SP, Rel. Min. Humberto Gomes de Barros, julgado em 21/11/2006.** (Inform. STJ 305)

CONTRATO. PARTICIPAÇÃO FINANCEIRA. TELEFONIA. SUBSCRIÇÃO. AÇÕES. PRESCRIÇÃO.

Nas causas em que se discute sobre a complementação de subscrição de ações, especificamente nos contratos de participação financeira, a relação jurídica tem caráter obrigacional, uma vez que fundada em simples inadimplemento contratual, relativo à não satisfação da diferença de quantidade de ações a serem distribuídas ao promitente-assinante, que ainda não goza do status de acionista. Logo, não se aplica à espécie o art. 287, **g**, da Lei 6.404/1976, pois sua aplicação se restringe às demandas em que o sujeito ativo é acionista. Assim, quanto ao prazo de prescrição, aplica-se o art. 205 c/c o art. 2.028 do CC/2002, qual seja, o prazo será decenal, contado da vigência do novo Código Civil (11/1/2003). Precedentes citados: REsp 822.914-RS, DJ 19/6/2006, e REsp 698.195-DF, DJ 29/5/2006. **REsp 855.484-RS, Rel. Min. Helio Quaglia Barbosa, julgado em 17/10/2006.** (Inform. STJ 301)

SEGURO. REEMBOLSO. DESPESAS MÉDICAS E HOSPITALARES. SINISTRALIDADE. PRESCRIÇÃO.

Trata-se de validade de cláusula em que o contrato de seguro de saúde firmado em 1998 previa dois reajustes anuais do prêmio mensal denominados "sinistralidade". O Min. Relator destacou que, nesses casos como dos autos, o critério de reajuste de prêmios mensais pagos ao seguro de saúde por ser inerente à relação entre segurado e segurador, e não relacionado com defeito do serviço, sujeita-se ao prazo, (art. 178 § 6º do CC/1916 e art. 206, § 1º, II **a** e **b** do Código Civil atual). Outrossim, também por se tratar de seguro de saúde, onde o prêmio é pago mensalmente constituindo assim relação de trato sucessivo, o lapso prescricional nasce a partir de cada parcela indevida, sendo passível de cobrança tão somente as quantias indevidamente pagas nos doze meses que precederem à propositura da demanda. Com essas considerações a Turma não conheceu do recurso. **REsp 794.583-RJ, Rel. Min. Castro Filho, julgado em 26/9/2006.** (Inform. STJ 298)

AÇÃO. INDENIZAÇÃO. PRESCRIÇÃO. CC/2002.

Os autores alegam a responsabilidade civil da ré, empresa de transporte coletivo, e sua obrigação de indenizar os danos morais e materiais pela morte de seu pai, ocorrida em 1997, atropelado quando o motorista efetuava marcha à ré. A empresa arguiu a prescrição do direito com base no art. 189 do CC/2002 e no art. 2.028 das disposições finais e transitórias do mesmo código, uma vez que a ação somente foi ajuizada em junho de 2003. No recurso, os autores argumentam que a prescrição começaria a ser contada a partir da vigência do novo CC e não retroagindo, fato que fere direito adquirido já que, anteriormente, os prazos seriam vintenários. O Min. Relator entendeu que a pretensão dos recorrentes não se encontra prescrita, à luz do novo Código Civil, os prazos prescricionais foram reduzidos, estabelecendo o art. 206, § 3º, V, que prescreve em três anos a pretensão de reparação civil. Já o art. 2.028 retrocitado assenta que "serão os da lei anterior os prazos, quando reduzidos por este Código e se, na data de sua entrada em vigor, já houver transcorrido mais da metade do tempo estabelecido na lei revogada". Infere-se, portanto, que tão somente os prazos em curso que ainda não tenham atingido a metade do prazo da lei anterior (menos de dez anos) estão submetidos ao regime do Código vigente, ou seja, três anos. Entretanto, consoante nossa melhor doutrina, atenta aos princípios da segurança jurídica, do direito adquirido e da irretroatividade legal, esses três anos devem ser contados a partir da vigência do novo Código, ou seja, 11 de janeiro de 2003, e não da data da ocorrência do fato danoso. Com esse entendimento, a Turma conheceu do recurso e deu-lhe provimento. **REsp 698.195-DF, Rel. Min. Jorge Scartezzini, julgado em 4/5/2006.** (Inform. STJ 283)

CONTRATO. SEGURO DE VIDA EM GRUPO. PRESCRIÇÃO.

A Rede Ferroviária Federal S/A – RFFSA firmou contrato de seguro de vida em grupo sem nenhuma exigência, garantindo para si, na posição de beneficiária, o pagamento de indenização securitária equivalente ao saldo devedor dos mutuários, considerados segurados, com quem firmara contrato de mútuo para aquisição de bem imóvel. Como um mutuário faleceu e restaram frustradas as tentativas para receber o seguro pela via administrativa, propôs a presente ação para receber a indenização securitária. A Rede foi vencedora nas instâncias ordinárias, e a seguradora, ora recorrente, no REsp, afirma a ocorrência de prescrição do direito de ação e má-fé quanto ao estado de saúde do mutuário falecido. A Turma, ao prosseguir o julgamento, após sua renovação por motivo de empate, considerou, por maioria, o fato de que a recorrida, RFFSA, propôs a ação na condição de beneficiária do contrato de seguro em grupo firmado e não na condição de mandatária do segurado falecido, assim não deve ser aplicado a ela o prazo prescricional anual previsto no art. 178, § 6º, II, do CC/1916, mas ao prazo de vinte anos previsto no art. 177 do mesmo diploma legal. Precedente citado: REsp 285.852-SP, DJ 28/5/2001. **REsp 508.916-DF, Rel. originário Min. Carlos Alberto Menezes Direito, Rel. para acórdão Min. Nancy Andrighi, julgado em 14/2/2006.** (Inform. STJ 274)

INVALIDAÇÃO. CESSÃO GRATUITA. DIREITOS HEREDITÁRIOS. DECADÊNCIA. AÇÃO PAULIANA.
Cuida-se de definir o termo inicial do prazo decadencial para terceiro-credor ajuizar ação pauliana, objetivando a anulação de cessão de direitos hereditários avençada entre herdeiro e genitor paterno a título gratuito. No caso, discute-se a invalidação de cessão gratuita de direitos hereditários, questão ainda não definida por este Superior Tribunal. Na hipótese, como não há elementos que indiquem o momento efetivo do conhecimento pelo recorrido da celebração do negócio, deve ser considerado, por presunção, que, com o registro da cessão no cartório imobiliário, foi dada ciência do contrato ao terceiro-credor, devendo, portanto, ser contado, a partir desse momento, o prazo decadencial para o recorrido ajuizar a ação pauliana em exame. Quanto à alegação dos recorrentes de ser inviável o registro da cessão de direitos hereditários, de fato, enquanto não ultimada a partilha, o referido negócio não podia ser levado a registro, pois só no momento da partilha é que se determina e especifica o quinhão de cada herdeiro e, automaticamente, o objeto da cessão. Enquanto não houver partilha dos bens, o cessionário detém apenas direito expectativo, que só irá se concretizar efetivamente após a especificação do quinhão destinado ao herdeiro cedente. Ressalte-se que entender de outra forma, definindo a data da celebração do contrato como termo inicial do prazo decadencial para terceiro ajuizar ação pauliana, implica facilitar a ocorrência da fraude contra credores e privilegiar a conduta fraudulenta, pois estaríamos extinguindo o direito do credor de obter a anulação do contrato fraudulento sem que fosse oportunizado o conhecimento prévio da celebração do negócio, o que, em última análise, significaria inobservância do princípio da boa-fé na celebração dos contratos, princípio que deve ser aplicado não só entre os contratantes, mas também na relação entre esses e terceiros que possam ser afetados pelo pacto. Na hipótese, foi reconhecido pelo juiz, na decisão interlocutória, que o registro da cessão de direitos hereditários ocorreu em maio de 1999 e que a ação pauliana foi ajuizada pelo recorrido em agosto de 1999, não sendo, portanto, possível reconhecer a ocorrência da decadência. A Turma, ao prosseguir o julgamento, por maioria, não conheceu do recurso especial. **REsp 546.077-SP, Rel. Min. Nancy Andrighi, julgado em 2/2/2006.** (Inform. STJ 272)

2.7.4. Quadro sinótico

1. Prescrição

1.1. Conceito: *é a causa extintiva da pretensão, pelo seu não exercício no prazo estipulado pela lei*

- Diz respeito às ações condenatórias

1.2. Características:

a) parte que se beneficia só pode renunciar ao direito após o decurso do prazo (191)

b) prazos não podem ser alterados por convenção (192)

c) juiz pode reconhecer de ofício (219, § 5º, CPC)

d) pode-se reconhecê-la a qualquer tempo (193)

e) rel. incapaz e PJ têm ação contra responsáveis por ela (195)

f) prescrição iniciada contra uma pessoa, continua a correr contra o seu sucessor (196)

1.3. Não corre prescrição:

- entre os cônjuges, na constância da sociedade conjugal
- entre ascendentes e descendentes, durante o poder familiar
- entre tutelados ou curatelados e seus tutores ou curadores, durante a tutela ou curatela
- contra os incapazes de que trata o art. 3º
- contra os ausentes do País em serviço público da União, dos Estados ou dos Municípios
- contra os que se acharem servindo nas Forças Armadas, em tempo de guerra
- pendendo condição suspensiva
- não estando vencido o prazo
- pendendo ação de evicção

1.4. Interrompem a prescrição (uma única vez):

- o despacho do juiz, mesmo incompetente, que ordenar a citação, se o interessado a promover no prazo e na forma da lei processual
- o protesto, nas condições do inciso antecedente
- o protesto cambial
- a apresentação do título de crédito em juízo de inventário ou em concurso de credores
- qualquer ato judicial que constitua em mora o devedor
- qualquer ato inequívoco, ainda que extrajudicial, que importe reconhecimento do direito pelo devedor

Observações:

- A prescrição interrompida recomeça a correr da data do ato interruptivo ou do último ato do processo para interrompe
- A prescrição pode ser interrompida por qualquer inte-]ressado
- A interrupção da prescrição por um credor não aproveita aos outros; semelhantemente, a interrupção operada contra o codevedor, ou seu herdeiro, não prejudica aos demais coobrigados (art. 204)
- Exceção: interrupção por um credor solidário aproveita aos outros; assim como a interrupção efetuada contra o devedor solidário envolve os demais e seus herdeiros
- A interrupção operada contra um dos herdeiros do devedor solidário não prejudica os outros herdeiros ou devedores, senão quando se trate de obrigações e direitos indivisíveis (acessório não segue o acessório)
- A interrupção produzida contra o principal devedor prejudica o fiador (acessório segue o principal)

1.5. Prazos:

1.5.1. Geral: a prescrição ocorre em 10 anos, quando a lei não lhe haja fixado prazo menor (art. 205)

1.5.2. Especiais (art. 206):

a) 1 ano: pretensão de hotéis; segurado contra segurador (pedido de pagam. suspende prazo); tabeliães; peritos etc

b) 2 anos: prestação de alimentos, dos vencimentos

c) 3 anos: alugueres; ressarcimento por enriquecimento sem causa; reparação civil; seguro obrigatório (ex. DPVAT)

d) 4 anos: pretensão relativa à tutela, prestação de contas

e) 5 anos: cobrança de dívidas líquidas constantes de instrumentos; pretensão de profissionais liberais, contado da conclusão dos serviços; pretensão do vencedor para haver do vencido o que despendeu em juízo

2. Decadência

2.1. Conceito: *é a causa extintiva do direito potestativo pelo seu não exercício no prazo estipulado pela lei*

- Diz respeito às ações constitutivas

2.2. Características:

a) salvo disposição legal, não se aplicam os casos de impedimento, suspensão e interrupção (art. 207)

b) não corre prazo decadencial contra absolutamente incapaz (art. 208)

c) é nula a renúncia à decadência legal (art. 209), mas a decadência convencional pode ser alterada

d) juiz deve conhecer de ofício decadência legal (art. 210)

e) pode-se reconhecê-la a qualquer tempo (art. 211)

2.7.5. Questões comentadas

(Magistratura/MG – 2009 – EJEF) Relativamente à disciplina da Prescrição e da Decadência, marcar a questão CORRETA.

(A) Aplicam-se à decadência, salvo disposição legal em contrário, as normas que impedem, suspendem ou interrompem a prescrição.

(B) A prescrição e a decadência consolidam um estado de fato, transformando-o em estado de direito.

(C) Ambas constituem-se causa e disciplina de extinção de direitos, mas a prescrição funda-se em princípio de natureza privada, protegendo interesses privados.

(D) A prescrição e a decadência são formas de extinção de direitos, constituindo-se as duas em prazos extintivos.

A: incorreta (art. 207 do CC); **B:** incorreta, pois a prescrição e a decadência consolidam uma situação de direito; **C:** incorreta, pois a prescrição pode, também, proteger interesses públicos, valendo lembrar que, atualmente, tanto a prescrição, como a decadência devem ser pronunciadas de ofício pelo juiz (arts. 210 do CC e 219, § 5º, do CPC); **D:** correta, tratando-se a prescrição de extinção de uma *pretensão* e a decadência de extinção de um *direito potestativo*.

Gabarito "D"

(Magistratura/PE – 2011 – FCC) O motorista José, no dia 08 de dezembro de 2005, envolveu- se em acidente de trânsito, do qual resultaram danos em seu veículo e aos ciclistas Pedro e João, à época contando 12 (doze) e 16 (dezesseis) anos de idade, respectivamente. No procedimento criminal José foi absolvido, transitando em julgado a sentença em 09/06/2006. José ajuizou ação indenizatória contra Pedro e João, que têm patrimônio próprio, em 17/03/2009. Os réus, em peças distintas, contestaram, alegando que José fora culpado no acidente e apresentaram pedido contraposto, na audiência realizada em 12/06/2009, pleiteando indenização para serem ressarcidos dos prejuízos que também sofreram, inclusive mediante compensação se o juiz concluir pela concorrência de culpas. Foram ouvidas testemunhas e o juiz, de ofício, reconheceu que as pretensões do autor e dos réus estavam prescritas, porque já decorridos mais de 3 (três) anos desde o acidente, sendo este o prazo estabelecido no artigo 206, § 3º, V, do Código Civil.

A sentença é

(A) parcialmente correta, porque a prescrição só atingiu as pretensões de José e de João.

(B) correta tanto em relação ao autor como aos réus.

(C) incorreta, porque a prescrição não atingiu as pretensões do autor nem dos réus, à vista de circunstâncias que obstam o curso do prazo prescricional.

(D) incorreta, porque o Juiz não pode, de ofício, reconhecer a prescrição.

(E) parcialmente correta, porque a prescrição atingiu a pretensão do autor, mas não atinge o pedido contraposto, porque se caracteriza como exceção.

A alternativa "a" está correta, pois a pretensão de Pedro não prescreveu, vez que Pedro tinha 12 anos à época do acidente, e, contra os absolutamente incapazes, não corre a prescrição (art. 198, I, do CC). Além disso, o juiz pode conhecer de ofício a prescrição (art. 219, § 5º, do CDC).

Gabarito "A"

(Magistratura/RS – 2009) Assinale a assertiva correta sobre decadência.

(A) É de cento e vinte dias o prazo para a anulação do negócio jurídico, a contar da sua conclusão ou cessação da incapacidade, concluído pelo representante em conflito de interesse com o representado, se o fato era ou devia ser do conhecimento de quem com ele tratou.

(B) É de um ano o prazo, a contar da publicação da sua inscrição no registro, para anular a constituição da pessoa jurídica de direito privado por defeito do ato respectivo.

(C) É de dois anos o prazo de anulação do ato, a contar de sua conclusão, se não houver prazo estabelecido em lei, quando esta dispuser que determinado ato é anulável.

(D) É de três anos o prazo para pleitear-se a anulação do negócio jurídico nos casos de coação, erro, dolo, fraude contra credores, estado de perigo ou lesão e atos de incapazes.

(E) É de quatro anos o prazo para a declaração de nulidade de negócio jurídico simulado.

A: incorreta, pois o prazo, no caso, é de 180 dias (art. 119, parágrafo único, do CC); **B:** incorreta, pois o prazo, no caso, é de 3 anos (art. 45, parágrafo único, do CC); **C:** correta (art. 179 do CC); **D:** incorreta, pois o prazo, no caso, é de 4 anos (art. 178 do CC); **E:** incorreta, pois não há prazo no caso, por ser o negócio simulado um *ato nulo* (art. 167 do CC), que não convalesce pelo decurso do tempo (art. 169, parte final, do CC).

Gabarito "C"

(Magistratura/SP – 2013 – VUNESP) Acerca da prescrição e da decadência, é correto afirmar-se:

(A) Na forma do disposto no art. 202 do Código Civil, a prescrição e a decadência só podem ser interrompidas uma única vez.

(B) A pretensão para haver prestações de natureza alimentar é imprescritível.

(C) Quando a lei não fixar prazo menor, a prescrição ocorre em 10 anos.

(D) A prescrição deve ser alegada pelo réu na contestação, sob pena de preclusão.

A: incorreta, pois a prescrição é que pode ser interrompida e não a decadência, nos termos do citado art. 202 do CC; **B:** incorreta, pois a prescrição da pretensão para haver prestações alimentares (e não do direito de pedir alimentos, para o qual não há prazo enquanto os alimentos puderem ser exigidos) é de 2 anos, a partir da data em que se vencerem (art. 206, § 2º, do CC); **C:** correta (art. 205 do CC); **D:** incorreta, pois a prescrição pode ser alegada em qualquer grau de jurisdição, pela parte a quem aproveita (art. 193 do CC).

Gabarito "C"

(Magistratura/SP – 2009 – VUNESP) Prescrição e decadência

(A) extinguem o direito de ação.

(B) extinguem, respectivamente, o direito potestativo e a pretensão.

(C) extinguem, respectivamente, a pretensão e o direito potestativo.

(D) extinguem a pretensão.

A alternativa "c" está correta, pois a **prescrição** é a *causa extintiva da pretensão, pelo seu não exercício no prazo estipulado pela lei,* ao passo que a **decadência** é a *causa extintiva do direito potestativo pelo seu não exercício no prazo estipulado pela lei.*

Gabarito "C"

(Ministério Público/GO – 2010) Quanto à prescrição e a decadência, assinale a alternativa correta:

(A) A decadência não guarda relação com os chamados direitos potestativos.

(B) É decadencial o prazo para a ação reparatória-indenizatória de dano ambiental.

(C) É prescricional o prazo para a ação de anulação de casamento.

(D) A prescrição atinge a pretensão que tem por objeto uma prestação e a decadência o direito dirigido a uma sujeição.

A: incorreta, pois a decadência extingue exatamente o direito potestativo em virtude da inércia do seu titular; **B:** incorreta, pois o prazo para essa espécie de reparação seria teoricamente prescricional, havendo corrente que defenda a imprescritibilidade desta espécie de pretensão, por dizer respeito a direito fundamental das próximas gerações; **C:** incorreta, pois o prazo para exercício do direito de anular casamento é decadencial; **D:** correta, pois de pleno acordo com o art. 189 do Código Civil.

Gabarito "D"

(Ministério Público/MG – 2011) Quanto à prescrição, é **INCORRETO** afirmar:

(A) Os prazos de prescrição, via de regra, podem ser alterados por acordo das partes.

(B) Pode ser alegada, em qualquer grau de jurisdição, pela parte a quem aproveita.

(C) A prescrição iniciada contra uma pessoa continua a correr contra o seu sucessor.

(D) Quando a ação se originar de fato que deva ser apurado no juízo criminal, não correrá a prescrição antes da respectiva sentença definitiva.

A: incorreta (e deve ser assinalada), em virtude da vedação legal do art. 192 do Código Civil; **B:** correta, em virtude da regra disposta no art. 194 do Código Civil; **C:** correta, em virtude da regra estabelecida no art. 196 do Código Civil; **D:** correta, em virtude da causa legal de impedimento de prescrição prevista no art. 200 do Código Civil.

Gabarito "A"

(Ministério Público/PR – 2009) Sobre a decadência e a prescrição, é INCORRETO afirmar:

(A) Em nenhuma hipótese, os prazos decadenciais admitem suspensão ou interrupção do lapso temporal estabelecido em lei.

(B) É nula a renúncia ao prazo de decadência fixado em lei, mesmo quando convencionada em ato ou negócio jurídico firmado entre capazes.

(C) O protesto, judicial ou extrajudicial efetuado em tabelionato de protesto de títulos, constitui causa de interrupção da prescrição, mas somente poderá ocorrer uma vez.

(D) O juiz pode declarar, de ofício, a decadência.

(E) Quando a lei civil não fixar prazo menor, a prescrição da pretensão ocorre em 10 (dez) anos.

A: incorreto, devendo ser assinalada, pois há vários casos de suspensão e interrupção do prazo decadencial (as exceções trata-se do absolutamente incapaz, ao art. 501 CC e art. 26,§ 2º, I e II CDC), **B:** correta (art. 209 do CC); **C:** correta (art. 202, III, c/c art. 203, ambos do CC); **D:** correta (art. 210 do CC); **E:** correta (art. 205 do CC).

Gabarito "A"

(Ministério Público/SP – 2013 – PGMP) Sobre as regras dispostas no Código Civil a respeito da interrupção da prescrição, assinale a proposição que está INCORRETA.

(A) A prescrição pode ser interrompida por qualquer interessado.

(B) A interrupção da prescrição por um credor não aproveita aos outros.

(C) A interrupção operada contra um dos herdeiros do devedor solidário não prejudica os outros herdeiros ou devedores, senão quando se trate de obrigações e direitos indivisíveis.

(D) A interrupção produzida contra o principal devedor não prejudica o fiador.

(E) A interrupção efetuada contra o devedor solidário envolve os demais e seus herdeiros.

A: assertiva correta (art. 203 do CC), **B:** assertiva correta (art. 204, *caput*, do CC); **C:** assertiva correta (art. 204, § 2º, do CC); **D:** assertiva incorreta, devendo ser assinalada; a interrupção produzida contra o principal devedor prejudica, sim, o fiador (art. 204, p. 3º, do CC); **E:** assertiva correta (art. 204, p. 1º, do CC).

Gabarito "D"

(Ministério Público/SP – 2011) A respeito dos prazos de prescrição, pode-se afirmar que:

(A) os prazos do Código de 2002 (Lei n. 10.406/02) são aplicados na hipótese de haver transcorrido menos da metade do tempo estabelecido na lei revogada.

(B) os prazos do Código de 2002 (Lei n. 10.406102) são aplicados na hipótese de haver transcorrido mais da metade do tempo estabelecido na lei revogada.

(C) até janeiro de 2005, o prazo da usucapião do artigo 1238 do Código Civil era de 15 (quinze) anos.

(D) o prazo para cobrança de alugueres de prédios urbanos é de 4 (quatro) anos.

(E) o prazo para a cobrança de honorários de árbitros é de 5 (cinco) anos.

A alternativa "b" está correta, nos termos do art. 2.028 do CC.

Gabarito "B"

(Ministério Público/SP – 2010) Assinale a alternativa incorreta:

(A) o pagamento espontâneo de dívida prescrita não pode ser repetido.

(B) tratando-se de obrigação não suscetível de fracionamento, suspensa a prescrição em favor de um dos credores solidários, aos demais será estendida.

(C) a prescrição e a decadência legal podem ser conhecidas de ofício pelo juiz. A prescrição pode ser renunciada. A decadência fixada em lei não pode ser objeto de renúncia.

(D) o direito a alimentos, como é sabido, é imprescritível. Há previsão na lei civil, porém, estabelecendo que a pretensão para haver prestações alimentares estabelecidas judicialmente prescreve, a partir do vencimento, em cinco anos.

(E) a responsabilidade dos assistentes dos relativamente incapazes e dos representantes legais das pessoas jurídicas, que derem causa à prescrição ou não a alegarem oportunamente, não é objetiva.

A: correta, pois constitui hipótese de renúncia tácita à prescrição operada (art. 191 do CC); **B:** correta (art. 201 do CC); **C:** correta, pois a prescrição e a decadência devem ser conhecidas de ofício pelo juiz (art. 219, § 5º, do CPC e art. 210 do CC); ademais, a prescrição pode ser renunciada (art. 191 do CC) e a decadência legal não pode ser renunciada (art. 209 do CC); **D:** incorreta (e deve ser assinalada), pois o prazo prescricional para cobrar prestações alimentares é de *2 anos* a partir do vencimento (art. 206, § 2º, do CC); **E:** correta, pois o art. 195 do CC refere-se à responsabilidade "independentemente de culpa", expressão usual no Código Civil, quando se estabelece responsabilidade objetiva.

Gabarito "D"

(Procurador do Estado/AC – FMP – 2012) Assinale a alternativa CORRETA.

(A) A prescrição não ocorre em relação às ações declaratórias ou constitutivas, sejam essas últimas positivas, modificativas ou negativas.

(B) As normas relativas à prescrição são de caráter cogente em relação ao prazo, mas dispositivas em relação ao termo *a quo* e aos termos interruptivos.

(C) É possível a renúncia, tanto do prazo prescricional, quanto do prazo decadencial, a qualquer tempo.

(D) Os prazos decadenciais convencionais deverão, assim como os legais, ser conhecidos de ofício pelo juiz.

A: correta, pois a prescrição diz respeito às ações condenatórias; **B:** incorreta (art. 192, do CC); **C:** incorreta (art. 191, do CC); **D:** incorreta (art. 210 e 211, ambos do CC).

Gabarito "A"

(Procurador do Estado/GO – 2010) Leia as assertivas que se seguem e assinale, abaixo, a alternativa CORRETA:

I. A exceção prescreve no mesmo prazo em que a pretensão.

II. Os prazos prescricionais podem ser alterados por acordo das partes.

III. A interrupção operada contra um dos herdeiros do devedor solidário não prejudica os outros herdeiros ou devedores, senão quando se trate de obrigações e direitos indivisíveis.

IV. Prescreve em quatro anos a pretensão dos profissionais liberais em geral, procuradores judiciais, curadores e professores pelos seus honorários, contado o prazo da conclusão dos serviços, da cessação dos respectivos contratos ou mandato.

(A) Todas as alternativas estão erradas.

(B) Apenas as alternativas I e III estão corretas.

(C) Todas as alternativas estão corretas.

(D) Apenas as alternativas I e IV estão corretas.

(E) Apenas as alternativas III e IV estão corretas.

I: correta (art. 190, do CC); **II:** incorreta, pois os prazos prescricionais não podem ser alterados por acordo das partes (art. 192, do CC); **III:** correta (art. 204, § 2º, do CC); **IV:** incorreta, pois o prazo prescricional é de cinco anos (art. 206, § 5º, II, do CC).

Gabarito "B"

(Procurador do Estado/MT – FCC – 2011) NÃO corre a prescrição

(A) pendendo condição resolutiva.

(B) pendendo condição suspensiva.

(C) contra os relativamente incapazes.

(D) contra todos os ausentes do País.

(E) enquanto não prolatada a respectiva sentença penal recorrível quando a ação se originar de fato que deva ser apurado no juízo criminal.

A: incorreta, pois a prescrição corre quando pender condição resolutiva (art. 199, I, do CC); **B:** correta (art. 199, I, do CC); **C:** incorreta, pois a prescrição não corre contra os absolutamente incapazes (art. 198, I, do CC); **D:** incorreta, pois a prescrição não corre *contra os ausentes do País em serviço público da União, dos Estados ou dos Municípios* (art. 198, II, do CC); **E:** incorreta (art. 200, do CC).

Gabarito "B"

(Procurador do Estado/PA – 2011) Quanto à prescrição, analise as proposições abaixo e assinale a alternativa CORRETA:

I. Quando a ação se originar de fato que deva ser apurado no juízo criminal, a prescrição não iniciará a correr antes da respectiva sentença definitiva.

II. Versando determinada relação jurídica sobre direitos disponíveis, podem as partes, no exercício de suas liberdades, reduzir os prazos de prescrição legalmente definidos.

III. Sendo a obrigação indivisível, a suspensão da prescrição em favor de um dos credores solidários gera efeito idêntico aos demais beneficiários do crédito.

IV. Prescreve em três anos a pretensão dos profissionais liberais em geral, procuradores judiciais, curadores e professores pelos seus honorários, contado o prazo da conclusão dos serviços, da cessação dos respectivos contratos ou mandato;

V. Para o reconhecimento judicial da prescrição, é indispensável que seja alegada no primeiro grau de jurisdição pela parte a quem aproveita.

(A) Apenas as proposições I e III estão corretas.
(B) Apenas a proposição III está correta.
(C) Apenas as proposições I, III e IV estão corretas.
(D) Todas as proposições estão corretas.
(E) Apenas as proposições I, II e V estão corretas.

I: correta (art. 200, do CC); **II:** incorreta (art. 192, do CC); **III:** correta (art. 204, § 1º, do CC); **IV:** incorreta (art. 206, § 5º, II, do CC); **V:** incorreta (art. 193, do CC).

Gabarito "A"

(Procurador do Estado/RO – 2011 – FCC) A decadência consiste na perda

(A) do direito de regresso em face de outro devedor solidário em razão de seu não exercício após um mês da condenação.
(B) do direito de se cobrar o cumprimento de uma obrigação vincenda em razão do não exercício dessa faculdade em determinado prazo.
(C) do direito de ver o devedor processado judicialmente por uma dívida ainda não vencida em razão do decurso do tempo.
(D) da pretensão de ver a dívida paga em hipóteses expressamente previstas em lei em razão do decurso do tempo, o que autoriza a repetição do indébito caso o pagamento tenha ocorrido após o seu advento.
(E) do direito em razão do decurso do tempo em hipóteses expressamente previstas em lei, o que autoriza a repetição do indébito caso o pagamento tenha ocorrido após o seu advento.

A alternativa "E" traz o conceito correto da decadência, que *é a causa extintiva do direito potestativo pelo seu não exercício no prazo estipulado pela lei.*

Gabarito "E"

(Procurador do Estado/SC – 2010 – FEPESE) Com relação à prescrição e à decadência, assinale a alternativa incorreta, de acordo com o Código Civil Brasileiro.

(A) A prescrição iniciada contra uma pessoa continua a correr contra o seu sucessor.
(B) Os prazos de prescrição não podem ser alterados por acordo das partes.
(C) Pendendo ação de evicção, não corre o prazo prescricional.
(D) Se a decadência for convencional, a parte a quem aproveita pode alegá-la em qualquer grau de jurisdição, mas o juiz não pode suprir a alegação.
(E) Quando a lei dispuser que determinado ato é anulável, sem, contudo, estabelecer prazo para pleitear-se a anulação, será este de 4 (quatro) anos, a contar da data da conclusão.

A: correta (art. 196 do CC); **B:** correta (art. 192 do CC); **C:** correta (art. 199, III, do CC); **D:** correta (art. 211 do CC); **E:** incorreta, devendo ser assinalada, pois o art. 179 do CC dispõe: "quando a lei dispuser que determinado ato é anulável, sem estabelecer prazo para pleitear-se a anulação, será este de dois anos, a contar da data da conclusão do ato".

Gabarito "E"

(Procurador do Estado/SP – FCC – 2009) Em tema de prescrição, é correto afirmar:

(A) Suspensa a prescrição em favor de um dos credores solidários, só aproveitam os outros se a obrigação for indivisível.
(B) Serão os da lei anterior os prazos, quando reduzidos pelo Código Civil, e se, na data de sua entrada em vigor, já houver transcorrido mais de 1/3 (um terço) do tempo decorrido estabelecido na lei revogada.
(C) Não corre prescrição pendendo condição resolutiva expressa.
(D) Quando a ação se originar de fato que deva ser apurado no juízo criminal, a prescrição terá seu curso normal, devendo ser comunicado àquele juízo eventual apuração de responsabilidade civil para fins probatórios.

(E) A prescrição ocorre em 20 (vinte) anos, quando a lei não lhe haja fixado prazo menor.

A: correta (art. 201 do CC); **B:** incorreta, pois serão da lei anterior os prazos reduzidos quando, na data da entrada em vigor do Código Civil, já houver transcorrido mais da *metade* do tempo estabelecido na lei revogada (art. 2.028 do CC); **C:** incorreta, pois não corre quando pende condição *suspensiva* (art. 199, I, do CC); **D:** incorreta, pois, nesse caso, não corre a prescrição antes da sentença criminal definitiva (art. 200 do CC); **E:** incorreta, pois a prescrição corre em 10 anos nesse caso (art. 205 do CC).

Gabarito "A"

(Procurador do Município/Florianópolis-SC – 2010 – FEPESE) A ação de perdas e danos pelo uso de marca comercial prescreve em:

(A) 2 anos.

(B) 3 anos.

(C) 5 anos.

(D) 10 anos.

(E) 20 anos.

Art. 225 da Lei 9.279/1996.

Gabarito "C"

(Procurador do Município/São José dos Campos-SP – 2012 – VUNESP) Assinale a alternativa correta quanto à prescrição de um direito.

(A) As obrigações sujeitas à prescrição presuntiva estão subordinadas, nos termos gerais, às regras da prescrição ordinária.

(B) A presunção de cumprimento pelo decurso do prazo só pode ser ilidida por confissão do devedor originário.

(C) Os prazos de prescrição não podem ser alterados por acordo das partes, podendo ser alegada em qualquer grau de jurisdição, pela parte a quem aproveita.

(D) A prescrição geral ocorre em quinze anos, quando a lei não lhe haja fixado prazo menor ou maior para ocorrer.

(E) Prescreve em dois anos a pretensão dos tabeliães, auxiliares da justiça, serventuários judiciais, árbitros e peritos, pela percepção de seus honorários.

A e **B:** incorretas, pois a prescrição presuntiva não se sujeita às regras da prescrição ordinária. Conforme consta no acórdão do TJSP, "o *tempo consolida situações e funciona como gerador de segurança jurídica, sendo que há a prescrição presuntiva, ou seja, aquela em que a inércia do titular em exercer direito confirma o cumprimento pela parte do devedor, como previsto no art. 312, do CC de Portugal e que é explicado pelo Professor PEDRO PAIS DE VASCONCELOS (***Teoria geral do direito civil***, Almedina, 2007, p. 382): 'A ratio legis é clara: passado certo tempo sem o credor exigir o cumprimento, presume-se que o devedor já cumpriu. O credor fica sujeito que lhe seja oposta a prescrição se tolerar a mora durante mais do que aquele tempo e convém-lhe, por isso, não manter a inércia para além desse limite do tempo'"* (TJSP, apelação n. 990102996131); **C:** correta (art. 192 e 193, ambos do CC); **D:** incorreta, pois a prescrição ocorre em dez anos, quando a lei não lhe haja fixado prazo menor (art. 205, do CC); **E:** incorreta, pois a pretensão dos tabeliães, auxiliares da justiça, serventuários judiciais, árbitros e peritos, pela percepção de emolumentos, custas e honorários prescreve em um ano (art. 206, § 1º, III, do CC).

Gabarito "C"

(Procurador do Município/São José dos Campos-SP – 2012 – VUNESP) Quanto ao conceito de direito potestativo, assinale a alternativa correta.

(A) É o poder que a ordem jurídica confere a alguém de agir e de exigir de outrem determinado comportamento em nome próprio ou de terceiro interessado.

(B) É a proteção dos direitos subjetivos que se faz pelas vias previstas no direito para esse fim.

(C) É o ônus jurídico correspondente à faculdade de se comportar de determinado modo para a realização de interesse próprio.

(D) É a situação jurídica em que o direito não nascido está pendente de verificação de um requisito essencial a sua existência.

(E) Constitui um poder de agir de que certa pessoa é dotada para influir decisivamente na esfera jurídica de outrem, que deve se sujeitar a tal vontade.

A, **B**, **C** e **D:** incorretas, pois não trazem o conceito de direito potestativo; **E:** correta. Direito potestativo é o poder que o sujeito tem de agir, podendo alterar uma situação jurídica na qual se encontra outro sujeito, como, por exemplo, o direito de anular um negócio jurídico, em razão de um vício de consentimento. Oportuno ressaltar que o direito potestativo é insuscetível de violação, já que a ele não se opõe um dever de quem quer que seja, mas sim uma situação de sujeição. Portanto, não há que se falar em dever, obrigação, ônus ou débito, por se tratar de um estado de sujeição.

Gabarito "E"

(Procurador do Município/Teresina-PI – 2010 – FCC) No que se refere à prescrição:

(A) Os prazos prescricionais da pretensão e da exceção são autônomos.

(B) O início do prazo prescricional ocorre com o surgimento da pretensão, que decorre da exigibilidade do direito subjetivo.

(C) Seus prazos podem ser alterados pela vontade das partes, se maiores e capazes.

(D) Deve ser alegada na primeira oportunidade processual, sob pena de se tratar de matéria preclusa.

(E) Iniciada contra uma pessoa, não corre contra o seu sucessor.

A: incorreta (art. 190 do CC); **B:** correta, pois a alternativa conceitua corretamente o início do prazo da prescrição (art. 189 do CC); **C:** incorreta (art. 192 do CC); **D:** incorreta (art. 193 do CC); **E:** incorreta (art. 196 do CC).

Gabarito "B"

(Advogado da União/AGU – CESPE – 2012) A respeito da prescrição, julgue os itens seguintes.

(1) O devedor capaz que pagar dívida prescrita pode reaver o valor pago se alegar, na justiça, a ocorrência de pagamento indevido ao credor, estando o direito de reaver esse valor fundado no argumento de que o credor que receba o que lhe não seja devido enriquece às custas do devedor.

1: incorreta, pois *não se pode repetir o que se pagou para solver dívida prescrita, ou cumprir obrigação judicialmente inexigível* (art. 882, do CC).

Gabarito 1E

(Cartório/MG – 2012 – FUMARC) Tendo em vista os atos que interrompem a prescrição, na forma do que dispõe o Código Civil, considere os itens:

I. despacho do Juiz incompetente que ordenar a citação, se o interessado a promover no prazo e na forma da lei processual;

II. apresentação do título de crédito em juízo de inventário ou em concurso de credores;

III. qualquer ato inequívoco, sem o reconhecimento do direito pelo devedor.

A opção correta é

(A) Apenas o item I está correto.

(B) Apenas os itens I e II estão corretos.

(C) Apenas os itens I e III estão corretos.

(D) Apenas os itens II e III estão corretos.

I: correta, pois o despacho do juiz que determina a citação é causa interruptiva da prescrição, ainda que o juiz seja incompetente para julgar a causa (art. 202, I, do CC); **II:** correta, pois reproduz os dizeres do art. 202, IV, do CC; **III:** incorreta, pois o ato inequívoco deve importar reconhecimento do direito pelo devedor (art. 202, VI, do CC).

Gabarito "B"

(Cartório/SC – 2012) Sobre a prescrição é **correto** afirmar:

I. Durante o poder familiar, não corre entre ascendentes e descendentes.

II. Corre entre os cônjuges na constância da sociedade conjugal.

III. Não corre entre tutelados e seus tutores durante a tutela.

IV. Corre entre curatelados e curadores durante a curatela.

V. Entre ascendentes e descendentes corre durante o poder familiar.

(A) Somente as proposições I, II, III e V estão corretas.

(B) Somente as proposições I e III estão corretas.

(C) Somente as proposições II, IV e V estão corretas.

(D) Somente as proposições III e IV estão corretas.

(E) Todas as proposições estão corretas.

I: correta (art. 197, II, do CC); **II:** incorreta, pois *não* corre prescrição entre os cônjuges, na constância da sociedade conjugal (art. 197, I, do CC); **III:** correta (art. 197, III, do CC); **IV:** incorreta, pois assim como não corre prescrição entre tutelado e tutor durante a tutela, também não corre entre curatelado e curador durante a curatela (art. 197, III, do CC); **V:** incorreta, pois durante o poder familiar *não* corre prescrição entre ascendente e descendente.

Gabarito "B"

(Cartório/SP – 2011 – VUNESP) A respeito da prescrição,

(A) o simples protesto cambial não interrompe a prescrição.

(B) a exceção prescreve na metade do prazo da pretensão.

(C) a prescrição não pode ser reconhecida de ofício.

(D) a prescrição interrompida contra um dos devedores solidários atinge os demais.

A: incorreta (art. 202, III, do CC); **B:** incorreta (art. 190 do CC); **C:** incorreta, pois o art. 194 do CC, o qual vedada o reconhecimento de ofício da prescrição foi revogado pela Lei 11.280/2006. Ademais, o art. 219, § 5º, do CPC prevê expressamente que a prescrição pode ser reconhecida de ofício pelo juiz; **D:** correta (art. 201, § 1º, parte final).

Gabarito "D"

(Cartório/RN – 2012 – IESES) Assinale a alternativa **INCORRETA:**

(A) A interrupção da prescrição somente pode se dar uma vez.

(B) Apesar de previstos em lei, os prazos prescricionais podem ser alterados por vontade das partes.

(C) Não corre prescrição entre cônjuges, na constância da sociedade conjugal.

(D) Se ocorrer a interrupção da prescrição, começa a correr novamente da data que a interrompeu.

A: correta (art. 202, *caput,* do CC); **B:** incorreta (devendo ser assinalada), pois os prazos prescricionais não podem ser alterados pela vontade das partes (art. 192 do CC); **C:** correta (art. 197, I, do CC); **D:** correta (art. 202, parágrafo único, do CC).

Gabarito "B"

(Analista – STM – 2011 – CESPE) Julgue o seguinte item.

(1) Em caráter excepcional, mediante provimento judicial fundamentado, pode o juiz interromper prazo decadencial já iniciado, devendo constar da decisão o dia em que o prazo deve voltar a correr.

1: incorreta, pois os prazos decadenciais, como regra, não sofrem impedimento, suspensão ou interrupção (art. 207 do CC), diferente do que ocorre com os prazos prescricionais.

Gabarito 1E

(Analista – TRT/7ª – 2009 – FCC) NÃO se inclui dentre as causas que interrompem a prescrição

(A) qualquer ato inequívoco, ainda que extrajudicial, que importe reconhecimento do direito pelo devedor.

(B) o despacho do juiz incompetente que ordenar a citação, se o interessado a promover no prazo e na forma da lei processual.

(C) a apresentação, pela segunda vez, do título de crédito em concurso de credores.

(D) o protesto cambial.

(E) o despacho do juiz competente que ordenar a citação, se o interessado a promover no prazo e na forma da lei processual.

A: incorreta (art. 202, VI, do CC); **B** e **E:** incorretas (art. 202, I, do CC); **C:** correta (art. 202, IV, do CC); **D:** incorreta (art. 202, III, do CC).

Gabarito "C"

(Analista – TRT/8ª – 2010 – FCC) A prescrição

(A) é a extinção do direito pela falta de exercício dentro do prazo prefixado, atingindo indiretamente a ação.

(B) poderá ser renunciada pelo interessado, depois que se consumar, desde que não haja prejuízo de terceiro.

(C) poderá ter seus prazos alterados por acordo das partes, em razão da liberdade de contratar.

(D) só pode ser alegada pela parte a quem aproveita até a sentença de primeira instância.

(E) suspensa em favor de um dos credores solidários aproveitará os outros se a obrigação for divisível.

A: incorreta, pois a prescrição atinge a ação e por via oblíqua faz desaparecer o direito por ela tutelado; já a decadência atinge o direito e por via oblíqua extingue a ação; **B:** correta (art. 191 do CC); **C:** incorreta (art. 192 do CC); **D:** incorreta (art. 193 do CC); **E:** incorreta (art. 201 do CC).

Gabarito "B"

(Analista – TRT/14ª – 2011 – FCC) Não corre a decadência, nem a prescrição contra os

(A) que, por deficiência mental, tenham o discernimento reduzido.

(B) pródigos.

(C) que, mesmo por causa transitória, não puderem exprimir sua vontade.

(D) maiores de dezesseis e menores de dezoito anos.

(E) ébrios habituais e os viciados em tóxicos.

Segundo o art. 198, I, do CC não corre a prescrição contra os absolutamente incapazes. O art. 208 do CC, por sua vez, dispõe que essa regra também se aplica à decadência. Pois bem. De todas as pessoas citadas nas alternativas, apenas aquelas "que, mesmo por causa transitória, não puderem exprimir sua vontade" são consideradas absolutamente incapazes (art. 3º, III, do CC). Os demais são todos relativamente incapazes (art. 4º do CC). Assim, somente a alternativa "c" está correta.

Gabarito "C"

(Analista – TRT/14ª – 2011 – FCC) Prescreve em três anos a pretensão

(A) relativa à tutela, a contar da data da aprovação das contas.

(B) de cobrança de dívidas líquidas constantes de instrumento público ou particular.

(C) do vencedor para haver do vencido o que despendeu em juízo.

(D) dos profissionais liberais em geral pelos seus honorários, contado o prazo da conclusão dos serviços ou cessação dos respectivos contratos.

(E) do beneficiário contra o segurador e a do terceiro prejudicado, no caso de seguro de responsabilidade civil obrigatório.

A: incorreta, pois prescreve em 4 anos (art. 206, § 4º, do CC); **B:** incorreta, pois prescreve em 5 anos (art. 206, § 5º, I, do CC); **C:** incorreta, pois prescreve em 5 anos (art. 206, § 5º, III, do CC); **D:** incorreta, pois prescreve em 5 anos (art. 206, § 5º, II, do CC); **E:** correta, pois prescreve em 3 anos (art. 206, § 3º, IX, do CC).

Gabarito "E"

(Analista – TRT/15ª – 2009 – FCC) A respeito da prescrição, é INCORRETO afirmar que

(A) a exceção prescreve no mesmo prazo em que a pretensão.

(B) os prazos de prescrição podem ser alterados por acordo das partes.

(C) a prescrição pode ser alegada em qualquer grau de jurisdição pela parte a quem aproveita.

(D) a prescrição iniciada contra uma pessoa continua a correr contra o seu sucessor.

(E) não corre a prescrição entre os cônjuges, na constância da sociedade conjugal.

A: correta (art. 190 do CC); **B:** incorreta, devendo ser assinalada, (art. 192 do CC); **C:** correta (art. 193 do CC); **D:** correta (art. 196 do CC); **E:** correta (art. 197, I, do CC).

Gabarito "B"

(Analista – TRT/20ª – 2011 – FCC) Sobre prescrição e decadência, considere:

I. Pode ser renunciada pela parte, e só valerá, sendo feita, sem prejuízo de terceiro, depois da consumação.

II. Não pode ser reconhecida de ofício pelo juiz.

Tais afirmativas são, dentre outras, características da

(A) prescrição e da decadência convencional, respectivamente.

(B) decadência legal e da prescrição, respectivamente.

(C) prescrição e da decadência legal, respectivamente.
(D) decadência legal.
(E) prescrição.

I: prescrição (art. 191 do CC); **II:** decadência convencional, conforme interpretação *a contrario sensu* do art. 210 do CC.

Gabarito "A"

(Analista – TRT/20ª – 2011 – FCC) Suspensa a prescrição em favor de um dos credores solidários, esta suspensão só aproveitará os demais se a obrigação for

(A) indivisível.
(B) alternativa.
(C) divisível.
(D) de dar coisa certa.
(E) de fazer.

Art. 201 do CC.

Gabarito "A"

(Analista – TRT/22ª – 2010 – FCC) Contra os menores de dezesseis anos

(A) não correm os prazos de decadência, mas correm os prazos prescricionais.
(B) não correm os prazos de decadência e de prescrição.
(C) não correm os prazos de prescrição, mas correm os prazos decadenciais.
(D) correm normalmente os prazos de decadência e de prescrição.
(E) os prazos prescricionais e decadenciais são computados em dobro.

Arts. 198, I, e 208 do CC.

Gabarito "B"

(Analista – TRT/17ª – 2009 – CESPE) A respeito de prescrição e decadência, julgue os seguintes itens.

(1) A alteração dos prazos por acordo entre as partes é admissível na decadência, porém não o é na prescrição.
(2) Se a prescrição for suspensa em favor de um dos credores solidários, só aproveitará aos demais se a obrigação for indivisível.

1: correta – art. 192 do CC; **2:** correta – art. 201 do CC.

Gabarito 1C, 2C

(Analista – TRE/AC – 2010 – FCC) Jane, por deficiência mental, não tem o necessário discernimento para a prática dos atos da vida civil. Gilberto, por causa transitória, não pode exprimir sua vontade e Morgana é excepcional, sem desenvolvimento mental completo. De acordo com o Código Civil brasileiro, NÃO corre a prescrição contra

(A) Gilberto e Morgana.
(B) Jane, Gilberto e Morgana.
(C) Jane e Gilberto.
(D) Jane e Morgana.
(E) Jane, apenas.

Jane e Gilberto são absolutamente incapazes (art. 3º, II e III, do CC) e Morgana é relativamente incapaz (art. 4º, III, do CC). Assim, de acordo com o disposto no art. 198, I, do CC, não corre prescrição contra Jane e Gilberto.

Gabarito "C"

(Analista – TRE/AL – 2010 – FCC) Com relação à Prescrição é correto afirmar:

(A) A prescrição suspensa em favor de um dos credores solidários aproveitará sempre os demais.
(B) Os prazos de prescrição podem ser alterados por acordo das partes.
(C) A prescrição iniciada contra uma pessoa não continua a correr contra o seu sucessor por expressa vedação legal.
(D) A exceção prescreve no mesmo prazo em que a pretensão.
(E) A renúncia da prescrição deverá ser expressa, sendo vedada a renúncia tácita.

A: incorreta, pois suspensa a prescrição em favor de um dos credores solidários, só aproveitam os outros se a obrigação for indivisível (art. 201 do CC); **B:** incorreta, pois os prazos de prescrição **não** podem ser alterados por acordo das partes (art. 192 do CC); **C:** incorreta, pois a prescrição iniciada contra uma pessoa continua a correr contra o seu sucessor (art. 196 do CC); **D:** correta (art. 190 do CC); **E:** incorreta, pois a renúncia da prescrição pode ser expressa **ou tácita** (art. 191 do CC).

Gabarito "D"

(Analista – TRE/AL – 2010 – FCC) A interrupção da prescrição

(A) por um dos credores solidários não aproveita aos outros; assim como a interrupção efetuada contra o devedor solidário não envolve os demais.
(B) poderá ocorrer no máximo duas vezes, sendo a terceira interrupção automaticamente desconsiderada.
(C) por um credor aproveita aos outros; semelhantemente, a interrupção operada contra o codevedor prejudica aos demais coobrigados.
(D) ocorrerá, dentre outras hipóteses, por despacho do juiz, mesmo incompetente, que ordenar a citação, se o interessado a promover no prazo e na forma da lei processual.
(E) operada contra um dos herdeiros do devedor solidário, em regra, prejudica os outros herdeiros.

A: incorreta (art. 204, § 1º, do CC); **B:** incorreta (art. 202, *caput*, do CC); **C:** incorreta (art. 204, *caput*, do CC); **D:** correta (art. 202, I, do CC); **E:** incorreta (art. 204, § 2º, do CC).

Gabarito "D"

(Analista – TRE/AM – 2010 – FCC) Prescreverá em cinco anos a pretensão

(A) de ressarcimento de enriquecimento sem causa e a de reparação civil.

(B) dos tabeliães, auxiliares da justiça, serventuários judiciais, árbitros e peritos, pela percepção de emolumentos, custas e honorários.

(C) de cobrança de dívidas líquidas constantes de instrumento público ou particular.

(D) para haver prestações alimentares, a partir da data em que se vencerem.

(E) para receber prestações vencidas de rendas temporárias ou vitalícias.

A: incorreta, pois prescreve em três anos ((art. 206, § 3º, IV e V, do CC); **B:** incorreta, pois prescreve em um ano (art. 206, § 1º, III, do CC); **C:** correta (art. 206, § 5º, I, do CC); **D:** incorreta, pois prescreve em dois anos (art. 206, § 2º, do CC); **E:** incorreta, pois prescreve em três anos (art. 206, § 3º, II, do CC).

Gabarito "C"

(Analista – TRE/AP – 2011 – FCC) Marina, advogada, foi contratada por Gabriela para ajuizar execução de contrato particular não cumprido mediante o pagamento de honorários advocatícios no valor de R$ 7.000,00, a serem pagos até o trânsito em julgado da demanda. O mencionado processo transitou em julgado, mas Gabriela não efetuou o pagamento dos honorários de Marina. Neste caso, segundo o Código Civil brasileiro, a pretensão relativa aos honorários advocatícios de Marina prescreverá no prazo, contado do trânsito em julgado da demanda, de

(A) dois anos.

(B) um ano.

(C) cinco anos.

(D) três anos.

(E) dez anos.

Art. 206, § 5º, II, do CC.

Gabarito "C"

(Analista – TRE/CE – 2012 – FCC) Considere:

I. A pretensão de cobrança de dívidas líquidas constantes de instrumento público ou particular.

II. A pretensão dos profissionais liberais em geral, procuradores judiciais, curadores e professores pelos seus honorários.

III. A pretensão do vencedor para haver do vencido o que despendeu em juízo.

IV. A pretensão dos hospedeiros para o pagamento da hospedagem.

De acordo com o Código Civil brasileiro, prescreve em cinco anos as pretensões indicadas APENAS em

(A) II e IV.

(B) II, III e IV.

(C) I, II e III.

(D) I e III.

(E) I e IV.

I: correta, pois prescreve em cinco anos, de acordo com o disposto no art. 206, § 5º, I, do CC; **II:** correta, pois prescreve em cinco anos, de acordo com o disposto no art. 206, § 5º, II, do CC; **III:** correta, pois prescreve em cinco anos, de acordo com o disposto no art. 206, § 5º, III, do CC; **IV:** incorreta, pois prescreve em um ano, de acordo com o disposto no art. 206, § 1º, I, do CC.

Gabarito "C"

(Analista – TJ/PI – 2009 – FCC) É correto afirmar que

(A) a prescrição faz extinguir a pretensão, diferentemente da decadência, que extingue o próprio direito.

(B) não existe razão para distinguir prescrição de decadência, pois o Código Civil não faz tal diferenciação.

(C) os prazos de prescrição não se suspendem e nem se interrompem.

(D) a decadência atinge a pretensão, ao passo que a prescrição faz extinguir o direito.

(E) na contagem do prazo de prescrição, diferentemente do que ocorre com o prazo de decadência, não são computados os domingos e feriados.

A: correta a diferenciação de prescrição com decadência; **B:** incorreta – o novo Código Civil disciplina expressamente a decadência nos arts. 207 a 211; **C:** incorreta – *vide* arts. 198 a 202 do CC; **D:** incorreta – a decadência é a extinção do direito e a prescrição da pretensão; **E:** incorreta – não existe previsão legal nesse sentido. Tanto a na contagem do prazo de prescrição como de decadência são computados domingos e feriados.

Gabarito "A"

(Analista – TJ/ES – 2011 – CESPE) Julgue o seguinte item.

(1) Não corre prescrição contra os excepcionais sem desenvolvimento mental completo.

1: incorreta, pois, segundo o art. 198, I, do CC não corre a prescrição contra os absolutamente incapazes; os "excepcionais sem desenvolvimento completo" não são considerados *absolutamente incapazes*, mas *relativamente incapazes* (art. 4º, III, do CC), de modo que não se aplica a eles a regra do dispositivo citado.

Gabarito 1E

(Delegado/PI – 2009 – UESPI) A prescrição corre:

(A) entre os cônjuges na constância da sociedade conjugal.

(B) contra os ausentes do país, em serviço público da União, dos Estados e do Município.

(C) contra os que se acharem servindo nas Forças Armadas, em tempo de guerra.

(D) entre ascendentes e descendentes, durante o poder familiar.

(E) entre os herdeiros enquanto não se concluir o processo de inventário.

A: incorreta (art. 197, I, do CC); **B:** incorreta (art. 198, II, do CC); **C:** incorreta (art. 198, III, do CC); **D:** incorreta (art. 197, II, do CC); **E:** nesse caso a prescrição corre normalmente.

Gabarito "E"

(Defensor Público/RS – 2011 – FCC) Incidência dos Institutos da prescrição e da decadência na teoria das invalidades do negócio jurídico.

(A) Segundo o Código Civil, as nulidades, por ofenderem interesse público, podem ser arguidas pelas partes, sendo vedado ao juiz conhecê-las de ofício em processo que verse sobre a validade de determinado negócio jurídico.

(B) O negócio jurídico nulo não convalesce pelo decurso do tempo, razão pela qual apenas as anulabilidades estão sujeitas a prazos prescricionais.

(C) A invalidade do instrumento contratual induz necessariamente a invalidade do negócio jurídico.

(D) A decretação judicial é necessária para o reconhecimento de nulidades e anulabilidades, pois estas espécies de vícios não têm efeito antes de julgados por sentença.

(E) Respeitada a intenção das partes, é cabível a manutenção do negócio jurídico no caso de reconhecimento de invalidade parcial, a qual não o prejudicará na parte válida se desta for separável.

A: incorreta, pois a nulidade deve ser pronunciada de ofício pelo juiz (art. 168, par. único, do CC); **B:** incorreta, pois embora as nulidade não se validem com o decurso do tempo, para as anulabilidades corre o **prazo decadencial e não de prescrição**, mais ou menos curtos, conforme disposições do Código Civil; **C:** incorreta, pois "A invalidade do instrumento não induz a do negócio jurídico sempre que este puder provar-se por outro meio" (art. 183 do CC); **D:** incorreta, pois o ato nulo não produz nenhum efeito, a manifestação judicial nesse caso é meramente declaratória; **E:** correta (art. 184 do CC).

Gabarito "E"

(Defensoria Pública/SP – 2010 – FCC) É correto afirmar que

(A) a prescrição e a decadência admitem renúncia.

(B) a renúncia ao prazo prescricional pode ser tácita ou expressa e deve ser feita por quem dela colher proveito.

(C) a decadência convencional deve ser conhecida de ofício pelo juiz, para o fim de estabilização dos negócios.

(D) os prazos prescricionais admitem dilatação ou diminuição conforme o interesse das partes.

(E) pode o juiz, com fundamento na equidade, abster-se do reconhecimento da decadência estabelecida por lei.

A: incorreta, pois a decadência legal não pode ser objeto de renúncia (art. 209 do CC); **B:** correta (art. 191 do CC); **C:** incorreta, pois o juiz só pode conhecer de ofício a decadência legal (art. 210 do CC); **D:** incorreta (art. 192 do CC); **E:** incorreta, pois o juiz tem o dever de reconhecer a decadência legal (art. 210 do CC).

Gabarito "B"

(Defensor Público/AM – 2010 – I. Cidades) Assinale a alternativa correta:

(A) Os prazos de prescrição e de decadência podem ser alterados pela vontade das partes.

(B) Não corre a prescrição em face dos relativamente e absolutamente incapazes.

(C) O juiz deve conhecer de ofício a decadência legal ou convencional.

(D) A prescrição pode ser interrompida por qualquer interessado.

(E) Aquele que cumpre obrigação prescrita tem direito à repetição de indébito, pois não há renúncia tácita da prescrição.

A: incorreta, pois os prazos de prescrição não podem ser alterados por acordo das partes (art. 192 do CC); **B:** incorreta, pois a prescrição não corre em face dos **absolutamente** incapazes (art. 198, I, do CC); **C:** incorreta, pois o juiz deve conhecer de ofício somente a decadência estabelecida em lei (art. 210 do CC); **D:** correta, pois a alternativa reflete o disposto no art. 203 do CC; **E:** incorreta, pois não se pode repetir o que se pagou para solver dívida prescrita (art. 882 do CC).

Gabarito "D"

(Defensor Público/GO – 2010 – I. Cidades) O Código Civil de 2002 estabeleceu regras sobre prescrição e decadência, muitas cogentes, por razões de ordem pública. No entanto, admite-se a renúncia

(A) antes de consumada a prescrição.

(B) à prescrição convencional.

(C) à prescrição e à decadência legal.

(D) à decadência legal, em qualquer tempo.

(E) à decadência convencional.

Arts. 191 e 209 do CC.

Gabarito "E"

(Defensoria Pública/PA – 2009 – FCC) A prescrição

(A) é interrompida por despacho do juiz, mesmo incompetente, que ordenar a citação, se o interessado a promover no prazo e na forma da lei processual.

(B) diferencia-se da decadência porquanto a primeira consiste na perda do direito material, ao passo que a segunda é a extinção do próprio direito de exigir o cumprimento do direito pleiteado.

(C) impede que o credor receba a dívida por ela atingida e, caso o devedor, por engano, cumpra a prestação devida, terá ele direito de indenização.

(D) contra uma pessoa continua a correr, após seu falecimento, contra o seu sucessor, ainda que este seja absolutamente incapaz.

(E) não corre contra os que se acharem servindo nas Forças Armadas, exceto em tempo de guerra.

A: correta (art. 202, I, do CC); **B:** incorreta, pois é justamente o contrário, ou seja, a prescrição é perda da *pretensão* (direito de exigir o cumprimento do direito pleiteado), ao passo que a decadência é a perda do próprio *direito material* potestativo; **C:** incorreta, pois o devedor pode renunciar tácita ou expressamente à prescrição já operada, sendo o pagamento efetuado após a prescrição reputado como renúncia tácita a esta, não podendo o devedor pedir o dinheiro de volta (art. 191 do CC); **D:** incorreta, pois não corre prescrição contra absolutamente incapaz (art. 198, I, do CC); **E:** incorreta, pois a prescrição não corre contra quem serve as Forças Armadas apenas em tempo de guerra (art. 198, III, do CC).

Gabarito "A"

(Defensor Público/AL – 2009 – CESPE) No que diz respeito à disciplina da prescrição, julgue o item que se segue.

(1) A renúncia da prescrição, que pode ser realizada de forma expressa ou tácita, somente pode ser feita validamente após ter-se consumado a prescrição, ou seja, a renúncia prévia não é aceita pelo Código Civil.

1: Certa, pois a alternativa reflete o disposto no art. 191 do CC.

Gabarito 1C

(Auditor Fiscal/RO – 2010 – FCC) De acordo com o Código Civil brasileiro, é INCORRETO afirmar:

(A) A renúncia da prescrição pode ser expressa ou tácita, e só valerá, sendo feita, sem prejuízo de terceiro, depois que a prescrição se consumar.

(B) Prescreve em cinco anos a pretensão de ressarcimento de enriquecimento sem causa e a pretensão de reparação civil.

(C) A prescrição ocorre em dez anos, quando a lei não lhe haja fixado prazo menor.

(D) Suspensa a prescrição em favor de um dos credores solidários, só aproveitam os outros se a obrigação for indivisível.

(E) A prescrição interrompida recomeça a correr da data do ato que a interrompeu, ou do último ato do processo para a interromper.

A: art. 191 do CC; **B:** o prazo é de três anos (art. 206, § 3º, IV e V, do CC); **C:** art. 205 do CC; **D:** art. 201 do CC; **E:** art. 202, p. único, do CC.

Gabarito "B"

(Auditor Fiscal da Receita Federal – 2010 – ESAF) Assinale a opção correta.

(A) A pendência de ação de evicção não é causa suspensiva da prescrição.

(B) As causas impeditivas da prescrição são as circunstâncias que impedem que seu curso inicie, por estarem fundadas no *status* da pessoa individual ou familiar, atendendo razões de confiança, parentesco, amizade e motivos de ordem moral.

(C) A prescrição iniciada contra uma pessoa não continua a correr contra o seu sucessor a título universal ou singular.

(D) As partes podem aumentar ou reduzir prazo prescricional.

(E) A incapacidade absoluta não impede a prescrição.

A: art. 199, III, do CC; **B:** a assertiva está correta e reflete o disposto nos arts. 197 a 199, do CC; **C:** art. 196 do CC; **D:** art. 192 do CC; **E:** art. 198, I, do CC.

Gabarito "B"

(OAB/Exame Unificado – 2011.2) O decurso do tempo exerce efeitos sobre as relações jurídicas. Com o propósito de suprir uma deficiência apontada pela doutrina em relação ao Código velho, o novo Código Civil, a exemplo do Código Civil italiano e português, define o que é prescrição e institui disciplina específica para a decadência. Tendo em vista os preceitos do Código Civil a respeito da matéria, assinale a alternativa correta.

(A) Quando uma ação se originar de fato que deva ser apurado no juízo criminal, não correrá a prescrição até o despacho do juiz que tenha recebido ou rejeitado a denúncia ou a queixa-crime.

(B) Se a decadência resultar de convenção entre as partes, o interessado poderá alegá-la, em qualquer grau de jurisdição, mas o juiz não poderá suprir a alegação de quem a aproveite.

(C) O novo Código Civil optou por conceituar o instituto da prescrição como a extinção da pretensão e estabelece que a prescrição, em razão da sua relevância, pode ser arguida, mesmo entre os cônjuges enquanto casados pelo regime de separação obrigatória de bens.

(D) Se um dos credores solidários constituir judicialmente o devedor em mora, tal iniciativa não aproveitará aos demais quanto à interrupção da prescrição, nem a interrupção produzida em face do principal devedor prejudica o fiador dele.

A: incorreta, pois, nesse caso, não correrá a prescrição antes da respectiva sentença criminal definitiva; **B:** correta (art. 211 do CC); **C:** incorreta, pois não corre a prescrição (e, portanto, esta não pode ser arguida) na constância da sociedade conjugal (art. 197, I, do CC); **D:** incorreta, pois a interrupção da prescrição por um dos credores solidários aproveita aos outros (art. 204, § 1.º, do CC). Ademais, "a interrupção produzida contra o principal devedor prejudica o fiador" (art. 204, § 3.º, do CC).

Gabarito "B"

(OAB/Exame Unificado – 2010.2) A respeito das diferenças e semelhanças entre prescrição e decadência, no Código Civil, é correto afirmar que:

(A) a prescrição acarreta a extinção do direito potestativo, enquanto a decadência gera a extinção do direito subjetivo.

(B) os prazos prescricionais podem ser suspensos e interrompidos, enquanto os prazos decadenciais legais não se suspendem ou interrompem, com exceção da hipótese de titular de direito absolutamente incapaz, contra o qual não corre nem prazo prescricional nem prazo decadencial.

(C) não se pode renunciar à decadência legal nem à prescrição, mesmo após consumadas.

(D) a prescrição é exceção que deve ser alegada pela parte a quem beneficia, enquanto a decadência pode ser declarada de ofício pelo juiz.

A: incorreta, pois a prescrição acarreta a extinção da *pretensão* (e não do *direito potestativo*), ao passo que a decadência, a extinção do direito *potestativo*; vale aproveitar o ensejo para lembrar que a *pretensão*, quando atua em juízo, pretende a *condenação* de alguém, de modo que os prazos prescricionais estão ligados às *ações condenatórias*; e o *direito potestativo*, por sua vez, é aquele que pretende *interferir na esfera jurídica* de alguém, como é o caso do direito de pedir a anulação de um casamento, que interfere no âmbito jurídico da outra parte; por isso, os prazos decadenciais estão ligados às *ações constitutivas*; **B:** correta, pois os prazos prescricionais podem ser suspensos (arts. 197 a 200 do Código Civil) e interrompidos (art. 202 do Código Civil), ao passo que os prazos decadenciais não podem ser suspensos ou interrompidos (art. 207 do Código Civil), salvo no caso do absolutamente incapaz, contra quem não corre nem prazo prescricional, nem prazo decadencial (art. 208 c.c. art. 198, I); **C:** incorreta, pois cabe renúncia à prescrição, desde que feita depois que esta se consumar (ex: devedor de uma reparação civil, que prescreve em 3 (três) anos, pode, após os 3 (três) anos, dizer que renuncia ao benefício da prescrição, o que autoriza que o credor continue podendo acioná-lo por mais 3 (três) anos); já a decadência legal (ou seja, a fixada em lei), não pode ser objeto de renúncia (art. 209 do Código Civil), tratando-se da única informação verdadeira na alternativa ora em análise; **D:** incorreta, pois tanto a prescrição, como a decadência devem ser pronunciadas de ofício pelo juiz (art. 219, § 5.º, do CPC e art. 210 do CC).

Gabarito "B"

(OAB/Exame Unificado – 2009.2) Assinale a opção correta a respeito da prescrição e da decadência.

(A) A prescrição iniciada contra o credor continua a correr contra o sucessor universal absolutamente incapaz.

(B) Não corre prescrição enquanto pendente a condição suspensiva em relação ao negócio jurídico.

(C) Pode haver renúncia à decadência prevista em lei por aquele que a aproveita.

(D) A pretensão condenatória não exercitada no prazo legal sujeita-se aos efeitos da decadência.

A: incorreta (arts. 196 e 198, I, do CC); **B:** correta (art. 199, I, do CC); **C:** incorreta (art. 209 do CC); **D:** incorreta. A alternativa descreve o instituto da prescrição (art. 189 do CC); há de se lembrar que nas pretensões condenatórias fala-se em prazos *prescricionais*, ao passo que quando se busca provimentos constitutivos está-se diante de prazos *decadenciais*.

Gabarito "B"

(OAB/Exame Unificado – 2009.1) Considerando o importante efeito do decurso de tempo tanto na aquisição quanto na extinção de direitos, assinale a opção correta.

(A) Se a decadência for convencional, o juiz não poderá suprir a alegação.

(B) Se a prescrição não estiver consumada, a renúncia à possibilidade de alegá-la deverá ser expressa.

(C) Se as partes resolverem ampliar prazo prescricional, deverão fazê-lo por escrito.

(D) O juiz só pode conhecer de ofício a prescrição, para favorecer o absolutamente incapaz.

A: correta (art. 211 do CC); **B:** incorreta (art. 191 do CC); **C:** incorreta (art. 192 do CC); **D:** incorreta. O artigo 194 do CC que assim previa foi revogado pela Lei 11.280/2006, que também introduziu o art. 219, § 5.º, do CPC.

Gabarito "A"

2.8. QUESTÕES DISCURSIVAS – PARTE GERAL

(OAB/Exame Unificado – 2ª fase – CESPE) Joaquim, menor impúbere, representado por sua mãe, Maria dos Anjos Sousa Araújo, ajuizou ação pleiteando a retificação do seu assento de nascimento, para averbar a alteração do nome de sua genitora, qual seja, Maria dos Anjos Sousa, nome que passou a usar depois da separação judicial. Alega que, com a mudança de nome de sua genitora e a ausência de modificação do patronímico desta em sua certidão de nascimento, mãe e filho sofrem diversos constrangimentos quando têm de comprovar a relação de parentesco, expondo, assim, sua intimidade e vida privada, com a apresentação de diversos documentos pessoais que justifiquem a atual dissonância existente no nome da genitora do menor. Redija, fundamentadamente, texto dissertativo a respeito da possibilidade da retificação do registro civil de Joaquim para alteração do sobrenome da mãe em razão da alteração do estado civil desta, que voltou a usar o nome de solteira.

RESOLUÇÃO DA QUESTÃO

Por ser objeto de direito da personalidade, o nome é intransferível, irrenunciável e indisponível (art. 11 do Código Civil). Decorre desse regime jurídico o princípio da imutabilidade do nome.

Todavia, o art. 57 da Lei 6.015/73 admite a alteração do nome, desde que, no plano material, se dê por exceção e motivadamente. No plano formal, a alteração exige sentença do juiz, após audiência do Ministério Público. Os erros notórios poderão ser corrigidos de ofício pelo oficial de registro, após manifestação do Ministério Público.

O caso em tela revela situação em que até a alteração do nome, se fosse o caso, tem justificativa pertinente e relevante, vez que a não coincidência do nome da mãe com o nome do filho gera constrangimentos, mormente se se considerar que o filho está em idade tenra. A doutrina e a jurisprudência, inclusive, vêm admitindo a modificação do nome nesse tipo de caso, que gera problema de identificação de pais e filhos.

Todavia, Joaquim, representado por sua mãe, pede menos. Pede apenas que se retifique seu assento de nascimento, para o fim de constar a alteração do nome de sua mãe, em virtude da separação judicial desta.

Trata-se de providência possível, vez que protege os mesmos valores que a própria modificação do nome protegia, devendo o pedido se fundar nos arts. 109 e seguintes da Lei 6.015/73.

Nossa opinião é, inclusive, que cabe até aplicação do disposto no art. 10 da lei citada, efetuando-se a modificação junto ao próprio oficial do registro, pois, uma vez modificado o nome da mãe de Joaquim, pode-se considerar que há erro no assentamento, por ainda constar dele o nome antigo.

(OAB/Exame Unificado – 2008.1 – 2ª fase – CESPE) Luís, aproveitando-se da situação econômica notoriamente difícil vivida por sua vizinha Ana, que não tinha patrimônio suficiente para pagar todas as dívidas que contraíra, acertou, com ela, a compra do automóvel de Ana, por R$ 19.500,00, sabendo que o valor de mercado do veículo chegava a R$ 20.000,00. Realizada a tradição e ajustado o pagamento para dali a 10 dias, Luís, acreditando ter feito bom negócio, contou o ocorrido a um amigo, que o alertou acerca da possível invalidade do negócio. Preocupado, Luís resolveu consultar um advogado para obter maiores detalhes acerca da validade do negócio e da possibilidade de preservá-lo, caso fosse inválido, já que ainda não pagara o preço ajustado. Diante da situação hipotética apresentada, na qualidade de advogado(a) consultado(a) por Luís, exponha a solução adequada ao caso, esclarecendo, com base no que dispõe o Código Civil, a possibilidade, ou não, da validade do negócio e de preservá-lo diante da disponibilidade do valor ajustado.

RESOLUÇÃO DA QUESTÃO

O enunciado da questão narra que Ana está em situação de insolvência. Assim, sendo, e considerando que Ana celebrou negócio oneroso com Luís, incide o disposto no art. 160 do Código Civil, pelo qual será anulável o negócio praticado.

Todavia, se o adquirente do bem (no caso, Luís) ainda não tiver pago o preço e este for, aproximadamente, o corrente, desobrigar-se-á depositando-o em juízo, com a citação de todos os interados (art. 160 do Código Civil). Se o valor for inferior ao corrente, o adquirente poderá depositar o preço que corresponde ao valor real da coisa. (p. único do art. 160 do Código Civil).

No caso em tela, em nossa opinião Luís pagou aproximadamente o preço corrente. A diferença entre o valor de mercado (possivelmente o valor da tabelas de carros usados) e o valor efetivamente pago é de apenas 2,5%. O valor de mercado, como se sabe, é uma média, e diferenças como a encontrada no caso não podem ser consideradas como suficientes para que a venda seja considerada fora do valor de mercado. Ademais, a lei não exige que se tenha acertado exatamente o preço corrente, para que o negócio seja mantido, mas que se tenha combinado preço aproximado ao corrente.

Essa tese deve, no mínimo, ser apresentada em juízo, quando se fizer a consignação em pagamento, com citação de todos os interessados. Deve-se requerer, alternativamente, depósito de eventual complemento, caso se entenda que esse valor seja necessário, aplicando-se ao caso o disposto no art. 899 do Código de Processo Civil.

Dessa forma, apesar de o negócio ser anulável, é possível preservá-lo caso Luís deposite em juízo o valor contratado, citando todos os interessados, no caso os credores de Ana.

(OAB/Exame Unificado – 2008.3 – 2ª fase – CESPE) Rogério, em razão da necessidade de custear tratamento médico, no exterior, para o filho que contraíra grave enfermidade, vendeu a Jorge um apartamento de dois quartos, por R$ 200 mil, enquanto seu valor de mercado correspondia a R$ 400 mil. Jorge não tinha conhecimento da situação de necessidade do alienante e dela não se aproveitara, mas Rogério, após dois meses, com a melhora do filho, refletiu sobre o negócio e, sentindo-se prejudicado, procurou escritório de advocacia para se informar acerca da validade do negócio. Em face dessa situação hipotética, na qualidade de advogado(a) contratado(a) por Rogério, esclareça, com o devido fundamento jurídico, se existe algum vício no negócio celebrado e indique a solução mais adequada para proteger os interesses de seu cliente.

RESOLUÇÃO DA QUESTÃO

O atual Código Civil acrescentou dois novos defeitos do negócio jurídico, que devem ser avaliados no caso em tela, a fim de se verificar se um deles se aplica à situação em que se encontra Rogério.

Os institutos são o estado de perigo e a lesão. Ambos reclamam, para sua configuração, o preenchimento de um requisito objetivo, qual seja, a excessiva onerosidade da obrigação e a manifesta desproporção entre as obrigações, respectivamente.

No caso de Rogério, está patente a configuração dos requisitos objetivos dos institutos, pois a diferença entre o valor de mercado e o valor de venda de seu imóvel é de 50%, caracterizando sensível desequilíbrio.

Os dois institutos reclamam também o preenchimento de requisitos subjetivos. No caso do estado de perigo, requer-se que o negócio tenha sido feito para salvar a própria pessoa que se obriga ou alguém de sua família, de grave dano, conhecido da outra parte. Já no caso de lesão, exige-se que quem se obriga esteja sob premente necessidade ou tenha agido por inexperiência.

No caso em tela, ficou também claro tanto a situação de perigo, caracterizadora do estado de perigo, como a premente necessidade, caracterizadora da lesão. No entanto, não se deve olvidar que Jorge, comprador do imóvel, não conhecia a situação de necessidade de Rogério, o que afasta a incidência do instituto do estado de perigo.

Dessa forma, ficou caracterizado o instituto da lesão, previsto no art. 157 do Código Civil, que torna o negócio jurídico anulável (art. 171, II, do Código Civil).

O advogado de Rogério deve, num primeiro momento, tentar uma solução extrajudicial para o caso, e, caso não seja possível, e dentro do prazo decadencial previsto no art. 178, II, do Código Civil, promover a ação anulatória do negócio jurídico.

De qualquer forma, é bom ressaltar que Jorge tem como evitar a anulação do negócio, oferecendo suplemento suficiente para atingir o valor de mercado do bem (art. 157, § 2º, do Código Civil).

(OAB/Exame Unificado – 2009.1 – 2ª fase – CESPE) Antônio submeteu-se a uma angioplastia, no curso da qual, em caráter de emergência, tornou-se necessária a realização de procedimento para implantação de dispositivo necessário ao funcionamento da circulação cardiovascular. Em contato com a seguradora de saúde, sua esposa, Ana, obteve a informação de que seria indispensável a assinatura de termo aditivo ao contrato inicial para que o procedimento estivesse sujeito a cobertura. Em face dessa situação, Ana assinou o aludido aditivo, aceitando as condições impostas pela seguradora, inclusive no tocante ao valor da prestação mensal, o qual seria bem superior àquele que vinha sendo pago. Entretanto, mesmo após a referida assinatura, a empresa recusou-se a cobrir as despesas pertinentes ao procedimento. Em virtude disso, Antônio e Ana ingressaram com ação, sob o rito ordinário, contra a empresa de seguro saúde, visando à obtenção de tutela jurisdicional que declarasse a nulidade do termo aditivo ao contrato assinado com a empresa e o respectivo reembolso dos valores pagos pelo segurado. A propositura da ação fundou-se no argumento de que os fatos caracterizariam estado de perigo. Em face dessa situação hipotética, responda, de forma fundamentada, às seguintes perguntas.

Nos fatos apresentados, estão presentes os requisitos para que se configure estado de perigo?

É possível a declaração de nulidade do negócio jurídico sob o fundamento de ocorrência do estado de perigo?

RESOLUÇÃO DA QUESTÃO

O caso, de fato, configura situação de estado de perigo. Isso porque tanto os requisitos subjetivos, como os requisitos objetivos estão presentes no caso em tela.

O art. 156 do Código Civil traz como requisitos subjetivos para a configuração do instituto a existência de uma pessoa, que pode ser quem se obriga ou alguém de sua família, em situação de perigo, e o dolo de aproveitamento, consistente no grave dano conhecido da outra parte. No caso, Ana assinou o aditivo contratual em favor de seu próprio marido, que estava em situação de perigo de grave dano para a sua vida, conhecido da outra parte, de modo que o requisito subjetivo restou cumprido.

O mesmo dispositivo traz como requisito objetivo a assunção de uma obrigação excessivamente onerosa. No caso, o aditivo foi contratado, aumentando em muito o valor que vinha sendo pago, e, não bastasse, sem que a contrapartida esperada fosse dada pela segurada. Essa situação faz configurar o requisito objetivo, previsto na segunda parte do art. 156, *caput*, do Código Civil.

Resta, agora, saber, se configurado o instituto do estado de perigo, a consequência jurídica é a nulidade do negócio. Nesse sentido, e considerando o disposto no art. 171 do Código Civil, conclui-se que o negócio, em verdade, é anulável, e não nulo.

Assim, a ação adequada para o caso é a ação anulatória, e não a ação declaratória de nulidade, sendo que a primeira deve ser promovida no prazo de quatro anos, nos termos do art. 178, II, do Código Civil.

É possível, também, cumular o pedido de indenização por danos morais. Tais danos decorrem da injusta recusa de cobertura pela seguradora, fato que agrava a situação de aflição psicológica e angústia no espírito do segurado, que se encontrava diante de grave problema de saúde.

(OAB/Exame Unificado – 2012.3 – 2ª fase – FGV) Maria de Sousa, casada com Pedro de Sousa, desapareceu de seu domicílio, localizado na cidade de Florianópolis, sem dar notícias e não deixando representante ou procurador para administrar seus bens. Passados dez anos do trânsito em julgado da sentença de abertura da sucessão provisória dos bens deixados por Maria, seu marido requereu a sucessão definitiva.

Considerando o caso relatado, utilizando os argumentos jurídicos apropriados e a fundamentação legal pertinente ao caso, responda aos itens a seguir.

A) Em qual momento haverá a presunção de morte de Maria?

B) A presunção de morte de Maria tem o condão de dissolver o casamento entre ela e Pedro?

Gabarito comentado – Examinadora:

A) Após a abertura da sucessão definitiva. O Art. 6º, do CC, admite a morte presumida, quanto aos ausentes, nos casos em que a lei autoriza a abertura da sucessão definitiva. (Art. 6º c/c Art. 37, do Código Civil)

B) Sim. O inciso I e o § 1º do Art. 1.571 estabelecem que a sociedade conjugal termina com a morte de um dos cônjuges, aplicando-se a presunção estabelecida pelo Código Civil quanto ao ausente.

(OAB/Exame Unificado – 2012.3 – 2ª fase – FGV) Caio foi submetido a uma cirurgia de alto risco em decorrência de graves problemas de saúde. Durante a realização da cirurgia, o médico informa à esposa de Caio a respeito da necessidade de realização de outros procedimentos imprescindíveis à manutenção da vida de seu marido, não cobertos pela apólice. Diante da necessidade de adaptação à nova cobertura, a esposa de Caio assina, durante a cirurgia de seu marido, aditivo contratual com o plano de saúde (que sabia da grave situação de Caio), cujas prestações eram excessivamente onerosas.

Em face dessa situação, responda, de forma fundamentada, aos itens a seguir.

A) O negócio jurídico firmado entre a esposa de Caio e o plano de saúde é inquinado por um vício de consentimento. Qual seria esse vício?

B) O vício presente no negócio jurídico acima descrito faz com que o ato firmado se torne nulo ou anulável? Justifique.

Gabarito comentado – Examinadora:

A) A hipótese trata de estado de perigo, conforme descrito no Art. 156, do CC.

B) O estado de perigo gera anulabilidade do negócio jurídico, conforme preconiza o Art. 171, II, ou o Art. 178, II, do CC.

(OAB/Exame Unificado – 2011.3 – 2ª fase – FGV) Fábio, em junho de 2006, dirigindo embriagado e sem habilitação, causou, com culpa exclusiva sua, um acidente de trânsito no qual danificou o carro de Marly e lesionou gravemente o passageiro Heron, sobrinho de Marly, com 12 anos de idade. Logo em seguida, no mesmo mês, pretendendo resguardar seu patrimônio de uma possível ação judicial a ser intentada por Marly e/ou Heron para compensação dos danos sofridos, Fábio transmitiu todos os seus bens, gratuitamente, a Antônio, um amigo de longa data que, mesmo sabendo da intenção maliciosa de Fábio, concordou em auxiliá-lo. Em face dessa situação hipotética, responda, de forma fundamentada:

a) O negócio jurídico está eivado por qual vício? Fundamente.

b) Qual a ação de que podem se valer Marly e Heron para pleitear a anulação do negócio jurídico realizado por Fábio? Fundamente.

c) Em junho de 2011 já teria escoado o prazo, tanto para Marly quanto para Heron, para ingressarem em juízo?

GABARITO COMENTADO – EXAMINADORA:

A hipótese trata do defeito do negócio jurídico denominado de fraude contra credores, previsto no art. 158 e seguintes do Código Civil. A anulação deste ato, por meio da ação revocatória ou pauliana, está subordinada a um prazo decadencial de 4 (quatro) anos tal como dispõe o art. 178, II, do Código Civil. Ocorre que contra o absolutamente incapaz, Heron, não corre o prazo decadencial por força do disposto no art. 208 c/c o art. 198, I, do Código Civil. Assim, contra Marly precluiu o prazo em junho de 2010. Entretanto, para Heron, absolutamente incapaz, os 4 (quatro) anos iniciariam a sua contagem quando completasse 16 (dezesseis) anos, ocasião em que passaria a ser relativamente incapaz. Apenas em 2010 é que iniciaria o prazo quadrienal para Heron.

CAPÍTULO 3

DIREITO DAS OBRIGAÇÕES

3.1. INTRODUÇÃO

3.1.1. Conceito

Obrigação *é o vínculo jurídico de natureza econômica que confere ao credor (sujeito ativo) o direito de exigir do devedor (sujeito passivo) o cumprimento de determinada* prestação *positiva ou negativa, cujo inadimplemento confere ao credor o direito de satisfazer-se por meio do patrimônio do devedor.*

3.1.2. Elementos

3.1.2.1. Sujeitos

Trata-se do elemento subjetivo. De acordo com esse elemento, toda obrigação tem duas classes de sujeitos, o ativo (credor) e o passivo (devedor) (devedor).

3.1.2.2. Objeto

Aqui temos o elemento objetivo. Toda obrigação requer um objeto, ou seja, uma *conduta humana* a ser cumprida. O objeto pode ser dividido em dois. O objeto imediato, que será dar, fazer ou não fazer. É a *prestação* que se espera. Já o objeto mediato será "o que" se vai dar, fazer ou não fazer. Por exemplo, quem tem uma dívida de R$ 500 está diante de uma obrigação cujo objeto imediato é "dar" e o objeto mediato é o "dinheiro". Para que o negócio seja válido, seu objeto (tanto o imediato como o mediato) deve ser lícito, possível jurídica e fisicamente, e determinável (art. 166, II, do CC). Assim, se um contrato estipular a obrigação de entregar a herança de pessoa viva, esse negócio será nulo, pois seu objeto é impossível juridicamente.

3.1.2.3. *Vínculo jurídico*

Não basta a existência de sujeitos e de um objeto para que se constitua uma obrigação. Se duas pessoas estiverem simplesmente conversando e uma delas estiver com um livro nas mãos, não terá se formado obrigação alguma. Agora, se essas pessoas combinarem a venda do livro, aí sim ter-se-á criado um vínculo jurídico, com obrigações para as duas partes, inclusive. Um fica obrigado a entregar o livro; o outro, a pagar um preço.

O vínculo obrigacional nada mais é do que o liame, o elo que une juridicamente ambas as partes. Caso esse vínculo seja quebrado pelo inadimplemento da obrigação, responderá o devedor com o seu patrimônio, salvo as limitações impostas por lei.

Há duas teorias referentes ao assunto: teoria monista e teoria dualista. Pela teoria monista entende-se que o vínculo obrigacional seria simples e uno no que tange a sua essência e formação. De outra parte, a teoria dualista posiciona-se no sentido de que o vínculo é formado por dois elementos, o *Schuld* (débito/obrigação) e o *Haftung* (responsabilidade). Assim, há que se diferenciar desde já obrigação de responsabilidade. Essa é consequência daquela. Enquanto a obrigação é um vínculo entre sujeitos, a responsabilidade é a sujeição do patrimônio do devedor ao cumprimento da obrigação. Em regra, se "A" contrai um dívida de R$500 com "B" e não paga, neste exemplo temos o *Schuld* (débito da quantia em dinheiro) e também o *Haftung* (responsabilidade - caso o devedor não pague, o credor pode exigir legalmente o cumprimento da obrigação). Por outro lado, é possível que tenhamos *Schuld* sem *Haftung*, como no caso de dívidas prescritas, hipótese em que podem ser pagas mas não podem ser exigidas. A prescrição, como se sabe, não extingue o direito e, portanto, não extingue a obrigação de alguém. Por outro lado, esse alguém não poderá ser mais acionado, de modo que seu patrimônio não fica mais sujeito ao pagamento da dívida. Outro exemplo do obrigação sem responsabilidade são as dívidas contraídas em decorrência de jogo. Por fim, também é possível a existência de *Haftung* sem *Schuld*, isto é, responsabilidade sem débito. O principal exemplo são os contratos de fiança e casos de responsabilidade objetiva por fato de terceiro. Note que num contrato de fiança, por exemplo, a responsabilidade recai sobre uma pessoa (o fiador) e o débito sobre a outra (afiançado). Note a sutileza: o *Schuld* até existe, mas num contexto mais amplo. Num primeiro momento o débito é só do afiançado. O nascimento do *Schuld* para o fiador fica condicionado a um evento futuro e incerto por parte do afiançado, isto é, o não pagamento (apenas se o devedor não pagar é que nasce o *Schuld* para o fiador). Então o nascimento da obrigação para o fiador é condicional. Logo, num primeiro momento seria possível dizermos que quanto ao fiador temos *Haftung* sem *Schuld*.

A teoria monista atualmente encontra-se superada no ordenamento.

3.1.3. Fontes das obrigações

Por meio do estudo das fontes das obrigações é possível analisar o nascedouro, a origem da formação do vínculo obrigacional.Como seu viu, para se criar uma obrigação não bastam sujeitos e objeto. Há de se ter um fato jurídico apto, ou seja, um acontecimento do mundo fenomênico que faça nascer a obrigação. Quais seriam, então, essas fontes das obrigações? Em última análise, a lei é sempre a fonte, pois é ela que estabelecerá os fatos que fazem nascer uma obrigação. Mas que tipos de fatos a lei considera aptos para nascer uma obrigação?

São fontes de obrigações os *atos ilícitos e abuso de direito* (geram obrigações de indenizar, normalmente), os *contratos* (geram obrigações variadas, como entregar uma coisa, pagar um preço), as *declarações unilaterais de vontade* (*vide* a respeito a promessa de recompensa, a gestão de negócios, o pagamento indevido e o enriquecimento sem causa) e *outros fatos ou situações rotuladas especificamente pela lei* (como a obrigação de pagar tributo, a obrigação de pagamento de alimentos a parentes e a obrigação de indenizar por fato de terceiro) e os *título de crédito* (estudados no âmbito do direito empresarial).

3.1.4. Natureza jurídica das obrigações

Quanto ao bem jurídico tutelado, pode-se dizer que o direito cuida de dois grandes ramos. O primeiro é o direito não patrimonial, que cuida de interesses como a vida, a liberdade, a honra, a imagem, o nome etc. O segundo, o direito patrimonial. As obrigações são temas típicos desse. Agora, dentro do direito patrimonial, temos também divisões. Há direitos pessoais e direitos reais, como o direito de crédito e o direito de propriedade, respectivamente. Os primeiros estabelecem vínculos entre pessoas determinadas. Já os segundos, entre uma pessoa e uma coisa, ficando todas as outras pessoas sujeitas a respeitar tal relação. Os primeiros são formados segundo a vontade dos sujeitos. Já os segundos estão previstos taxativamente na lei. Descumprida a obrigação nos primeiros, o credor só pode acionar o devedor, que responderá com seu patrimônio. Nos segundos, o credor poderá acionar qualquer pessoa que esteja com a coisa, ou seja, o credor pode perseguir a coisa onde e com quem ela estiver.

Com base nesta divisão entre direitos pessoais e direitos reais, importante destacar que referidos conceitos estão completamente interligados, o que nos permite encarar a *obrigação como um processo* (Clovis Couto e Silva, 1976, *A Obrigação como Processo*). Neste passo, a aquisição de um direito real de propriedade, por exemplo, está diretamente ligada ao vínculo obrigacional que originou sua transmissão. Daí a razão pela qual os institutos não podem ser encarados de forma isolada.

3.2. CLASSIFICAÇÃO DAS OBRIGAÇÕES

3.2.1. Quanto à possibilidade de exigência

3.2.1.1. Obrigação civil

É aquela que pode ser exigida por meio de ação judicial. São exemplos a obrigação de entregar uma coisa, na compra venda, e a obrigação de pagar alugueres, na locação.

3.2.1.2. Obrigação natural

É aquela que não pode ser exigida por meio de ação judicial, mas, caso cumprida voluntariamente, não pode ser repetida. Ou seja, o devedor não é obrigado a cumpri-la, mas, se o fizer, o credor não é obrigado a devolver o que recebeu. A retenção (*soluti retentio*) é único efeito da obrigação natural. São exemplos as obrigações relativas a dívidas prescritas (art. 882 do CC) e dívidas de jogo (art. 814 do CC). *Vide* também art. 564, III, do CC. A obrigação natural diz respeito a uma dívida inexigível, portanto, não passível de compensação.

3.2.2. Quanto à extensão

3.2.2.1. Obrigação de resultado

É aquela em que o devedor se compromete a atingir determinado fim, sob pena de responder pelo insucesso. São exemplos a obrigação do vendedor de entregar a coisa vendida, a obrigação do transportador de levar o passageiro são e salvo ao destino e a obrigação do cirurgião plástico em cirurgias de natureza estética.

3.2.2.2. Obrigação de meio

É aquela em que o devedor se compromete a empregar seus conhecimentos e técnicas com vistas a alcançar determinando fim, pelo qual não se responsabiliza. São exemplos as obrigações dos médicos e dos advogados. Tais profissionais se obrigam a fazer o melhor, mas não se obrigam, por exemplo, a curar, no primeiro caso, e a ganhar uma ação, no segundo.

Essa classificação é importante em matéria de responsabilidade civil contratual.

3.2.3. Quanto aos elementos acidentais

3.2.3.1. Obrigação pura e simples

É aquela que produz efeitos normalmente, por não estar sujeita a condição, termo ou encargo.

3.2.3.2. Obrigação condicional

É aquela cujos efeitos estão subordinados a evento futuro e incerto.

3.2.3.3. Obrigação a termo

É aquela cujos efeitos estão subordinados a evento futuro e certo.

3.2.3.4. Obrigação com encargo ou modal

É aquela que estabelece um gravame a ser cumprido pelo credor.

3.2.4. Quanto ao momento do cumprimento

3.2.4.1. Obrigação de execução instantânea ou momentânea

É aquela que se cumpre imediatamente após a sua constituição. Um exemplo é a obrigação de pagamento à vista.

3.2.4.2. *Obrigação de execução diferida*

É aquela que se cumpre em um só ato, mas em momento futuro. Por exemplo, quando se combina que a entrega será feita 60 dias após a constituição da obrigação.

3.2.4.3. *Obrigação de execução continuada, periódica ou de trato de sucessivo*

É aquela que se cumpre por meio de atos reiterados e protraídos no tempo. Um exemplo é a obrigação de pagar parcelas de um financiamento.

Essa classificação é importante para efeito de aplicação da regra da imprevisão (arts. 317 e 478 do CC).

3.2.5. Quanto à liquidez

3.2.5.1. *Obrigação líquida*

É aquela cujo objeto está determinado. Por exemplo, quando alguém se obriga a pagar R$ 500. Está-se diante de uma obrigação líquida.

3.2.5.2. *Obrigação ilíquida*

É aquela cujo objeto não está determinado. Por exemplo, quando alguém atropela uma pessoa, que sofre danos materiais diversos e morais. De início, a obrigação de indenizar não é líquida.

Essa classificação é importante em matéria de configuração da mora (o art. 397 do CC considera em mora, de pleno direito, o devedor que descumpre obrigações positivas e líquidas); de compensação (o art. 369 dispõe que esta só é possível entre dívidas vencidas e líquidas); e de imputação do pagamento (o art. 352 exige, para que o devedor indique a dívida que está pagando, que esta seja vencida e líquida).

3.2.6. Quanto à existência por si só

3.2.6.1. *Obrigação principal*

É aquela que existe por si só. São exemplos as decorrentes do contrato de compra e venda (de entregar uma coisa e de pagar um preço).

3.2.6.2. *Obrigação acessória*

É aquela cuja existência depende da existência da principal. São exemplos a multa (cláusula penal) e juros de mora.

Essa classificação é importante para efeito de aplicação da seguinte regra: "o acessório segue o principal". Por exemplo, a nulidade do principal leva à nulidade do acessório. O contrário não ocorre, claro. Nosso Código acolhe tal regra em vários dispositivos, como nos arts. 92, 184, 233 e 364.

3.2.7. Quanto à natureza do direito

3.2.7.1. *Obrigação correspondente a direito pessoal*

É aquela travada diretamente entre pessoas, em que o patrimônio do devedor fica sujeito ao seu cumprimento.

3.2.7.2. *Obrigação correspondente a direito real*

É aquela em que todas as pessoas ficam sujeitas a respeitar a relação entre uma pessoa e uma coisa. Também é chamada de *ônus real*.

3.2.7.3. *Obrigação* propter rem

É aquela à qual o titular de direito sobre uma coisa, exatamente por estar nessa situação jurídica, fica sujeito. Trata-se de uma obrigação híbrida. Recai sobre uma pessoa (direito pessoal), mas por força de um direito real. São exemplos a obrigação do possuidor de uma coisa de não prejudicar a segurança, o sossego e a saúde de um prédio vizinho (art. 1.277 do CC), a obrigação dos donos de imóveis confinantes de concorrerem para as despesas de tapumes divisórios (art. 1.297, § 1°, do CC), a obrigação de um condômino de contribuir para as despesas de conservação da coisa (art. 1.315 do CC), a obrigação do titular da coisa de arcar com os débitos tributários a ela pertinentes (art. 130 do CTN). Repare, no caso das despesas condominiais e tributárias, que o novo proprietário da coisa, tenha ou não dado causa à dívida contraída para o seu uso, fica sujeito ao seu pagamento, com possível penhora da coisa com vistas à satisfação do crédito. É por isso que a obrigação também é denominada *ambulatorial*.

3.2.8. Quanto aos seus elementos

3.2.8.1. *Obrigação simples*

É aquela que só tem um sujeito ativo, um sujeito passivo e um objeto. Por exemplo, a obrigação de "A" entregar um carro a "B".

3.2.8.2. *Obrigação composta ou complexa*

A complexidade da obrigação pode se dar em razão dos *sujeitos* ou em razão do *objeto*. Quando houver mais de credor ou mais de um devedor, teremos uma *obrigação composta subjetiva ativa* ou *passiva* respectivamente. Quando houver mais de um objeto temos ainda duas sub-espécies, as obrigações cumulativas e as alternativas. Assim, temos *obrigações compostas objetivas alternativas* e *obrigações compostas objetivas cumulativas*.

Quando falamos em pluralidade de sujeitos, estamos nos referindo a questão sobre solidariedade ativa e passiva (arts. 267 ao 285 CC), ponto que será tratado mais adiante.

Já quanto a pluralidade de objetos, as *obrigações cumulativas* são aquelas em que há mais de uma prestação e para se desonerar de seu dever de adimplemento, o devedor deve cumprir todas elas. Ex: A" entregar a "B" uma casa e um carro. O Código Civil não trata dessa classificação (apenas doutrina e jurisprudência a estudam). De outra parte, nas *obrigações alternativas*, muito embora haja mais de uma prestação, o devedor se desonera cumprindo qualquer uma delas. Ex: A" entregar a "B" ou uma casa ou um carro. Essa classificação está prevista entre os arts. 252 e 256 do CC.

Por fim, apenas para fins informativos fala-se ainda numa terceira classificação quanto ao objeto que são as obrigações *facultativas*. Trata-se, em verdade se obrigações simples em que o devedor se obriga a entregar o objeto "A" e se reserva à faculdade, por mera conveniência, de substituir o objeto da prestação por "B", sem que o credor possa se opor. Essa modalidade também não está tratada no CC.

3.3. MODALIDADES DAS OBRIGAÇÕES

3.3.1. Obrigação de dar

3.3.1.1. Conceito

Constitui-se numa obrigação positiva, que requer uma conduta ativa do sujeito. Perfaz-se pelo ato de entrega ou restituição, seja de bens móveis seja de bens imóveis. Na compra e venda, temos a *entrega* da coisa. No comodato, a *restituição*. Essas duas formas de dar são espécies do gênero *tradição*.

A obrigação de dar abrange os acessórios dela, embora não mencionados, salvo se o contrário resultar do título ou das circunstâncias do caso. Tal regra reflete a máxima, *o acessório segue o principal* (princípio da gravitação jurídica).

Regra de outro: a coisa perece para o dono (*res perit domino*). Desta afirmação decorrem algumas consequências: em se tratando de uma obrigação de *entregar*, até que ocorra a tradição o devedor (vendedor) permanece proprietário dela, sendo ele que arcará com os prejuízos caso a coisa se perca. Contudo, caso haja valorização da coisa, será também ele que gozará do acréscimo. Em se tratando de obrigação de restituir, por exemplo um comodato, a regra é a mesma. Vejamos: o dono da coisa é o comodante (credor) e o comodatário (devedor) é aquele que deve restituir a coisa. Se a coisa perecer, o comodante será o maior prejudicado. Mas se a coisa sofrer melhoramentos, será ele também o maior beneficiado. A seguir trataremos de algumas regras específicas sobre essas hipóteses.

3.3.1.2. Regras para o caso de perecimento da coisa (perda total)

a) *se ocorrer antes da tradição ou pendente condição suspensiva, sem culpa do devedor*, resolve-se a obrigação retornando as partes ao estado anterior. Por exemplo, se, por força maior, um carro a ser entregue pelo vendedor tem perda total em virtude de uma inundação. Eventual valor pago pelo comprador será devolvido pelo vendedor. No caso de pender condição suspensiva a situação é a mesma. Um exemplo é a disposição "se passar no vestibular, te dou este carro". Se antes da aprovação no vestibular o carro perecer sem culpa do devedor, a obrigação ficará resolvida. *Vide* art. 234 do CC;

b) *se ocorrer antes da tradição ou pendente condição suspensiva, com culpa do devedor*, o credor tem direito a receber o equivalente em dinheiro, mais perdas e danos. Por se exemplo, se, por imprudência do vendedor, esse, após ter vendido ou prometido carro, envolve-se em batida com perda total do veículo. Terá de devolver ao comprador o dinheiro que eventualmente receber, além de indenizá-lo por perdas e danos. No caso daquele que recebeu a promessa, terá de dar a ele o equivalente em dinheiro, mais perdas e danos. *Vide* arts. 234 e 236 do CC;

c) *se ocorrer antes da tradição e a obrigação for de restituir, sem culpa do devedor*: a obrigação ficará resolvida. São casos como o dever de restituir que cabe ao comodatário e ao depositário. Como se viu, a coisa perece para o dono, ou seja, o comodante e o depositante suportarão o prejuízo, ressalvados os seus direitos até o dia da perda.

d) *se ocorrer antes da tradição e a obrigação for de restituir, com culpa do devedor*: Todavia, se aquele que recebeu a coisa para restituir agir com culpa, responderá pelo equivalente em dinheiro, mais perdas e danos. Muitas vezes, inclusive, a culpa é presumida. *Vide* arts. 235 e 236 do CC;

e) *se ocorrer após a tradição*, o problema é do credor, pois a coisa perece para o dono. Mas há exceções. Por exemplo, se a coisa vier a perecer por já estar com problema quando da sua entrega (ex.: cavalo com moléstia respiratória). O devedor responderá por esse vício redibitório.

3.3.1.3. Regras para o caso de deterioração da coisa (perda parcial)

Um exemplo de deterioração da coisa é a perda do estepe do carro. As regras são semelhantes. Se não houver culpa do devedor, a obrigação fica resolvida, ressalvada a possibilidade de o credor ficar com a coisa, com abatimento no preço (art. 235 do CC). Já se houver culpa do devedor, poderá o credor exigir o equivalente em dinheiro mais perdas e danos, ou aceitar a coisa no estado, mais perdas e danos (art. 236). Quanto à deterioração da coisa nas obrigações de restituição, o credor a receberá no estado em que se encontre. Já se houver culpa do devedor, este responderá pelo equivalente, mais perdas e danos (art. 240). Neste sentido, vide Enunciado 15 JDC/CJF.

Obs: Nas obrigações de restituir, caso sobrevenha melhoramentos ou acréscimos à coisa, sem despesas ou trabalho do devedor, lucrará o credor, desobrigado de indenização. Contudo, caso o devedor tenha empregado trabalho ou dispêndio, aplicar-se-á as normas referentes às benfeitorias do possuidor de boa-fé ou má-fé (arts. 1.219 e seguintes do CC).

3.3.1.4. Coisa certa ou incerta

A coisa incerta há de ser pelo menos determinável, de modo que a lei exige a indicação, pelo menos, do *gênero* e da *quantidade* da coisa. Se faltar um ou outro, o objeto será indeterminável e a obrigação não poderá ser cumprida.

Neste passo, ressalta-se que essa incerteza é apenas inicial, pois a certo momento determinar-se-á especificamente a coisa. Essa especificação será feita por meio da *escolha*, onde o foco será concentrado em apenas um objeto (prestação). A palavra "escolha" neste contexto é sinônimo de *concentração*.

A escolha da coisa, salvo estipulação em contrário, compete ao devedor. Não está ele obrigado eleger a coisa de melhor qualidade, mas também não deve optar pela pior. Deve-se atender o meio-termo. Como exemplo ilustrativo, se for indicado que a coisa é "laranja" e que a quantidade é "50 quilos" não haverá problema. A qualidade será determinada quando houver a escolha das laranjas pelo devedor.

Antes da escolha, não pode o devedor alegar perda ou deterioração da coisa (art. 246 do CC), pois o gênero nunca perece (*genuns nunquam perit*). Ficaria estranho mesmo dizer que não há laranjas e que a obrigação não pode ser cumprida. Se o devedor não as possui mais, que as consiga com terceiro. Só se pode fazer esse tipo de alegação se se tratar de gênero limitado, ou seja, restrito a certo lugar. Por exemplo, quando se combina de entregar laranjas de certo sítio e elas não existirem mais.

Efetuada a escolha, aplicam-se as regras das obrigações de dar coisa certa.

Quanto ao tema, vide ainda Enunciado n. 160 JDC/CJF.

3.3.2. Obrigação de fazer

3.3.2.1. Conceito

É aquela em que o devedor presta atos ou serviços.

3.3.2.2. Espécies

a) **personalíssima** (*intuitu personae*, infungível ou imaterial), em que só o devedor pode cumprir a obrigação, seja porque assim se estabeleceu (o contrato diz que o devedor cumprirá pessoalmente a obrigação), seja porque sua própria natureza impede a substituição do devedor (por exemplo, na contratação de um cantor para um show ou de um artista plástico para fazer uma escultura);

b) **impessoal** (fungível ou material), em que não é necessário que o devedor cumpra pessoalmente a obrigação, ou seja, para o credor o importante é que o objeto seja prestado, ainda que por terceiro.

Há também obrigação de fazer no contrato preliminar (*pacto de contrahendo*), que é aquele em que se faz uma promessa de fazer contrato futuro. É o caso do compromisso de compra e venda, por exemplo.

3.3.2.3. Regras em caso de não cumprimento da obrigação de fazer

a) *Se a obrigação for personalíssima e se tornar impossível sem culpa do devedor*, ficará resolvida (art. 248 do CC). Por exemplo, se o cantor não conseguir chegar a tempo ao show por ter ficado preso na estrada em virtude de deslizamento de terra na pista (*impossibilidade*);

b) *se a obrigação for personalíssima e se tornar impossível por culpa do devedor*, ficará transformada em obrigação de indenizar por perdas e danos (art. 248). Por exemplo, se o cantor sair com muito atraso para fazer o show e não chegar a tempo (*impossibilidade*);

c) *se a obrigação for personalíssima e houver recusa do devedor*, ficará transformada em obrigação de indenizar por perdas e danos (art. 247). Por exemplo, se o cantor, por vontade própria, avisar, a uma semana do show, que não irá comparecer para a apresentação (*recusa*). Repare que, nesse caso, a obrigação ainda não se tornou impossível. A solução dada pelo CC para o caso (perdas e danos) não é a única. O CC parte do pressuposto de que não se pode constranger fisicamente o devedor a cumprir a obrigação. Por outro lado, o CPC, no § 1° do art. 461, dispõe que a obrigação somente se converterá em perdas e danos se o autor o requerer ou se impossível a tutela específica ou a obtenção do resultado prático correspondente. No caso, sem forçar fisicamente o devedor, é possível valer-se de instrumento de coação indireta, a cominação de multa diária (*astreinte*) para fazê-lo cumprir a obrigação. Nesse sentido é também o art. 84 do CDC. Também são dispositivos aplicáveis os arts. 287 e 644 do CPC, esse último quando se tiver título executivo. Ou seja, há duas saídas para o caso: c1) pleitear a transformação da obrigação de fazer em obrigação de indenizar perdas e danos; c2) exigir judicialmente o cumprimento da obrigação, por meio de demanda cominatória, sem prejuízo de indenização por demais perdas e danos;

d) *se a obrigação for impessoal e se tornar impossível sem culpa do devedor,* ficará resolvida (art. 248 do CC). Por exemplo, se o eletricista não puder comparecer para fazer um reparo nas instalações elétricas de uma casa de show por ter ficado preso na estrada que dá acesso ao local em virtude de deslizamento de terra na pista;

e) *se a obrigação for impessoal e se tornar impossível por culpa do devedor,* ficará transformada em obrigação de indenizar por perdas e danos (art. 248). Por exemplo, se o eletricista não puder comparecer para fazer um reparo nas instalações elétricas de uma casa de show por ter saído com muito atraso e não chegar a tempo;

f) *se a obrigação for impessoal e houver recusa ou mora do devedor*, o credor tem três opções: f1) pleitear a transformação da obrigação de fazer em obrigação de indenizar perdas e danos; f2) exigir judicialmente o cumprimento da obrigação, por meio de demanda cominatória, sem prejuízo de indenização por demais perdas e danos; f3) fazer executar a obrigação por terceiro à custa do devedor (art. 249 do CC). A novidade está na terceira possibilidade, pois o atual Código faculta ao credor, em caso de urgência, executar ou mandar executar o fato independentemente de autorização judicial, sendo depois ressarcido (art. 249, parágrafo único). Trata-se de uma interessante inovação do legislador que previu uma hipótese de *autotutela civil* (há outros casos previstos do CC, como por exemplo a legitima defesa da posse e o desforço imediato). Por exemplo, se um encanador é contratado para comparecer num determinado dia para consertar um vazamento numa casa e, passado tal dia, e mesmo já tendo recebido, ele não comparecer e a casa ficar inundada ou na iminência de sê-lo, pode o credor contratar outro encanador, ressarcindo-se depois com o primitivo contratado;

g) *se a obrigação for de emitir declaração de vontade*, o credor poderá se aproveitar do disposto no art. 466-A do CPC. Se se tratar de imóvel, cabe a ação de adjudicação compulsória (Dec.-lei nº 58/37; Lei 649/49; Lei 6.766/79).

3.3.3. Obrigação de não fazer

3.3.3.1. Conceito

É aquela em que o devedor deve se abster de praticar um ato ou uma atividade. Também é chamada de *obrigação negativa* ou *obrigação de abstenção*. São exemplos a obrigação de não construir acima de certa altura ou de não divulgar determinado segredo.

3.3.3.2. Regras para o caso de não cumprimento da obrigação de não fazer, ou seja, caso se faça o que se combinara não fazer

a) *Se a obrigação se tornar impossível sem culpa do devedor*, ficará resolvida (art. 250 do CC). Tal ocorre quando se tornar impossível a abstenção do ato. Por exemplo, se alguém que se obrigou a não construir um muro for obrigado pelo Município a fazê-lo;

b) *se a obrigação se tornar impossível por culpa do devedor*, ficará transformada em obrigação de indenizar por perdas e danos (art. 248, por analogia);

c) *se o devedor praticar o ato a cuja abstenção se obrigara*, o credor terá duas opções: c1) pleitear a transformação da obrigação de não fazer em obrigação de indenizar por perdas e danos; c2) exigir judicialmente o cumprimento da obrigação, isto é, a abstenção (se isso ainda for viável) por meio de demanda cominatória, sem prejuízo de indenização por demais perdas e danos. Neste espeque, em caso de urgência, poderá o credor desfazer ou mandar desfazer, independentemente de autorização judicial, ressarcindo o culpado perdas e danos. Trata-se novamente da autotutela civil em obrigação de não fazer, a qual deve ser usada com parcimônia, sob pena de responsabilidade objetiva por abuso de direito;

d) *se o devedor praticar o ato por culpa sua*, ficará transformada em obrigação de indenizar por perdas e danos (art. 248, por analogia).

3.3.4. Obrigação alternativa

3.3.4.1. Conceito

É a aquela que tem dois ou mais objetos e que se extingue com a prestação de um deles. Há previsão de mais de um objeto, mas o devedor se exonera cumprindo apenas um deles. Por exemplo, uma pessoa se obriga a entregar seu carro ou sua moto. Entregando um ou outro, está exonerado da obrigação.

3.3.4.2. Escolha

Compete ao devedor como regra (*favor debitoris*). Mas as partes podem estipular que a escolha compete ao credor ou a terceiro. A escolha só se considera feita após comunicação à parte contrária. O não exercício do direito de escolha no prazo acarreta decadência para o seu titular. Ademais, a escolha deve recair sobre a totalidade do objeto, pois o credor não é obrigado a receber parte em uma prestação e parte em outra.

Tratando-se de prestações periódicas, a faculdade de opção poderá ser exercida em cada período.

3.3.4.3. Impossibilidade de uma das prestações

Subsiste o débito em relação à(s) outra(s). Havendo culpa do devedor e:

a) a escolha cabia ao credor: pode ficar com a que subsistiu ou caso esse tenha interesse na obrigação que se impossibilitou, terá direito ao valor dela com perdas e danos.

b) escolha cabia ao devedor: simplesmente entregará a remanescente.

Não havendo culpa do devedor e:

a) a escolha cabia ao credor: o devedor não fica obrigado a indenizar pela prestação que se tornou impossível. O credor terá de ficar com a prestação que subsistiu;

b) a escolha cabia ao devedor: entregará a remanescente.

3.3.4.4. Impossibilidade de ambas as prestações

Se não houver culpa do devedor, a obrigação será extinta. Se houver culpa do devedor e:

a) a escolha cabia ao credor: poderá o credor reclamar o valor de qualquer das obrigações, mais perdas e danos.

b) a escolha cabia ao devedor: pagará o valor da que se impossibilitou por último, mais perdas e danos

3.3.4.5. Obrigação alternativa X Obrigação facultativa

Na segunda, existe faculdade para o devedor de substituir o objeto da prestação. Por exemplo, uma pessoa se obriga a entregar seu carro, podendo substituí-lo pela entrega de sua moto. A diferença é que se trata de obrigação simples (só tem um objeto). Se o carro perecer, a obrigação fica extinta. O credor só pode exigir o cumprimento da obrigação principal.

3.3.5. Obrigações divisíveis e indivisíveis

3.3.5.1. Introdução

Referida modalidade está diretamente ligada ao objeto da obrigação. Apenas tem relevância se houver pluralidade de credores ou de devedores.

3.3.5.2. Conceito de obrigação divisível

É aquela em que cada um dos devedores só está obrigado a cumprir sua cota-parte da dívida e cada um dos credores só pode exigir sua parte do crédito. Por exemplo, se "A" e "B" (devedores) devem R$ 1.000,00 a "C" (credor), "A" está obrigado a pagar R$ 500 para "C".

3.3.5.3. Conceito de obrigação indivisível

É aquela em que, por conta da impossibilidade de divisão do objeto, cada devedor está obrigado pela totalidade da prestação e cada credor pode exigi-la por inteiro. Por exemplo, se "A" e "B" (devedores) devem um carro a "C", esse pode exigir de "A" ou de "B" a coisa, independentemente de cada um ser responsável por parte do débito.

A indivisibilidade pode ser das seguintes espécies: a) física ou natural (ex.: animal vivo); b) legal (ex.: menor fração de imóvel rural); c) por motivo econômico (ex.: pedra preciosa); e d) por motivo determinante do negócio (ex.: terreno adquirido para construção de um shopping).

Aquele que cumprir a obrigação sub-roga-se no direito do credor em relação aos outros coobrigados, podendo cobrar regressivamente a quota correspondente de cada um.

Se houver mais de um credor, para se ver exonerado da obrigação o devedor deve: a) convocar a todos para receberem conjuntamente; ou b) pagar a apenas um deles e exigir caução de retificação dos outros credores, isto é, garantia de que os outros credores também receberão a parte que lhes cabe. Neste passo, esses credores podem exigir a sua parte dinheiro do credor que recebeu a prestação.

Caso um dos credores perdoe a dívida, a obrigação não ficará extinta para com os outros. Contudo, estes só poderão exigir a dívida descontado o quinhão perdoado. Como se trata de objeto indivisível, na prática poderão exigir a dívida toda, porém deverão devolver em dinheiro o valor da quota perdoada. Essa regra também deve ser aplicada no caso de novação, transação, compensação e confusão.

A obrigação indivisível difere da solidária, pois, caso a primeira se converta em perdas e danos, cada devedor ficará obrigado apenas pela sua cota-parte. No caso da obrigação solidária, ainda que ela se converta em perdas e danos a solidariedade persiste.

Caso ocorra o perecimento do objeto por culpa de todos os devedores, todos responderão em partes iguais. No entanto, caso a culpa seja de apenas um deles, prevê o art. 263, §2° CC que somente este responderá pelo valor da obrigação mais perdas e danos, exonerando-se os demais. Contudo, esse dispositivo legal é objeto de certa divergência, haja vista que há posicionamento que entende que os demais devedores não ficam exonerados de sua quota-parte, no sentido de que deverão pagá-la, respondendo apenas o culpado por perdas e danos. Neste sentido é o Enunciado n. 540 JDC/CJF: *Havendo o perecimento do objeto que torna a obrigação indivisível, será ela resolvida em perdas e danos. Neste passo, se houver culpa de todos os devedores, responderão todos por partes iguais. Entretanto, se a culpa for de apenas um dos devedores, todos respondem, de maneira divisível, pelo equivalente e só o culpado, pelas perdas e danos.*

3.3.6. Obrigação solidária

3.3.6.1. Conceito

É aquela em que há mais de um credor ou mais de um devedor, cada um com direito, ou obrigado, à dívida toda. Por exemplo, se "A" e "B" (devedores) devem R$ 1.000,00 a "C" e "D", os últimos podem exigir, juntos ou isoladamente, os R$ 1.000,00 integrais só de "A" ou só de "B". A solidariedade pode recair só sobre os devedores (solidariedade passiva), só sobre os credores (solidariedade ativa) ou sobre ambos os polos (solidariedade mista).

A obrigação solidária pode ser pura e simples para um dos co-credores ou co-devedores, e condicional, ou a prazo, ou pagável em lugar diferente, para o outro. Neste passo, são admissíveis outras disposições de cunho particular além deste rol elencado (Enunciado n. 347 JDC/CJF). Exemplo de tal disposição de cunho particular seria a obrigação solidária sujeita a encargo.

3.3.6.2. *Formação da obrigação solidária*

A solidariedade não se presume. Ela decorre da lei (solidariedade legal) ou da vontade das partes (solidariedade convencional).

3.3.6.3. *Solidariedade ativa*

É aquela em que qualquer um dos credores pode exigir sozinho a totalidade da obrigação junto ao devedor. Por exemplo, os titulares de uma conta corrente. Eles são credores solidários dos valores depositados, podendo exigir do banco a entrega de todo o numerário.

Caso ainda não tenha havido o ajuizamento de ação judicial, o devedor poderá pagar a qualquer dos co-credores. No entanto, se já tiver sido demandado por algum deles (é necessário citação), só poderá a esse pagar em razão do princípio da prevenção. Recebido o pagamento por este único credor (e veja, neste momento a obrigação estará extinta para o devedor até o montante do que foi pago) tem este o dever de repassar a cada um dos cocredores sua quota de direito. Assim, no âmbito externo (relação devedor e credores) a obrigação pode ser exigida por inteiro. Mas no âmbito interno (relação entre credores), cada qual terá direito apenas à sua quota correspondente.

Ocorrendo o falecimento de um dos credores solidários restando herdeiros, cada um deles apenas poderá exigir o valor correspondente a sua quota na herança, cessando a solidariedade em relação a eles. Todavia, se o objeto da obrigação for indivisível, por razões óbvias será permitido que o herdeiro exija o todo. Ex: objeto prestacional era um cavalo. Neste caso, o herdeiro poderá receber o pagamento em sua integralidade, mas ressalta-se que isso nada tem a ver com a solidariedade, e sim com as características do objeto.

Em regra, caso a obrigação solidária seja convertida em perdas e danos, a solidariedade subsiste para todos os efeitos (art. 271 CC). Ainda com o exemplo do cavalo, suponhamos que o devedor tenha se obrigado a entregar um cavalo para os credores 'A", "B" e "C" e o animal faleça por sua culpa. A obrigação será convertida em perdas e danos, sendo que qualquer dos credores poderá exigir a totalidade do dinheiro ao devedor (porque a solidariedade persiste, ainda que neste exemplo o bem tenha se tornado divisível). Contudo, no caso do herdeiro citado acima, haja vista expressa disposição legal, cada um apenas poderia exigir sua quota-parte.

Por fim, no que tange a prescrição, ocorrendo a sua suspensão em favor de um dos credores solidários, só aproveitam aos outros se o objeto da obrigação for indivisível. Assim, havendo vários credores solidários, um devedor e o objeto da obrigação for dinheiro, suspensa a prescrição em favor de um deles, essa benesse não se estenderá aos demais. Contudo, se o objeto fosse o cavalo, daí se estenderia. No caso de interrupção da prescrição, em regra não se estende aos demais, salvo se houver solidariedade ativa.

3.3.6.4. *Solidariedade passiva*

É aquela em que cada um dos devedores pode ser demandado a cumprir a totalidade da obrigação junto ao credor. Neste espeque, se um dos devedores tiver feito apenas o pagamento parcial, todos os demais devedores, inclusive ele, continuam obrigados pela pagamento da dívida toda.

Vê-se, pois, que no âmbito externo (relação credor e devedores) a obrigação pode ser exigida por inteiro. Contudo, entre os devedores, isto é, no âmbito interno aquele que pagou a totalidade da dívida tem direito de regresso frente aos demais quanto a quota-parte correspondente de cada um. A presunção é a de que as quota de cada devedor são iguais. Se um dos codevedores for insolvente, sua quota será dividida igualmente por todos.

Com a morte de um dos devedores solidários, só se pode cobrar de um herdeiro, isoladamente, a quota correspondente ao seu quinhão hereditário, nos limites da herança (salvo se a obrigação for indivisível, hipótese em que a solidariedade persiste em razão da indivisibilidade do objeto). Entretanto, na relação interna entre devedores todos reunidos serão considerados como um devedor solidário. Assim, no caso de ressarcimento entre eles a solidariedade persiste, nos limites das forças da herança.

Se houver impossibilidade da obrigação por culpa de um dos devedores, todos continuam solidários pelo valor da coisa em dinheiro, mas pelas perdas e danos só responde o culpado. Se houver inexecução da obrigação, todos respondem pelos juros solidariamente, mas o culpado deverá ressarcir os demais. As defesas comuns (ex.: prescrição) podem ser alegadas por qualquer devedor solidário. Já as defesas pessoais (ex.: erro, coação) só podem ser alegadas pelo devedor a que disserem respeito.

Caso um dos devedores tenha parte da divida perdoada, ou efetue o pagamento parcial, essas ações não exoneram os demais devedores, ocorrendo no máximo o abatimento da quota remitida/paga.

Qualquer cláusula, condição ou obrigação adicional, estipulada entre um dos devedores solidários e o credor, não poderá agravar a posição dos outros sem o consentimento destes, em prestígio ao princípio da relatividade das partes.

O credor pode renunciar à solidariedade total (em relação a todos os devedores) ou parcialmente (em relação a um deles, por exemplo). Contudo, se credor exonerar da solidariedade um ou mais devedores, ela subsistirá em relação aos demais.

No que concerne à renúncia, importante destacar os seguintes Enunciados:

Enunciado n. 348 JDC/CJF: o pagamento parcial não implica, por si só, renúncia à solidariedade, a qual deve derivar dos termos expressos da quitação ou, inequivocamente, das circunstâncias do recebimento da prestação pelo credor.

Enunciado n. 349 JDC/CJF: Com a renúncia à solidariedade quanto a apenas um dos devedores solidários, o credor só poderá cobrar do beneficiado a sua quota na dívida, permanecendo a solidariedade quanto aos demais devedores, abatida do débito a parte correspondente aos beneficiados pela renúncia.

Enunciado n. 350 JDC/CJF: A renúncia à solidariedade diferencia-se da remissão, em que o devedor fica inteiramente liberado do vínculo obrigacional, inclusive no que tange ao rateio da quota do eventual co-devedor insolvente, nos termos do art. 284.

O devedor que tiver pago a obrigação terá direito de regresso contra os demais.

3.3.6.5. *Aspectos processuais*

No *processo de conhecimento*, cabe ao devedor solidário valer-se do *chamamento ao processo* (atente-se, contudo, ao dizeres do Enunciado n. 351 JDC/CJF: *A renúncia à solidariedade em favor de determinado devedor afasta a hipótese de seu chamamento ao processo)* . Já no *processo de execução*, quando couber, é possível alegar o *benefício de ordem*, que é a faculdade de o executado indicar à penhora bens livres de outro devedor solidário.

3.4. TRANSMISSÃO DAS OBRIGAÇÕES

3.4.1. Introdução

O tema diz respeito à alteração no aspecto subjetivo da obrigação, no caso a substituição dos sujeitos que ocupam um dos polos da relação obrigacional. Aqui, não se fala em alteração nos demais elementos da obrigação (objeto e vínculo).

3.4.2. Cessão de crédito

3.4.2.1. *Conceito*

É o negócio jurídico bilateral pelo qual o credor transfere a outrem, a título oneroso ou gratuito, os seus direitos na relação obrigacional. Há três figuras: o cedente (credor que transmite o crédito), o cessionário (terceiro que recebe o crédito) e o cedido (o que continua devedor).

Salvo disposição em contrário, na cessão de um crédito abrangem-se todos os seus acessórios.

3.4.2.2. *Limites materiais*

Como regra, qualquer crédito pode ser objeto de cessão, salvo por impossibilidade decorrente: a) da natureza da obrigação (ex.: alimentos de direito de família); b) da lei (ex.: crédito penhorado); e c) da convenção com o devedor (*pacto de non cedendo*). A cláusula proibitiva de cessão não poderá ser oposta ao cessionário de boa-fé, se não constar do instrumento da obrigação.

3.4.2.3. *Forma*

Como regra, cabe qualquer forma admitida em lei. Todavia, se a cessão tiver por objeto direito que só pode ser transmitido por escritura pública, há de se obedecer esta forma (ex.: cessão de direitos hereditários).

3.4.2.4. *Eficácia perante terceiros*

Num primeiro momento a cessão apenas possui eficácia no âmbito interno, perante o devedor. Para que tenha eficácia frente a terceiros, a cessão deverá ser feita por instrumento público ou por instrumento particular com as formalidades da procuração e com registro no Cartório de Títulos e Documentos.

3.4.2.5. *Eficácia perante o devedor cedido*

Para tanto, a cessão depende de notificação do devedor ou de sua ciência manifestada por escrito. Antes da notificação, o devedor pode pagar ao cedente, exonerando-se da dívida. Depois, só se exonera se pagar ao cessionário. Não obstante a necessidade de notificação, independentemente do conhecimento da cessão pelo devedor, pode o cessionário exercer os atos conservatórios de seu direito.

Fica desobrigado o devedor que, antes de ter conhecimento da cessão, paga ao credor primitivo, ou que, no caso de mais de uma cessão notificada, paga ao cessionários que lhe apresenta, com o título de cessão, a obrigação cedida; quando o crédito constar de escritura pública, prevalecerá a prioridade da notificação.Ocorrendo várias cessões do mesmo crédito, prevalece a que se completar com a tradição do título de crédito cedido.

É no momento da ciência da cessão que o devedor deve alegar as exceções pessoais de que disponha em relação ao cedente, como a compensação, sob pena de se presumir que delas tenha aberto mão.

3.4.2.6. *Responsabilidade do cedente*

Em regra a cessão de crédito é *pro soluto*, ou seja, o cedente não responde pela solvência do devedor. Se a cessão for a título oneroso, o cedente fica responsável pelo seguinte: a) pela existência do crédito quando da cessão; b) pela sua qualidade de credor; e c) pela validade da obrigação. Já se for a título gratuito, o cedente só responde pela existência do crédito se tiver procedido de má-fé.

De outra parte, é possível que o cedente se responsabilize expressamente pela solvência do devedor, hipótese em que teremos uma cessão *pro solvendo*. Neste contexto, a responsabilidade é apenas pelo que o cedente tiver recebido do cessionário, acrescido de juros e despesas com a cessão.

3.4.3. Assunção de dívida (cessão de débito)

3.4.3.1. *Conceito*

É o negócio jurídico bilateral pelo qual um terceiro (assuntor) assume a posição de devedor. Temos a figura do devedor (cedente), do credor (cedido) e do terceiro (cessionário/assuntor). O que ocorre é tão somente a substituição no plano passivo, sem que haja extinção da dívida, de modo que não se confunde com a novação subjetiva passiva, em que nasce uma obrigação nova.

Faculta-se ao terceiro assumir a posição do devedor na obrigação, mediante o consentimento expresso do credor. O devedor primitivo ficará exonerado, salvo se ao tempo da assunção era insolvente e o credor ignorava essa circunstância. As partes podem assinar prazo ao credor para que se manifeste, sendo que o seu silêncio será interpretado como recusa.

Permite-se ainda a assunção cumulativa da dívida, hipótese em que dois ou mais devedores se tornam responsáveis pelo débito com a concordância do credor (Enunciado n. 16 JDC/CJF).

Efetuada a assunção, como regra consideram-se extintas as garantias especiais dadas originariamente pelo devedor ao credor, salvo acordo em contrário. No que tange às garantias, importante pontuar que elas podem ser prestadas por terceiros ou pelo próprio devedor. No primeiro caso, prevê o Enunciado 352 JDC/CJF que elas serão extintas exceto expressa concordância; já as garantias prestadas pelo devedor primitivo somente são mantidas no caso em que este concorde com a assunção. Ressalta-se que a expressão "garantias" refere-se a todas as garantias, quaisquer delas, reais ou fidejussórias, que tenham sido prestadas voluntária e originariamente pelo devedor primitivo ou por terceiro, vale dizer, aquelas que dependeram da vontade do garantidor, devedor ou terceiro para se constituírem (Enunciado 422 JDC/CJF).

Se a substituição do devedor vier a ser anulada, restaura-se o débito, com todas as suas garantias, salvo as garantias prestadas por terceiros, exceto se este conhecia o vício que inquinava a obrigação (art. 301 do CC). Neste contexto, esse artigo deve ser interpretado de forma a também abranger os negócios jurídicos *nulos* e a significar a continuidade da relação obrigacional originária em vez de "restauração", porque, envolvendo hipótese de transmissão, aquela relação nunca deixou de existir (Enunciado n. 423 JDC/CJF).

O novo devedor não pode opor ao credor as exceções pessoais que competiam ao devedor primitivo.

Por fim, na hipótese de haver um imóvel hipotecado, pode o adquirente tomar a seu cargo o pagamento do crédito garantido; se o credor, notificado, não impugnar em trinta dias a transferência do débito, entender-se-á dado o assentimento. Havendo recusa por parte do credor, deverá ela ser justificada (Enunciado n. 353 JDC/CJF). Ainda quanto ao tema, explica o Enunciado n. 424 JDC/CJF: *A comprovada ciência de que o reiterado pagamento é feito por terceiro no interesse próprio produz efeitos equivalentes aos da notificação de que trata o art. 303, segunda parte.*

3.4.3.2. Espécies

a) **Expromissão:** *é o contrato entre o credor e o terceiro, pelo qual esse assume a posição de novo devedor, sem a participação do devedor originário;*

b) **Delegação:** *é o contrato entre o devedor originário (delegante) e o terceiro (delegatário), com a concordância do credor*. Repare que nesta hipótese há o consentimento do devedor originário em sua substituição. Na *expromissão* não há.

3.4.3.3. Efeitos

a) **Liberatórios:** o devedor originário fica desvinculado do pagamento da dívida. Essa é a regra;

b) **cumulativos:** o devedor originário continua vinculado, servindo a assunção de reforço da dívida, com solidariedade entre os devedores. A doutrina também chama a hipótese de adesão, coassunção ou adjunção à dívida. Trata-se de caso que depende de convenção expressa. Essa hipótese não se confunde com a fiança, pois o novo devedor responde por dívida própria.

3.5. ADIMPLEMENTO E EXTINÇÃO DAS OBRIGAÇÕES

3.5.1. Introdução

As obrigações podem ser extintas de dois modos. O modo satisfatório ocorre quando o credor recebe a prestação ou tira algum proveito. A satisfação pode ser direta (ex.: pagamento) ou indireta (ex.: compensação). O modo não satisfatório ocorre quando a obrigação fica extinta sem qualquer proveito para o credor (ex.: remissão, prescrição, novação etc.).

3.5.2. Pagamento

3.5.2.1. Conceito

O pagamento é meio direito de extinção das obrigações por excelência. É o efetivo cumprimento da prestação. O termo "pagamento" vale para designar o cumprimento de qualquer modalidade obrigação (de dar, fazer ou não fazer).

3.5.2.2. Elementos essenciais

a) Existência de obrigação que justifique o pagamento, sob pena de se tratar de pagamento indevido, possibilitando repetição de indébito;

b) intenção de pagar (*animus solvendi*), sob pena de se tratar de pagamento por engano, também possibilitando repetição;

c) cumprimento da prestação;

d) presença de sujeito que paga (*solvens*);

e) presença daquele a quem se paga (*accipens*).

3.5.2.3. Quem deve pagar

Qualquer interessado na extinção da obrigação pode pagar. Assim, além do devedor, um terceiro também pode adimplir a obrigação.

Nesta linha, o terceiro pode ser classificado como *interessado* ou *não interessado*. O terceiro interessado é aquele que pode ter seu patrimônio atingido caso a dívida não seja paga (ex.: fiador, avalista, sócio, adquirente de imóvel hipotecado etc.). Nesse caso, o *solvens* (terceiro interessado) fica sub-rogado nos direitos do credor originário (art. 346, III do CC). Já o terceiro não interessado, é aquele que paga por interesse moral ou afetivo, por exemplo. Caso realize o pagamento em *nome próprio*, terá apenas o direito de reembolsar-se do que pagou sem sub-rogação nos direitos do credor (se pagar antes de vencida a dívida, só terá direito ao reembolso no vencimento). E ainda, não terá direito ao reembolso se, efetuado o pagamento com o desconhecimento ou oposição do devedor, este tinha meios para ilidir a ação. De outra parte, se o terceiro não interessado realizou o pagamento em *nome do devedor* e com anuência deste, nada poderá reclamar, haja vista que o ato será considerado mera liberalidade.

Apenas terá eficácia o pagamento que importar a transmissão da propriedade, quando feito por quem possa alienar o objeto em que ele consistiu. Neste passo, apenas quem é dono é que pode alienar. Se for dado em pagamento coisa fungível de terceiro, este último não poderá reclamá-la se o credor já a tiver recebido e consumido de boa-fé. Caberá ao terceiro demandar o devedor pela reparação.

3.5.2.4. *A quem se deve pagar*

O pagamento deve ser feito ao credor, ao seu representante ou aos seus sucessores. O pagamento feito a qualquer outra pessoa não tem efeito liberatório. Não obstante o CC entenda que as questões referente a pagamento interferem no plano da validade, o Enunciado n. 425 JDC/CJF transporta a questão para o plano da eficácia: *O pagamento repercute no plano da eficácia, e não no plano da validade como preveem os arts. 308, 309 e 310 do Código Civil.*

Neste contexto, há situações em que o pagamento feito a terceiro desqualificado será eficaz: a) se houver ratificação pelo credor; b) se reverter em proveito do credor; c) se for feito de boa-fé ao credor putativo, ou seja, àquele que parecia, objetivamente, ser o credor (ex.: herdeiro aparente).

De outra parte, há situações em que o pagamento feito ao credor não será eficaz: a) se for feito ao credor incapaz de dar quitação, salvo se o devedor provar que reverteu em proveito do credor; b) se o devedor tiver sido intimado da penhora e mesmo assim pagar ao credor, hipótese em que titulares da penhora poderão constranger o devedor a pagar novamente, ficando-lhe ressalvado o regresso contra o credor.

Considera-se autorizado a receber o pagamento o portador da quitação, salvo se as circunstâncias contrariarem a presunção daí resultante.

3.5.2.5. *Objeto do pagamento e sua prova*

O pagamento deve coincidir com a coisa devida. Assim, o credor não é obrigado a receber prestação diversa da pactuada, ainda que mais valiosa. Da mesma forma, ainda que a obrigação seja divisível, o credor não está obrigado a receber em partes a prestação, se assim não se ajustou. Tem, portanto, o direito de exigir o todo. As dívidas em dinheiro deverão ser pagas no vencimento, em moeda corrente (real) e pelo valor nominal. Quanto ao valor nominal, a própria lei admite a convenção de aumento progressivo de prestações sucessivas, dando força à ideia de dívida de valor (e não de dívida de dinheiro). O reajuste automático de prestação tem o nome de cláusula de escala móvel. A Lei nº 10.192/01 considera nula de pleno direito a estipulação de reajuste em periodicidade inferior a um ano. Também admite-se a revisão da obrigação "quando, por motivos imprevisíveis, sobrevier desproporção manifesta entre o valor da prestação devida e o do momento de sua execução" (art. 317 do CC). Adotou-se a *teoria da imprevisão*. Esse dispositivo será aplicado quando tivermos contratos com as seguintes características: bilaterais, onerosos, comutativos, de execução diferida ou continuada. E ainda deve haver um fato imprevisível que gere onerosidade excessiva para uma das partes. Neste espeque, a expressão legal "motivos imprevisíveis" deve abarcar tanto causas de desproporção não previsíveis como também causas previsíveis, mas de resultados imprevisíveis (Enunciado n. 17

JDC/CJF). Outrossim, são nulas as convenções de pagamento em ouro ou em moeda estrangeira. A ideia é preservar o curso forçado da moeda nacional. Há exceções no Dec.-Lei nº 857/69 e na Lei nº 6.423/77 (ex.: importação e exportação).

A prova do pagamento é feita por meio da *quitação regular*, sendo que o devedor pode reter o pagamento enquanto não lhe seja dada. Esta "quitação regular" engloba a quitação dada por meios eletrônicos ou por quaisquer formas de "comunicação a distância", assim entendida aquela que permite ajustar negócios jurídicos e praticar atos jurídicos sem a presença corpórea simultânea das partes ou de seus representantes (Enunciado n. 18 JDC/CJF).Nos débitos, cuja quitação consistir na devolução do título, perdido este, poderá o devedor exigir, retendo o pagamento, declaração do credor que inutilize o título desaparecido. Isso para evitar de ser cobrado novamente caso o título seja encontrado.

Presumem-se a cargo do devedor as despesas com o pagamento e a quitação.

3.5.2.6. *Lugar do pagamento*

É aquele onde o devedor deve cumprir a obrigação e o credor exigir seu cumprimento. A regra é o domicílio do devedor (dívida quesível ou *quérable*). Mas por motivo legal, convencional ou circunstancial é possível que a obrigação tenha de ser cumprida no domicílio do credor (dívida portável ou *portable*).

Designado mais de um lugar para o pagamento, cabe ao credor a escolha.

Se o pagamento consistir na tradição de um imóvel ou em prestações relativas a imóvel, far-se-á no lugar onde estiver situado o bem.

Será válido o pagamento feito em lugar diverso se houver motivo grave que justifique isso e não haja prejuízo para o credor.

O pagamento reiteradamente feito em outro lugar faz presumir renúncia do credor relativamente ao previsto no contrato. Essa regra vem em prestígio ao princípio da boa-fé objetiva e da eticidade, traduzidos na figura da *supressio* (possibilidade de supressão de uma obrigação contratual pelo não exercício pelo credor que gera uma legítima expectativa no devedor de que essa abstenção se prorrogará no tempo) e da *surrectio* (obtenção de um direito que não existia até então, em decorrência da prática reiterada).

3.5.2.7. *Tempo do pagamento*

O pagamento deve ser efetuado na data do seu *vencimento*. Não tendo sido ajustada data para o pagamento, poderá ele ser exigido imediatamente. Em se tratando de obrigações condicionais, o vencimento se dá no momento do implemento da condição, cabendo ao credor a prova de que o devedor teve ciência de tal fato.

O credor poderá cobrar a dívida antes do vencimento se: a) o devedor cair em falência ou concurso de credores; b) os bens do devedor, hipotecados ou empenhados, forem penhorados em execução por outro credor; c) cessarem, ou se tornarem insuficientes, as garantias do débito, fidejussórias ou reais, e o devedor, intimado, negar-se a reforçá-las. Nestes casos, presente s solidariedade passiva, não se reputará vencido o débito quanto aos outros devedores solventes.

3.5.3. Pagamento em consignação

3.5.3.1. Conceito

Forma especial de pagamento, por meio de depósito judicial ou em estabelecimento bancário, cabível quando houver mora do credor ou risco para o devedor na realização do pagamento direto. O instituto vem regulamentado tanto no Código Civil (arts. 334 ao 345) como no Código de Processo Civil (arts. 890 ao 906), razão pela qual fala-se que suas regras tem natureza mista ou híbrida.

Aplica-se essencialmente para obrigações de dar, não se admitindo para obrigações de fazer ou não fazer. Quanto ao objeto, podem ser consignados bens móveis ou imóveis. O mais comum é a consignação em dinheiro. Contudo, também é possível que se consigne outros bem. Neste caso, tratando-se de coisa imóvel ou corpo certo que deva ser entregue no mesmo lugar onde está, poderá o devedor citar o credor para vir ou mandar recebê-la, sob pena de ser depositada.

A consignação pode se dar em âmbito judicial ou extrajuducial (estabelecimento bancário oficial). As regras dos procedimentos estão descritas no CPC. O depósito em estabelecimento bancário só é admitido quando a prestação for em dinheiro.

Para que o devedor fique exonerado da obrigação, a consignação deve cumprir os mesmos requisitos exigidos para a validade do pagamento quanto às pessoas, ao objeto, modo, tempo e lugar. Efetuado o depósito, cessa para o devedor os juros da dívida e os riscos, salvo se for julgado improcedente.

O devedor poderá requerer o levantamento do depósito enquanto o credor não declarar que o aceita ou o impugnar, desde que pague as respectivas despesas, hipótese em que o débito subsistirá.

Contestada a lide pelo credor ou aceito o depósito, caso ele aquiesça com o levantamento, perderá a preferência e a garantia que lhe competiam com relação à coisa consignada, ficando para logo desobrigados os codevedores e fiadores que não tenham anuído. As despesas com o depósito, quando julgado procedente, correrão à conta do credor e, no caso contrário, à conta do devedor.

Sendo a coisa indeterminada, caso a escolha caiba ao credor, será ele citado para esse fim, sob pena de perder esse direito caso não o faça, transferindo-se então a faculdade de escolha ao devedor.

Consoante se verifica, em regra a consignação é pleiteada pelo devedor.Porém há uma exceção em que ela pode ser pedida pelo credor: quando a dívida se vencer, pendendo litígio entre credores que se pretendem mutuamente excluir, poderá qualquer deles requerer a consignação.

3.5.3.2. Cabimento

a) Se o credor não puder, ou, sem justa causa, recusar receber o pagamento, ou dar quitação na devida forma;

b) se o credor não for, nem mandar receber a coisa no lugar, tempo e condição devidos;

c) se o credor for incapaz de receber, for desconhecido, declarado ausente, ou residir em lugar incerto ou de acesso perigoso ou difícil;

d) se ocorrer dúvidas sobre quem deva legitimamente receber o objeto do pagamento;

e) se pender litígio sobre o objeto do pagamento.

3.5.4. Pagamento com sub-rogação

3.5.4.1. Conceito

É a operação pela qual a dívida se transfere a terceiro que a pagou, com todos os seus acessórios. Na sub-rogação apenas o que ocorre é a troca do credor. Tanto o devedor como o objeto obrigacional permanecem incólumes. Isso significa dizer que a dívida permanece a mesma, com as mesmas regras quanto aos juros, a fiança, a cláusula penal etc. O novo credor terá todos os direitos, ações, privilégios e garantias do primitivo em relação à dívida, contra o devedor principal e os fiadores.

Pode ocorrer independentemente da anuência do devedor, salvo na hipótese do art. 347, I do CC em que será necessário a notificação do devedor para que ele saiba a quem deve pagar. A sub-rogação possui caráter gratuito.

Em regra a obrigação fica extinta no que concerne ao credor original. Contudo, se este for apenas em parte reembolsado, terá preferência ao sub-rogado, na cobrança da dívida restante, se os bens do devedor não chegarem para saldar inteiramente o que a um e outro dever.

3.5.4.2. Espécies

a) **Legal ou automática:** *é a que opera de pleno direito,* em favor:

a1) do credor que paga a dívida do devedor comum; aqui temos um devedor com dois credores, sendo que um desses paga o outro para evitar o fim do patrimônio do devedor, por exemplo;

a2) do adquirente do imóvel hipotecado, que paga o credor hipotecário, bem como do terceiro que efetiva o pagamento para não ser privado de direito sobre o imóvel;

a3) do terceiro interessado, que paga a dívida pela qual era ou podia ser obrigado, no todo ou em parte;

b) **convencional:** *é a que decorre da vontade das partes* e que se verifica nos seguintes casos:

b1) quando o credor recebe o pagamento de terceiro e expressamente lhe transfere todos os seus direitos;

b2) quando terceira pessoa empresta ao devedor a quantia precisa para solver a dívida, sob a condição de ficar o mutuante sub-rogado nos direitos do credor satisfeito. Ex.: contratos de mútuo pelo Sistema Financeiro da Habitação.

A sub-rogação legal possui caráter de ato jurídico unilateral, enquanto que a sub-rogação convencional pode ser considerada um ato jurídico bilateral ou negócio jurídico. Na sub-rogação legal o sub-rogado não poderá exercer os direitos e as ações do credor, senão até a soma que tiver desembolsado para desobrigar o devedor. Relativamente à sub-rogação convencional a questão encontra certa polêmica, porém prevalece o entendimento de se aplica a mesma regra.

3.5.5. Imputação do pagamento

3.5.5.1. Conceito

É a indicação ou determinação da dívida a ser quitada quando uma pessoa obrigada por dois ou mais débitos, líquidos e vencidos, da mesma natureza e com o mesmo credor só pode pagar um deles.

3.5.5.2. Regra geral

Cabe ao devedor indicar, no ato do pagamento, qual dívida deseja saldar.

3.5.5.3. Ausência de indicação pelo devedor

Nesse caso, o credor fará a indicação por meio da quitação. Se a indicação não for feita, dar-se-á a imputação legal:

a) o pagamento será imputado primeiro nos juros vencidos e depois no capital;

b) o pagamento será imputado primeiro nas dívidas vencidas há mais tempo;

c) se todas forem vencidas no mesmo tempo, imputa-se na mais onerosa;

d) se todas forem iguais, imputa-se proporcionalmente.

Por fim, é importante trazer à colação a orientação fixada pela Súmula nº 464 do STJ: "a regra de imputação de pagamentos estabelecida no art. 354 do Código Civil não se aplica às hipóteses de compensação tributária".

3.5.6. Dação em pagamento

3.5.6.1. Conceito

É o acordo de vontades por meio do qual o credor aceita receber prestação diversa da que lhe é devida. Na dação o que é alterado na relação obrigacional é apenas o objeto, sendo que credor e devedor permanecem os mesmos. Por exemplo, uma pessoa devia R$ 1.000,00 e combina com o credor que pagará com a entrega de uma bicicleta. Trata-se de contrato real, pois só se aperfeiçoa com a tradição. Se for determinado o preço da coisa dada em pagamento, as relações entre as partes regular-se-ão pelas normas do contrato de compra e venda.

3.5.6.2. Efeitos

Extingue a obrigação original. Todavia, se houver evicção, ficará restabelecida a prestação primitiva, ficando sem efeito a quitação dada.

3.5.7. Novação

3.5.7.1. Conceito

É a criação de obrigação nova para extinguir a anterior. Trata-se, ao mesmo tempo, de causa extintiva e geradora de obrigações. Decorre da vontade dos interessados, não da lei. A novação extingue os acessórios e as garantias da dívida, sempre que não houver estipulação em contrário. Referida estipulação não poderá atingir terceiros que deram garantia real (penhor, hipoteca ou anticrese), caso não tenham participado da novação. No que tange a eles, será necessário consentimento expresso.

3.5.7.2. Requisitos de validade

a) Existência de obrigação anterior: assim, não podem ser objeto de novação obrigações nulas ou extintas. Todavia, sujeitam-se a novação as obrigações anuláveis, haja vista que esta pode ser confirmada pela novação;

b) constituição de nova dívida: há de ser algo efetivamente novo e válido. Se a nova dívida for nula será restabelecida a obrigação anterior;

c) intenção de novar ou animus novandi: o CC aduz que o ânimo de novar pode ser expresso ou tácito, porém deve ser *inequívoco*. Se assim não o for a segunda obrigação simplesmente confirma a primeira. Trata-se de requisito subjetivo, muitas vezes de difícil demonstração, mormente no que tange à forma tácita. Assim, o ideal é que a manifestação seja exarada de forma expressa para que não restem dúvidas.

3.5.7.3. Espécies

a) objetiva ou real: quando houver modificação no próprio objeto da obrigação. Por exemplo, substitui-se obrigação em dinheiro para obrigação de não fazer;

b) subjetiva ou pessoal: quando houver substituição de um dos sujeitos da obrigação anterior; não se confunde com a cessão de crédito e a assunção de dívida, pois na novação o vínculo anterior é extinto e cria-se um novo. Pode ser:

b1) ativa: quando houver substituição do credor, formando-se nova dívida entre devedor e terceiro;

b2) passiva: quando houver substituição do devedor. Será chamada novação por expromissão quando o devedor é substituído sem o seu consentimento; se for por ordem do devedor, chama-se delegação, sendo necessária a anuência do credor. Se o novo devedor for insolvente, não tem o credor, que o aceitou, ação regressiva contra o primeiro, salvo se este obteve por má-fé a substituição.

c) mista ou subjetiva-objetiva: quando, ao mesmo tempo, houver substituição do objeto e de algum dos sujeitos da obrigação anterior.

3.5.8. Compensação

3.5.8.1. Conceito

É a extinção das obrigações entre duas pessoas que são, ao mesmo tempo, credora e devedora uma da outra. As obrigações ficam extintas até onde se compensarem. Por exemplo, se "A" deve R$ 1.000,00 a "B" e este, R$ 800 a "A", pela compensação, a segunda obrigação fica extinta, remanescendo uma dívida de R$ 200 de "A" para "B".

O devedor que, notificado, nada opõe à cessão que o credor faz a terceiros dos seus créditos, não pode opor ao cessionário a compensação, que antes da cessão teria podido opor ao cedente. Se porém, não for notificado, poderá opor ao cessionário compensação do crédito que antes tinha contra o cedente.

Sendo a mesma pessoa obrigada por várias dívidas compensáveis, serão observadas, em sua compensação, as regra da imputação ao pagamento.

3.5.8.2. Espécies

a) **Legal:** é a que decorre da lei, automaticamente. Nesse caso, o devedor poderá alegar a compensação na contestação (exceção de compensação) ou em embargos do devedor. Por se tratar de questão dispositiva, o juiz não pode pronunciá-la de ofício, salvo em relação a honorários advocatícios fixados na própria sentença;

b) **Convencional:** é a que decorre da vontade das partes. Não há a necessidade de preenchimento de nenhum requisito.

c) **Judicial:** é a compensação reconhecida em processo judicial, mediante pedido de ambas as partes.

É possível a renúncia prévia à compensação, contudo essa regra deve ser vista com ressalva, mormente no que tange à compensação legal, contratos de consumo e contratos de adesão.

3.5.8.3. Requisitos da compensação legal

a) **Reciprocidade das obrigações**; a exceção é a situação do fiador, que poderá opor compensação de crédito do devedor para com o credor;

b) **prestações líquidas e vencidas**; dívida prescrita não pode ser oposta, pois, de acordo com o art. 190 do CC, a exceção prescreve no mesmo prazo que a pretensão;

c) **coisas fungíveis**; ou seja, as coisas a serem compensadas devem ser do mesmo gênero e qualidade.

3.5.8.4. Impedimentos à compensação

Tanto a vontade (impedimento convencional) como a lei (impedimento legal) podem estabelecer restrições à compensação. São casos de impedimento legal:

a) se uma das dívidas provier de furto, roubo ou esbulho (atos ilícitos);

b) se uma das dívidas se originar de comodato (bem infungível), depósito (bem infungível) ou alimentos (crédito incompensável);

c) se uma das dívidas for de coisa não suscetível de penhora (bem fora do comércio);

d) se a compensação se der em prejuízo de terceiros (boa-fé objetiva).

Com exceção destes casos, a diferença de causa nas dívidas não impede a compensação.

Em relação a débitos fiscais, a legislação especial é que trata do tema.

Os prazos de favor, embora consagrados pelo uso geral não impedem a compensação. Essa regra vem em prestígio à boa-fé objetiva, no sentido de que se for concedido um prazo a mais para o pagamento, aquele que conseguiu o prazo não pode alegá-lo, agora de má-fé para obstar a compensação. Traduz a figura do *tu quoque*, isto é, não fazer ao outro o que não gostarias que fosse feito contra si mesmo.

Não se admite compensação em prejuízo de direito de terceiro. Assim, suponhamos que "A" era devedor de "B". Logo "B" tinha um crédito em relação a "A". Esse crédito é penhorado. Na sequencia, por alguma razão "A" agora se torna credor de "B"."B" não pode opor ao exequente da penhora a compensação de que contra "A" disporia.

3.5.9. Confusão

Confusão é a extinção da obrigação pela reunião, em uma única pessoa, das qualidades de credora e devedora na relação jurídica. A confusão pode ser total ou parcial.

Em caso de obrigações solidárias, operada a confusão, só será extinta a obrigação até a concorrência da respectiva parte no crédito, ou na dívida, permanecendo, quanto o mais a solidariedade.

Sobrevindo a causa, a obrigação estará extinta. Contudo, cessando a confusão, para logo se restabelece, com todos os seus acessórios a obrigação anterior.O processo será extinto, sem julgamento de mérito. Um exemplo é um herdeiro que recebe de herança um crédito contra si mesmo.

3.5.10. Remissão das dívidas

Consiste na exoneração da dívida do devedor, por liberalidade do credor. É o perdão da dívida.A lei exige concordância do devedor. Assim, trata-se de negócio jurídico bilateral. A remissão não pode prejudicar terceiros. Se isso ocorrer, pode ser configurada a fraude contra credores. A remissão pode ser expressa, tácita (ex.: quitação total após pagamento parcial) ou presumida (ex.: devolução voluntária do título. Essa devolução prova desoneração do devedor e de seus co-obrigados, se o credor for capaz de alienar e o devedor capaz de adquirir. Mas atenção: a devolução voluntária de um objeto empenhado, isto é, fruto de penhor, prova a renúncia à garantia e não a extinção da dívida).

No que concerne à solidariedade, a remissão concedida a um dos codevedores extingue a dívida na parte a ele correspondente, preservando-se a solidariedade em relação aos demais. Contudo, o credor só lhes pode cobrar o débito deduzida a cota remitida.

3.6. INADIMPLEMENTO DAS OBRIGAÇÕES

3.6.1. Introdução

Nem sempre a obrigação é cumprida como estipulado entre o credor e o devedor. Nesses casos, fala-se em inadimplemento, que pode ser absoluto (ou definitivo) ou relativo (ou mora). Aliás, o descumprimento de deveres acessórios, anexos e instrumentais (decorrentes do princípio da boa-fé objetiva) também podem configurar o inadimplemento.

O **inadimplemento absoluto** *ocorre na hipótese do credor estar impossibilitado de receber a prestação devida, seja porque é impossível o cumprimento, seja porque a prestação já não lhe é útil.* Será total quando a prestação por inteiro não puder ser cumprida e parcial se apenas uma parte da prestação não puder ser cumprida. O critério para distinguir o inadimplemento absoluto da mora não é só a impossibilidade da prestação. Também ocorre o primeiro quando a prestação já não for útil ao credor. Assim, se o vestido de uma noiva chega após o casamento, não se tem simples mora, mas inadimplemento absoluto. O descumprimento de obrigação de não fazer acarreta, sempre, inadimplemento absoluto, uma vez que não há mais como cumprir o que foi combinado.

O **inadimplemento relativo** *ocorre na hipótese em que ainda for possível e útil a realização da prestação, apesar da inobservância do tempo, do lugar e da forma devidos.* No exemplo anterior, caso o vestido de noiva devesse ser entregue vinte dias antes do casamento, mas isso só ocorrer dez dias antes do evento, estar-se-á diante de mora, não de inadimplemento absoluto. A distinção entre a primeira e o segundo é importante, pois esse enseja cobrança de perdas e danos, sem direito à prestação, ao passo que aquela enseja cobrança de perdas e danos, bem como da própria prestação.

O **inadimplemento culposo** (absoluto ou relativo) faz com que o devedor tenha de responder por perdas e danos, juros, atualização monetária e honorários de advogado (caso tenha sido contratado um - Enunciado n. 161 JDC/CJF). É importante consignar que, na responsabilidade civil contratual ou negocial, a culpa é presumida. Assim, se alguém deixar de cumprir uma obrigação contratual, presume-se que agiu com culpa. Basta o credor fazer a prova do inadimplemento, não sendo necessário que prove algum fato imputável ao devedor. Esse só fica exonerado da responsabilidade se demonstrar alguma excludente, como o caso fortuito ou de força maior ou a culpa exclusiva de terceiro. Já na responsabilidade civil extracontratual subjetiva (culposa), o credor é que tem o ônus da prova da culpa do causador do dano. Nos contratos benéficos ou gratuitos, aquele que pratica a liberalidade só responde se agir com dolo. Assim, na doação pura e simples, o doador só responde pela impossibilidade de entrega da coisa doada caso tenha agido com dolo (ex.: se tiver destruído a coisa).

O **inadimplemento fortuito** não gera, em princípio, obrigação de indenizar. Segundo o art. 393 do CC, o devedor não responde pelos prejuízos resultantes do caso fortuito ou força maior, salvo se expressamente houver por eles se responsabilizado. Assim, só haverá responsabilidade no fortuito se o devedor assumir essa obrigação.

Dívida x responsabilidade: não se deve confundir as duas. A primeira é o elemento pessoal (*Schuld*), ao passo que a segunda, o patrimonial (*Haftung*). Um devedor, enquanto estiver em dia, tem uma dívida. Quando incorrer em inadimplência, passa a ter uma responsabilidade, ou seja, todos os seus bens passam a ser a garantia do pagamento da dívida, salvo bens impenhoráveis. O Direito coloca à disposição do credor meios para que este consiga satisfazer de modo específico seu crédito. Não sendo possível isso, a obrigação converte-se em perdas e danos, ficando o patrimônio do devedor sujeito a esse pagamento.

3.6.2. Mora

3.6.2.1. Conceito

Quanto ao devedor, consiste no não pagamento, e quanto ao credor, na não aceitação do pagamento no tempo, lugar e forma devidos. É importante ressaltar que a diferença entre mora e inadimplemento absoluto é que, na primeira, a obrigação ainda pode ser cumprida. Neste espeque, a inutilidade da prestação que autoriza a recusa da prestação por parte do credor deverá ser aferida objetivamente, consoante o princípio da boa-fé e a manutenção do sinalagma, e não de acordo com o mero interesse subjetivo do credor (Enunciado n. 162 JDC/CJF).

*3.6.2.2. Mora do devedor (*mora solvendi *ou* debitoris*)*

3.6.2.2.1. Espécies

a) Mora *ex re* (ou de pleno direito): *é aquela em que o fato que a ocasiona está previsto objetivamente na lei*. Assim, a mora é automática. Basta que ocorra o fato para que se configure a mora. Ex.: quando a obrigação tem data de vencimento. O CC estabelece que "o inadimplemento da obrigação, positiva e líquida, no seu termo, constitui de pleno direito em mora o devedor" (art. 397 do CC). Trata-se das chamadas obrigações impuras, em que se aplica a regra do *dies interpellat pro homine*. Outra regra de mora automática é a seguinte: "nas obrigações provenientes de ato ilícito, considera-se o devedor em mora, desde que o praticou" (art. 398 do CC);

b) mora *ex persona* (ou por ato da parte): *é aquela que depende de providência por parte do credor para que se caracterize*. Por exemplo, a que depende de interpelação judicial ou extrajudicial, protesto ou mesmo citação do devedor. Aliás, caso ainda não esteja configurada a mora num dado caso, a citação válida terá sempre esse efeito segundo o art. 219 do CPC. O CC estabelece que "não havendo termo, a mora se constitui mediante interpelação judicial ou extrajudicial" (art. 397, parágrafo único). Trata-se das chamadas obrigações perfeitas, em que, por não haver vencimento, a mora depende de notificação. Nesta esteira, afirma o Enunciado 427 JDC/CJF que "*É válida a notificação extrajudicial promovida em serviço de registro de títulos e documentos de circunscrição judiciária diversa da do domicílio do devedor*". Mas há casos em que, mesmo havendo termo (vencimento) estabelecido, a lei determina que a mora só se configurará após notificação extrajudicial ou judicial. É o caso dos compromissos de compra de venda e da alienação fiduciária em garantia.

Ressalta-se que a cobrança de encargos e parcelas indevidas ou abusivas impede a caracterização da mora do devedor (Enunciado n. 354 JDC/CJF).

3.6.2.2.2. Pressupostos

a) Exigibilidade da prestação; ou seja, termo vencido ou condição suspensiva implementada;

b) inexecução culposa; assim, se o devedor conseguir provar que a inexecução ocorreu por caso fortuito ou força maior, fica excluída a mora;

c) viabilidade do cumprimento tardio; ou seja, não se estará diante de mora se a inexecução da obrigação tornar inútil ao credor seu cumprimento posterior; nesse caso tem-se inadimplemento absoluto.

Vale observar que a "simples propositura da ação de revisão de contrato não inibe a caracterização da mora do autor" (Súmula nº 380 do STJ).

3.6.2.2.3. Efeitos

Caracterizada a mora, o credor tem duas opções:

a) **exigir o cumprimento da obrigação, mais o pagamento de todos os prejuízos que a mora causar,** incluindo perdas e danos, juros, atualização monetária e honorários de advogado;

b) **enjeitar a prestação, exigindo a satisfação de todas as perdas e danos, caso a prestação, devido à mora, tornar-se inútil aos seus interesses.**

Obs.: estando o devedor em mora, esse responderá, inclusive, pela impossibilidade da prestação. Trata-se do efeito que a doutrina chama de perpetuação da obrigação (*perpetuatio obligationis*). O devedor responde mesmo que a impossibilidade decorra de caso fortuito ou de força maior. Só não responderá se provar que o dano teria ocorrido mesmo que tivesse cumprido a prestação a termo (*exceção de dano inevitável*).

*3.6.2.3. Mora do credor (*mora accipiendi *ou* credendi*)*

3.6.2.3.1. Pressupostos

a) Vencimento da obrigação; o credor não é obrigado a receber antes do tempo; todavia, se o vencimento já tiver ocorrido e o credor não quiser receber, estará configurada sua mora, independentemente de culpa do credor; se não houver vencimento, o devedor deverá notificar para constituição em mora;

b) efetiva oferta da prestação pelo devedor ao credor;

c) recusa injustificada em receber; assim, não se configura a mora se o credor tem justo motivo para não aceitar o pagamento, como no caso de haver diferença entre o que deveria ser cumprido e o que é oferecido.

Obs.: o ônus da prova da mora do credor é do devedor. É por isso que o devedor deve propor ação de consignação em pagamento, exonerando-se da obrigação e evitando a incidência de penalidades e indenizações.

3.6.2.4. Purgação da mora

É a atitude voluntária da parte que tem por finalidade sanar o cumprimento defeituoso da obrigação pelo seu efetivo adimplemento. O devedor em mora deve oferecer a prestação mais a importância dos prejuízos decorrentes do dia da oferta. O credor em mora deve oferecer o recebimento, sujeitando-se aos efeitos da mora até a mesma data.

3.6.3. Perdas e danos. Características

a) Incidem quando há inadimplemento obrigacional;

b) dependem da existência de dano;

c) incluem os *danos emergentes* (o que efetivamente se perdeu) e os *lucros cessantes* (o que razoavelmente se deixou de lucrar);

d) incluem os danos materiais (ou patrimoniais) e os danos morais (ou de natureza extrapatrimonial);

e) só incluem os prejuízos efetivos e os lucros cessantes por efeito direto e imediato (nexo de causalidade entre os danos sofridos pelo credor e o inadimplemento do devedor);

f) quando se trata de dívida em dinheiro, as perdas e danos incluem os *danos emergentes* (a própria prestação + atualização monetária + custas e honorários de advogado) e os *lucros cessantes* (juros de mora); o juiz pode conceder *indenização suplementar*, quando for provado que os juros de mora não cobrem o prejuízo e não houver pena convencional;

g) os juros de mora são contados desde a citação; isso não ocorre nas indenizações por ato ilícito e nos casos de mora *ex re*.

3.6.4. Juros legais

A lei usa a expressão juros legais no capítulo que trata dos juros moratórios. Como se sabe, juros moratórios são aqueles que têm caráter indenizatório pelo retardamento no cumprimento da obrigação. Esses juros também têm caráter punitivo. Não se deve confundir os juros moratórios com os juros remuneratórios (ou compensatórios). Esses são devidos como forma de remunerar o capital emprestado (ex.: taxa de juros do cheque especial). A lei estabelece as seguintes regras para os juros moratórios:

a) as partes podem convencionar os juros moratórios no percentual de até 12% ao ano;

b) se as partes não convencionarem os juros moratórios, estes serão fixados "segundo a taxa que estiver em vigor para a mora do pagamento de impostos devidos à Fazenda Nacional", ou seja, segundo a taxa Selic; o STJ vem entendendo que se aplica a taxa Selic, não incidindo, cumulativamente, correção monetária, uma vez que ela já embute essa correção (EResp 727.842/SP, DJ 20/11/08). Entretanto, a matéria foi objeto de grande discussão, até que se chegasse a um consenso, tendo sido à época, editado o Enunciado 20 JDC/CJF, que defendia a não aplicação da Selic.

c) ainda que não se alegue prejuízo, o devedor é obrigado ao pagamento de juros moratórios, inclusive quando não se deve dinheiro, fixando-se, nesse caso, valor pecuniário para o cálculo dos juros devidos.

3.6.5. Cláusula penal

3.6.5.1. Conceito

É a obrigação acessória que incide caso uma das partes deixe de cumprir a obrigação principal. Por exemplo, fixa-se o pagamento de uma multa de 10% caso o aluguel não seja pago em dia. Decorre de convenção entre as partes. Essa cláusula pode ser estipulada tanto para a mora como para o inadimplemento absoluto.

Na sequência, alguns Enunciados relevantes:

Enunciado n. 165 JDC/CJF: *Em caso de penalidade, aplica-se a regra do art. 413 ao sinal, sejam as arras confirmatórias ou penitenciais.*

Enunciado n. 429 JDC/CJF: *As multas previstas nos acordos e convenções coletivas de trabalho, cominadas para impedir o descumprimento das disposições normativas constantes desses instrumentos, em razão da negociação coletiva dos sindicatos e empresas, têm natureza de cláusula penal e, portanto, podem ser reduzidas pelo juiz do trabalho quando cumprida parcialmente a cláusula ajustada ou quando se tornarem excessivas para o fim proposto, nos termos do art. 413 do Código Civil.*

3.6.5.2. Finalidades

a) **meio de coerção:** trata-se incentivo ao fiel cumprimento da obrigação;

b) **prefixação de perdas e danos:** ou seja, independentemente de provar a existência de danos, o credor pode exigi-la do devedor em caso de não cumprimento da obrigação.

3.6.5.3. Indenização suplementar

Como regra, a cláusula penal é *substitutiva* (ou *disjuntiva*), ou seja, o credor não poderá pedir indenização suplementar. Todavia, caso haja previsão de que a cláusula penal é apenas uma indenização mínima, o credor poderá pedir a complementação, hipótese em que teremos a *clausula penal cumulativa.*

Amenizando um pouco a regra, o Enunciado nº 430 das Jornadas de Direito Civil entende que, em se tratando de contrato de adesão, não há necessidade de convenção prevendo a possibilidade de indenização suplementar caso o valor do dano supere o valor da cláusula penal. Nesse sentido, confira: "art. 416, parágrafo único: no contrato de adesão, o prejuízo comprovado do aderente que exceder ao previsto na cláusula penal compensatória poderá ser exigido pelo credor independentemente de convenção".

3.6.5.4. Espécies

a) **compensatória:** *é a estipulada para a hipótese de total inadimplemento da obrigação*; nesse caso, o credor só poderá exigir a multa, uma vez que a prestação já não pode mais ser cumprida;

b) **moratória ou compulsória:** *é a estipulada para evitar o retardamento culposo no cumprimento da obrigação ou para dar segurança especial a uma cláusula determinada*; nesse caso, o credor poderá exigir a prestação e a multa.

3.6.5.5. Limites da cláusula penal

a) **valor:** a multa não pode exceder o valor da obrigação principal, ou seja, seu valor máximo é de 100%. Já no CDC, a multa é de até 2% sobre o valor da prestação no fornecimento de crédito; a Lei de Usura limita a multa em 10% para os contratos de mútuo; a legislação que regula compromissos de compra e venda de imóveis também a limita em 10%; em relação às despesas de condomínio, a taxa máxima é de 2%;

b) redução equitativa: se a obrigação principal tiver sido cumprida em parte, ou se o montante da penalidade for manifestamente excessivo, a penalidade deve ser reduzida equitativamente pelo juiz (art. 413 do CC).Sobre o tema da redução e da penalidade manifestamente excessiva, elenca-se alguns Enunciados:

Enunciado n . 355 JDC/CJF: Não podem as partes renunciar à possibilidade de redução da cláusula penal se ocorrer qualquer das hipóteses previstas no art. 413 do Código Civil, por se tratar de preceito de ordem pública.

Enunciado n. 356 JDC/CJF: Nas hipóteses previstas no art. 413 do Código Civil, o juiz deverá reduzir a cláusula penal de ofício.

Enunciado n. 359 JDC/CJF: A redação do art. 413 do Código Civil não impõe que a redução da penalidade seja proporcionalmente idêntica ao percentual adimplido.

Enunciado n. 358 JDC/CJF: 358 – Art. 413: O caráter manifestamente excessivo do valor da cláusula penal não se confunde com a alteração das circunstâncias, a excessiva onerosidade e a frustração do fim do negócio jurídico, que podem incidir autonomamente e possibilitar sua revisão para mais ou para menos

3.6.6. Arras ou sinal

3.6.6.1. Conceito

É o bem entregue por um dos contratantes a outro como confirmação do contrato e princípio de pagamento. Trata-se de pacto acessório e contrato real (só se aperfeiçoa com a entrega do dinheiro ou da coisa).

3.6.6.2. Espécies

a) confirmatórias: *são as utilizadas para confirmar o negócio.* Se quem pagar as arras desistir do contrato, ficará sem elas em favor da outra parte. Já se quem recebeu as arras desistir do contrato, deverá devolvê-las em dobro, com atualização monetária, juros e honorários de advogado. As arras confirmatórias servem de prefixação das perdas e danos. Se os prejuízos superarem seu valor, pode-se pedir indenização suplementar;

b) penitenciais: *são as utilizadas para a prefixação das perdas e danos, no caso de qualquer das partes desistir do contrato.* A regra é igual à das arras confirmatórias. A diferença é que aqui não cabe pedido de indenização suplementar.

3.7. JURISPRUDÊNCIA SELECIONADA

Súmula STF nº 596

As disposições do Decreto 22626/1933 não se aplicam às taxas de juros e aos outros encargos cobrados nas operações realizadas por instituições públicas ou privadas, que integram o sistema financeiro nacional.

Súmula STF nº 121

É vedada a capitalização de juros, ainda que expressamente convencionada.

Súmula STJ nº 472

A cobrança de comissão de permanência - cujo valor não pode ultrapassar a soma dos encargos remuneratórios e moratórios previstos no contrato - exclui a exigibilidade dos juros remuneratórios, moratórios e da multa contratual.

Súmula STJ nº 422

O art. 6º, e, da Lei n. 4.380/1964 não estabelece limitação aos juros remuneratórios nos contratos vinculados ao SFH.

Súmula STJ nº 382

A estipulação de juros remuneratórios superiores a 12% ao ano, por si só, não indica abusividade.

Súmula STJ nº 379

Nos contratos bancários não regidos por legislação específica, os juros moratórios poderão ser convencionados até o limite de 1% ao mês.

Súmula STJ nº 296

Os juros remuneratórios, não cumuláveis com a comissão de permanência, são devidos no período de inadimplência, à taxa média de mercado estipulada pelo Banco Central do Brasil, limitada ao percentual contratado.

Súmula STJ nº 288

A Taxa de Juros de Longo Prazo (TJLP) pode ser utilizada como indexador de correção monetária nos contratos bancários.

Súmula STJ nº 287

A Taxa Básica Financeira (TBF) não pode ser utilizada como indexador de correção monetária nos contratos bancários.

Súmula STJ nº 283

As empresas administradoras de cartão de crédito são instituições financeiras e, por isso, os juros remuneratórios por elas cobrados não sofrem as limitações da Lei de Usura.

Súmula STJ nº 186

Nas indenizações por ato ilícito, os juros compostos somente são devidos por aquele que praticou o crime.

Súmula STJ nº 176

É nula a clausula contratual que sujeita o devedor a taxa de juros divulgada pela Anbid/Cetip.

Súmula STJ nº 54

Os juros moratórios fluem a partir do evento danoso, em caso de responsabilidade extracontratual.

DIREITO CIVIL E PROCESSUAL CIVIL. IMPOSSIBILIDADE DE QUE AUTOR E RÉU REALIZEM COMPENSAÇÃO QUE ENVOLVA CRÉDITO OBJETO DE PENHORA NO ROSTO DOS AUTOS.

A penhora de crédito pleiteado em juízo, anotada no rosto dos autos e de cuja constituição tenham sido as partes intimadas, impede que autor e réu realizem posterior compensação que envolva o referido crédito. Aplica-se, nessa hipótese, a regra contida no art. 380 do CC, que dispõe ser inadmissível a compensação em prejuízo de direito de terceiro. Afirma ainda o referido dispositivo que o devedor que se torne credor do seu credor, depois de penhorado o crédito deste, não pode opor ao exequente a compensação, de que contra o próprio credor disporia. Busca-se, dessa forma, evitar lesão a direito de terceiro diretamente interessado na constrição. Deve-se observar, portanto, que o art. 380 do CC tem por escopo coibir a utilização da compensação como forma de esvaziar penhora anterior. Trata-se, assim, de norma de caráter protetivo e de realce na busca de um processo de resultado. Ademais, segundo os arts. 673 e 674 do CPC, a penhora no rosto dos autos altera subjetivamente a figura a quem deverá ser efetuado o pagamento, conferindo a esta os bens que forem adjudicados ou que couberem ao devedor. Ressalte-se que a impossibilidade de compensação nessas circunstâncias decorre também do princípio da boa-fé objetiva, valor comportamental que impõe às partes o dever de cooperação e de lealdade na relação processual. **REsp 1.208.858-SP, Rel. Min. Nancy Andrighi, julgado em 3/9/2013.** (Inform. STJ 528)

DIREITO CIVIL. CONTRATOS. CUMULAÇÃO DE CLÁUSULA PENAL MORATÓRIA COM INDENIZAÇÃO POR LUCROS CESSANTES.

O promitente comprador, no caso de atraso na entrega do imóvel adquirido, tem direito a exigir, além do cumprimento da obrigação e do pagamento do valor da cláusula penal moratória prevista no contrato, a indenização correspondente aos lucros cessantes pela não fruição do imóvel durante o período da mora. Enquanto a cláusula penal compensatória funciona como prefixação das perdas e danos, a cláusula penal moratória, cominação contratual de uma multa para o caso de mora, serve apenas como punição pelo retardamento no cumprimento da obrigação. A cláusula penal moratória, portanto, não compensa o inadimplemento, nem substitui o adimplemento, não interferindo na responsabilidade civil correlata, que é decorrência natural da prática de ato lesivo ao interesse ou direito de outrem. Assim, não há óbice a que se exija a cláusula penal moratória juntamente com o valor referente aos lucros cessantes. **REsp 1.355.554-RJ, Rel. Min. Sidnei Beneti, julgado em 6/12/2012. (Inform. STJ 513).**

Fator de Deflação e Constitucionalidade

O Tribunal, por maioria, julgou improcedente pedido formulado em ação direta de inconstitucionalidade ajuizada pelo Partido Socialista Brasileiro - PSB contra o art. 27, §§ 1º e 2º, da Lei 8.177, de 1º.3.91, que fixou fator de deflação a ser aplicado às obrigações contratuais e pecuniárias e aos títulos de crédito, inclusive duplicatas, que tenham sido constituídos no período de 1º.9.90 a 31.1.91, sem cláusula de reajuste ou com cláusula de correção monetária prefixada. Adotou-se a orientação firmada no julgamento do RE 141190/SP (DJU de 26.5.2006) no sentido da constitucionalidade do fator de deflação, que teve por objetivo preservar o equilíbrio inicial dos contratos, diante da súbita interrupção do processo inflacionário (congelamento), evitando, assim, uma distorção distributiva. Citaram-se, ademais, diversos outros precedentes nos quais declarada a constitucionalidade do art. 27 da Lei 8.177/91. Vencidos os Ministros Marco Aurélio e Celso de Mello que julgavam o pleito parcialmente procedente. ADI 608/DF, rel. Min. Cármen Lúcia, 31.5.2007. (ADI-608) (Inform. STF 469)

DIREITO CIVIL. JUROS DE MORA. NÃO INCIDÊNCIA DA SELIC CUMULADA COM CORREÇÃO MONETÁRIA.

A incidência da taxa Selic como juros moratórios exclui a correção monetária, sob pena de bis in idem, considerando que a referida taxa já é composta de juros e correção monetária. Precedentes citados: EDcl nos EDcl nos EDcl nos EREsp 727.842-SP, DJe 23/11/2009; REsp 951.521-MA, DJe 11/5/2011, e REsp 1.139.997-RJ, DJe 23/2/2011. EDcl no REsp 1.025.298-RS, Rel. originário Min. Massami Uyeda, Rel. para acórdão Min. Luis Felipe Salomão, julgados em 28/11/2012. (Inform. STJ 510)

REVISÃO CONTRATUAL. CAPITALIZAÇÃO DE JUROS. CONTRATAÇÃO EXPRESSA. NECESSIDADE DE PREVISÃO.

A Turma entendeu que a contratação expressa da capitalização de juros deve ser clara, precisa e ostensiva, ou seja, as cláusulas devem ser compreensíveis plenamente, não podendo ser deduzida da mera divergência entre a taxa de juros anual e o duodécuplo da taxa de juros mensal. Assim, reconhecida a abusividade dos encargos exigidos no período de normalidade contratual, descaracteriza-se a mora. REsp 1.302.738-SC, Rel. Min. Nancy Andrighi, julgado em 3/5/2012.(Inform. STJ 496)

CONTRATO. CLÁUSULA PENAL. EFEITOS.

In casu, trata-se de contrato de compra e venda de imóvel, no qual o promitente-comprador (recorrente) obrigou-se a pagar o preço e o promitente-vendedor a entregar o apartamento no tempo aprazado. Porém, o promitente-vendedor não entregou o bem no tempo determinado, o que levou o promitente-comprador (recorrente) a postular o pagamento da cláusula penal inserida no contrato de compra e venda, ainda que ela tenha sido redigida especificamente para o caso do seu inadimplemento. Assim, cinge-se a questão em definir se a cláusula penal dirigida apenas ao promitente-comprador pode ser imposta ao promitente-vendedor ante o seu inadimplemento contratual. Na hipótese, verificou-se cuidar de um contrato bilateral, em que cada um dos contratantes é simultânea e reciprocamente credor e devedor do outro, oneroso, pois traz vantagens para os contratantes, comutativo, ante a equivalência de prestações. Com esses e outros fundamentos, a Turma deu provimento ao recurso para declarar que a cláusula penal contida nos contratos bilaterais, onerosos e comutativos deve aplicar-se para ambos os contratantes indistintamente, ainda que redigida apenas em favor de uma das partes. Todavia, é cediço que ela não pode ultrapassar o conteúdo econômico da obrigação principal, cabendo ao magistrado, quando ela se tornar exorbitante, adequar o *quantum debeatur*. **REsp 1.119.740-RJ, Rel. Min. Massami Uyeda, julgado em 27/9/2011.** (Inform. STJ 484)

HONORÁRIOS ADVOCATÍCIOS. COMPROMISSO. FIXAÇÃO. DÓLAR.

A Turma conheceu em parte do recurso e, nessa extensão, negou-lhe provimento, reafirmando não haver óbice para que o termo de compromisso de honorários advocatícios firmado seja fixado em percentual em dólar (art. 1º do DL n. 857/1969), contanto que se converta o valor do pagamento em moeda nacional, visto que o impedimento é para a substituição da moeda nacional pela estrangeira. No caso, em ação monitória ajuizada na origem, o recorrido cobra parte dos seus honorários porque a sociedade empresária não pagou o valor total avençado. Precedente citado: REsp 36.120-SP, DJ 22/11/1993. **REsp 885.759-SC, Rel. Min. Luis Felipe Salomão, julgado em 4/11/2010**. (Inform. STJ 454)

REPETITIVO. JUROS. MORA. COISA JULGADA.
Trata-se de recurso repetitivo remetido ao julgamento da Corte Especial pela Segunda Seção em que a controvérsia está em saber se há violação da coisa julgada na medida em que o título judicial exequendo exarado em momento anterior ao CC/2002 fixa os juros de mora em 0,5% ao mês e, na execução do julgado, determina-se a incidência de juros de 1% ao mês a partir da lei nova. Ressalte-se que, com o julgamento do feito na Corte Especial, objetivava-se uniformizar o entendimento relativo a essa matéria neste Superior Tribunal. Desse modo, ao apreciar o REsp, observou-se, inicialmente, que a sentença de conhecimento foi proferida na vigência do revogado CC/1916, quando os juros sujeitavam-se à regra do seu art. 1.062. Contudo, com o advento do CC/2002, aquele dispositivo de lei deixou de existir, passando a matéria a ser disciplinada pelo art. 406 da novel codificação. Destacou-se que os juros são consectários legais da obrigação principal, razão por que devem ser regulados pela lei vigente à época de sua incidência. Em sendo assim, torna-se evidente que o juiz, na formação do título judicial, deve especificá-los conforme a legislação vigente. Dentro dessa lógica, havendo superveniência de outra norma, o título a ela se adéqua, sem que isso implique violação da coisa julgada. Assinalou-se que a pretensão de recebimento de juros moratórios renova-se mês a mês, tendo em vista tratar-se de efeitos futuros continuados de ato pretérito (coisa julgada). Cuida-se de corolário do princípio da aplicação geral e imediata das leis, conforme dispõe o art. 6º da LICC. Na verdade, seria inadmissível a aplicação ultra-ativa do CC revogado. Os juros de mora representam uma remuneração devida em razão do atraso no cumprimento de uma obrigação. O credor tem o direito de receber o valor exato que lhe é devido acrescido pelo valor da mora; pois, caso contrário, não haveria qualquer interesse do devedor na quitação, já que seria mais vantajoso aplicar aquele valor a juros de 12% ao ano, porquanto o não pagamento da dívida possibilitaria a atualização do valor do capital além da obtenção de 0,5% ao mês. Assim, não caracteriza violação da coisa julgada o entendimento do tribunal de origem de que é possível a fixação, em execução de sentença, do percentual de 12% ao ano previsto no novo Código Civil, alterando, desse modo, especificamente, o percentual de 6% ao ano determinado pela sentença transitada em julgado e proferida quando vigente o CC/1916. Diante disso, a Corte Especial, por maioria, negou provimento ao recurso, ratificando o entendimento adotado pela Primeira Seção quando do julgamento do REsp 1.112.743-BA, DJe 31/8/2001, submetido ao rito previsto no art. 543-C do CPC e na Res. n. 8/2008 do STJ (recurso repetitivo). Todavia, o Min. Relator, vencido, sustentou que, em execução de título judicial, descabe modificar o índice dos juros de mora expressamente fixado pela sentença exequenda, mesmo que o CC/2002 tenha alterado o percentual, sob pena de ofensa à coisa julgada; quando, no entanto, não houver percentual de juros fixado em sentença prolatada antes da vigência do CC/2002, o critério deve ser de 6% ao ano nos termos do art. 1.062 do CC/1916, até o advento do CC/2002, adotando-se, a partir de então, o comando do art. 406 do CC/2002. **REsp 1.111.117-PR, Rel. originário Min. Luis Felipe Salomão, Rel. para acórdão Min. Mauro Campbell Marques, julgado em 2/6/2010**. (Inform. STJ 437)

SUBEMPREITADA. INADIMPLÊNCIA. CONTRATO.
Trata-se de ação de reparação por danos materiais e compensação por danos morais c/c declaração de nulidade de cláusula contratual ajuizada por empresas francesas – a primeira, fabricante de dormentes de concreto, e a segunda, prestadora de serviços de tecnologia e de assistência técnica de dormentes. Elas participaram de habilitação de concorrência pública internacional na condição de subcontratadas de construtora vencedora de licitação para construção de metrô, devido ao suporte técnico exigido no certame. No REsp, discute-se se é lícita a cláusula penal, se houve danos morais, se está configurada a sucumbência recíproca, se é possível a conversão do valor da reparação por danos materiais para moeda estrangeira e se o valor da cláusula penal deve ser dividido entre as empresas estrangeiras. Anotou-se, nos autos, ser incontroverso que a construtora vencedora do certame inadimpliu o compromisso amparado em cláusula penal do contrato administrativo, que possibilitou a substituição das empresas subcontratadas, no qual também se previa a indenização. Diante desse fato, as empresas estrangeiras sustentam a ilegalidade da cláusula penal. Para a Min. Relatora, conforme a doutrina, a cláusula penal é um pacto acessório ao contrato que tem a finalidade de dar cumprimento à obrigação principal. Assim, em razão desse caráter acessório, o art. 922 do CC/1916 previu que a nulidade da obrigação importa a da cláusula penal. Na hipótese dos autos, explica que a cláusula é acessória em relação ao compromisso de subcontratação das empresas estrangeiras, mas não quanto ao contrato administrativo precedido de licitação. Logo, a inserção de cláusula no contrato administrativo que possibilita à construtora subcontratar outras empresas não afetou o compromisso firmado, sendo irrelevante aferir a legalidade dessa inovação do contrato administrativo para a incidência da cláusula penal. Além disso, assevera que, apesar de este Superior Tribunal aceitar que a pessoa jurídica possa ser vítima de dano moral (Súm. n. 227-STJ) e o TJ ter decidido nesse sentido, rever tal posição encontra óbice na Súm. n.

7-STJ. Contudo, a jurisprudência também já se firmou no sentido de que o mero inadimplemento contratual não acarreta danos morais na hipótese dos autos, daí não caberem os danos morais. Quanto à conversão do valor da cláusula penal em moeda estrangeira, o REsp não pode ser conhecido por incidir a Súm. n. 284-STF. Afirmou, ainda, diante da improcedência dos pedidos da inicial, haver sucumbência recíproca das partes, sendo que o valor da cláusula penal deve ser pago conforme determinado pelo acórdão recorrido: integralmente a cada uma das empresas estrangeiras (Súm. n. 5-STJ). Diante do exposto, a Turma negou provimento aos recursos. Precedentes citados: REsp 202.564-RJ, DJ 1º/10/2001; REsp 201.414-PA, DJ 5/2/2001; REsp 1.100.798-AM, DJe 8/9/2009, e AgRg no REsp 480.460-RS, DJ 5/2/2007. REsp 803.950-RJ, Rel. Min. Nancy Andrighi, julgado em 20/5/2010. (Inform. STJ 435)

JUROS. JULGAMENTO. PARENTESCO.

Em ação rescisória com pedido de tutela antecipada ajuizada por banco condenado a pagar, por danos morais, indenização de dois mil salários mínimos e acréscimos, o TJ julgou procedente o pedido somente quanto à incidência dos juros moratórios. Inconformado, o recorrente busca anular o acórdão recorrido, apontando violação do art. 128 da Loman, afirmando que dois dos desembargadores possuem parentesco entre eles, de sogro e genro, e, por isso, não poderiam ter assento no julgamento. Nesta instância especial, para o Min. Relator, não houve violação do art. 128 e, consequentemente, nulidade do julgamento, visto que, tal como esclarecido pelo tribunal *a quo*, o desembargador presidente das Câmaras Reunidas exerceu função meramente administrativa, não proferindo voto (art. 128, parágrafo único, da Loman c/c art. 44, parágrafo único, do RITJ). Quanto aos juros legais, explica que a taxa de 0,5% ao mês (art. 1.062 do CC/1916) vigora até o dia 10/1/2003. A partir dessa data, ou seja, 11/1/2003 (marco inicial do novo CC), deve ser aplicada a taxa de 1% ao mês (art. 406 CC/2002). Com esse entendimento, a Turma negou provimento ao recurso. **REsp 617.052-MA, Rel. Min. Luis Felipe Salomão, julgado em 18/5/2010**. (Inform. STJ 435)

CONTRATO. CORREÇÃO MONETÁRIA. PERIODICIDADE.

Trata-se, na hipótese, de contrato pelo qual a empresa ré obrigou-se a vender bem para entrega futura, podendo o preço ser reajustado em função do custo de produção ou de índice que reflita a variação ponderada dos custos dos insumos utilizados, conforme ajustado. A Turma entendeu, entre outras questões, que os contratos que têm por objeto obrigação pecuniária firmados após 1º de julho de 1994, ou seja, sob a égide do Plano Real, somente podem ser corrigidos com periodicidade anual. Entendeu, também, que, nas ações de conteúdo declaratório, como no caso dos autos, em que se quer ver reconhecida a aplicabilidade da Lei n. 9.069/1995 ao contrato firmado após a entrada em vigor do Plano Real, em que não haja condenação, os honorários serão fixados mediante a apreciação equitativa do juiz, nos termos do art. 20, § 4º, do CPC. Precedentes citados: REsp 647.181-ES, DJ 28/3/2005; REsp 160.504-RS, DJ 16/8/1999; AgRg no Ag 893.884-MS, DJe 14/4/2008; REsp 238.521-ES, DJ 20/3/2000, e REsp 396.699-RS, DJ 15/4/2002. **REsp 783.641-RS, Rel. Min. Luis Felipe Salomão, julgado em 23/2/2010**. (Inform. STJ 424)

COBRANÇA INDEVIDA. MÁ-FÉ. REPETIÇÃO EM DOBRO.

A Turma deu provimento ao recurso por entender que, comprovada a má-fé, no caso de descumprimento de disposição contratual expressa, por agência bancária, não obstante o pedido dos recorrentes para a apresentação do valor pago pelas moedas de privatização para aquisição de ações de companhia petroquímica, cabe devolução em dobro dos valores cobrados indevidamente e pagos a maior pelos recorrentes (art. 42, parágrafo único, do CDC). Não é possível, porém, a pretendida multa contratual e os juros moratórios de 12% ao ano como sucedâneo da litigância de má-fé (art. 18 do CPC), porquanto as penas decorrem da violação de normas distintas referentes a relações jurídicas diversas (contratual e processual), inexistindo dupla penalidade. Precedentes citados: REsp 505.734-MA, DJ 23/6/2003; AgRg no REsp 538.154-RS, DJ 15/8/2005; AgRg no REsp 947.897-RS, DJ 22/10/2007, e AgRg no Ag 1.042.588-RS, DJe 11/9/2008. REsp 1.127.721-RS, Rel. Min. Nancy Andrighi, julgado em 3/12/2009. (Inform. STJ 418)

RECURSO REPETITIVO. EXTRATOS. FGTS.

É certo que a Caixa Econômica Federal (CEF), na qualidade de gestora do FGTS, é responsável pela apresentação dos extratos referentes às contas vinculadas àquele fundo. Quanto aos extratos relativos ao período anterior à centralização das contas (1992), a CEF, se não os possuir, é responsável por requisitá-los dos bancos que detinham essas informações. Esse entendimento foi acolhido pela Seção ao prosseguir o julgamento de recurso repetitivo (art. 543-C do CPC). **REsp 1.108.034-RN, Rel. Min. Humberto Martins, julgado em 28/10/2009.** (Inform. STJ 413)

FUNDHAB. LEGALIDADE.

A Turma proveu o recurso da CEF, entendendo que é de responsabilidade do vendedor do imóvel o pagamento do valor referente ao Fundo de Assistência Habitacional (FUNDHAB), conforme pactuado. Precedentes citados: REsp 82.532-SP, DJ 13/5/1996; REsp 854.654-SP, DJ 22/10/2007, e REsp 183.428-SP, DJ 1º/4/2002. **REsp 617.830-AM, Rel. Min. Luis Felipe Salomão, julgado em 20/10/2009.** (Inform. STJ 412)

RECURSO REPETITIVO. COMISSÃO. PERMANÊNCIA.
A Seção, ao julgar recursos representativos de controvérsia (art. 543-C do CPC e Res. n. 8/2008-STJ), conheceu parcialmente dos recursos especiais nos termos do voto da Min. Relatora e, por maioria, com relação à cobrança da comissão de permanência, deu-lhes provimento em maior extensão, adotando o voto do Min. João Otávio de Noronha. Reafirmou a Seção o entendimento jurisprudencial de ser é válida a cláusula que prevê a cobrança da comissão de permanência para o período de inadimplência desde que não cumulada com os juros moratórios, a multa moratória ou a correção monetária (Súms. ns. 30 e 296 do STJ). A comissão de permanência só é legal se calculada pela taxa média dos juros de mercado apurada pela Banco Central (Súm. n. 294/STJ). Ressaltou-se, ainda, que, em casos de abuso na cobrança da comissão de permanência, a aferição da sua legalidade há de ser feita diante do caso concreto pelo juiz, que irá analisar e verificar se a cláusula ajustada discrepa da taxa média de mercado, causando um injusto e pesado ônus ao consumidor. Note-se que o valor da comissão de permanência varia conforme a instituição bancária. Por isso, a Min. Relatora, vencida nesse ponto, votou pela nulidade da cláusula que estabelece a comissão de permanência, considerou a insegurança até quanto à sua definição; para ela, as taxas eram discrepantes e haveria falta de regulamentação relativa à sua composição, fato que, na sua opinião, ofenderia os princípios do CDC. Precedente citado: REsp 271.214-RS, DJ 4/8/2003. **REsp 1.058.114-RS e REsp 1.063.343-RS, Rel. originária Min. Nancy Andrighi, Rel. para acórdão Min. João Otávio de Noronha, julgados em 12/8/2009.** (Inform. STJ 402)

MATRÍCULA. ENSINO SUPERIOR. INADIMPLÊNCIA.
A Turma, ao prosseguir o julgamento, entendeu que não há porque impedir a renovação da matrícula da recorrida (menor púbere representada por seu pai) perante a instituição de ensino superior, ora recorrente, pois, no caso, devem ser afastados os ditames do art. 5º da Lei n. 9.870/1999. A suposta inadimplência não se refere a ela, a seu contrato com a instituição. Consta que seu pai é o inadimplente, mas em contrato firmado em seu próprio nome, pois ele também é aluno da mesma instituição. **REsp 1.096.242-DF, Rel. Min. Mauro Campbell Marques, julgado em 24/3/2009.** (Inform. STJ 388)

INSOLVÊNCIA CIVIL. AGRICULTURA. PECUÁRIA.
A Turma reiterou que, no caso, as atividades da agricultura e pecuária são estranhas ao comércio segundo a tradição jurídica, de modo que, aos recorrentes pecuaristas que vivem da compra e venda de gado no meio rural, não se aplicam as regras de Direito Comercial, mas de Direito Civil, porquanto, não sendo efetivamente comerciantes, não podem se valer das regras específicas da atividade empresarial para fins de falência, concordata ou recuperação judicial, cabendo-lhes o pedido de auto insolvência civil, excluídos os benefícios da Lei n. 1.060/1950. Precedente citado: AgRg no Ag 925.756-RJ, DJ 3/3/2008. **REsp 474.107-MG, Rel. Min. Luis Felipe Salomão, julgado em 10/3/2009.** (Inform. STJ 386)

JUROS MORATÓRIOS. ART. 406 DO CC/2002. TAXA LEGAL. SELIC.
A Corte Especial entendeu que os juros de mora decorrentes de descumprimento de obrigação civil são calculados conforme a taxa referencial do Sistema Especial de Liquidação e Custódia (Selic), por ser ela que incide como juros moratórios dos tributos federais (art. 406 do CC/2002, arts. 13 da Lei n. 9.065/1995, 84 da Lei n. 8.981/1995, 39, § 4º, da Lei n. 9.250/1995, 61, § 3º, da Lei n. 9.430/1996 e 30 da Lei n. 10.522/2002. Assim, a Corte Especial conheceu da divergência e deu provimento aos embargos de divergência. **EREsp 727.842-SP, Rel. Min. Teori Albino Zavascki, julgados em 8/9/2008**. (Inform. STJ 367)

CONSTRUÇÃO. CONTRATO. EMPREITADA. SUCESSÃO.
A Turma decidiu que, no caso, a obrigação de construir é impessoal e fungível, transmissível aos herdeiros e sucessores do construtor (art. 928 do CC/1916), visto que, no contrato de empreitada, salvo o ajuste em consideração às qualidades pessoais do empreiteiro, nem a morte de qualquer das partes extingue o referido contrato. Assim, no caso, incabível a aplicação do art. 879 do CC/1916 (atual art. 248 do novo CC). **REsp 703.244-SP, Rel. Min. Nancy Andrighi, julgado em 15/4/2008**. (Inform. STJ 352)

JUROS. CAPITALIZAÇÃO. CC/2002.
A MP n. 1.963-17/2000, republicada sob o n. 2.170-36/2001 (de garantida vigência em razão do art. 2º da EC n. 32/2001), é direcionada às operações realizadas pelas instituições integrantes do Sistema Financeiro Nacional, daí sua especificidade, a fazê-la prevalecer sob o novo Código Civil. Dessarte, depois de 31/3/2000, data em que entrou em vigor o art. 5º da referida MP, as instituições financeiras, se expressamente pactuado, fazem jus à capitalização dos juros em periodicidade inferior à anual em contratos não regulados por lei específica, direito que não foi afastado pelo art. 591 do CC/2002, dispositivo aplicável aos contratos civis em geral. No caso, cuidou-se de contrato de financiamento garantido por alienação fiduciária, firmado após a vigência do novo Código Civil. Precedentes citados: REsp 602.068-RS, DJ 21/3/2005; REsp 680.237-RS, DJ 15/3/2006; AgRg no REsp 714.510-RS, DJ 22/8/2005, e REsp 821.357-RS, DJ 23/8/2007. **REsp 890.460-RS, Rel. Min. Aldir Passarinho Junior, julgado em 18/12/2007**. (Inform. STJ 343)

JUROS. CAPITALIZAÇÃO. CC/2002.
A Turma reiterou o entendimento tomado no julgamento do REsp 890.460-RS, nota constante deste mesmo Informativo. Na espécie, no que concerne à capitalização mensal dos juros, entende o Min. Relator que a matéria está a merecer reflexão mais aprofundada, diferentemente das matérias de enfrentamento corriqueiro nos órgãos julgadores deste Superior Tribunal. No caso, o acórdão recorrido preteriu o art. 5º da MP n. 1.963-17/2000 (2.170-36/2001), com vigência a partir de 30/3/2000, ao art. 591 do novo Código Civil, que entrou em vigor em 11/1/2003, para estabelecer a periodicidade anual dessa parcela. A Lei n. 4.595/1964, que disciplina o Sistema Financeiro Nacional, com *status* de lei complementar, não aborda a questão da capitalização dos juros. Assim, o encargo desde há muito encontrava regulação no art. 4º da Lei de Usura, Decreto n. 22.626/1933 (Súm. n. 121-STF). No precedente decorrente do julgamento do REsp 680.237-RS, DJ 15/3/2006, alusivo aos juros remuneratórios, dois foram os fundamentos: o primeiro, de que a Lei n. 4.595/1964 possui caráter de lei complementar. O segundo, que contém disposições especiais de modo que prevalece, ainda que mais antiga, sobre a lei de caráter geral, inespecífica, do Sistema Financeiro Nacional, caso do Código Civil vigente. No que tange à MP n. 1.963-17/2000 (2.170-36/2001), evidente que o primeiro fundamento não se aplica. Porém, entendeu o Min. Relator que o segundo sim, por se direcionar às "operações realizadas pelas instituições integrantes do Sistema Financeiro Nacional", especificidade que a faz prevalente sobre o Código Civil atual, que não a revogou expressamente e não é com ele incompatível, porque é possível a coexistência por aplicável aos contratos civis em geral (art. 2º, § 1º, da LICC). Na verdade, a hipótese é a do parágrafo 2º do art. 1º. Tem-se, assim, que a partir de 31/3/2000 é facultado às instituições financeiras, em contratos sem regulação em lei específica, desde que expressamente contratado, cobrar a capitalização dos juros em periodicidade inferior à anual, direito que não foi abolido com o advento da Lei n. 10.406/2002. Precedentes citados: REsp 890.460-RS, REsp 821.357-RS, DJ 1º/2/2008, e AgRg no REsp 714.510-RS, DJ 22/8/2005. **REsp 906.054-RS, Rel. Min. Aldir Passarinho Junior, julgado em 7/2/2008**. (Inform. STJ 343)

SELIC. JUROS DE MORA. ART. 406 DO CC/2002.
Os juros de mora são regulados pelo art. 1.062 do CC/1916 até a entrada em vigor do novo Código Civil. Depois dessa data, aplica-se a taxa prevista no art. 406 da novel legislação, à razão de 1% ao mês. O art. 406 do CC/2002 alude ao percentual previsto no art. 161, § 1º, do CTN, e não à taxa Selic, que tem sua aplicação restrita aos casos previstos por lei, tais como restituições ou compensações de tributos federais. Precedentes citados: REsp 396.003-RS, DJ 28/10/2002, e REsp 441.225-RS, DJ 18/8/2006. **AgRg no REsp 727.842-SP, Rel. Min. Humberto Gomes de Barros, julgado em 3/12/2007.** (Inform. STJ 341)

AR. EXCLUSÃO. CAPITALIZAÇÃO. JUROS REMUNERATÓRIOS E MORATÓRIOS.
Adstringe-se a controvérsia à admissibilidade ou não de capitalização dos juros moratórios e remuneratórios nos cálculos de liquidação de sentença. Em voto de desempate, como presidente da Seção à época, o Min. Aldir Passarinho Junior primeiro distinguiu que a taxa de juros refere-se ao percentual; a capitalização, à forma de sua incidência. Destaca que a coisa julgada não comporta interpretação extensiva e que, no caso dos autos, pela sentença exequenda, o cômputo de juros remuneratórios próprios de títulos de curto prazo (CDB), aplicados a diferenças de expurgos inflacionários, foram ampliados além do tempo da aplicação original contratada pelo investidor (60 dias), gerando valores astronômicos e enriquecimento sem causa. O acórdão estadual foi confirmado pela Quarta Turma que considerou inserida na expressão "taxa contratada", além do percentual, a forma de incidência dos mesmos juros, o que se revela violador da coisa julgada, pois terminou, inadvertidamente, por fundir conceitos distintos, acrescentando à taxa (percentual) uma forma (capitalizada) que não constava da decisão exequenda. Alterou-se na liquidação a sentença exequenda, favorecendo ainda mais o autor. Portanto, concluiu que houve ofensa literal aos arts. 471 e 473 do CPC, aderindo aos votos divergentes. Com esse entendimento, ao prosseguir o julgamento, após o voto de desempate, por maioria, a Seção julgou procedente, em parte, a ação rescisória para exclusão da capitalização dos juros remuneratórios e moratórios. **AR 3.150-MG, Rel. originário Min. Castro Filho, Rel. para acórdão Min. Ari Pargendler, julgada em 28/11/2007.** (Inform. STJ 340)

GARANTE. ANULAÇÃO. DAÇÃO EM PAGAMENTO.
O credor e a devedora principal pactuaram contrato de renegociação de operação de crédito, figurando o ora segundo recorrente como garante. Sucede que, posteriormente, apenas os dois primeiros firmaram uma escritura pública de confissão de dívida e dação em pagamento, que se referia ao mesmo débito da renegociação. Porém o credor, mediante ação de conhecimento, pleiteou a anulação da dação e o restabelecimento da dívida original. Houve o deferimento de tutela antecipada e, então, o credor propôs execução em desfavor dos outros dois (devedora principal e garante), com base no título original que lastreava a renegociação. Após, prolatou-se a sentença confirmatória da antecipação e foram opostos embargos do devedor pelos recorrentes. Em suma, no especial, rebelava-se o garante contra sua corresponsabilidade pelo pagamento da dívida original se, da dação em pagamento anulada, ele não participou. Diante disso, a Turma, ao prosseguir o julgamento após o voto-vista

do Min. Castro Filho, entendeu que o segundo recorrente tem legitimidade passiva para figurar na execução, visto restar certo que essa execução diz respeito, como já dito, à renegociação, aflorando incontroversa sua participação como garante. Anotou ser possível a sentença que anulou a dação em pagamento produzir efeitos perante o garante, mesmo que ele não tenha participado daquela relação processual, pois o que deve ser limitado às partes é a coisa julgada. Restava ao garante, então, impugná-la mediante recurso, na qualidade de terceiro, ou embargos do devedor, tal qual o fez, discutindo amplamente o mérito. **REsp 612.302-MA, Rel. Min. Nancy Andrighi, julgado em 8/8/2006.** (Inform. STJ 292)

CONTRATO. PARTICIPAÇÃO FINANCEIRA. ILEGITIMIDADE ATIVA. CESSIONÁRIO.

A Turma conheceu do recurso e lhe deu parcial provimento ao entendimento de que a transferência foi das ações tituladas e dos acessórios que a elas estavam vinculados, não dos direitos que decorriam diretamente do contrato e que ficaram na titularidade do primitivo subscritor, pois é dele, e não do cessionário, o prejuízo sofrido. A assistência judiciária pode ser deferida em qualquer fase, não havendo diferença de critério quando provocada pela via dos embargos de declaração. Precedente citado: REsp 453.805-RS, DJ 10/2/2003. **REsp 710.150-RS, Rel. Min. Carlos Alberto Menezes Direito, julgado em 21/2/2006.** (Inform. STJ 275)

3.8. QUADRO SINÓTICO

1. Conceito de obrigação: *é o vínculo jurídico que confere ao credor (sujeito ativo) o direito de exigir do devedor (sujeito passivo) o cumprimento de determinada prestação*

- **Obrigação:** vínculo entre pessoas

- **Responsabilidade:** sujeição do patrimônio do devedor ao cumprimento da obrigação

2. Fontes das obrigações:

a) atos ilícitos

b) contratos

c) declarações unilaterais de vontade (ex: promessa)

d) outros fatos previstos em lei (ex: tributos)

3. Classificação das obrigações

3.1. Quanto à exigência:

a) civil: *aquela que pode ser exigida em juízo*

b) natural: *aquela que não pode ser exigida em juízo, mas, uma vez cumprida, não pode ser repetida*

- ex: dívida prescrita; dívida de jogo

3.2. Quanto à extensão:

a) de resultado: *aquela em que devedor se compromete a atingir fim, sob pena de responder*; ex: cirurgia plástica

b) de meio: *aquela em que devedor se compromete a fazer o melhor, mas sem garantir o resultado*; ex: defesa em ação judicial

3.3. Quanto à natureza do direito:

a) de direito pessoal: *aquela travada entre pessoas;* ex: obrigação de pagar determinada quantia

b) de direito real: *aquela em que todas as pessoas ficam obrigadas a respeitar relação que vincula a pessoa à coisa;* ex: obrigação de respeitar propriedade

c) *propter rem*: *aquela em que alguém, pelo simples fato de ser titular de um direito real sobre uma coisa, fica obrigado a cumprir*

exs: obrigação de pagar dívida de condomínio ou dívida tributária; obrigação de proprietários de prédios confinantes dividirem despesas de tapumes provisórios

4. Modalidades das obrigações

4.1. Obrigação de dar:

4.1.1. Conceito: de *entregar* ou *restituir* uma coisa

4.1.2. Regras em caso de *perecimento* (perda total)

a) Se ocorrer **antes da tradição**, **sem culpa** do devedor, resolve-se a obrigação; ex: inundação destrói coisa

b) Se ocorrer **antes da tradição**, **com culpa do** devedor, credor recebe equivalente em $ + perdas e danos; ex: vendedor bate carro antes de entregar

c) Se ocorrer **após a tradição**, o problema é do credor, pois a coisa perece para o dono, salvo se a coisa já estava com problema (ex: cavalo com problema respiratório)

Obs: se for *deterioração* (perda parcial), credor pode ficar com a coisa, com abatimento no preço

4.2. Obrigação de fazer:

4.2.1. Conceito: de *prestar atos ou serviços*

4.2.2. Regras em caso de não cumprimento

a) Se obrigação for **personalíssima**: i) impossível sem culpa do devedor, ficará resolvida; ii) impossível com culpa do devedor, transforma-se em perdas e danos; iii) não cumprida por recusa do devedor, transforma-se em perdas e danos; Obs: pode ser que meios suasórios judiciais possam conseguir o cumprimento da obrigação (461, CPC)

b) Se obrigação for **impessoal**: i) impossível sem culpa do devedor, ficará resolvida; ii) impossível com culpa do devedor, transforma-se em perdas e danos; iii) não cumprida por recusa ou mora do devedor, cabe perdas e danos OU ação cominatória + perdas e danos OU executar a obrigação por terceiro, à custa do devedor (urgência)

Resumo da obrigação impessoal:

Impossível sem culpa: resolve-se

Impossível com culpa: perdas e danos

Recusa ou mora:

- perdas e danos OU

- cobrar + perdas e danos OU

- executar por 3º, às custas do devedor

4.3. Obrigação alternativa:

4.3.1. Conceito: *tem 2 ou + objetos e se extingue com a prestação de um deles*; ex: entregar carro ou moto

4.3.2. Escolha: compete ao devedor, salvo acordo diverso

4.3.3. Impossibilidade de 1 prestação: subsiste débito em relação à outra; salvo culpa do devedor se credor escolhe

4.3.4. Impossibilidade das 2 ou + prestações: sem culpa, resolve-se; com culpa, ver a quem cabe a escolha, que pagará o equivalente em $ + perdas e danos

4.3.5. Alternativa X Facultativa

a) alternativa: tem 2 ou + objetos principais – carro ou moto

b) facultativa: tem 1 objeto principal – carro – mas devedor, na hora de cumprir, pode substituir carro por outra coisa

Importância: se carro perecer, obrigação facultativa fica extinta

4.4. Obrigação solidária

4.4.1. Conceito: *aquela em que há mais de um credor ou mais de um devedor, cada um com direito, ou obrigado, à dívida toda*

4.4.2. Formação da solidariedade

a) Solidariedade não se presume

b) Solidariedade decorre da LEI ou VONTADE DAS PARTES

4.4.3. Solidariedade ativa

a) conceito: *cada credor pode cobrar sozinho toda obrigação*

- A deve a B e C; B ou C podem cobrar toda dívida de A

- Ex: titulares de c/c podem exigir do banco todo o $

b) efeitos:

- devedor se exonera da dívida pagando a qualquer credor

- morrendo um credor, herdeiros sozinhos não têm benefício

4.4.4. Solidariedade passiva

a) conceito: *cada devedor deve a obrigação por inteiro*

- A e B devem a C; C pode cobrar dívida inteira de A ou B

- ex: praticantes de ato ilícito respondem solidariamente

b) efeitos:

- morrendo devedor solidário, herdeiros só podem ser cobrados isoladamente no correspondente a seu quinhão

- se houver impossibilidade da obrigação por culpa de um dos devedores, todos continuam solidários pelo valor da coisa em $, mas só o culpado responde por danos; se obrigação for em $, solidariedade permanece qto aos juros

- defesa pessoal só pode ser alegada pelo devedor pertinente

- credor pode renunciar à solidariedade total ou parcialmente

- devedor que pagar: direito de regresso contra os outros

5. Transmissão das obrigações (alteração subjetiva)

5.1. Cessão de crédito

5.1.1. Conceito: *transferência da posição de credor*

- cedente: credor que transmite o crédito

- cessionário: terceiro que recebe o crédito

- cedido: sujeito que continua como devedor

5.1.2. Eficácia perante devedor: cessão depende de notificação do devedor ou de ciência manifestada por escrito

5.1.3. Responsabilidade do cedente

- Se cessão for onerosa, responde pela *existência* do crédito, pela sua *qualidade de credor* e pela *validade da dívida*

- Se for gratuita, só responde pela *existência* se de *má-fé*

- Em qualquer caso, *responsabilidade pelo débito* só se cedente *assumir* responsabilidade pela solvência do cedido

5.2. Assunção de dívida (cessão de débito)

5.2.1. Conceito: *transferência da posição de devedor*

- Dívida não fica extinta, diferente da novação subjetiva

5.2.2. Espécies:

a) expromissão: contrato entre credor e 3º, em que este passa a ser devedor, sem a participação do originário

b) delegação: contrato entre o devedor originário (delegante) e 3º (delegatário), com a concordância do credor

5.2.3. Efeitos

a) liberatórios: o devedor originário fica desvinculado do pagamento da dívida. Esta é a regra.

b) cumulativos: o devedor originário continua vinculado, servindo a assunção de reforço da dívida, com solidariedade entre os devedores. Depende de convenção.

6. Extinção das obrigações

6.1. Pagamento

6.1.1. Quem deve pagar:

- qualquer *interessado* na extinção da dívida pode pagar, ficando sub-rogado nos direitos do credor originário;

- *3º não interessado* **só** fica sub-rogado quanto ao valor pago

6.1.2. A quem se deve pagar: pagamento só tem efeito liberatório se feito ao credor, representante, sucessor ou a credor putativo (havendo boa-fé)

6.1.3. Objeto: credor não é obrigado a receber coisa diversa ainda que mais valiosa

6.1.4. Lugar: regra é domicílio do devedor (dív. quesível), mas por lei/convenção pode ser do credor (dív. portável)

6.1.5. Tempo: credor pode cobrar antes do vencimento se devedor cair em insolvência ou garantia ficar insuficiente

6.2. Consignação em pagamento

6.2.1. Conceito: *forma especial de pagamento, por meio de depósito judicial ou em estabelecimento bancário, cabível quando houver mora do credor ou risco para o devedor na realização do pagamento direto*

6.2.2. Cabimento:

a) se o credor não puder, ou, sem justa causa, recusar receber o pagamento, ou dar quitação na devida forma

b) se o credor não for, nem mandar receber a coisa no lugar, tempo e condição devidos

c) se o credor for incapaz de receber, for desconhecido, declarado ausente, ou residir em lugar incerto ou difícil

d) se ocorrerem dúvidas sobre quem deva legitimamente receber o objeto do pagamento

e) se pender litígio sobre o objeto do pagamento

6.3. Imputação do pagamento

6.3.1. Conceito: *é a indicação ou determinação da dívida a ser quitada quando, uma pessoa obrigada por dois ou mais débitos da mesma natureza e com o mesmo credor só pode pagar parte deles*

6.3.2. Cabimento: cabe ao devedor indicar, no ato do pagamento, qual dívida deseja saldar

6.3.3. Ausência de indicação do devedor: credor fará a indicação, que, não feita, importará na imputação legal:

a) primeiro nos juros vencidos e depois no capital

b) primeiro nas dívidas vencidas há mais tempo

c) se todas forem vencidas no mesmo tempo, imputa-se na mais onerosa

d) se todas forem iguais, imputa-se proporcionalmente

6.4. Dação em pagamento

6.4.1. Conceito: *é o acordo de vontades por meio do qual o credor aceita receber prestação diversa da que lhe é devida*

- Ex: alguém deve R$ 500 e combina com credor que pagará com uma bicicleta

6.4.2. Efeitos:

a) extingue a obrigação principal

b) se houver evicção, ficará restabelecida a obrigação primitiva, ficando sem efeito a quitação dada

6.5. Novação

6.5.1. Conceito: *é a criação de obrigação nova para extinguir anterior*

6.5.2. Requisitos: a) existência de obrigação anterior b) constituição de nova dívida; c) intenção de novar

6.5.3. Espécies:

a) objetiva ou real: modificação no próprio objeto da obrigação; ex: substitui-se obrigação em $ p/de não fazer

b) subjetiva ou pessoal: substituição de um dos sujeitos da obrigação anterior, com extinção da obrigação. Pode ser ativa (do credor) ou passiva (do devedor). Será chamada novação por expromissão quando não há conhecimento e por delegação, se há anuência do devedor

c) mista ou subjetiva-objetiva: substituição, ao mesmo tempo, do objeto e de algum dos sujeitos da obrigação

6.6. Compensação

6.6.1. Conceito: *é a extinção das obrigações entre duas pessoas que são, ao mesmo tempo, credora e devedora uma da outra.*

- As obrigações ficam extintas até onde se compensarem

6.6.2. Requisitos da compensação legal:

a) reciprocidade das obrigações

b) prestações líquidas e vencidas

c) coisas fungíveis

6.6.3. Impedimentos à compensação:

a) se 1 das dívidas provier de furto, roubo ou esbulho

b) se 1 das dívidas originar de comodato/depósito/alimentos

c) se 1 das dívidas for de coisa não suscetível de penhora

d) se a compensação se der em prejuízo de terceiros

Em relação a débitos fiscais, aplica-se legislação especial

6.7. Confusão

6.7.1. Conceito: *é a extinção da obrigação pela reunião, em uma única pessoa, das qualidades de credora e devedora na relação jurídica*

- Ex: herdeiro recebe de herança crédito contra si mesmo

6.7.2. Outras questões:

a) a confusão pode ser total ou parcial

b) o processo será extinto, sem julgamento de mérito

6.8. Remissão das dívidas

6.8.1. Conceito: *consiste na exoneração da dívida do devedor, por liberalidade do credor*

6.8.2. Outras questões:

a) a lei exige concordância do devedor (negócio bilateral)

b) a remissão não pode prejudicar terceiros

7. Inadimplemento das obrigações

7.1. Espécies

7.1.1. Inadimplemento absoluto: *inexecução da obrigação que impossibilita o credor de receber a prestação*

- Ex: vestido de noiva chega após casamento

7.2.2. Inadimplemento relativo: *inexecução da obrigação que não impossibilita o credor de receber a prestação, que continua útil para este, apesar da inobservância do tempo, do lugar e da forma devidos*

- Ex: vestido de noiva chega só 1 dia antes do casamento

Importância da distinção:

- **absoluto:** enseja cobrança de perdas e danos, sem direito à prestação

- **relativo:** enseja cobrança de perdas e danos + cobrança da própria prestação

7.1.3. Inadimplemento culposo: *é a inexecução da obrigação por culpa ou dolo do devedor*

- Ex: fotógrafo esquece dia do casamento

- **Obrigações negociais e contratuais**: a culpa é presumida

- **Contratos benéficos:** aquele a quem não aproveita só responde se houver dolo

- **Excludentes:** o devedor fica exonerado da responsabilidade se demonstrar alguma excludente, como o *caso fortuito* ou de *força maior*, ou a *culpa exclusiva de terceiro*

- **Reforço da responsabilidade:** no fortuito, o devedor responde **se** expressamente houver se responsabilizado pelo caso fortuito ou de força maior

8. Espécies de mora

8.1. Mora *ex re* (ou de *pleno direito*): *é aquela em que há data de vencimento*

- Aplica a regra: "dies interpellat pro homine"

- Também há mora automática nos casos de ato ilícito

8.2. Mora *ex persona* ("por ato da parte"): *é aquela que depende de providência por parte do credor, para que se caracterize*

- Depende de interpelação judicial/extrajudicial, protesto, citação

- O CC estabelece que "não havendo termo, a mora se constitui mediante interpelação judicial ou extrajudicial"

- há casos em que, mesmo havendo termo (vencimento), a lei determina que a mora só se configurará com interpelação

9. Perdas e danos

a) danos emergentes: o que efetivamente se perdeu

b) lucros cessantes: o que razoavelmente se deixou de lucrar

c) incluem danos morais

d) quando se trata de dívida em dinheiro

- danos emergentes: a própria prestação + atualização monetária + custas + honorários de advogado

- lucros cessantes: juros de mora

- o juiz pode conceder **indenização suplementar**, quando for provado que os juros de mora não cobrem o prejuízo e **não houver pena convencional**

- os juros de mora são contados desde a citação; isso não ocorre nas indenizações por ato ilícito e nos casos de mora *ex re*

10. Juros legais

10.1. Natureza:

- têm caráter *punitivo* e *indenizatório*

- já os **juros compensatórios** têm caráter *remuneratório*

10.2. Características

a) as partes podem convencionar os juros moratórios no percentual de até 12% ao ano

b) se as partes não convencionarem os juros moratórios, estes serão fixados "segundo a taxa que estiver em vigor para a mora do pagamento de impostos devidos à Fazenda Nacional"

- Ou seja, segundo a taxa SELIC (STJ, Corte Especial, Emb. de divergência no RE 727.842)

c) ainda que não se alegue prejuízo, o devedor é obrigado ao pagamento de juros moratórios

11. Cláusula Penal

11.1. Conceito: *é a obrigação acessória que incide caso uma das partes deixe de cumprir a obrigação principal*

- Pode ser estipulada para mora e inadimplemento absoluto

11.2. Finalidades:

a) meio de coerção: incentivo ao fiel cumprimento da obrigação

b) prefixação de danos: ou seja, independentemente de provar a existência de danos, o credor pode exigi-la

11.3. Indenização suplementar

- **regra:** credor **não pode** pedir indenização suplementar - **cláusula penal substitutiva (ou disjuntiva)**

- **exceção:** caso haja previsão de que a cláusula penal é apenas uma indenização mínima, o credor poderá pedir indenização suplementar - **clausula penal cumulativa**

11.4. Limites da cláusula penal:

11.4.1. Valor:

- a multa não pode exceder o valor da obrigação principal; ou seja, seu valor máximo é de 100%

- já no CDC, a multa é de até 2% sobre o valor da prestação no fornecimento de crédito
- a Lei de Usura limita a multa em 10%, para o mútuo
- a legislação que regula compromissos de compra e venda de imóveis também a limita em 10%
- quanto às cotas condominiais, a taxa máxima é de 2%

11.4.2. Redução equitativa:

- se a obrigação principal tiver sido cumprida em **parte**, ou se o montante da penalidade for **manifestamente excessivo**, a penalidade deve ser reduzida equitativa-mente pelo juiz

12. Arras ou sinal

12.1. Conceito: *é o bem entregue por um dos contratantes, como confirmação do contrato e princípio de pagamento*

12.2. Espécies:

a) Confirmatórias: *utilizadas para confirmar o negócio*

- Se quem pagar arras desistir do contrato, ficará sem elas
- Se quem receber arras desistir do contrato, deverá devolvê-las em dobro, com atualização monetária/juros/honorários
- Servem de prefixação das perdas e danos; se os prejuízos superarem seu valor, pode-se pedir indenização suplementar

b) Penitenciais: *utilizadas para a prefixação das perdas e danos, no caso de qualquer das partes desistir do contrato*

- A regra é igual à das arras confirmatórias
- Diferença é que aqui não cabe indenização suplementar

3.9. QUESTÕES COMENTADAS

(Magistratura/GO – 2009 – FCC) Convertendo-se a prestação em perdas e danos

(A) subsiste para todos os efeitos a solidariedade, mas quando a obrigação é indivisível, perde esta qualidade, e, mesmo que seja de um só a culpa, todos os devedores responderão por partes iguais.

(B) não subsistem a solidariedade e a indivisibilidade da obrigação e sendo de todos a culpa, todos respondem por partes iguais, mas sendo de um dos devedores a culpa, os demais ficam exonerados.

(C) não subsiste a solidariedade, mas se mantém a indivisibilidade da obrigação.

(D) subsistem para todos os efeitos a solidariedade e a indivisibilidade da obrigação.

(E) subsiste para todos os efeitos a solidariedade, mas quando a obrigação é indivisível, perde esta qualidade, e, se houver culpa de todos os devedores, responderão por partes iguais.

Art. 271 (vale para a solidariedade ativa, e não a solidariedade passiva, em que se aplica o art. 279, parte final do CC) c/c art. 263, *caput* e § 1º, do CC

Gabarito "E"

(Magistratura/PB – 2011 – CESPE) Em relação às obrigações, assinale a opção correta.

(A) Tratando-se de solidariedade passiva legal, admite-se a renúncia tácita da solidariedade pelo credor em relação a determinado devedor.

(B) Se, na transmissão das obrigações, o cedente, maliciosamente, realizar a cessão do mesmo crédito a diversos cessionários, a primeira cessão promovida deverá prevalecer em relação às demais.

(C) Estipulada cláusula penal para o caso de total inadimplemento da obrigação, o credor poderá exigir cumulativamente do devedor a pena convencional e o adimplemento da obrigação.

(D) Nas denominadas obrigações *in solidum*, embora os liames que unem os devedores aos credores sejam independentes, a remissão da dívida feita em favor de um dos credores beneficia os outros.

(E) Se, na obrigação de restituir coisa certa, sobrevierem melhoramentos ou acréscimos à coisa restituível por acessão natural, o credor deverá pagá-los ao devedor.

A: correta (art. 282, *caput*, do CC); **B:** incorreta, pois, ocorrendo várias cessões do mesmo crédito, prevalece a que se completar com a tradição do título do crédito cedido (art. 291 do CC); **C:** incorreta, pois em caso de total inadimplemento, converter-se-á em alternativa a benefício do credor (art. 410 do CC); **D:** incorreta. As obrigações *in solidum* são originadas de uma mesma causa, porém com prestações distintas. Embora concorram vários devedores, os liames que os unem ao credor são totalmente distintos, embora decorram de único fato. Ocorrendo tal situação no polo ativo, cada credor tem direito de exigir prestações diversas. Ocorrendo no polo passivo, cada devedor é adstrito ao cumprimento de uma prestação. Assim, a remissão da dívida feita em favor de um dos credores não beneficia os outros; **E:** incorreta, pois se sobrevier melhoramento ou acréscimo à coisa, sem despesa ou trabalho do devedor, lucrará o credor, desobrigado de indenização (art. 241 do CC).

Gabarito "A"

(Magistratura/RS – 2009) Considere as assertivas abaixo sobre obrigações solidárias.

I. A renúncia à solidariedade em favor de qualquer dos devedores exonera da solidariedade os demais.

II. A propositura de ação pelo credor contra alguns dos devedores importará na renúncia da solidariedade em relação aos demais.

III. A obrigação solidária pode ser pura e simples para um dos codevedores e condicional ou a prazo ou pagável em lugar diferente para o outro.

Quais são corretas?

(A) Apenas I

(B) Apenas II

(C) Apenas III

(D) Apenas I e III

(E) I, II e II

I: incorreta (art. 282, parágrafo único, do CC); **II:** incorreta, pois a solidariedade permite que se acione qualquer um dos devedores, pela obrigação inteira, tratando-se de um direito do credor, que não se extingue caso não se acione todos os devedores solidários; **III:** correta (art. 266 do CC).

Gabarito "C"

(Magistratura/SP – 2013 – VUNESP) Caio, Tício e Pompeu se fazem devedores solidários de um Credor pela quantia de R$ 3 milhões, sendo que esta obrigação interessa igualmente a todos os devedores, e todos são solventes. Considerada essa hipótese, assinale a opção correta.

(A) Paga a integralidade da dívida por Caio, nada poderá cobrar de Tício ou de Pompeu.

(B) Paga a integralidade da dívida por Caio, poderá cobrar R$ 2 milhões tanto de Tício quanto de Pompeu.

(C) Qualquer dos 3 codevedores pode, ao dele se exigir a integralidade da dívida, opor ao Credor tanto as exceções que lhe forem pessoais quanto as exceções pessoais aos outros codevedores não demandados.

(D) Paga a integralidade da dívida por Caio, poderá ele cobrar R$ 1 milhão de Tício e R$ 1 milhão de Pompeu.

A: incorreta, pois, segundo o art. 283 do CC, "o devedor que satisfez a dívida por inteiro tem direito a exigir de cada um dos codevedores a sua quota"; **B:** incorreta, pois o art. 283 do CC, em sua parte final, complementa a regra dispondo "presumindo-se iguais, no débito, as partes de todos os codevedores"; assim, Caio poderá cobrar R$ 1 milhão de Tício e R$ 1 milhão de Pompeu; **C:** incorreta, pois cada devedor só pode opor suas exceções pessoais e as exceções comuns a todos, não podendo alegar exceções pessoais de outro codevedor (art. 281 do CC); **D:** correta, nos termos do art. 283 do CC.

Gabarito "D"

(Ministério Público/CE – 2009 – FCC) Nas obrigações de não fazer

(A) a mora ocorrerá pelo simples descumprimento da obrigação, ainda que não haja fato ou omissão imputável ao devedor.

(B) não poderá o credor exigir que o devedor desfaça o ato, ainda que isto seja materialmente possível.

(C) se descumprida, somente é possível a condenação do réu a abster-se do ato, sob pena de multa diária.

(D) o devedor ficará isento de qualquer consequência de ordem pecuniária, se o credor não provar o prejuízo.

(E) se descumprida, em caso de urgência poderá o credor desfazer ou mandar desfazer, independentemente de autorização judicial, sem prejuízo do ressarcimento devido.

A: incorreta, pois se se tornou impossível ao devedor abster-se do ato, por motivo não imputável a este, a obrigação fica extinta (art. 250 do CC); **B:** incorreta, pois é possível, sim, essa exigência (art. 251, *caput*, do CC); **C:** incorreta, pois, em caso, de urgência, o atual Código Civil permite ao "credor desfazer ou mandar desfazer, independentemente de autorização judicial, sem prejuízo do ressarcimento devido" (art. 251, parágrafo único, do CC); **D:** incorreta, pois, havendo cláusula penal, não será necessário comprovar prejuízo; **E:** correta (art. 251, parágrafo único, do CC).

Gabarito "E"

(Ministério Público/ES – 2010 – CESPE) Carlos, Pedro e Gustavo, irmãos, maiores de idade, casados e com filhos, contrataram os serviços de uma empresa para o fornecimento das bebidas a serem servidas na festa de aniversário de seu pai. Pagaram metade do valor combinado no ato da contratação, ficando acertado que o restante seria pago após a prestação do serviço, convencionando-se a solidariedade dos devedores. Com base na situação hipotética acima apresentada, assinale a opção correta.

(A) A morte de um dos irmãos terá o poder de romper a solidariedade.

(B) O credor não pode exigir parte da dívida de cada um dos devedores separadamente, sob pena de configurar renúncia à solidariedade.

(C) Se Carlos pagar um terço do restante da dívida, a solidariedade continuará entre os outros dois irmãos.

(D) Caso a empresa não preste o serviço na data avençada, será caracterizada a mora.

(E) Se pagar a dívida, o pai dos devedores se sub-rogará nos direitos da empresa.

A: incorreta, pois subsiste a solidariedade entre os dois irmãos sobreviventes, valendo lembrar que os herdeiros do falecido, se acionados conjuntamente, também continuam respondendo solidariamente, no lugar do morto (art. 276 do CC); **B:** incorreta, pois a solidariedade permite, justamente, acionar-se qualquer dos devedores pela dívida por inteiro, não havendo renúncia à solidariedade caso se acione apenas um dos devedores (art. 275 do CC); **C:** correta, pois o pagamento parcial feito por um dos devedores não aproveita aos outros, que continuam respondendo solidariamente, mas apenas pela quantia que faltar (art. 277 do CC); **D:** incorreta, pois nesse caso não há mera mora, mas verdadeiro inadimplemento absoluto, vez que a festa já terá acontecido; **E:** incorreta, pois como o pai dos devedores não era obrigado à divida (art. 346, III, do CC), a sub-rogação não é automática, dependendo da aquiescência dos devedores (seus filhos).

Gabarito "C"

(Ministério Público/SE – 2010 – CESPE) Se um dos devedores solidários falecer deixando herdeiros, cada um destes

(A) será obrigado a pagar a dívida que corresponder ao devedor solidário falecido, se a obrigação for divisível.

(B) será obrigado a pagar a totalidade da dívida, se a obrigação for divisível, com direito de ação regressiva contra os demais devedores.

(C) será desobrigado de qualquer pagamento, pois a responsabilidade pelo pagamento não é transmitida aos herdeiros.

(D) será obrigado a pagar apenas a cota que corresponder ao seu quinhão hereditário, se a obrigação for divisível.

(E) só será obrigado a pagar a totalidade da dívida se os demais herdeiros não tiverem recursos e a obrigação for divisível.

A alternativa "d" está correta, pois de acordo com o art. 276 do CC.

Gabarito "D"

(Procurador do Estado/GO – 2010) Acerca do direito das obrigações, está INCORRETA a seguinte proposição:

(A) Havendo mais de um devedor ou mais de um credor em obrigação divisível, esta se presume dividida em tantas obrigações, iguais e distintas, quantos os credores ou devedores.

(B) A obrigação é indivisível quando a prestação tem por objeto uma coisa ou um fato não suscetíveis de divisão, por sua natureza, por motivo de ordem econômica, ou dada a razão determinante do negócio jurídico

(C) A solidariedade não se presume; resulta sempre da lei, jamais da vontade das partes.

(D) Se um dos devedores solidários falecer deixando herdeiros, nenhum destes será obrigado a quota que corresponder ao seu quinhão hereditário, salvo se a obrigação for indivisível; mas todos reunidos serão considerados como um devedor solidário em relação aos demais devedores.

(E) Há solidariedade, quando na mesma obrigação concorre mais de um credor, ou mais de um devedor, cada um com direito, ou obrigado, à dívida toda.

A: correta (art. 257, do CC); **B:** correta (art. 258, do CC); **C:** incorreta, devendo ser assinalada, pois a solidariedade pode resultar da lei ou da vontade das partes (art. 265, do CC); **D:** correta (art. 276, do CC); **E:** correta (art. 264, do CC).

Gabarito "C"

(Procurador do Estado/GO – 2010) Com relação à obrigação de dar coisa certa, é CORRETO afirmar que

(A) até a tradição, os frutos percebidos são do devedor, cabendo ao credor os pendentes.

(B) se antes da tradição, a coisa se perder por culpa do devedor, responderá este somente pelas perdas e danos.

(C) a obrigação de dar coisa certa não abrange os acessórios dela, salvo se o contrário resultar do titulo ou das circunstâncias do caso.

(D) deteriorada a coisa, sendo o devedor culpado, poderá o credor resolver a obrigação, ou aceitar a coisa, abatido de seu preço o valor que perdeu.

(E) sendo culpado o devedor, poderá o credor exigir o equivalente, ou aceitar a coisa no estado em que se acha, sendo que apenas nesta última hipótese, com direito a reclamar indenização das perdas e danos.

A: correta (art. 237, *caput* e parágrafo único, do CC); **B:** incorreta (art. 239, do CC); **C:** incorreta (art. 233, do CC); **D:** incorreta (art. 236, do CC); **E:** incorreta (art. 236, do CC).

Gabarito "A"

(Procurador do Estado/MG – FUMARC – 2012) Assinale a alternativa INCORRETA:

(A) nas obrigações alternativas, a escolha cabe ao credor, se outra coisa não se estipulou

(B) se uma de duas obrigações alternativas não puder ser objeto da obrigação ou se tornada inexequível, subsistirá o débito quanto à outra

(C) no silêncio do contrato, a obrigação que A, B e C têm de pagar a D R$ 9.000,00 é considerada divisível

(D) perde a qualidade de indivisível a obrigação que se resolver em perdas e danos

(E) na obrigação indivisível, se a coisa se perder por culpa de um dos devedores, os demais ficarão exonerados das perdas e danos, respondendo por estas só o culpado

A: incorreta, pois a escolha cabe ao devedor (art. 252, *caput*, do CC); **B:** correta (art. 253, do CC); **C:** correta (artigos 258 e 275, do CC); **D:** correta (art. 263, do CC); **E:** correta (art. 263, § 2º, do CC).

Gabarito "A"

(Procurador do Estado/MG – FUMARC – 2012) Assinale a alternativa correta:

(A) na obrigação de dar coisa certa, se esta se perder, sem culpa do devedor, antes da tradição, sofrerá a perda o credor

(B) na obrigação de dar coisa incerta, se esta se perder, sem culpa do devedor, antes da tradição, sofrerá a perda o credor

(C) na obrigação de dar coisa certa, deteriorada a coisa sem culpa do devedor, poderá o credor exigir o equivalente ou aceitar a coisa no estado em que acha, podendo reclamar, em ambos os casos, perdas e danos

(D) na obrigação de dar coisa incerta, resolve-se a obrigação se, antes da escolha, sobrevier perda decorrente de caso fortuito ou força maior

(E) na obrigação de restituir, deteriorada a coisa sem culpa do devedor, o credor é obrigado a recebê-la tal como se encontra, sem direito a indenização

A: incorreta (art. 234, do CC); **B:** incorreta (art. 246, do CC); **C:** incorreta (art. 235, do CC); **D:** incorreta (art. 246, do CC); **E:** correta (art. 238, do CC).

Gabarito "E"

(Procurador do Estado/MG – FUMARC – 2012) Com relação à solidariedade, marque a alternativa correta:

(A) na solidariedade ativa, a remissão integral da dívida pode ser feita por apenas um dos credores solidários

(B) convertendo-se a obrigação em perdas e danos, desaparece, para todos os efeitos, a solidariedade

(C) impossibilitando-se a prestação por culpa de um dos devedores solidários, subsiste para todos o encargo de pagar o equivalente e as perdas e danos

(D) importa renúncia da solidariedade a propositura de ação pelo credor contra um ou alguns dos devedores

(E) sendo A, B e C credores solidários de D da importância de R$30.000,00, falecendo A, seus dois herdeiros poderão cobrar, cada um deles, individualmente, o valor total da obrigação

A: correta (artigos 272 e 388, ambos do CC); **B:** incorreta (art. 271, do CC); **C:** incorreta (art. 279, do CC); **D:** incorreta (art. 275, parágrafo único, do CC); **E:** incorreta (art. 270, do CC).

Gabarito "A"

(Procurador do Município/Cubatão-SP – 2012 – VUNESP) Extingue-se a obrigação de fazer

(A) mesmo com culpa do devedor, se lhe for impossível abster-se do ato, que se obrigou a não praticar.

(B) se a prestação do fato tornar-se impossível de ser praticada sem culpa do devedor.

(C) se o fato puder deixar de ser praticado por terceiro, à custa do devedor, sem prejuízo da indenização cabível.

(D) desde que, sem culpa do devedor, se lhe for impossível abster-se do ato, que se obrigou a praticar.

(E) desde que, mesmo com culpa do devedor, não for possível abster-se de praticar o ato.

A, C, D e **E:** incorretas, pois tratam de obrigação de não fazer; **B:** correta (art. 248, do CC).

Gabarito "B"

(Procurador do Município/São José dos Campos-SP – 2012 – VUNESP) Leia as assertivas a seguir.

I. Cada um dos credores solidários tem direito a exigir do devedor o cumprimento da prestação por inteiro.

II. Havendo credores solidários, o devedor comum apenas poderá pagar a todos em uma única vez.

III. O pagamento feito a um dos credores solidários extingue a dívida até o montante do que foi pago.

IV. A solidariedade ativa resulta da lei, da vontade das partes ou da presunção.

É correto o que se afirma apenas em

(A) I e II.

(B) I e III.

(C) II e IV.

(D) I, II e IV.

(E) II, III e IV.

I: correta (art. 267, do CC); **II:** incorreta, pois *enquanto alguns dos credores solidários não demandarem o devedor comum, a qualquer daqueles poderá este pagar* (art. 268, do CC); **III:** correta (art. 269, do CC); **IV:** incorreta, pois a solidariedade não se presume, mas resulta da lei ou da vontade das partes (art. 265, do CC).

Gabarito "B"

(Cartório/MG – 2012 – FUMARC) Sobre a solidariedade passiva, determinada no Código Civil Brasileiro,

(A) importará renúncia da solidariedade a propositura de ação pelo credor contra um ou alguns dos devedores.

(B) no caso de rateio entre os codevedores, os exonerados da solidariedade pelo credor não contribuirão pela parte que, na obrigação, incumbia ao insolvente.

(C) proposta a ação contra um dos devedores, o demandado responderá pelos juros da mora, não respondendo o devedor culpado aos outros pela obrigação acrescida.

(D) o devedor acionado pode opor ao credor as exceções que lhe forem pessoais e as comuns a todos, não lhe aproveitando as exceções pessoais a outro codevedor.

A: incorreta, pois *não importará* renúncia da solidariedade a propositura de ação pelo credor contra um ou alguns dos devedores (art. 275, parágrafo único, do CC); **B:** incorreta, pois no caso de rateio entre os codevedores, *contribuirão também* os exonerados da solidariedade pelo credor, pela parte que na obrigação incumbia ao insolvente (art. 284 do CC); **C:** incorreta, pois todos os devedores respondem pelos juros da mora, ainda que a ação tenha sido proposta somente contra um; mas o culpado responde aos outros pela obrigação acrescida (art. 280 do CC); **D:** correta (art. 281 do CC).

Gabarito "D"

(Cartório/SC – 2012) Na obrigação de dar coisa incerta, se determinada pelo gênero e pela quantidade, a escolha pertence:

(A) Ao credor, sendo o devedor obrigado a prestar a coisa melhor.

(B) Ao devedor, podendo escolher a coisa que melhor lhe aprouver.

(C) Ao devedor, se o contrário não resultar do título da obrigação.

(D) Sempre ao credor, escolhendo a que melhor lhe aprouver.

(E) Sempre ao devedor, não sendo este obrigado a prestar a melhor, nem podendo dar a pior.

"Nas coisas determinadas pelo gênero e pela quantidade, a escolha pertence ao *devedor*, se o contrário não resultar do título da obrigação; mas *não poderá dar a coisa pior, nem será obrigado a prestar a melhor"* (art. 244 do CC, grifo nosso).

Gabarito "C"

(Cartório/SC – 2012) Há solidariedade nas obrigações quando:

I. Na mesma obrigação concorre mais de um credor com direito a toda a dívida.

II. Na mesma obrigação concorre mais de um devedor obrigado à dívida toda.

III. A solidariedade se presume.

IV. Na mesma obrigação concorrem apenas um credor e um devedor.

V. Em duas obrigações distintas concorrem o mesmo devedor e o mesmo credor.

(A) Somente as proposições III e IV estão corretas.

(B) Somente as proposições I, III e V estão corretas.

(C) Somente as proposições I e II estão corretas.

(D) Somente as proposições II, III e IV estão corretas.

(E) Todas as proposições estão corretas.

I e **II:** corretas (art. 264 do CC); **III:** incorreta, pois a solidariedade não se presume. Apenas decorre de lei ou da vontade das partes (art. 265 do CC); **IV:** incorreta, pois a solidariedade é um vínculo entre sujeitos do mesmo polo da relação obrigacional, por isso é indispensável que haja mais de um (art. 264 do CC); **V:** incorreta, pois para que haja solidariedade é necessário que numa *mesma obrigação* concorra mais de um credor ou mais de um devedor, pois se as obrigações forem distintas, não haverá vínculo entre os sujeitos (art. 264 do CC).

Gabarito "C"

(Cartório/SP – 2012 – VUNESP) No âmbito das obrigações divisíveis com pluralidade de sujeitos no polo passivo, nada sendo expressamente disposto em lei, nem no contrato, acerca da natureza e limites da obrigação de cada qual, no aspecto interno presume-se que a obrigação é

(A) solidária.

(B) alternativa.

(C) conjuntiva

(D) fracionária.

As obrigações possuem dois âmbitos de análise, o interno, que a relação entre os sujeitos do mesmo polo e o externo, que é a relação entre sujeitos de polos diversos. No aspecto interno, considerando que não há convenção entre os devedores ou determinação legal que os obrigue a manter uma relação solidária, conclui-se que entre eles não há vinculo de solidariedade. Logo, responderão com base na regra geral do art. 283 do CC.

Gabarito "D"

(Cartório/SP – 2012 – VUNESP) Nas obrigações de não fazer, incorre-se em mora

(A) após regular notificação acerca da prática do ato cuja abstenção era exigível, delineando-se a mora *ex persona*.

(B) somente após regular distribuição de ação em conflito de interesses processual.

(C) a partir do momento em que se executa o ato de que deveria abster-se, independentemente de qualquer notificação, caracterizando-se a mora *ex re*.

(D) somente após citação válida em sede de conflito de interesses processual.

Façamos uma distinção entre *mora ex re* e mora *ex personae*. A mora *ex re* é aquela que não necessita de notificação para a sua constituição, pois o fato que a ocasiona está previsto objetivamente em lei. Já na mora *ex personae* o devedor precisa ser notificado para saber que a partir daquele momento está em mora, daí é necessário que o credor tome uma providência para que a mora se constitua. No caso de obrigação de não fazer a mora é automática, o que significa dizer que o devedor tem *prévio conhecimento* de que não deve realizar o comportamento que se comprometeu abster-se. Sabe que a partir do momento em que agir estará descumprindo a obrigação. Daí ser totalmente dispensável qualquer tipo de notificação ou até mesmo citação em processo judicial.

Gabarito "C"

(Cartório/SP – 2012 – VUNESP) Nas obrigações solidárias passivas, sob o aspecto interno, ou seja, na relação entre os codevedores, a obrigação é

(A) fracionária.

(B) alternativa.

(C) solidária.

(D) conjunta.

A alternativa "A" está correta, pois no aspecto interno os devedores respondem de forma fracionária entre si. Neste passo, o devedor que satisfaz a dívida por inteiro tem o direito de exigir de cada um dos codevedores a sua cota parte, dividindo-se igualmente por todos a do insolvente, se o houver, presumindo-se iguais, no débito, as partes de todos os codevedores (art. 283 do CC).

Gabarito "A"

(Cartório/SP – 2012 – VUNESP) Na teoria do enriquecimento sem causa, como fonte da obrigação,

(A) o deslocamento patrimonial indevido não implica necessariamente que deverá haver empobrecimento de outrem.

(B) o caráter desproporcional terá de evidenciar deslocamento excessivo.

(C) exige-se deslocamento patrimonial indevido e necessário empobrecimento da outra parte.

(D) se a lei conferir outros meios para o lesado ressarcir-se do prejuízo sofrido, estes serão sempre subsidiários em relação ao enriquecimento sem causa, que emergirá como fonte principal.

A: correta (Enunciado 35 do CJF.); **B:** incorreta, pois o caráter desproporcional não terá de evidenciar o deslocamento excessivo, uma vez que basta que haja o simples desfalque de patrimônio por parte do lesado; **C:** incorreta (Enunciado 35 do CJF.); **D:** incorreta, pois em verdade a subsidiariedade é da ação de locupletamento, uma vez que ela só pode ser ajuizada diante da ausência da possibilidade de ajuizamento de outra ação pela qual o empobrecido possa obter o resultado pretendido (art. 886 do CC e Enunciado 36 do CJF)

Gabarito "A"

(Analista – TRT/7ª – 2009 – FCC) A respeito das modalidades das obrigações, é correto afirmar que

(A) nas obrigações alternativas, se uma das duas prestações se tornar inexequível, subsistirá o débito quanto à outra.

(B) se extingue a obrigação de não fazer se, por culpa do devedor, se lhe tornar impossível abster-se do ato, que se obrigou a não praticar.

(C) nas obrigações divisíveis, havendo dois ou mais devedores, cada um será obrigado pela dívida toda.

(D) nas obrigações de fazer, o credor, mesmo em caso de urgência, depende de autorização judicial para executar ou mandar executar o fato, quando houver recusa ou mora do devedor.

(E) a obrigação solidária não pode ser pura e simples para um dos co-devedores e condicional, ou a prazo, ou pagável em lugar diferente, para outro.

A: correta (art. 253 do CC); **B:** incorreta (art. 250 do CC); **C:** incorreta (art. 257 do CC); **D:** incorreta (art. 249, p. único, do CC); **E:** incorreta (art. 266 do CC).

Gabarito "A"

(Analista – TRT/8ª – 2010 – FCC) Em determinado contrato, convencionaram as partes duas obrigações alternativas, bem como que, na data do cumprimento, a escolha caberia ao credor. Ocorre que uma das obrigações convencionadas tornou-se fisicamente inexequível. Nesse caso,

(A) o credor poderá escolher outra obrigação similar para substituir a que se tornou inexequível.

(B) não haverá escolha e a obrigação subsistirá quanto à prestação remanescente.

(C) o negócio jurídico será rescindido, voltando as partes ao estado anterior à sua celebração.

(D) o devedor poderá escolher outra prestação para substituir a que se tornou inexequível.

(E) as partes deverão pedir ao juiz que indique outra prestação para substituir a que se tornou inexequível.

Art. 253 do CC.

Gabarito "B"

(Analista – TRT/14ª – 2011 – FCC) Nas obrigações

(A) de dar coisa certa, se a obrigação for de restituir coisa certa e esta, sem culpa do devedor, se perder antes da tradição, sofrerá o credor a perda, e a obrigação se resolverá, ressalvados os seus direitos até o dia da perda.

(B) solidárias, havendo solidariedade ativa, convertendo-se a prestação em perdas e danos, extingue-se, para todos os efeitos, a solidariedade.

(C) divisíveis, se um dos credores remitir a dívida, a obrigação ficará extinta para com os outros.

(D) de fazer, se o fato puder ser realizado por terceiro, será livre ao credor mandá-lo executar à custa do devedor, havendo recusa ou mora deste, o que o isentará da responsabilidade por perdas e danos.

(E) alternativas, se o título deferir a opção a terceiro, e este não quiser, ou não puder exercê-la, a escolha caberá ao credor.

A: correta (art. 238 do CC); **B:** incorreta, pois a solidariedade permanece (art. 271 do CC); **C:** incorreta, pois, como a obrigação é divisível, se o credor remitir (perdoar) um dos devedores, somente este se aproveitará disso (art. 262 do CC); por exemplo, se há dois devedores de R$ 100,00 e o credor perdoar um dos devedores, o outro (o não perdoado), continuará devendo os R$ 50 que já devia, por conta da possibilidade de se dividir as obrigações em dinheiro; **D:** incorreta, pois é *sem* prejuízo da indenização cabível, a ser paga pelo devedor faltoso (art. 249 do CC); **E:** incorreta, pois, nesse caso, não havendo acordo entre as partes, caberá ao juiz a escolha (art. 252, § 4º, do CC).

Gabarito "A"

(Analista – TRT/14ª – 2011 – FCC) Numa obrigação há três credores solidários e apenas um devedor. Nesse caso,

(A) o julgamento contrário a um dos credores solidários não atinge os demais.

(B) convertendo-se a prestação em perdas e danos, desaparece, para todos os efeitos, a solidariedade.

(C) cada um dos credores solidários poderá exigir do devedor o cumprimento de até um terço da obrigação.

(D) se apenas um dos credores solidários demandar o devedor, este poderá pagar a qualquer um dos três, em razão da solidariedade.

(E) o credor que houver remitido a dívida não responderá aos outros pela parte que lhes caiba.

A: correta (art. 274 do CC); **B:** incorreta, pois subsiste a solidariedade (art. 271); **C:** incorreta, pois cada um dos credores solidários poderá exigir do devedor a prestação por inteiro (art. 267 do CC); **D:** incorreta, pois isso só pode acontecer enquanto algum credor solidário não tiver acionado o devedor ainda (art. 268 do CC); uma vez que um credor solidário tiver acionado o devedor, este deverá pagar àquele que o demandou; **E:** incorreta, pois o credor solidário que tiver perdoado a dívida responderá, sim, aos outros, pela parte que lhes caiba (art. 272 do CC).

Gabarito "A"

(Analista – TRT/15ª – 2009 – FCC) Nas obrigações

(A) divisíveis, havendo dois ou mais devedores, cada um será obrigado pela dívida toda.

(B) alternativas, pode o devedor obrigar o credor a receber parte em uma prestação e parte em outra.

(C) solidárias, o credor pode renunciar a solidariedade em favor de um ou de alguns dos devedores.

(D) de dar coisa incerta, indicada pelo gênero e pela quantidade, a escolha pertence ao credor, se o contrário não resultar do título da obrigação.

(E) de fazer, se a prestação do fato tornar-se impossível sem culpa do devedor, responderá este por perdas e danos.

A: incorreta (art. 259 do CC); **B:** incorreta (art. 252, § 1º, do CC); **C:** correta (art. 282 do CC); **D:** incorreta (art. 244 do CC); **E:** incorreta (art. 248 do CC).

Gabarito "C"

(Analista – TRT/22ª – 2010 – FCC) Nas obrigações de dar coisa certa, deteriorada a coisa sem culpa do devedor, o credor poderá

(A) exigir duas similares à que se deteriorou.

(B) exigir o equivalente, mais perdas e danos.

(C) resolver a obrigação e exigir perdas e danos.

(D) aceitar a coisa, abatendo de seu preço o valor que perdeu.

(E) aceitar a coisa e exigir perdas e danos.

Art. 235 do CC.

Gabarito "D"

(Analista – TRT/22ª – 2010 – FCC) Numa obrigação indivisível há três credores solidários e três devedores solidários. Um dos credores solidários exigiu de um dos devedores solidários a dívida inteira. Nesse caso, esse devedor

(A) se desobrigará pagando a dívida inteira ao credor que a exigiu, dando este caução de ratificação dos outros credores.

(B) se desobrigará se pagar ao credor que exigiu a dívida toda a parte que, proporcionalmente, lhe cabe como credor.

(C) não se desobrigará pagando a dívida inteira, pois, em razão da solidariedade, os demais credores também poderão exigir a dívida toda.

(D) só se desobrigará se pagar a dívida inteira conjuntamente a todos os credores solidários.

(E) se desobrigará se pagar ao credor que exigiu a dívida toda a parte que, proporcionalmente, lhe cabe como devedor.

Art. 260, II, do CC.

Gabarito "A"

(Analista – TRT/22ª – 2010 – FCC) Uma obrigação indivisível resolveu-se em perdas e danos por culpa de um dos três devedores. Nesse caso,

(A) o devedor culpado responderá pelas perdas e danos e os outros ficarão exonerados da obrigação.

(B) todos os devedores responderão pelas perdas e danos em sua totalidade em razão da indivisibilidade, com direito de regresso contra o culpado.

(C) todos os devedores responderão pelas perdas e danos de forma proporcional à sua parte na obrigação.

(D) a obrigação será considerada extinta e todos os devedores ficarão exonerados.

(E) todos os devedores responderão pelas perdas e danos em sua totalidade em razão da indivisibilidade, sem direito de regresso contra o culpado.

Art. 279 do CC.

Gabarito "A"

(Analista – TRT/23ª – 2011 – FCC) Nas obrigações alternativas, quando a escolha couber ao credor e uma das prestações tornar-se impossível por culpa do devedor, o

(A) contrato será rescindido, sem perdas e danos, voltando as partes ao estado anterior.

(B) credor poderá reclamar o valor de qualquer das duas, sem perdas e danos.

(C) credor só terá o direito de exigir a prestação subsistente, sem perdas e danos.

(D) credor só poderá exigir o valor da prestação que se tornou impossível por culpa do devedor.

(E) credor terá o direito de exigir a prestação subsistente ou o valor da outra, com perdas e danos.

Art. 255 do Código Civil.

Gabarito "C"

(Analista – TRE/AC – 2010 – FCC) Com relação às obrigações solidárias, na solidariedade passiva,

(A) no caso de rateio entre os codevedores, contribuirão também os exonerados da solidariedade pelo credor, pela parte que na obrigação incumbia ao insolvente.

(B) o pagamento parcial feito por um dos devedores e a remissão por ele obtida aproveita aos outros devedores, independentemente da quantia paga ou relevada.

(C) o credor não pode renunciar a solidariedade em favor de um ou de alguns dos devedores.

(D) todos os devedores respondem pelos juros da mora, com exceção da ação que tenha sido proposta somente contra um.

(E) na impossibilidade da prestação por culpa de um dos devedores solidários, subsiste para todos o encargo de pagar o equivalente, bem como as perdas e danos.

A: correta (art. 284 do CC); **B:** incorreta, pois o pagamento parcial feito por um dos devedores e a remissão por ele obtida **não** aproveitam aos outros devedores, senão até à concorrência da quantia paga ou relevada (art. 277 do CC); **C:** incorreta, pois o credor pode renunciar à solidariedade em favor de um, de alguns ou de todos os devedores (art. 282, *caput*, do CC); **D:** incorreta, pois todos os devedores respondem pelos juros da mora, **ainda que a ação tenha sido proposta somente contra um; mas o culpado responde aos outros pela obrigação acrescida** (art. 280 do CC); **E:** incorreta, pois impossibilitando-se a prestação por culpa de um dos devedores solidários, subsiste para todos o encargo de pagar o equivalente; **mas pelas perdas e danos só responde o culpado** (art. 279 do CC).

Gabarito "A"

(Analista – TJ/SE – 2009 – FCC) A respeito das modalidades das obrigações, é correto afirmar que

(A) a obrigação de dar coisa certa não abrange os acessórios dela se isso não tiver sido mencionado expressamente no título.

(B) nas obrigações de dar coisa incerta, antes da escolha, não poderá o devedor alegar perda ou deterioração da coisa, ainda que por força maior ou caso fortuito.

(C) nas obrigações alternativas, pode o devedor obrigar o credor a receber parte em uma prestação e parte em outra.

(D) não perde a qualidade de indivisível a obrigação que se resolva em perdas e danos.

(E) convertendo-se a prestação em perdas e danos, extingue-se, para todos os efeitos, a solidariedade.

A: incorreta (art. 233 do CC); **B:** correta (art. 246 do CC); **C:** incorreta (art. 252, § 1º, do CC); **D:** incorreta (art. 263 do CC); **E:** incorreta (art. 271 do CC).

Gabarito "B"

(Magistratura/PE – 2011 – FCC) O pagamento efetuar-se-á

(A) no domicílio do credor, salvo convenção em contrário.

(B) no local convencionado, mas o pagamento feito reiteradamente em outro local faz presumir renúncia do credor relativamente ao previsto no contrato.

(C) sempre no domicílio do devedor, salvo, apenas, disposição legal em sentido contrário.

(D) onde melhor atender o interesse do credor, salvo convenção em sentido contrário.

(E) onde for menos oneroso para o devedor, salvo convenção em sentido contrário.

A, C, D e **E:** incorretas, pois efetuar-se-á o pagamento no domicílio do devedor, salvo se as partes convencionarem diversamente, ou se o contrário resultar da lei, da natureza da obrigação ou das circunstâncias (art. 327, *caput*, do CC); **B:** correta (art. 330 do CC).

Gabarito "B"

(Magistratura/SP – 2013 – VUNESP) A respeito da mora, é certo afirmar que

(A) estando o devedor em mora, o credor só poderá dele exigir os encargos dela decorrentes, não se lhe facultando rejeitar a prestação em atraso se o devedor quiser adimpli-la.

(B) a caracterização da mora do devedor não dispensa a existência de culpa, mas prescinde da demonstração de prejuízo efetivo.

(C) nas obrigações de pagamento em dinheiro com data certa de vencimento, o inadimplemento constitui o devedor de pleno direito em mora; nas obrigações de dar e de fazer, ainda que líquidas e não cumpridas no termo estipulado, a constituição em mora dependerá de interpelação ao devedor, judicial ou extrajudicial.

(D) nas obrigações provenientes de ato ilícito, reputa-se o devedor em mora desde a citação do réu da ação de ressarcimento.

A: incorreta, pois o credor pode rejeitar a prestação caso esta não lhe seja mais útil (art. 395, parágrafo único, do CC); **B:** correta; segundo o art. 394 do CC, basta que não haja o pagamento para que se tenha mora, não sendo necessário que se demonstre prejuízo, daí porque está correto dizer que a caracterização da mora "prescinde da demonstração de prejuízo efetivo"; quanto à questão da mora, de fato ela não dispensa a existência de culpa, por força do disposto no art. 396 do CC, pelo qual "não havendo fato ou omissão imputável ao devedor, não incorre este em mora"; **C:** incorreta, pois, havendo termo de obrigação positiva e líquida, pouco importa se obrigação de pagamento em dinheiro ou se outra obrigação de dar ou obrigação de fazer, o inadimplemento da obrigação no termo (na data marcada) constitui de pleno direito em mora o devedor (art. 397, *caput*, do CC); a interpelação judicial ou extrajudicial só é necessária nos casos previstos em lei e quando não há termo (data para cumprimento da obrigação) estipulado entre as partes (art. 397, parágrafo único, do CC); **D:** incorreta, pois nesses casos considera-se o devedor em mora desde a data da prática do ato ilícito (art. 398 do CC).

Gabarito "B"

(Magistratura/SP – 2013 – VUNESP) No que se refere à compensação, pode-se afirmar que

(A) apesar da regra geral de que o devedor somente pode compensar com o credor o que este lhe dever, ao fiador é permitido compensar sua dívida com a de seu credor ao afiançado.

(B) tendo o art. 369 do Código Civil instituído a compensação legal, nula será a disposição contratual que não dê a uma das partes desse ajuste o direito de recorrer à compensação, mantendo-a, todavia, facultada à outra parte.

(C) se duas partes são reciprocamente credoras de quantias líquidas, mas uma das dívidas não é exigível ainda, enquanto a outra já o é, o credor da dívida exigível não poderá cobrá-la enquanto a outra não se tornar exigível.

(D) se Caio deve a Tício R$ 100,00 por conta de um mútuo que este fez àquele, e Caio ganhou aposta de Tício no mesmo valor, a compensação entre os débitos não poderá ser recusada nem por um e nem por outro.

A: correta (art. 371 do CC); **B:** incorreta, pois o art. 375 do CC dispõe que "não haverá compensação quando as partes, por mútuo acordo, a excluírem, ou no caso de renúncia prévia de uma delas"; **C:** incorreta, pois se uma das dívidas já é exigível, não há proibição legal a que seja cobrada pelo simples fato de o devedor também ter um crédito quanto à outra parte, mas crédito esse ainda não exigível e que, portanto, não passível sequer de compensação, que exige que as duas dívidas sejam vencidas (art. 369 do CC); **D:** incorreta, pois a segunda dívida é de jogo, tratando-se, assim, de obrigação natural, a qual não pode ser exigida (art. 814, *caput*, do CC).

Gabarito "A"

(Magistratura/SP – 2011 – VUNESP) Assinale a alternativa correta.

(A) Pode haver compensação entre dívidas líquidas, vencidas e de coisas fungíveis de qualidades distintas.

(B) Os prazos de favor obstam a compensação.

(C) Uma dívida proveniente de esbulho pode ser compensada com outra, de causa diversa.

(D) O fiador pode compensar sua dívida com a de seu credor ao afiançado.

(E) Duas dívidas não podem se compensar se não forem pagáveis no mesmo lugar.

A: incorreta, pois não se compensarão verificando-se que se diferem na qualidade (art. 370 do CC); **B:** incorreta, pois os prazos de favor não obstam a compensação (art. 372 do CC); **C:** incorreta, pois se uma das dívidas provier de esbulho, não poderá ser compensada com outra de causa diversa (art. 373, I, do CC); **D:** correta (art. 371 do CC); **E:** incorreta, pois não existe essa previsão legal, bastando que as dívidas sejam líquidas, vencidas e de coisas fungíveis (art. 369 do CC).

Gabarito "D"

(Magistratura/SP – 2011 – VUNESP) Assinale a alternativa correta a respeito de novação.

(A) Se o novo devedor for insolvente, o credor que o aceitou pode ajuizar ação regressiva contra o primeiro, se houve má-fé deste na substituição.

(B) A novação extingue, em todos os casos, os acessórios e garantias da dívida.

(C) A novação por substituição do devedor depende do consentimento deste.

(D) Permanece a obrigação do fiador, ainda que a novação feita com o devedor principal tenha ocorrido sem o consentimento daquele.

(E) As obrigações anuláveis não podem ser objeto de novação.

A: correta (art. 363 do CC); **B:** incorreta, pois a novação extingue os acessórios e garantias da dívida, sempre que não houver estipulação em contrário (art. 364 do CC); **C:** incorreta, pois a novação por substituição do devedor pode ser efetuada independentemente de consentimento deste (art. 362 do CC); **D:** incorreta, pois importa exoneração do fiador a novação feita sem seu consenso com o devedor principal (art. 366 do CC); **E:** incorreta, pois não podem ser objeto de novação as obrigações nulas ou extintas (art. 367 do CC).

Gabarito "A"

(Magistratura/SP – 2009 – VUNESP) A novação

(A) deve ser expressa e implica criação de nova obrigação, podendo o credor optar pela primitiva.

(B) pressupõe ânimo de novar, que pode ser tácito, desde que inequívoco.

(C) se subjetiva passiva, depende da concordância do devedor.

(D) não extingue as garantias da obrigação anterior, salvo a fiança.

A: incorreta, pois a obrigação primitiva fica extinta, não podendo o credor optar por ela (art. 360, I, do CC); **B:** correta (art. 361 do CC); **C:** incorreta (art. 362 do CC); **D:** incorreta (art. 364 do CC).

Gabarito "B"

(Ministério Público/MG – 2011) É **INCORRETO** afirmar quanto ao objeto do pagamento e sua prova no Código Civil:

(A) O credor não é obrigado a receber prestação diversa da que lhe é devida, ainda que mais valiosa.

(B) Ainda que a obrigação tenha por objeto prestação divisível, não pode o credor ser obrigado a receber, nem o devedor a pagar, por partes, se assim não se ajustou.

(C) É ilícito convencionar o aumento progressivo de prestações sucessivas.

(D) Quando, por motivos imprevisíveis, sobrevier desproporção manifesta entre o valor da prestação devida e o do momento de sua execução, poderá o juiz corrigi-lo, a pedido da parte, de modo que assegure, quanto possível, o valor real da prestação.

A: correta, pois de acordo com a antiga regra de Direito das Obrigações, hoje prevista no art. 313 do CC; **B:** correta, pois de acordo com o art. 314 do CC; **C:** incorreta (e deve ser assinalada), pois não há ilicitude no referido comportamento (CC, art. 316); **D:** correta, pois de acordo com a importante regra de onerosidade excessiva prevista no art. 317 do Código Civil.

Gabarito "C"

(Procurador do Estado/MG – FUMARC – 2012) Com relação ao adimplemento das obrigações, assinale a alternativa correta:

(A) o pagamento feito de boa-fé a credor putativo é inválido

(B) o pagamento feito cientemente a incapaz é válido se o devedor provar que em benefício dele efetivamente reverteu

(C) o terceiro não interessado, que paga a dívida em seu próprio nome, tem direito de reembolsar-se do que pagar, subrogando-se nos direitos do credor.

(D) efetuar-se-á o pagamento no domicílio do credor, salvo se as partes convencionarem diversamente

(E) todas as alternativas acima estão corretas

A: incorreta, pois o pagamento feito de boa-fé a credor putativo é válido (art. 309, do CC); **B:** correta (art. 310, do CC); **C:** incorreta, pois o terceiro não interessado não se subroga nos direitos do credor (art. 305, do CC); **D:** incorreta, pois a regra é que o pagamento seja feito no domicílio do devedor (art. 327, do CC); **E:** incorreta, pois somente a alternativa "B" está correta.

Gabarito "B"

(Procurador do Estado/PR – UEL-COPS – 2011) Assinale a alternativa correta:

(A) salvo disposição, legal ou contratual, em contrário, as dívidas são quérables;

(B) cada credor solidário somente pode exigir o pagamento integral da dívida quando seu objeto for indivisível;

(C) no direito brasileiro, não vale o pagamento feito, mesmo que de boa-fé, ao credor putativo;

(D) em nenhuma hipótese é permitida a cobrança de dívida antes de ela estar vencida;

(E) o inadimplemento da obrigação em seu termo induz a mora do devedor, independente de qualquer notificação ou interpelação.

A: correta (art. 327, do CC). *"Lugar do pagamento é aquele onde o devedor deve cumprir a obrigação e o credor exigir seu cumprimento. A regra é o domicílio do devedor (dívida quesível ou quérable). Mas por motivo legal, convencional ou circunstancial é possível que a obrigação tenha de ser cumprida no domicílio do credor (dívida portável ou portable)"* (Wander Garcia, **Super-Revisão**, Editora Foco); **B:** incorreta (art. 267, do CC); **C:** incorreta (art. 309, do CC); **D:** incorreta (art. 333, do CC); **E:** incorreta (art. 397, *caput* e parágrafo único, do CC).

Gabarito "A"

(Procurador do Estado/RS – FUNDATEC – 2010) Assinale a alternativa correta:

(A) A distinção entre "dividas quesíveis" e "dívidas portáveis" tem relevância para o regime da mora e dos riscos porque, nas dívidas quesíveis, a *mora debitoris* surge se o devedor, que tinha o interesse em levar a dívida ao domicílio do credor, foi omisso e assim não procedeu.

(B) A expressão "dívida de dinheiro" significa o importe econômico numericamente consignado na moeda, ou a forma material adquirida pela vinculação monetária.

(C) Afirma-se que a relação obrigacional é uma "relação de cooperação" porque a atividade de cooperação é necessária para que se atinja o adimplemento, uma vez que o interesse de um dos contratantes é perseguido por meio da atividade da outra parte contratante.

(D) No caso de a prestação ter sido cumprida, mas uma das partes do contrato causar à outra dano não ligado diretamente a dever de prestação, teremos simples inadimplemento.

(E) O enriquecimento sem causa é fonte obrigacional caracterizada pela existência de um contrato lesionário para uma das partes.

A: incorreta (art. 327, do CC). *"Lugar do pagamento é aquele onde o devedor deve cumprir a obrigação e o credor exigir seu cumprimento. A regra é o domicílio do devedor (dívida quesível ou quérable). Mas por motivo legal, convencional ou circunstancial é possível que a obrigação tenha de ser cumprida no domicílio do credor (dívida portável ou portable)"* (Wander Garcia, **Super-Revisão**, Editora Foco). Portanto, na dívida quesível, a mora surge ao credor e não ao devedor; **B:** incorreta, pois a segunda parte da alternativa faz referência à dívida de valor; **C:** correta, pois, de fato, obrigação é o vínculo jurídico que confere ao credor (sujeito ativo) o direito de exigir do devedor (sujeito passivo) o cumprimento de determinada prestação; **D:** incorreta (art. 927, do CC); **E:** incorreta (art. 884, do CC).

Gabarito "C"

(Procurador do Estado/SC – 2010 – FEPESE) No que concerne à transmissão das obrigações, assinale a alternativa incorreta, de acordo com o Código Civil Brasileiro.

(A) Ocorrendo várias cessões do mesmo crédito, prevalece, via de regra, a que se completar por último.

(B) Na assunção de dívida, o novo devedor não pode opor ao credor as exceções pessoais que competiam ao devedor primitivo.

(C) Na cessão de crédito, o devedor pode opor ao cessionário as exceções que lhe competirem, bem como as que, no momento em que veio a ter conhecimento da cessão, tinha contra o cedente.

(D) O cessionário de crédito hipotecário tem o direito de fazer averbar a cessão no registro do imóvel.

(E) Independentemente do conhecimento da cessão pelo devedor, pode o cessionário exercer os atos conservatórios do direito cedido.

A: incorreta, devendo ser assinalada, pois prevalecerá a que se completar com a tradição do título do crédito cedido (art. 291 do CC); **B:** correta (art. 302 do CC); **C:** correta (art. 294 do CC); **D:** correta (art. 289 do CC); **E:** correta (art. 293 do CC).

Gabarito "A"

(Procurador do Estado/SC – 2009) Assinale a alternativa correta.

(A) Na consignação em pagamento, o depósito é feito no lugar de escolha do devedor.

(B) A compensação efetua-se entre dívidas líquidas, vencidas e de coisas infungíveis.

(C) Extingue-se a obrigação, desde que na mesma pessoa se confundam as qualidades de credor e devedor.

(D) Em hipótese de dação em pagamento, se o credor for evicto da coisa recebida em pagamento não se restabelecerá a obrigação primitiva.

(E) A pessoa obrigada por dois ou mais débitos da mesma natureza, a um só credor, tem o direito de indicar a qual deles oferece pagamento, bastando que todos os débitos sejam líquidos.

A: incorreta, pois o depósito é feito no lugar do pagamento (art. 337 do CC); **B:** incorreta, pois as coisas devem ser fungíveis (art. 369 do CC); **C:** correta, operando-se a confusão (art. 381 do CC); **D:** incorreta, pois fica restabelecida a obrigação primitiva (art. 359 do CC); **E:** incorreta, pois a imputação do pagamento por vontade do devedor depende de os débitos serem líquidos e *vencidos* (art. 352 do CC).

Gabarito "C"

(Procurador do Município/Florianópolis-SC – 2010 – FEPESE) É a forma de se quitar um ou mais débitos, quando existem vários, de um mesmo devedor, em relação ao mesmo credor:

(A) Novação.

(B) Sub-rogação.

(C) Imputação de pagamento.

(D) Consignação.

(E) Remissão.

Art. 352 do CC.

Gabarito "C"

(Procurador do Município/São José dos Campos-SP – 2012 – VUNESP) Assinale a alternativa correta quanto à assunção de dívida comum.

(A) É uma faculdade do devedor, independentemente da vontade do credor.

(B) Ocorre em caso de insolvência do devedor, que se exonera da obrigação.

(C) Pressupõe a conservação das garantias do negócio jurídico originário.

(D) Há alteração no conteúdo da relação obrigacional assumida.

(E) Pode ser assumida por qualquer terceiro, para o fim de sua extinção.

A: incorreta, pois a assunção de dívida exige o consentimento expresso do credor (art. 299, do CC); **B:** incorreta. *É facultado a terceiro assumir a obrigação do devedor, com o consentimento expresso do credor, ficando exonerado o devedor primitivo, salvo se aquele, ao tempo da assunção, era insolvente e o credor o ignorava* (art. 299, do CC); **C:** incorreta, já que, salvo assentimento expresso do devedor primitivo, consideram-se extintas, a partir da assunção da dívida, as garantias especiais por ele originariamente dadas ao credor (art. 300, do CC e enunciado 422, CJF); **D:** incorreta, pois na assunção da dívida ocorre tão somente a substituição no plano passivo, sem alteração no conteúdo da relação obrigacional assumida; **E:** correta (art. 299, do CC).

Gabarito "E"

(Procurador do Município/Sorocaba-SP – 2012 – VUNESP) O ordenamento jurídico pátrio prevê modalidades de extinção da obrigação sem que seja realizado pagamento, direta ou indiretamente. Assinale a alternativa que corretamente indica e define uma dessas modalidades.

(A) ***Novação***: extinção das obrigações quando duas pessoas forem, reciprocamente, credora e devedora.

(B) ***Compensação***: por força de fato jurídico estranho à relação obrigacional, as figuras do devedor e do credor se reúnem na mesma pessoa.

(C) ***Confusão***: é a modalidade que pode ser conceituada como a constituição de uma obrigação nova, em substituição de outra, que fica extinta.

(D) ***Remissão***: liberação graciosa do devedor, emanada do credor.

(E) ***Transação***: devedor e credor, por meio de concessões mútuas, extinguem litígios e consequentemente a obrigação.

A: incorreta, pois a novação se caracteriza pela constituição de uma obrigação nova, em substituição de outra, que fica extinta (art. 360, do CC); **B:** incorreta, pois a compensação se configura pela *extinção das obrigações entre duas pessoas que são, ao mesmo tempo, credora e devedora uma da outra* (Wander Garcia, **Super-Revisão**, Editora Foco); **C:** incorreta, pois a confusão se caracteriza pela extinção das obrigações quando duas pessoas forem, reciprocamente, credora e devedora (art. 381, do CC); **D:** correta (art. 385, do CC); **E:** incorreta, pois a transação não é modalidade de extinção da obrigação sem que seja realizado pagamento, direta ou indiretamente (art. 840, do CC).

Gabarito "D"

(Cartório/MG – 2012 – FUMARC) A respeito do pagamento com sub-rogação, nos termos do Código Civil, é considerada de convencional quando

(A) o credor com preferência ou quirografário paga a dívida do devedor comum.

(B) terceira pessoa interessada paga a dívida pela qual era ou podia ser obrigado, no todo ou em parte.

(C) o adquirente do imóvel hipotecado paga a credor hipotecário, bem como terceiro que efetiva o pagamento para não ser privado de direito sobre imóvel.

(D) terceira pessoa empresta ao devedor a quantia precisa para solver a dívida, sob a condição expressa de ficar o mutuante sub-rogado nos direitos do credor satisfeito.

A: incorreta, pois neste caso a sub-rogação é considerada legal, e não convencional (art. 346, II e I, respectivamente); **B:** incorreta, pois nesta hipótese também há sub-rogação legal (art. 346, III, do CC); **C:** incorreta, pois trata-se de sub-rogação legal (art. 346, II, do CC); **D:** correta (art. 347, II, do CC).

Gabarito "D"

(Cartório/MG – 2012 – FUMARC) Quanto à novação, de acordo com o Código Civil Brasileiro, é **correto** o que se afirma em

(A) Não podem ser objeto de novação obrigações anuláveis, nulas ou extintas.

(B) Opera-se quando o devedor contrai com o credor nova dívida sem substituir a anterior.

(C) A novação por substituição do devedor pode ser efetuada independentemente de consentimento deste.

(D) Se o novo devedor for insolvente, não tem o credor, que o aceitou, ação regressiva contra o primeiro, independentemente se este obteve por má-fé a substituição.

A: incorreta, pois podem ser objeto de novação as obrigações anuláveis. A exceção aplica-se apenas quanto às nulas e as extintas (art. 367 do CC); **B:** incorreta, pois a novação opera-se justamente quando o devedor contrai com o credor nova dívida para *extinguir e substituir* a anterior (art. 360, I, do CC); **C:** correta. É a chamada "novação por expromissão" (art. 362 do CC); **D:** incorreta, pois se o novo devedor for insolvente, não tem o credor, que o aceitou, ação regressiva contra o primeiro, *salvo se* este obteve por má-fé a substituição (art. 363 do CC).

Gabarito "C"

(Cartório/SC – 2012) A cessão de crédito tem eficácia em relação ao devedor quando:

I. Por escrito particular ele se declarou ciente da cessão.

II. Não foi notificado porque mudou de endereço.

III. Negou-se a receber a notificação.

IV. Por escrito público ele se declarou ciente da cessão.

V. Foi notificado da cessão.

(A) Somente as proposições II e III estão corretas.

(B) Somente as proposições II, III e V estão corretas.

(C) Somente as proposições I e V estão corretas.

(D) Somente as proposições I, IV e V estão corretas.

(E) Todas as proposições estão corretas.

I: correta (art. 290 do CC); **II:** incorreta, pois neste caso a cessão será ineficaz, haja vista que o ato não chegou devidamente ao conhecimento do devedor. A lei não prevê exceção, ainda que o devedor tenha mudado de endereço; **III:** incorreta, pois ainda que o devedor se negue a receber a notificação ele será tido como ciente da cessão, e, portanto, o ato será totalmente eficaz; **IV:** correta (art. 290 do CC); **V:** correta (art. 290 do CC).

Gabarito "D"

(Cartório/SP – 2011 – VUNESP) Assinale a alternativa incorreta quanto ao tema da extinção das obrigações.

(A) O fiador não pode compensar seu débito com o débito que o credor tem para com o afiançado.

(B) A dívida oriunda de comodato não admite compensação.

(C) Se o credor for evicto na coisa recebida em dação em pagamento, restabelece-se a obrigação original, ficando sem efeito a quitação.

(D) A novação por substituição do devedor pode ser efetuada independentemente de consentimento deste.

A: incorreta (e deve ser assinalada, art. 371 do CC); **B:** correta (art. 373, II, do CC); **C:** correta (art. 359 do CC); **D:** correta (art. 362).

Gabarito "A"

(Cartório/SP – 2011 – VUNESP) Dá-se a novação quando

(A) ocorre o pagamento parcial da dívida, em termos de compensação.

(B) o credor consentir em receber prestação diversa da que lhe é devida.

(C) o credor for evicto da coisa recebida em pagamento.

(D) o devedor contrai com o credor nova dívida para extinguir e substituir a anterior.

A alternativa "D" está correta, nos termos do art. 360, I, do CC, *in verbis* "Dá-se a novação: *I* quando o devedor contrai com o credor nova dívida para extinguir e substituir a anterior"

Gabarito "D"

(Analista – TRE/AL – 2010 – FCC) Considere as seguintes assertivas a respeito da transmissão das obrigações:

I. Ocorrendo várias cessões do mesmo crédito, prevalece a primeira cessão formalmente e legalmente realizada independentemente da tradição.

II. Independentemente do conhecimento da cessão pelo devedor, pode o cessionário exercer os atos conservatórios do direito cedido.

III. Salvo estipulação em contrário, o cedente não responde pela solvência do devedor.

IV. Em regra, consideram-se extintas, a partir da assunção da dívida, as garantias especiais originariamente dadas pelo devedor primitivo ao credor.

De acordo com o Código Civil Brasileiro está correto o que se afirma APENAS em

(A) I, II e III.

(B) I e IV.

(C) II e III.

(D) II e IV.

(E) II, III e IV.

I: incorreta, pois, ocorrendo várias cessões do mesmo crédito, prevalece a que se completar com a tradição do título do crédito cedido (art. 291 do CC); **II:** correta (art. 293 do CC); **III:** correta (art. 296 do CC); **IV:** correta (art. 300 do CC).

Gabarito "E"

(Analista – TJ/ES – 2011 – CESPE) Julgue o seguinte item.

(1) O crédito é um direito que pode ser cedido pelo seu titular (credor). Entretanto, a cessão de crédito, em regra, dependerá da anuência tanto do cessionário quanto do devedor.

1: incorreta, pois a cessão de crédito não depende da anuência do devedor, mas tão somente da notificação deste acerca da cessão efetuada (art. 290 do CC).

Gabarito 1E

(Analista – TRT/15ª – 2009 – FCC) João está obrigado por três débitos da mesma natureza a um só credor, todos líquidos e vencidos, e se dispõe a oferecer quantia em pagamento. O instituto que lhe dá o direito de indicar a qual desses débitos oferece pagamento denomina-se

(A) compensação.

(B) dação em pagamento.

(C) novação.

(D) imputação do pagamento.

(E) pagamento em consignação.

Art. 352 do CC.

Gabarito "D"

(Analista – TRT/20ª – 2011 – FCC) João é devedor das quantias de R$ 2.000,00 e R$ 5.000,00 para um estabelecimento bancário, relativas a débitos da mesma natureza, ambos líquidos e vencidos. O direito que a lei lhe assegura de indicar a qual deles oferece pagamento denomina-se

(A) dação em pagamento.
(B) imputação do pagamento.
(C) pagamento com sub-rogação.
(D) novação.
(E) compensação.

Art. 352 do CC.

Gabarito "B"

(Analista – TRT/20ª – 2011 – FCC) A compensação

(A) pode ocorrer entre dívida proveniente de esbulho e dívida decorrente de comodato.
(B) efetua-se entre dívidas líquidas e vencidas de coisas infungíveis.
(C) não pode ser feita se o credor concedeu prazo de favor ao devedor.
(D) da dívida do fiador pode ser feita com a de seu credor ao afiançado.
(E) de dívida de pessoa que se obrigou por terceiro pode ser feita com a que o credor dele lhe dever.

A: incorreta; apesar de a diferença na causa das dívidas não impedir a compensação, essa regra cede em caso de dívidas decorrentes de esbulho e de comodato (art. 373, I e II, do CC); **B:** incorreta, pois a compensação efetua-se entre dívidas líquidas, vencidas e de coisas *fungíveis* (art. 369 do CC); **C:** incorreta, pois pode ser feita inclusive nesse caso (art. 372 do CC); **D:** correta (art. 371, parte final, do CC); **E:** incorreta (art. 371, parte inicial, do CC).

Gabarito "D"

(Analista – TRE/CE – 2012 – FCC) No tocante ao adimplemento e extinção das obrigações, segundo o Código Civil brasileiro, é certo que

(A) é lícito convencionar o aumento progressivo de prestações sucessivas.
(B) sendo a quitação do capital sem reserva dos juros, estes não se presumem pagos.
(C) a entrega do título ao devedor, em regra, não firma a presunção do pagamento.
(D) em regra, quando o pagamento for em quotas periódicas, a quitação da última não estabelece a presunção de estarem solvidas as anteriores.
(E) o devedor que paga tem direito a quitação regular, mas não pode reter o pagamento, enquanto não lhe seja dada.

A: correta, nos termos do art. 316 do CC; **B:** incorreta, pois nesse caso os juros presumem-se pagos, nos termos do art. 323 do CC; **C:** incorreta, pois a entrega do título ao devedor firma a presunção do pagamento, nos termos do art. 324 do CC; **D:** incorreta, pois quando o pagamento for em quotas periódicas, a quitação da última estabelece, até prova em contrário, a presunção de estarem solvidas as anteriores, nos termos do art. 322 do CC; **E:** incorreta, pois o devedor que paga tem direito a quitação regular, e pode reter o pagamento, enquanto não lhe seja dada, nos termos do art. 319 do CC.

Gabarito "A"

(Analista – TRE/PI – 2009 – FCC) Sobre o adimplemento e extinção das obrigações, considere:

I. Na sub-rogação legal o sub-rogado não poderá exercer os direitos e as ações do credor, senão até a soma que tiver desembolsado para desobrigar o devedor.
II. O terceiro não interessado, que paga a dívida em seu próprio nome, tem direito a reembolsar-se do que pagar, ficando sub-rogado, ainda, nos direitos do credor.
III. Na imputação do pagamento, havendo capital e juros, o pagamento imputar-se-á primeiro no capital e, depois, nos juros vencidos, salvo estipulação em contrário.
IV. O pagamento feito de boa-fé ao credor putativo é válido, ainda provado depois que não era credor.

De acordo com o Código Civil Brasileiro, está correto o que se afirma APENAS em

(A) I, II e III.
(B) I, III e IV.
(C) I e IV.
(D) II e III.
(E) II, III e IV.

I: correto (art. 350 do CC); **II:** incorreto (art. 346, III, do CC); **III:** incorreto (art. 354 do CC); **IV:** correto (art. 309 do CC).

Gabarito "C"

(Analista – TRE/TO – 2011 – FCC) Considere as seguintes assertivas a respeito do pagamento:

I. É lícito convencionar o aumento progressivo de prestações sucessivas.
II. Sendo a quitação do capital sem reserva dos juros, estes não se presumem pagos.
III. A entrega do título ao devedor firma a presunção do pagamento, mas ficará sem efeito a quitação assim operada se o credor provar, em sessenta dias, a falta do pagamento.
IV. Se o pagamento se houver de fazer por medida, ou peso, entender-se-á, no silêncio das partes, que não aceitaram os do lugar da execução.

De acordo com o Código Civil brasileiro está correto o que se afirma APENAS em

(A) I, II e III.
(B) I, II e IV.
(C) I e III.

(D) II e IV.

(E) III e IV.

I: correta (art. 316 do CC); **II:** incorreta, pois os juros se presumem pagos sim (art. 323 do CC); **III:** correta (art. 324 do CC); **IV:** incorreta, pois entender-se-á que aceitaram sim os do lugar da execução (art. 326 do CC).

Gabarito "C"

(Analista – TRF/4ª – 2010 – FCC) Considere as seguintes assertivas a respeito do pagamento:

I. O terceiro não interessado, que paga a dívida em seu próprio nome, tem direito a reembolsar-se do que pagar; mas não se sub-roga nos direitos do credor.

II. O pagamento feito de boa-fé ao credor putativo é válido, ainda provado depois que não era credor.

III. Não vale o pagamento cientemente feito ao credor incapaz de quitar, se o devedor não provar que em benefício dele efetivamente reverteu.

IV. É ilícito convencionar o aumento progressivo de prestações sucessivas, por expressa vedação legal.

De acordo com o Código Civil brasileiro, está correto o que consta APENAS em

(A) I e II.

(B) II, III e IV.

(C) I, II e III.

(D) II e III.

(E) I, III e IV.

I: correta (art. 305, *caput*, do CC); **II:** correta (art. 309 do CC); **III:** correta (art. 310 do CC); **IV:** incorreta, pois é lícito convencionar o aumento progressivo de prestações sucessivas (art. 316 do CC).

Gabarito "C"

(Analista – TJ/PI – 2009 – FCC) A compensação, que é causa extintiva da obrigação, pressupõe a presença de alguns requisitos. Dentre eles, é correto afirmar que as dívidas devem ser

(A) exigíveis, mas não necessariamente certas e líquidas.

(B) certas e líquidas, mas não necessariamente exigíveis.

(C) certas, mas não necessariamente líquidas e exigíveis.

(D) líquidas, mas não necessariamente certas e exigíveis.

(E) certas, líquidas e exigíveis.

Art. 369 do CC.

Gabarito "E"

(Analista – TJ/SE – 2009 – FCC) A respeito do adimplemento das obrigações, considere:

I. Sendo a quitação do capital sem reserva dos juros, estes presumem-se devidos.

II. O devedor pode reter o pagamento enquanto não lhe seja dada quitação regular.

III. É lícito convencionar o aumento progressivo de prestações sucessivas.

Está correto o que se afirma APENAS em

(A) I.

(B) I e II.

(C) I e III.

(D) II.

(E) II e III.

I: incorreto (art. 323 do CC); **II:** correto (art. 319 do CC); **III:** correto (art. 316 do CC).

Gabarito "E"

(Procurador do Estado/MG – FUMARC – 2012) Assinale a alternativa correta:

(A) a remissão de dívida é forma extintiva da obrigação e não depende de aceitação do devedor

(B) nas obrigações provenientes de ato ilícito, considera-se o devedor em mora desde que o praticou, e não desde a citação inicial

(C) o valor da cláusula penal compensatória pode exceder o da obrigação principal

(D) a presunção de prejuízo que enseja a cobrança da cláusula pena é juris tantum

(E) nas arras penitenciais, é possível à parte inocente pedir indenização complementar se houver prova de prejuízo.

A: incorreta, pois a remissão de dívida depende de aceitação do devedor (art. 385, do CC); **B:** correta (art. 398, do CC); **C:** incorreta (art. 412, do CC); **D:** incorreta, pois *incorre de pleno direito o devedor na cláusula penal, desde que, culposamente, deixe de cumprir a obrigação ou se constitua em mora* (art. 408, do CC); **E:** incorreta (art. 420, do CC).

Gabarito "B"

(Procurador do Estado/RS – FUNDATEC – 2010) Na fixação da indenização, em caso de responsabilidade derivada de fator de imputação pela culpa, o juiz há de ater-se, em princípio,

(A) à integralidade do dano, considerado o limite dado pelo nexo causal e, se for o caso, pela cláusula penal e pela redução por equidade.

(B) à integralidade do dano, com base no princípio da reposição integral.

(C) à gravidade da culpa da vítima.

(D) à verificação da existência, ou não, de deveres de colaboração por parte do credor.

(E) nenhuma das alternativas anteriores está correta.

A alternativa "A" está correta (art. 944, *caput* e parágrafo único, do CC), ficando excluídas as demais.

Gabarito "A"

(Procurador do Estado/SC – 2010 – FEPESE) Sobre o inadimplemento das obrigações, pode-se afirmar que:

(A) Para se exigir o cumprimento da pena convencional, o credor deverá demonstrar o prejuízo sofrido.

(B) No inadimplemento da obrigação, positiva e líquida, no seu termo, a mora se constitui mediante protesto judicial ou extrajudicial.

(C) Os juros moratórios fluem a partir do evento danoso, em caso de responsabilidade extracontratual.

(D) Na sistemática adotada pelo Código Civil, apenas o devedor pode incidir em estado de mora.

(E) A cláusula penal, quando convencionada em separado e por meio de manifestação expressa, pode exceder ao valor da obrigação principal.

A: incorreta, pois a pena convencional se aplica de pleno direito, independentemente de demonstração de prejuízo (art. 408 do CC); **B:** incorreta, pois o inadimplemento da obrigação, positiva e líquida, no seu termo, constitui de pleno direito em mora o devedor; o protesto judicial ou extrajudicial só é necessário quando não há termo fixado (art. 397 do CC); **C:** correta (Súmula 54 do STJ); **D:** incorreta, pois o credor que não quiser receber no tempo, lugar e forma devidos também incide em mora (art. 394 do CC); **E:** incorreta, pois o valor da cláusula penal não pode exceder o da obrigação principal (art. 412 do CC).

Gabarito "C"

(Cartório/SC – 2012) Sobre as arras confirmatórias é possível afirmar:

I. Firmam a presunção de obrigatoriedade do contrato.

II. Significam a antecipação da prestação prometida pelo contratante.

III. Fixam prévia determinação das perdas e danos pelo não cumprimento das obrigações.

IV. Não mais existem ante a não repetição do artigo 1.094 do Código Civil de 1916 - CC/1916.

V. Valem como taxa mínima na hipótese de descumprimento do contrato, podendo a parte inocente pedir indenização suplementar.

(A) Somente as proposições I, II e V estão corretas.

(B) Somente as proposições III e IV estão corretas.

(C) Somente as proposições II, III e IV estão corretas.

(D) Somente as proposições I, II, III e V estão corretas.

(E) Todas as proposições estão corretas.

I: correta, pois as arras servem para demonstrar que os contratantes estão com propósitos sérios a respeito do contrato, com a verdadeira intenção de contratar e manter o negócio; **II:** correta, pois as arras ou sinal antecipa-se parte da prestação, a fim de demonstrar a seriedade na intenção de contratar (art. 417 do CC); **III:** correta, pois havendo o inadimplemento, o valor das arras servirá como taxa mínima para indenização (art. 419 do CC); **IV:** incorreta, pois as arras confirmatórias estão previstas nos arts. 417 a 419 do CC; **V:** correta, pois as arras servem de parâmetro mínimo para a indenização, podendo a parte prejudicada pedir indenização suplementar, caso o valor se mostre insuficiente para cobrir os seus danos (art. 419 do CC).

Gabarito "D"

(Analista – TJ/PR – 2009) A mora *ex re*

(A) é mora do devedor e se não houver estipulação de termo certo para a execução da relação obrigacional será imprescindível que o credor tome certas providências para constituir o devedor em mora.

(B) é mora do devedor, decorrente de lei, resultando do próprio fato do descumprimento da obrigação, independendo, portanto, de provocação do credor.

(C) é modalidade de mora do credor.

(D) é aquela a que não se aplica a regra *dies interpellat pro homine*, ou seja, a de que o termo interpela em lugar do credor, pois a *lex* ou *dies* assumirão o papel de intimação.

(E) é a injusta recusa de aceitar o adimplemento da obrigação no tempo, lugar e forma devidos.

Prevista no art. 397 do CC, a norma cuida da mora automática, ou mora *ex re*, vale dizer, encontra-se na própria coisa (*in re ipsa*), independendo de notificação ou interpelação para constituir-se o devedor em mora. O só fato do inadimplemento constitui o devedor, automaticamente, em mora.

Gabarito "B"

(Delegado/GO – 2009 – UEG) A disciplina jurídica das obrigações sofre grande influência do regime econômico vigente e tem muita influência na vida econômica do país, estendendo-se às diferentes atividades humanas de natureza patrimonial. Por essa razão, o direito das obrigações deve promover o realizar da vida econômica, conferindo-lhe segurança e agilidade. Considerando o direito obrigacional pátrio, é CORRETO afirmar:

(A) a novação, por criar nova obrigação, convalida obrigação extinta.

(B) a novação impede a discussão de obrigações contraídas em contratos anteriores ao que se novou.

(C) é impossível novar em obrigação nula, tendo em vista que a novação propõe a substituição daquela dívida por outra.

(D) a novação não se presta a confirmar obrigação anulável, restando ao devedor o direito de arguir o vício sobre obrigação que novou.

Art. 367 do CC.

Gabarito "C"

(Delegado/PI – 2009 – UESPI) No que é pertinente às obrigações de 'dar', assinale a alternativa correta.

(A) Até a tradição pertence ao devedor a coisa, com os seus melhoramentos e acrescidos, pelos quais poderá exigir aumento no preço.

(B) Quando a coisa se deteriora, antes da entrega e sem culpa do devedor, poderá o credor recebê-la no estado em que se encontra, sem direito de exigir um abatimento no preço, uma vez que, sem culpa do devedor, não há responsabilidade.

(C) A obrigação de dar coisa certa só abrange os acessórios que vierem expressamente mencionados.

(D) No caso da coisa certa se perder antes da entrega, o devedor não poderá alegar caso fortuito e força maior para excluir sua responsabilidade.

(E) A coisa certa será indicada, ao menos, pelo gênero e pela quantidade.

A: correta (art. 237 do CC); **B:** incorreta (art. 235 do CC); **C:** incorreta (art. 233 do CC); **D:** incorreta, (art. 238 do CC); **E:** incorreta, pois a coisa *incerta* é que se indicará, ao mesmo pelo gênero e pela quantidade.

Gabarito "A"

(Defensoria Pública/MA – 2009 – FCC) No Direito das Obrigações,

(A) a solidariedade, de acordo com a lei, nunca será presumida, pois dependerá exclusivamente da vontade das partes.

(B) se um dos devedores solidários falecer deixando herdeiros, nenhum destes será obrigado a pagar senão a quota que corresponder ao seu quinhão hereditário, salvo se a obrigação for divisível; mas todos reunidos serão considerados como um devedor solidário em relação aos demais devedores.

(C) enquanto o julgamento contrário a um dos credores solidários não atinge os demais, o favorável, como regra geral, aproveita-lhes.

(D) o credor não pode renunciar à solidariedade em favor de um ou de alguns dos devedores, em razão do princípio da indivisibilidade da obrigação solidária.

(E) impossibilitando-se a prestação por culpa de um dos devedores solidários, subsiste para todos o encargo de pagar o equivalente, mais perdas e danos.

A: incorreta, pois a solidariedade pode decorrer da *lei* também (art. 265 do CC); **B:** incorreta, pois o certo é "salvo quando a obrigação for *indivisível*" (art. 276 do CC); **C:** correta (art. 274 do CC); **D:** incorreta (art. 282 do CC); **E:** incorreta, pois, apesar de subsistir para todos o encargo de pagar o equivalente, pelas perdas e danos só responde o devedor culpado (art. 279 do CC).

Gabarito "C"

(Defensor Público/RS – 2011 – FCC) Direito Obrigacional.

(A) Segundo o entendimento sumulado do Superior Tribunal de Justiça, os juros remuneratórios, não cumuláveis com a comissão de permanência, são devidos no período de inadimplência, à taxa média de mercado estipulada pelo Banco Central do Brasil, limitada ao percentual contratado.

(B) No mútuo feneratício civil os juros remuneratórios são presumidos, não sendo admitida a sua capitalização anual.

(C) Qualquer interessado na extinção da dívida pode pagá-la com a utilização dos meios conducentes à exoneração do devedor, sendo que igual direito cabe ao terceiro não interessado, se o fizer em nome e à conta do devedor, independentemente da oposição deste.

(D) O credor não é obrigado a receber prestação diversa da que lhe é devida, ainda que mais valiosa, mas quando a obrigação tenha por objeto prestação divisível, o credor poderá ser compelido a receber por partes, ainda que a prestação tenha sido ajustada de forma diversa.

A: correta (Súmula 296 do STJ); **B:** incorreta, pois é admitida a sua capitalização anual (art. 591 do CC); **C:** incorreta, pois, no segundo caso (terceiro não interessado), o devedor tem direito de se opor (art. 304, parágrafo único, do CC); **D:** incorreta, pois o credor só pode ser compelido a receber por partes se assim se ajustou (art. 314 do CC).

Gabarito "A"

(Defensoria Pública/MT – 2009 – FCC) No Direito das Obrigações,

(A) pode o cessionário exercer os atos conservatórios do direito cedido, independentemente do conhecimento da cessão pelo devedor.

(B) na cessão de um crédito sempre se abrangem todos os seus acessórios.

(C) o cessionário de crédito hipotecário tem o direito de fazer averbar a cessão no registro do imóvel, desde que haja autorização do devedor.

(D) o credor pode ceder o seu crédito, ainda que a isso se oponha a natureza da obrigação, não se admitindo cláusula proibitiva da cessão por se tratar de condição protestativa.

(E) a cessão do crédito tem eficácia em relação ao devedor, independentemente de notificação.

A: correta (art. 293 do CC); **B:** incorreta, pois é possível que haja disposição em contrário (art. 287 do CC); **C:** incorreta, pois esse direito existe independentemente de autorização do devedor (art. 289 do CC); **D:** incorreta (art. 286 do CC); **E:** incorreta (art. 290 do CC).

Gabarito "A"

(Defensor Público/AL – 2009 – CESPE) Marcelo tomou por empréstimo R$ 5 mil em uma instituição financeira para pagar em vinte e quatro meses. A partir do décimo segundo mês, Marcelo interrompeu o pagamento das prestações ante as dificuldades financeiras por que estava passando. Comparecendo ao banco, foi informado de que no contrato havia cláusula permitindo a cobrança de comissão de permanência.

A respeito dessa situação hipotética, julgue os itens a seguir.

(1) A hipótese descrita aponta um contrato de mútuo, que, além de ser contrato real, tem a fungibilidade do objeto como uma de suas características.

(2) Na hipótese descrita, que constitui um exemplo de mútuo, a comissão de permanência poderá ser cumulada com a correção monetária, mas não com os juros remuneratórios.

(3) Hoje prevalece o entendimento jurisprudencial de que a cláusula contratual que prevê a comissão de permanência, calculada pela taxa média de mercado, não é potestativa.

1: correta, pois o mútuo é contrato real (só passa a existir com a entrega da coisa), consistente no empréstimo de coisas fungíveis (art. 586 do CC); 2: incorreta, pois a comissão de permanência não poderá ser cumulada com a correção monetária (Súmula 30 do STJ); vale consignar que a outra afirmativa está certa, pois, de fato, não é possível cumular comissão de permanência com juros remuneratórios (Súmula 296 do STJ); 3: correta (Súmula 294 do STJ).

Gabarito 1C, 2E, 3C

(Defensor Público/AL – 2009 – CESPE) Julgue os itens a seguir, a respeito das obrigações.

(1) O inadimplemento absoluto decorre da completa impossibilidade do cumprimento da obrigação, de modo que o objeto devido tenha se tornado inútil ao credor. Disso decorre que não há inadimplemento absoluto em obrigações pecuniárias, como no caso do pagamento de aluguéis, pois o dinheiro não perece e qualquer indenização é sempre prestada em moeda.

(2) A assunção de dívida transfere a terceira pessoa os encargos obrigacionais da exata forma como estabelecidos entre o credor e o devedor original, de modo que o silêncio daquele que prestou garantia pessoal ao pagamento do débito importará a manutenção dessa garantia.

1: incorreta, pois o inadimplemento absoluto decorre não só da completa impossibilidade do cumprimento da obrigação, como também quando a prestação já não é útil ao credor; 2: incorreta, pois, salvo assentimento expresso do devedor primitivo, consideram-se extintas, a partir da assunção de dívida, as garantias especiais por ele originariamente dadas ao credor (art. 300 do CC).

Gabarito 1E, 2E

(Fiscal de Rendas/RJ – 2010 – FGV) Com relação ao *pagamento*, analise as afirmativas a seguir.

I. Terceiros não interessados podem pagar a dívida em seu próprio nome, desde que esteja vencida.

II. O credor não é obrigado a receber prestação diversa da que lhe é devida, a não ser que seja substancialmente mais valiosa.

III. O pagamento cientemente feito a credor incapaz de quitar não vale, a não ser que o devedor prove que o pagamento efetivamente reverteu em benefício do credor.

Assinale:

(A) se todas as afirmativas estiverem corretas.

(B) se somente as afirmativas I e II estiverem corretas.

(C) se somente as afirmativas II e III estiverem corretas.

(D) se somente as afirmativas I e III estiverem corretas.

(E) se somente a afirmativa III estiver correta.

I: incorreta (art. 305 do CC); II: incorreta (art. 313 do CC); III: correta (art. 310 do CC).

Gabarito "E"

(Auditor Fiscal/RO – 2010 – FCC) A respeito do Adimplemento das Obrigações, considere:

I. O terceiro não interessado, que paga a dívida em seu próprio nome, tem direito a reembolsar-se do que pagar e se sub-roga nos direitos do credor.

II. O pagamento feito de boa-fé ao credor putativo é válido, exceto se provado depois que não era credor.

III. O credor não é obrigado a receber prestação diversa da que lhe é devida, ainda que mais valiosa.

IV. É lícito convencionar o aumento progressivo de prestações sucessivas.

De acordo com o Código Civil brasileiro, está correto o que se afirma APENAS em

(A) I, II e III.

(B) I e IV.

(C) II, III e IV.

(D) II e IV.

(E) III e IV.

I: incorreta (art. 305 do CC); II: incorreta (art. 309 do CC); III: correta (art. 313 do CC); IV: correta (art. 316 do CC).

Gabarito "E"

(Auditor Fiscal/SC – 2010 – FEPESE) Assinale a alternativa **incorreta**.

(A) Nas obrigações alternativas, a escolha cabe ao credor, se outra coisa não se estipulou.

(B) O credor pode renunciar à dívida em favor de um, de alguns, ou de todos os devedores.

(C) Havendo mais de um devedor ou mais de um credor em obrigação divisível, esta presume-se dividida em tantas obrigações, iguais e distintas, quantos os credores ou devedores.

(D) Há solidariedade quando na mesma obrigação concorre mais de um devedor e mais de um credor, cada um com um direito, ou obrigado à dívida toda.

(E) O credor que tiver remitido a dívida ou recebido o pagamento responderá aos outros pela parte que lhes caiba.

A: incorreta, pois nas obrigações alternativas a escolha caberá ao devedor (art. 252, *caput*, do CC); **B:** art. 282 do CC; **C:** art. 257 do CC; **D:** art. 264 do CC; **E:** art. 272 do CC.

Gabarito "A"

(OAB/Exame Unificado – 2010.3) Maria celebrou contrato de compra e venda do carro da marca X com Pedro, pagando um sinal de R$ 10.000,00. No dia da entrega do veículo, a garagem de Pedro foi invadida por bandidos, que furtaram o referido carro. A respeito da situação narrada, assinale a alternativa correta.

(A) Pedro poderá entregar outro veículo no lugar no automóvel furtado.

(B) Maria poderá exigir a entrega de outro carro.

(C) Haverá resolução do contrato pela falta superveniente do objeto, sendo restituído o valor já pago por Maria.

(D) Não haverá resolução do contrato, pois Pedro pode alegar caso fortuito.

O caso envolve o instituto da "obrigação de dar coisa certa", regulamentado nos arts. 233 e seguintes do CC. O fato é que a coisa (carro) se perdeu antes da tradição (entrega), sem que houvesse culpa do devedor (Pedro), de modo que incide o disposto no art. 234 do CC, pelo qual fica resolvida a obrigação, ou seja, fica resolvido o contrato. Dessa forma, Pedro deverá devolver (restituir) o valor pago por Maria, a fim de que não haja enriquecimento ilícito. Vale lembrar, também, da máxima pela qual "a coisa perece para o dono". Nesse sentido, como Pedro ainda era dono da coisa, já que a propriedade de um bem móvel só se transfere com a tradição (a entrega), ele não poderá ficar com a quantia recebida de Maria.

Gabarito "C"

(OAB/Exame Unificado – 2010.3) João deverá entregar quatro cavalos da raça X ou quatro éguas da raça X a José. O credor, no momento do adimplemento da obrigação, exige a entrega de dois cavalos da raça X e de duas éguas da raça X. Nesse caso, é correto afirmar que as prestações:

(A) facultativas são inconciliáveis, quando a escolha couber ao credor.

(B) facultativas são conciliáveis, quando a escolha couber ao credor.

(C) alternativas são inconciliáveis, havendo indivisibilidade quanto à escolha.

(D) alternativas são conciliáveis, havendo divisibilidade quanto à escolha.

O caso envolve o instituto das obrigações alternativas, regulamentado nos arts. 252 e seguintes do CC. Isso porque João (o devedor) poderia cumprir a obrigação de duas maneiras: a) entregando 4 cavalos da raça X; b) entregando 4 éguas da raça X. O enunciado deixa claro que João deve escolher entre apenas duas possibilidades. Ou cumpre do jeito "a" ou cumpre do jeito "b". José (o credor) não poderia exigir que João cumprisse parte do jeito "a" e parte do jeito "b". O art. 252, *caput*, do CC é claro ao dispor que compete ao devedor escolher qual das duas possibilidades de prestação pretende cumprir. E as duas possibilidades de prestação possíveis foram estipuladas de modo inconciliável (ou 4 cavalos ou 4 éguas), havendo indivisibilidade quanto à escolha, ou seja, não sendo possível dividir as prestações, executando parte de uma e parte de outra, como deseja o credor José.

Gabarito "C"

(OAB/Exame Unificado – 2010.2) Assinale a alternativa que contemple exclusivamente obrigação *propter rem*:

(A) a obrigação de indenizar decorrente da aluvião e aquela decorrente da avulsão.

(B) a hipoteca e o dever de pagar as cotas condominiais.

(C) o dever que tem o servidor da posse de exercer o desforço possessório e o dever de pagar as cotas condominiais.

(D) a obrigação que tem o proprietário de um terreno de indenizar o terceiro que, de boa-fé, erigiu benfeitorias sobre o mesmo.

Obrigação *propter rem é aquela pela qual o titular de direito sobre uma coisa fica sujeito, pelo simples fato de ter direito sobre esta.* Por exemplo, o proprietário de um apartamento, pelo simples fato de ser proprietário deste, tem obrigação de pagar a cota condominial. Trata-se de uma obrigação híbrida. Recai sobre uma pessoa (direito pessoal), mas por força de um direito real. Também são exemplos a obrigação do possuidor de uma coisa de não prejudicar a segurança, o sossego e a saúde de um prédio vizinho (art. 1.277), a obrigação dos donos de imóveis confinantes de concorrerem para as despesas de tapumes divisórios (art. 1.297, § 1°), a obrigação do titular da coisa de arcar com os débitos tributários a ela pertinentes. Repare, no caso das despesas condominiais e tributárias, que o novo proprietário da coisa, tenha ou não dado causa à dívida contraída para o seu uso, fica sujeito ao seu pagamento, com possível penhora da coisa com vistas a satisfação do crédito. É por isso que a obrigação também é denominada *ambulatorial*. A alternativa "A" está incorreta, pois não há dever de indenização na aluvião (art. 1.250 do Código Civil). A alternativa "B" está incorreta, pois a hipoteca é um direito que recai sobre uma coisa (é direito real), ao passo que a obrigação *propter rem* recai sobre uma pessoa. A alternativa "C" está incorreta, pois o *servidor da posse* ou detentor, que é aquele que conserva a posse em nome de outro (ex.: o empregado, em relação às ferramentas de trabalho; e o bibliotecário, em relação aos livros da biblioteca), não tem direito sobre a coisa, pois não exerce posse sobre ela, mas mera detenção; nesse sentido, não sendo titular de direito sobre a coisa, não tem obrigações decorrentes dessa relação que tem sobre a coisa, ou seja, não tem obrigações *propter rem*. A alternativa "D" está correta, pois o proprietário da coisa, pelo simples fato de ser proprietário dela, tem o dever de indenizar aquele que, de boa-fé, erige benfeitorias sobre o bem (art. 1.219 do Código Civil).

Gabarito "D"

(OAB/Exame Unificado – 2010.2) Com relação ao regime da solidariedade passiva, é correto afirmar que:

(A) cada herdeiro pode ser demandado pela dívida toda do devedor solidário falecido.

(B) com a perda do objeto por culpa de um dos devedores solidários, a solidariedade subsiste no pagamento do equivalente pecuniário, mas pelas perdas e danos somente poderá ser demandado o culpado.

(C) se houver atraso injustificado no cumprimento da obrigação por culpa de um dos devedores solidários, a solidariedade subsiste no pagamento do valor principal, mas pelos juros da mora somente poderá ser demandado o culpado.

(D) as exceções podem ser aproveitadas por qualquer dos devedores solidários, ainda que sejam pessoais apenas a um deles.

A: incorreta, pois, neste caso, nenhum dos herdeiros "será obrigado a pagar senão a quota que corresponder ao seu quinhão hereditário, salvo se a obrigação for indivisível" (art. 276 do CC); **B:** correta, nos termos do art. 279 do CC ("impossibilitando-se a prestação por culpa de um dos devedores solidários, subsiste para todos o encargo de pagar o equivalente; mas pelas perdas e danos só responde o culpado"); **C:** incorreta, pois todos os devedores irão responder pelos juros da mora, podendo, depois, os inocentes, cobrar tais juros do devedor culpado (art. 280 do CC); **D:** incorreta, pois, segundo o art. 281 do CC, "o devedor demandado pode opor ao credor as exceções que lhe forem pessoais e as comuns a todos; não lhe aproveitando as exceções pessoais a outro codevedor"

Gabarito "B"

(OAB/Exame Unificado – 2010.1) Acerca das obrigações de dar, fazer e não fazer, assinale a opção correta.

(A) No caso de entrega de coisa incerta, se houver, antes da escolha, perda ou deterioração do bem, ainda que decorrente de caso fortuito ou força maior, a obrigação ficará resolvida para ambas as partes.

(B) Em caso de obrigação facultativa, o perecimento da coisa devida não implica a liberação do devedor do vínculo obrigacional, podendo-se dele exigir a realização da obrigação devida.

(C) É divisível a obrigação de prestação de coisa indeterminada.

(D) Tratando-se de obrigação de entrega de coisa certa, a obrigação será extinta caso a coisa se perca sem culpa do devedor, antes da tradição ou mediante condição suspensiva.

A: incorreta. *Vide* art. 246 do Código Civil. A respeito, assevera Senise que, tratando-se de entrega de coisa incerta, aplica-se "a regra *genus non perit*, ou seja, o gênero jamais perece, quando houver ilimitação de sua quantidade para que o devedor dele disponha em prol do credor (*gennus ilimitatum*). (...) antes da escolha, o devedor não poderá alegar a perda ou a deterioração do bem, mesmo sob o fundamento da ocorrência de força maior ou de caso fortuito, porque, como lembra Sílvio Rodrigues, não se pode cogitar de riscos sobre uma coisa indicada tão somente pelo gênero (*gennus non perit*), porém ainda não indicada mediante a concentração" (Roberto Senise Lisboa. **Manual de direito civil**. V. 2: direito das obrigações e responsabilidade civil. 4. ed., São Paulo: Saraiva, 2009, p. 90); **B:** incorreta. Assevera Senise que "obrigação facultativa, também denominada *obrigação com faculdade alternativa*, é aquela conferida por lei ao devedor, caso ele não tenha condições de cumprir a obrigação pactuada com o credor. (...) As principais regras da obrigação facultativa são:(...) c) o perecimento da coisa devida importa na liberação do devedor do vínculo obrigacional, não se podendo dele exigir a realização da obrigação facultativa" (*Idem, ibidem*, p. 102); **C:** incorreta. Proclama Senise que "obrigação divisível é aquela que pode ser cumprida parcialmente, pois se torna possível o fracionamento da prestação até a completa satisfação dos interesses do credor". Por outro lado, esclarece que obrigação indivisível é aquela que somente pode ser cumprida na sua integralidade, ante a impossibilidade de fracionamento da prestação. "São indivisíveis por lei, entre outras, as dívidas: (...) e) de *coisa indeterminada*, por faltar-lhe a indicação precisa pela parte interessada" (*Idem, ibidem*, p. 106); **D:** correta. *Vide* art. 234 do Código Civil. A respeito, assinala Senise que "as principais regras da obrigação de dar coisa certa são: (...) f) Se a coisa se perder, sem culpa do devedor, antes da tradição ou mediante condição suspensiva, a obrigação será extinta" (*Idem, ibidem*, p. 88).

Gabarito "D"

(OAB/Exame Unificado – 2009.3) Francisco, Paulo e José tomaram R$ 150 mil emprestados de Flávio para a aquisição de uma lancha de passeio. Ficou acertado que o pagamento do débito ocorreria em três parcelas iguais e que todos os devedores ficariam obrigados pela dívida toda. Considerando essa situação hipotética, assinale a opção correta.

(A) Flávio poderia escolher quaisquer dos devedores para cumprir a obrigação por inteiro. No entanto, qualquer deles teria o direito de pagar a sua parte na dívida, tão logo ocorresse o vencimento.

(B) Se Flávio recebesse de Francisco um terço do valor da dívida, ficaria impedido de cobrar somente de José o valor restante.

(C) Se Flávio conceder a Paulo remissão de sua parte na dívida, a obrigação estará extinta para este devedor.

(D) Caso José venha a falecer, Flávio poderá demandar de um dos herdeiros a totalidade da dívida.

A e **B:** incorretas. Flávio poderia escolher qualquer devedor para a cobrança da obrigação por inteiro, por ter sido estipulada expressamente a solidariedade (art. 265 do CC); assim, não há que se falar "em sua parte na dívida", pois a dívida de cada um é pela obrigação inteira; **C:** correta. O art. 277 do CC admite a remissão da dívida em relação a um dos devedores solidários; **D:** incorreta, pois se pode demandar apenas a quota que corresponder ao seu quinhão hereditário (art. 276 do CC).

Gabarito "C"

(OAB/Exame Unificado – 2009.2) No que se refere às modalidades de obrigações, assinale a opção correta.

(A) Nas obrigações solidárias passivas, se a prestação se perder, convertendo-se em perdas e danos, o credor perderá o direito de exigir de um só devedor o pagamento da totalidade das perdas e danos.

(B) A obrigação de dar coisa certa confere ao credor simples direito pessoal, e não real, havendo, contudo, no âmbito do direito, medidas destinadas a persuadir o devedor a cumprir a obrigação.

(C) O compromisso de compra e venda configura obrigação de dar quando o promitente vendedor se obriga a emitir declaração de vontade para a celebração do contrato definitivo, outorgando a escritura pública ao compromissário comprador, depois de pagas todas as prestações.

(D) Caracteriza obrigação de meio o ato de o advogado assumir defender os interesses dos clientes, empregando seus conhecimentos para obtenção de determinado resultado; nesse tipo de obrigação, o advogado não fará jus aos honorários advocatícios quando não vencer a causa.

A: incorreta. Nas obrigações solidárias, se a prestação for convertida em perdas e danos, subsiste a solidariedade (art. 279 do CC); **B:** correta (art. 621, parágrafo único, do CPC); **C:** incorreta (art. 481 do CC); **D:** incorreta. Exatamente por se tratar de obrigação de meio, e não de resultado, o advogado fará jus aos honorários advocatícios contratados independentemente do resultado da demanda.

Gabarito "B"

(OAB/Exame Unificado – 2012.3.B) José devia a Paulo a quantia de R$ 50 mil reais com vencimento em 05 de dezembro de 2012. Na data do pagamento, José, devido à falta de dinheiro, ofereceu um lote de sua propriedade, de igual valor da dívida, como substituição da prestação originária.

Considerando a hipótese acima, assinale a afirmativa correta.

(A) Caso Paulo aceite o lote dado por José como forma de pagamento, ocorrerá extinção da obrigação primitiva pelo adimplemento indireto na modalidade novação real.

(B) Se José oferecesse um título de crédito ao invés do lote, essa transferência importaria em pagamento com sub-rogação.

(C) Se Paulo for evicto do lote recebido em pagamento, a obrigação primitiva será restabelecida, ficando sem efeito a quitação dada, ressalvados os direitos de terceiros de boa-fé.

(D) Caso Paulo aceite o bem imóvel oferecido por José, a transferência do lote poderá ser formalizada por escritura pública ou instrumento particular.

A: incorreta, pois haverá extinção da obrigação por *dação em pagamento* (art. 356 do CC); **B:** incorreta, pois a transferência, nesse caso, importa em *cessão* e não em *sub-rogação* (art. 358 do CC); **C:** correta (art. 359 do CC); **D:** incorreta, pois negócios envolvendo direitos reais sobre imóveis com valor superior a 30 salários-mínimos devem ser feitos necessariamente por escritura pública, não cabendo escrito particular (art. 108 do CC).

Gabarito "C"

(OAB/Exame Unificado – 2012.3.A) Tiago celebrou com Ronaldo contrato de compra e venda de dez máquinas de costura importadas da China. Restou acordado que o pagamento se daria em trinta e seis prestações mensais e consecutivas com reajuste a cada doze meses conforme taxa Selic, a ser efetuado no domicílio do credor. O contrato estabeleceu, ainda, a incidência de juros moratórios, no importe de 2% (dois por cento) do valor da parcela em atraso, e cláusula penal, fixada em 10% (dez por cento) do valor do contrato, em caso de inadimplência. Após o pagamento de nove parcelas, Tiago foi surpreendido com a notificação extrajudicial enviada por Ronaldo, em que se comunicava um reajuste de 30% (trinta por cento) sobre o valor da última parcela paga sob o argumento de que ocorreu elevada desvalorização no câmbio. Tiago não concordou com o reajuste e ao tentar efetuar o pagamento da décima parcela com base no valor inicialmente ajustado teve o pagamento recusado por Ronaldo.

Considerando o caso acima e as regras previstas no Código Civil, assinale a afirmativa correta.

(A) Caso Tiago consigne o valor da décima parcela por meio de depósito judicial, poderá levantá-lo enquanto Ronaldo não informar o aceite ou não o impugnar, desde que pague todas as despesas.

(B) Na hipótese de Tiago consignar judicialmente duas máquinas de costura com a finalidade de afastar a incidência dos encargos moratórios e da cláusula penal, este depósito será apto a liberá-lo da obrigação assumida.

(C) O depósito consignatório realizado por Tiago em seu domicílio terá o poder liberatório do vínculo obrigacional, isentando-o do pagamento dos juros moratórios e da cláusula penal.

(D) Tiago poderá depositar o valor referente à décima parcela sob o fundamento de injusta recusa, porém não poderá discutir, no âmbito da ação consignatória, a abusividade ou ilegalidade das cláusulas contratuais.

A: correta (art. 338 do CC); **B:** incorreta, pois, para a consignação ter força de pagamento, deverá preencher todos os requisitos da obrigação, inclusive, o objeto do pagamento (art. 336 do CC), que, no caso, é o dinheiro e não as máquinas de costura; **C:** incorreta, pois o depósito deve se dar no lugar do pagamento e não no lugar do domicílio do devedor (art. 337 do CC); **D:** incorreta, pois, na ação consignatória, é possível, sim, fazer essa discussão, sendo, inclusive, comum a análise da abusividade ou ilegalidade de cláusulas contratuais quando há recusa do credor em receber o pagamento e o juiz precisa decidir se há ou não justa causa nessa recusa (art. 335, I, do CC).

Gabarito "A"

(OAB/Exame Unificado – 2012.2) Utilizando-se das regras afetas ao direito das obrigações, assinale a alternativa correta.

(A) Quando o pagamento de boa-fé for efetuado ao credor putativo, somente será inválido se, em seguida, ficar demonstrado que não era credor.

(B) Levando em consideração os elementos contidos na lei para o reconhecimento da onerosidade excessiva, é admissível assegurar que a regra se aplica às relações obrigacionais de execução diferida ou continuada.

(C) Possui a quitação determinados requisitos que devem ser obrigatoriamente observados, tais como o valor da dívida, o nome do pagador, o tempo e o lugar do adimplemento, além da assinatura da parte credora, exigindo-se também que a forma da quitação seja igual à forma do contrato.

(D) O terceiro, interessado ou não, poderá efetuar o pagamento da dívida em seu próprio nome, ficando sempre sub-rogado nos direitos da parte credora.

A: incorreta, pois o pagamento feito de boa-fé ao credor putativo é válido AINDA que provado depois que não era credor (art. 309 do CC); **B:** correta, nos termos expressos previstos no art. 478 do CC; **C:** incorreta, pois a quitação poderá se dar por instrumento particular, mesmo que se trate de contrato firmado por instrumento público (art. 320, *caput*, do CC); no mais, deve constar da quitação o nome do devedor, ou quem por este pagou (art. 320, *caput*, do CC), e não necessariamente o nome do pagador; **D:** incorreta, pois o terceiro não interessado, que paga a dívida em nome próprio, tem direito de reembolsar-se do que pagar, MAS não se sub-roga nos direitos do credor (art. 305, *caput*, do CC).

Gabarito "B"

(OAB/Exame Unificado – 2011.2) A dação em pagamento é:

(A) modalidade de obrigação alternativa, na qual o credor consente em receber objeto diverso ao da prestação originariamente pactuada.

(B) causa extintiva da obrigação, na qual o credor consente em receber objeto diverso ao da prestação originariamente pactuada.

(C) modalidade de obrigação facultativa, na qual o credor consente em receber objeto diverso ao da prestação originariamente pactuada.

(D) modalidade de adimplemento direto, na qual o credor consente em receber objeto diverso ao da prestação originariamente pactuada.

Art. 356 do Código Civil.

Gabarito "B"

(OAB/Exame Unificado – 2010.1) Assinale a opção correta de acordo com o Código Civil brasileiro.

(A) A sub-rogação objetiva ou real ocorre pela substituição de uma das partes, sem a extinção do vínculo obrigacional.

(B) Caso o sub-rogado não consiga receber a importância devida, ele poderá cobrá-la do credor original.

(C) Aplica-se à dação em pagamento o regime jurídico dos vícios redibitórios.

(D) Opera-se novação quando o devedor oferece nova garantia ao credor.

A: incorreta. Assevera Senise Lisboa que "A sub-rogação pode ser objetiva e subjetiva. Sub-rogação objetiva ou real é aquela que se dá pela substituição do objeto da obrigação, sem a extinção do vínculo obrigacional. (...). Sub-rogação subjetiva ou pessoal é aquela que se dá pela substituição de uma das partes, sem a extinção do vínculo obrigacional" (Roberto Senise Lisboa. **Manual de direito civil**. V. 2: direito das obrigações e responsabilidade civil. 4. ed. São Paulo: Saraiva, 2009, p. 138); **B:** incorreta. Observa Senise Lisboa que "(...) caso o sub-rogado não consiga receber a importância devida, não poderá cobrá-la do credor original" (Roberto Senise Lisboa. *Op. cit.*, p. 141); **C:** correta. Segundo Senise Lisboa, "aplica-se à dação em pagamento o regime jurídico do instituto dos vícios redibitórios (defeito oculto existente na coisa à época de sua aquisição) e o da evicção (perda da coisa em virtude de sentença judicial)" (Roberto Senise Lisboa. *Op. cit.*, p. 149); **D:** incorreta. Assinala Senise que "não há novação no oferecimento de nova garantia ao credor. A simples constituição de uma garantia ao credor constitui elemento acessório ou secundário do negócio jurídico. Como a regra impede que o principal, que é o negócio jurídico, seja modificado pela garantia, que é elemento acessório, não há como se conceber a novação" (Roberto Senise Lisboa. *Op. cit.*, p. 154).

Gabarito "C"

(OAB/Exame Unificado – 2009.3) Assinale a opção correta a respeito da transmissão e das modalidades de obrigações.

(A) A obrigação pura é qualificada por uma condição, termo ou encargo.

(B) Tratando-se de assunção de dívida, o novo devedor pode opor ao credor as exceções pessoais que competiam ao devedor primitivo.

(C) A cessão de crédito *pro soluto* transfere o crédito sem que tal transferência possa significar a extinção da obrigação em relação ao devedor.

(D) Na obrigação de resultado, o devedor será exonerado da responsabilidade se provar que a falta do resultado previsto decorreu de caso fortuito ou força maior.

A: incorreta. Obrigação pura e simples é aquela que produz efeitos normalmente, por não estarem sujeitas a condição, termo ou encargo; **B:** incorreta (art. 302 do CC); **C:** incorreta. A cessão de crédito é o negócio jurídico bilateral pelo qual o credor transfere a outrem, a título oneroso ou gratuito, os seus direitos na relação obrigacional; há três figuras: o cedente (credor que transmite o crédito), o cessionário (terceiro que recebe o crédito) e o cedido (o que continua devedor); assim, não há que se falar em extinção da obrigação em relação ao devedor, que continua obrigado, agora para com o cessionário; **D:** correta. A obrigação de resultado é aquela em que o devedor se compromete a atingir determinado fim, sob pena de responder pelo insucesso; são exemplos, a obrigação do vendedor de entregar a coisa vendida, a obrigação do transportador de levar o passageiro são e salvo ao destino e a obrigação do cirurgião plástico em cirurgias de natureza estética; essa obrigação gera uma responsabilidade objetiva; porém, o caso fortuito ou força maior exclui o nexo de causalidade, e, consequentemente, a responsabilidade (art. 393 do CC).

Gabarito "D"

(OAB/Exame Unificado – 2013.1) Luis, produtor de soja, firmou contrato de empréstimo de um trator com seu vizinho João. No contrato, Luis se comprometeu a devolver o trator 10 dias após o término da colheita. Restou ainda acordado um valor para a hipótese de atraso na entrega.

Considerando o caso acima, assinale a afirmativa correta.

(A) Caracterizada a mora na devolução do trator, Luis responderá pelos prejuízos decorrentes de caso fortuito ou de força maior, salvo se comprovar que o dano ocorreria mesmo se houvesse cumprido sua obrigação na forma ajustada.

(B) Por se tratar de hipótese de mora pendente, é indispensável a interpelação judicial ou extrajudicial para que João constitua Luis em mora.

(C) Luis, ainda que agindo dolosamente, não terá responsabilidade pela conservação do trator na hipótese de João recusar-se a receber o bem na data ajustada.

(D) Não caracteriza mora a hipótese de João se recusar a receber o trator na data avençada para não comprometer o espaço físico de seu galpão, vez que é necessária a comprovação de sua culpa e a ausência de justo motivo.

A: correta (art. 399 do CC); **B:** incorreta, pois, não havendo termo (data certa), a mora pode se constituir mediante interpelação judicial ou extrajudicial (art. 397, parágrafo único, do CC); **C:** incorreta, pois somente o devedor isento de dolo ("sem dolo") fica livre de responder quando há mora do credor em receber a coisa na data ajustada (art. 400 do CC); **D:** incorreta, pois, combinada uma data avençada, o credor deve receber a coisa, não podendo alegar problemas próprios (no caso, ausência de espaço físico) para fugir de sua responsabilidade (art. 394 do CC).

Gabarito "A"

(OAB/Exame Unificado – 2010.2) João prometeu transferir a propriedade de uma coisa certa, mas antes disso, sem culpa sua, o bem foi deteriorado. Segundo o Código Civil, ao caso de João aplica-se o seguinte regime jurídico:

(A) a obrigação fica resolvida, com a devolução de valores eventualmente pagos.

(B) a obrigação subsiste, com a entrega da coisa no estado em que se encontra.

(C) a obrigação subsiste, com a entrega da coisa no estado em que se encontra e abatimento no preço proporcional à deterioração.

(D) a obrigação poderá ser resolvida, com a devolução de valores eventualmente pagos, ou subsistir, com a entrega da coisa no estado em que se encontra e abatimento no preço proporcional à deterioração, cabendo ao credor a escolha de uma dentre as duas soluções.

De acordo com o art. 235 do Código Civil "deteriorada a coisa, não sendo o devedor culpado, poderá o credor resolver a obrigação, ou aceitar a coisa, abatido de seu preço o valor que perdeu". Assim sendo, somente a alternativa "D" está correta, pois compete ao credor da obrigação escolher entre resolvê-la, recebendo o dinheiro que tiver pago de volta, ou pedir a entrega da coisa, com abatimento proporcional de seu preço.

Gabarito "D"

3.10. QUESTÕES DISCURSIVAS – OBRIGAÇÕES

(OAB/Exame Unificado – 2006.3 – 2ª fase – CESPE) Bernardo e Celso celebraram um contrato de promessa de compra e venda de imóvel, com cláusula contratual que previa o perdimento do sinal em caso de arrependimento, relativo a uma casa localizada nesta capital, em 12/9/2004, no valor total de R$ 30.000,00. Celso pagou R$ 15.000,00 como sinal, ficando o restante a ser pago em 12/12/2004. Por ocasião do contrato, Celso imitiu-se na posse do imóvel, sendo que a escrituração seria feita após o pagamento da segunda parcela, o que não ocorreu. Diante da situação hipotética acima descrita, responda, fundamentadamente, qual a consequência jurídica do inadimplemento contratual do comprador.

RESOLUÇÃO DA QUESTÃO

Arras é sinônimo de sinal. Há dois tipos de arras.

O primeiro tipo são as arras confirmatórias (arts. 417 a 419 do Código Civil – CC). Como o próprio nome diz, essas arras visam confirmar a celebração do contrato. Quando estiver presente tais arras, não há que se falar em cláusula de arrependimento. Isso significa que uma vez não cumprido ou executado o contrato, estar-se-á diante de uma hipótese de inadimplemento. E este confere à parte inocente duas opções: a) de exigir o cumprimento da obrigação, mais as perdas e danos, valendo as arras como indenização mínima (se for necessário indenização suplementar o inocente deve provar o maior prejuízo); b) de resolver o contrato (dá-lo por desfeito), retendo o valor das arras (se as tiver recebido) ou pedindo sua devolução mais o equivalente (se as tiver dado à outra parte), podendo a parte inocente pedir indenização suplementar, se provar maior prejuízo, valendo as arras como taxa mínima.

O segundo tipo são as arras penitenciais (art. 420 do CC). Essas arras são fixadas quando o contrato tiver <u>cláusula de arrependimento</u>. Nesse caso, a função das arras é unicamente indenizatória, daí o nome "penitencial". Quem as tiver dado e se arrependido, perdê-las-á em benefício da outra parte. Quem as tiver recebido e se arrependido, devolvê-las-á, mais o equivalente. Nesse tipo de arras, não haverá direito à indenização suplementar. Quem sofrer o arrependimento do outro terá como indenização apenas o valor das arras, não podendo pedir indenização suplementar, mesmo que demonstre prejuízo, diferente do que acontece nas arras confirmatórias.

Assim, as arras de que trata o caso em tela são arras penitenciais, pois ficou claro no enunciado a presença, no contrato, de cláusula de arrependimento. Celso, o comprador, perderá a parcela paga em benefício de Bernardo, ficando o compromisso de compra e venda desfeito (art. 420 do CC e Súmula 412 do STF).

Todavia, o caso presente tem uma peculiaridade. As arras combinadas equivalem a 50% do valor total do contrato. E essa proporção parece-nos manifestamente excessiva, tendo-se em vista a natureza e a finalidade do negócio.

Negócios dessa natureza costumam ter sinal entre 10% e 20% do valor do contrato. Assim, poderia o juiz reduzir equitativamente o valor das arras, levando em conta esse limite e também o período em que Celso se aproveitou da coisa.

(OAB/Exame Unificado – 2008.1 – 2ª fase – CESPE) Márcio, José e Pedro, proprietários de partes ideais iguais de um barco de pesca, venderam o bem para Maria, receberam o preço ajustado pelo negócio e assinaram um contrato de compra e venda no qual se obrigavam a entregar o bem até o início da temporada de pesca da lagosta no litoral cearense, isso sob pena de multa no valor de R$ 3.000,00. Entretanto, próximo à data da entrega do barco, José resolveu utilizá-lo e o danificou, de modo que só conseguiu cumprir a obrigação de entrega do bem com um mês de atraso. Maria, inconformada com o ocorrido, cobrou dos três vendedores o pagamento da cláusula penal estipulada. Em face dessa situação hipotética, na condição de advogado(a) consultado(a) por Márcio acerca da cobrança da cláusula penal, apresente a orientação adequada a respeito do pagamento devido em razão da mora causada por José, com base no que dispõe o Código Civil.

RESOLUÇÃO DA QUESTÃO

O caso em tela revela a existência de cláusula penal e da configuração de mora, por parte dos devedores. Nesse sentido, incide o art. 411 do Código Civil, pelo qual terá o credor (Maria) o arbítrio de exigir a satisfação da pena cominada, juntamente com o desempenho da obrigação principal.

Outra temática do caso em tela diz respeito à responsabilidade de cada um dos devedores pelo pagamento da pena convencionada. No caso, o art. 414 do Código Civil dispõe que, se a obrigação original é indivisível (no caso, o barco é indivisível), todos os devedores incorrerão na pena, na cláusula penal. Porém, o mesmo dispositivo esclarece que somente o culpado pode ser cobrado na integralidade da pena. Os demais só podem ser acionados em relação à sua quota. E mais, os demais devedores poderão ingressar com ação regressiva contra o culpado para cobrar o que tiveram que desembolsar.

Dessa forma, e considerando que José foi o culpado pela mora, Márcio só poderá ser cobrado por Maria em R$ 1.000,00. E, se tiver que arcar com essa quantia, poderá entrar com ação de regresso contra José, para reaver a quantia desembolsada.

(OAB/Exame Unificado – 2008.2 – 2ª fase – CESPE) Amauri deve R$ 1.000,00 a Márcio e se encontra em mora. Reunidos para resolver o problema, Márcio aceitou como pagamento da dívida a transferência de uma nota promissória em que Amauri figurava como beneficiário de promessa de pagamento no valor de R$ 1.200,00 feita por Artur, comerciante conhecido na praça. Com o vencimento do referido título de crédito, Márcio procurou receber o seu crédito de Artur, momento em que tomou ciência da condição de insolvência em que este vivia já há muitos anos, razão pela qual acabou sem conseguir receber o valor pretendido e voltou a cobrar a dívida de Amauri. Em face da situação hipotética acima apresentada, identifique o tipo de operação firmada entre Amauri e Márcio assim como seus efeitos jurídicos, esclarecendo se subsiste a obrigação de Amauri. Fundamente sua resposta conforme as normas aplicáveis do Código Civil e do Código de Processo Civil, se houver.

RESOLUÇÃO DA QUESTÃO

Operou-se entre Amauri e Márcio dação em pagamento (art. 356 do Código Civil). A dação se deu por meio da cessão de crédito do primeiro em favor do segundo (art. 358 do Código Civil).

De acordo com o art. 359 do Código Civil, se o credor (Márcio) for evicto da coisa recebida em pagamento, ou seja, se Amauri não era o verdadeiro titular do direito representado no título de crédito, fica sem efeito a quitação operada pela dação em pagamento, podendo Márcio acionar Amauri.

Num primeiro momento, então, a obrigação original só se restaura se o credor for evicto da coisa recebida em pagamento.

Resta saber se a situação de insolvência de Artur, devedor do título de crédito, também tem o poder de restaurar a dívida originária.

De acordo com o art. 296 do Código Civil, salvo estipulação em contrário, o cedente não responde pela solvência do devedor.

(OAB/Exame Unificado – 2009.1 – 2ª fase – CESPE) Renata, em razão de transação realizada com Carla e firmada por seus respectivos advogados, comprometeu-se a entregar a esta, em 29/2/2009, um apartamento de dois quartos ou uma casa de um quarto com varanda, no mesmo bairro. Não houve acordo quanto a quem caberia a escolha do objeto. Dez dias antes da data avençada para o cumprimento da prestação, Carla ainda estava em dúvida sobre qual seria o melhor imóvel, enquanto Renata, que fizera pesquisa nas imobiliárias da localidade, verificou que o valor de mercado do apartamento prometido lhe seria mais vantajoso. Em face dessa situação hipotética e com vistas à solução do impasse e ao cumprimento da obrigação, indique, com a devida fundamentação legal, a natureza jurídica da obrigação contraída e a medida judicial cabível para Carla ver satisfeita a obrigação, caso Renata deixe de cumpri-la.

RESOLUÇÃO DA QUESTÃO

Quando credor e devedor pactuam obrigação pela qual o segundo tem a opção entre cumprir uma ou outra prestação pré-definidas, está-se diante do instituto da obrigação alternativa (arts. 252 e seguintes do Código Civil).

Nesse caso, não se estipulando a pessoa a quem caberá a escolha, esta caberá ao devedor (art. 252 do Código Civil).

Dessa forma, no caso em tela, a escolha caberá a Renata, a devedora.

De qualquer forma, caso Renata deixe de cumprir a obrigação, Carla terá à sua disposição o instrumento processual previsto no art. 571 do Código de Processo Civil. Trata-se da ação de execução de obrigação alternativa, que, no caso, é admitida, por estar fundada em título executivo extrajudicial, consistente no instrumento de transação referendado pelos advogados das partes (art. 585, II, do Código de Processo Civil).

(OAB/Exame Unificado – 2010.2 – 2ª fase – FGV) Marlon, famoso jogador de futebol, é contratado para ser o garoto propaganda da Guaraluz, fabricante de guaraná natural. O contrato de prestação de serviços tem prazo de três anos, fixando-se uma remuneração anual de R$ 50.000,00. Contém, além disso, cláusula de exclusividade, que impede Marlon de atuar como garoto-propaganda de qualquer concorrente da Guaraluz, e cláusula que estipula o valor de R$ 10.000,00 para o descumprimento contratual, não prevendo direito a indenização suplementar.

Durante o primeiro ano de vigência do contrato, Marlon recebe proposta para se tornar garoto-propaganda da Guaratudo, sociedade do mesmo ramo da Guaraluz, que oferece expressamente o dobro do valor anual pago pela 'concorrente'.

Marlon aceita a proposta da Guaratudo, descumprindo a cláusula de exclusividade contida no seu contrato anterior. Pelo descumprimento, Marlon paga à Guaraluz o montante de R$ 10.000,00, estipulado. Como advogado consultado pela Guaraluz, responda:

I. Se o prejuízo da Guaraluz for superior a R$ 10.000,00, será possível obter, de Marlon, judicialmente, a reparação integral do dano sofrido?

II. Além do valor pago por Marlon, a Guaraluz tem direito a receber alguma indenização por parte da Guaratudo?

RESOLUÇÃO DA QUESTÃO

Vide a resposta divulgada pela organizadora da prova, que abrange todos os argumentos necessários para a resposta:

"Não é possível a majoração da cláusula penal, ainda que o credor prove prejuízo superior ao valor estipulado, pois não houve convenção acerca de indenização suplementar, na forma do art. 416, parágrafo único do Código Civil.

A Guaratudo deve indenização à Guaraluz no valor que seria devido por dois anos de contato, tendo em vista a prática de aliciamento descrita no Código Civil (art. 608), observados os princípios da boa-fé objetiva, da função social do contrato e ainda da responsabilidade contratual de terceiro."

GABARITO COMENTADO - EXAMINADORA

I. Não é possível a majoração da cláusula penal, ainda que o credor prove prejuízo superior ao valor estipulado, pois não houve convenção acerca de indenização suplementar, na forma do Art. 416, parágrafo único do Código Civil.

II. A Guaratudo deve indenização à Guaraluz no valor que seria devido por dois anos de contato, tendo em vista a prática de aliciamento descrita no código Civil (Art. 608), observados os princípios da boa-fé objetiva, da função social do contrato e ainda da responsabilidade contratual de terceiro.

(OAB/Exame Unificado – 2010.3 – 2ª fase – FGV) Márcio Moraes Veloso, famoso perfumista, foi contratado para desenvolver uma nova fragrância de um perfume pela empresa Cheiro Bom. O perfumista criou a fórmula inspirado em sua namorada, Joana, e deu o seu nome ao perfume. Foi pactuado entre Márcio e a empresa Cheiro Bom que o perfumista jamais revelaria a fórmula da nova fragrância a terceiros. Contudo, objetivando fazer uma surpresa no dia do aniversário de Joana, Márcio presenteia a namorada com uma amostra do perfume e, por descuido, inclui na caixa anotações sobre a fórmula. Joana, acreditando que as anotações faziam parte da surpresa, mostra para todos os colegas da empresa Perfumelândia, onde trabalha. Dias depois, Márcio é surpreendido com a notícia de que a fórmula da nova fragrância havia sido descoberta pela concorrente.

Considerando o caso relatado, responda aos itens a seguir, empregando os argumentos jurídicos apropriados e a fundamentação legal pertinente ao caso.

a) Ao revelar a fórmula do perfume, pode-se afirmar que Márcio está em mora?

b) Neste caso, pode o credor demandar judicialmente o cumprimento da obrigação cumulada com pedido de perdas e danos?

RESOLUÇÃO DA QUESTÃO

a) A hipótese não é de mora (CC, art. 394. Considera-se em mora o devedor que não efetuar o pagamento e o credor que não quiser recebê-lo no tempo, lugar e forma que a lei ou a convenção estabelecer), mas sim de inadimplemento de obrigação de não fazer (CC, art. 390. Nas obrigações negativas o devedor é havido por inadimplente desde o dia em que executou o ato de que se devia abster.).

b) Uma vez que já houve a divulgação - ainda que involuntária - da fórmula por Márcio, o pedido de voltar à situação pretérita é impossível. Assim, não pode ser formulado em juízo (CPC, art. 267, VI).

Portanto, apenas será viável o pedido de ressarcimento por perdas e danos (CC, arts. 186 e 927 e CPC, art. 461, § 1º).

GABARITO COMENTADO - EXAMINADORA

a) Não se poderá dizer ter havido mora, mas inadimplemento por tratar-se de obrigação de não fazer (artigo 390 CC). O inadimplemento da obrigação de não fazer evidencia-se quando o devedor pratica o ato proibido, sendo desnecessária a sua constituição em mora.

b) Trata-se de obrigação de não fazer instantânea. Como não há possibilidade de restituir o status quo ante, não poderá o devedor ser demandado judicialmente a cumprir a obrigação de não fazer, cabendo tão somente a tutela ressarcitória (artigo 251 CC e 461, parágrafo 1º, do CPC).

(OAB/Exame Unificado – 2010.3 – 2ª fase – FGV) Celebrado o contrato de compra e venda, Patrícia adquire um bem pagando 30% (trinta por cento) à vista e mais cinco notas promissórias de igual valor com vencimento no quinto dia útil dos meses subsequentes, dando como garantia seu único automóvel. Prestes a ocorrer o vencimento de segunda parcela, o vendedor Joaquim toma conhecimento de que Patrícia passa por problemas financeiros e está dilapidando seu patrimônio, tendo alienado o veículo dado como garantia. O credor procura Patrícia e exige que honre de uma única vez os valores devidos, mas a devedora não concorda com o pagamento antecipado.

Com base no relatado acima, responda aos itens a seguir, empregando os argumentos jurídicos apropriados e a fundamentação legal pertinente ao caso.

a) Há alguma medida judicial para que Patrícia pague a dívida antecipadamente?

b) Qual deverá ser o procedimento a compelir o pagamento forçado?

RESOLUÇÃO DA QUESTÃO

a) A conduta de Patrícia pode ser enquadrada no seguinte dispositivo legal:

"Art. 1.425. A dívida considera-se vencida:

I - se, deteriorando-se, ou depreciando-se o bem dado em segurança, desfalcar a garantia, e o devedor, intimado, não a reforçar ou substituir;"

Assim, deverá ser proposta uma medida para que o devedor tenha a ciência para reforçar a garantia.

Dentre as opções de medidas judiciais, a mais indicada seria a cautelar nominada de interpelação (CPC, art. 867 e ss.).

b) Uma vez efetiva a medida indicada e não realizado o reforço da garantia da dívida, haverá o vencimento antecipado das notas promissórias (CC, art. 1.425, *caput*.). Considerando que as promissórias são títulos executivos extrajudiciais (CPC, art. 585, I), deverá ser proposta execução de quantia certa contra devedor solvente (CPC, art. 646 e ss.).

GABARITO COMENTADO - EXAMINADORA

a) O examinando deverá explicar que Joaquim poderá pleitear judicialmente o vencimento antecipado dos títulos, na forma do art. 333, III, do CC. Para tanto deverá propor ação judicial a fim de que a ré reforce a garantia do débito, caso em que, não o fazendo, incorrerá em vencimento antecipado da dívida.

b) Caso, intimada, a ré deixe de reforçar a garantia, a consequência jurídica será o vencimento antecipado dos títulos, que se tornarão líquidos, certos e exigíveis, requisitos essenciais a promover a execução forçada nos termos do art. 586 do CPC.

(OAB/Exame Unificado – 2012.3 – 2ª fase – FGV) Joana de Castro celebrou um contrato de mútuo garantido por alienação fiduciária com o Banco "X", para aquisição de um automóvel marca Speed, ano 2010. Ficou acordado que Joana deveria pagar 48 parcelas de R$ 2.000,00 até o dia 05 de cada mês. Em virtude do inadimplemento no pagamento das seis últimas parcelas, a instituição financeira notificou a devedora via Cartório de Títulos e Documentos.

Considerando o caso relatado, utilizando os argumentos jurídicos apropriados e a fundamentação legal pertinente ao caso, responda aos itens a seguir.

A) Nas obrigações com termo de vencimento certo, a constituição do devedor em mora opera-se, em regra, independentemente de interpelação?

B) Deve o credor, nos termos do Decreto Lei n. 911/69, interpelar o devedor para comprovar a mora?

GABARITO COMENTADO – EXAMINADORA:

A) Em regra, o não cumprimento de obrigação com termo de vencimento certo constitui de pleno direito em mora o devedor (mora ex re).

B) A mora, no caso de Contrato de Alienação Fiduciária em Garantia inadimplido, se constitui de acordo com a disposição expressa no Art. 2º, § 2º, do Decreto Lei n. 911/69, devendo, portanto, o credor interpelar o devedor para comprová-la. Ainda segundo a Súmula 72 do STJ, "a comprovação da mora é imprescindível à busca e apreensão do bem alienado fiduciariamente".

(OAB/Exame Unificado - 2012.3 - 2ª fase - FGV) Renato, maior e capaz, efetuou verbalmente, no dia 07/03/2012, na cidade de João Pessoa, a compra de uma motocicleta usada por R$ 9.000,00, de Juarez, maior e capaz. Como Renato não tinha o dinheiro disponível para cumprir com sua obrigação e, visando solucionar este problema, ofereceu a Juarez um jet-ski, de valor equivalente como pagamento.

Com base em tal situação, utilizando os argumentos jurídicos apropriados e a fundamentação legal pertinente ao caso, responda aos itens a seguir.

A) É cabível efetivar o pagamento pelo meio sugerido por Renato? Justifique.

B) Se Juarez recusasse a proposta de Renato, o pagamento se efetivaria mesmo assim? Justifique.

GABARITO COMENTADO - EXAMINADORA:

A) A hipótese trata de Dação em Pagamento, pois existia uma dívida e Renato ofereceu prestação diversa da anteriormente combinada, nos termos do Art. 356 do CC.

B) Não é possível efetivar o instituto da Dação em Pagamento sem o consentimento de Juarez, pois tal consentimento é um dois três elementos constitutivos da Dação em Pagamento, nos termos do Art. 356 ou do Art. 313 do CC.

(OAB/Exame Unificado - 2012.1 - 2ª fase - FGV) Rodrigo, casado pelo regime da comunhão parcial com Liandra, garante à Indústria Bandeirantes S/A satisfazer obrigação assumida por seu amigo João. De posse do contrato de confissão de dívida, também assinado por duas testemunhas, a Bandeirantes S/A cedeu o contrato ao estudante Marcos, com anuência de João e Rodrigo. Decorrido o prazo contratual para pagamento da quantia de R$5.000,00, configurada a inadimplência, Marcos ajuizou demanda executiva em face de Rodrigo e João, junto à Vara do Juizado Especial Cível de Colatina/ES, local de cumprimento da obrigação. De acordo com os elementos do enunciado:

A) Aponte qual a relação contratual acessória existente entre Rodrigo e João? A relação acessória pode ser objeto de questionamento? Fundamente.

B) Fazendo uma análise processual dos elementos do enunciado, a demanda ajuizada reúne condições de procedibilidade?

GABARITO COMENTADO - EXAMINADORA:

A) Entre Rodrigo e João, há contrato de fiança, conforme Art. 818, do CC (Pelo contrato de fiança, uma pessoa garante satisfazer ao credor uma obrigação assumida pelo devedor, caso este não a cumpra). Rodrigo é casado com Liandra pelo regime da comunhão parcial, exigindo-se para a validade da fiança a outorga uxória do cônjuge (Art. 1.647, CC. Ressalvado o disposto no art. 1.648, nenhum dos cônjuges pode, sem autorização do outro, exceto no regime da separação absoluta: [...] III - prestar fiança ou aval;). Não havendo anuência de Liandra à fiança, esta poderá questionar a obrigação acessória assumida por Rodrigo, na forma do Art. 1.642, do CC (Qualquer que seja o regime de bens, tanto o marido quanto a mulher podem livremente: [...] IV - demandar a rescisão dos contratos de fiança e doação, ou a invalidação do aval, realizados pelo outro cônjuge com infração do disposto nos incisos III e IV do art. 1.647;).

B) Embora doutrinariamente possível, a cessão contratual firmada por Indústria Bandeirantes S/A em favor de Marcos, inclusive contando com a anuência do devedor João e seu fiador Rodrigo; a demanda ajuizada por Marcos perante Vara de Juizado Especial Cível, portanto, regida pela Lei n. 9.099/95, não reúne condições de procedibilidade. Como se vê do Art. 8º, § 1º, I, da Lei n. 9.099/95 (§ 1º Somente serão admitidas a propor ação perante o Juizado Especial: I - as pessoas físicas capazes, excluídos os cessionários de direito de pessoas jurídicas;), é vedado aos cessionários de pessoas jurídicas não admitidas a figurar como parte autora nos juizados especiais. Na situação-problema proposta, figurou como cedente pessoa jurídica 'Sociedade Anônima' que não é admitida a figurar como autora nos Juizados Especiais Cíveis.

(OAB/Exame Unificado - 2012.1 - 2ª fase - FGV) Carlos, arquiteto famoso e extremamente talentoso, assina um contrato de prestação de serviços com Marcelo, comprometendo-se a elaborar e executar um projeto de obra de arquitetura no prazo de 06 (seis) meses. Destaque-se, ainda, que Marcelo procurou os serviços de Carlos em virtude do respeito e da reputação que este possui em seu ramo de atividade. Entretanto, passado o prazo estipulado e, após tentativas frustradas de contato, Carlos não realiza o serviço contratado, não restando alternativa para Marcelo a não ser a propositura de uma ação judicial. Diante do caso concreto, responda fundamentadamente:

A) Tendo em vista tratar-se de obrigação de fazer infungível (personalíssima), de que maneira a questão poderá ser solucionada pelo Poder Judiciário?

B) Considere que em uma das cláusulas contratuais estipuladas, Carlos e Marcelo, em vez de adotarem o prazo legal previsto no Código Civil, estipulam um prazo contratual de prescrição de 10 anos para postular eventuais danos causados. Isso é possível?

GABARITO COMENTADO - EXAMINADORA:

A) Existem duas opções: a tutela específica da obrigação (que deverá ser cumprida pelo devedor, visto se tratar de obrigação infungível), sendo possível a fixação de astreintes ou a resolução em perdas e danos, se assim o autor requerer ou se for impossível a obtenção da tutela específica, nos termos do artigo 461 do CPC ou artigos 247 ou 248 do CC.

B) A justificativa da prescrição é a segurança jurídica. O que se quer é evitar que um conflito de interesses permaneça em aberto por prazo indeterminado. Então, todo conflito de interesses caracterizado pela violação de um direito prescreve. E quem determina o prazo de prescrição será sempre a Lei, consoante artigo 192 do Código Civil.

CAPÍTULO 4

DIREITO DOS CONTRATOS

4.1. INTRODUÇÃO

Os contratos são fundamentais para a vida humana. É por meio deles que adquirimos praticamente tudo o que consumimos, sejam as coisas (alimentos, roupas, materiais de higiene e limpeza, eletrodomésticos, CDs, DVDs, livros, carros, imóveis etc.), sejam os serviços (de educação, de ginástica, de corte de cabelo, de telefonia, de televisão a cabo etc.).

Mas não é só para a pessoa natural que os contratos são fundamentais. As pessoas jurídicas também precisam deles o tempo todo. Aliás, para a criação de uma pessoa jurídica, normalmente é necessário um contrato (no caso das sociedades, temos o contrato social). No dia a dia de uma sociedade empresária, por exemplo, são necessários contratos para aquisição de insumos, materiais, equipamentos e serviços, bem como para a circulação dos produtos e serviços produzidos pela empresa.

Diante da relevância do tema, nossa tarefa será tratar da *teoria geral dos contratos* (princípios, formação, vícios redibitórios, evicção, extinção, dentre outros temas) para depois tratar dos contratos em espécie (compra e venda, troca, doação, comodato, mútuo, prestação de serviços, depósito, mandato, fiança, dentre outros contratos).

4.2. APLICABILIDADE DO CÓDIGO CIVIL

O CC regulamenta o instituto "contrato" em quase todos os seus aspectos gerais. Além disso, o Código traz o regime jurídico de mais de vinte espécies contratuais.

Assim, num primeiro momento, pode parecer que o CC regulamenta todo e qualquer tipo de contrato. No entanto, isso não é verdade. Existe uma série de leis especiais regulamentando outros contratos e essas leis prevalecem em detrimento do CC. São exemplos dessas leis o Código de Defesa do Consumidor (Lei 8.078/90), a Lei de

Locações de Imóveis Urbanos (Lei 8.245/91), a Lei de Franquias (Lei 8.955/94), a Lei de Alienação Fiduciária de Imóvel (Lei 9.514/97), a Lei do Sistema Financeiro da Habitação (Lei 5.741/71), a Lei de Planos e Seguros de Saúde (Lei 9.656/98), dentre outras.

Como se sabe, a lei especial prevalece em relação à lei geral. Dessa forma, se estivermos diante de um contrato de seguro-saúde, apesar de o CC regulamentar o seguro (arts. 757 e ss.), a lei a ser aplicada é a lei especial, no caso a Lei 9.656/98, e não o CC. O mesmo acontece em relação ao CDC: se estivermos diante de um contrato em que se configure uma *relação de consumo*, é esse diploma que será aplicado e não o CC.

Como é muito comum estarmos diante de uma relação de consumo, é fundamental a caracterizarmos, a fim de termos elementos para, no caso concreto, saber se deve ser aplicado o CDC ou o CC. Para configuração dessa relação, são necessários três elementos: a) o objetivo (existência de um produto ou de um serviço); b) o subjetivo (existência de um fornecedor e de um consumidor); e c) o finalístico (aquisição ou utilização como destinatário final). Os elementos subjetivo e finalístico merecem um tratamento especial.

O consumidor pode ser tanto uma pessoa jurídica como uma pessoa física. O fornecedor, por sua vez, poderá ser uma pessoa física, jurídica e até um ente despersonalizado. Mas não basta que alguém esteja fornecendo um produto ou um serviço para ser fornecedor, nos termos do CDC. É necessário, ainda, que essa pessoa *desenvolva profissionalmente essa atividade*. Assim, alguém que vende seu único imóvel para outra pessoa não pode ser considerado fornecedor. Por outro lado, uma incorporadora, que faz de sua atividade a construção e venda de imóveis, com certeza é um fornecedor.

O elemento finalístico reclama que a pessoa física ou jurídica adquira ou utilize produto ou serviço como destinatário final. Assim, alguém que tenha adquirido diversos produtos para fins de revenda não pode ser considerado consumidor, pois não é *destinatário final* desses. De outra parte, alguém que tenha adquirido diversos produtos para consumo próprio ou de sua família é considerado consumidor, uma vez que é *destinatário final* desses.

Há controvérsia doutrinária e jurisprudencial sobre se, para ser consumidor, é necessário que a pessoa seja *destinatária final fática e econômica* (teoria finalista) ou se basta ser *destinatária final fática* (teoria maximalista). Vejamos um exemplo para entender melhor a questão. Imagine a situação de um taxista que adquire um carro para trabalhar. Para a teoria finalista, o taxista não é consumidor, devendo ser aplicado o CC e não o CDC. Isso porque ele é destinatário final fático (pois fica com o táxi consigo), mas não é destinatário final econômico (pois utiliza o táxi como insumo para sua atividade profissional). Já para a teoria maximalista, o taxista é consumidor, pois fica com o carro consigo, e isso é suficiente para caracterizá-lo como destinatário final.

Apesar da controvérsia, que é estudada com mais detalhe na disciplina "Direito do Consumidor", fica a informação de que, caracterizada uma relação de consumo, aplica-se ao contrato o CDC. Não caracterizada essa relação, e não havendo outra lei especial tratando daquele contrato, aplica-se o Código Civil.

Por fim, é importante dizer que, apesar de o CC ceder quando um contrato for regulamentado por uma lei especial, os princípios contratuais nele expressos (princípio da função social dos contratos e da boa-fé objetiva) aplicam-se diretamente a quaisquer contratos, pois, como se sabe, entre uma *regra* de uma lei especial e um *princípio*, deve prevalecer o último. Nesta esteira, encarta-se como exemplo o Enunciado n. 167 JDC/CJF: Com o advento do Código Civil de 2002, houve forte aproximação principiológica entre esse Código e o Código de Defesa do Consumidor no que respeita à regulação contratual, uma vez que ambos são incorporadores de uma nova teoria geral dos contratos.

Além disso, as *regras* do CC sobre contratos podem ser aplicadas supletivamente quando a lei especial que tratar de um dado contrato não regulamentá-lo por inteiro.

Assim, podemos resumir este capítulo dizendo que, dado um contrato, o CC aplica-se integralmente, salvo se houver lei especial regulamentando-o, hipótese em que pode ser aplicado supletivamente, quanto às suas regras, e diretamente, quanto aos seus princípios. A doutrina muitas vezes auxilia no que tange a aplicação da legislação correta. Como exemplo, traz-se o Enunciado n. 171 JDC/CJF referente ao art. 423 do CC que prevê "*o contrato de adesão, mencionado nos arts. 423 e 424 do novo Código Civil, não se confunde com o contrato de consumo*". E ainda, o Enunciado n. 172 JDC/CJF, referente ao art. 424 CC: *As cláusulas abusivas não ocorrem exclusivamente nas relações jurídicas de consumo. Dessa forma, é possível a identificação de cláusulas abusivas em contratos civis comuns, como, por exemplo, aquela estampada no art. 424 do Código Civil de 2002.*

4.3. CONCEITO, NATUREZA JURÍDICA, EXISTÊNCIA, VALIDADE, EFICÁCIA, FORMAÇÃO, ESTIPULAÇÃO EM FAVOR DE TERCEIRO E PROMESSA POR FATO DE TERCEIRO E CONTRATO COM PESSOA A DECLARAR

4.3.1. Conceito de contrato

Contrato *é o acordo de vontades para o fim de adquirir, resguardar, modificar ou extinguir direitos*, conforme lição de Clóvis Beviláqua. Trata-se de uma das fontes humanas geradoras de obrigações. As outras são: a) as declarações unilaterais da vontade; b) os atos ilícitos. Esse conceito abrange tanto os contratos principais como os acessórios. O Direito Romano distinguia *contrato* de *convenção*. Essa era o gênero, que tinha como espécies o *contrato* e o *pacto* (hoje chamado contrato acessório).

4.3.2. Natureza jurídica do contrato

O contrato tem a seguinte natureza jurídica:

a) é fato jurídico (e não fato simples), pois o contrato é um acontecimento que gera *efeitos jurídicos*;

b) é fato jurídico em sentido amplo (e não fato jurídico em sentido estrito), pois o contrato é um fato jurídico *humano* e não da natureza;

c) é ato lícito (e não ato ilícito), pois o contrato produz efeitos *desejados* pelo agente;

d) é negócio jurídico (e não ato jurídico em sentido estrito), pois o contrato tem *fim negocial*, de regulamentar uma dada situação, não se tratando de mera intenção, como a escolha de um domicílio;

f) é negócio jurídico bilateral ou plurilateral (e não negócio jurídico unilateral), pois a *formação* de um contrato depende de mais de uma vontade, e não de apenas uma, como o testamento.

4.3.3. Existência, validade e eficácia

O negócio jurídico pode ser avaliado em três planos: da existência, da validade e da eficácia.

O plano da existência analisa os requisitos necessários para a *formação* do contrato. Não preenchidos quaisquer dos elementos de existência do contrato, o acontecimento sequer tem repercussão na esfera jurídica. Por exemplo, se uma pessoa não autoriza outra a prestar um serviço de manutenção de seu carro, o contrato respectivo não se formou, não existe na esfera jurídica.

O plano da validade analisa os requisitos necessários para que o contrato *não sofra as sanções* de nulidade ou de anulabilidade, sanções essas que podem impedir que o contrato produza efeitos.

O plano da eficácia analisa os momentos em que o contrato regular *inicia e termina a produção de seus efeitos*.

4.3.3.1. Elementos de existência do contrato

4.3.3.1.1. Exteriorização de vontade

Consiste na manifestação de vontade expressa ou tácita. A manifestação expressa *é aquela exteriorizada de modo inequívoco*. Pode ser verbal, escrita ou gestual. A manifestação tácita *é aquela que decorre de um comportamento*. Por exemplo, uma pessoa recebe uma proposta para ganhar um bem em doação e, sem nada dizer, recolhe o imposto de transmissão de bens, aceitando tacitamente a doação.

4.3.3.1.2. Acordo de vontades (consentimento)

Consiste na coincidência de vontades no sentido da formação do contrato. Assim, para existir um contrato, não basta a exteriorização de uma vontade. São necessárias duas vontades coincidentes. Não se admite, portanto, a existência do autocontrato ou contrato consigo mesmo. O que pode haver é que um mandatário celebre contrato figurando, de um lado, em nome do mandante e, de outro, em nome próprio. Por exemplo, "A" celebra um contrato com "B", sendo que "A" recebeu uma procuração de "B" para atuar em nome desse. Não é sempre que o Direito autoriza uma situação dessas. O art. 117 do CC, inclusive, dispõe que, "salvo se o permitir a lei ou o representado, é anulável o negócio jurídico que o representante, no seu interesse ou por conta de outrem, celebrar consigo mesmo".

4.3.3.1.3. Finalidade negocial

Consiste na vontade de regulamentar uma dada relação jurídica, o que difere da simples intenção manifestada por uma determinada vontade. Assim, quem celebra um contrato de compra e venda busca regulamentar uma dada relação jurídica, celebrando um *negócio jurídico*. Já aquele que muda de domicílio manifesta apenas uma intenção, sem buscar a regulamentação de uma relação jurídica em especial.

4.3.3.1.4. Apreciação pecuniária

Consiste na existência de um elemento econômico no acordo de vontades. A patrimonialidade é considerada, pela doutrina, como ínsita a todo e qualquer tipo de contrato, ainda que existente apenas no caso de descumprimento do dever principal.

4.3.3.1.5. Elementos especiais

Há determinados contratos que exigem, para sua formação, a presença de outros elementos. É o caso dos contratos reais, que exigem, para a sua existência, a entrega da coisa. Por exemplo, o mútuo (empréstimo de coisa fungível) só passa a existir quando há tradição.

4.3.3.2. Pressupostos de validade do contrato

4.3.3.2.1. Vontade livre

Consiste na vontade externada sem vícios. O pressuposto não é preenchido, por exemplo, se a vontade resulta de erro, dolo ou coação, situações em que o contrato será considerado anulável (art. 171, II, CC).

4.3.3.2.2. Capacidade das partes

Consiste na aptidão genérica para, pessoalmente, praticar os atos da vida civil. O incapaz, para que seja parte de um contrato válido, deve ser assistido (se relativamente incapaz) ou representado (se absolutamente incapaz), sob pena de o ato ser anulável (art. 171, I, do CC) ou nulo (art. 166, I, do CC), respectivamente.

4.3.3.2.3. Legitimação das partes

Consiste na aptidão específica para a prática de certos atos da vida civil. O cônjuge que aliena bem imóvel sem a anuência de seu consorte, salvo no regime de separação absoluta, não tem legitimação. O ato por ele praticado é considerado anulável (art. 1.647, I, c/c art. 1.649, do CC).

4.3.3.2.4. Obediência à forma, quando prescrita em lei

Trata-se de requisito que só incidirá se houver forma imposta por lei. Se a lei civil nada dispuser sobre a forma, essa será de livre escolha das partes. Normalmente, um contrato de compra e venda de móvel não requer forma especial; já um contrato de compra e venda de imóvel sempre requer forma especial, no caso a forma escrita. Aliás, se o imóvel for de valor superior a 30 salários mínimos, a forma é ainda mais especial, uma vez que é exigida escritura pública. A desobediência à forma torna o contrato nulo (art. 166, IV, do CC), salvo se se tratar de forma estabelecida em lei apenas para efeito probatório.

4.3.3.2.5. Objeto lícito, possível e determinável

Tanto o objeto *imediato*, ou seja, a obrigação de dar, fazer ou não fazer, como o objeto *mediato* da obrigação, isto é, o bem econômico sobre o qual ele recai (coisa ou serviço), devem respeitar tais imposições. Objeto lícito *é aquele que não atenta contra a ordem jurídica como um todo*. Um exemplo de contrato com objeto ilícito é o contrato de sociedade para a exploração de prostituição. Objeto possível juridicamente *é aquele que não está proibido expressamente pela lei*. Um exemplo de contrato impossível juridicamente é o que trata de herança de pessoa viva (art. 426 do CC). Objeto determinável *é aquele indicado ao menos pelo gênero e pela quantidade*. O contrato com objeto ilícito, impossível ou indeterminável é considerado nulo (art. 166, II, do CC).

4.3.3.2.6. Inexistência de configuração de outras hipóteses legais de ato anulável ou nulo

Além dos casos mencionados, a lei estabelece outras hipóteses que geram invalidade. São exemplos de ato anulável os casos de fraude contra credores (arts. 158 e ss. do CC) e de ato nulo os contratos que tiverem como objetivo fraudar lei imperativa (ex.: contratos que violarem o princípio da função social) e os que a lei taxativamente declarar nulo, ou proibir a sua prática, sem cominar sanção (art. 166, VI e VII, do CC).

4.3.3.3. Pressupostos de eficácia do contrato

4.3.3.3.1. Inexistência de termo suspensivo pendente

Termo suspensivo *é o evento futuro e certo que condiciona o início dos efeitos do contrato*. Por exemplo, um contrato de locação que traz uma cláusula estabelecendo que o locatário só poderá adentrar ao imóvel após dez dias de sua celebração.

4.3.3.3.2. Inexistência de condição suspensiva pendente

Condição suspensiva *é o evento futuro e incerto que condiciona o início dos efeitos do contrato*. Por exemplo, um contrato de doação que prevê que o donatário só será proprietário da coisa se vier a se casar com determinada pessoa.

4.3.4. Formação dos contratos

4.3.4.1. Introdução

Antes de se formar, o contrato passa por uma fase, a fase pré-contratual, que também é chamada de fase de puntuação, de tratativas ou de negociações preliminares. Em seguida, as partes podem fazer um contrato preliminar (que é aquele que acerta a celebração de um contrato futuro), podem fazer um contrato definitivo ou podem não fazer contrato algum.

Portanto, há de se separar bem três situações: a) fase de negociações preliminares à formação do contrato; b) contrato preliminar; c) contrato definitivo.

A fase de negociações preliminares não gera, como regra, obrigações entre aqueles que negociam. Todavia, a doutrina e a jurisprudência evoluíram no sentido de dar mais responsabilidade aos envolvidos nessa fase. Com base no princípio da boa-fé, vem se entendendo que, se na fase das negociações preliminares forem criadas fortes expectativas em um dos negociantes, gerando inclusive despesas de sua parte, o outro negociante deverá responder segundo a chamada responsabilidade pré-contratual, instituto jurídico que se aplica apenas à fase de negociações preliminares, daí o nome "pré-contratual". Nesse sentido, vale transcrever trecho da obra de Maria Helena Diniz sobre o assunto: "todavia, é preciso deixar bem claro que, apesar de faltar obrigatoriedade aos entendimentos preliminares, pode surgir, excepcionalmente, a responsabilidade civil para os que deles participam, não no campo da culpa contratual, mas no da aquiliana. Portanto, apenas na hipótese de um dos participantes criar no outro a expectativa de que o negócio será celebrado, levando-o a despesas, a não contratar com terceiro ou a alterar planos de sua atividade imediata, e depois desistir, injustificada e arbitrariamente, causando-lhe sérios prejuízos, terá, por isso, a obrigação de ressarcir todos os danos. Na verdade, há uma responsabilidade pré-contratual, que dá certa relevância jurídica aos acordos preparatórios, fundada não só no princípio de que os interessados deverão comportar-se de boa-fé, prestando informações claras e adequadas sobre as condições do negócio (...), mas também nos arts. 186 e 927 do Código Civil, que dispõem que todo aquele que, por ação ou omissão, dolosa ou culposa, causar prejuízo a outrem fica obrigado a reparar o dano" (*Curso de Direito Civil Brasileiro*, vol. 3, 26ª ed., São Paulo: Saraiva, p. 42, 2010).

Nada obstante, entre a fase de tratativas e a celebração do contrato em si, há atos com consequência jurídica relevante. Tais atos são a "oferta" e a "aceitação", essenciais à formação do contrato.

Já o contrato preliminar vem para regulamentar a celebração do contrato definitivo. Geralmente é feito em transações de grande monta, como por exemplo, a compra de um imóvel. Considerando a complexidade do negócio, é comum que as partes estabeleçam um preço a título de sinal e, após, o pagamento do restante com a entrega das chaves. Esse tipo de contrato vem disciplinado entre os arts. 462 e 466 do CC. Exceto quanto à forma, deve conter todos os requisitos essenciais ao contrato a ser celebrado. Concluído o contrato preliminar, e desde que dele não conste cláusula de arrependimento, qualquer das partes terá o direito de exigir a celebração do definitivo, assinando prazo à outra para que o efetive. A Lei prevê que o esse contrato deve ser levado a registro, contudo o Enunciado n. 30 JDC/CJF alerta que referido registro apenas tem relevância no que tange a eficácia perante terceiros. A exemplo disso, a Súmula 239 do STJ traz importante disposição acerca do compromisso de compra e venda de imóvel: *O direito de adjudicação compulsória não se condiciona ao registro do compromisso de compra e venda no cartório de imóveis.*

4.3.4.2. Oferta, proposta ou policitação

A oferta pode ser conceituada como *a declaração de vontade pela qual o proponente (policitante) leva ao conhecimento do oblato os termos para a conclusão de um contrato.*

Para que vincule, a oferta deve ter os seguintes requisitos:

a) seriedade: não pode ser brincadeira;

b) clareza: não pode ser ambígua;

c) completude: deve indicar todos os aspectos essenciais do contrato (preço e coisa);

d) com destinatário: deve ser dirigida a alguém ou ao público.

O efeito da oferta é *obrigar* o proponente aos seus termos, salvo se:

a) o contrário dela resultar;

b) a natureza ou as circunstâncias levarem a outra conclusão;

c) seus termos evidenciarem a falta de obrigatoriedade.

Ademais, a oferta deixa de ser obrigatória nos seguintes casos (art. 428 do CC):

a) se feita sem prazo à pessoa presente, não for imediatamente aceita; considera-se presente a pessoa que contrata por telefone ou outro meio semelhante; cuidado, pois, no CDC, o orçamento, caso não estipule prazo de validade, terá prazo de 10 dias;

b) se feita sem prazo a pessoa ausente, tiver decorrido tempo suficiente para chegar a resposta ao conhecimento da outra parte (prazo moral); é exemplo de ausência a oferta feita por e-mail ou correspondência;

c) se feita com prazo a pessoa ausente, não tiver sido expedida a resposta no tempo estipulado;

d) se houver retratação anterior ou simultânea à chegada da proposta ao conhecimento da outra parte.

4.3.4.3. Aceitação

A aceitação pode ser conceituada como *a adesão integral do oblato à proposta formulada.*

Para que a aceitação leve à formação do contrato são necessários os seguintes requisitos (arts. 431 e 432 do CC):

a) deve ser expedida no prazo;

b) não deve conter adições, restrições ou modificações;

c) deve ser expressa.

A aceitação tácita só se admite se há costume entre as partes (art. 111 do CC) ou nos casos legais (ex.: silêncio do donatário em face de doação oferecida por alguém - art. 539 do CC).

Uma vez que a aceitação foi feita cumprindo os requisitos legais, seu efeito jurídico será a criação do vínculo contratual.

No entanto, o vínculo não será criado nos seguintes casos:

a) se houver retratação (art. 433 do CC); nesse caso, a retratação deve chegar ao conhecimento do proponente junto ou antes da aceitação;

b) se, embora expedida a tempo, por motivo imprevisto, a aceitação chegar tarde ao conhecimento do proponente (ex.: por problema nos correios), conforme art. 430 do CC; nesse caso, o proponente ficará liberado, mas deverá comunicar imediatamente o fato ao aceitante, sob pena de responder por perdas e danos.

4.3.4.4. Teorias sobre o momento da conclusão dos contratos entre ausentes

De acordo com o **sistema da informação (ou cognição)**, o contrato se forma no momento em que o policitante toma conhecimento da aceitação pelo oblato. O problema é que nunca se sabe exatamente quando isso ocorre.

Já o sistema da **agnição (declaração)** contempla as seguintes **espécies**:

a) declaração propriamente dita: o contrato se forma assim que se faz a declaração de aceitação, ou seja, assim que o oblato escreve a resposta com a aceitação; o problema é que essa resposta pode ser rasgada logo em seguida;

b) recepção: o contrato se forma no momento em que o proponente recebe a declaração de aceitação; também é complicada essa espécie, pois não há como o aceitante ter certeza do momento em que o proponente recebe a declaração de aceitação;

c) expedição: o contrato se forma no momento em que a declaração de aceitação é expedida; essa espécie é mais aceita, pois traz um dado mais objetivo; ademais, está prevista expressamente no *caput* do art. 434 do CC.

Porém, os contratos não se formarão no seguintes casos (art. 434 do CC):

a) se houver retratação da aceitação;

b) se for estipulado prazo para chegar à aceitação e essa não chegar;

c) se for estipulado que o proponente deseja esperar a resposta (recepção).

Quanto ao contrato eletrônico, não há previsão expressa a respeito no Código Civil. Porém, a doutrina aponta que ele se forma com a recepção (Enunciado JDC/CJF nº 173).

4.3.5. Estipulação em favor de terceiro (arts. 436 a 438 do CC)

A estipulação em favor de terceiro pode ser **conceituada** como *o contrato pelo qual uma pessoa (estipulante) conveniona em seu próprio nome com outra (promitente) uma obrigação a ser prestada em favor de terceiro (beneficiário)*.

São exemplos desse contrato o seguro de vida, a doação com encargo em favor de terceiro e os divórcios consensuais, nos quais se fazem estipulações em favor de filhos.

Esse contrato tem as seguintes características:

a) é uma exceção ao princípio da relatividade dos contratos;

b) contraentes devem ter capacidade de fato, mas, quanto aos beneficiários, basta que tenham capacidade de direito e legitimação (ex.: o concubino de alguém casado não tem legitimidade para ser beneficiário de contrato de seguro estipulado por esse);

c) o estipulante pode substituir o beneficiário, ou seja, o terceiro designado no contrato, independentemente da sua anuência e da do outro contratante;

d) o estipulante pode exigir o cumprimento da obrigação estipulada em favor de terceiro;

e) ao terceiro, em favor de quem se estipulou a obrigação, também é permitido exigi-la, ficando, todavia, sujeito às condições e normas do contrato, se a ele anuir.

4.3.6. Promessa de fato de terceiro (arts. 439 e 440 do CC)

A promessa de fato de terceiro pode ser conceituada como *o contrato pelo qual uma das partes se compromete a conseguir o consentimento de terceiro para a prática de um ato.*

Um exemplo desse tipo de promessa é uma produtora de eventos prometer que um cantor fará um show.

O objeto desse tipo de contrato é a *obrigação de conseguir o consentimento do outro*. Trata-se, então, de obrigação de *fazer*, do tipo obrigação de *resultado*.

O descumprimento do contrato pelo promitente gera perdas e danos. Não é possível fazer execução específica, pois é uma obrigação que envolve ato de terceiro, não havendo como obrigar o terceiro a cumprir o que não acertou.

Todavia, o promitente não terá de arcar com perdas e danos nos seguintes casos:

a) se a prestação se tornar impossível (ex.: pelo falecimento do cantor);

b) se o promitente tiver se obrigado a conseguir a anuência de seu cônjuge e, por conta do descumprimento, o cônjuge ficar sujeito ao pagamento das perdas e danos (ex.: promitente promete conseguir que a esposa assine contrato de fiança).

Quanto à situação do terceiro, há duas possibilidades:

a) num primeiro momento, o terceiro não tem obrigação alguma, pois não prometeu nada a ninguém;

b) porém, caso o terceiro venha a anuir com a promessa feita pelo promitente, o terceiro passa a ser devedor único, ao passo que o promitente, devedor primário, ficará liberado.

4.3.7. Contrato com pessoa a declarar (arts. 467 a 471 do CC)

O contrato com pessoa a declarar pode ser conceituado como *o contrato pelo qual uma pessoa (nomeante) reserva-se a faculdade de indicar outra (nomeado) para adquirir os direitos e assumir as obrigações respectivas.*

Esse contrato é muito comum em leilões de objeto de grande valor. Nesses casos, o verdadeiro comprador, não querendo revelar sua identidade, combina que uma outra pessoa irá fazer os lances e arrematar a coisa, podendo, depois, indicar o verdadeiro comprador para a assinatura dos documentos definitivos.

Em matéria de compromisso de compra e venda esse tipo de cláusula também é comum. Por exemplo, alguém faz um compromisso de compra e venda para comprar um terreno e consegue uma cláusula contratual pela qual o promitente vendedor, uma vez pagas todas as parcelas, deverá passar o imóvel em nome do compromissário comprador ou em nome de pessoa por esse indicada. Tal também ocorre quando um particular vende um carro numa loja de veículos, ficando estipulado que o carro será passado para o nome da pessoa indicada pela loja de automóveis. Nesses dois últimos exemplos, esse tipo de cláusula é utilizada para diminuir despesas com tributos e outras obrigações.

Essa **indicação deve ser comunicada** à outra parte no prazo de cinco dias da conclusão do contrato se outro não tiver sido estipulado.

A **aceitação** da pessoa nomeada deve cumprir os seguintes **requisitos**: a) deve ser expressa; b) deve se revestir da mesma forma que as partes usaram para o contrato originário.

Uma vez **aceita a nomeação**, a pessoa nomeada adquire os direitos e assume as obrigações decorrentes do contrato, a partir do momento em que esse foi celebrado, ou seja, a aceitação **retroage** à data do contrato originário.

Porém, se a **nomeação não for aceita**, o contrato **permanece** entre os contratantes originários.

Aliás, o contrato permanecerá entre contratantes originários nos seguintes casos:

a) se não houver indicação (nomeação) de alguma pessoa no prazo fixado;

b) se não houver aceitação pelo nomeado;

c) se for indicado um incapaz;

d) se for indicado um insolvente no momento da nomeação.

4.4. PRINCÍPIOS DOS CONTRATOS

4.4.1. Princípio da autonomia da vontade

4.4.1.1. Conceito

É aquele que assegura a liberdade de contratar, consistente na escolha entre celebrar ou não um contrato e na faculdade de escolher com quem, o que e como contratar.

4.4.1.2. Fundamentos

a) **políticos:** são os princípios liberais, que partem da premissa de que os homens são iguais e livres. Assim sendo, devem-se respeitar as suas escolhas, que seriam justas;

b) **jurídicos:** art. 5º, *caput*, da CF, que garante a liberdade, a igualdade e a propriedade; art. 170, *caput*, II e IV, da CF, que traz como princípios da ordem econômica a livre iniciativa, a propriedade privada e a livre concorrência; e o art. 421 do CC, segundo o qual "***a liberdade de contratar*** será exercida em razão e nos limites da função social do contrato".

4.4.1.3. Consequências

a) **jurídicas:** i) estabelece uma liberdade quádrupla às pessoas, que podem contratar *se*, com *quem*, o *que* e *como* quiserem; ii) estabelece a ideia de *pacta sunt servanda*, ou seja, a ideia de que a vontade livremente manifestada "faz lei entre as partes"; iii) estabelece a relatividade dos contratos, ou seja, os contratos só vinculam aqueles que a eles aderiram, aqueles que manifestaram sua vontade;

b) **não jurídicas:** há fatores positivos e negativos no princípio. O fator positivo é que ele possibilita maior circulação de riquezas, dada a segurança jurídica que confere. Trata-se da função econômica do contrato. O fator negativo é que pode gerar situações de desigualdade e injustiça, uma vez que, seja lá qual for a vontade das partes, essa deve ser respeitada. Visto isoladamente, o princípio pode favorecer cláusulas leoninas, abusivas.

4.4.1.4. Fases do princípio

1ª fase – liberdade quase total: *é a fase em que se permite aos contratantes estabelecerem o que quiserem, salvo algumas restrições relativas à ordem pública e aos bons costumes*. Exemplo de limitação desta fase são os jogos ilícitos. Aqui se insere o Código Civil de 1916.

2ª fase – dirigismo contratual: *é a fase em que o Estado passa a expedir uma série de normas de ordem pública, limitando a liberdade de contratar em relação a diversos contratos*. Foi se percebendo que a premissa da igualdade entre as pessoas era falsa, pois o mais forte acabava por oprimir o mais fraco. A ideia era compensar a inferioridade econômica de uns com uma superioridade jurídica. Consagrou-se a máxima de que "entre o forte e o fraco, a liberdade escraviza e a lei liberta". Diante disso, houve uma multiplicação de normas de ordem pública, as quais que criaram verdadeiros limites negativos à liberdade de contratar em contratos como os de mútuo, compromisso de compra e venda, trabalho, locação de imóveis etc.

3ª fase – tutela do hipossuficiente: *é a fase em que o Estado passa a proteger genericamente o hipossuficiente nos contratos que esse celebra*. Esta fase nasceu com a entrada em vigor do Código de Defesa do Consumidor, que traz proteção geral ao destinatário final de produtos e serviços. A diferença para a fase anterior é que o consumidor passa a ter uma proteção especial genérica, ou seja, em todos os contratos que participa.

4ª fase – tutela genérica do equilíbrio contratual: *é a fase em que o Estado passa a proteger genericamente todos os contratantes a fim de preservar o equilíbrio contratual*. Esta fase nasceu com a entrada em vigor do Código Civil, que estabeleceu a necessidade de observância dos princípios da função social dos contratos e da boa-fé objetiva.

4.4.2. Princípio da força obrigatória (obrigatoriedade, intangibilidade)

4.4.2.1. Conceito

É aquele pelo qual o contrato faz lei entre as partes. Esse princípio decorre do anterior e estabelece a ideia de *pacta sunt servanda*. Em virtude dele, as partes são obrigadas a cumprir o combinado e não podem modificar unilateralmente o contrato.

4.4.2.2. Exceções

São exceções ao princípio as hipóteses em que se admite a revogação do contrato (ex.: mandato), aquelas em que há violação aos princípios contratuais e quando for aplicável a teoria da imprevisão.

4.4.3. Princípio da relatividade

4.4.3.1. Conceito

É aquele pelo qual os efeitos dos contratos só são produzidos entre as partes. Decorre do princípio da autonomia da vontade.

4.4.3.2. Exceções

Constituem exceções ao princípio as situações em que os sucessores do falecido têm de cumprir contrato por eles não assinado, os direitos reais e as estipulações em favor de terceiro.

4.4.4. Princípio da função social dos contratos

4.4.4.1. Conceito

Aquele que só legitima e protege contratos que objetivam trocas úteis, justas e não prejudiciais ao interesse coletivo. Tal princípio é inspirado na diretriz de sociabilidade do atual Código Civil, que, traduzida para o plano contratual, impõe que o ele seja instrumento de adequado convívio social.

4.4.4.2. Fundamentos

a) **políticos:** são os princípios sociais, que buscam um equilíbrio na sociedade;

b) **jurídicos:** art. 3º, I, III e IV, da CF, que dispõe serem objetivos da República construir uma sociedade livre, justa e solidária; reduzir as desigualdades sociais; e promover o bem de todos; art. 170, *caput*, da CF, que dispõe ser fundamento da ordem econômica a valorização do trabalho e da livre iniciativa, que seu fim é assegurar a todos existência digna, conforme os ditames da justiça social, estabelecendo, ainda, como princípios a função social da propriedade, a defesa do consumidor e do meio ambiente e a redução das desigualdades regionais e sociais; e o art. 421 do CC, que dispõe que "a liberdade de contratar será exercida em razão e nos limites da função social do contrato".

4.4.4.3. *Consequências valorativas*

a) Os contratos devem ser **úteis**, ou seja, devem ser de interesse das partes. Assim, não é útil o contrato que estabelece a venda casada, em que um comerciante, por exemplo, é obrigado a adquirir cervejas e refrigerantes, quando seu interesse é apenas adquirir refrigerantes;

b) os contratos devem ser **justos**, ou seja, devem ser equilibrados. O contrato deve ser meio de negociação sadia de interesses e não meio de opressão. As cláusulas não podem ser abusivas, leoninas. Esse princípio impõe respeito à solidariedade, à justiça social e à dignidade da pessoa humana. Assim, não é justo o contrato que estabelece prestações exageradas ou desproporcionais, como, por exemplo, o contrato que estabelece que um contratante fica exonerado de qualquer responsabilidade pelo serviço prestado ou que estabelece que o comprador deve renunciar à indenização por benfeitorias necessárias que fizer no imóvel que tiver de ser devolvido.

Os itens "a" e "b" revelam a função social intrínseca dos contratos, isto é, entre as partes contratantes (Enunciado 360 JDC/CJF);

c) os contratos devem **respeitar o interesse coletivo**, ou seja, não podem prejudicar os interesses difusos e coletivos, tais como o direito ao meio ambiente ecologicamente equilibrado. O próprio art. 170 da CF dispõe que um dos princípios da ordem econômica é a defesa do meio ambiente. A ideia central aqui é a promoção de um *desenvolvimento sustentável*.

Fala-se da função social extrínseca do contrato. Por esse entendimento, o contrato deve ser útil e justo não só quanto às partes, mas também no que tange a toda a coletividade. Cita-se como exemplo os Enunciados n. 21 JDC/CJF: *A função social do contrato, prevista no art. 421 do novo Código Civil, constitui cláusula geral a impor a revisão do princípio da relatividade dos efeitos do contrato em relação a terceiros, implicando a tutela externa do crédito*; e n. 23 JDC/CJF: *A função social do contrato, prevista no art. 421 do novo Código Civil, não elimina o princípio da autonomia contratual, mas atenua ou reduz o alcance desse princípio quando presentes interesses metaindividuais ou interesse individual relativo à dignidade da pessoa humana.*

Observação: o juiz, diante dessa cláusula geral, deverá se valer das *regras de experiência* e das *conexões sistemáticas*, ou seja, da utilização de regras previstas em outros diplomas legislativos que estabeleçam valores concernentes ao equilíbrio contratual.

4.4.4.4. *Consequências operacionais*

O princípio em questão, de ordem pública (art. 2.035, parágrafo único, do CC), tem tríplice função no plano operacional (instrumental):

a) **função interpretativa:** o princípio serve de vetor interpretativo das normas jurídicas gerais (previstas na lei) e individuais (trazidas nos contratos). Assim, diante de uma cláusula contratual ambígua, por exemplo, deve-se ficar com a interpretação que confira utilidade e justiça ao contrato;

b) **função integrativa:** o princípio é meio de integração dos contratos. Em caso de lacuna, deve-se criar regra a reger a situação não regulada de modo a promover utilidade e justiça na avença;

c) função corretiva: o princípio corrige cláusulas contratuais injustas e abusivas. Diante de uma delas, o juiz tem quatro possibilidades: i) modificar a cláusula; ii) invalidar a cláusula; iii) resolver o contrato; ou iv) condenar o ofensor ao pagamento de uma indenização. Deve-se dar preferência à modificação da cláusula, preservando o contrato e a intenção das partes. Nesta toada é a redação do Enunciado n. 22 JDC/CJF: *A função social do contrato, prevista no art. 421 do novo Código Civil, constitui cláusula geral que reforça o princípio de conservação do contrato, assegurando trocas úteis e justas*. Por exemplo, um item que estabelece uma multa elevada deve ser modificado para dar lugar a uma multa equilibrada. A expressão correta não é "revisar a cláusula", mas, sim, "modificar a cláusula". Isso porque a *revisão contratual* é instituto que se aplica àquelas situações em que o contrato nasceu sem problemas e só depois ficou desequilibrado. Já a *modificação contratual* é típica das situações em que a cláusula contratual já nasceu abusiva, merecendo ser modificada. Não sendo possível tal medida, parte-se, então, para a sua invalidação. Nesse caso, normalmente temos a nulidade absoluta, por força do que dispõe o art. 166, VI e VII, do CC. Mas há casos em que estaremos diante de nulidade relativa, como quando se configura lesão (art. 157 do CC). Pode ocorrer, todavia, da modificação ou a invalidação de uma cláusula contratual não ser suficiente para a preservação do princípio. Se assim for, para estabelecer o equilíbrio contratual, pode-se partir para a resolução do contrato ou para a condenação de uma das partes ao pagamento de uma indenização.

Considerando a ideia de que o contrato deve proporcionar trocas justas e úteis, é possível dizer que a frustração do fim contratual está protegida pelo Direito Brasileiro. Assim, a parte prejudicada tem o direito de se ver preservada quanto a esse fato. É o que prevê o Enunciado n° 166 JDC/CJF: *A frustração do fim do contrato, como hipótese que não se confunde com a impossibilidade da prestação ou com a excessiva onerosidade, tem guarida no Direito brasileiro pela aplicação do art. 421 do Código Civil.*

A afronta ao princípio da função social dos contratos conduz à invalidade ou à ineficácia do contrato ou de cláusulas contratuais (Enunciado n. 431 JDC/CJF).

4.4.5. Princípio da boa-fé objetiva

4.4.5.1. Conceito

Aquele que impõe aos contratantes guardar em todas as fases que envolvem o contrato o respeito à lealdade.

4.4.5.2. Fundamentos jurídicos

Art. 3°, I, da CF, que dispõe ser objetivo da República garantir uma sociedade solidária. No plano infraconstitucional, está previsto no art. 422 do CC.

4.4.5.3. Consequências valorativas

a) Os contratantes devem ser leais, ou seja, devem agir com honestidade, retidão, respeito, cuidado e probidade. Vide Enunciados n. 168 e 169 JDC/CJF.

b) deve-se analisar a conduta dos contratantes segundo os parâmetros da boa-fé objetiva, ou seja, o que se entende como atitude de boa-fé na sociedade. Trata-se da concepção ética de boa-fé e não da concepção individual, subjetiva, de boa-fé. Assim, não se verifica o que pensa um dos contratantes sobre o que é agir de boa-fé. Verifica-se o que pensa a sociedade sobre isso. O juiz, diante dessa cláusula geral, também deverá se valer das *regras de experiência* e das *conexões sistemáticas*, ou seja, da utilização de regras previstas em outros diplomas legislativos que estabeleçam valores concernentes à boa-fé.

Exemplo de aplicação prática do princípio é o trazido no Enunciado 432 das Jornadas de Direito Civil, *in verbis*: "art. 422: Em contratos de financiamento bancário, são abusivas cláusulas contratuais de repasse de custos administrativos (como análise do crédito, abertura de cadastro, emissão de fichas de compensação bancária etc.), seja por estarem intrinsecamente vinculadas ao exercício da atividade econômica, seja por violarem o princípio da boa-fé objetiva".

Pelo princípio da boa-fé objetiva veda-se o comportamento contraditório, ou *venire contra factum proprium*, em prestígio ao princípio da confiança. Ambos os princípios são de ordem pública, sendo que à parte lesada apenas cabe demonstrar a violação (Enunciados 362 e 363 JDC/CJF).

4.4.5.4. Extensão no tempo

O princípio deve ser obedecido em todas as fases contratuais:

a) fase das tratativas: agir de boa-fé nessa fase é esclarecer os fatos relevantes e expressar-se com clareza;

b) fase da celebração (ou da conclusão): agir de boa-fé nessa fase é redigir o contrato conforme o combinado e de modo claro;

c) fase da execução: agir de boa-fé nessa fase é cumprir fielmente o contrato, é não impor dificuldades ao cumprimento da outra parte e é evitar interpretações divergentes das combinadas originariamente;.

d) fase da extinção: agir de boa-fé nessa fase é não deixar resíduos e é dar quitação à parte adimplente;

e) fase pós-contratual: agir de boa-fé nessa fase é guardar o sigilo e o segredo profissionais.

Portanto, nota-se que a boa-fé deve ser atendida em todas as fases da celebração do contrato. Esse entendimento é reforçado por alguns Enunciados do CJF:

Enunciado n. 25: *O art. 422 do Código Civil não inviabiliza a aplicação pelo julgador do princípio da boa-fé nas fases pré-contratual e pós -contratual.*

Enunciado n. 170: *A boa-fé objetiva deve ser observada pelas partes na fase de negociações preliminares e após a execução do contrato, quando tal exigência decorrer da natureza do contrato.*

4.4.5.5. Consequências operacionais

O princípio em questão tem quádrupla função no plano operacional (instrumental):

a) **função interpretativa:** o princípio serve de vetor interpretativo das normas jurídicas gerais (previstas na lei) e individuais (trazidas nos contratos). Assim, diante de uma cláusula contratual ambígua, por exemplo, deve-se ficar com a interpretação que preserve a boa-fé das partes. De outra parte, no que tange a interpretação da própria cláusula geral da boa-fé, o Enunciado n. 27 JDC/CJF assevera que se deve levar em conta o sistema do Código Civil e as conexões sistemáticas com outros estatutos normativos e fatores metajurídicos;

b) **função integrativa:** o princípio é meio de integração dos contratos. Em caso de lacuna, deve-se criar regra a reger a situação não regulada de modo a promover a boa-fé das partes;

c) **função criativa de deveres anexos:** o princípio estabelece deveres acessórios a todos os contratos, proibindo que as pessoas exerçam abusivamente seus direitos e impondo que ajam com cuidado e respeito. Segundo o Enunciado 24 das JDC/CJF, a violação de deveres anexos constitui espécie de inadimplemento, independentemente de culpa;

d) **função corretiva:** diante de uma situação de desrespeito ao princípio da boa-fé, o juiz tem quatro possibilidades: i) modificar uma cláusula contratual; ii) invalidar uma cláusula contratual; iii) resolver o contrato; ou iv) condenar o ofensor a cumprir uma obrigação, inclusive a de indenizar. Problemas nas duas primeiras fases que envolvem o contrato (tratativas e conclusão) ensejam, normalmente, modificação ou invalidação de uma cláusula contratual. Problemas nas últimas três fases do contrato (execução, extinção e pós-extinção) ensejam, normalmente, condenação do ofensor ao cumprimento de obrigação, principalmente obrigação de indenizar. Em consonância a esse entendimento, encarta-se o Enunciado n. 26 JDC/CJF: *A cláusula geral contida no art. 422 do novo Código Civil impõe ao juiz interpretar e, quando necessário, suprir e corrigir o contrato segundo a boa-fé objetiva, entendida como a exigência de comportamento leal dos contratantes.*

4.4.6. Jurisprudência selecionada

DIREITO CIVIL. RESPONSABILIDADE CIVIL PRÉ-CONTRATUAL.

A parte interessada em se tornar revendedora autorizada de veículos tem direito de ser ressarcida dos danos materiais decorrentes da conduta da fabricante no caso em que esta - após anunciar em jornal que estaria em busca de novos parceiros e depois de comunicar àquela a avaliação positiva que fizera da manifestação de seu interesse, obrigando-a, inclusive, a adiantar o pagamento de determinados valores - rompa, de forma injustificada, a negociação até então levada a efeito, abstendo-se de devolver as quantias adiantadas. A responsabilidade civil pré-negocial, ou seja, a verificada na fase preliminar do contrato, é tema oriundo da teoria da culpa *in contrahendo*, formulada pioneiramente por Jhering, que influenciou a legislação de diversos países. No Brasil, o CC/1916 não trazia disposição específica a respeito do tema, tampouco sobre a cláusula geral de boa-fé objetiva. Todavia, já se ressaltava, com fundamento no art. 159 daquele diploma, a importância da tutela da confiança e da necessidade de reparar o dano verificado no âmbito das tratativas pré-contratuais. Com o advento do CC/2002, dispôs-se, de forma expressa, a respeito da boa-fé (art. 422), da qual se extrai a necessidade de observância dos chamados deveres anexos ou de proteção. Com base nesse regramento, deve-se reconhecer a responsabilidade pela reparação de danos originados na fase pré-contratual caso verificadas a ocorrência de consentimento prévio e mútuo no início das tratativas, a afronta à boa-fé objetiva com o rompimento ilegítimo destas, a existência de prejuízo e a relação de causalidade entre a ruptura das tratativas e o dano sofrido. Nesse contexto, o dever de reparação não decorre do simples fato de as tratativas terem sido rompidas e o contrato não ter sido concluído, mas da situação de uma das partes ter gerado à outra, além da expectativa legítima de que o contrato seria concluído, efetivo prejuízo material. **REsp 1.051.065-AM, Rel. Min. Ricardo Villas Bôas Cueva, julgado em 21/2/2013.** (Inform. STJ 517).

DIREITO CIVIL. INDENIZAÇÃO POR LUCROS CESSANTES DECORRENTE DA RECUSA DE VENDER.

O titular de marca estrangeira e a sua distribuidora autorizada com exclusividade no Brasil devem, solidariamente, indenizar, na modalidade de lucros cessantes, a sociedade empresarial que, durante longo período, tenha adquirido daqueles, de maneira consentida, produtos para revenda no território brasileiro na hipótese de abrupta recusa à continuação das vendas, ainda que não tenha sido firmado qualquer contrato de distribuição entre eles e a sociedade revendedora dos produtos. A longa aquiescência do titular de marca estrangeira e da sua distribuidora autorizada no Brasil na realização das compras pela sociedade revendedora resulta "direito de comprar" titularizado por aquela sociedade. Assim, a "recusa de vender" implica violação do "direito de comprar", nos termos o art. 186 do CC, fazendo surgir, dessa maneira, o direito à indenização. **REsp 1.200.677-CE, Rel. Min. Sidnei Beneti, julgado em 18/12/2012.**(Inform. STJ 514).

ONEROSIDADE EXCESSIVA. CONTRATO DE SAFRA FUTURA DE SOJA. FERRUGEM ASIÁTICA.

Reiterando seu entendimento, a Turma decidiu que, nos contratos de compra e venda futura de soja, as variações de preço, por si só, não motivam a resolução contratual com base na teoria da imprevisão. Ocorre que, para a aplicação dessa teoria, é imprescindível que as circunstâncias que envolveram a formação do contrato de execução diferida não sejam as mesmas no momento da execução da obrigação, tornando o contrato extremamente oneroso para uma parte em benefício da outra. E, ainda, que as alterações que ensejaram o referido prejuízo resultem de um fato extraordinário e impossível de ser previsto pelas partes. No caso, o agricultor argumenta ter havido uma exagerada elevação no preço da soja, justificada pela baixa produtividade da safra americana e da brasileira, motivada, entre outros fatores, pela ferrugem asiática e pela alta do dólar. Porém, as oscilações no preço da soja são previsíveis no momento da assinatura do contrato, visto que se trata de produto de produção comercializado na bolsa de valores e sujeito às demandas de compra e venda internacional. A ferrugem asiática também é previsível, pois é uma doença que atinge as lavouras do Brasil desde 2001 e, conforme estudos da Embrapa, não há previsão de sua erradicação, mas é possível seu controle pelo agricultor. Sendo assim, os imprevistos alegados são inerentes ao negócio firmado, bem como o risco assumido pelo agricultor que também é beneficiado nesses contratos, pois fica resguardado da queda de preço e fica garantido um lucro razoável. Precedentes citados: REsp 910.537-GO, DJe 7/6/2010; REsp 977.007-GO, DJe 2/12/2009; REsp 858.785-GO, DJe 3/8/2010; REsp 849.228-GO, DJe 12/8/2010; AgRg no REsp 775.124-GO, DJe 18/6/2010, e AgRg no REsp 884.066-GO, DJ 18/12/2007. **REsp 945.166-GO, Rel. Min. Luis Felipe Salomão, julgado em 28/2/2012. (Inform. STJ 492)**

BOA-FÉ OBJETIVA. MANUTENÇÃO FORÇADA. CONTRATO.

Trata-se, na origem, de ação cautelar proposta por concessionária de veículos, ora recorrida, contra a montadora de automóveis, ora recorrente, noticiando ser concessionária exclusiva da marca na região delineada nos autos, desde 1º/1/1973, em razão de contrato de concessão. Informou que a recorrente a notificou acerca da rescisão do contrato de concessão em 6/10/2006, impedindo-a de dar continuidade às suas atividades. Alegou que a rescisão do contrato é nula, configurando abuso do poder econômico e exercício arbitrário de posição dominante em face do que dispõem os arts. 21, 22 e 30, todos da Lei n. 6.729/1979 (Lei Ferrari). Pleiteou a concessão de liminar para imposição da continuidade do contrato nos seus exatos termos, até o final da demanda principal a ser proposta, abstendo-se a referida montadora de nomear outra concessionária para a região de exclusividade sob pena de multa, bem como para permitir à recorrida a utilização da integralidade do saldo depositado em sua conta no fundo de capitalização. A liminar foi concedida pelo juízo de piso em outubro de 2006 e, contra a decisão, foi interposto agravo de instrumento, desprovido monocraticamente (art. 557, *caput*, do CPC), em um primeiro momento e também pelo colegiado em um segundo momento, em sede de agravo interno. No REsp, preliminarmente, foi afastada a incidência do art. 542, § 3º, do CPC, uma vez que esta Corte Superior tem temperado a regra ordinária de retenção do recurso especial no caso de decisão concessiva de liminar em ação cautelar, pois, *in casu*, isso inviabilizaria a própria solução da controvérsia tratada nesse momento processual, haja vista que, por ocasião da eventual ratificação do recurso, o próprio mérito da ação já teria sido julgado e mostrar-se-ia irrelevante a discussão acerca da tutela provisória. No mérito, a celeuma travada nos autos diz respeito à possibilidade de o Judiciário determinar a manutenção forçada de contrato de concessão comercial de venda de veículos automotores celebrado por prazo indeterminado, malgrado tenha o concedente manifestado sua vontade de não mais prosseguir na avença. No exame da matéria, entendeu-se que, apesar dos fundamentos levantados pelo acórdão recorrido, insculpidos todos no princípio da boa-fé objetiva, afigura-se por demais elastecido o alcance atribuído pelo tribunal *a quo* ao mencionado princípio. Isso porque o princípio da boa-fé objetiva impõe aos contratantes um padrão de conduta pautada na probidade, assim na conclusão do contrato, como em sua execução, conforme dispõe o art. 422 do CC/2002. Nessa linha, embora o comportamento exigido dos contratantes deva pautar-se pela boa-fé contratual, tal diretriz não obriga as partes a se manterem vinculadas contratualmente *ad aeternum*, mas indica que as controvérsias nas quais o direito ao rompimento contratual tenha sido exercido de forma desmotivada, imoderada ou anormal resolvem-se, se for o caso, em perdas e danos. Registrou-se, ainda, que a própria Lei n. 6.729/1979, no seu art. 24, permite o rompimento do contrato de concessão automobilística, pois não haveria razão para a lei preconceber uma indenização mínima a ser paga pela concedente, se ela não pudesse rescindir imotivadamente o contrato. Diante desses fundamentos, a Turma conheceu do REsp e lhe deu provimento para revogar a liminar concedida na origem. Precedentes citados: AgRg no REsp 1.162.579-DF, DJe 6/4/2010; MC 2.411-RJ, DJ 12/6/2000; REsp 981.750-MG, DJe 23/4/2010; REsp 1.127.960-SP, DJe 26/3/2010; REsp 534.105-MT, DJ 19/12/2003, e REsp 200.856-SE, DJ 4/6/2001. **REsp 966.163-RS, Rel. Min. Luis Felipe Salomão, julgado em 26/10/2010**. (Inform. STJ 453)

GARANTIA HIPOTECÁRIA. SÓCIO-GERENTE.

Trata-se de REsp em que, entre outras alegações, a questão de fundo versa sobre garantias hipotecárias prestadas por sócio-gerente que não dispunha de poderes contratuais para representar a sociedade, no caso caracterizada como de responsabilidade limitada. A Turma entendeu que, *in casu*, o acórdão recorrido emprestou corretamente relevância à boa-fé do banco credor, bem como à aparência de quem se apresentava como sócio contratualmente habilitado à prática do negócio jurídico. Assim, não se pode invocar a restrição do contrato social quando as garantias prestadas pelo sócio, muito embora extravasando os limites de gestão previstos contratualmente, retornaram, direta ou indiretamente, em proveito dos demais sócios da sociedade fiadora, não podendo eles, em absoluta afronta à boa-fé, reivindicar a ineficácia dos atos outrora praticados pelo gerente. Observou-se que, na hipótese, consoante sinalizado pelo aresto impugnado, indiretamente e em alguma medida, os autores, ora recorrentes, são, a um só tempo, garantes e garantidos do contrato, circunstância capaz de, por si só, afastar a pretensão deduzida na inicial. Diante disso, negou-se provimento ao recurso. Precedentes citados: REsp 733.742-MG, DJ 12/12/2005; REsp 1.695-MS, DJ 2/4/1990; REsp 4.095-SP, DJ 9/10/1990, e REsp 180.301-SP, DJ 13/9/1999. **REsp 704.546-DF, Rel. Min. Luis Felipe Salomão, julgado em 1º/6/2010**. (Inform. STJ 437)

MULTA. COBRANÇA. CONTRATO. DESCUMPRIMENTO.

Na ação de cobrança de multa ajuizada devido ao descumprimento da finalidade do contrato de prestação de serviços de limpeza e conservação nas instalações da empresa ré, as partes comprometeram-se a não contratar nenhum funcionário ou representante da cocontratante na vigência do ajuste e até 120 dias após o término deste, o que não foi respeitado. Com efeito, a Turma entendeu que, no caso, inexiste violação da função social do contrato quanto à cláusula contratual que prevê a multa, pois as partes livremente pactuaram entre si, não havendo desequilíbrio social, tampouco impedimento do acesso dos indivíduos a ele vinculados, direta ou indiretamente, ao trabalho ou ao desenvolvimento pessoal. Ademais, não se determinou vantagem exagerada para nenhuma das partes, tendo-se estabelecido, tão somente, um prazo razoável à limitação do direito de contratar da ré (art. 421 do CC/2002). O que se requer dos contratantes é que atuem em cooperação no mercado, conforme o princípio da boa-fé objetiva, durante a relação obrigacional e após o cumprimento do contrato. **REsp 1.127.247-DF, Rel. Min. Luis Felipe Salomão, julgado em 4/3/2010**. (Inform. STJ 425)

VÍCIO REDIBITÓRIO. ANULAÇÃO. CONTRATO.

A Turma negou provimento ao recurso ao entendimento de que, no caso de ação anulatória cumulada com danos morais referente a contrato de compra e venda de produtos (lote de 105 calçados) para revenda, em que seis pares apresentaram defeitos após a venda (quebra de saltos), é cabível a anulação por vício redibitório, mesmo que o defeito não se tenha verificado no lote todo. Com efeito, mesmo que o vício redibitório diferencie-se do vício de consentimento, considerando a existência de defeito nos atos negociais, ambos possibilitam o desfazimento do negócio (arts. 86 e 1.101 do CC/1916, arts. 138 e 441 do CC/2002). Desse modo, o art. 1.138 do CC/1916, integralmente mantido pelo art. 503 do CC/2002, não se aplica ao caso, já que deve ser interpretado com moderação, tendo em vista a necessidade de se verificar o reflexo que o defeito em uma ou mais coisas singulares tem no negócio envolvendo a venda de coisas compostas, coletivas ou de universalidades de fato. **REsp 991.317-MG, Rel. Min. Nancy Andrighi, julgado em 3/12/2009.** (Inform. STJ 418)

EVICÇÃO. APREENSÃO. AUTORIDADE ADMINISTRATIVA.

A Turma entendeu que, na espécie, o adquirente do veículo importado ignorava a litigiosidade do bem – o veículo circulava no país por força de liminar em mandado de segurança, posteriormente cassada – pois os documentos públicos nada registravam, além de pagar o preço de mercado ante a omissão do vendedor em avisá-lo das pendências administrativas junto à Receita Federal, estando, assim, caracterizada sua boa-fé. Quanto ao exercício da evicção entendeu que a autoridade aduaneira que decretou o perdimento do bem, haja vista a circulação ilegal de veículo no país, equipara-se à autoridade policial, porquanto exerce o mesmo poder de apreensão. A caracterização da evicção se dá pela perda da propriedade e essa perda pode ser em decorrência da apreensão de autoridade administrativa, e não apenas por sentença judicial. Precedentes citados: REsp 259.726-RJ, DJ 27/9/2004, e REsp 129.427-MG, DJ 15/6/1998. **REsp 1.047.882-RJ, Rel. Min. Honildo de Mello Castro (Desembargador convocado do TJ-AP), julgado em 3/11/2009.** (Inform. STJ 414)

"VACA-PAPEL". SIMULAÇÃO. CONTRATO.

A Turma entendeu que não restou demonstrada a violação do art. 104 do CC/1916, pois evidenciado, à vista dos dados, que o Tribunal de Justiça não se convenceu da simulação do dito contrato "vaca-papel". Verificou-se, do aresto da segunda instância, a higidez do acordo, rejeitando a simulação, mormente baseada nas provas, a par da escritura de confissão de dívida, da nota fiscal, da quitação das rendas por três anos etc. razões pelas quais não é vazio o entendimento extraído pelo Tribunal *a quo* dos elementos dos autos. Ademais, incabível o acolhimento da tese de cerceamento de defesa, pretendendo-se justificar a anulação de todo o processo, somente para a coleta de prova oral tida por desnecessária pelas instâncias ordinárias, já que foram juntados documentos comprobatórios. **REsp 791.581-MS, Rel. Min. Aldir Passarinho Junior, julgado em 2/10/2008**. (Inform. STJ 370)

4.4.7. Questões comentadas

(Magistratura/MG – 2009 – EJEF) Sobre os contratos, é CORRETA a seguinte opção:

(A) Os contratos entre ausentes tornam-se perfeitos desde a expedição da aceitação, sem exceção.

(B) A aceitação da proposta de contrato fora do prazo, com adições, restrições ou modificações, não importará nova proposta.

(C) Considera-se inexistente a aceitação da proposta de contrato se, antes dela ou com ela, chegar ao proponente a retratação do aceitante.

(D) Reputar-se-á celebrado o contrato no domicílio do aceitante.

A: incorreta, pois há exceções a essa regra (incisos I a III do art. 434 do CC); **B:** incorreta, pois importará em nova proposta (art. 431 do CC); **C:** correta (art. 433 do CC); **D:** incorreta, pois reputa-se celebrado o contrato no *lugar em que for proposto* (art. 435 do CC).

Gabarito "C"

(Magistratura/PE – 2011 – FCC) Indo-se mais adiante, aventa-se a ideia de que entre o credor e o devedor é necessária a colaboração, um ajudando o outro na execução do contrato. A tanto, evidentemente, não se pode chegar, dada a contraposição de interesses, mas é certo que a conduta, tanto de um como de outro, subordina-se a regras que visam a impedir dificulte uma parte a ação da outra.

(**Contratos**, p. 43, 26ª edição, Forense, 2008, Coordenador: Edvaldo Brito, Atualizadores: Antonio Junqueira de Azevedo e Francisco Paulo de Crescenzo Marino).

Pode-se identificar o texto acima com o seguinte princípio aplicável aos contratos:

(A) da intangibilidade.

(B) do consensualismo.

(C) da força obrigatória.

(D) da boa-fé.

(E) da relatividade das obrigações pactuadas.

O princípio da boa-fé objetiva (art. 422 do CC) impõe que os contratantes ajam de forma leal, proba, honesta, respeitosa e colaborativa. Essa conduta deve se dar em todas as fases que envolvem o contrato, tais como tratativas, celebração, execução, extinção e pós-extinção do contrato. A ideia de "colaboração, um ajudando o outro na execução do contrato" diz respeito ao dever de boa-fé na fase de execução do contrato, de modo que a alternativa "d" está correta.

Gabarito "D"

(Magistratura/RS – 2009) Assinale a assertiva correta.

(A) Ao estipulante é reservado o direito de substituir o terceiro designado no contrato, independentemente da sua anuência e da do outro contratante, por ato entre vivos ou por disposição de última vontade.

(B) É válida a cláusula que estipula a renúncia antecipada do aderente a direito resultante do contrato de adesão.

(C) O promitente por fato de terceiro não responde por perdas e danos, quando este não executá-lo.

(D) A coisa recebida em virtude de doação não onerosa pode ser enjeitada por vícios redibitórios que a tornem imprópria ao uso a que se destina ou lhe diminua o valor.

(E) O alienante responde pela evicção nos contratos gratuitos.

A: correta, pois se trata de direito atribuído ao estipulante na *estipulação em favor de terceiro* (art. 438 do CC); **B:** incorreta, pois essa cláusula é nula (art. 424 do CC); **C:** incorreta, pois, na promessa de fato de terceiro, o promitente responde por perdas e danos caso o terceiro não execute o que foi prometido pelo promitente (art. 439 do CC); **D:** incorreta, pois tal disposição só se aplica às doações onerosas (art. 441, parágrafo único, do CC); **E:** incorreta, pois tal responsabilidade só existe nos contratos onerosos (art. 441, parágrafo único, do CC), ou seja, em contratos em que há vantagens para ambas as partes.

Gabarito "A"

(Magistratura/SC – 2010) Assinale a alternativa correta:

I. A liberdade de contratar é exercida em razão e nos limites da função social do contrato. No sistema do Código Civil, quando há no contrato de adesão cláusulas ambíguas ou contraditórias, nem sempre adota-se a interpretação mais favorável ao aderente. Contudo, nos contratos de adesão, são nulas as cláusulas que estipulem a renúncia antecipada do aderente a direito resultante da natureza do negócio.

II. É nulo o negócio jurídico quando: celebrado por pessoa absolutamente incapaz; for ilícito, impossível ou indeterminável o seu objeto; o motivo determinante, comum a ambas as partes, for ilícito; tiver por objetivo fraudar lei imperativa; derivar de erro, dolo, coação, estado de perigo, lesão ou fraude contra credores. O negócio jurídico nulo não é suscetível de confirmação, nem convalesce pelo decurso do tempo.

III. É lícito aos interessados prevenir ou terminar o litígio mediante concessões mútuas. A transação, se recair sobre direitos contestados em juízo, será feita por escritura pública ou por termo nos autos, assinado pelos transigentes e homologado pelo juiz.

IV. O texto do Código Civil contempla, sempre que necessário, cláusulas gerais. As cláusulas gerais conferem ao sistema jurídico flexibilidade e capacidade de adaptação à evolução do pensamento e comportamento social e importam em avançada técnica legislativa de enunciar, através de expressões semânticas relativamente vagas, princípios e máximas que compreendem e recepcionam a mais variada sorte de hipóteses concretas de condutas tipificáveis, já ocorrentes no presente ou ainda por se realizarem no futuro.

(A) Somente as proposições I e II estão incorretas.

(B) Somente as proposições III e IV estão incorretas.

(C) Somente as proposições I e III estão incorretas.

(D) Somente as proposições I, II e IV estão incorretas.

(E) Todas as proposições estão incorretas.

I: incorreta, pois, no contrato de adesão regido pelo Código Civil, havendo cláusulas ambíguas ou contraditórias, adotar-se-á sempre a interpretação mais favorável ao aderente (art. 423 do CC); **II:** incorreta, pois o negócio jurídico em que houver defeito (erro, dolo, coação, estado de perigo, lesão ou fraude contra credores) é anulável (art. 171, I, do CC), e não nulo (art. 166 do CC); **III:** correta (arts. 840 e 842 do CC); **IV:** correta, pois as cláusulas gerais são normas jurídicas orientadoras, sob a forma de diretrizes indeterminadas, cabendo ao juiz criar a solução adequada ao caso concreto. Um exemplo de cláusula geral é a prevista no art. 421 do Código Civil. Nesse dispositivo a lei assevera que "a liberdade de contratar será exercida em razão e nos limites da função social do contrato". Repare que a diretriz que determina respeito à "função social do contrato" é indeterminada, pois dá margem a mais de uma interpretação. Afinal de contas, o que seria "função social do contrato"? Além disso, a norma citada não traz qual solução deve dar o juiz quando se deparar com uma situação que ele entenda ter violado a diretriz que determina respeito à função social da propriedade. Assim, a cláusula geral se faz presente quando se está diante de uma norma com duas características, quais sejam: i) a presença de uma diretriz indeterminada; ii) inexistência de uma solução específica que o juiz deve dar ao caso concreto. No exemplo citado, a norma jurídica da função social dos contratos pode ser decomposta da seguinte maneira: i) hipótese de incidência – "violar a função social dos contratos" (diretriz indeterminada); ii) consequência – "o juiz verificará a melhor solução para preservar a diretriz violada" (inexistência de consequência ou solução prévias). De qualquer maneira, nos dois casos (simples conceito legal indeterminado e cláusulas gerais), compete ao juiz preencher os claros ao subsumir o fato à norma. Além disso, vale esclarecer que, toda vez que se estiver diante de uma cláusula geral, certamente haverá um conceito legal indeterminado no texto dessa norma. O juiz, nessa tarefa de preencher os claros, de preencher os vazios, deve se valer das seguintes ferramentas: i) fazer conexões sistemáticas (diálogo das fontes), ou seja, deve-se valer de outras normas jurídicas que tratam de assunto semelhante (p. ex., quando for aplicar o princípio da boa-fé objetiva num contrato regido pelo Código Civil, em que uma empresa de manutenção de equipamentos não usou peças originais, pode aplicar o dispositivo do Código do Consumidor, que proíbe essa conduta; no caso, trata-se de norma do CDC que não traz regra mais favorável ao consumidor, mas que traz regra que apenas impõe ética entre as partes); ii) fazer conexões com os fatos e valores sociais, uma vez que o juiz, ao aplicar a lei, deve levar em conta o bem comum e os fins sociais a que a norma se dirige; iii) levar em conta os contornos do caso concreto; iv) valer-se das regras de experiência; v) aplicar as demais técnicas interpretativas. Enfim, o juiz, diante da discricionariedade que possui, deve fazer de tudo para compor os conflitos de interesses a serem resolvidos com normas com conceitos legais indeterminados e cláusulas gerais, pacificando com justiça.

Gabarito "A"

(Ministério Público/GO – 2010) Analise as proposições abaixo e, após, marque a alternativa correta.

I. A liberdade de contratar será exercida em razão e nos limites da função social do contrato. Os contratantes são obrigados a guardar, assim na conclusão do contrato, como em sua execução, os princípios de probidade e boa-fé. Quando houver no contrato de adesão cláusulas ambíguas ou contraditórias, dever-se-á adotar a interpretação mais favorável ao aderente. Nos contratos de adesão, são nulas as cláusulas que estipulem a renúncia antecipada do aderente a direito resultante da natureza do negócio.

II. A proposta de contrato obriga o proponente, se o contrário não resultar dos termos dela, da natureza do negócio, ou das circunstâncias do caso. Todavia, deixa de ser obrigatória a proposta se, feita sem prazo a pessoa presente, não foi imediatamente aceita, e se, feita sem prazo a pessoa ausente, tiver decorrido tempo suficiente para chegar a resposta ao conhecimento do proponente.

III. A oferta ao público equivale a proposta quando encerra os requisitos essenciais ao contrato, salvo se o contrário resultar das circunstâncias ou dos usos. Todavia, não se pode revogar a oferta pela mesma via de sua divulgação.

IV. Os contratos entre ausentes tornam-se perfeitos desde que a aceitação é expedida, ainda que antes da aceitação ou com ela chegue ao proponente a retratação do aceitante ou que o proponente se haja comprometido a esperar resposta.

(A) Apenas uma das afirmações acima está inteiramente correta.

(B) Apenas duas das afirmações acima estão inteiramente corretas.

(C) Apenas três afirmações acima estão inteiramente corretas.

(D) Todas as quatro afirmações acima estão inteiramente corretas.

I: correta, pois de acordo com os preceitos do Código Civil, em especial os artigos 421, 422, 423 e 424; **II:** correta, pois de acordo com as regras estabelecidas no artigo 428 do Código Civil; **III:** incorreta, pois o art. 429 parágrafo único permite a revogação da oferta pela mesma via de sua divulgação; **IV:** incorreta, pois considera-se inexistente a aceitação se antes dela ou com ela chegar a retratação (CC, art. 433).

Gabarito "B"

(Ministério Público/PR – 2011) A respeito dos contratos, assinale a alternativa correta.

(A) a responsabilidade por vícios redibitórios é característica de todo e qualquer contrato translativo do domínio, seja ele comutativo ou aleatório, oneroso ou benéfico.

(B) a violação de deveres laterais derivados da boa-fé objetiva pode caracterizar a denominada violação positiva do contrato.

(C) conforme expressa disposição legal, a resolução do contrato por fatos supervenientes, extraordinários e imprevisíveis que tornem a prestação de uma das partes excessivamente onerosa somente é admitida em favor do devedor que não estiver em mora.

(D) O direito de arrependimento é ínsito à natureza do contrato preliminar, que não pode, assim, ser objeto de execução específica.

(E) são nulos os contratos onerosos do devedor insolvente, quando a insolvência for notória, ou houver motivo para ser conhecida do outro contratante

A: incorreta, pois é característica dos contratos comutativos e onerosos (art. 441 do CC); **B:** correta, pois a doutrina denomina de violação positiva do contrato a violação dos deveres anexos aos contratos (ou laterais), que decorrem do princípio da boa-fé objetiva; por conta desse princípio, que está no art. 422 do CC, cada contrato será regido não só pelas cláusulas acertadas pelas partes, mas também pelos deveres de lealdade, probidade e respeito, que decorrem do princípio da boa-fé objetiva; segundo a doutrina, a violação desses deveres anexos aos contratos constitui espécie de inadimplemento, independentemente de culpa (Enunciado CJF 24); **C:** incorreta, pois a lei não traz disposição nesse sentido; aliás, o art. 399 do CC vem sendo usando para justificar justamente o contrário, ou seja, que o devedor em mora não tem direito de se beneficiar pela regra da imprevisão, prevista nos arts. 478 a 480 do CC; **D:** incorreta, pois o contrato preliminar é um CONTRATO e, como tal, impõe que as partes celebrem o contrato definitivo; somente quando há cláusula expressa que admite o arrependimento, é que este poderá se dar, sem qualquer consequência, por parte de qualquer dos contratantes (art. 463 do CC); **E:** incorreta, pois esses contratos caracterizam a fraude contra credores e são anuláveis (art. 159 do CC), e não nulos.

Gabarito "B"

(Ministério Público/PR – 2009) Sobre a formação e interpretação dos contratos, podemos afirmar:

(A) A função social do contrato e o princípio da boa fé objetiva não constituem limitadores da liberdade de contratar, quando presentes na relação jurídica, como partes, pessoas capazes agindo no exercício de sua atividade profissional.

(B) Pode-se revogar a oferta ao público, pela mesma via da sua divulgação, desde que ressalvada essa faculdade no instrumento que contemple a oferta realizada.

(C) Somente quando evidenciada uma relação de consumo, é possível sustentar o princípio da interpretação mais favorável ao aderente, em sede de contrato de adesão.

(D) No caso de contrato de adesão firmado tendo como partes duas pessoas capazes, agindo no exercício de sua atividade profissional, é válida a cláusula de renúncia antecipada do aderente, mesmo quando se trate de direito resultante da natureza do negócio.

(E) n.d.a.

A: incorreta, pois os princípios citados incidem sobre todas as relações contratuais (arts. 421 e 422 do CC); **B:** correta (art. 429, parágrafo único, do CC); **C:** incorreta, pois tal previsão também se encontra presente no Código Civil (art. 423); vale ressaltar que, no regime do Código Civil, a regra de interpretação favorável só se aplica em caso de cláusula ambígua ou contraditória, ao passo que no CDC, a regra se aplica em qualquer situação (art. 47 do CDC); **D:** incorreta, pois tal cláusula é nula (art. 424 do CC). **E:** incorreta, pois a alternativa "B" está correta.

Gabarito "B"

(Ministério Público/SP – 2010) Assinale a alternativa correta:

(A) o principio da autonomia privada, segundo o qual o sujeito de direito pode contratar com liberdade, está limitado à ordem pública e à função social do contrato.

(B) a exigência da boa-fé se limita ao período que vai da conclusão até a execução do contrato.

(C) segundo o entendimento sumular, a cláusula contratual limitativa de dias de internação hospitalar é perfeitamente admissível quando comprovado que o contratante do seguro saúde estava ciente do seu teor.

(D) a função social justifica o descumprimento do contrato, com fundamento exclusivo na debilidade financeira.

(E) os contratos atípicos não exigem a observância rigorosa das normas gerais fixadas no Código Civil, pois que nestes casos os contratantes possuem maior liberdade para contratar.

A: correta, valendo ler o disposto no art. 421 do CC; **B:** incorreta, pois a boa-fé deve ser respeitada também nas *tratativas*, que é anterior à conclusão (celebração) do contrato, na *extinção*, que é posterior à execução do contrato, e na *pós-extinção* do contrato; é exemplo de respeito à boa-fé na fase de *tratativas* não esconder fato relevante sobre o objeto contratual; é exemplo de respeito à boa-fé na fase de *extinção* não deixar resíduos contratuais; e é exemplo de respeito à boa-fé na fase de *pós-extinção* do contrato não revelar a terceiros segredos da outra parte contratual; **C:** incorreta, pois, nos termos da Súmula 302 do STJ, "é abusiva a cláusula contratual de plano de saúde que limita no tempo a internação hospitalar do segurado"; **D:** incorreta, pois o princípio da função social, no plano interno do contratual, impõe trocas úteis e justas para as partes, e, no plano externo, impõe respeito aos valores coletivos, como o meio ambiente, não podendo ser usado como fundamento para que uma das partes do contrato, com problemas financeiros, deixe de cumprir suas obrigações contratuais; **E:** incorreta (art. 425 do CC).

Gabarito "A"

(Procurador do Estado/PA – 2011) Acerca da teoria contratual adotada pelo Código Civil, assinale a alternativa INCORRETA:

(A) A concepção de contrato consagrada pelo ordenamento brasileiro, a partir da vigência do Código Civil de 2002, atribuiu de maneira imperativa viés coletivo e social às relações jurídicas, afastando integralmente o princípio da liberdade contratual.

(B) Os contratantes devem obedecer, tanto na conclusão do contrato como em sua execução, os princípios da probidade e boa-fé.

(C) Em sede de contratos bilaterais, nenhum dos contratantes, antes de cumprida a sua obrigação, pode exigir o implemento da do outro.

(D) Havendo o reconhecimento de onerosidade excessiva, poderá ser evitada a resolução contratual mediante a modificação equitativa das condições contratuais.

(E) A parte lesada pelo inadimplemento pode pedir a resolução do contrato, se não preferir exigir-lhe o cumprimento, cabendo, em qualquer dos casos, indenização por perdas em danos.

A: incorreta, devendo ser assinalada, pois vigora o princípio da liberdade contratual, porém de forma limitada (art. 421, do CC); **B:** correta (art. 422, do CC); **C:** correta (art. 476, do CC); **D:** correta (art. 479, do CC); **E:** correta (art. 475, do CC).

Gabarito "A"

(Procurador do Estado/RS – FUNDATEC – 2010) Quando da formação do contrato:

I. Deixa de ser obrigatória a proposta se, feita sem prazo à pessoa presente, não foi imediatamente aceita.

II. Os contratos entre ausentes não se perfectibilizam se, antes da aceitação, ou com ela, chegar ao proponente a retratação do aceitante.

III. Os contratos entre ausentes tornam-se perfeitos desde que a aceitação é expedida, mesmo se o proponente não se houver comprometido a esperar a resposta.

IV. A proposta é obrigatória quando, feita com prazo à pessoa ausente, tiver decorrido tempo suficiente para chegar a resposta ao conhecimento do proponente.

Quais estão corretas?

(A) Apenas I e II.

(B) Apenas III e IV.

(C) Apenas I. II e III.

(D) Apenas II e III.

(E) Apenas I e III.

I: correta (art. 428, I, do CC); **II:** correta (art. 428, IV, do CC); **III:** incorreta (art. 434, II, do CC); **IV:** incorreta (art. 428, II, do CC).

Gabarito "A"

(Procurador do Estado/SC – 2010 – FEPESE) Assinale a alternativa correta, de acordo com o Código Civil Brasileiro.

(A) Nas coisas vendidas conjuntamente, o defeito oculto de uma autoriza a rejeição de todas.

(B) A proposta de contrato aceita fora do prazo, com adições, restrições, ou modificações, importará nova proposta.

(C) Não é lícito às partes celebrarem contratos atípicos; contudo, em decorrência do princípio da liberdade contratual, elas podem eleger qualquer uma das espécies contratuais reguladas pelo Código Civil e pelas leis especiais.

(D) O vendedor de coisa imóvel pode reservar-se o direito de recobrá-la no prazo máximo de decadência de 5 (cinco) anos.

(E) Não se permite em hipótese alguma a venda de ascendente a descendente.

A: incorreta, pois o defeito oculto de uma coisa vendida em conjunto com outras, não autoriza a rejeição de todas (art. 503 do CC); **B:** correta (art. 431 do CC); **C:** incorreta, pois é lícito às partes estipular contratos atípicos (art. 425 do CC); **D:** incorreta, pois o prazo é de três anos (art. 505 do CC); **E:** incorreta, pois não será anulável se os outros descendentes e o cônjuge do alienante (se não for casado no regime de separação obrigatória de bens) houverem consentido (art. 496 do CC).

Gabarito "B"

(Cartório/SC – 2012) Sobre os contratos é **correto** afirmar:

(A) Os contratantes são obrigados a guardar os princípios da boa-fé e da probidade apenas na conclusão dos contratos.

(B) Quando de adesão, as cláusulas ambíguas ou contraditórias se interpretam em favor do estipulante.

(C) São lícitas as cláusulas de renúncia antecipada a direitos pelo aderente nos contratos de adesão.

(D) É ilícita a estipulação de contratos atípicos, mesmo observadas as normas gerais fixadas pelo Código Civil.

(E) A função social do contrato limita a liberdade de contratar.

A: incorreta, pois os contratantes são obrigados a guardar os princípios da boa-fé e da probidade em todas as fases do contrato, quais sejam, negociações preliminares, conclusão, execução e pós-execução (art. 422 do CC e Enunciado 170 do CJF); **B:** incorreta, pois quando de adesão, as cláusulas ambíguas ou contraditórias interpretam-se em favor do aderente (art. 423 do CC); **C:** incorreta, pois são nulas as cláusulas de renúncia antecipada pelo aderente (art. 424 do CC); **D:** incorreta, pois a segunda parte da assertiva ("mesmo observadas as normas gerais fixadas pelo Código Civil") traz a ideia de que a adoção das cláusulas gerais do Código Civil seria facultativa, o que na verdade não procede, pois a lei prevê expressamente que "É lícito às partes estipular contratos atípicos, observadas as normas gerais fixadas neste Código", o que demonstra a noção de obrigatoriedade (art. 425 do CC); **E:** correta, pois a liberdade de contratar não é ampla a irrestrita. Ela apenas pode ser exercida no limite da função social do contrato. A noção de utilidade do contrato atualmente é mais ampla do que no passado. Além de atender o interesse das partes (função social intrínseca) deve também ser útil e não prejudicial à toda a coletividade (função social extrínseca), nos termos do art. 421 do CC e Enunciados 22, 23 e 360 do CJF.

Gabarito "E"

(Cartório/SP – 2012 – VUNESP) A lesão e a onerosidade excessiva na teoria geral dos contratos referem-se ao princípio do(a)

(A) autonomia privada.

(B) função social do contrato.

(C) boa-fé objetiva.

(D) equilíbrio econômico.

Inicialmente importante traçar a correlação entre os institutos da lesão e da onerosidade excessiva. Ambos são formas de revisão do contrato em decorrência do desequilíbrio econômico. A lesão é uma forma de revisão contratual incidente nas obrigações de execução instantânea (se perfaz num único ato presente). Já a onerosidade excessiva é forma de revisão do contrato aplicada em obrigações diferidas (execução em um único ato futuro. Ex: contratar hoje para pagar em 30 dias) e duradouras, que podem ser de duas espécies: i) trato sucessivo - prestação em um único ato e contraprestação em diversos momentos futuros. Ex: compro um carro hoje para pagar em 36 meses; ii) execução periódica - há várias prestações e contraprestações que se protraem ao longo do tempo. Ex: fornecimento de gás, energia elétrica. Na lesão, temos um sujeito que sob premente necessidade, ou por inexperiência, se obriga a prestação manifestamente desproporcional ao valor da prestação oposta (art. 157 do CC). Na onerosidade excessiva temos a situação em que no momento em que a avença foi entabulada tínhamos a situação "X", e depois, em momento subsequente quando a prestação deveria ser cumprida temos uma nova situação "Y" que, por motivos imprevisíveis e extraordinários alterou a equação do contrato, impondo ao devedor obrigação mais pesada do que as partes haviam pretendido no passado. A diferença entre a revisão decorrente da lesão e a revisão decorrente da onerosidade excessiva é que, no primeiro caso o contrato *nasce* com prestações desequilibradas, ao passo que no segundo caso ele *se torna* desequilibrado na fase de cumprimento da avença. Na lesão o contrato nasce excessivamente oneroso porque há vício de consentimento. A anomalia do contrato está no consentimento do sujeito contratante, posto que se trata de um vício de vontade. Na revisão pela onerosidade excessiva a anomalia surge no contrato por fatos externos à relação contratual e durante a fase de cumprimento.

Gabarito "D"

(Cartório/SP – 2012 – VUNESP) Na troca ou permuta de valores desiguais entre ascendentes e descendentes, sem consentimento dos outros descendentes e do cônjuge do alienante, o ato é

(A) ineficaz

(B) inexistente.

(C) anulável.

(D) nulo.

Art. 533, II, do CC.

Gabarito "C"

(Cartório/SP – 2012 – VUNESP) Na teoria geral dos contratos, a denominada frustração do fim do contrato, que torna a prestação inútil, tem guarida no princípio da(o)

(A) autonomia privada.

(B) boa-fé objetiva.

(C) equilíbrio econômico.

(D) função social do contrato.

A resolução do contrato por frustração de seu fim ocorre em casos em que a parte tem a sua pretensão fática frustrada por fatos alheios a sua vontade. Tem guarida pela aplicação do art. 421 do CC (função social do contrato), consoante prevê o Enunciado 166 do CJF. Neste passo, a prestação deixa de ser útil à parte, daí a sua correlação com o princípio da função social do contrato. O professor Flávio Tartuce traz um interessante exemplo ao justificar o mencionado enunciado: Imagine-se o famoso exemplo do locador que aluga um imóvel com a finalidade exclusiva de poder assistir ao desfile de coroação do rei, cujo cortejo passará na rua para a qual o imóvel tem vista privilegiada. O rei adoece e o desfile não se realizará. Tem-se um caso em que: a) as prestações são perfeitamente exequíveis - o locador pode alugar e o locatário pode pagar; b) o preço ajustado não se alterou. Mesmo assim, o contrato não tem mais utilidade, razão de ser. Não se trata de um caso de impossibilidade, nem mesmo de excessiva onerosidade, ou, ainda de perda de objeto. Tem-se, em verdade, a frustração do fim do contrato" (Justificativas do Enunciado enviadas pelo Conselho da Justiça Federal aos participantes da III Jornada).

Gabarito "D"

(Cartório/SP – 2012 – VUNESP) O denominado exercício inadmissível de posições jurídicas, abrangendo o *venire contra factum proprium, tu quoque, suppressio e surrectio,* coaduna-se com o princípio do(a)

(A) equilíbrio econômico.

(B) boa-fé objetiva.

(C) função social do contrato.

(D) autonomia privada.

Os institutos *venire contra factum proprium, tu quoque, suppressio* e *surrectio* representam verdadeira expressão do princípio da boa-fé objetiva. Tais conceitos devem ser utilizados com função integrativa, suprindo lacunas dos contratos e trazendo deveres implícitos às partes contratuais. Consoante ensina o professor Flávio Tartuce (*Direito Civil*. 4. ed. São Paulo: Método. vol. 3, p. 126/127), quanto à *supressio* (*Verwirkung*), significa a supressão, por renúncia tácita, de um direito ou de uma posição jurídica, pelo seu não exercício com o passar dos tempos. O seu sentido pode ser notado pela leitura do art. 330 do CC, que adota o conceito, eis que "o pagamento reiteradamente feito em outro local faz presumir renúncia do credor relativamente ao previsto no contrato.". Ao mesmo tempo em que o credor perde um direito por essa supressão, surge um direito a favor do devedor, por meio da *surrectio* (*Erwirkung*), direito este que não existia juridicamente até então, mas que decorre da efetividade social, de acordo com os costumes. Em outras palavras, enquanto a *supressio* constitui a perda de um direito ou de uma posição jurídica pelo seu não exercício no tempo; a *surrectio* é o surgimento de um direito diante de práticas, usos e costumes. Já o termo *tu quoque* significa que um contratante que violou uma norma jurídica não poderá, sem a caracterização do abuso de direito, aproveita-se dessa situação anteriormente criada pelo desrespeito. Desse modo, está vedado que alguém faça contra o outro o que não faria contra si mesmo. Por fim, pela máxima *venire contra factum proprium non potest,* determinada pessoa não pode exercer um direito próprio contrariando um comportamento anterior, devendo ser mantida a confiança e o dever de lealdade decorrentes da boa-fé objetiva, depositada quando da formação do contrato.

Gabarito "B"

(Analista – TRT/23ª – 2011 – FCC) Os contratos atípicos

(A) são anuláveis, mesmo se os que os pretendam celebrar sejam capazes e o objeto seja lícito e possível, se a forma não estiver prescrita em lei.

(B) são nulos de pleno direito, mesmo que os pretendam celebrar sejam capazes e o objeto seja lícito e possível, porque a forma não é prescrita em lei.

(C) são válidos, desde que os agentes que os pretendam celebrar sejam capazes, o objeto seja lícito e possível e a forma não seja defesa em lei.

(D) só têm validade se os que pretendam celebrar sejam capazes, o objeto seja lícito e possível e tenha havido prévia homologação judicial.

(E) só têm validade se os que pretendam celebrar sejam capazes, o objeto seja lícito e possível e tenha havido prévia aprovação pelo Ministério Público.

Segundo o artigo 425 do CC é lícito celebrar contratos atípicos, observadas as normas gerais fixadas no próprio CC. Assim, é possível (válido) que duas pessoas celebrem um contrato ainda não regulamentado pela lei (atípico, inominado), desde que obedeçam as normas gerais do CC, como as normas que determinam que o agente seja capaz, o objeto seja lícito e possível, e a forma não seja defesa em lei. Dessa forma, somente a alternativa "c" está correta.

Gabarito "C"

(Analista – TRE/PR – 2012 – FCC) Em relação a Contrato, considere:

I. É anulável o contrato que tenha por objeto herança de pessoa viva.

II. Os contratos atípicos não precisam observar as normas gerais fixadas pelo Código Civil.

III. Quando houver no contrato de adesão cláusulas ambíguas ou contraditórias, dever-se-á adotar a interpretação mais favorável ao aderente.

IV. A liberdade de contratar será exercida em razão e nos limites da função social do contrato.

V. Nos contratos de adesão, são nulas as cláusulas que estipulam a renúncia antecipada do aderente a direito resultante da natureza do negócio.

Está correto o que se afirma APENAS em

(A) I, III e IV.

(B) II, III e IV.

(C) I, IV e V.

(D) I, III e V.

(E) III, IV e V.

I: incorreta, pois de acordo com o disposto no art. 426 do CC, não pode ser objeto de contrato a herança de pessoa viva; **II:** incorreta, pois de acordo com o disposto no art. 425 do CC, os contratos atípicos devem observar as normas gerais fixadas pelo Código Civil; **III:** correta (art. 423 do CC); **IV:** correta (art. 421 do CC); **V:** correta (art. 424 do CC).

Gabarito "E"

(Analista – TJ/ES – 2011 – CESPE) Julgue o seguinte item.

(1) Nos contratos escritos, é permitido às partes pactuar acerca do foro de eleição para modificar a competência relativa.

1: correta (art. 78 do CC).

Gabarito 1C

4.5. CLASSIFICAÇÃO DOS CONTRATOS

4.5.1. Quanto aos efeitos (ou quanto às obrigações)

4.5.1.1. Contratos unilaterais

São aqueles em que há obrigações para apenas uma das partes. São exemplos a doação pura e simples, o mandato, o depósito, o mútuo (empréstimo de bem fungível – dinheiro, p. ex.) e o comodato (empréstimo de bem infungível). Os três últimos são unilaterais, pois somente se formam no instante em que há entrega da coisa (são contratos reais). Entregue o dinheiro, por exemplo, no caso do mútuo, esse contrato estará formado e a única parte que terá obrigação será o mutuário, a de devolver a quantia emprestada (e pagar os juros, se for mútuo feneratício).

4.5.1.2. Contratos bilaterais

São aqueles em que há obrigações para ambos os contratantes. Também são chamados de sinalagmáticos. A expressão "sinalagma" confere a ideia de reciprocidade às obrigações. São exemplos a prestação de serviços e a compra e venda.

4.5.1.3. Contratos bilaterais imperfeitos

São aqueles originariamente unilaterais, que se tornam bilaterais por uma circunstância acidental. São exemplos o mandato e o depósito não remunerados. Assim, num primeiro momento, o mandato não remunerado é unilateral (só há obrigações para o mandatário), mas, caso esse incorra em despesas para exercê-lo, o mandante passará também a ter obrigações, no caso a de ressarcir o mandatário.

4.5.1.4. Contratos bifrontes

São aqueles que originariamente podem ser unilaterais ou bilaterais. São exemplos o mandato e o depósito. Se for estipulada remuneração em favor do mandatário ou do depositário, estar-se-á diante de contrato bilateral, pois haverá obrigações para ambas as partes. Do contrário, será unilateral, pois haverá obrigações apenas para o mandatário ou para o depositário.

Importância da classificação: a classificação é utilizada, por exemplo, para distinguir contratos em que cabe a exceção de contrato não cumprido. Apenas nos contratos bilaterais é que uma parte pode alegar a exceção, dizendo que só cumpre a sua obrigação após a outra cumprir a sua. Nos contratos unilaterais, como só uma das partes tem obrigações, o instituto não se aplica. Isso vale tanto para a inexecução total (hipótese em que se alega a *exceptio non adimplecti contractus*) como para a inexecução parcial (hipótese em que se alega a *exceptio non rite adimplecti contractus*), previstas no art. 476 do CC, e ainda para a exceção de insegurança, prevista no art. 477 do CC (Sobre assunto, importante mencionar o Enunciado n. 438 JDC/CJF: *A exceção de inseguridade, prevista no art. 477, também pode ser oposta à parte cuja conduta põe, manifestamente em risco, a execução do programa contratual*) . Para aplicação do instituto, é importante verificar qual das duas partes tem de cumprir sua obrigação em primeiro lugar.

Observação: não se deve confundir essa classificação, que é dos contratos (negócios jurídicos bilaterais), com a classificação dos negócios jurídicos, que são divididos também em unilaterais e bilaterais. A classificação dos negócios jurídicos tem por critério o *número de vontades necessárias para sua formação*. Negócio jurídico unilateral é *aquele que se aperfeiçoa com uma única manifestação de vontade*, como o testamento, por exemplo. Negócio jurídico bilateral, por sua vez, é *aquele que somente se aperfeiçoa com duas declarações de vontade coincidentes*, como os contratos, inclusive o contrato de doação, em que é necessária a aceitação pelo donatário, ainda que tácita.

4.5.2. Quanto às vantagens

4.5.2.1. Contratos gratuitos

São aqueles em que há vantagens apenas para uma das partes. Também são chamados de benéficos. São exemplos a doação pura e simples, o depósito não remunerado, o mútuo não remunerado e o comodato.

4.5.2.2. Contratos onerosos

São aqueles em que há vantagens para ambas as partes. São exemplos a compra e venda, a prestação de serviços, o mútuo remunerado (feneratício) e a doação com encargo.

Não se deve confundir a presente classificação com a trazida anteriormente e achar que todo contrato unilateral é gratuito e que todo contrato bilateral é oneroso. Como exemplo de contrato unilateral e oneroso pode-se trazer o mútuo feneratício.

Importância da classificação: a) os institutos da evicção e dos vícios redibitórios somente são aplicados aos contratos onerosos; b) na fraude contra credores, em se tratando de contratos gratuitos celebrados por devedor insolvente ou reduzido à insolvência, o *consilium fraudis* é presumido. Nos contratos onerosos, por sua vez, tal *consilium* deve ser provado; c) na responsabilidade civil, essa se configura por mera culpa de qualquer das partes em contratos onerosos, ao passo que, nos contratos gratuitos, quem detém o benefício só responde se agir com dolo; d) na interpretação dos contratos, essa será estrita (não ampliativa) nos contratos gratuitos ou benéficos.

4.5.3. Quanto ao momento de formação

4.5.3.1. Contrato consensual

É aquele que se forma no momento do acordo de vontades. São exemplos a compra e venda e o mandato. Nesse tipo de contrato, a entrega da coisa (tradição) é mera execução.

4.5.3.2. Contrato real

É aquele que somente se forma com a entrega da coisa. São exemplos o comodato, o depósito e o mútuo. Nesses contratos a entrega da coisa é requisito para a formação, a existência do contrato.

4.5.4. Quanto à forma

4.5.4.1. Contratos não solenes

São aqueles de forma livre. São exemplos a compra e venda de bens móveis, a prestação de serviços e a locação. A regra é ter o contrato forma livre (art. 107 do CC), podendo ser verbal, gestual ou escrito, devendo obedecer a uma forma especial apenas quando a lei determinar.

4.5.4.2. Contratos solenes

São aqueles que devem obedecer a uma forma prescrita em lei. São exemplos a compra e venda de imóveis (deve ser escrita, e, se de valor superior a 30 salários mínimos, deve ser por escritura pública), o seguro e a fiança.

A forma, quando trazida na lei, costuma ser essencial para a validade do negócio (forma *ad solemnitatem*). Porém, em algumas situações, a forma é mero meio de prova de um dado negócio jurídico (forma *ad probationem tantum*).

4.5.5. Quanto às qualidades pessoais dos contratantes

4.5.5.1. Contratos impessoais

São aqueles em que a prestação pode ser cumprida, indiferentemente, pelo devedor ou por terceiro. Em obrigações de dar, por exemplo, não importa se é o próprio devedor ou terceiro quem cumpre a obrigação, mas sim que essa seja cumprida.

4.5.5.2. Contratos personalíssimos

São aqueles celebrados em razão de qualidades pessoais de pelo menos um dos contratantes, não podendo a respectiva prestação ser cumprida por terceiro. Também são chamados de contratos *intuitu personae.* Geralmente, nesse tipo de contrato, há obrigações de fazer. Os elementos confiança, qualidade técnica e qualidade artística são primordiais. São exemplos a contratação de um pintor renomado para realizar uma obra de arte e a contratação de um cantor para se apresentar numa casa de espetáculos. Nesses dois exemplos, a *pessoalidade* é da natureza do contrato. Entretanto, é possível que, por vontade dos contratantes, fique estipulado o caráter personalíssimo desse.

Importância da classificação: a) em caso de não cumprimento da obrigação, em se tratando de contrato impessoal, o credor tem, pelo menos, duas opções, quais sejam, mandar executar a obrigação por terceiro à custa do devedor ou simplesmente requerer indenização por perdas e danos; no caso de contrato personalíssimo, todavia, a obrigação não cumprida se converte em obrigação de pagar perdas e danos, já que só interessa seu cumprimento pelo devedor e não por terceiro;b) em caso de falecimento do devedor, em se tratando de contrato impessoal, a obrigação fica transmitida aos herdeiros, que deverão cumpri-la nos limites das forças da herança; no caso de contrato personalíssimo, por sua vez, o falecimento do devedor antes de incorrer em mora importa a extinção do contrato, não transferindo as obrigações respectivas aos herdeiros daquele; c) em caso de erro essencial sobre a pessoa, em se tratando de contrato impessoal, o erro não torna anulável o negócio; porém, no caso de contrato personalíssimo, o erro quanto à pessoa contratada é essencial, substancial, gerando a anulabilidade do negócio jurídico. Exemplo dessa última situação é a contratação do aprendiz de um artista renomado, pensando se tratar do próprio.

4.5.6. Quanto à existência de regramento legal

4.5.6.1. Contratos típicos (ou nominados)

São os que têm regramento legal específico. O CC traz pelo menos vinte contratos típicos, como a compra e venda, a doação e o mandato. Leis especiais trazem diversos outros contratos dessa natureza, como o de locação de imóveis urbanos (Lei 8.245/91), de incorporação imobiliária (Lei 4.561/64) e de alienação fiduciária (Decreto-Lei 911/69 com as alterações da Lei 10.931/04).

4.5.6.2. Contratos atípicos (ou inominados)

São os que não têm regramento legal específico, nascendo da determinação das partes. Surgem da vida cotidiana, da necessidade do comércio. São exemplos o contrato de cessão de clientela, de agenciamento matrimonial, de excursão turística e de feiras e exposições. Apesar de não haver regulamentação legal desses contratos, o princípio da autonomia da vontade possibilita sua celebração, observados alguns limites impostos pela lei. O art. 425 do CC dispõe que "é lícito às partes estipular contratos atípicos, observadas as normas gerais fixadas neste Código". Assim, as pessoas podem criar novas figuras contratuais, desde que respeitem os seguintes preceitos do CC: os da parte geral (ex.: o objeto deve ser lícito, possível e determinável) e os da teoria geral das obrigações e dos contratos (ex.: deve atender ao princípio da função social dos contratos). De qualquer modo, nesse tipo de contrato as partes devem trazer maiores detalhes acerca de seu regramento, dada a inexistência de regulação legal da avença.

4.5.6.3. Contratos mistos

São os que resultam da fusão de contratos nominados com elementos particulares, não previstos pelo legislador, criando novos negócios contratuais. Exemplo é o contrato de exploração de lavoura de café, em que se misturam elementos atípicos com contratos típicos, como a locação de serviços, a empreitada, o arrendamento rural e a parceria agrícola.

4.5.7. Quanto às condições de formação

4.5.7.1. Contratos paritários

São aqueles em que as partes estão em situação de igualdade, podendo discutir efetivamente as condições contratuais.

4.5.7.2. Contratos de adesão

São aqueles cujas cláusulas são aprovadas pela autoridade competente ou estabelecidas unilateralmente sem que o aderente possa modificar ou discutir substancialmente seu conteúdo. Exemplos: contratos de financiamento bancário, seguro e telefonia. A lei estabelece que a inserção de uma cláusula no formulário não desnatura o contrato, que continua de adesão.

Importância da classificação: Os contratos de adesão têm o mesmo regime jurídico dos contratos paritários, mas há algumas diferenças pontuais. Se o contrato de adesão for regido pelo Direito Civil, há duas regras aplicáveis: a) as cláusulas ambíguas devem ser interpretadas favoravelmente ao aderente (art. 423 do CC); b) a cláusula que estipula a renúncia antecipada do aderente a direito resultante da natureza do contrato é nula (art. 424 do CC. Sobre o assunto, cita-se ainda Enunciado n. 433 JDC/CJF). Já se o contrato de adesão for regido pelo CDC, há duas regras peculiares a esse contrato (art. 54 do CDC): a) os contratos de adesão admitem cláusula resolutória, mas essas são alternativas, cabendo a escolha ao consumidor, ou seja, é ele quem escolhe se deseja purgar a mora e permanecer com o contrato ou se prefere a sua resolução; b) as cláusulas limitativas de direito devem ser redigidas com destaque, permitindo sua imediata e fácil identificação, sendo que o desrespeito a essa regra gera a nulidade da cláusula (art. 54, § 4º, c/c o art. 51, XV, do CDC).

4.5.8. Quanto à definitividade

4.5.8.1. Contratos definitivos

São aqueles que criam obrigações finais aos contratantes. Os contratos são, em sua maioria, *definitivos*.

4.5.8.2. Contratos preliminares

São aqueles que têm como objeto a realização futura de um contrato definitivo. Um exemplo é o compromisso de compra e venda. Os contratos preliminares devem conter os requisitos essenciais do contrato a ser celebrado, salvo quanto à forma. Assim, enquanto a compra e venda definitiva de um imóvel deve ser por escritura pública, o compromisso de compra e venda pode ser por escritura particular. Além disso, o contrato preliminar deve ser levado a registro para ter eficácia perante terceiros. Assim, um compromisso de compra e venda não precisa ser registrado para ser válido, mas sem a formalidade não há como impedir que um terceiro o faça antes, pois, não registrando, carregará esse ônus. De qualquer forma, o compromissário comprador, uma vez pagas todas as parcelas do compromisso, tem direito à adjudicação compulsória, independentemente da apresentação do instrumento no Registro de Imóveis (vide Enunciados n. 95, e 253 JDC/CJF). O compromissário deve apenas torcer para que alguém não tenha feito isso antes. As regras sobre o contrato preliminar estão nos artigos 462 e 463 do CC:

a) **consequência imediata do contrato preliminar:** desde que não conste cláusula de arrependimento, qualquer das partes pode exigir a celebração do contrato definitivo, assinalando prazo à outra. É importante ressaltar que, em matéria de imóveis, há diversas leis impedindo a cláusula de arrependimento;

b) **consequência mediata do contrato preliminar:** esgotado o prazo mencionado sem a assinatura do contrato definitivo, a parte prejudicada pode requerer ao

Judiciário que supra a vontade do inadimplente, conferindo caráter definitivo ao contrato preliminar, salvo se a isso se opuser a natureza da obrigação.

Por fim, o Enunciado n. 435 JDC/CJF traz interessante regulamentação quanto ao contrato preliminar de permuta de imóveis: *O contrato de promessa de permuta de bens imóveis é título passível de registro na matrícula imobiliária.*

4.5.9. Quanto ao conhecimento prévio das prestações

4.5.9.1. Contrato comutativo

É aquele em que as partes, de antemão, conhecem as prestações que deverão cumprir. Exs.: compra e venda, prestação de serviços, mútuo, locação, empreitada etc. A maior parte dos contratos tem essa natureza.

4.5.9.2. Contrato aleatório

É aquele em que pelo menos a prestação de uma das partes não é conhecida de antemão. Ex.: contrato de seguro.

4.5.10. Quanto ao momento de execução

4.5.10.1. Contratos instantâneos

São aqueles em que a execução se dá no momento da celebração. Um exemplo é a compra e venda de pronta entrega e pagamento.

4.5.10.2. Contratos de execução diferida

São aqueles em que a execução se dá em ato único, em momento posterior à celebração. Constitui exemplo a compra e venda para pagamento em 120 dias.

4.5.10.3. Contratos de trato sucessivo ou de execução continuada

São aqueles em que a execução é distribuída no tempo em atos reiterados. São exemplos a compra e venda em prestações, a locação e o financiamento pago em parcelas.

Importância da classificação: para efeito de discernir que tipo de contrato está sujeito à regra da imprevisão. Tal instituto, previsto nos arts. 478 a 480 do CC, só é aplicável aos contratos de execução diferida e de execução continuada, visto que não se pode conceber que uma prestação possa se tornar excessivamente onerosa por um fato novo em contratos em que a execução se dá no mesmo instante de sua celebração.

4.6. ONEROSIDADE EXCESSIVA

4.6.1. Introdução

A Primeira Guerra Mundial trouxe sérias consequências à execução dos contratos, principalmente os de longo prazo. Isso fez com que ganhasse força a ideia de que está implícita em todo pacto uma cláusula pela qual a obrigatoriedade de seu cumprimento pressupõe a inalterabilidade da situação de fato que deu origem à sua formação. Tratava-se da chamada cláusula *rebus sic stantibus* ("enquanto as coisas estão assim"). Enquanto as condições fáticas existentes quando da celebração do contrato estiverem inalteradas, as disposições desse serão obrigatórias. Modificadas tais condições, causando desequilíbrio entre os contratantes, há de se alterar suas disposições. No Brasil, houve certa resistência a essa ideia, uma vez que o país acabara de ganhar um novo Código Civil (o de 1916), que não fazia referência ao assunto. Isso fez com que a ideia do *rebus sic stantibus* acabasse sendo aceita desde que os novos fatos fossem extraordinários e imprevisíveis, daí porque entre nós ganhou o nome de Teoria da Imprevisão. Mesmo assim, era só uma teoria. Algumas leis até trataram da questão, mas sempre de modo pontual. São exemplos a Lei de Alimentos, a Lei de Locações e a Lei de Licitações e Contratos Administrativos. Sobreveio o Código de Defesa do Consumidor, que inovou ao permitir a revisão contratual por onerosidade excessiva, independentemente de fato imprevisível. E em 2003, com a entrada em vigor do atual CC, previu-se para qualquer contrato regido pelo Direito Civil o instituto da "resolução por onerosidade excessiva", contudo novamente vinculada à ocorrência de fatos imprevisíveis. Como se verá, o CC adotou um nome infeliz ("resolução"), pois, em caso de onerosidade excessiva por fato imprevisível, deve-se, em primeiro lugar, buscar a revisão contratual e não a extinção do contrato.

4.6.2. Requisitos para aplicação da regra da imprevisão

O CC exige o seguinte para que se tenha direito à revisão ou à resolução do contrato:

a) o contrato deve ser de execução continuada ou diferida;

b) a prestação de uma das partes deve se tornar excessivamente onerosa;

c) a outra parte deve ficar com extrema vantagem;

d) o desequilíbrio deve ser decorrência de acontecimentos extraordinários e imprevisíveis.

e) a doutrina ainda prevê que deve-se levar em conta a natureza do objeto do contrato. Nestes termos, Enunciado n. 439 JDC/CJF: *A revisão do contrato por onerosidade excessiva fundada no Código Civil deve levar em conta a natureza do objeto do contrato. Nas relações empresariais, observar-se-á a sofisticação dos contratantes e a alocação de riscos por eles assumidas com o contrato.*

O primeiro requisito é óbvio, pois num contrato de execução instantânea não há tempo para que a prestação fique excessivamente onerosa.

O segundo requisito impõe que a perda seja razoável. Pequenas perdas não possibilitam a revisão contratual.

O requisito de extrema vantagem para a outra parte vem sendo atenuado pela doutrina. Em virtude do princípio da função social dos contratos, basta que uma das partes fique com a prestação excessivamente onerosa para que possa pleitear a revisão contratual. Nesta esteira, encarta-se o Enunciado n. 365 JDC/CJF: A extrema vantagem do art. 478 deve ser interpretada como elemento acidental da alteração das circunstâncias, que comporta a incidência da resolução ou revisão do negócio por onerosidade excessiva, independentemente de sua demonstração plena.

Por fim, exige-se acontecimento extraordinário e imprevisível. O requisito afasta acontecimentos ordinários, como é o caso da inflação. Alerta ainda o Enunciado n. 175 JDC/CJF que *a menção à imprevisibilidade e à extraordinariedade, insertas no art. 478 do Código Civil, deve ser interpretada não somente em relação ao fato que gere o desequilíbrio, mas também em relação às consequências que ele produz.*

O problema é que, no mundo moderno e na realidade brasileira, quase tudo é previsível e quase tudo acontece com uma certa frequência. A inflação é previsível. O aumento do dólar também. Assim, num primeiro momento, somente situações extremas, como a guerra ou a ocorrência de uma catástrofe causada pela natureza, preencheriam o requisito. Isso fez com que a doutrina flexibilizasse a regra, apontando que os "motivos imprevisíveis" que autorizam a revisão contratual podem estar relacionados tanto com uma causa imprevisível (guerra, ciclone etc.) como um resultado imprevisível (o tamanho do aumento do dólar, por exemplo).

Em princípio, não é possível a aplicação do instituto em contratos aleatórios, já que, nesses, o risco é inerente ao negócio. Porém, o Enunciado nº 440 das Jornadas de Direito Civil observa que "é possível a revisão ou resolução por excessiva onerosidade em contratos aleatórios, desde que o evento superveniente, extraordinário e imprevisível não se relacione com a álea assumida no contrato". Em harmonia, o Enunciado 366 JDC/CJF: *O fato extraordinário e imprevisível causador de onerosidade excessiva é aquele que não está coberto objetivamente pelos riscos próprios da contratação.*

4.6.3. Consequência da configuração do instituto

O devedor poderá pedir em juízo a resolução do contrato, retroagindo os efeitos da sentença para a data da citação (art. 478 do CPC). Trata-se de consequência extremamente radical e que fere os princípios da conservação dos contratos, da função social, da boa-fé objetiva e da proibição de exercício abusivo dos direitos, bem como das disposições dos arts. 317 e 480 do CC. Assim, deve-se buscar, em primeiro lugar, a revisão contratual, que só não será efetivada se for inviável, para só então partir-se para a resolução do contrato. Nesta linha, cita-se alguns Enunciados:

Enunciado n. 176 JDC/CJF: *Em atenção ao princípio da conservação dos negócios jurídicos, o art. 478 do Código Civil de 2002 deverá conduzir, sempre que possível, à revisão judicial dos contratos e não à resolução contratual.*

Enunciado n. 367 JDC/CJF: *Em observância ao princípio da conservação do contrato, nas ações que tenham por objeto a resolução do pacto por excessiva onerosidade, pode o juiz modificá-lo equitativamente, desde que ouvida a parte autora, respeitada sua vontade e observado o contraditório.*

Se a parte prejudicada ingressar diretamente com pedido de resolução do contrato, o art. 479 do CC dispõe que a medida poderá ser evitada se o réu se oferecer a modificar equitativamente as condições do pacto. O juiz analisará se a proposta é ou não equitativa, verificando se há ou não boa-fé dos contratantes.

4.6.4. Revisão no CDC

O CDC não exige fato extraordinário e imprevisível para que haja o direito de revisão contratual. Basta um fato superveniente que gere uma excessiva onerosidade (art. 6º, V, do CDC). Nesse particular, é bom lembrar que não se deve confundir o direito de *revisão* com o de *modificação contratual*. Essa existirá quando a cláusula contratual for originariamente desproporcional, ou seja, quando já nascer abusiva; e aquela existirá quando o contrato nascer equilibrado e se tornar excessivamente oneroso.

4.6.5. Revisão na locação de imóvel urbano

A revisão do aluguel requer apenas dois requisitos: a) aluguel fora do valor de mercado; b) 3 (três) anos de vigência do contrato ou de acordo anterior (arts. 19, 68, 69 e 70, da Lei do Inquilinato).

4.7. EVICÇÃO

4.7.1. Conceito

É a perda da coisa adquirida onerosamente, em virtude de decisão judicial ou administrativa que a atribui a outrem por motivo anterior à aquisição. A expressão vem do latim *evincere*, que significa ser vencido. O exemplo comum é daquele que adquire onerosamente um bem de quem não é dono, vindo a perdê-lo por uma ação movida pelo verdadeiro proprietário da coisa. Quem aliena direito sobre o bem tem, assim, o dever de garantir que era seu titular e que a transferência o atribuirá realmente ao adquirente. Trata-se da garantia quanto a defeitos do direito, diferente da garantia concernente aos vícios redibitórios, que diz respeito ao uso e gozo da coisa. O instituto da evicção tem três personagens, quais sejam, o alienante (aquele que transferiu o direito sobre a coisa, e que não era seu verdadeiro titular), o evicto (aquele que adquiriu o direito sobre a coisa, mas foi vencido numa demanda promovida por terceiro, verdadeiro titular de tal direito) e o evictor ou evencente (terceiro reivindicante da coisa, que vence a demanda que promoveu contra o adquirente).

4.7.2. Incidência

O instituto incide tanto na perda da posse como na perda do domínio sobre a coisa; a perda pode ser parcial ou total; deve se tratar de contrato oneroso; a garantia subsiste mesmo na compra feita em hasta pública; a privação da coisa, configuradora da evicção, pode se dar tanto por decisão judicial, como por decisão administrativa.

4.7.3. Garantia

Ocorrendo a evicção, o evicto se voltará contra o alienante para fazer valer os seguintes direitos:

a) de *restituição integral do preço ou das quantias pagas*; o preço será o do valor da coisa na época em que se evenceu;

b) de *indenização dos frutos que tiver sido obrigado a restituir*;

c) de *indenização pelas despesas dos contratos e pelos prejuízos que diretamente resultarem da evicção*; assim, as despesas contratuais com escritura pública, registro e imposto de transmissão, bem como qualquer outra que decorra diretamente da perda da coisa, como a correção monetária e os juros, deverão ser indenizadas;

d) de *ressarcimento das custas judiciais e dos honorários do advogado por ele constituído*;

e) de *pagamento das benfeitorias necessárias ou úteis que fizer, não abonadas pelo reivindicante*.

Observação: no caso de a evicção ser parcial, mas considerável, como na hipótese de o evicto perder setenta por cento do bem que comprou, ele terá duas opções. Além de poder pedir a restituição da parte do preço correspondente ao desfalque sofrido, pode optar pela rescisão do contrato, com a devolução total do preço pago. Deve-se deixar claro, todavia, que, além de parcial, deve ser considerável a evicção (art. 455).

4.7.4. Possibilidades de alteração da garantia

4.7.4.1. Possibilidades

Segundo o art. 448 do CC, é facultado às partes, desde que por cláusula expressa, reforçar, diminuir ou excluir a responsabilidade pela evicção.

Assim, pode-se estipular expressamente que, em caso de evicção, o adquirente terá direito à devolução do preço com um acréscimo de cinquenta por cento, por exemplo, punição que reforça a garantia.

Pode-se também diminuir e até excluir a responsabilidade pela evicção, estipulando-se expressamente que, em caso de perda da coisa, o adquirente não terá direito à devolução do preço por inteiro (diminuição) ou do valor total pago (exclusão).

Entretanto, o art. 449 do CC dispõe que, mesmo havendo cláusula excluindo a garantia contra evicção (a chamada cláusula genérica de exclusão ou cláusula de irresponsabilidade), se esta vier a ocorrer, o evicto ainda assim terá direito ao pagamento do preço pago pela coisa, salvo se tiver ciência do risco da evicção e assumido expressamente esse risco. Há, portanto, dois tipos de exclusão estabelecidos em lei: a exclusão parcial e a exclusão total.

4.7.4.2. Exclusão parcial

Dá-se quando há mera cláusula que exclui a garantia (ex.: fica excluída a garantia que decorre da evicção). Neste caso, o evicto continuará tendo direito à devolução do preço pago pela coisa, ficando excluídos somente os demais direitos que decorrem da evicção (indenização dos frutos, despesas, prejuízos, sucumbência e benfeitorias). Tal limitação da autonomia da vontade decorre da necessidade de dar guarida ao princípio do não enriquecimento sem causa. Aqui temos uma *cláusula genérica de exclusão da garantia*.

4.7.4.3. *Exclusão total*

Dá-se quando presentes três requisitos. O primeiro deles consiste na a) existência de uma cláusula de exclusão da garantia, como aquela dada anteriormente como exemplo. Além disso, é necessário que b) o evicto tenha ciência do risco da evicção, como na hipótese em que é informado que corre uma demanda reivindicatória promovida por terceiro em face do alienante. Por fim, é imprescindível que, ciente do risco de perda da coisa, c) o evicto o tenha assumido, vale dizer, é necessário assunção do risco por parte do adquirente. Trata-se da chamada *cláusula específica de exclusão da garantia*. O art. 449 do CC não impõe textualmente que os dois últimos requisitos (ciência e assunção do risco da evicção) estejam expressos numa cláusula contratual, de modo que se pode admitir sua comprovação de outra forma.

4.7.5. Requisitos para exercer a garantia que decorre da evicção

a) *perda total ou parcial* do domínio, da posse ou do uso da coisa alienada;

b) *onerosidade da aquisição*, salvo a doação para casamento com certa e determinada pessoa;

c) *inexistência de cláusula de irresponsabilidade*. Caso exista, só se terá direito ao preço pago.

d) *anterioridade do direito do evictor*. O alienante não responderá se o direito do evictor sobre a coisa só se der após sua transferência ao adquirente.

e) *denunciação da lide ao alienante*. Segundo o art. 456 do CC, "para poder exercer o direito que da evicção lhe resulta o adquirente notificará do litígio o alienante imediato, ou qualquer dos anteriores, quando e como lhe determinarem as leis do processo". O Enunciado n. 29 JDC/CJF afirma que é permitido ao evicto a denunciação direta de qualquer dos responsáveis pelo vício. Tal notificação se dá por meio da denunciação da lide (art. 70, I, do CPC). Ao sofrer a ação por parte de terceiro, deve o adquirente denunciar da lide ao alienante para que este possa conhecer da demanda e coadjuvá-lo na defesa do direito. Interessante regra é a trazida no parágrafo único do art. 456, que permite ao adquirente deixar de oferecer a contestação ou usar de recursos, preenchidos dois requisitos, quais sejam, não atendimento do alienante à denunciação da lide e manifesta procedência da evicção. Resta saber se, não feita a denunciação da lide, terá o evicto algum direito. Num primeiro momento a resposta é negativa, eis que tanto o CC quanto o CPC dispõem que tal notificação (ou denunciação) é obrigatória para "poder exercer o direito que da evicção resulta". A explicação para tal obrigatoriedade, sob pena de perda do direito, encontra-se no fato de que o alienante não pode sofrer os efeitos de uma demanda da qual não teve ciência. Nada obstante, no plano do direito processual, tem-se entendido que a obrigatoriedade existe para que se possa exercitar o direito de regresso no próprio processo. O STJ entende que a obrigatoriedade da denunciação é tão somente para exercer o direito de regresso no mesmo processo, não impedindo que se ingresse com ação autônoma em seguida, para o fim de fazer valer diante do alienante os direitos que decorrem da evicção, entendimento que encontra arrimo no princípio que veda o enriquecimento sem causa. Nesta linha de entendimento, atualmente a doutrina civilista também entende que a ausência de denunciação da lide ao alienante, na evicção, não impede o exercício de pretensão reparatória por meio de via autônoma (Enunciado n. 434 JDC/CJF). Por fim, vale trazer à tona nova regra contida no Código Civil de 2002, que cria a figura da denunciação *per saltum*, ao possibilitar, no art. 456 transcrito, que o adquirente notifique o alienante imediato ou qualquer dos anteriores.

4.7.6. Jurisprudência selecionada

DIREITO CIVIL E PROCESSUAL CIVIL. DESNECESSIDADE DO TRÂNSITO EM JULGADO DA SENTENÇA QUE RECONHECE A EVICÇÃO PARA QUE O EVICTO POSSA EXERCER OS DIREITOS DELA RESULTANTES. Para que o evicto possa exercer os direitos resultantes da evicção, na hipótese em que a perda da coisa adquirida tenha sido determinada por decisão judicial, não é necessário o trânsito em julgado da referida decisão. A evicção consiste na perda parcial ou integral do bem, via de regra, em virtude de decisão judicial que atribua seu uso, posse ou propriedade a outrem em decorrência de motivo jurídico anterior ao contrato de aquisição. Pode ocorrer, ainda, em razão de ato administrativo do qual também decorra a privação da coisa. A perda do bem por vício anterior ao negócio jurídico oneroso é o fator determinante da evicção, tanto que há situações em que os efeitos advindos da privação do bem se consumam a despeito da existência de decisão judicial ou de seu trânsito em julgado, desde que haja efetiva ou iminente perda da posse ou da propriedade e não uma mera cogitação da perda ou limitação desse direito. Assim, apesar de o trânsito em julgado da decisão que atribua a outrem a posse ou a propriedade da coisa conferir o respaldo ideal para o exercício do direito oriundo da evicção, o aplicador do direito não pode ignorar a realidade comum do trâmite processual nos tribunais que, muitas vezes, faz com que o processo permaneça ativo por longos anos, ocasionando prejuízos consideráveis advindos da constrição imediata dos bens do evicto, que aguarda, impotente, o trânsito em julgado da decisão que já lhe assegurava o direito. Com efeito, os civilistas contemporâneos ao CC/1916 somente admitiam a evicção mediante sentença transitada em julgado, com base no art. 1.117, I, do referido código, segundo o qual o adquirente não poderia demandar pela evicção se fosse privado da coisa não pelos meios judiciais, mas por caso fortuito, força maior, roubo ou furto. Ocorre que o Código Civil vigente, além de não ter reproduzido esse dispositivo, não contém nenhum outro que preconize expressamente a referida exigência. Dessa forma, ampliando a rigorosa interpretação anterior, jurisprudência e doutrina passaram a admitir que a decisão judicial e sua definitividade nem sempre são indispensáveis para a consumação dos riscos oriundos da evicção. **REsp 1.332.112-GO, Rel. Min. Luis Felipe Salomão, julgado em 21/3/2013. (Inform. STJ 519)**

4.7.7. Questões comentadas

(Procurador do Município/Teresina-PI – 2010 – FCC) É INCORRETO afirmar que

(A) o contrato preliminar, exceto quanto à forma, deve conter todos os requisitos essenciais ao contrato a ser celebrado.

(B) na conclusão do contrato, bem como em sua execução, os contratantes devem guardar os princípios da probidade e da boa-fé.

(C) a oferta ao público equivale a proposta quando encerra os requisitos essenciais ao contrato, a não ser que o contrário resulte das circunstâncias ou dos usos.

(D) o adquirente de coisa viciada pode, em vez de rejeitá-la, redibindo o contrato, reclamar abatimento no preço.

(E) o alienante, nos contratos onerosos, responde pela evicção, salvo se a aquisição se tenha realizado em hasta pública.

A: correta (art. 462 do CC); **B:** correta (art. 422 do CC); **C:** correta (art. 429, *caput*, do CC); **D:** correta (art. 442 do CC); **E:** incorreta, pois subsiste essa garantia ainda que a aquisição se tenha realizado em hasta pública (art. 447 do CC).

Gabarito "E"

(Procurador do Estado/RS – FUNDATEC – 2010) Assinale a alternativa correta:

(A) A revisão por excessiva onerosidade superveniente pode ser postulada em toda relação contratual, desde que tenha sido gerada por fatores imprevisíveis e excepcionais, ensejando ao devedor o direito de requerer a resolução.

(B) O princípio da liberdade de forma em direito dos contratos significa que as partes têm plena liberdade para contratar, isto é, para formar o conteúdo do contrato.

(C) Segundo o princípio da boa-fé objetiva, pode o adquirente demandar pela evicção, ainda que tenha sabido ser a coisa alheia ou litigiosa.

(D) A aleatoriedade é fenômeno respeitante somente às coisas futuras.

(E) O Código Civil contém dispositivos de controle da formação e de controle de conteúdo dos chamados "contratos de adesão".

A: incorreta, pois somente será aplicada nos contratos de execução continuada ou diferida (art. 478, do CC); **B:** incorreta (art. 421, do CC); **C:** incorreta (art. 449, do CC); **D:** incorreta, pois o contrato aleatório pode se referir a coisas existentes, mas expostas a risco (art. 460, do CC); **E:** correta. "*Os contratos por adesão têm o mesmo regime jurídico dos contratos paritários, mas há algumas diferenças. Se o contrato de adesão for regido pelo Direito Civil, há duas regras aplicáveis: a) as cláusulas ambíguas devem ser interpretadas favoravelmente ao aderente (art. 423, do CC); b) a cláusula que estipula a renúncia antecipada do aderente a direito resultante da natureza do contrato é nula (art. 424, do CC)*" (Wander Garcia, **Super-Revisão**, Editora Foco).

Gabarito "E"

(Analista – TRE/AC – 2010 – FCC) Considere as seguintes assertivas a respeito do contrato aleatório:

I. Se o contrato for aleatório, por dizer respeito a coisas ou fatos futuros, cujo risco de não virem a existir um dos contratantes assuma, terá o outro direito de receber integralmente o que lhe foi prometido, desde que de sua parte não tenha havido dolo ou culpa, exceto se nada do avençado venha a existir.

II. Se for aleatório o contrato, por se referir a coisas existentes, mas expostas a risco, assumido pelo adquirente, terá igualmente direito o alienante a todo o preço, posto que a coisa já não existisse, em parte ou de todo, no dia do contrato.

III. Se for aleatório, por serem objeto dele coisas futuras, tomando o adquirente a si o risco de virem a existir em qualquer quantidade, terá também direito o alienante a todo o preço, desde que de sua parte não tiver concorrido culpa, ainda que a coisa venha a existir em quantidade inferior à esperada.

De acordo com o Código Civil brasileiro, está correto o que se afirma APENAS em

(A) I.

(B) I e II.

(C) I e III.

(D) II.

(E) II e III.

I: incorreta, pois se o contrato for aleatório, por dizer respeito a coisas ou fatos futuros, cujo risco de não virem a existir um dos contratantes assuma, terá o outro direito de receber integralmente o que lhe foi prometido, desde que de sua parte não tenha havido dolo ou culpa, **ainda que nada do avençado venha a existir** (art. 458 do CC); **II:** correta (art. 460 do CC); **III:** correta (art. 459, *caput*, do CC).

Gabarito "E"

(Analista – TJ/ES – 2011 – CESPE) Julgue o seguinte item.

(1) Os negócios jurídicos bilaterais são onerosos, pois ambas as partes auferem benefícios. Nesse sentido, é correto afirmar que a exceção de contrato não cumprido é aplicável a todo negócio jurídico oneroso.

1: incorreta, pois a classificação dos negócios em unilaterais e bilaterais leva em conta critério do número de vontades necessárias para a formação do contrato; quando, para a formação deste, faz-se necessário apenas uma vontade (ex: testamento), o negócio é unilateral; ao contrário, o negócio pode ser bilateral (duas vontades) ou plurilateral (mais de duas vontades); uma doação sem encargo, por exemplo, é negócio jurídico bilateral, pois é necessária a emissão de duas declarações de vontade para a formação desse contrato; porém, na doação sem encargo apenas uma das partes aufere benefício, o que demonstra a incorreção da afirmação; já classificação dos contratos em unilaterais e bilaterais leva em conta outro critério, qual seja, quais partes têm obrigações; o contrato é unilateral quando apenas uma das partes têm obrigações, e bilateral, quando ambas as têm; a exceção de contrato não cumprido só se aplica a contratos bilaterais, não havendo relação com o negócio jurídico oneroso ou não.

Gabarito 1E

(Procurador do Estado/PR – UEL-COPS – 2011) Relativamente às diferenças entre a onerosidade excessiva e a lesão, considere as afirmativas abaixo:

I. na primeira a prestação de uma das partes se torna excessivamente onerosa, com extrema vantagem para a outra, em virtude de acontecimentos extraordinários e imprevisíveis, o que faz nascer para o devedor o direito de pedir a resolução do contrato; na segunda, uma das partes submete a outra a prestação manifestamente desproporcional em virtude de má-fé prévia ao negócio.

II. na primeira a excessiva onerosidade nasce da má-fé prévia ao negócio, enquanto que na segunda igualmente, mas o elemento que as diferencia é o fato de na lesão fala-se em ato anulável e na onerosidade excessiva falar-se em causa de resolução do contrato.

III. a lesão é vício do negócio jurídico, ao passo que a onerosidade excessiva é fator que gera a resolução ou modificação do contrato.

Alternativas:

(A) as assertivas I e II estão incorretas;

(B) as assertivas I e III estão incorretas;

(C) somente a assertiva II está incorreta;

(D) somente a assertiva III está incorreta;

(E) somente a assertiva I está incorreta.

I e **III:** corretas (artigos 478 e 157, ambos do CC); **II:** incorreta, pois contraria a alternativa I, que diferencia os institutos.

Gabarito "C"

(Procurador do Estado/SC – 2009) Assinale a alternativa incorreta.

(A) O instituto da onerosidade excessiva está vinculado aos problemas relacionados com o sinalagma funcional do vínculo obrigacional.

(B) O instituto da onerosidade excessiva, positivado no novo Código Civil, pode ser verificado nos contratos de execução continuada ou diferida e sempre terá como consequência a revisão contratual.

(C) A cláusula geral contida no art. 422 do novo Código Civil impõe ao juiz interpretar e, quando necessário, suprir e corrigir o contrato segundo a boa-fé objetiva, entendida como a exigência de comportamento leal dos contratantes.

(D) A função social do contrato, prevista no art. 421 do novo Código Civil, constitui cláusula geral, a impor a revisão do princípio da relatividade dos efeitos do contrato em relação a terceiros, implicando a tutela externa do crédito.

(E) A boa-fé objetiva deve ser observada pelas partes na fase de negociações preliminares e após a execução do contrato, quando tal exigência decorrer da natureza do contrato.

A: correta, pois só se pode falar em aplicação desse instituto nos contratos bilaterais ou sinalagmáticos, em que há obrigações recíprocas entre as partes, já que sua configuração depende de uma obrigação tornar-se desproporcional em relação à outra, considerando o equilíbrio original do contrato; **B:** incorreta, devendo ser assinalada, pois, muitas vezes, a única solução para o caso será a resolução do contrato (art. 478 do CC); **C:** correta, tratando-se do exato texto do Enunciado 26 do CJF; **D:** correta, tratando-se do exato texto do Enunciado 21 do CJF; **E:** correta (Enunciado 25 do CJF).

Gabarito "B"

(Procurador do Município/Cubatão-SP – 2012 – VUNESP) Em relação ao entendimento sobre a resolução por onerosidade excessiva, assinale a alternativa correta.

(A) Somente se aplica aos contratos bilaterais.

(B) Pode ser invocada apenas quando a onerosidade atinja toda a prestação.

(C) Confere à parte prejudicada o direito de descumprir o pactuado.

(D) Aplicam-se aos contratos de execução instantânea.

(E) A onerosidade pode atingir apenas parte da prestação principal.

A, B, C e **D:** incorretas; **E:** correta. Nos termos do art. 478, do CC, para que haja a resolução do contrato por onerosidade excessiva ou sua revisão (enunciados 176, 367 e 440, CJF), exige-se o preenchimento dos seguintes requisitos: a) contrato de execução continuada ou diferida (e não de execução instantânea); b) a prestação de uma das partes deve se tornar excessivamente onerosa (parcial ou total); c) extrema vantagem para a outra parte; d) acontecimento extraordinário e imprevisível. Oportuno registrar que tanto a doutrina quanto a jurisprudência discutem se a teoria da imprevisão pode ser aplicada em contrato aleatório. Existem duas correntes a respeito: 1ª) não é possível, pois o desequilíbrio econômico é inerente aos contratos aleatórios (REsp n. 783.520/GO, STJ); 2ª) é possível, pois a *falta de equivalência entre as prestações de um contrato não impede a apreciação de um certo equilíbrio contratual* (Gustavo Tepedino e enunciado n. 440, CJF).

Gabarito "E"

(Procurador do Estado/SC – 2010 – FEPESE) Assinale a alternativa correta, de acordo com o Código Civil Brasileiro.

(A) Não atendendo o alienante à denunciação da lide, e sendo manifesta a procedência da evicção, pode o adquirente deixar de oferecer contestação, ou usar de recursos.

(B) Verificada a evicção, o contrato será declarado nulo de pleno direito, devendo o alienante restituir o preço integral correspondente ao desfalque sofrido pelo adquirente, acrescido de juros e correção monetária.

(C) A fim de exercer o direito que da evicção lhe resulta, o adquirente pode, apenas, denunciar a lide ao alienante imediato.

(D) A garantia contra a evicção não abrange a aquisição que se tenha realizado em hasta pública.

(E) A doação, mesmo que típica, está sujeita às disposições pertinentes aos vícios redibitórios.

A: correta (art. 456, p. ún., do CC); **B:** incorreta, pois, verificada a evicção, o evicto tem os seguintes direitos: i) receber o preço da coisa, considerando a época em que se deu a perda (ou seja, não se trata da restituição do preço integral da coisa); ii) receber indenização pelos frutos que tiver sido obrigado a restituir; iii) receber indenização pelas despesas dos contratos e pelos prejuízos que diretamente resultarem da evicção; iv) receber as custas judiciais e os honorários advocatícios; **C:** incorreta, pois o adquirente pode denunciar da lide o alienante imediato, ou qualquer dos anteriores; **D:** incorreta, pois essa garantia abrange as aquisições feitas em hasta pública; **E:** incorreta, pois somente os contratos onerosos estão sujeitos à disciplina dos vícios redibitórios; a doação pura simples não está sujeita, mas a doação onerosa está (art. 441, p. ún., do CC).

Gabarito "A"

(Analista – TRE/RS – 2010 – FCC) Com relação à evicção é certo que

(A) salvo estipulação em contrário, não tem direito o evicto à indenização dos frutos que tiver sido obrigado a restituir.

(B) nos contratos onerosos, o alienante responde pela evicção, não subsistindo esta garantia se a aquisição se tenha realizado em hasta pública.

(C) não podem as partes, ainda que por cláusula expressa, diminuir ou excluir a responsabilidade pela evicção, tendo em vista o princípio da boa fé contratual que protege o contratante que cumpre fielmente as determinações legais.

(D) para poder exercitar o direito que da evicção lhe resulta, o adquirente notificará do litígio o alienante imediato, ou qualquer dos anteriores, quando e como lhe determinarem as leis do processo.

(E) salvo estipulação em contrário, não tem direito o evicto às custas judiciais e aos honorários do advogado por ele constituído.

A: incorreta (art. 450, I, do CC); **B:** incorreta, pois subsiste esta garantia ainda que a aquisição se tenha realizado em hasta pública (art. 447 do CC); **C:** incorreta, pois podem as partes, por cláusula expressa, reforçar, diminuir ou excluir a responsabilidade pela evicção (art. 448 do CC); **D:** correta (art. 456, *caput*, do CC); **E:** incorreta (art. 450, III, do CC).

Gabarito "D"

(Analista – TJ/SE – 2009 – FCC) A respeito dos contratos em geral, é correto que

(A) o que estipula em favor de terceiro não pode exigir o cumprimento da obrigação.

(B) se o contrato tiver por objeto a herança de pessoa viva, deverá, obrigatoriamente, ser feito por instrumento público.

(C) podem as partes, por cláusula expressa, reforçar, diminuir ou excluir a responsabilidade pela evicção.

(D) pode o adquirente demandar pela evicção mesmo sabendo que a coisa era alheia ou litigiosa.

(E) é vedado às partes celebrar contratos atípicos, ainda que observadas as normas gerais fixadas no Código Civil.

A: incorreta (art. 436 do CC); **B:** incorreta (art. 426 do CC); **C:** correta (art. 448 do CC); **D:** incorreta (art. 457 do CC); **E:** incorreta (art. 425 do CC).

Gabarito "C"

4.8. VÍCIOS REDIBITÓRIOS

4.8.1. Conceito

São problemas ocultos presentes em coisas recebidas em virtude de contrato comutativo, que as tornem impróprias ao uso a que são destinadas ou lhes diminuam o valor. O instituto está previsto nos arts. 441 a 446 do CC. São exemplos um carro com motor ruim e um apartamento com infiltração, vícios que o comprador nem sempre pode perceber. O fundamento do instituto é o princípio da garantia quanto à coisa. Não se deve confundir o instituto dos vícios redibitórios com o do erro e do dolo. O vício é um problema na coisa, ao passo que o erro e o dolo são problemas na vontade. Além disso, o vício possibilita a redibição do contrato ou o abatimento no preço, ao passo que o erro e o dolo ensejam a anulação do contrato.

4.8.2. Requisitos para a configuração do instituto

a) prejuízo sensível ao uso ou ao valor da coisa;

b) problema imperceptível à diligência ordinária do adquirente (vício oculto);

c) problema já existente ao tempo da entrega da coisa;

d) contrato oneroso e comutativo.

4.8.3. Efeitos

Configurado o vício, o adquirente poderá ingressar com uma das seguintes ações (denominadas ações edilícias):

4.8.3.1. Ação redibitória

É aquela que objetiva a rescisão do contrato. Nesta ação pede-se a extinção do contrato, com a devolução do valor recebido e o pagamento das despesas do contrato. Se o alienante sabia do vício, o adquirente pode também pedir indenização por perdas e danos.

4.8.3.2. Ação estimatória (quanti minoris)

É *aquela que tem por finalidade a obtenção do abatimento do preço.*

Observação: o prazo para ingressar com as ações acima é decadencial, uma vez que nos dois casos estamos diante de prazo previsto na Parte Especial do CC, bem como de pretensões de natureza constitutiva (rescisão e modificação do contrato, respectivamente).

4.8.4. Prazo para ingressar com a ação

a) se a coisa for móvel: 30 dias.

b) se a coisa for imóvel: 1 ano.

4.8.5. Termo *a quo*

Conta-se o prazo da (do):

4.8.5.1. Data da entrega efetiva

Quando o adquirente não estava na posse da coisa.

4.8.5.2. Data da alienação

Quando o adquirente estava na posse da coisa. Nesse caso, o prazo fica reduzido à metade.

4.8.5.3. No momento em que o adquirente tiver ciência do vício

Quando este, além de oculto, só poderá ser conhecido mais tarde, dada a sua natureza. Neste caso, a lei estipula um prazo máximo para *ciência* do vício. Esse prazo é de 180 dias para móvel e de 1 ano para imóvel. Assim, se uma pessoa comprar um carro com esse tipo de vício e vier a descobri-lo 170 dias depois, cumpriu o primeiro prazo, qual seja, o prazo de 180 dias para a tomada de ciência do problema na coisa. Em seguida, começará o segundo prazo, o de *garantia* para ingressar com uma das ações mencionadas. No caso, o prazo será de 30 dias, por se tratar de móvel. Mas, se a pessoa só tem ciência do vício 190 dias após a aquisição, o *prazo para ciência* do vício terá terminado, ficando prejudicado o direito. Nessa hipótese, nem se começa a contar o *prazo de garantia*. Nesta seara é a redação do Enunciado n. 174 JDC/CJF: *Em se tratando de vício oculto, o adquirente tem os prazos do caput do art. 445 para obter redibição ou abatimento de preço, desde que os vícios se revelem nos prazos estabelecidos no § 1º, fluindo, entretanto, a partir do conhecimento do defeito.*

Essas disposições estão previstas no art. 445, §§ 1° e 2° do CC. Neste sentido, o Enunciado 28 JDC/CJF aduz que *o disposto no art. 445, §§ 1º e 2º, do Código Civil reflete a consagração da doutrina e da jurisprudência quanto à natureza decadencial das ações edilícias.*

4.8.6. Garantia contratual

O CC estabelece que "não correrão os prazos da garantia legal na constância da garantia contratual" (art. 446). Isso significa que, havendo garantia voluntária (ex.: até a próxima Copa do Mundo), primeiro se conta o prazo dela, para só depois se contar o prazo da garantia legal. Todavia, a lei dispõe que, havendo garantia voluntária (= a garantia contratual), o adquirente deve denunciar eventual defeito que a coisa tiver ao alienante no prazo de 30 dias após seu descobrimento, sob pena de decadência. Ou seja, a lei dá com uma mão (diz que os prazos de garantia voluntária e legal devem ser somados), mas tira com a outra (estabelece um procedimento diferente, que obriga o adquirente a avisar a ocorrência do defeito ao alienante 30 dias após essa descoberta), prazo independente do de garantia. Aqui temos o chamado "prazo de aviso". De qualquer forma, nunca haverá decadência em prazo menor que o próprio prazo de garantia legal (30 dias para móvel e 1 ano para imóvel).

4.8.7. Vício redibitório no CC X Vício no CDC

Abaixo elencamos 11 (onze) diferenças básicas entre o vício redibitório (instituto do Código Civil) e o vício (instituto do CDC):

a) O CC trata de vícios em coisas; o CDC, de vício em produto ou serviço;

b) No CC, o vício tem de ser oculto; no CDC, pode ser oculto ou aparente;

c) No CC, a doutrina exige sensível prejuízo; no CDC, não há essa exigência;

d) No CC, a garantia é de 30 dias para móvel e de 1 ano para imóvel; no CDC, de 90 dias para produto durável e de 30 dias para produto não durável;

e) No CC, o termo *a quo* do prazo pode ser as datas da entrega (vício oculto simples), da alienação (adquirente já na posse da coisa) e da ciência do vício (vício oculto de conhecimento tardio); no CDC, as datas da entrega (vício aparente) e da ciência do vício (vício oculto);

f) No CC, há prazo máximo para tomar ciência de vício oculto de conhecimento tardio (180 dias para móvel e 1 ano para imóvel) e prazo para avisar o defeito quando há garantia contratual (30 dias); no CDC, não existem tais prazos;

g) No CC, o prazo de garantia é para entrar com ação redibitória ou estimatória; no CDC, é para pedir o conserto da coisa aos fornecedores (o fornecedor terá 30 dias para consertar), salvo se a coisa for essencial ou o conserto puder comprometê-la, quando se autoriza pedir diretamente outra coisa;

h) No CC, o prazo de garantia não se suspende, nem se interrompe; no CDC, com a reclamação (comprovada) pedindo o conserto da coisa, o prazo de garantia fica suspenso, voltando a correr com a recusa em consertar, quando então o prazo restante passa a ser para entrar com uma ação contra o fornecedor;

i) No CC, cabem as ações redibitória (extinção do contrato) e estimatória (abatimento do preço); no CDC, as ações redibitória, estimatória e a ação para substituição do produto por outro da mesma espécie;

j) No CC, o adquirente só tem direito a perdas e danos se o alienante sabia do vício; no CDC, todo dano deve ser indenizado, independentemente da ciência do vício pelo fornecedor (responsabilidade objetiva);

k) No CC, é possível diminuir ou excluir a garantia, se houver circunstância justificável; no CDC, só é possível a limitação da garantia e, mesmo assim, se o consumidor for pessoa jurídica.

4.9. EXTINÇÃO DOS CONTRATOS

4.9.1. Execução

Esta é a forma normal de extinção dos contratos. Na compra e venda a execução se dá com a entrega da coisa (pelo vendedor) e com o pagamento do preço (pelo comprador).

4.9.2. Invalidação

O contrato anulável produz seus efeitos enquanto não for anulado pelo Poder Judiciário. Uma vez anulado (decisão constitutiva), o contrato fica extinto com efeitos "ex nunc". Já o contrato nulo recebe do Direito uma sanção muito forte, sanção que o priva da produção de efeitos desde o seu início. A parte interessada ingressa com ação pedindo uma decisão declaratória, decisão que deixa claro que o contrato nunca pode produzir efeitos, daí porque essa decisão tem efeitos "ex tunc". Se as partes acabaram cumprindo "obrigações", o juiz as retornará ao estado anterior.

4.9.3. Resolução

Há quatro hipóteses de extinção do contrato pela resolução, a saber:

4.9.3.1. Por inexecução culposa

É aquela que decorre de culpa do contratante. Há dois casos a considerar:

a) **se houver cláusula resolutiva expressa (pacto comissório)**, ou seja, previsão no próprio contrato de que a inexecução deste gerará sua extinção, a resolução opera de pleno direito, ficando o contrato extinto (Enunciado n. 436 JDC/CJF: *A cláusula resolutiva expressa produz efeitos extintivos independentemente de pronunciamento judicial*). Nesta esteira, alerta o Enunciado n. 548 JDC/CJF que *caracterizada a violação de dever contratual, incumbe ao* ***devedor*** *o ônus de demonstrar que o fato causador do dano não lhe pode ser imputado.* Presente a cláusula resolutiva expressa, o credor que ingressar com ação judicial entrará apenas com uma ação declaratória, fazendo com que a sentença tenha efeitos *ex tunc*. A lei protege o devedor em alguns contratos, estabelecendo que, mesmo existindo essa cláusula, ele tem o direito de ser notificado para purgar a mora (fazer o pagamento atrasado) no prazo estabelecido na lei.

b) **se não houver cláusula resolutiva expressa,** a lei estabelece a chamada **"cláusula resolutiva tácita"**, disposição que está implícita em todo contrato, e que estabelece que o seu descumprimento permite que a outra parte possa pedir a resolução do contrato. Neste caso, a resolução dependerá de interpelação judicial para produzir efeitos, ou seja, ela não ocorre de pleno direito. Repare que não basta mera interpelação extrajudicial. Os efeitos da sentença judicial serão "ex nunc".

É importante ressaltar que a parte lesada pelo inadimplemento (item *a* ou *b*) tem duas opções (art. 474 do CC): a) pedir a resolução do contrato; ou b) exigir o cumprimento do contrato. Em qualquer dos casos, por se tratar de inexecução culposa, caberá pedido de indenização por perdas e danos. Se houver cláusula penal, esta incidirá independentemente de prova de prejuízo (art. 416 do CC). Todavia, uma indenização suplementar dependerá de convenção no sentido de que as perdas e os danos não compreendidos na cláusula penal também serão devidos. Neste sentido, o Enunciado n. 31 JDC/CJF afirma que as perdas e danos dependem da imputabilidade da causa da possível resolução.

Para a aferição das perdas e danos deve-se ainda levar em conta a proporção do adimplemento da prestação. Havendo adimplemento substancial da avença, as perdas e danos deverão equitativas à parcela não atendida, respeitando-se sempre a razoabilidade. Neste contexto, cita-se o Enunciado n. 361 JDC/CJF: *O adimplemento substancial decorre dos princípios gerais contratuais, de modo a fazer preponderar a função social do contrato e o princípio da boa-fé objetiva, balizando a aplicação do art. 475.*

4.9.3.2. *Por inexecução involuntária*

É aquela que decorre da impossibilidade da prestação. Pode decorrer de caso fortuito ou força maior, que são aqueles fatos necessários, cujos efeitos não se consegue evitar ou impedir. Esta forma de inexecução exonera o devedor de responsabilidade (art. 393 do CC), salvo se este expressamente assumiu o risco (art. 393 do CC) ou se estiver em mora (art. 399 do CC).

4.9.3.3. *Por onerosidade excessiva*

Conforme vimos, no caso de onerosidade excessiva causada por fato extraordinário e imprevisível, cabe revisão contratual. Não sendo esta possível, a solução deve ser pela resolução do contrato, sem ônus para as partes. A resolução por onerosidade excessiva está prevista no art. 478 do CC.

4.9.4. Resilição

4.9.4.1. *Conceito*

É a extinção dos contratos pela vontade de um ou de ambos contratantes. A palavra-chave é *vontade*. Enquanto a resolução é a extinção por inexecução contratual ou onerosidade excessiva, a resilição é a extinção pela vontade de uma ou de ambas as partes.

4.9.4.2. *Espécies*

a) **bilateral**, *que é o acordo de vontades para pôr fim ao contrato* (**distrato**). A forma para o distrato é a mesma que a lei exige para o contrato. Por exemplo, o distrato de uma compra e venda de imóvel deve ser por escritura, pois esta é a forma que a lei exige para o contrato. Já o distrato de um contrato de locação escrito pode ser verbal, pois a lei não exige documento escrito para a celebração de um contrato de locação. É claro que não é recomendável fazer um distrato verbal no caso, mas a lei permite esse procedimento.

b) **unilateral**, *que é a extinção pela vontade de uma das partes* (**denúncia**). Essa espécie de resilição só existe por exceção, pois o contrato faz lei entre as partes. Só é possível a denúncia unilateral do contrato quando: i) houver previsão contratual ou ii) a lei expressa ou implicitamente autorizar. Exemplos: em contratos de execução continuada com prazo indeterminado, no mandato, no comodato e no depósito (os três últimos são contratos feitos na base da confiança), no arrependimento de compra feita fora do estabelecimento comercial (art. 49 do CDC) e nas denúncias previstas na Lei de Locações (arts. 46 e 47 da Lei 8.245/91). A lei exige uma formalidade ao denunciante. Este deverá notificar a outra parte, o que poderá ser feito extrajudicialmente. O efeito da denúncia é "ex tunc". Há uma novidade no atual CC, que é o "aviso prévio legal". Esse instituto incide se alguém denuncia um contrato prejudicando uma parte que fizera investimentos consideráveis. Nesse caso, a lei dispõe que a denúncia unilateral só produzirá efeitos após um prazo compatível com a amortização dos investimentos (art. 473, parágrafo único).

4.9.5. Morte

Nos contratos impessoais, a morte de uma das partes não extingue o contrato. Os herdeiros deverão cumpri-lo segundo as forças da herança. Já num contrato personalíssimo (contratação de um advogado, contratação de um cantor), a morte da pessoa contratada extingue o contrato.

4.9.6. Rescisão

A maior parte da doutrina encara a rescisão como gênero, que tem como espécies a resolução, a resilição, a redibição etc.

4.9.7. Jurisprudência selecionada

DIREITO CIVIL. NÃO CARACTERIZAÇÃO DA FERRUGEM ASIÁTICA COMO FATO EXTRAORDINÁRIO E IMPREVISÍVEL PARA FINS DE RESOLUÇÃO DO CONTRATO.
A ocorrência de "ferrugem asiática" na lavoura de soja não enseja, por si só, a resolução de contrato de compra e venda de safra futura em razão de onerosidade excessiva. Isso porque o advento dessa doença em lavoura de soja não constitui o fato extraordinário e imprevisível exigido pelo art. 478 do CC/2002, que dispõe sobre a resolução do contrato por onerosidade excessiva. Precedente citado: REsp 977.007-GO, Terceira Turma, DJe 2/12/2009. **REsp 866.414-GO, Rel. Min. Nancy Andrighi, julgado em 20/6/2013.** (Inform. STJ 526)

RESCISÃO CONTRATUAL. INTERPELAÇÃO PRÉVIA.
Trata-se de REsp em que a controvérsia cinge-se em definir se era dispensável a interpelação prévia com o escopo de os autores, ora recorridos, ajuizarem ação de rescisão contratual, cumulada com pedido de perdas e danos e reintegração de posse, relativa a contrato que envolvia direito de exploração de jogos lotéricos. A Turma entendeu, entre outras questões, que, na hipótese dos autos, por expressa disposição do acórdão recorrido, não há contratualmente termo prefixado para o cumprimento das obrigações em testilha, razão pela qual, se houve mora, essa não é *ex re*, mas *ex persona*, sendo indispensável a interpelação prévia do devedor, judicial ou extrajudicialmente. Assim, havendo pedido de resolução contratual, tal como no caso, a regra aplicável, por especialidade, deve ser a constante no art. 119, parágrafo único, do CC/1916. Precedentes citados: REsp 734.520-MG, DJ 15/10/2007, e REsp 159.661-MG, DJ 14/2/2000. **REsp 780.324-PR, Rel. Min. Luis Felipe Salomão, julgado em 24/8/2010**. (Inform. STJ 444)

RESCISÃO CONTRATUAL. COMPRA E VENDA. IMÓVEL.
Trata-se, originariamente, de ação de rescisão contratual de promessa de compra e venda de imóvel em desfavor da ora recorrente, objetivando, além da desconstituição do negócio, a devolução de todas as parcelas pagas acrescidas de juros e multa, atualizadas monetariamente, bem como as perdas e danos. Sustenta a recorrente ofensa ao art. 1.092 do CC/1916, porquanto, havendo os compradores suspendido o pagamento das parcelas do preço antes do ajuizamento da ação, não poderiam exigir da construtora o adimplemento obrigacional, visto que também descumpriram o contrato. Para o Min. Relator, conforme o acórdão recorrido, ficou patenteado, no exame realizado pelas instâncias ordinárias, que efetivamente o atraso que já se configurava era claro em revelar a inadimplência da construtora, de sorte que o agir dos autores, ora recorridos, na cessação do pagamento era medida defensiva, para evitar prejuízo maior, até porque a suspensão deu-se não antes da paralisação das obras, mas sim quando do retardado reinício dessas, cinco meses além do fim do prazo que a própria construtora previra para o prosseguimento. Correto, pois, o referido acórdão quando concluiu que, então, os autores achavam-se ao abrigo da exceção de contrato não cumprido. Diante disso, a Turma não conheceu do recurso. **REsp 593.471-SP, Rel. Min. Aldir Passarinho Junior, julgado em 13/10/2009.** (Inform. STJ 411)

CONTRATO. RESCISÃO UNILATERAL.
Para a Turma, a sociedade empresarial que, sem aviso prévio, rescinde contrato de distribuição de produto de marca nacionalmente conhecida está obrigada a indenizar os prejuízos causados à sociedade empresarial prejudicada pela rescisão. *In casu*, a ação de indenização foi proposta após a rescisão unilateral e havia contrato verbal de distribuição de gêneros alimentícios que se manteve por 30 anos e correspondia a 70% do faturamento da recorrida. Precedentes citados: REsp 423.120-RS, DJ 21/10/2002; REsp 647.448-RJ, DJ 29/8/2005, e REsp 995.504-SP, DJe 26/5/2008. **REsp 401.704-PR, Rel. Min. Honildo de Mello Castro (Desembargador convocado do TJ-AP), julgado em 25/8/2009.** (Inform. STJ 404)

RESCISÃO. VENDA. IMÓVEL. CORREÇÃO MONETÁRIA.
Em ação de rescisão de contrato imobiliário em que houve inadimplência do construtor em entregar a obra na data aprazada, sem culpa do comprador, incide a correção monetária na restituição das parcelas pagas desde seu desembolso, com o propósito de evitar-se o enriquecimento sem causa do construtor. Com esse entendimento, a Seção deu provimento aos embargos. Precedentes citados: AgRg no Ag 658.531-RJ, DJ 1º/10/2007; REsp 737.856-RJ, DJ 26/2/2007, e REsp 612.438-RS, DJ 19/6/2006. **EREsp 876.527-RJ, Rel. Min. Sidnei Beneti, julgados em 10/12/2008**. (Inform. STJ 380)

CONTRATO. RESCISÃO. IMÓVEL. INADIMPLÊNCIA.
A Turma reiterou que não há que se falar em enriquecimento sem causa, além da incompatibilidade entre a finalidade social da construção de moradias para a população de baixa renda e a busca de lucro, já que, com a inadimplência, houve a rescisão do contrato de compra e venda, bem como a devolução do imóvel, com retenção de percentual sobre os valores pagos ao promitente vendedor. Ademais, não há evidências de má-fé ou locupletamento dos recorridos, como pretende o instituto de desenvolvimento habitacional em questão, que deve desenvolver, para os carentes, programas habitacionais sem fins lucrativos, incom-

patíveis com a indenização pretendida pela rescisão contratual. Precedentes citados: REsp 302.215-RJ, DJ 23/8/2004, e REsp 247.615-RJ, DJ 15/3/2004. **REsp 1.029.130-DF, Rel. Min. Nancy Andrighi, julgado em 16/9/2008**. (Inform. STJ 368)

CONTRATO. RESCISÃO. BLINDAGEM. VEÍCULO.
O recorrente e a empresa de equipamentos de proteção firmaram contrato para blindagem de automóvel usado de sua propriedade, incluído o transporte do veículo do Rio de Janeiro para São Paulo (sede da empresa). O carro, no entanto, foi roubado quando era transportado. Com esse acontecimento, as partes firmaram acordo verbal propondo-se a empresa a comprar um outro veículo, zero quilômetro, e blindá-lo, como forma de compensação pelos transtornos. Em troca, o proprietário do veículo repassaria à empresa o valor do seguro correspondente. Não cumprida a avença, a empresa recorrida ajuizou medida cautelar, que foi deferida para mantê-la na posse do veículo por três anos, quando extinto o processo sem julgamento do mérito. A apelação da empresa foi parcialmente provida para determinar que lhe seja entregue o valor do seguro, em virtude do reconhecimento do acordo verbal. No recurso, o recorrente sustenta haver o acórdão decidido *extra petita* ao determinar o pagamento do valor do seguro porquanto a inicial busca apenas a rescisão do contrato, com a consolidação da posse e propriedade do veículo nas mãos da empresa. O acórdão admite não constar do pedido o pagamento do valor do seguro à recorrida, afirmando apenas haver menção àquele compromisso. Para o Min. Relator, o pleito é unicamente de rescisão do acordo verbal entabulado pelas partes, com a declaração de propriedade em prol da empresa do veículo objeto da contenda. Não há pedido de pagamento da quantia que o recorrente receberia da seguradora. Nada autoriza o entendimento de obrigatoriedade da entrega do valor do seguro. Isso não foi pedido e, portanto, não pode ser concedido, uma vez que a interpretação deve ser restritiva (CPC, art. 293). Precedente citado: REsp 218.687-RS, DJ 27/3/2000. **REsp 824.015-RJ, Rel. Min. Fernando Gonçalves, julgado 22/4/2008.** (Inform. STJ 353)

IMÓVEL. INCORPORADORA. RESCISÃO. CONTRATO. CONSTRUÇÃO POR ADMINISTRAÇÃO.
Trata-se de saber se a incorporadora detém legitimidade para figurar no polo passivo de ação visando à rescisão de contrato e devolução de valores pagos ajuizada por adquirente inadimplente, tendo a obra sido contratada no regime de construção por administração. A Min. Relatora esclareceu que, no regime de construção por administração, a obra torna-se um empreendimento coletivo dos adquirentes, controlado por intermédio de uma comissão de representantes, a quem cabe, entre outras coisas, o recebimento de valores em contas abertas em nome do condomínio. Nos termos do art. 63 da Lei n. 4.591/1964, o condomínio tem legitimidade, inclusive, para alienar em leilão a unidade do adquirente em atraso, justamente para recompor seu caixa – fruto das contribuições dos próprios condôminos – e permitir que a obra não seja prejudicada. Assim, não há como cogitar que a incorporadora figure no polo passivo de ação cujo escopo seja obter a restituição de valores pagos diretamente ao condomínio e por ele administrados para investimentos na construção. Ademais, esse imóvel foi levado a leilão (praça), tendo sido adjudicado pelo condomínio. Destarte, foi o condomínio e não a incorporadora que se beneficiou financeiramente frente ao recorrido: além de ter recebido e administrado os valores pagos ao longo do contrato, também adjudicou para si a unidade adquirida pelo recorrido. Note-se que não se está aqui a negar o direito do recorrido de pleitear judicialmente a devolução dos valores que entender devidos, todavia sua pretensão deve ser dirigida contra quem tenha legitimidade para tanto, *in casu*, o condomínio. Dessa forma, quanto ao pedido de devolução dos valores pagos, imperioso que se reconheça a ilegitimidade passiva da incorporadora. **REsp 679.627-ES, Rel. Min. Nancy Andrighi, julgado em 26/10/2006.** (Inform. STJ 302)

PROMESSA. COMPRA E VENDA. RESCISÃO. RETENÇÃO.
Trata-se de ação movida pelo recorrente contra empresa construtora, objetivando a rescisão do contrato de promessa de compra e venda e o recebimento da totalidade das parcelas pagas, devido à desistência da aquisição de imóvel em empreendimento residencial promovido pela ré. A partir do julgamento do REsp 59.870-SP, DJ 7/2/2000, posicionou-se este Superior Tribunal no sentido de ser possível ao consumidor adquirente de imóvel propor o desfazimento da compra em face de impossibilidade sua no adimplemento das prestações. Também ficou definido como razoável um percentual de 25% das parcelas pagas pelo comprador para o ressarcimento das despesas administrativas, propaganda, corretagem, depreciação imobiliária (de imóvel novo para usado), desgaste pelo uso, impostos, recolocação no mercado etc alusivas à unidade residencial. Precedentes citados: REsp 196.311-MG, DJ 19/8/2002, e REsp 723.034-MG, DJ 12/6/2006. **REsp 332.947-MG, Rel. Min. Aldir Passarinho Junior, julgado em 24/10/2006.** (Inform. STJ 302)

CONTRATO. REDUÇÃO. CLÁUSULA PENAL COMPENSATÓRIA.
É possível reduzir a multa penal compensatória para evitar o enriquecimento sem causa, como no caso dos autos, em que as instâncias ordinárias consideraram que a reconvinda cumpriu a maior parte de suas obrigações, havendo dação em pagamento. **REsp 798.369-DF, Rel. Min. Carlos Alberto Menezes Direito, julgado em 26/9/2006.** (Inform. STJ 298)

4.9.8. Quadro sinótico

1. Princípios contratuais

1.1. Princípio da autonomia da vontade

1.1.1. Conceito: *é aquele que assegura a liberdade de contratar, consistente na escolha entre celebrar ou não um contrato e na faculdade de escolher com quem, o que e como contratar*

1.1.2. Consequências

i) liberdade quádrupla: as pessoas podem contratar *se*, com *quem*, o *quê* e *como* quiserem

ii) *pacta sunt servanda*: a vontade livremente manifestada "faz lei entre as partes" (princípio da força obrigatória)

iii) relatividade dos contratos: os contratos só vinculam os contratantes (princípio da relatividade)

1.2. Princípio da função social dos contratos

1.2.1. Conceito: *aquele que só protege contratos que objetivam trocas úteis, justas e não prejudiciais ao interesse coletivo*

1.2.2. Consequências valorativas:

a) os contratos devem ser **úteis** para as partes; ex: não é útil o contrato com venda casada

b) os contratos devem ser **justos**, ou seja, devem ser equilibrados e sem abusividade; ex: viola o princípio cláusula que estabelece que um contratante fica exonerado de qualquer responsabilidade pelo serviço prestado

c) os contratos devem **respeitar o interesse coletivo**, ou seja, não podem prejudicar os interesses difusos e coletivos, tais como o meio ambiente ecologicamente equilibrado

- O juiz, diante dessa cláusula geral, valer-se-á das *regras de experiência* e das *conexões sistemáticas*

1.2.3. Consequências operacionais/instrumentais

O princípio, de ordem pública (art. 2.035, p. ún., do CC), tem tríplice função no plano operacional (instrumental):

a) interpretativa: é vetor interpretativo da lei e do contrato

b) integrativa: é meio de integração em caso de lacuna

c) corretiva: corrige cláusulas contratuais injustas e abusivas, tendo o juiz as seguintes possibilidades:

i) modificar a cláusula

ii) invalidar a cláusula

iii) resolver o contrato

iv) condenar o ofensor ao pagamento de uma indenização

1.3. Princípio da boa-fé objetiva

1.3.1. Conceito: *aquele que impõe aos contratantes guardar em todas as fases que envolvem o contrato o respeito à lealdade*

1.3.2. Consequências valorativas:

a) contratantes devem ser **leais**, ou seja, devem agir com honestidade, retidão, respeito, cuidado e probidade

b) impõe **boa-fé objetiva**, ou seja, a concepção *ética* da boa-fé, e não a concepção individual, subjetiva

- o juiz, diante dessa cláusula geral, também deverá se valer das *regras de experiência* e das *conexões sistemáticas*

1.3.3. Extensão no tempo: o princípio deve ser obedecido em todas as fases contratuais: a) tratativas; b) celebração (ou conclusão); c) execução; d) extinção; e e) fase pós-contratual

1.3.4. Consequências operacionais: o princípio tem as seguintes funções operacionais ou instrumentais:

a) interpretativa, **integrativa** e **corretiva**

b) criativa de deveres anexos, vez que estabelece deveres acessórios a todos os contratos, proibindo que as pessoas exerçam abusivamente seus direitos e impondo que as pessoas ajam com cuidado e respeito

- Enunciado CFJ 24: a violação de deveres anexos constitui espécie de inadimplemento, independentemente de culpa

2. Classificação dos Contratos

2.1. Quanto aos efeitos (ou quanto às obrigações):

2.1.1. Contratos unilaterais: *são aqueles em que há obrigações para apenas uma das partes*

Exs: doação pura e simples, mandato, depósito, mútuo e comodato

- Os três últimos são unilaterais, pois só se formam no instante da entrega da coisa; a partir desse momento, só uma das partes (a devedora) tem obrigações

2.1.2. Contratos bilaterais: *são aqueles em que há obrigações para ambos os contratantes*

- Também são chamados de sinalagmáticos

Exs: a prestação de serviços e a compra e venda

2.1.3. Contratos bilaterais imperfeitos: *são aqueles originariamente unilaterais, que se tornam bilaterais por uma circunstância acidental*

- Ex: mandato e depósito não remunerados

2.1.4. Contratos bifrontes: *são aqueles que originariamente podem ser unilaterais ou bilaterais*

- Ex: mandato e depósito

Importância da classificação:

- apenas nos contratos bilaterais cabe exceção de contrato não cumprido, seja por inexecução total (*exceptio non adimplecti contractus*), seja por inexecução parcial (*exceptio non rite adimplecti contractus*)

- Verificar qual das duas partes tem de cumprir primeiro a obrigação

2.2. Quanto às vantagens:

2.2.1. Contratos gratuitos: *são aqueles em que há vantagens apenas para uma das partes*

- Também são chamados de benéficos

- Ex: doação pura e simples, depósito e mútuo não remunerados, comodato

2.2.2. Contratos onerosos: *são aqueles em que há vantagens para ambas as partes*

- Ex: compra e venda, prestação de serviços, mútuo remunerado (feneratício) e doação com encargo

- Não confundir com a classificação anterior, pois há contratos unilaterais e onerosos, como o mútuo feneratício

2.3. Quanto ao momento de formação

2.3.1. Contrato consensual: *é aquele que se forma no momento do acordo de vontades*

- Ex: a compra e venda e o mandato

- Entrega da coisa (tradição) é mera execução do contrato

2.3.2. Contrato real: *é aquele que somente se forma com a entrega da coisa*

- Ex: comodato, depósito e mútuo

- Entrega da coisa é requisito para a formação do contrato

2.4. Quanto à forma

2.4.1. Contratos não solenes: *são os de forma livre*

- Ex: compra e venda de bens móveis, prestação de serviços e locação

- A regra é ter o contrato forma livre (art. 107 do CC), obedecendo forma especial só quando a lei determinar

2.4.2. Contratos solenes: *são aqueles que devem obedecer a uma forma prescrita em lei* – Ex: compra e venda de imóveis, seguro e fiança

- A forma costuma ser essencial para a validade do negócio (forma "ad solemnitatem"), mas há situações em que a forma é mero meio de prova (forma "ad probationem tantum")

2.5. Quanto à existência de regramento legal

2.5.1. Contratos típicos (ou nominados): *são os que têm regramento legal específico*

- Exs: compra e venda, locação de imóveis urbanos

2.5.2. Contratos atípicos (ou inominados): *são os que não têm regramento legal específico*

- Ex: cessão de clientela, agenciamento matrimonial

- Podem ser celebrados, observados os limites legais

2.5.3. Contratos mistos: *são os que resultam da fusão de contratos nominados com elementos particulares, não previstos pelo legislador, criando novos negócios contratuais*

- Ex: exploração de lavoura de café, em que se misturam locação, empreitada, arrendamento rural e parceria agrícola

2.6. Quanto às condições de formação

2.6.1. Contratos paritários: *são aqueles em que as partes estão em situação de igualdade, podendo discutir efetivamente as condições contratuais*

2.6.2. Contratos de adesão: *são aqueles cujas cláusulas são:*

a) aprovadas pela autoridade competente ou

b) estabelecidas unilateralmente, sem que o aderente possa modificar/discutir substancialmente seu conteúdo

- Ex: contratos de financiamento bancário, seguro e telefonia

- a inserção de cláusula no formulário não desnatura o contrato, que continua de adesão

Regras no CC:

a) as cláusulas **ambíguas** devem ser interpretadas favoravelmente ao aderente

b) a cláusula que estipula a **renúncia antecipada** do aderente a direito resultante da natureza do contrato é nula

Regras no CDC:

a) os contratos de adesão admitem cláusula resolutória, mas estas são alternativas, cabendo a escolha ao consumidor

b) as cláusulas limitativas de direito devem ser redigidas com destaque, permitindo sua imediata e fácil identificação, sob pena de nulidade

2.7. Quanto à definitividade

2.7.1. Contratos definitivos: *são aqueles que criam obrigações finais aos contratantes*

2.7.2. Contratos preliminares: *são aqueles que têm como objeto a realização futura de um contrato definitivo*

Ex: compromisso de compra e venda

- Os contratos preliminares devem conter os *requisitos essenciais* do contrato a ser celebrado, *salvo quanto à forma*

- O contrato preliminar deve ser levado a *registro* para ter eficácia perante terceiros

- Mas o compromissário comprador, uma vez pagas todas as parcelas do compromisso, tem direito à adjudicação compulsória, independentemente do registro

- A parte prejudicada pode pedir que o juiz supra a vontade daquele que não celebra o contrato definitivo

2.8. Quanto ao momento de execução

2.8.1. Contratos instantâneos: *são aqueles em que a execução se dá no momento da celebração*

- Ex: compra e venda de pronta entrega e pagamento

2.8.2. Contratos de execução diferida: *são aqueles em que a execução se dá em ato único, em momento posterior à celebração*

- Ex: compra e venda para pagamento em 120 dias

2.8.3. Contratos de trato sucessivo ou de execução continuada: *são aqueles em que a execução é distribuída no tempo em atos reiterados*

- Ex: compra e venda em prestações, locação e financiamento pago em parcelas

3. Onerosidade Excessiva

3.1. Requisitos para aplicação da regra da imprevisão

a) o contrato deve ser de execução continuada ou diferida

b) a prestação de uma das partes deve se tornar excessivamente onerosa

c) a outra parte deve ficar com extrema vantagem

d) o desequilíbrio deve ser decorrência de acontecimentos extraordinários e imprevisíveis

(doutrina aceita acontecimento imprevisível ou resultados imprevisíveis)

Ex: uma guerra que afeta substancialmente o preço do petróleo, desequilibrando contratos de longo prazo no Brasil

3.2. Consequência da configuração do instituto

- Pode-se pedir em juízo a ***resolução*** do contrato, retroagindo os efeitos da sentença para a data da citação (art. 478 do CC)

- Isso **fere** os princípios da conservação dos contratos, função social, boa-fé objetiva e proibição de exercício abusivo dos direitos, bem como os arts. 317 e 480 do CC

- Assim, doutrina e jurisprudência entendem que se deve buscar, em 1° lugar, a ***revisão*** contratual; e, se não for possível, promover a resolução do contrato.

- Se o prejudicado pedir a resolução do contrato e o réu se oferecer a modificar equitativamente as condições do contrato, o juiz pode aceitar a proposta

4. Evicção

4.1. Conceito: *é a perda da coisa adquirida onerosamente, em virtude de decisão judicial ou administrativa que a atribui a outrem por motivo anterior à aquisição*

- Ex: "A" compra carro de "B", mas vem a perdê-lo para "C", verdadeiro proprietário da coisa

- **Alienante**: aquele que transferiu o direito sobre a coisa e que não era seu verdadeiro titular

- **Evicto:** aquele que adquiriu o direito sobre a coisa, mas foi vencido numa demanda promovida por terceiro, verdadeiro titular de tal direito

- **Evictor** ou **evencente**: terceiro reivindicante da coisa, que vence a demanda que promoveu contra o adquirente

4.2. Incidência:

- Na perda da *posse* e na perda do *domínio*

- Perda pode ser *parcial* ou *total*

- Deve se tratar de *contrato oneroso* ou *doação para casamento com certa e determinada pessoa*

- A garantia subsiste mesmo na compra feita em *hasta pública*

- A privação da coisa, configuradora da evicção, pode se dar tanto por *decisão judicial* como por *decisão administrativa*

4.3. Garantia

- Ocorrendo a evicção, o evicto se voltará contra o alienante para fazer valer os seguintes direitos:

a) *restituição integral do preço ou das quantias pagas;* o preço será o do valor da coisa na época em que se evenceu

b) *indenização dos frutos que tiver sido obrigado a restituir*

c) *indenização pelas despesas dos contratos e pelos prejuízos que diretamente resultarem da evicção;* exs: escritura, registro e imposto; correção monetária e juros

d) de *ressarcimento das custas judiciais e dos honorários do advogado por ele constituído*

e) de *pagamento das benfeitorias necessárias ou úteis que fizer, não abonadas pelo reivindicante*

4.4. Evicção parcial

- Se a evicção for parcial, mas considerável (ex: evicto perde 80% de uma fazenda comprada), ele terá duas opções:

a) pedir a *restituição de parte do preço* correspondente ao desfalque sofrido

b) optar pela *rescisão do contrato*, com a devolução total do preço pago

4.5. Possibilidades de alteração da garantia

4.5.1. Possibilidades: é facultado às partes, desde que por cláusula expressa, reforçar, diminuir ou excluir a responsabilidade pela evicção

4.5.2. Exclusão parcial:

- Dá-se quando há mera cláusula que exclui a garantia (ex.: "fica excluída a garantia que decorre da evicção")

- Aqui temos uma *cláusula genérica de exclusão da garantia*

- Evicto **terá direito** à devolução do preço pago pela coisa

- Ficam excluídos **somente** os demais direitos que decorrem da evicção (indenização dos frutos, despesas, prejuízos, sucumbência e benfeitorias)

- Preserva-se o não enriquecimento sem causa

4.5.3. Exclusão total:

- Dá-se quando presentes três requisitos:

a) existência de uma **cláusula de exclusão da garantia**

b) **ciência**, pelo adquirente, do risco da evicção (ex: o evicto é informado de ação judicial sobre o bem);

c) **assunção**, pelo adquirente, do risco de perder a coisa.

- Trata-se da chamada *cláusula específica de exclusão da garantia*

4.6. Denunciação da lide ao alienante.

4.6.1. Regra: CC obriga denunciação da lide pelo adquirente ao alienante

4.6.2. Consequências da não denunciação (STJ):

- STJ: o adquirente fica impedido de exercer o direito de regresso no mesmo processo

- Mas o adquirente pode ingressar com ação autônoma, para exercer os direitos que decorrem da evicção, evitando-se o enriquecimento sem causa

4.6.3. Denunciação *per saltum*:

- Adquirente pode denunciar o alienante imediato ou qualquer dos anteriores

5. Vícios redibitórios

5.1. Conceito: *são problemas ocultos presentes em coisas recebidas em virtude de contrato comutativo, que as tornem impróprias ao uso a que são destinadas ou lhes diminuam o valor*

- Ex: carro com motor ruim; apartamento com infiltração

- Fundamento é o princípio da garantia quanto à coisa

- Não confundir com dolo:

a) vício - problema na coisa – gera redibição ou abatimento no preço

b) dolo - problema na vontade – gera anulação

5.2. Requisitos para a configuração do instituto

a) prejuízo sensível ao uso ou ao valor da coisa

b) problema imperceptível à diligência ordinária do adquirente (vício oculto)

c) problema já existente ao tempo da entrega da coisa

d) contrato oneroso e comutativo

5.3. Efeitos do vício redibitório

Configurado o vício, o adquirente poderá ingressar com uma das seguintes ações (ações edilícias):

5.3.1. Ação redibitória: *é aquela que objetiva a rescisão do contrato*

- Pede-se a extinção do contrato + devolução do valor recebido + despesas do contrato

- Se o alienante sabia do vício, pede-se ainda a indenização por perdas e danos

5.3.2. Ação estimatória ("quanti minoris"): *é aquela que tem por finalidade a obtenção do abatimento do preço*

5.4. Prazo decadencial para ingressar com a ação

a) se coisa móvel: 30 dias

b) se coisa imóvel: 1 ano

5.5. Termo "a quo". Conta-se o prazo da (do):

a) data da entrega: se adquirente não está na posse

b) data da alienação: se adquirente está na posse da coisa. Nesse caso, o prazo fica reduzido à metade

c) momento em que o adquirente tiver ciência do vício, se este, além de oculto, só puder ser conhecido mais tarde

- Neste caso, há prazo máximo para *ciência* do vício

- Prazo para ciência: 180 dias p/móvel e 1 ano p/ imóvel

- Ex: comprador de carro descobre vício 170 dias após a compra, cumprindo o *prazo para ciência*. Terá, agora, 30 dias para ingressar com ação, que é o *prazo de garantia*

6. Espécies de extinção do contrato

6.1. Execução

- Cumprimento dos efeitos

6.2. Invalidação

- Anulação (ato anulável) ou declaração de nulidade (ato nulo)

6.3. Morte

- Em contrato **impessoal**, a morte de uma das partes não o extingue. Os herdeiros deverão cumpri-lo segundo as forças da herança

- Já em contrato **personalíssimo** (ex: contratação de um cantor), a morte da pessoa contratada extingue o contrato

6.4. Resolução. Há três hipóteses:

6.4.1. Por inexecução culposa: *é aquela que decorre de culpa de um dos contratantes.*

a) cláusula resolutiva expressa (pacto comissório):

- Resolução opera de pleno direito, extinguindo o contrato

- Pode-se entrar com ação declaratória, com efeitos *ex tunc*

- Há casos em que a lei determina a notificação do devedor, dando oportunidade para este purgar a mora

b) se não houver cláusula resolutiva expressa:

- Cláusula resolutiva tácita: a resolução dependerá de interpelação judicial, com efeitos *ex nunc*

opções: parte lesada pode pedir resolução do contrato ou cumprimento deste + indenização por perdas e danos

6.4.2. Por inexecução involuntária: *é aquela que decorre da impossibilidade da prestação*

- Pode decorrer de caso fortuito ou força maior

- Esta forma de inexecução exonera o devedor de responsabilidade (art. 393, CC), salvo se este expressamente assumiu o risco (art. 393, CC) ou se estiver em mora (art. 399, CC)

6.4.3. Por onerosidade excessiva: *é aquela em que fato extraordinário e imprevisível desequilibra significativamente o contrato e não há como se proceder a uma revisão contratual*

6.5. Resilição

6.5.1. Conceito: *é a extinção do contrato pela vontade de um ou de ambos contratantes*

6.5.2. Resilição bilateral (distrato): *é o acordo de vontades para pôr fim ao contrato*

- A forma para o distrato é a mesma que a lei exige para o contrato

- Ex: o distrato de venda de imóvel deve ser por escritura

6.5.3. Resilição unilateral (denúncia): *é a extinção do contrato pela vontade de uma das partes*

a) hipóteses:

i) se houver previsão contratual

ii) se a lei expressa ou implicitamente autorizar; exs: contrato de execução continuada com prazo indeterminado; mandato; comodato; depósito; compra virtual; locação

b) formalidade: o denunciante deve notificar a outra parte, podendo fazê-lo extrajudicialmente

c) aviso prévio legal: se a parte tiver feito investimentos consideráveis, a lei dispõe que a denúncia só produzirá efeitos após prazo compatível com a amortização dos investimentos

6.6. Rescisão

- A maior parte da doutrina encara a rescisão como gênero, que tem como espécies a resolução, a resilição, a redibição etc.

4.9.9. Questões comentadas

(Ministério Público/PR – 2009) A propósito dos vícios redibitórios, é correto dizer:

(A) A teoria dos vícios redibitórios aplica-se a qualquer vício ou defeito, oculto ou aparente, desde que evidenciado no âmbito de um contrato bilateral oneroso.

(B) O adquirente decai do direito de obter a redibição ou abatimento do preço, no prazo de 90 (noventa) dias, em se tratando de bens duráveis, móveis ou imóveis.

(C) Não correm os prazos para obter a redibição ou o abatimento do preço, na constância da cláusula contratual de garantia, mas o adquirente deve denunciar o defeito no prazo de trinta dias seguintes ao seu descobrimento.

(D) Quando o vício, por sua natureza, só possa ser reconhecido mais tarde, o prazo para obter a redibição ou o abatimento do preço contar-se-á do momento em que se tiver ciência do defeito, até o prazo máximo de 01 (um) ano, para bens móveis.

(E) n.d.a.

A: incorreta, pois, no regime do Código Civil, deve se tratar de um vício oculto (art. 441 do CC); **B:** incorreta, pois, no regime do Código Civil, o prazo é de 30 dias, se a coisa for móvel, e de 1 ano, se a coisa for imóvel (art. 445 do CC); **C:** correta (art. 446 do CC); **D:** incorreta, pois o *prazo para ciência do vício* é de 180 dias, em caso de móvel, e de até 1 ano, se se tratar de imóvel (art. 445, § 1º, do CC); assim, se uma pessoa comprar um carro com esse tipo de vício e vier a descobri-lo 170 dias depois, cumpriu o primeiro prazo, qual seja, o prazo de 180 dias para a tomada de ciência do problema na coisa; em seguida, começará o segundo prazo, o de garantia para ingressar com uma das ações acima; no caso, o prazo será de 30 dias, por se tratar de móvel; mas se a pessoa só tem ciência do vício 190 dias após a aquisição, o prazo para ciência do vício terá terminado, ficando prejudicado o direito; nesse caso, nem se começa a contar o segundo prazo, que é o de garantia; **E:** incorreta, pois a alternativa "C" está correta.

Gabarito "C"

(Cartório/SC – 2012) Assinale a alternativa **INCORRETA**:

(A) O adquirente decai do direito de obter a redibição ou abatimento no preço no prazo de trinta dias se a coisa for móvel, e de um ano se for imóvel, contado da entrega efetiva.

(B) Se já estava na posse da coisa móvel ou imóvel, o prazo conta-se da alienação, só que, neste caso, reduzido à metade.

(C) Se, por sua natureza, o vício só puder ser conhecido mais tarde, o prazo contar-se-á do momento em que o adquirente dele tiver ciência, até o prazo máximo de 180 dias, em se tratando de bens móveis.

(D) As partes, por cláusula expressa, não podem reforçar, diminuir ou excluir a responsabilidade pela evicção.

(E) Se, por sua natureza, o vício só puder ser conhecido mais tarde, o prazo contar-se-á do momento em que o adquirente dele tiver ciência, até o prazo máximo de um ano, em se tratando de bens imóveis.

A: correta (art. 445, *caput*, do CC); **B:** correta (art. 445, *caput*, parte final, do CC); **C:** correta (art. 445, § 1º, do CC); **D:** incorreta (devendo ser assinalada), pois as partes podem, por cláusula expressa, reforçar, diminuir ou excluir a responsabilidade pela evicção (art. 448 do CC); **E:** correta (art. 445, § 1º, do CC).

Gabarito "D"

(Analista – TRT/14ª – 2011 – FCC) Se a coisa recebida em virtude de contrato comutativo apresentar defeitos ocultos que a tornem imprópria ao uso a que é destinada ou lhe diminuam o valor,

(A) o alienante sabendo do vício ou defeito da coisa, deverá devolver ao comprador o dobro do que recebeu e o dobro das perdas e danos.

(B) o alienante desconhecendo o vício ou defeito da coisa, deverá devolver ao comprador o valor recebido, as despesas do contrato, além de perdas e danos.

(C) o adquirente decai do direito de obter a redibição ou abatimento no preço, no prazo de um ano, se a coisa for imóvel, contado da entrega efetiva.

(D) a responsabilidade do alienante não subsiste se a coisa perecer em seu poder por vício oculto já existente ao tempo da tradição.

(E) o prazo para o adquirente obter a redibição ou abatimento no preço conta-se da alienação, ficando reduzido a um terço se já estava na posse da coisa.

A: incorreta, pois o alienante, sabendo do vício da coisa, restituirá o que recebeu e pagará perdas e danos (art. 443 do CC); **B:** incorreta, pois o alienante, não sabendo do vício da coisa, estará sujeito à redibição do contrato (extinção deste, com devolução do valor pago, mais despesas do contrato) ou a ter de fazer um abatimento no preço da coisa (arts. 441 e 442 do CC); **C:** correta (art. 445 do CC); **D:** incorreta, pois a responsabilidade subsiste sim nesse caso (art. 444 do CC); **E:** incorreta, pois fica reduzido à metade nesse caso (art. 445, *caput* do CC).

Gabarito "C"

(Analista – TRT/20ª – 2011 – FCC) Tício vendeu uma coleção de livros jurídicos a Cícero, sendo que, três meses depois, o comprador descobriu que um dos livros apresentava defeito oculto e estava em branco. Nesse caso, Cícero

(A) não poderá rejeitar a coleção porque já foi ultrapassado o prazo máximo de trinta dias da data da celebração do contrato.

(B) poderá rejeitar a coleção e reclamar abatimento no preço.

(C) só poderá rejeitar a coleção se o alienante conhecia o vício e não avisou o comprador no ato da venda.

(D) não poderá rejeitar a coleção, porque o defeito oculto de uma das coisas vendidas em conjunto não autoriza a rejeição de todas.

(E) poderá rejeitar a coleção e pleitear indenização por perdas e danos.

A: incorreta, pois quando o vício, por sua natureza, for daqueles que só podem ser conhecido mais tarde, o prazo contar-se-á do momento em que o comprador dele tiver ciência, até o prazo máximo de 180 dias, em se tratando de bem móvel (art. 445, § 1º, do CC); **B:** incorreta, porque se deve escolher uma coisa *ou* outra (arts. 441 e 442 do CC); **C:** incorreta, pois o fato do alienante saber do vício não é necessário para a configuração dos direitos do comprador, tratando-se de mera situação de agravamento da situação do alienante, que terá, também, de arcar com perdas e danos (art. 443 do CC); **D:** correta, não sendo razoável que haja a rejeição de tudo, sob pena de abuso de direito; **E:** incorreta, pois as perdas e danos só são devidas se o alienante sabe do vício da coisa, circunstância não relatada no enunciado da questão.

Gabarito "D"

(Analista – TRE/PI – 2009 – FCC) De acordo com o Código Civil Brasileiro, em regra, o adquirente de coisa imóvel recebida em virtude de contrato comutativo com vícios ou defeitos ocultos que a tornem imprópria ao uso a que é destinada, ou lhe diminuam o valor, decai do direito de obter a redibição ou abatimento no preço no prazo de, contado da entrega efetiva,

(A) um ano, mas, se já estava na posse, o prazo conta-se da alienação, reduzido à metade.

(B) seis meses, mas, se já estava na posse, o prazo conta-se da alienação.

(C) um ano, mas, se já estava na posse o prazo conta-se da alienação.

(D) seis meses, mas, se já estava na posse, o prazo conta-se da alienação, reduzido à metade.

(E) dois anos, mas, se já estava na posse, o prazo conta-se da alienação, reduzido à metade.

Art. 445, *caput*, do CC.

Gabarito "A"

(Ministério Público/DF – 2009) Acerca dos contratos, segundo as disposições do Código, assinale a alternativa correta.

(A) O distrato é negócio jurídico que rompe o vínculo contratual, mediante a declaração de vontade de um dos contratantes de pôr fim ao contrato que firmou e deve ser feito da forma em que foi celebrado, sem efeitos retroativos.

(B) Resilição unilateral significa o modo de extinção de um contrato por vontade de um dos contratantes, em virtude da inadimplência do outro. A resilição impõe ao inadimplente, além da multa contratual, o pagamento de indenização por perdas e danos.

(C) No contrato de compra e venda de bem móvel com pacto de reserva de domínio, o comprador só adquire a propriedade da coisa ao integralizar o pagamento do preço, não obstante investir-se em sua posse desde o momento da celebração do contrato. Para valer contra terceiros, é imprescindível que esse contrato seja registrado no cartório de títulos e documentos do domicílio do comprador.

(D) A promessa de fato de terceiro consiste na obrigação assumida pelo promitente em face do promissário de obter a anuência de terceiro em se obrigar a prestar algo em seu favor. O promitente se exonera de sua responsabilidade demonstrando que envidou todos os esforços no sentido de obter o consentimento do terceiro, pois a sua obrigação é de meio.

(E) No contrato de compra e venda de bem imóvel pode-se incluir a cláusula de se desfazer se, dentro de certo prazo, aparecer quem ofereça maior vantagem. Trata-se de cláusula resolutiva expressa que não pode ser cedida e nem transmitida aos herdeiros, que consiste na faculdade do vendedor resolver o contrato e recuperar a propriedade, desde que indenize integralmente o comprador.

A: incorreta, pois o distrato se faz pela manifestação de vontade de todos os contratantes, e não só de um, unilateralmente; **B:** incorreta, pois a resilição é a extinção do contrato pela vontade dos contratantes, e não por inadimplência ou outra razão; a resilição é unilateral quando um dos contratantes denuncia, unilateralmente, o contrato, medida que só pode ser tomada nos casos previstos em lei (art. 473, *caput*, do CC); a resilição é bilateral (distrato) quando as partes têm interesse comum em extinguir o contrato, podendo ser realizada sempre que as partes quiserem fazê-la; **C:** correta (arts. 524 e 522, respectivamente, do Código Civil); **D:** incorreta, pois a obrigação é de resultado, conforme pode se perceber do disposto no art. 439 do CC; **E:** incorreta, pois apesar de a situação narrada no exemplo não constar especificamente do rol de Cláusulas Especiais à Compra e Venda, previsto nos arts. 505 e ss do Código Civil (Retrovenda, Venda a Contento e Sujeita a Prova, Preferência ou Preempção, Venda com Reserva de Domínio, Venda sobre Documentos), a lei admite a inserção de cláusulas resolutivas em contratos (art. 474 do CC); de qualquer maneira, há um instituto que se aproxima bastante da situação narrada, que é a retrovenda, que permite ao vendedor recobrar a coisa de volta do comprador; a diferença é que, na retrovenda, não é necessário que o vendedor motive o porquê de estar recobrando a coisa de volta, bastando que recobre a coisa no prazo estipulado (que não pode ser superior a 3 anos) e que restitua o preço e as demais despesas do comprador (art. 505 do CC); esse direito se contrapõe à situação narrada na questão, pois é cessível e transmissível a herdeiros e legatários (art. 507 do CC).

Gabarito "C"

(Procurador do Município/Florianópolis-SC – 2010 – FEPESE) Sobre as formas de desfazimento da relação contratual, assinale a alternativa incorreta.

(A) A resilição é forma de desfazimento voluntário do contrato.

(B) A quitação é um direito de que paga do solvens.

(C) Salvo disposição em contrário, o distrato opera efeitos a partir de sua ultimação.

(D) Os efeitos da sentença que decretar a resolução do contrato correrão a partir de sua publicação.

(E) A exceção de contrato não cumprido implica, nos contratos bilaterais, a impossibilidade de exigir o implemento da obrigação alheia, antes de cumprida a obrigação própria.

A: correta, pois a resilição é a extinção do contrato pela vontade dos contratantes; quando a vontade é de apenas um dos contratantes, tem-se a resilição unilateral (denúncia), ao passo que se a extinção se dá pela vontade de ambos os contraentes, tem-se a resilição bilateral (distrato), estando o instituto da resilição regulamentado nos arts. 472 e 473 do CC; **B:** correta, pois o *solvens* é a pessoa que deve pagar, ou seja, o devedor; uma vez que o devedor paga, ele tem direito à quitação (art. 319 do CC); aliás, o devedor que está para pagar pode até reter o pagamento, enquanto não lhe seja dada a quitação regular; **C:** correta, já que é a partir do distrato que o contrato deixa de produzir efeitos (efeito *ex nunc*), podendo, as partes, se quiserem, estabelecer outra data para que o contrato deixe de produzir efeitos; **D:** incorreta, devendo ser assinalada; na verdade, caso haja cláusula resolutiva expressa, os efeitos da resolução se darão a partir da inexecução do contrato, ao passo que, não havendo cláusula resolutiva expressa, os efeitos da resolução se darão a partir de interpelação judicial (art. 474 do CC); **E:** correta (art. 476 do CC).

Gabarito "D"

(Advogado da União/AGU – CESPE – 2012) Com base nas regras relativas à extinção e à resolução dos contratos, julgue os itens subsequentes.

(1) De acordo com o STJ, contratada a venda de safra para entrega futura com preço certo, a incidência de pragas na lavoura não dará causa à resolução por onerosidade excessiva, ficando o contratante obrigado ao cumprimento da avença.

(2) Se determinado empregado de um condomínio de edifícios causar dano a uma unidade habitacional, será lícito ao condômino proprietário da unidade danificada, conforme entendimento do STJ, deixar de pagar cotas condominiais na hipótese de o condomínio não cumprir a obrigação de reparar os danos, visto que, nesse caso, terá ocorrido exceção de contrato não cumprido.

1: correta, pois está de acordo como entendimento do STJ, a saber: *"ONEROSIDADE EXCESSIVA. CONTRATO DE SAFRA FUTURA DE SOJA. FERRUGEM ASIÁTICA. Reiterando seu entendimento, a Turma decidiu que, nos contratos de compra e venda futura de soja, as variações de preço, por si só, não motivam a resolução contratual com base na teoria da imprevisão. Ocorre que, para a aplicação dessa teoria, é imprescindível que as circunstâncias que envolveram a formação do contrato de execução diferida não sejam as mesmas no momento da execução da obrigação, tornando o contrato extremamente oneroso para uma parte em benefício da outra. E, ainda, que as alterações que ensejaram o referido prejuízo resultem de um fato extraordinário e impossível de ser previsto pelas partes. No caso, o agricultor argumenta ter havido uma exagerada elevação no preço da soja, justificada pela baixa produtividade da safra americana e da brasileira, motivada, entre outros fatores, pela ferrugem asiática e pela alta do dólar. Porém, as oscilações no preço da soja são previsíveis no momento da assinatura do contrato, visto que se trata de produto de produção comercializado na bolsa de valores e sujeito às demandas de compra e venda internacional. A ferrugem asiática também é previsível, pois é uma doença que atinge as lavouras do Brasil desde 2001 e, conforme estudos da Embrapa, não há previsão de sua erradicação, mas é possível seu controle pelo agricultor. Sendo assim, os imprevistos alegados são inerentes ao negócio firmado, bem como o risco assumido pelo agricultor que também é beneficiado nesses contratos, pois fica resguardado da queda de preço e fica garantido um lucro razoável. Precedentes citados: REsp 910.537-GO, DJe 7/6/2010; REsp 977.007-GO, DJe 2/12/2009; REsp 858.785-GO, DJe 3/8/2010; REsp 849.228-GO, DJe 12/8/2010; AgRg no REsp 775.124-GO, DJe 18/6/2010, e AgRg no REsp 884.066-GO, DJ 18/12/2007".* **REsp 945.166-GO, Rel. Min. Luis Felipe Salomão, julgado em 28/2/2012. 4ª Turma**; **2:** incorreta, pois de acordo com o entendimento do STJ, não é possível invocar a exceção do contrato não cumprido para se escusar do pagamento das taxas condominiais. "CONDOMÍNIO. DESPESAS CONDOMINIAIS. RECUSA DO CONDÔMINO DE PAGÁ-LAS, SOB A ALEGAÇÃO DE QUE O CONDOMÍNIO NÃO CUMPRIU A OBRIGAÇÃO DE REPARAR OS DANOS HAVIDOS EM SUA UNIDADE HABITACIONAL. EXCEPTIO NON ADIMPLETI CONTRACTUS. INADMISSIBILIDADE DA ARGUIÇÃO. ART. 1.092 DO CÓDIGO CIVIL DE 1916. – Não ostentando a Convenção de Condomínio natureza puramente contratual, inadmissível é ao condômino invocar a exceção de contrato não cumprido para escusar-se ao pagamento das cotas condominiais. Recurso especial não conhecido". (REsp 195450/SP, Rel. Min. Barros Monteiro, DJ 04/10/2004).

Gabarito 1C, 2E

(Defensor Público/BA – 2010 – CESPE) A respeito do adimplemento e inadimplemento das obrigações, bem como da extinção dos contratos, julgue os itens que se seguem.

(1) Os contratos de execução contínua, convencionados por prazo indeterminado, são passíveis de cessação por resilição unilateral, cuja eficácia é *ex nunc* e depende de pronunciamento judicial.

1: errada, pois a resilição unilateral do contrato, cabível no caso, opera mediante denúncia notificada à outra parte (art. 473, *caput*, do CC), não sendo necessário que o denunciante ingresse com uma ação judicial.

Gabarito 1E

(Defensor Público/AM – 2010 – I. Cidades) O princípio da boa-fé objetiva tem importância ímpar no ordenamento jurídico pátrio, pois norteia a interpretação dos negócios jurídicos e gera direitos acessórios. Segundo a doutrina, um dos seus desdobramentos é o *venire contra factum proprium*, que significa:

(A) O exercício de um comportamento contrário aos comportamentos que uma das partes vinha tendo até aquele momento, frustrando a legítima expectativa criada na outra parte de que tais comportamentos continuariam.

(B) Redução do conteúdo obrigacional pela inatividade de uma das partes.

(C) Aumento do conteúdo obrigacional em razão da inatividade de uma das partes.

(D) Impossibilidade de exigir da outra parte um comportamento que também não cumpriu ou simplesmente negligenciou.

(E) Impossibilidade de exigir da outra parte o cumprimento de obrigação contratual, quando deixou de cumprir as suas próprias obrigações contratuais.

Segundo o Enunciado 362 do CJF, "a vedação do comportamento contraditório - *venire contra factum proprium* - funda-se na proteção da confiança, tal como se extrai dos arts. 187 e 422 do Código Civil". A alternativa "A" narra justamente o exercício de um comportamento contraditório, de modo que é a alternativa que enuncia o significado do *venire*.

Gabarito "A"

(Defensor Público/AM – 2010 – I. Cidades) Assinale a alternativa correta:

(A) É possível dispor sobre herança de pessoa viva, desde haja expresso consentimento do futuro autor da herança.

(B) Os princípios da autonomia da vontade e do *pacta sunt servanda* não têm mais aplicação no direito civil brasileiro, em razão da força do princípio da função social do contrato.

(C) Quando houver no contrato de adesão cláusulas ambíguas ou contraditórias, deve-se adotar a interpretação mais consentânea com os costumes negociais.

(D) O Código Civil previu um extenso rol de contratos, proibindo, consequentemente, a celebração de contratos atípicos, em respeito ao princípio da segurança jurídica.

(E) O contrato preliminar, exceto quanto à forma, deve conter todos os requisitos essenciais ao contrato a ser celebrado.

A: incorreta, pois a alternativa contraria o disposto no art. 426 do CC; **B:** incorreta (art. 421 do CC e Enunciados CJF 22 e 23); **C:** incorreta, pois quando houver no contrato de adesão cláusulas ambíguas ou contraditórias, **dever-se-á adotar a interpretação mais favorável ao aderente** (art. 423 do CC); **D:** incorreta, pois a alternativa contraria o disposto no art. 425 do CC; **E:** correta, pois a alternativa reflete o disposto no art. 462 do CC.

Gabarito "E"

(Defensor Público/GO – 2010 – I. Cidades) Considerando-se o voluntarismo jurídico e a autonomia privada nas relações jurídicas contemporâneas, é correto afirmar, quanto às novas formas contratuais, que:

(A) O contrato necessário difere do contrato normativo, porque naquele a pessoa é obrigada a emitir a declaração de vontade que vincula as relações contratuais futuras nele originadas e neste a declaração é irrelevante.

(B) Contrato necessário e contrato coativo são contratos autoritários que se assemelham em razão de que as partes são obrigadas a emitir a declaração de vontade para se estabelecer a relação jurídica e vincular os contratos futuros.

(C) Contrato normativo e contrato coativo são contratos autoritários que se assemelham em razão de que obrigam as futuras declarações de vontade nas originadas relações contratuais.

(D) O contrato necessário difere do contrato coativo, porque naquele a pessoa é obrigada a emitir a declaração de vontade e neste a declaração é irrelevante para se estabelecer a relação jurídica.

(E) Contrato normativo e contrato necessário são contratos que diferem em razão de que obrigam as futuras declarações de vontade nas originadas relações contratuais, mas não são autoritários.

A alternativa "D" traz a exata diferenciação entre o contrato coativo e o contrato necessário. O contrato coativo (imposto, forçado) é aquele que se realiza sem o livre consentimento das partes. Não há declaração de vontade. Um exemplo é a prestação de serviço de água e esgoto. Pouco importante se há declaração de vontade de quem tem uma residência, por exemplo. A lei impõe que essa pessoa se sujeite ao contrato de água e esgoto. Já o contrato necessário é aquele em que a pessoa, ainda que obrigada a tanto, emite efetivamente declaração de vontade. Aqui, quem contrata tem algumas alternativas, diferentemente do que ocorre no contrato coativo. Um exemplo é o contrato de transporte coletivo. Aquele que precisa de transporte público para ir ao trabalho, poderá escolher entre pegar um ônibus, um táxi ou um metrô, mas não terá como se esquivar de celebrar um contrato de transporte público se resolver ir de ônibus ou metrô.

Gabarito "D"

(Defensoria Pública/MA – 2009 – FCC) O contrato, segundo o Direito Civil em vigor, se for aleatório por

(A) dizer respeito a coisas ou fatos futuros, cujo risco de não virem a existir um dos contratantes assuma, terá o outro direito de receber integralmente o que lhe foi prometido, se de sua parte tiver havido dolo, ainda que nada do avençado venha a existir.

(B) serem objeto dele coisas futuras, tomando o adquirente a si o risco de virem a existir em qualquer quantidade, terá também direito o alienante a todo o preço, mesmo que de sua parte tiver concorrido culpa, ainda que a coisa venha a existir em quantidade inferior à esperada. Mas, se da coisa nada vier a existir, alienação não haverá, e o alienante restituirá o preço recebido.

(C) dizer respeito a coisas ou fatos futuros, cujo risco de não virem a existir um dos contratantes assuma, terá o outro direito de receber integralmente o que lhe foi prometido, desde que de sua parte não tenha havido dolo ou culpa, ainda que nada do avençado venha a existir.

(D) serem objeto dele coisas futuras, tomando o adquirente a si o risco de virem a existir em qualquer quantidade, terá também direito o alienante a todo o preço, desde que de sua parte não tiver concorrido culpa, exceto se a coisa venha a existir em quantidade inferior à esperada. Mas, se da coisa nada vier a existir, alienação não haverá, e o alienante restituirá o preço recebido.

(E) se referir a coisas existentes, mas expostas a risco não assumido pelo adquirente, terá igualmente direito o alienante a todo o preço, posto que a coisa já não existisse, em parte, ou de todo, no dia do contrato.

Art. 458 do CC.

Gabarito "C"

(Defensoria Pública da União – 2010 – CESPE) Acerca da revisão contratual, julgue os itens subsequentes.

(1) Para que seja possível requerer a revisão contratual com base na onerosidade excessiva, o contrato deve ser de execução continuada ou diferida.

(2) É suficiente à revisão do contrato por onerosidade excessiva que o acontecimento se tenha manifestado só na esfera individual da parte.

1: correta (art. 478 do CC); 2: incorreta, pois se se interpretar o disposto no art. 478 dessa maneira, bastaria que um dos contratantes ficasse desempregado para que pudesse pedir a revisão contratual, devendo se tratar de acontecimento extraordinário e imprevisível que ultrapasse a estrita esfera individual da parte.

Gabarito 1C, 2E

(Defensor Público/AL – 2009 – CESPE) O item subsequente apresenta uma situação hipotética, seguida de uma assertiva a ser julgada.

(1) Carlos celebrou contrato com Paula, em 10/8/2008, para que ela cuidasse do jardim da casa dele, mediante o pagamento de R$ 80,00 por semana, reajustáveis em 2% a cada seis meses. O contrato incluía a utilização de adubos, terra e inseticidas. Nessa situação, se a inflação vier a atingir índices superiores aos praticados no momento em que foi concluído o contrato, acarretando aumento no preço dos produtos utilizados, Paula poderá pedir a resolução da avença, invocando como fundamento a teoria da imprevisão, o que exigirá a demonstração, não só da onerosidade excessiva que suportará, como também da extrema vantagem que obterá Carlos.

1: incorreta, pois a aplicação da Teoria da Imprevisão depende da ocorrência de acontecimentos extraordinários e imprevisíveis (art. 478 do CC), e a inflação, segundo o STF e o STJ, não é um acontecimento dessa natureza; não bastasse, a doutrina e a jurisprudência vêm entendendo que, cumpridos os requisitos do art. 478 do CC, deve-se, em primeiro lugar, buscar a *revisão* contratual, partindo-se para a sua *resolução* apenas quando não for possível a revisão.

Gabarito 1E

(Defensoria Pública/MT – 2009 – FCC) A respeito da disciplina dos contratos, é lícito afirmar que

(A) o contrato real é o que se aperfeiçoa com a transferência do direito de propriedade de um bem ao credor.

(B) o contrato faz lei entre as partes e, uma vez celebrado, vigora, em qualquer hipótese, o princípio segundo o qual *pacta sunt servanda*.

(C) as obrigações decorrentes de todo e qualquer contrato serão válidas na medida em que atendam aos princípios da boa-fé objetiva e de sua função social, bem como sejam reduzidas a instrumento escrito em letras com fonte não inferior ao corpo 12, de modo a facilitar sua compreensão.

(D) o contrato real aperfeiçoa-se e valida-se com a entrega de um bem, sendo irrelevante a existência de consenso.

(E) o distrato somente será admitido se feito pela mesma forma exigida para o contrato.

A: incorreta, pois contrato real é aquele que se aperfeiçoa (passa a existir) com a entrega da coisa; **B:** incorreta, pois a máxima citada cede quando há violação aos princípios da função social e da boa-fé objetiva, bem como quando há violação de outra norma de ordem pública; **C:** incorreta, pois a exigência de letra com fonte não inferior ao corpo 12 só existe em relação a contratos de consumo (art. 54, § 3º, do CDC); **D:** incorreta, pois, além da entrega, requisito específico para a formação do contrato real, o consenso também é necessário, pois é requisito geral para a formação dos contratos; **E:** correta (art. 472 do CC).

Gabarito "E"

(Fiscal de Rendas/RJ – 2010 – FGV) O direito de reclamar por um *vício de qualidade* que torna um produto impróprio ou inadequado ao consumo caduca em:

(A) 15 dias, tratando-se de vício aparente ou de fácil constatação e de produto não durável.

(B) 30 dias, tratando-se de vício aparente ou de fácil constatação e de produto não durável.

(C) 60 dias, tratando-se de vício aparente ou de fácil constatação e de produto durável.

(D) 120 dias, tratando-se de vício aparente ou de fácil constatação e de produto durável.

(E) 180 dias, tratando-se de vício oculto.

Art. 26, I, da Lei 8.078/90 (CDC).

Gabarito "B"

(Auditor Fiscal/RO – 2010 – FCC) De acordo com o Código Civil brasileiro, o adquirente decai do direito de obter a redibição ou abatimento no preço no prazo de trinta dias, se a coisa for móvel, e de um ano se for imóvel, contado da entrega efetiva; se já estava na posse, o prazo conta-se da alienação, reduzido à metade. Na constância de cláusula de garantia,

(A) correrão estes prazos, contados a partir do término da garantia contratual.

(B) não correrão estes prazos, mas o adquirente deve denunciar o defeito ao alienante nos sessenta dias seguintes ao seu descobrimento, sob pena de decadência.

(C) não correrão estes prazos, mas o adquirente deve denunciar o defeito ao alienante nos noventa dias seguintes ao seu descobrimento, sob pena de decadência.

(D) não correrão estes prazos, mas o adquirente deve denunciar o defeito ao alienante nos trinta dias seguintes ao seu descobrimento, sob pena de decadência.

(E) correrão estes prazos reduzidos de 1/3, contados a partir do término da garantia contratual.

Art. 446 do CC.

Gabarito "D"

(OAB/Exame Unificado – 2013.2) Visando ampliar sua linha de comércio, Mac Geral & Companhia adquiriu de AC Industrial S.A. mil unidades do equipamento destinado à fabricação de churros. Dentre as cláusulas contratuais firmadas pelas partes, fez-se inserir a obrigação de Mac Geral & Companhia realizar o transporte dos equipamentos, exclusivamente e ao preço de R$100,00 por equipamento, por meio de Rota Transportes Ltda., pessoa estranha ao instrumento contratual assinado.

Com relação aos contratos civis, assinale a afirmativa **incorreta**.

(A) AC Industrial S.A. poderá exigir de Mac Geral & Companhia o cumprimento da obrigação firmada em favor de Rota Transportes Ltda.

(B) Ao exigir o cumprimento da obrigação, Rota Transportes Ltda. deverá efetuar o transporte ao preço previamente ajustado pelas partes contratantes.

(C) Somente Rota Transportes Ltda. poderá exigir o cumprimento da obrigação.

(D) AC Industrial S/A poderá reservar-se o direito de substituir Rota Transportes Ltda., independentemente de sua anuência ou de Mac Geral & Companhia.

A: correta, pois o enunciado deixa claro que no contrato entre Mac Geral e AC há obrigação da primeira de realizar o transporte por meio da Rota Transportes; vale lembrar, também, que aquele (no caso, a AC) que estipula em favor de terceiro (no caso, a Rota) pode exigir o cumprimento da obrigação (art. 436, *caput*, do CC); **B:** correta, pois o terceiro em favor de quem se estipulou uma obrigação (no caso, a Rota) pode exigi-la, mas fica "sujeito às condições e normas do contrato" (art. 436, parágrafo único, do CC), o que inclui a questão do preço; **C:** incorreta, devendo a alternativa ser assinalada; isso porque, como se viu, aquele (no caso, a AC) que estipula em favor de terceiro pode exigir o cumprimento da obrigação (art. 436, *caput*, do CC); **D:** correta, nos termos do art. 438, *caput*, do CC.

Gabarito "C"

(OAB/Exame Unificado – 2012.3.A) Em 12.09.12, Sílvio adquiriu de Maurício, por contrato particular de compra e venda, um automóvel, ano 2011, por R$ 34.000,00 (trinta e quatro mil reais). Vinte dias após a celebração do negócio, Sílvio tomou conhecimento que o veículo apresentava avarias na suspensão dianteira, tornando seu uso impróprio pela ausência de segurança.

Considerando que o vício apontado existia ao tempo da contratação, de acordo com a hipótese acima e as regras de direito civil, assinale a afirmativa correta.

(A) Sílvio terá o prazo de doze meses, após o conhecimento do defeito, para reclamar a Maurício o abatimento do preço pago ou desfazimento do negócio jurídico em virtude do vício oculto.

(B) Maurício deverá restituir o valor recebido e as despesas decorrentes do contrato se, no momento da venda, desconhecesse o defeito na suspensão dianteira do veículo.

(C) Caso Silvio e Maurício estabeleçam no contrato cláusula de garantia pelo prazo de 90 dias, o prazo decadencial legal para reclamação do vício oculto correrá independentemente do prazo da garantia estipulada.

(D) Caso Silvio e Maurício tenham inserido no contrato de compra e venda cláusula que exclui a responsabilidade de Maurício pelo vício oculto, persistirá a irresponsabilidade de Maurício mesmo que este tenha agido com dolo positivo.

A: incorreta; primeiro porque o prazo máximo para ter ciência do vício é de 180 dias (art. 445, § 1.º, do CC), prazo que já se findou; segundo porque, tomando conhecimento dentro do prazo de 180 dias, o adquirente, tratando-se de bem móvel tem 30 dias para reclamar (art. 445, *caput*, do CC); **B:** correta (art. 443 do CC); **C:** incorreta, pois o prazo de garantia legal (decadência legal) não corre (não se inicia) na constância do prazo de garantia voluntária (garantia contratual), nos termos do art. 446 do CC; **D:** incorreta, pois, havendo dolo positivo, caracterizado pela intenção de prejudicar, está-se diante de grave ato ilícito (arts. 186 e 443, primeira parte, do CC) e de impedimento de Maurício alegar a própria torpeza, podendo Silvio pleitear indenização por perdas e danos.

Gabarito "B"

(OAB/Exame Unificado – 2012.2) Embora sujeito às constantes mutações e às diferenças de contexto em que é aplicado, o conceito tradicional de contrato sugere que ele representa o acordo de vontades estabelecido com a finalidade de produzir efeitos jurídicos. Tomando por base a teoria geral dos contratos, assinale a afirmativa correta.

(A) A celebração de contrato atípico, fora do rol contido na legislação, não é lícita, pois as partes não dispõem da liberdade de celebrar negócios não expressamente regulamentados por lei.

(B) A atipicidade contratual é possível, mas, de outro lado, há regra específica prevendo não ser lícita a contratação que tenha por objeto a herança de pessoa viva, seja por meio de contrato típico ou não.

(C) A liberdade de contratar é limitada pela função social do contrato e os contratantes deverão guardar, assim na conclusão, como em sua execução, os princípios da probidade e da boa-fé subjetiva, princípios esses ligados ao voluntarismo e ao individualismo que informam o nosso Código Civil.

(D) Será obrigatoriamente declarado nulo o contrato de adesão que contiver cláusulas ambíguas ou contraditórias.

A: incorreta, pois é lícito às partes estipular contratos atípicos, observadas as normas gerais do Código Civil (art. 425 do CC); **B:** correta (arts. 425 e 426 do CC); **C:** incorreta, pois os princípios da função social dos contratos e da boa-fé estão ligados às diretrizes de sociabilidade do Código Civil, e não de individualidade; ademais, o princípio adequado é o princípio da boa-fé objetiva (art. 422 do CC), e não da boa-fé subjetiva; **D:** incorreta, pois, nesse caso, as cláusulas serão interpretadas de modo mais favorável ao aderente, não sendo consideradas nulas (art. 423 do CC).

Gabarito "B"

(OAB/Exame Unificado – 2010.3) Danilo celebrou contrato por instrumento particular com Sandro, por meio do qual aquele prometera que seu irmão, Reinaldo, famoso cantor popular, concederia uma entrevista exclusiva ao programa de rádio apresentado por Sandro, no domingo seguinte. Em contrapartida, caberia a Sandro efetuar o pagamento a Danilo de certa soma em dinheiro. Todavia, chegada a hora do programa, Reinaldo não compareceu à rádio. Dias depois, Danilo procurou Sandro, a fim de cobrar a quantia contratualmente prevista, ao argumento de que, embora não tenha obtido êxito, envidara todos os esforços no sentido de convencer o seu irmão a comparecer. A respeito da situação narrada, é correto afirmar que Sandro:

(A) está obrigado a efetuar o pagamento a Danilo, pois a obrigação por este assumida é de meio, sendo incabível a cobrança de perdas e danos de Reinaldo.

(B) não está obrigado a efetuar o pagamento a Danilo, pois a obrigação por este assumida é de resultado, sendo, ainda, autorizado a Sandro obter ressarcimento por perdas e danos de Danilo.

(C) está obrigado a efetuar o pagamento a Danilo, pois a obrigação por este assumida é de meio, restando a Sandro o direito de cobrar perdas e danos diretamente de Reinaldo.

(D) não está obrigado a efetuar o pagamento a Danilo, por ser o contrato nulo, tendo em vista que Reinaldo não é parte contratante.

O caso envolve o instituto da "promessa de fato de terceiro", regulamentado nos arts. 439 e 440 do CC. De acordo com a regulamentação legal, aquele que promete fato de terceiro (no caso, Danilo prometeu fato de Reinaldo) responde por perdas e danos perante o que recebeu a promessa (no caso, Sandro), nos termos do disposto no art. 439, *caput*, do CC. Dessa forma, não faz sentido que Danilo procure Sandro para qualquer tipo de pagamento, já que Danilo responde por perdas e danos no caso, o que incluiria devolver qualquer tipo de pagamento que tivesse recebido, entre outros danos suportados por Sandro.

Gabarito "B"

(OAB/Exame Unificado – 2010.2) Durante dez anos, empregados de uma fabricante de extrato de tomate distribuíram, gratuitamente, sementes de tomate entre agricultores de certa região. A cada ano, os empregados da fabricante procuravam os agricultores, na época da colheita, para adquirir a safra produzida. No ano de 2009, a fabricante distribuiu as sementes, como sempre fazia, mas não retornou para adquirir a safra. Procurada pelos agricultores, a fabricante recusou-se a efetuar a compra. O tribunal competente entendeu que havia responsabilidade pré-contratual da fabricante. A responsabilidade pré-contratual é aquela que:

(A) deriva da violação à boa-fé objetiva na fase das negociações preliminares à formação do contrato.

(B) deriva da ruptura de um pré-contrato, também chamado contrato preliminar.

(C) surgiu, como instituto jurídico, em momento histórico anterior à responsabilidade contratual.

(D) segue o destino da responsabilidade contratual, como o acessório segue o principal.

Há de se separar bem três situações: a) fase de negociações preliminares à formação do contrato; b) contrato preliminar; c) contrato definitivo. O caso narrado no enunciado revela que os envolvidos, no ano de 2009, chegaram à fase de negociações preliminares. Não houve nem contrato preliminar (pois este depende de uma combinação de fazer contrato futuro, já se acertando todos os elementos do contrato futuro, inclusive o preço), nem, muito menos, contrato definitivo. Todavia, a doutrina e a jurisprudência evoluíram no sentido de dar mais responsabilidades aos envolvidos na fase de negociações preliminares. Com base no *princípio da boa-fé*, entendendo-se que, se na fase das negociações preliminares forem criadas *fortes expectativas* em um dos negociantes, gerando inclusive despesas de sua parte, o outro negociante deverá responder segundo a chamada *responsabilidade pré-contratual*, instituto jurídico que se aplica apenas à fase de negociações preliminares, daí o nome "pré-contratual". Assim, apenas a alternativa "A" está correta, valendo transcrever trecho da obra de Maria Helena Diniz sobre o assunto: *"Todavia, é preciso deixar bem claro que, apesar de faltar obrigatoriedade aos entendimentos preliminares, pode surgir, excepcionalmente, a responsabilidade civil para os que deles participam, não no campo da culpa contratual, mas no da aquiliana. Portanto, apenas na hipótese de um dos participantes criar no outro a expectativa de que o negócio será celebrado, levando-o a despesas, a não contratar com terceiro ou a alterar planos de sua atividade imediata, e depois desistir, injustificada e arbitrariamente, causando-lhe sérios prejuízos, terá, por isso, a obrigação de ressarcir todos os danos. Na verdade, há uma responsabilidade pré-contratual, que dá certa relevância jurídica aos acordos preparatórios, fundada não só no princípio de que os interessados deverão comportar-se de boa-fé, prestando informações claras e adequadas sobre as condições do negócio (...), mas também nos arts. 186 e 927 do Código Civil, que dispõem que todo aquele que, por ação ou omissão, dolosa ou culposa, causar prejuízo a outrem fica obrigado a reparar o dano"* (**Curso de Direito Civil Brasileiro**, vol. 3, 26. ed., São Paulo: Saraiva, p. 42, 2010).

Gabarito "A"

(OAB/Exame Unificado – 2010.1) No que diz respeito à extinção dos contratos, assinale a opção correta.

(A) Na resolução por onerosidade excessiva, não é necessária a existência de vantagem da outra parte, bastando que a prestação de uma das partes se torne excessivamente onerosa.

(B) A resolução por inexecução voluntária do contrato produz efeitos *ex tunc* se o contrato for de execução continuada.

(C) Ainda que a inexecução do contrato seja involuntária, a resolução ensejará o pagamento das perdas e danos para a parte prejudicada.

(D) A eficácia da resolução unilateral de determinado contrato independe de pronunciamento judicial e produz efeitos *ex nunc*.

A: incorreta. É necessária a vantagem da outra parte. "Art. 478. Nos contratos de execução continuada ou diferida, se a prestação de uma das partes se tornar excessivamente onerosa, com extrema vantagem para a outra, em virtude de acontecimentos extraordinários e imprevisíveis, poderá o devedor pedir a resolução do contrato. Os efeitos da sentença que a decretar retroagirão à data da citação."; **B:** incorreta. Nesse caso, a resolução possui efeitos *ex nunc*. Ensina a doutrina: "Tal resolução por inexecução voluntária, que impossibilita a prestação por culpa do devedor, tanto na obrigação de dar como na de fazer ou de não fazer, produz os seguintes efeitos: 1.º extingue o contrato retroativamente, visto que opera *ex tunc*, se o contrato for de execução única, apagando todas as consequências jurídicas produzidas, restituindo-se as prestações cumpridas, e *ex nunc*, se o contrato for de duração ou execução continuada, caso em que não se restituirão as prestações já efetivadas, pois a resolução não terá efeito relativamente ao passado (...)" (Maria Helena Diniz. **Direito civil brasileiro**. vol. 3. 22. ed., São Paulo: Saraiva, 2006, p. 168); **C:** incorreta. A inexecução contratual involuntária exime das perdas e danos. Ensina a doutrina: "A total inexecução contratual pode advir, algumas vezes, de fatos alheios à vontade dos contratantes, que impossibilitam o cumprimento da obrigação que incumbe a um deles, operando-se de pleno direito, então, a resolução do contrato, sem ressarcimento das perdas e danos, por ser esta uma sanção aplicada a quem agiu culposamente, e sem intervenção judicial, exonerando-se o devedor do liame obrigacional" (*Idem, ibidem*, p. 169); **D:** correta. A resilição unilateral do contrato está prevista no art. 473 do CC e se opera mediante denúncia notificada à outra parte, com efeitos *ex nunc*. Os efeitos se produzem independentemente de pronunciamento judicial, como ensina a doutrina: "A resilição unilateral dos contratos não requer, para a sua eficácia, pronunciamento judicial. Produz tão somente efeitos *ex nunc*, não operando retroativamente, de sorte que não haverá restituição das prestações cumpridas, uma vez que as consequências jurídicas já produzidas permanecerão inalteráveis" (*Idem, ibidem*, p. 175).

Gabarito "D"

(OAB/Exame Unificado – 2009.3) Assinale a opção correta a respeito dos vícios redibitórios e da evicção.

(A) As partes podem inserir no contrato cláusula que exclua a responsabilidade do alienante pela evicção.

(B) O adquirente, ante o vício redibitório da coisa, somente poderá reclamar o abatimento do preço.

(C) Não há responsabilidade por evicção caso a aquisição do bem tenha sido efetivada por meio de hasta pública.

(D) Se o alienante não conhecia, à época da alienação, o vício ou defeito da coisa, haverá exclusão da sua responsabilidade por vício redibitório.

A: correta (art. 448 do CC); **B:** incorreta. Pode-se reclamar o abatimento ou pedir a extinção do contrato (arts. 441 e 442 do CC); **C:** incorreta (art. 447, parte final, do CC); **D:** incorreta. O não conhecimento apenas exime o alienante de pagar indenização por perdas e danos (art. 443 do CC).

Gabarito "A"

(OAB/Exame Unificado – 2009.2) Com relação ao contrato, assinale a opção correta.

(A) A rescisão tem origem em defeito contemporâneo à formação do contrato, e a presença do vício torna o contrato anulável ou nulo.

(B) O distrato constitui espécie de resolução contratual.

(C) A resilição consiste na extinção do contrato por circunstância superveniente à sua formação, como, por exemplo, o inadimplemento absoluto.

(D) A resolução constitui a extinção do contrato por simples renúncia da parte.

A: correta. A rescisão é a extinção do contrato em razão de sua invalidação; **B:** incorreta. Distrato é espécie de resilição bilateral; **C:** incorreta. Resilição é a extinção pela vontade de uma ou de ambas as partes; **D:** incorreta. Resolução é a extinção do contrato por culpa do contratante, por impossibilidade da prestação (involuntária) ou por onerosidade excessiva.

Gabarito "A"

(OAB/Exame Unificado – 2009.1) De acordo com o que dispõe o Código Civil a respeito dos contratos, assinale a opção correta.

(A) A onerosidade excessiva, oriunda de acontecimento extraordinário e imprevisível, ainda que dificulte extremamente o adimplemento da obrigação de uma das partes em contrato de execução continuada, não enseja a revisão contratual, visto que as partes ficam vinculadas ao que foi originariamente pactuado.

(B) Considere que um indivíduo ofereça ao seu credor, com o consenso deste, um terreno em substituição à dívida no valor de R$ 30 mil, a título de dação em pagamento. Nessa situação, se o credor for evicto do terreno recebido, será restabelecida a obrigação primitiva com o devedor, ficando sem efeito a quitação dada, ressalvados os direitos de terceiros.

(C) O evicto pode demandar pela evicção, por meio de ação contra o transmitente, mesmo sabendo que a coisa adquirida era alheia ou litigiosa.

(D) A resilição bilateral não se submete à forma exigida para o contrato.

A: incorreta (arts. 478 e 479 do CC); **B:** correta (art. 359 do CC); **C:** incorreta (art. 457 do CC); **D:** incorreta (art. 472 do CC).

Gabarito "B"

(OAB/Exame Unificado – 2008.3) A respeito da disciplina dos contratos, segundo o Código Civil, assinale a opção correta.

(A) Se resolverem estipular contrato atípico, as partes deverão redigir as cláusulas contratuais de comum acordo e não estarão obrigadas a observar as normas gerais fixadas pelo Código.

(B) O alienante responde pela evicção nos contratos onerosos, mas essa garantia não subsiste caso a aquisição tenha sido realizada em hasta pública.

(C) O contrato preliminar deve conter todos os requisitos essenciais ao contrato a ser celebrado, mesmo quanto à forma.

(D) A disciplina dos vícios redibitórios é aplicável às doações onerosas, de forma que poderá ser enjeitada a coisa recebida em doação em razão de vícios ou defeitos ocultos que a tornem imprópria ao uso a que é destinada, ou lhe diminuam o valor.

A: incorreta (art. 425 do CC); **B:** incorreta (art. 447 do CC); **C:** incorreta (art. 462 do CC); **D:** correta (art. 441, parágrafo único, do CC).

Gabarito "D"

4.10. COMPRA E VENDA

4.10.1. Introdução

Na fase primitiva da civilização havia apenas troca ou permuta de objetos. Isso porque não havia denominador comum de valores. Em seguida, algumas mercadorias passaram a ser utilizadas como padrão monetário (ouro, prata, cabeça de gado). Aliás, cabeça de gado chamava *pecus*, o que deu origem à palavra pecúnia. Até que surgiu o papel-moeda, que é um elemento representativo de um padrão monetário. Isso possibilitou grande circulação de riqueza, tornando o contrato de compra e venda o mais comum dos contratos.

4.10.2. Conceito

É o contrato pelo qual um dos contratantes (vendedor) se obriga a transferir o domínio de coisa corpórea ou incorpórea, e outro (comprador), a pagar-lhe certo preço em dinheiro ou valor fiduciário equivalente. Ou seja, um dá uma coisa (um alimento, um móvel, um eletrodoméstico) e o outro dá dinheiro ou outro valor fiduciário (cheque, por exemplo). Perceba que compra e venda não transfere a propriedade da coisa, mas apenas obriga uma das partes a transferir a coisa a outro.

4.10.3. Sistemas

Quanto aos efeitos dos contratos de compra e venda, existem três:

4.10.3.1. Francês

Nesse sistema o contrato tem o poder de transferir o domínio da coisa. Ou seja, celebrado o contrato de compra e venda, independentemente da tradição (na coisa móvel) ou do registro (na coisa imóvel), a propriedade dela já é do comprador.

4.10.3.2. Romano

Nesse sistema o contrato apenas cria obrigações. O descumprimento do contrato gera perdas e danos.

4.10.3.3. Brasileiro

Adotamos o sistema romano, com poucas exceções. Assim, o contrato de compra e venda gera obrigações e não transferência direta da propriedade.

4.10.4. Classificação

O contrato de compra e venda é bilateral, consensual, oneroso, comutativo e não solene (salvo os direitos reais sobre imóveis).

4.10.5. Elementos

4.10.5.1. Consentimento

a) deve recair sobre uma coisa e um preço (elemento de existência);

b) deve recair sobre a natureza do contrato e sobre o objeto (elemento de validade); não recaindo, pode-se estar diante de erro ou dolo;

c) deve ser livre e espontâneo (elemento de validade); não o será se houver coação;

d) deve surgir de agente capaz (elemento de validade).

4.10.5.2. Preço

a) deve ter peculiaridade (ser ou representar dinheiro), seriedade (ser verdadeiro, real, sob pena de ser simulação) e certeza (certo ou determinável);

b) a lei admite o preço segundo: i) acordo entre os contratantes; ii) arbítrio de terceiro escolhido pelas partes; iii) tabelamento oficial; iv) taxa de mercado ou bolsa em certo dia e lugar; v) índices ou parâmetros (p. ex.: valor do petróleo);

c) a lei admite, excepcionalmente, convenção de venda sem fixação de preço, desde que essa seja a intenção das partes, hipótese em que se considera o tabelamento oficial ou o preço corrente das vendas habituais do vendedor. Na falta de acordo, por ter havido diversidade de preço, o parágrafo único do art. 488 CC aduz que prevalecerá o termo médio. Contudo, o Enunciado 441 JDC/CJF explica que na falta de acordo sobre o preço, não se presume concluída a compra e venda. O parágrafo único do art. 488 somente se aplica se houverem diversos preços habitualmente praticados pelo vendedor, caso em que prevalecerá o termo médio;

d) o preço é livre, mas existem alguns temperamentos, que podem tornar o contrato anulável, como, por exemplo, em "Negócios da China" (aplicação do instituto da lesão – art. 157 do CC) e no estado de perigo (art. 156 do CC).

4.10.5.3. Coisa

a) pode ser corpórea (móveis e imóveis) ou incorpórea (ações, direito de autor, créditos);

b) deve ser existente, ainda que de modo potencial; se for inexistente por ter perecido (ex.: casa destruída), a venda é nula; se for sobre coisa futura sem assunção de risco, a venda é sob condição; se for coisa futura com assunção de risco, a venda é aleatória;

c) deve ser individuada, ou seja, determinada ou determinável; se for coisa incerta, deve ser indicada ao menos quanto ao gênero e à quantidade; o devedor escolherá, pelo menos, a de termo médio;

d) deve ser disponível, ou seja, alienável natural, legal e voluntariamente (não pode conter cláusula de inalienabilidade) e pertencente ao vendedor. Neste caso, não sendo o vendedor dono da coisa, a venda poderá ser convalidada se ele vier a adquiri-la posteriormente e estiver de boa-fé (art. 1.268 do CC).

4.10.6. Efeitos da compra e venda

4.10.6.1. Principais

a) gera obrigações recíprocas de entregar a coisa e pagar o preço;

b) gera responsabilidades por vícios redibitórios e pela evicção.

4.10.6.2. Secundários

a) responsabilidade pelos riscos da coisa: até a tradição, é do vendedor; se houver mora no recebimento, é do comprador; se for entregue ao transportador indicado ao vendedor, é do comprador;

b) responsabilidade pelos riscos do preço: até o pagamento, é do comprador; após o pagamento e em caso de mora em receber, é do vendedor;

c) responsabilidade pelas despesas de escritura e registro: é do comprador, salvo convenção diversa;

d) responsabilidade pela tradição: é do vendedor, salvo convenção diversa;

e) responsabilidade pelas dívidas pretéritas que gravam a coisa até a tradição: é do vendedor, salvo convenção diversa; se a obrigação for *propter rem*, o comprador terá direito de regresso contra o vendedor;

f) direito de retenção da coisa: até o pagamento, o vendedor não é obrigado a entregar a coisa, salvo nas vendas a crédito e convenção em contrário.

4.10.7. Limitações à compra e venda

4.10.7.1. Venda de ascendente a descendente

É anulável, salvo se houver consentimento dos outros descendentes e do cônjuge. A ideia é impedir vendas por preços mais baixos, prejudicando herdeiros. Repare que isso só ocorre na venda. A doação não precisa do consentimento. Porém, o donatário deverá colacionar os bens recebidos em vida, no inventário do doador, quando este falecer, salvo se houver dispensa disso. (Vide Enunciado n. 177 JDC/CJF)

O Enunciado n. 368 JDC/CJF orienta que o prazo para anular venda de ascendente para descendente é decadencial de dois anos (art. 179 do Código Civil), sendo que o Enunciado 545 complementa no sentido de o termo inicial ocorre com a ciência do ato, que se presume absolutamente, em se tratando de transferência imobiliária, a partir da data do registro de imóveis. A Súmula 494 do STF que previa o prazo de 20 anos não possui mais aplicação, haja vista que sua elaboração se deu na vigência do CC de 1916.

4.10.7.2. Aquisição por pessoa encarregada de zelar pelos interesses do vendedor

É nula. Exemplos: aquisição pelo tutor, curador, administrador, juiz, servidor público etc.

4.10.7.3. Venda de fração ideal de coisa indivisível em condomínio

Os consortes terão direito de preferência. Um exemplo é de três pessoas donas de um mesmo imóvel. Caso uma delas queira vender sua parte, deverá oferecer às outras, que terão preferência na aquisição. Não respeitada tal preferência, o prejudicado poderá depositar o preço dentro de 180 dias da transmissão. Se os dois consortes prejudicados tiverem interesse na coisa, tem primazia o que tiver benfeitorias de maior valor na coisa, o que tiver maior quinhão e o que fizer o primeiro depósito, nessa ordem.

4.10.7.4. Venda entre cônjuges

Só é possível em relação a bens excluídos da comunhão.

4.10.8. Venda *ad mensuram*

4.10.8.1. Conceito

Aquela em que o preço estipulado é feito com base nas dimensões do imóvel. Ex.: alguém compra um terreno em que se deixou claro que os 360 m² têm o valor de R$ 50 mil.

4.10.8.2. Consequência

A área do imóvel deverá efetivamente corresponder às dimensões dadas.

4.10.8.3. Tolerância

A lei admite uma diferença de até 1/20 da área total enunciada.

4.10.8.4. Exclusão da tolerância

a) se houver exclusão expressa no contrato;

b) se o comprador provar que não teria realizado o negócio se soubesse da diferença.

4.10.8.5. Direitos do comprador

Poderá pedir o complemento da área (ação *ex empto* ou *ex vendito*). Não sendo possível, terá a opção entre pedir a resolução do contrato ou o abatimento proporcional do preço.

4.10.9. Venda *ad corpus*

4.10.9.1. Conceito

Aquela em que o imóvel é vendido como coisa certa e discriminada, sendo meramente enunciativa eventual referência às suas dimensões. Ex.: consta do contrato que a área tem mais ou menos 20.000 m².

4.10.9.2. Consequência

Pouco importa a área efetiva do imóvel. Não haverá complemento ou devolução do preço.

4.10.10. Retrovenda

4.10.10.1. Conceito

Cláusula pela qual o vendedor reserva-se o direito de reaver o imóvel que está sendo alienado, em certo prazo, restituindo o preço mais despesas feitas pelo comprador (art. 505 do CC). Ou seja, é aquela situação em que alguém vende um imóvel, mas assegura o direito de recomprá-lo em certo prazo, pelo mesmo preço da venda anterior. Infelizmente esse instituto é muito utilizado na agiotagem. O Judiciário vem reconhecendo a simulação quando o intuito da retrovenda é servir de garantia para uma dívida.

4.10.10.2. Direito de retrato

O prazo máximo para esse direito é de 3 anos. Trata-se de prazo decadencial.

4.10.11. Preferência

4.10.11.1. Conceito

Convenção em que o comprador se obriga a oferecer ao vendedor a coisa que aquele vai vender, para que este use seu direito de prelação na compra, tanto por tanto (art. 513). Por exemplo, é aquela situação em que alguém compra um andar de um prédio comercial para instalar sua empresa e, já pensando no futuro crescimento, estabelece com o vendedor, que é dono da sala vizinha, que quer preferência na aquisição da segunda sala, caso o vendedor queira vendê-la no futuro.

4.10.11.2. Exercício do direito

Havendo interesse em vender a coisa, o vendedor deverá notificar o titular do direito de preferência para que este diga se tem interesse em adquiri-la, no mínimo, pelo mesmo valor da proposta recebida pelo vendedor. Não havendo prazo estipulado, o titular do direito de preferência terá 3 dias, se a coisa for móvel, e 60 dias, se a coisa for imóvel, para manifestar-se, sob pena de decadência. O prazo máximo que pode ser convencionado para esse tipo de manifestação é de 180 dias, se a coisa for móvel, e de 2 anos, se imóvel.

4.10.11.3. Descumprimento do direito

A preferência contratual, se preterida, enseja apenas direito de o prejudicado pedir perdas e danos ao ofensor. Não há direito de perseguir a coisa. Por isso, não se deve confundir esse direito de preferência com outros direitos de preferência que decorrem da lei, que admitem a persecução da coisa, como no caso da preferência que existe entre coproprietários de um bem indivisível, quando um deles deseja vender sua fração ideal.

4.10.12. Jurisprudência selecionada

Súmula STF nº 489

A compra e venda de automóvel não prevalece contra terceiros, de boa-fé, se o contrato não foi transcrito no registro de títulos e documentos.

Súmula STF nº 413

O compromisso de compra e venda de imóveis, ainda que não loteados, dá direito à execução compulsória, quando reunidos os requisitos legais.

Súmula STF nº 412

No compromisso de compra e venda com cláusula de arrependimento, a devolução do sinal, por quem o deu, ou a sua restituição em dobro, por quem o recebeu, exclui indenização maior, a título de perdas e danos, salvo os juros moratórios e os encargos do processo.

Súmula STF nº 168

Para os efeitos do Decreto-Lei 58, de 10/12/1937, admite-se a inscrição imobiliária do compromisso de compra e venda no curso da ação.

Súmula STF nº 167

Não se aplica o regime do Decreto-Lei 58, de 10/12/1937, ao compromisso de compra e venda não inscrito no registro imobiliário, salvo se o promitente vendedor se obrigou a efetuar o registro.

Súmula STF nº 166

É inadmissível o arrependimento no compromisso de compra e venda sujeito ao regime do Decreto-Lei 58, de 10/12/1937.

Súmula STJ nº 308

A hipoteca firmada entre a construtora e o agente financeiro, anterior ou posterior à celebração da promessa de compra e venda, não tem eficácia perante os adquirentes do imóvel.

Súmula STJ nº 239

O direito à adjudicação compulsória não se condiciona ao registro do compromisso de compra e venda no cartório de imóveis.

Súmula STJ nº 76

A falta de registro do compromisso de compra e venda de imóvel não dispensa a prévia interpelação para constituir em mora o devedor.

DIREITO CIVIL. EMISSÃO DE CPR SEM A ANTECIPAÇÃO DO PAGAMENTO DO PREÇO.
A emissão de Cédula de Produto Rural - CPR em garantia de contrato de compra e venda de safra futura não pressupõe, necessariamente, a antecipação do pagamento do produto. Isso porque a emissão desse título de crédito pode se dar tanto para financiamento da safra, com o pagamento antecipado do preço, como numa operação de *hedge*, na qual o agricultor, independentemente do recebimento antecipado do pagamento, pretenda apenas se proteger dos riscos de flutuação de preços no mercado futuro. Nesta hipótese, a CPR funciona como um título de securitização, mitigando os riscos para o produtor, que negocia, a preço presente, sua safra no mercado futuro. Além disso, o legislador não incluiu na Lei 8.929/1994 qualquer dispositivo que imponha, como requisito de validade desse título, o pagamento antecipado do preço. Assim, não é possível, tampouco conveniente, restringir a utilidade da CPR à mera obtenção imediata de financiamento em pecúnia. Se a CPR pode desempenhar um papel maior no fomento ao setor agrícola, não há motivos para que, à falta de disposições legais que o imponham, restringir a sua aplicação. Precedente citado: REsp 1.023.083-GO, Terceira Turma, DJe 1º/7/2010. **REsp 866.414-GO, Rel. Min. Nancy Andrighi, julgado em 20/6/2013.** (Inform. STJ 526)

DIREITO CIVIL. DESNECESSIDADE DE PEDIDO EXPRESSO DO PROMITENTE COMPRADOR, EM AÇÃO DE RESOLUÇÃO DE CONTRATO DE PROMESSA DE COMPRA E VENDA, PARA RESTITUIÇÃO DO PREÇO PAGO.
O juiz, ao decretar a resolução de contrato de promessa de compra e venda de imóvel, deve determinar ao promitente vendedor a restituição das parcelas do preço pagas pelo promitente comprador, ainda que não tenha havido pedido expresso nesse sentido. A resolução, própria dos contratos bilaterais, consiste basicamente na extinção do contrato pelo inadimplemento definitivo do devedor, constituindo direito formativo extintivo, pois ocasiona, com o seu exercício, a desconstituição da relação obrigacional e a liberação do credor e do devedor de suas obrigações (eficácia liberatória). Além disso, resulta também da resolução do contrato uma nova relação obrigacional, a relação de liquidação, na qual serão tratados os direitos do credor e do devedor à restituição das prestações já efetivadas e o direito do credor à indenização por perdas e danos. A eficácia restitutória constitui, portanto, consequência natural e indissociável da resolução do contrato. Assim, na ação de resolução de contrato de compra e venda, não há necessidade de o devedor, na contestação ou em reconvenção, requerer a devolução das prestações entregues ao credor, a qual pode e deve ser determinada de ofício pelo juiz como decor-

rência lógica da decretação de resolução do contrato. Importante ressaltar, ainda, que o credor, da mesma forma e em decorrência do mesmo pedido de resolução, também possui o direito de receber eventuais prestações entregues ao devedor. Precedentes citados: REsp 300.721-SP, Quarta Turma, DJ 29/10/2001, e REsp 97.538-SP, Terceira Turma, DJ 8/5/2000. **REsp 1.286.144-MG, Rel. Min. Paulo de Tarso Sanseverino, julgado em 7/3/2013. (Inform. STJ 518)**

DIREITO CIVIL. NECESSIDADE DE COMPROVAÇÃO DO PREJUÍZO EM AÇÃO ANULATÓRIA DE VENDA REALIZADA POR ASCENDENTE A DESCENDENTE.
Não é possível ao magistrado reconhecer a procedência do pedido no âmbito de ação anulatória da venda de ascendente a descendente com base apenas em presunção de prejuízo decorrente do fato de o autor da ação anulatória ser absolutamente incapaz quando da celebração do negócio por seus pais e irmão. Com efeito, tratando-se de negócio jurídico anulável, para que seja decretada a sua invalidade é imprescindível que se comprove, no caso concreto, a efetiva ocorrência de prejuízo, não se admitindo, na hipótese em tela, que sua existência seja presumida. **REsp 1.211.531-MS, Rel. Min. Luis Felipe Salomão, julgado em 5/2/2013**.(Inform. STJ 514).

PROMESSA DE COMPRA E VENDA DE BEM DECLARADO TERRITÓRIO INDÍGENA ANTES DO CUMPRIMENTO DE OBRIGAÇÃO A CARGO DO VENDEDOR.
Resolve-se, por motivo de força maior, o contrato de promessa de compra e venda sobre o qual pendia como ônus do vendedor a comprovação do trânsito em julgado de ação de usucapião, na hipótese em que o imóvel objeto do contrato foi declarado território indígena por decreto governamental publicado após a celebração do referido contrato. Sobrevindo a inalienabilidade antes do implemento da condição a cargo do vendedor, não há falar em celebração do contrato principal de compra e venda, não se caracterizando como contrato diferido, nem incidindo a teoria da imprevisão. Trata-se de não perfazimento de contrato por desaparecimento da aptidão do bem a ser alienado (art. 248 do CC). REsp 1.288.033-MA, Rel. Min. Sidnei Beneti, julgado em 16/10/2012.(Inform. STJ 507)

VENDA - DIREITO CIVIL. ALIENAÇÃO DE IMÓVEL HIPOTECADO POR CÉDULA DE CRÉDITO RURAL. ANUÊNCIA DO CREDOR HIPOTECÁRIO.
O registro no cartório de imóveis da promessa de compra e venda de imóvel hipotecado por meio de cédula de crédito rural exige a prévia anuência por escrito do credor hipotecário. A hipoteca de imóvel, tratada nos arts. 809 a 851 do CC/1916 e atualmente nos arts. 1.473 a 1.505 do CC/2002, não impede a alienação do bem, que é acompanhado pelo ônus real em todas as suas alienações, considerando o direito de sequela. Porém, em se tratando de hipoteca cedular, o art. 59 do Dec.-lei n. 167/1967 dispõe que "a venda dos bens apenhados ou hipotecados pela cédula de crédito rural depende de prévia anuência do credor, por escrito". Trata-se de norma específica que se destina a disciplinar o financiamento concedido para o implemento de atividade rural e, como tal, prevalece sobre a regra de caráter geral prevista no CC. Dessa forma, como no direito brasileiro apenas mediante o registro no cartório de imóveis da promessa de compra e venda celebrada com cláusula de irrevogabilidade e irretratabilidade é que o comprador adquire direito real sobre o imóvel (CC/2002, art. 1.417; Lei n. 4.591/1964, art. 32, § 2º), tal providência não pode ser tomada enquanto não houver a anuência dos credores hipotecários, nos específicos termos do art. 59 do Dec.-lei n. 167/1967. Precedentes citados: REsp 1.291.923-PR, DJe 7/12/2011; AgRg no REsp 1.075.094-MG, DJe 28/2/2011; REsp 835.431-RS, DJe 1º/4/2009. REsp 908.752-MG, Rel. Min. Raul Araújo, julgado em 16/10/2012.(Inform. STJ 506)

CONTRATO. CLÁUSULA PENAL. EFEITOS.
In casu, trata-se de contrato de compra e venda de imóvel, no qual o promitente-comprador (recorrente) obrigou-se a pagar o preço e o promitente-vendedor a entregar o apartamento no tempo aprazado. Porém, o promitente-vendedor não entregou o bem no tempo determinado, o que levou o promitente-comprador (recorrente) a postular o pagamento da cláusula penal inserida no contrato de compra e venda, ainda que ela tenha sido redigida especificamente para o caso do seu inadimplemento. Assim, cinge-se a questão em definir se a cláusula penal dirigida apenas ao promitente-comprador pode ser imposta ao promitente-vendedor ante o seu inadimplemento contratual. Na hipótese, verificou-se cuidar de um contrato bilateral, em que cada um dos contratantes é simultânea e reciprocamente credor e devedor do outro, oneroso, pois traz vantagens para os contratantes, comutativo, ante a equivalência de prestações. Com esses e outros fundamentos, a Turma deu provimento ao recurso para declarar que a cláusula penal contida nos contratos bilaterais, onerosos e comutativos deve aplicar-se para ambos os contratantes indistintamente, ainda que redigida apenas em favor de uma das partes. Todavia, é cediço que ela não pode ultrapassar o conteúdo econômico da obrigação principal, cabendo ao magistrado, quando ela se tornar exorbitante, adequar o *quantum debeatur*. **REsp 1.119.740-RJ, Rel. Min. Massami Uyeda, julgado em 27/9/2011.** (Inform. STJ 484)

COMPRA E VENDA. IMÓVEL. ASCENDENTE. DESCENDENTE.
Trata-se de ação anulatória de venda de imóvel urbano em que a alienação foi realizada entre o pai dos autores (irmãos por parte de pai) e o neto (filho de

outro irmão por parte de pai já falecido). Ressalta o Min. Relator que o entendimento doutrinário e jurisprudencial majoritário considera, desde o CC/1916 (art. 1.132), que a alienação feita por ascendente a descendente é ato jurídico anulável, sendo que essa orientação se consolidou de modo expresso no novo CC/2002 (art. 496). Explica que, no caso dos autos, regido pelo CC/1916, não há dúvida a respeito dos três requisitos objetivos exigidos, ou seja, o fato da venda, a relação de ascendência e descendência entre vendedor e comprador e a falta de consentimento dos outros descendentes, o que já demonstra presente a nulidade. Os demais requisitos, a configuração de simulação ou, alternativamente, a demonstração de prejuízo, que também estão presentes no caso, são resultantes da evolução da doutrina e jurisprudência, mas ainda sob a regência do CC/1916. Assim, para o Min. Relator, o que era de início apenas anulável consolidou-se nos autos como nulo, devendo subsistir o julgamento do TJ de que a transmissão de bens do ascendente ao descendente, se onerosa, deverá obedecer ao mandamento contido no art. 1.132 do CC/1916 e, em seguida, obrigará o donatário a colacionar, no inventário, aquilo que recebeu (art. 1.785 do CC/1916). Diante do exposto, a Turma negou provimento ao recurso do neto. Precedentes citados: REsp 476.557-PR, DJ 22/3/2004; EREsp 661.858-PR, DJe 19/12/2008, e REsp 752.149-AL, DJe 2/12/2010. **REsp 953.461-SC, Rel. Min. Sidnei Beneti, julgado em 14/6/2011.** (Inform. STJ 477)

ANULAÇÃO. VENDA. ASCENDENTE. DESCENDENTE. INTERPOSTA PESSOA.

A venda de bem de ascendente a descendente realizada por intermédio de interposta pessoa, sem o consentimento dos demais descendentes e ainda na vigência do CC/1916 é caso de negócio jurídico simulado que pode ser anulado no prazo quadrienal do art. 178, § 9º, V, **b**, do referido código, mostrando-se inaplicável a Súm. n. 494-STF. Contudo, anote-se que esse prazo deve ser contado da data da abertura da sucessão do alienante e não da data do ato ou contrato, isso com o intuito de evitar que os descendentes litiguem com o ascendente ainda em vida, o que certamente causa desajuste nas relações familiares. Seria, também, demasiado exigir que os descendentes fiscalizassem, além dos negócios realizados pelos ascendentes, as transações feitas por terceiros (a interposta pessoa). Outrossim, não convém reconhecer a decadência para a anulação parcial do negócio ao contar o prazo a partir do óbito do ascendente virago, relativamente à sua meação, pois isso levaria também ao litígio entre os descendentes e o ascendente supérstite, o que justifica a contagem do prazo a partir da abertura da sucessão dele, o último ascendente. Ressalte-se que esse entendimento não se aplica às alienações assim realizadas na vigência do CC/2002, pois o novo código trouxe a nulidade do negócio jurídico simulado, não prevendo prazo para sua declaração (*vide* arts. 167 e 169 do mesmo *codex*). Precedentes citados do STF: RE 59.417-BA, DJ 15/4/1970; do STJ: REsp 151.935-RS, DJ 16/11/1998, e REsp 226.780-MG, DJ 2/9/2002. **REsp 999.921-PR, Rel. Min. Luis Felipe Salomão, julgado em 14/6/2011.** (Inform. STJ 477)

RESCISÃO. CONTRATO. TERCEIROS. ADQUIRENTES.

Os recorrentes ajuizaram ação declaratória e condenatória contra conhecida construtora, ora massa falida, alegando ter celebrado contrato de venda do imóvel de propriedade deles com a finalidade de incorporação de dois edifícios, um residencial e outro comercial. Em contraprestação, receberiam, por dação em pagamento, 15 unidades do edifício comercial a ser construído. Informam que a construtora demoliu a edificação existente no terreno vendido, sem jamais ter iniciado a construção dos imóveis cujas unidades foram prometidas. Pretendem os recorrentes o cancelamento do registro imobiliário decorrente de escritura pública translativa definitiva em razão da procedência do pedido de rescisão contratual por inadimplência e indenização por perdas e danos, em desfavor da construtora. Sucede que, paralelamente, outra pessoa manejou oposição com base no art. 56 do CPC, esclarecendo ter firmado contrato de promessa de compra e venda de imóvel, com cláusula de irretratabilidade, relativo à unidade autônoma e *box* de garagem em condomínio a ser construído na área que é objeto da ação principal, os quais, embora quitados, não os recebeu. A construtora revendeu a terceiros de boa-fé as unidades imobiliárias que iriam ser construídas. Nesse contexto, o acórdão recorrido entendeu haver impossibilidade jurídica do pedido que, como diz respeito a uma das condições da ação, pode ser reconhecida de ofício. Ressalta o Min. Relator que não houve, no caso, declaração de nulidade do contrato, mas mera rescisão por inadimplência. Assim, não sendo declarado nulo ou anulado o título translativo (escritura pública de compra e venda) por vício de consentimento ou fraude, o registro imobiliário dele decorrente permanece hígido. Na hipótese dos autos, a construtora adquiriu plenamente a propriedade do imóvel com o registro do título translativo. Observa que os vendedores, para se resguardar de eventual inadimplemento da compradora, deveriam ter celebrado apenas uma promessa de compra e venda, outorgando escritura definitiva somente após a quitação prometida. Destaca, ainda, o Min. Relator que foi constituída hipoteca em favor dos autores, cuja execução, se for o caso, poderá amenizar os prejuízos causados pela inadimplência da recorrida. Diante do exposto, a Turma negou provimento ao recurso. Precedentes citados: REsp 101.571-MG, DJ 5/8/2002; EDcl no REsp 1.197027-RJ, DJe 15/4/2011, e REsp 131.371-MG, DJ 18/12/1998. **REsp 687.087-SP, Rel. Min. Luis Felipe Salomão, julgado em 5/5/2011.** (Inform. STJ 471)

COMPRA E VENDA A TERMO. OURO. EXPURGOS INFLACIONÁRIOS.

Na origem, trata-se de ação de cobrança movida pela ora recorrida em desfavor da ora recorrente com o fim de ver reconhecido seu direito ao recebimento das diferenças relativas aos expurgos inflacionários previstos pelos planos Verão e Collor, verificados na liquidação em espécie de contratos mercantis de compra e venda de ouro a termo (aquele em que o preço é ajustado no ato da compra e venda e a entrega do produto se dá em data futura). Assim, foram pedidos na inicial a diferença de correção monetária sobre a taxa de 42,72% (IPC de janeiro de 1989) e 44,8% (IPC de abril de 1990), o valor principal da condenação monetariamente corrigido desde o vencimento dos contratos somado às diferenças indevidamente expurgadas (IPC de março a maio de 1990 e fevereiro de 1991), juros contratuais até o vencimento dos contratos e juros de mora até o integral cumprimento da sentença. Por outro lado, em contestação, foi alegada a ilegitimidade ativa da requerida sob o fundamento de que a propriedade dos contratos foi transferida fiduciariamente à CETIP S/A – Balcão Organizado de Ativos e Derivativos; a extinção da obrigação, já que os títulos objeto de discussão foram devolvidos ao devedor; a outorga de quitação nos termos do regulamento do Sistema Nacional do Ouro (Sino) e o anatocismo resultante da indevida cumulação de juros moratórios e compensatórios sem previsão contratual. A sentença julgou parcialmente procedente o pedido para condenar a recorrente ao pagamento dos valores expurgados, recalculando-se a correção monetária do valor restituído à autora, recorrida, com base no IPC, segundo o percentual de 42,72% (janeiro de 1989) e 44,8% (abril de 1990), abatido o valor correspondente à correção monetária já paga; pagamento da correção monetária sobre os valores estipulados segundo a variação da UFIR-RJ; pagamento de juros remuneratórios à taxa de 0,5% ao mês e pagamento de juros moratórios à taxa de 0,5% ao mês até janeiro de 2003 e 1% a partir de então, nos termos do art. 406 do CC/2002, contados das datas dos respectivos resgates. A apelação interposta foi negada. Então, sobreveio o REsp, no qual a questão centra-se em definir se, em contrato mercantil de compra e venda de ouro a termo, o comprador tem direito de obter a diferença de correção monetária ao argumento de existência de expurgos inflacionários indevidos nos instrumentos celebrados à época dos planos Bresser, Verão e Collor. A Turma conheceu do recurso, mas lhe negou provimento, por entender, entre outras questões, que a transferência da propriedade do contrato para a CETIP S/A serve de mera formalidade para a operacionalização dos negócios, cabendo à proprietária fiduciária manter os registros internos de movimentação dos contratos e garantir sua transferência aos proprietários fiduciantes nos casos em que desejarem sair do Sino. Registrou-se que, quanto à devolução de título, igualmente não procede a alegação de quitação automática a ponto de impedir a revisão contratual, haja vista ser aplicável à espécie o mesmo raciocínio empregado em recomposição monetária de certificados de depósito bancário, em que o pagamento processado por meio da CETIP não implica quitação. Frisou-se, ainda, que a correção monetária não é acréscimo à obrigação principal, mas mera recomposição do valor de compra da moeda, motivo pelo qual, mesmo naquelas situações em que o devedor pague o principal adequadamente, não há preclusão para a correção do valor da moeda, sobretudo quando expressamente contratada, sob pena de enriquecimento sem causa, daí porque não se sustenta a tese de ocorrência da preclusão temporal para revisão dos instrumentos. **REsp 1.210.553-RJ, Rel. Min. Nancy Andrighi, julgado em 12/4/2011.** (Inform. STJ 469)

JUROS COMPENSATÓRIOS. PROMESSA. COMPRA E VENDA. IMÓVEL.

A Turma entendeu que consubstancia prática abusiva a cobrança de juros compensatórios durante o período de constrição do imóvel prometido à venda, chamados pelo mercado imobiliário de "juros no pé". **REsp 670.117-PB, Rel. Min. Luis Felipe Salomão, julgado em 14/9/2010**. (Inform. STJ 447)

PROMESSA. COMPRA E VENDA. RESPONSABILIDADE.

Trata-se de REsp em que se discute se o promitente vendedor pode ser penalizado pelo retardamento no ajuizamento de ação de reintegração de posse combinada com pedido de indenização, sob o fundamento de que a demora da retomada do bem deu-se por culpa do credor, em razão de ele não ter observado o princípio da boa-fé objetiva. Na hipótese dos autos, o promitente comprador deixou de efetuar o pagamento das prestações do contrato de compra e venda em 1994, abandonando, posteriormente, o imóvel em 9/2001. Contudo, o credor só realizou a defesa de seu patrimônio em 17/10/2002, data do ajuizamento da ação de reintegração de posse combinada com pedido de indenização, situação que evidencia o descaso com o prejuízo sofrido. O tribunal *a quo* assentou que, não obstante o direito do promitente vendedor à indenização pelo tempo em que o imóvel ficou em estado de não fruição (período compreendido entre a data do início do inadimplemento das prestações contratuais até o cumprimento da medida de reintegração de posse), a extensão da indenização deve ser mitigada (na razão de um ano de ressarcimento), em face da inobservância do princípio da boa-fé objetiva, tendo em vista o ajuizamento tardio da demanda competente. A Turma entendeu não haver qualquer ilegalidade a ser reparada, visto que a recorrente descuidou-se de seu dever de mitigar o prejuízo sofrido, pois o fato de deixar o devedor na posse do imóvel por quase sete anos, sem que ele cumprisse seu dever contratual (pagamento das prestações relativas ao contrato de compra e venda), evidencia a ausência de zelo com seu patrimônio e o agravamento significativo das perdas, uma vez que a realização mais célere dos atos de defesa possessória diminuiria a extensão do dano. Ademais, não prospera o argumento da recorrente de que a demanda foi proposta dentro do prazo prescricional, porque o não exercício do direito de modo ágil fere o preceito ético de não impor perdas desnecessárias nas relações contratuais. Portanto, a conduta da ora recorrente, inegavelmente, violou o princípio da boa-fé objetiva, circunstância que caracteriza inadimplemento contratual a justificar a penalidade imposta pela Corte originária. **REsp 758.518-PR, Rel. Min. Vasco Della Giustina (Desembargador convocado do TJ-RS), julgado em 17/6/2010**. (Inform. STJ 439)

DANO MORAL. DEMORA. LIBERAÇÃO. HIPOTECA. Após o pagamento das parcelas do contrato de compra e venda de bem imóvel, os ora recorridos tiveram que se deslocar, por diversas vezes, ora à construtora com quem contrataram ora ao agente financeiro e, por fim, até o registro de imóveis, para verem regularizada a situação do imóvel, com a liberação do gravame hipotecário, obrigação, aliás, que não lhes cabia. Competia ao ora recorrente proceder ao levantamento da hipoteca, sem que houvesse qualquer necessidade de diligência por parte dos recorridos, que cumpriram suas obrigações contratuais. Assim, todas essas circunstâncias levam a concluir pela indenização por dano moral em razão da demora injustificada na liberação do ônus hipotecário. Logo, não se cuida de mero descumprimento contratual, mas de ato ilícito que deve ser reparado. Diante do exposto, a Turma negou provimento ao recurso. **REsp 966.416-RS, Rel. Min. Massami Uyeda, julgado em 8/6/2010**. (Inform. STJ 438)

COMPRA E VENDA. IMÓVEL. CESSÃO. DIREITOS. OUTORGA UXÓRIA. PRESCRIÇÃO VINTENÁRIA. Trata-se, originariamente, de ação anulatória de ato jurídico cumulada com reintegração de posse e indenização por perdas e danos ajuizada pela ora recorrida em face dos ora recorrentes em razão de promessa de compra e venda de imóvel celebrada pelo ex-marido da autora, já falecido, e os réus, sem a necessária outorga uxória. O juiz de primeiro grau reconheceu a prescrição alegada pelos réus e julgou extinto o processo com fundamento no art. 269, IV, do CPC. A autora (recorrente) apelou, pugnando pelo afastamento da prescrição ao argumento de que a ausência de consentimento ou outorga uxória em declaração de transferência de imóvel pertencente ao patrimônio do casal é ato jurídico nulo, por isso imprescritível. O tribunal *a quo* deu provimento à apelação para afastar a prescrição e determinar o retorno dos autos ao primeiro grau para o exame dos demais aspectos da demanda. Embargos declaratórios opostos por ambas as partes não foram conhecidos por intempestivos. Segundos embargos opostos pelos réus foram rejeitados. Sobreveio, então, o REsp, no qual, entre outras alegações, sustentou-se a existência de contrato de compra e venda, e não de mero compromisso de compra e venda, o que atrairia a prescrição das ações reais de 10 anos (art. 177 do CC/1916) e afastaria a prescrição vintenária aplicada no aresto atacado. Sustentou-se, ainda, a negativa de vigência do art. 178, § 9º, I, a, do mencionado diploma legal, que trata do prazo prescricional de quatro anos, contados da dissolução da sociedade conjugal, referente à ação da mulher para anular escritura de compra e venda de imóvel sem outorga uxória. Nesta instância especial, ao se apreciar o REsp, inicialmente se observou que tanto a sentença quanto o acórdão trataram da mesma forma o negócio jurídico que se pretende anular como sendo uma promessa de compra e venda, e não se podem alterar tais conclusões em recurso especial, sob pena de violação da Súm. n. 7-STJ. Todavia, entendeu-se que, segundo o Código Civil vigente à época, a promessa de compra e venda gera apenas efeitos obrigacionais, a atrair o prazo prescricional vintenário. Cumpre dizer que o acórdão recorrido aplicou corretamente o direito à espécie. Quanto às questões referentes à necessidade ou não de outorga uxória, se tal anuência é requisito de validade do pacto ou, ainda, se importa na carência de ação, elas não foram objeto de debate e apreciação, visto que, como mencionado, afastada a prescrição, foi determinado pelo tribunal de origem o retorno dos autos ao primeiro grau para o exame dos demais aspectos da demanda; não cabendo, pois, nesta superior instância, qualquer pronunciamento sobre tais temas. Diante disso, a Turma conheceu do recurso, mas lhe negou provimento. Precedentes citados: REsp 214.667-SP, DJ 5/8/2002; REsp 600.826-RJ, DJ 14/8/2006, e CC 31.209-RJ, DJ 1º/10/2001. **REsp 765.973-PR, Rel. Min. Aldir Passarinho Junior, julgado em 1º/6/2010**. (Inform. STJ 437)

EXCEÇÃO. CONTRATO NÃO CUMPRIDO. Tratou-se de ação ajuizada pelos recorridos que buscavam a rescisão do contrato de compra e venda de uma sociedade empresária e dos direitos referentes à marca e patente de um sistema de localização, bloqueio e comunicação veicular mediante uso de aparelho celular, diante de defeitos no projeto do referido sistema que se estenderam ao funcionamento do produto. Nessa hipótese, conforme precedentes, a falta da prévia interpelação (arts. 397, parágrafo único, e 473, ambos do CC/2002) impõe o reconhecimento da impossibilidade jurídica do pedido, pois não há como considerá-la suprida pela citação para a ação resolutória. Contudo, consta da sentença que os recorrentes já estavam cientes de sua inadimplência mesmo antes do ajuizamento da ação e, por sua inércia, não restou aos recorridos outra alternativa senão a via judicial. Alegam os recorrentes que não poderiam os recorridos exigir o implemento das obrigações contratuais se eles mesmos não cumpriram com as suas (pagar determinadas dívidas da sociedade). Porém, segundo a doutrina, a exceção de contrato não cumprido somente pode ser oposta quando a lei ou o contrato não especificar a quem primeiro cabe cumprir a obrigação. Assim, estabelecido em que ordem deve dar-se o adimplemento, o contratante que primeiro deve cumprir suas obrigações não pode recusar-se ao fundamento de que o outro não satisfará a que lhe cabe, mas o que detém a prerrogativa de por último realizar a obrigação pode sim postergá-la, enquanto não vir cumprida a obrigação imposta ao outro, tal como se deu no caso. Anote-se que se deve guardar certa proporcionalidade entre a recusa de cumprir a obrigação de um e a inadimplência do outro, pois não se fala em exceção de contrato não cumprido quando o descumprimento é mínimo e parcial. Os recorrentes também aduzem que, diante do amplo objeto do contrato, que envolveria outros produtos além do sistema de localização, não haveria como rescindi-lo totalmente (art. 184 do CC/2002). Porém, constatado que o negócio tem caráter unitário, que as partes só o celebrariam se ele fosse válido em seu conjunto, sem possibilidade de divisão ou fracionamento, a invalidade é total, não se cogitando de redução. O princípio da conservação dos negócios jurídicos não pode interferir na vontade das partes quanto à própria existência da transação. Já quanto à alegação de violação da cláusula geral da boa-fé contratual, arquétipo social que impõe o poder-dever de cada um ajustar sua conduta a esse modelo, ao agir tal qual uma pessoa honesta, escorreita e leal, vê-se que os recorridos assim agiram, tanto que buscaram, por várias vezes, solução que possibilitasse a preservação do negócio, o que esbarrou mesmo na intransigência dos recorrentes de se recusar a rever o projeto com o fim de sanar as falhas; isso obrigou os recorridos a suspender o cumprimento das obrigações contratuais e a buscar a rescisão do instrumento. Precedentes citados: REsp 159.661-MS, DJ 14/2/2000; REsp 176.435-SP, DJ 9/8/1999; REsp 734.520-MG, DJ 15/10/2007; REsp 68.476-RS, DJ 11/11/1996; REsp 35.898-RJ, DJ 22/11/1993; REsp 130.012-DF, DJ 1º/2/1999, e REsp 783.404-GO, DJ 13/8/2007. **REsp 981.750-MG, Rel. Min. Nancy Andrighi, julgado em 13/4/2010.** (Inform. STJ 430)

DECLARATÓRIA. COMPRA E VENDA. PROCURAÇÃO.

A Turma não conheceu do recurso por entender que, embora os recorrentes alegassem não ser os atuais possuidores da área sob litígio, não há falar em ilegitimidade passiva para a causa; pois, conforme esclarecido pelo tribunal *a quo*, aqueles são proprietários de parte remanescente do imóvel e se obrigaram, em função das transferências sucessivas da área, a responder pela evicção em face dos adquirentes do terreno. Quanto ao uso de procuração falsa, tratando-se de pessoa falecida, o vício insanável da primeira transação gera a nulidade absoluta do contrato de compra e venda firmado com o primeiro réu. Assim, as demais vendas sucessivas também são nulas, pois o vício transmite-se a todos os negócios subsequentes, independentemente da arguição de boa-fé dos terceiros. Quanto à alegada negativa de vigência ao art. 2º do CPC, também entendeu o Min. Relator que o recurso não merece conhecimento, porquanto o julgado recorrido não conferiu qualquer direito à viúva, reconhecendo, apenas, que ela não participou do negócio nulo. **REsp 1.166.343-MS, Rel. Min. Luis Felipe Salomão, julgado em 13/4/2010.** (Inform. STJ 430)

INADIMPLEMENTO CONTRATUAL. DANOS MORAIS.

Trata-se de ação de rescisão contratual cumulada com pedido de indenização por danos materiais e morais ajuizada pela recorrente, que firmou contrato de compra e venda de um *kit* de casa pré-moldada de madeira, pelo qual pagou à vista, mas a recorrida não entregou a casa e, sem explicações, fechou as suas instalações no local contratado. Discute-se, no REsp, a compensação por danos morais, visto que o TJ deu parcial provimento à apelação da recorrida, afastando os danos morais por serem oriundos de inadimplemento contratual. Ressalta a Min. Relatora que, apesar de a jurisprudência deste Superior Tribunal ser, em regra, no sentido de que o inadimplemento contratual, por si só, não gera danos morais, tal entendimento deve ser excepcionado em algumas hipóteses, por exemplo, no caso dos autos, em que da própria descrição das circunstâncias que perfizeram o ilícito material seja possível verificar as consequências psicológicas e de angústia vivida pela recorrente resultantes do inadimplemento culposo. Assevera que, no caso, não houve o simples inadimplemento contratual de compra e venda da casa, pois a recorrida, além de frustrar e violar o direito constitucional à casa própria, agiu com descaso, conduta agravada pelo fato de fechar suas instalações no local da contratação sem quaisquer explicações ou mesmo fornecer seu novo endereço. Diante do exposto, a Turma reconheceu excepcionalmente a ocorrência de danos morais. **REsp 1.025.665-RJ, Rel. Min. Nancy Andrighi, julgado em 23/3/2010.** (Inform. STJ 428)

COMPRA E VENDA. PACTO COMISSÓRIO. ILEGITIMIDADE.

Trata-se de ação de conhecimento ajuizada por empresa comercial e seu sócio-gerente (recorridos) com pedido de anulação de ato jurídico em que aduzem que, por não terem conseguido obter recurso junto aos bancos, contraíram empréstimo de 100 mil reais junto ao recorrente e ele, para garantir o contrato de mútuo, exigiu, mediante coação moral, a transmissão de imóvel, sede da empresa, para seu nome. Depois, como não efetuaram o pagamento do valor emprestado, sofrem ação de reintegração de posse com o objetivo de desocupação do imóvel. Em reconvenção, o recorrente requereu a condenação dos recorridos para indenizá-lo pelos prejuízos causados em razão da impossibilidade de vender o imóvel. Isso posto, discute-se no REsp se o sócio-gerente (correcorrido) é parte ilegítima e se o TJ, ao prover o apelo dos recorridos, baseou-se em mera presunção de ocorrência de fraude na formação do negócio de compra e venda. Ressalta a Min. Relatora que se depreende dos autos ter o TJ, sem se afastar das provas, considerado que o contrato de compra e venda do imóvel celebrava de fato uma simulação de negócio jurídico com intuito de acobertar a formação de um típico contrato de mútuo e aplicou o art. 765 do CC/1916 para declarar nulo o contrato de compra e venda, ponto que não admite reexame. Quanto à alegada preliminar de ilegitimidade de parte, o TJ não a apreciou, embora arguida em preliminar na contestação e afastada pela decisão de primeiro grau, porém não rediscutida expressamente em seu recurso de apelação na reconvenção ou nas contrarrazões do recurso de apelação interposto pelos recorridos na ação anulatória. Anota-se que, na hipótese, a sentença discorreu quanto à pertinência subjetiva de o recorrido integrar o polo ativo da lide de anulação do negócio e, sendo a legitimidade de parte uma das condições da ação, matéria de ordem pública, ela não se sujeita à preclusão nas instâncias ordinárias (jurisprudência do STJ). Nesse contexto, observa que a situação consiste em determinar se, tendo havido omissão do TJ, pode-se prosseguir seu enfrentamento no REsp com fulcro no art. 257 do RISTJ, Súm. n. 456-STF e art. 515 do CPC, porém, não está sob análise à possibilidade deste Superior Tribunal conhecer de ofício nulidades absolutas em REsp. Concluiu, entre outras considerações, não haver como negar que o preceito do art. 515, § 3º, do CPC deve ser aplicado aos recursos especiais desde que não seja necessário proceder ao reexame de provas, pois atende os ditames do art. 5º, LXXVIII, da CF/1988, acelerando a outorga da tutela jurisdicional. Ademais, explica que a ampliação do alcance do art. 515, § 3º, do CPC, não implica ofensa ao duplo grau de jurisdição, porque a regra técnica de processo admite que o ordenamento jurídico apresente soluções condizentes com a efetividade do processo, afastando o reexame específico da matéria impugnada. E na hipótese, como a sentença bem delineou a pertinência de o correcorrido integrar no polo ativo da lide que na qualidade de sócio-gerente poderia eventualmente ser acionado para responder pelo negócio jurídico, não há como lhe negar a legitimidade ativa no polo ativo da ação. Diante do exposto, a Turma conheceu em parte do recurso e, nessa parte, deu-lhe provimento. Precedentes citados: AgRg no REsp 1.065.763-SP, DJe 14/4/2009; REsp 1.080.808-MG, DJe 3/6/2009; REsp 979.093-PE, DJe 23/6/2008, e AgRg no Ag 981.528-SP, DJe 26/5/2008. **REsp 998.460-SP, Rel. Min. Nancy Andrighi, julgado em 23/2/2010**. (Inform. STJ 424)

RESTITUIÇÃO. PARCELAS. IMÓVEL. CONSTRUTORA.

A Seção reiterou o entendimento de que a construtora, promitente vendedora de imóvel, deve devolver integralmente a quantia paga pelo promitente comprador quando a rescisão do contrato de compra e venda do imóvel foi por ela provocada – não entregou o imóvel na data estipulada –, uma vez que incide o disposto no art. 1.092, parágrafo único, do CC/1916 e não o art. 924 do mesmo *codex*. **EREsp 644.984-RJ, Rel. Min. Luis Felipe Salomão, julgados em 25/11/2009.** (Inform. STJ 417)

COMPRA E VENDA. PERDA. ARRAS.

A Turma conheceu do recurso e lhe deu provimento para restabelecer a sentença ao entendimento de que assiste razão à recorrente no que concerne à arguição de maltrato ao princípio da *non reformatio in pejus*. Conforme a jurisprudência deste Superior Tribunal, entende-se por esse princípio que o órgão julgador não pode piorar a situação processual do único recorrente, retirando-lhe a vantagem concedida em decisão anterior sem pedido expresso da parte contrária. *In casu*, em que não há apelação por parte da autora, em face da sentença que determina a perda das oito primeiras parcelas, a exclusão desse desconto não cabe ao Tribunal de origem. Na espécie, pleiteada a restituição integral das prestações pagas pela recorrida, o magistrado de primeira instância nada mais fez que descontar da quantia a ser restituída o valor avençado a título de arras, julgando parcialmente procedente o pedido. Precedente citado: EDcl nos EDcl no REsp 1.072.223-RS, DJe 27/4/2009. **REsp 880.579-BA, Rel. Min. Fernando Gonçalves, julgado em 18/8/2009.** (Inform. STJ 403)

PROMESSA. COMPRA. VENDA. VALORES PAGOS. DEVOLUÇÃO.

A recorrente argumenta não haver qualquer ilegalidade na cláusula inserta em contrato de promessa de compra e venda de imóvel que prevê, para o caso de inadimplemento contratual, a retenção de 30% dos valores até então pagos pela recorrida promitente compradora. Afirma, outrossim, que a legalidade da referida cláusula tem respaldo, ainda, na possibilidade de a parte que não deu causa à rescisão da avença reter o montante dado a título de arras. Porém, o Min. Relator destacou que a Segunda Seção deste Superior Tribunal já decidiu que o promitente comprador, por motivo de dificuldade financeira, pode ajuizar ação de rescisão contratual, objetivando, também, reaver o reembolso dos valores vertidos. As arras, quando confirmatórias, constituem um pacto anexo cuja finalidade é a entrega de algum bem (em geral, determinada soma em dinheiro), para assegurar ou confirmar a obrigação principal assumida e, de igual modo, para garantir o exercício do direito de desistência. Por ocasião da rescisão contratual, o valor dado a título de sinal (arras) deve ser restituído ao *reus debendi*, sob pena de enriquecimento ilícito. O art. 53 do CDC não revogou o disposto no art. 1.097 do CC/1916 (atual art. 418 do CC/2002), ao contrário, apenas positivou, na ordem jurídica, o princípio consubstanciado na vedação do enriquecimento ilícito. Portanto, não é de admitir-se a retenção total do sinal dado ao promitente vendedor. Assim, segundo a exegese do art. 418 do CC/2002 c/c o art. 53 do CDC, o percentual a ser devolvido tem como base de cálculo todo o montante vertido pelo promitente comprador, nele se incluindo as parcelas propriamente ditas e as arras. É inviável alterar o percentual da retenção quando, das peculiaridades do caso concreto, tal montante afigura-se razoavelmente fixado. *In casu*, o imóvel objeto da avença sequer foi ocupado, porquanto o bem não foi ao menos entregue. Desse modo, na espécie, não há que se admitir a majoração do percentual nos termos em que fixados pelas instâncias ordinárias, de 10% sobre todos os valores pagos. Precedentes citados: EREsp 59.870-SP, DJ 9/12/2002; REsp 355.818-MG, DJ 13/10/2003; REsp 476.775-MG, DJ 4/8/2003, e REsp 896.246-RJ, DJ 15/10/2007. **REsp 1.056.704-MA, Rel. Min. Massami Uyeda, julgado em 28/4/2009.** (Inform. STJ 392)

RESCISÃO. PROMESSA. COMPRA E VENDA. MORA. PROMISSÁRIO.

No caso, a desistência dos recorrentes adquirentes de imóvel ocorreu após a entrega da unidade, fazendo uso dela por considerável tempo. Assim, a Turma, seguindo orientação da Segunda Seção, determinou o direito de retenção pelos recorridos do valor de 25% do que foi pago pelo recorrente, descontados os valores de tributos, condomínio e consectários porventura vencidos e não pagos no período da ocupação ilegítima, bem como do valor locatício do imóvel, desde o momento em que descumprida a obrigação até o dia da reintegração de posse, tudo a ser apurado em liquidação. As benfeitorias já foram pagas pelos recorridos. Assim, a Turma conheceu em parte do recurso e lhe deu parcial provimento. Precedente citado: REsp 474.388-SP, DJ 8/10/2008. **REsp 331.923-RJ, Rel. Min. Aldir Passarinho Junior, julgado em 28/4/2009.** (Inform. STJ 392)

RECISÃO. COMPROMISSO. COMPRA E VENDA. ESBULHO.

A questão está em saber se, diante de compromisso de compra e venda de bem imóvel com cláusula resolutória expressa, pode haver ação direta de reintegração de posse após notificação da mora, com deferimento de liminar, ou se há necessidade de prévia resolução judicial do pré-contrato. O Min. Relator destacou que este Superior Tribunal preconiza ser imprescindível a prévia manifestação judicial na hipótese de rescisão de compromisso de compra e venda de imóvel, para que seja consumada a resolução do contrato, ainda que existente cláusula resolutória expressa, diante da necessidade de observância do princípio da boa-fé objetiva a nortear os contratos. Por conseguinte, não há falar em antecipação de tutela reintegratória de posse antes de resolvido o contrato de compromisso de compra e venda, pois, somente após a resolução é que poderá haver posse injusta e será avaliado o alegado esbulho possessório. Diante disso, a Turma conheceu em parte do recurso e, nessa parte, deu-lhe provimento para afastar a concessão da tutela antecipada. Precedentes citados: REsp 817.983-BA, DJ 28/8/2006; REsp 653.081-PR, DJ 9/5/2005; REsp 647.672-SP, DJ 20/8/2007; REsp 813.979-ES, DJ 9/3/2009; AgRg no Ag 1.004.405-RS, DJ 15/9/2008; REsp 204.246-MG, DJ 24/2/2003, e REsp 237.539-SP, DJ 8/3/2000. **REsp 620.787-SP, Rel. Min. Luis Felipe Salomão, julgado em 14/4/2009.** (Inform. STJ 390)

COMPRA E VENDA. REINTEGRAÇÃO. POSSE.

Em ação com objetivo de rescindir contrato de compra e venda de dois imóveis (fazendas) por inadimplemento, alega o recorrente, entre outros argumentos, a incompetência absoluta do foro eleito para processar a causa porque o foro da causa seria o da situação da coisa (art. 95 do CPC). Preliminarmente, o Min. Relator considerou como válida a autenticação bancária do porte e remessa diante da seguinte peculiaridade: o banco deixou de autenticar uma das vias. Explica ainda que, conforme assentado no Tribunal de origem e de acordo com a jurisprudência deste Superior Tribunal, a ação que objetiva resolução de compra e venda firmada pelos litigantes tem caráter pessoal, sendo competente, quando houver, o foro de eleição. Entretanto, a reintegração da posse deve ser compreendida apenas como um dos efeitos do provimento da demanda principal, não tendo incidência o art. 95 do CPC. Outrossim, não há cerceamento de defesa pelo julgamento antecipado da lide quando o próprio recorrente postulou, sem ressalva, a providência. Nem há violação do pacto comissório por processo executivo que envolve as mesmas partes, mas não guarda relação com o contrato que se pretende resolver. Ademais, o REsp deixou de indicar o art. 765 do CC/1916 quanto à nulidade do pacto comissório, incidindo a Súm. n. 284-STF. Por fim, a pretensão de reembolso das prestações pagas por violação do art. 53 do CDC não pode ser reconhecida (Súm. n. 182-STJ). Diante do exposto, a Turma não conheceu o recurso. Precedentes citados: AgRg no Ag 537.721-GO, DJ 20/9/2004; REsp 338.023-MS, DJ 27/5/2002; REsp 404.762-SP, DJ 24/4/2002; REsp 967.826-RN, DJ 22/11/2007, e REsp 19.992-SP, DJ 17/4/1995. **REsp 332.802-MS, Rel. Min. Luis Felipe Salomão, julgado em 10/2/2009.** (Inform. STJ 383)

VENDA. ASCENDENTE. DESCENDENTE.

A Turma proveu o REsp, reiterando o entendimento de que é anulável a venda realizada por ascendente a descendente sem o consentimento dos demais herdeiros (no caso, descendentes), nos termos do art. 496 do CC/2002. Ressalte-se que a anulabilidade da venda concretizada em tais condições independe do grau de parentesco existente entre vendedor e comprador. Precedentes citados: REsp 407.123-RS, DJ 1º/9/2003, e REsp 725.032-RS, DJ 13/11/2006. **REsp 886.133-MG, Rel. Min. Fernando Gonçalves, julgado em 21/10/2008**. (Inform. STJ 373)

CLÁUSULA CONTRATUAL. CUSTEIO. INFRAESTRUTURA.

A questão assenta-se na possibilidade ou não de o loteador repassar aos compromissários compradores os custos expendidos por ele com a efetivação das obras elementares de implantação de empreendimento residencial, tudo conforme previsto em cláusula do contrato firmado entre as partes. A Lei n. 6.766/1979, que trata do parcelamento do solo urbano, não veda o ajuste das partes no tocante à obrigação de custear redes de água e esgoto nos loteamentos, sendo válida, portanto, cláusula contratual que preveja o repasse dos custos de tais obras aos adquirentes dos lotes. O que a mencionada lei contempla, no seu art. 26, são disposições que devem obrigatoriamente estar contidas nos compromissos de compra e venda de lotes, requisitos mínimos para a validade desses contratos, o que não significa que outras cláusulas não possam ser pactuadas. Em outras palavras, além das indicações que a lei prescreve como referências obrigatórias nos contratos, podem as partes, dentro das possibilidades outorgadas pela lei de pactuar o lícito, razoável e possível, convencionar outras regras que as obriguem. Precedentes citados: REsp 43.735-SP, DJ 14/4/1997, e REsp 191.907-SP, DJ 24/5/2004. **REsp 205.901-SP, Rel. Min. Luís Felipe Salomão, julgado em 26/8/2008**. (Inform. STJ 365)

PROMESSA. COMPRA E VENDA. IMÓVEL. DESISTÊNCIA.

A jurisprudência deste Superior Tribunal considera ser possível a resilição unilateral do compromisso de compra e venda por iniciativa do promitente comprador se ele não reúne mais as condições econômicas de suportar o pagamento das prestações, o que enseja retenções pelo promitente vendedor de parte das parcelas pagas para compensá-lo pelos custos operacionais da contratação. No caso dos autos, o adquirente do imóvel, devido a problemas de saúde e financeiro, propôs ação de rescisão de contrato cumulada com nulidade de cláusulas e restituição de quantias pagas. Explica o Min. Relator que, a despeito de o colegiado *a quo* ter consignado que a ré (ora recorrente) não poderia apresentar, na apelação, pedido não deduzido na reconvenção, a discussão quanto à legalidade de cláusula contratual que estipulou a base de cálculo da multa pelo descumprimento do contrato podia ser alegada como matéria de defesa, com o mesmo efeito prático, por não configurar pretensão autônoma a recomendar instauração de nova relação jurídica paralela por meio de reconvenção. Aduz, também, que, quando aquele Tribunal reiterou a possibilidade de redução do valor da cláusula penal por ser excessiva, implicitamente corroborou o entendimento da sentença quanto à abusividade dessa mesma cláusula. Assim, não há prejuízo ou nulidade para o recorrente quanto ao enfrentamento das questões postas na apelação. Destacou, ainda, que a cláusula penal já constituiu meio de liquidar antecipadamente o valor das perdas e danos devido ao contraente inocente na hipótese de inexecução contratual culposa. Logo, pactuada a venda com o pagamento de arras confirmatórias como sinal, com função de assegurar o negócio jurídico, é de rigor a restituição das arras com seu desfazimento. Outrossim, ressaltou que, embora se mostre correta a fixação da multa sobre o montante já pago das prestações (R$ 52.123,58) em vez de incidir sobre o valor total do imóvel, o percentual de 10% sobre esse *quantum,* destoa da jurisprudência deste Superior Tribunal que tem determinado a retenção de 25%. Com esse entendimento, a Turma deu provimento em parte ao recurso. Precedentes citados: REsp 712.408-MG, DJ 24/3/2008; REsp 489.057-PR, DJ 24/11/2003, e REsp 469.484-MG, DJ 17/12/2007. **REsp 907.856-DF, Rel. Min. Sidnei Beneti, julgado em 19/6/2008**. (Inform. STJ 360)

COMPRA E VENDA. IMÓVEL. DESISTÊNCIA.

Trata-se de recurso especial submetido à Seção. É consabido que a jurisprudência da Segunda Seção admite a resilição do contrato de compra e venda por impossibilidade de o adquirente suportar encargos financeiros a que se obrigou. Entretanto, para o Min. Relator, deve haver um limite fático/temporal para o exercício desse direito reconhecido, na situação diversa dos casos comuns. Acontece que na posse do imóvel, o adquirente passa a ocupá-lo ou alugá-lo a terceiros, o que transforma bem novo em usado, iniciando o desgaste natural pela ocupação; quando ele é vendido na primeira locação, tem maior valia do que depois. Também argumenta não ser razoável que a empresa construtora fique por muitos anos vinculada unilateralmente à vontade do comprador que desiste, às vezes, até por motivos de mera conveniência, o que ameaça as obras futuras. Daí porque, em seu entender, merece reparos a mera retenção de parte dos valores pagos ou a indenização pelo tempo de ocupação, em certas circunstâncias particulares. Por exemplo, quando a defesa da empresa ré for pela improcedência da ação e não aceitar a mera retenção ou indenização, ou no caso de o imóvel alienado e ocupado, seria irreversível a desistência unilateral da compra e venda, dada a desconfiguração da própria essência do negócio, qual seja, a venda de imóvel novo que representa o objeto social das empresas construtoras. Na hipótese dos autos, a compra e venda da loja foi efetuada em 1995, entregue em 1996 e a ação proposta em 1998, quando o adquirente já ocupava o imóvel, o que, nos termos do art. 1.092 do CC/1916, não possibilitaria o desfazimento do negócio unilateralmente. Com esse entendimento, a Seção julgou improcedente a ação. **REsp 476.780-MG, Rel. Min. Aldir Passarinho Junior, julgado em 11/6/2008.** (Inform. STJ 359)

COMPRA. VENDA. SAFRA FUTURA. PREÇO CERTO.
A Turma reiterou seu entendimento e manteve a jurisprudência assente em ambas as Turmas da Segunda Seção, ao julgar que, nos contratos de compra e venda de safra futura a preço certo, não há onerosidade excessiva nem desequilíbrio na equação financeira do contrato quando, na espécie, não era imprevisível o fato que alterou o valor do produto agrícola (sua cotação no mercado internacional) em curto espaço de tempo. Assim, a recorrida está obrigada a cumprir a referida avença. Precedentes citados: REsp 803.481-GO, DJ 1º/8/2007; REsp 722.130-GO, DJ 20/2/2006, e REsp 800.286-GO, DJ 18/6/2007. **REsp 679.086-GO, Rel. Min. Fernando Gonçalves, julgado em 10/6/2008.** (Inform. STJ 359)

RESCISÃO CONTRATUAL. PROMESSA. COMPRA. VENDA.
Em recurso remetido da Quarta Turma, a Seção, por maioria, mudou o entendimento anterior adotado no REsp 594.486-MG, DJ 13/6/2005, decidiu que os juros moratórios sobre a parcela a ser restituída aos promitentes-compradores de imóvel, em razão de procedência do pedido de ação de resolução de contrato por eles proposta (devido à impossibilidade de arcarem com o custo das prestações), têm como termo inicial o trânsito em julgado da decisão que determinou a devolução da parcela. Destacou o Min. Relator que não é o caso em que os autores postularam a restituição nos termos pactuados. Se assim fosse, haveria um descumprimento contratual e os juros moratórios incidiriam desde a citação. **REsp 1.008.610-RJ, Rel. Min. Aldir Passarinho Junior, julgado em 26/3/2008.** (Inform. STJ 349)

INCORPORAÇÃO. RESTITUIÇÃO. PARCELA. TERRENO.
A recorrente, empresa construtora, celebrou promessa de compra e venda de um terreno com uma conhecida incorporadora. Essa, por sua vez, celebrou contratos com a recorrida e vários outros, todos referentes à aquisição de imóveis a serem construídos. Sucede que a incorporadora, em dificuldades financeiras, viu rescindir o primevo contrato, restando estipulado que a recorrente, agora, prosseguiria com a incorporação, porém com a determinação expressa de que a antiga incorporadora exonerara-se de toda a responsabilidade ou solidariedade advindas dos contratos celebrados com os adquirentes das unidades comercializadas. A recorrente, então, impôs a renegociação do contrato firmado com a recorrida, no qual se previa reajuste de 100% no saldo devedor. Inconformada, a recorrida pleiteou a rescisão de seu contrato e a devolução das quantias pagas. Nesse contexto, a Turma, ao renovar o julgamento, reviu o entendimento tomado em específico precedente e não conheceu do REsp por falta de violação do art. 40, § 2º, da Lei n. 4.591/1964, que sequer se aplica à espécie. Assim, firmou que a quantia a ser restituída deve referir-se não só ao valor da construção, como pretendido pela recorrente, mas também ao da fração ideal do terreno, tal como estipulado pelo acórdão recorrido. **REsp 960.748-RJ, Rel. Min. Humberto Gomes de Barros, julgado em 12/2/2008.** (Inform. STJ 344)

CANCELAMENTO. ESCRITURA. AUSÊNCIA. ASSINATURA.
No caso, houve o cancelamento da escritura de compra e venda por determinação do juízo, visto que não foi subscrita pelos vendedores. O Min. Relator observou que a escritura foi lavrada a pedido, mas não tem ingresso no mundo jurídico por falta de assinatura (art. 134, § 1º, f, do CC/1916). Se o ato não existia, despicienda a convocação do pretenso comprador se não há vendedor. De uma forma ou de outra, a verdade é a falta de pertinência do mandado de segurança, pois ausente direito líquido e certo na espécie. Destacou o Min. Relator que a impetração busca o restabelecimento do registro imobiliário. No entanto a escritura está carente da assinatura dos vendedores, portanto de um dos elementos essenciais da compra e venda – *consensus* – foi lavrada em Goiás, situando-se o imóvel em Mato Grosso, que apenas fez a solicitação ao juízo para mandar averbar, ao lado do registro, a insubsistência da escritura. Então, conforme salientou o Min. Relator, nesse caso, não teria, em princípio, o juiz de Direito de Goiás a competência para o ato, na hipótese de adequação do mandado de segurança, que, como demonstrado, não merece trânsito. **RMS 20.235-GO, Rel. Min. Fernando Gonçalves, julgado em 4/9/2007.** (Inform. STJ 330)

IMÓVEL. AQUISIÇÃO. DESISTÊNCIA. COOPERATIVA. RETENÇÃO.
Cuida-se de recurso em que é vindicado o direito à retenção parcial de 30% das parcelas pagas na compra de unidade residencial vendida ao autor pela cooperativa recorrente, bem como seja o momento da devolução o do término do empreendimento. O Min. Relator aduziu que foi reconhecido o direito do autor de desistir da aquisição, que o percentual de retenção de 10%, tida a cláusula que prevê percentual maior como abusiva, ajusta-se à orientação deste Superior Tribunal para o caso específico de cooperativas, entidades que realizam empreendimentos de cunho social, com público alvo diferenciado e custos ad-

ministrativos sabidamente inferiores ao de uma construtora comercial, tais como corretagem, propaganda etc, motivo pelo qual se tem mitigada a parcela retida. Ela, usualmente, é de 25% na hipótese de empreendimentos com caráter lucrativo e de 10% em caso de cooperativas. Destacou o Min. Relator que, o autor não chegou a ocupar a unidade habitacional, o que, obviamente, levaria a uma retenção bem maior e/ou à indenização pelo período de uso do imóvel. Quanto à época da restituição, se de imediato ou ao cabo da obra, a par de incidir em reexame fático e contratual reflexo, a questão está superada pelo tempo decorrido desde o ajuizamento da ação porque ou a construção já terminou, ou, se não terminou, a inadimplência da cooperativa com o atraso não poderia servir de empecilho ao direito do desistente. Precedentes citados: AgRg no Ag 387.392-SP, DJ 29/10/2001, e REsp 437.151-DF, DJ 28/3/2005. **REsp 280.261-DF, Rel. Min. Aldir Passarinho Junior, julgado em 4/9/2007.** (Inform. STJ 330)

ALIENAÇÃO. BEM IMÓVEL. CLÁUSULA. INALIENABILIDADE. NULIDADE ABSOLUTA. DECLARAÇÃO. OFÍCIO. PREQUESTIONAMENTO.

Destacaram as instâncias anteriores que os gravames em questão incidem, tão somente, sobre os frutos, e não, propriamente, sobre o imóvel. O Tribunal estadual manteve-se nos exatos limites da questão da prescritibilidade, ou não, da pretensão de reconhecimento da nulidade do negócio jurídico entabulado, mantendo-se silente sobre qualquer outra matéria. Não obstante, ainda que se trate de questão chamada de "ordem pública", isto é, nulidade absoluta – passível, segundo respeitável doutrina, de conhecimento a qualquer tempo, em qualquer grau de jurisdição –, este Superior Tribunal já cristalizou seu entendimento pela impossibilidade de se conhecer da matéria de ofício, quando inexistente o necessário prequestionamento. Ocorrida essa nulidade, a prescrição a ser aplicada é a vintenária. Com esse entendimento, a Turma não conheceu do REsp, anotando que a ação foi ajuizada trinta e oito anos após o registro da alienação. O Min. Antônio de Pádua Ribeiro acompanhou o Min. Relator apenas na conclusão, por entender incidente a Súm. n. 283-STF, pois defende a imprescritibilidade dos atos nulos. Precedentes citados: REsp 178.342-RS, DJ 3/11/1998; AgRg no REsp 478.379-RS, DJ 3/4/2006; Edcl no REsp 750.406-ES, DJ 21/11/2005; REsp 919.243-SP, DJ 7/5/2007, e REsp 591.401-SP, DJ 13/9/2004. **REsp 297.117-RS, Rel. Min. Hélio Quaglia Barbosa, julgado em 28/8/2007.** (Inform. STJ 329)

PROMESSA. COMPRA. VENDA. DESISTÊNCIA. RESTITUIÇÃO. PAGAMENTO.

O Tribunal *a quo* rescindiu o contrato de promessa de compra e venda do imóvel em razão da desistência dos autores, que alegavam não mais possuir condições de arcar com seus custos, anotado terem adquirido outro imóvel no mesmo empreendimento, alvo de uma outra ação. Insurgiram-se as rés com a forma em que foi determinada a restituição das quantias pagas. Nesta sede especial, anotou-se que o caso dos autos não guarda identidade com os diversos precedentes do STJ, pois não se trata de mera desistência no curso da construção, mas depois de construído o imóvel, o que denota extrema vantagem aos autores: apesar de somente paga uma parte do imóvel, residiram nele por muito tempo, obtendo um benefício econômico com a moradia (alugavam a terceiros o outro imóvel), além de causar a óbvia depreciação do bem por não mais se cuidar de imóvel novo. Dessarte, a Turma concedeu a retenção automática às rés de 25% de todas as quantias pagas, conforme a jurisprudência. Porém o tratamento equânime exige compensar o uso e o desgaste maior do imóvel, na peculiar espécie dos autos, mediante a possibilidade de as rés serem adicionalmente ressarcidas até o limite da cláusula penal prevista no contrato, apurando-se, em liquidação de sentença, o valor referente ao tempo transcorrido entre a posse do apartamento pelos autores e a entrega às rés. Precedentes citados: REsp 723.034-MG, DJ 12/6/2006; Ag 787.576-MS, DJ 27/9/2006; Ag 891.473-SP, DJ 22/6/2007; Ag 681.996-MG, DJ 16/3/2007, e Ag 884.120-SP, DJ 1º/8/2007. **REsp 474.388-SP, Rel. Min. Aldir Passarinho Junior, julgado em 28/8/2007.** (Inform. STJ 329)

INCORPORAÇÃO. ALIENAÇÃO. UNIDADE.

Cuida-se de ação que foi julgada procedente pelo Tribunal *a quo* em que se pede a nulidade ou rescisão de promessa de compra e venda cumulada com perdas e danos e movida contra sociedade construtora de imóvel. O deslinde da causa requer se precisem as consequências da determinação contida no art. 32 da Lei n. 4.591/1964, segundo a qual não poderá negociar unidades autônomas sem que haja antes arquivado, no cartório de registro de imóveis, documentos ali especificados. O Min. Relator esclareceu que, no caso, a averbação da incorporação ocorreu em 12/1/1996, antes, portanto, do ajuizamento da ação e da citação. Entendeu o Min. Relator ser incabível a postulação rescisória com base em tal fundamento, pois "o desatendimento, pelo incorporador, daquela imposição legal não conduz à nulidade nem anulabilidade do compromisso de venda. O promitente comprador poderá pleitear a rescisão, assim como se abster de pagar as prestações enquanto não sanada a falta. Suprida essa, desaparecem as razões que justificavam tais consequências." Precedentes citados: REsp 49.847-SP, DJ 9/10/1995; REsp 67.723-SP, DJ 2/10/2000, e REsp 34.395-SP, DJ 28/6/1993. **REsp 281.684-MG, Rel. Min. Aldir Passarinho Junior, julgado em 12/6/2007.** (Inform. STJ 323)

EXCEÇÃO. CONTRATO NÃO CUMPRIDO.

Na ação ordinária, o promitente comprador do imóvel, declarando-se devedor do saldo do preço, requereu que esse valor, no montante de R$ 16.625,00, fosse depositado judicialmente e pediu que a promitente vendedora fosse condenada a entregar o prédio com o "habite-se" e a escritura definitiva do imóvel, bem como a indenizar os prejuízos resultantes do inadimplemento contratual. Na reconvenção, a promitente vendedora declarou-se credora de R$ 116.624,03 e pediu fosse o promitente comprador condenado ao respectivo pagamento. O promitente comprador respondeu que a aludida quantia estava paga e restava, como prestação não adimplida, para além do "habite-se", a outorga da escritura definitiva do imóvel, obrigações não cumpridas à alegação de que, sem a sua prestação, nada tem a exigir a reconvinte. O Tribunal *a quo*, decidindo a ação e a reconvenção, declarou o promitente comprador devedor da quantia de R$ 116.624,00 e a promitente vendedora, inadimplente quanto às obrigações de entregar o imóvel com o "habite-se" e de outorgar a escritura definitiva de compra e venda. O Min. Relator não conheceu do recurso por entender que o art. 1.092 do CC/1916 é impertinente à espécie. O Min. Ari Pargendler considerou que, evidentemente, havendo saldo devedor imputável ao promitente comprador, não pode a promitente vendedora ser obrigada a outorgar a escritura definitiva de compra e venda. Mas questionou se, embora a promitente vendedora esteja reconhecidamente inadimplente, o promitente comprador foi condenado a antecipar o pagamento do preço antes da entrega do imóvel provido do indispensável "habite-se". Entendeu o Min. Ari Pargendler que o art. 1.092 do CC/1916 foi, nesse ponto, contrariado. Enquanto o imóvel não for entregue nas condições contratadas ou, enquanto, na forma da sentença, o promitente comprador não ultimar a obra por conta própria, abatendo do saldo remanescente do preço as respectivas despesas, o crédito da promitente vendedora (correspondente ao saldo do preço do negócio devido pelo promitente comprador) é inexigível. A não ser assim, a execução do acórdão quanto à reconvenção pode ser iniciada e concluída sem que o imóvel seja entregue nas condições contratadas. A exceção de contrato não cumprido constitui fato impeditivo à procedência do pedido. E, concluindo o Min. Relator, aduziu que fatos impeditivos são os que obstam a procedência do pedido do autor. O que se tem, rigorosamente, é uma ação com apoio no art. 1.092 do CC, ou seja, exceção de contrato não cumprido. Isso posto, a Turma, ao prosseguir na renovação do julgamento, por maioria, conheceu do recurso e lhe deu parcial provimento. Precedente citado: REsp 142.939-SP, DJ 13/10/1998. **REsp 869.354-RS, Rel. originário Min. Humberto Gomes de Barros, Rel. para o acórdão Min. Ari Pargendler, julgado em 14/6/2007.** (Inform. STJ 323)

AGÊNCIA. VIAGEM. COMISSÕES. VENDA. PASSAGENS AÉREAS. REDUÇÃO.

A Turma decidiu que é cabível a redução unilateral do valor de comissões referentes a negócios futuros realizados pelas agências de viagens na venda de passagens aéreas, à falta de ajuste expresso em sentido contrário (art. 186 do Código Comercial). Precedente citado: REsp 617.244-MG, DJ 10/9/2006. **REsp 667.633-CE, Rel. Min. Cesar Asfor Rocha, julgado em 12/9/2006.** (Inform. STJ 296)

COMPRA. VENDA. IMÓVEL. TERMO. ENTREGA. RECEBIMENTO. NOTIFICAÇÃO EXTRAJUDICIAL.

O autor, ora recorrente, propôs ação indenizatória, uma vez que a vendedora, ora recorrida, entregou-lhe o imóvel, objeto de promessa de compra e venda, com atraso de dois anos e seis meses. Contudo a entrega das chaves foi condicionada à assinatura de um termo no qual ambas as partes davam plena quitação das obrigações assumidas no contrato. Ocorre que, antes de firmá-lo, o autor notificou extrajudicialmente a vendedora ré, ressalvando cláusula referente ao prazo de entrega da obra. Assim, a Turma conheceu em parte do recurso e, nessa parte, deu-lhe provimento, por entender que ocorreu coação da vendedora ao condicionar a entrega das chaves à quitação plena das obrigações e reconheceu o direito do autor à indenização pelo atraso na entrega da obra, cujo valor será apurado em liquidação de sentença por arbitramento, a teor do art. 606 e seguintes do CPC. **REsp 197.622-DF, Rel. Min. Aldir Passarinho Junior, julgado em 4/4/2006.** (Inform. STJ 280)

4.10.13. Quadro sinótico

Compra e venda

1. Conceito: *é o contrato pelo qual um dos contratantes (vendedor) se obriga a transferir o domínio de coisa corpórea ou incorpórea, e o outro (comprador), a pagar-lhe certo preço em dinheiro ou valor fiduciário equivalente*

- Compra e venda não transfere a propriedade da coisa, mas apenas obriga uma das partes a transferir a coisa a outro (sistema romano)

- No sistema francês é diferente: o contrato tem o poder de transferir o domínio da coisa

2. Classificação: compra e venda é bilateral, consensual, onerosa, comutativa e não solene (salvo os direitos reais sobre imóveis)

3. Elementos

3.1. Consentimento

3.2. Preço

a) deve ter **pecuniariedade**, **seriedade** (ser verdadeiro, sob pena de ser simulação) e **certeza** (certo ou determinável)

b) a lei admite o **preço segundo**: i) acordo entre os contratantes; ii) arbítrio de 3º escolhido pelas partes; iii) tabelamento oficial; iv) taxa de mercado ou bolsa em certo dia e lugar; v) índices ou parâmetros (ex.: valor do petróleo)

c) a lei admite venda **sem fixação de preço**, hipótese em que se considera a tabela oficial ou o preço corrente

d) o preço é livre, mas há alguns limites (ex: lesão - 157)

3.3. Coisa

a) deve ser **existente**, ainda que de modo potencial; se já pereceu, a venda é <u>nula</u>; se for sobre coisa futura sem assunção de risco, a venda é <u>sob condição</u>; se for coisa futura com assunção de risco, a venda é <u>aleatória</u>

b) deve ser **individuada**: determinada ou determinável; se for incerta, deve ser indicada quanto ao gênero e à qualidade; o devedor escolherá, pelo menos, a de termo médio

c) deve ser **disponível**, ou seja, alienável natural, legal e voluntariamente, e pertencente ao vendedor. Neste caso, não sendo o vendedor dono da coisa, a venda poderá ser convalidada se ele vier a adquiri-la posteriormente e estiver de boa-fé (art. 1.268, CC)

4. Efeitos da compra e venda

4.1. Principais: a) gera obrigações recíprocas de entregar a coisa e pagar o preço; b) gera responsabilidades por vícios redibitórios e pela evicção

4.2. Secundários:

a) responsabilidade pelos riscos da coisa: até a tradição, é do vendedor; se houver mora no recebimento, é do comprador; se for entregue ao transportador indicado pelo comprador, é do comprador

b) responsabilidade pelos riscos do preço: até o pagamento, é do comprador; após o pagamento e em caso de mora em receber, é do vendedor

c) responsabilidade pelas despesas de escritura e registro: é do comprador, salvo convenção diversa

d) responsabilidade pela tradição: é do vendedor, salvo convenção diversa

e) responsabilidade pelas dívidas pretéritas que gravam a coisa até a tradição: é do vendedor, salvo convenção diversa; se a obrigação for *propter rem*, o comprador terá direito de regresso contra o vendedor

f) direito de retenção da coisa: até o pagamento, o vendedor não é obrigado a entregar a coisa, salvo nas vendas a crédito e em caso de convenção em contrário

5. Limitações à compra e venda

5.1. Venda de ascendente à descendente: é anulável, salvo se houver consentimento dos outros descendentes e do cônjuge

- A doação não precisa do consentimento

- Porém, o donatário deverá colacionar os bens recebidos em vida, no inventário do doador, salvo se houver dispensa disso

5.2. Aquisição por pessoa encarregada de zelar pelos interesses do vendedor: é nula. Exemplos: aquisição pelo tutor, curador, administrador, juiz, servidor público etc.

5.3. Venda de fração ideal de coisa indivisível em condomínio: consortes terão direito de preferência; ex:

- Três pessoas donas de um mesmo imóvel. Caso uma delas queira vender sua parte, deverá oferecer às outras, que terão preferência na aquisição.

- Não respeitada tal preferência, o prejudicado poderá depositar o preço dentro de 180 dias da transmissão.

- Se os dois consortes prejudicados tiverem interesse na coisa, tem primazia: i) o que tiver benfeitorias de maior valor na coisa; ii) o que tiver maior quinhão; iii) o que fizer o primeiro depósito, nessa ordem

5.4. Venda entre cônjuges: só é possível em relação a bens excluídos da comunhão

6. Venda *ad mensuram*

6.1. Conceito: *aquela em que o preço estipulado é feito com base nas dimensões do imóvel*

- Ex.: "Vendo terreno de 360 m² por R$ 70 mil"

6.2. Consequência: área deve corresponder à promessa

6.3. Tolerância: lei admite diferença de até 1/20 da área total enunciada (5%)

6.4. Exclusão da tolerância: a) se houver exclusão expressa no contrato; b) se o comprador provar que não teria realizado o negócio se soubesse da diferença

6.5. Direitos do comprador: pedir complemento da área (ação *ex empto* ou *ex vendito*). Não sendo possível, deve optar entre resolução do contrato e abatimento do preço

7. Venda *ad corpus*

7.1. Conceito: *aquela em que o imóvel é vendido como coisa certa e discriminada, sendo meramente enunciativa eventual referência às suas dimensões*

- Ex.: consta do contrato que "a área tem mais ou menos 20.000 m²"

7.2. Consequência: pouco importa a área efetiva do imóvel. Não haverá complemento ou devolução do preço

8. Retrovenda

8.1. Conceito: *cláusula pela qual o vendedor reserva-se o direito de reaver o imóvel que está sendo alienado, em certo prazo, restituindo o preço, mais despesas feitas pelo comprador* (art. 505, CC)

- Ou seja, alguém vende imóvel, mas assegura direito de recomprá-lo em certo prazo, pelo mesmo preço da venda anterior

- Infelizmente esse instituto é muito utilizado na agiotagem

- O Judiciário vem reconhecendo a simulação quando o intuito da retrovenda é servir de garantia para uma dívida

8.2. Direito de retrato: o prazo máximo para esse direito é de 3 anos. Trata-se de prazo decadencial

9. Preferência

9.1. Conceito: *convenção em que o comprador se obriga a oferecer ao vendedor a coisa que vai vender, para que este use seu direito de prelação na compra, tanto por tanto*

9.2. Exercício do direito:

- Comprador deve notificar vendedor para este dizer se tem interesse em adquirir a coisa pelo preço de proposta atual

- Não havendo prazo estipulado, vendedor terá 3 dias, se a coisa for móvel, e 60 dias, se a coisa for imóvel, para manifestar-se, sob pena de decadência

- O prazo máximo que pode ser convencionado para esse tipo de manifestação é de 180 dias, se a coisa for móvel, e de 2 anos, se imóvel

9.3. Descumprimento do direito:

- A preferência contratual, se preterida, enseja apenas o direito de o prejudicado pedir perdas e danos ao ofensor (**direito pessoal**)

- Não há direito de perseguir a coisa (direito real)

- Há outros direitos de preferência previstos na lei que estabelecem direito real; por ex., o caso da preferência que existe entre coproprietários de um bem indivisível, quando um deles deseja vender sua fração ideal

4.10.14. Questões comentadas

(Magistratura/PB – 2011 – CESPE) A respeito das disposições aplicáveis a contratos de compra e venda, assinale a opção correta.

(A) Na venda com reserva de domínio, o Código Civil estabelece que o vendedor somente pode executar a referida cláusula após a constituição do comprador em mora, mediante protesto de título ou interpelação judicial ou extrajudicial.

(B) O direito de retrato não é suscetível de cessão por ato *inter vivos*, mas é cessível e transmissível por ato *causa mortis*, podendo os herdeiros e legatários exercê-lo somente no prazo decadencial de três anos, contado da conclusão da compra e venda.

(C) Nesse tipo de contrato, a fixação do preço pode ser deixada ao arbítrio de terceiro designado pelos contratantes ou de uma das partes.

(D) Na venda *ad corpus*, não havendo correspondência entre a área efetivamente encontrada e as dimensões constantes do documento, o comprador lesado poderá exigir o implemento da área ou abatimento no preço.

(E) Denomina-se venda a contento a cláusula que sujeita o contrato a condição suspensiva, produzindo efeitos somente após o comprador se assegurar de que a coisa realmente possui as qualidades garantidas pelo vendedor.

A: incorreta, pois a constituição em mora só pode se dar por protesto do título ou por interpelação judicial, não podendo se dar por interpelação extrajudicial (art. 525 do CC); **B:** correta (arts. 507 e 505 do CC, respectivamente); **C:** incorreta, pois a fixação do preço pode ser deixada a arbítrio de terceiro, desde que este seja escolhido por ambas as partes (art. 485 do CC); **D:** incorreta, pois, nesse caso, não haverá complemento de área, nem devolução de excesso (art. 500, § 3º, do CC); **E:** incorreta, pois essa é a definição de *venda sujeita à prova* (art. 510 do CC); na venda a contento também existe uma condição suspensiva, que é o adquirente manifestar o seu agrado (o seu contento) com a coisa (art. 509 do CC); um exemplo é quando alguém pede um vinho num restaurante e o garçom serve um pouco do vinho para ver se está do agrado de quem pediu; se estiver, a venda, que estava sob a condição suspensiva do agrado (ou contento), passa a produzir efeitos.

Gabarito "B"

(Magistratura/PE – 2011 – FCC) Sobre o contrato de compra e venda analise os itens abaixo:

I. Transfere o domínio da coisa mediante o pagamento de certo preço em dinheiro, independente de tradição.

II. Não pode ter por objeto coisa futura.

III. É anulável a venda de ascendente a descendente, salvo se os outros descendentes e o cônjuge do alienante expressamente houverem consentido.

IV. É lícita a compra e venda entre cônjuge, com relação a bens excluídos da comunhão.

V. Na venda *ad corpus*, presume-se que a referência às dimensões foi simplesmente enunciativa, quando a diferença encontrada não exceder de um vigésimo da área total enunciada.

Está correto APENAS o que se afirma em

(A) I, II e III.

(B) I, III e V.

(C) II, III e IV.

(D) II, IV e V.

(E) III, IV e V.

I: incorreta, pois a compra e venda não tem o condão de transferir o domínio da coisa, mas apenas de criar a obrigação de entrega da coisa (art. 481 do CC); vale lembrar que apenas com a entrega da coisa (que tem natureza jurídica de *execução* do contrato) é que o domínio é transferido; **II:** incorreta, pois cabe compra e venda de coisa futura (art. 483 do CC); **III:** correta (art. 496 do CC); **IV:** correta (art. 499 do CC); **V:** correta (art. 500, §§ 1º e § 3º, do CC).

Gabarito "E"

(Magistratura/RS – 2009) Assinale a assertiva correta sobre compra e venda.

(A) Pelo contrato de compra e venda, um dos contratantes transfere o domínio de certa coisa mediante pagamento.

(B) A compra e venda pode ter por objeto coisa inexistente no momento da conclusão do contrato.

(C) A fixação do preço pode ser deixada ao arbítrio de terceiro que os contratantes designarem. Se o terceiro não aceitar a incumbência nem os contraentes acordarem em designar outra pessoa, caberá ao juiz fixá-lo.

(D) A fixação do preço pode ser deixada para uma das partes.

(E) Assiste preferência legal ao condômino preterido na venda de bem divisível pelo outro proprietário, nas mesmas condições.

A: incorreta, pois, pelo contrato de compra e venda, os contratantes não *transferem* o domínio da coisa mediante pagamento, mas, sim, *obrigam-se a transferir* o domínio da coisa mediante pagamento; a transferência do domínio e o pagamento não são requisitos para a formação do contrato de compra e venda, mas são execução do contrato de compra e venda; **B:** correta, pois o contrato de compra e venda pode recair sobre coisa futura (art. 483 do CC); **C:** incorreta, pois, nesse caso, ficará sem efeito o contrato (art. 485 do CC); **D:** incorreta, pois é nulo o contrato nesse caso (art. 489 do CC); **E:** incorreta, pois tal regra existe no caso de coisa indivisível (art. 1.322 do CC).

Gabarito "B"

(Magistratura/SP – 2013 – VUNESP) A respeito do contrato de compra e venda, é certo afirmar que

(A) nulo é o contrato de compra e venda quando se atrela o preço exclusivamente a taxas de mercado ou bolsa.

(B) o direito de preferência que tem o vendedor de uma coisa de adquiri-la do comprador é personalíssimo, não se podendo ceder e nem passar aos herdeiros.

(C) o contrato de compra de safra futura ficará sem efeito se esta, por razões climáticas, vier a se perder, sendo nula, nessa hipótese, a cláusula que permita ao vendedor ficar com o preço já recebido.

(D) será nula a venda feita sem a observância de direito de preferência estipulado em favor de terceiro.

A: incorreta, pois o Código Civil admite o contrato em que as partes deixam a fixação do preço à taxa de mercado e bolsa, desde que em certo e determinado lugar (art. 486 do CC); **B:** correta, pois, segundo o art. 520 do CC, "o direito de preferência não se pode ceder nem passa aos herdeiros"; **C:** incorreta, pois no caso de o adquirente das coisas ou fatos futuros assumir o "risco de não virem a existir", terá o alienante direito de receber integralmente o que lhe foi prometido, desde que não tenha agido com culpa ou dolo (art. 458 do CC); **D:** incorreta, pois o desrespeito ao direito de preferência impõe apenas a responsabilização por perdas e danos do comprador que alienar a coisa sem a sua observância (art. 518 do CC).

Gabarito "B"

(Cartório/MG – 2012 – FUMARC) Sobre a compra e venda, segundo o Código Civil, é **correto** afirmar

(A) É lícita a compra e venda entre cônjuges, com relação a bens incluídos da comunhão.

(B) É anulável a venda de ascendente a descendente, mesmo se os outros descendentes e o cônjuge do alienante expressamente houverem consentido.

(C) É nulo o contrato de compra e venda, quando se deixa ao arbítrio a fixação do preço.

(D) É ilícito às partes fixar o preço em função de índices ou parâmetros, desde que suscetíveis de objetiva determinação.

A: incorreta, pois é lícita a compra e venda entre cônjuges, com relação a bens *excluídos* da comunhão (art. 499 do CC); **B:** incorreta, pois apenas é anulável a venda de ascendente a descendente, se os outros descendentes e o cônjuge do alienante não houverem consentido expressamente (art. 496, *caput,* do CC); **C:** correta (art. 489 do CC); **D:** incorreta, pois é *lícito* às partes fixar o preço em função de índices ou parâmetros, desde que suscetíveis de objetiva determinação (art. 487 do CC).

Gabarito "C"

(Cartório/MS – 2009 – VUNESP) No contrato de troca de imóvel é incabível o pedido de resolução do contrato. Este posicionamento está

(A) correto, porque se aplicam à troca as disposições referentes à compra e à venda.

(B) correto, porque a diferença de área é meramente enunciativa em sua transcrição.

(C) incorreto, porque a troca pura de imóveis implica eventuais diferenças.

(D) incorreto, porque não se aplica à troca o pedido de resolução.

(E) incorreto, porque não é possível haver troca *ad mensuram*.

A alternativa "A" está correta, pois caso não conste de forma expressa no contrato, presume-se que a venda/troca foi feita *ad corpus* (art. 500, § 3º, do CC). Assim, tendo em vista que o imóvel for vendido como coisa certa e discriminada, não haverá complemento de área, nem devolução de excesso e também não será facultado o pedido de resolução do contrato, por ausência de previsão legal. Veja que se a venda/troca for *ad mensuram*, o pedido de resolução seria possível, nos termos do art. 500, *caput,* do CC.

Gabarito "A"

(Analista – STM – 2011 – CESPE) Julgue o seguinte item.

(1) O contrato de promessa de compra e venda tem caráter preliminar, não obrigando as partes à transferência, salvo após a quitação integral do preço.

1: correta, pois a promessa de compra e venda só se concretizará numa compra e venda definitiva no momento em que o compromissário comprador pagar o preço, ocasião em que terá direito à outorga de escritura definitiva (art. 1.418 do CC).

Gabarito 1C

(Analista – TRE/AP – 2011 – FCC) Na compra e venda, salvo cláusula em contrário, ficarão as despesas de escritura e registro e as da tradição a cargo

(A) do comprador e vendedor, respectivamente.

(B) do comprador.

(C) do vendedor.

(D) de 50% para cada parte.

(E) do vendedor e comprador, respectivamente.

Art. 490 do CC.

Gabarito "A"

(Analista – TJ/SE – 2009 – FCC) Na compra e venda,

(A) prevalece a amostra, o protótipo ou o modelo, se houver contradição ou diferença com a maneira pela qual se descreveu a coisa no contrato.

(B) convencionada a venda, sem fixação de preço ou de critério para a sua determinação, se não houver acordo por ter havido diversidade de preço, prevalecerá o termo mínimo.

(C) a fixação do preço pode, no contrato, ser deixada ao arbítrio exclusivo de uma das partes.

(D) nas coisas vendidas conjuntamente, o defeito de uma autoriza a rejeição de todas.

(E) é vedada a compra e venda entre cônjuges com relação aos bens excluídos da comunhão.

A: correta (art. 484, p. único, do CC); **B:** incorreta (art. 488, p. único, do CC); **C:** incorreta (art. 489 do CC); **D:** incorreta (art. 503 do CC); **E:** incorreta (art. 499 do CC).

Gabarito "A"

(Delegado/RJ – 2009 – CEPERJ) Quanto ao contrato de compra e venda, é incorreto afirmar que:

(A) a compra e venda pode ter por objeto coisa atual ou futura.

(B) ineficaz é o contrato de compra e venda, quando se deixa ao arbítrio exclusivo de uma das partes a fixação do preço.

(C) até o momento da tradição, os riscos da coisa correm por conta do vendedor e os do preço por conta do comprador.

(D) é anulável a venda de ascendente a descendente, salvo se os outros descendentes e o cônjuge do alienante expressamente houverem consentido.

(E) é lícita a compra e venda entre cônjuges, com relação a bens excluídos da comunhão.

A: correta (art. 483 do CC); **B:** incorreta, pois é causa de nulidade do contrato (art. 489 do CC); **C:** correta (art. 492 do CC); **D:** correta (art. 496 do CC); **E:** correta (art. 499 do CC).

Gabarito "B"

(OAB/Exame Unificado – 2012.3.B) José, comerciante, com dificuldades para pagar dívidas junto aos fornecedores, firmou com Moacir contrato de empréstimo na quantia de R$ 200.000,00 (duzentos mil reais) a ser pago no prazo de 12 meses. Chegando a data avençada, José, sem condição de pagar o empréstimo feito, resolveu vender sua fazenda por R$ 250.000,00 (duzentos e cinquenta mil reais) a seu amigo Jonas. Como a venda da fazenda foi celebrada somente para levantar fundos para o pagamento do empréstimo, José reservou, por cláusula contratual, o direito de recobrá-la.

Considerando a hipótese acima e as regras de Direito Civil, assinale a afirmativa correta.

(A) José poderá reaver a fazenda alienada a Jonas, desde que restitua o preço recebido e reembolse as despesas contratuais e as benfeitorias necessárias.

(B) A cláusula especial prevista no contrato de compra e venda confere a José o direito de desfazer a venda, reavendo a fazenda no prazo de quatro anos, podendo este ser prorrogado por igual período.

(C) O direito de resgate contra terceiro adquirente poderá ser exercido somente por José, não admitindo a lei, a cessão nem a transmissão aos herdeiros e legatários.

(D) O pacto adjeto ao contrato de compra e venda firmado por José e Jonas, permite a José recobrar a fazenda após constituir em mora Jonas, mediante interpelação judicial.

A: correta, nos termos do instituto da retrovenda (art. 505 do CC); **B:** incorreta, pois o prazo máximo que poderá ser convencionado para o exercício desse direito é de três anos (art. 505 do CC); **C:** incorreta, pois esse direito pode ser cessível e transmissível a herdeiros e legatários (art. 507 do CC); **D:** incorreta, pois a lei não exige interpelação judicial no caso (arts. 505 a 508 do CC).

Gabarito "A"

(OAB/Exame Unificado – 2012.3.A) Marcelo firmou com Augusto contrato de compra e venda de imóvel, tendo sido instituindo no contrato o pacto de preempção.

Acerca do instituto da preempção, assinale a afirmativa correta.

(A) Trata-se de pacto adjeto ao contrato de compra e venda em que Marcelo se reserva ao direito de recobrar o imóvel vendido a Augusto no prazo máximo de 3 anos, restituindo o preço recebido e reembolsando as despesas do comprador.

(B) Trata-se de pacto adjeto ao contrato de compra e venda em que Marcelo impõe a Augusto a obrigação de oferecer a coisa quando vender, ou dar em pagamento, para que use de seu direito de prelação na compra, tanto por tanto.

(C) Trata-se de pacto adjeto ao contrato de compra e venda em que Marcelo reserva para si a propriedade do imóvel até o momento em que Augusto realize o pagamento integral do preço.

(D) Trata-se de pacto adjeto ao contrato de compra e venda em que Marcelo, enquanto constituir faculdade de exercício, poderá ceder ou transferir por ato inter vivos.

A: incorreta, pois a definição dada na alternativa corresponde ao instituto da retrovenda (art. 505 do CC); **B:** correta (art. 513 do CC); **C:** incorreta, pois a definição dada na alternativa corresponde ao instituto da venda com reserva de domínio (art. 521 do CC); **D:** incorreta, pois a definição dada na alternativa não corresponde ao instituto da preempção ou direito de preferência (art. 513 do CC).

Gabarito "B"

(OAB/Exame Unificado – 2010.2) Por meio de uma promessa de compra e venda, celebrada por instrumento particular registrada no cartório de Registro de Imóveis e na qual não se pactuou arrependimento, Juvenal foi residir no imóvel objeto do contrato e, quando quitou o pagamento, deparou-se com a recusa do promitente-vendedor em outorgar-lhe a escritura definitiva do imóvel. Diante do impasse, Juvenal poderá:

(A) requerer ao juiz a adjudicação do imóvel, a despeito de a promessa de compra e venda ter sido celebrada por instrumento particular.

(B) usucapir o imóvel, já que não faria jus à adjudicação compulsória na hipótese.

(C) desistir do negócio e pedir o dinheiro de volta.

(D) exigir a substituição do imóvel prometido à venda por outro, muito embora inexistisse previsão expressa a esse respeito no contrato preliminar.

O caso narrado possibilita que Juvenal ingresse com ação de adjudicação compulsória (art. 1.418 do Código Civil). O fato de o compromisso de compra e venda ter sido celebrado por instrumento particular não é óbice à adjudicação compulsória, pois o art. 1.417 do Código Civil dispõe que, registrada a promessa de compra e venda, adquire-se o direito real à aquisição do imóvel, pouco importando se tal promessa foi celebrada por instrumento público ou particular. Por fim, é bom lembrar que, mesmo que o compromisso de compra e venda não estivesse registrado, o direito à adjudicação estaria preservado, conforme a Súmula 239 do STJ ("O direito à adjudicação compulsória não se condiciona ao registro do compromisso de compra e venda no cartório de imóveis"). O problema da falta de registro é que o comprador corre o risco da coisa ser registrada em nome de terceiro, terceiro esse que estaria de boa-fé, por não constar no registro público que a coisa estava compromissada para alguém.

Gabarito "A"

(OAB/Exame Unificado – 2009.1) A cláusula segundo a qual o vendedor de coisa imóvel pode reservar-se o direito de recobrá-la, em determinado prazo, restituindo o preço recebido e reembolsando as despesas do comprador, é denominada:

(A) venda com reserva de domínio.

(B) preempção ou preferência.

(C) venda a contento.

(D) retrovenda.

Art. 505 do CC.

Gabarito "D"

(Cartório/MS – 2009 – VUNESP) João realizou compromisso de compra e venda, celebrado e quitado em 1986, com empresa comercial, sendo que o pedido de registro no Cartório de Registro de Imóveis foi protocolado somente em 1989, quando o imóvel já se encontrava hipotecado e arrecadado em processo falimentar da promitente-alienante. Houve suscitação de dúvida pelo oficial. Diante desse fato, aponte a alternativa correta.

(A) Jurisprudência pacífica do Superior Tribunal de Justiça reconhece a validade de contrato de compra e venda, embora não efetuada a transcrição no registro imobiliário, para efeito de preservação do direito da posse do terceiro adquirente de boa-fé.

(B) A jurisprudência firmou-se no sentido de que não há necessidade do registro do título translativo no cartório imobiliário para tornar eficaz o contrato de compra e venda, em razão da falência da vendedora.

(C) A indisponibilidade patrimonial prevista se refere exclusivamente a atos de alienação de iniciativa do administrador judicial da massa falida, não obstando o registro de bem alienado anterior à falência.

(D) Inadmissível o pedido de registro se este, na data do protocolo do referido pedido, já se encontrava arrecadado pela massa falida da promitente alienante, estando sujeito às vicissitudes da alienante.

(E) A só ausência de registro no Ofício Imobiliário confere legitimidade ao promitente cessionário para requerê-la, ainda mais quando a cessão havia sido realizada.

A: incorreta. Muito embora essa assertiva encontre guarida nas Súmulas 84 e 375 do STJ, neste caso o terceiro adquirente não poderá alegar boa-fé, pois havia hipoteca registrada na matrícula do imóvel além do que processo judicial em trâmite. Logo, detinha plenas condições de saber sobre a litigiosidade da coisa; **B:** incorreta. Note que a falência da vendedora não possui nenhuma correlação com a dispensabilidade do registro. Neste espeque o Resp 204.784/SE "É torrencial a jurisprudência da Corte no sentido de que o direito a adjudicação é de caráter pessoal, restrito aos contratantes, não se condicionando a *obligatio faciendi* à inscrição no registro de imóveis" (Sumula 239 do STJ); **C:** incorreta, pois a indisponibilidade dos bens hipotecados e arrecadados em processo falimentar não se refere exclusivamente a atos de alienação de iniciativa do administrador judicial. Note que é sobre o *bem* que recai a característica da indisponibilidade, e dessa forma, independentemente da pessoa que objetivar aliená-lo, será proibida de fazê-lo. Isso porque o bem arrecadado em processo falimentar objetiva adimplir os débitos da empresa frente aos credores, seguindo uma ordem predeterminada. Por tal razão, não pode o oficial do cartório efetuar esse registro tardio e conceder o imóvel a João, uma vez que isso diminuiria o ativo do processo de falência; **D:** correta, uma vez que realmente o pedido é inadmissível, pois quando a hipoteca e a arrecadação foram efetuadas o bem estava livre, isto é, legalmente constava que ele fazia parte do patrimônio da empresa comercial. Isso nos leva a concluir que o procedimento foi plenamente válido. Daí, o pedido de registro tardio não poder ser admitido, pois completamente incompatível; **E:** incorreta, pois ainda que a cessão tenha sido realizada, tal fato não legitima o promitente-cessionário a obter o registro, haja vista que o fato de recair sobre o imóvel hipoteca e arrecadação em processo falimentar o impede de obter tal direito.

Gabarito "D"

4.11. CONTRATO ESTIMATÓRIO (VENDA EM CONSIGNAÇÃO)

O contrato estimatório pode ser conceituado como *aquele em que o consignante entrega bens móveis ao consignatário, para que este os venda, pagando àquele o preço ajustado, ou restitua a coisa ao consignante no prazo ajustado*. Vide Enunciado n. 32 JDC/CJF.

Trata-se da famosa venda em consignação, muito comum nas vendas de carros, livros, joias, obra de arte, artesanato, bebidas. Atualmente, há muitas lojas de veículo consignado. O dono do veículo leva o automóvel à loja, deixando-o lá, em consignação, para que a loja tente vender o veículo. Uma vez vendido o veículo, o valor mínimo combinado será entregue ao dono do veículo, ficando o valor pago a mais com a loja de veículos.

A vantagem desse contrato é que o vendedor final (ex.: a loja de veículos) não precisar ter um grande capital de giro, pois não tem que comprar bens para revender.

Quanto à coisa consignada, há de se observar as seguintes regras:

a) não pode ser objeto de constrição em favor dos credores do consignatário, enquanto não pago integralmente o preço (art. 536 do CC); isso ocorre, pois o consignatário (ex.: loja de veículos consignados) não é dono da coisa, mas apenas a mantém para tentar vendê-la a terceiro;

b) não pode ser alienada pelo consignante antes de lhe ser restituída ou de ser comunicada restituição (art. 537 do CC); ou seja, o consignante (dono da coisa) deve respeitar a posição do consignatório; porém, o consignante pode pedir a coisa de volta, sendo que, uma vez restituída a coisa, o consignante poderá vendê-la a quem bem entender;

c) se não puder ser restituída, ainda que por fato não imputável ao consignatário, este deverá pagar o preço (art. 535 do CC); por exemplo, se o carro, que estava na loja de carros, vier a se perder, o consignatário (loja de veículos) deverá pagar o preço da coisa ao consignante (dono do carro).

Quanto à classificação, o contrato é *típico*, *bilateral*, *oneroso* e *real*.

O contrato estimatório tem, ainda, as seguintes características:

a) transfere-se a posse e o poder de disposição (e não a propriedade);

b) a propriedade continua com o consignante, até que seja vendida a terceiro ou adquirida pelo consignatário, mas o consignante não pode alienar a coisa antes de ser devolvida ou comunicada a sua restituição (art. 537 do CC);

c) o consignante fixa preço de estima, ou seja, o preço mínimo que ele deseja receber pela coisa consignada; esse preço deve ser abaixo do de mercado e o consignatário deve pagar esse preço, ficando com a diferença do valor pago a maior;

d) o consignatário, findo o contrato, pode devolver o bem, ficar com ele (pagando o preço estimado) ou vendê-lo a terceiro (pagando o preço estimado);

e) decorrido o prazo sem entrega da coisa pelo consignatário, cabe reintegração de posse;

f) o consignante, caso não receba o valor pela coisa vendida pelo consignatário, não deve acionar o terceiro, mas o consignatário.

Quanto ao consignatário, temos as seguintes regras:

a) tem poderes de posse e de disposição (ou seja, tem um *mandato* para vender a coisa);

b) tem por obrigação principal uma obrigação alternativa, qual seja, de vender a coisa, de ficar com a coisa ou de devolver a coisa no prazo combinado, sendo que, nos dois últimos casos, deve pagar o preço estimado;

c) tem por obrigação acessória arcar com as despesas de custódia e venda da coisa, salvo acordo entre as partes.

Quanto ao consignante, temos as seguintes regras:

a) tem poderes de fixar o preço de estima;

b) tem poder de propriedade compatível com o poder do consignatário; tem a posse indireta apenas, podendo retomar após o decurso do prazo; notificado o consignatário sem que este devolva a coisa, caberá reintegração de posse;

c) tem por obrigação não poder dispor da coisa no curso do contrato.

4.12. DOAÇÃO

O contrato de doação pode ser conceituado como *o contrato em que uma pessoa, por liberalidade, transfere de seu patrimônio bens ou vantagens para o de outra, mediante aceitação desta* (art. 538 do CC).

Referente ao tema, o Enunciado n. 549 JDC/CJF aduz que a promessa de doação no âmbito da transação constitui obrigação positiva e perde o caráter de liberalidade previsto no art. 538 do Código Civil.

Quanto à classificação, a doação é contrato:

a) gratuito: há vantagem apenas para uma das partes;

b) unilateral: há obrigação apenas para uma das partes, salvo na doação com encargo (contrato bilateral);

c) consensual: constitui-se com o mero acordo de vontades, não sendo necessária a entrega da coisa, ou seja, não é contrato *real*;

d) solene/formal: ou seja, há forma prescrita em lei, que deve ser obedecida; no caso, o art. 541, *caput,* e parágrafo único, do CC impõe forma escrita (pública ou privada), salvo bens móveis e de pequeno valor, se lhes seguir incontinenti a tradição.

São características do contrato de doação as seguintes:

a) a contratualidade: trata-se de contrato “inter vivos”, não se confunde com o testamento, que é ato “causa mortis”; ademais, a doação gera direitos pessoais, direitos típicos de um contrato;

b) o “animus donandi”: a doação depende da existência de intenção de praticar uma liberalidade;

c) a transferência de bens ou direitos do patrimônio do doador ao patrimônio do donatário; ou seja, é necessário que haja enriquecimento de um lado e empobrecimento de outro;

d) a necessidade de aceitação do donatário: ou seja, a doação não se aperfeiçoa enquanto beneficiário não a aceitar (art. 539 do CC); a aceitação pode ser das seguintes espécies:

d1) expressa: por exemplo, a feita no próprio instrumento de doação; na doação com encargo só cabe aceitação expressa;

d2) tácita: é aquela que decorre de comportamento do donatário; por exemplo, se o donatário recolhe imposto de transmissão, é sinal que aceitou tacitamente a doação;

d3) presumida: é aquela em que o doador fixa prazo para aceitação ou não da doação, sendo que o donatário é notificado das condições e do prazo para aceitação, deixando transcorrer o prazo "in albis".

No contrato de doação, há **casos particulares**, em que se têm regras específicas:

a) absolutamente incapaz: dispensa-se aceitação, se a doação for pura e simples (art. 543 do CC), já que, nesse tipo de doação, presume-se o benefício para o incapaz; porém, na doação com encargo, o representante legal deve aceitar ou não a doação;

b) nascituro: nesse caso a aceitação será feita pelo representante legal deste (art. 542 do CC);

c) doação em contemplação de casamento futuro: não pode ser impugnada por falta de aceitação; ficará sem efeito se o casamento não se realizar (art. 546 do CC).

Vejamos, agora, aos **requisitos especiais** da doação:

a) **subjetivos:**

Os **absoluta ou relativamente incapazes** não podem, em regra, doar, nem por seu representante.

Os **cônjuges** não podem doar sem autorização (salvo no regime de separação absoluta), salvo doações remuneratórias de móveis (serviço prestado), doações módicas, doações *propter nuptias* (art. 1.647, parágrafo único, do CC) e doação de bens próprios (salvo imóveis – art. 1.642, II, do CC).

O **cônjuge adúltero** não pode fazer doação a seu cúmplice, sob pena de anulabilidade.

Art. 550 do CC; aliás, "a doação do cônjuge adúltero ao seu cúmplice pode ser anulada pelo outro cônjuge, ou por seus herdeiros necessários, até dois anos depois de dissolvida a sociedade conjugal".

A doação entre **consortes** não é possível, se casados pelo regime de comunhão universal, mas é possível nos demais casos, sendo que essa doação importará em adiantamento do que cabe ao cônjuge donatário, na herança.

O falido não pode doar porque não está na administração da coisa, além do que a doação seria lesiva; é cabível, em alguns casos, a ação pauliana (fraude contra credores – art. 158 do CC).

O ascendente pode doar a **descendente**, mas tal doação importará em adiantamento da legítima (art. 544 do CC), devendo o valor da doação ser colacionado no inventário (arts. 2002 do CC e 1.014 do CPC), salvo se o doador, no instrumento de doação ou por testamento, dispensar a colação, dispondo que a doação está saindo da metade disponível (arts. 1.847, 2.005 e 2.006 do CC).

Cabe doação a sociedade não constituída (entidade futura), mas tal doação caducará se a entidade não for criada em dois anos da liberalidade (art. 554 do CC).

b) objetivos:

Só podem ser doadas as coisas *in commercio*; partes do corpo não podem ser doadas, portanto; salvo excepcionalmente, nos casos previstos em lei;

É nula a doação universal, ou seja, a doação de todos os bens, sem reserva de parte do patrimônio ou renda suficiente para subsistência do doador (art. 548 do CC). A finalidade da regra é evitar a penúria do doador, garantindo-lhe a dignidade (art. 1º, III, da CF). É possível evitar a sanção de nulidade, fazendo-se reserva de usufruto em favor do doador.

É nula a doação inoficiosa, ou seja, de parte excedente à de que o doador poderia dispor em testamento no momento em que doa (art. 549 do CC).

c) requisito formal:

A doação deve ser escrita, podendo ser verbal nos casos já mencionados.

Confira, agora, as espécies de doação:

a) pura e simples: é a doação feita por mera liberalidade, sem condição, termo, encargo ou outra restrição. Não perdem esse caráter as doações meritórias (p. ex., para um grande cientista) e a doação remuneratória ou gravada, no que exceder o valor dos serviços ou gravame.

b) modal ou com encargo (ou onerosa): é a doação em que o doador impõe ao donatário uma incumbência específica em benefício próprio (ex.: cuidar do doador), de terceiro (ex.: cuidar do tio doente do doador) ou do interesse geral (ex.: construir uma escola). Se o encargo for ilícito ou impossível, deve ser ignorado. Havendo encargo, é interessante que haja um prazo para o seu cumprimento. Não havendo, deve-se notificar o donatário, assinando prazo razoável para cumprir (art. 562 do CC). Podem exigir o cumprimento o doador, seus herdeiros, os beneficiários do encargo e o Ministério Público, neste caso, se o encargo for do interesse geral, desde que depois da morte do doador, sem que este tenha agido. Em caso de mora no cumprimento da obrigação, o doador pode, ainda, revogar a doação.

c) doação remuneratória: é a doação em que, sob aparência de liberalidade, há firme propósito do doador de pagar serviços prestados pelo donatário ou alguma vantagem que haja recebido deste. Não perde caráter de liberalidade no valor excedente ao valor dos serviços remunerados.

d) doação condicional: é a doação que produz ou deixa de produzir efeitos segundo evento futuro e incerto.

e) doação em forma de subvenção periódica: essa doação parece com a prestação de alimentos (art. 545 do CC), ficando extinta com a morte do doador, salvo se este dispôs de modo diverso, ou seja, que a subvenção periódica continuará.

f) doação com cláusula de reversão: é aquela doação em que o doador estipula a volta dos bens ao seu patrimônio se sobreviver ao donatário (art. 547 do CC). A venda da coisa, estando ainda vivo o doador, é anulável.

g) doação a termo: é aquela doação que tem termo final ou inicial. Ex.: pelo prazo de 10 anos.

h) doação conjuntiva: é a doação feita em comum a mais de uma pessoa. A lei presume que a doação é distribuída por igual. Haverá direito de acrescer, caso venha a faltar um dos donatários, apenas no caso de doação para marido e mulher, subsistindo na totalidade a doação para o cônjuge sobrevivo (art. 551 do CC).

Quanto à revogação da doação, pode ser por ingratidão ou por inexecução da obrigação.

Vejamos primeiro a revogação por ingratidão.

O art. 556 do CC dispõe que não se pode renunciar antecipadamente ao direito de revogar uma doação, por ingratidão.

Confira as hipóteses de revogação da doação por ingratidão (art. 557 do CC):

a) se o donatário atentou contra a vida do doador ou cometeu crime de homicídio doloso contra ele;

b) se cometeu contra ele ofensa física;

c) se o injuriou gravemente ou o caluniou;

d) se, podendo ministrá-los, recusou ao doador os alimentos de que este necessitava.

Consoante prevê o Enunciado 33 JDC/CJF, esse rol de revogação por ingratidão é exemplificativo.

A revogação também é possível se as ofensas mencionadas se derem contra o cônjuge, ascendente, descendente, ainda que adotivo, ou irmão do doador (art. 558 do CC).

O prazo decadencial para ingressar com ação com vistas à revogação da doação é de 1 ano, contado da chegada ao conhecimento do doador o fato que autorizar a sua autoria (art. 559 do CC).

A legitimidade ativa para ingressar com essa ação é apenas do doador (trata-se de ação personalíssima), não se transmitindo aos herdeiros, que podem, no máximo, prosseguir na ação intentada pelo doador, caso este venha a falecer.

No caso de homicídio doloso a ação caberá aos herdeiros do doador, salvo perdão por parte deste (art. 561 do CC).

Já a legitimidade passiva para a ação visando à revogação da doação é do donatário.

A revogação por ingratidão não prejudica os direitos adquiridos por terceiros, nem obriga o donatário a restituir os frutos percebidos antes da citação válida; mas o sujeita a pagar os posteriores, e, quando não possa restituir em espécie as coisas doadas, a indenizá-la pelo meio-termo do seu valor (art. 563 do CC).

Não se revogam por ingratidão (art. 564 do CC):

a) as doações puramente remuneratórias;

b) as oneradas com encargo já cumprido;

c) as que se fizerem em cumprimento de obrigação natural;

d) as feitas para determinado casamento.

Passemos agora ao estudo da revogação da doação por inexecução do encargo se o donatário incorrer em mora (art. 562 do CC).Não havendo prazo para o cumprimento, o doador poderá notificar judicialmente o donatário, assinando-lhe prazo razoável para que cumpra a obrigação assumida. Podem exigir o cumprimento do encargo o doador, os herdeiros, os beneficiários do encargo e o Ministério Público (se o encargo for de interesse geral, depois da morte do doador, se este nada tiver feito – art. 553 do CC).

4.12.1. Jurisprudência selecionada

DOAÇÃO UNIVERSAL. BENS. SEPARAÇÃO.

Discute-se no REsp se a proibição de doação universal de bens, óbice disposto no art. 1.175 do CC/1916 (atual art. 548 do CC/2002), incidiria no acordo da separação consensual de casal. Segundo o recorrente, da abrangência total dos bens, uns foram doados e outros ficaram para a ex-mulher na partilha. Já o Tribunal *a quo* posicionou-se no sentido da inaplicabilidade do art. 1.175 do CC/1916, visto que, à época das doações, o recorrente possuía partes ideais de outros imóveis e, na partilha da separação consensual, os bens que ficaram com a ex-mulher foram doados ao casal pelos pais dela. Explica o Min. Relator que a proibição do citado artigo deve incidir nos acordos de separação judicial, pois se destina à proteção do autor da liberalidade, ao impedi-lo de, em um momento de impulso ou de depressão psicológica, desfazer-se de todos seus bens, o que o colocaria em estado de pobreza. Ademais, a dissipação completa do patrimônio atenta contra o princípio da dignidade da pessoa humana (art. 1º, II, da CF/1988). Considera, ainda, o Min. Relator que os acordos realizados nas separações judiciais são transações de alta complexidade, haja vista os interesses a serem ajustados (guarda dos filhos, visitas, alimentos etc.). Por esse motivo, é corriqueira a prática de acordos a transigir com o patrimônio a fim de compor ajustes para resolver questões que não seriam solucionadas sem a condescendência econômica de uma das partes. Observa que as doações, nos casos de separação, também se sujeitam à validade das doações ordinárias; assim, a nulidade da doação dar-se-á quando o doador não reservar parte de seus bens, ou não tiver renda suficiente para a sua sobrevivência e só não será nula quando o doador tiver outros rendimentos. Diante do exposto, a Turma deu provimento ao recurso para anular o acórdão recorrido, a fim de que o tribunal de origem analise a validade das doações, especialmente quanto à existência de recursos financeiros para a subsistência do doador. **REsp 285.421-SP, Rel. Min. Vasco Della Giustina (Desembargador convocado do TJ-RS), julgado em 4/5/2010**. (Inform. STJ 433)

DOAÇÃO. SENTENÇA DECLARATÓRIA. LIQUIDAÇÃO.

Trata-se, na origem, de ação declaratória de nulidade de doação em que as recorridas alegam que seu pai, dezenove dias antes de falecer, doou todos os seus bens à recorrente, com quem vivia em concubinato. O pedido foi julgado parcialmente procedente, para declarar nula a doação que excedeu à parte disponível, correspondente à metade dos bens objeto da escritura, os quais deverão retornar, no estado em que se encontravam por ocasião do falecimento do autor da herança, ao monte inventariado. Transitada em julgado a sentença, as recorridas pleitearam sua liquidação, aduzindo fazer-se necessária a apuração do montante de livros que fazem parte da biblioteca particular do *de cujus*, bem como o valor recebido pela recorrente a título de direitos autorais das obras publicadas desde o falecimento. O juiz de primeiro grau julgou extinta a liquidação sem apreciação do mérito, por entender faltar às requerentes interesse jurídico em liquidar a sentença que declarou nula a doação dos bens do *de cujus*. Em sede de apelação, por maioria, a sentença terminativa foi mantida sob o fundamento, entre outros, de que sentença constitutiva negativa, auto-aplicável, como a que declara a nulidade de doação e determina o retorno do bem doado ao monte a ser inventariado, não comporta liquidação, pois o que restou autorizado foi a sobrepartilha, evidentemente, no juízo do inventário. Opostos embargos infringentes, esses, por maioria, foram providos ao entendimento de que, acolhido parcialmente o pedido de nulidade da doação, remanescendo quantia excedente à parte disponível do doador, reconhece-se a necessidade de liquidação de sentença para a especificação dos bens a serem sobrepartilhados entre os herdeiros, sob pena de ineficácia da prestação jurisdicional. Daí, adveio o REsp no qual a recorrente, entre outras alegações, sustentou a impossibilidade de liquidação de sentença meramente declaratória por não se tratar de título executivo, bem como a manutenção da extinção do feito sem exame de mérito. Nesta instância especial, entre outras questões, entendeu-se que, no caso, a sobrepartilha deverá recair sobre parte da biblioteca pessoal e direitos autorais do autor da herança, sendo que, em relação à primeira, diante de eventual desacordo entre os herdeiros, legítimos e testamentários, chega-se facilmente ao seu valor mediante avaliação oficial e, em relação aos direitos autorais, inclusive aos frutos eventualmente percebidos pela donatária, é o caso de prova documental e de colação, matérias absolutamente afeitas ao juízo do inventário. Assim, a Turma conheceu em parte do recurso e, na parte conhecida, deu-lhe provimento para extinguir o feito sem resolução do mérito (art. 267, VI, do CPC). **REsp 450.951-DF, Rel. Min. Luis Felipe Salomão, julgado em 23/3/2010**. (Inform. STJ 428)

PROMESSA. DOAÇÃO. PRÉ-CONTRATO.

No caso dos autos, o réu comprometeu-se a doar parcela de imóvel que pende de regularização acerca da propriedade ou, na impossibilidade, percentual equivalente do aferido com sua utilização ou aproveitamento. Destacou o Min. Relator que o objeto central da avença firmada entre as partes é a realização de futuro contrato, esse principal, de doação. Logo, o acerto que move a presente ação de cobrança é contrato preliminar ou pré-contrato. A intenção do doador de praticar um ato de liberalidade é o que se considera requisito indispensável para a configuração do contrato de doação. Se, no momento da celebração do contrato preliminar, por óbvio, estará presente a intenção de efetivar a doação futura, não há como se afirmar, com tal certeza, se, ao tempo da celebração do contrato principal, subsistirá a livre determinação do doador de efetivar o ato de liberalidade. Esclareceu o Min. Relator que, se não há espontaneidade no ato de doar no momento da celebração do contrato definitivo, não pode ocorrer o contrato. E, *in casu*, tomando-se em conta que a ação de cobrança subjacente é movida por contrato preliminar de doação pura e, partindo do pressuposto de que tal avença é inexigível judicialmente, revela-se a patente carência do direito de ação, especificamente em razão da impossibilidade jurídica do pedido, devendo, portanto, ser extinto o feito sem exame do mérito nos termos do art. 267, VI, do CPC. Isso posto, a Turma, ao prosseguir o julgamento, conheceu do recurso do réu e deu-lhe provimento. Prejudicado o exame do recurso da autora. Precedentes citados do STF: RE 122.054-RS, DJ 6/8/1993; RE 105.862-PE, DJ 20/9/1985; do STJ: REsp 92.787-SP, DJ 26/5/1997. **REsp 730.626-SP, Rel. Min. Jorge Scartezzini, julgado em 3/10/2006.** (Inform. STJ 299)

REVOGAÇÃO. DOAÇÃO. IMÓVEIS. INGRATIDÃO. O elenco de hipóteses enumeradas no art. 1.183 do CC/1916 é taxativo, dele não consta o desapego afetivo aos doadores. **REsp 791.154-SP, Rel. Min. Humberto Gomes de Barros, julgado em 21/2/2006.** (Inform. STJ 275)

4.12.2. Questões comentadas

(Magistratura/SP – 2011 – VUNESP) Assinale a alternativa correta.

(A) O silêncio do donatário quanto à aceitação da doação pura faz presumir que a recusou.

(B) A doação remuneratória perde o caráter de liberalidade, se não exceder o valor do serviço prestado.

(C) A doação de bem imóvel de qualquer valor pode ser feita por instrumento particular.

(D) A doação feita ao nascituro dispensa a aceitação.

(E) A doação em forma de subvenção periódica ao beneficiado transmite-se aos herdeiros do donatário.

A: incorreta, pois o silêncio do donatário quanto à aceitação da doação pura faz presumir sua aceitação (art. 539 do CC); **B:** correta, pois a **doação remuneratória** é a doação em que, sob aparência de liberalidade, há firme propósito do doador de pagar serviços prestados pelo donatário ou alguma vantagem que haja recebido deste. Não perde o caráter de liberalidade no valor excedente ao valor dos serviços remunerados (art. 540 do CC); **C:** incorreta, pois a doação de bem imóvel com valor acima de 30 vezes o salário-mínimo deve ser feita por instrumento público, nos termos dos arts. 108 e 541 do CC; **D:** incorreta, pois a doação feita ao nascituro valerá, sendo aceita pelo seu representante legal (art. 542 do CC); **E:** incorreta, pois a doação em forma de subvenção periódica ao beneficiado extingue-se morrendo o doador, salvo se este outra coisa dispuser, mas não poderá ultrapassar a vida do donatário (art. 545 do CC).

Gabarito "B"

(Ministério Público/MG – 2011) Quanto à doação, é **INCORRETO** afirmar que:

(A) Feita em contemplação do merecimento do donatário, não perde o caráter de liberalidade, como não o perde a doação remuneratória, ou a gravada, no excedente ao valor dos serviços remunerados ou ao encargo imposto.

(B) Feita em contemplação de casamento futuro com certa e determinada pessoa, quer pelos nubentes entre si, quer por terceiro a um deles, a ambos, ou aos filhos que, de futuro, houverem um do outro, não pode ser impugnada por falta de aceitação, e só ficará sem efeito se o casamento não se realizar.

(C) Feita ao nascituro, valerá, sendo aceita pelo seu representante legal.

(D) A doação de ascendentes a descendentes, ou de um cônjuge a outro, não importa em adiantamento do que lhes cabe por herança.

A: correta, pois de acordo com o art. 540 do Código Civil; **B:** correta, pois de acordo com o art. 546 do CC; **C:** correta, pois de acordo com o art. 542 do CC; **D:** incorreta (e deve ser assinalada), pois a doação do ascendente ao descendente implica adiantamento da legítima (CC, art. 544);

Gabarito "D"

(Ministério Público/MG – 2010.2) Analise as seguintes alternativas e assinale a assertiva INCORRETA.

(A) As doações feitas ao filho, cujos encargos já foram cumpridos, não podem ser revogadas, embora o filho tenha praticado atos de ingratidão.

(B) O doador pode fixar prazo ao donatário para declarar se aceita ou não a liberalidade pura e simples. Se este ficar silente, presume-se que não aceitou a doação prometida.

(C) A inalienabilidade de legado de imóvel, sem justificativa, é permitida pela legislação brasileira, que não restringe a livre vontade do testador.

(D) Se a doação constar de subvenção periódica, extinguir-se-á, morrendo o doador, salvo disposição testamentária em contrário, mantendo-a.

A: correta (art. 564, II, do CC); **B:** incorreta (e deve ser assinalada), pois o silêncio, na doação sem encargo, presume a aceitação (art. 539, parte final, do CC); **C:** correta, pois a necessidade de justificativa da cláusula restritiva só se faz necessário quanto aos bens da legítima (art. 1.848, *caput*, do CC), ou seja, da parte indisponível da herança, pertencente aos herdeiros necessários (art. 1.846 do CC); **D:** correta (art. 545 do CC).

Gabarito "B"

(Ministério Público/SP – 2013 – PGMP) Relativamente à revogação de doação, assinale abaixo a assertiva INCORRETA.

(A) O direito de revogar a doação não se transmite aos herdeiros do doador, nem prejudica os do donatário, mas os herdeiros podem prosseguir na ação iniciada pelo doador, continuando-a contra os herdeiros do donatário, se este falecer depois de ajuizada a lide.

(B) A doação pura poderá ser revogada se o donatário cometeu ofensa física contra o doador.

(C) A doação pura poderá ser revogada se o donatário recusou os alimentos que poderia ministrar ao doador, que deles necessitava.

(D) Se o donatário cometeu ofensa física contra a esposa do doador, sendo a doação onerada com encargo e se este já tiver sido cumprido, a doação não é passível de revogação por ingratidão.

(E) Se o donatário cometeu ofensa física contra ascendente do doador, tratando-se de doação puramente remuneratória, pode ser revogada por ingratidão.

A: assertiva correta (art. 560 do CC), **B:** assertiva correta (art. 557, II, do CC); **C:** assertiva correta (art. 557, IV, do CC); **D:** assertiva correta (art. 564, II, do CC); **E:** assertiva incorreta, devendo ser assinalada; não é possível revogação por ingratidão de doação puramente remuneratória (art. 564, I, do CC).

Gabarito "E"

(Ministério Público/SP – 2010) JOSÉ e MARIA doaram a sua única filha, LÚCIA, todos os imóveis de sua propriedade, reservando para o casal o usufruto dos bens. À época da doação, CARLOS, fruto de outro relacionamento de JOSÉ, já havia sido concebido. CARLOS, quando contava com cinco anos, representado por sua mãe, promoveu ação visando anular a doação efetivada por JOSÉ e MARIA a sua irmã LÚCIA. Assinale a alternativa correta:

(A) deve ser considerada inoficiosa a doação de ¼ (um quarto) dos bens imóveis.

(B) a doação não é nula, pois JOSÉ e MARIA ao instituírem o usufruto sobre os imóveis doados cumpriram a determinação legal de preservar renda suficiente para a subsistência do casal.

(C) a doação é juridicamente inexistente.

(D) a doação não é nula, pois os doadores podiam dispor do patrimônio, com reserva do usufruto para si, considerando que a doação ocorreu antes do nascimento de CARLOS.

(E) é nula a doação da totalidade dos imóveis de propriedade de JOSE e MARIA a filha LÚCIA, pois os direitos do nascituro devem ser preservados.

Da totalidade dos bens doados, metade corresponde à legítima, que é a parte indisponível da herança. Dessa metade, uma parte é de Lúcia e outra parte é de Carlos. Assim, 1/4 do valor total da herança deveria estar reservado a Carlos. *Vides* arts. 2.007, § 3º, e 549 do CC.

Gabarito "A"

(Procurador do Estado/SP – FCC – 2009) A doação pode ser revogada

(A) se o doador sobreviver ao donatário, prevalecendo eventual cláusula de reversão em favor de terceiro, a exemplo do fideicomisso.

(B) por ingratidão se onerada com encargo já cumprido e em cumprimento de obrigação natural.

(C) por inexecução do encargo se o donatário incorrer em mora.

(D) por ingratidão se feita a título de remuneração, prejudicando os direitos adquiridos por terceiros.

(E) por ingratidão se feita para compensar serviços prestados.

A doação só pode ser revogada por ingratidão do donatário ou por inexecução do encargo (art. 555 do CC), ficando excluída a alternativa "a". Não se revogam por ingratidão nas hipóteses previstas no art. 564 do CC, ficando excluídas as alternativas "b", "d" e "e". A lei é expressa no sentido de que, se o donatário incorrer em mora, é possível a revogação da doação por inexecução do encargo (art. 562 do CC).

Gabarito "C"

(Cartório/RJ – 2012) Quanto ao contrato de doação, é correto afirmar que

(A) é anulável a doação de todos os bens sem reserva de parte, ou renda suficiente para a subsistência do doador.

(B) é anulável a doação quanto à parte que exceder a de que o doador, no momento da liberalidade, poderia dispor em testamento.

(C) a doação será realizada sempre por escritura pública ou particular, mas nunca verbalmente.

(D) é possível a renúncia antecipada do direito de revogar a liberalidade por ingratidão do donatário.

(E) não prevalece cláusula de reversão em favor de terceiro.

A: incorreta, pois a doação de todos os bens sem reserva de parte, ou renda suficiente para a subsistência do doador é nula, e não anulável (art. 548 do CC); **B:** incorreta, pois também é nula a doação quanto à parte que exceder à de que o doador, no momento da liberalidade, poderia dispor em testamento (art. 549 do CC); **C:** incorreta, pois a doação poderá ser feita por escritura pública, instrumento particular ou verbalmente. A doação verbal será válida, se, versando sobre bens móveis e de pequeno valor, se lhe seguir *incontinenti* a tradição (art. 541, parágrafo único, do CC); **D:** incorreta, pois não se pode renunciar antecipadamente o direito de revogar a liberalidade por ingratidão do donatário (art. 556 do CC); **E:** correta (547, parágrafo único, do CC)

Gabarito "E"

(Cartório/MS – 2009 – VUNESP) Linésia, casada sob o regime de separação de bens, vendeu a Amarildo, por meio de escritura pública, um imóvel. Ocorre que, dias após o negócio, dois dos cinco filhos de Linésia, compraram, também por escritura pública, o mesmo imóvel de Amarildo, com dinheiro que receberam da mãe. Linésia faleceu em 12 de agosto de 2003. Os demais irmãos dos compradores e o marido de Linésia ingressaram com ação de anulação das escrituras de compra e venda por considerarem que houve simulação, pois a verdadeira intenção da mãe era uma doação, em 11 de julho de 2008. Em análise da questão, aponte a alternativa correta.

(A) A ação proposta deverá ser julgada prescrita, uma vez que o prazo para a propositura da ação prescreveu em dois anos.

(B) O marido de Linésia não tem direito a reclamar a anulação da compra e venda, uma vez que é casado com separação de bens.

(C) O marido de Linésia não tem direito de reclamar a anulação da compra e venda, por não ser herdeiro necessário.

(D) A ação não está prescrita, pois não estabelecendo a lei prazo específico para sua propositura, prevalece a regra geral de dez anos.

(E) Não há direito à propositura da ação, uma vez que Maria tinha o direito de doar o imóvel a seus filhos, respeitando a legítima.

A: incorreta, pois o prazo para o ajuizamento da ação é de um ano (art. 559 do CC); **B:** correta, pois uma vez que era casada no regime da separação convencional de bens, Linésia tinha permissão legal para dispor livremente dos seus bens, independentemente da anuência do cônjuge (art. 1.647 do CC). Assim, seu marido não tem o direito de pleitear a anulação da compra e venda, uma vez que ela é plenamente válida; **C:** incorreta, pois muito embora ele não tenha o direito de pleitear a anulação da compra e venda, isso se dá em decorrência do regime de bens que eram casados e não em decorrência da sua qualidade de herdeiro. Ademais, o marido era herdeiro necessário de Linésia, daí mais uma impropriedade da assertiva; **D:** incorreta, pois a lei traz o prazo específico de 1 ano, razão pela qual não se aplica o prazo geral (art. 559 do CC); **E:** incorreta, pois muito embora o art. 544 do CC preveja a possibilidade de doação de ascendente para descendente, é possível o ajuizamento da ação caso seja haja suspeita de fraude, como por exemplo de simulação.

Gabarito "B"

(Cartório/MS – 2009 – VUNESP) Observe as assertivas a seguir:

I. É válida a doação de um cônjuge ao outro na constância do matrimônio, quando adotado, por força da lei, o regime de separação de bens.

II. No regime de comunhão parcial, as dívidas contraídas no exercício da administração obrigam os bens comuns e particulares do cônjuge que os administra, e os do outro na razão do proveito que houver auferido.

III. O direito de revogar a doação se transmite aos herdeiros do doador.

IV. O doador não é obrigado a pagar juros moratórios, nem é sujeito às consequências da evicção ou do vício redibitório. Nas doações para casamento com certa e determinada pessoa, o doador ficará sujeito à evicção, salvo convenção em contrário.

V. A doação em forma de subvenção periódica ao beneficiado extingue-se morrendo o doador, salvo se este outra coisa dispuser, morrendo o donatário, transmite-se aos herdeiros a quem aproveite a doação.

Está correto o que se afirma apenas em

(A) I, III e V.

(B) II, III e IV.

(C) I, II e IV.

(D) III e V.

(E) IV e V.

I: correta, pois a doação entre cônjuges é plenamente válida, importando adiantamento do que lhe cabe por herança (art. 544 do CC). Ressalte-se que o cônjuge só herda quando casado no regime da separação obrigatória, quando concorrer com ascendente ou colateral (art. 1.829, II e IV, do CC). Não herda quando concorrer com descendentes (art. art. 1829, I, do CC), daí neste caso não há de se falar que a doação corresponde a adiantamento; **II:** correta (art. 1.663, § 1º, do CC); **III:** incorreta, pois o direito de revogar a doação não se transmite aos herdeiros do doador, nem prejudica os do donatário. Entretanto, os herdeiros do doador podem prosseguir na ação iniciada pelo ele, continuando-a contra os herdeiros do donatário, se este falecer depois de ajuizada a lide (art. 560 do CC); **IV:** correta (art. 552 do CC); **V:** incorreta pois morrendo o donatário a doação não persiste, em decorrência do seu caráter personalíssimo (art. 545 do CC).

Gabarito "C"

(Cartório/SP – 2011 – VUNESP) Marcus Aurelius recebeu de Augustus um imóvel em doação, com condição resolutiva. Posteriormente, Marcus Aurelius vendeu o imóvel a Tito, sendo ambos os negócios levados a registro na matrícula do imóvel. Algum tempo depois, houve implemento da condição resolutiva. É correto afirmar que

(A) a compra e venda é eficaz e Tito conserva o bem comprado.

(B) a venda na pendência da condição é nula.

(C) Tito deverá restituir o imóvel a Augustus apenas na hipótese de o donatário Marcus ter se tornado insolvente e não tiver condições de ressarcir o valor da coisa ao doador.

(D) resolvida a propriedade do donatário pelo implemento da condição, também se encontra resolvido o direito do adquirente Tito, que deverá restituir a coisa ao doador.

A: incorreta, pois embora a compra e venda seja eficaz, Tito comprou o imóvel sabendo que Marcus detinha a propriedade resolúvel do bem, afinal havia registro na matrícula. Daí assumiu o risco de a condição se implementar. Portanto, não há falar-se que conservará o bem doado (art. 1.359 do CC); **B:** incorreta, pois a venda é plenamente válida, haja vista que a lei não veda a alienação de bem na pendência de condição; **C:** incorreta, pois a devolução do imóvel de Tito para Augustus é dever que se opera automaticamente implementada a condição resolutiva. Daí o fato de Marcus tornar-se insolvente e não ter condições de ressarcir o valor da coisa ao doador não tem nenhuma relevância; **D:** correta, pois é exatamente essa a sequência dos fatos. Implementada a condição, resolve-se a propriedade para o donatário e para eventual terceiro que adquiriu o bem sabendo que a propriedade era resolúvel (art. 1.359 do CC).

Gabarito "D"

(Cartório/SP – 2011 – VUNESP) Podem ser revogadas por ingratidão as doações

(A) feitas para determinado casamento.

(B) se o donatário cometeu contra o doador ofensa física.

(C) puramente remuneratórias.

(D) feitas em contemplação do merecimento do donatário.

Podem ser revogadas por ingratidão as doações se o donatário cometeu ofensa física contra o doador (art. 557, II, do CC). Ressalte-se, entretanto, que o rol do art. 557 é exemplificativo, consoante Enunciado 33 do CJF, admitindo excepcionalmente outras hipóteses semelhantes.

Gabarito "B"

(Cartório/SP – 2011 – VUNESP) César doou um imóvel a Brutus. Logo depois, o donatário vendeu o imóvel a Lívio. Anos mais tarde, Brutus atentou contra a vida de César e a doação foi revogada por ingratidão. Pode-se afirmar que

(A) Lívio será obrigado a restituir a coisa a César, sem direito de indenização, pois não há evicção em contrato gratuito.

(B) Resolvida a doação pela ingratidão, resolve-se o direito do adquirente Lívio, que deverá restituir a coisa a César.

(C) Lívio será considerado proprietário perfeito e restará a César o direito de cobrar o valor da coisa de Brutus.

(D) Lívio tem direito de preempção, pagando o valor da coisa a César e exercendo o direito da evicção contra Brutus.

A: incorreta, pois a compra e venda do imóvel de Brutus com relação a Lívio foi plenamente existente, válida e eficaz. Quando da alienação do bem Brutus era o seu legítimo proprietário, podendo dele dispor como bem lhe conviesse. Portanto Lívio é adquirente de boa-fé, daí não faz nenhum sentido que perca o bem em favor de César. Note que são duas relações contratuais diferentes e autônomas: de um lado a doação de César para Brutus e de outro a compra e venda de Brutos para Lívio; **B:** incorreta, pois mesmo que a doação seja revogada por ingratidão Lívio não perderá o imóvel, consoante alhures explicitado; **C:** correta, pois de fato Lívio é proprietário perfeito do bem. Assim, revogada a doação, resta a César pleitear indenização à Brutus, haja vista que não mais detém o imóvel em seu patrimônio para efetuar a devolução; **D:** incorreta, pois não há falar-se em direito de preempção por parte de Lívio no caso em tela, vez que César não tem o direito de recobrar o bem. Ademais, também não há falar-se em evicção em favor de Lívio, haja vista que ele sequer perderá o imóvel.

Gabarito "C"

(Cartório/SP – 2011 – VUNESP) Analise as seguintes proposições.

I. O donatário de imóvel com condição resolutiva, na pendência da condição, pode ingressar com ação possessória contra esbulhador do bem.

II. O encargo ilícito ou impossível considera-se não escrito, salvo se constituir o motivo determinante da liberalidade, caso em que torna nulo o negócio.

III. Na doação modal em benefício da coletividade, o Ministério Público pode exigir a execução do encargo, conquanto já falecido o doador sem ter exigido o cumprimento,

IV. O doador, na doação com encargo, não pode revogar a liberalidade em razão do descumprimento do encargo, apenas pode demandar sua execução.

Assinale a alternativa correta.

(A) Todas são verdadeiras.

(B) Apenas a IV é falsa.

(C) Apenas a I e a IV são falsas.

(D) Apenas a II é verdadeira.

I: correta, pois muito embora a propriedade do donatário seja resolúvel, levando em consideração que exerce a posse direta sobre o imóvel possui todo o direito de defendê-la de eventual esbulho ou turbação, manejando as medidas judiciais cabíveis (art. 1.210 do CC). Note que os direitos possessórios podem ser exercidos independentemente do direito de propriedade. Aliás são institutos completamente independentes. A posse é uma situação de fato. A propriedade é uma situação de direito; **II:** correta, nos termos do art. 137 do CC. Esta disposição aplica-se principalmente no caso de doação. Quando houver uma doação com encargo ilícito ou impossível, considerar-se-á não escrito o encargo, isto é, inexiste, tornando-se a doação pura e simples. Mas se este encargo constituir motivo determinante da liberalidade, daí o negócio jurídico como um todo será considerado nulo; **III:** correta, pois de acordo com o art. 553, parágrafo único, do CC; **IV:** incorreta, pois a doação pode ser revogada pelo doador no caso de inexecução do encargo (art. 555 do CC).

Gabarito "B"

(Analista – TRT/22ª – 2010 – FCC) Paulo entregou a Pedro, através de doação sem encargo, dez ovelhas para reprodução. No entanto, todas elas eram estéreis. Nesse caso, Pedro

(A) poderá exigir que o doador substitua os animais doados, uma vez que eram impróprios ao uso a que se destinavam.

(B) poderá rejeitar os animais pelos defeitos ocultos que os tornavam impróprios ao uso a que se destinavam, redibindo o contrato.

(C) poderá pedir ao doador indenização pela depreciação do valor dos animais doados, uma vez que eram impróprios ao uso a que se destinavam.

(D) poderá pedir ao doador indenização pelas crias que não conseguirá obter em razão da esterilidade das ovelhas doadas.

(E) não poderá rejeitar os animais pelos defeitos ocultos que os tornavam impróprios ao uso a que se destinavam porque os recebeu através de doação não onerosa.

Art. 441, p. único, do CC.

Gabarito "E"

(Analista – TRE/AP – 2011 – FCC) João é casado com Maria, com a qual possui dois filhos, Tício e Tobias. Maria, Tobias e Tício descobriram que João doou um bem particular seu para sua amante, Bárbara, com quem possui um relacionamento amoroso. Esta doação poderá ser anulada

(A) por Maria, Tobias e Tício, até seis meses depois de dissolvida a sociedade conjugal.

(B) apenas por Maria, até dois anos depois de dissolvida a sociedade conjugal.

(C) por Maria, Tobias e Tício, até cinco anos depois de dissolvida a sociedade conjugal.

(D) apenas por Tício e Tobias, até cinco anos depois de dissolvida a sociedade conjugal.

(E) por Maria, Tobias e Tício, até dois anos depois de dissolvida a sociedade conjugal.

Art. 550 do CC.

Gabarito "E"

(Analista – TRE/SP – 2012 – FCC) Minotauro, empresário milionário, celebrou contrato de doação com seu amigo de infância Aquiles. Através do referido contrato Minotauro doou para Aquiles uma pequena propriedade imóvel, onde ele pudesse organizar seu comitê eleitoral, já que pretende se candidatar nas próximas eleições municipais. O contrato de doação, em regra, é

(A) oneroso, bilateral e solene.

(B) gratuito, bilateral e de natureza real.

(C) gratuito, unilateral e de natureza real.

(D) gratuito, bilateral e de caráter pessoal.

(E) gratuito, unilateral e de caráter pessoal.

A alternativa E está correta pela definição de contrato de doação, que é um contrato gratuito (que apenas uma das partes aufere benefício ou vantagem), unilateral (que cria obrigação unicamente para uma das partes) e de caráter pessoal (celebrados em razão das qualidades pessoais do donatário).

Gabarito "E"

(Analista – TRE/TO – 2011 – FCC) Na doação não sujeita a encargo, se o doador fixar prazo ao donatário para declarar se aceita ou não a liberalidade e este, ciente do prazo, não a fizer,

(A) deverá o doador celebrar aditivo contratual e notificar por escrito o donatário para que se manifeste dentro de trinta dias.

(B) entender-se-á que aceitou.

(C) entender-se-á que não aceitou.

(D) deverá o doador notificar por escrito o donatário para que se manifeste no prazo improrrogável de 24 horas.

(E) deverá o doador notificar por escrito o donatário para que se manifeste no prazo improrrogável de 48 horas.

Art. 539 do CC.

Gabarito "B"

(OAB/Exame Unificado – 2011.3.A) Marcelo, brasileiro, solteiro, advogado, sem que tenha qualquer impedimento para doar a casa de campo de sua livre propriedade, resolve fazê-lo, sem quaisquer ônus ou encargos, em benefício de Marina, sua amiga, também absolutamente capaz. Todavia, no âmbito do contrato de doação, Marcelo estipula cláusula de reversão por meio da qual o bem doado deverá se destinar ao patrimônio de Rômulo, irmão de Marcelo, caso Rômulo sobreviva à donatária. A respeito dessa situação, é correto afirmar que:

(A) diante de expressa previsão legal, não prevalece a cláusula de reversão estipulada em favor de Rômulo.

(B) no caso, em razão de o contrato de doação, por ser gratuito, comportar interpretação extensiva, a cláusula de reversão em favor de terceiro é válida.

(C) a cláusula em exame não é válida em razão da relação de parentesco entre o doador, Marcelo, e o terceiro beneficiário, Rômulo.

(D) diante de expressa previsão legal, a cláusula de reversão pode ser estipulada em favor do próprio doador ou de terceiro beneficiário por aquele designado, caso qualquer deles, nessa ordem, sobreviva ao donatário.

Segundo o art. 547 do CC, o doador pode estipular que os bens doados voltem ao seu patrimônio, se sobreviver ao donatário. Porém, o doador NÃO pode estipular que, falecendo o donatário, o bem doado vá para um terceiro, ou seja, "não prevalece a cláusula de reversão em favor de terceiro" (art. 547, parágrafo único, do CC). Assim, a alternativa "A" está correta. A alternativa "B" está incorreta, pois não cabe cláusula de reversão em favor de terceiro, e também porque o contrato de doação não comporta interpretação extensiva, mas apenas interpretação estrita (art. 114 do CC). A alternativa "C" está incorreta, pois não há impedimento de doação de bens para parentes. Esse tipo de restrição só existe quando se está diante de fraude contra credores, que não é o caso. A alternativa "D" está incorreta, pois, como se viu, não cabe cláusula de reversão em favor de terceiro (art. 547, parágrafo único, do CC).

Gabarito "A"

(OAB/Exame Unificado – 2010.3) Sônia, maior e capaz, decide doar, por instrumento particular, certa quantia em dinheiro em favor de seu sobrinho, Fernando, maior e capaz, caso ele venha a se casar com Leila. Sônia faz constar, ainda, cláusula de irrevogabilidade da doação por eventual ingratidão de seu sobrinho. Fernando, por sua vez, aceita formalmente a doação e, poucos meses depois, casa-se com Leila, conforme estipulado. No dia seguinte ao casamento, ao procurar sua tia para receber a quantia estabelecida, Fernando deflagra uma discussão com Sônia e lhe dirige grave ofensa física. A respeito da situação narrada, é correto afirmar que Fernando:

(A) deve receber a quantia em dinheiro, em razão de ter se casado com Leila e independentemente de ter dirigido grave ofensa física a Sônia.

(B) não deve receber a quantia em dinheiro, pois dirigiu grave ofensa física à sua tia Sônia.

(C) deve receber a quantia em dinheiro, em razão de o instrumento de doação prever cláusula de irrevogabilidade por eventual ingratidão.

(D) não deve receber a quantia em dinheiro, tendo em vista que a doação é nula, pois deveria ter sido realizada por escritura pública.

O caso envolve o instituto da revogação da doação por ingratidão, regulamentado no art. 555 e seguintes do CC. O problema é que, quando se faz uma doação para que se dê *determinado casamento*, está-se diante de hipótese em que a lei, expressamente, proíbe a revogação por ingratidão (art. 564, IV, do CC), de modo que a revogação da doação, no caso, não é cabível em tese, mesmo tendo Fernando dirigido grave ofensa física a Sônia.

Gabarito "A"

4.13. EMPRÉSTIMO

O empréstimo é o gênero, que tem como espécies o *comodato* e o *mútuo*.

O empréstimo permite que alguém utilize coisa alheia, com o dever de restituir a coisa ao final.

4.13.1. Comodato

O comodato pode ser **conceituado** como *o empréstimo gratuito de coisas não fungíveis* (art. 579 do CC).

Outro conceito de comodato é o seguinte: *é o contrato pelo qual uma pessoa entrega a outra, gratuitamente, coisa não fungível para que a utilize e depois restitua.*

O comodato é um *empréstimo de uso*, já que a coisa é devolvida depois, ao passo que o mútuo é um *empréstimo de consumo*, já que a coisa (fungível) acaba sendo consumida, devolvendo-se o equivalente.

O comodato tem as seguintes **características**:

a) é unilateral: ou seja, gera obrigações apenas para o comodatário, já que é um contrato que se forma apenas com a entrega da coisa; acidentalmente, o comodato pode gerar obrigações para o comodante, hipótese em que se terá um contrato bilateral imperfeito;

b) é gratuito: ou seja, somente o comodatário aufere vantagens; se for estipulada remuneração, desfigura-se para aluguel; não desfigura o contrato a existência de pequeno encargo, como cuidar das plantas, dos pássaros, ou seja, não pode ser uma contraprestação;

c) é real: ou seja, perfaz-se com a tradição do objeto (art. 579, 2ª parte, do CC); na falta de entrega não se tem comodato, mas no máximo contrato preliminar (promessa de comodato);

d) é não solene: ou seja, não há forma especial para sua validade.

O comodato tem os seguintes **requisitos**:

a) **subjetivos:**

administradores de bens alheios, especialmente de incapazes (tutores, curadores), não podem dá-los em comodato, pois não seria administração normal a cessão gratuita do uso; nesses casos, o comodato só seria possível mediante autorização judicial;

não há necessidade de que o comodante seja proprietário da coisa dada em comodato; por exemplo, o usufrutuário pode dar a coisa em comodato; porém, o locatário não pode assim agir, sob pena de despejo.

b) **objetivos:**

Deve se tratar de coisa não fungível, podendo ser móvel ou imóvel.

Quanto à **duração**, o contrato de comodato tem as seguintes características:

a) é temporário; se fosse perpétuo, seria uma doação;

b) possibilidades:

b1) se não tiver prazo convencional (duração indeterminada), tem-se o comodato "ad usum" ou com "tempo presumido"; nesse caso presumir-se-lhe-á pelo tempo necessário para o uso concedido (art. 581 do CC); exs.: empréstimo para fazer um curso em São Paulo por 6 meses ou empréstimo de um trator para uma colheita; a retomada antes do prazo, nesse caso, só será possível em caso de necessidade imprevista e urgente reconhecida pelo juiz, como quando o comodante fique doente e precise fazer um tratamento na cidade onde se encontra o imóvel dado em comodato;

b2) se tiver prazo convencional certo, deve-se respeitá-lo; a retomada antes do termo final só será possível em caso de necessidade imprevista e urgente (art. 581 do CC).

Quanto às obrigações do comodatário, temos as seguintes:

a) como obrigação principal, deve *conservar* a coisa como se sua fosse (art. 582 do CC); não basta o cuidado elementar; correndo risco o objeto, o comodatário deve dar preferência à coisa comodada no salvamento (art. 583 do CC), mas não é necessário que arrisque a própria vida;

b) *não usar* a coisa, senão de acordo com o contrato ou a natureza dela (art. 582 do CC; não é possível cedê-la a terceiro, mudar a sua destinação (ex.: de residencial para comercial), sob pena de responsabilidade por perdas e danos;

c) arcar com as *despesas* normais com uso e gozo da coisa emprestada (ex.: limpeza, condomínio, tributos), não podendo recobrá-las do comodante (art. 584 do CC); porém, o comodatário não responde por despesas extraordinárias (ex.: infiltração, problemas na fundação), mas, se urgentes, deve reparar e depois cobrar do comodante;

d) restituir a coisa "in natura", o que deverá ser feito no prazo ajustado ou, na falta, quando lhe for reclamado, ressalvado o tempo necessário ao uso concedido (finalidade), ou, ainda, em caso de necessidade imprevista e urgente (art. 581 do CC); não restituída a coisa, deve-se constituir em mora o comodatário (por meio de notificação), com posterior ingresso com ação de reintegração de posse; constituído o comodatário em mora, este responderá, até restituir a coisa, pelo aluguel desta que for arbitrado pelo comodante (art. 582 do CC).No que concerne ao valor deste aluguel, prevê o Enunciado n. 180 JDC/CJF: *A regra do parágrafo único do art. 575 do novo Código Civil, que autoriza a limitação pelo juiz do aluguel-pena arbitrado pelo locador, aplica-se também ao aluguel arbitrado pelo comodante, autorizado pelo art. 582, 2ª parte, do novo Código Civil*;

e) responder pelo dano à coisa, por culpa ou dolo; responderá também por caso fortuito ou de força maior se, correndo risco o objeto dado em comodato, salvar seus bens primeiro (art. 583 do CC) ou se estiver em mora (arts. 582 e 399 do CC);

f) responder solidariamente se houver mais de um comodatário simultaneamente sobre uma coisa (arts. 585 e 275 a 285, do CC).

São obrigações do comodante:

a) reembolsar o comodatário pelas despesas extraordinárias e urgentes que este fizer, ressalvado o direito de retenção em favor deste; porém, o comodante não tem obrigação de restituir as despesas normais e o valor das benfeitorias úteis e voluptuárias não autorizadas por ele;

b) indenizar o comodatário pelos vícios ocultos que escondeu dolosamente e não preveniu.

O comodato fica extinto nas seguintes hipóteses:

a) com o advento do termo convencionado;

b) pela resolução, por iniciativa do comodante, em caso de descumprimento de suas obrigações;

c) por sentença, a pedido do comodante, provada a necessidade imprevista e urgente;

d) pela morte do comodatário, se o contrato for "intuito personae"; ex.: morte de paralítico que recebeu cadeira de rodas;

e) pelo distrato;

f) pela alienação da coisa emprestada.

4.13.2. Mútuo

O mútuo pode ser conceituado como o *empréstimo de coisas fungíveis* (art. 586 do CC).

Trata-se de contrato pelo qual uma das partes transfere uma coisa fungível a outra, obrigando-se esta a restituir-lhe coisa do mesmo gênero, da mesma qualidade e na mesma quantidade.

Diferentemente do comodato, que é um empréstimo de uso, o mútuo é um empréstimo de consumo.

Um exemplo é o empréstimo de dinheiro, já que este é coisa fungível. O dinheiro emprestado será consumido pelo mutuário, que, mais tarde, devolverá a mesma quantia, mas não necessariamente o mesmo dinheiro que recebeu.

Outro exemplo é empréstimo de café que um vizinho faz para o outro. Quem recebe o café irá consumi-lo. Em seguida, deverá restituir o café, procurando comprar outro da mesma marca e na mesma quantidade emprestada.

Por conta dessa característica do mútuo (empréstimo de consumo), a doutrina aponta que esse contrato transfere a propriedade da coisa emprestada, o que pode ser visualizado com tranquilidade no exemplo do empréstimo de café. O café a ser devolvido em seguida será outro.

O mútuo tem as seguintes características:

a) é unilateral: ou seja, gera obrigações apenas para o mutuário; isso ocorre, pois o mútuo só se forma com a entrega da coisa, e, uma vez formado, somente o mutuário tem deveres;

b) é gratuito, se não houver remuneração para o mutuante; e é oneroso, se houver remuneração para o mutuante; o mútuo oneroso é denominado mútuo feneratício; em caso de mútuo destinado a fins econômicos (empréstimo de dinheiro feito em favor de uma empresa) presumem-se devidos juros (art. 591 do CC), vale dizer, presume-se que se trata de mútuo oneroso; mútuo destinado a fins econômicos é aquele não feito por amizade, cortesia ou espírito de solidariedade;

c) é real, pois somente passa a existir com a tradição da coisa; assim, o empréstimo de dinheiro somente se perfaz quando há a entrega do dinheiro; mesmo que já haja um contrato de mútuo assinado, enquanto não houver a entrega de dinheiro, o contrato não é considerado existente, tratando-se, nessa fase, de mera promessa de mutuar;

d) é não solene: ou seja, não se exige forma especial; de qualquer forma, é recomendável que o mútuo se dê por escrito, tendo em vista as limitações para provar por testemunhas contratos com valor superior a dez salários mínimos (art. 227 do CC).

O mútuo tem os seguintes requisitos:

a) subjetivos:

o mutuante deve estar habilitado a obrigar-se;

o mutuário também deve estar habilitado; por exemplo, no caso de mútuo feito a pessoa menor, sem prévia autorização do representante legal, o valor emprestado não pode ser reavido nem do mutuário nem de seus fiadores (art. 588 do CC); trata-se de proteção contra a exploração gananciosa da sua inexperiência; porém, deixa-se de aplicar a pena nos seguintes casos (art. 589 do CC): i) se o representante ratificar posteriormente; ii) se o menor, ausente o representante, contrair empréstimo para seus alimentos habituais; iii) se o menor tiver bens ganhos com seu trabalho, de modo a que eventual execução futura não ultrapasse as forças do patrimônio do menor; iv) se o empréstimo reverter em benefício do menor; v) se o menor entre 16 e 18 anos tiver obtido o empréstimo maliciosamente (art. 180 do CC).

b) objetivos:

É necessário que a coisa seja fungível e de propriedade do mutuante.

Quanto à duração, o contrato de mútuo tem as seguintes características (arts. 590 e 592 do CC):

a) a restituição da coisa emprestada deve ser feita no prazo convencionado, que, inexistindo, dá ensejo às seguintes regras:

a1) se for produtos agrícolas: devolve-se até a próxima colheita;

a2) se for dinheiro: o prazo do mútuo será de 30 dias, pelo menos;

a3) se for outra coisa fungível: o mútuo se dará pelo período de tempo que declarar mutuante; ou seja, este, a todo tempo, poderá intimar o devedor para restituir no prazo razoável que estipular;

a4) se o mutuário sofrer notória mudança em sua situação econômica: pode-se exigir a restituição antes do vencimento (art. 590 do CC).

São obrigações do mutuário:

a) restituir o que recebeu, em coisas do mesmo gênero, qualidade e quantidade, no prazo estipulado (art. 586 do CC); é válida a cláusula de devolver a coisa equivalente ou seu valor no momento da restituição; em relações de consumo, a restituição total ou parcial do valor emprestado antes do prazo definido no contrato acarreta a redução proporcional dos juros e demais acréscimos (art. 52, § 2º, do CDC); não sendo possível a devolução do gênero, por causa não imputável ao devedor, substitui-se pelo equivalente pecuniário; indenização por perdas e danos só se houver culpa do mutuário;

b) pagar juros, se convencionados, ou se se trata de mútuo com fins econômicos; não se deve confundir os juros compensatórios (remuneração do capital) com os juros moratórios ou legais (pela mora); os juros legais são devidos desde a citação; quanto aos limites legais aos juros compensatórios, o art. 591 do CC estabelece que estes não podem exceder a taxa estipulada no art. 406 do CC (taxa dos juros legais), que é a Taxa Selic, a qual já contém correção monetária e juros. Em reforço a esse entendimento, cita-se o Enunciado n. 34 JDC/CJF: *No novo Código Civil, quaisquer contratos de mútuo destinados a fins econômicos presumem-se onerosos (art. 591), ficando a taxa de juros compensatórios limitada ao disposto no art. 406, com capitalização anual.*; a capitalização de juros é vedada, salvo se feita anualmente; a cumulação de juros compensatórios com juros moratórios é possível, pois cada um tem sua origem, mas não é possível cumulá-los com comissão de permanência; todavia, a regra de limitação de juros e de proibição de capitalização de juros não se aplica às instituições financeiras, inclusive às administradoras de cartão de crédito (Medida Provisória 2.17036/01); o conceito de instituição financeira pode ser encontrado no art. 17 da Lei 4.595/64 e na LC 105/01);

c) pagar correção monetária, também chamada de cláusula de escala móvel; essa correção não se confunde com os juros; porém, quando aplicada a Taxa Selic, é importante observar que essa taxa já embute juros e correção monetária; porém, se os juros e a correção monetária forem estipulados especificamente, há de se tomar cuidado para que os juros estejam dentro dos limites (salvo instituição financeira), bem como se a correção monetária também está dentro dos limites, valendo salientar que a Lei do Plano Real (Lei 10.192/01) considera nula a estipulação de correção monetária em periodicidade inferior a um ano;

d) responder pelos riscos da coisa desde a tradição (art. 587 do CC).

4.13.2.1. *Jurisprudência selecionada*

Súmula Vinculante STF 7

A norma do § 3º do artigo 192 da Constituição, revogada pela Emenda Constitucional nº 40/2003, que limitava a taxa de juros reais a 12% ao ano, tinha sua aplicação condicionada à edição de lei complementar.

Súmula STF nº 596

As disposições do Decreto 22.626/1933 não se aplicam às taxas de juros e aos outros encargos cobrados nas operações realizadas por instituições públicas ou privadas, que integram o sistema financeiro nacional.

Súmula STJ nº 472

A cobrança de comissão de permanência – cujo valor não pode ultrapassar a soma dos encargos remuneratórios e moratórios previstos no contrato – exclui a exigibilidade dos juros remuneratórios, moratórios e da multa contratual.

Súmula STJ nº 382

A estipulação de juros remuneratórios superiores a 12% ao ano, por si só, não indica abusividade.

Súmula STJ nº 381

Nos contratos bancários, é vedado ao julgador conhecer, de ofício, da abusividade das cláusulas.

Súmula STJ nº 379

Nos contratos bancários não regidos por legislação específica, os juros moratórios poderão ser convencionados até o limite de 1% ao mês.

Súmula STJ nº 328

Na execução contra instituição financeira, é penhorável o numerário disponível, excluídas as reservas bancárias mantidas no Banco Central.

Súmula STJ nº 297

O Código de Defesa do Consumidor é aplicável às instituições financeiras.

Súmula STJ nº 296

Os juros remuneratórios, não cumuláveis com a comissão de permanência, são devidos no período de inadimplência, à taxa média de mercado estipulada pelo Banco Central do Brasil, limitada ao percentual contratado.

Súmula STJ nº 295

A Taxa Referencial (TR) é indexador válido para contratos posteriores à Lei nº 8.177/91, desde que pactuada.

Súmula STJ nº 294

Não é potestativa a cláusula contratual que prevê a comissão de permanência, calculada pela taxa média de mercado apurada pelo Banco Central do Brasil, limitada à taxa do contrato.

Súmula STJ nº 288

A Taxa de Juros de Longo Prazo (TJLP) pode ser utilizada como indexador de correção monetária nos contratos bancários.

Súmula STJ nº 287

A Taxa Básica Financeira (TBF) não pode ser utilizada como indexador de correção monetária nos contratos bancários.

Súmula STJ nº 286

A renegociação de contrato bancário ou a confissão da dívida não impede a possibilidade de discussão sobre eventuais ilegalidades dos contratos anteriores.

Súmula STJ nº 285

Nos contratos bancários posteriores ao Código de Defesa do Consumidor incide a multa moratória nele prevista.

Súmula STJ nº 283

As empresas administradoras de cartão de crédito são instituições financeiras e, por isso, os juros remuneratórios por elas cobrados não sofrem as limitações da Lei de Usura.

Súmula STJ nº 271

A correção monetária dos depósitos judiciais independe de ação específica contra o banco depositário.

Súmula STJ nº 259

A ação de prestação de contas pode ser proposta pelo titular de conta-corrente bancária.

Súmula STJ nº 258

A nota promissória vinculada a contrato de abertura de crédito não goza de autonomia em razão da iliquidez do título que a originou.

Súmula STJ nº 247

O contrato de abertura de crédito em conta-corrente, acompanhado do demonstrativo de débito, constitui documento hábil para o ajuizamento da ação monitória.

Súmula STJ nº 233

O contrato de abertura de crédito, ainda que acompanhado de extrato da conta-corrente, não é título executivo.

Súmula STJ nº 79

Os bancos comerciais não estão sujeitos a registro nos conselhos regionais de economia.

Súmula STJ nº 30

A comissão de permanência e a correção monetária são inacumuláveis.

REPETITIVO. ESCOLHA. AGENTE FIDUCIÁRIO. SFH.
Em recurso repetitivo, a Corte Especial decidiu que a exigência de que haja comum acordo entre o credor e o devedor na escolha do agente fiduciário que promoverá a execução extrajudicial do imóvel aplica-se apenas aos contratos de mútuo habitacional não vinculados ao Sistema Financeiro da Habitação (SFH) nos termos do art. 30, I e II, §§ 1º e 2º, do DL n. 70/1966. Ressaltou-se, ademais, que o descumprimento do prazo de dez dias estabelecido pelo art. 31, § 1º, do citado DL para que o agente fiduciário notifique o devedor não resulta em perempção da execução, tratando-se de prazo impróprio. Precedentes citados: REsp 842.452-MT, DJe 29/10/2008; AgRg no REsp 1.053.130-SC, DJe 11/9/2008; REsp 867.809-MT, DJ 5/3/2007, e REsp 586.468-RJ, DJ 19/12/2003. **REsp 1.160.435-PE, Rel. Min. Benedito Gonçalves, julgado em 6/4/2011.** (Inform. STJ 468)

EMPRÉSTIMO CONSIGNADO. DESCONTO. FOLHA. LIMITAÇÃO.
Trata-se de REsp em que a controvérsia cinge-se à limitação dos descontos em folha ao percentual de 30% dos vencimentos da recorrente a título de empréstimo consignado. A Turma entendeu que, ante a natureza alimentar do salário e em respeito ao princípio da razoabilidade, os empréstimos com desconto em folha de pagamento (consignação facultativa/voluntária) devem limitar-se a 30% dos vencimentos do trabalhador. Ressaltou-se que, no caso, o acórdão recorrido consignou que o percentual comprometido dos vencimentos da recorrente, pela mencionada linha de crédito, é próximo de 50%. Assim, deu-se provimento ao recurso. Precedentes citados: RMS 21.380-MT, DJ 15/10/2007, e AgRg no REsp 959.612-MG, DJe 3/5/2010. **REsp 1.186.965-RS, Rel. Min. Massami Uyeda, julgado em 7/12/2010.** (Inform. STJ 459)

CONTRATO. MÚTUO HIPOTECÁRIO. REVISÃO.
Discute-se no REsp o interesse recursal em apelação que versa sobre cláusulas de contrato de mútuo hipotecário após a quitação de todas as prestações pelos recorrentes (mutuários). O tribunal *a quo* considerou prejudicado o recurso por falta de interesse recursal ao fundamento de que os mutuários haviam pago a totalidade das prestações do contrato. Observa o Min. Relator que a jurisprudência deste Superior Tribunal entende que o cumprimento da obrigação assumida em contrato de adesão não retira do mutuário o direito de discutir em ação revisional a legalidade das cláusulas contratuais, visto que o adimplemento pode ter ocorrido apenas para evitar sanções de natureza contratual e teria como finalidade não incentivar a inadimplência. Isso porque, segundo os precedentes deste Tribunal, se o entendimento fosse ao contrário, a inadimplência passaria a ser exigida como condição para a ação no direito contratual, além de que serviria de incentivo ao descumprimento dos contratos. Para o Min. Relator, não há justificativa para não considerar o direito à revisão após a quitação, uma vez que é mais vantajoso para o credor receber todo o contrato para só depois se submeter a uma demanda em que, se nela fosse vencido, teria de devolver o que foi pago a mais. Com esse entendimento, a Turma deu provimento ao recurso. Precedentes citados: REsp 293.778-RS, DJ 20/8/2001, e REsp 565.235-RS, DJ 9/2/2005. **REsp 904.769-SP, Rel. Min. Aldir Passarinho Junior, julgado em 2/12/2010.** (Inform. STJ 458)

SFH. CONTRATO DE GAVETA.
In casu, o ora recorrido ajuizou ação ordinária em face da ora recorrente, objetivando o reconhecimento do direito de transferir para seu nome, na qualidade de mutuário do Sistema Financeiro da Habitação (SFH), o imóvel que adquiriu por meio de contrato de cessão de direitos e obrigações (contrato de gaveta) firmado com o mutuário originário, além da revisão das prestações pagas e do saldo devedor. A ação foi julgada improcedente em primeiro grau, *decisum* que foi reformado na apelação. No REsp, a instituição financeira recorrente sustenta a violação de dispositivos de lei federal, na medida em que reconheceu a legitimidade ativa *ad causam* do recorrido, terceiro interessado, que celebrou contrato de cessão de direitos com o mutuário originário do contrato de financiamento habitacional, porém sem sua intervenção. Nessa instância especial, entendeu-se que, a despeito de o recorrido atender o requisito legal temporal para a possível regularização, a transferência não pode ocorrer de forma automática, isso porque a cessão do mútuo hipotecário não pode dar-se contra a vontade do agente financeiro; a concordância desse depende de requerimento instruído pela prova de que, efetivamente, o cessionário atende às exigências do SFH. Ressaltou-se que a Lei n. 8.004/1990 foi editada justamente para disciplinar essas transferências e, assim,

não se revela coerente a inexigibilidade da anuência do agente financeiro na relação negocial firmada entre as partes, dispensando-se a qualificação do cessionário, segundo os critérios legais que regem o SFH que, a rigor, são exigidos do mutuário originário. Ademais, na hipótese, não se trata de prejudicar o ato jurídico perfeito e o direito adquirido, porque não há, na legislação pertinente, qualquer disposição que impeça o mutuário de alienar o imóvel antes de quitar o mútuo, porquanto a lei apenas disciplina a forma de regularizar os contratos de cessão de direitos e obrigações enquanto persistir a dívida. Assim, há que se reconhecer a ilegitimidade ativa do recorrido para buscar, em juízo, a transferência compulsória da titularidade do contrato de financiamento. Com esses fundamentos, a Turma deu provimento ao recurso. Precedente citado: REsp 783.389-RO, DJe 30/10/2008. **REsp 1.102.757-CE, Rel. Min. Massami Uyeda, julgado em 24/11/2009.** (Inform. STJ 417)

REPETITIVO. SFH. TABELA *PRICE*. LIMITE. JUROS.
A Seção, ao julgar recurso sujeito aos efeitos do art. 543-C do CPC (repetitivo), reafirmou que, nos contratos celebrados no Sistema Financeiro da Habitação (SFH), é vedada a capitalização de juros em qualquer periodicidade. Entendeu, todavia, que este Superior Tribunal, por força de suas Súmulas ns. 5 e 7, não pode aferir a existência de capitalização dos juros com a utilização da tabela *price*. Por fim, firmou que o art. 6º, e, da Lei n. 4.380/1964 não estabelece limitação aos juros remuneratórios. Precedentes citados: AgRg no REsp 1.029.545-RS, DJe 28/5/2008; AgRg no REsp 1.048.388-RS, DJe 8/6/2009; REsp 719.259-CE, DJ 22/8/2005; AgRg no REsp 1.008.525-RS, DJe 13/6/2008; AgRg no REsp 932.287-RS, DJe 11/5/2009; AgRg no REsp 1.068.667-PR, DJe 1º/12/2008; AgRg no REsp 954.306-RS, DJe 20/6/2008; REsp 740.632-PR, DJe 5/3/2008; AgRg no REsp 441.697-RS, DJ 26/2/2007; AgRg no REsp 989.790-RS, DJe 25/5/2009; AgRg no REsp 1.068.284-MG, DJe 17/8/2009; EREsp 415.588-SC, DJ 1º/12/2003; REsp 464.191-SC, DJ 24/11/2003; REsp 416.780-SC, DJ 25/11/2002; AgRg no REsp 943.347-AL, DJe 11/5/2009; AgRg no REsp 957.604-RS, DJe 1º/12/2008; AgRg no REsp 1.036.303-RS, DJe 3/2/2009; REsp 838.372-RS, DJ 17/12/2007, e REsp 990.210-RS, DJ 17/12/2007. **REsp 1.070.297-PR, Rel. Min. Luis Felipe Salomão, julgado em 9/9/2009.** (Inform. STJ 406)

SFH. FCVS. EQUÍVOCO. CEF. QUITAÇÃO. IMÓVEL.
Na espécie, a mutuária adquiriu um imóvel da CEF e pagou, juntamente com as prestações, as parcelas referentes ao Fundo de Compensação e Variação Salarial (FCVS). Ao término do pagamento, exigiu a quitação do imóvel e a respectiva baixa da hipoteca incidente sobre ele. A CEF, então, recusou-se à quitação, dizendo que o contrato não era submetido ao FCVS, que estava fora daquele limite. O máximo que a mutuária poderia fazer era receber o seu dinheiro de volta, não a quitação. Inicialmente, o Min. Relator destacou que o recurso interposto pela alínea c permite a adoção de soluções análogas aos casos semelhantes. A existência de erro inescusável, em razão do preparo técnico dos agentes da CEF que atuam na área de financiamento, impõe ao agente financeiro arcar com as consequências econômicas advindas de eventual equívoco quando da elaboração das cláusulas contratuais. *In casu*, o erro quanto à previsão de cobertura pelo FCVS, mercê de o valor financiado exceder o limite regulamentar encartado na Circular n. 1.214/1987, item 15; Resolução n. 1.361/1987 do Bacen, bem como a indevida cobrança das parcelas relativas ao FCVS juntamente com a prestação e o seguro, decorreu de equívoco dos agentes da CEF, que, evidentemente, não pode se valer da própria torpeza para afastar o benefício de cobertura do saldo devedor pelo FCVS, em razão da presunção de boa fé dos mutuários, reafirmada, no caso concreto, pelo adimplemento das prestações do contrato de mútuo habitacional. Diante disso, a Turma, por maioria, deu provimento ao recurso para aplicar à hipótese o entendimento adotado por este Superior Tribunal em casos análogos, a fim de reconhecer o direito dos recorrentes à quitação do imóvel nos moldes da Lei n. 10.150/2000, bem como à respectiva baixa da hipoteca incidente sobre o imóvel. Precedentes citados: REsp 684.970-GO, DJ 20/2/2006, e REsp 562.729-SP, DJ 6/2/2007. **REsp 972.890-DF, Rel. Min. Luiz Fux, julgado em 16/6/2009.** (Inform. STJ 399)

CONTRATO. SFH. EFICÁCIA. TERCEIROS.
Firmou-se contrato de mútuo habitacional (SFH) com o agente financeiro vinculado ao extinto BNH. Sucede que houve a cessão da posição contratual (devedor) por força de escritura de compra e venda na qual se ressalvava a existência de caução hipotecária dada ao BNH pelo agente financeiro, mediante endosso em cédula hipotecária. Então, os cessionários quitaram antecipadamente o saldo devedor, quitação essa passada pelo agente financeiro, autorizando-os a levantar o gravame hipotecário. Remanesceu, contudo, o direito real de caução sobre o crédito hipotecário. Porém, a CEF firmou contrato de novação com o agente financeiro (em liquidação extrajudicial) e adquiriu, entre outros, os direitos sobre a caução hipotecária constituída sobre o imóvel dos cessionários. Foi o inadimplemento do agente financeiro que gerou a pretensão de a CEF opor-se ao levantamento do gravame da caução, o que levou os cessionários a ingressar com ação ordinária contra a CEF, com o fito de liberá-los desse ônus real. Quanto a isso, veja-se que o princípio da relatividade dos efeitos dos contratos (*res inter alios acta*) tem sofrido mitigações mediante a admissão de que os negócios entre as partes, eventualmente, podem interferir (positiva ou negativamente) na esfera jurídica de terceiros. Essas mitigações

dão-se pela doutrina do terceiro cúmplice, a proteção do terceiro diante dos contratos que lhe são prejudiciais ou mesmo pela tutela externa do crédito. Porém, em todos os casos, sobressaem a boa-fé objetiva e a função social do contrato. No caso, a cessão dos direitos de crédito à CEF deu-se após o adimplemento da obrigação pelos cessionários, negócio que se operou *inter partes* (devedor e credor). Assim, o posterior negócio entre a CEF e o agente financeiro não tem força para dilatar sua eficácia e atingir os devedores adimplentes. Aflora da interpretação dos arts. 792 e 794 do CC/1916 a necessidade de que os cessionários sejam notificados da cessão do título caucionado, com o desiderato de não pagarem em duplicidade, assertiva compartilhada pelas instâncias ordinárias. No entanto, não há, nos autos, prova de que a CEF tenha promovido a notificação. Por último, vê-se que a Súm. n. 308-STJ tem aplicação analógica ao caso e que os princípios da boa-fé objetiva, função social e os relativos à proteção das relações jurídicas também impedem a responsabilização dos cessionários. Com esse entendimento, a Turma, conheceu em parte do recurso da CEF e, nessa parte, negou-lhe provimento. **REsp 468.062-CE, Rel. Min. Humberto Martins, julgado em 11/11/2008**. (Inform. STJ 376)

SFH. VANTAGEM PESSOAL. PRESTAÇÃO. PES.
A Turma reafirmou que as vantagens pessoais incorporadas definitivamente ao vencimento do mutuário devem ser computadas nos reajustes das prestações dos contratos de financiamento regidos pelas regras do Sistema Financeiro de Habitação (SFH) vinculados ao Plano de Equivalência Salarial (PES). Precedentes citados: REsp 832.346-RS, DJ 9/10/2006; REsp 418.116-SC, DJ 11/4/2005; REsp 565.993-SC, DJ 25/10/2004, e REsp 808.148-RS, DJ 15/9/2006. **REsp 1.063.120-SC, Rel. Min. Massami Uyeda, julgado em 2/10/2008**. (Inform. STJ 370)

MÚTUO HIPOTECÁRIO. NÃO APLICAÇÃO. REGRAS. SFH.
A Corte Especial sedimentou o entendimento de que as regras do Sistema Financeiro da Habitação não se aplicam ao sistema hipotecário. As regras previstas na Lei n. 5.741/1971 são aplicáveis somente aos contratos vinculados ao SFH. **EREsp 788.571-PR, Rel. Min. José Delgado, julgados em 21/5/2008**. (Inform. STJ 356)

MÚTUO. CORREÇÃO MONETÁRIA. *PRO RATA TEMPORIS*.
Quanto ao contrato de confissão de dívida celebrado entre o município, a União e a CEF referente ao Sistema Financeiro da Habitação (SFH), a Turma firmou que é aplicável ao mútuo o critério *pro rata temporis* para a correção monetária em relação às parcelas do crédito entregue ao mutuário. Precedentes citados: REsp 94.629-MS, DJ 12/4/1999; Edcl no REsp 36.228-RS, DJ 10/6/1996, e REsp 36.576-SC, DJ 6/9/1993. **REsp 884.715-PR, Rel. Min. Eliana Calmon, julgado em 15/5/2008**. (Inform. STJ 355)

SFH. MÚTUO. COMPENSAÇÃO. SALDO DEVEDOR.
Na espécie, discute-se a possibilidade de compensar valores eventualmente pagos a mais pelo mutuário com o saldo devedor. A Turma conheceu do recurso, mas lhe negou provimento, por entender que a compensação de eventuais valores cobrados a mais pelo agente financeiro deve ser feita em espécie ou com as prestações vencidas, nos exatos termos do art. 23 da Lei n. 8.004/1990. Precedentes citados: REsp 839.331-RS, DJ 29/8/2006, e REsp 710.183-PR, DJ 2/5/2005. **REsp 859.742-SC, Rel. Min. Massami Uyeda, julgado em 4/3/2008**. (Inform. STJ 347)

CONTRATO. ABERTURA. CRÉDITO. CONTA-CORRENTE. JUROS. CAPITALIZAÇÃO. RENOVAÇÃO AUTOMÁTICA. REGISTRO. INADIMPLÊNCIA.
Em retificação à notícia do julgamento do REsp 697.379-RS (ver Informativo n. 311), leia-se: Não é abusiva a cláusula de renovação automática do contrato de abertura de crédito. Outrossim, segundo recente orientação da Segunda Seção acerca dos juros remuneratórios e da comissão de permanência, considerando a relativa frequência com que devedores de quantias elevadas buscam impedir a inscrição de seus nomes nos cadastros restritivos de crédito, mormente pelo ajuizamento de ação revisional de seus débitos sem nada pagar ou depositar, deve ser aplicado com cautela, segundo o prudente exame do juiz, atendendo-se às peculiaridades de cada caso, mediante o preenchimento dos requisitos: a) que haja ação proposta pelo devedor contestando a existência integral ou parcial do débito; b) que haja efetiva demonstração de que a contestação da cobrança indevida funda-se na aparência do bom direito; c) no caso de contestação apenas de parte do débito, seja depositado o valor referente à parte incontroversa, ou preste caução idônea ao prudente arbítrio do magistrado. O Código de Defesa do Consumidor ampara o hipossuficiente em defesa dos seus direitos, mas não é escudo para inadimplentes. Ademais, nos contratos de abertura de crédito em conta-corrente, é indevida a limitação de juros em 12%, como também é vedada a capitalização mensal dos juros, salvo nos contratos posteriores a 31/3/2000 (MP 1.963-17/2000 c/c MP n. 2.170-36/2001 *ex vi* do art. 2º da EC n. 32/2001). Precedente citado: REsp 527.618-RS, DJ 24/11/2003. **REsp 697.379-RS, Rel Min. Carlos Alberto Menezes Direito, julgado em 1º/3/2007**. (Inform. STJ 312)

CONTRATO. ABERTURA. CRÉDITO. CONTA-CORRENTE. JUROS. CAPITALIZAÇÃO. RENOVAÇÃO AUTOMÁTICA. REGISTRO. INADIMPLÊNCIA.
Não é abusiva a cláusula de renovação automática do contrato de abertura de crédito. Outrossim, segun-

do recente orientação da Segunda Seção acerca dos juros remuneratórios e da comissão de permanência, considerando a relativa frequência com que devedores de quantias elevadas buscam impedir a inscrição de seus nomes nos cadastros restritivos de crédito, mormente pelo ajuizamento de ação revisional de seus débitos sem nada pagar ou depositar, deve ser aplicado com cautela, segundo o prudente exame do juiz, atendendo-se às peculiaridades de cada caso, mediante o preenchimento dos requisitos: a) que haja ação proposta pelo devedor contestando a existência integral ou parcial do débito; b) que haja efetiva demonstração de que a contestação da cobrança indevida funda-se na aparência do bom direito; c) no caso de contestação apenas de parte do débito, seja depositado o valor referente à parte incontroversa, ou preste caução idônea ao prudente arbítrio do magistrado. O Código de Defesa do Consumidor ampara o hipossuficiente em defesa dos seus direitos, mas não é escudo para inadimplentes. Ademais, nos contratos de abertura de crédito em conta-corrente, é indevida a limitação de juros em 12%, como também é vedada a capitalização mensal dos juros, salvo nos contratos posteriores a 31/3/2000 (MP 1.963-17/2000 c/c MP n. 2.170-36/2001 *ex vi* do art. 2º da EC n. 32/2001). Precedente citado: REsp 527.618-RS, DJ 24/11/2003. **REsp 697.379-RS, Rel Min. Carlos Alberto Menezes Direito, julgado em 1º/3/2007.** (Inform. STJ 311)

CONTRATO. BENS FUNGÍVEIS. MÚTUO.

Quanto ao mérito, o recorrente diz que, embora o acórdão tenha admitido que o contrato de depósito se referia a lote de bovinos, portanto bens fungíveis, obrigando-se o depositário a restituí-los no mesmo gênero, quantidade e qualidade, o Tribunal *a quo* entendeu inaplicável à espécie o art. 1.280 do CC/1916, proclamando, indevidamente, a propriedade da ação de depósito com a imposição de multa e prisão civil. O Min. Relator esclareceu que a orientação deste Superior Tribunal é no sentido de que o contrato que versa sobre bens fungíveis em depósito irregular não autoriza, em caso de inadimplemento, a ação de depósito porque aplicáveis as regras do mútuo. E, sobre a natureza do gado bovino, aduziu que são bens fungíveis, apenas especificados quanto ao sexo (garrotes e novilhas), e tanto é assim que os frutos de eventual cruzamento estão previstos no contrato, segundo a própria inicial, nem se sabe quantos ou quais são, a reforçar a característica de fungibilidade. O Min. Relator até admite que, em circunstâncias excepcionais, como na hipótese de determinado touro ou vaca para reprodução, devidamente identificados e registrados em associações de criadores, possa se dar tratamento legal diferenciado, ou seja, como bem não fungível. Mas essa não é a situação aqui descrita. Precedentes citados: REsp 158.047-DF, DJ 18/4/2005, REsp 287.776-DF, DJ 25/6/2001, e AgRg no REsp 278.651-PR, DJ 19/3/2001. **REsp 299.658-PR, Rel. Min. Aldir Passarinho Junior, julgado em 13/2/2007.** (Inform. STJ 310)

SFH. CONTRATO. MÚTUO. LEVANTAMENTO. HIPOTECA.

Para a Min. Relatora, o art. 9º, § 1º, da Lei n. 4.380/1964 proibiu que fosse concedido um segundo financiamento à pessoa que já houvesse adquirido imóvel pelo SFH na mesma localidade, entretanto não previu o levantamento de hipoteca. No caso dos autos, se houve ilegalidade, foi no segundo financiamento, que já foi quitado. Assim, não há impedimento ao pedido de levantamento da hipoteca atual, que não é cogitada nem prevista naquele artigo citado. Com esse entendimento, a Turma negou provimento ao recurso. **REsp 790.522-DF, Rel. Min. Eliana Calmon, julgado em 5/10/2006.** (Inform. STJ 299)

4.13.3. Questões comentadas

(Procurador do Estado/SP – FCC – 2009) É correto afirmar:

(A) O comodatário que estiver em mora suportará os riscos e pagará o aluguel arbitrado pelo comodante, passando à condição de locatário.

(B) O comodatário pode recobrar do comodante as despesas feitas com o uso da coisa emprestada.

(C) O comodato, empréstimo de coisa fungível, não comporta cobrança por parte do comodatário das despesas ordinárias com o uso da coisa emprestada.

(D) Se duas ou mais pessoas forem simultaneamente comodatárias de uma coisa, ficarão subsidiariamente responsáveis para com o comodante.

(E) O comodatário que estiver em mora arcará com as consequências da deterioração ou perda da coisa emprestada e pagará o aluguel arbitrado pelo comodante até restituí-la.

A: incorreta, pois, apesar de devido o pagamento de valor equivalente ao aluguel da coisa, o comodatário não passa a ser locatário desta, ficando o valor mencionado devido a título de perdas e danos (art. 582, parte final, do CC); **B:** incorreta, pois o comodatário jamais poderá recobrar do comodante as despesas feitas com o uso e gozo da coisa emprestada (art. 584 do CC); **C:** incorreta, pois o comodato é o empréstimo de coisa infungíveis (art. 579, primeira parte, do CC); **D:** incorreta, pois tais pessoas ficarão solidariamente responsáveis para com o comodante (art. 585 do CC); **E:** correta (art. 582, parte final, do CC).

Gabarito "E"

(Procurador – Banco Central – 2009 – CESPE) Assinale a opção correta quanto aos contratos regulados no Código Civil.

(A) Não existe comodato, mas contrato atípico, na situação em que empresa distribuidora de derivados de petróleo ceda a outrem o uso de determinados equipamentos que serão utilizados na revenda de seus produtos.

(B) O contrato de mútuo é essencialmente gratuito, de modo que, mesmo se tratando de empréstimo de dinheiro, o silêncio das partes impedirá a cobrança de juros.

(C) Não desnatura o contrato de depósito o fato de o depositário ser contratado para transportar a coisa de um lugar a outro e tê-la consigo até que o depositante a reclame no prazo máximo estipulado.

(D) Afiança, como contrato acessório que é, admite ser feita em valor inferior, igual ou superior à obrigação principal garantida.

(E) Apesar de a doação ter na aceitação um ato indispensável a seu aperfeiçoamento, essa aceitação poderá ser até mesmo ficta, se o donatário for absolutamente incapaz e a doação for pura.

A: incorreta (art. 579, do CC); **B:** incorreta, pois trata do mútuo feneratício (art. 591, do CC); **C:** incorreta, pois pelo contrato de depósito recebe o depositário um objeto móvel, **para guardar**, até que o depositante o reclame (art. 627,do CC); **D:** incorreta, pois *a fiança pode ser de valor inferior ao da obrigação principal e contraída em condições menos onerosas, e, quando exceder o valor da dívida, ou for mais onerosa que ela, não valerá senão até ao limite da obrigação afiançada* (art. 823, do CC); **E:** correta (art. 543, do CC).

Gabarito "E"

(Cartório/SP – 2012 – VUNESP) No comodato precário,

(A) a mora é *ex re*, de modo que a qualquer tempo afigura-se viável o pedido de reintegração de posse do bem.

(B) a mora é *ex persona*, impondo-se como condição de procedibilidade à reintegração a prévia notificação do comodatário.

(C) o comodante poderá retomar a coisa a qualquer tempo, com o uso moderado dos meios necessários, prescindindo de intervenção judicial.

(D) o comodatário poderá opor a exceção de usucapião, com fundamento na continuidade da posse legítima.

A: incorreta, pois no comodato firmado por prazo indeterminado a mora é *ex persona*, de modo que o comodante deve notificar o comodatário acerca da sua intenção de retomada do bem. Caso o comodatário não o devolva, sua posse se tornará precária dando azo à propositura da ação de reintegração de posse ao comodante; **B:** correta, pois de fato a mora é *ex persona "Ação possessória Comodato verbal por prazo indeterminado Notificação prévia do* comodatário. *Honorários advocatícios Advogado nomeado pelo Convênio PGE/OAB. 1. Em se tratando de comodato verbal por prazo indeterminado, é imprescindível a* constituição *em* mora *do* comodatário *como condição da ação de reintegração de posse, por meio de notificação, sendo certo que, na ausência, o processo deve ser extinto sem apreciação do mérito.* 2. O advogado nomeado pelo convênio OAB/PGE tem o direito de receber verba honorária pelos serviços que prestou, independentemente do resultado da demanda. Recurso parcialmente provido. (TJSP, Ap. 990102090400); **C:** incorreta, pois enquanto não constituir o comodatário em mora, sua posse continuará sendo justa, retirando, portanto, a legitimidade do comodante de agir com desforço imediato ou legítima defesa. Apenas após a notificação é que estas medidas tornam-se possíveis, desde que o faça logo. Não o fazendo, necessitará da intervenção judicial, por meio da ação de reintegração de posse (art. 1.210, § 1º, do CC); **D:** incorreta, pois enquanto estava na posse como comodatário, o fazia com a anuência do comodante, e logo não teve início o prazo da usucapião. Daí impossível alegar a exceção, uma vez que ausente um de seus requisitos.

Gabarito "B"

(Analista – STM – 2011 – CESPE) Julgue o seguinte item.

(1) No contrato de empréstimo, na modalidade de comodato, os riscos de deterioração ou destruição da coisa objeto do contrato correm por conta do comodatário, desde o momento do registro.

1: incorreta, pois o comodato é um contrato real, ou seja, um contrato que só passa a existir com a tradição do objeto (art. 579 do CC); assim, o comodatário passa a responder a partir do momento da tradição, e não do momento do registro do contrato.

Gabarito 1E

(Analista – TRE/AP – 2011 – FCC) Mário celebrou contrato de mútuo com Hortência emprestando-lhe a quantia de R$ 15.000,00 em dinheiro. Segundo as normas estabelecidas pelo Código Civil brasileiro, considerando que Mário e Hortência não convencionaram expressamente o prazo do mútuo, este será de pelo menos

(A) quarenta e cinco dias.

(B) dez dias.

(C) quinze dias.

(D) trinta dias.

(E) sessenta dias.

Art. 592, II, do CC.

Gabarito "D"

(Analista – TJ/PI – 2009 – FCC) O contrato de comodato se caracteriza como

(A) empréstimo de consumo, cuja restituição deve ser feita pelo equivalente, diferentemente do mútuo, que é empréstimo de uso, porque o bem deve ser restituído em sua individualidade.

(B) empréstimo de uso, porque o bem deve ser restituído em sua individualidade, diferentemente do mútuo, que é empréstimo de consumo, cuja restituição deve ser feita pelo equivalente.

(C) espécie do gênero contrato de mútuo, por configurar uma obrigação de restituir coisa fungível.

(D) negócio jurídico bilateral e oneroso.

(E) negócio jurídico oneroso.

Art. 579 do CC.

Gabarito "B"

(OAB/Exame Unificado – 2012.1) O policial militar Marco Antônio é proprietário de uma casa de praia, localizada no balneário de Guarapari/ES. Por ocasião de seu exercício profissional na cidade de Vitória/ES, a casa de praia foi emprestada ao seu primo Fabiano, que lá reside com sua família há mais de três anos. Ocorre que, por interesse da administração pública, Marco Antônio foi removido de ofício para a cidade de Guarapari/ES. Diante de tal situação, Marco Antônio decidiu notificar extrajudicialmente o primo para que este desocupe a referida casa no prazo improrrogável de 30 dias. Considerando a situação hipotética, assinale a alternativa correta.

(A) O contrato firmado verbalmente entre Marco Antônio e Fabiano é o comodato e a fixação do prazo mínimo de 30 dias para desocupação do imóvel encontra-se expressa em lei.

(B) Conforme entendimento pacífico do STJ, a notificação extrajudicial para desocupação de imóvel dado em comodato verbal por prazo indeterminado é imprescindível para a reintegração da posse.

(C) A espécie de empréstimo firmado entre Marco Antônio e Fabiano é o mútuo, pois recai sobre bem imóvel inconsumível. Nesta modalidade de contrato, a notificação extrajudicial para a restituição do bem, por si só, coloca o mutuário em mora e obriga-o a pagar aluguel da coisa até sua efetiva devolução.

(D) Tratando-se de contrato firmado verbalmente e por prazo indeterminado, Marco Antônio pode colocar fim ao contrato a qualquer momento, sem ter que apresentar motivo, em decorrência da aplicação das regras da chamada denúncia vazia.

A: incorreta, pois, apesar de se tratar de um contrato de comodato, não há, na lei, previsão de prazo mínimo de 30 dias para desocupação de imóvel dado em comodato, quando o comodante reclama o imóvel de volta; **B:** incorreta, pois não há entendimento pacífico nesse sentido; todavia, há alguns acórdãos do STJ que entendem ser necessária essa notificação extrajudicial prévia; **C:** incorreta, pois um imóvel é um bem infungível, de maneira que o empréstimo deste é necessariamente um comodato (art. 579 do CC); **D:** correta, pois o art. 581 do CC só impõe que o comodante demonstre necessidade imprevista e urgente para a retomada do bem dado em comodato quando se tratar de comodato com prazo, seja este prazo expresso ou presumido. No caso em tela, tem-se um comodato verbal e por prazo indeterminado, permitindo, assim, a chamada denúncia vazia, nos termos do seguinte acórdão do STJ, que cita, em seu teor doutrina de Pontes de Miranda a respeito: "Agravo interno. Recurso especial. Comodato verbal sem prazo determinado. Pedido de desocupação. Notificação. Prescindibilidade da prova de urgência ou necessidade imprevista de retomada do bem. Súmula STJ/83. 1. Dado em comodato o imóvel, mediante contrato verbal sem prazo determinado, é suficiente para a sua extinção a notificação ao comodatário da pretensão de retomada do bem, sendo *prescindível* a prova de necessidade imprevista e urgente do bem. Precedentes. 2. Agravo Regimental improvido." (AgRg no REsp 1136200/PR, *DJe* 01.07.2011).

Gabarito "D"

4.14. PRESTAÇÃO DE SERVIÇO

A prestação de serviço pode ser conceituada como *o contrato pelo qual uma parte se obriga para com a outra a fornecer-lhe a prestação de uma atividade, mediante remuneração* (art. 594do CC).

São exemplos desse contrato a manutenção de equipamentos, a limpeza, a vigilância, a lavandeira, o gerenciamento, dentre outros.

O *regime jurídico* desse contrato se dá pelos arts. 593 e seguintes do Código Civil. No entanto, determinados serviços são regulados em outros contratos típicos do Código Civil (ex.: empreitada, transporte e corretagem) ou em lei especial, como é o caso do serviço voluntário (Lei 9.608/98), serviço trabalhista (CLT), serviço decorrente de contrato administrativo (Lei 8.666/93), serviço público (Lei 8.987/95), dentre outros.

A prestação de serviços tem a seguintes características:

a) é bilateral, pois há obrigações para as duas partes; o prestador de serviço tem uma obrigação de fazer, ao passo que o tomador do serviço, uma obrigação de pagar;

b) é onerosa, pois há vantagens para ambas as partes; aliás, presume-se que o serviço é retribuído, sendo que, se não houver valor fixado, deve-se proceder ao arbitramento da retribuição (art. 596 do CC). Não obstante referida disposição legal, a doutrina vem relativizando tal regra ao admitir que o contrato de prestação de serviço pode ser gratuito (Enunciado n. 541 JDC/CJF);

c) é consensual, pois se forma com o acordo de vontades;

d) é comutativa, pois, de antemão, conhecem-se as prestações de cada uma das partes;

e) é não solene, pois não há forma prescrita em lei para esse contrato.

Há um requisito subjetivo bastante importante no contrato de prestação de serviço. Trata-se da necessidade de o serviço ser prestado por alguém que possua habilitação, caso a lei assim determine. Assim, serviços advocatícios e médicos, por exemplo, devem ser prestados por aquele que possua habilitação para tanto. Caso alguém preste um serviço sem o título de habilitação ou sem a satisfação dos requisitos legais, a consequência é que esses serviços não poderão ser cobrados (art. 606 do CC). Excepcionalmente, o juiz poderá fixar em favor de quem prestou o serviço nessas condições uma compensação razoável, desde que o prestador do serviço esteja de boa-fé e que não se trate de um serviço vedado a inabilitados por lei de ordem pública.

Confira, agora, os efeitos do contrato de prestação de serviço:

a) o prestador do serviço deve adimplir primeiro (art. 597 do CC); ou seja, primeiro presta-se o serviço para depois receber por este, salvo convenção ou costume entre as partes;

b) quanto à duração, a prestação de serviço não se poderá convencionar por mais de 4 anos; não havendo prazo estipulado, nem se podendo inferir da natureza do contrato, ou do costume do lugar, qualquer das partes, a seu arbítrio, mediante prévio aviso, pode resolver o contrato; dar-se-á esse aviso: i) com antecedência de 8 dias, se o salário se houver fixado por tempo de um mês, ou mais; ii) com antecipação de 4 dias, se o salário se tiver ajustado por semana, ou quinzena; iii) de véspera, quando se tenha contratado por menos de sete dias; obs.: não se conta no prazo do contrato o tempo em que o prestador de serviço, por culpa sua, deixou de servir (art. 600 do CC);

c) aquele que aliciar pessoas obrigadas em contrato escrito a prestar serviço a outrem pagará a este a importância que ao prestador de serviço, pelo ajuste desfeito, houvesse de caber durante dois anos (art. 608 do CC).

Em caso de descumprimento do contrato pelo prestador de serviço, sua responsabilidade é subjetiva, no âmbito do Código Civil (art. 248 do CC), e objetiva, no âmbito do Código de Defesa do Consumidor (art. 14 do CDC), salvo o profissional liberal, que, mesmo no CDC, responde subjetivamente.

Caso o prestador de serviço seja despedido sem justa causa (art. 603 do CC), paga-se a retribuição vencida mais metade do que lhe tocaria até o fim do contrato. Se despedido com justa causa (art. 602 do CC), paga-se só a retribuição vencida, e o *prestador* responde por perdas e danos. O mesmo acontecerá se o próprio prestador de serviço se despedir sem justa causa.

O contrato é **extinto** nos seguintes casos (art. 607 do CC):

a) morte de qualquer das partes, salvo se for convencionada a impessoalidade do contrato;

b) escoamento do prazo ou conclusão dos serviços;

c) resilição por aviso prévio;

d) resolução por inadimplemento;

e) resolução pela impossibilidade de continuação, motivada por força maior.

A alienação do prédio agrícola, onde a prestação dos serviços se opera, não importa em rescisão do contrato, salvo ao prestador de serviço escolher entre novo tomador do serviço e o primitivo contratante (art. 609 do CC).

4.14.1. Questões comentadas

(Ministério Público/SP – 2011) Considere as assertivas a seguir:

I. decorridos 4 (quatro) anos, o Contrato de Prestação de Serviços é considerado findo, independentemente da conclusão dos serviços;

II. o mandato outorgado por meio de instrumento público somente admite substabelecimento por instrumento público;

III. na doação sujeita a encargo, o silêncio do donatário, no prazo fixado pelo doador, não implica aceitação da doação.

É verdadeiro o que se afirma em

(A) I apenas.

(B) I e II apenas.

(C) I e III apenas.

(D) II e III apenas.

(E) I, II e III.

I: correta (art. 598 do CC); **II:** incorreta, pois ainda quando se outorgue mandato por instrumento público, pode substabelecer-se mediante instrumento particular (art. 655 do CC); **III:** correta (art. 539 do CC).

Gabarito "C"

(Advogado da União/AGU – CESPE – 2012) No que se refere a contrato de prestação de serviço, julgue o item que se segue.

(1) O objeto do contrato de prestação de serviço pode ser tanto uma atividade material quanto intelectual, sendo necessário, para que o contrato seja válido, o estabelecimento de determinação específica da natureza da atividade.

1: incorreta, pois não é necessário no contrato de prestação de serviço o estabelecimento de determinação específica da natureza da atividade (art. 601, do CC).

Gabarito 1E

(Analista – TRE/TO – 2011 – FCC) O contrato de prestação de serviços regulado pelo Código Civil brasileiro, quando qualquer uma das partes não souber ler, nem escrever o instrumento

(A) deverá obrigatoriamente ser celebrado em cartório através de documento público assinado na presença de duas testemunhas.

(B) poderá ser assinado a rogo e subscrito por duas testemunhas.

(C) deverá ser assinado por um terceiro, maior e capaz, designado pelo analfabeto, na presença de três testemunhas.

(D) deverá ser assinado por um terceiro, maior e capaz e submetido à homologação judicial.

(E) deverá obrigatoriamente ser celebrado com assistência de familiar do analfabeto na presença de duas testemunhas, com posterior registro do documento em cartório.

Art. 595 do CC.

Gabarito "B"

4.15. DEPÓSITO

O depósito pode ser conceituado como *o contrato em que o depositário recebe um objeto móvel, para guardar, até que o depositante o reclame* (art. 627 do CC).

A finalidade do contrato é a guarda de coisa alheia. Dessa forma, a princípio, o bem não deve ser usado pelo depositário, mas apenas guardado por este.

São exemplos de depósito o contrato de estacionamento, a alienação fiduciária, a guarda de joias em cofre, os guarda-móveis de aeroporto e os hotéis de cachorro.

O depósito tem as seguintes características:

a) é real, pois se forma com a entrega da coisa, não bastando o consentimento (art. 627 do CC);

b) é gratuito, pois, como regra, não envolve retribuição (art. 628 do CC); todavia, o depósito será oneroso nos seguintes casos: i) quando houver convenção nesse sentido; ii) quando resultar de atividade negocial (ex.: estacionamento); iii) quando o depositário o praticar por profissão; iv) quando for um depósito necessário, pois este não se presume gratuito (art. 651 do CC); por exemplo, o depósito da bagagem do hóspede por hotel é remunerado, ainda que esse preço esteja embutido no preço da hospedagem; na falta de convenção sobre o valor da retribuição recorre-se à lei, aos usos e até ao arbitramento (art. 628, parágrafo único, do CC);

c) é unilateral: se for gratuito, ocasião em que só o depositário terá obrigações (de entregar a coisa); se o depositante tiver de pagar remuneração, ter-se-á um contrato bilateral;

d) é não solene, não exigindo forma prescrita em lei; a forma escrita é apenas para *prova* do depósito voluntário (art. 646 do CC), e não para a *validade* deste; assim, recibos, tíquetes e outros documentos são meios de prova do depósito, e não requisitos de validade deste.

O depósito tem as seguintes espécies:

a) voluntário: decorre do consenso espontâneo; o depositante não precisa ser dono da coisa, mas deve ter o poder para administrá-la;

b) necessário: decorre de obrigação legal; é o que se efetua por ocasião de calamidade, como incêndio (depósito miserável), inundação, naufrágio e saque (art. 647 do CC); também é depósito necessário o que os hospedeiros têm em relação às bagagens dos hóspedes (art. 649 do CC).

São obrigações do depositante:

a) reembolsar as despesas feitas pelo depositário (art. 643 do CC);

b) indenizar o depositário pelos prejuízos que advierem do depósito (art. 643 do CC);

c) sujeitar-se ao direito de retenção em favor do depositário até o pagamento da retribuição, despesas e prejuízos líquidos provados de pronto (art. 644 do CC); valores ilíquidos exigem caução e remoção para depósito público.

São **obrigações do depositário**:

a) guardar a coisa alheia como se fosse sua; pode confiar a terceiro (ex.: banco, cofre etc.), já que não é contrato personalíssimo;

b) só usar a coisa ou dá-la em depósito a alguém mediante licença expressa do depositante (art. 640 do CC), sob pena de responder por perdas e danos; depositário também responderá por perdas e danos, se confiada a coisa a terceiro autorizado, este causar prejuízo; depositário será responsável se agir com culpa na escolha do terceiro;

c) conservar a coisa, respondendo subjetivamente por danos causados a esta, mas com culpa presumida; depositário se livra da responsabilização em caso de força maior e caso fortuito (art. 393 do CC), mas terá que prová-los (art. 642 do CC); inclusive: tem ônus de provar força maior.

d) restituir a coisa com seus frutos e acrescidos, quando o exija o depositante (art. 629 do CC), ainda que o depósito tenha prazo (art. 633 do CC), salvo: i) exercício de direito de retenção; ii) se o objeto estiver embargado; iii) se sobre ele pender execução; iv) se houver motivo razoável para suspeitar que a coisa foi dolosamente obtida, ocasião em que será recolhido ao depósito público (art. 634 do CC).

Nos depósitos voluntário e necessário, aquele que não restituir a coisa quando exigido, será compelido a fazê-lo mediante:

a) prisão não excedente a um ano;

b) pagamento de indenização dos prejuízos.

No entanto, o STF entende que não é mais cabível a prisão civil do depositário infiel. Nesse sentido, confira o teor da Súmula Vinculante nº 25: "é ilícita a prisão civil de depositário infiel, qualquer que seja a modalidade de depósito". Nesse sentido também é a Súmula 419 do STJ, ambas fundamentadas na Convenção Americana de Direitos Humanos (Pacto de San José da Costa Rica). Abaixo o Informativos n. 549 e 550 neste sentido:

> DEPOSITÁRIO INFIEL – PRISÃO CIVIL – INADMISSIBILIDADE
>
> EMENTA: "*HABEAS CORPUS*". PRISÃO CIVIL. DEPOSITÁRIO JUDICIAL. A QUESTÃO DA INFIDELIDADE DEPOSITÁRIA. TRATADOS INTERNACIONAIS DE DIREITOS HUMANOS. A JURISPRUDÊNCIA CONSTITUCIONAL DO SUPREMO TRIBUNAL FEDERAL. ILEGITIMIDADE JURÍDICA DA DECRETAÇÃO DA PRISÃO CIVIL DO DEPOSITÁRIO INFIEL. MEDIDA CAUTELAR DEFERIDA.
>
> – Não mais subsiste, no modelo normativo brasileiro, a prisão civil por infidelidade depositária, independentemente da modalidade de depósito, trate-se de depósito voluntário (convencional) ou cuide-se de depósito necessário, como o é o depósito judicial. Incabível, desse modo, no sistema constitucional vigente no Brasil, a decretação de prisão civil do depositário infiel Doutrina. Precedentes. **HC 98893 MC/SP. RELATOR: MIN. CELSO DE MELLO**. (Inform. STF 550)
>
> Prisão civil do depositário infiel em face dos tratados internacionais de direitos humanos. Interpretação da parte final do inciso LXVII do art. 5º da Constitui-

ção brasileira de 1988. Posição hierárquico-normativa dos tratados internacionais de direitos humanos no ordenamento jurídico brasileiro. Desde a adesão do Brasil, sem qualquer reserva, ao Pacto Internacional dos Direitos Civis e Políticos (art. 11) e à Convenção Americana sobre Direitos Humanos – Pacto de San José da Costa Rica (art. 7º, 7), ambos no ano de 1992, não há mais base legal para prisão civil do depositário infiel, pois o caráter especial desses diplomas internacionais sobre direitos humanos lhes reserva lugar específico no ordenamento jurídico, estando abaixo da Constituição, porém acima da legislação interna. O *status* normativo *supralegal* dos tratados internacionais de direitos humanos subscritos pelo Brasil torna inaplicável a legislação infraconstitucional com ele conflitante, seja ela anterior ou posterior ao ato de adesão. Assim ocorreu com o art. 1.287 do Código Civil de 1916 e com o Decreto-Lei nº 911/69, assim como em relação ao art. 652 do Novo Código Civil (Lei nº 10.406/2002). alienação fiduciária em garantia. DECRETO-LEI Nº 911/69. EQUIPAÇÃO DO DEVEDOR-FIDUCIANTE AO DEPOSITÁRIO. Prisão civil do devedor-fiduciante em face do princípio da proporcionalidade. A prisão civil do devedor-fiduciante no âmbito do contrato de alienação fiduciária em garantia viola o princípio da proporcionalidade, visto que: a) o ordenamento jurídico prevê outros meios processuais-executórios postos à disposição do credor-fiduciário para a garantia do crédito, de forma que a prisão civil, como medida extrema de coerção do devedor inadimplente, não passa no exame da proporcionalidade como proibição de excesso, em sua tríplice configuração: adequação, necessidade e proporcionalidade em sentido estrito; e b) o Decreto-Lei nº 911/69, ao instituir uma ficção jurídica, equiparando o devedor-fiduciante ao depositário, para todos os efeitos previstos nas leis civis e penais, criou uma figura atípica de depósito, transbordando os limites do conteúdo semântico da expressão "depositário infiel" insculpida no art. 5º, inciso LXVII, da Constituição e, dessa forma, desfigurando o instituto do depósito em sua conformação constitucional, o que perfaz a violação ao princípio da reserva legal proporcional recurso extraordinário conhecido e não provido. RE N. 349.703-RS. RELATOR P/O ACÓRDÃO: MIN. GILMAR MENDES. Noticiado no Informativo 498 (Inform. STF 549)

4.15.1. Jurisprudência selecionada

Súmula STJ nº 179

O estabelecimento de credito que recebe dinheiro, em deposito judicial, responde pelo pagamento da correção monetária relativa aos valores recolhidos.

CONTRATO. DEPÓSITO. ARMAZÉM-GERAL. RES. N. 9/1992-CONAB.

Conforme disciplina o Dec. n. 1.102/1903, que regula o estabelecimento dos armazéns-gerais, são eles que respondem pelas perdas e avarias em relação às mercadorias, mesmo em caso de força maior, sendo vedada à Conab a absorção de qualquer prejuízo, uma vez que não houve sua comprovação. É a Sociedade de Armazéns-gerais (Soalgo) a responsável pelos danos aos grãos armazenados decorrentes de perda de umidade, e não a Conab. Assim, o MP é parte legítima para propor a ação civil pública para defesa do patrimônio da Conab, que é uma empresa pública. No caso, a ação visa à declaração da ilegalidade da Res. n. 9/1992 da Conab, que admite a perda de peso por redução de umidade, independentemente de comprovação. REsp **523.884-GO, Rel. Min. Luis Felipe Salomão, julgado em 14/9/2010**. (Inform. STJ 447)

HC. DEPOSITÁRIO INFIEL. PRISÃO.

A prisão civil do depositário judicial infiel não encontra guarida no ordenamento jurídico (art. 5º, LXVII, da CF/1988), em quaisquer de suas modalidades, quais sejam, a legal e a contratual. Ela configura constrangimento ilegal, máxime quando há manifestação da Corte Suprema em vedar a sua decretação. Após a ratificação pelo Brasil, sem qualquer reserva, do Pacto Internacional dos Direitos Civis e Políticos (art. 11) e da Convenção Americana sobre Direitos Humanos (Pacto de *San José da Costa Rica*), art. 7º, § 7º, ambos do ano de 1992, não há mais base legal para prisão civil do depositário infiel. Isso porque o caráter especial desses diplomas internacionais sobre direitos humanos reserva-lhes lugar específico no ordenamento jurídico, estando abaixo da Constituição, porém acima da legislação infraconstitucional com ele conflitante, seja ela anterior ou posterior ao ato de ratificação. Assim, ocorreu com o art. 1.287 do CC/1916 e com o DL n. 911/1969, tal como em relação ao art. 652 do CC/2002. A CF/1988, de índole pós-positivista e fundamento de todo o ordenamento jurídico, expressa como vontade popular que a República Federativa do Brasil, formada pela união indissolúvel dos estados, municípios e do Distrito Federal, constitui-se em Estado democrático de direito e tem como um dos seus fundamentos a dignidade da pessoa humana como instrumento realizador de seu ideário de construção de uma sociedade justa e solidária. Por sua vez, o STF, realizando interpretação sistemática dos direitos humanos fundamentais, promoveu considerável mudança acerca do tema em foco, assegurando os valores supremos do texto magno. Ademais, o Pleno do STF retomou o julgamento do RE 466.343-SP, DJ 12/12/2008, concluindo, desse modo, pela inconstitucionalidade da prisão civil do depositário infiel. Diante disso, a Turma deu provimento ao recurso. **RHC 19.406-MG, Rel. originário Min. José Delgado, Rel. para acórdão Min. Luiz Fux (RISTJ, art. 52, IV, b), julgado em 5/2/2009.** (Inform. STJ 382)

PRISÃO CIVIL. DEPOSITÁRIO INFIEL. NOVO ENTENDIMENTO.

A Turma concedeu a ordem em face do julgamento pelo STF do HC 87.585-TO e dos REs 349.703-RS e 466.343-SP, ultimados no dia 3 de dezembro de 2008. O STF fixou o entendimento de que os tratados e convenções internacionais sobre direitos humanos aos quais o Brasil aderiu gozam de *status* de norma supralegal. Tal entendimento tem reflexo imediato nas discussões relativas à impossibilidade de prisão civil de depositário infiel. **HC 110.344-SP, Rel. Min. Nancy Andrighi, julgado em 9/12/2008**. (Inform. STJ 380)

DEPÓSITO. CADERNETA. POUPANÇA. LEVANTAMENTO.

O recorrido ajuizou ação de cobrança, alegando que seu falecido pai abriu conta de poupança, em 3/10/1944, em nome daquele. Quando alcançou a maioridade, procurou levantar a importância decorrente dos depósitos feitos na conta, não obtendo resultado, à alegação de não existir qualquer registro sobre aquela conta de poupança. A sentença acolheu a preliminar de prescrição, ao argumento de que a ação foi ajuizada em 29/8/2002 e o último depósito foi feito há mais de 57 anos, *"não sendo crível que somente agora o demandante venha buscar a restituição desses valores"*. O Min. Relator enfatizou que o § 1º do art. 2º da Lei n. 2.313/1954 excepciona, do prazo previsto no *caput* para recolhimento ao Tesouro, os depósitos populares, com o que não se pode falar em prescrição para afastar o direito dos titulares ou de seus sucessores de postular o respectivo levantamento. Assim, a Turma não conheceu do recurso. **REsp 686.438-RS, Rel. Min. Carlos Alberto Menezes Direito, julgado em 10/10/2006.** (Inform. STJ 300)

PENHOR. JOIAS. ASSALTO. AGÊNCIA BANCÁRIA. PERDA. BEM.

Cinge-se a matéria em saber se na hipótese de roubo de joias, objeto de contrato de penhor, pode o credor pignoratício deixar de ressarcir o devedor proprietário das joias roubadas, sob a alegação de que este não cumpriu o contrato, pois não pagou o empréstimo; ou seja, se o credor pignoratício pode invocar a exceção de contrato não cumprido, prevista no art. 1.092 do CC/1916 e no art. 476, do Código Civil atual. A Min. Relatora entendeu que, o perecimento por completo da coisa empenhada não induz à extinção da obrigação principal, pois o penhor é apenas acessório dessa, perdurando, por conseguinte, a obrigação do devedor, embora com caráter pessoal e não mais real. Segundo o disposto no inciso IV do art. 774 do CC/1916, o credor pignoratício é obrigado, como depositário, a ressarcir ao dono a perda ou deterioração de que for culpado. Havendo furto ou roubo do bem empenhado, o contrato de penhor fica resolvido, devolvendo-se ao devedor o valor do bem empenhado, cabendo ao credor pignoratício o recebimento do valor do mútuo, com a possibilidade de compensação entre ambos, de acordo com o art. 775 do CC/1916. Na hipótese de roubo ou furto de joias que se encontravam depositadas em agência bancária, por força de contrato de penhor, o credor pignoratício, vale dizer, o banco, deve pagar ao proprietário das joias subtraídas a quantia equivalente ao valor de mercado delas, descontando-se os valores dos mútuos referentes ao contrato de penhor. Trata-se de aplicação, por via reflexa, do art. 1.092 do CC/1916 (art. 476 do CC atual). Com esse entendimento, a Turma não conheceu do recurso da CEF. **REsp 730.925-RJ, Rel. Min. Nancy Andrighi, julgado em 20/4/2006.** (Inform. STJ 282)

DANOS MORAIS. FURTO. TALONÁRIOS.
É devida indenização de danos morais pelo furto de talonários de correntista dentro da agência bancária, mormente pelas alegações constrangedoras e inverídicas do banco em relação à cliente lesada. Precedentes citados: REsp 56.502-MG, DJ 24/3/1997, e REsp 126.819-GO, DJ 21/8/2000. **REsp 725.485-PR, Rel. Min. Aldir Passarinho Junior, julgado em 18/4/2006.** (Inform. STJ 281)

4.15.2. Questões comentadas

(Procurador do Estado/RO – 2011 – FCC) A prisão civil do inadimplente em se tratando de alienação fiduciária em garantia

(A) nunca foi admitida pelo Supremo Tribunal Federal, porquanto sempre se reconheceu a inconstitucionalidade superveniente do Decreto-Lei nº 911/69.

(B) é possível, haja vista que a Constituição Federal de forma expressa equipara o alienante fiduciário à figura do depositário infiel, conforme sedimentado pela Súmula Vinculante nº 25.

(C) não é mais admissível em razão de entendimento sumulado de forma vinculante pelo Supremo Tribunal Federal.

(D) é admitida pelo Supremo Tribunal Federal, haja vista que o Decreto-Lei nº 911/69 não pode ser oposto ao texto expresso da Constituição Federal que admite a responsabilidade corporal do depositário infiel.

(E) é possível, haja vista a recepção do disposto no Decreto-Lei nº 911/69, o qual equipara o devedor à figura do depositário infiel, conforme entendimento sumulado pelo Supremo Tribunal Federal.

A alternativa "c" está correta, pois, em 23 de dezembro de 2009, o Supremo Tribunal Federal editou a Súmula Vinculante 25: "é ilícita a prisão civil de depositário infiel, qualquer que seja a modalidade do depósito".

Gabarito "C"

4.16. FIANÇA

4.16.1. Conceito

É contrato pelo qual uma pessoa (fiador) garante satisfazer ao credor uma obrigação assumida pelo devedor (afiançado), caso este não a cumpra (art. 818 do CC).

4.16.2. Exemplos

Em contratos de locação e de mútuo.

4.16.3. Obrigações

A fiança pode se dar em relação a *dívidas presentes* e *futuras*, mas, quanto a estas, o fiador não será demandado enquanto não se fizer certa e líquida a obrigação do devedor. A fiança normalmente serve de garantia a obrigações de dar dinheiro, mas nada impede uma fiança em outras obrigações de dar e nas obrigações de fazer e de não fazer. Nestes casos, a garantia tende a ser de satisfazer perdas e danos.

4.16.4. Natureza jurídica

É de *contrato acessório*; é também considerada uma *garantia* ou uma *caução* (garantia e caução são gêneros que abrangem a fiança, o aval, a hipoteca etc.), mas do tipo *fidejussória*, pois é uma garantia de natureza pessoal (o patrimônio de uma certa *pessoa* responde); já numa garantia *real* (hipoteca e penhor, p. ex.), um *bem certo* faz esse papel. Neste caso, o credor perseguirá um bem e não uma pessoa.

4.16.5. Classificação

4.16.5.1. Quanto à existência por si só

É *contrato acessório*; a consequência prática disso é que a fiança segue a sorte do contrato principal (há uma exceção no art. 824 do CC). Por exemplo, se este se extinguir, a fiança também restará extinta. A doutrina lembra que a fiança também é um *contrato subsidiário*, ou seja, tem sua execução subordinada ao não cumprimento, pelo devedor, do contrato principal. Dessa forma, se o contrato principal for integralmente cumprido, a fiança não produzirá efeitos práticos.

4.16.5.2. Quanto às obrigações

É *contrato unilateral*; isso porque a fiança é um contrato entre o credor e o fiador (o afiançado ou devedor não faz parte do contrato; aliás, pode-se estipular fiança até sem o consentimento do devedor – art. 820 do CC); repare que nesse contrato o credor não tem obrigações; só o fiador as tem, o que o torna um contrato unilateral.

4.16.5.3. Quanto às vantagens

a) regra geral: é *contrato gratuito*, pois só há vantagens para o credor; o fiador não tem vantagens.

b) exceção: será *contrato oneroso* se o fiador receber uma retribuição. Ex.: na fiança bancária, o Banco (fiador) receberá uma remuneração do afiançado.

A fiança *não admite interpretação extensiva* (art. 819 do CC). Exemplo disso decorre da Súmula 214 do STJ: "o fiador na locação não responde por obrigações resultantes de aditamento ao qual não anuiu".

Por outro lado, a lei dispõe que a fiança abrange, salvo limitação, os acessórios da dívida principal, tais como juros, multas e despesas judiciais, desde a citação do fiador (art. 822 do CC).

4.16.5.4. Quanto à relevância pessoal

É *contrato personalíssimo*; isso porque é feito com base na confiança; o credor pode até rejeitar o fiador se este for inidôneo; a consequência prática de ser um contrato *intuitu personae* é que, com o falecimento do fiador, a fiança ficará extinta; as dívidas existentes até o falecimento serão suportadas pelos herdeiros do fiador, no limite das forças da herança; já as dívidas que se vencerem após a morte do fiador, não mais estão cobertas pela fiança (art. 836 do CC);

4.16.6. Requisitos subjetivos especiais

1. O pródigo não pode prestar fiança, sem a assistência de seu curador, pois tal ato não é mera administração do seu patrimônio (art. 1.782 do CC); trata-se de requisito de validade – o ato será anulável se descumprido;

2. O cônjuge, exceto no regime de separação absoluta, depende do consentimento do outro para prestar fiança (art. 1.647, III, do CC); trata-se de requisito de validade – o ato também será anulável se descumprido; *vide*, ainda, os arts. 1.642, IV, e 1649; o STJ vem entendendo que a fiança dada sem autorização do cônjuge é totalmente ineficaz (Súmula nº 332: "a fiança prestada sem autorização de um dos cônjuges implica a ineficácia total da garantia").

3. Se houver obrigação de dar fiador (legal, convencional ou judicial), o credor não é obrigado a aceitar pessoa:

a) *inidônea* (fiador falido, insolvente, estelionatário etc.);

b) *não domiciliada no município onde tenha de prestar a fiança* (repare que a lei não fala em "com imóvel no município", mas em "não domiciliada no município");

c) *que não possua bens suficientes para cumprir a obrigação.* (art. 825 do CC)

Obs.: o credor pode exigir substituição do fiador se este se tornar insolvente ou incapaz (art. 826 do CC).

4.16.7. Efeitos da fiança

4.16.7.1. Principal

Cria a obrigação do fiador pagar a dívida do devedor se este não o fizer no tempo e forma devidos (art. 818, CC).

4.16.7.2. Fiança de fiança

Consiste em alguém assumir a obrigação de satisfazer a dívida caso o fiador não possa fazê-lo. O fiador do fiador também leva o nome de *subfiador* ou *abonador*.

4.16.7.3. Cofiança (fiança conjunta)

a) **conceito:** *consiste na existência de mais de um fiador para a mesma obrigação*; neste caso, os fiadores têm obrigação concomitante, podendo ser chamados conjuntamente para satisfação do crédito perante o credor.

b) **solidariedade dos cofiadores:** a fiança conjuntamente prestada a um só débito por mais de uma pessoa importa *solidariedade* entre elas (art. 829).

c) **benefício de divisão:** *estipulação entre os fiadores, pela qual se reservam a responder unicamente pela parte, que, em proporção, lhe couber no pagamento*. Tal benefício, se estipulado, desfaz a presunção de solidariedade entre os cofiadores (art. 829).

4.16.7.4. Fiança parcial

Consiste em o fiador fixar no contrato a parte da dívida que toma sob sua responsabilidade, caso em que não será por mais obrigado (art. 830 do CC).

4.16.7.5. Benefício de ordem (ou de excussão)

a) **conceito:** *direito de o fiador, demandado pelo pagamento da dívida, exigir que sejam primeiro executados os bens do devedor* (art. 827 do CC).

b) **exercício do direito:** segundo a lei, o fiador, no prazo da contestação da lide, deve indicar bens do devedor, livres e desembargados, suficientes para solver o débito. A lei foi imprecisa, pois deveria dispor "no prazo para oferecer bens à penhora", uma vez que não há contestação na ação de execução (art. 827 do CC).

c) **impossibilidade de alegação do benefício de ordem:** o benefício não pode ser invocado se

c1) o fiador *renunciar* expressamente a esse direito. No contrato de fiança é nula a cláusula de renúncia antecipada ao benefício de ordem quando inserida em contrato de adesão (Enunciado n. 364 JDC/CJF);

c2) o fiador tiver se obrigado como *principal pagador* ou *devedor solidário*;

c3) o devedor for *insolvente* ou *falido* (art. 828 do CC).

4.16.7.6. Sub-rogação legal em favor do garante

a) **conceito:** *é a transferência dos direitos do credor ao fiador se este pagar integralmente a dívida* (art. 831 do CC). Apesar de a lei usar a expressão "integralmente", também haverá sub-rogação, mas proporcional, se houver pagamento parcial da dívida.

b) **extensão pessoal:** o fiador que pagar a dívida pode acionar tanto o *devedor*, como cada um dos *outros fiadores* pela respectiva quota. A parte de outro fiador que se tornar insolvente distribuir-se-á pelos demais (art. 831 do CC).

c) extensão objetiva:

c1) o devedor responde também perante o fiador por todas as *perdas e danos* que este pagar, e pelos que sofrer em razão da fiança (art. 832 do CC).

c2) o fiador tem direito aos *juros do desembolso* pela taxa estipulada na obrigação principal (juros compensatórios – ex.: na fiança num contrato de mútuo), e, não havendo taxa convencionada, aos *juros legais* (juros de mora – ex.: na fiança num contrato locação) (art. 833 do CC).

c3) é bom lembrar que a sub-rogação transfere ao novo credor todos os *direitos*, *ações*, *privilégios* e *garantias* do primitivo, em relação à dívida, contra o devedor principal e os fiadores (art. 349 do CC).

4.16.7.7. Desídia do credor

Quando o credor, sem justa causa, não der o devido andamento à execução iniciada contra o devedor, poderá o fiador promover tal andamento (art. 834). A regra, que traz uma legitimidade de processo civil, visa a proteger o fiador contra eventual dissipação do patrimônio pelo devedor no curso da ação de execução. *Vide* também a regra do art. 839 do CC.

4.16.7.8. Penhora de bem de família do fiador de locação

Como se sabe, a Lei 8.009/90 admite a penhora do bem de família se o devedor for fiador de uma locação de imóvel urbano. Porém, com fundamento na EC 26/00, que instituiu como direito social fundamental o direito à moradia, alguns acórdãos foram proferidos no sentido da impenhorabilidade de bem de família de fiador de locação. Ocorre que, por enquanto, os tribunais superiores vêm reafirmando a penhorabilidade do bem de família nesse caso (STF: RE 407.688-SP, DJ 06.10.2006; STJ: AgRg no Ag 830.400-RS, DJ 22.04.2008, e REsp 891.290-RJ, DJ 12.05.2008).

4.16.8. Extinção da fiança

4.16.8.1. Pela extinção da obrigação principal

Isso pode se dar com o *cumprimento* da obrigação pelo devedor, com a *confusão*, com a *compensação*, com o *perdão* da dívida (remissão) etc.

4.16.8.2. Pela novação, sem intervenção do fiador (art. 366 do CC)

Repare que nem sempre a novação importa em extinção da fiança, mas apenas no caso em que o fiador nela não intervir. Cuidado para não confundir essa situação com o *aditamento* contratual sem anuência do fiador, em que a solução é diversa, como se viu na Súmula 214 do STJ. Se o aditamento ocorrer no curso do prazo certo previsto no contrato, o fiador não responde pela parte que exceder o valor da obrigação que originariamente afiançou. Se o aditamento ocorrer quando o contrato já estiver vigorando por prazo indeterminado, o fiador por nada responderá, se não houver sua anuência.

4.16.8.3. Pela concessão de moratória ao devedor, sem o consentimento do fiador (art. 838, I, do CC)

Trata-se de causa de extinção que ocorre com certa frequência e que nem sempre é aproveitada pelo fiador.

4.16.8.4. Pela impossibilidade de sub-rogação em favor do fiador, por fato do credor (art. 838, II, do CC)

Dá-se, por exemplo, quando o credor tem duas garantias em seu favor, como fiança e hipoteca, e abre mão deste direito real. Nesse caso, estará prejudicando o fiador, que sub-rogado nos direitos e garantias do credor teria um direito real em seu favor, o que lhe garantiria a satisfação do seu crédito.

4.16.8.5. Pela aceitação, por parte do credor, de pagamento da dívida pelo devedor por meio de objeto diverso do que estava obrigado

Nesse caso, o fiador não mais responde, ainda que o credor perca a coisa pela evicção (art. 838, III, CC).

4.16.8.6. Pela exoneração da fiança

a) **conceito:** *é a extinção da garantia, a pedido do fiador, quando esta não tiver limitação no tempo* (art. 835 do CC).

b) **modo:** o fiador deverá *notificar* o credor. Diferente do antigo CC, o atual não exige sentença judicial para que a exoneração ocorra. A forma atual é a notificação, que pode ser *extrajudicial*.

c) **efeitos:** durante 60 dias após a notificação do credor, o fiador fica obrigado por todos os efeitos da fiança. Trata-se de um prazo que a lei presume como suficiente para que o credor busque junto ao devedor um novo fiador.

d) **locação de imóvel urbano:** a Lei nº 8.245/91, em seu art. 39, dispõe que "salvo disposição contratual em contrário, qualquer das garantias da locação se estende até a efetiva devolução do imóvel". Ou seja, o fiador fica obrigado até a entrega das chaves do imóvel ao credor (locador). Assim, salvo se houver disposição contratual de que a fiança ficará extinta num dado termo ou ocorrido dado evento, o fiador não tem como se exonerar da fiança, ainda que o contrato esteja vigorando por tempo indeterminado. Trata-se de solução que nos parece bastante desproporcional, pois a fiança, como regra, é um contrato que não traz benefício algum para o fiador, que não pode, assim, ficar indefinidamente adstrito ao seu cumprimento. Sensível a isso, o atual Código Civil não só permite a exoneração do fiador (desde que o contrato esteja vigorando por tempo indeterminado, claro), como também admite que esta se dê por simples notificação extrajudicial. Fica a dúvida se tal regra pode ser transportada para uma locação regulada por lei especial. Entendemos que sim. Isso porque incide sobre a espécie o princípio da função social dos contratos. Não é justo nem útil ao fiador que o contrato de fiança permaneça indefinidamente produzindo efeito. O STJ, recentemente, foi além, e pontificou o seguinte entendimento: "A responsabilidade do fiador no contrato de locação fica limitada aos encargos do pacto originariamente firmado, devendo ser conferida interpretação restritiva ao contrato de fiança. Por conseguinte, havendo prorrogação do contrato de locação por prazo indeterminado, estará afastada a responsabilidade decorrente da fiança, sendo irrelevante a existência de cláusula contratual que a estenda até a efetiva devolução do bem locado" (3ª, 5ª e 6ª Turmas). Em outras palavras, se o contrato for prorrogado por prazo indeterminado, o fiador estará exonerado, salvo se anuiu expressamente com isso. E mais, independentemente de notificação e do aguardo do decurso de prazo de 60 dias. A prorrogação por prazo indeterminado está sendo equiparada a um aditamento ao qual não anuiu o fiador (Súmula 214 do STJ: "o fiador na locação não responde por obrigações resultantes de aditamento ao qual não anuiu"). Em harmonia a esse entendimento, colaciona-se o Enunciado n. 547 JDC/CJF: *Na hipótese de alteração da obrigação principal sem o consentimento do fiador, a exoneração deste é automática, não se aplicando o disposto no art. 835 do Código Civil quanto à necessidade de permanecer obrigado pelo prazo de 60 (sessenta) dias após a notificação ao credor, ou de 120 (cento e dias) dias no caso de fiança locatícia.*

4.16.8.7. Pela morte do fiador

A responsabilidade dos herdeiros pelo cumprimento da fiança se limita ao tempo decorrido até a morte do fiador e não pode ultrapassar as forças da herança (art. 836 do CC). Eventos ocorridos após a morte do fiador não serão de responsabilidade de seus herdeiros, dada a extinção da fiança.

4.16.9. Oposição de exceções: o fiador pode opor ao credor as seguintes exceções

4.16.9.1. Pessoais (suas, do fiador)

Incapacidade de ser fiador, nulidade da fiança, exoneração pelo decurso do prazo etc.

4.16.9.2. Extintivas da obrigação que competem ao devedor principal

O fiador pode alegar que já houve pagamento, compensação, remissão, dentre outros, em favor do devedor principal. Mas a lei não permite que o fiador alegue exceções que digam respeito simplesmente à incapacidade pessoal do devedor principal (ex.: o fiador dizer que o devedor era pródigo), salvo o caso de mútuo feito a pessoa menor (ex.: o fiador pode alegar que não responderá, pois a fiança foi feita num empréstimo a alguém de 15 anos, sem a presença de seu representante). *Vide* art. 837 do CC.

4.16.10. Jurisprudência selecionada

Súmula STJ nº 268

O fiador que não integrou a relação processual na ação de despejo não responde pela execução do julgado.

NOVO PACTO ENTRE CREDOR E DEVEDOR SEM ANUÊNCIA DOS FIADORES. ILEGITIMIDADE PASSIVA DOS FIADORES NA EXECUÇÃO.

A transação entre credor e devedor sem a anuência do fiador com a dilação do prazo para o pagamento da dívida extingue a garantia fidejussória anteriormente concedida. Com base nesse entendimento, a Turma deu provimento ao recurso especial para acolher a exceção de pré-executividade oferecida em primeiro grau e, por conseguinte, determinar a exclusão dos fiadores do polo passivo da ação de execução. No caso, não obstante a existência de cláusula prevendo a permanência da garantia pessoal no novo pacto, a responsabilidade dos fiadores está limitada aos exatos termos do convencionado na obrigação original – ao qual expressamente consentiram – visto que a interpretação do contrato de fiança deve ser restritiva (art. 1.483 do CC/1916). Além disso, asseverou o Min. Relator que a extinção da garantia teria ocorrido com base em duplo fundamento, qual seja, a ocorrência da transação e moratória simultaneamente. Conquanto a transação e a moratória sejam institutos jurídicos diversos, ambas têm o efeito comum de exoneração do fiador que não anuiu com o acordo firmado entre credor e devedor (art. 838, I, do CC). Considerou-se, ainda, como parâmetro, o enunciado da Súm. 214 do STJ, a qual, apesar de se referir a contratos de locação, pode ser aplicada por extensão à situação dos fatos, pois a natureza da fiança é a mesma. **REsp 1.013.436-RS, Rel. Min. Luis Felipe Salomão, julgado em 11/9/2012 (Inform. STJ 504)**

FIANÇA. EXONERAÇÃO. NOTIFICAÇÃO.

É certo que a jurisprudência do STJ diz que a simples notificação extrajudicial feita pelo fiador ainda na vigência do art. 1.500 do CC/1916 não o exonera da fiança prestada, que só poderia ser afastada por avença ou sentença judicial. Contudo, na hipótese, pelo quadro fático-probatório definido na instância *a quo*, vê-se não se tratar de simples notificação, pois os fiadores, ora recorridos, ao procederem com boa-fé, transparência e no fiel cumprimento da avença, após a cessão integral de suas quotas, notificaram a sociedade empresária recorrente do ocorrido e solicitaram a substituição da garantia, conforme previsto em cláusula contratual, com o que a recorrente anuiu, prosseguindo-se regularmente o relacionamento comercial. Saliente-se que, sucessivamente, houve a alteração do quadro societário e foi substituída a garantia, sempre com isso anuindo a recorrente. Diante disso, não há como responsabilizar os recorridos pelo débito ora cobrado. Por último, anote-se que há entendimento do STJ quanto a ser possível, diante da alteração do quadro social, ser possível a desobrigação mediante ação de exoneração ou notificação do fiador, a depender da época em que foi firmado o contrato, e a renúncia ao direito de exoneração da garantia, nesses casos, só produzir efeito no período original do contrato, não se estendendo à prorrogação, sob pena de tornar eterna a obrigação. Precedentes citados: AgRg no REsp 759.909-SP, DJe 21/6/2010; AgRg no REsp 750.643-MG, DJe 7/6/2010; REsp 419.128-ES, DJ 19/5/2003, e REsp 466.330-MG, DJe 17/5/2010. **REsp 1.112.852-SP, Rel. Min. Sidnei Beneti, julgado em 5/4/2011.** (Inform. STJ 468)

FIANÇA. OUTORGA. ESPOSA DESAPARECIDA.

Na hipótese, há que se ter por válida a fiança prestada pelo cônjuge varão sem outorga uxória e, por conseguinte, afastar a alegação de nulidade da própria ação de execução que culminou na arrematação do imóvel pertencente ao casal, pois a esposa, há mais de 13 anos, encontra-se em local incerto e não sabido. Também pesa o fato de que sua declaração de ausência só foi requerida em juízo após quatro anos da concessão da referida garantia e após quase três anos da própria arrematação. Diante desse quadro, embora não se possa considerar viúvo o fiador, ele ao menos se assemelha ao separado de fato, a determinar a mitigação do disposto no art. 235, III, do CC/1916, ressalvada a meação da recorrente, tal como determinado pelo acórdão recorrido. A peculiaridade do caso afasta a aplicação do entendimento já consolidado no STJ de que a falta da referida outorga invalida a fiança por inteiro. Precedente citado: REsp 832.669-SP, DJ 4/6/2007. **REsp 900.255-PR, Rel. Min. Arnaldo Esteves Lima, julgado em 17/6/2010.** (Inform. STJ 439)

COBRANÇA. FIANÇA. BANCÁRIA.

O banco recorrente concedeu financiamento à cooperativa, e o extinto Banco Nacional de Crédito Cooperativo S/A (BNCC), por intermédio de seu então presidente, assinou carta de fiança, declarando-se solidariamente responsável pelas obrigações da nota de crédito à exportação concedida à principal pagadora (cooperativa exportadora). Sucede que, inadimplente a cooperativa, o banco credor moveu ação de cobrança contra o banco garante para reaver o crédito concedido ao terceiro. Na contestação, o réu (BNCC) denunciou seu presidente na época dos fatos, bem como ajuizou ação declaratória incidental de nulidade de carta de fiança julgada na Justiça comum, posteriormente houve a intervenção da União, sucessora do BNCC (após sua extinção). Então, submetida a questão ao antigo Tribunal Federal de Recursos, ele admitiu a assistência da União e anulou a sentença por entender cabível a denunciação à lide. Já na Justiça Federal, após a citação e contestação do litisdenunciado, o TRF deu provimento à apelação da União, reconhecendo que, na garantia fidejussória a terceiro dada pelo então presidente, ele extrapolou seus poderes de gestão. Para dar essa fiança, havia necessidade de autorização formalizada pela diretoria executiva, que detinha atribuições indelegáveis e capacidade para deferi-la. Assim, a fiança não se revestiu das formalidades indispensáveis à legalidade do ato, sendo nula de pleno direito, conforme previsto no estatuto da instituição e na Lei n. 6.404/1976. Daí o REsp, com amparo nas teorias da aparência e boa-fé, as quais foram rechaçadas pelo voto vista do Min. Fernando Gonçalves, condutor da tese vencedora. Argumentou-se que não se poderia contratar uma operação de um milhão de dólares, sem se acercar de todas as cautelas, principalmente verificar se o signatário da garantia estava investido de poderes para tanto. Além disso, o tribunal *a quo* baseou-se na interpretação do estatuto do BNCC, afirmando que houve extrapolação dos poderes do então presidente. Assim, o Min. Fernando Gonçalves concluiu que rever a decisão *a quo* necessitaria do reexame de provas e fatos. Por outro lado, o Min. Relator, vencido, reconhecia inafastável a tutela do direito do recorrente, que, de boa-fé, pautado na regularidade da aparência, aceitou a fiança assinada pelo presidente de instituição financeira, nomeado pelo presidente da República. Dessarte, julgava procedente o pedido inicial, condenando a União (sucessora do BNCC) ao pagamento das importâncias reclamadas. Diante do exposto, a Turma, ao prosseguir o julgamento, por maioria, não conheceu do recurso. **REsp 505.506-RS, Rel. originário Min. Luis Felipe Salomão, Rel. para acórdão Min. Fernando Gonçalves, julgado em 15/4/2010**. (Inform. STJ 430)

FIANÇA. EXONERAÇÃO.

Discute-se, nos autos, se a fiança prestada pelo autor a sua filha em contrato de abertura de crédito em conta-corrente pode ir além do prazo de validade previsto no contrato celebrado entre as partes, ou seja, 90 dias, uma vez que existe cláusula contratual de prorrogação automática. Nas instâncias ordinárias, considerou-se não ser possível admitir a responsabilidade do fiador em contratos dessa natureza, mesmo quando existe cláusula de prorrogação automática. Para o Min. Relator, essa decisão não merece reforma, pois, embora o contrato de abertura de crédito em conta-corrente seja de natureza contínua, com a disponibilização permanente de uma determinada quantia ao titular com base em sua relação com o banco, histórico como cliente e saldo médio, não se pode considerar que essa garantia adicional da fiança, dada originalmente, perpetue-se além do lapso temporal inicialmente estabelecido. Observa ainda que o art. 1.483 do CC/1916, além de exigir a forma escrita da fiança, veda sua interpretação extensiva por cuidar de uma garantia que não está, a princípio, trazendo qualquer benefício ao garante. Essa formalidade diz respeito à regra limitativa de interpretação, a plena ciência e consciência do fiador, logo não se pode onerar o garante além do que ele expressamente assinou e conhece. Diante do exposto, a Turma não conheceu do recurso do banco. Precedentes citados: REsp 15.963-MS, DJ 26/10/1992; REsp 522.324-SP, DJ 4/10/2004; REsp 594.178-SP, DJ 19/4/2004, e REsp 322.026-SP, DJ 6/5/2002. **REsp 594.502-RS, Rel. Min. Aldir Passarinho Junior, julgado em 10/9/2008.** (Inform. STJ 383)

LOCAÇÃO. FIANÇA. OUTORGA.

Como consabido, é nula por inteiro a fiança prestada sem outorga uxória ou marital, porém essa nulidade só pode ser demandada pelo cônjuge que não a subscreveu ou por seus herdeiros, se falecido (art. 239 do CC/1916 e art. 1.650 do CC/2002), pois não pode invocar a nulidade do ato aquele que o praticou, valendo-se da própria ilicitude para desfazer o negócio. Precedentes citados: 631.262-MG, DJ 26/9/2005, e REsp 268.518-SP, DJ 19/2/2001. **REsp 808.965-SP, Rel. Min. Arnaldo Esteves Lima, julgado em 3/4/2007.** (Inform. STJ 316)

LOCAÇÃO. FIANÇA. CLÁUSULA. ENTREGA. CHAVES.

A Terceira Seção reafirmou o entendimento de que, diante da existência de cláusula expressa no contrato de aluguel de que a responsabilidade do fiador perdurará até a entrega das chaves, não há que se cogitar de sua desobrigação em razão do término do prazo originalmente pactuado. A Min. Maria Thereza de Assis Moura acompanhou esse entendimento após a constatação de que não houve aditamento ao contrato e de que a cláusula já constava originalmente do pacto. O Min. Nilson Naves também acompanhou o Min. Relator, porém com a ressalva de que, ao se adotar essa posição, melhor seria revogar o teor da Súm. n. 214 do STJ. Precedente citado: **EREsp 566.633-CE. EREsp 791.077-SP, Rel. Min. Arnaldo Esteves Lima, julgados em 28/3/2007.** (Inform. STJ 315)

REVISÃO. SÚM. N. 214-STJ. OBRIGAÇÕES. FIADOR. DÉBITOS LOCATÍCIOS. PRORROGAÇÃO.

Este Superior Tribunal possui inúmeros precedentes no sentido de que o contrato de fiança deve ser interpretado restritivamente, razão pela qual é inadmissível a responsabilização do fiador por obrigações locativas resultantes de aditamentos do contrato de locação sem anuência daquele, sendo irrelevante a existência de cláusula estendendo a obrigação fidejussória até a entrega das chaves. Entretanto o Min. Relator convenceu-se de forma contrária ao melhor apreciar a matéria e a legislação correlata e acrescentou que, ante suas características e nos termos do CC, tanto o revogado (art. 1.483) quanto o novo (art. 819), o contrato de fiança não admite interpretação extensiva. E, ao transportar esse instituto para a Lei de Locação, imprescindível que os artigos do referido Código adaptem-se aos princípios norteadores da fiança. Ainda que o art. 39 da Lei n. 8.245/1991 determine que *salvo disposição contratual em contrário, qualquer das garantias da locação se estende até a efetiva devolução do imóvel*, tal regramento deve-se compatibilizar com o instituto da fiança se essa for a garantia prestada. Assim, a cada contrato de fiança firmado, diferentes consequências serão produzidas aos encargos do fiador. No caso *sub judice*, depreende-se que a fiadora/embargada responsabilizou-se até a entrega do imóvel, assim como os reajustes permitidos pela legislação daí decorrentes. O Min. Relator filiou-se à corrente doutrinária predominante, no sentido de estabelecer-se o termo final das obrigações assumidas pelo fiador como sendo a da data da citação do locador, assim, *retroagindo os efeitos da sentença*. E, finalmente, concluiu que os fiadores continuam responsáveis pelos débitos locatícios posteriores à prorrogação legal do contrato se anuíram expressamente a essa possibilidade e não se exoneraram nas formas dos arts. 1.500 do CC/1916 ou 835 do CC/2002, a depender da época em que firmaram o acordo. Isso posto, a Seção, por maioria, conheceu dos embargos e, no mérito, também por maioria, acolheu-os. Após questão de ordem suscitada pelo Min. Nilson Naves, a Seção, por maioria, determinou o encaminhamento da decisão dos referidos embargos à Comissão de Jurisprudência para possível reapreciação da Súmula n. 214-STJ. **EREsp 566.633-CE, Rel. Min. Paulo Medina, julgados em 22/11/2006.** (Inform. STJ 305)

LOCAÇÃO. FIANÇA. ADITAMENTO. AUSÊNCIA. OUTORGA UXÓRIA.

Na espécie, apesar de o acórdão recorrido reconhecer o aditamento realizado após o término do contrato de locação com prazo determinado de 24 meses, tornando-o contrato com prazo indeterminado, e admitir que aquele novo ajuste não fora assinado pela esposa do fiador, entendeu que esse aditamento, sem a outorga da esposa, não exonerou a responsabilidade dos fiadores até a entrega das chaves do imóvel. Para a Min. Relatora, o fiador só responde pelos encargos decorrentes do contrato de locação pelo período inicialmente determinado, ainda que exista cláusula estendendo essa obrigação até a entrega das chaves. O contrato acessório de fiança obedece à forma escrita, é consensual e deve ser interpretado restritivamente, no sentido mais favorável ao fiador. Outrossim, a fiança prestada apenas pelo marido sem o consentimento da esposa invalida o ato por inteiro. Sendo assim, afastou a responsabilidade dos fiadores. Com esse entendimento, a Turma deu provimento ao recurso. Precedentes citados: REsp 329.037-SP, DJ 22/9/2003; REsp 457.588-SP, DJ 25/11/2002, e REsp 422.909-SP, DJ 30/9/20002. **REsp 860.795-RJ, Rel. Min. Laurita Vaz, julgado em 5/9/2006.** (Inform. STJ 295)

LOCAÇÃO. DESPEJO. FIANÇA. OUTORGA UXÓRIA.

Trata-se de pedido de anulação de fiança em contrato de locação, sem outorga uxória arguida pelo cônjuge o qual prestou a fiança e não restou citado na ação de despejo cumulada com cobrança. O Min. Relator observou que este Superior Tribunal pacificou entendimento no sentido de que a ausência de consentimento da esposa em fiança prestada pelo marido (ou vice-versa) invalida o ato por inteiro. Entretanto aduziu que maior e detido exame requer a matéria quanto à legitimidade para arguir a nulidade, de pronto afastou a legitimidade do cônjuge autor da fiança para alegar sua nulidade, pois a ela deu causa. O Min. Relator ainda argumentou que tal posicionamento busca preservar o princípio consagrado na lei substantiva de que não pode invocar a nulidade do ato aquele que o praticou, valendo-se da própria ilicitude para desfazer o negócio. Assim o art. 239 do CC/1916 e o art. 1650 do CC/2002 (mais técnico) afirmam que a nulidade ou invalidade dos atos praticados sem outorga só poderá ser demandada pelo cônjuge que não subscreve a fiança ou por seus herdeiros, se já falecido. Isso posto, a Turma negou provimento ao recurso. Precedente citado: REsp 268.518-SP, DJ 19/2/2001. **REsp 772.419-SP, Rel. Min. Arnaldo Esteves Lima, julgado em 16/3/2006.** (Inform. STJ 277)

4.16.11. Questões comentadas

(Magistratura/PA – 2009 – FGV) Mévio realiza, com a instituição financeira K e K S/A, contrato de mútuo no valor de R$ 45.000,00 (quarenta e cinco mil reais), sendo que Túlio figura como fiador, pela quantia total ajustada. O devedor possuía vasto patrimônio à época do negócio jurídico referido. Posteriormente, faltando o pagamento de dez prestações, o devedor tem sua insolvência decretada, fato que foi comunicado ao fiador e à instituição financeira. Após isso, a instituição financeira pretende cobrar a dívida do fiador. Túlio não renunciou ao beneficio de ordem. Diante do narrado, analise as afirmativas a seguir.

I. O fiador poderá requerer, antes de ser cobrado, que o credor busque bens do devedor para satisfazer o seu crédito.

II. O credor pode optar por cobrar do devedor ou do fiador ou, ainda, de ambos, a dívida.

III. O benefício de ordem cede diante da declaração de insolvência do devedor afiançado.

IV. O patrimônio do fiador está protegido diante da inexistência de renúncia ao beneficio de ordem.

V. O fiador, ao pagar a dívida do afiançado, sub-roga-se nos direitos do credor.

Assinale:

(A) se somente as afirmativas I e II estiverem corretas.

(B) se somente as afirmativas I, II e IV estiverem corretas.

(C) se somente as afirmativas II, III e V estiverem corretas.

(D) se somente as afirmativas I, II e III estiverem corretas.

(E) se somente as afirmativas II, III, IV e V estiverem corretas.

I: incorreta (art. 828, III, do CC); **II:** correta, pois há solidariedade passiva no caso de fiança sem benefício de ordem, por acordo das partes (art. 265 do CC); **III:** correta (art. 828, III, do CC); **IV:** incorreta, pois o patrimônio do fiador não fica protegido; ele apenas pode requerer, até a contestação da lide, que sejam primeiro executados os bens do devedor; **V:** correta (art. 831 do CC).

Gabarito "C"

(Magistratura/SP – 2011 – VUNESP) Assinale a alternativa correta.

(A) A estipulação da fiança depende do consentimento do devedor.

(B) A fiança deve ser de valor igual ou superior ao da obrigação principal.

(C) O fiador não poderá exonerar-se da fiança se a prestou sem limitação de tempo.

(D) A obrigação do fiador extingue-se com sua morte e a responsabilidade da fiança não se transmite aos herdeiros.

(E) O fiador ficará desobrigado se, sem o seu consentimento, o credor conceder moratória ao devedor.

A: incorreta, pois é possível estipular a fiança, ainda que sem consentimento do devedor ou contra a sua vontade (art. 820 do CC); **B:** incorreta, pois a fiança pode ser de valor inferior ao da obrigação principal (art. 823 do CC); **C:** incorreta, pois o fiador poderá exonerar-se da fiança que tiver assinado sem limitação de tempo, sempre que lhe convier, ficando obrigado por todos os efeitos da fiança, durante sessenta dias após a notificação do credor (art. 835 do CC); **D:** incorreta, pois a obrigação do fiador passa aos herdeiros; mas a responsabilidade da fiança se limita ao tempo decorrido até a morte do fiador, e não pode ultrapassar as forças da herança (art. 836 do CC); **E:** correta (art. 838, I, do CC).

Gabarito "E"

(Ministério Público/SP – 2011) Um cônjuge, casado sob o regime de comunhão parcial de bens e em estado de solvência, firma contrato de fiança em favor de terceiro, sem a necessária outorga uxória. Pode(m) pedir a decretação de anulabilidade:

(A) ambos os cônjuges e o afiançado.

(B) o cônjuge que não firmou o contrato.

(C) o cônjuge que firmou o contrato.

(C) o cônjuge que firmou o contrato e o afiançado.

(E) os credores do cônjuge que firmou o contrato.

A alternativa "b" está correta, pois conforme o Art. 1.650 do CC.

Gabarito "B"

(Cartório/SP – 2012 – VUNESP) No contrato de fiança, se o fiador exige do devedor outro fiador para o caso em que venha exercer seu direito regressivo, é correto afirmar que há

(A) subfiança.

(B) cofiança.

(C) retrofiança.

(D) ineficácia do ato, à luz de interpretação restritiva do instituto.

A: incorreta, pois subfiança, nas palavras de Flávio Tartuce (**Direito Civil.** 4. ed. São Paulo: Método. vol. 3, p. 415) é a hipótese em que se tem o fiador do fiador. Trata-se de um subcontrato ou contrato derivado. O abonador tem uma responsabilidade subsidiária, pois só pode ser acionada na hipótese de insolvência do devedor e do fiador. A figura estava tratada no art. 1.482 do CC/1916. Como não houve nenhum dispositivo correspondente no Novo Código Civil, à primeira vista pode parecer que e o instituto foi banido. Entretanto é forçoso concluir que não há ilicitude na sua previsão, podendo o contrato celebrado nessas circunstância ser enquadrado no art. 425 do CC, como contrato atípico; **B:** incorreta, pois a cofiança é fiança conjuntamente prestada a um só débito por mais de uma pessoa (arts. 829 e 830 CC); **C:** correta, pois retrofiança, é aquela em que o fiador exige do devedor outro fiador, contra o qual poderá exercer o direito de regresso. Também não há vedação de sua previsão, também como contrato atípico; **D:** incorreta, pois o ato é existente válido e eficaz, haja vista não haver disposição em sentido contrário.

Gabarito "C"

(Analista – TJ/ES – 2011 – CESPE) Julgue o seguinte item.

(1) Em face de sua natureza benéfica, o contrato de fiança deve ser interpretado estritamente.

1: correto (arts. 114 e 819 do CC).

Gabarito 1C

(OAB/Exame Unificado – 2013.2) A Lanchonete Mirim celebrou contrato de fornecimento de bebidas com a Distribuidora Céu Azul, ficando ajustada a entrega mensal de 200 latas de refrigerante, com pagamento em 30 dias após a entrega. Para tanto, Luciana, mãe de uma das sócias da lanchonete, sem o conhecimento das sócias da sociedade e de seu marido, celebrou contrato de fiança, por prazo indeterminado, com a distribuidora, a fim de garantir o cumprimento das obrigações assumidas pela lanchonete.

Diante desse quadro, assinale a afirmativa correta.

(A) Luciana não carece da autorização do cônjuge para celebrar o contrato de fiança com a sociedade Céu Azul, qualquer que seja o regime de bens.

(B) Pode-se estipular a fiança, ainda que sem o consentimento do devedor ou mesmo contra a sua vontade, sendo sempre por escrito e não se admitindo interpretação extensiva.

(C) Em caso de dação em pagamento, se a distribuidora vier a perder, por evicção, o bem dado pela lanchonete para pagar o débito, remanesce a obrigação do fiador.

(D) Luciana não poderá se exonerar, quando lhe convier, da fiança que tiver assinado, ficando obrigada por todos os efeitos da fiança até a extinção do contrato de fornecimento de bebidas.

A: incorreta, pois a autorização do cônjuge é necessária, como regra, para a celebração de contrato de fiança (art. 1.647, III, do CC); **B:** correta (art. 820 do CC); **C:** incorreta, pois, mesmo nesse caso, fica extinta a fiança (art. 838, III, do CC); **D:** incorreta, pois, segundo o art. 835 do CC, "o fiador poderá exonerar-se da fiança que tiver assinado sem limitação de tempo, sempre que lhe convier, ficando obrigado por todos os efeitos da fiança, durante sessenta dias após a notificação do credor".

Gabarito "B"

(OAB/Exame Unificado – 2011.1) Gustavo tornou-se fiador do seu amigo Henrique, em razão de operação de empréstimo bancário que este tomou com o Banco Pechincha. No entanto, Gustavo, apreensivo, descobriu que Henrique está desempregado há algum tempo e que deixou de pagar várias parcelas do referido empréstimo. Sem o consentimento de Gustavo, Henrique e o Banco Pechincha aditaram o contrato original, tendo sido concedida moratória a Henrique. Com base no relato acima e no regime legal do contrato de fiança, assinale a alternativa correta.

(A) Se o Banco Pechincha, sem justa causa, demorar a execução iniciada contra Henrique, poderá Gustavo promover-lhe o andamento.

(B) Gustavo não poderá exonerar-se da fiança que tiver assinado sem limitação de tempo, ficando obrigado por todos os efeitos da fiança até o efetivo pagamento do débito principal.

(C) A concessão da moratória pelo Banco Pechincha a Henrique, tal como narrado, não tem o condão de desobrigar o fiador.

(D) Por ter a fiança o objetivo de garantir o débito principal, sendo acessória a este, deve ela ser de valor igual ao da obrigação principal e ser contraída nas mesmas condições de onerosidade de tal obrigação.

A: correta, de acordo com o gabarito oficial; no entanto, apesar de afirmação ser mesmo correta (art. 834 do CC), o ideal, no caso concreto, é Gustavo pedir o reconhecimento judicial de que não está mais obrigado pelo contrato de fiança, por conta da moratória, conforme claramente determina o art. 838, I, do CC; **B** e **C:** incorretas, pois o fiador ficará exonerado da obrigação se o credor, sem consentimento dele, conceder moratória ao devedor (art. 838, I, do CC); **D:** incorreta, pois a fiança pode ser de valor inferior ao da obrigação principal, bem como pode ser contraída em condições menos onerosas que esta (art. 823 do CC).

Gabarito "A"

4.17. MANDATO

4.17.1. Conceito

É contrato pelo qual uma pessoa (mandatário ou representante) recebe de outrem (mandante ou representado) poderes para, em nome deste, praticar atos ou administrar interesses (art. 653 do CC).

A expressão vem de "manu" + "datum", que significa dar as mãos. São exemplos os mandatos para que uma pessoa inscreva outra num concurso público, administre o patrimônio do representado, vote em nome do representado numa assembleia de condôminos, dentre outros. Cuidado, pois o contrato em tela não tem o nome de "procuração". Esta é apenas o *instrumento* do mandato. Ou seja, a *forma* como o mandato se exterioriza. O papel é a "procuração". O seu conteúdo é o "mandato".

O maior de 16 e o menor de 18 anos não emancipado pode ser *mandatário*, mas o mandante não tem ação contra ele senão de conformidade com as regras gerais aplicáveis às obrigações contraídas por menores (art. 666).

4.17.2. Diferenças

O instituto não se confunde com o da comissão mercantil, em que o comissário atua em seu próprio nome, e com a representação legal ou judicial, pois a primeira não decorre do acordo de vontades (não é contrato), mas da lei (ex.: pais e curadores representam filhos e curatelados), e a segunda decorre de ordem judicial (ex.: inventariante, administrador etc.). Há regimes jurídicos próprios para regular essas situações.

4.17.3. Classificação

4.17.3.1. Quanto às vantagens

a) regra geral: é *contrato gratuito*, pois só há vantagens para o mandante; o mandatário não tem vantagens, não recebe remuneração (art. 658 do CC);

b) exceções: será *contrato oneroso* em dois casos:

b1) se houver estipulação de retribuição;

b2) se decorrer de ofício ou profissão lucrativa do mandatário;

O mandato conferido a um advogado ou a um despachante, por exemplo, será oneroso.

Não havendo retribuição prevista em lei ou no contrato, ela será determinada pelos usos, e, na falta, por arbitramento (art. 658, parágrafo único, do CC).

4.17.3.2. Quanto às obrigações

a) se o mandato for gratuito: será *contrato unilateral*, pois só o mandatário terá obrigações; se o mandante vier a ter obrigações no curso do contrato, decorrente de despesas que surgirem, parte da doutrina fala em contrato bilateral imperfeito.

b) se o mandato for oneroso: será *contrato bilateral*, pois o mandatário terá suas usuais obrigações, e o mandante também, pois arcará com uma remuneração em favor do primeiro.

4.17.3.3. Quanto à relevância pessoal

É *contrato personalíssimo*; isso porque é feito com base na confiança; a consequência prática disso é que, como regra, cabe revogação (unilateral) do contrato a qualquer tempo. Outra consequência é que a morte de qualquer das partes gera a extinção do contrato.

4.17.3.4. Quanto ao momento da formação

É *contrato consensual*, pois passa a existir desde o acordo de vontades. Inclusive, é um contrato cuja aceitação pode ser tácita, revelando-se pelo começo de execução da representação (art. 659 do CC).

4.17.3.5. Quanto à forma

a) regra geral: é *contrato não solene;* apesar de o art. 653 dizer que "a procuração é o instrumento do mandato", o art. 656 dispõe que o mandato pode ser "verbal ou escrito". O fato de se admitir a forma verbal demonstra que não há solenidade a ser atendida.

b) exceção: será *contrato solene* se a lei exigir forma especial para o ato a ser praticado pelo mandatário (art. 657 do CC). Por exemplo, se for constituído um mandato dando poderes para o mandatário alienar um imóvel do mandante de valor superior a 30 salários mínimos, a procuração deve ser uma escritura pública.

c) prova do mandato: para fins de *validade* do mandato, vimos os itens "a" e "b". Resta saber se a lei exige forma especial para a *prova* do mandato. Perante terceiro, o mandatário está sujeito a ter que provar o mandato. Nesse caso, a procuração, documento escrito do qual constará o lugar onde foi passada, as qualificações das partes, o objeto e a extensão dos poderes conferidos, será o meio adequado. Segundo a lei, o terceiro *poderá* exigir que a procuração traga firma reconhecida (art. 654, §§ 1º e 2º). O art. 38 do CPC não exige firma reconhecida para a prova da procuração judicial.

4.17.4. Espécies de mandato

4.17.4.1. Especial

É aquele específico para um ou mais negócios determinados do mandante (art. 660 do CC). Exs.: procuração para vender um imóvel (especial para um negócio determinado do mandante) e procuração para emprestar um imóvel e alugar um outro imóvel (especial para dois negócios determinados do mandante).

4.17.4.2. Geral

É aquele para administrar todos os negócios do mandante (art. 660 do CC). Repare que, em que pese se referir a todos os negócios, o mandato geral só admite a *administração ordinária* dos bens (ex.: gerenciar, fazer pagamentos, contratar, proceder a reparos etc.). Será necessário um mandato com poderes especiais e expressos para: alienar, hipotecar, transigir e praticar outros atos que exorbitem a administração ordinária (art. 661, § 1º). O Enunciado n. 183 CJF prevê: *'Para os casos em que o parágrafo primeiro do art. 661 exige poderes especiais, a procuração deve conter a identificação do objeto"*.

4.17.5. Direitos do mandatário

4.17.5.1. De remuneração

Se o mandato for oneroso, mesmo que o negócio não surta o efeito esperado, o mandatário terá direito à retribuição, salvo se agir com culpa (arts. 658 e 676, CC).

4.17.5.2. De adiantamento da importância das despesas necessárias à execução do mandato

O mandatário pode fazer tal pedido, nos termos do art. 675 do CC. Ingressam aí despesas para pagamento de taxas, transporte e hospedagem, por exemplo.

4.17.5.3. De recebimento dos valores desembolsados para fazer frente ao mandato, mas não adiantados

O mandante é obrigado a pagar todas as despesas da execução do mandato, também na hipótese de o negócio não surtir o efeito esperado, salvo culpa do mandatário (art. 676 do CC).

4.17.5.4. De retenção

O mandatário tem sobre a coisa de que tenha a posse em virtude do mandato direito de retenção até se reembolsar do que no desempenho do encargo despendeu (art. 681 do CC). Nesta linha, cita-se o Enunciado n. 184 JDC/CJF: *Arts. 664 e 681: Da interpretação conjunta desses dispositivos, extrai-se que o mandatário tem o direito de reter, do objeto da operação que lhe foi cometida, tudo o que lhe for devido em virtude do mandato, incluindo-se a remuneração ajustada e o reembolso de despesas.*

4.17.5.5. De substabelecer seus poderes, se houver autorização

O mandatário, autorizado, pode se fazer substituir na execução do mandato. Neste caso, o mandatário só responderá por eventuais danos causados pelo substabelecido se tiver agido com culpa na escolha deste ou nas instruções dadas a ele (art. 667, § 2º, CC). Não existindo autorização, a situação fica assim:

a) se havia proibição: os atos praticados em nome do mandante não obrigam este (se a proibição constava do mandato), salvo ratificação posterior; a responsabilidade do mandatário por eventuais danos é objetiva (art. 667, § 1º, do CC); não se vai verificar a conduta nem do mandatário, nem do substabelecido;

b) se não havia proibição: a responsabilidade do mandatário por eventuais danos só existirá se o substabelecido tiver agido culposamente (art. 667, § 4º, do CC).

Quanto a forma de substabelecimento do mandato, importante mencionar o Enunciado n. 182 JDC/CJF: *O mandato outorgado por instrumento público previsto no art. 655 do Código Civil somente admite substabelecimento por instrumento particular quando a forma pública for facultativa e não integrar a substância do ato.*

4.17.6. Deveres do mandatário

1. **Dar execução ao mandato, aplicando toda a diligência habitual:** regra prevista no art. 667 do CC.

2. **Responder pelos danos ocorridos sob a gerência do substabelecido:** art. 667 do CC.

3. **Apresentar o instrumento de mandato, quando terceiro exigir:** *vide* art. 654, § 2º.

4. **Enviar ao mandante as somas recebidas:** pelas somas que devia entregar ao mandante ou recebeu para despesa, mas empregou em proveito seu, pagará o mandatário juros, desde o momento em que abusou (art. 670 do CC).

5. **Não compensar os prejuízos a que deu causa com os proveitos que gerou ao mandante:** *vide* art. 669 do CC.

6. **Prestar contas de sua gerência:** *vide* arts. 668 do CC e 914 do CPC.

7. **Concluir negócio já começado se houver perigo na demora, apesar de ciente do fim do mandato:** *vide* arts. 674 e 682 do CC.

8. **Responsabilizar-se pessoalmente por negócios feitos em seu próprio nome:** mesmo que o negócio seja de conta do mandante (*vide* art. 663 do CC).

4.17.7. Direitos do mandante

1. **Revogar o mandato a qualquer tempo:** salvo cláusula de irrevogabilidade (arts. 683 a 686 do CC). Em matéria de compromisso de compra e venda de imóvel há situações em que o compromitente vendedor constitui o compromissário comprador seu procurador para fins de celebração da escritura definitiva de compra e venda. É o chamado mandato "em causa própria" (mandato *in rem suam*). Nesse caso, tem-se cláusula de irrevogabilidade (*vide* art. 685).

2. **Autorizar ou não o substabelecimento, com ou sem reserva de poderes.**

3. **Ratificar ou não negócio realizado pelo mandatário que exceder poderes com ciência do terceiro:** art. 673 do CC. Cuidado para não confundir *atuação fora do mandato* (exceder poderes ou exorbitar dos poderes) com *descumprimento das instruções*, que será visto adiante.

4. **Exigir do mandatário entrega de somas, informações, prestação de contas e pagamento de indenização por prejuízos.**

5. **Acionar o mandatário que comprar, em nome próprio, algo que deveria ser comprado para o mandante, exigindo para si a coisa comprada:** *vide* art. 671 do CC.

4.17.8. Obrigações do mandante

1. Honrar os compromissos assumidos em seu nome: a regra vale mesmo que o mandatário tenha descumprido suas instruções, mas não vale quando o mandatário exorbitar seus poderes ou não tiver poder algum (arts. 663, 665 e 675, do CC).

2. Pagar despesas e retribuições ao mandatário, quando devidos.

3. Pagar perdas e danos se revogar contrato irrevogável: *vide* art. 683 do CC.

4. Outras obrigações: *vide* art. 686 (terceiros de boa-fé).

4.17.9. Extinção do mandato

1. Pela revogação (feita pelo mandante) ou pela renúncia (feita pelo mandatário): a primeira está prevista no art. 687, ao passo que a segunda, no art. 688. Nos dois casos temos resilição unilateral com denúncia vazia (há restrições no art. 45 do CPC e no art. 688 do CC.

2. Pela morte ou interdição de uma das partes: atenuam as regras as disposições dos arts. 689 e 690 do CC.

3. Pelo término do prazo ou pela conclusão do negócio.

4.17.10. Jurisprudência selecionada

Súmula STJ nº 60

É nula a obrigação cambial assumida por procurador do mutuário vinculado ao mutuante, no exclusivo interesse deste.

Imunidade de Advogado e Relações Contratuais com Cliente

A imunidade jurídica do advogado prevista no art. 133 da CF não alcança as relações do profissional com o seu próprio cliente. Com base nesse entendimento, a Turma manteve decisão do Juizado Especial Cível e Criminal do Estado do Acre que, afastando a citada imunidade, entendera configurado dano moral praticado por causídico consistente em carta ofensiva relativa à cobrança de honorários advocatícios.

RE 387945/AC, rel. Min. Sepúlveda Pertence, 14.2.2006. (RE-387945) (Inform. STF 416)

DIREITO CIVIL E PROCESSUAL CIVIL. EFEITOS DA SENTENÇA DE INTERDIÇÃO SOBRE MANDATO JUDICIAL.

A sentença de interdição não tem como efeito automático a extinção do mandato outorgado pelo interditando ao advogado para sua defesa na demanda, sobretudo no caso em que o curador nomeado integre o polo ativo da ação de interdição. De fato, o art. 682, II, do CC dispõe que a interdição do mandante acarreta automaticamente a extinção do mandato, inclusive o judicial. Contudo, ainda que a norma se aplique indistintamente a todos os mandatos, faz-se necessária uma interpretação lógico-sistemática do ordenamento jurídico pátrio, permitindo afastar a sua incidência no caso específico do mandato outorgado pelo interditando para a sua defesa judicial na própria ação de interdição. Isso porque, além de o art. 1.182, § 2º, do CPC assegurar o direito do interditando de constituir advogado para sua defesa na ação de interdição, o art. 1.184 do mesmo diploma legal deve ser interpretado de modo a considerar que a sentença de interdição produz efeitos desde logo quanto aos atos da vida civil, mas não atinge, sob pena de afronta ao direito de defesa do interditando, os mandatos referentes ao próprio processo. Com efeito, se os advogados constituídos pelo interditando não pudessem interpor recurso contra a sentença, haveria evidente prejuízo à defesa. Ressalte-se, ademais, que, nessa situação, reconhecer a extinção do mandato ensejaria evidente colisão dos interesses do interditando com os de seu curador. Contudo, a anulação da outorga do mandato pode ocorrer, desde que, em demanda específica, comprove-se cabalmente a nulidade pela incapacidade do mandante à época da realização do negócio jurídico. **REsp 1.251.728-PE, Rel. Min. Paulo de Tarso Sanseverino, julgado em, 14/5/2013.** (Inform. STJ 524)

DIREITO CIVIL. RESPONSABILIZAÇÃO DE IMOBILIÁRIA POR PERDAS E DANOS EM DECORRÊNCIA DE FALHA NA PRESTAÇÃO DE SERVIÇO.

A imobiliária deve indenizar o proprietário pelas perdas e danos decorrentes da frustração de execução de alugueres e débitos relativos às cotas condominiais e tributos inadimplidos na hipótese em que a referida frustração tenha sido ocasionada pela aprovação deficitária dos cadastros do locatário e do seu respectivo fiador. Tem-se que, nos termos do art. 653 do CC, essa sociedade figura como mandatária do proprietário do imóvel para, em nome dele, realizar e administrar a locação. Assim, em consideração ao art. 677 do CC, a sociedade imobiliária (mandatária) é obrigada a aplicar toda sua diligência habitual na execução do mandato e a indenizar quaisquer prejuízos sofridos pelo locador na hipótese em que ela não tenha cumprido os deveres oriundos da sua relação contratual. **REsp 1.103.658-RN, Rel. Min. Luis Felipe Salomão, julgado em 4/4/2013. (Inform. STJ 519)**

PRESTAÇÃO. CONTAS. NATUREZA PERSONALÍSSIMA.

O condomínio (recorrente) ingressou com ação de prestação de contas contra o espólio (recorrido) representado pelo cônjuge varoa supérstite, na qualidade de inventariante, alegando que como proprietário de imóvel, outorgara procuração ao *de cujus* para que, em seu nome, pudesse transigir, fazer acordos, conceder prazos, receber aluguéis, dar quitação e representá-lo perante o foro em geral relativamente ao imóvel. Sustentou o recorrente que o *de cujus* apropriou-se indevidamente dos valores recebidos a título de aluguel, vindo a falecer em 1995, momento em que a inventariante teria continuado a receber os alugueres em nome do falecido, sendo o espólio recorrido parte legítima para prestar contas. O cerne da questão está em saber se o dever de prestar contas se estende ao espólio e aos sucessores do falecido mandatário. Para o Min. Relator, o mandato é contrato personalíssimo por excelência, tendo como uma das causas extintivas, nos termos do art. 682, II, do CC/2002, a morte do mandatário. Sendo o dever de prestar contas uma das obrigações do mandatário perante o mandante e tendo em vista a natureza personalíssima do contrato de mandato, por consectário lógico, a obrigação de prestar contas também tem natureza personalíssima. Desse modo, somente é legitimada passiva na ação de prestação de contas a pessoa a quem incumbia tal encargo por lei ou contrato, sendo tal obrigação intransmissível ao espólio do mandatário, que constitui, na verdade, uma ficção jurídica. Considerando-se, ainda, o fato de já ter sido homologada a partilha no inventário em favor dos herdeiros, impõe-se a manutenção da sentença que julgou extinto o feito sem resolução do mérito, por ilegitimidade passiva, ressalvada ao recorrente a pretensão de direito material nas vias ordinárias. Diante disso, a Turma negou provimento ao recurso. **REsp 1.055.819-SP, Rel. Min. Massami Uyeda, julgado em 16/3/2010.** (Inform. STJ 427)

REPETIÇÃO. INDÉBITO. LEGITIMIDADE PASSIVA. SOCIEDADE. ADVOGADOS.
Trata-se de contrato para prestação de serviços no qual os recorridos procuraram sociedade de advogados para inventariar os bens de seu falecido pai, comprometendo-se a pagar 15% sobre o quinhão que lhes coubesse na partilha, valor mínimo limitado a R$ 5.000,00. Acontece que foram incluídas, no inventário, apólices de seguro do *de cujus* em favor dos recorridos e, consequentemente, aumentou-se artificialmente o valor do monte-mor, com levantamento a maior dos honorários antes mesmo da conclusão do inventário. Assim, a Turma entendeu que os advogados, ao receberem a procuração para representar os recorridos em juízo, vincularam-se ao contrato entre a sociedade e os recorridos, sendo, pois, participantes da relação contratual e, do ponto de vista processual, possuem legitimidade passiva na ação de repetição de indébito. Os sócios, mesmo que não tenham atuado na representação processual, são responsáveis pelos serviços prestados aos clientes, em nome da sociedade advocatícia que integram. Desse modo, respondem em juízo pela dívida da sociedade. Contudo, aos sócios só se impõe a satisfação dos créditos quando faltarem os bens sociais. Interpretação diversa conduziria o possível credor a ajuizar inúmeras ações consecutivas contra a sociedade e os sócios, até que encontre devedor solvível. Logo, a Turma não conheceu do recurso. Precedente citado: REsp 645.662-SP, DJ 1º/8/2007. **REsp 1.016.290-MG, Rel. Min. Nancy Andrighi, julgado em 26/8/2008.** (Inform. STJ 365)

AR. NOTA PROMISSÓRIA EM BRANCO. PREENCHIMENTO. MÁ-FÉ.
Em sede de contrato de mútuo, foi emitida nota promissória sem que houvesse o preenchimento dos campos do nome do beneficiário, data da emissão e de vencimento, porém foi acordado que haveria a entrega de um automóvel como parte do pagamento, bem como a substituição desse título por outro. Sucede que o primitivo credor, posteriormente, não aceitou esses termos e preencheu os campos em branco da nota ao designar terceiro como beneficiário, que logo a endossou ao filho daquele com o fito de, como se alega, impedir a oposição de exceções pessoais no processo de cobrança da cártula. Isso, ao final, resultou na afirmação do acórdão exarado no julgamento de ação rescisória de que houve a simulação do negócio jurídico, bem como a falsidade ideológica. Nesta especial instância, alegava-se que a simulação não se equipararia à falsidade ideológica a permitir a rescisão do julgado (art. 485, VI, do CPC), bem como que o STJ, em *habeas corpus*, já se manifestara pela atipicidade da conduta para fins criminais, o que levaria à coisa julgada penal. Nesse panorama, a Terceira Turma, ao prosseguir o julgamento após a convocação do Min. Jorge Scartezzini da Quarta Turma em razão de anterior empate, entendeu, por maioria, não conhecer do especial. O voto-vista da Min. Nancy Andrighi, na linha do voto vencedor, alerta que o Tribunal *a quo* não só decidiu a ação rescisória com base na existência de simulação, como também na falsidade ideológica e que o julgado referente ao *habeas corpus*, que declarou apenas a atipicidade, não pode ser oposto ao juízo cível, visto o disposto no art. 67, III, do CPP. Quanto à falsidade, frisou que não se põe em dúvida a legalidade da emissão da nota promissória em branco, pois, nesse caso, há que se considerar conferido mandato pelo emitente ao portador. O que sobressai é o fato de que o mandatário agiu em completa desconformidade com o mandato conferido, a revelar a clara intenção de obter vantagem pessoal em repúdio ao que pactuado (má-fé), o que leva à conclusão irrefutável de que há a falsidade ideológica perpretada pelo abuso de mandato. **REsp 598.891-GO, Rel. originário Min. Antônio de Pádua Ribeiro, Rel. para acórdão Min. Humberto Gomes de Barros, julgado em 18/4/2006.** (Inform. STJ 281)

4.17.11. Questões comentadas

(Magistratura/MT – 2009 – VUNESP) João, pretendendo vender seu carro, outorga procuração, por instrumento público, a Carlos, para fazê-lo em seu lugar. Carlos, como mandatário, substabelece os poderes recebidos por instrumento particular a sua irmã, que por sua vez vende o carro a seu pai, por meio de contrato em que houve a declaração de sua quitação do preço, porém João nada recebeu, ficando evidente que não houve nenhum pagamento. Diante dos fatos apresentados, é correto dizer que

(A) o instrumento de substabelecimento de mandato não tem validade, visto que outorgado o mandato por instrumento público, esta deveria ter sido a forma do substabelecimento, sendo a venda inválida.

(B) a declaração de quitação do contrato assinado presume-se verdadeira em relação aos signatários, desse modo, João não poderá cobrar o valor da transação.

(C) a declaração de quitação, por ser enunciativa, não exime Carlos de comprovar sua veracidade, desse modo, deverá prestar contas do mandato a João.

(D) a declaração de quitação, por ser dispositiva, exime a prova do pagamento, visto que as declarações constantes do documento são verdadeiras em relação às partes.

(E) os efeitos do negócio, transferência da propriedade, em relação a terceiros de boa-fé, como é o caso do pai de Carlos, só se opera com a transferência do documento do veículo.

A: incorreta (art. 655 do CC); **B** a **E:** o mandatário é obrigado a dar contas de sua gerência ao mandante, transferindo-lhe as vantagens provenientes do mandato, por qualquer título que seja (art. 668 do CC).

Gabarito "C"

(Magistratura/RS – 2009) Considere as assertivas abaixo sobre mandato.

I. A outorga do mandato por instrumento público pode substabelecer-se por instrumento particular.

II. O poder de transigir importa o de firmar compromisso.

III. O maior de dezesseis e menor de dezoito anos não emancipado pode ser mandatário.

Quais são corretas?

(A) Apenas I

(B) Apenas II

(C) Apenas III

(D) Apenas I e III

(E) I, II e II

I: correta (art. 655 do CC); **II:** incorreta, pois o poder de transigir não importa no poder de firmar compromisso (art. 661, § 2º, do CC); **III:** correta (art. 666 do CC).

Gabarito "D"

(Magistratura/SP – 2011 – VUNESP) Assinale a alternativa correta.

(A) A outorga de mandato por instrumento público exige que o substabelecimento seja feito pela mesma forma.

(B) O mandato pode ser verbal, ainda que o ato deva ser celebrado por escrito.

(C) Se os mandatários forem declarados conjuntos, qualquer deles poderá exercer os poderes outorgados.

(D) Sendo omissa a procuração quanto ao substabelecimento, o procurador será responsável se o substabelecido proceder culposamente.

(E) Se tiver ciência da morte do mandante, o mandatário não tem poderes para concluir o negócio já começado, ainda que haja perigo na demora, pois o mandato cessa com a morte.

A: incorreta, pois ainda quando se outorgue mandato por instrumento público, pode substabelecer-se mediante instrumento particular (art. 655 do CC); **B:** incorreta, pois não se admite mandato verbal quando o ato deva ser celebrado por escrito (art. 657 do CC); **C:** incorreta, pois se os mandatários forem declarados conjuntos, não terá eficácia o ato praticado sem interferência de todos, salvo havendo ratificação, que retroagirá à data do ato (art. 672 do CC); **D:** correta (art. 667, § 4º, do CC); **E:** incorreta, pois embora ciente da morte do mandante, deve o mandatário concluir o negócio já começado, se houver perigo na demora (art. 674 do CC).

Gabarito "D"

(Ministério Público/MG – 2011) Quanto à cessação do mandato, é INCORRETO afirmar que ela ocorre pelo(a):

(A) desídia do mandatário.

(B) revogação ou renúncia.

(C) morte ou interdição de uma das partes.

(D) término do prazo ou conclusão do negócio.

O art. 682 do Código Civil prevê as hipóteses de extinção do contrato de mandato e apenas a assertiva A é a única que contempla uma hipótese não prevista no referido dispositivo. As demais estão previstas expressamente no texto da lei.

Gabarito "A"

(Ministério Público/SE – 2010 – CESPE) No que concerne ao contrato de mandato, assinale a opção correta de acordo com o Código Civil.

(A) O mandatário que exceder os poderes do mandato será considerado mero gestor de negócios enquanto o mandante não ratificar os atos.

(B) O mandato outorgado por instrumento público não poderá ser substabelecido por instrumento particular.

(C) Para recebimento do que for devido em decorrência do mandato, o mandatário não poderá reter o objeto da operação que lhe for cometida.

(D) O maior de 16 anos e menor de 18 anos de idade, desde que emancipado, poderá ser mandatário, mas o mandante, em regra, não terá ação contra ele.

(E) Se o mandatário tiver ciência da morte ou interdição do mandante, não deverá concluir o negócio já iniciado, mesmo em caso de perigo na demora.

A: correta (art. 665 do CC); **B:** incorreta (art. 655 do CC); **C:** incorreta (art. 664 do CC); **D:** incorreta, pois o mandante tem ação contra o mandatário menor mesmo não emancipado (art. 666 do CC); **E:** incorreta (art. 674 do CC).

Gabarito "A"

(Procurador do Estado/PR – UEL-COPS – 2011) Assinale a alternativa incorreta:

(A) o chamado "contrato consigo mesmo" é anulável, salvo se ele for permitido pela lei ou pelo representado;

(B) se a procuração for dada por instrumento público, os poderes podem ser substabelecidos por instrumento particular;

(C) a revogação do mandato pode ser desmotivada;

(D) a revogação do mandato "em causa própria" é ineficaz;

(E) o mandatário pode compensar os prejuízos a que deu causa com os proveitos que tenha alcançado para o mandante.

A: correta (art. 117, do CC); **B:** correta (art. 655, do CC); **C:** correta (art. 686, do CC); **D:** correta (art. 685, do CC); **E:** incorreta, devendo ser assinalada, (art. 669, do CC).

Gabarito "E"

(Advogado da União/AGU – CESPE – 2012) No que se refere a contrato de mandato, julgue o item que se segue.

(1) Conforme o STJ, o dever de prestar contas não se transmite aos herdeiros do mandatário, haja vista o caráter personalíssimo do contrato; no caso de morte do mandante, entretanto, ocorre a transmissão.

1: correta. Segundo o entendimento do STJ, o "*dever de prestar contas no contrato de mandato está previsto no artigo 668 do Código Civil. Porém, o contrato, por ser personalíssimo, extingue-se com a morte de alguma das partes. A Terceira Turma já se posicionou no sentido de que o espólio do mandatário não está obrigado a prestar contas ao mandante (REsp 1.055.819). Naquele caso, ficou estabelecido que é impossível obrigar terceiros a prestar contas relativas a atos de gestão dos quais não fizeram parte . Porém, em situação inversa, afirmou Sanseverino, quando se questiona o direito de os herdeiros exigirem a prestação de contas do mandatário, não há óbice*" (REsp 1122589).

Gabarito 1C

(Cartório/SP – 2011 – VUNESP) A respeito do mandato "em causa própria", assinale a alternativa incorreta.

(A) Extingue-se com a morte do mandante.

(B) Dispensa o mandatário de prestar contas.

(C) É ineficaz a manifestação de vontade do mandante de revogação.

(D) Permite que o mandatário transfira para si os bens móveis ou imóveis objeto do mandato.

A: incorreta (devendo ser assinalada), pois o mandato em causa própria não se extingue com a morte/incapacidade do mandante (art. 685 do CC); **B**, **C**, **D:** corretas (arts. 685 do CC).

Gabarito "A"

(Analista – TRT/8ª – 2010 – FCC) No contrato de mandato, o mandante não está obrigado a

(A) adiantar ao mandatário as despesas necessárias à execução do mandato, devendo ressarci-las posteriormente.

(B) pagar ao mandatário as despesas da execução do mandato se o negócio, sem culpa do mandatário, não surtiu o esperado efeito.

(C) ressarcir ao mandatário as perdas que este sofrer com a execução do mandato, se tiverem resultado de culpa sua ou de excesso de poderes.

(D) pagar ao mandatário a remuneração ajustada se o negócio, sem culpa do mandatário, não surtiu o esperado efeito.

(E) pagar ao mandatário os juros das somas adiantadas pelo mandatário para a execução do mandato, desde a data do desembolso.

A: incorreta (art. 675 do CC); **B:** incorreta (art. 676 do CC); **C:** correta (art. 676 do CC); **D:** incorreta (art. 676 do CC); **E:** incorreta (art. 677 do CC).

Gabarito "C"

(Analista – TRE/AP – 2011 – FCC) Terceiro sem mandato

(A) pode adquirir a posse, dependendo esta aquisição de ratificação do mandante.

(B) não pode adquirir a posse, por expressa disposição legal existente no Código Civil brasileiro.

(C) pode adquirir a posse, independentemente de ratificação do mandante.

(D) pode adquirir a posse, independentemente de ratificação do mandante, desde que tenha figurado na qualidade de mandatário em, no mínimo, cinco negócios anteriores.

(E) pode adquirir a posse, independentemente de ratificação do mandante, se esta se der pelo prazo máximo de três meses.

Art. 1.205, II, do CC.

Gabarito "A"

(OAB/Exame Unificado – 2013.1) De acordo com o Código Civil, opera-se o mandato quando alguém recebe de outrem poderes para, em nome deste, praticar atos ou administrar interesses. Daniel outorgou a Heron, por instrumento público, poderes especiais e expressos, por prazo indeterminado, para vender sua casa na Rua da Abolição, em Salvador, Bahia. Ocorre que, três dias depois de lavrada e assinada a procuração, em viagem para um congresso realizado no exterior, Daniel sofre um acidente automobilístico e vem a falecer, quando ainda fora do país. Heron, no mesmo dia da morte de Daniel, ignorando o óbito, vende a casa para Fábio, que a compra, estando ambos de boa-fé.

De acordo com a situação narrada, assinale a afirmativa correta.

(A) A compra e venda é nula, em razão de ter cessado o mandato automaticamente, com a morte do mandante.

(B) A compra e venda é válida, em relação aos contratantes.

(C) A compra e venda é inválida, em razão de ter o mandato sido celebrado por prazo indeterminado, quando deveria, no caso, ter termo certo.

(D) A compra e venda é anulável pelos herdeiros de Daniel, que podem escolher entre corroborar o negócio realiza doem nome do mandante falecido, revogá-lo, ou cobrar indenização do mandatário.

A, **C** e **D:** incorretas, por força da regra de exceção prevista no art. 689 do CC, pela qual "são válidos, a respeito dos contratantes de boa-fé, os atos com estes ajustados em nome do mandante pelo mandatário, enquanto este ignorar a morte daquele ou a extinção do mandato, por qualquer outra causa"; **B:** correta (art. 689 do CC).

Gabarito "B"

4.18. QUESTÕES DISCURSIVAS – CONTRATOS

(OAB/Exame Unificado – 2004 – 2ª fase – CESPE) Sérgio adquiriu de Wilson um veículo usado e regularizou a transferência do bem no DETRAN local. Posteriormente, o veículo foi apreendido por autoridade policial, sob o argumento de que era objeto de furto. Constatou-se que, no número de identificação veicular do chassi, havia uma adulteração quase imperceptível. Em face da situação hipotética relatada, redija texto dissertativo que contemple a análise da possibilidade de haver ocorrido evicção. Se for este o caso, identifique o responsável pela indenização a ser paga a Sérgio.

RESOLUÇÃO DA QUESTÃO

De acordo com o atual Código Civil (arts. 447 a 457) a evicção ocorre quando, em contratos onerosos, o adquirente perde a coisa por tê-la adquirido de quem não tem direito sobre ela, pouco importando se tal perda se deu por sentença judicial ou por decisão administrativa.

Essa última característica não havia no Código Civil anterior, pelo qual a evicção só se configurava pela perda da coisa em virtude de sentença judicial.

Segundo o art. 447 do Código Civil, quem responde pela evicção é o alienante. Assim, Sérgio deverá acionar Wilson.

(OAB/Exame Unificado – 2006.1 – 2ª fase – CESPE) Saulo ajuizou ação de reintegração de posse contra Sandra, com o objetivo de retomar imóvel residencial de sua propriedade que foi cedido à requerida mediante contrato de comodato verbal por tempo indeterminado. Aduz o autor que tentou reaver amigavelmente o imóvel e não logrou êxito, o que o obrigou a notificar a ré para que desocupasse o imóvel de sua propriedade no prazo de 30 dias. Ante a não desocupação, caracterizado o esbulho possessório, pediu judicialmente a sua reintegração. O juiz extinguiu o processo sem julgamento do mérito, indeferindo a petição inicial por inepta, por impossibilidade jurídica do pedido, ao entendimento de que o contrato de comodato verbal por prazo indeterminado deve se estender pelo tempo necessário ao seu uso concedido, e condenando o autor ao pagamento das custas processuais e honorários advocatícios fixados em 20% sobre o valor da causa. Considerando a situação hipotética apresentada, elabore um texto argumentativo acerca da decisão do juiz, abordando, necessariamente, os seguintes aspectos:

- possibilidade da reintegração de posse do imóvel concedido em comodato verbal por prazo indeterminado;
- fixação de honorários advocatícios na sentença que extingue o processo sem julgamento do mérito.

RESOLUÇÃO DA QUESTÃO

Em relação ao contrato de comodato, deve-se distinguir três hipóteses. A primeira diz respeito ao comodato com prazo certo para acabar; a segunda, ao comodato sem prazo certo, mas para um determinado uso; e a terceira, ao comodato sem especificação de prazo e de uso.

Nas duas primeiras hipóteses não pode o comodante retomar a coisa antes do prazo convencionado ou do prazo necessário para o uso concedido, salvo necessidade imprevista e urgente, reconhecida pelo juiz (art. 581 do Código Civil).

Na terceira hipótese, remanesce a regra de que os contratos por prazo indeterminados podem ser denunciados a qualquer tempo pela parte interessada.

Assim, no caso em tela, está correto o procedimento de Saulo de notificar Sandra, para que esta desocupasse o imóvel em 30 dias, seguindo-se a propositura de ação de reintegração de posse.

O indeferimento da petição inicial, nesse sentido, é indevido. Primeiro porque, no mérito, Saulo tem razão. Segundo porque a retomada de um imóvel por meio de reintegração de posse não é um pedido juridicamente impossível. A questão é de mérito, e não de condição de ação. E, no mérito, como se viu, Saulo também tem razão.

De qualquer forma, o indeferimento da petição inicial por inépcia não ensejava honorários advocatícios, eis que estes só são devidos se a outra parte for citada, o que não ocorreu no caso.

No entanto, citada a outra parte, a extinção do processo, ainda que sem apreciação de mérito, enseja fixação de honorários advocatícios.

(OAB/Exame Unificado – 2006.2 – 2ª fase – CESPE) Oscar adquiriu de determinada concessionária um veículo novo para uso comercial (táxi). Em razão de defeito de fabricação na mangueira de alimentação de combustível, ocorreu incêndio no veículo. A concessionária efetuou o reparo do veículo com ônus para Oscar, no valor de R$ 5.000,00, alegando que o incêndio decorreu da falta de adequada manutenção do veículo. Oscar, que contava com uma média salarial diária de R$ 150,00, perdeu seu meio de sustento, com consequências negativas na sua esfera moral, visto que, devido ao evento danoso, o veículo permaneceu 10 dias na oficina. Diante da situação hipotética acima apresentada, redija um texto dissertativo acerca da responsabilidade civil, que aborde, necessariamente, a legitimidade passiva pela indenização dos danos causados e identifique quais parcelas são devidas a Oscar.

RESOLUÇÃO DA QUESTÃO

A responsabilidade civil contratual é tema que encontra mais de uma regulamentação jurídica, a depender do tipo de relação jurídica existente entre ofensor e vítima.

O caso de que trata o presente – responsabilidade civil decorrente de defeito em automóvel adquirido por taxista – traduz-se em situação em que há dúvida sobre se deve aplica o Código Civil – CC ou o Código do Consumidor – CDC, dúvida que deve ser dirimida, para que se possa responder às perguntas sobre quem tem legitimidade passiva para responder pela indenização e quais parcelas são devidas a Oscar.

Considerando que o CDC é lei especial em relação ao CC, caso configurada uma relação de consumo, de rigor a aplicação daquele diploma, em detrimento deste.

Nesse sentido, e considerando não haver dúvida de que se tem um objeto de consumo e um fornecedor, resta saber se há a figura do consumidor no caso presente.

Consumidor, segundo o art. 2º do CDC, "é toda pessoa física ou jurídica que adquire ou utiliza serviço como destinatário final". Para alguns, a expressão destinatário final significa destinatário final fático (teoria maximalista); para outros, destinatário final fático e econômico (teoria finalista); e para uma terceira corrente, destinatário final fático e econômico, aplicando-se, todavia, o CDC quando o adquirente for vulnerável (teoria intermediária).

O taxista, para a teoria finalista, não é consumidor, pois, apesar de ser destinatário fático, não é destinatário econômico, vez que o utiliza o bem adquirido em sua atividade econômica. Essa teoria, todavia, vem sendo espaço para a teoria intermediária, pela qual o CDC também protege simples destinatários finais fáticos, quando essas pessoas, mesmo sendo profissionais, são vulneráveis. Há acórdãos do STJ, inclusive, no sentido de que o taxista merece essa proteção.

Uma vez que se conclui pela aplicabilidade do CDC, e estando claro no enunciado que houve um fato do serviço ou defeito, pois ocorreu incêndio, com risco a segurança, deve-se aplicar o disposto no art. 12 do CDC, pelo qual é legitimado passivo para responder civilmente o fabricante, e não a concessionária.

Quantos às parcelas devidas, considerando o princípio da reparação integral dos danos (art. 6º, VI, do CDC), devem incluir os danos emergentes (prejuízos com o incêndio e com o reparo, este no importe de R$ 5 mil), lucros cessantes (prejuízos com os dias parados, à base de R$ 150,00 por dia) e danos morais, estes com aplicação independente de prova da dor, do sofrimento, sendo necessário provar apenas o fato que gerou esses sentimentos (fatos esses já comprovados), conforme entendimento do Superior Tribunal de Justiça.

Em situações como esse o Superior Tribunal de Justiça vem fixando em R$ 5 mil o valor a título de danos morais.

(OAB/Exame Unificado – 2006.3 – 2ª fase – CESPE) Manoel firmou um contrato de mútuo com alienação fiduciária, com determinada instituição financeira, para adquirir um veículo automotor que foi dado em garantia do pagamento da dívida. No referido contrato, além da garantia, foi inserida a seguinte cláusula representando um pacto comissório: no caso de inadimplência do devedor, o credor fiduciário poderá retomar o bem e permanecer com ele em seu poder, como forma de satisfação da dívida. Diante da situação acima descrita e a respeito dos contratos de alienação fiduciária em garantia, responda, fundamentadamente, aos seguintes questionamentos.

Como se constitui em mora o devedor fiduciário?

É válida a estipulação de cláusula contratual que autorize o credor fiduciário a ficar com a coisa alienada em garantia, no caso de inadimplemento contratual do devedor?

RESOLUÇÃO DA QUESTÃO

O contrato celebrado por Manuel é um contrato comum no âmbito do Direito Privado, e está regulamentado no Decreto-lei 911/69, podendo ser considerado contrato típico.

De acordo com esse contrato, a instituição financeira empresta dinheiro a alguém (mutuário), e esta pessoa adquire determinado bem móvel. No mesmo ato, e em garantia ao empréstimo feito, o mutuário transfere ao credor o domínio resolúvel e a posse indireta da coisa.

No caso de inadimplemento do contrato de mútuo, o proprietário pode vender a coisa a terceiros e aplicar o preço da venda no pagamento de seu crédito, entregando ao devedor o saldo apurado, se houver.

O art. 2º, § 2º, do Decreto-lei 911/69 dispõe que a mora decorrerá do simples vencimento do prazo para pagamento e poderá ser comprovada por carta registrada expedida por Cartório ou pelo protesto do título, a critério do credor.

A estipulação de cláusula contratual que autorize o credor a ficar com a coisa não está prevista no art. 2º, *caput*, do Decreto-lei 911/69, pois este dispositivo determina que o destino da coisa seja a venda, com o objetivo de quitar o crédito que o credor tem e, se o dinheiro apurado for superior ao crédito, devolver o saldo ao devedor.

Aliás, o art. 66, § 6º, da Lei 4.728/65 (alterado pelo Decreto-lei 911/69) é claro ao dispor que é nula a cláusula que autoriza o proprietário fiduciário a ficar com a coisa dada em garantia, se a dívida não for paga no seu vencimento.

(OAB/Exame Unificado – 2007.1 – 2ª fase – CESPE) Paulo contratou a locação de um apartamento de propriedade de Carlos. Intervieram como fiadores José e Márcio, todos qualificados no instrumento do respectivo pacto locatício, oportunidade em que renunciaram expressamente ao benefício de ordem na forma da lei civil. No momento, Paulo encontra-se inadimplente com suas obrigações locatícias relativas às três últimas prestações, motivo pelo qual o advogado de Carlos ajuizou demanda judicial abraçando pedidos de despejo e cobrança de aluguéis, proposta apenas em desfavor de José. Na qualidade de advogado contratado por José, forneça, de maneira fundamentada, as seguintes informações.

1. Informe sobre a possibilidade jurídica de se proceder à ampliação subjetiva no polo passivo da relação jurídico-processual instaurada por Carlos.
2. Se for o caso, aponte o instituto processual adequado e a(s) pessoa(s) legitimada(s) para compor(em) tal ampliação, levando-se em consideração as vinculações de ordem legal e contratual.

RESOLUÇÃO DA QUESTÃO

De acordo com o art. 62, I, da Lei 8.245/91, é possível cumular o pedido de despejo com o pedido de cobrança de aluguéis e acessórios da locação. A jurisprudência entende que esse pedido deve ser deduzido em face do locatário e do fiador, caso se deseje, depois, executar os valores devidos em face deste.

O fiador deve ser chamado já na ação de conhecimento, pois, segundo o Superior Tribunal de Justiça, o fiador que não integrou a relação processual na ação de despejo não responde pela execução do julgado.

O locatário também deve estar presente na ação em tela, pois a rescisão da locação e o despejo são pedidos que afetam diretamente sua esfera jurídica.

O fiador, numa situação dessas, deve alegar ser parte ilegítima para sofrer a ação de despejo, requerendo sua extinção, nos termos do art. 267, VI, do Código de Processo Civil.

Com relação, à cobrança de alugueres, os fiadores renunciaram ao benefício de ordem, conforme faculta o art. 828, I, do Código Civil.

O benefício de ordem, se existisse no caso concreto, permitiria que o fiador, no momento da penhora de bens na execução, requeresse que fossem excutidos, primeiro, os bens do devedor (art. 827 do Código Civil).

Resta saber o efeito de se estar diante de uma fiança conjunta ou de uma co-fiança. Nesse sentido, dispõe o art. 829 do Código Civil que, não estipulado expressamente entre os fiadores o benefício da divisão, haverá solidariedade entre os fiadores.

Nesse sentido, e havendo solidariedade entre José e Márcio, o primeiro, acionado sozinho, poderá se valer do instituto do chamamento ao processo, próprio para os casos de solidariedade, chamamento que também poderá ser fazer em relação a Paulo, o devedor, tudo nos termos do art. 77, II e I, do Código de Processo Civil, respectivamente.

(OAB/Exame Unificado – 2007.3 – 2ª fase – CESPE) Carlos e Cláudia celebraram, mediante instrumento particular, contrato de promessa de compra e venda de imóvel, obrigando-se o promitente vendedor e a promitente compradora à celebração do contrato definitivo no prazo de 90 dias, após o pagamento da última parcela de preço, que as partes ajustaram em R$ 300.000,00 e que deveria ser pago em três parcelas iguais, mensais e sucessivas. Do instrumento constou cláusula de irretratabilidade e irrevogabilidade. Tendo Cláudia pago todas as parcelas do preço, nos prazos do contrato, Carlos se recusou a outorgar a escritura definitiva, alegando que o contrato preliminar era nulo, porque celebrado por instrumento particular e, não, por escritura pública, e que, além disso, tinha o direito de se arrepender. Considerando essa situação hipotética, redija, na qualidade de advogado de Cláudia, texto argumentativo acerca dos fundamentos invocados por Carlos para se recusar à celebração do contrato definitivo.

RESOLUÇÃO DA QUESTÃO

O caso trazido à analise diz respeito ao instituto do contrato preliminar. Nesse sentido, há de se analisar os dois fundamentos trazidos por Carlos, a luz do disposto nos arts. 462 a 466 do Código Civil.

Quanto à primeira alegação de Carlos – nulidade por vício de forma –, o Código Civil é expresso no sentido de que o contrato preliminar deve conter os requisitos essenciais do contrato definitivo, salvo quanto à forma (art. 462). Assim, em que pese num contrato definitivo de compra e venda de imóvel no valor de R$ 300 mil ser necessário escritura pública (art. 108 do CC), a forma do contrato preliminar não precisa ser idêntica à do contrato definitivo, de modo que não é nulo o compromisso de compra e venda firmado entre Carlos e Cláudia, por esse aspecto.

Quanto à segunda alegação de Carlos – de que tinha o direito de se arrepender –, também não procede, pois, como se sabe, o contrato vincula as partes, que, assim, devem cumpri-los. A avença fica ainda mais sólida quando há convenção expressa no sentido de que o contrato é irretratável e irrevogável, previsão contida no contrato celebrado entre as partes.

Ademais, o art. 463 do Código Civil é expresso ao dizer que apenas a existência de uma cláusula de arrependimento –, situação que está bem distante dos contornos do caso concreto – pode impedir que qualquer das partes exija a celebração do contrato definitivo, assinando prazo à outra para que o efetive.

Uma vez assinado o prazo mencionado e esgotado seu período, o interessado (no caso, Cláudia) poderá pedir ao juiz que supra a vontade da outra parte (no caso, Carlos), conferindo caráter definitivo ao contrato preliminar (art. 464).

Tudo isso pode acontecer mesmo que o compromisso de compra e venda de imóvel não tenha sido registrado no Registro de Imóveis, vez que o requisito constante do p. único do art. 463 do Código Civil é mero requisito de eficácia perante terceiros, segundo a jurisprudência pacífica do Superior Tribunal de Justiça.

Por fim, vale lembrar que a ação que Cláudia poderá mover em face de Carlos tem o nome de adjudicação compulsória e o Código de Processo Civil traz previsão da providência que o juiz deve tomar no caso em seu art. 466-B.

(OAB/Exame Unificado – 2008.2 – 2ª fase – CESPE) Rodrigo, colecionador de automóveis antigos, vendeu a seu amigo Felipe um dos veículos de sua coleção, estabelecendo, no entanto, que, no caso de o adquirente pretender vender o bem, este deveria ser primeiramente oferecido ao atual vendedor. Passados dois meses do negócio, Patrícia se interessou pelo automóvel e, desconhecendo quaisquer das condições estabelecidas entre original proprietário e Felipe, adquiriu o bem e pagou o preço ajustado, realizando todos os trâmites administrativos necessários ao registro junto ao órgão de trânsito. Concretizado o negócio, Rodrigo tomou conhecimento da sua existência e, tendo a sua disposição a mesma quantia paga por Patrícia, pretende reaver o bem com base na condição que ajustara com Felipe. Em face dessa situação hipotética, assumindo a posição de advogado(a) procurado(a) por Rodrigo, identifique a natureza do ajuste celebrado entre Rodrigo e Felipe, esclarecendo qual seria o comportamento adequado à preservação dos direitos de seu cliente, conforme as disposições pertinentes do Código de Civil e do Código de Processo Civil.

RESOLUÇÃO DA QUESTÃO

Rodrigo vendeu o automóvel a Felipe e acertou com este direito de preferência na aquisição da coisa, caso o segundo fosse vendê-la no futuro. Assim, firmou-se uma compra e venda de bem móvel, com direito de preferência na aquisição futura do bem.

A posterior venda do automóvel a Patrícia, dois meses depois, sem que o bem tivesse sido oferecido a Rodrigo, viola o direito de preferência instituído em favor deste.

Incide, nesse caso, o disposto no art. 518 do Código Civil, pelo qual o comprador (Felipe) responde por perdas e danos, por ter alienado sem ter dado ao vendedor (Rodrigo) oportunidade de exercer o direito de preferência. A adquirente, Patrícia, não responderá, eis que não sabia da existência desse direito em favor de Rodrigo (segunda parte art. 518 do Código Civil).

Repare que o direito de preferência convencional, regulamentado nos arts. 513 a 520 do Código Civil não confere ao seu titular poderes para perseguir a coisa. Ou seja, trata-se de direito de natureza pessoal, e não de natureza real.

Assim, Rodrigo terá de provar que sofreu prejuízos com o desrespeito a esse direito, para que possa ingressar com a ação indenizatória por perdas e danos. Um exemplo seria o caso de o automóvel ter se valorizado no período e Felipe, mesmo assim, ter vendido o bem por valor inferior ao de mercado, estando Rodrigo com disponibilidade para comprá-lo.

(OAB/Exame Unificado – 2008.3 – 2ª fase – CESPE) Marta, microempresária, utilizou os serviços de uma oficina mecânica para reparar o veículo de sua confeitaria, o qual havia parado de funcionar durante uma entrega de bolos. Entre os fatos que a levaram a escolher aquela oficina, estava a oferta de um veículo da própria oficina para transportar os bolos até seu destino. No curso da viagem, o condutor do veículo oferecido pela oficina, por não ter observado a distância de segurança, colidiu-o contra a traseira de veículo que seguia à sua frente. Marta, então, requereu do dono da oficina a indenização correspondente à destruição dos bolos, cujo valor final apurado correspondeu a R$ 1.500,00. O dono da oficina, contudo, negou-se a indenizar os danos, ao argumento de que, em transporte gratuito, o transportador só responderia em caso de dolo ou culpa grave, situação que não se configurara, dada a culpa leve do motorista. Em face dessa negativa, Marta procurou escritório de advocacia para obter informações a respeito de seus direitos à reparação de danos. Considerando a situação hipotética apresentada, na qualidade de advogado(a) consultado(a) por Marta, discuta o argumento utilizado pelo dono da oficina para eximir-se da responsabilidade e indique, se for o caso, a via judicial adequada e o juízo competente para o encaminhamento do pedido de reparação de danos.

RESOLUÇÃO DA QUESTÃO

O dono da oficina, ao argumentar, encaminhou seu raciocínio utilizando como premissa maior o fato de que, em transporte gratuito, o transportador só responde se tiver agido com culpa grave ou dolo. Em seguida, utilizou como premissa menor o argumento de que o condutor do veículo agiu com culpa leve. E por fim, concluiu no sentido de que não haveria responsabilidade por parte da oficina, empregadora do condutor.

A premissa maior utilizada pelo dono da oficina é verdadeira. Isso porque, em que pese o Código Civil ser ainda mais benéfico àquele que não se beneficia com contratos gratuitos, exigindo dolo de sua parte para que responda civilmente (art. 392 do Código Civil), a jurisprudência conferiu maiores responsabilidades ao transportador, estabelecendo que este, no transporte gratuito, responde não só quando age com dolo, como também quando age com culpa grave (Súmula 145 do Superior Tribunal de Justiça).

Quanto à premissa menor formulada pelo dono da oficina, é falsa. Isso porque, diferente do que este alegou, o transporte dos bolos, no caso, não foi gratuito. Trata-se de verdadeiro transporte oneroso, que se subordina às disposições do contrato de transporte, vez que a oferta de transporte feita pela oficina foi elemento levado em conta para que Marta escolhesse aquela empresa para reparar o veículo de sua confeitaria.

Nesse sentido, o próprio Código Civil é claro ao dispor que "não se considera gratuito o transporte quando, embora feito sem remuneração, o transportador auferir vantagens indiretas" (art. 736, p. único). No caso, o transporte oferecido trouxe diferencial competitivo ao dono da oficina, para que este conseguisse fechar o negócio entre as partes.

Assim, Marta poderá acionar a oficina para que esta a indenize dos prejuízos que experimentou. Considerando o valor e a natureza do direito material envolvidos, bem como fato de o autor tratar-se de microempresa, a ação poderá ser promovida no Juizado Especial Cível (arts. 3º e 8º, § 1º, II, da Lei 9.099/95). Outra possibilidade é intentar ação junto à Vara Cível, que deverá tramitar pelo rito sumário (art. 275 do Código de Processo Civil).

(OAB/Exame Unificado – 2008.3 – 2ª fase – CESPE) Teresa, em 10/11/2008, celebrou com Artur contrato, registrado no cartório competente, no qual ela prometia vender a ele seu veículo, ano 2004, na primeira semana de janeiro de 2009, sem estipulação de direito de retratação. O interesse de Artur em adquirir o veículo deveu-se à quantidade ínfima de quilômetros rodados, cerca de 1.000 por ano. Ficou acertado que Artur pagaria a Teresa o preço constante na tabela FIPE. Entretanto, na data avençada para cumprimento da obrigação, Teresa comunicou a Artur que a promessa de vender o veículo devia-se à sua intenção de adquirir um carro novo, o que ela desistira de fazer, e, por isso, o contrato estaria desfeito. Inconformado com a decisão de Teresa, Artur procurou escritório de advocacia para informar-se acerca de seus direitos. Considerando essa situação hipotética, especifique, com a devida fundamentação, o negócio jurídico celebrado entre Artur e Teresa e indique as providências que podem ser adotadas para cumprimento do contrato.

RESOLUÇÃO DA QUESTÃO

O caso trazido à analise diz respeito ao instituto do contrato preliminar. Nesse sentido, há de se analisar o fundamento trazido por Teresa, a luz do disposto nos arts. 462 a 466 do Código Civil.

A alegação de Teresa no sentido de que só celebrou o negócio porque tinha interesse em adquirir um carro novo, interesse que não teria mais, não procede, pois, como se sabe, todo contrato, mesmo os preliminares, vinculam as partes, que, assim, devem cumpri-los. Mas não é só. A avença fica ainda mais sólida quando há convenção expressa no sentido de que o contrato é irretratável, previsão contida no contrato celebrado entre as partes.

Ademais, o art. 463 do Código Civil é expresso ao dizer que apenas a existência de uma cláusula de arrependimento –, situação que está bem distante dos contornos do caso concreto – pode impedir que qualquer das partes exija a celebração do contrato definitivo, assinando prazo à outra para que o efetive.

Uma vez assinado o prazo para a conclusão do contrato definitivo e esgotado seu período, o interessado (no caso, Artur) poderá pedir ao juiz que supra a vontade da outra parte (no caso, Teresa), conferindo caráter definitivo ao contrato preliminar (art. 464).

O Código de Processo Civil traz previsão da providência que o juiz deve tomar no caso em seu art. 466-B.

(OAB/Exame Unificado – 2009.1 – 2ª fase – CESPE) Em contrato de empreitada mista, o dono de uma obra verificou que o preço dos materiais empregados na execução dos serviços sofrera significativa queda no mercado, o que acarretou redução, no valor total da obra, superior a 12% do que fora convencionado pelas partes. Diante disso, pleiteou ao empreiteiro a revisão do preço original, de modo a garantir abatimento correspondente à redução verificada. Em resposta a tal pedido, o empreiteiro argumentou que não seria possível qualquer revisão porque a queda no preço dos materiais resultara de fenômeno sazonal e, portanto, não se apresentava como motivo imprevisível capaz de justificar o requerimento. Inconformado com a resposta, o dono da obra procurou escritório de advocacia para se informar a respeito da possibilidade de pleitear o abatimento pretendido. Nessa situação hipotética, o dono da obra tem garantia legal para pleitear o abatimento pretendido frente ao argumento apresentado pelo empreiteiro? Justifique sua resposta com base no Código Civil.

RESOLUÇÃO DA QUESTÃO

O atual Código Civil positivou em nosso Direito, com caráter de lei geral, a chamada Teoria da Imprevisão.

Os arts. 317 e 478 do Código Civil asseguram a revisão do contrato quando, por motivos ou acontecimentos imprevisíveis sobrevier desproporção manifesta ou excessiva onerosidade na prestação.

Repare que os dispositivos citados trazem dois conceitos indeterminados. O primeiro deles é o de "imprevisibilidade". E o segundo de "desproporção manifesta" ou "excessiva onerosidade".

Essas duas regras se aplicam às obrigações civis e aos contratos, em geral, previstos ou não no Código Civil, desde que não haja lei específica tratando da questão, como é o caso do Código de Defesa do Consumidor (art. 6º, V).

Ocorre que, em matéria de empreitada, o Código Civil traz disposição específica. E essa disposição é bem objetiva, trazendo conceitos determinados. Trata-se do disposto no art. 620 do Código Civil, pelo qual, diminuições no preço do material ou da mão de obra, previstas ou imprevistas (a lei não faz discriminação), desde que superior a um décimo do preço global convencionado (10%), ensejam, a pedido do dono da obra, revisão contratual.

No caso em tela, tratando-se de empreitada mista e de redução do custo superior a 10%, incide o disposto, havendo garantia legal para pleitear revisão contratual com vistas ao abatimento pretendido pelo dono da obra.

(OAB/Exame Unificado – 2009.2 – 2ª fase – CESPE) André constituiu, como mandatário, seu irmão caçula, de 17 anos de idade, a fim de que ele procedesse à venda de um automóvel, tendo o referido mandatário realizado, desacompanhado de assistente, negócio jurídico em nome de André. Em face dessa situação hipotética, discorra acerca da capacidade, como mandatário, do irmão de André, explicando se é válido o negócio jurídico realizado por ele, inclusive, em relação aos direitos de terceiros.

RESOLUÇÃO DA QUESTÃO

O art. 666 do Código Civil estabelece que o maior de dezesseis e menor de dezoito anos, ainda que não emancipado, pode ser mandatário, de modo que a procuração outorgada por André ao seu irmão caçula é valida.

Nesse sentido, e para que o dispositivo legal citado tenha eficácia, há de se considerar válido também o negócio jurídico realizado pelo indivíduo de 17 anos de idade, mesmo feito sem a presença de assistente. Do contrário, de nada valeria a possibilidade de outorgar alguém mandado para a prática de atos da vida civil.

Assim, o mandante (André) deve responder perante terceiros pelos atos praticados pelo mandatário (seu irmão caçula), nos limites dos poderes outorgado, conforme dispõe o art. 679 do Código Civil.

(OAB/Exame Unificado – 2009.2 – 2ª fase – CESPE) Marcos emprestou uma casa de praia de sua propriedade a Fábio, seu amigo de infância, para ele passar as férias de verão com a família. As chaves da casa foram entregues a Fábio no início das férias, ficando acertada a restituição do bem imóvel após trinta dias. Escoado o prazo ajustado, Fábio se recusou a devolver o bem sob o argumento de que ele deveria ser reembolsado das despesas feitas com o uso e o gozo da casa, tendo direito de retenção. Marcos tentou amigavelmente a restituição do bem, não tendo obtido êxito. Nessa situação hipotética, que espécie de negócio jurídico foi realizada entre Marcos e Fábio? Justifique sua resposta, indicando a medida judicial cabível para assegurar a pretensão de Marcos e a responsabilidade de Fábio pela mora, conforme as disposições do Código Civil e do Código de Processo Civil.

RESOLUÇÃO DA QUESTÃO

Marcos e Fábio celebraram contrato de comodato, vez que se trata de um empréstimo gratuito de coisa infungível (art. 579 do Código Civil).

Findo o prazo fixado para o empréstimo, Fábio deveria ter devolvido a coisa. As despesas feitas com o uso e o gozo da casa não ensejam direito de retenção em seu favor. Primeiro porque tais despesas são de responsabilidade do próprio comodatário (Fábio), conforme dispõe o art. 584 do Código Civil. Segundo porque o direito de retenção, quando existente, diz respeito às benfeitorias úteis e necessárias feitas na coisa.

No caso, Marcos deverá constituir em mora Fábio, o que poderá ser feito por meio de notificação extrajudicial. Em seguida, deverá ingressar com ação de reintegração de posse, na qual deve-se cumular o pedido reintegratório com o pedido indenizatório, sendo que a indenização consistirá no pagamento de alugueres pelo uso da coisa até sua restituição, em quantia arbitrada pelo comodante (art. 582 do Código Civil).

(OAB/Exame Unificado – 2010.1 – 2ª fase – CESPE) Edson vendeu veículo de sua propriedade a Bruna, estipulando que o pagamento deveria ser feito a Tânia. Trinta dias depois da aquisição, o motor do referido veículo fundiu. Edson, embora conhecesse o vício, não o informou a Bruna e, ainda, vendeu o veículo pelo preço de mercado. Desejando resolver a situação, Bruna, que depende do automóvel para o desenvolvimento de suas atividades comerciais, procurou auxílio de profissional da advocacia, para informar-se a respeito de seus direitos.

Em face dessa situação hipotética, indique, com a devida fundamentação legal, a(s) medida(s) judicial(is) cabível(is) e a(s)pretensão(ões) que pode(m) ser(em) deduzida(s), a parte legítima para figurar no polo passivo da demanda e o prazo para ajuizamento.

RESOLUÇÃO DA QUESTÃO

Vide o gabarito comentado pela organizadora, que traz a resposta completa com os argumentos que o leitor deveria trazer na prova.

Como se trata de caso clássico de vício redibitório, a adquirente do veículo pode rejeitar o produto ou pedir abatimento do preço da coisa.

Da mesma forma, como o alienante era sabedor do vício que maculava o veículo, ele deverá restituir o valor pago e mais perdas e danos ou sujeitar-se à redução do preço.

Como se trata de vício oculto, a compradora tem o prazo de 180 dias, a contar do descobrimento do vício, para o ajuizamento da ação de rescisão ou da ação "quanti minoris" com perdas e danos e lucros cessantes, que deverá ser proposta contra o alienante, e não contra quem recebeu o valor.

Os fundamentos estão nos artigos 441 (ação redibitória), 442 (ação quanti minoris) e 445, § 1.º (prazo de 180 dias), todos do Código Civil."

GABARITO COMENTADO - EXAMINADORA

Como se trata de caso clássico de vício redibitório, a adquirente do veículo pode rejeitar o produto ou pedir abatimento do preço da coisa. Da mesma forma, como o alienante era sabedor do vício que maculava o veículo, ele deverá restituir o valor pago e mais perdas e danos ou sujeitar-se à redução do preço. Como se trata de vício oculto, a compradora tem o prazo de 180 dias, a contar do descobrimento do vício, para o ajuizamento da ação de rescisão ou da ação quanti minoris com perdas e danos e lucros cessantes, que deverá ser proposta contra o alienante, e não contra quem recebeu o valor.

Os fundamentos estão nos artigos 441 (ação redibitória), 442 (ação quanti minoris) e 445, § 1.º (prazo de 180 dias), todos do Código Civil.

Observação para a correção: atribuir pontuação integral às respostas em que esteja expresso o conteúdo do dispositivo legal, ainda que não seja citado, expressamente, o número do artigo.

(OAB/Exame Unificado – 2010.2 – 2ª fase – FGV) Em março de 2008, Pedro entrou em uma loja de eletrodomésticos e adquiriu, para uso pessoal, um forno de micro-ondas. Ao ligar o forno pela primeira vez, o aparelho explodiu e causou sérios danos à sua integridade física. Desconhecedor de seus direitos, Pedro demorou mais de dois anos para propor ação de reparação contra a fabricante do produto, o que somente ocorreu em junho de 2010. Em sua sentença, o juiz de primeiro grau acolheu o argumento da fabricante, julgando improcedente a demanda com base no Art. 26 do Código de Defesa do Consumidor, segundo o qual "o direito de reclamar pelos vícios aparentes ou de fácil constatação caduca em: (...) II - noventa dias, tratando-se de fornecimento de serviço e de produtos duráveis." Afirmou, ademais, que o autor não fez prova do defeito técnico do aparelho. Com base nas normas do Código de Defesa do Consumidor, analise os fundamentos da sentença.

RESOLUÇÃO DA QUESTÃO

A sentença foi equivocada. A questão relata a ocorrência de fato do produto e não de vício do produto. O fato do produto é decorrente da existência de defeito, eis que não ofereceu a segurança que se esperava, que é a hipótese da questão.

No caso, o fabricante será responsável pela reparação dos danos causado ao consumidor por defeito decorrente de projeto ou fabricação, conforme disposto no art. 12 do Código de Defesa do Consumidor.

Assim, como se trata de fato do produto, o prazo prescricional será aquele previsto no art. 27 do Código de Defesa do Consumidor, ou seja, de 5 (cinco) anos a partir do conhecimento do dano e de sua autoria.

Por fim, quanto a prova do defeito técnico do aparelho, caberia ao juiz, no caso, por se tratar de relação de consumo, aplicar o disposto no art. 6º, VIII, do Código de Defesa do Consumidor, invertendo o ônus da prova, dada a hipossuficiência do consumidor, determinando que a empresa comprovasse a inexistência do defeito técnico.

GABARITO COMENTADO - EXAMINADORA

O candidato deve esclarecer, inicialmente, que se trata de fato do produto, e não de vício do produto. O prazo aplicável não é, portanto, o do Art. 26 do CDC, mas o do Art. 27, ou seja, cinco anos. O candidato deve, ainda, explorar a questão atinente à responsabilidade civil (Art. 12, *caput* e parágrafo 3º) e falar do instituto da inversão do ônus da prova em favor do consumidor, nos termos do Art. 6º, inciso VIII do CDC.

Dessa forma, deve ser capaz de identificar e examinar criticamente esses dois fundamentos, e apresentar as razões legais que indicam a incorreção da decisão judicial. Ressalta-se que não basta a simples menção a um ou mais dispositivos do CDC. É necessário demonstrar a sua aplicabilidade, fundamentando analiticamente a resposta.

(OAB/Exame Unificado – 2010.2 – 2ª fase – FGV) Jonas celebrou contrato de locação de imóvel residencial urbano com Vera. Dois anos depois de pactuada a locação, Jonas ingressa com Ação Revisional de Aluguel argumentando que o valor pago nas prestações estaria muito acima do praticado pelo mercado, o que estaria gerando desequilíbrio no contrato de locação. A ação foi proposta sob o rito sumário e o autor não requereu a fixação de aluguel provisório. Foi designada audiência, mas não foi possível o acordo entre as partes. Considere que você é o (a) advogado (a) de Vera. Descreva qual a medida cabível a fim de defender os interesses de Vera após a conciliação infrutífera, apontando o prazo legal para fazê-lo e os argumentos que serão invocados.

RESOLUÇÃO DA QUESTÃO

A medida judicial cabível é a contestação que, tratando-se de procedimento sumário e infrutífera a tentativa de conciliação, deverá ser apresentada na própria audiência, nos termos dos arts. 278 do Código de Processo Civil e 68 da Lei 8.245/91.

Na contestação deverá ser alegada, em preliminar, a carência de ação, porque a Lei de Locações (8.245/91) prevê em seu art. 19 que, não havendo acordo, o locador ou o locatário poderão pedir a revisão judicial do aluguel apenas após 3 (três) anos de vigência do contrato ou acordo, o que não é o caso da questão.

Assim, ausente uma condição específica da ação de revisão de aluguel, será o caso de extinção do processo sem resolução do mérito, nos termos do art. 267, inciso VI, do CPC.

No mérito, e somente em caso de não acolhimento do argumento preliminar, caberia a alegação de que se trata de valor justo e de mercado.

GABARITO COMENTADO - EXAMINADORA

O candidato deve explicar que a medida judicial cabível é a contestação (e não genericamente a resposta) e o prazo para apresentá-la é na própria audiência, após a conciliação infrutífera (Art. 68, I e IV da Lei nº 8.245/91 e Art. 278 do CPC). Quanto aos argumentos mínimos, deverá informar, em preliminar, a carência da ação, tendo em vista que a referida Lei de Locações aduz que as ações que visem à revisão judicial de aluguel somente poderão ser propostas depois de transcorrido o triênio da vigência do contrato (Art. 19 da Lei nº 8.245/91). Por ser uma condição específica da ação, a sua não observância leva à extinção do processo sem resolução do mérito, na forma do Art. 267, inciso VI do CPC.

Estão incorretas respostas que afirmam haver prazo subsidiário para apresentação de contestação, eis que a vontade do legislador foi a de utilizar a sistemática do procedimento sumário, deixando claro que o ato deve ser praticado em audiência. Igualmente equivocada a resposta no sentido de que o juiz deve julgar o pedido improcedente, na medida em que, havendo condição específica para o regular exercício do direito de ação ou condição de procedibilidade, deva ela ser examinada na condição de questão preliminar própria, gerando, como consequência, a extinção do feito. Logo, não foi considerada correta a resposta que adentrou o mérito (valor do aluguel) sem enfrentar a preliminar insuperável.

(OAB/Exame Unificado – 2011.2 – 2ª fase – FGV) Maria, funcionária de uma empresa transnacional, foi transferida para trabalhar em outro país e, por isso, celebrou contrato de compra e venda de seu apartamento com João, prevendo que Maria poderia resolver o contrato no prazo de um ano, desde que pagasse o preço recebido pelo imóvel e reembolsasse as despesas que João tivesse com ele. O referido contrato de compra e venda foi devidamente levado ao registro de imóveis com atribuição para tal.

Nesse período, João vendeu o apartamento para Mário, que tinha conhecimento de que ainda estava no prazo de Maria retomar o imóvel e lá foi residir com sua esposa.

Contudo, Maria retornou ao Brasil antes do período de um ano estipulado e, ao ter ciência de que o novo proprietário do apartamento era Mário, notificou-o de que desejaria retomar o imóvel, com o pagamento do valor do imóvel mais as despesas realizadas. Mário, porém, recusou o recebimento das quantias, afirmando que o contrato sujeito à cláusula resolutiva foi pactuado com João, não vinculando a terceiros.

Responda aos itens a seguir, empregando os argumentos jurídicos apropriados e a fundamentação legal pertinente ao caso.

a) Assiste razão a Mário?

b) Qual deverá ser o procedimento adotado por Maria a partir da recusa de Mário em receber a quantia?

RESOLUÇÃO DA QUESTÃO

a) O contrato celebrado entre as partes qualifica-se como compra e venda com cláusula de retrovenda (CC, art. 505 e ss.).

Tendo em vista o registro do contrato, há presunção de veracidade em relação a terceiros. Por isso, Mário não pode alegar desconhecimento da cláusula de retrovenda. Sendo assim, também a ela se submete, nos termos do art. 507 do CC:

"O direito de retrato, que é cessível e transmissível a herdeiros e legatários, poderá ser exercido contra o terceiro adquirente".

Portanto, não assiste razão a Mário.

b) Considerando a resposta anterior e a eficácia da cláusula de retrovenda em relação ao terceiro (Mário), deverá Maria ingressar com uma consignação em pagamento.

A base de direito material está no CC, art. 335, I. Já o procedimento a ser seguido está no art. 890 e ss. do CPC (procedimento especial).

GABARITO COMENTADO - EXAMINADORA

O examinando deve identificar que Maria celebrou contrato de compra e venda de bem imóvel com João, com previsão de cláusula de retrovenda, nos termos do art. 505 do Código Civil, sendo que foi pactuado pelas partes um prazo decadencial menor do que o previsto pela legislação. O referido contrato foi devidamente levado a registro, nos termos do art. 167, I, 29 da Lei nº 6.015/73, trazendo a presunção de conhecimento a terceiros que se trata de propriedade que fica sujeita a cláusula resolutiva. Assim, não assiste razão a Mário, que também fica submetido à cláusula de retrovenda (art. 507 do Código Civil) e não pode alegar ignorância de que sua propriedade é resolúvel, nos termos dos artigos 1.359 e 1.360 do Código Civil.

No item B, diante da recusa sem justa causa de Mário em receber o valor do imóvel e o reembolso das despesas, já que a cláusula de retrovenda se opera também em face de terceiros, abre-se a Maria o caminho da consignação em pagamento (art. 335, I, do Código Civil). Dessa forma, Maria deverá ajuizar uma ação de consignação em pagamento, nos termos do art. 890 do Código de Processo Civil, depositando a quantia devida, para poder exercer seu direito de resgate.

(OAB/Exame Unificado – 2012.2 – 2ª fase – FGV) Francisco confiou a Joaquim a guarda de determinada escultura italiana; para tanto, celebraram contrato de depósito, a título gratuito. Francisco, ao ser comunicado sobre o falecimento de Joaquim, reclama a devolução do bem; no entanto, os herdeiros argumentam que desconheciam a existência do contrato e informam que alienaram o bem a André.

Com base em tal situação, responda aos itens a seguir, utilizando os argumentos jurídicos apropriados e a fundamentação legal pertinente ao caso.

A) Qual ação judicial deverá ser ajuizada contra André?

B) Qual (ou quais) medida (s) pode (m) ser exigida (s) dos herdeiros por Francisco?

GABARITO COMENTADO – EXAMINADORA:

A hipótese narrada refere-se ao depósito voluntário, previsto nos artigos 627 e seguintes do Código Civil .

A) Ação reivindicatória, de acordo com o art. 637, do CC (ou Art. 1.228 do CC) ou Ação de obrigação de entregar a coisa certa, de acordo com Art. 461-A do CPC .

B) No caso, tendo os herdeiros agido de boa-fé, porquanto ignoravam o depósito, deverão assistir Francisco na referida ação reivindicatória e restituir a André o preço recebido, nos termos do Art. 637, do CC/2002.

(OAB/Exame Unificado - 2013.2 - 2ª fase - FGV) Humberto celebrou contrato de corretagem com Renata, inserindo cláusula de exclusividade pelo prazo de 6 (seis) meses, a fim de que esta mediasse a venda de seu imóvel. Passados três meses, Renata, embora diligente, não conseguiu o resultado pretendido. Por sua vez, Humberto, caminhando pela praia, encontrou um velho amigo, Álvaro, que se interessou pelo imóvel, vindo a efetivar a compra do bem. Renata, ao saber do negócio jurídico celebrado, ajuizou ação indenizatória em face de Humberto, cobrando-lhe o percentual ajustado sobre o valor da venda do imóvel a título de corretagem.

Nessa situação, indaga-se:

A) Tem Humberto o dever jurídico de indenizar Renata por inadimplemento de obrigação contratual? Fundamente.

B) Na hipótese de Renata ter aproximado as partes e o negócio não ter se realizado por arrependimento de Humberto, seria devida a corretagem?

A simples menção ou transcrição do dispositivo legal não pontua.

GABARITO COMENTADO – EXAMINADORA:

A) A resposta é afirmativa. Humberto deve pagar a Renata o percentual ajustado a título de corretagem. Tendo sido ajustada a cláusula de exclusividade, ainda que concluído o negócio diretamente entre as partes sem a intermediação da corretora, Renata terá direito à remuneração integral pela sua corretagem, salvo se comprovada sua inércia ou ociosidade, nos termos do Art. 726, do Código Civil.

B) A resposta também é afirmativa, pois mesmo que o negócio não fosse concluído por arrependimento de qualquer das partes, a remuneração seria devida, conforme dispõe o Art. 725, do Código Civil.

CAPÍTULO 5

Responsabilidade Civil

5.1. INTRODUÇÃO

Ao lado do Direito de Família, os temas referentes a Responsabilidade Civil fazem parte da gama de assuntos mais dinâmicos presentes em nosso Código Civil. Em decorrência da massificação das relações negociais, a ocorrência de atos que resultam em danos é algo extremamente corriqueiro na sociedade atual. Assim, a fim de regulamentar matéria, o legislador previu dispositivos previstos entre os arts. 927 e 943 CC.

A Responsabilidade Civil pode se pautar em duas fontes distintas: contratual (obrigacional) e extracontratual (aquiliana). A primeira já foi estudada anteriormente quando tratamos das relações contratuais e seu inadimplemento. Especificamente, as regras referente à esta espécie de responsabilidade estão previstas nos arts. 389, 390 e 391 do CC. Já a responsabilidade civil extracontratual deriva da mera inobservância de regras do dia a dia, regras estas socialmente aceitas que geram lesão ao direito de outrem.

O CC adota essa divisão, muito embora a tendência atual seja pela unificação de ambos os conceitos. A exemplo disso, o Código de Defesa do Consumidor já vem seguindo essa linha ao prever em seus arts.12 a 25 uma responsabilidade com outros critérios, qual seja, baseada no fato e no vício do produto.

No presente capítulo estudaremos sobre a responsabilidade civil extracontratual, analisando seus pressupostos, consequências e demais itens relevantes sobre o tema.

5.2. PRINCÍPIOS

São três o principais princípios norteadores da responsabilidade civil extracontratual:

A) Dignidade da pessoa humana (art. 1°, III, da CF): destaque e valorização à pessoa humana em detrimento de seu patrimônio..

B) Isonomia (5°, *caput*, da CF): igualdade material. Tratamento igual aos iguais e desigual aos desiguais na medida de suas desigualdades.

C) Solidariedade social (art. 3°, I, da CF): justiça distributiva e justiça social. A dignidade individual apenas será plenamente atingida quando os deveres recíprocos de solidariedade entre os indivíduos forem atendidos.

5.3. RESPONSABILIDADE SUBJETIVA

A responsabilidade subjetiva constituiu a *regra* em nosso ordenamento. Traz em seu bojo a existência da culpa *lato sensu* como um dos pressupostos para a configuração do dever de indenizar.

5.3.1. Hipótese de incidência (art. 186)

Aquele que, por ação ou omissão voluntária, negligência ou imprudência, violar direito e causar dano a outrem, ainda que exclusivamente moral, comete ato ilícito.

Destarte, são pressupostos para configuração da responsabilidade subjetiva:

conduta + culpa *lato sensu* (culpa *stricto sensu*/dolo) + nexo de causalidade + dano

a) Conduta humana: ato praticado por vontade humana, decorrente de ação (conduta positiva) ou omissão (conduta negativa). Na hipótese de omissão é indispensável que haja por parte do agente o dever jurídico de agir e ele se abstenha. Em outras palavras, a lei impunha ao agente que ele deveria agir, porém ele se omite, acarretando a ocorrência do resultado lesivo. Ademais, deve ficar demonstrado que se o agente tivesse agido a consequência danosa poderia ter sido evitada.

b) Culpa *lato sensu*: abrange o dolo e a culpa em sentido estrito. Dolo é a intenção de produzir o resultado. Na culpa em sentido estrito temos uma conduta voluntária com resultado indesejado. Pode se dar por meio da negligência (ausência de cautela em conduta omissiva), imprudência (ausência de cautela em conduta comissiva) e da imperícia (impropriedade técnico/profissional).

c) Nexo de causalidade: é o liame virtual e necessário que liga a conduta ao dano.

d) Dano: é o prejuízo efetivamente sofrido. Pode ser de ordem material, moral, estético, coletivo, social. Neste sentido, encarta-se Enunciado n. 456 JDC/CJF: *A expressão "dano" abrange não só os danos individuais, materiais ou imateriais, mas também os danos sociais, difusos, coletivos e individuais homogêneos a serem reclamados pelos legitimados para propor ações coletivas.*

5.3.2. Consequência (art. 927)

Aquele que cometer ato ilícito *fica obrigado a reparar dano.*

5.4. RESPONSABILIDADE OBJETIVA

A responsabilidade objetiva constitui exceção em nosso ordenamento jurídico. Neste passo,vimos que a regra para que surja o dever de indenizar é a presença de quatro pressupostos, dentre eles a culpa em sentido amplo. Quando falamos em responsabilidade objetiva, a culpa torna-se prescindível. Assim, sobram apenas três requisitos necessários para a sua configuração:

conduta + nexo de causalidade+ dano

Portanto, surgirá o dever de indenizar independentemente de qualquer elemento subjetivo por parte do agente. Trata-se de uma ideia delicada, haja vista a possibilidade de abertura para abusos e enriquecimento sem causa. Por tal razão a lei define em quais casos esse tipo de responsabilidade será aplicada. Duas são as hipóteses: *casos previstos em lei* e *atividade que implicar risco aos direitos de outrem*. Fora desse contexto a responsabilidade será subjetiva, necessitando o autor da demanda provar a culpa do agente para que surja o dever de reparação.

5.4.1 Casos previstos em lei

5.4.1.1. Produtos postos em circulação (art. 931)

Os empresários individuais e as empresas respondem independentemente de culpa pelos danos causados pelos ***produtos*** *postos em circulação.*

Ex.: danos causados por insumo vendido a uma indústria.

Essa previsão harmoniza-se com as disposições do CDC, nos termos do Enunciado n. 190 JDC/CJF: *A regra do art. 931 do novo Código Civil não afasta as normas acerca da responsabilidade pelo fato do produto previstas no art. 12 do Código de Defesa do Consumidor, que continuam mais favoráveis ao consumidor lesado.*

Elenca-se ainda mais quatro Enunciados:

Enunciado n. 42 JDC/CJF: *O art. 931 amplia o conceito de fato do produto existente no art. 12 do Código de Defesa do Consumidor, imputando responsabilidade civil à empresa e aos empresários individuais vinculados à circulação dos produtos.*

Enunciado n. 43 JDC/CJF: *A responsabilidade civil pelo fato do produto, prevista no art. 931 do novo Código Civil, também inclui os riscos do desenvolvimento.*

Enunciado n. 378 JDC/CJF: *aplica-se o art. 931 do Código Civil, haja ou não relação de consumo.*

Enunciado n. 562 JDC/CJF: *Aos casos do art. 931 do Código Civil aplicam-se as excludentes da responsabilidade objetiva.*

5.4.1.2. Responsabilidade pelo fato de 3º (arts. 932 e 933)

Responsabilidade **indireta**.

Não afasta a responsabilidade do causador do dano.

Neste sentido, primeiramente deve-se verificar se o agente causador agiu com culpa em sentido amplo (dolo, negligência, imprudência ou imperícia). Em caso positivo, o responsável também responderá, mas sem necessidade de dolo ou culpa *in vigilando* ou *in eligendo* ou mesmo de se invocar o modelo da culpa presumida para o caso. Neste passo, a responsabilidade civil por ato de terceiro funda-se na responsabilidade objetiva ou independente de culpa, estando superado o modelo de culpa presumida(Enunciado n. 451 JDC CJF).

Hipóteses:

a) **Pais** por filhos menores sob sua autoridade e companhia. Há polêmica na doutrina acerca da responsabilidade do pai que não possui a guarda do filho. Na tentativa de amenizar a questão, foi editado o Enunciado n. 450 JDC/CJF que prevê: *Considerando que a responsabilidade dos pais pelos atos danosos praticados pelos filhos menores é objetiva, e não por culpa presumida, ambos os genitores, no exercício do poder familiar, são, em regra, solidariamente responsáveis por tais atos, ainda que estejam separados, ressalvado o direito de regresso em caso de culpa exclusiva de um dos genitores*; para o STJ, a emancipação voluntária não exclui responsabilidade do pai. O art. 928 do CC traz disposição acerca da responsabilidade do incapaz, no sentido de que ele responde pelos prejuízos que causar, se as pessoas por ele responsáveis não tiverem obrigação de fazê-lo ou não dispuserem de meio suficiente. No caso, a indenização deverá ser equitativa e não terá lugar se privar do necessário o incapaz ou as pessoas que dele dependam. O Enunciado n. 39 JDC/CJF estende a interpretação acerca da indenização equitativa para os pais e tutores: *A impossibilidade de privação do necessário à pessoa, prevista no art. 928, traduz um dever de indenização equitativa, informado pelo princípio constitucional da proteção à dignidade da pessoa humana. Como consequência, também os pais, tutores e curadores serão beneficiados pelo limite humanitário do dever de indenizar, de modo que a passagem ao patrimônio do incapaz se dará não quando esgotados todos os recursos do responsável, mas se reduzidos estes ao montante necessário à manutenção de sua dignidade.*

Ainda sobre a responsabilidade do incapaz, cita-se mais três Enunciados:

Enunciado n. 40 JDC/CJF: *O incapaz responde pelos prejuízos que causar de maneira subsidiária ou excepcionalmente como devedor principal, na hipótese do ressarcimento devido pelos adolescentes que praticarem atos infracionais nos termos do art. 116 do Estatuto da Criança e do Adolescente, no âmbito das medidas socioeducativas ali previstas*

Enunciado n. 41 JDC: CJF: *A única hipótese em que poderá haver responsabilidade solidária do menor de 18 anos com seus pais é ter sido emancipado nos termos do art. 5º, parágrafo único, inc. I, do novo Código Civil;*

Enunciado n. 449 JDC/CJF: *A indenização equitativa a que se refere o art. 928, parágrafo único, do Código Civil não é necessariamente reduzida sem prejuízo do Enunciado n. 39 da I Jornada de Direito Civil.*

b) **Tutor e curador** nos mesmos casos;

c) **Empregador** por empregados, no exercício do trabalho; para o STF, é presumida a culpa do patrão (Súmula nº 341). Veja, porém,que essa súmula é anterior ao CC/2002, por isso o tribunal entendia que havia culpa presumida. Atualmente entende-se que a responsabilidade é objetiva, isto é, independente de culpa; para o STJ, o tomador de serviço não responde por empresa terceirizada; A doutrina e entende que o empregador e o comitente somente poderão agir regressivamente contra o empregado ou preposto se estes tiverem causado dano com dolo ou culpa (Enunciado n. 44 JDC/CJF). Cita-se ainda o Enunciado n. 191 JDC/CJF, especificamente quanto a responsabilidade dos estabelecimentos hospitalares e seus médicos contratados: *A instituição hospitalar privada responde, na forma do art. 932, III, do Código Civil, pelos atos culposos praticados por médicos integrantes de seu corpo clínico.*

d) **Dono** de hotel, hospedaria, casa ou estabelecimento onde se albergue por dinheiro, mesmo para fins de educação, pelos seus hóspedes, moradores ou educandos;

e) **Partícipe** de crime, sem ganho, até o limite de sua participação. Neste contexto, encarta-se o Enunciado n. 558 JDC/CJF: *São solidariamente responsáveis pela reparação civil, juntamente com os agentes públicos que praticaram atos de improbidade administrativa, as pessoas, inclusive as jurídicas, que para eles concorreram ou deles se beneficiaram direta ou indiretamente.*

Ainda referente ao tema responsabilidade por fato de terceiro foi editado Enunciado referente a responsabilidade das agremiações esportivas no que tange aos atos das torcidas organizadas:, a saber: Enunciado 447: JDC/CJF: *As agremiações esportivas são objetivamente responsáveis por danos causados a terceiros pelas torcidas organizadas, agindo nessa qualidade, quando, de qualquer modo, as financiem ou custeiem, direta ou indiretamente, total ou parcialmente.*

Há solidariedade na reparação dos danos no que tange a todos as pessoas elencadas supra. Na via regressiva, a indenização atribuída a cada agente será fixada proporcionalmente à sua contribuição para o evento danoso (Enunciado n. 453 JDC/CJF).

5.4.1.2.1. Jurisprudência selecionada

Súmula STF nº 492

A empresa locadora de veículos responde, civil e solidariamente com o locatário, pelos danos por este causados a terceiro, no uso do carro locado.

DIREITO CIVIL. RESPONSABILIDADE CIVIL DO TITULAR DE BLOG PELOS DANOS DECORRENTES DA PUBLICAÇÃO EM SEU SITE DE ARTIGO DE AUTORIA DE TERCEIRO.

O titular de blog é responsável pela reparação dos danos morais decorrentes da inserção, em seu *site*, por sua conta e risco, de artigo escrito por terceiro. Isso porque o entendimento consagrado na Súmula 221 do STJ, que afirma serem civilmente responsáveis pelo ressarcimento de dano, decorrente de publicação pela imprensa, tanto o autor do escrito quanto o proprietário do veículo de divulgação, é aplicável em relação a todas as formas de imprensa, alcançado, assim, também o serviço de informação prestado por meio da internet. Nesse contexto, cabe ao titular do *blog* exercer o controle editorial das matérias a serem postadas, de modo a evitar a propagação de opiniões pessoais que contenham ofensivos à dignidade pessoal e profissional de outras pessoas. **REsp 1.381.610-RS, Rel. Min. Nancy Andrighi, julgado em 3/9/2013.** (Inform. STJ 528)

DIREITO CIVIL. ILEGITIMIDADE PASSIVA DA CEF EM AÇÃO INDENIZATÓRIA REFERENTE A DANOS CAUSADOS EM RAZÃO DE ROUBO OCORRIDO NO INTERIOR DE CASA LOTÉRICA.

A Caixa Econômica Federal não tem legitimidade para figurar no polo passivo de ação que objetive reparar danos materiais e compensar danos morais causados por roubo ocorrido no interior de agência lotérica. Com efeito, a CEF, na qualidade de instituição financeira, poderia ser responsabilizada pelo eventual descumprimento das imposições legais referentes à adoção de recursos de segurança específicos para proteção dos estabelecimentos que constituam sedes de instituições financeiras. Essas específicas determinações legais, contudo, não alcançam as unidades lotéricas. Em primeiro lugar, porque, a partir da análise da Circular Caixa n. 539/2011 (itens 4 e 6), que regulamenta as permissões lotéricas e delimita a atuação das respectivas unidades, pode-se inferir que estas, embora autorizadas a prestar determinados serviços bancários, não possuem natureza de instituição financeira, já que não realizam as atividades referidas na Lei n. 4.595/1964 (captação, intermediação e aplicação de recursos financeiros). Em segundo lugar, porquanto a Lei n. 7.102/1983, que prevê normas de segurança para estabelecimentos financeiros, restringe sua aplicabilidade apenas aos "bancos oficiais ou privados, caixas econômicas, sociedades de crédito, associações de poupança, suas agências, postos de atendimento, subagências e seções, assim como as cooperativas singulares de crédito e suas respectivas dependências" (art. 1°, § 1°). Além disso, a Lei n. 8.987/1995, que dispõe sobre o regime de concessão e permissão de serviços públicos, é expressa ao prever que o permissionário (no particular, a unidade lotérica) deve desempenhar a atividade que lhe é delegada "por sua conta e risco" (art. 2°, IV). No mesmo sentido, ademais, o art. 25 da mesma lei impõe ao delegatário a responsabilidade por todos os prejuízos causados aos usuários ou a terceiros. Assim, como não há qualquer obrigação legal ou contratual imposta à CEF que conduza à sua responsabilização por dano causado no interior de unidade lotérica, fica evidente a sua ilegitimidade passiva em ação que objetive reparar danos materiais e compensar danos morais causados por roubo ocorrido no interior de unidade lotérica. Por fim, deve-se ressaltar que a eventual possibilidade de responsabilização subsidiária do concedente dos serviços públicos prestados pela agência lotérica, verificada apenas em situações excepcionais, não autoriza, por imperativo lógico decorrente da natureza de tal espécie de responsabilidade, o ajuizamento de demanda indenizatória unicamente em face do concedente (nesses casos, a CEF). **REsp 1.317.472-RJ, Rel. Min. Nancy Andrighi, julgado em 5/3/2013. (Inform. STJ 518)**

INDENIZAÇÃO. DANOS MORAIS. DENÚNCIA. POLÍCIA.

Trata-se de indenização por dano moral causado por culpa *in eligendo* e *in vigilando* do empregador (recorrente) em relação a atos praticados por seus empregados os quais imputaram à autora, ora recorrida, suposta prática de ato criminoso (furto). A conduta imprudente praticada pelos prepostos de loja de confecção deu-se após investigação promovida pelos próprios empregados, o que resultou em acusação de furto com ameaças de divulgação de fitas, ignorando a negativa da recorrida e, sem as devidas cautelas, culminou na investigação da Polícia Civil. Nessa ocasião, assinala o acórdão recorrido que a autoridade policial aconselhou a recorrida a tomar providências, daí o ajuizamento de ação cautelar para impedir a divulgação de sua imagem, seguido do pedido indenizatório. Também assinala o TJ que o dano moral só se configurou porque os prepostos, mesmo sendo alertados de que a recorrida não estivera na loja e, por esse motivo, não poderia ter furtado as roupas, e de que ela se colocou à disposição deles para resolver o caso, ainda assim, sem antes buscar a verdade dos fatos, deixaram-se levar por indícios infundados, levando-a a sofrer investigações na delegacia pela suposta prática de furto, obrigando-a a defender-se de imputações falsas. No REsp, explica o Min. Relator que a questão está em saber se, à luz do acontecido e reconhecido pelo TJ, houve responsabilidade do recorrente a ensejar indenização por danos morais. Observou que, em princípio, não responde por danos morais aquele que reporta à autoridade policial atitude suspeita ou prática criminosa, porquanto esse ato constitui exercício regular de um direito do cidadão, ainda que fique provada a inocência do acusado. Isso porque, só pode configurar-se o ilícito civil indenizável quando o denunciante age com dolo ou culpa e seu ato foi relevante para a produção do resultado lesivo. Também, segundo ressaltou o Min. Relator, não se desejou afirmar que os prepostos não poderiam zelar pelo patrimônio do empregador. No caso, reconhece que, seja por imprudência ou por excesso em seu mister, conforme apurado pelo tribunal *a quo*, existiu culpa, sem dúvida, quanto à informação absolutamente equivocada à polícia sobre a autoria do ilícito, inclusive houve provas de telefonemas à autora e ameaças de divulgação de imagens supostamente gravadas. Diante desses fundamentos, entre outros, a Turma negou provimento ao recurso. Precedentes citados: REsp 537.111-MT, DJe 11/5/2009; REsp 721.440-SC, DJ 20/8/2007; REsp 470.365-RS, DJ 1º/12/2003; REsp 254.414-RJ, DJ 27/9/2004; AgRg no Ag 945.943-MS, DJ 14/12/2007; REsp 468.377-MG, DJ 23/6/2003, e REsp 592.811-PB, DJ 26/4/2004. **REsp 1.040.096-PR, Rel. Min. Aldir Passarinho Junior, julgado em 8/2/2011.** (Inform. STJ 462)

RESPONSABILIDADE. TOMADOR. SERVIÇO. TERCEIRIZAÇÃO.

Trata-se de REsp em que a questão cinge-se em saber se há relação de preposição a justificar que empresa contratante de serviço de transporte de seus funcionários responda, de forma solidária, por acidente de trânsito causado pela prestadora durante a consecução do serviço no qual vitimou terceiro. A Turma negou provimento ao recurso pelo seguinte fundamento, entre outros: o tomador de serviço somente será objetivamente responsável pela reparação civil dos ilícitos praticados pelo prestador nas hipóteses em que estabelecer com ele uma relação de subordinação da qual derive um vínculo de preposição, o que não ocorreu no caso. Consignou-se que o tribunal *a quo*, examinando a relação contratual entre a empresa prestadora e a tomadora de serviço, afirmou inexistir subordinação entre as partes, e a prestadora arcava inteiramente com os riscos inerentes à atividade desempenhada de forma própria e autônoma. Dessarte, ficou evidente que não havia relação de preposição entre as empresas, tampouco entre o motorista do ônibus e a tomadora, na medida em que inexistia ingerência dela sobre o serviço prestado, operando-se, na realidade, efetiva terceirização. Desse modo, ausente qualquer relação de emprego ou preposição entre a empresa tomadora e a prestadora de serviço ou funcionários desta, entendeu-se correto o acórdão recorrido que afastou a responsabilidade objetiva da tomadora pelo acidente em questão, inexistindo a alegada violação dos arts. 932, III, e 933 do CC/2002. **REsp 1.171.939-RJ, Rel. Min. Nancy Andrighi, julgado em 7/12/2010.** (Inform. STJ 459)

RESPONSABILIDADE CIVIL. PAIS SEPARADOS. ATO ILÍCITO. MENOR.

A Turma reiterou o entendimento de que ambos os genitores, inclusive aquele que não detém a guarda, são responsáveis pelos atos ilícitos praticados pelos filhos menores, salvo se comprovarem que não concorreram com culpa para a ocorrência do dano. Contudo, na espécie, a genitora assumiu o risco da ocorrência trágica, ao comprar um revólver três ou quatro dias antes de o filho cometer o crime, arma adquirida de modo irregular e sem cautela alguma. Assim, tal circunstância caracteriza excepcionalidade que isenta o genitor, que não detém a guarda e não habita no mesmo domicílio, de solidariamente responder pelo ato ilícito (homicídio) cometido pelo menor, ou seja, deve ser considerado parte ilegítima na ação proposta pelos pais da vítima. **REsp 777.327-RS, Rel. Min. Massami Uyeda, julgado em 17/11/2009.** (Inform. STJ 416)

RESPONSABILIDADE CIVIL. PAGAMENTO. SEGURO.

A Turma confirmou o acórdão recorrido com o entendimento de que, apesar da possibilidade de ressarcir-se perante o fraudador, a sociedade empresária revendedora de veículo responde por ato de seu preposto que induzia os compradores a realizar contrato de seguro com empresa inidônea para mais rápido receber o valor da venda, visto que, sem seguro, o banco não liberaria o *leasing*. No caso dos autos, o comprador entregou ao vendedor cheque para pagamento do seguro à vista, o cheque foi repassado ao corretor da seguradora, que falsificou o endosso, recebeu o valor do cheque e fez o contrato de seguro para pagamento a prazo, adimplindo apenas a primeira parcela, o que resultou no cancelamento da apólice. O veículo, então, foi furtado e, quando o proprietário ora recorrido acionou a seguradora, verificou o ocorrido e ingressou com a demanda para ressarcimento do valor do bem somado a perdas e danos. No REsp, a sociedade revendedora defendia a impossibilidade de ser responsabilizada pelos danos causados por outrem. Para o Min. Relator, a hipótese descrita enquadra-se no inciso III do art. 1.521 do CC/1916, ou seja, responde o patrão por ato do seu empregado. No caso, o ato traduz-se em, durante o trabalho prestado, induzir o comprador a erro, assim, não está a recorrente respondendo por ato praticado pelo corretor da seguradora, mas por ato de preposto seu (o vendedor); pode entretanto, vir a ressarcir-se perante o fraudador. **REsp 268.021-SP, Rel. Min. Fernando Gonçalves, julgado em 29/9/2009.** (Inform. STJ 409)

RESPONSABILIDADE CIVIL. ACIDENTE. GUARDA. AUTOMÓVEL.

O primeiro recorrente confiou ao segundo a guarda de seu automóvel. Este, por sua vez, manteve-o na garagem de sua residência e depositou as chaves fora da ignição, em lugar de seu costume. Sucede que o esposo da empregada doméstica recém-contratada pela casa subtraiu o veículo e, em acidente, veio a causar os danos reclamados pela recorrida. Diante disso, a Turma entendeu que, firmado pelo acórdão recorrido que o veículo causador do dano foi "furtado" da garagem por terceiro, não há que se falar em culpa *in vigilando* de seu guardião, o que afasta a culpa *in eligendo* do proprietário, quanto mais se daquele não se podem exigir mais cuidados do que aqueles que se exigiriam da média das pessoas. REsp 445.896-DF, Rel. Min. Humberto Gomes de Barros, julgado 21/2/2006. (Inform. STJ 275)

5.4.1.3. *Dono ou detentor de animal (art. 936)*

Responsabilidade objetiva: *o dono ou detentor* do animal ressarcirá o dano por este causado, se não provar culpa da vítima ou força maior.

Trata-se de outro caso de responsabilidade objetiva, inclusive confirmado pelo Enunciado 452 JDC/CJF (*A responsabilidade civil do dono ou detentor de animal é objetiva, admitindo-se a excludente do fato exclusivo de terceiro*). Importante ressaltar, contudo, que ainda há posicionamento jurisprudencial que entende tratar-se de hipótese de culpa presumida.

No que tange às excludentes, verifica-se que a lei previu duas: culpa exclusiva de vítima e força maior. Quanto a esta última, importante pontuar que há autores e julgados do STJ que consideram a expressão "força maior" sinônima de "caso fortuito". Neste casos, a excludente estaria presente em ambas as hipóteses.

5.4.1.4. *Prédio em ruína (art. 937)*

Responsabilidade objetiva: *o dono de edifício ou construção responde pelos danos que resultarem de sua ruína se esta provier de falta de reparos, cuja necessidade fosse manifesta.* Sobre o tema, Enunciado n. 556 JDC/CJF: *A responsabilidade civil do dono do prédio ou construção por sua ruína, tratada pelo art. 937 do CC, é objetiva.*

Importante salientar que referido dever de indenizar carrega em si cunho *propter rem*, isto é, o dever de indenizar é do dono, independentemente se o a ruína foi causada pelo seu antecessor, inquilino etc.

5.4.1.5. *Coisas caídas ou lançadas (art. 938)*

Responsabilidade objetiva: *aquele que habitar prédio, ou parte dele, responde pelo dano proveniente das coisas que dele caírem ou forem lançadas em lugar indevido.*

Trata-se da responsabilidade pela queda de objetos líquidos e sólidos. O dever de indenizar será apenas daquele que *habita* o prédio, daí, em regra não se pode atribuir responsabilidade solidária ao locador ou comodante, pois eles não habitam em conjunto com o locatário e comodatário. Apenas serão responsabilizados de forma solidária se houver coautoria.

Se a coisa cair ou for lançada de condomínio edilício, não sendo possível identificar de qual unidade, responderá o condomínio, assegurado o direito de regresso (Enunciado n. 557 JDC/CJF).

5.4.2. Atividade de risco (art. 927, parágrafo único)

Quando a atividade normalmente desenvolvida pelo autor do dano implicar, por sua natureza, risco para os direitos de outrem. A expressão "direitos de outrem" deve abranger não apenas a vida e a integridade física, mas também outros direitos, de caráter patrimonial ou extrapatrimonial (Enunciado n. 555 JDC/CJF).

Exs.: acidente em loja de fogos; acidente com helicóptero, matando terceiros.

Existem algumas teorias que foram desenvolvidas quanto ao risco:

a) Teoria do risco integral: não admite nenhum tipo de excludente de responsabilidade. Ex: sustenta-se a sua aplicação no caso de danos ambientais;

b) Teoria do risco da atividade: a atividade desempenhada cria riscos a terceiros (art. 927, parágrafo único do CC);

c) Teoria do risco administrativo: aplicada nos casos de responsabilização objetiva do Estado (art. 37, § 6°, da CF);

d) Teoria do risco criado: o agente assume o risco advindo de outra pessoa ou coisa. Ex: art. 937 do CC, responsabilidade do dono do prédio pela ruína do edifício.

e) Teoria do risco-proveito: o lucro da atividade advém do risco. Essa teoria é aplicada principalmente no âmbito do Código de Defesa do Consumidor, em que diariamente novos produtos são colocados no mercado.

O Código não define o conceito de risco. Fato é que toda atividade humana gera riscos, por mais simples que seja. Assim, pode-se dizer que o risco a que a Lei se refere é aquele fora do comum, excepcional, que cria uma maior exposição a possibilidade de dano. Nos termos do Enunciado n. 38 JDC/CJF, configura-se o risco quando a atividade causar a pessoa determinada um ônus maior do que aos demais membros da coletividade. Em verdade, o trecho "atividade de risco" previsto no art. 927, parágrafo único trata-se de um exemplo de cláusula geral, cujo teor terá de ser preenchido pelo julgador. A doutrina e a jurisprudência muitas vezes auxiliam na criação dessas balizas.

Confira, ainda, outros quatro enunciados das Jornadas de Direito Civil:

a) "377 – O art. 7°, inc. XXVIII, da Constituição Federal não é impedimento para a aplicação do disposto no art. 927, parágrafo único, do Código Civil quando se tratar de atividade de risco."

b) "446 – Art. 927: A responsabilidade civil prevista na segunda parte do parágrafo único do art. 927 do Código Civil deve levar em consideração não apenas a proteção da vítima e a atividade do ofensor, mas também a prevenção e o interesse da sociedade."

c) "448 – Art. 927: A regra do art. 927, parágrafo único, segunda parte, do CC aplica-se sempre que a atividade normalmente desenvolvida, mesmo sem defeito e não essencialmente perigosa, induza, por sua natureza, risco especial e diferenciado aos direitos de outrem. São critérios de avaliação desse risco, entre outros, a estatística, a prova técnica e as máximas de experiência."

d) Enunciado n. 554 JDC/CJF: Independe de indicação do local específico da informação a ordem judicial para que o provedor de hospedagem bloqueie determinado conteúdo ofensivo na internet.

5.4.2.1. *Jurisprudência selecionada*

Súmula STF nº 28

O estabelecimento bancário é responsável pelo pagamento de cheque falso, ressalvadas as hipóteses de culpa exclusiva ou concorrente do correntista.

5.4.3. Ato ilícito por abuso de direito (art. 187)

Também comete ato ilícito o titular de um direito que, ao exercê-lo, excede manifestamente os limites impostos pelo seu fim econômico ou social, pela boa-fé ou pelos bons costumes.

O ato ilícito por abuso de direito é aquele que é lícito quanto ao seu conteúdo, mas ilícito quanto as consequências. Ele nasce lícito, mas devido a um excesso, um *abuso* na conduta do agente o ato se torna ilícito. Configura-se num exercício irregular de um direito reconhecido. Trata-se do chamado ato emulativo, isto é, ato lícito mas que prejudica outrem.

O abuso pode se dar em razão da exasperação dos limites no que tange ao fim social ou econômico, boa-fé – ou bons costumes. Trata-se de conceitos indeterminados, que devem ser aferidos pelo magistrado no caso concreto.

O Enunciado 37/CJF considera objetiva a responsabilidade no caso, ou seja, não é necessário culpa ou dolo.

Exemplos:

excesso na liberdade de informação;

excesso no exercício da propriedade (direito de vizinhança);

excesso na legítima defesa.

excesso na cobrança de dívidas (Enunciado n. 553 JDC/CJF: *Nas ações de responsabilidade civil por cadastramento indevido nos registros de devedores inadimplentes realizados por instituições financeiras, a responsabilidade civil é objetiva. a inserção indevida do nome de indivíduo em cadastro de maus pagadores*)

Acerca da temática do abuso de direito, confira, ainda, os seguintes Enunciados das Jornadas de Direito Civil:

a) 412 – Art. 187: As diversas hipóteses de exercício inadmissível de uma situação jurídica subjetiva, tais como *supressio*, *tu quoque*, *surrectio* e *venire contra factum proprium*, são concreções da boa-fé objetiva.

b) 413 – Art. 187: Os bons costumes previstos no art. 187 do CC possuem natureza subjetiva, destinada ao controle da moralidade social de determinada época, e objetiva, para permitir a sindicância da violação dos negócios jurídicos em questões não abrangidas pela função social e pela boa-fé objetiva.

c) 414 – Art. 187: A cláusula geral do art. 187 do Código Civil tem fundamento constitucional nos princípios da solidariedade, devido processo legal e proteção da confiança, e aplica-se a todos os ramos do direito.

Entende a doutrina que o abuso de direito é uma categoria jurídica autônoma em relação à responsabilidade civil. Por isso, o exercício abusivo de posições jurídicas desafia controle independentemente de dano (Enunciado n. 539 JDC/CJF). Esse Enunciado vem trazer a possibilidade de se adotar medidas preventivas quando ocorrer abuso de direito, ainda que não tenha ocorrido o dano. Contudo, para fins de responsabilidade civil, o dano é imprescindível para que haja reparação.

5.5. EXCLUDENTES DE RESPONSABILIDADE EM GERAL

As excludentes de responsabilidade são causas justificadoras da conduta que tem o poder de transformar um ato que inicialmente seria considerado ilícito em lícito, atendidos os requisitos legais. Isso significa que estará excluído o dever de indenizar, ainda que haja dano.

Importante ressaltar que a responsabilidade civil é independente da criminal, não se podendo questionar mais sobre a existência do fato, ou sobre que seja o seu ator, quando estas questões se acharem decididas no juízo criminal (art. 935 do CC, Enunciado 45 JDC/CJF)

5.5.1. Legítima defesa

A legítima defesa é uma causa tanto excludente de responsabilidade civil (art. 188, I do CC) como da ilicitude penal. Age em legítima defesa quem *usando moderadamente dos meios necessários, repele injusta agressão, atual ou iminente, a direito seu ou de outrem* (art. 25 do Código Penal).

Pelo conceito, verifica-se que o agente que age em legítima defesa o faz para afastar uma agressão ilícita anteriormente sofrida a fim de proteger um direito seu ou de terceiro. Assim são requistos configuradores da legítima defesa:

a) Agressão injusta: significa agressão ilícita;

b) Atual ou iminente: a reação que justifica a legítima defesa deve advir de uma agressão que está ocorrendo ou prestes a ocorrer em instantes;

c) Meios necessários: deve haver razoabilidade na escolha das ferramentas utiliziadas. Ex: havendo acesso a uma facão e a um canivete, se o canivete for suficiente para afastar a agressão, o uso do facão será inadequado, sob pena de configuração de excesso e exclusão da causa justificadora;

d) Moderação: os meios necessários devem ser utilizados na medida certa para paralisar a agressão, sob pena de configuração de excesso e exclusão da causa justificadora;

e) Defesa de direito próprio ou alheio;

O Código Civil traz contextualiza a legítima defesa quando se refere a defesa da posse, nos casos de ameaça ou turbação e o desforço imediato no caso de esbulho (art. 1.210 do CC).

A legítima defesa *putativa*, isto é, imaginária não exclui o dever de indenizar. É o caso em que o agente supõe estar diante de causa justificadora, quando na verdade se engana.

Havendo legítima defesa *de terceiro* a Lei assegura àquele que reparou o dano o direito de regresso contra o agressor. Ex: "A" agride "B" que, ao reagir, por erro na execução acaba atingindo bem de "C". "B" terá de indenizar o dano causado a "C", mas em contrapartida terá ação regressiva contra "A".

Por fim, ressalta-se que o *excesso* exclui a licitude da conduta (configurando ato ilícito ou abuso de direito), razão pela qual a reação deve ser apenas a necessária e suficiente para afastar a agressão.

5.5.2. Exercício regular de direito

O exercício regular do direito está previsto na parte final do art. 188, II do CC. Há determinadas situações e que o dano sofrido por um corresponde à faculdade do exercício de um direito do outro. Ex: inserção do nome de alguém no cadastro de inadimplentes. Para o devedor isso é prejudicial. Em linhas gerais ele sofre um dano, pois terá o seu direito de crédito restrito. Por outro lado, é direito do credor fazer referida inclusão, haja vista que o ordenamento ampara esse a conduta em defesa dos interesses da coletividade. Assim, estará presente o exercício regular do direito, e não há que se falar em ilicitude ou abuso de direito por parte de referido credor. Todavia, ressalta-se que o excesso no exercício desse direito pode acarretar abuso de direito e, por consequência, dever de indenizar.

5.5.3. Estrito cumprimento de dever legal

Trata-se de hipótese em que o agente tem o dever legal ou administrativo de atuar. Assim, ainda que haja dano estará ausente o dever de indenizar. Ex.: prestação de informações às autoridades fiscais; policial que atua em combate ao crime.

5.5.4. Estado de necessidade

Preconiza o Código Civil em seu art. 188, II que *não constituem atos ilícitos a deterioração ou destruição da coisa alheia, ou a lesão à pessoa, a fim de remover perigo iminente*. E complementa o parágrafo único: *O ato será legítimo somente quando as circunstâncias o tornarem absolutamente necessários, não excedendo os limites do indispensável para a remoção do perigo*. O instituto também encontra previsão no art. 24 do CP.

Assim, são requisitos configuradores do estado de necessidade:

a) **Situação de perigo**: é aquela ocorrência que expõe alguém ou alguma coisa a grave risco de dano;

b) **Destruição/deterioração de coisa alheia ou lesão à pessoa ameaçada;**

c) **Iminência do perigo**: embora não esteja escrito, é possível que também se aplique ao perigo atual;

d) **Indispensabilidade da sacrifício:** apenas será reconhecido o estado de necessidade se a destruição/deterioração/lesão era o único meio de afastar a situação de perigo;

e) **Moderação**; o agente deve empregar as forças e os meios suficientes e necessários para afastar a situação de perigo, sob pena de configuração de excesso e exclusão da causa justificadora.

O estado de necessidade pode ser classificado como: *i) defensivo*: para proteger bem jurídico próprio ou de terceiro, o agente sacrifica bem pertencente àquele que acarretou a situação de perigo. Neste caso não há o dever de indenizar, pois a culpa é exatamente de quem sofreu o prejuízo; *ii) agressivo*: para proteger bem jurídico, o agente sacrifica bem de terceiro sendo que a situação de perigo foi causada por um outro indivíduo. Neste caso o agente deve indenizar o terceiro (ainda que tenha agido na melhor das intenções para salvá-lo), mas terá ação de regresso contra o indivíduo causador do perigo. Ex.: "A", fechado por "B", desvia carro, batendo em 3º ("C") para não atropelar alguém; "A", apesar do estado de necessidade, responderá perante 3º ("C"), podendo ingressar com ação de regresso contra "B", culpado por tudo.

5.5.5. Excludentes do Nexo de Causalidade

São excludentes que incidem sobre o liame existente entre a conduta e o dano, fazendo com que inexista a conexão. Ausente um dos requisitos da responsabilidade civil, ausente estará o dever de indenizar.

5.5.5.1. Caso fortuito ou de força maior

Grande parte da doutrina e jurisprudência encaram essas expressões como sinônimas. *Configuram-se no fato necessário, cujos efeitos não são possíveis de evitar ou impedir* (art. 393, parágrafo único, do CC). Exs.: um tornado de grande expressão, um terremoto.

Há algumas exceções em que, ainda que presente essa causa justificante o agente responderá: *i)* art. 399 CC que prevê que o devedor em mora responderá pelo caso fortuito e força maior, a não ser que prova ausência total de culpa ou que o dano ocorreria mesmo não havendo a mora ou o atraso; *ii)* responsabilização contratual.

De acordo com o Enunciado nº 443 das Jornadas de Direito Civil, "o caso fortuito e a força maior somente serão considerados como excludentes da responsabilidade civil quando o fato gerador do dano não for conexo à atividade desenvolvida".

Para o STJ, roubo em posto de gasolina é considerado força maior, excluindo a responsabilidade do estabelecimento.

Já roubo em agência bancária é evento previsível, não caracterizando força maior.

Outro entendimento importante é o fixado na Súmula nº 479 do STJ: "As instituições financeiras respondem objetivamente pelos danos gerados por fortuito interno relativo a fraudes e delitos praticados por terceiros no âmbito de operações bancárias".

5.5.5.2. Culpa exclusiva da vítima

Ex.: alguém se joga na frente de um carro e é atropelado.

Obs.: culpa concorrente da vítima só altera valor indenizatório.

5.5.5.3. Fato de terceiro

Ex.: arremesso de pedra em ônibus, ferindo passageiro (STJ).

Já se houver acidente de ônibus causado por 3º, transportador responde perante passageiros, com regresso contra 3º.

Obs.: a extinção da punibilidade criminal não acarreta exoneração da responsabilidade, salvo negativa de autoria/fato.

5.6. SUJEITOS PASSIVOS DO DIREITO À INDENIZAÇÃO

5.6.1. Autores e coautores da ofensa

5.6.2. Responsáveis indiretos

a) Responsáveis por atos de terceiros (arts. 932 e 933);

b) Súmula STJ 130: a empresa responde, perante o cliente, pela reparação de dano/furto em seu estacionamento;

c) Súmula STF 492: empresa locadora de veículos responde civil e solidariamente com o locatário pelos danos por este causados a terceiro, no uso do carro locado;

d) Súmula STJ 132: a ausência de registro da transferência não implica responsabilidade do antigo dono resultante de acidente que envolva o veículo alienado.

5.6.3. Solidariedade

Se a ofensa tiver mais de um autor, todos responderão solidariamente pela reparação (art. 942).

Súmula STJ 221: são civilmente responsáveis pelo ressarcimento de dano, decorrente de publicação pela imprensa, tanto o autor do escrito quanto o proprietário do veículo de divulgação.

STJ, REsP 343.649: quem permite que terceiro conduza seu veículo é responsável solidário pelos danos culposamente causados por este.

5.6.4. Jurisprudência selecionada

INDENIZAÇÃO SECURITÁRIA. LEGITIMIDADE. SEGURADO. NÃO INCLUSÃO. POLO PASSIVO.

Trata-se, originariamente, de ação de cobrança de indenização securitária e compensação por danos morais proposta pelo autor, já falecido (figura agora o espólio representado por sua inventariante), em desfavor da seguradora. Aduziu-se que o táxi do *de cujus* foi abalroado por automóvel segurado pela ré, ora recorrente. O conserto teria sido pago pela seguradora, mas, sendo o veículo de praça, também, pleiteia-se receber valor correspondente aos lucros cessantes, além de compensação por danos morais sofridos. A seguradora não contestou o pagamento do valor referente ao conserto do veículo. Aduziu em sua defesa, preliminarmente, a ilegitimidade ativa do *de cujus* e a sua ilegitimidade passiva sob o fundamento de que não poderia ser demandada diretamente pelo terceiro prejudicado, pois sua relação jurídica era estabelecida unicamente com o segurado. No mérito, impugnou a utilização do veículo como táxi, a limitação do valor segurado e a improcedência do pedido de compensação por danos morais. Na origem, a ação foi julgada parcialmente procedente, tendo sido afastadas as preliminares de ilegitimidade, para condenar a seguradora ao pagamento de lucros cessantes ao autor, além de terem sido proporcionalmente distribuídos os ônus da sucumbência e compensados os honorários advocatícios. Sobre a legitimidade da seguradora para figurar no polo passivo em ação proposta por terceiro, a Turma concluiu que a jurisprudência das duas turmas da Segunda Seção deste Superior Tribunal firmou o entendimento de que é cabível a ação direta do terceiro contra a seguradora. Assim, não obstante o contrato de seguro tenha sido celebrado apenas entre o segurado e a seguradora, dele não fazendo parte o recorrido, ele contém uma estipulação em favor de terceiro. E é em favor desse terceiro que a importância segurada será paga. Daí a possibilidade de ele requerer diretamente da seguradora o referido pagamento. O fato de o segurado não integrar o polo passivo da ação não retira da seguradora a possibilidade de demonstrar a inexistência do dever de indenizar. A interpretação do contrato de seguro dentro de uma perspectiva social autoriza e recomenda que a indenização prevista para reparar os danos causados pelo segurado a terceiro seja por esse diretamente reclamada da seguradora. A Turma, com essas e outras considerações, negou provimento ao recurso. Precedentes citados: REsp 228.840-RS, DJ 4/9/2000; REsp 294.057-DF, DJ 12/11/2001, e REsp 444.716-BA, DJ 31/5/2004. **REsp 1.245.618-RS, Rel. Min. Nancy Andrighi, julgado em 22/11/2011.** (Inform. STJ 488)

5.7. SUJEITOS ATIVOS DO DIREITO À INDENIZAÇÃO

5.7.1. Vítima direta

Ex.: aquele que sofreu o acidente.

5.7.2. Vítima indireta

Ex.: os familiares próximos da vítima do acidente.

Tem-se no caso danos morais **reflexos** ou por **ricochete**. Neste passo, ressalta-se que no plano patrimonial, a manifestação do dano reflexo ou por ricochete não se restringe às hipóteses previstas no art. 948 do Código Civil (Enunciado n. 560 JDC/CJF).

Trata-se do *préjudice d'affection,* pois o instituto é fundado no princípio da afeição.

O STJ admite o dano indireto, sendo comum fixar-se indenização por danos morais em favor de pessoas muito próximas da vítima de um homicídio, tais como pais, filhos, irmãos, cônjuge e companheiro.

5.7.3. Jurisprudência selecionada

DANOS MORAIS REFLEXOS. LEGITIMIDADE.

Trata-se de REsp em que a controvérsia é definir se os pais da vítima sobrevivente de acidente de trânsito têm legitimidade para pleitear compensação por danos morais, considerando-se que, na espécie, a própria acidentada teve reconhecido o direito a receber a referida compensação por tais danos. A Turma assentou que, não obstante a compensação por dano moral ser devida, em regra, apenas ao próprio ofendido, tanto a doutrina quanto a jurisprudência têm firmado sólida base na defesa da possibilidade de os parentes do ofendido a ele ligados afetivamente postularem, conjuntamente com a vítima, compensação pelo prejuízo experimentado, conquanto sejam atingidos de forma indireta pelo ato lesivo. Observou-se que se trata, na hipótese, de danos morais reflexos, ou seja, embora o ato tenha sido praticado diretamente contra determinada pessoa, seus efeitos acabam por atingir, indiretamente, a integridade moral de terceiros. É o chamado dano moral por ricochete ou *préjudice d'affection*, cuja reparação constitui direito personalíssimo e autônomo dos referidos autores, ora recorridos. Assim, são perfeitamente plausíveis situações nas quais o dano moral sofrido pela vítima principal do ato lesivo atinja, por via reflexa, terceiros, como seus familiares diretos, por lhes provocar sentimentos de dor, impotência e instabilidade emocional. Foi o que se verificou na espécie, em que postularam compensação por danos morais, em conjunto com a vítima direta, seus pais, perseguindo ressarcimento por seu próprio sofrimento decorrente da repercussão do ato lesivo na sua esfera pessoal, visto que experimentaram, indubitavelmente, os efeitos lesivos de forma indireta ou reflexa, como reconheceu o tribunal de origem, ao afirmar que, embora conste da exordial que o acidente não atingiu diretamente os pais da vítima, eles possuem legitimidade para pleitear indenização, uma vez que experimentaram a sensação de angústia e aflição gerada pelo dano à saúde familiar. Diante disso, negou-se provimento ao recurso. Precedentes citados: REsp 160.125-DF, DJ 24/5/1999; REsp 530.602-MA, DJ 17/11/2003; REsp 876.448-RJ, DJe 21/9/2010; REsp 1.041.715-ES, DJe 13/6/2008, e REsp 331.333-MG, DJ 13/3/2006. **REsp 1.208.949-MG, Rel. Min. Nancy Andrighi, julgado em 7/12/2010**. (Inform. STJ 459)

5.8. REPARAÇÃO DOS DANOS

5.8.1. Regra

Aquele que comete ato ilícito responderá com os seus bens pela reparação do dano (art. 942 do CC). Daí, diferentemente de como funcionava no passado, não se admite castigos corporais ou trabalhos forçados como forma de reparação. Nesta linha de raciocínio, se a ofensa tiver mais de um autor, todos responderão solidariamente com o seu patrimônio. Na via regressiva, a indenização atribuída a cada agente será fixada proporcionalmente à sua contribuição para o evento danoso (Enunciado n. 453JDC/CJF). Ainda sobre o tema de reparação dos danos por meio de bens, vide Enunciado n. 558 JDC/CJF.

O direito de exigir reparação e a obrigação de prestá-la transmite-se com a herança. Esse direito abrange os danos morais, ainda que a ação não tenha sido iniciada pela vítima (Enunciado n. 454 JDC CJF).

Regra de ouro: A indenização mede-se pela extensão do dano (art. 944, *caput* do CC).

Trata-se do princípio da reparação integral dos danos.

Exemplo de aplicação prática do princípio é a Súmula 281 do STJ, que impede a tarifação do dano moral.

Neste contexto, elenca-se o Enunciado n. 379 JDC/CJF que prevê: *O art. 944, caput, do Código Civil não afasta a possibilidade de se reconhecer a função punitiva ou pedagógica da responsabilidade civil.*

5.8.2. Exceções ao princípio da reparação integral

a) Se houver excessiva desproporção entre a *gravidade da culpa* e o *dano* o juiz pode reduzir equitativamente a indenização (art. 944, parágrafo único). Consoante Enunciado n. 46 JDC/CJF, essa redução deve ser interpretada restritivamente, por representar uma exceção ao princípio da reparação integral do dano, não se aplicando às hipóteses de responsabilidade objetiva. Reforça essa ideia o Enunciado n. 457 JDC/CJF: A redução equitativa da indenização tem caráter excepcional e somente será realizada quando a amplitude do dano extrapolar os efeitos razoavelmente imputáveis à conduta do agente;

b) Se houver culpa recíproca, a indenização será *proporcional*, levando em conta os graus de culpa e a teoria da causalidade adequada (art. 945 e Enunciado n. JDC/CJF). Neste espeque, ressalta-se que a conduta da vítima pode ser fator atenuante do nexo de causalidade na responsabilidade civil objetiva (Enunciado n. 459 JDC/CJF);

c) O incapaz responde *subsidiária* e *equitativamente*.

Subsidiariamente: pois só responde se responsável não responder ou não dispuser de meios; ex.: curador de um incapaz rico, que não tiver meios.

Equitativamente: pois, caso o incapaz responda, o valor não poderá privá-lo do necessário para a sua subsistência; há entendimento de que pais, tutores e curadores também se beneficiam dessa limitação quando o pagamento da indenização puder prejudicar a subsistência do incapaz (Enunciado CJF nº 39).

Adotou-se a Teoria do Patrimônio Mínimo, de modo a garantir sempre um patrimônio para o incapaz, criando a Responsabilidade Mitigada e Subsidiária.

5.8.3. Espécies de danos

5.8.3.1. Dano material

O dano a material é o dano ao patrimônio físico do agente, seja ele pessoa natural, pessoa jurídica ou ente despersonalizado. Pode ser classificado em:

a) danos emergentes: *o que efetivamente se perdeu;* ex.: conserto do veículo, medicamentos, tratamentos;

b) lucros cessantes: *o que razoavelmente se deixou de lucrar*; ex.: renda que profissional liberal deixa de auferir por ficar 30 dias sem trabalhar;

Outra causa corriqueira que também pode ser encarada como dano material são os danos decorrentes da "Perda de uma Chance". Significa o dano decorrente da possibilidade de buscar posição jurídica mais vantajosa que muito provavelmente ocorreria; ex.: voo atrasado a impedir posse de aprovado em concurso. De acordo com o Enunciado nº 444 das Jornadas de Direito Civil, "a responsabilidade civil pela perda de chance não se limita à categoria de danos extrapatrimoniais, pois, conforme as circunstâncias do caso concreto, a chance perdida pode apresentar também a natureza jurídica de dano patrimonial. A chance deve ser séria e real, não ficando adstrita a percentuais apriorísticos".

5.8.3.1.1. Jurisprudência selecionada

Súmula STF nº 562

Na indenização de danos materiais decorrentes de ato ilícito cabe a atualização de seu valor, utilizando-se, para esse fim, dentre outros critérios, dos índices de correção monetária.

Súmula STF nº 493

O valor da indenização, se consistente em prestações periódicas e sucessivas, compreenderá, para que se mantenha inalterável na sua fixação, parcelas compensatórias do imposto de renda, incidente sobre os juros do capital gravado ou caucionado, nos termos dos arts. 911 e 912 do Código de Processo Civil.

Súmula STF nº 491

É indenizável o acidente que cause a morte de filho menor, ainda que não exerça trabalho remunerado.

DIREITO DE PREFERÊNCIA. VENDA DE NAVIO. AUSÊNCIA DE COMUNICAÇÃO.

Descabe pedido de indenização por danos materiais e morais com fulcro no art. 1.156 do CC/1916 na hipótese de descumprimento de cláusula de preferência (inserida em contrato para construção de um navio graneleiro) para a compra de um segundo navio, cujo casco foi alienado para terceiro. Para a Turma, não houve desrespeito ao direito de preempção ou preferência, disciplinado nos arts. 1.149 e 1.150 do CC/1916, pois o recorrente nunca fora proprietário do casco do navio alienado, não fazendo jus à incidência dos citados dispositivos previstos em numerus clausus no antigo codex. Assim sendo, é desarrazoada a alegação de ofensa ao art. 1.156 do CC/1916, que dispõe, exclusivamente, sobre a ação de perdas e danos proposta pelo vendedor do bem contra o comprador inadimplente do pacto acessório de preferência. Além disso, a cláusula violada possui natureza jurídica diversa, exigindo prova do dano real, concreto e efetivo, entretanto o recorrente não conseguiu demonstrar nenhum prejuízo pela falta de conhecimento da alienação do bem. Ademais, ficou comprovado que o recorrente não detinha condições financeiras para cumprir o negócio jurídico entabulado pelas partes. REsp 1.125.618-RJ, Rel. Min. Maria Isabel Gallotti, julgado em 24/4/2012.(Inform. STJ 496)

LUCROS CESSANTES. CÁLCULOS. INCÊNDIO.

In casu, a recorrente (empresa que comercializa combustível) foi condenada a pagar indenização à empresa recorrida (posto de combustíveis) pelos danos emergentes e lucros cessantes decorrentes de incêndio iniciado em caminhão tanque de sua propriedade, que destruiu toda a instalação do posto em 17/5/1992. No REsp, discute-se somente a liquidação dos lucros cessantes. Alega a recorrente que, para as instâncias ordinárias, tais lucros perdurariam até a atualidade, o que ofenderia o art. 402 do CC/2002, bem como que eles deveriam ser delimitados ao tempo necessário para as obras de reconstrução e deles seriam deduzidas as despesas operacionais da empresa. Para a Min. Relatora, tem razão a recorrente quanto aos lucros cessantes consistirem naquilo que a parte deixou razoavelmente de lucrar; portanto, são devidos por um período certo, ou seja, somente aquele em que a parte ficou impossibilitada de auferir lucros em decorrência do evento danoso, que, no caso dos autos, seria o período necessário para as obras de reconstrução do posto. Também assevera proceder a afirmação da recorrente de que a apuração dos lucros cessantes deve ser feita apenas considerando o lucro líquido, deduzindo-se todas as despesas operacionais da empresa recorrida (salários, aluguéis etc.), inclusive os tributos. Ademais, a recorrida optou por não continuar na mesma atividade econômica, vendeu o imóvel onde existia o empreendimento para outra empresa (há mais de 11 anos) e, feita essa opção, o pagamento de lucros cessantes não pode ser perpetuado sobre atividade que não é mais exercida. Diante do exposto, a Turma deu provimento ao recurso para anular a decisão homologatória dos cálculos e determinou o retorno dos autos à origem para que seja realizada nova perícia nos termos do voto da Min. Relatora. Precedentes citados: REsp 489.195-RJ, DJ 19/11/2007; REsp 575.080-CE, DJ 26/3/2007, e REsp 613.648-RJ, DJ 16/4/2007. **REsp 1.110.417-MA, Rel. Min. Maria Isabel Gallotti, julgado em 7/4/2011.** (Inform. STJ 468)

INDENIZAÇÃO. ACIDENTE AÉREO. FOTÓGRAFO.

O recorrente, fotógrafo profissional especializado em fotos aéreas, ajuizou ação de danos materiais e morais contra a recorrida, sociedade empresária de táxi aéreo, ao fundamento de que, em razão da queda do helicóptero em que se encontrava, sofreu fraturas e danos psicológicos que o impossibilitaram de exercer seu ofício por mais de 120 dias e o impediram de retomar os trabalhos de fotografia aérea. Nesse contexto, faz jus o recorrente ao recebimento de lucros cessantes, visto que comprovadas a realização contínua da atividade e a posterior incapacidade absoluta de exercê-la no período de convalescência. Contudo, apesar de a jurisprudência propalar que o lucro cessante deve ser analisado de forma objetiva, a não admitir mera presunção, nos casos de profissionais autônomos, esses lucros são fixados por arbitramento na liquidação de sentença e devem ter como base os valores que a vítima, em média, costumava receber. Já a revisão das conclusões das instâncias ordinárias de que a redução da capacidade laboral (25% conforme laudo) não o impediria de exercer seu ofício, mesmo que não mais realize fotografias aéreas em razão, como alega, do trauma psicológico sofrido, não há como ser feita sem desprezar o contido na Súm. n. 7-STJ. Anote-se, por fim, que devem ser aplicados desde a citação os juros moratórios no patamar de 0,5% ao mês até 10/1/2003 (art. 1.062 do CC/1916) e no de 1% ao mês a partir do dia 11 daquele mês e ano (art. 406 do CC/2002), pois se cuida de responsabilidade contratual. Precedentes citados: REsp 846.455-MS, DJe 22/4/2009; REsp 1.764-GO, DJ 19/9/1994; REsp 603.984-MT, DJ 16/11/2004; AgRg no Ag 922.390-SP, DJe 7/12/2009; EDcl no AgRg nos EDcl no REsp 1.096.560-SC, DJe 26/11/2009; REsp 721.091-SP, DJ 1º/2/2006; REsp 327.382-RJ, DJ 10/6/2002; EDcl no REsp 671.964-BA, DJe 31/8/2009, e AgRg no Ag 915.165-RJ, DJe 20/10/2008. **REsp 971.721-RJ, Rel. Min. Luis Felipe Salomão, julgado em 17/3/2011.** (Inform. STJ 466)

INDENIZAÇÃO. CONTRAFAÇÃO. PROGRAMA. COMPUTADOR.

Trata-se de ação indenizatória cumulada com obrigação de não fazer na qual o recorrente alega que, em ação cautelar de antecipação de provas, ficou demonstrado que o recorrido usava, sem licença, programa de computador de sua titularidade. A Turma, reiterando a jurisprudência deste Superior Tribunal, entendeu que o montante indenizatório deve ser de dez vezes o valor de mercado de cada um dos programas indevidamente utilizados. O simples pagamento pelo contrafator do valor de mercado de cada exemplar apreendido não corresponderia à indenização pelo dano decorrente do uso indevido. Se assim fosse, o contrafator teria que pagar apenas o valor que expenderia se usasse legalmente o programa. Precedentes citados: REsp 1.136.676-RS, DJe 29/6/2010; REsp 1.016.087-RS, DJe 14/4/2010, e REsp 1.122.687-RS, DJe 14/9/2010. **REsp 1.185.943-RS, Rel. Min. Luis Felipe Salomão, julgado em 15/2/2011.** (Inform. STJ 463)

INDENIZAÇÃO. PERDA. CHANCE. ELEIÇÃO.

O tribunal *a quo* deu parcial provimento à apelação interposta pelos ora recorrentes para reduzir o valor da indenização imposta pela sentença, que os condenou ao pagamento de danos morais e materiais ao recorrido, por, às vésperas do dia da eleição municipal, haver veiculado falsa notícia referente à sua candidatura ao cargo de vereador, não tendo sido eleito por apenas oito votos. Assim, a Turma negou provimento ao recurso, reiterando o entendimento de que é possível a indenização pelo benefício cuja chance a parte prejudicada tenha perdido a oportunidade de concretizar, segundo um critério de probabilidade. Não se trata de reparar a perda de uma simples esperança subjetiva, em conferir ao lesado a integralidade do que esperava caso obtivesse êxito ao usufruir plenamente sua chance. É necessário que tenha ocorrido um ato ilícito e, daí, decorresse a perda da chance de obter o resultado que beneficiaria o lesado. Precedentes citados: REsp 1.104.665-RS, DJe 4/8/2009; REsp 965.758-RS, DJe 3/9/2008; REsp 1.079.185-MG, DJe 4/8/2009, e REsp 788.459-BA, DJ 13/3/2006. **REsp 821.004-MG, Rel. Min. Sidnei Beneti, julgado em 19/8/2010.** (Inform. STJ 443)

DANO MORAL. MESTRADO. CURSO NÃO RECONHECIDO.

Em ação de indenização por danos morais e materiais contra centro de ensino, porque o autor, professor universitário, viu indeferido o benefício de 25% sobre sua remuneração em razão de ter obtido grau de mestre em curso que ainda não estava reconhecido pelos órgãos competentes (Capes/Mec), o juiz julgou procedente a ação, condenando a ré ao pagamento de danos morais e lucros cessantes, bem como à devolução das mensalidades. Por outro lado, o TJ reformou parcialmente a sentença, para afastar da condenação a devolução das mensalidades e os lucros cessantes de 25% sobre sua remuneração; ambas as partes recorreram. O Min. Relator e o Min. Honildo Amaral de Mello Castro (em voto vista) não reconheciam o recurso do centro de ensino, mas restabeleciam a sentença só quanto aos lucros cessantes. Entretanto, a tese vencedora, inaugurada pelo Min. Aldir Passarinho Junior, considerou só haver, no caso, o dano moral já concedido, mas não estar configurado o lucro cessante. Ademais, o reflexo de uma prestação defeituosa não poderia influir em questão diversa, o benefício na carreira da pessoa, o que transcende à possibilidade de avaliação do potencial do lucro cessante. Também, considerou que não se poderia compreender apenas sob a ótica material curso de mestrado ou doutorado. Diante do exposto, a Turma, por maioria, não conheceu de ambos os recursos. **REsp 998.265-RO, Rel. originário Min. Luis Felipe Salomão, Rel. para acórdão Min. Aldir Passarinho Junior, julgado em 15/4/2010.** (Inform. STJ 430)

MÉDICO. SUS. HONORÁRIOS. COISA JULGADA.

Trata-se de pedido de indenização por danos materiais e morais combinado com o de repetição de indébito e cancelamento de protesto de cheque em razão de sua cobrança indevida por procedimento cirúrgico (bucomaxilofacial) no filho do autor, porquanto realizado em hospital público e pago pelo Sistema Único de Saúde (SUS). Noticiam os autos que, apesar de o médico ter recebido do SUS, cobrou em ação o cheque também dado em pagamento pelo autor. No REsp, o autor aduz violação da coisa julgada, isso porque, na ação ordinária de cobrança anteriormente ajuizada pelo réu, o tribunal *a quo* reconheceu que estava configurada a ilicitude da cobrança e, agora na ação de indenização, declarou a dívida existente e o protesto regular, pois, a seu ver, o autor deixou de comprovar a conduta antijurídica do médico. Para o Min. Relator, houve ofensa à coisa julgada (art. 472 do CPC), porquanto caberia ao juízo *a quo*, na ação de indenização, apenas verificar se a conduta ilícita descrita foi de responsabilidade do réu (art. 159 do CC/1916) e quantificar os danos suportados pelo autor. Explica que ficou comprovada a responsabilidade civil do réu pelo ato ilícito cujo reconhecimento transitou em julgado na ação de cobrança, bem como o dano sofrido pelo autor e o nexo de causalidade. Assim, conforme definido na sentença, é devida a indenização por danos materiais equivalente ao dobro do indevidamente cobrado na ação anteriormente ajuizada pelo réu e danos morais pela cobrança ilícita e protesto indevido. Ante o exposto, a Turma deu provimento em parte ao recurso para restabelecer a sentença. Precedentes citados: RMS 23.535-MT, DJ 22/6/2007; REsp 757.160-RS, DJe 18/12/2009, e REsp 1.057.808-PR, DJe 9/9/2009. **REsp 593.154-MG, Rel. Min. Luis Felipe Salomão, julgado em 9/3/2010**. (Inform. STJ 426)

INDENIZAÇÃO. ACIDENTE. TRÂNSITO. DEFICIÊNCIA FÍSICA.

Cuida-se de ação em que a autora pretendeu o recebimento de verbas indenizatórias, alegando que sofreu acidente quando viajava num ônibus da empresa ré, vindo a perder 1/3 do braço esquerdo, além de ter ficado com cicatrizes profundas nas pernas. De tudo o que foi requerido pela autora, o Tribunal *a quo* entendeu que não caberiam indenização pela diminuição da capacidade laborativa, substituição da prótese utilizada pela autora e ressarcimento de despesas com o acompanhante, além do tratamento psicológico. Os pedidos relativos à realização de cirurgia plástica reparadora (para amenização das cicatrizes aparentes) e à indenização por dano moral foram atendidos. Considerando que a indenização pelos danos morais guarda proporcionalidade com a gravidade da ofensa, o grau de culpa e o porte socioeconômico do causador do dano, não deve o valor ser alterado ao argumento de que não é suficiente à cobertura da dor sofrida pela vítima. O art. 1.539 do CC/1916 estabelecia que, no caso de ofensa à saúde de outrem que viesse a ceifar ou a diminuir sua capacidade laborativa, a indenização abrangeria uma pensão correspondente ao trabalho pelo qual se havia inabilitado. Por sua vez, a jurisprudência deste Superior Tribunal e de outros tribunais inclinou-se no sentido de conferir direito de pensionamento àquele que teve a capacidade laboral futura prejudicada. Assim, na hipótese, em que a acidentada desenvolvia atividade intelectual, apurando-se que a perda do braço esquerdo em nada prejudicou suas atividades profissionais, indevido é o pensionamento pretendido. **REsp 799.989-PR, Rel. Min. João Otávio de Noronha, julgado em 26/8/2008**. (Inform. STJ 365)

RESPONSABILIDADE CIVIL. VENDA. CARTÕES DE CRÉDITO CLONADOS.

Empresa de turismo vendeu passagens aéreas cujos pagamentos foram efetuados com cartões de créditos clonados. Descoberta a fraude, tais vendas foram estornadas em desfavor das companhias aéreas que, por sua vez, debitaram o prejuízo à conta da empresa de turismo, procedimento possível pela existência de um sistema denominado *Billing and Settlement Plan* (BSP) – espécie de câmara de compensação entre companhias aéreas, administradoras de cartões de crédito e agências de turismo. Ressalta o Min. Relator que, apesar de a empresa de turismo (autora recorrente) ter provado que obteve as autorizações de venda das administradoras, ficou também comprovada, no acórdão recorrido, a prática da empresa de vender bilhetes aéreos para clientes portadores de cartões de crédito de terceiros. Observa que as autorizações consistem apenas na conferência de saldo para cobertura da compra e aferição da existência de comunicação de roubo ou extravio do cartão. Assim, a obtenção dessa autorização não exime o comerciante da responsabilidade de ter agido com negligência, pois deveria ter identificado o portador do cartão, exigindo a apresentação de identidade e comparando as assinaturas. Consequentemente, deve a empresa de turismo arcar, exclusivamente, com os prejuízos causados por sua negligência, que culminaram nos estornos dos créditos efetuados em seu desfavor. Com esse entendimento, a Turma não conheceu do recurso, confirmando o acórdão recorrido. **REsp 945.154-RN, Rel. Min. João Otávio de Noronha, julgado em 8/4/2008**. (Inform. STJ 351)

INDENIZAÇÃO. ACIDENTE. TRABALHO. 65 ANOS.

Em razão de acidente de trabalho que causou a redução da capacidade laborativa do empregado acidentado, foi determinada uma indenização proporcional a essa perda, a ser paga mensalmente no valor de 60% de sua remuneração. Sucede que ele faleceu antes de completar a idade estipulada e sua viúva pleiteia, agora, que seus herdeiros percebam o restante da indenização mediante a habilitação do espólio, ora recorrente, na execução (que foi extinta pelo juízo singular). Diante disso, a Turma, ao prosseguir o julgamento, por maioria, não conheceu do recurso. A Min. Nancy Andrighi, Relatora para o acórdão, aduziu, em seu voto-vista que, com a morte do trabalhador, a diminuição da capacidade laborativa, sustentáculo da indenização, perde razão de ser porque, se ela continuasse a ser paga, não encontraria, em contrapartida, dano algum indenizável. Firmou que, na hipótese, o pagamento dessa indenização, que não é una, de montante determinado, deu-se mensalmente porque o dano decorrente não se produziu integralmente no momento do acidente, ao contrário, protraiu-se no tempo. Mês a mês, o acidentado investia-se no direito de receber a respectiva reparação, ciclo interrompido por sua morte. Daí se entender não mais se cogitar de perda da capacidade laborativa, em manifestação mensal do dano, porque ele não mais se verifica, a não permitir a habilitação do espólio na execução corretamente extinta. **REsp 997.056-RS, Rel. originário Min. Hum-**

berto Gomes de Barros, Rel. para acórdão Min. Nancy Andrighi, julgado em 3/4/2008. (Inform. STJ 350)

DANOS MATERIAIS. PROVA. ARRIMO. ENTIDADE FAMILIAR.

A Turma reiterou que, para fins de indenização de danos materiais por morte de vítima arrimo de entidade familiar, é necessária a prova do prejuízo econômico. Precedentes citados: REsp 402.874-SP, DJ 1º/7/2002; e REsp 348.072-SP, DJ 18/2/2002. **REsp 780.500-PR, Rel. Min. Eliana Calmon, julgado em 4/9/2007.** (Inform. STJ 330)

INDENIZAÇÃO. MORTE. CONDIÇÃO ECONÔMICA. VÍTIMA. RÉU.

O Tribunal local diminuíra bastante a indenização fixada pela sentença em razão da morte causada por preposto, ao considerar muito a condição econômica do réu (pequena sociedade dedicada ao comércio de hortaliças e frutas) e a condição social da vítima, tida por pessoa pobre. Diante disso, a Turma entendeu, por maioria, restabelecer a sentença e o valor original da indenização fixada em R$ 45.000,00. O Min. Ari Pargendler, que capitaneou a divergência, firmou que o Tribunal local incorreu em gravíssimo erro ao ter preconceito contra pessoa pobre. O Min. Carlos Alberto Menezes Direito aduziu que, no trato de indenização por morte, seria abusivo de um lado reconhecer a incapacidade da empresa em suportar a indenização e do outro discriminar a pobreza da vítima, pois tanto pobres quanto ricos sofrem o mesmo dano, pois o valor da vida não está na condição social. **REsp 951.777-DF, Rel. originário Min. Humberto Gomes de Barros, Rel. para acórdão Min. Ari Pargendler, julgado em 19/6/2007.** (Inform. STJ 324)

SEGURO. DEMORA. PAGAMENTO. INDENIZAÇÃO. LUCROS CESSANTES.

A recorrente, indústria de metais, primeiro propôs contra seguradora indenização pelo extravio de 30.777 quilos de lingotes de alumínio; julgada procedente, houve pagamento da indenização. Depois instaurou novo processo para receber os lucros cessantes da falta do capital de giro pela demora do pagamento do seguro, 87 meses. Essa segunda ação também foi julgada procedente nas instâncias ordinárias para que a liquidação dos lucros cessantes fosse feita mediante simples cálculos, conforme o art. 604 do CPC. Essa decisão transitou em julgado após ter sido negado seguimento ao REsp e o não conhecimento do agravo de instrumento neste Superior Tribunal. A indústria credora calculou a quantia de meio bilhão de reais e propôs a execução desse valor. Em voto-vista vencedor, a Min. Nancy Andrighi aponta que o cerne da controvérsia diz respeito, em primeiro lugar, a se seria possível o credor efetuar a liquidação do título executivo mediante a simples elaboração de cálculo e se, diante do exagero nos cálculos elaborados, seria possível a executada impugnar a execução mediante exceção de pré-executividade, por fim, se o Tribunal *a quo,* em sede de embargos de declaração, poderia ter reformado decisão proferida em agravo de instrumento piorando a situação da embargante. Para a Min. Nancy Andrighi, foi regular o procedimento adotado pela recorrente uma vez que o acórdão efetivamente determinou a liquidação do julgado mediante cálculo da parte. Ressaltou, ainda, com fundamento na doutrina e na jurisprudência deste Superior Tribunal, ser possível impugnar o excesso evidente de execução pela via de exceção de pré-executividade, mas só nos casos em que não seja necessária dilação probatória para demonstrar o excesso de execução. Sendo assim, o TJ não poderia ter adiado a liquidação do título executivo para momento posterior à propositura da execução. A questão sequer estabeleceu como se fará o julgamento da exceção e se é possível ao juízo determinar a produção de prova pericial como ocorreu na hipótese dos autos. Afirma ainda, que a exceção de pré-executividade *sub judice* não visa necessariamente à fixação do *quantum debeatur* na execução. A função da pré-executividade, no caso, é apenas para possibilitar o oferecimento de garantia de penhora para exercer o direito de defesa quanto ao montante cobrado, sugestão dada pelo próprio exequente no recurso especial. O alegado excesso de execução, notadamente na hipótese dos autos, é matéria precípua de embargos do devedor. Para a Min. Nancy Andrighi, quando da apreciação do pedido do efeito suspensivo requerido no agravo de instrumento originário, que o Desembargador substituto determinou a penhora de R$ 2.974.040,35, com os respectivos acréscimos legais (essa decisão posteriormente foi considerada não escrita pelo relator do processo que reapreciou o pedido e o concedeu de maneira mais ampla). Trata-se de valor razoável que não põe em risco a solvabilidade da devedora, sendo essa a medida mais adequada a ser tomada, por isso deve ser restabelecida. Com a garantia do juízo nesse montante, deve ser admitida a oposição de embargos do devedor para a discussão do alegado excesso de execução, inclusive com a realização, se houver interesse das partes, de perícia para solução do litígio. Afastou também, acompanhando o Min. Relator, a multa por litigância de má-fé. Note-se que o Min. Relator determinava que se anulasse a execução e se promovesse a liquidação do acórdão exequendo por arbitramento, ao argumento de que o meio de apuração dos lucros cessantes determinado pelo acórdão recorrido é inadequado ao fim a que se destina. A Turma, ao prosseguir o julgamento, por maioria, deu parcial provimento ao recurso nos termos do voto da Min. Nancy Andrighi. Precedentes citados: REsp 733.533-SP, DJ 22/5/2006; REsp 545.568-MG, DJ 24/11/2003, e REsp 439.856-MG, DJ 1º/7/2005. **REsp 410.063-PE, Rel. originário Min. Ari Pargendler, Rel. para acórdão Min. Nancy Andrighi, julgado em 3/4/2007.** (Inform. STJ 316)

5.8.3.2. Dano estético

Trata-se de uma nova modalidade de dano. Por muito tempo foi tratado como espécie de dano moral, sendo que atualmente alguns doutrinadores ainda sustentam essa posição.

O STJ já conceituou o dano estético como sendo "uma alteração morfológica de formação corporal que agride a visão, causando desagrado e repulsa" (Resp: 65.393/RJ, Rel. Min. Rui Rosado de Aguiar, j. 30/10/2005). Configura-se em cicatrizes, marcas, aleijão, feridas. Referido Tribunal adota a posicionamento de que o dano e estético e dano moral pertencem a categorias distintas. Neste sentido, a Súmula 387: dano estético é cumulável com dano moral.

5.8.3.2.1. Jurisprudência selecionada

RESPONSABILIDADE CIVIL. ACIDENTE. TRÂNSITO.
Trata-se de ação de indenização proposta na origem por vítima de acidente de trânsito em que preposto de empresa de transporte efetuou manobra de ultrapassagem em caminhão sem as devidas cautelas. Buscou o autor indenização pelo dano estético nos termos do art. 1.538, § 1°, do CC/1916 e lucros cessantes, visto que passou dois anos sem poder desenvolver atividade como produtor de *shows* e eventos. O acórdão recorrido deu provimento ao apelo do autor para dar os lucros cessantes, a serem apurados em dobro por ocasião da liquidação; proveu parcialmente o apelo da ré para reduzir o *quantum* indenizatório por danos estéticos para R$ 45 mil e, ainda, para postergar o cálculo do limite da apólice de seguro para o momento da satisfação do crédito. Por fim, desproveu o recurso interposto pela seguradora litisdenunciada. No REsp, a empresa de transporte recorrente defende a tese de que a dobra mencionada no § 1° do art. 1.538 do CC/1916 diz respeito apenas à multa criminal ali prevista, e não ao total do valor indenizatório. Para o Min. Relator, com base na doutrina, o citado preceito legal buscou conceder, com a duplicação, a compensação tanto pelo dano material quanto pelo moral, neste último compreendido o dano estético. Entretanto, explica que, com o advento da CF/1988, passou a ser indenizável, também, o dano moral, e a jurisprudência deste Superior Tribunal tem afastado a dobra prevista no mencionado dispositivo, admitindo-a apenas relativamente à multa ali prevista. Dessa forma, assevera que essa dobra ficou inoperante, pois passou-se a indenizar a vítima pelo dano moral, antes não contemplado, e a jurisprudência passou a admitir as indenizações por dano material e dano moral pagas em uma só vez. Observa que o CC/2002 recepcionou essa jurisprudência quanto à indenização do dano moral. Ao final, anota, ainda, que a dobra das verbas visa à compensação pelo aleijão, que é o ressarcimento que já ocorre pelo denominado dano estético; assim, caso deferidos o dano estético e mais a dobra, ocorreria um *bis in idem*. Diante do exposto, a Turma conheceu parcialmente do recurso e, nessa parte, deu-lhe provimento para afastar a dobra relativa aos lucros cessantes, mantido, quanto ao mais, o acórdão recorrido. Precedentes citados: REsp 623.737-DF, DJ 14/3/2005; AgRg na MC 14.475-SP, DJe 26/9/2008; REsp 248.869-PR, DJ 12/2/2001, e REsp 135.777-GO, DJ 16/02/1998. **REsp 866.290-SC, Rel. Min. Luis Felipe Salomão, julgado em 4/11/2010**. (Inform. STJ 454)

DANOS MORAIS E ESTÉTICOS. LESÃO IRREVERSÍVEL.
Trata-se de recurso especial em que se pretende o restabelecimento da decisão de 1° grau que fixou em 100 salários mínimos o valor dos danos morais e estéticos por lesão irreversível causada por um menor a outro que, em consequência, perdeu definitivamente a visão em um dos olhos. Nesse panorama, a Turma reiterou o entendimento de que o arbitramento do dano moral não escapa do controle desta Corte Superior quando fixado em patamar abusivo capaz de promover enriquecimento indevido, ou irrisório, destoante da razoabilidade e da função reparadora. No caso, o valor arbitrado pelo acórdão *a quo* revela-se de fato irrisório (oito mil reais), levando-se em consideração os aspectos conjunturais e a extensão do dano perpetrado, visto que, como já dito, culminou em lesão irreversível com perda de visão do olho direito e dano estético reconhecido pelo próprio acórdão. Tal quantia deve, portanto, ser elevada, de modo que esteja adequada aos princípios da proporcionalidade e razoabilidade. Assim, deu-se parcial provimento ao recurso para restabelecer a sentença, isto é, fixar a indenização em cem salários mínimos (quarenta e um mil e quinhentos reais), sendo trinta e um mil, cento e vinte e cinco reais em favor da vítima a título de danos morais e estéticos e dez mil trezentos e setenta e cinco reais a serem divididos igualmente em favor dos pais da menor a título de danos morais. Precedentes citados: REsp 705.457-SP, DJ 27/8/2007, e REsp 345.831-DF, DJ 19/8/2002. **REsp 659.598-PR, Rel Min. Aldir Passarinho Junior, julgado em 18/9/2008**. (Inform. STJ 368)

DANO MORAL E ESTÉTICO. CUMULAÇÃO.
A Turma reiterou a tese jurisprudencial da cumulação dos danos moral e estético (art. 1538 do CC/1916). Quanto aos honorários arbitrados, é incabível a redução da verba honorária (art. 20, § 3°, do CPC), cabendo a constituição de capital para pagar as prestações vincendas. Outrossim, razoável a pensão fixada em favor de uma das vítimas, a que mais sofreu com o atropelamento provocado pelo veículo da transportadora, concedendo-se-lhe a pensão vitalícia, fixada em um salário mínimo, independente de não exercer ainda atividade remunerada à data do acidente, pois as lesões sofridas causaram-lhe incapacidade laboral irreversível. Na hipótese, é favorável à recorrente apenas o provimento quanto à incidência dos juros de mora a partir do evento danoso. Precedentes citados: REsp 595.789-MG, DJ 6/3/2006; REsp 126.798-MG, DJ 4/2/2002; REsp 899.869-MG, DJ 26/3/2007; REsp 737.708-CE, DJ 13/8/2007; AgRg no REsp 977.656-RS, DJ 6/11/2007; EREsp 109.675-RJ, DJ 29/4/2002; REsp 687.567-RS, DJ 13/3/2006, e REsp 416.846-SP, DJ 7/4/2003. **REsp 519.258-RJ, Rel. Min. Fernando Gonçalves, julgado em 6/5/2008**. (Inform. STJ 354)

INDENIZAÇÃO. DANO. ESTÉTICO. MORAL.
A jurisprudência do STJ entende ser possível a cumulação das indenizações relativas aos danos estético e

moral quando for possível distinguir, com precisão, a motivação de cada espécie pela interpretação que as instâncias ordinárias emprestaram aos fatos e à prova dos autos. Sabidamente, o dano estético é distinto do dano moral e, na sua fixação, pode ser deferido separadamente ou englobado com o dano moral. Diante disso, no caso dos autos, de perda de parte do pé resultante de atropelamento por composição férrea, considerada a culpa recíproca, tem-se que o Tribunal *a quo* não valorou o dano estético no arbitramento do *quantum*, fixado em trinta mil reais. Daí que a Turma elevou a indenização compreensiva dos danos moral e estético a oitenta mil reais. Precedente citado: REsp 249.728-RJ, DJ 25/3/3003. **REsp 705.457-SP, Rel. Min. Aldir Passarinho Junior, julgado em 2/8/2007.** (Inform. STJ 326)

5.8.3.3. *Dano moral*

STJ: Cumulável c/dano material (Súmula 37). *Será estudado com maior vagar no item 5.9.*

5.8.4. Na demanda antes de vencida a dívida (art. 939)

Credor ficará obrigado a i) esperar o tempo que faltava para o vencimento; ii) descontar os juros correspondentes, embora estipulados; iii) pagar as custas em dobro.

5.8.5. Na demanda por dívida já paga (art. 940)

Credor ficará obrigado a pagar ao devedor o dobro do que houver cobrado.

5.8.6. Na demanda com pedido maior que o devido (art. 940)

Credor ficará obrigado a: pagar ao devedor o equivalente do que dele exigir.

Obs. 1: excludente – as penas previstas nos arts. 939 e 940 não se aplicarão quando o autor desistir da ação antes de contestada a lide, salvo ao réu o direito de haver indenização por algum prejuízo que prove ter sofrido.

Obs. 2: STJ admite cobrança da indenização na contestação.

5.8.7. Homicídio (art. 948)

a) despesas c/tratamento da vítima, seu funeral e o luto da família (ex.: médico + enterro + dano moral);

b) alimentos às pessoas a quem o morto os devia, levando-se em conta a duração provável da vida da *vítima*; trata-se da famosa "pensão".

5.8.8. Lesão à saúde (art. 949)

a) despesas do tratamento e dos lucros cessantes até ao fim da convalescença, além de prejuízos provados (art. 949);

b) se resultar defeito impedindo o ofendido de exercer profissão ou diminuindo sua capacidade de trabalho, a indenização incluirá pensão correspondente à importância do trabalho para quem se inabilitou ou da depreciação sofrida (art. 950);

c) o prejudicado, se preferir, poderá exigir que a indenização seja arbitrada e paga de uma só vez, em vez de pensão. Por meio da I Jornada de Direito Civil os juristas exararam interpretação deste dispositivo no sentido de que era um direito potestativo do lesado exigir pagamento da indenização de uma só vez, mediante arbitramento do valor pelo juiz, atendidos os arts. 944 e 945 e a possibilidade econômica do ofensor (Enunciado n. 48 JDC/CJF). Posteriormente, o entendimento foi ainda mais flexibilizado, conforme se nota no Enunciado n. 381 JDC/CJF: *O lesado pode exigir que a indenização sob a forma de pensionamento seja arbitrada e paga de uma só vez, salvo impossibilidade econômica do devedor, caso em que o juiz poderá fixar outra forma de pagamento, atendendo à condição financeira do ofensor e aos benefícios resultantes do pagamento antecipado*

Obs.: o disposto nos arts. 948 a 950 aplica-se ao caso de danos causados no exercício de atividade profissional.

Quanto ao assunto, orienta o Enunciado n. 192 JDC/CJF: *Os danos oriundos das situações previstas nos arts. 949 e 950 do Código Civil de 2002 devem ser analisados em conjunto, para o efeito de atribuir indenização por perdas e danos materiais, cumulada com dano moral e estético.*

Por fim, prevê o art. 951 do CC que o profissional de saúde que agir com imprudência, negligência ou imperícia no exercício de sua atividade, causando a morte do paciente, agravando-lhe o mal, causando-lhe lesões ou inabilitando-o para o trabalho também tem o dever de indenizar. Nesta esteira, complementa o Enunciado n. 460 JDC/CLF no sentido de que a responsabilidade subjetiva desses profissionais não afasta a sua responsabilidade objetiva pelo fato da coisa da qual tem a guarda, em caso de uso de aparelhos ou instrumentos que, por eventual disfunção, venham a causar danos a pacientes, sem prejuízo do direito regressivo do profissional em relação ao fornecedor do aparelho e sem prejuízo da ação direta do paciente, na condição de consumidor, contra tal fornecedor.

5.8.9. Esbulho (art. 952)

a) havendo usurpação ou esbulho do alheio, indenização abrange: i) valor das deteriorações; ii) lucros cessantes;

b) faltando a coisa, reembolsa-se o equivalente pelo preço ordinário e de afeição, desde que este não supere àquele. Neste contexto, o Enunciado n. 561 JDC/CJF assevera que se deve indenizar também os lucros cessantes (*No caso do art. 952 do Código Civil, se a coisa faltar, dever-se-á, além de reembolsar o seu equivalente ao prejudicado, indenizar também os lucros cessantes*).

5.8.10. Injúria, difamação e calúnia (art. 953)

a) a indenização consistirá na reparação do dano que delas resulte ao ofendido – não cabe tarifação de danos!

b) se o ofendido não puder provar prejuízo material, o juiz fixará, equitativamente, o valor da indenização.

5.8.11. Ofensa à liberdade pessoal (art. 954)

Cárcere privado e prisão ilegal (por denúncia falsa ou má-fé).

A indenização consistirá no pagamento das perdas e danos que sobrevierem ao ofendido, e, se este não provar prejuízo, juiz fixará equitativamente o valor da indenização.

5.9. DANO MORAL

5.9.1. Conceito

Consiste na ofensa ao patrimônio moral de pessoa, tais como o nome, a honra, a fama, a imagem, a intimidade, a credibilidade, a respeitabilidade, a liberdade de ação, a autoestima, o respeito próprio e a afetividade. Em suma, ofensa a algum de seus direitos da personalidade. Quanto ao tema, importante esclarecer que *o dano moral indenizável não pressupõe necessariamente a verificação de sentimentos humanos desagradáveis como dor ou sofrimento* (Enunciado n. 445 JDC/CJF).

A reparação por danos morais passou a ser admitida de forma inconteste após a promulgação da CF/88.

5.9.2. Sujeitos passivos do dano moral

a) Pessoas naturais; ex.: atropelamento da esposa de alguém, causando morte, inventores pelo inadequado de suas criações (Enunciado n. 551 JDC/CJF: Nas violações aos direitos relativos a marcas, patentes e desenhos industriais, será assegurada a reparação civil ao seu titular, incluídos tanto os danos patrimoniais como os danos extrapatrimoniais)

b) Pessoas jurídicas (Súmula 227 do STJ), sendo que, nesse caso, o dano moral advém da ofensa à honra objetiva da pessoa jurídica. A honra objetiva consiste na reputação, no conceito que a sociedade possui acerca do sujeito; ex.: difamação do nome de um restaurante da cidade;

c) Coletividade: o STJ está dividido sobre essa possibilidade, apesar de haver disposição legal expressa acerca do cabimento de indenização por dano moral em caso de danos coletivos ou difusos (art. 6º, VII, do CDC).

5.9.3. Prova do dano moral

a) Pessoa natural: na ocasião de sua inserção no Direito Brasileiro, a regra era de que a indenização por dano moral era presumida. Contudo, após a ocorrência de abusos, a jurisprudência passou a ver referida dinâmica com certa ressalva. De fato, é de pensar que por sua própria natureza a simples lesão ao patrimônio moral da pessoa natural caracterizaria o dano moral, não sendo necessário prova da ocorrência desse dano. Essa é a tendência em virtude do princípio da dignidade da pessoa humana; ex.: mãe não precisa demonstrar que sentiu morte do filho. Contudo, em determinados casos é possível que o julgador exija prova do dano alegado. Por exemplo, na inexecução de um contrato não existe tal presunção. Quanto ao cabimento de dano moral em decorrência de inexecução do contrato, cita-se o Enunciado n. 411 JDC/CJF: *O descumprimento de contrato pode gerar dano moral quando envolver valor fundamental protegido pela Constituição Federal de 1988.*

b) Pessoa jurídica: neste caso a necessidade de prova mostra-se mais evidente. Neste sentido, prevê o Enunciado n. 189 JDC/CJF:" Na responsabilidade civil por dano moral à pessoa jurídica, o fato lesivo, como dano eventual, deve ser devidamente demonstrado".

c) Dano moral "in re ipsa": para o STJ, determinadas condutas geram dano moral, sem necessidade de demonstração ou prova da ocorrência deste, mesmo quando a vítima for pessoa jurídica; por exemplo, a inscrição indevida em cadastro de inadimplentes e a publicação não autorizada da imagem de pessoa, com fins econômicos ou comerciais (Súmula STJ 403).

5.9.4. Exemplos de casos em que cabe dano moral

Súmula STJ 388
A simples devolução indevida de cheque caracteriza dano moral.

Súmula STJ 370
Caracteriza dano moral a apresentação antecipada de cheque pré-datado.

Súmula STJ 227
A pessoa jurídica pode sofrer dano moral.

5.9.5. Exemplos de casos em que não cabe dano moral

Súmula STJ 385
Anotação irregular em cadastro de crédito não gera dano moral se já existe legítima inscrição.

Informativo 350 STJ
Descumprimento de contrato, por si só, não gera dano moral.

Mero dissabor decorrente de produto com vício não gera dano moral se a coisa vem a ser consertada. Em complemento a essa ideia, o Enunciado n. 159 JDC/CJF prevê que *o dano moral, assim compreendido todo dano extrapatrimonial, não se caracteriza quando há mero aborrecimento inerente a prejuízo material.*

5.9.6. Critérios para fixação da indenização

Deve-se ter em vista que a condenação por danos morais atende um critério reparador à vítima ao mesmo tempo que deve ter cunho pedagógico-punitivo ao autor da lesão. Não obstante a existência de tais parâmetros, o tema sobre a fixação do *quantum* indenizatório ainda é bastante controvertido na jurisprudência. Há um projeto de lei (PL 7.124/02) que propõe os seguintes critérios:

a) Reflexos pessoais e sociais da ação ou omissão;

b) Possibilidade de superação física ou psicológica;

c) Extensão e duração dos efeitos da ofensa;

d) Situação social, política e econômica dos envolvidos;

e) Condições em que ocorreu a ofensa ou prejuízo moral;

f) Intensidade do sofrimento ou humilhação;

g) Grau de dolo ou culpa;

h) Existência de retratação espontânea;

i) Esforço efetivo para minimizar a ofensa;

j) Perdão, tácito ou expresso.

Encarta-se alguns Enunciados que também trazem um direcionamento:

Enunciado n. 455 JDC/CJF: *Embora o reconhecimento dos danos morais se dê, em numerosos casos, independentemente de prova (in re ipsa), para a sua adequada quantificação, deve o juiz investigar, sempre que entender necessário, as circunstâncias do caso concreto, inclusive por intermédio da produção de depoimento pessoal e da prova testemunhal em audiência.*

Enunciado n. 458 JDC/CJF: O grau de culpa do ofensor, ou a sua eventual conduta intencional, deve ser levado em conta pelo juiz para a quantificação do dano moral.

5.9.7. Valores médios fixados pelo STJ

a) falecimento: R$ 200 mil em favor de filhos, pais, cônjuges, companheiros e irmãos;

b) lesão grave, gerando incapacidade irreversível: R$ 150 mil em favor da vítima direta, R$ 50 mil em favor de pais ou cônjuge e R$ 10 mil para irmão;

c) prisão indevida: R$ 100 mil;

d) **publicação de notícia inverídica:** R$ 22,5 mil;

e) **recusa em cobrir tratamento médico:** R$ 20 mil;

f) **protesto indevido:** R$ 10 mil;

g) **cancelamento injustificado de voo:** R$ 8 mil.

Ressalta-se, contudo, que trata-se apenas de valores médios, pois consoante Enunciado n. 550 JDC/CJF a quantificação da reparação por danos extrapatrimoniais não deve estar sujeita a tabelamento ou a valores fixos.

Obs.: o STJ vem reformando decisões que fixam indenização em valor não aproximado dos valores médios por ele praticados.

5.9.8. Encargos de condenação

a) correção monetária: é devida desde a data da fixação da indenização por dano moral (sentença ou acórdão); segundo a Súmula nº 362 do STJ, "A correção monetária do valor da indenização do dano moral incide desde a data do arbitramento";

b) juros moratórios: são devidos desde a data do evento danoso (Súmula STJ 54);

c) honorários: incidem também sobre o valor fixado a título de danos morais.

Súmula STJ 326
Na ação de indenização por dano moral, a condenação em montante inferior ao postulado na petição inicial não implica sucumbência recíproca.

5.9.9. Jurisprudência selecionada

Súmula STJ nº 403

Independe de prova do prejuízo a indenização pela publicação não autorizada de imagem de pessoa com fins econômicos ou comerciais.

Súmula STJ nº 388

A simples devolução indevida de cheque caracteriza dano moral.

Súmula STJ nº 385

Da anotação irregular em cadastro de proteção ao crédito, não cabe indenização por dano moral, quando preexistente legítima inscrição, ressalvado o direito ao cancelamento.

Súmula STJ nº 370

Caracteriza dano moral a apresentação antecipada de cheque pré-datado.

Súmula STJ nº 281

A indenização por dano moral não está sujeita à tarifação prevista na Lei de Imprensa.

Súmula STJ nº 221

São civilmente responsáveis pelo ressarcimento de dano, decorrente de publicação pela imprensa, tanto o autor do escrito quanto o proprietário do veículo de divulgação.

Súmula STJ nº 43

Incide correção monetária sobre divida por ato ilícito a partir da data do efetivo prejuízo.

DIREITO CIVIL. DANOS MORAIS PELO USO NÃO AUTORIZADO DA IMAGEM EM EVENTO SEM FINALIDADE LUCRATIVA.

O uso não autorizado da imagem de atleta em cartaz de propaganda de evento esportivo, ainda que sem finalidade lucrativa ou comercial, enseja reparação por danos morais, independentemente da comprovação de prejuízo. A obrigação da reparação pelo uso não autorizado de imagem decorre da própria utilização indevida do direito personalíssimo. Assim, a análise da existência de finalidade comercial ou econômica no uso é irrelevante. O dano, por sua vez, conforme a jurisprudência do STJ, apresenta-se *in re ipsa*, sendo desnecessária, portanto, a demonstração de prejuízo para a sua aferição. **REsp 299.832-RJ, Rel. Min. Ricardo Villas Bôas Cueva, julgado em 21/2/2013.**(Inform. STJ 516).

DIREITO CIVIL. DANO MORAL. OFENSA À DIGNIDADE DA PESSOA HUMANA. DANO IN RE IPSA.

Sempre que demonstrada a ocorrência de ofensa injusta à dignidade da pessoa humana, dispensa-se a comprovação de dor e sofrimento para configuração de dano moral. Segundo doutrina e jurisprudência do STJ, onde se vislumbra a violação de um direito fundamental, assim eleito pela CF, também se alcançará, por consequência, uma inevitável violação da dignidade do ser humano. A compensação nesse caso independe da demonstração da dor, traduzindo-se, pois, em consequência *in re ipsa*, intrínseca à própria conduta que injustamente atinja a dignidade do ser humano. Aliás, cumpre ressaltar que essas sensações (dor e sofrimento), que costumeiramente estão atreladas à experiência das vítimas de danos morais, não se traduzem no próprio dano, mas têm nele sua causa direta. **REsp 1.292.141-SP, Rel. Min. Nancy Andrighi, julgado em 4/12/2012.** (Inform. STJ 513).

DANO MORAL. REPREENSÃO EM ESCOLA. LEGITIMIDADE. VALOR DA INDENIZAÇÃO.

Trata-se de ação de indenização proposta pelos pais da vítima – uma adolescente já falecida ao tempo da propositura da presente demanda – em conjunto com o seu ex-namorado à época dos fatos, contra diretora escolar que supostamente teria repreendido, de forma excessiva, o casal de namorados que trocavam carícias no pátio do colégio – mesmo após advertência anterior pelo mesmo motivo. Consta ainda que, em razão dos fatos narrados, foi determinado o desligamento do casal de estudantes do estabelecimento de ensino. Acolhida a pretensão nas instâncias ordinárias, a diretora do estabelecimento comercial foi condenada ao pagamento de danos morais sofridos pelo casal. Nas preliminares, a Turma entendeu que, de acordo com a jurisprudência do STJ, os pais podem ajuizar ação de indenização de danos morais sofridos pela filha falecida, em razão da proteção dada à imagem de quem falece. Quanto à legitimidade passiva, o Min. Relator asseverou que, nos casos em que uma pessoa física age em nome de uma pessoa jurídica, ocorrendo evento danoso, cabe ao interessado escolher entre ajuizar a ação reparatória contra a pessoa jurídica em conjunto com a pessoa física que atuou como órgão social, ou, ainda, separadamente, preferindo acionar uma ou outra. Assim, se a diretoria da escola era exercida de forma unipessoal por uma das sócias administradoras da sociedade educacional, ela é parte legítima para responder por danos eventualmente causados no exercício de suas funções. No mérito, não obstante a diretora tenha agido com rigidez para com os alunos, aparentou cuidado que não extrapolou o limite do razoável, sobretudo porque não utilizou expressões incompatíveis com o contexto educacional. Assim, no caso, os danos morais foram fixados em valor exacerbado e restou configurada a exceção que autoriza a alteração pelo STJ do valor da condenação por danos morais. Precedentes citados: AgRg no EREsp 978.651-SP, DJe 10/2/2011, e REsp 268.660-RJ, DJ 19/2/2001. REsp 705.870-MA, Rel. Min. Raul Araújo, julgado em 21/8/2012.(Inform. STJ 502)

DANO MORAL. PRESERVATIVO EM EXTRATO DE TOMATE.

A Turma manteve a indenização de R$ 10.000,00 por danos morais para a consumidora que encontrou um preservativo masculino no interior de uma lata de extrato de tomate, visto que o fabricante tem responsabilidade objetiva pelos produtos que disponibiliza no mercado, ainda que se trate de um sistema de fabricação totalmente automatizado, no qual, em princípio, não ocorre intervenção humana. O fato de a consumidora ter dado entrevista aos meios de comunicação não fere seu direito à indenização; ao contrário, divulgar tal fato, demonstrando a justiça feita, faz parte do processo de reparação do mal causado, exercendo uma função educadora. Precedente: REsp 1.239.060-MG, DJe 18/5/2011. REsp 1.317.611-RS, Rel. Min. Nancy Andrighi, julgado em 12/6/2012.(Inform. STJ 499)

DANOS MORAIS. AÇÃO CAUTELAR DE VISTORIA. ERRO GROSSEIRO.

A Turma entendeu ser devido o ressarcimento por danos morais, por abuso de direito, na hipótese de erro grosseiro na avaliação dos motivos que embasaram o pedido de realização de vistoria, conforme previsto no art. 14, § 5º, da Lei n. 9.609/1998. No caso, uma empresa fabricante de programas de computador ajuizou ação de vistoria com o intuito de verificar a utilização irregular de seus produtos. Após analisar trezentos computadores, ficou comprovado que a empresa vistoriada sequer utilizava os programas da autora da cautelar. Verificado o erro grosseiro na avaliação das circunstâncias que embasaram o pedido de vistoria, o ajuizamento da cautelar constituiu abuso de direito e foi aplicada a sanção indenizatória prevista no art. 14, § 5º, da Lei n. 9.609/1998. Ficou ressalvado que o entendimento ora firmado não determina a indenização sempre que a cautelar de vistoria tiver resultado desfavorável ao autor da ação. O dever de ressarcir o vistoriado ocorrerá nas hipóteses do dispositivo legal acima mencionado. REsp 1.114.889-DF, Rel. Min. Paulo de Tarso Sanseverino, julgado em 15/5/2012. (Inform. STJ 497)

DANO MORAL. TRAVAMENTO. PORTA GIRATÓRIA. INSULTO. FUNCIONÁRIO. BANCO.

No caso as instâncias ordinárias concluíram que, por período razoável (por mais de 10 minutos), o autor recorrido permaneceu desnecessariamente retido no compartimento de porta giratória, além de ser insultado por funcionário de banco que, em postura de profunda inabilidade e desprezo pelo consumidor, afirmou que ele teria "cara de vagabundo". Logo, restou patente a ofensa a honra subjetiva do recorrido, que se encontrava retido na porta giratória, em situação de extrema vulnerabilidade, inadequadamente conduzido pelo vigilante e funcionários do banco e, ainda assim, foi atingido por comentários despropositados e ultrajantes. A jurisprudência assente neste Superior Tribunal entende que o simples travamento de porta giratória de banco constitui mero aborrecimento, de modo que, sendo a situação adequadamente conduzida pelos funcionários, é inidônea para ocasionar efetivo abalo moral. Porém, diante das peculiaridades do caso e do pleito recursal que limita-se à redução do valor arbitrado a título de dano moral, a Turma fixou o valor dos referidos danos em R$ 30 mil incidindo atualização monetária a partir da publicação da decisão do recurso especial. Precedentes citados: REsp 689.213-RJ, DJ 11/12/2006; REsp 551.840-PR, DJ 17/11/2003; AgRg no Ag 1.366.890-SP, DJe 5/10/2011; REsp 599.780-RJ, DJ 4/6/2007; REsp 1.150.371-RN, DJe 18/2/2011, e REsp 504.144-SP, DJ 30/6/2003. **REsp 983.016-SP, Rel. Min. Luis Felipe Salomão, julgado em 11/10/2011.** (Inform. STJ 485)

INDENIZAÇÃO. NÚMERO. TELEFONE. DIVULGAÇÃO. TELEVISÃO.

Trata-se, na origem, de ação de indenização por danos morais devido à divulgação sem autorização do número do celular da recorrida em novela televisiva. Ela sustentou ter experimentado inúmeros transtornos que causaram profundo abalo psicológico, bem como prejuízos profissionais; pois, embora o telefone fosse seu instrumento de trabalho, ela precisou mantê-lo desligado em função das inúmeras ligações que recebia de pessoas desconhecidas que queriam saber se o número telefônico correspondia ao da atriz ou ao da personagem por esta protagonizada. O juízo singular reconheceu o dano moral e condenou a emissora de televisão (recorrente) a pagar indenização de R$ 4,8 mil. Em grau de apelação, o tribunal *a quo* elevou o valor indenizatório para 50 salários mínimos vigentes à época (equivalente a R$ 19 mil). No REsp, a recorrente alega violação dos arts. 186 e 927 do CC, sustentando que houve mero desconforto, o que não configuraria dano indenizável. Nesse panorama, a Turma, entre outras questões, manteve o entendimento do acórdão recorrido de que a divulgação de número de telefone celular em novela exibida em rede nacional sem autorização do titular da linha gera direito à indenização por dano moral; pois, conforme as instâncias ordinárias, foi comprovado que ela sofreu abalo psicológico, com reflexos em sua saúde, além da invasão de privacidade, em função das muitas ligações que a importunaram seriamente, devido à atitude da recorrente. Ressaltou-se que o mero desconforto faz parte da normalidade do dia a dia, no trabalho, no trânsito, entre os amigos e até no ambiente familiar, situações não intensas e duradouras a ponto de romper o equilíbrio psicológico do indivíduo, como no caso. Ademais, destacou-se que as novelas e seus personagens exercem enorme atração sobre o imaginário da população brasileira, razão pela qual descabe a afirmação da recorrente de que as ligações não poderiam ser de tal monta a lhe trazerem nada mais que mero aborrecimento. Assim, a Turma negou provimento ao recurso. Precedentes citados: AgRg no Ag 639.198-RS, DJ 7/8/2006, e AgRg no Ag 1.295.732-SP, DJe 13/9/2010. **REsp 1.185.857-SP, Rel. Min. Luis Felipe Salomão, julgado em 13/9/2011.** (Inform. STJ 483)

INDENIZAÇÃO. DANO MORAL. RETRATAÇÃO. IMPRENSA.

Cuida-se da possibilidade de, em relação à condenação a reparar os danos morais sofridos por pessoa jurídica (derivada do protesto indevido de duplicata), substituir a indenização em dinheiro por publicação de retratação na imprensa, tal como determinado pelo TJ ao fundamento de que a indenização desse tipo de dano moral deve ser diversa da condenação ao pagamento de dinheiro. É certo que os danos extrapatrimoniais, por não possuírem conteúdo econômico ou patrimonial, em regra, não comportam a reparação *in natura* (restituição de bem semelhante ao subtraído, destruído ou danificado), embora haja doutrina nacional e estrangeira que entenda ser ela viável. Citam-se exemplos no ordenamento jurídico brasileiro de reparação desse jaez: a retratação do ofensor, o desmentido, a retificação de notícia injuriosa, a divulgação de resposta e a publicação de sentenças condenatórias, todas constantes da revogada Lei n. 5.250/1967 (Lei de Imprensa). Contudo, eles não constituem propriamente reparação natural, pois não elidem completamente os danos extrapatrimoniais, apenas minimizam seus efeitos, visto não ser possível a recomposição dos bens jurídicos sem conteúdo econômico, tal como ocorre com os direitos de personalidade. Dessarte, se insuficiente a reparação *in natura*, resta a indenização pecuniária quantificada por arbitramento judicial, instrumento tradicionalmente utilizado no Direito brasileiro para a reparação dos danos extrapatrimoniais. Anote-se que as duas formas de reparação (natural e pecuniária) não se excluem por respeito ao princípio da reparação integral (arts. 159 do CC/1916 e 944 do CC/2002), que pode ser invocado tanto na reparação natural (de forma aproximada ou conjectural no caso de dano extrapatrimonial) quanto na indenização pecuniária. Assim, diante disso, vê-se que o entendimento adotado pelo TJ, ao negar a reparação dos danos morais da forma mais completa possível, violou a cláusula geral de responsabilidade civil de que consta o princípio da reparação do dano. Dessarte, há que restabelecer a verba indenizatória no montante arbitrado na sentença, mantendo-se, contudo, a determinação do TJ quanto à publicação da retratação por não ter sido objeto do especial. **REsp 959.565-SP, Rel. Min. Paulo de Tarso Sanseverino, julgado em 24/5/2011.** (Inform. STJ 474)

DANO MORAL. PLANO. SAÚDE. COBERTURA PARCIAL. INADIMPLEMENTO CONTRATUAL.

Trata-se de recurso especial contra acórdão que, ao manter a sentença, afastou o dever de indenizar por danos morais decorrentes da cobertura apenas parcial de procedimento cirúrgico com colocação de *stents*. Aquele aresto considerou que o inadimplemento contratual caracteriza mero dissabor não sujeito à indenização por danos morais. A Turma negou provimento ao recurso sob o entendimento de que o inadimplemento do contrato, por si só, pode acarretar danos materiais e indenização por perdas e danos, mas, em regra, não dá margem ao dano moral, que pressupõe ofensa anormal à personalidade. Assim, o inadimplemento motivado pela discussão razoável do descumprimento de obrigação contratual não enseja tal dano, salvo a existência de circunstâncias particulares que o configurem. Observou-se ser certo que há situações nas quais o inadimplemento contratual enseja aflição psicológica e angústia, o que é especialmente frequente em caso de recusa de tratamento médico por empresa privada operadora de seguro de saúde. Entretanto, no caso em questão, a cirurgia foi realizada sem percalços, mas apenas parte do valor da conta do hospital foi coberta, recusando-se o plano de saúde ao ressarcimento da parte paga pelo assistido, ou seja, o valor do implante dos *stents* foi coberto apenas parcialmente. Desse modo, a partir das circunstâncias de fato delineadas no acórdão recorrido, concluiu-se que o inadimplemento contratual por parte da entidade operadora do plano de saúde, na hipótese, teve consequências apenas patrimoniais, não proporcionando ao recorrente abalo caracterizador de dano moral. Precedentes citados: AgRg no REsp 1.132.821-PR, DJe 29/3/2010, e REsp 746.087-RJ, DJe 1º/6/2010. **REsp 1.244.781-RS, Rel. Min. Maria Isabel Gallotti, julgado em 24/5/2011.** (Inform. STJ 474)

DANO MORAL. INCORPORAÇÃO IMOBILIÁRIA.

Há mais de 12 anos houve a assinatura do contrato de promessa de compra e venda de uma unidade habitacional. Contudo, passados mais de nove anos do prazo previsto para a entrega, o empreendimento imobiliário não foi construído por incúria da incorporadora. Nesse contexto, vê-se que a inexecução causa séria e fundada angústia no espírito do adquirente a ponto de transpor o mero dissabor oriundo do corriqueiro inadimplemento do contrato, daí ensejar, pela peculiaridade, o ressarcimento do dano moral. Não se desconhece a jurisprudência do STJ quanto a não reconhecer dano moral indenizável causado pelo descumprimento de cláusula contratual, contudo há precedentes que excepcionam as hipóteses em que as circunstâncias atinentes ao ilícito material têm consequências severas de cunho psicológico, mostrando-se como resultado direto do inadimplemento, a justificar a compensação pecuniária, tal como ocorre na hipótese. Outrossim, é certo que a Lei n. 4.591/1964 (Lei do Condomínio e Incorporações) determina equiparar o proprietário do terreno ao incorporador, imputando-lhe responsabilidade solidária pelo empreendimento. Mas isso se dá quando o proprietário pratica atividade que diga respeito à relação jurídica incorporativa, o que não ocorreu na hipótese, em que sua atuação, conforme as instâncias ordinárias, limitou-se à mera alienação do terreno à incorporadora, o que não pode ser sindicado no especial, por força da Súm. n. 7-STJ. Dessarte, no caso, a responsabilidade exclusiva pela construção do empreendimento é, sem dúvida, da incorporadora. Precedentes citados: REsp 1.072.308-RS, DJe 10/6/2010; REsp 1.025.665-RJ, DJe 9/4/2010; REsp 617.077-RJ, DJe 29/4/2011; AgRg no Ag 631.106-RJ, DJe 8/10/2008, e AgRg no Ag 1.010.856-RJ, DJe 1º/12/2010. **REsp 830.572-RJ, Rel. Min. Luis Felipe Salomão, julgado em 17/5/2011.** (Inform. STJ 473)

COMPRA. VENDA. IMÓVEL. INADIMPLÊNCIA. INCORPORADORA. DANOS MORAIS.

Trata-se de REsp decorrente de ação de rescisão contratual cumulada com indenizatória ajuizada pela recorrida em desfavor da recorrente, tendo em vista o inadimplemento contratual por parte desta, relativo a contrato de compra e venda de imóvel. Inicialmente, ressaltou o Min. Relator não se desconhecer que a jurisprudência deste Superior Tribunal, por vezes, afirma que o inadimplemento contratual acarreta mero dissabor, sendo verdade, entretanto, que os precedentes não se posicionam de modo intransigente no que tange à matéria. Admitiu que, dependendo da peculiaridade do caso concreto, pode ser constatado abalo moral a exigir compensação pecuniária. Assim, recepcionam-se as hipóteses em que, na própria descrição das circunstâncias que perfazem o ilícito material, é possível verificar consequências bastante sérias de cunho psicológico que são resultado direto do inadimplemento culposo. No caso em questão, o acórdão recorrido chegou à conclusão de que a ocorrência de dano moral decorreu do não cumprimento do contrato de promessa de compra e venda de imóvel, cujo atraso já conta mais de dez anos, circunstância que extrapola o mero aborrecimento. Diante disso, a Turma, ao prosseguir o julgamento, manteve o acórdão ao não conhecer do recurso especial. Precedentes citados: REsp 1.025.665-RJ, DJe 9/4/2010; REsp 1.072.308-RS, DJe 10/6/2010; AgRg no Ag 1.010.856-RJ, DJe 1º/12/2010; AgRg no Ag 830.546-RJ, DJ 8/10/2007, e AgRg no Ag 482.521-RJ, DJ 5/3/2007. **REsp 617.077-RJ, Rel. Min. Luis Felipe Salomão, julgado em 5/4/2011.** (Inform. STJ 468)

SEGURADORA. INDENIZAÇÃO. DANOS MORAIS.

In casu, a sentença e o acórdão recorrido reconheceram o direito de o segurado receber indenização por danos morais porque a seguradora não cumpriu voluntariamente sua obrigação contratual, fazendo-o enfrentar a via judicial para ter seu direito assegurado. A recusa ao pagamento da cobertura securitária deu-se ao argumento de doença preexistente, mesmo sem qualquer indício de que o recorrido padecesse de Aids e de tuberculose intestinal como doença secundária, as quais levaram o INSS a aposentá-lo por invalidez. Para a Min. Relatora, apesar de a recusa da seguradora não ensejar, via de regra, indenização por danos morais, no caso, o próprio relatório preliminar de investigação da seguradora já havia demonstrado que, à época da celebração do contrato, não existia a doença que culminou com sua invalidez. Dessa forma, não haveria nenhuma dúvida sobre a preexistência de doença a justificar a negativa da cobertura. Por isso, a conduta da seguradora foi considerada dolosa pelo acórdão recorrido, o qual considerou que tal atitude deveria ser coibida não só com o pagamento da indenização contratada, mas também com indenização por danos morais, a fim de que não se reitere esse comportamento. Com esse entendimento, a Turma deu parcial provimento ao recurso da seguradora apenas para reduzir o valor dos danos morais aos parâmetros jurisprudenciais. Precedentes citados: AgRg no Ag 1.186.345-RS, DJe 2/12/2009, e REsp 257.036-RJ, DJ 12/2/2001. **REsp 721.647-SC, Rel. Min. Maria Isabel Gallotti, julgado em 5/4/2011.** (Inform. STJ 468)

DANO MORAL. GENITORES. ACORDO. ESPOSA.

Cuida-se de ação de reparação de danos morais ajuizada pelos genitores do falecido em acidente de trânsito. Nesse contexto, o tribunal *a quo* entendeu reduzir a condenação a R$ 2 mil ao considerar os valores constantes de acordo realizado pela ré com a companheira e a filha da vítima. Contudo, não há que restringir a indenização dos autores, pois eles possuem direito autônomo oriundo da relação afetiva e de parentesco que mantinham com o falecido. No caso, a indenização fixada distancia-se muito dos parâmetros utilizados pelo STJ em semelhantes hipóteses (até 500 salários mínimos), o que justifica sua intervenção. Também não tem influência o fato de a vítima, contando 20 anos, mas já pai e companheiro, na data do acidente, não mais residir na casa dos pais (morava em residência construída nos fundos dessa habitação), o que não faz presumir o enfraquecimento dos laços afetivos, contrário ao senso comum e dependente de concreta comprovação. Daí a Turma ter fixado a indenização de R$ 100 mil (R$ 50 mil ao genitor supérstite e R$ 50 mil aos irmãos da vítima habilitados no processo diante do falecimento da genitora) acrescida de correção monetária a partir da data do julgamento pelo STJ (Súm. n. 362-STJ) e juros moratórios a contar do evento danoso (Súm. n. 54-STJ). Precedentes citados: AgRg no REsp 959.712-PR, DJe 30/11/2009; AgRg no Ag 939.482-RJ, DJe 20/10/2008; REsp 713.764-RS, DJe 10/3/2008; REsp

1.137.708-RJ, DJe 6/11/2009; REsp 936.792-SE, DJ 22/10/2007; REsp 330.288-SP, DJ 26/8/2002, e REsp 297.888-RJ, DJ 4/2/2002. **REsp 1.139.612-PR, Rel. Min. Maria Isabel Gallotti, julgado em 17/3/2011.** (Inform. STJ 466)

DANOS MORAIS. INCLUSÃO INDEVIDA. CADASTRO RESTRITIVO. CRÉDITO.

Trata-se, na origem, de ação indenizatória ajuizada pelo ora recorrido em desfavor do banco, ora recorrente, por inclusão indevida de seu nome em cadastro restritivo de crédito, o que perdurou por quatro anos. A sentença julgou procedente o pedido e condenou a instituição financeira ao pagamento de 300 salários mínimos a título de danos morais. Em grau de apelação, o tribunal *a quo* manteve a decisão e, ainda, condenou o recorrente ao pagamento de 200 salários mínimos por litigância de má-fé. Nesta instância especial, entendeu-se, entre outras questões, que não houve, na espécie, interposição de recurso manifestamente protelatório ou infundado. O réu, nas razões da apelação, manifestou de forma clara o intento de reforma da sentença, apresentou arrazoado formalmente adequado e dotado de fundamentação razoável, bem como formulou pretensão com apoio na lei e na jurisprudência pertinentes. Assim, afastou-se a litigância de má-fé. No que se refere ao *quantum* indenizatório, assentou-se que, embora excessivo o valor fixado na origem, as particularidades do caso em questão recomendam arbitramento em quantia superior àquela normalmente estipulada por este Superior Tribunal. Observou-se que o recorrido em nada contribuiu para a "negativação" de seu nome, pois sequer firmou o contrato que deu origem à inscrição, tendo sido vítima de furto de seus documentos pessoais. Outrossim, a inscrição indevida perdurou por quatro anos, período que ultrapassa sobremaneira os limites da razoabilidade. Ademais, o recorrido alegou que, em decorrência da distribuição da ação de busca e apreensão, não pôde tomar posse em cargo para o qual foi nomeado após aprovação em concurso público, fazendo prova da nomeação e da exigência, para a posse, de certidão negativa dos distribuidores cíveis. Não houve, todavia, consoante o acórdão recorrido, prova inequívoca do liame entre a inscrição indevida e a vedação à posse. Ainda assim, não há como excluir a possibilidade de que a posse tenha sido negada ao recorrido em face da ausência de certidão negativa. Dessarte, a questão relativa ao concurso público deve ser levada em conta na fixação do *quantum* indenizatório, ainda que seus reflexos não sejam tão drásticos quanto seriam na hipótese de efetiva comprovação dos fatos alegados. Nesse contexto, fixou-se a indenização em 50 salários mínimos. Precedentes citados: AgRg no Ag 1.265.516-RS, DJe 30/6/2010; REsp 856.085-RJ, DJe 8/10/2009, e REsp 678.224-RS, DJ 17/10/2005. **REsp 983.597-RJ, Rel. Min. Paulo de Tarso Sanseverino, julgado em 7/12/2010.** (Inform. STJ 459)

INTIMAÇÃO. DEVEDORES. PURGAÇÃO. MORA. DANOS MORAIS.

Trata-se, no caso, do dever de indenizar o ora recorrente pela ausência de intimação pessoal dos ora recorridos sobre leilão extrajudicial do imóvel no qual residem. O tribunal *a quo* condenou os recorrentes ao pagamento de dez salários mínimos aos recorridos a título de dano moral, entendendo que a ausência de notificação pessoal importou a perda de chance dos recorridos em purgar a mora. A Turma, entre outras questões, conheceu em parte do recurso e, nessa extensão, deu-lhe provimento para afastar a indenização ao argumento de que o entendimento do tribunal *a quo* está em consonância com a orientação deste Superior Tribunal quando afirma ser indispensável a intimação pessoal dos devedores acerca da data designada para o leilão do imóvel hipotecado em processo de execução extrajudicial realizado nos moldes do DL n. 70/1966. Porém, entendeu que somente a perda de uma oportunidade real, plausível e séria justifica a indenização por danos morais. No caso, a chance de que fosse purgada a mora após a intimação pessoal dos devedores era remota e inexpressiva; pois, conforme a sentença, diversas vezes foram cientificados por avisos de convocação para saldar prestações em atraso e os ora recorrentes autores relatam que envidaram tratativas para a composição dos débitos junto ao banco, sem êxito. Somente após quase um ano e meio decorrido do leilão, é que se animaram em perseguir a anulação. **REsp 1.115.687-SP, Rel. Min. Nancy Andrighi, julgado em 18/11/2010.** (Inform. STJ 456)

DANOS MORAIS. ADVOGADO. OFENSAS. PROMOTORA.

Trata-se de ação de indenização por danos morais ajuizada por promotora de justiça contra advogado (recorrente) que, por reiteradas vezes, ofendeu-a com acusações injuriosas e caluniosas, no exercício de mandato a ele conferido em diversos processos nos quais estavam sendo investigados, em CPI, políticos por suposta grilagem de terras, bem como réus relacionados ao parcelamento irregular de terras públicas. No REsp, o recorrente alega violação dos arts. 131, 134, II, 535, II, todos do CPC e art. 7º, § 2º, da Lei n. 8.906/1994 (Estatuto da OAB), além de apontar divergência jurisprudencial em relação ao valor indenizatório de R$ 100 mil a título de danos morais por ser excessiva a condenação. Para a Min. Relatora, o acórdão recorrido está de acordo com a jurisprudência deste Superior Tribunal e do Supremo Tribunal Federal no sentido de que a imunidade profissional garantida ao advogado pelo Estatuto da OAB não abarca os excessos cometidos pelo profissional em afronta à honra de quaisquer das pessoas envolvidas no processo, seja o magistrado, a parte, o membro do Ministério Público, o serventuário ou o advogado da parte contrária. Observa que somente estariam resguardadas pela imunidade profissional do advogado as supostas ofensas que guardem pertinência com a discussão da causa em julgamento, contudo sem degenerar em abuso ou ofensas pessoais aos envolvidos, visto que a imunidade profissional não poderia abranger os excessos configuradores de delito de calúnia nem de desacato. Dessa forma, de acordo com o acórdão impugnado, afirma a Min. Relatora que as injúrias e imputações caluniosas à recorrida em mais de uma dezena de processos ultrapassam qualquer limite de tolerância razoável com aquelas ofensas aceitas no calor do debate advocatício. No caso dos autos, aponta que as ofensas atingiram a honra objetiva e subjetiva da promotora, estando, pois, fora da abrangência da imunidade profissional estabelecida no citado estatuto. Ressalta, também, que, devido à gravidade das ofensas e ao número de injúrias e imputações caluniosas à recorrida em vários processos, manteve o valor indenizatório dos danos morais arbitrados em R$ 100 mil, apesar de esse valor ser superior aos parâmetros usualmente aceitos neste Tribunal, os quais, geralmente, por esse motivo, são revistos em recurso especial. Entretanto, deu parcial provimento ao recurso para que a correção monetária fosse contada a partir do julgamento do REsp, sendo acompanhada pela Turma. Precedentes citados: REsp 1.022.103-RN, DJe 16/5/2008; REsp 988.380-MG, DJe 15/12/2008; REsp 932.334-RS, DJe 4/8/2009, e HC 80.646-RJ, DJe 9/2/2009. **REsp 919.656-DF, Rel. Min. Maria Isabel Gallotti, julgado em 4/11/2010**. (Inform. STJ 454)

DANO MORAL. VALOR. INDENIZAÇÃO.

Em decorrência do acidente automobilístico causado pelo preposto do recorrido, conforme laudo pericial constante dos autos, o recorrente está incapacitado para o trabalho, há mais de dez anos, dada a paraplegia que o acometeu, a causar-lhe a paralisação permanente dos membros inferiores e a perda da capacidade de conter urina ou fezes. Nesse peculiar contexto e em respeito a precedentes deste Superior Tribunal, a indenização fixada a título de reparação de danos morais, no montante de R$ 40 mil, mostra-se ínfima, o que determina sua majoração a R$ 250 mil. Precedentes citados: REsp 796.808-RN, DJ 1º/6/2006; REsp 783.644-PE, DJ 19/12/2005; REsp 740.441-PA, DJ 1º/7/2005; REsp 786.217-RJ, DJ 25/9/2006; REsp 710.879-MG, DJ 19/6/2006; REsp 173.927-AP, DJ 1º/7/2005; REsp 1.148.514-SP, DJe 24/2/2010; REsp 936.792-SE, DJ 22/10/2007; REsp 792.416-SP, DJ 17/8/2007; REsp 721.091-SP, DJ 1º/2/2006; REsp 659.420-PB, DJ 1º/2/2006; REsp 687.567-RS, DJ 13/3/2006; REsp 469.867-SP, DJ 14/11/2005; REsp 710.335-RJ, DJ 10/10/2005; REsp 951.514-SP, DJ 31/10/2007; AgRg no Ag 853.854-RJ, DJ 29/6/2007; REsp 1.065.747-PR, DJe 23/11/2009, e REsp 1.044.416-RN, DJe 16/9/2009. **REsp 1.189.465-SC, Rel. Min. Nancy Andrighi, julgado em 26/10/2010**. (Inform. STJ 453)

ACIDENTE. TRABALHO. INDENIZAÇÃO. DANO MORAL.

Na hipótese dos autos, o ora recorrente ajuizou contra o ora recorrido ação indenizatória por acidente de trabalho em decorrência de graves lesões sofridas – perda da acuidade visual do olho direito, tendões e nervos do braço direito rompidos – que lhe acarretaram perda da capacidade de movimento, dores constantes, várias cicatrizes e, em consequência, abalo psicológico, ficando constrangido de frequentar os meios sociais. Em primeiro grau, o recorrido foi condenado ao pagamento de 200 salários-mínimos a título de danos morais, mais acessórios. Na apelação, a sentença foi parcialmente reformada, reduzindo a indenização para R$ 9 mil. No REsp, o recorrente, entre outras alegações, sustenta que a indenização por danos morais fixada pelo acórdão recorrido é ínfima e avilta o sofrimento de que padece. Nesta instância especial, observou-se, inicialmente, que a indenização tem por objetivo compensar a dor causada à vítima e desestimular o ofensor de cometer atos da mesma natureza, pois não é razoável o arbitramento que importe em indenização irrisória, de pouco significado para o ofendido, nem indenização excessiva, de gravame demasiado ao ofensor. Assim, entendeu-se que o valor de R$ 9 mil, ainda que corrigido desde a data do acórdão recorrido, é irrisório para o caso em questão. Dessa forma, elevou-se a indenização para R$ 200 mil em valores da data da proclamação do julgamento, quantia que se aproxima mais daquela fixada na sentença e que cumpre, com razoabilidade, sua dupla finalidade: punir pelo ato ilícito cometido e reparar a vítima pelo sofrimento moral experimentado. Nesse contexto, a Turma deu provimento ao recurso. Precedentes citados: REsp 345.831-DF, DJ 19/8/2002; AgRg no Ag 1.259.457-RJ, DJe 27/4/2010, e REsp 685.025-SC, DJ 5/2/2007. **REsp 808.601-RS, Rel. Min. Sidnei Beneti, julgado em 12/8/2010**. (Inform. STJ 442)

DANOS MORAIS. VALOR EXCESSIVO. RECONVENÇÃO.

Na espécie, uma agência de turismo, ora recorrida, intentou ação de compensação por danos morais em razão da publicação de matéria jornalística ofensiva à sua honra, levada a efeito por cliente (o recorrente) que havia celebrado contrato de pacote turístico. Nesse contexto, a Turma deu parcial provimento ao recurso especial a fim de reduzir o valor arbitrado a título de danos morais para R$ 20 mil, por entender que aquele fixado pelo tribunal *a quo* (400 salários mínimos) teria sido exagerado. Manteve-se, contudo, o entendimento de ser inadmissível a reconvenção apresentada pelo recorrente na origem, ante a ausência do pressuposto de conexidade exigido pelo art. 315, *caput*, do CPC. De acordo com a Min. Relatora, enquanto a causa de pedir da ação principal é referente à publicação lesiva à honra, a da reconvenção decorre dos transtornos suportados pelo cliente durante a viagem. Precedentes citados: REsp 259.816-RJ, DJ 27/11/2000; REsp 453.598-MT, DJ 19/12/2003; REsp 556.066-PR, DJ 15/12/2003; REsp 401.358-PB, DJe 16/3/2009, e REsp 348.388-RJ, DJ 8/11/2004. **REsp 1.129.256-SP, Rel. Min. Nancy Andrighi, julgado em 12/8/2010**. (Inform. STJ 442)

DANO MORAL. VALOR.

Trata-se, na origem, de ação de indenização por danos morais em razão de expressões ofensivas inseridas em matérias veiculadas em jornal publicado pela ora recorrente, as quais causaram abalo à imagem do ora recorrido, juiz de direito. Assim, a Turma conheceu do recurso e lhe deu provimento para diminuir o valor da indenização para R$ 100 mil, devendo incidir juros moratórios a partir do evento danoso e correção monetária a partir da prolação da decisão deste Superior Tribunal. **REsp 969.831-SP, Rel. Min. João Otávio de Noronha, julgado em 22/6/2010**. (Inform. STJ 440)

DANO MORAL. VALOR.

A Turma reiterou o entendimento de que o valor da indenização por dano moral só pode ser alterado na instância especial quando ínfimo ou exagerado. No caso, a agravada sofreu tentativa de estupro e agressão que deixaram sequelas quando frequentou uma festa dentro do *campus* da universidade, com iluminação inadequada e sem seguranças. Assim, como o valor de R$ 100 mil não se mostra excessivo, a Turma negou provimento ao agravo. **AgRg no Ag 1.152.301-MG, Rel. Min. Raul Araújo Filho, julgado em 15/6/2010**. (Inform. STJ 439)

RESPONSABILIDADE. VIOLAÇÃO. CORRESPONDÊNCIA.

Trata-se de violação de correspondência, no caso, extrato da conta do Fundo de Garantia do Tempo de Serviço; em que a ora recorrida promoveu sua juntada (para sustentar seus argumentos) em reclamação trabalhista ajuizada pela recorrente. Assim, a Turma conheceu do recurso e deu-lhe provimento, para condenar a recorrida a pagar a quantia de R$ 5 mil a título de danos morais, em razão da indevida publicidade do conteúdo da correspondência violada, valor acrescido de juros legais desde o evento danoso e correção monetária a partir da data do julgamento do recurso. Precedentes citados do STF: MS 23.452-RJ, DJ 12/5/2000; do STJ: REsp 620.695-SP, DJ 13/9/2004, e REsp 165.727-DF, DJ 21/9/1998. **REsp 1.025.104-RS, Rel. Min. Nancy Andrighi, julgado em 27/4/2010**. (Inform. STJ 432)

DANO MORAL. VALOR.

O tribunal *a quo* fixou os danos morais em R$ 8 mil para o autor, médico que, em programa de televisão, teve sua honra ofendida. No caso, o jornalista teria afirmado que o médico estaria cobrando R$ 5 mil para a realização de cirurgia que poderia ser realizada pela rede pública. Além de divulgar a matéria, o jornalista emitiu sua opinião desprovida de prova sobre o fato, acusando-o de cometer crime contra a Administração Pública. Para o Min. Relator, o dano moral decorreu de situação notoriamente mais grave, qual seja, a imputação de conduta criminosa em programa televisivo a afetar o nome do médico tanto em seu meio social como profissional, sem a comprovação da veracidade das afirmações. Entendeu o Min. Relator que o valor reparatório deve, portanto, ser elevado, de modo a se adequar aos parâmetros da razoabilidade e proporcionalidade. Diante disso, a Turma conheceu do recurso e lhe deu provimento para arbitrar o dano moral em R$ 30 mil, corrigidos a partir da data do julgamento do especial. **REsp 879.460-AC, Rel. Min. Aldir Passarinho Junior, julgado em 6/4/2010**. (Inform. STJ 429)

ACIDENTE AÉREO. DANOS MORAIS. HONORÁRIOS.

Discute-se, no recurso especial interposto pelos pais e irmão de vítima de acidente aéreo (jovem de 21 anos), o valor do dano moral e pensão mensal, bem como, no recurso especial da companhia aérea, a exatidão das verbas honorárias. Segundo ressaltou a Min. Relatora, a jurisprudência consolidou-se no sentido de que o responsável pela morte de filho trabalhador deve aos familiares da vítima pensão alimentícia mensal fixada em 2/3 da sua remuneração até a idade de 25 anos, depois reduzida à metade, pois se presume que o filho constituiria família, o que diminuiria sua contribuição aos pais. Quanto ao pedido da inclusão de valores referentes ao FGTS e às férias na base de cálculo da pensão alimentícia, o dissídio só foi demonstrado quanto às férias, assim, só foi conhecida e concedida a inclusão das férias, com base na jurisprudência assentada pelas Turmas da Segunda Seção deste Superior Tribunal. Por último, quanto à fixação dos danos morais, observou ser ela uma das mais complexas tarefas a cargo do Judiciário pela falta de critérios e pelas peculiaridades de cada caso. Dessarte, fixou-os em R$ 190 mil para cada um dos três autores. Apontou que a sucumbência recíproca foi afastada devido ao fato de os autores decaírem em parte mínima, só em relação à indenização de tratamento psicológico e aos danos relativos ao sepultamento da vítima, que são ínfimos se comparados à pretensão julgada procedente, como a pensão e os danos morais. Outrossim, para o cálculo dos honorários advocatícios, quando há a necessidade de pensionamento, devem ser limitados, sendo fixados, no caso, em 10% sobre o somatório dos valores das prestações vencidas mais um ano das vincendas, afastada a multa do art. 538 do CPC. Com esse entendimento, a Turma deu parcial provimento ao recurso dos autores e ao da companhia aérea. Precedentes citados: REsp 713.764-RS, DJe 10/3/2008; REsp 361.814-MG, DJ 24/6/2002; REsp 193.296-RJ, DJ 10/4/2000; AgRg no Ag 429.155-RJ, DJ 24/10/2005; AgRg no REsp 1.109.961-MS, DJe

10/9/2009, e AgRg no Ag 727.915-SP, DJ 26/6/2006. **REsp 1.137.708-RJ, Rel. Min. Nancy Andrighi, julgado em 13/10/2009.** (Inform. STJ 411)

PRÓTESE. MANUTENÇÃO. COISA JULGADA.

Tem natureza alimentar a indenização fixada pelo juízo para a manutenção e conservação da prótese de que necessita a vítima do acidente, pois se objetiva a satisfação de suas necessidades vitais. Assim, a sentença que estabelece seu valor, por trazer implícita a cláusula *rebus sic stantibus*, não faz coisa julgada material, o que possibilita sua revisão diante de mudança nas condições fáticas que a amparam. Na hipótese, o valor fixado na sentença, quando confrontado com a elevação do preço da prótese, não se mostra suficiente ao custeio da obrigação imposta ao causador do dano, a permitir a revisão do *quantum* indenizatório com o desiderato de corresponder às necessidades do alimentando. Precedentes citados: REsp 12.846-RJ, DJ 21/10/1991; REsp 23.575-DF, DJ 1º/9/1997, e REsp 913.431-RJ, DJ 26/11/2008. **REsp 594.238-RJ, Rel. Min. Luis Felipe Salomão, julgado em 4/8/2009.** (Inform. STJ 401)

INDENIZAÇÃO. ACIDENTE. TRABALHO. MERGULHADOR.

Trata-se de REsp contra acórdão que julgou parcialmente procedente ação indenizatória por acidente de trabalho movida pelo autor, ora recorrente, que exercia a função de mergulhador a serviço da ora recorrida, quando sofreu esmagamento da mão direita, gerando incapacidade laboral. A Turma entendeu que, se o recorrente ficou incapacitado para exercer a função de mergulhador (que era seu trabalho ao tempo do acidente) faz jus ao pensionamento de 100%, independentemente do exercício ou não de outro trabalho que lhe provenha rendimento igual ou mesmo superior. No que diz respeito à incidência da verba honorária sobre o capital constituído para a garantia das prestações vincendas, a jurisprudência do STJ já se consolidou em sentido contrário e, quanto aos juros moratórios, computam-se desde o evento danoso e não a partir da citação, em razão de tratar-se de ilícito extracontratual. Diante disso, deu-se parcial provimento ao recurso. Precedentes citados: REsp 536.140-RS, DJ 17/4/2006; REsp 478.796-RJ, DJ 16/2/2004; EREsp 109.675-RJ, DJ 29/4/2002, e EREsp 146.398-RJ, DJ 11/6/2001. **REsp 579.888-RJ, Rel. Min. Aldir Passarinho Junior, julgado em 6/8/2009.** (Inform. STJ 401)

DANOS MORAIS. TRANSPORTE AÉREO. *OVERBOOKING*.

Provido em parte o recurso apenas para reduzir o valor dos danos morais cumulados com juros e correção monetária fixados pelo Tribunal *a quo*, em razão da reprovável prática de *overbooking* na venda de bilhetes aéreos, superior à capacidade de assentos disponíveis na aeronave pela transportadora ré que, ademais, infringiu as mais simples normas de segurança, sem sofrer maiores consequências, ao acomodar o passageiro recorrido na cabine de pilotos, durante duas horas de voo. No caso, inexistindo recurso especial da parte adversa quanto ao índice a ser aplicado (art. 406 do CC/2002), mantidos os juros de mora, tal como fixados na origem, em 0, 5% ao mês até a entrada em vigor do atual Código Civil, e a partir da vigência deste, o de 1% ao mês, a contar da citação. Precedentes citados: REsp 628.828-RJ, DJ 4/10/2004, e REsp 773.486-SP, DJ 17/10/2005. **REsp 750.128-RS, Rel. Min. Massami Uyeda, julgado em 5/5/2009.** (Inform. STJ 393)

INDENIZAÇÃO. DANO MORAL. MEDICAMENTO.

Cuida-se de ação de indenização por dano moral ajuizada pelo beneficiário titular de plano de saúde contra caixa de assistência a funcionários de instituição bancária, porque ela se negara a fornecer medicamento à sua regular dependente no referido plano (sua esposa), remédio fornecido após por força de liminar em cautelar. Isso posto, não há como negar a existência de legitimidade ativa *ad causam*, porquanto se trata de pleito indenizatório em nome próprio, postulado por quem, em princípio, sofreu os dissabores e se sente indignado por causa da negativa da cobertura. Se assim não fosse, também teria legitimidade o autor tal como aquele indiretamente atingido pelo possível aviltamento moral. Porém, nesse contexto, o exagerado valor da indenização, de R$ 100.000,00, justifica a intervenção deste Superior Tribunal para reduzi-lo ao equivalente a dez salários mínimos. Precedentes citados: REsp 530.602-MA, DJ 17/11/2003; REsp 986.947-RN, DJe 26/3/2008, e REsp 356.026-MA, DJ 1º/7/2004. **REsp 801.181-MA, Rel. Min. Fernando Gonçalves, julgado em 5/5/2009.** (Inform. STJ 393)

DANO MORAL. VALOR SIMBÓLICO.

O recorrente viu sua compra não se concretizar em razão de a assinatura constante de seu cartão de crédito não coincidir com a que ostenta em sua carteira de identidade, além de não lhe ser oportunizada outra forma para o pagamento. Daí a ação de indenização por dano moral que impetrou, pedido acolhido pelo juízo singular (indenização de R$ 182.500,00), porém refutado pelo acórdão da respectiva apelação, dado o entendimento de que inexistia dano a ser ressarcido, pois se tratava de mero dissabor. Posteriores embargos de declaração foram recebidos no efeito infringente, pois a apelação nada disse sobre a inexistência do dano, limitando-se a, entre outros, pedir a redução do *quantum* da indenização. Insurge-se, então, a recorrente contra a fixação pelo Tribunal *a quo* da indenização no valor de R$ 1,00, ao fundamento de cuidar-se de valor irrisório. Nesse contexto, a Turma não conheceu do especial: não há violação dos arts.

186 e 927 do CC/2002, visto que, firmado pelo acórdão recorrido não existir o dano. Nem sequer haveria de se impor indenização, que, no caso, perfaz-se, unicamente, em respeito aos limites impostos pela apelação, quanto mais se os julgados colacionados pelo recorrente (a título de ilustração, porque o REsp só veio pela letra a do permissivo constitucional) não se amoldam à hipótese: não há que se confundir valor irrisório de indenização, enquanto há dano, com valor simbólico fixado pela impossibilidade de declarar inexistente o dano por força do confinamento da prestação jurisdicional aos limites da apelação. Precedentes citados: REsp 509.003-MA, DJ 28/6/2004, e AgRg no Ag 537.867-RJ, DJ 3/5/2004. **REsp 703.583-MA, Rel. Min. Aldir Passarinho Junior, julgado em 24/3/2009.** (Inform. STJ 388)

DANO MORAL. RETENÇÃO. SALÁRIO. BANCO.

É cabível a indenização por danos morais contra instituição bancária pela retenção integral de salário do correntista para cobrir saldo devedor da conta-corrente, mormente por ser confiado o salário ao banco em depósito pelo empregador, já que o pagamento de dívida de empréstimo obtém-se via ação judicial (CPC, art. 649, IV). Precedentes citados: REsp 831.774-RS, DJ 29/10/2007; Ag no Ag 353.291-RS, DJ 19/11/2001; REsp 492.777-RS, DJ 1º/9/2003, e REsp 595.006-RS, DJ 18/9/2006. **REsp 1.021.578-SP, Rel. Min. Nancy Andrighi, julgado em 16/12/2008.** (Inform. STJ 381)

RETENÇÃO. INDENIZAÇÃO. MAIORIDADE.

Na execução da ação indenizatória pelo falecimento do pai, o juízo determinou a liberação de 25% do valor da condenação referente à mãe, enquanto os outros 75% foram retidos em caderneta de poupança, a esperar a maioridade dos filhos. Não se têm notícias de que haja ocorrido a hipótese do art. 225 do CC/1916 (casamento da viúva antes da partilha dos herdeiros) ou mesmo de que fato desabone o exercício do poder familiar pela genitora, daí ela ter o livre gerenciamento dos bens dos filhos (art. 385 do CC/1916). É certo também que, historicamente, as cadernetas de poupança se revelam ser o pior investimento, pois tiveram remuneração, a longo prazo, abaixo da inflação real. A liberação imediata dos valores em prol dessa família humilde (privada do apoio do esposo e pai) possibilitará melhor aplicação do dinheiro, mesmo que na alimentação, habitação e educação dos filhos. Com esse entendimento, a Turma autorizou o levantamento dos valores retidos em favor dos filhos. Precedentes citados: REsp 34.820-RJ, DJ 26/9/1994; REsp 109.675-RJ, DJ 21/9/1998; REsp 287.094-RJ, DJ 11/6/2001, e REsp 727.056-RJ, DJ 4/9/2006. **REsp 534.521-SP, Rel. Min. Aldir Passarinho Junior, julgado em 16/10/2008.** (Inform. STJ 372)

DANO MORAL. FOTOGRAFIA.

Houve a publicação de uma fotografia em um semanário de circulação entre fiéis de uma denominação. Naquela, não constava identificação da ofendida (já falecida) ou mesmo qualquer ataque a sua pessoa no texto jornalístico, apenas houve a divulgação, por uma vez, de sua imagem retirada do contexto da publicação originária (ocorrida sete anos antes) e acompanhada de tarjas em seus olhos. Nesse contexto, vê-se que o ressarcimento do dano moral pleiteado pelos membros da família da ofendida (cônjuge e filhos) constitui direito pessoal não advindo de herança: trata-se de direito próprio, sendo certo que lhes remanesce legitimidade na defesa à imagem da falecida. Porém, o espólio não tem legitimidade para pleitear a indenização em nome próprio, devendo ser excluído do polo ativo. Quanto à indenização, há que se adequar o valor fixado a título de dano moral nas instâncias ordinárias aos patamares praticados neste Superior Tribunal, reduzindo-o para R$ 145.250,00, *quantum* a ser rateado entre os autores e suportado igualmente entre as rés. Precedentes citados: REsp 697.141-MG, DJ 29/5/2006; REsp 521.697-RJ, DJ 20/3/2006, e REsp 348.388-RJ, DJ 8/11/2004. **REsp 913.131-BA, Rel. Min. Carlos Fernando Mathias (Juiz convocado do TRF da 1ª Região), julgado em 16/9/2008.** (Inform. STJ 368)

DANOS MORAIS. PROMESSA. EMPREGO.

O município agravante foi condenado a indenizar o agravado a título de danos morais em razão de um programa de emprego que prometia vaga certa em determinado mercado de trabalho a quem se inscrevesse e se capacitasse, promessa, ao final, não cumprida. Isso posto, a Turma manteve a indenização de dez mil reais fixada nas instâncias ordinárias, por ela não se mostrar irrisória ou exorbitante a ponto de o STJ afastar a aplicação de sua Súm. n. 7. Precedentes citados: REsp 887.399-RJ, DJ 22/3/2007, e REsp 564.673-RJ, DJ 19/12/2006. **AgRg no REsp 1.046.882-RJ, Rel. Min. Castro Meira, julgado em 9/9/2008.** (Inform. STJ 367)

OAB. EXAME. OBSTRUÇÃO. INSCRIÇÃO. DANOS MORAIS. SALÁRIO MÍNIMO.

Trata-se de alegação de ter o apelado sofrido obstáculos injustificados à sua inscrição como advogado na OAB, depois de ter sido aprovado no exame da Ordem. Em razão disso, moveu ação por danos morais contra a entidade de classe dos advogados, vinculando-os ao salário mínimo. Com efeito, a Turma, por maioria, reiterou o entendimento do descabimento de indenização indexada em salários mínimos, mas sim cabível a fixação em cinco mil reais, com correção a contar do acórdão. Precedentes citados: REsp 679.248-RJ, DJ 22/5/2006, e AgRg no REsp 329.046-MG, DJ 21/11/2005. **REsp 1.039.985-SP, Rel. Min. Fernando Gonçalves, julgado em 2/9/2008.** (Inform. STJ 366)

ACIDENTE DE TRABALHO. PENSÃO MENSAL. NASCITURO. DANO MORAL.

Prosseguindo o julgamento, a Turma decidiu ser incabível a redução da indenização por danos morais fixada em relação a nascituro filho de vítima de acidente fatal de trabalho, considerando, sobretudo, a impossibilidade de mensurar-se o sofrimento daquele que, muito mais que os outros irmãos vivos, foi privado do carinho, assim como de qualquer lembrança ou contato, ainda que remoto, de quem lhe proporcionou a vida. A dor, mesmo de nascituro, não pode ser mensurada, conforme os argumentos da ré, para diminuir o valor a pagar em relação aos irmãos vivos. **REsp 931.556-RS, Rel. Min. Nancy Andrighi, julgado em 17/6/2008.** (Inform. STJ 360)

DANOS MORAIS. INDENIZAÇÃO. SALÁRIOS MÍNIMOS.
A fixação do valor de indenização por danos morais pode ser em salários mínimos, pois não há vedação legal; o que não é admitido é sua utilização como fator de correção monetária. **AgRg no REsp 959.072-MS, Rel. Min. Castro Meira, julgado em 3/6/2008.** (Inform. STJ 358)

INDENIZAÇÃO. ATAQUE BÉLICO. ATO. IMPÉRIO.
Não pode submeter-se ao Poder Judiciário pátrio por constituir ato de império praticado em período de guerra o afundamento do barco pesqueiro Changri-lá, que provocou desaparecimento de todos os seus tripulantes e pescadores. Seus herdeiros reclamam alguma indenização do governo alemão pelo ataque e afundamento da embarcação brasileira por submarino daquele país, nas águas territoriais do Brasil. **RO 66-RJ, Rel. Min. Fernando Gonçalves, julgado em 15/4/2008.** (Inform. STJ 352)

DANO MORAL. DIVULGAÇÃO. NOME. NOTICIÁRIO.
Trata-se de ação de indenização por dano moral pela divulgação, em noticiário de rádio, do nome completo e do bairro onde residia a vítima de crime de estupro. Ressalta a Min. Relatora que há limites ao direito da imprensa de informar, isso não se sobrepõe nem elimina quaisquer outras garantias individuais, entre as quais se destacam a honra e a intimidade. Afirma que, no caso dos autos, a conduta dos recorrentes não reside na simples divulgação de um fato verídico criminoso e de interesse público, vai muito além, ao divulgar o nome da autora: sua intimidade e sua honra foram violadas. Por isso, foram condenados a compensá-la pelos danos morais no valor de R$ 40.000,00. Outrossim, o prazo prescricional em curso quando diminuído pelo novo Código Civil só sofre a incidência de sua redução a partir de sua entrada em vigor. Assim, a decisão *a quo* está de acordo com a jurisprudência deste Superior Tribunal. Com essas considerações, entre outras, a Turma não conheceu do recurso. Precedentes citados: REsp 717.457-PR, DJ 21/5/2007; REsp 822.914-RS, DJ 19/6/2006; REsp 818.764-ES, DJ 12/3/2007; REsp 295.175-RJ, DJ 2/4/2001, e REsp 213.811-SP, DJ 7/2/2000. **REsp 896.635-MT, Rel. Min. Nancy Andrighi, julgado em 26/2/2008.** (Inform. STJ 346)

INDENIZAÇÃO. DANO MORAL. CHEQUE DEVOLVIDO.
Tratou-se do valor da indenização por dano moral causado pela instituição financeira (recorrente). Os depósitos do correntista (recorrido) foram utilizados na cobertura de suposto débito gerado pelo desconto de cheques (um mil e trezentos reais) furtados e apresentados com grosseira falsificação. É certo que o critério matemático adotado pelas instâncias ordinárias para a fixação da indenização – a mera multiplicação do valor dos títulos por determinado fator – pode gerar um excesso na fixação do *quantum* ou mesmo uma quantia irrisória, a revelar quão aleatório é esse critério. Porém, no caso dos autos, a indenização (treze mil reais) não se mostra exorbitante a ponto de justificar a intervenção do STJ. **REsp 858.423-DF, Rel. Min. Aldir Passarinho Junior, julgado em 26/2/2008.** (Inform. STJ 346)

DANO MORAL. BLOQUEIO INDEVIDO. LINHA TELEFÔNICA MÓVEL.
O bloqueio indevido de linha telefônica móvel não é suscetível de desencadear, por si só, o dano moral. Precedentes citados: REsp 299.282-RJ, DJ 23/5/2001; REsp 633.525-MA, DJ 20/2/2006, e REsp 606.382-MS, DJ 17/5/2004. **AgRg no REsp 846.273-RS, Rel. Min. Humberto Gomes de Barros, julgado em 3/12/2007.** (Inform. STJ 341)

DANO MORAL. COMPROVAÇÃO. INQUÉRITO POLICIAL. ATIPICIDADE. DENUNCIAÇÃO CALUNIOSA.
A Turma, por maioria, entendeu que, para fins de indenização por dano moral decorrente da instauração indevida de inquérito policial, é necessária a comprovação do dano sofrido. Precedentes citados: REsp 866.725-MT, DJ 4/12/2006; REsp 802.435-PE, DJ 30/10/2006; REsp 316.295-AM, DJ 21/3/2005, e REsp 494.867-AM, DJ 29/9/2003. **REsp 961.982-SP, Rel. Min. Fernando Gonçalves, julgado em 23/10/2007.** (Inform. STJ 337)

DANO MORAL. VALOR. REDUÇÃO.
Durante um assalto ao banco em que trabalhava como gerente, o recorrido foi alvejado por arma de fogo, o que lhe causou a mutilação dos seus testículos. À época, a indenização a título de dano moral foi fixada em cerca de mil salários mínimos, porém a Turma, atenta aos parâmetros aceitos pela jurisprudência deste Superior Tribunal em casos de lesão grave, reduziu-a a cento e noventa mil reais, correspondentes a quinhentos salários mínimos, contada a correção monetária a partir deste julgamento. Precedente citado: REsp 868.643-RS, DJ 14/5/2007. **REsp 651.396-MA, Rel. Min. Massami Uyeda, julgado em 20/9/2007.** (Inform. STJ 332)

INDENIZAÇÃO. DANO MORAL. LEGÍTIMA DEFESA PUTATIVA.

Nos autos de ação de indenização, a Juíza julgou improcedente o pedido ao argumento de que a indenização a título de dano moral somente é cabível diante da ação ou omissão praticada injustamente pelo ofensor. Aduziu que, no caso, essa não restou demonstrada, uma vez que, pelo conjunto probatório, os fatos mostram que o réu não agiu e, sim, reagiu ao que imaginou fosse um ato de agressão física iminente. Firmou que, conforme ficou provado, o réu agiu em legítima defesa sua e essa seria excludente da ilicitude; logo, sem ato ilícito, não haveria que se cogitar em reparação a título de dano moral. O Tribunal *a quo,* por sua vez, concluiu pela legítima defesa putativa, mas negou o direito à indenização. Opostos embargos, foram esses rejeitados. Nesta sede, o recurso identifica violação dos arts. 159, 160, I, e 1.525 do CC/1916, 65 e 67, do CPC e 535, I e II, do CPC. Diante disso, o Min. Relator entendeu ter razão o recorrente, aduzindo que, na legítima defesa putativa, ao contrário da real, cabe indenização pelos prejuízos causados pelo suposto agressor. Isso posto, a Turma conheceu do recurso e deu-lhe provimento. **REsp 513.891-RJ, Rel. Min. Ari Pargendler, julgado em 20/3/2007.** (Inform. STJ 314)

DANOS MORAIS. REDUÇÃO. VALOR. APELAÇÃO. PEDIDO IMPLÍCITO.

Trata-se de pedido de indenização por danos morais pelo ajuizamento de ação de execução a qual foi extinta pela inexigibilidade da obrigação. O juiz *a quo* julgou procedente o pedido, e o banco exequente aduziu, entre outros fundamentos, que não houve nexo causal entre a execução interposta antes do vencimento do título e o insucesso da campanha política do autor. Isso posto, o cerne do REsp consiste em saber sobre a possibilidade de o Tribunal *a quo*, em apelação, reduzir o valor da indenização arbitrada sem que haja pedido expresso, porque o banco só requereu a improcedência do pedido indenizatório. O Min. Relator destacou que, conforme a jurisprudência firmada neste Superior Tribunal, a apelação que postula a improcedência do pedido devolve ao conhecimento do Tribunal toda a matéria, incluída aí a redução do valor da condenação, como foi acolhido. Com esses argumentos, a Turma não conheceu do recurso. Precedentes citados: REsp 234.644-MG, DJ 5/6/2000; REsp 351.860-MG, DJ 17/2/2003; REsp 50.903-RJ, DJ 10/4/1995, e REsp 268.909-SP, DJ 7/5/2001. **REsp 685.266-GO, Rel. Min. Hélio Quaglia Barbosa, julgado em 27/2/2007.** (Inform. STJ 311)

DANO MORAL. INDENIZAÇÃO.

A recorrente recebeu, como parte do pagamento na compra de um veículo novo, um veículo usado de propriedade da recorrida e o repassou a terceira pessoa, sem providenciar a transferência do registro no Detran. Tal atitude acarreta transtornos e aborrecimentos, pois várias infrações de trânsito estão sendo cometidas, mas autuadas em nome da recorrida, que corre o risco de perder sua carteira de motorista. Assim, a Turma fixou a indenização por dano moral em R$ 5.000,00, atualizados a partir dessa data e determinou a incidência de juros de mora a partir da citação. Precedentes citados: REsp 684.643-MA, DJ 12/9/2005, e REsp 310.509-RJ, DJ 9/5/2005. **REsp 826.406-RJ, Rel. Min. Jorge Scartezzini, julgado em 25/4/2006.** (Inform. STJ 282)

LEI DE IMPRENSA. VALOR. DANO MORAL.

A Turma, ao prosseguir o julgamento, por maioria, conheceu do recurso e deu-lhe provimento. Entendeu que, desde o REsp 53.321-RJ, da relatoria do Min. Nilson Naves, publicado no DJ 11/5/1998, deve este Superior Tribunal examinar o valor da indenização por dano moral para compatibilizá-la com padrão razoável, considerando a realidade dos autos, de modo a evitar o absurdo, o despropósito ou, ainda, a insignificância. **REsp 771.266-DF, Rel. Min. Carlos Alberto Menezes Direito, julgado em 28/3/2006.** (Inform. STJ 279)

DANO MORAL. *RECALL*. AUTOMÓVEL.

A recorrente insiste na tese de que houve dano moral em razão da convocação (*recall*) feita pela montadora de veículos para que comparecesse a uma concessionária da marca para efetuar reparos nos cintos de segurança de seu automóvel, mesmo diante de não restarem dúvidas de que o defeito a ser sanado sequer se apresentou concretamente em seu veículo. Diante disso, apesar de aplicar a Súm. n. 7-STJ à hipótese e reconhecer que o aresto estadual tachou de sem relevância jurídica a tese de a recorrente ter sofrido "choque emocional", a Turma anotou que não convence a defesa de que o *recall* teria o condão de causar dano moral à compradora de veículo, pois essa prática é, sim, favorável ao consumidor, não podendo ser aceita como instrumento de oportunismo a alimentar infundados pleitos indenizatórios. **AgRg no Ag 675.453-PR, Rel. Min. Aldir Passarinho Junior, julgado em 14/2/2006.** (Inform. STJ 274)

5.10. PENSÃO SEGUNDO O STJ

5.10.1. Falecimento de pai/mãe, com filhos menores

Devida até 25 anos do filho, quando presumidamente este terá concluído sua formação.

5.10.2. Falecimento de cônjuge ou companheiro

Devida até quando a vítima fizesse 70 anos.

5.10.3. Falecimento de filho menor em família de baixa renda

Devida desde quando a vítima tivesse 14 anos, até quando fizesse 65 anos; valor cairá à metade quando vítima fizesse 25, pois se presume que teria contraído família e não mais poderia ajudar tanto os pais.

5.10.4. Falecimento de filho maior que ajudava família

Devida vitaliciamente à família, diminuindo o valor quando a vítima fizesse 25 anos.

5.10.5. Jurisprudência selecionada

DIREITO CIVIL. VALOR DA PENSÃO MENSAL INDENIZATÓRIA DEVIDA AOS PAIS PELA MORTE DE FILHO MENOR.

A pensão mensal indenizatória devida aos pais pela morte de filho menor deve ser fixada em valor equivalente a 2/3 do salário mínimo, dos 14 até os 25 anos de idade da vítima, reduzido, então, para 1/3 até a data em que o de cujus completaria 65 anos. Precedentes citados: AgRg no REsp 686.398-MG, Terceira Turma, DJe 18/6/2010, AgRg no Ag 1.132.842-RS, Quarta Turma, DJe 20/6/2012. **REsp 1.279.173-SP, Rel. Min. Paulo de Tarso Sanseverino, julgado em 4/4/2013. (Inform. STJ 519)**

DIREITO CIVIL. INCLUSÃO DE GRATIFICAÇÃO NATALINA SOBRE PENSÃO MENSAL INDENIZATÓRIA.

Para inclusão do 13° salário no valor da pensão indenizatória, é necessária a comprovação de que a vítima exercia atividade laboral na época em que sofreu o dano-morte. Precedente citado: AgRg no Ag 1.419.899-RJ, Segunda Turma, DJe 24/9/2012. **REsp 1.279.173-SP, Rel. Min. Paulo de Tarso Sanseverino, julgado em 4/4/2013. (Inform. STJ 519)**

DIREITO CIVIL. RESPONSABILIDADE CIVIL. PENSÃO PELA PERDA DA CAPACIDADE LABORAL.

É devido o pagamento de pensão à vítima de ilícito civil em razão da diminuição da capacidade laboral temporária, a contar da data do acidente até a convalescença, independentemente da perda do emprego ou da redução dos seus rendimentos. O art. 950 do CC, ao tratar do assunto, não cria outras condições para o pagamento da pensão civil além da redução da capacidade para o trabalho. Ademais, a indenização de cunho civil não se confunde com aquela de natureza previdenciária, sendo irrelevante o fato de que o recorrente, durante o período do seu afastamento do trabalho, tenha continuado a auferir renda. Entendimento diverso levaria à situação na qual a superação individual da vítima seria causa de não indenização, punindo o que deveria ser mérito. Precedentes citados: REsp 1.062.692-RJ, DJe 11/10/2011; REsp 869.505-PR, DJ 20/8/2007, e REsp 402.833-SP, DJ 7/4/2003. **REsp 1.306.395-RJ, Rel. Min. Nancy Andrighi, julgado em 4/12/2012.**(Inform. STJ 511).

INDENIZATÓRIA. PENSÃO. DIREITO DE ACRESCER.

A Turma negou provimento ao recurso especial originário de ação indenizatória decorrente de acidente de trânsito que ocasionou a morte do marido e pai dos recorridos. *In casu*, a sentença condenou a empresa de transporte recorrente ao pagamento de danos morais e pensão mensal, reconhecendo, quanto à última, o direito de acrescer assim que os filhos atinjam 25 anos. Segundo a Min. Relatora, não obstante o referido direito não corresponda ao instituto previsto nos arts. 1.941 a 1.946 do CC/2002, a jurisprudência do STJ reconhece a analogia em casos como o da espécie a fim de manter intacto o valor da condenação, já que a presunção é que a contribuição do pai ao orçamento familiar assim se manteria até sua morte natural. Justificou com base na premissa de que a renda da vítima não reduziria caso um dos filhos deixasse de ser seu dependente, mas apenas seria redistribuída em favor dos demais membros da família. Consignou, ademais, que o direito de acrescer consiste em consequência lógica do pedido de condenação ao pagamento de pensão mensal, razão pela qual não é *extra petita* o julgado que o reconhece sem que tenha havido pedido expresso das partes nesse sentido. Precedentes citados: REsp 1.045.775-ES, DJe 4/8/2009; REsp 625.161-RJ, DJ 17/12/2007; REsp 753.634-RJ, DJ 13/8/2007; REsp 826.491-CE, DJ 5/6/2006; REsp 506.254-SP, DJ 22/3/2004; REsp 900.367-PR, DJe 26/5/2010; REsp 970.640-MG, DJe 1°/7/2010; REsp 586.714-MG, DJe 14/9/2009; AgRg no Ag 520.958-RJ, DJe 27/5/2009; REsp 504.326-PR, DJ 15/3/2004; AgRg no Ag 503.934-RJ, DJ 6/8/2007, e REsp 679.652-RS, DJe 18/12/2009. **REsp 1.155.739-MG, Rel. Min. Nancy Andrighi, julgado em 2/12/2010**. (Inform. STJ 458)

INDENIZAÇÃO. DANOS. EQUIPAMENTO INADEQUADO.

Trata-se, na origem, de ação indenizatória que objetiva o ressarcimento de danos materiais e morais em razão de o autor ter perdido parte da capacidade auditiva e visual em decorrência do fornecimento de equipamento inadequado de proteção individual pela empregadora ré. O tribunal *a quo*, lastreado na prova dos autos, estabeleceu a responsabilidade da empresa ré pelos danos à capacidade visual e auditiva e, conforme a Súm. n. 7-STJ, fica este Superior Tribunal impedido de verificar a exclusão de responsabilidade da empresa. Quanto à pensão, a Turma entendeu que ela deve ser vitalícia, pois o dano impossibilitou o ofendido de exercer seu ofício ou profissão. Dentre outras questões, afirmou, ainda, que a indenização de direito comum não se confunde com aquela de caráter previdenciário, pois aquela visa, além do ressarcimento de ordem econômica, a compensar o empregado pela lesão física causada pelo ilícito do empregador. Logo, não há compensação de valores entre as duas pensões referidas. Decidiu, também, que os honorários advocatícios, como houve sucumbência recíproca, serão compensados. Assim, a Turma conheceu em parte do recurso e, nesta parte, deu-lhe provimento. Precedentes citados do STF: RE 94.615-SP, DJ 10/12/1982; do STJ: REsp 569.351-MG, DJ 4/4/2005; AgRg no Ag 998.033-SP, DJe 25/8/2008; EREsp 109.675-RJ, DJ 29/4/2002, e REsp 972.791-SP, DJe 13/5/2008. **REsp 604.625-RS, Rel. Min. Luis Felipe Salomão, julgado em 20/5/2010**. (Inform. STJ 435)

DANO MORAL. ACIDENTE. TRABALHO.

Trata-se de ação de danos morais e patrimoniais decorrentes da morte de genitor ocorrida em 1977, durante o trabalho, devido à descarga elétrica sofrida, porque seu colega inadvertidamente eletrizou o sistema em que ele estava trabalhando. Noticiam os autos que a culpa do empregador deu-se em razão da ausência de comprovação de ter sido fornecido ao trabalhador vitimado o equipamento de proteção individual (EPI) e, ainda, se disponibilizado tal equipamento, não houve fiscalização do empregador quanto a seu uso. Anotou o Min. Relator que a sentença foi prolatada meses antes da EC n. 45/2004, daí a competência não ser da Justiça estadual, visto que, segundo a jurisprudência, nesses casos, prolatada a sentença antes da referida EC, permanece a competência da Justiça comum. Observou que, apesar de, na época dos fatos (a morte do genitor), a ordem vigente ser a da CF/1967, entendia-se também ser obrigação do empregador indenizar os familiares da vítima independentemente de eventual cobertura do sinistro por seguro ou pela previdência social, visto que tal indenização fundava-se no direito comum, dissociado de regras do direito previdenciário ou securitário (Súm. n. 229 do STF). Conclui que é devida a indenização por dano moral e material, além da pensão, sendo que o filho só a recebe até 25 anos. Por outro lado, assevera que a demora na busca da reparação (a morte ocorreu em 1977, e a ação só foi ajuizada em 2001) é fator influente na fixação do *quantum* indenizatório. No caso, foi mantido o valor dado nas instâncias ordinárias só quanto ao dano moral em valor fixo. Mereceu reparos somente a indenização quanto aos danos materiais, que deixou de ser arbitrada por conta de recebimento de pensão previdenciária. Diante do exposto, a Turma conheceu em parte do recurso e, nessa parte, deu-lhe provimento, para condenar a companhia de eletricidade ao pagamento de indenização por danos materiais equivalente ao valor mensal recebido por morte do genitor, acrescidos dos consectários legais e contratuais, como se estivesse no exercício profissional até o dia em que o filho completou 25 anos. Precedentes citados: REsp 809.307-RS, DJ 14/5/2007; AgRg no Ag 691.994-SP, DJe 3/10/2008; REsp 133.527-RJ, DJ 24/2/2003; REsp 45.740-RJ, DJ 9/5/1994; REsp 503.618-RS, DJ 21/4/2005, e EREsp 526.299-PR, DJe 5/2/2009. **REsp 900.367-PR, Rel. Min. Aldir Passarinho Junior, julgado em 6/5/2010.** (Inform. STJ 433)

ACIDENTE LABORAL. PENSÃO. DIREITO DE ACRESCER.

Trata-se de REsp em que se busca desconstituir acórdão que condenou a ora recorrente ao pagamento de pensão, além de danos morais, à ora recorrida em decorrência da morte do filho dessa que prestava serviço àquela como figurante de uma minissérie televisiva. Trata-se de morte por afogamento e, nas instâncias ordinárias, considerou-se não ter a recorrente prestado as devidas informações de segurança à vítima, na época com 18 anos, que, por sua vez, em intervalo intrajornada, adentrou o rio com forte correnteza, o que culminou no acidente fatal. Nesta instância especial, entendeu-se que a permissão para que o empregado, no intervalo das filmagens, ingressasse no rio sem a devida segurança oferecida pelo empregador e sem informação acerca da periculosidade do local acabou por criar um risco desnecessário, acarretando a morte da vítima, exatamente na contramão do preceito constitucional que prevê como direito do trabalhador a redução dos riscos inerentes ao trabalho (art. 7º, XXII, da CF/1988). Assinalou-se que é irrelevante o fato de o infortúnio ter ocorrido em intervalo intrajornada dedicado às refeições dos empregados, porquanto é dicção literal do art. 21, § 1º, da Lei n. 8.213/1991 a equiparação a acidentes do trabalho dos ocorridos nos períodos destinados à refeição ou descanso ou por ocasião da satisfação de outras necessidades fisiológicas, no local do trabalho ou durante este. Observou-se que, no caso, a autora, mãe da vítima, ajuizou ação de reparação de danos, sagrando-se vitoriosa no pleito, sem, contudo, deduzir nenhum pedido de que a indenização fosse paga, em caso do falecimento do filho, também ao esposo, que não figurou na lide como litisconsorte. Assim, foram violados os arts. 128 e 460 do CPC pelo acórdão ora atacado, quando concedeu o direito de acréscimo de pensão por ato ilícito, sem pedido nos autos, ao marido da autora, pois esse não é beneficiário da pensão porque não figurou no processo como litisconsorte ativo. Diante disso, a Turma deu parcial provimento ao recurso, apenas para afastar o direito de acrescer concedido de ofício na origem, mantido o restante do acórdão recorrido. Precedentes citados: REsp 324.570-RJ, DJ 17/12/2004, e REsp 89.656-PR, DJ 7/2/2000. **REsp 1.014.848-DF, Rel. Min. Luis Felipe Salomão, julgado em 23/3/2010.** (Inform. STJ 428)

DANOS MORAIS. CUMULAÇÃO. PENSÃO. PREVIDÊNCIA.

Viúva e filhos ajuizaram ação de indenização e reparação de danos materiais e morais em razão de erro médico ocorrido em hospital de propriedade de seguradora (falta de diagnóstico de crise cardiológica, culminando com enfarte do miocárdio que ceifou a vida do marido e pai). O juízo singular julgou procedentes os pedidos, condenando as rés (a seguradora e o hospital) a pagar pensão mensal equivalente a 2/3 do salário percebido pela vítima pelos danos materiais e compensar os danos morais com indenização em valor equivalente a 5.400 salários mínimos para cada autor. As rés apelaram, recurso que foi provido em parte, pois não houve dano material e se reduziu o valor do dano moral (R$ 150 mil para cada um). Houve embargos infringentes, que foram rejeitados e, por fim, os REsps (autores e rés). Isso posto, o Min. Relator originário (vencido), após discussão sobre a cumulação da pensão por responsabilidade civil devido ao erro médico com pensão previdenciária, entendia prover, em parte, o recurso da viúva e dos filhos, para condenar as rés ao pagamento de indenização por danos materiais consistente em pensionamento mensal. Entretanto, o voto condutor do acórdão, do Min. Honildo de Mello Castro (Desembargador convocado do TJ-AP), embora não divirja quanto à responsabilidade e à possibilidade de cumulação das pensões, pois, de acordo com a jurisprudência, a indenização por ato ilícito é autônoma em relação a qualquer benefício que a vítima receba de ente previdenciário, no caso dos autos, dissentiu do voto vencido em relação ao dever indenizatório a título de dano material, diante da afirmação do Tribunal *a quo* de que os autores não comprovaram a existência de dano material, pois incidente o óbice da Súm n. 7-STJ. Diante do exposto, a Turma não conheceu do REsp da viúva e filhos, mas conheceu em parte do recurso da seguradora e do hospital. **REsp 579.839-SP, Rel. originário Min. Luis Felipe Salomão, Rel. para acórdão Min. Honildo de Mello Castro (Desembargador convocado do TJ-AP), julgado em 24/11/2009.** (Inform. STJ 417)

DANO MATERIAL. MORTE. ADOLESCENTE.

A jurisprudência do STJ já determinou a idade de 14 anos como o termo a partir do qual as famílias pobres são indenizadas, em razão do dano material, pela morte de filho menor de idade. Tal entendimento parte do pressuposto de que, nessas famílias, os filhos colaboram desde cedo para o sustento do lar, e 14 anos é a idade mínima fixada no art. 7º, XXXIII, da CF/1988 para autorizar o trabalho de menor na condição de aprendiz. Contudo, essa presunção relativa criada pela jurisprudência cede à constatação de que, no caso, a vítima do acidente já completara 16 anos de idade e não exercia atividade remunerada. Afastada essa presunção, outra se estabelece, a de fixar a idade de 18 anos como termo inicial para a indenização nesses casos de famílias de baixa renda, pois, por maior que seja o empenho dos pais em retardar o ingresso do filho no mercado de trabalho, supõe-se que, ao completar essa idade, suficiente para já ter concluído o ensino médio, seja compelido a trabalhar. Precedente citado: EREsp 107.617-RS, DJ 1º/8/2005. **REsp 1.045.389-RS, Rel. Min. Nancy Andrighi, julgado em 19/11/2009.** (Inform. STJ 416)

PENSIONAMENTO. FILHOS MAIORES. 25 ANOS.

A mãe dos autores faleceu em acidente automobilístico provocado pelo recorrente, que invadiu em alta velocidade, a faixa de direção oposta, colidindo com o táxi que transportava a vítima. Como ela era responsável diretamente pela manutenção financeira de seus três filhos, apesar de já contar com 73 anos de idade à época do acidente e de seus filhos estarem todos na casa dos 50 anos, os autores pleitearam o pagamento de pensão mensal no valor de dois terços dos rendimentos da vítima, além de danos morais no montante equivalente a 1.500 salários mínimos. Assim, a questão consiste em verificar a possibilidade de pensionamento por morte da mãe a filhos maiores de 25 anos. Inicialmente, a Min. Relatora destacou que a jurisprudência deste Superior Tribunal é farta em exemplos de julgados que fixaram a data limite ao recebimento de pensão concedida a filhos por morte de ascendente no momento em que aqueles completam 25 anos de idade. Tais precedentes partem de situação fática relativa à perda sofrida por filho menor de idade ou adulto jovem e adotam como premissa a ocorrência de dependência econômica deste em relação ao ascendente falecido, reconhecendo a necessidade de apoio financeiro para que o filho desenvolva sua existência. Na hipótese, os pensionados já se encontram em idade madura. O desenvolvimento pessoal de cada um dos filhos da vítima encontra-se completo e não há qualquer ameaça pairando sobre o ideal de aprimoramento das potencialidades individuais, não sendo mais necessário apoio material externo para que os filhos venham a atingir o esplendor de suas aptidões. Conforme ressaltado no voto vencido proferido em sede de apelação, a concessão do pensionamento em caso de morte de progenitores, mãe ou pai, só poderá ser deferido aos filhos maiores de 25 anos nos casos em que estiver idoneamente demonstrada a dependência econômica do requerente em relação à vítima, em especial, nos casos em que os filhos são portadores de deficiência física ou mental incapacitante, circunstâncias fáticas que não foram reconhecidas pelo acórdão recorrido. Nesse contexto, eventual ajuda tardia dada pela mãe aos filhos deve ser encarada como mera liberalidade, não constituindo dano material indenizável. Diante disso, a Turma deu provimento ao recurso para afastar a condenação ao pagamento de pensão mensal aos recorridos. **REsp 970.640-MG, Rel. Min. Nancy Andrighi, julgado em 3/11/2009.** (Inform. STJ 414)

ACIDENTE AÉREO. DANOS MORAIS. HONORÁRIOS.

Discute-se, no recurso especial interposto pelos pais e irmão de vítima de acidente aéreo (jovem de 21 anos), o valor do dano moral e pensão mensal, bem como, no recurso especial da companhia aérea, a exatidão das verbas honorárias. Segundo ressaltou a Min. Relatora, a jurisprudência consolidou-se no sentido de que o responsável pela morte de filho trabalhador deve aos familiares da vítima pensão alimentícia mensal fixada em 2/3 da sua remuneração até a idade de 25 anos, depois reduzida à metade, pois se presume que o filho constituiria família, o que diminuiria sua contribuição aos pais. Quanto ao pedido da inclusão de valores referentes ao FGTS e às férias na base de cálculo da pensão alimentícia, o dissídio só foi demonstrado quanto às férias, assim, só foi conhecida e concedida a inclusão das férias, com base na jurisprudência assentada pelas Turmas da Segunda Seção deste Superior Tribunal. Por último, quanto à fixação dos danos morais, observou ser ela uma das mais complexas tarefas a cargo do Judiciário pela falta de critérios e pelas peculiaridades de cada caso. Dessarte, fixou-os em R$ 190 mil para cada um dos três autores. Apontou que a sucumbência recíproca foi afastada devido ao fato de os autores decaírem em parte mínima, só em relação à indenização de tratamento psicológico e aos danos relativos ao sepultamento da vítima, que são ínfimos se comparados à pretensão julgada procedente, como a pensão e os danos morais. Outrossim, para o cálculo dos honorários advocatícios, quando há a necessidade de pensionamento, devem ser limitados, sendo fixados, no caso, em 10% sobre o somatório dos valores das prestações vencidas mais um ano das vincendas, afastada a multa do art. 538 do CPC. Com esse entendimento, a Turma deu parcial provimento ao recurso dos autores e ao da companhia aérea. Precedentes citados: REsp 713.764-RS, DJe 10/3/2008; REsp 361.814-MG, DJ 24/6/2002; REsp 193.296-RJ, DJ 10/4/2000; AgRg no Ag 429.155-RJ, DJ 24/10/2005; AgRg no REsp 1.109.961-MS, DJe 10/9/2009, e AgRg no Ag 727.915-SP, DJ 26/6/2006. **REsp 1.137.708-RJ, Rel. Min. Nancy Andrighi, julgado em 13/10/2009.** (Inform. STJ 411)

INDENIZAÇÃO. MENOR. ATLETA. PENSIONAMENTO.

Trata-se de ação indenizatória movida por pais e irmãos de menor de quatorze anos atleta da categoria infanto-juvenil de clube de futebol, que, durante treinamento em campo, foi atingido por um raio, vindo a falecer doze dias após o acontecimento. No recurso, o clube afirma ter havido caso fortuito excludente de responsabilidade nos termos do art. 1.058 do CC/1916, uma vez que o menor faleceu vítima da queda de um raio no local onde treinava, em nada tendo o réu contribuído para o desfecho, pois sequer chovia na ocasião. Reclama dos danos morais que lhe foram impostos, acentuando que pronta assistência foi prestada ao menor. Diante disso, a Turma conheceu em parte do recurso e, nessa parte, deu-lhe provimento para condenar o réu ao pagamento de pensão nos moldes estabelecidos na sentença, anotando que o limite máximo de 65 anos de idade presumível da vítima fica vinculado à sobrevida dos genitores até lá. A jurisprudência deste Superior Tribunal prestigia o entendimento de que, em caso de famílias humildes, é de se presumir a contribuição econômica futura do menor, notadamente no caso, em que ele já treinava como atleta do clube, almejando, a toda evidência, uma carreira profissional na área. Precedentes citados: REsp 861.074-RJ, DJe 7/2/2008, e REsp 729.338-RJ, DJ 12/12/2005. **REsp 609.160-RJ, Rel. Min. Aldir Passarinho Junior, julgado em 15/9/2009.** (Inform. STJ 407)

PENSÃO. INCAPACIDADE PERMANENTE.

Trata-se de recurso que pretende afastar a condenação por danos morais imposta à recorrente e, se mantida, a redução da indenização, bem como da idade limite para o recebimento da pensão por lucros cessantes para sessenta e cinco anos. Quanto ao valor da indenização, o TJ manteve a condenação da recorrente em cinquenta e dois mil reais. Para o Min. Relator, o quantum estabelecido não se evidenciou elevado, situando-se em patamar aceito pela jurisprudência deste Superior Tribunal. O limite da indenização somente é fixado com base na idade média de vida em caso de falecimento do acidentado. Na hipótese, cuida-se de incapacidade permanente, de modo que deveria ser pago à própria vítima ao longo de sua vida, durasse mais ou menos do que setenta anos. Tanto está errado o Tribunal em fixar setenta anos, como a ré em postular sessenta e cinco anos, porque se cuida de vítima viva. Mas, como não houve recurso da vítima, só da ré, vale a pensão até os setenta anos, limitada, porém, à sobrevida do autor, se inferior a isso. É necessário deixar assim consignada a hipótese de eventual vindicação de herdeiros ou sucessores, ao se considerar a literalidade do acórdão a quo. Diante disso, a Turma conheceu em parte do recurso e lhe deu parcial provimento. Precedentes citados: AgRg no Ag 591.418-SP, DJ 21/5/2007, e REsp 629.001-SC, DJ 11/12/2006. **REsp 775.332-MT, Rel. Min. Aldir Passarinho Junior, julgado em 5/3/2009.** (Inform. STJ 385)

5.10.6. Encargos de condenação

a) correção monetária: é devida desde o evento danoso;

b) juros moratórios: são devidos desde a data do evento danoso (Súmula STJ 54);

c) honorários: incidem sobre as parcelas vencidas e 12 parcelas vincendas.

5.10.6.1. Jurisprudência selecionada

Cobrança de Juros Capitalizados – 1
Iniciado o julgamento de medida liminar em ação direta ajuizada pelo Partido Liberal - PL contra o art. 5º, caput, e parágrafo único da Medida Provisória 2.170 36/2001, que admitem, nas operações realizadas pelas instituições integrantes do Sistema Financeiro Nacional, a capitalização de juros com periodicidade inferior a um ano. O Min. Sydney Sanches, relator, proferiu voto no sentido de deferir a suspensão cautelar dos dispositivos impugnados por aparente falta do requisito de urgência, objetivamente considerada, para a edição de medida provisória e pela ocorrência do periculum in mora inverso, sobretudo com a vigência indefinida da referida MP desde o advento da EC 33/2001, com a possível demora do julgamento do mérito da ação. Após, o julgamento foi adiado em virtude do pedido de vista do Min. Carlos Velloso. ADInMC 2.316-DF, rel. Min. Sydney Sanches, 3.4.2002.(ADI-**2316**)

Cobrança de Juros Capitalizados - 2
Retomado julgamento de medida liminar em ação direta ajuizada pelo Partido Liberal - PL contra o art. 5º, *caput*, e parágrafo único da Medida Provisória 2.170-36/2001, que admitem, nas operações realizadas pelas instituições integrantes do Sistema Financeiro Nacional, a capitalização de juros com periodicidade inferior a um ano — v. Informativo 262. O Min. Carlos Velloso, em voto-vista, acompanhou o voto do relator, Min. Sydney Sanches, que deferiu o pedido de suspensão cautelar dos dispositivos impugnados por aparente falta do requisito de urgência, objetivamente considerada, para a edição de medida provisória e pela ocorrência do *periculum in mora* inverso, sobretudo com a vigência indefinida da referida MP desde o advento da EC 32/2001, com a possível demora do julgamento do mérito da ação. Após, o julgamento foi adiado em virtude do pedido de vista do Min. Nelson Jobim.

ADI 2316 MC/DF, rel. Min. Sydney Sanches, 15.2.2005. (ADI-2316)

Cobrança de Juros Capitalizados – 3
Por sua vez, o Min. Marco Aurélio acompanhou o voto do relator para deferir a cautelar. Esclareceu, inicialmente, que a medida provisória sob análise teria sido apanhada com várias outras pela nova regência da matéria decorrente da EC 32/2001, a qual prevê, em seu art. 2º, que as medidas provisórias editadas em data anterior a da sua publicação continuam em vigor até que medida provisória ulterior as revogue explicitamente ou até deliberação definitiva do Congresso Nacional. Asseverou ser necessário interpretar teleologicamente esse dispositivo, presente a regência pretérita — em que as medidas provisórias estavam sujeitas à vigência de 30 dias — e a atual — em que as medidas provisórias vigem por 60 dias, podendo ser prorrogadas por igual período. Diante disso, entendeu, além da problemática alusiva à falta de urgência, ante o tema tratado, não ser possível haver uma interpretação que agasalhe a vigência indeterminada de uma medida provisória, e conceber que um ato precário e efêmero — que antes era editado para vigorar por apenas 30 dias, e, agora, por 60 dias, com prorrogação de prazo igual — persista no cenário normativo, sem a suspensão pelo Supremo, passados 8 anos. Após o voto do Min. Menezes Direito, que acompanhava o voto da Min. Cármen Lúcia, e do voto do Min. Carlos Britto, que acompanhava o voto do Min. Marco Aurélio, o julgamento foi suspenso para retomada com quorum completo. ADI **2316** MC/DF, rel. Min. Sydney Sanches, 5.11.2008. (ADI-**2316**) (Inform. STF 527)

DIREITO CIVIL. CORREÇÃO MONETÁRIA SOBRE O VALOR DAS PARCELAS PAGAS NO CASO DE RESCISÃO DE CONTRATO.
No caso de rescisão de contrato de compra e venda de imóvel, a correção monetária do valor correspondente às parcelas pagas, para efeitos de restituição, incide a partir de cada desembolso. De fato, a correção monetária não constitui acréscimo pecuniário à dívida, mas apenas fator que garante a restituição integral do valor devido, fazendo frente aos efeitos erosivos da passagem do tempo. Dessa forma, para que a devolução se opere de modo integral, a incidência da correção monetária deve ter por termo inicial o momento dos respectivos desembolsos, quando aquele que hoje deve restituir já podia fazer uso das importâncias recebidas. Precedente citado: REsp 737.856-RJ, Quarta Turma, DJ 26/2/2007. **REsp 1.305.780-RJ, Rel. Min. Luis Felipe Salomão, julgado em 4/4/2013.** (Inform. STJ 522)

DIREITO CIVIL. TERMO INICIAL DOS JUROS DE MORA NO CASO DE RESPONSABILIDADE CIVIL CONTRATUAL.
Na hipótese de condenação de hospital ao pagamento de indenização por dano causado a paciente em razão da má prestação dos serviços, sendo o caso regido pelo CC/1916, o termo inicial dos juros de mora será a data da citação, e não a do evento danoso. Isso porque, nessa situação, a responsabilidade civil tem natureza contratual. **EREsp 903.258-RS, Rel. Min. Ari Pargendler, julgado em 15/5/2013. (Inform. STJ 521)**

TERMO INICIAL. JUROS. MORA. DANO MORAL.
A Seção, por maioria de votos, ratificou o entendimento de que o início do prazo para a fluência dos juros de mora, nos casos de condenação à indenização por dano moral decorrente de responsabilidade extracontratual, ocorre na data do evento danoso, de

acordo com a Súm. n. 54-STJ. Ficou vencida a tese da Min. Relatora de que incidem os juros de mora a partir da data do ato judicial que fixou a indenização por dano moral. **REsp. 1.132.866-SP, Rel. originária Min. Maria Isabel Gallotti, Rel. para acórdão Min. Sidnei Beneti, julgado em 23/11/2011.** (Inform. STJ 488)

DANOS MORAIS. MORTE. MENOR. COMPOSIÇÃO FÉRREA.

A Turma decidiu pela majoração do valor da indenização por danos morais, reconhecendo a culpa exclusiva da ré pela morte de menor de 12 anos de idade que, devido a uma porta aberta, sofreu queda e veio a falecer em consequência, quando vendia amendoim no interior da composição férrea. No caso, havia responsabilidade contratual entre a ré e a vítima, razão pela qual incidem os juros de mora a partir da citação válida (art. 219 do CPC). Outrossim, descabe o recebimento de décimo terceiro salário, porque a vítima não possuía qualquer vínculo empregatício com a ré. Precedentes citados: REsp 388.300-SP. DJ 25/11/2002, e REsp 172.335-SP, DJ 18/10/1999. **REsp 1.021.986-SP, Rel. Min. Luis Felipe Salomão, julgado em 16/4/2009.** (Inform. STJ 390)

RESPONSABILIDADE CIVIL. PASSAGEIRO. ÔNIBUS. JUROS MORATÓRIOS. TERMO INICIAL.

A Turma reiterou que, tratando-se de acidente com passageiro de transporte coletivo (ônibus), os juros moratórios são contados da data da citação, por ser responsabilidade de natureza contratual. Precedentes citados: REsp 11.624-SP, DJ 1º/3/1993; REsp 131.376-RJ, DJ 1º/9/1999, e REsp 247.266-SP, DJ 23/10/2000. **REsp 983.728-MG, Rel. Min. Aldir Passarinho Junior, julgado 2/9/2008.** (Inform. STJ 366)

RESPONSABILIDADE CIVIL. BANCO. VALORES DEBITADOS. CONTA-CORRENTE.

A Turma reiterou seu entendimento quanto à indenização quando do lançamento indevido de débito realizado por banco na conta-corrente do cliente. Asseverou que o montante a ser restituído corresponde ao valor irregularmente subtraído da conta-corrente, acrescido de juros remuneratórios de 1% ao mês. No período anterior à vigência do novo Código Civil, incide correção monetária pelo INPC e juros de mora de 0,5% ao mês desde a citação. Após a vigência do novo Código Civil, aplica-se o art. 406 desse diploma, sem correção monetária, porque já embutido na taxa Selic. **REsp 437.222-MG, Rel. Min. Aldir Passarinho Junior, julgado em 15/4/2008.** (Inform. STJ 352)

TERMO INICIAL. CORREÇÃO MONETÁRIA. DANO MORAL.

A Seção acolheu parcialmente os embargos por entender que o termo inicial para correção monetária do *quantum* indenizatório é a data em que fixado o montante por este Superior Tribunal. Precedentes citados: EREsp 230.268-SP, DJ 23/10/2001, e REsp 258.245-PB, DJ 23/6/2003. **EREsp 436.070-CE, Rel. Min. Fernando Gonçalves, julgados em 26/9/2007.** (Inform. STJ 333)

JUROS MORATÓRIOS. CONTAGEM. ÚLTIMA CITAÇÃO. HERDEIRAS.

O espólio recorrente insurge-se contra o acórdão que apreciou embargos à execução de sentença que o condenou a pagar à recorrida indenização por serviços domésticos prestados na qualidade de concubina do falecido, em período de três anos após a separação do casal por desquite. A questão inicial refere-se à aplicação dos juros moratórios. A sentença fixou-os a partir da citação, daí exsurgindo o debate sobre quando seria isso para tais efeitos. No caso, a litigiosidade não se dá em relação ao inventariante dativo (art. 12,§ 1º, CPC), refere-se aos herdeiros do *de cujus*, que têm real interesse em contestar o pedido, além do que são aqueles que dispõem de conhecimento integral sobre os fatos ocorridos, o que permite a defesa do patrimônio que se acha em disputa. Isso posto, a Turma conheceu em parte do recurso e deu-lhe provimento para estabelecer a contagem dos juros moratórios a partir da última citação das herdeiras, bem assim para excluir a penalidade por litigância de má-fé. O Min. Relator entendeu que não prospera o inconformismo em relação ao período da indenização porquanto foi ele fixado em decisão transitada em julgado, que não pode ser alterada na fase de execução, registrando-se que não se trata, absolutamente, de mero erro material. Além do mais, o cálculo do valor da indenização recai no reexame de matéria fática (Súm. n. 7-STJ). Também não há o que se alterar referentemente à sucumbência, visto que, para se chegar a outra conclusão, ter-se-ia de ingressar em apreciação fática, também obstada pela mencionada súmula. **REsp 725.059-RS, Rel. Min. Aldir Passarinho Junior, julgado em 25/9/2007.** (Inform. STJ 333)

DANOS MORAIS. ASSISTÊNCIA TÉCNICA. JUROS.

Trata-se de indenização movida em razão de negativa de assistência técnica de *notebook* adquirido com garantia contratualmente estendida. Explica o Min. Relator que os juros moratórios no caso dos autos, de ilícito contratual, são computados da citação de acordo com a jurisprudência deste Superior Tribunal, não incidindo na espécie a Súm. n. 54-STJ. Os demais pedidos ficaram prejudicados. Com esse entendimento, a Turma deu parcial provimento ao recurso. Precedentes citados: REsp 11.624-SP, DJ 1º/3/1993; REsp 131.376-RJ, DJ 1º/3/1999, e REsp 247.266-SP, DJ 23/10/2000. **REsp 939.919-MS, Rel. Min. Aldir Passarinho Junior, julgado em 11/9/2007.** (Inform. STJ 331)

RESPONSABILIDADE CIVIL. TABELA. IBGE. CULPA CONCORRENTE. LINHA FÉRREA.

A Turma deu provimento em parte ao recurso ao confirmar a jurisprudência do STJ, que reconhece, na hipótese, a culpa concorrente entre o pedestre atropelado e a empresa ferroviária, pois cabe a ela cuidar e manter a linha férrea com o fito de impedir a travessia, e ao pedestre impõe-se não utilizar a passagem clandestina aberta no muro sem conservação. Utilizou-se o sistema do novo Código Civil em regrar o pagamento da pensão pelo tempo da hipotética sobrevida da vítima, apurado mediante a tabela oficial anual divulgada pelo IBGE. **REsp 700.121-SP, Rel. Min. Carlos Alberto Menezes Direito, julgado em 17/4/2007.** (Inform. STJ 317)

DANO MORAL. CORREÇÃO MONETÁRIA. TERMO INICIAL.

A correção monetária em caso de responsabilidade civil tem seu termo inicial na data do evento danoso. Todavia, em se tratando de dano moral, o termo inicial é, logicamente, a data em que o valor foi fixado. Isso posto, a Turma conheceu do recurso e deu-lhe parcial provimento para determinar que a correção monetária sobre o valor da indenização flua a partir da data do acórdão estadual. Precedentes citados: REsp 204.677-ES, DJ 28/2/2000, e REsp 316.332-RJ, DJ 18/11/2002. **REsp 823.947-MA, Rel. Min. Aldir Passarinho Junior, julgado em 10/4/2007.** (Inform. STJ 316)

JUROS MORATÓRIOS. ART. 406 DO CC/2002. TAXA SELIC.

A Turma, ao prosseguir o julgamento, na hipótese de reparação de danos materiais e morais decorrentes da inexecução do contrato de fornecimento de energia elétrica, bem como do exercício abusivo de sua interrupção para fins de cobrança, entendeu, por maioria, que a taxa à qual se refere o art. 406 do CC/2002 é a Selic. O Min. Teori Albino Zavascki, em seu voto-vista, o vencedor, sustentou que o art. 406, ao referir-se à taxa que estiver em vigor, expressa a opção do legislador em adotar uma taxa de juros variável, que pode ser modificada com o tempo. O art. 161, § 1º, do CTN, por sua vez, dispõe que a taxa de juros é de 1% ao mês se a lei não dispuser de modo diverso, o que denota sua natureza de norma supletiva, arredável por lei ordinária. O art. 13 da Lei n. 9.065/1995, ao referir-se ao art. 84 da Lei n. 8.981/1995, estabeleceu que, em casos de mora no pagamento de tributos arrecadados pela SRF, serão acrescidos juros equivalentes à Selic, e a utilização dessa taxa como juros de mora, em matéria tributária, foi confirmada por outras normas, tais como o art. 39, § 4º, da Lei n. 9.250/1995 (repetição ou compensação de tributos); art. 61, § 3º, da Lei n. 9.430/1996 e o art. 30 da Lei n. 10.522/2002. Outrossim, o STJ tem aplicado a Selic em demandas tributárias ao reputá-la constitucional, e o STF, na Adi 4-DF, DJ 25/6/1993, afirmou não haver vedação constitucional às previsões de juros superiores a 12% ao ano, isso em análise do art. 192, § 3º, da CF/1988, já revogado. Anotou, também, que, apesar de a Selic incluir juros e correção monetária, sua aplicação não acarreta *bis in idem*, visto estar condicionada à exclusão de qualquer outro índice de atualização. Já os votos-vencidos entendiam que a Selic não possuía natureza moratória e sim remuneratória (acrescida de correção monetária), pois criada para atrair e remunerar investidores na compra de títulos públicos. Assim, em razão dessa natureza, seria impossível sua aplicação em casos de ilícito contratual, restando correta a aplicação dos juros de 12% ao ano a partir da entrada em vigor do CC/2002 (art. 161, § 1º, do CTN c/c art. 406 do CC/2002). Precedentes citados: REsp 806.348-SP, DJ 1º/8/2006, e REsp 807.880-RN, DJ 23/5/2006. **REsp 710.385-RJ, Rel. originária Min. Denise Arruda, Rel. para acórdão Min. Teori Albino Zavascki, julgado em 28/11/2006.** (Inform. STJ 306)

CONTRATO. ADESÃO. ABUSIVIDADE. CLÁUSULAS.

A recorrente alegava violação do art. 115 do CC/1916, sustentando ser vedada a capitalização mensal de juros e inviável a utilização da taxa Anbid para correção do débito. Afirmava que a incidência da capitalização foi comprovada por prova pericial, estando a cobrança em desacordo com os enunciados ns. 121 da Súmula do STF e 176-STJ. E, entendendo ter razão a recorrente, o Min. Relator asseverou que, desde a inicial, a autora, ora recorrente, insurge-se contra as cláusulas de reajuste das prestações, reputando-as abusivas. Anotou que os juízos ordinários, desprezando as conclusões do laudo pericial, entenderam válida a pactuação: expressamente admitiram a legalidade das cláusulas que deixam com o credor a escolha dos índices e critérios de cálculo das prestações. Ao assim decidirem, firmou o Min. Relator, divergiram do entendimento deste Superior Tribunal no sentido de que as cláusulas que deixam ao arbítrio do credor a definição do valor da dívida não podem ser aceitas, especialmente em se tratando de contrato de adesão, como ocorre na hipótese, caracterizando potestividade. Também, quanto à capitalização mensal dos juros, entendeu que as instâncias ordinárias, ao concluírem que a arrendadora não estaria sujeita à Lei de Usura, dissentiram da jurisprudência deste Superior Tribunal, que, por aplicação do art. 4º do Dec. n. 26.626/1933, tem por inadmissível a pactuação de tal encargo. Assim, a Turma ao renovar o julgamento, conheceu do recurso e lhe deu provimento. Precedentes citados: REsp 475.251-RS, DJ 19/12/2003; REsp 44.847-SC, DJ 2/10/1995; REsp 41.570-SP, DJ 29/10/1996; REsp 533.309-RS, DJ 1º/12/2003, e REsp 181.824-RJ, DJ 6/5/2002. **REsp 254.912-RJ, Rel. Min. Cesar Asfor Rocha, julgado em 28/11/2006.** (Inform. STJ 306)

TERMO *A QUO*. JUROS MORATÓRIOS. VENCIMENTO. PARCELAS.

Trata-se de recursos interpostos pelo Estado-membro e por construtora contra o acórdão do TJ que julgou procedente a ação de cobrança decorrente do contrato de empreitada celebrado pelos ora recorrentes. Aquele Tribunal, entendendo estar comprovados a realização das obras e o inadimplemento do Estado, determinou-lhe o pagamento do débito, acrescido de juros moratórios de 0,5% ao mês a partir da citação e correção monetária desde o ajuizamento da demanda. Porém a Turma negou provimento ao recurso do Estado e deu provimento ao recurso da empresa ao entendimento de que, nas hipóteses como a presente, a jurisprudência deste Superior Tribunal é pacífica em asserir a incidência da correção monetária desde a data do efetivo prejuízo, *in casu*, a partir do inadimplemento, conforme a Súm. n. 43-STJ. Também, o termo *a quo* dos juros moratórios é o do vencimento das parcelas. **REsp 696.935-MT, Rel. Min. Francisco Falcão, julgado em 7/11/2006.** (Inform. STJ 303)

REMESSA. SEGUNDA SEÇÃO. TR. JUROS REMUNERATÓRIOS. CONCLUSÃO.

A Turma, em questão de ordem, decidiu afetar à Segunda Seção a questão da TR como índice de correção monetária, ao entendimento de que os juros remuneratórios já incluem tal atualização, descabendo a cobrança desses juros mais a TR. **REsp 829.608-GO, Rel. Min. Ari Pargendler, julgado em 25/9/2006.** (Inform. STJ 298)

REMESSA. SEGUNDA SEÇÃO. COMISSÃO DE PERMANÊNCIA. JUROS REMUNERATÓRIOS.

A Turma decidiu afetar à Segunda Seção o julgamento da matéria referente à comissão de permanência calculada pela taxa média. No caso, o tribunal *a quo* não concedeu a comissão de permanência porque constava do contrato índice zero; pretende os juros remuneratórios após o vencimento à base da taxa média, conforme a Súmula n. 294-STJ. **REsp 834.968-RS, Rel. Min. Ari Pargendler, julgado em 25/9/2006.** (Inform. STJ 298)

INDENIZAÇÃO. DESAPARECIDOS POLÍTICOS. JUROS MORATÓRIOS. TERMO *A QUO*.

Prosseguindo o julgamento, a Turma entendeu que, tratando-se de uma obrigação ilíquida, o termo inicial da contagem de juros moratórios, na indenização devida a familiares de desaparecidos políticos, com base na Lei n. 9.140/1995, em que reconhecida a morte presumida, é a data da citação, tal como decidido pelo Tribunal *a quo*, sem incorrer em violação da Súm. n. 54-STJ. **REsp 734.234-RJ, Rel. Min. Eliana Calmon, julgado em 16/2/2006.** (Inform. STJ 274)

5.11. JURISPRUDÊNCIA SELECIONADA

Responsabilidade por conduta médica

DIREITO CIVIL. RESPONSABILIDADE CIVIL. APLICABILIDADE DA TEORIA DA PERDA DE UMA CHANCE PARA A APURAÇÃO DE RESPONSABILIDADE CIVIL OCASIONADA POR ERRO MÉDICO.

A teoria da perda de uma chance pode ser utilizada como critério para a apuração de responsabilidade civil ocasionada por erro médico na hipótese em que o erro tenha reduzido possibilidades concretas e reais de cura de paciente que venha a falecer em razão da doença tratada de maneira inadequada pelo médico. De início, pode-se argumentar ser impossível a aplicação da teoria da perda de uma chance na seara médica, tendo em vista a suposta ausência de nexo causal entre a conduta (o erro do médico) e o dano (lesão gerada pela perda da vida), uma vez que o prejuízo causado pelo óbito da paciente teve como causa direta e imediata a própria doença, e não o erro médico. Assim, alega-se que a referida teoria estaria em confronto claro com a regra insculpida no art. 403 do CC, que veda a indenização de danos indiretamente gerados pela conduta do réu. Deve-se notar, contudo, que a responsabilidade civil pela perda da chance não atua, nem mesmo na seara médica, no campo da mitigação do nexo causal. A perda da chance, em verdade, consubstancia uma modalidade autônoma de indenização, passível de ser invocada nas hipóteses em que não se puder apurar a responsabilidade direta do agente pelo dano final. Nessas situações, o agente não responde pelo resultado para o qual sua conduta pode ter contribuído, mas apenas pela chance de que ele privou a paciente. A chance em si – desde que seja concreta, real, com alto grau de probabilidade de obter um benefício ou de evitar um prejuízo – é considerada um bem autônomo e perfeitamente reparável. De tal modo, é direto o nexo causal entre a conduta (o erro médico) e o dano (lesão gerada pela perda de bem jurídico autônomo: a chance). Inexistindo, portanto, afronta à regra inserida no art. 403 do CC, mostra-se aplicável a teoria da perda de uma chance aos casos em que o erro médico tenha reduzido chances concretas e reais que poderiam ter sido postas à disposição da paciente. **REsp 1.254.141-PR, Rel. Min. Nancy Andrighi, julgado em 4/12/2012.**(Inform. STJ 513).

DANO MORAL. EXAME CLÍNICO. HIV.

Trata-se, na origem, de ação de compensação por danos morais ajuizada pela recorrente contra o hospital ora recorrido pelo fato de o nosocômio ter emitido três exames de HIV com o resultado positivo equivocado. A Min. Relatora ressaltou que o defeito no fornecimento do serviço, com exame repetido e confirmado, ainda que com a ressalva do médico de que poderia ser necessário exame complementar, causa sofrimento à paciente, visto que o recorrido assumiu a obrigação de realizar exame com resultado veraz, o que não ocorreu. Nesse contexto, a Turma, por maioria, deu parcial provimento ao recurso, para condenar o recorrido a pagar a quantia de R$ 15 mil a título de danos morais. **REsp 1.291.576-RS, Rel. Min. Nancy Andrighi, julgado em 28/2/2012**. (Inform. STJ 492)

RESPONSABILIDADE CIVIL. MÉDICO. CIRURGIA ESTÉTICA E REPARADORA.

Na espécie, trata-se de ação de indenização por danos morais e materiais ajuizada pela recorrida em desfavor dos recorrentes. É que a recorrida, portadora de hipertrofia mamária bilateral, foi submetida à cirurgia para redução dos seios – operação realizada no hospital e pelo médico, ora recorrentes. Ocorre que, após a cirurgia, as mamas ficaram com tamanho desigual, com grosseiras e visíveis cicatrizes, além de ter havido retração do mamilo direito. O acórdão recorrido deixa claro que, no caso, o objetivo da cirurgia não era apenas livrar a paciente de incômodos físicos ligados à postura, mas também de resolver problemas de autoestima relacionados à sua insatisfação com a aparência. Assim, cinge-se a lide a determinar a extensão da obrigação do médico em cirurgia de natureza mista – estética e reparadora. Este Superior Tribunal já se manifestou acerca da relação médico-paciente, concluindo tratar-se de obrigação de meio, e não de resultado, salvo na hipótese de cirurgias estéticas. No entanto, no caso, trata-se de cirurgia de natureza mista estética e reparadora em que a responsabilidade do médico não pode ser generalizada, devendo ser analisada de forma fracionada, conforme cada finalidade da intervenção. Numa cirurgia assim, a responsabilidade do médico será de resultado em relação à parte estética da intervenção e de meio em relação à sua parte reparadora. A Turma, com essas e outras considerações, negou provimento ao recurso. **REsp 1.097.955-MG, Rel. Min. Nancy Andrighi, julgado em 27/9/2011.** (Inform. STJ 484)

ERRO MÉDICO. RESPONSABILIDADE SOLIDÁRIA. NÃO OCORRÊNCIA.

Nos embargos de divergência no recurso especial advindo de ação de indenização por danos materiais e morais por erro do anestesista durante cirurgia plástica, a Seção, por maioria, entendeu que, diante do desenvolvimento das especialidades médicas, não se pode atribuir ao cirurgião chefe a responsabilidade por tudo que ocorre na sala de cirurgia, especialmente quando comprovado, como no caso, que as complicações deram-se por erro exclusivo do anestesista, em relação às quais não competia ao cirurgião intervir. Assim, afastou a responsabilidade solidária do cirurgião chefe, porquanto não se lhe pode atribuir tal responsabilidade pela escolha de anestesista de renome e qualificado. Com esse entendimento, a Seção, por maioria, conheceu dos embargos do cirurgião chefe e deu-lhes provimento. Os embargos opostos pela clínica não foram conhecidos. **EREsp 605.435-RJ, Rel. originária Min. Nancy Andrighi, Rel. para acórdão Min. Raul Araújo Filho, julgados em 14/9/2011 (ver Informativo n. 408).** (Inform. STJ 483)

RESPONSABILIDADE CIVIL. HOSPITAL. DANO MATERIAL E MORAL.

In casu, os pais e a filha ajuizaram ação indenizatória por danos materiais e morais em decorrência de falta de prestação de socorro à mãe por ocasião do parto, o que ocasionou gravíssimas sequelas à filha recém-nascida (paralisia cerebral quadriplégica espástica, dificuldades de deglutição, entre outras). Noticiam os autos que, na ocasião do parto, as salas de cirurgia da maternidade estavam ocupadas, razão pela qual a parturiente teve que aguardar a desocupação de uma delas, além do que, na hora do parto, não havia pediatra na sala de cirurgia, tendo o próprio obstetra atendido a criança que nasceu apresentando circular dupla do cordão umbilical, o que lhe causou asfixia. Houve também demora no atendimento e socorro à criança em virtude da ausência do pediatra na sala de parto e da lotação do CTI. A Turma, ao prosseguir o julgamento, conheceu parcialmente do recurso especial interposto pela maternidade para, nessa parte, dar-lhe provimento, apenas para determinar, de acordo com a jurisprudência do STJ, que a incidência da correção monetária seja a partir da fixação do valor da indenização (Súm. n. 362-STJ). Em razão da sucumbência mínima da recorrida, preservou a condenação aos ônus sucumbenciais fixada pelo tribunal *a quo*. Confirmou-se a decisão recorrida quanto à responsabilidade objetiva da sociedade empresária do ramo da saúde, observando-se, ainda, que essa responsabilidade não equivale à imputação de uma obrigação de resultado; apenas lhe impõe o dever de indenizar quando o evento danoso proceder de defeito do serviço, sendo cediça a imprescindibilidade do nexo causal entre a conduta e o resultado. Ademais, nos termos do § 1° e § 4° do art. 14 do CDC, cabe ao hospital fornecedor demonstrar a segurança e a qualidade da prestação de seus serviços, devendo indenizar o paciente consumidor que for lesado em decorrência de falha naquela atividade. Precedentes citados: AgRg no REsp 1.190.831-ES, DJe 29/6/2010; AgRg no Ag 897.599-SP, DJe 1°/2/2011; REsp 1.127.484-SP, DJe 23/3/2011; EDcl no Ag 1.370.593-RS, DJe 4/5/2011; AgRg no REsp 763.794-RJ, DJe 19/12/2008; REsp 1.148.514-SP, DJe 24/2/2010; REsp 1.044.416-RN, DJe 16/9/2009, e REsp 604.801-RS, DJ 7/3/2005. **REsp 1.145.728-MG, Rel. originário Min. João Otávio de Noronha, Rel. para acórdão Min. Luis Felipe Salomão, julgado em 28/6/2011.** (Inform. STJ 479)

DANOS MORAIS. INFECÇÃO HOSPITALAR. JUROS. MORA. TERMO INICIAL.

In casu, um dos recorrentes ajuizou ação indenizatória por danos materiais, morais, estéticos e psíquicos em desfavor do hospital, também ora recorrente, alegando ter sido vítima, em seus primeiros dias de vida, de infecção hospitalar que lhe causou as graves, permanentes e irreversíveis sequelas de que padece. O juízo de primeiro grau julgou parcialmente procedente o pedido do autor para condenar o hospital réu a pagar a importância de R$ 150 mil. O tribunal *a quo* negou provimento às apelações interpostas por ambos, sobrevindo, então, os dois recursos especiais em comento. Inicialmente, quanto ao REsp do hospital, entre outras considerações, salientou a Min. Relatora que, tendo o tribunal de origem baseado o seu convencimento nas provas dos autos, considerando que o autor não apresentava quadro clínico anterior ou do período gestacional que justificasse a infecção, tendo ela decorrido da internação, fica evidente a intenção do recorrente de reexame do contexto fático e probatório, o que atrai a incidência da Súm. n. 7-STJ. Ademais, em se tratando de infecção hospitalar, há responsabilidade contratual do hospital relativamente à incolumidade do paciente e essa responsabilidade somente pode ser excluída quando a causa da moléstia possa ser atribuída a evento específico e determinado. No que se refere ao REsp do autor, entre outras questões, observou a Min. Relatora que o acórdão recorrido reconheceu a redução da capacidade laboral dele, mas negou a pensão ao argumento de que ele não estava totalmente incapacitado para dedicar-se à atividade laboral. Contudo, conforme a jurisprudência do STJ, não exclui o pensionamento o só fato de se presumir que a vítima de ato ilícito portadora de limitações está capacitada para exercer algum trabalho, pois a experiência mostra que o deficiente mercado de trabalho brasileiro é restrito mesmo quando se trata de pessoa sem qualquer limitação física. Ainda, segundo o entendimento do STJ, com a redução da capacidade laborativa, mesmo que a vítima, no momento da redução, não exerça atividade remunerada por ser menor, tal como no caso, a pensão vitalícia é devida a partir da data em que ela completar 14 anos no valor mensal de um salário mínimo. Por fim, entendeu que, em se tratando de dano moral, os juros moratórios devem fluir, assim como a correção monetária, a partir da data do julgamento em que foi arbitrado em definitivo o valor da indenização. A data da sentença de mérito (setembro de 2004) é, pois, o termo inicial dos juros de mora e, no tocante aos danos materiais, mesmo ilíquidos, devem os juros incidir a partir da citação. Diante dessas razões, entre outras, a Turma conheceu parcialmente do recurso do hospital, mas, na parte conhecida, negou-lhe provimento e conheceu do recurso do autor, provendo-o parcialmente, vencido parcialmente o Min. Luis Felipe Salomão quanto ao termo inicial dos juros de mora, que considera ser a data do ato ilícito. **REsp 903.258-RS, Rel. Min. Maria Isabel Gallotti, julgado em 21/6/2011.** (Inform. STJ 478)

INDENIZAÇÃO. DANOS MATERIAIS E MORAIS. EXAME INVOLUNTÁRIO.

Trata-se, na origem, de ação de reparação por danos materiais e compensação por danos morais contra hospital no qual o autor, recorrente, alegou que preposto do recorrido, de forma negligente, realizou exame não solicitado, qual seja, anti-HIV, com resultado positivo, o que causou enorme dano, tanto material quanto moral, com manifesta violação da sua intimidade. A Turma, ao prosseguir o julgamento, por maioria, entendeu que, sob o prisma individual, o direito de o indivíduo não saber que é portador de HIV (caso se entenda que este seja um direito seu, decorrente da sua intimidade) sucumbe, é suplantado por um direito maior, qual seja, o direito à vida longeva e saudável. Esse direito somente se revelou possível ao autor da ação com a informação, involuntária é verdade, sobre o seu real estado de saúde. Logo, mesmo que o indivíduo não queira ter conhecimento da enfermidade que o acomete, a informação correta e sigilosa sobre o seu estado de saúde dada pelo hospital ou laboratório, ainda que de forma involuntária, tal como no caso, não tem o condão de afrontar sua intimidade, na medida em que lhe proporciona a proteção de um direito maior. Assim, a Turma, por maioria, negou provimento ao recurso. **REsp 1.195.995-SP, Rel. originária Min. Nancy Andrighi, Rel. para acórdão Min. Massami Uyeda, julgado em 22/3/2011.** (Inform. STJ 467)

RESPONSABILIDADE. HOSPITAL. ERRO MÉDICO.

A Turma afastou a responsabilidade civil objetiva do hospital recorrente por erro médico ao entendimento de que o dano à autora recorrida decorreu exclusivamente da alegada imperícia dos profissionais que realizaram sua cirurgia (também recorrentes), não tendo ocorrido falha na prestação dos serviços de atribuição da clínica. Ressaltou-se que o fato de as entidades hospitalares manterem cadastro dos médicos que utilizam suas dependências para realizar procedimentos cirúrgicos não lhes confere o poder de fiscalizar os serviços por eles prestados, porquanto não se admite ingerência técnica no trabalho dos cirurgiões. Frisou-se, ademais, que os médicos envolvidos não possuíam vínculo com o hospital. Precedente citado: REsp 908.359-SC, DJe 17/12/2008. **REsp 1.019.404-RN, Rel. Min. João Otávio de Noronha, julgado em 22/3/2011.** (Inform. STJ 467)

RESPONSABILIDADE. HOSPITAL. MÉDICO.

Na ação de indenização por erro médico ajuizada contra o hospital, o juízo, após analisar a preliminar de ilegitimidade passiva suscitada, deixou entrever que os médicos que praticaram o ato, litisconsortes meramente facultativos, poderiam também integrar a lide. Assim, determinou a citação deles após o requerimento e a concordância de ambas as partes. Diante disso, a Turma, ao prosseguir o julgamento, entendeu, por maioria, ser nula a decisão e excluiu o médico recorrente da lide, pois o juiz, ao sugerir seu ingresso, agiu como se fosse parte e violou os princípios da demanda (art. 128 do CPC), inércia e imparcialidade. O Min. Relator ressaltou que, apesar de o juiz não ser apenas um espectador da lide, sua atuação não pode sobrepor-se aos deveres impostos às partes na condição de sujeitos processuais, quanto mais se o CPC, quando permite uma participação mais efetiva do juízo, faz isso expressamente (*vide* art. 130 desse código). Já o Min. Paulo de Tarso Sanseverino aduziu que a inclusão de parte não demandada pelo autor caberia nos casos de litisconsórcio necessário (art. 47, parágrafo único, do CPC) ou se efetivamente ilegítima a parte tida por ré, ressalvadas as situações excepcionais. A Min. Nancy Andrighi (vencida) entendia válida a citação porque, ao final, é proveniente da vontade das partes. **REsp 1.133.706-SP, Rel. Min. Massami Uyeda, julgado em 1º/3/2011.** (Inform. STJ 465)

CIRURGIA ESTÉTICA. INDENIZAÇÃO. QUELOIDES.

Trata-se, na origem, de ação de indenização por danos morais e estéticos, ajuizada pela ora recorrente contra o recorrido, na qual alega que foi submetida a uma cirurgia estética (mamoplastia de aumento e lipoaspiração), que resultou em grandes lesões proliferativas – formadas por tecidos de cicatrização – nos locais em que ocorreram os cortes da operação. Ora, o fato de a obrigação ser de resultado, como o caso de cirurgia plástica de cunho exclusivamente embelezador, não torna objetiva a responsabilidade do médico, ao contrário do que alega a recorrente. Permanece subjetiva a responsabilidade do profissional de Medicina, mas se transfere para o médico o ônus de demonstrar que os eventos danosos decorreram de fatores alheios à sua atuação durante a cirurgia. Assim, conforme o acórdão recorrido, o laudo pericial é suficientemente seguro para afirmar a ausência de qualquer negligência do cirurgião. Ele não poderia prever ou evitar as intercorrências registradas no processo de cicatrização da recorrente. Assim, não é possível pretender imputar ao recorrido a responsabilidade pelo surgimento de um evento absolutamente casual, para o qual não contribuiu. A formação do chamado queloide decorreu de característica pessoal da recorrente, e não da má atuação do recorrido. Ademais, ao obter da recorrente, por escrito, o termo de consentimento, no qual explica todo o procedimento, informando-lhe sobre os possíveis riscos e complicações pós-cirúrgicos, o recorrido agiu com honestidade, cautela e segurança. Logo, a Turma negou provimento ao recurso. **REsp 1.180.815-MG, Rel. Min. Nancy Andrighi, julgado em 19/8/2010.** (Inform. STJ 443)

DANOS MORAIS E MATERIAIS. CIRURGIA.

Cuida-se de ação de reparação de danos materiais e morais decorrentes de procedimento cirúrgico para a colocação no cérebro do marido da recorrida de uma válvula de derivação ventrículo-peritonial (DVP).

O tratamento cirúrgico foi oferecido como única opção para a melhora do paciente, com diagnóstico de hidrocefalia. No entanto, após a cirurgia, agravou-se a saúde do paciente, com a aceleração de seu estado de portador de Alzheimer. Agora, a cirurgia é tida pela recorrida como desnecessária. O tribunal *a quo* baseou-se, para condenar o cirurgião, apenas no descumprimento profissional do dever do médico de informar ao paciente ou seu familiar os riscos cirúrgicos do procedimento eleito. Para o Min. Relator, no caso dos autos, a condenação de médico tão somente pelo descumprimento do dever de informar, sem existir essa alegação na petição inicial, extrapolou os limites estabelecidos no pedido inicial, configurando a ocorrência de julgamento *extra petita*. De outro lado, também aponta que, apesar da condenação do cirurgião, o próprio acórdão recorrido afirma não haver erro médico nem existir nexo causal entre a realização da cirurgia e o agravamento da saúde do paciente. Assim, ao mesmo tempo em que o Tribunal absolve, condena o recorrente com base em causa de pedir diversa da constante da inicial, ou seja, adota a ausência de informação como causa de pedir. Nesse contexto, a Turma deu provimento, em parte, ao recurso para anular o acórdão recorrido e restabelecer a sentença absolutória de primeiro grau que julgou improcedente o pedido de reparação, ficando prejudicados os demais dispositivos que foram invocados como violados. **REsp 795.348-RS, Rel. Min. João Otávio de Noronha, julgado em 18/5/2010**. (Inform. STJ 435)

RESPONSABILIDADE CIVIL. ERRO MÉDICO.

Em ação indenizatória por dano advindo de cirurgia mal sucedida (suposto erro médico), insurgem-se os recorrentes quanto ao afastamento da legitimidade passiva do hospital para responder solidariamente com o médico, que não tem vínculo com aquele nosocômio. Ressaltou o Min. Relator que o entendimento recorrido está em consonância com a jurisprudência de que, para responsabilizar o hospital, tem de ser provada especificamente sua responsabilidade como estabelecimento empresarial em relação a algum ato vinculado, ou seja, decorrente de falha de serviço prestado. Assim, quando a falha técnica é restrita ao profissional médico, mormente sem vínculo com o hospital, não cabe atribuir ao nosocômio a obrigação de indenizar. Precedentes citados: REsp 908.359-SC, DJe 17/12/2008, e REsp 258.389-SP, DJ 22/8/2005. **REsp 764.001-PR, Rel. Min. Aldir Passarinho Junior, julgado em 4/2/2010**. (Inform. STJ 421)

DANOS MORAIS. HOSPITAL. CULPA.

A Turma decidiu pelo aumento do *quantum* indenizatório de danos morais, cabendo a culpa do hospital psiquiátrico por não zelar pela segurança de seus pacientes, para evitar mortes decorrentes de agressão de internado enfermo por outro paciente. Outrossim, contam-se os juros a partir da data do evento danoso, porquanto, no caso, não se trata de responsabilidade contratual. Precedentes citados: REsp 1.086.366-RJ, DJe 19/3/2009; REsp 880.349-MG, DJ 24/9/2007; REsp 629.212-RJ, DJ 17/9/2007, e REsp 586.714-MG, DJe 14/9/2009. REsp **825.275-SP, Rel. Min. Fernando Gonçalves, julgado em 2/2/2010**. (Inform. STJ 421)

DANO MORAL. CIRURGIA BARIÁTRICA.

Prosseguindo o julgamento, a Turma entendeu ser cabível a condenação do dano moral pela recusa indevida de cobertura médica do plano de saúde da recorrente para efetuar procedimento cirúrgico bariátrico. Precedentes citados: REsp 993.876-DF, DJ 18/12/2007, e REsp 663.196-PR, DJ 21/3/2005. **REsp 1.054.856-RJ, Rel. Min. Nancy Andrighi, julgado em 5/11/2009.** (Inform. STJ 414)

ERRO MÉDICO. RESPONSABILIDADE SOLIDÁRIA.

No recurso especial advindo de ação de indenização por danos materiais e morais por erro do anestesista durante cirurgia plástica, a tese vencedora inaugurada pelo Min. Luis Felipe Salomão estabeleceu que, incontroversa, nos autos, a culpa do anestesista pelo erro médico, o que acarretou danos irreversíveis à paciente (hoje vive em estado vegetativo), essa culpa, durante a realização do ato cirúrgico, estende-se ao cirurgião chefe, que responde solidariamente com quem diretamente lhe está subordinado. Aponta que cabe ao cirurgião chefe a escolha dos profissionais que participam da sua equipe, podendo até se recusar a trabalhar com especialistas que não sejam de sua confiança. Consequentemente, explica que, no caso de equipes médicas formadas para realização de uma determinada intervenção cirúrgica, o cirurgião chefe, que realiza o procedimento principal, responde pelos atos de todos os participantes por ele escolhidos e subordinados a ele, independentemente da especialização, nos termos do art. 1.521, III, do CC/1916 e art. 932, III, do CC/2002 c/c com os arts. 25, § 1º, e 34 do CDC. Também ressalta que, uma vez caracterizada a culpa do médico que atua em determinado serviço disponibilizado por estabelecimento de saúde (art. 14, § 4º, do CDC), responde a clínica de forma objetiva e solidária pelos danos decorrentes do defeito no serviço prestado (art. 14, § 1º, do CDC). Destaca ainda que, em relação à responsabilidade da clínica no caso dos autos, não se aplica precedente da Segunda Seção (REsp 908.359-SC, DJe 17/12/2008) sobre a exclusão da responsabilidade dos hospitais por prestação de serviços defeituosos realizados por profissionais que nele atuam sem vínculo de emprego ou subordinação, apenas utilizando suas instalações para procedimentos cirúrgicos. Na espécie, o contrato de prestação de serviço foi firmado entre a autora, a clínica e o cirurgião, que é sócio majoritário da sociedade jurídica, sendo os danos decorrentes da prestação defeituosa do serviço contratado com a empresa, por isso responde solidariamente a clínica. Com esse entendimento, a Turma, por maioria, conheceu em parte do recurso e, nessa parte, deu-lhe provimento, condenando os recorridos, a clínica e o cirurgião, a pagar danos morais no valor de R$ 100.000,00, acrescidos de juros a partir do evento danoso e correção monetária a partir dessa data e a pagar os danos materiais, que devem ser apurados em liquidação de sentença por arbitramento, além de honorários advocatícios de 10% sobre o valor da condenação. Note-se que o anestesista não foi parte integrante da lide. A tese vencida defendida pelo Min. João Otávio de Noronha, o Relator originário, consiste em que, diante do desenvolvimento das especialidades médicas, não se pode atribuir ao cirurgião chefe a responsabilidade por tudo que ocorre na sala de cirurgia, especialmente quando comprovado, como no caso, que as complicações deram-se por erro exclusivo do anestesista, em relação às quais não competia ao cirurgião intervir, e também afasta a responsabilidade solidária do cirurgião chefe, porquanto não se pode atribuir responsabilidade solidária pela escolha de anestesista de renome e qualificado. Por outro lado, o Min. Aldir Passarinho Junior acompanhou a divergência com ressalvas quanto à tese da responsabilidade do cirurgião chefe em relação ao anestesista, pois depende de cada caso. Precedente citado: REsp 258.389-SP, DJ 22/8/2005. **REsp 605.435-RJ, Rel. originário Min. João Otávio de Noronha, Rel. para acórdão Min. Luis Felipe Salomão, julgado em 22/9/2009.** (Inform. STJ 408)

RESPONSABILIDADE. MÉDICO. TEORIA. PERDA. CHANCE.

A relação entre médico e paciente é contratual em regra. Salvo cirurgias plásticas embelezadoras, caracteriza-se como obrigação de meio, na qual é imprescindível, para a responsabilização do médico, a demonstração de culpa e nexo de causalidade entre a sua conduta e o dano causado, uma vez que se trata de responsabilidade subjetiva. No caso, o Tribunal *a quo* reconheceu a inexistência de culpa e nexo de causalidade entre a conduta do profissional e a morte do paciente, o que constitui fundamento suficiente para excluir de condenação o médico. A chamada teoria da perda da chance, adotada em tema de responsabilidade civil, aplica-se quando o dano seja real, atual e certo, dentro de um juízo de probabilidade, e não mera possibilidade, porquanto o dano potencial ou incerto, no espectro da responsabilidade civil, em regra, não é indenizável. O acórdão recorrido concluiu haver mera possibilidade de o resultado morte ter sido evitado caso o paciente tivesse acompanhamento prévio e contínuo do profissional da saúde no período pós-operatório. Logo, inadmissível a sua responsabilização com base na referida teoria. Diante do exposto, a Turma deu provimento ao recurso, julgando improcedente a ação de indenização por danos morais. **REsp 1.104.665-RS, Rel. Min. Massami Uyeda, julgado em 9/6/2009.** (Inform. STJ 398)

DANO MORAL. RESPONSABILIDADE. MÉDICO. HOSPITAL.

O recorrido, um policial, foi atingido por um tiro ao participar de diligência realizada em Palmas-TO, sendo ali socorrido e, depois, conduzido até Brasília-DF, onde foi encaminhado ao hospital recorrente, para cuidar da lesão mandibular sofrida. Para o paciente, o tratamento foi inadequado, resultando em dano moral do qual se pretende ver ressarcido. Ingressou com ação de indenização, que foi julgada procedente em primeira instância e confirmada pelo Tribunal de origem. O recorrente argumenta que, se reconhecida a culpa do médico no acórdão recorrido, está autorizada a ação regressiva, portanto é indiscutível a necessidade de ser deferida a denunciação à lide, estando confirmada a hipótese prevista no art. 70, III, do CPC. Mas o Min. Relator entende que, em hipóteses dessa natureza, este Superior Tribunal já decidiu pela impossibilidade de se instaurar lide secundária, sob pena de retardamento do processo em detrimento do interesse do autor. A responsabilidade do hospital e a do médico têm fundamentos diversos, o que denota a impropriedade da denunciação à lide nessas circunstâncias, dada a necessária ampliação da controvérsia inicial. No caso, o valor arbitrado a título de danos morais (R$ 15.000,00) não se mostra desarrazoado, também ficou constatada tanto a responsabilidade do hospital quanto a do médico ali autorizado a atender. Diante do exposto, a Turma não conheceu do recurso. Precedentes citados: REsp 445.845-SP, DJ 13/10/2003; REsp 673.258-RS, DJ 4/9/2006, e AgRg no Ag 904.024-RJ, 13/3/2008. **REsp 883.685-DF, Rel. Min. Fernando Gonçalves, julgado em 5/3/2009.** (Inform. STJ 385)

DANO MORAL. CIRURGIA PLÁSTICA. OBRIGAÇÃO. RESULTADO.

Em ação indenizatória por fracasso de procedimento plástico-cirúrgico (abdominoplastia e mamoplastia com resultado de cicatrizes, necrose e deformação), o Tribunal *a quo* reformou a sentença, condenando o médico a pagar todas as despesas despendidas com sucessivos tratamentos médicos e verbas honorárias, devendo o *quantum* ser apurado em sede de liquidação, além do pagamento de indenização por dano moral, em razão da obrigação de resultado. Entendeu aquele Tribunal que o cirurgião plástico responde pelo insucesso da cirurgia diante da ausência de informação de que seria impossível a obtenção do resultado desejado. Isso posto, o Min. Relator destaca que, no REsp, a controvérsia restringe-se exclusivamente em saber se é presumida a culpa do cirurgião pelos resultados inversos aos esperados. Explica que a obrigação assumida pelos médicos normalmente é obrigação de meio, no entanto, em caso da cirurgia plástica meramente estética, é obrigação de resultado, o que encontra respaldo na doutrina, embora alguns doutrinadores defendam que seria obrigação de meio.

Mas a jurisprudência deste Superior Tribunal posiciona-se no sentido de que a natureza jurídica da relação estabelecida entre médico e paciente nas cirurgias plásticas meramente estéticas é de obrigação de resultado, e não de meio. Observa que, nas obrigações de meio, incumbe à vítima demonstrar o dano e provar que ocorreu por culpa do médico e, nas obrigações de resultado, basta que a vítima demonstre, como fez a autora nos autos, o dano, ou seja, demonstrou que o médico não obteve o resultado prometido e contratado para que a culpa presuma-se, daí a inversão da prova. A obrigação de resultado não priva ao médico a possibilidade de demonstrar, por meio de provas admissíveis, que o efeito danoso ocorreu, como, por exemplo: força maior, caso fortuito, ou mesmo culpa exclusiva da vítima. Concluiu que, no caso dos autos, o dano está configurado e o recorrente não conseguiu desvencilhar-se da culpa presumida. Diante do exposto, a Turma negou provimento ao recurso do cirurgião. Precedentes citados: REsp 326.014-RJ, DJ 29/10/2001; REsp 81.101-PR, DJ 31/5/1999, e REsp 10.536-RJ, DJ 19/8/1991. **REsp 236.708-MG, Rel. Min. Carlos Fernando Mathias (Juiz convocado do TRF da 1ª Região), julgado em 10/2/2009.** (Inform. STJ 383)

REMESSA. SEGUNDA SEÇÃO. RESPONSABILIDADE. MÉDICO. HOSPITAL.

A Turma decidiu remeter à Segunda Seção matéria referente à responsabilidade objetiva envolvendo hospital e médico. A Quarta Turma trata a questão à luz do art. 951 do CC/2002, e a Terceira Turma aplica o Código de Defesa do Consumidor. **REsp 696.284-RJ, Rel. Min. Carlos Alberto Menezes Direito, julgado em 21/6/2007.** (Inform. STJ 324)

DANOS MORAIS. SÚM. N. 7-STJ. INDENIZAÇÃO.

O Tribunal *a quo* entendeu ser de responsabilidade do hospital o falecimento do genitor dos recorridos e condenou o recorrente a pagar sessenta mil reais a título de danos morais a ser repartido entre os três irmãos, uma vez que outro paciente desferiu golpes letais com uma barra de ferro (suporte de soro), quando ambos encontravam-se internados nas dependências do nosocômio. A Turma não conheceu do recurso, pois, para tanto, haveria necessidade de revolver o conjunto fático probatório (Súm. n. 7-STJ). Ademais a indenização não se mostra exagerada nem irrisória, com o que não comporta reapreciação deste Superior Tribunal. **REsp 646.562-MT, Rel. Min. Hélio Quaglia Barbosa, julgado em 22/5/2007.** (Inform. STJ 321)

INDENIZAÇÃO. DANOS MORAIS E MATERIAIS. ANESTESIA. PARAPLEGIA. CULPA. IMPERÍCIA.

Trata-se de ação indenizatória contra hospital em razão de lesões definitivas (paraplegia) causada por anestesia raquidiana quando o autor, ora recorrido, submeteu-se à cirurgia para tratamento de fratura na perna. Em decorrência da paraplegia, sobreveio a aposentadoria precoce do autor. Nas instâncias ordinárias, o juiz não acolheu a pretensão indenizatória, apesar do reconhecimento, pela perícia oficial, do nexo de causalidade entre a anestesia e a paralisia superveniente. Entretanto o Tribunal *a quo* reformou a sentença para acolher o pedido. Isso posto, o Min. Relator destacou que, sendo atribuída a culpa por imperícia, não obstante o currículo do médico que o assistiu, não cabe a assertiva de que fora prestigiada a responsabilidade objetiva e a conclusão diversa seria reavaliar situação fática. Outrossim, o ilícito civil decorrente da ação culposa pode causar lesão de ordem moral. Quanto às questões decididas por maioria, não foram apreciadas por carecer dos embargos infringentes, não interpostos. Com esses esclarecimentos, a Turma não conheceu do recurso. **REsp 244.838-MG, Rel. Min. Aldir Passarinho Junior, julgado em 30/5/2006.** (Inform. STJ 287)

Responsabilidade por conduta de advogado

RESPONSABILIDADE CIVIL. ADVOGADO. EXERCÍCIO DA PROFISSÃO.

A Turma manteve a condenação de advogado ora recorrente ao pagamento de indenização por danos morais ao cliente no valor de R$ 15 mil, em decorrência de sua conduta maliciosa no exercício da profissão. No caso em comento, o recorrente foi contratado para propor ação ordinária contra o Estado do Paraná, pleiteando diferenças salariais e gratificações. Procurado diversas vezes pelo recorrido, ele negou o recebimento de procuração outorgada em seu favor, bem como o ajuizamento de qualquer demanda judicial em seu nome. Tal fato foi, inclusive, apurado em representação instaurada na OAB, que resultou em arquivamento diante da negativa do recorrente. Transcorridos quase vinte anos, após pesquisa realizada pela nova advogada contratada, descobriu-se que a ação havia sido efetivamente proposta pelo recorrente, até mesmo com recursos especiais para os tribunais superiores, tendo sido julgada improcedente. Em preliminar, afastou-se a alegada prescrição. Segundo observou o Min. Relator, na ação de reparação de danos em apreço, fundada no direito comum, e de acordo com as regras de transição do CC/2002 (art. 2.028), há de ser aplicado o novo prazo prescricional de três anos, consoante o disposto no art. 206, § 3º, IV, do referido diploma legal, contado o prazo da data da entrada em vigor do novo Código, e não da data do fato gerador do direito. No mérito, sustentou-se a inaplicabilidade do CDC nas relações contratuais entre clientes e advogados, que, de fato, são regidas pelo EOAB e pelo direito comum. Ao final, considerando o patente padecimento moral do recorrido diante das inverdades perpetradas pelo recorrente e da angústia de não saber o resultado da demanda, ainda que fosse negativa, manteve-se a responsabilização do advogado.

REsp 1.228.104-PR, Rel. Min. Sidnei Beneti, julgado em 15/3/2012. (Inform. STJ 493)

CONTRATO. HONORÁRIOS ADVOCATÍCIOS. QUOTAS LITIS. LESÃO.

Trata-se, na origem, de ação declaratória de nulidade de cláusula contratual cumulada com pedido de restituição de valores indevidamente pagos na qual o ora recorrente alega que o percentual fixado no contrato de honorários advocatícios seria abusivo, uma vez que os estipula em 50% do benefício auferido pelo cliente no caso de êxito e que os causídicos não poderiam perceber valores maiores que a constituinte. Assim a Turma, por maioria, entendeu que, quanto à violação do art. 28 do Código de Ética e Disciplina do Advogado, não pode inaugurar a abertura da instância especial; pois, quando alegada ofensa a circulares, resoluções, portarias, súmulas ou dispositivos inseridos em regimentos internos, não há enquadramento no conceito de lei federal, previsto no art. 105, III, **a**, da CF/1988. Entendeu, ainda, lastreada na jurisprudência assente, que não se aplica o CDC à regulação de contratos de serviços advocatícios. Asseverou que ocorre uma lesão, quando há desproporção entre as prestações de um contrato no momento da realização do negócio e uma das partes obtém um aproveitamento indevido em razão da situação de inferioridade da outra parte. Logo o advogado gera uma lesão ao firmar contrato com cláusula *quota litis* (o constituinte se compromete a pagar ao seu patrono uma porcentagem calculada sobre o resultado do litígio, se vencer a demanda), a qual fixa em 50% sua remuneração, valendo-se da situação de desespero da parte. Daí a Turma, ao prosseguir o julgamento, por maioria, conheceu do recurso e deu-lhe provimento, para fixar os honorários advocatícios no patamar de 30% da condenação obtida. Precedente citado: REsp 1.117.137-ES, DJe 30/6/2010. **REsp 1.155.200-DF, Rel. originário Min. Massami Uyeda, Rel. para acórdão Min. Nancy Andrighi, julgado em 22/2/2011.** (Inform. STJ 464)

DANOS MATERIAIS. CONTRATAÇÃO. ADVOGADO. JUSTIÇA DO TRABALHO.

Trata-se de ação de reparação por danos materiais ajuizada pelo recorrido para buscar o ressarcimento dos gastos com a contratação de advogado para o ajuizamento de reclamação na Justiça do Trabalho em virtude da retenção indevida de verbas trabalhistas. Nas instâncias ordinárias, o juiz julgou improcedente o pedido, mas o tribunal *a quo* deu provimento à apelação interposta. Discute-se, no REsp, se é cabível a reparação por danos materiais ao empregado que contrata advogado para o ajuizamento de reclamação trabalhista. Anotou-se que a recorrente suscitou também preliminar de ofensa à coisa julgada. Explica a Min. Relatora que, consoante disposição expressa no art. 843 do CC/2002, a transação interpreta-se restritivamente e que, conforme a jurisprudência pacífica deste Superior Tribunal, a declaração de quitação em instrumentos de transação tem de ser interpretada restritivamente. Esclarece que, no caso, o acordo celebrado entre as partes não estabeleceu disposições sobre o pagamento de honorários advocatícios convencionais, tendo apenas estabelecido os valores devidos a título de verbas trabalhistas e honorários periciais. Assim, o ajuizamento de ação por danos materiais não significa violação do instituto da coisa julgada. Ressalta que o art. 791 da CLT, ao estabelecer que os empregados e os empregadores poderão reclamar pessoalmente perante a Justiça do Trabalho, deixou evidente ser facultativa a presença do advogado nos processos trabalhistas, mas assevera que, sob a ótica do acesso à Justiça, o empregado tem o direito de optar por ser representado em juízo por advogado de sua confiança e que o processo não pode importar prejuízos à parte que se reconhece, ao final, ter razão. Consequentemente, aquele que deixou de pagar verbas trabalhistas tem de restituir ao empregado o que esse despendeu com os honorários advocatícios contratuais. Por fim, aponta a Min. Relatora que os arts. 389, 395 e 404 do CC/2002 determinam, de forma expressa, que os honorários advocatícios integram os valores devidos a título de reparação por perdas e danos e, nos termos do art. 8º, parágrafo único, da CLT, os dispositivos do CC/2002 podem ser aplicados subsidiariamente aos contratos trabalhistas. Diante do exposto, a Turma negou provimento ao recurso. **REsp 1.027.797-MG, Rel. Min. Nancy Andrighi, julgado em 17/2/2011 (ver Informativo n. 391).** (Inform. STJ 463)

RESPONSABILIDADE CIVIL. ADVOGADO. PERDA. CHANCE.

A teoria de perda de uma chance (*perte d'une chance*) dá suporte à responsabilização do agente causador, não de dano emergente ou lucros cessantes, mas sim de algo que intermedeia um e outro: a perda da possibilidade de buscar posição jurídica mais vantajosa que muito provavelmente alcançaria se não fosse o ato ilícito praticado. Dessa forma, se razoável, séria e real, mas não fluida ou hipotética, a perda da chance é tida por lesão às justas expectativas do indivíduo, então frustradas. Nos casos em que se reputa essa responsabilização pela perda de uma chance a profissionais de advocacia em razão de condutas tidas por negligentes, diante da incerteza da vantagem não experimentada, a análise do juízo deve debruçar-se sobre a real possibilidade de êxito do processo eventualmente perdida por desídia do causídico. Assim, não é só porque perdeu o prazo de contestação ou interposição de recurso que o advogado deve ser automaticamente responsabilizado pela perda da chance, pois há que ponderar a probabilidade, que se supõe real, de que teria êxito em sagrar seu cliente vitorioso. Na hipótese, de perda do prazo para contestação, a pretensão foi de indenização de supostos danos materiais individualizados e bem definidos na inicial. Por isso, possui causa de pedir diversa daquela acolhida pelo tribunal *a quo*, que, com base na teoria da perda de uma chance, reconheceu presentes danos morais e fixou o *quantum* indenizatório segundo seu livre arbítrio. Daí, é forçoso reconhecer presente o julgamento *extra petita*, o que leva à anulação do acórdão que julgou a apelação. Precedentes citados: REsp 1.079.185-MG, DJe 4/8/2009, e REsp 788.459-BA, DJ 13/3/2006. **REsp 1.190.180-RS, Rel. Min. Luis Felipe Salomão, julgado em 16/11/2010**. (Inform. STJ 456)

DANOS MORAIS. ADVOGADO.

O banco foi condenado a pagar indenização por danos morais, porque seu advogado, ao contestar ação declaratória, utilizou expressão injuriosa (adágio popular), ofendendo a honra do autor (recorrido). Para o Min. Relator, invocando recente precedente, o banco é parte ilegítima para figurar na ação em que se discute a responsabilidade de seu advogado por ofensas irrogadas em juízo, não se alterando o quadro em face da existência de relação de emprego entre a parte e o causídico. Isso porque o mandato ao advogado transfere poderes para representar o banco em juízo e defendê-lo, mas não lhe outorga poderes para agir de má-fé, abusar ou ofender a honra e a dignidade de quem quer que seja. Assim, o advogado responde pelos danos que causar no exercício profissional. Com esse entendimento, a Turma, com ressalva do ponto de vista do Min. Luis Felipe Salomão, deu provimento ao recurso do banco. Precedentes citados: REsp 983.430-ES, DJe 8/3/2010; REsp 357.418-RJ, DJ 10/3/2003, e REsp 1.022.103-RN, DJe 16/5/2008. **REsp 1.048.970-MA, Rel. Min. Fernando Gonçalves, julgado em 15/4/2010.** (Inform. STJ 430)

INJÚRIA. DANOS MORAIS. JUÍZ. IMUNIDADE. ADVOGADO. CLIENTE.

A Turma entendeu tipificado o crime de injúria, pois constatado que as expressões ofensivas utilizadas pelo causídico ultrapassaram os limites do tratamento admissível no meio forense, não se tratando apenas de mera deselegância e faltosa urbanidade para com o magistrado. Outrossim, cabíveis os danos morais com o aumento do *quantum* devido, mormente por ser incabível invocar a imunidade conferida no exercício da advocacia, já que o art. 7º, § 2º, do Estatuto da Advocacia, que dá concretude ao art. 133 da CF/1988, não é absoluto a ponto de isentar o advogado pelos excessos de linguagem, enquanto vocifera impropérios em afronta à honra de qualquer pessoa, desbordando da conduta por sua posição na condução do processo. Ademais, é de se afastar a responsabilidade solidária do cliente-contratante, que, somente em casos excepcionais, responderia pela conduta do advogado contratado, caso demonstrada sua culpa *in eligendo*. Precedentes citados: REsp 151.840-MG, DJ 23/8/1999; REsp 163.221-ES, DJ 8/5/2000; REsp 357.418-RJ, DJ 10/3/2003, e REsp 579.157-MT, DJ 11/2/2008. **REsp 932.334-RS, Rel. Min. Nancy Andrighi, julgado em 18/11/2008**. (Inform. STJ 377)

DANOS MORAIS. ADVOGADO. IMUNIDADE.

Trata-se de ação ordinária de reparação por danos morais em que o autor (advogado) ora recorrente alega, entre outras coisas, ter o recorrido (também advogado) lhe imputado conduta definida como crime de constrangimento ilegal, além de outros fatos que lhe ofenderam a reputação. Em apelação, manteve-se a sentença desfavorável ao recorrente ao argumento de que o recorrido apenas levou ao conhecimento do julgador a versão apresentada pela cliente. No REsp, o recorrente sustenta que, embora a imunidade profissional assegure ao advogado liberdade no exercício da profissão, ela não é absoluta e não protege os excessos perpetrados pelo advogado em suas manifestações, especialmente quando ele ataca os demais partícipes da relação processual. Nesse contexto, a Turma conheceu do REsp e lhe deu provimento, reiterando o entendimento de que a inviolabilidade do advogado não é absoluta, estando adstrita aos limites da legalidade e da razoabilidade. Logo, excessos cometidos pelo profissional em face das demais pessoas envolvidas no processo não são cobertos pela imunidade profissional prevista no Estatuto da Ordem, podendo o advogado ser responsabilizado pelos danos que provocar no exercício de sua atividade. No caso, tampouco socorre o ora recorrido a alegação central da sentença e do acórdão de que houve reprodução, pelo advogado, de declaração pública da cliente. Deveras, se assim fosse, bastaria que se repetisse o que um incapaz pronunciasse, para se escoimar qualquer pecha de ofensa. A responsabilidade daquele que escreve um documento e o torna público em um processo, assacando contra a honra de outrem, é de quem o subscreve, pouco importando se reproduz, ou não, as ofensas prolatadas pela sua cliente (art. 32, *caput*, da Lei n. 8.906/1994). Assim, verificou-se abuso de direito cometido pelo recorrido na defesa de sua cliente que, a pretexto de demonstrar o direito da parte, excedeu-se em suas atribuições, imputando ao recorrente atos apontados como ilícitos, tecendo comentários ofensivos a sua pessoa. Passível, portanto, de reparação por danos morais, aos quais se deu o valor de R$ 10.000,00. Precedentes citados: REsp 163.221-ES, DJ 5/8/2002; REsp 1.022.103-RN, DJ 16/5/2008, e AgRg no Ag 657.289-BA, DJ 5/2/2007. **REsp 988.380-MG, Rel. Min. Luís Felipe Salomão, julgado em 20/11/2008**. (Inform. STJ 377)

RESPONSABILIDADE. ADVOGADO. TEORIA. PERDA. CHANCE.

A recorrente afirma que o advogado foi negligente na condução de sua causa, vindo ela a perder seu imóvel, por não defender adequadamente seu direito de retenção por benfeitorias e também ter deixado transcorrer *in albis* o prazo para a interposição de recurso de apelação. Para a Min. Relatora, não há omissão ou contradição no acórdão impugnado. O Tribunal *a quo* pronunciou-se de maneira a discutir todos os aspectos fundamentais do julgado, dentro dos limites que lhe são impostos por lei, alcançando solução que foi tida como mais justa e apropriada para a hipótese. A questão insere-se no contexto da responsabilidade profissional do advogado. O vínculo entre advogado e cliente tem nítida natureza contratual. Em razão do vínculo obrigacional, a responsabilidade do advogado é contratual. Todavia sua obrigação não é de resultado, mas de meio. O advogado obriga-se a conduzir a causa com toda diligência, não se lhe impondo o dever de entregar um resultado certo. Ainda que o advogado atue diligentemente, o sucesso no processo judicial depende de outros fatores não sujeitos a seu controle. Daí a dificuldade de estabelecer, para a hipótese, um nexo causal entre a negligência e o dano. Para a solução do impasse, a jurisprudência, sobretudo do direito comparado, e a doutrina passaram a cogitar da teoria da perda da chance. Essa teoria procura dar vazão ao intrincado problema das probabilidades com as quais se depara no dia-a-dia, trazendo para o campo do ilícito aquelas condutas que minam, de forma dolosa ou culposa, as chances, sérias e reais, de sucesso às quais a vítima fazia jus. Há possibilidades e probabilidades diversas e tal fato exige que a teoria seja vista com o devido cuidado. A adoção da teoria da perda da chance exige que o Poder Judiciário bem saiba diferenciar o "improvável" do "quase certo", a "probabilidade de perda" da "chance do lucro", para atribuir a tais fatos as consequências adequadas. Assim, o Tribunal de origem concluiu pela ausência de culpa do advogado e, nesse ponto, não há como extrair daí a responsabilidade nos termos tradicionais e, tampouco, nos termos da teoria da perda da chance. Anotou-se que, em determinados casos, a perda da chance, além de determinar o dano material, poderá ser considerada um agregador do dano moral, o que não se pode admitir é considerar o dano da perda de chance como sendo um dano exclusivamente moral. Diante do exposto, a Turma não conheceu do recurso. Precedentes citados: REsp 965.758-RS, DJ 3/9/2008, e REsp 788.459-BA, DJ 13/3/2006. **REsp 1.079.185-MG, Rel. Min. Nancy Andrighi, julgado em 11/11/2008.** (Inform. STJ 376)

DANOS MORAIS. ADVOGADO. OFENSA. MAGISTRADO.

Trata-se de indenização para compensar os danos morais causados por advogado em ofensas pessoais e profissionais que atingiram a honra de magistrado em recurso inominado no curso de processo referente à propaganda eleitoral irregular. Note-se que as instâncias ordinárias reconheceram o caráter injurioso e permanente em toda peça recursal. Ambas as partes interpuseram REsp. Ressaltou-se que a imunidade profissional do advogado, embora garantida no Estatuto da Advocacia (art. 7º, § 2º) e na CF/1988 (art. 133), não se reveste de valor absoluto, conforme manifestou o STF em diversas ocasiões. Logo, não há amparo para os excessos cometidos pelo advogado em afronta à honra de quaisquer pessoas envolvidas no processo: magistrado, parte, MP, advogado da parte contrária e serventuários. Quanto à existência de responsabilidade do cliente pelos atos do seu advogado, não se configura. O cliente apenas atua no exercício regular de direito quando contrata o profissional, não podendo ser responsabilizado por imperícia deste, salvo se há prova expressa da culpa *in elegendo*, o que não ocorreu no caso. Além disso, a lesão causada ao terceiro decorre, em regra, de ação do advogado que toma decisões profissionais independentes (EOAB, art. 31, § 1º). Por fim, destacou-se que os danos morais não podem ser fixados de forma ínfima, elevando-se o valor da condenação. Precedentes citados do STF: RHC 81.750-SP, DJ 10/8/2007; ACO 100-RS, DJ 15/10/1964; do STJ: REsp 163.221-ES, DJ 5/8/2002. **REsp 932.334-RS, Rel. Min. Nancy Andrighi, julgado em 25/3/2008**. (Inform. STJ 349)

DANOS MORAIS E MATERIAIS. ALEGAÇÃO. NEGLIGÊNCIA. DESÍDIA. ATUAÇÃO. ADVOGADO.

Trata-se de ação de indenização por danos morais e materiais promovida por ex-cliente contra advogado que, em ação trabalhista, após resultado de improcedência e depois de terem sido interpostos os embargos de declaração, deixou de ofertar o recurso ordinário cabível, abandonando a causa sem dar conhecimento a seu cliente. Para o Tribunal *a quo*, não se pode obrigar o profissional a interpor um recurso em cujo sucesso não acredita, mas também, não sendo seu o direito, deveria comunicar ao cliente sua intenção com antecedência, a fim de que ele constituísse outro patrono para defendê-lo, se assim desejasse. Pois, não tendo ofertado o recurso cabível nem informado ao cliente sua intenção, causou-lhe prejuízo suscetível de reparação. Isso posto, o Min. Relator entendeu que há omissão a ser reparada pela Corte estadual, uma vez que o advogado alegou que, quanto à causa, há a orientação jurisprudencial do TST n. 21, contrária à tese e que fora publicada antes de ser proferida a sentença que julgou a reclamação trabalhista. Assim, para o advogado recorrer seria ensejar recurso desnecessário. Note-se que essas questões apontadas pelo Min. Relator deixaram de ser enfrentadas naquele Tribunal em dois embargos de declaração. Com esse entendimento, a Turma anulou a multa e os acórdãos (do primeiro e do segundo embargos de declaração) para que os questionamentos do causídico sejam enfrentados no Tribunal *a quo*. **REsp 334.696-RJ, Rel. Min. Aldir Passarinho Junior, julgado em 14/11/2006.** (Inform. STJ 304)

Responsabilidade do condomínio

DANO MORAL. DIREITO DE VIZINHANÇA. INFILTRAÇÃO.

É devido o pagamento de indenização por dano moral pelo responsável por apartamento de que se origina infiltração não reparada por longo tempo por desídia, a qual provocou constante e intenso sofrimento psicológico ao vizinho, configurando mais do que mero transtorno ou aborrecimento. Salientou-se que a casa é, em princípio, lugar de sossego e descanso, não podendo, portanto, considerar de somenos importância os constrangimentos e aborrecimentos experimentados pela recorrente em razão do prolongado distúrbio da tranquilidade nesse ambiente – ainda mais quando foi claramente provocado por conduta culposa da recorrida e perpetuado por sua inércia e negligência em adotar providência simples, como a substituição do rejunte do piso de seu apartamento. De modo que tal situação não caracterizou um mero aborrecimento ou dissabor comum das relações cotidianas, mas, sim, situação excepcional de ofensa à dignidade, passível de reparação por dano moral. Com essas e outras considerações, a Turma deu provimento ao recurso, determinando o retorno dos autos à origem a fim de que, incluída indenização por danos morais, prossiga o julgamento da apelação da recorrente. Precedentes citados: REsp 157.580-AM, DJ 21/2/2000, e REsp 168.073-RJ, DJ 25/10/1999. REsp 1.313.641-RJ, Rel. Min. Sidnei Beneti, julgado em 26/6/2012.(Inform. STJ 500)

RESPONSABILIDADE. INCORPORAÇÃO IMOBILIÁRIA. CONSTRUÇÃO.

O incorporador, como impulsionador do empreendimento imobiliário em condomínio, atrai para si a responsabilidade pelos danos que possam advir da inexecução ou da má execução do contrato de incorporação, abarcando-se os danos resultantes de construção defeituosa (art. 31, §§ 2º e 3º, da Lei n. 4.591/1964). Ainda que o incorporador não seja o executor direto da construção do empreendimento imobiliário, mas contrate construtor, permanece responsável juntamente com ele pela solidez e segurança da edificação (art. 618 do CC). In casu, trata-se de obrigação de garantia assumida solidariamente com o construtor. Por conseguinte, o incorporador é o principal garantidor do empreendimento no seu todo, solidariamente responsável com outros envolvidos nas diversas etapas da incorporação. Essa solidariedade decorre da natureza da relação jurídica estabelecida entre o incorporador e o adquirente de unidades autônomas e também de previsão legal, não podendo ser presumida (art. 942, caput, do CC; art. 25, § 1º, do CDC e arts. 31 e 43 da Lei n. 4.591/1964). Conclui-se, assim, que o incorporador e o construtor são solidariamente responsáveis por eventuais vícios e defeitos de construção surgidos no empreendimento imobiliário, sendo que o incorporador responde mesmo que não tenha assumido diretamente a execução da obra. REsp 884.367-DF, Rel. Min. Raul Araújo, julgado em 6/3/2012. (Inform. STJ 492)

CONDOMÍNIO. LEGITIMIDADE. DANO MORAL.

Em regra, a legitimidade da parte é auferida por sua vinculação com o direito material em questão, mas há exceções no CPC decorrentes de situações exclusivamente processuais (legitimidade extraordinária). Não se olvida que os arts. 1.348, II, do CC/2002 e 22, § 1º, **a**, da Lei n. 4.591/1964 conferem legitimidade extraordinária ao condomínio (massa patrimonial desprovida de personalidade jurídica de direito material) para que busque, em juízo ou fora dele, a defesa dos interesses comuns, como a reparação de dano material oriundo de área comum ou a cobrança de encargos não pagos por certo condômino. Anote-se haver precedentes do STJ que preveem até a legitimidade do condomínio para pleitear danos materiais decorrentes de defeitos que atinjam tanto a área comum quanto as áreas individuais, por guardarem relações vinculadas entre si, revelando homogeneidade. Contudo, ressalte-se que a doutrina majoritária e o art. 6º do CPC exigem autorização expressa em lei para o reconhecimento de legitimidade extraordinária e nem esse diploma ou mesmo a Lei n. 4.591/1964 trazem previsão que legitime o condomínio a atuar, mediante a figura do síndico, como parte em demanda que postule compensação por danos extrapatrimoniais sofridos pelos condôminos, tal como se busca na hipótese, de abalo psicológico resultante de prolongados defeitos de construção em edifício. Isso vem reafirmar a própria natureza personalíssima do dano extrapatrimonial, que diz respeito mesmo ao foro íntimo do ofendido. Por último, vê-se que os danos morais sofridos por cada condômino podem possuir dimensões diferentes, o que não justificaria o tratamento isonômico, mostrando-se irrelevante o fato de a assembleia ter conferido autorização para o ajuizamento da ação. Ao final, esses foram os fundamentos acolhidos, por maioria, pela Turma. Precedentes citados: REsp 10.417-SP, DJ 24/2/1992; REsp 66.565-MG, DJ 24/11/1997; REsp 198.511-RJ, DJ 11/12/2000, e AgRg no REsp 783.360-SP, DJe 12/11/2009. **REsp 1.177.862-RJ, Rel. Min. Nancy Andrighi, julgado em 3/5/2011.** (Inform. STJ 471)

CONDOMÍNIO. RESPONASABILIDADE. DANO MORAL.

Trata-se de saber se o condomínio responde por alegados danos morais sofridos por condômino e decorrentes de lesão corporal provocada por outro condômino, em suas áreas comuns. A Turma entendeu que não há responsabilidade do condomínio nas circunstâncias acima mencionadas, salvo se o dever jurídico de agir e impedir a ocorrência do resultado estiver previsto na respectiva convenção condominial. **REsp**

1.036.917-RJ, Rel. Min. Nancy Andrighi, julgado em 24/11/2009. (Inform. STJ 417)

RESPONSABILIDADE. CONDOMÍNIO. REEXAME. AR.
A Turma não conheceu do recurso, mantendo a decisão *a quo* que afastou a responsabilidade do condomínio pela morte de condômino assassinado por vigia após desentendimentos entre os dois no prédio onde residia. O vigia, autor do homicídio, era empregado de sociedade empresarial contratada pelo condomínio para prestação de serviço. No caso dos autos, os herdeiros ajuizaram ação rescisória com o intuito de desconstituir o acórdão do TJ proferido em rescisória que julgou procedente os embargos infringentes afastando a responsabilidade do condomínio e mantendo a condenação em relação aos outros réus. Destacou o Min. Relator que a celeuma acerca da extensão cognitiva de recurso especial interposto em razão de acórdão proferido em ação rescisória com suporte jurídico na ofensa literal da lei (art. 485, V, do CPC) não é nova e, fora algumas oscilações, a orientação da jurisprudência é no sentido de ser inviável a reapreciação em REsp dos fundamentos que lastrearam o acórdão rescindendo. Ademais, não são todos os fatos ocorridos no interior do condomínio que o tornam responsável civilmente, há necessidade de averiguar a extensão dessa responsabilidade. No caso, o TJ, ao apreciar as provas, anuncia a existência de contrato entre o condomínio e a sociedade empresarial preponente em que ela se responsabiliza por todos os danos causados por seus funcionários. Precedentes citados: REsp 39.424-SP, DJ 22/8/1994; EREsp 28.565-RJ, DJ 8/3/1999; REsp 247.356-SP, DJe 24/11/2008, e AgRg no Ag 725.579-DF, DJ 25/2/2008. **REsp 579.121-DF, Rel. Min. Luis Felipe Salomão, julgado em 17/3/2009.** (Inform. STJ 387)

RESPONSABILIDADE CIVIL. CONDOMÍNIO. PISCINA.
Trata-se de REsp em que as recorrentes, mãe e filha, sucessivamente, objetivam indenização por parte dos recorridos (um condomínio, a seguradora dele e a fabricante de um equipamento utilizado na piscina do condomínio), em decorrência do acidente que vitimou a filha (segunda recorrente), à época com 10 anos de idade. Na ocasião, a infante sofreu afogamento na piscina localizada nas dependências do condomínio réu, devido ao fato de seus cabelos terem sido sugados pelo ralo de marca da fabricante instalado no fundo da piscina, o que lhe ocasionou sequelas graves, impondo-lhe condição de vida vegetativa permanente. Diante disso, a Turma, por maioria, entendeu que, no tocante à culpa do condomínio, ela ocorreu na medida em que substituiu o equipamento de recirculação e tratamento de água da piscina coletiva por outro de potência muito superior ao adequado à sua dimensão, bem como em razão do fato de permitir o funcionamento do mencionado sistema quando havia pessoas na piscina. Entendeu, também, que, nesse caso, em que, sob qualquer aspecto, presume-se como gravíssima a situação de aflição psicológica e de angústia no espírito da mãe, que teve sua filha menor vitimada no acidente, a demora no pagamento do seguro deu-se em momento de extrema fragilidade, frente à necessidade de pagamento do tratamento em curso, sendo devida, assim, à mãe indenização por danos morais. Entendeu, ainda, não ser razoável concluir que a ausência da mãe da criança no local tenha colaborado, de qualquer forma, para o resultado do incidente, a despeito do dever de vigilância que lhe é imposto pelo ECA. O malsinado incidente ocorreu não por descuido dos familiares da menina, mas pelos fatos acima descritos. A presença da genitora no local só adicionaria ao evento mais uma testemunha ao acidente que imputou à menor as gravíssimas sequelas que a acometeram, não havendo, assim, que se falar em culpa concorrente da mãe. Contudo, afastou a responsabilidade da fabricante, visto que restou consignado pelas instâncias ordinárias que os seus manuais traziam informações suficientes à demonstração do perigo pela utilização inadequada do produto, sendo expressos, ainda, ao alertar sobre a necessidade de que pessoas de cabelos longos os prendessem à altura da nuca ou fizessem uso de toucas para natação. Com esses fundamentos, entre outros, deu-se parcial provimento ao recurso, vencido em parte o Min. Luis Felipe Salomão, que responsabilizava também a fabricante. **REsp 1.081.432-SP, Rel. Min. Carlos Fernando Mathias (Juiz convocado do TRF da 1ª Região), julgado em 3/3/2009.** (Inform. STJ 385)

DANO MORAL. REDUÇÃO. INDENIZAÇÃO.
Trata-se de ação de indenização por danos materiais e morais, em que o autor objetiva ressarcimento em razão do impedimento de sua entrada no edifício sede da ré por duas vezes. O Tribunal de origem apenas confirmou a ocorrência do dano moral e o valor estipulado na sentença, equivalente a 250 salários-mínimos. O Min. Relator enfatizou que não cabe a este Superior Tribunal perquirir os motivos pelos quais as instâncias ordinárias, soberanas no exame da prova, emprestaram maior confiabilidade aos depoimentos, desprestigiando quaisquer outras provas, porquanto vedada pela Súm. n. 7-STJ. O Tribunal local identificou a ocorrência de ato danoso suficiente para ocasionar a dor moral que diz o autor ter sofrido, elemento fático que desqualifica inclusive os julgados com os quais pretendia comprovar a divergência, nenhum deles retratando situação semelhante. Entendeu o Min. Relator que somente a particularidade de existir ordem expressa de vedação ao acesso em edifício privado, no qual o autor mantinha movimentação bancária, o que, por muito pouco, ultrapassa o contratempo e diferencia a hipótese dos autos das situações em que somente com algum esforço se pode discernir a ocorrência da lesão, pouco se distin-

guindo do mero dissabor ou aborrecimento, nenhum motivo haveria para se admitir o dano moral, porém, abrigada pela conclusão da Súm. n. 7-STJ. Assim, as instâncias ordinárias estabeleceram o valor do ressarcimento com evidente excesso. Isso posto, o Min. Relator considerou que a reparação econômica em vista da leve afronta à honra do recorrido, que ficará plenamente compensada com indenização de R$ 15.000,00 (quinze mil reais). Ante o exposto, a Turma conheceu em parte do recurso especial e lhe deu parcial provimento, para reduzir a indenização ao montante acima, corrigido a partir da presente data. **REsp 628.490-PA, Rel. Min. Aldir Passarinho Junior, julgado em 7/8/2007.** (Inform. STJ 326)

Responsabilidade de instituições financeiras

DIREITO CIVIL. RESPONSABILIDADE DA INSTITUIÇÃO FINANCEIRA PELOS PREJUÍZOS CAUSADOS A CORRENTISTA EM DECORRÊNCIA DE COMPENSAÇÃO DE CHEQUE EM VALOR SUPERIOR AO DE EMISSÃO.

O correntista tem direito a ser indenizado pela instituição financeira em razão dos prejuízos decorrentes da compensação de cheque em valor superior ao de emissão na hipótese em que esse título tenha sido objeto de sofisticada adulteração por terceiro. O parágrafo único do art. 39 da Lei 7.357/1985 preconiza que "o banco sacado responde pelo pagamento do cheque falso, falsificado ou alterado, salvo dolo ou culpa do correntista, do endossante ou do beneficiário, dos quais poderá o sacado, no todo ou em parte, reaver o que pagou". Esse dispositivo sinaliza a responsabilidade objetiva dos bancos pelo pagamento de cheque alterado, sem fazer nenhuma menção quanto à qualidade dessa adulteração. Nesse contexto, no que tange ao falso hábil, aquele cuja falsidade é perceptível somente com aparelhos especializados de grafotécnica, abrem-se três possibilidades: inexistência de culpa do correntista, culpa exclusiva do cliente e culpa concorrente. Na primeira hipótese, que retrata a situação em análise, o banco procede ao pagamento do cheque habilmente falsificado sem que o correntista tenha qualquer parcela de culpa no evento danoso. Nesse caso, a instituição bancária responde objetivamente pelos danos causados por fraudes ou delitos praticados por terceiros, porquanto essa responsabilidade decorre de violação da obrigação contratualmente assumida de gerir com segurança as movimentações bancárias de seus clientes. Assim, a ocorrência de fraudes e delitos contra o sistema bancário dos quais resultem danos a correntistas insere-se na categoria doutrinária de fortuito interno, pois faz parte do próprio risco do empreendimento, atraindo, portanto, a responsabilidade objetiva da instituição bancária. Diferentemente, a culpa exclusiva de terceiro que não guarde relação de causalidade com a atividade do fornecedor, sendo absolutamente estranha ao produto ou serviço, é considerada apta a elidir a responsabilidade objetiva da instituição bancária, pois é caracterizada como fortuito externo. Precedente citado: REsp 1.199.782-PR, Segunda Seção, DJe 12/9/2011 (REPETITIVO). **REsp 1.093.440-PR, Rel. Min. Luis Felipe Salomão, julgado em 2/4/2013. (Inform. STJ 520)**

DIREITO CIVIL. RESPONSABILIDADE CIVIL. ASSALTO DE CORRENTISTA EM VIA PÚBLICA APÓS O SAQUE.

A instituição financeira não pode ser responsabilizada por assalto sofrido por sua correntista em via pública, isto é, fora das dependências de sua agência bancária, após a retirada, na agência, de valores em espécie, sem que tenha havido qualquer falha determinante para a ocorrência do sinistro no sistema de segurança da instituição. O STJ tem reconhecido amplamente a responsabilidade objetiva dos bancos pelos assaltos ocorridos no interior de suas agências, em razão do risco inerente à atividade bancária. Além disso, já se reconheceu, também, a responsabilidade da instituição financeira por assalto acontecido nas dependências de estacionamento oferecido aos seus clientes exatamente com o escopo de mais segurança. Não há, contudo, como responsabilizar a instituição financeira na hipótese em que o assalto tenha ocorrido fora das dependências da agência bancária, em via pública, sem que tenha havido qualquer falha na segurança interna da agência bancária que propiciasse a atuação dos criminosos após a efetivação do saque, tendo em vista a inexistência de vício na prestação de serviços por parte da instituição financeira. Além do mais, se o ilícito ocorre em via pública, é do Estado, e não da instituição financeira, o dever de garantir a segurança dos cidadãos e de evitar a atuação dos criminosos. Precedente citado: REsp 402.870-SP, DJ 14/2/2005. REsp 1.284.962-MG, Rel. Min. Nancy Andrighi, julgado em 11/12/2012.(Inform. STJ 512).

DANO MORAL. ESPERA EM FILA DE BANCO.

O dano moral decorrente da demora no atendimento ao cliente não surge apenas da violação de legislação que estipula tempo máximo de espera, mas depende da verificação dos fatos que causaram sofrimento além do normal ao consumidor. Isso porque a legislação que determina o tempo máximo de espera tem cunho administrativo e trata da responsabilidade da instituição financeira perante a Administração Pública, a qual poderá aplicar sanções às instituições que descumprirem a norma. Assim, a extrapolação do tempo de espera deverá ser considerada como um dos elementos analisados no momento da verificação da ocorrência do dano moral. No caso, além da demora desarrazoada no atendimento, a cliente encontrava-se com a saúde debilitada e permaneceu o tempo todo em pé, caracterizando indiferença do banco quanto à situação. Para a Turma, o somatório dessas circunstâncias caracterizou o dano moral. Por fim, o colegiado entendeu razoável o valor da indenização em R$ 3 mil, ante o caráter pedagógico da condenação. Precedentes citados: AgRg no Ag 1.331.848-SP, DJe 13/9/2011; REsp 1.234.549-SP, DJe 10/2/2012, e REsp 598.183-DF, DJe 27/11/2006. REsp 1.218.497-MT, Rel. Min. Sidnei Beneti, julgado em 11/9/2012. (Inform. STJ 504)

INDENIZAÇÃO. INSCRIÇÃO INDEVIDA. CADASTRO DESABONADOR. NOVAÇÃO.

Trata-se de REsp em que a controvérsia diz respeito ao prazo prescricional para o ajuizamento de ação de indenização por inscrição desabonadora em cadastro de crédito realizada por banco, sobretudo quando decorre de relação contratual. Inicialmente, ressaltou o Min. Relator, o defeito do serviço que resultou na negativação indevida do nome do cliente da instituição bancária ora recorrente não se confunde com o fato do serviço, que pressupõe um risco à segurança do consumidor, cujo prazo prescricional é definido no art. 27 do CDC. Assim, consignou que, no caso, o vínculo é contratual, tendo as partes, antes da inscrição indevida, pactuado novação, extinguindo a obrigação, justamente a de que dá conta o cadastramento desabonador. Registrou que a ilicitude do ato decorre do fato de ter sido celebrada novação, pois a instituição financeira recorrente não observou os deveres anexos à pactuação firmada e procedeu à negativação por débito que fora extinto pelo último contrato firmado pelas partes. Destarte, entendeu que, tendo em vista tratar-se de dano oriundo de inobservância de dever contratual, não é aplicável o prazo de prescrição previsto no art. 206, § 3º, V, do CC, mas sim o prazo de dez anos constante do art. 205 do mencionado diploma legal, visto que a hipótese não se amolda a nenhum dos prazos específicos indicados na lei substantiva civil. Diante desses fundamentos, entre outros, a Turma negou provimento ao recurso. **REsp 1.276.311-RS, Rel. Min. Luis Felipe Salomão, julgado em 20/9/2011.** (Inform. STJ 483)

REPETITIVO. FRAUDE. TERCEIROS. ABERTURA. CONTA-CORRENTE.

Trata-se, na origem, de ação declaratória de inexistência de dívida cumulada com pedido de indenização por danos morais ajuizada contra instituição financeira na qual o recorrente alega nunca ter tido relação jurídica com ela, mas que, apesar disso, teve seu nome negativado em cadastro de proteção ao crédito em razão de dívida que jamais contraiu, situação que lhe causou sérios transtornos e manifesto abalo psicológico. Na espécie, o tribunal *a quo* afastou a responsabilidade da instituição financeira pela abertura de conta-corrente em nome do recorrente ao fundamento de que um terceiro a efetuou mediante a utilização de documentos originais. Assim, a Seção, ao julgar o recurso sob o regime do art. 543-C do CPC c/c a Res. n. 8/2008-STJ, entendeu que as instituições bancárias respondem objetivamente pelos danos causados por fraudes ou delitos praticados por terceiros por exemplo, a abertura de conta-corrente ou o recebimento de empréstimos mediante fraude ou utilização de documentos falsos, uma vez que tal responsabilidade decorre do risco do empreendimento. Daí, a Seção deu provimento ao recurso e fixou a indenização por danos morais em R$ 15 mil com correção monetária a partir do julgamento desse recurso (Súm. n. 362-STJ) e juros de mora a contar da data do evento danoso (Súm. n. 54-STJ), bem como declarou inexistente a dívida e determinou a imediata exclusão do nome do recorrente dos cadastros de proteção ao crédito, sob pena de multa de R$ 100,00 por dia de descumprimento. **REsp 1.197.929-PR, Rel. Min. Luis Felipe Salomão, julgado em 24/8/2011.** (Inform. STJ 481)

REPETITIVO. FRAUDE. TERCEIROS. ABERTURA. CONTA-CORRENTE.

A Seção, ao julgar o recurso sob o regime do art. 543-C do CPC c/c a Res. n. 8/2008-STJ, tal como decidido no julgamento do REsp 1.197.929-PR, entendeu que as instituições bancárias respondem objetivamente pelos danos causados por fraudes ou delitos praticados por terceiros, por exemplo, abertura de conta-corrente ou recebimento de empréstimo mediante fraude ou utilização de documentos falsos, uma vez que tal responsabilidade decorre do risco do empreendimento. No caso, o tribunal *a quo* afastou a responsabilidade do banco pela abertura de conta-corrente em nome da recorrente ao fundamento de se tratar de fraude de difícil percepção (foi utilizada cópia original de certidão de nascimento para a confecção da carteira de identidade e, de posse dela, o falsário promoveu a abertura da conta-corrente). Daí, a Seção deu provimento ao recurso e arbitrou a indenização por danos morais no valor de R$ 15 mil com correção monetária a partir da data do julgamento desse recurso (Súm. n. 362-STJ) e juros de mora desde a data do evento danoso (Súm. n. 54-STJ). **REsp 1.199.782-PR, Rel. Min. Luis Felipe Salomão, julgado em 24/8/2011.** (Inform. STJ 481)

LEGITIMIDADE. TERCEIRO. ROUBO. COFRE. BANCO.

A recorrente faz parte da sociedade empresária que celebrou com o banco recorrido a locação do cofre. Sucede que, em razão de assalto perpetrado nas instalações do recorrido, o conteúdo do cofre locado, joias destinadas ao comércio, todas de propriedade da recorrente, foi totalmente roubado. Vem daí a ação ajuizada pela recorrente de indenização de danos materiais e lucros cessantes e a consequente discussão acerca de sua legitimidade ativa *ad causam*. Conforme a jurisprudência do STJ, o banco tem responsabilidade objetiva decorrente do risco empresarial nos casos de assalto a seus cofres, devendo indenizar o valor dos bens reclamados desde que comprovado o depósito. Contudo, em razão da natureza do contrato de locação de cofres bancários, não é necessário que o locatário indique quais bens estão depositados, seu valor ou sua propriedade, tendo total liberdade para guardar, inclusive, bens de terceiros. Dessa forma, permanece hígido o dever de indenizar do banco mesmo que os bens roubados sejam de propriedade de terceiros, pois se trata de responsabilidade objetiva diante de todas as vítimas do fato do serviço, sejam elas consumidoras *strictu sensu* ou a eles equiparados. Assim, a recorrente é parte legítima para propor a ação de indenização que se refere a seus próprios bens. Todavia, se a ação de indenização estivesse fundada no ilícito contratual, no vício na prestação do serviço que tivesse ocasionado danos à sociedade empresarial locadora, estaria afastada a legitimidade da recorrente, pois ela não se confunde com a pessoa jurídica da qual faz parte. Precedentes citados: REsp 767.923-DF, DJ 6/8/2007; REsp 151.060-RS, DJ 12/6/2000, e REsp 1.093.617-PE, DJe 23/3/2009. **REsp 1.045.897-DF, Rel. Min. Nancy Andrighi, julgado em 24/5/2011.** (Inform. STJ 474)

DANOS MORAIS. BANCO. ASSALTO. COFRE. ALUGUEL.

Em ação de indenização por danos morais ajuizada na origem contra banco, o ora recorrido alega que, após assalto àquela instituição financeira, levaram R$ 450 mil de cofre alugado. No REsp, o banco recorrente, entre outros argumentos, invoca todas as excludentes de responsabilidade (caso fortuito, força maior e fato de terceiro) e afirma a ilegitimidade do recorrido para o ajuizamento da ação, visto que os valores depositados no cofre não pertenciam ao recorrido, mas à sociedade empresária da qual ele é sócio majoritário. Observa o Min. Relator que, nos autos, está assentado que o contrato de locação foi celebrado entre o recorrido e a instituição financeira. Explica que a indenização lastreia-se na falha da prestação do serviço contratado; assim, só pode ser exigida por quem ajustou o aluguel do cofre, no caso, o recorrido. Ressalta o Min. Relator que a jurisprudência deste Superior Tribunal entende ser responsabilidade do banco a subtração fraudulenta dos conteúdos dos cofres mantidos sob sua guarda. Logo, como se trata de responsabilidade apoiada no descumprimento do serviço oferecido, ou seja, no risco profissional, o banco responde pelos danos causados aos clientes. Ainda, assevera que, diferentemente do alegado pelo banco, não houve inversão do ônus da prova pelo TJ, mas o acórdão recorrido apenas consignou que o autor recorrido demonstrou os fatos alegados na inicial e o banco não impugnou as provas apresentadas. Com esses argumentos, entre outros, a Turma negou provimento ao recurso do banco, confirmando a decisão recorrida que o condenou ao pagamento de R$ 450 mil a título de dano material e R$ 100 mil de reparação moral. Precedentes citados: REsp 1.093.617-PE, DJe 23/3/2009, e REsp 974.994-SP, DJe 3/11/2008. **REsp 994.040-PE, Rel. Min. Raul Araújo, julgado em 7/4/2011.** (Inform. STJ 468)

PROTESTO IRREGULAR. CHEQUE ROUBADO. RESPONSABILIDADE SOLIDÁRIA.

Trata-se, na origem, de ação ordinária de reparação de danos na qual a recorrente alega que, após ter seu cheque roubado, registrou boletim de ocorrência dando conta do episódio e fez publicar o fato em jornal de grande circulação. Daí, o cartório de protesto de letras e outros títulos e a empresa comercial que recebeu o cheque como forma de pagamento tomaram conhecimento de que o cheque fora roubado. Assim, o protesto do título e a inscrição do nome da recorrente no Serasa não foram legítimos, causando-lhe transtorno e desassossego. Logo, por se tratar de ato ilícito, respondem os recorridos solidariamente pelos danos sofridos pela recorrente em razão do disposto no art. 1.518 do CC/1916 (atual art. 942 do CC/2002). Diante disso, a Turma deu provimento ao recurso. Precedentes citados: REsp 90.055-RJ, DJ 23/6/1996, e REsp 739.289-DF, DJe 24/5/2010. **REsp 1.001.503-MA, Rel. Min. Aldir Passarinho Junior, julgado em 15/2/2011.** (Inform. STJ 463)

DANO MORAL. BANCO. RESTRIÇÕES. CLIENTE.

O banco recorrente permitiu que a autora pagasse débito antigo originário de "adiantamento a depositante" em conta-corrente conjunta com seu ex-marido, para isso lhe ofereceu abatimento e liberação de restrições cadastrais. Sucede que, mesmo após o pagamento da dívida, persistiram restrições internas impostas pelo banco, como a não concessão de talões de cheques e créditos, além de limites dos serviços de CDC. Para o Min. Relator, se o banco permitiu à autora a composição de seu débito, inexiste razão de ele restringir o uso de talonário de cheques para movimentação de valores existentes em sua conta, pois se cuida de saque usual e não havia qualquer arresto ou penhora sobre tais depósitos. Assim concluiu que, bloquear ou dificultar a retirada dos valores depositados em conta-corrente pertencentes ao cliente via cheque causa constrangimento, aborrecimento acima do admissível, por isso deve ser reparado pelo banco por configuração de dano moral. Por outro lado, afirma ser razoável, após a inadimplência (inclusive, à época, houve a inscrição em órgão cadastral) e pelo abalo na confiança antes depositada na cliente, que haja outras restrições, como a não concessão de crédito, CDC etc., que não são necessários para a manutenção e movimentação da conta-corrente da cliente. O Min. Luis Felipe Salomão também observou que, mesmo se houvesse inadimplemento, é absolutamente ilegal impor restrição ao uso de talão de cheque ou reter cartão que viabiliza o acesso para movimentação de numerário da conta de cliente. Diante do exposto, a Turma deu parcial provimento ao recurso do banco para adequar o valor da indenização e a multa fixada.

REsp 732.189-RS, Rel. Min. Aldir Passarinho Junior, julgado em 9/3/2010. (Inform. STJ 426)

DANOS MORAIS. BANCO. ENDOSSO. DUPLICATA.
A simples situação de o banco ter recebido o título para protesto e a cobrança dentro de sua função legal não pode levá-lo a ser responsabilizado por danos morais decorrentes do protesto indevido. A jurisprudência deste Superior Tribunal firmou-se no sentido de que, no endosso mandato, só responde o endossatário pelo protesto indevido de duplicata quando o fez após ser advertido da irregularidade havida seja pela falta de higidez seja pelo seu devido pagamento. Ante o exposto, a Turma deu provimento ao recurso do banco para restabelecer a sentença. Precedentes citados: REsp 576.174-RS, DJ 19/12/2005, e REsp 549.733-RJ, DJ 13/9/2004. **REsp 602.280-RS, Rel. Min. Aldir Passarinho Junior, julgado em 2/2/2010.** (Inform. STJ 421)

RESPONSABILIDADE CIVIL. MORTE. ATO. PREPOSTO. BANCO.
Na espécie, o devedor contraiu uma dívida representada por um cheque de sua empresa, mas, na data avençada, não havia fundos na conta-corrente. O credor foi ao banco e lá foi informado pelo gerente de que, apesar de a conta da empresa não ter fundos para honrar o cheque, na conta pessoal do credor haveria. Assim, no mesmo dia, o credor dirigiu-se à empresa do devedor onde ia costumeiramente tentar receber a dívida, para trocar o cheque e ver solvido o débito. Lá se estabeleceu uma discussão entre os dois que culminou com a morte do devedor, em razão de disparo de arma de fogo feito pelo credor. Assim, a viúva e filhos interpuseram ação ordinária de responsabilidade civil pleiteando indenização por dano moral cumulado com dano material contra o banco, ora recorrente. A Turma entendeu que, no caso, o banco, por meio de seu preposto, praticou um ato ilícito ao revelar a outrem a existência de depósito na conta-corrente do falecido. Contudo, atribuir-se ao recorrente a responsabilidade pelo assassinato caracteriza um inadmissível excesso. Não há nexo causal entre a quebra do sigilo e o assassinato, motivo pelo qual não pode o banco responder por aquele ato na esfera civil salvo é claro, na proporção do ilícito próprio que praticou por meio de seu preposto, de fornecimento indevido de informações reservadas sobre a conta. Assim, deve-se excluir da condenação o pensionamento imposto ao banco recorrente, uma vez que o evento morte decorreu de outra causa ou causas, vinculadas ao relacionamento entre a vítima e o assassino. Logo o ato ilegal verdadeiramente praticado pelo preposto, qual seja, a quebra do sigilo do correntista, está compreendido no pedido indenizatório mais amplo formulado na inicial, de sorte que a indenização deve ser fixada em R$ 30 mil, atualizados da presente data, acrescidos de juros de mora devidos até o evento danoso, de acordo com o art. 1.062 do CC/1916 até a vigência do atual e, a partir daí, de acordo com o seu art. 406. Excluem-se as demais verbas indenizatórias, notadamente a pensão e os danos materiais e custas e honorários advocatícios compensados devido à sucumbência recíproca. Precedente citado: REsp 57.163-RS, DJ 11/12/1996. **REsp 620.777-GO, Rel. Min. Aldir Passarinho Junior, julgado em 3/11/2009.** (Inform. STJ 414)

INDENIZAÇÃO. BANCO. VALORES DESVIADOS.
In casu, trata-se na origem de ação indenizatória proposta em desfavor do banco, ora recorrente. Os autores, ora recorridos, pessoas humildes, afirmam que procuraram o banco para aplicar suas economias em conta-poupança. O funcionário que os atendeu induziu-os a autorizar que ele promovesse a movimentação desses valores, sob o argumento de que encontraria aplicações financeiras mais vantajosas. Convencidos da conveniência de conceder a referida autorização, os autores assinaram uma série de documentos apresentados pelo referido funcionário e, regularmente, procuravam-no na agência bancária para receber informações sobre seus rendimentos. Contudo, em virtude de férias daquele funcionário, ao serem atendidos por outra pessoa, foi-lhes revelado que suas aplicações tinham sido resgatadas há muitos meses, o que foi confirmado posteriormente mediante auditoria. Em primeiro grau, a ação foi julgada procedente para condenar o recorrente ao pagamento de danos materiais e morais, acrescentando-se aos valores respectivos correção monetária e juros de mora. A apelação foi provida parcialmente para reduzir pela metade o valor relativo aos danos morais. No REsp, alega-se violação dos arts. 2º, 128, 460, 405 e 535, todos do CPC. A Turma entendeu estar claro que houve expresso pedido de dano material, em que pese não elencado no pedido final, pois foi requerida a concessão da tutela antecipada para a devolução dos valores depositados nas contas dos recorridos, retirados indevidamente pelo funcionário do banco, até decisão final da demanda, evitando àqueles maiores prejuízos. Dessa forma, não houve interpretação extensiva ou julgamento fora do pedido, como sustenta o recorrente. Na verdade, o pedido de dano material consta da petição inicial e, ainda, é certo quanto ao seu valor, visto que foi discriminado o montante a ser ressarcido a cada um dos autores. Ademais, conforme os autos, existe um contrato firmado entre os recorridos e o banco para aplicação dos valores que foram entregues, e, não cumprida a avença, a instituição tem o dever de restituir o numerário. Existe também um ato ilícito praticado pelo funcionário do banco, na medida em que, ardilosamente, desviou o dinheiro da finalidade pretendida pelos recorridos. Nessa situação específica, a culpa do banco não advém do descumprimento do contrato, mas da manutenção em seu quadro de funcionário que se apropriou indevida-

mente desses valores, entregando aos recorridos comprovantes de depósito forjados. Assim, é inafastável a conclusão do acórdão recorrido quanto à incidência dos juros de mora no dano moral, que fixou, corretamente, o termo inicial a partir do evento danoso (Súm. n. 54-STJ). Por fim, o recorrente não indicou, expressamente, no que consistiriam eventuais omissões na prestação jurisdicional fornecida pelo Tribunal *a quo*. Diante disso, negou-se provimento ao recurso. Precedentes citados: REsp 925.534-RN, DJe 3/11/2008; REsp 337.785-RJ, DJ 25/3/2002, e REsp 445.413-DF, DJ 18/6/2007. **REsp 907.350-PR, Rel. Min. Nancy Andrighi, julgado em 25/8/2009.** (Inform. STJ 404)

INDENIZAÇÃO. CHEQUE ROUBADO.
Trata-se originariamente de ação indenizatória proposta pelo ora recorrido em desfavor do banco ora recorrente, pretendendo a obtenção de danos materiais e morais, pelo fato de ele ter acatado um cheque roubado de propriedade daquele em decorrência de um assalto ocorrido em sua residência. A sentença julgou procedente a ação, entendimento confirmado pelo acórdão no qual se assentou que não é defesa, em nosso ordenamento jurídico, a adoção de fundamento diverso para conceder a pretensão do demandante, sem escapar da moldura restritiva formada pela causa de pedir e do pedido. A displicência da instituição financeira ao aceitar um cheque, sem, contudo, conferir a autenticidade da assinatura em relação ao seu emitente é evento apto a ensejar dano moral. Em se tratando de tal dano, a responsabilização do agente opera-se por força do simples fato da violação, de modo a tornar-se desnecessária a prova concreta do prejuízo. No REsp, o recorrente sustenta que o aresto *a quo* e a sentença são nulos, uma vez que julgaram a demanda levando em conta causa de pedir alheia à trazida na petição inicial. A propósito, aduz que a causa de pedir lançada foi o suposto acatamento do cheque que estava relacionado no mesmo talonário furtado e que se encontrava sustado, sendo esse o fato contestado. Acrescenta que não houve qualquer questionamento quanto à necessidade de identificação do sacado, mesmo porque o referido cheque foi depositado em outro estabelecimento bancário e remetido ao recorrente através da compensação, ou seja, não existe forma nem obrigação desse de identificar o sacado em outra instituição financeira. A Turma entendeu que a sentença que julga procedente o pedido com amparo em fatos não invocados pelo autor padece de vício, uma vez que, ao ser citado, o réu ocupar-se-á de apresentar contestação aos fatos narrados pelo autor na peça vestibular, especialmente em virtude da estabilização da demanda, conforme preconiza o art. 264 do CPC. Ademais, não lhe cumpre exercer um juízo de futurologia para rebater fatos que, embora não tenham sido alegados pelo autor na exordial, poderiam vir a ser ventilados por esse ou pelo julgador. Tal conjectura, realmente, atentaria contra os primados da segurança jurídica, do contraditório e da ampla defesa. Ressaltou-se ainda que não houve, e não deveria haver mesmo, por parte do banco recorrente qualquer preocupação em discutir, com profundidade, a possibilidade de, nas circunstâncias deste caso, promover a compensação do cheque com assinatura de autenticidade duvidosa, isso porque o recorrente, de acordo com as regras que regem o Processo Civil brasileiro, deveria centrar sua contestação na impugnação específica dos fatos articulados na inicial, nos limites da causa de pedir próxima, a qual se torna imutável nos moldes do art. 264 do CPC. Diante disso, deu-se provimento ao recurso para anular o acórdão e a sentença, determinando-se o retorno dos autos ao juiz de primeiro grau para que julgue a demanda, com observância dos limites da causa de pedir. Precedentes citados: REsp 746.622-PB, DJ 23/10/2006, e REsp 254.894-SP, DJ 12/9/2005. **REsp 998.696- ES, Rel. Min. Massami Uyeda, julgado em 25/8/2009.** (Inform. STJ 404)

DANO MORAL E MATERIAL. FALSIFICAÇÃO. CGC.
A falsificação de documentos para abertura de conta-corrente (CGC falso de outra empresa) não isenta o banco da responsabilidade de indenizar, por constituir risco inerente à atividade econômica por ele desenvolvida. Entretanto, a Turma diminuiu o valor da indenização por se mostrar desproporcional à hipótese dos autos, especialmente porque a utilização de documentação falsa por terceiro foi decisiva no equívoco ocasionado pela recorrente. **REsp 671.964-BA, Rel. Min. Fernando Gonçalves, julgado em 18/6/2009.** (Inform. STJ 399)

RESPONSABILIDADE CIVIL. LATROCÍNIO. ESTACIONAMENTO. BANCO.
Trata-se de dois REsps. No primeiro, pretende-se substituir indenização em forma de pensão mensal pelo pagamento em parcela única, bem como elevar o valor de danos morais e ainda majorar os honorários advocatícios. Tal indenização decorre da morte do marido de uma das recorrentes e pai da outra, que foi vitimado por latrocínio no estacionamento do banco ora recorrido, nesses autos, também recorrente, visto que, no segundo recurso, o referido banco insurge-se contra a sua responsabilização pelo evento danoso e contra o *quantum* fixado para os danos morais e honorários advocatícios. Para o Min. Relator, acompanhado pelos demais componentes da Turma, a instituição bancária responde objetivamente pelos furtos, roubos e latrocínios ocorridos nas dependências de estacionamento que oferece aos veículos de seus clientes. Assim, nessas hipóteses, não há falar em caso fortuito como excludente da responsabilidade civil, porquanto o proveito financeiro indireto obtido pela instituição atrai-lhe o ônus de proteger o consumidor de eventuais furtos, roubos ou latrocínios. Destarte, o direito de acrescer é admissível nos

casos em que há mais de um beneficiário de pensão mensal paga em decorrência de ilícito civil. Todavia, em se tratando de responsabilidade civil decorrente de morte, a indenização dos danos materiais sob a forma de pensão mensal não pode ser substituída pelo pagamento de uma só vez de quantia estipulada pelo juiz. Ressalte-se que a via do recurso especial não credencia a discussão acerca da justiça do *quantum* arbitrado a título de honorários advocatícios, salvo em situações de flagrante exorbitância ou insignificância desse valor, o que não ocorreu no caso. Com esses fundamentos, entre outros, deu-se parcial provimento ao recurso interposto pela esposa e pela filha da vítima e se negou provimento ao recurso do banco. **REsp 1.045.775-ES, Rel. Min. Massami Uyeda, julgado em 23/4/2008.** (Inform. STJ 391)

DANOS MORAIS. IMPUTAÇÃO. FATO CRIMINOSO.
O banco recorrente alega que o autor esteve em suas dependências comportando-se de maneira a levar os funcionários a acreditar que se tratava de tentativa de assalto, comunicando o fato à autoridade policial, que, no exercício do dever legal de investigação, teria agido com truculência. O autor esclareceu que parou seu veículo no estacionamento privativo dos clientes, para sacar dinheiro, utilizando-se do serviço Banco 24 horas *on line*. Após, foi ao terminal rodoviário e comprou passagens e, ao retornar para o centro da cidade, foi abordado pela polícia, acompanhada do preposto do banco, que o indicou como sendo ele assaltante. Daí se conclui que a ação policial decorreu de ato do banco de falsa acusação e em condições que levaram à truculência na abordagem. Dessa forma, três coisas restam induvidosas: a primeira, que a vítima sequer estava mais na agência bancária, saíra em seu automóvel, portanto perigo imediato não havia; a segunda, que o preposto afirmou peremptoriamente que uma das pessoas portava uma arma e isso não correspondia à realidade; e, em terceiro, o próprio funcionário do banco acompanhou a diligência policial de prisão, o que é um fato inusitado. Conquanto não se esteja a afirmar que os servidores do banco não tenham de se prevenir de assaltos, pois eles, realmente, são constantes, há que se reconhecer que, no caso, existiu culpa. Foi dada informação equivocada à polícia sobre porte de arma, o que poderia ter levado até a um desfecho mais trágico, e o preposto foi muito além de uma mera comunicação à autoridade, chegando a participar, fora do banco, da diligência que resultou na prisão do autor. Sem dúvida, agiu com culpa seja por imprudência seja por excesso em seu mister, além, é claro, do que possa ser atribuído à própria truculência policial se extrapolou os procedimentos usuais nas circunstâncias em que recebeu a comunicação do denunciante. Diante disso, a Turma não conheceu do recurso do banco. **REsp 537.111-MT, Rel. Min. Aldir Passarinho Junior, julgado em 14/4/2009.** (Inform. STJ 390)

RESPONSABILIDADE CIVIL. EMPRESA. VIGILÂNCIA. LEGÍTIMA DEFESA.
A recorrente, empresa de vigilância, pretende demonstrar que o fato de seu empregado ter agido em legítima defesa própria, como reconhecido no procedimento criminal por decisão transitada em julgado, afasta sua responsabilidade no evento que culminou na morte do companheiro da recorrida. Pretende, também, que seja reconhecida a inaplicabilidade do CDC no caso em apreço ou a relação meramente contratual estabelecida com o banco interessado na lide, o que redundaria no afastamento da responsabilidade objetiva que lhe foi atribuída nas instâncias ordinárias. Inicialmente, esclareceu o Min. Relator que a coisa julgada só pode atingir o réu do processo penal, não os possíveis responsáveis no âmbito cível, pois a sentença faz coisa julgada entre as partes, não beneficiando nem prejudicando terceiros (art. 472 do CPC). A decisão na esfera criminal somente gera influência na jurisdição cível, impedindo a rediscussão do tema, quando tratar de aspectos comuns às duas jurisdições, ou seja, quando tratar da materialidade do fato ou da autoria, segundo previsto no art. 935 do CC/2002 (que repetiu o disposto no art. 1.525 do CC/1916). O reconhecimento da legítima defesa do vigilante, no juízo criminal, não implica, automaticamente, a impossibilidade de a parte autora requerer indenização pelos danos ocorridos, especialmente quando, como no presente caso, pugna pelo reconhecimento da responsabilidade civil objetiva do banco e da empresa de vigilância, obrigados em face do risco da atividade. A relação jurídica existente entre o contratante/usuário de serviços bancários e a instituição financeira é disciplinada pelo CDC, conforme decidido pelo STF na ADI 259. Tendo em vista a existência de defeito no serviço prestado (art. 14, § 1º, do CDC), que ocasionou a morte do companheiro da autora, aplica-se o disposto no art. 14 do CDC, o qual prevê a responsabilidade objetiva do banco. Assim, respondem solidariamente pela indenização todos os responsáveis pelo acidente de consumo, inclusive os terceiros que prestaram serviço mediante contratação. Em face do risco profissional da atividade bancária, a instituição financeira é obrigada pela Lei n. 7.102/1983 a tomar todas as cautelas necessárias a fim de fornecer segurança a seus clientes e funcionários. Diante disso, considerando-se as peculiaridades do caso, bem como os padrões adotados por este Superior Tribunal na fixação do valor indenizatório a título de danos morais por morte, a Turma reduziu a indenização arbitrada pelo Tribunal de origem para o valor de R$ 232.500,00, correspondente a 500 salários mínimos atuais, com os acréscimos legais a partir desta data. **REsp 686.486-RJ, Rel. Min. Luis Felipe Salomão, julgado em 14/4/2009.** (Inform. STJ 390)

BANCO. ROUBO. COFRE. RESPONSABILIDADE.
No caso, o Tribunal *a quo* afastou o dano moral, entendendo que o abalo do roubo de bens depositados

em cofre locado em agência bancária provocado por terceiros, não pode ser atribuído ao banco e, ainda, reformou o valor indenizatório quanto aos danos materiais, reduzindo-o ao valor dos bens comprovadamente depositados no cofre pelos autores. Mesmo assim, o banco recorreu, alegando, no REsp, entre outras teses, a ilegitimidade ativa de um dos autores, caso fortuito ou força maior. Esclarece o Min. Relator que esses contratos abrangem a locação e a prestação de serviço, utilizando-se o cofre para a guarda do que convier ao locatário, sem prestar contas ao locador. Logo, se um dos locadores depositou objetos próprios e de sua esposa (que não assinou o contrato de locação), não há impedimentos. Ademais, a ausência ou presença dessa esposa na ação não alteraria a demanda, uma vez que eles são casados no regime de comunhão universal de bens. Nos autos, é incontroverso que os bens pertenciam à esposa, assim, na verdade, trata-se de bens comuns do casal. Quanto à tese da culpa exclusiva de terceiro defendida pelo banco, não poderia prosperar, pois é de responsabilidade do banco a subtração dos bens mantidos sob sua guarda em cofre alugado em agência bancária. Trata-se de risco empresarial (art. 927, parágrafo único, do CC/2002, correspondente ao art. 156 do CC/1916), de modo que o banco responde pelos danos causados a clientes e a terceiros decorrentes de sua prática comercial lucrativa. Aplica-se, também, o art. 14 do CDC. Outrossim, a jurisprudência deste Superior Tribunal firmou-se no sentido de que roubos em agência bancária são eventos previsíveis. Dessa forma, não podem caracterizar hipótese de força maior capaz de elidir o nexo de causalidade. Precedentes citados: REsp 227.364-AL, DJ 11/6/2001, e REsp 333.211-RJ, DJ 18/3/2002. **REsp 1.093.617-PE, Rel. Min. João Otávio do Noronha, julgado em 17/3/2009.** (Inform. STJ 387)

DANO MORAL. INGRESSO. BANCO.

Não há dano moral no impedimento de acesso de cliente após o horário bancário, ainda que, como os autos noticiam, as partes mantenham vários litígios (execução e ação de indenização por dano moral). Explica o Min. Relator que não seria admissível que uma exceção eventualmente tolerada pelo banco fosse suscetível de indenização. O cliente até poderia reclamar perante a administração do banco e as autoridades que outros sejam atendidos além do horário estabelecido e a lei estaria ao seu lado. Mas não pode nem pela lei cível nem pela lei consumerista ser indenizado por uma pretensão irregular, ou seja, ser-lhe negado o ingresso no banco após o expediente. Diante do exposto, a Turma não conheceu o recurso. **REsp 555.833-RS, Rel. Min. Aldir Passarinho Junior, julgado em 17/3/2009.** (Inform. STJ 387)

INDENIZAÇÃO. PROTESTO INDEVIDO. CHEQUE.

O protesto indevido de título de crédito, no caso, cheque fraudado em nome de pessoa que não é cliente do banco, acarreta danos morais. Contudo, a indenização deve cumprir, com razoabilidade, duas formalidades, quais sejam, punir o ato ilícito cometido e reparar a vítima pelo sofrimento moral experimentado. Assim, a Turma reduziu o valor da indenização para dez mil reais atualizados monetariamente a partir da data deste julgamento e acrescidos de juros de mora a contar da citação. **REsp 792.051-AL, Rel. Min. Sidnei Beneti, julgado em 27/5/2008.** (Inform. STJ 357)

RESPONSABILIDADE. BANCO. FALSIDADE.

É risco inerente à atividade bancária a verificação da correção dos documentos apresentados para a abertura de conta-corrente, ainda que não se identifique falsificação grosseira. No caso, a falsificação utilizada na abertura da conta foi sofisticada visto que, provavelmente, deu-se pelo uso de uma certidão de nascimento falsa na obtenção de um documento de identificação original. Assim, há culpa do banco, porém mitigada devido à peculiaridade, o que leva à fixação de cinco mil reais de indenização pela indevida inscrição do nome do autor da ação, suposto correntista, no cadastro de inadimplentes. Precedentes citados: REsp 432.177-SC, DJ 28/10/2003, e REsp 568.940-PE, DJ 6/9/2004. **REsp 964.055-RS, Rel. Min. Aldir Passarinho Junior, julgado em 28/8/2007.** (Inform. STJ 329)

CARTÃO. CRÉDITO. TERCEIRO. CULPA EXCLUDENTE.

O banco que entrega cartão de crédito a quem não é titular da conta não pode invocar excludente por culpa de terceiro, já que, direta ou indiretamente, é responsável pela operação mediante seus sistemas de controle dessa espécie. **REsp 703.129-SP, Rel. Min. Carlos Alberto Menezes Direito, julgado em 21/8/2007.** (Inform. STJ 328)

COBRANÇA. LANÇAMENTOS INDEVIDOS. BANCO.

Trata-se de autos remetidos da Terceira Turma. No caso, houve vários lançamentos indevidos na conta-corrente do autor, obrigando-o a utilizar o limite de seu cheque especial e, consequentemente, arcar com altos encargos financeiros. Nessa ação de cobrança, o correntista pede que lhe seja ressarcido o prejuízo com a peculiaridade de que o capital retido pelo banco seja restituído com as mesmas taxas cobradas pela instituição financeira. Em primeiro grau, o pedido foi julgado procedente, mas o Tribunal a quo reformou-o em parte e negou provimento ao recurso adesivo do autor. Isso posto, discute-se se os valores indevidamente descontados pelo banco devem ser acrescidos dos mesmos índices aplicados pela instituição financeira ou se, não sendo o correntista instituição financeira, não se poderia permitir a restituição dessas importâncias com acréscimo de juros e encargos que somente são devidos às instituições que atuam diretamente no mercado financeiro. A tese vencedora defendeu que não se poderia pensar em tratamento igualitário, pois o correntista prejudicado não tem as mesmas autorizações dadas ao Sistema Financeiro. Entretanto o banco deve ser condenado a pagar a importância efetivamente debitada na conta-corrente do autor (R$ 851,38), acrescida de juros remuneratórios de 1% ao mês, mais correção monetária pelo INPC e, durante a vigência do CC/1916, juros de mora de 0,5% ao mês desde a citação, e, já na vigência do CC/2002, aplicação da taxa Selic, na forma do art. 406 do citado código, em substituição à correção monetária e aos juros de mora, mantendo-se os juros remuneratórios de 1% ao mês, além de honorários aos procuradores do recorrente, correspondentes a 20% sobre o valor da condenação. Dessa orientação divergiu a Min. Nancy Andrighi, que acolhia a pretensão do autor, ora recorrente, restabelecendo a sentença para que a devolução das quantias indevidamente retidas pelo banco fossem corrigidas pelas mesmas taxas utilizadas pela instituição financeira, em consonância com o julgamento do REsp 453.464-MG, DJ 19/12/2003. Outrossim, ressaltou que o art. 406 do CC/2002 não poderia ser discutido na espécie. Com esse entendimento, ao prosseguir o julgamento, a Turma, por maioria, deu parcial provimento ao recurso. **REsp 447.431-MG, Rel. Min. Ari Pargendler, julgado em 28/3/2007.** (Inform. STJ 315)

Acidente de veículo DANO MORAL. INDENIZAÇÃO. RETENÇÃO INTEGRAL. SALÁRIO. DÍVIDA. CHEQUE ESPECIAL.

Trata-se de ação de indenização por dano moral com pedido de interrupção da retenção de salário promovida pelo banco (réu) que impediu o correntista de usar integralmente seu salário depositado naquela instituição, com a finalidade de saldar dívida de limite de cheque especial extrapolado. O correntista também ficou impedido de sacar com cartão em caixa eletrônico. Para o Min. Relator, a retenção integral dos vencimentos do correntista para saldar dívida com o banco é ilícita e se sujeita à reparação moral, mesmo se houver prévio ajuste entre as partes em cláusula contratual. Arbitrou, ainda, o respectivo *quantum* indenizatório e explicitou que o réu arcará com as custas e os honorários advocatícios em 20% da condenação. Com esse entendimento, a Turma deu provimento ao recurso. Precedentes citados: REsp 507.044-AC, DJ 3/5/2004; REsp 492.777-RS, DJ 1º/9/2003, e AgRg no Ag 425.113-RS, DJ 30/6/2006. **REsp 595.006-RS, Rel. Min. Cesar Asfor Rocha, julgado em 15/8/2006.** (Inform. STJ 293)

DANO MORAL. RETENÇÃO. SALÁRIO. CHEQUE ESPECIAL.

Em ação de indenização em que a agravada recorreu ao cheque especial e tomou empréstimos firmados com o banco, este, para a quitação dessas obrigações, reteve os vencimentos da autora. A Turma negou provimento ao agravo por entender que, mesmo com cláusula contratual permissiva, a apropriação do salário do correntista pelo banco credor para pagamento de cheque especial é ilícita e dá margem à reparação por dano moral. Precedentes citados: AgRg no Ag 353.291-RS, DJ 19/11/2001, e REsp 250.523-SP, DJ 18/12/2000. **AgRg no Ag 425.113-RS, Rel. Min. Humberto Gomes de Barros, julgado em 13/6/2006.** (Inform. STJ 288)

INDENIZAÇÃO. DANO MATERIAL E MORAL. CORRENTISTA.

Trata-se de retiradas de dinheiro da conta-corrente sem o conhecimento do correntista (autor), ocasionando a devolução de cheques sem provisão e despesas de tarifas bancárias. Tudo, sem que o banco, ora recorrente, prestasse qualquer esclarecimento ao autor. Só após ele levar o caso ao conhecimento do Judiciário é que o banco tardiamente lhe teria ressarcido parcialmente o valor retirado da sua conta-corrente. Conforme ressaltou o Min. Relator, as instâncias ordinárias concluíram pela conduta ilícita do banco e, com base no CDC, reconheceram o direito à indenização por dano moral e material. Isso posto, a Turma, por concordar com esses fundamentos, não conheceu do recurso. **REsp 651.086-RJ, Rel. Min. Jorge Scartezzini, julgado em 7/3/2006.** (Inform. STJ 276)

FURTO. CARTÃO DE CRÉDITO. DESPESAS.

Trata-se de saber se são da responsabilidade do titular do cartão de crédito as despesas ocorridas antes da comunicação do furto, extravio, roubo ou falsificação, conforme prevista em cláusula contratual. Note-se que, no caso, em questão de horas, o titular do cartão comunicou o furto e os valores dos gastos questionados também ocorreram no mesmo dia. O juiz de Direito julgou procedente o pedido do recorrido, chegando à conclusão de que o ato criminoso não poderia produzir efeitos nem atribuir responsabilidades à vítima por ser um ato nulo. O Tribunal *a quo* manteve a sentença, explicitando que, em se tratando de cartão de crédito, seu uso está condicionado à utilização correta da assinatura do titular. Assim, verificada, por menor que seja, a divergência entre as assinaturas, está contaminado o negócio, sendo essa conferência responsabilidade do vendedor que, negligente, passa a ser o único responsável, na pendência de seus vínculos com a empresa de administração de cartões. A Turma, ao prosseguir o julgamento, negou provimento ao recurso, confirmando o acórdão recorrido. **REsp 348.343-SP, Rel. Min. Humberto Gomes de Barros, julgado em 14/2/2006.** (Inform. STJ 274)

Acidente de veículo

DIREITO CIVIL. RESPONSABILIDADE CIVIL. ACIDENTE DE TRÂNSITO COM VÍTIMAS. PERDA PERMANENTE DA CAPACIDADE LABORAL. PENSÃO VITALÍCIA.

É vitalícia a pensão fixada em ação indenizatória por danos causados em acidente automobilístico, na hipótese de perda permanente da capacidade laboral da vítima. O magistrado, ao estipular a periodicidade da pensão na ação indenizatória, leva em conta a duração temporal da incapacidade da vítima, considerando o momento de consolidação de suas lesões, as quais podem ser temporárias ou permanentes. A pensão correspondente à incapacidade permanente é vitalícia conforme previsto no art. 950 do CC. Assim, no caso de a pensão ser devida à própria vítima do acidente, não há falar em limitação do pensionamento até a idade provável de sobrevida da vítima, como ocorre nos casos de fixação de pensão em razão de homicídio (art. 948, II, do CC); pois, mesmo após atingir essa idade limite, continuará o ofendido necessitando da pensão, talvez até de forma mais rigorosa, em função da velhice e do incremento das despesas com saúde. Precedentes citados: REsp 130.206-PR, DJ 15/12/1997, e REsp 280.391-RJ, DJ 27/9/2004. **REsp 1.278.627-SC, Rel. Min. Paulo de Tarso Sanseverino, julgado em 18/12/2012.**(Inform. STJ 512).

DIREITO CIVIL. RESPONSABILIDADE CIVIL. MORTE DE CARONA EM CAVALO MECÂNICO QUE TRACIONAVA REBOQUE.

O proprietário de reboque responde, solidariamente com o proprietário do cavalo mecânico que o tracionava, por acidente de trânsito no veículo conduzido por preposto do qual resultou a morte de vítima que estava dentro do veículo na condição de carona. As instâncias ordinárias expressamente afirmaram a existência de liame de subordinação e preposição entre a proprietária do reboque e o dono do cavalo-mecânico, o que não pode ser revisto na instância especial. A relação de preposição, que se caracteriza pela subordinação hierárquica, desafia a responsabilidade, pois o preposto – motorista – age no interesse e sob autoridade, ordens e instruções do preponente – empregador –, a quem cabe a fiscalização da atividade imputada. Há culpa in eligendo da transportadora que contrata transportador autônomo dono de automóvel inadequadamente conservado, cujas deficiências foram detectadas no sistema de freios (falha mecânica e ruptura do chassi com a presença de rachadura e oxidação). Ao permitir a circulação de veículo nessa condição, tracionando reboque da sua propriedade (alugado para o cumprimento do transporte de cargas em rodovias movimentadas), não observou o dever de cuidado objetivo de não lesar o próximo (neminem laedere). A despeito de não possuir força motriz independente, quer dizer, aptidão para se movimentar autonomamente, o reboque da transportadora foi alugado para cumprir uma finalidade contratual e econômica de seu interesse, circunstância que não a exime de assumir as consequências pelo acidente causado por "cavalo-mecânico" mal conservado. Trata-se de responsabilidade objetiva do transportador, atualmente prevista no art. 735 do CC (sem correspondente no Código de 1916), que não exclui a responsabilidade no caso de fortuito interno (ligado à pessoa, à coisa ou à empresa do agente). REsp 453.882-MG, Rel. Min. Ricardo Villas Boas Cueva, julgado em 18/9/2012.(Inform. STJ 504)

ACIDENTE. TRÂNSITO. SEGURO OBRIGATÓRIO. INCAPACIDADE PERMANENTE.

Trata-se, na origem, de ação de cobrança de indenização pelo seguro obrigatório de danos pessoais causados por veículos automotores de vias terrestres (DPVAT) em decorrência de acidente de trânsito que ocasionou ao ora recorrente lesão permanente que encurtou em dois centímetros sua perna esquerda. O acórdão recorrido reformou a sentença por entender que as lesões sofridas pelo recorrente não tinham o condão de incapacitá-lo para o trabalho. A Turma entendeu que a incapacidade permanente, em interpretação sistemática da legislação securitária (Lei n. 6.194/1974), é a deformidade física decorrente de lesões corporais graves que não desaparecem, nem se modificam para melhor com as medidas terapêuticas comuns, habituais e aceitas pela ciência da época. *Sendo assim, a* incapacidade pressupõe qualquer atividade desempenhada pela vítima – a prática de atos do cotidiano, o trabalho ou o esporte, indistintamente –, o que implica mudança compulsória e indesejada de vida do indivíduo, ocasionando-lhe dissabor, dor e sofrimento. *Ressaltou-se, ademais, que* a indenização coberta pelo seguro DPVAT tem como fato gerador os danos pessoais advindos de acidente de trânsito ou daquele decorrente da carga transportada por veículo automotor terrestre, não ostentando, portanto, vinculação exclusiva com a incapacidade laborativa, a qual encontra sua reparação no âmbito previdenciário. *In casu, consoante as instâncias ordinárias, constatou-se* a deformidade física parcial e permanente do recorrente em decorrência do acidente de trânsito, encontrando-se, dessa forma, presentes os requisitos exigidos pelo art. 5º da Lei n. 6.194/1974 para a configuração da obrigação de indenizar. **REsp 876.102-DF, Rel. Min. Luis Felipe Salomão, julgado em 22/11/2011.** (Inform. STJ 488)

RESPONSABILIDADE CIVIL. ACIDENTE. TRÂNSITO.

Cinge-se a controvérsia em saber se o pai do condutor e proprietário do veículo causador do acidente que vitimou a mãe e filha dos autores da ação é responsável civilmente pelo pagamento de indenização pelos danos sofridos, se é devida a reparação por danos materiais e se o valor fixado a título de compensação por danos morais deve ser revisto. Embora o pai do condutor alegue que seu filho (maior de idade e legalmente habilitado) pegou o carro sem autorização e que isso afastaria a sua responsabilidade pelo acidente, o tribunal *a quo* consignou que a culpa dele consiste ou na escolha impertinente da pessoa a conduzir seu carro, ou na negligência em permitir que terceiros, sem sua autorização, tomassem o veículo para utilizá-lo (culpa *in eligendo* ou *in vigilando*, respectivamente). No entanto, o tribunal *a quo* não reconheceu a obrigação de reparar os danos materiais sofridos em decorrência da morte da vítima por causa da ausência de comprovação de que ela contribuía financeiramente para o sustento da família. Porém, a jurisprudência pátria admite a reparação por danos materiais independentemente do exercício de atividade remunerada ou de contribuição efetiva do menor com a renda familiar, utilizando como critério a condição econômica do núcleo familiar. Assim, há o dever do pai do condutor do veículo de reparar os danos materiais sofridos pelos recorrentes em razão da morte da vítima. E, considerando que, na hipótese, além dos seus pais, a vítima, já tinha um filho, ao qual também foi reconhecido o direito à reparação por danos materiais, entende-se razoável reduzir o percentual adotado pela jurisprudência, de 2/3 para 1/3 da remuneração da vítima, para cálculo da indenização devida aos seus ascendentes, desde a data do acidente, até a idade em que ela completaria 25 anos e, desde então, reduzir-se-á tal valor pela metade até a idade em que ela completaria 65 anos de idade. E, ao seu filho, o valor será correspondente a 2/3 da remuneração da vítima desde a data do acidente até que ele complete a idade de 25 anos, devendo ser esse valor acrescido de correção monetária e juros de mora desde o evento danoso. Quanto à condenação referente aos danos morais pela morte da vítima, a quantia, de acordo com a jurisprudência deste Superior Tribunal e com as peculiaridades do caso, é irrisória, a admitir a revisão da quantificação. Com essas e outras considerações, a Turma conheceu em parte o recurso interposto pelo pai do autor do acidente e, nessa parte, negou-lhe provimento e conheceu em parte o recurso interposto pelo filho e pelos pais da vítima e, nessa parte, deu-lhe provimento para julgar procedente o pedido de condenação ao pagamento de reparação por danos materiais e majorar o valor da compensação por danos morais para 300 salários mínimos a cada um dos recorrentes. **REsp 1.044.527-MG, Rel. Min. Nancy Andrighi, julgado em 27/9/2011.** (Inform. STJ 484)

RESPONSABILIDADE PRESUMIDA. COLISÃO. POSTE.

Trata-se de REsp em que se discute a responsabilidade presumida do proprietário do veículo, o recorrido, para responder por danos em decorrência de colisão com poste de iluminação pública de propriedade da recorrente. A Turma deu provimento ao recurso por entender que não ficou demonstrado, nem minimamente, o erro ou a culpa da recorrente no posicionamento e localização do poste, inconteste ser o veículo do recorrido o causador do dano. Ressaltou-se que o poste de iluminação corretamente instalado na via pública constitui obstáculo imóvel, impossível, por si só, de causar acidente, de sorte que, no caso de colisão que lhe cause danos, cabe àquele que o atingiu demonstrar o fato excludente de sua responsabilidade, o que, na espécie, não ocorreu. **REsp 895.419-DF, Rel. Min. Aldir Passarinho Junior, julgado em 3/8/2010.** (Inform. STJ 441)

RESPONSABILIDADE CIVIL. VEÍCULO. TRANSFERÊNCIA.

A Turma, renovando o julgamento, no caso de atribuição de responsabilidade do Estado por falha pericial na vistoria de veículo com motor adulterado após várias alienações, reiterou não caber denunciação da lide (art. 70, III, do CPC) para atribuir a terceiro, exclusivamente, a responsabilidade pelo fato danoso, porquanto a pretensão do denunciante, ora recorrente, é estabelecer uma lide paralela à principal, imputando por completo ao Estado a responsabilidade pelos danos experimentados pelo autor, o que não é possível na via em questão. Outrossim, ainda que se cogitasse de denunciação, seria em relação ao Detran, autarquia pública estadual, com personalidade de direito público própria. Precedentes citados: AgRg no Ag 630.919-DF, DJ 14/3/2005, e REsp 684.238-RS, DJe 5/5/2008. **REsp 729.172-RS, Rel. Min. Luis Felipe Salomão, julgado em 4/3/2010.** (Inform. STJ 425)

RESPONSABILIDADE CIVIL. CONDUTOR. SEMIRREBOQUE.

Trata-se de acidente entre caminhão e dois automóveis causador da morte de dois filhos da autora. A Turma entendeu que não há como responsabilizar o proprietário (recorrente) de um semirreboque, que não pode locomover-se autonomamente, a não ser quando tracionado por "cavalo mecânico", em conjunto com a proprietária do veículo por ato de preposto (motorista) desta, salvo no caso de defeito do próprio semirreboque, o que não foi provado nos autos. Precedentes citados: REsp 205.860-SP, DJ 14/6/1999; REsp 1.045.980-SP, DJe 3/10/2008, e Ag 255.198-MG, DJ 9/12/1999. **REsp 494.372-MG, Rel. Min. Aldir Passarinho Junior, julgado em 4/3/2010.** (Inform. STJ 425)

DANO. ACIDENTE. TRÂNSITO. NEXO. CAUSALIDADE.

Trata-se de ação de indenização proposta pelos filhos e companheiro da vítima que, ao dirigir um automóvel de uma empresa com o consentimento de seu preposto, abalroou outro veículo, vindo a falecer. Na espécie, não foi esclarecido pelas instâncias ordinárias quem foi o culpado pelo acidente, se a vítima ou o condutor do outro veículo, restando, pois, ausente a demonstração do liame entre os fatos (nexo de causalidade) que enseja a responsabilidade civil. Caso comprovada a culpa do outro motorista, não haveria o dever de reparar o dano pela empresa proprietária do veículo, ora recorrente. Não demonstrada a culpa da condutora, está isenta de responsabilidade a proprietária do veículo. Assim, a Turma, ao prosseguir o julgamento, por maioria, conheceu e deu provimento ao recurso. Precedente citado: REsp 577.902-DF, DJ 28/8/2006. **REsp 608.869-RJ, Rel. Min. Fernando Gonçalves, julgado em 9/12/2008**. (Inform. STJ 380)

ACIDENTE. TRÂNSITO. CULPA. MOTORISTA.

Trata-se de indenização pelos danos materiais e morais por morte em acidente de trânsito da esposa do promovente, que colidiu seu veículo na traseira do caminhão que trafegava a sua frente. Destaca o Min. Relator que, nas instâncias ordinárias, ficou comprovada a responsabilidade do preposto da ré (motorista) pelo acidente, por ele ter agido com negligência e imperícia, ao dirigir o caminhão com luzes apagadas em horário noturno, apesar de a presunção de culpa ser de quem colide na traseira de veículo. Ressalta que não houve cerceamento de defesa, porquanto a testemunha (o motorista) tem interesse na lide, constituindo a hipótese do art. 405, § 3º, IV, do CPC e, nesses casos, a ausência de contradita não impede que o depoimento da testemunha seja valorado como informante, mormente diante do princípio do livre convencimento motivado do juiz. Por outro lado, quanto ao pedido de abatimento na indenização do seguro obrigatório (DPVAT), explica que não pode ser acolhido, já que o Tribunal *a quo* o indeferiu por falta de comprovação do recebimento do prêmio pelo marido, além da inexistência de discussão do tema na primeira instância. Por essas razões, entre outras, a Turma não conheceu do recurso. Precedentes citados: EDcl nos EREsp 168.207-SP, DJ 26/10/2006; REsp 190.456-SP, DJ 28/8/2000; REsp 172.335-SP, DJ 18/10/1999, e REsp 466.751-AC, DJ 23/6/2003. **REsp 824.473-PR, Rel. Min. Fernando Gonçalves, julgado em 6/11/2008**. (Inform. STJ 375)

RESPONSABILIDADE CIVIL. ACIDENTE. TRÂNSITO. ESTACIONAMENTO.

Na espécie, a autora da demanda deixou seu veículo no estacionamento de aeroporto internacional e o automóvel foi retirado pelo seu filho (menor de idade), acompanhado por dois amigos (um deles maior), deixando a recorrida de exigir a exibição do comprovante de estacionamento em razão de eles informarem tê-lo perdido. Por volta das 22 h daquele mesmo dia, o referido veículo foi encontrado pela Polícia Militar totalmente avariado em decorrência da colisão contra um poste de iluminação pública, que resultou, ainda, em lesões aos seus ocupantes, dentre os quais, o filho da autora. Para o Min. Relator, é inequívoca a ausência de nexo causal entre o ato praticado pela ora recorrida (entrega do veículo ao filho da autora e seus acompanhantes sem a apresentação do respectivo comprovante de estacionamento) e o dano ocorrido (decorrente do acidente envolvendo o referido veículo horas mais tarde). É evidente que o evento danoso não decorreu direta e imediatamente da suposta inexecução do contrato de depósito estabelecido entre a recorrente e a sociedade empresarial recorrida, razão pela qual não há de se falar em responsabilidade dessa pelo ocorrido. Em matéria de responsabilidade civil – contratual ou extracontratual; objetiva ou subjetiva – vigora, no Direito brasileiro, o princípio da causalidade adequada, também denominado princípio do dano direto e imediato (art. 1.060 do CC/1916 e art. 403 do Código atual). Segundo esse princípio, ninguém pode ser responsabilizado por aquilo a que não tiver dado causa (art. 159 do CC/1916 e art. 927 do CC/2002) e somente se considera causa o evento que produziu direta e concretamente o resultado danoso. A imputação de responsabilidade civil, portanto, supõe a presença de dois elementos de fato, quais sejam: a conduta do agente e o resultado danoso, e de um elemento lógico-normativo, o nexo causal (que é lógico, porque consiste num elo referencial, numa relação de "pertencialidade" entre os elementos de fato, e é normativo, porque tem contornos e limites impostos pelo sistema de Direito, segundo o qual a responsabilidade civil só se estabelece em relação aos efeitos diretos e imediatos causados pela conduta do agente). REsp 325.622-RJ, Rel. Min. Carlos Fernando Mathias (Juiz convocado do TRF da 1ª Região), julgado em 28/10/2008. (Inform. STJ 374)

AÇÃO. INDENIZAÇÃO. DIREITO DE ACRESCER.

Cuida-se de ação de indenização movida pela viúva e filhas de vítima de acidente fatal de trânsito resultante da colisão da moto do *de cujus* com um veículo de propriedade da empresa recorrida. O primeiro ponto refere-se ao valor do dano moral, visto que, embora sempre difícil o arbitramento, a Quarta Turma tem-se guiado por fixá-lo, em hipótese de morte de vítima, em aproximadamente quinhentos salários mínimos, salvo fatores excepcionais, como comportamento doloso do causador do acidente, aqui não existente. No ponto em que tange ao "direito de acrescer", o entendimento da Turma é no sentido de prestigiá-lo. Se assim não fosse considerado, não haveria indenização justa e equitativa. Por exemplo, se um empregado falece e deixa um filho, todo o valor da pensão, digamos R$ 300,00, irá para ele. Já outro que percebe igual remuneração, mas tem cinco filhos, deixará a mesma quantia a ser dividida entre eles, cabendo a cada um apenas R$ 60,00. Para o causador do ilícito, o valor será o mesmo: R$ 300,00. Mas é justo que um dos filhos remanescentes, que só recebe R$ 60,00, individualmente, continue a receber a mesma quantia eternamente, ainda que os irmãos vão atingindo a idade extintiva da pensão? O Min. Relator pensa que não. Para a ré, a pensão não se modifica, mas também não é razoável que ela vá diminuindo a seu favor, paulatinamente, sem que o irmão remanescente possa ver acrescida aos seus R$ 60,00 a quota parte correspondente ao irmão mais velho, que perdeu o direito à pensão. Quanto às despesas de funeral, a Turma inclinou-se a inexigir a prova da realização dos gastos em razão da certeza do sepultamento, pela insignificância no contexto da lide, enquanto limitada ao mínimo previsto na legislação previdenciária e pelo relevo da verba e sua natureza social de proteção à dignidade humana. Precedentes citados: REsp 388.300-SP, DJ 25/11/2002; REsp 17.738-SP, DJ 22/5/1995, e REsp 148.955-PR, DJ 17/5/1999. **REsp 625.161-RJ, Rel. Min. Aldir Passarinho Junior, julgado em 27/11/2007.** (Inform. STJ 340)

INDENIZAÇÃO. DANO MORAL. POLITRAUMATISMO.

A Turma conheceu em parte do recurso e, nessa extensão, deu-lhe provimento para determinar que os juros moratórios fluam a partir da citação, tratando-se de acidente com passageira de ônibus, em caso de ilícito contratual. No caso, essa sofreu diversas lesões, inclusive traumatismo craniano. Entendeu o Min. Relator, no tocante aos danos morais, não se configurar excessiva a indenização que monta a 250 salários-mínimos, valor aceitável porque fixado com observância da intensidade e duração do sofrimento experimentado pela vítima e próximo de precedentes da Quarta Turma deste Superior Tribunal, de sorte que inexiste flagrante abusividade a justificar a excepcional intervenção deste Superior Tribunal. Precedentes citados: REsp 712.287-RJ, DJ 29/5/2006, e REsp 713.551-SP, DJ 29/5/2006. **REsp 981.688-SP, Rel. Min. Aldir Passarinho Junior, julgado em 18/10/2007.** (Inform. STJ 336)

INDENIZAÇÃO.ACIDENTE. TRÂNSITO. MENOR.

O menor, obviamente não habilitado a dirigir, sem qualquer autorização, retirou da garagem o automóvel pertencente à sociedade locadora de veículos de seu pai, o sócio-gerente, e, na companhia de maior habilitado, seu amigo, passou a noite a consumir álcool. Sucede que o menor acabou por ocasionar sério acidente de trânsito ao dormir ao volante, daí a ação de indenização ajuizada pelo passageiro maior. Diante disso, a Turma entendeu que não há direito à indenização, pois a leviandade do passageiro, ao valer-se da própria incúria para obter a reparação, é evidenciada enquanto se expôs conscientemente ao risco de trafegar no veículo conduzido pelo não habilitado alcoolizado, contrariando a lei (art. 310 do CTB) e a prudência, num ato negligente caracterizado pelo dolo eventual. Anotou-se que era o autor quem tinha todas as condições de evitar o próprio sinistro. **REsp 753.906-BA, Rel. Min. Humberto Gomes de Barros, julgado em 14/8/2007.** (Inform. STJ 327)

DANO MORAL. ACIDENTE. TRÂNSITO. MORTE. PAIS. MENOR.

A ação indenizatória foi movida em benefício do menor, então com três anos, que viu ambos os pais falecerem em razão do acidente de trânsito causado por servidor militar à frente da condução de veículo pertencente ao Exército, em uso particular (mudança residencial) autorizado pela unidade em que servia. Houve a condenação da União a reparar os danos materiais, mediante o pagamento de pensão no patamar de sete salários-mínimos, fixados os danos morais em 2.000 salários-mínimos, afora a determinação de o servidor, via denunciação da lide, pagar os prejuízos da União. Isso posto, faz-se necessário anotar que, em nosso sistema jurídico, a responsabilidade do Poder Público é objetiva ao adotar-se a teoria do risco administrativo e que a condição de agente público, quando contribui de modo determinante para a conduta lesiva, é causa para a responsabilização estatal, dispensado que os danos sejam apenas decorrentes do exercício da atividade funcional, quanto mais se não é classificado como terceiro o agente público que tem a posse do veículo. Responde a Administração pelos danos decorrentes do acidente, mesmo que tenha autorizado a posse do veículo a seu agente, sabedora que se utilizaria em uso particular. Quanto à indenização dos danos morais, ao se considerar a peculiar situação de uma criança em tenra idade perder a companhia dos pais, bem como os patamares fixados pela jurisprudência deste Superior Tribunal, melhor reduzi-la ao correspondente a 600 salários-mínimos. **REsp 866.450-RS, Rel. Min. Herman Benjamin, julgado em 24/4/2007.** (Inform. STJ 318)

ACIDENTE. TRÂNSITO. INDENIZAÇÃO. DANOS. SEGURADORA.

Em ação de indenização por danos morais e materiais devido a acidente de trânsito julgada procedente, o juiz acolheu a denunciação da lide manifestada em relação à seguradora. Contudo o Tribunal *a quo* determinou que o pagamento da indenização pode ser exigido tão somente do réu, o qual depois seria reembolsado dos valores pela denunciada em razão de cláusula contratual assim dispor. O Min. Relator destacou que a jurisprudência deste Superior Tribunal é assente no sentido de que, em razão da estipulação contratual em favor de terceiro existente na apólice, a seguradora pode ser denunciada diretamente para pagar a indenização. Outrossim, se a seguradora ingressar no feito por denúncia, assume a condição de litisconsorte e, em caso de condenação, estará legitimada (a seguradora) para figurar no polo passivo da execução, cabendo-lhe o adimplemento do débito nos limites da sua responsabilidade assumida na apólice. Com esse entendimento, a Turma proveu o recurso. Precedentes citados: REsp 257.880-RJ, DJ 7/10/2002; REsp 444.716-BA, DJ 31/5/2004; REsp 275.453-RS, DJ 11/4/2005; REsp 327.415-DF, DJ 1º/4/2002, e AgRg no Ag 247.761-DF, DJ 20/3/2000. **REsp 713.115-MG, Rel. Min. Castro Filho, julgado em 21/11/2006.** (Inform. STJ 305)

Responsabilidade do transportador

DIREITO CIVIL. TRANSPORTE DE CARGA PELA ECT. ROUBO. FORÇA MAIOR.

A Empresa Brasileira de Correios e Telégrafos (ECT), ao prestar serviço de coleta, transporte e entrega domiciliar de fitas de vídeo mediante Sedex, não responde pelos danos decorrentes do roubo da carga, salvo se demonstrado que a transportadora não adotou as cautelas necessárias. O STF, ao julgar a ADPF 46-DF, restringiu à categoria de serviço público stricto sensu (regime de privilégio) as atividades postais descritas no art. 9º da Lei n. 6.538/1978, excluindo do regime especial a distribuição de outros tipos de encomendas ou impressos. O serviço de coleta, transporte e entrega domiciliar de fitas de vídeo, ainda que exercido pelos Correios, caracteriza atividade econômica típica, devendo ser observado o regime de direito privado aplicável a empresas de transporte de carga, com as quais a ECT concorre no mercado. O art. 17, I, da Lei n. 6.538/1978 exclui a responsabilidade objetiva da empresa exploradora de serviço postal pela perda ou danificação de objeto postal em caso de força maior, cuja extensão conceitual abarca a ocorrência de roubo das mercadorias transportadas. Atualmente, a força maior deve ser entendida como espécie do gênero fortuito externo, do qual faz parte também a culpa exclusiva de terceiros, os quais se contrapõem ao chamado fortuito interno. O roubo mediante uso de arma de fogo é fato de terceiro equiparável à força maior, que deve excluir o dever de indenizar, mesmo no sistema de responsabilidade civil objetiva, por se tratar de fato inevitável e irresistível que gera uma impossibilidade absoluta de não ocorrência do dano. Não é razoável exigir que os prestadores de serviço de transporte de cargas alcancem absoluta segurança contra roubos, uma vez que a segurança pública é dever do Estado, também não havendo imposição legal obrigando as empresas transportadoras a contratar escoltas ou rastreamento de caminhão e, sem parecer técnico especializado, nem sequer é possível presumir se, por exemplo, a escolta armada seria eficaz para afastar o risco ou se o agravaria pelo caráter ostensivo do aparato. O exame quanto à falta de cuidado da transportadora, evidentemente, depende das circunstâncias peculiares de cada caso concreto, não bastando as afirmações de que outros assaltos semelhantes já haviam ocorrido e de que a ocorrência de um assalto não representa circunstância imprevisível em uma metrópole. Mesmo que a relação jurídica se sujeitasse ao regime público de responsabilidade civil do Estado, previsto no art. 37, § 6º, da Constituição Federal, como entendeu o acórdão recorrido, a solução seria a mesma, com a exclusão da responsabilidade dos Correios pelo roubo de mercadorias. Precedentes citados do STF: **RE 109.615-RJ, DJ 2/8/2006; do STJ: REsp 435.865-RJ, DJ 12/5/2003; REsp 927.148-SP, DJe 4/11/2011; REsp 721.439-RJ, DJ 31/8/2007, e REsp 135.259-SP, DJ 2/3/1998. REsp 976.564-SP, Rel. Min. Luis Felipe Salomão, julgado em 20/9/2012**. (Inform. STJ 505)

DIREITO CIVIL. RESPONSABILIDADE CIVIL. FALHA NO SERVIÇO POSTAL CONTRATADO.

É cabível a indenização por danos morais ao advogado que, em razão da entrega tardia da petição ao tribunal pela prestadora de serviços contratada, teve o recurso considerado intempestivo. O fato de a ECT inserir-se na categoria de prestadora de serviço público não a afasta das regras próprias do CDC quando é estabelecida relação de consumo com seus usuários. É direito básico do consumidor a adequada e eficaz prestação dos serviços públicos em geral, nos termos dos arts. 6º, X, e 22, caput, do CDC. As empresas públicas prestadoras de serviços públicos submetem-se ao regime de responsabilidade civil objetiva prevista no art. 14 do código supradito. Essa responsabilidade pelo risco administrativo (art. 37, § 6º, da CF) é confirmada e reforçada com a celebração de contrato de consumo, do qual emergem deveres próprios do microssistema erigido pela Lei n. 8.078/1990. Assim, a empresa fornecedora será responsável se o defeito ou a falha no serviço prestado for apto a gerar danos ao consumidor. A comprovação da gravidade do ato ilícito gera, ipso facto, o dever de indenizar em razão de uma presunção natural, que decorre da experiência comum, de que houve um abalo significativo à dignidade da pessoa. Portanto, o dano moral é in re ipsa, extraído não exatamente da prova de sua ocorrência, mas da análise da gravidade do ato ilícito em abstrato. **REsp 1.210.732-SC, Rel. Min. Luis Felipe Salomão, julgado em 2/10/2012.** (Inform. STJ 505)

RESPONSABILIDADE. ROUBO. CARGA. FORÇA MAIOR.

A Turma reformou acórdão do tribunal *a quo* para excluir o dever de indenizar da transportadora recorrente, contra a qual foi ajuizada, na origem, ação regressiva de ressarcimento de danos pela empresa de seguros recorrida. Na espécie, ficou consignado, nas instâncias ordinárias, que a mercadoria transportada não chegou a seu destino em decorrência de roubo com arma de fogo ocorrido durante o trajeto. Conforme entendimento assente deste Superior Tribunal, tal fato configura hipótese de força maior, capaz de excluir a responsabilidade da empresa de transportes. Nesse contexto, salientou-se que as referidas empresas são obrigadas apenas a contratar o seguro de responsabilidade civil disposto no art. 10 do Dec. n. 61.867/1967, não o que contemple eventuais perdas decorrentes de caso fortuito ou força maior, ao contrário do alegado pelo *decisum* recorrido. Precedentes citados: REsp 130.696-SP, DJ 29/6/1998; AgRg no Ag 721.581-RJ, DJe 29/3/2010; REsp 329.931-SP, DJ 17/2/2003; REsp 164.155-RJ, DJ 3/5/1999; REsp 904.733-MG, DJ 27/8/2007; REsp 416.353-SP, DJ 12/8/2003; REsp 222.821-SP, DJ 1º/7/2004; REsp 109.966-RS, DJ 18/12/1998, e AgRg no REsp 753.404-SC, DJe 19/10/2009. **REsp 663.356-SP, Rel. Min. Luis Felipe Salomão, julgado em 19/8/2010**. (Inform. STJ 443)

RESPONSABILIDADE. TRANSPORTADORA. ASSALTO.

Trata-se de ação de indenização por danos materiais ajuizada pela CEF contra transportadora de malotes bancários, porquanto houve assalto que resultou na subtração de vários malotes da instituição financeira. No REsp, discute-se se há responsabilidade da transportadora pelos prejuízos causados ao banco devido ao assalto. Para o Min. Relator, não seria possível verificar a responsabilidade da empresa transportadora recorrente, visto que demandaria apreciar a amplitude do contrato de prestação de serviço e os cuidados existentes no transporte, o que acarretaria a apreciação de prova e das cláusulas contratuais de competência das instâncias ordinárias. Ressalta que o acórdão recorrido apoiou-se na prova dos autos e na interpretação de cláusulas contratuais para concluir pela responsabilidade da transportadora recorrente e, revê-los, encontraria óbice nas Súmulas ns. 5 e 7 do STJ. Por outro lado, aponta que, segundo a jurisprudência deste Superior Tribunal, a instituição financeira tem responsabilidade, mesmo em caso de roubo, pelos bens sob sua guarda, visto que a segurança de valores é serviço essencial à atividade econômica desenvolvida, sobretudo em razão da possibilidade de assaltos à mão armada no transporte de dinheiro e títulos. Assim, se a instituição financeira não pode eximir-se da responsabilidade ao argumento de existência de força maior, com igual propriedade a empresa encarregada pelo transporte, contratada pela instituição financeira, devido à natureza e valor dos bens. Observa-se que tanto é previsível a existência de assaltos que a própria transportadora assegura-se de todas as cautelas, como utilização de carros-forte, seguranças armados etc. Diante do exposto, a Turma negou provimento ao recurso. Precedentes citados: AgRg no Ag 450.101-SP, DJ 17/2/2003, e REsp 480.498-MG, DJ 24/5/2004. **REsp 965.520-PE, Rel. Min. Aldir Passarinho Junior, julgado em 8/6/2010**. (Inform. STJ 438)

RESPONSABILIDADE CIVIL. TRANSPORTE COLETIVO.

Trata-se de recurso de usuário de transporte coletivo (ônibus) que foi vítima de ferimentos graves provocados pelo arremesso de pedra por terceiro, o que ocasionou seu afastamento das atividades escolares e laborais. No caso, a Turma entendeu que a empresa recorrida está isenta de responsabilidade pelo episódio, porquanto não contribuiu para o sinistro, não havendo ato ilícito a ser indenizado por ela. Precedentes citados: AgRg no Ag 1.064.974-RJ, DJe 15/10/2008; REsp 402.227-RJ, DJ 11/4/2005, e REsp 262.682-MG, DJ 20/6/2005. REsp 919.823-RS, Rel. Min. Aldir Passarinho Junior, julgado em 4/3/2010. (Inform. STJ 425)

RESPONSABILIDADE CIVIL. CORTESIA. TRANSPORTE.

A Turma decidiu que, no caso de transporte desinteressado, de simples cortesia, só haverá possibilidade de condenação do transportador mediante a prova de dolo ou culpa grave (Súm. n. 145-STJ). Outrossim, responde por culpa grave o condutor de veículo que transporta passageiro gratuitamente, de forma irregular, em carroceria aberta de caminhão, em que é previsível a ocorrência de graves danos, mesmo crendo que não acontecerão. No caso, não cabe a pretendida redução da condenação, por não ter sido apontada a lei vulnerada pelo acórdão recorrido, razão pela qual incide a Súm. n. 284-STF por analogia. REsp 685.791-MG, Rel. Min. Vasco Della Giustina (Desembargador convocado do TJ-RS), julgado em 18/2/2010. (Inform. STJ 423)

AÇÃO. INDENIZAÇÃO. QUEDA DE TREM. MORTE. PASSAGEIRO. CULPA CONCORRENTE.

Em ação de indenização movida contra companhia de trens, por pais de menor falecido aos 17 anos de idade, quando viajava em composição da ré, o Min. Relator entendeu admissível, em tese, a responsabilidade compartilhada entre a ferrovia e o passageiro, porque há situações em que não se pode deixar de reconhecer, por parte da vítima, um comportamento de elevado risco motivador do sinistro, mas em que também existe um componente de negligência do transportador. Viajava como pingente sequer no carro de passageiros, mas em lugar inteiramente inusitado – na escada de acesso do maquinista para manutenção do trem. Ressalte-se, ainda, que o trem estava vazio e a vítima subiu na parte externa da composição, após a partida. No caso, foi consubstanciada a culpa concorrente da vítima, sem deixar de reconhecer que também a empresa transportadora é responsável, pois, mesmo tendo melhorado a segurança criando sistema de automação de portas e fiscalização externa da composição, ainda assim não logrou obter eficiência total em coibir tais abusos, devendo arcar com os ônus correspondentes, em parte. E, como a sentença de primeiro grau e o Tribunal estadual julgaram improcedente a ação, cabe, em resultado, aplicar-se à espécie o art. 257 do RISTJ, aplicando-se o direito pertinente em face do pedido exordial. Assim, a Turma conheceu em parte do recurso e, nessa parte, deu-lhe provimento. Precedentes citados: REsp 324.166-SP, DJ 18/2/2002, e REsp 388.300-SP, DJ 25/11/2002. **REsp 729.397-SP, Rel. Min. Aldir Passarinho Junior, julgado em 3/8/2006.** (Inform. STJ 291)

Responsabilidade do estacionamento (depósito)

DIREITO CIVIL E DO CONSUMIDOR. RESPONSABILIDADE CIVIL POR ROUBO OCORRIDO EM ESTACIONAMENTO PRIVADO.

Não é possível atribuir responsabilidade civil a sociedade empresária responsável por estacionamento particular e autônomo, independente e desvinculado de agência bancária, em razão da ocorrência, nas dependências daquele estacionamento, de roubo à mão armada de valores recentemente sacados na referida agência e de outros pertences que o cliente carregava consigo no momento do crime. Nesses casos, o estacionamento em si consiste na própria atividade fim da sociedade empresária, e não num serviço assessório prestado apenas para cativar os clientes de instituição financeira. Consequentemente, não é razoável impor à sociedade responsável pelo estacionamento o dever de garantir a segurança individual do usuário e a proteção dos bens portados por ele, sobretudo na hipótese em que ele realize operação sabidamente de risco consistente no saque de valores em agência bancária, uma vez que essas pretensas contraprestações não estariam compreendidas por contrato que abranja exclusivamente a guarda de veículo. Nesse contexto, ainda que o usuário, no seu subconsciente, possa imaginar que, parando o seu veículo em estacionamento privado, estará protegendo, além do seu veículo, também a si próprio, a responsabilidade do estabelecimento não pode ultrapassar o dever contratual de guarda do automóvel, sob pena de se extrair do instrumento consequências que vão além do contratado, com clara violação do *pacta sunt servanda*. Não se trata, portanto, de resguardar os interesses da parte hipossuficiente da relação de consumo, mas sim de assegurar ao consumidor apenas aquilo que ele legitimamente poderia esperar do serviço contratado. Além disso, deve-se frisar que a imposição de tamanho ônus aos estacionamentos de veículos, de serem responsáveis pela integridade física e patrimonial dos usuários, mostra-se temerária, inclusive na perspectiva dos consumidores, na medida em que a sua viabilização exigiria investimentos que certamente teriam reflexo direto no custo do serviço, que hoje já é elevado. Precedente citado: REsp 125.446-SP, Terceira Turma, DJ de 15/9/2000. **REsp 1.232.795-SP, Rel. Min. Nancy Andrighi, julgado em 2/4/2013. (Inform. STJ 521)**

RESPONSABILIDADE. FURTO. VEÍCULO. ESTACIONAMENTO.

A Turma entendeu que o fato de o estacionamento público ser utilizado, em grande parte, por pessoas que frequentam *shopping center* não conduz à responsabilidade dele por furto de veículo ocorrido naquele estacionamento, pois penalizaria todo aquele que possuísse estabelecimento próximo a estacionamento público, ainda que sem qualquer ingerência em sua administração. Assim, a Turma conheceu do recurso e lhe deu provimento para restabelecer a sentença de improcedência do pedido inicial. **REsp 883.452-DF, Rel. Min. Aldir Passarinho Junior, julgado em 1º/12/2009.** (Inform. STJ 418)

ROUBO. VEÍCULO. ESTACIONAMENTO.

A Turma reiterou o entendimento de que o roubo de veículo em estacionamento de estabelecimento bancário não elide a responsabilidade da indenização, cabível mormente pela necessidade inerente ao ramo de atividade de empresa exploradora do dito estacionamento, não podendo também alegar força maior. Precedente citado: REsp 131.662-SP, DJ 16/10/2000. **REsp 503.208-SP, Rel. Min. Aldir Passarinho Junior, julgado em 26/5/2008.** (Inform. STJ 357)

INDENIZAÇÃO. RESPONSABILIDADE CIVIL. FURTO. MOTOCICLETA. ESTACIONAMENTO. CLUBE.

Cuida-se de recurso contra acórdão de Tribunal de Justiça que condenou o clube (associação social e recreativa) a indenizar a sócia pelo furto de sua motocicleta no estacionamento da agremiação. O Min. Relator destacou que, tanto para a situação de instituição sócio-recreativa como para condomínios, o entendimento consagrado da Quarta Turma deste Superior Tribunal é no sentido da validade da cláusula excludente de responsabilidade, considerada a natureza e fins da entidade em cujas dependências ocorre o furto. O que há de diferente, no presente caso, é a ausência de norma estatutária isentando a entidade pelo prejuízo sofrido pelo associado. No entanto, apreciando hipótese de furto em condomínio, a Segunda Seção, por maioria, ainda foi mais além, para somente ter como responsável a comunidade se expressamente previsto o encargo nas regras internas. Entendeu o Min. Relator que não há razão para se diferenciar o tratamento e, nessas condições, portanto, salvo existindo norma expressa, taxativa, da entidade assumindo a responsabilidade pelo dano ao sócio, nenhuma indenização é devida. Precedentes citados: REsp 86.137-SP, DJ 15/6/1998; REsp 268.669-SP, DJ 1º/10/2001, e EREsp 268.669-SP, DJ 26/4/2006. **REsp 310.953-SP, Rel. Min. Aldir Passarinho Junior, julgado em 10/4/2007.** (Inform. STJ 316)

Responsabilidade pela violação ao direito de imagem

AG. REG. NO RE N. 661.243-DF
RELATOR: MIN. DIAS TOFFOLI
EMENTA: Agravo regimental no recurso extraordinário. Direito Civil. Dano moral. Não caracterização. Dever de indenizar Inexistência. Reexame de fatos e provas. Impossibilidade. Ausência de repercussão geral. Precedentes.

1. O Tribunal de origem concluiu, com base nos fatos e nas provas dos autos, que o agravado, ao veicular o artigo jornalístico, não teria abusado do direito de informar, nem tido o ânimo de ofender a honra do ora agravante, de modo que não teria ocorrido ato ilícito apto a configurar dano moral indenizável. Incidência da Súmula nº 279/STF.

2. O Plenário da Corte, no exame do ARE nº 739.382/RJ, Relator o Ministro **Gilmar Mendes**, concluiu pela ausência de repercussão geral do tema relativo à configuração da responsabilidade civil por dano à imagem ou à honra, haja vista que o deslinde da questão não ultrapassa o interesse subjetivo das partes, tampouco prescinde do reexame de fatos e provas.

3. Agravo regimental não provido. (Inform. STF 725)

EMENTA: IMUNIDADE PARLAMENTAR EM SENTIDO MATERIAL (INVIOLABILIDADE). DECLARAÇÕES DIVULGADAS PELO BOLETIM DIÁRIO DA SESSÃO PLENÁRIA DA CÂMARA LEGISLATIVA E ENTREVISTAS JORNALÍSTICAS PUBLICADAS PELA IMPRENSA LOCAL. IMPOSSIBILIDADE DE RESPONSABILIZAÇÃO CIVIL DE MEMBRO DO PODER LEGISLATIVO. PRESSUPOSTOS DE INCIDÊNCIA DA GARANTIA CONSTITUCIONAL DA IMUNIDADE PARLAMENTAR. PRÁTICA *"IN OFFICIO"* E PRÁTICA *"PROPTER OFFICIUM"*. RECURSO IMPROVIDO.

- A garantia constitucional da imunidade parlamentar em sentido material (CF, art. 53, *"caput"*) exclui a possibilidade jurídica de responsabilização civil do membro do Poder Legislativo, por danos eventualmente resultantes de suas manifestações, orais ou escritas, desde que motivadas pelo desempenho do mandato (prática *"in officio"*) ou externadas em razão deste (prática *"propter officium"*), qualquer que seja o âmbito espacial (*"locus"*) em que se haja exercido a liberdade de opinião, ainda que fora do recinto da própria Casa legislativa, independentemente dos meios de divulgação utilizados, nestes incluídas as entrevistas jornalísticas. Doutrina. Precedentes.

- A EC 35/2001, ao dar nova fórmula redacional ao art. 53, *"caput"*, da Constituição da República, explicitou diretriz, que, firmada anteriormente pelo Supremo Tribunal Federal (RTJ 177/1375-1376, Rel. Min. SEPÚLVEDA PERTENCE), já reconhecia, em favor do membro do Poder Legislativo, a exclusão de sua responsabilidade civil, como decorrência da garantia fundada na imunidade parlamentar material, desde que satisfeitos determinados pressupostos legitimadores da incidência dessa excepcional prerrogativa jurídica.

- Essa prerrogativa político-jurídica - que protege o parlamentar em tema de responsabilidade civil - supõe, para que possa ser invocada, que exista o necessário nexo de implicação recíproca entre as declarações moralmente ofensivas, de um lado, e a prática inerente ao ofício legislativo, de outro. Doutrina. Precedentes.

- Se o membro do Poder Legislativo, não obstante amparado pela imunidade parlamentar material, incidir em abuso dessa prerrogativa constitucional, expor-se-á à *jurisdição censória* da própria Casa legislativa a que pertence (CF, art. 55, § 1º). Precedentes: Inq 1.958/AC, Rel. p/o acórdão Min. CARLOS BRITTO (RTJ 194/56, Pleno) – RE 140.867/MS, Rel. p/o acórdão Min. MAURÍCIO CORRÊA (Pleno). AI 401600/DF. **RELATOR: MIN. CELSO DE MELLO**. (Inform. STF 569)

Liberdade de Imprensa - Crítica Jornalística - Figuras Públicas ou Notórias - Excludentes Anímicas - Inexistência de Abuso

EMENTA: LIBERDADE DE INFORMAÇÃO. DIREITO DE CRÍTICA. PRERROGATIVA POLÍTICO-JURÍDICA DE ÍNDOLE CONSTITUCIONAL. MATÉRIA JORNALÍSTICA QUE EXPÕE FATOS E VEICULA OPINIÃO EM TOM DE CRÍTICA. CIRCUNSTÂNCIA QUE EXCLUI O INTUITO DE OFENDER. AS *EXCLUDENTES ANÍMICAS* COMO FATOR DE DESCARACTERIZAÇÃO DO *"ANIMUS INJURIANDI VEL DIFFAMANDI"*. AUSÊNCIA DE ILICITUDE NO COMPORTAMENTO DO PROFISSIONAL DE IMPRENSA. INOCORRÊNCIA DE ABUSO DA LIBERDADE DE MANIFESTAÇÃO DO PENSAMENTO. CARACTERIZAÇÃO, NA ESPÉCIE, DO REGULAR EXERCÍCIO DO DIREITO DE INFORMAÇÃO. O DIREITO DE CRÍTICA, QUANDO MOTIVADO POR RAZÕES DE INTERESSE COLETIVO, NÃO SE REDUZ, EM SUA EXPRESSÃO CONCRETA, À DIMENSÃO DO ABUSO DA LIBERDADE DE IMPRENSA. A QUESTÃO DA LIBERDADE DE INFORMAÇÃO (E DO DIREITO DE CRÍTICA NELA FUNDADO) EM FACE DAS FIGURAS PÚBLICAS OU NOTÓRIAS. JURISPRUDÊNCIA. DOUTRINA. JORNALISTA QUE FOI CONDENADO AO PAGAMENTO DE INDENIZAÇÃO CIVIL POR DANOS MORAIS. INSUBSISTÊNCIA, NO CASO, DESSA CONDENAÇÃO CIVIL. IMPROCEDÊNCIA DA *"AÇÃO INDENIZATÓRIA"*. CONVERSÃO DO AGRAVO DE INSTRUMENTO EM RECURSO EXTRAORDINÁRIO, QUE, PARCIALMENTE CONHECIDO, É, NESSA PARTE, PROVIDO. AI 505595/RJ. **RELATOR: MIN. CELSO DE MELLO**. (Inform. STF 568)

Art. 52 da Lei de Imprensa: Não Recepção pela CF/88

O art. 52 da Lei 5.250/67 não foi recepcionado pela CF/88 [*"A responsabilidade civil da empresa que explora o meio de informação ou divulgação é limitada a 10 (dez) vezes as importâncias referidas no artigo anterior, se resulta de ato culposo de algumas das pessoas referidas no art. 50."*]. Com base nesse entendimento, a Turma negou provimento a recurso extraordinário em que jornal condenado ao pagamento de indenização por danos morais — em decorrência da publicação de matéria ofensiva à honra de então candidato à Vice-Presidência da República — alegava violação ao art. 5º, V e X, da CF, e pleiteava a redução do valor da condenação aos limites previstos nos artigos 51 e 52 da referida lei. Tendo em conta a fisionomia normativa da proteção do direito à integridade moral e a garantia da reparação pecuniária da ofensa, entendeu-se que o art. 52 da Lei de Imprensa não poderia restringir direitos, liberdades e garantias constitucionais. Asseverou-se que a vigente Constituição, quanto ao tema, não contém disposição que limite o valor da indenização e o grau da responsabilidade civil do ofensor. Aduziu-se, também, que a restituição de gravame a bens ideais da personalidade, como a honra, a imagem, a intimidade, não seriam enquadráveis em escala econômica padronizada, análoga a das valorações relativas aos danos patrimoniais. Por fim, não obstante o princípio da liberdade de imprensa, considerou-se que o mencionado artigo caracterizaria intervenção legislativa na disciplina dos direitos fundamentais, contrária à Constituição superveniente, que colocaria em risco o substrato do direito fundamental à honra, à boa fama e à intimidade das pessoas. Precedentes citados: RE 396386/SP (DJU de 13.8.2004); RE 348827/RJ (DJU de 6.8.2004); RE 420784/SP (DJU de 25.6.2004).

RE 447584/RJ, rel. Min. Cezar Peluso, 28.11.2006. (RE-447584) (Inform. STF 450)

DIREITO CIVIL E PROCESSUAL CIVIL. LEGITIMIDADE PARA BUSCAR REPARAÇÃO DE PREJUÍZOS DECORRENTES DE VIOLAÇÃO DA IMAGEM E DA MEMÓRIA DE FALECIDO.

Diferentemente do que ocorre em relação ao cônjuge sobrevivente, o espólio não tem legitimidade para buscar reparação por danos morais decorrentes de ofensa post mortem à imagem e à memória de pessoa. De acordo com o art. 6º do CC, segundo o qual a existência da pessoa natural termina com a morte [...], os direitos da personalidade de pessoa natural se encerram com a sua morte. Todavia, o parágrafo único dos arts. 12 e 20 do CC estabeleceram duas formas de tutela póstuma dos direitos da personalidade. O art. 12 dispõe que, em se tratando de morto, terá legitimidade para requerer a cessação de ameaça ou lesão a direito da personalidade, e para reclamar perdas e danos, o cônjuge sobrevivente ou qualquer parente em linha reta, ou colateral até o quarto grau. O art. 20, por sua vez, determina que, em se tratando de morto, o cônjuge, os ascendentes ou os descendentes são partes legítimas para requerer a proibição de divulgação de escritos, de transmissão de palavras, ou de publicação, exposição ou utilização da imagem da pessoa falecida. O espólio, entretanto, não pode sofrer dano moral por constituir uma universalidade de bens e direitos, sendo representado pelo inventariante (art. 12, V, do CPC) para questões relativas ao patrimônio do ***de cujus***. Dessa forma, nota-se que o espólio, diferentemente do cônjuge sobrevivente, não possui legitimidade para postular reparação por prejuízos decorrentes de ofensa, após a morte do ***de cujus***, à memória e à imagem do falecido. REsp 1.209.474-SP, Rel. Min. Paulo de Tarso Sanseverino, julgado em 10/9/2013. (Inform. STJ 532)

DIREITO CIVIL. DIREITO AO ESQUECIMENTO.

A exibição não autorizada de uma única imagem da vítima de crime amplamente noticiado à época dos fatos não gera, por si só, direito de compensação por danos morais aos seus familiares. O direito ao esquecimento surge na discussão acerca da possibilidade de alguém impedir a divulgação de informações que, apesar de verídicas, não sejam contemporâneas e lhe causem transtornos das mais diversas ordens. Sobre o tema, o Enunciado 531 da VI Jornada de Direito Civil do CJF preconiza que a tutela da dignidade da pessoa humana na sociedade da informação inclui o direito ao esquecimento. Na abordagem do assunto sob o aspecto sociológico, o antigo conflito entre o público e o privado ganha uma nova roupagem na modernidade: a inundação do espaço público com questões estritamente privadas decorre, a um só tempo, da expropriação da intimidade (ou privacidade) por terceiros, mas também da voluntária entrega desses bens à arena pública. Acrescente-se a essa reflexão o sentimento, difundido por inédita "filosofia tecnológica" do tempo atual pautada na permissividade, segundo o qual ser devassado ou espionado é, em alguma medida, tornar-se importante e popular, invertendo-se valores e tornando a vida privada um prazer ilegítimo e excêntrico, seguro sinal de atraso e de mediocridade. Sob outro aspecto, referente à censura à liberdade de imprensa, o novo cenário jurídico apoia-se no fato de que a CF, ao proclamar a liberdade de informação e de manifestação do pensamento, assim o faz traçando as diretrizes principiológicas de acordo com as quais essa liberdade será exercida, reafirmando, como a doutrina sempre afirmou, que os direitos e garantias protegidos pela Constituição, em regra, não são absolutos. Assim, não se pode hipertrofiar a liberdade de informação à custa do atrofiamento dos valores que apontam para a pessoa humana. A explícita contenção constitucional à liberdade de informação, fundada na inviolabilidade da vida privada, intimidade, honra, imagem e, de resto, nos valores da pessoa e da família, prevista no § 1º do art. 220, no art. 221 e no § 3º do art. 222 da CF, parece sinalizar que, no conflito aparente entre esses bens jurídicos de especialíssima grandeza, há, de regra, uma inclinação ou predileção constitucional para soluções protetivas da pessoa humana, embora o melhor equacionamento deva sempre observar as particularidades do caso concreto. Essa constatação se mostra consentânea com o fato de que, a despeito de o direito à informação livre de censura ter sido inserida no seleto grupo dos direitos fundamentais (art. 5º, IX), a CF mostrou sua vocação antropocêntrica ao gravar, já no art. 1º, III, a dignidade da pessoa humana como, mais que um direito, um fundamento da república, uma lente pela qual devem ser interpretados os demais direitos. A cláusula constitucional da dignidade da pessoa humana garante que o homem seja tratado como sujeito cujo valor supera ao de todas as coisas criadas por ele próprio, como o mercado, a imprensa e, até mesmo, o Estado, edificando um núcleo intangível de proteção oponível *erga omnes*, circunstância que legitima, em uma ponderação de valores constitucionalmente protegidos, tendo sempre em vista os parâmetros da proporcionalidade e da razoabilidade, que algum sacrifício possa ser suportado, caso a caso, pelos titulares de outros bens e direitos. Ademais, a permissão ampla e irrestrita de que um fato e pessoas nele envolvidas sejam retratados indefinidamente no tempo, a pretexto da historicidade do evento, pode significar permissão de um segundo abuso à dignidade humana, simplesmente porque o primeiro já fora cometido no passado. Nesses casos, admitir-se o "direito ao esquecimento" pode significar um corretivo, tardio, mas possível, das vicissitudes do passado, seja de inquéritos policiais ou processos judiciais pirotécnicos e injustos, seja da exploração populista da mídia. Além disso, dizer que sempre o interesse público na divulgação de casos judiciais deverá prevalecer sobre a privacidade ou intimidade dos envolvidos, pode violar o próprio texto da Constituição, que prevê solução exatamente contrária, ou seja, de sacrifício da publicidade (art. 5º, LX). A solução que harmoniza esses dois interesses em conflito é a preservação da pessoa, com a restrição à publicidade do processo, tornando pública apenas a resposta estatal aos conflitos a ele submetidos, dando-se publicidade da sentença ou do julgamento, nos termos do art. 155 do Código de Processo Civil e art. 93, IX, da Constituição Federal. Por fim, a assertiva de que uma notícia lícita não se transforma em ilícita com o simples passar do tempo não tem nenhuma base jurídica. O ordenamento é repleto de previsões em que a significação conferida pelo direito à passagem do tempo é exatamente o esquecimento e a estabilização do passado, mostrando-se ilícito reagitar o que a lei pretende sepultar. Isso vale até mesmo para notícias cujo conteúdo seja totalmente verídico, pois, embora a notícia inverídica seja um obstáculo à liberdade de informação, a veracidade da notícia não confere a ela inquestionável licitude, nem transforma a liberdade de imprensa em direito absoluto e ilimitado. Nesse contexto, as vítimas de crimes e seus familiares têm direito ao esquecimento, se assim desejarem, consistente em não se submeterem a desnecessárias lembranças de fatos passados que lhes causaram, por si, inesquecíveis feridas. Caso contrário, chegar-se-ia à antipática e desumana solução de reconhecer esse direito ao ofensor, o que está relacionado com sua ressocialização, e retirá-lo dos ofendidos, permitindo que os canais de informação se enriqueçam mediante a indefinida exploração das desgraças privadas pelas quais passaram. Todavia, no caso de familiares de vítimas de crimes passados, que só querem esquecer a dor pela qual passaram em determinado momento da vida, há uma infeliz constatação: na medida em que o tempo passa e se vai adquirindo um "direito ao esquecimento", na contramão, a dor vai diminuindo, de modo que, relembrar o fato trágico da vida, a depender do tempo transcorrido, embora possa gerar desconforto, não causa o mesmo abalo de antes. Nesse contexto, deve-se analisar, em cada caso concreto, como foi utilizada a imagem da vítima, para que se verifique se houve, efetivamente, alguma violação aos direitos dos familiares. Isso porque nem toda veiculação não consentida da imagem é indevida ou digna de reparação, sendo frequentes os casos em que a imagem da pessoa é publicada de forma respeitosa e sem nenhum viés comercial ou econômico. Assim, quando a imagem não for, em si, o cerne da publicação, e também não revele situação vexatória ou degradante, a solução dada pelo STJ será o reconhecimento da inexistência do dever de indenizar. **REsp 1.335.153-RJ, Rel. Min. Luis Felipe Salomão, julgado em 28/5/2013.** (Inform. STJ 527)

DIREITO CIVIL. DIREITO AO ESQUECIMENTO.
Gera dano moral a veiculação de programa televisivo sobre fatos ocorridos há longa data, com ostensiva identificação de pessoa que tenha sido investigada, denunciada e, posteriormente, inocentada em processo criminal. O direito ao esquecimento surge na discussão acerca da possibilidade de alguém impedir a divulgação de informações que, apesar de verídicas, não sejam contemporâneas e lhe causem transtornos das mais diversas ordens. Sobre o tema, o Enunciado 531 da VI Jornada de Direito Civil do CJF preconiza que a tutela da dignidade da pessoa humana na sociedade da informação inclui o direito ao esquecimento. O interesse público que orbita o fenômeno criminal tende a desaparecer na medida em que também se esgota a resposta penal conferida ao fato criminoso, a qual, certamente, encontra seu último suspiro com a extinção da pena ou com a absolvição, ambas irreversivelmente consumadas. Se os condenados que já cumpriram a pena têm direito ao sigilo da folha de antecedentes, assim também a exclusão dos registros da condenação no Instituto de Identificação, por maiores e melhores razões aqueles que foram absolvidos não podem permanecer com esse estigma, conferindo-lhes a lei o mesmo direito de serem esquecidos. Cabe destacar que, embora a notícia inverídica seja um obstáculo à liberdade de informação, a veracidade da notícia não confere a ela inquestionável licitude, nem transforma a liberdade de imprensa em direito absoluto e ilimitado. Com efeito, o reconhecimento do direito ao esquecimento dos condenados que cumpriram integralmente a pena e, sobretudo, dos que foram absolvidos em processo criminal, além de sinalizar uma evolução humanitária e cultural da sociedade, confere concretude a um ordenamento jurídico que, entre a memória, conexão do presente com o passado, e a esperança, vínculo do futuro com o presente, fez clara opção pela segunda. E é por essa ótica que o direito ao esquecimento revela sua maior nobreza, afirmando-se, na verdade, como um direito à esperança, em absoluta sintonia com a presunção legal e constitucional de regenerabilidade da pessoa humana. Precedentes citados: RMS 15.634-SP, Sexta Turma, DJ 5/2/2007; e REsp 443.927-SP, Quinta Turma, DJ 4/8/2003. **REsp 1.334.097-RJ, Rel. Min. Luis Felipe Salomão, julgado em 28/5/2013.** (Inform. STJ 527)

DIREITO CIVIL. RESPONSABILIDADE CIVIL POR VEICULAÇÃO DE MATÉRIA JORNALÍSTICA.
A entidade responsável por prestar serviços de comunicação não tem o dever de indenizar pessoa fí-

sica em razão da publicação de matéria de interesse público em jornal de grande circulação a qual tenha apontado a existência de investigações pendentes sobre ilícito supostamente cometido pela referida pessoa, ainda que posteriormente tenha ocorrido absolvição quanto às acusações, na hipótese em que a entidade busque fontes fidedignas, ouça as diversas partes interessadas e afaste quaisquer dúvidas sérias quanto à veracidade do que divulga. De fato, a hipótese descrita apresenta um conflito de direitos constitucionalmente assegurados: os direitos à liberdade de pensamento e à sua livre manifestação (art. 5º, IV e IX), ao acesso à informação (art. 5º, XIV) e à honra (art. 5º, X). Cabe ao aplicador da lei, portanto, exercer função harmonizadora, buscando um ponto de equilíbrio no qual os direitos conflitantes possam conviver. Nesse contexto, o direito à liberdade de informação deve observar o dever de veracidade, bem como o interesse público dos fatos divulgados. Em outras palavras, pode-se dizer que a honra da pessoa não é atingida quando são divulgadas informações verdadeiras e fidedignas a seu respeito e que, outrossim, são de interesse público. Quanto à veracidade do que noticiado pela imprensa, vale ressaltar que a diligência que se deve exigir na verificação da informação antes de divulgá-la não pode chegar ao ponto de as notícias não poderem ser veiculadas até se ter certeza plena e absoluta de sua veracidade. O processo de divulgação de informações satisfaz o verdadeiro interesse público, devendo ser célere e eficaz, razão pela qual não se coaduna com rigorismos próprios de um procedimento judicial, no qual deve haver cognição plena e exauriente dos fatos analisados. Além disso, deve-se observar que a responsabilidade da imprensa pelas informações por ela veiculadas é de caráter subjetivo, não se cogitando da aplicação da teoria do risco ou da responsabilidade objetiva. Assim, para a responsabilização da imprensa pelos fatos por ela reportados, não basta a divulgação de informação falsa, exige-se prova de que o agente divulgador conhecia ou poderia conhecer a falsidade da informação propalada, o que configuraria abuso do direito de informação. **REsp 1.297.567-RJ, Rel. Min. Nancy Andrighi, julgado em 28/5/2013.** (Inform. STJ 524)

DIREITO CIVIL. DIREITOS DA PERSONALIDADE. UTILIZAÇÃO DE IMAGEM DE PESSOA PÚBLICA SEM AUTORIZAÇÃO. FINALIDADE EXCLUSIVAMENTE ECONÔMICA. EXISTÊNCIA DE DANO MORAL.

Ainda que se trate de pessoa pública, o uso não autorizado da sua imagem, com fins exclusivamente econômicos e publicitários, gera danos morais. A jurisprudência do STJ firmou-se no sentido de que a indenização pela publicação não autorizada de imagem de pessoa com fins econômicos ou comerciais independe de prova do prejuízo (Súm. n. 403/STJ). Assim, a obrigação de indenizar, tratando-se de direito à imagem, decorre do próprio uso indevido desse direito, não havendo, ademais, que se cogitar de prova da existência de prejuízo. Cuida-se, portanto, de dano in re ipsa, sendo irrelevante que se trate de pessoa notória. Precedentes citados: EREsp 230.268-SP, DJ 4/8/2003, e AgRg no Ag 1.345.989-SP, DJe 23/3/2012. REsp 1.102.756-SP, Rel. Min. Nancy Andrigui, julgado em 20/11/2012.(Inform. STJ 509)

DANOS MORAIS. MATÉRIA JORNALÍSTICA SOBRE PESSOA NOTÓRIA.

Não constitui ato ilícito apto à produção de danos morais a matéria jornalística sobre pessoa notória a qual, além de encontrar apoio em matérias anteriormente publicadas por outros meios de comunicação, tenha cunho meramente investigativo, revestindo-se, ainda, de interesse público, sem nenhum sensacionalismo ou intromissão na privacidade do autor. O embate em exame revela, em verdade, colisão entre dois direitos fundamentais, consagrados tanto na CF quanto na legislação infraconstitucional: o direito de livre manifestação do pensamento de um lado e, de outro lado, a proteção dos direitos da personalidade, como a imagem e a honra. Não se desconhece que, em se tratando de matéria veiculada em meio de comunicação, a responsabilidade civil por danos morais exsurge quando a matéria for divulgada com a intenção de injuriar, difamar ou caluniar terceiro. Além disso, é inconteste também que as notícias cujo objeto sejam pessoas notórias não podem refletir críticas indiscriminadas e levianas, pois existe uma esfera íntima do indivíduo, como pessoa humana, que não pode ser ultrapassada. De fato, as pessoas públicas e notórias não deixam, só por isso, de ter o resguardo de direitos da personalidade. Apesar disso, em casos tais, a apuração da responsabilidade civil depende da aferição de culpa sob pena de ofensa à liberdade de imprensa. Tendo o jornalista atuado nos limites da liberdade de expressão e no seu exercício regular do direito de informar, não há como falar na ocorrência de ato ilícito, não se podendo, portanto, responsabilizá-lo por supostos danos morais. Precedentes citados: REsp 1.082.878-RJ, DJe 18/11/2008; e REsp 706.769-RN, DJe 27/4/2009. REsp 1.330.028-DF, Rel. Min. Ricardo Villas Bôas Cueva, julgado em 6/11/2012. (Inform. STJ 508)

INDENIZAÇÃO. MATÉRIA JORNALÍSTICA. DIREITO DE INFORMAR. LIBERDADE DE IMPRENSA.

A Turma deu provimento ao recurso para afastar a responsabilização da empresa jornalística, ora recorrente, pelo pagamento de indenização ao recorrido (magistrado), sob o entendimento de que, no caso, não existiria ilícito civil, pois a recorrente teria atuado nos limites do exercício de informar e do princípio da liberdade da imprensa. O Min. Relator observou que a análise relativa à ocorrência de abuso no exercício da liberdade de expressão jornalística a ensejar reparação civil por dano moral a direitos da personalidade fica a depender do exame de cada caso concreto; pois, em tese, sopesados os valores em conflito, máxime quando atingida pessoa investida de autoridade pública, mostra-se recomendável que se dê prevalência à liberdade de informação e de crítica. Na hipótese dos autos, tem-se que a matéria jornalística relacionou-se a fatos de interesse da coletividade, os quais dizem respeito diretamente aos atos e comportamentos do recorrido na condição de autoridade. Tratou a recorrente, na reportagem, em abordagem não apenas noticiosa, mas sobretudo de ácida crítica que atingiu o ora recorrido, numa zona fronteiriça, de marcos imprecisos, entre o limite da liberdade de expressão e o limiar do abuso do direito ao exercício dessa liberdade. Esses extremos podem ser identificados no título e noutras passagens sarcásticas da notícia veiculada de forma crítica. Essas, porém, estão inseridas na matéria jornalística de cunho informativo, baseada em levantamentos de fatos de interesse público, que não extrapola claramente o direito de crítica, principalmente porque exercida em relação a casos que ostentam gravidade e ampla repercussão social. O relatório final da "CPI do Judiciário" fora divulgado no mesmo mês da publicação da matéria jornalística, em dezembro de 1999; elaborada, portanto, sob o impacto e a influência daquele documento público relevante para a vida nacional. E como fatos graves foram imputados ao ora recorrido naquele relatório, é natural que revista de circulação nacional tenha dado destaque à notícia e emitido cáustica opinião, entendendo-se amparada no teor daquele documento público. Portanto, essa contemporaneidade entre os eventos da divulgação do relatório final da CPI e da publicação da notícia eivada de ácida crítica ao magistrado é levada em conta para descaracterizar o abuso no exercício da liberdade de imprensa. Desse modo, embora não se possa duvidar do sofrimento experimentado pelo recorrido, a revelar a presença de dano moral, este não se mostra indenizável, dadas as circunstâncias do caso, por força daquela "imperiosa cláusula de modicidade" subjacente a que alude a Suprema Corte no julgamento da ADPF 130-DF. Precedentes citados do STF: ADPF 130-DF, DJe de 5/11/2009; do STJ: REsp 828.107-SP, DJ 25/9/2006. REsp 801.109-DF, Rel. Min. Raul Araújo, julgado em 12/6/2012. (Inform. STJ 499)

DANOS MORAIS. MATÉRIA JORNALÍSTICA. PUBLICAÇÃO DE FOTO SEM AUTORIZAÇÃO.

A Turma negou provimento ao especial e manteve a indenização em favor do recorrido na importância de R$ 50 mil, pelo uso indevido de sua imagem em matéria jornalística. Trata-se, na espécie, de ação de reparação de danos morais proposta contra editora em razão da publicação da fotografia e nome do recorrido sem sua autorização, em reportagem na qual consta como testemunha de homicídio – estava na companhia do jovem agredido e morto – ocorrido na Praça da República, na capital paulista, por motivos homofóbicos. O Min. Relator destacou que o direito à imagem, qualificado como direito personalíssimo, assegura a qualquer pessoa a oposição da divulgação da sua imagem, em circunstâncias concernentes a sua vida privada e intimidade. Observou, contudo, que a veiculação de fotografia sem autorização não gera, por si só, o dever de indenizar, sendo necessária a análise específica de cada situação. No presente caso, reputou-se que a matéria jornalística teve como foco a intimidade do recorrido, expondo, de forma direta e clara, sua opção sexual. Dessa forma, a publicação da fotografia com o destaque "sobrevivente" não poderia ter sido feita sem autorização expressa; pois, sem dúvida, submeteu o recorrido, no mínimo, ao desconforto social de divulgação pública de sua intimidade. Assim, conclui-se ser indenizável o dano à imagem do recorrido. REsp 1.235.926-SP, Rel. Min. Sidnei Beneti, julgado em 15/3/2012.(Inform. STJ 493)

DANO MORAL. PARLAMENTAR.

De acordo com a jurisprudência pacífica do STJ, a fixação do valor de indenização por danos morais só pode ser revisada pelo tribunal se o montante for irrisório ou exagerado, em flagrante inobservância dos princípios da razoabilidade e da proporcionalidade. No caso, um parlamentar foi alvo de críticas sarcásticas em matéria publicada em revista de circulação nacional. Considerando-se que o ofendido era membro de uma das casas do Congresso Nacional, portanto pessoa exposta a abordagens críticas mais ácidas, a Turma entendeu que a reportagem não se afastou muito dos limites tolerados em qualquer democracia. Dessa forma, entendeu-se razoável a fixação por dano moral em R$ 5 mil. Precedentes citados: AgRg no REsp 971.113-SP, DJe 8/3/2010; AgRg no REsp 675.950-SC, DJe 3/11/2008, e REsp 1.082.878-RJ, DJe 18/11/2008. **REsp 685.933-DF, Rel. Min. Raul Araújo, julgado em 15/3/2012. (Inform. STJ 493)**

INDENIZAÇÃO. MATÉRIA JORNALÍSTICA. DIREITO DE INFORMAR. LIBERDADE DE IMPRENSA.

A Turma, por maioria, deu provimento ao recurso para afastar a responsabilização da empresa jornalística ora recorrente pelo pagamento de indenização à recorrida sob o entendimento de que, no caso, não existiria ilícito civil, pois a recorrente teria atuado nos limites do exercício de informar e do princípio da liberdade da imprensa. Na espécie, a defesa alegava ofensa à honra da recorrida; pois, em matéria publicada no referido jornal, ela teria sido confundida com uma evangélica fanática que, após quebrar o bloqueio da segurança presidencial, teria se aproximado do então presidente da República Luiz Inácio Lula da Silva para fazer um discurso favorável à pessoa de Fernandinho Beira-Mar. Inicialmente, observou o Min. Relator que, em se tratando de matéria veiculada pela imprensa, a responsabilidade civil por danos morais emerge quando a reportagem for divulgada com a intenção de injuriar, difamar ou caluniar. Nessas hipóteses, a responsabilidade das empresas jornalísticas seria de natureza subjetiva, dependendo da aferição de culpa, sob pena de ofensa à liberdade de imprensa. Assentou, ainda, que, se o fato divulgado for verídico e estiver presente o interesse público na informação, não há que falar em abuso na veiculação da notícia, caso em que, por consectário, inexiste o dever de indenizar, sendo essa a hipótese dos autos. Segundo destacou, a matéria publicada não tinha como objetivo ofender a honra da recorrida, mas sim noticiar a possível falha na segurança da então Presidência da República, que permitiu a aproximação de uma cidadã não identificada, sem autorização, da autoridade máxima do país, assunto, portanto, de interesse nacional. Consignou, ademais, que a matéria escorou-se em fatos objetivos e de notória relevância, o que afasta a ilicitude da divulgação, sendo que, em momento algum, foi publicada a fotografia ou o nome completo da recorrida. Pelo contrário, a reportagem trouxe a imagem da verdadeira autora do discurso, identificando-a pelo seu próprio nome. Dessa forma, ainda que tenham nomes similares, não seria crível ter havido confusão entre aquela e a ora recorrida. REsp 1.268.233-DF, Rel. Min. Massami Uyeda, julgado em 15/3/2012. (Inform. STJ 493)

DANO MORAL. DIREITO DE INFORMAR E DIREITO À IMAGEM.

O direito de informar deve ser analisado com a proteção dada ao direito de imagem. O Min. Relator, com base na doutrina, consignou que, para verificação da gravidade do dano sofrido pela pessoa cuja imagem é utilizada sem autorização prévia, devem ser analisados: (i) o grau de consciência do retratado em relação à possibilidade de captação da sua imagem no contexto da imagem do qual foi extraída; (ii) o grau de identificação do retratado na imagem veiculada; (iii) a amplitude da exposição do retratado; e (iv) a natureza e o grau de repercussão do meio pelo qual se dá a divulgação. De outra parte, o direito de informar deve ser garantido, observando os seguintes parâmetros: (i) o grau de utilidade para o público do fato informado por meio da imagem; (ii) o grau de atualidade da imagem; (iii) o grau de necessidade da veiculação da imagem para informar o fato; e (iv) o grau de preservação do contexto originário do qual a imagem foi colhida. No caso analisado, emissora de TV captou imagens, sem autorização, de funcionário de empresa de assistência técnica durante visita para realização de orçamento para conserto de uma televisão que, segundo a emissora de TV, estava apenas com um fusível queimado. O orçamento realizado englobou outros serviços, além da troca do fusível. A imagem do funcionário foi bem focalizada, permitindo sua individualização, bem como da empresa em que trabalhava. Não houve oportunidade de contraditório para que o envolvido pudesse provar que o aparelho tinha outros defeitos, além daquele informado pela rede de TV. Assim, restou configurado dano moral por utilização indevida da imagem do funcionário. Noutro aspecto analisado, o Min. Relator destacou a pacífica jurisprudência do STJ que possibilita a revisão do montante devido a título de dano moral, quando o valor for exorbitante ou irrisório, observados os princípios da proporcionalidade e da razoabilidade. Nesse contexto, a Turma entendeu desproporcional a fixação da verba indenizatória em R$ 100 mil, reduzindo-a a R$ 30 mil. Precedentes citados: REsp 267.529-RJ, DJ de 18/12/2000; REsp 1.219.197-RS, DJe de 17/10/2011; REsp 1.005.278-SE, DJe de 11/11/2010; REsp 569.812-SC, DJ de 1º/8/2005. REsp 794.586-RJ, Rel. Min. Raul Araújo, julgado em 15/3/2012. (Inform. STJ 493)

DANO MORAL. PUBLICAÇÃO. REVISTA.

Trata-se, na origem, de ação indenizatória ajuizada por ex-presidente da República, recorrente, contra grupo editorial, recorrido, em razão de matéria publicada em revista de propriedade da última. Segundo o recorrente, a reportagem agrediu-o com uma série de calúnias, injúrias e difamações. O juízo a quo julgou improcedente o pedido. O tribunal de origem reformou a sentença, fixando a indenização em R$ 60 mil. O recorrente interpôs recurso especial alegando, em síntese, que o valor da indenização foi arbitrado com excessiva parcimônia, violando o art. 944 do CC, não tendo sido levada em consideração a qualificação das partes envolvidas, a repercussão do dano causado e o lucro auferido pela recorrida com a publicação da reportagem injuriosa. A Turma, por maioria, deu provimento ao recurso por entender que a lei não fixa valores ou critérios para a quantificação do valor do dano moral. Ademais, essa Corte tem-se pronunciado no sentido de que o valor de reparação do dano deve ser fixado em montante que desestimule o ofensor a repetir a falta, sem constituir, de outro lado, enriquecimento indevido. No caso, o desestímulo ao tipo de ofensa, juridicamente catalogada como injúria, deve ser enfatizado. Não importa quem seja o ofendido, o sistema jurídico reprova sejam-lhe dirigidos qualificativos pessoais ofensivos à honra e à dignidade. A linguagem oferece larga margem de variantes para externar a crítica sem o uso de palavras e expressões ofensivas. O desestímulo ao escrito injurioso em grande e respeitado veículo de comunicação autoriza a fixação da indenização mais elevada, à moda do punitive dammage do direito anglo-americano, revivendo lembranças de suas consequências para a generalidade da comunicação de que o respeito à dignidade pessoal se impõe a todos. Por outro lado, não se pode deixar de atentar aos fundamentos da qualidade da ofensa pessoal considerados pela douta maioria no julgamento, salientando que o recorrente, absolvido, mesmo que por motivos formais, da acusação da prática do crime de corrupção e ainda que sancionado com o julgamento político do impeachment, veio a cumprir o período legal de exclusão da atividade política e, posteriormente, eleito senador da República, chancelado pelo respeitável fato da vontade popular. Diante dessa e de outras considerações, definiu-se o valor de R$ 500 mil, fixado à dosagem equitativa em consideração às circunstâncias objetivas e subjetivas da ofensa, ligadas ao fato e suas consequências, bem como à capacidade econômica dos ofensores e à pessoa do ofendido. Vencidos em parte o Min. Relator e o Min. Paulo de Tarso Sanseverino, que proviam em menor extensão ao fixar a indenização em R$ 150 mil. REsp 1.120.971-RJ. Rel. Min. Sidnei Beneti, julgado em 28/2/2012. (Inform. STJ 492)

DANO MORAL. REPORTAGEM. FATOS REFUTADOS JUDICIALMENTE.

A Turma deu provimento ao recurso especial interposto contra decisão do tribunal de origem que não reconheceu abuso do direito de informar, para fixar indenização em favor dos magistrados de Tribunal Superior e advogado, autores da ação. Segundo o Min. Relator, os recorridos noticiaram, de forma incompleta, os fatos ao desconsiderarem decisões judiciais – já publicadas à época e de conhecimento desses – que refutavam os acontecimentos narrados e diminuiriam a repercussão da notícia veiculada na revista. O dano moral foi causado pela publicação da matéria que estabeleceu ligação direta e inverídica entre os recorrentes e os fatos a eles imputados, atingindo-lhes a honra. Assim, observando o enunciado da Súm. n. 221-STJ e o art. 953 do CC/2002, a Turma responsabilizou solidariamente todos os recorridos e fixou a indenização em R$ 20 mil em favor de cada um dos autores da ação, ora recorrentes. Os recorridos também foram condenados por litigância de má-fé; pois, durante a sessão de julgamento, na sustentação oral, arguiram indevidamente preliminar de deserção pela falta do recolhimento do porte de remessa e retorno. Verificada a existência da guia de recolhimento nos autos, a Turma reconheceu a litigância de má-fé nos termos do art. 17, I e II, do CPC e aplicou a multa de 1% do valor da causa, prevista no art. 18 do mesmo diploma legal. **REsp 1.263.973-DF, Rel. Min. Villas Bôas Cueva, julgado em 17/11/2011.** (Inform. STJ 487)

PROVEDOR. INTERNET. EXCLUSÃO. OFENSA.

Na espécie, o ora recorrido (médico-cirurgião plástico) informou na inicial que seu nome fora vinculado a predicativos depreciativos de sua honra veiculados em fóruns de discussão em *site* de relacionamentos integrante da rede mundial de computadores administrado pela recorrente. Por isso, pleiteou, além de indenização pelos danos sofridos, a concessão de medida liminar para que a recorrente retirasse do referido *site* todas as ofensas à sua imagem no prazo de 24 horas, sob pena de multa diária de R$ 1 mil. O juízo singular concedeu a antecipação de tutela para que a recorrente excluísse do *site* todas as menções difamatórias relacionadas ao recorrido dentro do prazo máximo de 48 horas a partir da intimação, sob pena de multa diária no valor de R$ 800,00 por dia de atraso. Diante disso, a recorrente interpôs agravo de instrumento (a que foi negado seguimento) contra a decisão que determinou a exclusão do *site* de relacionamentos de toda e qualquer menção difamatória ao nome do recorrido. Alegou que não tem condição técnica para proceder a uma "varredura" do *site* com o fim de localizar o conteúdo difamatório, sendo imprescindível a identificação precisa da página que hospeda o conteúdo, mediante a informação da *URL* (*Uniform Resource Locator*). Assim, discute-se, no caso, apenas se há o dever do provedor do serviço de *Internet* de retirar as páginas nas quais foram identificadas tais ofensas, independentemente de a vítima oferecer com precisão os endereços eletrônicos. O Min. Relator asseverou que, diante da moldura fática apresentada à Turma, afigurou-se correta a decisão singular, bem como o acórdão que a manteve. Isso porque não é crível que uma sociedade empresária do porte da recorrente não possua capacidade técnica para identificar as páginas que contenham as mencionadas mensagens, independentemente da identificação precisa por parte do recorrido das *URLs*. Assim, a argumentada incapacidade técnica de varredura das mensagens indiscutivelmente difamantes é algo de *venire contra factum proprium*, inoponível em favor do provedor de *Internet*. Com essas, entre outras ponderações, a Turma negou provimento ao recurso. Precedentes citados: REsp 765.105-TO, DJ 30/10/2006, e REsp 1.117.633-RO, DJe 26/3/2010. **REsp 1.175.675-RS, Rel. Min. Luis Felipe Salomão, julgado em 9/8/2011.** (Inform. STJ 480)

RESP. LEI DE IMPRENSA.

Trata-se, na origem, de ação indenizatória por danos morais ajuizada por magistrado que alega ser alvo de ataques à sua honra, imagem e integridade profissional decorrentes de publicação veiculada em jornal. O STF, ao julgar a ADPF 130, declarou que a Lei de Imprensa, em seu todo, não foi recepcionada pela Constituição Federal. Nos termos do entendimento predominante no STF, há retroação dos efeitos decorrentes da declaração de não recepção independentemente dos reflexos decorrentes da anterior aplicação da referida lei. Assim a decisão que declarou a não recepção produz efeitos *ex tunc,* ou seja, a lei é inválida desde sua promulgação. Se assim é, este Superior Tribunal, na via do recurso especial, o qual tem a função de garantir a boa aplicação da lei federal e unificar-lhe a interpretação em todo o Brasil, não pode promover o controle de uma lei federal não recepcionada. Logo, a Turma, ao retificar a proclamação do resultado do julgamento da sessão do dia 8/2/2001, não conheceu dos recursos. **REsp 942.587-ES, Rel. Min. Luis Felipe Salomão, em 2/8/2011 (ver Informativo n. 462).** (Inform. STJ 480)

DANO MORAL. NEPOTISMO CRUZADO. REPORTAGEM TELEVISIVA.

Trata-se de REsp no qual se busca, em síntese, a qualificação jurídica a ser conferida à divulgação de imagens de magistrados (desembargadores estaduais), entre as quais a do ora recorrido, reunidos no ambiente habitual de trabalho, com o escopo de ilustrar reportagem sobre a prática do denominado "nepotismo cruzado" no âmbito dos Poderes locais, veiculada em programa jornalístico apresentado pela emissora de TV ora recorrente. Inicialmente, a Min. Relatora, entre outras considerações, ressaltou que, conforme entendimento do STF e também do STJ, não é a simples divulgação da imagem que gera o dever de indenizar; faz-se necessária a presença de outros fatores que evidenciem o exercício abusivo do direito de informar ou mesmo de divulgar a imagem, causando situação vexatória no caso das pessoas públicas, assim denominadas pela doutrina. Dessarte, observou que, na hipótese, consoante a sentença confirmada pelo acórdão recorrido, a primeira imagem que aparece na reportagem televisiva questionada é a do recorrido, cinematografada em *close-up*, ligando diretamente a pessoa dele ao nepotismo cruzado, e a matéria veiculada (com som e imagem) é exatamente no sentido de abominar os envolvidos em tal prática. Desse modo, entendeu que a exposição da imagem dos magistrados presentes à sessão de julgamento, com a focalização em *close up* do recorrido, juiz não vinculado com os fatos noticiados, no início da matéria não era necessária para o esclarecimento do objeto da reportagem, consistindo, portanto, dada a interpretação da prova prevalente nas instâncias ordinárias, em abuso do direito de noticiar. Quanto ao valor da indenização, estabelecido em R$ 50 mil em outubro de 2008, considerou-o adequado, tendo em vista o grande alcance do meio de comunicação utilizado para veicular, em horário nobre, a imagem causadora do dano moral. Diante disso, a Turma, por maioria, conheceu parcialmente do recurso, e, na parte conhecida, negou-lhe provimento. Precedentes citados do STF: MS 24.832-DF, DJ 18/8/2006; do STJ: REsp 803.129-RS, DJe 13/10/2009, e REsp 622.872-RS, DJ 1º/8/2005. **REsp 1.237.401-PE, Rel. Min. Maria Isabel Gallotti, julgado em 21/6/2011.** (Inform. STJ 478)

DANO MORAL. USO INDEVIDO. IMAGEM.

Trata-se de ação de indenização por danos morais pelo uso indevido de imagem em programa de TV (recorrente) que filmou a autora após despejar baratas vivas quando ela transitava em via pública, o que, segundo o TJ, não se poderia confundir com mera brincadeira devido ao terror imposto – que, inclusive, repercutiu na atividade psíquica da vítima. Para coibir esse tipo de conduta, o TJ fixou a indenização em montante equivalente a 500 salários mínimos. Agora, no REsp, a TV alega a ocorrência da decadência nos termos da Lei n. 5.250/1967 (Lei de Imprensa) e a necessidade de redução do valor da indenização. Para o Min. Relator, a limitação do prazo decadencial disposta na citada lei não foi recepcionada pela CF/1988, uma vez que incompatível com seu art. 5º, X, que erigiu o dano moral a direito fundamental do cidadão, de sorte que é inadmissível tratamento temporal diferenciado e privilegiado para essa espécie de lesão, apenas porque perpetrada pela mídia, seus agentes e colaboradores. Ademais, observa que o Plenário do STF declarou inconstitucional a Lei de Imprensa por inteiro. Por outro lado, considerou elevado o *quantum* arbitrado, embora ressalte não desconhecer a situação de absoluto constrangimento, pavor e ridicularização sofrida pela recorrida, que teve despejadas inúmeras baratas vivas sobre seu corpo, agravada pelo fato de que essas imagens foram veiculadas em programa televisivo sem a devida autorização. Assim, devido aos constrangimentos sofridos pela recorrida, adequou a condenação em proporcionalidade à lesão e fixou o valor indenizatório em cem mil reais, englobando os danos morais e a exposição indevida da imagem, corrigidos a partir da data desse julgamento. Diante do exposto, a Turma conheceu do recurso especial e deu-lhe parcial provimento, apenas para reduzir o valor da indenização. Precedentes citados do STF: ADPF 130-DF, DJe 6/11/2009; do STJ: AgRg no Ag 871.254-RJ, DJe 1º/7/2009; REsp 625.023-PE, DJ 26/2/2007; REsp 547.710-SP, DJ 10/5/2004; AgRg no Ag 605.917-RJ, DJ 1º/2/2005, e REsp 72.343-RJ, DJ 4/2/2002. **REsp 1.095.385-SP, Rel. Min. Aldir Passarinho Junior, julgado em 7/4/2011.** (Inform. STJ 468)

DANO. IMAGEM. NOME. GUIA. PLANO. SAÚDE.

O nome é um dos atributos da personalidade, pois faz reconhecer seu portador na esfera íntima e em suas relações sociais. O nome personifica, individualiza e identifica a pessoa de forma a poder impor-lhe direitos e obrigações. Desse modo, a inclusão dos nomes dos médicos recorridos em guia de orientação de plano de saúde sem que haja a devida permissão é dano presumido à imagem, o que gera indenização sem que se perquira haver prova de prejuízo, tal qual entendeu o acórdão recorrido. Precedente citado: REsp 267.529-RJ, DJ 18/12/2000. **REsp 1.020.936-ES, Rel. Min. Luis Felipe Salomão, julgado em 17/2/2011.** (Inform. STJ 463)

RESPONSABILIDADE CIVIL. DANO MORAL. OBRA JURÍDICO-INFORMATIVA.

Trata-se, na origem, de ação de reparação por danos morais na qual os recorrentes alegam que declarações do recorrido proferidas em livro e em entrevistas concedidas a programa de rádio e televisão teriam firmado a conclusão de que o pai matou a mãe, e o filho, um dos recorrentes, veio a matar o pai. A Turma, por maioria, entendeu que, ressalvadas as hipóteses de responsabilidade objetiva previstas no sistema de responsabilidade civil, não cabe indenização se ausentes o dolo, a culpa ou o abuso de direito. Nos trechos do livro trazidos na inicial, não há o intuito de denegrir a imagem ou a honra de um dos recorrentes, muito menos a memória de seu falecido pai. As conclusões do autor da obra estão adstritas ao âmbito das suposições e versões sobre o crime. Quanto à entrevista veiculada em programa de televisão, o tribunal *a quo* concluiu haver ausência de dolo e, em razão da Súm. n. 7-STJ, isso não pode ser revisto nesta instância superior. Assim, a Turma negou provimento ao recurso. **REsp 1.193.886-SP, Rel. Min. Luis Felipe Salomão, julgado em 9/11/2010**. (Inform. STJ 455)

DANOS MORAIS. DIFAMAÇÃO. TV. ELEIÇÕES.

Trata-se de ação indenizatória por danos morais contra emissora de televisão em que os autores ressentem-se de âncora que, em programa de entrevistas intitulado "Eleição 98", nada fez para impedir que o entrevistado desferisse ofensas consideradas difamatórias aos autores. Afirmam os autores que a emissora atraiu para si o ônus da reparação ao permitir a divulgação das ofensas contra eles. A ação foi julgada improcedente, sendo condenados os autores ao pagamento das custas e dos honorários em 15% sobre o valor da causa (fixado em ação de impugnação) e o tribunal *a quo* negou provimento à apelação dos autores. Observa o Min. Relator não ser possível rever o conjunto fático-probatório diante do óbice da Súm. n. 7-STJ, uma vez que as instâncias ordinárias concluíram não estar demonstrado, nos autos, o nexo causal entre a conduta da emissora recorrida e os prejuízos sofridos pelos autores. Também constatou não proceder a multa quanto aos embargos declaratórios opostos com o objetivo de prequestionamento (Súm. n. 98-STJ). Afirma o Min. Relator que também precisam reparo os honorários advocatícios, visto que a jurisprudência deste Superior Tribunal determina que, quando não há condenação, os honorários serão fixados segundo a apreciação equitativa do juiz, com base no § 4º do art. 20 do CPC. Diante do exposto, a Turma deu parcial provimento ao recurso. Precedentes citados: AgRg no Ag 326.119-MG, DJ 4/6/2001, e AgRg no Ag 717.109-SP, DJ 6/3/2006. **REsp 980.132-PI, Rel. Min. Sidnei Beneti, julgado em 19/10/2010**. (Inform. STJ 452)

INDENIZAÇÃO. DANOS MORAIS. JORNAL.

Discute-se, no REsp, se a notícia jornalística intitulada "Motorista Bêbado Bate Carro da Câmara" extrapolou seu direito de informar, atingindo a honra do recorrido. No caso, a ação de indenização por danos morais foi ajuizada contra a editora à qual pertence o jornal, visto que o motorista foi absolvido em sindicância administrativa da câmara municipal na qual não se confirmou seu estado de embriaguez. Por sua vez, anotou o Min. Relator que o acórdão recorrido, para chegar à conclusão de que o jornal extrapolou o direito de informação, consignou que o próprio motorista e algumas testemunhas confirmaram a ingestão de álcool, fato incontroverso nos autos. Ressalta que a liberdade de informação, sobretudo a amparada na liberdade de imprensa, assume um caráter dúplice, ou seja, há direito tanto de informar quanto de ser informado. Também explica que, se de um lado não se permite a leviandade por parte da imprensa, publicando matérias inverídicas que possam ofender a honra das pessoas, de outro lado também não se exigem, na atividade jornalística, verdades absolutas provadas previamente em investigação administrativa, policial ou judicial. Se houvesse tal exigência, iria colidir com a celeridade exigida nos meios de comunicação para noticiar os fatos. Destaca ainda o Min. Relator que a veracidade dos fatos noticiados na imprensa não deve consubstanciar dogma absoluto ou condição peremptoriamente necessária à liberdade de imprensa, mas um compromisso ético com a informação verossímil, o que pode eventualmente abarcar informações não totalmente precisas. Após essas considerações, entre outras, conclui o Min. Relator que, na hipótese, o jornal agiu segundo a margem tolerável de inexatidão por legítimo juízo de aparência dos fatos e interesse público, visto que, conforme consta dos autos, o autor ingeriu bebida alcoólica em festa com membros do Poder Legislativo local e, em seguida, colidiu com carro oficial à entrada de sua residência. Sendo assim, não houve erro grosseiro na reportagem divulgada, mas interesse público de informar, dar publicidade ao desvio da conduta de agente público, o que é próprio da crítica jornalística nos estados democráticos. Diante do exposto, a Turma deu provimento ao recurso para julgar improcedente o pedido indenizatório, restabelecendo a sentença. Precedentes citados: REsp 957.343-DF, DJe 8/4/2008, e REsp 1.063.304-SP, DJe 13/10/2008. **REsp 680.794-PR, Rel. Min. Luis Felipe Salomão, julgado em 17/6/2010**. (Inform. STJ 439)

DANO MORAL. DIVULGAÇÃO. FOTOS.

A Turma reconheceu a improcedência da ação de reparação de danos materiais e morais, reafirmando que a divulgação de fotografia sem autorização não gera, por si só, o dever de indenizar. Na hipótese, a exposição do recorrido deu-se em cartazes e *folders* publicitários que serviam apenas para divulgar jogos universitários. A sentença julgou improcedente o pedido, assinalando que o autor trabalhava no complexo desportivo da universidade com a função de atender aos alunos e ao público frequentador, além de ser responsável pela locação de canchas esportivas, assim, devia saber, com certa antecedência, de qualquer acontecimento a ser promovido e realizado no seu local de trabalho, mas o Tribunal *a quo* deu parcial provimento ao apelo, reconhecendo o dano moral. Para o Min. Relator, no contexto dos autos, não há o dever de indenizar por uso da imagem utilizada (em *folders* e cartazes) porque não trouxe ao autor qualquer dano à sua integridade física ou moral, além de que o recorrente não a utilizou com fins econômicos. Precedentes citados: AgRg no Ag 735.529-RS, DJ 11/12/2006, e REsp 622.872-RS, DJ 1º/8/2005. **REsp 803.129-RS, Rel. Min. João Otávio de Noronha, julgado em 29/9/2009.** (Inform. STJ 409)

DANOS MORAIS E MATERIAIS. LEI DE IMPRENSA. Cuida-se de recurso contra empresa de televisão em que se alega violação do art. 159 do CC/1916. Relata o autor que, em 1992, foi cercado por jornalistas da ré e por policiais, vítima que foi do jornalismo sensacionalista de programa de TV que lhe imputou a prática de crime de concussão, resultando em sua prisão por 35 dias e, em razão disso, veio a perder seu emprego. A ação iniciou-se em abril de 1995, há mais de quatorze anos, objetivando danos morais e materiais ao argumento, em síntese, de que teria sido sem base legal seu encarceramento. Reconhecido o erro judiciário da prisão indevida, entendeu o Min. Relator ser possível, desde logo e segundo os precedentes deste Superior Tribunal, arbitrar o valor do dano moral, dando efetividade à tutela jurisdicional buscada há tantos anos, porque a sentença penal faz coisa julgada no cível quanto aos fatos, tornando-se, assim, imutáveis. Diante disso, a Turma deu provimento ao recurso para, ao afastar a decadência do direito do recorrente, determinar a remessa dos autos às instâncias ordinárias a fim de prosseguir o julgamento da demanda, ao argumento de que o prazo decadencial previsto na Lei de Imprensa não prevalece no atual ordenamento jurídico, uma vez que a CF/1988, ao prever indenização por dano moral pela ofensa à honra, pôs fim àquele prazo, que previa sistema estanque, fechado, de reparabilidade dos danos praticados pela imprensa, não o recepcionando. Ademais, o STF suspendeu a vigência da expressão "e sob pena de decadência deverá ser proposta dentro de 3 meses da data da publicação ou transmissão que lhe der causa", constante da parte final do art. 56 da Lei de Imprensa, ao julgar a ADPF n. 130-DF. Precedentes citados: REsp 207.165-SP, DJ 17/12/2004; AgRg no Ag 460.284-RJ, DJ 17/3/2003; REsp 390.594-RJ, DJ 31/5/2004; REsp 655.357-SP, DJ 30/4/2007; AgRg no Ag 684.923-DF, DJ 17/10/2005, e REsp 547.710-SP, DJ 10/5/2004. **REsp 331.564-SP, Rel. Min. Honildo Amaral de Mello Castro (Desembargador convocado do TJ-AP), julgado em 18/8/2009.** (Inform. STJ 403)

DANO MORAL. OFENSA. HONRA. IMAGEM. O autor, recorrido, jogador de futebol, interpôs ação de indenização objetivando o ressarcimento dos danos à sua honra e imagem contra empresa de jornalismo que publicou, em sua revista, matéria referente a acidentes de trânsito, utilizando-se do seu apelido e de sua foto em capa de revista de grande circulação. A recorrente aduz que, em se tratando de matéria jornalística (art. 27, VIII, da Lei n. 5.250/1967), não há que se falar em dever de indenizar. A condenação imposta denota desproporção entre a mensuração da extensão do dano e a gravidade da culpa. Afirma que as expressões utilizadas na matéria já foram valoradas pelo Poder Judiciário em sede de ação criminal, quando se afastou a ofensividade dessas em relação ao recorrido. Alega ainda ser dispensável a autorização para o uso da imagem do recorrido, já que sua utilização deu-se para ilustrar reportagem de inequívoco interesse público. O Min. Relator dava parcial provimento ao recurso ao entendimento de que a empresa de jornalismo, ao empregar a notória alcunha conferida ao recorrido pela imprensa esportiva, conferindo-lhe conotação ambígua no título da matéria, e ao utilizar imagem daquele, sem sua autorização, em contexto diverso e depreciativo propiciou inequivocamente abalo à honra e à imagem daquele, acarretando-lhe, por conseguinte, a obrigação de reparar os danos causados. Afastado pela Justiça criminal o crime do art. 22 da Lei de Imprensa (Lei n. 5.250/1967) imputado ao autor da matéria jornalística, não há qualquer óbice para que aquele que se considere prejudicado pela veiculação da matéria jornalística pleiteie, perante a Justiça cível, a reparação civil pelos danos morais e materiais dela decorrentes. O dano à imagem decorrente de sua inserção em contexto depreciativo, além de ensejar reparação extrapatrimonial, poderá, se demonstrado que a utilização indevida da imagem de alguém propiciou algum ganho, um enriquecimento indevido a outrem, acarretar a reparação de caráter patrimonial. O Min. Sidnei Beneti, em seu voto vista, entendeu que a publicação não teve o intuito de ofender a honra do autor. No caso já houve a absolvição criminal do jornalista, acusado, em queixa-crime movida pelo autor, do cometimento de delito contra a honra e tal absolvição não se fundou em falta de provas (CPP, art. 386, VI), mas sim, ao contrário, em não constituir o fato infração penal (CPP, art. 386, III). Quer dizer: não se configuraram injúria, calúnia ou difamação, isto é, ausente o intuito de ofender. Essa ausência do intuito de ofender transmigra para o julgamento da questão cível de ação de indenização por dano moral e, uma vez ausente o intuito de ofender por parte do profissional de imprensa responsável pela matéria, tem-se que ausente, também, a responsabilidade indenizatória da revista que a publicou. Não há como exigir o sentido único de direcionamento da imprensa para a versão favorável. Todas as figuras públicas, não só ocupantes de cargos e funções públicas, mas também as particulares que se tornam públicas pela exposição da imagem, são obrigadas a conviver com o destaque da interpretação agradável ou desagradável que seja dada aos atos que praticam e aos fatos que as envolvem. Não houve mais que incômodo ou desconforto pessoal pela exposição de características próprias já antes amplamente divulgadas, com fruição pessoal, e notícia de fatos efetivamente ocorridos, ou seja, o acidente e a condenação, ainda que sujeita a recurso. Diante disso, a Turma, por maioria, deu provimento ao recurso. **REsp 1.021.688-RJ, Rel. originário Min. Massami Uyeda, Rel. para acórdão Min. Sidnei Beneti, julgado em 23/6/2009.** (Inform. STJ 400)

RESPONSABILIDADE. TELEVISÃO. ORGANIZAÇÃO CRIMINOSA.

Cuida a matéria em definir a responsabilidade da imprensa televisiva por veicular reportagem na qual o recorrido é apontado como suspeito de participar de organização criminosa. Inicialmente, destacou a Min. Relatora que a lide deve ser analisada tão somente à luz da legislação civil e constitucional pertinente, tornando-se irrelevantes as citações aos arts. 29, 32, § 1º, 51 e 52 da Lei n. 5.250/1967 (a Lei de Imprensa), uma vez que essa não foi recepcionada pela CF/1988. Em uma primeira oportunidade, a recorrente exibiu reportagem na qual procurava denunciar a existência de organização criminosa, com atuação em dois estados. Ocorre que, com a morte de um advogado, nova reportagem foi exibida durante programa dominical. O nome do recorrido é mencionado em duas oportunidades. Na primeira, o narrador da reportagem afirma que o recorrido teve seu nome citado na notícia-crime como parte da máfia das prefeituras. Na segunda, a fonte revela que teria sido ameaçada pelo recorrido. O TJ viu, nessa situação de fato, abuso do direito de informar com ânimo de difamar e caluniar, destacando que a simples pecha de suspeito já se faz conduta suficiente a ensejar danos à honra objetiva (social) e subjetiva (íntima) do autor, merecendo, assim, repreensão judicial. Para a Min. Relatora, é nesse contexto que surge a violação dos arts. 186 e 927 do CC/2002, sendo certo que, no recurso especial, a recorrente afirma não estarem presentes os requisitos para que lhe imputem responsabilidade civil. Não haveria culpa e tampouco nexo causal. Há, na questão, um conflito de direitos constitucionalmente assegurados. A Constituição Federal assegura a todos a liberdade de pensamento (art. 5º, IV), bem como a livre manifestação desse pensamento (art. 5º, IX) e o acesso à informação (art. 5º, XIV). Esses direitos salvaguardam a atividade da recorrente. No entanto, são invocados pelo recorrido os direitos à reputação, à honra e à imagem, assim como o direito à indenização pelos danos morais e materiais que lhe sejam causados (art. 5º, X). Para a solução do conflito, cabe ao legislador e ao aplicador da lei buscar o ponto de equilíbrio no qual os dois princípios mencionados possam conviver, exercendo verdadeira função harmonizadora. A questão merece ser vista com cautela, para que se esclareçam os limites da liberdade de expressão. É essencial o manejo correto das regras de responsabilidade civil, pois só elas podem indicar onde há abuso de liberdade e lesão injustamente causada a outrem. Na hipótese, constata-se que a reportagem da recorrente, para sustentar essa sua afirmação, trouxe ao ar elementos importantes, como o depoimento de fontes fidedignas, a saber: a prova testemunhal de quem foi à autoridade policial formalizar notícia-crime e a opinião de um procurador da República. Ademais, os autos revelam que o próprio repórter fez-se passar por agente interessado nos benefícios da atividade ilícita, obtendo gravações que efetivamente demonstravam a existência de engenho fraudatório. Não se tratava, portanto, de um mexerico, fofoca ou boato que, negligentemente, divulgava-se em cadeia nacional. Acresça-se a isso que o próprio recorrido revela que uma de suas empresas foi objeto de busca e apreensão. Ao público, foram dadas as duas versões do fato: a do acusador e a do suspeito. Os elementos que cercaram a reportagem também mostravam que havia fatos a serem investigados. O processo de divulgação de informações satisfaz o verdadeiro interesse público, devendo ser célere e eficaz, razão pela qual não se coaduna com rigorismos próprios de um procedimento judicial. Desse modo, vê-se claramente que a recorrente atuou com a diligência devida, não extrapolando os limites impostos à liberdade de informação. A suspeita que recaía sobre o recorrido, por mais dolorosa que lhe seja, de fato, existia e era, à época, fidedigna. Se hoje já não pesam sobre o recorrido essas suspeitas, isso não faz com que o passado altere-se. Pensar de modo contrário seria impor indenização a todo veículo de imprensa que divulgue investigação ou ação penal que, ao final, mostre-se improcedente. Por esses motivos, deve-se concluir que a conduta da recorrente foi lícita, havendo violação dos arts. 186 e 927 do CC/2002. Aderindo a esse entendimento, a Turma deu provimento ao recurso para julgar improcedentes os pedidos formulados na inicial. **REsp 984.803-ES, Rel. Min. Nancy Andrighi, julgado em 26/5/2009.** (Inform. STJ 396)

DANO MORAL. HONRA SUBJETIVA. POLÍTICO.

Em retificação à notícia do REsp 536.556-PR (ver Informativo n. 390), leia-se: o candidato a prefeito municipal propôs ação de indenização contra presidente de partido político adversário em razão de sua participação na elaboração e divulgação de panfleto de teor difamatório durante a campanha eleitoral e postulou sua condenação em 10.800 salários mínimos a título de danos morais. O Min. Relator entendeu que a divulgação de informações prejudiciais à pessoa pública não implica, automaticamente, prejuízos de natureza política, sendo necessária a comprovação da ocorrência de dano à honra subjetiva da vítima. Quanto ao dano moral objetivando compensar apenas lesão à honra subjetiva, o valor fixado pelo tribunal de origem, correspondente a sete mil e quinhentos reais, atende às circunstâncias do caso concreto e está em conformidade com os parâmetros adotados por este Superior Tribunal. Precedentes citados: REsp 846.189-RS, DJ 2/10/2006; REsp 575.696-PR, DJ 16/5/2005; REsp 299.690-RJ, DJ 7/5/2001, e AgRg no Ag 727.915-SP, DJ 26/6/2006. **REsp 536.556-PR, Rel. Min. Luis Felipe Salomão, julgado em 14/4/2009.** (Inform. STJ 391)

DANOS MORAIS. DECLARAÇÕES OFENSIVAS. PREFEITA.

A recorrente, empresa de comunicação, insurge-se contra acórdão de TJ que concedeu à prefeita municipal indenização por danos morais decorrentes de declarações veiculadas em programas de rádio local. Para o Min. Relator, as pessoas públicas, malgrado mais suscetíveis a críticas, não perdem o direito à honra. Alguns aspectos da vida particular de pessoas notórias podem ser noticiados. No entanto, o limite para a informação é o da honra da pessoa. As notícias que têm como objeto pessoas de notoriedade não podem refletir críticas indiscriminadas e levianas, pois existe uma esfera íntima do indivíduo como pessoa humana que não pode ser ultrapassada. Quanto ao argumento de que inexistia o *animus* de ofender a vítima, o exame das declarações difundidas nos programas de rádio revela evidente vontade consciente de atingir a honra da recorrida mediante imputação de atos tipificados como crime, como corrupção passiva, ou de atos que simplesmente a desmoralizam perante a sociedade. Desse modo, evidente o abuso do direito de informar, a indenização por danos morais é cabível. Não é o só fato de a autora ter pleiteado indenização em valor superior ao deferido nas instâncias ordinárias que caracteriza sucumbência recíproca, uma vez que o valor da indenização deduzido na inicial é meramente estimativo. Isso posto, a Turma não conheceu do recurso. **REsp 706.769-RN, Rel. Min. Luis Felipe Salomão, julgado em 14/4/2009.** (Inform. STJ 390)

DANO MORAL. HONRA SUBJETIVA. POLÍTICO.

O candidato a prefeito municipal propôs ação de indenização contra presidente de partido político adversário em razão de sua participação na elaboração e divulgação de panfleto de teor difamatório durante a campanha eleitoral e postulou sua condenação em 10.800 salários mínimos a título de danos morais. O Min. Relator entendeu que a divulgação de informações prejudiciais à pessoa pública não implica, automaticamente, prejuízos de natureza política, sendo necessária a comprovação da ocorrência de dano à honra objetiva da vítima. Quanto ao dano moral objetivando a compensar apenas lesão à honra subjetiva, o valor fixado pelo tribunal de origem, correspondente a sete mil e quinhentos reais, atende às circunstâncias do caso concreto e está em conformidade com os parâmetros adotados por este Superior Tribunal. Precedentes citados: REsp 846.189-RS, DJ 2/10/2006; REsp 575.696-PR, DJ 16/5/2005; REsp 299.690-RJ, DJ 7/5/2001, e AgRg no Ag 727.915-SP, DJ 26/6/2006. **REsp 536.556-PR, Rel. Min. Luis Felipe Salomão, julgado em 14/4/2009.** (Inform. STJ 390)

IMAGENS. VEICULAÇÃO. TELEVISÃO. DANO MORAL. REDUÇÃO.

No caso, houve abuso e desrespeito na veiculação das imagens dos autores, membros de comunidade naturista, por canal de televisão, inclusive em descumprimento de cláusula contratual expressa, de forma deliberada. Assim, a atitude da recorrente há que ser reprimida com rigor, não só pela gravidade da situação concreta, como pela necessidade de coibir condutas semelhantes. Há que se dar o caráter punitivo adequado para que não se concretize a vantagem dos altos índices de audiência sobre os riscos advindos da violação dos direitos constitucionalmente garantidos, honra e dignidade. Todavia, o Min. Relator entendeu que o montante fixado pelo Tribunal de origem, mil salários mínimos, pareceu-lhe excessivo, fugindo em muito dos parâmetros deste Superior Tribunal. Diante disso, pelas peculiaridades da espécie, a Turma, ao prosseguir o julgamento, por maioria, conheceu parcialmente do recurso e, nessa parte, deu-lhe parcial provimento para reduzir o valor da reparação moral para duzentos mil reais para cada um dos demandantes, corrigidos a partir da data do julgamento. Precedente citado: REsp 53.321-RJ, DJ 24/11/1997. **REsp 838.550-RS, Rel. Min. Cesar Asfor Rocha, julgado em 13/2/2007.** (Inform. STJ 310)

Responsabilidade por cobrança indevida

DANO MORAL. APONTAMENTO DE TÍTULO PARA PROTESTO. PESSOA JURÍDICA.

O simples apontamento de título a protesto sem o efetivo registro não gera dano moral. Isso porque, após a protocolização do título, o devedor tem a oportunidade de pagar a dívida ou sustar o protesto, antes de este ser lavrado e registrado, não configurando, portanto, nenhum constrangimento. Ademais, não há publicidade do ato quando a intimação é feita diretamente no endereço indicado pelo credor, via portador do tabelionato, correspondência registrada ou com aviso de recebimento, como no caso. Além disso, por se tratar de pessoa jurídica, é necessária a violação de sua honra objetiva para caracterizar o dano moral. Assim, não havendo publicidade de informações lesivas à sua reputação, a indenização não é cabível. Precedentes citados: **REsp 1.017.970-DF, DJe 5/9/2008; REsp 793.552-RS, DJ 27/08/2007, e REsp 60.033-MG, DJ 27/11/1995. REsp 1.005.752-PE, Rel. Min. Luis Felipe Salomão, julgado em 26/6/2012**. (Inform. STJ 500)

DANOS MORAIS. EXECUÇÃO INDEVIDA.

Trata-se de REsp em que se discute a responsabilidade da recorrida e a consequente indenização por danos morais à recorrente pela negativação de seu nome efetuada por órgão de proteção ao crédito, tendo em vista que tal negativação deu-se em decorrência de ação de execução indevidamente ajuizada pela recorrida em desfavor da recorrente. A Turma conheceu parcialmente do recurso, mas lhe negou provimento, por entender que a responsabilidade da recorrida não se afigura na espécie, pois seu direito de ação não pode ser interpretado como gerador do pretenso dano moral, haja vista que faz parte dos direitos constitucionalmente garantidos o acionamento da máquina judiciária. Ressaltou-se que, somente na hipótese de comprovada má-fé da recorrida em provocar a prestação jurisdicional do Estado em lide evidentemente temerária, poder-se-ia perquirir sobre os danos invocados. No caso, o tribunal *a quo* expressamente não reconheceu tal ocorrência. Ademais, pelo princípio da publicidade imanente, o qual se reconhece hígido no STJ, o próprio banco de dados autonomamente procede à inscrição, pois se cuida de informação constante do cartório de distribuição de feitos judiciais, de ampla publicidade. **REsp 780.583-DF, Rel. Min. Aldir Passarinho Junior, julgado em 24/8/2010**. (Inform. STJ 444)

COBRANÇA INDEVIDA. DEVOLUÇÃO. DOBRO.
A aplicação do art. 1.531 do CC/1916 (devolução em dobro por demanda de dívida já paga), que hoje corresponde ao art. 940 do CC/2002, independe de ação autônoma ou reconvenção. No caso, a má-fé do condomínio na cobrança das quotas condominiais (*vide* Súm. n. 159-STF) foi tida por incontroversa pelo tribunal *a quo*, a permitir ao condômino demandado pleitear a incidência do referido artigo por qualquer via processual que escolha. Assim, a interpretação dada pelo tribunal *a quo* quanto ao dispositivo, de que ele dependeria de reconvenção ou ação, não traduz a real interpretação do legislador e nem se coaduna com os princípios da boa-fé e da finalidade econômica e/ou social do direito, além de permitir a prática do abuso de direito e o indevido uso do aparato judicial. Precedentes citados: REsp 788.700-PB, DJe 30/11/2009; Ag 796.295-RJ, DJ 7/7/2007, e REsp 608.887-ES, DJ 13/3/2006. **REsp 661.945-SP, Rel. Min. Luis Felipe Salomão, julgado em 17/8/2010**. (Inform. STJ 443)

DANOS MORAIS. DUPLICATA. DÍVIDA INEXISTENTE.
Trata-se de ação de indenização por danos morais e patrimoniais cumulada com pedido de condenação equivalente à quantia indevidamente exigida em duplicata de dívida inexistente, por força do art. 1.531 do CC/1916. Nas instâncias ordinárias, o juiz julgou procedente em parte o pedido, condenando o réu só ao pagamento de dano moral fixado em 50 salários mínimos, mas o TJ reformou em parte a sentença, fixando em R$ 20.800,00 os danos morais, incidindo os juros legais desde a data do evento danoso, sendo que, a partir do novel CC, passaram de 6% para 12% ao ano, afastando o art. 1.531 do CC/1916. Isso posto, o Min. Relator originário, embora reconhecendo aplicável o art. 1.531 do CC/1916, votou no sentido de dar parcial provimento para condenar o réu ao pagamento da quantia cobrada indevidamente, porque a dobra não foi objeto do pedido. Observa o Min. Ari Pargendler, em seu voto-vista, o vencedor, que a penalidade prevista no art. 1.531 do CC/1916 pressupõe a existência de cobrança judicial de dívida já paga ou cobrança acima do valor que realmente é devido quando formulada com má-fé, dolo ou malícia por parte do credor. No caso dos autos, afirma o juiz, não há ligação antecedente e necessária de crédito e débito entre as partes e a dívida ilicitamente forjada constituiu, em última análise, elemento acidental de negócio, poderia ser objeto de prestação ou obrigação de dar, de fazer. Assim, não há como superar os fundamentos fáticos da sentença. Dessa forma, a Turma, ao prosseguir o julgamento, por maioria, não conheceu do recurso. **REsp 892.839-RS, Rel. originário Min. Humberto Gomes de Barros, Rel. para acórdão Min. Ari Pargendler, julgado em 21/8/2008**. (Inform. STJ 364)

Responsabilidade po INDENIZAÇÃO. DANO MORAL. CLONAGEM. TELEFONE CELULAR.
Trata-se de ação de indenização por danos morais e materiais por cobrança da quantia de R$ 16.178,02 relativa à utilização de linha telefônica de celular em período em que estava clonado, bloqueada a linha. Narra o autor que tais fatos acarretaram-lhe danos porque o uso dessa linha resvestia-se de grande importância em suas funções como membro do Ministério Público. Em primeiro grau, o pleito foi julgado procedente em parte, excluindo-se a indenização por danos materiais. A empresa apelou para reduzir o valor indenizatório, e o Tribunal *a quo* proveu parcialmente a apelação, reduzindo o valor da indenização. Daí o presente recurso especial da empresa de telefonia, com pedido para reduzir ainda mais o valor fixado naquele Tribunal. Para o Min. Relator,ficou comprovada, nas instância ordinárias, a culpa da empresa recorrente, que reconheceu falha no seu sistema computadorizado, o que não a exclui da responsabilidade de não avisar o cliente do bloqueio em caso de clonagem. Considerou ainda excessivo o *quantum* indenizatório e o reduziu a R$ 7.000,00, observados os princípios da moderação e da razoabilidade. Com esse entendimento, a Turma deu provimento ao recurso. **REsp 871.628-AL, Rel. Min. Jorge Scartezzini, julgado em 7/12/2006.** (Inform. STJ 307)

DANO MORAL. INSCRIÇÃO. CADASTRO DE INADIMPLÊNCIA.
A Turma não conheceu do recurso, confirmando a decisão *a quo* por envolver reapreciação do acervo probatório da ação indenizatória por danos morais ajuizada contra empresa de televisão a cabo que negativou o nome da autora nos órgãos de proteção ao crédito, em razão de débito proveniente da instalação de serviço de TV a cabo embora ela não tenha contratado tais serviços. Apesar de constar no contrato o nome e CPF da autora, os dados eram incompletos, o endereço era antigo de imóvel com promessa de compra e venda firmada pela autora por meio de escritura

pública, inclusive os novos proprietários já haviam sido imitidos na posse. Analisando os fatos, o Tribunal *a quo* concluiu que o dano foi provocado por terceiro estelionatário e que ambas as partes sofreram prejuízo, excluindo a empresa de culpa. **REsp 868.395-RJ, Rel. Min. Jorge Scartezzini, julgado em 14/11/2006.** (Inform. STJ 304)

INDENIZAÇÃO. DANOS MORAIS. LEGITIMIDADE PASSIVA. CADASTRO. INADIMPLENTES.
A comunicação por escrito ao consumidor sobre a inscrição de seu nome em cadastro de inadimplentes é obrigação da entidade responsável pela manutenção do referido cadastro, e não do credor, que apenas informa a existência da dívida. Na ausência de comunicação prévia, responde a entidade pelos danos morais. Precedentes citados: REsp 345.674-PR, DJ 18/3/2002; REsp 547.025-RS, DJ 15/9/2004, e REsp 471.091-RJ, DJ 23/6/2003. **REsp 870.629-RS, Rel. Min. Jorge Scartezzini, julgado em 17/10/2006.** (Inform. STJ 301)

DANOS MORAIS. SERVIÇOS. TELEFONIA. RESPONSABILIDADE SOLIDÁRIA.
É devida indenização de danos morais pela inclusão no cadastro de inadimplentes, por suposta dívida de cliente que não solicitou nem se utilizou de linhas telefônicas. A empresa de telefonia local, Brasil Telecom S/A, e a Embratel têm responsabilidade solidária pela falha na prestação do serviço. **REsp 749.566-RO, Rel. Min. Jorge Scartezzini, julgado em 18/4/2006.** (Inform. STJ 281)

DANO MORAL. SERASA. CO-TITULAR. CONTA CONJUNTA. SOLIDARIEDADE.
Trata-se de ação de indenização por danos morais, em que correntista teve seu nome inscrito no Serasa/CCF por iniciativa do banco-réu, devido à emissão de um cheque sem provisão emitido pela esposa. Consta nos autos que o autor não foi previamente notificado da inclusão de seu nome no rol de inadimplentes e só teve conhecimento disso ao ser-lhe negado financiamento na compra de um automóvel. O juízo de primeiro grau julgou procedente a ação, porém essa decisão foi reformada pelo Tribunal *a quo* ao argumento de que, perante terceiros, não se verifica solidariedade entre os co-titulares da conta conjunta, mas há em relação ao banco porque ambos os co-titulares são responsáveis pelos débitos originados na conta. Neste Superior Tribunal, o Min. Relator explica ser indevida a inscrição do nome do recorrente no registro de restrição ao crédito, porquanto o débito tem origem em cártula que não assinou. Ademais a orientação jurisprudencial já firmada é no sentido de que, em se tratando de conta conjunta, o co-titular detém apenas solidariedade ativa dos créditos junto à instituição financeira, sem responsabilidade pelos cheques emitidos pela outra correntista. Com esses fundamentos, a Turma deu provimento ao recurso. Precedentes citados: REsp 336.632-ES, DJ 31/3/2003, e REsp 13.680-SP, DJ 16/11/1992. **REsp 819.192-PR, Rel. Min. Jorge Scartezzini, julgado em 28/3/2006.** (Inform. STJ 279)

Responsabilidade por acidente de trabalho

AÇÃO INDENIZATÓRIA. LEGITIMIDADE.
A Turma, entre outras questões, manteve o entendimento do tribunal *a quo* que reconheceu, ante as particularidades do caso concreto, a legitimidade da sogra para propor ação indenizatória por acidente de trânsito que vitimou o genro. Na espécie, ficaram demonstradas a relação de proximidade entre ambos, já que a vítima morava na casa da autora e era ela a responsável pela criação dos netos, e a saúde debilitada de sua filha, companheira da vítima. **REsp 865.363-RJ, Rel. Min. Aldir Passarinho Junior, julgado em 21/10/2010**. (Inform. STJ 452)

ACIDENTE. RESPONSABILIDADE CIVIL. EMPREGADORA.
A Turma restabeleceu a sentença ao julgar procedente ação indenizatória de responsabilidade civil por acidente de trabalho movida por ex-empregada grávida que exercia a função de confeiteira: a cadeira de plástico em que sentava quebrou o pé e a fez cair, o que lhe causou o aborto. Explica o Min. Relator que o empregador deve zelar sempre pela segurança do ambiente de trabalho, no que se inclui manter as instalações e equipamentos de trabalho em bom estado de conservação, além de ter obrigação indeclinável de adquirir bens de qualidade que não ofendam a integridade física daqueles que trabalham e frequentam o local. Assim, se há quebra do equipamento com lesão ao empregado, há a responsabilidade do empregador por sua escolha, que, sob circunstância alguma, poderia apresentar defeito e ferir alguém. Observa ser notório que cadeiras plásticas de material barato são frágeis, sendo comum o uso delas uma sobre a outra para aumentar a resistência. Ressalta não estar interpretando fatos, visto que não se controverte nos autos a respeito do incidente em si. Assim, a Turma, a partir dos elementos postos nos autos, identificou a responsabilidade da autora, diferentemente do acórdão recorrido. **REsp 555.801-RJ, Rel. Min. Aldir Passarinho Junior, julgado em 22/9/2009.** (Inform. STJ 408)

TRABALHO. ACIDENTE. INDENIZAÇÃO. AMIANTO.
A Turma não conheceu do recurso, reiterando o entendimento de que, provada a redução da capacidade laboral, o empregado tem direito à indenização de direito comum pelos danos sofridos em razão de exercer trabalho exposto à poeira de amianto, independente do benefício previdenciário, que é de natureza diversa. Precedente citado: REsp 419.034-RJ,

DJ 31/3/2003. **REsp 467.649-SP, Rel. Min. Luis Felipe Salomão, julgado em 17/9/2009.** (Inform. STJ 407)

INDENIZAÇÃO. EXPOSIÇÃO. AMIANTO.

Trata-se de recurso em que a ré insurge-se contra acórdão de TJ que a condenou a pagar indenização por danos morais e materiais, além de outros consectários, pelo reconhecimento de sua responsabilidade, no caso, pela exposição continuada da vítima a amianto, e o nexo causal daí decorrente que a levou a morte. No caso, o *de cujus* prestava serviços em transporte para a recorrente. Para o Min. Relator, a discussão sobre a suficiência ou não da prova e da configuração do nexo causal entre a atividade exercida pelo *de cujus*, sua exposição a elementos agressivos à saúde, a doença de que padeceu e a responsabilidade da recorrente, tudo resvala para o reexame fático vedado nos termos da Súm. n. 7-STJ. Houve, portanto, nas instâncias ordinárias, a identificação da culpa da ré e do nexo causal, de modo que cai no vazio a argumentação relativa à inversão do ônus da prova. Com referência à condenação em danos materiais, sendo o falecido trabalhador autônomo, não fazia jus ao décimo-terceiro salário nem à gratificação de férias, razão pela qual tais verbas devem ser excluídas da condenação e de qualquer cômputo indenizatório. No que tange ao cálculo da pensão, também a questão sofre o empecilho da mencionada súmula. Diante disso, a Turma conheceu em parte do recurso e, nessa parte, deu-lhe provimento. **REsp 507.521-RJ, Rel. Min. Aldir Passarinho Junior, julgado em 9/6/2009.** (Inform. STJ 398)

INDENIZAÇÃO. ACIDENTE. TRABALHO. MENOR. 14 ANOS.

Cuida-se de ação de indenização por danos materiais e morais ajuizada pelo recorrente em razão de acidente de trabalho. Alega ter sido contratado aos 14 anos de idade para trabalhar na aplicação de herbicida e defensivos agrícolas em lavouras do recorrido, mas que, por ordem do gerente da fazenda, foi transferido de função, passando a despejar cereais em máquina elevadora, para carregamento de caminhões graneleiros. Aduz que, já no exercício dessa atividade, sofreu acidente, vindo a perder a mão e o antebraço esquerdo. O Min. Relator negava provimento ao recurso por entender que a pretensão recursal implicaria revolvimento do substrato fático-probatório (Súm. n. 7-STJ). Porém, a Min. Nancy Andrighi, em seu voto vista, divergindo do Min. Relator, entendeu que, nos acidentes de trabalho, cabe ao empregador provar que cumpriu seu dever contratual de preservar a integridade física do empregado, respeitando as normas de segurança e medicina do trabalho. Fica estabelecida a presunção relativa de culpa do empregador. Nessa circunstância, não se está a impor ao empregador a responsabilidade objetiva pelo acidente de trabalho, como outrora se fez em relação às atividades de risco. Aqui, o fundamento para sua responsabilização continua sendo a existência de culpa. Entretanto, o fato de a responsabilidade do empregador ser subjetiva não significa que não se possa presumir a sua culpa pelo acidente de trabalho. Por outro lado, não se trata de exigir do empregador a produção de prova negativa, tendo em vista que ele próprio detém – ou pelo menos deveria deter – elementos necessários à comprovação de que respeitou as normas de segurança e medicina do trabalho, por exemplo, documentos que evidenciem a realização de manutenção nas máquinas e a entrega de equipamentos de proteção individual. No particular, a existência do acidente de trabalho com sequelas drásticas para o recorrente é fato incontroverso. Todavia, o TJ, entendendo tratar-se de responsabilidade subjetiva, impôs ao empregado o ônus de provar a culpa do empregador. Entretanto, nos acidentes de trabalho em que seja aplicável a responsabilidade subjetiva do empregador, a culpa deste será presumida, impondo-lhe o ônus de provar a existência de causa excludente do dever de indenizar. O recorrido furtou-se desse ônus. Sendo assim, foi a própria desídia do recorrido, ao abrir mão de avançar na instrução probatória, que o impediu de, eventualmente, demonstrar a presença de causa que pudesse afastar o seu dever de indenizar. As circunstâncias específicas que circundaram o acidente em questão servem para reforçar a presunção de culpa do recorrido. Ainda que se queira argumentar que não houve ofensa a nenhuma norma específica de segurança do trabalho, fica evidenciada a culpa por violação do dever geral de cautela, isto é, a inobservância do dever fundamental do empregador de observar regras gerais de diligência e de adotar uma postura de cuidado permanente. A situação evidencia a omissão do recorrido em propiciar um ambiente de trabalho seguro, especialmente considerando o fato de que empregava menores de idade, a quem a CF/1988 (art. 7º, XXXIII) – e mesmo a CF/1967 (art. 165, X) – confere proteção especial. Seja como for, verifica-se que, sendo contratual a obrigação do empregador de garantir a segurança do local de trabalho, bem como sendo incontroversa a ocorrência do acidente envolvendo o recorrente, incumbia ao recorrido demonstrar a existência de causa excludente do seu dever de indenizar nos termos do art. 333, II, do CPC, ônus do qual não se desincumbiu, razão pela qual fica caracterizada a obrigação reparatória. O Min. Relator, então, reconsiderou seu voto para acompanhar a Min. Nancy Andrighi e, diante disso, a Turma deu provimento ao recurso para condenar o recorrido ao pagamento de indenização por danos materiais e morais. **REsp 1.067.738-GO, Rel. originário Min. Sidnei Beneti, Rel. para acórdão Min. Nancy Andrighi, julgado em 26/5/2009.** (Inform. STJ 396)

RESPONSABILIDADE. ESTIVADOR. ADMINISTRAÇÃO. PORTO.

O trabalhador portuário avulso era vinculado ao sindicato dos estivadores e foi designado para prestar o serviço de estiva (embarque de placas de aço) em um navio atracado nas dependências da companhia recorrente, a qual também administrava o porto. Sucede que o trabalhador, ao escorregar, caiu no porão do navio, o que o levou à morte. Daí a ação de indenização de danos morais e materiais proposta por sua viúva. A recorrente, entre outros temas, insurge-se contra a adoção do art. 33 da Lei n. 8.630/1993 como fundamento de sua condenação, visto que a citada lei somente foi editada anos após o acidente. Porém, o revogado art. 255, **b**, da CLT, vigente à época do acidente, sequer destoa da Lei n. 8.630/1993, quanto a responsabilizar a administradora do porto pelo fornecimento dos aparatos necessários à prevenção de acidentes do trabalho. Além disso, o referido artigo da CLT, em seu § 2º, **a**, também responsabiliza a administradora pelos serviços de estiva, o que esvazia a afirmativa da recorrente de que o interior da embarcação não seria área portuária. Anote-se que o Tribunal *a quo* foi enfático em afirmar que, se a vítima estivesse no uso dos mecanismos de segurança, não teria falecido no acidente. Assim, a responsabilidade da recorrida foi apreciada segundo o art. 159 do CC/1916, ficando estabelecida sua culpa no evento, pouco importando inferências sobre o caráter perigoso da atividade portuária: a conduta omissiva (negligente) da recorrente, em consonância com as regras que regulam a responsabilidade subjetiva, foi tida por suficiente para acarretar a morte do trabalhador. Por último, devem ser excluídos da indenização valores referentes ao 13º salário, porque é clara a ausência de relação de emprego. Precedente citado: REsp 541.274-RJ, DJ 23/10/2006. **REsp 813.979-ES, Rel. Min. Fernando Gonçalves, julgado em 19/2/2009.** (Inform. STJ 384)

AÇÃO. INDENIZAÇÃO. CONSTRUTORA.

A autora argumenta que seu irmão faleceu no desmoronamento da laje do edifício em construção no qual trabalhava. Alega que dependia economicamente da vítima, sendo sua dependente perante o INSS e pleiteia o pagamento de pensão mensal, constituição de capital que garanta o referido pagamento e indenização por dano moral, que arbitra em 300 salários mínimos. O Tribunal *a quo* reconheceu a legitimidade ativa da autora, bem como a negligência da construtora como causa do acidente. Assim, condena a proprietária da obra a indenizar diretamente a autora, dando a ela, proprietária, o direito de requerer, em regresso, o ressarcimento devido pela construtora ou pela seguradora contratada, nos limites da apólice. A recorrente, em seu recurso, alega violação do art. 1.058 do CC/1916 porque o evento teria decorrido de caso fortuito ou força maior, consoante conclusão do laudo pericial. O Min. Relator conhecia e dava provimento ao recurso para restabelecer a sentença, respaldando a pretensão da recorrente, ao observar que a livre apreciação da prova pelo juiz não implica arbítrio. Ele está livre para afastar um elemento de prova ao decidir, mas desde que o substitua por outro elemento capaz de sustentar a versão que estabelecerá para os fatos *sub judice*. A Min. Nancy Andrighi, em seu voto-vista, concordou com o Min. Relator quando afirma que substituir um elemento de prova por mera suposição implicaria arbítrio. Entretanto, ponderou que o Tribunal de origem não pôs de lado o laudo pericial sem motivos, como pretendeu fazer crer o recorrente, mas declarou, de maneira expressa, por que o fazia: a) entendeu que o laudo seria contraditório em seus próprios termos, já que a proximidade entre o edifício que desmoronou e a praia indicaria uma fragilidade maior do solo, demandando cuidado adicional; b) considerou relevante a declaração de um operário de que o desmoronamento da estrutura anunciava-se já uma semana antes de ocorrer. O Instituto de Criminalística concluiu que o projeto do edifício era adequado. A causa do acidente, portanto, terá sido o inesperado adensamento do solo no ponto em que se localizava a viga que ruiu. Tal adensamento não foi instantâneo, foi progressivo, conforme se constata do laudo. Ainda que o cálculo da obra tenha sido inicialmente correto, nada impede que tal perda progressiva de resistência seja passível de observação pelos que ali trabalhavam e pelos engenheiros responsáveis. A declaração do operário ao jornal indica que ele havia notado que a escora se deteriorara, qualquer que fosse o motivo. Competiria ao engenheiro responsável, diante de qualquer anormalidade, paralisar a obra e verificar o fato. Para a Min. Nancy Andrighi, pode-se até argumentar que a versão adotada pelo acórdão recorrido não seja a mais adequada. Mas não é possível dizer que ela decorre de arbítrio no julgamento. Tudo o que o Tribunal fez foi apreciar, segundo seu livre convencimento, as provas dos autos. Por isso, é impossível a revisão da matéria nesta sede, por força do óbice da Súm. n. 7-STJ. Esclareceu, ainda, que a jurisprudência consolidada neste Superior Tribunal é que o dono da obra responde, solidariamente com o empreiteiro, pelos danos decorrentes de sua construção ou de reforma. Também quanto à dependência econômica em relação à vítima, não cabe rever a matéria nesta instância especial por vedação da Súm. n. 7-STJ. **REsp 267.229-RJ, Rel. originário Min. Ari Pargendler, Rel. para acórdão Min. Nancy Andrighi, julgado em 11/11/2008**. (Inform. STJ 376)

RESPONSABILIDADE. PRESTADOR. SERVIÇO. ACIDENTE.

Em princípio, a contratante da sociedade prestadora de serviço não responde por acidente de trabalho do empregado desta, salvo em casos de haver comprovada inidoneidade da contratada ou de o sinistro ocorrer por culpa ou dolo da contratante. A responsabilidade é, de regra, da empregadora do trabalhador, visto que o acidentado não possui qualquer vínculo jurídico com a contratante. Todavia, na hipótese trazida pelos autos, verifica-se que o acórdão recorrido firmou que não se cuidava de serviço eventual, distinto das atividades da contratante, mas de efetiva terceirização de serviços próprios, sob a denominação de "trabalho temporário", figurando a prestadora como mera intermediária sem poderes de fiscalização da segurança do local em que desempenhado o trabalho. Assim, somente por revisão fática, obstada pela Súm. n. 7-STJ, é que se poderia chegar à conclusão contrária. **REsp 436.904-RJ, Rel. Min. Aldir Passarinho Junior, julgado em 28/8/2007.** (Inform. STJ 329)

RESPONSABILIDADE CIVIL. ACIDENTE. TRABALHO.
São independentes as verbas referentes à indenização pelo Direito comum, as de natureza trabalhista e as previstas na legislação previdenciária. Uma não exclui necessariamente a outra (Súmula n. 229-STF), podendo, inclusive, ser cumuladas sem abater do montante da indenização devida. Na hipótese, trata-se de acidente ocorrido no exercício da atividade laboral a serviço da empresa, cabendo o pensionamento securitário nos termos do art. 7º, XXVIII, da CF/1988 e art. 19 da Lei n. 8.213/1991, com os recursos provenientes do empregador, em razão da relação trabalhista que difere da que é devida pela Previdência Social. Também, descabível o afastamento do 13º salário. Precedentes citados: REsp 133.527-RJ, DJ 24/2/2003; REsp 235.393-RS, DJ 28/2/2000; REsp 39.629-RJ, DJ 29/5/1995; REsp 193.296-RJ, DJ 7/2/2000, e EDcl no REsp 361.814-MG, DJ 24/6/2002. **REsp 823137-MG, Rel. Min. Castro Filho, julgado em 20/06/2006.** (Inform. STJ 289)

RESPONSABILIDADE CIVIL. PENSÃO. AMPUTAÇÃO. DEDOS. RETORNO. TRABALHO.
O trabalhador, ao manipular uma prensa carente de peça essencial a sua segurança, sofreu a redução de 30% de sua capacidade laborativa em consequência da perda de vários dedos da mão. Sucede que retornou ao trabalho ao exercer sua antiga função, com melhor remuneração, em várias empresas, até na mesma em que havia sofrido a lesão irreversível. Esse fato levou o Tribunal *a quo*, apesar de majorar a verba correspondente aos danos morais e estéticos, a negar seu pleito de indenização (pensionamento) referente ao dano patrimonial (lucros cessantes), ao fundamento, em suma, da falta de prejuízo. Diante desse panorama, ao retomar o julgamento e lastrear-se na jurisprudência do STJ, a Turma firmou que a melhor interpretação a ser dada ao art. 1.539 do CC/1916 não permite a vinculação da redução da capacidade laborativa aos salários percebidos pelo trabalhador após o sinistro. Anotou ser evidente a depreciação de sua aptidão para o trabalho, o que o leva a despender maior esforço físico e mental, maior sacrifício, para execução das tarefas que lhe são habituais, fato que, no futuro, pode acarretar-lhe decesso. Por fim, conheceu do recurso e aplicou o direito à espécie (art. 257 do RISTJ), ao fixar o pensionamento mensal e vitalício da vítima em 30% do salário que recebia à época do infortúnio, acrescidos de juros moratórios de 6% ao ano e correção monetária, além de determinar a constituição de capital para a garantia de pagamento nos termos da recente Súm. n. 313-STJ. O Min. Jorge Scartezzini, em minucioso voto-vista, no qual discorre sobre as classificações dos danos, acompanhou a Turma, porém ressalvou seu posicionamento pessoal de que, no caso, há que se comprovarem, efetivamente, os danos patrimoniais ou econômicos surgidos da ofensa à integridade corporal para que seja cabível a indenização, em razão da configuração de dano material emergente (*v.g.* perda de emprego, rebaixamento salarial, alijamento da função), pois não se deve ressarcir a redução eventual da capacidade laboral, pretensamente, a título de lucro cessante, já que das amputações não se pode concluir a certeza da perda de trabalho ou redução salarial, ou, em realidade, a título de dano hipotético, diante da suposição de que haverá maior sacrifício no cumprimento dos trabalhos, visto que a lesão física, em si mesma considerada, já constitui dano estético e, como tal, deve ser remunerada. Precedentes citados: REsp 402.833-SP, DJ 7/4/2003; REsp 478.796-RJ, DJ 16/2/2004, e REsp 588.649-RS, DJ 8/11/2004. **REsp 536.140-RS, Rel. Min. Barros Monteiro, julgado em 14/2/2006.** (Inform. STJ 274)

Responsabilidade por questões de ordem familiar

DIREITO CIVIL. INEXISTÊNCIA DE RESPONSABILIDADE CIVIL DO CÚMPLICE DE RELACIONAMENTO EXTRACONJUGAL NO CASO DE OCULTAÇÃO DE PATERNIDADE BIOLÓGICA.
O "cúmplice" em relacionamento extraconjugal não tem o dever de reparar por danos morais o marido traído na hipótese em que a adúltera tenha ocultado deste o fato de que a criança nascida durante o matrimônio e criada pelo casal seria filha biológica sua e do seu "cúmplice", e não do seu esposo, que, até a revelação do fato, pensava ser o pai biológico da criança. Isso porque, em que pese o alto grau de reprovabilidade da conduta daquele que se envolve com pessoa casada, o "cúmplice" da esposa infiel não é solidariamente responsável quanto a eventual indenização ao marido traído, pois esse fato não constitui ilícito civil ou penal, diante da falta de contrato ou lei obrigando terceiro estranho à relação conjugal a zelar pela incolumidade do casamento alheio ou a revelar a quem quer que seja a existência de relação extraconjugal firmada com sua amante. REsp 922.462-SP, Rel. Min. Ricardo Villas Bôas Cueva, julgado em 4/4/2013. (Inform. STJ 522)

DIREITO CIVIL. DANOS MORAIS PELA OCULTAÇÃO DA VERDADE QUANTO À PATERNIDADE BIOLÓGICA.
A esposa infiel tem o dever de reparar por danos morais o marido traído na hipótese em que tenha ocul-

tado dele, até alguns anos após a separação, o fato de que criança nascida durante o matrimônio e criada como filha biológica do casal seria, na verdade, filha sua e de seu "cúmplice". De fato, a violação dos deveres impostos por lei tanto no casamento (art. 1.566 do CC/2002) como na união estável (art. 1.724 do CC/2002) não constitui, por si só, ofensa à honra e à dignidade do consorte, apta a ensejar a obrigação de indenizar. Nesse contexto, perde importância, inclusive, a identificação do culpado pelo fim da relação afetiva, porquanto deixar de amar o cônjuge ou companheiro é circunstância de cunho estritamente pessoal, não configurando o desamor, por si só, um ato ilícito (arts 186 e 927 do CC/2002) que enseje indenização. Todavia, não é possível ignorar que a vida em comum impõe restrições que devem ser observadas, entre as quais se destaca o dever de fidelidade nas relações conjugais (art. 231, I, do CC/1916 e art. 1.566, I, do CC/2002), o qual pode, efetivamente, acarretar danos morais. Isso porque o dever de fidelidade é um atributo de quem cumpre aquilo a que se obriga, condição imprescindível para a boa harmonia e estabilidade da vida conjugal. Ademais, a imposição desse dever é tão significativa que o CP já considerou o adultério como crime. Além disso, representa quebra do dever de confiança a descoberta, pelo esposo traído, de que a criança nascida durante o matrimônio e criada por ele não seria sua filha biológica. O STF, aliás, já sinalizou acerca do direito constitucional à felicidade, verdadeiro postulado constitucional implícito, que se qualifica como expressão de uma ideia-força que deriva do princípio da essencial dignidade da pessoa humana (RE 477.554 AgR-MG, Segunda Turma, DJe 26/8/2011). Sendo assim, a lesão à dignidade humana desafia reparação (arts. 1º, III, e 5º, V e X, da CF), sendo justamente nas relações familiares que se impõe a necessidade de sua proteção, já que a família é o centro de preservação da pessoa e base mestra da sociedade (art. 226 CF). Dessa forma, o abalo emocional gerado pela traição da então esposa, ainda com a cientificação de não ser o genitor de criança gerada durante a relação matrimonial, representa efetivo dano moral, o que impõe o dever de reparação dos danos acarretados ao lesado a fim de restabelecer o equilíbrio pessoal e social buscado pelo direito, à luz do conhecido ditame *neminem laedere*. Assim, é devida a indenização por danos morais, que, na hipótese, manifesta-se *in re ipsa*. **REsp 922.462-SP, Rel. Min. Ricardo Villas Bôas Cueva, julgado em 4/4/2013. (Inform. STJ 522)**

DANO MORAL.DIES A QUO DO PRAZO PRESCRICIONAL. REPARAÇÃO DE DANOS DECORRENTES DE FALECIMENTO.

O termo inicial da contagem do prazo prescricional na hipótese em que se pleiteia indenização por danos morais e/ou materiais decorrentes do falecimento de ente querido é a data do óbito, independentemente da data da ação ou omissão. Não é possível considerar que a pretensão à indenização em decorrência da morte nasça antes do evento que lhe deu causa. Diferentemente do que ocorre em direito penal, que considera o momento do crime a data em que é praticada a ação ou omissão que lhe deu causa, no direito civil a prescrição é contada da data da "violação do direito". REsp 1.318.825-SE, Rel. Min. Nancy Andrighi, julgado em 13/11/2012.(Inform. STJ 509)

DANO MORAL POR MORTE DE PARENTE.

A indenização por dano moral decorrente da morte de parente deve ser fixada de forma global à família do falecido e com observância ao montante de quinhentos salários mínimos, usualmente adotado pelo STJ, ressalvada a possibilidade de acréscimo de valor em se tratando de famílias numerosas. Embora amparado em normas constitucionais, o direito à indenização plena dos danos morais não é absoluto, podendo ser ponderado com outros direitos fundamentais de igual grandeza. O STJ tem estabelecido critérios razoavelmente objetivos para liquidar o dano moral, não com a finalidade de tarifar a compensação pelo abalo, mas para buscar soluções equânimes, na medida em que situações assemelhadas devem ser solucionadas também de forma semelhante. Em caso de morte de familiar, o valor usual adotado são quinhentos salários mínimos. O sistema de responsabilidade civil atual, com base no art. 944, parágrafo único, do CC, rechaça indenizações ilimitadas que alcançam valores que, a pretexto de reparar integralmente vítimas de ato ilícito, revelam nítida desproporção entre a conduta do agente e os resultados ordinariamente dela esperados. Simplesmente multiplicar o valor que se concebe como razoável pelo número de autores da demanda pode tornar a obrigação do causador do dano extensa e distante de padrões baseados na proporcionalidade e razoabilidade, uma vez que se analisa apenas a extensão do dano para o arbitramento da indenização, desconsiderando o outro extremo da relação, que é a conduta do causador do dano, com a valoração de sua reprovabilidade e as circunstâncias do caso concreto. A solução adequada deve, a um só tempo, sopesar a extensão do dano e a conduta de seu causador; pois, embora por vezes os atingidos pelo fato danoso sejam vários, a conduta do réu é única, e sua reprovabilidade é igualmente uma só, o que deve ser considerado na fixação da indenização por dano moral. Não se desconhece que o dano moral é uma violação individualmente experimentada pela pessoa, porém a solução apresentada considera, a um só tempo, tanto a individualidade dos atingidos pelo dano quanto a conduta do causador. Em se tratando de famílias numerosas, o arbitramento da indenização de forma global, desconsiderando o número de integrantes, também pode acarretar injustiças, de modo que o valor pode ser elevado gradativamente na medida em que cresça também o número de beneficiados, evitando que os quinhões individuais se tornem irrisórios. Se, para o arbitramento da indenização, deve ser considerado o número de autores, certamente uma ação proposta apenas por parte dos legitimados conduzirá à indenização de menor valor, não impedindo que, futuramente, outros legitimados proponham sua pretensão, desde que a soma não atinja patamares desarrazoados. Precedentes citados: AgRg no Ag 1.378.016-MS, DJe 22/8/2012; REsp 989.284-RJ, DJe 22/8/2011; REsp 936.792-SE, DJ 22/10/2007; REsp 825.275-SP, DJe 8/3/2010; REsp 210.101-PR, DJe 9/12/2008; REsp 163.484-RJ, DJ 13/10/1998; REsp 687.567-RS, DJ 13/3/2006; REsp 1.139.612-PR, DJe 23/3/2011; REsp 959.780-ES, DJe 6/5/2011. REsp 1.127.913-RS, Rel. originário Min. Marco Buzzi, Rel. para acórdão Min. Luis Felipe Salomão, julgado em 20/9/2012.(Inform. STJ 505)

DANOS MORAIS. ABANDONO AFETIVO. DEVER DE CUIDADO.

O abandono afetivo decorrente da omissão do genitor no dever de cuidar da prole constitui elemento suficiente para caracterizar dano moral compensável. Isso porque o non facere que atinge um bem juridicamente tutelado, no caso, o necessário dever de cuidado (dever de criação, educação e companhia), importa em vulneração da imposição legal, gerando a possibilidade de pleitear compensação por danos morais por abandono afetivo. Consignou-se que não há restrições legais à aplicação das regras relativas à responsabilidade civil e ao consequente dever de indenizar no Direito de Família e que o cuidado como valor jurídico objetivo está incorporado no ordenamento pátrio não com essa expressão, mas com locuções e termos que manifestam suas diversas concepções, como se vê no art. 227 da CF. O descumprimento comprovado da imposição legal de cuidar da prole acarreta o reconhecimento da ocorrência de ilicitude civil sob a forma de omissão. É que, tanto pela concepção quanto pela adoção, os pais assumem obrigações jurídicas em relação à sua prole que ultrapassam aquelas chamadas necessarium vitae. É consabido que, além do básico para a sua manutenção (alimento, abrigo e saúde), o ser humano precisa de outros elementos imateriais, igualmente necessários para a formação adequada (educação, lazer, regras de conduta etc.). O cuidado, vislumbrado em suas diversas manifestações psicológicas, é um fator indispensável à criação e à formação de um adulto que tenha integridade física e psicológica, capaz de conviver em sociedade, respeitando seus limites, buscando seus direitos, exercendo plenamente sua cidadania. A Min. Relatora salientou que, na hipótese, não se discute o amar – que é uma faculdade – mas sim a imposição biológica e constitucional de cuidar, que é dever jurídico, corolário da liberdade das pessoas de gerar ou adotar filhos. Ressaltou que os sentimentos de mágoa e tristeza causados pela negligência paterna e o tratamento como filha de segunda classe, que a recorrida levará ad perpetuam, é perfeitamente apreensível e exsurgem das omissões do pai (recorrente) no exercício de seu dever de cuidado em relação à filha e também de suas ações que privilegiaram parte de sua prole em detrimento dela, caracterizando o dano in re ipsa e traduzindo-se, assim, em causa eficiente à compensação. Com essas e outras considerações, a Turma, ao prosseguir o julgamento, por maioria, deu parcial provimento ao recurso apenas para reduzir o valor da compensação por danos morais de R$ 415 mil para R$ 200 mil, corrigido desde a data do julgamento realizado pelo tribunal de origem. REsp 1.159.242-SP, Rel. Min. Nancy Andrighi, julgado em 24/4/2012.(Inform. STJ 496)

DANOS MORAIS. LEGITIMIDADE *Ad causam*. NOIVO. MORTE DA NUBENTE.

A Turma, ao prosseguir o julgamento, após voto-vista que acompanhou o relator, deu provimento ao recurso especial para restabelecer a sentença que extinguiu o processo sem julgamento do mérito, por considerar que o noivo não possui legitimidade ativa *ad causam* para pleitear indenização por danos morais em razão do falecimento de sua nubente. Inicialmente, destacou o Min. Relator que a controvérsia em exame – legitimidade para propor ação de reparação por danos extrapatrimoniais em decorrência da morte de ente querido – apesar de antiga, não está resolvida no âmbito jurisprudencial. Entretanto, alguns pontos vêm se firmando em recentes decisões judiciais. De fato, não há dúvida quanto à legitimidade ativa do cônjuge, do companheiro e dos parentes de primeiro grau do falecido. Da mesma forma, é uníssono que, em hipóteses excepcionais, o direito à indenização pode ser estendido às pessoas estranhas ao núcleo familiar, devendo o juiz avaliar se as particularidades de cada caso justificam o alargamento a outros sujeitos que nele se inserem. Nesse sentido, inclusive, a Turma já conferiu legitimidade ao sobrinho do falecido que integrava o núcleo familiar, bem como à sogra que fazia as vezes da mãe. Observou o Min. Relator que, diante da ausência de regra legal específica acerca do tema, caberia ao juiz a integração hermenêutica. Após um breve panorama acerca das origens do direito de herança e da ordem de vocação hereditária, e à vista de uma leitura sistemática de diversos dispositivos de lei que se assemelham com a questão em debate (art. 76 do CC/1916; arts. 12, 948, I, 1.829, todos do CC/2002 e art. 63 do CPP), sustentou-se que o espírito do ordenamento jurídico brasileiro afasta a legitimação daqueles que não fazem parte do núcleo familiar direto da vítima. Dessarte, concluiu-se que a legitimação para a propositura da ação por danos morais deve alinhar-se à ordem de vocação hereditária, com as devidas adaptações, porquanto o que se busca é a compensação exatamente de um interesse extrapatrimonial. Vale dizer, se é verdade que tanto na ordem de vocação hereditária quanto na indenização por dano moral em razão da morte, o fundamento axiológico são as legítimas afeições nutridas entre quem se foi e quem ficou, para proceder à indispensável limitação da cadeia de legitimados para a indenização, nada mais correto que conferir aos mesmos sujeitos o direito de herança e o direito de pleitear a compensação moral. Porém, a indenização deve ser considerada de modo global para o núcleo familiar, e não a cada um de seus membros, evitando-se a pulverização de ações de indenização. Segundo se afirmou, conferir a possibilidade de indenização a sujeitos não inseridos no núcleo familiar acarretaria a diluição indevida dos valores em prejuízo dos que efetivamente fazem jus à reparação. Acrescentou-se, ainda, o fato de ter havido a mitigação do princípio da reparação integral do dano, com o advento da norma prevista no art. 944, parágrafo único, do novo CC. O sistema de responsabilidade civil atual rechaça indenizações ilimitadas que alcançam valores que, a pretexto de reparar integralmente vítimas de ato ilícito, revelam nítida desproporção entre a conduta do agente e os resultados ordinariamente dela esperados. Assim, conceder legitimidade ampla e irrestrita a todos aqueles que, de alguma forma, suportaram a dor da perda de alguém significa impor ao obrigado um dever também ilimitado de reparar um dano cuja extensão será sempre desproporcional ao ato causador. Portanto, além de uma limitação quantitativa da condenação, é necessária a limitação subjetiva dos beneficiários nos termos do artigo supracitado. No voto-vista, registrou a Min. Maria Isabel Gallotti não considerar ser aplicável a ordem de vocação hereditária para o efeito de excluir o direito de indenização dos ascendentes quando também postulado por cônjuge e filhos, pois é sabido que não há dor maior do que a perda de um filho, uma vez que foge à ordem natural das coisas. Reservou-se, também, para apreciar quando se puser concretamente a questão referente à legitimidade de parentes colaterais para postular a indenização por dano moral em concorrência com cônjuge, ascendentes e descendentes. Precedentes citados: REsp 239.009-RJ, DJ 4/9/2000, e REsp 865.363-RJ, DJe 11/11/2010. REsp 1.076.160-AM, Rel. Min. Luis Felipe Salomão, julgado em 10/4/2012.(Inform. STJ 495)

DANOS MORAIS. BATISMO.

O cerne da questão é definir se configura dano moral o fato de o pai separado da mãe batizar o filho sem o conhecimento dela. A Turma, por maioria, entendeu que, na hipótese, tratando-se da celebração de batismo, ato único e significativo na vida da criança, ele deve, sempre que possível, ser realizado na presença de ambos os pais. Assim, o recorrido (pai), ao subtrair da recorrente (mãe) o direito de presenciar a referida celebração, cometeu ato ilícito, ocasionando-lhe danos morais nos termos do art. 186 do CC/2002. Observou-se que a realização do batizado sob a mesma religião seguida pela mãe não ilidiu a conduta ilícita já consumada. **REsp 1.117.793-RJ, Rel. Min. Nancy Andrighi, julgado em 4/2/2010.** (Inform. STJ 421)

DANOS MORAIS. CÚMPLICE. ESPOSA ADÚLTERA.

In casu, o recorrente ajuizou ação indenizatória em face do recorrido pleiteando danos morais sob a alegação de que este manteve com a esposa daquele relacionamento amoroso por quase dez anos, daí nascendo uma filha, que acreditava ser sua, mas depois constatou que a paternidade era do recorrido. O pedido foi julgado procedente em primeiro grau, sendo, contudo, reformado na apelação. Assim, a questão jurídica circunscreve-se à existência ou não de ato ilícito na manutenção de relações sexuais com a ex-mulher do autor, ora recorrente, em decorrência das quais foi concebida a filha erroneamente registrada. Para o Min. Relator, não existe, na hipótese, a ilicitude jurídica pretendida, sem a qual não se há falar em responsabilidade civil subjetiva. É que o conceito – até mesmo intuitivo – de ilicitude está imbricado na violação de um dever legal ou contratual do qual resulta dano para *outrem* e não há, no ordenamento jurídico pátrio, norma de direito público ou privado que obrigue terceiros a velar pela fidelidade conjugal em casamento do qual não faz parte. O casamento, tanto como instituição quanto contrato *sui generis,* somente produz efeitos em relação aos celebrantes e seus familiares, não beneficiando nem prejudicando terceiros. Desse modo, no caso em questão, não há como o Judiciário impor um "não fazer" ao réu, decorrendo disso a impossibilidade de indenizar o ato por inexistência de norma posta – legal e não moral – que assim determine. De outra parte, não há que se falar em solidariedade do recorrido por suposto ilícito praticado pela ex-esposa do recorrente, tendo em vista que o art. 942, *caput* e parágrafo único, do Código Civil vigente (art. 1.518 do CC/1916) somente tem aplicação quando o ato do coautor ou partícipe for, em si, ilícito, o que não se verifica na hipótese dos autos. Com esses fundamentos, entre outros, a Turma não conheceu do recurso. Precedente citado: REsp 742.137-RJ, DJ 29/10/2007. **REsp 1.122.547-MG, Rel.Min. Luis Felipe Salomão, julgado em 10/11/2009.** (Inform. STJ 415)

INDENIZAÇÃO. CONCUBINA.

In casu, trata-se de pedido indenizatório deduzido pela concubina em face do espólio do concubino, por alegados 23 anos de serviços domésticos prestados em concubinato mantido concomitantemente com o casamento daquele. A Turma entendeu que, se o cônjuge, no casamento, e o companheiro, na união estável, não fazem jus à indenização por serviços domésticos prestados, quiçá o concubino pode ser contemplado com tal direito, pois teria mais do que se casado fosse. Dessa forma, a concessão de tal indenização à concubina colocaria o concubinato em posição jurídica mais vantajosa que o próprio casamento, o que é incompatível com as diretrizes constitucionais previstas no art. 226 da CF/1988, bem como as do Direito de Família, tal como concebido. Destarte, a relação de cumplicidade consistente na troca afetiva e na mútua assistência havida entre os concubinos ao longo do concubinato, em que auferem proveito de forma recíproca, cada qual a seu modo, seja por meio de auxílio moral seja por meio de auxílio material, não admite que, após o rompimento da relação, ou ainda, com a morte de um deles, a outra parte cogite pleitear a referida indenização, o que certamente caracterizaria locupletação ilícita. Ressalte-se, por fim, que não se pode mensurar o afeto, a intensidade do próprio sentimento, o desprendimento e a solidariedade na dedicação mútua que se visualiza entre casais. Não há valor econômico em uma relação afetiva. Acaso haja necessidade de dimensionar a questão em termos econômicos, pode incorrer na conivência e até mesmo no estímulo à conduta reprovável em que uma das partes serve-se sexualmente da outra, portanto recompensa-a com favores. Desse modo, não há viabilidade de debater os efeitos patrimoniais do concubinato quando em choque com os do casamento, pré e coexistente, porque definido aquele, expressamente, no art. 1.727 do CC/2002 como relação não eventual entre homem e mulher impedidos de casar. Esse dispositivo legal tem como único objetivo colocar a salvo o casamento, instituto que deve ter primazia, ao lado da união estável, para fins de tutela do Direito. Nesse contexto, não há como ser conferido o direito indenizatório à concubina por serviços domésticos prestados em relação concubinária simultânea a casamento válido. Precedente citado: REsp 631.465-DF, DJ 23/8/2004. **REsp 872.659-MG, Rel. Min. Nancy Andrighi, julgado em 25/8/2009.** (Inform. STJ 404)

ABANDONO MORAL. REPARAÇÃO. DANOS MORAIS. IMPOSSIBILIDADE.

Trata-se de ação de investigação de paternidade em que o ora recorrente teve o reconhecimento da filiação, mas o Tribunal *a quo* excluiu os danos morais resultantes do abandono moral e afetivo obtidos no primeiro grau. A Turma entendeu que não pode o Judiciário compelir alguém a um relacionamento afetivo e nenhuma finalidade positiva seria alcançada com a indenização pleiteada. Assim, por não haver nenhuma possibilidade de reparação a que alude o art. 159 do CC/1916 (pressupõe prática de ato ilícito), não há como reconhecer o abandono afetivo como dano passível de reparação. Logo a Turma não conheceu do recurso especial. Precedente citado: REsp 757.411-MG, DJ 27/3/2006. **REsp 514.350-SP, Rel. Min. Aldir Passarinho Junior, julgado em 28/4/2009.** (Inform. STJ 392)

AÇÃO. INDENIZAÇÃO. DANOS MATERIAIS E MORAIS. EX-MARIDO.

No mérito, quanto à coisa julgada, o Tribunal de origem decidiu manter os fundamentos dos votos vencedores no sentido de que a renúncia aos alimentos feita na separação judicial não se confunde com o objeto da presente ação de indenização por danos morais e materiais. De fato, pedido de alimentos não se confunde com pedido indenizatório. Naquele a causa de pedir é a necessidade e o dever de assistência, neste vincula-se a ato ilícito gerador de dano patrimonial ou moral. São coisas totalmente distintas. Assim, a renúncia a alimentos em ação de separação judicial não gera coisa julgada para ação indenizatória decorrente dos mesmos fatos que, eventualmente, deram causa à dissolução do casamento. Uma coisa nada tem a ver com a outra. Portanto, não há tríplice identidade entre partes, causa de pedir e pedido necessária à configuração da coisa julgada. A possibilidade jurídica do pedido é apurada em tese. Assim, pedido impossível é aquele juridicamente incompatível com o ordenamento jurídico. Não há proibição, no direito pátrio, para pedido indenizatório por danos materiais ou morais contra ex-cônjuge por eventual ato ilícito ocorrido na constância do casamento. O art. 19 da Lei do Divórcio trata de pensão alimentícia, que não tem qualquer relação com pedido indenizatório por ato ilícito. Por isso, a renúncia em separação judicial não torna impossível pedido reparatório. **REsp 897.456-MG, Rel. Min. Humberto Gomes de Barros, julgado em 14/12/2006.** (Inform. STJ 308)

Responsabilidade por outras causas

Desaparecido Político e Indenização

Em conclusão de julgamento, o Tribunal indeferiu mandado de segurança em que se pretendia obstar ato do Presidente da República consubstanciado no Decreto 2.255/97 que concedera a viúva de desaparecido político o pagamento da indenização prevista no art. 10 da Lei 9.140/95. A impetrante alegava ofensa aos artigos 1.526 e 1.603 do Código Civil, e 5º, XXXVI, da Constituição Federal — v. Informativo 370. Entendeu-se que a ordem de beneficiários estabelecida no art. 10 da Lei 9.140/95, apesar de não corresponder à prevista no art. 1.603 do CC, não conflita com texto constitucional, já que se cuida de lei especial da mesma hierarquia da anterior (CC). Ressaltou-se, ainda, que não caberia conferir à aludida indenização, a título de reparação, a natureza de bem hereditário, a fim de que incidisse a regra do art. 1.572 do CC (*"Aberta a sucessão, o domínio e a posse da herança transmitem-se, desde logo, aos herdeiros legítimos e testamentários."*). **MS 22879/RJ, rel. Min. Gilmar Mendes, 2.4.2007. (MS-22879)** (Inform. STF 462)

DIREITO CIVIL. APLICABILIDADE DA TEORIA DA PERDA DA CHANCE.

A emissora responsável pela veiculação de programa televisivo de perguntas e respostas deve indenizar, pela perda de uma chance, o participante do programa que, apesar de responder corretamente a pergunta sobre determinado time de futebol, tenha

sido indevidamente desclassificado, ao ter sua resposta considerada errada por estar em desacordo com parte fantasiosa de livro adotado como bibliografia básica para as perguntas formuladas. De fato, nos contratos de promessa de recompensa por concurso, vale a regra geral de que os concorrentes, ao participarem do concurso, sabem de suas condições e a elas se submetem. Dentre essas condições, está a de se submeter ao pronunciamento dos julgadores do concurso. Entretanto, em casos excepcionalíssimos, é possível que se reconheça a nulidade desse julgamento. Na situação em análise, houve erro no julgamento, o qual foi efetuado em discordância com a verdade dos fatos, fundando-se apenas na parte fictícia de livro adotado contratualmente como bibliografia básica, configurando-se, assim, hipótese excepcionalíssima apta a afastar a incidência da regra da infalibilidade do julgador. Ademais, o concurso era sobre determinado clube de futebol, e não sobre o livro adotado como bibliografia, razão pela qual inadmissível exigir que o participante respondesse erradamente, afastando-se da realidade dos fatos atinentes ao clube. Nesse contexto, deve ser aplicada a regra da boa-fé objetiva em prol do participante e em detrimento da organizadora do certame, ao mesmo tempo em que há de ser aplicada a regra segundo a qual o contrato será interpretado em detrimento do estipulante. **REsp 1.383.437-SP, Rel. Min. Sidnei Beneti, julgado em 13/8/2013.** (Inform. STJ 528)

DIREITO CIVIL. NOTIFICAÇÃO PRÉVIA PARA A INCLUSÃO DO NOME DO DEVEDOR EM CADASTRO DE PROTEÇÃO AO CRÉDITO.

Órgão de proteção ao crédito não tem o dever de indenizar devedor pela inclusão do nome deste, sem prévia notificação, em cadastro desabonador mantido por aquele na hipótese em que as informações que derem ensejo ao registro tenham sido coletadas em bancos de dados públicos, como os pertencentes a cartórios de protesto de títulos e de distribuição judicial. Isso porque não há, nesses casos, o dever de notificação prévia do devedor no tocante ao registro desabonador, haja vista que as informações constantes em bancos de dados públicos acerca da inadimplência de devedor já possuem notoriedade pública. Precedente citado: EDcl no REsp 1.080.009-DF, Quarta Turma, DJe 3/11/2010. **REsp 1.124.709-TO, Rel. Min. Luis Felipe Salomão, julgado em 18/6/2013.** (Inform. STJ 528)

DIREITO CIVIL. RESPONSABILIDADE CIVIL POR ERRO NÃO INTENCIONAL DE ARBITRAGEM.

Não gera dano moral indenizável ao torcedor, pela entidade responsável pela organização da competição, o erro não intencional de arbitragem, ainda que resulte na eliminação do time do campeonato e mesmo que o árbitro da partida tenha posteriormente reconhecido o erro cometido. Segundo o art. 3º da Lei 10.671/2003 (Estatuto do Torcedor), para todos os efeitos legais, a entidade responsável pela organização da competição e a entidade de prática desportiva detentora do mando de jogo equiparam-se a fornecedor nos termos do CDC. Todavia, para cogitar de responsabilidade civil, nos termos do art. 14 do CDC, é necessária a constatação da materialização de ato ilícito, omissivo ou comissivo, nexo de causalidade e o dano. Vale destacar que, pelas características de uma partida de futebol, com a vedação de utilização de recursos tecnológicos, o árbitro, para a própria fluidez da partida e manutenção de sua autoridade em jogo, tem a delicada missão de decidir prontamente, valendo-se apenas de sua acuidade visual e da colaboração dos árbitros auxiliares. Assim, diante da ocorrência de erro de arbitragem, ainda que com potencial para influir decisivamente no resultado da partida esportiva, mas não sendo constatado o dolo do árbitro, não há falar em ato ilícito ou comprovação de nexo de causalidade com o resultado ocorrido. A derrota de time de futebol, ainda que atribuída a erro da arbitragem, é dissabor que também não tem o condão de causar mágoa duradoura, a ponto de interferir intensamente no bem-estar do torcedor, sendo recorrente em todas as modalidades de esporte que contam com equipes competitivas. Nesse sentido, consoante vêm reconhecendo doutrina e jurisprudência, mero aborrecimento, contratempo, mágoa, inerentes à vida em sociedade, ou excesso de sensibilidade por aquele que afirma dano moral, são insuficientes à caracterização do abalo, tendo em vista que este depende da constatação, por meio de exame objetivo e prudente arbítrio do magistrado, da real lesão a direito da personalidade daquele que se diz ofendido. Por fim, não se pode cogitar de inadimplemento contratual, pois não há legítima expectativa, amparada pelo direito, de que o espetáculo esportivo possa transcorrer sem que ocorra algum erro de arbitragem não intencional, ainda que grosseiro, a envolver marcação que hipoteticamente pudesse alterar o resultado do jogo. **REsp 1.296.944-RJ, Rel. Min. Luis Felipe Salomão, julgado em 7/5/2013.** (Inform. STJ 526)

DIREITO CIVIL. RESPONSABILIDADE CIVIL DOS CORREIOS POR EXTRAVIO DE CARTA REGISTRADA.

A Empresa Brasileira de Correios e Telégrafos (ECT) deve reparar os danos morais decorrentes de extravio de correspondência registrada. Com efeito, o consumidor que opta por enviar carta registrada tem provável interesse no rastreamento e na efetiva comprovação da entrega da correspondência, por isso paga mais caro pelo serviço. Desse modo, se o consumidor escolhe enviar carta registrada, é dever dos Correios comprovar a entrega da correspondência ou a impossibilidade de fazê-lo, por meio da apresentação ao remetente do aviso de recebimento, de maneira que o simples fato da perda da correspondência, nessa hipótese, acarreta dano moral *in re* *ipsa*. **REsp 1.097.266-PB, Rel. Min. Luis Felipe Salomão, Rel. para acórdão Min. Raul Araújo, julgado em 2/5/2013.** (Inform. STJ 524)

DIREITO CIVIL. INEXISTÊNCIA DE DIREITO DO ADQUIRENTE DE EMBALAGENS PLÁSTICAS PERSONALIZADAS À INDENIZAÇÃO EM FACE DO FORNECEDOR DO PRODUTO NA HIPÓTESE EM QUE ESTE TENHA INCLUÍDO O ICMS NA OPERAÇÃO DE SAÍDA E TENHA IMPUGNADO JUDICIALMENTE O TRIBUTO.

A empresa fornecedora de embalagens plásticas personalizadas que inclui o ICMS na operação de saída e impugna judicialmente a incidência do tributo não tem que indenizar o adquirente do produto na hipótese em que ela tenha obtido êxito na mencionada demanda judicial e o Fisco, em razão disso, tenha obrigado o adquirente a estornar os valores de ICMS creditados e a recolher o referido imposto. Em hipóteses como a descrita, a empresa fornecedora de embalagens personalizadas que inclui o ICMS na operação de saída e impugna judicialmente a incidência do tributo, depositando os respectivos valores, não pratica ato ilícito, porquanto age em conformidade com norma tributária cogente na época da transação, que lhe impõe o tributo em questão, e dentro do seu direito de questionar a referida norma, tendo em vista o entendimento pacífico do STJ de que não incide ICMS na venda de embalagens personalizadas (Súmula 156 do STJ). Além do mais, entende este Tribunal que o Fisco Estadual, ante a procedência do pedido na ação da fornecedora de embalagens personalizadas e levantamento do valor depositado judicialmente, não pode estornar os valores creditados do ICMS e exigi-los do adquirente. Dessa forma, a insurgência do adquirente deveria ter sido direcionada contra a Fazenda Estadual, fosse para impugnar o estorno dos créditos, fosse para repetir o indébito, na via processual própria, não existindo direito da adquirente à indenização em face da fornecedora. **AgRg no AREsp 122.928-RS, Rel. Min. Luis Felipe Salomão, julgado em 7/2/2013. (Inform. STJ 518)**

DIREITO CIVIL. RESPONSABILIDADE CIVIL. ESTADO DE NECESSIDADE. PROPORCIONALIDADE NA FIXAÇÃO DE INDENIZAÇÃO.

O estado de necessidade, embora não exclua o dever de indenizar, fundamenta a fixação das indenizações segundo o critério da proporcionalidade. A adoção da ***restitutio in integrum*** no âmbito da responsabilidade civil por danos, sejam materiais ou extrapatrimoniais, nos conduz à inafastabilidade do direito da vítima à reparação ou compensação do prejuízo, ainda que o agente se encontre amparado por excludentes de ilicitude, nos termos dos arts. 1.519 e 1.520 do CC/1916 (arts. 929 e 930 do CC/2002), situação que afetará apenas o valor da indenização fixado pelo critério da proporcionalidade. REsp 1.292.141-SP, Rel. Min. Nancy Andrighi, julgado em 4/12/2012.(Inform. STJ 513).

RESPONSABILIDADE DO FIADOR PELAS DESPESAS JUDICIAIS A PARTIR DE SUA CITAÇÃO.

As despesas judiciais só serão arcadas pelo fiador a partir de sua citação. Segundo dispõe o art. 822 do CC, não sendo limitada, a fiança compreenderá todos os acessórios da dívida principal, inclusive as despesas judiciais, desde a citação do fiador. Isso para que a lei não se afaste da fundamental equidade, impondo ao fiador uma responsabilidade excessivamente onerosa, sem antes verificar se ele deseja satisfazer a obrigação que afiançou. Precedentes citados: **REsp 473.830-DF, DJ 15/5/2006, e REsp 153.659-SP, DJ 16/2/1998. REsp 1.264.820-RS, Rel. Min. Luis Felipe Salomão, julgado em 13/11/2012.** (Inform. STJ 509)

RESPONSABILIDADE CIVIL. SITE DE RELACIONAMENTO. MENSAGENS OFENSIVAS.

A responsabilidade objetiva, prevista no art. 927, parágrafo único, do CC, não se aplica a empresa hospedeira de site de relacionamento no caso de mensagens com conteúdo ofensivo inseridas por usuários. O entendimento pacificado da Turma é que o dano decorrente dessas mensagens não constitui risco inerente à atividade dos provedores de conteúdo. A fiscalização prévia do teor das informações postadas pelo usuário não é atividade do administrador de rede social, portanto seu dever é retirar do ar, logo que for comunicado, o texto ou a imagem que possuem conteúdo ilícito, apenas podendo responder por sua omissão. Precedentes citados: **REsp 1.186.616-MG, DJe 31/8/2011, e REsp 1.175.675-RS, DJe 20/9/2011. REsp 1.306.066-MT, Rel. Min. Sidnei Beneti, julgado em 17/4/2012.** (Inform. STJ 495)

DANOS MATERIAIS. PROMOÇÃO PUBLICITÁRIA DE SUPERMERCADO. SORTEIO DE CASA. TEORIA DA PERDA DE UMA CHANCE.

A Turma, ao acolher os embargos de declaração com efeitos modificativos, deu provimento ao agravo e, de logo, julgou parcialmente provido o recurso especial para condenar o recorrido (supermercado) ao pagamento de danos materiais à recorrente (consumidora), em razão da perda de uma chance, uma vez que não lhe foi oportunizada a participação em um segundo sorteio de uma promoção publicitária veiculada pelo estabelecimento comercial no qual concorreria ao recebimento de uma casa. Na espécie, a promoção publicitária do supermercado oferecia aos concorrentes novecentos vales-compras de R$ 100,00 e trinta casas. A recorrente foi sorteada e, ao buscar seu prêmio – o vale-compra –, teve conhecimento de que, segundo o regulamento, as casas seriam sorteadas àqueles que tivessem sido premiados com os novecentos vales-compras. Ocorre que o segundo sorteio já tinha sido realizado sem a sua participação, tendo sido as trinta casas sorteadas entre os demais participantes. De início, afastou a Min. Relatora a reparação por dano moral sob o entendimento de que não houve publicidade enganosa. Segundo afirmou, estava claro no bilhete do sorteio que seriam sorteados 930 ganhadores – novecentos receberiam vales-compra no valor de R$ 100,00 e outros trinta, casas na importância de R$ 40.000,00, a ser depositado em caderneta de poupança. Por sua vez, reputou devido o ressarcimento pelo dano material, caracterizado pela perda da chance da recorrente de concorrer entre os novecentos participantes a uma das trinta casas em disputa. O acórdão reconheceu o fato incontroverso de que a recorrente não foi comunicada pelos promotores do evento e sequer recebeu o bilhete para participar do segundo sorteio, portanto ficou impedida de concorrer, efetivamente, a uma das trinta casas. Conclui-se, assim, que a reparação deste dano material deve corresponder ao pagamento do valor de 1/30 do prêmio, ou seja, 1/30 de R$ 40.000,00, corrigidos à época do segundo sorteio. **EDcl no AgRg no Ag 1.196.957-DF, Rel. Min. Maria Isabel Gallotti, julgados em 10/4/2012.** (Inform. STJ 495)

PREVIDÊNCIA PRIVADA. PECÚLIO. MORA. CANCELAMENTO.

Cuida-se de REsp para desconstituir o acórdão que negou à ora recorrente o pagamento de indenização por plano privado de pecúlio, ao fundamento de que o contrato havia sido cancelado antes do falecimento do segurado em razão do suposto inadimplemento de parcelas vencidas. Nesta instância especial, entendeu-se que o contrato de previdência privada com plano de pecúlio por morte assemelha-se ao seguro de vida, podendo também as normas aplicáveis às sociedades seguradoras estender-se, no que couber, às entidades abertas de previdência privada (art. 73 da LC n. 109/2001). Ressaltou-se que, nos contratos de seguro, o simples atraso no pagamento do prêmio não é em si bastante para a suspensão da cobertura e consequente negativa da indenização, sendo necessária a interpelação do devedor para lhe propiciar, inclusive, a purgação da mora. De modo similar, descabe negar o pagamento de pecúlio por morte sem que o devedor seja previamente interpelado para a purgação da mora. Ademais, consignou-se a incidência da teoria do adimplemento substancial, que objetiva impedir o uso desequilibrado do direito de resolução por parte do credor quando o rompimento do pacto não se ajusta às exigências de índole social ou pautadas pela boa-fé. *In casu*, embora houvesse mora de 90 dias no pagamento da mensalidade do plano, antes da ocorrência do fato gerador (morte do contratante), tentou-se a purgação, ocasião em que os valores atrasados foram pagos pelo *de cujus,* mas a ele devolvidos pela entidade de previdência privada, devido ao cancelamento administrativo do contrato ocorrido seis dias antes. Sendo assim, o inadimplemento contratual não pode ser imputado exclusivamente ao falecido, na medida em que decorreu do arbítrio injustificável da entidade de previdência e seguros (recorrida) ao não receber as parcelas em atraso antes mesmo da ocorrência do sinistro, não agindo assim com a boa-fé e cooperação recíproca que são essenciais à harmonização das relações civis. Dessarte, concluiu-se que, na espécie, torna-se incabível a negativa de pagamento do pecúlio depois de verificada a morte do contratante. Precedentes citados: REsp 316.552-SP, DJ 12/4/2004; REsp 780.324-PR, DJe 9/9/2010; REsp 734.520-MG, DJ 15/10/2007; REsp 159.661-MS, DJ 14/2/2000, e REsp 141.951-RS, DJ 18/9/2000. **REsp 877.965-SP, Rel. Min. Luis Felipe Salomão, julgado em 22/11/2011.** (Inform. STJ 488)

DANO MORAL. OFICIAL. CARTÓRIO. DESCUMPRIMENTO. ORDEM JUDICIAL.

A Turma decidiu que o oficial de cartório responde pelos danos morais causados em decorrência de descumprimento de ordem judicial. No caso, o oficial recusou-se a obedecer à determinação judicial de cancelamento do protesto, justificando-se na ausência do pagamento de emolumentos. A Min. Relatora registrou que, apesar da previsão do art. 26, § 3º, da Lei n. 9.492/1997 – que exige o pagamento prévio dos emolumentos para o cancelamento do protesto –, por se tratar de ordem judicial impositiva, sem estabelecimento de qualquer condição para o seu implemento, não cabe ao oficial do cartório impor à parte interessada condição para o cumprimento da determinação. **REsp 1.100.521-RJ, Rel. Min. Nancy Andrighi, julgado em 8/11/2011.** (Inform. STJ 487)

RESPONSABILIDADE. PROVEDOR. CONTEÚDO. MENSAGENS OFENSIVAS. ***INTERNET*****.**

Trata-se, na origem, de ação indenizatória por danos morais em que o recorrido alega ser alvo de ofensas em página na *Internet* por meio de rede social mantida por provedor. Assim, a Turma deu provimento ao recurso, afastando a responsabilidade do provedor pelos danos morais suportados pelo recorrido, ao entender que os provedores de conteúdo, como o recorrente – que disponibilizam, na rede, informações criadas ou desenvolvidas pelos provedores, sendo esses que produzem as informações divulgadas na *Internet* –, não podem ser obrigados a exercer um controle prévio do conteúdo das informações prestadas no *site* por seus usuários, devem, assim que tiverem conhecimento inequívoco da existência de dados ilegais no *site*, removê-los imediatamente, sob pena de responder pelos danos respectivos, devendo manter, ainda, um sistema minimamente eficaz de identificação de seus usuários, cuja efetividade será analisada caso a caso. Na espécie, o provedor, uma vez ciente da existência de material de conteúdo ofensivo, adotou todas as providências tendentes à imediata remoção do *site*. Ademais, a rede social disponibilizada pelo provedor mantém um canal para que as pessoas cuja identidade tiver sido violada solicitem a exclusão da conta falsa, bem como para que seja feita denúncia de abuso na utilização de perfis individuais ou comunidades. A recorrente mantém um meio razoavelmente eficiente de rastreamento dos usuários, medida de segurança que corresponde à diligência média esperada de um provedor de conteúdo. **REsp 1.186.616-MG, Rel. Min. Nancy Andrighi, julgado em 23/8/2011.** (Inform. STJ 481)

RESPONSABILIDADE CIVIL. ATO ILÍCITO. SÓCIOS ADMINISTRADORES.

Discute-se no REsp se o reconhecimento da divisibilidade da obrigação de reparar os prejuízos decorrentes de ato ilícito desnatura a solidariedade dos sócios administradores de sociedade limitada para responderem por comprovados prejuízos causados à própria sociedade em virtude de má administração. Na hipótese, a Turma entendeu ficar comprovado que todos os onze sócios eram administradores e realizaram uma má gestão da sociedade autora, acarretando-lhe prejuízos de ordem material e não haver incompatibilidade qualquer entre a solidariedade passiva e as obrigações divisíveis, estando o credor autorizado a exigir de qualquer dos devedores o cumprimento integral da obrigação, cuja satisfação não extingue os deveres dos coobrigados, os quais podem ser demandados em ação regressiva. As obrigações solidárias e indivisíveis têm consequência prática semelhante, qual seja, a impossibilidade de serem pagas por partes, mas são obrigações diferentes, porquanto a indivisibilidade resulta da natureza da prestação (art. 258 do CPC), enquanto a solidariedade decorre de contrato ou da lei (art. 265 do CC/2002). Nada obsta a existência de obrigação solidária de coisa divisível, tal como ocorre com uma condenação em dinheiro, de modo que todos os devedores vão responder integralmente pela dívida. Em regra, o administrador não tem responsabilidade pessoal pelas obrigações que contrair em nome da sociedade e em decorrência de regulares atos de gestão. Todavia, os administradores serão obrigados pessoalmente e solidariamente pelo ressarcimento do dano, na forma da responsabilidade civil por ato ilícito, perante a sociedade e terceiros prejudicados quando, dentro de suas atribuições e poderes, agirem de forma culposa. Precedente citado: REsp 1.119.458-RO, DJe 29/4/2010. **REsp 1.087.142-MG, Rel. Min. Nancy Andrighi, julgado em 18/8/2011.** (Inform. STJ 481)

INDENIZAÇÃO. DANOS MORAIS. REPRESENTAÇÃO. MP. LEGITIMIDADE.

Trata-se, na origem, de ação de indenização por danos morais em razão da divulgação de fato considerado pela lei como segredo de justiça feita por representante do Ministério Público em emissora de televisão. A Turma, entre outras questões, manteve o entendimento do acórdão recorrido de que o representante do MP tem legitimidade passiva para figurar na mencionada ação, pois sua atuação foi em completo desacordo com a legislação de regência (art. 26, § 2º, da Lei n. 8.625/1993 – Lei Orgânica do Ministério Público – e art. 201, § 4º, da Lei n. 8.069/1990). Para chegar à conclusão diversa, necessário seria o revolvimento do conjunto fático-probatório dos autos, o que é vedado em recurso especial, conforme dispõe o verbete da Súm. n. 7-STJ. Com relação ao *quantum* indenizatório fixado na instância ordinária, somente quando irrisório ou exorbitante o valor é que se admite sua revisão na via do recurso especial. Assim, a Turma não conheceu do recurso. **REsp 1.162.598- SP, Rel. Min. João Otávio de Noronha, julgado em 2/8/2011.** (Inform. STJ 480)

IMUNIDADE PARLAMENTAR. DECRETACÃO DE OFÍCIO. TJ.

Em ação indenizatória, o juiz julgou procedente o pedido de danos morais decorrentes da entrevista concedida por deputado estadual em programa transmitido pelo rádio no qual acusou o prefeito (autor da ação) de haver utilizado R$ 100 milhões dos cofres da prefeitura para patrocinar as últimas eleições, tanto a municipal quanto a estadual. Porém, o TJ, em apelação, reconheceu de ofício a imunidade do parlamentar e, consequentemente, julgou improcedente o pedido indenizatório. Daí o REsp alegar violação do art. 515 do CPC, afirmando que o TJ não poderia reconhecer de ofício a imunidade parlamentar se, em nenhum momento, essa imunidade fora arguida pelas partes. Para o Min. Relator, o acórdão recorrido afastou o dever de indenizar por reconhecer a imunidade do parlamentar. Explica que o reconhecimento da imunidade não retira apenas a responsabilidade criminal, mas também a responsabilidade civil, bem como, sendo a matéria preceito de ordem pública, pode ser conhecida de ofício pelo órgão julgador, ainda que a parte não a tenha suscitado. Aponta que a imunidade material, também denominada "inviolabilidade parlamentar", está prevista no art. 53, *caput*, da CF/1988 (com a redação dada pela EC n. 35/2001), dispondo serem os deputados e senadores invioláveis civil e penalmente, por quaisquer de suas opiniões, palavras e votos. Para a jurisprudência do STF, a imunidade, que obsta a propositura de ação civil ou penal contra o parlamentar por motivo de opiniões ou votos proferidos no exercício de suas funções, é absoluta, permanente, de ordem pública até quanto às declarações divulgadas por meio de entrevistas jornalísticas na imprensa local, que guardam conexão com o desempenho do mandato parlamentar, especialmente se estiver presente uma das funções inerentes ao ofício legislativo, que é fiscalizar os atos do Poder Executivo. Ademais, observa que o STF reconheceu a imunidade do recorrido ao julgar RE com a mesma base fática em exame, ou seja, a mesma entrevista, mas em que figuraram como partes o irmão do recorrente (como autor) e o recorrido. Diante do exposto, a Turma, ao prosseguir o julgamento, negou provimento ao recurso. Precedentes citados do STF: AI 473.092-AC, DJ 28/3/2005, e RE 603.430-PB, DJe 3/5/2010. **REsp 734.218-PB, Rel. Min. Luis Felipe Salomão, julgado em 28/6/2011.** (Inform. STJ 479)

OBRIGAÇÃO. FAZER. REVISTA. CONVERSÃO. PERDAS. DANOS.

A recorrente contratou com a sociedade empresária recorrida o fornecimento de revista infantil pelo prazo de um ano. Contudo, antes disso, a recorrida comunicou à recorrente que não mais a editaria e oportunizou enviar-lhe outra publicação de sua escolha, o que foi recusado. Daí a ação ordinária que busca o fornecimento de sete edições da revista infantil finda. É certo que os arts. 461 e 461-A do CPC, que tratam da obrigação de fazer, não fazer ou entregar coisa, trazem a possibilidade de conceder tutela específica da obrigação ou providências assecuratórias de resultado prático equivalente ao adimplemento. Contudo, na hipótee, conforme as instâncias ordinárias, há um óbice fático ao cumprimento específico da obrigação: o custo dos exemplares restantes seria desproporcional ao resultado prático visado, o que torna economicamente impossível a prestação. Dessarte, independentemente da discussão sobre ser econômica ou jurídica a impossibilidade, o cumprimento específico da obrigação (a edição dos sete exemplares faltantes apenas para a recorrente) demandaria onerosidade excessiva e desproporcional à recorrida, razão última para não impor comportamento que exija o ressarcimento de forma específica quando seu custo não justificar a opção por essa modalidade, conforme apregoa precedente do STJ. Aplica-se a segunda parte do § 1º do art. 461 do CPC, que permite ao julgador determinar, inclusive de ofício, a conversão da obrigação de dar, fazer ou não fazer em obrigação pecuniária (aí incluída a indenização por perdas e danos) na parte em que aquela não possa ser executada. Com esse entendimento, a Turma fixou perdas e danos no montante de 7/12 do valor do contrato celebrado, que corresponde ao valor do número de revistas não entregues, corrigido monetariamente a partir do inadimplemento e somado a juros moratórios contados da data da citação. Precedentes citados: REsp 332.772-SP, DJ 28/6/2006; REsp 898.184-RJ, DJe 4/8/2008, e REsp 794.253-RS, DJ 1º/12/2007. **REsp 1.055.822-RJ, Rel. Min. Massami Uyeda, julgado em 24/5/2011.** (Inform. STJ 474)

INDENIZAÇÃO. VEICULAÇÃO. SEGREDOS. ILUSIONISMO. AUSÊNCIA. ATO ILÍCITO.

Trata-se, na origem, de ação indenizatória contra empresas de televisão na qual os autores recorrentes alegam, em síntese, que o programa exibido pelas rés recorridas teria o propósito de jogar a população contra a classe dos mágicos, além de destruir os números de magia que eram desvendados. A Turma entendeu que não há, no ordenamento jurídico pátrio, norma que proíba a revelação de truques de magia, para, aí sim, poder-se falar em ilicitude. Como não há norma jurídica que impeça a revelação dos "segredos do ilusionismo", não há razão para impor qualquer responsabilidade civil pela conduta das emissoras de televisão. Na liberdade de informar, a regra é a publicidade e o sigilo é a exceção, que somente se justifica quando estiverem em confronto os interesses mais caros à sociedade ou ao indivíduo. Com relação aos "segredos de ilusionismo", não há bem de substancial relevância a ser protegido que justifique a censura, sempre existiram livros e brinquedos vendidos com intuito de ensinar os alegados segredos e não há notícias de qualquer insurgência por parte dos mágicos contra a prática. Assim, a Turma negou provimento ao recurso. **REsp 1.189.975-RS. Rel. Min. Luis Felipe Salomão, julgado em 10/5/2011.** (Inform. STJ 472)

DESCONSIDERAÇÃO. PERSONALIDADE JURÍDICA. INDENIZAÇÃO. LIMITE. QUOTAS SOCIAIS.

Trata-se de ação indenizatória a qual envolveu, na origem, uma típica relação de consumo, visto que o recorrido, professor responsável, visitava as dependências de parque aquático acompanhando seus alunos quando, em razão de acidente por explosão de gás, ele foi atingido pelo fogo, o que lhe causou queimaduras nos braços e pernas. Assim, a partir da constatação, pelas instâncias ordinárias, da existência de relação de consumo juntamente com a impossibilidade de realizar a satisfação do débito oriundo da condenação indenizatória perante a sociedade empresária, determinou-se a desconsideração de sua personalidade jurídica e a penhora de bem móvel de propriedade do sócio ora recorrente para garantir a satisfação do crédito. Note-se que o juiz consignou haver prova incontestável de que o representante legal da executada praticou atos contrários à lei e ao estatuto da instituição executada com o objetivo de fraudar futura execução resultante do julgamento procedente do pleito. No REsp, discute-se a possibilidade de, em razão da desconsideração da personalidade jurídica da sociedade empresária e, em ato contínuo, com a autorização da execução dos bens dos sócios, a responsabilidade dos sócios ficar limitada ao valor de suas respectivas quotas sociais. Segundo o Min. Relator, essa possibilidade não poderia prosperar, pois admitir que a execução esteja limitada às quotas sociais seria temerário, indevido e resultaria na desestabilização do instituto da desconsideração da personalidade jurídica. Explica que este hoje já se encontra positivado em nosso ordenamento jurídico no art. 50 do CC/2002 e, nesse dispositivo, não há qualquer restrição acerca de a execução contra os sócios ser limitada às suas respectivas quotas sociais. Ademais, a desconsideração da personalidade jurídica já havia sido regulamentada no âmbito das relações de consumo no art. 28, §5º, do CDC e há muito é reconhecida pela jurisprudência e pela doutrina por influência da teoria do *disregard of legal entity*, oriunda do direito norte-americano. Ressalta, ainda, que a desconsideração não importa dissolução da pessoa jurídica, constitui apenas um ato de efeito provisório decretado para determinado caso concreto e objetivo, dispondo, ainda, os sócios incluídos no polo passivo da demanda de meios processuais para impugná-la. Por fim, observa que o art. 591 do CPC estabelece que os devedores respondem com todos os bens presentes e futuros no cumprimento de suas obrigações. Com esse entendimento, a Turma conheceu em parte do recurso e, nessa parte, negou-lhe provimento. Precedentes citados: REsp 140.564-SP, DJ 17/12/2004; REsp 401.081-TO, DJ 15/5/2006, e EDcl no REsp 750.335-PR, DJ 10/4/2006. **REsp 1.169.175-DF, Rel. Min. Massami Uyeda, julgado em 17/2/2011.** (Inform. STJ 463)

RESPONSABILIDADE. PROPAGANDA. PALCO.

Trata-se de REsp em que se discute a corresponsabilidade de determinada empresa de comunicação pelo fato de haver veiculado, em programa de TV, por intermédio de seu apresentador, propaganda enganosa de empréstimo oferecido por instituição financeira anunciante, que teria descumprido os compromissos assumidos no anúncio veiculado. A Turma deu provimento ao recurso, assentando que a inserção de propaganda em programas de televisão, particularmente nas apresentações ao vivo, é praxe ditada pelas exigências de um mercado dinâmico e mutante. Assim, a responsabilidade pelo produto ou serviço anunciado é daquele que o confecciona ou presta e não se estende à televisão, jornal ou rádio que o divulga. A participação do apresentador, ainda que diga da qualidade do que é objeto da propaganda, não lhe empresta corresponsabilidade ou o torna garantidor do cumprimento das obrigações pelo anunciante. Destarte, a denominada publicidade de palco não implica a corresponsabilidade da empresa de televisão pelo anúncio divulgado. E o apresentador atua como garoto-propaganda, e não na qualidade de avalista formal, por si ou pela empresa, do êxito do produto ou serviço para o telespectador que vier, no futuro, a adquiri-los. Consignou-se, por fim, que a interpretação dada pelo tribunal *a quo* não encontra respaldo na legislação pertinente e não se mostra razoável, ainda acarretando como consequência o próprio desaparecimento da chamada propaganda de palco, visto que é fácil imaginar o alto risco na posição de uma empresa de comunicações que passaria a arcar com a corresponsabilidade por todos os produtos e serviços anunciados, sem que pudesse intervir em seu controle de qualidade e auferir lucros pela venda respectiva. O Min. Luis Felipe Salomão, embora acompanhando o Min. Relator, ressalvou que não se deve afastar, genericamente, a responsabilidade da empresa de comunicação por entendê-la parte ilegítima para a demanda. Observou que somente o caso concreto permitirá uma análise da pertinência subjetiva para a causa quando houver abuso na publicidade, ela for manifesta e isso ficar demonstrado nos autos para efeito de responsabilidade, não apenas demonstrando culpa, mas também a responsabilidade dentro da extensão da cadeia do conceito de fornecedor, pela cadeia de consumo prevista no CDC. **REsp 1.157.228-RS, Rel. Min. Aldir Passarinho Junior, julgado em 3/2/2011.** (Inform. STJ 461)

SERVIÇO SOCIAL AUTÔNOMO. RESPONSABILIDADE.

A Turma deu parcial provimento ao recurso especial para julgar improcedente o pedido de indenização por danos materiais e morais formulado por sociedade empresária (recorrida) em desfavor de serviço social autônomo (recorrente). Sustentou-se, na origem, que o projeto de viabilidade econômico-financeira elaborado pela entidade recorrente, necessário para que a empresa pudesse obter recursos subsidiados pelo governo federal para a ampliação de suas atividades, não observou as regras técnicas adequadas, porquanto não foi realizada a necessária pesquisa de mercado. Com isso, afirmou-se que o vício teria sido o causador do insucesso do empreendimento e da consequente decretação de sua falência, razão pela qual a entidade deveria ser responsabilizada por perdas e danos. Entretanto, para o Min. Relator, não ficou caracterizada a ocorrência de ilícito contratual apto a configurar a responsabilidade civil do serviço autônomo. Consignou, inicialmente, que a concepção contratual moderna reconhece a existência dos denominados deveres secundários da obrigação, cujo cumprimento pauta-se pela obediência aos princípios da lealdade e da boa-fé e impõe a ambas as partes o dever de zelo pela satisfação dos interesses globais envolvidos. Contudo, asseverou que a existência de tais deveres deve ser verificada tanto pelo lado do devedor quanto do credor. Assim, entendeu que não poderia o tribunal *a quo* exigir da entidade o desempenho do seu dever secundário consistente na realização de pesquisa de mercado, se a empresa não se comprometeu a atuar em prol dos objetivos comuns. Segundo o Min. Relator, o descumprimento daquele dever foi induzido pela própria conduta da empresa, que, ao passar a imagem de que apresentaria larga experiência profissional, forneceu dados que supririam a necessidade da referida pesquisa, criando falsas expectativas e incutindo a ideia de confiança na veracidade das informações por ela repassadas. Por outro lado, explicou que, ainda que se entendesse pela ocorrência de erro na elaboração do projeto, não ficou demonstrado o indispensável nexo causal entre a conduta da entidade e os danos decorrentes da falência da recorrida, nos termos da teoria do dano direto e imediato, adotada pelo ordenamento pátrio. Declarou que o risco é inerente à atividade empresarial, motivo pelo qual não pode a sociedade empresária utilizar o projeto de viabilidade econômico-financeira como uma espécie de seguro da empreitada, tentando se proteger de eventuais imprevistos suscetíveis de surgir no ramo. Segundo o Min. Relator, a gestão da empresa cabe aos seus administradores, em conformidade com o que dispõe o art. 1.011 do CC/2002, não ao responsável pela elaboração do projeto – se assim o fosse, estar-se-ia criando uma responsabilidade objetiva do serviço social autônomo, sem enquadramento nas hipóteses estabelecidas pelo art. 927, parágrafo único, do CC/2002 (teoria do risco da atividade) e em desrespeito a sua natureza de entidade executora de atividade social de interesse público sem fins lucrativos. Estabeleceu que a tarefa descrita no contrato firmado pela entidade consistiu em obrigação de meio, não de resultado, o que afasta a sua culpa presumida pela falência da recorrida. Por fim, concluiu haver dificuldade em estabelecer uma única causa determinante da quebra da empresa, por serem muitas as possibilidades (por exemplo: falência da principal cliente, política governamental, má gestão, fatores de ordem macroeconômica etc), razão por que se mostra inviável estabelecer que o suscitado erro do projeto, por si só, teria ocasionado a insolvência. Precedentes citados do STF: RE 130.764-PR, DJ 7/8/1992; do STJ: REsp 95.539-SP, DJ 14/10/1996, e REsp 719.738-RS, DJe 22/9/2008. **REsp 1.154.737-MT, Rel. Min. Luis Felipe Salomão, julgado em 21/10/2010**. (Inform. STJ 452)

DANO MORAL. REGISTRO. ALIENAÇÃO. IMÓVEL.

Na ação, busca-se a nulidade de averbações em registro imobiliário cumulada com pedido de reparação de danos materiais e morais. Ressaltou o Min. Relator que, embora reflexamente se possa cogitar a responsabilidade civil do Estado porque a ação foi ajuizada contra o oficial de registro, no entanto, no caso, aplica-se o direito privado ao desate da controvérsia. Observa, inclusive, que a Turma já julgou caso idêntico, alusivo ao mesmo oficial. Por outro lado, também assevera que esse mesmo colegiado possui precedente no sentido de ser faculdade do autor promover a demanda em razão do servidor, do estado ou de ambos, no livre exercício de seu direito de ação. Assim, firmada a competência da Turma, no mérito, negou-se provimento ao recurso, porque o oficial apenas cumpriu determinação judicial acerca da averbação de protesto contra a alienação de imóvel requerida pela instituição financeira, circunstância que afasta qualquer dever de indenizar. Ademais, a jurisprudência deste Superior Tribunal permite a averbação no registro de imóveis, dentro dos limites do poder geral de cautela do juiz, por ser esse o meio mais eficaz de propiciar a ciência do protesto a terceiros. Precedentes citados: EREsp 440.837-RS, DJ 28/5/2007; REsp 731.746-SE, DJe 4/5/2009; REsp 1.073.008-RJ, DJe 27/4/2008; REsp 847.597-SC, DJe 1º/4/2008; REsp 967.644-MA, DJe 5/5/2008; REsp 844.778-SP, DJ 26/3/2007; AgRg no Ag 685.087-RS, DJ 21/11/2005, e REsp 433.766-RS, DJ 11/11/2002. **REsp 687.300-RS, Rel. Min. Luis Felipe Salomão, julgado em 5/8/2010.** (Inform. STJ 441)

DANO MORAL. FUMANTE.

Mostra-se incontroverso, nos autos, que o recorrido, autor da ação de indenização ajuizada contra a fabricante de cigarros, começou a fumar no mesmo ano em que as advertências sobre os malefícios provocados pelo fumo passaram a ser estampadas, de forma explícita, nos maços de cigarro (1988). Isso, por si só, é suficiente para afastar suas alegações acerca do desconhecimento dos males atribuídos ao fumo; pois, mesmo diante dessas advertências, optou, ao valer-se de seu livre-arbítrio, por adquirir, espontaneamente, o hábito de fumar. Outrossim, nos autos, há laudo pericial conclusivo de que não se pode, no caso, comprovar a relação entre o tabagismo desenvolvido pelo recorrido e o surgimento de sua enfermidade (tromboangeíte obliterante – TAO ou doença de Buerger). Assim, não há falar em direito à indenização por danos morais, pois ausente o nexo de causalidade da obrigação de indenizar. Precedentes citados: REsp 325.622-RJ, DJe 10/11/2008; REsp 719.738-RS, DJe 22/9/2008, e REsp 737.797-RJ, DJ 28/8/2006. REsp **886.347-RS, Rel. Min. Honildo Amaral de Mello Castro (Desembargador convocado do TJ-AP), julgado em 25/5/2010** (ver Informativo n. 432). (Inform. STJ 436)

LOTERIA FEDERAL. BILHETE.

O recorrido ajuizou ação contra a Caixa Econômica Federal (CEF), recorrente, objetivando sua condenação ao pagamento de R$ 22 milhões, alegando ser o único acertador do sorteio n. 83 da Supersena. Argumentou que, conquanto o bilhete fizesse referência ao sorteio n. 84, tal ocorreu por erro da máquina registradora, tendo em vista que realizou a aposta no último dia permitido para concorrer ao concurso n. 83. Para o Min. Relator, em se tratando de aposta em loteria, com bilhete não nominativo, mostra-se irrelevante a perquirição acerca do propósito do autor, tampouco se a aposta foi realizada neste ou naquele dia, tendo em vista que o que deve nortear o pagamento de prêmios de loterias federais, em casos tais, é a literalidade do bilhete, visto que ele ostenta características de título ao portador. É que o bilhete premiado veicula um direito autônomo cuja obrigação incorpora-se no próprio documento, podendo ser transferido por simples tradição, característica que torna irrelevante a discussão acerca das circunstâncias em que se aperfeiçoou a aposta. Ressaltou o Min. Relator que a tese veiculada pelo autor da ação, de que, devido ao erro no processamento de sua aposta, não foi possível receber o prêmio, somente seria apta a lastrear ação de responsabilidade civil com vistas à reparação do apontado dano sofrido, contra quem entender de direito, mas não para receber o prêmio da loteria com base em bilhete que não ostenta os números sorteados para o concurso indicado. **REsp 902.158-RJ, Rel. Min. Luis Felipe Salomão, julgado em 6/4/2010**. (Inform. STJ 429)

INDENIZAÇÃO. CONTRATAÇÃO. ADVOGADO.
Noticiam os autos que a autora pleiteou indenização pelos gastos com a contratação de advogado para postular causa trabalhista e o Tribunal *a quo* deu provimento parcial à apelação da autora, concluindo que o banco empregador tem dever de indenizá-la, pois descumpriu suas obrigações trabalhistas, compelindo-a a contratar advogado para ajuizar ação. Para o Min. Relator, é incabível a indenização pela necessidade de contratação de advogado para o ajuizamento de ação laboral, uma vez que descaracterizado qualquer ato ilícito. Além de as verbas discutidas serem controvertidas e somente se tornaram devidas após o trânsito em julgado da sentença, afastando, assim, qualquer alegação de ilicitude para gerar o dever reparatório. Consignou, também, que, em razão do art. 791 da CLT, o reclamante na Justiça Trabalhista pode postular seu direito sem assistência de advogado. Ressalta, entre outras considerações, que entender de modo diferente importaria no absurdo da prática de considerar ato ilícito qualquer pretensão resistida questionada juridicamente e cada ação iria gerar uma outra para ressarcimento de verba honorária, assim por diante, indefinidamente. Com esse entendimento, a Turma deu provimento ao recurso do banco para restabelecer a sentença que julgou improcedente o pedido indenizatório. **REsp 1.084.084-MG, Rel. Min. Aldir Passarinho Junior, julgado em 27/10/2009.** (Inform. STJ 413)

SEGURO. BAIXA. VEÍCULO. MULTAS.
O veículo furtado do recorrido não foi recuperado pela polícia, então a seguradora recorrente efetuou o pagamento da indenização estipulada. Sucede que essa mesma seguradora não providenciou a baixa do veículo no cadastro do Detran, por isso diversas multas relativas a infrações de trânsito praticadas pelos criminosos ou terceiros foram emitidas em nome do recorrido e computadas em sua carteira de habilitação. Assim, além do dano moral, a ação busca compelir a seguradora a providenciar a transferência da propriedade do veículo, bem como a retirar todas as multas de trânsito aplicadas sob pena de fixação de *astreintes*. Anote-se que o veículo, como visto, não se encontra na posse do recorrido nem do recorrente, o que impede o cumprimento das exigências usualmente feitas pelo Detran para a transferência (CTB, art. 124, VII e XI), tal como a vistoria do automóvel. Esse panorama evidencia o dano moral causado ao recorrido, pois houve desídia da seguradora em prontamente atender a suas solicitações. Todavia, não tem cabimento impor multa diária, inclusive por tutela antecipada, para compeli-la a cumprir uma impossível transferência do veículo, daí ser necessária a exclusão das *astreintes* da condenação. De outro lado, é preciso que este Superior Tribunal, ao aplicar o direito à espécie (art. 257 do RISTJ), avance em busca de uma solução burocrática do problema que atormenta o autor. Isso posto, a Turma determinou a imediata expedição de ofício ao Detran para que se registre a seguradora como a proprietária do veículo desde a data do furto. Com isso, o recorrido fica livre das multas aplicadas, apesar de o STJ não poder cancelá-las, visto representarem valor devido à Fazenda Pública, que não é parte na lide. **REsp 1.003.372-RJ, Rel. Min. Aldir Passarinho Junior, julgado em 6/10/2009.** (Inform. STJ 410)

DANO MORAL. IMPUTAÇÃO. CRIME. SEGURADORA.
Trata-se de ação de cobrança com o objetivo de obter ressarcimento do valor de veículo furtado durante a vigência de contrato de seguro. Porém, diante da negativa de ressarcimento, bem como da imputação de crimes aos autores pela seguradora, pleiteou-se indenização por danos morais e materiais. Note-se que a seguradora ficou vencida nas instâncias ordinárias, assinalando o acórdão recorrido que o prejuízo não consiste na simples emissão de documentos e depoimentos falsos, mas sim na utilização deles no inquérito policial, na ação penal e pela circulação dessa notícia nos mercados securitário e bancário. Assevera, ainda, que a seguradora pode até não responder pela produção dos documentos falsos, mas, por sua utilização irresponsável e leviana, deve ser condenada, pois deveria ter verificado a autenticidade dos documentos. Por outro lado, a seguradora afirma, no REsp, que os autores não sofreram qualquer lesão, principalmente a pessoa jurídica, porque não constitui ilícito requerer a abertura de inquérito policial, senão o exercício regular de direito, tal como promover ação penal para apurar suspeita plausível e consistente na venda de automóvel na Bolívia antes da comunicação do sinistro. Isso posto, o Min. Relator, de início, excluiu a apreciação da inexistência do dano moral sofrido pela sociedade empresarial proprietária do veículo ao argumento de que ela não poderia ser ré em processo criminal, visto a falta de debate no acórdão recorrido (Súms. ns. 282 e 356 do STF). Observa ainda que, apesar de não ser possível a verificação da existência de dano moral indenizável sem adentrar a prova (Súm. n. 7-STJ), no caso dos autos, torna-se impossível descaracterizar a ocorrência do dano moral, pois há paradigma deste Superior Tribunal com expressa ressalva à imputação de crime com má-fé, além de que foram utilizados documentos falsos para a *notitia criminis*, houve circulação dos fatos desabonadores no meio securitário e bancário, sendo incontroverso, nos autos, que houve extrapolação do regular exercício de promover apuração de suposto ilícito. Dessa

forma, só quanto à fixação do *quantum* indenizatório considerou o Min. Relator merecer reforma, por estar elevado diante de hipóteses semelhantes. Ante o exposto, a Turma conheceu em parte o recurso e, nessa parte, deu-lhe parcial provimento para fixar o valor de R$ 20.0000, para cada um dos autores a título de dano moral. Precedente citado: REsp 468.377-MG, DJ 23/6/2003. **REsp 905.328-SP, Rel. Min. Aldir Passarinho Junior, julgado em 22/9/2009.** (Inform. STJ 408)

INDENIZAÇÃO. DESAPARECIMENTO. RESTOS MORTAIS.

Os recorridos contrataram com a recorrente a perpetuação, em jazigo alugado, dos restos mortais de seu pai e cônjuge. Quando se dirigiram à administração do cemitério para adquirir um jazigo perpétuo, foram surpreendidos ao constatar que os restos mortais sepultados não eram os de seu familiar falecido. Daí a ação de indenização por danos materiais e morais. O acórdão recorrido, por sua vez, reconheceu como causa para a condenação o fato superveniente, até então desconhecido, de que, diante da existência de parcelas em débito, a recorrente procedeu à exumação do corpo e cremou os restos mortais sem o consentimento de seus familiares. Nesse contexto, a causa de pedir constante da inicial é a do desaparecimento do corpo, mais ampla do que o fato superveniente que deu lastro à condenação, a cremação não autorizada dos restos mortais. Ao cabo, a cremação pode ser entendida como a forma pela qual a recorrente fez desaparecer o corpo, não se podendo dizer que houve julgamento fora dos limites da lide. Para tanto se considera que os arts. 462 e 517 do CPC permitem tanto ao juiz quanto ao tribunal a análise de circunstâncias que, por sua implementação tardia, não eram passíveis de resenha inicial, isso no escopo de prestigiar a economia processual e evitar a entrega de tutela que seja mera resposta a formulações teóricas, sem qualquer efeito prático. Privilegia-se o estado atual em que se encontram as coisas, a evitar provimento judicial de procedência quando já perecido o direito do autor ou de improcedência quando o direito pleiteado na inicial delineado pela *causa petendi* narrada é reforçado por fatos supervenientes. Precedentes citados: REsp 78.714-SP, DJ 10/11/1997, e REsp 43.902-SP, DJ 20/6/1994. **REsp 500.182-RJ, Rel. Min. Luis Felipe Salomão, julgado em 3/9/2009**. (Inform. STJ 405)

DANOS MORAIS. CONFECÇÃO. CLÁUSULA. EXCLUSIVIDADE.

Pretende-se, no recurso, afastar a condenação por danos morais imposta às recorrentes no valor de três mil reais e mantida pelo TJ, que entendeu comprovadas as ofensas morais que permearam a rescisão de contrato de confecção de vestido para baile de debutantes, com cláusula de exclusividade. Para o Min. Relator, a sustentação do acórdão é lastreada na prova dos autos, de onde se extrai, primeiro, que o vestido era destinado à aniversariante, depois, que a rescisão deveu-se à quebra de confiança, não à inobservância da exclusividade, por isso foi estendida a todos os outros vestidos, num total de quatro. Por último, que as peças não estão em poder das adquirentes, que se recusaram a recebê-las, o que não justifica, portanto, a alegação de omissões e obscuridades lançadas na preliminar de nulidade do acórdão recorrido. O dano moral foi fixado unicamente em favor da primeira autora, vítima das agressões morais, não vingando a alegação de que a jovem também tenha sido ressarcida pelo mesmo motivo. Diante do exposto, a Turma não conheceu do recurso. **REsp 1.089.251-MG, Rel. Min. Aldir Passarinho Junior, julgado em 18/8/2009.** (Inform. STJ 403)

PLANO. SAÚDE. DANO MORAL.

Trata-se de ação de indenização em que o plano de saúde pagou cirurgia de remoção de tumor ósseo, mas se recusou a cobrir o valor do enxerto ósseo. As instâncias ordinárias reconheceram o dano material, porém negaram o dano moral ao argumento de não haver ato ilícito por parte da seguradora. A Turma, após voto vista da Min. Nancy Andrighi e a reformulação do voto do Min. Relator, deu provimento ao agravo regimental, reconhecendo a indenização pelo dano moral. Explicou o voto vista não ser possível utilizar dois critérios distintos de apuração quanto à ilicitude de uma conduta, para fins de avaliação do dano material e do dano moral. Se uma conduta é ilícita para fins de reparação do dano material, ela será ilícita também para a avaliação do dano moral; o que pode acontecer é que, apesar de ilícita, o mero descumprimento de uma cláusula contratual não gere para parte qualquer dano moral indenizável. Essa avaliação não se pauta, porém, na licitude ou ilicitude da conduta, mas na existência do dano. Observou o Min. Relator que a decisão nas instâncias ordinárias ficou contraditória: a mesma etimologia, o mesmo nexo causal, ficou apenas em um dos resultados, indenizatória do dano emergente. Mas, reconhecida a responsabilidade pelo fato, pela etimologia e pelo nexo causal, faltou uma consequência, que é a consequência moral, que foi realmente cobrada. **AgRg nos EDcl no REsp 1.096.560-SC, Rel. Min. Sidnei Beneti, julgado em 6/8/2009.** (Inform. STJ 401)

DANOS MORAIS. VEÍCULO. DEFEITO.

Trata-se de recursos especiais em que se pretende desconstituir acórdão que condenou as ora recorrentes a indenizar o ora recorrido por danos morais, pelo fato de ele ter adquirido um veículo perante aquelas (fabricante e vendedora), o qual logo apresentou defeito no sistema de refrigeração (ar-condicionado). Constata-se dos autos que o recorrido levou, por inúmeras vezes, o veículo ao conserto, passando por diversas oficinas mecânicas, o que, para o acórdão, constituiu verdadeira *via crucis*, justificando, assim, os danos morais. Para o Min. Relator, o caso em questão não guarda excepcionalidade; os defeitos, ainda que ocorridos durante a garantia de fábrica, são comuns, e a indenização por dano moral não deve ser banalizada. Ela não se destina a confortar meros percalços da vida comum. Haveria razoabilidade no deferimento de danos materiais que, na hipótese dos autos, não foram comprovados, enquanto as sucessivas visitas à concessionária provocam despesas com o deslocamento, tais como combustível, aluguel de outro veículo, táxi etc., porque a perda momentânea do uso do automóvel, guardadas certas proporções, é evidente, mas daí assemelhar esse desconforto a um dano moral, lesivo à vida e personalidade do incomodado é um excesso. Ou seja, é possível a indenização por danos materiais, mas os incômodos ou dissabores não chegam a configurar dano moral. Com esses argumentos, entre outros, a Turma, por maioria, conheceu em parte dos recursos e lhes deu provimento para excluir a indenização por dano moral, impondo ao recorrido o pagamento das despesas processuais e de verba honorária a cada uma das recorrentes no valor de R$ 500,00, nos termos do art. 20, § 4º, do CPC. Precedentes citados: REsp 217.916-RJ, DJ 11/12/2000; REsp 628.854-ES, DJ 18/6/2007 e AgRg no AgRg no Ag 775.948-RJ, DJ 3/3/2008. **REsp 750.735-RJ, Rel. Min. Aldir Passarinho Junior, julgado em 4/6/2009.** (Inform. STJ 397)

COOPERATIVA HABITACIONAL. IMÓVEL.

A recorrida propôs ação de indenização contra a cooperativa pelos danos materiais ensejados pela demora na entrega do imóvel, consistentes nos lucros cessantes, sugerindo, para tanto, inclusive, o possível valor do aluguel. O Min. Relator entendeu que, no caso, a rescisão do contrato deu-se por culpa da cooperativa, em razão de seu inequívoco inadimplemento contratual, não configurando hipótese de desistência, eliminação ou exclusão do associado, como quer fazer crer a ora recorrente, não fazendo, por isso, incidir a cláusula estatutária que prevê a devolução do capital integrado pelo cooperado em doze parcelas mensais, com início até noventa dias após a conclusão e escrituração do empreendimento. As cooperativas habitacionais, especificamente, são constituídas com o objetivo de proporcionar exclusivamente a seus associados, por meio da administração das quotas subscritas, a construção e aquisição de imóveis. O empreendimento imobiliário engendrado pelo sistema de cooperativa habitacional, que não visa ao lucro, encerra um preço de custo final bem aquém daqueles cobrados pelo comércio, o que, em atendimento ao interesse público, atrai pessoas, em geral, de baixa renda a aderir aos termos do estatuto social. A par disso, de forma legítima, o sistema de cooperativa recebe proteção legal e incentivos fiscais. Assentadas as características das cooperativas habitacionais, vê-se que o cooperativado, a depender do prisma em que é enfocado, exerce, a um só momento, diferentes funções, ora de sócio ora de administrador (por representação ou não) ora de destinatário do imóvel. Em razão do caráter multifacetado do cooperativado, na hipótese de o empreendimento não atingir a finalidade prevista no estatuto social, seja pelo não cumprimento da obrigação por parte de alguns dos cooperativados seja por má administração, da qual, como visto, de certa forma todos os cooperativados têm participação, desde que não se verifique a prática de atos ilícitos, a remuneração pelos custos operacionais, ao menos, deve ser responsabilidade de todos os cooperativados. Diante disso, a Turma, deu parcial provimento ao recurso para considerar válida a retenção pela cooperativa de 10% dos valores pagos pelo cooperativado, sendo que o restante deve ser restituído em parcela única. **REsp 1.089.479-DF, Rel. Min. Massami Uyeda, julgado em 19/3/2009.** (Inform. STJ 387)

INDENIZAÇÃO. LEGITIMIDADE PASSIVA *AD CAUSAM*.

A recorrente, no mérito, aduz sua ilegitimidade passiva, alegando que o fato de as empresas de cervejaria pertencerem ao mesmo grupo econômico e, eventualmente, por questões funcionais, utilizarem os mesmos prestadores de serviços não implica responsabilidade solidária ou subsidiária de uma pelos atos praticados pela outra, visto que ambas são pessoas jurídicas distintas e autônomas e os atos preliminares de negociação com a recorrida foram mantidos unicamente com funcionários das cervejarias, não havendo tratativas da recorrida com a companhia de cervejaria, filial nordeste. Diante disso, a Turma ao prosseguir o julgamento, conheceu em parte do recurso e, nessa parte, deu-lhe parcial provimento, por entender que o Tribunal a quo analisou todos os temas relevantes suscitados pelas partes, mormente a matéria relacionada à ilegitimidade passiva da empresa recorrente, não havendo que se falar em negativa de prestação jurisdicional. A questão da ilegitimidade passiva *ad causam* foi decidida com base em minuciosa análise das provas dos autos e sua revisão demandaria o reexame dessas provas. **REsp 955.848-PE, Rel. Min. Massami Uyeda, julgado em 5/3/2009** (Inform. STJ 385)

SENTENÇA PENAL. EXTINÇÃO. PUNIBILIDADE. INDENIZAÇÃO.

O recorrente exerceu a função de diretor administrativo da fundação recorrida e emitiu 109 cheques sacados pela pessoa jurídica em favor de seus filhos, os demais recorrentes. Dessa forma, ter-se-ia consubstanciado o crime de apropriação indébita. O extinto Tribunal de Alçada estadual condenou os recorrentes pela prática das últimas 53 condutas. Esse acórdão criminal é a peça que embasa o pedido de liquidação de sentença que, após a homologação dos cálculos em primeiro e segundo grau de jurisdição, é atacada por meio do recurso especial. Os recorrentes sustentavam que a condenação penal reconheceu a prescrição retroativa da pretensão punitiva para todas as práticas delitivas. Embora o acórdão recorrido passe ao longo da prescrição quanto às últimas 53 condutas, há uma segunda decisão criminal relevante, cuja punibilidade, em razão de o recorrente ter completado setenta anos, foi decretada extinta, ocorrente a prescrição retroativa da pretensão punitiva. O cerne da questão diz respeito à eficácia da sentença penal que extingue a punibilidade. Para a Min. Relatora, a hipótese dos autos é excepcional, pois o recorrente foi efetivamente condenado. A decisão condenatória traz consequências claras tanto na esfera penal quanto na esfera civil, impondo-se ao réu a pena pecuniária, restritiva de direitos ou da liberdade, ao mesmo tempo em que sujeita o condenado ao dever de reparar, após a liquidação na esfera cível, os danos que causou. Foi isento da pena. A extinção da punibilidade ocorreu após a existência da sentença penal condenatória, com base na pena *in concreto*, levando-se, ainda, em consideração, sua especial condição de septuagenário. A prescrição retroativa posteriormente reconhecida só atinge os efeitos penais da condenação, não seus efeitos civis. Afinal, não se pode ignorar que o Poder Judiciário reconheceu a existência de fato típico, antijurídico e culpável, e isso é quanto basta para que, na esfera cível, imponha-se o dever de indenizar. A sujeição do condenado à pena é fato irrelevante para fins de direito privado. Ao art. 67, II, CPP, deve-se dar interpretação que prestigie o princípio constitucional da razoável duração do processo. Havendo certeza sobre o ilícito, a decisão que julgar extinta a punibilidade não impedirá, em sentido amplo, a propositura de "ação civil", ou seja, ação de conhecimento, execução ou cautelar. Entendimento diverso imporia ao jurisdicionado o ônus de suportar a duração de dois processos de conhecimento, um na esfera cível e outro na criminal, para que se julguem rigorosamente os mesmos fatos. **REsp 789.251-RS, Rel. Min. Nancy Andrighi, julgado em 11/11/2008.** (Inform. STJ 376)

RESPONSABILIDADE CIVIL. TÍTULOS. DÍVIDA PÚBLICA.

A questão está em determinar se, na espécie, a aquisição pelo recorrente, na qualidade de diretor-presidente de sociedade empresarial, de títulos públicos federais emitidos há mais de cento e trinta anos, contrariou os interesses desta e caracterizou ato culposo capaz de ensejar sua responsabilidade pessoal pelos respectivos prejuízos. Isso posto, a Turma não conheceu do recurso. A Min. Nancy Andrighi acompanhou na íntegra o voto do Min. Relator e, em seu voto-vista, acrescentou que o Tribunal local demonstrou o evidente superfaturamento no valor da compra e o elevadíssimo risco dos títulos adquiridos, concluindo que constitui fato público e notório que tais títulos são tidos e havidos como "moeda podre". O Tribunal *a quo* ressaltou ainda o fato de o recorrente ter se furtado em apresentar parte dos contratos de aquisição dos títulos e dos recibos de saída de caixa, uma vez que a exibição desses documentos seria essencial à sua defesa. Para a Min. Nancy Andrighi, fica patente que, no entender das instâncias ordinárias, as provas dos autos apontam, de forma inconteste, não apenas o prejuízo suportado pela sociedade empresarial em virtude da aquisição desses títulos, mas sobretudo a má-fé com que agiu o recorrente, diante da notoriedade do imenso risco presente nesse tipo de "investimento". Além do mais, a conduta do recorrente desrespeitou as regras do estatuto social da sociedade. O acolhimento da tese sustentada pelo recorrente demandaria revolvimento do substrato fático-probatório dos autos, notadamente contratos e laudos periciais, esbarrando nos enunciados das Súms. ns. 5 e 7 do STJ. **REsp 810.667-RJ, Rel. originário Min. Humberto Gomes de Barros, Rel. Min. Nancy Andrighi (art. 162, § 2º, do RISTJ), julgado em 14/10/2008.** (Inform. STJ 372)

INDENIZAÇÃO. GASTOS. ADVOGADO.

O empregador descumpriu suas obrigações trabalhistas, e o empregado, então, contratou advogado para formular a ação laboral. Deseja, agora, a condenação do empregador por danos morais e materiais advindos dessa suposta necessidade de contratar o causídico. Diante disso, a Turma entendeu inexistir ato ilícito que acolha a pretensão à indenização. As verbas pleiteadas na reclamação eram controvertidas e só se tornaram devidas após o trânsito em julgado da sentença, daí o absurdo de reconhecer a prática de ato ilícito diante de qualquer pretensão resistida questionada judicialmente. Vale consignar que o art. 791 da CLT permite ao reclamante postular sem assistência de advogado. **REsp 1.027.897-MG, Rel. Min. Aldir Passarinho Junior, julgado em 16/10/2008.** (Inform. STJ 372)

DANOS MORAIS. PLANO. SAÚDE. RECUSA. COBERTURA.

O cerne da questão é estabelecer a necessidade ou não de compensação por danos morais a cliente de plano de saúde que, em momento de emergência resultante de ferimento causado por arma de fogo, tem a cobertura recusada pelo convênio por atraso de quinze dias na última mensalidade. O acórdão recorrido consignou de forma expressa que a recusa ao atendimento foi indevida, pois o atraso de quinze dias na última mensalidade do plano não é, de acordo com as normas legais específicas (Lei n. 9.656/1998), causa para tanto, na medida em que a seguradora fica obrigada a cobrir eventuais gastos pelo período de sessenta dias após o início da mora. Contudo, mesmo declarando a nulidade da cláusula contratual que permitia a imediata suspensão do atendimento a partir do primeiro dia de mora, o acórdão entendeu que o ato da não autorização, por si só, não torna evidente a concretização dos danos morais. É necessária, portanto, a comprovação de ofensa à dignidade do apelante, ora recorrente, ou de qualquer situação constrangedora, o que não sucedera no caso. A Turma deu provimento ao recurso por entender que tal posicionamento está em dissonância com a jurisprudência deste Superior Tribunal, pois, especificamente quanto à situação fática, como na hipótese, isto é, relativa ao relacionamento entre segurado e plano de saúde em momentos críticos de atendimento de urgência, a jurisprudência tem entendimento mais elástico, no sentido de que é evidente o dano moral sofrido por aquele que, em momento delicado de necessidade, vê negada a cobertura médica esperada. Assim, tendo em vista que o motivo gerador do atendimento médico negado não era dos mais traumáticos (não havia, aparentemente, risco à vida ao consumidor), fixou-se o valor dos danos morais em R$ 7.000,00. Precedentes citados: REsp 993.876-DF, DJ 18/12/2007; REsp 880.035-PR, DJ 18/12/2006, e REsp 663.196-PR, DJ 21/3/2008. **REsp 907.718-ES, Rel. Min. Nancy Andrighi, julgado em 7/10/2008**. (Inform. STJ 371)

DESCUMPRIMENTO. CONTRATO. DANO MORAL.
A questão envolve empreendimentos imobiliários lançados pela recorrente, que cedeu parte dos terrenos a serem edificados à empresa de construção, que, por sua vez, incumbiu-se das construções. O imóvel foi entregue, mas fora do prazo avençado. Para o Min. Relator, o inadimplemento de contrato, por si só, não acarreta dano moral, que pressupõe ofensa anormal à personalidade. É certo que a inobservância de cláusulas contratuais pode gerar frustração na parte inocente, mas não se apresenta como suficiente para produzir dano na esfera íntima do indivíduo, até porque o descumprimento de obrigações contratuais não é de todo imprevisível. Isso posto, a Turma conheceu em parte do recurso e lhe deu provimento para afastar a indenização por danos morais, e declarar que a correção monetária tem incidência a partir da prolação da sentença. Precedentes citados: REsp 338.162-MG, DJ 18/2/2002; REsp 196.040-MG, DJ 27/3/2000, e REsp 201.414-PA, DJ 5/2/2001. **REsp 876.527-RJ, Rel. Min. João Otávio de Noronha, julgado em 1º/4/2008**. (Inform. STJ 350)

AÇÃO. INDENIZAÇÃO. DANO MORAL.
Trata-se de recurso em que se discute a indenização por dano moral alegadamente causado aos autores em razão de alarme soado quando de sua saída de estabelecimento comercial onde haviam feito compras. Mas a Turma não conheceu do recurso ao argumento de que a decisão foi tomada com base nos fatos dos autos, que não têm como ser revistos pelo STJ (Súm. n. 7-STJ) e segundo os quais, tal como posto pelo TJ, não houve qualquer atitude dos empregados da loja no sentido de agravar o incidente, emprestando a ele repercussão maior do que o soar do alarme. Este fato, por sua vez, ainda que desagradável, representa um dissabor, um contratempo, mas não chega a gerar, por si só, direito indenizável, porquanto distante de causar dor ou sofrimento a ponto de reclamar ressarcimento material. Destacou o Min. Relator que há, evidentemente, situações em que, soado o alarme, os prepostos do estabelecimento agem de modo agressivo, ríspido, espalhafatoso, até de condução do cliente a local reservado para revista, o que, aí, sim, reclama posicionamento diverso, pois atinge a esfera moral da vítima. Mas não foi este o caso, absolutamente. Ao inverso, retrata o acórdão que a reação imediata do gerente foi de polidez, acompanhada de pedidos de desculpas dele e da caixa que deixara de retirar o lacre de segurança, não possibilitando fazer supor aos presentes que houvera suspeita de furto. Também, segundo a Corte estadual, não ficou comprovada a alegada revista no carrinho de compras. Cada caso apresenta circunstâncias próprias, e, aqui, restou patente a inexistência de ato ilícito indenizável, senão um aborrecimento prontamente contornado. **REsp 470.694-PR, Rel.** Min. **Aldir Passarinho Junior, julgado em 7/2/2008**. (Inform. STJ 343)

DANOS MORAIS. RESPONSABILIDADE. CONSTRUTOR. OBRA. PRAZO. GARANTIA.
Nas instâncias ordinárias, duas construtoras foram condenadas a indenizar a autora por danos morais, em razão da morte de sua única filha devido às lesões provocadas por queda de 45 metros. O acidente foi causado pela ruptura da proteção do fosso de ventilação do prédio em que residiam. Ambas as construtoras interpuseram recursos especiais. Num deles, entre outras teses apresentadas, insiste a recorrente que o prazo prescricional nas ações dessa natureza regula-se pelo disposto no art. 1.245 do CC/1916 (5 anos). Explica o Min. Relator que tal prazo não é prescricional ou decadencial, mas de garantia, dentro do qual o construtor ou empreiteiro se responsabiliza pela solidez e segurança da obra realizada. Aduz ainda que, como afirmou o Tribunal *a quo*, a ação por indenização de danos morais é vintenária, mesmo nas circunstâncias fáticas em que ocorrido o sinistro, atrelado às condições técnicas e à entrega da edificação concluída. Assim, não importa a motivação que teria levado a vítima ao local. Note-se que a responsabilidade civil das construtoras foi devidamente comprovada em laudo técnico-criminal. Esclareceu também que os juros de mora são devidos a partir da citação e sujeitam-se à regra do art. 1.062 do CC/1916 e posteriormente, com o advento do Novo Código Civil, a matéria passou a ser disciplinada pelo art. 406. Precedentes citados: REsp 706.424-SP, DJ 7/11/2005; REsp 661.421-CE, DJ 26/9/2005, e REsp 856.296-SP, DJ 4/12/2006. **REsp 611.991-DF, Rel. Min. Hélio Quaglia Barbosa, julgado em 11/9/2007.** (Inform. STJ 331)

INDENIZAÇÃO. DANOS MORAIS. DEMISSÃO. FUNCIONÁRIO.
Trata-se de ação de indenização por danos morais em que funcionária de empresa tomou conhecimento de

sua demissão por declaração do diretor da empresa em jornal de grande circulação e, ao se certificar do ocorrido no local de trabalho, foi escoltada até a saída por policiais em frente de clientes e colegas de trabalho. O Tribunal *a quo* reconheceu o dano moral e condenou a empresa recorrente a pagar o valor de dez mil reais. Isso posto, a Turma não conheceu do recurso da empresa, que recaiu em matéria de reexame fático e de índole constitucional. **REsp 929.667-AC, Rel. Min. Aldir Passarinho Junior, julgado em 16/8/2007.** (Inform. STJ 327)

NOTÍCIA-CRIME. APRESENTAÇÃO. RESPONSABILIDADE.

A Turma decidiu que a responsabilidade pela apresentação de notícia-crime recai sobre aquele que a apresenta, se o seu comportamento doloso ou culposo contribuiu decisivamente para imputar crime não praticado pelo acusado. Precedente citado: REsp 470.365-RS, DJ 1º/12/2003. **REsp 721.440-SC, Rel. Min. Carlos Alberto Menezes Direito, julgado em 28/6/2007.** (Inform. STJ 325)

RESPONSABILIDADE. PEDRA ARREMESSADA. INTERIOR. ESTAÇÃO FERROVIÁRIA.

O Tribunal *a quo,* lastreado na prova dos autos, afirmou que a pedra foi arremessada de dentro da estação ferroviária, vindo a atingir passageiro em composição ferroviária da recorrente. Dessa forma, há responsabilidade pelo dano ao passageiro, pois a recorrente não cuidou de prevenir a presença de estranhos usando drogas em suas dependências, fato esse de conhecimento da segurança da empresa. Assim, a Turma não conheceu do recurso. **REsp 666.253-RJ, Rel. Min. Carlos Alberto Menezes Direito, julgado em 7/5/2007.** (Inform. STJ 319)

INDENIZAÇÃO. CONSTRUÇÃO. DESMORONAMENTO. CULPA CONCORRENTE.

Concessionária de veículos (ora recorrente) decidiu ampliar suas instalações e, para uma das etapas da obra, ou seja, as paredes de alvenaria, contratou empresa de construção (ora recorrida). Algumas dessas paredes desabaram, danificando veículos novos. Daí a ação contra a construtora para reparar os danos morais e materiais. Nas instâncias ordinárias, o juiz julgou procedente a ação, considerando que os serviços de engenharia foram executados sem cautela, sem se preocupar em fazer cálculos ou projeto. Mas o Tribunal *a quo* reformou a sentença ao fundamento de que os serviços prestados pela construtora correspondiam a fornecimento de mão de obra e materiais, não incluindo cálculos e projetos estruturais. Considerou, ainda, que a concessionária ocupou o galpão inacabado, sem que tivesse o "habite-se". Julgados os embargos de declaração, dessa decisão este Superior Tribunal, no REsp 332.057-MG, entendeu pelo retorno dos autos ao Tribunal de origem para julgar as omissões apontadas. Isso posto, destaca a Min. Relatora que, agora neste REsp, a questão consiste em saber se o contrato de empreitada realizado com a construtora importaria responsabilidade em relação à parte técnica estrutural que precedeu à construção. Para a Min. Relatora, há natural restrição da responsabilidade do empreiteiro, que responde, de regra, apenas em relação à segurança e solidez da etapa para a qual foi contratado e, só se há comprovação de vícios nos limites de sua capacidade técnica, seria possível responsabilizá-lo quanto aos fatos pretéritos. Ressaltou que não houve manifestação do acórdão recorrido nem a adequada insurgência do recorrente quanto à tese da capacidade técnica do empreiteiro que o habilitaria a verificar os obstáculos impostos nos procedimentos anteriores para perfeita execução de sua obrigação. Por ausência de prequestionamento, não conheceu o recurso. Entretanto a tese vencedora, inaugurada pelo Min. Ari Pargendler, defendeu que quem contrata um engenheiro para levantar uma parede, em vez de um operário, conta com seus conhecimentos técnicos e sua experiência. Para o Min. Ari Pargendler, a alegação de que a empreitada foi ordenada sem projeto e especificações ou de que, embora existindo, a construtora desconhecia-os não serve de desculpa. Pois a lei exige que uma obra tenha responsável técnico, arquiteto ou engenheiro na suposição de que será edificada segundo regras técnicas para garantir a segurança das pessoas e a conservação de bens. Consequentemente, quem quer que seja e, especialmente, um engenheiro só pode levantar uma parede se estiver convencido de que ela suportará as intempéries normais. Conclui ainda o Min Ari Pargendler que, não comprovada a exoneração da responsabilidade de quem firmou, perante a municipalidade, o compromisso resultante do alvará de construção – o qual pode ser responsabilizado ainda emprestando apenas o nome para obtenção da licença da construção –, presume-se a concorrência de culpa. Com esse entendimento, a Turma, ao prosseguir o julgamento, por maioria, conheceu do recurso em parte, dando-lhe provimento nessa parte, para condenar a construtora a reparar pela metade os danos morais e materiais, mais correção monetária desde a citação, juros moratórios a partir da data do sinistro, compensadas as custas e honorários de advogado em razão da sucumbência recíproca. **REsp 650.603-MG, Rel. originária Min. Nancy Andrighi, Rel. para acórdão Min. Ari Pargendler, julgado em 3/4/2007.** (Inform. STJ 316)

RESPONSABILIDADE CIVIL. HOMICÍDIO. PASSAGEIRO. TREM.

A questão consiste em saber se há responsabilidade da empresa de transporte ferroviário devido a homicídio ocorrido no interior de um dos vagões, em razão de discussão entre a vítima e terceiros. Destacou o Min. Relator que a ação de terceiro não exime de responsabilidade a empresa transportadora quando há conexidade com o transporte. No caso dos autos, o homicídio foi um fato alheio à relação de serviço de transporte, portanto se constitui em causa excludente da responsabilidade da empresa. Com esse entendimento, a Turma deu provimento ao recurso para considerar improcedente o pedido de danos morais. Precedentes citados: REsp 144.594-SP, DJ 26/10/1998, e REsp 431.091-SP, DJ 25/8/2003. **REsp 142.186-SP, Rel. Min. Hélio Quaglia Barbosa, julgado em 27/2/2007.** (Inform. STJ 311)

DANO MORAL. ALARME FALSO. TRATAMENTO ABUSIVO. EMPREGADO. ESTABELECIMENTO COMERCIAL.

Não é constrangimento suficiente a deferir-se o dano moral o fato de soar o alarme sonoro antifurto de estabelecimento comercial e o segurança ir ao encontro da pessoa e conduzi-la ao interior da loja para conferir a mercadoria. No caso, conforme delineado pelo acórdão *a quo*, não houve qualquer atitude que expusesse o consumidor a uma situação de humilhação. Não houve nenhum tratamento abusivo por parte dos empregados da loja que fosse objeto de queixa da ora recorrente. Assim, a Turma conheceu do recurso, mas lhe negou provimento. **REsp 658.975-RS, Rel. Min. Carlos Alberto Menezes Direito, julgado em 29/11/2006.** (Inform. STJ 306)

DANO MORAL. INTERRUPÇÃO. SERVIÇO TELEFÔNICO.

O dissabor com o desgaste de interrupções frequentes na prestação de serviço de telefonia é mero aborrecimento que não acarreta dano moral porque não há gravame à honra, apesar da obrigação de a empresa de telefonia fornecer o serviço com continuidade e sem paralisações. Com esse entendimento, a Turma excluiu a condenação por danos morais, provendo o recurso da empresa de telefonia. **REsp 731.967-MA, Rel. Min. Humberto Gomes de Barros, julgado em 21/11/2006.** (Inform. STJ 305)

INDENIZAÇÃO. DANO MORAL. VALOR. CORREÇÃO MONETÁRIA.

Em razão de contrato de *leasing* sobre um caminhão, houve a realização de contrato paralelo de seguro de vida com a seguradora, ora recorrente, para que quitasse o saldo devedor do arrendamento mercantil em caso de morte do representante legal da sociedade recorrida, fato que veio a acontecer, tendo por *causa mortis* insuficiência respiratória e acidente vascular cerebral. Sucede que a seguradora não honrou o contrato à alegação de cuidar-se de doença preexistente. A sociedade alega que a negativa da seguradora causou-lhe vários danos, de ordem material e moral, desde a redução de faturamento à negativação de seu nome nos órgãos de restrição ao crédito, passando por hipotecas e penhoras de seus bens. Diante disso, a Turma, ao prosseguir o julgamento, reafirmou o entendimento aceito pela jurisprudência pacífica deste Superior Tribunal de que a seguradora não pode esquivar-se do dever de indenizar ao alegar que o segurado omitiu informações sobre seu estado de saúde quando não lhe foram exigidos exames clínicos prévios. Outrossim, manteve inalterada a condenação aos danos materiais em razão da Súm. n. 7-STJ. Porém, quanto aos danos morais, ao argumento de que é possível a revisão do montante indenizatório a esse título quando se constata o exagero ou irrisão em sua fixação, a Turma reduziu-o de dois milhões a quinze mil reais diante das particularidades do pleito, da intensidade e repercussão do dano e dos parâmetros adotados em casos semelhantes. Firmou, também, que a incidência da correção monetária desse valor da indenização de dano moral deve dar-se a partir da decisão do Tribunal a quo que primeiro o fixou e não da citação, tal como a correção da indenização do dano material. Precedentes citados: REsp 402.457-RO, DJ 5/5/2003; AgRg no Ag 637.921-RJ, DJ 3/4/2006; REsp 660.026-RJ, DJ 27/6/2005; REsp 214.381-MG, DJ 29/11/1999; REsp 145.358-MG, DJ 1º/3/1999; REsp 135.202-SP, DJ 3/8/1998; REsp 728.314-DF, DJ 26/6/2006, e REsp 75.076-RJ, DJ 18/10/1999. **REsp 811.617-AL, Rel. Min. Jorge Scartezzini, julgado em 21/11/2006.** (Inform. STJ 305)

PROGRAMA. COMPUTADOR. "PIRATARIA". INDENIZAÇÃO.

Em razão de utilizar os programas de computador desenvolvidos pela recorrida sem a devida licença, a recorrente foi condenada a abster-se de usá-los, sob pena de multa diária, a pagar seus preços na quantidade encontrada em uso ilegal e a indenizar a recorrida no valor de cinco vezes o de venda dos referidos programas para cada cópia ilegal encontrada. Diante disso, a Turma entendeu que o valor da indenização não se mostra irrisório ou exagerado a ponto de que o retoque o STJ (Súm. n. 7-STJ). Aduziu-se, porém, que o valor da medida tem caráter de ressarcir e punir, a tolher o incentivo ao uso dos programas ditos "piratas", pois, se limitada somente ao valor dos *softwares*, certamente os usuários optariam pela "pirataria", visto que, descobertos, pagariam o que seria devido, desde o início, pela aquisição dos originais, em verdadeira operação de risco onde poderiam ou não ser reprimidos. **REsp 740.780-RS, Rel. Min. Hélio Quaglia Barbosa, julgado em 19/10/2006.** (Inform. STJ 301)

DANO MORAL E MATERIAL. REMESSA. JOIA. CORREIO.

O recorrido ajuizou ação de indenização por dano moral e material, alegando que anunciou a venda de um anel de turmalina, utilizando a via da *internet*, sendo a joia arrematada por comprador no estrangeiro. Cumpridas as exigências, a joia foi remetida pelos Correios, mas não chegou ao destino. Houve a informação, pela ECT, de que a correspondência fora entregue, todavia o certo é que "o envelope que guardava a joia foi violado". O Min. Relator entendeu que, tendo sido efetuada a remessa de joia declarada e com valor especificado que não chegou ao destino, sem que aquela empresa tenha abalado tal convicção com prova bastante, cabível é a indenização, não desafiada, quanto ao mérito, a legislação postal pelo acórdão, faltando, assim, o necessário prequestionamento. Esclareceu, também, o Min. Relator que, não trazendo a empresa nem dissídio nem dispositivo de lei federal sobre o descabimento de indenização por dano moral, fica sem sustentação o recurso, sendo insuficiente a menção genérica a texto de lei. Diante disso, a Turma não conheceu do recurso. **REsp 691.980-RJ, Rel. Min. Carlos Alberto Menezes Direito, julgado em 10/10/2006.** (Inform. STJ 300)

INDENIZAÇÃO. SÍNDROME. PÂNICO. FUNÇÃO ESTRESSANTE.

Na espécie, empregado reivindica indenização por ter sido transferido para diversas agências em diversas localidades, sendo-lhe muito cobrado o desempenho profissional. Segundo as instâncias ordinárias, os transtornos de humor e de ansiedade e o ato ilícito apontado, ou seja, trabalho em decorrência de promoções recebidas pelo autor, não configuram a relação de causalidade, considerando que a incapacidade laborativa não é necessariamente decorrente de ato ilícito do empregador. Para o Min. Relator, não se pode admitir que o trabalho excessivo em decorrência de função exercida e cobrança do resultado é ato ilícito que causa transtorno de humor e transtornos de ansiedade capazes de gerar direito à indenização, pois não há respaldo legal. Quando a natureza do trabalho é estressante (médicos, policiais, executivos etc.), é possível gerenciar programas de distensão e relaxamento etc. Porém não há nexo de causalidade entre o ato de transferência de emprego, as atividades inerentes à função, a cobrança de resultados e a patologia apresentada no empregado para efeito de indenização. Com esse entendimento, a Turma não conheceu do recurso. **REsp 772.103-SC, Rel. Min. Carlos Alberto Menezes Direito, julgado em 26/9/2006.** (Inform. STJ 298)

TELEBRÁS. BOLSA DE VALORES. AÇÕES ESCRITURAIS. PROCURAÇÃO FALSA.

A Turma proveu o recurso ao entendimento de que é devida a indenização pela Bolsa de Valores ao titular de ações da Telebrás, uma vez que vendidas sem autorização do acionista, por negligência da ré, depositária das ações, que não atentou para a procuração falsa, devendo o pagamento corresponder ao valor das ações pela cotação da data do pregão do dia em que foram alienadas indevidamente, com juros de mora (arts. 159 e 1.062 do Código Civil/1916), até a vigência da nova lei processual, observado o art. 406, atualizado até o efetivo pagamento. Precedentes citados: REsp 267.651-RO, DJ 19/3/2001, e REsp 70.608-SP, DJ 18/12/1995. **REsp 402.506-DF, Rel. Min. Aldir Passarinho Junior, julgado em 6/6/2006.** (Inform. STJ 287)

INDENIZAÇÃO. DANOS MORAIS. TABELIÃ.

Trata-se de ação de danos morais contra o estado-membro da Federação e tabeliã sucessora de cartório de registro geral de imóveis, por ter o tabelião anterior fornecido certidão de compra e venda que, posteriormente, tornou sem efeitos esses registros sem dar conhecimento aos adquirentes. O Tribunal *a quo* confirmou a decisão do juiz de excluir o estado do processo e de reconhecer que a tabeliã sucessora responde pelos atos do antigo tabelião. Isso posto, a Turma deu provimento ao recurso para julgar improcedente o pedido indenizatório, por acolher a preliminar de ilegitimidade passiva da tabeliã, ora recorrente. O Min. Relator, com ressalvas à sistemática da Turma, aplicando o direito à espécie quanto à improcedência do pedido, destacou que a jurisprudência deste Superior Tribunal firmou-se no sentido de que a responsabilidade civil por ato ilícito praticado pelo oficial do Registro de Imóveis é pessoal. Por isso o sucessor, o atual titular da serventia, não poderia responder por ato do tabelião anterior. Ressaltou, ainda, que o entendimento do STF é o mesmo desde a Constituição Federal de 1969, bem como na atual, os titulares de ofícios de justiça e de notas, quer do foro judicial quer do foro extrajudicial, eram servidores públicos e, por seus atos praticados nessa qualidade, respondia o Estado pelos danos causados a terceiros (art. 107 da CF/1969), embora não houvesse impedimento de que a vítima do dano acionasse, diretamente, o servidor público. Precedentes citados do STF: RE 116.662-PR, DJ 16/10/1998; RE 99.214-RJ, DJ 20/5/1983, e AgRg no RE 209.354-PR, DJ 16/4/1999; do STJ: REsp 443.467-PR, DJ 1º/7/2005; REsp 476.532-RJ, DJ 4/8/2003, e REsp 481.939-GO, DJ 21/3/2005. **REsp 696.989-PE, Rel. Min. Castro Filho, julgado em 23/5/2006.** (Inform. STJ 286)

DANOS MORAIS E MATERIAIS. DESPESAS MÉDICAS. RECUSA. PAGAMENTO. SEGURADORA.

Cuida-se de ação de indenização por danos materiais e morais ante a recusa da seguradora em pagar despesas médicas a beneficiário (esposo falecido da autora). Restou consignado nos autos que o *de cujus*, após sucessivos procedimentos cirúrgicos e internações por infecção hospitalar, foi incentivado pela seguradora a migrar para um plano de saúde superior, independentemente de cumprimento de carência, porquanto no seu plano a cobertura para seus gastos estaria esgotada. Entretanto, após a essa adesão, continuou a necessitar de cuidados médicos e cirurgias e acabou desamparado pela ré. Isso posto, o Min. Relator lembrou que não desconhece o entendimento deste Superior Tribunal no sentido de não ser devida a reparação moral em hipótese de mero inadimplemento contratual. Mas, segundo o Ministro, a conduta da seguradora ultrapassou os limites do simples desrespeito ao contrato, pois, conforme afirmaram as instâncias ordinárias, a seguradora não comprovou que o beneficiário tinha ciência dos limites do novo plano (não ter cobertura à doença preexistente), além de que a conduta da ré causou à demandante não apenas a angústia quanto ao destino de seu marido, mas o constrangimento de ter de adiar o pagamento das despesas médicas e hospitalares. Outrossim, aplica-se ao caso a Súm. n. 302-STJ. Com esses argumentos, entendeu-se justificável a reparação moral no caso. **REsp 714.947-RS, Rel. Min. Cesar Asfor Rocha, julgado em 28/3/2006.** (Inform. STJ 279)

DANO MORAL. EQUÍVOCO. IMISSÃO. POSSE.

Na espécie, a CEF havia inicialmente proposto ação de imissão de posse contra determinada pessoa em 1999 e, posteriormente, já de posse do imóvel, financiou-o à recorrida que, adimplidas as obrigações contratuais em 2000, adquiriu a propriedade do imóvel mediante escritura pública registrada em cartório. A CEF, entretanto, sem os cuidados necessários, deixou de requerer a extinção daquela ação, culminando na tentativa de desocupação do imóvel. Daí a recorrida ter ajuizado essa ação de indenização por danos morais, sendo vencedora nas instâncias ordinárias. No REsp, a CEF não nega os fatos narrados nos autos, mas alega que não houve dano porque o mandado de imissão de posse não chegou a ser efetivamente cumprido. Isso posto, a Turma só proveu em parte o recurso para diminuir o valor da indenização por danos morais. **REsp 661.997-AL, Rel. Min. Jorge Scartezzini, julgado em 2/2/2006.** (Inform. STJ 272)

DANO MORAL. PUBLICAÇÃO. ATA DE LEILÃO. IMÓVEL. MUTUÁRIO.

Trata-se de ação de indenização por dano moral movida por mutuário contra a CEF, em razão de execução de dívida em que houve a publicação, em jornal de grande circulação, de edital de leilão público do imóvel financiado, apesar de ação revisional em curso na qual vinham sendo depositadas as prestações. O Min. Relator ponderou que, sem dúvida, havia a consignação das parcelas, também incabível o ajuizamento da execução e consequente exposição do nome do mutuário em cartório de distribuição e no jornal que publicou o edital de leilão. Entretanto o valor arbitrado é excessivo ante a jurisprudência assente. Com esses esclarecimentos, a Turma deu provimento em parte ao recurso. **REsp 639.852-PE, Rel. Min. Aldir Passarinho Junior, julgado em 2/2/2006.** (Inform. STJ 272)

5.12. QUADRO SINÓTICO

1. Responsabilidade subjetiva

1.1. Hipótese de incidência (art. 186)

- *Aquele que, por ação ou omissão voluntária, negligência ou imprudência, violar direito e causar dano a outrem, ainda que exclusivamente moral, comete ato ilícito*

conduta + culpa lato sensu + dano + nexo causal

1.2. Consequência (art. 927)

Aquele que cometer ato ilícito *fica obrigado a reparar o dano*

1.3. Excludentes da ilicitude

a) legítima defesa

b) exercício regular de direito e estrito cumprimento de dever legal

c) estado de necessidade – neste caso, o 3º não culpado será indenizado pelo agressor

2. Responsabilidade objetiva

conduta + dano + nexo causal

2.1. Ato ilícito por abuso de direito (art. 187)

- *Também comete ato ilícito o titular de um direito que, ao exercê-lo, excede manifestamente os limites impostos pelo seu fim econômico ou social, pela boa-fé ou pelos bons costumes*

- Trata-se do chamado **ato emulativo**

- Enunciado 37/CJF considera **objetiva** a responsabilidade no caso, ou seja, não é necessário culpa ou dolo

- Exemplos:

- excesso na liberdade de informação

- excesso no exercício da propriedade

- excesso na legítima defesa

2.2. Atividade de risco (art. 927, p. único)

Quando a atividade normalmente desenvolvida pelo autor do dano implicar, por sua natureza, risco para os direitos de outrem

- Exs: acidente em loja de fogos; acidente com helicóptero, matando terceiros

- Configura-se quando a atividade causar à pessoa determinada um ônus maior do que aos demais membros da coletividade (Enunciado 39/CJF)

2.3. Produtos postos em circulação (art. 931)

*Os empresários individuais e as empresas respondem independentemente de culpa pelos danos causados pelos **produtos** postos em circulação*

Ex: danos causados por insumo vendido a uma indústria

2.4. Responsabilidade pelo fato de 3º (arts. 932/933)

- Responsabilidade **indireta**

- **Não afasta** a responsabilidade do causador do dano

- Se agente praticante do ato responder (o que requer culpa ou dolo, como regra), o responsável também responderá, mas sem necessidade de dolo ou culpa *in vigilando/eligendo*

- Hipóteses:

a) **pais** por filhos menores sob sua autoridade e companhia

STJ: emancipação voluntária não exclui a responsabilidade do pai

b) **tutor e curador** nos mesmos casos

c) **empregador** por empregados, no exercício do trabalho

STF: é presumida a culpa do patrão (Sum. 341); STJ: tomador de serviço não responde por empresa terceirizada

d) **dono** de hotel por hóspedes

e) **partícipe** de crime, sem ganho, até participação

3. Outros casos de obrigação de indenizar

3.1. Dono ou detentor de animal (art. 936)

- Responsabilidade objetiva: *o dono, ou detentor*, do animal ressarcirá o dano por este causado, se não provar culpa da vítima ou força maior

3.2. Prédio em ruína (art. 937)

- Responsabilidade objetiva: *O dono de edifício ou construção responde pelos danos que resultarem de sua ruína, se esta provier de falta de reparos, cuja necessidade fosse manifesta*

3.3. Coisas caídas ou lançadas (art. 938)

- Responsabilidade objetiva: *Aquele que habitar prédio, ou parte dele, responde pelo dano proveniente das coisas que dele caírem ou forem lançadas em lugar indevido*

4. Excludentes de responsabilidade em geral

4.1. Legítima defesa

- Situação atual/iminente de **injusta agressão** a si ou a 3º

- Ex: atira-se em pessoa que está para matar outra

4.2. Exercício regular de direito

- Ex: ingresso com ação judicial; protesto

4.3. Estrito cumprimento de dever legal

- Ex: prestação de informações às autoridades fiscais

4.4. Estado de necessidade

- Dano à coisa ou pessoa para remover perigo iminente

- Se 3º atingido não causar o perigo, o agente **responde**, com ação regressiva contra verdadeiro culpado

- Ex: "A", fechado por "B", desvia carro, batendo em 3º ("C"), para não cair num rio; "A", apesar do estado de necessidade, responderá perante 3º ("C"), podendo ingressar com ação de regresso contra "B", culpado por tudo

4.5. Caso fortuito ou de força maior

- *É o fato necessário, cujos efeitos não é possível evitar ou impedir* (art. 393 do CC)

- Exs: um tornado de grande expressão, um terremoto

- Para o STJ, roubo em posto de gasolina é considerado força maior, excluindo a responsabilidade do estabelecimento

- Já roubo em agência bancária é evento previsível, não caracterizando força maior

4.6. Culpa exclusiva da vítima

- Ex: alguém se joga na frente de um carro e é atropelado

Obs: culpa concorrente da vítima só altera valor indenizatório

4.7. Fato de terceiro

- Ex: arremesso de pedra em ônibus, ferindo passageiro (STJ)

- Já se houver acidente de ônibus causado por 3º, transportador responde perante passageiros, com regresso contra 3º

Obs: extinção da punibilidade criminal não acarreta exoneração da responsabilidade, salvo nos casos de:

- negativa de autoria

- inexistência material do fato

5. Sujeitos passivos do direito à indenização

5.1. Autores e coautores da ofensa

5.2. Responsáveis indiretos

a) Responsáveis por atos de 3ºs (arts. 932/933)

b) Súmula STJ 130: a empresa responde, perante o cliente, pela reparação de dano/furto em seu **estacionamento**

c) Súmula STF 492: a empresa **locadora** de veículos responde civil e solidariamente com o locatário, pelos danos por este causados a terceiro, no uso do carro locado

d) Súmula STJ 132: a ausência de registro da transferência não implica responsabilidade do antigo dono resultante de acidente que envolva o **veículo alienado**

5.3. Solidariedade

- *Se a ofensa tiver mais de um autor, todos responderão solidariamente pela reparação* (art. 942)

- Súmula STJ 221: São civilmente responsáveis pelo ressarcimento de dano, decorrente de publicação pela imprensa, tanto o autor do escrito quanto o proprietário do veículo de divulgação

- STJ: quem permite que 3º conduza seu veículo é responsável solidário pelos danos culposamente causados por este

6. Sujeitos ativos do direito à indenização

6.1. Vítima direta

- Ex: aquele que sofreu o acidente

6.2. Vítima indireta

- Ex: os familiares próximos da vítima do acidente

- Tem-se no caso danos morais **reflexos** ou por **ricochete**

- Trata-se do *préjudice d'affection*, pois o instituto é fundado no princípio da afeição

- O STJ admite o dano indireto, sendo comum fixar-se indenização por danos morais em favor de pessoas muito próximas da vítima de um homicídio, tais como pais, filhos, irmãos, cônjuge e companheiro

7. Reparação dos danos

7.1. Regra: *a indenização mede-se pela extensão do dano*

- Trata-se do princípio da reparação integral dos danos

- Exemplo de aplicação prática do princípio é a Súmula 281 do STJ, que impede a tarifação do dano moral

7.2. Exceções ao princípio da reparação integral:

a) se houver **excessiva desproporção** entre a *gravidade da culpa* e o *dano,* o juiz pode reduzir equitativamente a indenização (art. 944, p. ú.)

- obs: há quem entenda inconstitucional esse preceito

b) se houver **culpa recíproca**, a indenização será *proporcional*, levando em conta os graus de culpa (art. 945)

c) o **incapaz** responde *subsidiária* e *equitativamente*

- **Subsidiariamente:** pois só responde se o responsável não responder ou não dispuser de meios

- ex: curador de um incapaz rico, que não tiver meios

- **Equitativamente:** pois, caso o incapaz responda, o valor não poderá privá-lo do necessário para a sua subsistência

- Adotou-se a **Teoria do Patrimônio Mínimo**

7.3. Espécies de danos:

7.3.1. Dano material

a) danos emergentes: *o que efetivamente se perdeu*

Ex: conserto do veículo, medicamentos, tratamentos

b) lucros cessantes: *o que razoavelmente se deixou de lucrar*

Ex: renda que profissional liberal deixa de auferir por ficar 30 dias sem trabalhar

c) decorrentes da "Perda de uma Chance": dano decorrente da possibilidade de se buscar posição jurídica mais vantajosa que **muito provavelmente** ocorreria

Ex: voo atrasado a impedir posse de aprovado em concurso

7.3.2. Dano estético

- Cicatrizes, marcas, aleijão

- STJ: dano estético é cumulável com dano moral (STJ 387)

7.3.3. Dano moral: cumulável com dano material (STJ 37)

7.4. Demanda antes de vencida a dívida (art. 939)

Credor ficará obrigado a i) esperar o tempo que faltava para o vencimento; ii) descontar os juros correspondentes, embora estipulados; iii) pagar as custas em dobro

7.5. Demanda por dívida já paga (art. 940)

Credor pagará ao devedor o dobro do que houver cobrado

7.6. Demanda com pedido maior que o devido (art. 940)

Credor pagará ao devedor o equivalente do que dele exigir

Obs1: excludente - essas penas não se aplicarão se credor **desistir** da ação antes de contestada a lide, ressalvada ao réu indenização por prejuízos comprovados

Obs2: STJ admite cobrança da indenização na contestação

7.7. Homicídio (art. 948)

a) despesas com tratamento da vítima, seu funeral e o luto da família (ex: médico + enterro + dano moral)

b) alimentos às pessoas a quem o morto os devia, levando-se em conta a duração provável da vida da *vítima* – PENSÃO

7.8. Lesão à saúde (art. 949)

a) despesas do tratamento e dos lucros cessantes até ao fim da convalescença, além de prejuízos provados (art. 949)

b) se resultar defeito prejudicando o exercício de profissão, a indenização incluirá a pensão correspondente (art. 950)

8. Dano moral

8.1. Conceito: *consiste na ofensa ao patrimônio moral de pessoa, tal como o nome, a honra, a fama, a imagem, a intimidade, a credibilidade, a respeitabilidade, a liberdade de ação, a autoestima, o respeito próprio e a afetividade*

8.2. Sujeitos passivos do dano moral:

a) pessoas naturais

- ex: atropelamento da esposa de alguém, causando morte

b) pessoas jurídicas (Súmula 227 do STJ), sendo que, nesse caso, o dano moral exsurge da ofensa à honra objetiva da pessoa jurídica

- ex: difamação do nome de um restaurante da cidade

c) coletividade: STJ está dividido sobre essa possibilidade

8.3. Prova do dano moral

a) pessoa natural: a simples lesão ao patrimônio moral da pessoa natural caracteriza o dano moral, não sendo necessária a prova da ocorrência desse dano

- Ex: mãe não precisa demonstrar que sentiu morte do filho

Obs: na inexecução de um contrato não existe tal presunção

b) pessoa jurídica: o fato lesivo deve ser devidamente demonstrado para caracterizá-lo (Enunciado 189/CJF)

c) dano moral "in re ipsa": para o STJ, determinadas condutas geram dano moral, sem necessidade de demonstração ou prova da ocorrência deste, mesmo quando a vítima for pessoa jurídica. Exs:

i) inscrição indevida em cadastro de inadimplentes

ii) publicação não autorizada da imagem de pessoa com fins econômicos ou comerciais (Súm. STJ 403)

8.4. Exemplos de casos em que <u>cabe</u> dano moral

- Súm. STJ 388: a simples devolução indevida de cheque caracteriza dano moral

- Súm. STJ 370: caracteriza dano moral a apresentação antecipada de cheque pré-datado

- Resp 1.159.242 STJ: abandono afetivo por pai gera dano moral, em caso de culpa ou dolo deste

8.5. Exemplos de casos em que <u>não cabe</u> dano moral

- Súm. STJ 385: anotação irregular em cadastro de crédito não gera dano moral se já existe legítima inscrição

- Inf. 350 STJ: descumprimento de contrato, por si só, não gera dano moral

- Mero dissabor decorrente de produto com vício não gera dano moral, se a coisa vem a ser consertada

8.6. Encargos de condenação no dano moral

a) correção monetária: é devida desde a data da fixação da indenização por dano moral (sentença ou acórdão)

b) juros moratórios: são devidos desde a data do evento danoso (Súm. STJ 54)

c) honorários: incidem também sobre o valor fixado a título de danos morais

9. Pensão segundo o STJ

9.1. Falecimento de pai/mãe, com filhos menores: devida até 25 anos do filho, quando presumidamente este terá concluído sua formação

9.2. Falecimento de cônjuge ou companheiro: devida até quando vítima fizesse 70 anos

9.3. Falecimento de filho menor em família de baixa renda: devida desde quando vítima tivesse 14 anos, até quando fizesse 65 anos; valor cairá à metade quando vítima fizesse 25, pois se presume que teria contraído família e não mais poderia ajudar tanto os pais

9.4. Falecimento de filho maior que ajudava família: devida vitaliciamente à família, diminuindo o valor quando vítima fizesse 25 anos

9.5. Encargos de condenação na pensão

a) correção monetária: é devida desde o evento danoso

b) juros moratórios: são devidos desde a data do evento danoso (Súm. STJ 54)

c) honorários: incidem sobre as parcelas vencidas e 12 parcelas vincendas

5.13. QUESTÕES COMENTADAS

(Magistratura/PE – 2011 – FCC) Em um naufrágio, comprovadamente ocasionado pelo excesso de peso na embarcação permitido por Pedro, seu condutor, faleceram este e 3 (três) dos 5 (cinco) passageiros. Joaquim, um dos passageiros sobreviventes, para se salvar retirou o equipamento salva-vida que Pedro utilizava. O outro passageiro sobrevivente – Antonio – retirou também do passageiro José o equipamento salva-vida que este utilizava, razão pela qual veio a falecer. O cônjuge de Pedro move contra Joaquim ação de indenização por dano moral e os filhos menores de José movem ação de indenização por danos morais e materiais contra Antonio. A indenização

(A) é devida em ambos os casos, porque, embora o estado de necessidade exclua a ilicitude do ato, não exime o causador do dano de ressarcir os prejuízos.

(B) não é devida em nenhum dos dois casos, porque o estado de necessidade exclui a ilicitude do ato.

(C) é devida, por Antonio, aos filhos de José, e Antonio pode cobrar do espólio de Pedro o que vier a despender, mas não é devida a indenização ao cônjuge de Pedro.

(D) é devida por Antonio aos filhos de José, e Antonio não tem direito de cobrar do espólio de Pedro o que despender, mas não é devida a indenização ao cônjuge de Pedro.

(E) é devida pela metade em ambos os casos, porque admitida, na responsabilidade civil, a compensação de culpas

O caso trata do estado de necessidade, regulamentado nos arts. 182, II, 929 e 939, todos do CC. Antonio agiu em estado de necessidade, de modo que não cometeu ato ilícito e não deverá ser punido na esfera penal. Porém, o Código Civil estabelece que aquele que age em estado de necessidade tem o dever de indenizar às vítimas que NÃO forem culpadas do perigo (art. 929 do CC). Assim, Antônio terá de indenizar os filhos de José. Porém, Antonio poderá entrar com ação de regresso contra o terceiro culpado pela situação, de modo que Antônio poderá acionar o espólio de Pedro, já que este era o condutor da embarcação, tendo permitido o excesso de peso (art. 930 do CC).

Gabarito "C"

(Magistratura/SP – 2013 – VUNESP) Acerca da responsabilidade civil, e considerada a jurisprudência assente, é certo afirmar que

(A) se sentença criminal definir que determinado fato existiu, a existência desse fato não pode mais ser discutida na ação de responsabilidade civil.

(B) aquele que cobra dívida já paga na sua inteireza é obrigado a pagar ao devedor o dobro do que houver pago, ainda que tenha agido de boa-fé.

(C) na responsabilidade objetiva não se exige culpa e nem nexo de causalidade.

(D) a perda de uma chance, por não se caracterizar como dano real e concreto, não pode ser indenizada.

A: correta (art. 935 do CC); **B:** incorreta, pois a jurisprudência exige má-fé do credor para impor a penalidade prevista no art. 940 do CC (STJ, REsp 1.195.792); **C:** incorreta, pois o nexo de causalidade é exigido; **D:** incorreta, pois a perda de uma chance – dano decorrente da possibilidade de buscar posição jurídica mais vantajosa que muito provavelmente ocorreria impõe indenização desde que a chance perdida seja séria e real, como é o caso de alguém que perde a posse em cargo público no qual fora aprovado por concurso público, em virtude de grande atraso em viagem aérea para a cidade onde a posse se daria.

Gabarito "A"

(Magistratura/SP – 2009 – VUNESP) A responsabilidade civil extracontratual no direito brasileiro

(A) é afastada em caso de estado de necessidade, pois o autor do dano não responde pelos prejuízos causados.

(B) não é afastada em caso de estado de necessidade, pois o autor do dano responde pelos prejuízos causados.

(C) não é afastada em caso de estado de necessidade, mas apenas o causador do perigo responde pelos danos causados.

(D) é afastada, respondendo apenas aquele em defesa de quem se causou o dano.

Apesar de o estado de necessidade não ser ato ilícito (art. 188, II, do CC), o ofensor deve indenizar o lesado (art. 929 do CC), caso este não tenha sido culpado pelo perigo.

Gabarito "B"

(Ministério Público/MA – 2009) Sobre a Responsabilidade Civil, assinale a alternativa INCORRETA.

(A) A instituição bancária responde objetivamente pelos furtos, roubos e latrocínios ocorridos nas dependências de estacionamento que oferece aos veículos de seus clientes, não se podendo alegar como causa excludente caso fortuito ou força maior.

(B) Os atos praticados em estado de necessidade não constituem atos ilícitos, mas não excluem o dever de indenizar, tendo o autor do dano ação regressiva contra o terceiro que gerou culposa ou dolosamente a situação de perigo.

(C) A absolvição do réu, no processo penal, pela insuficiência de provas (*in dubio pro reo*), não impede o reexame da culpa e sua demonstração, para fins de responsabilidade civil.

(D) Aquele que dá carona (transporta gratuitamente) a outrem somente será civilmente responsável por danos causados ao transportado, quando incorrer em dolo ou culpa grave.

(E) O juiz responderá, por perdas e danos, em relação aos atos judiciais, quando, no exercício de suas funções, proceder com culpa ou dolo.

A: correta, nos termos da Súmula 130 do STJ ("a empresa responde, perante o cliente, pela reparação do dano ou furto de veículo ocorridos em seu estacionamento"); **B:** correta (arts. 188, II, 929 e 930 do CC); **C:** correta (art. 66 do Código de Processo Penal); **D:** correta, nos termos da Súmula 145 do STJ ("no transporte desinteressado, de simples cortesia, o transportador só será civilmente responsável por danos causados ao transportado quando incorrer em dolo ou culpa grave"); **E:** incorreta (e deve ser assinalada), pois, segundo o art. 133, I, do CPC, o juiz responderá por perdas e danos quando, no exercício de suas funções, proceder com dolo ou *fraude*.

Gabarito "E"

(Ministério Público/PR – 2011) Assinale a alternativa correta:

(A) é subjetiva, por culpa presumida *in eligendo*, a responsabilidade civil do empregador pelos atos praticados pelo empregado no exercício de suas funções.

(B) é possível impor a um incapaz o dever, ainda que subsidiário, de indenizar pelos danos que ele causar a outrem.

(C) a responsabilidade civil do empregador e do empregado pelos danos que este último causar a outrem é solidária e, por isso mesmo, a obrigação de indenizar será indivisível.

(D) a responsabilidade objetiva somente ocorre nas hipóteses taxativamente descritas no Código Civil e na legislação especial, em rol exauriente.

(E) a responsabilidade civil derivada do abuso de direito deverá, necessariamente, advir de conduta culposa ou dolosa.

A: incorreta, pois a responsabilidade pelo fato de terceiro é objetiva (art. 933 do CC); **B:** correta (art. 928 do CC); **C:** incorreta, pois a solidariedade não gera a indivisibilidade; aliás, como a obrigação de indenizar envolve dinheiro, e o dinheiro é divisível, não há que se falar em indivisibilidade no caso; **D:** incorreta, pois há também casos de responsabilidade objetiva na Constituição Federal, como é o caso da responsabilidade patrimonial do Estado por danos causados por seus agentes, nessa qualidade, a terceiros (art. 37, § 6º, da CF); **E:** incorreta, pois a responsabilidade civil advinda de abuso de direito é objetiva, ou seja, independe de culpa (art. 187 do CC), conforme entendimento doutrinário (Enunciado CJF 37: "A responsabilidade civil decorrente do abuso do direito independe de culpa e fundamenta-se somente no critério objetivo-finalístico").

Gabarito "B"

(Ministério Público/SE – 2010 – CESPE) Fábio e João, assaltantes de alta periculosidade, fugiram de uma penitenciária estadual e assaltaram a residência de uma família, causando-lhe danos materiais e morais. Demandado judicialmente, o Estado deixou de ser condenado, em primeiro grau, a indenizar a família vítima da violência, pois o dano não teria decorrido direta e imediatamente de ação/omissão estatal. A respeito dessa situação hipotética, assinale a opção correta.

(A) A teoria sobre o nexo causal que inspirou o julgador a isentar o Estado de responsabilidade civil foi a da interrupção do nexo causal.

(B) A teoria sobre o nexo causal que inspirou o julgador a isentar o Estado de responsabilidade civil foi a da equivalência das causas.

(C) Na hipótese de responsabilidade civil objetiva, como a descrita no enunciado, pouco importa se a vítima do ato danoso agiu culposamente e concorreu para a sua ocorrência, uma vez que não se exige, no caso, comprovação de culpa para a imposição do dever de indenizar.

(D) A responsabilidade civil do Estado, na hipótese, decorre da incidência do CDC sobre as relações entre o poder público e o administrado.

(E) Caso os assaltantes sejam condenados criminalmente pelos atos cometidos contra a família em questão, essa condenação fará coisa julgada no juízo cível e obrigará o Estado ao ressarcimento dos danos, devendo ser reformado, pelo tribunal de justiça, o entendimento inicial, do juízo singular, de que não haveria dever de indenizar por parte do Estado.

Segundo o STF, em caso de fuga de preso, com posteriores danos causados a pessoas, o Estado não responde pelos atos dos fugitivos, por não se ter presente o nexo de causalidade. Confira: "Ação de Reparação de Danos. Assalto cometido por fugitivo de prisão estadual. Responsabilidade objetiva do Estado. Recurso extraordinário do Estado provido. **Inexistência de nexo de causalidade** entre o assalto e a omissão da autoridade pública que teria possibilitado a fuga de presidiário, o qual, mais tarde, veio a integrar a quadrilha que praticou o delito, cerca de vinte e um meses após a evasão" (STF, AR 1.376/PR, DJ 22/09/06) (g.n.). No entanto, em casos graves, em que o Estado teria, objetivamente, como evitar a fuga, o STF entende que haverá responsabilidade. Confira o seguinte precedente: "RESPONSABILIDADE CIVIL DO ESTADO. ART. 37, § 6º DA CONSTITUIÇÃO FEDERAL. *FAUTE DU SERVICE PUBLIC* CARACTERIZADA. ESTUPRO COMETIDO POR PRESIDIÁRIO, FUGITIVO CONTUMAZ, NÃO SUBMETIDO À REGRESSÃO DE REGIME PRISIONAL COMO MANDA A LEI. CONFIGURAÇÃO DO NEXO DE CAUSALIDADE. RECURSO EXTRAORDINÁRIO DESPROVIDO. Impõe-se a responsabilização do Estado quando um condenado submetido a regime prisional aberto pratica, em sete ocasiões, falta grave de evasão, sem que as autoridades responsáveis pela execução da pena lhe apliquem a medida de regressão do regime prisional aplicável à espécie. Tal omissão do Estado constituiu, na espécie, o fator determinante que propiciou ao infrator a oportunidade para praticar o crime de estupro contra menor de 12 anos de idade, justamente no período em que deveria estar recolhido à prisão. Está configurado o nexo de causalidade, uma vez que se a lei de execução penal tivesse sido corretamente aplicada, o condenado dificilmente teria continuado a cumprir a pena nas mesmas condições (regime aberto), e, por conseguinte, não teria tido a oportunidade de evadir-se pela oitava vez e cometer o bárbaro crime de estupro. Recurso extraordinário desprovido. (RE 409203, DJ 20-04-2007).

Gabarito "A"

(Ministério Público/SP – 2013 – PGMP) Em tema de responsabilidade civil, assinale a assertiva INCORRETA.

(A) A empresa locadora de veículos não responde civilmente pelos prejuízos causados pelo locatário a terceiros, no uso do carro locado.

(B) São responsáveis pela reparação civil o empregador ou comitente, por conduta de seus empregados, serviçais e prepostos, no exercício do trabalho que lhes competir ou em razão dele.

(C) São responsáveis pela reparação civil o tutor e o curador, pelos pupilos e curatelados que estiverem sob sua autoridade ou em sua companhia.

(D) O dono, ou detentor, do animal ressarcirá o dano por este causado, se não provar culpa da vítima ou força maior.

(E) São responsáveis pela reparação civil os pais, pelos atos de filhos menores que estiverem sob sua autoridade e em sua companhia.

A: assertiva incorreta, devendo ser assinalada; de acordo com a Súmula STF n. 492, a empresa locadora de veículos responde civil e solidariamente com o locatário pelos danos por este causados a terceiro, no uso do carro locado; **B:** assertiva correta (art. 932, III, do CC); **C:** assertiva correta (art. 932, II, do CC); **D:** assertiva correta (art. 936 do CC); **E:** assertiva correta (art. 932, I, do CC).

Gabarito "A"

(Procurador do Estado/AC – FMP – 2012) Assinale a alternativa INCORRETA.

(A) Há previsão expressa de responsabilidade extracontratual solidária no Código Civil brasileiro.

(B) Na responsabilidade extracontratual, como na contratual, se exige constituição em mora.

(C) A responsabilidade solidária não se presume, resultando da lei ou da vontade das partes.

(D) Haverá responsabilidade civil objetiva, no sistema do Código Civil, quando houver expressa determinação legal ou quando a atividade habitual do agente, por sua natureza, implicar risco para o direito de outrem, o que não exclui outros subsistemas de responsabilidade civil objetiva.

A: correta, pois o Código Civil regulamenta a responsabilidade civil extracontratual ou aquiliana, baseada no ato ilícito (art. 186, do CC) ou no abuso de direito (art. 187, do CC), bem como a responsabilidade solidária (art. 942, do CC); **B:** incorreta, devendo ser assinalada, pois na responsabilidade contratual o devedor estará em mora, a partir do momento em que descumprir a obrigação (art. 389, 390 e 391, do CC); **C:** correta (art. 265, do CC); **D:** correta (art. 927, parágrafo único, do CC).

Gabarito "B"

(Procurador do Estado/PA – 2011) Sobre a responsabilidade civil, assinale a alternativa CORRETA:

(A) O Código Civil adotou como regra geral o regime da responsabilidade civil objetiva por dano decorrente de ato ilícito, sendo imposta a reparação correspondente, independentemente de culpa.

(B) O dono, ou detentor, do animal ressarcirá o dano por este causado, ainda que prove a existência de culpa da vítima ou força maior.

(C) Inexistindo prova de prejuízo material, não poderá o juiz fixar indenização decorrente de injúria, calúnia ou difamação.

(D) A existência de culpa concorrente da vítima afasta o dever de indenizar, materializando excludente de responsabilidade.

(E) A culpa de terceiro não constitui excludente de responsabilidade do transportador por acidente com o passageiro, sendo admitido, todavia, o exercício do direito de regresso.

A: incorreta, pois o Código Civil adotou como regra a responsabilidade subjetiva (art. 186, do CC); **B:** incorreta, pois a responsabilidade do dono ou detentor do animal ficará afastada se provar a culpa da vítima ou força maior (art. 936, do CC); **C:** incorreta, pois inexistindo prova do prejuízo material, o juiz fixará, equitativamente, o valor da indenização (art. 953, do CC); **D:** incorreta, pois a culpa concorrente da vítima somente alterará o valor indenizatório (art. 945, do CC); **E:** correta (art. 932, III, 933 e 934, do CC).

Gabarito "E"

(Procurador do Estado/SC – 2009) Assinale a alternativa correta.

(A) O ato que gera o enriquecimento injustificado é, necessariamente, ilícito.

(B) A pessoa jurídica não pode sofrer dano moral.

(C) O novo Código Civil não regulou casos específicos de enriquecimento injustificado, mas contém uma norma geral sobre enriquecimento sem causa.

(D) Segundo o novo Código Civil, não há possibilidade de se responsabilizar o incapaz pelos prejuízos que este der causa.

(E) A restituição é devida, não somente quando não tenha havido causa que justifique o enriquecimento sem causa, mas também se esta deixou de existir.

A: incorreta, pois há enriquecimento ilícito (ex.: um funcionário público exige propina de alguém) e enriquecimento sem causa (ex.: alguém acaba recebendo em sua conta um valor indevidamente depositado); de qualquer maneira, nos dois casos, os valores indevidamente recebidos deverão ser devolvidos ao seu legítimo dono; **B:** incorreta, pois, nos termos da Súmula 227 do STJ, "a pessoa jurídica pode sofrer dano moral"; **C:** incorreta, pois além da regra geral sobre o enriquecimento sem causa (arts. 884 a 886 do CC), o Código Civil traz casos específicos em que o princípio se aplica, como a regra de que se deve indenizar o possuidor de boa-fé pelas benfeitorias úteis e necessárias que tiver feito na coisa (art. 1.219 do CC); **D:** incorreta, pois o incapaz responde pelos prejuízos que causar, caso seu responsável não tenha a obrigação de fazê-lo ou não disponha de meios suficientes (art. 928, *caput*, do CC); de qualquer forma, a indenização, no caso, será equitativa e não terá lugar se privar do necessário o incapaz ou as pessoas que dele dependam (art. 928, parágrafo único, do CC); **E:** correta (art. 885 do CC).

Gabarito "E"

(Procurador do Município/Boa Vista-RR – 2010 – CESPE) Com relação ao direito civil, julgue o item seguinte.

(1) A destruição de coisa alheia a fim de remover perigo iminente não constitui ato ilícito civil, sobretudo se as circunstâncias a tornarem absolutamente necessária, e o agente não exceder os limites do indispensável para a remoção do perigo.

1: correta (art. 188, II e parágrafo único, do CC).

Gabarito 1C

(Procurador do Município/Cubatão-SP – 2012 – VUNESP) É correto afirmar que quando um incapaz provoca um dano, ele

(A) responde pelos prejuízos que causar, se as pessoas por ele responsáveis não tiverem obrigação de fazê-lo ou não dispuserem de meios suficientes.

(B) não responde pelos prejuízos, mas apenas seus responsáveis, desde que se trate de absolutamente incapaz.

(C) responde pelos prejuízos que causar, apenas quando as pessoas por ele responsáveis não tiverem meios econômicos para fazê-lo.

(D) não responde, por não ter meios necessários para fazê-lo.

(E) não responde, por ser considerado incapaz.

A: correta (art. 928, do CC); **B**; **C**; **D** e **E:** incorretas, pois estão em desacordo com o art. 928, do CC.

Gabarito "A"

(Procurador do Município/São José dos Campos-SP – 2012 – VUNESP) José, conduzindo sua motocicleta, atropelou Antonio, causando- lhe lesões corporais de natureza grave, tendo sido absolvido no Juízo Criminal por ausência de provas. Diante desse fato, assinale a alternativa correta.

(A) Essa decisão penal absolutória impede a revisão dos fatos no Juízo Cível.

(B) A decisão não impede o prosseguimento da ação de reparação civil.

(C) A não produção de provas vincula a decisão civil, pois são as mesmas.

(D) Nesse caso, não é mais possível discutir a materialidade do fato.

(E) Nem todo ilícito penal é um ilícito civil, assim, impossível a reparação civil.

A, **C**, **D** e **E:** incorretas; **B:** correta (art. 935, do CC). *A responsabilidade civil é independente da criminal, não se podendo questionar mais sobre a existência do fato, ou sobre quem seja o seu autor, quando estas questões se acharem decididas no juízo criminal.* Assim, nos casos em que o juiz criminal prolatar sentença absolutória reconhecendo a negativa de autoria ou a inexistência de materialidade, haverá coisa julgada na esfera cível, não cabendo mais discussão (art. 66, do CPP). Também faz coisa julgada no cível a sentença penal que reconhecer ter sido o ato praticado em estado de necessidade, em legítima defesa, em estrito cumprimento do dever legal ou no exercício regular de direito (art. 65, do CPP). Por sua vez, se a absolvição criminal se fundamentar em insuficiência de provas, não haverá óbice ao prosseguimento da ação de reparação civil.

Gabarito "B"

(Procurador do Município/Sorocaba-SP – 2012 – VUNESP) Há várias hipóteses concretas de responsabilidade sem culpa na legislação brasileira. Assinale a alternativa que corretamente identifica uma delas.

(A) Aqueles que gratuitamente houverem participado nos produtos do crime, respondem até a quantia total subtraída.

(B) O dono ou detentor do animal ressarcirá o dano por este causado. Para se furtar à indenização, o dono ou detentor do animal terá que comprovar a culpa da vítima ou motivo de força maior.

(C) O dono do edifício ou construção responde pelos danos que resultarem de sua ruína, se esta provier da falta de reparos, de necessidade manifesta, mesmo que consiga comprovar que o ocorrido deriva de hipótese de caso fortuito ou força maior.

(D) O empregador ou comitente responde por seus empregados, serviçais e prepostos, no exercício do trabalho que lhes competir, ou em razão dele, não cabendo direito em regresso.

(E) Aquele que demandar por dívida já paga, no todo ou em parte, sem ressalvar as quantias recebidas ou pedir mais do que for devido, ficará obrigado a pagar ao devedor, no primeiro caso, o dobro do que houver cobrado e, no segundo, o equivalente do que dele exigir.

A: incorreta, pois aqueles que gratuitamente houverem participado nos produtos do crime, respondem pela quantia da qual tiraram proveito e não até a quantia total subtraída (art. 932, V, do CC); **B:** incorreta, pois se trata de hipótese em que a responsabilidade é presumida e não objetiva, cabendo prova em contrário (art. 936, do CC); **C:** incorreta, pois se trata de hipótese em que a responsabilidade é presumida e não objetiva, cabendo prova em contrário (art. 937, do CC); **D:** incorreta, pois cabível direito de regresso. *Aquele que ressarcir o dano causado por outrem pode reaver o que houver pago daquele por quem pagou, salvo se o causador do dano for descendente seu, absoluta ou relativamente incapaz* (art. 934, do CC e enunciados 44 e 453, CJF). Oportuno registrar que a responsabilidade do patrão é objetiva (art. 932, III e 933, ambos do CC e enunciado 451, CJF). Neste sentido: *"a responsabilidade dos empregadores variou bastante ao longo do tempo. No início de vigência do Código Civil de 1916, exigia-se que a vítima provasse a negligência do empregador. A responsabilidade era subjetiva por culpa 'in eligendo'. Em razão da construção jurisprudencial foi criada uma presunção relativa com fundamento na Súmula n. 341, do STF, que adota a teoria da substituição. Porém o Código Civil adotou a teoria do risco-proveito, respondendo este objetivamente segundo o Código Civil"* (Cristiano Vieira Sobral Pinto, **Direito Civil Sistematizado**, editora Forense); **E:** correta (art. 940, do CC).

Gabarito "E"

(Advogado da União/AGU – CESPE – 2009) Ricardo, que dirigia seu carro em velocidade normal, atropelou Raimundo, causando-lhe sérios ferimentos. Em depoimento prestado na delegacia de polícia, Ricardo afirmou que o atropelamento ocorrera por motivos de força maior, haja vista que trafegava normalmente pela via quando um motoqueiro, dirigindo em alta velocidade, cruzou a frente do veículo que ele conduzia, não lhe tendo restado outra alternativa senão a de desviar o carro para o acostamento. Alegou, ainda, que não havia visto Raimundo, que aguardava pelo ônibus no acostamento, e que, se não tivesse desviado o veículo, ele poderia ter causado a morte do motoqueiro. Testemunhas confirmaram a versão de Ricardo.

Com base nessa situação hipotética, julgue o item que se segue.

(1) A despeito de o ato praticado por Ricardo não ser considerado ilícito civil, ele terá a obrigação de indenizar Raimundo, caso haja o ajuizamento de ação com esse fim.

1: correta (art. 188, II, c/c art. 929, do CC)

Gabarito 1C

(Advogado da União/AGU – CESPE – 2009) No que tange à responsabilidade civil, julgue o item seguinte.

(1) Embora o CC somente tenha feito referência à boa-fé na conclusão e na execução do contrato, a doutrina entende haver lugar para a responsabilidade pré-contratual, a qual não se aplica aos chamados contratos preliminares, mas aos contatos anteriores à formalização do pacto contratual.

1: correta, pois a doutrina e a jurisprudência evoluíram no sentido de dar mais responsabilidade aos envolvidos na fase de negociações preliminares; com base no *princípio da boa-fé*, vem se entendendo que, se na fase das negociações preliminares forem criadas *fortes expectativas* em um dos negociantes, gerando inclusive despesas de sua parte, o outro negociante deverá responder segundo a chamada *responsabilidade pré-contratual*, instituto jurídico que se aplica apenas à fase de negociações preliminares, daí o nome de responsabilidade "pré-contratual".

Gabarito 1C

(Procurador Federal – 2010 – CESPE) A respeito da responsabilidade contratual, julgue os itens a seguir.

(1) Em caso de acidente automotivo, a responsabilidade da transportadora ficará afastada se comprovado que os danos sofridos pelo passageiro decorreram de falha mecânica do veículo.

(2) Se o contrato celebrado for de obrigação de resultado, o inadimplemento se presumirá culposo.

1: incorreta, pois a responsabilidade da transportadora é objetiva; **2:** correta, pois, na obrigação de resultado, a culpa pelo não atingimento deste é presumida.

Gabarito 1E, 2C

(Procurador – Banco Central – 2009 – CESPE) A respeito da responsabilidade civil e da obrigação por atos ilícitos, assinale a opção correta.

(A) O desvio de atribuições por parte do empregado, por si só, não exonera o patrão do dever de indenizar.

(B) O inadimplemento contratual, dada a sua natureza, é incompatível com o dano moral.

(C) De acordo com a jurisprudência do STJ, a absolvição criminal por insuficiência de provas gera dano moral.

(D) Os pais não possuem legitimidade concorrente com o filho para pleitear indenização por danos morais quando este sobrevive ao sinistro.

(E) O dono de prédio locado possui responsabilidade subsidiária por coisas que dele caiam e causem dano a terceiros.

A: correta, pois a alternativa trata de responsabilidade objetiva (art. 932, III, do CC); **B:** incorreta, pois *"o descumprimento de contrato pode gerar dano moral quando envolver valor fundamental protegido pela Constituição Federal de 1988"* (art. 186, do CC e enunciado 411, CJF); **C:** incorreta, pois a absolvição criminal por insuficiência de provas permite ao lesado ajuizar ação de indenização no juízo cível (art. 935, do CC); **D:** incorreta, pois os pais também possuem legitimidade para pleitear indenização; **E:** incorreta, pois a responsabilidade é daquele que habitar prédio ou parte dele (art. 938, do CC).

Gabarito "A"

(Cartório/MG – 2012 – FUMARC) Considerando o Código Civil Brasileiro, são também responsáveis pela reparação civil, **EXCETO**

(A) o tutor e o curador, pelos pupilos e curatelados que se acharem nas mesmas condições.

(B) os donos de hotéis, hospedarias, casas ou estabelecimentos onde se albergue por dinheiro, exceto para fins de educação, pelos seus hóspedes, moradores e educandos.

(C) o empregador ou comitente, por seus empregados, serviçais e prepostos, no exercício do trabalho que lhes competir, ou em razão dele.

(D) os que, gratuitamente, houverem participado nos produtos do crime, até a concorrente quantia.

A: correta (art. 932, II, do CC); **B:** incorreta (devendo ser assinalada), pois eles são responsáveis mesmo para fins de educação (art. 932, IV, do CC); **C:** correta (art. 932, III, do CC); **D:** correta (art. 932, V, do CC).

Gabarito "B"

(Cartório/MG – 2012 – FUMARC) Segundo o Código Civil, sobre a responsabilidade civil, é **correto** afirmar que

(A) o direito de exigir reparação e a obrigação de prestá-la não se transmitem com a herança.

(B) o devedor, não podendo cumprir a prestação na espécie ajustada, a substituirá pelo seu valor, em moeda corrente.

(C) o incapaz não responde pelos prejuízos que causar, se as pessoas por ele responsáveis não tiverem obrigação de fazê-lo ou não dispuserem de meios suficientes.

(D) a responsabilidade criminal é independente da civil, não podendo questionar mais sobre a existência do fato, ou sobre quem seja o seu autor, quando estas questões se acharem decididas no juízo civil.

A: incorreta, pois o direito de pedir reparação pelos danos sofridos transmite-se com a herança (art. 943 do CC); **B:** correta (art. 947 do CC); **C:** incorreta, pois, o incapaz *responde* pelos prejuízos que causar, se as pessoas por ele responsáveis não tiverem obrigação de fazê-lo ou não dispuserem de meios suficientes (art. 928, *caput*, do CC); **D:** incorreta, pois os termos da questão estão invertidos. Na verdade a responsabilidade *civil* é independente da *criminal*, não se podendo questionar mais sobre a existência do fato, ou sobre quem seja o seu autor, quando estas questões se acharem decididas no juízo *criminal*

Gabarito "B"

(Cartório/MS – 2009 – VUNESP) Em se tratando de responsabilidade extracontratual, é solidariamente responsável com os autores do dano o empregado em relação ao empregador. Este posicionamento está

(A) correto, porque a responsabilidade civil se assenta na conduta do agente.

(B) correto, porque em nosso ordenamento vige o sistema da solidariedade legal.

(C) incorreto, porque se funda em elementos subjetivos de ato ilícito absoluto.

(D) incorreto, porque a solidariedade passiva somente decorre da lei ou do contrato.

(E) incorreto, porque a solidariedade passiva será sempre convencional.

A: incorreta, pois a responsabilidade civil assenta-se no trinômio conduta (dolosa ou culposa), dano e nexo de causalidade. Esta é a fórmula da responsabilidade subjetiva (art. 186 do CC). Importante ressaltar que quando se tratar de responsabilidade objetiva é irrelevante saber se a conduta é dolosa ou culposa, pois esta espécie de responsabilidade possui outros fundamentos (art. 187 e art. 927, parágrafo único, do CC); **B:** correta, pois o sistema da solidariedade legal encontra expressa previsão nos art. 942, *caput* e parágrafo único, do CC; **C:** incorreta, pois em se tratando de relação de emprego, o empregador responde objetivamente pelos atos praticados por seu empregado no exercício do trabalho, consoante art. 932, III, do CC. Note-se que para o STF a culpa do patrão é presumida (Súmula 341); **D:** incorreta, pois em verdade qualquer solidariedade apenas decorre de lei ou do contrato, e não só a passiva (arts. 265 e art. 942 do CC); **E:** incorreta, pois a solidariedade, além de decorrer da vontade das partes também pode decorrer da lei (art. 264 do CC).

Gabarito "B"

(Cartório/RN – 2012 – IESES) Sobre a responsabilidade Civil dos notários e registradores, assinale a assertiva correta:

(A) Os notários e oficiais de registro responderão pelos danos que eles e seus prepostos causem a terceiros, na prática de atos próprios da serventia, assegurado aos primeiros direito de regresso no caso de dolo ou culpa dos prepostos.

(B) A responsabilidade civil sempre depende da criminal, diante de sua fé pública.

(C) Os notários e oficiais de registro responderão pelos danos que eles e seus prepostos causem a terceiros, na prática de atos próprios da serventia, assegurado aos primeiros direito de regresso no caso apenas de dolo dos prepostos.

(D) Os notários e oficiais de registro responderão pelos danos que eles e seus prepostos causem a terceiros, na prática de atos próprios da serventia, assegurado aos primeiros direito de regresso no caso apenas de culpa dos prepostos.

A: correta (art. 22 da Lei 8.935/1994); **B:** incorreta, pois a responsabilidade civil independe da criminal pelos delitos que cometerem (art. 28, parágrafo único, da Lei 6.015/1973 e art. 23 da Lei 8.935/1994); **C** e **D:** incorretas, pois o direito de regresso é assegurado tanto nos casos de culpa, como nos de dolo dos prepostos (art. 22 da Lei 8.935/1994).

Gabarito "A"

(Procurador do Trabalho – 2013 – MPT) Sobre a responsabilidade civil do empregador, analise os itens abaixo:

I. Consoante jurisprudência uniforme do STJ, é lícita a cumulação das indenizações por dano moral e por dano estético decorrentes de um mesmo fato, desde que passíveis de identificação autônoma.

II. A teoria da perda de uma chance pode ser aplicada às relações de trabalho.

III. Para que reste caracterizada culpa exclusiva da vítima, é preciso que não haja culpa do empregador em nenhum grau.

Marque a alternativa **CORRETA**:

(A) todas as assertivas estão corretas;

(B) apenas as assertivas II e III estão corretas;

(C) apenas as assertivas I e III estão corretas;

(D) apenas a assertiva I está correta;

(E) não respondida.

I: correta (Súmula STJ n. 387); **II:** correta, pois a perda de uma chance consiste num dano decorrente da possibilidade de buscar posição jurídica mais vantajosa que muito provavelmente ocorreria; desde que se trate de uma chance séria e real, danos causados em situações como a mencionada dão ensejo à devida indenização mesmo em relações de trabalho; **III:** correta, pois, do contrário, teríamos culpa concorrente e não culpa exclusiva da vítima.

Gabarito "A"

(Analista – TRT/8ª – 2010 – FCC) Luiz, dirigindo sozinho um veículo de seu empregador, atropelou um pedestre, causando-lhe ferimentos graves. Nesse caso,

(A) a culpa do empregado, autor do dano, acarretará a responsabilidade objetiva do empregador.

(B) o empregador responderá pelos danos causados independentemente da existência de culpa do empregado.

(C) o empregador só responderá pelos danos causados se ficar demonstrado que sabia que o empregado não dirigia com cautela.

(D) somente o empregado responderá pelos danos causados, pois o empregador não estava presente na ocasião do evento.

(E) o empregador só responderá pelos danos causados se ficar demonstrado que infringiu o dever de vigilância.

Arts. 932, III e 933, do CC.

Gabarito "A"

(Analista – TRT/20ª – 2011 – FCC) José foi acusado de, dirigindo um veículo automotor, ter atropelado um pedestre e lhe causado ferimentos. No processo criminal relativo ao fato, foi decidido que José não foi o autor do fato, tendo a sentença criminal transitado em julgado. Nesse caso, na esfera civil, José

(A) só poderá vir a ser responsabilizado pelos danos morais decorrentes do atropelamento.

(B) poderá vir a ser responsabilizado pelos danos materiais e morais decorrentes do atropelamento porque a responsabilidade civil é independente da criminal.

(C) não mais poderá ser responsabilizado pelos danos materiais e morais decorrentes do atropelamento.

(D) poderá vir a ser responsabilizado pelos danos materiais decorrentes do atropelamento porque a sentença criminal não afastou a existência do fato.

(E) poderá vir a ser responsabilizado pelos danos morais decorrentes do atropelamento porque a sentença criminal não afastou a existência do fato.

Art. 935 do CC.

Gabarito "C"

(Analista – TRE/AL – 2010 – FCC) Mario possui dois filhos, Joana e Danilo, que residem e dependem economicamente dele. Mário ressarciu judicialmente danos distintos causados por Joana e por Danilo, tendo em vista a comprovação da responsabilidade civil de ambos. Considerando que Joana é absolutamente incapaz de exercer pessoalmente os atos da vida civil e que Danilo é relativamente incapaz, bem como que tratam de atos e danos distintos, neste caso, Mario

(A) poderá reaver o que houver pago apenas de Joana.

(B) poderá reaver o que houver pago de ambos os filhos.

(C) não poderá reaver o que houver pago de nenhum de seus filhos.

(D) poderá reaver o que houver pago apenas de Danilo.

(E) só poderá reaver metade do que houver pago e somente de Danilo.

Art. 934 do CC.

Gabarito "C"

(Analista – TRE/SP – 2012 – FCC) Platão, prefeito da cidade "Magnífica", está sendo demandado judicialmente pela empresa de publicidade X em R$ 50.000,00 pelos serviços prestados durante a campanha eleitoral. Ocorre que Platão já efetuou o pagamento da quantia mencionada na data aprazada pelas partes. De acordo com o Código Civil brasileiro, salvo se houver prescrição, a empresa de publicidade X, em razão da demanda de dívida já paga, ficará obrigada a pagar a Platão

(A) R$ 25.000,00.

(B) R$ 50.000,00.

(C) R$ 75.000,00.

(D) R$ 100.000,00.

(E) R$ 125.000,00.

De acordo com o disposto no art. 940 do CC, aquele que demandar por dívida já paga ficará obrigado a pagar ao devedor o dobro do que houver cobrado, no caso, R$ 100.000,00.

Gabarito "D"

(Analista – TRE/BA – 2010 – CESPE) Acerca do instituto da responsabilidade civil, julgue os itens seguintes.

(1) O incapaz responde pelos prejuízos que causar, se as pessoas responsáveis por ele não tiverem obrigação de fazê-lo ou não dispuserem de meios suficientes para tal ação.

(2) Os partidos políticos são pessoas jurídicas e, nessa qualidade, estão sujeitos a sofrer danos morais em sua denominada honra objetiva, sujeitando o ofensor à reparação civil dos danos causados.

(3) Comete ato ilícito e está sujeito à reparação civil a pessoa que, sendo titular de um direito, ao exercê-lo, excede manifestamente os limites impostos pelo seu fim econômico ou social, pela boa-fé ou pelos bons costumes.

1: certa (art. 928, *caput*, do CC); **2:** certa (arts. 44, V e 52, do CC); **3:** certa (art. 187 do CC).

Gabarito 1C, 2C, 3C

(Analista – TRE/MT – 2010 – CESPE) No que concerne à responsabilidade civil, assinale a opção correta.

(A) A prisão por queixa ou denúncia falsa e de má-fé dá ao ofendido o direito de ser indenizado por perdas e danos, desde que este prove o prejuízo sofrido.

(B) A responsabilidade civil dos incapazes, nas hipóteses expressamente previstas no Código Civil brasileiro, é subsidiária em relação à responsabilidade de seus representantes.

(C) Via de regra, a responsabilidade do empresário individual por danos causados pelos produtos por ele postos em circulação é subjetiva.

(D) Somente se houver previsão contratual os donos de hotéis serão responsáveis pela reparação civil aos seus hóspedes.

(E) A admissão do dano moral, que não pode ser cumulado com o dano patrimonial, fundamenta-se unicamente no Código Civil.

A: incorreta, pois, se o ofendido não puder provar prejuízo material, caberá ao juiz fixar, equitativamente, o valor da indenização, na conformidade das circunstâncias do caso (art. 954, p. único, II, do CC); **B:** correta (art. 928 do CC); **C:** incorreta, pois a responsabilidade será independentemente de culpa (art. 931 do CC); **D:** incorreta (art. 932, IV, do CC); **E:** incorreta, pois o dano moral tem previsão constitucional (art. 5º, V, da CF) e pode ser cumulado com o dano material.

Gabarito "B"

(Analista – TJ/PR – 2009) Leia as afirmações abaixo:

I. Nos últimos tempos, vem-se consolidando a chamada teoria do risco que, sem afastar a aplicação da teoria da culpa, promove melhor cobertura a danos nos casos em que a teoria clássica da responsabilidade civil se revela insuficiente. Assim, a teoria do risco tem como pressuposto o exercício de atividade perigosa como fundamento da responsabilidade civil do agente.

II. Segundo dispõe o Código Civil vigente, comete ato ilícito o titular de um direito que, ao exercê-lo, excede manifestamente os limites impostos pelo seu fim econômico ou social, pela boa-fé ou pelos costumes. Assim, para tipificar o abuso de direito, será imprescindível a prova de que o agente não agiu culposamente.

III. No caso de responsabilidade objetiva, quando não restar provada a extensão do dano material sofrido pela vítima ou quando não existir a certeza do dano, a indenização deverá ser fixada segundo o critério da razoabilidade para que sejam evitados o enriquecimento sem causa e a ruína do réu.

IV. Para a teoria subjetiva da responsabilidade civil a obrigação de reparar o dano possui como fundamento a existência de culpabilidade, sendo este elemento desnecessário para a teoria objetiva.

V. No Direito brasileiro aplica-se a teoria do risco ao Estado, de sorte que, para este, a obrigação de indenizar independe de culpabilidade. Na responsabilidade civil dos particulares incide a teoria da culpa, sendo este elemento necessário ao cabimento de indenização.

Estão corretas apenas

(A) I, II e IV.

(B) I, III e V.

(C) II, III e IV.

(D) I, IV e V.

(E) II, IV e V.

I: correta a definição de teoria do risco; **II:** incorreto (arts. 186 e 187 do CC); **III:** incorreto (art. 944 do CC); **IV:** correto (de fato, para o caso de responsabilidade objetiva a culpa é elemento desnecessário); **V:** correto (de fato, o Estado responde objetivamente, de acordo com a teoria do risco administrativo, já o particular responde, em regra, pela teoria da culpa).

Gabarito "D"

(Magistratura/MT – 2009 – VUNESP) Observe as assertivas a seguir.

I. Em ação de indenização, procedente o pedido, é necessária a constituição de capital ou caução fidejussória para a garantia de pagamento de pensão, independentemente da situação financeira do demandado.

II. Não é lícita a cumulação das indenizações de dano estético e dano moral, visto que se confundem.

III. A correção monetária do valor da indenização do dano moral incide desde a data do arbitramento.

IV. Na ação de indenização por dano moral, a condenação em montante inferior ao postulado na inicial não implica sucumbência recíproca.

V. O valor do seguro obrigatório não deve ser deduzido da indenização judicialmente fixada.

Está correto apenas o que se afirma em

(A) I e II.

(B) III e V.

(C) I, III e IV.

(D) II, IV e V.

(E) I, II e IV.

I: correta (art. 475-Q do CPC); **II:** incorreta, pois a Súmula 387 do STJ admite tal cumulação; **III:** correta, nos termos da Súmula 362 do STJ; **IV:** correta, nos termos da Súmula 326 do STJ; **V:** incorreta, pois, de acordo com a Súmula 246 do STJ, o valor do seguro obrigatório deve ser deduzido da indenização judicialmente fixada.

Gabarito "C"

(Magistratura/SC – 2010) Assinale a alternativa correta:

I. O Código Civil, ao prescrever que o juiz pode reduzir equitativamente a reparação do dano material se houver excessiva desproporção entre a gravidade da culpa e o dano, adota a teoria da gradação da culpa a influenciar na definição do *quantum* indenizatório. Contudo, nas hipóteses de responsabilidade objetiva, por não se apurar a culpa, não se cogita da diminuição da indenização.

II. A indenização por injúria, difamação ou calúnia consistirá na reparação do dano que delas resulte ao ofendido. Se o ofendido não puder provar prejuízo material, cabe ao juiz fixar o valor da indenização por dano moral no correspondente ao dobro da multa no grau máximo da pena criminal respectiva, modulado conforme as circunstâncias do caso.

III. No caso de prisão ilegal, a pessoa jurídica de direito público será a responsável direta pelo dano causado a pessoa física. A privação do exercício de liberdade pessoal é reparada mediante o pagamento de indenização das perdas e danos que sobrevierem ao ofendido. Se este não puder provar o prejuízo material, cabe ao juiz fixar equitativamente o montante indenizatório, atendidas as peculiaridades do caso

IV. O empregador é também responsável pela reparação civil por ato de seu empregado que no exercício do trabalho que lhe competir ou em razão dele causar dano a terceiro, desde que caracterizada, por parte do patrão, a culpa *in vigilando* ou a culpa *in eligendo*.

(A) Somente as proposições I e III estão corretas.

(B) Somente as proposições I, II e IV estão corretas.

(C) Somente as proposições III e IV estão corretas.

(D) Somente as proposições II e IV estão corretas.

(E) Todas as proposições estão corretas.

I: correta, já que a incidência da norma prevista no art. 944, p. ún., do CC requer o elemento "culpa", elemento que não tem relevância em matéria de responsabilidade objetiva; de qualquer maneira, a questão ainda é controversa na doutrina haja vista a própria mudança de orientação dos Enunciados do CJF, que tinham expressamente essa posição (Enunciado CJF 46), mas que, agora, não mais são tão diretos sobre o assunto (Enunciado CJF 380); **II:** incorreta, pois não há que se falar em tabelamento dos danos morais; o art. 953, p. ún., do CC estabelece que o juiz deverá fixar a indenização conforme as circunstâncias do caso; **III:** correta (art. 954 c/c art. 953, p. ún., do CC); **IV:** incorreta, pois a responsabilidade do empregador quanto a atos de seu empregado é objetiva (art. 933 do CC).

Gabarito "A"

(Ministério Público/CE – 2009 – FCC) Na responsabilidade civil, a indenização mede-se pela extensão do dano, respondendo por ela o seu autor,

(A) independentemente de culpa, bastando a comprovação do prejuízo e do nexo causal, salvo quando a lei expressamente se referir a conduta culposa ou dolosa como elemento essencial da responsabilidade.

(B) mas, se ele for incapaz, a indenização será equitativa e não terá lugar se vier, a ele ou às pessoas que dele dependem, privar do necessário.

(C) e o valor não poderá ser reduzido, ainda que a culpa do autor do dano seja leve.

(D) não tendo nenhuma influência na fixação da indenização a concorrência da vítima, se esta agiu apenas culposa e não dolosamente.

(E) e conjuntamente os curadores, tutores, pais e empregadores, se tiverem agido culposamente na vigilância dos curatelados, tutelados, filhos ou empregados.

A: incorreta, pois a regra no Código Civil, ainda, é que a responsabilidade civil é subjetiva (art. 186 do CC), estando a responsabilidade objetiva presente apenas quando houver previsão de que a responsabilidade se dará "independentemente de culpa" (art. 927, parágrafo único, do CC); **B:** correta (art. 928, parágrafo único, do CC); **C:** incorreta (art. 944, parágrafo único, do CC); **D:** incorreta (art. 945 do CC); **E:** incorreta, sendo objetiva a responsabilidade dos primeiros pelos atos dos segundos (art. 933 do CC).

Gabarito "B"

(Ministério Público/RO – 2010 – CESPE) O dano causado a outrem, decorrente de ato ilícito, implica o dever de reparação civil mediante indenização. Acerca desse assunto, assinale a opção correta.

(A) O grau de culpa do ofensor não pode constituir critério para se fixar a indenização patrimonial.

(B) No que se refere a danos materiais, a obrigação de indenizar e o direito de se obter indenização não se transmitem com a herança.

(C) A obrigação de indenizar não pode decorrer da responsabilidade civil objetiva.

(D) Para se definir a indenização pelo evento danoso, deve-se considerar se a vítima concorreu ou não, culposamente, para a ocorrência do dano.

(E) A decisão, no juízo criminal, quanto à existência do fato ou quanto a sua autoria é irrelevante para a indenização civil.

A: incorreta, pois o grau de culpa pode alterar a indenização em caso de excessiva desproporção entre a gravidade da culpa e o dano (art. 944, p. ún., do CC) e quando se está diante do caso de culpa concorrente (art. 945 do CC); **B:** incorreta, pois a obrigação inteira se transfere com a herança (art. 943 do CC); **C:** incorreta, pois há vários casos de responsabilidade objetiva previstos no Código Civil (exs: arts. 927, p. ún., 931 e 933); **D:** correta (art. 945 do CC); **E:** incorreta, pois a absolvição criminal por negativa de autoria ou por inexistência material do fato exclui a responsabilização civil.

Gabarito "D"

(Ministério Público/SP – 2010) Assinale a alternativa incorreta:

(A) o Código Civil adota como regra a responsabilidade civil subjetiva.

(B) o chamado "dano remoto" não é indenizável.

(C) a responsabilidade civil do incapaz é subsidiária e a indenização correspondente é equitativa.

(D) a responsabilidade civil do curador, tutor e pais em razão de atos praticados, respectivamente, pelos curatelados, pupilos e filhos menores, restringe-se aos danos materiais por estes causados a terceiros.

(E) a indenização por dano moral prescinde da comprovação do dano material.

A: correta, pois a regra no Código Civil, ainda, é de responsabilidade subjetiva (art. 186 do CC), estando a responsabilidade objetiva presente apenas quando houver previsão de que a responsabilidade se dará independentemente de culpa (art. 927, parágrafo único, do CC); **B:** correta, pois o dano há de ser certo; **C:** correta (art. 928, *caput* e parágrafo único, respectivamente, do CC); **D:** incorreta (e deve ser assinalada), pois também abrangem todos os danos, não havendo limitação nesse sentido nos arts. 932 e 933 do CC; **E:** correta, pois as duas indenizações são independentes, cada qual tendo seu fundamento.

Gabarito "D"

(Procurador do Estado/GO – 2010) Sobre a responsabilidade civil, está INCORRETA a seguinte afirmação:

(A) São cumuláveis as indenizações por dano material e dano moral oriundas do mesmo fato.

(B) Em caso de responsabilidade extracontratual os juros moratórios fluem a partir do evento danoso.

(C) Incide correção monetária sobre a dívida por ato ilícito a partir do trânsito em julgado da sentença condenatória.

(D) Não só a pessoa física, mas a pessoa jurídica também pode sofrer dano moral.

(E) Na ação de indenização por dano moral, a condenação em montante inferior ao postulado na inicial não implica sucumbência recíproca.

A: correta (Súmula 37, STJ); **B:** correta (Súmula 54, STJ); **C:** incorreta, devendo ser assinalada, pois incide correção monetária sobre dívida por ato ilícito a partir da data do efetivo prejuízo (Súmula 43, do STJ), bem como incide correção monetária desde a data da fixação da indenização por dano moral; **D:** correta (Súmula 227, STJ); **E:** correta (Súmula 326, STJ).

Gabarito "C"

(Procurador do Estado/SC – 2010 – FEPESE) No que concerne à responsabilidade civil, dispõe o Código Civil Brasileiro que:

1. Aquele que gratuitamente houver participado nos produtos do crime é responsável civilmente até a concorrente quantia.
2. O grau de culpa apurado é a base para a análise da extensão do dano.
3. Quando a ofensa extinguir ou reduzir a capacidade laboral, o prejudicado, se preferir, poderá exigir que a indenização seja arbitrada e paga de uma só vez.
4. Aquele que ressarcir o dano causado por outrem pode reaver o que houver pago daquele por quem pagou, salvo se o causador do dano for descendente seu, absoluta ou relativamente incapaz.

Assinale a alternativa que indica todas as afirmativas **corretas**.

(A) São corretas apenas as afirmativas 2 e 3.

(B) São corretas apenas as afirmativas 3 e 4.

(C) São corretas apenas as afirmativas 1, 2 e 4.

(D) São corretas apenas as afirmativas 1, 3 e 4.

(E) São corretas as afirmativas 1, 2, 3 e 4.

1: correta (art. 932, V, do CC); **2:** incorreta, pois a regra é outra; a regra é que a indenização será calculada conforme a extensão do dano; apenas excepcionalmente é que o grau de culpa poderá gerar efeitos sobre o valor da indenização (arts. 944 e 945 do CC); **3:** correta (art. 950, p. ún., do CC); **4:** correta (art. 934 do CC).

Gabarito "D"

(Procurador do Município/Cubatão-SP – 2012 – VUNESP) É correto afirmar que os juros de mora em indenização por dano moral, por responsabilidade extracontratual, no entendimento sumular do Superior Tribunal de Justiça,

(A) incidem desde a citação válida.

(B) incidem desde a juntada do mandado de citação nos autos.

(C) incidem desde a data do evento danoso.

(D) incidem desde a data do arbitramento.

(E) não incidem juros de mora.

A, B, D e **E:** incorretas, já que estão em desacordo com o entendimento do STJ; **C:** correta, pois os juros moratórios são devidos desde a data do evento danoso (Súmula n. 54, do STJ). Importante ressaltar que a correção monetária é devida desde a data da fixação da indenização por dano moral.

Gabarito "C"

(Procurador do Município/Teresina-PI – 2010 – FCC) No tocante à responsabilidade civil,

(A) o incapaz responde pelos prejuízos que causar, de modo subsidiário e desde que a indenização não o prive do necessário, ou às pessoas que dele dependam.

(B) a pessoa jurídica pode sofrer dano material, mas não moral.

(C) mediante apuração de culpa, as empresas e empresários individuais respondem pelos danos causados pelos produtos postos em circulação.

(D) a gravidade da culpa do agente é irrelevante na fixação da indenização, importando apenas a extensão do dano.

(E) importa aferir o nexo causal somente na responsabilidade subjetiva, mas não na responsabilidade objetiva, para cuja caracterização bastam o ilícito e o dano correspondente.

A: correta (art. 928 do CC); **B:** incorreta, pois a pessoa jurídica pode sofrer dano moral também (Súmula 227 do STJ); **C:** incorreta, pois a responsabilidade, no caso, é objetiva (art. 931 do CC); **D:** incorreta, pois a regra é outra; a regra é que a indenização será calculada conforme a extensão do dano; apenas excepcionalmente é que o grau de culpa poderá gerar efeitos sobre o valor da indenização (arts. 944 e 945 do CC); **E:** incorreta, pois na responsabilidade objetiva é necessário aferir conduta, dano e o nexo de causalidade também; a única diferença em relação à responsabilidade subjetiva, é que não será necessário discutir se a conduta é dolosa ou culposa.

Gabarito "A"

(Analista – TRT/7ª – 2009 – FCC) Aquele que demandar por dívida já paga ficará obrigado a pagar ao devedor

(A) a metade do que houver cobrado, se tiver agido de boa-fé.

(B) o equivalente ao que houver cobrado, independentemente de ter agido de boa-fé.

(C) o equivalente ao que houver cobrado, se tiver agido de boa-fé.

(D) o dobro do que houver cobrado, independentemente de ter agido de boa-fé.

(E) o dobro do que houver cobrado, salvo se tiver agido de boa-fé.

Art. 940 do CC e Súmula 159 do STF.

Gabarito "E"

(Analista – TRT/8ª – 2010 – FCC) A indenização decorrente da responsabilidade civil por ato ilícito

(A) no caso de homicídio consiste exclusivamente no pagamento das despesas de tratamento médico, funeral e luto.

(B) mede-se pela extensão do dano, não podendo, em nenhuma hipótese, ser reduzida pelo juiz.

(C) não pode ser reduzida se a vítima tiver concorrido culposamente para o evento danoso.

(D) pode ser reduzida equitativamente pelo juiz quando houver excessiva desproporção entre a gravidade da culpa e o dano.

(E) no caso de lesão corporal engloba as despesas de tratamento do ofendido, mas não inclui os lucros cessantes até o final da convalescença.

A: incorreta, pois, no caso de homicídio, a indenização consiste, **sem excluir outras reparações**, no pagamento das despesas de tratamento médico, funeral e luto (art. 948, *caput*, do CC); **B:** incorreta, pois, se houver excessiva desproporção entre a gravidade da culpa e o dano, poderá o juiz reduzir, equitativamente, a indenização (art. 944 do CC); **C:** incorreta, pois não existe essa vedação legal (art. 945 do CC); **D:** correta (art. 944, p. único, do CC); **E:** incorreta (art. 949 do CC).

Gabarito "D"

(Analista – TRT/20ª – 2011 – FCC) No que concerne à responsabilidade civil é INCORRETO afirmar que a indenização

(A) no caso de lesão ou outra ofensa à saúde consistirá no pagamento das despesas do tratamento e dos lucros cessantes até o fim da convalescença, além de algum outro prejuízo que o ofendido prove haver sofrido.

(B) poderá ser reduzida, equitativamente, pelo juiz se houver excessiva desproporção entre a gravidade da culpa e o dano.

(C) será fixada tendo em conta a gravidade da culpa da vítima em confronto com a do autor do dano se a vítima tiver concorrido culposamente para o evento danoso.

(D) por ofensa à liberdade pessoal, se o ofendido não puder provar prejuízo, será fixada equitativamente pelo juiz, na conformidade das circunstâncias do caso.

(E) consistirá, havendo usurpação ou esbulho do alheio, se a restituição da coisa não for possível, na restituição do equivalente, estimado pelo valor de afeição, ainda que este se avantaje ao seu preço ordinário.

A: correto (art. 949 do CC); **B:** correto (art. 944, p. ún., do CC); **C:** correto (art. 945 do CC); **D:** correto (art. 954 c/c com art. 953, ambos do CC); **E:** incorreto, devendo ser assinalada, pois estimar-se-á ela pelo seu preço ordinário e pelo de afeição, contanto que este *não* se avantaje àquele (art. 952, p. ún., do CC).

Gabarito "E"

(Delegado/GO – 2009 – UEG) No sistema de direito civil brasileiro, a responsabilidade civil divide-se em dois regimes: o de responsabilidade subjetiva e o de responsabilidade objetiva. Assim, é CORRETO afirmar que a responsabilidade objetiva

(A) fundada no risco configura-se nos casos em que se determine que a conduta prevista na lei apresenta o caráter de risco.

(B) fundada no risco da atividade configura-se caso a caso, não havendo previsão legal expressa que a imponha.

(C) fundada no risco da atividade, configura-se quando a atividade desenvolvida pelo agente do dano é mais onerosa para certa pessoa que para outros integrantes da comunidade.

(D) tem caráter excepcional, configurando-se apenas nos casos em que a conduta geradora do dever de indenizar é expressamente prevista em lei.

Art. 927, p. ún., do CC.

Gabarito "C"

(Delegado/GO – 2009 – UEG) O direito civil brasileiro estabelece a ilicitude e o dever de indenizar pela prática do exercício não regular de direito. Nesses casos, a responsabilidade civil é

(A) objetiva, aferível a partir da consciência que o agente tinha dos limites e da finalidade do direito na prática do ato.

(B) subjetiva porque a violação da finalidade do direito é aferível pela culpa originária da intenção do agente.

(C) objetiva, tendo em vista que não importa a consciência do excesso por parte de quem pratica o ato.

(D) subjetiva, tendo em vista que a lei não dispõe expressamente sobre a inexigência de culpa.

De fato, a doutrina vem reconhecendo que a responsabilidade civil pelo ato ilícito decorrente do abuso de direito (art. 187 do CC) é objetiva, vez que o dispositivo em questão, diferentemente do art. 186 do CC, não requerer conduta dolosa ou culposa para a configuração do instituto.

Gabarito "C"

(Delegado/PI – 2009 – UESPI) No que se refere à Responsabilidade Civil, assinale a alternativa correta:

(A) O incapaz responde pelos prejuízos que causar, se as pessoas por ele responsáveis não tiverem obrigação de fazê-lo ou não dispuserem de meios suficientes.

(B) A responsabilidade civil pelo fato do animal dependerá da prova da culpa do detentor.

(C) A indenização calcula-se de acordo com a intensidade da culpa.

(D) O empregador só responde pelos danos causados por seu empregado, no exercício do trabalho que a ele competir, se ficar provada sua culpa in eligendo.

(E) A responsabilidade civil é vinculada à responsabilidade penal. Assim, só haverá obrigação de indenizar, quando coincidir com um tipo penal e houver condenação.

A: correta (art. 928 do CC); **B:** incorreta, pois a responsabilidade do dono ou detentor é presumia (art. 936 do CC); **C:** incorreta, pois a indenização mede-se pela intensidade do *dano* (art. 944 do CC), e não da *culpa*; **D:** incorreta, pois a responsabilidade por fato de terceiro é objetiva, ou seja, uma vez que o empregado tem o dever de indenizar, o patrão automaticamente o terá, independentemente de culpa ou dolo por parte do patrão (art. 932, III, c/c art. 933, ambos do CC); **E:** incorreta, pois as responsabilidades civil e penal são independentes (art. 935 do CC).

Gabarito "A"

(Delegado/RJ – 2009 – CEPERJ) Considere as seguintes afirmações sobre responsabilidade civil e indique a assertiva incorreta:

(A) O incapaz responde pelos prejuízos que causar, exceto se ficar privado do necessário, assim como as pessoas que dele dependem.

(B) São também responsáveis pela reparação civil os que gratuitamente houverem participado nos produtos do crime, até a concorrente quantia.

(C) A indenização por injúria, difamação ou calúnia consistirá na reparação do dano que delas resulte ao ofendido.

(D) Súmula do Superior Tribunal de Justiça adota entendimento de que não é possível a cumulação das indenizações de dano estético e dano moral.

(E) A responsabilidade civil é independente da criminal, não se podendo questionar mais sobre a existência do fato, ou sobre quem seja seu autor, quando estas questões se acharem decididas no juízo criminal.

A: assertiva correta (art. 928, p. ún., do CC); **B:** assertiva correta (art. 932, V, do CC); **C:** assertiva correta (art. 953 do CC); **D:** assertiva incorreta, pois o STJ tem súmula dispondo que é possível a cumulação das indenizações nos dois casos (Súmula 387); **E:** assertiva correta (art. 935 do CC).

Gabarito "D"

(Defensor Público/RS – 2011 – FCC) Atos ilícitos e responsabilidade civil.

(A) A ilicitude dos atos jurídicos surge com a violação de direito alheio e a consequente configuração de dano a terceiro, não havendo falar em configuração de ato ilícito no exercício de um direito por seu titular.

(B) No sistema brasileiro a indenização é mensurada pela extensão do dano, forte no princípio da restituição integral, não havendo possibilidade de sua fixação e/ou redução pela via da equidade.

(C) Nos termos do Código Civil, os empresários individuais e as empresas respondem independentemente de culpa pelos danos causados pelos produtos postos em circulação.

(D) Os pais respondem, mediante a aferição da sua culpa, pelos atos dos filhos menores que estiverem sob sua autoridade e em sua companhia, o que também ocorre com os empregadores, no que respeita aos atos dos seus empregados, serviçais e prepostos, no exercício do trabalho que lhes competir, ou em razão dele.

(E) No sistema da responsabilidade civil objetiva a culpa do ofensor é despicienda, tanto para a fixação do dever de indenizar, quanto para a fixação do *quantum* indenizatório.

A: incorreta, pois, se o particular, "no exercício de um direito" seu, proceder com abuso, ter-se-á um ato ilícito, consistente no abuso de direito (art. 187 do CC); **B:** incorreta, pois a regra é que a indenização é fixada segundo a extensão do dano (art. 944, caput, do CC); porém, há uma exceção: "se houver excessiva desproporção entre a gravidade da culpa e o dano, poderá o juiz reduzir, **equitativamente**, a indenização" (art. 944, p. ún., do CC; g.n.); **C:** correta (art. 931 do CC); **D:** incorreta, pois os pais respondem objetivamente pelos atos de seus filhos (art. 933 do CC); **E:** incorreta, pois, de acordo com a gravidade da culpa, poderá haver repercussão no *quantum* indenizatório em situações excepcionais, como a prevista no art. 944, p. ún., do CC; outra regra que pode incidir é a prevista no art. 945 do CC, que trata da culpa concorrente.

Gabarito "C"

(Defensoria Pública da União – 2010 – CESPE) No que se refere à disciplina do abuso de direito, julgue os itens a seguir.

(1) A proibição de comportamento contraditório é aplicável ao direito brasileiro como modalidade do abuso de direito e pode derivar de comportamento tanto omissivo quanto comissivo.

(2) A exemplo da responsabilidade civil por ato ilícito em sentido estrito, o dever de reparar decorrente do abuso de direito depende da comprovação de ter o indivíduo agido com culpa ou dolo.

(3) O pagamento realizado reiteradamente pelo devedor em local diverso do ajustado em contrato é um exemplo do que se denomina *supressio*.

1: correta, pois a doutrina, ao interpretar o art. 187 do CC, que regula o abuso de direito, entende que a proibição de comportamento contraditório funda-se nesse instituto (Enunciado 362 do CJF: " A vedação do comportamento contraditório – *venire contra factum proprium* - funda-se na proteção da confiança, tal como se extrai dos arts. 187 e 422 do Código Civil"); **2:** incorreta, pois a responsabilidade civil decorrente do abuso de direito é objetiva (Enunciado 37 do CJF: "A responsabilidade civil decorrente do abuso do direito independe de culpa e fundamenta-se somente no critério objetivo--finalístico"); **3:** correta, pois a *supressio* consiste na redução do conteúdo obrigacional pela inércia de uma das partes em exercer direitos ou faculdades, gerando na outra legítima expectativa, situação que ocorre quando o devedor, reiteradamente, realiza pagamento em local diverso do ajustado, ficando o devedor na legítima expectativa que possa continuar efetuando o pagamento no lugar que sempre efetuou; a *supressio* não se confunde com a *surrectio*, que consiste na ampliação do conteúdo obrigacional (e não na redução do conteúdo obrigacional).

Gabarito 1C, 2E, 3C

(Defensor Público/AM – 2010 – I. Cidades) A respeito da responsabilidade civil, marque a alternativa correta:

(A) O incapaz não responderá pelos prejuízos que causar, pois a obrigação de indenizar recairá sobre os seus representantes legais.

(B) Ressalvados outros casos previstos em lei especial, os empresários individuais e as empresas respondem independentemente de culpa pelos danos causados pelos produtos postos em circulação.

(C) Os ascendentes podem ajuizar ação regressiva em face dos descendentes, sempre que arcarem com os prejuízos causados pelo relativamente ou absolutamente incapaz.

(D) O Código Civil de 2002, ao contrário do disposto no Código de Defesa do Consumidor, não previu a possibilidade de ressarcimento em dobro dos valores demandados em relação a dívidas já pagas.

(E) O direito de exigir reparação e a obrigação de prestá-la são personalíssimos, razão pela qual não se transmitem com a herança.

A: incorreta, pois o incapaz **responde** pelos prejuízos que causar, se as pessoas por ele responsáveis não tiverem obrigação de fazê-lo ou não dispuserem de meios suficientes (art. 928, *caput*, do CC); **B:** correta, pois a alternativa reflete o disposto no art. 931 do CC; **C:** incorreta, pois aquele que ressarcir o dano causado por outrem pode reaver o que houver pago daquele por quem pagou, **salvo se o causador do dano for descendente seu, absoluta ou relativamente incapaz** (art. 934 do CC); **D:** incorreta, pois o Código Civil traz essa disposição em seu art. 940; **E:** incorreta, pois o direito de exigir reparação e a obrigação de prestá-la transmitem-se com a herança (art. 943 do CC).

Gabarito "B"

(Defensor Público/GO – 2010 – I. Cidades) A respeito da ilicitude e da responsabilidade civil, o Código Civil dispõe que

(A) a responsabilidade civil é independente da criminal, razão pela qual é possível questionar sobre a existência do fato, ou sobre quem seja o seu autor, mesmo quando essas questões já se acharem decididas, com trânsito em julgado, no juízo criminal.

(B) o dono ou detentor do animal responde civilmente pelo dano por este causado, não se exonerando de tal responsabilidade em virtude de força maior.

(C) o titular de um direito que, ao exercê-lo, excede manifestamente os limites impostos pelo seu fim econômico ou social, pela boa-fé ou pelos bons costumes, comete abuso de direito, que, apesar de ser um ato lícito, pode ensejar responsabilidade civil.

(D) constitui ato ilícito a deterioração ou destruição da coisa alheia, ou a lesão à pessoa, a fim de remover perigo iminente.

(E) se houver excessiva desproporção entre a gravidade da culpa e do dano, poderá o juiz reduzir, equitativamente, a indenização.

A: incorreta, pois a responsabilidade civil é independente da criminal, **não** se podendo questionar mais sobre a existência do fato, ou sobre quem seja o seu autor, quando estas questões se acharem decididas no juízo criminal (art. 935 do CC); **B:** incorreta, pois o dono, ou detentor, do animal ressarcirá o dano por este causado, **se não provar culpa da vítima ou força maior** (art. 936 do CC); **C:** incorreta, pois **comete ato ilícito** o titular de um direito que, ao exercê-lo, excede manifestamente os limites impostos pelo seu fim econômico ou social, pela boa-fé ou pelos bons costumes (art. 187 do CC); **D:** incorreta, pois **não** constitui ato ilícito a deterioração ou destruição da coisa alheia, ou a lesão à pessoa, a fim de remover perigo iminente (art. 188, II, do CC); **E:** correta, pois a alternativa reflete o disposto no art. 944, par. único, do CC.

Gabarito "E"

(Defensoria Pública/MA – 2009 – FCC) No tocante à disciplina da responsabilidade civil, é correto afirmar:

(A) Os pais são responsáveis objetivamente pela reparação civil dos danos causados por filhos menores ou, embora maiores de 18 anos, incapazes, ainda que estes não estejam sob sua autoridade e em sua companhia.

(B) Para que ocorra a responsabilidade civil subjetiva, basta a existência de um dano material ou moral e de uma ação ou omissão dolosa ou culposa.

(C) Na responsabilidade civil objetiva, a culpa exclusiva do prejudicado afasta o dever de reparação do causador do dano porque é causa de exclusão do dano.

(D) Na responsabilidade civil objetiva, a culpa exclusiva do prejudicado em nada altera a situação jurídica do causador do dano, o qual responderá independentemente de culpa.

(E) Na responsabilidade civil objetiva, não surgirá o dever de reparação do dano na hipótese de culpa exclusiva da vítima por falta de nexo de causalidade entre a ação do agente e o dano sofrido.

A: incorreta, pois tal responsabilidade só existe se os filhos menores estiverem sob a autoridade e na companhia dos pais (art. 932, I, do CC); **B:** incorreta, pois é necessário, também, a presença de nexo de causalidade (art. 186 do CC), consistente em "*causar* dano a outrem"; C a **E:** a culpa exclusiva da vítima é causa de *exclusão do nexo de causalidade* e, consequentemente, do dever de indenizar.

Gabarito "E"

(Defensor Público/AL – 2009 – CESPE) Lucas, menor com dezessete anos de idade, pegou o carro de seus pais, enquanto eles dormiam, e causou um acidente ao colidir no veículo de Eduardo.

Considerando essa situação hipotética, julgue os próximos itens com base na disciplina da responsabilidade civil.

(1) Ainda que provada a culpa de Lucas, seus pais não terão a obrigação de indenizar o dano provocado, porquanto, nesse caso, não se pode falar em *culpa in vigilando.*

(2) Em razão de a emancipação cessar a menoridade, predomina o entendimento de que, caso os pais tivessem emancipado Lucas, ficaria afastada a responsabilidade deles pelos danos causados a Eduardo.

1: errada, pois há responsabilidade dos pais, pelos filhos menores que estiverem sob sua autoridade e em sua companhia, ainda que não haja culpa de sua parte. Logo responderão pelos atos praticados (arts. 932, I, e 933, do CC); **2:** errada, "AGRAVO REGIMENTAL EM RECURSO ESPECIAL. CIVIL. RESPONSABILIDADE CIVIL. INDENIZAÇÃO. ILEGITIMIDADE DOS PAIS PARA FIGURAR NO POLO PASSIVO. EMANCIPAÇÃO. VIOLAÇÃO AO ART. 1.521, I, DO CC/1.916. 1. Não configura violação ao art. 1.521, inciso I, do antigo Código Civil, a exclusão do polo passivo na ação de indenização por responsabilidade civil os pais de menor emancipado cerca de dois anos antes da data do acidente. ... 3. Recurso especial conhecido e desprovido. (REsp 764.488/MT, Rel. Ministro HONILDO AMARAL DE MELLO CASTRO (DESEMBARGADOR CONVOCADO DO TJ/AP), QUARTA TURMA, julgado em 18/05/2010, DJe 05/08/2010).

Gabarito 1E, 2E

(Fiscal de Rendas/RJ – 2010 – FGV) Com relação à *responsabilidade civil*, analise as afirmativas a seguir.

I. A responsabilidade civil do empregador ou comitente por seus empregados, serviçais e prepostos, no exercício do trabalho que lhes competir, ou em razão dele depende de *culpa in eligendo* ou *in vigilando*, a qual é, no entanto, presumida *juris tantum*.

II. O incapaz não pode ser responsabilizado pelos prejuízos que causar, recaindo sempre o dever de indenizar apenas sobre as pessoas por ele responsáveis.

III. Mesmo tendo agido licitamente, no caso de prejuízo causado para remoção de perigo iminente, o autor do dano fica obrigado a indenizar a vítima, caso esta não seja culpada pelo perigo.

Assinale:

(A) se somente as afirmativas I e II estiverem corretas

(B) se somente as afirmativas II e III estiverem corretas.

(C) se somente as afirmativas I e III estiverem corretas.

(D) se somente a afirmativa II estiver correta.

(E) se somente a afirmativa III estiver correta.

I: incorreta (art. 932, III, do CC); II: incorreta (art. 928, *caput*, do CC); III: correta (art. 929 do CC).

Gabarito "E"

(OAB/Exame Unificado – 2013.2) Pedro, engenheiro elétrico, mora na cidade do Rio de Janeiro e trabalha na Concessionária Iluminação S.A.. Ele é viúvo e pai de Bruno, de sete anos de idade, que estuda no colégio particular Amarelinho. Há três meses, Pedro celebrou contrato de financiamento para aquisição de um veículo importado, o que comprometeu bastante seu orçamento e, a partir de então, deixou de arcar com o pagamento das mensalidades escolares de Bruno. Por razões de trabalho, Pedro será transferido para uma cidade serrana, no interior do Estado e solicitou ao estabelecimento de ensino o histórico escolar de seu filho, a fim de transferi-lo para outra escola. Contudo, teve seu pedido negado pelo Colégio Amarelinho, sendo a negativa justificada pelo colégio como consequência da sua inadimplência com o pagamento das mensalidades escolares. Para surpresa de Pedro, na mesma semana da negativa, é informado pela diretora do Colégio Amarelinho que seu filho não mais participaria das atividades recreativas diuturnas do colégio, enquanto Pedro não quitar o débito das mensalidades vencidas e não pagas.

Com base no caso narrado, assinale a afirmativa correta.

(A) O Colégio Amarelinho atua no exercício regular do seu direito de cobrança e, portanto, não age com abuso de direito ao reter o histórico escolar de Bruno, haja vista a comprovada e imotivada inadimplência de Pedro.

(B) As condutas adotadas pelo Colégio Amarelinho configuram abuso de direito, pois são eticamente reprováveis, mas não configuram atos ilícitos indenizáveis.

(C) Tanto a retenção do histórico escolar de Bruno, quanto a negativa de participação do aluno nas atividades recreativas do colégio, configuram atos ilícitos objetivos e abusivos, independente da necessidade de provar a intenção dolosa ou culposa na conduta adotada pela diretora do Colégio Amarelinho.

(D) Para existir obrigação de indenizar do Colégio Amarelinho, com fundamento no abuso de direito, é imprescindível a presença de dolo ou culpa, requisito necessário para caracterizar o comportamento abusivo e o ilícito indenizável.

A: incorreta, pois o caso revela abuso de direito, vedado pelo art. 187 do CC; há também violação ao art. 42, *caput*, do CDC, vez que a conduta da escola nada mais é que uma forma de constrangimento com vistas à cobrança de uma dívida; **B:** incorreta, pois o abuso de direito é um ato ilícito (art. 187 do CC), que, como tal enseja indenização (art. 927 do CC); **C:** correta, pois, de fato, temos um abuso de direito, tipo de ato ilícito que, diferentemente do previsto no art. 186 do CC, não requer culpa ou dolo para se configurar (art. 187 do CC); **D:** incorreta, pois, como se viu, o abuso de direito é um tipo de ato ilícito que, diferentemente do previsto no art. 186 do CC, não requer culpa ou dolo para se configurar (art. 187 do CC).

Gabarito "C"

(OAB/Exame Unificado – 2012.3.B) Renato, menor com 17 anos, estava passeando com seu cachorro pelo parque da sua cidade, quando avistou José, com quem havia se desentendido, do outro lado do parque. Com a intenção de dar um susto em José, Renato solta a coleira do seu cachorro e o estimula a atacar José.

Diante dessa situação hipotética, assinale a afirmativa correta.

(A) Renato responderá pelos prejuízos que causar apenas se as pessoas por ele responsáveis não tiverem obrigação de fazê-lo ou não dispuserem de meios suficientes.

(B) Renato ficará isento de qualquer responsabilidade civil, mesmo que seu desafeto seja atacado por seu cachorro, em razão da sua idade.

(C) Caso Renato fosse maior de idade iria responder pelo dano causado pelo seu cachorro mesmo que tal dano fosse provocado por culpa exclusiva da vítima ou pela ocorrência de um evento de força maior.

(D) Os pais de Renato não podem ser responsabilizados civilmente pelos atos de Renato.

A: correta, pois o incapaz responde de maneira subsidiária, ou seja, apenas no caso de as pessoas por ele responsáveis não tiverem a obrigação de fazê-lo ou não dispuserem de meios suficientes (art. 928, *caput*, do CC); **B:** incorreta, pois, conforme comentário à alternativa anterior, o incapaz, no caso de as pessoas por ele responsáveis não tiverem a obrigação de fazê-lo ou não dispuserem de meios suficientes, responderá (art. 928, *caput*, do CC); **C:** incorreta, pois havendo culpa exclusiva da vítima ou força maior, o dono do animal não responde (art. 936 do CC); **D:** incorreta, pois, conforme se viu, a princípio, os responsáveis pelo incapaz (no caso, os pais) é que responderão (art. 928 do CC).

Gabarito "A"

(OAB/Exame Unificado – 2012.3.A) No dia 23 de junho de 2012, Alfredo, produtor rural, contratou a sociedade Simões Aviação Agrícola Ltda., com a finalidade de pulverizar, por via aérea, sua plantação de soja. Ocorre que a pulverização se deu de forma incorreta, ocasionando a perda integral da safra de abóbora pertencente a Nilson, vizinho lindeiro de Alfredo.

Considerando a situação hipotética e as regras de responsabilidade civil, assinale a afirmativa correta.

(A) Com base no direito brasileiro, Alfredo responderá subjetivamente pelos danos causados a Nilson e a sociedade Simões Aviação Agrícola Ltda. será responsabilizada de forma subsidiária.

(B) Alfredo e a sociedade Simões Aviação Agrícola Ltda. responderão objetiva e solidariamente pelos danos causados a Nilson.

(C) Não há lugar para a responsabilidade civil solidária entre Alfredo e a sociedade Simões Aviação Agrícola Ltda. pelos danos causados a Nilson, dada a inexistência da relação de preposição.

(D) Trata-se de responsabilidade civil objetiva, em que a sociedade Simões Aviação Agrícola Ltda. é o responsável principal pela reparação dos danos, enquanto Alfredo é responsável subsidiário.

A: incorreta, pois a atividade desenvolvida pela empresa de pulverização implica, por natureza, risco para os direitos de outrem, de modo que se tem responsabilidade objetiva, nos termos do art. 927, parágrafo único, do CC; o caso também pode ser enquadrado no art. 51 da Lei 12.305/2010; como patrocinador do serviço de pulverização, Alfredo também responderá da mesma forma, e de modo solidário (art. 942, *caput*, do CC); **B:** correta, nos termos do comentário à alternativa "A"; **C:** incorreta, pois, como tomador do serviço da empresa, Alfredo responde solidariamente (art. 942, *caput*, do CC); **D:** incorreta, pois há solidariedade entre a empresa e Alfredo (art. 942, *caput*, do CC).

Gabarito "B"

(OAB/Exame Unificado – 2012.2) João dirigia seu veículo respeitando todas as normas de trânsito, com velocidade inferior à permitida para o local, quando um bêbado atravessou a rua, sem observar as condições de tráfego. João não teve condições de frear o veículo ou desviar-se dele, atingindo-o e causando-lhe graves ferimentos. A partir do caso apresentado, assinale a afirmativa correta.

(A) Houve responsabilidade civil, devendo João ser considerado culpado por sua conduta.

(B) Faltou um dos elementos da responsabilidade civil, qual seja, a conduta humana, não ficando configurada a responsabilidade civil.

(C) Inexistiu um dos requisitos essenciais para caracterizar a responsabilidade civil: o dano indenizável e, por isso, não deve ser responsabilizado.

(D) Houve rompimento do nexo de causalidade, em razão da conduta da vítima, não restando configurada a responsabilidade civil.

A: incorreta, pois há excludente de responsabilidade consistente na culpa exclusiva da vítima; **B:** incorreta, pois, apesar de não configurada a responsabilidade civil, há sim conduta de João, consistente em dirigir seu veículo; porém, além da conduta e do dano, é necessário o nexo de causalidade, inexistente por conta da existência de culpa exclusiva da vítima; **C:** incorreta, pois há sim dano indenizável, tendo em vista os graves ferimentos; porém, conforme se viu, não basta haver conduta e dano indenizável, sendo necessário também nexo de causalidade entre a primeira e o segundo; **D:** correta, pois houve rompimento do nexo de causalidade em razão da culpa exclusiva da vítima, de modo a não configurar a responsabilidade civil.

Gabarito "D"

(OAB/Exame Unificado – 2012.1) Em relação à responsabilidade civil, assinale a alternativa correta.

(A) A responsabilidade civil objetiva indireta é aquela decorrente de ato praticado por animais.

(B) O Código Civil prevê expressamente como excludente do dever de indenizar os danos causados por animais, a culpa exclusiva da vítima e a força maior.

(C) Empresa locadora de veículos responde, civil e subsidiariamente, com o locatário, pelos danos por este causados a terceiro, no uso do carro alugado.

(D) Na ação de indenização por dano moral, a condenação em montante inferior ao postulado na inicial implica em sucumbência recíproca.

A: incorreta, pois é a responsabilidade pela reparação de dano de terceira *pessoa*, e não de um *animal*; um exemplo é a responsabilidade dos pais pelos atos de seus filhos menores; **B:** correta (art. 936, parte final, do CC); **C:** incorreta, pois a responsabilidade da locadora, no caso, não é subsidiária, mas solidária (Súmula STF 492); **D:** incorreta, pois, de acordo com a Súmula STJ 326, "na ação de indenização por dano moral, a condenação em montante inferior ao postulado na inicial NÃO implica sucumbência recíproca" (g.n.).

Gabarito "B"

(OAB/Exame Unificado – 2011.3.B) A sociedade de transporte de valores "Transporte Blindado Ltda.", na noite do dia 22/7/11, teve seu veículo atingido por tiros de fuzil disparados por um franco atirador. Em virtude da ação criminosa, o motorista do carro forte perdeu o controle da direção e atingiu frontalmente Rodrigo Cerdeira, estudante de Farmácia, que estava no abrigo do ponto de ônibus em frente à Universidade onde estuda. Devido ao atropelamento, Rodrigo permaneceu por sete dias na UTI, mas não resistiu aos ferimentos e veio a óbito. Com base no fato narrado, assinale a assertiva correta.

(A) Configura-se hipótese de responsabilidade civil objetiva da empresa proprietária do carro forte com base na teoria do risco proveito, decorrente do risco da atividade desenvolvida.

(B) Não há na hipótese em apreço a configuração da responsabilidade civil da empresa de transporte de valores, uma vez que presente a culpa exclusiva de terceiro, qual seja, do franco atirador.

(C) Não há na hipótese a configuração da responsabilidade civil da empresa proprietária do carro forte, uma vez que presente a ausência de culpa do motorista do carro forte.

(D) Configura-se hipótese de responsabilidade civil objetiva da empresa proprietária do carro forte com base na teoria do empreendimento.

A: correta; segundo o art. 927, parágrafo único, do CC, configura-se responsabilidade objetiva quando a atividade normalmente desenvolvida pelo autor do dano implicar, por sua natureza, risco para os direitos de outrem; repare que no texto legal o nexo de causalidade é mitigado pela expressão "implicar" (menos forte que a expressão "causar"); no caso em tela tem-se uma transportadora de valores, que, como é cediço, exerce atividade de risco, sendo certo que, no caso concreto, essa atividade de risco acabou por implicar em dano a terceiro, já que atraiu roubador, que, com seus tiros de fuzil, acabou por ser fator decisivo no atropelamento de Rodrigo Cerdeira, que não tinha nada a ver com a atividade de risco da empresa de transporte de valores; assim, aplica-se a teoria do risco proveito, de modo a configurar responsabilidade objetiva da empresa proprietária do carro forte; **B:** incorreta, pois, conforme se viu, aplica-se o art. 927, parágrafo único, do CC, em que há mitigação do nexo de causalidade, ocorrendo responsabilidade objetiva da pessoa que desenvolve atividade de risco mesmo quando há terceiros agindo com culpa no caso; nesse sentido, vale citar o Enunciado CJF 38, que demonstra a finalidade da norma: "A responsabilidade fundada no risco da atividade, como prevista na segunda parte do parágrafo único do art. 927 do novo Código Civil, configura-se quando a atividade normalmente desenvolvida pelo autor do dano causar a pessoa determinada um ônus maior do que aos demais membros da coletividade"; **C:** incorreta, por conta da aplicação do art. 927, parágrafo único, do CC, que não requer o elemento culpa para a configuração da responsabilidade; **D:** incorreta, pois a teoria que decorre do art. 927, parágrafo único, do CC é a teoria do risco proveito, e não a teoria do empreendimento.

Gabarito "A"

(OAB/Exame Unificado – 2011.3.A) Mirtes gosta de decorar a janela de sua sala com vasos de plantas. A síndica do prédio em que Mirtes mora já advertiu a moradora do risco de queda dos vasos e de possível dano aos transeuntes e moradores do prédio. Num dia de forte ventania, os vasos de Mirtes caíram sobre os carros estacionados na rua, causando sérios prejuízos. Nesse caso, é correto afirmar que Mirtes:

(A) poderá alegar motivo de força maior e não deverá indenizar os lesados.

(B) está isenta de responsabilidade, pois não teve a intenção de causar prejuízo.

(C) somente deverá indenizar os lesados se tiver agido dolosamente.

(D) deverá indenizar os lesados, pois é responsável pelo dano causado.

O art. 938 do CC dispõe que "aquele que habitar prédio, ou parte dele, responde pelo dano proveniente das coisas que dele caírem ou forem lançadas em lugar indevido". Repare que o dispositivo não requer o elemento culpa ou dolo para a configuração da responsabilidade. Assim, Mirtes, mesmo que demonstre que não agiu com intenção ou com culpa em sentido estrito responderá pelos danos causados. A alegação de força maior não calha, pois era possível evitar o dano, bastando que Mirtes tivesse retirado os vasos, conforme, inclusive, recomendação feita pela síndica. Danos causados por força maior são aqueles que não se consegue evitar (ex: um terremoto), o que efetivamente não foi o que aconteceu no caso em tela, em que se tinha um dano evitável. Assim, a alternativa "A" é falsa, pois não há que se falar em força maior. As alternativas "B" e "C" são falsas, pois não é necessário dolo (intenção) para a configuração da responsabilidade civil prevista no art. 938 do CC. E a alternativa "D" é verdadeira, pois essa responsabilidade está configurada nos termos do art. 938 do CC.

Gabarito "D"

(OAB/Exame Unificado – 2011.1) Jonas, maior e capaz, confiou em depósito a Silas, também maior e capaz, por instrumento particular, dois automóveis de sua propriedade para serem conservados por seis meses, estabelecendo, como remuneração, o pagamento de certa quantia em dinheiro a Silas. Findo o prazo, caberia a Silas restituir os automóveis na residência de Jonas. Na vigência do depósito, Silas decidiu, certo dia, utilizar um dos automóveis para ir ao trabalho e, quando já regressava, foi abalroado, sem culpa sua, por seu vizinho Francisco, em uma moto, amassando a porta lateral direita. Transcorrido o prazo ajustado, Silas providenciou a entrega dos dois automóveis no local estipulado. A respeito da situação narrada, é correto afirmar que Jonas:

(A) não deve pagar a Silas as despesas relativas à manutenção dos dois automóveis durante o período ajustado.

(B) deve arcar com as despesas referentes à restituição dos dois automóveis no local estipulado.

(C) poderá reter integralmente o valor da contraprestação em dinheiro devido a Silas, tendo em vista a ocorrência do acidente com um dos automóveis.

(D) deve cobrar diretamente de Francisco as despesas referentes ao conserto da porta lateral direita.

A: incorreta, pois o depositante (Jonas) é obrigado a pagar ao depositário (Silas) as despesas feitas com a coisa (art. 643 do CC); **B:** correta, pois as despesas de restituição correm por conta do depositante (Jonas); **C:** incorreta, pois não existe tal direito em favor do depositante (*vide* arts. 627 a 646); **D:** incorreta, de acordo com o gabarito oficial, porém, entendemos que está correta, pois Jonas, como proprietário do veículo danificado culposamente por Francisco, tem legitimidade para a ação indenizatória respectiva.

Gabarito "B"

(OAB/Exame Unificado – 2010.3) Ricardo, buscando evitar um atropelamento, realiza uma manobra e atinge o muro de uma casa, causando um grave prejuízo. Em relação à situação acima, é correto afirmar que Ricardo:

(A) não responderá pela reparação do dano, pois agiu em estado de necessidade.

(B) responderá pela reparação do dano, apesar de ter agido em estado de necessidade.

(C) praticou um ato ilícito e deverá reparar o dano.

(D) responderá pela reparação do dano, apesar de ter agido em legítima defesa.

Ricardo agiu em estado de necessidade, pois, diante dos dois bens jurídicos em perigo (a vida de alguém e a integridade de um muro), resolveu sacrificar a integridade do muro. Assim, incide no caso a hipótese prevista no art. 188, II, do CC, pelo qual não é ato ilícito a deterioração ou a destruição de coisa alheia, a fim de remover perigo iminente. Apesar de sua conduta não ser considerada ilícita, Ricardo deverá reparar o dano causado ao proprietário do muro. Esse é o comando previsto no art. 929 do CC.

Gabarito "B"

(OAB/Exame Unificado – 2010.1) Assinale a opção correta com relação à responsabilidade civil.

(A) O dano deve ser certo, por essa razão não é possível a indenização por dano eventual, decorrente da perda de uma chance.

(B) Tratando-se de responsabilidade subjetiva contratual, a responsabilidade do agente pode subsistir mesmo nos casos de força maior e de caso fortuito, desde que a lei não coíba a sua previsão.

(C) De acordo com o regime da responsabilidade civil traçado no Código Civil brasileiro, inexistem causas excludentes da responsabilidade civil objetiva.

(D) A extinção da punibilidade criminal sempre obsta a propositura de ação civil indenizatória.

A: incorreta. Assinala Senise Lisboa que: "O dano deve ser certo, isto é, fundado em um fato determinado. É inviável a responsabilidade civil do agente por mero dano hipotético ou eventual, pois não há como se reparar algo que pode sequer vir acontecer. Contudo, a partir do desenvolvimento dado à matéria pela jurisprudência francesa, assentou-se o entendimento de que há a possibilidade de se proceder à reparação pela chance perdida, isto é, daquilo que a vítima poderia, dentro de um critério de probabilidade, vir a obter para si, caso tivesse sido influenciada pelo agente a se conduzir de forma diversa. É a teoria da perda de uma chance, que considera que excepcionalmente torna-se possível a indenização por dano eventual" (Roberto Senise Lisboa. **Manual de direito civil**. V. 2: obrigações e responsabilidade civil. 4 ed., São Paulo: Saraiva, 2009, p. 235); **B:** correta. Assevera Senise Lisboa que: "A responsabilidade subjetiva contratual pressupõe a existência de um negócio jurídico efetivamente celebrado entre as partes. (...), Assim, na responsabilidade subjetiva contratual, podem as partes fixar a assunção da obrigação, mesmo nos casos de força maior e de caso fortuito, desde que a lei não coíba a sua previsão" (Roberto Senise Lisboa. *Op. cit.*, p. 279); **C:** incorreta. Afirma Senise Lisboa que: "As excludentes da responsabilidade objetiva não correspondem às da responsabilidade subjetiva. Nem poderia ser assim entendido, uma vez que a construção da teoria objetiva desprezou o pressuposto culpa, historicamente forjado como o elemento subjetivo do tipo civil. (...) São excludentes da responsabilidade civil objetiva: a) a culpa exclusiva da vítima; b) a culpa exclusiva de terceiros; c) a força maior; e d) o caso fortuito" (Roberto Senise Lisboa. *Op. cit.*, p. 334-5); **D:** incorreta. Assevera Senise Lisboa que: "Pouco importando se o caso é, na esfera cível, de responsabilidade subjetiva ou objetiva, cumpre observar que a sentença judicial proferida em processo criminal pode gerar efeitos, ou não, sobre o processo civil. Vigora, entre nós, o princípio da independência entre a responsabilidade civil e criminal, segundo o qual a responsabilidade civil pode ser apurada em processo próprio e distinto daquele em que se procedeu à análise da responsabilidade penal. (...). Observam-se as seguintes regras, acerca do princípio da independência de instâncias: (...) e) a extinção da punibilidade criminal não obsta a ação civil" (Roberto Senise Lisboa. *Op. cit.*, p. 339-40).

Gabarito "B"

(OAB/Exame Unificado – 2009.3) Acerca da responsabilidade civil por fato de outrem, assinale a opção correta.

(A) Em razão da inexistência de relação de preposição, empresa locadora de veículos não possui responsabilidade sobre danos que o locatário cause a terceiros no uso do carro locado.

(B) O empregador é responsável por dano causado por empregado seu, ainda que praticado com desvio de atribuição, caso o ofendido não tenha conhecimento desse desvio.

(C) O simples afastamento do filho menor da casa dos pais exime-os da responsabilidade pelos atos lesivos que ele venha a praticar.

(D) Para responsabilizar os pais por atos lesivos causados por filho menor, a vítima necessita demonstrar a culpa *in vigilando* desses pais.

A: incorreta, pois a locadora, por ser proprietária do veículo, também é responsável pelos danos causados pelo locatário (Súmula STF 492); **B:** correta, pois o art. 932, III, do CC impõe a responsabilidade do patrão por atos do empregado "no exercício do trabalho que lhe competir" ou "em razão dele", de maneira que, mesmo que o empregado haja em situação de desvio de função, desde que atue "em razão" do trabalho, o patrão responderá; enfim, o desvio de atribuição, trata-se de questão interna do empregador, que continua responsável pelos danos causados pelo empregado; **C:** incorreta, pois o afastamento dos filhos menores não pode servir como elemento descaracterizador da responsabilidade dos pais; aliás, mesmo quando os pais emancipam um filho menor, os primeiros continuam responsáveis pelos atos destes, enquanto estes não completarem 18 anos, conforme jurisprudência pacífica do STJ; **D:** incorreta, pois a responsabilidade dos pais pelos atos dos filhos é objetiva (art. 933 do CC).

Gabarito "B"

(OAB/Exame Unificado – 2009.2) De acordo com o que dispõe o Código Civil a respeito da responsabilidade civil, assinale a opção correta.

(A) Somente há responsabilidade do empregador pelos danos que seus empregados, no exercício de suas funções, causarem a terceiros, se ficar demonstrado que o empregador infringiu o dever de vigilância.

(B) O Código Civil consagra a responsabilidade civil objetiva das empresas pelos danos causados pelos produtos postos em circulação.

(C) O dono de edifício responderá pelos danos causados pela ruína do prédio, estando o lesado dispensado de provar que a ruína decorreu de falta de reparos e que a necessidade dessas reparações é manifesta.

(D) No caso de responsabilidade civil em virtude de ofensa à saúde, o ofendido não tem direito de ser indenizado das despesas dos lucros cessantes.

A: incorreta (art. 932, III, c.c. art. 933, ambos do CC); **B:** correta (art. 931 do CC); **C:** incorreta (art. 937 do CC); **D:** incorreta (art. 949 do CC).

Gabarito "B"

(OAB/Exame Unificado – 2011.2) João trafegava com seu veículo com velocidade incompatível para o local e avançou o sinal vermelho. José, que atravessava normalmente na faixa de pedestre, foi atropelado por João, sofrendo vários ferimentos. Para se recuperar, José, trabalhador autônomo, teve que ficar internado por 10 dias, sem possibilidade de trabalhar, além de ter ficado com várias cicatrizes no corpo. Em virtude do ocorrido, José ajuizou ação, pleiteando danos morais, estéticos e materiais. Com base na situação acima, assinale a alternativa correta.

(A) José terá direito apenas ao dano moral, em razão do sofrimento, e ao dano estético, em razão das cicatrizes. Quanto ao tempo em que ficou sem trabalhar, isso se traduz em lucros cessantes, que não foram pedidos, não podendo ser concedidos.

(B) José não poderá receber a indenização na forma pleiteada, já que o dano moral e o dano estético são inacumuláveis. Assim, terá direito apenas ao dano moral, em razão do sofrimento e das cicatrizes, e ao dano material, em razão do tempo que ficou sem trabalhar.

(C) José terá direito a receber a indenização na forma pleiteada: o dano moral em razão das lesões e do sofrimento por ele sentido, o dano material em virtude do tempo que ficou sem trabalhar e o dano estético em razão das cicatrizes com que ficou.

(D) José terá direito apenas ao dano moral, já que o tempo que ficou sem trabalhar é considerado lucros cessantes, os quais não foram expressamente requeridos, e não podem ser concedidos. Quanto ao dano estético, esse é inacumulável com o dano moral, já estando incluído neste.

O STJ é pacífico no sentido de que é plenamente possível cumular indenização por danos materiais, danos morais e danos estéticos. A Súmula 37 do STJ dispõe que é possível cumular indenização por dano material com indenização por dano moral. E a Súmula 387, do mesmo STJ, dispõe que é possível cumular indenização por dano moral com indenização por dano estético. No caso, houve danos materiais (impossibilidade de trabalhar), danos morais (sofrimento) e danos estéticos (cicatrizes no corpo), de maneira que a alternativa "C" é a única correta.

Gabarito "C"

(OAB/Exame Unificado – 2009.1) Em virtude de acidente de trânsito ocorrido em 10/1/2006, um indivíduo foi condenado a pena privativa de liberdade, tendo a sentença penal transitado em julgado em 15/2/2009. Nessa situação hipotética,

I. é possível a vítima cumular as indenizações por danos morais e materiais, conforme jurisprudência do STJ.

II. a vítima do acidente pode ajuizar ação reparatória civil pelos danos sofridos, visto que sua pretensão ainda não está prescrita.

III. a pretensão de reparação civil prescreve em três 3 (três) anos.

IV. o indivíduo culpado pelo acidente e a vítima podem, antes de decorrida a prescrição, pactuar que o prazo prescricional para a pretensão civil seja de 5 (cinco) anos.

Estão certos apenas os itens:

(A) I, II e III.

(B) I, II e IV.

(C) I, III e IV.

(D) II, III e IV.

I: correta (Súmula 37 do STJ); **II:** correta (art. 200 do CC); **III:** correta (art. 206, § 3.º, V, do CC); **IV:** incorreta (art. 192 do CC).

Gabarito "A"

5.14. QUESTÕES DISCURSIVAS – RESPONSABILIDADE CIVIL

(OAB/Exame Unificado – 2004 – 2ª fase – CESPE) Antônio, na condição de empregado de Ângelo e com o veículo de propriedade do patrão, atropelou Elisa, que veio a falecer em razão das lesões sofridas. Consta do laudo pericial feito no local que o acidente ocorreu devido a imprudência do motorista, que trafegava em área residencial com velocidade superior à máxima permitida. Elisa era solteira, mãe de dois filhos menores e trabalhava como empregada doméstica, recebendo por mês a quantia correspondente a dois salários mínimos. Com referência à situação hipotética acima descrita, discorra acerca da responsabilidade civil, abordando, fundamentada e necessariamente, os seguintes aspectos:

identificação do responsável pelo pagamento da indenização;

quantidade de parcelas a que têm direito os herdeiros da vítima.

RESOLUÇÃO DA QUESTÃO

Em matéria de responsabilidade civil existe o instituto da responsabilidade pelo fato de terceiro. De acordo com esse instituto, algumas pessoas respondem objetivamente pelo fato culposo ou doloso praticado por terceiros (arts. 932 e 933 do Código Civil).

Um dos casos em que tal responsabilidade se dá é a do empregador, por seus empregados, justamente a situação narrada no enunciado da questão.

Dessa forma, além de Antônio, Ângelo é responsável pelo pagamento da indenização junto aos filhos de Elisa.

Em caso de homicídio, o Código Civil dispõe que a indenização consiste, dentre outras reparações, em: a) despesas com tratamento da vítima; b) despesas com seu funeral; c) despesas com o luto da família; d) prestação de alimentos às pessoas a quem o morto os devia, levando-se em conta a duração provável da vida da vítima.

Acrescente-se também a indenização por danos morais.

Com relação à pensão, o Superior Tribunal de Justiça entende que a pensão pela morte do pai será devida até o limite de vinte e cinco anos de idade, quando, presumivelmente, os beneficiários da pensão terão concluído sua formação, inclusive curso universitário, não mais subsistindo vínculo de dependência. Nesse sentido: "Na esteira dos julgados desta Corte, é devida a pensão aos filhos menores até o limite de 25 (vinte e cinco) anos de idade. Precedentes: AGA n. 458.836/MS e AGA n. 479.935/SP (STJ, Resp. 603.984/MT, rel. Min. Francisco Falcão, DJ de 16/11/04). Atingida essa idade, e havendo outro beneficiário da pensão, haverá direito e acrescer em favor deste (STJ, Resp. 625.161/RJ, rel. Min. Aldir Passarinho Junior, DJ 17/12/07). É razoável que a pensão seja fixada em 2/3 dos rendimentos da vítima: "Responsabilidade Civil do Estado. Acidente de trânsito com vítima fatal. Adequada a fixação do valor da pensão em 2/3 (dois terços) dos rendimentos da vítima, deduzindo que o restante seria gasto com seu sustento próprio". (STJ, Resp. 603.984/MT, rel. Min. Francisco Falcão, DJ de 16/11/04)

Com relação aos danos morais, o Superior Tribunal de Justiça considera razoável, em favor de filhos do falecido, indenizações por dano moral em valores que vão até R$ 200 mil. Confira o seguinte caso: "CIVIL E PROCESSUAL. AÇÃO DE INDENIZAÇÃO. ACIDENTE DE TRÂNSITO COM VÍTIMA FATAL, ESPOSO E PAI DOS AUTORES. DANO MORAL. FIXAÇÃO. MAJORAÇÃO. Dano moral aumentado, para amoldar-se aos parâmetros usualmente adotados pela Turma. [R$ 190 mil para esposa e filhas (STJ, Resp. 625.161/RJ, rel. Min. Aldir Passarinho Júnior, DJ 17/12/07)

Quanto à **correção monetária** e aos **juros moratórios,** na condenação por danos materiais, temos as seguintes regras (STJ, Resp. 705.859/SP, rel. Min. Jorge Scartezzini, DJ de 21/03/05):

a) correção monetária: é devida desde o evento danoso (Súmula 562 do STF: "na indenização de danos materiais decorrentes de ato ilícito cabe a atualização de seu valor, utilizando-se, para esse fim, dentre outros critérios, dos índices de correção monetária";

b) juros moratórios: são devidos desde o evento danoso (Súmula 54 do STJ: "os juros moratórios fluem a partir do evento danoso, em caso de responsabilidade extracontratual");

Desde a entrada em vigor do atual Código Civil, a taxa Selic é aplicável para fazer frente aos juros e a correção monetária (art. 406 do CC), conforme vem decidindo o STJ: "Com o advento do novo Código Civil (aplicável à espécie porque ocorrida a citação a partir de sua vigência), incidem juros de mora pela taxa SELIC a partir da citação, não podendo ser cumulada com qualquer outro índice de correção monetária, porque já embutida no indexador." (STJ, REsp 897.043/RN, rel. Min. Eliana Calmon, 2ª T., j. 03-05-07, DJU, 11-05-07, p. 392)

Na condenação por **danos morais**, temos as seguintes regras sobre correção monetária e juros moratórios (EDcl no Resp. n. 615.939/RJ, rel. Min. Castro Filho, DJ de 10/10/05):

a) correção monetária: é devida desde a data da fixação de seu valor, ou seja, desde a data da decisão judicial que fixar a indenização por dano moral;

b) juros moratórios: são calculados tendo-se em conta a data do evento danoso (Súmula 54 do STJ: "os juros moratórios fluem a partir do evento danoso, em caso de responsabilidade extracontratual").

Os **honorários advocatícios** devem incidir da seguinte forma: "para efeito de cálculo da verba honorária, a condenação é constituída pelo somatório de todas as prestações vencidas, além das demais verbas já definidas (dano moral, pensão, juros etc), e doze das vincendas, inaplicável o disposto no § 5º do art. 20, do CPC". (STJ, Resp. 625.161/RJ, rel. Min. Aldir Passarinho Júnior, DJ 17/12/07)

(OAB/Exame Unificado – 2006.1 – 2ª fase – CESPE) Antônio, soldado da Polícia Militar do estado do Espírito Santo, fora de seu horário de trabalho e em trajes civis, no interior de um bar localizado nas proximidades de sua residência, efetuou vários disparos com arma de fogo pertencente a sua corporação, causando a morte acidental de Maria, que também se encontrava no interior do mencionado estabelecimento comercial. Maria era solteira, deixou dois filhos menores impúberes e trabalhava como empregada doméstica, percebendo mensalmente quantia correspondente a dois salários mínimos. Dependiam financeiramente da vítima seus filhos menores e sua mãe, pessoa idosa e incapaz.

Considerando a situação hipotética apresentada e em relação à responsabilidade civil, redija um texto em que discorra, de maneira fundamentada, acerca da legitimidade passiva para responder pela indenização e indique as parcelas a que têm direito os herdeiros da vítima.

RESOLUÇÃO DA QUESTÃO

A legitimidade passiva para responder pela indenização é da pessoa jurídica de direito público à qual pertence a corporação do policial militar Antônio. O fato deste estar fora do seu horário de trabalho não exime o Estado de sua responsabilidade, vez que os disparos que causaram a morte acidental de Maria se deu com arma da corporação.

Essa conclusão decorre da jurisprudência do Supremo Tribunal Federal. De acordo com essa jurisprudência, caso o policial, mesmo fora do horário de trabalho, autuou como policial (p. ex., para corrigir pessoas), a responsabilidade do Estado é objetiva, nos termos do art. 37, § 6º, da CF. No entanto, caso o policial tenha atuado exclusivamente por motivações de ordem pessoal ou o disparo tenha se dado por motivo acidental, incide a responsabilidade subjetiva do Estado, que reclama, demonstração de que houve defeito no serviço prestado por esse, por exemplo por ter-se deixado o agente público levar a arma para casa, sem que o regulamento da corporação autorizasse tal conduta.

(OAB/Exame Unificado – 2006.2 – 2ª fase – CESPE) Miguel, ao transitar pela calçada próxima a um edifício residencial, foi atingido por pesado objeto de metal que fora arremessado do prédio, o que lhe causou lesões na cabeça e no ombro e danificou os óculos por ele usados para correção visual. Acerca dessa situação hipotética, responda, de forma fundamentada, às seguintes questões.

Miguel tem direito à indenização?

A responsabilidade, nesse caso, é subjetiva ou objetiva?

Na hipótese de não se conseguir identificar a pessoa que arremessou o objeto, ficaria a vítima impedida de pedir indenização ou poderia imputar responsabilidade ao condomínio?

RESOLUÇÃO DA QUESTÃO

O caso mencionado se subsume à hipótese prevista no art. 938 do Código Civil. Esse dispositivo responsabiliza aquele que habitar prédio por danos provenientes de coisas que caírem ou forem lançadas em lugar indevido.

O dispositivo em questão não exige, para a configuração da responsabilidade, que se demonstre culpa ou dolo daquele que habita o prédio, para que a responsabilidade seja configura, de modo que não se trata da responsabilidade subjetiva clássica (art. 186 do Código Civil), até porque, se se tratasse dessa responsabilidade, não seria necessário o art. 938 do Código Civil.

O dispositivo também não é daqueles que estabelece a culpa presumida, culpa essa que pode ser desfeita pela prova de que o agente não atuou com culpa o dolo. Nesse caso, ter-se-ia verdadeira responsabilidade. A única diferença em relação à responsabilidade subjetiva prevista no art. 186 do Código Civil é que o ofendido não teria o ônus de provar conduta dolosa ou culposa, ficando a culpa, como dito, presumida. E a diferença em relação à responsabilidade objetiva está em que, diferentemente desta, na responsabilidade com culpa presumida, o ofensor poderá tê-la excluída se demonstrar que não agiu culposamente.

Dessa forma, no caso em tela, Miguel tem, sim, direito à indenização, direito esse que deverá ser exercido em face daquele que arremessou o metal ou de que habita o apartamento de onde as coisas foram lançadas, sendo certo que, em relação a quem habita o imóvel, a responsabilidade é objetiva.

Na hipótese de não se identificar quem arremessou o objeto e o apartamento de onde foi lançado, a jurisprudência vem entendendo que o condomínio deverá responder, ressalvado, seu direito de regresso contra o responsável, caso se consiga identificá-lo futuramente.

(OAB/Exame Unificado – 2007.1 – 2ª fase – CESPE) José, brasileiro, maior, capaz, produziu danos materiais no valor de R$ 2.500,00 em prédio rústico de propriedade da empresa Potiguar Fomentos S.A. No entanto, José recusa-se terminantemente a pagar tais danos, razão pela qual não há outra forma senão o ajuizamento, por parte da empresa lesada, de tutela judicial com finalidade de recompor o desfalque patrimonial suportado. Na qualidade de advogado dessa empresa, indique a espécie da tutela judicial cabível, bem como nomeie o procedimento ou o rito próprio à espécie. Informe o(s) dispositivo(s) legal(is) em que se fundamenta a sua resposta.

RESOLUÇÃO DA QUESTÃO

O caso tem tela reclama o ingresso de ação indenizatória, na qual se deve pleitear a condenação de José no pagamento da quantia de R$ 2.500,00, acrescida de juros moratórios e atualização monetária contados do evento danoso, por se tratar de ato ilícito, bem como das quantias referentes a custas, despesas processuais e honorários advocatícios.

A ação não poderá ser aforada em Juizado Especial Cível, vez que a autora é pessoa jurídica (art. 8º, § 1º, da Lei 9.099/95). Todavia, se autora fosse microempresa ou empresa de pequeno porte, poderia se valer do Juizado Especial (art. 8º, 1º, II, da Lei Complementar 123/05).

O procedimento a ser adotado é o sumário, nos termos do disposto no art. 275, II, "c", por se tratar de matéria atinente a "ressarcimento de danos a prédio urbano ou rústico".

(OAB/Exame Unificado – 2010.1 – 2ª fase – CESPE) Sueli, pessoa solteira e sem filhos, adquiriu, mediante financiamento, móveis em uma grande loja de departamentos. Paga em dia a última parcela do financiamento, Sueli faleceu, vítima de acidente automobilístico. Seu pai, Lúcio, viúvo, passou a receber cobrança da referida loja contra Sueli. Sabedor da retidão do caráter da filha, Lúcio procurou e achou os comprovantes de pagamento e quitação da dívida e os levou até a loja. Contudo, tempos depois, recebeu a comunicação de que o nome de Sueli havia sido indevidamente negativado.

Em face dessa situação hipotética, indique, de forma fundamentada, a providência judicial que deverá ser tomada para a compensação do prejuízo sofrido, assim como a legitimação para tanto.

RESOLUÇÃO DA QUESTÃO

A providência judicial a ser tomada é a propositura de ação de indenização por danos morais cumulada com obrigação de fazer para a retirada do nome de Sueli do cadastro dos inadimplentes, com pedido de tutela antecipada ante a presença de dano irreparável ou de difícil reparação.

A ação deverá ser proposta pelo pai, que, nos termos do art. 20, parágrafo único, do Código Civil, possui legitimidade para requerer a proteção de seu descendente morto, pleiteando indenização em razão de ato ilícito que atingiu a honra da falecida.

No caso, é entendimento pacífico que a indevida inclusão de nome de pessoa no rol dos inadimplentes dá causa à reparação por dano moral. Assim, tendo legitimidade para tanto, o pai de Sueli poderá requerer a indenização como acima exposto.

GABARITO COMENTADO - EXAMINADORA

O pai da falecida poderá ingressar com ação de indenização por danos morais c/c com obrigação de fazer para a retirada do nome da filha do cadastro de inadimplentes, com pedido de antecipação de tutela contra a referida loja, haja vista estar sendo atingido o bom nome da família. Tal ação deve ser ajuizada pelo pai, em nome próprio, e não em nome da falecida, de acordo com o parágrafo único do art. 20 do Código Civil:

"Salvo se autorizadas, ou se necessárias à administração da justiça ou à manutenção da ordem pública, a divulgação de escritos, a transmissão da palavra, ou a publicação, a exposição ou a utilização da imagem de uma pessoa poderão ser proibidas, a seu requerimento e sem prejuízo da indenização que couber, se lhe atingirem a honra, a boa fama ou a respeitabilidade, ou se se destinarem a fins comerciais.Parágrafo único. Em se tratando de morto ou de ausente, são partes legítimas para requerer essa proteção o cônjuge, os ascendentes ou os descendentes."

Eis o entendimento da doutrina: "Mas, a se admitir uma eventual reparação do dano moral, consequente do atentado à memória dos mortos, a legitimação do exercício da ação reparatória reconhecida em favor daqueles legitimados para a iniciativa da ação penal privada, não seria decorrência de um direito hereditário, já que morto o ofendido cuja memória é maculada, não haveria sucessão possível em um pretenso direito nascido posteriormente à abertura da sucessão; seria, assim, uma ação de indenização fundada em direito próprio, no que são igualmente molestados, ainda que de maneira indireta,os sentimentos de dor e estima de seus familiares, pelas ofensas desrespeitosas à memória do ente querido" (Yussef Said Cahali. Dano moral. São Paulo: Editora Revista dos Tribunais, 2 ed., pág. 700).

Observação para a correção: atribuir pontuação integral às respostas em que esteja expresso o conteúdo do dispositivo legal, ainda que não seja citado, expressamente, o número do artigo.

(OAB/Exame Unificado – 2011.1 – 2ª fase – FGV) A arquiteta Veronise comprou um espremedor de frutas da marca Bom Suco no dia 5 de janeiro de 2011. Quarenta dias após Veronise iniciar sua utilização, o produto quebrou. Veronise procurou uma autorizada e foi informada de que o aparelho era fabricado na China e não havia peças de reposição no mercado. No mesmo dia, ela ligou para o Serviço de Atendimento ao Consumidor (SAC) da empresa. A orientação foi completamente diferente: o produto deveria ser levado para o conserto. Passados 30 dias da ocasião em que o espremedor foi encaminhado à autorizada, o fabricante informou que ainda não havia recebido a peça para realizar o conserto, mas que ela chegaria em três dias. Como o problema persistiu, o fabricante determinou que a consumidora recebesse um espremedor novo do mesmo modelo.

Diante da situação apresentada, responda aos itens a seguir, empregando os argumentos jurídicos apropriados e a fundamentação legal pertinente ao caso.

a) O caso narrado caracteriza a ocorrência de qual instituto jurídico, no que se refere ao defeito apresentado pelo espremedor de frutas?

b) Como advogado (a) de Veronise, analise a conduta do fornecedor, indicando se procedeu de maneira correta ao deixar de realizar o reparo por falta de peça e determinar a substituição do produto por um novo espremedor de frutas.

RESOLUÇÃO DA QUESTÃO

a) A hipótese narrada é de vício do produto, previsto no art. 18 do CDC:

"Os fornecedores de produtos de consumo duráveis ou não duráveis respondem solidariamente pelos vícios de qualidade ou quantidade que os tornem impróprios ou inadequados ao consumo a que se destinam ou lhes diminuam o valor, assim como por aqueles decorrentes da disparidade, com a indicações constantes do recipiente, da embalagem, rotulagem ou mensagem publicitária, respeitadas as variações decorrentes de sua natureza, podendo o consumidor exigir a substituição das partes viciadas."

O produto quebrado o torna "impróprio para o consumo".

b) Nos termos do art. 18, §, 1º, do CDC, caso o produto não seja consertado em 30 dias (hipótese do problema), cabe ao consumidor escolher uma dentre as três possibilidades:

"I - a substituição do produto por outro da mesma espécie, em perfeitas condições de uso;

II - a restituição imediata da quantia paga, monetariamente atualizada, sem prejuízo de eventuais perdas e danos;

III - o abatimento proporcional do preço."

Portanto, a escolha de uma dessas possibilidades caberia ao consumidor e não ao fornecedor.

Por fim, vale lembrar que o art. 32 do CDC aponta ser dever do fornecedor "assegurar a oferta de componentes e peças de reposição enquanto não cessar a fabricação ou importação do produto".

GABARITO COMENTADO - EXAMINADORA

No primeiro tópico, o examinando deve informar a ocorrência de vício do produto, instituto caracterizado no artigo 18, *caput*, da Lei 8078/90. Deve explicitar que o defeito contido no espremedor de sucos o torna inadequado ao consumo a que se destina, o que caracteriza seu vício de qualidade, não se podendo falar em fato no produto, in casu.

No segundo tópico, o candidato deve explicitar que há, por parte do fabricante, obrigatoriedade de manter peças de reposição no mercado (art. 32 do CDC), mas no caso em tela, como se passaram mais de 30 dias que o produto foi para conserto, cabe ao consumidor decidir se quer a troca do produto, abatimento no preço ou devolução do dinheiro, nos termos do art. 18, §§ 1º e 3º, Lei 8078/90, razão pela qual se pode afirmar que procedeu equivocadamente o fornecedor ao determinar, sem previamente consultar a consumidora, a substituição do produto.

(OAB/Exame Unificado – 2013.1 – 2ª fase – FGV) Joaquim estava irresignado porque não encontrava mais seu vinho favorito à venda. Conversando com Manuel, dono de um estabelecimento comercial perto de sua residência, o mesmo lhe informou que aquele vinho não era mais entregue pelo fornecedor, mas que vendia outro muito bom, melhor que o apreciado por Joaquim. O vinho não possuía qualquer informação no rótulo além de seu nome, mas, Joaquim resolveu comprá-lo diante dos elogios feitos por Manuel.

Chegando à sua residência, ao tentar abrir a bebida, o vidro se estilhaça e atinge o olho de Joaquim, causando-lhe uma lesão irreparável na córnea.

Joaquim tenta, então, conversar com Manuel sobre o ocorrido, mas o mesmo afirma que não possui qualquer responsabilidade. Ajuíza, então, ação em face de Manuel, pleiteando reparação por danos materiais.

Oferecida a defesa, Manuel alega que não possui qualquer responsabilidade e que não seria parte legítima, por ser apenas o vendedor do produto.

A respeito desta hipótese, responda, fundamentadamente:

A) Merecem prosperar as alegações de Manuel?

B) Se Joaquim falecesse no curso do processo, como os herdeiros poderiam pleitear inclusão na relação processual?

A simples menção ou transcrição do dispositivo legal não pontua.

GABARITO COMENTADO – EXAMINADORA:

A) O examinando deve identificar que se trata de fato, e não de vício, do produto, pelo mesmo apresentar um risco não esperado, e, não havendo informação sobre o produtor da bebida, Manuel, como comerciante será o responsável, nos termos do Art. 12, §1º, II, c/c Art. 13, I ou II, ambos do Código de Defesa do Consumidor, podendo ser responsabilizado civilmente pelo ocorrido.

B) O examinando deve identificar que, no caso de falecimento de Joaquim, para pleitearem o recebimento da quantia, os herdeiros deverão prosseguir no feito, requerendo a habilitação incidental nos próprios autos da ação reparatória em face de Manuel. Para isso, deverão juntar aos autos a prova do óbito de Joaquim e da qualidade de herdeiro, nos termos do artigo 1.060 do CPC.

(OAB/Exame Unificado – 2012.2 – 2ª fase – FGV) Marcelo, brasileiro, casado, advogado, residente e domiciliado na cidade do Rio de Janeiro/RJ, adquiriu um veículo zero quilômetro em 2005. Exatos seis anos depois da aquisição do referido automóvel, quando viajava com sua família em Natal/RN, o motor do carro explodiu, o que gerou um grave acidente, com sérias consequências para Marcelo e sua família bem como para dois pedestres que estavam no acostamento da rodovia. Apesar de ter seguido à risca o plano de revisão sugerido pela montadora do veículo, com sede em São Paulo/SP, um exame pericial no carro de Marcelo constatou claramente que o motor apresentava um sério defeito de fabricação que provocou o desgaste prematuro de determinadas peças e, consequentemente, a explosão.

A respeito desta hipótese, responda, fundamentadamente:

A) Em relação aos danos sofridos por Marcelo e seus familiares, em que (ais) dispositivo (s) do Código de Defesa do Consumidor você enquadraria a responsabilidade do fabricante do veículo?

B) O fabricante pode, com êxito, alegar ter se escoado o prazo prescricional?

C) Os terceiros lesados (dois pedestres) pelo acidente provocado pela explosão podem se valer das normas constantes do Código de Defesa do Consumidor para pleitear eventual recomposição pelos danos sofridos?

D) Marcelo poderia propor a ação de responsabilidade civil da empresa fabricante na cidade do Rio de Janeiro? E na cidade de São Paulo?

GABARITO COMENTADO – EXAMINADORA:

A) A hipótese trata da responsabilidade pelo fato do produto, prevista no art. 12 e seguintes do Código de Defesa do Consumidor, Lei n. 8.078/90. O produto é defeituoso quando não oferece a segurança que dele legitimamente se espera (art. 12, § 1º, do CDC), colocando em risco a integridade dos consumidores.

B) O prazo prescricional previsto para o pedido indenizatório no caso de fato do produto é de 5 (cinco) anos contados a partir do conhecimento do dano e de sua autoria (art. 27 do CDC). Assim é que, mesmo depois de 6 (seis) anos, Marcelo ainda conta com prazo para manejar ação de recomposição pelos danos sofridos.

C) No caso da responsabilidade pelo fato do produto, equiparam-se aos consumidores todas as vítimas do evento lesivo (art. 17 do CDC), pelo que os pedestres podem se valer do CDC para fundamentar as suas demandas compensatórias.

D) O art. 101, I, do CDC, traz o benefício, para o consumidor de acionar o fornecedor no domicílio do autor, no caso na cidade do Rio de Janeiro/RJ. Mas esta é uma prerrogativa, da qual o consumidor pode abrir mão se quiser, podendo, também, propor a ação em São Paulo/SP, local da sede da empresa ré.

(OAB/Exame Unificado – 2013.3 – 2ª fase – FGV) Martha foi convidada para participar, como palestrante, de um Congresso que ocorreria no Uruguai. Após confirmar a sua participação no evento, Martha decide comprar suas passagens pela Internet no site de uma famosa companhia aérea. Como não possuía voo direto que a levasse de Goiás para o Uruguai, Martha adquire um voo com escala em São Paulo. No dia da viagem, ao chegar a São Paulo, lugar onde teria que fazer a troca de aeronave, a passageira é informada a respeito do cancelamento de seu voo para o Uruguai. Preocupada, Martha indaga se seria possível realocá-la em outra aeronave, mas recebe a notícia de que somente decolariam novos voos para o Uruguai no dia seguinte, ou seja, após o evento do qual participaria. Inconformada com a perda do Congresso, Martha propõe uma ação no juizado especial cível de seu domicílio postulando a reparação por danos morais e materiais em face da sociedade empresária. Em sede de contestação, a referida sociedade empresária alega não possuir culpa, não havendo, portanto, responsabilidade. Com base no exposto, responda, fundamentadamente, os itens a seguir.

A) O argumento utilizado pela sociedade empresá em sede de contestação está correto?

B) Suponha que Martha, ciente da data da audiência de instrução e julgamento, não compareça e não comprove que a sua ausência decorreu por motivo de força maior. Nesse caso, qual atitude deve ser tomada pelo juiz?

GABARITO COMENTADO – EXAMINADORA:

A) O argumento utilizado pela empresa não está correto. Preliminarmente, o candidato deve identificar que o caso em tela versa sobre hipótese a ser guiada pelo Código de Defesa do Consumidor. O referido diploma, em seu Art. 14, estabelece que o fornecedor de serviços responde, independentemente da existência de culpa, pela reparação dos danos causados aos consumidores por defeitos relativos à prestação dos serviços, bem como por informações insuficientes ou inadequadas sobre sua fruição e riscos. O dever de informação consta também do Inciso III do Art. 6º, do CDC.

B) Deverá haver extinção do processo sem resolução do mérito, consoante estabelece o Art. 51, inciso I da Lei n. 9.099/95. Ademais, considerando que a ausência da autora não foi justificada, deverá haver pagamento de custas por parte desta, consoante § 2º do Art. 51 do mesmo diploma legal.

(OAB/Exame Unificado – 2013.2 – 2ª fase – FGV) Dr. João, médico clínico geral, atende em seu consultório há vinte anos, sem ter constituído qualquer empresa, atuando, portanto, como profissional liberal.

Levando-se em conta a responsabilização civil dos profissionais liberais, responda, de forma justificada, aos itens a seguir.

A) A relação de Dr. João com seus pacientes ostenta a natureza jurídica de relação de consumo?

B) Neste caso, a responsabilidade civil do Dr. João deve ser subjetiva ou objetiva?

C) Em eventual demanda envolvendo Dr. João e um paciente seu, poderia ser aplicada a inversão do ônus da prova fundada na teoria da carga dinâmica da prova?

GABARITO COMENTADO – EXAMINADORA:

A) O examinando deve responder positivamente à indagação. Pode ser tida como relação de consumo, pois Dr. João é uma pessoa física que presta serviços médicos, enquadrando-se no conceito de fornecedor do Art. 3º, da Lei n. 8.078/90 (CDC), e os seus pacientes são destinatários finais dos serviços prestados por Dr. João, ostentando a natureza jurídica de consumidores, nos termos do Art. 2º, da Lei n. 8.078/90 (CDC).

B) O examinando deve destacar que apesar de se tratar de relação de consumo, o próprio Art. 14, § 4º, da Lei n. 8.078/90 (CDC) estabelece que a responsabilização civil dos profissionais liberais é subjetiva, ou seja, impõe a comprovação do elemento culpa.

C) O examinando deve responder positivamente à indagação, desde que presentes os requisitos legais estabelecidos no Art. 6º, VIII, da Lei n. 8.078/90 (CDC), já que se trata de relação de consumo e este é um direito básico do consumidor que não pode ser afastado pela responsabilidade subjetiva dos profissionais liberais previstas no Art. 14, § 4º, do CDC.

CAPÍTULO 6

DIREITO DAS COISAS

6.1. INTRODUÇÃO

Para formar uma relação jurídica são necessários três elementos: a) *sujeitos de direito*, b) *bens* e um c) *fato* que faça nascer a relação. Para visualizarmos esses três elementos, vamos imaginar um contrato de compra e venda, que é uma das principais relações jurídicas de que trata o Direito. Esse contrato requer a existência de um vendedor e de um comprador (*sujeito de direito*), de uma coisa de expressão econômica (*bem*) e de um acordo de vontade sobre o preço da coisa (*fato* que faz nascer a relação jurídica).

A Parte Geral do Direito Civil trata da capacidade dos *sujeitos de direito*. Cuida ainda das classificações e do regime jurídico básico dos *bens*. E também cuida de trazer regulamentação básica acerca dos *fatos e negócios jurídicos*.

O Direito das Obrigações e o Direito Contratual focam na relação jurídica obrigacional formada. Tratam principalmente dos direitos e deveres das *pessoas* que entabulam negócios jurídicos. Repare que o objetivo maior aqui é regulamentar **direitos pessoais**, ou seja, *direitos e deveres entre pessoas determinadas, em que uma pode exigir uma prestação da outra*.

Já o Direito das Coisas tem como objetivo maior regulamentar relações jurídicas em que o elemento marcante é uma coisa corpórea (a posse, por exemplo), bem como relações que estabelecem **direito reais**, que *são direitos que estabelecem um poder jurídico, direto e imediato, do titular sobre a coisa, com exclusividade e contra todos*.

Em suma, no Direito das Coisas estuda-se a **posse** (de bens móveis ou imóveis) e os **direitos reais**, ou seja, aqueles direitos que se têm sobre uma coisa, com exclusividade e contra todos (propriedade, superfície, servidão, usufruto, uso, habitação, penhor, hipoteca e anticrese).

Nossa primeira tarefa será tratar da posse para em seguida tratar dos direitos reais sobre coisas móveis e imóveis.

6.2. POSSE

6.2.1. Conceito de posse

É o exercício, pleno ou não, de algum dos poderes inerentes à propriedade (art. 1.196 do CC). É a *exteriorização da propriedade*, ou seja, a *visibilidade da propriedade*. Os poderes inerentes à propriedade são *usar*, *gozar* e *dispor* da coisa, bem como *reavê-la* (art. 1.228). Assim, se alguém estiver, por exemplo, *usando* uma coisa, como o locatário e o comodatário, pode-se dizer que está exercendo *posse* sobre o bem.

Considera-se ainda possuidor, para todos os efeitos legais, também a coletividade desprovida de personalidade jurídica (Enunciado n. 236 JDC/CJF).

A posse constitui direito autônomo em relação à propriedade e deve expressar o aproveitamento dos bens para o alcance de interesses existenciais, econômicos e sociais merecedores de tutela (Enunciado n. 492 JDC/CJF).

6.2.2. Teoria adotada

Há duas teorias sobre a posse. A primeira é a Teoria Objetiva (de Ihering), para a qual a posse se configura como a mera *conduta de dono*, pouco importando a apreensão física da coisa e a vontade de ser dono dela. Já a segunda, a Teoria Subjetiva (de Savigny), entende que a posse só se configura se houver a apreensão física da coisa (*corpus*), mais a vontade de tê-la como própria (*animus domini*). Nosso CC adotou a Teoria Objetiva de Ihering, pois não trouxe como requisito para a configuração da posse a apreensão física da coisa ou a vontade de ser dono dela, mas apenas que se tenha uma conduta de proprietário. Assim, uma pessoa que paga os impostos de um sítio e coloca um caseiro para cuidar da área, mesmo não tendo apreensão física sobre a coisa por inteiro e que não tenha em sua cabeça um ânimo de dono, exerce posse, pois sua conduta revela uma conduta de proprietário, ou seja, uma exteriorização da propriedade.

6.2.3. Detenção

É aquela situação em que alguém conserva a posse em nome de outro e em cumprimento às suas ordens e instruções. É muito importante entender o instituto da detenção, pois ele traz exceções ao conceito de posse. Um exemplo típico é o do caseiro. Quem olhasse de longe poderia chegar à conclusão de que um caseiro exerce posse sobre um imóvel de que cuida. Em geral, caseiros usam e cuidam da coisa, exteriorizando um dos poderes da propriedade. Todavia, o próprio art. 1.198 do CC exclui do conceito de posse a situação em que se encontra um detentor. Assim, o caseiro em relação a imóvel de que cuida e o funcionário público em relação aos móveis da repartição têm mera *detenção* sobre a coisa, não recebendo os direitos típicos daquele que exerce *posse*. Todavia, assevera o Enunciado . 493 JDC/CJF que o detentor (art. 1.198 do Código Civil) pode, no interesse do possuidor, exercer a autodefesa do bem sob seu poder.

Ainda sobre o tema, alerta o Enunciado nº 301 JDC/CJF que é possível a conversão da detenção em posse, desde que rompida a subordinação, na hipótese de exercício em nome próprio dos atos possessórios.

6.2.4. Classificação da posse

6.2.4.1. Posse direta e indireta

Quanto ao campo de seu exercício (art. 1.197 do CC).

a) **posse indireta:** *é aquela exercida por quem cedeu, temporariamente, o uso ou o gozo da coisa a outra pessoa.* São exemplos as exercidas pelo locador, nu-proprietário, comodante e depositante. O possuidor indireto ou mediato pode se valer da proteção possessória.

b) **posse direta:** *é aquela exercida por quem recebeu o bem, temporariamente, para usá-lo ou gozá-lo, em virtude de direito pessoal ou real.* Vale lembrar que o possuidor direito ou imediato também pode se valer de proteção possessória, inclusive contra o proprietário da coisa que exerça a posse indireta e que perturbe a sua posse.

O possuidor direto tem direito de defender a sua posse contra o indireto, e este, contra aquele (Enunciado n. 76 JDC/CJF).

Nos termos do art. 1.203 CC, salvo prova em contrário, entende-se manter a posse o mesmo caráter com que foi adquirida. Entretanto, é cabível a modificação do título da posse – *interversio possessionis* – na hipótese em que o até então possuidor direto demonstrar ato exterior e inequívoco de oposição ao antigo possuidor indireto, tendo por efeito a caracterização do *animus domini* (Enunciado n. 237 JDC/CJF).

6.2.4.2. Posse individual e composse

Quanto à simultaneidade de seu exercício (art. 1.199 do CC).

a) **posse individual:** *é aquela exercida por apenas uma pessoa.*

b) **composse:** *é a posse exercida por duas ou mais pessoas sobre coisa indivisa.* São exemplos a posse dos cônjuges sobre o patrimônio comum e dos herdeiros antes da partilha. Na composse *pro diviso* há uma divisão de fato da coisa.

6.2.4.3. Posse justa e injusta

Quanto à existência de vícios objetivos (art. 1.200 do CC).

a) **posse justa:** *é aquela que não for violenta, clandestina ou precária.* Assim, é justa a posse não adquirida pela força física ou moral (não violenta), não estabelecida às ocultas (não clandestina) e não originada do abuso de confiança por parte de quem recebe a coisa com o dever de restituí-la (não precária). Perceba que os vícios equivalem, no Direito Penal, aos crimes de roubo, furto e apropriação indébita.

b) **posse injusta:** *é aquela originada do esbulho.* Em caso de violência ou clandestinidade, a posse só passa a existir após a cessação da violência ou da clandestinidade (art. 1.208 do CC). Já em caso de precariedade (ex.: um comodatário passa a se comportar como dono da coisa), a posse deixa de ser justa e passa a ser injusta diretamente. É importante ressaltar que, cessada a violência ou a clandestinidade, a posse passa a existir, mas o vício que a inquina faz com que o Direito a considere injusta. E, mesmo depois de um ano e dia, a posse continua injusta, só deixando de ter essa característica se houver aquisição da coisa, o que pode acontecer pela usucapião, por exemplo. A qualificação de posse injusta é relativa, valendo apenas em relação ao anterior possuidor da coisa. Em relação a todas as outras pessoas, o possuidor injusto pode defender a sua posse.

6.2.4.4. *Posse de boa-fé e de má-fé*

Quanto à existência de vício subjetivo (art. 1.201 do CC).

a) **posse de boa-fé:** *é aquela em que o possuidor ignora o vício ou o obstáculo que impede a aquisição da coisa.* É de boa-fé a posse daquele que crê que a adquiriu de quem legitimamente a possuía. Presume-se de boa-fé o possuidor com **justo título**, ou seja, *aquele título que seria hábil para transferir o direito à posse, caso proviesse do verdadeiro possuidor ou proprietário da coisa.* Referente ao tema, especificamente quanto ao justo título, colaciona-se os seguintes Enunciados:

Enunciado n. 302 JDC/CJF: Pode ser considerado justo título para a posse de boa-fé o ato jurídico capaz de transmitir a posse *ad usucapionem*, observado o disposto no art. 113 do Código Civil

Enunciado n. 303 JDC/CJF: Considera-se justo título, para a presunção relativa da boa-fé do possuidor, o justo motivo que lhe autoriza a aquisição derivada da posse, esteja ou não materializado em instrumento público ou particular. Compreensão na perspectiva da função social da posse

b) **posse de má-fé:** *é aquela em que o possuidor tem ciência do vício ou do obstáculo que impede a aquisição da coisa.* A posse de boa-fé pode se transmudar em posse de má-fé em caso de ciência posterior do vício. A citação para a demanda que visa à retomada da coisa tem o condão de alterar o caráter da posse.

Obs.: saber se a posse de alguém é de boa-fé ou de má-fé interfere no direito à indenização pelas benfeitorias feitas, no direito de retenção, no direito aos frutos, no prazo de prescrição aquisitiva (usucapião), na responsabilidade por deterioração da coisa etc.

6.2.4.5. *Posse nova e velha*

Quanto ao tempo da posse.

a) **posse nova:** *é aquela de menos de ano e dia.*

b) **posse velha:** *é aquela de mais de ano e dia.* Essa classificação, prevista no CC anterior, não tem correspondente no atual CC.

Não se deve confundir esse conceito com os de **ação de força nova** (que é a ação possessória promovida dentro de ano e dia da turbação ou do esbulho) e **ação de força velha** (que é a ação possessória promovida após ano e dia do esbulho). Esses conceitos decorrem do art. 924 do CPC, que estabelece que na ação de força velha o autor da demanda não poderá se valer do rito especial possessório, que prevê a concessão de liminar. Deve o interessado ingressar com ação pelo rito ordinário, nada impedindo, todavia, que seja beneficiado com a concessão de tutela antecipada, preenchidos seus requisitos, conforme vem entendendo o STJ. Neste espeque, cita-se o Enunciado n. 238 JDC/CJF: *Ainda que a ação possessória seja intentada além de "ano* *e dia" da turbação ou esbulho, e, em razão disso, tenha seu trâmite regido pelo procedimento ordinário (CPC, art. 924), nada impede que o juiz conceda a tutela possessória liminarmente, mediante antecipação de tutela, desde que presentes os requisitos autorizadores do art. 273, I ou II, bem como aqueles previstos no art. 461-A e parágrafos, todos do Código de Processo Civil.*

6.2.4.6. *Posse natural e jurídica*

Quanto à origem.

a) **posse natural:** *é a que decorre do exercício do poder de fato sobre a coisa.*

b) **posse civil ou jurídica:** *é que decorre de um título*, não requerendo atos físicos ou materiais.

6.2.5. Aquisição da posse

6.2.5.1. *Conceito*

Adquire-se a posse desde o momento em que se torna possível o exercício, em nome próprio, de qualquer dos poderes inerentes à propriedade (art. 1.204).

6.2.5.2. *Aquisição originária*

É aquela que não guarda vínculo com a posse anterior. Ocorre nos casos de: a) Apreensão, *que consiste na apropriação unilateral da coisa sem dono* (abandonada – *res derelicta*, ou de ninguém – *res nullius*) ou na retirada da coisa de outrem sem sua permissão (cessadas a violência ou a clandestinidade); **b) Exercício do direito**, como no caso da servidão constituída pela passagem de um aqueduto em terreno alheio; **c) Disposição**, que consiste em alguém dar uma coisa ou um direito, situação que revela o exercício de um poder de fato (posse) sobre a coisa.

6.2.5.3. *Aquisição derivada*

É aquela que guarda vínculo com a posse anterior. Nesse caso, a posse vem gravada dos eventuais vícios da posse anterior. Essa regra vale para a sucessão a título universal (art. 1.206 do CC), mas é abrandada na sucessão a título singular (art. 1.207 do CC. Sobre este ponto, encarta-se o Enunciado n° 495 JDC/CJF: A faculdade conferida ao sucessor singular de somar ou não o tempo da posse de seu antecessor não significa que, ao optar por nova contagem, estará livre do vício objetivo que maculava a posse anterior.. Ocorre nos casos de tradição, *que consiste na transferência da posse de uma pessoa para outra, pressupondo acordo de vontades*. A tradição pode ser de três tipos:

a) **Tradição real:** *é aquela em que há a entrega efetiva, material da coisa*. Ex.: entrega de um eletrodoméstico para o comprador. No caso de aquisição de grandes imóveis não há necessidade de se colocar fisicamente a mão sobre toda a propriedade, bastando a referência a ela no título. Trata-se da chamada *traditio longa manu*.

b) **Tradição simbólica:** *é aquela representada por ato que traduz a entrega da coisa*. Exemplo: entrega das chaves de uma casa.

c) **Tradição consensual:** é aquela decorrente de contrato, de acordo de vontades. Aqui temos duas possibilidades. A primeira é a ***traditio brevi manu***, que *é aquela situação em que um possuidor em nome alheio passa a possuir a coisa em nome próprio*. É o caso do locatário que adquire a coisa. Já a segunda é o **constituto possessório**, *que é aquela situação em que um possuidor em nome próprio passa a possuí-la em nome de outro, adquirindo a posse indireta da coisa*. É o caso do dono que vende a coisa e passa a nela ficar como locatário ou comodatário. Sobre o assunto, cita-se Enunciado n. 77 JDC/CJF: *A posse das coisas móveis e imóveis também pode ser transmitida pelo constituto possessório.*

6.2.6. Perda da posse

6.2.6.1. Conceito

Perde-se a posse quando cessa, embora contra a vontade do possuidor, o poder sobre o bem. É importante ressaltar, quanto ao ausente (no sentido de não ter presenciado o esbulho), que este só perde a posse quando, tendo notícia desta, abstém-se de retomar a coisa ou, tentando recuperá-la, é violentamente repelido (art. 1.224).

6.2.6.2. Hipóteses de perda posse

a) **Abandono:** *é a situação em que o possuidor renuncia à posse, manifestando voluntariamente a intenção de largar o que lhe pertence;* ex.: quando alguém atira um objeto na rua;

b) **Tradição com intenção definitiva:** *é a entrega da coisa com o ânimo de transferi-la definitivamente a outrem;* se a entrega é transitória, não haverá perda total da posse, mas apenas perda temporária da posse direta, remanescendo a posse indireta;

c) **Destruição da coisa e sua colocação fora do comércio;**

d) **Pela posse de outrem:** nesse caso a perda da posse se dá por esbulho, podendo a posse perdida ser retomada.

6.2.7. Efeitos da posse

Aquele que exerce posse tem uma série de direitos. Esses direitos vão variar de acordo com o tempo de posse (usucapião), o fato de ser de boa-fé ou não, dentre outras variáveis. Confira-se os efeitos:

6.2.7.1. Percepção dos frutos

Quando o legítimo possuidor retoma a coisa de outro possuidor, há de se resolver a questão dos frutos percebidos ou pendentes ao tempo da retomada. De acordo com o caráter da posse (de boa ou de má-fé) haverá ou não direitos para aquele que teve que entregar a posse da coisa. Antes de verificarmos essas regras, vale trazer algumas definições.

6.2.7.1.1. Conceito de frutos

São utilidades da coisa que se reproduzem (frutas, verduras, filhotes de animais, juros etc.). Diferem dos **produtos**, que *são as utilidades da coisa que não se reproduzem* (minerais, por exemplo).

6.2.7.1.2. Espécies de frutos quanto à sua natureza

a) civis (como os alugueres e os juros), b) naturais (como as maçãs de um pomar) e c) industriais (como as utilidades fabricadas por uma máquina).

6.2.7.1.3. Espécies de frutos quanto ao seu estado

a) pendentes (são os ainda unidos à coisa que os produziu); b) percebidos ou colhidos (são os já separados da coisa que os produziu); c) percebidos por antecipação (são os separados antes do momento certo); d) percipiendos (são os que deveriam ser colhidos e não o foram); e) estantes (são os já separados e armazenados para fim de venda); f) consumidos (são os que não existem mais porque foram utilizados).

6.2.7.1.4. Direitos do possuidor de boa-fé

Tem direito aos frutos que tiver percebido enquanto estiver de boa-fé (art. 1.214).

6.2.7.1.5. Inexistência de direitos ao possuidor de boa-fé

Não tem direito às seguintes utilidades: a) aos frutos pendentes quando cessar a sua boa-fé; b) aos frutos percebidos antecipadamente, estando já de má-fé no momento em que deveriam ser colhidos; c) aos produtos, pois a lei não confere esse direito, como faz com os frutos. De qualquer forma, é importante ressaltar que nos casos dos itens "a" e "b", apesar de ter que restituir os frutos colhidos ou o seu equivalente em dinheiro, terá direito de deduzir do que deve as despesas com a produção e o custeio.

6.2.7.1.6. Situação do possuidor de má-fé

Este responde por todos os frutos colhidos e percebidos, bem como pelos que, por sua culpa, deixou de perceber, desde o momento em que se constituiu de má-fé. Todavia, tem direito às despesas de produção e custeio (art. 1.216 do CC), em virtude do princípio do não enriquecimento sem causa.

6.2.7.2. Responsabilidade por perda ou deterioração da coisa

Quando o legítimo possuidor retoma a coisa de outro possuidor, também há de se resolver a questão de eventual perda ou destruição da coisa, bem como de eventual deterioração ou degradação da coisa, que passa a ter seu valor diminuído.

6.2.7.2.1. Responsabilidade do possuidor de boa-fé

Não responde pela perda ou deterioração às quais não der causa (art. 1.217 do CC).

6.2.7.2.2. Responsabilidade do possuidor de má-fé

Como regra, responde pela perda ou deterioração da coisa, só não tendo esse dever se provar que de igual modo esses acontecimentos se dariam, caso a coisa estivesse com o reivindicante dela (art. 1.218 do CC). Um exemplo de exoneração da responsabilidade é a deterioração da coisa em virtude de um raio que cai sobre a casa.

6.2.7.3. *Indenização por benfeitorias e direito de retenção*

Outra questão importante de se verificar quando o legítimo possuidor retoma a coisa de outro possuidor é a de eventual benfeitoria feita pelo segundo. De acordo com o caráter da posse (de boa ou de má-fé) haverá ou não direitos para aquele que teve que entregar a posse da coisa. Antes de verificarmos essas regras, é imperativo trazer algumas definições.

6.2.7.3.1. Conceito de benfeitorias

São os melhoramentos feitos em coisa já existente. São bens acessórios. Diferem da **acessão**, que *é a criação de coisa nova.* Uma casa construída no solo é acessão, pois é coisa nova, já uma garagem construída numa casa pronta é benfeitoria, pois é um melhoramento em coisa já existente.

6.2.7.3.2. Espécies de benfeitorias

a) benfeitorias necessárias são as que se destinam à conservação da coisa (ex.: troca do forro da casa, em virtude do risco de cair); b) benfeitorias úteis são as que aumentam ou facilitam o uso de uma coisa (ex.: construção de mais um quarto numa casa pronta); c) benfeitorias voluptuárias são as de mero deleite ou recreio (ex.: construção de uma fonte luminosa na entrada de uma casa).

6.2.7.3.3. Direitos do possuidor de boa-fé

Tem direito à **indenização** pelas benfeitorias necessárias e úteis que tiver feito, podendo, ainda, levantar as benfeitorias voluptuárias, desde que não deteriore a coisa. A indenização se dará pelo valor atual da benfeitoria. Outro direito do possuidor de boa-fé é o de retenção da coisa, enquanto não for indenizado por benfeitorias úteis e necessárias que tiver realizado na coisa (art. 1.219 do CC). Significa que o possuidor não é obrigado a entregar a coisa enquanto não for ressarcido. O direito deve ser exercido no momento da contestação da ação que visa à retomada da coisa, devendo o juiz se pronunciar sobre a sua existência. Trata-se de um excelente meio de coerção para recebimento da indenização devida. Constitui verdadeiro direito real, pois é direito que não se converte em perdas e danos. Esse direito de retenção também se estende às construções e plantações nas mesmas circunstâncias (Enunciado n. 81 JDC/CJF).

6.2.7.3.4. Direitos do possuidor de má-fé

Tem direito apenas ao ressarcimento das benfeitorias necessárias que tiver feito, não podendo retirar as benfeitorias voluptuárias (art. 1.220 do CC). Trata-se de uma punição a esse possuidor, que só é ressarcido pelas benfeitorias necessárias, pois são despesas que até o possuidor legítimo teria que fazer. O retomante escolherá se pretende indenizar pelo valor atual ou pelo custo da benfeitoria. O possuidor de má-fé não tem direito de retenção da coisa enquanto não for indenizado pelas benfeitorias necessárias que eventualmente tiver realizado.

6.2.7.4. *Usucapião*

A posse prolongada, e que preenche outros requisitos legais, dá ensejo a outro efeito da posse, que é a aquisição da coisa pela usucapião.

6.2.7.5. *Proteção possessória*

A posse também tem por efeito o de gerar direito de o possuidor defendê-la contra a perturbação e a privação de seu exercício, provocadas por terceiro. Existem dois tipos de proteção possessória previstas em lei, a autoproteção e a heteroproteção.

6.2.7.5.1. Autoproteção da posse

A lei confere ao possuidor o direito de, por si só, proteger a sua posse, daí porque se fala em autoproteção. Essa proteção não pode ir além do indispensável à restituição (art. 1.210 do CC). Há duas situações em que isso ocorre:

a) **Legítima defesa da posse:** consiste no direito de autoproteção desta no caso de possuidor, apesar de presente na coisa, estar sendo perturbado. Repare que não chegou a haver perda da coisa.

b) **Desforço imediato:** consiste no direito de autoproteção da posse no caso de esbulho, de perda da coisa. Repare que a vítima chega a perder a coisa. A lei só permite o desforço imediato se a vítima do esbulho "agir logo", ou seja, agir imediatamente após a agressão ("no calor dos acontecimentos") ou logo que possa agir. Neste sentido, o Enunciado n. 495 JDC/CJF: No desforço possessório, a expressão "contanto que o faça logo" deve ser entendida restritivamente, apenas como a reação imediata ao fato do esbulho ou da turbação, cabendo ao possuidor recorrer à via jurisdicional nas demais hipóteses. Aquele que está ausente (não presenciou o esbulho) só perderá esse direito se não agir logo após tomar conhecimento da agressão à sua posse (art. 1.224 do CC).

6.2.7.5.2. Heteroproteção da posse

Trata-se da proteção feita pelo Estado-Juiz, provocado por quem sofre a agressão na sua posse. Essa proteção tem o nome de interdito possessório e pode ser de três espécies: interdito proibitório, manutenção de posse e reintegração de posse. A ação poderá ser intentada contra o esbulhador/turbador/ameaçador da posse, e/ou ainda contra o terceiro esbulhador que recebeu a coisa esbulhada sabendo que o era. Contudo, alerta o Enunciado n. 80 JDC/CJF que "*É inadmissível o direcionamento de demanda possessória ou ressarcitória contra terceiro possuidor de boa-fé, por ser parte passiva ilegítima diante do disposto no art. 1.212 do novo Código Civil. Contra o terceiro de boa-fé, cabe tão somente a propositura de demanda de natureza real*". Antes de analisarmos cada um deles, é importante verificar suas características comuns.

6.2.7.5.2.1. Características dos interditos possessórios

a) **fungibilidade:** o juiz, ao conhecer de pedido possessório, pode outorgar proteção legal ainda que o pedido originário não corresponda à situação de fato provada em juízo. Assim, caso se ingresse com ação de manutenção de posse e os fatos comprovem que a ação adequada é a de reintegração de posse, o juiz pode determinar a reintegração, conhecendo um pedido pelo outro (art. 920 do CPC).

b) **cumulação de pedidos:** nas ações de reintegração e de manutenção de posse, a vítima pode reunir, além do pedido de *correção* da agressão (pedido possessório propriamente dito), os pedidos de condenação em *perdas e danos*, de cominação de *pena para o caso de descumprimento* da ordem judicial e de *desfazimento* da construção ou plantação feitas na coisa (art. 921 do CPC).

c) **caráter dúplice:** o réu também pode pedir a proteção possessória desde que, na contestação, alegue que foi ofendido na sua posse (art. 922 do CPC).

d)**impossibilidade de discussão do domínio:** não se admite discussão de domínio em demanda possessória (arts. 1.210, § 2º, do CC e 923 do CPC), ou seja, ganha a ação quem provar que detinha previamente posse legítima da coisa. Neste sentido, colaciona-se alguns Enunciados:

Enunciado n.78 JDC/CJF: *Tendo em vista a não recepção pelo novo Código Civil da exceptio proprietatis (art. 1.210, § 2º) em caso de ausência de prova suficiente para embasar decisão liminar ou sentença final ancorada exclusivamente no ius possessionis, deverá o pedido ser indeferido e julgado improcedente, não obstante eventual alegação e demonstração de direito real sobre o bem litigioso.*

Enunciado n. 79 JDC/CJF: *A exceptio proprietatis, como defesa oponível às ações possessórias típicas, foi abolida pelo Código Civil de 2002, que estabeleceu a absoluta separação entre os juízos possessório e petitório.*

6.2.7.5.2.2. Interdito proibitório

a) **conceito:** é a ação de preceito cominatório utilizada para impedir agressões iminentes que ameaçam a posse de alguém (arts. 932 e 933 do CPC). Trata-se de ação de caráter *preventivo*, manejada se há justo receio de que a coisa está na iminência de ser turbada ou esbulhada, apesar de não ter ocorrido ainda ato material nesses dois sentidos, havendo apenas uma *ameaça* implícita ou expressa.

b) **ordem judicial:** acolhendo o pedido, o juiz fixará uma pena pecuniária para incidir caso o réu descumpra a proibição de turbar ou esbulhar a área, daí o nome de interdito "proibitório". Segundo a Súmula 228 do STJ, não é admissível o interdito proibitório para a proteção de direito autoral.

6.2.7.5.2.3. Manutenção de posse

a) **conceito:** *é a ação utilizada para corrigir agressões que turbam a posse.* Trata-se de ação de caráter repressivo, manejada quando ocorre **turbação**, que é todo ato ou conduta que *embaraça* o livre exercício da posse. Vizinho que colhe frutos ou que implementa marcos na área de outro está cometendo turbação. Se a turbação é passada, ou seja, não está mais acontecendo, cabe apenas pedido indenizatório.

b) **ordem judicial:** acolhendo pedido, o juiz expedirá mandado de manutenção de posse. As demais condenações (em perdas e danos, em pena para o caso de nova turbação e para desfazimento de construção ou plantação) dependem de pedido específico da parte interessada. A utilização do rito especial, que prevê liminar, depende de se tratar de ação de força nova (promovida dentro de ano e dia da turbação).

6.2.7.5.2.4. Reintegração de posse

a) **conceito:** *é a ação utilizada para corrigir agressões que fazem cessar a posse de alguém.* Trata-se de ação de caráter repressivo, manejada quando ocorre **esbu-**

lho, que é a privação de alguém da posse da coisa, contra a sua vontade. A ação também é chamada de *ação de força espoliativa*.

b) **requisitos:** o autor deve provar a sua posse, o esbulho praticado pelo réu, a data do esbulho e a perda da posse.

c) **legitimidade ativa:** é parte legítima para propor a ação o possuidor esbulhado, seja ele possuidor direto ou indireto. O mero detentor não tem legitimidade. Os sucessores a título universal continuam, de direito, a posse de seu antecessor, podendo ingressar com ação ainda que o esbulho tenha ocorrido antes do falecimento do *de cujus*. Já ao sucessor singular é facultado unir sua posse à do seu antecessor, para efeitos legais (art. 1.207 do CC). Como regra, a lei não exige outorga uxória para a propositura de demanda possessória (art. 10, § 2º, do CPC). Em caso de condomínio de pessoas não casadas a lei permite que cada um ingresse com ação isoladamente (art. 1.314 do CC).

d) **legitimidade passiva:** é parte legítima para sofrer a ação o autor do esbulho. Cabe também reintegração de posse contra terceiro que recebe a coisa sabendo que fora objeto de esbulho. Já contra terceiro que não sabia que a coisa fora objeto de esbulho, a ação adequada é a reivindicatória, em que se discutirá o domínio.

e) **ordem judicial:** acolhendo pedido, o juiz expedirá mandado de reintegração de posse. As demais condenações (em perdas e danos, em pena para o caso de nova turbação e para desfazimento de construção ou plantação) dependem de pedido específico da parte interessada. A utilização do rito especial, que prevê liminar, depende de se tratar de ação de força nova (promovida dentro de ano e dia do esbulho). Após ano e dia do esbulho deve-se promover a ação pelo rito ordinário, no qual poderá ser acolhido pedido de tutela antecipada, preenchidos seus requisitos, conforme entendimento do STJ.

6.2.8. Jurisprudência selecionada

CONSTITUTO POSSESSÓRIO. AÇÃO POSSESSÓRIA. A Turma, entre outras questões, entendeu ser cabível o manejo de ação possessória pelo adquirente do imóvel cuja escritura pública de compra e venda continha cláusula *constituti*, já que o constituto possessório consiste em forma de aquisição da posse nos termos do art. 494, IV, do CC/1916. Na espécie, a recorrente (alienante do bem) alegou que o recorrido não poderia ter proposto a ação de reintegração na origem porque nunca teria exercido a posse do imóvel. Entretanto, segundo a Min. Relatora, o elemento *corpus* – necessário para a caracterização da posse – não exige a apreensão física do bem pelo possuidor; significa, isso sim, sua faculdade de dispor fisicamente da coisa. Salientou ainda que a posse consubstancia-se na visibilidade do domínio, demonstrada a partir da prática de atos equivalentes aos de proprietário, dando destinação econômica ao bem. Assim, concluiu que a aquisição de um imóvel e sua não ocupação por curto espaço de tempo após ser lavrada a escritura com a declaração de imediata tradição – *in casu*, um mês – não desnatura a figura de possuidor do adquirente. Precedente citado: REsp 143.707-RJ, DJ 2/3/1998. **REsp 1.158.992-MG, Rel. Min. Nancy Andrighi, julgado em 7/4/2011.** (Inform. STJ 468)

AÇÃO. IMISSÃO. POSSE. NATUREZA. Trata-se da alienação de um mesmo imóvel aos recorrentes e aos recorridos. Nesse contexto, cabe reafirmar que a ação de imissão na posse, ao contrário do que seu *nomem iuris* deixa transparecer, possui sim natureza petitória. É instrumento processual à disposição daquele que, fundado em direito de propriedade, sem nunca ter exercício da posse, busca obtê-la judicialmente. Sucede que a legislação de regência prestigia o entendimento de que o direito real de propriedade perfaz-se com o respectivo registro no fólio real (art. 1.245 do CC/2002), o que não foi providenciado pelos ora recorridos. Apesar de adquirirem o bem num momento anterior, não promoveram o registro, providência que logo foi tomada pelos recorrentes. Então, ao se confrontarem os direitos das partes quanto à imissão de posse, há que prevalecer o de quem esteja escudado pelo direito real de propriedade, no caso, os recorrentes. Precedentes citados: REsp 35.975-RJ, DJ 11/9/1995, e REsp 404.717-MT, DJ 30/9/2002. **REsp 1.126.065-SP, Rel. Min. Massami Uyeda, julgado em 17/9/2009.** (Inform. STJ 407)

6.2.9. Questões comentadas

(Magistratura/MG – 2009 – EJEF) Em relação à posse, assinale a alternativa CORRETA.

(A) A posse nascida justa pode tornar-se injusta, especialmente no que se refere ao vício da precariedade.

(B) A posse do locatário e a do comodatário são consideradas posses precárias.

(C) A posse nascida injusta não poderá se converter em posse justa.

(D) A posse adquirida por ameaça, para ser considerada injusta, exige prévio ajuizamento de ação anulatória do ato, por vício do consentimento.

A: correta, pois a lei admite que a posse mude o seu caráter (art. 1.203 do CC); assim, se alguém tomou um livro emprestado, passou a ter posse justa da coisa, mas, no momento em que diz para o dono da coisa que não vai mais entregá-la, passa a ter posse injusta, pelo abuso da confiança, configurando o vício da precariedade; **B:** incorreta, pois a posse das pessoas é justa (art. 1.200 do CC); **C:** incorreta, pois a lei admite a mudança no caráter da posse, valendo lembrar, na situação em análise, o exemplo daquele que tem posse injusta sobre a coisa, mas, devido ao decurso do tempo, acaba tornando-se proprietário da coisa, por usucapião, passando a ter posse justa; **D:** incorreta, pois a violência moral, por si só, já faz configurar a injustiça da posse.

Gabarito "A"

(Magistratura/SP – 2013 – VUNESP) Em relação à posse, é correto afirmar que

(A) o locatário não tem a posse direta do imóvel que ele aluga, mas sim a indireta.

(B) o motorista de um caminhão da empresa para a qual trabalha tem a posse *ad usucapionem* desse bem.

(C) o possuidor direto tem direito de lançar mão dos interditos contra turbação, esbulho e violência iminente, se tiver justo receio de ser molestado, inclusive contra o possuidor indireto.

(D) o possuidor responde pela perda da coisa, ainda que de boa-fé e sem ter dado causa à perda.

A: incorreta, pois a posse do locatário é direta, ao passo que do proprietário é indireta; vale lembrar que tanto o possuidor direto, como o possuidor indireto tem direito à proteção possessória; **B:** incorreta, pois falta o ânimo de dono; ademais, o motorista, por agir em nome do proprietário da coisa, não chega a ter posse, mas mera detenção; **C:** correta (art. 1.197, parte final, do CC); **D:** incorreta, pois o possuidor da coisa não responde pela perda desta quando não tiver dado causa à perda e estiver de boa-fé (art. 1.217 do CC).

Gabarito "C"

(Ministério Público/GO – 2010) Quanto ao direito de posse é correto afirmar que:

(A) A presunção circunstancial da ignorância da posse indevida, pelo possuidor, o habilita à manutenção do estado de boa fé.

(B) A posse pode ser adquirida pela própria pessoa que pretende a coisa, por seu representante legal, ou por terceiro sem mandato.

(C) A posse direta, em virtude de direito real, anula a indireta.

(D) O possuidor que possua justo título, goza de presunção absoluta de boa fé.

A: correta, pois a posse de boa-fé só perde este caráter no caso e desde o momento em que as circunstâncias façam presumir que o possuidor não ignora que a possui indevidamente; **B:** incorreta, pois na aquisição da posse pelo terceiro sem mandato a lei exige ratificação posterior (CC, art. 1.205, II); **C:** incorreta, pois o desmembramento da posse (ainda que em virtude de direito real, como sucede no usufruto) não faz anular a posse indireta; **D:** incorreta, pois a função do justo título é justamente estabelecer uma presunção de boa-fé subjetiva ao possuidor (CC, art. 1.201 parágrafo único).

Gabarito "A"

(Ministério Público/GO – 2010) Assinale a alternativa correta:

(A) Os frutos naturais e industriais reputam-se colhidos e percebidos logo que são separados; os civis reputam-se percebidos mês a mês, independentemente do termo de seu pagamento.

(B) O possuidor de boa-fé somente responde pela perda ou deterioração da coisa, a que tiver dado causa.

(C) O possuidor de boa-fé que realizar no bem benfeitoria voluptuária poderá ser indenizado por ela, mas não poderá levantá-la ou retirá-la se lhe não foi paga.

(D) A propriedade do solo não abrange as jazidas, minas e demais recursos minerais, não podendo estes serem explorados para qualquer fim.

A: incorreta, pois os frutos civis reputam-se percebidos por dia (CC, art. 1.215); **B:** correta, pois o possuidor de boa-fé responde pela perda dolosa ou culposa (CC, art. 1.217); **C:** incorreta, pois nesse caso o possuidor pode levantar a referida benfeitoria; **D:** incorreta, pois o proprietário do solo tem o direito de explorar os recursos minerais de emprego imediato na construção civil, desde que não submetidos a transformação industrial, obedecido o disposto em lei especial (CC, art. 1.230 parágrafo único).

Gabarito "B"

(Ministério Público/SP – 2010) Assinale a alternativa correta:

(A) são exemplos de possuidor direto: o usufrutuário, o locador, o credor pignoratício.

(B) o compossuidor só pode exercer atos possessórios sobre a sua parte ideal no bem.

(C) o sucessor universal e o sucessor singular continuam de direito a posse do seu antecessor.

(D) a posse turbada ou esbulhada pode ser autotutelada, sendo requisitos indispensáveis de tal espécie de defesa a imediatidade e a proporcionalidade.

(E) o possuidor direto não pode defender sua posse contra o possuidor indireto.

A: incorreta, pois o locador é possuidor indireto, pois não tem a posse direta da coisa, que está com o locatário; **B:** incorreta (art. 1.199 do CC); **C:** incorreta (art. 1.207 do CC); **D:** correta (art. 1.210, § 1º, do CC); **E:** incorreta (art. 1.197, parte final, do CC).

Gabarito "D"

(Procurador do Município/Teresina-PI – 2010 – FCC) Para o direito pátrio, a posse

(A) confunde-se com a detenção, pois em ambas existe a apreensão física da coisa.

(B) é o exercício, de fato, dos poderes constitutivos da propriedade, de modo pleno ou não.

(C) só poderá gerar usucapião se não for viciada em sua origem.

(D) não se transfere aos herdeiros, pois é direito personalíssimo.

(E) desdobra-se em direta e indireta, somente a primeira dando direito à utilização dos interditos possessórios.

A: incorreta, pois a posse *é o exercício, pleno ou não, de algum dos poderes inerentes à propriedade* (art. 1.196, CC), ao passo que a detenção é *aquela situação em que alguém conserva a posse em nome de outro e em cumprimento às suas ordens e instruções*. É muito importante entender o instituto da detenção, pois ele traz exceções ao conceito de posse. Um exemplo típico é o do caseiro. Quem olhar de longe pode chegar à conclusão de que um caseiro exerce posse sobre um imóvel de que cuida. Em geral, caseiros usam e cuidam da coisa, exteriorizando um dos poderes da propriedade. Todavia, o próprio art. 1.198 do CC exclui do conceito de posse a situação em que se encontra um detentor. Assim, o caseiro, em relação ao imóvel de que cuida, e o funcionário público, em relação aos móveis da repartição, têm mera *detenção* sobre a coisa, não recebendo os direitos típicos daquele que exerce *posse*; **B:** correta (art. 1.196 do CC); **C:** incorreta, pois o tempo sana os vícios da posse; na usucapião extraordinária, pouco importa se a posse é injusta ou de má-fé; cumpridos os requisitos para a usucapião, o possuidor adquirirá a propriedade da coisa (art. 1.238 do CC); **D:** incorreta (art. 1.206 do CC); **E:** incorreta, pois as duas situações são de POSSE, dando ensejo à utilização dos interditos possessórios em relação a terceiros; em relação aos possuidores direito e indireto entre si, dependendo da ocorrência, também é possível que um use em face do outro um interdito possessório.

Gabarito "B"

(Cartório/MG – 2012 – FUMARC) Considerando o Código Civil Brasileiro sobre a posse, é **correto** afirmar que

(A) o possuidor de má-fé tem direito, enquanto ela durar, aos frutos percebidos.

(B) obsta à manutenção ou reintegração na posse a alegação de propriedade, ou de outro direito sobre a coisa.

(C) os frutos naturais e industriais reputam-se colhidos e percebidos, logo que são separados; os civis reputam-se percebidos dia por dia.

(D) a posse de má-fé só perde este caráter no caso e desde o momento em que as circunstâncias façam presumir que o possuidor não ignora que possui indevidamente.

A: incorreta, pois apenas o possuidor de boa-fé tem direito aos frutos percebidos, na constância do exercício da posse (art. 1.214, *caput*, do CC); **B:** incorreta, pois a alegação de propriedade não é óbice para as ações possessórias, uma vez que o direito de posse de posse pode ser exercido inclusive contra o proprietário (art. 1.210, § 2º, do CC); **C:** correta, pois a assertiva reproduz exatamente os dizeres do art. 1.215 do CC; **D:** incorreta, pois na verdade a posse de boa-fé é que perde esse caráter no caso e desde o momento em que as circunstâncias façam presumir que o possuidor não ignora que possui indevidamente (art. 1.202 do CC)

Gabarito "C"

(Analista – TRE/CE – 2012 – FCC) Com relação à Posse, considere:

I. As benfeitorias não se compensam com os danos, e só obrigam ao ressarcimento se, ao tempo da evicção, ainda existirem.

II. O possuidor pode intentar a ação de esbulho, ou a de indenização, contra o terceiro, que recebeu a coisa esbulhada sabendo que o era.

III. Ao possuidor de má-fé serão ressarcidos somente as benfeitorias necessárias.

IV. O possuidor de boa-fé tem direito, enquanto ela durar, aos frutos percebidos.

De acordo com o Código Civil brasileiro, está correto o que se afirma APENAS em

(A) II e IV.

(B) I, II e III.

(C) I e III.

(D) III e IV.

(E) II, III e IV.

I: incorreta, pois, de acordo com o disposto no art. 454 do CC, se as benfeitorias abonadas ao que sofreu a evicção tiverem sido feitas pelo alienante, o valor delas será levado em conta na restituição devida. Além disso, o Código não estabelece que só obrigará ao ressarcimento se, ao tempo da evicção, ainda existirem; **II:** correta, nos termos do art. 1.212 do CC; **III:** correta, nos termos do art. 1.220 do CC; **IV:** correta, nos termos do art. 1.214, *caput*, do CC.

Gabarito "E"

(Magistratura/SP – 2009 – VUNESP) Constituto possessório é

(A) forma derivada de aquisição da propriedade móvel.

(B) modo de transferência da posse direta ao adquirente do bem.

(C) expressamente previsto no Código Civil para os bens móveis e imóveis.

(D) modo de transferência da posse indireta ao adquirente do bem.

O **constituto possessório** *é aquela situação em que um possuidor em nome próprio passa a possuí-la em nome de outro, adquirindo este a posse indireta da coisa.* É o caso do dono que vende a coisa e nela permanece como locatário ou comodatário (possuidor direto), ficando o adquirente da coisa com a posse indireta do bem.

Gabarito "D"

(Ministério Público/SE – 2010 – CESPE) Adquire-se a posse

(A) pelo próprio interessado, seu representante ou procurador, terceiro sem mandato (independentemente de ratificação) e pelo constituto possessório.

(B) pelo próprio interessado, seu representante ou procurador, terceiro sem mandato (dependendo de ratificação) e pelo constituto possessório.

(C) pelo próprio interessado e pelo constituto possessório, apenas.

(D) pelo próprio interessado, seu representante ou procurador (dependendo de ratificação), terceiro sem mandato e pelo constituto possessório.

(E) pelo próprio interessado, seu representante ou procurador e por terceiro sem mandato (dependendo de ratificação), apenas.

Art. 1.205 c/c art. 1.267, parágrafo único, ambos do CC.

Gabarito "B"

(Procurador do Estado/AC – FMP – 2012) Assinale a alternativa INCORRETA.

(A) Posse e detenção caracterizam-se, no sistema jurídico brasileiro, como poder de fato, que se exerce sobre a coisa, diferenciando-se, dentre outros fatores, porque a posse recebe proteção interdital e pode conduzir à aquisição da propriedade, enquanto a detenção nem recebe proteção interdital, nem conduz à aquisição da propriedade.

(B) Na *traditio brevi manu* o adquirente da posse do bem já o tem em seu poder; apenas, por convenção, muda-se o título da ocupação.

(C) A posse não se transfere com seus caracteres. Assim, se for violenta, na origem, pode convalar-se em posse legítima, se o sucessor estiver de boa-fé.

(D) A posse se transfere por mera tradição, isto é, porque a pessoa passou a exercer poder fático sobre a coisa.

A: correta, pois são efeitos da posse, dentre outros: a) usucapião, em razão da posse prolongada, desde que preenchidos outros requisitos legais, dá ensejo à aquisição originária da coisa; b) proteção possessória. A posse também tem o efeito de gerar o direito de o possuidor defendê-la contra a perturbação e a privação de seu exercício, provocadas por terceiro. Existem dois tipos de proteção possessória previstos em lei, a autoproteção e a heteroproteção (Wander Garcia, **Super-Revisão**, Editora Foco); **B:** correta. "A **tradição consensual** *é aquela decorrente de contrato, de acordo de vontades.* Aqui temos duas possibilidades. A primeira é a ***traditio brevi manu***, que *é aquela situação em que um possuidor, em nome alheio, passa a possuir a coisa em nome próprio.* É o caso do locatário que adquire a coisa. Já a segunda é o **constituto possessório**, *que é aquela situação em que um possuidor em nome próprio passa a possuí-la em nome de outro, adquirindo a posse indireta da coisa.* É o caso do dono que vende a coisa e nela permanece como locatário ou comodatário" (Wander Garcia, **Super-Revisão**, Editora Foco); **C:** incorreta, devendo ser assinalada, (art. 1.206, do CC); **D:** correta, pois se *adquire a posse desde o momento em que se torna possível o exercício, em nome próprio, de qualquer dos poderes inerentes à propriedade* (art. 1.204, CC).

Gabarito "C"

(Procurador do Estado/PA – 2011) Analise as assertivas abaixo e assinale a alternativa CORRETA:

(A) Nos termos do art. 1.196 do Código Civil, considera-se possuidor todo aquele que tem de fato o exercício, pleno ou não, de algum dos poderes inerentes à propriedade, de maneira que o ocupante de bem público dominical, poderá gozar dos direitos possessórios definidos em lei.

(B) Independentemente da existência de boa-fé, o possuidor tem direito a ser ressarcido acerca das despesas havidas em razão da manutenção da coisa possuída, incluindo as benfeitorias necessárias e úteis.

(C) Não induzem posse os atos de mera permissão ou tolerância assim como não autorizam a sua aquisição os atos violentos, ou clandestinos, senão depois de cessar a violência ou clandestinidade.

(D) Os direitos possessórios não são transmissíveis aos herdeiros ou legatários do possuidor.

(E) O possuidor de boa-fé não responde pela perda ou deterioração da coisa, a que der causa.

A: incorreta (art. 102, do CC); **B:** incorreta (art. 1.219, do CC); **C:** correta (art. 1.208, do CC); **D:** incorreta (art. 1.206, do CC); **E:** incorreta (art. 1.217, do CC).

Gabarito "C"

(Procurador do Estado/PR – UEL-COPS – 2011) Assinale a alternativa incorreta:

(A) quando alguém conserva a posse em nome e em cumprimento de ordens de outrem, de quem está em relação de dependência, ele é considerado simples detentor;

(B) o direito brasileiro admite a bipartição da posse em posse direta e posse indireta;

(C) a propriedade não pode ser discutida nas ações possessórias;

(D) o possuidor de boa-fé tem direito aos frutos percebidos, mas deve restituir os frutos colhidos com antecipação;

(E) a posse somente pode ser adquirida pessoalmente, não se admitindo a aquisição da posse por representante.

A: correta (art. 1.198, do CC); **B:** correta (art. 1.197, do CC); **C:** correta. Com o advento do atual Código Civil, pacificou-se o entendimento de que não existe mais exceção de domínio (possibilidade de o juiz levar ou não em consideração a alegação de propriedade de uma das partes, no curso da ação possessória), o que era admissível no CC/1916. Tal inovação surgiu porque os fundamentos das ações possessória e reivindicatória são distintos, embora ambas visem à retomada do bem. A possessória é julgada com base na posse. A reivindicatória é julgada com base no direito de propriedade, sendo que um direito não se sobrepõe ao outro. Além disso, o art. 923, 1ª parte, do CPC prevê que na pendência de processo possessório é defeso, ao autor e ao réu, intentar ação de reconhecimento de domínio; **D:** correta (art. 1.214, *caput* e parágrafo único, do CC); **E:** incorreta (art. 1.205, I, do CC).

Gabarito "E"

(Magistratura/PR – 2010 – PUC/PR) Aponte se as frases a seguir são verdadeiras (V) ou falsas (F) e assinale a alternativa CORRETA:

I. O possuidor indireto pode exercitar o direito de sequela.

II. O direito à percepção dos frutos requer que estes tenham sido separados e o possuidor faz jus à percepção até que ocorra a cessação da má-fé.

III. Benfeitorias voluptuárias, se agregam valor à coisa, são passíveis de indenização ao possuidor de boa-fé e conferem direito de retenção caso não se as possa levantar sem detrimento da coisa.

IV. É nulo o casamento do incapaz de consentir ou manifestar, de modo inequívoco, o consentimento.

(A) V, V, F, F

(B) F, F, V, V

(C) V, F, F, F

(D) F, V, F, F

I: verdadeira, pois o possuidor indireto também pode perseguir a coisa; **II:** falsa, pois o possuidor faz jus à percepção até que ocorra a cessação da boa-fé (art. 1.214 do CC); **III:** falsa, pois as benfeitorias voluptuárias, se não pagas ao possuidor de boa-fé, só podem ser levantadas por este (art. 1.219 do CC); **IV:** falsa, pois o casamento, nessas condições, é anulável (art. 1.550, IV, do CC).

Gabarito "C"

(Magistratura/RO – 2011 – PUCPR) Acerca do Direito das Coisas, avalie as assertivas abaixo:

I. Os interditos possessórios previstos em nosso ordenamento são a Ação de Reintegração de Posse, a Ação de Manutenção de Posse, o Interdito Proibitório e a Ação Reividicatória.

II. Não induzem posse os atos de mera permissão ou tolerância, mas quando o detentor exerce poderes de fato sobre a coisa é considerado possuidor para todos os fins.

III. É de boa-fé a posse quando o possuidor, embora não ignore os vícios ou obstáculos que impedem a aquisição da coisa, está comprometido em sanar o vício ou remover os obstáculos em um prazo determinado.

IV. O direito à indenização por benfeitorias necessárias é devido ao possuidor de má-fé.

Está(ão) CORRETA(S):

(A) Apenas as assertivas I e IV.

(B) Apenas as assertivas II e III.

(C) Apenas a assertiva I.

(D) Apenas a assertiva IV.

(E) Todas as assertivas.

I: incorreta, pois a ação reivindicatória não é forma de interdito possessório, mas de proteção da propriedade; **II:** incorreta, pois não induzem posse os atos de mera permissão ou tolerância assim como não autorizam a sua aquisição os atos violentos, ou clandestinos, senão depois de cessar a violência ou a clandestinidade (art. 1.208 do CC); **III:** incorreta, pois é de boa-fé se o possuidor ignora os vícios ou obstáculos (art. 1.201 do CC); **IV:** correta (art. 1.220 do CC).

Gabarito "D"

(Magistratura/SC – 2010) Assinale a alternativa correta:

I. O possuidor de boa-fé tem direito de indenização pelas benfeitorias necessárias e úteis, mas apenas pode exercer direito de retenção pelas necessárias.

II. O possuidor de boa-fé tem direito de pedir indenização pelas benfeitorias voluptuárias, mas não pode exercer direito de retenção.

III. O possuidor de má-fé tem direito de indenização tanto das benfeitorias necessárias quanto das úteis, em razão da vedação ao enriquecimento sem causa.

IV. O valor de indenização das benfeitorias será, em qualquer caso, o valor de custo e não o atual.

(A) Todas as proposições estão incorretas.

(B) Somente as proposições I e III estão incorretas.

(C) Somente as proposições II e IV estão incorretas.

(D) Somente as proposições III e IV estão incorretas.

(E) Somente as proposições I e II estão incorretas.

I: incorreta, pois o possuidor de boa-fé tem direito de retenção também pelas benfeitorias úteis (art. 1.219 do CC); **II:** incorreta, pois o possuidor de boa-fé tem direito de retenção pelas benfeitorias necessárias e úteis (art. 1.219 do CC); **III:** incorreta, pois o possuidor de má-fé não tem direito de retenção (art. 1.220 do CC); **IV:** incorreta, pois se o possuidor for de boa-fé caberá a indenização pelo valor atual, e se for de má-fé caberá ao reivindicante optar entre o seu valor atual e o seu custo (art. 1.222 do CC).

Gabarito "A"

(Procurador do Estado/GO – 2010) Sobre a posse, é CORRETO afirmar que

(A) o possuidor tem direito a ser mantido na posse, em caso de esbulho; restituído, em caso de turbação; e segurado de violência iminente, se tiver justo receio de ser molestado.

(B) as benfeitorias compensam-se com os danos e só obrigam ao ressarcimento se ao tempo da evicção ainda existirem.

(C) o possuidor de má-fé responde pela perda ou deterioração da coisa, desde que não acidentais, salvo se provar que de igual modo se teriam dado, estando ela na posse do reivindicante.

(D) ao possuidor de má-fé serão ressarcidas as benfeitorias necessárias e úteis, não lhe assistindo o direito de levantar as voluptuárias.

(E) obsta à manutenção ou reintegração na posse a alegação de propriedade, ou de outro direito sobre a coisa.

A: incorreta, pois *o possuidor tem direito a ser* ***mantido*** *na posse em caso de* ***turbação, restituído*** *no de* ***esbulho****, e segurado de violência iminente, se tiver justo receio de ser molestado* (art. 1.210, *caput*, do CC); **B:** correta (art. 1.221, do CC); **C:** incorreta, pois responde ainda que acidentais (art. 1.218 do CC); **D:** incorreta, pois responde pela perda ou deterioração, ainda que acidentais (art. 1.218, do CC); **E:** incorreta. Com o advento do atual Código Civil, pacificou-se o entendimento de que não existe mais exceção de domínio (possibilidade de o juiz levar ou não em consideração a alegação de propriedade de uma das partes, no curso da ação possessória), o que era admissível no CC/1916. Tal inovação surgiu porque os fundamentos das ações possessória e reivindicatória são distintos, embora ambas visem à retomada do bem. A possessória é julgada com base na posse. A reivindicatória é julgada com base no direito de propriedade, sendo que um direito não se sobrepõe ao outro. Além disso, o art. 923, 1ª parte, do CPC prevê que na pendência de processo possessório é defeso, ao autor e ao réu, intentar ação de reconhecimento de domínio.

Gabarito "B"

(Procurador do Município/Cubatão-SP – 2012 – VUNESP) "Não obsta à manutenção ou reintegração na posse a alegação de propriedade, ou de outro direito sobre a coisa". Sobre essa frase, assinale a alternativa correta.

(A) O direito de propriedade impede a manutenção ou reintegração de posse, uma vez que este se sobrepõe ao direito possessório.

(B) Não é possível a proteção possessória em face do direito de propriedade, uma vez que a posse é exteriorização desse direito.

(C) É possível que o possuidor que prove a sua posse garanta, frente ao proprietário, que deverá pleitear seus direitos perante o juízo petitório.

(D) O proprietário que perde a posse perderá seu domínio sobre a coisa, posto que o direito possessório se sobrepõe ao direito de propriedade.

(E) A posse da coisa faz presumir que o direito de propriedade está garantido de proteção judicial.

A, B, D e **E:** incorretas; **C:** correta. Os efeitos da posse são: a) percepção dos frutos; b) responsabilidade por perda ou deterioração da coisa; c) indenização por benfeitorias e direito de retenção; d) usucapião; e) proteção possessória. Oportuno registrar que a proteção possessória confere direito ao possuidor de defender a sua posse contra a perturbação provocada por terceiro, inclusive, pelo proprietário. Com o advento do atual Código Civil, pacificou-se o entendimento de que não existe mais exceção de domínio (possibilidade de o juiz levar ou não em consideração a alegação de propriedade de uma das partes, no curso da ação possessória), o que era admissível no CC/1916. Tal inovação surgiu porque os fundamentos das ações possessória e reivindicatória são distintos, embora ambas visem à retomada do bem. A possessória é julgada com base na posse. A reivindicatória é julgada com base no direito de propriedade, sendo que um direito não se sobrepõe ao outro. Além disso, o art. 923, 1ª parte, do CPC prevê que na pendência de processo possessório é defeso, ao autor e ao réu, intentar ação de reconhecimento de domínio.

Gabarito "C"

(Procurador do Município/São José dos Campos-SP – 2012 – VUNESP) A municipalidade, ao realizar obras de contenção de um muro, acrescenta tirantes de sustentação, que, por necessidade técnica de construção, adentra no terreno particular de José, a uma profundidade de cinco metros, que se opõe à obra. Diante desse fato, assinale a alternativa correta.

(A) A propriedade do solo abrange o subsolo, razão pela qual houve esbulho possessório, permitindo a José ingressar com ação para retomar sua posse.

(B) A propriedade do solo abrange o subsolo, em profundidade útil a seu exercício, não podendo José opor-se à obra se não tem interesse nessa profundidade.

(C) A propriedade do solo não abrange o subsolo, razão pela qual não houve qualquer esbulho possessório.

(D) José não pode se opor à execução da obra se esta for de interesse público e nos limites da função social da propriedade.

(E) Como a propriedade do solo abrange a do subsolo, a obra somente poderia ter sido executada se houvesse a desapropriação do imóvel.

A: incorreta (art. 1.229, do CC); **B:** correta. *A propriedade do solo abrange a do espaço aéreo e subsolo correspondentes, em altura e profundidade úteis ao seu exercício, não podendo o proprietário opor-se a atividades que sejam realizadas, por terceiros, a uma altura ou profundidade tais, que não tenha ele interesse legítimo em impedi-las.* Assim, no caso em questão, por haver necessidade técnica da construção em adentrar no terreno particular de José, a uma profundidade de cinco metros, e pelo fato de ele não ter interesse legítimo em impedir tal atividade, não poderá se opor à obra da Municipalidade. Oportuno registrar que a *propriedade do solo não abrange as jazidas, minas e demais recursos minerais, os potenciais de energia hidráulica, os monumentos arqueológicos e outros bens referidos por leis especiais*. Todavia, *o proprietário do solo tem o direito de explorar os recursos minerais de emprego imediato na construção civil, desde que não submetidos a transformação industrial, obedecido o disposto em lei especial* (art. 1.229 e 1.230, ambos do CC); **C:** incorreta, pois a propriedade do solo abrange a do subsolo; **D:** incorreta, pois José poderia se opor à obra, mesmo sendo de interesse público, desde que tivesse legítimo interesse para impedi-la; **E:** incorreta, pois não se exige a desapropriação do imóvel para que sejam realizadas *atividades, por terceiros, a uma altura ou profundidade tais, que não tenha o proprietário interesse legítimo em impedi-las*.

Gabarito "B"

6.3. DIREITOS REAIS

6.3.1. Conceito de direito real

É o poder, direto e imediato, do titular sobre a coisa, com exclusividade e contra todos. Perceba que esses direitos envolvem os seguintes elementos: a) sujeito ativo, que pode ser qualquer pessoa; b) sujeito passivo, que é toda a coletividade, ou seja, todos nós temos que respeitar os direitos reais das pessoas; em caso de violação do direito real, passa-se a ter um sujeito passivo determinado; c) bem: é a coisa de expressão econômica sobre a qual o titular do direito tem poder; d) poder direto e imediato sobre a coisa. O direito real difere do direito pessoal, pois este gera uma relação entre pessoas determinadas (princípio da relatividade) e, em caso de sua violação, converte-se em perdas e danos. No direito real, ao contrário, seu titular pode perseguir a coisa sobre a qual tem poder, não tendo que se contentar com a conversão da situação em perdas e danos.

6.3.2. Princípios do direito real

6.3.2.1. Princípio da aderência

Aquele pelo qual se estabelece um vínculo entre o sujeito e a coisa, independentemente da colaboração do sujeito passivo. No direito pessoal, o vínculo depende da colaboração de pelo menos duas pessoas, ou seja, o gozo do direito depende da intermediação de outra pessoa.

6.3.2.2. Princípio do absolutismo

Aquele pelo qual os direitos reais são exercidos contra todos ("erga omnes"). Por exemplo, quando alguém é proprietário de um imóvel, todos têm que respeitar esse direito. Daí surge o *direito de sequela* ou o *jus persequendi*, pelo qual, violado o direito real, a vítima pode perseguir a coisa, em vez de ter de se contentar com uma indenização por perdas e danos.

6.3.2.3. Princípio da publicidade (ou visibilidade)

Aquele pelo qual os direitos reais só se adquirem depois do registro do título na matrícula (no caso de imóvel) ou da tradição (no caso de móvel). Por ser o direito real oponível *erga omnes*, é necessário essa publicidade para que sejam constituídos. Os direitos pessoais, por sua vez, seguem o consensualismo, ou seja, basta o acordo de vontades (o consenso) para que sejam constituídos.

6.3.2.4. Princípio da taxatividade

Aquele pelo qual o número de direitos reais é limitado pela lei. Assim, por acordo de vontades não é possível criar uma nova modalidade de direito real, que são *numerus clausus*. São direitos que afetam terceiros, daí a necessidade de previsão legal. Os direitos pessoais, por sua vez, não são taxativos, podendo ser criados pelas partes interessadas (art. 425 do CC), daí porque são chamados *numerus apertus*.

6.3.2.5. *Princípio da tipificação*

Aquele pelo qual os direitos reais devem respeitar os tipos existentes em lei. Assim, o acordo de vontades não tem o condão de modificar o regime jurídico básico dos direitos reais.

6.3.2.6. *Princípio da perpetuidade*

Aquele pelo qual os direitos reais não se perdem pelo decurso do tempo, salvo as exceções legais. Esse princípio se aplica ao direito de propriedade. Os direitos pessoais, por sua vez, têm a marca da transitoriedade.

6.3.2.7. *Princípio da exclusividade*

Aquele pelo qual não pode haver direitos reais, de igual conteúdo, sobre a mesma coisa. Por exemplo, o nu-proprietário e o usufrutuário não têm direitos iguais quanto ao bem objeto do usufruto. No caso de condomínio (duas ou mais pessoas proprietárias de um bem), cada uma tem porção ideal na coisa, exclusivas e distintas.

6.3.2.8. *Princípio do desmembramento*

Aquele que permite o desmembramento do direito matriz (propriedade), constituindo-se direitos reais sobre coisas alheias. Ou seja, pelo princípio é possível desmembrar um direito real (propriedade, por exemplo) em outros direitos reais (uso, por exemplo).

6.3.3. Espécies de direito real

Propriedade, superfície, servidão, usufruto, uso, habitação, direito do promitente comprador de imóvel, penhor, hipoteca e anticrese.

6.4. PROPRIEDADE

6.4.1. Características gerais

6.4.1.1. *Conceito*

É o direito real que faculta ao seu titular (o proprietário) os poderes de usar, gozar e dispor da coisa, bem como de reavê-la de quem quer que injustamente a possua ou detenha (art. 1.228 do CC).

6.4.1.2. *Função social da propriedade*

O direito de propriedade deve ser exercido em consonância com as suas finalidades econômicas e sociais e de modo que sejam preservados, de conformidade com o estabelecido em lei especial, a flora, a fauna, as belezas naturais, o equilíbrio ecológico e o patrimônio histórico e artístico, bem como evitada a poluição do ar e das águas (art. 1.228, § 1º).

Sobre a função social da propriedade rural, cita-se o Enunciado n. 507 JDC/CJF: Na aplicação do princípio da função social da propriedade imobiliária rural, deve ser observada a cláusula aberta do § 1º do art. 1.228 do Código Civil, que, em consonância com o disposto no art. 5º, inc. XXIII, da Constituição de 1988, permite melhor objetivar a funcionalização mediante critérios de valoração centrados na primazia do trabalho.

6.4.1.3. Vedação ao abuso de direito

São defesos os atos que não trazem ao proprietário qualquer comodidade, ou utilidade, e sejam animados pela intenção de prejudicar outrem (art. 1.228, § 2º). Esse dispositivo deve ser interpretado restritivamente, em harmonia com o princípio da função social da propriedade e com o disposto no art. 187 (Enunciado n. 49 JDC/CJF).

6.4.1.4. Extensão física da propriedade do solo

Abrange a do espaço aéreo e subsolo correspondentes, em altura e profundidade úteis ao seu exercício. Todavia, essa propriedade não abrange os recursos minerais (salvo os de emprego imediato na construção civil, desde que não submetidos a transformação industrial) e os potenciais de energia hidráulica (arts. 1.229 e 1.230).

6.4.2. Formas de aquisição da propriedade imóvel

A propriedade imóvel pode ser adquirida por diversas formas. O modo corrente é a aquisição pelo **registro** do título (escritura de compra e venda, escritura de doação) na matrícula. É possível também a aquisição pela **usucapião**, pela **acessão**, pela **sucessão *causa mortis*** e pela **desapropriação**.

6.4.2.1. Registro na matrícula do imóvel

6.4.2.1.1. Conceito

Consiste no ato de registrar o título translativo da alienação do imóvel (escritura de compra e venda ou de doação) na matrícula existente no Registro de Imóveis (art. 1.245 do CC).

Considera-se também título translativo, para fins do art. 1.245 do novo Código Civil, a promessa de compra e venda devidamente quitada (arts. 1.417 e 1.418 do Código Civil e § 6º do art. 26 da Lei n. 6.766/79) (Enunciado n. 87 JDC/CJF).

6.4.2.1.2. Momento da aquisição da propriedade imóvel

No Direito Brasileiro, a propriedade imóvel não se adquire com o contrato de compra e venda ou de doação. Enquanto o contrato não for registrado na matrícula do imóvel, o comprador não adquirirá a propriedade do bem (art. 1.245, § 1º, do CC). Isso porque o Brasil adotou o sistema romano-germânico. No sistema francês, a propriedade imóvel é adquirida no momento da conclusão do contrato de compra e venda ou de doação.

6.4.2.1.3. Presunção de veracidade do Registro Público

Nosso Direito estabelece a presunção de veracidade nas informações constantes do Registro de Imóveis. Assim, enquanto não há ação para a decretação da invalidade do registro, e o respectivo cancelamento, o adquirente continua a ser considerado dono do imóvel (art. 1.245, § 2º, do CC).

Contudo, há que se destacar que essa presunção de veracidade é relativa, nos termos do Enunciado nº 503 JDC/CJD: *É relativa a presunção de propriedade decorrente do registro imobiliário, ressalvado o sistema Torrens.*

6.4.2.1.4. Início dos efeitos do registro

O registro é eficaz desde o momento em que se apresentar o título ao oficial do registro e este prenotar no protocolo. Esse efeito só não existirá se o interessado tiver de complementar a documentação apresentada e não o fizer no prazo de trinta dias (art. 1.246 do CC).

6.4.2.2. Usucapião

6.4.2.2.1. Conceito

É a forma de aquisição originária da propriedade, pela posse prolongada no tempo e o cumprimento de outros requisitos legais. A usucapião também é chamada de prescrição aquisitiva. Essa forma de aquisição da propriedade independe de registro no Registro de Imóveis. Ou seja, cumpridos os requisitos legais, o possuidor adquire a propriedade da coisa. Assim, a sentença na ação de usucapião é meramente declaratória da aquisição da propriedade, propiciando a expedição de mandado para registro do imóvel em nome do adquirente, possibilitando conhecimento de todos da nova situação. A aquisição é originária, ou seja, não está vinculada ao título anterior. Isso faz com que eventuais restrições que existirem na propriedade anterior não persistam quanto ao novo proprietário.

A usucapião também pode ser alegada como matéria de defesa em ação judicial. Nesta esteira, é permitido ao réu em ação reivindicatória ou possessória formular pedido contraposto e postular ao juiz seja declarada adquirida, mediante usucapião, a propriedade imóvel, valendo a sentença como instrumento para registro imobiliário, ressalvados eventuais interesses de confinantes e terceiros (Enunciado n. 315 JDC/CJF).

6.4.2.2.2. Requisitos

São vários os requisitos para a aquisição da propriedade pela usucapião. Vamos enumerar, neste item, apenas os requisitos que devem ser preenchidos em todas as modalidades de usucapião, deixando os requisitos específicos de cada modalidade para estudo nos itens abaixo respectivos. Os requisitos gerais são os seguintes:

a) **posse prolongada no tempo:** não basta mera detenção da coisa, é necessária a existência de posse, e mais, de posse que se prolongue no tempo, tempo esse que variará de acordo com o tipo de bem (móvel ou imóvel) e outros elementos, como a existência de boa-fé, a finalidade da coisa etc. O Enunciado nº 497 JDC/CJF prevê que o prazo, na ação de usucapião, pode ser completado no curso do processo, ressalvadas as hipóteses de má-fé processual do autor.;

b) posse com *animus domini*: não basta a mera posse; deve se tratar de posse com ânimo de dono, com intenção de proprietário; essa circunstância impede que se considere a posse de um locatário do bem, como hábil à aquisição da coisa;

c) posse mansa e pacífica: ou seja, posse sem oposição; assim, se o legítimo possuidor da coisa se opôs à posse, ingressando com ação de reintegração de posse, neste período não se pode considerar a posse como mansa e pacífica, como sem oposição;

d) posse contínua: ou seja, sem interrupção; não é possível computar, por exemplo, dois anos de posse, uma interrupção de um ano, depois mais dois anos e assim por diante; deve-se cumprir o período aquisitivo previsto em lei sem interrupção.

6.4.2.2.3. Usucapião extraordinário – Requisitos

a) tempo: 15 anos; o prazo ficará reduzido para 10 anos se o possuidor houver estabelecido no imóvel a sua moradia habitual, <u>ou</u> nele realizado obras ou serviços de caráter produtivo (art. 1.238, *caput* e parágrafo único, do CC);

b) requisitos básicos: posse "mansa e pacífica" (sem oposição), "contínua" (sem interrupção) e com "ânimo de dono".

6.4.2.2.4. Usucapião ordinário – Requisitos

a) tempo: 10 anos; o prazo ficará reduzido para 5 anos se preenchidos dois requisitos: a) se o imóvel tiver sido adquirido onerosamente com base no registro constante do respectivo cartório; b) se os possuidores nele tiverem estabelecido a sua moradia <u>ou</u> realizado investimentos de interesse social e econômico (art. 1.242, *caput* e parágrafo único, do CC). Neste caso, a usucapião, como matéria de defesa, prescinde do ajuizamento da ação de usucapião, visto que, nessa hipótese, o usucapiente já é o titular do imóvel no registro (Enunciado n. 569 JDC/CJF);

b) requisitos básicos: posse "mansa e pacífica" (sem oposição), "contínua" (sem interrupção) e com "ânimo de dono";

c) boa-fé e justo título: como o prazo aqui é menor, exige-se do possuidor, no plano subjetivo, a boa-fé, e no plano objetivo, a titularidade de um título hábil, em tese, para transferir a propriedade. Neste passo, consoante Enunciado n. 86 JDC/CJF, "justo título" abrange todo e qualquer ato jurídico hábil, em tese, a transferir a propriedade, independentemente de registro.

Obs: As normas relativas à usucapião extraordinária (art. 1.238, caput, CC) e à usucapião ordinária (art. 1.242, caput, CC), por estabelecerem redução de prazo em benefício do possuidor, têm aplicação imediata, não incidindo o disposto no art. 2.028 do Código Civil (Enunciado n. 564 JDC/CJF).

6.4.2.2.5. Usucapião especial urbano – Requisitos

a) tempo: 5 anos (art. 1.240 do CC);

b) requisitos básicos: posse "mansa e pacífica" (sem oposição), "contínua" (sem interrupção) e com "ânimo de dono";

c) **tipo de imóvel:** a) área urbana Nos termos do Enunciado n. 85 JDC/CJF *entende -se por "área urbana" o imóvel edificado ou não, inclusive unidades autônomas vinculadas a condomínios edilícios*; b) tamanho de até 250 m². Quanto a área, prevê o Enunciado n. 314 JDC/CJF: *Para os efeitos do art. 1.240, não se deve computar, para fins de limite de metragem máxima, a extensão compreendida pela fração ideal correspondente à área comum.*

d) **finalidade do imóvel:** utilização para a moradia do possuidor ou de sua família;

e) **requisitos negativos:** i) que o possuidor não seja proprietário de outro imóvel urbano ou rural; ii) que o possuidor não tenha já sido beneficiado pelo direito ao usucapião urbano.

6.4.2.2.6. Usucapião urbano coletivo – Requisitos

a) **tempo:** 5 anos (art. 10 da Lei 10.257/01 – Estatuto da Cidade);

b) **requisitos básicos:** posse "mansa e pacífica" (sem oposição), "contínua" (sem interrupção) e com "ânimo de dono";

c) **tipo de imóvel:** a) área urbana; b) tamanho superior a 250 m²;

d) **finalidade do imóvel:** a) utilização para a moradia; b) população de baixa renda;

e) **requisitos negativos:** i) que o possuidor não seja proprietário de outro imóvel urbano ou rural; ii) que seja impossível identificar o terreno ocupado por cada possuidor.

6.4.2.2.7. Usucapião especial rural – Requisitos

a) **tempo:** 5 anos (art. 1.239 do CC);

b) **requisitos básicos:** posse "mansa e pacífica" (sem oposição), "contínua" (sem interrupção) e com "ânimo de dono";

c) **tipo de imóvel:** a) área de terra em zona rural; b) tamanho de até 50 hectares. Referente a área, prevê o Enunciado n. 312 JDC/CJF: *Observado o teto constitucional, a fixação da área máxima para fins de usucapião especial rural levará em consideração o módulo rural e .a atividade agrária regionalizada*;

d) **finalidade do imóvel:** a) utilização para a moradia do possuidor ou de sua família; b) área produtiva pelo trabalho do possuidor ou de sua família;

e) **requisito negativo:** a terra não pode ser pública.

Obs: Quanto à usucapião especial urbana e rural, algumas observações:

• Quando a posse ocorre sobre área superior aos limites legais, não é possível a aquisição pela via da usucapião especial, ainda que o pedido restrinja a dimensão do que se quer usucapir (Enunciado n. 313 JDC/CJF)

• A *accessio possessionis* de que trata o art. 1.243, primeira parte, do Código Civil não encontra aplicabilidade relativamente aos arts. 1.239 e 1.240 do mesmo diploma legal, em face da normatividade do usucapião constitucional urbano e rural, arts. 183 e 191, respectivamente (Enunciado n. 317 JDC/CJF).

6.4.2.2.8. Usucapião especial urbana familiar – Requisitos (introduzida pela Lei 12.424/11)

a) **tempo:** 2 anos (art. 1.240-A do CC);

b) **requisitos básicos:** posse "mansa e pacífica" (sem oposição), "contínua" (sem interrupção) e com "ânimo de dono";

c) **tipo de imóvel:** a) área urbana; b) tamanho de até 250 m^2;

d) **finalidade do imóvel:** utilização para a moradia do possuidor ou de sua família;

e) **tipo de posse:** posse direta, com exclusividade;

f) **requisito específico:** imóvel cuja propriedade o possuidor dividia com ex-cônjuge ou ex-companheiro que tenha abandonado o lar;

g) **requisitos negativos:** i) que o possuidor não seja proprietário de outro imóvel urbano ou rural; ii) que o possuidor não tenha já sido beneficiado pelo direito ao usucapião urbano;

h) **consequência:** o possuidor abandonado adquire o domínio integral do imóvel.

Confira agora alguns Enunciados das Jornadas de Direito Civil sobre a usucapião especial urbana familiar:

a) "498 – A fluência do prazo de 2 (dois) anos previsto pelo art. 1.240-A para a nova modalidade de usucapião nele contemplada tem início com a entrada em vigor da Lei n. 12.424/2011";

b) "499 – A aquisição da propriedade na modalidade de usucapião prevista no art. 1.240-A do Código Civil só pode ocorrer em virtude de implemento de seus pressupostos anteriormente ao divórcio. O requisito "abandono do lar" deve ser interpretado de maneira cautelosa, mediante a verificação de que o afastamento do lar conjugal representa descumprimento simultâneo de outros deveres conjugais, tais como assistência material e sustento do lar, onerando desigualmente aquele que se manteve na residência familiar e que se responsabiliza unilateralmente pelas despesas oriundas da manutenção da família e do próprio imóvel, o que justifica a perda da propriedade e a alteração do regime de bens quanto ao imóvel objeto de usucapião";

c) "500 – A modalidade de usucapião prevista no art. 1.240-A do Código Civil pressupõe a propriedade comum do casal e compreende todas as formas de família ou entidades familiares, inclusive homoafetivas";

d) "501 – As expressões "ex-cônjuge" e "ex-companheiro", contidas no art. 1.240-A do Código Civil, correspondem à situação fática da separação, independentemente de divórcio";

e) "502 – O conceito de posse direta referido no art. 1.240-A do Código Civil não coincide com a acepção empregada no art. 1.197 do mesmo Código".

6.4.2.3. Posse pro labore *(desapropriação privada)*

O atual CC criou nova hipótese que dá ensejo à aquisição forçada da propriedade. Essa hipótese prevê, de um lado, que o possuidor que sofra a reivindicação da coisa tenha utilizado esta em obras e serviços de relevante interesse social e econômico, e que, de outro, tenha interesse em pagar indenização para o proprietário da área. Já se manifestou o CJF que essa indenização não tem como critério valorativo, necessariamente, a avaliação técnica lastreada no mercado imobiliário, sendo indevidos os juros compensatórios (Enunciado n. 240 JDC/CJF).

Tanto a doutrina como a jurisprudência já se manifestaram no sentido de que esta modalidade de desapropriação é constitucional (Enunciado n. 82 JDC/CJF).

6.4.2.3.1. Conceito

Consiste no direito de o possuidor de extensa área permanecer/adquirir compulsoriamente a coisa, pagando justa indenização ao proprietário do imóvel, desde que preenchidos os demais requisitos legais.

6.4.2.3.2 Requisitos

a) posse ininterrupta por mais de 5 anos; b) boa-fé do possuidor; c) extensa área; d) considerável número de possuidores; e) realização de obras e serviços considerados pelo juiz de interesse social e econômico relevante. Perceba que, diferentemente da usucapião coletiva, a desapropriação privada não requer moradia, mas requer boa-fé e pagamento de justa indenização.

6.4.2.3.3. Operacionalização

Por ocasião da reivindicação da coisa, os interessados deverão requerer ao juiz a fixação de justa indenização devida ao proprietário, que, paga, ensejará registro da sentença no Registro de Imóveis para o fim de atribuir a propriedade aos possuidores (art. 1.228, §§ 4º e 5 º). Nesta linha, anota-se que o registro é condicionado ao pagamento da respectiva indenização, cujo prazo será fixado pelo juiz (Enunciado n. 241 JDC/CJF).

Aduz o Enunciado n. 84 JDC/CJF que a defesa fundada no direito de aquisição com base no interesse social deve ser arguida pelos réus da ação reivindicatória, eles próprios responsáveis pelo pagamento da indenização. No entanto, o Enunciado nº 496 das Jornadas de Direito Civil entende que esse direito dos possuidores pode ser objeto de ação autônoma, não se restringindo à defesa em pretensões reivindicatórias.

Sobre o assunto, reúne-se ainda ao seguintes Enunciados:

Enunciado n. 83 JDC/CJF:

Enunciado n. 304 JDC/CJF: São aplicáveis as disposições dos §§ 4º e 5º do art. 1.228 do Código Civil às ações reivindicatórias relativas a bens públicos dominicais, mantido, parcialmente, o Enunciado 83 da I Jornada de Direito Civil, no que concerne às demais classificações dos bens públicos.

Enunciado n. 305 JDC/CJF: Tendo em vista as disposições dos §§ 3º e 4º do art. 1.228 do Código Civil, o Ministério Público tem o poder-dever de atuar nas hipóteses de desapropriação, inclusive a indireta, que encerrem relevante interesse público, determinado pela natureza dos bens jurídicos envolvidos.

Enunciado n. 306 JDC/CJF: A situação descrita no §§ 4º e 5º do art. 1.228 do Código Civil enseja a improcedência do pedido reivindicatório.

Enunciado n. 307 JDC/CJF: Na desapropriação judicial (art. 1.228, § 4º), poderá o juiz determinar a intervenção dos órgãos públicos competentes para o licenciamento ambiental e urbanístico.

Enunciado n. 308 JDC/CJF: A justa indenização devida ao proprietário em caso de desapropriação judicial (art. 1.228, § 5º) somente deverá ser suportada pela Administração Pública no contexto das políticas públicas de reforma urbana ou agrária, em se tratando de possuidores de baixa renda e desde que tenha havido intervenção daquela nos termos da lei processual. Não sendo os possuidores de baixa renda, aplica-se a orientação do Enunciado 84 da I Jornada de Direito Civil.

Enunciado n. 309 JDC/CJF: O conceito de posse de boa-fé de que trata o art. 1.201 do Código Civil não se aplica ao instituto previsto no § 4º do art. 1.228.

Enunciado n. 310 JDC/CJF: Interpreta-se extensivamente a expressão "imóvel reivindicado" (art. 1.228, § 4º), abrangendo pretensões tanto no juízo petitório quanto no possessório.

Enunciado n. 311 JDC/CJF: Caso não seja pago o preço fixado para a desapropriação judicial, e ultrapassado o prazo prescricional para se exigir o crédito correspondente, estará autorizada a expedição de mandado para registro da propriedade em favor dos possuidores.

6.4.2.4. Acessão

6.4.2.4.1. Conceito

É modo originário de aquisição da propriedade, pelo qual fica pertencendo ao proprietário tudo quanto se une ou se incorpora ao seu bem (art. 1.248 do CC).

6.4.2.4.2. Espécies

a) **natural:** consiste na união do acessório ao principal advinda de acontecimento natural (formação de ilhas, aluvião, avulsão e abandono);

b) **artificial (industrial):** resulta de trabalho humano.

6.4.2.4.3. Requisitos

a) conjunção entre duas coisas, até então separadas;

b) caráter acessório de uma das duas, em confronto com a outra; uma é principal (coisa acedida) e a outra, acessória (coisa acedente).

6.4.2.4.4. Princípios básicos para a solução de problemas quando o acessório vem de terceiro

a) **princípio de que o acessório segue o principal:** assim, normalmente o dono da coisa principal fica com a coisa acessória vinda do bem de terceiro.

b) **princípio do não enriquecimento sem causa:** faz com que, sempre que possível, o proprietário prejudicado tenha direito à indenização pela incorporação de coisa sua a um bem de outra pessoa.

6.4.2.4.5. Formação de ilhas em rios não navegáveis (art. 1.248, I, do CC, e art. 23 do Código de Águas)

a) conceito: *depósito paulatino de materiais (trazidos pela corrente) ou rebaixamento de águas, deixando descoberta e a seco parte do fundo ou do leito.*

b) titularidade: a área de terras formada passa a ser do proprietário ribeirinho, a depender de sua formação.

c) ilha formada no meio do rio: passa a pertencer aos proprietários ribeirinhos fronteiros, na proporção de suas testadas.

d) ilha formada entre a linha que divide o álveo: quando a ilha se forma na metade mais próxima a uma das margens, esta pertencerá ao proprietário ribeirinho do lado da formação.

e) ilha formada pelo desdobramento de um novo braço do rio: nesse caso, os proprietário das margens que perderam o braço serão donos da área.

6.4.2.4.6. Aluvião (art. 1.250 do CC)

a) conceito: *acréscimo natural e imperceptível de terras às margens dos rios.* Ocorre quando a terra vai se depositando em uma margem do rio, formando um novo pedaço de terra. A doutrina denomina aluvião imprópria aquela situação em que esse pedaço de terra se forma pelo afastamento de águas, que descobrem parte do álveo, ou seja, parte da área coberta pelas águas.

b) titularidade: essa nova área de terra passa a ser do proprietário dos terrenos marginais, na proporção de suas testadas.

6.4.2.4.7. Avulsão (art. 1.251 do CC)

a) conceito: *deslocamento de uma porção de terra de um prédio a outro por força natural violenta.*

b) consequências: i) o dono do outro prédio adquire propriedade do acréscimo se indenizar ou não houver reclamação em 1 ano; ii) se não houver o pagamento da indenização reclamada, o dono do prédio deve aquiescer na remoção do acréscimo.

6.4.2.4.8. Abandono de álveo (art. 1.252 do CC)

a) conceito: *é o rio que seca ou que se desvia em virtude de fenômeno natural.* O álveo é a superfície coberta pelas águas, de modo que o abandono de álveo é a seca do rio, que fica descoberto, abandonado.

b) titularidade: a área formada pertencerá aos proprietários ribeirinhos das duas margens, ficando, cada um, proprietário até o local onde se tinha a linha média do álveo.

6.4.2.4.9. Acessões artificiais

a) conceito: *são as que resultam de um comportamento humano.* São exemplos as construções e as plantações.

b) **características:** i) dá-se de móveis a imóveis; ii) a acessão existente em terreno presume-se feita pelo proprietário e à sua custa, até prova em contrário; iii) fazendo ou não a acessão, como regra, o proprietário do bem principal fica dono do acessório (da acessão); iv) não pode haver enriquecimento sem causa.

c) **acessão em terreno próprio com elementos alheios:** por exemplo, planta em seu terreno com semente alheia; nesse caso o proprietário do terreno adquire a propriedade da semente, mas deve pagar ao dono do material o seu valor, bem como pagar perdas e danos, se agiu de má-fé (art. 1.254 do CC).

d) **acessão com elementos próprios em terreno alheio:** por exemplo, uma pessoa planta sementes suas no terreno de alguém ou edifica com materiais próprios no terreno de outrem; nesse caso, o proprietário das sementes ou dos materiais os perde para o proprietário do terreno, tendo direito de indenização pelo valor dos elementos, caso esteja de boa-fé. Se o valor da acessão exceder consideravelmente o valor do terreno e aquele que plantou ou edificou estiver de boa-fé, este poderá adquirir a propriedade do solo se pagar indenização (art. 1.255 do CC).

e) **construção em solo próprio, que invade solo alheio:** é o caso de alguém que constrói em terreno próprio, mas que acaba por invadir parte de terreno alheio. A lei permite que o construtor de boa-fé que invadiu área de até um vigésimo do solo alheio fique dono da parte invadida, desde que o valor da construção exceda o dessa parte e que pague indenização que represente o valor da área perdida e a desvalorização da área remanescente. O possuidor de má-fé só terá o mesmo direito na hipótese de não ser possível demolir a porção invasora sem grave prejuízo à sua construção, desde que paguem indenização correspondente a dez vezes o valor que pagaria se estivesse de boa-fé. Sobre o tema, o Enunciado n. 318 JDC/CJF vai mais além ao prever que o direito de aquisição somente é viável quando, além dos requisitos explícitos previstos em lei, houver necessidade de proteger terceiros de boa-fé. Para o caso de construções que excedam um vigésimo do terreno alheio, o invasor de má-fé pagará indenização em dobro, ao passo que o possuidor de boa-fé tem direito de adquirir a área invadida se também pagar o valor que a invasão acrescer à sua construção (arts. 1.258 e 1.259).

6.4.3. Perda da propriedade imóvel

6.4.3.1. Alienação

6.4.3.1.1. Conceito

Consiste na venda, na doação, na troca ou na dação em pagamento.

6.4.3.1.2. Efeitos

Os efeitos da perda da propriedade são subordinados ao registro do título translatício no Registro de Imóvel (art. 1.275, parágrafo único, do CC).

6.4.3.2. Renúncia

6.4.3.2.1. Conceito

Ato unilateral pelo qual o proprietário declara expressamente o seu intuito de abrir mão da coisa. Tem como condição não acarretar prejuízos a terceiro.

6.4.3.2.2. Efeitos

Os efeitos da perda da propriedade dependem do registro do ato renunciativo, que deverá se consubstanciar numa escritura pública (art. 108 do CC) ou num termo judicial (art. 1.806 do CC – herança).

6.4.3.3. Abandono

6.4.3.3.1. Conceito

Ato unilateral pelo qual o proprietário se desfaz da coisa, a partir de conduta que revela não mais querer conservá-la em seu patrimônio.

6.4.3.3.2. Presunção absoluta da intenção de abandonar

O atual CC presumiu o abandono de forma absoluta na hipótese de o proprietário da coisa a) cessar os atos de posse sobre ela e b) deixar de satisfazer os ônus fiscais (deixar de pagar o IPTU ou o ITR). Nesse caso, não se encontrando o imóvel na posse de outrem, deverá ser arrecadado como bem vago, passando, três anos depois, à propriedade do Município onde se encontrar, se se tratar de imóvel urbano, ou à propriedade da União, se se tratar de imóvel rural.

Contudo, conforme Enunciado n. 242 JDC/CJF, referido procedimento depende do devido processo legal, em que seja assegurado ao interessado demonstrar a não cessação da posse. No que concerne aos ônus fiscais, a presunção não pode ser interpretada de modo a contrariar a norma-princípio do art. 150, inc. IV (art. 150, IV CF: Sem prejuízo de outras garantias asseguradas ao contribuinte, é vedado à União, aos Estados, ao Distrito Federal e aos Municípios (...) IV: utilizar os tributos com efeito de confisco). É o que ensina o Enunciado n. 243 JDC/CJF.

Por fim, eventual ação judicial de abandono de imóvel, caso procedente, impede o sucesso de demanda petitória (Enunciado n. 316 JDC/CJF).

Obs: Quanto a propriedade móvel: *Não ocorre a perda da propriedade por abandono de resíduos sólidos, que são considerados bens socioambientais, nos termos da Lei n. 12.305/2012* (Enunciado 565 JDC/CJF).

6.4.3.4. Perecimento do imóvel

6.4.3.4.1 Conceito

Consiste na sua destruição por ato voluntário ou involuntário. Exemplo do primeiro caso é o incêndio proposital. E, do segundo, o raio, o furacão e o terremoto.

6.4.3.4.2. Efeitos

Em última análise, o dono da construção ou da plantação continua proprietário do solo.

6.4.3.5. Desapropriação

6.4.3.5.1. Conceito

Consiste no despojamento compulsório do proprietário do imóvel por parte do Poder Público, que fica obrigado a pagar justa indenização.

6.4.3.5.2. Efeitos

A desapropriação só se consuma com o pagamento integral da indenização devida. Até este momento, o Poder Público poderá desistir da aquisição da área. Não desistindo e havendo o pagamento da indenização, o juiz determina o registro da sentença respectiva no Registro de Imóveis.

6.4.3.6. Outras hipóteses

Também se perde a propriedade pela usucapião, pelo casamento, pela dissolução da sociedade conjugal, no casamento pelo regime de comunhão universal, pela sentença em ação reivindicatória, pelo implemento de condição resolutiva, pelo confisco (art. 243 da CF) e pela desapropriação privada (art. 1.228, §§ 4º e 5º, CC), dentre outros casos.

Obs: A resolução da propriedade, quando determinada por causa originária, prevista no título, opera *ex tunc* e *erga omnes*; se decorrente de causa superveniente, atua *ex nunc* e *inter partes* (Enunciado n. 509 JDC/CJF)

6.4.4. Aquisição da propriedade móvel

6.4.4.1. Ocupação

6.4.4.1.1. Conceito

Modo de aquisição originário da propriedade de coisa móvel e sem dono, por não ter sido ainda apropriada ("res nullius") *ou por ter sido abandonada* ("res derelicta") (art. 1.263 do CC).

6.4.4.1.2. Ocupação x Descoberta

A descoberta difere da ocupação, por se referir a coisa perdida pelo seu proprietário. O regime jurídico da **descoberta** determina que aquele que ache coisa alheia perdida há de restituí-la ao dono ou legítimo possuidor. Se não o encontrar, entregará a coisa achada à autoridade competente. Aquele que restituir terá direito a uma recompensa não inferior a 5% do seu valor, e à indenização pelas despesas que houver feito, se o dono não preferir abandoná-la. Decorridos sessenta dias da divulgação da notícia pela autoridade por imprensa ou edital, não se apresentando quem comprove a propriedade da coisa, será esta vendida em hasta pública e, deduzidas do preço as despesas, mais a recompensa do descobridor, pertencerá o remanescente ao Município onde se achou o objeto perdido. Sendo a coisa de pequeno valor, o Município poderá dá-la a quem a achou (art. 1.233 a 1.237 do CC). A doutrina chama a recompensa pela entrega da coisa de "achádego" e o descobridor de "inventor".

6.4.4.2. Achado do tesouro

6.4.4.2.1. Conceito de tesouro

Consiste no depósito antigo de coisas preciosas, oculto e de cujo dono não haja memória (art. 1.264 do CC).

6.4.4.2.2. Conceito do achado do tesouro

Consiste na descoberta casual desse depósito antigo.

6.4.4.2.3. Consequências possíveis

a) será dividido por igual entre o proprietário do prédio e aquele que achar a coisa; b) pertencerá por inteiro ao proprietário do prédio se foi quem achou, se foi quem determinara a pesquisa para encontrá-lo ou se achado por terceiro não autorizado a procurar; c) havendo enfiteuse, este terá o direito que corresponde ao proprietário da coisa.

6.4.4.3. Usucapião

6.4.4.3.1. Conceito

Modo originário de aquisição da propriedade pela posse prolongada da coisa. Também se aplicam à usucapião de bem móvel as regras dos arts. 1.243 e 1.244 do CC.

6.4.4.3.2. Usucapião ordinário

Requer posse ininterrupta e sem oposição por três anos, além de boa-fé e justo título (art. 1.260 do CC).

6.4.4.3.3. Usucapião extraordinário

Requer apenas posse ininterrupta e sem oposição por cinco anos (art. 1.261 do CC).

6.4.4.4. Tradição

6.4.4.4.1. Conceito

Consiste na entrega da coisa móvel ao adquirente, com a intenção de lhe transferir o domínio, em razão de título translativo da propriedade. Aqui, vale a mesma observação feita para a aquisição de bens imóveis pelo registro na matrícula, ou seja, vale lembrar que o simples acordo de vontades (contrato) não transfere a propriedade da coisa móvel, sendo necessária a tradição, que é o que dá visibilidade, publicidade ao negócio, daí o fato de o Direito estabelecer que só ela tem o condão de transferir a propriedade (art. 1.267 do CC).

6.4.4.4.2. Espécies de tradição

Vide aquisição e perda da posse (item 6.2.6).

6.4.4.4.3. Tradição por quem não é proprietário

Nesse caso, não há alienação da propriedade, exceto se forem preenchidos os seguintes requisitos: a) a coisa for oferecida ao público (em leilão público ou estabelecimento comercial); b) a coisa for transferida em circunstâncias tais que, ao adquirente de boa-fé, pareça que o alienante é dono da coisa. Outra possibilidade de o negócio valer é o vendedor adquirir posteriormente a propriedade, estando o adquirente de boa-fé (art. 1.268 do CC).

6.4.4.4.4. Tradição decorrente de negócio nulo

O CC dispõe que não transfere a propriedade a tradição, quando tiver por título um negócio nulo. Um exemplo é a entrega de um bem vendido por um absolutamente incapaz (art. 1.268, § 2º, do CC).

6.4.4.5. Especificação

6.4.4.5.1. Conceito

É modo de aquisição da propriedade pela transformação de coisa móvel em espécie nova, em virtude de trabalho ou indústria do especificador, desde que não seja possível reduzi-la à forma primitiva (art. 1.269 do CC). Um exemplo é o trabalho feito por artesão em matéria-prima da qual não é dono. O fundamento do instituto é a valorização do trabalho e da função social da propriedade.

6.4.4.5.2. Requisitos

a) bem móvel; b) matéria-prima alheia; c) impossibilidade de retorno ao estado anterior.

6.4.4.5.3. Consequências

a) especificador de boa-fé: vira proprietário da coisa se o valor da coisa especificada exceder consideravelmente o da matéria-prima; deve indenizar o prejudicado; se o valor da coisa especificada não exceder o da matéria-prima, o possuidor de boa-fé tem direito de ser indenizado.

b) especificador de má-fé: a coisa especificada pertencerá ao dono da matéria-prima, sem direito de indenização em favor do especificador.

6.4.4.6. Confusão/Comissão/Adjunção

6.4.4.6.1. Incidência dos institutos

Nas situações em que coisas pertencentes a pessoas diversas se mesclarem, sem possibilidade de separá-las (art. 1.272, § 1º, do CC).

6.4.4.6.2. Confusão

É a mistura entre coisas líquidas. Ex.: água e álcool.

6.4.4.6.3. Comissão

É a mistura entre coisas secas ou sólidas. Ex.: açúcar e farinha.

6.4.4.6.4. Adjunção

É a justaposição de coisas, sem possibilidade de destacar acessório do principal. Ex.: duas coisas coladas.

6.4.4.6.5. Consequências

a) se for possível a separação: não haverá problema, bastando a entrega de cada coisa ao seu proprietário;

b) **se não for possível a separação ou esta exigir gasto excessivo:** nasce um condomínio forçado, cabendo, a cada um, quinhão proporcional ao valor da coisa que entrou para a mistura.

c) **se uma das coisas for principal:** o dono dela ficará proprietário de tudo, indenizando os outros.

d) **se a mescla foi operada de má-fé:** aquele que estiver de boa-fé decidirá se pretende ou não ficar com a coisa, assegurado, em qualquer caso, o direito de receber uma indenização.

6.4.5. Jurisprudência selecionada

Súmula STF nº 415

Servidão de trânsito não titulada, mas tornada permanente, sobretudo pela natureza das obras realizadas, considera-se aparente, conferindo direito à proteção possessória.

Súmula STF nº 49

A cláusula de inalienabilidade inclui a incomunicabilidade dos bens.

Usucapião de Apartamento

Iniciado julgamento de recurso extraordinário em que se discute a possibilidade de usucapião de apartamento. Trata-se, na espécie, de recurso interposto contra acórdão do Tribunal de Justiça do Estado do Rio Grande do Sul que, ao fundamento de que o dispositivo constitucional que instituiu a usucapião urbano (CF, art. 183) destina-se somente a lotes e não a unidades de um edifício, mantivera sentença que extinguira o processo sem julgamento de mérito por impossibilidade jurídica do pedido (CF: *"Art. 183. Aquele que possuir como sua área urbana de até duzentos e cinquenta metros quadrados, por cinco anos, ininterruptamente e sem oposição, utilizando-a para sua moradia ou de sua família, adquirir-lhe-á o domínio, desde que não seja proprietário de outro imóvel urbano ou rural."*). O Min. Marco Aurélio, relator, deu parcial provimento ao recurso para afastar o óbice ao julgamento do mérito, por entender que o imóvel em questão está enquadrado no art. 183 da CF. Asseverou que, neste preceito, não se distingue a espécie de imóvel e que os requisitos nele previstos têm por objeto viabilizar a manutenção da moradia. Aduziu que, no caso, a recorrente pretende usucapir a unidade autônoma e não todo o prédio, não estando a propriedade, unidade condominial, vinculada à área global em que ocorrida a edificação, mas somente à fração de terreno a ela correspondente, conforme escritura constante do registro de imóveis, cuja área é inferior a duzentos e cinquenta metros quadrados. No ponto, citou as Leis 4.591/64 — que dispõe sobre o condomínio em edificações e as incorporações imobiliárias — e 6.015/73 (Lei de Registros Públicos), as quais preveem a necessidade de se averbar a individualização de cada unidade condominial; a Lei 10.257/2001 (Estatuto da Cidade), que admite a usucapião de área ou edificação urbana, sem ressalvar a unidade condominial; e a Lei 10.406/2002 (Código Civil), que também dispõe sobre usucapião de área urbana, sem qualquer restrição. Após, pediu vista dos autos o Min. Carlos Britto.

RE 305416/RS, rel. Min. Marco Aurélio, 25.5.2006. (RE-305416) (Inform. STF 428)

DIREITO CIVIL. PREVALÊNCIA DA USUCAPIÃO SOBRE A HIPOTECA JUDICIAL DE IMÓVEL.

A decisão que reconhece a aquisição da propriedade de bem imóvel por usucapião prevalece sobre a hipoteca judicial que anteriormente tenha gravado o referido bem. Isso porque, com a declaração de aquisição de domínio por usucapião, deve desaparecer o gravame real constituído sobre o imóvel, antes ou depois do início da posse *ad usucapionem*, seja porque a sentença apenas declara a usucapião com efeitos *ex tunc*, seja porque a usucapião é forma originária de aquisição de propriedade, não decorrente da antiga e não guardando com ela relação de continuidade. Precedentes citados: AgRg no Ag 1.319.516-MG, Terceira Turma, DJe 13/10/2010; e REsp 941.464-SC, Quarta Turma, DJe 29/6/2012. **REsp 620.610-DF, Rel. Min. Raul Araújo, julgado em 3/9/2013.** (Inform. STJ 527)

DIREITO CIVIL. USUCAPIÃO DE TERRENO QUE A UNIÃO ALEGA SER INTEGRANTE DE FAIXA DE MARINHA.

A alegação da União de que determinada área constitui terreno de marinha, sem que tenha sido realizado processo demarcatório específico e conclusivo pela Delegacia de Patrimônio da União, não obsta o reconhecimento de usucapião. A demarcação da faixa de marinha depende de complexo procedimento administrativo prévio de atribuição do Poder Executivo, com notificação pessoal de todos os interessados, sempre que identificados pela União e de domicílio certo, com observância à garantia do contraditório e da ampla defesa. Tendo-se em conta a complexidade e onerosidade do procedimento demarcatório, sua realização submete-se a um juízo de oportunidade e conveniência por parte da Administração Pública. Ocorre que não é razoável que o jurisdicionado tenha sua pretensão de reconhecimento da usucapião de terreno que já ocupa com ânimo de dono condicionada à prévia demarcação da faixa de marinha, fato futuro e sem qualquer previsibilidade de materialização. Assim, é possível o reconhecimento da usucapião, desde que resguardados expressamente os interesses da União, admitindo que, caso se apure, no procedimento próprio, que a área usucapienda se caracteriza como bem público, não haverá prejuízo ao ente público. Com efeito, a eficácia preclusiva da coisa julgada alcança apenas as questões passíveis de alegação e efetivamente decididas pelo juízo constantes do mérito da causa, não podendo, no caso, ser considerada deduzível a matéria, pois inexistente estudo conclusivo sobre o assunto. **REsp 1.090.847-SP, Rel. Min. Luis Felipe Salomão, julgado em 23/4/2013.** (Inform. STJ 524)

USUCAPIÃO. PROMITENTE COMPRADOR. IMÓVEL HIPOTECADO.

Em preliminar, não há óbice ao conhecimento do recurso especial quando o artigo indicado como violado é do Código Civil de 2002, mas a controvérsia se restringe a artigo do Código Civil de 1916, desde que aquele reproduza, em essência, a antiga legislação. No mérito, julgou-se procedente o REsp para declarar a prescrição aquisitiva – usucapião – de imóvel em favor do promitente comprador, mesmo havendo penhora e hipoteca constituída sobre o empreendimento em benefício do agente financeiro, por empréstimo contraído pelo promitente vendedor. No entendimento da Turma, o ajuizamento de execução hipotecária pelo recorrido contra o recorrente, por não interromper o prazo prescricional da usucapião, não constitui resistência à posse ad usucapionem de quem pleiteia a prescrição aquisitiva, não se podendo falar em falta de justo título e boa-fé do usucapiente. Este terá a propriedade originária do imóvel de forma livre e desembaraçada de quaisquer gravames. REsp 941.464-SC, Rel. Min. Luis Felipe Salomão, julgado em 24/4/2012. (Inform. STJ 496)

USUCAPIÃO. IMÓVEL URBANO. REGISTRO. AUSÊNCIA.

A Turma reiterou que a inexistência de registro imobiliário do bem objeto de ação de usucapião não induz presunção de que o imóvel seja público (terras devolutas), cabendo ao Estado provar a titularidade do terreno como óbice ao reconhecimento da prescrição aquisitiva. Precedentes citados do STF: RE 86.234-MG, DJ 5/12/1976; do STJ: REsp 113.255-MT, DJ 8/5/2000, e REsp 674.558-RS, DJe 26/10/2009. **REsp 964.223-RN, Rel. Min. Luis Felipe Salomão, julgado em 18/10/2011.** (Inform. STJ 485)

USUCAPIÃO. IMÓVEL URBANO.

In casu, a recorrente e seu cônjuge ajuizaram ação de usucapião em desfavor da recorrida, visando ao imóvel urbano com área de 441,54 m². O pedido foi julgado procedente em primeira instância, sendo, contudo, em grau de apelação, anulado de ofício o processo desde a citação ao fundamento de que não havia prova da propriedade dos imóveis confrontantes, ou seja, a juntada de certidão do registro imobiliário em nome deles. Nesta instância especial, assentou-se que a juntada das certidões relativas aos imóveis confinantes é salutar, porém não pode ser exigida como requisito para o processamento da causa. Note-se que a ausência de transcrição do próprio imóvel não pode ser empecilho à declaração de usucapião, uma vez que tal instituto visa exatamente ao reconhecimento do domínio em prol de quem possui o imóvel, prevalecendo a posse *ad usucapionem* sobre o próprio domínio de quem não o exerça. Dessa forma, a usucapião, forma de aquisição originária da propriedade, caracteriza-se pelo exercício inconteste e ininterrupto da posse e prevalece sobre o registro da propriedade, não obstante os atributos de obrigatoriedade e perpetuidade do registro dominial. Assim, não se ampara a anulação do processo de usucapião por conta da ausência de certidão de propriedade dos imóveis confrontantes, até porque, quando a lei não impõe determinada exigência, não pode o intérprete determinar tal imposição. Ademais, consoante os autos, todos os confinantes foram citados pessoalmente, sendo certo que nenhum deles apresentou contestação ou oposição ao pedido dos recorrentes, não havendo qualquer suspeita de que a convocação dos confrontantes não tenha ocorrido corretamente, além de ficar demonstrado que os recorrentes mantêm a posse ininterrupta e pacífica há mais de 30 anos, tendo, inclusive, realizado benfeitorias expressivas no terreno em questão. Com essas considerações, entre outras, a Turma deu provimento ao recurso para anular o acórdão recorrido e determinar novo julgamento. **REsp 952.125-MG, Rel. Min. Sidnei Beneti, julgado em 7/6/2011.** (Inform. STJ 476)

REIVINDICATÓRIA. IMÓVEL ABANDONADO. POSSE JUSTA.

A Turma reiterou a orientação de que, para a admissibilidade da ação reivindicatória, é necessária a presença destes requisitos: a prova da titularidade do domínio do autor, a individualização da coisa e a posse justa. Assim, se não há quem ocupe injustamente o imóvel, o proprietário não precisa de decisão judicial para reavê-lo. Logo, falta-lhe uma das condições da ação, qual seja, o interesse legítimo. No caso, o tribunal a quo manteve a sentença que dispunha que o imóvel se encontra vazio, sem qualquer ocupação de coisas ou pessoas e sem qualquer indício de ato de posse, não havendo evidência de que lá resida o apontado réu. Assim, a Turma negou provimento ao recurso. Precedentes citados: REsp 691.963-RS, DJ 15/5/2006, e REsp 993.956-DF, DJ 8/2/2008. REsp 1.003.305-DF, Rel. Min. Nancy Andrighi, julgado em 18/11/2010. (Inform. STJ 456)

REPETITIVO. ESPÓLIO. LEGITIMIDADE. REIVINDICATÓRIA.

A Seção deu provimento ao recurso repetitivo para cassar o acórdão recorrido e a sentença, determinando o prosseguimento da ação, por reconhecer que os espólios recorrentes detêm legitimidade para propor as ações reivindicatórias contra os ocupantes de condomínio irregular, visto que, em ação civil pública (ACP), foi mantida hígida a matrícula de propriedade integrante do quinhão correspondente à área em litígio. O recurso foi submetido ao regramento do art. 543-C do CPC e Res. n. 8/2008-STJ (recurso repetitivo) devido à multiplicidade de processos (mais de dois mil), alguns já chegaram neste Superior Tribunal. Todos possuem fundamento idêntico sobre reivindicação e posse de terras de que os espólios alegam ser legítimos proprietários dos lotes que fazem parte do condomínio irregular. Nesta ação reivindicatória ajuizada na origem, os espólios afirmam que o recorrido ocupa lote no condomínio encravado no quinhão de fazenda da propriedade deles. Noticiam também que, por força de sucessivas partilhas originadas de sentença proferida em 20/9/1855, eles são os legítimos proprietários da gleba de terra na qual, sem consentimento, foi constituído o condomínio. Anotou-se que o local hoje abriga aproximadamente dez mil moradores de baixa renda. O TJ negou provimento ao apelo dos recorrentes na ação reivindicatória, mantendo a sentença que reconheceu a ilegitimidade ativa dos espólios, indeferindo a petição inicial e extinguindo o processo sem resolução de mérito. Destacou a Min. Relatora que a sentença observou ser elevado o grau de incerteza jurídica acerca da posse e da propriedade das terras em litígio, visto haver múltiplas ações sobre o mesmo imóvel, mencionando a existência de ações de desapropriação indireta e de ACP ajuizada pelo MP. Observou ainda que a ACP, que já transitou em julgado, teve por objetivo cancelar as matrículas no registro de imóveis e todos os atos relativos a registros e averbações subsequentes, mas acabou por conferir aos espólios a propriedade da área em litígio, ao reconhecer a validade de uma das matrículas. Asseverou, assim, que, no caso dos autos, a ACP eliminou qualquer dúvida quanto ao fato de os recorrentes participarem do polo ativo da ação reivindicatória; pois, enquanto o registro público não for anulado, subsiste a presunção da validade do título aquisitivo de propriedade, embora sua transcrição seja revestida de presunção relativa (*juris tantum*). **REsp 990.507-DF, Rel. Min. Nancy Andrighi, julgado em 10/11/2010**. (Inform. STJ 455)

USUCAPIÃO. HERDEIRO. POSSE EXCLUSIVA.

A Turma deu provimento ao recurso especial para, dentre outras questões, reconhecer a legitimidade dos recorrentes para a propositura, em nome próprio, de ação de usucapião relativamente a imóvel de cujo adquirente um dos autores é herdeiro. Consoante acentuado pelo Min. Relator, a jurisprudência entende pela possibilidade de o condômino usucapir bem sobre o qual exerça a posse exclusiva, desde que haja efetivo *animus domini* e estejam preenchidos os requisitos impostos pela lei, sem oposição dos demais herdeiros. Precedente citado: AgRg no Ag 731.971-MS, DJe 20/10/2008. **REsp 668.131-PR, Rel. Min. Luis Felipe Salomão, julgado em 19/8/2010**. (Inform. STJ 443)

RETIFICAÇÃO. ÁREA. PROPRIEDADE RURAL.

Trata-se de pedido de retificação de área em propriedade rural dos recorrentes, após um agrimensor ter constatado a diferença. No entanto, essa pretensão foi rechaçada nas instâncias ordinárias, devido à impugnação do MP estadual pelo fato de a área retificada ser o dobro da original. Esclarece o Min. Relator que as retificações previstas no art. 213 da Lei n. 6.015/1973 corrigem equívocos, imprecisões, contradições ou aperfeiçoam dados já constantes nos títulos de propriedade, por isso é de se presumir a boa-fé daquele que a requer. Além disso, é incontroverso nos autos que há anuência de todos os confrontantes, mesmo do antigo proprietário e alienante do imóvel. Também aponta que o voto do relator originário no TJ esclarece que o imóvel proveio de doação e desmembramento de área maior sem qualquer oposição dos interessados. Assim, com base em precedentes deste Superior Tribunal, entende o Min. Relator não haver óbice à retificação de área, mesmo que substancial, mediante processo de jurisdição voluntária, quando a hipótese enquadrar-se na previsão do art. 213 da Lei n. 6.015/1973. Diante do exposto, a Turma deu provimento ao recurso para julgar procedente o pedido na parte conhecida. Precedentes citados: REsp 54.877-SP, DJ 12/12/2005; REsp 625.606-SC, DJ 11/4/2005; REsp 203.205-PR, DJ 28/2/2005; REsp 120.196-MG, DJ 10/5/1999, e REsp 57.737-MS, DJ 2/10/1995. **REsp 589.597-MG, Rel. Min. Aldir Passarinho Junior, julgado em 17/6/2010**. (Inform. STJ 439)

PRINCÍPIO SAISINE. REINTEGRAÇÃO. COMPOSSE.

Cinge-se a questão em saber se o compossuidor que recebe a posse em razão do princípio saisine tem direito à proteção possessória contra outro compossuidor. Inicialmente, esclareceu o Min. Relator que, entre os modos de aquisição de posse, encontra-se o ex lege, visto que, não obstante a caracterização da posse como poder fático sobre a coisa, o ordenamento jurídico reconhece, também, a obtenção desse direito pela ocorrência de fato jurídico – a morte do autor da herança –, em virtude do princípio da saisine, que confere a transmissão da posse, ainda que indireta, aos herdeiros independentemente de qualquer outra circunstância. Desse modo, pelo mencionado princípio, verifica-se a transmissão da posse (seja ela direta ou indireta) aos autores e aos réus da demanda, caracterizando, assim, a titularidade do direito possessório a ambas as partes. No caso, há composse do bem em litígio, motivo pelo qual a posse de qualquer um deles pode ser defendida todas as vezes em que for molestada por estranhos à relação possessória ou, ainda, contra ataques advindos de outros compossuidores. In casu, a posse transmitida é a civil (art. 1.572 do CC/1916), e não a posse natural (art. 485 do CC/1916). Existindo composse sobre o bem litigioso em razão do droit de saisine é direito do compossuidor esbulhado o manejo de ação de reintegração de posse, uma vez que a proteção à posse molestada não exige o efetivo exercício do poder fático – requisito exigido pelo tribunal de origem. O exercício fático da posse não encontra amparo no ordenamento jurídico, pois é indubitável que o herdeiro tem posse (mesmo que indireta) dos bens da herança, independentemente da prática de qualquer outro ato, visto que a transmissão da posse dá-se ope legis, motivo pelo qual lhe assiste o direito à proteção possessória contra eventuais atos de turbação ou esbulho. Isso posto, a Turma deu provimento ao recurso para julgar procedente a ação de reintegração de posse, a fim de restituir aos autores da ação a composse da área recebida por herança. Precedente citado: REsp 136.922-TO, DJ 16/3/1998. REsp 537.363-RS, Rel. Min. Vasco Della Giustina (Desembargador convocado do TJ-RS), julgado em 20/4/2010. (Inform. STJ 431)

USUCAPIÃO. PRESCRIÇÃO.

Trata-se de posse *ad usucapionem* iniciada em 1986, em que, na data do ajuizamento da ação (28/10/2003), o recorrente possuía os imóveis há treze anos, porém o entendimento da sentença foi que a ação possessória interrompera o prazo da prescrição aquisitiva. Contudo, à data da sentença, (2007), o autor detinha a posse cerca de 17 anos, superando o novo prazo de dez anos (art. 1.238, parágrafo único, do CC/2002), já exaurido, inclusive, o lapso de transição (art. 2.029 do CC/2002), o que afasta o óbice temporal questionado. Desse modo, provido em parte o recurso ao entendimento de que tal demanda foi decidida apenas quanto à falta do preenchimento do lapso temporal apto a ensejar usucapião, reconhecendo-se a violação do art. 1.238, parágrafo único, do CC/2002. Precedentes citados: REsp 149.186-RS, DJ 19/12/2003, e REsp 10.385-PR, DJ 14/6/1999. **REsp 1.088.082-RJ, Rel. Min. Luis Felipe Salomão, julgado em 2/2/2010**. (Inform. STJ 421)

NUNCIAÇÃO. OBRA NOVA. PRESCRIÇÃO.

Trata-se de nunciação de obra nova com o objetivo de obstruir basculante de ventilação e iluminação aberto em obra por vizinho confinante. Sucede que, vencido o prazo de um ano e um dia, o confinante prejudicado fica impedido de exigir o desfazimento da obra, mas daí não resulta em servidão. Ademais, o Min. Relator explicitou que o parágrafo único do art. 1.302 do CC/2002 (equivalente ao § 2º do art. 573 do CC/1916), no que se refere à expressão "em se tratando de vãos", como ali subsumida a ventilação, ou areação, no mesmo nível da expressão "claridade", esta já está compreendida na locução "aberturas para luz", logo o espaço aberto na construção da passagem de ar ou ventilação, e tal circunstância está excepcionada no Código Civil novo (interpretação intra legem). Precedentes citados: REsp 34.864-SP, DJ 4/10/1993; REsp 37.897-SP, DJ 19/12/1997, e REsp 299.164-MA, DJ 15/5/2000. AgRg no Ag 686.902-MG, Rel. Min. Vasco Della Giustina (Desembargador convocado do TJ-RS), julgado em 10/11/2009. (Inform. STJ 415)

COMPETÊNCIA. REGISTRO. PROPRIEDADE MARÍTIMA.

A Turma, ao prosseguir o julgamento, entendeu que o Tribunal Marítimo tem atribuição para registro de propriedade marítima, de direitos reais e de outros ônus que gravem embarcações brasileiras. Ao tabelião de Registros e Contratos Marítimos cabe lavrar atos, contratos e instrumentos relativos à transação de embarcações, registrando-os em sua própria serventia. Embarcações com arqueadura bruta inferior a 100 toneladas não estão sujeitas a realizar registro de propriedade seja no Tribunal Marítimo seja no tabelião de Registro e Contrato Marítimo. Essas embarcações com arqueadura inferior a 100 toneladas têm sua propriedade comprovada apenas com a inscrição junto à Capitania dos Portos, o que é obrigatório a qualquer tipo ou tamanho de embarcação. Dos dispositivos constitucionais relativos à abrangência territorial do Tabelião Marítimo não cabe apreciação do Superior Tribunal, sob pena de usurpação de competência do STF. **REsp 864.409-RJ, Rel. Min. Luis Felipe Salomão, julgado em 23/6/2009.** (Inform. STJ 400)

DEMARCATÓRIA. CARTA DE SESMARIA. POSSE. PROPRIEDADE.

Trata-se de ação demarcatória na qual os autores, ora recorrentes, na qualidade de sucessores, pleiteiam a demarcação e imissão na posse de área de sesmaria concedida segundo a legislação anterior ao regime da Lei n. 601/1850. A sentença lançada nos autos em 1959 deixou clara a inexistência de posse anterior sobre a área, com base na qual se poderia, eventualmente, implementar a aquisição da propriedade decorrente de carta de sesmaria. Sem a posse, não havia como adquirir propriedade naquelas condições. E sem propriedade dos antecessores, não havia propriedade a transmitir aos recorrentes. Sem esta, não há direito à ação demarcatória nos termos do art. 422 do CPC/1939 e, atualmente, do art. 950 do CPC/1973. Pela tradição histórica da *actio finium regundorum* (ação de demarcação de confins), necessária é a exigência de prova documental da propriedade com histórico das transmissões até os promoventes, prova, aliás, que sempre foi exigida tanto sob a legislação atual como sob a legislação anterior. Nos autos, não está demonstrado o domínio dos antecessores, sendo insuficiente a configurá-lo o direito de sesmeiro, especialmente quando desacompanhado da posse, integrativa da própria sesmaria. O recebimento de sesmaria jamais se equiparou, por si só, à propriedade no Direito brasileiro. Sempre teve reconhecimento como justo título para a posse que, se longeva, podia e pode amparar pretensão de usucapião, mas nunca tendo constituído, por si só, título de propriedade apto à transcrição no registro de imóveis, como é a essência dos títulos de propriedade. Os autores tiveram titulação que vem do sistema de carta de sesmaria, mas não tiveram a posse sobre a área em causa, tanto que a pleiteiam na presente ação demarcatória. Na petição inicial, não fazem menção à posse anterior, nem expuseram circunstâncias fáticas em que ela possa ser vista em favor deles, não tiveram jamais título transcrito anteriormente à propositura da demarcatória, de modo que falta requisito essencial à pretensão demarcatória. As provas testemunhal e pericial jamais poderiam suprir a falta de título de propriedade, não havendo como deduzir propriedade da antiga carta de sesmaria, que legitimaria a posse, que os antecessores dos autores, contudo, nunca tiveram ou perderam, tanto que, na inicial, pretendem a imissão. Assim, a Turma não conheceu do recurso quanto à letra **c** do art. 105 da CF/1988 e negou provimento quanto à letra **a** do mesmo artigo. **REsp 926.755-MG, Rel. Min. Sidnei Beneti, julgado em 12/5/2009.** (Inform. STJ 394)

AR. USUCAPIÃO.
O estado autor busca a desconstituição do acórdão rescindendo à alegação de que não fora devidamente citado nos autos do primeiro processo, de cuidar-se de terras devolutas, não sujeitas a usucapião, e pela impossibilidade de julgar antecipadamente a lide na espécie. Porém, é consabido que a rescisória é ação autônoma, sem índole recursal, despida de efeito devolutivo, daí ser inaplicável o art. 515, § 1º, do CPC. No recurso especial oriundo da rescisória, há que impugnar os termos do acórdão recorrido (art. 485 do CPC) e não os fundamentos do ato judicial que se pretende desconstituir. Não fosse assim, estar-se-ia facultando à parte o uso de dupla via extraordinária para discutir o mesmo ato judicial. Outrossim, é inviável a análise do conjunto fático-probatório a ponto de determinar se a área usucapida era efetivamente de domínio público, anotado que a pretensão do ente público apoia-se em título de natureza controvertida, conforme apurado em procedimento administrativo de discriminação das terras devolutas, quanto mais se a ação de usucapião é anterior ao registro da área como devoluta e decorre de sessenta anos de posse contínua. Precedentes citados: REsp 49.809-SP, DJ 26/5/1997; REsp 247.356-SP, DJe 24/11/2008, e AgRg no Ag 725.579-DF, DJ 25/2/2008. **REsp 873.330-MG, Rel. Min. Luís Felipe Salomão, julgado em 16/12/2008**. (Inform. STJ 381)

IMÓVEL. CLÁUSULA. INALIENABILIDADE.
O donatário de uma área de terra, doação essa gravada com cláusula de inalienabilidade, transmitiu a seus herdeiros (dois filhos) a nua propriedade do imóvel, com usufruto vitalício em seu favor. Como devedores (pai e filhos), indicaram parte da área mencionada à penhora em favor da CEF, mas pediram, posteriormente, seu cancelamento, em face da inalienabilidade, o que lhes foi negado. Em agravo de instrumento, o Tribunal de origem entendeu eficaz a cláusula e reformou a decisão singular. No presente recurso, a CEF dá por violado o art. 1.723 do CC/1916. Por sua vez, o Min. Relator esclareceu que as únicas exceções aptas a afastar a inalienabilidade referem-se às dívidas de impostos do próprio imóvel e os casos de desapropriação por necessidade ou utilidade pública. Fora desses casos, tem a jurisprudência admitido a quebra da cláusula de inalienabilidade, mas apenas e tão somente no real interesse dos beneficiários dela, ou seja, os herdeiros e donatários dos bens gravados. No mais, há de prevalecer a inalienabilidade que, conforme a dicção legal, em caso algum poderá ser afastada. A transmissão por ato *inter vivos* efetivada no caso concreto não tem força bastante para dar supedâneo à quebra do gravame, fazendo recair penhora sobre o bem, porquanto se mostra sem efeito jurídico, não sendo certo, portanto, justificar um erro com outro. A inalienabilidade somente se desfaz com a morte do donatário. Precedentes citados: REsp 80.480-SP, DJ 24/6/1996; REsp 998.031-SP, DJ 19/12/2007, e REsp 729.701-SP, DJ 1º/2/2006. **REsp 571.108-RS, Rel. Min. Fernando Gonçalves, julgado em 28/10/2008**. (Inform. STJ 374)

ARRENDAMENTO RURAL. RETENÇÃO. BENFEITORIAS.
A embargante sustentou, em síntese, que os embargos declaratórios tiveram o propósito de prequestionar a matéria relativa ao direito à indenização por benfeitorias, não podendo, pois, ser considerados procrastinatórios. No mérito, aduziu que os melhoramentos efetuados no imóvel foram provados, relacionados e valorizados nos autos, razão pela qual devem ser indenizados nos termos do Estatuto da Terra. Contudo, uma vez que assentado pelas instâncias ordinárias que as alegadas benfeitorias não foram especificadas nem valorizadas como determina a lei, o Min. Relator entendeu que não há como infirmar tais fundamentos sem reexaminar o conjunto probatório coligido aos autos. É descabida a penalidade imposta com base no art. 538, parágrafo único, do CPC, quando o escopo da recorrente, ao aviar os embargos, foi o de preencher o requisito do prequestionamento. Isso posto, a Turma conheceu em parte do recurso e, nessa parte, deu-lhe provimento. REsp 134.537-MG, Rel. Min. Luís Felipe Salomão, julgado em 28/10/2008. (Inform. STJ 374)

ABUSO. DIREITO. OBSTRUÇÃO. VISTA PANORÂMICA.
Prosseguindo o julgamento, a Turma, por maioria, decidiu que, sob o prisma do direito de vizinhança, realmente é uma situação difícil a do proprietário que teve a vista panorâmica de seu imóvel comprometida. No caso, cabível coibir os abusos, pois, pelo acordo firmado entre as partes, ficou estabelecido que o muro entre os dois imóveis não poderia ultrapassar dois metros e cinquenta de altura. Outrossim, considerou-se violado o acordo com o plantio de árvores junto ao muro, obstruindo totalmente a vista do recorrente. Diversamente, o Min. Relator originário (vencido) entendia que, pelo direito de vizinhança, o proprietário poderia plantar o que bem entendesse dentro

de seu terreno, não importando a altura ou espessura das plantas, até porque, na hipótese, não ficou demonstrado cabalmente o alegado prejuízo para o imóvel do recorrente no que se referia à ensolação. **REsp 935.474-RJ, Rel. originário Min. Ari Pargendler, Rel. para acórdão Min. Nancy Andrighi, julgado em 19/8/2008.** (Inform. STJ 364)

USUCAPIÃO. PRESCRIÇÃO AQUISITIVA. CITAÇÃO. AÇÃO. IMPROCEDÊNCIA.

A Seção, ao prosseguir o julgamento, entendeu que, diante da usucapião prevista no art. 550 do CC/1916, a citação, mesmo que efetuada em ação ao final extinta sem julgamento do mérito, por questão de ordem processual, é eficaz para interromper o prazo da prescrição aquisitiva. O Min. Jorge Scartezzini, em seu voto-vista, aduziu que não há como se descaracterizar o ajuizamento de duas ações (demarcatória e reintegração de posse) como meio de inequívoca e válida "oposição" à posse dos usucapientes, apta a interferir na mansidão e pacificidade, tão somente pela extinção sem análise de mérito de uma e o julgamento pela improcedência da outra. A *ratio legis* consiste em que fiquem incontestes, diante de medidas efetivas, a resistência alheia à pretensão de usucapir dos possuidores e a ciência dos usucapientes de que outro se julga proprietário do imóvel em questão. Precedentes citados: REsp 23.751-GO, DJ 8/3/1993; REsp 21.222-BA, DJ 11/4/1994, e REsp 149.186-RS, DJ 10/12/2003. **EREsp 54.788-SP, Rel. Min. Antônio de Pádua Ribeiro, julgados em 27/9/2006.** (Inform. STJ 298)

CONSÓRCIO. IMÓVEIS. DEVOLUÇÃO. PARCELAS. TAXA. ADMINISTRAÇÃO.

No consórcio de bens imóveis, a devolução das parcelas pagas deve obedecer ao que assentado na jurisprudência para o consórcio de automóveis, ou seja, far-se-á até trinta dias após o encerramento do plano, contando-se os juros dessa data e a correção monetária de cada desembolso. Não havendo regra específica que limite os valores da taxa de administração, diversamente do que ocorre no consórcio de automóveis, mas deixada para o contrato, a modificação desse somente caberia em caso de abuso, despropósito ou falta de moderação, o que não ocorre neste feito. A Turma, ao prosseguir o julgamento, por maioria, conheceu em parte do recurso e, nessa parte, deu-lhe provimento para determinar que a devolução seja feita até trinta dias após o encerramento do grupo, contando-se os juros dessa data, e para ser respeitada a estipulação contratual sobre a taxa de administração. **REsp 612.438-RS, Rel. Min. Carlos Alberto Menezes Direito, julgado em 7/3/2006.** (Inform. STJ 276)

6.4.6. Questões comentadas

(Magistratura/MT – 2009 – VUNESP) Os pais de Daniel viveram desde 4 de dezembro de 2000 em uma casa de 75 m^2 no centro da cidade, exercendo posse como se donos fossem do imóvel, pois não possuíam outro imóvel, no entanto, faleceram em um trágico acidente ocorrido em 11 de agosto de 2008. Ficando o imóvel fechado e vazio por três meses, Ana, que possuía escritura de propriedade do imóvel, inscrita no Registro Público, retomou o imóvel e lá se encontra residindo há seis meses. Daniel, não se conformando com a situação, ingressou com ação objetivando reaver o imóvel. Diante desse fato, é correto o que se afirma em:

(A) como Daniel não exercia posse sobre o imóvel, o falecimento de seus pais não lhe garante nenhum direito sobre este, por não ter somado suas posses.

(B) Daniel somente poderia ter algum direito sobre o imóvel, se seus pais tivessem requerido a aquisição de propriedade do imóvel por ação de usucapião.

(C) o falecimento dos pais de Daniel interromperam a posse com *animus domini*, impossibilitando a aquisição da propriedade por usucapião.

(D) Daniel adquiriu o imóvel por sucessão *causa mortis*, razão pela qual poderá intentar a retomada do imóvel por via judicial em face de Ana.

(E) Ana é proprietária do imóvel por ter título público inscrito e retornando à sua posse, não se discute eventual direito de terceiros.

Os pais de Daniel adquiriram o imóvel pela usucapião especial urbana (art. 1.240 do CC), de modo que este poderá retomar a coisa, já que é sucesso *causa mortis* de seus pais.

Gabarito "D"

(Procurador do Estado/PR – UEL-COPS – 2011) No que se refere às descrições do Código Civil acerca da Desapropriação, assinale a alternativa incorreta:

(A) o proprietário pode ser privado da coisa na hipótese de necessidade ou utilidade pública;

(B) o proprietário pode ser privado da coisa em casos de interesse social;

(C) o proprietário pode ser privado da coisa se o imóvel de sua propriedade consistir em extensa área, na posse ininterrupta e de boa-fé, por mais de cinco anos, de considerável número de pessoas, e estas nela houverem realizado obras e serviços considerados pelo juiz de interesse social e econômico relevante;

(D) a sentença é o título para o registro de imóveis, em casos de desapropriação declarada pelo juiz como de interesse coletivo relevante, a partir de obras realizadas por esta mesma coletividade, em imóvel de terceiro;

(E) o proprietário pode ser privado da coisa, nos casos de desapropriação, na hipótese de perigo público iminente.

A e **B:** corretas (art. 1.228, § 3°, do CC); **C:** correta, devendo ser assinalada, (art. 1.228, § 4°, do CC); **D:** correta (art. 1.228, § 5°, do CC); **E:** incorreta, devendo ser assinalada, pois o proprietário pode ser privado da coisa, nos casos de requisição, em caso de perigo público iminente (art. 1.228, § 3°, do CC).

Gabarito "E"

(Procurador do Estado/RS – FUNDATEC – 2010) Assinale a alternativa incorreta:

(A) O direito de propriedade não é uma soma de faculdades, mas a unidade dos poderes conferidos ao proprietário.

(B) Possuidor ou detentor injusto é o que dispõe do bem sem causa jurídica que respalde a sua atuação.

(C) As universalidades de fato não podem ser objeto de reivindicação, pois esta tem por finalidade a restituição das coisas corpóreas certas que estejam no comércio.

(D) As regras legais submetem o exercício do direito de propriedade às suas finalidades econômicas e sociais, valorando o elemento da utilidade do bem.

(E) Como regra, o amplo direito subjetivo do proprietário sobre a coisa objeto do seu domínio abrange o solo, o subsolo, os frutos e produtos.

A: correta (art. 1.228, do CC); **B:** correta (art. 1.200, do CC); **C:** incorreta (artigos 90 e 1.228, ambos do CC); **D:** correta (art. 5°, XXIII, da CF/88 e art. 1.228, § 1°, do CC); **E:** correta (art. 1.229, do CC).

Gabarito "C"

(Procurador – Banco Central – 2009 – CESPE) No direito brasileiro, quanto à alienação de bem imóvel de valor superior ao limite legal,

(A) o contrato de compra e venda firmado por instrumento público é condição bastante à transmissão da propriedade.

(B) o contrato de compra e venda do bem estabelece apenas obrigações, de modo que transmitirá a propriedade uma segunda convenção realizada pelas partes no cartório de registro de imóveis.

(C) o registro imobiliário é o ato que determina a transmissão da propriedade, sendo irrelevante a posterior nulidade do contrato que o antecedeu.

(D) firmado contrato válido de transmissão da propriedade, apenas o registro no cartório imobiliário será bastante à efetiva transmissão, pois o primeiro só estabelece obrigações.

(E) a transmissão da propriedade ocorre pela formação de contrato válido, sendo o registro uma condição de eficácia que opera efeitos retroativos à data em que foi firmada a avença.

A e **B:** incorretas, pois estão em desacordo com o art. 1.245, *caput,* do CC; **C:** incorreta, pois o registro pode ser anulado (art. 1.247, do CC); **D:** correta (art. 1.245, *caput* e § 1º, do CC); **E:** incorreta, pois está em desacordo com o art. 1.245, *caput,* do CC.

Gabarito "D"

(Cartório/SP – 2011 – VUNESP) Assinale a alternativa incorreta a respeito da aquisição da propriedade imóvel.

(A) O registro é eficaz desde o momento em que se apresentar o título ao oficial do registro, e este o prenotar no protocolo.

(B) A aquisição *causa mortis* não depende de registro do título.

(C) A presunção que decorre do registro do título translativo não é absoluta, podendo ser objeto de anulação.

(D) Não é possível cancelar o registro em prejuízo do terceiro adquirente de boa-fé.

A: correta, pois repete o disposto no art. 1.246 do CC; **B:**correta, pois aberta a sucessão a herança se transmite automaticamente aos herdeiros. Assim todo o patrimônio do *de cujus* passa a integrar a esfera patrimonial dos herdeiros, independentemente de registro ou outra formalidade. Note que o registro é indispensável para a aquisição da propriedade imóvel apenas por ato *inter vivos* (arts. 1.784 e 1.245 do CC); **C:** correta, pois, de fato a presunção é relativa, vez que admite prova em contrário. Neste passo, o art. 1.247 do CC prevê expressamente que "Se o teor do registro não exprimir a verdade, poderá o interessado reclamar que se retifique ou anule". Neste sentido, vide art. 252 da Lei 6.015/1973; **D:** incorreta (devendo ser assinalada), pois este é um dos poucos casos em que o Código não privilegia o terceiro de boa-fé, sendo plenamente possível o proprietário reivindicar o imóvel, independentemente de boa-fé ou do título do terceiro adquirente, no caso de cancelamento do registro (art. 1.247, parágrafo único, do CC).

Gabarito "D"

(Cartório/SP – 2012 – VUNESP) No que se refere às árvores limítrofes, é correto afirmar que os frutos que eventualmente se desprenderem de uma árvore situada em terreno vizinho e vierem a cair em solo particular pertencerão

(A) em condomínio necessário, em igualdade, aos proprietários confinantes.

(B) ao proprietário do solo em que caírem, se este for de propriedade particular.

(C) exclusivamente ao proprietário onde situada a árvore.

(D) sempre ao Poder Público.

Nos termos do art. 1.284 do CC "Os frutos caídos de árvore do terreno vizinho pertencem ao dono do solo onde caíram, se este for de propriedade particular". Portanto, a alternativa "B" está correta.

Gabarito "B"

(Cartório/SP – 2012 – VUNESP) Espécie de acessão em que sedimentos de rios lentamente se depositam à margem de um terreno, unindo-se à propriedade já existente, denomina-se

(A) avulsão.

(B) aluvião.

(C) abandono de álveo.

(D) formação de ilhas.

A: incorreta, pois avulsão consiste no deslocamento de uma porção de terra de um prédio a outro por força natural e violenta (art. 1.251 do CC); **B:** correta, pois aluvião é o acréscimo natural e imperceptível de terras às margens dos rios. Ocorre quando a terra vai se depositando em uma margem do rio, formando um novo pedaço de terra. A doutrina denomina aluvião imprópria aquela situação em que esse pedaço de terra se forma pelo afastamento de águas, que descobrem parte do álveo, ou seja, parte da área coberta pelas águas (art. 1.250 do CC); **C:** incorreta, pois álveo abandonado é o rio que seca ou desvia em virtude de fenômeno natural (art. 1.252 do CC); **D:** incorreta, pois na formação de ilhas em rios não navegáveis ocorre o depósito paulatino de materiais (trazidos pela corrente) ou rebaixamento de águas, deixando descoberta e a seco parte do fundo ou do leito (art. 1.249 do CC e art. 23 do Decreto 24.643/1934).

Gabarito "B"

(Analista – TRE/MT – 2010 – CESPE) De acordo com o Código Civil, as formas de aquisição da propriedade móvel incluem

(A) usucapião e ocupação.

(B) acessão e ocupação.

(C) especificação e acessão.

(D) tradição e acessão.

(E) usucapião e registro.

A propriedade móvel pode ser adquirida por usucapião, ocupação, achado, tradição, especificação, confusão, comissão e por adjunção (arts. 1.260 a 1.274, do CC).

Gabarito "A"

(Magistratura/PE – 2011 – FCC) O possuidor, objetivando adquirir um imóvel pela usucapião extraordinária, para atingir o prazo exigido por lei,

(A) pode acrescentar à sua posse a dos seus antecessores, facultativamente na sucessão singular, sendo que isto se dá, de pleno direito, na sucessão universal.

(B) não pode acrescentar à sua posse a dos seus antecessores, seja a sucessão a título singular, seja universal.

(C) acrescerá de pleno direito à sua posse apenas a de seus antecessores a título universal, mas em nenhuma hipótese a de seus antecessores a título singular.

(D) pode acrescentar à sua posse apenas a de seus antecessores a título singular.

(E) pode acrescentar à sua posse a dos seus antecessores facultativamente na sucessão a título universal e de pleno direito na sucessão a título singular.

Arts. 1.207 e 1.243 do CC.

Gabarito "A"

(Magistratura/SP – 2013 – VUNESP) Sobre o imóvel urbano de 350 m² que, sem interrupção e nem oposição, está na posse de Cícero desde fevereiro de 2003, tanto que nele construiu casa pré-fabricada de madeira, onde habita com sua família, é correto dizer que

(A) em fevereiro de 2005, a usucapião especial se consumaria.

(B) em 2008, já poderia ter sido usucapido de acordo com a regra da usucapião especial urbana.

(C) poderia ser usucapido somente em 2018, de acordo com a regra da usucapião ordinária do Código Civil.

(D) em fevereiro de 2013, Cícero já pode ajuizar a ação de usucapião para ver reconhecido seu direito de propriedade sobre o imóvel.

A e **B:** incorretas, pois a usucapião especial reclama imóvel máximo de 250 m² (art. 1.240, *caput*, do CC); **C:** incorreta, pois o prazo da usucapião extraordinária, que seria de 15 anos, ficará reduzido para 10 anos se o possuidor houver estabelecido no imóvel sua moradia habitual (art. 1.238, parágrafo único, do CC), que foi o que aconteceu no caso, de modo que em fevereiro de 2013 (10 anos após o início da posse no imóvel), Cícero adquire o bem por usucapião e pode ajuizar a ação de usucapião respectiva; **D:** correta, nos termos do comentário feito à alternativa anterior.

Gabarito "D"

(Ministério Público/CE – 2009 – FCC) Sobre a usucapião pode-se afirmar:

I. É forma originária de aquisição da propriedade, que se obtém mediante sentença judicial de natureza constitutiva.

II. O possuidor pode, a fim de atingir o tempo necessário para a aquisição da propriedade pela usucapião extraordinária, contar os períodos de posse dos seus antecessores desde que todos sejam contínuos e pacíficos.

III. A usucapião pode ter por objeto coisas móveis, coisas imóveis e servidões aparentes.

IV. O imóvel de propriedade de pessoas relativamente incapazes não pode ser adquirido por terceiro que esteja na sua posse, ainda que preenchidos os requisitos legais para a usucapião.

V. Não será reconhecido mais de uma vez ao mesmo possuidor o direito de adquirir imóvel rural pela usucapião pro-labore, em que o prazo exigido para a aquisição é de cinco (05) anos.

Estão corretas as afirmações

(A) III, IV e V.

(B) II, IV e V.

(C) II, III e V.

(D) I, III e V.

(E) I, II e III.

I: incorreta, pois a usucapião se adquire pelo preenchimento dos requisitos legais, sendo a sentença meramente declaratória; **II:** correta (art. 1.243 do CC); **III:** correta, pois a lei permite a usucapião nessas três situações; **IV:** incorreta, pois a prescrição não corre contra os absolutamente incapazes (art. 198, I, do CC), mas corre contra os relativamente incapazes; **V:** correta (art. 1.239 do CC).

Gabarito "C"

(Ministério Público/SP – 2011) É correto afirmar que a aquisição por usucapião de imóvel urbano, por pessoa que seja proprietária de imóvel rural, se dá:

(A) após 5 (cinco) anos, independentemente de justo título e boa-fé, limitada a área a 250 m2.

(B) após 15 (quinze) anos, independentemente de justo título e boa-fé, sem limite de tamanho da área.

(C) após 5 (cinco) anos, independentemente de justo título e boa-fé, limitada a área a 350 m2.

(C) após 10 (dez) anos, independentemente de justo título, limitada a área a 01 alqueire.

(E) após 10 (dez) anos, independentemente de boa-fé, desde que não utilizado o imóvel para moradia.

A alternativa "b" está correta, pois se trata da usucapião extraordinária, prevista no art. 1.238 do CC.

Gabarito "B"

(Ministério Público/SP – 2010) Assinale a alternativa correta:

(A) na usucapião urbana individual, prevista na Lei nº 10.257/01 (Estatuto da Cidade), não é possível levar-se a efeito aquisição de terreno inferior ao mínimo módulo urbano.

(B) a usucapião rural consagrada no artigo 1.239 do Código Civil, que exige a chamada posse trabalho/moradia, não reclama *animus domini* da parte usucapiente.

(C) a usucapião coletiva pode ter como objeto áreas particulares e públicas.

(D) os bens dominicais, à luz do novo Código Civil Brasileiro, podem ser usucapidos.

(E) na usucapião coletiva, prevista na Lei nº 10.257/01 (Estatuto da Cidade), como regra geral, a cada possuidor será atribuída, por decisão judicial, igual fração ideal de terreno.

A: incorreta, pois não há essa restrição no art. 9º da Lei 10.257/01; **B:** incorreta, pois reclama que o interessado possua a coisa como sua, ou seja, reclama ou *animus domini* (art. 1.239 do CC); **C** e **D:** incorretas, pois não cabe usucapião sobre bens públicos (art. 102 do CC); **E:** correta (art. 10, § 3º, da Lei 10.257/01).

Gabarito "E"

(Procurador do Estado/GO – 2010) Sobre a usucapião, está CORRETA a seguinte proposição:

(A) Usucapião é forma derivada de aquisição da propriedade pelo exercício da posse, com *animus domini*, na forma e pelo tempo exigidos pela lei.

(B) Com exceção dos bens dominicais, os demais bens públicos não podem ser adquiridos por usucapião.

(C) Adquire também a propriedade do imóvel aquele que, contínua e incontestadamente, independentemente de justo titulo e boa-fé, o possuir por dez anos.

(D) Não se aplicam à usucapião as causas que obstam, suspendem ou interrompem a prescrição.

(E) Aquele que possuir, como sua, área urbana de até 250 metros quadrados, por cinco anos ininterruptamente e sem oposição, utilizando-a para sua moradia ou de sua família, adquirir-lhe-á o domínio, desde que não seja proprietário de outro imóvel urbano ou rural.

A: incorreta, pois a usucapião é forma originária de aquisição da propriedade; **B:** incorreta, pois nenhum bem público pode ser adquirido por usucapião (art. 102, do CC); **C:** incorreta, pois o prazo é de quinze anos (art. 1.238, do CC); **D:** incorreta (art. 1.244, do CC); **E:** correta (art. 1.240, do CC).

Gabarito "E"

(Procurador do Município/Sorocaba-SP – 2012 – VUNESP) Assinale a alternativa que descreve corretamente os requisitos para a ocorrência da usucapião extraordinária.

(A) Aquele que exercer, por dois anos ininterruptamente e sem oposição, posse direta, com exclusividade, sobre imóvel urbano de até duzentos e cinquenta metros quadrados, cuja propriedade divida com ex-cônjuge ou ex-companheiro que abandonou o lar, utilizando-o para sua moradia ou de sua família, adquirir-lhe-á o domínio integral, desde que não seja proprietário de outro imóvel urbano ou rural.

(B) Aquele que, não sendo proprietário de imóvel rural ou urbano, possua como sua, por cinco anos ininterruptos, sem oposição, área de terra em zona rural não superior a cinquenta hectares, tornando-a produtiva por seu trabalho ou de sua família, tendo nela sua moradia, adquirir-lhe-á a propriedade.

(C) Aquele que possuir, como sua, área urbana de até duzentos e cinquenta metros quadrados, por cinco anos ininterruptamente e sem oposição, utilizando-a para sua moradia ou de sua família, adquirir-lhe-á o domínio, desde que não seja proprietário de outro imóvel urbano ou rural.

(D) Aquele que, por quinze anos, sem interrupção, nem oposição, possuir como seu um imóvel, adquire-lhe a propriedade, independentemente de título e boa-fé, podendo requerer ao juiz que assim o declare por sentença, a qual servirá de título para o registro no Cartório de Registro de Imóveis.

(E) As áreas urbanas com mais de duzentos e cinquenta metros quadrados, ocupadas por população de baixa renda para sua moradia, por cinco anos, ininterruptamente e sem oposição, onde não for possível identificar os terrenos ocupados por cada possuidor, são susceptíveis de serem usucapidas coletivamente, desde que os possuidores não sejam proprietários de outro imóvel urbano ou rural.

A: incorreta (art. 1.240-A, do CC e enunciados n. 498/502, CJF); **B:** incorreta, pois trata da usucapião especial rural (art. 1.239, do CC); **C:** incorreta, pois trata da usucapião especial urbana (art. 1.240, do CC); **D:** correta (art. 1.238, do CC); **E:** incorreta, pois trata da usucapião urbana coletiva (art. 10, da Lei n. 10.257/01 – Estatuto da Cidade).

Gabarito "D"

(Cartório/SP – 2012 – VUNESP) Cotejando a usucapião extraordinária e ordinária, resulta que aquela dispensa os seguintes requisitos em relação a esta:

(A) Justo Título e Boa-fé subjetiva.

(B) apenas o Justo Título, sendo necessária a Boa-fé subjetiva.

(C) apenas a Boa-fé subjetiva, sendo necessário o Justo Título.

(D) apenas a Boa-fé objetiva, sendo necessária a subjetiva.

Para que se configure o direito a usucapião extraordinária basta que haja posse mansa, pacífica e ininterrupta, *animus domini* e que seja completado o lapso temporal, em regra de 15 anos. Justo título e boa-fé (tanto objetiva quanto subjetiva) são requisitos totalmente dispensáveis (art. 1.238 do CC), diferentemente do que ocorre na usucapião ordinária, consoante art. 1.242 do CC (Enunciado 86 do CJF). Por isso que a lei exige um prazo de prescrição aquisitiva mais extenso para a usucapião extraordinária, haja vista que completado o lapso temporal todos os eventuais vícios da posse serão sanados, de modo que é possível, por exemplo que um esbulhador de torne proprietário do bem.

Gabarito "A"

(Ministério Público/PR – 2009) Sobre a usucapião, como forma de aquisição da propriedade de bem móvel ou imóvel, é INCORRETO afirmar:

(A) Aquele que, por 15 (quinze) anos, exerça a posse de forma contínua e ininterrupta e sem oposição, com ou sem justo título, adquire a propriedade do bem imóvel, independentemente da boa-fé.

(B) Aquele que, por 05 (cinco) anos, exerça a posse de imóvel rural com área de até 50 (cinquenta) hectares, de forma contínua e ininterrupta e sem oposição, adquire-lhe a propriedade, independentemente da boa-fé e do uso que atribua ao bem.

(C) Aquele que, por 10 (dez) anos, exerça a posse de forma contínua e ininterrupta e sem oposição, com justo título e boa-fé, adquire a propriedade do bem imóvel.

(D) É possível ao possuidor acrescer à sua posse o tempo de exercício possessório de seus antecessores, seja por decorrência de sucessão por *causa mortis* ou por ato *intervivos*.

(E) Aquele que possuir coisa móvel como sua, contínua e incontestadamente durante 03 (três) anos, com justo título e boa-fé, adquirir-lhe-á a propriedade.

A: correto (art. 1.238 do CC); **B:** incorreto (e deve ser assinalada), pois o bem deve ter se tornado produtivo e servido de moradia para o interessado (art. 1.239 do CC); **C:** correto (art. 1.242 do CC); **D:** correto (art. 1.243 do CC); **E:** correto (art. 1.260 do CC).

Gabarito "B"

(Cartório/SP – 2011 – VUNESP) Aquele que, trabalhando em matéria-prima em parte alheia, obtiver espécie nova, desta será proprietário, se não se puder restituir à forma anterior. A regra legal representa qual instituto?

(A) Especificação.

(B) Confusão.

(C) Comissão.

(D) Adjunção.

A: correta, pois especificação é modo de aquisição da propriedade pela transformação de coisa móvel em espécie nova, em virtude de trabalho ou indústria do especificador, desde que não seja possível reduzi-la à forma primitiva (art. 1.269 do CC). Um exemplo é o trabalho feito por artesão em matéria-prima do qual não é dono. O fundamento do instituto é a valorização do trabalho e da função social da propriedade; **B:** incorreta, pois confusão é a mistura entre coisas líquidas. Ex: água e álcool (art. 1.272 a 1.274 do CC); **C:** incorreta, pois a comissão é a mistura entre coisas secas ou sólidas. Ex: açúcar e farinha (art. 1.272 a 1.274 do CC); **D:** incorreta, pois adjunção é a justaposição de coisas, sem a possibilidade de destacar acessório do principal. Ex: duas coisas coladas (art. 1.272 a 1.274 do CC).

Gabarito "A"

(Cartório/SP – 2012 – VUNESP) No regime da descoberta, uma vez encontrado o bem, é correto afirmar que

(A) qualquer que seja o valor, não há nenhuma obrigação de restituição, seguindo-se o brocardo popular de que "achado não é roubado".

(B) se de pequeno valor, desconhecendo-se o dono, a lei legitima a posse e domínio do descobridor.

(C) cumpre ao descobridor devolvê-lo ao seu verdadeiro proprietário ou possuidor, por determinação legal. Se não o encontrar, deverá entregá-lo à autoridade competente, fazendo jus à recompensa no valor mínimo de cinco por cento do bem.

(D) localizado o proprietário, o descobridor fará jus, no mínimo, à metade do valor do bem, qualquer que seja a sua natureza.

A: incorreta, pois encontrada coisa perdida, o descobridor tem a obrigação de tentar localizar o dono e, caso não o encontre deve entregar o bem à autoridade competente (art. 1.233 do CC); **B:** incorreta, pois ainda que de pequeno valor o descobridor deve levar o bem à autoridade caso não localize o seu dono, sendo que a autoridade terá 60 dias para tentar localizar o proprietário por meio de editais ou divulgação da notícia e outros meios de informação. Caso ninguém apareça, sendo de diminuto valor a coisa em questão, poderá o Município abandoná-la em favor de quem a achou. Daí, note que é necessário todo esse procedimento para que o descobridor permaneça legitimamente com a coisa (art. 1.233, parágrafo único, e art. 1.237, parágrafo único, do CC); **C:** correta, pois conforme previsão dos arts. 1.233 e 1.234 do CC; **D:** incorreta, pois o descobridor tem direito a uma recompensa não inferior a cinco por cento do valor do bem, e não à metade do valor, nos termos do art. 1.234 do CC.

Gabarito "C"

6.5. CONDOMÍNIO

6.5.1. Conceito

É o direito de propriedade de mais de uma pessoa sobre a mesma coisa, cabendo a cada uma delas a totalidade dos poderes inerentes ao domínio, sendo que o exercício desses poderes é limitado pelos direitos dos demais. (art. 1.314 do CC).

6.5.2. Direitos e exercício dos direitos

No plano qualitativo, todos os condôminos podem usar, reivindicar e gravar a coisa, bem como alhear parte ideal dela; por outro lado, não podem alterar a destinação da coisa e dar posse a estranhos; já no plano quantitativo, os condôminos devem dividir as despesas proporcionalmente, deliberar sobre a administração da coisa pela maioria e dividir os frutos na proporção de seus quinhões.

6.5.3. Classificação

6.5.3.1. Quanto à origem

a) convencional (voluntário): *é o resultante do acordo de vontades*, como a aquisição conjunta de um bem; b) incidental (eventual): *é o resultante de causas alheias à vontade dos condôminos*, como a herança deixada para vários herdeiros; c) forçado (legal): *é o resultante de imposição da ordem jurídica, como consequência do estado de indivisão da coisa*, como as paredes, cercas, muros e valas.

6.5.3.2. Quanto à forma

a) *pro diviso: é aquele em que a comunhão existe juridicamente, mas não de fato, dado que cada condômino exerce atos sobre parte certa e determinada do bem*; b) *pro indiviso: é aquele em que a comunhão existe de fato e de direito.*

6.5.4. Quota ideal

6.5.4.1. Conceito

É a fração que, no bem indiviso, cabe a cada consorte. Repare que o direito recai sobre o bem todo, mas com algumas limitações quantitativas em relação a alguns poderes de proprietário.

6.5.4.2. Consequências

a) possibilita o cálculo do montante das vantagens e ônus atribuíveis a cada um dos comunheiros;

b) possibilita direitos plenos (de usar e reivindicar, por exemplo) e direitos limitados (aos frutos, à repartição de despesas e a deliberações);

c) a fração deve estar no título; no silêncio, presumem-se iguais os quinhões.

6.5.5. Direitos dos condôminos

6.5.5.1. Usar da coisa conforme sua destinação e sobre ela exercer todos os direitos compatíveis com a indivisão

Assim, não é possível impedir ou atrapalhar o uso por parte do outro, nem mudar a destinação do bem, muito menos dar posse, uso ou gozo a estranhos, sem autorização dos demais.

6.5.5.2. Reivindicar os bens de terceiros

O condômino pode ingressar sozinho com a ação reivindicatória ou reintegratória de posse.

6.5.5.3. Alhear ou gravar sua parte

A alienação deve respeitar o direito de preferência em favor dos demais condôminos (art. 504 do CC); já o gravame (instituição de hipoteca, por exemplo) só incidirá sobre a parte ideal pertencente ao condômino.

6.5.5.4. Direito de pedir a divisão

6.5.6. Deveres dos condôminos

1. **Concorrer para as despesas** de conservação e divisão da coisa, na proporção de sua parte.
2. **Responder pelas dívidas** contraídas em proveito da comunhão, presumindo-se o rateio na proporção dos quinhões.
3. **Responder pelos frutos** que percebeu da coisa e pelo **dano** que lhe causou.

6.5.7. Extinção do condomínio

6.5.7.1. Regra geral

A todo tempo será lícito ao condomínio exigir a divisão da coisa comum (art. 1.320 do CC).

6.5.7.2. Exceções

a) existindo pacto de não dividir, cujo prazo máximo é de cinco anos, suscetível de prorrogação posterior; b) pela vontade do doador ou do testador; c) por determinação judicial, se houver graves razões aconselhando.

6.5.7.3. Meios

a) **Coisa divisível:** divide-se fisicamente, de acordo com os quinhões.

b) **Coisa indivisível:** a) verifica-se se um dos consortes tem interesse em adjudicar tudo para si, com a concordância de todos; não sendo possível, b) vende-se e reparte-se o apurado, sendo que há direito de preferência do condômino em relação a estranhos. É importante ressaltar que as regras do direito de preferência em caso de venda voluntária de fração ideal (art. 504 do CC) são diferentes das regras do mesmo direito em caso de divisão forçada (art. 1.322 do CC).

6.5.8. Administração do condomínio

6.5.8.1. Escolha do administrador

A maioria escolherá o administrador, que pode ser estranho ao condomínio (art. 1.323 do CC).

6.5.8.2. Poderes do administrador

Este não poderá praticar atos que exigem poderes especiais, como alienar, por exemplo.

6.5.8.3. Quorum *para deliberações*

Estas serão tomadas pela maioria absoluta; a maioria será calculada pelo valor dos quinhões. Em caso de empate, decidirá o juiz, a requerimento de qualquer condômino, ouvidos os outros (art. 1.325, §§ 1º e 2º, do CC).

6.5.9. Condomínio edilício

6.5.9.1. Conceito

É o condomínio caracterizado pela existência de uma propriedade comum ao lado de uma propriedade privativa (art. 1.331 do CC). Nesse caso temos a) *unidades autônomas*, tais como apartamentos, escritórios, salas, lojas e garagens; e b) *partes comuns*, tais como o terreno, a estrutura do edifício, o telhado, os corredores, as escadas, as áreas de lazer.

Sobre o tema colaciona-se os seguintes Enunciados:

Enunciado n. 89 JDC/CJF: *O disposto nos arts. 1.331 a 1.358 do novo Código Civil aplica-se, no que couber, aos condomínios assemelhados, tais como loteamentos fechados, multipropriedade imobiliária e clubes de campo.*

Enunciado n. 90 JDC/CJF: *Deve ser reconhecida personalidade jurídica ao condomínio edilício (redação alterada pelo Enunciado n. 246)*

Enunciado n. 91 JDC/CJF: *A convenção de condomínio ou a assembleia-geral podem vedar a locação de área de garagem ou abrigo para veículos a estranhos ao condomínio.*

Enunciado n. 247 JDC/CJF: *No condomínio edilício é possível a utilização exclusiva de área "comum" que, pelas próprias características da edificação, não se preste ao "uso comum" dos demais condôminos.*

6.5.9.2. Natureza

É um sujeito de direito despersonificado, já que a lei autoriza sua atuação em juízo, bem como a contratação de serviços e de funcionários.

6.5.9.3. *Instituição*

Ocorre com o a) **Ato de Instituição**, que discrimina e individualiza as unidades, e nasce de ato *inter vivos* ou de testamento, registrado no Registro de Imóveis (art. 1.332, *caput* e I, do CC); b) **Convenção**, que, aprovada por 2/3 das frações ideais, traz os direitos e deveres dos condôminos, devendo ser também registrada no Registro Imobiliário para ser oponível contra terceiros. A ausência do registro faz com que a convenção apenas tenha eficácia entre os condôminos (Súmula 260 do STJ: *A convenção de condomínio aprovada, ainda que sem registro, é eficaz para regular as relações entre os condôminos*); c) **Regulamento** (ou Regimento Interno), que consiste no documento que completa a convenção, tecendo minúcias sobre o funcionamento do condomínio edilício. O quórum para alteração do regimento interno do condomínio edilício pode ser livremente fixado na convenção (Enunciado n. 248 JDC/CJF) A alteração da convenção depende do voto de 2/3 do condôminos.

6.5.9.4. *Estrutura interna do condomínio*

a) **Unidades autônomas:** nenhuma unidade pode ser privada de saída para a via pública; o proprietário pode alugar, ceder ou gravar sua unidade, independente de autorização dos outros condôminos, que também não têm direito de preferência na aquisição da unidade do vizinho; o direito de preferência só existe no caso de o condômino resolver alugar sua garagem a estranhos; para efeitos tributários, cada unidade é prédio isolado; vale salientar que, de acordo com a alteração promovida pela lei 12.607/12 junto ao art. 1.331, § 1º, do CC, os abrigos para veículos só poderão ser alienados ou alugados a pessoas estranhas ao condomínio se houver autorização expressa na convenção de condomínio;

b) **Áreas comuns:** cada consorte pode utilizá-las sem dano, incômodo ou embaraço aos demais; são insuscetíveis de divisão e de alienação.

6.5.9.5. *Deveres e sujeições dos condôminos*

a) contribuir para as despesas na proporção de sua fração ideal, salvo disposição em contrário na convenção, não podendo votar na assembleia se não estiver quite;

b) pagar juros de 1% ao mês e multa de até 2% caso não pague sua contribuição; quanto à multa, o Enunciado nº 505 das Jornadas de Direito Civil entende que "é nula a estipulação que, dissimulando ou embutindo multa acima de 2%, confere suposto desconto de pontualidade no pagamento da taxa condominial, pois configura fraude à lei (Código Civil, art. 1336, § 1º), e não redução por merecimento";

c) não alterar a fachada;

d) preservar o sossego, a salubridade, a segurança e os bons costumes. Quanto ao tema, colaciona-se o Enunciado n. 566 JDC/CJF: *A cláusula convencional que restringe a permanência de animais em unidades autônomas residenciais deve ser valorada à luz dos parâmetros legais de sossego, insalubridade e periculosidade.*;

e) pagar multa correspondente até o quíntuplo do valor atribuído à contribuição para as despesas condominiais, se não cumprir reiteradamente os seus deveres perante o condomínio, conforme a gravidade das faltas e a reiteração, independentemente das perdas e danos que se apurem, mediante deliberação de três quartos dos condôminos restantes. O condômino ou o possuidor que, por seu comportamento anti-social gerar incompatibilidade de convivência com os demais condôminos ou possuidores poderá ser compelido a pagar multa de até dez vezes o valor de sua contribuição, de acordo com as disposições legais e convencionais aplicáveis ao caso concreto; o Enunciado nº 508 das Jornadas de Direito Civil entende que "verificando-se que a sanção pecuniária mostrou-se ineficaz, a garantia fundamental da função social da propriedade (arts. 5º, XXIII, da CRFB e 1.228, § 1º, do CC) e a vedação ao abuso do direito (arts. 187 e 1.228, § 2º, do CC) justificam a exclusão do condômino antissocial, desde que a ulterior assembleia prevista na parte final do parágrafo único do art. 1.337 do Código Civil delibere a propositura de ação judicial com esse fim, asseguradas todas as garantias inerentes ao devido processo legal". Por fim, alerta-se que referidas sanções não podem ser aplicadas sem que se garanta direito de defesa ao condômino nocivo (Enunciado n. 92 JDC/CJF).

6.5.9.6. Alguns direitos dos condôminos

a)usar, fruir e livremente dispor das suas unidades;

b)usar das partes comuns, conforme a sua destinação, e contanto que não exclua a utilização dos demais compossuidores;

c)votar nas deliberações da assembleia e delas participar, estando quite.

d)preferência em iguais condições no que tange a estranhos, caso algum condômino resolva alugar área no abrigo de veículos. O Enunciado n. 320 JDC/CJF, todavia, alerta que o direito de preferência deve ser assegurado não apenas nos casos de locação, mas também na hipótese de venda da garagem.

6.5.9.7. Administração do condomínio

a) Exercício: dá-se pelo síndico, cujo mandato é de até dois anos, permitida a reeleição.

b) Competência do síndico: representa ativa e passivamente o condomínio, em juízo ou fora dele; pode ser condômino ou pessoa natural ou jurídica estranha.

c) Assembleia: a Geral Ordinária tem por objeto aprovar, por maioria dos presentes, o orçamento das despesas, a contribuição dos condôminos e a prestação de contas. Já a Extraordinária é convocada pelo síndico ou por 1/4 do condôminos.

d) Quórum: salvo quando exigido quórum especial, as deliberações da assembleia serão tomadas, em primeira convocação, por maioria dos votos dos condôminos presentes que representem pelo menos metade das frações ideais. Em segunda votação, a assembleia poderá deliberar por maioria dos votos presentes. Depende da aprovação de 2/3 dos votos dos condôminos a alteração da convenção. A mudança de destinação do edifício depende da unanimidade.

6.5.10. Jurisprudência selecionada

Súmula STJ nº 478

Na execução de crédito relativo a cotas condominiais, este tem preferência sobre o hipotecário.

DIREITO CIVIL. DIREITO DE VOTO EM ASSEMBLEIA DE CONDOMÍNIO.

Em assembleia condominial, o condômino proprietário de diversas unidades autônomas, ainda que inadimplente em relação a uma ou algumas destas, terá direito de participação e de voto relativamente às suas unidades que estejam em dia com as taxas do condomínio. É certo que o CC submete o exercício do direito de participar e votar em assembleia geral à quitação das dívidas que o condômino tiver com o condomínio. Todavia, deve-se considerar que a quitação exigida pelo art. 1.335, III, do CC para que o condômino tenha o direito de participar das deliberações das assembleias com direito a voto refere-se a cada unidade. Assim, considerando que as taxas condominiais são devidas em relação a cada unidade, autonomamente considerada, a penalidade advinda de seu não pagamento, consequentemente, também deve ser atrelada a cada unidade. Ressalte-se que, a partir de uma interpretação sistemática e teleológica dos dispositivos que tratam do condomínio edilício, é possível depreender que a figura da "unidade isolada" constitui elemento primário da formação do condomínio, estando relacionada a direitos e deveres, que devem ser entendidos como inerentes a cada unidade. De fato, em razão da natureza *propter rem* das cotas condominiais, a dívida delas decorrente estará atrelada a cada unidade, por se tratar de despesa assumida em função da própria coisa. Destaque-se que o CC trouxe como objeto central do condomínio edilício a "unidade autônoma", e não a figura do condômino, em virtude da qual o condomínio se instaura, numa relação de meio a fim, apontando assim para a adoção da concepção objetiva de condomínio. Ademais, as dívidas relativas ao imóvel são por ele garantidas, o que indica a estrita vinculação entre o dever de seu pagamento e a propriedade do bem. **REsp 1.375.160-SC, Rel. Min. Nancy Andrighi, julgado em 1º/10/2013.** (Inform. STJ 530)

DIREITO CIVIL. QUÓRUM PARA A MODIFICAÇÃO DE REGIMENTO INTERNO DE CONDOMÍNIO EDILÍCIO.

A alteração de regimento interno de condomínio edilício depende de votação com observância do quórum estipulado na convenção condominial. É certo que o art. 1.351 do CC, em sua redação original, previa quórum qualificado de dois terços dos condôminos para a modificação do regimento interno do condomínio. Ocorre que o mencionado dispositivo teve sua redação alterada pela Lei 10.931/2004, a qual deixou de exigir para tanto a observância de quórum qualificado. Assim, conclui-se que, com a Lei 10.931/2004, foi ampliada a autonomia privada dos condôminos, os quais passaram a ter maior liberdade para definir o número mínimo de votos necessários para a alteração do regimento interno. Nesse sentido é, inclusive, o entendimento consagrado no Enunciado 248 da III Jornada de Direito Civil do CJF, que dispõe que o quórum para alteração do regimento interno do condomínio edilício pode ser livremente fixado em convenção. Todavia, deve-se ressaltar que, apesar da nova redação do art. 1.351 do CC, não configura ilegalidade a exigência de quórum qualificado para votação na hipótese em que este tenha sido estipulado em convenção condominial aprovada ainda na vigência da redação original do art. 1.351 do CC. **REsp 1.169.865-DF, Rel. Min. Luis Felipe Salomão, julgado em 13/8/2013.** (Inform. STJ 527)

RESPONSABILIDADE. DESPESAS CONDOMINIAIS. PROMESSA. COMPRA E VENDA.

A Turma deu provimento ao recurso especial a fim de reconhecer a ilegitimidade passiva da recorrente para figurar na ação de cobrança de despesas condominiais (relativas a meses de 2004 e 2005) proposta, na origem, pelo condomínio no qual é proprietária de uma sala. Na espécie, ela havia vendido o imóvel em 1999 por meio de contrato de promessa de compra e venda, tendo o promissário comprador se imitido na posse precária do bem. De acordo com o Min. Relator, a responsabilidade pelos encargos condominiais, quando há contrato de promessa de compra e venda, pode recair tanto sobre o promissário comprador quanto sobre o promitente vendedor. Entretanto, salientou que não cabe ao autor da ação escolher um dos dois aleatoriamente, sendo necessário aferir com quem a relação jurídica material foi estabelecida no caso concreto. Assim, asseverou que, nessas hipóteses, o promissário comprador que se imitiu na posse do imóvel, ainda que em caráter precário, e de cuja imissão o condomínio teve conhecimento, deve responder pelas despesas condominiais no período em que exerceu essa posse, mostrando-se irrelevante o fato de o contrato ter sido ou não registrado. Precedentes citados: EREsp 136.389-MG, DJ 13/9/1999; REsp 470.487-SP, DJ 30/6/2003; REsp 200.914-SP, DJ 13/12/1999; AgRg no REsp 573.801-SP, DJe 27/10/2010; REsp 579.943-RS, DJ 16/11/2004; REsp 813.161-SP, DJ 8/5/2006, e REsp 172.859-PR, DJ 1º/10/2001. **REsp 1.079.177-MG, Rel. Min. Massami Uyeda, julgado em 2/6/2011.** (Inform. STJ 475)

AÇÃO. COBRANÇA. COTAS CONDOMINIAIS. ARQUIVAMENTO. IMÓVEL.

A jurisprudência assente é no sentido de que o adquirente de imóvel em condomínio responde pelas cotas condominiais em atraso, ainda que anteriores à aquisição, ressalvado o direito de regresso contra o antigo proprietário. Não constitui ofensa à coisa julgada o trânsito em julgado de ação de cobrança proposta contra os antigos proprietários que se encontrava em fase de cumprimento de sentença quando homologada a desistência requerida pelo exequente. Isso decorre porque, de acordo com os limites subjetivos da coisa julgada material, essa produz efeitos apenas em relação aos integrantes na relação jurídico-processual em curso, de maneira que, nessa regra, terceiros não podem ser beneficiados ou prejudicados. Assim, nenhum impedimento havia de que o condomínio, autor da demanda, propusesse nova ação de cobrança contra os atuais proprietários do imóvel, recorridos. **REsp 1.119.090-DF, Rel. Min. Nancy Andrighi, julgado em 22/2/2011.** (Inform. STJ 464)

DESPESAS. CONDOMÍNIO. RATEIO.

Em ação de cobrança para ressarcimento de rateio de despesas realizadas em loteamento por associação de proprietários de lotes (período de 1997 a 1999), o TJ manteve a sentença de procedência e afirmou que tal realidade seria análoga à de um condomínio: aproveitando a todos os condôminos os benefícios realizados, as despesas devem ser por todos suportadas, mesmo que o proprietário do lote não seja associado, consequentemente evitando o enriquecimento sem causa. No REsp, a recorrente busca a nulidade do acórdão recorrido e anota que, mesmo interpostos os embargos de declaração, o TJ silenciou quanto à situação jurídica do loteamento que, equivocadamente, foi equiparado a loteamento fechado. Destaca o Min. Relator que, da sentença, extrai-se que a recorrente sustentou não ser associada, mas afirmou ter contribuído com as mensalidades até 1997. Porém, observa que a Segunda Seção já pacificou o entendimento de que as taxas de manutenção criadas por associações de moradores não podem ser impostas a proprietário de imóvel que não é associado nem aderiu ao ato que instituiu o encargo. Diante do exposto, a Turma deu provimento ao recurso para julgar improcedente a ação, determinando ainda que a associação autora sucumbente arque com as custas processuais e os honorários advocatícios, os quais fixou em 10% sobre o valor da causa. Precedentes citados: EREsp 444.931-SP, DJ 1º/2/2006; AgRg nos EREsp 961.927-RJ, DJe 15/9/2010; AgRg no Ag 1.179.073-RJ, DJe 2/2/2010, e AgRg no REsp 613.474-RJ, DJe 5/10/2009. REsp 1.020.186-SP, Rel. Min. Sidnei Beneti, julgado em 16/11/2010. (Inform. STJ 456)

DEVOLUÇÃO. VALORES. INCORPORAÇÃO IMOBILIÁRIA.

A construção de imóvel sob regime de administração (preço de custo), na forma do art. 58 da Lei n. 4.591/1964, passa a ser um negócio coletivo administrado pelos próprios condôminos, adquirentes de frações ideais do empreendimento, que, por meio de uma comissão de representantes, recebe, administra e investe os valores vertidos por todos, motivo pelo qual os riscos do empreendimento são de responsabilidade dos adquirentes. É incabível, em regra, que a incorporadora figure no polo passivo da ação de devolução das parcelas pagas e administradas pelo condomínio. Porém, no caso, embora exista o condomínio, os pagamentos dos valores para a realização da construção eram feitos diretamente ao alienante das frações ideais, o qual se confunde com os incorporadores. O regime de administração ou preço de custo ficam descaracterizados pelo fato de que os alienantes eram incorporadores e, ao mesmo tempo, construtores. Assim, não há carência da ação para a devolução das parcelas pagas e pelos danos decorrentes do alegado inadimplemento da obrigação, uma vez que o condomínio apenas fiscalizava as obras já realizadas e toda a administração do empreendimento, inclusive o recebimento das parcelas, estava sob responsabilidade dos alienantes/incorporadores. **REsp 426.934-SP, Rel. Min. Luis Felipe Salomão, julgado em 16/3/2010**. (Inform. STJ 427)

INDENIZAÇÃO. EX-CÔNJUGE. USO EXCLUSIVO. IMÓVEL.

É certo que a comunhão dos bens cessa com a separação do casal. Daí que, se ainda não foi ultimada a partilha do patrimônio comum, a título de indenização, é facultado ao ex-cônjuge exigir do outro que está sozinho na posse e uso de imóvel parcela correspondente à metade da renda de presumido aluguel (devida a partir da citação). Enquanto não dividido o imóvel, remanesce a propriedade do casal sobre o bem, mas sob as regras do instituto do condomínio, tal qual a do art. 1.319 do CC/2002, que determina a cada condômino responder pelos frutos que percebeu da coisa. Conclui-se disso que, se apenas um deles reside no imóvel, abre-se a via da indenização ao que se encontra privado da fruição da coisa. Contudo, em igual medida, persiste a obrigação de ambos, na proporção de cada parte, concorrer para as despesas de manutenção da coisa, como as necessárias à regularização do imóvel junto aos órgãos competentes, os impostos, as taxas e encargos que porventura onerem o bem, além da obrigação de promover a sua venda para a ultimação da partilha, tudo nos termos acordados por ambos (art. 1.315 do CC/2002). Precedentes citados: EREsp 130.605-DF, DJ 23/4/2001, e REsp 254.190-SP, DJ 4/2/2002. **REsp 983.450-RS, Rel. Min. Nancy Andrighi, julgado em 2/2/2010**. (Inform. STJ 421)

EXECUÇÃO. TAXAS. CONDOMÍNIO. IMÓVEL.

Admite-se a penhora sobre direitos de fração de imóvel situado em condomínio irregular. No caso, trata-se de ação de execução de cotas condominiais em que o condomínio penhorou imóvel da propriedade do recorrente e, no REsp, aborda apenas a impenhorabilidade do imóvel por estar em condomínio que ocupa área irregular. Ressalta o Min. Relator que essa situação reflete a realidade da capital federal, que tolera a ocupação e o parcelamento irregular de extensas áreas, nas quais, embora não se permita a compra e venda das frações ideais de loteamento, os direitos possessórios sobre o imóvel podem ser objeto de negócio jurídico, em especial, a hipótese dos autos, que possui valoração monetária e a dívida refere-se às despesas condominiais do próprio bem. Sendo assim, destaca que a alienação dos direitos do recorrente não importa na regularização da fração do condomínio, pois a propriedade da terra nua continuará pertencendo ao legítimo proprietário constante no registro imobiliário. **REsp 901.906-DF, Rel. Min. João Otávio de Noronha, julgado em 4/2/2010**. (Inform. STJ 421)

CONDOMÍNIO. ASSEMBLEIA GERAL. QUORUM. SUPRIMENTO.

A Turma negou provimento ao recurso ao entendimento de que em assembleia geral de condomínio, o *quorum* qualificado para a aprovação de obras a serem realizadas em partes comuns do condomínio depende da aprovação de dois terços dos condôminos conforme o art. 1.342 do CC/2002, não se admitindo ratificação posterior de ata para suprir eventual falta de *quorum* por ocasião da assembleia que deliberou sobre as obras. Também inexiste vício na decisão do Tribunal *a quo* ao julgar antecipadamente a lide com a dispensa de dilação probatória, considerando a convenção condominial e a ata da assembleia elementos suficientes para a formação da convicção do julgador. Precedente citado: REsp 844.778-SP, DJ 26/3/2007. **REsp 1.120.140-MG, Rel. Min. Massami Uyeda, julgado em 6/10/2009.** (Inform. STJ 410)

REIVINDICATÓRIA. CONDOMÍNIO. LEGITIMIDADE.

A Turma proveu em parte o recurso, decidindo que, *in casu*, em se tratando de invasão por terceiro de área comum de condomínio edilício, somente ao condomínio compete ajuizar ação reivindicatória, salvo se o uso do tal espaço comum for exclusivo de um ou mais condôminos ou indispensável ao exercício do direito de usar, fruir ou dispor de uma ou mais unidades autônomas. Nesses casos excepcionais, existe legitimidade concorrente do condomínio e dos condôminos prejudicados. Outrossim, na espécie, a coisa julgada (art. 472 do CPC) emanada de uma ação reivindicatória anteriormente postulada por alguns outros condôminos individualmente não impede futura propositura de nova demanda reivindicatória pelo condomínio (art. 12, IX, do CPC e art. 1.348, II, do CC/2002). Precedentes citados: REsp 206.946-PR, DJ 7/5/2001, e RMS 14.554-PR, DJ 15/12/2003. **REsp 1.015.652-RS, Rel. Min. Massami Uyeda, julgado em 2/6/2009.** (Inform. STJ 397)

CONDOMÍNIO. CONSTRUÇÃO. CESSÃO. DIREITOS. TAXA. ADMINISTRAÇÃO.

A Turma entendeu que a cláusula condominial estipulando ser devida a taxa de administração de 20% sobre o que o condômino cedente pagar ao condomínio (constituído para edificar as unidades residenciais) em caso de cessão de direitos, isso com o fito de evitar a especulação imobiliária, não impede o exercício do direito de propriedade sobre o imóvel, podendo usar a coisa, gozar e dispor dela, inclusive reavê-la do poder de quem quer que injustamente a detenha. Na hipótese, inexiste a alegada violação dos arts. 530, 1.094 e 1.095 do CC/1916, pois a venda e a transferência do imóvel objeto da demanda não foram obstadas mesmo com a falta de pagamento da taxa administrativa, cobrada somente após a sua celebração. **REsp 436.892-DF, Rel. Min. Luis Felipe Salomão, julgado em 16/4/2009.** (Inform. STJ 390)

CONDOMÍNIO. CO-PROPRIETÁRIOS. RESPONSABILIDADE SOLIDÁRIA.

Trata-se de ação de cobrança de taxas condominiais proposta contra o ora recorrente, que estava separado judicialmente da co-proprietária do imóvel, e, por sua vez, na partilha dos bens, permaneceu com a posse do apartamento, embora se encontrasse registrado em nome de ambos. Ao prosseguir o julgamento, a Turma, por maioria, entendeu que não há litisconsórcio passivo necessário entre os co-proprietários do imóvel, devendo eles responderem solidariamente pelas dívidas contraídas em razão do inadimplemento de taxas condominiais, cabendo ao condomínio, ora recorrido, acionar um dos devedores ou ambos. Na espécie, caberia ao recorrente ter providenciado a citação da ex-esposa na oportunidade em que o juiz deferiu seu chamamento ao processo (art. 77 do CPC). Assim, a Turma, por maioria, não conheceu do recurso. Precedentes citados: REsp 838.526-RJ, DJ 13/3/2008, e REsp 259.845-SP, DJ 27/11/2000. **REsp 863.286-MG, Rel. originário Min. Aldir Passarinho Junior, Rel. para acórdão Min. João Otávio de Noronha, julgado em 9/12/2008**. (Inform. STJ 380)

TRANSFERÊNCIA. VAGA. GARAGEM. VALIDADE.

Cinge-se a questão em determinar a validade da transferência de vaga de garagem vinculada a apartamento para outra unidade do mesmo prédio. A Turma, por maioria, após renovar o julgamento, entendeu que a vaga de garagem adere à unidade, sendo, contudo, desta destacável para efeito de sua cessão a outro condômino. Assim, não obstante a vaga de garagem ser, de regra, bem acessório vinculado à unidade habitacional, ao contrário do que sustentaram as instâncias ordinárias, ela admite, independentemente de ser-lhe atribuída fração ideal específica do terreno, separação para transferência a outro apartamento do mesmo edifício. Quanto ao registro de transferência da vaga de garagem de que trata esse caso específico, verifica-se, dos autos, que, apesar de a escritura de venda e compra dessa unidade originalmente não prever a garagem, o documento foi oportunamente retificado e registrado, tudo antes da alienação da outra unidade, o que garante aos proprietários daquele imóvel, ora recorrentes, o direito à vaga. **REsp 954.861-RJ, Rel. originário Min. Humberto Gomes de Barros, Rel. para acórdão Min. Nancy Andrighi (art. 52, IV, b, do RISTJ), julgado em 6/11/2008**. (Inform. STJ 375)

LOTEAMENTO. TAXAS. DESPESAS COMUNS. CUSTEIO. MANUTENÇÃO.

A Turma observou que, para a cobrança de cota-parte de despesas de custeio e manutenção de loteamento por associação de moradores, a posição mais correta é a que recomenda o exame de caso a caso. Além de que, para essa cobrança, na hipótese de condomínio de fato, é necessária a comprovação de que os serviços são prestados e o proprietário deles se beneficiou. No caso dos autos, o acórdão *a quo* afirma que o adquirente obrigou-se no ato da compra do lote; pretender rever tal entendimento faz incidir a Súmula n. 5 e n. 7-STJ. Ressalte-se que a Segunda Seção já firmou o entendimento de que descabe a cobrança de taxas impostas por associação de moradores a proprietários não associados que não aderiram ao ato que instituiu o encargo. Precedentes citados: EREsp 444.931-SP, DJ 1º/2/2006; REsp 78.460-RJ, DJ 30/6/1997; REsp 623.274-RJ, DJ 18/6/2007; REsp 180.838-SP, DJ 13/12/1999; REsp 139.359-SP, DJ 24/11/2003; AgRg no Ag 549.396-SP, DJ 24/5/2004; REsp 439.661-RJ, DJ 18/11/2002, e REsp 261.892-SP, DJ 18/12/2000. **REsp 302.538-SP, Rel. Min. Luis Felipe Salomão, julgado em 5/8/2008**. (Inform. STJ 362)

COBRANÇA. COTAS CONDOMINIAIS. CITAÇÃO. MULHER.

Na ação de cobrança de cotas condominiais, o direito vindicado não tem natureza real, mas obrigacional, relaciona-se com a contraprestação pelos serviços prestados postos à disposição dos condôminos, e não com o imóvel em si. Assim, os cônjuges respondem solidariamente pelas dívidas contraídas decorrentes do inadimplemento perante o condomínio, mas essa responsabilidade não implica obrigatoriedade de litisconsórcio, podendo o credor acionar um dos co-devedores ou ambos. Com esse argumento, a Turma negou provimento ao recurso. Precedentes citados: REsp 99.685-RS, DJ 22/6/1998, e REsp 259.845-SP, DJ 27/11/2000. **REsp 838.526-RJ, Rel. Min. Sidnei Beneti, julgado em 26/2/2008.** (Inform. STJ 346)

ASSOCIAÇÃO RESIDENCIAL. COBRANÇA. CONTRIBUIÇÃO. CONSERVAÇÃO. LEGITIMIDADE.

Trata-se de ação de cobrança movida por associação residencial, objetivando o recebimento de contribuições alusivas aos serviços de vigilância, administração e preservação do loteamento e outros mais, sob a alegação de que o réu-recorrido, não obstante a aquisição de dois lotes no local e a adesão às normas estatutárias, não pagou as taxas respectivas. Destacou o Min. Relator não se afigurar razoável que alguém adquira um lote em condomínio fechado já implantado, que oferece diversas vantagens aos proprietários, faça adesão contratual ao estatuto, responsabilizando-se pelo pagamento de sua quota parte, para depois excluir-se "em tese" do grupo, em favor de uma pseudo-individualidade que sequer poderá exercer, na medida em que não tem como se afastar da comunidade e irá, por conseguinte, continuar a fruir de suas vantagens, ao menos em grande parte. No caso, trata-se de loteamento fechado, situação em que a vinculação entre os titulares é até maior, pois da própria essência da comunidade criada com determinadas propostas de vida em uma sociedade com compromissos mútuos pré-definidos, integrada pelos lotes e residências sobre eles edificadas. E, aqui, é incontroverso que o autor comprou os imóveis quando já instalada a associação e firmou compromisso de dela participar. Pode, é claro, debater, como associado, as verbas, impugnar os excessos, votar e ser votado, fazer propostas com vistas ao aprimoramento dos serviços, até ao corte de custos, mas comodamente se eximir do pagamento pelo que frui não pode, em absoluto. Isso posto, a Turma conheceu do recurso e deu-lhe provimento. Precedentes citados: AgRg no REsp 490.419-SP, DJ 30/6/2003; REsp 139.952-RJ, DJ 19/4/1999; REsp 439.661-RJ, DJ 18/11/2002, e REsp 503.768-RJ, DJ 1º/9/2003. **REsp 443.305-SP, Rel. Min. Aldir Passarinho Junior, julgado em 7/2/2008**. (Inform. STJ 343)

COMISSÃO. REPRESENTANTES. SUCESSÃO. CONDOMÍNIO. INDENIZAÇÃO.

A comissão de representantes atua em nome dos adquirentes do imóvel no período da construção, sucedendo-a o condomínio após a conclusão da obra. Assim, o condomínio formado sucede a comissão de representantes, respondendo pelos atos dessa, assegurado o direito de regresso quando demonstrada a ilicitude dos atos praticados pelos membros mandatários escolhidos pelos adquirentes em assembleia geral. Desse modo, a Turma não conheceu do recurso, ficando, pois, mantido o acórdão do Tribunal *a quo* que condenou o condomínio ao pagamento de cinco mil reais por danos morais e ao ressarcimento de danos materiais equivalente ao valor locatício do imóvel, no período em que houve a retenção das chaves do imóvel adquirido pelo ora recorrido, impedindo, por parte da comissão de representantes, seu acesso à unidade autônoma em razão do débito dos encargos condominiais e a restituição das quotas de condomínio no lapso respectivo. **REsp 329.856-SP, Rel. Min. Aldir Passarinho Junior, julgado em 22/5/2007.** (Inform. STJ 321)

EXTINÇÃO. VAGAS. GARAGEM. ASSEMBLEIA. CONDOMÍNIO.

A assembleia de condomínio não pode deliberar a redução de vagas de garagem com extinção das vagas pertencentes ao ora recorrente, pois não se extingue direito de propriedade por decisão daquela assembleia. Não é razoável que, mesmo após perícia, se extinga as vagas de garagem de um único condômino, mesmo constatado que o prédio não comportava as vagas então existentes, ademais quando não houve consentimento expresso de todos os prejudicados. **REsp 400.767-SP, Rel. Min. Aldir Passarinho Junior, julgado em 24/4/2007.** (Inform. STJ 318)

CONDOMÍNIO. BEM DIVISÍVEL.

A questão está em saber se, reconhecida a divisibilidade da coisa tida em condomínio, a alienação judicial requerida por um só condômino, que não detém a maior parte da propriedade, sobrepõe-se à possibilidade de divisão. O Min. Relator entendeu que é certo que a indivisibilidade da coisa conduz, invariavelmente, à alienação integral, quando os condôminos não concordam com a forma de administração. Mas, se a coisa é divisível, como no caso concreto, a regra deve ser outra. Inviabilizada a administração harmoniosa por qualquer razão, divide-se o bem na exata medida do condômino insatisfeito, permanecendo o condomínio em relação aos demais proprietários. Concluiu que, ao determinar a alienação de bem que considera divisível, o acórdão recorrido maltratou o art. 629 do CC/1916. Assim, a Turma, ao prosseguir o julgamento, conheceu do recurso e deu-lhe provimento para restaurar a sentença, declarando improcedente o pedido de alienação judicial compulsória. **REsp 791.147-SP, Rel. Min. Humberto Gomes de Barros, julgado em 27/2/2007.** (Inform. STJ 311)

TAXAS CONDOMINIAIS. PAGAMENTO. NATUREZA *PROPTER REM* DAS QUOTAS.

O condomínio representado por seu síndico ajuizou ação contra o banco em liquidação extrajudicial, visando à cobrança das taxas condominiais vencidas e não quitadas de abril de 2000 a dezembro de 2002, além das vincendas relacionadas à unidade do referido condomínio. O réu alegou sua ilegitimidade passiva em face da transferência de todas as obrigações e deveres inerentes à posse, uso e gozo do imóvel por meio de instrumento particular de compromisso de compra e venda a terceiro. O Min. Relator considera que as despesas de condomínio são obrigações de pagar, derivadas da propriedade, direito real por excelência e, sob esse prisma, este Superior Tribunal tem afirmado que a ação de cobrança de quotas condominiais pode ser proposta tanto contra o proprietário quanto contra o promissário comprador ou afins, dependendo da situação de cada caso, pois o interesse primordial é o da coletividade de receber recursos para o pagamento de despesas indispensáveis e inadiáveis, podendo o credor escolher entre aqueles que tenham uma relação jurídica vinculada ao imóvel. A responsabilidade, portanto, deve ser aferida de acordo com as circunstâncias do caso concreto. *In casu*, muito embora tenha havido contrato de compromisso de compra e venda, não restou demonstrado que o condomínio autor detinha ciência inequívoca do referido documento. Assim, nada obsta a que o recorrente seja acionado para efetuar o pagamento das taxas condominiais que estavam pendentes, lastreado, por óbvio, na natureza *propter rem* das quotas, ressalvando-lhe o direito de regresso. Quanto à incidência dos juros moratórios, dada sua natureza indenizatória, eles devem incidir, conforme fixados em convenção de condomínio (1% ao mês), a partir do vencimento de cada prestação. No que concerne à multa moratória, não há que se falar em incidência do novo Código Civil, porquanto as cotas condominiais não pagas referem-se a períodos anteriores à sua entrada em vigor. Assim, a Turma não conheceu do recurso. Precedentes citados: REsp 291.688-SP, DJ 4/6/2001; REsp 278.386-SP, DJ 12/3/2001, e REsp 679.019-SP, DJ 20/6/2005. **REsp 717.265-SP, Rel. Min. Jorge Scartezzini, julgado em 3/8/2006.** (Inform. STJ 291)

CONDÔMINO. INTIMAÇÃO. DIREITO. PREFERÊNCIA. ARREMATAÇÃO.

A Min. Relatora conheceu do recurso e deu-lhe provimento para reformar o acórdão recorrido, declarando a nulidade da arrematação pela ausência da intimação do condômino e determinando a remessa dos autos à vara de origem, para que o processo prossiga na esteira do devido processo legal, com a designação de nova praça e a oportunidade para que ele exercite seu direito de preferência. O Min. Ari Pargendler entendeu que a preferência assegurada ao condômino supõe o estado de indivisão do bem. A área da qual foi extraído o imóvel arrematado, embora integrante da gleba maior, tem divisas averbadas no Cartório de Registro de Imóveis da comarca. A área arrematada está além desses limites, não obstante integrando a fazenda e, consequentemente, fora do estado de indivisão que obrigaria fosse o respectivo proprietário intimado da praça que resultou na aludida arrematação. Com esse entendimento, a Turma, ao prosseguir o julgamento, por maioria, não conheceu do recurso. Precedente citado: REsp 489.860-SP, DJ 13/12/2004. **REsp 645.672-MG, Rel. originária Min. Nancy Andrighi, Rel. para acórdão Min. Ari Pargendler, julgado em 16/5/2006.** (Inform. STJ 285)

MULTA. ATRASO. QUOTA. CONDOMÍNIO.

O Tribunal *a quo*, tal como determinava a convenção do condomínio (lastreada no art. 12, § 3º, da Lei n. 4.591/1964), manteve no patamar de 20% a multa pelo atraso no pagamento das quotas condominiais, mesmo aquelas vencidas após a vigência do CC/2002. Sucede que se cuida de obrigação periódica, renovada todo mês, e o art. 1.336, § 1º, do novo Código Civil revogou, por incompatibilidade, o referido artigo da Lei n. 4.591/1964. Assim, a regra convencional baseada no dispositivo revogado perde respaldo, a impor que aquelas parcelas vencidas após a nova ordem devem obedecer ao patamar de 2%, como previsto expressamente no retrocitado artigo do novo estatuto civil. Precedente citado: REsp 663.285-SP, DJ 14/2/2005. **REsp 677.344-SP, Rel. Min. Jorge Scartezzini, julgado em 2/5/2006.** (Inform. STJ 283)

IMÓVEL ADJUDICADO. CREDORA HIPOTECÁRIA. RESPONSABILIDADE. PAGAMENTO. COTAS CONDOMINIAIS.

Neste processo se discutiu a responsabilidade pelo pagamento de cotas condominiais em atraso, no caso de o imóvel ser adjudicado pela credora hipotecária, por inadimplência das prestações pactuadas. Sustenta a recorrente que, na redação dada ao art. 4º da Lei n. 4.591/1964 pela Lei n. 7.182/1984, o débito, por ser de natureza pessoal, não acompanha o bem. O Min. Relator, invocando precedente da Turma, esclareceu que a citada norma apenas traça exigência inibitória da alienação ou transferência patrimonial, buscando impedir que o condômino venda sua unidade com débito e cause prejuízos ao condomínio. Assim, o objetivo é impedir a transferência irregular, pois a transferência regular faz-se com a prova da quitação da dívida. E concluiu, se acontece de a venda ser feita em desrespeito à imposição do art. 4º da citada lei, o adquirente, a quem também é dirigida a norma legal, fica responsável pelo pagamento das cotas condominiais em atraso, ressalvado seu direito de regresso contra o antigo titular. Entretanto, no caso, transferiu-se essa obrigação ao adjudicatário, sendo presumível que já devem estar previstas essas quotas condominiais em atraso na avaliação do imóvel adjudicado pelo banco. Precedente citado: REsp 547.638-RS, DJ 25/10/2004. **REsp 671.941-RJ, Rel. Min. Aldir Passarinho Junior, julgado em 28/3/2006.** (Inform. STJ 279)

MULTA. ATRASO. TAXAS CONDOMINIAIS. CONVENÇÃO. CC/2002.

Discute-se o percentual da multa devida pelo condômino por atraso no pagamento das cotas correspondentes a sua unidade autônoma, havendo determinado o Tribunal *a quo* que a referida cominação deveria ser mantida no patamar de 20% estabelecido na convenção, inclusive para as parcelas vencidas após a vigência do novo Código Civil. A Turma conheceu do recurso e deu-lhe provimento para determinar a redução do percentual da multa moratória de 20% para 2% para as parcelas vencidas após a entrada em vigor do novo estatuto civil. No caso, a convenção condominial lastreou-se, para a fixação da multa por atraso no pagamento das cotas no patamar de 20%, o que, à evidência, vale para os atrasos ocorridos antes do advento do novo CC. Isso porque o novo código trata, em capítulo específico, de novas regras para os condomínios. Também por tratar-se de obrigação periódica, renovando-se todo o mês, a multa deve ser aplicada em observância à nova situação jurídica constituída sob a égide da lei substantiva atual, prevista em seu art. 1.336, § 1º, porquanto há revogação, nesse particular, por incompatibilidade, do art. 12, § 3º, da Lei n. 4.591/1964. Destarte, a regra convencional, perdendo o respaldo da legislação antiga, sofre, automaticamente, os efeitos da nova, à qual não se pode sobrepor. Precedente citado: REsp 663.285-SP, DJ 14/2/2005. **REsp 665.470-SP, Rel. Min. Jorge Scartezzini, julgado em 16/2/2006.** (Inform. STJ 274)

6.5.11. Questões comentadas

(Magistratura/PA – 2009 – FGV) Caio, condômino do Edifício B e C, situado em Belém/PA, pretende impugnar despesas que, no seu sentir, não estariam adequadas ao padrão do imóvel que ocupa. No dia designado para a assembleia geral de condôminos, comparece regularmente ao ato. Todos os condôminos comparecem ao evento, composto o *quorum* exigido pela lei e pela convenção condominial. As despesas são aprovadas, vencido Caio, bem como também aprovada a prestação de contas do síndico. Inconformado com o ocorrido, Caio busca aconselhamento jurídico, com o fito de não pagar as despesas aprovadas em assembleia, pois com elas não concorda, desejando, dentre outras alternativas, postular prestação de contas detalhadas. Diante do narrado, analise as afirmativas a seguir.

I. O condômino, cujo voto é contrário às despesas aprovadas em assembleia geral não está compelido ao seu pagamento, já que o ato violaria direito individual.

II. Sendo a assembleia hígida, a mesma constitui o órgão adequado à aprovação de despesas condominiais, o que vincula todos os condôminos.

III. Não pode, regra geral, o condômino, individualmente, propor ação de prestação de contas em relação ao síndico ou ao condomínio.

IV. Havendo *quorum* legal, as decisões da assembleia geral de condôminos têm validade e eficácia, desde que não colidam com a lei ou a convenção.

V. A ausência do condômino à assembleia, quando regularmente comunicado, não impede que os efeitos dela decorrentes lhe atinjam, equiparado aos demais condôminos que compareceram ao ato.

Assinale:

(A) se somente as afirmativas II, III, IV e V estiverem corretas.

(B) se somente as afirmativas I, II e III estiverem corretas.

(C) se somente as afirmativas I e II estiverem corretas.

(D) se somente as afirmativas I e V estiverem corretas.

(E) se somente as afirmativas III e V estiverem corretas.

I: incorreta, pois as despesas aprovadas em assembleia obrigam a todos os condôminos (art. 24, § 1º, da Lei 4.591/64); **II:** correta (art. 24, *caput*, da Lei 4.591/64); **III:** correta, "DESPESAS CONDOMINIAIS - CONDOMÍNIO EDILÍCIO - AÇÃO DE PRESTAÇÃO DE CONTAS MANEJADA POR CONDÔMINOS - IMPOSSIBILIDADE, HAJA VISTA SER A ASSEMBLEIA GERAL A DESTINATÁRIA DAS CONTAS - FALTA DE LEGITIMIDADE AOS CONDÔMINOS PARA, INDIVIDUALMENTE, EXIGI-LAS AO SÍNDICO - RECURSO IMPROVIDO. A aprovação das verbas relativas às despesas condominiais do condomínio edilício constitui atribuição da assembleia geral. Entretanto, as despesas efetuadas pelo síndico devem ser comprovadas, tendo os condôminos direito de examiná-las, sempre que alguma dúvida pairar quanto à sua regularidade ou lisura. Não pode o condômino, porém, individualmente, exigir prestação de contas pela via judicial, porque a lei considera foro adequado para tal discussão a assembleia geral." (TJSP – APELAÇÃO 885823000 – DES. REL. Luis de Carvalho – Julgamento: 13/08/2008 – 29.ª CÂMARA DE DIREITO PRIVADO); **IV:** correta, de fato as decisões da assembleia devem estar sempre de acordo com a convenção e com a lei (art. 24, § 1º, da Lei 4.591/64); **V:** correta, as despesas aprovadas em assembleia a todos os condôminos obrigam (art. 24, § 1º, da Lei 4.591/64).

Gabarito "A"

(Magistratura/SC – 2009) Sobre condomínio, assinale a alternativa correta:

(A) O condômino pode alienar parte acessória de sua unidade imobiliária a outro condômino, mas jamais a terceiro.

(B) O síndico pode realizar reparos necessários, independentemente de autorização; na sua omissão ou impedimento, qualquer condômino pode fazê-lo.

(C) Os condôminos podem convencionar que fique indivisa a coisa comum por prazo indeterminado.

(D) O condomínio edilício pode ser instituído por escritura pública ou por instrumento particular, mas não por testamento.

(E) A mudança da destinação do edifício ou da unidade imobiliária depende da aprovação de dois terços dos votos dos condôminos.

A: incorreta (art. 1.339, § 2º, do CC); **B:** correta (art. 1.341, § 2º, do CC); **C:** incorreta (art. 1.320, § 1º, do CC); **D:** incorreta (art. 1.332 do CC); **E:** incorreta (art. 1.351, parte final, do CC).

Gabarito "B"

(Ministério Público/SP – 2011) Em um condomínio edilício, Antonio é proprietário e possuidor de uma unidade condominial. Ele proporciona festas em sua unidade, com frequência, além do horário permitido; não trata com urbanidade seus vizinhos e os funcionários do condomínio. Em decorrência de tais circunstâncias, recebeu convocação para Assembleia Geral a fim de deliberar sobre aplicação de multa por descumprimento de deveres perante o condomínio e comportamento antissocial. A respeito da deliberação da Assembleia em questão, é correto afirmar que deverá ser tomada:

(A) por dois terços dos condôminos restantes, aplicando-se multa de até o sêxtuplo do valor atribuído à contribuição para as despesas condominiais.

(B) por maioria simples dos condôminos, aplicando-se multa de até cem salários-mínimos.

(C) por três quartos dos condôminos restantes, aplicando-se multa de até o quíntuplo do valor atribuído à contribuição para as despesas condominiais.

(D) pela unanimidade dos condôminos, limitada ao valor atribuído à contribuição para as despesas condominiais.

(E) por maioria qualificada dos condôminos, limitada ao dobro do valor atribuído à contribuição para as despesas condominiais.

Art. 1.337 do CC.

Gabarito "C"

(Procurador do Estado/PE – CESPE – 2009) A respeito da disciplina jurídica do condomínio em geral e edilício, assinale a opção correta.

(A) Quando a coisa for indivisível, o condômino prefere ao estranho a adjudicação da coisa. Em caso de interesse de mais de um condômino, prefere aquele que tiver na coisa benfeitorias mais valiosas, e, não as havendo, o de quinhão maior.

(B) É válida a cláusula de indivisão de condomínio firmada em testamento, excluindo dos beneficiários o direito de exigir a divisão.

(C) Determinado condômino não pode, isoladamente, defender a posse da coisa ou reivindicá-la de terceiro.

(D) A convenção do condomínio edilício é oponível a terceiros independentemente de registro no cartório de registro de imóveis.

(E) Em um condomínio, as obras ou reparações necessárias somente podem ser realizadas após autorização da maioria dos condôminos.

A: correta (art. 1.322 do CC); **B:** incorreta (art. 1.320, § 2º, do CC); **C:** incorreta (art. 1.314 do CC); **D:** incorreta (art. 1.333, parágrafo único, do CC); **E:** incorreta (art. 1.341, § 1º, do CC).

Gabarito "A"

(Cartório/MG – 2012 – FUMARC) De acordo com o Código Civil, as disposições da Convenção de Condomínio edilício obrigam a todos os condôminos a respeitá-la. Para ser oponível contra terceiros, o ato convencional deverá ser inscrito, obrigatoriamente, no Cartório

(A) de Pessoas Jurídicas.

(B) de Registro de Imóveis.

(C) de Tabelionato de Notas.

(D) de Registro de Títulos e Documentos.

A convenção de condomínio deverá ser devidamente registrada no Cartório de Registro de Imóveis, nos termos do art. 1.333, parágrafo único, do CC e art. 167, I, item 1 da Lei 6.015/1976.

Gabarito "B"

(Cartório/RN – 2012 – IESES) Do condomínio edilício, assinale a assertiva correta:

(A) Para ser oponível contra terceiros, a convenção do condomínio não necessita ser registrada no Cartório de Registro de Imóveis, necessitando apenas estar disponível aos proprietários de suas unidades imobiliárias.

(B) Qualquer unidade imobiliária pode ser privada do acesso ao logradouro público.

(C) A convenção de condomínio aprovada, ainda que sem registro, é eficaz para regular as relações entre os condôminos.

(D) O terraço de cobertura é parte comum, devendo sempre constar na escritura de constituição do condomínio tal fato.

A: incorreta, pois para ser oponível a terceiros, a convenção de condomínio deve estar devidamente registrada no Cartório de Registro de Imóveis (art. 1.333, parágrafo único, do CC). Caso contrário vinculará apenas as partes signatárias; **B:** incorreta, pois nenhuma unidade imobiliária pode ser privada do acesso ao logradouro público (art. 1.331, § 4º, do CC); **C:** correta, pois ratificada por todos os condôminos, a convenção de condomínio tem eficácia desde logo, independentemente de registro (art. 1.333 *caput,* do CC); **D:** incorreta, pois o terraço de cobertura, em regra, é parte comum, salvo disposição contrária da escritura de constituição do condomínio (art. 1.331, § 5 º, do CC).

Gabarito "C"

(Cartório/SP – 2011 – VUNESP) Assinale a alternativa correta a respeito do condomínio edilício.

(A) A instituição é ato solene, somente pode ser realizada por escritura pública.

(B) É possível determinar na escritura de constituição do condomínio que o terraço de cobertura não seja parte comum do prédio.

(C) A Convenção que constitui o condomínio deve ser subscrita pelos titulares de, no mínimo, metade das frações ideais.

(D) Num edifício de apartamentos é vedada a alienação de garagem de um condômino a outro.

A: incorreta, pois o condomínio pode ser instituído por ato particular *inter vivos* ou testamento, registrado no Cartório do Registro de Imóveis (art. 1.332, *caput,* do CC); **B:** correta (art. 1.331, § 5º, do CC); **C:** incorreta, pois a convenção deve ser subscrita por no mínimo dois terços dos titulares de frações ideais (art. 1.333 do CC); **D:** incorreta, pois a alienação de garagem de um condômino a outro é perfeitamente permitida, sendo vedado, entretanto, a alienação ou locação a pessoas estranhas ao condomínio, salvo autorização expressa em contrário na convenção (art. 1.331, § 1º, do CC e Enunciados 91 e 320 do CJF).

Gabarito "B"

(Cartório/SP – 2012 – VUNESP) A Convenção Condominial tem natureza jurídica de

(A) ato jurídico em sentido estrito.

(B) negócio jurídico plurilateral.

(C) negócio jurídico unilateral.

(D) negócio jurídico bilateral.

Trata-se de negócio jurídico plurilateral. *Negócio jurídico,* pois se constitui em declaração de vontade qualificada, cujos efeitos são regulados pelos próprios interessados. *Plurilateral,* pois firmado por várias partes em conjunto, com interesses comuns.

Gabarito "B"

(Cartório/SP – 2012 – VUNESP) Condomínio que existe em virtude da propriedade comum de lindeiros quanto à meação de paredes, cercas, muros e valas entre casas denomina-se:

(A) Condomínio *in solidum.*

(B) Condomínio voluntário.

(C) Condomínio edilício.

(D) Condomínio necessário.

A: incorreta, pois o condomínio *in solidum*, ou condomínio *em solidariedade* é figura impossível de se constituir no ordenamento, haja vista a impossibilidade de existir propriedade ou posse de duas ou mais pessoas solidariamente, sobre a mesma coisa de maneira sobreposta, o que significa dizer que o fato de já haver um *dominus* exclui totalmente a ideia de haver um outro dono, mesmo sendo lícita a sua pertinência a mais de um sujeito, *pro parte*; **B:** incorreta, pois condomínio voluntário é o resultante do acordo de vontades, como a aquisição conjunta de um bem; **C:** incorreta, pois condomínio edilício é aquele caracterizado pela existência de uma propriedade comum ao lado de uma propriedade privativa (art. 1.331 do CC); **D:** correta, pois é aquele resultante da imposição da ordem jurídica, como consequência do estado de indivisão da coisa, justamente como as paredes, cercas, muros e valas.

Gabarito "D"

6.6. DIREITOS REAIS DE FRUIÇÃO

6.6.1. Introdução

Os direitos reais sobre coisas alheias podem ser de gozo ou fruição (superfície, servidão, usufruto, uso, habitação), de garantia (penhor, hipoteca, anticrese) ou de aquisição (compromisso de compra e venda). Os direitos reais estudados neste capítulo consistem no desmembramento do direito de propriedade para permitir que o beneficiário do direito use e/ou goze da coisa alheia.

6.6.2. Superfície

6.6.2.1. Conceito

Direito real pelo qual o proprietário concede a outrem, por tempo determinado, gratuita ou onerosamente, a faculdade de construir ou de plantar em seu terreno (art. 1.369 do CC, e arts. 21 a 24 da Lei 10.257/01).

A propriedade superficiária pode ser autonomamente objeto de direitos reais de gozo e garantia, cujo prazo não exceda a duração da concessão da superfície. Neste caso não se aplica o art. 1474 do CC. (Enunciado n. 249 JDC/CJF).

Os direitos e obrigações vinculados ao terreno e, bem assim, aqueles vinculados à construção ou à plantação formam patrimônios distintos e autônomos, respondendo cada um de seus titulares exclusivamente por suas próprias dívidas e obrigações, ressalvadas as fiscais decorrentes do imóvel (Enunciado n. 321 JDC/CJF).

Admite-se a constituição do direito de superfície por cisão (Enunciado n. 250 JDC/CJF).

6.6.2.2. Instituição

Mediante escritura pública devidamente registrada no Registro de Imóvel; não é possível por meio de testamento.

6.6.2.3. Direitos do proprietário do solo (fundieiro ou concedente)

a) pode receber quantia (à vista ou parceladamente), caso se combine a onerosidade do direito de superfície; o nome do pagamento é "solarium";

b) pode adquirir a construção ou a plantação, extinto o direito, independentemente de indenizar o superficiário, salvo convenção em contrário;

c) tem direito de preferência na alienação do direito de superfície.

6.6.2.4. Direitos do superficiário

a) pode plantar ou construir no terreno; não se autoriza obra no subsolo, salvo se inerente ao objeto da concessão. Esse item, contudo foi relativizado pela doutrina, conforme se vê no Enunciado n. 568 JDC/CJF: *O direito de superfície abrange o direito de utilizar o solo, o subsolo ou o espaço aéreo relativo ao terreno, na forma estabelecida no contrato, admitindo-se o direito de sobrelevação, atendida a legislação urbanística;*

b) pode transferir o direito a terceiros, e, por morte, a herdeiros; não há a figura do laudêmio, comissão devida ao dono da coisa, na enfiteuse;

c) tem direito de preferência na alienação do imóvel. Caso o proprietário lhe impeça de exercer tal direito, deixando de notificá-lo, é assegurado ao superficiário, no prazo de seis meses, contado do registro da alienação, adjudicar para si o bem mediante depósito do preço (Enunciado n. 510 JDC/CJF).

6.6.2.5. *Deveres do superficiário*

a) deve pagar o "solarium", se onerosa;

b) responde pelos encargos e tributos incidentes sobre o imóvel. Todavia, prevê o Enunciado n. 94 JDC/CJF que *as partes têm plena liberdade para deliberar, no contrato respectivo, sobre o rateio dos encargos e tributos que incidirão sobre a área objeto da concessão do direito de superfície.*

c) deve manter a destinação para o qual foi prevista.

6.6.2.6. *Extinção*

a) pela consolidação, que ocorre pela fusão, na mesma pessoa, do direito de superfície e do direito de propriedade; b) por ter se dado destinação diversa da estabelecida pelo bem; c) pelo advento do termo; d) pela renúncia do superficiário; e) pelo distrato; f) pelo perecimento do bem gravado; g) pelo não uso do direito de construir, no prazo convencionado; h) pela desapropriação do solo ou do direito. Quanto a essa última hipótese, o Enunciado 322 JDC/CJF prevê que "*O momento da desapropriação e as condições da concessão superficiária serão considerados para fins da divisão do montante indenizatório (art. 1.376), constituindo-se litisconsórcio passivo necessário simples entre proprietário e superficiário*".

6.6.2.7. *Diferenças em relação à enfiteuse*

Esta se constitui por testamento; o enfiteuta tem direito ao resgate da coisa, preenchidos requisitos legais; a enfiteuse confere todos os poderes inerentes ao domínio; a enfiteuse é perpétua, ao passo que a superfície é temporária; a enfiteuse prevê pagamento de laudêmio (comissão) ao proprietário, em caso de venda do direito.

6.6.2.8. *Diferenças em relação ao direito de superfície do Estatuto da Cidade (EC)*

Este vale para imóveis urbanos, ao passo que o do CC, para imóveis rurais; o previsto no EC pode ser por tempo determinado ou indeterminado; abrange o direito de usar o solo, o subsolo e o espaço aéreo; não limita o direito à feitura de construção ou plantação. Nota-se, portanto, que tais dispositivos legais convivem em harmonia, como se vê no Enunciado n. 93 JDC/CJF: *As normas previstas no Código Civil sobre direito de superfície não revogam as relativas a direito de superfície constantes do Estatuto da Cidade (Lei n. 10.257/2001) por ser instrumento de política de desenvolvimento urbano.*

6.6.3. Servidão

6.6.3.1. *Conceito*

É o direito real de gozo que proporciona utilidade para o prédio dominante e grava o prédio serviente, que pertence a dono diverso (art. 1.378). Um exemplo é a servidão pela qual um prédio fica proibido de construir acima de certa altura, a fim de beneficiar outro. Outro exemplo é a servidão de passagem, em que um prédio que não tem entrada para a rua (prédio dominante) se beneficia com a possibilidade de utilização do prédio vizinho (prédio serviente) para passagem de pessoas e veículos. É importante ressaltar que o direito só recai sobre imóveis, bem como que não se liga a uma pessoa, mas a um prédio. O dono deste fica adstrito apenas pelo fato de ser proprietário da coisa. O imóvel que se beneficia com a servidão leva o nome de *dominante*, ao passo que o que recebe o gravame é chamado *serviente*.

6.6.3.2. *Finalidade*

Proporcionar valorização do prédio dominante, tornando-o mais útil, agradável ou cômodo. O instituto é muito utilizado para corrigir desigualdades naturais entre prédios ou para estabelecer padrões estéticos ou de comodidade entre imóveis.

6.6.3.3. *Características do direito de servidão*

a) perpétuo: tem duração indefinida, como regra. Mas é possível instituir servidão a termo ou com condição (servidão *ad tempus*).

b) indivisível: mesmo no caso de divisão do prédio dominante ou do prédio serviente, a restrição continua a gravar cada uma das partes do prédio serviente, salvo se a restrição perder sentido (art. 1.386 do CC).

c) inalienável: como a restrição é feita pela necessidade do prédio dominante, não há que se falar em transferência da restrição, por alienação, a outro prédio.

6.6.3.4. *Classificação quanto ao modo de exercício*

a) servidões contínuas: *são as que subsistem e se exercem independentemente de ato humano direto*. São exemplos as servidões de passagem de água (aqueduto), de energia elétrica (passagem de fios, cabos ou tubulações), de iluminação (postes) e de ventilação.

b) servidões descontínuas: *são as que dependem de ação humana atual para seu exercício e subsistência*. São exemplos a servidão de trânsito, de tirar água de prédio alheio e de pastagem em prédio alheio. Essas servidões podem ser positivas ou negativas. Serão positivas quando o proprietário dominante tem direito a uma utilidade do serviente (exs.: servidão de passagem ou de retirada de água). Serão negativas quando o proprietário dominante tiver simplesmente o direito de ver o proprietário serviente se abster de certos atos (ex.: servidão de não edificar em certo local ou acima de dada altura).

6.6.3.5. *Classificação quanto à exteriorização*

a) servidões aparentes: *são as que se revelam por obras ou sinais exteriores, visíveis e permanentes*. São exemplos a servidão de trânsito e de aqueduto.

b) **servidões não aparentes:** *são as que não se revelam externamente*. São exemplos as de não construir em certo local ou acima de dada altura.

Obs.: a classificação é importante, pois somente as servidões aparentes podem ser adquiridas por usucapião (art. 1.379 do CC).

6.6.3.6. *Classificação quanto à origem*

a) **servidões legais:** *são as que decorrem de lei*. Ex.: passagem forçada.

b) **servidões materiais:** *são as que derivam da situação dos prédios*. Ex.: servidão para escoamento de águas.

c) **servidões convencionais:** *são as que resultam da vontade das partes*. Ex.: as constituídas por contrato ou testamento, com posterior registro no Registro de Imóveis.

6.6.3.7. *Constituição das servidões*

As servidões se constituem por **negócio jurídico** (contrato ou testamento) registrado no Registro de Imóveis; por **sentença judicial** (em ação de divisão, para possibilitar a utilização dos quinhões partilhados – arts. 979 e 980 do CPC) e por **usucapião**.

No que tange a servidão constituída por usucapião, o art. 1.379 do CC prevê o prazo de 10 anos para a usucapião ordinária e 20 anos pra a extraordinária. Contudo, o Enunciado 251 JDC/CJF dá interpretação diversa no que tange a esta última, ao prever que o prazo máximo para o usucapião extraordinário de servidões deve ser de 15 anos, em conformidade com o sistema geral de usucapião previsto no Código Civil.

6.6.3.8. *Ações judiciais*

a) **ação confessória:** *é a que visa ao reconhecimento da existência da servidão;* é promovida pelo dono do prédio dominante; b) **ação negatória:** *é a que visa à negativa da existência da servidão;* é promovida pelo dono do prédio serviente; c) **manutenção ou reintegração de posse:** *promovidas para reprimir algumas violações ao exercício da servidão*.

6.6.3.9. *Extinção da servidão*

a) pela **renúncia**; b) pela **cessação da utilidade**; c) pelo **resgate**, pelo dono do prédio serviente; d) pela **confusão** (dono dos dois prédios passa a ser uma pessoa só); e) pela **usucapião**, nas servidões aparentes; f) pelo **perecimento** da coisa; g) pelo **decurso do prazo ou da condição**; h) pela **desapropriação**.

6.6.3.10. *Passagem forçada*

a) **conceito:** *direito assegurado ao proprietário do prédio encravado (sem acesso para a via pública) de, mediante pagamento de indenização, constranger vizinho a lhe dar passagem* (art. 1.285 do CC).

b) **finalidade:** *atender a função econômica e social da propriedade*.

c) sujeito passivo: normalmente, é o proprietário contíguo; porém, se não for suficiente a colaboração deste, pode-se atingir o vizinho não imediato; procura-se o imóvel que mais natural e facilmente se preste à passagem.

d) requisitos: i) encravamento natural, que é aquele não provocado pelo dono do prédio encravado (ex.: não tem esse direito quem vendeu a área que possibilitava sua passagem, salvo contra quem tiver comprado a área – art. 1.285, § 2º, do CC); ii) encravamento absoluto, que é aquele em que não há outra saída, ainda que uma saída difícil e penosa; iii) menor ônus possível ao serviente, ou seja, procura-se a passagem junto ao vizinho cujo imóvel mais natural e facilmente se prestar ao intento, bem como a passagem que menos atrapalhe o vizinho no uso de seu imóvel; iv) pagamento de indenização, ou seja, o vizinho que tiver que dar a passagem deverá ser indenizado pelos danos que suportar com essa medida forçada.

e) extinção: a passagem forçada fica extinta i) no caso de abertura de estrada que passe ao lado da divisa do prédio encravado, bem como ii) no caso de a área encravada ser anexada a outra não encravada.

f) diferenças entre "servidão de passagem ou de trânsito" e "passagem forçada": a primeira decorre de negócio jurídico, ao passo que a segunda decorre da lei; a primeira nem sempre decorre de um imperativo (pode ser instituída apenas para mais comodidade ou facilidade), ao passo que a segunda decorre de um imperativo, já que se tem um prédio encravado; na primeira não se fala em indenização (pode até envolver pagamento, pois muitas vezes decorre de um contrato), já na segunda a indenização decorre da própria lei; a primeira está regulada no âmbito dos direitos reais, ao passo que a segunda, mesmo encerrando as características de direito real, está no âmbito do direito de vizinhança.

6.6.4. Usufruto

6.6.4.1. Conceito

É o direito real conferido a alguém de retirar temporariamente de coisa alheia os frutos e as utilidades que ela produz, sem alterar-lhe a substância (art. 1.390 do CC). Repare que o usufrutuário pode não só *usar* a coisa (por exemplo, habitar uma casa dada em usufruto), como também pode *fruir*, tirar os frutos da coisa (no mesmo exemplo, pode alugar a coisa para terceiro, tirando renda dela). O proprietário da coisa é chamado *nu-proprietário*, ao passo que o beneficiário do usufruto é denominado *usufrutuário*.

6.6.4.2. Características

a) temporário: o usufruto extingue-se no prazo ajustado ou com a morte do usufrutuário; no caso da pessoa jurídica, a lei traz com prazo máximo o de 30 anos do início do exercício do usufruto (art. 1.410, III, do CC).

b) direito real: diferente do comodato, que é um empréstimo de coisa infungível que gera mero direito pessoal, no usufruto tem-se um direito real, ou seja, um direito que é oponível *erga omnes*.

c) **inalienável:** não é possível ceder *o direito ao usufruto*; todavia, o mero *exercício do direito ao usufruto* pode ser transmitido, de modo gratuito ou oneroso (art. 1.393 do CC); assim, se "A" for titular de um usufruto, não poderá passar esse direito para "B". "A" será sempre o usufrutuário da coisa. Mas poderá passar o exercício desse direito, possibilitando, por exemplo, que "B" possa usar e fruir da coisa na qualidade de locatário dela, por exemplo. Em virtude da inalienabilidade do direito ao usufruto, não é possível penhorá-lo para vender o *direito ao usufruto* a terceiro. Todavia, pode o juiz penhorar o *exercício do direito ao usufruto*, por exemplo, nomeando um administrador para alugar a coisa a terceiro, de modo a gerar renda para pagamento da dívida exequenda. Quando a dívida toda tiver sido paga, será levantada a penhora sobre o *exercício do direito ao usufruto*, e o titular do *direito ao usufruto* volta a gozar integralmente da coisa.

6.6.4.3. Constituição do usufruto

O usufruto se constitui por **determinação legal** (ex.: a lei estabelece o usufruto dos pais sobre os bens do filho menor – art. 1.689, I, do CC); por **negócio jurídico** (contrato ou testamento) registrado no Registro de Imóveis; e por **usucapião**.

6.6.4.4. Objeto

O usufruto pode recair sobre a) um ou mais bens **móveis** ou **imóveis** (assim, pode recair até sobre títulos de crédito); ou sobre b) a totalidade ou parte de um **patrimônio**.

6.6.4.5. Classificação quanto à origem

a) **usufruto legal:** *é o que decorre da lei*. Ex.: dos pais em relação aos bens dos filhos menores;

b) **usufruto convencional:** *é o que decorre de negócio jurídico*. Ex.: o pai doa imóveis aos seus filhos, mas estipula que ficará com usufruto desses bens.

6.6.4.6. Classificação quanto à duração

a) **usufruto temporário:** *é o que tem prazo certo de vigência.*

b) **usufruto vitalício:** *é o que perdura até a morte do usufrutuário ou enquanto não sobrevier causa legal extintiva.*

6.6.4.7. Classificação quanto ao objeto

a) **usufruto próprio:** *é o que tem por objeto coisas inconsumíveis, cujas substâncias são conservadas, podendo ser restituídas ao nu-proprietário.*

b) **usufruto impróprio:** *é o que incide sobre bens consumíveis*. Com a extinção do usufruto, devolve-se coisa equivalente.

6.6.4.8. Classificação quanto aos titulares

a) **usufruto simultâneo:** *é o constituído em favor de duas ou mais pessoas, ao mesmo tempo, extinguindo-se gradativamente em relação a cada uma das que falecerem,* *salvo expressa estipulação de direito de acrescer*. Assim, a regra é que, instituído usufruto em favor de mais de duas pessoas, com o falecimento de uma delas, a sua parte não vai para quem continuar vivo. A parte da pessoa falecida só será acrescida aos que sobreviverem se houver estipulação expressa desse direito de acrescer (art. 1.411 do CC) ou no caso de legado de usufruto (art. 1.946 do CC).

b) usufruto sucessivo: *é o constituído em favor de uma pessoa, para que depois de sua morte transmita a terceiro. É vedado pela lei.*

6.6.4.9. Direitos do usufrutuário

a) de posse, uso, administração e percepção dos frutos da coisa; b) de transferir o exercício do direito ao usufruto, gratuita ou onerosamente.

6.6.4.10. Deveres do usufrutuário

a) inventariar, antes de assumir o usufruto, os bens que receber, determinando o estado em que se acham; b) dar caução (fidejussória ou real) se lha exigir o dono da coisa; se o usufrutuário não der caução, não poderá administrar a coisa; no caso de doação em que o doador reserva a si o usufruto da coisa doada (ex.: pai doa ao filho, mantendo o usufruto da coisa), não haverá obrigação de prestar caução; c) velar pela conservação dos bens e entregá-los, findo o usufruto; d) pagar as despesas ordinárias de conservação, bem como prestação e tributos devidos pela posse ou rendimento da coisa usufruída; e) dar ciência ao dono de qualquer lesão contra a posse da coisa, ou contra o direito do usufrutuário.

6.6.4.11. Extinção

O usufruto fica extinto com a) a renúncia ou desistência do direito; b) a morte do usufrutuário; c) o advento do termo final; d) a extinção da pessoa jurídica ou, se ela perdurar, após o decurso de 30 anos; e) a cessação do motivo que deu origem ao direito; f) a destruição da coisa (salvo se for consumível); g) a consolidação da propriedade e do usufruto na mesma pessoa; h) a culpa do usufrutuário prevista no art. 1.410, VII, do CC; i) pelo não uso, a não fruição da coisa. Quanto a este último caso, prevê o Enunciado n. 252: A extinção do usufruto pelo não uso, de que trata o art. 1.410, inc. VIII, independe do prazo previsto no art. 1.389, inc. III, operando-se imediatamente. Tem-se por desatendida, nesse caso, a função social do instituto.

6.6.5. Uso

6.6.5.1. Conceito

É o direito real que, a título gratuito ou oneroso, autoriza uma pessoa a retirar temporariamente de coisas alheias todas as utilidades para atender às suas próprias necessidades e às de sua família (art. 1.412 do CC). Repare que *direito real de uso* autoriza não só o uso da coisa, como também a percepção de frutos dela. Nesse sentido, é instituto que se aproxima do usufruto. A diferença é que o *usuário* não pode retirar os frutos além das necessidades próprias e de sua família. Essas necessidades serão avaliadas segundo a condição social e o lugar onde viver o *usuário*. É também chamado de *usufruto restrito*.

6.6.5.2. *Características*

É temporário, indivisível, intransmissível e personalíssimo (ou seja, deve ser exercido pessoalmente pelo *usuário* e sua família).

6.6.5.3. *Objeto*

O *uso* pode recair sobre bens móveis ou imóveis.

6.6.5.4. *Constituição*

Corre por negócio jurídico (contrato ou testamento), sentença judicial ou usucapião.

6.6.5.5. *Regime jurídico*

É o previsto acima, aplicando-se, no que couber, as disposições relativas ao usufruto.

6.6.6. Habitação

6.6.6.1. *Conceito*

É o direito real temporário de ocupar gratuitamente coisa alheia, para morada do titular e de sua família (art. 1.414 do CC). Perceba que é ainda mais restrito que o uso, pois só permite a *morada* do titular do direito e de sua família. Outra diferença é que é gratuito, ou seja, não há contrapartida em favor do dono da coisa.

6.6.6.2. *Características*

É temporário, indivisível, intransmissível, personalíssimo e gratuito.

6.6.6.3. *Objeto*

A habitação só pode recair sobre "casa", cujo conceito abrange apartamentos.

6.6.6.4. *Constituição*

Corre por negócio jurídico (contrato ou testamento) ou lei (*vide* art. 1.831 do CC – cônjuge sobrevivente).

6.6.6.5. *Regime jurídico*

É o previsto anteriormente, aplicando-se, no que couber, as disposições relativas ao usufruto. É importante ressaltar que o habitador não pode alugar ou emprestar a coisa, mas tão somente morar nela.

6.6.7. Questões comentadas

(Magistratura/MT – 2009 – VUNESP) João doou para sua filha Célia cotas de estabelecimento comercial, permanecendo como seu usufrutuário. João percebe rendimentos dessas cotas e deseja transferir parte do usufruto à pessoa jurídica constituída por seu irmão Marcelo. Nesse caso,

(A) não é possível a transferência do usufruto em parte, mas apenas em sua totalidade.

(B) não é possível a transferência do usufruto para pessoa jurídica, ainda que regularmente constituída.

(C) é possível a transferência por cessão de parte do usufruto para pessoa jurídica a título gratuito.

(D) é possível a transferência por alienação de parte do usufruto apenas para pessoa física.

(E) é possível a transferência por alienação a título oneroso para pessoa física ou jurídica.

De acordo com o art. 1.393 do Código Civil, não se pode transferir o usufruto por alienação; mas seu exercício pode ser *cedido* por título gratuito ou oneroso. Assim, apenas a alternativa "c" está correta, pois usa a expressão "*cessão* de parte" do usufruto, a entender que não se trata de alienação, mas apenas cessão do exercício do usufruto.

Gabarito "C"

(Magistratura/SP – 2009 – VUNESP) Assinale a alternativa correta.

(A) A existência de outro acesso não impede a passagem forçada.

(B) Passagem forçada e servidão de trânsito destinam-se a tornar mais fácil o acesso a via pública.

(C) Servidão de passagem está relacionada a prédio encravado e é presumida.

(D) Passagem forçada e servidão de trânsito implicam restrição ao direito de propriedade e decorrem, a primeira, da lei, a segunda, de manifestação de vontade.

A: incorreta, pois, o direito à passagem forçada só existe em favor do dono do prédio que não tiver acesso algum a via pública (art. 1.285 do CC); **B:** incorreta, pois a passagem forçada destina a dar acesso a via pública, e não a tornar mais fácil um acesso já existente, ao passo que a segunda pode ser instituída com o objetivo de dar mais comodidade ao acesso a via pública; sobre as diferenças entre "servidão de passagem" e "passagem forçada", vale lembrar que a primeira decorre de negócio jurídico, ao passo que a segunda decorre da lei; a primeira nem sempre decorre de um imperativo (pode ser instituída apenas para mais comodidade ou facilidade), ao passo que a segunda decorre de um imperativo, já que se tem um prédio encravado; na primeira não se fala em indenização (pode até envolver pagamento, pois muitas vezes decorre de um contrato), já na segunda a indenização decorre da própria lei; a primeira está regulada no âmbito dos direitos reais, ao passo que segunda, mesmo encerrando as características de direito real, está no âmbito do direito de vizinhança; **C:** incorreta, pois a servidão de passagem não é presumida, devendo o dono do prédio que não tiver acesso a via pública buscar a efetivação do seu direito, mediante pagamento de indenização, a qual será fixada em juízo se necessário (art. 1.285 do CC); **D:** correta, nos termos da explicação dada à alternativa "b" desta questão.

Gabarito "D"

(Ministério Público/MS – 2011 – FADEMS) Assinale a alternativa incorreta.

(A) No regime de participação final nos aquestos, cada cônjuge possui patrimônio próprio, consoante disposto na lei, e lhe cabe, à época da dissolução da sociedade conjugal, direito à metade dos bens adquiridos pelo casal, a título oneroso, na constância do casamento;

(B) Se o casamento dos nubentes menores de idade se der por suprimento judicial de vontade, o regime de bens entre os cônjuges será, necessariamente, o de separação obrigatória de bens;

(C) Não podem casar o adotante com quem foi cônjuge do adotado e o adotado com quem o foi do adotante;

(D) Se o devedor da obrigação garantida pela primeira hipoteca não se oferecer, no vencimento, para pagá-la, o credor da segunda pode promover-lhe a extinção, consignando a importância e citando o primeiro credor para recebê-la e o devedor para pagá-la;

(E) O usufrutuário tem direito a posse, uso, administração e percepção dos frutos, todavia, não pode exercer o direito de retomada do imóvel para uso de descendente, pois, para tal, não é ele equiparado ao proprietário.

A: correta (art. 1.672 do CC); **B:** correta (art. 1.641, III, do CC); **C:** correta (art. 1.521, III, do CC); **D:** correta (art. 1.478, *caput*, do CC); **E:** incorreta (e deve ser assinalada), pois o usufrutuário pode exercer o direito de retomada do imóvel para uso de descendente, conforme previsto na Lei de Locação (art. 47, III, da Lei 8.245/91 e art. 1.394 do CC).

Gabarito "E"

(Ministério Público/SP – 2010) Assinale a alternativa incorreta:

(A) falecendo o usufrutuário, o direito de usufruto transmite-se aos seus herdeiros.

(B) não existe usufruto sucessivo.

(C) no usufruto o direito de acrescer depende de estipulação expressa.

(D) é possível o usufruto simultâneo.

(E) o nu-proprietário, observados os direitos do usufrutuário, pode dispor do bem que se encontra gravado com o usufruto.

A: incorreta (e deve ser assinalada), pois o usufruto se extingue pela morte do usufrutuário (art. 1.410, I, do CC); **B:** correta, a lei não prevê a possibilidade de direito de usufruto ser passado do usufrutuário para outra pessoa (art. 1.393 do CC); **C:** correta (art. 1.411 do CC); **D:** correta (art. 1.411 do CC); **E:** correta, pois o nu-proprietário continua, naturalmente, com o direito de propriedade da coisa; de qualquer forma, aquele que adquirir a coisa gravada de usufruto há de respeitar esse direito, que, por ser real, adere à coisa seja quem for seu proprietário.

Gabarito "A"

(Procurador do Estado/MG – FUMARC – 2012) O exercício incontestado de uma servidão aparente com o preenchimento dos demais requisitos legais, autoriza o possuidor sem justo título a adquiri-la por usucapião. Assinale a alternativa que contempla o prazo completo para tal mister:

(A) 03 anos
(B) 05 anos
(C) 10 anos
(D) 15 anos
(E) 20 anos

A alternativa "E" está correta, pois reflete o disposto no art. 1.379, parágrafo único, do CC, ficando excluídas as demais.

Gabarito "E"

(Procurador do Município/São José dos Campos-SP – 2012 – VUNESP) Extinguem-se as servidões pelo(a)

(A) não uso, durante dez anos contínuos.
(B) morte do dono do prédio serviente.
(C) morte do dono do prédio dominante.
(D) hipoteca do prédio dominante.
(E) uso durante quinze anos.

A: correta (art. 1.389, III, do CC). A servidão se extingue: a) pela renúncia; b) pela cessação da utilidade; c) pelo resgate, pelo dono do prédio serviente; d) pela confusão; e) pela usucapião (nas servidões aparentes); f) pelo perecimento da coisa; g) pelo decurso do prazo ou da condição; h) pela desapropriação; **B** e **C:** incorretas, por falta de amparo legal; **D:** incorreta, pois *se o prédio dominante estiver hipotecado, e a servidão se mencionar no título hipotecário, será também preciso, para cancelar, o consentimento do credor.* Caso contrário, a hipoteca do prédio dominante não extingue a servidão (art. 1.387, parágrafo único, do CC); **E:** incorreta (art. 1389, III, do CC).

Gabarito "A"

(Cartório/MG – 2012 – FUMARC) De acordo com o Código Civil Brasileiro, a respeito do usufruto, cabe ao usufrutuário

(A) transferir o usufruto por alienação.
(B) pagar as deteriorações resultantes do exercício regular do usufruto.
(C) o direito à posse, o domínio, o uso, a administração e a percepção dos frutos.
(D) pagar as prestações e os tributos devidos pelos rendimentos da coisa usufruída.

A: incorreta, pois o direito de usufruto não pode ser transferido por alienação. Contudo, ressalte-se que o seu exercício pode ceder-se por título gratuito ou oneroso (art. 1.393 do CC); **B:** incorreta, pois as deteriorações decorrentes do uso regular não são indenizáveis (art. 1.402 do CC); **C:** incorreta, pois o usufrutuário não tem o direito ao domínio da coisa, na medida em que essa prerrogativa é apenas no proprietário (art. 1.394 do CC); **D:** correta, pois as obrigações tributárias são de responsabilidade do usufrutuário (art. 1.403, II, do CC).

Gabarito "D"

(Cartório/RN – 2012 – IESES) Sobre as Servidões, assinale a assertiva **INCORRETA**:

(A) Restringir-se-á o exercício da servidão às necessidades do prédio dominante, evitando-se, quando possível, agravar o encargo ao prédio serviente.
(B) O dono do prédio serviente não poderá embaraçar de modo algum o exercício legítimo da servidão.
(C) Mesmo nas desapropriações, a servidão, uma vez registrada, só se extingue, com respeito a terceiros, quando cancelada.
(D) Uma das formas de extinção da servidão, ficando ao dono do prédio serviente a faculdade de fazê-la cancelar, mediante prova da extinção, se dá pelo não uso, durante 10 (dez) anos contínuos.

A: correta (art. 1.385, *caput*,do CC); **B:** correta (art. 1.383 do CC); **C:** incorreta, devendo ser assinalada, pois no caso de desapropriação a servidão se extingue com relação a terceiros, independentemente do cancelamento do registro (art. 1.387, *caput,* do CC); **D:** correta (art. 1.389, III, do CC).

Gabarito "C"

(Cartório/SP – 2011 – VUNESP) Em relação ao usufruto, é correto afirmar que

(A) não se pode transferir o usufruto por alienação.
(B) não se pode ceder seu exercício por título gratuito.
(C) não se pode ceder seu exercício por título oneroso.
(D) pode ser transferido por alienação.

"O usufruto pode não pode ser transferido por alienação; mas o seu exercício pode ceder-se a título gratuito ou oneroso" (art. 1.393 do CC).

Gabarito "A"

(Cartório/SP – 2012 – VUNESP) Os frutos civis vencidos quando do início do usufruto pertencem ao

(A) proprietário.
(B) usufrutuário.
(C) proprietário e usufrutuário, em igualdade.
(D) Estado.

Os frutos civis vencidos quando do início do usufruto pertencem ao proprietário, nos termos do art. 1.398 do CC.

Gabarito "A"

6.7. DIREITOS REAIS EM GARANTIA

6.7.1. Introdução

Como se viu, os direitos reais sobre coisas alheias podem ser de gozo ou fruição (superfície, servidão, usufruto, uso, habitação), de garantia (penhor, hipoteca, anticrese) ou de aquisição (compromisso de compra e venda). Os direitos reais estudados neste capítulo têm por objeto servir de garantia especial para o recebimento de créditos. Todo credor tem direito de cobrar a dívida do devedor, com penhora de bens deste para satisfação do crédito. Mas muitas vezes os credores têm interesse em convencionar segurança especial para o recebimento do crédito. Essa garantia pode ser pessoal (fidejussória) ou real. Exemplo de garantia pessoal é o aval ou a fiança. O problema é que essa garantia não é tão segura como a real, pois o fiador ou o avalista podem ficar sem patrimônio, caso em que o credor não terá como satisfazer o seu crédito. Já a garantia real, que será estudada agora, é muito mais segura, pois, independentemente de quem estiver com a coisa dada em garantia, o credor com garantia real poderá persegui-la para satisfação do seu crédito. Ou seja, a garantia real é muito mais eficaz, pois o bem dado em garantia fica vinculado ao pagamento da dívida. Como os direitos reais em garantia estão sempre ligados a uma dívida, sua natureza é de direitos reais *acessórios*.

6.7.2. Efeitos

Os direitos reais em garantia geram os seguintes efeitos:

a) direito de preferência: os credores hipotecários (de hipoteca) e pignoratícios (de penhor) têm preferência no pagamento de seus créditos, em relação a outros credores que não tiverem o mesmo direito (art. 1.422 do CC). Uma vez arrematada em juízo a coisa, o credor com garantia real receberá primeiro, e, havendo sobras, serão pagos os demais credores. Havendo mais de uma hipoteca, terá preferência aquele que tiver prioridade na inscrição, ou seja, aquele que tiver a garantia mais antiga.

b) direito de sequela: consiste no poder de o credor com garantia real perseguir e reclamar a coisa dada em garantia de qualquer pessoa.

c) direito de excussão: consiste no poder de promover a venda judicial da coisa dada em garantia, após o vencimento da dívida. Esse direito é diferente na anticrese.

d) indivisibilidade: o pagamento de uma ou mais prestações da dívida não importa em exoneração da garantia, salvo convenção entre as partes.

6.7.3. Requisitos para a validade da garantia

a) Capacidade geral para os atos da vida civil; b) Capacidade especial para alienar; c) Legitimidade (ex.: presença de outorga uxória); d) Existência de bem suscetível de alienação (ex.: não pode ser dado em garantia um bem público).

6.7.4. Requisitos para a constituição e a eficácia da garantia

a) especialização, que consiste na descrição pormenorizada do bem, do valor do crédito, do prazo para pagamento e da taxa de juros; b) publicidade, que consiste no registro no Registro de Imóveis (para hipoteca, anticrese e penhor rural) ou no Registro de Títulos e Documentos (para penhor convencional).

6.7.5. Cláusula comissória

Consiste na estipulação que autoriza o credor a ficar com a coisa dada em garantia, caso a dívida não seja paga. Nosso direito proíbe essa cláusula, considerando nula estipulação nesse sentido. Assim, deixando o devedor de pagar em dia sua dívida, estará sujeito à execução judicial da coisa, e não à perda automática dela (art. 1.428 do CC). O objetivo da lei é evitar a agiotagem.

6.7.6. Penhor

Esse direito real em garantia recai sobre coisa móvel e fica constituído de acordo com a tradição, a transferência efetiva da posse da coisa ao credor (art. 1.431 do CC), que passa a ser depositário da coisa. No penhor rural, industrial, mercantil e de veículos as coisas empenhadas ficam na posse do devedor, que as deve guardar e conservar.

Por se tratar de contrato solene, deverá ser levado a registro, sendo que no penhor comum este se dará no Cartório de Títulos de Documentos.

Extingue-se o penhor extinguindo-se a obrigação, perecendo a coisa, renunciando o credor, com a confusão, com a adjudicação judicial, a remissão ou a venda da coisa empenhada.

6.7.7. Hipoteca

Esse direito real em garantia recai sobre os imóveis e seus acessórios, o domínio direto, o domínio útil, as estradas de ferro, os navios, as aeronaves, dentre outros. A hipoteca abrange as ações e melhoramentos feitos posteriormente no imóvel (arts. 1.473 e 1.474 do CC).

A hipoteca deve ser registrada no cartório do lugar do imóvel.

A lei considera nula a cláusula que proíbe o proprietário alienar a coisa, mas o adquirente terá de suportar a garantia que recai sobre o bem.

O dono do imóvel hipotecado pode constituir outra hipoteca sobre ele, mediante novo título, em favor do mesmo ou de outro credor, respeitada a prioridade da primeira hipoteca.

Extingue-se a hipoteca pela extinção da obrigação principal, pelo perecimento da coisa, pela resolução da propriedade, pela renúncia do credor, pela remição, pela arrematação ou adjudicação, e pela averbação do cancelamento do registro.

6.7.8. Anticrese

Pode-se conceituar a anticrese *como o direito real em garantia em que o devedor entrega imóvel ao credor, que recebe o direito de perceber os frutos e rendimentos da coisa, para compensação da dívida* (art. 1.506 do CC).

O credor anticrético pode administrar os bens dados em anticrese e fruir seus frutos e utilidades, mas deverá apresentar anualmente balanço, exato e fiel, de sua administração.

6.7.9. Jurisprudência selecionada

Súmula STF nº 122

O enfiteuta pode purgar a mora enquanto não decretado o comisso por sentença.

Súmula STJ nº 308

A hipoteca firmada entre a construtora e o agente financeiro, anterior ou posterior à celebração da promessa de compra e venda, não tem eficácia perante os adquirentes do imóvel.

DIREITO CIVIL. EXECUÇÃO HIPOTECÁRIA. NOTIFICAÇÃO. ENDEREÇO DO IMÓVEL HIPOTECADO.
São válidas as notificações da execução judicial de contrato imobiliário firmado no âmbito do Sistema Financeiro de Habitação (SFH) quando remetidas ao endereço do imóvel objeto do contrato, não sendo necessário que todos os contratantes recebam os avisos de cobrança. O requisito previsto no art. 2º, IV, da Lei n. 5.741/1971 considera-se satisfeito com o envio do aviso de cobrança ao endereço do imóvel hipotecado, no qual, por força da lei e do contrato, o mutuário está obrigado a residir. Para demonstrar a regularidade das notificações, é suficiente a comprovação de que os dois avisos de cobrança foram devidamente expedidos, não sendo imprescindível a assinatura do mutuário. Precedentes citados: AgRg no AREsp 110.945-GO, DJe 10/4/2012, e EDcl no Ag 948.327-PR, DJe 17/12/2010. REsp 332.117-SP, Rel. Min. Ricardo Villas Bôas Cueva, julgado em 4/10/2012.(Inform. STJ 506)

DIREITO CIVIL. EXECUÇÃO HIPOTECÁRIA. NOTIFICAÇÃO. INDICAÇÃO DO VALOR DO DÉBITO.
A exigência prevista no art. 2º, IV, da Lei n. 5.741/1971 é satisfeita com a indicação das prestações em atraso, sendo desnecessário que contenha o detalhamento da dívida. Essa obrigatoriedade tem como fundamento dar oportunidade ao devedor para quitar a dívida. Precedentes citados: AgRg no REsp 404.645-SP, DJe 22/3/2010, e REsp 1.295.464-SC, DJe 30/5/2012. REsp 332.117-SP, Rel. Min. Ricardo Villas Bôas Cueva, julgado em 4/10/2012.(Inform. STJ 506)

HIPOTECA. TERRENO. EDIFICAÇÃO.
Na espécie a recorrida, empresa de engenharia, não resgatou, perante instituição financeira, dívida no prazo de seu vencimento, e o terreno no qual foi edificado o imóvel, como toda construção dessa natureza, foi dado em garantia hipotecária para assegurar o recebimento de dívida perante o banco credor. Vencida a dívida, o banco tratou de executá-la, tendo como garantia o imóvel do recorrente e de outros condôminos. Assim, diante da ameaça de ser privado do bem, o recorrente deixou de pagar as parcelas ao recorrido, alegando exceção do contrato não cumprido, pois a construtora não liberou a hipoteca perante o banco credor, sendo essa uma obrigação assumida por ela, o que a motivou a efetivar inúmeros protestos contra o recorrente. Logo, a Turma entendeu que a legislação pertinente à espécie (art. 22 da Lei n. 4.864/1965) ampara o adquirente de unidade hipotecada em relação ao inadimplemento da construtora diante do financiador. Daí decorre que o recorrente não possui legitimidade para, unilateralmente, suspender o cumprimento de sua obrigação, sob o argumento de que a construtora está descumprindo a sua perante o banco financiador e, consequentemente, atingindo o recorrente. Se tal receio existe, a ação de consignação é o meio adequado, e não a via eleita pelo autor. Logo, no caso, não há que se falar em exceção do contrato não cumprido. **REsp 867.772-ES, Rel. Min. Sidnei Beneti, julgado em 19/8/2010**. (Inform. STJ 443)

TERRENO. MARINHA. INTEGRALIZAÇÃO. CAPITAL SOCIAL.
A Corte Especial deu provimento ao recurso, por entender que a transferência do domínio útil de imóvel situado em terreno de marinha para integralizar o capital social de uma empresa constitui ato oneroso, estando, assim, já imposta a cobrança de laudêmio (art. 3º do DL n. 2.398/1987). **EREsp 1.104.363-PE, Rel. Min. Teori Albino Zavascki, julgados em 29/6/2010**. (Inform. STJ 441)

USUFRUTO. EXTINÇÃO.
Em ação de extinção de usufruto vidual proposta pela nu-proprietária, a sentença reconheceu sua procedência em razão das dívidas acumuladas pela usufrutuária relativas ao condomínio e ao IPTU, por poderem ser equiparadas à deterioração da coisa. Outrossim, julgou improcedente ação de consignação oferecida pela usufrutuária por insuficiência do valor depositado durante o trâmite da ação de extinção de usufruto. Antes do julgamento da apelação que confirmou a sentença, discutiu-se a competência recursal. Nesse ínterim, na execução de cobrança das parcelas condominiais e impostos não pagos pela usufrutuária, as partes firmaram acordo. Daí o recurso especial da usufrutuária, ora recorrente, alegando a perda de objeto da ação de extinção de usufruto, uma vez que não restaria mais dívida. Explica a Min. Relatora, com base na doutrina, que o usufruto vidual inclui-se entre as espécies de usufrutos legais, ou seja, estabelecidos em lei, portanto não se trata de uma categoria autônoma de direito real sobre coisa alheia, mas de uma espécie incluída no amplo gênero do usufruto. Sendo assim, aplicam-se todas as disposições que regulam o instituto, bem como a regra que disciplina sua extinção, notadamente o art. 739 do CC/1916. Ressalta, também, que é pacífica a jurisprudência deste

Superior Tribunal no sentido de ser responsabilidade do usufrutuário o pagamento de despesas incidentes sobre o imóvel, inclusive os impostos. Portanto, o inadimplemento dessas despesas implica compactuar com o abandono do bem, sendo procedente a extinção do usufruto fundado no art. 739, VII, do CC/1916. Dessa forma, a Turma não conheceu o recurso. Precedentes citados: REsp 425.015-SP, DJ 30/6/2006, e REsp 202.261-RJ, DJ 12/6/2000. **REsp 1.018.179-RS, Rel. Min. Nancy Andrighi, julgado em 21/8/2008**. (Inform. STJ 364)

HIPOTECA. PROCURAÇÃO. PODERES ESPECIAIS.

Consoante a jurisprudência deste Superior Tribunal, somente há que se conferir validade à garantia prestada por mandatário se o instrumento procuratório, além de conter poderes expressos para alienar e hipotecar, também se referir a poderes especiais, pela particularização dos bens que sustentam a garantia ou são passíveis de gravame, não se mostrando suficiente a simples menção genérica. No caso, houve apenas a referência genérica à possibilidade de gravar os bens, mas, de modo algum, extrai-se que tenha ocorrido a indicação precisa do bem gravado, conforme os ditames do art. 1.295, § 1°, do CC/1916. Precedentes citados: REsp 98.143-PR, DJ 18/5/1998; REsp 31.392-SP, DJ 16/2/1998, e REsp 503.675-SP, DJ 27/6/2005. **REsp 404.707-DF, Rel. Min. Aldir Passarinho Junior, julgado em 5/6/2007.** (Inform. STJ 322)

6.7.10. Questões comentadas

Magistratura/RO – 2011 – PUCPR) Assinale a única alternativa correta.

(A) Constituirá condomínio necessário sobre parede, muro ou cerca quando um dos proprietários tiver o direito de estremar o imóvel demarcando dois prédios, exceto se o que não realizou a obra não concorrer com as despesas.

(B) O direito de construir ou plantar em terreno alheio, estatuído em escritura pública devidamente registrada no Cartório de Registro de Imóveis, autoriza obras também no subsolo, independentemente do objeto da concessão.

(C) O usufruto pode recair em um ou mais bens, móveis ou imóveis, em um patrimônio inteiro, ou parte deste, mas, em qualquer caso, a percepção dos frutos e utilidades sempre recairá sobre o todo objeto do direito real.

(D) A dívida garantida por penhor, anticrese ou hipoteca considera-se vencida se o bem dado em garantia vier a perecer e não for substituído.

(E) Bem imóvel dado em anticrese não pode ser objeto de hipoteca, exceto em favor do credor anticrético.

A: incorreta, pois embora constitua condomínio necessário sobre parede, muro ou cerca, o proprietário que tiver direito a estremar um imóvel com paredes, cercas, muros, valas ou valados, tê-lo-á igualmente a adquirir meação na parede, muro, valado ou cerca do vizinho, embolsando-lhe metade do que atualmente valer a obra e o terreno por ela ocupado (art. 1.328 do CC); **B:** incorreta, pois o direito de superfície não autoriza obra no subsolo (art. 1.369, par. único, do CC); **C:** incorreta, pois a percepção dos frutos ou utilidades pode ser sobre o todo ou parte (art. 1.390 do CC); **D:** correta (art. 1.425, IV, do CC); **E:** incorreta, pois poderá ser objeto de hipoteca também a terceiros (art. 1.506, § 2°, do CC).

Gabarito "D"

(Ministério Público/SP – 2011) A respeito de direitos reais, é correto afirmar:

(A) o direito real não se adquire pela ocupação.

(B) o direito de superfície sobre imóveis rurais pode ser concedido por prazo indeterminado.

(C) o exercício do usufruto não é transferível a título oneroso.

(D) o prazo máximo do contrato de penhor de veículos é de 4 (quatro) anos.

(E) o adquirente de imóvel hipotecado não pode se exonerar da hipoteca.

A: incorreta, pois a ocupação é *modo de aquisição originário da propriedade de coisa móvel e sem dono, por não ter sido ainda apropriada ("*res nullius*") ou por ter sido abandonada ("*res derelicta*")* (art. 1.263 do CC); **B:** incorreta, pois o direito real de superfície sobre imóveis rurais apenas pode ser concedido por prazo determinado, nos termos do art. 1369 CC; entretanto, vale registrar que no caso de imóveis urbanos, tais direitos podem ser concedidos por prazo determinado ou indeterminado, nos termos do art. 21, da Lei 10257/01; **C:** incorreta, pois o exercício do usufruto é transferível a título gratuito ou oneroso (art. 1.393 do CC); **D:** correta (art. 1.466 do CC); **E:** incorreta, pois o adquirente do imóvel hipotecado, desde que não se tenha obrigado pessoalmente a pagar as dívidas aos credores hipotecários, poderá exonerar-se da hipoteca, abandonando-lhes o imóvel (art. 1.479 do CC).

Gabarito "D"

(Procurador do Estado/GO – 2010) Assinale a alternativa CORRETA:

(A) Nas dívidas garantidas por penhor, anticrese ou hipoteca, o bem dado em garantia fica sujeito, por vínculo pessoal, ao cumprimento da obrigação.

(B) Mesmo os bens inalienáveis podem ser dados em penhor, anticrese ou hipoteca.

(C) Não assiste ao credor anticrético o direito de reter em seu poder o bem, enquanto a dívida não for paga.

(D) É legítima a cláusula que proíbe ao proprietário alienar imóvel hipotecado.

(E) É nula a cláusula que autoriza o credor pignoratício, anticrético ou hipotecário a ficar com o objeto da garantia, se a dívida não for paga no vencimento.

A: incorreta (art. 1.419, do CC); **B:** incorreta (art. 1.420, *caput*, do CC); **C:** incorreta (art. 1.423, do CC); **D:** incorreta (art. 1.475, do CC); **E:** correta (art. 1.365, do CC).

Gabarito "E"

(Procurador do Estado/SC – 2010 – FEPESE) Assinale a alternativa correta, de acordo com o Código Civil Brasileiro.

(A) A hipoteca impede a livre disposição do bem gravado.

(B) Em caso de mora ou inadimplemento, pode o proprietário fiduciário ficar com a coisa alienada em garantia.

(C) Aquele que, não sendo proprietário de imóvel rural ou urbano, possua como sua, por dez anos ininterruptos, sem oposição, área de terra em zona urbana não superior a cinquenta hectares, tornando-a produtiva por seu trabalho ou de sua família, tendo nela sua moradia, adquirir-lhe-á a propriedade.

(D) Os frutos civis reputam-se colhidos e percebidos, logo que são separados; os naturais e industriais reputam-se percebidos dia por dia.

(E) Não se fará o penhor de veículos sem que estejam previamente segurados contra furto, avaria, perecimento e danos causados a terceiros.

A: incorreta, pois é nula a cláusula que proíbe ao proprietário alienar imóvel hipotecado (art. 1.475 do CC); **B:** incorreta, pois é nula a cláusula que autoriza o proprietário fiduciário a ficar com a coisa alienada em garantia, se a dívida não for paga no vencimento (art. 1.365 do CC); **C:** incorreta, pois aquele que, não sendo proprietário de imóvel rural ou urbano, possua como sua, por **cinco anos ininterruptos**, sem oposição, área de terra em zona rural não superior a cinquenta hectares, tornando-a produtiva por seu trabalho ou de sua família, tendo nela sua moradia, adquirir-lhe-á a propriedade (art. 1.239 do CC); **D:** incorreta, pois a alternativa trocou os conceitos; os frutos naturais e industriais reputam-se colhidos e percebidos, logo que são separados; os civis reputam-se percebidos dia por dia (art. 1.215 do CC); **E:** correta (art. 1.463 do CC).

Gabarito "E"

(Procurador do Município/São José dos Campos-SP – 2012 – VUNESP) Podem ser objeto de hipoteca os imóveis e seus acessórios. Desse modo,

(A) é nula a cláusula que proíbe ao proprietário alienar imóvel hipotecado.

(B) o dono de imóvel hipotecado não pode constituir outra hipoteca sobre ele.

(C) não subsistem os ônus reais constituídos e registrados anteriormente à hipoteca.

(D) a hipoteca somente poderá ser constituída para dívida certa e atual.

(E) a hipoteca poderá ser prorrogada até perfazer trinta anos da data do contrato.

A: correta (art. 1.475, do CC); **B:** incorreta (art. 1.476, do CC); **C:** incorreta (art. 1.474, do CC); **D:** incorreta (art. 1.487, do CC); **E:** incorreta (art. 1.485, do CC).

Gabarito "A"

(Procurador do Município/Sorocaba-SP – 2012 – VUNESP) Quanto aos efeitos dos direitos reais em garantia, Caio Mário da Silva Pereira afirma que a faculdade de o credor com garantia real executar judicialmente o débito garantido, vendendo judicialmente o bem, quando o débito vencido não for pago, denomina-se

(A) garantia.

(B) excussão.

(C) sequela.

(D) indivisibilidade.

(E) privilégio.

A, C, D e **E:** incorretas. **B:** correta. Os direitos reais em garantia geram os seguintes efeitos: i) direito de preferência (os credores hipotecários e pignoratícios têm preferência no pagamento de seus créditos, em detrimento de outros credores); ii) direito de sequela (o credor com garantia real pode perseguir e reclamar a coisa contra qualquer pessoa); iii) direito de excussão (após o vencimento da dívida, a coisa dada em garantia pode ser vendida judicialmente pelo credor); iv) indivisibilidade (salvo convenção entre as partes, o pagamento parcial da dívida não exonera a garantia).

Gabarito "B"

(Cartório/MS – 2009 – VUNESP) Analisando as características jurídicas da hipoteca, aponte a alternativa correta.

(A) A arrematação extingue a hipoteca, pois tem conteúdo de aquisição originária, livre dos ônus que anteriormente gravavam o bem por esse meio adquirido.

(B) A hipoteca firmada entre a construtora e o agente financeiro, antes da alienação da unidade autônoma do empreendimento, tem eficácia para o adquirente.

(C) Por ser um efeito de sentença condenatória, a hipoteca judiciária pode ser constituída unilateralmente, sem opções ao devedor.

(D) A hipoteca judiciária é um efeito secundário da sentença condenatória, obstando sua efetivação a pendência de julgamento de apelação recebida em ambos os efeitos.

(E) Enquanto não registrado o acordo de constituição da hipoteca, ou quando for inscrito indevidamente, há apenas vínculo de direito real entre os acordantes.

A: correta, pois a arrematação é uma das formas originárias de aquisição da propriedade imóvel, uma vez que se constitui em aquisição de forma direta e independente do antigo proprietário, sem com este manter qualquer vínculo. Por tal razão, o imóvel arrematado virá livre de qualquer ônus ou gravame, extinguindo-se, portanto, eventual hipoteca que sobre ele recaia (art. 1.499, VI, do CC). Mas a lei faz uma ressalva no sentido de que "não extinguirá a hipoteca, devidamente registrada, a arrematação ou adjudicação, sem que tenham sido notificados judicialmente os respectivos credores hipotecários, que não forem de qualquer modo partes na execução" (art. 1.501 do CC); **B:** incorreta, pois a hipoteca firmada entre a construtora e o agente financeiro, antes da alienação da unidade autônoma do empreendimento, *não* tem eficácia para o adquirente (Súmula 308 do STJ); **C:** incorreta, pois apesar de a hipoteca judicial poder ser requerida independentemente da anuência do devedor, preenchidos apenas os requisitos legais (existência de uma sentença condenando a entregar coisa ou quantia; liquidez do ato decisório; especialização; registro na forma prescrita na Lei de Registros Públicos; e para alguns o transito em julgado da decisão) por se constituir consequência imediata da sentença, é inegável que para sua constituição dever-se-á respeitar o devido processo legal. Neste passo, prevê o art. 5º, LIV, da CF que "Ninguém será privado da liberdade ou de seus bens sem o devido processo legal". Daí, a plenitude da defesa reclama sejam os sujeitos parciais do processo cientificados de todos os atos praticados no desenrolar do processo, com a possibilidade de manifestarem-se. Desta forma o devedor terá pleno direito a observância do contraditório, pois ínsito à sistemática do Código de Processo Civil. Isso porque, da própria constituição da penhora – objetivando, igualmente a garantir a efetividade futura de provimento condenatório – o devedor se manifesta a cada momento (arts. 652, 654, 655, 668 e 669 do CPC), daí não pode restar dúvida de que para a hipoteca em apreço, o devedor também necessita ser ouvido. **D:** incorreta, pois há forte posicionamento no sentido de que a hipoteca judiciária pode ser efetuada, mesmo que não tenha ocorrido o trânsito em julgado da sentença. Theotonio Negrão, à luz do transcrito art. 466, aduz que a hipoteca judiciária "é consequência imediata da sentença, pouco importando a pendência ou não de recurso contra esta" (**Código de Processo Civil e legislação processual em vigor**. 31. ed. São Paulo: Saraiva, 2000).Verifica-se, nesse sentido, que, na esteira de alguns precedentes, a 12ª Câmara do 1º Tribunal de Alçada Civil de São Paulo, em julgamento unânime, teve oportunidade de patentear que, *in verbis*:"A sentença que condena o réu no pagamento de prestação em dinheiro vale como título constitutivo de hipoteca judiciária (CPC, art. 466, *caput)*.Cuida-se de efeito que não depende do trânsito em julgado da decisão, nascendo da publicação da sentença de mérito condenatória (Vicente Greco Filho, **Direito Processual Civil Brasileiro**, vol. 2/230; Wellington Moreira Pimentel, **Comentários ao Código de Processo Civil**, vol. III/567; Humberto Theodoro Júnior, **Processo de conhecimento**, vol. II/667); **E:** incorreta, pois enquanto não registrado o acordo de constituição da hipoteca, ou quando for inscrito indevidamente, há apenas vínculo de *direito pessoal* (e não real) entre os acordantes, sem o direito de sequela e sem o direito de preferência.

Gabarito "A"

(Cartório/RJ – 2012) Sobre hipoteca, analise as assertivas abaixo.

I. Pode ser objeto de hipoteca o domínio direto, mas não o domínio útil.

II. O dono do imóvel hipotecado pode constituir outra hipoteca sobre ele, mediante novo título, desde que em favor de outro credor.

III. O adquirente do imóvel hipotecado, desde que não se tenha obrigado pessoalmente a pagar as dívidas aos credores hipotecários, poderá exonerar-se da hipoteca, abandonando-lhes o imóvel.

É correto o que se afirma em

(A) I, apenas.

(B) II, apenas.

(C) III, apenas.

(D) I e III, apenas.

(E) II e III, apenas.

I: incorreta, pois o domínio útil também pode ser objeto de hipoteca (art. 1.473, III, do CC); **II:** incorreta (art. 1.476 do CC); **III:** correta (art. 1.479 do CC)

Gabarito "C"

(Cartório/SP – 2011 – VUNESP) Sobre hipoteca é incorreto afirmar que

(A) não podem ser objeto de hipoteca o domínio direto, o domínio útil e o direito real de uso.

(B) pode convencionar-se que vencerá o crédito hipotecário, se o imóvel for alienado.

(C) é nula a cláusula que proíbe ao proprietário alienar imóvel hipotecado.

(D) a hipoteca pode ser constituída para garantia de dívida futura ou condicionada, desde que determinado o valor máximo do crédito a ser garantido.

A: incorreta (devendo ser assinalada), pois tanto o domínio direto, como o domínio útil, como o direito real de uso podem ser objeto de hipoteca, conforme o art. 1.473, II, III e IX, do CC; **B:** correta (art. 1.475, parágrafo único, do CC); **C:** correta (art. 1.475, *caput*, do CC); **D:** correta (art. 1.487 do CC).

Gabarito "A"

(Cartório/SP – 2011 – VUNESP) As hipotecas sobre as estradas de ferro serão registradas no

(A) Registro de Imóveis correspondente à estação final da respectiva linha.

(B) Registro de Imóveis correspondente à estação inicial da respectiva linha.

(C) Registro de Imóveis correspondente à área de maior abrangência da respectiva via férrea.

(D) Registro de Títulos e Documentos correspondente à estação final da respectiva linha.

As hipotecas sobre as estradas de ferro serão registradas no Cartório de Registro de Imóveis, nos termos do art. 167, I, item 2, da Lei 6.015/1973, da localidade correspondente a estação inicial da respectiva linha (art. 1.502 do CC).

Gabarito "B"

(Cartório/SP – 2012 – VUNESP) Os bens que podem ser objeto de hipoteca são

(A) todos os bens móveis.

(B) todos os bens imóveis e seus acessórios, excluídos quaisquer outros.

(C) os imóveis, seus acessórios, o domínio direto, o domínio útil, as estradas de ferro, os recursos naturais referidos no art. 1230 do Código Civil, independentemente do solo em que se acham, os navios e as aeronaves.

(D) os imóveis, seus acessórios, o domínio direto, o domínio útil, as estradas de ferro, os recursos naturais referidos no art. 1230 do Código Civil, independentemente do solo em que se acham. Os navios e aeronaves não poderão ser objeto de hipoteca, porquanto não caracterizam bens imóveis.

Os bens que podem ser objeto de hipoteca estão previstos em extenso rol no art. 1.473 do CC, reproduzidos literalmente na assertiva "C" da questão em comento.

Gabarito "C"

(Cartório/SP – 2012 – VUNESP) As hipotecas de vias férreas serão registradas no(a)

(A) Município da sede da empresa ferroviária.

(B) Município do destino final da respectiva linha.

(C) Município da estação inicial da respectiva linha.

(D) Capital do Estado em que estiver sediada a linha, por tratar-se de concessão de serviço público.

As hipotecas de vias férreas serão registradas no Município do destino final da respectiva linha (art. 1.502 do CC).

Gabarito "C"

(Delegado/GO – 2009 – UEG) Historicamente, a posse tem reconhecimento e tutela nos diversos ordenamentos jurídicos. Essa tutela é mais ou menos ampla e dotada de diferentes instrumentos conforme os princípios informadores da ordem jurídica em que vigem. Considerando o sistema brasileiro de defesa da posse, é CORRETO afirmar:

(A) a reintegração de posse é garantida por ação de força turbativa para corrigir as agressões à posse e eliminar a incerteza da turbação cometida.

(B) a reintegração da posse é garantida pela ação de força espoliativa que visa corrigir a agressão que faz cessar a posse.

(C) a manutenção da posse, garantida pelo interdito proibitório, não pode ser utilizada por quem tem posse viciosa.

(D) a manutenção da posse é garantida pela ação de força espoliativa que tem por fim eliminar a incerteza jurídica provocada pela turbação cometida.

A: incorreta, pois, em caso de turbação da posse, a ação adequada é de manutenção de posse, e não de reintegração de posse; **B:** correta, pois em caso de esbulho (= agressão que faz cessar a posse), a ação cabível é de reintegração de posse; **C:** incorreta, pois o interdito proibitório é um outro tipo de ação possessória, que é utilizada para prevenir uma agressão iminente, mas que não aconteceu ainda; então, não é correto dizer que a ação de manutenção de posse é "garantida" pelo interdito proibitório; ademais, quem tem posse viciosa não pode se valer dessa posse contra quem tem posse anterior, mas pode se valer dessa posse contra terceiro; assim, o "ladrão" tem posse pior que a do anterior possuidor, mas tem posse melhor que a de outro "ladrão"; **D:** incorreta, pois "ação de força espoliativa" é nome que se dá à reintegração de posse, e não à manutenção de posse.

Gabarito "B"

(Delegado/GO – 2009 – UEG) Na tutela dos direitos reais, distingue-se a proteção à posse daquela conferida especificamente ao domínio. Entretanto, admite o ordenamento jurídico brasileiro a tutela daquela com fundamento neste. Assim, considerando-se a disputa da posse com base no domínio, é CORRETO no direito brasileiro:

(A) não se deve julgar a posse em favor daquele a quem evidentemente não pertencer o domínio, em razão de dispositivo expresso de lei.

(B) não provado o domínio por qualquer das partes, não há que se aplicar, em caráter absoluto, o favor do domínio evidente.

(C) a ação em que o autor pleiteia a posse fundada no domínio tem natureza possessória em razão do pedido.

(D) o pleito de posse fundado no domínio tem natureza petitória em razão da causa de pedir, além do pedido.

Ação fundada no domínio tem o nome de ação petitória ou ação reivindicatória. Já as ações fundadas na posse (reintegração de posse, manutenção de posse e interdito proibitório) têm o nome de ações possessórias. Uma vez que pendente uma ação possessória, não se pode discutir o domínio, devendo os partes discutirem, tão somente, quem tem a melhor posse.

Gabarito "D"

(Delegado/GO – 2009 – UEG) O direito brasileiro oferece ampla tutela para os direitos sobre as coisas, disciplinando, inclusive, intervenções entre prédios. Considerando-se que as servidões prediais são restrições à propriedade, constituídas em favor de um prédio sobre outro, é CORRETO afirmar:

(A) a servidão não pode ser instituída em favor de parte ideal do prédio dominante ou incidir sobre parte ideal do prédio serviente.

(B) a servidão não aparente pode ser estabelecida por meio de permissão de passagem, sendo dispensável a transcrição no registro de imóveis.

(C) a servidão é obrigação do titular do domínio do imóvel serviente à prestação de fato negativo em favor do titular do imóvel dominante.

(D) nas servidões prediais, em razão da necessária relação entre si, é essencial a contiguidade entre prédios dominante e serviente.

A: correta, em razão do princípio da indivisibilidade da servidão (art. 1.386 do CC); **B:** incorreta; a servidão aparente é que pode ser adquirida pelo exercício incontestado e contínuo do bem (art. 1.380 do CC); **C:** incorreta, pois a servidão grava um imóvel, e não uma pessoa; assim, seja quem for o proprietário do imóvel no presente e no futuro, terá de suportar a servidão, pois o imóvel estará gravado; **D:** incorreta, pois não há essa limitação no Código Civil.

Gabarito "A"

(Delegado/PI – 2009 – UESPI) Quanto à aquisição da propriedade móvel, é correto afirmar que:

(A) quem quer que ache coisa alheia perdida, adquire-lhe a propriedade, caso transcorram 60 dias da publicação na imprensa.

(B) não será admitida a usucapião de bens móveis quando a posse não for de boa-fé.

(C) aquele que, trabalhando em matéria prima totalmente alheia, obtiver espécie nova, a perderá para o dono do material utilizado, ainda que haja boa-fé.

(D) a propriedade das coisas não se transfere pelos negócios jurídicos antes da tradição.

(E) não é admitido, na lei civil, o assenhoramento de coisa sem dono.

A: incorreta, pois aquele que achar coisa alheia deve entregá-la à autoridade ao dono ou possuidor e, caso não encontra-lo, entregará a coisa à autoridade competente (art. 1.233 do CC), sem prejuízo do direito a uma recompensa não inferior a 5% do valor da coisa, mais indenização pelas despesas (art. 1.234 do CC); decorridos 60 dias da divulgação da notícia pela imprensa, não se apresentando o proprietário da coisa, esta será vendida em hasta pública, sendo que o produto da venda, descontadas as despesas e a recompensa, irão para o Município, salvo se a coisa for de diminuto valor, ocasião em que o Município pode deixa-la para quem a achou (art. 1.237 do CC); **B:** incorreta, pois cabe a usucapião extraordinária, cujo prazo é de 5 anos, ao contrário da ordinária, cujo prazo é de 3 anos (arts. 1.260 e 1.261 do CC); **C:** incorreta, pois a coisas pertencerá ao especificador se este atuar de boa-fé (art. 1.270 do CC); **D:** correta, pois a propriedade da coisa móvel se transfere pela tradição (art. 1.267 do CC); **E:** incorreta, pois a ocupação é regulamentada pelo art. 1.263 do CC.

Gabarito "D"

(Delegado/PI – 2009 – UESPI) O direito real de superfície foi introduzido no Código Civil de 2002, com a finalidade de substituir a enfiteuse em desuso. Com relação ao seu conteúdo, podemos afirmar o que segue.

1) O direito de superfície não autoriza obra no subsolo, salvo se for inerente ao objeto da concessão.
2) O direito de superfície pode transferir-se a terceiros e, por morte do superficiário, aos seus herdeiros.
3) Os encargos e tributos que incidirem sobre o imóvel permanecerão a cargo do proprietário.
4) Extinta a concessão, o proprietário passará a ter a propriedade plena sobre terreno, construção ou plantação, independentemente de indenização, se as partes não houverem estipulado o contrário.

Estão corretas apenas:

(A) 1 e 2
(B) 1 e 4
(C) 1, 2 e 4
(D) 2 e 3
(E) 2, 3 e 4

1: correta (art. 1.369, p. único, do CC); 2: correta (art. 1.372, *caput*, do CC); 3: incorreta (art. 1.371 do CC); 4: correta (art. 1.375 do CC).

Gabarito "C"

(Delegado/RJ – 2009 – CEPERJ) Assinale a alternativa correta, se houver:

(A) Ao possuidor de má-fé é deferido o direito ao recebimento das despesas que realizou para produção e custeio dos bens no objeto possuído.
(B) O possuidor de má-fé tem direito de retenção, mas somente quanto às benfeitorias necessárias.
(C) Em matéria de proteção possessória, o CC/02 manteve a exceção de domínio.
(D) O possuidor de boa-fé, em razão dela, tem direito de retenção por toda e qualquer benfeitoria que tenha introduzido na coisa.
(E) Nenhuma das respostas acima.

A: correta (art. 1.216 do CC); **B:** incorreta, pois o possuidor de má-fé não tem direito de retenção (art. 1.220 do CC); **C:** incorreta, pois o art. 505 do CC/1916 não foi contemplado pelo novo Código Civil/2002 e a segunda parte do art. 923 do CPC foi revogada pela Lei 6.820/80; **D:** incorreta, pois o possuidor de boa-fé tem direito de retenção apenas quanto às benfeitorias úteis e necessárias (art. 1.219 do CC).

Gabarito "A"

(Delegado/RN – 2009 – CESPE) A respeito da aquisição de propriedade, assinale a opção correta.

(A) A propriedade das coisas móveis é transferida por negócios jurídicos antes da tradição.
(B) Ainda que a ocupação seja defesa em lei, se alguém se assenhorear de coisa sem dono, adquirir-lhe-á a propriedade.
(C) A tradição transfere a propriedade, ainda que tenha por título um negócio jurídico nulo.
(D) Se determinada pessoa possuir coisa móvel como sua por dois anos, com justo título e boa-fé, adquirir-lhe-á a propriedade.
(E) Se determinada pessoa possuir coisa móvel como sua por cinco anos, produzirá usucapião, independentemente de título e boa-fé.

A: incorreta (art. 1.267, *caput*, do CC); **B:** incorreta (art. 1.263 do CC); **C:** incorreta (art. 1.268, § 2º, do CC); **D:** incorreta (art. 1.260 do CC); **E:** correta (art. 1.261 do CC).

Gabarito "E"

(Defensoria Pública/SP – 2010 – FCC) Assinale a alternativa INCORRETA.

(A) Quando mais de uma pessoa se disser possuidora, será mantida na posse aquela que tiver justo título e estiver na detenção da coisa.
(B) É lícito o uso da força própria indispensável para a manutenção ou reintegração da posse.
(C) O possuidor tem direito à manutenção ou à reintegração da coisa, inclusive frente ao proprietário.
(D) Diante da pretensão daquele que se diz possuidor, o proprietário da coisa pode opor exceção fundada no domínio.
(E) Na disputa da posse fundada em domínio, a posse é daquele que dispõe de evidente título de propriedade.

A: correta (art. 1.211 do CC); **B:** correta (art. 1.210, § 1º, do CC); **C:** correta (art. 1.197, parte final, do CC); **D:** incorreta (art. 1.210, § 2º, do CC); **E:** correta (Súmula 487 do STF).

Gabarito "D"

(Defensor Público/RS – 2011 – FCC) Direitos Reais.

(A) O possuidor com justo título tem por si a presunção absoluta de boa-fé.
(B) O possuidor de má-fé detém o direito de ressarcimento pelas benfeitorias necessárias e de levantamento das benfeitorias voluptuárias.
(C) Não é cabível a constituição de usufruto que recaia em bens móveis e em um patrimônio inteiro.
(D) O contrato de promessa de compra e venda, desde que escrito, confere ao seu titular direito real à aquisição do imóvel.
(E) Resolvida a propriedade pelo implemento da condição ou pelo advento do termo, entendem-se também resolvidos os direitos reais concedidos na sua pendência.

A: incorreta, pois essa presunção é relativa (art. 1.201, p. ún., do CC); **B:** incorreta, pois não há direito de levantamento das benfeitorias voluptuárias (art. 1.220 do CC); **C:** incorreta, pois o "usufruto pode recair em um ou mais bens, móveis ou imóveis, em um patrimônio inteiro, ou parte deste, abrangendo-lhe, no todo ou em parte, os frutos e utilidades" (art. 1.390 do CC); **D:** incorreta, pois é necessário registro do contrato, para que se configure um direito real, oponível contra todos (art. 1.417 do CC); **E:** correta (art. 1.359 do CC).

Gabarito "E"

(Defensor Público/GO – 2010 – I. Cidades) A legislação brasileira admite a usucapião agrária, destinando-a ao pequeno produtor e tendo por objeto o imóvel rural. Na usucapião agrária, a posse há de ser

(A) ininterrupta, podendo ser exercida pessoalmente ou por preposto.

(B) ininterrupta, podendo ser exercida por pessoa natural ou jurídica.

(C) direta, comprovado o exercício de atividade agrária no imóvel.

(D) direta, ainda que o usucapiente não resida na terra.

(E) ininterrupta, ainda que exercida por pessoa jurídica com sede no local.

A, B, C, D e **E:** a lei exige o trabalho do possuidor ou de sua família diretamente sobre o imóvel rural (não cabe por preposto ou por pessoa jurídica), além de moradia neste (art. 1.239 do CC), de modo que somente a alternativa "C" está correta.

Gabarito "C"

(Defensor Público/GO – 2010 – I. Cidades) Integra o regime jurídico da posse e da propriedade no Brasil, regra dispondo que:

(A) aquele que, não sendo proprietário de imóvel rural ou urbano, possua como sua, por cinco anos ininterruptos, sem oposição, área de terra em zona rural de 150 hectares, tomando-a produtiva por seu trabalho ou de sua família, tendo nela sua moradia, adquirir-lhe-á a propriedade.

(B) aquele que, por 15 anos, sem interrupção, nem oposição, possuir como seu um imóvel, adquire-lhe a propriedade, independentemente de título, boa-fé ou de estar o referido imóvel hipotecado em garantia.

(C) a posse é justa se o possuidor ignora o vício, ou o obstáculo que impede a aquisição da coisa, ainda que seja a posse clandestina, violenta ou precária.

(D) há vedação legal e constitucional impedindo que as pessoas jurídicas de direito público possam adquirir, por usucapião, a propriedade de imóveis registrados em nome de pessoa natural.

(E) independentemente de quem seja o proprietário, a posse direta, de pessoa que tem a coisa em seu poder, temporariamente, em virtude de direito pessoal, ou real, anula a posse indireta de quem aquela foi havida, por absoluta incompatibilidade, podendo o possuidor direto defender a sua posse contra o indireto.

A: incorreta, pois deve se tratar de área rural não superior a 50 hectares (art. 1.239 do CC); **B:** correta (art. 1.238 do CC); **C:** incorreta, pois essa definição é de posse de boa-fé; posse justa é aquela que não é violenta, clandestina ou precária; **D:** incorreta, pois não existe essa vedação na lei; **E:** incorreta, pois uma posse não anula a outra (art. 1.197 do CC).

Gabarito "B"

(Defensoria Pública/MT – 2009 – FCC) À luz do Código Civil brasileiro,

(A) o direito de propriedade será exercido de forma plena, absoluta e exclusiva por todo aquele que detiver o título, sendo inconstitucional qualquer restrição, excetuando-se as impostas pela lei.

(B) segundo Savigny, a posse, por se tratar da exteriorização do direito de propriedade, gera presunção *juris et de jure* de domínio.

(C) a propriedade de bem imóvel é adquirida no momento da averbação em Cartório de Registro de Imóveis do título aquisitivo, tratando-se de ato *inter vivos*, e, no caso de sucessão *mortis causa*, a transmissão da propriedade ocorre no momento de sua abertura.

(D) a propriedade de bem imóvel transmite-se ao herdeiro do *de cujus*, pelo registro do formal de partilha no Cartório de Registro de Imóveis, sendo certo que, até esse momento, existe para o sucessor mera expectativa de direito.

(E) a propriedade de veículo automotor, por se tratar de bem legalmente equiparado a imóvel, somente se transmite com a transferência do título de propriedade por meio do registro do Detran.

A: incorreta, pois a propriedade deve ser exercida com respeito aos fins sociais a que se destina e sem abuso de direito (art. 1.228, §§ 1º e 2º, do CC); **B:** incorreta, pois a presunção mencionada é relativa, e não absoluta; **C:** correta (arts. 1.245 e 1.784 do CC); **D:** incorreta (art. 1.784 do CC); **E:** incorreta, pois a propriedade de um bem móvel se transfere com a tradição (art. 1.267 do CC).

Gabarito "C"

(Defensor Público/AL – 2009 – CESPE) Julgue os próximos itens, relativos à propriedade.

(1) Compõem o direito de propriedade as faculdades de usar, gozar, dispor e reivindicar a coisa de quem injustamente a possua, de modo que, tendo-se como certo o conceito de posse injusta como aquela violenta, clandestina ou precária, não será possível obter a posse por meio de reivindicatória se a pessoa que detém a coisa não o faz mediante qualquer dos mencionados vícios.

(2) Distanciando-se do sistema francês, a lei brasileira exige que a transmissão de um bem imóvel por ato oneroso *inter vivos* seja materializada por meio de escritura pública de compra e venda, de modo que somente após a lavratura desse ato é que o bem passará a integrar o patrimônio do comprador, sendo sua a propriedade.

1: incorreta, pois a ação reivindicatória tem por fundamento o direito de propriedade (trata-se de uma ação petitória), sendo desnecessário discutir-se sobre a injustiça ou não da posse de quem detém a coisa; **2:** incorreta, pois, no Brasil, diferentemente do sistema francês, a propriedade imóvel só se adquire com o registro da escritura na matrícula do imóvel (art. 1.245 do CC).

Gabarito 1E, 2E

(Defensoria Pública/SP – 2009 – FCC) Quem recebeu em boa-fé um imóvel e o alienou a título oneroso responde pela

(A) devolução do bem e, se for o caso, pelos valores das despesas de reparo de deterioração culposa do bem.

(B) devolução do bem e dos frutos gerados.

(C) quantia recebida mais perdas e danos.

(D) quantia recebida.

(E) devolução do bem mais perdas e danos.

Art. 879 do CC.

Gabarito "D"

(Defensor Público/AM – 2010 – I. Cidades) A respeito das servidões, assinale a alternativa correta:

(A) Não é possível a usucapião de servidão aparente, pois a usucapião é sempre uma forma de aquisição do direito de propriedade.

(B) O dono do prédio serviente não poderá embaraçar de modo algum o exercício legítimo da servidão.

(C) A servidão não pode ser removida, de um local para outro, pelo dono do prédio serviente, sem expressa concordância do dono do prédio dominante.

(D) Se o prédio dominante estiver hipotecado e a servidão não estiver mencionada no título hipotecário, será também preciso, para cancelar a servidão, o consentimento do credor.

(E) A reunião do prédio dominante e do serviente no domínio da mesma pessoa não extingue a servidão, pois sempre haverá a possibilidade de os imóveis serem novamente desmembrados.

A: incorreta, pois a usucapião também é forma de aquisição de outros direitos reais; **B:** correta (art. 1.383 do CC); **C:** incorreta, pois a servidão pode ser removida pelo dono do prédio serviente se em nada diminuir as vantagens do prédio dominante (art. 1.384 do CC); **D:** incorreta, pois o consentimento do credor só será necessário se a servidão estiver mencionada no título hipotecário (art. 1.387, p. ún., do CC); **E:** incorreta, pois haverá extinção da servidão no caso (art. 1.389, I, do CC).

Gabarito "B"

(Defensoria Pública/SP – 2009 – FCC) A respeito dos direitos reais de uso, de usufruto e de habitação,

I. os dois primeiros podem recair tanto sobre bens móveis quanto sobre bens imóveis e o primeiro está contido no segundo;

II. é somente através do segundo que se institui o direito à percepção dos frutos;

III. nenhum confere a possibilidade de alteração ou transformação da destinação econômica;

IV. tem-nos o cônjuge sobrevivente sobre parte dos bens do falecido, se o regime de bens não for o da comunhão universal e enquanto durar a viuvez;

V. tem-nos os pais sobre os bens dos filhos crianças ou adolescentes.

Estão corretas SOMENTE as assertivas

(A) I, III e V.

(B) II, III e IV.

(C) I e **II.**

(D) I e **III.**

(E) II e IV.

I: correta, pois o usufruto e uso podem recair sobre bens móveis ou imóveis (arts. 1.390 e 1.412 do CC) e a habitação só pode recair sobre imóvel (art. 1.414 do CC), devendo-se tratar de casa; ademais, o uso importa em usar da coisa e gozar desta o quanto exigirem as necessidades do usuário e de sua família (art. 1.412 do CC), de modo que está contido no usufruto, pois este permite usar e fruir da coisa, mas sem a limitação de que a fruição se dê no limite das necessidades (art. 1.390 do CC); **II:** incorreta, pois o uso também importa na percepção de frutos, ainda que na medida das necessidades do usuário e de sua família (art. 1.412 do CC); **III:** correta (art. 1.399, parte final, c/c arts. 1.413 e 1.416, todos do CC); **IV:** incorreta, pois o direito mais aproximado à hipótese em análise é o direito real de *habitação*, previsto no art. 1.831 do CC; **V:** correta, valendo salientar que os pais têm direito de usufruto sobre tais bens, o que inclui, naturalmente, o uso e a habitação (art. 1.689, I, do CC).

Gabarito "A"

(Fiscal de Rendas/RJ – 2010 – FGV) Com relação aos *efeitos da posse*, analise as afirmativas a seguir.

I. O reivindicante, obrigado a indenizar as benfeitorias ao possuidor de má-fé, tem o direito de optar entre o seu valor atual e o seu custo.

II. O possuidor de má-fé sempre responde pela perda ou deterioração da coisa.

III. O possuidor de má-fé responde por todos os frutos colhidos e percebidos, bem como pelos que, por sua culpa deixou de perceber, desde o momento em que se constituiu a má-fé, mas terá direito às despesas de produção e custeio.

Assinale:

(A) se somente a afirmativa I estiver correta.

(B) se somente a afirmativa II estiver correta.

(C) se somente as afirmativas I e III estiverem corretas.

(D) se somente as afirmativas II e III estiverem corretas.

(E) se todas as afirmativas estiverem corretas.

I: correta (art. 1.222 do CC); II: incorreta (art. 1.218 do CC); III: correta (art. 1.216 do CC).

Gabarito "C"

(Auditor Fiscal/ES – 2009 – CESPE) Acerca do direito civil, julgue os itens que se seguem.

(1) A aquisição da propriedade imóvel dar-se-á exclusivamente por meio do registro do título translativo no registro de imóveis, o qual será considerado eficaz desde o momento em que o título for apresentado ao oficial do registro, e este o prenotar no protocolo.

(2) Ainda que resulte de usucapião, o usufruto de imóveis constituir-se-á mediante registro no Cartório de Registro de Imóveis.

1: A aquisição da propriedade pode se dar pelo registro na matrícula do imóvel, por usucapião e por acessão (vide Livro III, Título III, Capítulo II, do CC); 2: Art. 1.391 do CC.

Gabarito 1E, 2E

(OAB/Exame Unificado – 2012.1) Acerca do instituto da posse é correto afirmar que:

(A) o Código Civil estabeleceu um rol taxativo de posses paralelas.

(B) é admissível o interdito proibitório para a proteção do direito autoral.

(C) fâmulos da posse são aqueles que exercitam atos de posse em nome próprio.

(D) a composse é uma situação que se verifica na comunhão *pro indiviso*, do qual cada possuidor conta com uma fração ideal sobre a posse.

A: incorreta; há posses paralelas quando coexistem posses indiretas (daqueles que cedem a posse – ex: proprietários) e diretas (daqueles que recebem a posse – ex: locatários); não há rol taxativo dessas possibilidades, que podem acontecer em relação a inúmeras pessoas ao mesmo tempo e também a inúmeros negócios decorrentes de direitos reais (rol taxativo – ex: usufruto, uso e habitação) e de direitos pessoais, cujo rol não é taxativo (art. 1.197 do CC); **B:** incorreta, pois, segundo a Súmula STJ 228, "é inadmissível o interdito proibitório para a proteção do direito autoral"; **C:** incorreta, pois os fâmulos da posse são aqueles que exercem atos de posse em nome alheio, como é o caso dos caseiros; tem-se, no caso, a figura do *detentor*, e não do *possuidor* (art. 1.198, *caput*, do CC); **D:** correta (art. 1.199 do CC).

Gabarito "D"

(OAB/Exame Unificado – 2010.2) Sobre o constituto possessório, assinale a alternativa correta.

(A) Trata-se de modo originário de aquisição da propriedade.

(B) Trata-se de modo originário de aquisição da posse.

(C) Representa uma tradição ficta.

(D) É imprescindível para que se opere a transferência da posse aos herdeiros na sucessão universal.

Constituto possessório caracteriza-se quando *um possuidor em nome próprio passa a ter a coisa em nome de outro, mudando o caráter de sua posse*. É o caso do dono que venda a coisa e passa a nela ficar como locatário ou comodatário. O constituto possessório é uma forma de aquisição de posse do tipo *derivada* (e não *originária*), pois a nova posse guarda vínculo com a posse anterior, de modo que não estão corretas as alternativas "A" e "B". Trata-se, na verdade, de uma *tradição ficta*, pois a coisa é entregue (tradição) para quem já estava com ela (ficta).

Gabarito "C"

(OAB/Exame Unificado – 2009.3) No que se refere aos institutos da posse e da propriedade, assinale a opção correta.

(A) Ao possuidor de má-fé serão ressarcidas somente as benfeitorias necessárias e úteis, não lhe assistindo o direito de retenção pela importância das benfeitorias necessárias.

(B) Caracteriza usucapião a posse, por 5 (cinco) anos, de coisa móvel, desde que comprovada a boa-fé do possuidor.

(C) Aquele que semeia, planta ou edifica em terreno alheio perde, em proveito do proprietário, as sementes, plantas e construções, com direito a indenização se procede de boa-fé.

(D) A posse direta, de pessoa que tem a coisa em seu poder, temporariamente, em virtude de direito pessoal, ou real, anula a indireta, de quem aquela foi havida.

A: incorreta. Esse possuidor somente tem direito de ver ressarcidas as benfeitorias necessárias (art. 1.220 do CC); **B:** incorreta (art. 1.260 do CC); **C:** correta (art. 1.255 do CC); **D:** incorreta (art. 1.197 do CC).

Gabarito "C"

(OAB/Exame Unificado – 2009.1) Quanto ao instituto da posse, a lei civil estabelece que:

(A) a posse pode ser adquirida por terceiro sem mandato, independentemente de ratificação do favorecido.

(B) o possuidor de má-fé tem direito à indenização pelas benfeitorias necessárias, assistindo-lhe o direito de retenção pela importância destas.

(C) é assegurado ao possuidor de boa-fé o direito à indenização pelas benfeitorias necessárias e úteis. Quanto às voluptuárias, estas, se não forem pagas, poderão ser levantadas, desde que não prejudiquem a coisa.

(D) obsta à manutenção ou à reintegração da posse a alegação de propriedade, ou de outro direito sobre a coisa.

A: incorreta (art. 1.205, II, do CC); **B:** incorreta (art. 1.220 do CC); **C:** correta (art. 1.219 do CC); **D:** incorreta (art. 1.210, § 2.º, do CC).

Gabarito "C"

(OAB/Exame Unificado – 2012.2) Em janeiro de 2010, Nádia, unida estavelmente com Rômulo, após dez anos de convivência e sem que houvesse entre eles contrato escrito que disciplinasse as relações entre companheiros, abandona definitivamente o lar. Nos dois anos seguintes, Rômulo, que não é proprietário de outro imóvel urbano ou rural, continuou, ininterruptamente, sem oposição de quem quer que fosse, na posse direta e exclusiva do imóvel urbano com 200 metros quadrados, cuja propriedade dividia com Nádia e que servia de moradia do casal. Em março de 2012, Rômulo – que nunca havia ajuizado ação de usucapião, de qualquer espécie, contra quem quer que fosse – ingressou com ação de usucapião, pretendendo o reconhecimento judicial para adquirir integralmente o domínio do referido imóvel. Diante dessa situação hipotética, assinale a afirmativa correta.

(A) A pretensão de aquisição do domínio integral do imóvel por Rômulo é infundada, pois o prazo assinalado pelo Código Civil é de 10 (dez) anos.

(B) A pretensão de aquisição do domínio integral do imóvel por Rômulo é infundada, pois a hipótese de abandono do lar, embora possa caracterizar a impossibilidade da comunhão de vida, não autoriza a propositura de ação de usucapião.

(C) A pretensão de aquisição do domínio integral do imóvel por Rômulo é infundada, pois tal direito só existe para as situações em que as pessoas foram casadas sob o regime da comunhão universal de bens.

(D) A pretensão de aquisição do domínio integral do imóvel por Rômulo preenche todos os requisitos previstos no Código Civil.

Segundo o art. 1.240-A do CC, introduzido pela Lei 12.424/2011, "aquele que exercer, por 2 (dois) anos ininterruptamente e sem oposição, posse direta, com exclusividade, sobre imóvel urbano de até 250m² (duzentos e cinquenta metros quadrados) cuja propriedade divida com ex-cônjuge ou ex-companheiro que abandonou o lar, utilizando-o para sua moradia ou de sua família, adquirir-lhe-á o domínio integral, desde que não seja proprietário de outro imóvel urbano ou rural". Assim, a alternativa "A" está incorreta, pois bastam dois anos. A alternativa "B" está incorreta, pois o abandono do lar é requisito para a usucapião em tela. A alternativa "C" está incorreta, pois o dispositivo citado não faz distinção de regime de casamento. E a alternativa "D" está correta, pois, de fato, Rômulo preencheu todos os requisitos da usucapião especial urbana familiar, nos termos do art. 1.240-A do CC.

Gabarito "D"

(OAB/Exame Unificado – 2011.1) Acerca da servidão de aqueduto, assinale a alternativa correta.

(A) O proprietário do prédio serviente, ainda que devidamente indenizado pela passagem da servidão do aqueduto, poderá exigir que seja subterrânea a canalização que atravessa áreas edificadas, pátios, jardins ou quintais.

(B) Se o uso das águas não se destinar à satisfação das exigências primárias, o proprietário do aqueduto não deverá ser indenizado pela retirada das águas supérfluas aos seus interesses de consumo.

(C) O aqueduto deverá ser construído de maneira que cause o menor prejuízo aos proprietários dos imóveis vizinhos, e a expensas do seu dono, mas a quem não incumbem as despesas de conservação.

(D) Não se aplicam à servidão de aqueduto as regras pertinentes à passagem de cabos e tubulações.

A: correta (art. 1.293, § 2.º, do CC); **B:** incorreta (art. 1.296 do CC); **C:** incorreta, pois o dono deve arcar sim com as despesas de conservação (art. 1.293, § 3.º, do CC); **D:** incorreta, pois tais regras se aplicam, sim, à servidão de aqueduto (art. 1.294 do CC).

Gabarito "A"

(OAB/Exame Unificado – 2010.1) Assinale a opção correta com relação ao registro, exigido na transmissão da propriedade de bens imóveis.

(A) Realizado o registro do título translativo, este produzirá efeitos *ex tunc*, o que torna o adquirente proprietário desde a formalização do título.

(B) Sendo o registro, no âmbito do direito nacional, meio necessário para a transmissão da propriedade de bem imóvel, sua realização importa presunção absoluta de propriedade.

(C) Vendido o imóvel a duas pessoas diferentes, será válido o registro ainda que realizado pelo adquirente que possua o título de data mais recente.

(D) Se uma pessoa vender imóvel seu a outra e esta, por sua vez, o vender a terceiro, será possível, provada a regularidade dos negócios, o registro desse último título translativo sem que se registre o primeiro.

A: incorreta. "Como modo de aquisição, portanto, o registro produz efeitos *ex nunc*, jamais retroagindo à aquisição da propriedade imobiliária à época da formalização do título" (Cristiano Chaves de Farias e Nelson Rosenvald. **Direito civil e direitos reais**. Rio de Janeiro: Ed. Lumen Juris, 5. ed., 2008, p. 243); **B:** incorreta. "A força probante do registro induz presunção *juris tantum* de propriedade, produzindo todos os efeitos legais, enquanto não cancelado" (Cristiano Chaves de Farias e Nelson Rosenvald. *Op. cit.*, p. 245); **C:** correta. Quem primeiro registra é considerado o proprietário, regra que decorre do chamado princípio da preferência de registro. "Assim, se o alienante vender o imóvel a pessoas diferentes, adquiri-lo-á o primeiro que registrar, ainda que o título translativo prenotado seja de data posterior, restando ao outro adquirente tão somente ação indenizatória contra o alienante, em face do inadimplemento da obrigação de dar" (Cristiano Chaves de Farias e Nelson Rosenvald. *Op. cit.*, p. 245); **D:** incorreta. "Se o imóvel não se achar registrado em nome do alienante, não pode ser registrado em nome do adquirente, pois ninguém pode transmitir o que não lhe pertence" (Cristiano Chaves de Farias e Nelson Rosenvald. *Op. cit.*, p. 249).

Gabarito "C"

(OAB/Exame Unificado – 2011.3.B) Timóteo e Leandro, cada qual proprietário de um apartamento no Edifício Maison, procuraram a síndica do condomínio, Leonor, a fim de solicitar que fossem deduzidas de suas contribuições condominiais as despesas referentes à manutenção do parque infantil situado no edifício. Argumentaram que, por serem os únicos condôminos sem crianças na família, não utilizam o aludido parque, cuja manutenção incrementa significativamente o valor da contribuição condominial, bem como que a convenção de condomínio nada dispõe a esse respeito. Na condição de advogado consultado por Leonor, assinale a avaliação correta do caso acima.

(A) Timóteo e Leandro podem ser temporariamente dispensados do pagamento das despesas referentes à manutenção do parque infantil, retomando-se imediatamente a cobrança caso venham a ter crianças em sua família.

(B) Timóteo e Leandro podem ser dispensados do pagamento das despesas referentes à manutenção do parque infantil, desde que declarem, por meio de escritura pública, que não utilizarão o parque infantil em caráter permanente.

(C) Leonor deverá dispensar tratamento isonômico a todos os condôminos, devendo as despesas de manutenção do parque infantil ser cobradas, ao final de cada mês, apenas daqueles condôminos que tenham efetivamente utilizado a área naquele período.

(D) Todos os condôminos, inclusive Timóteo e Leandro, devem arcar com as despesas referentes à manutenção do parque infantil, tendo em vista ser seu dever contribuir para as despesas condominiais proporcionalmente à fração ideal de seu imóvel.

Segundo o art. 1.340 do CC apenas as despesas relativas às partes comuns de uso exclusivo de um condômino ou de alguns condôminos é que podem ser atribuídas a estes. No caso em tela, Timóteo e Leandro, apesar de não usarem o parque, não estão impedidos de fazê-lo, de modo que não poderão se valer da regra do dispositivo legal mencionado, sendo correta, assim, apenas a alternativa "D".

Gabarito "D"

(OAB/Exame Unificado – 2011.2) Durante assembleia realizada em condomínio edilício residencial, que conta com um apartamento por andar, Giovana, nova proprietária do apartamento situado no andar térreo, solicitou explicações sobre a cobrança condominial, por ter verificado que o valor dela cobrado era superior àquele exigido dos demais condôminos. O síndico prontamente esclareceu que a cobrança a ela dirigida é realmente superior à cobrança das demais unidades, tendo em vista que o apartamento de Giovana tem acesso exclusivo, por meio de uma porta situada em sua área de serviço, a um pequeno pátio localizado nos fundos do condomínio, conforme consta nas configurações originais do edifício devidamente registradas. Desse modo, segundo afirmado pelo síndico, podendo Giovana usar o pátio com exclusividade, apesar de constituir área comum do condomínio, caberia a ela arcar com as respectivas despesas de manutenção. Em relação à situação apresentada, assinale a alternativa correta.

(A) Poderão ser cobradas de Giovana as despesas relativas à manutenção do pátio, tendo em vista que ela dispõe de seu uso exclusivo, independentemente da frequência com que seja efetivamente exercido.

(B) Somente poderão ser cobradas de Giovana as despesas relativas à manutenção do pátio caso seja demonstrado que o uso por ela exercido impõe deterioração excessiva do local.

(C) Poderá ser cobrada de Giovana metade das despesas relativas à manutenção do pátio, devendo a outra metade ser repartida entre os demais condôminos, tendo em vista que a instalação da porta na área de serviço não foi de iniciativa da condômina, tampouco da atual administração do condomínio.

(D) Não poderão ser cobradas de Giovana as despesas relativas à manutenção do pátio, tendo em vista que este consiste em área comum do condomínio, e a porta de acesso exclusivo não fora instalada por iniciativa da referida condômina.

De acordo com o art. 1.340 do CC, as despesas relativas às partes comuns de uso exclusivo de um condômino, ou de alguns deles, incumbem a quem delas se serve. Dessa forma, como Giovana tem uso exclusivo da parte comum do prédio relativo à cobrança feita a maior, de rigor que ela seja cobrada em quantia superior àquela exigida dos demais condôminos.

Gabarito "A"

(OAB/Exame Unificado – 2011.1) Noêmia, proprietária de uma casa litorânea, regularmente constituiu usufruto sobre o aludido imóvel em favor de Luísa, mantendo, contudo, a sua propriedade. Inesperadamente, sobreveio uma severa ressaca marítima, que destruiu por completo o imóvel. Ciente do ocorrido, Noêmia decidiu reconstruir integralmente a casa às suas expensas, tendo em vista que o imóvel não se encontrava segurado. A respeito da situação narrada, assinale a alternativa correta.

(A) O usufruto será extinto, consolidando-se a propriedade em favor de Noêmia, independentemente do pagamento de indenização a Luísa, tendo em vista que Noêmia arcou com as despesas de reconstrução do imóvel.

(B) O usufruto será extinto, consolidando-se a propriedade em favor de Noêmia, desde que esta indenize Luísa em valor equivalente a um ano de aluguel do imóvel.

(C) O usufruto será mantido em favor de Luísa, independentemente do pagamento de qualquer quantia por ela, tendo em vista que Noêmia somente poderia ter reconstruído o imóvel mediante autorização expressa de Luísa, por escritura pública ou instrumento particular.

(D) O usufruto será mantido em favor de Luísa, tendo em vista que o imóvel não fora destruído por culpa sua.

A: correta, pois o usufruto fica extinto com a destruição da coisa (art. 1.410, V, do CC); tal extinção só não aconteceria se o imóvel tivesse seguro e, com o valor deste, tivesse sido reconstruído (art. 1.408 do CC); **B:** incorreta, pois, no caso, a extinção se dá sem que a lei preveja indenização em favor do usufrutuário (art. 1.410, V, do CC); **C** e **D:** incorretas, pois o usufruto será extinto, conforme visto.

Gabarito "A"

(OAB/Exame Unificado – 2012.3.A) De acordo com as regras atinentes à hipoteca, assinale a afirmativa correta.

(A) O Código Civil não admite a divisibilidade da hipoteca em casos de loteamento do imóvel hipotecado.

(B) O ordenamento jurídico admite a instituição de nova hipoteca sobre imóvel hipotecado, desde que seja dada em favor do mesmo credor.

(C) Segundo o Código Civil, o adquirente de bem hipotecado não pode remir a hipoteca para que seja extinto o gravame pendente sobre o bem sem autorização expressa de todos credores hipotecários.

(D) A hipoteca pode ser constituída para garantia de dívida futura ou condicionada, desde que determinado o valor máximo do crédito a ser garantido.

A: incorreta, pois o Código Civil admite sim essa divisibilidade (art. 1.488, *caput*, do CC); **B:** incorreta, pois a nova hipoteca pode se dar em favor do mesmo ou de outro credor (art. 1.476 do CC); **C:** incorreta, pois o adquirente do bem hipotecado pode remir a hipoteca para que seja extinto o gravame pendente sem que seja necessária autorização expressa de todos os credores hipotecários, bastando que o adquirente cite os credores hipotecários e proponha importância não inferior ao preço porque o adquiriu e não haja impugnação pelos credores, independentemente de autorização expressa destes (art. 1.481, *caput* e § 2.º, do CC); **D:** correta (art. 1.487, *caput*, do CC).

Gabarito "D"

(OAB/Exame Unificado – 2010.2) Passando por dificuldades financeiras, Alexandre instituiu uma hipoteca sobre imóvel de sua propriedade, onde reside com sua família. Posteriormente, foi procurado por Amanda, que estaria disposta a adquirir o referido imóvel por um valor bem acima do mercado. Consultando seu advogado, Alexandre ouviu dele que não poderia alienar o imóvel, já que havia uma cláusula na escritura de instituição da hipoteca que o proibia de alienar o bem hipotecado. A opinião do advogado de Alexandre:

(A) está incorreta, porque a hipoteca instituída não produz efeitos, pois, na hipótese, o direito real em garantia a ser instituído deveria ser o penhor.

(B) está incorreta, porque Alexandre está livre para alienar o imóvel, pois a cláusula que proíbe o proprietário de alienar o bem hipotecado é nula.

(C) está incorreta, uma vez que a hipoteca é nula, pois não é possível instituir hipoteca sobre bem de família do devedor hipotecário.

(D) está correta, porque em virtude da proibição contratual, Alexandre não poderia alienar o imóvel enquanto recaísse sobre ele a garantia hipotecária.

De acordo com o art. 1.475 do Código Civil "é nula a cláusula que proíbe ao proprietário alienar imóvel hipotecado". Portanto, a alternativa "B" está correta. Vale salientar que não é correta a afirmação contida na alternativa "C", de que a hipoteca é nula, por ser o imóvel bem de família. Isso porque, segundo o art. 3.º, V, da Lei 8.009/1990, a impenhorabilidade não é oponível em processo movido "para execução de hipoteca sobre o imóvel oferecido como garantia real pelo casal ou pela entidade familiar".

Gabarito "B"

(OAB/Exame Unificado – 2013.1) Amélia e Alberto são casados pelo regime de comunhão parcial de bens. Alfredo, amigo de Alberto, pede que ele seja seu fiador na compra de um imóvel.

Diante da situação apresentada, assinale a afirmativa correta.

(A) A garantia acessória poderá ser prestada exclusivamente por Alberto.

(B) A outorga de Amélia se fará indispensável, independente do regime de bens.

(C) A fiança, se prestada por Alberto sem o consentimento de Amélia, será anulável.

(D) A anulação do aval somente poderá ser pleiteada por Amélia durante o período em que estiver casada.

A: incorreta, pois, como regra (regra que inclui os casamentos pelo regime de comunhão parcial de bens), a fiança não pode ser prestada sem a autorização do cônjuge (art. 1.647, III, do CC); **B:** incorreta, pois no regime de separação absoluta não é necessária a autorização do cônjuge (art. 1.647, *caput* e III, do CC); **C:** correta (art. 1.649, *caput*, do CC); **D:** incorreta, pois o prazo decadencial para anulação só corre depois de terminada a sociedade conjugal (art. 1.649, *caput*, do CC).

Gabarito "C"

(OAB/Exame Unificado – 2011.3.A) Rejane, solteira, com 16 anos de idade, órfã de mãe e devidamente autorizada por seu pai, casa-se com Jarbas, filho de sua tia materna, sendo ele solteiro e capaz, com 23 anos de idade. A respeito do casamento realizado, é correto afirmar que é:

(A) nulo, tendo em vista o parentesco existente entre Rejane e Jarbas.

(B) é anulável, tendo em vista que, por ser órfã de mãe, Rejane deveria obter autorização judicial a fim de suprir o consentimento materno.

(C) válido.

(D) anulável, tendo em vista o parentesco existente entre Rejane e Jarbas.

A e **D:** incorretas, pois Rejane e Jarbas são primos, ou seja, são parentes em quarto grau; e só são considerados nulos os casamentos de parentes até o terceiro grau (arts. 1.521, IV, e 1.548, II, do CC); **B:** incorreta, pois, na falta de um dos pais, o pai ou a mãe que estiverem vivos darão o seu consentimento ao casamento sozinhos; **C:** correta, pois houve autorização do representante legal de Rejane e não há outras causas de nulidade ou de anulabilidade do casamento.

Gabarito "C"

(OAB/Exame Unificado – 2010.3) Mathias, solteiro e capaz, com 65 anos de idade, e Tânia, solteira e capaz, com 60 anos de idade, conheceram-se há um ano e, agora, pretendem se casar. A respeito da situação narrada, é correto afirmar que Mathias e Tânia:

(A) deverão, necessariamente, celebrar pacto antenupcial optando expressamente pelo regime da separação de bens.

(B) poderão casar-se pelo regime da comunhão parcial de bens, desde que obtenham autorização judicial, mediante a prévia demonstração da inexistência de prejuízo para terceiros.

(C) somente poderão se casar pelo regime da separação obrigatória de bens, por força de lei e independentemente da celebração de pacto antenupcial.

(D) poderão optar livremente dentre os regimes de bens previstos em lei, devendo celebrar pacto antenupcial somente se escolherem regime diverso da comunhão parcial de bens.

Art. 1.641, II, com nova redação dada pela Lei 12.344/2010, c.c. art. 1.640, *caput* e parágrafo único, do CC.

Gabarito "D"

(OAB/Exame Unificado – 2010.3) João foi registrado ao nascer com o gênero masculino. Em 2008, aos 18 anos, fez cirurgia para correção de anomalia genética e teve seu registro retificado para o gênero feminino, conforme sentença judicial. No registro não constou textualmente a indicação de retificação, apenas foi lavrado um novo termo, passando a adotar o nome de Joana. Em julho de 2010, casou-se com Antônio, homem religioso e de família tradicional interiorana, que conheceu em janeiro de 2010, por quem teve uma paixão fulminante e correspondida. Joana omitiu sua história registral por medo de não ser aceita e perdê-lo. Em dezembro de 2010, na noite de Natal, a tia de Joana revela a Antônio a verdade sobre o registro de Joana/João. Antônio, não suportando ter sido enganado, deseja a anulação do casamento.

Conforme a análise da hipótese formulada, é correto afirmar que o casamento de Antônio e Joana:

(A) poderá ser anulado pela identidade errônea de Joana/João perante Antônio e a insuportabilidade da vida em comum.

(B) só pode ser anulado até 90 (noventa) dias da sua celebração.

(C) é nulo; portanto, não há prazo para a sua arguição.

(D) é inexistente, pois não houve a aceitação adequada, visto que Antônio foi levado ao erro de pessoa, o que tornou insuportável a vida em comum do casal.

O casamento pode ser inexistente (quando não concorrem elementos especiais para sua formação, tais como diversidade de sexo e celebração), nulo (quando se fere questão de ordem pública, como é o contraído por alguém que não tem o necessário discernimento) e anulável (quando se ferem valores de ordem privada dos envolvidos e interessados). No caso em tela, existe diversidade de sexo (homem e mulher), pois, com a retificação de registro, João passou a ser do sexo feminino perante a lei, de modo que não se está diante de hipótese de casamento inexistente. Também não incide no caso as hipóteses de casamento nulo (art. 1.548 do CC). O fato é que estamos, em tese, diante de um casamento anulável, caracterizando-se a hipótese prevista no art. 1.557, I, do CC. Antônio não sabia de fatos relevantes sobre a *identidade* original de Joana, fatos esses que, considerados os valores de João, podem tornar insuportável a vida em comum com Joana. Caracteriza-se, então, o instituto do erro essencial sobre a pessoa, que torna o casamento anulável. Feito o comentário, vale observar que a questão pode ser considerada um tanto polêmica, pois não se deixou claro que tipo de anomalia existia, podendo ser que Joana já se tratasse de alguém cujo sexo atribuído deveria ser, desde o início, feminino.

Gabarito "A"

(OAB/Exame Unificado – 2010.1) Acerca do direito de família, assinale a opção correta.

(A) O casamento religioso com efeitos civis passa a produzir efeitos somente a partir da data em que é efetivado o seu registro perante o oficial competente.

(B) A existência de impedimentos dirimentes absolutos acarreta a ineficácia do casamento.

(C) O casamento inexistente não pode ser declarado putativo.

(D) É inválido o casamento contraído por coação a qualquer dos cônjuges.

A: incorreta. *Vide* art. 1.515 do Código Civil. A respeito, assevera Maria Helena Diniz que "registrado o casamento religioso, irradiará efeitos civis a partir da data de sua celebração e não a partir do ato registrário. Feito o registro, o estado civil passará a ser o de casados, desde a data da solenidade religiosa. O registro não é, portanto, meramente probatório, por ser ato essencial para a atribuição de efeitos civis, pois sem ele ter-se-á somente um ato religioso e uma mera união estável" (Maria Helena Diniz. **Código Civil anotado**. 10. ed., São Paulo: Saraiva, 2004, p. 1.098); **B:** incorreta. *Vide* art. 1.521 do Código Civil. A respeito, assevera Senise Lisboa que "impedimento matrimonial é o fato jurídico que obsta a validade, a eficácia ou a regularidade do casamento. O novo Código estabelece que os impedimentos proíbem o casamento. E as causas suspensivas levam à ineficácia temporária dos efeitos matrimoniais. No modelo do atual Código, os impedimentos matrimoniais são: a) impedimentos dirimentes absolutos, que acarretam a nulidade do casamento, pelo reconhecimento de sua invalidade; b) impedimentos dirimentes relativos, que acarretam a anulação do casamento, pelo reconhecimento de sua ineficácia" (Roberto Senise Lisboa. **Manual de direito civil**. vol.. 5: direito de família e sucessões. 5. ed. São Paulo: Saraiva, 2009, p. 66); **C:** correta. *Vide* art. 1.540 do Código Civil. A respeito, assevera Senise Lisboa que "a teoria da inexistência deve ser adotada como fato social desprovido de repercussão jurídica. Todavia, um fato inexistente para o direito pode ter a aparência de existência jurídica. (...) No casamento inexistente, há a falta de um dos pressupostos indispensáveis para a sua existência no mundo jurídico, a saber: a diversidade de sexo, a celebração solene ou o consentimento dos interessados. O casamento inexistente não pode ser declarado putativo para beneficiar o cônjuge que teria agido de boa-fé, enquanto o casamento nulo e o anulável podem ter esse efeito" (Roberto Senise Lisboa. *Op. cit.*, p. 75); **D:** incorreta. *Vide* art. 1.558 do Código Civil. A respeito, assinala Senise Lisboa que "casamento inválido é aquele que não gera efeitos jurídicos desde a data de sua celebração, uma vez declarada a sua nulidade. (...) Por se tratar de hipótese de nulidade absoluta, a invalidade do casamento pode ser requerida a qualquer tempo. (...) Casamento ineficaz é aquele que gera efeitos jurídicos até a data da declaração judicial de sua anulabilidade, desconstituindo-se o vínculo matrimonial. Há ineficácia do casamento: (...) e) por coação" (Roberto Senise Lisboa. *Op. cit.*, p. 76-77).

Gabarito "C"

(OAB/Exame Unificado – 2009.3) João e Maria, às vésperas do casamento, firmaram documento particular, e não por escritura pública, por meio do qual optaram pelo regime da separação de bens. Eles viveram aparentemente bem durante 10 (dez) anos, mas, no início de 2006, Maria requereu separação litigiosa fundamentada em provas irrefutáveis, que foi julgada procedente. Na situação hipotética apresentada, na fase da partilha dos bens, o juiz deve:

(A) declarar nulo o pacto particular e aplicar as regras do regime da comunhão parcial de bens.

(B) decidir pela divisão, em partes iguais, do patrimônio comum, independentemente da forma e da data de aquisição.

(C) determinar a ratificação do pacto antenupcial.

(D) aplicar as regras que tratam do regime da comunhão universal de bens.

Art. 1.640, *caput* e parágrafo único, do CC.

Gabarito "A"

(OAB/Exame Unificado – 2009.2) Em relação às regras que disciplinam o casamento, assinale a opção correta.

(A) Se os cônjuges divorciados quiserem restabelecer a união conjugal, terão de peticionar nos mesmos autos em que se processou o divórcio, informando ao juiz que pretendem restabelecer a vida conjugal.

(B) O homem com 16 anos de idade, filho de pais solteiros e que viva na companhia da mãe, não necessita de consentimento do pai para se casar.

(C) Decorrido um ano do trânsito em julgado da sentença que haja decretado a separação judicial, é automática a conversão desta em divórcio.

(D) No casamento realizado mediante procuração, a morte superveniente do mandante acarreta a inexistência do casamento se este tiver sido celebrado pelo mandatário após a morte do mandante.

A: incorreta. Somente é possível restabelecer a sociedade conjugal antes do divórcio, nos autos da separação, eis que o divórcio coloca termo ao casamento, sendo necessário, no caso, a celebração de novo casamento (art. 1.577 do CC); **B:** incorreta (art. 1.517 do CC); **C:** incorreta (art. 1.580 do CC); **D:** correta. De fato, se no momento da celebração o mandante já era falecido o casamento deve ser considerado inexistente.

Gabarito "D"

(OAB/Exame Unificado – 2011.2) Em relação à união estável, assinale a alternativa correta.

(A) O contrato de união estável é solene, rigorosamente formal e sempre público.

(B) Não há presunção legal de paternidade no caso de filho nascido na constância da união estável.

(C) Quem estiver separado apenas de fato não pode constituir união estável, sendo necessária, antes, a dissolução do anterior vínculo conjugal; nesse caso, haverá simples concubinato.

(D) Para que fique caracterizada a união estável, é necessário, entre outros requisitos, tempo de convivência mínima de cinco anos, desde que durante esse período a convivência tenha sido pública e duradoura.

A: incorreta, pois a lei só exige que o contrato seja escrito, não sendo necessário que se trate de escritura pública (art. 1.725 do CC); **B:** correta, pois a presunção prevista no art. 1.597 do CC depende da existência de "casamento"; **C:** incorreta, pois é possível que alguém ainda casado constitua uma união estável, desde que esteja separado de fato ou judicialmente da pessoa com que tenha casado (art. 1.723, § 1.º, do CC); **D:** incorreta, pois, para se constituir a união estável, basta que haja a convivência pública, contínua e duradoura e estabelecida com o objetivo de constituição de família (art. 1.723, *caput*, do CC), não havendo tempo mínimo de união para a caracterização do instituto.

Gabarito "B"

(OAB/Exame Unificado – 2010.2) Jane e Carlos constituíram uma união estável em julho de 2003 e não celebraram contrato para regular as relações patrimoniais decorrentes da aludida entidade familiar. Em março de 2005, Jane recebeu R$ 100.000,00 (cem mil reais) a título de doação de seu tio Túlio. Com os R$ 100.000,00 (cem mil reais), Jane adquiriu em maio de 2005 um imóvel na Barra da Tijuca. Em 2010, Jane e Carlos se separaram. Carlos procura um advogado, indagando se tem direito a partilhar o imóvel adquirido por Jane na Barra da Tijuca em maio de 2005. Assinale a alternativa que indique a orientação correta a ser exposta a Carlos.

(A) Por se tratar de bem adquirido a título oneroso na vigência da união estável, Carlos tem direito a partilhar o imóvel adquirido por Jane na Barra da Tijuca em maio de 2005.

(B) Carlos não tem direito a partilhar o imóvel adquirido por Jane na Barra da Tijuca em maio de 2005 porque, salvo contrato escrito entre os companheiros, aplica-se às relações patrimoniais entre os mesmos o regime da separação total de bens.

(C) Carlos não tem direito a partilhar o imóvel adquirido por Jane na Barra da Tijuca em maio de 2005 porque, em virtude da ausência de contrato escrito entre os companheiros, aplica-se às relações patrimoniais entre os mesmos o regime da comunhão parcial de bens, que exclui dos bens comuns entre os consortes aqueles doados e os sub-rogados em seu lugar.

(D) Carlos tem direito a partilhar o imóvel adquirido por Jane na Barra da Tijuca em maio de 2005 porque, muito embora o referido bem tenha sido adquirido com o produto de uma doação, não se aplica a sub-rogação de bens na união estável.

A alternativa "C" está correta, pois, de acordo com o art. 1.725 do Código Civil, não havendo contrato escrito entre os companheiros, aplica-se às relações patrimoniais entre estes o regime de comunhão parcial. Esse regime, de fato, exclui da comunhão os bens que um companheiro tiver recebido em doação (no caso, os R$ 100 mil) e os sub-rogados em seu lugar (no caso, o imóvel), nos termos do art. 1.659, I, do Código Civil.

Gabarito "C"

(OAB/Exame Unificado – 2009.1) A respeito do direito de família, assinale a opção correta.

(A) Suponha que uma criança tenha sido concebida com material genético de Maria e de um terceiro, tendo sido a inseminação artificial previamente autorizada pelo marido de Maria. Nessa situação hipotética, o Código Civil prevê expressamente que a criança é presumidamente considerada, para todos os efeitos legais, filha de Maria e de seu marido.

(B) Os cunhados, juridicamente, não podem ser classificados como parentes.

(C) Aplicam-se à união estável as regras do regime da separação de bens, salvo contrato escrito em que se estipule o contrário.

(D) Não pode ser reconhecida como união estável a relação pública, contínua, duradoura e com ânimo de constituir família, entre uma mulher solteira e um homem casado que esteja separado de fato.

A: correta (art. 1.597, V, do CC); **B:** incorreta (art. 1.595, § 1.º, do CC); **C:** incorreta (art. 1.725 do CC); **D:** incorreta (art. 1.723, § 1.º, do CC).

Gabarito "A"

(OAB/Exame Unificado – 2013.1) Rogério, solteiro, maior e capaz, estando acometido por grave enfermidade, descobre que é pai biológico de Mateus, de dez anos de idade, embora não conste a filiação paterna no registro de nascimento. Diante disso, Rogério decide lavrar testamento público, em que reconhece ser pai de Mateus e deixa para este a totalidade de seus bens. Sobrevindo a morte de Rogério, Renato, maior e capaz, até então o único filho reconhecido por Rogério, é surpreendido com as disposições testamentárias e resolve consultar um advogado a respeito da questão.

A partir do fato narrado, assinale a afirmativa correta.

(A) Todas as disposições testamentárias são inválidas, tendo em vista que, em seu testamento, Rogério deixou de observar a parte legítima legalmente reconhecida a Renato, o que inquina todo o testamento público, por ser este um ato único.

(B) A disposição testamentária que reconhece a paternidade de Mateus é válida, devendo ser incluída a filiação paterna no registro de nascimento; a disposição testamentária relativa aos bens deverá ser reduzida ao limite da parte disponível, razão pela qual Mateus receberá o quinhão equivalente a 75% da herança e Renato o quinhão equivalente a 25% da herança.

(C) Todas as disposições testamentárias são inválidas, uma vez que Rogério não poderia reconhecer a paternidade de Mateus em testamento e, ainda, foi desconsiderada a parte legítima de seu filho Renato.

(D) A disposição testamentária que reconhece a paternidade de Mateus é válida, devendo ser incluída a filiação paterna no registro de nascimento; é, contudo, inválida a disposição testamentária relativa aos bens, razão pela qual caberá a cada filho herdar metade da herança de Rogério.

A, C e **D:** incorretas, pois a parte de reconhecimento do filho pode ser feita por testamento (art. 1.609, III, do CC) e é irrevogável, devendo ser mantida, assim como a disposição, restrita ao equivalente a 50% do patrimônio, que é a parte disponível (art. 1.846 do CC); **B:** correta; quanto ao reconhecimento de filhos por testamento público, não há problema algum (art. 1.609, III, do CC); quanto ao direcionamento da totalidade dos bens em favor do filho reconhecido (Mateus), não é possível, pois há um herdeiro necessário no caso (o outro filho – Renato), hipótese em que metade da herança (a legítima) não pode ser objeto de disposição (art. 1.846 do CC).

Gabarito "B"

(OAB/Exame Unificado – 2012.1) A respeito da perfilhação é correto dizer que:

(A) constitui ato formal, de livre vontade, irretratável, incondicional e personalíssimo.

(B) se torna perfeita exclusivamente por escritura pública ou instrumento particular.

(C) não admite o reconhecimento de filhos já falecidos, quando estes hajam deixado descendentes.

(D) em se tratando de filhos maiores, dispensa-se o consentimento destes.

A: correta; a perfilhação, que significa o reconhecimento de um filho, é ato formal, pois deve obedecer a uma das formas previstas na lei (v. art. 1.609 do CC), de livre vontade (feito pela vontade dos pais), irretratável (não cabe revogação – art. 1.610 do CC), incondicional (são ineficazes a condição e o termo apostos ao ato de reconhecimento) e personalíssimo (devendo ser feita pelo próprio pai); **B:** incorreta, pois o reconhecimento de filho também pode ser feito no próprio registro público, por testamento e por manifestação direta e expressa perante o juiz (art. 1.609, I, III e IV, do CC); **C:** incorreta, pois o reconhecimento pode preceder o nascimento do filho ou ser posterior ao seu falecimento, se ele deixar antecedentes (art. 1.609, parágrafo único, do CC); **D:** incorreta, pois o filho maior não pode ser reconhecido sem o seu consentimento (art. 1.614 do CC).

Gabarito "A"

(OAB/Exame Unificado – 2009.2) Com base no Código Civil brasileiro, assinale a opção correta acerca do reconhecimento dos filhos.

(A) O filho havido fora do casamento não pode ser reconhecido, separadamente, pelos pais.

(B) O filho maior pode ser reconhecido, independentemente de seu consentimento, visto que o reconhecimento da paternidade constitui direito subjetivo do genitor.

(C) O filho havido fora do casamento e reconhecido por um dos cônjuges não poderá residir no lar conjugal sem o consentimento do outro cônjuge.

(D) É passível de revogação o reconhecimento dos filhos havidos fora do casamento.

A: incorreta (art. 1.607 do CC); **B:** incorreta (art. 1.614 do CC); **C:** correta (art. 1.611 do CC); **D:** incorreta (art. 1.610 do CC).

Gabarito "C"

(OAB/Exame Unificado – 2013.2) Fernanda, mãe da menor Joana, celebrou um acordo na presença do Juiz de Direito para que Arnaldo, pai de Joana, pague, mensalmente, 20% (vinte por cento) de 01 (um) salário-mínimo a título de alimentos para a menor. O Juiz homologou por sentença tal acordo, apesar de a necessidade de Joana ser maior do que a verba fixada, pois não existiam condições materiais para a majoração da pensão em face das possibilidades do devedor.

Após um mês, Fernanda tomou conhecimento que Arnaldo trocou seu emprego por outro com salário maior e procurou seu advogado para saber da possibilidade de rever o valor dos alimentos fixados em sentença transitada em julgado.

Analisando o caso concreto, assinale a afirmativa correta.

(A) Não é possível rever o valor dos alimentos fixados, pois o mesmo já foi decidido em sentença com trânsito em julgado formal.

(B) Não é possível rever o valor dos alimentos fixados, pois o mesmo é fruto de acordo celebrado entre as partes e homologado por juiz de direito.

(C) É possível rever o valor dos alimentos, pois no caso concreto houve mudança do binômio "necessidade x possibilidade".

(D) É possível rever o valor dos alimentos, pois o acordo celebrado entre as partes e homologado pelo juiz de direito está abaixo do limite mínimo de 30% (trinta por cento) de 01 (um) salário-mínimo, fixado em lei, como mínimo indispensável que uma pessoa deve receber de alimentos.

A e **B:** incorretas, pois o art. 1.699 do CC é claro ao dispor que, havendo posterior mudança na situação financeira do alimentante, poderá o alimentando reclamar ao juiz alteração dos alimentos; **C:** correta; de fato, havendo alteração para mais ou para menos da necessidade (do alimentando) ou da possibilidade (do alimentante), é possível a alteração nos alimentos fixados (art. 1.699 do CC); **D:** incorreta, pois não há previsão legal de limite mínimo de prestação alimentícia.

Gabarito "C"

(OAB/Exame Unificado – 2012.3.A) Henrique e Natália, casados sob o regime de comunhão parcial de bens, decidiram se divorciar após 10 anos de união conjugal. Do relacionamento nasceram Gabriela e Bruno, hoje, com 8 e 6 anos, respectivamente. Enquanto esteve casada, Natália, apesar de ter curso superior completo, ser pessoa jovem e capaz para o trabalho, não exerceu atividade profissional para se dedicar integralmente aos cuidados da casa e dos filhos.

Considerando a hipótese acima e as regras atinentes à prestação de alimentos, assinale a afirmativa correta.

(A) Uma vez homologado judicialmente o valor da prestação alimentícia devida por Henrique em favor de seus filhos Gabriela e Bruno, no percentual de um salário-mínimo para cada um, ocorrendo a constituição de nova família por parte de Henrique, automaticamente será minorado o valor dos alimentos devido aos filhos do primeiro casamento.

(B) Henrique poderá opor a impenhorabilidade de sua única casa, por ser bem de família, na hipótese de ser acionado judicialmente para pagar débito alimentar atual aos seus filhos Gabriela e Bruno.

(C) Natália poderá pleitear alimentos transitórios e por prazo razoável, se demonstrar sua dificuldade em ingressar no mercado de trabalho em razão do longo período que permaneceu afastada do desempenho de suas atividades profissionais para se dedicar integralmente aos cuidados do lar.

(D) Caso Natália descubra, após dois meses de separação de fato, que espera um filho de Henrique, serão devidos alimentos gravídicos até o nascimento da criança, pois após este fato a obrigação alimentar somente será exigida em ação judicial própria.

A: incorreta, pois, de acordo com o STJ, "a circunstância de o alimentante constituir nova família, com nascimento de filhos, por si só, não importa na redução da pensão alimentícia paga à filha havida de união anterior, sobretudo se não resta verificada a mudança para pior na situação econômica daquele" (STJ, REsp 703.308); **B:** incorreta, pois o art. 3.º, III, da Lei 8.009/1990, dispõe que a impenhorabilidade do bem família não pode ser oposta em se tratando de ação em face de credor de pensão alimentícia; **C:** correta; de um lado, Natália ficou muito tempo afastada do trabalho em prol da família; de outro, ainda é jovem e capaz para o trabalho; nesse sentido, o STJ entende que "a obrigação de prestar alimentos transitórios – a tempo certo – é cabível, em regra, quando o alimentando é pessoa com idade, condições e formação profissional compatíveis com uma provável inserção no mercado de trabalho, necessitando dos alimentos apenas até que atinja sua autonomia financeira, momento em que se emancipará da tutela do alimentante – outrora provedor do lar –, que será então liberado da obrigação, a qual se extinguirá automaticamente" (STJ, REsp 1.025.769, DJ 1º.09.2010); **D:** incorreta, pois, uma vez fixados os alimentos gravídicos, estes ficam convertidos em pensão alimentícia em favor do menor até que uma das partes solicite a sua revisão, após o nascimento com vida (art. 6.º, parágrafo único, da Lei 11.804/2008), tudo de forma automática, ou seja, sem que seja necessário ingressar com ação judicial própria.

Gabarito "C"

(OAB/Exame Unificado – 2010.3) Em relação aos alimentos, assinale a alternativa correta.

(A) No atual Código Civil, o cônjuge eventualmente declarado culpado pela separação não sofre qualquer restrição em seu direito de pedir alimentos ao outro cônjuge.

(B) A obrigação alimentar possui como característica básica ser irrenunciável, não poder ser restituída ou compensável e ser intransmissível.

(C) Eles não servem apenas para garantir as necessidades básicas do alimentando, mas também para preservar a condição social de quem os pleiteia.

(D) A possibilidade de os filhos maiores pedirem alimentos aos pais continua a existir após se atingir a maioridade, em razão da continuação do poder familiar que esses exercem sobre os filhos necessitados.

A: incorreta, pois o art. 1.694, § 1.º, do CC estabelece que os alimentos serão apenas os indispensáveis à subsistência, quando a situação de necessidade resultar de culpa de quem os pleiteia; **B:** incorreta, pois há casos de transmissão da obrigação alimentar (art. 1.700 do CC); **C:** correta, bastando fazer a interpretação *a contrario sensu* do disposto no art. 1.694, § 1.º, do CC; **D:** incorreta, pois tal possibilidade decorre do vínculo de família, e não da continuação do poder familiar, pois tal poder cessa com a maioridade do filho.

Gabarito "C"

(OAB/Exame Unificado – 2010.1) Assinale a opção correta acerca da prestação de alimentos.

(A) Somente os filhos têm o direito de pedir alimentos.

(B) O direito a alimentos é recíproco entre pais e filhos.

(C) Após a separação judicial do casal, mesmo que o cônjuge venha a necessitar de alimentos, ele não mais poderá pleitear ao outro cônjuge a prestação alimentícia.

(D) Os créditos alimentares prescrevem em 5 (cinco) anos.

A: incorreta. Segundo o art. 1.694 do CC, "podem os parentes, os cônjuges ou companheiros pedir uns aos outros os alimentos de que necessitem para viver de modo compatível com a sua condição social, inclusive para atender às necessidades de sua educação". E também o art. 1.696 do CC dispõe que: "O direito à prestação de alimento é recíproco entre pais e filhos e extensivo a todos os ascendentes, recaindo a obrigação nos mais próximos em grau, uns em falta de outros"; **B:** correta. De acordo com o art. 1.696 do CC, "o direito à prestação de alimento é recíproco entre pais e filhos e extensivo a todos os ascendentes, recaindo a obrigação nos mais próximos em grau, uns em falta de outros"; **C:** incorreta. De acordo com o art. 1.704 do CC, se um dos ex-cônjuges, já separado judicialmente, vier a necessitar de alimentos, o outro terá o dever de prestá-los, mediante o pagamento de pensão arbitrada pelo juiz, caso não tenha sido declarado culpado na separação judicial; **D:** incorreta. De acordo com o art. 206, § 2.º, do CC, "Prescreve em 2 (dois) anos a pretensão para haver prestações alimentares, a partir da data em que se vencerem".

Gabarito "B"

(OAB/Exame Unificado – 2009.2) Assinale a opção correta acerca dos encargos alimentares.

(A) A transmissão da obrigação alimentícia não ocorre em relação aos herdeiros do devedor, visto que é obrigação personalíssima.

(B) Admite-se a prestação de alimentos com caráter complementar, desde que reste comprovado que os alimentos originalmente fixados não atendem integralmente às necessidades do credor.

(C) Alimentos são devidos entre cônjuges, companheiros e parentes, limitando-se, neste caso, aos colaterais até o terceiro grau.

(D) A fixação dos alimentos privilegia a necessidade em detrimento da possibilidade.

A: incorreta (art. 1.700 do CC); **B:** correta (art. 1.699 do CC); **C:** incorreta (arts. 1.694 do CC); **D:** incorreta (art. 1.694, § 1.º, do CC).

Gabarito "B"

(OAB/Exame Unificado – 2011.3.B) A respeito do poder familiar, assinale a alternativa correta.

(A) O filho que possua dezesseis anos de idade, ainda que tenha contraído casamento válido, permanece sujeito ao poder familiar de seus pais até que complete dezoito anos de idade.

(B) Na constância do casamento entre os pais, havendo falta ou impedimento de um deles, caberá ao outro obter autorização judicial, a fim de exercer com exclusividade o poder familiar sobre os filhos comuns do casal.

(C) Exorbita os limites do exercício do poder familiar exigir que os filhos prestem quaisquer serviços aos pais, ainda que sejam considerados próprios para a idade e condição daqueles.

(D) Não é autorizado ao novo cônjuge interferir no poder familiar exercido por sua esposa sobre os filhos por ela havidos na constância do primeiro casamento, mesmo em caso de falecimento do pai das crianças.

A: incorreta, pois, com o casamento, ocorre a emancipação, sendo que o poder familiar só se exerce enquanto os filhos estão na menoridade (art. 1.630 do CC); **B:** incorreta, pois na falta ou impedimento de um dos pais, o outro, por força direta da lei, exercerá o poder familiar com exclusividade (art. 1.631, *caput*, parte final, do CC); **C:** incorreta, pois compete aos pais, quanto à pessoa dos filhos menores, exigir que lhes prestem os serviços próprios de sua idade e condição (art. 1.634, VII, do CC); **D:** correta (arts. 1.632 e 1.636 do CC).

Gabarito "D"

6.7.11. Quadro sinótico

1. Posse

1.1. Conceito: *é o exercício, pleno ou não, de algum dos poderes inerentes à propriedade* (art. 1.196, CC)

- é a exteriorização da propriedade

- **Ex:** locatário, comodatário

- **Teoria adotada:** objetiva de Ihering – basta conduta de dono (não são necessários *corpus* e *animus* – apreensão e vontade de dono - Savigny)

- **Detenção:** *é aquela situação em que alguém conserva a posse em nome de outro e em cumprimento às suas ordens e instruções*. Ex: caseiro

1.2. Classificação da posse

1.2.1. Quanto à existência de vício objetivo

a) posse justa: *é aquela não obtida de forma violenta, clandestina ou precária* (1.200)

- Não tem força, ocultação ou abuso de confiança

b) posse injusta: *é aquela originada de esbulho*

- **Nasce** com a cessação da violência ou da clandestinidade (1.208); na precariedade a passagem é direta

- **Cuidado:** após ano e dia continua injusta; a injustiça cessa com a aquisição da coisa

- A posse só é injusta em **relação** ao anterior possuidor

1.2.2. Quanto à existência de vício subjetivo

a) posse de boa-fé: *é aquela em que possuidor ignora vício ou obstáculo à aquisição da coisa* (1.201)

- **presunção:** está de boa-fé quem tem **justo título**, que é aquele hábil a transferir, se proviesse do verdadeiro possuidor/dono

b) posse de má-fé: *é aquela em que o possuidor tem ciência do vício/obstáculo para a aquisição da coisa*

- Posse de boa-fé pode se transmudar em de má-fé, com a ciência do vício. Ex: citação em reintegração

1.3. Efeitos da posse

Os direitos ou obrigações do possuidor que tiver perdido a posse são os seguintes:

a) indenização por benfeitorias

- **boa-fé:** possuidor será indenizado pelas benfeitorias necessárias e úteis (valor atual); e poderá levantar as voluptuárias

- **má-fé:** possuidor só será ressarcido pelas benfeitorias necessárias

b) direito de retenção da coisa enquanto não indenizado por benfeitorias: só o possuidor de boa-fé tem esse direito, até ser indenizado

- Deve requerer na contestação da ação para a retomada da coisa

c) direito aos frutos:

- **boa-fé:** possuidor tem direito aos frutos percebidos no momento certo, enquanto de boa-fé

- **má-fé:** possuidor indenizará os frutos percebidos e os que deixou de perceber por sua culpa; mas tem direito às despesas de produção

d) responsabilidade por deterioração da coisa: possuidor de boa-fé não responde; mas o de má-fé sim, salvo se demonstrar que o fato ocorreria de qualquer maneira

e) direito à usucapião

f) direito à proteção possessória

2. Proteção possessória

2.1. Conceito: *direito do possuidor de defender sua posse contra ameaças ou intervenções provocadas por terceiro*

2.2. Espécies:

a) autoproteção: promovida pelo próprio possuidor

- **legítima defesa da posse**, em caso de *perturbação*

- **desforço imediato**, em caso de *esbulho*; nesse caso o prejudicado deve "agir logo", ou seja, fazê-lo no calor dos acontecimentos; se ausente, deve fazê-lo logo que tomar conhecimento

b) heteroproteção: promovida pelo Judiciário, a pedido do possuidor

2.3. Características dos interditos possessórios:

a) fungibilidade: juiz pode outorgar comando diferente do pedido

b) cumulação de pedidos: possessório + perdas e danos + cominação de pena + desfazimento

c) caráter dúplice: o réu pode pedir proteção possessória na contestação

d) impossibilidade de discussão de domínio: art. 1.210, § 2º, CC e 923 do CPC; ganha a ação quem provar que detinha a posse anteriormente

- **exceção:** quando ambos disputam a posse sob alegação de domínio (Súmula 487 do STF)

2.4. Espécies de interditos possessórios:

a) interdito proibitório: *ação cominatória para impedir agressões iminentes*; ação preventiva

- Juiz fixa pena para o caso de descumprimento da ordem

b) manutenção de posse: *ação destinada a reprimir turbação da posse*

- Turbação: todo ato que **embaraça** o livre exercício da posse; ex: vizinho colhe frutos do imóvel do outro

- Expede-se mandado para a manutenção da posse

c) reintegração de posse: *ação destinada a reprimir esbulho*

- Ação de força espoliativa, com as **seguintes** regras:

- **requisitos:** prova da *posse*, do *esbulho*, da *data* do esbulho e da *perda* da posse

- **legitimidade ativa:** do *possuidor*, que pode agir sozinho, se houver outros possuidores; não se exige autorização do cônjuge

- **legitimidade passiva:** é do *autor do esbulho*; se se trata de terceiro que não sabe do esbulho, melhor é a reivindicatória (domínio)

- **ordem judicial:** de reintegração; outras ordens dependem de pedido específico (pena, perdas e danos, desfazimento)

- **liminar:** se ação for promovida dentro de ano e dia do esbulho, o rito é especial e o juiz dará liminar independentemente de *periculum in mora*; se após ano e dia, o rito é ordinário e cabe tutela antecipada

3. Reivindicatória

3.1. Conceito: *ação de natureza real promovida pelo proprietário da coisa para retomá-la de quem injustamente a possua*

3.2. Pressupostos:

a) titularidade do domínio: há de existir registro na matrícula; compromissário comprador só pode ajuizar se mostrar que compromisso era irrevogável e que pagou tudo

b) individuação da coisa: descrição atualizada do bem (limites, confrontações)

c) demonstração de posse injusta do réu: não é necessário demonstrar esbulho; basta demonstrar posse sem causa jurídica

d) impossibilidade de ser movida na constância de ação possessória

3.3. Outras características:

a) é imprescritível

b) é improcedente se houver usucapião (Súmula 237 do STF admite alegação de usucapião em defesa); aliás, o Estatuto da Cidade, no art. 10, dispõe que se o juiz reconhecer a usucapião especial urbana alegada na defesa, pode determinar diretamente o registro no Registro de Imóveis

c) é indispensável a autorização do cônjuge (art. 10 do CPC)

d) cada condômino pode reivindicar individualmente (art. 1.314 do CC)

4. Usucapião

4.1. Conceito: *é a forma de aquisição originária da propriedade pela posse prolongada no tempo e pelo cumprimento de outros requisitos legais*

- A sentença é declaratória

- A aquisição da propriedade é originária

4.2. Requisitos básicos

a) posse prolongada no tempo: não basta mera detenção da coisa

b) posse com *animus domini*: com intenção de proprietário; isso impede que locatário adquira a coisa

c) posse mansa e pacífica: posse sem oposição; se teve reintegração no período requisito não fica preenchido

d) posse contínua: sem interrupção

4.3. Usucapião extraordinária - requisitos:

a) tempo: 15 anos

- O prazo será reduzido para **10 anos** se o possuidor houver estabelecido no imóvel a sua moradia habitual, ou nele realizado obras ou serviços de caráter produtivo (art. 1.238, p. ún., do CC)

+

b) requisitos básicos:

- Posse com "ânimo de dono"

- Posse "mansa e pacífica" (sem oposição)

- Posse "contínua" (sem interrupção)

4.4. Usucapião ordinária - requisitos:

a) tempo: 10 anos

- O prazo será reduzido para **5 anos** se preenchidos dois requisitos: i) se o imóvel tiver sido adquirido onerosamente com base no registro constante do respectivo cartório; ii) se os possuidores nele tiverem estabelecido a sua moradia ou realizado investimentos de interesse social e econômico (art. 1.242, p. ún., do CC).

+

b) requisitos básicos

+

c) boa-fé e justo título

4.5. Usucapião especial urbana – requisitos:

a) tempo: 5 anos (art. 1.240, CC) (183 CF) (9º EC)

+

b) requisitos básicos

+

c) tipo de imóvel: área urbana; tamanho de até 250 m2; ECJF 85: cabe em unidade autônoma de condomínio edilício

d) finalidade do imóvel: moradia do possuidor/família

e) requisitos negativos: que o possuidor não seja proprietário de outro imóvel ou já beneficiado

f) outras características:

- rito sumário, com MP fiscal da lei

- associação de moradores tem legitimidade extraordinária

- autor tem benefício da justiça gratuita e da assistência judiciária gratuita, inclusive perante RI (art. 12, Est. Cidade)

4.6. Usucapião especial urbana FAMILIAR

– requisitos:

a) tempo: 2 anos (art. 1.240-A, CC) (Lei 12.424/11)

+

b) requisitos básicos

+

c) tipo de imóvel: urbano de até 250 m2

d) finalidade do imóvel: moradia do possuidor/família

e) tipo de posse: posse direta, com exclusividade

f) requisito específico: imóvel cuja propriedade divida com ex-cônjuge ou ex-companheiro que abandonou lar

g) requisitos negativos: que o possuidor não seja proprietário de outro imóvel ou já beneficiado

h) outras características:

- adquire-se o domínio integral do imóvel

4.7. Usucapião urbana coletiva – requisitos:

a) tempo: 5 anos (art. 10 EC)

+

b) requisitos básicos

+

c) tipo de imóvel: área urbana; superior a 250 m2

- Juiz atribui fração ideal do terreno para cada possuidor, salvo acordo

d) finalidade do imóvel: moradia; população de baixa renda

e) requisitos negativos: que o possuidor não seja proprietário de outro imóvel urbano ou rural; que seja impossível identificar o terreno ocupado por cada um dos possuidores

4.8. Usucapião especial rural – requisitos: 191, CF

a) tempo: 5 anos (art. 1.239, CC)

+

b) requisitos básicos

+

c) tipo de imóvel: área de terra em zona rural, de até 50 hectares

d) finalidade do imóvel: moradia do possuidor ou de sua família + área produtiva pelo trabalho dele

e) requisito negativo: a terra não pode ser pública

5. Posse "pro labore" ("desapropriação privada").

5.1. Conceito: *direito do possuidor de extensa área de adquirir compulsoriamente a coisa, pagando justa indenização ao proprietário do imóvel*

5.2. Requisitos: a) posse ininterrupta por mais de 5 anos; b) boa-fé do possuidor; c) extensa área; d) considerável número de possuidores; e) realização de obras e serviços considerados pelo juiz de relevante interesse social e econômico

- Diferentemente da usucapião coletiva, não requer moradia, mas boa-fé e pagamento de justa indenização

5.3. Operacionalização: por ocasião da reivindicação da coisa, interessados devem requerer ao juiz fixação de justa indenização ao proprietário, que, paga, ensejará registro da sentença no Registro de Imóveis, para o fim de atribuir a propriedade aos possuidores (art. 1.228, §§ 4º e 5º, CC)

6. Direito real

6.1. Conceito: *é o poder, direto e imediato, do titular sobre a coisa, com exclusividade e contra todos*

- Direito **pessoal** (é diferente)

- Gera uma relação entre pessoas determinadas
- Violado, converte-se em perdas e danos

- Direito **real**

- Gera um relação oponível em face de todos
- Violado, permite perseguição da coisa

- Em regra, adquire-se com a tradição (móvel) ou o registro (imóvel)

6.2. Formas de aquisição da propriedade imóvel

a) registro do título na matrícula

b) usucapião

c) acessão: "passa a pertencer ao proprietário tudo o que se une ou se incorpora ao seu bem"

- exs: acessões artificiais; álveo abandonado, aluvião, avulsão, formação de ilhas

6.3. Formas de aquisição da propriedade móvel

a) ocupação, **achado de tesouro**, **especificação**, **confusão**, **comissão**, e **adjunção**

b) tradição, que pode ser *real*, *simbólica* ou *consensual* (ex: constituto possessório, em que possuidor proprietário passa a ter apenas a posse direta da coisa)

7. Direitos reais de fruição

7.1. Superfície

7.1.1. Conceito: *é o direito real pelo qual o proprietário concede a outrem, por tempo determinado, gratuita ou onerosamente, a faculdade de construir ou de plantar em seu terreno*

- Art. 1.369, CC, e arts. 21 a 24 da Lei 10.257/01

7.1.2. Características:

a) superficiário paga *solarium* ao concedente (fundieiro)

b) superficiário só usa solo, e não o subsolo

7.2 Servidão

7.2.1. Conceito: *é o direito real de gozo que proporciona utilidade para o prédio dominante e grava o prédio serviente, que pertence a dono diverso* (art. 1.378)

Ex.: convenção estabelecendo recuos para construção

7.2.2. Características:

a) perpétua: tem duração indefinida, como regra; mas cabe servidão *ad tempus*

b) indivisível: mesmo se dividido prédio dominante ou serviente, a restrição continua a gravar cada parte

c) inalienável: como a restrição é feita pela necessidade do prédio dominante, não há que se falar em transferência da restrição, por alienação, a outro prédio

7.2.3. Ações judiciais:

a) ação confessória: *visa ao reconhecimento da existência da servidão*; promovida pelo dono do prédio dominante

b) ação negatória: *visa à negativa da existência da servidão*; é promovida pelo dono do prédio serviente

c) manutenção ou reintegração de posse: *promovidas para reprimir violações ao exercício da servidão*

7.2.4. Servidão de passagem X Passagem forçada:

a) a 1ª decorre de negócio jurídico; a 2ª, da lei

b) a 2ª decorre de um imperativo (prédio encravado)

c) a 2ª impõe indenização

d) a 1ª está regulada no âmbito dos direitos reais, ao passo que a 2º, mesmo encerrando as características de direito real, está no âmbito do direito de vizinhança

7.3. Usufruto

7.3.1. Conceito: *é o direito real de retirar temporariamente de coisa alheia os frutos e as utilidades que ela produz, sem alterar-lhe a substância* (art. 1.390, CC)

- USAR + FRUIR

- Nu-proprietário (proprietário) X Usufrutuário (beneficiário)

7.3.2. Características:

a) temporário: extingue-se no prazo ou com morte do usufrutuário; se pessoa jurídica, prazo máximo é de 30 anos

b) direito real: diferente do comodato, que é pessoal

c) inalienável: não é possível ceder o *direito* ao usufruto, mas apenas o *exercício do direito*; assim, o usufrutuário pode alugar a coisa, mas não ceder o usufruto desta

7.4. Uso

7.4.1. Conceito: *é o direito real que, a título gratuito ou oneroso, autoriza uma pessoa a retirar temporariamente de coisa alheia todas as utilidades para atender às suas próprias necessidades e às de sua família* (art. 1.412, CC).

- USAR + FRUIR PARA MANUTENÇÃO DA FAMÍLIA

7.4.2. Características: é temporário, indivisível, intransmissível e personalíssimo; aplica-se, no que couber, as disposições relativas ao usufruto

7.5. Habitação (art. 1.414, CC)

- Conceito: *direito real temporário de ocupar gratuitamente coisa alheia, para morada do titular e de sua família*

- OCUPAR CASA PARA MORAR (só isso!)

- GRATUITO

6.7.12. Questões Discursivas – Coisas

(OAB/Exame Unificado – 2006.2 – 2ª fase – CESPE) Augusto adquiriu de Aurélio, por meio de contrato particular de promessa de compra e venda, os direitos de posse de um lote de terreno urbano, com algumas benfeitorias, na cidade de Aracaju – SE. No dia 20 do mês passado, José invadiu o lote, derrubou o muro e o portão e danificou diversas partes da casa, em construção, afirmando ser o proprietário do imóvel, ocasião em que exibiu a escritura pública devidamente registrada. Considerando a situação hipotética apresentada, elabore um texto argumentativo acerca da proteção possessória e do direito de retenção por benfeitorias.

RESOLUÇÃO DA QUESTÃO

Augusto adquiriu a posse de Aurélio, por meio de contrato. Não bastasse, praticou atos de exteriorização da propriedade, consistente em construir no local (art. 1.196 do Código Civil). Essas circunstâncias fazem nascer uma série de direitos, que estão entre os chamados efeitos da posse, dentre os quais o direito de ser mantido na posse, em caso de turbação, e restituído, no caso de esbulho (art. 1.210 do Código Civil).

José, por sua vez, afirma ser proprietário do imóvel e apresenta, em seu favor, uma escritura pública devidamente registrada.

No que diz respeito à proteção possessória, aquele que exerce a posse, mesmo não sendo o proprietário da coisa, tem direitos e pode defendê-los por força própria, contanto que o faça logo, ou mediante ação possessória promovida junto ao Poder Judiciário (art. 1.210, § 1º, do Código Civil).

Nesse sentido, Augusto tem direito de defender a sua posse, extrajudicial e judicialmente, sendo certo que no juízo possessório José sequer tem como alegar ser proprietário da coisa (art. 1.210, § 2º, do CC). Deve aguardar o desfecho da ação possessória e ingressar com ação reivindicatória, a fim de provar ser o verdadeiro proprietário da coisa e conseguir a retomada do imóvel. Nesse caso, estará caracterizada a evicção e Augusto poderá acionar Aurélio nos termos dos arts. 447 e seguintes do Código Civil.

Caso José seja realmente o proprietário da coisa e vença a demanda reivindicatória, Augusto, por ser possuidor de boa-fé, terá direito a indenização pelas benfeitorias úteis e necessárias que fizer, bem como, quanto às voluptuárias, se não lhe forem pagas, a levantá-las, quando o puder sem detrimento da coisa, e poderá exercer o direito de retenção pelo valor das benfeitorias necessárias e úteis (art. 1.219 do Código Civil).

O direito de retenção por benfeitorias deve ser alegado por Augusto na própria contestação da ação reivindicatória que sofrer.

Por fim, vale lembrar que, se, por algum motivo, as benfeitorias não forem abonadas pelo evictor (José), Augusto poderá acionar o alienante (Aurélio), nos termos do art. 453 do Código Civil, a fim de que este arque com os prejuízos respectivos.

(OAB/Exame Unificado – 2008.1 – 2ª fase – CESPE) Laura e Rafael dissolveram a sociedade empresarial da qual eram os únicos sócios, constando do acordo de divisão dos bens que o imóvel pertencente à extinta pessoa jurídica seria partilhado na proporção de 60% e 40%, respectivamente, em razão de os bens restantes terem sido atribuídos exclusivamente a Rafael. Entretanto, desde a homologação do acordo, o imóvel, sem qualquer alteração, está na posse de Rafael, que tem se demonstrado irredutível quanto à possibilidade de vender sua parte do bem ou viabilizar qualquer outra forma de garantir a Laura o direito que lhe cabe. Assevere-se, ainda, que o imóvel não comporta divisão cômoda, não possui benfeitorias, e que Laura também tem o interesse de adquirir o bem para si. Diante dessa situação hipotética, apresente a solução processual possível para o problema de Laura, inclusive, quanto ao seu intento de adquirir a parte de Rafael e ter a integralidade do bem.

RESOLUÇÃO DA QUESTÃO

Uma vez homologado o acordo atribuindo a propriedade do imóvel a Laura e Rafael, fica instituído um condomínio entre as partes.

Num condomínio, a lei permite que a todo o tempo o condômino exija a divisão da coisa comum (art. 1.320 do CC). E, mesmo que houvesse acordo para que a coisa ficasse indivisa por um tempo (art. 1.320, § 1º, do CC), graves razões, como a narrada no enunciado da questão, permitem que o juiz, instado pelo interessado, determine a divisão da coisa antes do prazo (art. 1.320, § 3º, do CC).

Nesses casos, a primeira providência que se deve buscar é a divisão da própria coisa. No plano processual, essa alternativa se concretiza nos termos do art. 967 e seguintes do Código de Processo Civil.

Se não for possível ou se não for cômoda a divisão da coisa e os consortes não quiserem adjudicá-la a um só – isso ocorre no caso, pois Rafael não quer vender sua parte a Laura –, o bem deve ser alienado e repartido o apurado (art. 1.322 c/c art. 1.321, ambos do CC, c/c art. 1.117, I, do CPC). Todavia, a lei permite que um dos consortes arremate a coisa nas mesmas condições da melhor oferta feita por um terceiro no procedimento de alienação judicial. Segundo o Código Civil, tem preferência, na venda judicial da coisa, o condômino que tiver na coisa benfeitorias mais valiosas, e, não as havendo, o de quinhão maior, e permanecendo igualdade de situações, dever-se-á fazer uma licitação entre os consortes, após fazer-se licitação entre estranhos (art. 1.322 do CC).

No caso em tela, não havendo benfeitorias no imóvel, parte-se para o segundo critério (maior quinhão), critério que pende a favor de Laura.

No plano processual, a venda judicial deverá ser feita pelo procedimento previsto nos arts. 1.113 e seguintes do Código de Processo Civil ("Das Alienações Judiciais"), devendo Laura aguardar o momento oportuno para exercer o direito de preferência em relação à melhor oferta formulada por terceiro.

(OAB/Exame Unificado – 2008.2 – 2ª fase – CESPE) Três amigos, Fredson, Ricardo e Alberto adquiriram juntos uma chácara em conhecido balneário e nela construíram uma casa com três suítes para usufruírem momentos de lazer. Construíram, também, uma piscina, uma churrasqueira e uma quadra de tênis. Acertaram, então, que o local serviria para diversão durante os finais de semana, feriados e férias e que cada um arcaria com um terço dos custos de manutenção do imóvel, o que tem sido devidamente cumprido. Ricardo e Alberto, por motivos profissionais, precisaram passar quinze meses em outro país, parando de utilizar o bem, e, ao retornarem, descobriram que Fredson estava alugando o imóvel, tendo imitido na posse o locatário no momento da celebração do negócio jurídico, um mês após Ricardo e Alberto se ausentarem. Ao procurarem Fredson para obter explicações, este narrou que tem alugado o imóvel com o objetivo de obter dinheiro para pagar a sua parte na manutenção do bem, uma vez que tem passado por dificuldades financeiras. Considerando a situação hipotética apresentada, identifique a natureza da relação mantida entre Fredson, Ricardo e Alberto, explique se a atitude de Fredson encontra amparo nas disposições do Código Civil e indique a providência que Ricardo e Alberto podem adotar para a defesa de seus direitos.

RESOLUÇÃO DA QUESTÃO

A natureza jurídica da relação mantida entre Fredson, Ricardo e Alberto é de condomínio, vez que os três adquiriram a propriedade do local, tornando-se coproprietários da área.

A atitude de Fredson não encontra amparo nas disposições do Código Civil, pois, de acordo com o art. 1.314, p. único, do Código Civil, nenhum dos condôminos pode dar posse, uso ou gozo da coisa comum a estranhos, sem o consenso dos outros.

Ricardo e Alberto podem adotar como providência para a defesa de seus direitos o ingresso com ação reivindicatória, tendo em vista que o atual locatório da coisa adquiriu esse direito de quem não tinha legitimidade para a celebração do contrato, tendo ocorrido a evicção.

É importante ressaltar que a evicção se dá não só quando se perde a propriedade, mas também quando se perde outra espécie de direito sobre a coisa, pelo fato de o cedente desse direito não ter legitimidade para tanto.

A ação reivindicatória está fundada no art. 1.314, caput, do Código Civil.

No caso, não se deve ingressar com ação de reintegração de posse, pois esta reclama a existência de um esbulho, que não se deu no caso em tela.

(OAB/Exame Unificado – 2010.3 – 2ª fase – FGV) Tarsila adquiriu determinado lote íngreme. A entrada se dá pela parte alta do imóvel, por onde chegam a luz e a água. Iniciadas as obras de construção da casa, verifica-se que, para realizar adequadamente o escoamento do esgoto, as tubulações deverão, necessariamente, transpassar subterraneamente o imóvel vizinho limítrofe, de propriedade de Charles. Não há outro caminho a ser utilizado, pois se trata de região rochosa, impedindo construções subterrâneas ou qualquer outra medida que não seja excessivamente onerosa. De posse de parecer técnico, Tarsila procura por Charles a fim de obter autorização para a obra. Sem justo motivo, Charles não consente, mesmo ciente de que tal negativa inviabilizará a construção do sistema de saneamento do imóvel vizinho. Buscando um acordo amigável, Tarsila propõe o pagamento de valor de indenização pela área utilizada, permanecendo a recusa de Charles.

Considere que você é o(a) advogado(a) de Tarsila. Responda aos itens a seguir, empregando os argumentos jurídicos apropriados e a fundamentação legal pertinente ao caso.

a) Há alguma medida judicial que possa ser tomada em vista de obter autorização para construir a passagem de tubulação de esgoto?

b) Considere que houve paralisação da obra em razão do desacordo entre Tarsila e Charles. Há alguma medida emergencial que possa ser buscada objetivando viabilizar a construção do sistema de saneamento?

RESOLUÇÃO DA QUESTÃO

a) De início, vale lembrar que nenhuma lesão ou ameaça de lesão a direito poderá ser afastada da apreciação do Poder Judiciário (CF, art. 5º, XXXV). Portanto, é certo que há medida judicial para tutelar o direito em questão.

No caso, busca-se uma obrigação de fazer. A tutela específica das obrigações de fazer está prevista no art. 461 do CPC e possibilita a imposição de uma série de medidas para que a obrigação seja cumprida - com destaque para a multa-diária (astreintes).

Sob o enfoque do direito material (possibilidade de passagem da tubulação), aplica-se o art. 1.286 do CC:

"Mediante recebimento de indenização que atenda, também, à desvalorização da área remanescente, o proprietário é obrigado a tolerar a passagem, através de seu imóvel, de cabos, tubulações e outros condutos subterrâneos de serviços de utilidade pública, em proveito de proprietários vizinhos, quando de outro modo for impossível ou excessivamente onerosa."

b) Na mesma medida acima indicada, é possível a concessão liminar (antecipação de tutela) de ordem, sob pena de multa ou outra medida de apoio. CPC, art. 273 e 461.

GABARITO COMENTADO - EXAMINADORA

a) O examinando deverá identificar que a legislação civil prevê que o proprietário deverá tolerar a passagem através de seu imóvel, entre outros, de tubulações e condutos subterrâneos de serviço de utilidade pública, na forma do art. 1.286 do CC. Cabe a propositura de ação de obrigação de fazer com base no art. 461 do CPC, fundada no art. 1.286 do CC.

b) Sim, na medida judicial de obrigação de fazer, a legislação previu a possibilidade de concessão de medida liminar na forma do § 3º e seguintes do art. 461 do CPC, cabível multa pelo descumprimento da medida liminar. Outra medida judicial aplicável à hipótese é a concessão de tutela antecipada na forma do art. 273 do CPC, notadamente em seu § 3º.

(OAB/Exame Unificado – 2011.1 – 2ª fase – FGV) Valter, solteiro, maior e capaz, proprietário de um apartamento, lavrou, em 2004, escritura pública por meio da qual constituiu usufruto vitalício sobre o referido imóvel em favor de sua irmã, Juliana, solteira, maior e capaz. Em seguida, promoveu a respectiva averbação junto à matrícula do Registro de Imóveis. Em 2005, Juliana celebrou com Samuel contrato escrito de aluguel do apartamento pelo prazo de um ano. Concluído o prazo, Samuel restituiu o imóvel a Juliana, que passou a ocupá-lo desde então. Em janeiro de 2011, Valter veio a falecer sem deixar testamento, sendo único herdeiro seu filho Rafael, solteiro, maior e capaz. Diante disso, Rafael procura Juliana, a fim de que ela desocupe o imóvel.

Diante da situação descrita, responda aos itens a seguir, empregando os argumentos jurídicos apropriados e a fundamentação legal pertinente ao caso.

a) Poderia Juliana ter alugado o apartamento a Samuel?

b) Está Juliana obrigada a desocupar o imóvel em razão do falecimento de Valter?

RESOLUÇÃO DA QUESTÃO

a) Juliana é usufrutuária do imóvel. Sendo assim, é lícita a transferência temporária da posse, mediante locação ou comodato. O que seria vedada é a alienação do uso (CC, art. 1393).

b) No caso, Juliana permaneceria com o usufruto. A mudança seria na nu-propriedade, que passaria de Valter a Rafael (CC, art. 1410, I, a contrario sensu).

GABARITO COMENTADO - EXAMINADORA

a) Sim, de acordo com o artigo 1393, CC. Isso porque Juliana é usufrutuária do aludido imóvel e, portanto, pode transferir o seu uso temporariamente a terceiros por meio de contrato de aluguel.

b) Não, de acordo com o artigo 1410, incisos I ou II, CC. O usufruto permanecerá em favor de Juliana, passando Rafael a ser o nu-proprietário. De acordo com o artigo 1410, I, CC, o falecimento do usufrutuário que é causa de extinção do usufruto, e não o falecimento do nu-proprietário.

(OAB/Exame Unificado – 2012.2 – 2ª fase – FGV) Carlos reside no apartamento 604, sendo proprietário de sete vagas de garagem que foram sendo adquiridas ao longo dos anos de residência no Edifício Acapulco. Após assembleia condominial ordinária com quorum e requisitos de convocação exigidos pela legislação, Carlos foi notificado por correspondência assinada pelo síndico eleito Alberto Santos, noticiando a proibição de locação das vagas de garagem de sua propriedade exclusiva a pessoas estranhas ao condomínio nos termos da convenção condominial. Diante da correspondência assinada pelo síndico, Carlos ajuizou demanda em face de Alberto Santos, visando promover a locação das vagas de garagem, alegando ser possível a locação das vagas de garagem de sua propriedade exclusiva, assim como a locação de apartamentos.

Sobre a hipótese apresentada, responda aos itens a seguir.

A) A pretensão de direito material perseguida por Carlos encontra amparo legal? Explique.

B) De acordo com os elementos processuais fornecidos pelo enunciado, Carlos satisfaz todas as condições da ação? Fundamente.

GABARITO COMENTADO – EXAMINADORA:

A) A pretensão não encontra amparo legal, tendo em vista a atual redação do art. 1.331, § 1º, do CC (alterada pela Lei n. 12.607/12) que veda a locação de vagas de garagem a terceiros estranhos ao condomínio, somente sendo permitida quando expressamente autorizado na convenção condominial: "§ 1º. As partes suscetíveis de utilização independente, tais como apartamentos, escritórios, salas, lojas e sobrelojas, com as respectivas frações ideais no solo e nas outras partes comuns, sujeitam-se a propriedade exclusiva, podendo ser alienadas e gravadas livremente por seus proprietários, exceto os abrigos para veículos, que não poderão ser alienados ou alugados a pessoas estranhas ao condomínio, salvo autorização expressa na convenção de condomínio".

B) Analisando os elementos do enunciado, é possível aferir que a pretensão de Carlos não satisfaz todas as condições da ação. Embora o síndico Alberto Santos possua poderes de representação do condomínio, como dispõe o artigo 1.348 do CC, em seus incisos II e IV, não é parte legítima para figurar como réu na demanda judicial, estando tão somente praticando ato de representação do condomínio, no sentido de fazer valer a vontade da assembleia. Desta feita, deveria apontar, como parte legítima a figurar no polo passivo, o Edifício Acapulco. O candidato deve apontar a ilegitimidade passiva, invocando os artigos 3º, 6º, 12, inciso IX e 267, inciso VI do CPC.

(OAB/Exame Unificado – 2013.3 – 2ª fase – FGV) José, proprietário de imóvel situado na Av. Itália, 120, na cidade de Salvador/BA, concluiu a edificação de 100 baias destinadas à criação de porcos sem a observância de lei municipal que proíbe a atividade em bairro residencial. Não bastasse o descumprimento da lei municipal, a malcheirosa atividade vem atraindo ratos e moscas para a residência de João, vizinho contíguo. Diante da situação, João pretende ajuizar demanda em face de José.

Com base em tal situação, responda aos itens a seguir, utilizando os argumentos jurídicos apropriados e a fundamentação legal pertinente ao caso.

A) A partir dos elementos de direito material constantes no enunciado, a pretensão de João será cabível?

B) Caso o não atendimento da lei municipal fosse detectado pelo Município de Salvador durante a edificação das baias, qual solução jurídica processual típica poderia ser requerida?

GABARITO COMENTADO – EXAMINADORA:

A) A pretensão de João encontra viabilidade no Art. 1.277, Código Civil, podendo pleitear a cessação da interferência prejudicial à saúde dos que habitam seu imóvel, vez que a atividade está a trazer pragas, configurando-se o uso anormal da propriedade por José.

B) A municipalidade poderia ajuizar ação de nunciação de obra nova, com base no Art. 934, III, do CPC, demonstrando que obra em curso contraria a legislação municipal.

(OAB/Exame Unificado – 2013.3 – 2ª fase – FGV) "Y" figura como executado em ação movida por "Z". Devidamente citado para o pagamento da quantia obrigacional, o demandado deixa de proceder com o pagamento no prazo legal, motivo pelo qual o Oficial de Justiça procedeu à penhora e à avaliação de bens, lavrou o respectivo auto e intimou o executado de tais atos, nos exatos termos da lei.

A penhora recaiu sobre uma vaga de garagem que possuía matrícula própria no Registro de Imóveis e que fora indicada pelo credor na inicial da ação de execução. Y opôs embargos do devedor, quinze dias após a juntada do mandado da respectiva intimação aos autos, por meio do qual arguiu que o objeto da penhora constituía bem de família, estando insuscetível ao ato constritivo.

Considerando a situação apresentada, responda, fundamentadamente, aos itens a seguir.

A) O embargante está correto nas suas razões?

B) Considerando o aspecto processual, analise os embargos opostos e exponha as consequências jurídicas.

GABARITO COMENTADO – EXAMINADORA:

A) Não assiste razão ao embargante visto ser perfeitamente possível a realização de penhora de vaga de garagem. A garagem com registro imobiliário autônomo não se confunde com a unidade habitacional (apartamento) e não integra a noção de pertença e, por conseguinte, não é bem de família (Súmula n. 449 do STJ).

B) Os embargos merecem ser rejeitados in limine, uma vez que são intempestivos (Art.739,n I, do CPC). O prazo de quinze dias para a oposição desse remédio jurídico deve ser contado da juntada do mandado de citação aos autos, e não da de juntada do mandado de intimação (Art. 738 do CPC).

CAPÍTULO 7

DIREITO DE FAMÍLIA

7.1. INTRODUÇÃO

7.1.1. Conceito de direito de família

O Direito de família pode ser conceituado como o *conjunto de normas que regulam o casamento, a união estável, a filiação, a adoção, o poder familiar (direito parental), os alimentos, a tutela e a curatela (direito assistencial protetivo)*.

Esse direito rege as seguintes relações familiares:

a) pessoais/afetivas, como os deveres entre os cônjuges (fidelidade), os conviventes e os pais e filhos (educação);

b) patrimoniais, como as que envolvem a sociedade conjugal (regime de bens);

c) assistenciais, como a assistência material entre cônjuges e entre pais e filhos, e tutor e tutelado.

Tais relações são protegidas em virtude de interesses superiores (família como "base da sociedade" – art. 226, *caput*, da CF) e não individuais, o que faz com que os princípios dos direitos meramente obrigacionais não possam ser aplicados diretamente em matéria de direito de família.

Em outras palavras, tendo em vista os direitos envolvidos, que não se resumem à questão patrimonial, envolvendo questões pessoais, afetivas e assistenciais, o direito de família reclama regras próprias, diferentes das regras típicas do direito obrigacional.

7.1.2. Objeto do direito de família

O objeto do direito de família é justamente a "família", que, em sua concepção *lata*, têm as seguintes espécies:

a) família matrimonial: decorrente do casamento;

b) família informal (natural): decorrente da união estável;

c) família monoparental: formada por qualquer dos pais e seus descendentes;

d) família substituta: decorrente de guarda ou tutela;

e) famílias plurais: abrange as uniões fundadas no afeto, tais como as famílias:

f) anaparental: sem pais; com parentes ou amigos; ex.: a jurisprudência entende que há bem de família em imóvel com duas irmãs (STJ, Resp. 57.606);

g) homoafetiva: decorrente de união de pessoas do mesmo sexo (ex.: o STF, na ADI 4.277 e ADPF 132, decidiu que a união estável pode ser constituída por pessoas do mesmo sexo);

h) eudemonista: baseada no afeto, mas com busca da felicidade individual (ex.: casal que tem um relacionamento livre ou aberto).

Vale salientar, quanto à união estável homoafetiva, que o STF, na ADI 4.277 e na ADPF 132, julgadas em 05.05.2011, tomou a seguinte decisão: pela procedência das ações e com efeito vinculante, no sentido de dar interpretação conforme a Constituição Federal para excluir qualquer significado do artigo 1.723 do Código Civil que impeça o reconhecimento da união entre pessoas do mesmo sexo como entidade familiar.

A decisão teve por fundamento o art. 3º, IV, da CF, que veda qualquer tipo de discriminação.

Como consequência, a união estável homoafetiva passa a ter a mesma regulamentação da união estável entre homem e mulher (deveres, alimentos, sucessões etc.), o que faz com que se chegue à conclusão de que o instituto da conversão da união estável em casamento também possa se dar quanto às uniões estáveis homoafetivas, questão que ainda gera alguns debates, apesar de já ter ocorrido grande número de conversões de união estável homoafetiva em casamento.

Mais do que isso, há precedente do STJ, no sentido de que se pode admitir o casamento direto de pessoas do mesmo sexo, como forma de fazer valer a diretiva que o STF deu ao julgar as ações acima mencionadas. O dispositivo da decisão tem o seguinte teor: "dou provimento ao recurso especial para afastar o óbice relativo à diversidade de sexos e para determinar o prosseguimento do processo de habilitação de casamento, salvo se por outro motivo as recorrentes estiverem impedidas de contrair matrimônio". A ementa do acórdão foi vazada nos seguintes termos:

> "Direito de família. Casamento civil entre pessoas do mesmo sexo (homoafetivo). Interpretação dos arts. 1.514, 1.521, 1.523, 1.535 e 1.565 do Código Civil de 2002. Inexistência de vedação expressa a que se habilitem para o casamento pessoas do mesmo sexo. Vedação implícita constitucionalmente inaceitável. Orientação principiológica conferida pelo STF no julgamento da ADPF n. 132/RJ e da ADI n. 4.277/DF.
>
> 1. Embora criado pela Constituição Federal como guardião do direito infraconstitucional, no estado atual em que se encontra a evolução do direito privado, vigorante a fase histórica da constitucionalização do direito civil, não é possível ao STJ analisar as celeumas que lhe aportam "de costas" para a Constituição Federal, sob pena de ser entregue ao jurisdicionado um direito desatualizado e sem lastro na Lei Maior. Vale dizer, o Superior Tribunal de Justiça,

cumprindo sua missão de uniformizar o direito infraconstitucional, não pode conferir à lei uma interpretação que não seja constitucionalmente aceita.

2. O Supremo Tribunal Federal, no julgamento conjunto da ADPF n. 132/RJ e da ADI n. 4.277/DF, conferiu ao art. 1.723 do Código Civil de 2002 interpretação conforme à Constituição para dele excluir todo significado que impeça o reconhecimento da união contínua, pública e duradoura entre pessoas do mesmo sexo como entidade familiar, entendida esta como sinônimo perfeito de família.

3. Inaugura-se com a Constituição Federal de 1988 uma nova fase do direito de família e, consequentemente, do casamento, baseada na adoção de um explícito poliformismo familiar em que arranjos multifacetados são igualmente aptos a constituir esse núcleo doméstico chamado "família", recebendo todos eles a "especial proteção do Estado". Assim, é bem de ver que, em 1988, não houve uma recepção constitucional do conceito histórico de casamento, sempre considerado como via única para a constituição de família e, por vezes, um ambiente de subversão dos ora consagrados princípios da igualdade e da dignidade da pessoa humana. Agora, a concepção constitucional do casamento – diferentemente do que ocorria com os diplomas superados – deve ser necessariamente plural, porque plurais também são as famílias e, ademais, não é ele, o casamento, o destinatário final da proteção do Estado, mas apenas o intermediário de um propósito maior, que é a proteção da pessoa humana em sua inalienável dignidade.

4. O pluralismo familiar engendrado pela Constituição – explicitamente reconhecido em precedentes tanto desta Corte quanto do STF – impede se pretenda afirmar que as famílias formadas por pares homoafetivos sejam menos dignas de proteção do Estado, se comparadas com aquelas apoiadas na tradição e formadas por casais heteroafetivos.

5. O que importa agora, sob a égide da Carta de 1988, é que essas famílias multiformes recebam efetivamente a "especial proteção do Estado", e é tão somente em razão desse desígnio de especial proteção que a lei deve facilitar a conversão da união estável em casamento, ciente o constituinte que, pelo casamento, o Estado melhor protege esse núcleo doméstico chamado família.

6. Com efeito, se é verdade que o casamento civil é a forma pela qual o Estado melhor protege a família, e sendo múltiplos os "arranjos" familiares reconhecidos pela Carta Magna, não há de ser negada essa via a nenhuma família que por ela optar, independentemente de orientação sexual dos partícipes, uma vez que as famílias constituídas por pares homoafetivos possuem os mesmos núcleos axiológicos daquelas constituídas por casais heteroafetivos, quais sejam, a dignidade das pessoas de seus membros e o afeto.

7. A igualdade e o tratamento isonômico supõem o direito a ser diferente, o direito à autoafirmação e a um projeto de vida independente de tradições e ortodoxias. Em uma palavra: o direito à igualdade somente se realiza com plenitude se é garantido o direito à diferença. Conclusão diversa também não se

mostra consentânea com um ordenamento constitucional que prevê o princípio do livre planejamento familiar (§ 7º do art. 226). E é importante ressaltar, nesse ponto, que o planejamento familiar se faz presente tão logo haja a decisão de duas pessoas em se unir, com escopo de constituir família, e desde esse momento a Constituição lhes franqueia ampla liberdade de escolha pela forma em que se dará a união.

8. Os arts. 1.514, 1.521, 1.523, 1.535 e 1.565, todos do Código Civil de 2002, não vedam expressamente o casamento entre pessoas do mesmo sexo, e não há como se enxergar uma vedação implícita ao casamento homoafetivo sem afronta a caros princípios constitucionais, como o da igualdade, o da não discriminação, o da dignidade da pessoa humana e os do pluralismo e livre planejamento familiar.

9. Não obstante a omissão legislativa sobre o tema, a maioria, mediante seus representantes eleitos, não poderia mesmo "democraticamente" decretar a perda de direitos civis da minoria pela qual eventualmente nutre alguma aversão. Nesse cenário, em regra é o Poder Judiciário – e não o Legislativo – que exerce um papel contramajoritário e protetivo de especialíssima importância, exatamente por não ser compromissado com as maiorias votantes, mas apenas com a lei e com a Constituição, sempre em vista a proteção dos direitos humanos fundamentais, sejam eles das minorias, sejam das maiorias. Dessa forma, ao contrário do que pensam os críticos, a democracia se fortalece, porquanto esta se reafirma como forma de governo, não das maiorias ocasionais, mas de todos.

10. Enquanto o Congresso Nacional, no caso brasileiro, não assume, explicitamente, sua coparticipação nesse processo constitucional de defesa e proteção dos socialmente vulneráveis, não pode o Poder Judiciário demitir-se desse mister, sob pena de aceitação tácita de um Estado que somente é "democrático" formalmente, sem que tal predicativo resista a uma mínima investigação acerca da universalização dos direitos civis.

11. Recurso especial provido. (REsp 1183378/RS, Rel. Ministro Luis Felipe Salomão, 4ª Turma, *DJe* 01.02.2012)".

7.2. PRINCÍPIOS DO DIREITO DE FAMÍLIA

Conforme já visto, o direito de família reclama regulamentação peculiar, já que os interesses envolvidos não se limitam a questões patrimoniais. Nesse sentido, confira os princípios específicos desse direito:

a) **dignidade da pessoa humana:** previsto no art. 1º, III, CF, admite que até a pessoa solteira tenha direito à proteção do bem de família;

b) **solidariedade familiar:** previsto no art. 3º, I, CF, impõe dever de assistência moral, espiritual e material; aliás, por conta desse princípio, o STJ já reconheceu direito a alimentos na união estável mesmo antes da Lei de 8.971/94, que admitiu pela primeira vez esse tipo de direito; outro exemplo de aplicação do princípio é o cabimento de pedido de alimentos até mesmo depois do divórcio, em casos excepcionais;

c) **igualdade entre os filhos:** previsto no art. 227, § 6º, CF, reconhece igualdade absoluta entre os filhos, havidos ou não do casamento, adotivos, ou nascidos por inseminação artificial;

d) **igualdade entre cônjuges e companheiros:** previsto art. 226, § 5º, CF, admite que o homem use o **nome** da mulher e peça **alimentos**; determina a igualdade na chefia familiar, mas admite tratamento diferenciado entre os consortes, em situações especiais, como as que envolvem a competência para ações que tenham por fundamento a Lei Maria da Penha (11.340/06), conforme art. 100, I, CPC;

e) **não intervenção na família:** previsto no art. 1.513 do CC e no art. 226, § 7º, da CF, assegura que o planejamento familiar é de livre decisão do casal, permitindo ao Estado que apenas colabore com esse planejamento, e nunca determine coisa alguma nessa seara. Neste espeque, ressalta-se que esse dever de não intervenção do Estado aplica-se não só no que tange a famílias advindas de relações matrimoniais como também de famílias oriundas de uniões estáveis. Este o entendimento do Enunciado n. 99 JDC/CJF: O art. 1.565, § 2º, do Código Civil não é norma destinada apenas às pessoas casadas, mas também aos casais que vivem em companheirismo, nos termos do art. 226, caput, §§ 3º e 7º, da Constituição Federal de 1988, e não revogou o disposto na Lei n. 9.263/96.

f) **maior interesse da criança e do adolescente:** previsto no art. 227 CF, admite até que a ordem cronológica dos interessados numa adoção seja quebrada, para que uma criança venha a ficar com alguém que esteja no final da fila, mas que tenha já a guarda da criança e esteja numa situação avançada de afetividade com esta;

g) **princípio da paternidade responsável:** estabelece que *o estado de filiação é personalíssimo, indisponível e imprescritível*, decorrendo do direito à convivência familiar; esse princípio tem por consequência a ideia de que a investigação de paternidade é imprescritível e de que o Estado deve agir na busca de quem é o pai de uma criança de mãe solteira; aliás, esse direito, às vezes, contrapõe-se ao direito de intimidade da mulher (liberdade de relacionamentos sexuais e sigilo de parceiros); a Lei 8.560/92 impõe que o Juiz Corregedor do Registro Civil deve ouvir a mãe e pode ser que ela não queira falar, não havendo sanção jurídica para o silêncio da mãe sobre a paternidade de seu filho;

h) **princípio da função social da família:** previsto no art. 226 da CF, estabelece que a família é a base da sociedade, merecendo proteção especial do Estado, como se dá quando se institui bem de família ou quando se determina a união de cônjuges funcionários públicos, quando cada um está lotado numa localidade;

i) **princípio da afetividade:** estabelece que *a afeição é o fundamento maior das relações familiares*, tendo por **consequência** a **desbiologização da paternidade**, que faz com que se reconheça que o vínculo de paternidade é mais ligado ao afeto do que ao elemento biológico, o que fez criar o chamado novo parentesco civil, decorrente da parentalidade socioafetiva, baseada na posse do estado de filho.

Um exemplo do princípio da afetividade é o padrasto ter legitimidade para entrar com destituição de poder familiar do pai biológico ausente da criança criada pelo padrastro, ação essa preparatória de adoção.

Outro exemplo do último princípio é a decisão do STJ no sentido de que a pessoa que reconhece filho sabendo que não era filho seu não pode pedir cancelamento do registro, salvo prova de vício de consentimento. Essa decisão está na linha de pensamento do Enunciado 339 do CJF, que propõe nunca pode ser rompida a relação de paternidade em detrimento de filho.

7.3. NATUREZA JURÍDICA DO DIREITO DE FAMÍLIA

O Direito de família é considerado um direito extrapatrimonial, diferentemente do direito obrigacional, que é puramente patrimonial.

Essa natureza do Direito de Família faz com que este tenha as seguintes características:

a) é irrenunciável; ex.: não há como alguém, por si só, renunciar à paternidade do filho;

b) é intransmissível; ex.: não é possível vender o estado de casado;

c) é incondicionado, ou seja, não admite condição e termo;

d) é personalíssimo; ex.: não se exerce por procurador, não sendo possível, assim, que um cônjuge contrate alguém para exercer seus deveres de cônjuge junto ao outro consorte;

e) é menos individualista, estando reduzido o papel da vontade em favor de normas cogentes ou de ordem pública; todavia, há exceções, em que a liberdade poderá atuar, ainda que com limitações, como quanto à escolha do regime de bens; de qualquer forma, a regra é a existência de um regime estatutário (a lei traz o estatuto a seguir), em contraposição ao regime da autonomia da vontade (a vontade regula os deveres da relação); o fato que o interesse individual cede ao da família, o que faz com que a vontade só se manifeste na realização dos atos (exs.: casamento, união estável e reconhecimento de filho), ficando todo o resto preestabelecido na lei.

Em resumo pode-se dizer que a natureza jurídica do Direito de Família é de "direito privado com intervenção estatal", tudo com o objetivo de proteger a família, dada a sua importância social, como a instituição que é base da sociedade (art. 226, *caput*, da CF).

De qualquer forma, é bom ressaltar que o Direito de Família acaba irradiando efeitos em institutos não exatamente pertencentes a esse direito, tais como:

a) compra e venda de ascendente a descendente (art. 496 do CC);

b) responsabilidade civil pelo ato dos filhos menores (art. 932, I, do CC);

c) direito das sucessões;

d) direito previdenciário;

e) direito processual, como nas questões de impedimento e remição;

f) direito penal, como nos crimes contra o casamento, a filiação, a assistência familiar e o poder familiar.

7.4. ESPONSAIS E CASAMENTO RELIGIOSO

7.4.1. Esponsais

Tema introdutório do Direito de Família é o dos esponsais, que pode ser conceituado como o *compromisso de casamento entre duas pessoas desimpedidas e de sexo distinto*. Pessoas que resolvem ficar noivos, com o objetivo de casar, certamente estão criando esse compromisso.

O instituto não tem como consequência o dever jurídico de casar. Ou seja, ninguém pode vir a ser obrigado a casar por conta da existência dos esponsais.

O objetivo do instituto está mais ligado a uma justificativa, perante a sociedade, que há, entre as pessoas que fizeram o compromisso, uma convivência mais contínua e íntima.

Apesar de não gerar a obrigação de casar, o instituto pode gerar responsabilidade civil por parte daquele que acaba se recusando a se casar com o outro.

São requisitos para essa responsabilidade os seguintes:

a) promessa livre entre noivos (sem a interferência dos pais);

b) recusa de cumprir a promessa pelo noivo/noiva (não por seus pais);

c) ausência de motivo justo (conduta culposa ou dolosa, nos termos do art. 186 do Código Civil);

d) dano patrimonial ou moral ao noivo não culpado.

São consequências jurídicas do inadimplemento culposo ou doloso do compromisso de esponsais as seguintes:

a) dever de devolução dos presentes trocados, de cartas e de retratos;

b) indenização dos danos causados pelo rompimento, tais como danos morais (ex.: humilhação pública, sofrimento etc.) e danos materiais (ex.: moradia, festa, celebração, saída de emprego etc.);

c) eventual doação em contemplação de casamento futuro fica sem efeito se esse não se realizar (art. 546 do CC).

7.4.2. Casamento religioso

No início do século XIX, o casamento, no Brasil, era só religioso (Decreto de 1.827), seguindo os princípios do direito canônico.

Na segunda metade desse século, o ministro da Justiça Diogo de Vasconcelos apresentou projeto de lei para a criação do casamento acatólico, o que acabou acontecendo.

Em seguida, com a chegada da República, o poder religioso ficou afastado, e o Decreto 181/1890, regulamentando o casamento civil no Brasil, deixou de atribuir valor jurídico ao casamento religioso.

Sobreveio a Constituição Federal de 1891, que, em seu art. 72, § 4º, reconhece apenas o casamento civil, garantida a celebração gratuita.

O casamento religioso passa a ser uma opção de cada casal, mas sem consequências jurídicas. De qualquer forma, o costume de se casar no religioso permanece, principalmente pelas questões de crença religiosa.

O Código Civil de 1916 também só fez referência ao casamento civil.

Já a Constituição Federal de 1934 (art. 146) previu a possibilidade de se atribuir ao casamento religioso efeitos civis, no que foi repetida pelas Constituições Federais de 1946 e 1967, que também previam essa possibilidade.

A Emenda Constitucional 9/1977 trouxe uma novidade. Quebrou o princípio da indissolubilidade do matrimônio (art. 175), estabelecendo a possibilidade de sua dissolução nos casos legais.

A possibilidade de registro do casamento religioso encontra-se prevista nos arts. 71 a 75 da Lei 6.015/73, sendo que, no atual Código Civil, está prevista nos artigos 1.515 e 1.516.

7.5. CASAMENTO CIVIL

7.5.1. Conceito

O casamento pode ser conceituado como o *vínculo jurídico entre um homem e uma mulher, estabelecido mediante intervenção estatal, e que cria deveres de comunhão de vida (moral, espiritual e material) e constitui a família.*

Atualmente, a família não é criada somente pelo casamento. A diferença é que, com o casamento, passa a existir uma presunção absoluta de que o casal forma uma família.

O preço dessa presunção absoluta é justamente a necessidade de participação do Estado na criação desse vínculo, o que é feito por meio de autoridade investida em função delegada pelo Estado para esse fim.

7.5.2. Natureza jurídica

Há várias teorias para explicar a natureza jurídica do casamento. Confira:

a) Teoria Contratualista: *o casamento é um contrato civil especial*; essa teoria tem raízes no direito canônico; trata-se de uma teoria um pouco falha, pois não há como se aplicar as disposições gerais dos contratos para regulamentar o casamento, que reclama regras próprias;

b) Teoria Institucionalista: *o casamento é uma instituição social e jurídica própria, possuindo regras diferenciadas e de ordem pública*; de acordo com essa teoria o acordo de vontades (típico de um contrato) é só no momento inicial de escolha pelo casamento; em seguida, quem dita as regras é a lei, o que faz com que não se possa confundir o casamento com um contrato, já que neste a autonomia da vontade tem mais força; além disso, o contrato é sempre temporário, ao passo que o casamento é feito para durar, e não para ser temporário;

c) Teoria Eclética (ou mista): o casamento é um ato complexo, podendo ser considerado um contrato na sua formação, mas uma instituição no seu conteúdo.

A doutrina rejeita a Teoria Contratualista, de modo que as duas últimas teorias são as mais acolhidas.

7.5.3. Princípios do casamento

O casamento segue uma série de princípios, dentre os quais se destacam os seguintes:

a) liberdade na escolha do nubente;

b) solenidade do ato nupcial (garantem consentimento, publicidade e validade);

c) submissão a normas de ordem pública;

d) caráter permanente;

e) comunhão de vida exclusiva, a exigir fidelidade (art. 1.566, I).

7.5.4. Elementos de existência

Parte da doutrina entende que, quanto aos vícios, o casamento só pode ser *válido*, *nulo* ou *anulável*, não havendo que se falar em casamento *inexistente*. Esse é o caso, por exemplo, de Silvio Rodrigues.

Porém, há casos em que não há como se reconhecer um mínimo de juridicidade para se dizer que o casamento existe.

Isso fez com que a doutrina majoritária apontasse os chamados requisitos de existência do casamento, que são os seguintes:

a) diversidade de sexo (art. 1.514 do CC): "homem e mulher"; vale salientar que a questão vem sofrendo modificação, de maneira que remetemos o leitor ao item 7.1.2., letra "d";

b) consentimento (art. 1.514 do CC): "declaração de vontade de estabelecer vínculo conjugal";

c) declaração do juiz na celebração de que estão "casados" (art. 1.514 do CC).

Diferente do que ocorre quanto às nulidades e anulabilidades, não é necessário que a inexistência seja declarada em juízo, nem muito menos que se ingresse com ação ordinária para o reconhecimento da inexistência do casamento.

7.5.5. Impedimentos matrimoniais

7.5.5.1. Conceito

Os impedimentos matrimoniais podem ser conceituados como *as situações previstas e especificadas em lei, que, permanente ou temporariamente, proíbem o casamento.*

O rol de impedimentos matrimoniais é taxativo e inclui situações positivas ou negativas, de fato ou de direito, e físicas ou jurídicas.

A lei trata de forma diferenciada as chamadas "causas suspensivas", em relação aos chamados "impedimentos dirimentes públicos ou absolutos". Confira a seguir o que significa cada um desses institutos.

7.5.5.2. Causas suspensivas

As causas suspensivas podem ser **conceituadas** como *os fatos que suspendem o processo de celebração do casamento a ser realizado, se arguidos antes das núpcias, e que tornam o casamento irregular, se realizado, ensejando sanções aos nubentes.*

Por **exemplo**, caso o filho do curador de alguém deseje casar com a pessoa curatelada, e alguém legitimado denuncia isso antes do casamento, o casamento ficará suspenso até que cesse a relação de curatela e restem saldadas as respectivas contas. No entanto, se o casamento acabar se realizando, pelo fato de ninguém legitimado ter feito a denúncia, esse casamento receberá uma sanção, no caso, o regime de bens será obrigatoriamente o de separação de bens (art. 1.641, I, do CC).

Assim, há dois tipos de **consequências jurídicas** quando está presente uma causa suspensiva:

a) se o casamento ainda não tiver sido realizado, este ficará suspenso, até que a causa suspensiva deixe de existir;

b) se o casamento já tiver sido realizado, será considerado um casamento irregular, tem por sanção a obrigatoriedade do regime de separação de bens (art. 1.641, I, do CC).

São **legitimados** para arguir as causas suspensivas da celebração do casamento as seguintes pessoas: a) parentes em linha reta de um dos nubentes (consanguíneos e afins); b) colaterais até segundo grau (consanguíneos e afins), nos termos do art. 1.524 do CC. Nesta linha de raciocínio, eis o Enunciado n. 330 JDC/CJF: As causas suspensivas da celebração do casamento poderão ser arguidas inclusive pelos parentes em linha reta de um dos nubentes e pelos colaterais em segundo grau, por vínculo decorrente de parentesco civil:

O **prazo** para a arguição é de 15 dias, contados da afixação do edital de proclamas, publicado pelo oficial após a entrega da documentação em ordem pelos interessados em se casar. Quanto ao edital de proclamas, importante observar que o juiz não pode dispensá-lo, mesmo fundamentadamente, mas sim pode dispensar o decurso do prazo (Enunciado n. 513 JDC/CJF).

A arguição exige **forma** escrita, apresentando o arguinte declaração escrita e assinada, instruída com as provas do fato alegado, ou com a indicação do lugar onde possam ser obtidas (art. 1.529 do CC).

Havendo impugnação, o oficial do registro dará aos nubentes **nota da oposição**, indicando os fundamentos, as provas e o nome de quem a ofereceu (art. 1.530 do CC). Podem os nubentes requerer prazo razoável para fazer prova contrária aos fatos alegados e promover as ações civis e criminais contra o oponente de má-fé.

Cumpridas as formalidades legais e verificada a inexistência de fato obstativo, o oficial do registro extrairá o **certificado de habilitação** (art. 1.531 do CC), que terá eficácia de 90 dias, contados da data em que foi extraído o certificado.

São **hipóteses** de casos suspensivos os seguintes:

a) **o viúvo ou a viúva que tiver filho do cônjuge falecido, enquanto não fizer inventário dos bens do casal e der partilha aos herdeiros**; o objetivo é evitar a confusão patrimonial de filhos com a nova sociedade conjugal; são sanções para o casamento realizado nessas circunstâncias a obrigatoriedade do regime de separação de bens (art. 1641, I, do CC) e a hipoteca legal de seus imóveis em favor dos filhos (art. 1.489, II, do CC); os nubentes podem pedir ao juiz que não seja aplicada a sanção se provarem que não haverá prejuízo aos herdeiros (art. 1.523, parágrafo único, do CC);

b) a viúva, ou a mulher cujo casamento se desfez por ser nulo ou ter sido anulável, até 10 meses depois do começo da viuvez, ou da dissolução da sociedade conjugal; o objetivo é evitar confusão de sangue ("turbatio sanguinis"), conflito de paternidade; a sanção para o casamento realizado nessas circunstâncias é a obrigatoriedade do regime de separação de bens (art. 1.641, I, do CC); os nubentes podem pedir ao juiz que não seja aplicada a sanção se provarem que a viúva deu à luz filho no período ou que não está grávida (art. 1.523, parágrafo único, do CC);

c) o divorciado enquanto não houver sido homologada ou decidida a partilha dos bens do casal; o objetivo é evitar confusão patrimonial; a sanção para o casamento realizado nessas circunstâncias é a obrigatoriedade do regime de separação de bens (art. 1641, I, do CC); os nubentes podem pedir ao juiz que não seja aplicada a sanção se provarem que não haverá prejuízo ao ex-cônjuge (art. 1.523, parágrafo único, do CC);

d) o tutor ou o curador e os seus descendentes, ascendentes, irmãos, cunhados ou sobrinhos, com a pessoa protegida, enquanto não cessar a tutela ou curatela e não estiverem saldadas as respectivas contas; o objetivo é evitar consentimento não espontâneo; a sanção para o casamento realizado nessas circunstâncias é a obrigatoriedade do regime de separação de bens (art. 1641, I, do CC); os nubentes podem pedir ao juiz que não seja aplicada a sanção se provarem que não haverá prejuízo (art. 1.523, parágrafo único, do CC).

7.5.5.3. Impedimentos dirimentes públicos ou absolutos

7.5.5.3.1. Questões gerais

Conforme já visto, os impedimentos matrimoniais podem ser conceituados como *as situações previstas e especificadas em lei, que, permanente ou temporariamente, proíbem o casamento*.

A consequência jurídica do casamento realizado em hipótese em que está presente um impedimento matrimonial é a *invalidade* do casamento.

Qualquer pessoa capaz é legitimada para a oposição de impedimento, o que deve ser feito levando ao conhecimento do oficial perante o qual se processa a habilitação ou perante o juiz, os quais serão obrigados a declarar de ofício o impedimento, assim que tiverem conhecimento deste (art. 1.522, parágrafo único, do CC).

A constatação da existência de impedimentos tem os seguintes efeitos: a) impossibilita a obtenção do certificado de habilitação; b) adia o casamento, enquanto o impedimento persistir; c) torna nulo o casamento por ventura realizado (art. 1.548, II, do CC).

7.5.5.3.2. Impedimentos em espécie

7.5.5.3.2.1. Resultantes de parentesco

Não podem casar (art. 1.521, I a V, do CC):

a) **os ascendentes com os descendentes, seja o parentesco natural ou civil**; por exemplo, não é possível o casamento de pai com filho, ou de avô com neta;

b) **os afins em linha reta**; trata-se do parentesco que se estabelece entre um dos cônjuges ou companheiros e os parentes na linha reta do outro; repare que o impedimento por afinidade só existe quanto aos fins na linha reta; por exemplo, não podem casar o sogro com a nora, ou o padrasto com a enteada; vale lembrar que "na linha reta, a afinidade não se extingue com a dissolução do casamento ou união estável" (art. 1.595, § 2º, do CC); a união estável também gera o vínculo de afinidade (art. 1.595 do CC); já o cunhadio desaparece com o fim do casamento, sendo possível que ex-cunhados se casem;

c) **o adotante com quem foi cônjuge do adotado e o adotado com quem o foi do adotante**; por exemplo, imagine que "A" e "B", casados, venham a se separar; em seguida "A" adota "C"; pois bem, "B" e "C" não poderão se casar, embora não tenha se formado vínculo de afinidade entre eles;

d) **os irmãos, unilaterais ou bilaterais**; os irmãos são unilaterais quando têm apenas um dos pais em comum (serão irmãos consanguíneos se o pai é comum e uterinos se a mãe é comum); os irmãos são bilaterais quando têm os dois pais em comum, hipótese em que são chamados germanos; naturalmente, o impedimento também existe entre irmãos quando um deles é adotado

e) **entre colaterais até o terceiro grau inclusive**; colaterais são os parentes que descendem de um tronco comum sem descenderem um do outro (vai até ancestral comum); repare que o impedimento vai até o 3º grau, de modo que primos, que são parentes em 4º grau, podem se casar; a regra do impedimento até o 3º grau traz uma exceção, que é o casamento de tios e sobrinhos, cujo impedimento é vencível segundo o Dec-lei 3.200/41; para tanto, é necessário que dois médicos atestem a sanidade, afirmando não ser inconveniente para a saúde deles e da prole o casamento; uma vez que não haja problema, nubentes recebem certificado pré-nupcial; o Enunciado CJF nº 98 entende que o decreto-lei em questão ainda está em vigor;

f) **o adotado com o filho do adotante;** essa regra é um pouco estranha, pois tais pessoas ("adotado" e "filho do adotante") já são considerados irmãos para todos os fins (art. 41, *caput*, do ECA), o que faz com que a regra seja desnecessária; aproveitando o ensejo, vale lembrar que o adotado desliga-se do vínculo com seus pais e parentes biológicos, salvo os impedimentos matrimoniais (art. 41, *caput*, do ECA).

7.5.5.3.2.2. Resultantes de vínculo

Não podem casar (art. 1.521, VI, do CC) **as pessoas casadas**.

Nossa lei proíbe a bigamia, que é considerado crime (art. 235 do CP). O conceito de família, no Direito brasileiro, tem base monogâmica.

Aquele que tiver interesse em casar e quiser fazê-lo de novo, deverá apresentar certidão de óbito, documento que revele a morte presumida (arts. 22 a 39 e 1.571, § 1º, do CC; quanto ao ausente, é necessário ter ocorrido a abertura da sucessão definitiva) ou registro da sentença do divórcio.

Aquele que é casado e se casa de novo, além de cometer crime, sujeita-se, ainda, à sanção de nulidade do segundo casamento (art. 1.548, II, do CC).

Por fim, vale salientar que não gera o impedimento a existência de casamento religioso não inscrito no registro civil (art. 1.515 do CC).

7.5.5.3.2.3. Resultantes de crime

Não podem casar (art. 1.521, VII, do CC) **o cônjuge sobrevivente com o condenado por homicídio ou tentativa de homicídio contra o seu consorte.**

O impedimento diz respeito a condutas dolosas, o que pode ser facilmente verificado pelo fato de a lei fazer referência à "tentativa", que reclama dolo.

A lei exige que haja condenação, o que exclui a situação daquele que ainda não tenha sido condenado, bem como absolvições e reconhecimento da prescrição.

Vale lembrar que a lei também considera crime "contrair casamento, conhecendo a existência de impedimento que lhe cause a nulidade absoluta" (art. 237 do CP).

7.5.6. Casamento nulo e casamento anulável

Os arts. 1.548 a 1.564 do Código Civil tratam do tema "invalidade do casamento".

O art. 1.548 do Código Civil estabelece os seguintes casos de **nulidade** do casamento:

a) **o contraído pelo enfermo mental sem o necessário discernimento para os atos da vida civil**; repare que não está previsto com causa de nulidade o casamento dos demais absolutamente incapazes, que são aqueles menores de 16 anos e aqueles que, mesmo por causa transitória, não puderem exprimir a sua vontade (art. 3º do CC). Neste sentido elucida o Enunciado n. 332 JDC/CJF: A hipótese de nulidade prevista no inc. I do art. 1.548 do Código Civil se restringe ao casamento realizado por enfermo mental absolutamente incapaz, nos termos do inc. II do art. 3º do Código Civil;

b) **o contraído por infringência de impedimento**; aqui só entram os impedimentos dirimentes ou absolutos (art. 1.521 do CC), não entrando as causas suspensivas, uma vez que estas não tornam o casamento nulo, mas apenas irregular.

São **legitimados** para a ação de nulidade os interessados e o Ministério Público (art. 1.549 do CC). São interessados o cônjuge, o ascendente, os descendentes, os irmãos, os filhos do leito anterior, os colaterais sucessíveis e os credores.

A sentença tem **natureza declaratória**, ou seja, reconhece uma situação já ocorrida, daí por que tem eficácia *ex tunc*, retroagindo seus efeitos à data da celebração do casamento.

De qualquer maneira, o casamento nulo pode produzir alguns efeitos. O art. 1.561 do CC dispõe que, embora nulo ou anulável, o casamento produz todos os efeitos até a data da sentença em relação aos filhos. Em relação aos cônjuges, o casamento só produzirá esses efeitos em favor daquele que estava de boa-fé, ou seja, daquele que ignorava o impedimento matrimonial.

Já o art. 1.550 do Código Civil estabelece os seguintes casos de anulabilidade do casamento:

a) de quem não completou a idade mínima para casar (idade núbil); aqui temos os menores de 16 anos (absolutamente incapazes), porém, não se anulará o casamento de que resultou gravidez (art. 1.551 do CC). Neste passo, a permissão para casamento fora da idade núbil merece interpretação orientada pela dimensão substancial do princípio da igualdade jurídica, ética e moral entre o homem e a mulher, evitando-se, sem prejuízo do respeito à diferença, tratamento discriminatório (Enunciado n. 329 JDC/CJF); além disso, o menor que não atingiu idade núbil poderá, após atingi-la, confirmar o casamento com a autorização de seus representantes ou com o suprimento judicial (art. 1.553 do CC); tem legitimidade para pedir a anulação do casamento, nesse caso, o próprio menor, seus representantes legais e seus ascendentes (art. 1.552 do CC), ação que deve ser ajuizada no prazo de 180 dias do dia que perfez idade, no caso da ação a ser promovida pelo menor, e da data do casamento, no caso de ação a ser promovida pelos demais legitimados (art. 1.560, § 1º, do CC);

b) do menor em idade núbil, quando não autorizado por seu representante legal; aqui temos alguém que já tem 16 anos, mas ainda não completou 18 anos; essas pessoas precisam de autorização do representante legal para casar (salvo se for emancipado, nos termos do Enunciado n. 512 JDC/CJF); não a tendo, o casamento é anulável; o instrumento de autorização para casamento deverá ser transcrito na escritura antenupcial (art. 1.537 do CC); se houver discordância entre os responsáveis, ou entre o menor e os responsáveis, pode-se recorrer ao juiz, podendo este conceder o suprimento judicial, hipótese em que o regime de bens será obrigatoriamente o de separação de bens; os responsáveis (pais, tutores ou curadores) podem revogar o seu consentimento até a celebração do casamento (art. 1.518 do CC); a ação anulatória deve ser promovida em 180 dias; são legitimados para pedir a anulação do casamento o incapaz, ao deixar de sê-lo (contado o prazo do dia em que cessar a incapacidade) seus representantes legais (contado o prazo da data do casamento) e os herdeiros necessários (contado o prazo da morte do incapaz); de qualquer forma, há um óbice à anulação, qual seja, não se anulará o casamento quando à sua celebração houverem assistido os representantes legais do incapaz, ou tiverem, por qualquer modo, manifestado sua aprovação (art. 1.555, § 2º, do CC);

c) por vício da vontade consistente em erro essencial sobre a pessoa; considera-se erro essencial sobre a pessoa do outro cônjuge (art. 1.557 do CC): c1) o que diz respeito à sua identidade, sua honra e boa fama, sendo esse erro tal que o seu conhecimento ulterior torne insuportável a vida em comum ao cônjuge enganado (ex.: marido ou esposa garoto ou garota de programa); c2) a ignorância de crime, anterior ao casamento, que, por sua natureza, torne insuportável a vida conjugal (repare que não há necessidade de trânsito em julgado); c3) a ignorância, anterior ao casamento, de defeito físico irremediável, ou de moléstia grave e transmissível, pelo contágio ou herança, capaz de pôr em risco a saúde do outro cônjuge ou de sua descendência (exs.: impotência *coeundi* e coitofobia; já a impotência *generandi*, ou seja, a esterilidade não é hipótese de anulação de casamento; outro exemplo aqui é o do cônjuge que já tinha AIDS ou sífilis ao se casar); c4) a ignorância, anterior ao casamento, de doença mental grave que, por sua natureza, torne insuportável a vida em comum ao cônjuge enganado (ex.: cônjuge que já tinha esquizofrenia ou psicopatia ao se casar); enfim, o erro deve ser determinante, ou seja, de tal gravidade que, caso o cônjuge que se engana o conhecesse, não teria se casado; o erro deve, então, ser sobre fato anterior ao ato nupcial, desconhecido do cônjuge e que torne insuportável a vida em comum; vale salientar que o defloramento da mulher ignorado pelo marido não é mais causa de anulabilidade do casamento; a legitimidade para ingressar com a ação em tela é apenas do cônjuge que cometeu o erro, que terá três anos para ingressar com a ação respectiva, sendo que, caso se mantenha a coabitação após a ciência do erro, o casamento ficará convalidado, salvo nos casos de defeito, moléstia ou doença (art. 1.559 do CC);

d) **por vício da vontade consistente em coação**; considera-se coação a situação em que o consentimento de um ou de ambos os cônjuges houver sido captado mediante fundado temor de mal considerável e iminente para a vida, saúde e a honra, sua ou de seus familiares; a ação de anulação deve ser promovida pelo próprio coacto (art. 1.559 do CC), no prazo de quatro anos a contar da celebração do casamento (art. 1.560, IV, do CC), mas a coabitação, havendo ciência do vício, convalida o casamento.

e) **do incapaz de consentir ou manifestar, de modo inequívoco, o consentimento**; deve-se tratar de incapacidade duradoura, em que se tem mero discernimento reduzido, pois, se não houver discernimento algum, há a hipótese de nulidade de casamento; o prazo para ajuizar a ação é de 180 dias, contados da celebração do casamento;

f) **realizado pelo mandatário, sem que ele ou o outro contraente soubesse da revogação do mandato, e não sobrevindo coabitação entre os cônjuges**; o prazo para ajuizar a ação é 180 dias, contados da data em que o mandante tiver conhecimento da celebração;

g) **por incompetência da autoridade celebrante**; cuidado, pois há três situações a considerar; se a incompetência for relativa, temos um casamento anulável; se a incompetência for absoluta (por exemplo, o casamento foi feito pelo Prefeito da cidade), o casamento é considerado inexistente, e se a autoridade celebrante é daquelas que exerce "função de fato" (ou seja, foi investida irregularmente na função, mas atua publicamente como juiz de casamento há um bom tempo, agindo de boa-fé), o casamento será considerado válido se registrado no Registro Civil (art. 1.554 do CC); o prazo para ingressar com ação é de dois anos, contados da celebração (art. 1.560, II, do CC).

Por fim, vale a pena trazer **tabela com a diferença de regime jurídico** entre o regime de invalidade da Parte Geral do Código Civil e o regime de invalidade dos Casamentos:

INVALIDADE – PARTE GERAL	INVALIDADE – CASAMENTO
1) o ato nulo não produz efeito algum (arts. 166 e 167 do CC);	1) o casamento nulo pode produzir alguns efeitos;
2) o ato nulo se conhece de ofício (art. 168, parágrafo único, do CC); os anuláveis dependem de provação de ação própria;	2) a decretação de invalidade depende de ação própria;
3) se o ato for nulo, qualquer interessado ou o Ministério Público são partes legítimas para a ação; se o ato for anulável, o rol de legitimados é mais restrito, normalmente admitindo que somente os interessados ou seus representantes ingressem com a respectiva ação;	3) se o casamento for nulo, qualquer interessado ou o Ministério Público são partes legítimas para a ação (art. 1.549 do CC); se o casamento for anulável, o rol de legitimados é mais restrito, normalmente admitindo que somente o cônjuge ou seus representantes ingressem com a respectiva ação;
4) não há foro privilegiado para as ações de invalidade;	4) na anulação de casamento, a mulher tem foro privilegiado – foro de sua residência (art. 100, I, do CPC);
5) não há segredo de justiça para as ações de invalidade;	5) há segredo de justiça nas ações de invalidade de casamento (art. 155, II, do CPC);
6) não há, como regra, intervenção obrigatória do Ministério Público para as ações de invalidade.	6) por envolver questão de estado, há obrigatoriedade de intervenção do Ministério Público nas ações de invalidade de casamento;
	7) a ação de invalidade do casamento pode ser precedida de pedido de separação de corpos (art. 1.562 do CC), cabendo, também, pedido de alimentos provisionais;
	8) não há mais recurso de ofício, também chamado de reexame necessário nas ações de invalidade de casamento (art. 475 do CPC);
	9) as sentenças nas ações de invalidade devem ser averbadas no livro de casamentos;
	10) o efeito da ação de *nulidade* de casamento é *ex tunc*, ou seja, retroage à data da celebração (art. 1.563 do CC); já nas ações de anulação de casamento (casamento anulável) os efeitos são *ex nunc*.

7.5.7. Espécies de casamento

7.5.7.1. Casamento putativo

O casamento putativo pode ser **conceituado** como *aquele que, embora nulo ou anulável, foi contraído de boa-fé por um ou por ambos os cônjuges* (art. 1.561 do CC).

A **boa-fé** consiste na ignorância, ao tempo da celebração do casamento, da existência de impedimentos à união conjugal, podendo se tratar de erro de fato (ex.: não se sabe que duas pessoas que se casam são irmãos) ou erro de direito (ex.: não se sabe que é proibido o casamento entre tios e sobrinhos).

A boa-fé é **presumida**, mas admite prova em contrário.

A proteção que se dá ao cônjuge de boa-fé no casamento putativo também vem sendo estendida para aquele que sofre coação. Este, apesar de ter ciência do vício no casamento, merece proteção equivalente àquele que está de boa-fé, por uma questão de justiça.

A sentença que proclama a invalidade do casamento é o ato adequado para que se declare que o casamento é putativo. O juiz pode fazer tal declaração de ofício ou a requerimento das partes.

Uma vez reconhecido o casamento putativo, o casamento, mesmo nulo, **produzirá seus efeitos até o dia da sentença anulatória** (art. 1.561 do CC), ou seja, a sentença terá efeitos *ex nunc*.

Isso faz com que a anulação do casamento não afete direitos adquiridos até a data da decisão anulatória.

Assim, o cônjuge inocente (de boa-fé) adquire a meação dos bens do casal e permanece emancipado, caso tenha casado quando ainda não tinha 18 anos.

Os filhos ficam sempre com seus direitos preservados nos casamentos nulos ou anuláveis, pouco importando se seus pais estão ou não, os dois, de boa-fé.

Quando o casamento for anulado por culpa de um dos cônjuges, este incorrerá na perda de todas as vantagens havidas do cônjuge inocente e na obrigação de cumprir as promessas que lhe fez no contrato antenupcial (art. 1.564, I e II, do CC).

7.5.7.2. Casamento nuncupativo

O casamento nuncupativo é conceituado como *aquele contraído em situação de iminente risco de vida, sem possibilidade da presença da autoridade ou de seu substituto* (art. 1.540 do CC).

Nesse caso, o casamento será celebrado na presença de seis testemunhas, que com os nubentes não tenham parentesco em linha reta, ou, na colateral, até segundo grau.

A doutrina também denomina esse casamento como de "viva voz", ou "*in articulo mortis*" ou "*in extremis vitae momentis*", que significa "nos últimos momentos de vida".

Realizado o casamento, devem as testemunhas comparecer perante a autoridade judicial mais próxima, dentro de dez dias, pedindo que lhes tome por termo a declaração de:

a) que foram convocadas por parte do enfermo;

b) que este parecia em perigo de vida, mas em seu juízo;

c) que, em sua presença, declararam os contraentes, livre e espontaneamente, receber-se por marido e mulher.

Autuado o pedido e tomadas as declarações, o juiz procederá às diligências necessárias para verificar se os contraentes tinham ou não impedimentos matrimoniais ou causas suspensivas.

Verificada a idoneidade dos cônjuges para o casamento, assim o decidirá a autoridade competente, com recurso voluntário às partes.

Em seguida, o juiz mandará registrar a decisão no livro do Registro dos Casamentos, sendo que o assento assim lavrado retrotrairá os efeitos do casamento, quanto ao estado dos cônjuges, à data da celebração.

Serão dispensadas as formalidades apontadas se o enfermo convalescer e puder ratificar o casamento na presença da autoridade competente e do oficial do registro.

7.5.7.3. *Casamento por procuração*

O Código Civil admite o casamento por procuração (art. 1.542 do CC).

Porém, a procuração deve se dar por instrumento público e com poderes especiais, sendo que o mandato tem eficácia por até noventa dias.

A revogação do mandato não necessita chegar ao conhecimento do mandatário; mas, celebrado o casamento sem que o mandatário ou o outro contraente tivessem ciência da revogação, responderá o mandante por perdas e danos.

Só por instrumento público se poderá revogar o mandato.

7.5.7.4. *Casamento em caso de moléstia grave*

O casamento em caso de moléstia grave pode ser conceituado como *aquele realizado em caso de moléstia grave, estando um dos nubentes impedido de se locomover* (art. 1.539 do CC).

Esse casamento não se confunde com o nuncupativo. Primeiro porque, aqui, não há iminente perigo de vida, mas moléstia que apenas impede o nubente de se locomover. Segundo porque, aqui, há menos testemunhas que no casamento nuncupativo. E terceiro porque, aqui, não há necessidade de buscar apreciação judicial, diferente do que ocorre no casamento nuncupativo.

No casamento em caso de moléstia grave o juiz de casamentos irá celebrá-lo onde se encontrar o impedido, sendo urgente, ainda que à noite, fazendo-se necessário a presença de duas testemunhas que saibam ler e escrever.

A falta ou impedimento da autoridade competente para presidir o casamento suprir-se-á por qualquer dos seus substitutos legais e a do oficial do Registro Civil por outro *ad hoc*, nomeado pelo presidente do ato.

O termo avulso, lavrado pelo oficial *ad hoc*, será registrado no respectivo registro dentro de cinco dias, perante duas testemunhas, ficando arquivado.

7.5.7.5. *Casamento perante autoridade diplomática ou consular*

Esse casamento pode ser conceituado como *aquele constituído entre brasileiros e celebrado no estrangeiro, perante autoridades diplomáticas ou cônsules brasileiros* (art. 1.544 do CC).

Há uma formalidade a cumprir: o casamento deverá ser registrado em 180 dias, a contar da volta de um ou de ambos os cônjuges ao Brasil, no cartório do respectivo domicílio, ou, em sua falta, no 1º Ofício da Capital do Estado em que passarem a residir.

7.5.7.6. *Casamento religioso com efeitos civis*

Esse casamento pode ser conceituado como *aquele que, celebrado perante autoridade religiosa, cumpre os requisitos habilitatórios previstos na lei civil e é inscrito no*

Registro Público (art. 1.515 do CC). O instituto também está presente no art. 226, § 2º, da CF, pela qual "o casamento religioso tem efeitos civis, nos termos da lei".

Na prática, esse casamento significa que os nubentes, em seguida ao casamento religioso, levam a documentação para demonstrar que cumprem os requisitos de habilitação para o casamento civil, bem como documentação que demonstra que casaram no religioso, para o fim de passarem a ser considerados também casados no regime civil.

A vantagem desse casamento é o fato de que não será necessária a celebração civil. Além disso, todos os efeitos civis retroagirão à data do casamento religioso.

Há duas possibilidades para a concretização desse registro:

a) habilitação civil anterior ao casamento religioso (art. 1.516, § 1º, do CC):

faz-se habilitação civil;

recebe-se certidão, da qual constará o prazo de eficácia da habilitação, que é de 90 dias da data em que for extraído o certificado;

faz-se o casamento religioso dentro desse prazo;

faz-se o registro civil dentro de 90 dias da realização do casamento religioso; trata-se de prazo decadencial, a ser cumprido mediante a comunicação do celebrante ao ofício competente, ou por iniciativa de qualquer interessado; ultrapassado esse prazo, o registro depende de nova habilitação.

b) habilitação civil posterior ao casamento religioso:

casa-se no religioso;

faz-se a habilitação civil;

dentro do prazo de eficácia da habilitação (90 dias), requer-se o registro, com prova do casamento religioso (certidão de casamento religioso tirada do registro eclesiástico).

7.5.8. Efeitos do casamento

7.5.8.1. Efeitos sociais

São efeitos sociais do casamento os seguintes:

a) a criação da família matrimonial, atendendo à vontade do art. 226 da Constituição Federal, que, apesar de proteger a família originada de outras fontes, tem interesse em que se facilite o casamento;

b) o estabelecimento do vínculo de afinidade entre cada cônjuge e os parentes do outro (art. 1.595 do CC);

c) a emancipação do consorte de menor idade (art. 5º, parágrafo único, II, do CC).

7.5.8.2. Efeitos pessoais

São efeitos pessoais do casamento os seguintes:

a) a fidelidade mútua (arts. 1.566, I, e 1.573, I, do CC), que implica no abstenção de cada consorte de praticar relações sexuais com terceiro; o adultério é considerado motivo suficiente para o reconhecimento da impossibilidade da vida em comum; de qualquer forma, a lei vem atenuando algumas regras em torno da questão da fidelidade para admitir o reconhecimento de filho adulterino no casamento (interpretação *a contrario sensu* do disposto no art. 1.611 do CC); porém, o filho havido fora do casamento, reconhecido por um dos cônjuges, não poderá residir no lar conjugal sem o consentimento do outro; outra flexibilização da lei diz respeito àqueles casos em que duas pessoas permanecem casadas, mas estão separadas de fato; nesse caso, o art. 1.723, § 1º, do CC admite que um dos separados de fato constitua união estável com terceiro, ainda que continue formalmente casado com o outro;

b) **a coabitação** (arts. 1.566, II, 1.511 e 1.797, I, do CC), que implica vida em comum, no domicílio conjugal, com convivência sexual; a coabitação admite que um dos cônjuges se ausente do domicílio para atender a encargos públicos, ao exercício de profissão, ou a interesses particulares relevantes; não há como exigir a coabitação em juízo, mas a sua falta deliberada enseja pedido de divórcio;

c) **a mútua assistência** (art. 1.566, III, do CC), implicando assistência material, moral e espiritual;

d) **o respeito e consideração mútuos** (arts. 1.566, V, e 1.573, III, do CC), que implica a sinceridade e o zelo pela honra e dignidade do outro;

e) **a igualdade de direitos e deveres entre marido e mulher** (art. 1.511 do CC e art. 226, § 5º, da CF), que implica a igualdade material e também a igualdade no exercício da direção de sociedade conjugal (arts. 1.567 e 1.570 do CC); marido e mulher devem atuar em colaboração, no interesse do casal e dos filhos; havendo divergência, qualquer dos cônjuges poderá recorrer ao juiz, que decidirá tendo em consideração àqueles interesses; se estiver impedido qualquer dos cônjuges, o outro exercerá com exclusividade a direção da família, cabendo-lhe a administração dos bens; os cônjuges são obrigados a concorrer, na proporção de seus bens e dos rendimentos do trabalho, para o sustento da família e a educação dos filhos, qualquer que seja o regime patrimonial; qualquer dos nubentes poderá adotar o sobrenome do outro (art. 1.565, § 1º, do CC);

f) **o sustento, a guarda e a educação dos filhos** (art. 1.566, IV, do CC); esse efeito impõe o regular exercício do poder familiar, que é um poder-dever (art. 1.634 do CC), o que inclui o dever de assistir e representar seus filhos (art. 1.690 do CC); *sustento* significa prover a subsistência material (alimentos, vestuário e medicamentos); *guarda* significa ter os filhos em sua companhia, vigiá-los e reclamá-los de qualquer que injustamente os possua; *educar* significa prover a educação moral (exigir que lhe prestem obediência, respeito e serviços próprios da idade), intelectual e fisicamente (de acordo com condições econômicas e sociais), tudo com carinho, dedicação e amor, sob pena de suspensão ou destituição do poder familiar (arts. 1.637 e 1.638 do CC), sem prejuízo do dever de arcar com alimentos (art. 1.696 do CC).

7.5.8.3. Efeitos patrimoniais

São efeitos patrimoniais do casamento os seguintes:

a) **cria a sociedade conjugal**, que será delineada de acordo com o regime de bens (direitos, deveres e restrições);

b) **estabelece o direito sucessório** em favor do cônjuge sobrevivente, que é herdeiro necessário (art. 1.845 do CC); aliás, o cônjuge sobrevivente pode ingressar na primeira classe em alguns casos (art. 1.829 do CC); o cônjuge só não será herdeiro em caso de já ter havido, ao tempo da morte do outro, separação judicial ou de fato há mais de 2 anos, salvo se não há culpa do sobrevivente (art. 1.830 do CC); outro direito do cônjuge sobrevivente é o direito real de habitação relativamente ao imóvel destinado à residência da família (art. 1.831 do CC);

c) **pais devem administrar bens do filho menor**, não podendo dispor destes;

d) **impõe o dever de alimentar entre os cônjuges e em favor dos filhos**;

e) **institui o bem de família** (Lei 8.009/90 e art. 1.711 do CC).

7.5.8.4. Jurisprudência selecionada

CASAMENTO. PESSOAS. IGUALDADE. SEXO.

In casu, duas mulheres alegavam que mantinham relacionamento estável há três anos e requereram habilitação para o casamento junto a dois cartórios de registro civil, mas o pedido foi negado pelos respectivos titulares. Posteriormente ajuizaram pleito de habilitação para o casamento perante a vara de registros públicos e de ações especiais sob o argumento de que não haveria, no ordenamento jurídico pátrio, óbice para o casamento de pessoas do mesmo sexo. Foi-lhes negado o pedido nas instâncias ordinárias. O Min. Relator aduziu que, nos dias de hoje, diferentemente das constituições pretéritas, a concepção constitucional do casamento deve ser plural, porque plurais são as famílias; ademais, não é o casamento o destinatário final da proteção do Estado, mas apenas o intermediário de um propósito maior, qual seja, a proteção da pessoa humana em sua dignidade. Assim sendo, as famílias formadas por pessoas homoafetivas não são menos dignas de proteção do Estado se comparadas com aquelas apoiadas na tradição e formadas por casais heteroafetivos. O que se deve levar em consideração é como aquele arranjo familiar deve ser levado em conta e, evidentemente, o vínculo que mais segurança jurídica confere às famílias é o casamento civil. Assim, se é o casamento civil a forma pela qual o Estado melhor protege a família e se são múltiplos os arranjos familiares reconhecidos pela CF/1988, não será negada essa via a nenhuma família que por ela optar, independentemente de orientação sexual dos nubentes, uma vez que as famílias constituídas por pares homoafetivos possuem os mesmos núcleos axiológicos daquelas constituídas por casais heteroafetivos, quais sejam, a dignidade das pessoas e o afeto. Por consequência, o mesmo raciocínio utilizado tanto pelo STJ quanto pelo STF para conceder aos pares homoafetivos os direitos decorrentes da união estável deve ser utilizado para lhes proporcionar a via do casamento civil, ademais porque a CF determina a facilitação da conversão da união estável em casamento (art. 226, § 3º). Logo, ao prosseguir o julgamento, a Turma, por maioria, deu provimento ao recurso para afastar o óbice relativo à igualdade de sexos e determinou o prosseguimento do processo de habilitação do casamento, salvo se, por outro motivo, as recorrentes estiverem impedidas de contrair matrimônio. **REsp 1.183.378-RS, Rel. Min. Luis Felipe Salomão, julgamento em 25/10/2011.** (Inform. STJ 486)

INTERESSE DE AGIR. MEAÇÃO. FRAUDE. EXECUÇÃO.

A meação não constitui fator impeditivo da venda, porquanto os bens indivisíveis, no regime de comunhão, podem ser executados em hasta pública por inteiro, reservando para o outro cônjuge apenas a metade do resultado obtido. Na hipótese, malgrado a fraude à execução, a meação foi preservada, de modo que os compradores não podem reivindicar o valor referente à metade que o cônjuge meeiro recebeu, padecendo o embargante de interesse de agir nos embargos de terceiro. Precedentes citados: REsp 200.251-SP, DJ 29/4/2002, e REsp 171.275-SP, DJ 14/6/1999. **REsp 280.372-DF, Rel. Min. Aldir Passarinho Junior, julgado em 6/6/2006.** (Inform. STJ 287)

7.5.8.5. Quadro sinótico

1.Família

1.1 Espécies:

a) família matrimonial: casamento

b) família informal (natural): união estável

c) família monoparental: qualquer dos pais e descendentes

d) família substituta: guarda ou tutela

e) famílias plurais: afeto

f) anaparental: parentes e amigos

g) homoafetiva: união estável pessoas do mesmo sexo

h) eudemonista: afeto/relacionamento livre

1.2 Princípios:

a)dignidade da pessoa humana: (art. 1º, III, CF)

b) solidariedade familiar: (art. 3º, I, CF)

c) igualdade entre os filhos: (art. 227, § 6º, CF)

d) igualdade entre cônjuges e companheiros: (art. 226, § 5º, CF)

e) não intervenção na família: (art. 1.513 do CC e art. 226, § 7º, da CF)

f) maior interesse da criança e do adolescente: (art. 227 CF)

g) princípio da paternidade responsável

h) princípio da função social da família: (art. 226 da CF)

i) princípio da afetividade

1.3 Natureza Jurídica:

- direito extrapatrimonial

- direito privado com intervenção estatal

2.Casamento

2.1 Esponsais:

2.1.1 Conceito: *compromisso de casamento entre duas pessoas desimpedidas e de sexo distinto;*

2.1.2 Requisitos para responsabilização:

a) promessa livre entre noivos (sem a interferência dos pais);

b) recusa de cumprir a promessa pelo noivo/noiva (não por seus pais);

c) ausência de motivo justo (conduta culposa ou dolosa, nos termos do art. 186 do Código Civil);

d) dano patrimonial ou moral ao noivo não culpado.

2.1.3 Consequências jurídicas:

a) dever de devolução dos presentes trocados, de cartas e de retratos;

b) indenização dos danos causados pelo rompimento, tais como danos morais (ex.: humilhação pública, sofrimento etc.) e danos materiais (ex.: moradia, festa, celebração, saída de emprego etc.);

c) eventual doação em contemplação de casamento futuro fica sem efeito se esse não se realizar (art. 546 do CC).

2.2 Casamento Religioso: mesmos efeitos do casamento civil, desde que registrado no registro próprio, no prazo de 90 dias da sua realização;

2.3 Casamento Civil:

2.3.1 Conceito: como o *vínculo jurídico entre um homem e uma mulher, estabelecido mediante intervenção estatal, e que cria deveres de comunhão de vida (moral, espiritual e material) e constitui a família;*

2.3.2 Natureza Jurídica:

a) Teoria Contratualista: *o casamento é um contrato civil especial;*

b)Teoria Institucionalista: *o casamento é uma instituição social e jurídica própria, possuindo regras diferenciadas e de ordem pública;* (acolhida)

c)Teoria Eclética (ou mista): o casamento é um ato complexo, podendo ser considerado um contrato na sua formação, mas uma instituição no seu conteúdo; (acolhida)

2.3.3 Princípios:

a) liberdade na escolha do nubente;

b) solenidade do ato nupcial (garantem consentimento, publicidade e validade);

c) submissão a normas de ordem pública;

d) caráter permanente;

e) comunhão de vida exclusiva, a exigir fidelidade (art. 1.566, I).

2.3.4 Elementos de existência

a) diversidade de sexo (art. 1.514 do CC): "homem e mulher", ressalvado posicionamento recente;

b) consentimento (art. 1.514 do CC): "declaração de vontade de estabelecer vínculo conjugal";

c) declaração do juiz na celebração de que estão "casados" (art. 1.514 do CC);

2.3.5 Impedimentos matrimoniais

2.3.5.1 Causas suspensivas:

a) o viúvo ou a viúva que tiver filho do cônjuge falecido, enquanto não fizer inventário dos bens do casal e der partilha aos herdeiros

b) a viúva, ou a mulher cujo casamento se desfez por ser nulo ou ter sido anulável, até 10 meses depois do começo da viuvez, ou da dissolução da sociedade conjugal;

c) o divorciado enquanto não houver sido homologada ou decidida a partilha dos bens do casal;

d) o tutor ou o curador e os seus descendentes, ascendentes, irmãos, cunhados ou sobrinhos, com a pessoa protegida, enquanto não cessar a tutela ou curatela e não estiverem saldadas as respectivas contas;

Consequências: se o casamento ainda não foi realizado, ficará suspenso até que a causa deixe de existir; se já foi realizado, o regime obrigatório será o da separação de bens.

2.3.5.2: Impedimentos dirimentes públicos ou absolutos

a) os ascendentes com os descendentes, seja o parentesco natural ou civil;

b) os afins em linha reta;

c) o adotante com quem foi cônjuge do adotado e o adotado com quem o foi do adotante;

d) os irmãos, unilaterais ou bilaterais;

e) entre colaterais até o terceiro grau inclusive;

f) o adotado com o filho do adotante;

g) pessoas casadas;

h) o cônjuge sobrevivente com o condenado por homicídio ou tentativa de homicídio contra o seu consorte;

Consequências: a) impossibilita a obtenção do certificado de habilitação; b) adia o casamento, enquanto o impedimento persistir; c) torna nulo o casamento por ventura realizado (art. 1.548, II, do CC).

2.3.6 Nulidade e anulabilidade do casamento

2.3.6.1 Causas de nulidade:

- casamento contraído pelo enfermo mental sem o necessário discernimento para os atos da vida civil;

- casamento contraído por infringência de impedimento;

Características da sentença: declaratória com efeitos ex tunc, ressalvado os direitos dos filhos e cônjuge de boa-fé.

2.3.6.2 Causas de anulabilidade:

- quem não completou a idade mínima para casar. Prazo para arguição: 180 dias do dia que perfez idade, no caso da ação a ser promovida pelo menor, e da data do casamento, no caso de ação a ser promovida pelos demais legitimados;

- menor em idade núbil, quando não autorizado por seu representante legal. Prazo para arguição: 180 dias, sendo que o termo inicial variará conforme o legitimado que ingressar com a ação: se for o incapaz, o prazo conta do dia em que cessar a incapacidade; se for seus representantes legais, contará o prazo da data do casamento; se for os herdeiros necessários contar-se-á o prazo da morte do incapaz;

- por vício da vontade consistente em erro essencial sobre a pessoa. Prazo para arguição: 3 anos, sendo que a legitimidade é apenas do cônjuge enganado.

- por vício da vontade consistente em coação. Prazo para arguição: 4 anos a contar da celebração do casamento;

- do incapaz de consentir ou manifestar, de modo inequívoco, o consentimento. Prazo para arguição: 180 dias, contados da celebração do casamento;

- realizado pelo mandatário, sem que ele ou o outro contraente soubesse da revogação do mandato, e não sobrevindo coabitação entre os cônjuges. Prazo para arguição: 180 dias, contados da data em que o mandante tiver conhecimento da celebração;

- por incompetência da autoridade celebrante. Prazo para arguição: 2 anos, contados da celebração

2.3.7 Espécies

2.3.7.1 Casamento putativo: *é aquele que, embora nulo ou anulável, foi contraído de boa-fé por um ou por ambos os cônjuges. Consequências:* mesmo nulo, produzirá seus efeitos até o dia da sentença anulatória (art. 1.561 do CC), ou seja, a sentença terá efeitos *ex nunc;*

2.3.7.2 Casamento nuncupuativo: *é aquele contraído em situação de iminente risco de vida, sem possibilidade da presença da autoridade ou de seu substituto. Consequências:* preenchidos os requisitos legais (celebrado na presença de seis testemunhas, ratificado perante o juiz e registrado no Livro de Registro de Casamento, seus efeitos retroagirão à data da celebração.

2.3.7.3 Casamento por procuração: a procuração deve ter poderes especiais e será valida por até 90 dias.

2.3.7.4 Casamento em caso de moléstia grave: *é aquele realizado em caso de moléstia grave, estando um dos nubentes impedido de se locomover. Consequência: o juiz se deslocará até o enfermo, sendo que o casamento será válido se realizado na presença de duas testemunhas e devidamente registrado.*

2.3.7.5 Casamento perante a autoridade diplomática ou consular: é *aquele constituído entre brasileiros e celebrado no estrangeiro, perante autoridades diplomáticas ou cônsules brasileiros.* Deverá ser registrado em 180 dias, a contar da volta de um ou de ambos os cônjuges ao Brasil, no cartório do respectivo domicílio, ou, em sua falta, no 1º Ofício da Capital do Estado em que passarem a residir.

2.3.7.6 Casamento religioso com efeitos civis: é *aquele que, celebrado perante autoridade religiosa, cumpre os requisitos habilitatórios previstos na lei civil e é inscrito no Registro Público.* Consequências: os efeitos civis retroagem à data do casamento religioso.

2.3.8 Efeitos

2.3.8.1 Efeitos sociais

a) a criação da família matrimonial;

b) o estabelecimento do vínculo de afinidade entre cada cônjuge e os parentes do outro;

c) a emancipação do consorte de menor idade;

2.3.8.2 Efeitos pessoais

a) a fidelidade mútua

b) a coabitação;

c) a mútua assistência;

e) a igualdade de direitos e deveres entre marido e mulher;

f) o sustento, a guarda e a educação dos filhos;

2.3.8.3 Efeitos patrimoniais

a) cria a sociedade conjugal, que será delineada de acordo com o regime de bens;

b) estabelece o direito sucessório em favor do cônjuge sobrevivente, que é herdeiro necessário;

c) pais devem administrar bens do filho menor, não podendo dispor destes;

d) impõe o dever de alimentar entre os cônjuges e em favor dos filhos;

e) institui o bem de família

7.5.8.6. Questões Comentadas

(Magistratura/SP – 2013 – VUNESP) A respeito do casamento, é certo afirmar:

(A) É vedado, em qualquer circunstância, o casamento de pessoa menor de 16 anos.

(B) Enquanto não houver sido homologada ou decidida a partilha dos bens do casal, não pode casar o divorciado, sendo nulo o casamento se assim contraído.

(C) O casamento nuncupativo poderá ser celebrado na presença de seis testemunhas que com os nubentes não tenham parentesco em linha reta, ou, na colateral, até segundo grau, devendo ser comunicado à autoridade judicial mais próxima no prazo de 10 dias.

(D) O casamento pode ser feito por procuração outorgada mediante instrumento particular, desde que com poderes especiais.

A: incorreta, pois, excepcionalmente, admite-se o casamento de quem ainda não tenha 16 anos em caso de gravidez (art. 1.520 do CC); **B:** incorreta, pois essa é apenas uma causa suspensiva do casamento (art. 1.523, III, do CC), não gerando sua nulidade, mas apenas obrigando o regime da separação de bens no casamento (art. 1.641, I, do CC); **C:** correta (arts. 1.540 e 1.541 do CC); **D:** incorreta, pois é necessário instrumento público e poderes especiais (art. 1.542, *caput*, do CC).

Gabarito "C"

(Ministério Público/MG – 2010.2) Analise as seguintes alternativas e assinale a assertiva INCORRETA.

(A) Diz a lei que não podem casar os afins em linha reta, os irmãos unilaterais, o adotado com o filho do adotante, os colaterais de quarto grau, sem prévia autorização judicial.

(B) A documentação, juntada na habilitação do casamento, deverá ser remetida ao MP para proceder à verificação e, estando em ordem, ser homologada pelo juiz.

(C) É lícito a terceiro opor em declaração escrita impedimento que inviabiliza o processo de habilitação do casamento, antes ou após publicação dos editais.

(D) Como regra geral, os bens deixados em testamento com cláusula de inalienabilidade são considerados bens fora do comércio ou bens indisponíveis pela vontade humana.

A: incorreta (e deve ser assinalada), pois inclui os colaterais até o quarto grau, quando deveria incluir os colaterais até o terceiro grau (art. 1.521, IV, do CC); **B:** correta, nos termos da redação do art. 1.526 do CC. Porém, após a publicação do edital do concurso, foi promulgada a Lei 12.133, de 17 de dezembro de 2009, que deu nova redação ao dispositivo, não sendo mais necessária a homologação pelo juiz, exceto nos casos de impugnação (art. 1.526, parágrafo único, do CC); **C:** correta, pois a assertiva reflete o disposto no art. 1.522, *caput*, do CC; **D:** correta, pois os bens gravados com cláusula de inalienabilidade não podem ser alienados e serão, por isso, considerados bens fora do comércio.

Gabarito "A"

(Ministério Público/SC – 2010) Julgue o seguinte item.

I. A idade núbil é de dezesseis anos tanto para o homem quanto para a mulher, sendo exigida a autorização de ambos os pais ou do representante legal enquanto os nubentes forem menores púberes, sendo possível o suprimento judicial do consentimento apenas em caso de gravidez.

II. O processo de habilitação para o casamento será feito perante o oficial do Registro Civil, com a audiência do Ministério Público apenas quando haja impugnação do próprio oficial ou de terceiros, após a publicação do edital, hipótese em que o pedido será submetido à decisão do juiz.

III. O vício de consentimento é causa para anulação do casamento e ocorre quando há erro essencial sobre a pessoa do outro cônjuge ou coação, cabendo a iniciativa da anulação ao cônjuge que incidiu em erro ou sofreu a coação. Contudo, havendo coabitação após o conhecimento do vício, o casamento é tido como válido, ressalvadas as hipóteses legais.

IV. Não havendo convenção das partes, ou sendo esta nula, o regime de bens do casamento será o da comunhão parcial, salvo se o casamento for celebrado mesmo na incidência, para um dos cônjuges, de causa suspensiva, hipótese em que será obrigatório o regime da separação de bens.

V. A Lei nº 8.560, de 29 de dezembro de 1992, criou um procedimento administrativo perante o Poder Judiciário que visa ao reconhecimento voluntário da paternidade declarada perante o oficial de Registro Civil, quando do registro de nascimento de menor apenas com a maternidade estabelecida. Para tanto o suposto pai, se for solteiro, será notificado para se manifestar acerca da paternidade que lhe é atribuída, sendo, caso expressamente reconhecida, lavrado o respectivo termo e remetida certidão ao oficial do registro, para averbação.

(A) Apenas as assertivas III e IV estão corretas.

(B) Apenas as assertivas II, III e V estão corretas.

(C) Apenas as assertivas I, IV e V estão corretas.

(D) Apenas as assertivas II e III estão corretas.

(E) Apenas as assertivas II e IV estão corretas.

I: incorreta, pois embora a idade núbil seja realmente de dezesseis anos para ambos, é possível o suprimento judicial quando a denegação pelos pais for considerada injusta (art. 1.519 do CC) e para evitar imposição ou cumprimento de pena criminal (art. 1.520 do

CC); **II:** incorreta, pois a habilitação será feita sempre com audiência do Ministério Público (art. 1.526 do CC); **III:** correta (arts. 1.556 a 1.559, todos do CC); **IV:** correta (arts. 1.640 e 1.641, I, ambos do CC); **V:** incorreta, pois o suposto pai será notificado independente do seu estado civil (art. 2°, § 1°, da Lei 8.560/92).

Gabarito "A"

(Ministério Público/SP – 2013 – PGMP) O Código Civil Brasileiro estabelece como idade núbil

(A) doze anos.

(B) quatorze anos.

(C) dezesseis anos.

(D) dezoito anos.

(E) vinte e um anos.

De acordo com o art. 1.517 do CC, o homem e a mulher podem casar a partir dos 16 anos, tratando-se, assim, da idade núbil. Vale lembrar que, excepcionalmente, será permitido o casamento de quem ainda não tenha alcançado a idade mínima em estado de gravidez (art. 1.520 do CC).

Gabarito "C"

(Ministério Público/SP – 2010) Assinale a alternativa correta:

(A) o casamento daquele que não alcançou 16 (dezesseis) anos será permitido nos casos de gravidez.

(B) a autorização tácita dos representantes legais do incapaz, para fins de casamento, não possui relevância jurídica.

(C) a idade núbil é 15 anos.

(D) é pressuposto legal para o deferimento do pedido de suprimento judicial de idade para casamento a demonstração da maturidade do nubente que não atingiu a idade núbil.

(E) a anulação do casamento daquele que não atingiu a idade núbil pode ser requerida pelo próprio cônjuge menor, por seus representantes legais e por seus ascendentes, no prazo de 180 (cento e oitenta) dias, a partir da cessação da incapacidade, no primeiro caso, e do casamento, nas demais hipóteses.

A: correta, pois a assertiva reflete o disposto no art. 1.520 do CC; **B:** incorreta, pois o art. 1.517 não exige autorização expressa dos pais; **C:** incorreta, pois a idade núbil é 16 anos, conforme art. 1.517 do CC; **D:** incorreta, pois não existe essa exigência legal; **E:** incorreta, pois a anulação poderá ser requerida, no prazo de cento e oitenta dias, pelo *incapaz*, ao deixar de sê-lo, e por seus *representantes legais* ou de seus *herdeiros necessários*. O prazo será contado do dia em que cessou a incapacidade, no primeiro caso; e a partir do casamento, no segundo; e, no terceiro, da morte do incapaz, conforme dispõe o art. 1.555, § 1°, do CC.

Gabarito "A"

(Cartório/RN – 2012 – IESES) Assinale a alternativa correta:

(A) O casamento civil pode ser celebrado por autoridade religiosa

(B) A celebração do casamento civil é gratuita apenas para os que declararem a pobreza, sob as penas da lei.

(C) O casamento celebrado em iminente risco de vida poderá ser celebrado na presença de seis testemunhas, que deverão em 10 dias comparecer no cartório de registro civil para que seja realizado o seu registro.

(D) O casamento civil somente poderá ser celebrado em prédio particular se houver justificativa.

A: correta, pois o casamento pode tranquilamente ser celebrado por autoridade religiosa. Será válido desde que atenda as exigências da lei civil e desde que seja registrado no registro próprio (art. 1.515 do CC); **B:** incorreta, pois a celebração é sempre gratuita, independentemente de declaração de pobreza (art. 1.512 do CC); **C:** incorreta, pois as seis testemunhas devem comparecer perante a autoridade judicial mais próxima para que esta lhes tome as declarações, e não perante o cartório de registro civil (art. 1.541 do CC); **D:** incorreta, pois para que o casamento seja celebrado em prédio particular basta que as partes o desejem e a autoridade celebrante consinta (art. 1.534, *caput*, do CC)

Gabarito "A"

(Cartório/RN – 2012 – IESES) O Código Civil, no artigo 5°, prevê que o casamento civil faz cessar para os menores a incapacidade. Portanto:

I. O menor de 18 anos casado e que não tenha filhos poderá realizar o divórcio consensual através de escritura pública independentemente da autorização dos seus pais.

II. Se realizado o divórcio antes de completar 18 anos, o divorciado voltará a ser incapaz até que complete aquela idade.

III. A união estável também faz cessar a incapacidade do menor de 18 anos.

IV. O casamento do menor de 18 anos pode ser anulado diretamente no cartório enquanto não completar aquela idade.

Assinale a alternativa correta:

(A) Estão corretas as assertivas I, III e IV.

(B) Todas as assertivas estão corretas.

(C) Estão corretas as assertivas I, II e III.

(D) Está correta a assertiva I.

I: correta, pois muito embora tenha menos de 18 anos, o indivíduo já contraiu plena capacidade civil por ter se casado. Portanto, todos os efeitos da maioridade são antecipados, razão pela qual á dispensável a autorização dos pais para a prática de quaisquer atos. Daí, considerando que não há filhos menores ou incapazes, o divórcio poderá ser feito extrajudicialmente, por meio de escritura pública (art. 1.124-A do Código de Processo Civil); **II:** incorreta, pois uma vez adquirida a capacidade plena pelo casamento, ela subsiste ainda que o casal de divorcie; **III:** incorreta, pois não há disposição legal nesse sentido. Apenas o casamento tem o condão de fazer cessar a incapacidade (art. 5°, II, do CC); **IV:** incorreta, pois o casamento apenas pode ser anulado por meio de ação judicial, haja vista que apenas o juiz poderá desconstituir o ato (art. 1.555 do CC).

Gabarito "D"

(Cartório/RJ – 2012) É correto afirmar que é nulo o casamento

(A) de quem não completou a idade mínima para casar.

(B) por incompetência da autoridade celebrante.

(C) realizado pelo mandatário, sem que ele ou o outro contraente soubesse da revogação do mandato, e não sobrevindo coabitação entre os cônjuges.

(D) do incapaz de consentir ou manifestar, de modo inequívoco, o seu consentimento.

(E) contraído por infringência de impedimento.

As respostas A, B, C, D estão incorretas, pois em todos esses casos o casamento é anulável (art. 1.550, I, VI, V, IV, do CC respectivamente). A alternativa "E" está correta, nos termos do art. 1.548, II, do CC.

Gabarito "E"

(Cartório/MG – 2012 – FUMARC) Sobre o Processo de Habilitação para o casamento, de acordo com o Código Civil Brasileiro,

(A) caso haja impugnação do oficial ou de terceiro, a habilitação será submetida ao Ministério Público.

(B) a habilitação será feita perante o oficial do Registro Civil e, após a audiência do Ministério Público, será homologada pelo juiz.

(C) o oficial do registro dará aos nubentes ou a seus representantes nota da oposição, indicando os fundamentos, as provas e o nome de quem a ofereceu.

(D) tanto os impedimentos quanto as causas suspensivas serão opostos oralmente, com a apresentação das provas do fato alegado, ou com a indicação do lugar onde possam ser obtidas.

A: incorreta, pois caso haja impugnação do oficial, ou de terceiro, ou do Ministério Público, a habilitação será submetida ao juiz (art. 1.526, parágrafo único, do CC); **B:** incorreta, pois a habilitação será feita pessoalmente perante o oficial de Registro Civil, com audiência do Ministério Público. Apenas será submetida ao juiz se houver impugnação destes ou de terceiro (art. 1.526 do CC e Enunciado 120 do CJF); **C:** correta, pois a fim de garantir o direito de defesa o oficial de registro concede tais informações aos nubentes para que possam replicá-la (art. 1.530, *caput*, do CC); **D:** incorreta, pois tanto os impedimentos como as causas suspensivas deverão ser opostas por escrito e assinadas (art. 1.529 do CC)

Gabarito "C"

(Cartório/MG – 2012 – FUMARC) São requisitos que devem instruir o requerimento de habilitação para o casamento, **EXCETO**

(A) autorização por escrito das pessoas sob cuja dependência legal estiverem, ou ato judicial que a supra.

(B) declaração do estado civil, do domicílio e da residência atual dos contraentes e de seus pais, se forem conhecidos.

(C) declaração de duas testemunhas maiores, não parentes, que atestem conhecê-los e afirmem não existir impedimento que os iniba de casar.

(D) certidão de óbito do cônjuge falecido, de sentença declaratória de nulidade ou de anulação de casamento, transitada em julgado, ou do registro da sentença de divórcio.

A: correta (art. 1.525, II, do CC); **B:** correta (art. 1.525, IV, do CC); **C:** incorreta (devendo ser assinalada), pois as testemunhas podem ser parentes ou não (art. 1.525, III, do CC); **D:** correta (art. 1.525, V, do CC)

Gabarito "C"

(Cartório/SP – 2011 – VUNESP) A habilitação de casamento será feita perante o Oficial do Registro Civil, com a audiência do Ministério Público, conforme a regra prevista no artigo 1.526 do Código Civil. A autoridade que detém a atribuição para dirimir questionamentos do Oficial, ou decidir impugnação do Ministério Público, segundo orientação traçada no âmbito do Estado de São Paulo, é o

(A) Juiz Corregedor Permanente.

(B) Juiz da Vara da Família e das Sucessões.

(C) Juiz de Casamento.

(D) Juiz de Paz.

Segundo orientação traçada no âmbito do Estado de São Paulo, é competente para dirimir questionamentos do Oficial ou decidir impugnação do Ministério Público o Juiz Corregedor Permanente, nos termos do Processo 28, de 24 de janeiro de 2003 da Corregedoria Geral de Justiça do Estado de São Paulo.

Gabarito "A"

(Cartório/SP – 2011 – VUNESP) Assinale a alternativa incorreta a respeito do casamento.

(A) As causas suspensivas do casamento podem ser relevadas judicialmente, provando inexistência de prejuízo.

(B) O casamento do relativamente incapaz depende da anuência de ambos os pais e de autorização judicial.

(C) O companheiro viúvo não pode se casar com a filha de sua companheira, pois o parentesco por afinidade também se estabelece na união estável.

(D) Os pais, tutores e curadores podem, até o momento da celebração do casamento, revogar a autorização concedida ao incapaz para se casar.

A: correta (art. 1.523 parágrafo único, do CC); **B:** incorreta (devendo ser assinalada), pois basta a autorização dos pais ou representantes legais (art. 1.550 II, e art. 1.555 do CC); **C:** correta, pois o parentesco em linha reta não se extingue com a dissolução da união estável (art. 1.595, § 2º, do CC). Neste passo, o Código Civil veda o casamento entre os afins em linha reta (art. 1.521, II, do CC); **D:** correta (art. 1.518 do CC).

Gabarito "B"

(Cartório/SP – 2011 – VUNESP) Assinale a alternativa incorreta.

(A) É ineficaz o pacto antenupcial se não se seguir o casamento.

(B) A eficácia do pacto antenupcial, realizado por menor, fica condicionada à aprovação de seu representante legal, salvo as hipóteses de regime obrigatório de separação de bens.

(C) O pacto antenupcial poderá ser feito por escritura pública ou instrumento particular autêntico, registrado no Registro de Imóveis do domicílio dos cônjuges.

(D) pacto antenupcial, para produzir efeitos perante terceiros, deverá ser registrado no Registro de Imóveis do domicílio dos nubentes.

A: correta (art. 1.653, *in fine,* do CC); **B:** correta (art. 1.654 do CC); **C:** incorreta (devendo ser assinalada), pois é nulo pacto antenupcial que não for feito por escritura pública (art. 1.640, parágrafo único do CC); **D:** correta (art. 1.657 do CC).

Gabarito "C"

(Cartório/SP – 2012 – VUNESP) No que se refere ao casamento religioso com efeitos civis, assinale a alternativa incorreta.

(A) O casamento religioso que atender às exigências legais para a validade do casamento civil produz efeitos a partir da data de sua inscrição no livro de Registro Civil das Pessoas Naturais.

(B) Os efeitos civis do casamento religioso serão alcançados após o regular processo de habilitação, que poderá ser prévio ou posterior à celebração do casamento.

(C) A morte de um dos cônjuges não impedirá o registro civil do casamento religioso realizado validamente, quando o pedido de registro for encaminhado dentro do prazo da lei.

(D) Será nulo o registro civil do casamento religioso quando já registrado anteriormente o casamento civil de algum dos cônjuges.

A: incorreta (devendo ser assinalada), pois os efeitos passam a surtir desde a data da celebração, desde que registrado no registro próprio (art. 1.515 do CC); **B:** correta (art. 1.516, §§ 1° e 2°, do CC); **C:** correta, pois se o casamento foi realizado atendendo todos os seus requisitos legais, poderá ser perfeitamente registrado, independentemente da morte do cônjuge (art. 1.515 do CC); **D:** correta (art. 1.516, § 3°, do CC).

Gabarito "A"

(Cartório/SP – 2012 – VUNESP) No que tange ao casamento nuncupativo, assinale a alternativa correta.

(A) O ato nupcial é celebrado na presença de seis testemunhas, parentes ou não dos contraentes.

(B) O nubente que não estiver em iminente risco de vida poderá fazer-se representar.

(C) Nele, um dos nubentes está acometido de moléstia grave que o impede de locomover-se ou aguardar a data da celebração futura.

(D) É exigida a presença do Oficial do Registro Civil.

A: incorreta, pois os nubentes não podem ter parentesco em linha reta, ou, na colateral até o segundo grau com as testemunhas (art. 1.540 do CC); **B:** correta (art. 1.542, § 2°, do CC); **C:** incorreta, pois no casamento nuncupativo um dos nubentes está em iminente risco de vida (art. 1.540 do CC); **D:** incorreta, pois o casamento nuncupativo se dá justamente quando ocorrer a ausência do Oficial do Registro Civil e de seu substituto e um dos nubentes estiver em iminente risco de vida (art. 1.540 do CC):

Gabarito "B"

(Magistratura/PB – 2011 – CESPE) Considerando as disposições legais e doutrinárias a respeito do direito de família, assinale a opção correta.

(A) Tanto o casamento nulo quanto o anulável requerem, para a sua invalidação, pronunciamento judicial em ação própria, visto que ao juiz é vedado declarar de ofício a invalidade.

(B) Os pais que tenham consentido, mediante ato escrito, casamento de filho menor de dezoito anos de idade poderão revogar a autorização, inclusive durante a celebração do casamento, desde que por ato escrito.

(C) É admitida a alteração de regime de bens entre os cônjuges, independentemente de autorização judicial.

(D) De acordo com o Código Civil, a relação concubinária mantida simultaneamente ao matrimônio gera, após o seu encerramento, direito a indenização e direitos hereditários.

(E) No denominado casamento religioso com efeitos civis, o registro tem natureza meramente probatória, não constituindo ato essencial para a atribuição dos efeitos civis.

A: correta, pois as duas formas requerem pronunciamento judicial. A sentença que decretar a nulidade do casamento retroagirá à data de sua celebração (art. 1.563 do CC), já na sentença que declarar a anulação do casamento os efeitos são *ex nunc;* **B:** incorreta, pois a revogação somente pode ser efetuada até a celebração do casamento (art. 1.518 do CC); **C:** incorreta, pois a alteração do regime de bens necessita de autorização judicial (art. 1.639, § 2°, do CC); **D:** incorreta, pois não existe essa previsão legal; **E:** incorreta, pois o casamento religioso só terá efeitos civis se for registrado no registro civil (art. 1.516, § 2°, do CC).

Gabarito "A"

(Magistratura/RS – 2009) Antônio, filho de Carlos, casou-se com Carlinda. Falecendo Antônio, a viúva (Carlinda) deseja casar-se com Carlos ou, se este recusar, pensa casar-se com Miguel, irmão do falecido Antônio. O eventual segundo casamento de Carlinda será

(A) válido, se com Carlos ou com Miguel.

(B) nulo, se com Carlos ou com Miguel.

(C) nulo, se com Carlos, e válido, se com Miguel.

(D) anulável, se com Carlos ou com Miguel.

(E) anulável, se com Carlos, e válido, se com Miguel.

A alternativa "c" está correta, pois Carlos é parente afim em linha reta de Carlinda (sogro), mesmo após a morte de Antônio (art. 1.595, § 2º, do CC), razão pela qual existe o impedimento previsto no art. 1.521, II, do CC e o casamento é nulo. Quanto ao casamento de Carlinda com Miguel, irmão de Antônio, será válido, pois o parentesco por afinidade na linha colateral extingue-se com a dissolução do casamento, no caso, com a morte de Antônio.

Gabarito "C"

(Magistratura/SC – 2010) Assinale a alternativa correta:

I. Não pode casar o adotante com quem foi cônjuge do adotado e o adotado com quem o foi do adotante.

II. É da essência do ato a certidão, de modo que o casamento somente pode ser provado por ela.

III. É nulo o casamento por violação de impedimento e anulável aquele celebrado em desacordo com as regras da idade núbil.

IV. Mesmo o casamento nulo, se celebrado de boa-fé por ambos os cônjuges, produz efeitos em relação a estes e aos respectivos filhos até a data da sentença anulatória.

(A) Somente as proposições I, II e IV estão corretas.

(B) Somente as proposições I e III estão corretas.

(C) Somente as proposições I, III e IV estão corretas.

(D) Somente as proposições II e III estão corretas.

(E) Somente as proposições III e IV estão corretas.

I: correta (art. 1.521, III, do CC); **II:** incorreta, pois justificada a falta ou perda do registro civil, é admissível qualquer outra espécie de prova (art. 1.543, par. único, do CC); **III:** correta (arts. 1.548, II, e 1.550, I, ambos do CC); **IV:** correta (art. 1.561 do CC).

Gabarito "C"

(Ministério Público/DF – 2009) Assinale a alternativa correta, a respeito do casamento.

(A) A declaração da nulidade acarreta a invalidade do casamento a partir da data da sentença que o invalidou. No entanto, o casamento produz todos os efeitos civis perante os contraentes até o trânsito em julgado da sentença acima mencionada.

(B) No regime da comunhão universal de bens, são incluídas na comunhão as dívidas anteriores ao casamento, contraídas por um dos cônjuges, mesmo quando essas não provierem de despesas comuns ou se reverterem em proveito do casal.

(C) O casamento é nulo por vício de vontade de um dos nubentes se houver por parte deste, ao consentir, erro essencial quanto à pessoa do outro cônjuge.

(D) A sentença que autoriza a mudança do regime de bens vale como instrumento hábil à revogação do pacto antenupcial, passando a produzir efeitos a partir de seu trânsito em julgado.

(E) Na hipótese de ser declarada a nulidade do casamento e reconhecida a má-fé de ambos os cônjuges, ainda que não seja adotado o regime legal, a partilha dos bens adquiridos durante o casamento será partilhada 50% para cada um dos cônjuges.

A: incorreta, pois a declaração de nulidade retroagirá à data da sua celebração (art. 1.563 do CC); **B:** incorreta, pois no regime de comunhão universal de bens, as dívidas anteriores ao casamento salvo se provierem de despesas com seus aprestos, ou reverterem em proveito comum, são excluídas do casamento (art. 1.668, III, do CC); **C:** incorreta, pois será o caso de casamento **anulável** (art. 1.556 do CC); **D:** correta, pois a sentença que autorizar a alteração do regime de bens vale como instrumento hábil à revogação do pacto antenupcial, passando a produzir efeitos a partir de seu trânsito em julgado, sendo dispensável a lavratura de outro pacto, haja vista a validade da decisão judicial. O mandado expedido em consequência da sentença servirá para registro e averbação no Registro de Imóveis (art. 167, I, 12 e II, 1, da Lei 6.015/73) para sua eficácia *erga omnes;* **E:** incorreta, pois a assertiva contraria o disposto nos arts. 1.563 e 1.564, I, do CC.

Gabarito "D"

(Cartório/SP – 2011 – VUNESP) Analise as proposições.

I. É nulo o casamento de quem não completou a idade mínima para casar.

II. É nulo o casamento contraído pelo enfermo mental sem o necessário discernimento para os atos da vida civil.

III. É nulo o casamento por incompetência da autoridade celebrante.

IV. É nulo o casamento de jovem com 17 anos completos, realizado sem autorização dos seus pais.

Assinale a alternativa correta.

(A) Apenas I, II e IV são corretas.

(B) Todas são corretas.

(C) Todas são falsas.

(D) Apenas a II é verdadeira.

I: incorreta, pois o casamento neste caso é anulável (art. 1.550, I, do CC); **II:** verdadeira (art. 1.548, II, do CC); **III:** incorreta, pois neste caso o casamento é anulável (art. 1550, VI, do CC); **IV:** incorreta, pois o casamento também é anulável nesta hipótese (art. 1550, II, do CC)

Gabarito "D"

(Analista – TJ/ES – 2011 – CESPE) Julgue o seguinte item.

(1) O casamento é um instituto de múltiplos efeitos jurídicos, irradiando sua eficácia sobre a vida pessoal dos cônjuges. Em algumas hipóteses, tais efeitos perduram mesmo depois do término da sociedade conjugal, como se dá, por exemplo, no caso de divórcio, em que, em regra, o cônjuge pode manter o nome de casado.

1: correta (art. 1.571, § 2º, do CC).

Gabarito 1C

Observação importante: mesmo com a edição da EC 66/10, mantivemos as questões sobre separação judicial, pois ainda há controvérsia sobre a existência ou não desse instituto após a entrada em vigor da Emenda. O próprio CNJ, chamado a se manifestar sobre assunto, preferiu apenas alterar sua Resolução nº 35, para admitir o divórcio extrajudicial mesmo que não cumpridos os prazos de 2 anos de separação de fato (antigo divórcio-direto) e de 1 ano de separação judicial (antigo divórcio-conversão), não entrando no mérito se ainda existe a possibilidade de alguém preferir, antes do divórcio, promover separação judicial. O fato é que a EC 66/10 vem sendo aplicada normalmente pelos Cartórios Extrajudiciais, para permitir o divórcio direto, sem necessidade de cumprir os prazos mencionados, tudo indicando que o instituto da separação judicial venha, no mínimo, a cair em desuso. De qualquer maneira, como não houve ainda revogação do Código Civil no ponto que trata desse instituto, mantivemos as questões sobre o assunto, que, quem sabe, podem ainda aparecer em alguns concursos públicos. Segue, para conhecimento, a decisão do CNJ sobre o assunto:

"EMENTA: PEDIDO DE PROVIDÊNCIAS. PROPOSTA DE ALTERAÇÃO DA RESOLUÇÃO Nº 35 DO CNJ EM RAZÃO DO ADVENTO DA EMENDA CONSTITUCIONAL Nº 66/2010. SUPRESSÃO DAS EXPRESSÕES "SEPARAÇÃO CONSENSUAL" E "DISSOLUÇÃO DA SOCIEDADE CONJUGAL". IMPOSSIBILIDADE. PARCIAL PROCEDÊNCIA DO PEDIDO.

- A Emenda Constitucional nº 66, que conferiu nova redação ao § 6º do art. 226 da Constituição Federal, dispõe sobre a dissolubilidade do casamento civil pelo divórcio, para suprimir o requisito de prévia separação judicial por mais de 01 (um) ano ou de comprovada separação de fato por mais de 02 (dois) anos.
- Divergem as interpretações doutrinárias quanto à supressão do instituto da separação judicial no Brasil. Há quem se manifeste no sentido de que o divórcio passa a ser o único meio de dissolução do vínculo e da sociedade conjugal, outros tantos, entendem que a nova disposição constitucional não revogou a possibilidade da separação, somente suprimiu o requisito temporal para o divórcio.
- Nesse passo, acatar a proposição feita, em sua integralidade, caracterizaria avanço maior que o recomendado, superando até mesmo possível alteração da legislação ordinária, que até o presente momento não foi definida.
- Pedido julgado parcialmente procedente para propor a modificação da redação da Resolução nº 35 do Conselho Nacional de Justiça, de 24 de abril de 2007, que disciplina a aplicação da Lei nº 11.441/2007 pelos serviços notariais e de registro, nos seguintes termos: a) seja retirado o artigo 53, que versa acerca do lapso temporal de dois anos para o divórcio direto e; b) seja conferida nova redação ao artigo 52, passando o mesmo a prever: "Os cônjuges separados judicialmente, podem, mediante escritura pública, converter a separação judicial ou extrajudicial em divórcio, mantendo as mesmas condições ou alterando-as. Nesse caso, é dispensável a apresentação de certidão atualizada do processo judicial, bastando a certidão da averbação da separação no assento do casamento." (CNJ, Pedido de Providências nº 0005060-32.2010.2.00.0000, j. 12/08/10)"

(Ministério Público/CE – 2009 – FCC) A ação de separação judicial pode ser proposta por qualquer dos cônjuges, imputando ao outro ato que caracterize grave violação dos deveres do casamento

(A) desde que sejam casados por mais de um ano e a vida em comum se torne insuportável.

(B) desde que um dos cônjuges tenha abandonado o lar conjugal por período superior a trinta (30) dias.

(C) independentemente da insuportabilidade da vida em comum, desde que verificada uma das causas do rol exemplificativo constante da lei.

(D) e torne insuportável a vida em comum, fornecendo a lei rol exemplificativo de condutas autorizantes do pedido.

(E) e torne insuportável a vida em comum, sendo, porém, taxativo o rol que a lei oferece de condutas autorizantes do pedido.

A: incorreta, pois não existe a necessidade de que sejam casados por mais de um ano (art. 1.572, *caput*, do CC); **B:** incorreta, pois não existe necessidade de que um dos cônjuges tenha abandonado o lar (art. 1.572, *caput*, do CC); **C:** incorreta, pois há necessidade de que a vida em comum se torne insuportável (art. 1.572, *caput*, do CC); **D:** correta, pois a assertiva reflete o disposto no art. 1.572 do CC; **E:** incorreta, pois o rol não é taxativo, mas apenas exemplificativo.

Gabarito "D"

(Ministério Público/PR – 2011) Arnaldo e Beatriz se casaram em 12 de fevereiro de 2001, pelo regime da comunhão parcial de bens. Do casamento resultou o nascimento de gêmeos, Cesar e Denise, ambos, hoje, com sete anos de idade. Arnaldo e Beatriz decidem dissolver a sociedade e o vínculo conjugal pelo divórcio, ante a insuportabilidade da vida em comum. Por ocasião do divórcio, optam por realizar a partilha dos bens. Diante desses fatos, assinale a alternativa correta:

(A) a guarda dos filhos do casal será necessariamente compartilhada se os pais não entrarem em acordo sobre o tema.

(B) caso não cheguem a um acordo sobre o divórcio, somente será possível a Arnaldo e Beatriz obterem a dissolução do vínculo conjugal se estiverem separados de fato há, pelos menos, um ano.

(C) o divórcio do casal poderá ser realizado mediante escritura pública, em que deverá constar, necessariamente, a definição sobre a guarda e a visitação dos filhos, bem como a fixação da prestação alimentar a eles devida.

(D) integrarão a comunhão e, portanto, deverão ser partilhados entre os divorciandos, os frutos advindos dos bens particulares de cada cônjuge, bem como os bens que em lugar de tais frutos tenham se subrogado.

(E) supondo que seja fixada a guarda compartilhada, as crianças residirão, necessariamente, parte do tempo na residência do pai e parte do tempo na residência da mãe, não havendo necessidade, nesse caso, de fixação de verba alimentar a ser paga por qualquer dos pais.

A: incorreta, pois se não houver consenso entre os pais, será aplicada, **sempre que possível**, a guarda compartilhada (art. 1.584, § 2º, do CC); **B:** incorreta, pois, com o advento da EC 66/10 permite-se o divórcio direto, sem necessidade de cumprir s prazo mencionado; **C:** incorreta, pois não caberá divórcio mediante escritura pública em caso de casal com filhos menores (art. 3º da Lei 11.441/2007); **D:** correta (art. 1.660, V, do CC); **E:** incorreta, pois a guarda compartilha não pressupõe, necessariamente, que resida parte do tempo na residência da mãe e parte do tempo na residência do pai. Da mesma forma, a guarda compartilhada não pressupõe, necessariamente, ausência de fixação de pensão alimentícia.

Gabarito "D"

(Ministério Público/RO – 2010 – CESPE) Acerca do direito das famílias, assinale a opção correta.

(A) Atualmente, somente é possível a dissolução da sociedade conjugal com o divórcio.

(B) O reconhecimento do filho havido fora do casamento pode preceder o nascimento somente na hipótese de o pai apresentar risco de morrer devido a problemas graves de saúde.

(C) Apesar do princípio da igualdade, que, entre outros aspectos, proíbe a discriminação baseada no sexo, cabe ao pai a administração dos bens dos filhos menores ou daqueles que estejam sob a sua autoridade.

(D) O bem de família, por ser o bem de residência, é isento de execução por dívidas posteriores à sua instituição, salvo a execução de dívidas que provierem de tributos relativos ao prédio ou de despesas de condomínio.

(E) O tutor pode se escusar da tutela, sendo que, para tanto, deve fundamentar o seu pleito. Entre as razões que justificam tal escusa, inclui-se a idade do tutor, se este tiver mais de sessenta anos de idade, ou o fato de ele ser militar em serviço.

A: incorreta (art. 1.571 do CC); porém, com o advento da EC 66/10, permitindo o divórcio direto, sem necessidade de cumprir prazos, tudo indicando que o instituto da separação judicial venha, no mínimo, a cair em desuso, ficando o divórcio como a melhor solução quando se deseja a dissolução da sociedade conjugal;. **B:** incorreta, pois o reconhecimento do filho pode preceder o nascimento, independentemente do estado de saúde do pai (art. 1.609, parágrafo único, do CC); **C:** incorreta, pois o pai e a mãe tem a administração dos bens dos filhos menores sob sua autoridade (art. 1.689, II, do CC); **D:** incorreta, pois o bem de família não é aquele necessariamente que serve de residência, mas aquele instituído pelos cônjuges (art. 1.714 do CC); **E:** correta (art. 1.736, II e VII, do CC).

Gabarito "E"

(Ministério Público/SP – 2011) Quando os cônjuges decidem por fim à sociedade conjugal, pretendendo divorciar-se consensualmente, eles devem levar em consideração:

(A) o prazo de 2 (dois) anos a contar da separação judicial por mútuo consentimento.

(B) a possibilidade de o divórcio ser formalizado perante o Cartório de Registro Civil, inclusive com relação aos filhos menores de 16 (dezesseis) anos.

(C) a guarda compartilhada, com previsão de visita do pai em dias e horários alternados e opção de a mãe decidir sobre a educação.

(D) o fato de as novas núpcias de um dos cônjuges não lhe retirar o direito de guarda antes fixado.

(E) a prestação de alimentos aos filhos, que poderá ser compensada com a proximidade e visitação do cônjuge.

A: incorreta, pois o advento da EC 66/10 permite o divórcio direto, sem necessidade de cumprir prazos; **B:** incorreta, pois o divórcio não poderá ser realizado no Cartório de Registro Civil se houver filhos menores (art. 3º, da Lei 11.441/2007); **C:** incorreta, pois a guarda compartilhada pressupõe a responsabilização conjunta e o exercício de direitos e deveres do pai e da mãe que não vivem sob o mesmo teto (art. 1.583 do CC); **D:** correta (art. 1.588 do CC); **E:** incorreta, pois a prestação de alimentos não pode ser objeto de compensação (art. 1.707 do CC).

Gabarito "D"

7.6. BEM DE FAMÍLIA

7.6.1. Questões gerais

Existem duas regulamentações para o bem de família. A primeira delas está prevista na Lei 8.009/90 e trata do bem de família legal, que é aquele que decorre da própria lei, sem necessidade de qualquer medida por parte dos beneficiários. A segunda regulamentação se encontra nos arts. 1.711 e seguintes do Código Civil e diz respeito ao bem de família voluntário, que é aquele destinado por ato de vontade dos cônjuges, mediante escritura pública ou testamento.

7.6.2. Bem de família voluntário

A **aplicação** desse instituto se dá quando o casal ou a entidade familiar possuir vários imóveis utilizados como residência e não desejam que a impenhorabilidade recaia sobre o de menor valor.

Imagine um casal com duas residências, uma de R$ 200 mil e outra de R$ 300 mil. A Lei 8.009/90 garante a eles a impenhorabilidade de uma das residências, no caso a de menor valor (art. 5º da Lei 8.009/90), salvo se outro imóvel tiver sido registrado.

É nessa hora que entra em campo o Código, que regula o bem de família voluntário. Esse casal poderá, por meio de escritura pública ou testamento, dispor que o imóvel de R$ 300 mil é o imóvel a ser protegido pelo bem de família, e toda a regulamentação nesse sentido está nos arts. 1.711 a 1.722 do Código Civil.

A **instituição** do bem de família voluntário, conforme mencionado, deve se dar por *escritura pública* ou *testamento*, lavrados pelos cônjuges ou pessoas de outra entidade familiar.

O terceiro poderá igualmente instituir bem de família por testamento ou doação, dependendo a eficácia do ato da aceitação expressa de ambos os cônjuges beneficiados ou da entidade familiar beneficiada.

Para constituição do bem de família, é necessário, ainda, *registro* de seu título no Registro de Imóveis (art. 1.714 do CC).

O bem de família voluntário pode se **estender**, no máximo, a 1/3 do patrimônio líquido da entidade familiar.

O bem de família consistirá em **prédio residencial urbano ou rural**, com suas pertenças e acessórios, destinando-se em ambos os casos a domicílio familiar, e poderá abranger **valores mobiliários**, cuja renda será aplicada na conservação do imóvel e no sustento da família.

A **consequência** da instituição do bem de família é a isenção de execução por dívidas posteriores à sua instituição, salvo as que provierem de *tributos* relativos ao prédio, ou de despesas de *condomínio* (art. 1.715 do CC).

O **prazo** de isenção de proteção do bem de família durará enquanto viver um dos cônjuges, ou, na falta destes, até que os filhos completem a maioridade (art. 1.716 do CC).

A dissolução da sociedade conjugal não extingue o bem de família. Porém, dissolvida a sociedade conjugal pela morte de um dos cônjuges, o sobrevivente poderá pedir a extinção do bem de família, se for o único bem do casal.

Extingue-se, igualmente, o bem de família com a morte de ambos os cônjuges e a maioridade dos filhos, desde que não sujeitos a curatela.

7.6.3. Bem de família legal

A Lei 8.009/90 é uma lei de ordem pública que, por si só, qualifica determinados bens como bens de família, independentemente de qualquer outra providência por parte dos interessantes.

Uma vez que um bem é qualificado como bem de família, tal bem passa a ser considerado impenhorável, ressalvadas algumas exceções legais.

Confira os requisitos para um bem ser considerado bem de família legal:

a) deve se tratar de imóvel residencial;

b) deve se tratar de imóvel próprio do casal ou da entidade familiar.

A impenhorabilidade compreende o imóvel sobre o qual se assentam a construção, as plantações, as benfeitorias de qualquer natureza e todos os equipamentos, inclusive os de uso profissional, ou *móveis que guarnecem a casa*, desde que quitados.

Quanto aos móveis que guarnecem a casa estão protegidos o televisor, a geladeira, o sofá, o dormitório, dentre outros. Mas não estão protegidos os automóveis, as obras de arte e os adornos suntuosos.

Se se tratar de um imóvel locado, apenas os móveis que guarnecem a casa serão considerados impenhoráveis.

A consequência da instituição do bem de família é a isenção da impenhorabilidade desses bens quanto a dívidas civis, comerciais, fiscais, previdenciárias ou de outra natureza, contraídas pelos beneficiários desse instituto.

Porém, a lei estabelece exceções, em que bens de família serão considerados penhoráveis. Confira:

a) em razão dos créditos de trabalhadores da própria residência e das respectivas contribuições previdenciárias;

b) pelo titular do crédito decorrente do financiamento destinado à construção ou à aquisição do imóvel, no limite dos créditos e acréscimos constituídos em função do respectivo contrato;

c) pelo credor de pensão alimentícia;

d) para cobrança de impostos, predial ou territorial, taxas e contribuições devidas em função do imóvel familiar;

e) para execução de hipoteca sobre o imóvel oferecido como garantia real pelo casal ou pela entidade familiar;

f) por ter sido adquirido com produto de crime ou para execução de sentença penal condenatória a ressarcimento, indenização ou perdimento de bens;

g) por obrigação decorrente de fiança concedida em contrato de locação. Referida hipótese foi objeto de certa polêmica no passado, pois sustentava-se que a penhora do único imóvel do fiador feriria o direito constitucional à moradia. Contudo, atualmente os tribunais superiores tem se posicionado pela constitucionalidade do dispositivo. Neste sentido a decisão exarada no informativo n. 415 do STF:

> Fiador em Contrato de Locação e Penhorabilidade de Bem de Família
>
> Continua a ser passível de penhora o bem de família pertencente a fiador em contrato de locação. Com base nesse entendimento, o Tribunal, por maioria, negou provimento a recurso extraordinário interposto contra acórdão do 2º Tribunal de Alçada Civil do Estado de São Paulo que desprovera agravo de instrumento do recorrente no qual impugnava decisão que, com base no art. 3º, VII, da Lei 8.009/90, indeferira a liberação de seu imóvel residencial, objeto de constrição em processo executivo. Entendeu-se que a penhora do bem de família do recorrente não viola o disposto no art. 6º da CF, com a redação dada pela EC 26/2000 ("*São direitos sociais a educação, a saúde, o trabalho, a moradia, o lazer, a segurança, a previdência social, a proteção à maternidade e à infância, a assistência aos desamparados, na forma desta Constituição.*"), mas com ele se coaduna, já que é modalidade de viabilização do direito à moradia — o qual não deve ser traduzido, necessariamente, como o direito à propriedade imobiliária ou o direito de ser proprietário de imóvel — porquanto, atendendo à própria *ratio legis* da exceção prevista no art. 3º, VII, da Lei 8.009/90, facilita e estimula o acesso à habitação arrendada, constituindo reforço das garantias contratuais dos locadores, e afastando, por conseguinte, a necessidade de garantias mais onerosas, tais como a fiança bancária. Vencidos os Ministros Eros Grau, Carlos Brito e Celso de Mello, que davam provimento ao recurso ao fundamento de que a exceção à regra da impenhorabilidade do bem de família não teria sido recepcionada pela CF. O Min. Marco Aurélio fez consignar que entendia necessária a audiência da Procuradoria-Geral da República, tendo em vista a questão constitucional.
>
> RE 407688/SP, rel. Min. Cezar Peluso, 8.2.2006. (RE-407688) (Inform. STF 415)

A jurisprudência entende que a cobrança de débitos condominiais está contida na exceção trazida no item "d" mencionado.

Outra exceção trazida na lei é a seguinte (art. 4º): não se beneficiará do bem de família legal aquele que, sabendo-se insolvente, adquire de má-fé imóvel mais valioso para transferir a residência familiar, desfazendo-se ou não da moradia antiga. Neste caso, poderá o juiz, na respectiva ação do credor, transferir a impenhorabilidade para a moradia familiar anterior, ou anular-lhe a venda, liberando a mais valiosa para execução ou concurso, conforme a hipótese.

Quando a residência familiar constituir-se em imóvel rural, a impenhorabilidade restringir-se-á à sede de moradia, com os respectivos bens móveis, e, nos casos do art. 5º, XXVI, da Constituição, à área limitada como pequena propriedade rural.

Por fim, vale informar que o STJ é pacífico, hoje, no sentido de que pessoa solteira também recebe a proteção do bem de família. Confira, a esse respeito, a Súmula nº 364 do STJ: "o conceito de impenhorabilidade de bem de família abrange também o imóvel pertencente a pessoas solteiras, separadas e viúvas".

Outro entendimento importante a respeito do tema é fixado na Súmula nº 486 do STJ: "É impenhorável o único imóvel residencial do devedor que esteja locado a terceiros, desde que a renda obtida com a locação seja revertida para a subsistência ou a moradia da sua família".

7.6.4. Jurisprudência selecionada

Súmula STJ nº 449

A vaga de garagem que possui matrícula própria no registro de imóveis não constitui bem de família para efeito de penhora.

Fiador e Penhorabilidade do Bem de Família

Ante a peculiaridade do caso, a Turma proveu agravo regimental para determinar a subida de recurso extraordinário em que se alega ofensa ao art. 6º da CF. Tratava-se de agravo regimental interposto contra decisão do Min. Ricardo Lewandowski, que negara seguimento a agravo de instrumento, do qual relator, por reputar que o acórdão recorrido — ao afirmar que a penhorabilidade do bem de família do fiador do contrato de locação (Lei 8.009/90, art. 3º, VII) não violaria o direito de moradia — estaria em consonância com a jurisprudência do STF. Na espécie, a locadora promovera ação de despejo contra o locatário, sem conhecimento do fiador, e pleiteara também o pagamento dos aluguéis referentes ao período de 1991 a 2002. Em virtude da inadimplência do locatário, o fiador fora acionado judicialmente. Enfatizou-se que a situação dos autos envolveria contrato de locação, cujos aluguéis não foram cobrados por mais de 10 anos, o que, para o ora agravante (fiador), transmudaria esse contrato em comodato. **AI 741419 AgR/RJ, rel. Min. Ricardo Lewandowski, 5.5.2009**. (AI-741419) (Inform. STF 545)

Bem de Família: Despesas Condominiais e Penhorabilidade

A Turma negou provimento a recurso extraordinário em que se sustentava ofensa aos artigos 5º, XXVI, e 6º, ambos da CF, sob a alegação de que a penhorabilidade do bem de família prevista no art. 3º, IV, da Lei 8.009/90 não compreenderia as despesas condominiais (*"Art. 3º: A impenhorabilidade é oponível em qualquer processo de execução civil, fiscal, previdenciária, trabalhista ou de outra natureza, salvo se movido:... IV - para cobrança de impostos, predial ou territorial, taxas e contribuições devidas em função do imóvel familiar;"*). Entendeu-se que, no caso, não haveria que se falar em impenhorabilidade do imóvel, uma vez que o pagamento de contribuição condominial (obrigação *propter rem*) é essencial à conservação da propriedade, isto é, à garantia da subsistência individual e familiar — dignidade da pessoa humana. Asseverou-se que a relação condominial tem natureza tipicamente de uma relação de comunhão de escopo, na qual os interesses dos contratantes são paralelos e existe identidade de objetivos, em contraposição à de intercâmbio, em que cada parte tem por fim seus próprios interesses, caracterizando-se pelo vínculo sinalagmático. RE 439003/SP, rel. Eros Grau, 6.2.2007. (RE-439003) (Inform. STF 455)

DIREITO CIVIL. IMPENHORABILIDADE DO BEM DE FAMÍLIA. CONTRIBUIÇÃO CRIADA POR ASSOCIAÇÃO DE MORADORES.

A impenhorabilidade do bem de família, conferida pela Lei n. 8.009/1990, não pode ser afastada em cobrança de dívida fundada em contribuições criadas por associações de moradores. As taxas de manutenção criadas por associações de moradores não são devidas por morador não associado, pois não podem ser equiparadas, para fins e efeitos de direito, a despesas condominiais. A possibilidade de cobrança de taxa condominial decorre de lei, e tem natureza jurídica de dívida propter rem. O fundamento da cobrança de tal contribuição é, entre outros, a existência de áreas comuns, de propriedade de todos os condôminos, que obrigatoriamente devem ser mantidas pela universalidade de proprietários. O direito ao pagamento da taxa devida a associação de moradores é pessoal, derivado da vedação ao enriquecimento ilícito, assim não se pode enquadrar a verba no permissivo do art. 3º, IV, da Lei 8.009/1990, que excepciona a impenhorabilidade do bem de família nas hipóteses de "cobrança de impostos, predial ou territorial, taxas e contribuições devidas em função do imóvel familiar". A orientação das hipóteses descritas nessa norma é claramente a de excepcionar despesas impositivas, como ocorre nos tributos em geral. Nesse sentido, a despesa condominial, por seu caráter propter rem, aproxima-se de tal natureza, daí a possibilidade de seu enquadramento nesse permissivo legal. A taxa associativa, de modo algum carrega essa natureza. Precedentes citados: EREsp 444.931-SP, DJ 1º/2//2006, e AgRg no REsp 1.125.837-SP, DJe 5/6/2012. **REsp 1.324.107-SP, Rel. Min. Nancy Andrighi, julgado em 13/11/2012. (Inform. STJ 510)**

PENSÃO ALIMENTÍCIA. IMPENHORABILIDADE DO BEM DE FAMÍLIA.

A pensão alimentícia é prevista no art. 3º, III, da Lei n. 8.009/1990 como hipótese de exceção à impenhorabilidade do bem de família. E tal dispositivo não faz qualquer distinção quanto à causa dos alimentos, se decorrentes de vínculo familiar ou de obrigação de reparar danos. Na espécie, foi imposta pensão alimentícia em razão da prática de ato ilícito – acidente de trânsito –, ensejando-se o reconhecimento de que a impenhorabilidade do bem de família não é oponível à credora da pensão alimentícia. Precedentes citados: EREsp 679.456-SP, DJe 16/6/2011, e REsp 437.144-RS, DJ 10/11/2003. REsp 1.186.225-RS, Rel. Min. Massami Uyeda, julgado em 4/9/2012.(Inform. STJ 503)

PENHORABILIDADE DO BEM DE FAMÍLIA. ALEGAÇÃO TARDIA E ÔNUS DA PROVA.

A impenhorabilidade do bem de família, por ser matéria de ordem pública, pode ser arguida a qualquer tempo antes da arrematação do imóvel. Caso comprovada a má-fé do devedor em fazer a alegação tardia, resolve-se na redistribuição dos ônus sucumbenciais, nos termos do art. 22 do CPC. Para rebater o questionamento acerca da impossibilidade da alegação da impenhorabilidade do bem de família apenas na apelação, pois a matéria estaria preclusa, o Min. Relator fez distinção entre duas hipóteses. Na primeira, o assunto já foi alegado e decidido no processo, situação na qual há preclusão da matéria (art. 473 do CPC). Na segunda, a alegação é feita tardiamente, após a defesa de mérito do devedor. Nesse caso, por ser matéria de ordem pública, a impenhorabilidade do bem de família poderá ser conhecida a qualquer tempo antes da arrematação do imóvel. A depender da situação do caso concreto, comprovada a má-fé do devedor e conduta voltada para o prolongamento da lide, poderá haver redistribuição dos ônus sucumbenciais, nos termos do art. 22 do CPC. Outra questão debatida no recurso foi o ônus da prova sobre a impenhorabilidade do bem de família. O Min. Relator afirmou que a regra do art. 333 do CPC é voltada para os casos nos quais o magistrado não está plenamente convencido sobre as alegações das partes, ou seja, somente há necessidade de a solução do litígio se apoiar no ônus da prova quando não houver provas dos fatos ou quando essas se mostrarem insuficientes a que o julgador externe com segurança a solução que se lhe afigure a mais acertada. No caso, o Tribunal decidiu sobre a impenhorabilidade do bem de família com base nas provas já constantes nos autos, razão pela qual não se mostra relevante a discussão sobre o ônus da prova no caso concreto. Apreciando esses e outros assuntos, a Turma conheceu parcialmente do recurso e, nessa extensão, negou-lhe provimento. Precedentes citados: REsp 976.566-RS, DJ 5/4/2010; REsp 467.246-RS, DJ 12/8/2003; REsp 262.654-RS, DJ 20/11/2000; REsp 282.354-MG, DJ 19/3/2001, e AgRg no Ag 927.913-RJ, DJ 17/12/2007. REsp 981.532-RJ, Rel. Min. Luis Felipe Salomão, julgado em 7/8/2012.(Inform. STJ 501)

IMPENHORABILIDADE. BEM DE FAMÍLIA.

A exceção prevista no art. 3º, V, da Lei n. 8.009/1991, que deve ser interpretada restritivamente, somente atinge os bens que foram dados em garantia de dívidas contraídas em benefício da própria família. No caso, a hipoteca foi constituída em garantia de dívida de terceiro, o que não afasta a proteção dada ao imóvel pela lei que rege os bens de família. Precedentes citados:REsp 268.690-SP, DJ 12/3/2001; REsp 1.022.735-RS, DJe 18/2/2010, e AgRg no AgRg no Ag 1.094.203-SP, DJe 10/5/2011. REsp 997.261-SC, Rel. Min. Luis Felipe Salomão, julgado em 15/3/2012. (Inform. STJ 493)

PENHORA. PROPRIEDADE RURAL. BEM DE FAMÍLIA.

A *quaestio juris* está em saber se é possível a penhora de metade do imóvel rural em que residem os recorrentes (pai e filha). Na espécie, foi efetivada a penhora devido à execução de título extrajudicial. Na apelação, os recorrentes arguiram a nulidade da medida, sustentando a impenhorabilidade de bem de família (Lei n. 8.009/1990, art. 1º, parágrafo único, e § 2º do art. 4º) e da pequena propriedade rural trabalhada pela família para pagamento de débitos decorrentes de sua atividade produtiva (art. 5º, XXVI, da CF). O tribunal *a quo* consignou que não foram atendidos os requisitos para que a propriedade fosse declarada impenhorável, pois os recorrentes não trabalhavam em regime de economia familiar; o imóvel enquadrava-se no conceito de média propriedade rural (8,85 módulos fiscais) e o débito que originou a penhora foi decorrente da ação de execução na qual um dos recorrentes (o pai) figurava na condição de avalista. Assim, no REsp, entre outros temas, sustentam violação do § 2º do art. 4º da Lei n. 8.009/1990; art. 4º, II, da Lei n. 4.504/1964 e art. 4º da Lei n. 8.629/1993. Nesse contexto, *a priori*, esclareceu o Min. Relator que a Lei n. 8.009/1990 é de ordem pública e tem como propósito garantir a manutenção, com dignidade da família, sem impedir que o credor possa satisfazer seu crédito por meio do patrimônio do devedor, porém limita a responsabilidade dos devedores como forma de garantir um mínimo indispensável à sobrevivência da família, bem como a salutar continuidade do exercício profissional. Além disso, a CF também confere proteção à pequena propriedade rural (art. 5º, XXVI). Entretanto, explicou que, tendo em vista a inexistência de expressa disposição legal para definir o que seja pequena propriedade legal, no que tange à impenhorabilidade do bem de família quanto à propriedade rural, é adequado valer-se do conceito de propriedade familiar extraído de lei do âmbito do direito agrário (art. 4º, II, da Lei n. 4.504/1964). Contudo, ressaltou ser inaplicável ao caso o conceito de pequena e média propriedade rural constante na Lei n. 8.629/1993, uma vez que é voltado à desapropriação para reforma agrária. Ademais, frisou que a definição legal de um módulo fiscal, por tomar em conta o conceito de propriedade familiar, abrange, de acordo com as condições específicas de cada região, uma porção de terra mínima e suficiente para que a exploração da atividade agropecuária mostre-se economicamente viável pelo agricultor e sua família, o que atende ao preceito constitucional afeto à impenhorabilidade. Nesse passo, consignou que, a teor do art. 4º, § 2º, da Lei n. 8.009/1990, quando a residência familiar constituir-se em imóvel rural, a impenhorabilidade restringir-se-á à sede de moradia, com os respectivos bens móveis, não abrangendo, pois, a totalidade do imóvel e, nos casos do art. 5º, XXVI, da CF, à área limitada como pequena propriedade rural. *In casu*, a penhora incidiu sobre metade da propriedade rural, por isso ficou contemplada a impenhorabilidade garantida ao bem de família constituído por imóvel rural. Assim, concluiu que dos 50% da área rural que ficarão a salvo da penhora está abarcada a residência da família. Com essas, entre outras considerações, a Turma deu parcial provimento ao recurso para estabelecer que ficará a salvo da penhora a sede de moradia dos recorrentes, bem como assegurou o acesso à via pública. Precedentes citados do STF: RE 136.753-RS, DJ 25/4/1997; do STJ: REsp 1.007.070-RS, DJe 1º/10/2010. **REsp 1.018.635-ES, Rel. Min. Luis Felipe Salomão, julgado em 22/11/2011.** (Inform. STJ 488)

BEM. FAMÍLIA. EXCEÇÃO. IMPENHORABILIDADE.
A Seção rejeitou os embargos por entender que o bem imóvel do devedor não está amparado pela impenhorabilidade prevista na Lei n. 8.009/1990 quando o crédito for decorrente de alimentos em virtude de acidente de trânsito. As exceções à impenhorabilidade previstas nos arts. 3º e 4º da referida lei não fazem nenhuma ressalva quanto a se tratar de constrição decorrente ou não de ato ilícito. Precedentes citados: REsp 1.036.376-MG, DJe 23/11/2009; REsp 437.144-RS, DJ 10/11/2003, e REsp 64.342-PR, DJ 9/3/1998. **EREsp 679.456-SP, Rel. Min. Sidnei Beneti, julgados em 8/6/2011.** (Inform. STJ 476)

DANOS. PENSÃO ALIMENTÍCIA. BEM DE FAMÍLIA.
In casu, os recorrentes foram condenados a pagar indenização por danos materiais a ser apurada em liquidação e por danos morais, além de pensão de um salário mínimo, tudo em decorrência das lesões sofridas em acidente de trânsito ocasionado por menor. É cediço que a pensão alimentícia está prevista expressamente no art. 3º, III, da Lei n. 8.009/1990 como hipótese de exceção à impenhorabilidade do bem de família, e a jurisprudência deste Superior Tribunal preconiza a irrelevância da origem dessa prestação se decorrente de relação familiar ou de ato ilícito. Dessa forma, explica o Min. Relator que não configura exceção o crédito decorrente de indenização por danos morais e materiais, desses valores não cuida o inciso III do art. 3º da Lei n. 8.009/1990, que apenas se refere à pensão alimentícia, e o inciso VI do mesmo dispositivo se restringe apenas à reparação como efeito da condenação penal, e não cível. Na linha dos precedentes deste Superior Tribunal, a lei quis distinguir o ilícito penal e o civil e só em relação ao primeiro cuidou de estabelecer a exceção. Também aponta ter a proteção da impenhorabilidade do bem de família quanto ao crédito decorrente de honorários advocatícios de sucumbência, pois não consta do rol das exceções. Assim, concluiu que o único crédito que pode penhorar o bem de família, no caso, é o decorrente da pensão mensal fixada na ação de indenização. Logo restringiu a penhora do bem ao adimplemento do débito decorrente da pensão mensal. Com esse entendimento, a Turma deu parcial provimento ao recurso para julgar parcialmente procedentes os embargos do devedor e determinar a penhora do imóvel *sub judice* ao montante correspondente às pensões mensais inadimplidas. Precedentes citados: REsp 605.641-RS, DJ 29/11/2004; REsp 64.342-PR, DJ 9/3/1998, e REsp 90.145-PR, DJ 26/8/1996. **REsp 1.036.376-MG, Rel. Min. Massami Uyeda, julgado em 10/11/2009.** (Inform. STJ 415)

BEM DE FAMÍLIA. IMÓVEL EM CONSTRUÇÃO.
O terreno não edificado não se caracteriza como bem de família (art. 5º da Lei n. 8.009/1990), pois não serve à moradia familiar. Contudo, na hipótese, antes do vencimento da nota promissória que lastreia a execução, já havia, no terreno, uma casa em construção que servia de única residência à família. Não há importância no fato de a construção só ter sido registrada posteriormente, pois há certidão nos autos atestando o início da edificação ainda pelo ex-proprietário. Desse modo, o imóvel está sob a proteção da Lei n. 8.009/1990. Precedentes citados: REsp 619.722-RS, DJ 31/5/2004, e REsp 507.048-MG, DJ 30/6/2003. **REsp 1.087.727-GO, Rel. Min. Aldir Passarinho Junior, julgado em 6/10/2009.** (Inform. STJ 410)

PENHORA. PARTE. IMÓVEL. LEI N. 8.009/1990.
A questão consiste em analisar a possibilidade de penhora parcial de imóvel de dois andares em cujo andar superior os devedores residem; no inferior, funciona uma confecção. Para que se determine a viabilidade ou não do desmembramento, a Min. Relatora entendeu ser imprescindível que os julgados analisem as condições particulares de cada imóvel de acordo com as peculiaridades existentes no processo. O acórdão recorrido manteve a penhora do andar inferior do imóvel, com base tanto na certidão do oficial de Justiça, como no reconhecimento dos próprios recorrentes de que o primeiro andar estava locado para um empreendimento comercial. Para que se pudesse afastar a conclusão firmada na sentença e no acórdão impugnado – de que a impenhorabilidade decorrente da Lei n. 8.009/1990 deve ficar restrita ao andar superior do imóvel –, seria imprescindível o revolvimento do conteúdo fático-probatório dos autos, o que não é admitido nesta sede (Súm. n. 7 do STJ). Porém naqueles autos, não foi verificada nenhuma das hipóteses que poderiam inviabilizar o desmembramento, quais sejam: a descaracterização do imóvel, a existência de prejuízo à parte residencial, a alteração na substância do imóvel, ou a inviabilidade do próprio desmembramento. Assim, diante das peculiaridades da espécie, mostra-se correta a manutenção da penhora sobre o primeiro andar da residência dos recorrentes com a consequente limitação da proteção conferida pela Lei n. 8.009/1990 ao segundo andar do imóvel, que é utilizado como moradia dos recorrentes. **REsp 968.907-RS, Rel. Min. Nancy Andrighi, julgado em 19/3/2009.** (Inform. STJ 387)

LOCAÇÃO. FIANÇA. BEM. FAMÍLIA. FIADOR. *RES SPERATA*.
A embargante sustenta que a fiança foi dada para a locação, e não para a denominada *res sperata* (mero ape-

lido para disfarçar as ilegais luvas). Mas o Min. Relator inicialmente destacou que a orientação divergente de Tribunal estadual não tem o condão de afastar o entendimento predominante nos Tribunais Superiores no sentido de ser penhorável o imóvel familiar do fiador em contrato de locação (art. 3º, VII, da Lei n. 8.009/1990). Se a matéria não foi debatida na instância ordinária, está obstada a análise da alegação de que a fiança garantia o contrato de locação e não a *res sperata*. Assim, não há qualquer omissão, obscuridade ou contradição no acórdão embargado, pois a matéria foi apreciada de forma fundamentada. Diante disso, a Turma rejeitou os embargos. Precedentes citados do STF: RE 407.688-SP, DJ 6/10/2006; do STJ: AgRg no Ag 830.400-RS, DJ 22/4/2008, e REsp 891.290-RJ, DJ 12/5/2008. **EDcl no AgRg nos EDcl no Ag 1.023.858-RJ, Rel. Min. Jorge Mussi, julgado em 4/12/2008**. (Inform. STJ 379)

PENHORA. BEM DE FAMÍLIA ÚNICO. LOCAÇÃO.
Faz jus aos benefícios da Lei n. 8.009/1990 o devedor que, mesmo não residindo no único imóvel que lhe pertence, utiliza o valor obtido com a locação desse bem como complemento da renda familiar, considerando que o objetivo da norma é o de garantir a moradia familiar ou a subsistência da família. Precedentes citados: AgRg no Ag 385.692-RS, DJ 19/8/2002, e REsp 315.979-RJ, DJ 15/3/2004. **REsp 243.285-RS, Rel. Min. Luís Felipe Salomão, julgado em 26/8/2008.** (Inform. STJ 365)

MATERIAL. CONSTRUÇÃO. IMPENHORABILIDADE. IMÓVEL.
O recorrente sustenta que o art. 3º da Lei n. 8.009/1990 não é dirigido somente ao agente financeiro e que, sendo pequeno comerciante, titular do crédito decorrente do financiamento destinado à construção de imóvel residencial, há que se afastar a alegada impenhorabilidade do bem. Porém o Min. Relator enfatizou que tal impenhorabilidade é regra, somente cabendo as exceções legalmente previstas, e a do mencionado artigo deve, assim como as demais, ser interpretada à risca. Para o Min. Relator, foge ao escopo da Lei n. 8.009/1990 a penhorabilidade do imóvel destinado à moradia da família em razão de compras de material de construção feitas no comércio, ou, ainda, em razão da aquisição de serviços sem as formalidades do Sistema Financeiro de Habitação. **AgRg no Ag 790.691-GO, Rel. Min. Aldir Passarinho Junior, julgado em 24/6/2008**. (Inform. STJ 361)

BEM DE FAMÍLIA. DEVEDOR. DIVERSOS IMÓVEIS.
Cuida a matéria em determinar se, tendo o devedor diversos imóveis, mas apenas um deles, onde reside, ser apto a garantir a execução, deve tal bem ser alcançado pela impenhorabilidade assegurada pela Lei n. 8.009/1990. Para a Min. Nancy Andrighi, a finalidade dessa lei não é proteger o devedor contra suas dívidas, tornando seus bens impenhoráveis, mas sim abrigar a família, evitando sua desarticulação. No caso, o devedor tem garantia de abrigo, pois é proprietário, entre outros bens e afora a casa onde reside, da integralidade de outros dois imóveis residenciais, recebidos por sucessão e gravados com cláusula de inalienabilidade, impenhorabilidade e incomunicabilidade. O recorrente optou por não morar em nenhum deles, adquirindo outro bem, sem sequer registrá-lo em seu nome, que também pretende ver alcançado pela impenhorabilidade, enquanto seu credor amarga um crédito que ultrapassa um milhão de reais o qual não tem outros meios de ser satisfeito. Para a Min. Nancy Andrighi, tal pretensão fere qualquer senso de justiça e equidade, além de distorcer por completo os benefícios vislumbrados pela Lei n. 8.009/1990. Isso posto, a Turma, após a renovação do julgamento e por maioria, não conheceu do recurso, prevalecendo a possibilidade da penhora do imóvel residencial como decidido no TJ. **REsp 831.811-SP, Rel. originário Min. Ari Pargendler, Rel. para acórdão Min. Nancy Andrighi, julgado em 13/5/2008**. (Inform. STJ 355)

PENHORA. BEM. FAMÍLIA. SEPARAÇÃO. CASAL.
Trata-se de hipótese peculiar sobre a extensão da Lei n. 8.009/1990: o cônjuge do executado pretende ver afastada a penhora recaída sobre o imóvel onde reside, uma vez que, após sua separação judicial, esse imóvel passou a constituir bem de família. Destaca o Min. Relator que, no caso de separação dos cônjuges, a entidade familiar, para efeitos de impenhorabilidade de bem, não se extingue, pelo contrário, surge uma duplicidade da entidade formada pelos ex-cônjuges varão e virago. Pois a impenhorabilidade do bem de família (Lei n. 8.009/1990, art. 1º, e CF/1988, art. 226, § 4º) visa resguardar não somente o casal, mas a própria entidade familiar. Daí se afirmar que a preservação da entidade familiar mantém-se ainda que o cônjuge separado judicialmente venha residir sozinho. Assim, a proteção da citada lei garante a impenhorabilidade do bem de família do cônjuge separado e a nova entidade familiar que constituiu. Ressalta, ainda, que a circunstância de bem de família tem presunção *juris tantum,* competindo ao credor a prova em contrário. Com esse entendimento, a Turma conheceu parcialmente o recurso e, nessa parte, negou-lhe provimento. **REsp 963.370-SC, Rel. Min. Luiz Fux, julgado em 15/4/2008**. (Inform. STJ 352)

HIPOTECA. BEM DE FAMÍLIA. PESSOA JURÍDICA.
Discute-se a possibilidade de penhora de bem de família dado em garantia hipotecária de empréstimo contraído por pessoa jurídica da qual é sócio o titular do bem. O acórdão embargado reformou a decisão do Tribunal de origem, decidindo pela impossibilidade de penhora do imóvel dado em garantia sob o entendimento de que não existe prova de a família ter sido beneficiada com o investimento, consequentemente, é inviável presumir-se o fato. Note-se que o

Tribunal *a quo* presumia que a família teria sido beneficiada. Ressalta o Min. Relator que, nesses casos, a jurisprudência deste Superior Tribunal afirma que a imunidade do bem só pode ser afastada quando houver prova de que o gravame foi autorizado em benefício da família. Explica, ainda, o Min. Relator que, sob esse aspecto, não há divergência entre as hipóteses confrontadas no acórdão da Terceira Turma deste Superior Tribunal e o paradigma da Quarta Turma, pois ambos adotam essa jurisprudência, tanto que os arestos apontados como divergentes são colacionados como precedentes pelo Min. Relator do acórdão embargado. Outrossim, em outros pontos, há ausência de similitude fática entre os julgados. Com esse entendimento, a Seção não conheceu dos EREsp. Precedente citado: REsp 302.186-RJ, DJ 21/2/2005. **EAg 711.179-SP, Rel. Min. Fernando Gonçalves, julgados em 12/3/2008**. (Inform. STJ 348)

PENHORA. BEM DE FAMÍLIA. FIADOR.

É possível a penhora de bem de família do fiador em contrato de locação (art. 3º, VII, da Lei n. 8.009/1990). A jurisprudência do STF já declarou a constitucionalidade do referido dispositivo legal. **AgRg no REsp 959.759-SC, Rel. Min. Napoleão Nunes Maia Filho, julgado em 28/2/2008**. (Inform. STJ 346)

BEM DE FAMÍLIA. IMÓVEL. ÚNICO OCUPANTE.

A Turma reafirmou que o executado que reside solitário em seu único imóvel faz jus à impenhorabilidade do bem de família constante da Lei n. 8.009/1990. O Min. Relator, em seu voto, teceu ressalvas em acolher tal entendimento diante do escopo da lei, que é, a seu ver, o de resguardar aqueles que não são diretamente responsáveis pela dívida cobrada, mas são duramente atingidos pela privação de seu lar resultante da inadimplência do devedor. Porém, ao final, cedeu à jurisprudência consolidada pela Corte Especial deste Superior Tribunal. Precedentes citados: EREsp 182.223-SP, DJ 7/4/2003, REsp 403.314-DF, DJ 9/9/2002, e REsp 466.945-RO, DJ 24/11/2003. **REsp 759.962-DF, Rel. Min. Aldir Passarinho Junior, julgado em 22/8/2006.** (Inform. STJ 294)

7.6.5. Quadro sinótico

Bem de família

1 Espécies:

a) Legal: Lei 8.009/90

b) Voluntário: 1.711/1.722 CC

2 Bem de família voluntário:

2.1 Instituição: escritura pública ou testamento (cônjuges, membros da família ou terceiro, com anuência dos beneficiados), mediante registro no Registro de Imóveis.

2.2 Características: prédio residencial urbano ou rural e/ou valores mobiliários, no limite de 1/3 do patrimônio familiar.

2.3 Consequência: impenhorabilidade por dívidas posteriores a sua instituição, salvo dívidas tributárias e condominiais.

2.4 Prazo: enquanto viver um doa cônjuges, ou na morte destes, até que os filhos completem a maioridade, desde que não sujeitos à curatela.

3 Bem de família legal

3.1 Requisitos:

a) imóvel residencial

b) imóvel próprio do casal ou da entidade familiar

3.2 Consequências: impenhorabilidade quanto a dívidas civis, comerciais, fiscais, previdenciárias ou de outra natureza. Exceções:

- em razão dos créditos de trabalhadores da própria residência e das respectivas contribuições previdenciárias;

- pelo titular do crédito decorrente do financiamento destinado à construção ou à aquisição do imóvel, no limite dos créditos e acréscimos constituídos em função do respectivo contrato;

- pelo credor de pensão alimentícia;

- para cobrança de impostos, predial ou territorial, taxas e contribuições devidas em função do imóvel familiar (inclusas as dívidas de condomínio);

- para execução de hipoteca sobre o imóvel oferecido como garantia real pelo casal ou pela entidade familiar;

- por ter sido adquirido com produto de crime ou para execução de sentença penal condenatória a ressarcimento, indenização ou perdimento de bens;

- por obrigação decorrente de fiança concedida em contrato de locação;

3.3 Imóvel rural: impenhorabilidade restringir-se-á à sede de moradia, com os respectivos bens móveis.

3.4 Pessoa solteira: o conceito de impenhorabilidade de bem de família abrange também o imóvel pertencente a pessoas solteiras, separadas e viúvas (Súmula 364 STJ).

7.6.6. Questões Comentadas

(Magistratura/GO – 2009 – FCC) Poderá ser penhorado o único imóvel residencial da família,

(A) somente na execução de dívidas alimentícias promovida contra o dono do imóvel.

(B) em execução fundada em dívidas decorrentes de despesas ordinárias ou extraordinárias de condomínio incidentes sobre o mesmo imóvel.

(C) em qualquer execução fiscal movida pelo município onde o imóvel se localiza.

(D) em execução de quaisquer créditos trabalhistas ou previdenciários.

(E) na execução de fiança prestada em contratos bancários.

A: incorreta, pois o único imóvel residencial poderá ser penhorado em todas as hipóteses descritas no art. 3º da Lei 8.009/90; **B:** correta, pois a assertiva reflete o disposto no art. 3º, IV, da Lei 8.009/90; **C:** incorreta, pois o imóvel residencial só poderá ser penhorado no caso de execução fiscal relativa a cobrança de impostos devidos em função do imóvel familiar (art. 3º, IV, da Lei 8.009/90); **D:** incorreta, pois o imóvel só poderá ser penhorado no caso da cobrança de créditos trabalhistas ou previdenciários de trabalhadores da própria residência (art. 3º, I, da Lei 8.009/90); **E:** incorreta, pois o imóvel só poderá ser penhorado no caso de execução de fiança prestada em contrato de locação (art. 3º, VII, da Lei 8.009/90).

Gabarito "B"

(Magistratura/SP – 2013 – VUNESP) No que concerne ao bem de família, assinale a resposta correta consoante a Lei n. 8.009 e a jurisprudência do STJ.

(A) A vaga de garagem, ainda que possua matrícula própria no registro de imóveis, constitui bem de família para efeito de penhora.

(B) O conceito de impenhorabilidade do bem de família abrange as benfeitorias de qualquer natureza, equipamentos, inclusive veículos de transporte, móveis que guarnecem a casa e obras de arte.

(C) O conceito de impenhorabilidade do bem de família não abrange o imóvel pertencente a pessoas solteiras, viúvas e separadas.

(D) É impenhorável o único imóvel residencial do devedor que esteja locado a terceiros, desde que a renda obtida com a locação seja revertida para a subsistência ou a moradia da sua família.

A: incorreta, pois a Súmula STJ n. 449 dispõe que "a vaga de garagem que possui matrícula própria no registro de imóveis não constitui bem de família para efeito de penhora"; **B:** incorreta, pois não abrange veículos de transporte e obras de arte, não previstos no art. 1º, parágrafo único, da Lei 8.009/1990, que, inclusive vem sendo interpretado de modo mais estrito possível, sendo que equipamentos que se destinam unicamente a embelezar o ambiente, sem que se constituam em peça essencial à vida familiar, podem ser penhorados (STJ, REsp 300.411). Vide também o art. 2º da Lei 8.009/1990; **C:** incorreta, pois a Súmula STJ n. 364 dispõe que "o conceito de impenhorabilidade de bem de família abrange também o imóvel pertencente a pessoas solteiras, separadas e viúvas"; **D:** correta, pois retrata o exato teor da Súmula STJ n. 486.

Gabarito "D"

(Advogado da União/AGU – CESPE – 2009) Regina e Jorge são casados pelo regime da comunhão parcial de bens e possuem dois imóveis, um apartamento de dois quartos, no centro do Rio de Janeiro, no valor de R$ 200 mil, e uma casa de um quarto, na Barra da Tijuca, no valor de R$ 220 mil, onde residem alternadamente. Com base na situação hipotética apresentada, julgue os próximos itens, a respeito do bem de família.

(1) Se Regina e Jorge não quiserem que qualquer dos imóveis seja considerado bem de família em possível processo de execução movido em face deles, eles deverão eleger um dos bens, mediante escritura pública registrada no cartório competente.

(2) Caso um dos imóveis residenciais do casal estivesse situado em área rural, tal fato não seria óbice para sua instituição como bem de família.

1: Errada, pois, de acordo com o disposto no art. 5º, parágrafo único, da Lei 8.009/90, a impenhorabilidade recairá sobre o de menor valor. Como o imóvel ultrapassa 1/3 do patrimônio liquido do casal, não será possível a determinação do casal por escritura pública; **2:** Certa, pois o bem de família é o imóvel residencial **urbano ou rural** (art. 1.712 do CC)..

Gabarito 1E, 2C

(Procurador – Banco Central – 2009 – CESPE) Laura e Ricardo são casados sob regime de comunhão parcial de bens e possuem dois imóveis: um em São Paulo e um em Campinas. O casal passa a maior parte do tempo no imóvel de São Paulo, utilizando o de Campinas quando viaja a trabalho e no período de férias. Com base nessa situação hipotética e na disciplina do bem de família, assinale a opção incorreta.

(A) Se o casal tiver instituído um dos imóveis como bem de família, o efeito será não só a impenhorabilidade como também a restrição de sua comerciabilidade.

(B) Se o casal não tiver instituído um dos imóveis como bem de família, em um possível processo de execução movido contra eles, a penhora recairá sobre o de maior valor.

(C) Para que seja promovida a instituição de um dos imóveis como bem de família, é dispensável a outorga conjugal.

(D) Caso tenha sido instituído como bem de família um dos dois imóveis, a morte de um dos cônjuges acarretará a extinção desse bem, se o casal não tiver filhos menores.

(E) Para que o casal institua um dos bens como de família, não será necessária a comprovação de solvência de ambos os cônjuges.

A: correta, pois a cláusula de impenhorabilidade (art. 1.715, do CC) implica também a inalienabilidade (art. 1.717, do CC); **B:** correta, pois o bem de família deve recair sobre o bem de menor valor (art. 5º, parágrafo único, da Lei n. 8.009/90). Logo, o bem remanescente, que poderá ser objeto de penhora, será o de maior valor; **C:** correta, pois não se trata de ato que acarrete um encargo ao bem do casal, estando excluído do rol previsto no art. 1.647, do CC; **D:** incorreta, devendo ser assinalada, pois se extingue o bem de família com a morte de ambos os cônjuges e a maioridade dos filhos, desde que não sujeitos a curatela (art. 1.722, do CC); **E:** correta, pois o art. 1.711, do CC não traz tal exigência e até mesmo porque o bem de família não é atingido, em regra, pelas dívidas posteriores à sua constituição (art. 1.715, do CC).

Gabarito "D"

(Cartório/RN – 2012 – IESES) Exclui-se a impenhorabilidade do bem de família nos seguintes casos, **EXCETO**:

(A) Para cobrança de impostos, predial ou territorial, taxas e contribuições devidas em função do imóvel familiar.

(B) Créditos decorrentes de direitos trabalhistas e previdenciários dos trabalhadores da obra do bem de família.

(C) Obrigação garantida por hipoteca do imóvel bem de família.

(D) Quando o imóvel bem de família for demasiadamente valioso.

A: incorreta (art. 3º, IV, da Lei 8.009/1990); **B:** incorreta (art. 3º, I, da Lei 8.009/1990); **C:** incorreta (art. 3º, V, da Lei 8.009/1990); **D:** correta (art. 4º da Lei 8.009/1990)

Gabarito "D"

(Cartório/SP – 2011 – VUNESP) Os imóveis pertencentes aos menores sob tutela

(A) somente podem ser vendidos quando houver manifesta vantagem, mediante prévia avaliação judicial e aprovação do juiz.

(B) são inalienáveis.

(C) somente podem ser vendidos mediante prévia avaliação judicial, aprovação do juiz e em hasta pública.

(D) somente podem ser vendidos por motivo de necessidade e aprovação do juiz, dispensada avaliação judicial se realizada alienação em hasta pública.

A: correta (art. 1.750 do CC); **B:** incorreta, pois podem ser alienados respeitados os requisitos do art. 1.750 do CC; **C:** incorreta, pois não é necessária hasta pública para alienação (note que o art. 1.750 do CC não faz essa exigência); **D:** incorreta, pois é imprescindível a avaliação judicial ainda que a venda se dê em hasta pública (art. 1.750 do CC) .

Gabarito "A"

(Cartório/SP – 2012 – VUNESP) No que concerne ao protutor, é correto afirmar que

(A) não está obrigado à prestação de contas.

(B) ele é nomeado pelo juiz para fiscalizar os atos do tutor.

(C) a ele incumbe o exercício exclusivo da tutela, mediante aprovação judicial, se os atos de gestão exigirem conhecimentos técnicos, forem complexos ou realizados em lugares distantes do domicílio do tutor.

(D) não faz jus ao percebimento de uma gratificação arbitrada pelo juiz.

A: incorreta, pois a lei não o dispensa da prestação de contas. Muito embora não haja previsão expressa quanto a essa obrigação, ao protutor aplicam-se os mesmos deveres do tutor, caso ele administre em algum momento os bens do menor (arts. 1.755 a 1.762); **B:** correta (art. 1.742 do CC); **C:** incorreta, pois neste caso o juiz pode deferir a delegação do exercício parcial da tutela, daí não há exclusividade por parte do protutor. (art. 1.743 do CC); **D:** incorreta (art. 1.752, § 1º, do CC).

Gabarito "B"

(Analista – TJ/PR – 2009) Determinado apartamento constitui o único imóvel de uma entidade familiar. Partindo dessa premissa, assinale a alternativa incorreta.

(A) O apartamento pode ser penhorado para assegurar o pagamento de dívida oriunda das despesas condominiais do próprio bem.

(B) A vaga de garagem, com matrícula própria, no condomínio vertical onde fica o apartamento, constitui imóvel autônomo e, portanto, penhorável.

(C) É oponível a impenhorabilidade para execução de hipoteca se o apartamento foi oferecido como garantia real de dívida contraída em favor de terceiros.

(D) O apartamento pode ser penhorado se o seu proprietário for fiador em contrato de locação.

(E) Se o apartamento for alugado para que o valor do aluguel complemente a renda familiar, ele perde a condição de bem de família.

A: correta – art. 3º, IV, da Lei 8.009/90; **B:** correta – nesse sentido: "AGRAVO REGIMENTAL. BEM DE FAMÍLIA. VAGA AUTÔNOMA DE GARAGEM. PENHORABILIDADE. 1. Está consolidado nesta Corte o entendimento de que a vaga de garagem, desde que com matrícula e registro próprios, pode ser objeto de constrição, não se lhe aplicando a impenhorabilidade da Lei nº 8.009/90. 2. Agravo regimental desprovido" (AgRg no Ag 1058070/RS, Rel. Ministro FERNANDO GONÇALVES, QUARTA TURMA, julgado em 16/12/2008, DJe 02/02/2009); **C:** correta – art. 3º, V, da Lei 8.009/90; **D:** correta – art. 3º, VII, d da Lei 8.009/90; **E:** incorreta, devendo ser assinalada, nesse sentido: "Bem de família. Imóvel locado para a subsistência da família. Incidência da Lei n.º 8.009/90. I - Contendo a Lei n.º 8.009/90 comando normativo que restringe princípio geral do direito das obrigações, segundo o qual o patrimônio do devedor responde pelas suas dívidas, sua interpretação deve ser sempre pautada pela finalidade que a norteia, a levar em linha de consideração as circunstâncias concretas de cada caso. II - Consoante anotado em precedente da Turma, e em interpretação teleológica e valorativa, faz jus aos benefícios da Lei 8.009/90 o devedor que, mesmo não residindo no único imóvel que lhe pertence, utiliza o valor obtido com a locação desse bem como complemento da renda familiar, considerando que o objetivo da norma é o de garantir a moradia familiar ou a subsistência da família" (Resp nº 315.979/RJ, Rel.Ministro SÁLVIO DE FIGUEIREDO TEIXEIRA, STJ/DJU de 15/3/04, pág. 149).

Gabarito "E"

7.7. REGIME PATRIMONIAL DO MATRIMÔNIO (DIREITO PATRIMONIAL)

7.7.1. Conceito

O regime patrimonial do matrimônio pode ser **conceituado** como o *conjunto de normas aplicáveis às relações e interesses econômicos resultantes do casamento.*

Trata-se do estatuto patrimonial dos consortes.

A lei não permite que os cônjuges disponham livremente sobre esse assunto, devendo estes aceitar o regime de bens que a lei estabelece como regra (regime da comunhão parcial de bens) ou pactuar um dos outros regimes previstos e regulamentados exaustivamente na lei civil (vide Enunciado n. 331 JDC/CJF).

7.7.2. Princípios

São princípios do direito patrimonial dos cônjuges os seguintes:

a) **variedade de regime de bens**; há quatro tipos de regime, quais sejam, comunhão universal, comunhão parcial, separação de bens e participação final dos aquestos;

b) **liberdade dos pactos antenupciais** (arts. 1.639, 1.640, parágrafo único, 1.655 e 1.641, I a III, do CC), podendo os cônjuges, como regra, escolher o regime que lhes convém, não estando adstritos aos regimes tipificados, podendo, assim, combiná-los entre si (art. 1.639 do CC); porém, há limites para isso; os cônjuges devem respeitar preceitos de ordem pública e também os fins e a natureza do matrimônio; dessa forma, não poderão retirar do regime de bens os deveres inerentes ao casamento, nem muito menos privar um ao outro do poder familiar, da igualdade, e também não poderão alterar a vocação hereditária; o princípio da liberdade dos pactos antenupciais cede para alguns casos em que a lei obriga o regime de separação de bens (art. 1.641 do CC), tais como no casamento contraído com causa suspensiva, no casamento de alguém que dependa de suprimento judicial e no casamento de pessoa maior de 70 anos (alterado pela Lei 12.344/10); quanto à última exceção (casamento de maior de 70 anos) parte da doutrina entende que essa norma fere os princípios da dignidade da pessoa humana e da igualdade;

c) **mutabilidade justificada do regime adotado** (art. 1.639, § 2º, do CC), sendo admissível a alteração do regime de bens, mediante autorização judicial em pedido motivado de ambos os cônjuges, apurada a procedência das razões invocadas e ressalvados os direitos de terceiros; o STJ entende que essa alteração é possível inclusive para os casamentos ocorridos antes da entrada em vigor do atual Código Civil, em função do princípio da igualdade (Enunciado n. 260 JDC/CJF); de qualquer maneira, a modificação de regime de bens depende de autorização judicial (com intervenção do MP, para evitar o abuso de ascendência), de pedido motivado de ambos os cônjuges e de apuração da procedência das razões invocadas (para evitar fraude ou dano), ficando ressalvados, sempre, os direitos de terceiros (vide Enunciado n. 113 JDC/CJF);

d) **formalidade**, valendo salientar que o pacto antenupcial (arts. 1.653 a 1.657 do CC) é *contrato solene, realizado antes do casamento, por meio do qual as partes dis-*

põem o regime de bens que vigorará no matrimônio (art. 1.639, § 1º, do CC); o pacto deve ser celebrado por meio de escritura pública, sob pena de nulidade (art. 1.653 do CC), com posterior registro em livro especial no registro imobiliário do domicílio do casal, como requisito de eficácia perante terceiros; o pacto antenupcial será considerado ineficaz se o casamento não lhe seguir (art. 1.653 do CC); caso os nubentes concordem com o regime que a lei recomenda – o regime de comunhão parcial – bastará que estes reduzam a termo a opção pela comunhão parcial (art. 1.640, parágrafo único, do CC), não sendo necessária a elaboração de escritura pública.

e) imediata vigência na data da celebração do casamento.

7.7.3. Disposições comuns aos variados regimes de bens

Cada regime de bens (comunhão parcial, comunhão universal etc.) tem as suas peculiaridades. Porém, todos os regimes de bens têm, em comum, as seguintes regras:

O cônjuge pode livremente, sem autorização do outro (arts. 1.642 e 1.643 do CC):

a) praticar todos os atos de disposição e de administração necessários ao desempenho de sua profissão, salvo alienar ou gravar de ônus real os bens imóveis;

b) administrar os bens próprios;

c) desobrigar ou reivindicar imóveis gravados ou alienados sem o seu consentimento ou sem suprimento judicial;

d) demandar a extinção de fiança, doação ou aval realizados pelo outro cônjuge sem o seu consentimento; porém, o terceiro, prejudicado com a sentença favorável ao autor, terá direito regressivo contra o cônjuge, que realizou o negócio jurídico, ou seus herdeiros (art. 1.646 do CC);

e) reivindicar bens comuns doados ou transferidos pelo outro cônjuge ao concubino, salvo se o bem tiver sido adquirido pelo esforço comum destes ou se o casal estiver separado de fato por mais de 5 anos; aliás, segundo o art. 550 do CC, a doação do cônjuge adúltero ao seu cúmplice pode ser anulada pelo outro cônjuge, ou por seus herdeiros necessários, até dois anos depois de dissolvida a sociedade conjugal;

f) comprar, inclusive a crédito, as coisas necessárias à economia doméstica; por exemplo, pode o cônjuge fazer compras em supermercado sem autorização do outro;

g) obter, por empréstimo, as quantias que a aquisição dessas coisas possa exigir; aliás, as dívidas contraídas para esses fins obrigam solidariamente ambos os cônjuges (art. 1.644 do CC);

h) praticar atos que não lhes forem vedados expressamente; por exemplo, dispor por testamento bem imóvel próprio ou doar bem móvel particular, como um carro pertencente só a um dos cônjuges.

Por outro lado, o cônjuge não pode, sem a autorização do outro, salvo regime de separação absoluta (art. 1.647 do CC):

a) alienar ou gravar de ônus real os bens imóveis; nesse caso, falta legitimação ao cônjuge; tais bens, os imóveis, são considerados bens de raiz, ou seja, bens importantes para a família, de modo que a lei vai exigir o consenso do casal para a alienação ou o gravame sobre tais bens;

b) pleitear, como autor ou réu, acerca desses bens ou direitos; por exemplo, na ação reivindicatória será necessária a presença de ambos os cônjuges, diferente do que ocorre em mera ação possessória ou em ações relacionada à locação, pois não há direito real nesses casos;

c) prestar fiança ou aval; havendo violação dessa norma, apenas o cônjuge que não tiver autorizado o ato tem legitimidade para pedir a anulação deste; ademais, pode esse cônjuge ingressar com embargos de terceiro para excluir sua meação de eventual penhora, salvo quando a dívida tiver sido contraída com vistas a atender as necessidades da economia doméstica, ou seja, quando a dívida for contraída em proveito da família; quanto ao tema, a Súmula 332 do STJ fixou o entendimento de que "a fiança prestada sem autorização de um dos cônjuges implica a ineficácia total da garantia". Importante comentar também o Enunciado n. 114 JDC/CJF, o qual prevê: *O aval não pode ser anulado por falta de vênia conjugal, de modo que o inc. III do art. 1.647 apenas caracteriza a inoponibilidade do título ao cônjuge que não assentiu.* Esse Enunciado é *contra legem*, pois fere o art. 1.649 do CC, o qual permite a anulação do ato. Todavia, esse é o entendimento majoritário da doutrina, mormente no que tange aos estudiosos de Direito Empresarial em prestígio a ampla circulação dos títulos de crédito.

d) fazer doação de bens comuns ou que possam integrar futura meação; assim, o cônjuge não pode doar bens que pertencem aos dois, sem autorização do outro; também não pode doar bens que integrarão futura meação (isso acontece no regime de participação final dos aquestos); no entanto, essa regra tem uma exceção, que é no caso da doação remuneratória; assim, um cônjuge não precisa de autorização do outro para doar bens comuns quando essa doação tem por objetivo remunerar alguém que tenha prestado um serviço para o cônjuge doador, como uma doação feita a um dentista que tiver tratado, sem cobrar, o cônjuge doador; ademais, são válidas as doações nupciais feitas aos filhos quando casarem ou estabelecerem economia separada.

O problema é que há casos em que um cônjuge se recusa a autorizar o outro cônjuge a cometer um dos atos citados, gerando uma situação de conflito entre os dois.

Nesses casos, é possível que o juiz supra a outorga, quando a denegação de autorização se dê sem justo motivo. Um exemplo é a situação de uma família sem dinheiro para pagar as mínimas contas, mas que mantém uma casa de praia que sequer é frequentada. Nesse caso, o juiz, a pedido de um dos cônjuges, pode autorizar a venda do imóvel, ainda que o outro cônjuge não concorde com isso.

Também é cabível o suprimento da outorga pelo juiz se for impossível que um dos cônjuges conceda a outorga (art. 1.648, *caput*, do CC), como no caso deste estar em coma, sem que haja curador nomeado para responder por seus atos.

Resta saber agora qual é a **consequência jurídica** da prática de um ato sem autorização do cônjuge. O art. 1.649 do CC estabelece que, nesses casos, o ato praticado será considerado anulável, podendo o outro cônjuge (ou seus herdeiros) pleitear a anulação até dois anos do fim da sociedade conjugal. Porém, a aprovação posterior do ato, feita por instrumento público ou por instrumento particular autorizado, torna o ato válido, e, portanto, não mais passível de anulação.

Vale salientar que, quando um dos cônjuges não puder exercer a administração dos bens que lhe incumbe, segundo o regime de bens, caberá ao outro (art. 1.651):

a) gerir os bens comuns e os do consorte;

b) alienar os bens móveis comuns;

c) alienar os imóveis comuns e os móveis ou imóveis do consorte, mediante autorização judicial.

Outra regra geral importante é a que dispõe que o cônjuge que estiver na posse dos bens particulares do outro será para com este e seus herdeiros responsável (art. 1.652):

a) como usufrutuário, se o rendimento for comum;

b) como procurador, se tiver mandato expresso ou tácito para os administrar;

c) como depositário, se não for usufrutuário, nem administrador.

7.7.4. Regime de comunhão parcial

Esse regime pode ser **conceituado** como *aquele em que se comunicam os bens que sobrevierem ao casal, na constância do casamento, salvo exceções legais* (art. 1.658 do CC).

Esse regime é o estabelecido pela lei, quando os nubentes não quiserem aderir a outro regime de bens.

Nesse regime, **excluem-se da comunhão** (art. 1.659 do CC):

a) os bens que cada cônjuge possuir ao casar e os sub-rogados em seu lugar;

b) os bens recebidos na constância do casamento, por doação ou sucessão, e os sub-rogados em seu lugar;

c) bens adquiridos com valores exclusivamente pertencentes a um dos cônjuges em sub-rogação dos bens particulares;

d) as obrigações anteriores ao casamento;

e) as obrigações provenientes de atos ilícitos, salvo reversão em proveito do casal;

f) os bens de uso pessoal, os livros, os instrumentos da profissão, desde que não integrem fundo de comércio ou patrimônio de sociedade da qual pertença o consorte;

g) os proventos do trabalho pessoal de cada cônjuge;

h) as pensões, os meio-soldos (metade do soldo que o Estado paga ao militar reformado), os montepios (pensão de instituto de previdência) e outras rendas semelhantes;

i) os bens cuja aquisição tiver por título causa anterior ao casamento (art. 1.661 do CC), por exemplo, os reivindicados antes do casamento, com sentença depois; ou o dinheiro recebido depois do casamento, mas relativo à venda feita antes deste.

Entram na comunhão (art. 1.660 do CC):

a) os bens adquiridos onerosamente na constância do casamento, ainda que em nome de um dos cônjuges; presunção: presumem-se adquiridos na constância do casamento os bens móveis, salvo prova em contrário (art. 1.662 do CC);

b) os bens adquiridos por fato eventual, com ou sem concurso de trabalho ou despesa anterior; por exemplo, os bens ganhados em loteria, ou por aluvião ou avulsão;

c) os bens recebidos por doação, herança ou legado em favor de ambos;

d) as benfeitorias em bens particulares de cada cônjuge; presumem-se feitas com esforço comum;

e) os frutos dos bens comuns e particulares, percebidos na constância ou pendentes ao tempo em que cessar a comunhão.

Outro tema importante é quanto à sujeição dos bens comuns (pertencentes a ambos os cônjuges) e dos bens particulares (pertencentes a apenas um dos cônjuges), a certas dívidas.

Nesse sentido, os bens comuns respondem (art. 1.664 do CC) pelas obrigações contraídas pelo marido/mulher para atender aos encargos da família, às despesas de administração e às despesas decorrentes da lei.

Por outro lado, os bens comuns não respondem (art. 1.666 do CC) pelas dívidas contraídas pelo cônjuge na administração de seus bens particulares; por exemplo, na contratação de advogado.

Quanto aos bens particulares, estes podem responder:

a) pelas dívidas da compra ou do empréstimo feitos quanto às coisas necessárias à economia doméstica em virtude da solidariedade;

b) pelas dívidas contraídas na administração dos bens particulares;

c) pelas dívidas em geral contraídas por seu proprietário.

No que tange a disposição sobre bens imóveis entende a doutrina que, no regime da comunhão parcial é sempre indispensável a autorização do cônjuge, ou seu suprimento judicial (Enunciado n. 340 JDC/CJF).

7.7.5. Regime de comunhão universal

Esse regime pode ser conceituado como *aquele que importa a comunicação de todos os bens presentes e futuros dos cônjuges e suas dívidas passivas, salvo exceções legais* (art. 1.667 do CC).

Nesse regime, excluem-se da comunhão (art. 1.668 do CC):

a) os bens recebidos por doação ou herança com cláusula de incomunicabilidade e os sub-rogados em seu lugar; porém, é bom lembrar que a cláusula de incomunicabilidade prevista em testamento deve ser devidamente motivada, devendo haver justa causa, se disser respeito aos bens da legítima (art. 1.848 do CC);

b) bens gravados de fideicomisso e o direito do herdeiro fideicomissário, antes de realizada a condição suspensiva; nesses casos, temos direitos provisórios ou eventuais, de modo que não há mesmo como entrarem na comunhão;

c) as dívidas anteriores ao casamento, salvo as despesas com seus aprestos (exs.: preparativos, enxoval e outras despesas para o casamento) ou se reverterem em proveito comum (ex.: imóvel residencial do casal);

d) as doações antenupciais feitas para um dos cônjuges ao outro com cláusula de incomunicabilidade;

e) os bens de uso pessoal, os livros e os instrumentos de profissão; os proventos do trabalho pessoal de cada cônjuge, as pensões, meio-soldos, montepios e outras rendas semelhantes.

Por outro lado, entram na comunhão:

a) todos os outros bens presentes e futuros dos cônjuges, inclusive os frutos (doados com incomunicabilidade) dos bens não comunicáveis percebidos ou vencidos na constância – art. 1.669 do CC;

b) todas as dívidas passivas, salvo as invalidadas; aqui não entram somente as dívidas que geraram proveito da família ou que se refiram a bens comuns; aqui entram todas as dívidas passivas;

c) as despesas com os aprestos do casamento;

d) as despesas anteriores ao casamento que se reverterem em proveito comum (ex.: o apartamento comprado para o casal).

Extinta a comunhão, e efetuada a divisão do ativo e do passivo, cessará a responsabilidade de cada um dos cônjuges para com os credores do outro (art. 1.671 do CC).

Por fim, há de se ressaltar que se deve aplicar ao regime de comunhão universal o disposto para o regime da comunhão parcial, quanto à *administração* dos bens.

7.7.6. Regime de participação final nos aquestos

Esse regime pode ser conceituado como *aquele em que cada cônjuge possui patrimônio próprio, e lhe cabe, à época da dissolução da sociedade conjugal, direito à metade dos bens adquiridos pelo casal onerosamente na constância do casamento* (art. 1.672 do CC).

Trata-se de um regime misto. Durante a sociedade conjugal, assemelha-se ao regime de separação total de bens. Dissolvida a sociedade conjugal, equivale ao regime de comunhão parcial.

Nesse regime, excluem-se da comunhão:

a) os bens que cada um possuía ao casar e os adquiridos, a qualquer título, na constância do casamento (art. 1.673 do CC);

b) as dívidas contraídas por um dos cônjuges, antes ou depois do casamento; porém, as dívidas contraídas após o casamento, que tiverem revertido em proveito do outro entrarão na comunhão (art. 1.677 do CC).

Quanto à administração e à disposição de bens durante o casamento, temos as seguintes regras:

a) cada cônjuge *administra* livremente seus bens particulares (art. 1.673, parágrafo único, do CC);

b) cada cônjuge *aliena* livremente seus bens *móveis* particulares (art. 1.673, parágrafo único, do CC);

c) por *pacto antenupcial*, pode-se convencionar que cada cônjuge *aliena* livremente seus bens *imóveis* particulares (art. 1.656 do CC); ou seja, a regra é não haver esse direito em favor dos cônjuges, mas a lei admite que o pacto antenupcial atribua aos cônjuges a possibilidade de alienar livremente seus bens particulares;

d) quanto às demais restrições previstas no art. 1.647 do CC e não mencionadas no item acima, devem ser obedecidas pelos que optaram pelo regime de participação final nos aquestos; assim, nenhum cônjuge pode, sem autorização do outro, prestar fiança ou aval (art. 1.647, III, do CC).

Quanto aos efeitos patrimoniais da dissolução da sociedade conjugal, deve-se seguir o seguinte procedimento:

a) calcula-se o *montante dos aquestos existentes*, ou seja, dos bens onerosamente adquiridos na constância do casamento (art. 1.674 do CC); vale salientar que a lei presume que os bens móveis tenham sido adquiridos durante o casamento, salvo prova em contrário;

b) em seguida, *exclui-se* dessa soma de patrimônios próprios os bens *anteriores* ao casamento (e os sub-rogados em seu lugar), os bens que cada cônjuge tiver recebido por *sucessão* (ex.: herança) ou *liberalidade* (ex.: doação), e as *dívidas* relativas a esses bens;

c) em seguida, *computa-se* o valor das *doações* feitas por um dos cônjuges, sem a necessária autorização do outro; nesse caso o bem poderá ser reivindicado pelo cônjuge prejudicado ou por seus herdeiros, ou declarado no monte partilhável, por valor equivalente ao da época da dissolução (art. 1.675 do CC);

d) em seguida, *computa-se* o valor dos *bens alienados em detrimento da meação* ou reivindica-se tais bens (art. 1.676 do CC); a lei está fazendo referência aos bens alienados indevidamente (por exemplo, por falta de autorização do outro cônjuge);

e) feitas tais contas, chega-se ao montante dos aquestos à data em que cessou a convivência, seja por separação, divórcio ou morte (art. 1.683 do CC);

f) procede-se à divisão desse montante, ficando metade para cada um dos cônjuges (meação); a lei propõe a divisão desses bens em natureza; porém, não sendo possível nem conveniente essa divisão, calcular-se-á o valor de alguns ou de todos para reposição em dinheiro ao cônjuge não proprietário; não sendo possível a reposição em dinheiro, serão avaliados e, mediante autorização judicial, alienados tantos bens quantos bastarem (art. 1.684, *caput*, e parágrafo único, do CC).

O Código Civil estabelece, ainda, que as dívidas de um cônjuge, quando superiores à sua meação, não obrigam ao outro ou aos seus herdeiros (art. 1.686 do CC).

Por fim, a lei é expressa no sentido de que o direito à meação **não** é renunciável, cessível ou penhorável na vigência do regime matrimonial (art. 1.682 do CC). Trata-se de uma proteção ao cônjuge, que, numa situação qualquer de vulnerabilidade, poderia renunciar a direito muito importante para a sua subsistência. Há de se tomar cuidado, pois a meação, em si, é impenhorável, porém não são impenhoráveis os bens que a compõem.

7.7.7. Regime de separação de bens

Esse regime pode ser **conceituado** como *aquele em que os bens permanecerão sob a propriedade, administração e fruição exclusiva de cada um dos cônjuges, que os poderá livremente alienar ou gravar com ônus real* (art. 1.687 do CC).

O regime de separação típico é *absoluto*, não comportando limitação quanto à propriedade exclusiva de cada cônjuge. Todavia, nada impede que, por pacto antenupcial, os nubentes instituam um regime de separação *limitada* de bens.

O atual Código Civil **aumentou os poderes** de cada cônjuge sobre o seu patrimônio exclusivo. Isso se deu, pois o art. 1.647 do CC estabelece algumas limitações aos cônjuges (exs.: não podem, sem autorização do outro, alienar imóveis, prestar fiança e aval etc.), mas tais limitações não se aplicam aos que estão num regime de separação absoluta de bens (art. 1.647, *caput*, do CC).

Por outro lado, ambos os cônjuges devem **contribuir** para as despesas do casal na proporção dos rendimentos de seu trabalho e de seus bens, salvo estipulação em contrário em pacto antenupcial.

Normalmente, o regime de separação de bens se dá por vontade dos nubentes, sendo instituído por meio de pacto antenupcial (separação voluntária de bens).

Porém, há casos em que o regime de separação de bens é obrigatório, ou seja, em que a lei não dá outra alternativa aos nubentes, que devem, necessariamente, submeter-se a esse regime, que a doutrina costuma chamar de "separação legal de bens". Confira os casos:

a) quanto às pessoas que o contraírem com inobservância das **causas suspensivas** da celebração do casamento;

b) quanto à pessoa **maior de 70 anos.** A doutrina entende que essa obrigatoriedade não se aplica para pessoa maior de 70 anos quando o casamento for precedido de união estável iniciada antes dessa idade (Enunciado n. 261 JDC/CJD. Obs: esse Enunciado é anterior a Lei 12.344/10, por isso em seu texto consta a idade de sessenta anos);

c) quanto a todos os que dependerem, para casar, de **suprimento judicial**.

Quanto as causas previstas nos itens 'a" e "c", a obrigatoriedade da separação de bens não impede a alteração do regime, desde que superada a causa que o impôs (Enunciado n. 262 JDC/CJF).

Nos casos de separação legal de bens, era muito comum ocorrer situações de grande injustiça, como no caso de um casal criar um bom patrimônio com esforço comum, mas os bens acabarem por ficar no nome de um dos cônjuges apenas. Nesses casos, findo o casamento, o cônjuge sem bens em seu nome ficava totalmente ao relento, o que não era correto.

Por conta disso, a jurisprudência passou a entender que aquestos (bens onerosamente adquiridos na constância do casamento) deveriam ser divididos entre os cônjuges. Nesse sentido, confira a súmula 377 do STF: "no regime de separação legal de bens, comunicam-se os adquiridos na constância do casamento".

Tal medida não deve ser tomada em relação aos casados pelo regime de separação voluntária de bens. O Superior Tribunal de Justiça vem reafirmando a necessidade de se respeitar a vontade dos cônjuges no sentido de separar os patrimônios de cada qual. No entanto, em casos excepcionalíssimos, de enorme injustiça, pode-se admitir a participação patrimonial de um cônjuge sobre determinado bem do outro, como no caso a seguir transcrito: "o regime jurídico da separação de bens voluntariamente estabelecido é imutável e deve ser observado, admitindo-se, todavia, excepcionalmente, a participação patrimonial de um cônjuge sobre bem do outro, se efetivamente demonstrada, de modo concreto, a aquisição patrimonial pelo esforço comum, caso dos autos, em que uma das fazendas foi comprada mediante permuta com cabeças de gado que pertenciam ao casal." (STJ, REsp. 286.514/SP, j. 02.08.2007).

7.7.8. Jurisprudência selecionada

Súmula STJ nº 134

Embora intimado da penhora em imóvel do casal, o cônjuge do executado pode opor embargos de terceiro para defesa de sua meação.

DIREITO CIVIL. INCOMUNICABILIDADE DE BEM RECEBIDO A TÍTULO DE DOAÇÃO NO REGIME DA COMUNHÃO PARCIAL DE BENS.

No regime de comunhão parcial de bens, não integra a meação o valor recebido por doação na constância do casamento ainda que inexistente cláusula de incomunicabilidade e utilizado para a quitação de imóvel adquirido sem a contribuição do cônjuge não donatário. De início, cumpre observar que, na relação conjugal em que há opção pelo regime de comunhão parcial, os cônjuges reconhecem que o fruto do esforço comum deve ser compartilhado pelo casal, não o patrimônio anterior, nem tampouco aquele que não advenha, direta ou indiretamente, do labor do casal. Ademais, sob o citado regime, a doação realizada a um dos cônjuges somente será comunicável quando o doador expressamente se manifestar nesse sentido e, no silêncio, presume-se feita apenas à donatária. Por fim, não há que aplicar norma atinente ao regime de comunhão universal, qual seja, a necessidade de cláusula de incomunicabilidade para excluir bens doados, quando há expressa regulação da matéria em relação ao regime da comunhão parcial de bens (arts. 1.659, I, 1.660, III, e 1.661 do CC). **REsp 1.318.599-SP, Rel. Min. Nancy Andrighi, julgado em 23/4/2013.** (Inform. STJ 523)

DIREITO CIVIL. POSSIBILIDADE DE ALTERAÇÃO DO REGIME DE BENS EM CASAMENTO CELEBRADO NA VIGÊNCIA DO CC/1916.

Na hipótese de casamento celebrado na vigência do CC/1916, é possível, com fundamento no art. 1.639, § 2º, do CC/2002, a alteração do regime da comunhão parcial para o regime da separação convencional de bens sob a justificativa de que há divergência entre os cônjuges quanto à constituição, por um deles e por terceiro, de sociedade limitada, o que implicaria risco ao patrimônio do casal, ainda que não haja prova da existência de patrimônio comum entre os cônjuges e desde que sejam ressalvados os direitos de terceiros, inclusive dos entes públicos. Muito embora não houvesse previsão legal para a alteração do regime de bens na vigência do CC/1916, e também a despeito do que preceitua o art. 2.039 do CC/2002, a jurisprudência tem se mantido uniforme no sentido de ser possível a alteração do regime de bens, mesmo nos matrimônios contraídos ainda sob a égide do diploma revogado. Nesse contexto, admitida a possibilidade de aplicação do art. 1.639, § 2º, do CC/2002 aos matrimônios celebrados na vigência do CC/1916, é importante que se interprete a sua parte final, referente ao "pedido motivado de ambos os cônjuges" e à "procedência das razões invocadas" para a modificação do regime de bens do casamento, sob a perspectiva de que o direito de família deve ocupar, no ordenamento jurídico, papel coerente com as possibilidades e limites estruturados pela própria CF, defensora de bens como a intimidade e a vida privada. Nessa linha de raciocínio, o casamento há de ser visto como uma manifestação de liberdade dos consortes na escolha do modo pelo qual será conduzida a vida em comum, liberdade que se harmoniza com o fato de que a intimidade e a vida privada são invioláveis e exercidas, na generalidade das vezes, no interior de espaço privado também erguido pelo ordenamento jurídico à condição de "asilo inviolável". Sendo assim, deve-se observar uma principiologia de "intervenção mínima", não podendo a legislação infraconstitucional avançar em espaços tidos pela própria CF como invioláveis. Deve-se disciplinar, portanto, tão somente o necessário e o suficiente para a realização não de uma vontade estatal, mas dos próprios integrantes da família. Desse modo, a melhor interpretação que se deve conferir ao art. 1.639, § 2º, do CC/2002 é a que não exige dos cônjuges justificativas exageradas ou provas concretas do prejuízo na manutenção do regime de bens originário, sob pena de esquadrinhar indevidamente a própria intimidade e a vida privada dos consortes. Nesse sentido, a constituição de uma sociedade por um dos cônjuges poderá impactar o patrimônio comum do casal. Assim, existindo divergência conjugal quanto à condução da vida financeira da família, haveria justificativa, em tese, plausível à alteração do regime de bens. Isso porque se mostra razoável que um dos cônjuges prefira que os patrimônios estejam bem delimitados, para que somente o do cônjuge empreendedor possa vir a sofrer as consequências por eventual fracasso no empreendimento. No ponto, aliás, pouco importa se não há prova da existência de patrimônio comum, porquanto se protegem, com a alteração do regime, os bens atuais e os bens futuros do cônjuge. Ademais, não se pode presumir propósito fraudulento nesse tipo de pedido, já que o ordenamento jurídico prevê mecanismos de contenção, como a própria submissão do presente pedido ao Judiciário e a possibilidade de desconsideração da personalidade jurídica. Contudo, é importante destacar que a medida não pode deixar de ressalvar os "direitos de terceiros, inclusive dos entes públicos, após perquirição de inexistência de dívida de qualquer natureza, exigida ampla publicidade", nos termos do Enunciado n. 113 da I Jornada de Direito Civil CJF. **REsp 1.119.462-MG, Rel. Min. Luis Felipe Salomão, julgado em 26/2/2013. (Inform. STJ 518)**

MEAÇÃO. INDENIZAÇÃO. ANISTIA POLÍTICA.

Trata-se de REsp em que a questão centra-se em saber se as verbas a serem percebidas pelo recorrente a título de indenização oriunda de anistia política devem ser objeto de partilha de bens em decorrência de dissolução de sociedade conjugal constituída sob o regime de comunhão universal de bens. No julgamento do especial, ressaltou a Min. Relatora, entre outras questões, que o ato do Estado consistente no afastamento do recorrente das Forças Armadas, com a consequente perda dos rendimentos que auferia dessa atividade, não se circunscreveu apenas à sua esfera pessoal, espraiou seus efeitos deletérios também à sua família, notadamente à recorrida, então seu cônjuge, pois as vicissitudes decorrentes da perda da atividade laboral do varão recaíram sobre ambos. Registrou, ainda, ser inconsistente o argumento do recorrente de que seu direito nascera somente com o advento da CF/1988, pois, na verdade, esse direito já lhe pertencia, ou seja, já havia ingressado na esfera de seu patrimônio e que, *ex vi legis*, apenas foi declarado em momento posterior ao término da relação conjugal entre as partes. Destarte, entendeu que os valores percebidos pelo recorrente a título de indenização decorrente de anistia política devem ser considerados para efeitos da meação. Diante disso, a Turma negou provimento ao recurso. **REsp 1.205.188-MS, Rel. Min. Nancy Andrighi, julgado em 12/4/2011.** (Inform. STJ 469)

AÇÃO TRABALHISTA. COMUNICABILIDADE.

O entendimento que melhor se coaduna com a essência do regime matrimonial da comunhão parcial de bens (art. 1.660 do CC/2002), quanto a direitos trabalhistas perseguidos por um dos cônjuges em ação judicial, é aquele que estabelece sua comunicabilidade desde o momento em que pleiteados. Assim, para que ganho salarial venha a integrar o monte partível, é necessário que o cônjuge tenha exercido atividade laborativa e adquirido o direito de retribuição pelo trabalho desenvolvido na constância do casamento. Anote-se que a sentença que reconhece essas vantagens trabalhistas é declaratória, portanto seus efeitos retroagem à época da propositura da ação. Por conseguinte, o direito já pertencia ao cônjuge, já havia ingressado na esfera de seu patrimônio, integrando os bens comuns do casal. Isso posto, não se pode negar o direito de partilha das verbas trabalhistas nascidas e pleiteadas na constância do casamento mantido sob aquele regime à mulher que arcou justamente com o ônus da defasagem salarial do marido, o que, presumivelmente, demandou-lhe maior colaboração no sustento da família. Esses valores comunicam-se, mesmo que só percebidos após a ruptura da vida conjugal. Já quanto aos créditos decorrentes de ação de reparação civil, diante da imutável afirmação do acórdão recorrido de que os prováveis danos revestem-se de caráter personalíssimo, deve ser mantida a incomunicabilidade. Com esse fundamento, entre outros, a Turma deu parcial provimento ao especial. Precedentes citados: REsp 848.998-RS, DJe 10/11/2008; REsp 646.529-SP, DJ 22/8/2005, e REsp 810.708-RS, DJ 2/4/2007. **REsp 1.024.169-RS, Rel. Min. Nancy Andrighi, julgado em 13/4/2010.** (Inform. STJ 430)

CASAMENTO. REGIME. ALTERAÇÃO.

A Turma reafirmou ser possível alterar o regime de bens de casamento realizado sob a égide do CC/1916, em razão do disposto no art. 1.639, § 2°, do CC/2002. Assim, deu provimento ao REsp para que os autos retornem às instâncias ordinárias para o exame dos requisitos constantes desse último artigo. Precedentes citados: REsp 868.404-SC, DJ 6/8/2007, e REsp 821.807-PR, DJ 13/11/2006. **REsp 1.112.123-DF, Rel. Min. Sidnei Beneti, julgado em 16/6/2009.** (Inform. STJ 399)

REGIME. COMUNHÃO UNIVERSAL. BENS. SOCIEDADE SIMPLES. ART. 977 DO CC/2002.

Trata-se da possibilidade de um casal sob regime da comunhão universal de bens registrar-se como sócios de uma sociedade simples. O art. 977 do CC/2002 permite a constituição de sociedade entre cônjuges, desde que não casados no regime da comunhão universal de bens ou no da separação obrigatória. Isso visa evitar eventual burla ao regime de bens do casamento. O fato de o art. 977 do CC/2002 encontrar-se no Capítulo II (Capacidade) do Título I (Do empresário) do Livro II (Do direito da empresa) do Código não conduz a sua aplicação apenas a sociedades empresariais. Não existe peculiaridade alguma nas características conceituais da sociedade simples e das empresariais que determine a aplicação do art. 977 do CC/2002 apenas às sociedades empresariais. O art. 982 do CC/2002 determina, como diferencial entre as duas sociedades, o fato de a empresarial ter por objeto o exercício de atividade própria de empresário sujeita a registro. Ademais, quanto a todos os artigos inseridos no mencionado Capítulo II, sempre que o legislador referiu-se exclusivamente ao empresário ou à atividade da empresa, fê-lo de forma expressa, apenas não fazendo menção a esta característica no já referido art. 977 do CC/2002, no qual utilizou a expressão "sociedade" sem estabelecer qualquer especificação, o que inviabiliza a tese de que essa "sociedade" seria apenas empresária. Assim, a Turma, por maioria, negou provimento ao recurso, pois entendeu que o art. 977 do CC/2002 aplica-se tanto às sociedades empresariais quanto às simples. **REsp 1.058.165-RS, Rel. Min. Nancy Andrighi, julgado em 14/4/2009.** (Inform. STJ 390)

MEAÇÃO. ATO ILÍCITO. PROVA. BENEFÍCIO. EMBARGOS.

Renovado o julgamento, a Turma, por maioria, entendeu que a meação da mulher deve responder somente mediante a prova do benefício do produto da infração por atos ilícitos praticados pelo cônjuge. Na hipótese, a mulher do devedor insurgiu-se contra o arresto efetivado sobre sua meação em embargos de terceiro, motivo pelo qual descabe impedir que o credor comprove a legitimidade da constrição nos próprios autos. Precedentes citados: REsp 641.400-PB, DJ 1º/2/2005; REsp 208.322-MG, DJ 30/6/2003, REsp 333.148-SP, DJ 1º/7/2002, e AgRg no Ag 280.435-SP, DJ 5/6/2000. **REsp 830.577-RJ, Rel. Min. Nancy Andrighi, julgado em 16/12/2008**. (Inform. STJ 381)

MATRIMÔNIO. REGIME. ALTERAÇÃO.
A Turma reiterou que, juridicamente, é possível a alteração de regime de comunhão parcial de bens para o de comunhão universal em casamento celebrado ainda na vigência do CC/1916, conforme o art. 1.639, § 2º, do CC/2002. Precedentes citados: REsp 730.546-MG, DJ 3/10/2005; REsp 821.807-PR, DJ 13/11/2006, e REsp 868.404-SC, DJ 6/8/2007. **REsp 812.012-RS, Rel. Min. Aldir Passarinho Junior, julgado em 2/12/2008.** (Inform. STJ 379)

CRÉDITOS TRABALHISTAS. MEAÇÃO. AQUISIÇÃO. SOCIEDADE CONJUGAL.
A Turma reiterou que integram a meação verbas trabalhistas percebidas por consorte em comunhão universal de bens, ainda que recebidas após a ruptura do casamento. Precedentes citados: EREsp 421.801-RS, DJ 17/12/2004, e REsp 355.581-PR, DJ 23/6/2003. **REsp 878.516-SC, Rel. Min. Luis Felipe Salomão, julgado em 5/8/2008**. (Inform. STJ 362)

DIREITO. FAMÍLIA. COMUNHÃO UNIVERSAL. PARTILHA.
No regime da comunhão universal de bens, as verbas percebidas a título de benefício previdenciário resultantes de um direito que nasceu e foi pleiteado durante a constância do casamento devem entrar na partilha, ainda que recebidas após a ruptura da vida conjugal. **REsp 918.173-RS, Rel. Min. Massami Uyeda, julgado em 10/6/2008**. (Inform. STJ 359)

7.7.9. Quadro sinótico

Regime de bens

1 Conceito: *conjunto de normas aplicáveis às relações e interesses econômicos resultantes do casamento.*

2 Princípios:

a) variedade de regime de bens

b) liberdade dos pactos antenupciais

c) mutabilidade justificada do regime adotado

d) formalidade;

3 Os cônjuges podem livremente:

- praticar todos os atos de disposição e de administração necessários ao desempenho de sua profissão, salvo alienar ou gravar de ônus real os bens imóveis;

- administrar os bens próprios;

- desobrigar ou reivindicar imóveis gravados ou alienados sem o seu consentimento ou sem suprimento judicial;

- demandar a extinção de fiança, doação ou aval realizados pelo outro cônjuge sem o seu consentimento; porém, o terceiro, prejudicado com a sentença favorável ao autor, terá direito regressivo contra o cônjuge, que realizou o negócio jurídico, ou seus herdeiros (art. 1.646 do CC);

- reivindicar bens comuns doados ou transferidos pelo outro cônjuge ao concubino, salvo se o bem tiver sido adquirido pelo esforço comum destes ou se o casal estiver separado de fato por mais de 5 anos; aliás, segundo o art. 550 do CC, a doação do cônjuge adúltero ao seu cúmplice pode ser anulada pelo outro cônjuge, ou por seus herdeiros necessários, até dois anos depois de dissolvida a sociedade conjugal;

- comprar, inclusive a crédito, as coisas necessárias à economia doméstica; por exemplo, pode o cônjuge fazer compras em supermercado sem autorização do outro;

- obter, por empréstimo, as quantias que a aquisição dessas coisas possa exigir; aliás, as dívidas contraídas para esses fins obrigam solidariamente ambos os cônjuges (art. 1.644 do CC);

- praticar atos que não lhes forem vedados expressamente; por exemplo, dispor por - testamento bem imóvel próprio ou doar bem móvel particular, como um carro pertencente só a um dos cônjuges.

4 O cônjuge depende da autorização do outro para:

- alienar ou gravar de ônus real os bens imóveis;

- pleitear, como autor ou réu, acerca desses bens ou direitos;

- prestar fiança ou aval;

- fazer doação de bens comuns ou que possam integrar futura meação;

5 Discordância ou ausência injustificada de autorização: decisão judicial;

6 Consequência da falta de autorização: anulabilidade do negócio jurídico. **Prazo**: até 2 anos após o término da sociedade conjugal.

7 Espécies:

7.1 Comunhão parcial:

7.1.1 Conceito: é *aquele em que se comunicam os bens que sobrevierem ao casal, na constância do casamento, salvo exceções legais*

7.1.2 Características:

a) Não entram na comunhão: art. 1.659 CC;

b) Entram na comunhão: art. 1.660 CC;

c) Bens comuns: **respondem** (art. 1.664 do CC) pelas obrigações contraídas pelo marido/mulher para atender aos encargos da família, às despesas de administração e às despesas decorrentes da lei;

7.2 Comunhão universal:

7.2.1 Conceito: é *aquele que importa a comunicação de todos os bens presentes e futuros dos cônjuges e suas dívidas passivas, salvo exceções legais;*

7.2.2 Características:

a) Não entram na comunhão: art. 1.668 CC;

b) Entram na comunhão: todos os demais bens que não constam do rol do art. 1.668 CC;

7.3 Participação final nos aquestos

7.3.1 Conceito: é *aquele em que cada cônjuge possui patrimônio próprio, e lhe cabe, à época da dissolução da sociedade conjugal, direito à metade dos bens adquiridos pelo casal onerosamente na constância do casamento;*

7.3.2 Características:

a) Não entram na comunhão: art. 1.673 e art. 1.677 CC;

b) Durante o casamento: cada cônjuge administra livremente os bens particulares e aliena livremente os bens móveis. Quanto aos imóveis, é necessária disposição expressa em pacto antenupcial;

c) Por ocasião da dissolução do casamento (separação, divórcio ou morte): calcular-se-á o montante dos aquestos (aquestos = bens adquiridos onerosamente na constância do casamento + valor das *doações* feitas por um dos cônjuges + valor dos *bens alienados em detrimento da meação* - os bens *anteriores* ao casamento (e os sub-rogados em seu lugar), os bens que cada cônjuge tiver recebido por *sucessão* ou *liberalidade* e as *dívidas* relativas a esses bens);

7.4 Separação de bens:

7.4.1 Conceito: é *aquele em que os bens permanecerão sob a propriedade, administração e fruição exclusiva de cada um dos cônjuges, que os poderá livremente alienar ou gravar com ônus real.*

7.4.2 Característica: ambos os cônjuges devem contribuir para as despesas do casal na proporção dos rendimentos de seu trabalho e de seus bens, salvo estipulação em contrário em pacto antenupcial;

7.4.3 Espécies:

a) Legal: pessoa maior de 70 anos, casamento contraído com observância de causa suspensiva e no que tange a pessoas que necessitem de suprimento judicial para casar. Nos dois últimos casos, cessada a causa, o regime pode ser escolhido livremente.

b) Voluntária: livremente estabelecido em pacto antenupcial.

7.7.10. Questões comentadas

(Magistratura/GO – 2009 – FCC) No regime da comunhão parcial de bens, pertencem a ambos os cônjuges

(A) os frutos dos bens comuns percebidos na constância do casamento, ficando excluídos aqueles decorrentes dos bens particulares, ainda que percebidos na constância do casamento.

(B) somente os bens adquiridos na constância do casamento a título oneroso.

(C) os bens adquiridos na constância do casamento, por título oneroso, ainda que só em nome de um dos cônjuges e os adquiridos por fato eventual, mesmo sem o concurso de trabalho ou despesa anterior.

(D) os bens havidos por doação a um dos cônjuges e os adquiridos a título oneroso na constância do casamento.

(E) as benfeitorias em bens particulares de cada cônjuge e a herança que cada um deles receber, se não gravada com cláusula de incomunicabilidade.

A: incorreta, pois os frutos decorrentes dos bens particulares percebidos na constância do casamento pertencem a ambos os cônjuges (art. 1.660, V, do CC); **B:** incorreta, pois não são somente os bens adquiridos na constância do casamento a título oneroso (art. 1.660, I, II e III, do CC); **C:** correta, pois a assertiva reflete o disposto no art. 1.660, I e II, do CC; **D:** incorreta, pois os bens havidos por doação a um dos cônjuges ficam excluídos da comunhão (art. 1.659, I, do CC); **E:** incorreta, pois as benfeitorias em bens particulares pertence a ambos, mas a herança fica excluída da comunhão (art. 1.659, I, do CC).

Gabarito "C"

(Magistratura/MT – 2009 – VUNESP) Diva viveu maritalmente com Roberto entre agosto de 1991 e março de 1993, ocasião em que compraram juntos uma casa situada na rua Aurora. Após um período de separação, houve uma reconciliação e, visando formalizar a união, Diva e Roberto contraíram matrimônio no dia 17 de janeiro de 1995, firmando pacto antenupcial para a adoção do regime de separação de bens. Durante o casamento, venderam a casa da rua Aurora e com o dinheiro, Roberto adquiriu em seu nome a propriedade de uma casa situada na rua Consolação. Ocorre que Roberto hipotecou esse imóvel, sem outorga de Diva, em razão de seu regime de bens.

Diante desses fatos, assinale a alternativa correta.

(A) A Diva pertence a metade ideal do imóvel hipotecado, uma vez que foi adquirido por fruto da constância da união estável, o que deverá ser declarado em juízo.

(B) Roberto pode hipotecar o imóvel, visto que casado pelo regime de separação convencional de bens, não sendo possível opor-se Diva, resguardando-se direito de terceiros.

(C) A outorga uxória para a hipoteca não seria necessária se o regime de separação fosse o obrigatório, visto que afasta eventual comunhão dos aquestos.

(D) Diva não deve anuir com a hipoteca, uma vez que o bem não lhe pertence, mas apenas a Roberto, pois não houve comunhão dos bens adquiridos na constância do casamento.

(E) Independentemente do regime de bens, a outorga uxória é sempre necessária para gravar de ônus real o bem, ainda que este seja o de separação legal ou convencional de bens.

A alternativa A está correta, pois como o imóvel da rua Consolação foi adquirido com o valor da venda do imóvel que Diva e Roberto compraram juntos no período de união estável, o imóvel da rua Consolação pertence a ambos (art. 5º da Lei 9.278/96), independentemente do regime de bens adotado quando da celebração do casamento. Assim, como o imóvel da rua Consolação foi comprado somente por Roberto, que o hipotecou sem necessidade de outorga uxória (art. 1.647, I, do CC), e que o regime adotado é de separação de bens, haverá necessidade de declaração em juízo.

Gabarito "A"

(Magistratura/PE – 2011 – FCC) Sendo o casamento realizado sob o regime da comunhão parcial de bens, entram na comunhão aqueles adquiridos na constância da sociedade conjugal,

(A) apenas a título oneroso por ambos os cônjuges.

(B) considerados instrumentos de profissão pertencentes a cada um dos cônjuges.

(C) pela herança recebida por qualquer dos cônjuges, salvo cláusula testamentária impondo incomunicabilidade.

(D) por doação a qualquer dos cônjuges.

(E) por fato eventual, com ou sem o concurso de trabalho ou despesa anterior.

Art. 1.660, II, do CC.

Gabarito "E"

(Magistratura/PR – 2010 – PUC/PR) Sobre Regime de Bens entre cônjuges, assinale a alternativa INCORRETA.

(A) Exceto quando depender de suprimento judicial, ou em se tratando de casamento pelo regime da separação absoluta, nenhum dos cônjuges pode, sem autorização do outro, prestar fiança ou aval.

(B) No regime de participação final nos aquestos, cada cônjuge tem direito, na dissolução da sociedade conjugal, além do patrimônio próprio, à metade dos bens adquiridos pelo casal na constância do casamento, a título oneroso.

(C) Se não lhe seguir o casamento, o pacto antenupcial é ineficaz.

(D) Os bens doados ou herdados com cláusula de incomunicabilidade e os sub-rogados em seu lugar são excluídos da comunhão, exceto se for a universal.

A: correta, pois a assertiva reflete o disposto nos arts. 1.647, III, e 1.648, do CC; **B:** correta, pois a assertiva reflete o disposto no art. 1.672 do CC; **C:** correta, pois a assertiva reflete o disposto no art. 1.653 do CC; **D:** incorreta, devendo ser assinalada, pois os bens doados ou herdados com cláusula de inalienabilidade são excluídos também no regime da comunhão universal (art. 1.668, I, do CC).

Gabarito "D"

(Magistratura/SP – 2013 – VUNESP) Com relação ao regime de bens do casamento, é correto afirmar que

(A) qualquer que seja o regime de bens, nenhum cônjuge poderá, sem a autorização do outro, alienar ou onerar bens imóveis.

(B) no regime da comunhão parcial, entram na comunhão todos os bens adquiridos na constância do casamento.

(C) excluem-se da comunhão parcial as obrigações provenientes de atos ilícitos, salvo reversão em proveito do casal.

(D) a falta de autorização de um cônjuge para que o outro preste fiança, quando o regime não é o da separação absoluta de bens, torna nula a garantia, podendo essa nulidade ser alegada a qualquer tempo.

A: incorreta, pois tal regra não se coloca no regime de separação absoluta (art. 1.647, I, do CC); **B:** incorreta, pois há bens adquiridos na constância do casamento que não entram na comunhão, como os recebidos por doação ou sucessão, e os sub-rogados em seu lugar (art. 1.659, I, do CC); **C:** correta (art. 1.659, IV, do CC); **D:** incorreta, pois a falta de autorização "tornará anulável o ato praticado, podendo o outro cônjuge pleitear-lhe a anulação, até dois anos depois de terminada a sociedade conjugal" (art. 1.649, *caput*, do CC), ou seja, não se trata de ato nulo e sem prazo para ser alegado.

Gabarito "C"

(Magistratura/SP – 2009 – VUNESP) Com relação aos efeitos patrimoniais do casamento,

(A) o regime de bens pode ser alterado a qualquer momento, bastando o acordo entre os cônjuges e a autorização judicial.

(B) no regime da comunhão parcial, o aval, como a fiança, depende da concordância do cônjuge, sob pena de anulabilidade do ato, podendo o juiz supri-la se injustificável a recusa.

(C) independentemente do regime de bens, a alienação de imóveis não pode ser realizada por um dos cônjuges sem autorização do outro.

(D) se um dos cônjuges for incapaz, a alienação dos bens comuns pode ser feita pelo outro, independentemente de autorização judicial.

A: incorreta, pois a alteração do regime de bens somente é admissível mediante autorização judicial em pedido motivado e se apurada a procedência das razões invocadas (art. 1.639, § 2º, do CC); **B:** correta, pois a assertiva reflete o disposto nos arts. 1.647, III, e 1.648, do CC; **C:** incorreta, pois no regime de separação absoluta é possível a alienação de imóveis independentemente da autorização do cônjuge (art. 1.647, *caput*, do CC); **D:** incorreta, pois nesse caso caberá ao juiz (art. 1.648 do CC).

Gabarito "B"

(Ministério Público/CE – 2009 – FCC) José e Maria, ambos com cinquenta (50) anos de idade, casaram-se em 20 de dezembro de 2003, sem que fosse celebrado pacto antenupcial. Naquela época, o varão possuía em seu patrimônio um imóvel situado na rua X. Um ano após o casamento, José adquiriu outro imóvel, situado na rua Y, por escritura de venda e compra que em seguida foi registrada; Maria ganhou R$ 100.000,00 (cem mil reais) em sorteio da loteria e recebeu, por herança de seu pai, um imóvel situado na Rua K, e José recebeu, por herança de sua mãe, um imóvel na rua W. Pertencem a ambos os cônjuges

(A) todos os bens referidos.

(B) o imóvel situado na rua Y e o dinheiro obtido em sorteio.

(C) os imóveis situados nas ruas Y, K e W.

(D) os imóveis situados nas ruas X e Y e o dinheiro obtido em sorteio.

(E) o dinheiro obtido em sorteio e os imóveis situados nas ruas K e W.

O casamento celebrado sem realização de pacto antenupcial terá o regime de comunhão parcial de bens (art. 1.640, *caput*, do CC). No caso, como não houve pacto antenupcial, o regime é de comunhão parcial. De acordo com o disposto no art. 1.659, I, do CC, o imóvel adquirido antes do casamento, como no caso do imóvel situado na rua X, não se comunica. Os imóveis recebidos por herança, como no caso dos imóveis situados na Rua K e Rua W, também não se comunicam, conforme o disposto no art. 1.659, I, do CC. Já o imóvel adquirido após o casamento, como o imóvel situado na Rua Y, e o valor que Maria ganhou em sorteio, comunicam-se, nos termos do art. 1.660, I e II, do CC.

Gabarito "B"

(Ministério Público/PR – 2009) Em relação ao casamento, pode-se dizer:

(A) No regime de comunhão parcial, constituem bens privativos de cada cônjuge aqueles adquiridos antes do casamento, assim como os frutos e rendimentos decorrentes da propriedade ou posse de tais bens.

(B) As dívidas contraídas por um dos cônjuges para adquirir bens necessários à economia doméstica obrigam o outro, mas apenas em caráter subsidiário, inexistindo previsão legal de solidariedade pelo pagamento do débito assumido.

(C) Havendo divergência entre o interesse dos pais e do filho, o Ministério Público poderá requerer ao juiz a nomeação de curador especial, mesmo que se trate de questão pertinente ao exercício do poder familiar.

(D) No regime de separação de bens, ambos os cônjuges são obrigados a contribuir para as despesas do casal, na proporção dos rendimentos do seu trabalho e de seus bens, vedada estipulação em contrário no pacto antenupcial.

(E) n.d.a.

A: incorreta, pois no regime de comunhão parcial, os frutos e rendimentos decorrentes da propriedade ou posse de bens privativos entra na comunhão (art. 1.660, V, do CC); **B:** incorreta, pois a assertiva contraria o disposto no art. 1.663, § 1º, do CC; **C:** correta, pois a assertiva reflete o disposto no art. 1.692 do CC; **D:** incorreta, pois pode haver estipulação em contrário no pacto antenupcial, nos termos do art. 1.688 do CC; **E:** incorreta, pois a alternativa C está correta.

Gabarito "C"

(Ministério Público/SE – 2010 – CESPE) Um casal realizou pacto antenupcial sobre regime de bens. Mais tarde, esse pacto foi declarado nulo por defeito de forma. Nesse caso,

(A) vigorará o regime obrigatório de separação de bens.

(B) vigorará o regime da comunhão parcial de bens.

(C) os noivos deverão realizar novo pacto antenupcial.

(D) vigorará o regime da comunhão universal de bens.

(E) o casamento também será nulo.

Art. 1.640, *caput*, do CC.

Gabarito "B"

(Procurador do Estado/MT – FCC – 2011) Qualquer que seja o regime de bens, tanto o marido quanto a mulher sempre podem livremente

(A) praticar todos os atos de disposição e de administração necessários ao desempenho de sua profissão.

(B) administrar os bens próprios do outro cônjuge.

(C) desobrigar ou reivindicar os imóveis que tenham sido gravados ou alienados com o seu consentimento.

(D) reivindicar os bens imóveis comuns, doados pelo outro cônjuge ao concubino, desde que provado que os bens não foram adquiridos pelo esforço comum destes, se o casal estiver separado de fato por mais de cinco anos.

(E) demandar a rescisão dos contratos de fiança e doação, ou a invalidação do aval, realizados pelo outro cônjuge, ainda que com o seu consentimento.

A: incorreta (art. 1.642, I, do CC); **B:** incorreta (art. 1.642, II, do CC); **C:** incorreta (art. 1.642, III, do CC); **D:** correta (art. 1.642, V, do CC); **E:** incorreta (art. 1.642, IV, do CC).

Gabarito "D"

(Cartório/SP – 2011 – VUNESP) Analise as proposições apresentadas e assinale a alternativa correta.

I. No regime de separação absoluta, o marido pode alienar ou gravar imóveis sem autorização da cônjuge.

II. No regime de comunhão parcial de bens, o cônjuge pode alienar imóvel adquirido antes do casamento independentemente da autorização do outro.

III. No regime de comunhão parcial, o cônjuge depende da autorização do outro para prestar aval, ressalvada a possibilidade de obter suprimento judicial.

IV. No regime de comunhão parcial, é nula a venda de imóvel adquirido onerosamente no curso do matrimônio sem anuência do cônjuge.

(A) As alternativas I e III são falsas.

(B) As alternativas II e IV são verdadeiras.

(C) A alternativa I é verdadeira e a IV é falsa.

(D) apenas a alternativa IV é verdadeira.

I: correta (art. 1.647, *caput*, do CC); **II:** incorreta, pois o art. 1.647 do CC não excepciona o regime da comunhão parcial de bens, de modo que é necessária a autorização do cônjuge para a alienação de bens imóveis, ainda que adquiridos antes do casamento (vide Enunciado 340 do CJF); **III:** correta (art. 1.647, III, do CC). Mas note-se que nos termos no Enunciado 114 do CJF "O aval não pode ser anulado por falta de vênia conjugal, de modo que o inc. III do art. 1.647 apenas caracteriza a inoponibilidade do título ao cônjuge que não assentiu". Sobre o tema *vide* também Enunciado 132 do CJF; **IV:** incorreta, pois essa aquisição é anulável, podendo o outro cônjuge pleitear-lhe a anulação, até dois anos depois de terminada a sociedade conjugal (art. 1.649 do CC).

Gabarito "C"

(Cartório/SP – 2011 – VUNESP) Assinale a alternativa incorreta a respeito do regime de comunhão parcial.

(A) Entram na comunhão os frutos dos bens particulares de cada cônjuge, percebidos na constância do matrimônio.

(B) Exclui-se da comunhão a herança recebida pelo cônjuge na constância do casamento.

(C) Entra na comunhão a doação recebida pelo cônjuge na constância do matrimônio.

(D) Entra na comunhão o prêmio de loteria que o cônjuge ganhou.

A: correta (art. 1.660, V, do CC); **B:** correta (art. 1.659, I, do CC); **C:** incorreta (devendo ser assinalada, de acordo com o art. 1.659, I, do CC); **D:** correta (art. 1660, II, do CC)

Gabarito "C"

(Cartório/SP – 2012 – VUNESP) No regime da participação final nos aquestos,

(A) o direito à meação é penhorável na vigência do regime matrimonial.

(B) a administração dos bens móveis e imóveis que integram o patrimônio próprio é exclusiva de cada cônjuge, que os poderá livremente alienar.

(C) à época da dissolução do vínculo conjugal, cada cônjuge tem direito à metade dos bens adquiridos pelo casal a título oneroso ou gratuito, na constância do casamento.

(D) integram o patrimônio próprio os bens que cada cônjuge possuía ao casar e os por ele adquiridos, a qualquer título, na constância do casamento.

A: incorreta (art. 1,682); **B:** incorreta, pois a alienação só é livre se os bens forem móveis (art. 1.673, parágrafo único, e art. 1647, I,do CC); **C:** incorreta, pois não entram na comunhão os bens adquiridos a título gratuito (art. 1.672 do CC); **D:** correta (art. 1.673 do CC).

Gabarito "D"

(Analista – TRT/7ª – 2009 – FCC) Considere abaixo os regimes de bens no casamento.

I. Comunhão universal.

II. Separação obrigatória.

III. Separação convencional.

IV. Comunhão parcial.

De acordo com o Código Civil, não podem os cônjuges contratar sociedade entre si se casados sob o regime de bens indicado APENAS em

(A) I e II.

(B) II e III.

(C) I e IV.

(D) I, II e III.

(E) II, III e IV.

Art. 977 do CC.

Gabarito "A"

7.8. DISSOLUÇÃO DA SOCIEDADE CONJUGAL

7.8.1. Emenda Constitucional nº 66/2010

A redação antiga do art. 226, § 6º, da CF dispunha que "o casamento civil pode ser dissolvido pelo divórcio, após prévia separação judicial por mais de um ano nos casos expressos em lei, ou comprovada separação de fato por mais de dois anos".

Havia, então, duas espécies de divórcio, quais sejam:

a) o divórcio-conversão, que exigia mais de um ano de separação judicial, para que pudesse ser requerido;

b) divórcio-direto: que exigia mais de 2 anos de separação de fato, para que pudesse ser requerido.

No entanto, a EC 66/10 modificou a redação do dispositivo citado, para o fim de dispor o seguinte:

"O casamento pode ser dissolvido pelo divórcio".

Ou seja, o divórcio, agora, pode ser feito sem aguardar-se período de tempo e sem prévia separação judicial.

Ademais, tudo isso pode ser feito em Cartório Extrajudicial, com presença de advogado, e desde que sem filhos menores. Quanto ao assunto, o Enunciado n. 571 JDC/CJF traz relevante entendimento doutrinário acerca dos filhos menores ou incapazes: *Se comprovada a resolução prévia e judicial de todas as questões referentes aos filhos menores ou incapazes, o tabelião de notas poderá lavrar escrituras públicas de dissolução conjugal.*

A inexistência de menção à separação judicial no texto constitucional faz com que esse instituto possa ser considerado não recepcionado pela nova ordem constitucional. No entanto, para quem não pensa assim, pode-se dizer que o instituto da separação judicial cairá em desuso ou terá muito pouco uso, pois, se duas pessoas não querem mais ficar casadas, por que fariam, primeiro, a separação judicial, para depois fazer o divórcio, se podem, agora, passar direto para o divórcio, sem necessidade de esperar tempo algum, já que não há mais requisito temporal na Constituição Federal? De qualquer forma, a questão ainda encontra certa divergência no ordenamento, haja vista que o Conselho Federal de Justiça já se manifestou contra a extinção da separação, *in verbis*: A Emenda Constitucional n. 66/2010 não extinguiu o instituto da separação judicial e extrajudicial (Enunciado n. 514 JDC/CJF). Neste sentido, foram elaborados mais três Enunciados, a saber:

Enunciado n. 515 JDC/CJF: Pela interpretação teleológica da Emenda Constitucional n. 66/2010, não há prazo mínimo de casamento para a separação consensual.

Enunciado n. 516 JDC/CJF: Na separação judicial por mútuo consentimento, o juiz só poderá intervir no limite da preservação do interesse dos incapazes ou de um dos cônjuges, permitida a cindibilidade dos pedidos com a concordância das partes, aplicando-se esse entendimento também ao divórcio.

Enunciado n. 517 JDC/CJF: A Emenda Constitucional n. 66/2010 extinguiu os prazos previstos no art. 1.580 do Código Civil, mantido o divórcio por conversão.

O fato é que o chamado divórcio-relâmpago já pegou e vem sendo a tônica, agora, quando um casal não quer mais manter o casamento.

Nesse sentido, vale informar que o Conselho Nacional de Justiça, chamado a se manifestar sobre assunto, alterou a sua Resolução nº 35, para admitir o divórcio extrajudicial mesmo que não cumpridos os prazos de 2 anos de separação de fato (antigo divórcio-direto) e de 1 ano de separação judicial (antigo divórcio-conversão), não entrando no mérito se ainda existe a possibilidade de alguém preferir, antes do divórcio, promover separação judicial.

Na prática, a EC 66/10 vem sendo aplicada normalmente pelos Cartórios Extrajudiciais, para permitir o divórcio direto, sem necessidade de cumprir os prazos mencionados, tudo indicando que o instituto da separação judicial venha, como dito, no mínimo, a cair em desuso ou em pouquíssimo uso. Segue, para conhecimento, a decisão do CNJ sobre o assunto:

> "Ementa: Pedido de providências. Proposta de alteração da Resolução nº 35 do CNJ em razão do advento da Emenda Constitucional nº 66/2010. Supressão das expressões "separação consensual" e "dissolução da sociedade conjugal". Impossibilidade. Parcial procedência do pedido.
>
> – A Emenda Constitucional nº 66, que conferiu nova redação ao § 6º do art. 226 da Constituição Federal, dispõe sobre a dissolubilidade do casamento civil pelo divórcio, para suprimir o requisito de prévia separação judicial por mais de 01 (um) ano ou de comprovada separação de fato por mais de 02 (dois) anos.
>
> – Divergem as interpretações doutrinárias quanto à supressão do instituto da separação judicial no Brasil. Há quem se manifeste no sentido de que o divórcio passa a ser o único meio de dissolução do vínculo e da sociedade conjugal, outros tantos, entendem que a nova disposição constitucional não revogou a possibilidade da separação, somente suprimiu o requisito temporal para o divórcio.
>
> – Nesse passo, acatar a proposição feita, em sua integralidade, caracterizaria avanço maior que o recomendado, superando até mesmo possível alteração da legislação ordinária, que até o presente momento não foi definida.
>
> – Pedido julgado parcialmente procedente para propor a modificação da redação da Resolução nº 35 do Conselho Nacional de Justiça, de 24 de abril de 2007, que disciplina a aplicação da Lei nº 11.441/07 pelos serviços notariais e de registro, nos seguintes termos: a) seja retirado o artigo 53, que versa acerca do lapso temporal de dois anos para o divórcio direto e; b) seja conferida nova redação ao artigo 52, passando o mesmo a prever: "Os cônjuges separados judicialmente, podem, mediante escritura pública, converter a separação judicial ou extrajudicial em divórcio, mantendo as mesmas condições ou alterando-as. Nesse caso, é dispensável a apresentação de certidão atualizada do processo judicial, bastando a certidão da averbação da separação no assento do casamento." (CNJ, Pedido de Providências nº 0005060-32.2010.2.00.0000, j. 12.08.2010)"

7.8.2. Hipóteses de dissolução da sociedade conjugal e do casamento

Antes da mudança na Constituição Federal fazia mais sentido a distinção entre as hipóteses de dissolução da sociedade conjugal e as hipóteses de dissolução do casamento.

A dissolução da sociedade conjugal se dá nos seguintes casos (art. 1.571 do CC):

a) pela morte de um dos cônjuges;

b) pela nulidade ou anulação do casamento;

c) pela separação judicial;

d) pelo divórcio.

Já a dissolução do casamento, isto é, do vínculo matrimonial propriamente dito, se dá nas seguintes hipóteses (art. 1.571, § 1º, do CC):

a) pela morte de um dos cônjuges (inclusive presunção quanto ao ausente – abertura da sucessão definitiva);

b) pela nulidade ou anulação do casamento;

c) pelo divórcio.

Depois da EC 66/2010, a tendência é não mais se buscar a separação judicial, mas sim o divórcio diretamente, o que fará com que se extinga, ao mesmo tempo, a sociedade conjugal (e, portanto, os deveres conjugais e o regime patrimonial) e o casamento (o vínculo matrimonial).

7.8.3. Divórcio consensual

Quando um casal tem interesse comum em se divorciar, está-se diante de hipótese de divórcio consensual. Conforme já escrito, com a EC 66/10, esse casal não tem de esperar tempo algum, nem mesmo se submeter a prévia separação, para conseguir o divórcio. Basta que ingresse em juízo com esse pedido, ou que faça tal requerimento em cartório extrajudicial, se não houver filhos incapazes e desde que se façam representar por advogado, para que o divórcio aconteça.

Resta saber se é possível pedir o divórcio consensual no curso do primeiro ano de casamento. Para alguns doutrinadores isso não é possível, pois mesmo para a mera separação consensual a lei exige que se trate de duas pessoas casadas há mais de um ano (art. 1.574 do CC), quanto mais para o divórcio, que é providência mais forte. No entanto, entendemos que, como não há limitação nesse sentido no novo texto constitucional, não há que se cumprir esse requisito, apesar de pensarmos, no plano pessoal, que é absolutamente temerário duas pessoas se casarem e já buscarem a separação logo no primeiro ano de casamento, sem buscar, por mais tempo, meios de se entender como casal.

7.8.4. Divórcio não consensual

Situação diversa é aquela em que um quer se divorciar, e o outro, não. A jurisprudência vinha atenuando os rigores quanto aos requisitos para que alguém buscasse em juízo a separação de outrem, para o fim de entender que o simples fato de alguém buscar a separação já demonstra a impossibilidade da comunhão de vida, não sendo necessário que também demonstre grave violação dos deveres do casamento.

Esse entendimento decorre do fato de que há um princípio maior envolvido na temática, que é o princípio da liberdade.

Todavia, quem assim agisse, buscando a separação mesmo contra a vontade do outro, estaria sujeito às sanções cabíveis àquele que é o causador do fim do relacionamento, como perder o nome de casado e receber alimentos apenas para a sua subsistência.

Pois bem. Se assim o era com a separação judicial, também deve ser com relação ao divórcio relâmpago. O princípio da igualdade fará com que aquele que não mais deseje ficar casado tenha direito de ingressar com ação contra o outro cônjuge, para o fim de pedir o divórcio forçado, mas arcando com as consequências dessa sua ação, como as mencionadas no parágrafo anterior.

De qualquer forma, recomenda-se a leitura do disposto nos arts. 1.571 a 1.582 do Código Civil, pois algumas regras relativas à separação judicial podem aparecer num exame, ainda que, para nós, esse instituto não faça mais sentido hoje.

Por outro lado, faz-se necessário aguardar as decisões judiciais que se tomarão a respeito desse assunto a partir de agora, tratando-se de tema ainda muito aberto e que não deveria, ao menos em nossa opinião, ser objeto de certas perguntas em provas e exames neste momento.

7.8.5. Jurisprudência selecionada

DIREITO CIVIL. DESNECESSIDADE DE PARTILHA PRÉVIA DOS BENS NO DIVÓRCIO INDIRETO.

Não é necessária a prévia partilha de bens para a conversão da separação judicial em divórcio. De fato, a partir da interpretação dos arts. 31 e 43 da Lei n. 6.515/1977, tinha-se a regra de que a realização da partilha dos bens do casal era requisito para a convolação da separação judicial em divórcio. Foi justamente em razão desses dispositivos que a jurisprudência do STJ firmou-se no sentido de que apenas o divórcio direto independia da prévia partilha de bens, o que foi consolidado na Súmula 197 do STJ. Esse entendimento, embora restrito ao divórcio direto, já refletia a tendência atual de garantir cada vez mais autonomia aos direitos da personalidade, distanciando-os dos direitos eminentemente patrimoniais. As recentes reformas legislativas no âmbito do direito de família seguiram essa orientação. Nesse contexto, o CC/2002 regulou o divórcio de forma essencialmente diversa daquela traduzida pela legislação de 1977. Assim, o art. 1.580 do novo código civil passou a condicionar a concessão do divórcio indireto apenas a requisito temporal, qual seja, o transcurso do prazo de um ano entre o requerimento de conversão e a separação judicial ou medida cautelar equivalente; e o art. 1581 disciplinou expressamente a desnecessidade da prévia partilha de bens como condição para a concessão do divórcio. Isso porque a visão contemporânea do fenômeno familiar reconhece a importância das ações relacionadas ao estado civil das pessoas, como direitos de personalidade, a partir da proteção integral à dignidade da pessoa humana. Portanto, o estado civil de cada pessoa deve refletir sua realidade afetiva, desprendendo-se cada vez mais de formalidades e valores essencialmente patrimoniais. Estes, por sua vez, não ficam desprotegidos ou desprezados, devendo ser tratados em sede própria, por meio de ações autônomas. **REsp 1.281.236-SP, Rel. Min. Nancy Andrighi, julgado em 19/3/2013. (Inform. STJ 518)**

Conversão de Separação em Divórcio e Art. 36, II, da Lei 6.515/77

O Tribunal deu provimento a recurso extraordinário interposto contra acórdão proferido pelo Tribunal de Justiça de São Paulo que considerara que o descumprimento de obrigação assumida na separação continuava sendo causa impeditiva da conversão da separação em divórcio, uma vez que a regra do art. 36, II, da Lei 6.515/77 teria sido recepcionada pela CF/88 (*"Art. 36 - Do pedido referido no artigo anterior* [conversão de separação em divórcio], *será citado o outro cônjuge, em cuja resposta não caberá reconvenção. Parágrafo único - A contestação só pode fundar-se em: ... II - descumprimento das obrigações assumidas pelo requerente na separação."*). Entendeu-se que o mencionado dispositivo estaria em conflito com o art. 226, § 6º, da CF/88 (*"O casamento civil pode ser dissolvido pelo divórcio, após prévia separação judicial por mais de um ano nos casos expressos em lei, ou comprovada separação de fato por mais de dois anos."*). Asseverou-se que o divórcio diz respeito à dissolução do casamento e que a referência, contida no § 6º do art. 226 da CF, aos casos expressos em lei concerne à separação em si. Ressaltou-se, ademais, que o problema relativo ao descumprimento das prestações alimentícias, sejam anteriores à separação, sejam anteriores ou posteriores ao divórcio, há de ser resolvido por meio de execução. Em seguida, o Tribunal, por maioria, resolveu questão de ordem no sentido de assentar a não recepção da norma impugnada pela CF/88. Vencido, no ponto, o Min. Marco Aurélio, relator, que declarava a sua inconstitucionalidade e propugnava a comunicação formal da decisão ao Senado Federal. RE 387271/SP, rel. Min. Marco Aurélio, 8.8.2007. (RE-387271) (Inform. STF 475)

PAGAMENTO DE ALUGUERES. UTILIZAÇÃO EXCLUSIVA DE IMÓVEL DOS FILHOS POR UM DOS EX-CÔNJUGES.

Após a separação do casal, o genitor que reside em imóvel transferido aos filhos deve pagamento de alugueres (equivalente a 50% do valor da locação do imóvel) pelo usufruto isolado do patrimônio pertencente à prole. É que, embora o exercício do direito real de usufruto de imóvel de filho (baseado no poder familiar) seja atribuído aos pais conjuntamente, nos termos do art. 1.689, I, do CC, a aplicação direta dessa norma apenas é possível na constância do relacionamento; pois, findo o casamento ou a união estável, geralmente ocorre a separação física do casal, inviabilizando o exercício do usufruto de forma conjunta. Nessa hipótese, é factível a cobrança do equivalente à metade da locação do imóvel, pois a simples ocupação do bem por um dos ex-consortes representa impedimento de cunho concreto ou ainda psicológico à utilização simultânea do outro usufrutuário. REsp 1.098.864-RN, Rel. Min. Nancy Andrighi, julgado em 4/9/2012.(Inform. STJ 503)

SEPARAÇÃO JUDICIAL. PRESCRIÇÃO. CAUSA IMPEDITIVA.

A Turma negou provimento ao recurso especial por entender que a causa impeditiva da prescrição entre cônjuges descrita no art. 168, I, do CC/1916 cessa apenas com o divórcio, e não com a separação judicial. Segundo a Min. Relatora, essa causa subsiste enquanto o vínculo conjugal é mantido, o que ocorre apenas na hipótese de separação, já que o art. 1.571, § 1º, do CC/2002 expressamente prevê que o casamento válido só se dissolve pela morte de um dos cônjuges ou pelo divórcio. Frisou, ademais, que a possibilidade de restabelecimento da sociedade conjugal conferida pelo art. 46 da Lei n. 6.515/1977 aos casos de separação constitui razão suficiente para a manutenção da causa impeditiva. **REsp 1.202.691-MG, Rel. Min. Nancy Andrighi, julgado em 7/4/2011.** (Inform. STJ 468)

HC. PROIBIÇÃO. APROXIMAÇÃO. OFENDIDA.
Na cautelar de separação de corpos, proibiu-se ao paciente aproximar-se a menos de 300 metros de distância da autora e testemunhas (art. 22, III, a e b, da Lei n. 11.340/2006 – Lei Maria da Penha), com ressalvas apenas à visitação de seu genitor, morador do mesmo edifício em que ela reside, daí o ajuizamento da ordem de *habeas corpus*. Frente a isso, vê-se que a restrição, imposta para assegurar ao processo um fim útil, além de propiciar a própria garantia individual, tem forma legítima e foi precedida de expressa e fundamentada autorização do juízo. Pesa também a constatação de que, no âmbito de *habeas corpus*, não se permite o revolvimento dos aspectos de fato e prova. Com esses fundamentos, a Turma, por maioria, denegou a ordem. O voto vencido aludia à impossibilidade concreta de cumprimento da medida pelo paciente e concedia a anulação da decisão para que outra fosse proferida em termos mais condizentes com a viabilidade de seu acatamento. **HC 163.835-SP, Rel. Min. Aldir Passarinho Junior, julgado em 16/11/2010.** (Inform. STJ 456)

SEPARAÇÃO. PARTILHA. DESPROPORÇÃO. ANULAÇÃO.
A Turma conheceu parcialmente do recurso especial e, nessa extensão, deu-lhe provimento a fim de anular a partilha efetivada em decorrência de separação judicial, dada sua desproporcionalidade. *In casu*, a recorrente sustentou que as falsas declarações feitas pelo ex-marido e pelo advogado – que, à época, foi contratado para tutelar os interesses do casal e, posteriormente, passou a patrocinar o ex-marido na ação anulatória – quanto à saúde financeira das empresas do cônjuge varão viciaram sua percepção acerca da realidade subjacente ao negócio jurídico, levando-a a aceitar a divisão patrimonial desequilibrada, o que evidenciaria a ocorrência de dolo. Segundo a Min. Relatora, nos termos dos arts. 1.574, parágrafo único, do CC/2002 e 34, § 2º, da Lei n. 6.515/1977, o controle judicial sobre o ato de partilha é possível sempre que o prejuízo dele advindo representar violação do princípio da dignidade da pessoa humana. Contudo, sustenta que o desrespeito a esse preceito não pode se limitar às hipóteses em que um dos cônjuges é reduzido à condição de miserabilidade; é preciso considerar as circunstâncias do caso concreto, a partir da constatação de que a separação constitui um processo que envolve dor e perda, a ponto de influir na tomada de decisões sobre as relações dela decorrentes. **REsp 1.200.708-DF, Rel. Min. Nancy Andrighi, julgado em 4/11/2010.** (Inform. STJ 454)

FGTS. PARTILHA. INCLUSÃO.
A Turma proveu o recurso ao entendimento de que as verbas recebidas por ex-cônjuge na constância de casamento sob regime de comunhão universal devido à adesão a plano de demissão voluntária e recebimento de FGTS devem ser partilhadas no divórcio, *ex vi* dos arts. 263 e 265 do CC/1916. Precedentes citados: EREsp 421.801-RS, DJ 17/12/2004, e REsp 355.581-PR, DJ 23/6/2003. **REsp 781.384-RS, Rel. Min. Aldir Passarinho Junior, julgado em 16/6/2009.** (Inform. STJ 399)

INVENTÁRIO. SEPARAÇÃO DE FATO. UNIÃO ESTÁVEL.
A manutenção do indesejável condomínio patrimonial entre os cônjuges após a separação de fato, além de não ser de bom senso, é incompatível com a orientação do novo Código Civil, pois, em seu art. 1.723, § 1º, é reconhecida a possibilidade de união estável estabelecida nesse mesmo período (sob regime da comunhão parcial de bens, à falta de contrato escrito, conforme dispõe o art. 1.725 do CC/2002). Então, no regime de comunhão universal, a comunicação de bens e dívidas deve cessar tão logo se dê a ruptura da vida em comum, respeitado, é claro, o direito à meação do patrimônio adquirido na constância da vida conjugal. Dessa forma, na hipótese, a recorrida não faz jus à meação de bens havidos por seu marido na qualidade de herdeiro do irmão, visto que se encontrava separada de fato há mais de seis anos quando transmitida a herança (tempo suficiente ao divórcio direto, conforme o art. 40 da Lei n. 6.515/1977), quanto mais diante do fato de o irmão do falecido ter estabelecido, nesse período, união estável com outra pessoa: é evidente a incompatibilidade de manutenção dos dois regimes. Reconhecer a possibilidade de comunicação seria corroborar o enriquecimento sem causa, porquanto esse patrimônio foi adquirido individualmente pelo irmão do falecido, sem a colaboração da recorrida. Anote-se, por último, que, em regra, não se deve reter o recurso especial oriundo de decisão interlocutória proferida em inventário, porque esse procedimento encerra-se sem que haja, propriamente, uma decisão final de mérito, o que inviabiliza a reiteração futura de razões recursais. Precedentes citados: MC 4.014-BA, DJ 5/11/2001; REsp 226.288-PA, DJ 30/10/2000; REsp 140.694-DF, DJ 15/12/1997; REsp 32.218-SP, DJ 3/9/2001; REsp 127.077-ES, DJ 10/11/1997, e REsp 60.820-RJ, DJ 14/8/1995. **REsp 555.771-SP, Rel. Min. Luis Felipe Salomão, julgado em 5/5/2009.** (Inform. STJ 393)

SEPARAÇÃO JUDICIAL. CULPA. QUEBRA. SIGILO. TELEFÔNICO.
Em audiência de instrução e julgamento da ação de separação litigiosa, o juízo deferiu o pedido formulado pela autora da ação (cônjuge varoa) de solicitar à companhia de telefonia móvel local o extrato das

ligações realizadas e recebidas pelo varão, isso com o desiderato de demonstrar a culpa dele na falência conjugal. Diante do fato de que, até ser julgado o agravo retido (art. 523, § 3º, do CPC) que opôs aquela decisão, seu direito líquido e certo à intimidade, tal como previsto na CF/1988, estaria certamente violado, o varão aviou o mandado de segurança, denegado pelo Tribunal *a quo*, razão pela qual interpôs o recurso. Posto isso, vê-se, primeiramente, que cabível o *mandamus*, pois, na hipótese, é inútil o julgamento do agravo retido, porque o Tribunal *a quo* só poderá examiná-lo quando da apelação, que não foi sequer interposta, ocasião em que o ato impugnado já terá produzido seus efeitos. Vê-se também que o acórdão recorrido merece ser reformado, pois, tanto pela inutilidade da prova ao fim que se destina, quanto pela violação da intimidade do impetrante, a quebra do sigilo telefônico não se justifica diante das circunstâncias em que requerida. Almeja-se a quebra para provar a culpa do varão, o que só tem influência decisiva na fixação de alimentos ao culpado (art. 1.704 do CC/2002), pois já demonstrado seu desinteresse na manutenção do casamento. Assim, verificado que se busca a prestação dos alimentos pelo varão em favor da ex-esposa, há que tachar de desnecessária a prova, que em nada beneficiaria quem a requereu. Anote-se que a pensão não é aferida em razão da medida de culpabilidade (pensão não é pena), mas sim pela possibilidade de prestá-la associada à necessidade de recebê-la. **RMS 28.336-SP, Rel. Min. João Otávio de Noronha, julgado em 24/3/2009.** (Inform. STJ 388)

SEPARAÇÃO. CONVERSÃO. DIVÓRCIO. PARTILHA.

Trata-se de conversão de separação em divórcio, sendo incontroverso o decurso de tempo exigido pela lei. Alega a recorrente que o recorrido não adimpliu a obrigação firmada em acordo, qual seja, a transferência do imóvel do casal para a ex-esposa e seus filhos. Frente a isso, a Turma não conheceu do recurso por entender correto o acórdão *a quo*, no qual se assentou que as disposições do art. 36, II, da Lei n. 6.515/1977 continuam exigíveis em face da CF/1988, desde que as obrigações firmadas no acordo de separação não possam ser reclamadas por outros meios. Logo, como a autora, ora recorrente, poderia utilizar-se de ação própria para exigir aquela obrigação de fazer assumida pelo autor, ora recorrido, em ato de deliberação de partilha, incabível a invocação do referido dispositivo legal para impedir a decretação do divórcio. Ademais, no acordo de separação, homologado judicialmente, foi definida a partilha dos bens do casal. Contudo, a pendência referente à transferência do bem imóvel não configura causa impeditiva para a conversão, salvo demonstrado grave prejuízo. Precedentes citados: REsp 663.955-PE, DJ 23/5/2005, e REsp 236.225-DF, DJ 2/2/2004. **REsp 207.682-SP, Rel. Min. Luís Felipe Salomão, julgado em 20/11/2008.** (Inform. STJ 377)

EXECUÇÃO. PARTILHA. EMBARGOS. TERCEIRO. COMPANHEIRA.

Trata-se de embargos de terceiro opostos em execução de sentença de divórcio que homologou a partilha de bens do casal embargado. A companheira alega que ajudou monetariamente na compra da meação de fazenda que a ex-esposa vendeu antecipadamente (depois ela questionou a meação na conversão da separação em divórcio). Impugna estar sendo partilhado imóvel de sua posse e propriedade e, acolhido o pleito da ex-esposa, a partilha agora encontra-se em fase de execução. Afirma que mantém união estável desde a separação do companheiro, pai de seus dois filhos. Por outro lado, a recorrida (ex-esposa), em sua defesa, expõe que o imóvel rural objeto do litígio foi adquirido na constância do casamento dos embargados, ou seja, em data anterior ao advento da união estável. Isso posto, discute-se, no REsp, a possibilidade ou não da utilização dos embargos de terceiro (via estreita) para a defesa de propriedade. O Tribunal *a quo* firmou convencimento de que, na ausência de documento que comprove a participação da companheira no negócio alegado, ela deve ajuizar ação própria para reaver as perdas, comprovando, até por meio do companheiro, o negócio; outrossim, se existe direito na execução do ressarcimento da meação paga pelo imóvel, esse direito é unicamente do ex-marido, e não da companheira estranha à lide. Para a Min. Relatora, embora a controvérsia, como trazida pela recorrente, comporte análise e questionamentos, verifica-se que não foi comprovado seu direito subjetivo nas instâncias ordinárias, o que não pode ser revisto nesse recurso, mas em pleito processual adequado. Pelo exposto, a Turma não conheceu do recurso. **REsp 1.057.799-RN, Rel. Min Nancy Andrighi, julgado em 21/10/2008.** (Inform. STJ 373)

DIVÓRCIO DIRETO. USO. NOME. MARIDO. MULHER.

O Tribunal *a quo*, em embargos de declaração, decidiu que, no divórcio direto, a continuação do uso do nome de casada pela mulher constitui uma faculdade. Ademais, como assinalado na ementa do acórdão impugnado, a ora embargada foi casada durante 45 anos e, já com 70 anos de idade, o nome se incorporou à sua personalidade. Assim, o acórdão recorrido fundou-se nos elementos probatórios constantes dos autos, não cabendo a este Superior Tribunal revolvê-los a teor da Súm. n. 7-STJ. A Turma não conheceu do recurso. **REsp 241.200-RJ, Rel. Min. Aldir Passarinho Junior, julgado em 4/4/2006.** (Inform. STJ 280)

7.8.6. Quadro sinótico

Dissolução do vínculo matrimonial

1.Hipóteses:

a) morte;

b) nulidade/anulabilidade do casamento

c) divórcio

Obs: a separação apenas dissolve a sociedade conjugal, mas não o vínculo.

2. EC 66/10: alterou o art. 226, §6° da CF, o qual anteriormente previa que o divórcio apenas poderia ser pleiteado após um ano da separação judicial ou dois anos da separação de fato. Com a mudança, o dispositivo simplesmente prevê que "o casamento pode ser dissolvido pelo divórcio". Assim, a posição majoritária é pela extinção da separação judicial/extrajudicial em nosso sistema. Contudo, o entendimento ainda é divergente, haja vista que o Conselho Federal de Justiça já posicionou pela manutenção do instituto (Enunciado 514 JDC/CJF);

3.Espécies de divórcio:

a) Consensual: basta pedido dos cônjuges, independentemente de prazo. Pode ser feito judicial ou extrajudicialmente, desde que não haja filhos menos ou incapazes. Em ambos os casos deve haver representação de advogado.

b) Não consensual: também chamado de divórcio litigioso, far-se-á por meio de ação judicial, independentemente do tempo de casamento.

7.9. UNIÃO ESTÁVEL

A união estável tem natureza jurídica de entidade familiar (art. 226, § 3º, da CF).

O conceito tradicional de união estável é o seguinte: *consiste na convivência pública, contínua e duradoura entre um homem e uma mulher, com o objetivo de constituição de família* (art. 1.723 do CC).

Todavia, esse conceito, hoje, deve levar em conta o posicionamento do STF acerca da união estável homoafetiva. Com efeito, o Excelso Pretório, na ADI 4.277 e na ADPF 132, julgadas em 05.05.2011, tomou a seguinte decisão: pela procedência das ações e com efeito vinculante, no sentido de dar interpretação conforme a Constituição Federal *para excluir qualquer significado do artigo 1.723 do Código Civil que impeça o reconhecimento da união entre pessoas do mesmo sexo como entidade familiar.* A decisão foi reproduzida no Informativo n. 625 do STF:

RELAÇÃO HOMOAFETIVA E ENTIDADE FAMILIAR - 1

A norma constante do art. 1.723 do Código Civil — CC ("*É reconhecida como entidade familiar a união estável entre o homem e a mulher, configurada na convivência pública, contínua e duradoura e estabelecida com o objetivo de constituição de família*") não obsta que a união de pessoas do mesmo sexo possa ser reconhecida como entidade familiar apta a merecer proteção estatal. Essa a conclusão do Plenário ao julgar procedente pedido formulado em duas ações diretas de inconstitucionalidade ajuizadas, respectivamente, pelo Procurador-Geral da República e pelo Governador do Estado do Rio de Janeiro. Preliminarmente, conheceu-se de arguição de preceito fundamental — ADPF, proposta pelo segundo requerente, como ação direta, tendo em vista a convergência de objetos entre ambas as ações, de forma que as postulações deduzidas naquela estariam inseridas nesta, a qual possui regime jurídico mais amplo. Ademais, na ADPF existiria pleito subsidiário nesse sentido. Em seguida, declarou-se o prejuízo de pretensão originariamente formulada na ADPF consistente no uso da técnica da interpretação conforme a Constituição relativamente aos artigos 19, II e V, e 33 do Estatuto dos Servidores Públicos Civis da aludida unidade federativa (Decreto-lei 220/75). Consignou-se que, desde 2007, a legislação fluminense (Lei 5.034/2007, art. 1º) conferira aos companheiros homoafetivos o reconhecimento jurídico de sua união. Rejeitaram-se, ainda, as preliminares suscitadas. ADI 4277/DF, rel. Min. Ayres Britto, 4 e 5.5.2011. (ADI-4277) ADPF 132/RJ, rel. Min. Ayres Britto, 4 e 5.5.2011. (ADPF-132)

RELAÇÃO HOMOAFETIVA E ENTIDADE FAMILIAR - 2

No mérito, prevaleceu o voto proferido pelo Min. Ayres Britto, relator, que dava interpretação conforme a Constituição ao art. 1.723 do CC para dele excluir qualquer significado que impeça o reconhecimento da união contínua, pública e duradoura entre pessoas do mesmo sexo como entidade familiar, entendida esta como sinônimo perfeito de família. Asseverou que esse reconhecimento deveria ser feito segundo as mesmas regras e com idênticas consequências da união estável heteroafetiva. De início, enfatizou que a Constituição proibiria, de modo expresso, o preconceito em razão do sexo ou da natural diferença entre a mulher e o homem. Além disso, apontou que fatores acidentais ou fortuitos, a exemplo da origem social, idade, cor da pele e outros, não se caracterizariam como causas de merecimento ou de desmerecimento intrínseco de quem quer que fosse. Assim, observou que isso também ocorreria quanto à possibilidade da concreta utilização da sexualidade. Afirmou, nessa perspectiva, haver um direito constitucional líquido e certo à isonomia entre homem e mulher: a) de não sofrer discriminação pelo fato em si da contraposta conformação anátomo-fisiológica; b) de fazer ou deixar de fazer uso da respectiva sexualidade; e c) de, nas situações de uso emparceirado da se-xualidade, fazê-lo com pessoas adultas do mesmo sexo, ou não. ADI 4277/DF, rel. Min. Ayres Britto, 4 e 5.5.2011. (ADI-4277) ADPF 132/RJ, rel. Min. Ayres Britto, 4 e 5.5.2011. (ADPF-132)

RELAÇÃO HOMOAFETIVA E ENTIDADE FAMILIAR - 3

Em passo seguinte, assinalou que, no tocante ao tema do emprego da sexualidade humana, haveria liberdade do mais largo espectro ante silêncio intencional da Constituição. Apontou que essa total ausência de previsão normativo-constitucional referente à fruição da preferência sexual, em primeiro lugar, possibilitaria a incidência da regra de que "tudo aquilo que não estiver juridicamente proibido, ou obrigado, está juridicamente permitido". Em segundo lugar, o emprego da sexualidade humana diria respeito à intimidade e à vida privada, as quais seriam direito da personalidade e, por último, dever-se-ia considerar a âncora normativa do § 1º do art. 5º da CF. Destacou, outrossim, que essa liberdade para dispor da própria sexualidade inserir-se-ia no rol dos direitos fundamentais do indivíduo, sendo direta emanação do princípio da dignidade da pessoa humana e até mesmo cláusula pétrea. Frisou que esse direito de exploração dos potenciais da própria sexualidade seria exercitável tanto no plano da intimidade (absenteísmo sexual e onanismo) quanto da privacidade (intercurso sexual). Asseverou, de outro lado, que o século XXI já se marcaria pela preponderância da afetividade sobre a biologicidade. Ao levar em conta todos esses aspectos, indagou se a Constituição sonegaria aos parceiros homoafetivos, em estado de prolongada ou estabilizada união — realidade há muito constatada empiricamente no plano dos fatos —, o mesmo regime jurídico protetivo conferido aos casais heteroafetivos em idêntica situação. ADI 4277/DF, rel. Min. Ayres Britto, 4 e 5.5.2011. (ADI-4277) ADPF 132/RJ, rel. Min. Ayres Britto, 4 e 5.5.2011. (ADPF-132)

RELAÇÃO HOMOAFETIVA E ENTIDADE FAMILIAR - 4

Após mencionar que a família deveria servir de norte interpretativo para as figuras jurídicas do casamento civil, da união estável, do planejamento familiar e da adoção, o relator registrou que a diretriz da formação dessa instituição seria o não atrelamento a casais heteroafetivos ou a qualquer formalidade cartorária, celebração civil ou liturgia religiosa. Realçou que família seria, por natureza ou no plano dos fatos, vocacionalmente amorosa, parental e protetora dos respectivos membros, constituindo-se no espaço ideal das mais duradouras, afetivas, solidárias ou espiritualizadas relações humanas de índole privada, o que a credenciaria como base da sociedade (CF, art. 226, *caput*). Desse modo, anotou que se deveria extrair do sistema a proposição de que a isonomia entre casais heteroafetivos e pares homoafetivos somente ganharia plenitude de sentido se desembocasse no igual direito subjetivo à formação de uma autonomizada família, constituída, em regra, com as mesmas notas factuais da visibilidade, continuidade e durabilidade (CF, art. 226, § 3º: "*Para efeito da proteção do Estado, é reconhecida a união estável entre o homem e a mulher como entidade familiar, devendo a lei facilitar sua conversão em casamento*"). Mencionou, ainda, as espécies de família constitucionalmente previstas (art. 226, §§ 1º a 4º), a saber, a constituída pelo casamento e pela união estável, bem como a monoparental. Arrematou que a solução apresentada daria concreção aos princípios da dignidade da pessoa humana, da igualdade, da liberdade, da proteção das minorias, da não discriminação e outros. O Min. Celso de Mello destacou que a consequência mais expressiva deste julgamento seria a atribuição de efeito vinculante à obrigatoriedade de reconhecimento como entidade familiar da união entre pessoas do mesmo sexo. ADI 4277/DF, rel. Min. Ayres Britto, 4 e 5.5.2011. (ADI-4277) ADPF 132/RJ, rel. Min. Ayres Britto, 4 e 5.5.2011. (ADPF-132)

RELAÇÃO HOMOAFETIVA E ENTIDADE FAMILIAR - 5

Por sua vez, os Ministros Ricardo Lewandowski, Gilmar Mendes e Cezar Peluso, Presidente, embora reputando as pretensões procedentes, assentavam a existência de lacuna normativa sobre a questão. O primeiro enfatizou que a relação homoafetiva não configuraria união estável — que impõe gêneros diferentes —, mas forma distinta de entidade familiar, não prevista no rol exemplificativo do art. 226 da CF. Assim, considerou cabível o mecanismo da integração analógica para que sejam aplicadas às uniões homoafetivas as prescrições legais relativas às uniões estáveis heterossexuais, excluídas aquelas que exijam a diversidade de sexo para o seu exercício, até que o Congresso Nacional lhe dê tratamento legislativo. O segundo se limitou a reconhecer a existência dessa união por aplicação analógica ou, na falta de outra possibilidade, por interpretação extensiva da cláusula constante do texto constitucional (CF, art. 226, § 3º), sem se pronunciar sobre outros desdobramentos. Ao salientar que a ideia de opção sexual estaria contemplada no exercício do direito de liberdade (autodesenvolvimento da personalidade), acenou que a ausência de modelo institucional que permitisse a proteção dos direitos fundamentais em apreço contribuiria para a discriminação. No ponto, ressaltou que a omissão da Corte poderia representar agravamento no quadro de desproteção das minorias, as quais estariam tendo seus direitos lesionados. O Presidente aludiu que a aplicação da analogia decorreria da similitude factual entre a união estável e a homoafetiva, contudo, não incidiriam todas as normas concernentes àquela entidade, porque não se trataria de equiparação. Evidenciou, ainda, que a presente decisão concitaria a manifestação do Poder Legislativo. Por fim, o Plenário autorizou que os Ministros decidam monocraticamente os casos idênticos. ADI 4277/DF, rel. Min. Ayres Britto, 4 e 5.5.2011. (ADI-4277) ADPF 132/RJ, rel. Min. Ayres Britto, 4 e 5.5.2011. (ADPF-132) (Inform. STF 625)

O *decisum* teve por fundamento o art. 3º, IV, da CF, que veda qualquer tipo de discriminação.

Como consequência, a união estável homoafetiva passa a ter a mesma regulamentação da união estável entre homem e mulher (deveres dos companheiros, alimentos, sucessões, ambas tramitam em varas de família - Enunciado n. 524 JDC/CJF - etc.). Aliás, há até quem entenda que o instituto da conversão da união estável em casamento também possa se dar quanto às uniões estáveis homoafetivas, questão que ainda vai gerar muito debate, pois tal entendimento significaria dizer que é possível não só a união estável homoafetiva, como também o casamento homoafetivo. A doutrina já se posicionou a favor da conversão: *É possível a conversão de união estável entre pessoas do mesmo sexo em casamento, observados os requisitos exigidos para a respectiva habilitação (Enunciado n. 526 JDC/CJF).*

Na prática, algumas conversões de união estável homoafetiva em casamento já foram autorizadas pelo Poder Judiciário, mas a questão ainda não chegou a ser conhecida pelo STF, que, por enquanto, só assegurou a possibilidade de haver uma união estável entre pessoas do mesmo sexo.

Em relação ao histórico da união estável, nosso direito passou por várias fases. Num primeiro momento não havia direito algum para quem estivesse numa relação dessas, mas apenas restrições. Em seguida, passou-se a denominar esse tipo de relação como "concubinato", passando a jurisprudência, aos poucos, a conferir certos direitos, principalmente à concubina. Confira, nesse sentido, a Súmula 380 do STF: "comprovada a existência da sociedade de fato entre os concubinos, é cabível sua dissolução judicial com a partilha do patrimônio adquirido pelo esforço comum".

Sobreveio a Constituição de 1988, que, em seu art. 226, § 3º, estabeleceu que, "para efeito de proteção do Estado, é reconhecida a união estável entre o homem e a mulher como entidade familiar, devendo a lei facilitar sua conversão em casamento".

Com o advento da Constitiuição de 1988, a terminologia mudou. Passou-se a usar a expressão "união estável", reservando a expressão "concubinato" para as relações estáveis entre duas pessoas impedidas de se casar. Por exemplo, "A" e "B" são casados, mas "B" mantém "C" como amante, não estão cumpridos os requisitos de uma união estável. Nesse caso, entre "B" e "C" tem-se um concubinato, que não gera os direitos da união estável.

Em seguida veio a Lei 8.971/94, que regulamentou o *conceito* de união estável (exigindo cinco anos ou existência de filho comum), os *direitos sucessórios* (usufruto de parte de bens deixados pelo companheiro e herança, na falta de ascendentes ou descendentes do companheiro falecido) e direito à *metade* de certos bens em caso de falecimento do companheiro (companheiro sobrevivente passa a ter direito à metade dos bens resultantes de atividade decorrente do esforço comum).

Dois anos depois adveio a Lei 9.278/96, mudando o *conceito* de união estável (sem exigir requisito temporal, mas apenas a convivência duradoura, pública e contínua, de homem e mulher, com o objetivo de constituir família). Quanto aos direitos, estabelece o direito à meação, já na constância da união estável, de certos bens; estabelece o direito de administração comum dos bens comuns; estabelece o direito a alimentos em caso de dissolução da sociedade conjugal; estabelece o direito real de habitação sobre o imóvel de residência da família, em caso de falecimento do companheiro (Em reforço ao direito real de habitação do companheiro, colaciona-se o Enunciado n. 117 JDC/CJF: O direito real de habitação deve ser estendido ao companheiro, seja por não ter sido revogada a previsão da Lei n. 9.278/96, seja em razão da interpretação analógica do art. 1.831, informado pelo art. 6º, *caput*, da CF/88); estabelece regra sobre a conversão da união estável e casamento; e institui o segredo de justiça para as ações e a vara de família como juízo delas.

Por fim, adveio o **atual Código Civil**, que, em seus arts. 1.723 a 1.727, estabelece uma série de regras sobre a união estável. Confira:

a) quanto ao *conceito* desta, manteve o conceito trazido pela Lei 9.278/96;

b) quanto aos impedimentos, estabelece que a união estável não se configura quando ocorrerem os *impedimentos* para o casamento; no entanto, caso alguém seja casado, mas separado de fato ou judicialmente, nada impede que esse alguém constitua uma união estável; repare que a existência de *causas suspensivas* não impede a configuração da união estável;

c) estabelece os deveres dos companheiros (lealdade, respeito e assistência, guarda, sustento e educação dos filhos);

d) estabelece o regime de comunhão parcial de bens (igual ao casamento);

e) estabelece regra sobre a conversão da união estável em casamento;

f) estabelece o conceito de concubinato ("relações não eventuais entre o homem e a mulher, impedidos de casar").

O art. 1.790 do CC trata dos direitos sucessórios do companheiro, estabelecendo que "a companheira ou o companheiro participará da sucessão do outro, quanto aos bens adquiridos onerosamente na vigência da união estável, nas condições seguintes: a) se concorrer com filhos comuns, terá direito a uma quota equivalente à que por lei for atribuída ao filho; b) se concorrer com descendentes só do autor da herança, tocar-lhe-á a metade do que couber a cada um daqueles; c) se concorrer com outros parentes sucessíveis, terá direito a um terço da herança; d) não havendo parentes sucessíveis, terá direito à totalidade da herança.

O Código Civil também estabelece que é possível ingressar com ação de dissolução de união estável, podendo o companheiro ingressante, comprovando a necessidade, requerer previamente cautelar de separação de corpos (art. 1.562 do CC).

Outra regra sobre a união estável encontra-se no art. 1.595, § 2º do CC, pelo qual "na linha reta, a afinidade não se extingue com a dissolução do casamento ou da união estável".

Quanto aos **requisitos** da configuração da união estável, são os seguintes:

a) inexistência de impedimento para o casamento, ressalvada a situação de alguém casado, que esteja separado de fato ou judicialmente;

b) diversidade de sexos: esse requisito está superado após a decisão do STF mencionada, que admite a união estável entre pessoas do mesmo sexo (união homoafetiva);

c) continuidade das relações sexuais: requisito implícito;

d) convivência duradoura: estabilidade na relação;

e) convivência pública: notoriedade de afeições recíprocas; pode ser convivência notória, porém discreta, limitada ao conhecimento de amigos, familiares e vizinhos; não requer publicidade, mas não pode se tratar de uma relação absolutamente secreta;

f) objetivo de constituir família: não se configura simplesmente pelo fato de suas pessoas dividirem despesas; também não é necessário que se queira ter filhos; mas há necessidade de formar uma parceria de natureza afetivo-amorosa com caráter duradouro.

A **prova** da união estável pode se dar de variadas maneiras, tais como pela certidão de nascimento de filho comum, certidão de casamento religioso, contrato de locação de imóvel residencial, declaração de dependência no INSS/IR, contrato de plano de saúde, correspondência, fotos e recibos; testamento etc.

Caso os companheiros queiram um reconhecimento formal de sua relação, mas não seja o caso de ingressar com ação de dissolução de união estável, podem ingressar com uma ação declaratória de existência de união estável ou com ação de justificação judicial (arts. 861 a 866 do CPC).

As novas disposições do Código Civil sobre união estável valem para uniões em curso quando de sua entrada em vigor, respeitadas, naturalmente, situações jurídicas já consolidadas com base na lei anterior.

Quanto aos **deveres pessoais**, os companheiros devem obedecer aos seguintes deveres:

a) lealdade e respeito: a fidelidade está implícita;

b) assistência: tanto a moral como a material (dever alimentar);

c) guarda, sustento e educação dos filhos.

A coabitação não é dever absoluto, não sendo sequer necessária à caracterização da união estável, conforme entendimento do STF (Súmula nº 382).

Quanto ao **regime patrimonial**, temos as seguintes regras:

a) os companheiros poderão estabelecer o regime patrimonial de sua relação, o que deve ser feito mediante contrato escrito; não é necessário que se trate de uma escritura pública, podendo ser mero escrito particular; no entanto, é muito comum que esse documento seja produzido em Cartório de Títulos e Documentos, como forma de se garantir o arquivamento de uma cópia do documento em registro público;

b) caso não haja contrato escrito especificando as regras do regime patrimonial entre os companheiros, aplicar-se-á às relações patrimoniais, no que couber, o regime de comunhão parcial de bens (art. 1.725 do CC); ou seja, não será necessário verificar quais bens foram adquiridos com o esforço comum dos companheiros, como se fazia no passado, adotando-se o regime jurídico da comunhão parcial de bens, pelo qual, como regra, comunicam-se os bens adquiridos na constância da união estável. Nesta esteira, elenca-se o Enunciado n. 115 JDC/CJF: Há presunção de comunhão de aquestos na constância da união extramatrimonial mantida entre os companheiros, sendo desnecessária a prova do esforço comum para se verificar a comunhão dos bens. Ademais, na união estável o regime patrimonial obedecerá à norma vigente no momento da aquisição de cada bem, salvo contrato escrito (Enunciado n. 346 JDC/CJF).

Por fim, vale trazer à tona os principais **efeitos jurídicos** da união estável:

a) gera o direito a alimentos (arts. 1.694 e 1.708 do CC);

b) gera direito à sucessão do outro, nos termos do art. 1.790 do CC, já mencionado;

c) estabelece o regime de comunhão parcial de bens, salvo contrato escrito entre os companheiros (art. 1.725 do CC);

d) confere direito real de habitação sobre o imóvel de residência da família, em caso de falecimento do companheiro (art. 7º, parágrafo único, da Lei 9.278/96); tal direito favorece o companheiro sobrevivente enquanto sobreviver ou não constituir nova união ou casamento;

e) permite que o convivente tenha direito de usar o nome do outro (art. 57 da Lei 6.015/73);

f) assegura ao companheiro a condição de dependente para os fins legais (ex.: imposto de renda; benefício previdenciário);

g) outorga ao companheiro o direito de continuar a locação, havendo morte do outro (art. 11, I, da Lei 8.245/91);

h) obriga os companheiros a declarar a existência de união estável nos instrumentos com terceiros, sob pena de configurar má-fé;

i) permite o uso de cautelar para afastar o outro do lar (art. 798 do CPC e art. 1.562 do CC);

j) permite a adoção;

k) legitima o companheiro prejudicado a ingressar com embargos de terceiro para excluir sua meação de eventual penhora indevida;

l) faculta aos companheiros o direito de pleitear a conversão da união estável em casamento, mediante pedido destes ao juiz e assento no Registro Civil (art. 1.726 do CC);

m) impõe aos companheiros os deveres especiais previstos no art. 1.724 do CC (lealdade, respeito etc.).

7.9.1. Jurisprudência selecionada

Súmula STF nº 382

A vida em comum sob o mesmo teto, "more uxorio", não é indispensável à caracterização do concubinato.

AG.REG. NO ARE N. 767.095-DF
RELATOR: MIN. RICARDO LEWANDOWSKI

EMENTA: AGRAVO REGIMENTAL NO RECURSO EXTRAORDINÁRIO COM AGRAVO. DIREITO CIVIL. RECONHECIMENTO DE UNIÃO ESTÁVEL. PARTILHA DE BENS. ANÁLISE DE NORMA INFRACONSTITUCIONAL. OFENSA INDIRETA. REEXAME DO CONJUNTO FÁTICO-PROBATÓRIO DOS AUTOS. IMPOSSIBILIDADE. SÚMULA 279 DO STF. ALEGADA VIOLAÇÃO AO ART. 5º, XXXV, LIV E LV, DA CONSTITUIÇÃO. OFENSA REFLEXA. AGRAVO IMPROVIDO.

I - Esta Corte firmou orientação no sentido de ser inadmissível, em regra, a interposição de recurso extraordinário para discutir matéria relacionada à ofensa aos princípios constitucionais do devido processo legal, da ampla defesa, do contraditório e da prestação jurisdicional, quando a verificação dessa alegação depender de exame prévio de legislação infraconstitucional, por configurar situação de ofensa reflexa ao texto constitucional. Precedentes.

II - É inadmissível o recurso extraordinário quando sua análise implica rever a interpretação de norma infraconstitucional que fundamenta a decisão *a quo*. A afronta à Constituição, se ocorrente, seria indireta.

III - Inviável em recurso extraordinário o reexame do conjunto fático-probatório constante dos autos. Incidência da Súmula 279 do STF.

IV - Agravo regimental improvido. (Inform. STF 728)

EMENTA: **UNIÃO CIVIL ENTRE PESSOAS DO MESMO SEXO. ALTA RELEVÂNCIA SOCIAL E JURÍDICO-CONSTITUCIONAL DA QUESTÃO PERTINENTE ÀS UNIÕES HOMOAFETIVAS. LEGITIMIDADE CONSTITUCIONAL** DO RECONHECIMENTO **E** QUALIFICAÇÃO DA UNIÃO ESTÁVEL HOMOAFETIVA *COMO ENTIDADE FAMILIAR*: **POSIÇÃO CONSAGRADA** NA JURISPRUDÊNCIA DO SUPREMO TRIBUNAL FEDERAL (**ADPF** 132/RJ **E ADI** 4.277/DF). **O AFETO COMO VALOR JURÍDICO IMPREGNADO DE NATUREZA CONSTITUCIONAL: A VALORIZAÇÃO** *DESSE NOVO PARADIGMA* **COMO NÚCLEO CONFORMADOR DO CONCEITO DE FAMÍLIA**. *O DIREITO À BUSCA DA FELICIDADE*, **VERDADEIRO** POSTULADO CONSTITUCIONAL IMPLÍCITO **E EXPRESSÃO** *DE UMA IDEIA-FORÇA* **QUE DERIVA** DO PRINCÍPIO DA ESSENCIAL DIGNIDADE DA PESSOA HUMANA. **PRINCÍPIOS DE YOGYAKARTA** (2006): **DIREITO** *DE QUALQUER PESSOA* **DE CONSTITUIR** FAMÍLIA, **INDEPENDENTEMENTE** DE SUA ORIENTAÇÃO SEXUAL **OU** IDENTIDADE DE GÊNERO. **DIREITO** DO COMPANHEIRO, *NA UNIÃO ESTÁVEL HOMOAFETIVA*, **À PERCEPÇÃO** DO BENEFÍCIO DA PENSÃO POR MORTE DE SEU PARCEIRO, *DESDE QUE OBSERVADOS* OS REQUISITOS DO ART. 1.723 DO CÓDIGO CIVIL. **O ART. 226, § 3º**, DA LEI FUNDAMENTAL **CONSTITUI TÍPICA NORMA DE INCLUSÃO**. *A FUNÇÃO CONTRAMAJORITÁRIA* **DO SUPREMO TRIBUNAL FEDERAL NO ESTADO DEMOCRÁTICO DE DIREITO**. *A PROTEÇÃO DAS MINORIAS* **ANALISADA NA PERSPECTIVA** *DE UMA CONCEPÇÃO MATERIAL* **DE DEMOCRACIA CONSTITUCIONAL**. RECURSO EXTRAORDINÁRIO **CONHECIDO E PROVIDO**. (RE 477.554/MG, rel. Min. Celso de Mello, DJ 03.08.11) (Inform. STF 635)

COMPANHEIRA E CONCUBINA - DISTINÇÃO. Sendo o Direito uma verdadeira ciência, impossível é confundir institutos, expressões e *vocábulos, sob pena de prevalecer a babel.*

UNIÃO ESTÁVEL - PROTEÇÃO DO ESTADO. A proteção do Estado à união estável alcança apenas as situações legítimas e nestas não está incluído o concubinato.

PENSÃO - SERVIDOR PÚBLICO - MULHER - CONCUBINA - DIREITO. A titularidade da pensão decorrente do falecimento de servidor público pressupõe vínculo agasalhado pelo ordenamento jurídico, mostrando-se impróprio o implemento de divisão a beneficiar, em detrimento da família, a concubina. (RE N. 590.779-ES. RELATOR: MIN. MARCO AURÉLIO) (Inform. STF 540)

PENSÃO POR MORTE E RATEIO ENTRE ESPOSA E CONCUBINA

A Turma, por maioria, deu provimento a recurso extraordinário no qual esposa questionava decisão de Turma Recursal dos Juizados Especiais Federais de Vitória-ES, que determinara o rateio, com concubina, da pensão por morte do cônjuge, tendo em conta a estabilidade, publicidade e continuidade da união entre a recorrida e o falecido. Reiterou-se o entendimento firmado no RE 397762/BA (DJE de 12.9.2008) no sentido da impossibilidade de configuração de união estável quando um dos seus componentes é casado e vive matrimonialmente com o cônjuge, como na espécie. Ressaltou-se que, apesar de o Código Civil versar a união estável como núcleo familiar, excepciona a proteção do Estado quando existente impedimento para o casamento relativamente aos integrantes da união, sendo que, se um deles é casado, esse estado civil apenas deixa de ser óbice quando verificada a separação de fato. Concluiu-se, dessa forma, estar-se diante de concubinato (CC, art. 1.727) e não de união estável. Vencido o Min. Carlos Britto que, conferindo trato conceitual mais dilatado para a figura jurídica da família, desprovia o recurso ao fundamento de que, para a Constituição, não existe concubinato, mas companheirismo. **RE 590779/ES, rel. Min. Marco Aurélio, 10.2.2009. (RE-590779) (Inform. STF 535). 93172/SP, rel. Min. Cármen Lúcia, 12.2.2009. (RHC-93172)** (Inform. STF 535)

DIREITO CIVIL. UNIÃO ESTÁVEL. PRESUNÇÃO DE CONCEPÇÃO DE FILHOS.

A presunção de concepção dos filhos na constância do casamento prevista no art. 1.597, II, do CC se estende à união estável. Para a identificação da união estável como entidade familiar, exige-se a convivência pública, contínua e duradoura estabelecida com o objetivo de constituição de família com atenção aos deveres de lealdade, respeito, assistência, de guarda, sustento e educação dos filhos em comum. O art. 1.597, II, do CC dispõe que os filhos nascidos nos trezentos dias subsequentes à dissolução da sociedade conjugal presumem-se concebidos na constância do casamento. Assim, admitida pelo ordenamento jurídico pátrio (art. 1.723 do CC), inclusive pela CF (art. 226, § 3º), a união estável e reconhecendo-se nela a existência de entidade familiar, aplicam-se as disposições contidas no art. 1.597, II, do CC ao regime de união estável. Precedentes citados do STF: **ADPF 132-RJ, DJe 14/10/2011; do STJ: REsp 1.263.015-RN, DJe 26/6/2012, e REsp 646.259-RS, DJe 24/8/2010. REsp 1.194.059-SP, Rel. Min. Massami Uyeda, julgado em 6/11/2012**. (Inform. STJ 508)

DIREITO CIVIL. UNIÃO ESTÁVEL DISSOLVIDA APÓS A LEI N. 9.278/1996. PRESUNÇÃO DE ESFORÇO COMUM.

É devida a partilha dos bens adquiridos onerosamente por um ou ambos os conviventes na constância da união estável, independentemente da comprovação de esforço comum, em caso de dissolução da união após o advento da Lei n. 9.278/1996, salvo se houver estipulação contrária em contrato escrito ou se a aquisição ocorrer com o produto de bens adquiridos em período anterior ao início da união. Aplicam-se as disposições da Lei n. 9.278/1996 às uniões estáveis dissolvidas após a sua vigência. Dispõe o art. 5º da Lei n. 9.278/1996 que "os bens móveis e imóveis adquiridos por um ou por ambos os conviventes, na constância da união estável e a título oneroso, são considerados fruto do trabalho e da colaboração comum, passando a pertencer a ambos, em condomínio e em partes iguais, salvo estipulação contrária em contrato escrito". A Lei n. 9.278/1996 não exige, como previa o regime anterior, a prova de que a aquisição dos bens decorreu do esforço comum de ambos os companheiros para fins de partilha. Precedentes citados: **REsp 986.290-RS, DJe 28/2/2011; REsp 623.566-RO, DJ 10/10/2005; REsp 147.098-DF, DJ 7/8/2000; REsp 602.199-PB, DJe 14/9/2009, e REsp 915.297-MG, DJe 3/3/2009. REsp 1.021.166-PE, Rel. Min. Ricardo Villas Bôas Cueva, julgado em 2/10/2012**. (Inform. STJ 505)

RECONHECIMENTO DE UNIÃO ESTÁVEL SIMULTÂNEA AO CASAMENTO.

Ser casado constitui fato impeditivo para o reconhecimento de uma união estável. Tal óbice só pode ser afastado caso haja separação de fato ou de direito. Ainda que seja provada a existência de relação não eventual, com vínculo afetivo e duradouro, e com o intuito de constituir laços familiares, essa situação não é protegida pelo ordenamento jurídico se concomitante a ela existir um casamento não desfeito. Na hipótese, havia dúvidas quanto à separação fática do varão e sua esposa. Assim, entendeu-se inconveniente, sob o ponto de vista da segurança jurídica, inviolabilidade da vida privada, da intimidade e da dignidade da pessoa humana, abrir as portas para questionamento acerca da quebra da affectio familiae, com vistas ao reconhecimento de uniões estáveis paralelas a casamento válido. Diante disso, decidiu-se que havendo uma relação concubinária, não eventual, simultânea ao casamento, presume-se que o matrimônio não foi dissolvido e prevalece os interesses da mulher casada, não reconhecendo a união estável. Precedentes citados do STF: **RE 397.762-BA, Dje 11/9/2008; do STJ: Resp 1.107.195-PR, Dje 27/5/2010, e Resp 931.155-RS, DJ 20/8/2007. REsp 1.096.539-RS, Rel. Min. Luis Felipe Salomão, julgado em 27/3/2012**. (Inform. STJ 494)

UNIÃO HOMOAFETIVA. ENTIDADE FAMILIAR. PARTILHA.

A Seção, ao prosseguir o julgamento, por maioria, entendeu ser possível aplicar a analogia para reconhecer a parceria homoafetiva como uma das modalidades de entidade familiar. Para tanto, consignou ser necessário demonstrar a presença dos elementos essenciais à caracterização da união estável – entidade que serve de parâmetro diante da lacuna legislativa –, exceto o da diversidade de sexos, quais sejam: convivência pública, contínua e duradoura estabelecida com o objetivo de constituir família e sem os impedimentos do art. 1.521 do CC/2002 (salvo o do inciso VI em relação à pessoa casada separada de fato ou judicialmente). Frisou-se, ademais, que, uma vez comprovada essa união, devem ser atribuídos os efeitos jurídicos dela advindos. Reconheceu-se, portanto, o direito à meação dos bens adquiridos a título oneroso na constância do relacionamento, ainda que eles tenham sido registrados em nome de apenas um dos parceiros, não se exigindo a prova do esforço comum, que, no caso, é presumido. **REsp 1.085.646-RS, Rel. Min. Nancy Andrighi, julgado em 11/5/2011.** (Inform. STJ 472)

UNIÃO ESTÁVEL. INSANIDADE. COMPANHEIRO.

A Turma negou provimento ao REsp em que se buscava o reconhecimento de união estável. Anote-se que as instâncias ordinárias afirmaram que o companheiro, à época do relacionamento, estava acometido de insanidade mental. Argumentou-se que, se o enfermo mental não tem o necessário discernimento para os atos da vida civil (art. 1.548, I, do CC/2002), também não poderia contrair núpcias sob pena de nulidade e, pela mesma razão, não poderia conviver em união estável – a qual, nessa hipótese, inclusive, jamais poderia ser convertida em casamento. Por outro lado, observa o Min. Relator que a adoção de entendimento diverso contrariaria a própria CF, cujo art. 226, § 5º, é expresso em determinar que o próprio Estado protege a união estável como entidade familiar e facilita sua conversão em casamento. Isso porque a tutela ao núcleo familiar não é um fim em si mesma, mas seria instrumento de salvaguarda dos membros que compõem o núcleo familiar. Observa que, nesse raciocínio, o CC/2002, no art. 1.723, reconheceu como entidade familiar a união estável entre homem e mulher civilmente capazes, configurada na convivência pública, contínua, duradoura e constitutiva de família. Todavia, explica que não basta a presença desses requisitos para caracterização da união estável, porquanto a própria lei estabelece, de igual modo, os requisitos negativos (§ 1º do citado artigo) que, no caso, impedem a formação de união estável. Assevera que a lei civil exige como requisito de validade, tanto dos negócios jurídicos quanto dos atos jurídicos, naquilo que couber, a capacidade civil (arts. 104 e 166 c/c 185, todos do CC/2002). Assim, quer se considere a união estável um negócio jurídico ou um ato jurídico, a higidez mental, no entender do Min. Relator, é requisito essencial ao seu reconhecimento. Destaca que essa convivência também produz efeitos patrimoniais (art. 1.725 do CC/2002), consequentemente não seria só pela impossibilidade de constatar o intuito de constituir família, mas também sob a perspectiva das obrigações que naturalmente emergem da convivência em união estável. Por isso, entende que o incapaz, sem o necessário discernimento para os atos da vida civil, não pode conviver sob o vínculo de união estável. Precedentes citados: REsp 1.157.273-RN, DJe 7/6/2010, e REsp 186.013-SP, DJ 8/3/2004. **REsp 1.201.462-MG, Rel. Min. Massami Uyeda, julgado em 14/4/2011.** (Inform. STJ 469)

UNIÕES ESTÁVEIS PARALELAS.

A Turma, ao prosseguir o julgamento, deu provimento ao recurso especial e estabeleceu ser impossível, de acordo com o ordenamento jurídico pátrio, conferir proteção jurídica a uniões estáveis paralelas. Segundo o Min. Relator, o art. 226 da CF/1988, ao enumerar as diversas formas de entidade familiar, traça um rol exemplificativo, adotando uma pluralidade meramente qualitativa, e não quantitativa, deixando a cargo do legislador ordinário a disciplina conceitual de cada instituto – a da união estável encontra-se nos arts. 1.723 e 1.727 do CC/2002. Nesse contexto, asseverou que o requisito da exclusividade de relacionamento sólido é condição de existência jurídica da união estável nos termos da parte final do § 1º do art. 1.723 do mesmo código. Consignou que o maior óbice ao reconhecimento desse instituto não é a existência de matrimônio, mas a concomitância de outra relação afetiva fática duradoura (convivência de fato) – até porque, havendo separação de fato, nem mesmo o casamento constituiria impedimento à caracterização da união estável –, daí a inviabilidade de declarar o referido paralelismo. Precedentes citados: REsp 789.293-RJ, DJ 20/3/2006, e REsp 1.157.273-RN, DJe 7/6/2010. **REsp 912.926-RS, Rel. Min. Luis Felipe Salomão, julgado em 22/2/2011.** (Inform. STJ 464)

UNIÃO ESTÁVEL. MEAÇÃO.

Trata-se de REsp em que a questão central reside na possibilidade de conceder à possível ex-companheira, a ser assim reconhecida em ação declaratória de união estável ainda em curso, a posse e a administração da metade dos bens adquiridos pelo falecido durante o período da união estável (37 anos). No julgamento do especial, consignou-se que, com a morte de um dos companheiros, do patrimônio do autor da herança retira-se a meação do companheiro sobrevivente, que não se transmite aos herdeiros do falecido por ser decorrência patrimonial do término da união estável, conforme os postulados do Direito de Família, ou seja, entrega-se a meação ao companheiro sobrevivo e, só então, defere-se a herança aos referidos herdeiros, consoante as normas que regem o Direito sucessório. Assim, com o óbito de um dos companheiros, o sobrevivente tem direito à separação daquilo que já lhe pertencia, embora conservado indiviso até a abertura da sucessão. A meação não faz parte, portanto, dos bens que serão objeto de sucessão, pois integra a propriedade do companheiro sobrevivente, de forma que somente serão objeto da sucessão os bens que faziam parte da meação do autor da herança, bem como os bens particulares dele, porventura existentes. Dessarte, no caso, não há o que reparar no acórdão impugnado, porquanto à recorrida, ao que tudo indica, ex-companheira do sobrevivente, considerada a alta probabilidade de existência da união estável tal como descrito pelo TJ, deve ser conferida a pretensa meação com a consequente posse e administração dos bens que a integram. Registrou-se, ainda, que a tese defendida pelo inventariante, de que à recorrida não poderia ser conferida a administração ou posse de nenhum bem constante do acervo patrimonial deixado pelo falecido, fere o princípio da dignidade da pessoa humana porque, como asseverado no acórdão recorrido, a possível ex-companheira retira exatamente da posse e administração dos bens da meação o necessário para seu sustento, não podendo ser privada, notadamente por decisão judicial, daquilo que é salutar à satisfação de suas necessidades básicas. Com esses argumentos, entre outros, a Turma, ao prosseguir a renovação do julgamento, preliminarmente, por maioria, conheceu do recurso e, no mérito, por unanimidade, negou-lhe provimento, permanecendo, contudo, sobre a recorrida as mesmas obrigações que oneram o inventariante, devendo ela requerer autorização judicial para promover qualquer alienação e, ainda, prestar contas dos bens sob sua administração. **REsp 975.964-BA, Rel. Min. Nancy Andrighi, julgado em 15/2/2011.** (Inform. STJ 463)

UNIÃO ESTÁVEL. SEXAGENÁRIOS. REGIME. BENS.

Trata o caso de definir se há necessidade da comprovação do esforço comum para a aquisição do patrimônio a ser partilhado, com a peculiaridade de que, no início da união estável reconhecida pelo tribunal *a quo* pelo período de 12 anos, um dos companheiros era sexagenário. A Turma, ao prosseguir o julgamento, por maioria, entendeu, entre outras questões, que, embora prevalecendo o entendimento do STJ de que o regime aplicável na união estável entre sexagenários é o da separação obrigatória de bens, segue esse regime temperado pela Súm. n. 377-STF, com a comunicação dos bens adquiridos onerosamente na constância da união, sendo presumido o esforço comum, o que equivale à aplicação do regime da comunhão parcial. Assim, consignou-se que, na hipótese, se o acórdão recorrido classificou como frutos dos bens particulares do ex-companheiro aqueles adquiridos ao longo da união estável, e não como produto de bens eventualmente adquiridos antes do início da união, opera-se a comunicação desses frutos para fins de partilha. Observou-se que, nos dias de hoje, a restrição aos atos praticados por pessoas com idade igual ou superior a 60 anos representa ofensa ao princípio da dignidade da pessoa humana. Precedentes citados: REsp 915.297-MG, DJe 3/3/2009; EREsp 736.627-PR, DJe 1º/7/2008; REsp 471.958-RS, DJe 18/2/2009, e REsp 1.090.722-SP, DJe 30/8/2010. **REsp 1.171.820-PR, Rel. originário Min. Sidnei Beneti, Rel. para o acórdão, Min. Nancy Andrighi, julgado em 7/12/2010.** (Inform. STJ 459)

SOCIEDADE DE FATO. ESFORÇO COMUM.

Buscava-se o reconhecimento de sociedade de fato *post mortem* ao fundamento de que a autora agravada teve longo relacionamento amoroso com o falecido, apesar de ele manter, concomitantemente, casamento válido e preexistente com a agravante. Para tanto, a agravada alude que pretende simplesmente o reconhecimento da sociedade de fato e não, por meio disso, habilitar-se na partilha (que tramita em outra ação). Quanto a isso, é de rigor a aplicação do entendimento já consagrado na jurisprudência do STJ de que a inexistência de prova da aquisição de patrimônio pelo esforço comum é, por si só, suficiente para afastar a configuração da sociedade de fato, visto que tal comprovação é pressuposto para seu reconhecimento. No caso, não há prova de qualquer bem amealhado ao longo do concubinato e, se não há essa prova, quanto mais a comprovação da união de esforços ou colaboração mútua na aquisição de bens cuja existência se ignora. Esse entendimento, entre outros, foi acolhido pela maioria dos integrantes da Turma, enquanto o voto vencido aplicava à hipótese, por analogia, o óbice da Súm. n. 283-STF. Precedentes citados: REsp 1.097.581-GO, DJe 9/12/2009; AgRg no Ag 949-MG, DJ 18/12/1989; REsp 1.648-RJ, DJ 16/4/1990; REsp 45.886-SP, DJ 26/9/1994; REsp 147.098-DF, DJ 7/8/2000; REsp 214.819-RS, DJ 19/5/2003; REsp 486.027-SP, DJ 9/12/2003, e REsp 275.839-SP, DJe 23/10/2008. **AgRg no REsp 1.170.799-PB, Rel. originário Min. Massami Uyeda, Rel. para acórdão Min. Nancy Andrighi, julgado em 3/8/2010**. (Inform. STJ 441)

FAMÍLIA. UNIÕES ESTÁVEIS SIMULTÂNEAS. PENSÃO.

In casu, o *de cujus* foi casado com a recorrida e, ao separar-se consensualmente dela, iniciou um relacionamento afetivo com a recorrente, o qual durou de 1994 até o óbito dele em 2003. Sucede que, com a decretação do divórcio em 1999, a recorrida e o falecido voltaram a se relacionar, e esse novo relacionamento também durou até sua morte. Diante disso, as duas buscaram, mediante ação judicial, o reconhecimento de união estável, consequentemente, o direito à pensão do falecido. O juiz de primeiro grau, entendendo haver elementos inconfundíveis caracterizadores de união estável existente entre o *de cujus* e as demandantes, julgou ambos os pedidos procedentes, reconhecendo as uniões estáveis simultâneas e, por conseguinte, determinou o pagamento da pensão em favor de ambas, na proporção de 50% para cada uma. Na apelação interposta pela ora recorrente, a sentença foi mantida. Assim, a questão está em saber, sob a perspectiva do Direito de Família, se há viabilidade jurídica a amparar o reconhecimento de uniões estáveis simultâneas. Nesta instância especial, ao apreciar o REsp, inicialmente se observou que a análise dos requisitos ínsitos à união estável deve centrar-se na conjunção de fatores presentes em cada hipótese, como a *affectio societatis* familiar, a participação de esforços, a posse do estado de casado, a continuidade da união, a fidelidade, entre outros. Desse modo, entendeu-se que, no caso, a despeito do reconhecimento, na dicção do acórdão recorrido, da união estável entre o falecido e sua ex-mulher em concomitância com união estável preexistente por ele mantida com a recorrente, é certo que o casamento válido entre os ex-cônjuges já fora dissolvido pelo divórcio nos termos do art. 1.571, § 1º, do CC/2002, rompendo-se, definitivamente, os laços matrimoniais outrora existentes. Destarte, a continuidade da relação sob a roupagem de união estável não se enquadra nos moldes da norma civil vigente (art. 1.724 do CC/2002), porquanto esse relacionamento encontra obstáculo intransponível no dever de lealdade a ser observado entre os companheiros. Ressaltou-se que uma sociedade que apresenta como elemento estrutural a monogamia não pode atenuar o dever de fidelidade, que integra o conceito de lealdade, para o fim de inserir, no âmbito do Direito de Família, relações afetivas paralelas e, por consequência, desleais, sem descurar do fato de que o núcleo familiar contemporâneo tem como escopo a realização de seus integrantes, vale dizer, a busca da felicidade. Assinalou-se que, na espécie, a relação mantida entre o falecido e a recorrida (ex-esposa), despida dos requisitos caracterizadores da união estável, poderá ser reconhecida como sociedade de fato, caso deduzido pedido em processo diverso, para que o Poder Judiciário não deite em solo infértil relacionamentos que efetivamente existem no cenário dinâmico e fluido dessa nossa atual sociedade volátil. Assentou-se, também, que ignorar os desdobramentos familiares em suas infinitas incursões, em que núcleos afetivos justapõem-se, em relações paralelas, concomitantes e simultâneas, seria o mesmo que deixar de julgar com base na ausência de lei específica. Dessa forma, na hipótese de eventual interesse na partilha de bens deixados pelo falecido, deverá a recorrida fazer prova, em processo diverso, repita-se, de eventual esforço comum. Com essas considerações, entre outras, a Turma deu provimento ao recurso, para declarar o reconhecimento da união estável mantida entre o falecido e a recorrente e determinar, por conseguinte, o pagamento da pensão por morte em favor unicamente dela, companheira do falecido. **REsp 1.157.273-RN, Rel. Min. Nancy Andrighi, julgado em 18/5/2010**. (Inform. STJ 435)

UNIÃO ESTÁVEL. CASAMENTO.

Cuida-se de ação de reconhecimento de união estável *post mortem* e consequente dissolução ajuizada pela recorrente em face dos herdeiros do *de cujus*. Na ação, ela alega ter mantido relacionamento pelo período de 30 anos, de 1970 até 2000, ou seja, até a data do falecimento do aludido companheiro. Salienta que dessa união advieram quatro filhos. Ressalta que trabalhou como sua secretária pessoal, relacionamento profissional que se transformou em afetivo, culminando com o nascimento dos filhos. Acrescenta que o companheiro separou-se judicialmente da primeira mulher em 1983, ano em que reconheceu a paternidade dos filhos. Por sua vez, os netos, na contestação, alegaram que o avô nunca viveu em união estável com a autora, e sim em concubinato impuro, visto que nunca se separou de fato da primeira mulher. Embora separados, conviviam como se fossem casados, dividindo o teto conjugal, que nunca se desfez. O Min. Relator (em voto vencido) dava provimento ao recurso, entendendo que a ausência de coabitação não constitui motivo suficiente para obstar o reconhecimento de união estável. A Min. Nancy Andrighi, em seu voto vista divergente, mas vencedor, destacou que a declarada ausência de comprovação da posse do estado de casados, vale dizer, na dicção do acórdão recorrido, a ausência de prova da intenção do falecido de com a recorrente constituir uma família, com aparência de casamento, está intimamente atrelada ao fato de que, muito embora separados judicialmente, houve a continuidade da união dele com a primeira mulher, pois permaneceram juntos até a morte do cônjuge varão, o que vem referendar a questão, também posta no acórdão impugnado, de que não houve dissolução do casamento válido, ponderando-se, até mesmo, a respeito do efetivo término da sociedade conjugal, porque notória a continuidade da relação, muito embora não formalizado pedido de retorno ao *status* de casados. Nos termos do art. 1.571, § 1º, do CC/2002, o casamento válido não se dissolve pela separação judicial, apenas pela morte de um dos cônjuges ou pelo divórcio. Por isso mesmo, na hipótese de separação judicial, basta que os cônjuges formulem pedido para retornar ao *status* de casados. Já, quando divorciados, para retornarem ao *status quo ante*, deverão contrair novas núpcias. Esse entendimento, consagrado pela doutrina e jurisprudência, sob a vigência do CC/1916, apenas foi referendado pelo CC/2002, o que permite sua incidência na hipótese. Por fim, a Min. Nancy Andrighi entendeu que a relação mantida entre o *de cujus* e a recorrente era despida dos requisitos caracterizadores da união estável. Dessa forma, na hipótese de eventual interesse na partilha de bens, deverá a recorrente fazer prova, em processo diverso, de eventual esforço comum. Diante disso, a Turma, ao prosseguir o julgamento, por maioria, negou provimento ao recurso. **REsp 1.107.192-PR, Rel. originário Min. Massami Uyeda, Rel. para acórdão Min. Nancy Andrighi, julgado em 20/4/2010**. (Inform. STJ 431)

PREVIDÊNCIA PRIVADA. PENSÃO *POST MORTEM*. UNIÃO HOMOAFETIVA.

A questão posta no REsp cinge-se à possibilidade de entender-se procedente o pedido de pensão *post mortem* feito à entidade fechada de previdência privada complementar, com base na existência de união afetiva entre pessoas do mesmo sexo pelo período aproximado de 15 anos. A Turma entendeu, entre outras questões, que, comprovada a existência de união afetiva entre pessoas do mesmo sexo, é de se reconhecer o direito do companheiro sobrevivente de receber benefícios previdenciários decorrentes do plano de previdência privada do qual o falecido era participante, com os idênticos efeitos da união estável. Desse modo, se, por força do art. 16 da Lei n. 8.213/1991, a necessária dependência econômica para a concessão da pensão por morte entre companheiros de união estável é presumida, também o é no caso de companheiros do mesmo sexo, diante do emprego da analogia que se estabeleceu entre essas duas entidades familiares. Ressaltou-se que a proteção social ao companheiro homossexual decorre da subordinação dos planos complementares privados de previdência aos ditames genéricos do plano básico estatal, do qual são desdobramentos no interior do sistema de seguridade social, de forma que os normativos internos dos planos de benefícios das entidades de previdência privada podem ampliar, mas não restringir, o rol dos beneficiários designados pelos participantes. O direito social previdenciário, ainda que de caráter privado complementar, deve incidir igualitariamente sobre todos aqueles que se colocam sob seu manto protetor. Assim, aqueles que vivem em uniões de afeto com pessoas do mesmo sexo seguem enquadrados no rol dos dependentes preferenciais dos segurados no regime geral, bem como dos participantes no regime complementar de previdência, em igualdade de condições com todos os demais beneficiários em situações análogas. Ressaltou-se, ainda, que, incontroversa a união nos mesmos moldes em que a estável, o companheiro participante de plano de previdência privada faz jus à pensão por morte, ainda que não esteja expressamente inscrito no instrumento de adesão, isso porque a previdência privada não perde seu caráter social só pelo fato de decorrer de avença firmada entre particulares. Dessa forma, mediante ponderada intervenção do juiz, munido das balizas da integração da norma lacunosa por meio da analogia, considerando-se a previdência privada em sua acepção de coadjuvante da previdência geral e seguindo os princípios que dão forma ao direito previdenciário como um todo, entre os quais se destaca o da solidariedade, são considerados beneficiários os companheiros de mesmo sexo de participantes dos planos de previdência, sem preconceitos ou restrições de qualquer ordem, notadamente aquelas amparadas em ausência de disposição legal. Nesse contexto, enquanto a lei civil permanecer inerte, as novas estruturas de convívio que batem às portas dos tribunais devem ter sua tutela jurisdicional prestada com base nas leis existentes e nos parâmetros humanitários que norteiam, não só o Direito Constitucional, mas a maioria dos ordenamentos jurídicos existentes no mundo. Destarte, especificamente quanto ao tema em foco, é de ser atribuída normatividade idêntica à da união estável ao relacionamento afetivo entre pessoas do mesmo sexo, com os efeitos jurídicos daí derivados, evitando-se que, por conta do preconceito, sejam suprimidos direitos fundamentais das pessoas envolvidas. Por fim, registrou-se que o alcance dessa decisão abrange unicamente os planos de previdência privada complementar. **REsp 1.026.981-RJ, Rel. Min. Nancy Andrighi, julgado em 4/2/2010**. (Inform. STJ 421)

CONCUBINATO. INDENIZAÇÃO. SERVIÇOS DOMÉSTICOS.

Descabe indenização à recorrente, porquanto inexistente a pretendida união estável (art. 1.727 do CC/2002), que pressupõe ausência de impedimentos para o casamento ou separação de fato para permitir aos companheiros a salvaguarda dos direitos patrimoniais. Outrossim, no caso, não há que se falar em indenização por serviços domésticos na constância de relação concubinária concomitante com casamento válido como atalho para atingir os bens da família legítima (art. 226 da CF/1988). Precedente citado: REsp 931.155-RS, DJ 20/8/2007. **REsp 988.090-MS, Rel. Min. Luis Felipe Salomão, julgado em 2/2/2010**. (Inform. STJ 421)

SOCIEDADE DE FATO. PROVA. ESFORÇO COMUM.

A questão cinge-se em definir a qual figura jurídica corresponde o relacionamento havido entre homem e mulher em que o primeiro se encontrava separado de fato da primeira mulher, considerado o período de duração da união de 1961 a 1984, ano em que cessou o vínculo de fato para dar lugar ao casamento sob o regime de separação de bens, que perdurou até a morte do marido, em 1991. Inicialmente, destacou a Min. Relatora que a peculiaridade da lide reside no fato de que foram os filhos do primeiro casamento que ajuizaram a ação de reconhecimento de sociedade de fato com a finalidade de obter, em autos diversos, a partilha dos bens adquiridos ao longo da união mantida pelo pai com a recorrente até a data do casamento. O TJ concluiu pela existência, a partir de 1961, de concubinato, para, a partir de 1972, ou seja, somente com o advento da separação judicial, estabelecer a existência de união estável, a qual cessaria em 1984, com a celebração do casamento. Em seguida, destaca que é comportável o reconhecimento jurídico da sociedade de fato, já que a convivência em comum, por si só, gera contribuições e esforços mútuos. Para a Min. Relatora, a configuração da separação de fato afasta a hipótese de concubinato e o reconhecimento da sociedade de fato é de rigor. Todavia, ao estabelecer a caracterização de sociedade de fato, o TJ foi além e lhe emprestou os contornos da união estável. É pacífico o entendimento de que, além de sociedade de fato e união estável constituírem institutos diversos, não se operam, em relação à sociedade de fato, os efeitos decorrentes da legislação que deu forma à união estável, especificamente porque, na hipótese em julgamento, a partir do casamento, em 1984, deixou de existir a sociedade de fato para dar lugar à sociedade conjugal e, nessa época, sequer a CF/1988, muito menos as Leis ns. 8.971/1994 e 9.278/1996 estavam em vigência. Dessa forma, a Lei n. 9.278/1996, particularmente no que toca à presunção do esforço comum na aquisição do patrimônio de um ou de ambos os conviventes, contida no art. 5º, não pode ser invocada para determinar a partilha de bens se houve a cessação do vínculo de fato – transformado em vínculo decorrente de matrimônio – em data anterior à sua vigência. Dessa forma, deve ser reformado o acórdão recorrido para declarar unicamente a existência de sociedade de fato, da qual decorre a necessidade da prova do esforço comum na aquisição do patrimônio para eventual partilha, o que não se efetivou na espécie, de modo que os bens adquiridos pela recorrente permanecem sob sua propriedade exclusiva. Diante disso, a Turma conheceu parcialmente do recurso e, nessa parte, deu-lhe provimento. Precedentes citados: REsp 147.098-DF, DJ 7/8/2000, e REsp 488.649-MG, DJ 17/10/2005. **REsp 1.097.581-GO, Rel. Min. Nancy Andrighi, julgado em 1º/12/2009.** (Inform. STJ 418)

UNIÃO ESTÁVEL. RATEIO. PENSÃO.

O *de cujus*, após divorciar-se, manteve, até seu óbito, união estável com a requerente. Enquanto isso, porém, voltou a relacionar-se afetivamente com a ex-esposa, o que levou o Tribunal de Justiça a concluir que haveria configuração de concomitantes uniões estáveis a determinar o rateio proporcional da pensão por morte entre as reputadas companheiras. Então, na medida cautelar, a requerente busca suspender os efeitos do acórdão da apelação até o trânsito em julgado do REsp que interpôs, já admitido na origem. Quanto a isso, a jurisprudência do STJ vem admitindo, em hipóteses excepcionais, o manejo da medida cautelar originária para buscar o efeito suspensivo a REsp; todavia, é necessário demonstrar *periculum in mora* e *fumus boni juris*. É certo que há julgado da Terceira Turma que inadmitiu a possibilidade de configuração de uniões estáveis concomitantes, mas há outros da Quinta Turma que admitem o rateio da pensão entre ex-esposa e companheira, sem se falar em ordem de preferência. Daí se ver que a matéria não é pacífica neste Superior Tribunal. O julgamento do REsp, contudo, será o momento adequado ao deslinde da questão. Por enquanto, no que concerne à cautelar, basta a razoabilidade da tese sustentada pela requerente a fim de caracterizar a presença do *fumus boni juris*. O risco de dano, entretanto, vem do princípio de que são irrepetíveis as verbas de natureza alimentar: em caso de provimento do REsp, a ex-esposa estaria desobrigada a devolver o que já recebeu e, no caso de seu não provimento, não recuperaria sua parte na pensão porventura paga à requerente. Essa situação, aliada à existência de entendimentos divergentes no STJ, a revelar a incerteza do resultado final do julgamento do recurso, impõe que se defira a liminar em menor extensão, para, com base no poder geral de cautela, determinar que os valores destinados à ex-esposa sejam depositados judicialmente, sendo liberados a quem de direito somente após o julgamento definitivo do processo principal. Precedentes citados: REsp 789.293-RJ, DJ 20/3/2006; REsp 856.757-SC, DJe 2/6/2008, e REsp 628.140-RS, DJ 17/9/2007. **MC 16.253-RN, Rel. Min. Nancy Andrighi, julgada em 19/11/2009.** (Inform. STJ 416)

UNIÃO ESTÁVEL. BEM IMÓVEL. PARTILHA.

In casu, cinge-se a questão em saber se o imóvel adquirido primeiro pelo varão na constância da união estável e depois, ainda dentro do mesmo período de vida em comum, alienado por ele à autora (sua convivente) é bem sujeito à partilha. A Turma entendeu que, no caso, o imóvel objeto do contrato de compra e venda entre os companheiros está excluído da partilha. Ao concluir o negócio jurídico anterior à dissolução da união estável, o qual impunha obrigações sinalagmáticas para ambas as partes, o companheiro obteve vantagem econômica, o preço total do imóvel, não sendo razoável que agora, por meio de partilha, receba 50% do valor deste, que, no exercício de sua autonomia privada, já vendera à companheira. A alienação, por si só, é ato contrário, incompatível com a postulação de partilha. O contrato de compra e venda, em verdade, resulta em reserva do bem em favor da companheira, tornando-o incomunicável, portanto não sujeito à partilha. **REsp 738.464-DF, Rel. Min. Luis Felipe Salomão, julgado em 13/10/2009.** (Inform. STJ 411)

UNIÃO ESTÁVEL. DISSOLUÇÃO. ALIMENTOS. MENOR. INVENTÁRIO. ADIANTAMENTO.

A Turma decidiu que não se justifica o pedido de anulação da ação de alimentos, entendendo cabível a legitimidade ativa de filhos menores quando assistidos ou representados (conforme a idade), com pedido formulado em nome próprio pela genitora em favor dos filhos, uma vez demonstrado que o valor solicitado é para a manutenção da família. Ademais, tal legitimidade ativa não se altera quando atingida a maioridade do filho menor no curso do processo. É admissível também a partilha de bens decorrente da dissolução de união estável (vinte anos) promovida mediante processo futuro de inventário (art. 1.121, § 1º, do CPC), com a indicação prévia dos bens que integrarão a divisão, sem, contudo, haver o pretendido adiantamento da partilha, que só ocorreria se fosse desde já atribuída pelo Tribunal a cada companheiro uma parcela individualizada do patrimônio. No mais, pela incidência da Súmula n. 7-STJ, descabe examinar pedidos quanto à fixação do valor da pensão de alimentos com o do montante da participação da companheira na formação do patrimônio na constância da união. **REsp 1.046.130-MG, Rel. Min. Nancy Andrighi, julgado em 6/10/2009.** (Inform. STJ 410)

PROVA. CONTRIBUIÇÃO. AQUISIÇÃO. IMÓVEL. CONCUBINATO.

Trata-se de ação de reconhecimento de sociedade de fato com pedido de anulação de doação c/c partilha de bem imóvel, o qual a ora recorrente sustenta ser o único adquirido por meio de esforço comum, na constância do concubinato e com a peculiaridade de o então concubino, juntamente com a mulher com quem era casado na época, ter transferido o referido imóvel à sua filha e herdeira, permanecendo, apenas, como usufrutuário do bem, quando da posterior celebração do casamento com a concubina. O Tribunal *a quo*, lastreado no conjunto fático-probatório constante dos autos, concluiu que a ora recorrente não contribuiu, nem mesmo de forma indireta, para a aquisição do imóvel que se pretende partilhar. Assim, a Turma não conheceu do recurso, pois, na instância especial, não é cabível o reexame das provas, incidindo o verbete n. 7 da Súmula do STJ. **REsp 1.044.072-RJ, Rel. Min. Nancy Andrighi, julgado em 12/5/2009.** (Inform. STJ 394)

UNIÃO ESTÁVEL. DIREITO. POSSE. COMODATO. INFORMALIDADE.

Provido apenas em parte o recurso ao entendimento de que, ainda que fosse reconhecida a alegada união estável em ação autônoma, para dirimir uma ação possessória, inexiste vinculação entre ambas as ações, conforme o § 2º do art. 1.210 do CC/2002; a questão da posse é independente da solução do litígio familiar. Desse modo, visto que o problema possessório é inerente à própria situação de condomínio do bem sobre o qual não há consenso entre os cotitulares quanto ao seu aproveitamento, o reconhecimento da união estável, que no caso não logrou êxito por incabível seu conhecimento nesta instância, melhor sorte não assiste à recorrente. Ademais, diante de tal situação de conflito, este Superior Tribunal estabelece compensações a coproprietário alijado da posse, evidenciado que somente um deles pode exercê-la plenamente. No caso, cabe o pagamento de aluguéis pela recorrente enquanto perdurar o condomínio e exercer a posse única, malgrado as complexas relações mantidas na informalidade (comodato verbal), que exigiram análise particularizada dos elementos de cognição existentes. Precedentes citados: REsp 570.723-RJ, DJ 20/8/2007, e REsp 673.118-RS, DJ 6/12/2004. **REsp 1.097.837-SP, Rel. Min. Nancy Andrighi, julgado em 5/5/2009.** (Inform. STJ 393)

UNIÃO ESTÁVEL. PARTILHA. VERBA. ACIDENTE. TRABALHO.

Na dissolução da união estável, a partilha de bens refere-se ao patrimônio comum formado pelo casal, não se computando indenizações percebidas a título personalíssimo por quaisquer dos ex-companheiros, tal qual a recebida em razão de acidente de trabalho sofrido, pois é certo que a reparação deve ser feita àquele que sofreu o dano e carrega consigo a deficiência adquirida. A indenização recebida em razão do pagamento de seguro de pessoa cujo risco previsto era a invalidez temporária ou permanente não constitui fruto ou rendimento do trabalho que possam ajustar-se às disposições do inciso VI do art. 271 do CC/1916. **REsp 848.998-RS, Rel. Min. João Otávio de Noronha, julgado em 28/10/2008**. (Inform. STJ 374)

UNIÃO ESTÁVEL. COABITAÇÃO.

A recorrente busca reconhecer a existência de uma entidade familiar formada entre ela e o *de cujus* apta a reservar-lhe meação nos bens deixados. A seu favor pesa a constatação de que a Lei n. 9.278/1996 não enumera a coabitação como um elemento indispensável, um requisito essencial, à formação da união estável (*vide* Súm. n. 382-STF), mesmo que não se negue ser ela um dado relevante para perquirir a intenção de constituir família. Quanto à prova de efetiva colaboração da recorrente na aquisição dos bens, tal circunstância é relevante apenas para afastar eventual sociedade de fato, subsistindo a necessidade de definir se existente a união estável, pois ela presume a mútua colaboração na formação do patrimônio, a refletir na consequente partilha (art. 5º da referida lei). Porém, afastada a única premissa utilizada pelo Tribunal *a quo* para repelir a existência da união estável (a falta de coabitação), só resta a remessa dos autos à origem para que lá, à luz dos demais elementos de prova constantes dos autos, examine-se a existência da mencionada união, visto o consabido impeço de o STJ revolver o substrato fático-probatório dos autos. Precedentes citados: REsp 278.737-MT, DJ 18/6/2001, e REsp 474.962-SP, DJ 1º/3/2004. **REsp 275.839-SP, Rel. originário Min. Ari Pargendler, Rel. para acórdão Min. Nancy Andrighi (art. 52, IV, b, do RISTJ), julgado em 2/10/2008**. (Inform. STJ 370)

UNIÃO ESTÁVEL HOMOAFETIVA.

Em renovação de julgamento, após voto de desempate do Min. Luís Felipe Salomão, a Turma, por maioria, afastou o impedimento jurídico ao admitir a possibilidade jurídica do pedido de reconhecimento de união estável entre homossexuais. Assim, o mérito do pedido deverá ser analisado pela primeira instância, que irá prosseguir no julgamento anteriormente extinto sem julgamento de mérito, diante do entendimento da impossibilidade do pedido. Os Ministros Antônio de Pádua Ribeiro e Massami Uyeda votaram a favor da possibilidade jurídica do pedido por entender que a legislação brasileira não traz nenhuma proibição ao reconhecimento de união estável entre as pessoas do mesmo sexo. Já os Ministros Fernando Gonçalves e Aldir Passarinho Junior não reconheciam a possibilidade do pedido por entender que a CF/1988 e o CC só consideram união estável a relação entre homem e mulher com objetivo de formar entidade familiar. **REsp 820.475-RJ, Rel. originário Min. Antônio de Pádua Ribeiro, Rel. para acórdão Min. Luís Felipe Salomão, julgado em 2/9/2008.** (Inform. STJ 366)

CONCUBINATO. BENS ADQUIRIDOS. SOCIEDADE DE FATO.

O acórdão recorrido, considerando comprovada a colaboração indireta da concubina recorrida na formação do patrimônio, reconheceu a união estável e, consequentemente, a partilha, devendo observar-se a meação do patrimônio comum. A matéria consiste em verificar a possibilidade de aplicar os efeitos patrimoniais advindos da união estável, nos termos da Lei n. 9.278/1996, a uma sociedade de fato finda em data anterior a essa lei. A Min. Relatora, em conformidade com o que foi decidido no acórdão recorrido, não conheceu do recurso. O Min. João Otávio de Noronha, em seu voto-vista, divergindo do entendimento da Min. Relatora, afirmou que o mencionado acórdão deve ser reformado para reconhecer a incidência, na espécie, do regramento legal anterior à edição da Lei n. 9.278/1996 e, por conseguinte, afastar a divisão igualitária do patrimônio objeto da presente demanda. Entende que o quinhão a ser atribuído à autora recorrida não há de ser a meação, mas aquele que permita corresponder à contribuição indireta na convivência *more uxorio* de 1983 a 1996 (treze anos), no desempenho de suas atividades domésticas, traduzidas no cuidado com o lar, na criação e educação dos filhos e no companheirismo dedicado ao concubino. Diante disso, a Seção, ao prosseguir o julgamento, por maioria, conheceu do recurso e lhe deu parcial provimento para, afastando a partilha igualitária determinada nas instâncias de origem, atribuir à recorrida o percentual de quarenta por cento a título de participação sobre o valor correspondente aos bens adquiridos sob o regime do concubinato, no período de 1983 a 1996, conforme arrolados na peça preambular, cuja apuração deverá ocorrer na liquidação de sentença. Precedente citado: REsp 183.718-SP, DJ 18/12/1998. **REsp 914.811-SP, Rel. originária Min. Nancy Andrighi, Rel. para acórdão Min. João Otávio de Noronha, julgado em 27/8/2008**. (Inform. STJ 365)

AÇÃO DECLARATÓRIA. RECONHECIMENTO. DISSOLUÇÃO. UNIÃO ESTÁVEL. INTERESSE JURÍDICO.

Em ação de reconhecimento e dissolução de união estável promovida contra os herdeiros do ex-companheiro com o qual a autora teria mantido convivência em comum, o Tribunal entendeu que, na simples declaração, não se demonstra interesse processual. Para o Min. Relator, como não existem bens a partilhar, a pretensão da autora deve ser para postular, no futuro, pensão alimentícia, o que poderá até vir a ser contestado pelo órgão previdenciário à luz da legislação própria no foro competente. Mas, agora, a autora faz jus à prestação jurisdicional sobre o estado de fato no qual permaneceu por 12 anos, cujo reconhecimento, ou não, terá repercussão em eventuais pleitos futuros de ordem econômica ou sob o aspecto social, uma vez que há prole em comum com o *de cujus*. Assim, a autora não pode ter seu reconhecimento obstado sob alegação de falta de interesse jurídico, porquanto ele existe. Com esses fundamentos, a Turma deu provimento ao recurso para determinar o retorno dos autos à vara de origem para o prosseguimento do feito. Precedente citado: REsp 285.961-DF, DJ 12/3/2001. **REsp 373.648-DF, Rel. Min. Aldir Passarinho Junior, julgado em 7/12/2006.** (Inform. STJ 307)

UNIÃO ESTÁVEL. CONCOMITÂNCIA. UNIÕES. INCABÍVEL.

Não se equipara ao casamento putativo o relacionamento do autor da herança com uma mulher, sem que tenha se desvinculado da anterior união estável, na qual vivia como se fosse marido. Não há como configurar união estável concomitante a outra. **REsp 789.293-RJ, Rel. Min. Carlos Alberto Menezes Direito, julgado em 16/2/2006.** (Inform. STJ 274)

7.9.2. Quadro sinótico

União estável

1 Conceito: *é convivência pública, contínua e duradoura entre um homem e uma mulher, com o objetivo de constituição de família. Todavia esse conceito foi relativizado, haja vista que o STF já reconheceu a possibilidade de união estável homoafetiva* (ADI 4.277 e na ADPF 132). Como consequência desse novo posicionamento, aos homossexuais que vivem em união estável serão reconhecidos todos os direitos inerentes à união estável heterossexual, inclusive a conversão em casamento (Enunciado 526 JDC/CJF);

2 Requisitos:

a) inexistência de impedimento para o casamento, ressalvada a situação de alguém casado, que esteja separado de fato ou judicialmente;

b) diversidade de sexos (vide ressalva acima)

c) convivência duradoura:

d) convivência pública;

e) convivência contínua;

e) objetivo de constituir família:

3 Regime de bens: salvo contrato escrito, comunhão parcial de bens

4 Deveres pessoais dos companheiros:

a) lealdade e respeito: a fidelidade está implícita

b) assistência: tanto a moral como a material (dever alimentar)

c) guarda, sustento e educação dos filhos

5 Alguns efeitos jurídicos

a) alimentos

b) sucessão

c) regime de bens

d) direito real da habitação em caso de morte do companheiro

e) uso do nome do outro companheiro

f) dependência para fins legais

6. Direitos sucessórios: art. 1790 CC

7.9.3. Questões Comentadas

(Ministério Público/BA – 2010) Segundo Caio Mário Pereira da Silva, os regimes de bens no casamento constituem os princípios jurídicos que disciplinam as relações econômicas entre os cônjuges, na constância do casamento.

Noutro giro, estabelece o Código Civil em vigor que é reconhecida como entidade familiar a união estável entre o homem e a mulher, configurada na convivência pública, contínua e duradoura, estabelecida com o objetivo de constituição de família.

Assim, após o confronto entre as assertivas supraelencadas e as disposições do Código Civil em vigor, assinale a alternativa correta.

(A) O cônjuge pode, independentemente do regime de bens, e sem a anuência expressa do outro, comprar, ainda a crédito, as coisas necessárias à economia doméstica, e como consequência será o único obrigado pelo adimplemento da dívida eventualmente contraída em razão da aquisição.

(B) Somente no regime de separação opcional é facultado ao cônjuge, sem anuência expressa do outro, obter empréstimo para adquirir as coisas necessárias à economia doméstica.

(C) Na união estável, quando o homem ou a mulher contar com mais de 60 (sessenta) anos ao tempo do início da convivência, aplicar-se-á nas relações patrimoniais o regime da separação obrigatória.

(D) No regime de comunhão parcial, é vedado ao cônjuge prestar aval ou fiança, sem autorização do outro.

(E) Em sede de união estável, salvo estipulação em contrário, aplica-se às relações patrimoniais o regime da comunhão universal.

A: incorreta, pois embora possa comprar as coisas necessárias à economia doméstica (art. 1.643, I, do CC), essas dívidas obrigam solidariamente os cônjuges (art. 1.644 do CC); **B:** incorreta, conforme justificativa à alternativa "a" (art. 1.643, I, do CC); **C:** incorreta, pois não existe essa previsão legal; **D:** correta (art. 1.647, III, do CC); **E:** incorreta, pois se aplica o regime da comunhão parcial de bens (art. 1.725 do CC).

Gabarito "D"

(Ministério Público/MG – 2010.1) Em se tratando de união estável, é CORRETO afirmar que

(A) o CC reconhece entidade familiar a união de duas pessoas, sem diversidade de sexo, configurada na convivência pública, contínua e duradoura com o objetivo de constituir família.

(B) aplica-se o regime de comunhão parcial de bens às relações patrimoniais, podendo os conviventes estipular em contrato opção diversa à sua escolha, nos padrões legais.

(C) poder-se-á converter-se em casamento, bastando os companheiros firmarem contrato, documento autêntico, fazendo o assento diretamente no Registro Civil competente.

(D) serem necessários o dever de fidelidade, a coabitação, os deveres de guarda, sustento e criação dos filhos, carinho e tolerância nos modos.

(E) entre os conviventes, por não existir casamento nem parentesco consanguíneo, não há obrigação alimentar prevista no CC.

A: incorreta, pois o Código Civil reconhece a união estável somente entre homem e mulher (art. 1.723, *caput*, do CC); **B:** correta, pois a assertiva reflete o disposto no art. 1.725 do CC; **C:** incorreta, pois a afirmativa está contrária ao disposto no art. 1.726 do CC; **D:** incorreta, pois a assertiva não reflete o disposto no art. 1.724 do CC; **E:** incorreta, pois os companheiros tem o dever de alimentos, conforme o disposto no art. 1.694, *caput*, do CC.

Gabarito "B"

(Procurador do Estado/RO – 2011 – FCC) Estão impedidos de estabelecer união estável:

(A) o companheiro sobrevivente com o condenado por homicídio culposo contra o seu consorte.

(B) os afins em linha reta.

(C) os colaterais até quarto grau, inclusive.

(D) os viúvos ou viúvas que tiverem filho de cônjuge falecido enquanto não fizer inventário dos bens do casal e der partilha aos herdeiros.

(E) pessoas divorciadas.

A: incorreta, pois não podem estabelecer união estável o cônjuge sobrevivente com o condenado por homicídio ou tentativa de homicídio contra o seu consorte (arts. 1.723, § 1º e 1.521, VII, do CC); **B:** correta (arts. 1.723, § 1º e 1.521, II, do CC); **C:** incorreta, pois não podem estabelecer união estável os colaterais até o terceiro grau inclusive (arts. 1.723, § 1º e 1.521, IV, do CC); **D:** incorreta, pois se trata de causa suspensiva e não de impedimento (art. 1.523, I, do CC); **E:** incorreta, pois as pessoas divorciadas não estão impedidas de estabelecer união estável.

Gabarito "B"

(Procurador do Município/Teresina-PI – 2010 – FCC) Em relação à união estável,

(A) só se configurará entre pessoas solteiras ou de qualquer modo desimpedidas de se casar.

(B) aplica-se às relações patrimoniais, no que couber, o regime da separação legal de bens.

(C) os direitos sucessórios da companheira ou companheiro são iguais aos do cônjuge supérstite.

(D) constitucionalmente, pode caracterizar-se ainda que em relações homoafetivas.

(E) exige-se convivência pública, contínua e duradoura e estabelecida com o objetivo de constituição de família, mesmo que o casal não conviva sob o mesmo teto.

A alternativa "E" traz o conceito correto de união estável (art. 1.723, *caput*, do CC). Além disso, a coabitação não é dever absoluto, não sendo sequer necessária à caracterização da união estável, conforme entendimento do STF (Súmula nº 382).

Gabarito "E"

7.10. ALIMENTOS

Os alimentos podem ser conceituados como *a prestação que podem alguns parentes, os cônjuges ou os companheiros pedir uns aos outros, consistentes no necessário para que uma pessoa possa viver, fixada segundo a necessidade do reclamante e a possibilidade da pessoa obrigada.*

Não se deve confundir *alimentos* como *dever de sustento*, já que o segundo se dá quando se está na companhia daquele que precisa de auxílio. Assim, o pai que mora com o filho menor tem *dever de sustento* em relação a este. Já o pai que não mora com o filho menor tem o *dever de prestar alimentos* ao filho.

Os alimentos podem ser assim classificados:

a) quanto à natureza

naturais (necessários): destinados à satisfação das necessidades primárias da vida (comer, vestir, habitar) indispensáveis à subsistência (art. 1.694, § 2º, do CC);

civis (côngruos): destinados a manter a condição social, inclusive educação, do alimentando (art. 1.694 do CC).

b) quanto à causa jurídica

legais (legítimos): decorrem da lei (ex.: devidos pelo parentesco, casamento ou companheirismo);

voluntários: decorrem de declaração de vontade *inter vivos* ou *causa mortis*; um exemplo é o legado de alimentos, estipulado em testamento;

indenizatórios (ressarcitórios): são os resultantes de responsabilidade civil.

Essa classificação é importante, pois a prisão civil do alimentante, admitida pelo art. 5º, LXVII, da CF só cabe quanto aos alimentos legais, não sendo admitida nos demais casos.

c) quanto à finalidade

definitivos (regulares): são os de caráter permanente, fixados pelas partes ou por decisão judicial definitiva; tais alimentos podem, todavia, ser revistos se sobrevier mudança nas possibilidades ou nas necessidades (art. 1.699 do CC);

provisórios: são os fixados liminarmente na ação de alimentos de rito especial (Lei 5.478/68); essa ação reclama prova pré-constituída (prova de parentesco ou da obrigação de alimentos), devendo o juiz, ao despacho do pedido, fixar alimentos provisórios (art. 4º);

provisionais (*ad litem*): são os fixados em medida cautelar, preparatória ou incidental, de ação de separação judicial, de divórcio, de nulidade ou anulação do casamento ou de alimentos;

d) quanto ao momento a partir do qual são devidos

atuais: postulados a partir do ajuizamento da ação;

futuros: devidos a partir da sentença;

pretéritos: no Brasil não são devidos, pois pessoa, bem ou mal, conseguiu sobreviver, não havendo como entrar com ação para a fixação de alimentos, pedindo que sejam pagos alimentos para período anterior à sua fixação.

A *obrigação alimentar* tem as seguintes características:

a) é transmissível, já que a obrigação de prestar alimentos transmite-se aos herdeiros do devedor, na forma do art. 1.694 do CC (art. 1.700 do CC), respeitados os limites das forças da herança (Enunciado n. 343 JDC/CJF); repare que é a própria obrigação que se transmite, e não apenas as eventuais prestações atrasadas; por exemplo, se alguém deve alimentos a uma ex-esposa, e esse alguém vem a falecer, a obrigação alimentar permanece e os herdeiros do falecido deverão continuar arcando com a pensão alimentícia, no limites das forças da herança.

b) é divisível e comum, ou seja, a obrigação alimentar não é solidária, como regra, de modo que, havendo mais de um devedor, cada qual responde por sua cota-parte (STJ Resp. 50.153-9/94); como se sabe, a solidariedade não se presume, decorrendo da lei ou da vontade; e a lei não estabelece a solidariedade em matéria de obrigação alimentar; assim, se dois avós (paterno e materno) devem alimentos em favor de um neto, cada qual será obrigado a pagar a sua cota-parte, não sendo possível exigir a obrigação por inteiro de apenas um dos devedores; aliás, caso apenas um devedor seja acionado em juízo, este poderá chamar os demais devedores a integrar a lide (art. 1.698 do CC); de qualquer forma, há um caso em que a obrigação alimentar é solidária; trata-se da obrigação alimentar de vida em favor do idoso (art. 12 da Lei 10.741/03);

O *direito aos alimentos* tem as seguintes características:

a) é personalíssimo, pois é um direito que só existe pela necessidade do alimentando, não podendo ser transferido a terceiro;

b) é incessível, pois o crédito de alimentos não pode ser objeto de cessão a terceiro; porém, as prestações atrasadas (vencidas) são consideradas créditos comuns, podendo ser cedidas (art. 1.707 do CC);

c) é impenhorável, pois é direito fundamental, relacionado à sobrevivência da pessoa, não podendo ser afetado por constrição judicial (art. 1707 do CC; art. 649, VII, do CPC);

d) é incompensável, ou seja, não é passível de compensação, que é meio de extinção de obrigação; tal regra se encontra no art. 1.707 do CC; de qualquer forma, é possível a compensação de prestações alimentares quando houver adiantamentos dessas prestações (RT 616/147) e, em outros casos excepcionais, para que não haja enriquecimento sem causa (REsp 982.857/RJ, *DJe* 03.10.2008);

e) é irrepetível, ou seja, uma vez pagos, não podem ser reclamados de volta, não importando sua natureza; isso se dá porque, uma vez prestados os alimentos, presume-se que estes serão consumidos; de qualquer forma, pode-se pedir devolução dos alimentos se houver novo casamento do alimentando e o desconto em folha demorou a cessar; ademais, caso alguém tenha pagado alimentos a filho que, posteriormente, descobre não ser seu, não haverá possibilidade de pedir de volta os alimentos prestados ao alimentando, mas nada impede que o alimentante ingresse com ação de ressarcimento de danos em face do pai biológico da criança;

f) é intransacionável, pois, já que o direito a alimentos é indisponível e personalíssimo, não há como considerá-lo passível de transação (art. 841 do CC); por conta disso, esse direito não pode ser objeto de juízo arbitral; todavia, há de se tomar cuidado com a questão terminológica, pois a lei não admite transação quanto ao direito aos alimentos em si, e não em relação ao *quantum* (ao valor) da prestação alimentar, já que o valor pode ser negociado;

g) **é imprescritível**, ou seja, o direito de pedir alimentos não tem prazo para se exercer; todavia, uma vez que uma pensão alimentícia já está fixada, o direito de cobrar prestações vencidas prescreve, e isso acontece no prazo de 2 anos, contados da data em que cada prestação vencer (art. 206, § 2º, do CC – antes era 5 anos), isto é, a prescrição ocorre mensalmente; então, não se deve confundir o direito de pedir alimentos (que é imprescritível) com a pretensão de cobrar prestações alimentares vencidas (que prescreve em 2 anos da data em que cada prestação vencer);

h) **é irrenunciável**, ou seja, o direito a alimentos não pode ser objeto de disposição, já que guarda relação com o próprio direito à vida, que é direito fundamental e de ordem pública; todavia, é possível *deixar de exercer o direito a alimentos* (art. 1.707 do CC), situação que não se confunde com a renúncia ao direito a alimentos, pois, no primeiro caso, deixa-se de pedir alimentos por um tempo, ao passo que a renúncia é definitiva, de modo que não pode se dar. De outra parte, o Enunciado 263 JDC/CJF prevê: *O art. 1.707 do Código Civil não impede seja reconhecida válida e eficaz a renúncia manifestada por ocasião do divórcio (direto ou indireto) ou da dissolução da "união estável". A irrenunciabilidade do direito a alimentos somente é admitida enquanto subsistir vínculo de Direito de Família.* Muito embora a doutrina venha no sentido de admitir a possibilidade de renúncia no caso de divórcio, fato é que, em situações extremas o direito ainda poderá ser exercido em razão do princípio do solidarismo constitucional e art. 1.704, parágrafo único do CC. A exemplo disso cita-se a súmula 336 do STJ: *A mulher que renunciou aos alimentos na separação judicial tem direito à pensão previdenciária por morte do ex-marido, comprovada a necessidade econômica superveniente*; outra exceção diz respeito à renúncia a prestações atrasadas, que também é admitida, por se tratar de meros créditos vencidos e não exercidos; sobre o tema, vale lembrar a Súmula nº 379 do STF, pela qual "no acordo de desquite não se admite renúncia aos alimentos, que poderão ser pleiteados ulteriormente, verificados os pressupostos legais"; se em algum documento aquele que tem direito a alimentos escrever que "renuncia" aos alimentos, deve-se entender que se trata de uma dispensa provisória destes, salvo se o cônjuge tenha sido aquinhoado com bens e rendas suficientes para sua manutenção, não sabendo conservá-los;

i) **é atual**, ou seja, é exigível imediatamente; por conta disso, é possível até pedir a prisão civil do devedor, em certos casos, como meio coativo bastante eficaz para que os alimentos sejam pagos.

Confira, agora, os **pressupostos da obrigação alimentar**:

a) **necessidade do reclamante**: a necessidade se dá quando não se tem bens suficientes, nem se pode prover, pelo seu trabalho, à própria mantença (art. 1.695 do CC); por exemplo, por se tratar de filho em idade de formação escolar, ou pelo fato de alguém estar doente ou em idade avançada; é importante ressaltar que, quando a necessidade dos alimentos se der por culpa de quem os pleiteia, os alimentos serão apenas os indispensáveis à *subsistência* (art. 1.694, § 2º, do CC);

b) **possibilidade da pessoa obrigada**: a obrigação alimentar só atinge quem tem possibilidade de prestar alimentos, não atingindo, portanto, quem possui somente o necessário à sua subsistência, salvo os que decorrem do poder familiar, pois, nesse caso, os pais devem dar um jeito para prestar alimentos. Um dos critérios para se aferir a possibilidade são os sinais externos de riqueza (Enunciado n. 573 JDC/CJF: *Na apuração da possibilidade do alimentante, observar-se-ão os sinais exteriores de riqueza.*

Quanto aos **meios** ou **modalidades** de prestação alimentar, confira as espécies (art. 1.701 do CC):

a) própria: fornecimento, em casa, de hospedagem e sustento, mais educação, quando menor;

b) imprópria: pagando pensão periódica – juiz pode intervir – art. 1.701, parágrafo único, do CC.

Quanto às **pessoas obrigadas** a prestar alimentos, temos as seguintes:

a) ascendentes, em favor dos descendentes (ex.: pai deve para filho);

b) descendentes, em favor dos ascendentes (ex.: filho deve para o pai);

c) cônjuges;

d) companheiros;

e) irmãos.

O STJ entende que o rol de responsáveis é taxativo, de modo que outros parentes não têm o dever alimentar. Nesse sentido, já se decidiu que as tias não devem alimentos aos sobrinhos (STJ, REsp 1.032.846, j. 18.12.2008).

Confira, agora, as **regras sobre a ordem preferencial** da obrigação alimentar em relação a ascendentes, descendentes e irmãos (arts. 1.696 a 1.698 do CC):

a) num primeiro momento, a obrigação recai sobre *pais* e *filhos* entre si (reciprocamente);

b) na falta destes, a obrigação cabe aos demais *ascendentes*, na ordem de sua proximidade; por exemplo, na falta do pai, o avô deve alimentos para o neto. Neste contexto, a doutrina entende que observadas suas condições pessoais e sociais, os avós somente serão obrigados a prestar alimentos aos netos em caráter exclusivo, sucessivo, complementar e não solidário quando os pais destes estiverem impossibilitados de fazê-lo, caso em que as necessidades básicas do alimentando serão aferidas, prioritariamente, segundo o nível econômico-financeiro de seus genitores. (Enunciado n. 342 JDC/CJF);

c) na falta de ascendentes, a obrigação cabe aos *descendentes*, na ordem da sucessão; por exemplo, se um pai não tem mais um ascendente para arcar com alimentos em seu favor, poderá pedir alimentos para seu filho, preenchidos os pressupostos da obrigação alimentar;

d) na falta de descentes, a obrigação cabe aos irmãos, unilaterais ou bilaterais (germanos), sem distinção ou preferência;

e) se o parente, que deve em primeiro lugar, não estiver em condições de suportar totalmente o encargo, serão chamados a concorrer os de grau imediato; por exemplo, se o pai não tem condições de arcar com o valor mínimo necessário para a subsistência de seu filho, pode-se chamar o seu pai (avô da criança) para arcar com o complemento do encargo; cuidado, pois a responsabilidade dos avós não é direta, mas subsidiária e complementar; assim, não se pode querer acionar os avôs diretamente, só porque estes têm melhores condições; deve-se acionar primeiramente o pai ou a mãe da criança e, caso estes se virem impossibilitados de prestá-la, total ou parcialmente, somente aí pode ser intentada a ação contra os avós (progenitores), para que estes arquem com toda a pensão ou com o complemento desta, respectivamente (STJ, REsp 1.077.010, j. 07.10.2011). Neste espeque, quanto a possibilidade de chamamento, o Enunciado n. 523 JDC/CJF prevê que o chamamento dos codevedores para integrar a lide, na forma do art. 1.698 do Código Civil, pode ser requerido por qualquer das partes, bem como pelo Ministério Público, quando legitimado.

Interessante o conteúdo do Enunciado n. 341 JDC/CJF ao prever que a relação socioafetiva pode ser elemento gerador de obrigação alimentar.

Vale ressaltar que, sendo várias as pessoas obrigadas a prestar alimentos, todas devem concorrer na proporção dos respectivos recursos, e, intentada ação contra uma delas, poderão as demais ser chamadas a integrar a lide (art. 1.698 do CC).

Quanto aos alimentos devidos aos filhos, em tese, os valores são devidos até que o filho atinja a maioridade. No entanto, o STJ entende que o cancelamento da pensão não é automático quando se atinge a maioridade (Súmula nº 358 do STJ: o cancelamento de pensão alimentícia de filho que atingiu a maioridade está sujeito à decisão judicial, mediante contraditório, ainda que nos próprios autos; Enunciado n. 344 JDC/CJF: *A obrigação alimentar originada do poder familiar, especialmente para atender às necessidades educacionais, pode não cessar com a maioridade.* Neste contexto, em acordos celebrados antes do advento do novo Código, ainda que expressamente convencionado que os alimentos cessarão com a maioridade, o juiz deve ouvir os interessados, apreciar as circunstâncias do caso concreto e obedecer ao princípio *rebus sic stantibus* (Enunciado n. 112 JDC/CJF). É necessário verificar se a necessidade ainda existe, sendo que, caso o filho esteja ainda em período de estudos, a pensão será mantida até o fim destes, salvo se o filho já mantém economia própria.

Verifique, agora, os **meios para assegurar o pagamento** da pensão alimentícia:

a) ação de alimentos, para reclamá-los (Lei 5.478/68);

b) execução por quantia certa (art. 732 do CPC);

c) penhora em vencimentos (art. 649, IV, do CPC);

d) desconto em folha de pagamento da pessoa obrigada (art. 734 do CPC);

e) reserva de aluguéis de prédio do alimentante (art. 17 da Lei 5.478/68);

f) levantamento do saldo FGTS, mediante ordem judicial (Enunciado n. 572 JDC/CJF)

g) prisão do devedor (art. 21 da Lei 5.478/68, e art. 733, § 1º, do CPC). Quanto a prisão importante asseverar que cabe prisão civil do devedor nos casos de não prestação de alimentos gravídicos estabelecidos com base na Lei n. 11.804/2008, inclusive deferidos em qualquer caso de tutela de urgência (Enunciado n. 522 JDC/CJF);

Quanto à possibilidade de revisão (redução ou majoração) da pensão alimentícia, bem como de sua exoneração, o Código Civil traz a seguinte disposição: "se, fixados os alimentos, sobrevier mudança na situação financeira de quem os supre, ou na de quem os recebe, poderá o interessado reclamar ao juiz, conforme as circunstâncias, exoneração, redução ou majoração do encargo" (art. 1.699 do CC).

De outra parte, cessa o dever de prestar alimentos com o casamento, a união estável ou o concubinato do credor, ou ainda se tiver procedimento indigno com relação ao devedor. Na hipótese de concubinato, haverá necessidade de demonstração da assistência material prestada pelo concubino a quem o credor de alimentos se uniu (Enunciado n. 265 JDC/CJF). Na interpretação do que seja procedimento indigno do credor, apto a fazer cessar o direito a alimentos, aplicam-se, por analogia, as hipóteses dos incs. I e II do art. 1.814 do Código Civil (Enunciado n. 264 JDC/CJF). Ademais, o procedimento indigno do credor em relação ao devedor, previsto no parágrafo único do art. 1.708 do Código Civil, pode ensejar a exoneração ou apenas a redução do valor da pensão alimentícia para quantia indispensável à sobrevivência do credor (Enunciado n. 345 JDC/CJF).

7.10.1. Jurisprudência selecionada

Prisão Civil e Prestações Alimentícias Vencidas durante a Execução

A Turma indeferiu *habeas corpus*, impetrado contra acórdão do STJ, em que se pretendia a desconstituição da prisão decretada contra o paciente por inadimplemento de obrigação alimentícia. No caso, a execução dos débitos alimentícios objetivava a cobrança das três últimas parcelas então vencidas, bem como das vincendas durante a execução, tendo o acórdão impugnado reconhecido o pagamento apenas das primeiras. Considerou-se correta a conclusão do Tribunal de Justiça do Estado de São Paulo que mantivera a prisão do paciente sob o fundamento de que se *"premiaria sua própria torpeza"* acaso acolhida a alegação de que as prestações, inclusive as vencidas durante a execução, seriam pretéritas e, consequentemente, não sujeitas à constrição da liberdade. Manteve-se, assim, o entendimento do STJ que indeferira a mesma medida por considerar ser perfeitamente cabível a ordem de prisão civil quando o pagamento do débito alimentício limita-se às três últimas parcelas vencidas antes do ajuizamento da execução, não alcançando as que venceram no curso dela, as quais não podem ser tidas como pretéritas.

HC 87134/SP, rel. Min. Sepúlveda Pertence, 8.8.2006. (HC-87134) (Inform. STF 435)

DIREITO CIVIL. IMPOSSIBILIDADE DE PRISÃO CIVIL DO INVENTARIANTE PELO INADIMPLEMENTO DE PENSÃO ALIMENTÍCIA.

Não cabe prisão civil do inventariante em razão do descumprimento do dever do espólio de prestar alimentos. Isso porque a restrição da liberdade constitui sanção de natureza personalíssima que não pode recair sobre terceiro, estranho ao dever de alimentar. De fato, a prisão administrativa atinge apenas o devedor de alimentos, segundo o art. 733, § 1°, do CPC, e não terceiros. Dessa forma, sendo o inventariante um terceiro na relação entre exequente e executado – ao espólio é que foi transmitida a obrigação de prestar alimentos (haja vista o seu caráter personalíssimo), configura constrangimento ilegal a coação, sob pena de prisão, a adimplir obrigação do referido espólio, quando este não dispõe de rendimento suficiente para tal fim. Efetivamente, o inventariante nada mais é do que, substancialmente, auxiliar do juízo (art. 139 do CC/2002), não podendo ser civilmente preso pelo descumprimento de seus deveres, mas sim destituído por um dos motivos do art. 995 do CC/2002. Deve-se considerar, ainda, que o próprio herdeiro pode requerer pessoalmente ao juízo, durante o processamento do inventário, a antecipação de recursos para a sua subsistência, podendo o magistrado conferir eventual adiantamento de quinhão necessário à sua mantença, dando assim efetividade ao direito material da parte pelos meios processuais cabíveis, sem que se ofenda, para tanto, um dos direitos fundamentais do ser humano, a liberdade. Precedente citado: REsp 1.130.742-DF, Quarta Turma, DJe 17/12/2012. **HC 256.793-RN, Rel. Min. Luis Felipe Salomão, julgado em 1°/10/2013.** (Inform. STJ 531)

DIREITO CIVIL. ALIMENTOS NA HIPÓTESE DE FORMAÇÃO DE VÍNCULO SOCIOAFETIVO.

A esposa infiel não tem o dever de restituir ao marido traído os alimentos pagos por ele em favor de filho criado com estreitos laços de afeto pelo casal, ainda que a adúltera tenha ocultado do marido o fato de que a referida criança seria filha biológica sua e de seu "cúmplice". Isso porque, se o marido, ainda que enganado por sua esposa, cria como seu o filho biológico de outrem, tem-se por configurada verdadeira relação de paternidade socioafetiva, a qual, por si mesma, impede a repetição da verba alimentar, haja vista que, a fim de preservar o elo da afetividade, deve-se considerar secundária a verdade biológica, porquanto a CF e o próprio CC garantem a igualdade absoluta dos filhos de qualquer origem (biológica ou não biológica). Além do mais, o dever de fidelidade recíproca dos cônjuges, atributo básico do casamento, em nada se comunica com a relação paternal gerada, mostrando-se desarrazoado transferir o ônus por suposto insucesso da relação à criança alimentada. Ademais, o STJ já firmou o entendimento de que a mulher não está obrigada a restituir ao marido o valor dos alimentos pagos por ele em favor da criança que, depois se soube, era filha de outro homem (REsp 412.684-SP, Quarta Turma, DJ 25/11/2002). De mais a mais, quaisquer valores que sejam porventura apurados em favor do alimentante estarão cobertos pelo princípio da irrepetibilidade dos alimentos já pagos, justificado pelo dever de solidariedade entre os seres humanos, uma vez que, em última análise, os alimentos garantem a própria existência do alimentando. **REsp 922.462-SP, Rel. Min. Ricardo Villas Bôas Cueva, julgado em 4/4/2013. (Inform. STJ 522)**

DIREITO CIVIL. VERBAS TRABALHISTAS PERCEBIDAS PELO ALIMENTANTE NÃO PREVISTAS EM TÍTULO JUDICIAL.

No caso em que os alimentos tenham sido arbitrados pelo juiz em valor fixo correspondente a determinado número de salários mínimos a serem pagos em periodicidade mensal, o alimentando não tem direito a receber, com base naquele título judicial, quaisquer acréscimos decorrentes de verbas trabalhistas percebidas pelo alimentante e ali não previstos. De fato, na hipótese de alimentos arbitrados em valor fixo, salvo disposição em contrário na decisão que os fixa, os rendimentos do devedor são levados em consideração para aferir suas possibilidades ou, quando muito, é mero veículo de desconto do valor devido. Assim, eventuais flutuações dos rendimentos do alimentante, para cima ou para baixo, ou mesmo sua supressão – ao menos até que os valores sejam revistos em ação própria –, não são aptas a alterar o *quantum* devido, razão pela qual o recebimento de parcelas trabalhistas a título de 13°, férias e outras verbas da mesma natureza não tem o condão de influenciar a dívida consolidada, sob pena de alterar o binômio inicial (necessidade/possibilidade) considerado para a determinação do montante fixo. Basta mencionar, por exemplo, que, em situações nas quais a remuneração do alimentante é eventual ou em periodicidade diversa da mensal, os alimentos fixados em valor determinado a ser pago mensalmente não acompanham os valores recebidos pelo devedor. A dívida existe, é certa e deve ser paga na data fixada independentemente dessa circunstância. Nesse caso, fazer que o devedor pague o valor arbitrado sempre que receber remuneração – como pagaria até mesmo no caso de não recebimento – consubstancia evidente vulneração do título judicial. Enfim, se o magistrado sentenciante arbitrou os alimentos em valor fixo à luz das circunstâncias do caso concreto, há de se presumir que esse foi o método por ele considerado como o mais adequado à satisfação do binômio necessidade/possibilidade. Assim, o débito alimentar arbitrado em valor fixo – por sentença transitada em julgado – deve ser pago pelo montante e na exata periodicidade constante no título judicial, revelando-se ofensa à coisa julgada a determinação para que o valor arbitrado seja pago a propósito do recebimento de outras verbas pelo devedor. **REsp 1.091.095-RJ, Rel. Min. Luis Felipe Salomão, julgado em 16/4/2013. (Inform. STJ 519)**

DIREITO CIVIL. ABRANGÊNCIA DOS ALIMENTOS PROVISÓRIOS.

Em regra, os alimentos provisórios fixados em percentual sobre os rendimentos líquidos do alimentante não abrangem as verbas que não façam parte da sua remuneração habitual. Com efeito, na fixação dos alimentos provisórios, o julgador, diante do pedido formulado pelo alimentando, não se volta, a princípio, para a capacidade do alimentante – na qual a natureza do valor da verba percebida tem real influência – mas procura encontrar o ideal dos alimentos *ad necessitate*, diante da análise dos elementos de que dispõe e do que vislumbra compor as necessidades do alimentando. Apenas quando ultrapassada essa análise inicial, passa-se a dispor sobre a possibilidade de adequar essa necessidade às condições financeiras do alimentante. Nesse contexto, constatada a existência de suficiente capacidade econômica do alimentante, o juiz fixa os alimentos no valor que originalmente concluiu ser o ideal para o sustento do alimentando. Vale ressaltar que, nesse caso, não há perquirição sobre a possibilidade de o alimentante pagar valor maior se a necessidade do alimentando foi plenamente satisfeita. Deparando-se o julgador, contudo, com situação contrária, na qual o valor percebido pelo alimentante não é suficiente para o pagamento do *quantum* ideal, será este valor glosado até que possa ser aumentado ao ponto de suprir a necessidade do alimentando, circunstância que ensejará um acompanhamento da fortuna do alimentante, pois um aumento em sua capacidade econômica poderá acarretar – quando pedido – equiparável acréscimo no valor dos alimentos. Dessa visão conceitual do processo de fixação dos alimentos provisórios, extrai-se que a fortuna do alimentante não está associada, de forma indiscriminada, ao valor desses alimentos. Assim, as variações positivas na remuneração total do alimentante, de regra, não terão impacto em seu valor, salvo se as necessidades do alimentando, constatadas inicialmente, não tiverem sido supridas integralmente, ou, ainda, quando houver superveniente alteração no elemento necessidade. Supridas as necessidades legalmente preconizadas pelo valor já pago e não sendo os alimentos provisórios, provisionais ou *pro tempore* cota de participação no sucesso do alimentante, razão não há para que o aumento de seus rendimentos, mormente aqueles oriundos de verbas não regulares (abono, participação nos lucros e gratificações), tenha reflexos proporcionais no monte destinado aos alimentos, pois as necessidades do alimentando não aumentam, automaticamente, com a possibilidade de aumento dos ganhos do alimentante. **REsp 1.261.247-SP, Rel. Min. Nancy Andrighi, julgado em 16/4/2013. (Inform. STJ 519)**

DIREITO CIVIL. IRRETROATIVIDADE DA DECISÃO QUE EXONERA O DEVEDOR DE ALIMENTOS DO PAGAMENTO DA DÍVIDA ALIMENTAR.

O reconhecimento judicial da exoneração do pagamento de pensão alimentícia não alcança as parcelas vencidas e não pagas de dívida alimentar anteriormente reconhecida e cobrada judicialmente. Conforme a jurisprudência do STJ, a procedência de ação proposta com fins de exclusão do pagamento de pensão alimentícia reconhecida judicialmente não obsta a execução das parcelas já vencidas e cobradas sob o rito do art. 733 do CPC. O ajuizamento de ação revisional ou de exoneração de alimentos não possibilita ao devedor reduzir ou deixar de pagar o valor dos alimentos. A alteração do encargo depende de autorização judicial, cuja sentença não dispõe de efeitos retroativos. Admitir o contrário incentivaria o inadimplemento. Como os alimentos são irrepetíveis, aquele que pagou o valor devido até a data da decisão que o libere do respectivo pagamento não teria como reaver as diferenças. Nesse caso, somente seria beneficiado quem não tivesse pagado a verba alimentar, ficando inadimplente à espera da sentença, o que violaria o princípio da igualdade e acabaria por incentivar a mora e induzir todos os que são executados a buscar a via judicial, propondo ação de redução ou exclusão do encargo só para ter a execução de alimentos suspensa. Precedentes citados: HC 152.700-SP, Terceira Turma, DJe 26/3/2010, e HC 132.447-SP, Quarta Turma, DJe 22/3/2010. **RHC 35.192-RS, Rel. Min. Villas Bôas Cueva, julgado em 12/3/2013. (Inform. STJ 518)**

DIREITO CIVIL. INEXISTÊNCIA DE OBRIGAÇÃO DOS PAIS DE FORNECER ALIMENTOS À FILHA MAIOR DE 25 ANOS E COM CURSO SUPERIOR COMPLETO, NO CASO DE AUSÊNCIA DE PROVA REFERENTE A PROBLEMAS QUANTO À SUA SAÚDE FÍSICA OU MENTAL.

Os pais não têm obrigação de fornecer alimentos à filha maior de 25 anos e com curso superior completo, se inexistirem elementos que indiquem quaisquer problemas quanto à sua saúde física ou mental. Durante a menoridade, ou seja, até os dezoitos anos de idade, não é necessário que o alimentando faça prova efetiva da inexistência de meios próprios de subsistência, o que se presume pela incapacidade civil, estando o dever de alimentos fundamentado no poder familiar. Alcançada a maioridade, essa prova é necessária e, uma vez realizada, o filho continuará com o direito de receber alimentos dos pais, inclusive no que se refere às verbas necessárias à sua educação. Nesse contexto, haverá presunção de dependência do alimentando que, quando da extinção do poder familiar, estiver frequentando regularmente curso superior ou de natureza técnica, mas o dever de prestar alimentos passará a ser fundado na relação de parentesco, e não no poder familiar. Tratando-se, entretanto, de filho maior, capaz e com curso superior completo, não mais se admite a presunção da necessidade, que deverá ser efetivamente demonstrada. Com efeito, nessa situação, há de se considerar que os filhos civilmente capazes e graduados podem e devem gerir suas próprias vidas, inclusive buscando meios de assegurar sua própria subsistência. **REsp 1.312.706-AL, Rel. Min. Luis Felipe Salomão, julgado em 21/2/2013. (Inform. STJ 518)**

DIREITO CIVIL. COBRANÇA RETROATIVA DA DIFERENÇA VERIFICADA ENTRE OS VALORES FIXADOS A TÍTULO DE ALIMENTOS PROVISÓRIOS E DEFINITIVOS.

Se os alimentos definitivos forem fixados em valor superior ao dos provisórios, poderá haver a cobrança retroativa da diferença verificada entre eles. A jurisprudência majoritária do STJ tem mitigado a interpretação mais literal da regra contida no § 2º do art. 13 da Lei n. 5.478/1968 para entender que os alimentos definitivos fixados em valor inferior ao dos provisórios não gerariam, para o alimentante, o direito de cobrar o que fora pago a maior, tendo em vista a irrepetibilidade da verba alimentar. Todavia, nada impede a aplicação da interpretação direta da regra contida no referido comando legal, o que possibilita a cobrança retroativa da diferença verificada na hipótese em que os alimentos definitivos tenham sido fixados em montante superior ao dos provisórios. Precedente citado: EDcl no REsp 504.630-SP, Terceira Turma, DJ 11/9/2006. **REsp 1.318.844-PR, Rel. Min. Sidnei Beneti, julgado em 7/3/2013.** (Inform. STJ 516).

DÉBITO ALIMENTAR E PRISÃO CIVIL

A 2ª Turma concedeu *habeas corpus* para determinar a expedição de salvo-conduto em favor do ora impetrante, cujo decreto prisional decorrera da existência de débito alimentar. De início, consignou-se que a jurisprudência do STF seria no sentido de que a incapacidade econômica do alimentante não serviria, por si só, de base para evitar a decretação de prisão civil. Em seguida, ressaltou-se que ele obtivera, em sede de agravo de instrumento, a diminuição do valor da prestação alimentícia e, ainda assim, enfrentaria dificuldades, aparentemente, insuperáveis para cumprir o que fora decidido. Desse modo e ante o quadro peculiar do paciente — a revelar a sua impossibilidade de solver o aludido débito —, asseverou-se que não se justificaria a prisão. Reputou-se que o inadimplemento não teria sido voluntário e inescusável. Por fim, enfatizou-se que a prisão civil teria que ser aplicada a situações nas quais, de fato, servisse de estímulo para o cumprimento da obrigação. HC 106709/RS, rel. Min. Gilmar Mendes, 21.6.2011. (HC-106709) (Inform. STF 632)

DIREITO CIVIL. PRISÃO DECRETADA COM BASE EM DECISÃO DE CAUTELAR ENVOLVENDO DIREITO DE FAMÍLIA. DÚVIDA SOBRE A EFICÁCIA DA EXECUÇÃO DE ALIMENTOS.

Não é razoável manter a prisão civil decretada em execução de decisão liminar proferida em ação cautelar preparatória de separação de corpos c/c guarda de menor e alimentos provisionais, na hipótese em que o tribunal de origem não decidiu se houve perda da eficácia da cautelar com o não ajuizamento da ação principal no prazo previsto no art. 806 do CPC. Conforme a Súm. n. 482/STJ e o art. 806 do CPC, a parte tem 30 dias para propor a ação principal, sob pena de perda da eficácia da liminar deferida e a extinção do processo cautelar. A doutrina majoritária afasta a aplicação dessa regra quando se trata de ações cautelares envolvendo Direito de Família. Todavia, a Terceira Turma, em outra oportunidade, ao apreciar a questão entendeu que os arts. 806 e 808 do CPC incidem nos processos cautelares de alimentos provisionais. Assim, há dúvida acerca da eficácia do título que embasa a execução de alimentos, devendo o tribunal de origem determinar se o não ajuizamento da ação principal no prazo decadencial do art. 806 do CPC acarreta a perda da eficácia da decisão liminar concedida na cautelar preparatória e, em caso positivo, qual o período em que a referida decisão produziu efeitos. A definição dessa questão é relevante, pois poderá acarretar a redução do quantum devido ou, até mesmo, a extinção da execução. Dessa forma, não se mostra razoável o constrangimento à liberdade de ir e vir do paciente (art. 5º, LXVII, da CF), medida sabidamente excepcional, antes de se definir a eficácia e liquidez do título que embasa a execução de alimentos e, assim, a legalidade da decretação da prisão. Precedente citado: **REsp 436.763-SP, DJ 6/12/2007. RHC 33.395-MG, Rel. Min. Paulo de Tarso Sanseverino, julgado em 4/10/2012.** (Inform. STJ 506)

PRISÃO CIVIL. PAGAMENTO PARCIAL DA OBRIGAÇÃO ALIMENTÍCIA.

A Turma reafirmou que o pagamento parcial da obrigação alimentar não afasta a regularidade da prisão civil. Destacou-se que este Superior Tribunal entende ser legítima a prisão civil do devedor de alimentos, quando fundamentada na falta de pagamento de prestações vencidas nos três meses anteriores à propositura da execução ou daquelas vencidas no decorrer do processo (Súm. n. 309/STJ). Ademais, eventuais alegações quanto à incapacidade material do recorrente de satisfazer a prestação alimentícia devem ser discutidas nos autos da ação de alimentos, não no âmbito estreito do writ, cujo trâmite não comporta dilação probatória. Precedente citado: **HC 209.137-SP, DJe 13/9/2011. RHC 31.302-RJ, Rel. Min. Antonio Carlos Ferreira, julgado em 18/9/2012.** (Inform. STJ 504)

AÇÃO DE EXONERAÇÃO DE ALIMENTOS. APELAÇÃO. EFEITOS.

A apelação interposta contra sentença que julgar pedido de alimentos ou pedido de exoneração do encargo deve ser recebida apenas no efeito devolutivo. O Min. Relator afirmou que a sentença que fixa ou redefine o valor dos alimentos, bem como aquela que exonera o alimentante do dever de prestá-los, gera uma presunção ora a favor do alimentado, ora em favor do alimentante. Assim, por uma interpretação teleológica do art. 14 da Lei n. 5.478/1968 (com a redação dada pela Lei n. 6.014/1973), a apelação interposta contra sentença em ação de exoneração de alimentos deve ser recebida unicamente no efeito devolutivo, não sendo aplicável ao caso a regra geral prevista no art. 520 do CPC. Precedentes citados: **REsp 1.138.898-PR, DJe 25/11/2009, e RMS 25.837-SP, DJe 5/11/2008. REsp 1.280.171-SP, Rel. Min. Massami Uyeda, julgado em 2/8/2012.**(Inform. STJ 501)

HC. EXECUÇÃO DE DÉBITO ALIMENTAR. PRISÃO CIVIL. NATUREZA DAS VERBAS.

Apenas o inadimplemento de verbas de caráter alimentar autoriza a execução nos termos do rito previsto no art. 733 do CPC. A verba destinada à ex-esposa para manutenção de sítio – que não constitui sua moradia – até a efetivação da partilha dos bens comuns do casal não tem natureza jurídica de alimentos. Logo é insuficiente para embasar o decreto de prisão civil por dívida alimentar. Na espécie, tal verba foi estabelecida com o objetivo de impedir que a ex-esposa, responsável pela administração do bem comum do casal até a partilha, retirasse da sua pensão alimentícia, destinada, única e exclusivamente, a sua subsistência, o valor necessário ao custeio de outras despesas, no caso, a manutenção de bem imóvel de responsabilidade de ambos os litigantes. **HC 232.405-RJ, Rel. Min. Massami Uyeda, julgado em 22/5/2012.** (Inform. STJ 498)

ALIMENTOS. NECESSIDADE. MESTRADO.

Trata-se de recurso interposto contra decisão do tribunal *a quo* que reformou a sentença para julgar procedente pedido de alimentos feito por estudante maior de idade – que cursa mestrado em universidade pública – contra seu pai (recorrente). É consabido que o advento da maioridade não extingue, automaticamente, o direito à percepção de alimentos, mas esses deixam de ser devidos em razão do poder familiar, passando a ter fundamento nas relações de parentesco (art. 1.694 do CC), exigindo a prova da necessidade do alimentado. Por essa razão, é presumível (presunção *iuris tantum*) a necessidade de os filhos continuarem a perceber alimentos após a maioridade, quando frequentam curso universitário ou técnico, porque se entende que a obrigação parental de cuidar dos filhos inclui a outorga de adequada formação profissional. Porém, o estímulo à qualificação profissional dos filhos não pode ser imposto aos pais de forma perene, sob pena de subverter o instituto da obrigação alimentar oriunda das relações de parentesco, que objetiva preservar as condições mínimas de sobrevida do alimentado. Em rigor, a formação profissional completa-se com a graduação, que, de regra, permite ao bacharel o exercício da profissão para a qual se graduou, independentemente de posterior especialização, podendo assim, em tese, prover o próprio sustento, circunstância que afasta, por si só, a presunção *iuris tantum* de necessidade do filho estudante. Assim, considerando o princípio da razoabilidade e o momento socioeconômico do país, depreende-se que a missão de criar os filhos se prorroga mesmo após o término do poder familiar, porém finda com a conclusão, pelo alimentado, de curso de graduação. A partir daí persistem as relações de parentesco que ainda possibilitam a busca de alimentos, desde que presente a prova da efetiva necessidade. Com essas e outras considerações, a Turma deu provimento ao recurso para desonerar o recorrente da obrigação de prestar alimentos à sua filha. **REsp 1.218.510-SP, Rel. Min. Nancy Andrighi, julgado em 27/9/2011.** (Inform. STJ 484)

OBRIGAÇÃO ALIMENTAR. AVOENGA. ÔNUS DA PROVA.

In casu, a questão está em analisar a validade da decisão do tribunal *a quo* que indeferiu pedido de alimentos provisórios em favor dos recorrentes os quais deveriam ser prestados pela recorrida, avó dos alimentandos. A Min. Relatora destacou que, apenas na impossibilidade de os demandados genitores prestarem alimentos, serão os parentes mais remotos, estendendo-se a obrigação alimentar, na hipótese, para os ascendentes mais próximos. O desemprego do alimentante primário – genitor – ou sua falta confirmam o desamparo do alimentado e a necessidade de socorro ao ascendente de grau imediato, fatos que autorizam o ajuizamento da ação de alimentos diretamente contra este. Contudo o mero inadimplemento da obrigação alimentar por parte do genitor, sem que se demonstre sua impossibilidade de prestar os alimentos, não faculta ao alimentado pleitear alimentos diretamente aos avós. Na hipótese, exige-se o prévio esgotamento dos meios processuais disponíveis para obrigar o alimentante primário a cumprir sua obrigação, inclusive com o uso da coação extrema preconizada no art. 733 do CPC. Assim, fixado pelo tribunal de origem que a avó demonstrou, em contestação, a impossibilidade de prestar os alimentos subsidiariamente, inviável o recurso especial, no particular, pelo óbice da Súm. n. 7-STJ. Com essas considerações, a Turma negou provimento ao recurso. **REsp 1.211.314-SP, Rel. Min. Nancy Andrighi, julgado em 15/9/2011.** (Inform. STJ 482)

EXONERAÇÃO. ALIMENTOS. MAIORIDADE. ÔNUS . PROVA.

Trata-se, na origem, de ação de exoneração de alimentos em decorrência da maioridade. No REsp, o recorrente alega, entre outros temas, que a obrigação de pagar pensão alimentícia encerra-se com a maioridade, devendo, a partir daí, haver a demonstração por parte da alimentanda de sua necessidade de continuar a receber alimentos, mormente se não houve demonstração de que ela continuava os estudos. A Turma entendeu que a continuidade do pagamento dos alimentos após a maioridade, ausente a continuidade dos estudos, somente subsistirá caso haja prova da alimentanda da necessidade de continuar a recebê-los, o que caracterizaria fato impeditivo, modificativo ou extintivo desse direito, a depender da situação. Ressaltou-se que o advento da maioridade não extingue, de forma automática, o direito à percepção de alimentos (Súm. n. 358-STJ), mas esses deixam de ser devidos em face do poder familiar e passam a ter fundamento nas relações de parentesco (art. 1.694 do CC/2002), em que se exige prova da necessidade do alimentando. Dessarte, registrou-se que é da alimentanda o ônus da prova da necessidade de receber alimentos na ação de exoneração em decorrência da maioridade. *In casu*, a alimentanda tinha o dever de provar sua necessidade em continuar a receber alimentos, o que não ocorreu na espécie. Assim, a Turma, entre outras considerações, deu provimento ao recurso. Precedente citado: RHC 28.566-GO, DJe 30/9/2010. **REsp 1.198.105-RJ, Rel. Min. Nancy Andrighi, julgado em 1º/9/2011.** (Inform. STJ 482)

ALIMENTOS. MAIORIDADE. ALIMENTANDO.

A Turma reiterou o entendimento de que a superveniência da maioridade não constitui motivo para a exoneração da obrigação de alimentar, devendo as instâncias ordinárias aferir a necessidade da pensão. A obrigação estabelecida no acordo homologado judicialmente apenas pode ser alterada ou extinta por meio de ação própria e os efeitos de eventual reconhecimento judicial da extinção da referida obrigação operam-se a partir de sua prolação, em nada atingindo os débitos já consolidados, que, enquanto não prescritos, dão ensejo à sua cobrança. O *habeas corpus* limita-se à apreciação da legalidade do decreto de prisão, não se tornando meio adequado para o exame aprofundado das provas e verificação das justificativas fáticas apresentadas pelo paciente. Ademais, a falta de pagamento integral das prestações alimentícias *sub judice* autoriza a prisão civil do devedor. Assim, a Turma denegou a ordem. **HC 208.988-TO, Rel. Min. Massami Uyeda, julgado em 9/8/2011.** (Inform. STJ 480)

IPTU. PENSÃO. ALIMENTÍCIA.

In casu, trata-se de saber se a desoneração do ora recorrente quanto ao pagamento de pensão ao ex-cônjuge, ora recorrida, abrange IPTU, água, luz e telefone referentes ao imóvel onde ela vive com novo companheiro e dois filhos do casamento findo. A Turma entendeu que a desoneração do recorrente relativa à obrigação alimentar que tinha com sua ex-esposa compreende, também, o pagamento do IPTU, luz, água e telefone relativos ao imóvel onde ela reside. Registrou-se que entendimento contrário, além de perenizar o pagamento ao menos de fração dos alimentos, imporia ao alimentante a teratológica obrigação de, em pequena parcela, subsidiar a mantença do novo companheiro de sua ex-esposa. Também o sujeitaria ao pagamento dos serviços, mesmo que esses fossem usados de maneira desregrada, ônus que teria enquanto durasse o pagamento dos alimentos aos filhos, não importando a forma de utilização dos serviços nem mesmo quantas pessoas dele usufruiriam, hipóteses que, obviamente, não se coadunam com o objetivo da prestação alimentar. Consignou-se, ademais, que os benefícios reflexos que os filhos têm pelo pagamento dos referidos débitos da ex-esposa são absorvidos pela obrigação materna em relação à sua prole, que continua a existir, embora haja o pagamento de alimentos pelo pai, visto que a obrigação de criar os filhos é conjunta. Diante disso, deu-se provimento ao recurso. **REsp 1.087.164-SP, Rel. Min. Nancy Andrighi, julgado em 2/8/2011.** (Inform. STJ 480)

EXONERAÇÃO. ALIMENTOS. EX-ESPOSA.

Em regra, os alimentos devidos a ex-cônjuges são fixados com termo certo ao assegurar tempo hábil para que o alimentando seja inserido, recolocado ou obtenha progressão no mercado de trabalho, com o fim de manter, a moto próprio, o *status* social similar ao que ostentava durante o relacionamento, tudo a depender das circunstâncias de fato de cada hipótese. Todavia, há casos excepcionais que exigem alimentos perenes, tal como os de incapacidade laboral permanente ou de impossibilidade prática da inserção no mercado de trabalho. Mas, em qualquer caso, os alimentos estão sujeitos à cláusula *rebus sic stantibus*, a possibilitar alteração dos valores diante da variação do binômio necessidade/possibilidade. Mesmo assim, é lícito dispensar sopesar essa variação para conceder a desoneração total ou parcial na hipótese de alimentos fixados sem termo certo quando demonstrado o pagamento da pensão por lapso temporal suficiente a que o alimentando revertesse a condição desfavorável que detinha, o que se amolda ao caso: os alimentos remontam a 10 anos e a alimentanda, desde a separação, exerce a profissão liberal de arquiteta. Pesa também o fato de o alimentante ter contraído novo casamento, do qual adveio prole portadora de necessidades especiais, o que, com certeza, representa impacto significativo em sua fortuna (*veritas evidens non probanda*). **REsp 1.205.408-RJ, Rel. Min. Nancy Andrighi, julgado em 21/6/2011.** (Inform. STJ 478)

ALIMENTOS. RESPONSABILIDADE.

Trata-se de REsp em que se discute a possibilidade de o recorrente (um dos genitores) demandado em ação de alimentos poder chamar o outro (no caso, a genitora) a integrar o polo passivo da referida ação. A Turma proveu o recurso ao entendimento de que a obrigação alimentar é de responsabilidade dos pais e, na hipótese de a genitora dos autores da ação de alimentos também exercer atividade remunerada, é juridicamente legítimo que seja chamada a compor o polo passivo do processo para ser avaliada a sua condição econômico-financeira para assumir, em conjunto com o genitor, a responsabilidade pela manutenção dos filhos maiores e capazes. Ressaltou-se que, além da transmissibilidade, reciprocidade, impenhorabilidade e imprescritibilidade, é também importante característica da obrigação alimentar a divisibilidade. Desse modo, os pais, salvo na hipótese de qualquer deles estar na condição de guardião de filhos menores, devem responder pelos alimentos, arcando cada qual com parcela compatível às próprias possibilidades. Dessarte, nada mais razoável, na espécie, que, somente a partir da integração dos pais no polo passivo da demanda, possa melhor ser aferida a capacidade de assunção do encargo alimentício em quotas proporcionais aos recursos financeiros de cada um. Assim, reconheceu-se a plausibilidade jurídica do pleito em questão, porquanto, embora se possa inferir do texto do art. 1.698 do CC/2002, norma de natureza especial, que o credor de alimentos detém a faculdade de ajuizar ação apenas contra um dos coobrigados, não há óbice legal a que o demandado exponha, de forma circunstanciada, a arguição de não ser o único devedor e, por conseguinte, adote a iniciativa de chamamento de outro potencial devedor para integrar a lide. **REsp 964.866-SP, Rel. Min. João Otávio de Noronha, julgado em 1º/3/2011.** (Inform. STJ 465)

ALIMENTOS. RESPONSABILIDADE SUBSIDIÁRIA. AVÓS.

A Turma deu provimento ao recurso especial a fim de deferir o chamamento ao processo dos avós maternos no feito em que os autores pleiteiam o pagamento de pensão alimentícia. *In casu*, o tribunal *a quo* fixou a responsabilidade principal e recíproca dos pais, mas determinou que a diferença fosse suportada pelos avós paternos. Nesse contexto, consignou-se que o art. 1.698 do CC/2002 passou a prever que, proposta a ação em desfavor de uma das pessoas obrigadas a prestar alimentos, as demais poderão ser chamadas a integrar a lide. Dessa forma, a obrigação subsidiária deve ser repartida conjuntamente entre os avós paternos e maternos, cuja responsabilidade, nesses casos, é complementar e sucessiva. Precedentes citados: REsp 366.837-RJ, DJ 22/9/2003, e REsp 658.139-RS, DJ 13/3/2006. **REsp 958.513-SP, Rel. Min. Aldir Passarinho Junior, julgado em 22/2/2011.** (Inform. STJ 464)

AÇÃO. ALIMENTOS. LEGITIMIDADE PASSIVA.

Trata-se, na origem, de ação de alimentos ajuizada contra a avó paterna. A Turma deu provimento ao recurso e extinguiu a ação sem julgamento do mérito, reiterando o entendimento de que a obrigação dos avós em relação aos netos é subsidiária e complementar, ou seja, primeiramente respondem os pais e, se eles se virem impossibilitados de prestá-la, total ou parcialmente, somente aí pode ser intentada a ação contra os progenitores. Precedentes citados: HC 38.314-MS, DJ 4/4/2005; REsp 70.740-SP, DJ 25/8/1997, e REsp 81.838-SP, DJ 4/9/2000. **REsp 1.077.010-SP, Rel. Min. Aldir Passarinho Junior, julgado em 7/12/2010**. (Inform. STJ 459)

ALIMENTOS TRANSITÓRIOS.

A estipulação de alimentos transitórios (por tempo certo) é possível quando o alimentando ainda possua idade, condição e formação profissional compatíveis com sua provável inserção no mercado de trabalho. Assim, a necessidade de alimentos perdura apenas até que se atinja a aguardada autonomia financeira, pois, nesse momento, não mais necessitará da tutela do alimentante, então, liberado da obrigação (que se extinguirá automaticamente). **REsp 1.025.769-MG, Rel. Min. Nancy Andrighi, julgado em 24/8/2010.** (Inform. STJ 444)

AÇÃO. ALIMENTOS. AVÓS.

É cediço que a jurisprudência deste Superior Tribunal firmou-se no sentido de que a obrigação dos avós em prestar alimentos aos netos é subsidiária e complementar, visto que primeiro os pais respondem pelo alimentando; consequentemente, só quando os pais não podem prestá-los integralmente ou parcialmente é que a ação pode ser ajuizada contra os avós. Na hipótese de ser intentada tal ação, é necessária a demonstração da possibilidade de os avós arcarem com parte ou com a totalidade do sustento do neto. No caso dos autos, a ação de alimentos foi movida contra os avós com o objetivo de obter pensão equivalente a seis salários mínimos, porém o TJ julgou-a improcedente, confirmando a sentença e deixando consignado, ainda, que a ação foi intentada primeiro contra os avós, embora pudesse sê-lo contra o pai e que se deixou de demonstrar que os avós poderiam arcar com tal pagamento. Nesse contexto, para o Min. Relator, a decisão *a quo* harmoniza-se com a jurisprudência deste Superior Tribunal, além de que, ausente a prévia vindicação dos alimentos ao pai da autora recorrente, não poderia ter êxito a ação. Quanto à alegação de que o pai reside no exterior, explica que essa questão não foi tratada nos autos e examiná-la, bem como os outros fatos, incidiria a Súm. n. 7-STJ. Diante do exposto, a Turma não conheceu do recurso. REsp 576.152-ES, Rel. Min. Aldir Passarinho Junior, julgado em 8/6/2010. (Inform. STJ 438)

ALIMENTOS PROVISÓRIOS. TERMO A QUO.

No REsp, discute-se o termo *a quo* da obrigação alimentar quanto aos alimentos provisórios fixados na inicial da ação de alimentos, se vencidos desde a citação ou 30 dias depois, conforme ficou estabelecido pelo acórdão recorrido, impugnado pelos recorrentes. Explica o Min. Relator que o art. 13, § 2º, da Lei n. 5.478/1968 esclarece que, fixados os alimentos em qualquer caso, eles retroagem à data da citação. Também, menciona a doutrina quanto à natureza da obrigação alimentar, sustentando a satisfação das necessidades do favorecido, cuidados à pessoa alimentada num sentido mais amplo que a obrigação alimentar fixada em dinheiro. Observa, ainda, ser esse o entendimento da Súm. n. 277-STJ. Dessa forma, para o Min. Relator, não há razão para que o efetivo pagamento dos alimentos provisórios inicie-se somente depois de 30 dias da citação, uma vez que a verba alimentar é destinada à sobrevivência do alimentando, constituindo-se em dever de cuidados à pessoa que dela necessita, além de não possuir natureza ressarcitória. De outro lado, ressalta que o descumprimento do prazo estabelecido pela lei pode implicar multa ou prisão (arts. 475-J ou 733, § 1º, todos do CPC). Diante do exposto, a Turma deu provimento ao recurso do alimentando. Precedente citado: EREsp 85.685-SP, DJ 24/6/2002. **REsp 660.731-SP, Rel. Min. Luis Felipe Salomão, julgado em 8/6/2010.** (Inform. STJ 438)

ALIMENTOS. RESPONSABILIDADE. AVÓS.

Em matéria sobre a obrigação de os avós alimentarem os netos, a Turma reafirmou que se trata de responsabilidade subsidiária e complementar à responsabilidade dos pais, por isso só é exigível em caso de impossibilidade de cumprimento da prestação ou de cumprimento insuficiente pelos genitores. Precedentes citados: AgRg no Ag 1.010.387-SC, DJe 30/6/2009, e REsp 858.506-DF, DJe 15/12/2008. REsp 831.497-MG, Rel. Min. João Otávio de Noronha, julgado em 4/2/2010. (Inform. STJ 421)

RECURSO REPETITIVO. PENSÃO. ALIMENTOS. SALÁRIO.

A Seção, ao julgar o recurso sob o regime do art. 543-C do CPC e da Res. n. 8/2008-STJ, entendeu que integra a base de cálculo da pensão alimentar fixada sobre o percentual de salário do alimentante a gratificação correspondente ao terço constitucional de férias e o décimo terceiro salário, conhecidos, respectivamente, como gratificação de férias e gratificação natalina. Precedentes citados: REsp 686.642-RS, DJ 10/4/2006; REsp 622.800-RS, DJ 1º/7/2005; REsp 547.411-RS, DJ 23/5/2005, e REsp 158.843-MG, DJ 10/5/1999. **REsp 1.106.654-RJ, Rel. Min. Paulo Furtado (Desembargador convocado do TJ-BA), julgado em 25/11/2009.** (Inform. STJ 417)

ALIMENTOS. PAGAMENTO. DESPESAS.

Constata-se dos autos que o agravante tem obrigação alimentar para com a ex-companheira e seus filhos, que foi fixada de forma provisória para pagamento em pecúnia. Alega ter adimplido a obrigação pelo pagamento direto das despesas dos alimentandos, valores sobre os quais divergem as partes, não tendo sequer o Tribunal *a quo* os quantificado. Quanto a isso, vê-se que, apesar de existir julgados nos quais se decidiu que, em certas circunstâncias, pode ser permitida a prestação de alimentos mediante pagamento direto de contas, essa modalidade é excepcional, diante dos nítidos efeitos prejudiciais aos alimentandos. Em regra, a prestação de alimentos deve ser feita em pecúnia, para evitar indevida intromissão do alimentante na administração das finanças dos alimentandos. É certo que a exceção a essa regra vem claramente definida no art. 1.701 do CC/2002, que permite a prestação de alimentos de forma alternativa, mas em circunstâncias totalmente diversas dos autos. Nem mesmo o parágrafo único desse artigo dá suporte à prestação de alimentos que se alega adotar, pois é uma faculdade do julgador, e não do alimentante, determinar a forma alternativa de prestação. Mostra-se inadmissível, ademais, pela lógica, interpretar o referido parágrafo para possibilitar o controle pelo alimentante dos atos praticados pelo alimentando. Dessarte, afasta-se a justificativa apresentada para o inadimplemento do alimentante, seja pela indefinição dos valores que alega quitados em forma alternativa de prestação de alimentos, o que é impossível de revisão na via de *habeas corpus*, seja pela impropriedade do meio que se alega utilizado para saldar o débito alimentar. Anote-

-se, por último, que cabe a prisão civil do devedor de alimentos, independentemente de sua natureza (provisionais, provisórios ou definitivos). **AgRg no EDcl no HC 149.618-SP, Rel. Min. Nancy Andrighi, julgado em 19/11/2009.** (Inform. STJ 416)

DAÇÃO EM PAGAMENTO. DÉBITO ALIMENTAR.
Trata-se na origem de ação anulatória de ato jurídico intentada por menor representada por sua genitora, visando anular alegada doação de seu pai a seus irmãos havidos de pretérito casamento com outra pessoa. Tal ação foi julgada improcedente em primeiro grau, reformada, contudo, em grau de apelação, sob o argumento de que se tratou, em verdade, de doação, preterindo-se o direito da filha havida da segunda relação conjugal, que, à época do referido acordo, já era nascida. Para o Min. Relator, a despeito da aparente complexidade do caso, em verdade, ocorreu tão somente confusão terminológica quando se adotou o vocabulário "doação" quando haveria de ter-se pronunciado como "dação em pagamento", como adimplemento da obrigação de alimentos. Com efeito, a transferência pelo genitor do seu percentual do bem imóvel partilhado a seus filhos da primeira relação conjugal teve como objetivo e essência quitar o débito alimentar e eximi-lo da prisão civil decorrente de sua não prestação, afastando-se, assim, de qualquer intenção de preterir a filha do segundo relacionamento em virtude de suposto adiantamento da legítima. Ressaltou que, no momento da transferência, também foi dada plena quitação pelos credores dos alimentos, caracterizando, sobremaneira, o instituto da dação em pagamento. Assim, na hipótese, não se configurou uma liberalidade do genitor, o que evidentemente caracterizaria uma doação. Ao contrário, o negócio jurídico realizou-se para o adimplemento, o pagamento de uma dívida, tal qual se daria caso o devedor dos alimentos vendesse sua parte do imóvel e, com o dinheiro em mãos, efetuasse o pagamento de seu débito. Com esse entendimento, a Turma deu provimento ao recurso para restabelecer a decisão de primeiro grau, adequando-a à terminologia jurídica, ressalvada a má fé em relação ao valor do imóvel em face da dívida, não suscitada nos autos. **REsp 629.117-DF, Rel. Min. Honildo Amaral de Melo Castro (Desembargador convocado do TJ- AP), julgado em 10/11/2009.** (Inform. STJ 415)

PENSÃO ALIMENTÍCIA. REVISÃO.
Trata-se de REsp em que a recorrente busca revisão de pensão alimentícia fixada em R$ 6.000,00, a qual recebe do recorrido desde o início do ano de 2000, quando ocorreu a separação judicial do casal. Assevera que o ex-marido possui uma das maiores fortunas em sua região e que essa também lhe pertence, mas se encontra na posse e administração exclusiva daquele enquanto o inventário de partilha segue em juízo. Ressalta que todo o patrimônio do casal foi construído ao longo de 22 anos de casamento, que tentou em vão uma partilha amigável, mas o recorrido vale-se de todos os artifícios possíveis para impedir a referida partilha. Por fim, afirma que, de posse de seu justo patrimônio, não necessitaria de qualquer pensão. Ressaltou a Min. Relatora que, na hipótese em questão, prepondera singularidade de grande relevo e que deve sempre ser considerada em processos de semelhante jaez, porquanto, ao encontrar-se o alimentante na administração e posse de todo o acervo de bens do casal e, conforme se colhe do próprio acórdão impugnado, obstar a partilha do patrimônio comum impõe à recorrente dificuldades financeiras e ônus intransponíveis. Assim, considerada a peculiaridade essencial de que, fixados os alimentos em separação judicial, os bens não foram partilhados e o patrimônio do casal está na posse e administração do alimentante, que protela a divisão do acervo do casal, e, por conseguinte, a alimentanda não tem o direito de sequer zelar pela manutenção da parcela do patrimônio que auxiliou a construir, deve ser permitida a revisão dos alimentos enquanto tal situação perdurar. Sempre, pois, deve essa específica peculiaridade – a pendência de partilha e a consequente administração e posse dos bens comuns do casal nas mãos do alimentante – ser considerada em revisional de alimentos, para que não sejam cometidos ultrajes perpetradores de situações estigmatizantes entre as partes envolvidas em separações judiciais. Com esses argumentos, entre outros, a Turma deu provimento ao recurso para determinar que seja atualizada a pensão alimentícia cujo valor foi fixado em R$ 43.779,75. **REsp 1.046.296-MG, Rel. Min. Nancy Andrighi, julgado em 17/3/2009.** (Inform. STJ 387)

ALIMENTOS. SOBRINHOS.
A Turma decidiu que as tias dos menores representados pela mãe na ação de alimentos não são obrigadas a pagar alimentos aos sobrinhos após a separação dos pais. No caso dos autos, a mãe não trabalha e o pai, com problemas de alcoolismo, cumpre apenas parcialmente o débito alimentar (equivalente a um salário mínimo mensal). Ressalta a Min. Relatora que a voluntariedade das tias idosas que vinham ajudando os sobrinhos após a separação dos pais é um ato de caridade e solidariedade humana, que não deve ser transmudado em obrigação decorrente do vínculo familiar. Ademais, a interpretação majoritária da lei pela doutrina e jurisprudência tem sido que os tios não devem ser compelidos a prestar alimentos aos sobrinhos. Por tratar-se de ato de caridade e de mera liberalidade, também não há o direito de ação para exigibilidade de ressarcimentos dos valores já pagos. Invocou, ainda, que, no julgamento do HC 12.079-BA, DJ 16/10/2000, da relatoria do Min. Sálvio de Figueiredo, reconheceu-se que a obrigação alimentar decorre da lei, que indica os parentes obrigados de forma taxativa e não enunciativa, sendo assim são devidos os alimentos, reciprocamente, pelos pais, filhos,

ascendentes, descendentes e colaterais até segundo grau, não abrangendo, consequentemente, tios e sobrinhos. **REsp 1.032.846-RS, Rel. Min. Nancy Andrighi, julgado em 18/12/2008**. (Inform. STJ 381)

EXECUÇÃO. PENSÃO ALIMENTÍCIA. COMPENSAÇÃO.

Discute-se se as dívidas alimentícias podem ser objeto de compensação. No caso, as instâncias ordinárias reconheceram ser possível a compensação do montante da dívida de verba alimentar com o valor correspondente às cotas condominiais e IPTU pagos pelo alimentante, relativos ao imóvel em que residem os ora recorrentes, seus filhos e a mãe deles. Pois, embora o alimentante seja titular da nu-propriedade do referido imóvel e o usufruto pertença à avó paterna dos recorrentes, os filhos e a mãe moram no imóvel gratuitamente com a obrigação de arcar com o condomínio e o IPTU. Para o Min. Relator, apesar de vigorar, na legislação civil nacional, o princípio da não compensação dos valores referentes à pensão alimentícia, em situações excepcionalíssimas, essa regra pode ser flexibilizada. Destaca que a doutrina admite a compensação de alimentos em casos peculiares e, na espécie, há superioridade do valor da dívida de alimentos em relação aos encargos fiscais e condominiais pagos pelo recorrido, que arcou com a despesa que os alimentandos deveriam suportar, para assegurar-lhes a própria habitação. Assim, concluiu que, de acordo com as peculiaridades fáticas do caso, não haver a compensação importaria manifesto enriquecimento sem causa dos alimentandos. Isso posto, a Turma não conheceu o recurso. Precedente citado: Ag 961.271-SP, DJ 17/12/2007. **REsp 982.857-RJ, Rel. Min. Massami Uyeda, julgado em 18/9/2008**. (Inform. STJ 368)

PRISÃO. DEPOSITÁRIO JUDICIAL. INFIDELIDADE.

A Turma, por unanimidade, reiterou o entendimento de que é ilegal a prisão civil do depositário judicial infiel. Precedente citado: HC 95.430-SP, DJ 27/11/2007. **HC 77.654-RS, Rel. Min. Aldir Passarinho Junior, julgado em 16/9/2008**. (Inform. STJ 368)

ALIMENTOS. NOVO VALOR. RETROAÇÃO. CITAÇÃO.

A Turma reiterou que, na ação de alimentos, alterado o encargo, seu novo valor retroagirá à data da citação, ressalvadas as parcelas quitadas, que são irrepetíveis. Precedentes citados: REsp 209.098-RJ, DJ 21/2/2005; REsp 778.307-SP, DJ 1º/12/2005; REsp 40.436-RJ, DJ 1º/8/1994, e REsp 660.479-MS, DJ 8/4/2005. **AgRg no Ag 982.233-PR, Rel. Min. Aldir Passarinho Junior, julgado em 17/6/2008.** (Inform. STJ 360)

PENSÃO ALIMENTÍCIA. INCIDÊNCIA. TRÂNSITO EM JULGADO.

Este Superior Tribunal já se manifestou no sentido de que os efeitos da exoneração da pensão alimentícia não retroagem à data da citação, mas apenas têm incidência a partir do trânsito em julgado da decisão. No caso, não há notícia de qualquer provimento liminar ou de antecipação de tutela nos autos da ação de exoneração que liberasse o recorrido do dever de prestar alimentos. Precedentes citados: REsp 7.696-SP, DJ 11/12/1985; REsp 172.526-RS, DJ 15/3/1999, e REsp 513.645-SP, DJ 20/10/2003. **REsp 886.537-MG, Rel. Min. Sidnei Beneti, julgado em 8/4/2008**. (Inform. STJ 351)

REVISIONAL. ALIMENTOS. RECONVENÇÃO. EXONERAÇÃO.

Trata-se de pedido revisional de alimentos prestados por ex-marido por 20 anos. Por outro lado, em reconvenção, ele pleiteia a exoneração ou, sucessivamente, a redução dos alimentos devido à capacidade laborativa da ex-mulher e rendimentos suficientes para sua manutenção. Ressalta a Min. Relatora que, no ordenamento jurídico brasileiro, o dever de prestar alimentos entre ex-cônjuges reveste-se de caráter assistencial, ou seja, exige a efetiva necessidade de quem os pleiteia. Anota que, com a decretação do divórcio, deveria cortar-se a possibilidade de postular alimentos. Mas admite-se essa possibilidade sob as diretrizes consignadas no art. 1.694 e s.s. do CC/2002, o que leva à avaliação do conceito de necessidade à luz do art. 1.695 do mesmo código. Entretanto essa genérica disposição legal não pode ser entendida como parâmetro objetivo, mas deve ser interpretada com temperanças, fixando-se a condição social anterior em patamares razoáveis. Sendo assim, concluiu ser inconcebível que o ex-cônjuge pleiteie alimentos com base em simples cálculo aritmético de rateio proporcional da renda integral da família desfeita. E, como restou fixada no TJ a induvidosa condição profissional da ex-mulher que exerce atividades laborais aptas para manter-se, deu provimento ao pedido de exoneração de alimentos do recorrente e julgou improcedente a revisional da recorrida, invertendo os ônus sucumbenciais. A Turma, ao prosseguir o julgamento, confirmou esse entendimento. Precedente citado: REsp 440.192-RJ, DJ 10/2/2003. **REsp 933.355-SP, Rel. Min. Nancy Andrighi, julgado em 25/3/2008**. (Inform. STJ 349)

REVISÃO. INDENIZAÇÃO. ATO ILÍCITO. HIPÓTESES.

Trata-se de ação de exoneração com pedido de revisão de alimentos em que os autores recorrentes alegam alteração da situação econômica das partes. Eles estariam em dificuldades financeiras enquanto o recorrido é pensionista da Previ e empresário do ramo de importações e exportações. A Turma entendeu que há somente duas hipóteses para que se altere o valor da prestação de alimentos decorrentes de ato ilícito, no caso, acidente de trânsito. Uma o decréscimo das condições econômicas da vítima, dentre elas a eventual defasagem da indenização fixada. A outra, a capacidade de pagamento do devedor. Se houver melhora, poderá a vítima requerer revisão para mais, até atingir a integralidade do dano material futuro; se houver piora, o próprio devedor pedirá a revisão para menor em atenção ao princípio da dignidade humana e à faculdade outorgada no art. 602, § 3º, do CPC (atual art. 475-Q, § 3º, do CPC). O fato de a vítima, mediante seus esforços e após enfrentar as adversidades e limitações físicas, reverter sua situação desfavorável não pode premiar o causador do dano irreversível. **REsp 913.431-RJ, Rel. Min. Nancy Andrighi, julgado em 27/11/2007.** (Inform. STJ 340)

ALIMENTOS. EXONERAÇÃO. MAIORIDADE. PRESCRIÇÃO. PARCELAS VENCIDAS.

Duas são as questões em debate nesse processo. A primeira trata da possibilidade ou não de haver exoneração automática da obrigação alimentícia. No caso, o juiz fez retroagir tal exoneração à data em que cada filha atingiu a maioridade. Essa decisão foi mantida pelo TJ. A Min. Relatora lembrou que este Superior Tribunal tem entendido que não tem lugar a exoneração automática do dever de prestar alimentos em decorrência do advento da maioridade do alimentando, devendo-se propiciar a ele a oportunidade de se manifestar e comprovar, se for o caso, a impossibilidade de prover a própria subsistência. Isso porque, a despeito de extinguir-se o poder familiar com a maioridade, não cessa o dever de prestar alimentos fundados no parentesco. A segunda questão cuida da incidência ou não do instituto da prescrição sobre a pretensão da ex-cônjuge de obter o pagamento das parcelas alimentares vencidas. A Min. Relatora esclareceu que o acórdão recorrido, ao manter o instituto da prescrição sobre a pretensão da alimentanda, vulnerou o art. 178, § 10, I, do CC/1916. A prescrição aqui tratada não é a do direito a alimentos em si, esse imprescritível, e sim a das prestações vencidas e não cobradas dentro do quinquênio legal (art. 178, § 10, I, do CC/1916). Na hipótese, a ação foi ajuizada em 13/12/2000, por meio da qual pugna a recorrente, ex-cônjuge do recorrido, prestações alimentícias por ele não pagas desde janeiro de 1994 até novembro de 2000. Aplicando-se o dispositivo mencionado, há de incidir o instituto da prescrição tão somente sobre as parcelas vencidas anteriormente ao mês de dezembro de 1995. **REsp 896.739-RJ, Rel. Min. Nancy Andrighi, julgado em 14/6/2007.** (Inform. STJ 323)

ALIMENTOS. OBRIGAÇÃO COMPLEMENTAR. AVÓS.

A jurisprudência da Quarta Turma deste Superior Tribunal entende ser subsidiária à dos pais a responsabilidade dos avós em prestar alimentos. Contudo deve ser averiguada concomitantemente com a dos pais, ou seja, há que ser aferida se está ou não sendo prestada pelos pais e, mesmo que esteja, se é bastante ou não para atender as necessidades do alimentando. Se for prestada e suficiente, não há que se falar em complementação pelos avós. Se é prestada, mas não atende satisfatoriamente as necessidades do menor, mas já atinge o limite da suportabilidade dos pais, aí sim devem ser chamados os avós para completar. Assim, a Turma conheceu do recurso, deu-lhe parcial provimento para reconhecer a possibilidade jurídica do pedido de alimentação complementar e determinou que o Tribunal *a quo* examine o mérito do pedido provisório de pensionamento. Precedente citado: REsp 119.336-SP, DJ 10/3/2003. **REsp 373.004-RJ, Rel. Min. Aldir Passarinho Junior, julgado em 27/3/2007.** (Inform. STJ 315)

EXECUÇÃO. ALIMENTOS. ILEGITIMIDADE ATIVA. MEIO PROCESSUAL INADEQUADO.

Trata-se de ação de execução de alimentos em que a filha, assistida pela mãe, enquanto menor de idade, pleiteia alimentos do pai, ora recorrido. Durante a demanda, a filha tornou-se maior de idade e completou curso universitário, além de atualmente residir com o recorrido. Na espécie, o pai ficou inadimplente por vários anos ao não prestar alimentos constituídos por título judicial advindo de revisional de alimentos, cabendo à mãe o sustento da prole. Logo, a genitora não é parte legítima na execução dos alimentos proposta pela filha contra o pai, uma vez que apenas assistiu a menor em razão de sua incapacidade relativa, suprida pelo advento da maioridade no curso do processo. Do mesmo modo, a execução de alimentos devidos unicamente à filha não é o meio processual próprio para que a mãe busque o reembolso das despesas efetuadas. A Turma não conheceu do recurso. **REsp 859.970-SP, Rel. Min. Nancy Andrighi, julgado em 13/3/2007.** (Inform. STJ 313)

SEC. PENSÃO ALIMENTÍCIA. NASCIMENTO.

A sentença que se pretendia homologar, oriunda da Justiça italiana, reconheceu o requerido, em caráter definitivo, como pai natural do menor, hoje maior, apesar de antes constar do registro a paternidade de outro. Porém, também o condenou ao pagamento de vultosa pensão alimentícia, contada desde o nascimento do filho. Houve, aqui no Brasil, o ajuizamento de ação investigatória de paternidade cumulada com alimentos, que restou extinta sem o julgamento do mérito, em razão do pedido de desistência. Assim, não há como negar que a sentença merece homologação quanto à paternidade atribuída, visto que a convicção do juízo estrangeiro veio firmada mediante testemunhos, reforçada pela negativa do requerido em se submeter ao exame de DNA (Súm. n. 301-STJ), além do afastamento da paternidade registral mediante os exames realizados. O que não deve ser homologado é o pensionamento desde o nascimento, pois em franco conflito com nossa ordem interna (Lei n. 5.478/1968), bem como contra a forte jurisprudência deste Superior Tribunal, que admite, como termo inicial dos alimentos, a data da citação da ação de investigação de paternidade. A não homologação é reforçada, também, pela existência, durante esse lapso de tempo, de outro pai registral que, durante muito tempo, deu ao menor a devida assistência e pelo fato de que, quando da desistência, os requerentes já haviam, na lide paralela, obtido sentença mais favorável. Outrossim, vê-se da sentença que o valor da pensão e atrasados, além de abarcar a correção monetária e juros do período em que o menor era assistido por outrem, foi fixado arbitrariamente, sem qualquer motivação (princípio de ordem pública), a não ser o da presunção de que, por suas atividades profissionais, o requerente seria homem de muitas posses. Assim, com esse entendimento, a Corte Especial homologou parcialmente a sentença, apenas quanto à declaração da paternidade. Precedentes citados: REsp 257.885-RS, DJ 6/11/2000; EREsp 85.685-SP, DJ 11/11/2002, e EREsp 152.895-PR, DJ 22/5/2000. **SEC 880-IT, Rel. Min. Fernando Gonçalves, julgada em 18/10/2006.** (Inform. STJ 301)

7.10.2. Quadro sinótico

Alimentos

1 Conceito: *é a prestação que podem alguns parentes, os cônjuges ou os companheiros pedir uns aos outros, consistentes no necessário para que uma pessoa possa viver, fixada segundo a necessidade do reclamante e a possibilidade da pessoa obrigada.*

2 Classificação:

2.1 Quanto à natureza

a) naturais

b) civis

2.2 Quanto à causa jurídica

a) legais

b) indenizatórios

2.3 Quanto à finalidade

a) definitivos

b) provisórios

c) provisionais

2.4 Quanto ao momento a partir do qual são devidos:

a) atual

b) futuro

c) pretérito

3 Características da obrigação alimentar

a) é transmissível

b) é divisível e comum

4 Características do direito a alimentos

a) é personalíssimo

b) é incessível

c) é impenhorável

d) é incompensável

e) é irrepetível

f) é intransacionável

g) é imprescritível

h) é irrenunciável

i) é atual

5 Pressupostos da obrigação alimentar

a) necessidade do reclamante

b) possibilidade da pessoa obrigada

6 Modalidades da prestação alimentar

a) própria (casa, sustento)

b) imprópria: pensão periódica

7 Pessoas obrigadas a prestação alimentar (rol taxativo)

a) ascendentes, em favor dos descendentes (ex.: pai deve para filho)

b) descendentes, em favor dos ascendentes (ex.: filho deve para o pai)

c) cônjuges

d) companheiros

e) irmãos

8 Ordem de preferência: deve ser acionado primeiramente o genitor, e em caráter complementar, sucessivo e não solidário, os avós. Sendo a hipótese de uma pessoa mais velha necessitar de alimentos, ela deverá acionar primeiro os seus ascendentes. Caso estes venham a faltar, o dever alimentar passará aos descentes e, na ausência, aos irmãos.

9 Exoneração de alimentos com a maioridade: não é automática (depende de ação judicial);

10 Meios para assegurar o pagamento:

a) ação de alimentos, para reclamá-los (Lei 5.478/68);

b) execução por quantia certa (art. 732 do CPC);

c) penhora em vencimentos (art. 649, IV, do CPC);

d) desconto em folha de pagamento da pessoa obrigada (art. 734 do CPC);

e) reserva de aluguéis de prédio do alimentante (art. 17 da Lei 5.478/68);

f) levantamento do saldo FGTS, mediante ordem judicial (Enunciado n. 572 JDC/CJF)

g) prisão do devedor (art. 21 da Lei 5.478/68, e art. 733, § 1º, do CPC).

7.10.3. Questões Comentadas

(Magistratura/MG – 2009 – EJEF) Marque a opção CORRETA. O direito a alimentos pode ser cobrado pelos:

(A) filhos aos pais, ou na falta destes, aos avós, sem reciprocidade.

(B) avós, na falta dos filhos, aos netos e bisnetos, indistintamente.

(C) filhos, na falta dos pais, diretamente aos tios.

(D) filhos, na falta dos pais, aos avós.

Art. 1.696 do CC.

Gabarito "D"

(Magistratura/MT – 2009 – VUNESP) Em separação judicial consensual, Otávio obrigou-se a pagar 12 salários-mínimos de pensão alimentícia a cada um dos dois filhos, acrescida de 13º salário. Um ano após a separação, constituiu uma nova união, nascendo desta mais um filho, ocasião em que também pediu demissão da empresa em que trabalhava como diretor comercial, para abrir seu próprio negócio. Considerando apenas que o nascimento de mais um filho e a nova união aumentaram suas despesas, Otávio ingressou com ação para rever o valor das pensões, pretendendo pagar 4 salários-mínimos para cada um. Diante desse fato, aponte a alternativa correta.

(A) O simples fato de constituir nova família, resultando ou não em nascimento de filho, não importa no decréscimo da pensão alimentícia prestada a filhos havidos da união anterior, notadamente se a situação econômica do devedor permanece inalterada.

(B) A constituição de nova família e o nascimento de um outro filho importam no decréscimo da pensão alimentícia prestada a filhos havidos da união anterior, visto que é motivo suficiente para demonstrar uma inversão da situação econômica do devedor.

(C) Para eventual revisão do valor da pensão no caso em tela, não importa verificar a necessidade dos alimentandos, tampouco a situação econômica da genitora, visto que esses fatos foram considerados por ocasião da separação judicial.

(D) Os alimentos não podem ser fixados em salário-mínimo, razão pela qual caberá sua revisão para adequá-lo a uma porcentagem da renda do alimentante, ainda que mensalmente variável, verificada pelos meios contábeis ordinários.

(E) Os alimentos devem ser fixados de acordo com a possibilidade momentânea do devedor, sendo possível revê-los a qualquer momento, não se considerando, na sua fixação, a condição social dos alimentados, mas apenas as necessidades básicas.

A alternativa A está correta, pois a constituição de uma nova família, com nascimento de filho, não justifica, "por si só", a redução de pensão alimentícia paga a filho de união anterior. Com essa conclusão, o ministro Cesar Asfor Rocha, do Superior Tribunal de Justiça (STJ), negou seguimento ao recurso especial em que H. tentava a revisão dos alimentos depositados para a menor J., sua filha da união anterior. O pedido foi encaminhado, em princípio, ao juízo de primeiro grau, que negou a revisão. De acordo com a sentença, "a constituição de nova prole é ato volitivo do autor que não pode prejudicar a requerida (filha da união anterior). Se o autor, sabendo de suas obrigações com a prole já existente, se acha em condições de constituir outra família, deve arcar com a responsabilidade". A decisão de primeiro grau destacou, ainda, ter a verba alimentícia caráter de irredutibilidade, podendo ser diminuída somente "mediante prova cabal na mudança da fortuna das partes". A sentença foi confirmada pelo Tribunal de Justiça de Minas Gerais (TJ-MG). Segundo a Corte de segundo grau, H. não comprovou a alteração de seus rendimentos nem a redução das necessidades da alimentada (J.). Para o TJ-MG, "a constituição de nova família pelo alimentante não justifica, por si só, a redução da pensão alimentícia". O TJ-MG reiterou o entendimento da sentença de que a pensão só pode ser reduzida "quando provada a situação fática de alteração na condição econômico-financeira do alimentante, que diz respeito à sua capacidade, ou modificação da necessidade do alimentado, não sendo razoável ter-se como elemento que autorize a diminuição do *quantum* (valor) o fato de haver o alimentante contraído nova família". A defesa de H. recorreu ao STJ alegando ser necessário o reconhecimento da diminuição de sua capacidade de continuar arcando com a verba alimentícia à menor no mesmo patamar acordado, em razão do nascimento de filha em nova união. Segundo o advogado de H., este fato comprova a alteração na condição financeira do alimentante. Ao negar seguimento ao recurso, o ministro Cesar Asfor Rocha destacou o entendimento do TJ-MG de que não houve comprovação da alteração do *status quo* (situação anterior ao pedido) do alimentante, "bem como não há prova de redução das necessidades da alimentanda". O ministro ressaltou a impossibilidade de se rever, em recurso especial, a questão da prova dos fatos alegados. "Rever o ponto é inviável nesta Corte, tendo em conta o óbice intransponível do verbete número 7 da Súmula/STJ." Cesar Rocha enumerou precedentes do STJ no mesmo sentido de sua decisão. "Conforme nossos precedentes, o só fato de o devedor de alimentos constituir nova família não determina a redução dos alimentos devidos a filho de união anterior." O ministro ressaltou ainda julgados com entendimento de que "a circunstância de o alimentante constituir nova família, com nascimento de filhos, por si só, não importa na redução da pensão alimentícia paga a filha havida de união anterior, sobretudo se não resta verificada a mudança para pior na situação econômica daquele" (fonte: www.stj.jus.br).

Gabarito "A"

(Magistratura/PE – 2011 – FCC) O direito à prestação de alimentos obedece às seguintes regras:

I. É recíproco entre pais e filhos e extensivo a todos os ascendentes, recaindo a obrigação nos mais próximos em grau, uns em falta de outros.

II. Na falta de ascendentes e de descendentes, cabe a obrigação aos irmãos germanos, mas não aos unilaterais, salvo se apenas unilaterais houver.

III. Se o parente, que deve alimentos em primeiro lugar, não estiver em condições de suportar totalmente o encargo, serão chamados a concorrer os de grau imediato.

IV. Na falta dos ascendentes, cabe a obrigação aos descendentes, independentemente da ordem de sucessão.

V. Sendo várias as pessoas obrigadas a prestar alimentos, todas devem concorrer na proporção dos respectivos recursos, e, intentada ação contra uma delas, poderão as demais ser chamadas a integrar a lide.

Estão corretas APENAS

(A) I, II e III.

(B) I, III e V.

(C) I, IV e V.

(D) II, III e IV.

(E) III, IV e V.

I: correta (art. 1.696 do CC); **II** e **IV:** incorretas, pois, na falta dos ascendentes, cabe a obrigação aos descendentes, guardada a ordem de sucessão e, faltando estes, aos irmãos, assim germanos como unilaterais (art. 1.697 do CC); **III** e **V:** corretas (art. 1.698 do CC).

Gabarito "B"

(Magistratura/SC – 2009) Em relação ao direito alimentar, assinale a alternativa INCORRETA:

(A) Na ação de alimentos, a ausência da parte autora à audiência de conciliação e julgamento importa no arquivamento do pedido, e a da parte ré na revelia, bem como na confissão quanto à matéria de fato.

(B) É vedado ao alimentando renunciar ao direito de alimentos, embora possa não exercer esse direito.

(C) O cônjuge declarado culpado na separação judicial não perde definitivamente o direito de pleitear alimentos contra o outro cônjuge.

(D) A decisão judicial sobre alimentos não faz coisa julgada material.

(E) Alimentos provisórios são os fixados de forma cautelar na ação investigatória de paternidade, e provisionais, os fixados na ação de alimentos.

A: correta, pois a assertiva reflete o disposto no art. 7º da Lei 5.478/68; **B:** correta, pois a assertiva reflete o disposto no art. 23 da Lei 5.478/68; **C:** correta, pois a assertiva reflete o disposto no art. 1.704, parágrafo único, do CC; **D:** correta, pois a assertiva reflete o disposto no art. 1.699 do CC; **E:** incorreta, pois os alimentos provisórios são aqueles fixados na ação de alimentos (art. 4º da Lei 5.478/68).

Gabarito "E"

(Magistratura/SP – 2013 – VUNESP) Acerca de alimentos, assinale a alternativa correta.

(A) A lei permite que a mulher grávida postule alimentos, que compreendem os valores suficientes para cobrir as despesas adicionais do período de gravidez e que sejam dela decorrentes, da concepção ao parto.

(B) O cônjuge declarado culpado na ação de separação judicial perde definitivamente o direito de pleitear alimentos do outro cônjuge, ainda que não lhe reste qualquer outro meio de subsistência.

(C) Os alimentos provisórios são aqueles postulados liminarmente, ao passo que os provisionais são aqueles concedidos definitivamente.

(D) A obrigação de prestar alimentos é personalíssima, não se transmitindo aos herdeiros do devedor.

A: correta (art. 2º da Lei 11.804/2008); **B:** incorreta, pois, caso o cônjuge culpado não tiver outra forma de prover suas necessidades, terá direito de pedir alimentos para o cônjuge inocente, mas restrito ao indispensável à subsistência (art. 1.694, § 2º, do CC); **C:** incorreta, pois os alimentos provisórios de fato são os postulados liminarmente, mas em ação de alimentos de rito especial, ao passo que os alimentos provisionais são os fixados em medida cautelar, preparatória ou incidental, de ação de separação, divórcio ou invalidação de casamento ou em outros tipos de ação de alimentos, não se tratando, portanto, de alimentos concedidos definitivamente; **D:** incorreta, pois a obrigação de prestar alimentos transmite-se aos herdeiros do devedor (art. 1.700 do CC).

Gabarito "A"

(Ministério Público/BA – 2010) Segundo os ensinamentos do mestre Paulo Nader, o direito subjetivo aos alimentos vincula-se, umbilicalmente, aos valores de sobrevivência.

Assim, assinale a alternativa correta, após a aferição da veracidade das assertivas abaixo.

I. Os alimentos côngruos ou civis limitam-se a suprir as carências fundamentais da pessoa.

II. Enquanto direito real, o usufruto pode ser instituído visando a uma finalidade alimentar.

III. Como corolário de seu caráter personalíssimo, o direito subjetivo aos alimentos é incessível.

IV. Na conformidade do Código Civil em vigor, o direito a alimentos, por ser inerente à pessoa humana, é irrenunciável.

V. As obrigações derivadas de alimentos podem ser extintas mediante o instituto da compensação.

(A) F V V V F.

(B) V F V V F.

(C) V F F F V.

(D) F V F V V.

(E) V F F V V.

I: falsa, pois os alimentos naturais (ou necessários) é que tem essa finalidade; os alimentos côngruos (ou civis) são destinados a manter a condição social do alimentando (art. 1.694 do CC); **II:** verdadeira, nada impedindo que isso ocorra; um exemplo é um filho instituir o usufruto de um imóvel seu em favor de seu pai, idoso que necessite de alimentos, a fim de que seu pai, com renda obtida do imóvel aufira recursos para a sua subsistência; **III:** verdadeira (art. 1.707 do CC); **IV:** verdadeira, pois, de fato, o direito a alimentos não pode ser objeto de disposição, já que guarda relação com o próprio direito à vida, que é direito fundamental e de ordem pública; todavia, é possível *deixar de exercer o direito a alimentos* (art. 1.707 do CC), situação que não se confunde com a renúncia ao direito a alimentos, pois, no primeiro caso, deixa-se de pedir alimentos por um tempo, ao passo que a renúncia é definitiva, de modo que não pode se dar; outra exceção diz respeito à renúncia a prestações atrasadas, que também é admitida, por se tratar de meros créditos vencidos e não exercidos; sobre o tema, vale lembrar a Súmula nº 379 do STF, pela qual "no acordo de desquite não se admite renúncia aos alimentos, que poderão ser pleiteados ulteriormente, verificados os pressupostos legais"; se em algum documento aquele que tem direito a alimentos escrever que "renuncia" aos alimentos, deve-se entender que se trata de uma dispensa provisória destes, salvo se o cônjuge tenha sido aquinhoado com bens e rendas suficientes para sua manutenção, não sabendo conservá-los; **V:** falsa, pois os alimentos não podem ser objetos de compensação (art. 1.707 do CC).

Gabarito "A"

(Ministério Público/MA – 2009) Quanto ao Direito de Família, assinale a resposta INCORRETA.

(A) É legalmente possível a fixação de alimentos, antes do nascimento da criança, e, consequentemente, da declaração de paternidade e do registro civil, pelo juiz, baseado em prova indiciária, para a mulher gestante, e a sua conversão em pensão alimentícia, em favor do infante, após o seu nascimento com vida.

(B) Na execução de alimentos, estando o devedor responsável pelo inadimplemento voluntário e inescusável, é legítima a determinação *ex officio* da sua prisão civil como meio de coerção psicológica ao cumprimento da obrigação.

(C) A recusa injustificada da mãe em realizar exame do DNA, em ação negatória de paternidade cumulada com anulatória de registro civil da nascimento, gera presunção *negativa* de paternidade.

(D) O cancelamento de pensão alimentícia de filho que atingiu a maioridade depende de decisão judicial, sendo imprescindível a observância do contraditório, ainda que isto se realize nos mesmos autos.

(E) Se o cônjuge declarado culpado, na separação judicial, vier a necessitar de alimentos, e não tiver parentes em condições de prestá-los, nem aptidão para o trabalho, o outro cônjuge será obrigado a assegurá-los, mas deve o juiz fixá-los tão somente no montante estritamente indispensável à sua sobrevivência.

A: correta, pois a assertiva reflete o disposto na Lei 11.804/2008 (art. 6º), que trata dos alimentos gravídicos; **B:** incorreta (e deve ser assinalada) pois não obstante a redação imperativa do artigo 733, § 1º, do CPC, a prisão civil do devedor de alimentos não pode ser decretada de ofício; **C:** correta, pois a assertiva reflete o entendimento atual do STJ: "Da mesma forma que a recusa do suposto pai em submeter-se ao exame de DNA serve como elemento probatório para demonstração de paternidade, a insistente recusa da mãe em submeter o filho ao mesmo exame gera presunção de que o autor não é o pai da criança. Com esse entendimento, a Quarta Turma do Superior Tribunal de Justiça reconheceu uma negativa de paternidade e determinou a anulação do registro de nascimento do menor" (fonte: *notícias do STJ* – 26/05/2009); **D:** correta, pois a assertiva reflete a redação da Súmula 358 do STJ: "O cancelamento de pensão alimentícia de filho que atingiu a maioridade está sujeito à decisão judicial, mediante contraditório, ainda que nos próprios autos"; **E:** correta, pois a assertiva reflete o disposto no art. 1.704, parágrafo único, do CC.

Gabarito "B"

(Ministério Público/MG – 2010.1) Relativamente a alimentos, assinale a opção CORRETA.

(A) Exercido o credor o direito de cobrar alimentos, pode cedê-los a terceiros, oferecê-los em penhora ou compensação.

(B) Declarada insolvência do supridor, o alimentando pode exigir o cumprimento da obrigação ou prisão do devedor incontinenti.

(C) Considera-se recíproca a obrigação alimentar entre ascendentes e descendentes, afins e consanguíneos e irmãos germanos.

(D) São devidos alimentos, decorrentes de atos lícitos, ilícitos, testamentos, legados, promessa política e contratos.

(E) Compõem-se os alimentos de comida, moradia, vestuário, assistência médica, além da educação, se o alimentado for menor.

A: incorreta (art. 1.707 do CC); **B:** incorreta, pois no caso de insolvência decretada, seguirá a execução o rito especial (art. 762 do CPC); **C:** incorreta (art. 1.696 do CC); **D:** incorreta, os alimentos não são devidos em caso de promessa política; **E:** correta, pois de acordo com Silvio de Salvo Venosa, no Direito a compreensão do termo "alimentos" é ampla, "pois a palavra além de abranger os alimentos propriamente ditos, deve referir-se também à satisfação de outras necessidades essenciais da vida em sociedade" (**Direito Civil:** direito de família. 8 ed. – São Paulo: Atlas, 2008. p. 347).

Gabarito "E"

(Ministério Público/SC – 2010) Julgue os seguintes itens.

I. O direito a alimentos é personalíssimo, sendo a obrigação alimentar *não solidária*.

II. Os alimentos devidos aos parentes podem ser prestados com o fornecimento direto de hospedagem e alimentação na casa do próprio alimentante, mas os devidos a ex-cônjuge separado judicialmente devem ser prestados por meio de pensionamento.

III. O cônjuge separado judicialmente terá direito a alimentos exclusivamente se não tiver sido declarado culpado na ação de separação judicial.

IV. Segundo a jurisprudência dominante no Tribunal de Justiça de Santa Catarina, é possível em ação de execução de alimentos fundada no art. 733 do CPC exigir-se do devedor o pagamento das prestações que se vencerem no curso do processo.

V. Os alimentos gravídicos são devidos pelo futuro pai, que deverá arcar integralmente com as despesas adicionais do período de gravidez e as que sejam dela decorrentes, da concepção ao parto.

(A) Apenas as assertivas II, III e IV estão corretas.

(B) Apenas as assertivas I, II e V estão corretas.

(C) Apenas as assertivas III e V estão corretas.

(D) Apenas as assertivas I, II e IV estão corretas.

(E) Apenas as assertivas I, IV e V estão corretas.

I: correta, pois de fato o direito a alimentos é personalíssimo e a obrigação é subsidiária. Caso aquele que tenha a obrigação não tiver possibilidade, será chamado o próximo (como no caso do chamamento dos avós quando o pai não tem condições de prestar a obrigação – art. 1.698 do CC); **II:** correta (art. 1.701 do CC); **III:** incorreta (art. 1.704, par. único, do CC); **IV:** correta. "PROCESSUAL CIVIL. EXECUÇÃO DE ALIMENTOS. RITO DO ART. 733 DO CPC. DÍVIDA REFERENTE ÀS TRÊS PARCELAS VENCIDAS ANTES DA PROPOSITURA DA AÇÃO, CUMULADAS COM AS VINCENDAS. POSSIBILIDADE. RECURSO PROVIDO. AÇÃO DE INTERDIÇÃO EM TRÂMITE CONTRA O ALIMENTANTE. IMPOSSIBILIDADE DE IMPOSIÇÃO DA PENA PRIVATIVA DE LIBERDADE AO INTERDITANDO. SUSPENSÃO, DE OFÍCIO, DA EXECUÇÃO. "Faculta-se a utilização do rito do artigo 733 do Código de Processo Civil com a possibilidade de prisão civil do devedor inadimplente na execução de alimentos referentes a três parcelas vencidas, **mais as que se vencerem no curso da lide**" (TJSC, Desembargador Dionizio Jenczak). À vista da existência de ação de interdição, em trâmite, contra o alimentante, mais coerente é suspender a execução fundada no artigo 733 do Código de Processo Civil, pois não é possível impor ao interditando pena privativa de liberdade, porquanto presuma-se que não se encontra em pleno gozo de sua capacidade civil. (Agravo de Instrumento n. 2011.027074-2, de Joinville, rel. Des. Luiz Carlos Freyesleben)"; **V:** incorreta, pois os alimentos gravídicos referem-se à parte das despesas que deverá ser custeada pelo futuro pai, considerando-se a contribuição que também deverá ser dada pela mulher grávida, na proporção dos recursos de ambos (art. 2º, par. único, da Lei 11.804/2008).

Gabarito "D"

(Ministério Público/SP – 2013 – PGMP) Em matéria de alimentos, é CORRETO afirmar:

(A) a fixação de alimentos em favor de mulher gestante depende de prova pré-constituída da paternidade.

(B) após o nascimento da criança com vida, os alimentos gravídicos se extinguem, independentemente de sentença, devendo ser proposta ação de alimentos pelo recém-nascido contra o pai.

(C) os alimentos gravídicos compreenderão os valores suficientes para cobrir as despesas com o parto, vedada pelo legislador a cobertura de outras despesas.

(D) na ação de alimentos gravídicos, o prazo para o réu apresentar resposta é de 15 (quinze) dias.

(E) na ação de alimentos gravídicos, é admitida a fixação de alimentos provisórios pelo juiz.

A: incorreta, pois basta o convencimento da existência de indícios de paternidade (art. 6º, *caput*, da Lei 11.804/2008); **B:** incorreta, pois, após o nascimento com vida, os alimentos gravídicos ficam convertidos em pensão alimentícia para o menor, até que uma das partes solicite sua revisão (art. 6º, parágrafo único, da Lei 11.804/2008); **C:** incorreta, pois tais alimentos devem cobrir as despesas com o parto e também qualquer outra despesa adicional do período da gravidez, da concepção ao parto, inclusive alimentação especial, assistência médica e psicológica, exames complementares, internações, medicamentos, dentre outras (art. 2º, *caput*, da Lei 11.804/2008); **D:** incorreta, pois o prazo para resposta é de 5 dias (art. 7º da Lei 11.804/2008); **E:** correta (art. 6º, *caput*, da Lei 11.804/2008).

Gabarito "E"

(Cartório/MS – 2009 – VUNESP) Considerando a obrigação de pagar alimentos, é correto afirmar que

(A) o espólio não deve prestar alimentos àquele a quem o *de cujus* devia, mesmo quando vencidos após a sua morte.

(B) o menor não pode, sem a anuência da mãe, sua representante legal, considerar quitada a obrigação do pai.

(C) não se transmite, aos herdeiros do alimentante, a obrigação de prestar alimentos ao alimentando.

(D) na ausência do pai, os avós não podem ser chamados a complementar os alimentos dos netos.

(E) o dever de prestar alimentos entre ex-cônjuges reveste-se de características indenizatórias.

A: incorreta, pois a obrigação de prestar alimentos subsiste para o espólio, mesmo quando vencidos após a morte, afinal é um débito do *de cujus* que, assim como qualquer outro precisa ser adimplido. Neste passo, as obrigações serão transmitidas aos herdeiros até o limite das forças da herança (art. 1.700 do CC e Enunciado 343 do CJF); **B:** correta, pois é nula a quitação dada pelo menor sem representação (art. 166, I, do CC); **C:** incorreta, pois a obrigação alimentar se transmite aos herdeiros nas forças da herança (art. 1.700 do CC e Enunciado 343 do CJF); **D:** incorreta, pois os avós podem ser chamados a prestar alimentos caso o pai não tenha condição de suportá-los. Mas note que a obrigação dos avós é subsidiária e não solidária, na medida em que eles apenas serão invocados na total impossibilidade do pai assumir o ônus (art. 1.698 do CC e Enunciado 342 do CJF); **E:** incorreta, pois os alimentos apenas terão caráter indenizatório se a obrigação decorrer de ato ilícito. No caso de ex-cônjuges a obrigação alimentar nasce do vínculo familiar e dever se solidariedade.

Gabarito "B"

(Cartório/SP – 2012 – VUNESP) Os alimentos côngruos são

(A) aqueles destinados à manutenção da condição social do credor de alimentos.

(B) aqueles estritamente necessários à sobrevivência do alimentando.

(C) aqueles que têm como causa a morte do alimentante e são fixados por meio de legado de alimentos, em cédula testamentária.

(D) de natureza indenizatória, decorrentes de ato ilícito.

A: correta, pois alimentos côngruos são aqueles destinados a manter a condição social, inclusive educação do alimentado (art. 1.694 do CC); **B:** incorreta, pois esta é a definição de alimentos naturais ou necessários; **C:** incorreta, pois os alimentos côngruos não possuem correlação com a morte do alimentante; **D:** incorreta, pois alimentos indenizatórios são aqueles decorrentes da responsabilidade civil.

Gabarito "A"

7.11. RELAÇÕES DE PARENTESCO

7.11.1. Disposições gerais sobre as relações de parentesco

São parentes em linha reta as pessoas que estão umas para com as outras na relação de ascendentes e descendentes. Assim, são parentes em linha reta o filho, o pai, o avô etc. (art. 1.591 do CC).

São parentes em linha colateral ou transversal, até o quarto grau, as pessoas provenientes de um só tronco, sem descenderem uma da outra (art. 1.592 do CC). Assim, são parentes em linha colateral os tios, sobrinhos, primos etc. O limite é o quarto grau, de modo que os filhos dos primos de alguém não são parentes desse alguém para fins da lei civil.

Quanto às espécies de parentesco, este pode ser natural ou civil, conforme resulte de consanguinidade ou outra origem (art. 1.593 do CC). Essa disposição vem sendo utilizada pela doutrina e pela jurisprudência para justificar parentesco com base em critérios não biológicos, como o parentesco decorrente do vínculo socioafetivo.

O parentesco socioafetivo, tão comentado hoje no Direito de Família, faz com que os conceitos trazidos aumentem ainda mais, para incluir no conceito de família relações socioafetivas que se enquadram no conceito de posse no estado de filho. Um exemplo é a relação em que uma pessoa ("A") se casa com outra ("B") que já tem um filho ("C"), sendo que, no dia a dia, "A" acaba assumindo e exercendo o papel duradouro de pai de "C". Tal relação revela a chamada *posse no estado de filho*, fazendo com que passe a existir relação de parentesco entre "A" e "C". Nesse sentido, cita-se o Enunciado n. 519 JDC/CJF: O reconhecimento judicial do vínculo de parentesco em virtude de socioafetividade deve ocorrer a partir da relação entre pai(s) e filho(s), com base na posse do estado de filho, para que produza efeitos pessoais e patrimoniais.

Essa discussão, hoje, não é mais de caráter puramente doutrinário. Trata-se de questão que encontra fundamento legal no Código Civil e que, amplamente aceita pela doutrina, já vem sendo aplicada pela jurisprudência.

No plano legal, o art. 1.593 do Código Civil, mencionado, é que justifica essa conclusão.

O fato de a lei civil aceitar que o parentesco civil resulte de "outra origem" faz com que a lei abra campo para que tal outra origem possa se fundar na afinidade com os parentes do cônjuge, na adoção, na reprodução assistida heteróloga e também na afetividade com a pessoa com a qual alguém firmar relação de pai e filho.

Nesse sentido, no plano doutrinário, confira os Enunciados 103 e 256, das Jornadas de Direito Civil, do Conselho da Justiça Federal:

> "103. Art. 1.593: O Código Civil reconhece, no art. 1.593, outras espécies de parentesco civil além daquele decorrente da adoção, acolhendo, assim, a noção de que há também parentesco civil no vínculo parental proveniente quer das técnicas de reprodução assistida heteróloga relativamente ao pai (ou mãe) que não contribuiu com seu material fecundante, quer da paternidade socioafetiva, fundada na posse do estado de filho." (g.n.)

> "256. Art. 1.593: A posse do estado de filho (**parentalidade socioafetiva**) constitui modalidade de **parentesco civil**." (g.n.)

No plano jurisprudencial, o parentesco civil socioafetivo vem sendo aceito pelo Superior Tribunal de Justiça. Confira:

> "Reconhecimento de filiação. Ação declaratória de nulidade. Inexistência de relação sanguínea entre as partes. Irrelevância diante do vínculo socioafetivo. – O reconhecimento de paternidade é válido se reflete a existência duradoura do vínculo socioafetivo entre pais e filhos. A ausência de vínculo biológico é fato que por si só não revela a falsidade da declaração de vontade consubstanciada no ato do reconhecimento. A relação socioafetiva é fato que não pode ser, e não é, desconhecido pelo Direito. Inexistência de nulidade do assento lançado em registro civil. – O STJ vem dando prioridade ao critério biológico para o reconhecimento da filiação naquelas circunstâncias em que há dissenso familiar, onde a relação socioafetiva desapareceu ou nunca existiu. Não se pode impor os deveres de cuidado, de carinho e de sustento a alguém que, não sendo o pai biológico, também não deseja ser pai socioafetivo. A *contrario sensu*, se o afeto persiste de forma que pais e filhos constroem uma relação de mútuo auxílio, respeito e amparo, é acertado desconsiderar o vínculo meramente sanguíneo, para reconhecer a existência de filiação jurídica. – Recurso conhecido e provido." (REsp 878.941/DF, Rel. Ministra Nancy Andrighi, Terceira Turma, julgado em 21.08.2007, *DJ* 17.09.2007, p. 267)

Dando continuidade ao estudo do parentesco, o art. 1.594 do CC ensina como se deve contar os **graus de parentesco**: "contam-se, na linha reta, os graus de parentesco pelo número de gerações, e, na colateral, também pelo número delas, subindo de um dos parentes até ao ascendente comum, e descendo até encontrar o outro parente".

Outro tema importante é o do **vínculo de afinidade**. De acordo com o Código Civil, cada cônjuge ou companheiro é aliado aos parentes do outro pelo vínculo da afinidade (art. 1.595). Porém, o parentesco por afinidade limita-se aos ascendentes, aos descendentes e aos irmãos do cônjuge ou companheiro. Assim, o primo da esposa de alguém não é parente por afinidade desse alguém. Por fim, vale lembrar que, na linha reta, a afinidade não se extingue com a dissolução do casamento ou da união estável. Ou seja, sogra e genro nunca poderão se casar. Mas cunhado e cunhada poderão se casar.

7.11.2. Da filiação

Tema relevante em matéria de relação de parentesco é o da filiação.

De acordo com o art. 1.596 do CC, "os filhos, havidos ou não da relação de casamento, ou por adoção, terão os mesmos direitos e qualificações, proibidas quaisquer designações discriminatórias relativas à filiação". Esse dispositivo está a garantir o **princípio da igualdade** entre os filhos previsto no art. 227, § 6º, da CF.

Outra questão importante diz respeito à presunção de filiação. Essa presunção existe quando há um casamento. Porém, o art. 1.597 do CC traz regras específicas sobre o assunto, pelas quais presumem-se concebidos na constância do casamento os filhos:

a) nascidos cento e oitenta dias, pelo menos, *depois* de estabelecida a convivência conjugal;

b) nascidos nos trezentos dias subsequentes à dissolução da sociedade conjugal, por morte, separação judicial, nulidade e anulação do casamento;

c) havidos por fecundação artificial homóloga, mesmo que falecido o marido; homóloga é a fecundação com material genético vindo do marido e da mulher. O Enunciado n. 106 JDC/CJF complementa: *Para que seja presumida a paternidade do marido falecido, será obrigatório que a mulher, ao se submeter a uma das técnicas de reprodução assistida com o material genético do falecido, esteja na condição de viúva, sendo obrigatória, ainda, a autorização escrita do marido para que se utilize seu material genético após sua morte.*

d) havidos, a qualquer tempo, quando se tratar de embriões excedentários, decorrentes de concepção artificial homóloga. Finda a sociedade conjugal, na forma do art. 1.571, essa regra somente poderá ser aplicada se houver autorização prévia, por escrito, dos ex-cônjuges para a utilização dos embriões excedentários, só podendo ser revogada até o início do procedimento de implantação desses embriões (Enunciado n. 107 JDC/CJF);

e) havidos por inseminação artificial heteróloga, desde que tenha prévia autorização do marido; heteróloga é a fecundação com material genético vindo da mulher e de um terceiro (doador do material genético); para que o filho nascido nessas condições seja presumido do marido da mãe, é necessário autorização deste quanto ao procedimento feito por sua mulher.

O Enunciado n. 104 JDC/CJF traz ainda importante explicação sobre essa presunção: *No âmbito das técnicas de reprodução assistida envolvendo o emprego de material fecundante de terceiros, o pressuposto fático da relação sexual é substituído pela vontade (ou eventualmente pelo risco da situação jurídica matrimonial) juridicamente qualificada, gerando presunção absoluta ou relativa de paternidade no que tange ao marido da mãe da criança concebida, dependendo da manifestação expressa (ou implícita) da vontade no curso do casamento.*

Quanto as expressões "fecundação artificial", "concepção artificial" e "inseminação artificial" constantes, respectivamente, nos itens "c", "d" e "e", deverão ser interpretadas como "técnica de reprodução assistida" (Enunciado . 105 JDC/CJF). Ademais, devem ser interpretadas restritivamente, não abrangendo a utilização de óvulos doados e a gestação de substituição (Enunciado n. 257 JDC/CJF)

A filiação materna ou paterna pode resultar de casamento declarado nulo, ainda mesmo sem as condições do putativo (art. 1.617 do CC).

A prova da impotência do cônjuge para gerar, à época da concepção, **ilide** a presunção da paternidade (art. 1.599 do CC).

Por outro lado, **não basta** o adultério da mulher, ainda que confessado, para ilidir a presunção legal da paternidade (art. 1.600 do CC). Além disso, não basta a confissão materna para excluir a paternidade (art. 1.602 do CC).

Cabe ao marido o **direito de contestar** a paternidade dos filhos nascidos de sua mulher, sendo tal ação imprescritível (art. 1.601 do CC). Contestada a filiação, os herdeiros do impugnante têm direito de prosseguir na ação. Contudo, essa ação não é cabível se a filiação tiver origem em procriação assistida heteróloga, autorizada pelo marido nos termos do inc. V do art. 1.597, cuja paternidade configura presunção absoluta (Enunciado n. 258 JDC/CJF). Ademais, o conhecimento da ausência de vínculo biológico e a posse de estado de filho obstam a contestação da paternidade presumida (Enunciado n. 520 JDC/CJF).

A filiação prova-se pela certidão do termo de nascimento registrada no Registro Civil (art. 1.603 do CC). No fato jurídico do nascimento, mencionado no art. 1.603, compreende-se, à luz do disposto no art. 1.593, a filiação consanguínea e também a socioafetiva (Enunciado n. 108 JDC/CJF). Ninguém pode vindicar estado contrário ao que resulta do registro de nascimento, salvo provando-se erro ou falsidade do registro (art. 1.604 do CC).

Na falta, ou defeito, do termo de nascimento, poderá provar-se a filiação por qualquer modo admissível em direito (art. 1.605 do CC):

a) quando houver começo de prova por escrito, proveniente dos pais, conjunta ou separadamente;

b) quando existirem veementes presunções resultantes de fatos já certos.

A restrição da coisa julgada oriunda de demandas reputadas improcedentes por insuficiência de prova não deve prevalecer para inibir a busca da identidade genética pelo investigando (Enunciado n. 109 JDC/CJF).

A ação de prova de filiação compete ao filho, enquanto viver, passando aos herdeiros, se ele morrer menor ou incapaz (art. 1.606 do CC). Se iniciada a ação pelo filho, os herdeiros poderão continuá-la, salvo se julgado extinto o processo. Neste passo, o Enunciado 521 JDC/CJF prevê que: *Qualquer descendente possui legitimidade, por direito próprio, para propor o reconhecimento do vínculo de parentesco em face dos avós ou de qualquer ascendente de grau superior, ainda que o pai não tenha iniciado a ação de prova da filiação em vida.*

7.11.3. Do reconhecimento dos filhos fora do casamento

No item anterior vimos como funciona a presunção de filiação quando se estão no bojo de um casamento.

Resta estudar agora o reconhecimento de filhos fora do casamento.

A maternidade da criança é algo sobre o que não há dúvida, pois o hospital atesta quem é mãe de uma dada criança. Porém, a paternidade, quando o pai não é casado com a mãe da criança, depende de reconhecimento da filiação por esse pai.

O art. 1.607 do CC dispõe que o filho havido fora do casamento pode ser reconhecido pelos pais, conjunta ou separadamente. Neste contexto, o Enunciado 570 JDC/CJF traz disposição quanto a união estável: *O reconhecimento de filho havido em união estável fruto de técnica de reprodução assistida heteróloga "a patre" consentida expressamente pelo companheiro representa a formalização do vínculo jurídico de paternidade-filiação, cuja constituição se deu no momento do início da gravidez da companheira.*

Esse reconhecimento é ato muito sério, daí porque a lei o considera irrevogável, ainda que tenha sido feito em testamento (art. 1.610 do CC). Não bastasse, são ineficazes a condição e o termo apostos ao ato de reconhecimento do filho (art. 1.613 do CC).

Em se tratando de filho maior, este não pode ser reconhecido sem o seu consentimento, e o menor pode impugnar o reconhecimento, nos quatro anos que se seguirem à maioridade, ou à emancipação (art. 1.614 do CC).

O reconhecimento pode ser feito das seguintes formas:

a) no registro do nascimento;

b) por escritura pública ou escrito particular, a ser arquivado em cartório;

c) por testamento, ainda que incidentalmente manifestado;

d) por manifestação direta e expressa perante o juiz, ainda que o reconhecimento não haja sido o objeto único e principal do ato que o contém.

Quanto ao momento em que o reconhecimento pode se dar, este pode preceder o nascimento do filho ou ser posterior ao seu falecimento, se ele deixar descendentes.

Porém, há casos em que alguém reconhece um filho fora do casamento, mas esse alguém é casado com outra pessoa. Nesse caso, a lei permite o reconhecimento, mas dispõe que o filho havido fora do casamento, reconhecido por um dos cônjuges, não poderá residir no lar conjugal sem o consentimento do outro (art. 1.611 do CC).

O filho reconhecido, enquanto menor, ficará sob a guarda do genitor que o reconheceu, e, se ambos o reconheceram e não houver acordo, sob a de quem melhor atender aos interesses do menor (art. 1.612 do CC).

Caso não haja reconhecimento espontâneo pelos pais, é possível que se ingresse com ação de investigação, cuja sentença que julgar procedente produzirá os mesmos efeitos do reconhecimento, mas poderá ordenar que o filho se crie e eduque fora da companhia dos pais ou daquele que lhe contestou essa qualidade (art. 1.616 do CC).

Sobre a questão, vale citar a Súmula nº 301 do STJ, pela qual "em ação investigatória, a recusa do suposto pai a submeter-se ao exame de DNA induz presunção *juris tantum* de paternidade".

Quanto à questão da maternidade, uma vez que esta constar do termo do nascimento do filho, a mãe só poderá contestá-la provando a falsidade do termo, ou das declarações nele contidas (art. 1.608 do CC).

7.11.4. Do poder familiar

O poder familiar é um direito-poder dos pais em relação aos filhos menores (art. 1.630 do CC). No passado, esse poder tinha o nome de pátrio poder.

Esse poder é exercido por ambos os pais, sendo que, caso haja divergência entre esses, qualquer deles pode recorrer ao juiz para a solução do desacordo.

Na falta ou impedimento de um deles, o outro exercerá o poder familiar com exclusividade.

Esse poder faz com que os pais tenham os seguintes **direitos/responsabilidades** em relação aos filhos menores (art. 1.634 do CC):

a) dirigir-lhes a criação e educação;

b) tê-los em sua companhia e guarda;

c) conceder-lhes ou negar-lhes consentimento para casarem;

d) nomear-lhes tutor por testamento ou documento autêntico, se o outro pai não lhe sobreviver, ou o sobrevivo não puder exercer o poder familiar;

e) representá-los, até aos dezesseis anos, nos atos da vida civil, e assisti-los, após essa idade, nos atos em que forem partes, suprindo-lhes o consentimento;

f) reclamá-los de quem ilegalmente os detenha;

g) exigir que lhes prestem obediência, respeito e os serviços próprios de sua idade e condição.

Caso os pais não estejam mais juntos, o poder familiar dos dois **continua existindo**. Porém, caberá a um dos dois ficar na companhia dos filhos.

O poder familiar se **extingue** nos seguintes casos:

a) pela morte dos pais ou do filho;

b) pela emancipação do filho;

c) pela maioridade;

d) pela adoção;

e) por decisão judicial, nos casos de perda do poder familiar.

É importante que fique claro que o pai ou a mãe que contrai novas núpcias, ou estabelece união estável, não perde, quanto aos filhos do relacionamento anterior, os direitos ao poder familiar, exercendo-os sem qualquer interferência do novo cônjuge ou companheiro.

A **suspensão** do poder familiar se dará quando o pai ou a mãe (art. 1.637 do Código Civil):

a) abusarem de sua autoridade;

b) forem condenados criminalmente em sentença cuja pena exceda a dois anos de prisão.

Já a **perda** do poder familiar se dará quando o pai ou a mãe (art. 1.638 do Código Civil):

a) castigarem imoderadamente o filho;

b) deixarem o filho em abandono;

c) praticarem atos contrários à moral e aos bons costumes;

d) incidirem, reiteradamente, no abuso de autoridade.

Além disso, verificada a hipótese de maus-tratos, opressão ou abuso sexual impostos pelos pais ou responsáveis, a *autoridade judiciária* poderá determinar, como **medida cautelar**, o *afastamento* do agressor da moradia comum, com fixação provisória de alimentos de que necessitem a criança ou adolescente dependente do agressor (art. 130 do Estatuto da Criança e do Adolescente).

Desvios e problemas decorrentes de culpa grave reiterada ou de dolo no exercício do poder familiar pelos pais devem ensejar suspensão do poder familiar e até perda do poder familiar, neste caso se configuradas as hipóteses do art. 1.638 do Código Civil.

Merece a aplicação das sanções os pais que utilizam o filho para atividades ilícitas, como as relacionadas ao tráfico ou a prostituição infantil. Tais casos revelam quase ausência total de valores positivos por parte dos pais, e, tudo indica, por parte dos filhos também, a justificar as medidas drásticas apontadas.

As sanções de suspensão e perda do poder familiar vêm sendo aplicadas também nos casos em que pais deixam de cuidar e de educar seus filhos, ainda que não tenha acontecido resultado lesivo visível num primeiro momento.

Outro caso que justifica a aplicação das medidas de suspensão e perda do poder familiar é o que decorre da chamada *alienação parental*.

A chamada Síndrome da Alienação Parental (SAP), também conhecida pela sigla em inglês PAS, recebeu esse nome de Richard Gardner, e consiste na situação em que o pai ou a mãe de uma criança a treina para romper os laços afetivos com o outro genitor, criando fortes sentimentos de ansiedade e temor em relação ao outro genitor. Exemplos de atuação nesse sentido são: a) exclusão do outro genitor da vida dos filhos; b) interferência nas visitas do outro genitor; c) ataque à relação entre filho e o outro genitor; d) ataque à imagem do outro genitor.

É importante não confundir a alienação parental com a síndrome, que pode ou não decorrer desta. A **alienação parental** é o afastamento do filho de um dos genitores, provocado pelo outro. Já a **síndrome da alienação parental** são as consequências emocionais e comportamentais que atingem a vítima da alienação parental.

Há estudos que revelam que 80% dos filhos de pais divorciados já sofreram algum tipo de alienação parental.

Porém, somente em caso mais graves é cabível a suspensão e até a perda do poder familiar. A esse respeito, *vide* o seguinte precedente, relatado pela brilhante Desembargadora do Tribunal de Justiça do Rio Grande do Sul, Desembargadora Maria Berenice Dias:

> "Destituição do poder familiar. Abuso sexual. Síndrome da alienação parental. Estando as visitas do genitor à filha sendo realizadas junto a serviço especializado, não há justificativa para que se proceda a destituição do poder familiar. A denúncia de abuso sexual levada a efeito pela genitora, não está evidenciada, havendo a possibilidade de se estar frente à hipótese da chamada síndrome da alienação parental. Negado provimento." (TJRS, AI 70015224140, j. 12.07.2006)

Além da alienação parental, há outro caso de grave descumprimento de dever de educação familiar. Trata-se da situação em que o pai ou a mãe não se relacionam com o filho, não cumprindo minimamente o dever de amparo afetivo, moral e intelectual. A situação vem sendo chamada doutrinariamente de **abandono afetivo** ou **abandono moral**.

Pais que assim agem estão sujeitos à perda do poder familiar por praticarem a conduta descrita no art. 1.638, II, do Código Civil.

Confira decisão do Superior Tribunal de Justiça destituindo mãe do poder familiar por conta de abandono afetivo:

> "Direito civil. Pátrio poder. Destituição por abandono afetivo. Possibilidade. Art. 395, inciso II, do Código Civil c/c art. 22 do ECA. Interesses do menor. Prevalência. – Caracterizado o abandono efetivo, cancela-se o pátrio poder dos pais biológicos. Inteligência do art. 395, II do Código Bevilacqua, em conjunto com o art. 22 do Estatuto da Criança e do Adolescente. Se a mãe abandonou o filho, na própria maternidade, não mais o procurando, ela jamais exerceu o pátrio poder." (REsp 275.568-RJ, rel. Humberto Gomes de Barros, j. 18.05.2004).

Por outro lado, fica também a discussão sobre que outras sanções ou consequências são cabíveis. No caso, a maior discussão é se cabe ou não reparação civil no caso.

O Superior Tribunal de Justiça, que não aceitava a tese de que cabe condenação ao pai ao pagamento de indenização por danos morais, mudou de posição. Confira:

> "Civil e processual civil. Família. Abandono afetivo. Compensação por dano moral. Possibilidade.
>
> 1. Inexistem restrições legais à aplicação das regras concernentes à responsabilidade civil e o consequente dever de indenizar/compensar no Direito de Família.
>
> 2. O cuidado como valor jurídico objetivo está incorporado no ordenamento jurídico brasileiro não com essa expressão, mas com locuções e termos que manifestam suas diversas desinências, como se observa do art. 227 da CF/88.
>
> 3. Comprovar que a imposição legal de cuidar da prole foi descumprida implica em se reconhecer a ocorrência de ilicitude civil, sob a forma de omissão. Isso porque o *non facere*, que atinge um bem juridicamente tutelado, leia-se, o necessário dever de criação, educação e companhia – de cuidado –- importa em vulneração da imposição legal, exsurgindo, daí, a possibilidade de se pleitear compensação por danos morais por abandono psicológico.
>
> 4. Apesar das inúmeras hipóteses que minimizam a possibilidade de pleno cuidado de um dos genitores em relação à sua prole, existe um núcleo mínimo de cuidados parentais que, para além do mero cumprimento da lei, garantam aos filhos, ao menos quanto à afetividade, condições para uma adequada formação psicológica e inserção social.
>
> 5. A caracterização do abandono afetivo, a existência de excludentes ou, ainda, fatores atenuantes – por demandarem revolvimento de matéria fática – não podem ser objeto de reavaliação na estreita via do recurso especial.
>
> 6. A alteração do valor fixado a título de compensação por danos morais é possível, em recurso especial, nas hipóteses em que a quantia estipulada pelo Tribunal de origem revela-se irrisória ou exagerada.
>
> 7. Recurso especial parcialmente provido. (REsp 1159242/SP, Rel. Ministra Nancy Andrighi, Terceira Turma, julgado em 24.04.2012, *DJe* 10.05.2012)."

7.11.5. Jurisprudência selecionada

DIREITO CIVIL. RECUSA À SUBMISSÃO A EXAME DE DNA.

No âmbito de ação declaratória de inexistência de parentesco cumulada com nulidade de registro de nascimento na qual o autor pretenda comprovar que o réu não é seu irmão, apesar de ter sido registrado como filho pelo seu falecido pai, a recusa do demandado a se submeter a exame de DNA não gera presunção de inexistência do parentesco, sobretudo na hipótese em que reconhecido o estado de filiação socioafetivo do réu. Em demandas envolvendo reconhecimento de paternidade, a recusa de filho em se submeter ao exame de DNA permite dois ângulos de visão: a referente a filho sem paternidade estabelecida e a relacionada a filho cuja paternidade já tenha sido fixada. No primeiro caso, deve-se conferir ao pai o direito potestativo de ver reconhecido seu vínculo de paternidade com o fim de constituição da família, nada impedindo, porém, que o suposto descendente recuse submeter-se ao exame pericial. O caso será, então, interpretado à luz do art. 232 do CC (A recusa à perícia médica ordenada pelo juiz poderá suprir a prova que se pretendia obter com o exame), considerando o fato de que é imprescindível existirem outras provas da filiação. Já nas situações em que o suposto filho que possui a paternidade fixada recuse a realização do exame de DNA, a complexidade é exacerbada, de modo que, a depender do caso, dever-se-á reconhecer, sem ônus, o direito à recusa do filho, especialmente nas hipóteses nas quais se verifique a existência de paternidade socioafetiva, uma vez que a manutenção da família é direito de todos e deve receber respaldo do Judiciário. Na hipótese em apreço, a recusa do filho não pode gerar presunção de que ele não seria filho biológico do pai constante no seu registro de nascimento. Inicialmente, porque a manifestação espontânea do desejo de colocar o seu nome, na condição de pai, no registro do filho é ato de vontade perfeito e acabado, gerando um estado de filiação acobertado pela irrevogabilidade, incondicionalidade e indivisibilidade (arts. 1.610 e 1.613 do CC). Nesse sentido, não se pode esquecer que "o reconhecimento espontâneo da paternidade somente pode ser desfeito quando demonstrado vício de consentimento, isto é, para que haja possibilidade de anulação do registro de nascimento de menor cuja paternidade foi reconhecida, é necessária prova robusta no sentido de que o pai registral foi de fato, por exemplo, induzido a erro, ou ainda, que tenha sido coagido a tanto" (REsp 1.022.763-RS, Terceira Turma, DJe 3/2/2009). Além disso, deve haver uma ponderação dos interesses em disputa, harmonizando-os por meio da proporcionalidade ou razoabilidade, sempre se dando prevalência àquele que conferir maior projeção à dignidade humana, haja vista ser o principal critério substantivo na direção da ponderação de interesses constitucionais. Dessa forma, no conflito entre o interesse patrimonial do irmão que ajuíza esse tipo de ação, para o reconhecimento de suposta verdade biológica, e a dignidade do réu em preservar sua personalidade, sua intimidade, identidade, seu *status* jurídico de filho, deve-se dar primazia aos últimos. Ainda que assim não fosse, isto é, mesmo que, na situação em análise, reconheça-se a presunção relativa decorrente da negativa da demandada em se submeter ao DNA, nenhuma consequência prática nem jurídica poderia advir daí. Isso porque o STJ sedimentou o entendimento de que, em conformidade com os princípios do CC e da CF de 1988, o êxito em ação negatória de paternidade depende da demonstração, a um só tempo, de que inexiste origem biológica e também de que não tenha sido constituído o estado de filiação fortemente marcado pelas relações socioafetivas e edificado na convivência familiar. Vale dizer que a pretensão voltada à impugnação da paternidade não pode prosperar quando fundada apenas na origem genética, mas em aberto conflito com a paternidade socioafetiva. Portando, o exame de DNA em questão serviria, por via transversa, tão somente para investigar a ancestralidade da ré, não tendo mais nenhuma utilidade para o caso em apreço. Ocorre que, salvo hipóteses excepcionais, o direito de investigação da origem genética é personalíssimo, e somente pode ser exercido diretamente pelo titular após a aquisição da plena capacidade jurídica. **REsp 1.115.428-SP, Rel. Min. Luis Felipe Salomão, julgado em 27/8/2013.** (Inform. STJ 530)

DIREITO CIVIL. REGISTROS PÚBLICOS. POSSIBILIDADE DE INCLUSÃO DE PATRONÍMICO PATERNO NO FINAL DO NOME DO FILHO, AINDA QUE EM ORDEM DIVERSA DAQUELA CONSTANTE DO NOME DO PAI.

Admite-se, excepcional e motivadamente, após apreciação judicial, a retificação de registro civil para inclusão de patronímico paterno no final do nome do filho, ainda que em ordem diversa daquela constante do nome do pai, se comprovado que tal retificação se faz necessária para corresponder, adequadamente, à forma como aquele e sua família são conhecidos no meio social em que vivem. A regra geral, no direito brasileiro, é a da imutabilidade ou definitividade do nome civil, mas são admitidas exceções, como a prevista no art. 57 da Lei n. 6.015/1973, hipótese na qual se enquadra o caso, que exige motivação, audiência do Ministério Público e prolação de sentença judicial. A lei, todavia, não faz nenhuma exigência no que tange à observância de determinada ordem quanto aos apelidos de família, seja no momento do registro do nome do indivíduo ou por ocasião da sua posterior retificação. Ademais, inexiste proibição legal de que a ordem do sobrenome dos filhos seja distinta daquela presente no sobrenome dos pais. **REsp 1.323.677-MA, Rel. Min. Nancy Andrighi, julgado em 5/2/2013**.(Inform. STJ 513).

DIREITO CIVIL. RECONHECIMENTO DA PATERNIDADE BIOLÓGICA REQUERIDA PELO FILHO. ADOÇÃO À BRASILEIRA.

É possível o reconhecimento da paternidade biológica e a anulação do registro de nascimento na hipótese em que pleiteados pelo filho adotado conforme prática conhecida como "adoção à brasileira". A paternidade biológica traz em si responsabilidades que lhe são intrínsecas e que, somente em situações excepcionais, previstas em lei, podem ser afastadas. O direito da pessoa ao reconhecimento de sua ancestralidade e origem genética insere-se nos atributos da própria personalidade. A prática conhecida como "adoção à brasileira", ao contrário da adoção legal, não tem a aptidão de romper os vínculos civis entre o filho e os pais biológicos, que devem ser restabelecidos sempre que o filho manifestar o seu desejo de desfazer o liame jurídico advindo do registro ilegalmente levado a efeito, restaurando-se, por conseguinte, todos os consectários legais da paternidade biológica, como os registrais, os patrimoniais e os hereditários. Dessa forma, a filiação socioafetiva desenvolvida com os pais registrais não afasta os direitos do filho resultantes da filiação biológica, não podendo, nesse sentido, haver equiparação entre a "adoção à brasileira" e a adoção regular. Ademais, embora a "adoção à brasileira", muitas vezes, não denote torpeza de quem a pratica, pode ela ser instrumental de diversos ilícitos, como os relacionados ao tráfico internacional de crianças, além de poder não refletir o melhor interesse do menor. Precedente citado: REsp 833.712-RS, DJ 4/6/2007. **REsp 1.167.993-RS, Rel. Min. Luis Felipe Salomão, julgado em 18/12/2012**.(Inform. STJ 512).

DIREITO CIVIL. REGISTRO CIVIL. RETIFICAÇÃO PARA O NOME DE SOLTERIA DA GENITORA.

É possível a alteração no registro de nascimento para dele constar o nome de solteira da genitora, excluindo o patronímico do ex-padrasto. O nome civil é reconhecidamente um direito da personalidade, porquanto é o signo individualizador da pessoa natural na sociedade, conforme preconiza o art. 16 do CC. O registro público da pessoa natural não é um fim em si mesmo, mas uma forma de proteger o direito à identificação da pessoa pelo nome e filiação, ou seja, o direito à identidade é causa do direito ao registro. O princípio da verdade real norteia o registro público e tem por finalidade a segurança jurídica, razão pela qual deve espelhar a realidade presente, informando as alterações relevantes ocorridas desde a sua lavratura. Assim, é possível a averbação do nome de solteira da genitora no assento de nascimento, excluindo o patronímico do ex-padrasto. Ademais, o ordenamento jurídico prevê expressamente a possibilidade de averbação, no termo de nascimento do filho, da alteração do patronímico materno em decorrência do casamento, o que enseja a aplicação da mesma norma à hipótese inversa – princípio da simetria –, ou seja, quando a genitora, em decorrência de divórcio ou separação, deixa de utilizar o nome de casada, conforme o art. 3º, parágrafo único, da Lei 8.560/1992. Precedentes citados: REsp 1.041.751-DF, DJe 3/9/2009, e REsp 1.069.864-DF, DJe 3/2/2009. **REsp 1.072.402-MG, Rel. Min. Luis Felipe Salomão, julgado em 4/12/2012**. (Inform. STJ 512).

INVESTIGAÇÃO. PATERNIDADE. MATERNIDADE SOCIOAFETIVA. PARTILHA.

Trata-se de REsp decorrente de ação originária de ação de investigação de paternidade e maternidade socioafetiva cumulada com petição de herança e ratificação de partilha. *In casu,* a ora interessada, autora da referida ação, foi acolhida pelos pais adotivos do ora recorrido quando tinha quatro anos de vida, entregue por sua mãe biológica, que não tinha condições financeiras de criar a filha e seus quatro irmãos. Seu registro civil foi providenciado pela mãe biológica somente quando ela já tinha quase seis anos de idade, após solicitação do casal, tendo em vista a necessidade de matricular a criança no ensino regular. O convívio dela com o casal, no mesmo lar, perdurou por 16 anos, terminando apenas com o casamento dela, quando tinha 19 anos de idade. Em 1995, o pai adotivo do recorrido faleceu e, aberto o inventário, cuja inventariante foi a mãe adotiva, nada foi repassado a ela a título de herança. Nesse contexto, entendeu a Min. Relatora que, na hipótese, conspira contra o reconhecimento da filiação socioafetiva a constatada guarda de fato que se depreende da manifesta ausência de atitudes concretas do casal de reconhecer a ora interessada como sua filha adotiva, fato que ganha ainda maior relevo quando comparado com a situação do recorrido, que foi adotado pelo casal. Observou que, mesmo pairando dúvida quanto à natureza efetiva das relações existentes entre o casal e a interessada, o óbito do pai adotivo do recorrido e a subsequente realização do inventário, que teve como inventariante a esposa guardiã dela, trouxeram elementos de certeza no que já era perceptível, o casal não a considerava como filha. Frisou chegar-se a essa conclusão pelo beneficiamento único do recorrido como herdeiro, sem que a inventariante, mãe adotiva do recorrido, agisse de alguma forma para sanar a possível irregularidade e outorgar à ora interessada *status* de filha socioafetiva do casal. Diante dessas razões, entre outras, a Turma negou provimento ao recurso. **REsp 1.189.663-RS, Rel. Min. Nancy Andrighi, julgado em 6/9/2011.** (Inform. STJ 482)

AÇÃO NEGATÓRIA. PATERNIDADE. VÍCIO. CONSENTIMENTO.

Trata-se, na origem, de ação anulatória de registro de nascimento. O tribunal *a quo*, lastreado no conjunto fático-probatório, entendeu não estar caracterizado o vício de consentimento apto a ensejar a nulidade pretendida. Daí, a Turma não conheceu do recurso e reiterou seu entendimento de que o reconhecimento espontâneo da paternidade apenas pode ser desfeito quando demonstrado vício de consentimento, ou seja, para que haja a possibilidade de anulação do registro de nascimento de menor cuja paternidade foi reconhecida, é necessária prova robusta de que o pai registral foi de fato, por exemplo, induzido a erro, ou ainda, de que tenha sido coagido a tanto. Precedentes citados: REsp 1.022.763-RS, DJe 3/2/2009; REsp 932.692-DF, DJe 12/2/2009, e REsp 1.088.157-PB, DJe 4/8/2009. **REsp 1.098.036-GO, Rel. Min. Sidnei Beneti, julgado em 23/8/2011.** (Inform. STJ 481)

GUARDA COMPARTILHADA. ALTERNÂNCIA. RESIDÊNCIA. MENOR.

A guarda compartilhada (art. 1.583, § 1º, do CC/2002) busca a proteção plena do interesse dos filhos, sendo o ideal buscado no exercício do poder familiar entre pais separados, mesmo que demandem deles reestruturações, concessões e adequações diversas, para que seus filhos possam usufruir, durante sua formação, do ideal psicológico do duplo referencial. Mesmo na ausência de consenso do antigo casal, o melhor interesse do menor dita a aplicação da guarda compartilhada. Se assim não fosse, a ausência de consenso, que poderia inviabilizar a guarda compartilhada, faria prevalecer o exercício de uma potestade inexistente por um dos pais. E diz-se inexistente porque contraria a finalidade do poder familiar, que existe para proteção da prole. A drástica fórmula de imposição judicial das atribuições de cada um dos pais e do período de convivência da criança sob a guarda compartilhada, quando não houver consenso, é medida extrema, porém necessária à implementação dessa nova visão, para que não se faça do texto legal letra morta. A custódia física conjunta é o ideal buscado na fixação da guarda compartilhada porque sua implementação quebra a monoparentalidade na criação dos filhos, fato corriqueiro na guarda unilateral, que é substituída pela implementação de condições propícias à continuidade da existência das fontes bifrontais de exercício do poder familiar. A guarda compartilhada com o exercício conjunto da custódia física é processo integrativo, que dá à criança a possibilidade de conviver com ambos os pais, ao mesmo tempo em que preconiza a interação deles no processo de criação. **REsp 1.251.000-MG, Rel. Min. Nancy Andrighi, julgado em 23/8/2011.** (Inform. STJ 481)

REGISTRO CIVIL. ANULAÇÃO. PAI BIOLÓGICO. LEGITIMIDADE ATIVA. PATERNIDADE SOCIOAFETIVA. PREPONDERÂNCIA.

Discute-se no REsp se o pai biológico tem legitimidade para pedir a alteração do registro civil de sua filha biológica do qual hoje consta como pai o nome de outrem e, ainda, caso ultrapassado de forma positiva esse debate, o próprio mérito da ação originária quanto à conveniência da alteração registral pleiteada pelo pai biológico. Na espécie, a Turma entendeu que a paternidade biológica não tem o condão de vincular, inexoravelmente, a filiação, apesar de deter peso específico ponderável, ante o liame genético para definir questões relativa à filiação. Pressupõe, no entanto, para a sua prevalência, a concorrência de elementos imateriais que efetivamente demonstram a ação volitiva do genitor em tomar posse da condição de pai ou mãe. A filiação socioafetiva, por seu turno, ainda que despida de ascendência genética, constitui uma relação de fato que deve ser reconhecida e amparada juridicamente. Isso porque a parentalidade que nasce de uma decisão espontânea, arrimada em boa-fé, deve ter guarida no Direito de Família. Na hipótese, a evidente má-fé da genitora e a incúria do recorrido, que conscientemente deixou de agir para tornar pública sua condição de pai biológico e, quiçá, buscar a construção da necessária paternidade socioafetiva, tomam-lhes o direito de se insurgir contra os fatos consolidados. A omissão do recorrido, que contribuiu decisivamente para a perpetuação do engodo urdido pela mãe, atrai o entendimento de que a ninguém é dado alegar a própria torpeza em seu proveito, fenecendo, assim, a sua legitimidade para pleitear o direito de buscar a alteração no registro de nascimento de sua filha biológica. Precedente citado: REsp 119.346-GO, DJ 23/6/2003. **REsp 1.087.163-RJ, Rel. Min. Nancy Andrighi, julgado em 18/8/2011.** (Inform. STJ 481)

FILIAÇÃO SOCIOAFETIVA. MORTE. FILHO.

O pai socioafetivo reconheceu a paternidade de criança, filho de sua companheira, ciente de que não havia vínculo biológico, mas demonstrada a existência de vínculo familiar. Após sua morte, os filhos de seu primeiro casamento (ora recorrentes) buscam a anulação da escritura pública em que se firmou o reconhecimento da paternidade e a retificação do respectivo assento de nascimento. Sucede que essa criança veio a falecer após a interposição do especial, requerendo a sua mãe habilitação para substituição processual na condição de sucessora da criança. Ressalte-se que vários precedentes deste Superior Tribunal interpretam a busca da verdade biológica com temperos a ponto de evitar sejam subvertidas a ordem e a segurança que o legislador quis conferir àquele que investiga sua identidade biológica (art. 27 do ECA). Não há dúvidas, assim, de que a filiação socioafetiva é amparada pela cláusula geral de tutela da personalidade humana, que salvaguarda a filiação como elemento essencial na formação da identidade e definição da personalidade da criança. Contudo, na hipótese, a superveniência do fato jurídico representado pela morte da criança na pendência do REsp impõe a aplicação do art. 462 do CPC, isso porque extingue o direito em questão, que pertence tão somente à criança: o direito de ela ser albergada pela filiação socioafetiva. Portanto, deu-se provimento ao especial para que se desconstitua a paternidade, com o consequente cancelamento do registro da criança. Precedentes citados: REsp 833.712-RS, DJ 4/6/2007; REsp 932.692-DF, DJe 12/2/2009; REsp 1.067.438-RS, DJe 20/5/2009; REsp 1.000.356-SP, DJe 7/6/2010, e REsp 704.637-RJ, DJe 22/3/2011. **REsp 450.566-RS, Rel. Min. Nancy Andrighi, julgado em 3/5/2011.** (Inform. STJ 471)

NOVA AÇÃO. INVESTIGAÇÃO. PATERNIDADE. ANULAÇÃO. REGISTRO CIVIL.

Discute-se no REsp se a extinção de processo sem resolução de mérito e com acórdão transitado em julgado obstaria à autora intentar nova ação, visto que ela fora julgada carecedora desta nos termos do art. 267, VI, do CPC. Noticiam os autos que a recorrida ajuizou, anteriormente, ação para o reconhecimento da paternidade do ora recorrente. Mas, posteriormente, em razão de determinação do juiz, foram incluídos na demanda os genitores da recorrida constantes no seu registro civil (pai registral e a mãe), o que ensejou a retificação do *nomen iuris* da ação para anulação parcial de registro c/c investigação de paternidade. Sucede que, na sentença de mérito, o mesmo juiz extinguiu o processo sem resolução de mérito por entender que faltava o interesse jurídico ao pedido de reconhecimento de nova paternidade enquanto não fosse anulado o primitivo registro civil, além de considerar o pedido juridicamente impossível, uma vez que o ordenamento jurídico vigente não admite paternidade dupla. Houve apelação da recorrida e o TJ deu-lhe provimento; entretanto, em embargos infringentes, a sentença foi restabelecida. Agora, em nova ação intitulada ação de investigação de paternidade c/c anulação do registro de nascimento, aponta como causa de pedir o direito de personalidade de conhecimento de filiação, apresentando exame de DNA que excluíra a paternidade do pai registral, e busca, por meio desse exame, a sua real ascendência genética em razão de relacionamento amoroso da mãe com o recorrente à época. O juiz deferiu o processamento dessa ação, mas houve agravo de instrumento do recorrente, que foi indeferido pelo TJ, daí o REsp. Isso posto, para o Min. Relator, na segunda ação houve a tentativa de superar o equívoco produzido nas decisões anteriores, reformando o pedido e a causa de pedir próxima à anterior. Assevera que, quando há extinção do processo sem resolução do mérito por carência da ação (art. 267, VI, do CPC), não há coisa julgada material, apenas formal. Assim, para o Min. Relator, não há violação da coisa julgada formal, visto que foram sanados os supostos óbices identificados no julgamento da primeira ação, o que, a seu ver, autorizaria a aplicação do art. 268 do CPC. Também esclareceu haver a possibilidade jurídica dos pedidos, considerando entendimento doutrinário e jurisprudencial quanto à possibilidade de cumular os pedidos de investigação de paternidade e de anulação do registro de nascimento (sendo o último consequência do primeiro). Destaca ainda que a pretensão da autora fundamenta-se no direito personalíssimo, indisponível e imprescritível de conhecimento da filiação biológica, consubstanciado no princípio constitucional da dignidade da pessoa humana. Diante do exposto, a Turma deu parcial provimento ao recurso no que tange à multa do art. 538, parágrafo único, do CPC, visto terem sido interpostos os embargos de declaração com intuito de prequestionamento (Súm. n. 98-STJ). Precedentes citados: REsp 507.626-SP, DJ 6/12/2004; REsp 402.859-SP, DJ 28/3/2005, e REsp 765.479-RJ, DJ 24/4/2006. **REsp 1.215.189-RJ, Rel. Min. Raul Araújo Filho, julgado em 2/12/2010.** (Inform. STJ 458)

INVESTIGAÇÃO. PATERNIDADE. CITAÇÃO. FILHO.

Na hipótese, houve o ajuizamento de ação de investigação de paternidade *post mortem* contra o pai do recorrente. Nela, seus avós paternos e o autor firmaram acordo homologado judicialmente para reconhecer a paternidade, sem, contudo, haver a citação do filho herdeiro, o recorrente que não integrou a lide, mas passou a sofrer os efeitos da homologação já transitada em julgado. Vem daí o pedido para rescindir a sentença homologatória. Nesse contexto, vê-se que, por força dos arts. 363 e 1.603 do CC/1916, vigentes à época, havendo herdeiro, há que citá-lo para a ação de investigação de paternidade proposta em desfavor de seu falecido pai. A citação de todos os litisconsortes necessários é pressuposto da própria existência da relação processual. A ausência de citação e a falta de manifestação do recorrente nos autos têm como consequência jurídica a vedação de que lhe sejam estendidos os efeitos da decisão tomada na lide da qual sequer participou. Assim, o recorrente não possui só legitimidade, mas possui, também, duplo interesse: o de ordem moral, de afastar prole alheia atribuída ao *de cujus*, e de ordem econômica, de preservar a integridade de sua quota nos bens deixados pelo falecido. Não se desconhece haver divergências doutrinárias e jurisprudenciais quanto ao cabimento da ação rescisória nos casos de sentença homologatória de acordo, mas a exclusividade do uso da ação anulatória (art. 486 do CPC) em tais casos é solução impregnada do formalismo processual, visto que qualquer via é adequada para portar a insurgência contra o alegado vício. O princípio da fungibilidade tem plena aplicação na hipótese, quanto mais se a ausência da citação do litisconsorte necessário configura nulidade *ipso jure*, que, conforme a doutrina, é conhecida e declarada independentemente de procedimento especial, mesmo que incidentalmente, em qualquer grau de jurisdição e até mesmo de ofício. Com esses fundamentos, a Turma deu parcial provimento ao recurso para rescindir a sentença. **REsp 1.028.503-MG, Rel. Min. Nancy Andrighi, julgado em 26/10/2010.** (Inform. STJ 453)

NEGATÓRIA. MATERNIDADE SOCIOAFETIVA.

Trata-se, na origem, de ação negatória de maternidade cumulada com pedido de anulação de assento de nascimento ajuizada pela ora recorrente contra a ora recorrida, à época menor, representada por seu tutor. Alega, em seu pedido, falsidade ideológica perpetrada pela falecida mãe, que registrou filha recém-nascida de outrem como sua. O tribunal *a quo* afirmou como espontâneo o reconhecimento da maternidade, a anulação do assento de nascimento da criança apenas poderia ser feita na presença de prova robusta, qual seja, de que a mãe teria sido induzida a erro por desconhecer a origem genética da criança, ou, então, valendo-se de conduta reprovável e mediante má-fé, declarar como verdadeiro vínculo familiar inexistente. No caso, inexiste meio de desfazer um ato levado a efeito com perfeita demonstração de vontade da mãe, que um dia declarou, perante a sociedade, em ato solene e de reconhecimento público, ser mãe de criança, valendo-se, para tanto, da verdade socialmente construída com base no afeto, demonstrando, dessa forma, a efetiva existência de vínculo familiar. A diferença de registro de nascimento com a realidade biológica, em razão de conduta que desconsiderava a verdade sobre o aspecto genético, somente pode ser pleiteada por aquele que teve sua filiação falsamente atribuída, e os efeitos daí decorrentes apenas podem operar-se contra aquele que realizou o ato de reconhecimento familiar. Isso porque prevalece, na espécie, a ligação socioafetiva construída e consolidada entre mãe e filha, que tem proteção indelével conferida à personalidade humana, mediante cláusula geral que a tutela e encontra apoio na preservação da estabilidade familiar. Assim, a Turma negou provimento ao recurso. **REsp 1.000.356-SP, Rel. Min. Nancy Andrighi, julgado em 25/5/2010**. (Inform. STJ 436)

RELAÇÃO AVOENGA. ANCESTRALIDADE. DIREITO PERSONALÍSSIMO.

Trata-se de matéria remetida da Terceira Turma à Segunda Seção. A questão versa sobre a legitimidade dos netos para ajuizar, em face dos sucessores de seu pretenso avô, ação declaratória de relação avoenga c/c petição de herança, considerado o falecimento do pai, que não buscou em vida o reconhecimento da filiação. Predominou, no acórdão recorrido, o entendimento de faltar aos netos legitimidade para agir, pois não poderiam pleitear direito alheio em nome próprio, conduzindo à carência da ação. Porém, para a Min. Relatora, os direitos da personalidade, entre eles o direito ao nome e ao conhecimento da origem genética, são inalienáveis, vitalícios, intransmissíveis, extrapatrimoniais, irrenunciáveis, imprescritíveis e oponíveis *erga omnes*. Os netos, assim como os filhos, possuem direito de agir próprio e personalíssimo, de pleitear declaratória de relação de parentesco em face do avô ou dos herdeiros, se morto aquele, porque o direito ao nome, à identidade e à origem genética está intimamente ligado ao conceito de dignidade da pessoa humana. O direito à busca da ancestralidade é personalíssimo e, dessa forma, possui tutela jurídica integral e especial nos moldes dos arts. 5º e 226 da CF/1988. O art. 1.591 do CC/2002, ao regular as relações de parentesco em linha reta, não estipula limitação dada sua infinidade, de modo que todas as pessoas oriundas de um tronco ancestral comum sempre serão consideradas parentes entre si, por mais afastadas que estejam as gerações. Dessa forma, uma vez declarada a existência de relação de parentesco na linha reta a partir do segundo grau, essa gerará todos os efeitos que o parentesco em primeiro grau (filiação) faria nascer. As relações de família, tal como reguladas pelo Direito, ao considerarem a possibilidade de reconhecimento amplo de parentesco na linha reta, ao outorgarem aos descendentes direitos sucessórios na qualidade de herdeiros necessários e lhes resguardando a legítima e, por fim, ao reconhecerem, como família monoparental, a comunidade formada pelos pais e seus descendentes, inequivocamente se movem no sentido de assegurar a possibilidade de que sejam declaradas relações de parentesco pelo Judiciário para além das hipóteses de filiação. Por fim, considerada a jurisprudência deste Superior Tribunal no sentido de ampliar a possibilidade de reconhecimento de relações de parentesco e desde que, na origem, seja conferida a amplitude probatória que a hipótese requer, há perfeita viabilidade jurídica do pleito dos netos de verem reconhecida a relação avoenga, afastadas, de rigor, as preliminares de carência da ação por ilegitimidade de parte e impossibilidade jurídica do pedido, sustentadas pelos herdeiros do avô. Isso posto, a Seção, por maioria, deu provimento ao recurso. **REsp 807.849-RJ, Rel. Min. Nancy Andrighi, julgado em 24/3/2010** (ver Informativos ns. 257 e 425). (Inform. STJ 428)

INVESTIGAÇÃO. PATERNIDADE. DESCENDENTE. RECUSA.

Trata-se da investigação de paternidade para reconhecimento do pai biológico, apontando a falsidade de certidão de nascimento registrada em cartório civil, considerando a imprescritibilidade da ação (decadência) prevista nos arts. 178, § 9º, VI, e 362 do CC/1916, e também a recusa do filho do falecido genitor ao exame de DNA. A Turma entendeu que, conforme o art. 27 da Lei n. 8.069/1990 e a Súm. n. 301-STJ, a presunção relativa quanto à recusa somente se aplica ao pretenso genitor, e não ao descendente, por ser um direito personalíssimo e indisponível. Precedente citado: AgRg no Ag 576.552-SP, DJe 3/9/2008. **REsp 714.969-MS, Rel. Min. Luis Felipe Salomão, julgado em 4/3/2010**. (Inform. STJ 425)

RECONHECIMENTO. PATERNIDADE. ANULAÇÃO. REGISTRO. NASCIMENTO.

A matéria consiste em definir se àquele que reconhece voluntariamente a paternidade de criança em relação à qual afirma que sabe não haver vínculo biológico assiste o direito subjetivo de propor, posteriormente, ação de anulação de registro de nascimento levado a efeito sob alegada pressão psicológica e coação irresistível imposta pela mãe da criança. A Min. Relatora, a exemplo do que foi proferido no REsp 1.003.628-DF (DJ 10/12/2008), entendeu que o julgador deve ter em mente a salvaguarda dos interesses dos pequenos, porque a ambivalência presente nas recusas de paternidade é particularmente mutilante para a identidade das crianças, o que lhe impõe substancial desvelo no exame das peculiaridades de cada processo, no sentido de tornar, o quanto for possível, perenes os vínculos e alicerces na vida em desenvolvimento. Afinal, por meio de uma gota de sangue, não se pode destruir vínculo de filiação simplesmente dizendo a uma criança que ela não é mais nada para aquele que, um dia, declarou, perante a sociedade, em ato solene e de reconhecimento público, ser seu pai. Assim, sob a ótica indeclinável de proteção à criança, para haver efetiva possibilidade de anulação do registro de nascimento do menor, é necessária prova robusta no sentido de que o relutante pai foi de fato induzido a erro, ou ainda, que tenha sido coagido a tanto, como pretende a todo custo fazer crer o recorrido. Não há como desfazer um ato levado a efeito com perfeita demonstração da vontade, como ocorreu na hipótese dos autos. A afirmação de que a genitora da criança ajuizaria uma ação possivelmente investigatória de paternidade não possui a pretensa força para caracterizar a aludida coação. Isso porque a fragilidade e a fluidez dos relacionamentos entre os seres humanos não deve perpassar as relações entre pais e filhos, as quais precisam ser perpetuadas e solidificadas. Em contraponto à instabilidade dos vínculos advindos dos relacionamentos amorosos ou puramente sexuais, os laços de filiação devem estar fortemente assegurados com vista ao interesse maior da criança. O recorrido não manifestou vontade eivada de vício, o que impõe a reforma do acórdão impugnado com o consequente restabelecimento da sentença. Diante disso, a Turma conheceu dos recursos e lhes deu provimento para julgar improcedente o pedido formulado pelo recorrido na inicial de anulação do registro de nascimento do menor, restabelecendo, por conseguinte, a sentença. **REsp 932.692-DF, Rel. Min. Nancy Andrighi, julgado em 9/12/2008**. (Inform. STJ 380)

LEGITIMIDADE. CONTESTAÇÃO. PATERNIDADE.
A recorrente alega que o acórdão recorrido contrariou os arts. 1.601 e 1.604 do CC/2002 (antigo art. 348 do CC/1916), pois a legitimidade para contestar a paternidade cabe apenas ao marido, e não ao irmão da ré, terceiro na relação familiar debatida. Assevera que não se trata de ação de nulidade de registro, pois o autor nada provou a respeito. Inicialmente, o Min. Relator esclareceu que o pedido relaciona-se com a causa de pedir – falsidade ideológica – e não com negativa de paternidade, essa última personalíssima, cabível somente ao marido (art. 1.601 do CC/2002). Com relação ao art. 348 da lei civil vigente no momento da propositura da ação, cuja redação foi repetida no art. 1.604 do novel Código, aquele teve sua eficácia preservada pelo TJ que decidiu que, cuidando-se de ação declaratória de inexistência de filiação legítima decorrente de falsidade ideológica, é admissível seja ela intentada não só pelo filho, mas por qualquer outra pessoa que tenha legítimo interesse em tornar nula a falsa declaração. Tal entendimento encontra-se em consonância com a exegese sufragada por este Superior Tribunal. Precedentes citados: REsp 139.118-PB, DJ 25/8/2003; REsp 434.759-MG, DJ 10/2/2003; REsp 257.119-MG, DJ 2/4/2001; REsp 140.579-AC, DJ 3/11/1998, e REsp 215.249-MG, DJ 2/12/2002. **REsp 799.588-SE, Rel. Min. Aldir Passarinho Junior, julgado em 28/10/2008**. (Inform. STJ 374)

AÇÃO NEGATÓRIA. PATERNIDADE. NULIDADE. REGISTRO CIVIL.
O recorrido conheceu a mãe da menor quando ambos ainda cursavam o ensino médio, ele então com 18 anos de idade e ela sem filhos. Seis anos mais tarde, voltaram a se encontrar, oportunidade em que veio a conhecer a menor, então com dois anos de idade. Casaram-se no civil, logo em seguida relata que reconheceu, sob alegada pressão da mãe da criança, a paternidade da menor, na época com três anos de idade, tendo plena consciência de que não se tratava de filha biológica sua. Sustenta que viveram como casal apenas durante seis meses, sobrevindo a separação judicial, cuja sentença transitou em julgado. Depois disso, informa que, por mais de dez anos, não mais teve contato com mãe e filha, permanecendo tão somente a pagar pensão alimentícia, conforme acordo homologado em juízo nos autos de ação de alimentos. Pleiteia, agora, a exclusão de seu nome da certidão de nascimento da menor, com a correspondente exoneração das obrigações financeiras inerentes à paternidade da criança. Para a Min. Relatora, o reconhecimento espontâneo da paternidade somente pode ser desfeito quando demonstrado vício de consentimento, isto é, para que haja possibilidade de anulação do registro de nascimento de menor cuja paternidade foi reconhecida, é necessária a prova robusta no sentido de que o "pai registral" foi de fato, por exemplo, induzido a erro, ou ainda, coagido a tanto. Tendo em mente a salvaguarda dos interesses dos pequenos, verifica-se que a ambivalência presente nas recusas de paternidade são particularmente mutilantes para a identidade das crianças, o que impõe ao julgador substancial desvelo no exame das peculiaridades de cada processo, no sentido de tornar, o quanto for possível, perenes os vínculos e alicerces na vida em desenvolvimento. Ademais a fragilidade e a fluidez dos relacionamentos entre os adultos não devem perpas-

sar as relações entre pais e filhos, as quais precisam ser perpetuadas e solidificadas. Em contraponto à instabilidade dos vínculos advindos das uniões matrimoniais, estáveis ou concubinárias, os laços de filiação devem estar fortemente assegurados, com vistas ao interesse maior da criança, que não deve ser vítima de mais um fenômeno comportamental do mundo adulto. O recorrido não manifestou vontade eivada de vício. Sendo assim, a Turma deu provimento ao recurso, julgando improcedente o pedido. **REsp 1.003.628-DF, Rel. Min. Nancy Andrighi, julgado em 14/10/2008**. (Inform. STJ 372)

INVESTIGAÇÃO. PATERNIDADE. CITAÇÃO. "PAI REGISTRAL".

A Turma entendeu ser necessária a citação do "pai registral" para integrar a lide como litisconsórcio necessário passivo, na ação de investigação de paternidade movida por menor (representado pela mãe) contra o ora recorrente. Para que alguém seja demovido da sua condição de pai, é preciso que integre a lide que poderá ter essa consequência. Não é necessário prévio procedimento judicial de anulação do registro para subsequentemente proceder à investigação. Pode ser tudo feito no mesmo processo, mas com a integração do "pai registral". Precedente citado: REsp 117.129-RS, DJ 24/9/2001. **REsp 512.278-GO, Rel. Min. Aldir Passarinho Junior, julgado em 14/10/2008**. (Inform. STJ 372)

INVESTIGAÇÃO. PATERNIDADE. ALIMENTOS.

Cinge-se a questão a definir se pode ser conferida a retroação à data da citação dos alimentos fixados na investigação de paternidade, ainda que requerido expressamente, na inicial, o pagamento da pensão alimentícia a partir da prolação da sentença de mérito, nos termos do art. 7º da Lei n. 8.560/1992. A Turma não conheceu do recurso, por entender não se ter configurado o dissídio jurisprudencial nem ter havido violação por parte do acórdão recorrido dos dispositivos legais apontados pela recorrente. No acórdão, conclui-se estar implicitamente assentado que não se aplica à hipótese o abrandamento da proibição de julgamento *ultra petita*. Os limites da lide e da causa de pedir foram fixados na petição inicial, cabendo ao Judiciário zelar para que a linha estabelecida pela própria autora não seja ultrapassada em prejuízo da outra parte. Nada há, dessa forma, para retocar na decisão recorrida, que aplicou diligentemente o Direito à espécie. Ressaltou-se que, na verdade, os vícios apontados confundem-se com a tentativa da recorrente de corrigir equívoco cometido na formulação do pedido inicial. **REsp 1.079.190-DF, Rel. Min. Nancy Andrighi, julgado em 7/10/2008.** (Inform. STJ 371)

INVESTIGAÇÃO. PATERNIDADE. INTERESSE. AGIR.

Para a propositura da ação de investigação de paternidade cumulada com anulação de registro de nascimento, é necessário que haja interesse lícito (art. 3º do CPC). Na espécie, verifica-se, na petição inicial, que o autor, ora recorrido, manifesta animosidade contra o filho pretendido, o que nulifica qualquer afirmação do propósito lícito no uso da referida ação, caracterizada pelo altruísmo e bons propósitos, quando a investigatória de paternidade é movida pelo pretenso genitor. Ademais, conforme o art. 177 do CC/1916, ocorreu a prescrição, uma vez que a ação foi proposta em prazo superior a vinte anos. A imprescritibilidade neste tipo de ação é em prol do filho que busca o reconhecimento, e não do genitor que propôs a investigatória contra o filho registrado em nome de outrem. Assim, a Turma deu provimento ao recurso e julgou extinta a ação por falta de legítimo interesse econômico ou moral e pela prescrição. **REsp 903.613-DF, Rel. Min. Sidnei Beneti, julgado em 24/6/2008**. (Inform. STJ 361)

PATERNIDADE. DNA. NOVA AÇÃO.

A paternidade do investigado não foi expressamente afastada na primeva ação de investigação julgada improcedente por insuficiência de provas, anotado que a análise do DNA àquele tempo não se fazia disponível ou sequer havia notoriedade a seu respeito. Assim, nesse contexto, é plenamente admissível novo ajuizamento da ação investigatória. Precedentes citados: REsp 226.436-PR, DJ 4/2/2002; REsp 427.117-MS, DJ 16/2/2004, e REsp 330.172-RJ, DJ 22/4/2002. **REsp 826.698-MS, Rel. Min. Nancy Andrighi, julgado em 6/5/2008**. (Inform. STJ 354)

AÇÃO ANULATÓRIA. PATERNIDADE. VÍCIO. CONSENTIMENTO.

O Tribunal *a quo*, com base no resultado de exame de DNA, concluiu que o ora recorrente não é o pai biológico da recorrida. Assim, deve ser julgado procedente o pedido formulado na ação negatória de paternidade, anulando-se o registro de nascimento por vício de consentimento, pois o ora recorrente foi induzido a erro ao proceder ao registro da criança, acreditando tratar-se de sua filha biológica. Não se pode impor ao recorrente o dever de assistir uma criança reconhecidamente destituída da condição de filha. **REsp 878.954-RS, Rel. Min. Nancy Andrighi, julgado em 7/5/2007.** (Inform. STJ 319)

7.11.6. Quadro sinótico

PARTE I

Relações de parentesco

1. Parentes em linha reta: pessoas que estão umas para com as outras na relação de ascendentes e descendentes.

2. Parentes em linha colateral: até o quarto grau, as pessoas provenientes de um só tronco, sem descenderem uma da outra.

3. Espécies de parentesco:

a) Natural (consanguíneo)

b) Civil (ex: adoção)

c) Socioafetivo (posse do estado de filho)

d) Afinidade (ex: cunhado, sogra)

4. Graus de parentesco: contam-se, na linha reta, os graus de parentesco pelo número de gerações, e, na colateral, também pelo número delas, subindo de um dos parentes até ao ascendente comum, e descendo até encontrar o outro parente.

5. Filiação

5.1 Pontos importantes:

a) princípio da igualdade entre os filhos, independentemente da origem

b) presunção de filiação: concebidos na constância do casamento (art. 1.597 CC traz regras específicas)

c) Ação de investigação de paternidade ou negatória de paternidade: imprescritível

d) Prova da filiação: certidão do termo de nascimento registrada no Registro Civil. Na falta, prova-se por qualquer outro meio admissível em direito, respeitado o art. 1.605 do CC (aplica-se ao caso de parentesco socioafetivo)

6. Reconhecimento de filhos fora do casamento

6.1 Pontos importantes:

a) pode ser feito pelos pais, conjunta ou separadamente

b) é irrevogável

c) filho maior: é necessário o consentimento; filho menor: pode impugnar até 4 anos após a maioridade;

d) formas:

- no registro do nascimento;

- por escritura pública ou escrito particular, a ser arquivado em cartório;

- por testamento, ainda que incidentalmente manifestado;

- por manifestação direta e expressa perante o juiz, ainda que o reconhecimento não haja sido o objeto único e principal do ato que o contém.

e) momento: pode preceder o nascimento do filho ou ser posterior ao seu falecimento, se ele deixar descendentes.

PARTE II

Poder familiar

1. Conceito: é um direito-poder dos pais em relação aos filhos menores (art. 1.630 do CC).

2. Direitos/responsabilidades dos pais em relação aos filhos menores:

a) dirigir-lhes a criação e educação

b) tê-los em sua companhia e guarda

c) conceder-lhes ou negar-lhes consentimento para casarem

d) nomear-lhes tutor por testamento ou documento autêntico, se o outro pai não lhe sobreviver, ou o sobrevivo não puder exercer o poder familiar

e) representá-los, até aos dezesseis anos, nos atos da vida civil, e assisti-los, após essa idade, nos atos em que forem partes, suprindo-lhes o consentimento

f) reclamá-los de quem ilegalmente os detenha

g) exigir que lhes prestem obediência, respeito e os serviços próprios de sua idade e condição

3 Causas de extinção:

a) pela morte dos pais ou do filho

b) pela emancipação do filho

c) pela maioridade

d) pela adoção

e) por decisão judicial, nos casos de perda do poder familiar

4 Causas de suspensão:

a) abuso de autoridade

b) condenação criminal em sentença cuja pena exceda a dois anos de prisão

5 Causas de perda:

a) castigar imoderadamente o filho

b) deixar o filho em abandono

c) praticar atos contrários à moral e aos bons costumes

d) incidir, reiteradamente, no abuso de autoridade

e) alienação parental: situação em que o pai ou a mãe de uma criança a treina para romper os laços afetivos com o outro genitor, criando fortes sentimentos de ansiedade e temor em relação ao outro genitor. Há ainda a síndrome de alienação parental que são as consequências emocionais e comportamentais que atingem a vítima da alienação parental. A suspensão/perda do poder familiar pode ser uma das sanções ao genitor alienador.

f) Abandono afetivo: pais que, por opção própria optam por não se relacionarem com os filhos. Também pode acarretar perda do poder familiar.

7.11.7. Questões Comentadas

(Magistratura/SP – 2011 – VUNESP) O reconhecimento de filho

(A) pode ser revogado, quando feito por testamento.

(B) pode ser feito apenas durante a vida do filho.

(C) depende do consentimento do filho, quando este for maior.

(D) não pode ser impugnado pelo filho, quando este for menor.

(E) havido fora do casamento permite que ele resida no lar conjugal, independentemente do consentimento do outro cônjuge.

A: incorreta, pois o reconhecimento de filho é irrevogável, mesmo quando feito por testamento (art. 1.610 do CC); **B:** incorreta, pois o reconhecimento de filho pode ser posterior ao seu falecimento, se ele deixar descendentes (art. 1.609, par. único, do CC); **C:** correta (art. 1.614 do CC); **D:** incorreta, pois o menor pode impugnar o reconhecimento, nos quatro anos que se seguirem à maioridade, ou à emancipação (art. 1.614 do CC); **E:** incorreta (art. 1.611 do CC).

Gabarito "C"

(Magistratura/SP – 2009 – VUNESP) O parentesco por afinidade

(A) está limitado, na linha colateral, ao terceiro grau.

(B) está limitado, na linha reta, ao quarto grau.

(C) não tem limite na linha reta.

(D) extingue-se com a dissolução do vínculo.

A alternativa "c" está correta, pois a assertiva reflete o disposto no art. 1.595, § 1º, do CC.

Gabarito "C"

(Ministério Público/BA – 2010) É consabido que a melhor doutrina aponta a necessidade do estudo do direito civil à luz dos comandos da Norma Fundamental. Enfatiza Cristiano Chaves "..é a Constituição da República, que, com os seus princípios e as suas normas, confere uma nova feição à ciência civilista". Ademais, é induvidoso que a Constituição Federal acolheu o princípio da igualdade entre os filhos, de sorte que veda expressamente quaisquer designação discriminatória.

Portanto, assinale a alternativa correta, após aferir a veracidade das assertivas abaixo.

I. Presumem-se concebidos na constância do casamento os filhos havidos por fecundação homóloga, mesmo que falecido o marido.

II. Presumem-se concebidos na constância do casamento os filhos havidos por inseminação artificial heteróloga, desde que tenha prévia autorização do marido.

III. Quando perfectibilizada pelo cônjuge virago a confissão de adultério, *de per si*, ilide a presunção legal de paternidade.

IV. O direito de investigar a paternidade é indisponível, de sorte que nula será a renúncia ao direito, obtida mediante contrapartida pecuniária.

V. A ação do marido para contestar a paternidade do filho de sua mulher é personalíssima, e prescreve no prazo máximo previsto no Código Civil em vigor, ou seja, em 10 (dez) anos a partir do nascimento.

(A) F V F V F.

(B) V F F V V.

(C) V V V F V.

(D) V V F V F.

(E) V V F F F.

I: verdadeira (art. 1.597, III, do CC); **II:** verdadeira (art. 1.597, V, do CC); **III:** falsa, pois não basta o adultério da mulher, ainda que confessado, para ilidir a presunção legal da paternidade (art. 1.600 do CC); **IV:** verdadeira, pois o direito de contestar a paternidade é imprescritível e indisponível (art. 1.601 do CC); **V:** falsa, pois o direito de contestar a paternidade é imprescritível (art. 1.601 do CC).

Gabarito "D"

(Ministério Público/GO – 2010) Analise as proposições abaixo e, após, marque a alternativa correta.

I. São parentes em linha reta as pessoas que estão umas para com as outras na relação de ascendentes e descendentes. São parentes em linha colateral ou transversal, até o quarto grau, as pessoas provenientes de um só tronco, sem descenderem uma da outra.

II. O parentesco é natural, civil ou adotivo, conforme resulte de consanguinidade ou outra origem. Contam-se, na linha reta, os graus de parentesco pelo número de gerações, e, na colateral, também pelo número delas, descendo de um dos parentes até ao descendente comum, e subindo até encontrar o outro parente.

III. Cada cônjuge ou companheiro é aliado aos parentes do outro pelo vínculo da afinidade. O parentesco por afinidade limita-se aos ascendentes, aos descendentes e aos irmãos do cônjuge ou companheiro. Na linha reta, a afinidade extingue-se com a dissolução do casamento ou da união estável.

IV. Presumem-se concebidos na constância do casamento os filhos: i) nascidos cento e oitenta dias, pelo menos, depois de estabelecida a convivência conjugal; ii) nascidos nos trezentos dias subsequentes à dissolução da sociedade conjugal, por morte, separação judicial, nulidade e anulação do casamento; iii) havidos por fecundação artificial homóloga, mesmo que falecido o marido; iv) havidos, a qualquer tempo, quando se tratar de embriões excedentários, decorrentes de concepção artificial homóloga; v) havidos por inseminação artificial heteróloga, desde que tenha prévia autorização do marido.

(A) Apenas uma das afirmações acima está inteiramente correta.

(B) Apenas duas das afirmações acima estão inteiramente corretas.

(C) Apenas três afirmações acima estão inteiramente corretas.

(D) Todas as quatro afirmações acima estão inteiramente corretas.

I: correta, pois a regra encontra respaldo no art. 1.591 do Código Civil; **II:** incorreta, pois para se contar os graus na linha colateral deve-se partir do parente, subir até o ascendente comum e então descer, até encontrar o outro colateral que se busca identificar (CC, art. 1.594); **III:** incorreta, pois na linha reta a afinidade não se extingue, mesmo com a dissolução do casamento ou da união estável (CC, art. 1.595 § 2°); **IV:** correta, pois a assertiva reproduz a regra da presunção *pater is*, estabelecida no art. 1.597 do Código.

Gabarito "B"

(Ministério Público/SP – 2010) Assinale a alternativa correta:

(A) na linha colateral, o parentesco encerra-se no sexto grau, sendo, pois, para fins jurídicos, finito.

(B) o parentesco por afinidade limita-se aos ascendentes, aos descendentes e aos irmãos do cônjuge ou companheiro, não se extinguindo com a dissolução do casamento ou da união estável.

(C) o parentesco pode ser natural ou civil. O primeiro decorre dos laços biológicos, da consanguinidade. O segundo, de outra origem, sendo exemplo desta espécie de parentesco a inseminação artificial heteróloga.

(D) o ato de reconhecimento de filho é nulo quando feito sob condição ou termo.

(E) o castigo imoderado do filho pelo pai é causa de extinção do poder familiar.

A: incorreta, pois na linha colateral o parentesco vai até o quarto grau (art. 1.592 do CC); **B:** incorreta, pois apenas na linha reta é que o parentesco por afinidade não se extingue com a dissolução do casamento ou da união estável (art. 1.595, § 2°, do CC); **C:** incorreta, pois o filho fruto de inseminação artificial heteróloga decorre de laços biológicos (arts. 1.593 e 1.597, V, do CC); **D:** incorreta, pois são ineficazes a condição e o termo apostos ao ato de reconhecimento do filho (art.1.613 do CC); **E:** correta, pois a assertiva reflete o disposto no art. 1.638, I, do CC.

Gabarito "E"

(Procurador do Estado/MT – FCC – 2011) A respeito da paternidade, é correto afirmar que

(A) o adultério da mulher, se confessado, ilide a presunção de paternidade decorrente do casamento.

(B) o reconhecimento dos filhos havidos fora do casamento é irrevogável, exceto se feito em escrito particular.

(C) são consideradas inválidas e, portanto, inexistentes a condição e o termo opostos ao ato de reconhecimento do filho.

(D) a filiação materna ou paterna pode resultar de casamento, exceto se este for declarado nulo em virtude de má-fé de ambos os cônjuges.

(E) a prova da impotência do cônjuge para gerar, à época do nascimento, não ilide a presunção de paternidade.

A: incorreta (art. 1.600, do CC); **B:** incorreta (art. 1.610, do CC); **C:** incorreta, pois a condição e o termo opostos ao ato de reconhecimento do filho são consideradas ineficazes e não inválidas ou inexistentes (art. 1.613, do CC); **D:** incorreta (art. 1.617, do CC); **E:** correta, pois a prova da impotência do cônjuge para gerar ilidirá a presunção de paternidade quando da concepção e não à época do nascimento (art. 1.599, do CC).

Gabarito "E"

(Procurador do Município/Florianópolis-SC – 2010 – FEPESE) Assinale a alternativa incorreta.

(A) A maioridade dos filhos não acarreta a exoneração automática da obrigação de prestar alimentos.

(B) Julgada procedente a investigação de paternidade, os alimentos são devidos a partir do ajuizamento da ação.

(C) Em ação investigatória, a recusa do suposto pai a submeter-se ao exame de DNA induz presunção *"júris tantum"* de paternidade.

(D) O recurso de apelação interposto de sentença que condenar à prestação de alimentos será recebido apenas em seu efeito devolutivo.

(E) O direito à prestação de alimentos é recíproco entre pais e filhos, e extensivo a todos os ascendentes, recaindo a obrigação nos mais próximos em grau, uns em falta de outros.

A: correta, nos termos da Súmula 358 do STJ: "O cancelamento de pensão alimentícia de filho que atingiu a maioridade está sujeito à decisão judicial, mediante contraditório, ainda que nos próprios autos"; **B:** incorreta, devendo ser assinalada, pois os alimentos fixados retroagem à data da citação (art. 13, § 2°, da Lei 5.478/68); **C:** correta, nos termos da Súmula 301 do STJ: "**Ação Investigatória Recusa do Suposto Pai Exame de DNA Presunção *Juris Tantum* de Paternidade.** Em ação investigatória, a recusa do suposto pai a submeter-se ao exame de DNA induz presunção *juris tantum* de paternidade."; **D:** correta (art. 520, II, do CPC); **E:** correta (art. 1.696 do CC).

Gabarito "B"

(Cartório/RN – 2012 – IESES) Assinale a alternativa correta:

(A) O reconhecimento de filho feito por escritura pública pode ser revogado a qualquer tempo, desde que o registro civil ainda não tenha sido feito.

(B) A lei presume que os filhos de mulheres casadas são do marido, podendo o nome do pai/marido ser registrado apenas com a apresentação da certidão de casamento, mesmo sem a sua presença no ato.

(C) Se a mulher ficar viúva durante a gestação, terá que realizar exame de DNA após o nascimento do filho para provar que é de seu marido.

(D) Os filhos havidos de relações extraconjugais somente podem ser reconhecidos se houver a concordância do cônjuge traído.

A: incorreta, pois o reconhecimento de filho é irrevogável (art. 1.609, *caput,* do CC e art. 1º da Lei 8.560/1992); **B:** correta, pois há presunção legal de que os filhos concebidos na constância do casamento são mesmo do marido, respeitados os prazos do art. 1.597 do CC. Assim, basta que a mulher compareça ao Registro Civil munida de sua certidão de casamento e requeira que no registro da criança conste o nome do marido como sendo o pai; **C:** incorreta, pois a presumem-se concebidos na constância do casamento os filhos nascidos, cento e oitenta dias, pelo menos depois de estabelecida a convivência conjugal (art. 1.597, I, do CC). Assim, há uma presunção legal de que o filho é do marido, razão pela qual basta que a mulher compareça ao cartório portanto a certidão de casamento e requeira o registro; **D:** incorreta, pois o reconhecimento de filho havido fora do casamento pode ser feito independentemente de qualquer condição (art. 1.613 do CC)

Gabarito "B"

(Cartório/RJ – 2012) Sobre o reconhecimento de filhos havidos fora do casamento, é **incorreto** afirmar que

(A) é ato irrevogável.

(B) poderá ser feito por escrito particular, a ser arquivado em cartório.

(C) poderá ser feito por testamento, ainda que incidentalmente manifestado.

(D) tanto o filho maior quanto o menor não precisam consentir e nem podem impugnar o reconhecimento.

(E) são ineficazes a condição e o termo apostos ao ato de reconhecimento de filho.

A: correta (art. 1.609, *caput,* do CC e art. 1º, *caput,* da Lei 8.560/1992); **B:** correta (art. 1.609, II, e art. 1º, II, da Lei 8.560/1992); **C:** correta (art. 1.609, III, do CC e art. 1º, III, da Lei 8.560/1992); **D:** incorreta (devendo ser assinalada), pois o filho maior não pode ser reconhecido sem o seu consentimento, e o filho menor tem o prazo de quatro anos que se seguirem a maioridade para impugnar o reconhecimento (art. 1.614 do CC e art. 4º da Lei 8.560/1992); **E:** correta (art. 1.613 do CC).

Gabarito "D"

(Cartório/SP – 2011 – VUNESP) Assinale a alternativa incorreta a respeito do reconhecimento de filhos.

(A) O reconhecimento de filho por testamento deve constar de disposição específica, não sendo válido reconhecimento manifestado incidentalmente.

(B) O reconhecimento poderá ser feito por escritura pública ou escrito particular, a ser arquivado em cartório.

(C) O reconhecimento de filho maior depende de seu consentimento.

(D) O reconhecimento pode preceder o nascimento do filho ou ser posterior ao seu falecimento, se ele deixar descendentes.

A: incorreta (devendo ser assinalada), pois é válido o reconhecimento ainda que feito incidentalmente (art. 1.609, III, do CC e art. 1º, III da Lei 8.560/1992); **B:** correta (art. 1.609, II, do CC e art. 1º, II, da Lei 8.560/1992); **C:** correta (art. 1.614 do CC e art. 4º da Lei 8.560/1992); **D:** correta (art. 1.609, parágrafo único, do CC)

Gabarito "A"

(Analista – TRE/AL – 2010 – FCC) Sobre a relação de parentesco é INCORRETO afirmar:

(A) Na linha reta, a afinidade se extingue com a dissolução do casamento ou da união estável.

(B) Presumem-se concebidos na constância do casamento os filhos nascidos cento e oitenta dias, pelo menos, depois de estabelecida a convivência conjugal.

(C) Presumem-se concebidos na constância do casamento os filhos nascidos nos trezentos dias subsequentes à dissolução da sociedade conjugal.

(D) Não basta o adultério da mulher, ainda que confessado, para ilidir a presunção legal da paternidade.

(E) Cabe ao marido o direito de contestar a paternidade dos filhos nascidos de sua mulher, sendo tal ação imprescritível.

A: incorreta (art. 1.595, § 2º, do CC); **B:** correta (art. 1.597, I, do CC); **C:** correta (art. 1.597, II, do CC); **D:** correta (art. 1.600 do CC); **E:** correta (art. 1.601, *caput,* do CC).

Gabarito "A"

(Analista – TRE/BA – 2010 – CESPE) Acerca do direito civil, julgue o item seguinte.

(1) O parentesco por afinidade limita-se aos ascendentes e descendentes do cônjuge ou companheiro.

1: errada, pois o parentesco por afinidade limita-se aos ascendentes, aos descendentes **e aos irmãos do cônjuge ou companheiro** (art. 1.595, § 1º, do CC).

Gabarito 1E

(Analista – TJ/ES – 2011 – CESPE) Julgue o seguinte item.

(1) De acordo com a sistemática adotada pelo Código Civil, o parentesco pode ser natural ou civil, de maneira que duas pessoas podem ser parentes por consanguinidade ou por afinidade, o que se dá, por exemplo, em relação a determinada pessoa e aos ascendentes, descendentes e irmãos de seu cônjuge.

1: correta (arts. 1.593 e 1.595, § 1º, do CC).

Gabarito 1C

(Magistratura/SC – 2010) Assinale a alternativa correta:

I. Após homologação judicial, extingue-se o poder familiar pela emancipação derivada da concessão por ambos os pais ou de um deles na falta do outro, se o menor tiver 16 (dezesseis) anos completos. Se houver discordância entre os pais na concessão ou não da emancipação é assegurado o direito de um dos genitores ou de o menor recorrer ao Poder Judiciário.

II. Não basta o adultério da mulher, com quem o marido vivia sob o mesmo teto, para ilidir a presunção legal da paternidade do filho. No entanto, a confissão materna, a critério do juiz, pode ser considerada suficiente como meio de prova para a exclusão da paternidade.

III. A perda do poder familiar é uma sanção imposta por sentença judicial ao pai ou à mãe que executar atos que a justificam, como por exemplo uso abusivo de álcool ou de entorpecentes, prática de obscenidades no lar testemunhadas pelo menor ou submissão da criança ou adolescente a abuso sexual.

IV. O Código Civil prevê que, se o pai ou a mãe que deve alimentos em primeiro lugar não estiver em condições de suportar totalmente o encargo, os avós podem ser obrigados a prestar alimentos aos netos. Esta obrigação não tem o caráter de solidariedade mas o de subsidiariedade e de complementaridade.

(A) Somente as proposições I, III e IV estão corretas.
(B) Somente as proposições III e IV estão corretas.
(C) Somente as proposições II e IV estão corretas.
(D) Somente as proposições II e III estão corretas.
(E) Todas as proposições estão corretas.

I: incorreta. O poder familiar extingue-se com a emancipação (art. 1.635, II, do CC), que poderá ocorrer pela concessão dos pais, ou de um deles na falta do outro, mediante instrumento público, independentemente de homologação judicial, ou por sentença do juiz, ouvido o tutor, se o menor tiver dezesseis anos completos (art. 5º, par. único, I, do CC); **II:** incorreta, pois não basta a confissão materna para excluir a paternidade (art. 1.602 do CC); **III:** correta, pois a alternativa traz o conceito correto de perda de poder familiar; **IV:** correta, pois se o parente, que deve em primeiro lugar, não estiver em condições de suportar totalmente o encargo, serão chamados a concorrer os de grau imediato; por exemplo, se o pai não tem condições de arcar com o valor mínimo necessário para a subsistência de seu filho, pode-se chamar o seu pai (avô da criança) para arcar com o complemento do encargo; a responsabilidade dos avós não é direta, mas subsidiária e complementar; assim, não se pode querer acionar os avôs diretamente, só porque estes têm melhores condições; deve-se acionar primeiramente o pai ou a mãe da criança e, no caso de impossibilidade de prestar os alimentos, total ou parcialmente, pode-se intentar a ação contra os avós (progenitores), para que estes arquem com toda a pensão ou com o complemento desta, respectivamente (STJ, REsp 1.077.010, j. em 07/10/11) – art. 1.696 do CC.

Gabarito "B"

(Ministério Público/MG – 2011) São formas de extinção do poder familiar, **EXCETO**:

(A) morte dos pais ou do filho.
(B) adoção.
(C) maioridade.
(D) estabelecimento de união estável ou casamento, quanto aos filhos do relacionamento anterior.

A, B, C: incorretas, pois as três assertivas estão previstas no art. 1.635 do Código Civil como causas de extinção do poder familiar, respectivamente nos incisos I, IV e III. **D:** correta, pois a nova união estável ou o novo casamento do genitor não extingue o poder familiar deste para com seus filhos.

Gabarito "D"

(Ministério Público/SP – 2013 – PGMP) Dentre as situações abaixo, assinale aquela que não extingue o poder familiar.

(A) Morte dos pais.
(B) Emancipação.
(C) Adoção.
(D) Morte do filho.
(E) Deserção.

De acordo com o art. 1.635 do CC a deserção, diferentemente das demais hipóteses previstas nas outras alternativas da questão, não extingue o poder familiar, devendo a alternativa corresponde ser assinalada.

Gabarito "E"

7.11.8. Questões Discursivas – Família

(OAB/Exame Unificado – 2006.2 – 2ª fase – CESPE) Denise convive com Sérgio, em união estável, desde janeiro de 2000, e dessa relação nasceram dois filhos menores. Sérgio, frequentemente em visível estado de embriaguez, desrespeitando e infringindo o dever de respeito e consideração, ofendeu verbal e fisicamente Denise. Não suportando tal situação e não mais se justificando a permanência dos conviventes sob o mesmo teto, Denise pretende ajuizar a ação competente na defesa de seus direitos. Diante dessa situação hipotética, responda, de forma fundamentada, às seguintes questões.

É cabível uma ação cautelar de separação de corpos?

Qual o juiz é competente para processar ação em que se discutam direitos oriundos de união estável?

RESOLUÇÃO DA QUESTÃO

A Lei 11.340/06 (Lei Maria da Penha) cria mecanismos para coibir e prevenir a violência doméstica e familiar contra a mulher (art. 1º). Essa lei aplica-se às relações familiares de qualquer natureza, inclusive as originadas por união estável (art. 5º, II).

As formas de violência previstas na lei citada incluem, entre outras, a física, a psicológica e a moral (art. 7º, I, II e V).

Assim, e considerando que Denise convive com Sérgio numa união estável e que este praticou as formas de violência citada, Denise poderá se valer dos instrumentos previstos na Lei Maria da Penha.

A ação cautelar de separação de corpos é um dos instrumentos previsto na lei (art. 23, IV), podendo ser aplicada pela Vara de Família. Aliás, mesmo antes da lei citada, a separação de corpos, em caso de união estável, já vinha sendo aceita pela jurisprudência.

O juízo competente para processar ação em que se discutam direitos oriundos de união estável, tais como reconhecimento da união estável, dissolução desta e alimentos, é o de família, mantido o princípio de que a ofendida pode optar pelo juízo do seu domicílio ou residência (art. 15 da Lei 11.340/06 e art. 100, I e II, do CPC).

(OAB/Exame Unificado – 2006.2 – 2ª fase – CESPE) Renata, assistida por sua mãe, ajuizou ação de investigação de paternidade, cumulada com petição de herança, alimentos e nulidade de registro civil, contra Cláudio e Raimundo, alegando que é filha biológica de Raimundo, apesar de constar em seu registro de nascimento ser filha de Cláudio. Raimundo já é falecido e o processo de inventário e partilha está em curso. Diante da situação hipotética apresentada e acerca da ação de investigação de paternidade, responda, de forma fundamentada, às seguintes questões.

É admissível a cumulação de pedidos contra réus distintos?

É facultado à representante legal da menor desistir da ação em curso?

Qual é o termo inicial dos alimentos concedidos na sentença que julga procedente a ação de investigação de paternidade?

RESOLUÇÃO DA QUESTÃO

O art. 292 do Código de Processo Civil somente permite a cumulação de pedidos, num único processo, contra o mesmo réu. Porém, o Superior Tribunal de Justiça admite a cumulação quando houver ponto comum de ordem jurídica ou fática que a justifique (art. 46, IV, do Código de Processo Civil). No caso, a relação de filiação e paternidade que liga Renata, de um lado, e Cláudio e Raimundo, de outro, justifica a medida.

Quanto à possibilidade de desistência das ações em curso pela representante da menor, não é possível, por envolver direitos indisponíveis, conforme entendimento do Superior Tribunal de Justiça.

Julgada procedente a ação de investigação de paternidade, o termo inicial dos alimentos concedidos na sentença é a data da citação na demanda, conforme dispõe a Súmula 277 do Superior Tribunal de Justiça ("Julgada procedente a investigação de paternidade, os alimentos são devidos a partir da citação").

(OAB/Exame Unificado – 2006.3 – 2ª fase – CESPE) Carla e Edson, por ocasião da separação judicial, ajustaram entre si doar o apartamento de propriedade do casal, livre de qualquer ônus ou encargo, à menor impúbere Giovana, única filha do casal. A sentença que homologou o acordo e decretou a separação do casal transitou em julgado. No entanto, a doação não foi levada a registro no cartório imobiliário. Diante da situação hipotética acima descrita, responda, fundamentadamente, se os doadores por comum acordo podem revogar a referida doação.

RESOLUÇÃO DA QUESTÃO

A jurisprudência do Superior Tribunal de Justiça não vem admitindo a revogação da referida doação. Isso porque, homologado o acordo por sentença judicial e restando esta transitada em julgado, fica o comando coberto pelo manto da coisa julgada.

Nesses casos, os atos jurídicos homologados por sentença judicial somente poderão ser desfeitos por ação anulatória, em que se demonstre ter havido alguma ilegalidade, tais como o erro, o dolo e a coação (art. 486 do Código de Processo Civil).

No caso, há de se levar em conta o fato de que não se tratava de mera liberalidade, mas de condição para a separação judicial, de modo que o interesse da menor beneficiária deve ser preservado e protegido.

(OAB/Exame Unificado – 2006.3 – 2ª fase – CESPE) Raul e Regina, brasileiros, casados entre si pelo regime da comunhão universal de bens, desde 15/12/1998, ajuizaram ação pleiteando a alteração do referido regime de casamento para o da comunhão parcial de bens. Alegam que pretendem constituir uma sociedade empresária, na qual os dois serão sócios e, sendo vedada aos cônjuges casados sob o regime da comunhão universal de bens a contratação de sociedade, requerem, então, a alteração do antigo regime para o de comunhão parcial de bens. Diante dessa situação, responda, fundamentadamente, aos seguintes questionamentos.

É possível a alteração do regime nos casamentos realizados na vigência do Código Civil revogado?

O motivo alegado pelo casal satisfaz a exigência legal para o deferimento do pedido de alteração? Quais são os requisitos legais para a pretendida alteração?

RESOLUÇÃO DA QUESTÃO

O atual Código Civil admite a alteração do regime de bens, nos termos do art. 1.639, § 2º, desde que preenchidos os seguintes requisitos: a) autorização judicial; b) pedido motivado de ambos os cônjuges; c) procedência das razões invocadas; d) ressalva aos direitos de terceiros.

No caso, o motivo alegado pelo casal – desejo de constituir uma sociedade empresária no qual os dois serão sócios – procede, pois, de fato, o art. 977 do Código Civil veda aos cônjuges casados pelo regime de comunhão universal (ou no de separação obrigatória) celebrar contrato de sociedade entre si.

Resta saber se tal pedido de alteração pode ser feito em relação a casamentos celebrados antes a entrada em vigor do atual Código Civil.

Uma interpretação literal do disposto no art. 2.039 do Código Civil pode levar ao entendimento de que a alteração não pode se dar, nesse caso.

Todavia, o que o art. 2.039 estabelece é que os regimes de casamento estão mantidos e respeitados, por se tratarem de ato jurídico perfeito. De fato, a lei não pode prejudicar o ato jurídico perfeito (art. 5º, XXXVI, da CF). Todavia, no caso, não se trata de prejudicar alguém contra sua vontade, mas de situação em que, os cônjuges, de comum acordo, tem interesse em modificar o regime de bens. Ademais, não se trata de aplicação retroativa da lei, mas em aplicação imediata da lei, permitida nos termos do art. 2.035 do Código Civil.

Assim, com base nesses argumentos, vem o Superior Tribunal de Justiça aceitando a alteração do regime matrimonial de casamentos celebrados antes da entrada em vigor do atual Código Civil, de modo que o pleito de Raul e Regina deve ser atendido pelo Poder Judiciário.

(OAB/Exame Unificado – 2007.1 – 2ª fase – CESPE) Pércio Acreano presta alimentos no valor mensal de R$ 600,00 a Jocélio Acreano Júnior, com 14 anos de idade, conforme termo de acordo firmado entre as partes e referendado pelo órgão da Defensoria Pública. Pércio contudo, pretende reduzir essa verba alimentícia para o valor de R$ 300,00 mensais, sob o fundamento de ter sofrido redução em seus rendimentos, em razão da dispensa da função comissionada até então exercida, bem como de o alimentando ter passado a perceber bolsa de estágio no valor de um salário-mínimo. No entanto, Joana, representante legal de Júnior, discorda dessa redução, sob a justificativa de que as despesas de mantença do representado também sofreram igual incremento. Na qualidade de advogado consultado por Pércio sobre esse tema, responda, fundamentadamente, às seguintes questões.

1. Qual é a espécie de tutela cabível e adequada para se pleitear, em sede judicial, a pretensão almejada por Pércio?
2. Qual o valor da causa?

RESOLUÇÃO DA QUESTÃO

Pércio deve ingressar com ação de revisional de alimentos. O pedido de revisão de alimentos tem fundamento no art. 1.699 do Código Civil, pelo qual, ocorrendo alteração no binômio necessidade/possibilidade, é possível reclamar ao juiz a redução ou a majoração do encargo, sendo que, em determinados casos cabe até o pedido de exoneração do dever de prestar alimentos, hipóteses em que se tem a ação de exoneração de alimentos.

O valor da causa, na ação de alimentos, consiste na somatória de 12 prestações mensais, pedidas pelo autor (art. 259, VI, do CPC). No caso em tela, por se tratar de ação de revisional de alimentos, o valor da causa deve ser, por analogia, a somatória de 12 diferenças entre a prestação hoje devida e a prestação que se deseja ver fixada. No caso, o valor da causa é igual a R$ 3.600,00.

(OAB/Exame Unificado – 2007.2 – 2ª fase – CESPE) Pedro, menor impúbere, representado por Sílvia, sua genitora, firmou com José, seu pai, no dia 1.º de dezembro de 2006, acordo extrajudicial submetido à homologação perante o órgão competente do Ministério Público, em que José se obrigara a pagar a Pedro a quantia mensal de R$ 380,00, a título de pensão alimentícia. Porém, José se encontra inadimplente com as prestações de junho a setembro de 2007. Considerando essa situação hipotética, na condição de advogado(a) contratado(a) por Sílvia, redija um texto fundamentado que informe a sua cliente sobre a possibilidade fática e jurídica de o juiz decretar a prisão civil de José ante o inadimplemento deste frente à referida obrigação alimentar. (Data da prova: 30/09/07)

RESOLUÇÃO DA QUESTÃO

De acordo com a jurisprudência do Superior Tribunal de Justiça, o débito alimentar que autoriza a prisão civil do alimentante é apenas o que compreende as três prestações anteriores ao ajuizamento da execução e as prestações que se vencerem no curso do processo.

Essa jurisprudência tenta compatibilizar o direito de liberdade com o direito à vida e à saúde. Pelo princípio da proporcionalidade só se justifica cercear a liberdade de alguém, no caso alimentante, se for para garantir o pagamento das prestações mais imediatas em favor do alimentando, no caso, para garantir as prestações que consigam resguardar as necessidades atuais alimentares.

Dessa forma, somente em relação aos débitos de setembro, agosto e julho, de 2007, a prisão pode ser decretada.

(OAB/Exame Unificado – 2008.1 – 2ª fase – CESPE) Amanda, concubina de Paulo, recebeu deste, em 10 de dezembro de 2006, um veículo em doação, e, agora, diante da morte de Paulo e de Fernanda, esposa deste, durante as férias que eles passavam, juntos, em maio de 2008, teme que os irmãos de Fernanda, únicos herdeiros do casal, busquem de algum modo questionar a validade da doação e recuperar o bem, já que a doação ocorreu durante o período da relação adúltera mantida com o falecido. Com base nas disposições do Código Civil, esclareça se existe a possibilidade de os herdeiros de Paulo e Fernanda invalidarem o contrato que transferiu o veículo a Amanda.

RESOLUÇÃO DA QUESTÃO

Segundo o art. 1.727 do Código Civil, a relação entre Amanda e Paulo, de fato, configura o instituto do concubinato, vez que, estando Paulo casado e não separado de fato ou judicialmente de sua esposa, há impedimento para o casamento entre ele e Amanda.

Configurado o instituto do concubinato, alguns impedimentos passam a surgir. Um deles é o impedimento de o testador casado nomear como herdeiro seu ou legatário o concubino (art. 1.801 do CC). Esse impedimento, se violado, gera a nulidade da disposição testamentária respectiva (art. 1.802 do CC).

Em relação à doação, hipótese da questão, há regra específica pela qual a liberalidade pode ser anulada pelos herdeiros necessários, até dois anos depois de dissolvida a sociedade conjugal (art. 550 do CC).

Ocorre que os irmãos de Fernanda, únicos herdeiros do casal, não são herdeiros necessários, vez que não são descendentes, ascendentes ou cônjuge da falecida.

Dessa forma, por não haver pessoas legitimadas para ingressar com a ação anulatória de doação, não há risco de Amanda perder o veículo.

(OAB/Exame Unificado - 2008.3 - 2ª fase - CESPE) Mariana, que trabalha com grupos de apoio a mulheres vítimas de violência doméstica, casou-se, após três meses de namoro, com pessoa que conhecera na faculdade. Passados quatro meses da celebração do casamento, nada perturbava a vida harmoniosa do casal, até que Mariana soube que seu marido já havia sido condenado por lesões corporais graves causadas a uma antiga namorada bem como tramitavam, contra ele, duas ações penais em que era acusado da prática de estupro e atentado violento ao pudor contra a mesma pessoa. Em razão desse fato, Mariana pretende pôr fim a seu casamento. Em face dessa situação hipotética, indique a solução jurídica adequada à pretensão de Mariana, destacando não só o direito material aplicável à espécie como também o meio adequado de encaminhamento do pedido a ser realizado.

RESOLUÇÃO DA QUESTÃO

O casamento pode acabar por morte de um dos cônjuges, nulidade ou anulação e divórcio (art. 1.571, § 1º, do Código Civil).

Antes da entrada em vigor da EC 66/10 a solução mais adequada seria o ajuizamento da ação de anulabilidade de casamento por erro quanto a pessoa do cônjuge. Naquela ocasião, o divórcio não seria indicado, pois a lei previa prazo mínimo para que ele fosse decretado (dois anos a se separados de fato e 1 ano a contar do trânsito em julgado da sentença de separação judicial).

Todavia, atualmente ambas as soluções serão possíveis, vez que não há mais prazo para o pleito de divórcio e também não mais se discute culpa no âmbito desta ação. Basta um simples pedido. Esta ação, inclusive mostra-se até mais simples do que a anulatória, haja vista que dispensa a produção probatória (basta a juntada de certidão de casamento, para provar que são casados).

Assim, meio mais prático e célere será o ajuizamento da ação de divórcio, a qual será julgada na Vara de Família, no foro da residência de Mariana (art. 100, I, do Código de Processo Civil), e que deve ser processada pelo rito ordinário.

(OAB/Exame Unificado - 2010.3 - 2ª fase - FGV) José iniciou relacionamento afetivo com Tânia em agosto de 2009, casando-se cinco meses depois. No primeiro mês de casados, desconfiado do comportamento de sua esposa, José busca informações sobre seu passado. Toma conhecimento de que Tânia havia cumprido pena privativa de liberdade pela prática de crime de estelionato. José, por ser funcionário de instituição bancária há quinze anos e por ter conduta ilibada, teme que seu cônjuge aplique golpes financeiros valendo-se de sua condição profissional. José, sentindo-se enganado, decide romper a sociedade conjugal, mas Tânia, para provocar José, inicia a alienação do patrimônio do casal.

Considerando que você é o advogado de José, responda aos itens a seguir, empregando os argumentos jurídicos apropriados e a fundamentação legal pertinente ao caso.

a) Na hipótese, existe alguma medida para reverter o estado de casado?

b) Temendo que Tânia aliene a parte do patrimônio que lhe cabe, aponte o(s) remédio(s) processual(is) aplicável(is) in casu.

RESOLUÇÃO DA QUESTÃO

a) Não há dúvida quanto à possibilidade, desde logo, de divórcio - especialmente considerando a redação do art. 226, § 6º da CF, com a redação da EC 66/10.

Contudo, o enunciado da questão fala em "reverter o estado de casado", hipótese distinta do divórcio.

Assim, a possibilidade seria a anulação do casamento. A base legal para isso está no CC, art. 1.556 e ss.

Uma das hipóteses para a anulação do casamento é o erro essencial sobre a pessoa. Neste sentido, o art. 1.557, II, a seguir reproduzido:

" Art. 1.557. Considera-se erro essencial sobre a pessoa do outro cônjuge:

(...)

II - a ignorância de crime, anterior ao casamento, que, por sua natureza, torne insuportável a vida conjugal;"

b) Para evitar a dilapidação do patrimônio, diante de uma situação de urgência, existem as cautelares patrimoniais, dentre as quais se destacam o arresto, sequestro e arrolamento de bens.

A medida judicial que busca evitar a alienação de um bem específico é a cautelar nominada de sequestro (CPC, art. 822 e ss., especialmente art. 822, III).

O fumus boni iuris é a existência de patrimônio do casal aliado à anulação do casamento, ao passo que o periculum in mora é o risco da alienação dos bens.

Cabe lembrar que a cautelar pode ser preparatória, ou seja, ajuizada antes da ação principal, que é anulação de casamento.

GABARITO COMENTADO - EXAMINADORA

a) José descobriu, após o casamento, que Tânia praticou crime que, por sua natureza, tornará insuportável a relação do casal. Cuida-se de erro essencial sobre o cônjuge, podendo José propor ação judicial a fim de que o casamento seja anulado. Cabe, portanto, Ação Anulatória de Casamento, fundada no art. 1.557, II, c/c art. 1.556 do CC.

b) A medida cabível será a Ação Cautelar de Sequestro, nos termos do art. 822, III, do CPC, a fim de proteger os bens do casal, enquanto tramita a ação principal. O examinando deverá mencionar que há presença de fumus boni iuris e do periculum in mora, elementos essenciais à concessão de medidas de urgência.

(OAB/Exame Unificado – 2011.1 – 2ª fase – FGV) Maria, casada em regime de comunhão parcial de bens com José por 3 anos, descobre que ele não havia lhe sido fiel, e a vida em comum se torna insuportável. O casal se separou de fato, e cada um foi residir em nova moradia, cessando a coabitação. Da união não nasceu nenhum filho, nem foi formado patrimônio comum. Após dez meses da separação de fato, Maria procura um advogado, que entra com a ação de divórcio direto, alegando que essa era a visão moderna do Direito de Família, pois, ao dissolver uma união insustentável, seria facilitada a instituição de nova família. Após a citação, João contesta, alegando que o pedido não poderia ser acolhido, uma vez que ainda não havia transcorrido o prazo de dois anos da separação de fato exigidos pelo artigo 40 da Lei 6.515/77.

Diante da hipótese apresentada, responda aos itens a seguir, empregando os argumentos jurídicos apropriados e a fundamentação legal pertinente ao caso.

a) Nessa situação é juridicamente possível que o magistrado decrete o divórcio, não obstante não exista comprovação do decurso do prazo de dois anos da separação de fato como pretende Maria, ou João está juridicamente correto, devendo o processo ser convertido em separação judicial para posterior conversão em divórcio?

b) Caso houvesse consenso, considerando as inovações legislativas, o ex-casal poderia procurar via alternativa ao Judiciário para atingir o seu objetivo ou nada poderia fazer antes do decurso dos dois anos da separação de fato?

GABARITO COMENTADO - EXAMINADORA

No primeiro tópico o candidato deve destacar que a Emenda Constitucional 66/2010 deu nova redação ao parágrafo 6º do artigo 226 da Constituição Federal, excluindo a exigência do prazo de 2 (dois) anos da separação de fato para o divórcio direto, motivo pelo qual o magistrado poderá decretar o divórcio como pretende Maria, já que o dispositivo da Constituição prevalece sobre o artigo 40 da Lei 6515/77, por se tratar de norma hierarquicamente superior à legislação federal.

No segundo tópico o candidato deve ressaltar que a Lei 11.441/2007 acrescentou o artigo 1.124-A ao Código de Processo Civil possibilitando a separação consensual e o divórcio consensual em cartório, através de escritura pública e observados os requisitos legais quanto aos prazos, como uma forma alternativa de resolução de conflitos de interesses ao Poder Judiciário. Assim, o ex-casal, por não haver filhos melhores e haver consenso no Divórcio, já que a Emenda Constitucional 66/2010, que deu nova redação ao parágrafo 6º do artigo 226 da Constituição Federal, acabou com a exigência do decurso do prazo de 2 (dois) anos da separação de fato para a dissolução do casamento pelo divórcio, poderá efetivar o divórcio direto em cartório, valendo-se da autorização dada pelo artigo 1.124-A do CPC.

(OAB/Exame Unificado – 2013.1 – 2ª fase – FGV) Luzia sempre desconfiou que seu neto Ricardo, fruto do casamento do seu filho Antônio com e Josefa, não era filho biológico de Antônio, ante as características físicas por ele exibidas. Vindo Antonio a falecer, Luzia pretende ajuizar uma ação negatória de paternidade.

A respeito do fato apresentado, responda aos seguintes itens.

A) Tem Luzia legitimidade para propor a referida ação?

B) Caso Antonio tivesse proposto a ação negatória e falecido no curso do processo, poderia Luzia prosseguir com a demanda? Qual o instituto processual aplicável ao caso?

A simples menção ou transcrição do dispositivo legal não pontua.

GABARITO COMENTADO – EXAMINADORA:

A) Luzia não tem legitimidade para propor a ação negatória de paternidade, pois se trata de ação personalíssima, conforme dispõe o Art. 1.601, *caput*, do Código Civil.

B) Luzia poderia prosseguir com a ação negatória de paternidade ajuizada por seu filho, caso este viesse a falecer no curso da demanda por sucessão processual, nos termos dos artigos 1.601, § único, do Código Civil e/ou 6º, e/ou 43, e/ou 1.055, e/ou 1.056, e/ou 1.060, do CPC.

(OAB/Exame Unificado – 2012.1 – 2ª fase – FGV) Cristiano e Daniele, menores impúberes, com 14 (catorze) e 10 (dez) anos de idade, respectivamente, representados por sua genitora, celebraram acordo em ação de alimentos proposta em face de seu pai, Miguel, ficando pactuado que este pagaria alimentos no valor mensal correspondente a 30% (trinta por cento) do salário mínimo, sendo metade para cada um. Sucede, entretanto, que Miguel, durante os dois primeiros anos, deixou de adimplir, injustificadamente, com a obrigação assumida, passando a pagar a quantia celebrada em acordo, a partir de então. Transcorridos 03 (três) anos da sentença que homologou o acordo na ação de alimentos, Cristiano e Daniele ajuizaram ação de execução, cobrando o débito pendente, requerendo a prisão civil do devedor. Diante disso, responda fundamentadamente às seguintes indagações:

A) Subsiste o dever jurídico de Miguel de pagar o débito relativo aos últimos 03 (três) anos de inadimplência quanto aos alimentos devidos a seus filhos?

B) No caso em tela, é cabível a prisão civil de Miguel?

GABARITO COMENTADO – EXAMINADORA:

A) Embora o art. 206, §2º, do Código Civil estabeleça que prescreve em 2 anos a pretensão para haver prestações alimentares, a partir da data em que se vencerem, há no caso analisado uma causa impeditiva da prescrição, concernente à incapacidade absoluta dos menores, conforme dispõe o artigo 198, I, do Código Civil.

B) O rito da constrição pessoal somente se admite em relação às três prestações anteriores ao ajuizamento da ação e as que se vencerem no curso do processo (Súmula 309 do Superior Tribunal de Justiça)

(OAB/Exame Unificado – 2011.3 – 2ª fase – FGV) Paulo, maior e capaz, e Eliane, maior e capaz, casaram-se pelo regime da comunhão parcial de bens no ano de 2004. Nessa ocasião, Paulo já havia herdado, em virtude do falecimento de seus pais, um lote de ações na Bolsa de Valores, cujo montante atualizado corresponde a R$ 50.000,00, sendo certo que Eliane, à época, não possuía bens em seu patrimônio. No ano de 2005, nasceu João, filho do casal. Em 2006, Paulo vendeu as ações que havia recebido e, com o produto da venda, comprou um automóvel de igual valor. Em 2007, Paulo foi contemplado com um prêmio de loteria no valor atualizado de R$ 100.000,00, que se mantém depositado em conta bancária. Agora, no ano de 2012, o casal, pretendendo se divorciar mediante a lavratura de escritura pública, decide consultar um advogado.

Na condição de advogado(a) consultado(a) por Paulo e Eliane, responda aos itens a seguir, empregando os argumentos jurídicos apropriados e a fundamentação legal pertinente ao caso.

a) Pode o casal divorciar-se por meio de lavratura de escritura pública?

b) A respeito da partilha de bens em caso de divórcio do casal, qual(is) bem(ns) deve(m) integrar o patrimônio de Eliane e qual(is) bem(ns) deve(m) integrar o patrimônio de Paulo?

GABARITO COMENTADO – EXAMINADORA:

a) Não, de acordo com o artigo 1124-A, CPC. Isso porque os cônjuges possuem um filho menor de idade, o que consiste em empecilho legal à utilização da via extrajudicial para a decretação do divórcio.

b) Caberá a Eliane perceber metade do prêmio de loteria a título de meação, na forma do artigo 1660, inciso II, do CC/02. Paulo terá direito ao automóvel, por ter sido adquirido com o produto da herança (art. 1659, inciso I, CC/02), e também a metade do prêmio de loteria (artigo 1660, II, CC/02).

(OAB/Exame Unificado – 2013.3 – 2ª fase – FGV) Joana cuida de sua neta Maria desde que a menor tinha três anos de idade. Os pais de Maria nunca lhe deram atenção emocional ou prestaram recursos financeiros, sendo poucos os momentos de contato. Maria atualmente está com quinze anos de idade e se refere publicamente a sua avó como mãe. Depois de longas conversas com seus outros netos e filhos, que anuíram com a decisão, Joana, que é viúva, decide adotar sua neta Maria.

Partindo da temática "adoção", responda, fundamentadamente, às indagações a seguir, apontando, inclusive, os dispositivos legais correlatos.

A) A legislação vigente admite a adoção de pessoa maior de dezoito anos?

B) Considerando a situação narrada no enunciado, existe a possibilidade legal de Maria ser adotada por sua avó Joana?

GABARITO COMENTADO – EXAMINADORA:

A) É possível a adoção de maiores de dezoito anos, não se aplicando, entretanto, o Estatuto da Criança e do Adolescente. Quando a pessoa adotanda for maior de 18 anos, a norma aplicável será a prevista no Código Civil e dependerá da assistência efetiva do poder público e formará sentença constitutiva. As normas previstas na legislação especial (ECA) terão aplicabilidade subsidiária. Fundamentação legal: Art. 1.619 do CC.

B) Não é possível a adoção na situação narrada no enunciado, ante o óbice previsto no Art. 42, § 1° da Lei n. 8.069/90 (ECA), por meio do qual o legislador estabeleceu que ascendentes não podem adotar descendentes.

(OAB/Exame Unificado – 2013.2 – 2ª fase – FGV) Suzana namorou Paulo durante 2 anos, vindo a engravidar dele. Não tendo condições de suportar as despesas durante a gravidez, Suzana vai ao seu escritório de advocacia para lhe solicitar as providências cabíveis.

Diante do caso apresentado, responda apontando o fundamento legal:

A) Qual a ação a ser proposta e qual o prazo para resposta?

B) Quem ostenta a legitimidade ativa para esta demanda?

A simples menção ou transcrição do dispositivo legal não pontua.

GABARITO COMENTADO – EXAMINADORA:

A) Deve ser proposta a ação de alimentos gravídicos e o prazo para resposta é de 5 (cinco) dias, conforme dispõe o Art. 7º, da Lei n. 11.804/08.

B) A legitimada ativa é a mulher grávida, na forma do art. 1º e art. 6º, ambos da Lei nº 11.804/08.

(OAB/Exame Unificado – 2013.2 – 2ª fase – FGV) Álvaro e Lia se casaram no dia 10.05.2011, sob o regime de comunhão parcial de bens. Após dois anos de união e sem filhos em comum, resolveram se divorciar. Na constância do casamento, o casal adquiriu um apartamento avaliado em R$ 500.000,00 (quinhentos mil reais) onde residem.

Considerando o caso narrado e as normas de direito, responda aos itens a seguir.

A) Quais os requisitos legais para que Álvaro e Lia possam se divorciar administrativamente? Fundamente.

B) Considerando que Álvaro tenha adquirido um tapete persa TabrizMahi de lã e seda sobre algodão, avaliado em R$ 45.000,00 (quarenta e cinco mil reais), mas não reste demonstrada a data em que Álvaro efetuou a referida compra, será presumido como adquirido na constância do casamento? Fundamente.

A simples menção ou transcrição do dispositivo legal não pontua.

GABARITO COMENTADO – EXAMINADORA:

A) Os requisitos para a realização do divórcio administrativo são: a) consenso sobre todas as questões que envolvem o divórcio; b) inexistência de filhos menores ou incapazes; c) disposição na escritura pública sobre a partilha dos bens comuns, a pensão alimentícia, bem como a retomada do nome usado anteriormente ao advento do casamento; d) lavratura da escritura pública por tabelião de notas; e e) assistência de advogado ou defensor público, nos termos do Art. 1124-A, caput e § 2º, ambos do Código de Processo Civil.

B) Como Álvaro e Lia se casaram sob o regime de comunhão parcial de bens e não houve comprovação da data da aquisição do tapete persa (bem móvel), haverá presunção de que o bem foi adquirido na constância do casamento, nos termos do Art. 1.662, do CC.

CAPÍTULO 8

Direito das Sucessões

8.1. SUCESSÕES EM GERAL

8.1.1. Introdução

A sucessão de bens pode ocorrer tanto por ato entre vivos como em decorrência da morte. O primeiro caso geralmente se dá por meio de contrato. Já o segundo vem a tona pelo falecimento do titular do patrimônio, conhecido como *de cujus*. Ambas as situações não se misturam, por expressa vedação de lei, haja vista que o art. 426 do CC assevera que não pode ser objeto de contrato a herança de pessoa viva (proíbe-se o pacto sucessório ou *pacta corvina*). Neste passo, a **sucessão *causa mortis*** pode ser **conceituada** como *a transmissão de um patrimônio em razão da morte de seu titular*. Será este o nosso objeto de estudo daqui por diante.

São **espécies de sucessão *causa mortis*** as seguintes:

a) **testamentária:** é a que se verifica quando o destino dos bens se dá por disposição de última vontade do próprio autor da herança, manifestada por meio de testamento;

b) **legítima**, **legal** ou **"ab intestato":** é regulada pela lei de forma supletiva; ou seja, quando não há testamento ou quando este for parcial, tiver sido declarado nulo ou tiver caducado.

Quanto aos seus **efeitos**, há os seguintes tipos de sucessão:

a) **a título universal:** quando o sucessor (herdeiro) recebe todo o patrimônio do defunto ou uma fração da universalidade que este patrimônio representa;

b) **a título singular:** quando o sucessor (legatário) é contemplado com bem certo e individualizado, ou com vários bens determinados, só existe por testamento.

Já a **herança** pode ser **conceituada** como *o patrimônio deixado pelo morto, formado não só pelos bens materiais do falecido, mas também os seus direitos (créditos ou ações) e suas obrigações.*

A herança é considerada bem imóvel, além de bem indivisível, equivale a um condomínio, antes da partilha.

Os fundamentos da sucessão hereditária são os seguintes:

a) propriedade: há necessidade de os bens permanecerem com titulares, de modo que a propriedade possa continuar sendo (ou possa vir a ser) aproveitada, atendendo à sua função social (continuidade);

b) família: é conveniente não se deixar desamparadas pessoas bem próximas ao falecido, como filhos (presumida necessidade); ademais, é oportuno deferir às pessoas presumida ou efetivamente ligadas com afeição ao *de cujus* o patrimônio deste, de modo a propiciar-lhes melhor condição material de vida (presumida afeição);

c) liberdade: esse princípio é a favor da possibilidade de escolha do destino do patrimônio formado pelo autor da herança, dentro dos limites legais (liberdade); o princípio é exercido pela elaboração de um testamento.

8.1.2. Abertura da sucessão

O momento da abertura da sucessão é o da morte do "de cujus". Não se confunde com a abertura do inventário, isto é, o ajuizamento do processo que regulamentará a distribuição patrimonial dos bens (que ocorrerá em momento posterior). A morte natural é comprovada pela certidão passada pelo oficial. Nos demais casos, faz-se necessária uma decisão judicial.

Não confunda as expressões *abertura da sucessão* com *direito à sucessão aberta*. A primeira significa "morte" ao passo que a segunda é o direito à sucessão que se abriu. Trata-se um direito imaterial e abstrato de receber a herança. A Lei o considera um bem imóvel (art. 80, II do CC), por ficção jurídica. Referida ficção jurídica perdurará até o momento da partilha, quando então a propriedade do acervo se materializará no patrimônio do herdeiro. O direito à sucessão aberta traz algumas repercussões práticas, tais como: a cessão deve ser feita por escritura pública, necessita de vênia conjugal (salvo regime da separação absoluta), direito de preferência dos demais herdeiros.

A abertura da sucessão tem as seguintes consequências:

a) os herdeiros sucessíveis sobrevivos recebem, sem solução de continuidade, a propriedade e a posse dos bens do defunto (art. 1.784 do CC). A herança transmite-se desde logo aos herdeiros legítimos e testamentários (princípio de *saisine*). Isso traz algumas repercussões práticas: o herdeiro torna-se desde logo proprietário, independentemente do Registro no Cartório de Registro de Imóvel (o que não significa, contudo, que o registro da partilha não deva ocorrer); faculta-se aos herdeiros a possibilidade de ajuizamento de ações possessórias. A exceção se dá quanto ao legatário (aquele que recebe um bem certo por meio de testamento); nesse caso, desde a abertura da sucessão, a coisa passa a pertencer a este, salvo se pender condição suspensiva; porém, não se defere de imediato a ele a posse da coisa (art. 1.923, *caput*, e § 1º, do CC);

b) faz iniciar o prazo de 30 dias para a instauração do inventário (art. 1.796 do CC). Destaca-se, porém que o Código de Processo Civil traz o prazo de 60 dias para instauração do inventário, conforme Lei 11.441/07 que alterou o seu conteúdo. O descumprimento do prazo acarreta a imposição de multa a ser fixada em Lei Estadual (São Paulo - Lei 10.705/2000).

O momento da sucessão também é relevante para a aferição da lei aplicável a esta. No caso, o art. 1.787 do CC dispõe que regula a sucessão e a legitimação para suceder (capacidade sucessória) a lei vigente ao tempo de sua abertura.

8.1.3. Leis aplicáveis

Lei material: inicialmente importante ter em mente que bens localizados fora do território nacional serão inventariados fora do Brasil. Logo, essa competência escapa da jurisdição brasileira.A lei material é aquela que vai indicar quem é o herdeiro, quanto ele vai herdar, em qual proporção, concorrendo com quem. Normalmente é o Código Civil, mas nem sempre.

Regra de ouro: Para bens situados no Brasil, a lei material que será aplicada para reger a sucessão do falecido é a *lei do domicílio do de cujus*, ainda que este domicílio seja no exterior (art. 10 da LINDB). Ex: cidadão brasileiro, deixa uma casa no Brasil e seu último domicílio foi a Venezuela. Tendo em vista que há bens no Brasil, necessariamente esse bem terá de ser inventariado sob nossas regras processuais em território brasileiro. Porém o Código Civil a ser aplicado será o Venezuelano. Essa regra, todavia comporta exceção: caso o cidadão tenha deixado esposa e filhos de nacionalidade brasileira, aplicar-se-á a lei mais favorável a estes. O juiz comparará a lei do domicílio do *de cujus* com a lei brasileira e escolherá a mais benéfica ao cônjuge e aos filhos (art. 10, § 1° da LINDB).

Como visto, a lei material em linhas gerais indica quem serão os herdeiros. Obtida essa resposta, num segundo momento é necessário verificar se esse herdeiro/legatário possui *capacidade sucessória* para herdar aquele patrimônio. Para tanto, será necessário que se verifique a lei do domicílio do herdeiro/legatário (art. 10, § 2° da LINDB). Ex: cidadão Paraguaio deixa um bem no Brasil. Seu último domicílio era o Chile e deixou um filho na nacionalidade Chilena que mora na Suíça. Vejamos: 1) o inventário tramitará no Brasil, pois o bem está no Brasil; 2) O Código Civil aplicável será o Chileno, pois o Chile foi o último domicílio do *de cujus*. Por meio dessa Lei encontraremos o herdeiro, no caso o filho; 3) Para saber se esse filho pode receber essa herança, ou seja, se tem capacidade sucessória para tanto deve-se consultar do Código Civil Suíço.

Lei processual: é a lei que vem efetivar as diretrizes do direito material. Define o foro competente para o ajuizamento da ação de inventário. Abre-se a sucessão no *lugar do último domicílio do falecido*. Havendo mais de um domicílio, ou não havendo domicílio fixo aplica-se as regras do art. 70 e seguintes do CC e art. 96 do CPC. Por trata-se de regra de competência territorial, temos um caso de competência relativa. Assim, caso o *de cujus* tenha bens em outro local que não o do seu último domicílio, havendo a concordância de todos os herdeiros, é possível que a ação tramite em local diverso.

8.1.4. Herança e sua administração

O **objeto** da sucessão hereditária é a **herança**, ou seja, o *patrimônio do falecido, constituído pelo conjunto de direitos e obrigações que se transmitem com a morte do "de cujus"*.

Todavia, há direitos e obrigações que não se transmitem: a) direitos personalíssimos (ex.: poder familiar, direitos políticos, obrigação de fazer infungível – art. 247 do CC); b) uso, usufruto e habitação.

A herança tem as seguintes **características**:

a) natureza imobiliária: para efeitos legais, a sucessão aberta é um *imóvel* (art. 80, II do CC); como consequência, para a cessão da herança é necessário escritura pública (art. 1.793 do CC) e vênia conjugal, salvo regime da separação absoluta de bens;

b) indivisibilidade: o direito dos coerdeiros quanto à propriedade e à posse da herança não pode ser dividido até a partilha (art. 1791, parágrafo único, do CC); como consequência, observa-se as normas relativas ao condomínio forçado; assim, cada condômino pode reivindicar tudo sozinho. Quanto aos frutos, pertencerão eles a todos os herdeiros, conforme seus respectivos quinhões; além disso cada condômino deve colaborar com a conservação da coisa;

c) unidade: a herança defere-se como um todo unitário, ainda que vários sejam os herdeiros (art. 1.791, *caput*, do CC); dessa forma, não é possível dividir a herança em vários espólios; todavia, com a partilha cessa o estado de indivisão retroativamente, formando-se o quinhão hereditário de cada herdeiro. União estável é exceção.

Quanto à cessão da herança, como regra, é possível ceder a ***quota* hereditária** (fração ideal na herança), desde que a cessão seja feita por escritura pública. De outra parte, se o herdeiro resolver ceder apenas o ***direito* que possui sobre um bem certo e determinado**, num primeiro momento a cessão será ineficaz. Os efeitos apenas passarão a surtir se, após a partilha, aquele bem for atribuído ao herdeiro que fez a disposição. É possível ainda que o herdeiro resolva **alienar determinado *bem***, contudo para tanto necessitará de autorização judicial.

Deve-se respeitar o direito de preferência dos coerdeiros (art. 1.794 do CC); se mais de um herdeiro quiser a coisa, entre eles se distribui o quinhão cedido (art. 1.795, parágrafo único, do CC), na proporção das respectivas quotas hereditárias; o coerdeiro a quem não se der conhecimento da cessão poderá, depositado o preço, haver para si a cota cedida a estranho, se o requerer até 180 dias após a transmissão. Ademais, se o herdeiro for casado, é necessária a autorização do cônjuge, já que a herança é considerada imóvel enquanto estiver aberta (art. 80, II, do CC)

Por fim, é importante ressaltar que o herdeiro **não responde por encargos superiores às forças da herança**. Incumbe-lhe, porém, a prova do excesso, salvo se houver inventário que a escuse, demonstrando o valor dos bens herdados (art. 1.792 do CC).

Da data da abertura da sucessão até o compromisso do inventariante, os bens do espólio ficam sob a responsabilidade do **administrador provisório**. Geralmente é aquela pessoa que está na posse administração dos bens. A Lei determina que a administração da herança caberá, sucessivamente (art. 1.797 do CC):

a) ao cônjuge ou companheiro, se com o outro convivia ao tempo da abertura da sucessão;

b) ao herdeiro que estiver na posse e administração dos bens, e, se houver mais de um nessas condições, ao mais velho;

c) ao testamenteiro;

d) à pessoa de confiança do juiz, na falta ou escusa das indicadas nos incisos antecedentes, ou quando tiverem de ser afastadas por motivo grave levado ao conhecimento do juiz.

O administrador provisório tem legitimidade para dar início ao procedimento de inventário. Em complemento, o art. 987 do CPC traz mais algumas figuras: o legatário, o cessionário do herdeiro ou do legatário, o credor do herdeiro, do legatário ou do autor da herança ou do cônjuge supérstite, o Ministério Público havendo herdeiros incapazes e a Fazenda Pública, quando tiver interesse.

8.1.5. Vocação hereditária

Tem bastante relevância para o direito das sucessões a capacidade para suceder, que pode ser conceituada como *a aptidão da pessoa para receber bens deixados pelo "de cujus"*.

Não se trata da capacidade civil genérica, mas da legitimação da pessoa para receber bens por sucessão *causa mortis*.

Deve-se verificar a capacidade para suceder no momento em que se verifica a abertura da sucessão.

Na sucessão legítima, tem legitimidade para suceder as seguintes pessoas: a) já nascidas; ou b) já concebidas no momento da abertura da sucessão (art. 1.798 do CC). Essa segunda parte do dispositivo refere-se essencialmente ao nascituro. É polêmica a questão no que tange a possibilidade de se atribuir a capacidade para suceder aos embriões produzidos *in vitro*. A doutrina é extremamente dividida. O CJF, porém, já sinalizou posicionamento sobre a questão por meio do Enunciado n. 267: *A regra do art. 1.798 do Código Civil deve ser estendida aos embriões formados mediante o uso de técnicas de reprodução assistida, abrangendo, assim, a vocação hereditária da pessoa humana a nascer cujos efeitos patrimoniais se submetem às regras previstas para a petição da herança.*

Na sucessão testamentária, tem legitimidade para suceder as seguintes pessoas:

a) os filhos, ainda não concebidos, de pessoas indicadas pelo testador, desde que vivas estas ao abrir-se a sucessão. A Lei trata da prole eventual ou *concepturo*. É possível que o testador nomeie como herdeiro testamentário, por exemplo o filho de seu filho (no caso, um futuro neto) que ainda sequer foi concebido. A concepção terá o prazo de dois anos para ocorrer, a contar da data da morte, sob pena de os bens serem destinados aos herdeiros legítimos. Durante esse período, os bens da herança serão confiados, após a liquidação ou partilha, ao curador nomeado pelo juiz;

Neste contexto, pode o testador beneficiar filhos de determinada origem, não devendo ser interpretada extensivamente a cláusula testamentária respectiva (Enunciado n. 268 JDC/CJF);

b) as pessoas jurídicas já constituídas no momento da morte do testador. Caso a pessoa jurídica não exista haverá a caducidade da cláusula e os bens reverterão para sucessão legítima;

c) as pessoas jurídicas, cuja organização for determinada pelo testador sob a forma de fundação. Esse caso é um exceção à regra acima, pois a pessoa jurídica ainda não existe e o testador a cria por meio de testamento.

Não tem capacidade para suceder as seguintes pessoas (art. 1.801 do CC):

a) a pessoa que, a rogo, escreveu o testamento, nem o seu cônjuge ou companheiro, ou os seus ascendentes e irmãos. Busca-se evitar fraudes, na medida em que aquele que escreveu o testamento poderia se beneficiar às custas do testador. Essa vedação não se aplica à união estável, independentemente do período de separação de fato (art. 1.723, § 1º - Enunciado n. 269 JDC/CJF);

b) as testemunhas do testamento. Ao atestar a validade do testamento, caso fossem contempladas tais testemunhas teriam interesse em falsar a verdade;

c) o concubino do testador casado, salvo se este, sem culpa sua, estiver separado de fato do cônjuge há mais de cinco anos.

d) o tabelião, civil ou militar, ou o comandante ou escrivão, perante quem se fizer, assim como o que fizer ou aprovar o testamento.

São nulas as disposições testamentárias em favor de pessoas não legitimadas a suceder, ainda quando simuladas sob a forma de contrato oneroso, ou feitas mediante interposta pessoa (art. 1.802 do CC). Para esse fim, presumem-se pessoas interpostas os ascendentes, os descendentes, os irmãos e o cônjuge ou companheiro do não legitimado a suceder. Por exemplo, se o testador deixa bens para o filho de sua concubina, essa disposição será nula, pois o filho é descendente da concubina, caracterizando a proibição de usar interposta pessoa para burlar a regra que a ilegitima para a sucessão.

O testador só poderá testar em favor do filho do concubino quando se tratar de um filho seu também (art. 1.803 do CC).

8.1.6. Aceitação da herança

A aceitação da herança pode ser conceituada como *o ato jurídico em sentido estrito unilateral pelo qual o herdeiro, legítimo ou testamentário, manifesta livremente sua vontade de receber a herança ou o legado que lhe é transmitido.*

Uma vez aceita a herança, torna-se definitiva sua transmissão ao herdeiro, desde a abertura da sucessão. Neste passo, verifica-se que o ato de aceitação tem efeito meramente declaratório.

Por outro lado, quando o herdeiro renuncia à herança, a transmissão tem-se por não verificada (art. 1.804 do CC).

Confira, agora, as espécies de aceitação:

a) expressa: se resulta de manifestação escrita do herdeiro (art. 1.805 do CC);

b) tácita: se resulta de comportamento próprio da qualidade de herdeiro (art. 1.805 do CC); por exemplo, pela tomada de providências, por parte do herdeiro, para fazer a cessão onerosa da herança; ou pela postura de cobrar devedores da herança. Ressalta-se que não exprimem aceitação da herança os atos oficiosos, como o funeral do finado, os meramente conservatórios, ou os de administração e guarda provisória. Não importa igualmente aceitação a cessão gratuita, pura e simples, da herança, aos demais coerdeiros. Essa previsão, contudo, é alvo de fortes críticas pela doutrina, haja vista que para que o herdeiro possa ceder a herança, necessariamente ele deve primeiro tê-la aceitado, pois ninguém pode ceder aquilo que não possui;

c) presumida: decorrente do silêncio do herdeiro após ser instado pelo juiz, provocado por interessado, após 20 dias da abertura da sucessão (art. 1.807 do CC);

d) aceitação pelos credores: caso o herdeiro prejudique seus credores, renunciando a uma herança, os próprios credores poderão aceitar a herança, em nome do renunciante (art. 1.813 do CC); a habilitação dos credores se fará no prazo de 30 dias seguintes ao conhecimento do fato; pagas as dívidas do renunciante, prevalece a renúncia quanto ao remanescente, que será devolvido aos demais herdeiros. Ressalte-se que o credor pode se manifestar até que seja homologada a sentença de partilha, sob pena de ter de pleitear o seu direito em ação autônoma. Neste sentido, colaciona-se o Informativo n. 413 do STJ:

> RENÚNCIA. HERANÇA. PARTILHA HOMOLOGADA.
>
> Em razão do trânsito em julgado da sentença que homologa a partilha, não cabe pedido do banco credor de aceitação de herança de renunciante (devedor), pois o requerimento só poderia ser formulado enquanto estivessem pendentes os direitos hereditários do devedor; tampouco poderia penhorar, no rosto do arrolamento, bens que foram transmitidos aos demais herdeiros. Ademais, com o trânsito em julgado da homologação da partilha, na qual houve renúncia de executado (herdeiro), extingue-se qualquer direito desse em relação aos bens transmitidos. Assim, só resta ao banco, caso comprove a fraude a credores e se preenchidos os demais requisitos, arguir, em ação própria, a anulação da partilha homologada. REsp 754.468-PR, Rel. Min. Luis Felipe Salomão, julgado em 27/10/2009. (Inform. STJ 413)

O Código Civil estabelece as seguintes limitações à aceitação da herança:

a) não se pode aceitar a herança parcialmente, sob condição ou a termo (art. 1.808 do CC). Neste contexto, importante ressaltar que a herança e o legado são independentes. Assim, é possível aceitar um e renunciar a outro, e vice-versa (art. 1.808, § 1º, do CC);

b) a aceitação é irrevogável (art. 1.812 do CC).

O herdeiro, chamado, na mesma sucessão, a mais de um quinhão hereditário, sob títulos sucessórios diversos, pode livremente deliberar quanto aos quinhões que aceita e aos que renuncia (art. 1.808, § 2º, do CC). Ex: Mauro, herdeiro de Sônia, é contemplado tanto na qualidade de herdeiro legítimo como na de herdeiro testamentário. É possível que ele renuncie o quinhão testamentário e aceite apenas o quinhão da legítima.

Falecendo o herdeiro, antes de aceitar, essa prerrogativa passa aos seus herdeiros, salvo condição suspensiva pendente (art. 1.809 do CC). Se o herdeiro morre antes do advento da condição suspensiva ele não adquire o direito à herança, haja vista que a condição suspensiva não confere direito adquirido, mas apenas direito eventual. Assim, descabida a possibilidade de aceitação pelos herdeiros.

8.1.7. Renúncia da herança

A renúncia da herança pode ser conceituada como *o ato jurídico em sentido estrito unilateral pelo qual o herdeiro declara expressamente que não aceita a herança ou legado a que tem direito* (art. 1.806 do CC).

São requisitos da renúncia os seguintes:

a) capacidade jurídica do renunciante;

b) forma prescrita em lei: instrumento público ou termo judicial (art. 1.806 do CC). É inadmissível a renúncia tácita;

c) inadmissibilidade de condição ou termo (art. 1.808 do CC);

d) não realização de ato equivalente à aceitação, já que a aceitação é irrevogável (art. 1.812 do CC);

e) impossibilidade de repúdio parcial (art. 1.808 do CC).

São espécies de renúncia:

a) Pura e simples (abdicativa): é a verdadeira renúncia. O herdeiro renuncia em favor do monte, partilhando-se os bens entre os herdeiros legítimos. Não incide imposto de transmissão *inter vivos*.

b) Translativa (*in favorem*): é a renúncia que se faz em favor de certa a determinada pessoa. Trata-se em verdade de uma cessão de direitos, vez que para que o herdeiro dê algo para alguém, primeiramente é necessário sua aceitação. Se for onerosa caracterizará compra e venda. Se for gratuita, doação. Deverá ser feita por escritura pública. Incide imposto de transmissão *inter vivos*.

A renúncia da herança tem os seguintes efeitos:

a) considera-se que a transmissão da herança não foi verificada (art. 1.804, parágrafo único, do CC);

b) os herdeiros do renunciante não o representarão (art. 1.811 do CC). Se, porém, o renunciante for o único legítimo de sua classe, ou se todos os outros da mesma classe renunciarem à herança, poderão os filhos vir à sucessão, por direito próprio e por cabeça. Ex: A faleceu deixando os filhos B e C e dois netos, D e E, filhos de B. Tanto B como C renunciam à herança. D e E serão chamados à receber, todavia, não em representação ao pai B, mais sim na qualidade de netos de A (logo receberão por direito próprio);

c) a parte do renunciante será acrescida à dos outros herdeiros da mesma classe e, sendo ele o único desta, devolve-se aos da classe subsequente (art. 1.810 do

CC). Ex: Cláudio falece, deixando as filhas Deise, Bianca e Glória e netas Maria (filha de Bianca) e Rita (filha de Glória). Bianca renuncia sua parte. Então, a herança que inicialmente seria divida entre as três filhas (33,33 % para cada), agora será dividida entre duas apenas (Deise e Glória). Mantém-se a divisão na mesma classe, sendo que as netas nada receberão. Cita-se ainda o Enunciado n. 575 JDC/CJF: *Concorrendo herdeiros de classes diversas, a renúncia de qualquer deles devolve sua parte aos que integram a mesma ordem dos chamados a suceder*;

d) a renúncia é irrevogável (art. 1.812 do CC);

e) se houve verdadeira renúncia, o renunciante não haverá de pagar imposto de transmissão de bens *causa mortis*; porém, se deu-se o nome de renúncia algo que, na verdade, é a cessão da herança para alguém, haverá de ser pago imposto de transmissão.

É polêmica a questão sobre e necessidade de vênia conjugal para a renúncia. A doutrina de divide. Maria Helena Diniz entende pela desnecessidade: "*A renúncia e aceitação da herança são atos próprios de quem é herdeiro, regendo-se pelo direito das sucessões e não de família, logo o art. 1.647 não é aplicável*" (Curso de Direito Civil Brasileiro - Direito das Sucessões, 2005, v. 6, p. 75). Já Zeno Veloso defende que é necessária a vênia conjugal, salvo no regime da separação de bens, vez que a sucessão aberta é considerada bem imóvel (Novo Código Civil, Coord. Ricardo Fiuza, 2006, p. 1.504). Concordamos com essa segunda posição por seus próprios argumentos. Ademais, pontua-se que a intenção da lei ao estabelecer a vênia conjugal no art. 1.647 CC é conceder ao outro cônjuge e a toda a família estabilidade emocional e financeira.

8.1.8. Excluídos da sucessão por indignidade

A **exclusão da sucessão por indignidade** pode ser **conceituada** como *a pena civil que priva do direito à herança herdeiros ou legatários que cometerem atos graves contra o autor da herança ou pessoa próxima a ele, taxativamente enumerados em lei.*

Tal exclusão **opera-se** da seguinte maneira: a) verifica-se se um herdeiro ou legatário cometeu algum dos atos que a lei considera de indignidade enquanto o autor da herança era vivo; b) os legitimados devem ingressar com ação judicial visando a que o juiz reconheça a indignidade e aplique a pena, no prazo previsto na lei.

Repare que o autor da herança não tem participação alguma no processo de exclusão do indigno da herança.

São causas de **exclusão** da sucessão as seguintes condutas de herdeiros ou legatários (art. 1.814 do CC):

a) quando houverem sido autores, coautores ou partícipes de homicídio doloso ou tentativa deste contra a pessoa de cuja sucessão se tratar: seu cônjuge, seu companheiro, seu ascendente, seu descendente; repare que deve se tratar de crime contra a vida; deve-se tratar, ainda, de crime doloso; não é necessária a prévia condenação criminal; um exemplo, a situação de uma filha que mata ou manda matar os pais;

b) quando houverem acusado caluniosamente em juízo autor da herança (denunciação caluniosa – art. 339 do CP) ou incorrerem em crime contra a honra deste, ou de seu cônjuge ou companheiro;

c) quando por violência ou meios fraudulentos atentarem contra a liberdade de testar do autor da herança de dispor livremente de seus bens por ato de última vontade; por exemplo, um herdeiro constranger o testador a fazer algo, ou impedi-lo de revogar o testamento etc.

Quanto à declaração jurídica de indignidade, esta não opera de pleno direito, devendo ser declarada por sentença proferida em ação ordinária.

A legitimidade para propor essa ação é daquele que tiver legítimo interesse. Por exemplo, o coerdeiro, o legatário e o fisco, na falta de sucessores. Há quem entenda que até o Ministério Público possa ingressar com essa ação, desde que haja interesse público. Nesse sentido é o Enunciado CJF 116.

A exclusão do herdeiro ou legatário ficará prejudicada se o autor da herança, por meio de testamento ou documento autêntico, reabilitar o indigno (art. 1.818 do CC). Não havendo reabilitação expressa, o indigno, contemplado em testamento do ofendido, quando o testador, ao testar, já conhecia a causa da indignidade, pode suceder no limite da disposição testamentária.

O prazo decadencial para o ingresso da ação é de 4 anos contados da abertura da sucessão (art. 1.815 do CC). Não é possível a propositura dessa ação enquanto o autor da herança ainda estiver vivo.

São *pessoais* os efeitos da exclusão da herança ou do legado por indignidade. Assim, o excluído é considerado *como se morto fosse* (art. 1.816 do CC), podendo seus descendentes representá-lo na herança do falecido.

São válidas as alienações onerosas de bens hereditários a terceiros de boa-fé e os atos de administração legalmente praticados pelo herdeiro, antes da sentença de exclusão; mas aos herdeiros subsiste, quando prejudicados, o direito de demandar-lhes perdas e danos.

O excluído da sucessão é obrigado a restituir os frutos e rendimentos que dos bens da herança houver percebido, mas tem direito a ser indenizado das despesas com a conservação destes.

A deserdação é instituto semelhante à indignidade, porém com ela não se confunde.A deserdação é *o ato unilateral do testador, que se aperfeiçoa com êxito em ação ordinária proposta por interessado, que exclui da sucessão herdeiro necessário, por testamento, motivado em causas taxativamente previstas em lei*. Nota-se que neste caso o autor da herança tem participação ativa ativa na exclusão do herdeiro.

As causas são as mesmas da indignidade (art. 1.962 do CC), mais ofensa física, injúria grave, relações ilícitas no âmbito familiar (com a madrasta, padrasto, enteado etc.) e desamparo em alienação mental ou grave enfermidade.

A deserdação só atinge os *herdeiros necessários*, ao passo que a exclusão por indignidade atinge qualquer herdeiro ou legatário.

A deserdação deve ser feita por testamento, o qual é obrigado a expor expressamente a declaração da sua causa (art. 1.964 do CC).

Além disso, o interessado deverá ingressar com ação para provar a causa da deserdação, no prazo de 4 anos, a contar da data da abertura do testamento.

8.2. SUCESSÃO LEGÍTIMA

8.2.1. Direito de representação

O direito de representação pode ser conceituado como *a convocação legal de parentes do falecido a suceder em todos os direitos em que ele sucederia se vivo fosse* (art. 1.851 do CC). Em regra, parentes de grau mais próximo excluem os de grau mais remoto, salvo direito de representação. Ex: Mário falece, deixa três filhos, Pedro, Paulo e João, sendo que João era pré-morto (morreu antes de Mário). João tinha duas filhas, Márcia e Odete. São descendentes em primeiro grau de Mário, os filhos Pedro, Paulo e João; a herança inicialmente deveria ser dividida em três partes iguais. Como João é pré-morto, suas filhas virão *representá-lo* no recebimento. Assim teremos 33,3% para Pedro, 33,3% para Paulo, 16,65% para Márcia e 16,65% para Odete (as cotas de Márcia e Odete correspondem aos 33,3% que João teria direito se vivo fosse). Na linha colateral temos outro exemplo: Josefina falece, deixa dois irmãos, Cláudio e Arthur, sendo que Artur é pré-morto e tinha três filhos, Diego, Rafael e Marcos. Cláudio e Artur são parentes em segundo grau na linha colateral de Josefina. Os sobrinhos são parentes na linha colateral em terceiro grau. A herança defere aos de grau mais próximo, logo à Cláudio e Arthur. Como Arthur é pré-morto, seus filhos serão chamados para representá-lo. Assim, Cláudio receberá 50%, Diego 16,66%, Rafael 16,66% e Marcos 16,66% (a porcentagem destes três últimos corresponde aos 50% que Arthur receberia se vivo fosse).

A finalidade do direito de representação é preservar a equidade, reparando a perda sofrida pelo representante, pela morte prematura do representado.

São requisitos para o exercício do direito de representação os seguintes:

a) haver o representado falecido antes do autor da herança;

b) dar-se a representação só na linha reta descendente(art. 1.833 do CC – "ad infinitum") e na linha transversal em benefício dos sobrinhos (filhos do irmão falecido – art. 1.840 do CC). Relembre-se que é possível o direito de representação no caso de indignidade e deserdação;

c) diversidade de graus;

São efeitos do direito de representação os seguintes:

a) os representantes herdam exatamente o que caberia ao representado se vivo fosse e sucedesse (art. 1.854 do CC); os bens são passados à estirpe do representado, por isso se diz que os representantes herdam por estirpe, e não por cabeça;

b) o quinhão do representado partir-se-á por igual entre os representantes (art. 1.855 do CC);

c) a quota que os representantes receberem não responde por débitos do representado (já que não entrou no seu patrimônio), mas só por débitos do "de cujus";

d) mas representantes terão que trazer à colação bens recebidos em doação por representado;

e) o direito de representação só se opera na sucessão legítima, nunca na testamentária.

O renunciante à herança de uma pessoa poderá representá-la na sucessão de outra. Ex: Silas é filho de Felipe, que á filho de Dorival. Portanto, Silas é neto de Dorival. Silas tem um irmão, Manoel. Dorival tem outro filho, Marcelo. Portanto, Felipe é irmão de Marcelo e Silas é sobrinho de Marcelo. Suponhamos que Felipe morra. Silas e Manoel são seus herdeiros legítimos. Silas renuncia seu direito à herança, logo Manoel recebe a totalidade. Anos depois, Dorival morre. A herança defere-se aos seus filhos Felipe e Marcelo. Como Felipe é pré-morto, seus filhos Silas e Manoel serão chamados para representá-lo no recebimento. Logo, Marcelo ficará com 50%, Silas com 25% e Manoel com 25%. Repare que quanto a Silas, muito embora ele tenha renunciado à sua cota na herança de seu pai Felipe, ele pode vir representá-lo na sucessão de seu avô Dorival. Isso pelo fato de que a renúncia deve ser interpretada restritivamente.

8.2.2. Ordem de vocação hereditária (art. 1.829 do CC)

O estudo deste tópico responderá, com base na lei, quem serão as pessoas beneficiadas em decorrência da morte do indivíduo, daí a sua tamanha importância. A ordem de vocação hereditária é feita por quatro chamadas (excludentes entre si) com vocação sucessória:

1ª chamada..............Descendente + Cônjuge (dependendo do regime)

2ª chamada..............Ascendente + Cônjuge (independentemente do regime)

3ª chamada..............Cônjuge

4ª chamada..............Colateral

De acordo com o art. 1.829 do Código Civil, a sucessão legítima defere-se na seguinte ordem:

I. **aos descendentes, em concorrência com o cônjuge sobrevivente (dependendo do regime)**

O cônjuge supérstite **não herdará**, se casado nos seguintes regimes:

a) **Comunhão universal**: neste regime há a comunicabilidade de todo o patrimônio, isto é, contraído o matrimônio, forma-se uma massa patrimonial única e indistinta do casal. Comunicam-se bens adquiridos antes e depois do casamento.

massa patrimonial única

Falecendo o marido, por exemplo, a esposa terá direito a metade do patrimônio. Na verdade aquilo já era dela. Fala-se no **direito de meação** da esposa. Apenas sobre a outra metade, que diz respeito ao patrimônio do morto é que se falará em sucessão. Portanto, do todo inicial temos 50% para a esposa (meação) e 50% constitui patrimônio do morto (sucessão). Serão chamados a suceder os demais herdeiros, filhos do casal, por exemplo. Em regra a esposa não herdará no patrimônio do marido. Haverá **exceção** apenas se ele deixar testamento. Neste passo, a Lei faculta ao esposo falecido a prerrogativa de testar metade de seu patrimônio, preservando a outra metade que configura parte legítima. Assim, excepcionalmente a viúva poderia herdar nesse regime na parte disponível caso fosse contemplada por testamento do esposo. Neste contexto, os filhos receberiam apenas sobre a parte legítima.

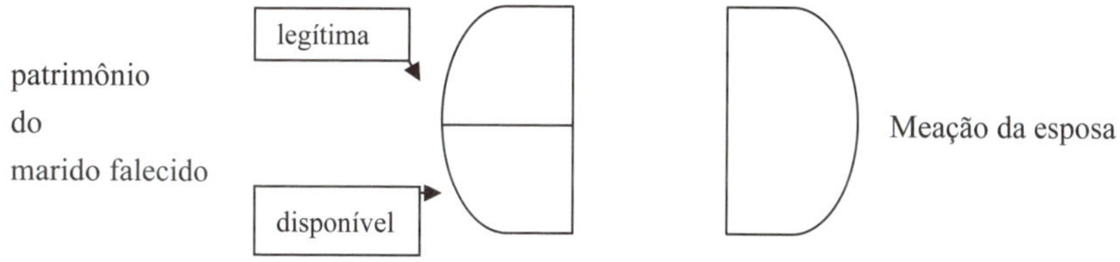

b) **Separação obrigatória**: neste regime há duas massas patrimoniais distintas por força de lei. Não há falar-se em comunicabilidade de bens de nenhuma espécie.

Ocorrendo a morte do marido, a esposa não herdará sobre o seu patrimônio. Assim, se o marido não deixar testamento, todos os bens irão para os seus herdeiros legítimos, filhos por exemplo. É polêmica a possibilidade de meação do cônjuge supérstite. Não obstante a súmula n. 377 do STF preveja a possibilidade de meação, esse entendimento é da década de 60 do século passado. Destarte, atualmente tem-se entendido que não há meação.

c) **Comunhão parcial sem bens particulares do falecido**: neste regime comunicam-se os bens adquiridos onerosamente na constância do casamento (aquestos). É um regime híbrido entre separação convencional e comunhão universal. Há duas massas patrimoniais que se entrelaçam:

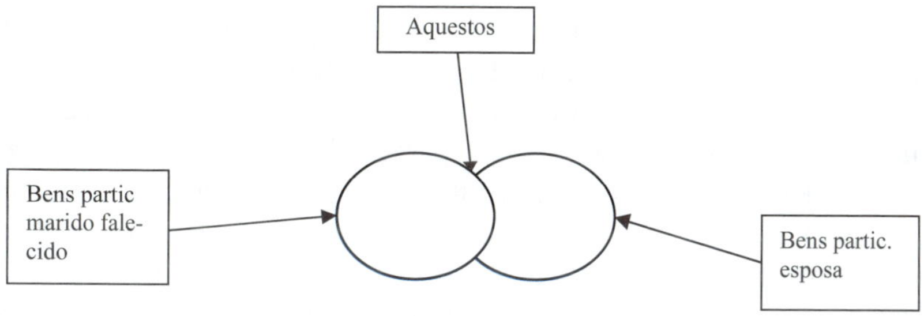

O espaço central da figura, isto é, onde temos a mescla dos círculos, corresponde ao patrimônio que o casal adquiriu onerosamente na constância do casamento. O restante do círculo esquerdo diz respeito aos bens particulares do marido falecido e o restante do círculo direito trata-se dos bens particulares da esposa. Quanto aos aquestos, aplica-se as regras da comunhão universal. Assim, nessa porção a viúva meará, mas não herdará. Quanto aos bens particulares, aplica-se a regra da separação convencional, que, já adianta-se, há sucessão por parte da esposa, portanto ela herdará em concorrência com os descendentes. Mas, como na hipótese aqui tratada o falecido morreu sem deixar bens particulares, a viúva não terá direito à herança, mas apenas à sua meação.

De outra parte, o cônjuge supérstite **herdará** se casado nos seguintes regimes:

a) **Regime da separação convencional de bens:** neste regime temos duas massas patrimoniais distintas, por livre e espontânea vontade das partes.

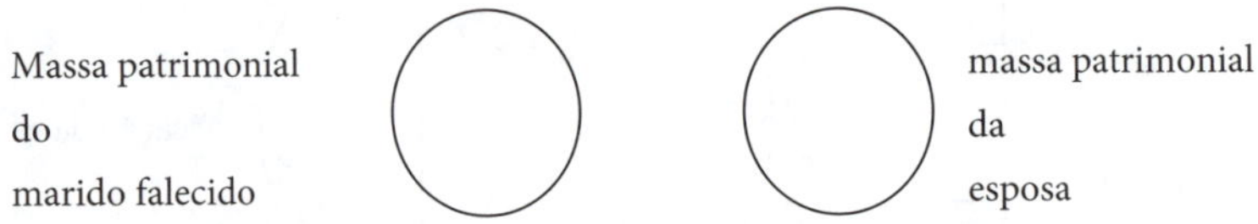

A incomunicabilidade do patrimônio, porém apenas ocorre em vida. Isso significa que, em caso de divórcio do casal, um não terá direito ao patrimônio do outro. Contudo, no caso de sucessão a regra é outra. A viúva herdará no patrimônio do marido juntamente com os descendentes. Neste caso ela não possui meação. Essa regra, porém é extremamente polêmica, tanto da doutrina como na jurisprudência. O próprio STJ já se manifestou no Informativo n. 418 no sentido de que o cônjuge **não herdará:**

> REGIME MATRIMONIAL. SUCESSÃO.
>
> Trata-se de recurso interposto contra acórdão exarado pelo TJ que deferiu pedido de habilitação de viúva como herdeira necessária. A questão resume-se em definir se o cônjuge sobrevivente – que fora casado com o autor da herança sob o regime da separação convencional de bens – participa da sucessão como herdeiro necessário em concorrência com os descendentes do falecido. No caso, a situação fática vivenciada pelo casal, declarada desde já a insuscetibilidade de seu reexame nesta via recursal, é a seguinte: cuida-se de um casamento que durou dez meses; quando desse segundo casamento, o autor da herança já havia formado todo seu patrimônio e padecia de doença incapacitante; os nubentes escolheram, voluntariamente, casar pelo regime da separação convencional, optando, por meio de pacto antenupcial lavrado em escritura pública, pela incomunicabilidade de todos os bens adquiridos antes e depois do casamento, inclusive frutos e rendimentos. Para a Min. Relatora, o regime de separação obrigatória de bens previsto no art. 1.829, I, do CC/2002 é gênero que agrega duas espécies: a separação legal e a separação convencional. Uma decorre da lei; a outra, da vontade das partes, e ambas obrigam os cônjuges, uma vez estipulado o regime de separação de bens, à sua observância. Não remanesce, para o cônjuge casado mediante separação de bens, direito à meação tampouco à concorrência sucessória, respeitando-se o regime de bens estipulado, que obriga as partes na vida e na morte. Nos dois casos, portanto, o cônjuge sobrevivente não é herdeiro necessário. Entendimento em sentido diverso suscitaria clara antinomia entre os arts. 1.829, I, e 1.687 do CC/2002, o que geraria uma quebra da unidade sistemática da lei codificada e provocaria a morte do regime de separação de bens. Por isso, deve prevalecer a interpretação que conjuga e torna complementares os citados dispositivos. Se o casal firmou pacto no sentido de não ter patrimônio comum e se não requereu a alteração do regime estipulado, não houve doação de um cônjuge ao outro durante o casamento, tampouco foi deixado testamento ou legado para o cônjuge sobrevivente, quando seria livre e lícita qualquer dessas providências, não deve

o intérprete da lei alçar o cônjuge sobrevivente à condição de herdeiro necessário, concorrendo com os descendentes, sob pena de clara violação do regime de bens pactuado. Se o casamento foi celebrado pelo regime da separação convencional, significa que o casal escolheu – conjuntamente – a separação do patrimônio. Não há como violentar a vontade do cônjuge – o mais grave – após sua morte, concedendo a herança ao sobrevivente com quem ele nunca quis dividir nada, nem em vida. Em tais situações, haveria, induvidosamente, a alteração do regime matrimonial de bens post mortem. Seria alterado o regime de separação convencional de bens pactuado em vida, permitindo ao cônjuge sobrevivente o recebimento de bens de exclusiva propriedade do autor da herança, patrimônio, o qual, recusou, quando do pacto antenupcial, por vontade própria. Assim, o regime de separação de bens fixado por livre convenção entre a recorrida e o falecido está contemplado nas restrições previstas no art. 1.829, I, do CC/2002, em interpretação conjugada com o art. 1.687 do mesmo código, o que retira da recorrida a condição de herdeira necessária do autor da herança em concorrência com os recorrentes. REsp 992.749-MS, Rel. Min. Nancy Andrighi, julgado em 1º/12/2009

Nesta linha, cita-se o Enunciado n. 270 JDC/CJF, com ressalva ao regime da separação convencional de bens, (conforme interpretação mais recente exarada por meio do Informativo n. 418 STJ): O art. 1.829, inc. I, só assegura ao cônjuge sobrevivente o direito de concorrência com os descendentes do autor da herança quando casados no regime da separação convencional de bens ou, se casados nos regimes da comunhão parcial ou participação final nos aquestos, o falecido possuísse bens particulares, hipóteses em que a concorrência se restringe a tais bens, devendo os bens comuns (meação) ser partilhados exclusivamente entre os descendentes.

Contudo, no que tange a colocação topológica do item no presente livro, seguimos o entendimento legal.

B) **Comunhão parcial <u>com</u> bens particulares do falecido**: havendo bens particulares do falecido, além de ter direito à sua meação sobre os aquestos, viúva herdará juntamente com os descendentes sobre os bens particulares do morto. Vide esquema acima.

Consigne-se que aplica-se ao regime da **participação final nos aquestos** as regras da comunhão parcial.

Assim, estão fora da primeira classe os seguintes cônjuges sobreviventes:

a) casados sob o regime da comunhão universal;

b) casados sob o regime da separação obrigatória de bens (STJ, Inf. 418: inclui separação *convencional*);

c) casados sob regime da comunhão parcial, quando o autor da herança não houver deixado bens particulares;

De outra parte, estão dentro da primeira classe os seguintes cônjuges sobreviventes:

a) casados sob regime de comunhão parcial, quando o autor da herança houver deixado bens particulares;

b) * *casados sob o regime separação convencional* (entendimento legal, porém praticamente superado)

É importante observar que o cônjuge sobrevivente não tem direito à herança se, no momento da morte, estava separado judicialmente ou de fato por mais de dois anos, salvo prova, neste caso, de que a convivência se tornara impossível sem a culpa dele.

Se o cônjuge sobrevivente concorrer com os descendentes, seu quinhão será, em princípio, igual ao que couber a cada um deles por cabeça, mas a quota do cônjuge sobrevivente não poderá ser menor do que ¼ da herança, caso seja ascendente dos herdeiros com quem concorrer (art. 1832 do CC). Entretanto, não será reservada a quarta parte da herança para o cônjuge sobrevivente no caso de filiação híbrida - hipótese em que concorre descendentes comuns e não comuns (Enunciado n. 527 JDC/CJF).

II. **aos ascendentes, em concurso com o cônjuge independentemente do regime**

O cônjuge terá direito a **1/3** da herança, se concorrer com ambos os pais do *de cujus*. Repare que a concorrência é com pai E mãe, logo ambos devem estar vivos. Havendo qualquer outra combinação de ascendente (ex: avós), o cônjuge terá direito a **metade** dos bens.

Vejamos os exemplos: 1) João falece deixando sua esposa Maria e seus pais Joaquim e Zulmira. Cada um receberá 1/3 da herança; 2) João falece deixando a esposa Maria, seu pai Joaquim a sua avó materna Marta. Maria receberá 50% e Joaquim 50%. A avó materna Marta nada receberá, pois os herdeiros de grau mais próximo excluem os mais remotos (no caso, Joaquim exclui Marta); 3) João falece deixando sua esposa Maria, sua avó materna Marta e seu avô paterno Geraldo. Maria receberá 50%, sendo que os outros 50% será divididos entre Marta e Geraldo, logo cada um terá direito a 25%.

Reforça-se que o cônjuge herdará seja qual for o regime. Já o direito à meação, este sim ficará condicionado ao regime de bens.

III. **ao cônjuge sobrevivente independentemente do regime**

Na falta de descendentes e de ascendentes, o cônjuge sobrevivente terá direito a toda a herança, sem qualquer distinção quanto ao regime de bens.

Ao cônjuge sobrevivente, qualquer que seja o regime de bens, será assegurado, sem prejuízo da participação que lhe caiba na herança, o direito real de habitação, relativamente ao imóvel destinado à residência da família, desde que seja o único daquela natureza a inventariar. Trata-se do **direito real de habitação** do cônjuge sobrevivente. Por meio desse direito assegura-se ao cônjuge supérstite que permaneça gratuitamente no imóvel, enquanto ele viver. Esse direito não se extingue com novo casamento ou união estável. Trata-se, porém de um direito limitado: apenas o cônjuge supérstite poderá morar no imóvel, não é permitida a locação nem o empréstimo. Ademais é obrigação do cônjuge sobrevivente arcar com despesas condominiais, despesas tributárias e gastos com manutenção e conservação. Se assim não o fizer permite-se que qualquer herdeiro requeira judicialmente a extinção do direito real de habitação. Havendo mais de um imóvel a inventariar, o direito real de habitação subsiste. O cônjuge poderá permanecer no imóvel em que já estava instalado, ou no caso de substituição deve-lhe ser garantido outro de conforto não inferior ao que habitava. A doutrina discute sobre a possibilidade de renúncia do direito real de habitação. Não obstante entendimento contrário (sob o argumento de que a renúncia implicaria na disposição do direito à moradia, o que em tese é indisponível), o CJF se manifestou favorável por meio de Enunciado n. 271: O cônjuge pode renunciar ao direito real de habitação nos autos do inventário ou por escritura pública, sem prejuízo de sua participação na herança.

IV. aos colaterais

É requisito que o falecido não tenha deixado descendente, ascendente nem cônjuge. Pelo Código Civil somente é considerado parente o colateral até o quarto grau (primos, tios-avós e sobrinhos-netos). O de grau mais próximo exclui o mais remoto. Logo, primeiramente são chamados os irmãos do morto (pode haver representação dos filhos de irmão falecido). Depois, os sobrinhos. Os tios só serão convocados quando não existir sobrinho algum. Na falta de tios, chama-se os colaterais de quarto grau.

Na disputa entre irmãos bilaterais com irmãos unilaterais, estes recebem metade em relação àqueles. Assim, se o irmão bilateral recebe X, o unilateral receberá x/2.

Caso o falecido não deixe nenhum parente sucessível, ou tendo eles renunciado à herança, esta se devolve ao Município ou ao Distrito Federal, se localizada nas respectivas circunscrições, ou à União, quando situada em território Federal. Trata-se da hipótese de herança jacente.

8.2.3. Sucessão dos descendentes

A sucessão dos descendentes se dá da seguinte forma:

a) por cabeça, "per capita" ou por direito próprio (todos são do mesmo grau): a herança é dividida em partes iguais, de acordo com o número de herdeiros;

b) por estirpe ou por direito de representação: quando concorrem descendentes de graus diferentes.

Por exemplo: "A" tem 3 filhos ("B", "C" e "D"); "B" morre antes de "A" e deixa 2 filhos ("B1" e "B2"), que serão os representantes de "B", "C" e "D" recebem 1/3 da herança; "B1" e "B2", 1/6 cada.

Ou seja, o quinhão do representado (pré-morto, indigno ou deserdado) é dividido entre os representantes ("B1 e "B2").

Não existe direito de representação na linha ascendente. Na colateral, só é deferido em favor dos sobrinhos do morto, quando concorrerem com os irmãos deste (art. 1.853 do CC).

8.2.4. Sucessão do companheiro

A sucessão do companheiro vem tratada no art. 1.790 do CC. Trata-se de tema que abriga diversas polêmicas e tem fomentado muitos debates tanto na doutrina como na jurisprudência. Inicialmente as normas que tratavam do assunto eram as Leis 8.971/94 e 9.278/96, as quais faziam menção ao direito real de habitação do companheiro e ao direito de usufruto de bens. Eram leis relativamente favoráveis aos que viviam em união estável, sendo que em alguns itens conferiam até mais direitos aos companheiros do que aos cônjuges. Todavia, com o advento CC/2002 o cenário mudou radicalmente de figura. A concorrência sucessória do companheiro com demais parentes sucessíveis, de exceção passou a ser a regra. As cotas a serem recebidas também sofreram considerável piora. Em suma, criou-se um verdadeiro distanciamento entre os direitos garantidos às pessoas casadas e os direitos assegurados àqueles que vivem em união estável, razão pela qual muitos sustentam a inconstitucionalidade do dispositivo.

De qualquer forma, a matéria é de extrema importância para provas e concursos. Assim estudemos o tão polêmico artigo.

O companheiro sobrevivente, embora seja herdeiro legítimo, não é *necessário* (ao contrário do cônjuge sobrevivente).

De acordo com o *caput* do art. 1.790, o companheiro participará da sucessão do outro, quanto aos bens adquiridos onerosamente na vigência da união estável. Recorde-se que na ausência de contrato escrito, aplica-se à união estável o regime da separação parcial de bens. Não obstante, a regras desse regime serão aplicadas à união estável, em consonância com os dizeres do art. 1.790 do CC. Referido dispositivo assevera que o companheiro herdará apenas sobre os aquestos (bens adquiridos onerosamente na vigência da união estável). Assim, **diferentemente do cônjuge que herda sobre os bens particulares do falecido, o companheiro herdará apenas sobre a fração dos aquestos do morto**.

A sucessão se dará nos seguintes termos:

I. se concorrer com filhos comuns, terá direito a uma quota equivalente à que por lei for atribuída ao filho: filhos comuns são os filhos advindos do companheiro falecido e da companheira supérstite. Não há para a companheira a reserva de 1/4 da herança assim como há para a esposa. Portanto, companheira e filhos receberão cotas exatamente iguais. A lei menciona *filhos comuns*, porém essa expressão deve ser lida como "*descendentes comuns*", de modo a abranger também os netos. Neste sentido o Enunciado n. 266 JDC/CJF: Na hipótese de concorrência do companheiro sobrevivente com outros descendentes comuns, e não apenas na concorrência com filhos comuns (Enunciado n. 266 JDC/CJF);

II. se concorrer com descendentes só do autor da herança, tocar-lhe-á a metade do que couber a cada um deles: neste caso os filhos são apenas do companheiro falecido. A companheira supérstite concorre com pessoas que não são seus parentes. Entendeu o legislador que neste caso deverá receber metade do que estes receberão. Assim, enquanto os filhos exclusivos do falecido receberão X, a companheira receberá x/2 (dentro da sua porção de direitos - aquestos).

III. se concorrer com outros parentes sucessíveis, terá direito a um terço da herança: esses outros parentes serão os ascendentes e colaterais até o quarto grau. Os de grau mais próximo excluem os de grau mais remoto. Assim, os colaterais apenas herdarão em concorrência com a companheira sobrevivente se o falecido não deixar ascendentes. A companheira tem garantida a cota de 1/3 da herança (dentro da sua porção de direitos - aquestos), independentemente do número de parentes sucessíveis. Ex: o falecido deixou avó e avô paterno, avó e avô materno e a companheira: 1/3 irá para a companheira, 1/6 para a avó paterna, 1/6 para o avô paterno, 1/6 para a avó materna e 1/6 para o avô paterno;

IV. não havendo parentes sucessíveis, terá direito à totalidade da herança: não havendo parentes sucessíveis, a companheira terá direito a todo o patrimônio. Questão polêmica é se ela teria direito também aos bens particulares. Como vimos, em regra ela não herda sobre essa fração. Logo, poder-se-ía cogitar que a herança se tornaria vacante quanto a essa cota, sendo direcionada ao Município. Contudo, prevalace na doutrina e jurisprudência que a companheira sobrevivente tem direito a todos bens, inclusive aos particulares.

Tem sido fruto de calorosos debates a questão sobre a concorrência da companheira sobrevivente com filhos comuns e filhos exclusivos do falecido (filiação híbrida). Herdaria ela uma cota, meia cota ou outra fração? O posicionamento majoritário é de que ela recebe uma cota (Maria Berenice Dias, Rolf Madaleno, Rodrigo da Cunha Pereira).

Todas essas regras referentes à união estável heterossexual também se aplicam à união estável homoafetiva como anteriormente mencionado quando estudamos a parte sobre união estável no capítulo de direito de família.

Admite-se a concorrência sucessória entre cônjuge e companheiro: Enunciado n. 525: os arts. 1.723, § 1º, 1.790, 1.829 e 1.830: Os arts. 1.723, § 1º, 1.790, 1.829 e 1.830 do Código Civil admitem a concorrência sucessória entre cônjuge e companheiro sobreviventes na sucessão legítima, quanto aos bens adquiridos onerosamente na união estável.

8.2.5. Herdeiros necessários

São herdeiros necessários os *descendentes*, os *ascendentes* e o *cônjuge* (art. 1.845 do CC). Repare que o *companheiro e os parentes colaterais* não são considerados herdeiros necessários.

Os herdeiros necessários têm uma vantagem, qual seja: pertence a eles, de pleno direito, a metade dos bens da herança, constituindo a *legítima*. Trata-se de uma reserva legal. A outra parte constitui a *parte disponível*, que o testador pode testar como bem entender.

Os herdeiros necessários apenas perdem o direito a legítima por meio da deserdação.

Calcula-se a legítima sobre o valor dos bens existentes na abertura da sucessão, abatidas as dívidas e as despesas do funeral, adicionando-se, em seguida, o valor dos bens sujeitos a colação (art. 1.847 do CC).

A legítima, a princípio, não pode ser gravada pelo autor da herança. Todavia, se houver justa causa, declarada no testamento, pode o testador estabelecer cláusula de inalienabilidade, impenhorabilidade e de incomunicabilidade sobre os bens da legítima (art. 1.848 do CC). Mediante autorização judicial e havendo justa causa, podem ser alienados os bens gravados, convertendo-se o produto em outros bens, que ficarão sub-rogados nos ônus dos primeiros.

É proibido ao testador estabelecer conversão de bens da legítima em outros de espécie diversa, isto é, o testador não pode determinar em testamento que os bens deixados sejam vendidos e substituídos por outros.

Com relação à outra metade da herança (metade disponível), o autor da herança pode destiná-la a todos àqueles que têm capacidade para suceder. Aliás, se o testador deixar a algum herdeiro necessário sua parte disponível, ou algum legado, esse herdeiro não perderá o direito à legítima.

Para excluir da sucessão os herdeiros colaterais, basta que o testador disponha de seu patrimônio sem os contemplar, pois tais herdeiros, por não serem herdeiros necessários, não têm a eles reservado a legítima.

8.2.6. Jurisprudência selecionada

DIREITO CIVIL. FORMA PRESCRITA EM LEI PARA A CESSÃO GRATUITA DE MEAÇÃO.

A lavratura de escritura pública é essencial à validade do ato praticado por viúva consistente na cessão gratuita, em favor dos herdeiros do falecido, de sua meação sobre imóvel inventariado cujo valor supere trinta salários mínimos, sendo insuficiente, para tanto, a redução a termo do ato nos autos do inventário. Isso porque, a cessão gratuita da meação não configura uma renúncia de herança, que, de acordo com o art. 1.806 do CC, pode ser efetivada não só por instrumento público, mas também por termo judicial. Trata-se de uma verdadeira doação, a qual, nos termos do art. 541 do CC, far-se-á por escritura pública ou instrumento particular, devendo-se observar, na hipótese, a determinação contida no art. 108 do CC, segundo a qual a escritura pública é essencial à validade dos negócios jurídicos que visem à constituição, transferência, modificação ou renúncia de direitos reais sobre imóveis de valor superior a trinta vezes o maior salário mínimo vigente no País. De fato, enquanto a renúncia da herança pressupõe a abertura da sucessão e só pode ser realizada por aqueles que ostentam a condição de herdeiro, a posse ou a propriedade dos bens do *de cujus* transmitem-se aos herdeiros quando e porque aberta a sucessão (princípio do *saisine*), a meação, de outro modo, independe da abertura da sucessão e pode ser objeto de ato de disposição pela viúva a qualquer tempo, seja em favor dos herdeiros ou de terceiros, já que aquele patrimônio é de propriedade da viúva em decorrência do regime de bens do casamento. Além do mais, deve-se ressaltar que o ato de disposição da meação também não se confunde com a cessão de direitos hereditários (prevista no art. 1.793 do CC), tendo em vista que esta também pressupõe a condição de herdeiro do cedente para que possa ser efetivada. Todavia, ainda que se confundissem, a própria cessão de direitos hereditários exige a lavratura de escritura pública para sua efetivação, não havendo por que prescindir dessa formalidade no que tange à cessão da meação. **REsp 1.196.992-MS, Rel. Min. Nancy Andrighi, julgado em 6/8/2013.** (Inform. STJ 529)

DIREITO CIVIL. ILEGITIMIDADE DO ESPÓLIO PARA AJUIZAR AÇÃO INDENIZATÓRIA EM RAZÃO DE DANOS SOFRIDOS PELOS HERDEIROS.

O espólio não tem legitimidade para postular indenização pelos danos materiais e morais supostamente experimentados pelos herdeiros, ainda que se alegue que os referidos danos teriam decorrido de erro médico de que fora vítima o falecido. Nessa situação, debatem as partes em torno de bens cuja titularidade é dos herdeiros por direito próprio, e não sobre bem jurídico de titularidade originária do falecido que tenha sido transmitido por efeito hereditário. Assim, não havendo coincidência entre o postulante e o titular do direito pleiteado, configura-se hipótese de ilegitimidade *ad causam*. Precedentes citados: REsp 869.970-RJ, Quarta Turma, DJe 11/2/2010, e REsp 913.131-BA, Quarta Turma, DJe 6/10/2008. **REsp 1.143.968-MG, Rel. Min. Luis Felipe Salomão, julgado em 26/2/2013.** (Inform. STJ 517).

AR: FILHO ADOTIVO E DIREITO DE SUCEDER ANTES DA CF/88 - 1

O Tribunal iniciou julgamento de ação rescisória em que filha adotiva busca desconstituir acórdão da 1ª Turma, que, ao dar provimento a recurso extraordinário, concluíra não se aplicar às sucessões verificadas antes da CF/88 a norma do seu art. 227, § 6º (*"Os filhos, havidos ou não da relação do casamento, ou por adoção, terão os mesmos direitos e qualificações, proibidas quaisquer designações discriminatórias relativas à filiação."*). Alega-se violação à literal disposição do art. 51 da Lei 6.515/77, preceito que teria alterado o art. 2º da Lei 883/49, operando a revogação tácita do art. 377 do Código Civil de 1916. O Min. Eros Grau, relator, afastou, de início, a preliminar de não conhecimento da ação, que invoca a aplicação da Súmula 515 do STF, por não ter sido objeto de discussão no acórdão rescindendo eventual ofensa ao art. 51 da Lei 6.515/77. Afirmou que a ação rescisória não seria recurso e que a jurisprudência da Corte seria firme no sentido de que o requisito do prequestionamento a ela não se aplicaria. No mérito, julgou improcedente o pedido. Aduziu que o art. 51 da Lei 6.515/77 não teria como destinatário o filho adotivo e que a Lei 883/49 disciplinaria o reconhecimento de filhos ilegítimos, restringindo sua aplicação aos filhos biológicos. Ressaltou que o art. 377 do CC/16, na redação atribuída pela Lei 3.133/57, não teria sido revogado tacitamente pelo art. 51 da Lei 6.515/77, e que a vigência do preceito teria se prolongado até o advento da CF/88, que não o teria recepcionado (art. 227, § 6º). Por fim, mencionou jurisprudência da Corte no sentido de que a capacidade de suceder rege-se pela lei da época da abertura da sucessão, não comportando eficácia retroativa o disposto no art. 227, § 6º, da CF/88. **AR 1811/PB, rel. Min. Eros Grau, 16.6.2010.** (AR-1811)

AR: FILHO ADOTIVO E DIREITO DE SUCEDER ANTES DA CF/88 - 2

Em seguida, o Min. Dias Toffoli não conheceu da ação em virtude da falta de prequestionamento, no acórdão rescindendo, da norma tida por violada. O Min. Cezar Peluso, por sua vez, conheceu da ação, mas julgou procedente o pleito nela formulado, no que foi acompanhado pelo Min. Ayres Britto. Reputou não ser o caso de aplicação retroativa do art. 227, § 6º, da CF, tal como ventilado no acórdão rescindendo, visto que todas as normas, inclusive as do CC/16 que distinguira entre categorias de filhos, seriam inconstitucionais, por violarem o princípio da igualdade. Disse que o art. 227 da CF/88 teria apenas explicitado uma regra que já estava no sistema constitucional, ou seja, a inadmissibilidade de estabelecer distinções, para qualquer efeito, entre classes ou qualidades de filhos. Assim, concluiu que, perante o princípio constitucional da isonomia, ou a pessoa seria filho e teria todos os direitos, ou não seria filho. Após, pediu vista dos autos o Min. Gilmar Mendes. **AR 1811/PB, rel. Min. Eros Grau, 16.6.2010.** (AR-1811) (Inform. STF 591)

DIREITO CIVIL. RENÚNCIA À HERANÇA POR PROCURADOR. REQUISITOS FORMAIS.

A constituição de procurador com poder especial para renunciar à herança de valor superior a trinta vezes o maior salário mínimo deve ser feita por instrumento público ou termo judicial para ter validade. Segundo o art. 1.806 do CC, a renúncia da herança deve constar expressamente de instrumento público ou termo judicial. Tal formalidade é uma decorrência lógica do previsto nos arts. 88, II, e 108 do mesmo diploma legal. Segundo o art. 80, II, considera-se bem imóvel a sucessão aberta. Já o art. 108 do mesmo código determina que a escritura pública é essencial à validade dos negócios jurídicos que visem à constituição, transferência, modificação ou renúncia de direitos reais sobre imóveis de valor superior a trinta vezes o maior salário mínimo. Assim, se a renúncia feita pelo próprio sucessor só tem validade se expressa em instrumento público ou termo judicial (art. 1.806 do CC), a transmissão de poderes para tal desiderato deverá observar a mesma formalidade. REsp 1.236.671-SP, Rel. originário Min. Massami Uyeda, Rel. para acórdão Min. Sidnei Beneti, julgado em 9/10/2012. (Inform. STJ 506)

DIREITO CIVIL. MEAÇÃO. APLICAÇÃO FINANCEIRA MANTIDA POR EX-CONSORTE DO DE CUJUS NA VIGÊNCIA DA SOCIEDADE CONJUGAL.

Quando perder o caráter alimentar, deve ser partilhada em inventário a aplicação financeira de proventos de aposentadoria mantida por um dos ex-consortes durante a vigência do matrimônio sob o regime de comunhão universal de bens. A melhor interpretação referente à incomunicabilidade dos salários, proventos e outras verbas similares (arts. 1.668, V, 1.659, VI e VII, do CC) é aquela que fixa a separação patrimonial apenas durante o período em que ela ainda mantém natureza alimentar, não desprezando a devida compatibilização dessa restrição com os deveres de mútua assistência. Embora o CC disponha expressamente que se excluem "da comunhão os proventos do trabalho pessoal de cada cônjuge", é forçoso convir que os valores, depois de recebidos por qualquer dos cônjuges, passam a compor a renda familiar e se comunicam até a separação de fato do casal, sendo absolutamente irrelevante a sua origem. Do contrário, somente o consorte que possuísse trabalho remunerado seria o titular da íntegra do patrimônio alicerçado durante a sociedade conjugal, entendimento que subverteria o sistema normativo relativo ao regime patrimonial do casamento. De modo que o comando da incomunicabilidade deve ser relativizado quando examinado em conjunto com os demais deveres do casamento; pois, instituída a obrigação de mútua assistência e de mantença do lar por ambos os cônjuges, não há como considerar isentas as verbas obtidas pelo trabalho pessoal de cada um deles ou proventos e pensões tampouco como hábeis a formar uma reserva particular. Conforme dispõe a lei, esses valores devem obrigatoriamente ser utilizados para auxílio à mantença do lar da sociedade conjugal. Assim, os proventos de aposentadoria como bem particular são excluídos da comunhão apenas enquanto as respectivas cifras mantenham um caráter alimentar em relação àquele consorte que as aufere. No entanto, suplantada a necessidade de proporcionar a subsistência imediata do titular, as verbas excedentes integram o patrimônio comum do casal e se comunicam, devendo ser incluídas entre os bens a serem meados no inventário aberto em função da morte de um dos cônjuges. REsp 1.053.473-RS, Rel. Min. Marco Buzzi, julgado em 2/10/2012.(Inform. STJ 506)

SUCESSÃO. CÔNJUGE SOBREVIVENTE. DIREITO REAL DE HABITAÇÃO.

Em sucessões abertas na vigência do CC/1916, a viúva que fora casada no regime de separação de bens com o de cujus tem direito ao usufruto da quarta parte dos bens deixados, em havendo filhos (art. 1.611, § 1º, do CC/1916). O direito real de habitação conferido pelo novo diploma civil à viúva sobrevivente, qualquer que seja o regime de bens do casamento (art. 1.831 do CC/2002), não alcança as sucessões abertas na vigência da legislação revogada (art. 2.041 do CC/2002). In casu, não sendo extensível à viúva o direito real de habitação previsto no art. 1.831 do novo diploma civil, os aluguéis fixados pela sentença até 10 de janeiro de 2003 – data em que entrou em vigor o novo estatuto civil – devem ser ampliados a período posterior. REsp 1.204.347-DF, Rel. Min. Luis Felipe Salomão, julgado em 12/4/2012. (Inform. STJ 495)

MANDATO. PRESTAÇÃO DE CONTAS. MORTE DO MANDANTE.

O direito de exigir a prestação de contas do mandatário transmite-se aos herdeiros do mandante, pois o dever de prestar decorre da lei e não está vinculado à vigência do contrato. Na hipótese, o contrato foi firmado para alienação de imóvel, portanto o prazo prescricional da ação de prestação de contas inicia-se após a realização de seu objeto. Assim, a obrigação do mandatário de prestar contas subsiste a extinção do mandato. De fato, a morte do mandante cessa o contrato; porém, por força do art. 1.784 do CC, uma vez aberta a sucessão, os herdeiros ficam automaticamente investidos na titularidade de todo o acervo patrimonial do de cujus, formando-se o vínculo jurídico com o mandatário. Precedente citado: REsp 474.983-RJ, DJ 4/8/2003. REsp 1.122.589-MG, Rel. Min. Paulo de Tarso Sanseverino, julgado em 10/4/2012. (Inform. STJ 495)

LEVANTAMENTO. MEAÇÃO. PROCESSO. INVENTÁRIO. PARTILHA.

A Turma negou provimento ao recurso e cassou a liminar concedida em medida cautelar que estabeleceu a prestação de caução como condição ao levantamento do valor litigioso. Isso porque a impossibilidade de reverter a decisão (em fase de execução) que reconheceu o direito do ex-cônjuge varão à indenização em processo de dissolução de sociedade comercial cumulada com apuração de bens, adicionada ao direito incontestável da ex-mulher à meação desses valores (art. 1.658 do CC), legitima seu levantamento por ela (recorrida), especialmente tendo em vista que o patrimônio do casal é suficientemente expressivo para cobrir qualquer diferença porventura apurada em favor de um ou de outro nos autos do inventário e partilha, consoante consignado pelo tribunal a quo. Infirmar tal decisão é vedado pelo óbice da Súm. n. 7/STJ. Ademais, sendo o escopo precípuo da caução prevenir provável risco de grave dano de difícil ou incerta reparação a que exposto o executado com o prosseguimento da execução, ressoa inequívoco ser prescindível essa garantia no caso, ante o expressivo acervo patrimonial partilhável. Além disso, a antecipação de partilha outorgada ao recorrente sob idênticos fundamentos e condições outrora defendidos que ora impugna revela comportamento processual contraditório, caracterizado como venire contra factum proprium. Precedentes citados: REsp 846.660-RS, DJe 13/5/2011, e REsp 1.024.169-RS, DJe 28/4/2010. REsp 1.283.796-RJ, Rel. Min. Luis Felipe Salomão, julgado em 14/2/2012. (Inform. STJ 491)

LOCAÇÃO. EXECUÇÃO. HERANÇA. PARTILHA. PENHORA.

Cuida-se, na origem, de ação de execução ajuizada contra fiadora de contrato de locação que, em razão de infrutíferas tentativas de proceder à sua citação, foi lavrado auto de arresto de imóvel de sua propriedade. Posteriormente, tendo em vista o falecimento da executada, a exequente dirigiu a pretensão executiva contra o espólio, porém não logrou êxito em função de não ter sido localizado o inventariante. Então, a exequente promoveu a habilitação de seu crédito nos autos de arrolamento, sendo indeferido o pedido pelo juízo de sucessões por ter ocorrido a homologação da partilha. Ocorre que o juízo da execução deferiu o pedido de registro de penhora na matrícula do imóvel, o qual coube de herança aos ora recorrentes (filho e nora do *de cujus*). Nesse contexto, a Turma entendeu que, após ter sido homologada a partilha e havendo mais de um herdeiro, torna-se incabível a constrição de bem herdado por um deles para a garantia de toda a dívida deixada pelo *de cujus*, uma vez que a responsabilidade do sucessor é proporcional ao seu quinhão. Ressaltou-se que, no momento da transmissão hereditária, todos os elementos do patrimônio do falecido compõem um acervo indiviso em que cada herdeiro é titular de uma fração ideal daquela universalidade. Entretanto, depois da partilha, cessa o estado de indivisão que compõe o acervo da herança, uam vez que já estão discriminados e especificados os quinhões hereditários. Dessa forma, eventual execução poderá ser ajuizada contra os sucessores autores da herança. In casu, houve a inclusão dos herdeiros da fiadora (*de cujus*) no polo passivo da demanda executória, como também a penhora do imóvel ocorreu após o trânsito em julgado da sentença que homologou a partilha, não se mostrando, portanto, razoável que o bem herdado por apenas um dos sucessores garanta a integralidade da dívida deixada pelo *de cujus*. Dessarte, a Turma deu parcial provimento ao recurso, limitando a garantia do imóvel penhorado à proporção do quinhão herdado, isto é, um terço da dívida deixada pelo de cujus. **REsp 1.290.042-SP, Rel. Min. Maria Thereza de Assis Moura, julgado em 1°/12/2011.** (Inform. STJ 488)

INDENIZAÇÃO. SUCESSORES. LEGITIMIDADE.

Trata-se originariamente de ação indenizatória em que, com o falecimento do autor, foi deferida a habilitação dos sucessores para figurar no respectivo polo ativo. Assim, a *quaestio juris* centra-se em definir a legitimidade dos sucessores para receber a indenização por danos morais pleiteada pelo *de cujus*. A Turma, entre outras questões, entendeu que o direito à indenização, isto é, o direito de exigir a reparação do dano, inclusive de ordem moral, é assegurado aos sucessores do lesado, transmitindo-se com a herança. Vale dizer que o direito que se sucede é o de ação, de caráter patrimonial, e não o direito moral em si, personalíssimo por natureza, portanto intransmissível. Desse modo, consignou-se que, se é possível o espólio, em ação própria, pleitear a reparação dos danos psicológicos suportados pelo falecido, com mais razão se deve admitir o direito dos sucessores de receber a indenização moral requerida pelo *de cujus* em ação por ele próprio iniciada. Dessarte, deve-se reconhecer como legítimo o direito dos recorridos à indenização a que o falecido eventualmente faça jus frente aos recorrentes, inexistindo qualquer ofensa aos arts. 43 e 267, IX, do CPC. Precedentes citados: AgRg no EREsp 978.651-SP, DJe 10/2/2011; AgRg no Ag 1.122.498-AM, DJe 23/10/2009; AgRg no REsp 1.072.296-SP, DJe 23/3/2009, e REsp 1.028.187-AL, DJe 4/6/2008. **REsp 1.071.158-RJ, Rel Min. Nancy Andrighi, julgado em 25/10/2011.** (Inform. STJ 486)

INVENTÁRIO. EXCLUSÃO. COLATERAL. SOBRINHA-NETA.

Trata-se, originariamente, de ação de inventário em que, tendo em vista a ausência de descendentes, ascendentes e cônjuge, a herança seria dividida entre os herdeiros colaterais. Sendo os irmãos da inventariada pré-mortos, os sobrinhos do de cujus foram chamados a suceder e apresentaram plano de partilha amigável, no qual incluía a recorrente, na condição de sobrinha-neta (filha de um dos sobrinhos, também pré-morto). O juiz de primeiro grau determinou a exclusão da recorrente do inventário, com fundamento no art. 1.613 do CC/1916 e, em embargos declaratórios, indeferiu a inclusão, no inventário, da mãe da recorrente, cônjuge supérstite do sobrinho pré-morto da falecida, sendo essa decisão mantida pelo tribunal *a quo* em agravo de instrumento. Portanto, a controvérsia reside em definir se a recorrente deve permanecer no rol dos herdeiros do inventário de sua tia-avó, por representação de seu pai. A Turma negou provimento ao recurso com o entendimento de que, embora fosse o pai da recorrente sobrinho da inventariada, ele já havia falecido, e o direito de representação, na sucessão colateral, por expressa disposição legal, limita-se aos filhos dos irmãos, não se estendendo aos sobrinhos-netos, como é o caso da recorrente. **REsp 1.064.363-SP, Rel. Min. Nancy Andrighi, julgado em 11/10/2011.** (Inform. STJ 485)

REINTEGRAÇÃO. POSSE. HERDEIRAS. DIREITO. HABITAÇÃO. CÔNJUGE SUPÉRSTITE.

In casu, com o falecimento da mãe, sua meação transferiu-se para as filhas do casal. Depois, o pai contraiu novas núpcias em regime de separação obrigatória de bens e, dessa união, não houve filhos. Sucede que, quando o pai faleceu, em 1999, as filhas herdaram a outra metade do imóvel. Em 17/2/2002, elas então ajuizaram ação de reintegração de posse contra a viúva de seu genitor. O tribunal *a quo* manteve a sentença que indeferiu o pedido ao argumento de que o art. 1.831 do CC/2002 outorga ao cônjuge supérstite o direito real de habitação sobre o imóvel da família desde que ele seja o único bem a inventariar. Dessa forma, o REsp busca definir se o cônjuge sobrevivente tem direito real de habitação sobre imóvel em que residia com seu falecido esposo, tendo em vista a data da abertura da sucessão e o regime de bens do casamento. Após análise da legislação anterior comparada com a atual, explica o Min. Relator ser possível afirmar que, no caso dos autos, como o cônjuge faleceu em 1999, não se poderia recusar ao cônjuge supérstite o direito real de habitação sobre o imóvel em que residiam desde o casamento, tendo em vista a aplicação analógica por extensão do art. 7º da Lei n. 9.278/1996. Precedentes citados: REsp 872.659-MG, DJe 19/10/2009, e REsp 471.958-RS, DJe 18/2/2009. **REsp 821.660-DF, Rel. Min. Sidnei Beneti, julgado em 14/6/2011.** (Inform. STJ 477)

INDENIZAÇÃO. DANOS MORAIS. SUCESSORES.

A Turma deu provimento ao recurso especial a fim de assegurar aos sucessores o direito à indenização pelos danos morais suportados pelo *de cujus*. Na espécie, a lesada propôs a ação indenizatória por danos materiais e morais em desfavor da recorrida, mas faleceu no curso do processo, tendo sido sucedida pelos herdeiros recorrentes. O tribunal *a quo* condenou a recorrida a reparar apenas os prejuízos materiais; quanto aos morais, entendeu que a imagem e a personalidade são patrimônios subjetivos, portanto desaparecem com a morte de seu detentor. Segundo a Min. Relatora, o direito de exigir a reparação do dano, inclusive moral, transmite-se com a herança nos termos dos arts. 12 e 943 do CC/2002. Ressaltou ser intransmissível o direito moral em si, personalíssimo por natureza, não o direito de ação, de cunho patrimonial. Dessa forma, concluiu que, assim como o espólio e os herdeiros têm legitimidade ativa *ad causam* para pleitear, em ação própria, a reparação dos danos psicológicos suportados pelo falecido, com mais razão se deve admitir o direito dos sucessores de receber a indenização moral requerida pelo *de cujus* em ação iniciada por ele próprio. **REsp 1.040.529-PR, Rel. Min. Nancy Andrighi, julgado em 2/6/2011.** (Inform. STJ 475)

COMPANHEIRA. HERANÇA. CONCORRÊNCIA. ÚNICO FILHO.

Trata-se de REsp em que a discussão cinge-se à possibilidade de a companheira ainda não reconhecida por sentença como tal receber por herança verbas advindas do trabalho pessoal do falecido e, em caso positivo, concorrendo com o único filho dele, à proporção correspondente ao seu direito. A Turma, ao prosseguir o julgamento, após sua renovação, por maioria, entendeu que, em se tratando de direito sucessório, incide o mandamento do art. 1.790, II, do CC/2002. Assim, consignou-se que, concorrendo a companheira com o descendente exclusivo do autor da herança, calculada esta sobre todo o patrimônio adquirido pelo falecido durante a convivência, cabe a ela metade da quota-parte destinada ao herdeiro, vale dizer, 1/3 do patrimônio a ser partilhado. Diante desse fundamento, entre outros, por maioria, deu-se parcial provimento ao recurso para determinar a liberação de 2/3 do valor depositado e retido, descontando-se as parcelas adiantadas ao recorrente, até o trânsito em julgado de todas as ações de reconhecimento de união estável que tramitam envolvendo o autor da herança. **REsp 887.990-PE, Rel. originário Min. Fernando Gonçalves, Rel. para acórdão Min. Luis Felipe Salomão (art. 52, IV, b, do RISTJ), julgado em 24/5/2011.** (Inform. STJ 474)

PARTILHA DE BENS. IGUALDADE. QUINHÕES.

Trata-se, no caso, de verificar se o princípio da igualdade disposto no art. 1.775 do CC/1916 e reproduzido no art. 2.017 do CC/2002 foi observado quando da homologação da partilha realizada pelo juízo singular e confirmada pelo tribunal *a quo*. A Turma entendeu que, na partilha, observar-se-á não só a maior igualdade formal, ou seja, a equivalência matemática dos quinhões, evitando a necessidade da constituição de condomínio, mas também a igualdade qualitativa e a natureza dos bens partilháveis. A partilha justa é aquela que, sem descuidar do valor dos bens, destina a cada um dos ex-cônjuges todas as classes de bens e direitos, os melhores e os piores, considerando, por exemplo, custas com manutenção, liquidez, potencial de exploração econômica etc. Deve, ainda, na medida do possível, possibilitar o efetivo aproveitamento do patrimônio, atribuindo-lhes os bens do monte partível que lhes forem mais proveitosos em razão da idade, profissão, saúde etc. Assim, a Turma deu provimento ao recurso para que o tribunal *a quo* manifeste-se expressamente sobre a qualidade e a natureza dos bens do acervo e realize o cotejo das condições de cada um deles com as características e necessidades das partes, especialmente a possibilidade de servirem de moradia e fonte de renda. **REsp 605.217-MG, Rel. Min. Paulo de Tarso Sanseverino, julgado em 18/11/2010**. (Inform. STJ 456)

SEPARAÇÃO. CORPOS. EFEITOS. SUCESSÃO.

In casu, a recorrente ajuizou medida cautelar de separação de corpos e, posteriormente, propôs separação judicial julgada anos depois. Sucede que, entre a propositura da ação de separação e a sentença, os pais do marido morreram. e então, a recorrente postulou sua habilitação no inventário, sob alegação de ainda ser casada em regime universal de bens com o herdeiro. Nas instâncias ordinárias, o juiz decidiu que, quanto à sucessão da mãe do marido, os bens observariam as regras do CC/1916 e, quanto à sucessão do pai, como havia cláusula de incomunicabilidade e inalienabilidade, os bens pertenciam apenas ao herdeiro. E o TJ, em agravo de instrumento, entendeu que, como houve medida cautelar deferindo a separação de corpos antes do óbito dos genitores do cônjuge varão, não se comunicavam os frutos da herança e a meação. No REsp, o Min. Relator esclarece que o acórdão recorrido está em consonância com as decisões do Supremo e deste Superior Tribunal no sentido de que, consentida a separação de corpos, nessa data se extingue a sociedade conjugal, desfazendo-se os deveres conjugais, bem como o regime matrimonial de bens. Também, a partir dessa data, retroagem os efeitos da sentença de separação judicial ou divórcio (art. 8º da Lei n. 6.515/1977, não alterado pelas novas disposições do CC/2002). Aponta ainda que, na hipótese, o casal já estava separado de fato quando faleceram os genitores do cônjuge varão, desde então cessaram os deveres e a comunicabilidade dos bens, permanecendo somente aqueles bens amealhados na constância do casamento. Diante do exposto, entre outros argumentos, a Turma não conheceu do recurso. Precedentes citados: REsp 8.716-RS, DJ 25/11/1993, e REsp 226.288-PA, DJ 12/3/2001. **REsp 1.065.209-SP, Rel. Min. João Otávio de Noronha, julgado em 8/6/2010**. (Inform. STJ 438)

HERANÇA. MEAÇÃO. SEPARAÇÃO TOTAL. BENS.

A Turma entendeu que o espólio tem legitimidade para se contrapor ao pedido de habilitação do cônjuge supérstite; pois, conforme jurisprudência, antes da partilha, todo o patrimônio permanece em situação de indivisibilidade, a que a lei atribui natureza de bem imóvel (art. 79, II, do CC/1916). Esse condomínio, por expressa disposição de lei, em juízo, é representado pelo inventariante. Logo, não há falar que a universalidade consubstanciada no espólio, cuja representação é atribuída ao inventariante, seja parte ilegítima para a ação proposta pelo herdeiro. Outro tema abordado foi quanto à meação em razão da existência de pacto antenupcial que estabelece o regime de separação de bens entre a recorrente e o *de cujus*: a Turma reafirmou o entendimento de que há óbice ao direito de meação se o pacto antenupcial estabeleceu o regime de separação total de bens. Assim, o pacto antenupcial de separação impede que o cônjuge supérstite habilite-se na sucessão. Entendeu, ainda, que, apesar de o regime jurídico de separação de bens ser voluntariamente estabelecido e imutável, admite-se, excepcionalmente, a participação patrimonial de um cônjuge sobre bem de outro se demonstrada, de modo concreto, a aquisição patrimonial pelo esforço comum. No presente caso, o tribunal *a quo* afirmara haver participação da ora recorrente nas empresas do casal, mas deixou expresso que não há sequer um único documento que comprove a existência da sociedade de fato. Assim, afastou o direito à meação e remeteu às vias ordinárias a pretensão da recorrente quanto à sua condição de sócia. A Turma, então, quanto a esse tema, aplicou a Súm. n. 7-STJ, pois o afastamento, na instância especial, do art. 984 do CPC aplicado pelo tribunal *a quo* demandaria o revolvimento das provas. Precedentes citados: REsp 123.633-SP, DJe 30/3/2009; REsp 286.514-SP, DJ 22/10/2007; REsp 1.111.095-RJ, DJe 11/2/2010; REsp 992.749-MS, DJe 5/2/2010, e REsp 1.080.614-SP, DJe 21/9/2009. **REsp 689.703-AM, Rel. Min. Luis Felipe Salomão, julgado em 20/4/2010**. (Inform. STJ 431)

REGIME MATRIMONIAL. SUCESSÃO.

Trata-se de recurso interposto contra acórdão exarado pelo TJ que deferiu pedido de habilitação de viúva como herdeira necessária. A questão resume-se em definir se o cônjuge sobrevivente – que fora casado com o autor da herança sob o regime da separação convencional de bens – participa da sucessão como herdeiro necessário em concorrência com os descendentes do falecido. No caso, a situação fática vivenciada pelo casal, declarada desde já a insuscetibilidade de seu reexame nesta via recursal, é a seguinte: cuida-

-se de um casamento que durou dez meses; quando desse segundo casamento, o autor da herança já havia formado todo seu patrimônio e padecia de doença incapacitante; os nubentes escolheram, voluntariamente, casar pelo regime da separação convencional, optando, por meio de pacto antenupcial lavrado em escritura pública, pela incomunicabilidade de todos os bens adquiridos antes e depois do casamento, inclusive frutos e rendimentos. Para a Min. Relatora, o regime de separação obrigatória de bens previsto no art. 1.829, I, do CC/2002 é gênero que agrega duas espécies: a separação legal e a separação convencional. Uma decorre da lei; a outra, da vontade das partes, e ambas obrigam os cônjuges, uma vez estipulado o regime de separação de bens, à sua observância. Não remanesce, para o cônjuge casado mediante separação de bens, direito à meação tampouco à concorrência sucessória, respeitando-se o regime de bens estipulado, que obriga as partes na vida e na morte. Nos dois casos, portanto, o cônjuge sobrevivente não é herdeiro necessário. Entendimento em sentido diverso suscitaria clara antinomia entre os arts. 1.829, I, e 1.687 do CC/2002, o que geraria uma quebra da unidade sistemática da lei codificada e provocaria a morte do regime de separação de bens. Por isso, deve prevalecer a interpretação que conjuga e torna complementares os citados dispositivos. Se o casal firmou pacto no sentido de não ter patrimônio comum e se não requereu a alteração do regime estipulado, não houve doação de um cônjuge ao outro durante o casamento, tampouco foi deixado testamento ou legado para o cônjuge sobrevivente, quando seria livre e lícita qualquer dessas providências, não deve o intérprete da lei alçar o cônjuge sobrevivente à condição de herdeiro necessário, concorrendo com os descendentes, sob pena de clara violação do regime de bens pactuado. Se o casamento foi celebrado pelo regime da separação convencional, significa que o casal escolheu – conjuntamente – a separação do patrimônio. Não há como violentar a vontade do cônjuge – o mais grave – após sua morte, concedendo a herança ao sobrevivente com quem ele nunca quis dividir nada, nem em vida. Em tais situações, haveria, induvidosamente, a alteração do regime matrimonial de bens post mortem. Seria alterado o regime de separação convencional de bens pactuado em vida, permitindo ao cônjuge sobrevivente o recebimento de bens de exclusiva propriedade do autor da herança, patrimônio, o qual, recusou, quando do pacto antenupcial, por vontade própria. Assim, o regime de separação de bens fixado por livre convenção entre a recorrida e o falecido está contemplado nas restrições previstas no art. 1.829, I, do CC/2002, em interpretação conjugada com o art. 1.687 do mesmo código, o que retira da recorrida a condição de herdeira necessária do autor da herança em concorrência com os recorrentes. REsp 992.749-MS, Rel. Min. Nancy Andrighi, julgado em 1º/12/2009. (Inform. STJ 418)

DIREITO SUCESSÓRIO. VONTADE. TESTADOR.

O pacto antenupcial foi firmado na vigência do CC/1916 e, fixado o regime da separação de bens, em observância ao princípio da autonomia da vontade, não poderia ser alterado por ser ato jurídico perfeito. O art. 2.039 do CC/2002 estabelece que o regime de bens nos casamentos celebrados na vigência do código anterior será o que foi por ele estabelecido. Assim, permanece com plena eficácia o pacto nupcial, devendo, pois, ser respeitados os atos subsequentes dele advindos, especialmente, como na espécie, o testamento celebrado por um dos cônjuges. A dissolução do casamento pela morte de um dos cônjuges não autoriza que a partilha de seus bens particulares seja realizada diversamente do que admitido pelo regime de bens adotado no casamento, nem transforma o testamento, se estipulado por qualquer deles em conformidade com a lei e o pacto antenupcial adotado, em ato jurídico inoperante, imperfeito e inacabado. Assim, ao prosseguir o julgamento, a Turma, por maioria, conheceu e deu provimento ao recurso para indeferir o pedido de habilitação do espólio da viúva no inventário do cônjuge varão. **REsp 1.111.095-RJ, Rel. originário Min. Carlos Fernando Mathias (Juiz convocado do TRF da 1ª Região), Rel. para acórdão Min. Fernando Gonçalves, julgado em 1º/10/2009.** (Inform. STJ 409)

ANULAÇÃO. PARTILHA AMIGÁVEL. DISCUSSÃO. DOLO.

Trata-se de ação de inventário no qual houve partilha amigável homologada por acordo celebrado pelas partes. Os ora recorridos apelaram alegando que o acordo foi-lhes prejudicial, pois existe erro e dolo no ajuste, o que resultou em um quinhão equivalente à metade do recebido pelos demais herdeiros. O Tribunal *a quo* proveu o apelo por entender que os recorridos foram lesados, mas não especificou qual o vício que contaminaria o acordo. A Turma conheceu em parte do recurso e deu-lhe provimento nessa parte por entender que a sentença que se limita a homologar a partilha amigável não pode ser desconstituída por meio de recurso de apelação, pois não possui cunho decisório e há necessidade de produção de prova acerca do vício alegado, sendo necessário o ajuizamento da ação anulatória prevista no art. 1.029 do CPC. **REsp 695.140-MG, Rel. Min. João Otávio de Noronha, julgado em 1º/9/2009.** (Inform. STJ 405)

HERANÇA. CONDOMÍNIO. PREFERÊNCIA.

A Turma proveu o recurso ao entendimento de que afastar a aplicação do direito de preferência (art. 1.139 do CC/1916) pleiteado pela recorrente é inadequado por violar o art. 1.580 do mesmo código, bem como por desmerecer o regime condominial e indivisível da herança. No caso, aplica-se a tese de que a venda e cessão de direitos hereditários de bem indivisível reclamam que seja dada preferência ao condômino coherdeiro, com prévia comunicação aos demais condôminos. Precedentes citados: REsp 50.226-BA, DJ 19/9/1994; REsp 489.860-SP, DJ 13/12/2004, e REsp 71.731-SP, DJ 13/10/1998. **REsp 550.940-MG, Rel. Min. João Otávio de Noronha, julgado em 20/8/2009.** (Inform. STJ 403)

ESPÓLIO. ÔNUS. COMUNICAÇÃO. AQUESTOS.
A Turma acolheu os embargos de declaração para explicitar a questão sobre a comunicação ou não de aquestos, bens mantidos fora do espólio, provocada pela agravante originária, filha do primeiro casamento do *de cujus*. Destarte, cabe à ora embargante, que deseja ver bens trazidos para o inventário de seu genitor, o ônus da ação e o da prova de que foram adquiridos com o esforço comum do casal. No caso, como tais bens foram adquiridos em nome apenas da segunda esposa, a presunção é que a ela pertencem. Daí, compete à embargante e não ao espólio da segunda mulher de seu pai a desconstituição de tal situação. **EDcl no REsp 123.633-SP, Rel. Min. Aldir Passarinho Junior, julgados em 19/5/2009 (ver Informativo n. 387).** (Inform. STJ 395)

INVENTARIANTE. REMOÇÃO.
As instâncias ordinárias entenderam remover o inventariante (filho do falecido), pois, como comprovado nos autos, estava a violar seus deveres e atribuições. Sonegou bens do espólio e descumpriu a determinação do juízo de alteração do contrato social de uma sociedade empresarial em que eram sócios o falecido e outros herdeiros. Preteriu-se, também, a companheira do *de cujus*, ora recorrente, uma vez que terminaram por nomear um inventariante dativo, dada a elevada animosidade existente entre os herdeiros, com mútuas imputações de graves acusações. Daí o REsp, em que se alega, em suma, o desrespeito ao contraditório e ao devido processo legal, visto não se conceder oportunidade de ela deduzir defesa. Nesse contexto, a Turma não conheceu do recurso, ao entender que o art. 995 do CPC (que prevê as hipóteses de remoção do inventariante) não é exaustivo. Assim, o juízo poderia refutar o inventariante, de ofício, quando constatado, tal como no caso, que adviriam ao processo frequentes percalços, litígios intermináveis e recursos em profusão. Anotou-se que a análise da animosidade entre as partes (constatada por ambas as decisões de 1º e 2º graus) esbarra na proibição imposta pela Súm. n. 7-STJ. Precedentes citados: REsp 283.994-SP, DJ 7/5/2001; REsp 88.296-SP, DJ 8/2/1999, e AgRg no Ag 56.786-MG, DJ 13/3/1995. **REsp 988.527-RS, Rel. Min. Aldir Passarinho Junior, julgado em 24/3/2009.** (Inform. STJ 388)

INVENTÁRIO. COMUNICABILIDADE. AQUESTOS.
Nos autos de inventário de bens deixados por austríaco casado em segundas núpcias com austríaca (falecida no curso do inventário), a filha do primeiro casamento interpôs agravo de instrumento contra a decisão de o magistrado excluir do inventário a segunda esposa, falecida, e os bens que estavam registrados em seu nome. Por outro lado, o TJ determinou a reinclusão da segunda esposa e de seu patrimônio trazido para somar ao do *de cujus*, preservando-se sua meação, para, então, proceder-se à repartição dos bens entre os dois filhos do casal e a filha do primeiro casamento. Anota-se, ainda, que o regime matrimonial do casal era o da separação de bens, contraído na Áustria, sob a égide da legislação daquele país, onde residiram por três anos, antes de virem morar no Brasil, e aqui viveram por quase quarenta anos. No REsp, a segunda esposa, agora o espólio, discute a comunicação dos aquestos adquiridos ao longo do segundo casamento. Para o Min. Relator, os bens adquiridos na constância da união conjugal comunicam-se somente nas hipóteses em que o patrimônio foi comprovadamente adquirido pelo esforço em comum do casal e, quanto àqueles que foram amealhados individualmente, preserva-se a vontade dos cônjuges, ou seja, a incomunicabilidade entre eles. O Min. Luis Felipe Salomão, em seu voto de desempate, aderiu ao voto do Min. Relator, ressaltando que a jurisprudência evoluiu ao permitir a comunicação do patrimônio amealhado pelo esforço comum na constância do casamento, conjugando e preservando a aplicação do Direito brasileiro mesmo nos casos em que a legislação, no país de origem, determina a separação absoluta de bens. Ressaltou a orientação da Súm. n. 377-STF, em consonância com o art. 226 da CF/1988, que dispõe proteção especial à família. Observou-se, ainda, que, por tratar-se de matéria complexa, sem documentos comprobatórios no processo de inventário, a prova do esforço comum para adquirir os bens deve ser apurada em ação própria. Com esse entendimento, após o voto de desempate, a Turma, por maioria, conheceu em parte do recurso e, nessa parte, deu-lhe parcial provimento. Precedentes citados: REsp 9.938-SP, DJ 3/8/1992, e REsp 442.165-RS, DJ 28/10/2002. **REsp 123.633-SP, Rel Min. Aldir Passarinho Junior, julgado em 17/3/2009.** (Inform. STJ 387)

ANULAÇÃO. IMÓVEL. VENDA. ASCENDENTE. DESCENDENTE.
Renovando o julgamento, a Seção conheceu os embargos pela notória divergência e os proveu ao entendimento de que, na ação declaratória de nulidade de ato jurídico ajuizada já passados mais de quinze anos, para desconstituir venda de imóveis efetuada por genitor falecido em favor de irmãos unilaterais, sem a anuência dos herdeiros interessados, o prazo prescricional é vintenário (art. 177 do CC/1916). Também, no referente à controvérsia, se tal venda é nula de *pleno jure* ou apenas anulável, foi o acórdão do tribunal de origem restabelecido, i. e., partindo-se da tese de que a venda é hígida até que a parte interessada (descendente não participante) suscite a existência de prejuízo à sua legítima, configurando-se, pois, a anulabilidade do fato. Precedentes citados: REsp 771.736-SC, DJ 15/5/2006; REsp 476.557-PR, DJ 22/3/2004; REsp

436.010-SP, DJ 18/11/2002, e REsp 407.123-RS, DJ 1º/9/2003. **EREsp 661.858-PR, Rel. Min. Fernando Gonçalves, julgados em 26/11/2008**. (Inform. STJ 378)

DOAÇÃO. PARTILHA. DOLO. ANULAÇÃO.
Noticiam os autos que mãe e irmãos convenceram a irmã (autora, ora recorrida) a abrir mão dos bens havidos na partilha da sucessão do pai, sob pretexto de resguardo do patrimônio familiar, que estaria em risco por seu casamento e ela (a autora) foi induzida em erro ao crer que, participando dos negócios, receberia de volta os bens havidos na partilha. Todavia, a mãe fez distribuir, com reserva de usufruto, alguns bens aos outros dois filhos e ao tio da autora. Daí a ação de anulação de ato jurídico cumulada com perdas e danos contra a mãe e os irmãos, na qual afirma ter sido ludibriada e dolosamente induzida a abrir mão do seu quinhão. Observa o Min. Relator que a lide foi decidida nas instâncias ordinárias com explícita fundamentação nas provas produzidas (Súm. n 7-STJ), concluindo-se pela ocorrência do dolo (vício de consentimento) apto a desencadear a anulação dos atos jurídicos realizados, ou seja, a doação da autora em benefício da mãe. Outrossim, o Tribunal *a quo* consignou, em contraposição à sentença, não ser adequada a anulação das doações feitas pela filha à mãe sem anular também todo o negócio subjacente da doação. Assim, não prospera a alegação de que a autora busca anular doação feita ao tio que deveria ocupar o polo passivo da demanda como litisconsórcio necessário. Houve a preclusão consumativa quanto essa questão porque não requerida em declaratórios opostos ao acórdão da apelação. Por fim, quanto à ausência de solidariedade, porque não teria havido dolo dos irmãos, mas somente da mãe, este mesmo acórdão foi depois confirmado em embargos infringentes, que imputaram, não só à genitora, mas também aos outros dois irmãos o ardil, são todos responsáveis, sendo assim, não há a pretendida violação do art. 896 do CC/1916 (os atos jurídicos são anuláveis por dolo, quando esse for causa). Diante do exposto, a Turma não conheceu o recurso. **REsp 186.604-SP, Rel. Min. Fernando Gonçalves, julgado em 6/11/2008**. (Inform. STJ 375)

INVENTÁRIO. POSSE. IMÓVEL. CO-HERDEIRO.
A recorrente e seu marido residem em fazenda arrecadada durante o inventário de seu falecido sogro, para posterior partilha entre os oito herdeiros habilitados, entre os quais se inclui seu marido. O juiz, considerando a indivisibilidade do bem, determinou que se passasse a fazenda à posse exclusiva de uma determinada herdeira. Ao marido da recorrente restaria levantar o valor depositado nos autos (R$ 119.111,38), como pagamento de sua quota-parte. Essa decisão teria violado direito líquido e certo da recorrente, que não é parte do processo de inventário, mas exerce a posse conjunta sobre o bem imóvel. Em primeiro lugar, destacou a Min. Relatora, que a recorrente é casada em regime de comunhão parcial de bens e, por esse motivo, não se torna meeira dos bens herdados por seu marido (art. 1.659, I, do CC/2002). Não se alega que a herança tenha sido concedida em favor de ambos os cônjuges, o que afasta a aplicação do art. 1.660, III, do mesmo código. Assim, não há falar em citação necessária da recorrente para participar do inventário de seu sogro. Os bens insuscetíveis de divisão cômoda que não couberem na meação de um só herdeiro, como é a hipótese dos autos, sujeitam-se a venda judicial (art. 2.019, *caput*, do referido código). Não se faz a venda, no entanto, se um ou mais herdeiros adjudicar o bem, repondo aos outros, em dinheiro, a diferença após a avaliação atualizada (art. 2.019, § 1º, do CC/2002). O mandado de segurança não se presta ao exame e à produção de provas, sendo certo que as questões relativas à caracterização da posse, no caso dos autos, demandarão aprofundada análise do conjunto probatório. A pretensão da impetrante, assim, revela-se incompatível com a via estreita do mandado de segurança, que exige prova pré-constituída. Ausente, portanto, ofensa a direito líquido e certo a ser garantido com o *mandamus*. No que diz respeito ao bem indivisível, o co-herdeiro não pode refutar a venda judicial e, ao mesmo tempo, negar-se a alienar seu quinhão, sob pena de se inviabilizar a partilha. **RMS 26.475-AC, Rel. Min. Nancy Andrighi, julgado em 14/10/2008**. (Inform. STJ 372)

DOAÇÃO. DIREITOS HEREDITÁRIOS. MEAÇÃO.
As partes, quando do falecimento do *de cujus* (pai e marido) e da abertura do inventário, entenderam firmar um contrato particular sobre a cessão de direitos dos filhos para a mãe, além da promessa de doação quanto a todos os bens da viúva meeira, como forma de viabilizar a partilha. Alega-se desobedecida a necessária forma pública, contratada a proibida herança de pessoa viva com o uso de indevida promessa de doação, além de existir coação em sua celebração. Nesta instância especial, diante dessas peculiaridades, o Min. Relator reconheceu a eficácia do instrumento particular para a comprovação do negócio entabulado. O Min. Ari Pargendler, em seu voto-vista, ao acompanhá-lo, aduziu que a promessa, no caso, caracterizar-se-ia como uma condição do negócio, não seria apenas mera liberalidade. Já o voto-vista da Min. Nancy Andrighi, também conforme com o do Relator, afastou da cessão dos direitos hereditários a possibilidade de se aventar renúncia e ressaltou que, apesar de consumada em instrumento particular, essa manifestação dos herdeiros recebeu a homologação do juízo mediante termo próprio lavrado nos autos: mesmo inquinada de nula a posterior promessa de doação, permaneceria íntegra a cessão; quisessem desconstituir a partilha, deveriam pautar-se pelo disposto no art. 1.030 do CPC. No que toca à promessa de doação, a Min. Nancy Andrighi firmou não haver interesse dos recorrentes, pois, mesmo que anulada, a viúva meeira poderia, independentemente de pro-

messa, doar a seus filhos o patrimônio amealhado nos mesmos termos do acordo que se quer invalidar. Anotou, também, não haver prejuízo à legítima dos herdeiros necessários, o que afasta a violação do art. 1.176 do CC/1916. Quanto à alegação de uma das rés de que estaria no polo errado da ação, para a Ministra, aquele que inicialmente se coloca totalmente contra as pretensões do autor não pode, simplesmente, no curso da ação, advogar em prol do demandante contra os demais; poderia, quando muito, abster-se de litigar e reconhecer a procedência do pedido, sem pretender transferir-se para o polo ativo. **REsp 853.133-SC, Rel. originário Min. Humberto Gomes de Barros, Rel. para acórdão Min. Ari Pargendler** (art. 52, IV, b, do RISTJ), **julgado em 6/5/2008.** (Inform. STJ 354)

ESPÓLIO. BENS A PARTILHAR. QUOTAS EMPRESARIAIS.
O recorrido buscava com a ação o reconhecimento de sua qualidade de sócio, posição a ser assumida pelos sucessores do *de cujus*. Já o recorrente alega que a figura do espólio não mais existiria no momento da propositura da ação, visto que o inventário há pouco se encerrara. Porém constata-se que as quotas empresariais tituladas pelo *de cujus* realmente não foram objeto de partilha. Daí que, se há bens a partilhar, não se pode concluir pela extinção do espólio. Precedente citado: REsp 284.669-SP, DJ 13/8/2001. **REsp 977.365-BA, Rel. Min. Fernando Gonçalves, julgado em 26/2/2008.** (Inform. STJ 346)

ESPÓLIO. MEAÇÃO. VIÚVA.
A matéria controvertida no inventário consiste em definir se os bens oriundos do recebimento de honorários advocatícios na constância de casamento celebrado sob o regime da comunhão universal de bens devem ou não integrar a meação da viúva. Para a Min. Relatora, não destoa de outros julgados deste Superior Tribunal que o recebimento sob forma de dação em pagamento de uma fazenda e de TDAs pelos serviços profissionais prestados pelo marido como advogado e na constância do matrimônio incorporam-se ao patrimônio do casal, o que impõe comunicabilidade desses bens à viúva meeira que se dedicou à criação dos filhos e à administração do lar. Com esse entendimento, a Turma restabeleceu a decisão interlocutória na qual se determinou que os bens do litígio integrassem a meação da viúva, devendo o inventário prosseguir nos moldes do devido processo legal. Precedente citado: EREsp 421.801-RS, DJ 17/12/2004. **REsp 895.344-RS, Rel. Min. Nancy Andrighi, julgado em 18/12/2007.** (Inform. STJ 343)

FIDEICOMISSO. TESTADOR. SUCESSÃO. CAPACIDADE. HERDEIRO LEGÍTIMO. IRMÃO SOLTEIRO. NETOS.
A Turma entendeu que, no caso, morrendo o fideicomissário antes do fiduciário, a propriedade consolida-se na pessoa do fiduciário, deixando de ser restrita e resolúvel (arts. 1.952, 1.955 e 1.959 do CC/2002). Outrossim, constatada a violação do art. 1.786 do CC/2002, cabível a restauração de decisão interlocutória que admitia a capacidade sucessória passiva de todos os irmãos daquele que faleceu sem deixar filhos e de pais também já falecidos. Precedentes citados: REsp 240.720-SP, DJ 6/10/2003, e REsp 539.605-SP, DJ 10/5/2004. **REsp 820.814-SP, Rel. Min. Nancy Andrighi, julgado em 9/10/2007.** (Inform. STJ 335)

EXECUÇÃO. HIPOTECA. BEM. ESPÓLIO.
Em execução hipotecária movida por banco, a dívida e a garantia real foram constituídas por viúvo meeiro após a morte da inventariada, daí porque o espólio opôs embargos de terceiro para livrar o bem da constrição. Esses embargos foram acolhidos em primeiro grau, ao fundamento de que, sem a partilha, não poderia o viúvo meeiro executado oferecer em garantia o imóvel comum ainda indiviso. A apelação foi improvida por maioria, mas, em sede de embargos infringentes, prevaleceu o voto vencido, que mantinha hígida a hipoteca sobre o quinhão do meeiro. Isso posto, para o Min. Relator, há vício originário, o da impossibilidade jurídica de o cônjuge já viúvo-meeiro gravar com hipoteca bem comum que integra direito hereditário indivisível. Outrossim, resumiu: se em vida o marido não poderia dar em hipoteca imóvel do casal sem a outorga uxória (art. 235, I, CC/1916), se a sucessão aberta transmite de logo a posse e o domínio aos herdeiros (art. 1.572 do CC/1916) e se tais direitos são indivisíveis, tanto por consequência como por expressa previsão legal, o que torna o bem, nessas circunstâncias, indivisível (arts. 53, II, 57 e 1.580 do CC/1916) tem-se que, *ab initio*, gravado o patrimônio inventariado viciadamente, é direito do espólio impugnar a execução, ademais verificada a contrariedade do art. 992, I, do CPC, o qual estabelece que o inventariante só pode alienar bens após ouvir os interessados e com autorização do juiz. Destacou, ainda, que, no caso, houve descuido do banco quando da contratação do mútuo. Com base nessas considerações, a Turma deu provimento ao recurso para julgar procedentes os embargos de terceiro, restabelecendo a decisão monocrática. **REsp 304.800-MS, Rel. Min. Aldir Passarinho Junior, julgado em 19/4/2007.** (Inform. STJ 317)

NULIDADE. PARTILHA. BEM. TERCEIROS.
Foi realizada a partilha no processo de separação amigável entre o recorrente e a recorrida. Ficou ajustado que a varoa ficaria com a totalidade do único imóvel do casal e ao varão caberia "direito sucessório" ou "doação" de parte de um terreno de propriedade de seus sogros (ainda vivos à época da partilha) que sequer participaram do acordo. Diante disso, a Turma entendeu tornar nula a partilha, pois é certo que não se pode contratar herança de pessoa viva ou, nesses termos, obrigar quem não é parte no acordo à doação. **REsp 300.143-SP, Rel. Min. Aldir Passarinho Junior, julgado em 21/11/2006.** (Inform. STJ 305)

8.2.7. Quadro sinótico

1. Sucessão em geral

1.1 Espécies:

a) *Inter vivos*: contrato;

b) *Mortis Causa*: falecimento. *Sub-espécies*:

- Legítima: art. 1.829 CC;

- Testamentária: art. 1.857 ao 1.990 CC.

1.2 Efeitos

a) A título universal (herdeiro): recebe patrimônio sem individualização;

b) A título singular (legatário): recebe patrimônio individualizado (testamento).

1.3 Fundamentos

a) propriedade: função social;

b) família: amparo aos entes próximos do de cujus;

c) liberdade: testamento.

1.4 Herança:

- bens materiais, créditos e direitos;

- bem imóvel e indivisível.

1.5 Abertura da sucessão (se dá no momento da morte):

Consequências:

- herança: transmite-se desde logo aos herdeiros (posse e propriedade – princípio de saisine);

-legado: transfere de imediato a propriedade, nas não a posse;

- dá início ao prazo de 60 dias para a abertura do inventário (Lei 11.441/07).

1.6 Leis aplicáveis

1.6.1 Lei material:

- bens situados no Brasil: lei do domicílio do *de cujus*. Havendo esposa e filhos de nacionalidade brasileira: lei mais favorável a estes. Essa lei indica quem são os herdeiros;

- capacidade sucessória: lei do domicílio do herdeiro/legatário. Essa lei indica se têm capacidade para receber a herança.

1.6.2 Lei processual: lugar do último domicílio do *de cujus* (competência relativa);

1.7 Herança e sua administração

1.7.1 Direitos e obrigações que não se transmitem: direitos personalíssimos (ex.: poder familiar, direitos políticos, obrigação de fazer infungível – art. 247 do CC); b) uso, usufruto e habitação.

1.7.2 Características:

a) natureza imobiliária;

b) indivisibilidade;

c) unidade.

1.7.3 Cessão: é possível ceder a *quota* hereditária (escritura pública). A cessão do *direito* é ineficaz até que, pela partilha, aquele bem seja atribuído ao herdeiro que fez a disposição. É possível que haja *alienação* de bem, desde que com autorização judicial. – Direito de preferência dos herdeiros.

1.7.4 O herdeiro não responde por encargos superiores às forças da herança.

1.7.5 Administrador provisório: é **aquele que atua** da data da abertura da sucessão até o compromisso do inventariante (art. 1.797 CC).

1.8 Vocação hereditária (capacidade para suceder)

1.8.1 Momento: abertura da sucessão.

1.8.2 Sucessão legítima:

a) já nascidas; ou

b) já concebidas no momento da abertura da sucessão (nascituro. Embriões produzidos *in vitro*: CJF: favorável).

1.8.3 Sucessão testamentária:

a) os filhos, ainda não concebidos, de pessoas indicadas pelo testador, desde que vivas estas ao abrir-se a sucessão (prole eventual – concepção: dois anos da abertura da sucessão);

b) as pessoas jurídicas já constituídas no momento da morte do testador;

c) as pessoas jurídicas, cuja organização for determinada pelo testador sob a forma de fundação.

1.8.4 Não têm capacidade para suceder, sob pena de nulidade:

a) a pessoa que, a rogo, escreveu o testamento, nem o seu cônjuge ou companheiro, ou os seus ascendentes e irmãos;

b) as testemunhas do testamento;

c) o concubino do testador casado, salvo se este, sem culpa sua, estiver separado de fato do cônjuge há mais de cinco anos;

d) o tabelião, civil ou militar, ou o comandante ou escrivão, perante quem se fizer, assim como o que fizer ou aprovar o testamento.

1.9 Aceitação da herança

1.9.1 Conceito: é o *o ato jurídico em sentido estrito unilateral pelo qual o herdeiro, legítimo ou testamentário, manifesta livremente sua vontade de receber a herança ou o legado que lhe é transmitido.*

1.9.2 Efeito: declaratório;

1.9.3 Espécies:

a) Expressa: manifestação escrita;

b) Tácita: comportamental;

c) Presumida: silêncio após 20 dias da abertura da sucessão;

d) Pelos credores: havendo renúncia do herdeiro em prejuízo dos credores; a habilitação dos credores se fará no prazo de 30 dias seguintes ao conhecimento do fato. Essa aceitação apenas é eficaz em relação a eles.

1.9.4 Limitações:

a) não se pode aceitar a herança parcialmente**,** sob condição **ou** a termo;

b) a aceitação é **irrevogável;**

1.10 Renúncia da herança

1.10.1 Conceito: é o *ato jurídico em sentido estrito unilateral pelo qual o herdeiro declara expressamente que não aceita a herança ou legado a que tem direito;*

1.10.2 Requisitos:

a) capacidade jurídica do renunciante;

b) forma prescrita em lei: instrumento público ou termo judicial;

c) inadmissibilidade de condição ou termo;

d) não realização de ato equivalente à aceitação, já que a aceitação é irrevogável;

e) impossibilidade de repúdio parcial.

1.10.3 Espécies:

a) Pura e simples (abdicativa): em favor do monte;

b)Translativa (*in favorem*): é a renúncia que se faz em favor de certa a determinada pessoa.

1.10.4 Efeitos:

a) considera-se que a transmissão da herança não foi verificada;

b) os herdeiros do renunciante não o representarão;

c) a parte do renunciante será acrescida à dos outros herdeiros da mesma classe e, sendo ele o único desta, devolve-se aos da classe subsequente (art. 1.810 do CC);

d) a renúncia é irrevogável;

e) não há pagamento de imposto *mortis causa*.

1.11 Excluídos da sucessão por indignidade

1.11.1 Conceito: é a *pena civil que priva do direito à herança herdeiros ou legatários que cometerem atos graves contra o autor da herança ou pessoa próxima a ele, taxativamente enumerados em lei.*

1.11.2 Requisitos:

a) cometimento de ato grave previsto em lei pelo herdeiro ou legatário enquanto o autor da herança era vivo;

b) ação judicial pelos legitimados previstos em lei;

1.11.3 Causas de exclusão:

a) quando houverem sido autores, coautores ou partícipes de homicídio doloso ou tentativa deste contra a pessoa de cuja sucessão se tratar: seu cônjuge, seu companheiro, seu ascendente, seu descendente;

b) quando houverem acusado caluniosamente em juízo autor da herança (denunciação caluniosa – art. 339 do CP) ou incorrerem em crime contra a honra deste, ou de seu cônjuge ou companheiro;

c) quando por violência ou meios fraudulentos atentarem contra a liberdade de testar do autor da herança de dispor livremente de seus bens por ato de última vontade;

1.11.4 Reabilitação do herdeiro: A exclusão do herdeiro ou legatário ficará prejudicada se o autor da herança, por meio de testamento ou documento autêntico, reabilitar o indigno.

1.11.5 Prazo para o ajuizamento da ação: 4 anos contados da abertura da sucessão;

1.11.6 Efeitos: são *pessoais*. O excluído é considerado *como se morto fosse*, podendo seus descendentes representá-lo na herança do falecido.

1.11.7 Diferença com a deserdação: a deserdação é o *ato unilateral do testador, que se aperfeiçoa com êxito em ação ordinária proposta por interessado, que exclui da sucessão herdeiro necessário, por testamento, motivado em causas taxativamente previstas em lei. Apenas se aplica aos herdeiros necessários, deve ser feita por testamento, onde conste a sua causa. Ademais,* o interessado deverá ingressar com ação para provar a causa da deserdação, no prazo de 4 anos, a contar da data da abertura do testamento.

2. Sucessão legítima

2.1 Direito de representação

2.1.1 Conceito: *é a convocação legal de parentes do falecido a suceder em todos os direitos em que ele sucederia se vivo fosse;*

2.1.2 Requisitos:

a) haver o representado falecido antes do autor da herança;

b) dar-se a representação só na linha reta descendente e na transversal em benefício dos sobrinhos;

c) diversidade de graus;

2.1.3 Efeitos:

a) os representantes herdam exatamente o que caberia ao representado se vivo fosse e sucedesse;

b) o quinhão do representado partir-se-á por igual entre os representantes;

c) a quota que os representantes receberem não responde por débitos do representado (já que não entrou no seu patrimônio), mas só por débitos do "de cujus";

d) mas representantes terão que trazer à colação bens recebidos em doação por representado;

e) o direito de representação só se opera na sucessão legítima, nunca na testamentária.

2.2 Ordem de vocação hereditária

2.2.1 Fundamento legal: art. 1.829 CC

2.2.2 Cônjuge em concorrência com descendente:

a)Não herda:

- Comunhão universal;
- Separação obrigatória;
- Comunhão parcial sem bens particulares do falecido;

b) Herda:

- Separação convencional de bens;
- Comunhão parcial com bens particulares do falecido;

Obs: aplica-se ao regime da *participação final nos aquestos* as regras da comunhão parcial.

Quinhão: havendo descendentes comuns, receberá igual quinhão reservada a cota parte de 1/4, ressalvada a hipótese de filiação híbrida.

2.2.3 Cônjuge em concorrência com ascendente: herdará independentemente do regime.

Quinhão: 1/3 se concorrer com pai e mãe do falecido; metade, se concorrer com qualquer outra combinação;

2.2.4 Cônjuge sem concorrência com descendentes e ascendentes: herdará a totalidade da herança, independentemente do regime de bens. Há ainda o direito real de habitação.

2.2.5 Colaterais: apenas se não houver descendentes, ascendentes e cônjuge. Serão considerados os colaterais até o quarto grau, sendo que os mais próximos excluem os mais remotos.

Quinhão: os irmãos unilaterais receberão metade do que receber os bilaterais.

Obs: na ausência de herdeiros sucessíveis ou tendo eles renunciado à herança, esta se devolve ao Município ou ao Distrito Federal, se localizada nas respectivas circunscrições, ou à União, quando situada em território Federal. Trata-se da hipótese de herança jacente.

2.2.6 Sucessão dos descendentes:

a) **por cabeça:** é dividida em partes iguais, de acordo com o número de herdeiros;

b) **por estirpe ou por direito de representação:** quando concorrem descendentes de graus diferentes.

2.2.7 Sucessão do companheiro

a) Fundamento legal: art. 1.790 CC;

b) Regra: o companheiro participará da sucessão do outro, apenas quanto aos bens adquiridos onerosamente na vigência da união estável (aquestos).

Quinhão:

- se concorrer com filhos comuns, terá direito a uma quota equivalente à que por lei for atribuída ao filho;
- se concorrer com descendentes só do autor da herança, tocar-lhe-á a metade do que couber a cada um deles;
- se concorrer com outros parentes sucessíveis, terá direito a um terço da herança;
- não havendo parentes sucessíveis, terá direito à totalidade da herança;
- filiação híbrida: polêmica. Prevalece o entendimento de que a companheira supérstite recebe uma cota;

c) União estável homoafetiva: aplicam-se as mesmas regras;

d) Concorrência sucessória entre cônjuge e companheiro: admissível (Enunciado 525 JDC/CJF).

2.2.8 Herdeiros necessários

a) Rol: *descendentes*, os *ascendentes* e o *cônjuge* (taxativo);

b) Privilégio: têm reservado a metade dos bens da herança (parte legítima);

c) Perda da legítima: por meio da deserdação;

d) Cláusulas de inalienabilidade, impenhorabilidade e incomunicabilidade sobre a legítima: apenas com autorização judicial.

8.2.8. Questões comentadas

(Magistratura/SP – 2013 – VUNESP) Assinale a alternativa correta.

(A) Somente ofensa física que resulte em lesão grave autoriza a deserdação de herdeiro necessário em testamento.

(B) A deserdação do herdeiro necessário pode ser feita em testamento sem que o testador declare sua causa, mas, nesse caso, caberá a quem aproveite a deserdação justificá-la.

(C) Uma vez excluído da sucessão por motivo de indignidade determinado herdeiro, seus descendentes também não sucedem.

(D) A exclusão de herdeiro ou legatário da sucessão nos casos de indignidade deverá sempre ser declarada por sentença.

A: incorreta, pois há outros casos previstos nos arts. 1.962 e 1.963 do CC; **B:** incorreta, pois o testador deve, necessariamente, declarar a causa em testamento (art. 1.964 do CC); **C:** incorreta, pois os efeitos da exclusão por indignidade são pessoais, atingindo apenas o excluído, sendo que seus herdeiros sucedem como se ele morto fosse antes da abertura da sucessão (art. 1.816, *caput*, do CC); **D:** correta (art. 1.815, *caput*, do CC).

Gabarito "D"

(Magistratura/SP – 2011 – VUNESP) Assinale a alternativa correta.

(A) Regula a sucessão a lei vigente ao tempo da abertura do inventário.

(B) A sucessão abre-se no lugar do falecimento.

(C) É possível a aceitação parcial da herança.

(D) O ato de renúncia da herança é passível de revogação.

(E) Os descendentes de herdeiro excluído sucedem como se ele fosse morto antes da abertura da sucessão.

A: incorreta, pois regula a sucessão a lei vigente ao tempo da abertura da sucessão (art. 1.787 do CC); **B:** incorreta, pois a sucessão abre-se no lugar do último domicílio do falecido (art. 1.785 do CC); **C:** incorreta, pois não se pode aceitar a herança em parte (art. 1.808, *caput*, do CC); **D:** incorreta, pois a aceitação é irrevogável (art. 1.812 do CC); **E:** correta (art. 1.816, *caput*, do CC).

Gabarito "E"

(Magistratura/SP – 2009 – VUNESP) Comoriência é

(A) presunção de morte simultânea de duas ou mais pessoas, na mesma ocasião, em razão do mesmo evento, sendo elas reciprocamente herdeiras.

(B) morte de duas ou mais pessoas, na mesma ocasião, em razão do mesmo evento, sendo elas reciprocamente herdeiras.

(C) morte simultânea de duas ou mais pessoas, na mesma ocasião, em razão do mesmo evento, independentemente da existência de vínculo sucessório entre elas.

(D) morte simultânea de duas ou mais pessoas, na mesma ocasião.

A alternativa "a" está correta, pois traz o conceito correto de comoriência, previsto no art. 8º do CC, que é a presunção legal de morte simultânea de duas ou mais pessoas ligadas por vínculos sucessórios. Quando não se sabe quem morreu primeiro, presumem-se a morte simultânea.

Gabarito "A"

(Ministério Público/BA – 2010) A Constituição Federal da República Federativa do Brasil consagra, no seu artigo 5º, XXX, o direito de herança como direito fundamental.

Com efeito, vaticina Ney de Mello Almada: "o Direito da Sucessões é o conjunto de princípios legais disciplinadores da transmissão, aos herdeiros legatários, do patrimônio sucessível de uma pessoa, que vem a falecer."

Nessa esteira, aduz Lacerda de Almeida que, em razão da repercussão social, tais princípios são "fundamentais e de ordem pública".

Assim sendo, marque a alternativa correta, após o exame de veracidade das assertivas abaixo.

I. A aquisição da propriedade *mortis causa* se dá com o registro da partilha no cartório de registro de imóveis competente.

II. De acordo com a legislação pátria, o direito a sucessão aberta consubstancia-se em uma universalidade *iuris*, bem assim em direito real imobiliário.

III. Na sucessão *mortis causa* de estrangeiro domiciliado no Brasil, no que tange aos bens situados no Brasil, invariavelmente se aplicará a Lei Material Brasileira.

IV. Quando proferida após 5(cinco) anos da abertura da sucessão, a sentença que declara a vacância produzirá efeitos retro operantes.

V. Em matéria de sucessão legítima, pode-se afirmar que a representação somente é possível na linha reta descendente.

(A) F V F V F.

(B) V V F V V.

(C) F F V F F.

(D) V F V V F.

(E) F V V F V.

I: falsa, pois segundo o princípio de *saisine*, a herança transmite-se, desde logo, aos herdeiros (art. 1.784 do CC); **II:** verdadeira (art. 80, II, do CC); **III:** falsa, pois a sucessão de bens de estrangeiros, situados no País, será regulada pela lei brasileira em benefício do cônjuge ou dos filhos brasileiros, ou de quem os represente, sempre que não lhes seja mais favorável a lei pessoal do de cujus (art. 10, § 1º, da LINDB); **IV:** verdadeira (art. 1.822 do CC); **V:** falsa, pois o direito de representação dá-se também na linha transversal em favor dos filhos de irmãos do falecido, quando com irmãos deste concorrerem (art. 1.853 do CC).

Gabarito "A"

(Ministério Público/MA – 2009) A propósito do Direito das Sucessões, marque a alternativa INCORRETA.

(A) Se dois ou mais indivíduos falecerem na mesma ocasião, não se podendo averiguar qual deles morreu primeiro, presumir-se-ão simultaneamente mortos.

(B) Podem ser considerados indignos e, portanto, excluídos da sucessão os autores de homicídio doloso ou culposo, tentado ou consumado, contra a pessoa de cuja sucessão se tratar, seu cônjuge, companheiro, ascendente ou descendente.

(C) Não pode ser objeto de contrato a herança de pessoa viva, ressalvado, de forma excepcional, os pactos antenupciais e a partilha feita por ascendente, por ato entre vivos ou de última vontade, desde que não seja prejudicada a legítima dos herdeiros necessários.

(D) Somente é reconhecido direito sucessório ao cônjuge sobrevivente se, ao tempo da morte do outro, não estavam separados judicialmente, nem separados de fato há mais de dois anos, salvo prova, neste caso, de que essa convivência se tornara impossível sem culpa do sobrevivente.

(E) Na sucessão do companheiro de união estável, a companheira, quanto aos bens adquiridos onerosamente durante a vigência desta união, se não houver filhos comuns nem outros descendentes, mas apenas outros parentes sucessíveis, terá direito a um terço da herança.

A: correta, pois reflete o conceito de comoriência, previsto no art. 8º do CC; **B:** incorreta, devendo ser assinalada, pois somente serão excluídos da sucessão os autores de homicídio **doloso**, nos termos do art. 1.814, I, do CC; **C:** correta, pois a assertiva reflete o disposto no art. 426 do CC. Quanto às exceções, Silvio de Salvo Venosa complementa: "O princípio, porém, sofre ou sofria duas exceções. Uma das situações era a possibilidade de, nos pactos antenupciais, os nubentes poderem dispor a respeito da recíproca e futura sucessão. Tratava-se da doação *propter nuptias* que, estipulada no pacto antenupcial, aproveitava aos filhos do donatário, se este falecesse antes do doador (art. 314 do Código Civil de 1916). Não parece que no sistema atual esse negócio seja vedado. Note, aqui, que a doação não vem subordinada à morte, mas às bodas; sendo a morte mera consequência, não encontrando oposição no atual sistema. Outra exceção é a do art. 2.018 (...). Essa é, na verdade, a única exceção real ao art. 426, porque possibilita a ocorrência de uma disposição antecipada de bens para após a morte" (**Código Civil Interpretado**, Atlas, p. 437); **D:** correta, pois a assertiva reflete o disposto no art. 1.830 do CC; **E:** correta, pois a assertiva reflete o disposto no art. 1.790, III, do CC.

Gabarito "B"

(Procurador do Estado/PR – UEL-COPS – 2011) Analise a afirmação abaixo e, com base no conceito de espólio, assinale a alternativa correta:

Aberta a sucessão a propriedade de cada um dos bens do *de cujus* é imediatamente entregue a cada qual dos herdeiros e legatários, que podem dispor de seus bens móveis ou imóveis específicos, da maneira que entenderem adequado, desde que com prévia comunicação, sem forma especial, no inventário judicial ou extrajudicial.

(A) a afirmação está errada, tendo em vista que não é a propriedade dos bens que se transfere imediatamente para os herdeiros, mas a herança, entendida como massa indivisível (espólio) até o momento da partilha. Equivocada, também, porque a sucessão aberta é bem imóvel e necessita de escritura pública ou termo judicial para cessão de qualquer parte da herança;

(B) a afirmação está errada, porque se os herdeiros quiserem doar os bens será sempre necessário fazer o inventário judicialmente. Falha a assertiva, ainda, porque os bens são transmissíveis somente por termo nos autos;

(C) a afirmação está correta, tendo em vista que os herdeiros, aberta a sucessão, entram na posse e propriedade de cada um dos bens herdados, passando a ter a possibilidade de uso, gozo e disposição;

(D) a afirmação está correta, uma vez que, apesar de não ser a propriedade dos bens que se transfere de pronto, os herdeiros podem alienar os direitos sobre bens móveis, por meio de cessão, mesmo por escritura particular. Ademais, a sucessão aberta apesar de bem imóvel, pode, por exceção, ser transferida por escrito particular;

(E) a afirmação está correta, simplesmente porque a sucessão aberta pode ser objeto de cessão por termo nos autos ou escritura pública, uma vez que os bens já são individualizados no início do inventário.

A alternativa "a" está correta, pois reflete a devolução ou delação sucessória ou o direito de *saisine*, previsto no art. 1.784, do CC. Ainda, a alternativa também está correta, pois o direito à sucessão aberta, bem como o quinhão de que disponha o coerdeiro, pode ser objeto de cessão por escritura pública (artigos 80, II e 1.793, ambos do CC).

Gabarito "A"

(Cartório/MG – 2012 – FUMARC) Sobre a aceitação e a renúncia da herança, de acordo com o Código Civil Brasileiro, é **correto** afirmar

(A) A transmissão tem-se por não verificada quando o herdeiro renuncia à herança.

(B) Importa aceitação a cessão gratuita, pura e simples, da herança aos demais coerdeiros.

(C) A renúncia da herança deve constar expressamente de instrumento particular ou termo judicial.

(D) Exprimem aceitação de herança os atos oficiosos, como o funeral do finado, os conservatórios, ou os de administração e guarda provisória.

A: correta (art. 1.804, parágrafo único, do CC); **B:** incorreta, pois não importa igualmente aceitação a cessão gratuita, pura e simples, da herança, aos demais coerdeiros (art. 1.805, § 2°, do CC); **C:** incorreta, pois a renúncia da herança deve constar expressamente de *instrumento público* ou termo judicial (art. 1.806 do CC); **D:** incorreta, pois *não exprimem* aceitação de herança os atos oficiosos, como o funeral do finado, os meramente conservatórios, ou os de administração e guarda provisória (art. 1.805, §1°, do CC).

Gabarito "A"

(Cartório/SP – 2011 – VUNESP) Leia as afirmações e assinale a alternativa incorreta.

(A) Até a partilha, o direito dos herdeiros, quanto à propriedade e posse da herança, será indivisível.

(B) O herdeiro não pode ceder sua cota hereditária a pessoa estranha à sucessão se outro herdeiro quiser exercer seu direito de preferência.

(C) A cessão de direitos hereditários é ineficaz se tiver por objeto bem da herança considerado singularmente.

(D) A cessão de direitos hereditários pode ser realizada mediante instrumento particular.

A: correta (art. 1.791, parágrafo único, do CC); **B:** correta (arts. 1.794 e 1.795 do CC); **C:** correta (art. 1.793, § 2°, do CC); **D:** incorreta (devendo ser assinalada), pois é indispensável que a cessão seja feita por escritura pública (art. 1.793, *caput,* do CC).

Gabarito "D"

(Cartório/SP – 2012 – VUNESP) Na hipótese de renúncia à herança,

(A) os credores do herdeiro renunciante não poderão aceitá-la em nome do renunciante.

(B) os descendentes do herdeiro renunciante poderão participar da sucessão por direito de representação.

(C) o renunciante será privado da administração e usufruto dos bens que em razão da renúncia venham eventualmente a tocar a seus filhos menores.

(D) os descendentes do herdeiro renunciante poderão vir a herdar por direito próprio e por cabeça, se o renunciante era o único de sua classe.

A: incorreta, pois os credores poderão aceitar a herança mediante autorização judicial (art. 1.813, *caput,* do CC); **B:** incorreta, pois ninguém pode suceder representando herdeiro renunciante. Se, porém, ele for o único legítimo da sua classe, ou se todos os outros da mesma classe renunciarem a herança, os filhos poderão vir à sucessão, por direito próprio, e por cabeça (art. 1.811 do CC); **C:** incorreta, pois o renunciante continua do direito de administrar e usufruir dos bens que em razão da renúncia venham eventualmente a tocar os seus filhos menores. Não há vedação legal para tanto. Ademais, o art. 1.689 do CC prevê que "o pai ou a mãe enquanto no exercício do poder familiar têm a administração dos bens dos filhos menores sob sua autoridade". Por fim, interessante fazer um paralelo com as hipóteses de indignidade, pois nos termos do art. 1.816, parágrafo único, do CC "O excluído da sucessão não terá direito ao usufruto ou à administração dos bens que a seus sucessores couberem na herança, nem à sucessão eventual desses bens". Daí nota-se que a privação é quanto ao herdeiro indigno e não quanto ao herdeiro renunciante; **D:** correta, nos termos do art. 1.811 do CC.

Gabarito "D"

(Cartório/SP – 2012 – VUNESP) O prelegatário ou legatário precípuo é

(A) o legatário que foi aquinhoado com o legado de maior valor.

(B) a pessoa que reúne a condição de herdeiro legítimo e legatário.

(C) aquele que recebe legado de usufruto.

(D) o indivíduo que figura no testamento como único legatário.

O testador pode tranquilamente contemplar um herdeiro legítimo com um legado. Assim, o mesmo herdeiro herdará a título universal e a título singular.

Gabarito "B"

(Analista – TJ/ES – 2011 – CESPE) Julgue o seguinte item.

(1) No que tange à capacidade para suceder, é correto afirmar que, com a abertura da sucessão, a herança se transmite imediatamente aos herdeiros, que passam a ser titulares de direitos adquiridos, aplicando-se a lei vigente à época da morte do autor da herança.

1: correta (arts. 1.784 e 1.787 do CC)

Gabarito 1C

(Magistratura/GO – 2009 – FCC) Qualquer que seja o regime de bens do casamento, ao cônjuge sobrevivente é assegurado

(A) somente o direito de meação dos bens adquiridos na constância casamento, não participando da herança do falecido em nenhuma hipótese, se ele tiver descendentes ou ascendentes.

(B) o direito real de habitação relativo ao imóvel destinado à residência da família, desde que seja o único daquela natureza a inventariar.

(C) o direito de propriedade resolúvel do imóvel destinado à residência da família enquanto vivo for, não sendo, por isto, suscetível de inventário.

(D) o usufruto do imóvel destinado à residência da família, desde que seja o único daquela natureza a inventariar.

(E) o direito de participar da herança, concorrendo com os descendentes ou ascendentes do falecido.

A alternativa "b" está correta, pois reflete o disposto no art. 1.831 do CC.

Gabarito "B"

(Magistratura/MG – 2009 – EJEF) Marque a opção CORRETA. José, solteiro e sem deixar descendentes e ascendentes, falece, deixando a inventariar a quantia de R$ 800.000,00 (oitocentos mil reais). Duas irmãs lhe sobrevivem, bem como duas sobrinhas e um sobrinho neto (filho de uma sobrinha pré-morta), assinalando-se que esses sobrinhos descendem de um irmão premorto de José. Então, concorrerão à sucessão:

(A) somente as irmãs vivas de José.

(B) todos os parentes acima citados, inclusive o sobrinho-neto, porque, na hipótese, a sucessão se defere até o quarto grau de parentesco, herdando todos em partes iguais, por representação.

(C) as irmãs de José e as filhas do irmão premorto, estas por representação. O sobrinho-neto não herdará. A herança será dividida em 3 (três) partes iguais. As irmãs do falecido herdam por cabeça e as sobrinhas por estirpe.

(D) todos os parentes acima citados, inclusive o sobrinho-neto, sendo que a herança será dividida em 4 (quatro) partes iguais. As irmãs do falecido herdarão uma parte cada uma e as sobrinhas e o sobrinho-neto a outra parte, que será dividida entre eles em partes iguais.

A alternativa "c" está correta, pois na linha descendente, excetuando-se os filhos, que só sucedem por cabeça, os demais sucedem por cabeça ou estirpe, conforme se achem no mesmo grau ou não (art. 1.835 do CC). No caso, como há descendentes que não são do mesmo grau (irmãs e sobrinhas), herdarão por estirpe. Na classe dos colaterais, os mais próximos excluem os mais remotos, salvo o direito de representação concedido aos filhos de irmãos (art. 1.840 do CC), razão pela qual o sobrinho-neto não herdará. As sobrinhas herdarão a parte que caberia ao pai (irmão de José), nos termos do art. 1.854 do CC.

Gabarito "C"

(Magistratura/PE – 2011 – FCC) Na sucessão legítima

(A) os filhos sucedem por cabeça e os outros descendentes apenas por estirpe.

(B) em falta de descendentes e ascendentes, será deferida a sucessão por inteiro ao cônjuge sobrevivente, apenas se casado sob o regime da comunhão universal ou parcial de bens.

(C) sendo chamados a suceder os colaterais, na falta de irmãos sucederão os tios e não os havendo os filhos dos irmãos.

(D) em falta de descendente e ascendente, será deferida a sucessão por inteiro ao cônjuge sobrevivente, mesmo que casado tiver sido sob o regime da separação obrigatória de bens.

(E) na classe dos ascendentes não há exclusão por grau, todos sendo aquinhoados em igualdade.

A: incorreta (art. 1.835 do CC); **B:** incorreta, pois o cônjuge sobrevivente, nesse caso, herdará independentemente do regime de bens (art. 1.838 do CC); **C:** incorreta, pois na falta de irmãos sucederão os filhos destes e, não os havendo, os tios (art. 1.843, *caput*, do CC); **D:** correta (art. 1.838 do CC); **E:** incorreta (art. 1.836, § 1º, do CC).

Gabarito "D"

(Magistratura/PR – 2010 – PUC/PR) A respeito de sucessões, assinale a única alternativa INCORRETA.

(A) A renúncia de herança deve constar expressamente de instrumento público ou termo judicial; a aceitação pode ser tácita.

(B) Se não houver cônjuge sobrevivente, ou se vivo não lhe seja reconhecido direito sucessório, serão chamados a suceder os colaterais até o terceiro grau.

(C) Não pode o testador estabelecer cláusula de inalienabilidade, impenhorabilidade e de incomunicabilidade sobre os bens da legítima, salvo se houver justa causa, declarada no testamento.

(D) Na disposição testamentária, se instituído menor herdeiro ou legatário, pode o testador nomear-lhe curador especial para administração desses bens ainda que o beneficiário se encontre sob poder familiar, ou tutela.

A: correta, pois a assertiva reflete o disposto nos arts. 1.805, *caput* e 1.806, do CC; **B:** incorreta, devendo ser assinalada, pois nesse caso serão chamados os colaterais até o quarto grau (art. 1.839 do CC); **C:** correta, pois a assertiva reflete o disposto no art. 1.848, *caput*, do CC; **D:** correta, pois a assertiva reflete o disposto no art. 1.733, § 2º, do CC.

Gabarito "B"

(Magistratura/RS – 2009) Carolina contraiu matrimônio com Carlos, adotando, mediante pacto antenupcial, o regime da comunhão universal de bens. Ao longo do casamento, sobrevieram- lhes três filhos comuns. Carlos, antes de casar, já possuía bens, no valor de R$ 100.000,00. Durante o casamento, o casal adquiriu, a título oneroso, bens no valor de R$ 120.000,00. Em 24 de janeiro de 2008, Carlos veio a falecer, sem deixar testamento. Diante do exposto, assinale a opção correta de partilha.

(A) Meação de Carolina: R$ 110.000,00. Quinhão hereditário de Carolina: R$ 50.000,00. Quinhão hereditário de cada filho: R$ 20.000,00

(B) Meação de Carolina: R$ 110.000,00. Quinhão hereditário de cada filho: R$ 36.666,66

(C) Meação de Carolina: R$ 110.000,00. Quinhão hereditário de Carolina e de cada filho: R$ 27.500,00

(D) Meação de Carolina: R$ 60.000,00. Quinhão hereditário de Carolina e de cada filho: R$ 40.000,00

(E) Meação de Carolina: R$ 50.000,00. Quinhão hereditário de Carolina e de cada filho: R$ 42.500,00 16 Juiz de Direito Substituto/2009

O patrimônio do casal no momento do falecimento era de R$ 220.000,00 (a soma do valor que Carlos já possuía com o valor que o casal adquiriu durante a união, eis que se trata de regime da comunhão universal de bens – art. 1.667 do CC). Assim, a meação de Carolina será de R$ 110.000,00 (metade do valor do patrimônio do casal). O restante, que equivale à meação do falecido, será dividido apenas entre os três filhos, eis que, como o casal era casado em regime de comunhão universal de bens, o cônjuge sobrevivente não sucede em concorrência com os descendentes (art. 1.829, I, do CC). Assim, a alternativa "b" está correta.

Gabarito "B"

(Magistratura/SP – 2013 – VUNESP) Relativamente à ordem da vocação hereditária, assinale a alternativa correta.

(A) Concorrendo à herança irmãos bilaterais e unilaterais, cada um desses herdará apenas a metade do que cada um daqueles herdar.

(B) Concorrendo à herança somente um avô materno e dois avós paternos, a cada um tocará 1/3 (um terço) da herança.

(C) Se concorrerem à herança somente um filho de irmão pré-morto e duas filhas de irmã pré-morta, àquele tocará metade da herança e a cada uma destas, 1/4 (um quarto) dela.

(D) Incluem-se na sucessão legítima os colaterais até o terceiro grau.

A: correta (art. 1.841 do CC); **B:** incorreta, pois ficará metade para a linha materna (1/2 para o avô materno) e metade para a linha paterna (1/4 para o avô paterno e 1/4 para a avó paterna), nos termos do art. 1.836, § 2º, do CC; **C:** incorreta, pois, estando todos os irmãos pré-mortos (ou seja, concorrendo à herança somente filhos de irmãos falecidos), seus respectivos filhos herdarão por cabeça (e não por linha), ou seja, cada receberá 1/3, já que são três filhos concorrendo (art. 1.843, § 1º, do CC); **D:** incorreta, pois são chamados a suceder os colaterais até quarto grau (art. 1.839 do CC).

Gabarito "A"

(Magistratura/SP – 2011 – VUNESP) Assinale a alternativa correta.

(A) Na falta de descendentes, será deferida a sucessão por inteiro aos ascendentes.

(B) Na classe dos colaterais, os mais próximos excluem os mais remotos, mas os filhos de irmãos do falecido herdam por representação.

(C) Não concorrendo à herança irmão bilateral, os unilaterais herdarão metade do que herdaria aquele.

(D) O valor correspondente a legado deixado a herdeiro necessário será abatido da parte que lhe couber na legítima.

(E) O direito de representação pode dar-se na linha ascendente.

A: incorreta, pois será deferida aos ascendentes em concorrência com o cônjuge (art. 1.829, II, do CC); **B:** correta (art. 1.840 do CC); **C:** incorreta, pois os unilaterais herdarão em partes iguais tudo o que os bilaterais herdariam (art. 1.842 do CC); **D:** incorreta, pois a parte que recebeu fora da legítima não será abatida (art. 1.849 do CC); **E:** incorreta, pois o direito de representação dá-se apenas na linha reta descendente (art. 1.852 do CC).

Gabarito "B"

(Magistratura/SP – 2009 – VUNESP) O direito de representação

(A) verifica-se na linha reta descendente e ascendente.

(B) inexiste na linha colateral.

(C) implica divisão por estirpe.

(D) implica divisão por cabeça.

A alternativa "c" está correta, pois, conforme conceitua Maria Helena Diniz: "Dá-se o direito de representação, quando a lei chama certos parentes do falecido a suceder em todos os direitos, em que ele sucederia, se vivo fosse (CC, art. 1.851). Assim, os parentes do herdeiro premorto não herdam por direito próprio, mas na qualidade de representantes. Se vivo fosse, o herdeiro receberia os bens da herança, como morreu antes do autor da herança, transmitem-se aqueles bens à sua estirpe – daí a designação sucessão por estirpe" (**Curso de Direito Civil Brasileiro**, 6. Direito das Sucessões, Saraiva, 24ª edição, p. 168)

Gabarito "C"

(Ministério Público/BA – 2010) Antônio faleceu em 10 de maio de 2008, ***ab intestato***. Consta que o "***de cujus***" era casado pelo regime da comunhão parcial de bens, com Bruna, não deixando bens particulares, e ainda, que em razão do enlace matrimonial teve 4(quatro) filhos: Carlos, Daniel, Elda e Fátima. Ademais, consta que Carlos faleceu em 05 de agosto de 2007, e deixou 3(três) filhos: George, Hugo e Igor.

Consta que Daniel renunciou à herança do seu genitor, sob condição resolutiva, bem assim que teve 2(dois) filhos: Jaime e Luiz. Outrossim, consta que Elda cedeu, a título de liberalidade, o seu quinhão hereditário a terceiro, estranho à sucessão, por instrumento público, contudo sem cientificar previamente os demais herdeiros.

Por derradeiro, consta que Fátima foi excluída da sucessão por indignidade, entretanto, teve 2 (dois) filhos, a saber: Márcia e Nilson.

Assinale a alternativa correta:

(A) Bruna terá direito a 50%(cinquenta por cento) da herança de Antônio.

(B) Os filhos de Daniel irão representar o pai renunciante.

(C) Os filhos de Fátima irão representar a mãe, na herança do falecido avô.

(D) A cessão da herança mencionada é ineficaz frente aos demais herdeiros.

(E) Os Filhos de Carlos receberão, em conjunto, 50% (cinquenta por cento) da herança do "*de cujus*".

A: incorreta, pois como eram casados pelo regime da comunhão parcial de bens e Antônio faleceu sem deixar bens particulares, o cônjuge sobrevivente (Bruna) não sucede em concorrência com os descendentes (art. 1.829, I, do CC); **B:** incorreta, pois ninguém pode suceder representando herdeiro renunciante, exceto se ele for o único legítimo da sua classe, ou se todos os outros da mesma classe renunciarem à herança, poderão os filhos vir à sucessão, por direito próprio, e por cabeça (art. 1.811 do CC); **C:** correta, pois os descendentes do excluído por indignidade (Fátima), sucedem como se morto fosse antes da abertura da sucessão (art. 1.816, *caput*, do CC); **D:** incorreta, pois a cessão não será ineficaz. Caberá ao coerdeiro, a quem não se der conhecimento da cessão, depositado o preço, haver para si a quota cedida a estranho, se o requerer até cento e oitenta dias após a transmissão (art. 1.795 do CC); **E:** incorreta, pois os filhos de Carlos receberão 25% da herança (art. 1.855 do CC).

Gabarito "C"

(Ministério Público/CE – 2009 – FCC) Na sucessão legítima o direito de representação dá-se

(A) na linha reta descendente e, na transversal, em favor dos filhos de irmãos do falecido, quando com irmãos deste concorrerem.

(B) apenas na linha reta ascendente.

(C) na linha reta descendente e ascendente, mas nunca na transversal.

(D) na linha reta ascendente e, na transversal, somente em favor dos filhos de irmãos do falecido, quando com irmãos deste concorrerem.

(E) apenas na linha reta descendente.

A alternativa "a" está correta, pois reflete o disposto nos arts. 1.852 e 1.853 do CC.

Gabarito "A"

(Ministério Público/ES – 2010 – CESPE) Assinale a opção correta com referência ao direito sucessório dos cônjuges e companheiros.

(A) O companheiro não concorre com os parentes colaterais do falecido.

(B) Havendo filhos exclusivos do(a) falecido(a), o(a) companheiro(a) herdará uma quota equivalente à que lhes for atribuída.

(C) O direito hereditário do companheiro restringe-se aos bens adquiridos onerosamente na vigência da união estável.

(D) No regime de separação obrigatória, o cônjuge sobrevivo herda porque não tem direito à meação.

(E) O cônjuge sobrevivo tem direito real de habitação e de usufruto.

A: incorreta, pois o companheiro concorre com parentes colaterais, nos termos do art. 1.790, III, do CC; **B:** incorreta, pois se o companheiro concorrer com filhos exclusivos do falecido tocar-lhe-á metade do que couber a cada um deles, nos termos do art. 1.790, II, do CC; **C:** correta, pois a assertiva reflete o disposto no art. 1.790, *caput*, do CC; **D:** incorreta, pois, no regime de separação obrigatória, o cônjuge só herda no caso de não existirem descendentes e herdará em concorrência aos ascendentes (art. 1.829, I e II, do CC); **E:** incorreta, pois o cônjuge sobrevivo tem direito real de habitação, desde que seja o único bem imóvel residencial a inventariar, mas não terá direito a usufruto, nos termos do art. 1.831 do CC.

Gabarito "C"

(Ministério Público/MG – 2011) Quanto ao Direito das Sucessões, é **INCORRETO** afirmar:

(A) Os herdeiros capazes, bem como os incapazes, mediante representação por instrumento público, poderão fazer partilha amigável, por escritura pública, termo nos autos do inventário, ou escrito particular, homologado pelo juiz.

(B) Os herdeiros em posse dos bens da herança, o cônjuge sobrevivente e o inventariante são obrigados a trazer ao acervo os frutos que perceberam, desde a abertura da sucessão; têm direito ao reembolso das despesas necessárias e úteis que fizeram, e respondem pelo dano a que, por dolo ou culpa, deram causa.

(C) Ficam sujeitos a sobrepartilha os bens sonegados e quaisquer outros bens da herança de que se tiver ciência após a partilha.

(D) A partilha, uma vez feita e julgada, só é anulável pelos vícios e defeitos que invalidam, em geral, os negócios jurídicos.

A: incorreta, devendo ser assinalada, pois o art. 982 do CPC determina que *"Havendo testamento ou interessado incapaz, proceder-se-á ao inventário judicial"*; **B:** correta, pois a alternativa repete a redação do art. 2.020 do Código Civil; **C:** correta, pois nos exatos termos do art. 2.022 do CC; **D:** correta, pois de acordo com o disposto no art. 2.027 do CC.

Gabarito "A"

(Ministério Público/MS – 2011 – FADEMS) Assinale a alternativa falsa.

(A) Ao valor patrimonial da herança deve ser adicionado o valor das doações que os descendentes receberam em vida dos ascendentes e que o sobrevivente recebeu em vida de seu consorte;

(B) O testamento público pode ser escrito manualmente ou mecanicamente, bem como ser feito pela inserção da declaração de vontade em partes impressas de livro de notas, desde que rubricadas todas as páginas pelo testador, se mais de uma;

(C) De acordo com o CC/2002, caso o morto não deixe descendentes, herdam concorrentemente, em igualdade de condições, seus ascendentes e o cônjuge sobrevivente, independentemente do regime de bens do casamento, desde que preenchidos por ele os requisitos fixados na lei;

(D) A sucessão legítima do companheiro se dá da mesma forma daquela reservada ao cônjuge sobrevivente. Assim, na ordem da vocação hereditária o companheiro sobrevivente terá o mesmo tratamento dispensado aos parentes sucessível ou aos colaterais;

(E) Legitimam-se a suceder as pessoas nascidas ou já concebidas no momento da abertura da sucessão.

A: verdadeira (art. 2002 do CC); **B:** verdadeira (art. 1.864, par. único, do CC); **C:** verdadeira (art. 1.829, II, do CC); **D:** falsa (art. 1.790 do CC); **E:** verdadeira (art. 1.798 do CC).

Gabarito "D"

(Ministério Público/PR – 2011) Antônio foi casado com Cecília por 10 anos, sendo que do casamento adveio o nascimento de três filhos, Daniel, Elisa e Fabio. Cecília faleceu no último dia 30 de novembro de 2009. Sem ter feito o inventário dos bens da sua falecida esposa e, por conseguinte, sem ter dado partilha aos herdeiros desta, Antônio se casou com Bruna no 1° de janeiro de 2010, subordinando-se ao regime de bens daí decorrente. No dia 10 de outubro de 2010, nasce Helena, filha de Antônio com Bruna. No dia de hoje, Antônio vem a falecer. Diante dos fatos narrados, assinale a alternativa correta:

(A) a herança de Antônio será dividida, em partes iguais, apenas entre os seus quatro filhos.

(B) a quarta parte da herança de Antônio caberá a Bruna, sendo que os outros três quartos serão divididos igualmente entre os quatro filhos de Antônio.

(C) a herança de Antônio será dividida, em cinco partes iguais, ou seja, entre os seus quatro filhos e a viúva.

(D) metade da herança de Antônio caberá a Helena, e a outra metade será dividida entre os três filhos advindos do primeiro casamento.

(E) Bruna terá direito à meação dos bens deixados por Antônio, cabendo aos quatro filhos a divisão do remanescente em partes iguais.

De fato, como Antônio casou com Bruna antes de fazer o inventário de Cecília, havia causa suspensiva (art. 1.523, I, do CC), razão pela qual o regime de bens foi o da separação de bens (art. 1.641, I, do CC). Desta forma, com o falecimento de Antônio, a sua herança será dividida entre os descendentes (art. 1.829, I, do CC).

Gabarito "A"

(Ministério Público/SC – 2010) Julgue os seguintes itens.

I. Na ordem de vocação dos herdeiros legítimos, o cônjuge sobrevivente participa tanto da primeira quanto da segunda classe, concorrendo com os descendentes, conforme o regime de bens do casamento, e com os ascendentes, respectivamente, sendo o titular do direito na terceira classe.

II. Ao nascituro não é reconhecida a vocação hereditária, cabendo-lhe a petição de herança com fundamento na norma geral de proteção, desde a concepção, a seus direitos.

III. É chamada *jacente* a herança aberta em que o falecido não tenha deixado testamento ou sejam desconhecidos seus herdeiros legítimos, enquanto se aguarda a habilitação de sucessores, e *vacante* aquela assim declarada judicialmente porque, passado um ano da publicação de editais convocando os sucessores, estes não se apresentaram para a sucessão. Nos cinco anos posteriores à declaração de vacância, os sucessores legítimos, exceto os colaterais, podem habilitar-se para exercer seus direitos hereditários

IV. Na linha descendente, os herdeiros de primeiro grau sucedem sempre por cabeça e os dos demais graus sempre por estirpe.

V. O herdeiro necessário que também figurar como herdeiro testamentário terá reduzida a sua legítima, até o montante recebido em testamento.

(A) Apenas as assertivas I e III estão corretas.

(B) Apenas as assertivas II, IV e V estão corretas.

(C) Apenas as assertivas I, II e V estão corretas.

(D) Apenas as assertivas I, III e IV estão corretas.

(E) Apenas as assertivas II, III e V estão corretas.

I: correta (art. 1.829, I, II e III, do CC); **II:** incorreta (art. 1.798 do CC); **III:** correta (arts. 1.819, 1.820 e 1.822, todos do CC); **IV:** incorreta, pois os demais graus sucedem por cabeça ou por estirpe (art. 1.835 do CC); **V:** incorreta (art. 1.849 do CC).

Gabarito "A"

(Ministério Público/SP – 2013 – PGMP) Em tema de sucessão legítima, assinale abaixo a assertiva INCORRETA.

(A) São herdeiros necessários os descendentes, os ascendentes e o cônjuge.

(B) Ao cônjuge sobrevivente, qualquer que seja o regime de bens, será assegurado, sem prejuízo da participação que lhe caiba na herança, o direito real de habitação.

(C) Entre os descendentes, os em grau mais próximo, excluem os mais remotos, salvo o direito de representação.

(D) Na falta de descendentes, são chamados à sucessão os ascendentes em concorrência com o cônjuge sobrevivente.

(E) O herdeiro necessário, a quem o testador deixar a sua parte disponível, ou algum legado, terá excluído seu direito à legítima.

A: assertiva correta (art. 1.845 do CC), **B:** assertiva correta (art. 1.831 do CC); **C:** assertiva correta (art. 1.833 do CC); **D:** assertiva correta (art. 1.836, *caput,* do CC); **E:** assertiva incorreta, devendo a alternativa ser assinalada; o herdeiro necessário não perderá, no caso, direito à legítima (art. 1.849 do CC).

Gabarito "E"

(Ministério Público/SP – 2010) Assinale a alternativa correta:

(A) a abertura da sucessão ocorre com a distribuição do inventário dos bens deixados pelo "de cujus".

(B) realizada a partilha dos bens do falecido e havendo ainda dívidas, os herdeiros por elas respondem integralmente.

(C) JOSÉ veio a falecer em decorrência de acidente de trânsito, sendo que seu irmão JOÃO, também vítima do mesmo acidente, sobreviveu por alguns dias, vindo a falecer. JOSÉ não possuía ascendentes, descendentes, cônjuge ou companheira, mas tão somente outros três irmãos. Aberta a sucessão e realizada a partilha, coube ¼ (um quarto) dos bens por ele deixados a cada um dos irmãos.

(D) aquele que pretender estabelecer disposições especiais sobre o seu enterro deverá fazê-lo, necessariamente, por meio de testamento público, cerrado ou particular.

(E) o direito de representação, segundo estabelece o Código Civil, dá-se na linha ascendente e descendente, assim como na linha transversal, mas neste caso somente em favor dos filhos de irmãos do falecido.

A: incorreta, pois o Código Civil adotou o princípio de saisine, segundo o qual a transmissão da herança ocorre imediatamente no momento da morte do de cujus; **B:** incorreta, pois o herdeiro não responde por encargos superiores às forças da herança (art. 1.792 do CC); **C:** correta, pois, conforme ordem de vocação hereditária, os irmãos de José herdarão, e, como João ainda era vivo quando do falecimento de José, e respeitando-se o princípio de *saisine*, os quatro irmãos herdarão em partes iguais, pois a sucessão ocorreu no momento da morte; **D:** incorreta, pois as disposições especiais sobre o enterro poderão ser feitas por codicilo, nos termos do art. 1.881 do CC; **E:** incorreta, pois o direito de representação dá-se na linha reta descendente, mas **nunca na ascendente**, conforme dispõe o art. 1.852 do CC.

Gabarito "C"

(Procurador do Estado/MT – FCC – 2011) Na linha descendente

(A) os filhos sucedem por cabeça, e os outros descendentes, por cabeça ou por estirpe, conforme se achem ou não no mesmo grau.

(B) os ascendentes sucedem por cabeça e os descendentes por estirpe, conforme se achem ou não no mesmo grau.

(C) os ascendentes sucedem por estirpe, e os descendentes por cabeça, conforme se achem ou não no mesmo grau.

(D) os descendentes sempre sucedem por estirpe, ainda que se achem no mesmo grau.

(E) os netos sucedem por estirpe, e os outros descendentes por cabeça, conforme se achem ou não no mesmo grau.

A: correta (art. 1.835, do CC); **B:** incorreta (artigos 1.835 e 1.836, § 1º, ambos do CC); **C:** incorreta (artigos 1.835 e 1.836, § 1º, do CC); **D:** incorreta (art. 1.835, do CC); **E:** incorreta (art. 1.835, do CC).

Gabarito "A"

(Procurador do Estado/SP – FCC – 2009) "A" faleceu em 15 de janeiro de 2003. O inventário foi aberto em 10 de abril de 2003. Habilitaram-se à sucessão de seus bens a viúva "B", casada com o "A", sob o regime de separação convencional de bens, o filho "C", fruto do primeiro casamento do falecido com "X", e os dois filhos, "D" e "E", frutos do casamento do falecido com "B". Quem herdará os bens deixados por "A"?

(A) Os filhos "C", "D" e "E" em concorrência com a viúva "B".

(B) O filho "C", os filhos "D" e "E" em concorrência com a viúva "B" e a ex-mulher "X", não habilitada, garantindo- se à viúva "B" 1/3 dos bens deixados pelo *de cujus*.

(C) Os filhos "C", "D" e "E", garantindo-se à viúva "B" o direito ao usufruto da metade dos bens deixados pelo *de cujus*.

(D) Os filhos "D" e "E" em concorrência com a viúva "B", garantindo-se a esta última 1/3 dos bens deixados pelo *de cujus*.

(E) O filho "C" e os filhos "D" e "E" em concorrência com a viúva "B", garantindo-se a esta última o direito ao usufruto da metade dos bens deixados pelo *de cujus*.

A alternativa A reflete o disposto no art. 1.829, I, do CC.

Gabarito "A"

(Cartório/MG – 2012 – FUMARC) Sobre a petição de herança, considerando o Código Civil Brasileiro,

(A) sendo exercida por um só dos herdeiros, poderá compreender todos os bens hereditários.

(B) são eficazes as alienações feitas, a título gratuito, pelo herdeiro aparente a terceiro de boa-fé.

(C) a partir da citação, a responsabilidade do possuidor se há de aferir pelas regras concernentes à posse de boa-fé e à mora.

(D) o herdeiro aparente, que de boa-fé houver pago um legado, está obrigado a prestar o equivalente ao verdadeiro sucessor, ressalvado a este o direito de proceder contra quem o recebeu.

A: correta (art. 1.825 do CC); **B:** incorreta, pois são eficazes as alienações feitas apenas a título a *título oneroso*, pelo herdeiro aparente a terceiro de boa-fé (art. 1.827, parágrafo único, do CC); **C:** A partir da citação, a responsabilidade do possuidor se há de aferir pelas regras concernentes à posse de *má-fé* e à mora (art. 1.826, parágrafo único, do CC); **D:** incorreta, pois o herdeiro aparente, que de boa-fé houver pago um legado, *não está obrigado* a prestar o equivalente ao verdadeiro sucessor, ressalvado a este o direito de proceder contra quem o recebeu (art. 1.828 do CC).

Gabarito "A"

(Cartório/SP – 2012 – VUNESP) Na sucessão legítima, a aceitação da herança pelo herdeiro

(A) pode ser submetida a termo ou condição.

(B) pode ser reputada por ineficaz se for verificada a incapacidade sucessória do herdeiro.

(C) pode abranger apenas alguns bens ou direitos do acervo hereditário.

(D) é revogável.

A: incorreta (art. 1.808 do CC); **B:** correta, pois uma vez que o herdeiro não tem capacidade para suceder, consequentemente sua manifestação de vontade quanto a aceitação ou renúncia da herança é irrelevante. Veja que a capacidade sucessória se tornou pressuposto para a eficácia da aceitação ou renúncia da herança. **C:** incorreta (art. 1.808, *caput*, do CC). Mas veja, interessante chamar a atenção para o disposto no art. 1.808, § 2º, do CC, que prevê "O herdeiro, chamado, na mesma sucessão, a mais de um quinhão hereditário, sob *títulos sucessórios diversos*, pode livremente deliberar quanto aos quinhões que aceita e aos que renuncia"; **D:** incorreta (art. 1812 do CC).

Gabarito "B"

(Cartório/SP – 2012 – VUNESP) A exclusão por indignidade

(A) é feita por testamento, com declaração de causa.

(B) abrange todos os motivos da deserdação.

(C) está sempre fundada em fatos anteriores à morte do autor da herança.

(D) alcança os herdeiros legítimos e testamentários.

A: incorreta, pois a exclusão por indignidade deve ser declarada por sentença judicial (art. 1.815 do CC); **B:** incorreta, pois os motivos da indignidade são restritos ao rol do art. 1.814 do CC. Em verdade os motivos da deserdação que abrangem todos os motivos da indignidade (art. 1.961 do CC); **C:** incorreta, pois não necessariamente os fatos serão anteriores à morte do autor da herança. Veja o seguinte exemplo: o art.1.814, II, do CC prevê que "São excluídos da sucessão os herdeiros ou legatários que houverem acusado caluniosamente em juízo o autor da herança ou incorrerem em crime contra a sua honra, ou de seu cônjuge ou companheiro". Imagine que "X" seja herdeiro de "Y". Em decorrência de grave acidente "Y" falece. Meses depois "X" pratica crime contra a honra do cônjuge de "Y". Neste caso "X" pode sofrer uma ação de indignidade, por fato ocorrido após a morte do autor da herança; **D:** correta, pois a indignidade está prevista nas disposições gerais das sucessões. Logo, aplica-se aos herdeiros legítimos e testamentários.

Gabarito "D"

(Cartório/SP – 2012 – VUNESP) Na ordem de vocação hereditária, os colaterais

(A) são herdeiros facultativos, até o quarto grau.

(B) são herdeiros necessários, até o terceiro grau.

(C) são herdeiros necessários, até o sexto grau.

(D) não são herdeiros necessários, nem, tampouco, facultativos, podendo ser contemplados, tão somente, por meio de testamento.

Os herdeiros legítimos dividem-se em herdeiros necessários e herdeiros facultativos. Os necessários estão previstos no art. 1.845 do CC, isto é, ascendente, descendente e cônjuge. O colateral não foi contemplado neste rol, daí ser considerado herdeiro facultativo. Neste passo, a lei limita a possibilidade de herdar aos colaterais até o quarto grau. (art. 1.839 do CC). Note, porém que, não obstante a diferenciação, ainda está-se a falar da sucessão legítima. Daí é incorreto afirmar que o colateral apenas pode ser beneficiado por meio de testamento.

Gabarito "A"

(Analista – TJ/SE – 2009 – FCC) Na sucessão legítima, no que concerne ao direito de representação, é INCORRETO afirmar que

(A) os representantes só podem herdar, como tais, o que herdaria o representado, se vivo fosse.

(B) na linha transversal, somente se dá o direito de representação em favor dos filhos de irmãos do falecido, quando com irmãos deste concorrerem.

(C) o renunciante à herança de uma pessoa poderá representá-la na sucessão de outra.

(D) o direito de representação dá-se na linha reta ascendente e descendente.

(E) o quinhão do representado partir-se-á por igual entre os representantes.

A: correta (art. 1.851 do CC); **B:** correta (art. 1.853 do CC); **C:** correta (art. 1.856 do CC); **D:** incorreta, devendo ser assinalada, (art. 1.852 do CC); **E:** correta (art. 1.855 do CC).

Gabarito "D"

8.3. SUCESSÃO TESTAMENTÁRIA

A **sucessão testamentária** pode ser **conceituada** como *aquela que decorre de expressa manifestação de última vontade, em testamento ou codicilo*. Havendo herdeiros necessários, o testador apenas poderá testar sobre metade do seu patrimônio, a fim de que não atinja a *legítima*. Se assim o fizer, haverá a hipótese de redução das disposições testamentárias ou rompimento do testamento.

O nosso ordenamento **proíbe o testamento conjunto,** isto é, duas pessoas testando num mesmo instrumento. A hipótese seria muito comum no caso de marido e mulher, em que um deixa para o outro os seus bens. Nesta linha, é possível que ambos se contemplem reciprocamente, desde que o façam em documentos separados.

Por meio do testamento, o testador pode fazer disposições patrimoniais e não patrimoniais. Neste passo, além de poder dispor sobre os seus bens, poderá reconhecer filhos, nomear tutor, reabilitar o indigno, tecer orientações sobre o seu funeral, criar fundação etc.

Extingue-se em 5 anos o **prazo para impugnação de sua validade**, a partir de seu registro.

São **características** do testamento as seguintes:

a) é personalíssimo: ou seja, não pode ser feito por procurador;

b) é negócio jurídico unilateral, ou seja, aperfeiçoa-se com única declaração de vontade;

c) é proibido o testamento conjuntivo ou de mão comum ou mancomunado, já que a lei veda o pacto sucessório, tendo em vista a revogabilidade do testamento;

d) é negócio jurídico solene, gratuito, revogável, *causa mortis* (só tem efeito após a morte do testador).

Quanto à **capacidade para testar**, é conferida aos plenamente capazes e aos maiores de 16 anos (independentemente de assistência). Neste contexto, apenas as pessoas naturais tem capacidade para testar, excluindo-se, portanto, as pessoas jurídicas.

Não podem testar os incapazes e os que, no ato de fazê-lo, não tiverem pleno discernimento. A capacidade deverá ser aferida com base na lei em vigor na data da elaboração do testamento, e não na data da abertura da sucessão. Ainda que na data da abertura da sucessão o testador tivesse se tornado incapaz, se na data em que lavrou seu testamento possuía capacidade, o testamento será válido. De outra parte, se na data em que lavrou o documento, o testador era incapaz, o testamento será nulo ainda que posteriormente haja capacidade plena.

São **formas ordinárias** de testamento as seguintes:

a) **testamento público:** *é o escrito por tabelião, de acordo com as declarações do testador, que pode se servir de notas, devendo ser lavrado o instrumento e lido em voz alta pelo primeiro ao segundo e a 2 testemunhas (ou pelo testador na presença dos demais), com posterior assinatura de todos*. É dever do tabelião atestar a sanidade mental do testador. O documento deve ser lavrado em língua portuguesa. Caso o tabelião não entenda o idioma do testador, deverá se valer de tradutor público. Pode ser escrito manualmente ou mecanicamente, bem como ser feito pela inserção de declaração de vontade em partes impressas de livro de notas, desde que rubricadas todas as páginas pelo testador, se mais de uma; o surdo deverá ler ou designar quem o leia, se não souber; ao cego só se permite testamento público, que lhe será lido duas vezes (pelo tabelião e uma testemunha); o analfabeto só pode utilizar essa forma;

b) **testamento cerrado (secreto ou místico):** *é o escrito pelo testador ou outra pessoa (a seu rogo) e por aquele assinado, desde que aprovado pelo tabelião, que o recebe na presença de 2 testemunhas, com a declaração pelo testador de que se trata de seu testamento e quer que seja aprovado, lavrando-se auto de aprovação, que deve ser lido, em seguida, ao testador e às testemunhas, assinando todos;*deve-se cerrar e coser o instrumento aprovado; ao final, entrega-se ao testador e lança-se no livro local a data em que o testamento foi aprovado e entregue; Note que no testamento cerrado o tabelião não tem conhecimento do conteúdo do testamento. Sua função é apenas a de aprová-lo, seguindo as formalidades legais.Esse testamento pode ser escrito em língua nacional ou estrangeira; quem não saiba (analfabeto) ou não possa (cego) ler, não pode utilizá-lo; o surdo-mudo pode, desde que escreva todo o seu teor a mão e o assine; o juiz só não o levará em consideração se achar vício externo que o torne eivado de nulidade ou suspeito de falsidade;

c) **testamento particular (hológrafo):** Trata-se de testamento elaborado pelo próprio testador, sem a presença do tabelião. *Pode ser escrito de próprio punho ou mediante processo mecânico, devendo ser lido e assinado por quem o escreveu, na presença de pelo menos três testemunhas, que o devem subscrever*. Morto o testador, o testamento deverá ser levado à juízo, com a citação dos herdeiros legítimos. As testemunhas também serão intimadas. O testamento apenas será confirmado se as testemunhas estiverem de acordo sobre o fato da disposição, ou ao menos sobre a sua leitura perante elas e reconhecerem as próprias assinaturas, bem como a do testador. Caso alguma testemunha falte, por morte ou ausência, se pelo menos uma delas o reconhecer, o testamento poderá ser confirmado, se o juiz entender que há prova suficiente de sua veracidade. Apenas em circunstâncias excepcionais o testamento particular sem testemunhas pode ser confirmado pelo juiz, desde que tenha sido escrito de próprio punho e assinado pelo testador.

Já o **codicilo** *trata-se de ato de última vontade destinado a disposições de pequeno valor.* Toda pessoa capaz de testar poderá, mediante escrito particular seu, datado e assinado, fazer disposições especiais sobre seu enterro, sobre esmolas de pouca monta a certas e determinadas pessoas, ou, independentemente, aos pobres de certo lugar, assim como legar móveis, roupas ou joias, de pouco valor, de seu uso pessoal, e ainda nomear ou instituir testamenteiros. É polêmica a questão quanto a possibilidade de codicilo elaborado por meio mecânico, porém doutrina e jurisprudência posicionam-se favoráveis a esta hipótese.

Revoga-se o codicilo por outro (expressamente) ou por testamento posterior, de qualquer natureza, que não o confirme ou modifique. Se o codicilo estiver fechado, abrir-se-á do mesmo modo que o testamento cerrado.

São **testamentos especiais:** os marítimos, aeronáuticos e militares, sendo utilizados em situações emergenciais.

Quanto às **disposições testamentárias**, trata-se de regras interpretativas do testamento, que apenas serão aplicadas caso a vontade do falecido não tenha sido manifestada de forma clara a inconteste. Quando a cláusula testamentária for suscetível de interpretações diferentes, prevalecerá a que melhor assegure a observância da vontade do testador. Confira algumas regras:

a) **regras proibitivas:**

não cabe nomeação de herdeiro a termo (salvo nas disposições fideicomissárias), considerando-se não escrita a fixação de data ou termo;

não cabe disposição com condição captatória (é proibido o pacto sucessório);

é nula a cláusula que se refira a pessoa incerta, cuja identidade não se possa averiguar.

b) **regras permissivas:**

a nomeação pode ser pura e simples, quando não haja qualquer condição ou ônus;

a nomeação pode ser feita sob condição suspensiva ou resolutiva, desde que lícitas e possíveis, ou mediante encargo (para certo fim ou modo), que pode ser exigido do beneficiário, não se falando em revogação pelo descumprimento, salvo se expressamente prevista pelo testador, e, ainda, por certo motivo.

São **anuláveis** as disposições testamentárias inquinadas de **erro, dolo ou coação**. Extingue-se em quatro anos o direito de anular a disposição, contados de quando o interessado tiver conhecimento do vício.

Instituto importante em matéria de sucessão testamentária é o do **legado**. Este pode ser **conceituado** como a *coisa certa e determinada deixada a alguém (legatário), por testamento ou codicilo*. O legado pode ser de coisas, crédito, quitação de dívida, alimentos, usufruto, imóvel, dinheiro, renda ou pensão vitalícia.Ex: a casa na praia na praia, o veículo Y. O testador individualiza o bem e indica a pessoa para quem ele quer deixá-lo. A sucessão por legado se dá a título singular, diferentemente da herança que se dá a título universal.

A aquisição do legado é diferente da regra geral da aquisição da herança, que se dá com a *saisine*. Isso porque, aberta a sucessão, o legatário adquire apenas a propriedade de coisa se esta for coisa certa, existente no acervo. No entanto, se tratar de coisa incerta (escolhe-se a de qualidade média), só adquire essa coisa quando da partilha. Ressalta-se que a qualidade de proprietário da coisa também fica sujeita a inexistência de condição suspensiva, uma vez que esta apenas confere direito eventual ao seu titular. Enquanto a condição não se implementar, não há possibilidade de exercício do direito, haja vista a inexistência de direito adquirido.

Não estando presente a condição suspensiva, o legatário torna-se proprietário da coisa desde a abertura da sucessão. Porém, quanto à posse, adquire de imediato apenas a posse indireta. A posse direta depende se pedido aos herdeiros, ao testamenteiro ou ao inventariante nos autos de inventário.Os frutos, todavia, pertencem ao legatário desde a morte do testador, salvo o de dinheiro, que decorre da mora (apenas serão devidos juros, se o herdeiro estiver em mora. De outra parte, a correção monetária é automática, sempre incidirá).

Outro tema relevante na sucessão testamentária é o da **caducidade**. Segundo o Código Civil, um testamento deixa de produzir efeitos pela nulidade, pela revogação ou pela caducidade, que se dá pela falta do objeto (modificação substancial feita pelo testador, alienação da coisa, evicção ou perecimento) ou pela falta do beneficiário (por exclusão, renúncia, falta de legitimação ou morte – não há direito de representação). Essas causas também são aplicáveis à caducidade dos legados, hipótese em que eles se tornam ineficazes.

Questão bastante interessante é relativa ao **direito de acrescer** e a **substituição testamentária.** Havendo renúncia ou exclusão de algum herdeiro, em regra a cota integrará o monte da sucessão legítima. Todavia, caso estejam presentes um desses dois institutos, a consequencia será diversa.

O **direito de acrescer** se dá quando o testador contempla vários beneficiários, deixando-lhes a mesma herança ou coisa, em porções não determinadas, e um dos concorrentes vem a faltar, salvo direito do substituto.

Nesse caso, não havendo substituto designado pelo testador, será acrescido ao quinhão dos coerdeiros ou colegatários conjuntamente contemplados o quinhão daquele que vem a faltar, salvo se estes têm cotas hereditárias determinadas.

Confira um exemplo em que caberá o direito de acrescer: "deixo o imóvel X a Fulano e Beltrano". Vindo a faltar Fulano, Beltrano ficará com a parte do primeiro, pelo direito de acrescer.

No entanto, esse direito não se aplica no seguinte caso: "deixo metade do imóvel X a Fulano e metade do imóvel X a Beltrano". Nesse caso, vindo a faltar Fulano, e não havendo substituto para ele, sua cota vai aos herdeiros legítimos.

Falando em substituto, o instituto da **substituição** pode ser **conceituado** como *a indicação de certa pessoa para recolher a herança ou legado, caso o nomeado venha a* faltar *ou não queira recebê-la (o)*. Ex: o testador nomeou Maria como sua legatária, contemplando-a com uma casa. Maria faleceu, e na sequência o testador também. Quem receberá a casa? Os herdeiros de Maria? A resposta é negativa, pois não há direito de representação na sucessão testamentária. Se o testador não houver falado nada, ocorrerá a caducidade da cláusula e o bem será incluído na sucessão legítima (art. 1.829 do CC). Mas, é possível que o testador tenha colocado expressamente um substituto para Maria.

A substituição pode ser **vulgar** ou **fideicomissária:**

a) **substituição vulgar:** é a substituição que se dá com a saída do herdeiro/legatário nomeado e a entrada do substituto. Se verifica quando o testador nomeia um herdeiro ou legatário para receber a quota que caberia àquele que não quis ou não pôde receber. Pode ser *singular,* quando há apenas um herdeiro/legatário e um substituto; *plural*, quando houver dois ou mais substitutos (esses substitutos serão chamados de maneira simultânea); *recíproca*, quando há dois ou mais herdeiros/legatários nomeados substitutos uns dos outros.

b) **substituição fideicomissária:** na substituição fideicomissária temos três personagens: o testador (fideicomitente), o herdeiro ou legatário (fiduciário) e a prole eventual (fideicomissário). O fideicomitente deixa bens ao fiduciário e institui que este, com a ocorrência de sua morte, ou advento de determinado termo ou condição (que será fixada no testamento) transmitirá os bens ao fideicomissário. Caso o testador não estipule prazo diverso, a prole eventual deve ser concebida no prazo de dois anos a contar da abertura da sucessão. Se por ocasião da morte do testador o fideicomissário já houver sido concebido ou nascido, terá ele o direito de propriedade sobre os bens, instituindo-se ao fiduciário o direito a usufruto. O fideicomisso somente pode ser instituído por testamento (Enunciado n. 529 JDC/CJF). O art. 1.959 do Código Civil considera nulos os fideicomissos além de segundo grau.

Importante mencionar sobre a **redução das disposições testamentárias.** Nesta seara, as disposições que excederem a porção disponível reduzir-se-ão aos limites dela, sendo proporcionalmente reduzidas as quotas do herdeiro ou herdeiros instituídos, até onde baste e, não bastando também os legados, na proporção de seu valor. O testamento anterior à vigência do novo Código Civil se submeterá à redução a referida redução naquilo que atingir a porção reservada ao cônjuge sobrevivente, elevado que foi à condição de herdeiro necessário (Enunciado n. 118 JDC/CJF).

Outro tema relevante é o da **revogação do testamento**. A revogação é ato realizado pela própria vontade do testador. Segundo o art. 1.969 do Código Civil, "o testamento pode ser revogado pelo mesmo modo e forma como pode ser feito." Assim, o testamento pode ser revogado por outro testamento, ainda que de outra modalidade (ex: é possível que um testamento público seja revogado por um testamento particular, ou por um testamento militar). Não é possível que o testamento seja revogado por codicilo (não obstante posição minoritária em sentido contrário), mas este último pode ser revogado pelo primeiro.

A revogação pode ser das seguintes espécies: a) *expressa* (ou *direta*); b) *tácita* ou *indireta* (ex.: o novo testamento tem disposições incompatíveis com o anterior); c) *total*; d) *parcial*; e) real (quando o testamento cerrado ou particular for destruído com o consentimento do testador).

Os efeitos da revogação serão mantidos, ainda que o testamento revogador vier a caducar por exclusão, incapacidade ou renúncia do herdeiro nele nomeado. Não valerá, porém, se for anulado por omissão ou infração de solenidades essenciais ou por vícios intrínsecos.

Já o **rompimento do testamento** consiste na ineficácia deste pelo fato de o testador não ter conhecimento da existência de herdeiros necessários seus, quando da elaboração do testamento. Ex: no momento da elaboração do testamento, o testador não possuía cônjuge, nem ascendentes nem descendentes. Todavia era réu numa ação de investigação de paternidade,a qual foi julgada procedente. Logo, o testador passou a ter um herdeiro necessário, um filho. O testamento elaborado estará rompido.

O art. 1.974 do Código Civil dispõe que "sobrevindo descendente sucessível ao testador, que não o tinha ou não o conhecia quando testou, rompe-se o testamento em todas as suas disposições, se esse descendente sobreviver ao testador".

Por fim, vale uma palavra acerca de instituto que vem sendo objeto de muitas controvérsias atualmente, o chamado **"testamento vital"**, documento que estabelece disposições sobre o tipo de tratamento de saúde, ou não tratamento, que a pessoa deseja no caso de não ter condições de manifestar a sua vontade.

A doutrina, calcada no princípio da dignidade da pessoa humana, vem entendendo que é válida essa declaração de vontade, desde que expressa em documento autêntico (vide, por exemplo, o Enunciado nº 528 do CJF).

8.3.1. Jurisprudência selecionada

TESTAMENTO. CLÁUSULAS VITALÍCIAS. ABRANDAMENTO.

A Turma asseverou ser possível, em situações excepcionais de necessidade financeira, flexibilizar a vedação do art. 1.676 do CC/1916 e abrandar as cláusulas vitalícias de inalienabilidade, impenhorabilidade e incomunicabilidade impostas em testamento. Na espécie, a autora recorrida, ao promover o procedimento especial de jurisdição voluntária na origem, requereu o levantamento das cláusulas incidentes sobre o imóvel rural deixado por sua avó sob a alegação de que estaria passando por graves dificuldades financeiras. De acordo com a Min. Relatora, o legislador, ao editar o referido dispositivo, buscou responder às preocupações familiares, assegurando aos descendentes a proteção do patrimônio, o bem-estar e o amparo financeiro diante das incertezas de ordem econômica e social. Contudo, consignou que, havendo alterações supervenientes e significativas na situação fática do herdeiro, como na hipótese dos autos, a impossibilidade de desconstituir os referidos gravames pode ocasionar-lhe maiores prejuízos. Assim, ressaltou que a limitação do direito de dispor livremente dos bens não pode ser absoluta, devendo ser avaliada à luz da função social da propriedade e da dignidade da pessoa humana. Afirmou ainda que o abrandamento dessas cláusulas constitui medida que melhor atende à vontade do testador nos termos dos arts. 85 e 1.666 do CC/1916. Por fim, frisou que o art. 1.911, parágrafo único, do CC/2002 passou a possibilitar a alienação de bens por conveniência econômica mediante autorização judicial. Precedente citado: REsp 10.020-SP, DJ 14/10/1996. **REsp 1.158.679-MG, Rel. Min. Nancy Andrighi, julgado em 7/4/2011.** (Inform. STJ 468)

INJÚRIA GRAVE. DESERDAÇÃO. INTERDIÇÃO. HERANÇA.

O testador falecido autorizou, no testamento, que os demais herdeiros promovessem a deserdação do herdeiro ora recorrido, providência tomada na data da propositura, na origem, da ação de interdição com a qual se pretende vê-lo excluído da sucessão. Consta que a manifestação, em testamento, do desejo de excluir o filho (recorrido) da sucessão de seus bens deu-se pelo fato de ele ter caluniado e injuriado o pai nos autos de inventário de sua mãe (esposa do falecido), condutas essas que configurariam os crimes de denunciação caluniosa e injúria grave, a autorizar os demais sucessores a providenciar as medidas cabíveis para afastá-lo da sucessão dos bens que porventura lhe coubessem por ocasião da partilha do acervo patrimonial. Note-se que, à época, ainda estava em vigor o CC/1916. Segundo o Min. Relator, a questão no REsp consiste em saber: se o ato do herdeiro recorrido consistente no ajuizamento de ação de interdição ou o manejo de incidente de remoção de seu genitor (sucedido) da inventariança da sua mãe são fatos capazes de configurar injúria grave a autorizar a sua exclusão da sucessão e se o herdeiro recorrido – quando afirmou, nos autos do inventário de sua genitora, que o falecido (sucedido) estaria a realizar operações fraudulentas com a finalidade de omitir parcela do acervo patrimonial –, com essa alegação, ele pode ter praticado denunciação caluniosa e, nessa medida, ser penalizado com a deserdação. Observa que, conforme alude o art. 1.744, II, do CC/1916, nem toda injúria poderia dar ensejo à deserdação, senão aquela que seja, de fato, grave, intolerável e caracterizada pelo *animus injuriandi*. Para o Min. Relator, na espécie, o mero exercício do direito de ação mediante o ajuizamento de ação de interdição do testador e a instauração do incidente tendente a removê-lo (testador sucedido) do cargo de inventariante não são, por si, fatos hábeis a induzir a pena de deserdação do herdeiro nos moldes do citado artigo. Por outro lado, assevera, quanto à caracterização da denunciação caluniosa nos termos do art. 1.595, II, do CC/1916, que, mesmo admitindo a possibilidade de que a acusação caluniosa tenha ocorrido em juízo cível, como pretende o irmão recorrente, era necessário, nos termos da lei penal (art. 339 do CP com a redação dada pela Lei n. 10.028/2000), que a acusação tivesse inaugurado investigação policial, processo judicial, investigação administrativa, inquérito civil ou ação de improbidade administrativa e, de acordo com o acórdão recorrido, não há comprovação de que o herdeiro recorrente tenha dado, por suas expressões em autos judiciais, início a qualquer dos procedimentos mencionados. Diante do exposto, a Turma negou provimento ao recurso. **REsp 1.185.122-RJ, Rel. Min. Massami Uyeda, julgado em 17/2/2011.** (Inform. STJ 463)

TESTAMENTO. PRINCÍPIO DA UNICIDADE.

O testamento em questão foi lavrado da seguinte forma: primeiro, o oficial do cartório remeteu espécie de minuta do testamento ao testador octogenário (de delicada saúde), que fez nela correções, e, só após isso, foi à residência do testador com o texto final do testamento, que foi lido pelo oficial e assinado pelo testador e testemunhas. Nesse contexto, não há como ter por ofendido o art. 1.632 do CC/1916 pela falta de observância do princípio da unicidade do ato; pois, antes de tudo, há que privilegiar a vontade do testador, ainda que se sustente a ocorrência de eventual inobservância dos requisitos formais do testamento. Tal não ocorreria se existente fato concreto passível de causar dúvidas quanto à própria faculdade do testador de livremente dispor de seus bens, o que não é o caso, pois o TJ afastou a alegação de incapacidade mental do testador no momento da elaboração do testamento, decisão contra a qual sequer se insurgiram os recorrentes. Assim, as assertivas do TJ referentes à perfeição formal do ato testamentário (certificada pelo oficial), sua veracidade e regularidade encontram-se abrigadas na Súm. n. 7-STJ, que impede sua revisão nesta sede especial. Ao acolher esse entendimento, a Turma, dando prosseguimento ao julgamento, negou provimento ao especial. O voto vista do Min. Vasco Della Giustina (Desembargador convocado do TJ-RS) alude a parecer inserto nos autos que assinala ser possível mitigar as formalidades testamentárias desde que justificado, como no caso. Já o Min. Sidnei Beneti ressaltou que essa é interpretação mais moderna das formalidades constantes do art. 1.632 do CC/1916, que dizem respeito a outros tempos em que os documentos realmente se produziam manuscritos e diretamente na presença de todas as pessoas envolvidas. Precedentes citados do STF: RE 21.731-CE, DJ 5/10/1953; do STJ: REsp 1.001.674-SC, DJe 15/10/2010; REsp 223.799-SP, DJ 17/12/1999; REsp 828.616-MG, DJ 23/10/2006, e REsp 228-MG, DJ 4/12/1989. **REsp 753.261-SP, Rel. Min. Paulo de Tarso Sanseverino, julgado em 23/11/2010**. (Inform. STJ 457)

TESTAMENTO. FIDEICOMISSO.

Na espécie, disposição testamentária estabeleceu fideicomisso sobre determinada propriedade, de forma que a fiduciária seria a companheira do testador. Com o falecimento dela, o imóvel passaria a pertencer ao filho do casal (fideicomissário), ora primeiro recorrido. Ambos os envolvidos, então, ajuizaram ação declaratória de nulidade de cláusula testamentária, por entender que o testador teria instituído sobre o referido bem um segundo fideicomisso aos seus sobrinhos, entre os quais se encontra o recorrente, o que importaria contrariedade ao disposto no art. 1.739 do CC/1916. Após obter o cancelamento do gravame, o primeiro recorrido, na condição de pleno proprietário, firmou com imobiliária, ora segunda recorrida, contrato de promessa de compra e venda do imóvel em discussão. O mencionado processo, no entanto, foi extinto com resolução de mérito, ante o reconhecimento da prescrição. Ocorre que, ao averbar essa decisão na matrícula da propriedade, o oficial de registro de imóveis expressamente consignou que o suposto fideicomisso em segundo grau teria, por consequência, sido restabelecido, sem que o *decisum* tivesse exarado qualquer manifestação nesse sentido. Assim, o primeiro recorrido levou a efeito procedimento de jurisdição voluntária com o intuito de cancelar a averbação. Nesse feito, houve o ingresso da imobiliária recorrida, a qual argumentou que o registro efetuado pelo oficial não exprimiria a verdade, pois o testamento nem ao menos conteria a restrição de fideicomisso. O recorrente impugnou tais alegações ao argumento de que o pleito ofenderia a coisa julgada formada naquela ação anulatória de cláusula testamentária, cuja decisão teria mantido intacto o suscitado gravame, motivo pelo qual intentou declaratória de nulidade do contrato celebrado entre ambos os recorridos. Segundo o Min. Relator, ficou comprovado, nas instâncias ordinárias, que o testamento não continha qualquer cláusula que estabelecesse um segundo fideicomisso em favor dos sobrinhos do testador. Ocorreu, isso sim, uma errônea interpretação das disposições testamentárias, o que resultou em uma averbação equivocada e no ajuizamento de uma ação que pretendeu obter a nulidade de cláusula inexistente. Concluiu-se, dessa forma, pela ausência de violação da coisa julgada formada nessa anulatória, bem como pela consequente validade do contrato de promessa de compra e venda da propriedade em litígio (por ser o primeiro recorrido seu verdadeiro proprietário), razão pela qual a Turma negou provimento ao recurso especial. **REsp 951.562-RJ, Rel. Min. Sidnei Beneti, julgado em 2/9/2010**. (Inform. STJ 445)

TESTAMENTO. FORMALIDADES. EXTENSÃO.

Busca-se, no recurso, a nulidade de testamento, aduzindo o ora recorrente que a escritura não foi lavrada pelo oficial de cartório, mas por terceiro, bem como que as cinco testemunhas não acompanharam integralmente o ato. O tribunal *a quo* afirmou que não foi o tabelião que lavrou o testamento, mas isso foi feito sob sua supervisão, pois ali se encontrava, tendo, inclusive, lido e subscrito o ato na presença das cinco testemunhas. Ressaltou, ainda, que, diante da realidade dos tabelionatos, não se pode exigir que o próprio titular, em todos os casos, escreva, datilografe ou digite as palavras ditadas ou declaradas pelo testador. Daí, não há que declarar nulo o testamento que não foi lavrado pelo titular da serventia, mas possui os requisitos mínimos de segurança, de autenticidade e de fidelidade. Quanto à questão de as cinco testemunhas não terem acompanhado integralmente a lavratura de testamento, o TJ afirmou que quatro se faziam presentes e cinco ouviram a leitura integral dos últimos desejos da testadora, feita pelo titular da serventia. Assim, a Turma não conheceu do recurso por entender que o vício formal somente invalidará o ato quando comprometer sua essência, qual seja, a livre manifestação da vontade da testadora, sob pena de prestigiar a literalidade em detrimento da outorga legal à disponibilização patrimonial pelo seu titular. Não havendo fraude ou incoerência nas disposições de última vontade e não evidenciada incapacidade mental da testadora, não há falar em nulidade no caso. Precedente citado: REsp 302.767-PR, DJ 24/9/2001. **REsp 600.746-PR, Rel. Min. Aldir Passarinho Junior, julgado em 20/5/2010**. (Inform. STJ 435)

USUFRUTO VIDUAL. TESTAMENTO.

Trata o caso da incidência do art. 1.611, § 1º, do CC/1916 (usufruto legal) quando a companheira é contemplada em testamento com bens de valor superior ou igual àqueles sobre os quais recairia o usufruto. A finalidade do usufruto vidual do consorte sobrevivente é garantir um mínimo necessário para o cônjuge ou companheiro que não possui obrigatoriamente quinhão na herança do falecido, como no caso de comunhão parcial ou separação absoluta, em sucessões abertas na vigência do CC/1916, que não considerava o cônjuge como herdeiro necessário. Assim, na espécie, a companheira não faz jus ao usufruto legal, pois já contemplada, em testamento, com bem de valor superior ou igual àqueles sobre os quais recairia o usufruto. A deixa de propriedades por meio de testamento transmitiu, por consequência, os direitos de usar e de fruir a coisa na proporção exigida pelo referido artigo. Se assim não fosse, permitir o usufruto de outros bens, além dos já legados, poderia esvaziar a legítima. Precedentes citados: REsp 28.152-SP, DJ 27/6/1994, e REsp 34.714-SP, DJ 6/6/1994. **REsp 594.699-RS, Rel. Min. Luis Felipe Salomão, julgado em 1º/12/2009.** (Inform. STJ 418)

TESTAMENTO. EXCLUSÃO. CÔNJUGE. USUFRUTO.
A Turma entendeu que, quando a testadora dispõe de seu patrimônio em testamento público com a exclusão do cônjuge sobrevivente da sucessão (art. 1.725 do CC/1916), descabe o direito de usufruto por ele pleiteado com base no art. 1.611, § 1º, do mesmo Código. No caso, sobrepõe-se a vontade explícita da testadora ao excluir da sucessão o cônjuge sobrevivente, afastando-se, inclusive, o usufruto, que seria resguardado se não houvesse a disposição testamentária. **REsp 802.372-MG, Rel. Min. Nancy Andrighi, julgado em 16/9/2008**. (Inform. STJ 368)

USUFRUTO VIDUAL. SUCESSÃO TESTAMENTÁRIA.
A questão está em saber se a concessão do usufruto ao cônjuge sobrevivente casado sob o regime da separação legal de bens é possível na sucessão testamentária. Isso posto, a Turma conheceu do recurso e deu-lhe provimento para reconhecer à viúva o direito ao usufruto legal, enquanto durar a viuvez, sobre a metade dos bens do cônjuge falecido, por considerar que o usufruto vidual é instituto do direito sucessório, independente da situação financeira do cônjuge sobrevivo. O art. 1.611, § 1º, do CC/1916 não restringe a respectiva aplicação à sucessão legítima. A previsão legal do usufruto vidual é previsão sem restrições, bastando que ocorram os pressupostos para sua configuração, isto é, ausência de comunhão total, constância da sociedade conjugal e não contemplação do cônjuge supérstite, pelo testador, com a propriedade da herança. Os únicos requisitos são o regime do casamento diferente da comunhão universal e o estado de viuvez. **REsp 648.072-RJ, Rel. Min. Ari Pargendler, julgado em 20/3/2007.** (Inform. STJ 314)

TESTAMENTO. FORMALIDADE. VONTADE. TESTADOR.
O Tribunal *a quo* assentou que o testador estava em seu juízo perfeito, que elaborou o testamento por livre e espontânea vontade e confirmou a autenticidade da assinatura. Em momento algum, os ora recorrentes alegaram que houve falsidade na assinatura ou que o testamento não refletiam a vontade do *de cujus*. Contestou a inobservância na formalidade (art. 1.876, § 2º, CC/2002) para a confecção do ato, qual seja, a falta de leitura do testamento perante as três testemunhas reunidas concomitantemente. Então, a Turma não conheceu do recurso, por entender que, apesar de ser um ato solene, não se deve priorizar a forma em detrimento da vontade do testador. Ademais, na espécie, foi o próprio testador que levou o documento para as três testemunhas assinarem, restando induvidosa sua vontade. **REsp 828.616-MG, Rel. Min. Castro Filho, julgado em 5/9/2006.** (Inform. STJ 295)

8.4. QUADRO SINÓTICO

1. Sucessão testamentária

1.1 Conceito: é *aquela que decorre de expressa manifestação de última vontade, em testamento ou codicilo.*

1.2 Características do testamento:

a) é personalíssimo;

b) é negócio jurídico unilateral;

c) é proibido o testamento conjuntivo;

d) é negócio jurídico solene, gratuito, revogável, *causa mortis;*

1.3 Capacidade para testar: é conferida aos plenamente capazes e aos maiores de 16 anos. Será aferida com base na lei em vigor na data da elaboração do testamento.

1.4 Formas de testamento:

a) Ordinárias:

- público;
- particular (hológrafo);
- cerrado.

b) Extraordinárias:

- Marítimo;
- Aeronáutico;
- Militar.

1.5 Codicilo: *trata-se de ato de última vontade destinado a disposições de pequeno valor.*

1.6 Disposições testamentárias eivadas de erro, dolo ou coação: são anuláveis no prazo de quatro anos contados de quando o interessado tiver conhecimento do vício.

1.7 Legado:

1.7.1 Conceito: é a *coisa certa e determinada deixada a alguém (legatário), por testamento ou codicilo.*

1.7.2 Características:

a) Num primeiro momento transfere-se apenas a propriedade do bem e a posse indireta;

b) A aquisição da propriedade de imediato apenas se dará se a coisa for certa (ressalvada a hipótese de condição suspensiva). Se for incerta, a aquisição se dará somente por ocasião da partilha.

1.8 Caducidade: causas de ineficácia do testamento:

a) falta do objeto;

b) falta do beneficiário;

1.9 Direito de acrescer e substituição testamentária

1.9.1 Direito de acrescer. Conceito: *se dá quando o testador contempla vários beneficiários, deixando-lhes a mesma herança ou coisa, em porções não determinadas, e um dos concorrentes vem a faltar, salvo direito do substituto.*

1.9.1 Substituição testamentária. Conceito: *é a indicação de certa pessoa para recolher a herança ou legado, caso o nomeado venha a* faltar *ou não queira recebê-la (o).*

1.9.1.1 Espécies de substituição:

a) Vulgar (singular, plural ou recíproca);

b) Fideicomissária.

1.10 Redução das disposições testamentárias: *as disposições que excederem a porção disponível reduzir-se-ão aos limites dela, sendo proporcionalmente reduzidas as quotas do herdeiro ou herdeiros instituídos, até onde baste e, não bastando também os legados, na proporção de seu valor.*

1.11 Revogação do testamento

1.11.1 Conceito: *é ato realizado pela própria vontade do testador. O testamento será revogado pela mesma forma como foi feito.*

1.11.2 Espécies:

a) Expressa;

b) Tácita;

c) Total;

d) Parcial.

1.12 Rompimento do testamento: é ineficácia deste pelo fato de o testador não ter conhecimento da existência de herdeiros necessários seus, quando da elaboração do testamento.

1.13 Testamento vital: *é o documento que estabelece disposições sobre o tipo de tratamento de saúde, ou não tratamento, que a pessoa deseja no caso de não ter condições de manifestar a sua vontade.*

8.5. QUESTÕES COMENTADAS

(Magistratura/SC – 2010) Assinale a alternativa correta:

I. O direito de representação se dá nas linhas descendente e ascendente.

II. O renunciante à herança de uma pessoa poderá representá-la na sucessão de outra.

III. São testamentos ordinários o público, o cerrado e o particular; e especiais o marítimo, o aeronáutico e o militar.

IV. Havendo necessidade, podem-se criar outras modalidades de testamentos especiais, por meio de escritura pública.

(A) Somente as proposições I, II e IV estão corretas.

(B) Somente as proposições I e III estão corretas.

(C) Somente as proposições II e IV estão corretas.

(D) Somente as proposições II e III estão corretas.

(E) Somente as proposições III e IV estão corretas.

I: incorreta, pois o direito de representação dá-se apenas na linha descendente (art. 1.852 do CC); **II:** correta (art. 1.856 do CC); **III:** correta (arts. 1.862 e 1.886 do CC); **IV:** incorreta, pois não se admitem outros testamentos especiais, além dos contemplados no Código Civil (art. 1.887 do CC).

Gabarito "D"

(Ministério Público/BA – 2010) Segundo a doutrina, o testamento consiste em negócio jurídico; solene, de eficácia ***mortis causa***, personalíssimo, unilateral e revogável. Portanto, em relação ao testamento, é correto afirmar:

(A) É anulável, quando celebrado pelo menor entre 16 e 18 anos.

(B) É invalido, quando celebrado pelo pródigo.

(C) Será válido, ainda que contenha exclusivamente disposições de caráter não patrimonial.

(D) Será anulável, quando contiver os defeitos de erro, dolo ou coação, no prazo de 4(quatro) anos, a partir da data da abertura da sucessão.

(E) O testamento público posterior, inexoravelmente, revoga o testamento particular anterior.

A: incorreta, pois podem testar os maiores de dezesseis anos (art. 1.860, par. único, do CC); **B:** incorreta. Silvio de Salvo Venosa comenta a questão: "Assim, nem mesmo o pródigo está inibido de dispor por última vontade, embora tenha restrição de disposição patrimonial em vida, salvo se essa prodigalidade lhe afete a mente de modo que se constitua numa enfermidade mental. Aí, porém, a inibição de testar não advém do fato exclusivo de ser pródigo" (http://www.silviovenosa.com.br/artigo/capacidade-de-testar-e-capacidade-de-adquirir-por-testamento); **C:** correta (art. 1.857, § 2°, do CC); **D:** incorreta, pois o prazo será de 4 anos contados de quando o interessado tiver conhecimento do vício (art. 1.909, par. único, do CC); **E:** incorreta, pois não existe essa previsão legal.

Gabarito "C"

(Ministério Público/MA – 2009) Ainda, sobre os Direitos das Sucessões, assinalar a alternativa INCORRETA.

(A) A prole eventual, isto é, os filhos ainda não concebidos de pessoas indicadas pelo testador, não dispõe de capacidade de adquirir por testamento (capacidade passiva), mesmo que vivas no momento da abertura da sucessão.

(B) Os maiores de dezesseis (16) anos já possuem capacidade para fazer testamento e, por se tratar de ato personalíssimo, não necessitam da assistência dos pais ou dos responsáveis.

(C) Não pode o testador estabelecer cláusula de inalienabilidade, impenhorabilidade, e de incomunicabilidade, sobre os bens da legítima, exceto se houver justa causa, declarada no testamento.

(D) O Ministério Público pode requerer a abertura do inventário somente se houver herdeiros incapazes.

(E) Se o herdeiro for devedor ao espólio, sua dívida será partilhada igualmente entre todos, salvo se a maioria consentir que o débito seja imputado inteiramente no quinhão do devedor.

A: incorreta (e deve ser assinalada), pois, na sucessão testamentária, podem ser chamados a suceder os filhos, ainda que não concebidos, de pessoas indicadas pelo testador, desde que vivas estas ao abrir-se a sucessão (art. 1.799, I, do CC); **B:** correta, pois a assertiva reflete o disposto nos arts. 1.858 e 1.860, parágrafo único, do CC; **C:** correta, pois a assertiva reflete o disposto no art. 1.848, *caput*, do CC; **D:** correta, pois a assertiva reflete o disposto no art. 988, VIII, do CPC; **E:** correta, pois a assertiva reflete o disposto no art. 2.001 do CC.

Gabarito "A"

(Cartório/RJ – 2012) É correto afirmar que o testamento,

(A) quando particular, pode ser escrito em língua estrangeira, contanto que as testemunhas a compreendam.

(B) quando ordinário, pode ser público, cerrado, particular ou militar.

(C) quando cerrado, deve obrigatoriamente ser redigido pelo testador.

(D) quando conjuntivo, é válido e permitido.

(E) no qual se impõe a cláusula de inalienabilidade aos bens por ato de liberalidade, não implica a impenhorabilidade e incomunicabilidade.

A: correta (art. 1.880 do CC); **B:** incorreta, pois o testamento militar é modalidade de testamento especial (art. 1.886, III, do CC); **C:** incorreta, pois o testamento cerrado pode ser escrito pelo próprio testador, ou por outrem, a seu rogo (art. 1.871 do CC); **D:** incorreta, pois é vedado o testamento conjuntivo, haja vista que o testamento é ato personalíssimo (art. 1.863 do CC); **E:** incorreta, pois a cláusula de inalienabilidade implica, por consequência, a impenhorabilidade e incomunicabilidade do bem (art. 1.911 do CC).

Gabarito "A"

(Cartório/MG – 2012 – FUMARC) Pelo Código Civil, a pessoa que estiver em viagem, a bordo de navio nacional, pode testar perante o comandante. Sobre o testamento marítimo, é **correto** afirmar que

(A) não necessita ser registrado no diário de bordo.

(B) será feito na presença de duas testemunhas, por forma que corresponda ao testamento público ou cerrado.

(C) ficará sob a guarda de uma das testemunhas, que o entregará às autoridades administrativas do primeiro porto nacional.

(D) será válido se, ao tempo em que se fez, o navio estava em porto onde o testador pudesse desembarcar e testar de forma ordinária.

A: incorreta, pois o testamento marítimo será registrado no diário de bordo (art. 1.888, parágrafo único, do CC); **B:** correta (art. 1.888, *caput*, do CC); **C:** incorreta, pois o testamento marítimo ficará sob a guardo do *comandante*, que o entregará às autoridades administrativas do primeiro porto nacional (art. 1.890 do CC); **D:** incorreta, pois nesta hipótese o testamento será nulo, uma vez que o testador tinha condições de testar de forma ordinária (art. 1.892 do CC).

Gabarito "B"

(Cartório/MG – 2012 – FUMARC) A respeito das formalidades exigidas para a validade do testamento cerrado, é **correto** afirmar

(A) O tabelião lavrará, desde logo, o auto de aprovação, na presença de duas testemunhas, lendo, em seguida, ao testador e às testemunhas.

(B) Depois de aprovado e cerrado, permanecerá com o tabelião, que lançará no seu livro nota do lugar, dia, mês e ano em que o testamento foi aprovado.

(C) Pode dispor de seus bens em testamento cerrado quem não saiba ou não possa ler, desde que seja o testamento lido na presença de três testemunhas.

(D) Não poderá ser escrito a rogo do testador pelo tabelião.

A: correta (art. 1.868, III, do CC); **B:** incorreta, pois após aprovado, o testamento será *entregue ao testador* (art. 1.874 do CC); **C:** incorreta, pois não pode testar por testamento cerrado, quem não saiba ou não possa ler (art. 1.872 do CC); **D:** incorreta, pois é permitido que o testamento cerrado seja escrito a rogo do tabelião (art. 1.870 do CC)

Gabarito "A"

8.6. INVENTÁRIO E PARTILHA

O inventário e a partilha visam à divisão dos bens deixados pelo "de cujus". Para tanto, procede-se à apuração do quinhão de cada herdeiro, seguindo-se à partilha de bens.

A lei processual civil dispõe que, "havendo testamento ou interessado incapaz, proceder-se-á ao inventário judicial; se todos forem capazes e concordes, poderá fazer-se o inventário e a partilha por **escritura pública**, a qual constituirá título hábil para o registro imobiliário" (art. 982 do CPC).

Repare que, havendo incapaz, o inventário deverá ser feito judicialmente. Não havendo, poderá ser feito em cartório extrajudicial, sendo necessário, todavia, a presença de **advogado**.

O inventário judicial pode ter três **ritos**:

a) *tradicional*, aplicável quando não cabível outro rito (arts. 982 a 1.030 do CPC);

b) *arrolamento sumário*, aplicável quando todos os interessados forem maiores e capazes, abrangendo bens de quaisquer valores, bem como quando houver um único herdeiro (art. 1.031 do CPC);

c) *arrolamento comum*, aplicável quando os bens do espólio sejam de valor igual ou inferior a 2.000 OTN's (art. 1.036 do CPC).

O inventário judicial costuma ter as seguintes fases:

a) pedido de abertura do inventário;

b) nomeação do inventariante e assinatura do compromisso;

c) primeiras declarações apresentadas pelo inventariante, que deverá descrever os bens, os créditos e as obrigações do espólio, bem como deverá indicar os valores e a nomeação dos sucessores;

d) citação dos interessados, da Fazenda Pública e do Ministério Público, quando for o caso;

e) avaliação dos bens, que poderá se dispensada;

f) últimas declarações;

g) cálculo do imposto de transmissão *causa mortis*, homologação pelo juiz e recolhimento;

h) pedido de quinhões, deliberação de partilha, esboço e auto de partilha; quando houver herdeiro único, os bens serão adjudicados;

i) juntada das negativas fiscais;

l) expedição de formal de partilha, ou de carta de adjudicação.

Tema relevante é o dos sonegados.

A sonegação pode ser conceituada como *a ocultação dolosa dos bens da herança, ou sujeitos à colação*.

A consequência dessa conduta é a perda do direito que o sonegador teria sobre os bens sonegados. Porém, o reconhecimento desse comportamento e a perda desse direito dependem de ação própria.

Outro instituto relevante em matéria de inventário e partilha é o da colação. Esta pode ser conceituada como *a restituição ao monte do valor das liberalidades recebidas do autor da herança por seus descendentes, a fim de nivelar as legítimas.*

O autor da herança pode, por meio de testamento ou no próprio título da liberalidade, dispensar o beneficiário do ato da colação, dispondo que a liberalidade está saindo da parte disponível de sua herança.

Está dispensado de colacionar o descendente que, ao tempo da realização da doação, não seria chamado à sucessão na qualidade de herdeiro necessário (p. ex.: neto que recebe quando o avô tem filhos vivos).

Os ascendentes não são obrigados a colacionar.

O objeto da colação é o *valor* das doações certo ou estimativo, que lhes atribuir o ato de liberalidade. Em complemento, o Enunciado n. 114 JDC/CJF: ensina que: *Para evitar o enriquecimento sem causa, a colação será efetuada com base no valor da época da doação, nos termos do caput do art. 2.004, exclusivamente na hipótese em que o bem doado não mais pertença ao patrimônio do donatário. Se, ao contrário, o bem ainda integrar seu patrimônio, a colação se fará com base no valor do bem na época da abertura da sucessão, nos termos do art. 1.014 do CPC, de modo a preservar a quantia que efetivamente integrará a legítima quando esta se constituiu, ou seja, na data do óbito (resultado da interpretação sistemática do art. 2.004 e seus parágrafos, juntamente com os arts. 1.832 e 884 do Código Civil).*

Apenas as doações é que deverão ser trazidas à colação, não estando sujeitos a esta os *gastos ordinários* do ascendente com o descendente, tais como: despesas com educação, estudo, sustento, vestuário, saúde, casamento, ou os feitos no interesse da defesa do filho em processo-crime, pouco importando, neste último caso, o desfecho do processo, ou seja, se houve absolvição ou condenação.

8.6.1. Questões comentadas

(Magistratura/PB – 2011 – CESPE) Com base no disposto no Código Civil e considerando o entendimento do STJ no que se refere às sucessões, assinale a opção correta.

(A) O prazo de decadência para impugnar a validade do testamento é de cinco anos, contado da abertura da sucessão.

(B) Caso o bem sonegado não esteja mais em poder do sonegador, por ter sido por ele alienado, o juiz deverá, em ação de sonegados, declarar nula a alienação.

(C) O direito de exigir a colação dos bens recebidos a título de doação em vida do *de cujus* é privativo dos herdeiros necessários, visto que a finalidade do instituto é resguardar a igualdade das legítimas.

(D) O ato de aceitação da herança é revogável, e o de renúncia a ela, irrevogável.

(E) A incapacidade superveniente do testador invalida o testamento.

A: incorreta, pois o prazo conta-se da data do seu registro (art. 1.859 do CC); **B:** incorreta (art. 1.995 do CC); **C:** correta. Essa é a posição do STJ: "RECURSO ESPECIAL. CIVIL. DIREITO DAS SUCESSÕES. PROCESSO DE INVENTÁRIO. DISTINÇÃO ENTRE COLAÇÃO E IMPUTAÇÃO. DIREITO PRIVATIVO DOS HERDEIROS NECESSÁRIOS. ILEGITIMIDADE DO TESTAMENTEIRO. INTERPRETAÇÃO DO ART. 1.785 DO CC/16. 1. O direito de exigir a colação dos bens recebidos a titulo de doação em vida do "de cujus" é privativo dos herdeiros necessários, pois a finalidade do instituto é resguardar a igualdade das suas legítimas. 2. A exigência de imputação no processo de inventário desses bens doados também é direito privativo dos herdeiros necessários, pois sua função é permitir a redução das liberalidades feitas pelo inventariado que, ultrapassando a parte disponível, invadam a legítima a ser entre eles repartida. 3. Correto o acórdão recorrido ao negar legitimidade ao testamenteiro ou à viúva para exigir a colação das liberalidades recebidas pelas filhas do inventariado. 4. Doutrina e jurisprudência acerca do tema. 5. Recursos especiais desprovidos" (REsp 167421 SP 1998/0018520-8 - Relator(a) Ministro PAULO DE TARSO SANSEVERINO Julgamento: 07/12/2010 - TERCEIRA TURMA – Publicação DJe 17/12/2010); **D:** incorreta, pois os atos de aceitação e renúncia da herança são irrevogáveis (art. 1.812 do CC); **E:** incorreta (art. 1.861 do CC).

Gabarito "C"

(Delegado/RJ – 2009 – CEPERJ) Em relação à sucessão, é correto dizer:

(A) A abertura da sucessão ocorre no momento da morte do autor da herança, assim como a abertura do inventário.

(B) Os herdeiros não têm, automaticamente, a propriedade e o direito à posse dos bens a partir do falecimento, já que dependem de ato processual específico.

(C) Mesmo havendo herdeiros necessários, o testador poderá dispor da totalidade da herança.

(D) Quanto aos sucessores do indigno, pode-se afirmar que assim como os do renunciante, sucedem por direito próprio e partilham por cabeça.

(E) A partir do Código Civil de 2002, o cônjuge saiu da condição de herdeiro que poderia ser afastado por disposição testamentária, para ser elevado à categoria de herdeiro necessário.

A: incorreta, pois embora a abertura da sucessão ocorra no momento da morte do autor da herança (art. 1.784 do CC), a abertura do inventário tem um prazo de trinta dias previstos no art. 1.796 do CC; **B:** incorreta, pois de acordo com o princípio da "saisine", adotado pelo Código Civil em vigor (art. 1.784), a herança transmite-se, desde logo, aos herdeiros; **C:** incorreta (art. 1.846 do CC); **D:** incorreta, pois os herdeiros do indigno sucederão por representação, como se morto fosse o indigno antes da abertura da sucessão (art. 1.816 do CC); **E:** coreta (art. 1.845 do CC).

Gabarito "E"

(Defensor Público/AL – 2009 – CESPE) Acerca das sucessões em geral, julgue os itens subsequentes.

(1) A sucessão hereditária assenta-se, entre outras, em razão de ordem ética, na medida em que se presume a afeição do morto ao herdeiro, motivo pelo qual o neto que foi autor da denúncia que redundou na condenação do avô pelo crime de apropriação indébita não faz jus à herança deste.

(2) Considere que, com o falecimento de João, tenha restado a seus dois únicos herdeiros, como herança, dois apartamentos de dois quartos localizados no mesmo andar de um prédio residencial. Nessa situação, mesmo considerando a possibilidade de divisão cômoda do acervo, é ineficaz a cessão onerosa do direito à sucessão de um desses imóveis a terceiro, se realizada por qualquer dos co-herdeiros antes da partilha.

1: incorreta, pois esse não é um dos casos de indignidade (art. 1.814 do CC); 2: correta (art. 1.793, § 2º, do CC).

Gabarito 1E, 2C

(Defensor Público/AM – 2010 – I. Cidades) A respeito da sucessão legítima, marque a alternativa correta:

(A) Ao cônjuge sobrevivente que estava separado apenas de fato com o de *cujus* no momento do óbito é reconhecido o direito sucessório, independentemente do tempo da separação.

(B) Na falta de descendentes, são chamados à sucessão os ascendentes, sem concorrência com o cônjuge sobrevivente.

(C) Na classe dos colaterais, os mais próximos excluem os mais remotos, salvo o direito de representação concedido aos filhos de irmãos.

(D) Os tios têm preferência no recebimento da herança em relação aos sobrinhos.

(E) Em falta de descendentes e ascendentes, será deferida a sucessão ao cônjuge sobrevivente, em concorrência com os colaterais.

A: incorreta, pois somente é reconhecido direito sucessório ao cônjuge sobrevivente se, ao tempo da morte do outro, não estavam separados judicialmente, nem separados de fato há mais de dois anos, salvo prova, neste caso, de que essa convivência se tornara impossível sem culpa do sobrevivente (art. 1.830 do CC); **B:** incorreta, pois na falta de descendentes, são chamados os ascendentes em concorrência com o cônjuge (art. 1.836, *caput*, do CC); **C:** correta, pois a alternativa reflete o disposto no art. 1.840 do CC; **D:** incorreta, pois na falta de irmãos, herdarão os filhos destes e, não os havendo, os tios (art. 1.843, *caput*, do CC); **E:** incorreta, pois na falta de descendentes e ascendentes, será deferida a sucessão por inteiro ao cônjuge sobrevivente (art. 1.838 do CC).

Gabarito "C"

(Defensoria Pública da União – 2010 – CESPE) Acerca das sucessões, julgue o seguinte item.

(1) Se a irmã mais velha de uma família de três irmãos falecer e, após sua morte, for verificado que ela era solteira e que não deixou descendentes ou ascendentes vivos, a herança caberá a seus irmãos. Contudo, se estes forem pré-mortos, a herança caberá aos sobrinhos, se houver, e, se um destes também tiver falecido antes da tia, aos sobrinhos-netos em concorrência com seus tios, com base no direito de representação.

O item está errado, pois na classe dos colaterais, os mais próximos excluem os mais remotos, salvo o direito de representação concedido aos filhos de irmãos (art. 1.840 do CC), razão pela qual os sobrinhos-netos não herdarão.

Gabarito 1E

(Defensoria Pública/MA – 2009 – FCC) Sobre a vocação hereditária, preceitua o Código Civil:

(A) Legitimam-se a suceder as pessoas nascidas ou já concebidas no momento da morte do *de cujus*.

(B) Legitimam-se a suceder as pessoas nascidas ou já concebidas no momento da abertura do testamento cerrado.

(C) Na sucessão legítima podem ainda ser chamados a suceder os filhos, ainda não concebidos, de pessoas indicadas pelo testador, desde que vivo este ao abrir-se a sucessão.

(D) Não podem ser nomeados herdeiros nem legatários, entre outros, a concubina do testador casado, salvo se este, sem culpa sua, estiver separado de fato do cônjuge há mais de um ano.

(E) São anuláveis as disposições testamentárias em favor de pessoas não legitimadas a suceder, quando simuladas sob a forma de contrato oneroso, ou feitas mediante interposta pessoa.

A: correta, pois reflete o disposto no art. 1.798 do CC; **B:** incorreta, pois contraria o disposto no art. 1.798 do CC; **C:** incorreta, pois somente na **sucessão testamentária** poderão ser chamados a suceder os filhos, ainda que não concebidos, nos termos do art. 1.799, I, do CC; **D:** incorreta, pois somente poderá ser nomeada herdeira ou legatária a concubina do testador casado, salvo se este, sem culpa sua, estiver separado de fato do cônjuge há mais de **cinco anos** (art. 1.801, III, do CC); **E:** incorreta, pois as disposições descritas na assertiva são **nulas**, conforme disposto no art. 1.802, *caput*, do CC.

Gabarito "A"

(Defensor Público/RS – 2011 – FCC) Direito das Sucessões.

(A) Na sucessão universal, o direito de propriedade imobiliária transmite-se quando do registro dos formais de partilha no Ofício do Registro de Imóveis.

(B) Conforme regra expressa do Código Civil, são herdeiros necessários os descendentes, os ascendentes, os cônjuges e os companheiros.

(C) O testador não pode, mesmo justificando, estabelecer cláusula de impenhorabilidade sobre os bens da legítima.

(D) O direito de representação, no direito sucessório, dá-se apenas na linha reta descendente e ascendente.

(E) O prazo de decadência para anular disposição testamentária inquinada de coação é de quatro anos, contados de quando o interessado tiver conhecimento do vício.

A: incorreta, pois na sucessão universal o direito de propriedade transmite-se desde logo – princípio de *saisine* (art. 1.784 do CC); **B:** incorreta, pois segundo regra expressa do Código Civil, são herdeiros necessários os descendentes, os ascendentes e o cônjuge (art. 1.845 do CC); **C:** incorreta, pois **se houver justa causa**, declarada no testamento, pode o testador estabelecer cláusula de impenhorabilidade sobre os bens da legítima (art. 1.848, *caput*, do CC); **D:** incorreta, pois o direito de representação dá-se na linha reta descendente, **nunca na linha ascendente** (art. 1.852 do CC); **E:** correta, pois a alternativa reflete o disposto no art. 1.909, par. único, do CC.

Gabarito "E"

(Fiscal de Rendas/RJ – 2010 – FGV) Alberto, filho de Felipe e Gabriela, casou-se com Bruna sob o regime de comunhão universal de bens. O casal teve uma única filha, Cecília. Cecília casou-se com Daniel sob o regime da comunhão parcial de bens e teve com ele um filho, Edson, único neto de Alberto. Alberto faleceu recentemente, sem deixar testamento. Além da viúva (Bruna), sobreviveram a Alberto seu pai (Felipe), então já viúvo, sua filha (Cecília), seu genro (Daniel) e seu neto (Edson). Diante desses fatos, é correto afirmar que:

(A) Cecília será a única herdeira de Alberto.

(B) Cecília será herdeira de Alberto, em concorrência com Bruna.

(C) Cecília será herdeira de Alberto, em concorrência com Felipe.

(D) Cecília será herdeira de Alberto, em concorrência com Edson.

(E) Cecília será herdeira de Alberto, em concorrência com Bruna e Felipe.

Art.1829, I, do CC.

Gabarito "A"

(OAB/Exame Unificado – 2012.2) Com relação ao direito sucessório, assinale a afirmativa correta.

(A) O cônjuge sobrevivente, mesmo se constituir nova família, continuará a ter direito real de habitação sobre o imóvel em que residiu com seu finado cônjuge.

(B) A exclusão por indignidade pode ocorrer a partir da necessidade de que o herdeiro tenha agido sempre com dolo e por uma conduta comissiva.

(C) A deserdação é forma de afastar do processo sucessório tanto o herdeiro legítimo quanto o legatário.

(D) Os efeitos da indignidade não retroagem à data da abertura da sucessão, tendo, portanto, efeito *ex nunc*.

A: correta, pois o art. 1.831 prevê esse direito, sem estabelecer como causa de sua extinção a constituição de nova família; no Código Civil anterior, o dispositivo que tratava do assunto (art. 1.611) deixava claro que o direito real de habitação duraria enquanto o cônjuge sobrevivente permanecesse viúvo, ou seja, enquanto não constituísse nova família; **B:** incorreta, pois são excluídos por indignidade os herdeiros ou legatários que "houverem acusado caluniosamente em juízo o autor da herança", sendo que essa hipótese pode ser configurada por conduta dolosa ou culposa, já que se trata de um tipo civil que não exige dolo, diferentemente de outros tipos reclamados pelo art. 1.814 do Código Civil, que reclamam a configuração de crimes dolosos; **C:** incorreta, pois a deserdação é forma de afastar apenas herdeiros legítimos do tipo herdeiro necessário (art. 1.961 do CC); **D:** incorreta, pois os efeitos da indignidade são *ex tunc*, já que, uma vez reconhecida, o herdeiro excluído será considerado como se morto fosse ao tempo da abertura da sucessão (art. 1.816 do CC).

Gabarito "A"

(OAB/Exame Unificado – 2012.1) Edgar, solteiro, maior e capaz, faleceu deixando bens, mas sem deixar testamento e contando com dois filhos maiores, capazes e também solteiros, Lúcio e Arthur. Lúcio foi regularmente excluído da sucessão de Edgar, por tê-lo acusado caluniosamente em juízo, conforme apurado na esfera criminal. Sabendo-se que Lúcio possui um filho menor, chamado Miguel, assinale a alternativa correta.

(A) O quinhão de Lúcio será acrescido à parte da herança a ser recebida por seu irmão, Arthur, tendo em vista que Lúcio é considerado como se morto fosse antes da abertura da sucessão.

(B) O quinhão de Lúcio será herdado por Miguel, seu filho, por representação, tendo em vista que Lúcio é considerado como se morto fosse antes da abertura da sucessão.

(C) O quinhão de Lúcio será acrescido à parte da herança a ser recebida por seu irmão, Arthur, tendo em vista que a exclusão do herdeiro produz os mesmos efeitos da renúncia à herança.

(D) O quinhão de Lúcio se equipara, para todos os efeitos legais, à herança jacente, ficando sob a guarda e administração de um curador, até a sua entrega ao sucessor devidamente habilitado ou à declaração de sua vacância.

Segundo o art. 1.816 do CC, "são pessoais os efeitos da exclusão; os descendentes do herdeiro excluído sucedem, como se ele morto fosse antes da abertura da sucessão". Nesse sentido, aplica-se o direito de representação, pelo qual a lei chama o filho do falecido a suceder em todos os seus direitos (art. 1.851 do CC), direito esse que se aplica na linha reta descendente (art. 1.852 do CC). Dessa forma, apenas a alternativa "A" está correta.

Gabarito "B"

(OAB/Exame Unificado – 2011.3.B) Cristóvão, casado com Carla pelo regime da comunhão universal de bens, tinha três filhos, Ricardo, Ronaldo e Roberto. Ricardo era pai de José e Jorge. José, pai de Marcos e Mateus. Ricardo falece na data de 15/5/2003. Cristóvão, muito triste com a perda do filho, faleceu em 30/1/2004. José faleceu em 17/7/2006. Sabendo que o valor da herança é de R$ 600.000,00, como ficaria o monte?

(A) Roberto e Ronaldo receberiam cada um R$ 300.000,00, pois, como Ricardo faleceu antes de Cristóvão, seus filhos nada receberiam em relação à herança.

(B) Roberto e Ronaldo receberiam R$ 200.000,00 cada um, e o filho de Ricardo de nome Jorge receberia os outros R$ 200.000,00.

(C) Carla receberia R$ 300.000,00. Roberto e Ronaldo receberiam R$ 100.000,00 cada um. Jorge receberia R$ 50.000,00, e Marcos e Mateus receberiam cada um R$ 25.000,00.

(D) A herança seria dividida em quatro partes: Carla, Roberto e Ronaldo receberiam cada um R$ 150.000,00. Os outros R$ 150.000,00 seriam partilhados entre Jorge e os filhos de José, cabendo ao primeiro R$ 75.000,00 e a Marcos e Mateus R$ 37.500,00 para cada um.

Pelo Direito de Família, metade dos R$ 600.000,00 pertence a Carla, que receberá, assim, R$ 300.000,00. A outra metade (a herança) será divido entre os filhos, de modo que teríamos R$ 100.000,00 para Ricardo, R$ 100.000,00 para Roberto e R$ 100.000,00 para Ronaldo. Porém, como Ricardo faleceu, teríamos R$ 50.000,00 para José e R$ 50.000,00 para João, por conta do direito de representação (art. 1.852 do CC). Porém, como José faleceu, temos que dividir esse valor e atribuir R$ 25.000,00 para Marcos e R$ 25.000,00 para Mateus, também como direito de representação. Assim, a resposta correta está na alternativa "C".

Gabarito "C"

(OAB/Exame Unificado – 2011.3.A) José, solteiro, possui três irmãos: Raul, Ralph e Randolph. Raul era pai de Mauro e Mário. Mário era pai de Augusto e

Alberto. Faleceram, em virtude de acidente automobilístico, Raul e Mário, na data de 15/4/2005. Posteriormente, José veio a falecer em 1.º/5/2006. Sabendo-se que a herança de José é de R$ 90.000,00, como ficará a partilha de seus bens?

(A) Como José não possui descendente, a partilha deverá ser feita entre os irmãos. E, como não há direito de representação entre os filhos de irmão, Ralph e Randolph receberão cada um R$ 45.000,00.

(B) Ralph e Randolph devem receber R$ 30.000,00 cada. A parte que caberá a Raul deve ser repartida entre Mauro e Mário. Sendo Mário pré-morto, seus filhos Alberto e Augusto devem receber a quantia que lhe caberia. Assim, Mauro deve receber R$ 15.0000,00, e Alberto e Augusto devem receber R$ 7.500,00 cada um.

(C) Ralph e Randolph receberão R$ 30.000,00 cada um. O restante (R$ 30.000,00) será entregue a Mauro, por direito de representação de seu pai pré-morto.

(D) Ralph e Randolph receberão R$ 30.000,00 cada um. O restante, na falta de outro colateral vivo, será entregue ao Município, Distrito Federal ou União.

Com a morte de José, teríamos R$ 30.000,00 para Raul, R$ 30.000,00 para Ralph e R$ 30.000,00 para Randolph. Porém, como Raul faleceu, a sua parte (R$ 30.000,00) seria dividida entre seus dois filhos, Mauro e Mário. Mas como Mário faleceu no mesmo momento de Raul, não chegou a herdar deste, nem a falecer antes de Raul para configurar o direito de representação (não há pré-morte), de maneira que toda a parte de Raul será entregue a Mauro, por direito de representação de seu pai pré-morto, e nada será atribuído a Augusto e Alberto, de modo que apenas a alternativa "C" está correta.

Gabarito "C"

(OAB/Exame Unificado – 2011.2) Heitor, solteiro e pai de dois filhos também solteiros (Roberto, com trinta anos de idade, e Leonardo, com vinte e oito anos de idade), vem a falecer, sem deixar testamento. Roberto, não tendo interesse em receber a herança deixada pelo pai, a ela renuncia formalmente por meio de instrumento público. Leonardo, por sua vez, manifesta inequivocamente o seu interesse em receber a herança que lhe caiba. Sabendo-se que Margarida, mãe de Heitor, ainda é viva e que Roberto possui um filho, João, de dois anos de idade, assinale a alternativa correta.

(A) Roberto pode renunciar à herança, o que ocasionará a transferência de seu quinhão para João, seu filho.

(B) Roberto não pode renunciar à herança, pois acarretará prejuízos a seu filho, João, menor de idade.

(C) Roberto pode renunciar à herança, ocasionando a transferência de seu quinhão para Margarida, sua avó, desde que ela aceite receber a herança.

(D) Roberto pode renunciar à herança, e, com isso, o seu quinhão será acrescido à parte da herança a ser recebida por Leonardo, seu irmão.

Segundo o art. 1.810 do Código Civil, quando alguém, na sucessão legítima, renuncia à herança, a parte do renunciante acresce à dos outros herdeiros da mesma classe. Assim, como Roberto renunciou à herança, a sua parte não vai para seu filho, nem para a sua mãe, mas para o seu irmão, Leonardo, que é o herdeiro que está na mesma classe de Roberto. Dessa forma, a alternativa "D" é a correta.

Gabarito "D"

(OAB/Exame Unificado – 2010.3) Josefina e José, casados pelo regime da comunhão universal de bens, tiveram três filhos: Mário, Mauro e Moacir. Mário teve dois filhos: Paulo e Pedro. Mauro teve três filhos: Breno, Bruno e Brian. Moacir teve duas filhas: Isolda e Isabel. Em um acidente automobilístico, morreram Mário e Mauro. José, muito triste com a perda dos filhos, faleceu logo em seguida, deixando um patrimônio de R$ 900.000,00. Nesse caso hipotético, como ficaria a divisão do monte?

(A) Paulo e Pedro receberiam cada um R$ 150.000,00. Breno, Bruno e Brian receberiam, cada um, R$ 100.000,00. E, por fim, Moacir receberia R$ 300.000,00.

(B) Josefina receberia R$ 450.000,00. Paulo e Pedro receberiam cada um R$ 75.000,00. Breno, Bruno e Brian receberiam cada um R$ 50.000,00. Moacir receberia R$ 150.000,00.

(C) A herança seria dividida em três partes de R$ 300.000,00. Paulo e Pedro receberiam cada um R$ 150.000,00. Breno, Bruno e Brian receberiam, cada um, R$ 100.000,00. E, por fim, Isabel e Isolda receberiam cada uma a importância de R$ 150.000,00.

(D) Josefina receberia R$ 450.000,00. Os filhos de Mário receberiam cada um R$ 75.000,00. Os filhos de Mauro receberiam R$ 50.000,00 cada um. E, por fim, as filhas de Moacir receberiam R$ 75.000,00 cada uma.

Como José e Josefina eram casados pelo regime de comunhão universal de bens, metade do patrimônio (R$ 450 mil) pertence a Josefina, em razão das regras do direito de família, independentemente das regras de direito das sucessões. Quanto à meação de José (os outros R$ 450 mil), Josefina não terá direito algum, vez que o regime de casamento entre os dois faz com que os descendentes de José sejam herdeiros sem a participação de sua esposa (art. 1.829 do CC). José tinha três filhos. Se todos estivessem vivos, cada filho ficaria com 1/3 do seu patrimônio. No entanto, como somente Moacir é vivo, somente ele receberá o 1/3 a que cada filho tem direito. Os filhos dos outros dois irmãos não herdam por cabeça, mas por estirpe (art. 1.835 do CC), de modo que o 1/3 que pertenceria a Mário será dividido entre seus dois filhos (R$ 75 mil para cada um, Paulo e Pedro) e o 1/3 que pertenceria a Mauro será dividido entre seus três filhos (R$ 50 mil para cada um, Breno, Bruno e Brian).

Gabarito "B"

(OAB/Exame Unificado – 2009.3) Acerca das regras aplicáveis às sucessões, assinale a opção correta.

(A) Quando não se efetua o direito de acrescer, não se transmite aos herdeiros legítimos a quota vaga do nomeado.

(B) São irrevogáveis os atos de aceitação ou de renúncia da herança.

(C) O direito à sucessão aberta bem como o quinhão de que disponha o coerdeiro não pode ser objeto de cessão por escritura pública.

(D) A renúncia da herança deve constar expressa e exclusivamente de instrumento público.

A: incorreta (art. 1.944 do CC); **B:** correta (art. 1.812 do CC); **C:** incorreta (art. 1.793 do CC); **D:** incorreta (art. 1.806 do CC).

Gabarito "B"

(OAB/Exame Unificado – 2012.3.A) José, viúvo, é pai de Mauro e Mário, possuindo um patrimônio de R$ 300.000,00. Casou-se com Roberta, que tinha um patrimônio de R$ 200.000,00, pelo regime da comunhão universal de bens. José e Roberta tiveram dois filhos, Bruno e Breno.

Falecendo Roberta, a divisão do monte seria a seguinte:

(A) José recebe R$ 250.000,00 e Mauro, Mário, Bruno e Breno recebem cada um R$ 62.500,00.

(B) O monte, no valor total de R$ 500.000,00, deve ser dividido em cinco partes, ou seja, José, Mauro, Mário, Breno e Bruno recebem, cada um, R$ 100.000,00.

(C) José recebe R$ 250.000,00 e Bruno e Breno recebem, cada um, a importância de R$ 125.000,00.

(D) A herança deve ser dividida em três partes, cabendo a José, Bruno e Breno 1/3 do monte, ou seja, R$ 166.666,66 para cada um.

José e Roberta tem patrimônio comum de R$ 500.000,00. Com o falecimento de Roberta, pelo Direito de Família, José tem direito a pegar a sua meação nesse patrimônio comum, ficando, assim, com R$ 250.000,00 somente para si. A outra meação consiste na herança deixada por Roberta. Mauro e Mário, por serem filhos apenas de José, não tem direito algum à herança de Roberta. Seus filhos (Bruno e Breno) certamente têm direito à herança, restando saber se José terá direito a alguma parte da herança deixada por Roberta, ou seja, a alguma quantia sobre os R$ 250.000,00 correspondentes à meação de Roberta. Segundo o art. 1.829, I, do CC, os descendentes estão na primeira classe de herdeiros junto com o cônjuge sobrevivente, desde que esse cônjuge não seja casado com o falecido pelo regime de *comunhão universal*, ou pelo regime de separação obrigatória de bens ou pelo regime de comunhão parcial, não tendo o autor da herança deixado bens particulares. Como José era casado com Roberta pelo regime de *comunhão universal*, ele não entra na primeira classe, fazendo com que os R$ 250.000,00 referentes à herança de Roberto sejam divididos entre Bruno e Breno, que ficarão, cada um, com R$ 125.000,00. Assim, José recebe R$ 250.000,00 referente à sua meação (Direito de Família), e Breno e Bruno recebem R$ 125.000,00 cada, referente à herança deixada por Roberta (Direito das Sucessões).

Gabarito "C"

(OAB/Exame Unificado – 2010.2) Em 2004, Joaquim, que não tinha herdeiros necessários, lavrou um testamento contemplando como sua herdeira universal Ana. Em 2006, arrependido, Joaquim revogou o testamento de 2004, nomeando como seu herdeiro universal Sérgio. Em 2008, Sérgio faleceu, deixando uma filha Catarina. No mês de julho de 2010, faleceu Joaquim. O único parente vivo de Joaquim era seu irmão, Rubens. Assinale a alternativa que indique a quem caberá a herança de Joaquim.

(A) Rubens.

(B) Catarina.

(C) Ana.

(D) A herança será vacante.

Com a morte de Sérgio (nomeado como herdeiro) antes da morte do testador (Joaquim), o testamento fica caduco, perdendo seus efeitos. Sobre o tema, vale citar a lição de Sílvio de Salvo Venosa (Código Civil Interpretado, SP: Ed. Atlas, p. 1.780, 2010), para quem o testamento caduca quando "o bem já não mais existe (pouco importando a causa, desaparecimento, alienação, perda), ou porque não existe o sujeito (herdeiro ou legatário) para suceder (em todos os casos em que o sucessor não mais existe, não quer, ou não pode receber)". Assim, a herança caberá a Rubens, considerando que, quando da morte de Joaquim, ele era seu único parente vivo, sendo o parentesco entre eles de segundo grau (art. 1.839 do Código Civil).

Gabarito "A"

(OAB/Exame Unificado – 2009.2) Acerca do direito sucessório, assinale a opção correta.

(A) A aceitação da herança é o ato jurídico unilateral por meio do qual o herdeiro manifesta livremente sua vontade de receber a herança, por isso o ato deve sempre ser feito por declaração escrita.

(B) Os descendentes do herdeiro que renuncia à herança herdam por representação na sucessão legítima.

(C) É válida a disposição testamentária do testador casado, em favor de filho que nasça de seu relacionamento com concubina.

(D) Não é válida disposição de última vontade que institua pessoa jurídica como herdeira testamentária.

A: incorreta (art. 1.805 do CC); **B:** incorreta (art. 1.811 do CC); **C** e **D:** Não existe qualquer disposição legal que proíba tais disposições.

Gabarito "C"

8.7. QUESTÕES DISCURSIVAS – SUCESSÕES

(OAB/Exame Unificado – 2004 – 2ª fase – CESPE) Dora, divorciada, viveu em união estável com José — viúvo e pai de três filhos maiores e capazes, advindos de seu casamento com Maria — durante dez anos consecutivos, desde janeiro de 1994. Durante a convivência, adquiriu um apartamento em sociedade com José em agosto de 1996, imóvel onde reside atualmente com sua filha, advinda do casamento desfeito. Na escritura pública desse bem, consta que Dora e José são proprietários do imóvel em partes iguais, ou seja, cada um é proprietário de 50% do bem. Os conviventes não tiveram filhos comuns. Em maio do corrente ano, José faleceu, e Dora, desejando regularizar a situação do imóvel e diante da ausência de acordo com os herdeiros do companheiro, procurou um advogado para receber orientações. Considerando o relato hipotético acima, redija texto dissertativo acerca das orientações que poderia oferecer a Dora, na condição de seu advogado, abordando, necessariamente, os seguintes aspectos:

- os direitos de Dora com relação ao apartamento;

- os direitos dos herdeiros diretos do companheiro no que se refere ao bem;

- os procedimentos para a regularização da situação do imóvel.

RESOLUÇÃO DA QUESTÃO

Na constância da união estável há presunção legal de mútua colaboração na formação do patrimônio do casal. Esse dado, somado ao fato de que na escritura pública do imóvel de propriedade de José e Dora consta que cada um é proprietário de 50% do bem, faz com que Dora tenha, de início, e no que tange ao Direito de Família, direito à meação do imóvel, com o falecimento de José.

Porém, resta saber se Dora também tem algum direito sucessório, no que diz respeito ao Direito das Sucessões.

Nesse sentido, o art. 1.790 do atual Código Civil, lei aplicável à espécie pelo fato de o falecimento de José ter ocorrido em 2004, estabelece que o companheiro participará da sucessão do outro, quanto aos bens adquiridos onerosamente na vigência da união estável.

No caso, o inciso II do art. 1.790, aplicável ao caso em virtude de Dora só estar concorrendo com descendentes do autor da herança, estabelece que a companheira terá direito a metade do que couber a cada um dos filhos do de cujos.

Assim, a conta aplicável ao caso é a seguinte: x + 2x + 2x + 2x = 50%, sendo que 50% é o número que equivale a metade do patrimônio do casal, no caso, a metade do imóvel de propriedade de Dora e José. A letra "x" equivale à participação de Dora na herança e "2x" à participação de cada filho de José. Resolvendo a equação montada conclui-se que "x" é igual a 7,14%, enquanto "2x" é igual 14,28%.

Dessa forma, Dora ficará com 57,14% e cada um dos três herdeiros 14,28% dos direitos sobre o imóvel.

Diante da ausência de acordo com os herdeiros de José, a situação deve ser regularizada no bojo de um processo de inventário, que poderá ser iniciado por pedido formulado pela própria Dora (art. 987 do Código de Processo Civil).

(OAB/Exame Unificado – 2006.1 – 2ª fase – CESPE) Paula e Manoel conviveram em união estável por seis anos e têm dois filhos, Pedro e Tiago, menores impúberes. A convivência do casal terminou com a morte de Manoel, ocorrida em 12/12/2005. Manoel era viúvo e deixou os seguintes bens:

- uma casa residencial adquirida onerosamente na constância da convivência com Paula, que servia como residência do casal;

- um apartamento residencial adquirido em data anterior à convivência com Paula.

O *de cujus* deixou também como herdeira Cláudia, maior e capaz, filha de seu primeiro casamento. A união estável de Manoel e Paula foi reconhecida judicialmente e ele não deixou dívidas a pagar.

Considerando a situação hipotética apresentada, redija um texto em que sejam respondidas, de maneira fundamentada, as seguintes questões a seguir:

Paula poderá requerer a abertura do inventário?

Havendo concordância de todos os herdeiros, poderão ser requeridos a partilha amigável e o arrolamento dos bens do espólio de Manoel?

Como deve ser feita a partilha dos bens do espólio de Manoel? (Elabore plano ou esboço da partilha.)

RESOLUÇÃO DA QUESTÃO

Na constância da união estável há presunção legal de mútua colaboração na formação do patrimônio do casal. Esse dado, somado ao fato de que a casa residencial mencionada no enunciado foi adquirida onerosamente na constância da convivência com Paula, faz com que esta tenha, de início, e no que tange ao Direito de Família, direito à meação desse imóvel, com o falecimento de Manoel.

Porém, resta saber se Paula também direito algum direito sucessório, no que diz respeito ao Direito das Sucessões.

Nesse sentido, o art. 1.790 do atual Código Civil, lei aplicável à espécie pelo fato de o falecimento de José ter ocorrido em 2005, estabelece que o companheiro participará da sucessão do outro, quanto aos bens adquiridos onerosamente na vigência da união estável.

No caso, o inciso I do art. 1.790, aplicável ao caso em virtude de Paula ter filhos comuns, estabelece que a companheira terá direito a uma cota equivalente à que por lei for atribuída ao filho.

Assim, a conta aplicável ao caso é a seguinte: x + x + x + x = 50%, sendo que 50% é o número que equivale a metade do único imóvel em relação ao qual haverá participação sucessória de Paula, no caso, a metade da casa adquirida pelo casal na constância da união. A letra "x" equivale à participação igualitária de Paula, sucessora, e os três filhos, herdeiros de Manoel. Resolvendo a equação montada conclui-se que "x" é igual a 12,50%.

Dessa forma, Dora ficará com 62,5% da casa adquirida pelos companheiros e cada filho ficará com 12% dessa casa e 1/3 do apartamento adquirido por Manoel antes da convivência com Paula.

Considerando que a união estável já está reconhecida, Paula poderá requerer a abertura do inventário (art. 987 do Código de Processo Civil), podendo inclusive ser nomeada inventariante, nos termos do art. 990, I, do Código de Processo Civil, aplicado por analogia.

Não é possível a partilha amigável e o arrolamento de bens, por haver menores impúberes como herdeiros (art. 1.031 do Código de Processo Civil).

(OAB/Exame Unificado – 2007.3 – 2ª fase – CESPE) Dora, em virtude do falecimento de seu marido, Pedro, pretende renunciar à meação e transferir aos filhos do casal a propriedade do imóvel que serve de moradia para a família, adquirido na constância do casamento. Diante dessa situação hipotética, redija um texto dissertativo acerca da meação do cônjuge sobrevivente e sobre a possibilidade de sua renúncia nos próprios autos do inventário da herança do cônjuge falecido.

RESOLUÇÃO DA QUESTÃO

Não se pode confundir o direito à meação com o direito à sucessão hereditária.

O direito à meação decorre do Direito de Família e diz respeito à metade do patrimônio comum, que deve ser destacada em favor do cônjuge do sobrevivente, diante do fim da sociedade conjugal.

O direito à sucessão hereditária diz respeito à parte que compete ao herdeiro sobre os bens deixados pelo falecido.

No caso em tela, o imóvel que serve de moradia para a família consiste no patrimônio comum do casal Dora e Pedro. Com o falecimento deste, a sociedade conjugal fica extinta e Dora, pelo Direito de Família, tem direito de ficar com 50% do imóvel, referente à sua meação. Os outros 50% consistem no patrimônio deixado por Pedro. Trata-se da herança, que deve ser dividida entre seus herdeiros.

Com relação à meação de Dora, a terminologia adequada para o ato que ela deseja praticar não é renúncia à meação, e sim doação da parte que lhe cabe pelo direito de família. E a jurisprudência vem admitindo que essa cessão patrimonial seja feito nos autos do inventário, mediante termo judicial. Pode-se aplicar por analogia o disposto no art. 1.029 do Código de Processo Civil.

Dependendo do regime de bens que Dora mantinha com Pedro, pode ser que ela também seja herdeira dele, em concorrência com os filhos do casal (art. 1.829, I, do Código Civil).

Nesse caso, e somente no que disser respeito à parte que compete a Dora pelo Direito das Sucessões, esta poderá renunciar à herança, o que pode ser feito, segundo o art. 1.806 do Código Civil, por instrumento público ou termo judicial.

Assim, o cônjuge sobrevivente, em relação aos seus direitos sucessórios, pode requerer nos autos do inventário seja lavrado termo judicial do qual conste sua renúncia à herança deixada pelo *de cujus*.

(OAB/Exame Unificado – 2009.1 – 2ª fase – CESPE) Jaqueline requereu inventário, sob a modalidade de arrolamento de bens, em decorrência do falecimento de seu esposo, com quem era casada em regime de comunhão universal de bens. A autoridade julgadora determinou a juntada aos autos da habilitação e a representação de todos os herdeiros descendentes, tendo em vista a informação de que da união teriam nascido três filhos. Contra a referida decisão insurgiu-se a viúva, alegando que o fato de ter sido casada com o falecido, em regime de comunhão universal de bens, implicaria a exclusão de seus filhos da sucessão, de acordo com o art. 1.829, I, do Código Civil. Considerando essa situação hipotética, discorra, com base no Código Civil de 2002, a respeito dos direitos da viúva na referida sucessão, especificando se o fato de ter sido casada em regime de comunhão universal de bens exclui os descendentes da sucessão.

RESOLUÇÃO DA QUESTÃO

Em primeiro lugar, deve-se deixar claro que, com a morte do marido de Jaqueline, fica extinta a sociedade conjugal, atribuindo-se a ela a chamada meação, consiste em metade do patrimônio do casal, e decorrente do Direito de Família.

A outra metade consiste na herança deixada por seu esposo. E tal herança deve ser distribuída considerando a ordem de vocação hereditária, prevista no Direito das Sucessões.

Essa ordem, estabelecida no art. 1.829 do Código Civil, faz com que uma classe de herdeiros exclua a dos outros, na ordem prevista no dispositivo. Assim, e a título de exemplo, não havendo descendentes e ascendentes do *de cujus*, mas somente cônjuge sobrevivente (inciso III do art. 1.829), ficam excluídos da herança os parentes colaterais (inciso IV do art. 1.829).

No caso em tela, pertence à primeira classe de herdeiros os descendentes do de cujos, bem como o cônjuge sobrevivente, desde que este não seja casado, dentre outros regimes ou condições, pelo regime da comunhão universal de bens.

Nesse sentido, e considerando que Jaqueline era casada com o falecido pelo regime de comunhão universal, a existência de descendentes do *de cujus*, faz com que ela fique excluída da sucessão, sendo beneficiada apenas pela regra que dispõe que o cônjuge sobrevivente tem "o direito real de habitação relativamente ao imóvel destinado à residência da família, desde que seja o único daquela natureza a inventariar" (art. 1.831 do CC).

Dessa forma, depois de separado da totalidade dos bens do casal o montante referente à meação a que tem direito Jaqueline, a outra metade do patrimônio do casal pertence exclusivamente aos filhos do falecido, que a repartirão em partes iguais.

(OAB/Exame Unificado – 2011.2 – 2ª fase – FGV) Cristina dos Santos desapareceu após uma enchente provocada por uma forte tempestade que assolou a cidade onde morava. Considerando estar provada a sua presença no local do acidente e não ser possível encontrar o corpo de Cristina para exame, responda aos itens a seguir, empregando os argumentos jurídicos apropriados e a fundamentação legal pertinente ao caso.

a) Trata-se de hipótese de morte presumida?

b) Qual é o procedimento para realização do assento de óbito de Cristina?

GABARITO COMENTADO - EXAMINADORA

a) Sim. Pode ser declarada a morte presumida, sem decretação de ausência, se for extremamente provável a morte de quem estava em perigo de vida. Nesse caso, a declaração de morte presumida poderá ser requerida após esgotadas as buscas e averiguações. (artigo 7º, I, e parágrafo único, do CC)

b) O artigo 88 da Lei de Registros Públicos consagra um procedimento de justificação, nos termos dos artigos 861 a 866 do CPC, para a finalidade de proceder ao assento de óbito nos casos de desastre ou calamidade, no qual não tenha sido possível realizar exame médico no cadáver.

(OAB/Exame Unificado – 2012.1 – 2ª fase – FGV) Marco Antônio, solteiro, maior e capaz, resolve lavrar testamento público, a fim de dispor sobre seus bens. Tendo em vista que os seus únicos herdeiros são os seus dois filhos maiores e capazes, Júlio e Joel, ambos solteiros e sem filhos, e considerando-se que o patrimônio de Marco Antônio corresponde a dois imóveis de igual valor, dois automóveis de igual valor e R$ 100.000,00 em depósito bancário, ele assim dispõe sobre os seus bens no testamento: deixa para Júlio um imóvel, um automóvel e metade do montante depositado na conta bancária e, de igual sorte, deixa para Joel um imóvel, um automóvel e metade do montante depositado na conta bancária. Logo após ter ciência da lavratura do testamento público por seu pai, Júlio decide imediatamente lavrar escritura pública por meio da qual renuncia expressamente apenas ao automóvel, aceitando receber o imóvel, bem como metade do montante depositado em conta bancária. Para tanto, afirma Júlio que há diversas multas por infrações de trânsito e dívidas de impostos em relação ao automóvel, razão pela qual não lhe interessa herdar esse bem. Tomando conhecimento da lavratura da escritura pública de renúncia por Júlio, Marco Antônio e Joel decidem consultar um advogado. Na condição de advogado (a) consultado(a) por Marco Antônio e Joel, responda aos itens a seguir, utilizando os argumentos jurídicos apropriados e a fundamentação legal pertinente ao caso.

A) Poderia Júlio renunciar à herança no momento por ele escolhido?

B) Independentemente da resposta dada ao item anterior, poderia Júlio renunciar exclusivamente ao automóvel, recebendo os demais bens?

GABARITO COMENTADO – EXAMINADORA:

A) É vedado dispor sobre herança de pessoa viva, na forma do artigo 426, CC/02.

B) De acordo com o artigo 1808, CC/02, é vedada a renúncia parcial. A renúncia é indivisível, razão pela qual somente é autorizado ao herdeiro renunciar todo o quinhão a que teria direito.

CAPÍTULO 9

MARCO CIVIL DA INTERNET BRASILEIRA

9.1. ANTECEDENTES DO MARCO CIVIL DA INTERNET BRASILEIRA (LEI 12.965/2014)

A lei em questão adveio de um projeto de lei de autoria do Executivo Federal, que foi construído com inspiração no texto constitucional e também nas recomendações apresentadas pelo Comitê Gestor da Internet no Brasil (CGI.br), no documento "Princípios para a Governança e o Uso da Internet" (Resolução CGI.br/RES/2009/003/P). Antes do ingresso do projeto na Câmara dos Deputados, as discussões se desenvolveram em duas fases, em que na primeira se apresentou à sociedade os eixos de discussão referentes a direitos e deveres dos usuários, provedores de conexão, prestadores de serviços e Poder Público, e na segunda, após diversos debates e sugestões formulou-se minuta final do texto.

Neste passo, listam-se abaixo os princípios balizadores da norma:

"**1. Liberdade, privacidade e direitos humanos**

O uso da Internet deve guiar-se pelos princípios de liberdade de expressão, de privacidade do indivíduo e de respeito aos direitos humanos, reconhecendo-os como fundamentais para a preservação de uma sociedade justa e democrática.

2. Governança democrática e colaborativa

A governança da Internet deve ser exercida de forma transparente, multilateral e democrática, com a participação dos vários setores da sociedade, preservando e estimulando o seu caráter de criação coletiva.

3. Universalidade

O acesso à Internet deve ser universal para que ela seja um meio para o desenvolvimento social e humano, contribuindo para a construção de uma sociedade inclusiva e não discriminatória em benefício de todos.

4. Diversidade

A diversidade cultural deve ser respeitada e preservada e sua expressão deve ser estimulada, sem a imposição de crenças, costumes ou valores.

5. Inovação

A governança da Internet deve promover a contínua evolução e ampla difusão de novas tecnologias e modelos de uso e acesso.

6. Neutralidade da rede

Filtragem ou privilégios de tráfego devem respeitar apenas critérios técnicos e éticos, não sendo admissíveis motivos políticos, comerciais, religiosos, culturais, ou qualquer outra forma de discriminação ou favorecimento.

> *[Esse princípio merece destaque, pois foi um dos pontos polêmicos que por diversas vezes travou o trâmite do projeto. Por meio dele ficam vedados aos provedores de internet fazer diferenciações no tráfego de dados ou selecionar o conteúdo a ser acessado. Assim, o acesso deve ser livre e irrestrito, de forma que se dê tratamento isonômico a quaisquer pacotes de dados, sem distinção por conteúdo, origem e destino, serviço, terminal ou aplicação.]*

7. Inimputabilidade da rede

O combate a ilícitos na rede deve atingir os responsáveis finais e não os meios de acesso e transporte, sempre preservando os princípios maiores de defesa da liberdade, da privacidade e do respeito aos direitos humanos.

8. Funcionalidade, segurança e estabilidade

A estabilidade, a segurança e a funcionalidade globais da rede devem ser preservadas de forma ativa através de medidas técnicas compatíveis com os padrões internacionais e estímulo ao uso das boas práticas.

9. Padronização e interoperabilidade

A Internet deve basear-se em padrões abertos que permitam a interoperabilidade e a participação de todos em seu desenvolvimento.

10. Ambiente legal e regulatório

O ambiente legal e regulatório deve preservar a dinâmica da Internet como espaço de colaboração."

No decorrer do texto acerca da Lei 12.965/2014 faremos menção aos princípios informadores acima, para os quais remetemos o leitor toda vez que uma menção for feita.

9.2. FUNDAMENTOS DA LEI 12.965/2014

A Lei 12.965, de 23 de abril de 2014, estabelece **princípios**, **garantias**, **direitos** e **deveres** para o **uso da Internet no Brasil** e também determina as **diretrizes para atuação do Poder Público** (União, Estados, Distrito Federal e Municípios) em relação à matéria (art. 1º). Trata-se do chamado "Marco Civil da Internet Brasileira".

Essa lei tem como **fundamento basilar** o **respeito à liberdade de expressão**, conforme se percebe pela forma como está redigido o art. 2º, *caput*, da lei. Isso significa que esse é o fundamento maior da Lei, devendo prevalecer quando em confronto com outros bens jurídicos que, assim como a liberdade de expressão, estão protegidos pela Constituição Federal, como a imagem, a honra, a intimidade e a vida privada.

Nesse sentido (da prevalência da liberdade de expressão) já era o entendimento do STF, que, no julgamento da ADPF 130 (pub. em 06/11/2009), ao julgar não recepcionada pela Constituição a Lei de Imprensa (Lei 5.250/1967), **exarou entendimento no sentido de que, na ponderação de interesses entre os dois blocos de direitos da personalidade citados (liberdade de expressão em geral X imagem, honra, intimidade e vida privada) prepondera o primeiro bloco, impedindo-se a censura prévia**. O segundo bloco incide posteriormente para fins de direito de resposta e responsabilidade civil, penal e administrativa.

Mas o Marco Civil traz ainda como **outros fundamentos** da lei os seguintes (art. 2º):

I - *o reconhecimento da escala mundial da rede*;

II - *os direitos humanos, o desenvolvimento da personalidade e o exercício da cidadania em meios digitais*;

III - *a pluralidade e a diversidade*;

IV - *a abertura e a colaboração*;

V - *a livre iniciativa, a livre concorrência e a defesa do consumidor*; e

VI – *a finalidade social da rede*.

Quanto ao **reconhecimento da escala mundial da rede**, ele guarda respeito com os seguintes princípios que informam o marco: a) universalidade; b) diversidade (citada no item III acima); c) funcionalidade, segurança e estabilidade; d) padronização e interoperabilidade (citada no item IV acima); e) acesso à inovação.

Quanto à **finalidade social da rede**, é fundamento extremamente relevante, pois reconhece que a rede não tem somente fins econômicos e individuais, mas objetivos sociais, principalmente para que haja maior acesso à informação e à cultura, de um lado, e o desenvolvimento tecnológico, de outro.

Quanto à **abertura e a colaboração**, significa que a Internet deve basear-se em padrões abertos que permitam o relacionamento, a participação e a colaboração de todos em seu desenvolvimento.

Os demais fundamentos citados acima são tão importantes como os três citados nos parágrafos anteriores, mas trazem valores correntes e conhecidos de todos, por estarem previstos na própria Constituição Federal.

9.3. PRINCÍPIOS DO USO DA INTERNET

Quanto aos **princípios** acerca do **uso da internet** no Brasil, a lei elenca os seguintes (art. 3º):

I - *garantia da liberdade de expressão, comunicação e manifestação de pensamento, nos termos da Constituição Federal*;

II - *proteção da privacidade*;

III - *proteção dos dados pessoais, na forma da lei*;

IV - *preservação e garantia da neutralidade de rede*;

V - *preservação da estabilidade, segurança e funcionalidade da rede, por meio de medidas técnicas compatíveis com os padrões internacionais e pelo estímulo ao uso de boas práticas;*

VI - *responsabilização dos agentes de acordo com suas atividades, nos termos da lei;*

VII - *preservação da natureza participativa da rede;*

VIII - *liberdade dos modelos de negócios promovidos na internet, desde que não conflitem com os demais princípios estabelecidos nesta Lei.*

Quanto à neutralidade da rede, significa que não cabem filtragem ou privilégios de tráfego por motivos políticos, comerciais, religiosos, culturais, ou qualquer outra forma de discriminação ou favorecimento. As únicas filtragens e privilégios de tráfego cabíveis são os de natureza técnica e ética.

O princípio da neutralidade é bastante amplo e abrange as seguintes questões:

a) os provedores de conexão à internet (exs.: Vivo, Claro, Tim, Net etc.) devem: i) vender pacotes de dados na internet que respeitem um mínimo de qualidade, cabendo cobrança de valores maiores apenas quando o plano mais barato oferecido seja bastante razoável diante das disposições da lei; ii) abster-se de cobrar valores adicionais pelo simples fato de o usuário acessar com maior frequência *sites* com dados mais pesados, como o You Tube; iii) abster-se de bloquear, monitorar, filtrar ou analisar o conteúdo dos pacotes de dados; iv) fazer parte de um mercado com grande concorrência, sendo vedada a realização de monopólios ou oligopólios no que se refere às companhias de telecomunicações, já que essa situação reduz a competição desse serviço;

b) os provedores de aplicações de internet (provedores de serviços de *e-mail*, de hospedagem de *blogs*, redes sociais; exs.: Yahoo, UOL, Facebook) não podem: i) permitir que algumas pessoas tenham acesso a certas informações públicas da internet e outras, não; ii) bloquear acesso a certos *sites* e *e-mails* que contenham críticas sobre eles; iii) bloquear o envio e o recebimento de conteúdos lícitos à sua escolha; iv) bloquear que os usuários executem aplicativos legais e utilizem serviços lícitos à sua escolha.

Quanto às filtragens de natureza ética, estas sim são cabíveis, pois dizem respeito a valores maiores a serem protegidos, como é o caso de filtragem de conteúdo relacionado à pedofilia.

Quanto às filtragens de natureza técnica, também cabíveis, tem-se, por exemplo, as relacionadas a deter vírus e *hackers*.

É consequência da exigência de neutralidade da rede a não responsabilização em hipótese alguma dos provedores de conexão à internet por conteúdos danosos gerados por terceiros (art. 18) e a não responsabilização, como regra, dos provedores de aplicações de internet pelos mesmos motivos, salvo se, após ordem judicial específica, esses provedores não a cumprirem para tornar indisponível o conteúdo apontado como infringente (art. 19, *caput*).

O parágrafo único do art. 3º do Marco estabelece, ainda, que os princípios expressos na lei não excluem outros previstos no ordenamento jurídico pátrio relacionados à matéria ou nos tratados internacionais em que a República Federativa do Brasil seja parte, respeitando, assim, o disposto no art. 5º, § 2º, da CF.

9.4. OBJETIVOS DA LEI 12.695/2014

Quanto aos objetivos da disciplina do uso da internet no Brasil, a lei objetiva a promoção (art. 4º):

I - *do direito de acesso à internet a todos;*

II - *do acesso à informação, ao conhecimento e à participação na vida cultural e na condução dos assuntos públicos;*

III - *da inovação e do fomento à ampla difusão de novas tecnologias e modelos de uso e acesso;* e

IV - *da adesão a padrões tecnológicos abertos que permitam a comunicação, a acessibilidade e a interoperabilidade entre aplicações e bases de dados.*

Repare que os objetivos citados nada mais fazem do que reafirmar os princípios informadores mencionados no início desse texto, como é o caso do princípio da universalidade (item I), dos princípios da liberdade, da neutralidade e da diversidade (item II), do princípio da inovação (item III) e do princípio da padronização e interoperabilidade (item IV).

9.5. CONCEITOS LEGAIS BÁSICOS

A lei também traz uma série de definições, que são essenciais para a compreensão de seu conteúdo. Considera-se (art. 5º):

I - internet: *o sistema constituído do conjunto de protocolos lógicos, estruturado em escala mundial para uso público e irrestrito, com a finalidade de possibilitar a comunicação de dados entre terminais por meio de diferentes redes;*

II - terminal: *o computador ou qualquer dispositivo que se conecte à internet;* outros exemplos de dispositivos são os *tablets* e os telefones celulares;

III - endereço de protocolo de internet (endereço IP): *o código atribuído a um terminal de uma rede para permitir sua identificação, definido segundo parâmetros internacionais;* se alguém enviar um *e-mail* lesivo a alguém, esse ofensor poderá ser identificado pela autoridade policial ou judicial por meio do endereço de IP que é identificado no *e-mail* enviado;

IV - administrador de sistema autônomo: *a pessoa física ou jurídica que administra blocos de endereço IP específicos e o respectivo sistema autônomo de roteamento, devidamente cadastrada no ente nacional responsável pelo registro e distribuição de endereços IP geograficamente referentes ao País;*

V - conexão à internet: *a habilitação de um terminal para envio e recebimento de pacotes de dados pela internet, mediante a atribuição ou autenticação de um endereço IP;* a conexão à internet pode se dar mediante a aquisição de um pacote de dados junto a uma empresa fornecedora (por exemplo, junto à Claro ou à Vivo) ou mediante o uso de uma rede pública (por exemplo, num restaurante);

VI - registro de conexão: *o conjunto de informações referentes à data e hora de início e término de uma conexão à internet, sua duração e o endereço IP utilizado pelo terminal para o envio e recebimento de pacotes de dados*; por meio desse registro sabe-se quando houve conexão à internet, bem como a duração desta e o endereço do terminal que teve o acesso, mas esse registro não informa quais *sites* foram efetivamente acessados;

VII - aplicações de internet: *o conjunto de funcionalidades que podem ser acessadas por meio de um terminal conectado à internet*; aqui temos aplicações dos provedores de *e-mail* e de redes sociais, em outras palavras, o Facebook é uma aplicação de internet; o Yahoo Mail também;

VIII - registros de acesso a aplicações de internet: *o conjunto de informações referentes à data e hora de uso de uma determinada aplicação de internet a partir de um determinado endereço IP*; esse tipo de registro é mais específico que o "registro de conexão", pois informa quais *sites* (aplicações de internet) foram acessados.

A Lei também traz uma diretriz quanto ao que se deve levar em conta na **interpretação** do Marco. Nesse sentido, o art. 6º da Lei dispõe o seguinte: "Na interpretação desta Lei serão levados em conta, além dos fundamentos, princípios e objetivos previstos, a natureza da internet, seus usos e costumes particulares e sua importância para a promoção do desenvolvimento humano, econômico, social e cultural".

9.6. DIREITOS E GARANTIAS DOS USUÁRIOS

A lei também estabelece direitos e garantias aos usuários.

Quanto aos **direitos do usuário**, depois de dispor que o acesso à internet é *essencial ao exercício da cidadania*, a lei assegura ao primeiro os seguintes direitos (art. 7º):

I - *inviolabilidade da intimidade e da vida privada, sua proteção e indenização pelo dano material ou moral decorrente de sua violação*; aqui tem-se norma que nada mais faz do que repetir o texto constitucional (art. 5º, X, da CF);

II - *inviolabilidade e sigilo do fluxo de suas comunicações pela internet, salvo por ordem judicial, na forma da lei*; essa regra acaba por equiparar comunicações telefônicas com comunicações *on-line* via internet, que só podem ser objeto de interceptação por ordem judicial, para fins de investigação criminal ou instrução processual penal e na forma da Lei 9.296/1996 (art. 5º, XII, da CF);

III - *inviolabilidade e sigilo de suas comunicações privadas armazenadas, salvo por ordem judicial*; aqui temos situação diversa, pois não diz respeito a interceptação de uma comunicação em curso, mas de uma comunicação armazenada num terminal, como uma conversa travada entre duas pessoas e registrada no WhatsApp, por exemplo; aqui a lei só exige que haja uma autorização judicial, não sendo necessário que se atenda ao disposto na Lei 9.296/1996; todavia, não se deve confundir essa situação com aquela em que policiais (sem autorização judicial) simplesmente verificam os registros telefônicos de aparelhos celulares (ou seja, os números de telefone das últimas ligações efetuadas, e não o conteúdo de conversas), hipótese essa em que o STF admite que se dê, sem que haja violação à Constituição (art. 5º, XII), ao argumento que esta protege a comunicação de dados e não o registro de dados (HC 91.867, DJ 20.9.2012); assim, policiais que desejem se valer de provas contidas em conversas armazenadas em celular transmitidas via internet (como acontece no Viber, no Skype, no WhatsApp e no IMessage, por exemplo) devem solicitar autorização judicial para lerem e usarem essas informações;

IV - *não suspensão da conexão à internet, salvo por débito diretamente decorrente de sua utilização*; o Marco Civil, no caso, foi duríssimo e foi além até mesmo da Lei 8.987/1995 (que trata das Concessões de Serviços Públicos, dentre eles serviços essenciais como o de energia elétrica); essa lei admite a interrupção de serviços públicos não só por inadimplemento do usuário, como também por razões de ordem técnica ou de segurança das instalações (art. 6º, § 3º), em caso de emergência e mediante aviso prévio; já a Lei em análise só admite em caso de débito que diga respeito à conexão (outros débitos, como débito referente a alguma conta de *e-mail*, por exemplo, não podem gerar interrupção da conexão), não havendo previsão de suspensão da conexão por motivo técnico (por exemplo, para a manutenção da rede provedora, mediante aviso prévio); entendemos que casos excepcionalíssimos, de índole estritamente técnica e mediante comunicação prévia, devem ser ressalvados, por aplicação analógica da Lei 8.987/1995, sem prejuízo de desconto na mensalidade proporcional ao período parado, mas os demais casos implicam em descumprimento legal e ensejam indenização por danos morais e materiais pela violação do direito do usuário;

V - *manutenção da qualidade contratada da conexão à internet*; essa regra impede, ao nosso ver, que a Anatel estabeleça que os provedores de conexão atendam apenas a certo percentual do contrato; agora os provedores tem de atender sempre 100% da condição contratada;

VI - *informações claras e completas constantes dos contratos de prestação de serviços, com detalhamento sobre o regime de proteção aos registros de conexão e aos registros de acesso a aplicações de internet, bem como sobre práticas de gerenciamento da rede que possam afetar sua qualidade*;

VII - *não fornecimento a terceiros de seus dados pessoais, inclusive registros de conexão, e de acesso a aplicações de internet, salvo mediante consentimento livre, expresso e informado ou nas hipóteses previstas em lei*; esse direito do usuário promete gerar muita confusão; isso porque provedores de aplicações como *site* de buscas e outros tantos costumam se valer de informações advindas dos *sites* (aplicações) que usuários frequentam para, a partir delas, inserir anúncios na navegação do usuário, com ou sem a participação de terceiros; experimente procurar informação sobre um hotel numa cidade num *site* de buscas e depois entrar na sua conta de *e-mail* ou num *site* de notícias; a probabilidade de você receber anúncios nesses terceiros, do local pesquisado no *site* de buscas é muito grande; porém, pode ser que o *site* de buscas argumente que seu provedor de *e-mail* ou o *site* de notícias (terceiros) não chegam a receber as informações de acesso, tratando-se de anúncio do próprio *site* de buscas; outro ponto importante nessa regra é impedir que o governo (como fez o governo americano, que recebia dados de acessos de usuários de empresas provedoras de aplicações de internet, como Yahoo e Facebook) exija de provedores de aplicações de internet os dados pessoais, registros de conexão e registros de acesso a aplicações de internet de usuários em geral, sem o consentimento destes;

VIII - *informações claras e completas sobre coleta, uso, armazenamento, tratamento e proteção de seus dados pessoais, que somente poderão ser utilizados para finalidades que*:

a) *justifiquem sua coleta*;

b) *não sejam vedadas pela legislação*; e

c) *estejam especificadas nos contratos de prestação de serviços ou em termos de uso de aplicações de internet*;

IX - *consentimento expresso sobre coleta, uso, armazenamento e tratamento de dados pessoais, que deverá ocorrer de forma destacada das demais cláusulas contratuais*;

X - *exclusão definitiva dos dados pessoais que tiver fornecido a determinada aplicação de internet, a seu requerimento, ao término da relação entre as partes, ressalvadas as hipóteses de guarda obrigatória de registros previstas nesta Lei;* para ilustrar, se o usuário solicita o encerramento da sua conta no Tweeter, por exemplo, ele tem o direito de exigir que todos os seus dados sejam apagados. Atualmente os dados apenas ficam indisponíveis, mas não são descartados;

XI - *publicidade e clareza de eventuais políticas de uso dos provedores de conexão à internet e de aplicações de internet*;

XII - *acessibilidade, consideradas as características físico-motoras, perceptivas, sensoriais, intelectuais e mentais do usuário, nos termos da lei*;

XIII - *aplicação das normas de proteção e defesa do consumidor nas relações de consumo realizadas na internet;* a Lei veio sedimentar o entendimento de aplicação do CDC no que tange às operações de consumo realizadas na internet, espancando quaisquer tipo de dúvidas que ainda restassem sobre o assunto.

Quanto às **garantias do usuário**, a lei traz um rol meramente exemplificativo. Neste sentido, serão nulas todas as cláusulas que violem o direito à privacidade e à liberdade de expressão nas comunicações de um modo geral, tais como:

a) que impliquem ofensa à inviolabilidade e ao sigilo das comunicações privadas, pela internet; ou

b) em contrato de adesão, não ofereçam como alternativa ao contratante a adoção do foro brasileiro para solução de controvérsias decorrentes de serviços prestados no Brasil.

Quanto às cláusulas nulas de pleno direito, destaque para a que considera cláusula abusiva aquela que estabelece foro estrangeiro para a solução de controvérsias decorrentes de serviços prestados no Brasil. Considerada nula a cláusula em questão, aplica-se o disposto na lei processual brasileira quanto à competência para o processamento e julgamento da causa.

9.7. PROVISÃO DE CONEXÃO E APLICAÇÕES DE INTERNET

9.7.1. Neutralidade da rede

Como se viu, a neutralidade da rede foi erigida como princípio (art. 3º, IV) e, assim sendo, o disposto no art. 9º da Lei (que será visto neste item), de um lado, não esgota o alcance do princípio (que se aplica também aos provedores de aplicações de internet) e, de outro, deve ser interpretado à luz da importância do instituto, que não é mera regra, mas princípio do uso da internet no Brasil.

O art. 9º traz duas grandes disposições acerca da neutralidade da rede:

1) *O responsável pela transmissão, comutação ou roteamento tem o dever de tratar de forma isonômica quaisquer pacotes de dados, sem distinção por conteúdo, origem e destino, serviço, terminal ou aplicação*, sendo que *a discriminação ou degradação do tráfego será regulamentada nos termos das atribuições privativas do Presidente da República previstas no inciso IV do art. 84 da Constituição Federal, para a fiel execução desta Lei, ouvidos o Comitê Gestor da Internet e a Agência Nacional de Telecomunicações, e somente poderá decorrer de: I - requisitos técnicos indispensáveis à prestação adequada dos serviços e aplicações; e II - priorização de serviços de emergência.* Mesmo assim, o responsável deve: *I - abster-se de causar dano aos usuários, na forma do art. 927 da Lei nº 10.406, de 10 de janeiro de 2002 - Código Civil; II - agir com proporcionalidade, transparência e isonomia; III - informar previamente de modo transparente, claro e suficientemente descritivo aos seus usuários sobre as práticas de gerenciamento e mitigação de tráfego adotadas, inclusive as relacionadas à segurança da rede; e IV - oferecer serviços em condições comerciais não discriminatórias e abster-se de praticar condutas anticoncorrenciais.*

Essa primeira disposição está relacionada à neutralidade da conexão à internet, e impõe, conforme se viu quando tratamos do princípio da neutralidade, que não haja discriminação, por exemplo, pelo fato de o usuário acessar certos *conteúdos* (p. ex., cobrando de usuários que acessem mais a vídeos do You Tube), impondo também que não haja discriminação pelo fato de alguém usar terminal diferente (ex.: não pode haver diferença de preço entre dois pacotes iguais, sendo um para celular e outro para *notebook*, ou entre dois tipos de celulares diferentes). A impossibilidade de discriminação por *conteúdo*, *origem e destino*, *terminal*, *serviço* ou *aplicação* também deverá gerar muitas disputas, pois é muito comum esse tipo de discriminação, principalmente dos planos de dados disponibilizados pelas empresas de telefonia móvel.

2) *Na provisão de conexão à internet, onerosa ou gratuita, bem como na transmissão, comutação ou roteamento, é vedado bloquear, monitorar, filtrar ou analisar o conteúdo dos pacotes de dados, respeitado o disposto neste artigo.* Essa questão já foi vista quando tratamos da neutralidade não só em relação aos provedores de conexão à internet, como também aos provedores de aplicações de internet.

9.7.2. Proteção aos registros, aos dados pessoais e às comunicações privadas

9.7.2.1. Aspectos gerais

O art. 10 da Lei dispõe o seguinte: "a guarda e a disponibilização dos registros de conexão e de acesso a aplicações de internet de que trata esta Lei, bem como de dados pessoais e do conteúdo de comunicações privadas, devem atender à preservação da intimidade, da vida privada, da honra e da imagem das partes direta ou indiretamente envolvidas", sendo que "o provedor responsável pela guarda somente será obrigado a disponibilizar os registros mencionados no *caput*, de forma autônoma ou associados a dados pessoais ou a outras informações que possam contribuir para a identificação do usuário ou do terminal, mediante ordem judicial, na forma do disposto na Seção IV deste Capítulo, respeitado o disposto no art. 7º".

Repare que o dispositivo só faz referência aos "registros de conexão" (ex.: horário em que o usuário acessou a internet) e de registros de "acesso a aplicações de internet" (ex.: *sites* que o usuário visitou), bem como aos "dados pessoais" (ex.: dados preenchidos em formulários na *web*) e a "conteúdo de comunicações privadas", fazendo-o para dizer que a guarda e disponibilização desses registros ou conteúdos devem preservar os direitos individuais, salvo ordem judicial. Não há referência aqui à interceptação *on-line* de conversas via internet, que seguem a mesma regra das conversas telefônicas conforme visto quando da análise dos direitos dos usuários, previstos no art. 7º da Lei.

Vale mencionar que o disposto no *caput* do art. 10 *não impede o acesso aos dados cadastrais que informem qualificação pessoal, filiação e endereço, na forma da lei, pelas autoridades administrativas que detenham competência legal para a sua requisição* (art. 10, § 3º).

Em resposta clara do governo brasileiro aos abusos cometidos pelo governo norte-americano, que teve acesso a comunicações da Presidência da República e da Petrobras, conseguiu-se aprovar o disposto no art. 11, que tem o seguinte teor: "Em qualquer operação de coleta, armazenamento, guarda e tratamento de registros, de dados pessoais ou de comunicações por provedores de conexão e de aplicações de internet em que pelo menos um desses atos ocorra em território nacional, deverão ser obrigatoriamente respeitados a legislação brasileira e os direitos à privacidade, à proteção dos dados pessoais e ao sigilo das comunicações privadas e dos registros", sendo que o disposto acima se aplica "aos dados coletados em território nacional e ao conteúdo das comunicações, desde que pelo menos um dos terminais esteja localizado no Brasil" e também se aplica "mesmo que as atividades sejam realizadas por pessoa jurídica sediada no exterior, desde que oferte serviço ao público brasileiro ou pelo menos uma integrante do mesmo grupo econômico possua estabelecimento no Brasil".

Nesse sentido, o Yahoo ou o Facebook, por se tratarem de empresa que, apesar de terem sede no exterior, ofertam serviço no Brasil, não podem, em tese, a título de obedecer a uma nova ordem do governo norte-americano ceder a este dados e conteúdos de comunicações ocorridos em território nacional, sob pena de estarem violando a lei brasileira. Caso o façam, poderão sofrer sanções gravíssimas, como a suspensão temporária das atividades relacionadas ou mesmo a proibição dessas atividades no Brasil.

Vale salientar que, "Os provedores de conexão e de aplicações de internet deverão prestar, na forma da regulamentação, informações que permitam a verificação quanto ao cumprimento da legislação brasileira referente à coleta, à guarda, ao armazenamento ou ao tratamento de dados, bem como quanto ao respeito à privacidade e ao sigilo de comunicações" (art. 11, § 3º), sendo que "decreto regulamentará o procedimento para apuração de infrações ao disposto neste artigo (art. 11, § 4º)".

Sem prejuízo das demais sanções cíveis, criminais ou administrativas, as infrações às normas previstas nos arts. 10 e 11 acima mencionados ficam sujeitas, conforme o caso, às seguintes sanções, aplicadas de forma isolada ou cumulativa (art. 12):

I - advertência, com indicação de prazo para adoção de medidas corretivas;

II - multa de até 10% (dez por cento) do faturamento do grupo econômico no Brasil no seu último exercício, excluídos os tributos, considerados a condição econômica do infrator e o princípio da proporcionalidade entre a gravidade da falta e a intensidade da sanção;

III - suspensão temporária das atividades que envolvam os atos previstos no art. 11; ou

IV - proibição de exercício das atividades que envolvam os atos previstos no art. 11.

Em se tratando de empresa estrangeira, responde solidariamente pelo pagamento da multa mencionada sua filial, sucursal, escritório ou estabelecimento situado no País.

9.7.2.2. Guarda de registros de conexão

Aqui temos um dever da empresa provedora de conexão à internet. Essa empresa tem informações preciosas sobre os registros de conexão do usuário, sendo que tais informações, apesar de serem protegidas, podem, por ordem judicial, vir a ser requisitadas, daí porque faz sentido regulamentar a guarda desses registro.

De acordo com o art. 13 da Lei, cabe ao administrador de sistema autônomo de conexão à internet o dever de manter os registros de conexão, sob sigilo, em ambiente controlado e de segurança, pelo prazo de 1 (um) ano, nos termos do regulamento, sendo que tal responsabilidade não poderá ser transferida a terceiros.

Repare que o provedor de conexão à internet se limita a ter de guardar o "registro de conexão" (*conjunto de informações referentes à data e hora de início e término de uma conexão à internet, sua duração e o endereço IP utilizado pelo terminal para o envio e recebimento de pacotes de dados*), que não se confunde com o "registro de acesso a aplicações de internet" (*conjunto de informações referentes à data e hora de uso de uma determinada aplicação de internet a partir de um determinado endereço IP*). Esse segundo registro é mais específico que o "registro de conexão", pois informa quais *sites* (aplicações de internet) foram acessados. Aliás, os provedores de conexão à internet, sendo ela onerosa ou gratuita, não podem guardar os registros de acesso a aplicações de internet (art. 14).

O § 2º do art. 13 dispõe que a autoridade policial ou administrativa ou o Ministério Público poderá requerer cautelarmente que os registros de conexão sejam guardados por prazo superior a 1 (um) ano, sendo que a autoridade requerente terá o prazo de 60 (sessenta) dias, contados a partir do requerimento, para ingressar com o pedido de autorização judicial de acesso aos registros. Ou seja, as autoridades policial ou administrativa ou o Ministério Público podem fazer requerimento direto ao provedor, para que este mantenha a guarda dos registros, requerimento esse que terá eficácia por 60 dias, sendo que ao final desse prazo esses órgãos devem pedir autorização judicial para acesso aos registros. Vale salientar que o provedor responsável pela guarda dos registros deverá manter sigilo em relação ao requerimento em questão, que perderá sua eficácia caso o pedido de autorização judicial seja indeferido ou não tenha sido protocolado no prazo de 60 dias. Ademais, em qualquer hipótese, a disponibilização ao requerente dos registros de que trata este artigo deverá ser precedida de autorização judicial (art. 13, § 5º).

Por fim, de rigor mencionar que, na aplicação de sanções pelo descumprimento ao disposto no art. 13 serão considerados a natureza e a gravidade da infração, os danos dela resultantes, eventual vantagem auferida pelo infrator, as circunstâncias agravantes, os antecedentes do infrator e a reincidência (art. 13, § 6º).

9.7.2.3. Guarda de registros de acesso a aplicações de internet na provisão de aplicações

Já o provedor de aplicações de internet (ex.: Facebook, Yahoo etc.), desde que constituído na forma de pessoa jurídica e que exerça essa atividade de forma organizada, profissionalmente e com fins econômicos deverá manter os respectivos registros de acesso a aplicações de internet, sob sigilo, em ambiente controlado e de segurança, pelo prazo de 6 (seis) meses, nos termos do regulamento (art. 15). Repare que aqui o registro é mais específico, pois diz respeito aos *sites* (aplicações) pelo qual o usuário navegou.

Aliás, ordem judicial poderá obrigar, por tempo certo, os provedores de aplicações de internet que não se enquadrem nos requisitos acima a guardarem registros de acesso a aplicações de internet, desde que se trate de registros relativos a fatos específicos em período determinado.

Aqui, a autoridade policial ou administrativa ou o Ministério Público também poderão requerer cautelarmente a qualquer provedor de aplicações de internet que os registros de acesso a aplicações de internet sejam guardados, inclusive por prazo superior aos 6 meses mencionados, observado o disposto nos §§ 3º e 4º do art. 13.

Em qualquer hipótese, a disponibilização ao requerente dos registros de que trata este artigo deverá ser precedida de autorização judicial.

Ademais, na aplicação de sanções pelo descumprimento ao disposto no dispositivo analisado, serão considerados a natureza e a gravidade da infração, os danos dela resultantes, eventual vantagem auferida pelo infrator, as circunstâncias agravantes, os antecedentes do infrator e a reincidência.

Regra importante é a que dispõe que, na provisão de aplicações de internet, onerosa ou gratuita, é vedada a guarda (art. 16):

I - dos registros de acesso a outras aplicações de internet sem que o titular dos dados tenha consentido previamente, respeitado o disposto no art. 7º; ou

II - de dados pessoais que sejam excessivos em relação à finalidade para a qual foi dado consentimento pelo seu titular.

Por fim, ressalvadas as hipóteses previstas na Lei, a opção por não guardar os registros de acesso a aplicações de internet não implica responsabilidade sobre danos decorrentes do uso desses serviços por terceiros (art. 17).

9.7.2.4. Responsabilidade por danos decorrentes de conteúdo gerado por terceiros

É muito comum que pessoas sejam ofendidas em seus direitos em aplicações de internet. Podem ser citados como exemplo difamações e calúnias lançadas contra alguém em redes sociais e a disponibilização de material de conteúdo privado de alguém (fotos, vídeos), expondo a intimidade de quem deseja vê-la protegida.

Quando acontece esse tipo de ofensa, uma pergunta que se faz é se os provedores de acesso à internet e de aplicações de internet devem ser responsabilizados, já que os conteúdos ofensivos só foram publicados porque tais provedores mantêm seus serviços ativos.

Quanto aos **provedores de acesso à internet**, a lei é claríssima a dispor que em nenhuma hipótese serão responsabilizados por isso (art. 18). Assim, as empresas que simplesmente vendem a banda larga que alguém se vale para postar mensagens ofensivas não vão responder por estas.

Já quanto aos **provedores de aplicações de internet**, aí a resposta é outra. Antes do Marco Civil da Internet, o Superior Tribunal de Justiça vinha decidindo que, mesmo havendo relação de consumo (e a consequente responsabilidade objetiva típica dessas relações) nos serviços prestados por esses provedores (apesar de gratuito, eles recebem remuneração indireta por anúncios, como é o caso do Google), a responsabilidade deles por danos causados por terceiros a alguém pela postagem de conteúdo ofensivo depende da verificação, no caso concreto, sobre se o serviço prestado foi defeituoso, considerando o que legitimamente se espera dele. E nesse tipo de caso o STJ reforça o dever desses provedores de aplicação de "garantir o sigilo, a segurança e a inviolabilidade dos dados cadastrais de seus usuários, bem como o funcionamento e a manutenção das páginas na Internet que contenham os *blogs* individuais desses usuários", mas, "no que tange à fiscalização do conteúdo das informações postadas por cada usuário, não se trata de atividade intrínseca ao serviço prestado, de modo que não se pode reputar defeituoso, nos termos do art. 14 do CDC, o *site* que não examina e filtra o material nele inserido". (...) "Não bastasse isso, a verificação antecipada, pelo provedor, do conteúdo de todas as informações inseridas na *web* eliminaria – ou pelo menos alijaria – um dos maiores atrativos da Internet, que é a transmissão de dados em tempo real". (...) "Contudo, essas normas não livram indiscriminadamente os provedores de responsabilidade pelo tráfego de informações em seus *sites*. Há, como contrapartida, o dever de, uma vez ciente da existência de mensagem de conteúdo ofensivo, retirá-la imediatamente do ar, sob pena, aí sim, de responsabilização" (REsp 1.192.208, DJ 02/08/2012).

Em outras palavras, para a jurisprudência do STJ o provedor de aplicações de internet (por exemplo, o Facebook) só responderá pelos atos ofensivos de terceiros caso venha a tomar ciência inequívoca da existência de mensagem ofensiva a alguém e, mesmo diante de tal ciência, mantenha a mensagem de conteúdo ofensivo no ar.

Veja mais duas decisões nesse sentido:

"RESPONSABILIDADE CIVIL. *SITE* DE RELACIONAMENTO. MENSAGENS OFENSIVAS. A responsabilidade objetiva, prevista no art. 927, parágrafo único, do CC, não se aplica à empresa hospedeira de *site* de relacionamento no caso de mensagens com conteúdo ofensivo inseridas por usuários. O entendimento pacificado da Turma é que o dano decorrente dessas mensagens não constitui risco inerente à atividade dos provedores de conteúdo. A fiscalização prévia do teor das informações postadas pelo usuário não é atividade do administrador de rede social, portanto seu dever é retirar do ar, logo que for comunicado, o texto ou a imagem que possuem conteúdo ilícito, apenas podendo responder por sua omissão." Precedentes citados: REsp 1.186.616-MG, DJe 31/8/2011, e REsp 1.175.675-RS, DJe 20/9/2011. REsp 1.306.066-MT, Rel. Min. Sidnei Beneti, julgado em 17/4/2012. (**Inform. STJ** 495)

"RESPONSABILIDADE. PROVEDOR. CONTEÚDO. MENSAGENS OFENSIVAS. INTERNET. Trata-se, na origem, de ação indenizatória por danos morais em que o recorrido alega ser alvo de ofensas em página na Internet por meio de rede social mantida por provedor. Assim, a Turma deu provimento ao recurso, afastando a responsabilidade do provedor pelos danos morais suportados pelo recorrido, ao entender que os provedores de conteúdo, como o recorrente – que disponibilizam, na rede, informações criadas ou desenvolvidas pelos provedores, sendo esses que produzem as informações divulgadas na Internet –, não podem ser obrigados a exercer um controle prévio do conteúdo das informações prestadas no *site* por seus usuários, devem, assim que tiverem conhecimento inequívoco da existência de dados ilegais no *site*, removê-los imediatamente, sob pena de responder pelos danos respectivos, devendo manter, ainda, um sistema minimamente eficaz de identificação de seus usuários, cuja efetividade será analisada caso a caso. Na espécie, o provedor, uma vez ciente da existência de material de conteúdo ofensivo, adotou todas as providências tendentes à imediata remoção do *site*. Ademais, a rede social disponibilizada pelo provedor mantém um canal para que as pessoas cuja identidade tiver sido violada solicitem a exclusão da conta falsa, bem como para que seja feita denúncia de abuso na utilização de perfis individuais ou comunidades. A recorrente mantém um meio razoavelmente eficiente de rastreamento dos usuários, medida de segurança que corresponde à diligência média esperada de um provedor de conteúdo". REsp 1.186.616-MG, Rel. Min. Nancy Andrighi, julgado em 23/8/2011. (**Inform. STJ** 481)

Ocorre que o Marco Civil da Internet adotou que o provedor de aplicações de internet só poderá ser responsabilizado civilmente por danos decorrentes de conteúdo gerado por terceiro se, após ordem judicial específica, não tomar providência para tornar indisponível o conteúdo apontado como infringente (art. 19). Ou seja, alguém que se sinta ofendido por algum conteúdo gerado por terceiros não terá como simplesmente notificar o provedor mencionado, para que este remova a publicação, sendo de rigor que ingresse com uma ação judicial para que o juiz determine a remoção do conteúdo.

Não bastasse, o art. 19 também assevera que tal remoção de conteúdo também deve considerar os limites técnicos do serviço do provedor, de modo que, caso eventualmente um provedor demonstre que será impossível remover todos os conteúdos apontados como infringentes, poderá vir a ser isentado de responsabilidade.

A ordem judicial de que trata o art. 19 (ordem para tornar indisponível o conteúdo ofensivo) deverá conter, sob pena de nulidade, identificação clara e específica do conteúdo apontado como infringente, que permita a localização inequívoca do material. Nesse sentido, a lei acolheu o disposto no Enunciado n. 554 JDC/CJF, pelo qual "Independe de indicação do local específico da informação a ordem judicial para que o provedor de hospedagem bloqueie determinado conteúdo ofensivo na internet". Ou seja, a lei exige a identificação do conteúdo apontado como infringente, mas não exige que o ofendido aponte os locais específicos onde a informação se encontra.

O § 2º do art. 19 dispõe que "a aplicação do disposto neste artigo para infrações a direitos de autor ou a direitos conexos depende de previsão legal específica, que deverá respeitar a liberdade de expressão e demais garantias previstas no art. 5º da Constituição Federal .

Já o § 3º do art. 19 assevera que "as causas que versem sobre ressarcimento por danos decorrentes de conteúdos disponibilizados na internet relacionados à honra, à reputação ou a direitos de personalidade, bem como sobre a indisponibilização desses conteúdos por provedores de aplicações de internet, poderão ser apresentadas perante os juizados especiais". Essa regra é interessante, pois, já que agora é necessário ingressar na Justiça para pedir a indisponibilização de conteúdos ofensivos, pelo menos que se possa fazê-lo em justiça, a princípio, mais célere e simples.

Em mais uma disposição processual, o art. 19, § 4º, estabelece que "o juiz, inclusive no procedimento previsto no § 3º, poderá antecipar, total ou parcialmente, os efeitos da tutela pretendida no pedido inicial, existindo prova inequívoca do fato e considerado o interesse da coletividade na disponibilização do conteúdo na internet, desde que presentes os requisitos de verossimilhança da alegação do autor e de fundado receio de dano irreparável ou de difícil reparação".

A regra, apesar de processual, acaba por dar uma diretriz de direito material, ao dispor que, na verificação sobre se um dado conteúdo é ofensivo ao direito de alguém, há de se verificar se há interesse coletivo na sua disponibilização na internet, já que esse interesse, se houver, faz com que a informação não possa ser retirada à força, em virtude do princípio da supremacia do interesse público sobre o interesse particular.

O art. 20 da lei dispõe que, "sempre que tiver informações de contato do usuário diretamente responsável pelo conteúdo a que se refere o art. 19, caberá ao provedor de aplicações de internet comunicar-lhe os motivos e informações relativos à indisponibilização de conteúdo, com informações que permitam o contraditório e a ampla defesa em juízo, salvo expressa previsão legal ou expressa determinação judicial fundamentada em contrário". Essa regra se aplicará especialmente nas tutelas antecipadas concedidas sem a oitiva do terceiro responsável pelo conteúdo dito como ofensivo.

Já o parágrafo único do art. 20 estabelece que "quando solicitado pelo usuário que disponibilizou o conteúdo tornado indisponível, o provedor de aplicações de internet que exerce essa atividade de forma organizada, profissionalmente e com fins econômicos substituirá o conteúdo tornado indisponível pela motivação ou pela ordem judicial que deu fundamento à indisponibilização". Aqui se tem a vítima do conteúdo ofensivo buscando uma espécie de direito de resposta, ao solicitar que no lugar do texto ofensivo conste a motivação ou ordem judicial que deu fundamento à indisponibilização do ato ofensivo.

O único caso em que a lei não exige que se ingresse com ação judicial, para que o provedor de aplicações de internet indisponibilize conteúdos ofensivos, é o caso previsto no art. 21 da Lei, quando há violação da intimidade decorrente da divulgação, sem autorização de seus participantes, de **imagens**, de **vídeos** ou de outros materiais contendo **cenas de nudez ou de atos sexuais de caráter privado**. Nesses casos, basta que o ofendido (participante da cena) ou seu represente legal faça uma notificação (pode ser extrajudicial) ao provedor, para que este promova, de forma diligente, no âmbito e nos limites técnicos do seu serviço, a indisponibilização desse conteúdo. A notificação em questão deverá conter, sob pena de nulidade, elementos que permitam a identificação específica do material apontado como violador da intimidade do participante e a verificação da legitimidade para apresentação do pedido.

Na hipótese em questão (do art. 21 da Lei), caso o provedor de aplicações de internet, após ser devidamente notificado, deixe de promover a indisponibilização do conteúdo gerado por terceiros *será responsabilizado subsidiariamente* pela violação. Responsabilização subsidiária significa que pagará a indenização devida caso o terceiro ofensor for condenado e não tiver patrimônio suficiente para arcar com os respectivos prejuízos.

9.7.2.5. Requisição judicial de registros

Segundo o art. 22 da Lei "a parte interessada poderá, com o propósito de formar conjunto probatório em processo judicial cível ou penal, em caráter incidental ou autônomo, requerer ao juiz que ordene ao responsável pela guarda o fornecimento de registros de conexão ou de registros de acesso a aplicações de internet", sendo que, "sem prejuízo dos demais requisitos legais, o requerimento deverá conter, sob pena de inadmissibilidade: I - fundados indícios da ocorrência do ilícito; II - justificativa motivada da utilidade dos registros solicitados para fins de investigação ou instrução probatória; e III - período ao qual se referem os registros".

Esse pedido típico é, normalmente, complementar ao pedido de indisponibilização do conteúdo ofensivo. Veja o caso de alguém que é surpreendido com postagem de conteúdos ofensivos à sua honra e imagem. Esse alguém vai buscar, num primeiro momento, a remoção do conteúdo, mas tem interesse em buscar saber também quem foi o terceiro responsável pela disponibilização do conteúdo, daí porque terá enorme interesse em requerer ao juiz que ordene ao responsável pela guarda dos registros de conexão e de acesso a aplicações de internet que informe o endereço de IP e demais dados necessários à identificação do ofensor e à caracterização da ofensa praticada por este.

No caso em questão, o art. 23 estabelece que "cabe ao juiz tomar as providências necessárias à garantia do sigilo das informações recebidas e à preservação da intimidade, da vida privada, da honra e da imagem do usuário, podendo determinar segredo de justiça, inclusive quanto aos pedidos de guarda de registro".

9.8. ATUAÇÃO DO PODER PÚBLICO

O art. 24 da Lei dispõe que constituem diretrizes para a atuação do Poder Público (União, Estados, Distrito Federal e Municípios) no desenvolvimento da internet no Brasil os seguintes:

> I - estabelecimento de mecanismos de governança multiparticipativa, transparente, colaborativa e democrática, com a participação do governo, do setor empresarial, da sociedade civil e da comunidade acadêmica;
>
> II - promoção da racionalização da gestão, expansão e uso da internet, com participação do Comitê Gestor da internet no Brasil;
>
> III - promoção da racionalização e da interoperabilidade tecnológica dos serviços de governo eletrônico, entre os diferentes Poderes e âmbitos da Federação, para permitir o intercâmbio de informações e a celeridade de procedimentos;
>
> IV - promoção da interoperabilidade entre sistemas e terminais diversos, inclusive entre os diferentes âmbitos federativos e diversos setores da sociedade;
>
> V - adoção preferencial de tecnologias, padrões e formatos abertos e livres;
>
> VI - publicidade e disseminação de dados e informações públicos, de forma aberta e estruturada;
>
> VII - otimização da infraestrutura das redes e estímulo à implantação de centros de armazenamento, gerenciamento e disseminação de dados no País, promovendo a qualidade técnica, a inovação e a difusão das aplicações de internet, sem prejuízo à abertura, à neutralidade e à natureza participativa;
>
> VIII - desenvolvimento de ações e programas de capacitação para uso da internet;
>
> IX - promoção da cultura e da cidadania; e
>
> X - prestação de serviços públicos de atendimento ao cidadão de forma integrada, eficiente, simplificada e por múltiplos canais de acesso, inclusive remotos.

Quanto às aplicações de internet dos próprios entes do poder público, essas devem buscar (art. 25):

> I - compatibilidade dos serviços de governo eletrônico com diversos terminais, sistemas operacionais e aplicativos para seu acesso;
>
> II - acessibilidade a todos os interessados, independentemente de suas capacidades físico-motoras, perceptivas, sensoriais, intelectuais, mentais, culturais e sociais, resguardados os aspectos de sigilo e restrições administrativas e legais;

III - compatibilidade tanto com a leitura humana quanto com o tratamento automatizado das informações;

IV - facilidade de uso dos serviços de governo eletrônico; e

V - fortalecimento da participação social nas políticas públicas.

Quanto ao dever do Estado relacionado à educação e o uso da internet pelos educandos, o art. 26 dispõe que "o cumprimento do dever constitucional do Estado na prestação da educação, em todos os níveis de ensino, inclui a capacitação, integrada a outras práticas educacionais, para o uso seguro, consciente e responsável da internet como ferramenta para o exercício da cidadania, a promoção da cultura e o desenvolvimento tecnológico".

Essa regra diz respeito à chamada **inclusão digital adequada**. Esta inclusão requer o seguinte: a) acesso a terminais (por exemplo, mediante redução ainda maior de tributos relacionados a computadores, *tablets* etc.); b) acesso a conexão (por exemplo, internet pública grátis ou com preço módico aos mais necessitados); c) capacitação para uso de terminais e internet; d) capacitação e outras práticas educacionais para que o uso seja seguro, consciente, responsável, principalmente com o objetivo de que a internet seja meio para a promoção da cultura, do desenvolvimento tecnológico e da tecnologia.

Há muito o que fazer nesse sentido.

Quanto ao acesso a terminais, acesso à concessão e capacitação para uso dos terminais e internet, sabemos que ainda há muita desigualdade no nosso País, a ponto de o art. 27 da Lei ter reforçado a questão com a seguinte regra (art. 27, incisos I e II): "as iniciativas públicas de fomento à cultura digital e de promoção da internet como ferramenta social devem: I - promover a inclusão digital; II - buscar reduzir as desigualdades, sobretudo entre as diferentes regiões do País, no acesso às tecnologias da informação e comunicação e no seu uso".

Quanto ao objetivo de que a internet seja meio de promoção da cultura, a lei traz como um dos instrumentos para isso o fomento à "produção e circulação de conteúdo nacional" (art. 27, III).

E quanto aos objetivos relacionados com a inclusão digital adequada em geral, o art. 28 traz como instrumento o dever do Estado de "periodicamente, formular e fomentar estudos, bem como fixar metas, estratégias, planos e cronogramas, referentes ao uso e desenvolvimento da internet no País" (art. 28).

Trata-se de disposição um pouco vaga, mas que pode gerar conhecimento e regramentos futuros que possam aumentar a densidade do dever estatal de promover a inclusão digital adequada.

9.9. DISPOSIÇÕES FINAIS

A título de disposições finais, a lei traz quatro regras.

A primeira, prevista no art. 29, estabelece que "o usuário terá a opção de livre escolha na utilização de programa de computador em seu terminal para exercício do controle parental de conteúdo entendido por ele como impróprio a seus filhos menores, desde que respeitados os princípios desta Lei e da Lei nº 8.069, de 13 de julho de 1990 - Estatuto da Criança e do Adolescente", cabendo ao Poder Público, "em conjunto com os provedores de conexão e de aplicações de internet e a sociedade civil, promover a educação e fornecer informações sobre o uso dos programas de computador previstos no *caput*, bem como para a definição de boas práticas para a inclusão digital de crianças e adolescentes".

A regra em questão apenas deixa claro que, na ponderação de interesses entre o princípio do livre acesso à informação (art. 5º, XIV, da CF) e o princípio da proteção integral da criança e do adolescente (art. 227 da CF), não só há de se admitir que os pais controlem o conteúdo acessado por seus filhos, como também é dever do Poder Público, em conjunto com os provedores de internet e a sociedade civil, promover a educação e fornecer informações a esse respeito.

A segunda regra, prevista no art. 30, dispõe que "a defesa dos interesses e dos direitos estabelecidos nesta Lei poderá ser exercida em juízo, individual ou coletivamente, na forma da lei". Trata-se de disposição inócua, pois o princípio da inafastabilidade da jurisdição (art. 5º, XXXV, da CF), em conjunto com as leis que regulam as ações coletivas (tais como 7.347/1985 e 8.078/1990), já assegurariam o direito citado.

A terceira regra, prevista no art. 31, estabelece que "até a entrada em vigor da lei específica prevista no § 2º do art. 19, a responsabilidade do provedor de aplicações de internet por danos decorrentes de conteúdo gerado por terceiros, quando se tratar de infração a direitos de autor ou a direitos conexos, continuará a ser disciplinada pela legislação autoral vigente aplicável na data da entrada em vigor desta Lei".

A regra em questão também é óbvia, pois, não havendo revogação ou derrogação da Lei de Direitos Autorais, naturalmente que esta será aplicada enquanto não advier lei específica nova sobre a questão.

Por fim, a quarta regra, prevista no art. 32, dispõe que "esta Lei entra em vigor após decorridos 60 (sessenta) dias de sua publicação oficial". Assim, considerando que a lei foi publicada em 24 de abril de 2014, a data da entrada em vigor do Marco Civil da Internet Brasileira é 23 de junho de 2014.

edelbra
Impressão e Acabamento
E-mail: edelbra@edelbra.com.br
Fone/Fax: (54) 3520-5000
Impresso em Sistema CTP